LANGENSCHEIDTS
Großes Schulwörterbuch
DEUTSCH-ENGLISCH

Von
HEINZ MESSINGER

LANGENSCHEIDT
BERLIN · MÜNCHEN · WIEN · ZÜRICH · NEW YORK

Auflage:	22.		*Letzte Zahlen*
Jahr:	1992	91	*maßgeblich*

Langenscheidts Großes Schulwörterbuch Deutsch-Englisch

Langenscheidts Handwörterbuch Deutsch-Englisch

Druck: C. H. Beck'sche Buchdruckerei, Nördlingen
Printed in Germany · ISBN 3-468-07126-4

Vorwort zur 1. Auflage (1977)

Vollständige Neubearbeitung

„Langenscheidts Großes Schulwörterbuch Deutsch-Englisch“ ist eine vollständige Neubearbeitung des bisherigen deutsch-englischen Handwörterbuchs. Schwerpunkte dieser Neubearbeitung waren die Wort-für-Wort-Überprüfung des gesamten Inhalts und die Aufnahme von modernem und modernstem Wortgut aus allen Lebens- und Fachbereichen, die zu einer wesentlichen Erweiterung des Umfangs führte.

Wort-für-Wort-Überprüfung

Bei der inhaltlichen Überprüfung wurde jeder Stichwortartikel durchgearbeitet. Unter Beachtung eines gewissen Wandels in Ausdruck und Stil, der in den letzten 15 Jahren stattfand, wurden dabei Verbesserungsmöglichkeiten inhaltlicher und formaler Art realisiert. Tausende von neuen, ausgefeilten Übersetzungen — besonders im idiomatischen und umgangssprachlichen Bereich — und die Verbesserung des Aufbaus von vielen Stichwortartikeln legen davon Zeugnis ab.

Verwendung des „Neuen Muret-Sanders“

Der Autor konnte sich bei seiner Neubearbeitung auch auf das größte existierende deutsch-englische Wörterbuch stützen, unseren „Neuen Muret-Sanders“.

Veraltete deutsche Stichwörter oder Übersetzungen von weniger relevanten Wörtern und Wendungen wurden durch wichtigeres modernes Wortgut ersetzt. Darüber hinaus hat der Autor sein bisheriges Handwörterbuch durch Neologismen aus allen Lebensbereichen beträchtlich erweitert. Die Explosion und Inflation von Wörtern stellten ihn vor einen "embarras de richesse"; aus dieser Fülle des modernen Wortguts traf er eine sorgfältige Auswahl, um die Ausgewogenheit von Gemeinsprache und Fachsprachen zu wahren.

Tausende von Neologismen

Tausende von Neologismen tragen dazu bei, daß sich dieses „Große Schulwörterbuch“ redaktionell auf dem neuesten Stand befindet. Dies zeigen neu aufgenommene Einzelwörter

(z. B. *Atommüll*, *Beinahunfall*, *Bildplatte*, *Bürgerinitiative*, *Knautschzone*, *Luftpirat*), die starke Berücksichtigung neu entstandener Fachgebiete (z. B. *Umweltamt*, *umweltfeindlich*, *umweltfreundlich*, *Umweltkatastrophe*, *umweltpolitisch*, *umweltschädlich*, *Umweltschutz*, *Umweltschützer*, *Umweltverschmutzer*, *Umweltverschmutzung*, *Umweltwissenschaft*, *Umweltzerstörung*) oder auch die Aufnahme von gängigen Wörtern aus dem deutschen „Schreibtisch-Englisch" wie z. B. *Twen* und *Dressman*.

Wortschatz neuer Fachgebiete

„Schreibtisch-Englisch"

Moderne Idiomatik

Die Neuaufnahmen umfassen auch moderne idiomatische Wendungen, die in deutsch-englischen Wörterbüchern bislang unbeachtet blieben, dem Stil der Wörterbuchbenutzer aber häufig Kraft und Farbe verleihen. Auch hier einige Beispiele, in diesem Fall mit anderen neuen Stichwörtern zu einem Absatz zusammengestellt: „Ob *Politologe*, ob *Futurologe* oder *Saubermann*, immer kann man *neue Akzente setzen*, *Schwerpunkte bilden*, sich *profilieren*, jemanden auch *gezielt verteufeln* oder *in die Pfanne hauen;* man ist irgendwie an etwas *orientiert* oder durch etwas *motiviert*, wenn nicht gar *verunsichert* oder *frustriert;* dies allerdings nicht als *Kunstkopf*, der einen ganz anderen *Stellenwert hat* — doch dies riecht fast nach *Schleichwerbung* und ist keine *wertfreie Aussage*. Drum möge sich alles schön *versachlichen* und *gesundschrumpfen!*"

Auch Wörter niederer Sprachebenen

Die häufige Verwendung dieser und vieler weiterer moderner Bildungen — auch aus niederen Sprachgebrauchsebenen — machte ihre Aufnahme in ein modernes Wörterbuch erforderlich. Ihr sprachlicher Wert oder Unwert war dabei nicht maßgebend, doch wurde in jedem Fall die Sprachgebrauchsebene bezeichnet und eine entsprechende Wiedergabe im Englischen angestrebt.

Erschöpfende lexikographische Darstellung

Die Intensität der Bearbeitung, die viele Benutzer des bisherigen Handwörterbuchs dankbar anerkannt haben, blieb erhalten. Man vergleiche beispielsweise die erschöpfende lexikographische Darstellung von Stichwörtern wie *Bild*, *Leistung*, *Reiz* und *Spitze* mit den jeweils dazugehörigen Zusammensetzungen oder auch die Behandlung von Wörtern wie *toll*.

Amerikanisches Englisch

Der amerikanische Wortschatz wurde weitgehend berücksichtigt, und dies keineswegs nur durch die Aufnahme origineller Wendungen der Umgangssprache, sondern auch überall dort, wo sich der amerikanische Sprachgebrauch deutlich vom britischen unterscheidet, also auch in der Bezeichnung von Behörden, in der wirtschaftlichen Terminologie, in der Sprache der Technik und der Politik.

Große Schrift

Auch im äußeren Erscheinungsbild weist das „Große Schulwörterbuch" Verbesserungen auf: durch eine größere Schrift wird die Freude am Nachschlagen gesteigert.

Neubearbeitete Anhänge

Die Eigennamen- und Abkürzungsanhänge wurden gleichfalls neu bearbeitet. U. a. wurden die Namen aller souveränen Staaten (Stand 1976) aufgenommen.

Zu dem Gelingen des vorliegenden Wörterbuchs haben viele beigetragen. Besonderer Dank gilt Dr. phil. Manfred Zirkel und Felicity Zirkel (PH Schwäbisch Gmünd), Dorothy Whitcombe, M.A. (Gerrards Cross, England), John und Laura Alvey (Picketston, Wales), Professor Reginald StLeon (University of Sydney) und Dr. jur. Waldemar Gamer (Eislingen).

Ferner dankt der Verfasser der Redaktion Anglistik des Verlags, vor allem aber dem Redakteur Heinz Schellerer für die kritische Durchsicht des gesamten Manuskripts.

Wörterbuch der goldenen Mitte

Wir hoffen, daß dieses „schülerfreundlich" gestaltete Wörterbuch eine gute Aufnahme finden wird. Unter den sieben Wörterbuchgrößen unseres Hauses ist es gleichsam ein Wörterbuch der goldenen Mitte: umfassend — denn es ist doppelt so groß wie unser bekanntes Taschenwörterbuch — und doch handlich; in der Tradition stehend — denn es basiert auf dem „Neuen Muret-Sanders" — und doch auf dem neuesten Stand.

VERFASSER UND VERLAG

Inhaltsverzeichnis

Hinweise für die Benutzung des Wörterbuches

1. Anordnung

Streng alphabetische Anordnung

Die alphabetische Reihenfolge der Stichwörter einschließlich der verschiedenen Formen der Pronomina sowie der wichtigsten unregelmäßigen Formen des Komparativs und Superlativs ist durchweg beachtet. Die Umlaute ä, ö, ü werden dabei wie a, o, u behandelt. Partizipien sind in vielen Fällen beim Grundwort aufgeführt (z. B. *schützend* bei **schützen**). Treten sie als selbständiges Stichwort auf, wird ggf. vom Grundwort auf sie verwiesen: **stiefeln** → *gestiefelt*.

Vorausgesetzt, daß die Übersichtlichkeit nicht beeinträchtigt wird, können Abweichungen von der strengen Alphabetisierung auftreten bei

a) Synonymen: **Gebrauchsanleitung, Gebrauchsanweisung**

b) Femininformen: **Student, Studentin**

c) substantivierten Adjektiven und Partizipien: **Gefangene(r)** (vor **Gefangener** käme **Gefangenenarbeit** zu stehen); **Beste** (zwischen **best** und **Beste** käme **Bestallung** zu stehen)

2. Aufbau eines Stichwortartikels

Verschiedene Wortarten sind durch römische Ziffern gekennzeichnet:

einziehen I. *v/t.* draw in ...; **II.** *v/i.* move in ...

Übersetzungsgliederung

Grundsätzlich werden Gruppen von sinnverwandten Übersetzungen durch Komma zusammengefaßt, Übersetzungen mit voneinander abweichendem Sinngehalt durch Semikolon abgegrenzt. Arabische Bezifferung bietet eine weitere Möglichkeit der Abgrenzung.

Anwendungsbeispiele

Anwendungsbeispiele in *Auszeichnungsschrift* stehen nach den Grundübersetzungen. Dabei ist zu beachten, daß auch die Übersetzungen von Anwendungsbeispielen durch Komma oder Semikolon getrennt sein können, sie gelten aber in jedem Fall bis zum nächsten Anwendungsbeispiel:

> **zusagen** ... **4.** *j-m ~ Speise, Klima usw.*: agree with a p.; (*gefallen*) please a p., be to a p.'s taste (*od.* liking), appeal to a p.; (*passen*) suit a p., ...

3. Die Tilde (Wiederholungszeichen)

Fette und einfache Tilde

wird aus Gründen der Raumersparnis angewandt. Dabei vertritt die fette Tilde (**~**) das erste, nach links ausgerückte Stichwort einer Wortgruppe oder den Teil des Wortes, der vor einem senkrechten Strich (|) oder Doppelpunkt (**...:**) steht. Die magere Tilde (~) steht in Anwendungsbeispielen und Erklärungen anstelle des unmittelbar vorhergehenden Stichworts, das seinerseits wiederum mit Hilfe der fetten Tilde gebildet sein kann. Die Kreistilde (**≗**, ≗) bedeutet, daß das betreffende Wort groß statt klein oder umgekehrt geschrieben wird:

> **Draht** ... **~bürste** = **Drahtbürste**
> **meisten|s** ... **~teils** = **meistenteils**
> **Bade...:** **~anstalt** = **Badeanstalt**
> **Dose** ... *in ~n einmachen* = *in Dosen einmachen*
> **bestimmt** ... **≗heit** ... *mit ~* = *mit Bestimmtheit*
> **Kissen** ... (*Kopf≗*) = (*Kopfkissen*)

4. Das Verweiszeichen (→)

Verweise

a) dient zur Kennzeichnung eines direkten Verweises, z. B. **juchzen** → *jauchzen*, d. h. alle Übersetzungen von „jauchzen" sind auch für „juchzen" gültig;

b) kommt zur Anwendung, um den Benutzer auf weitere Informationen über das nachgeschlagene Wort aufmerksam zu machen, z. B. **durchdrücken** *fig.* → *durchsetzen*
Brei → *Koch.*

In vielen Fällen wird nicht ausdrücklich verwiesen, wenn die Erklärungen und Zusätze, die bei einem Verb oder Adjektiv gegeben sind, auch für das zugehörige Substantiv gelten:

> **zimperlich** *adj.* prim, F kid-glove ...; (*prüde*) prudish; (*geziert*) affected; (*heikel*) *beim Essen usw.*: squeamish; (*empfindlich*) (hyper-)sensitive; (*wehleidig*) plaintive; **≗keit** *f* primness; prudery; affectation; (hyper)sensitiveness; squeamishness.

5. Bedeutungsunterschiede

Wo es notwendig erschien, wurden Bedeutungsunterschiede verdeutlicht durch

Bildliche Zeichen und Abkürzungen

a) bildliche Zeichen und Abkürzungen (Verzeichnis auf S. 12). Sie stehen dabei *vor* der Wortartangabe, wenn sie sich auf sämtliche folgenden Übersetzungen beziehen, andernfalls aber vor der jeweiligen Übersetzung, die näher gekennzeichnet werden soll.

Eingrenzung der Bedeutung

b) in *Kursivschrift* ausgeschriebene Angaben des Anwendungsbereichs:

Tor *Fußball*: goal; **bestimmt** *im Auftreten*: firm, resolute; **leicht** light (*a. Essen, Kleidung usw.*); **brauchbar** *Person*: able, efficient.

c) Angabe des Gegensatzes:

Land (*Ggs. Wasser*) land ...; (*Ggs. Stadt*) country ...

d) sinnverwandte Wörter, Oberbegriffe, Sinneinschränkungen:

entlüften (*durchlüften*) air; **Photographie** (*Bild*) photograph; **Frage** (*Problem*) problem.

e) Angabe möglicher Objekte (in Klammern):

kneten *v/t.* (*Teig*) knead
imponieren *v/i.* (*j-m*) impress

und Angabe möglicher Subjekte, die mit Doppelpunkt gekennzeichnet sind:

klaffen *v/i. Abgrund*: yawn
gelten *v/i. Münze*: be current
abriegeln *v/t. Polizei*: cordon off

f) Zusätze in Kursivschrift, die einen textlichen Zusammenhang andeuten und *keine* Entsprechung in der anderen Sprache haben:

sich **entledigen** take *one's clothes* off
kirren bring *a p.* to heel
zu den Besten zählen rank with;

kursives *the* bedeutet, daß das entsprechende englische Wort nur mit dem bestimmten Artikel auftritt;

Exponenten

g) Exponenten bei Wörtern verschiedener Herkunft oder aber, wo die gemeinsame Herkunft praktisch keine Rolle mehr spielt:

sieben[1] sieve; **sieben**[2] seven
Schloß[1] lock; **Schloß**[2] castle

6. Zusammenfassung von Übersetzungen bzw. Anwendungsbeispielen

Zusammenfassung zur Platzersparnis

a) durch Klammern:

aa) *ganz bestimmt* (most) decidedly
d. h. "most" kann weggelassen werden;

bb) **säbeln** (cut with a) sabre d. h. "sabre" allein, als Verb gebraucht, genügt;

cc) *erste (zweite) Geige spielen*
play the first (second) violin;

b) Treffen zwei Anwendungsbeispiele aufeinander, bei denen das zweite eine Erweiterung des vorhergehenden darstellt, kann auf folgende Art verfahren werden:

zusammenschlagen ... *die Hände* ~ clap one's hands, *über dem Kopf*: throw up one's hands ...

7. Rektion

Sorgfältige Behandlung der Rektion

In Fällen, wo die Beziehung Verb/Objekt oder Adjektiv/Bezugswort in den beiden Sprachen nicht übereinstimmt, kann dies auf folgende Weise zum Ausdruck gebracht werden:

a) durch Angabe von Präposition oder Kasus hinter der Übersetzung; bei Wiederholungen fällt die deutsche Präposition oder Kasusangabe meist weg:

Hinweis reference (*auf* to) ... hint (at) ... indication (of)
Platz machen make room (*dat.* for)

b) durch deutsche Objekte in Klammern vor der Übersetzung (*j-m*, *e-r Sache* usw.):

entgegeneilen (*j-m*) hasten to meet

c) durch Angabe eines direkten englischen Objektes in Fällen, wo dieses einem deutschen indirekten oder präpositionalen Objekt entspricht:

entgegenarbeiten ... oppose *a p. od. th.*
konkurrieren compete (*mit* with), rival (*a th., a p.*) ...

8. Betonungszeichen

Akzente

sind nur gegeben, wo wechselnder Akzent einen Bedeutungswandel mit sich bringt:

um'fahren *v/t.* ... (*Kap*) double
'umfahren *v/t.* run down

9. Abweichungen zwischen britischer und amerikanischer Schreibweise

Amerikanische Schreibweise

wurden soweit wie möglich berücksichtigt und auf folgende Weise dargestellt:

defen|ce, *Am.* -se; theat|re, *Am.* -er; favo(u)r; catalog(ue); program(me); travel(l)er

Erklärung der Zeichen und Abkürzungen

1. Bildliche Zeichen

~ ⁓ } siehe Seite 9: Fette und einfache Tilde.

F familiär, *familiar*; Umgangssprache, *colloquial*.

V vulgär, *vulgar*; unanständig, *indecent*.

🕮 wissenschaftlich, *scientific term*.

⚘ Botanik, *botany*.

⊕ Handwerk, *handicraft*; Technik, *engineering*.

⚒ Bergbau, *mining*.

⚔ militärisch, *military term*.

⚓ Schiffahrt, *nautical term*.

☤ Handel u. Wirtschaft, *commercial term*.

🚂 Eisenbahn, ***railway***.

✈ Luftfahrt, *aviation*.

📯 Postwesen, ***postal affairs***.

♪ Musik, ***musical term***.

△ Architektur, ***architecture***.

⚡ Elektrotechnik, ***electrical engineering***.

⚖ Rechtswissenschaft, ***legal term***.

A Mathematik, ***mathematics***.

⚒ Landwirtschaft, ***agriculture***.

⚗ Chemie, ***chemistry***.

⚕ Medizin, ***medicine***.

→ siehe Seite 9: Verweise.

2. Abkürzungen

a. auch, *also*.
abbr. *abbreviation*, Abkürzung.
acc. *accusative* (*case*), Akkusativ.
adj. *adjective*, Adjektiv.
adv. *adverb*, Adverb.
allg. allgemein, *generally*.
Am. *Americanism*, sprachliche Eigenheit aus dem oder (besonders) im amerikanischen Englisch.
anat. *anatomy*, Anatomie.
arith. *arithmetic*, Arithmetik.
art. *article*, Artikel.
ast. *astronomy*, Astronomie.
attr. *attributive*(*ly*), attributiv.

bibl. *biblical*, biblisch.
biol. *biology*, Biologie.
Brit. *in British usage only*, nur im britischen Englisch gebräuchlich.
b.s. *bad sense*, in schlechtem Sinne.
bsd. besonders, *particularly*.

cj. *conjunction*, Konjunktion.
co. ***comic*(*al*), komisch, scherzhaft.**
coll. ***collectively*, als Sammelwort.**
comp. ***comparative*, Komparativ.**
contp. ***contemptuously*, verächtlich.**

dat. ***dative* (*case*), Dativ.**
dem. ***demonstrative*, Demonstrativ...**
dial. ***dialectal*, dialektisch.**

ea.*, *ea. **einander, *one another*, *each other*.**
eccl. ***ecclesiastical*, kirchlich, geistlich.**
e-e*, *e-e **eine, *a* (*an*).**
ehm. **ehemals, *formerly*.**
eig. **eigentlich, *strictly speaking*.**
e-m*, *e-m **einem, *to a* (*an*).**
e-n*, *e-n **einen, *a* (*an*).**
engS. **in engerem Sinne, *more strictly taken*.**

e-r, *e-r* } einer, *of a (an), to a (an).*
e-s, *e-s* } eines, *of a (an).*
et., *et.* } etwas, *something.*
etc. usw. *oder* und ähnliches, *and others* or *and the like.*

f *feminine*, weiblich.
fenc. *fencing*, Fechtkunst.
fig. *figuratively*, figürlich, in übertragenem Sinne.
fr. französisch, *French.*

gen. *genitive (case)*, Genitiv.
geogr. *geography*, Geographie.
geol. *geology*, Geologie.
ger. *gerund*, Gerundium.
Ggs. Gegensatz, *antonym.*

h. haben, *have.*
her. *heraldry*, Heraldik, Wappenkunde.
hist. *history*, Geschichte.
humor. *humorously*, scherzhaft.
hunt. *hunting*, Jagd.

ichth. *ichthyology*, Ichthyologie, Fischkunde.
impers. *impersonal*, unpersönlich.
indef. *indefinite*, unbestimmt.
inf. *infinitive (mood)*, Infinitiv.
int. *interjection*, Interjektion.
interr. *interrogative*, Interrogativ(...).
iro. *ironically*, ironisch.

j-d, j-s, j-m, j-n, *j-d, j-s, j-m, j-n* } jemand(es *of*; -em *dat. to*; -en *acc.*) *somebody.*

konstr. konstruiert, *construed.*

ling. *linguistics*, Linguistik, Sprachwissenschaft.

m *masculine*, männlich.
m-e meine, *my.*
metall. *metallurgy*, Metallurgie.
meteor. *meteorology*, Meteorologie.
min. *mineralogy*, Mineralogie.
m-m meinem, *to my.*
m-n meinen, *my.*
mot. *motoring*, Kraftfahrwesen.
mount. *mountaineering*, Bergsteigen.
m-r meiner, *of my, to my.*
m-s meines, *of my.*
mst meistens, *mostly, usually.*
myth. *mythology*, Mythologie.

n *neuter*, sächlich.
nom. *nominative (case)*, Nominativ.
npr. *proper name*, Eigenname.

obs. *obsolete*, veraltet.
od. oder, *or.*
opt. *optics*, Optik.
orn. *ornithology*, Ornithologie, Vogelkunde.
o.s. *oneself*, sich.
östr. österreichisch, *Austrian.*

p., *p.* *person*, Person.
paint. *painting*, Malerei.
parl. *parliamentary term*, parlamentarischer Ausdruck.
pers. *personal*, Personal...
pharm. *pharmacy*, Pharmazie.
phls. *philosophy*, Philosophie.
phot. *photography*, Photographie.
phys. *physics*, Physik.
physiol. *physiology*, Physiologie.
pl. *plural*, Plural.
poet. *poetically*, dichterisch.
pol. *politics*, Politik.
poss. *possessive*, Possessiv...
p.p. *past participle*, Partizip Perfekt.
p.pr. *present participle*, Partizip Präsens.
pred. *predicative(ly)*, prädikativ.
pret. *preterit(e)*, Präteritum.
pron. *pronoun*, Pronomen.
prp. *preposition*, Präposition.
psych. *psychology*, Psychologie.

R.C. *Roman-Catholic*, römisch-katholisch.
refl. *reflexive*, reflexiv.
rel. *relative*, Relativ...
rhet. *rhetoric*, Rhetorik.

sculp. *sculpture*, Bildhauerei.
s-e, *s-e* } seine, *his, one's.*
sg. *singular*, Singular.
sl. *slang*, Slang.
s-m, *s-m* } seinem, *to his, to one's.*
sn sein (Verb), *be.*

s-n } seinen, *his, one's.*
s-n }

s-r } seiner, *of his, of its.*
s-r }

s-s } seines, *of his, of one's.*
s-s }

su. *substantive*, Substantiv.
sup. *superlative*, Superlativ.
surv. *surveying*, Geodäsie, Landvermessung.

tel. *telegraphy*, Telegraphie.
teleph. *telephone system*, Fernsprechwesen.
th., *th.* *thing*, Ding, Sache.
thea. *theatre*, Theater.
TV *television*, Fernsehen.
typ. *typography*, Buchdruck.

u., u. und, *and.*
univ. *university*, Hochschulwesen; Studentensprache.
usw. und so weiter, *and so on.*

v. von, vom, *of, by, from.*
vb. *verb*, Verb.
v/aux. *auxiliary verb*, Hilfszeitwort.
vet. *veterinary medicine*, Tiermedizin.
v/i. *intransitive verb*, intransitives Verb.
v/impers. *impersonal verb* unpersönliches Zeitwort.
v/refl. *reflexive verb*, reflexives Verb.
v/t. *transitive verb*, transitives Verb.

weitS. im weiteren Sinne, *more widely taken.*

z.B. zum Beispiel, *for instance.*
zo. *zoology*, Zoologie.
Zs.-, zs.- zusammen, *together.*
Zssg(n) Zusammensetzung(en), *compound word(s).*

A

A, a *n* A, a (*a.* ♪); *das A und O* Alpha and Omega, *weitS.* the essence, the be-all and end-all, the most important thing (*gen.* of); *von A bis Z* from A to Z, from first to last; *wer A sagt, muß auch B sagen* in for a penny, in for a pound.

à ☨ *prp.* at ... each; *5 Zigarren ~ 20 Cent* 5 cigars 20 cents each.

Aal *m* eel; ⚔ *sl.* (*Torpedo*) *sl.* tin-fish; → *winden*[2] II; **⁓en I.** *v/i.* fish for eels; **II.** F *v/refl.*: *sich ~* laze, lounge about; *sich (in der Sonne usw.) ~* bask (in the sun, *etc.*); **⁓glatt** *adj.* (as) slippery as an eel, slippery.

Aar *poet. m* eagle.

Aas *n* carrion, carcass; ⊕ *Gerberei*: fleshings *pl.*; F *fig.* rascal, beast; **⁓en** F *v/i.*: *mit et. ~* squander, waste; **~fliege** *f* carrion-fly; **~geier** *m* (Egyptian) vulture; *fig.* vulture; **⁓ig** F *adv.* F beastly; *er hat ~ viel Geld* he is awfully rich; **~jäger** *m* pot-hunter; **~käfer** *m* carrion-beetle.

ab I. *adv. u. prp.* **1.** *räumlich*: off, down; away (from); *thea.* exit (*z. B. Romeo ~* exit Romeo), *pl.* exeunt; F *~!* off with you!, *sl.* hop (*Am.* beat) it; *Hut ~!* off with your hat(s *pl.*), *a. fig.* (*vor dir usw.*): hat(s *pl.*) off (to you, *etc.*); *von da ~* from there; *weit ~ (von)* far off (*a th. od.* from *a th.*); 🚂 *~* dep. (= departure); 🚂 *~ Brüssel* from Brussels; **2.** ☨ *~ Berlin (Fabrik, Lager usw.)* ex Berlin (works, warehouse, *etc.*); *~ dort* loco your town, (to be) delivered at yours; *~ hier* loco here, (to be) delivered here; *die Preise verstehen sich ~ hier* prices are quoted from here; **3.** *zeitlich*: from ... (on[ward]); *amtlich*: as of, on or after, with effect from; *~ heute* from today; *von jetzt ~* from now on, in (the) future; *von da ~* from that time; *~ und an* off and on; *~ und zu* now and then, from time to time, (every) once in a while; **4.** (*abzüglich*) less, deducting; **II.** F *adj.* **5.** *~ (erschöpft) sein* be (quite) exhausted, F be all in; **6.** *der Knopf usw. ist ~* is (*od.* has come) off.

abänder|lich *adj.* alterable, modifiable, *a. ling.* variable; ⚖ *Urteil*: commutable; **~n** *v/t.* alter, change; vary; *teilweise*: modify; (*berichtigen*) correct, rectify; (*umarbeiten*) revise, recast; *parl.* amend; ⚖ commute; **⁓ung** *f* alteration; modification; rectification; revision; *parl.* amendment; ⚖ commutation; **⁓ungsantrag** *parl. m* (motion for) amendment; **~ungsfähig** *adj.* modifiable.

Abandon ☨ *m* abandonment; **⁓nieren** ☨ *v/t.* abandon.

abarbeiten I. *v/t.* (*aufarbeiten*) work out (*a. Schuld*); **II.** *v/refl.*: *sich ~* slave, drudge, wear o.s. out; (*sich Mühe geben*) spare no pains; (*sich überarbeiten*) overwork o.s., F work o.s. to the bone; *abgearbeitet* overworked, worn-out.

abängstigen *v/refl.*: *sich ~* worry o.s. to death.

abärgern *v/refl.*: *sich ~* fret o.s. to death.

Abart *f* variety (*a.* ⚘ *u. zo.*), species, modification; *fig.* variety, version; **⁓en** *v/i.* deviate from type, vary; **⁓ig** *adj.* abnormal.

abätzen *v/t.* remove (by caustics); ⚕ cauterize.

Abbau *m* **1.** *Haus usw.*: demolition; (*Demontage*) ⊕ disassembly, *a. weitS.* ⚔ dismantling, stripping; ⚒ working, exploitation *of a mine*, mining *of coal*; ⚗ decomposition, disintegration (*a. meteor.*); *physiol.* catabolism; ⚒ *~ unter Tage* underground working; **2.** *fig. von Ausgaben*: retrenchment, cut(s *pl.*), *Am. a.* cut-back; *von Löhnen, Preisen usw.*: reduction, cut(s *pl.*); *von Behörden*: retrenchment, *von Personal*: *a.* (staff) reduction; *einzelner Angestellter usw.*: dismissal; *von Mißständen usw.*: (gradual) removal; *von Einschränkungen*: lifting *of restrictions*, relaxation *of controls*; **⁓en** *v/t. u. v/i.* **1.** (*Gerüst, Gebäude*) pull (*od.* take) down; (*demontieren*) ⊕ disassemble, *a. weitS.* ⚔ dismantle, strip; ⚒ work *a mine*; mine, win *coal, etc.*; *thea.* (*Dekoration*) strike; ⚗ decompose, disintegrate; *physiol.* catabolize; **2.** *fig.* (*Ausgaben usw.*) retrench, reduce, cut; (*Behörden, Personal*) retrench, reduce, cut (back); (*einzelne Angestellte*) dismiss; (*Auftragsüberhang*) work off; (*Verschuldung*) repay; (*Mißstände usw.*) (gradually) remove; ⚕ *die Preisüberwachung* ~ decontrol (*für et.* a th.), lift controls (on a th.); **3.** F (*schwächer werden*) weaken, *Sport*: *a.* wilt; *meteor. sich* ~ break up; **≈fähig** ⚒ *adj.* workable; **~gerechtigkeit** ⚒ *f* mining right(s *pl.*); **~produkt** ⚗ *n* decomposition product; **~strecke** ⚒ *f* gate (road); **≈würdig** ⚒ *adj.* workable.

abbefördern *v/t.* remove, carry off.

abbeißen *v/t.* bite off.

abbeiz|en *v/t.* → *beizen*[1]; (*Metall*) pickle; **≈mittel** *n* caustic; *metall.* pickle; *für Lack*: paint remover.

abbekommen *v/t.* **1.** (*loskriegen*) get off *od.* loose; **2.** F (*kriegen*) get; *weitS. a.* come in for *a th.*; *etwas* ~ a) *a. s-n Teil* ~ get (*od.* come in for) one's share; b) (*verletzt od. beschädigt werden*) be hit, get hurt, *Sache*: be damaged.

abberuf|en *v/t.* call away; (*Gesandte usw.*) recall; *von e-m Amt*: remove *od.* relieve (*vom Amt* from office); **≈ung** *f* recall; removal.

abbestell|en *v/t.* ⚕ countermand, cancel (an order for); (*Abonnement*) cancel *the subscription*, F stop *the paper*; *j-n* ~ ask a p. not to come; **≈ung** *f* countermand; cancellation.

abbetteln *v/t.*: *j-m et.* ~ wheedle a th. out of a p.

abbieg|en I. *v/t.* bend; turn aside; deflect; *fig.* (*Sache, Gefahr*) head (*od.* stave) off; **II.** *v/i. Auto, Straße usw.*: turn (off); *Straße*: *a.* (*abzweigen*) branch off; *nach rechts* (*links*) ~ turn right (left); **≈er** *mot. m* car turning off; **≈ung** *f e-r Straße*: road juncture, fork; (*Kurve*) bend.

Abbild *n* (*Nachbildung*) copy, duplicate; (*Modell*) replica; (*Ebenbild, Bildnis*) image (*a. opt.*), effigy; *j-s*: likeness, portrait; *fig. das* ~ *s-s Vaters* the (spit and) image of his father; **≈en** *v/t.* (*et.*) copy, duplicate; (*zeigen*) represent, show; (*j-n malen*) take the likeness of, paint; (*zeichnen*) draw; *als Skulptur*: model; *fig. sich* ~ be reflected; *oben abgebildet* shown above; **~ung** *f* representation; (*Bild*) picture; illustration; ⊕ diagram, graph; *bsd. als Bildunterschrift mit Zahl*: figure (*abbr.* Fig.); ⩚ projection; *ein Buch usw. mit* ~*en versehen* illustrate.

abbinden I. *v/t.* untie, unfasten, remove; ⚕ (*Gefäße*) ligature, tie (off), (*Wunde*) apply a torniquet to; ⚡ (*Kabel*) bond, lace; **II.** *v/i. Leim, Zement*: set; **III.** ≈ *n* untying, *etc.*; ⚕ ligature; *Zement*: setting.

Abbitte *f* apology; ~ *tun od. leisten* make one's apology, apologize (*bei j-m wegen et.* to a p. for a th.); (*zu Kreuze kriechen*) F eat humble pie; **≈n** *v/t.*: *j-m et.* ~ apologize to a p. for a th., beg a p.'s forgiveness for a th.; → *Abbitte*.

abblas|en *v/t.* **1.** blow off (*a. Dampf*); ⊕ (*Gußstücke*) (sand-) blast; (*Insektizid, Kampfstoff*) dust, spray; (*Gas*) release; **2.** F *fig.* call off (*a. Streik*), cancel; **≈ventil** *n* blowoff valve.

abbleiben F *v/i.*: *wo ist es abgeblieben?* where has it got to ?; *wo ist er abgeblieben?* what has become of him ?

abblättern I. *v/t.* strip the leaves off, defoliate; **II.** *v/i. u. v/refl.*: (*sich* ~) shed the leaves; (*sich ablösen*) flake off, peel off; *Gestein*: spall; ⚕ *Haut*: desquamate, scale (off).

abblend|en *v/t.* (*Lichtquelle*) screen, dim; (*Scheinwerfer*) dip *od.* dim (the headlights *v/i.*); *phot.* stop down (the aperture *v/i.*); **≈fußschalter** *mot. m* dip-switch pedal; **≈licht** *n* passing (*Am.* low) beam, anti-dazzle light; **≈schalter** *m* anti-dazzle switch, dip-switch, *Am.* dimmer switch; **≈stellung** *mot. f* anti-dazzle position.

abblitzen *v/i.* meet with a rebuff (*bei j-m* from), be sent away; *j-n* ~ *lassen* F send a p. packing; (*e-n Freier*) turn a p. down (flat).

abblühen *v/i.* cease blooming, droop, wither; *fig.* fade, wither.

abböschen *v/t.* slope.

abbrausen I. *v/t.* (give a) shower; *sich* ~ have a shower; **II.** F *v/i.* rush (*od.* zoom) off.

abbrechen I. *v/t.* break off; (*Gebäude usw.*) pull down, demolish, (*a. Gerüst*) take down; (*Lager*) break *camp*; (*Zelt*) strike; *typ.* (*Wort, Zeile*) break; *fig.* (*Diskussion, Beziehungen usw. beenden*) break off; stop; cut short; ⚔ (*Belagerung*) raise; (*Streik*) call off; → *Spitze*[1]; F *sich einen* ~ nearly kill o.s.; → *Verzierung*; **II.** *v/i* break off; *fig.* (*enden*) *a.* stop, be interrupted; *kurz* ~ stop short *od.* dead, break off (abruptly); *beim Sprechen*: *a.* interrupt o.s.

abbremsen *v/t. u. v/i.* brake, apply

the brakes; ⊕ (*Motor*) brake-test; ✈ *vor dem Start*: run (*od.* rev) up, power-test *the engine*; *fig.* (*et.*) break, put the brake on, (*verzögern*) retard, slow down; (*auffangen*) cushion, absorb; *Kernspaltung*: moderate.

abbrenn|en I. *v/t.* burn down; (*wegbrennen*) burn off; ⚗ deflagrate; *metall.* refine, (*Stahl*) temper; (*Keramik*) give the final firing to; (*Feuerwerk*) let off; **II.** *v/i.* burn down; be destroyed by fire; *Kerze, Streichholz*: burn down; ⚗ *schnell* ~ (*lassen*) deflagrate; → *abgebrannt*; **≈(stumpf)schweißung** ⊕ *f* flash-butt welding.

abbringen *v/t.* get off; (*weglenken*) deflect, divert; ⚓ unmoor; (*gestrandetes Schiff*) float; *von der Spur* (*od. Fährte*) ~ throw off the scent; *fig. j-n von e-m Vorhaben* ~ *Sache*: put a p. off *a th.*; *Person*: talk (*od.* argue) a p. out of *a th.*; (*j-m abraten von*) dissuade a p. from *a th.*; *j-n von e-r Gewohnheit* ~ break a p. of a habit; *j-n von e-m Thema* ~ get a p. off a subject; *j-n vom* (*rechten*) *Wege* ~ lead a p. astray (*a. fig.*); *sich nicht* ~ *lassen von* et. cling (*od.* stick) to a th., persist in (doing, *etc.*) a th., stick to one's guns; *davon lasse ich mich nicht* ~ I wont change my mind about this.

abbröckeln *v/i.* crumble away; *fig.* ♆ *Kurse*: crumble (away), drop off.

Abbruch *m* **1.** *e-s Gebäudes usw.*: pulling down, demolition, *a. e-s Gerüsts*: taking down; (*Trümmer*) debris, rubble; *auf* ~ *verkaufen* (*Haus*) at demolition value; (*Schiff usw.*) for scrap; **2.** *fig. von Beziehungen usw.*: breaking off *of diplomatic relations, etc.*, discontinuance, *diplomatic* rupture; *Sport*: break-off, "referee stops contest"; **3.** (*Schaden*) damage, prejudice; *e-r Sache* ~ *tun* impair, detract from, damage, injure, prejudice; ~ *leiden* suffer damage, be impaired; **~höhe** ✈ *f* break-off height; **≈reif** *adj.* due for demolition, dilapidated, derelict; ⊕ due to be scrapped; **~sieger** *m Boxen*: winner by t.k.o. (= technical knockout); **~unternehmen** *n* demolition contractors *pl.*, housebreakers *pl.*, *Am.* wrecking company.

abbrühen *v/t.* (*Gemüse, Tuch*) (par)boil; (*Geflügel, Schwein*) scald; *fig.* → *abgebrüht*.

abbrummen F *v/t.* (*Strafe*) → *absitzen* II.

abbuch|en ♆ *v/t.* debit *a sum to an account*; (*abschreiben*) write off (*a.* F *fig.*); **≈ung** *f* charge, debit (entry); (*Abschreibung*) write-off.

abbürsten *v/t.* **1.** (*Kleider*) brush (down); **2.** (*Staub*) brush off.

abbüßen *v/t.* expiate, atone for; *e-e Strafe* ~ serve a sentence.

ABC *n* ABC, alphabet; *fig. a. the* rudiments *od.* elements *pl. nach dem* ~ alphabetically; **~-Buch** *n* spelling-book, primer; **~-Kriegführung** *f* NBC warfare; **~-Schüler** (**-in** *f*) *m*, **~-Schütze** *m* abecedarian, ABC learner; **~-Waffen** *f/pl.* NBC weapons.

abdach|en *v/t.* slope, slant; **≈ung** *f* slope, declivity; *flache*: glacis.

abdämm|en *v/t.* dam up *od.* off; (*Fluß*) *a.* embank; ⚡ (*isolieren*) insulate; *fig.* stem (off), stay; **≈ung** *f* damming up, embankment; ⚡ insulation.

Abdampf *m* exhaust steam; **≈en I.** *v/i.* **1.** evaporate; **2.** *Zug*: steam (*od.* chuff) off, pull out; F *fig.* clear off, beat it; **II.** *v/t.* (*a.* ~ *lassen*) evaporate, vaporize; **~en** *n* evaporation, volatilization.

abdämpfen *v/t.* → *dämpfen*.

Abdampf...: **~heizung** *f* waste-steam heating; **~ofen** *m* slip kiln; **~rohr** *n* exhaust pipe line; **~rückstand** *m* residue on evaporating; *mot.* gum; **~turbine** *f* waste-steam turbine.

abdank|en I. *v/t.* → *entlassen*; → *abgedankt*; **II.** *v/i.* resign (office), retire (from office); *Herrscher*: abdicate; **≈ung** *f* (*Rücktritt*) resignation, retirement; *e-s Herrschers*: abdication; → *Entlassung*.

abdarben *v/t.*: *sich* et. ~ deny o.s. a th., stint o.s. of a th.

Abdeck|band *n* masking tape; **~blech** *n* cover sheet (*od.* plate); **≈en I.** *v/t.* **1.** uncover; (*Haus*) unroof; (*Bett, a. Beet*) strip; (*den Tisch*) clear; (*Vieh*) flay; **2.** (*Dach*) take off, untile; **3.** (*verdecken*) cover (up); ⊕ *a.* mask, conceal, shield; *phot.* mask; (*Linse*) cap; (*Licht*) screen (off); **4.** ♆ (*Wechsel*) meet, cover; (*Schuld*) *a.* repay; (*Defizit*) make good; **5.** *Fußball usw.*: mark, cover; **II.** *v/i. u. v/refl.*: (*sich* ~) guard (o.s.), cover (up).

Abdecker *m* knacker, flayer; **~ei** *f* knacker's yard.

Abdeck...: **~plane** *f* tarpaulin; **~platte** *f* cover plate.

abdeichen *v/t.* (*Fluß*) dam (up); (*Land*) dike, dyke (in).

abdestillieren ⚗ *v/t.* distil(l) off.

abdicht|en *v/t.* make (air-, gas-, water)tight; ⊕ seal; (*Maschinenteil*) pack; ⚓ caulk; *akustisch*: insulate, (make) soundproof; *≈ung* f sealing, *etc.*; → *Dichtung*[1].

abdienen *v/t.* **1.** *s-e Zeit* ~ serve one's time; **2.** (*Schuld*) work out.

abdingen *v/t.* → *abhandeln.*

abdorren *v/i.* wither, dry up.

abdörren *v/t.* dry up, parch, desiccate.

abdräng|en *v/t.* push (*od.* force) aside; *mot. seitlich* ~ *beim Überholen*: side-swipe; ⚓, ✈ *Wind*: deflect from course; **≈ung** ✈, ⚓ *f* → *Abtrift.*

abdreh|en I. *v/t.* **1.** *allg.* twist off; **2.** (*Gas usw.*) turn off; ⚡ *a.* switch off; **3.** ⊕ (*Gewinde überdrehen*) strip; (*Schleifscheiben*) true, dress; (*Werkstück*) turn off (*od.* down); (*Stirnflächen*) face; **4.** (*abwenden*) turn away (*a. sich* ~); **5.** (*Film*) finish (shooting); **II.** *v/i.* ⚓ change one's course, turn off; (*ausscheren*) veer off; ✈ *im Luftkampf*: break away, *im Verbandsflug*: peel off; **≈spindel** *f* lathe spindle; **≈werkzeug** *n* dressing (*od.* turning) tool.

Abdrift *f* → *Abtrift.*

abdrosseln *v/t. mot.* throttle, *a.* ⚡ choke; *fig.* throttle down; cut back *production.*

Abdruck *m* (*Fuß≈, Stempel≈ usw.*) impression, imprint, mark; (*Finger≈, Fuß≈*) (finger-, foot)print; (*Abguß*) cast; *e-r Versteinerung*: mo(u)ld *of fossil*; *typ.*, (*a. Zahn≈*) impression; (*Exemplar*) copy, print; (*Nachdruck*) reprint; (*Probe≈*) proof; *Petschaft usw.*: mark, stamp; *e-r Münze*: ectype; ~ *in Wachs* wax impression; **≈en** *v/t. typ.* print (off), strike off; *wieder* ~ reprint.

abdrücken *v/t.* **1.** squeeze off; *j-m das Herz* ~ wring a p.'s heart; **2.** (*abformen*) mo(u)ld; *sich* ~ leave an impression (*od.* mark); **3.** *Gewehr*: (*a. v/i.*) fire, pull the trigger (of); **4.** (*umarmen*) hug, squeeze, cuddle.

Abdruckrecht *n* right of reproduction.

Abdrückschraube ⊕ *f* set screw.

Abdruckstempel *typ. m* block.

abducken *v/t. u. v/i. u. v/refl.*: (*sich* ~) duck.

Abduktor *anat. m* abductor (muscle).

abdunkeln *v/t.* (*Licht*) darken, dim, *vollständig*: black out; (*Farben*) deepen, shade down.

abdunsten *v/t.* evaporate.

abebben *v/i.* ebb away; *fig.* ebb, die down (*od.* away).

Abend *m* evening; *poet.* (*u. Vor≈*) eve; ♪, *thea.* night; (*Lieder≈ etc.*) recital; (*Gesellschaft*) (evening) party; → *bunt, heilig*; *obs.* (*Westen*) West; *am* ~, *des* ~*s* in the evening, at night; *diesen* ~, *heute* ≈ this evening, tonight; *morgen* (*gestern*) ≈ tomorrow (last) night; *Sonntag* ≈ Sunday evening; *Guten* ~*!* good evening!; *zu* ~ *essen* have supper *od.* dinner, dine; *es wird* ~ it is getting dark, night is drawing on; *fig. man soll den Tag nicht vor dem* ~ *loben* don't count your chickens before they are hatched; *es ist noch nicht aller Tage* ~ things may take a turn yet.

Abend...: **~andacht** *f* evening prayers *pl.*; **~anzug** *m* evening dress(-suit); **~ausgabe** *f e-r Zeitung*: evening edition; **~blatt** *n* evening paper; **~brot** *n*, **~essen** *n* supper, *als Hauptmahlzeit*: dinner, evening meal; **~dämmerung** *f* (evening) twilight, dusk; **~falter** *m* hawkmoth; **≈füllend** *adj. Film usw.*: full-length ...; **~gebet** *n* evening prayer(s *pl.*); **~geläut(e)** *n* evening bells *pl.*; **~gesellschaft** *f* (evening *od.* dinner) party, soirée (*fr.*); **~gottesdienst** *m* evening service, *R.C.* vespers *pl.*; **~kasse** *thea. f* box-office; **~kleid** *n* evening dress (*Am.* gown); **~kurs** *m*, **~lehrgang** *m* evening classes *pl.*; **~land** *n the* Occident *od.* West; **≈ländisch** *adj.* western, occidental; **≈lich** *adj.* evening ..., of (*adv.* in) the evening; ~*er Wind* evening breeze; **~mahl** *n* **1.** → *Abendbrot*; **2.** *eccl. the* (Holy) Communion, *the* Lord's Supper; *das* ~ *empfangen* (*reichen*) receive (administer) Holy Communion; communicate; **~mahlgänger** *m* communicant; **~messe** *eccl. f* vespers *pl.*; **~rot** *n*, **~röte** *f* sunset glow, afterglow.

abends *adv.* **1.** in the evening; *spät* ~ late in the evening; *um 7 Uhr* ~ at 7 o'clock in the evening (*od.* p.m.); *von morgens bis* ~ from dawn to dusk, from morning till night; **2.** every evening, *bsd. Am.* evenings.

Abend...: **~schule** *f* evening classes *pl.*, night-school; **~sonne** *f* evening (*od.* setting) sun; **~stern** *m* evening-star; **~tisch** *m* supper table; **~toilette** *f* evening dress (*od.* toilet); **~umhang** *m* evening wrap; **~unterricht** *m* → *Abendschule*; **~wind** *m* evening breeze; *poet.* west(erly) wind; **~zeit** *f* evening (hours *pl.*); **~zeitung** *f* evening paper.

Abenteuer *n* adventure; (*Wagnis*) venture; (*Liebes≈, galantes*~)

(love-)affair; *auf ~ ausgehen* go in quest of adventures; **~geschichte** *f* adventure story; **ˆlich** *adj.* adventurous; *fig.* (*riskant*) risky, venturesome; (*absonderlich*) odd, quixotic, romantic; *Plan usw.*: wild, fantastic; *ein ~es Leben führen* lead an adventurous life, live by one's wits; **~lichkeit** *f* adventurousness; *fig.* strangeness, quixotry; extravagance; **~lust** *f* spirit of adventure; **ˆn** *v/i.* lead an adventurous life, knock about; **~roman** *m* adventure story (*od.* novel); **~spielplatz** *m* adventure playground.

Abenteurer *m* adventurer; *weitS. a.* soldier of fortune; (*Schwindler*) sharper; **~in** *f* adventuress; **~leben** *n*: *ein ~ führen* → *abenteuerlich.*

aber I. *cj.* but; *~ d(enn)och* (but) yet, still, however; *oder ~* otherwise, (or) else; **II.** *int.*: *~!* now then!; *~, ~!* now, now!, come, come!, how could you!; *~ ja!, ~ sicher!* why, certainly!, but yes!; *~ nein!* of course not!, *verwundert*: I say!, you don't say!, go on!; *~ schnell!* F and make it quick!; *~ tüchtig!* and how!, *sl.* with knobs on!; *tu's ~ ja nicht!* don't (you) do it; **III.** *adv.* again; *~ und abermals* again and again, over and over again; *Tausende und ~ Tausende* thousands upon thousands; **IV.** **ˆ** *n* but, objection; *die Sache hat ein ~* there is a 'but' (about it), there is a catch to it; *er hat immer ein (Wenn und) ~* he is always full of 'ifs' and 'buts'; *ohne Wenn und ~* without any 'ifs' and 'buts'.

Aber|glaube *m* superstition; **~gläubigkeit** *f* superstitiousness; **ˆgläubisch** *adj.* superstitious.

aberkenn|en *v/t.*: *j-m et. ~* deny a p. a th.; ⚖ *j-m ein Recht ~* deprive a p. of; *j-m e-e Sache ~* declare a p. disentitled to, dispossess a p. of *a th.* by judgment; *e-n Anspruch ~ Schadenersatz*: disallow a claim; **ˆung** *f* denial; ⚖ deprivation, dispossession; abjudication; *~ der bürgerlichen Ehrenrechte* deprivation (*od.* loss) of civic rights, civic degradation; *~ des Ruhegehalts* deprivation of pension.

aber|klug *adj.* know-all, F smart-aleck(y), *pred.* too clever by half; **~malig** *adj.* repeated, renewed; second; **~mals** *adv.* (once) again, anew, once more.

abernten *v/t.* reap, harvest.

Aberration *phys. f* aberration.

Aberwitz *m* folly, madness; **ˆig** *adj.* mad, crazy.

abessen I. *v/t.* eat up; (*Teller*) eat clean, clear; *e-n Knochen ~* pick a bone; **II.** *v/i.* finish eating.

Abessin|ier *m*, **~ierin** *f*, **ˆisch** *adj.* Abyssinian, Ethiopian.

abfachen *v/t.* partition (off).

abfahren I. *v/i.* **1.** leave, start (*a.* 🚂), set out *od.* off (*alle*: *nach* for); *im Wagen*: drive off; *auf dem Fahrrad*: pedal off; 🚂 *aus dem Bahnhof*: pull out; ⚓ clear (*nach* for), depart, (set) sail; *mount.* glissade; *Ski*: run down(hill); 🚂 *~!* ready!, go!; *~ lassen* start, give the starting-signal to; *sl. Film usw.*: start, run; **2.** F *fig.* → *abblitzen*; *j-n ~ lassen, mit j-m ~* send a p. packing, score off a p., give a p. the cold shoulder; **II.** *v/t.* **3.** (*beseitigen*) cart (*od.* carry) off, remove; **4.** (*e-e Strecke*) drive over (*od.* through), cover, travel, F do; *überwachend*: patrol; **5.** (*Fahrbahn usw. abnutzen*) wear out (*a. sich ~*); **6.** *ihm wurde ein Bein abgefahren* he lost a leg in a motor-accident.

Abfahrt *f* departure, start; setting-out; ⚓ sailing (*alle*: *nach* for); *hinunter*: descent; *mount.* glissade; *Ski*: a) downhill run; b) (*Hang*) slope; **ˆbereit** *adj.* ready to leave *od.* start; **~(s)hafen** *m* port of departure *od.* sailing; **~(s)lauf** *m*, **~srennen** *n Ski*: straight downhill (event); **~släufer(in** *f*) *m* downhill racer.

Abfall *m* **1.** falling-off; *der Blätter*: fall; (*Böschung*) steep slope, descent, declivity; *fig.* (*Abnahme*) decrease, *a.* ⊕, ⚡ drop; *von e-r Partei usw.*: falling away, defection, secession, backsliding (*von* from); *zum Gegner*: desertion (*zu* to); *eccl.* apostasy (*von* from); (*Aufstand*) revolt; **2.** *oft* Abfälle waste; (*Müll*) refuse, rubbish, *bsd. Am.* garbage; *beim Essen*: scraps *pl.*, leavings *pl.*; *beim Schlachten*: offal; ⊕ chips, clippings, filings, shavings (*alle pl.*); *von Erz*: tailings *pl.*; (*Schrott*) scrap; **3.** (*ungünstiger Gegensatz*) (unfavo[u]rable) contrast (*gegen* to, with), F come-down; **~behälter** *m auf der Straße*: litter bin, *Am.* garbage (*od.* trash) can; **~eimer** *m* dustbin, *Am.* ash can; **ˆen** *v/i.* fall *od.* drop off; *fig.* (*abnehmen*) decrease, fall off, drop; *Gelände*: fall away, slope, drop (*steil* steeply); *Sorge usw.*: fall away (*von* from *a p.*); (*sich von et. trennen*) fall away, desert, *von e-r Partei*: break away, defect, *Am. a.* bolt (*von* from); *eccl.* apostatize (from); (*sich auflehnen*) revolt, rebel (against); (*abmagern*) lose weight, grow thin; F *j-n ~ lassen* snub a p., drop a p., give a p. the cold shoulder; F *es wird dabei für ihn etwas ~* there will be something in it for him, too; *es fällt sehr ab gegen* it compares badly with; **⁓end** *adj.* **1.** *Gelände*: sloping *terrain*; *steil ~* precipitous; **2.** ⚘ deciduous; *physiol.* caducous; **~energie** *f* waste energy; **~erzeugnis** *n* waste product; *weiterverwertbares*: by-product; **~händler** *m* junk dealer; **~haufen** *m* rubbish heap; **~holz** *n* waste wood; *Forstwesen*: refuse wood.

abfällig I. *adj. Bemerkung*: disparaging, derogatory, deprecating, snide; *Kritik*: adverse, *a. Meinung, Urteil*: unfavo(u)rable; **II.** *adv.* disparagingly, *etc.*; *~ sprechen über j-n* speak disparagingly of a p., run a p. down; *j-n (j-s Bitte) ~ bescheiden* give a negative answer to a p., refuse (*od.* turn down) a p.'s request.

Abfall...: ~kübel *m* → *Abfalleimer*; **~moment** ⊕ *n* breakdown torque; **~produkt** *n* → *Abfallerzeugnis*; **~säure** ⚗ *f* residuary acid; **~verwertung** *f* waste utilization, salvage.

abfälschen *v/t. Fußball*: deflect *the ball.*

abfang|en *v/t.* **1.** catch, capture; (*Ball usw.*) *a.* snatch; (*Briefe, Meldung, Feindflugzeug, Angreifer usw.*) *a. Sport*: intercept; (*Angriff, a.* ✝ *Entwicklung*) check; (*Boxhieb usw.*) parry; (*Läufer*) *vor dem Ziel*: catch up with; *mot.* (*den Wagen*) get under control; ✈ right, *aus dem Sturzflug*: pull out (of a dive); (*Kunden*) entice (*od.* draw) away; **2.** ⚠, ⚒ prop, support; ⊕ (*Stöße*) absorb, cushion; **3.** *hunt.* kill, stab; **⁓jäger** ✈ *m* interceptor.

Abfarad ⚡ *n* abfarad.

abfärben *v/i.* lose colo(u)r, fade; *~ auf* stain; *fig.* rub off on.

abfasen ⊕ *v/t.* chamfer, bevel.

abfasern I. *v/t.* (*Bohnen*) string; **II.** *v/i. u. v/refl.*: (*sich ~*) ravel out, fray.

abfassen I. *v/t.* **1.** (*abfangen*) (*j-n*) catch; (*a. Brief usw.*) intercept; (*verhaften*) arrest; **2.** (*verfassen*) compose, write, pen; (*aufsetzen*) draft, *bsd. amtlich*: draw up; (*formulieren*) word, formulate; *in vorsichtigen Worten usw. ~* couch in; *kurz abgefaßt* concise(ly worded), brief; **II.** *⁓ n* composition; wording; formulation; drawing up, drafting.

Abfassung *f* → *Abfassen.*

abfaulen *v/i.* rot off (*od.* away).

abfeder|n ⊕ *v/t.* spring(-load), suspend; *gegen Stöße*: cushion; *einzeln abgefederte Räder* independently sprung wheels; **⁓ung** *f* cushioning; *mot.* spring suspension, springing.

abfegen *v/t.* sweep (off).

abfeilen *v/t.* file off; *fig.* polish.

abfeilschen *v/t.* → *abhandeln.*

abfertig|en *v/t.* **1.** dispatch (*a.* 🚂 *usw.*); ⚓ check in (*a. sich ~* lassen); *Zoll*: clear; (*absenden*) dispatch, forward, expedite; (*Auftrag, Kunden usw.*) deal with, attend to, *verwaltungsmäßig*: *bsd. Am.* process; **2.** *fig. Sport*: dispose of, make short work of; *j-n (kurz) ~* (*abweisen*) dismiss a p. without ceremony, send a p. about his business; **⁓ung** *f* **1.** dispatch (*a.* 🚂, ✈); *Zoll*: (customs) clearance; (*Versand*) expedition; *j-s, e-s Auftrags usw.*: attendance (*gen.* to), dealing (with); *von Kunden*: service; **2.** *fig.* rebuff; *Sport*: beating; **3.** → *Abfertigungsstelle*; ✈ (*Fluggast⁓*) check-in counter (*od.* desk); **⁓ungsstelle** *f* dispatch office; **⁓ungszeit** *f* handling time; hours *pl.* of clearance (*od.* dispatch).

abfeuern *v/t.* (*Waffe, Geschoß*) fire (off); F *Sport*: shoot.

abfilt|ern, ~rieren *v/t.* strain, filter off.

abfind|en I. *v/t.* pay off, satisfy; (*Gläubiger*) *a.* compound with; (*Teilhaber*) buy out; (*entschädigen*) indemnify, compensate (*für* for); (*Kind*) *zu Lebzeiten*: portion off; **II.** *v/refl.*: *sich mit j-m ~* come to terms with a p., settle with a p.; *sich mit et. ~* resign o.s. to a th., make the best of a th.; *sich mit j-m od. et. ~* put up with; *sich mit den Tatsachen ~ a.* face the facts; **⁓ung** *f* settlement, arrangement; composition (*mit den Gläubigern* with the creditors); *von Angestellten*: severance pay; satisfaction; indemnification, compensation; *eimalige ~* lump sum settlement; → *a.* **⁓ungssumme** *f* (sum of) indemnity; (*Entschädigung*) compensation; *für Angestellte, bei Entlassung*: severance pay; **⁓ungsvertrag** *m* (deed of) compensation.

abfischen *v/t.* fish out; *~ nach* fish *a pond, etc.* for.

abflachen *v/t.* (*a. sich ~*) flatten *od.* level (out); ⊕ *Gewinde*: truncate; *sich ~ Wasser*: become shallow.

abflächen ⊕ *v/t.* face, surface; (*abschrägen*) bevel.

Abflach|kondensator ⚡ *m* smoothing capacitor; **~ung** *f* flattening, slope; ⊕ *Gewinde*: flat portion; *ast.*, ✈ oblateness.

abflauen *v/i. Wind*: die down, drop; *fig.* ebb, subside, wane; ⚕ *Preise*: sag, give way; *Kurse*: ease off; *Geschäft*: slacken (off); *Interesse*: fall off, flag, wane.

abfliegen I. *v/i.* fly off; ✈ take off, start; **II.** *v/t.* (*Strecke*) patrol.

abfließen *v/i.* flow off (*a.* ⚕ *Kapital*), run off, drain off; ~ *lassen* run (*od.* drain) off.

abflucht|en ⊕ *v/t.* align, line out; **⁀ung** *f* alignment.

Abflug *m* take-off, start, departure; **~deck** *n* flight-deck.

Abfluß *m* (*Abfließen*) flowing off, draining off; *a.* ⚕ discharge; *des Geldes*: outflow (*gen.* of), drain (on), *ins Ausland*: efflux, foreign drain; (*~stelle*, *~loch*) outlet, drain; **~gebiet** *n* catchment area, (river) basin; **~graben** *m* drain(age ditch); **~hahn** *m* drain cock; **~kanal** *m* discharge conduit; *Staubecken*: spillway; **~rohr** *n* waste-pipe, drain-pipe; **~ventil** ⊕ *n* drain valve.

Abfolge *f* succession; (*Reihenfolge*) sequence.

abfordern *v/t.*: *j-m et.* ~ demand (*od.* claim) a th. of *od.* from a p., *a. fig.* exact a th. from a p.; *j-m Rechenschaft* ~ call a p. to account.

abformen *v/t.* mo(u)ld, model; *gießend*: cast; (*kopieren*) copy; ⊕ shape, mo(u)ld.

abforsten *v/t.* → *abholzen.*

abfragen I. *v/t.* **1.** *j-n et.* ~ question (*Am.* quiz) a p. about; *die Klasse* ~ question the class; *e-n Schüler die Aufgaben* ~ hear a pupil repeat his lessons; **2.** *Computer*: interrogate, *Am.* challenge; **II.** *teleph. v/i.* accept the call.

abfräsen ⊕ *v/t.* mill off.

abfressen *v/t.* eat off; *Vieh, Wild*: graze (down), browse on, crop; *völlig*: eat bare; ⊕ corrode, eat away; *geol.* erode; *fig.* gnaw at *a p.'s heart.*

abfrieren *v/i.* freeze off, be frost-bitten.

abfühlen *v/t.* → *abtasten.*

Abfuhr *f* **1.** removal, disposal, hauling off; (*Roll⁀*) cartage; **2.** *fenc.* disablement; *Sport u. fig.*: defeat, beating; (*Abweisung*) rebuff, *Am. a.* brush-off; *fig.* e-e ~ *erteilen dat. Sport*: beat (hollow), trounce; *fig.* settle *a p.*; (*abweisen*) snub, rebuff; *sich* e-e ~ *holen* meet with a rebuff; *Sport*: get a trouncing.

abführen I. *v/t.* lead off *od.* away; (*Sache*) carry (*od.* cart, haul) off; (*Häftling*) take away (in custody); (*Wasser usw.*) drain off; *phys.* eliminate; (*Wärme*) carry off; (*Gas*) draw off, exhaust; (*Geldbetrag, Steuer*) pay over (*an* to), (*abzweigen*) branch (*od.* draw) off; (*e-e Schuld*) pay off, discharge; *fenc.* disable; *j-m e-n Geldbetrag* ~ *a.* pass an amount to a p.'s credit; *a. fig. j-n vom* (*rechten*) *Wege* ~ lead a p. astray; *j-n vom Thema* ~ lead a p. away from the subject; **II.** ⚕ *v/i.* act as an aperient, loosen the bowels; **~d** ⚕ *adj.* purgative, aperient, laxative.

Abführ...: **~mittel** *n* aperient, laxative, purgative; **~tablette** *f* laxative tablet; **~ung** *f* → *abführen*; removal, carriage; payment, settlement, clearance; ⚕ purgation.

Abfüll|anlage *f* filling (*od.* bottling) plant; **⁀en** *v/t.* fill; (*Wein*) rack; *et. in Flaschen*: bottle; *in Tüten*: bag; **~maschine** *f* filling machine; *für Flaschen*: bottling machine; **~waage** *f* weigher-filler.

abfüttern *v/t.* **1.** (*Vieh*, *a.* F *Gäste*) feed; **2.** ⊕ line.

Abgabe *f* **1.** *allg.* delivery; *der Fahrkarte usw.*: surrender; *des Gepäcks*: depositing, *Am.* checking; (*~schalter*) parcels office; *Fußball*: pass; *e-s Schusses*: firing (*gen.* of); *phys. von Strahlungen usw.*: emission; *von Energie*: release; ⚡ (*Leistungs⁀*) output; (*Ausgabe*) issue; (*Verkauf*) sale; *e-r Nachricht*: transmission; *e-r Meinung*: delivering (*gen.* of); *e-s Gutachtens*: giving (of); *e-r Offerte*: making (of); ~ *e-r Erklärung* (making of a) statement; ~ *der Wahlstimme* casting one's vote, voting, polling; **2.** (*Tribut*) tribute; (*bsd. Zoll⁀*) duty; (*Steuer⁀*) tax; (*Kommunal⁀*) rate; *~n Börse*: sales; → *Sozialabgaben*; **⁀nfrei** *adj.* duty-free; tax-exempt; **~nfreiheit** *f* exemption from duties *od.* taxes *od.* rates; **⁀npflichtig** *adj.* dutiable, taxable; liable to duty *od.* taxes; **~preis** ⚕ *m* selling price.

Abgang *m* **1.** (*Abfahrt*) departure, start; ⚓ sailing; *e-r Person, a. fig.*: going (away), *a. thea.* exit; *von e-r Stellung*: retirement, resignation (*von* from); *von der Schule usw.*: leaving (of), *mit bestandener Abgangsprüfung*: *Am.* graduation (from); *fig. sich e-n guten* ~ *verschaffen* make a graceful exit; **2.** *Turnen*: a) *vom Gerät*: dismount; b) (*Ende der Übung*) finish of exercise; **3.** ⚕ (*Verlust*) waste, wastage, loss; *beim Wiegen*: deficiency, shortage; *bei Flüssig-*

keiten: leakage, ullage; (*Abnahme*) decrease, reduction, depreciation; Abgänge *der Belegschaft*: separations; (*Warenversand*) dispatch *sg.*; *Bankbilanz*: items disposed of; → Absatz 4; **4.** ⚕ discharge; *von Stuhlgang, e-s Steins*: passage; **5.** (*Tod*) decease, passing (away).

abgängig *adj.* ✝ **1.** (*fehlend*) missing, deficient; **2.** → gängig 3.

Abgangs...: **~alter** *n Schule*: school-leaving age; **~dampf** *m* exhaust steam; **~hafen** *m* port of clearance; **~mikrophon** *n* sound-emission microphone; **~prüfung** *f* leaving (*Am.* final) examination; **~verkehr** *m* outgoing traffic; **~zeit** *f* time of departure (*od. e-r Sendung*: of dispatch); **~zeugnis** *n* (school-)leaving certificate, *Am.* diploma.

Abgas *n* waste gas; *mot.* exhaust fumes *pl.*; **~entgiftung** *f* emission control; **~schalldämpfer** *m* exhaust silencer; **~turbine** *f* exhaust(-gas) turbine; **~turbolader** ✈ *m* exhaust-driven turbosupercharger; **~ventil** *n* blow-through valve; **~verschmutzung** *f* exhaust pollution; **~verwertung** *f* waste-gas utilization.

abgaunern *v/t.*: *j-m* et. ~ trick (*od.* cheat) a p. out of a th.

abgearbeitet *adj.* toilworn, worn-out, overwrought; *pred.* run down; → *abarbeiten.*

abgeben I. *v/t.* **1.** (*abliefern*) deliver (up), hand over (*dat.*, *an, bei* to); (*Fahrkarte, Paß*) give up, hand over; (*Schriftstück*) submit (to), file (with); (*a. Schulheft*) hand in; (*Gerät*) turn in; (*hinterlassen*) leave, drop (*bei* with); (*Gepäck usw.*) deposit, leave (*bei* at), *Am.* check; (*ein Amt*) give up, resign; ✝ (*Ware*) supply, let have, *a. Börse*: sell; (*abtreten*) give up, dispose of, make over (*dat.* to); (*e-n Wechsel*) draw (*auf* on); (*Meldung*) transmit; (*e-e Person*) detach; (*e-e Versicherung, ein Versprechen*) give; → Angebot, Gutachten, Stimme; *Sport*: (*Spiel usw. verlieren*) lose (*an j-n* to), (*ein Tor*) concede *a goal* (to); ⊕ (*Dampf*) give off; (*Wärme usw.*) *a.* radiate, emit; (*Strom*) deliver; *Automat usw.*: (*dosieren*) dispense, meter out; (*erbringen*) yield; *von et.* ~ give some of a th. (*an* to), share a th. (with); *kannst du mir eine Zigarette* ~ can you spare me a cigarette; *abzugeben bei* to be handed to, c/o. (= care of); *s-e Karte bei j-m* ~ leave one's card on a p.; ✝ *blanko* ~ sell bear, *Am.* sell short; *e-e Erklärung* ~ make a statement; ⚖ *a.* depose; → *eidesstattlich*; *e-e Meinung* ~ give (*od.* deliver) an opinion, comment (*über* on); *e-n Schuß* ~ fire (*Sport*: deliver) a shot, shoot; *den Ball* ~ *Sport*: pass the ball; → III; ⊕ *abgegebene Leistung* (effective) output; **2.** (*dienen als, darstellen, sein*) serve as, form, make, be; *Person*: *a.* act as; *er würde e-n guten Verkäufer* ~ he would make a good salesman; **II.** *v/refl.*: *sich* ~ *mit* (*et.*) deal with, occupy *od.* concern o.s. with, have to do with; *viel*: spend (*unnütz*: waste) much time on; (*j-m*) have to do with, have dealings with; *im Umgang*: *a.* mix with, associate with, frequent *a p.'s* company; *mit ihm gebe ich mich gar nicht ab* I want no truck with him; **III.** *v/i. Sport*: pass (the ball); **IV.** F *v/impers.*: *es wird etwas* ~ a) there will be trouble; b) we'll have rain (*od.* snow *od.* a storm).

abge|brannt *adj.* burnt down; *Person*: burnt out; F *fig.* (*ohne Geld*) F broke, cleaned out, on the rocks; **~brochen** *adj.* broken off; *fig.* → *abgehackt*; **~brüht** *fig. adj.* hard-boiled, (case-)hardened, callous; **~gedankt** *adj.* retired, pensioned-off ...; **~droschen** *fig. adj. Wort, Wendung*: hackneyed, trite; ~e *Redewendung a.* cliché (*fr.*); **≗droschenheit** *f* triteness, banality; **~feimt** *adj.* artful, crafty, wily; (*hinterhältig*) insidious; ~*er Spitzbube* out-and-out rascal; **~griffen** *adj.* worn(-out); *Buch*: well-thumbed; *fig.* → *abgedroschen*; **~hackt** *fig. adj. Rede*: jerky, chopped, staccato; **~halftert** F *fig. adj. Beamter usw.*: F sacked; **~härmt** *adj.* care-worn, haggard; **~härtet** *adj.* hardened (*gegen* against), inured (to); *vom Wetter*: weather-beaten.

abgehen I. *v/i.* **1.** go off *od.* away; *a.* 🚂 *usw.*: leave, start, depart (*nach* for); *Schiff*: sail (for); *thea., a. fig.* make one's exit; *Post*: leave, go; *Schuß*: go off; ⚕ be discharged, pass; (*sich loslösen*) come off; (*abzweigen*) *Seitenweg*: branch off; *von e-m Amt*: retire, resign (*von* from); F *fig. Ware*: sell; F *reißend* ~ F sell like hot cakes; ~ *lassen* (*Sendung*) dispatch, forward; (*Schiffe*) send out; ⚕ *ihm sind Würmer abgegangen* he has passed worms; *thea. geht* (*gehen*) *ab* exit (exeunt); *von der Schule* ~ leave school, *erfolgreich*: graduate (from school); *von e-r Meinung* ~ alter one's opinion, change one's view;

von e-m Thema ~ digress (*od.* swerve) from *od.* drop a subject; *von e-m Vorhaben* ~ drop (*od.* abandon) a plan; *von der Wahrheit* ~ deviate (*od.* depart) from (the) truth; *vom rechten Weg(e)* ~ go astray (*a. fig.*); *nicht* ~ *von et.* persist in a th., (*bestehen auf*) insist on a th.; *davon* (*od. von diesem Standpunkt*) *gehe ich nicht ab* nothing can change my mind about this; ⚕ *vom Preis* ~ *Betrag*: be deducted from the price; *Person*: lower the price, grant a reduction (in the price); *davon gehen od. geht ab* deduct (from this), less; **2.** (*fehlen*) be missing *od.* wanting, lack; *was ihm abgeht, ist Mut* what he wants is courage, he has no courage; *sich nichts* ~ *lassen* deny o.s. nothing, not to stint in any way; *ihm geht nichts ab* he doesn't go short of anything; *ihr soll nichts* ~ she shall not want for anything; *er geht mir sehr ab* I miss him badly; **3.** (*enden*) end; *gut* ~ pass off well, succeed; *schlecht* ~ turn out badly; *es wird nicht ohne ...* ~ no doubt, there will be ...; **II.** *v/t.* (*abmessen*) measure by steps, pace off; (*überwachen*) patrol.

abge|hetzt *adj.* harassed; (*erschöpft*) exhausted, overwrought, *pred.* run down; (*atemlos*) breathless, panting; **~kämpft** *adj.* **1.** battle-weary; **2.** (*erschöpft*) worn-out, spent, weak and weary; **~kartet** *adj.* → *abkarten*; **~klärt** *fig. adj.* detached, mellow, wise; **~lagert** *adj. Wein*: matured, aged; *Holz*: seasoned; *Zigarre usw.*: well-seasoned; *geol.* deposited; **~lebt** *adj.* (*verbraucht*) decrepit; (*vergangen*) bygone; **~legen** *adj.* remote, distant, faraway; (*abgeschieden*) secluded, retired; out-of-the-way ..., *pred.* out of the way; **2legenheit** *f* remoteness; seclusion.

abgelt|en *v/t.* (*Ausgaben*) meet; (*Schuld*) discharge, pay off, settle; **2ung** *f* discharge; *Abfindung*: settlement; (*Lieferung*) compensation delivery; *zur* ~ *von Barleistungen* in lieu of cash.

abgemacht *adj.* → *abmachen.*

abgemagert *adj.* emaciated; *pred. a.* mere skin and bone.

abgemessen *adj.* **1.** measured; *genau* ~ exact, precise, accurate(ly dimensioned); **2.** *fig. Person, Rede*: formal, stiff; *Rede, Musik usw.*: measured, regular.

abgeneigt *adj.* disinclined *od.* unwilling (*dat.* for *od.* to *a th.*; *zu inf.* to *inf.*), averse (to *od.* from *a th.*); loath (to *inf.*); *j-m* ~ ill-disposed towards a p.; *e-r Person od. Sache* ~ *sein a.* dislike; *ich bin nicht* ~, *zu inf.* I am quite prepared to *inf.*; *ich wäre nicht* ~, *etwas zu trinken* I wouldn't mind a drink; **2heit** *f* → *Abneigung.*

abgenutzt *adj.* worn-out (*a. fig.*); used up; ~*e Schneide* blunt edge.

Abgeordnet|e(r *m*) *f* deputy, delegate, representative; *parl.* Member of Parliament (*abbr.* M.P.), *Am. des Kongresses*: representative, congressman (*f* congresswoman); **~enhaus** *n* chamber of deputies, Lower House; *Großbritannien*: House of Commons; *USA*: House of Representatives.

abgerissen *adj.* **1.** torn-off; (*zerrissen*) torn; (*zerlumpt*) ragged, in rags and tatters; (*schäbig*) shabby, threadbare, frayed; *Person:* (*heruntergekommen*) down-at-heel(s), F seedy; **2.** *Haus*: demolished; **3.** *fig. Sprache, Stil*: jerky, disjointed, abrupt; *Gedanken, Rede*: incoherent, disconnected; **2heit** *f* raggedness; shabbiness; abruptness; incoherence.

abgerundet I. *adj. Leistung, Stil, Bildung*: well-rounded, finished; *Zahl*: round(ed); **II.** *adv. Zahl*: in round figures.

Abgesandte(r *m*) *f* messenger; *weitS.* delegate; *pol.* envoy, emissary; → *Gesandter.*

abgeschieden *adj.* **1.** solitary, isolated, secluded, retired; **2.** (*tot*) departed, deceased; → *abscheiden*; **2heit** *f* seclusion; retirement.

abgeschlagen *adj.* **1.** → *abgespannt*; **2.** *Sport*: defeated, far behind.

abgeschliffen *adj.* ⊕ polished, finished; *fig.* polished, elegant, refined; **2heit** *f* polish, elegance.

abgeschlossen *adj.* → *abschließen*; *fig.* retired, secluded; (*in sich* ~) *Wohnung, Maschine*: self-contained, independent; *Ausbildung, a. ling.*: complete; ♏, ♌ closed; (*abgemacht*) agreed, settled, final; ~ *leben* live in seclusion, shut o.s. up; **2heit** *f* seclusion, isolation; completion; (*Einheit*) compactness.

abgeschmackt *fig. adj.* (*töricht*) absurd, fatuous; (*von schlechtem Geschmack*) in bad taste, tasteless, vulgar; (*taktlos*) tactless; **2heit** *f* absurdity; bad taste, vulgarity; tactlessness.

abgesehen *adv.*: ~ *von* apart (*Am. a.* aside) from, except for, exclusive of, leaving out; ~ *davon, daß* not to mention that, let alone that; *ganz* ~ *davon, daß* quite apart from the fact that; → *absehen.*

abgesondert *adj.* separate (*von*

from); *fig.* → abgeschieden, abgeschlossen.

abgespannt *adj. fig.* exhausted, weary, fatigued, worn(-)out, F washed up; *nervlich*: *a.* unstrung; **~heit** *f* exhaustion, fatigue, weariness.

abgestanden *adj.* stale (*a. fig.*), flat.

abgestorben *adj. Glieder*: numb; ⚕ *Gewebe*: necrotic; *Nerv*: devitalized; *vollständig*: *a.* dead.

abgestumpft *adj.* **1.** *Schneide*: blunt(ed), dull; ⚗ neutralized; ∆ truncated; ~er Kegel truncated cone, frustrum of cone; ~e Pyramide frustrum of pyramid; **2.** *fig.* dull(ed), indifferent, insusceptible (gegen to); **~heit** *f* dullness; apathy; (*Gleichgültigkeit*) indifference, insensibility (gegen to).

abgetakelt *adj.* ⚓ unrigged; *fig.* → abgekämpft 2.

abgetan → abtun.

abgeteilt *adj.* divided up, partitioned; ~er Raum compartment.

abgetragen *adj. Kleider*: worn-out; threadbare, shabby, shiny.

abgewinnen *v/t.*: j-m et., *a.* ein Lächeln ~ win *a th.* from a p.; e-r Sache Geschmack ~ acquire a taste for a th., take pleasure in a th.; j-m Achtung (Liebe) ~ win *od.* gain a p.'s respect (affection); j-m e-n Vorsprung ~ get the start of a p., steal a march on a p.; j-m e-n Vorteil ~ get the better of a p.; → Reiz, abringen.

abgewirtschaftet *adj.* ruined (by mismanagement); *fig. Sache u. Person*: ruined, run(-)down.

abgewöhnen *v/t.*: j-m et. ~ wean a p. from, break (*od.* cure) a p. of; sich das Rauchen usw. ~ give up *od.* leave off smoking, *etc.*; das muß er sich ~ he had better drop that.

abgezehrt *adj.* emaciated, haggard.

abgießen *v/t.* pour off (*od.* out); *bsd.* ⚗ decant; *metall.* pour, (*Gußstück*) cast (*a. Kunst*).

abgiften ⊕ *v/t.* (*Wolle*) loosen *wool* by arsenic.

Abglanz *m* reflection; *fig. a.* reflected glory *od.* splendo(u)r; F ein schwacher ~ a pale reflection (*gen.* of), a feeble copy (of),

Abgleich *m* ⚡ *Radio*: → Abgleichung 2; **~en** *v/t.* equalize, adjust, balance (*alle a.* ⊕); ✝ (*Konten*) square; (*ebnen*) level; ⚡ *Meßtechnik*: balance; *Funk, Radar*: match, align, trim; (*Radio, Kreiskonstanten*) gang, track; **~kondensator** *m* trimming capacitor; **~ung** *f* **1.** equalization; adjustment, balancing; level(l)ing; **2.** ⚡ *Radio*: alignment, matching; e-r *Meßbrücke*: balance, (*Vorgang*) balancing.

abgleiten *v/i.* glide (*od.* slide, slip) off; ✝ *Kurse usw.*: slide down; *Waffe*: glance off; *Auto*: skid; *fig.* (*abschweifen*) lapse (in into); ✈ seitlich ~ side-slip; *fig. Vorwürfe usw.* gleiten von ihm ab he is deaf to.

abglühen I. *v/t.* (*Eisen usw.*) heat red-hot; (*Wein*) mull; **II.** *v/i* (*abkühlen*) cool off, cease glowing.

Abgott *m* idol; j-n zu s-m ~ machen idolize, make an idol of.

Abgött|erei *f* idolatry; ~ treiben worship idols, mit j-m: idolize a p.; **~isch I.** *adj.* idolatrous; **II.** *adv.*: ~ lieben idolize, adore; *Mütter usw.*: *a.* dote on.

Abgottschlange *f* boa-constrictor.

abgraben *v/t.* dig off *od.* away; level; (*Wasserlauf*) drain (*od.* draw) off; *fig.* j-m das Wasser ~ cut the ground from under a p.'s feet.

abgrämen *v/refl.*: sich ~ pine away (with grief), grieve, eat one's heart out; abgegrämt grieved, careworn.

abgrapschen F *v/t.* F paw.

abgrasen *v/t.* graze; *fig.* scour, comb; ✝ F cover.

abgraten ⊕ *v/t.* trim, (de)burr.

Abgrätschen *n Turnen*: straddle dismount (*od.* vault).

abgreifen *v/t.* **1.** (*abnutzen, a.* sich ~) wear out (by constant handling); (*Buch*) thumb, wear (at the edges); → abgegriffen; **2.** → abtasten; **3.** ⊕ cal(l)iper; (*Landkarte*) plot; die Entfernung ~ measure map distances with dividers; **4.** ⚡ tap.

abgrenz|en *v/t.* mark off, (de-)limit(ate), demarcate; *fig.* differentiate; delimitate (gegen, von from); (*Begriffe*) define; **~ung** *f* demarcation, delimitation; *begriffliche*: definition; **~ungskonten** ✝ *n/pl.* deferrals and accruals; **~ungsposten** ✝ *m/pl.* deferred and accrued items.

Abgrund *m* abyss, chasm, gulf (*a. fig.*); (*steiler* ~) precipice; *fig.* am Rande des ~s on the brink of ruin (*od.* disaster); in e-m ~ der Verzweiflung in the depths of despair.

abgründig *adj.*, **abgrundtief** *adj.* abysmal, unfathomable (*a. fig.*).

abgucken *v/t.* → absehen I 2.

Abguß *m* casting, mo(u)ld, copy; ⊕ (*Vorgang*) cast; ⚗ decanting; *typ.* plate.

abhaben F *v/t.* **1.** etwas ~ von have a share of, share in; willst du etwas ~? do you want some (of it)?; **2.** (*den Hut usw.*) have *a th.* off.

abhacken *v/t.* chop (*od.* cut) off; (*Worte*) chop; → *abgehackt.*

abhaken *v/t.* unhook; *in e-r Liste:* tick (*od.* check) off.

abhalftern *v/t.* take the halter off, unharness, F *fig.* sack, fire.

abhalt|en I. *v/t.* **1.** hold off *od.* back, keep off; (*abwehren*) ward off; ⚔ (*den Feind*) check, head off; *fig.* (*aufhalten*) keep, detain; (*hindern*) hinder, keep (*von* from *ger.*), *a. am Kommen usw.*: prevent (from *ger.*); (*fernhalten*) keep away; *durch Vorschrift, Verfügung*: debar; (*zurückhalten*) restrain; (*abschrecken*) deter; (*Regen*) keep out; *lassen sie sich nicht* ~! don't let me disturb you!; **2.** (*Prüfung, Versammlung usw.*) hold; (*Lehrstunde*) give; (*Vorlesung*) give, deliver; (*Schule*) keep; (*ein Fest*) a) hold, celebrate; b) (*einhalten*) observe; *abgehalten werden* be held, take place; **3.** F (*kleines Kind*) hold out (*od.* over the pot); **II.** ⚓ *v/i.*: ~ *auf* make (*od.* head) for; ~ (*von*) bear off (from); **≈ung** *f* (*Hindernis*) hindrance, prevention, (previous) engagement; *e-r Versammlung usw.*: holding; *e-s Festes*: celebration; *von Unterricht*: conducting; *von Vorlesungen*: delivery; **≈ungsgrund** *m* prevention, previous engagement.

abhandeln *v/t.* **1.** *j-m et.* ~ *durch Kauf*: buy (*od.* purchase) a th. of (*od.* from) a p.; *durch Feilschen*: bargain a th. out of a p.; *etwas vom Preise* ~ beat down the price, knock something off the price; **2.** (*verhandeln*) negotiate, transact; (*erörtern*) a) treat of, deal with; b) *mündlich*: discuss, debate; c) *vortragend*: *a.* discourse on.

abhanden *adv.*: ~ *kommen* get lost, be mislaid; ~ *gekommen sein* be lost, be missing.

Abhandlung *f schriftliche*: treatise, essay, paper; *wissenschaftliche*: *a.* dissertation, article; *mündliche*: discourse, discussion; *eccl.* tract.

Abhang *m* slope, incline, declivity, hillside; *jäher*: precipice.

abhängen I. *v/i.* **1.** *teleph.* hang up, *bsd. Brit.* ring off; **2.** *fig.* ~ *von* depend (up)on, *a. finanziell usw.*: be dependent (up)on; (*Umständen*) *a.* be contingent (up)on, be conditional on; (*e-r Zustimmung, Vorschrift*) be subject to; *letztlich* ~ *von* hinge *od.* pivot (up)on; *vom Zufall* ~ be at the mercy of chance; *es hängt von dir ab* it lies (*od.* rests) with you, it is for you to decide; **II.** *v/t.* **3.** take down, detach; (*Anhängerwagen usw.*) uncouple, unhitch; **4.** F *fig.* (*Verfolger, Konkurrenten*) shake off, give the slip to, lose.

abhängig *adj.* **1.** sloping, declined; **2.** *fig.* dependent (*von* [up]on); ~ *von* (*Umständen*) *a.* contingent (up)on; (*e-r Zustimmung*) subject to; ~ *sein von* → *abhängen* 2; *voneinander* ~ interdependent; *ling.* ~*e Rede* indirect speech; ~*er Satz* subordinate (*od.* dependent) clause; **≈e(r** *m*) *f* dependent; person in one's charge; **≈keit** *f* dependence (*von* on); *von Drogen etc.*: *a.* addiction (*von* to); *ling.* subordination; *gegenseitige* ~ interdependence; **≈keitsgebiet** *pol. n* dependency; **≈keitsverhältnis** *n* condition of dependence; dependent relation(ship) (*zu* to).

abhärmen *v/refl.*: *sich* ~ pine away; *sich* ~ *über* grieve about (*od.* for, over); → *abgehärmt.*

abhärt|en *v/t.* (*sich* ~) harden (o.s.) (*gegen* against), toughen (o.s.) up (against), inure (o.s.) (to); → *abgehärtet*; **≈ung** *f* hardening, inurement.

abhaspeln *v/t.* reel off (*a.* F *fig.*).

abhasten *v/refl.*: *sich* ~ hustle.

abhauen I. *v/t.* cut (*od.* chop) off *od.* down; **II.** *v/i* F (*fortgehen*) buzz (*od.* push) off, *Am.* beat it; (*fliehen*) turn tail, bolt, *Am. sl.* skedaddle, *bsd. von Verbrechern*: vamoose, take a powder; *Sport*: (*dem Feld davongehen*) break away, leave the pack; *hau ab!* be (*od.* push) off!, *Am.* F beat it!, get lost!, scram!

abhäuten *v/t.* skin, flay.

abheben I. *v/t.* **1.** lift (*od.* take) off, remove; *teleph.* (*den Hörer*) lift, pick up (the receiver *v/i.*); **2.** ⊕ (*Späne*) raise off, remove; (*Werkzeug*) *vom Werkstück*: clear; **3.** ✝ (*Geld*) withdraw, draw; (*Dividende*) collect; **II.** *v/i.* **4.** ✈ take off, become airborne; **5.** *fig.* ~ *auf* refer to, be driving at; **III.** *v/refl.*: *sich* ~ (*kontrastieren*) contrast (*von* with); *fig.* stand out (from); *sich gegen e-n Hintergrund* ~ stand out (*od.* be set off, be silhouetted) against.

abhebern *v/t.* siphon off.

Abhebung *f von Geld*: withdrawal; **~sbefugnis** *f* right of withdrawal.

abheften *v/t.* file.

abheilen *v/i.* heal (up).

abhelfen *v/i.* (*e-r Sache*) help, remedy; (*e-r Beschwerde, e-m Übel*) redress; (*e-m Fehler*) correct; (*e-m Mangel*) supply, meet; (*e-r Schwierigkeit*) remove; *dem ist nicht abzuhelfen* that cannot be helped.

abhetzen *v/t.* (*j-n*) drive *a p.* hard; (*Pferd*) overdrive, override;

sich ~ wear *od.* tire o.s. out, work under pressure, hustle, rush (about).

Abhilfe *f* remedy, redress, relief; ~ *schaffen* take remedial measures, afford relief; → *abhelfen*; **~maßnahme** *f* remedial measure.

abhobeln *v/t.* plane off; (*Parkett*) dress.

Abhocken *n* *Turnen*: squat dismount.

abhold *pred. adj.* (*j-m*) ill-disposed towards, (*a. e-r Sache*) averse to.

Abhol|dienst *m* pick-up service; **²en** *v/t.* fetch; (*j-n, Brief usw.*) *a.* call for, *a. im Wagen*: come for, pick up, collect; *gewaltsam*: haul off; (*einsammeln*) collect; *j-n von der Bahn* ~ go to meet a p. at the station; ~ *lassen* send for; **~ung** *f* fetching; pick-up; collection.

abholzen *v/t.* (*Wald*) clear (of timber), cut down, deforest.

abhorchen *v/t.* → *abhören*.

Abhör|anlage *f* listening device; **~dienst** *m* monitoring (⚔ intercepting) service; **²en** *v/t.* **1.** ⚕ auscultate, sound; (*Funksprüche, Telephongespräche*) listen in on, intercept, pick up, overhear; (*technisch überwachen*) monitor; **2.** *ped.* → *abfragen* I; **~gerät** *n* monitor; *Spionage*: listening device, hidden microphone, *sl.* bug; **~station** *f* monitoring station.

Abhub *m* **1.** ⊕ *e-s Werkzeuges vom Werkstück*: clearing; **2.** → *Abfall* 2.

abhülsen *v/i.* shell, hull, husk.

Abi F *n* → *Abitur*.

abirr|en *v/i.* stray (*von* from), go astray; *fig. a.* err, deviate (*von* from); **²ung** *f* deviation; *opt.* aberration.

Abitur *n* **1.** (*Prüfung*) school-leaving (*od.* final) examination (qualifying for university entrance); **2.** → *Reifezeugnis*; **~ient(in** *f*) *m* candidate for the school-leaving examination; *erfolgreicher*: graduate of a secondary school, *Brit. etwa*: A-levels school-leaver.

abjagen *v/t.* **1.** (*Pferd*) override, jade; (*j-n*), *a. sich* ~ → *abhetzen*; **2.** *hunt.* (*Revier*) shoot over; **3.** *j-m et.* ~ recover a th. from a p., snatch a th. away from a p.

abkämmen *v/t.* (*Wolle*) comb, card; *fig.* (*absuchen*) comb (*nach* for).

abkanten ⊕ *v/t.* round off; chamfer, bevel; (*Bleche*) fold.

abkanzeln *v/t.* reprimand, give *a p.* a dressing-down, F blow *a p.* up.

abkapseln *v/refl.*: *sich* ~ ⚕ become encapsulated; *fig. Person*: retire into one's shell.

abkarten *v/t.* prearrange, plot; *abgekartete(s) Sache* (*Spiel*) prearranged affair, put-up job.

abkauen *v/t.* chew off; *sich die Fingernägel* ~ bite one's nails.

abkaufen *v/t.*: *j-m et.* ~ buy *od.* purchase a th. from a p.; F *das kaufe ich dir nicht ab!* F tell that to the marines!, *sl.* I don't buy that!; → *Schneid*.

Abkehr *f* turning away (*von* from); *fig. a.* break (with); departure (from); renunciation (of); (*Entfremdung*) estrangement (from); (*Abscheu*) aversion (to); **²en** *v/t.* **1.** → *abfegen*; **2.** (*abwenden*; *a. sich* ~) turn away (*von* from); *sich von j-m* ~ *a.* turn one's back (up)on a p.; *sich von e-r Politik usw.* ~ abandon, drop, dissociate o.s. from.

abkeltern *v/t.* press.

abketten *v/t.* unchain.

abkippen I. *v/t.* tip; (*ausschütten*) dump; **II.** *v/i.* tip over; ✈ pitch down.

abklappen *v/t.* swing (*od.* fold, let) down.

abklappern F *v/t.* scour; (*Straße usw.*) go from house to house in, call at every door in *a street, etc.*, (*Stadt, Sehenswürdigkeiten*) F do.

abklären *v/t.* **1.** clarify, clear; ⚗ decant, filter; *sich* ~ a) clear (up); b) *fig.* → *aufklären*; → *abgeklärt*; **2.** *fig.* → *klären*.

Abklatsch *typ. m* impression, stereo(type plate); (*Probeabzug*) proof(-sheet); *fig.* (*schwacher* ~) (poor) copy; **²en** *v/t.* **1.** *typ.* print (off); (*Korrekturbogen*) strike off; **2.** (*j-n*) *beim Tanzen*: cut in on.

abklauben *v/t.* pick off.

abklemmen *v/t.* pinch (*od.* nip) off; ⚡ disconnect; ⚕ clamp.

abklingen *v/i.* die (*od.* fade) away; *fig. a.* die down, ease off; *Wirkung e-r Droge usw.*: wear off.

abklopfen I. *v/t.* knock off; (*abstauben*) dust off; (*beklopfen*) knock at, tap; ⚕ percuss, tap; ⊕ (*Guß*) rap; (*Kesselstein*) scale; F *fig.* → *abklappern*; F (*untersuchen*) scrutinize; **II.** *v/i.* ♪ stop the orchestra.

abknabbern *v/t.* nibble *od.* gnaw off (*od.* bare); (*e-n Knochen*) pick.

abknallen *v/t.* **1.** → *abschießen*, *abfeuern*; **2.** V (*erschießen*) *sl.* bump off; (*wegputzen*) pick off.

abknappen, abknapsen *v/t.* knock off, cut; F *fig. sich et.* ~ stint o.s. of a th.

abkneifen *v/t.* pinch (*od.* nip) off.

abknicken *v/t. u. v/i.* snap (*od.* crack) off; (*einknicken*) bend; (*Darm, Schlauch*) kink.

abknöpfen *v/t.* unbutton; F *j-m et.*

~ get a th. out of a p.; *j-m Geld ~ a.* F sting a p. for money.
abknüpfen *v/t.* untie, undo.
abknutschen F *v/t.* → *knutschen.*
abkochen I. *v/t.* boil; (*Milch*) scald; F *fig.* (*j-n*) soak (*um* for); ⚗ decoct; **II.** *v/i.* cook (in camp), *Am. a.* cook out; F *fig.* cash in heavily.
abkommandier|en ⚔ *v/t.* detach, detail, assign, order off; (*Offizier*) second (for a special task); *abkommandiert sein* be on detached duty; **≈ung** *f* detached duty; assignment.
Abkomme *m* descendant; *~n a.* offspring, issue; ⚖ *ohne leibliche ~n sterben* die without issue.
abkommen *v/i.* come away, get away *od.* off; ✈ take off, become airborne; *beim Schießen*: aim, mark; *Sport*: get away; *gut ~* make a good start; *fig. von et. ~* give up, abandon, drop; *von e-r Ansicht ~* alter *one's opinion*, change *one's views*; *von e-m Thema ~* digress from, stray from; *von e-m Verfahren usw. ~* depart from; *von der Wahrheit*, ⚓ *vom Kurs ~* deviate from; *vom Wege ~* lose one's way, go astray; *davon bin ich abgekommen* I have given it up; *davon ist man jetzt abgekommen* this practice has now been discarded *od.* abandoned; *von e-m Brauch*: it has fallen into disuse; *von e-r Mode*: it went out (of fashion); *er kann nicht ~* he cannot get away, he cannot be spared.
Abkommen *n* **1.** (*Übereinkunft*) arrangement, settlement, *a. pol.* agreement, accord; *pol.* pact, convention, treaty; ☨ *mit Gläubigern*: composition; *ein ~ treffen* make (*od.* enter into) an agreement; **2.** ⚔ *Schießen*: point of aim; **~schaft** *f* descendants *pl.*, offspring, progeny.
abkömmlich *adj.* dispensable; (*verfügbar*) available; *er ist nicht ~* he cannot be spared, he cannot get away.
Abkömmling *m* → *Abkomme*; ⚗ derivative.
Abkomm...: ~punkt *m* point of aim; **~rohr** *n* subcalibre barrel; **~schießen** *n* subcalibre practice.
abkonterfeien *v/t.* portray.
abkoppeln *v/t.* uncouple; (*Hunde*) unleash.
abkratzen I. *v/t.* scrape off; **II.** V *v/i.* (*sterben*) F peg out; (*abhauen*) *sl.* push off, *Am.* beat it.
abkriegen *v/t.* → *abbekommen.*
abkühl|en *v/t.* cool (off *od.* down) (*a. fig.*); *sich ~* cool off *od.* down (*a. fig.*); (*sich erfrischen*) refresh o.s.; **≈ung** *f* cooling; *fig.* damper; **≈ungszeit** *fig. f* cooling-off period.
Abkunft *f* descent; parentage, lineage; extraction, origin; (*Geburt*) birth; *ling.* derivation; *von guter ~* of a good family; *von edler ~* of noble birth; *von niedriger ~* of humble origin, of low birth; *deutscher ~* of German extraction.
abkuppeln ⊕ *v/t.* uncouple.
abkürz|en *v/t.* shorten; (*beschneiden*) curtail; (*Namen, Wort*) abbreviate, shorten; (*Verfahren usw.*) shorten, abridge; (*Rede, Urlaub usw.*) cut short; (*Inhalt*) abridge, condense; (*den Weg*) ~ take a short-cut; *abgekürzte Ausgabe* abridged (*od.* concise) edition; *abgekürzte Fassung von* condensed from; *abgekürztes Verfahren* short cut; **≈säge** ⊕ *f* crosscut saw; **≈ung** *f* shortening; *des Weges, a. fig.*: short-cut; *a. typ.* abbreviation; *e-s Textes*: abridgement, condensation; (*Kurzwort*) contraction; **≈ungsweg** *m* short-cut; **≈ungszeichen** *n* (sign of) abbreviation.
abküssen *v/t.* (*Tränen usw.*) kiss away; (*j-n*) smother with kisses.
Ablade|kommando *n* unloading party; **~kosten** *pl.* unloading charges; **≈n** *v/t.* unload, discharge; (*Schüttgut*) dump; *fig.* (*s-e Sorgen*) unburden (*bei j-m* to a p.); → *abwälzen*; *vom Lastwagen* (*Zug*) *~ a.* detruck (detrain); ☨ *nach Bremen abgeladen* shipped to Bremen; **~platz** *m* unloading point; ⚓ port (of discharge); → *Schuttabladeplatz*; **~r** *m* unloader; ☨ shipper.
Ablage *f* place of deposit; (*Lagerhaus*) warehouse, depot; *für Kleider*: cloak-room, *Am.* checkroom; *von Akten*: filing; (*~korb*) filing tray; (*abgelegte Akten*) files *pl.*, records *pl.*
ablager|n I. *v/t.* (*a. sich ~*) deposit; (*lagern*) store (up); (*Wein usw.*) mature; (*Holz, Tabak*) season; (*Bier*) settle; → *abgelagert*; **II.** *v/i.* settle, deposit; *Wein usw.*: mature; *~ lassen* store, season well; **≈ung** *f* storage, maturing; *geol.*, ⚕, ⚗ a) deposition, sedimentation; b) (*Abgelagertes*) deposit, sediment.
ablängen ⊕ *v/t.* cut to length.
Ablaß *m* outlet, drain; ☨ reduction; *eccl.* indulgence; **~brief** *eccl. m* letter of indulgence; **~hahn** ⊕ *m* drain cock; **~krämer** *m* seller of indulgences, pardoner; **~schraube** ⊕ *f* drain plug; **~ventil** *n* drain valve, bleeder.

ablassen I. *v/t.* **1.** let off; (*Dampf*) *a.* blow off; (*Zug, Ballon*) start; (*Wasser*) drain off, run off; (*Teich usw.*) drain; (*Faß*) broach; (*Wein*) draw off; *mot.* (*Luft*) bleed; (*Reifen*) deflate; **2.** (*absetzen, senken*) let down, lower; **3.** (*überlassen*) let *a p.* have *a th.*, *käuflich*: *a.* sell; *etwas vom Preis* ~ allow *od.* grant a reduction (in the price); **II.** *v/i.* (*aufhören*) stop, cease; ~ *von* leave off, desist from, give up.

Ablativ *ling. m* ablative (case).

Ablauf *m* (*das Ausfließen*) running off, outflow; (*Vorrichtung*) outlet, drain; (~*rohr*) waste-pipe; *in der Küche*: sink; (*Rinne, Gosse*) gutter; *Sport*: start; *e-s Schiffes*: launch; *e-r Frist, e-s Vertrags usw.*: expiration, expiry, lapse, termination; ⚕ *Wechsel*: maturity; (*Verlauf*) course, run *of events*; (*Ergebnis, Ausgang*) issue; *nach* ~ *von* at the end of, *amtlich*: at (*od.* upon) the expiration of; *vor* ~ *der Woche* before the end of this week; **~bahn** *f* ⚓ slipway; ✈ *u. Sport*: runway; **~berg** 🚂 *m* double incline.

ablaufen I. *v/i.* run *od.* flow off (*od.* down); drain off; *Sport*: start (*a.* ~ *lassen*); *fig. Frist, Vertrag usw.*: lapse, expire, terminate; ⚕ *Wechsel*: fall due, mature; (*vonstatten gehen*) go, proceed; (*Ausgang nehmen*) end, go off, turn out; *Film usw.*: run off; *Uhr*: run down; *gut* ~ go off well; *fig. deine Uhr ist abgelaufen* your sands have run out, your hour is come; ~ *lassen* let off, start; (*Wasser usw.*) run off, drain off; (*ein Schiff*) launch; F *j-n* ~ *lassen* snub a p. (off); **II.** *v/t.* (*Schuhe*) wear out; (*Gegend usw.*) run through, *suchend*: scour; *sich die Beine* ~ run one's legs off; → *Horn 1, Rang 1.*

Ablauf...: **~frist** *f* term, time-limit; **~termin** *m* date of expiration, *Am. a.* deadline; ⚕ *Wechsel*: date of maturity.

Ablauge ⊕ *f* spent liquor.

ablauschen *v/t.* learn by listening, pick up; *fig. dem Leben abgelauscht* caught from life, life-like.

Ablaut *ling. m* vowel gradation, ablaut; **2en** *v/i.* undergo ablaut; ~*de Zeitwörter* strong verbs.

abläuten *teleph. v/i.* ring off.

abläutern ⚗ *v/t.* purify, filter; (*Zucker*) refine; (*Erz*) wash.

ableben I. *v/i.* die, pass away; **II.** 2 *n* death, *a.* ⚖ decease.

ablecken *v/t.* lick off.

abledern *v/t.* polish with chamois.

Ablege|korb *m Büro*: letter-tray; **~mappe** *f* letter-file.

ableg|en *v/t.* **1.** lay down (*a. Waffen*), lay off *od.* aside, put away; (*Akten, Briefe usw.*) file; (*Kleider*) take off; (*alte Kleider*) cast off, (*a. Spielkarte*) discard; *abgelegte Kleider* cast-off clothing *sg.*; **2.** *fig.* (*Gewohnheit*) give up, leave off *smoking, etc.*, drop *a habit*; → *Kinderschuhe, Maske*; **3.** *e-e Prüfung* ~ take (*erfolgreich*: pass) an examination; → *Eid, Gelübde, Geständnis, Probe, Rechenschaft, Rechnung 2, Zeugnis*; **4.** *typ.* (*Satz*) distribute; **2er** *m* ⚘ layer, slip, *a.* F *fig.* scion; F (*Zweigunternehmen*) offshoot; *typ.* distributor; **2esatz** *typ.* dead matter; **2ung** *f* laying down, *etc.*; taking *of an oath*; taking *of an examination*; rendering *of accounts.*

ablehn|bar *adj.* refusable, rejectable; **~en I.** *v/t.* decline, refuse; *als unannehmbar, unbrauchbar usw.*: reject; (*Gesuch, Antrag*) *a.* turn down; *parl.* (*Antrag*) defeat, reject, throw out *a bill*; (*ungünstig beurteilen*) disapprove of, object to, view with disfavo(u)r; ⚖ (*Geschworene, Zeugen usw.*) challenge; *thea.* (*Stück*) condemn, damn; **II.** *v/i.* refuse, decline; *dankend* ~ decline with thanks; **~end** *adj.* negative; critical, censorious; *adv.* ~ *gegenüberstehen dat.* disapprove of, be antipathetic to, frown upon; **2ung** *f* refusal; rejection (*a. von Ideen u.* ⊕); disapprobation (*gen.* of), objection (to), criticism (of); ⚖ *usw.* dismissal; ⚕ non-acceptance; *thea.* condemnation; *parl. Antrag auf* ~ *e-r Vorlage stellen* move a rejection of a bill; **2ungsantrag** *m* motion for rejection; **2ungsbescheid** *m* notice of rejection.

ablehren ⊕ *v/t.* ga(u)ge; *verstellbar*: cal(l)iper.

ableiern *fig. v/t.* reel off.

ableisten *v/t.* fulfil(l), perform; (*Eid*) take; (*Dienstzeit*) pass, serve; *s-n Militärdienst* ~ complete one's military service, serve (one's time).

ableit|bar *adj.* inferable, deducible, *a. ling., phls.* derivable (*von* from); **~en** *v/t.* lead off, turn aside; (*Fluß*) divert; (*Wasser*) drain off; ⚡ (*Strom*) shunt; (*Hitze usw.*) abduct; *ling., phls.,* 𝔄 *u. fig.* derive; (*folgern*) deduce; *sich* ~ *von* be derived (*od.* derive) from; *j-s Herkunft* ~ *von* trace a p.'s descent back to; *abgeleitete Einkommen* derived incomes; **2er** ⚡ *m* conductor; **2kondensator** ⚡ *m* bypass capacitor; **2strom** ⚡ *m* leakage current; **2ung** *f Fluß*: diversion;

Wasser: drainage; *phys.* conduction; ⚡ shunt conductance, leakage; *ling.*, *phls.*, ⚗ a) derivation; b) (*das Abgeleitete*) derivative; (*Folgerung*) deduction, inference; **≈ungssilbe** *ling. f* derivative syllable; affix.

ablenk|bar *adj.* deflectable; *leicht ~Person*: easily distracted; **~en I.** *v/t.* turn away (*a. Fußball usw.*) *od.* aside *od.* off; *a.* ⚔ divert, *a. phys.*, *opt.* (*Magnetnadel*, *Funk*, *Radar*) deflect; (*Licht*) diffract; (*Schallwellen*) refract; (*Aufmerksamkeit*, *Gedanken*) take off, divert, distract; (*unterhalten*) divert (*sich* o.s.); (*Gefahr*) avert, ward off; (*Verdacht*) avert; (*Schlag*) parry; **II.** *v/i. Person*: change the subject; **≈platte** ⊕ *f* baffle plate; **≈spule** ⚡ *f* deflection coil.

Ablenkung *f* → *ablenken*; turning away *od.* off; diversion, distraction (*a. Erholung*); deflection; diffraction; refraction; averting; **~sangriff** ⚔ *m* diversionary attack; **~smanöver** ⚔ *n* diversion; *fig. a.* F red herring.

ablesbar ⊕ *adj.* readable.

Ablese|fehler ⊕ *m* reading error; **~fenster** ⊕ *n* reading window; **~genauigkeit** *f* reading accuracy; **~gerät** *n* direct-reading instrument; **~marke** *f* reference point, index mark; **≈n** *v/t.* **1.** (*Obst*, *Raupen usw.*) pick off; **2.** (*Rede*) read off; (*Skala*, *Instrument*) read; *j-m et. vom Gesicht ~* read a th. in a p.'s face; *j-m e-n Wunsch von den Augen ~* anticipate a p.'s wish; **~strich** *m* graduation mark.

Ablesung ⊕ *f* reading.

ableucht|en *v/t.* pass a light over, inspect with a lamp; **≈lampe** *f* inspection lamp.

ableugn|en *v/t.* deny; **≈ung** *f* denial, disavowal.

ablicht|en, **≈ung** *f* → *photographieren*, *photokopieren*, *Photographie*, *Photokopie*.

abliefern *v/t.* deliver; (*herausgeben*) hand over; surrender.

Ablieferung *f* delivery; ✝ *bei od. nach ~* on delivery; → *Liefer...*; **~sschein** *m* receipt of delivery; **~stag** *m* day of delivery; *Börse*: settling day.

abliegen *v/i.* **1.** lie at a distance, be far off (*von* from); → *abgelegen*; **2.** ⚘ (*nachreifen*) ripen (in storage); *Wein*: mature.

ablisten *v/t.*: *j-m et. ~* trick (*sl.* wangle) a p. out of a th.

ablocken *v/t.*: *j-m et. ~* coax a p. out of a th.; *j-m ein Lächeln usw. ~* draw a smile, *etc.* from a p.

ablohnen, **ablöhnen** *v/t.* pay off; (*entlassen*) dismiss.

ablösbar *adj.* detachable; ✝ *Anleihe*, *Schuld*: redeemable.

ablöschen *v/t.* (*Brand*) extinguish, put out; ⊕ (*abkühlen*) chill, quench; (*Kalk*) slake; (*Stahl*) temper; (*Geschriebenes*) wipe off; *mit Löschpapier*: blot; (*Schreibtafel*) clean.

ablösen *v/t.* (*entfernen*) detach, remove, take off; *fig.* (*Wache*, ⚔ *Einheit*, *a. Arbeiter usw.*) relieve; (*j-n im Amt*, *a. fig. Sache*) supersede, take the place of, replace; (*j-n*) *a.* take over from; (*folgen auf*) follow, succeed (to); (*e-e Anleihe*, *Schuld usw.*) pay off, redeem; *sich ~ Farbe usw.*: come off; *blättrig* (*flockig*, *schuppig*): peel (flake, scale) off; *sich* (*einander*) *~* relieve one another (*bei* at), alternate (in), take turns (at), *bei der Arbeit*: *a.* work in shifts.

Ablösung *f* loosening, detaching; ⚔ *usw.* relief (*a. Mannschaften*); *im Amt usw.*, *a. fig.*: supersession, replacement; ✝ *Schuld*: discharge; *Anleihe*: redemption; *Kapital*: withdrawal; (*Arbeitsschicht*) shift; **~sanleihe** *f* redemption loan; **~sanstalt** *f* liquidating institution; **~smannschaft**(**en** *pl.*) *f* relief (*sg.*); **~swert** *m* surrender value; **~szahlung** *f* composition payment.

ablotsen, **abluchsen** *v/t.* → *ablisten*.

Abluft ⊕ *f* waste (*mot.* exhaust) air; **~stutzen** *m* (exhaust) air vent.

abmach|en *v/t.* **1.** (*lösen*) undo, take off, detach, remove; **2.** *fig.* (*Geschäft*) settle, arrange, agree (upon); (*regeln*) settle, decide; → *ableisten*; *abgemacht!* agreed!, done!, it's a deal (*od.* bargain), F okay (*od.* O.K.)!; **≈ung** *f* arrangement, settlement; agreement; (*Klausel*) stipulation; *e-e ~ treffen* make an agreement, agree (*mit j-m über et.* with a p. on a th.).

abmager|n *v/i.* lose weight, grow thin; → *abgemagert*; **≈ung** *f* emaciation; **≈ungskur** *f* slimming cure.

abmähen *v/t.* mow (off).

abmalen *v/t.* paint, portray; *fig. a.* depict; (*kopieren*) copy; *nach der Natur ~* paint from life; *fig. sich in j-s Gesicht ~* be reflected in.

Abmarsch *m* departure, marching off, start; F *~!* off with you!; **≈bereit** *adj.* ready to start; **≈ieren** *v/i.* march off, depart.

Abmaß ⊕ *n* deviation, variation, off size; → *Abmessung*.

abmatten *v/t. u. v/i.* → *ermatten*.

abmeißeln *v/t.* chisel off.

abmeld|en *v/t.* (*Auto usw.*) cancel the registration of; *j-n* ~ give notice of a p.'s change of address (*bei e-m Verein usw.*: of a p.'s withdrawal); ⚔ *sich vom Dienst (zum Urlaub)* ~ report off duty (for leave); F *bei mir ist er abgemeldet* a) I am through with him; b) *Sport*: I take care of him; **≈ung** *f* notice of departure (*od.* withdrawal); *polizeiliche Bestätigung*: leaving-certificate.

abmess|en *v/t.* measure (off *od.* out); ⊕ measure, ga(u)ge (*a. fig.*); *fig.* assess; *s-e Worte* ~ weigh one's words; → *abgemessen*; **≈ung** *f* measurement, dimension.

abmildern *v/t.* moderate, mitigate.

abmindern *v/t.* → *mindern.*

abmontieren I. *v/t.* (*zerlegen*) disassemble, (*a. Werksanlagen*) dismantle, strip; (*entfernen*) detach, take off, remove; ⚔ (*Geschütz*) dismount; **II.** *sl.* ✈ *v/i.* break up (in the air).

abmühen *v/refl.*: *sich* ~ strive hard, take great pains, toil (and moil); *sich* ~ *mit* struggle with.

abmurksen F *v/t.* kill, do away with, *sl.* bump off.

abmustern ⚓ *v/t.* pay off.

abnagen *v/t.* gnaw off; *e-n Knochen* ~ pick a bone.

abnäh|en *v/t.* take in, tuck; **≈er** *m im Kleid*: tuck.

Abnahme *f* **1.** taking down *od.* off; removal; ⚕ amputation; *des Eides*: administering; **2.** ⚚ *e-r Lieferung*: taking; (*Bestellung*) order; (*Kauf*) purchase; (*Verkauf*) sale; *bei* ~ *von* on orders of; **3.** (*Übernahme*) acceptance, taking-over; *der Bilanz*: approval; (*technische Prüfung*) a) (final) inspection, acceptance (test); b) (*Annahme*) acceptance; **4.** (*Verminderung*) decrease, falling off, diminution; (*Schrumpfung*) shrinkage; (*Abfallen*) fall, drop (*a.* ⚡); (*Verlust*) loss(es *pl.*); *der Tage*: shortening; *des Mondes*: waning; *an Gewicht*: loss; ~ *der Geschwindigkeit* loss (of speed); ~ *der Kräfte* loss (*od.* decline) of strength, weakening; **~beamte(r)** *m* (quality) inspector; **~lauf** *m* acceptance run; **~lehre** ⊕ *f* inspection ga(u)ge; **~prüfung** *f* acceptance test; *werkseigene*: inspection test; **~station** ⊕ *f* receiving head end; **~verpflichtung** ⚚ *f* commitment (to take delivery); **~verweigerung** *f* rejection; **~verzug** *m*: *in* ~ *sein* be in default with taking deliveries; **~vorschriften** *f/pl.* quality specifications.

abnehm|bar *adj.* removable, detachable; **~en I.** *v/t.* **1.** take off *od.* down, remove, (*ablösen*) detach, (*alle a.* ⊕); ⚕ amputate, take off; (*Hut usw.*) take off, doff; (*Bart*) shave off; (*Maschen*) decrease; (*Obst*) pick, pluck; ⚡ (*Strom*) collect; *teleph. den Hörer* ~ pick up the receiver, answer the telephone; *j-m et.* ~ (*wegnehmen*) take away a th. from a p.; (*berauben*) *a.* deprive (*od.* rob) a p. of a th.; *weitS.* relieve a p. of a th., (*e-e Mühe*) *a.* take a th. off a p.'s shoulders; F (*verlangen von*) charge a p. a th.; *j-m zuviel* ~ overcharge a p.; *fig. das nimmt ihm keiner ab* (*glaubt ihm keiner*) nobody will believe (*Am. sl.* buy) that; **2.** ⚚ (*Ware*) take *od.* buy *od.* purchase (*dat.* from); (*Lieferung*) take delivery of; **3.** ⊕ accept; (*prüfen*) inspect, (perform an acceptance) test; (*e-e Prüfung*) hold; → *Beichte, Eid, Versprechen*; **II.** *v/i.* decrease, decline, diminish, lessen; *a. Preise*: dwindle, drop, fall (off); (*schrumpfen*) shrink; (*verfallen*) decline; *Kräfte*: *a.* begin to fail, dwindle; *an Gewicht*: lose weight, *durch Diät*: be reducing *od.* slimming; *Geschwindigkeit*: slacken (off), slow down, decelerate; *Mond*: (be on the) wane; *Sturm*: abate, subside; *Tage*: grow shorter; *Wasser*: fall, ebb, recede; *fig. Macht usw.*: decline, wane, decay, crumble; *fig. es nimmt mit ihm ab* he is going downhill.

Abnehmer *m* **1.** ⚚ buyer, purchaser, taker; (*Kunde*) customer, client; (*Verbraucher*) consumer; ~ *sein* be in the market (*von* for); *keine* ~ *finden* find no market (*für* for); **2.** ⚡ collector; (*Ton*≈) pick-up; **~arm** ⚡ *m* trolley arm; **~kreis** *m* custom(ers *pl.*); **~land** *n* customer (country).

Abneigung *f* (*Widerwillen*) dislike (*vor* of, for), distaste (for), aversion (to); (*Abscheu*) loathing (to, for); (*natürliche* ~) (natural) antipathy (*vor* to, for); ~, *et. zu tun* disinclination (*od.* reluctance, unwillingness) to do a th.; *e-e* ~ *fassen gegen j-n* take a dislike to a p.

abnorm *adj.* abnormal; (*außergewöhnlich*) *a.* exceptional, unusual; **≈ität** *f* abnormity, anomaly; (*Scheußlichkeit*) monstrosity.

abnötigen *v/t.*: *j-m et.* ~ wring a th. from a p.; *j-m Bewunderung* ~ compel a p.'s admiration; *er hat mir Bewunderung abgenötigt a.* I couldn't help admiring him.

abnutschen ⊕ *v/t.* filter (by means of suction).

abnutz|en, abnütz|en *v/t.* wear out; *sich* ~ wear (out), get worn out; be subject to wear (and tear); **⁓barkeit** *f* wearing capacity.

Abnutzung *f* wear (and tear); (*Abrieb*) abrasion; (*Zermürbung*) *a.* ⚔ attrition; (*Abschreibung*) depreciation; **~sbeständigkeit** *f* wearability, resistance to wear; **~serscheinung** *f* sign of wear; **~skrieg** *m* war of attrition; **~sprüfung** *f* wearing test; **~sstrategie** *f* strategy of attrition.

Abohm ⚡ *n* abohm.

Abonnement *n* subscription (*auf* to); *a.* = **~skarte** *f thea. usw.* subscription (*od.* season) ticket; *im Restaurant*: meal voucher (*od.* ticket); **~svorstellung** *f* subscription performance.

Abonn|ent *m* subscriber; **⁓ieren** *v/t.* (*u. v/i.*: ~ *auf*), *a. abonniert sein auf* subscribe to, be(come) a subscriber to; *auf e-e Zeitung abonniert sein a.* take in a newspaper.

abordn|en *v/t.* delegate, depute, *Am. a.* deputize; *bsd.* ⚔ detail; **⁓ung** *f* (*Vorgang u. Gruppe*) delegation.

Abort[1] *m* (*Klosett*) toilet, W. C., lavatory, 'bathroom'; men's (ladies') room; ⚔ latrine; → *Klo.*

Abort[2], **~us** ⚕ *m* abortion, miscarriage.

Abortgrube *f* cesspool.

aboxydieren ⚗ *v/t.* oxidize off.

abpachten *v/t.* lease, rent (*j-m* from a p.).

abpacken *v/t.* pack(age).

abpassen ⊕ *v/t.* fit, adjust; (*j-n, Gelegenheit*) watch for, wait for; *b.s.* (*j-n*) *a.* waylay; *e-n günstigen Moment* ~ bide one's time; *zeitlich gut* (*schlecht*) ~ time well (ill).

abpatrouillieren *v/t.* patrol.

abpausen *v/t.* trace.

abpfeifen *v/t. u. v/i.*: (*das Spiel* ~) stop (the game); *bei Spielende*: blow the final whistle.

abpflöcken *v/t.* stake out.

abpflücken *v/t.* pluck; pick, gather.

abplacken, abplagen *v/refl.*: *sich* ~ drudge, slave, work o.s. to death, *mit*: struggle with.

abplatten *v/t.* → *abflachen.*

abprägen *v/t.* stamp; (*Münze*) *a.* coin; *sich* ~ leave an impress(ion); *es hat sich auf s-m Gesicht abgeprägt* it has left its mark on his face.

Abprall *m* rebound; *Geschoß*: ricochet; **⁓en** *v/i.* rebound, bounce off; ricochet; *fig. Angriff*: be stopped; *Lächeln usw.*: glance off (armo[u]r); *es prallte von ihm ab* it left him cold; **~er** *m* ⚔ ricochet; *Sport*: rebound(ing ball).

abpressen *v/t.* squeeze off; *fig. j-m et.* ~ extort a th. from a p.

abprotzen ⚔ *v/t.* (*Geschütze*) unlimber.

abputzen *v/t.* clean (off *od.* up); (*wegwischen*) wipe off; (*polieren*) polish.

abquälen I. *v/refl.*: *sich* ~ *seelisch*: worry (o.s.), fret; *körperlich*: → *abrackern*; *sich mit j-m od. et.* ~ struggle with; **II.** *v/t.*: *sich et.* ~ produce a th. strenuously.

abqualifizieren *v/t.* dismiss *a p.* (*als* as).

abquetschen *v/t.* squeeze (*od.* crush) off.

abrackern *v/refl.*: *sich* ~ drudge, slave, toil (and moil).

abrahmen *v/t.* (*Milch*) skim.

Abrakadabra *n* abracadabra; F *fig. a.* mumbo-jumbo.

abrasieren *v/t.* shave off (*sich den Bart* one's beard).

abraspeln *v/t.* rasp off.

abraten *v/i.*: *j-m von et.* ~ (*et. zu tun*) dissuade a p. from (doing) a th., advise *od.* warn a p. against (doing) a th.; *j-m* ~, *zu tun a.* advise (*od.* warn) a p. not to do; *von et.* ~ advise (*od.* warn) against a th.

Abraum ⚒ *m* rubble, waste; (*Oberschicht*) overburden.

abräumen *v/t.* (*Überflüssiges*) clear (away), remove; *den Tisch* ~ clear the table.

abrauschen F *v/i.* zoom off.

abreagieren *v/t. psych.* abreact; *fig.* (*Ärger usw.*) **work off** (*sich* **one's anger,** *etc.*); *sich* ~ *a.* F let off steam.

abrechnen I. *v/t.* (*abziehen*) deduct, subtract; † deduct, discount; (*einkalkulieren*) allow for; (*Spesen*) account for; *abgerechnet* apart from, setting aside, discounting, with the exception of; **II.** *v/i.* do the accounts; settle (*od.* square) accounts (*mit j-m* with a p.) (*a. fig.*), *fig. a.* get even (with a p.).

Abrechnung *f* (*Abzug*) deduction, discount; (*das Einkalkulierte*) allowance; *von Konten*: settlement (of accounts); accountancy; *Bankverkehr*: clearing; (*Rechnung*) account; *fig.* reckoning, F pay-off; ~ *halten* → *abrechnen* II; *auf* ~ on account; *laut* ~ as per account rendered; *nach* ~ *von* after deduction of; *Tag der* ~ day of reckoning; **~skontor** *n*, **~sstelle** *f* clearing-house; **~skurs** *m* rate of settlement; **~stag** *m* settling day;

~sverkehr *m* clearing system (*od.* business).

Abrede *f* **1.** (*Übereinkunft*) agreement, understanding; stipulation; **2.** *in ~ stellen* deny (*od.* question) *a th.*; **≈n** *v/i.* → *abraten.*

abregen F *v/refl.*: *reg dich ab!* relax!, cool off!, take it easy!

abreib|en *v/t.* rub off; (*Körper*) rub down, give a rub-down; (*polieren*) polish; *mit Bims*: pumice; ⊕ abrade; (*die Schuhe*) wipe, scrape; *sich ~* wear off *od.* down; **≈ung** *f* **1.** rubbing off; ⊕ (*Abrieb*) abrasion; (*Frottieren*) rubbing-down; *nasse*: sponge-down; **2.** F (*Prügel, Niederlage*) beating; (*Verweis*) F dressing-down.

Abreise *f* departure (*nach* for); *bei meiner ~* on my departure; **≈n** *v/i.* depart, leave, start (*nach* for).

Abreiß|block *m* tear-off pad; **≈en I.** *v/t.* tear off *od.* down; pull (*od.* rip) off; (*Gebäude*) pull down; (*Kleider*) wear out; → *abgerissen*; **II.** *v/i.* break off, tear off, snap; *fig. plötzlich*: break off, cease abruptly, come to a dead stop; *das reißt nicht ab* there is no end to it; *die Arbeit reißt nicht ab* there is no end of work; **~kalender** *m* tear-off (*Am.* pad) calendar; **~knopf** *m Handgranate*: pull-cord button; **~leine** *f Fallschirm*: rip cord; *Handgranate*: pull-cord; **~zündung** *mot. f* make-and-break ignition.

abreiten I. *v/i.* **1.** ride away; **II.** *v/t.* **2.** (*Pferd*) override; **3.** (*die Front*) ride down; (*e-e Strecke*) ride; (*überwachen*) patrol (on horseback).

abrennen I. *v/i.* run off, start; **II.** *v/t.*: *sich* (*die Beine*) *~* run o.s. off one's legs.

abricht|en *v/t.* **1.** (*Tier*) train, *weitS. a.* teach tricks; (*Pferd*) break in; *j-n ~ zu et. od. et. zu tun* train (*od.* drill) a p. for a th. *od.* to do a th.; **2.** ⊕ dress, true; **≈er** *m* **1.** trainer; **2.** ⊕ dressing tool; **≈ung** *f* **1.** training; breaking-in; **2.** ⊕ dressing.

Abrieb ⊕ abrasion, wear; (*Produkt*) abraded particles *pl.*, dust; **≈beständig** *adj.* wear-resistant.

abriegel|n *v/t.* (*Tür*) bolt, bar; (*Straße*) block (off); *Polizei*: cordon (*od. a.* ⚔ seal) off; **≈ung** ⚔ *f* interdiction.

abrinden *v/t.* bark, decorticate.

abringen *v/t.*: *j-m, dem Meer usw. et. ~* wrest a th. from.

abrinnen *v/i.* run off *od.* down.

Abriß *m* **1.** *von Gebäuden*: pulling-down, demolition; **2.** (*Skizze*) sketch, draft; *fig.* (*kurze Darstellung*) summary, epitome, abstract, brief outlines *pl.*; (*Übersicht*) brief survey; (*Buch*) compendium; **3.** *mot.* firing point; **~punkt** *mot. m* firing point; **~zündung** *mot. f* make-and-break ignition.

abrollen I. *v/i.* unroll, roll off; *fig.* pass; **II.** *v/t.* unroll, unreel; *a. phot.* unwind; (*Kabel*) pay out; (*wegrollen*) roll off; ✝ (*abtransportieren*) cart away, transport; *sich ~* unroll, unreel; *fig.* unfold, develop, pass.

abrücken I. *v/t.* move off *od.* away, remove; **II.** *v/i. bsd.* ⚔ march *od.* move off, withdraw; F → *abhauen*; *fig. ~ von* withdraw from, dis(a)sociate from, disavow; **III.** **≈** ⚔ *n* marching-off, departure.

Abruf *m* **1.** ✝ call (*von* for); *auf ~* on call; **2.** (*Abberufung*) recall; *auf ~* subject to recall; **≈en** *v/t.* (*j-n*) call away, *offiziell*: recall; ✝ call; 🚂 (*Zug*) call out; *Computer*: read back.

abrund|en *v/t.* (*Ecken, Stil, Zahlen*) round (off); *fig. sich ~* round itself off; → *abgerundet*; **≈ung** *f* rounding (off); *fig.* perfection, completion.

abrupfen *v/t.* pluck (off).

abrupt *adj.* abrupt.

abrüst|en I. *v/t.* (*Gerüst*) take down; **II.** ⚔ *v/i.* disarm; **≈ung** *f* disarmament; **≈ungskonferenz** *f* disarmament conference.

abrutschen *v/i.* slip off; *Messer usw.*: slip (*a. fig.*); *mot.* skid; *Ski*, ✈ *seitlich*: side-slip.

absäbeln F *v/t.* hack (*od.* chop) off.

absack|en I. *v/i.* ⚠ sag, *a.* ⚓ sink; ✈ pitch down; *bei der Landung*: pancake; *fig.* slip, sag; *Person*: wilt; **II.** *v/t.* pack in bags; **≈ung** *f* (*Absinken*) sag; **≈waage** *f* bagging scale.

Absage *f* cancellation; (*Ablehnung*) refusal, negative reply; *fig.* rejection (*an* of); **≈n I.** *v/t.* **1.** cancel, call off; (*ablehnen*) decline; **II.** *v/i.* **2.** (*nicht mitmachen*) cry off; *Gast*: decline (the invitation), beg off; (*j-m*) *brieflich* (*telephonisch, telegraphisch*) *~* write (telephone, send a telegram) (to a p.) declining the invitation; (*j-m*) *~ lassen* send (a p.) word to cancel the visit, *etc.*; **3.** (*e-r Sache entsagen*) renounce, (*ablehnen*) disown *a th.*; (*mit j-m od. et. brechen*) break with; *abgesagter Feind* declared (*od.* sworn) enemy.

absägen *v/t.* saw off; F *fig.* (give the) ax(e), oust, sack.

absahnen I. *v/t.* skim, cream; **II.** F *v/i.* cash in, cream the profits.

absatteln *v/t.* (*Pferd*) unsaddle; *mot.* unhitch *a trailer.*

Absatz *m* **1.** (*Unterbrechung*) stop, *a.* ♪ pause; *typ.* period, break; (*kurzer Abschnitt*) paragraph (*a.* ⚖; *abbr.* para.); **2.** *im Gelände:* terrace; (*Gesteins*≈) shelf, ledge; (*Treppen*≈) landing; **3.** (*Schuh*≈) heel; **4.** ✝ sale(s *pl.*); (*Vertrieb*) marketing, distribution, selling; ~ *finden* be sal(e)able, find a ready market; *keinen* ~ *finden* be unsal(e)able, find no sale; *reißenden* ~ *finden* sell (*od.* go) fast, F sell like hot cakes; **~belebung** *f* increase in sales; **~chancen** *f/pl.* sales prospects; **≈fähig** *adj.* sal(e)able, marketable; **~förderung** *f* sales promotion; **~forschung** *f* marketing research; **~gebiet** *n* market(ing area); **~krise** *f* sales crisis; **~lenkung** *f* sales control; **~markt** *m* market, outlet; **~möglichkeit** *f* opening, outlet; *weitS.* sales potential; **~organisation** *f* marketing organization; **~planung** *f* marketing; **~problem** *n* marketing problem; **~steigerung** *f* increase of trade (*od.* in sales); **~stockung** *f* falling-off in sales; stagnation (of the market); **≈weise** *adv.* by paragraphs; ⊕ by steps; **~zeichen** *typ. n* paragraph mark.

absäuer|n ⚗ *v/t.* acidify; **≈ungsbad** *n* acid bath.

absaufen *v/i.* ⚓ sink, go down; *Segelflugzeug:* lose height; *Grube, a. mot.:* be flooded.

absaug|en *v/t.* suck off; (*Gas, Späne usw.*) exhaust; (*Teppich usw.*) vacuum; **≈pumpe** *f* exhaust (*mot.* scavenging) pump; **≈ung** *f* (removal by) suction; exhaust.

abschab|en *v/t.* scrape (off); (*abnutzen*) abrade, wear off; *abgeschabt Stoff:* shabby, threadbare; **≈er** ⊕ *m* scraper; **≈sel** *n/pl.* scrapings.

abschaff|en *v/t. allg.* abolish, do away with; (*Gesetz*) repeal, abrogate; (*Mißbrauch*) redress, suppress; (*Sache*) get rid of; (*Auto usw.*) *a.* give up; **≈ung** *f* abolition; repeal, abrogation; redress, removal.

abschälen *v/t.* → *schälen.*

abschalt|bar *adj.* ⚡ disconnectible; ⊕ disengageable; **~en I.** *v/t.* (*Licht, Radio usw.*) switch (*od.* turn) off *od.* out; (*Maschine*) *a.* put out of operation, cut; ⚡ disconnect, cut off; **II.** F *v/i.* (*u. v/t. seine Gedanken* ~) switch off (one's mind); (*sich erholen*) relax; **≈magnet** *m* disconnecting magnet; **≈relais** *n* cut-off relay; **≈strom** *m* breaking current.

abschätz|bar *adj.* **1.** appreciable, assessable; **2.** → *absehbar*; **~en** *v/t.* estimate (*a. Entfernung usw.*), appraise, assess; *fig.* (*j-n* ~*d betrachten*) size up; **~end** *adj.* **1.** *prüfend:* speculative; **2.** → **~ig** *adj. Bemerkung usw.:* disparaging, contemptuous; **≈ung** *f* estimation; appraisal, valuation; assessment.

Abschaum *m* scum; *metall.* dross; *fig.* (~ *der Menschheit*) scum (of the earth), dregs *pl.* of humanity.

abscheid|en I. *v/t.* (*a. sich* ~) separate (*von* from); ⚗ disengage, eliminate; *physiol. flüssig:* secrete, *fest:* deposit; *metall.* refine; *sich* ~ be precipitated (*od.* disengaged *usw.*); **II.** *v/i.* depart (*von dieser Welt* this world); *die Abgeschiedenen* the departed; → *abgeschieden*; **≈en** *n* demise, death; **≈er** ⊕ *m* separator; **≈ung** *f* separation; ⚗ precipitation, liberation; ⚕ secretion; (*Ergebnis*) deposit, precipitate.

abscher|en *v/t.* shear off; (*Haare*) cut, crop; **≈festigkeit** ⊕ *f* shearing strength; **≈stift** *m* shear pin.

Abscheu *m* abhorrence, horror (*vor* of); loathing (of); disgust (for, against); *j-m* ~ *einflößen* fill a p. with loathing, disgust a p.; *e-n* ~ *haben vor* abhor, detest, loathe.

abscheuern *v/t.* scrub *od.* scour (off); *durch Abnutzung:* wear away; (*Haut*) chafe, abrade; *sich* ~ wear off *od.* away.

abscheulich *adj.* abominable, horrible, horrid, dreadful (*alle a.* F *fig.* = F awful); detestable; *Verbrechen:* heinous, atrocious; F *fig.* (*böse, frech*) nasty, F beastly; **≈keit** *f* abomination, horror; hatefulness; heinousness; nastiness, F beastliness; (*Untat*) atrocity.

abschichten *v/t.* separate into layers; *geol.* stratify.

abschicken *v/t.* send off, dispatch; ✉ post, *bsd. Am.* mail.

abschieben I. *v/t.* push (*od.* shove) off; (*lästige Ausländer*) deport *undesirable aliens*; F *fig.* (*loswerden*) get rid of, send off (*nach* to); *fig.* → *abwälzen*; **II.** F *v/i.* (*weggehen*) F push off, shove off.

Abschied *m* (*Abreise*) departure; (~ *nehmen*) parting, leave-taking, farewell; (*Entlassung*) dismissal, *bsd.* ⚔ discharge; *freiwilliger:* resignation; ~ *nehmen* take (one's) leave (*von* of), bid (*a p.*) farewell, say good-by(e) (to); *j-m den* ~ *geben* dismiss; ⚔ a) discharge; b) (*Offizier*) place on the retired list;

c) *strafweise*: cashier; *s-n* ~ *erhalten* be dismissed, be retired, F get the sack; ⚔ a) be placed on the retired list; b) *strafweise*: be cashiered; *s-n* ~ *nehmen* send in one's resignation, resign, retire; ⚔ *a.* resign one's commission; → *Abschiedsgesuch*; **~sansprache** *f* farewell address, *Am. bsd. univ.* valedictory; **~sbrief** *m* farewell letter; **~sessen** *n* farewell dinner; **~sfeier** *f*, **~sfest** *n*, **~sgesellschaft** *f* farewell party; **~sgesuch** *n* resignation; *sein* ~ *einreichen* send in (*od.* tender) one's resignation; **~skuß** *m* parting kiss; **~srede** *f* → *Abschiedsansprache*; **~sschmerz** *m* wrench; **~sstunde** *f* hour of parting; **~svorstellung** *f* farewell performance; **~sworte** *n/pl.* words of farewell; farewell speech *sg.*

abschießen *v/t.* **1.** (*wegschießen*) shoot off; (*Waffe*) discharge, fire (off), shoot (off); (*Kugel*) shoot, send (off); (*Pfeil*) shoot, let fly; (*Rakete, Torpedo*) launch; (*e-n Schlag*) release, *sl.* uncork; **2.** (*töten*) shoot, pick off, *sl.* bump off; (*Vogel*) bring down, drop; *fig.* → *Vogel*; ⚔ (*Flugzeug*) (shoot *od.* bring) down; (*Panzer*) knock out, disable; F *fig. j-n* ~ (*s-e Entlassung usw. bewirken*) oust a p., F put the skids under a p.

abschilfern *v/i.* peel (*od.* scale) off.

abschinden *v/t.* flay; → *abschürfen*; *sich* ~ → *abrackern*.

Abschirm|dienst ⚔ *m* counter-intelligence; **≗en** *v/t.* shield (*gegen* from), guard (against); ⚔ *taktisch, durch Nebelwand*: screen, *durch Feuer*: cover; ⚡, *Radio*: screen, *Am.* shield; **~ung** *f* screening, shielding.

abschirren *v/t.* unharness.

abschlachten *v/t.* slaughter, butcher (*a. fig.*).

abschlaffen F *v/i.* go all limp, wilt.

Abschlag *m* **1.** ⚚ (*Preisrückgang*) drop (*od.* fall) in prices; (*Preisnachlaß*) allowance, reduction, discount; → *Abschlagszahlung*; *auf* ~ on account; *auf* ~ *bezahlen* pay by instal(l)ments; *mit e-m* ~ at a discount; *mit* ~ *verkaufen* sell at a reduced price; **2.** *Fußball*: goal-kick; *Golf*: tee(-off); **≗en I.** *v/t.* **1.** knock (*od.* strike, beat) off; (*Kopf*) cut off; (*Baum*) cut down; (*Faden*) slough; (*Lager, Zelt*) strike *camp, the tent*; ⊕ take down, disassemble; (*Raum*) partition off; **2.** *Sport*: (*Fußball*) kick off; *Golf*: tee off; (*Läufer*) leave far behind, run away from; **3.** (*Angriff*) beat off, repulse; **4.** (*ablehnen*) decline, refuse, turn down; *er schlug mir die Bitte rundweg ab* he gave me a flat refusal; *Sie dürfen es mir nicht* ~ I will take no refusal; **5.** → *Wasser*; **II.** *v/i.* **6.** *Preise, Kurs usw.*: decline, go down; *Ware*: go down (in price); **7.** *Fußball*: make a goal-kick.

abschlägig *adj. u. adv.* negative(ly); ~*e Antwort* negative reply, refusal; *e-e* ~*e Antwort erhalten*, ~ *beschieden werden* meet with a refusal; *e-e Bitte* ~ *bescheiden* reject, refuse, turn down *a request*; *j-n* ~ *bescheiden* turn down a p.'s request.

Abschlags...: **~dividende** ⚚ *f* interim dividend; **~verteilung** *f Konkurs*: distribution of dividend; **~zahlung** *f* payment on account; (*Teilzahlung*) part payment, (payment by) instal(l)ment.

abschlämm|en *v/t.* decant, clear of mud; (*Erze*) wash; (*Zucker*) refine; **≗hahn** *mot. m* (sludge-) drain cock.

abschleifen *v/t.* ⊕ grind off *od.* down, finish, mill; polish; *fig.* polish, refine; *fig. sich* ~ acquire polish, improve one's manners; *Akzent usw.*: become slurred.

Abschlepp|dienst *m* recovery *od.* towing (*Am. a.* wrecking) service; **≗en I.** *v/t.* drag (*od.* haul) off; *mot.*, ⚓ (take in) tow, tow off; **II.** *v/refl.*: *sich* ~ struggle under a load; **~kran** *mot. m* salvage (*Am.* wrecking) crane; → *Abschleppwagen*; **~seil** *n* tow-rope; **~wagen** *m* breakdown lorry, *Am.* wrecking truck, wrecker (truck).

abschleudern *v/t.* fling (*od.* hurl) off; ✈ catapult; ⊕ centrifuge.

abschließ|bar *adj.* lockable; **~en I.** *v/t.* **1.** lock (up); ⊕ (*abdichten*) seal (off); ⚡ terminate; *fig.* (*absondern*) seclude, isolate; *sich* ~ seclude o.s., shut o.s. off; **2.** (*beendigen*) end, terminate, (bring to a) close, wind up (*mit* with); *endgültig*: settle; (*fertigstellen*) complete; (*Brief, Rede usw.*) conclude, close; ⚚ (*Bücher*) close, balance; (*Konten, Rechnungen*) settle; **3.** (*Handel*) transact *a business*, strike *a bargain*, close *a deal*; (*Verkauf*) effect; (*Versicherung*) effect *insurance*, take out *a policy*; (*Vertrag*) conclude, make, enter into, sign *an agreement*; *e-n Vergleich* ~ compound (*mit Gläubigern* with creditors); → *Wette*; **II.** *v/i.* **4.** end, close, conclude; (*mit folgenden Worten*) ~ *in e-r Rede usw.*: end *od.* wind up (by saying), close (with the words); *mit dem Leben* *abgeschlossen haben* have done with life; *ich hatte bereits mit dem Leben abgeschlossen* I thought my hour was come; **5.** ✝ close (a *od.* the deal) (*mit j-m* with), contract, sign (a contract); *mit j-m ~ a.* come to terms with a p.; **~end I.** *adj.* concluding, closing, final; (*endgültig*) final, definitive; **II.** *adv.* in conclusion; finally; *~ sagte er* he wound up by saying.

Abschluß *m* **1.** (*Beendigung*) termination, conclusion, end(ing), close; (*Fertigstellung*) completion; (*endgültiger ~, Bereinigung*) settlement; *vor dem ~ stehen* be drawing to a close; *zum ~* in conclusion, finally; *zum ~ bringen* bring to a close; *schwach im ~ Sport*: weak in finishing; **2.** ✝ *e-s Handels, Vertrags*: conclusion, signing; (*Geschäft*) transaction, deal; (*Verkauf*) sale; (*Vertrag*) contract; *der Bücher usw.*: closing, balancing, settlement; *Rechnungssumme*: balance; *Versicherung*: effecting; → *Jahresabschluß, Monatsabschluß*; **3.** ⊕ seal; ⚡ termination; *gasdichter ~* gastight seal; *wasserdichter ~* water-seal; **4.** → *Abschlußprüfung*; **~klasse** *f* final-year class; **~provision** ✝ *f* final commission; **~prüfung** *f* school-leaving (*Am.* final) examination, *Am. a.* graduation; *s-e ~ machen* graduate (*an* at, *Am.* from *a college, etc.*); **~termin** ✝ *m* closing date; **~zeugnis** *n* leaving-certificate, *Am.* diploma.

abschmecken *v/t.* taste; (*würzen*) season.

abschmeicheln *v/t.*: *j-m et. ~* coax a th. out of a p.

Abschmelz|dauer *f* fusing time; **~draht** *m* fuse (*od.* safety) wire; **≈en I.** *v/t.* melt off; (*Metall*) fuse; (*Erz*) smelt; **II.** *v/i.* melt (off); dissolve; ⊕ fuse; ⚡ *Sicherung*: fuse, blow; **~schweißung** ⊕ *f* flash welding; **~sicherung** ⚡ *f* fusible cut-out, fuse.

abschmier|en I. *v/t.* **1.** (*schlecht abschreiben*) copy carelessly, scribble off; F (*plagiieren*) F crib; **2.** ⊕ lubricate, grease; **II.** *v/i.* **3.** smear, stain; **4.** *sl.* ✈ crash; **≈fett** *n* chassis grease; **≈nippel** *m* grease nipple; **≈presse** *f* grease gun; **≈station** *f Auto*: greasing station.

abschminken *v/t.* remove *a p.'s* make-up.

abschmirgeln *v/t.* finish (*od.* rub down) with emery, sand(paper).

abschnallen *v/t.* unbuckle, unstrap; (*Ski usw.*) take off.

abschneiden I. *v/t.* **1.** cut off *od.* away; (*scheren*) clip, *a.* ⊕ shear off; *in Scheiben*: slice off; ✓ prune, trim; (*Haare*) crop; (*Kupons usw.*) detach; *j-m den Hals ~* cut a p.'s throat; *sich ein Stück Kuchen ~* cut o.s. a piece of cake; → *Scheibe*; **2.** *fig.* (*Rückzug, Zufuhr, j-n von der Außenwelt usw.*) cut off; ⚔ *taktisch*: isolate; *j-m den Weg ~* intercept a p., bar a p.'s way; → *a.* 4; **3.** *j-m die Ehre ~* calumniate (*od.* backbite) a p.; *j-m e-e Möglichkeit ~* deprive a p. of a chance; *j-m das Wort ~* cut a p. short; **II.** *v/i.* **4.** *unterwegs*: take a short-cut; **5.** *gut* (*schlecht*) *~* do (*od.* come off) well (badly), fare well (badly); *am besten ~* come out best (*od.* top); **III.** ≈ *n* (*Leistung*) performance.

abschnellen I. *v/t.* jerk (*od.* flip) off; (*Pfeil usw.*) let fly; **II.** *v/i. od. sich ~* bounce (off).

abschnippeln F *v/t.* snip off.

Abschnitt *m* **1.** cut, section, *a. zo.*, ⚕ segment; ⚔ *im Gelände*: sector; *e-r Straße usw.*: section; *e-s Buches*: section, passage (*beide a.* ♪), paragraph; *e-r Reise usw.*: stage, leg; *e-r Entwicklung usw.*: phase; *Zeit*: epoch, period; **2.** ✝ (*Appoint*) item, article; (*Kontrollblatt*) counterfoil; *Am.* stub; (*Stückelung*) denomination; (*Zinsschein*) coupon; (*Dividendenschein*) dividend warrant; *Banknoten in kleinen ~en* bank notes in small denominations; **≈(s)weise** *adv.* in sections *usw.*; → *Abschnitt*.

abschnüren *v/t.* **1.** → *abbinden*; **2.** (*würgen*) strangulate, strangle, choke; **3.** *fig.* cut off.

abschnurren *v/t. u. v/i.* rattle off.

abschöpfen *v/t.* skim (off); ✝ (*Gewinne usw.*) skim (*od.* siphon) off; *überschüssige Kaufkraft ~ a.* absorb excessive buying power; → *Rahm*.

abschräg|en *v/t.* (*a. sich ~*) slope, slant; ⊕ bevel, chamfer; **≈ung** *f* slant, slope; bevelling.

abschraub|bar *adj.* unscrewable, detachable; **~en** *v/t.* unscrew, screw off (*beide a. sich ~ lassen*).

abschreck|en *v/t.* **1.** scare away, frighten off; *weitS.* deter, discourage (*j-n von et.* a p. from); **2.** ⊕ chill, quench; **3.** *Küche*: a) dip *an egg* in cold water; b) clear *coffee, soup* with a dash of cold water; c) rinse *noodles, etc.*; **~end** *adj.* deterrent; (*abstoßend*) forbidding; *~es Beispiel* warning, horrible example; *~e Strafe* exemplary punishment; *adv. ~ wirken* act as a deterrent; **≈ung** *f* **1.** deterrence; **2.** → **≈ungsmittel** *n* deterrent.

abschreib|bar ✝ *adj.* depreciable;

~en I. *v/t.* **1.** copy; (*übertragen, bsd. von Kurzschrift*) transcribe; ⚖ engross; *b.s.* plagiarize; *von Mitschülern*, F *a. literarisch*: crib (*von* from); **2.** ✝ (*Forderungen*) *gänzlich*: write off (*a. fig. j-n od. et.*), *teilweise*: write down; (*Wert*) depreciate; (*Summe*) deduct; **3.** (*abbestellen*) cancel, countermand; **II.** *v/i.* → *absagen* II 2; **≈er** *m* copyist; *b.s.* plagiarist, F cribber.

Abschreibung ✝ *f* writing off, write-off; (*Wertminderung*) depreciation; *~en für Devisenverluste* write-offs for losses on foreign exchange; *~en auf Werksanlagen* depreciation on plant equipment; *Konto „Abschreibungen"* depreciation account; *nach ~ aller Verluste* after charging off all losses; **~sbetrag** *m* depreciation (charge); **~sfonds** *m*, **~srücklage** *f* depreciation fund.

abschreiten *v/t.* pace off; ⚔ *die Front ~* pass down the ranks; *die Ehrenkompanie ~* inspect the guard of hono(u)r.

Abschrift *f* copy, transcript; duplicate; *beglaubigte ~* certified (*od.* exemplified) copy; **≈lich I.** *adj.* copied; **II.** *adv.* by (*od.* as a) copy, in duplicate.

abschrubben *v/t.* scrub, scour; ⊕ turn roughly; plane off.

Abschub *m von Ausländern*: deportation; *von Bevölkerung*: evacuation.

abschuften *v/refl.*: *sich ~* → *abrackern.*

abschuppen *v/t.* scale; *sich ~* scale (*od.* peel) off, *Haut*: desquamate.

abschürf|en *v/t.*: *sich die Haut ~* graze (*od.* chafe, abrade) one's skin; *sich* (*die Haut*) *am Knie usw. ~* bark (*od.* skin) one's knee, *etc.*; **≈ung** *f* abrasion.

Abschuß *m e-r Waffe*: firing, discharge; *Rakete, Torpedo*: launching; *von Wild*: shooting; ✈ downing, victory in aerial combat; *Panzer*: knocking-out, disabling; **~basis** *f* launching base; **~liste** F *f*: *auf der ~ stehen* be marked *od.* ripe (to be ousted); *j-n auf die ~ setzen* put the skids under a p.; **~rampe** *f* launching platform (*od.* pad).

abschüssig *adj.* sloping; (*steil*) steep, precipitous; **≈keit** *f* steepness, declivity.

abschütteln *v/t.* shake off (*a. fig. das Joch, e-n Verfolger usw.*); *fig. a.* cast off, get rid of.

abschütten *v/t.* pour off (*od.* out).

abschützen ⊕ *v/t.* shield, screen.

abschwäch|en *v/t.* weaken, lessen, diminish; (*mildern*) mitigate; (*beschönigen*) extenuate, find excuses for; (*e-n Ausdruck*) qualify; (*Sturz*) cushion; (*Farben*) tone down; *phot.* (*Negativ*) reduce; *sich ~* diminish, decline, fall off, ✝ *Preise, Kurs*: weaken, sag, ease off; *die Börse war abgeschwächt* there was a weaker tendency on stock exchange; **≈ung** *f* weakening, lessening; decrease; mitigation; extenuation; qualification; *Kurse*: sagging; *der Geldsätze*: ease *in money rates*; *phot.* reduction.

abschwarten ⊕ *v/t.* (*Holz*) slab.

abschwatzen F *v/t.*: *j-m et. ~* talk a p. out of a th.; *dem Teufel ein Ohr ~* talk the hind leg off a donkey.

abschwefeln ⊕ *v/t.* **1.** impregnate with sulphur; **2.** (*entschwefeln*) desulphurize.

abschweif|en I. *v/i.* deviate, depart (*von* from); *von e-m Thema*: digress, stray, wander (from); *schweifen Sie nicht ab!* keep to the point!; **II.** ⊕ *v/t.* scallop; (*Seide*) ungum; **~end** *adj.* digressive, rambling; **≈ung** *f* deviation, digression.

abschwelen *v/t.* (*Erz*) calcine; (*Kohle*) carbonize at low temperature.

abschwellen *v/i.* ⚕ shrink; *Geräusch*: die (*od.* ebb) away.

abschwemm|en *v/t.* wash away (*od.* off); (*Erde*) erode; ⊕ rinse, flush; **≈ung** *f* (*Erosion*) erosion.

abschwenken I. *v/t.* (*spülen*) rinse (off); **II.** *v/i.* (*abbiegen*) swerve, turn away (*von* from); ⚔ wheel aside; *fig.* deviate, veer (from).

abschwindeln *v/t.*: *j-m et. ~* swindle (*od.* cheat) a p. out of a th.

abschwirren F *v/i.* → *abhauen.*

abschwör|en *v/i.* (*dem Glauben usw.*) abjure, foreswear; F swear off *alcohol*; (*widerrufen*) recant; **≈ung** *f* abjuration; recantation.

Abschwung *m Turnen*: dismount; ✝ downswing.

absegeln *v/i.* sail (away), set sail (*nach* for).

absehbar *fig. adj.* measurable, predictable, conceivable; *in ~er Zeit* in the foreseeable future, before long; *nicht ~* a) immeasurable; b) not to be foreseen.

absehen I. *v/t.* **1.** (fore)see; (*voraussagen*) foretell; *es ist kein Ende abzusehen* there is no end in sight; *die Folgen sind nicht abzusehen* there is no telling what will happen, this may have dire consequences; **2.** see (*an* from, by); *ped.* (*abschreiben*) F crib (*von* from); *j-m et. ~* learn a th. from a p.; *j-m e-n*

Wunsch an den Augen ~ anticipate a p.'s wish; *es abgesehen haben auf* be aiming (*od.* driving) at, be after (*od.* out for), have an eye on; *es war auf dich abgesehen* it was meant (*od.* intended) for you; **II.** *v/i.*: *von et.* ~ (*nicht tun*) refrain (*od.* abstain) from; (*unbeachtet lassen*) disregard, leave out of account; *von e-m Plan* ~ abandon, drop; → *abgesehen.*

Abseide ⊕ *f* floss (silk).

abseifen *v/t.* (clean with) soap.

abseigern *v/t. metall.* liquate, separate (by fusion); ⊕ (*loten*) plumb.

abseihen *v/t.* filter off, strain.

abseilen *mount. v/t.* (*a. sich* ~) rope down.

absein *v/i.* **1.** be off, be broken off; **2.** (*entfernt sein*) be (far) away; **3.** (*erschöpft sein*) be exhausted *od.* run down, F be all in.

abseits I. *adv.* **1.** aside, apart, off; ~ *von* → II; *fig. sich* ~ *halten* keep aloof (*von* from); **2.** *Fußball*: offside; ~ *stellen* put offside; **II.** *prp.*, *a.* ~ *von* aside of, off *the street*; **III.** ≗ *n Fußball*: *ins* ~ *laufen* run offside; ≗**falle** *f Fußball*: offside trap; ≗**tor** *n* offside goal.

absend|en *v/t.* send (off), forward, dispatch; ✝ (*Güter*) *a.* consign, ⚓ *u. Am.* ship; (*Geld*) remit; (*Briefe*) post, *bsd. Am.* mail; (*j-n*) send (out); ≗**er(in** *f*) *m* sender, ✝ *a.* consignor; ≗**estelle** *f* dispatching point; *Funk*: office of origin; ≗**ung** *f* dispatching, *etc.*

absengen *v/t.* singe (off), scorch.

absenk|en *v/t.* ⸗ layer; ⚒ (*Schacht*) sink; ≗**er** ⚘ *m* → *Ableger*; ≗**formmaschine** *f* drop-plate-type mo(u)lding machine.

absetz|bar *adj. Beamter*: removable; ✝ *Ware*: sal(e)able, marketable; *Betrag*: deductible; ✝ *leicht* ~ easy to sell; ≗**behälter** ⊕ *m* settling tank; ≗**bewegung** ⚔ *f* disengagement, withdrawal.

absetzen I. *v/t.* **1.** (*Gegenstand*) set (*od.* put) down, depose; (*Brille, Hut*) take off; (*Gewehr*) take (*od.* put) down; (*Flöte, Glas usw.*) *vom Mund*: take from one's lips; ♪ (*den Bogen*) lift; *ohne die Feder abzusetzen* without lifting one's pen, straight off; **2.** (*Mitreisende*) drop (*a. Fallschirmjäger*), set (*od.* put) down (*an, bei* at); **3.** *Pferd*: (*den Reiter*) throw; **4.** a) *typ.* set up (in type); b) (*Wort*) separate; *die Zeile* ~ begin a new paragraph (*od.* line); **5.** (*streichen*) remove, take off, withdraw; (*Termin*) cancel; *thea. ein Stück* (*vom Spielplan*) ~ take off a play, take a play off the program(me); **6.** ✝ (*Betrag, Posten*) strike (*od.* write) off; (*Betrag*) *a.* deduct (*steuerlich*: from one's taxable income); **7.** (*Beamte*) remove (from office), dismiss; (*Würdenträger usw.*) depose; (*König*) *a.* dethrone; **8.** ✝ (*verkaufen*) sell, dispose of; *sich leicht* (*schwer*) ~ *lassen* sell readily (badly), meet with a ready (slow) sale; **9.** ⚕ a) amputate; b) (*Arznei*) stop taking *a medicament*, go off *a drug*; **10.** (*Säugling, a. Jungtier*) wean; **11.** *tech.* offset, shoulder; **12.** ⚗ deposit; *sich* ~ *a.* settle, be precipitated; **13.** (*kontrastieren lassen*) set off (*gegen* against), contrast (with); *sich* ~ stand out (*von* against), contrast (with); **II.** *v/refl.*: *sich* ~ **14.** ⚔ *u. fig.* retreat, withdraw (*von* from, *nach* to); ⚔ *vom Feind*: *a.* disengage o.s. (from); F *Sport von e-m Läufer*: run away (from); F make off; **15.** *sich von e-m Freund, e-r Idee usw.* ~ dis(as)sociate o.s. from; **III.** *v/i.* **16.** (*unterbrechen*) pause, stop, break off; *ohne abzusetzen allg.* without stopping, without a break, at one go; *beim Schreiben*: *a.* straight off, without lifting the pen; *beim Trinken*: at one draught (*od.* gulp); **17.** ⚓ bear off (*von* from); **IV.** *v/impers.*: *es wird etwas* ~ there will be trouble, we are in for something; **V.** ≗ *n* setting down; writing-off, deduction; separating; precipitation; ⚔ disengagement; *von Fallschirmtruppen*: parachute drop, airborne assault; → *a. Absatz 4.*

Absetzung *f* removal (from office), dismissal; dethronement, deposition.

absichern *v/t.* guard against; (*Kredite usw.*) provide security for; *sich* ~ *a.* cover o.s.

Absicht *f* intention; (*a. böse* ~) design; (*Ziel*) aim, object, end (in view); (*Zweck*) purpose; ⚖ (specific) intent; → *betrügerisch, böswillig*; ~*en haben auf* have designs upon; *in der* ~, *zu inf.* with the intention of *ger.*, with a view to *ger.*; *in der besten* ~ with the best of intentions; *mit* ~ → *absichtlich* II; *mit e-r bestimmten* ~ for a purpose; *mit der festen* ~, *zu inf.* with the determination to *inf.*; *ich habe die* ~, *zu inf.* I intend to *inf.*, *Am. a.* I am planning to *inf.*; *es war nicht meine* ~, *zu inf.* I did not mean to *inf.*; ≗**lich I.** *adj.* intentional, deliberate; ⚖ wilful; **II.** *adv.* intentionally, *etc.*; on purpose, designedly; *du scheinst mir ~ auf die Nerven zu gehen* you seem to make a point of getting on my nerves; **≈slos** *adj.* unintentional; **~ssatz** *ling. m* final clause; **≈svoll** *adj. u. adv.* → *absichtlich.*

absickern *v/i.* trickle down (*od.* off).

absieden *v/t.* boil.

absingen *v/t.* sing; *vom Blatt*: sing from the score.

absinken *v/i.* sink; *fig. a.* drop; *Leistung usw.*: *a.* decline; *Interesse*: flag; *b.s.* degenerate (*in* to).

Absinth *m* absinth.

absitzen I. *v/i.* **1.** *vom Pferd*: dismount; **2.** F *von j-m (weit) ~* sit (far) away from a p.; **II.** *v/t.* (*Langweiliges*) sit out; *e-e Strafe ~* serve a sentence (*od.* one's time); *s-e Strafe ~* F do time (*wegen* for).

absolut I. *adj.* absolute (*a. Gehör, Herrscher, Mehrheit usw.*; *a. phys., phls.*, ⚗, ⚔, ♪); (*völlig, unbedingt*) *a.* perfect, positive; F *~er Unsinn* perfect (*od.* sheer) nonsense; **II.** *adv.* absolutely, *etc.*; *~ nicht* by no means; *er hat ~ keine Skrupel* he has no scruples whatever; *wenn du ~ gehen willst* if you insist on going; **≈e(s)** *n*: *das Absolute* the absolute; **≈ion** *f* absolution; *j-m ~ erteilen* give absolution to a p.; **≈ismus** *m* absolutism.

Absolv|ent(in *f*) *m* school-leaver, *bsd. Am.* graduate; **≈ieren** *v/t. relig.* absolve (*von* from); (*Studien*) complete; (*Schule*) pass, get through, (*höhere Schule, Hochschule*) graduate from; (*Prüfung*) pass; F (*leisten*) do.

absonderlich *adj.* peculiar, singular; strange, odd, bizarre; **≈keit** *f* peculiarity; strangeness, oddity.

absondern *v/t.* separate, segregate (*von* from); (*isolieren*) isolate; ⚘, *physiol.* secrete, discharge, excrete; ⚗ separate, isolate; *sich ~* a) be secreted, *etc.*; b) *fig. Person*: seclude o.s., keep aloof; dis(as)sociate o.s. (*von* from); **~d** *adj. physiol.* secretory; excretory.

Absonderung *f* → *absondern*; separation; isolation; seclusion; *physiol.* secretion, discharge, excretion; **~sanspruch** ⚖ *m* preferential claim; **≈sberechtigt** *adj. Konkurs*: secured; **~sdrüse** *f* secretory gland.

Absorbens ⚗ *n* absorbent.

absorbier|bar *adj.* absorbable; **~en** *v/t.* absorb (*a. fig.*); *wieder ~* resorb; **~end** *adj.* absorbing, *a. ~es Mittel* absorbent.

absorgen *v/refl.*: *sich ~* worry (o.s. to death).

Absorption *f allg.* absorption; **~sfähigkeit** *f*, **~skraft** *f* absorbing (*od.* absorptive) power; **~smittel** *n* absorbent; **~svermögen** *n* absorbing power (*a.* ⚘).

abspalten *v/t. allg.* (*a. sich ~*) split off.

Abspann *m Film*: closing sequence with title and credits; **~draht** ⊕ *m* stay wire; **≈en** *v/t.* (*lockern*) slacken, relax; (*lösen*) release; (*Tiere*) unharness, unyoke; ⚡ (*Draht*) terminate; (*Strom*) step down *the voltage*; ⊕ stay, anchor, brace; *fig.* (*erschöpfen*) exhaust, → *abgespannt*; **~er** ⚡ *m* step-down transformer; **~isolator** ⚡ *m* (terminal) strain insulator; **~klemme** *f* anchor clamp; **~ung** *f* ⊕ staying, anchoring; ⚡ straining; *fig.* → *Abgespanntheit.*

absparen *v/refl.*: *sich et. ~* (*nicht gönnen*) stint o.s. of a th.; *sich et.* (*vom Munde*) *~ um es zu bekommen*: stint o.s. *od.* pinch and scrape for a th. (*od.* to buy *od.* to afford, *etc.* a th.).

abspeisen I. *v/i.* finish a meal; **II.** *v/t.* feed; *fig.* put (*od.* fob) *a p.* off (*mit leeren Worten* with fair words).

abspenstig *adj.* alienated, disloyal, unfaithful; *~ machen* alienate, estrange; *a.* ⚘ entice away (*von* from); *j-m die Freundin ~ machen* steal a p.'s sweetheart.

absperr|en *v/t.* lock, bolt, shut off; (*Straße*) a) block, barricade; b) *durch Polizei usw.*: cordon off; (*isolieren*) isolate, confine; (*Wasser, Gas usw.*) turn (*od.* shut) off; **≈hahn** *m* stopcock; **≈kette** *f*, **≈posten** *m/pl.* cordon; **≈ung** *f* shutting-off; *Straße*: a) barrier, barricade, block(ing); b) *durch Polizei*: cordon; (*Isolierung*) isolation, separation; *von Strom usw.*: cut(-)off, *a. fig.* stoppage.

abspiegeln *v/t.* mirror, reflect (*a. fig.*); *sich ~* be reflected (*a. fig.*).

Abspiel *n Sport*: pass(ing); **≈en I.** *v/t.* **1.** *allg.* play; (*Tonband usw.*) *zur Überprüfung*: *a.* play back; ♪ *vom Blatt*: play at sight; **2.** (*abnutzen*) wear out (by playing); **3.** *Sport*: (*Ball*) pass (*a. v/i.* = *den Ball ~*); **II.** *v/refl.*: *sich ~* (*geschehen*) happen, occur, take place; (*los sein*) be going on; (*gut usw. ablaufen*) go (*od.* pass) off; *thea. usw. die Szene spielt sich in X ab* the scene is laid in X; F *da spielt sich nichts ab!* F nothing doing!; **~kopf** *m Magnetophon*: play-back head.

absplittern *v/t.* (*a. sich*) *u. ~ v/i.* splinter (*od.* split, chip) off.

Absprache *f* arrangement, agreement; **≈gemäß** *adv.* as agreed.

absprechen I. *v/t.* **1.** *allg.* deny, dispute, question; *Talent kann man ihm nicht* ~ there is no denying that he is talented; **2.** ⚖ (*j-m et.*) dispossess (*od.* deprive) of; (*Schadenersatz*) disallow; **3.** (*verabreden*) arrange (for), agree upon; **II.** *v/refl.*: *sich mit j-m* ~ agree (*od.* come to an agreement) with a p. (*über* about, on); **~d** *adj.* → *abträglich.*

absprengen *v/t.* **1.** ⚒ *usw.* blast off; **2.** ⚔ (*Truppen*) cut off; **3.** (*Blumen*) *mit Wasser*: sprinkle.

abspringen *v/i.* jump (*od.* leap) off *od.* down; *vom Pferd*: dismount, alight (*von* from); *Sport*: take (*od.* jump) off; *Glasur, Splitter usw.*: crack (*od.* chip, come) off; *Feder, Saiten*: snap: (*abprallen*) rebound, bounce off; ✈ a) parachute, jump; b) *im Notfall*: bale (*od.* bail) out; *fig. vom Thema*: drop *od.* leave *a subject* abruptly, digress; ~ *von* (*e-r Partei usw.*) quit, desert; (*e-m Handel*) F opt (*od.* back) out of; (*e-m Vorhaben*) abandon, drop; F *und was springt für mich ab?* what's in it for me?

abspritzen, absprühen *v/t.* hose (*od.* wash) down; (*Pflanzen*) spray; (*lackieren*) spray(-coat).

Absprung *m* **1.** jump, leap; *mit Fallschirm*: jump, descent; *phys.* reflection; **2.** → **~balken** *m*, **~brett** *n Sport*: take-off board; **~gebiet** ✈ *n* jump area; **~höhe** *f* drop altitude; **~stelle** *f* jumping-off point.

abspulen *v/t.* unwind, reel off.

abspülen *v/t.* → *spülen.*

abstamm|en *v/i.*: ~ *von* descend *od.* be descended from; come of; *ling. u.* ⚗ derive from; **≈ung** *f* **1.** descent, extraction, birth, origin; ~ *in gerader Linie* lineal descent; ~ *von e-r Seitenlinie* collateral descent; (*von*) *deutscher* ~ of German extraction; **2.** *ling.*, ⚗ derivation; **≈ungslehre** *f* theory of evolution.

Abstand *m* **1.** distance (*von* from); (*Zwischenraum*) space, spacing; *a. zeitlich*: interval; (*Lücke*) gap; ⊕ *a.* (*Spielraum, Boden≈*) clearance; (*Gewinde≈*) pitch; *fig.* (*Unterschied*) difference, gap; *in gleichen Abständen* at equal distances, spaced equidistantly; *in regelmäßigen Abständen zeitlich*: at regular intervals, periodically; *fig.* ~ *halten* (*od. wahren*) keep one's distance; *fig. mit* ~ *besser usw.* far (and away), by far; *mit* ~ *gewinnen Sport*: by a wide margin; **2.** ~ *nehmen* refrain, desist (*von* from); **~scheibe** ⊕ *f* spacer, shim; **~sgeld** *n*, **~ssumme** *f* compensation, indemnification, forfeit-money; *Börse*: option money; *für Angestellte*: severance pay; **~s-taste** *f* blank (*od.* spacing) key; **~werfen** ✈ *n* pattern bombing; **~zünder** ⚔ *m* proximity fuse.

abstatten *v/t.* (*e-n Bericht*) make, send in; *e-n Besuch* ~ pay *od.* make a call (*j-m* on a p.), *j-m*: *a.* pay a p. a visit; (*s-n*) *Dank* ~ render one's thanks (*j-m* to a p.), *j-m*: *a.* extend one's thanks to a p.

abstaub|en I. *v/t.* **1.** dust; **2.** F (*stehlen*) *sl.* swipe (*a. v/i.*); **II.** F *v/i. Sport*: sneak a goal; **≈ertor** *n* opportunist goal.

abstauen *v/t.* → *abdämmen.*

abstech|en I. *v/t.* **1.** (*Muster*) prick off; (*Hochofen*) tap; (*Kanal, Torf*) cut; (*Wein*) draw off, tap; *fenc.* disable; (*töten*) stab, (*Schwein*) stick; **II.** *v/i.* **2.** *gegen od. von et.* ~ contrast with, stand out against *od.* from; **3.** ⚓ veer off; **≈er** *m* excursion (*a. fig.*), (side-)trip, run; (*Umweg*) detour; *fig.* digression.

absteck|en *v/t.* (*Haar*) unpin, undo; (*Kleid*) fit, pin; ⚓ (*Kurs*) plot; *surv.* mark out, *mit Pfählen*: stake out, *mit Pflöcken*: peg out; (*Grundriß*) trace (*od.* lay) out; (*Grenzen*) demarcate, mark out; *fig.* define, map out; **≈fähnchen** *n* surveyor's flag; **≈pfahl** *m* picket, stake; **≈pflock** *m* (tracing) peg.

abstehen *v/i.* **1.** (*entfernt sein*) be *od.* stand off (*von* from); (*herausragen*) stick out; **2.** *fig. von et.* ~ desist (*od.* refrain) from; (*verzichten auf*) renounce, forgo, waive; **3.** (*schal werden*) get stale (*od.* flat); ~ *lassen* allow to stand *od.* cool off; **~d** *adj.* distant; (*ragend*) projecting; *er hat* ~*e Ohren* his ears stick out.

absteif|en ⚠ *v/t.* prop, shore up; (*verstreben*) strut; **≈ung** *f* support; strut(s *pl.*).

absteig|en *v/i.* descend, climb down (*von* from); *vom Pferd*: get off (one's horse), dismount, *a. vom Fahrzeug*: alight; *fig. Sportklub*: be relegated, go down; → *Ast*; *in e-m Gasthof usw.* ~ put up (*od.* stay) at; **≈e**(**quartier** *n*) *f* night-lodging, accommodation; **≈er** *m Sport*: relegated club (*od.* team).

Abstell|bahnhof *m* railway (*Am.* railroad) yard; **≈en** *v/t.* **1.** put down, deposit; (*Auto usw.*) park; **2.** ⊕ (*Maschine*) stop, turn off, cut, throw out of gear, *bsd. Radio u.* ⚡: switch off; (*Gas, Wasser usw.*) turn off; *mot.* (*die Zündung*) cut (*od.* switch) off; *fig.* (*Mißstand*) put an end to, stop, redress, remedy; **3.** ~ *auf* gear to, concentrate (*od.* focus) on, direct to; *darauf abgestellt sein, zu inf.* be calculated to *inf.*; **4.** ⚔ → *abkommandieren*; **~fläche** *f* storage surface; **~gleis** *n* siding, sidetrack; **~hahn** *m* stopcock; **~platz** *m mot.*, ✈ parking area; **~raum** *m* storage room; **~tisch** *m* stand; *für Speisen*: dumb waiter; **~ung** ⚔ *f von Personen*: detaching, seconding.

abstemmen I. ⊕ *v/t.* chisel off; **II.** *v/refl.*: *sich* ~ *Person*: push o.s. off.

abstempeln *v/t.* stamp; (*lochen*) punch; 📯 postmark, (*entwerten*) deface, *Am.* cancel; ⚒ prop; *fig. j-n* ~ *als od. zu* stamp (*od.* label) a p. as.

absteppen *v/t.* stitch; quilt.

absterben I. *v/i.* die (off); ⚘ *a.* wither (*a.* F *Sport*); *Gewebe, Glied*: become necrotic, (*gefühllos werden*) go numb; *Motor*: stall, conk (*od.* peter) out; → *abgestorben*; **II.** ≗ *n* death, extinction; ⚕ mortification; atrophy; numbness.

Abstieg *m* descent, way down; *fig.* decline; *Sport*: relegation.

abstillen *v/t.* (*Kind*) wean.

Abstimm|anzeiger *m Radio*: tuning indicator, magic eye; **≗en I.** *v/t.* ♪ (*u. Radio*) tune (*auf* to); *fig.* (*aufeinander* ~) harmonize, reconcile (*mit* with); (*anpassen*) adjust (to); (*koordinieren*) co-ordinate, bring into line (with), key (to); *zeitlich*: time, synchronize; (*Farben*) match; ✝ (*Bücher*) balance, check (off); **II.** *v/i. parl. usw.* vote (*über* on); ~ *lassen über* put *a th.* to the vote, take a vote on; **~knopf** *m Radio*: tuning knob; **~kondensator** *m* tuning capacitor; **~schärfe** *f* sharpness of tuning, selectivity; **~skala** *f* tuning dial.

Abstimmung *f* **1.** voting, vote, poll; *durch Handzeichen*: vote by show of hands; *durch Zuruf*: vote by acclamation; *durch Teilung des Hauses*: division; (*Volks*≗) plebiscite, referendum; *geheime* ~ (voting by) ballot; *offene* ~ vote by open ballot; → *namentlich*; *zur* ~ *bringen* put to the vote; **2.** harmonizing; co-ordination; *zeitliche*: timing, synchronization; *Radio*: tuning (control); *feine* (*grobe, unscharfe*) ~ sharp (coarse, flat) tuning; **~sergebnis** *n* result of the poll.

abstinent *adj. allg.* abstemious, abstinent.

Abstinenz *f* (total) abstinence, teetotalism; **~ler(in** *f*) *m* total abstainer, teetotal(l)er.

abstoppen *v/t.* **1.** stop (*a. v/i.* = come to a halt); (*das Tempo*) slow down; **2.** *mit Stoppuhr*: clock, (take the) time (of).

Abstoß *m Fußball*: goal-kick; **≗en I.** *v/t.* **1.** push off (*a. sich* ~); **2.** (*Geweih, Haut*) shed; → *Horn* **1**; **3.** ⊕ (*Ecken*) plane off; (*Steine*) chamfer; **4.** (*abnutzen, a. sich* ~) wear out; *Porzellan*: chip; (*verunstalten*) mar; **5.** *fig.* (*anwidern*) repel, disgust, revolt, sicken; **6.** (*loswerden*) get rid of, dispose of; ✝ *a.* unload; **II.** *v/i. Fußball*: take a goal-kick; **≗end** *fig. adj.* repulsive, disgusting, forbidding; **~ung** *phys. f* repulsion.

abstottern F *v/t.* pay by (*od.* in) instal(l)ments.

abstrafen *v/t.* punish, chastise.

abstrahieren *v/t. u. v/i.* abstract.

abstrakt I. *adj.* abstract; ~e *Kunst* non-representational (*od.* abstract) art; ~e *Malerei* abstract painting; ~er *Künstler* abstract artist; **II.** *adv.* in the abstract, abstractly; **≗ion** *f* abstraction; **≗um** *ling. n* abstract noun.

abstreben ⊕ *v/t.* strut, brace.

abstreichen *v/t.* **1.** wipe off; scrape (off); (*Schaum*) take off; (*Flüssigkeit*) skim; *sich die Füße* ~ scrape (*od.* wipe) one's shoes; **2.** (*Rasiermesser*) strop; **3.** (*abhaken*) tick (*Am.* check) off; ⅍ (*Dezimalen*) point off; **4.** (*ausstreichen*) cancel, strike out; **5.** (*abziehen*) deduct; (*kürzen um*) cut; **6.** (*Gebiet*) scour; ⚔ *mit Scheinwerfer, MG-Feuer*: sweep.

abstreifen I. *v/t.* **1.** slip off; (*Schuhe*) wipe; (*Geweih, Haut*) *a. fig.* cast off, shed; **2.** (*Gelände*) patrol, scour; **II.** *v/i.* stray (*a. fig.*).

abstreiten *v/t.* dispute, contest; (*leugnen*) deny.

Abstrich *m Schrift*: downstroke; ♪ down-bow; (*Abzug*) deduction; (*Kürzung*) curtailment, cut; ~e *machen* make cuts (*von* from); *fig.* make certain reservations; *fig.* ~e *machen von* (*vermindern*) subtract from; ⚕ *e-n* ~ *machen* take a smear (*von Mandeln*: swab) (*von* from).

abstrus *adj.* abstruse.

abstuf|en *v/t.* arrange in steps *od.* terraces, step, terrace; *fig.* grade, (*a. sich* ~) grad(u)ate; (*Farben*) shade (*a.* ♪), gradate; **≗ung** *f* grad(u)ation; shade, *a. fig.* nuance.

abstumpfen *v/t.* (*a. sich* ~) blunt, dull, indurate (*a. Gefühl usw.*);

(*Kegel*) truncate; ⚗ (*Säuren*) neutralize; → *abgestumpft*.

Absturz *m* **1.** (sudden) fall, plunge, *bsd.* ✈ crash; ✈ *zum ~ bringen* (shoot) down, force down; **2.** (*Abgrund*) precipice.

abstürzen *v/i.* **1.** fall, plunge, *bsd.* ✈ crash; **2.** (*abschüssig sein*) descend (*od.* drop) steeply.

abstutzen *v/t.* → *stutzen*[1].

abstützen *v/t.* prop, support.

absuchen *v/t.* search (all over) (*nach* for); (*Gelände*) *a.* scour, comb; *mit Scheinwerfer, Radar*: sweep; *alles ~* hunt high and low.

Absud ⚗ *m* decoction, extract.

absurd *adj.* absurd, preposterous; *das Theater des ≈en, ~es Theater* the Theatre of the Absurd; **≈ität** *f* absurdity.

Abszess ⚕ *m* abscess.

Abszisse ⩓ *f* abscissa.

Abt *m* abbot.

abtakeln ⚓ *v/t.* unrig; (*Schiffe*) lay up.

Abtast|dose *f am Plattenspieler*: pick-up; **≈en** *v/t.* feel (*nach* for); ⚕ palpate; (*Boxer*) feel out, study; *fig.* probe, sound; *TV, Radar, Computer*: scan; *sich* (*einander*) *~* measure weapons, spar; **~er** *m* scanner; **~strahl** *m* scanning beam.

abtauen *v/t. u. v/i.* thaw (off), *bsd.* ⊕ defrost.

Abtei *f* abbey.

Abteil 🚂 *n* (railway-)compartment; **≈bar** *adj.* divisible; **≈en** *v/t.* divide, split up; (*absondern*) set apart, separate; *durch Trennwand, Fächer usw.*: partition (off); *in Einzelmengen*: portion out; † (*Waren*) parcel (out); *in Grade*: graduate; *in Klassen*: classify.

'Abteilung[1] *f* division; partitioning; separation; classification.

Ab'teilung[2] *f* (*Abschnitt*) section (*a.* ♀, *zo.*); ⚖ *Schule, Verwaltung, a.* ⩓ division; *Behörde, Firma, Kaufhaus, univ.*: department; *Strafanstalt, Krankenhaus*: ward; ⚔ detachment, detail, unit, (*Bataillon*) battalion; *Sport*: squad; *von Arbeitern*: gang; (*Verschlag*) partition; (*Fach*) compartment; *typ.* column; **~schef** *m*, **~sleiter** *m*, **~svorstand** *m* head of a department, departmental head, *im Kaufhaus*: floorwalker.

abtelegraphieren, abtelephonieren *v/i.* → *absagen* II 2.

abteufen ⚒ *v/t.* sink *a shaft*.

abtippen F *v/t.* type (out).

Äbtissin *f* abbess.

abtön|en *v/t. paint. usw.* shade, tone (down); gradate; **≈ung** *f* shading, shade; gradation.

abtöten *v/t.* kill; *fig.* (*Gefühl*) deaden; *das Fleisch ~* mortify the flesh.

Abtrag *m*: *~ tun dat.* prejudice (*od.* harm) *a p. od. th.*; **≈en** *v/t.* **1.** carry off, remove; (*Bau*) pull down; (*Erde*) clear away; (*Erhebung*) level; ⚕ (*Tumor*) excise; (*Schuld*) clear (*od.* pay) off, (*Hypothek*) *a.* amortize; (*Geschirr*) clear away; (*den Tisch*) clear (the table *v/i.*); **2.** (*abnutzen*) wear out (*a. sich ~*).

abträglich *adj.* harmful, detrimental; *Kritik*: unfavo(u)rable.

Abtransport *m* transport(ation), removal; ⚔ evacuation; **≈ieren** *v/t.* transport (away), carry off; evacuate.

abträufeln *v/i.* → *abtröpfeln*.

abtreib|en **I.** *v/t.* **1.** drive off; (*e-n Schwimmer*) carry off; **2.** ⚕ (*Würmer*) expel; (*ein Kind*) abort, procure the abortion of; (*ein Kind ~*) procure abortion, bring on a miscarriage; **3.** *metall.* refine; ⚗ separate; **II.** *v/i.* ⚓ *u.* ✈ drift off, be drifted off (the course); **~end** ⚕ *adj.* abortifacient; **≈ung** *f* ⚕ *der Leibesfrucht*: abortion; *selbst herbeigeführte ~* self-induced abortion; **≈ungsmittel** *n* abortifacient.

abtrenn|bar *adj.* separable, detachable; *nicht ~* non-detachable; **~en** *v/t.* separate (*a. sich ~*), (*a. Kupon usw.*) detach; (*Saum usw.*) unstitch, *reißend*: rip off; (*Bein usw.*) *a.* ⚖ sever; ⚡ disconnect; *hier ~!* detach here; **≈ung** *f* separation; *a.* ⚖ severance (*von* from); unstitching.

abtret|en **I.** *v/t.* **1.** tread down *od.* off; (*Schuhe, a. sich ~*) wear down; (*Stufen*) wear off; **2.** *fig.* (*hergeben*) give up; ⚖ cede (*a. Gebiet*), assign, transfer (*dat.* to), make over (to), sign away; **II.** *v/i.* withdraw; *thea., a. fig.* (make one's) exit; ⚔ break ranks; *fig.* retire (*von* from), quit (*a th.*); *von e-m Amt*: resign, go out of office; **≈er** *m* (*Fuß≈*) doormat, scraper; ⚖ transferor, assignor; **≈ung** *f* **1.** cession, transfer, assignment; *von Grundeigentum*: conveyance; *Seeversicherung*: abandonment; **2.** (*Abgehen*) retirement, withdrawal; resignation; *des Thrones*: abdication; *thea.* exit; **≈ungsurkunde** *f* transfer deed; *für Grundstücke*: deed of conveyance; *Konkurs*: deed of assignment.

Abtrieb *mot. m* output drive; **~sdrehzahl** *f* output speed.

Abtrift *f* ⚓ *u.* ✈ drift; ⚓ *a.* leeway.

Abtritt *m* **1.** *thea.* exit; → *Rücktritt*; **2.** → *Abort*[1].

abtrocknen I. *v/t.* dry, wipe (dry); **II.** *v/i.* dry (up *od.* off).

abtröpfeln, abtropfen *v/i.* drip (*od.* trickle) off *od.* down.

abtrotzen *v/t.*: *j-m et.* ~ wrest a th. from a p.

abtrudeln *v/i.* ✈ go into a spin; F (*abhauen*) toddle off.

abtrünnig *adj.* unfaithful, disloyal; rebellious; *eccl.* apostate; ~ *machen* draw off (*von* from), alienate; ~ *werden* → *abfallen*; **≗e(r** *m*) *f* deserter, renegade, backslider; *eccl.* apostate; **≗keit** *f* disloyalty, desertion; *eccl.* apostasy.

abtun *v/t.* remove, take off; (*erledigen*) dispose of; (*Streit usw.*) settle; (*Mißstand*) abolish, do away with; (*von sich weisen*) dismiss, discount (*als* as); F (*töten*) kill, dispatch; *das ist alles abgetan* that's over and done with; *et. kurz* ~ make short work of a th.; *in Worten*: dismiss a th. shortly; *verächtlich* ~ pooh-pooh *a th.*; *et. mit e-m Achselzucken* (*Lachen*) ~ shrug (laugh) a th. off.

abtupfen *v/t.* dab; ⚕ (*Wunde*) swab.

aburteil|en *v/t.* try *a p. od. a case*, bring *a p.* to trial; pass sentence upon *a p.*; *fig.* condemn (out of hand); **≗ung** *f* trial.

abverdienen *v/t.* (*Schuld*) work out.

abverlangen *v/t.* → *abfordern.*

abwäg|en *v/t. fig.* weigh, consider carefully; *obs.* weigh out; **≗ung** *fig. f* weighing, consideration; *bei* ~ *aller Dinge* on balance.

abwälz|en *v/t.* roll off *od.* down; *fig.* (*von sich* ~) shift (from o.s.), shuffle off, offload; *die Schuld auf j-n* ~ shift the blame on to a p.; *die Verantwortung auf e-n anderen* ~ shift the responsibility on to someone else, F pass the buck to someone else; **≗fräsen** *n* self-generating milling; **≗fräsmaschine** *f* hobbing machine.

abwandel|bar *ling. adj. Hauptwort*: declinable; *Zeitwort*: conjugable; **~n** *v/t.* vary, modify; *ling.* a) (*Hauptwort*) decline; b) (*Zeitwort*) conjugate.

abwander|n *v/i.* wander away *od.* off; drift away; migrate, move (*von* from); **≗ung** *f* migration; *fig. allg.*, *a. von Kapital*: exodus; ~ *von Wissenschaftlern a.* brain drain.

Abwandlung *f* variation, modification; *ling.* a) *Hauptwort*: declension; b) *Zeitwort:* conjugation.

Abwärme ⊕ *f* waste heat.

abwarten *v/t. u. v/i.* wait for, await; *das Ende* ~ wait to the end (*gen.* of); *s-e Zeit* ~ bide one's time; (*Zeit gewinnen*) temporize; *e-e Gelegenheit* ~ watch (*od.* wait for) one's opportunity; *es ruhig* ~ wait and see (what happens); *das bleibt abzuwarten* that remains to be seen; **~d** *adj.* observant, temporizing; *e-e* ~*e Haltung einnehmen* assume a wait-and-see attitude; *weitS.* play a waiting game; (*Zeit gewinnen*) temporize.

abwärts *adv.* down, downward(s); *den Fluß* ~ down the river, downstream; F *fig. mit ihm* (*damit*) *geht's* ~ he (it) is going downhill, *Am. a.* he (it) is on the down-grade; ~ *schalten mot.* change (*Am.* shift) down; **≗bewegung** ✝ *f* downward trend, downswing; **≗hub** *mot. m* downstroke; **≗transformator** ⚡ *m* step-down transformer.

Abwasch *m* **1.** dirty dishes *pl.*; **2.** → *Abwaschen*; **≗bar** *adj.* washable; **≗en** *v/t.* wash (off); (*Körper*) wash down, *im Bad*: bathe; *mit Schwamm*: sponge off; (*das Geschirr*) wash up (*a. v/i.*); *geol.* (*Erdboden*) wash away; *fig.* (*Schande*) wipe out; **~en** *n* washing-up, *Am.* dish washing; F *fig. alles in ˈeinem* ~ F all at one go.

Abwasser *n* waste water, sewage.

abwassern ✈ *v/i.* take off (from water).

abwässern *v/t.* drain.

abwechseln *v/t. u. v/i.* alternate; (*abwechslungsreich gestalten*) vary (*mit et.* a th.); (*verschiedenartig sein*) vary; *miteinander od. sich* ~ alternate with each other; *Farben usw.*: vary; *mit j-m* ~ take turns (*bei* in), relieve one another; **~d I.** *adj.* alternate, alternating; (*mannigfaltig*) varying; (*periodisch*) periodic; **II.** *adv.* alternately; (*der Reihe nach*) by turns.

Abwechs(e)lung *f* change; alternation; variation; (*Mannigfaltigkeit*) variety, diversity; (*Zerstreuung*) diversion; ~ *brauchen* need a change; ~ *bringen in* relieve (the monotony of), liven up; *zur* ~ for a change; **≗sreich, ≗svoll** *adj.* varied, diversified; (*ereignisreich*) eventful; *adv.* ~ *gestalten* diversify, give variety to, vary; **≗sweise** *adv.* → *abwechselnd* II.

Abweg *fig. m* (*falscher Weg*) wrong way; *auf* ~*e führen* lead astray, mislead; *auf* ~*e geraten* a) go right off the track; b) *moralisch*: go astray; **≗ig** *adj.* (*irrig*) devious, misleading; (*unrichtig*) wrong, incorrect; (*unangebracht*) inept, out of place; (*belanglos*) irrelevant, *pred.* not to the point.

Abwehr *f* **1.** defen|ce, *Am.* -se (*a. Sport*: *Hintermannschaft*); *e-s Angriffs, des Feindes*: repulse; (*Widerstand*) resistance; (*Schutz*) guard, protection (gegen from, against); *fenc. usw.* parrying, *a. fig.* warding off; *fig. a.* averting; **2.** → **~dienst** ⚔ *m* counter-espionage (service), military intelligence, *Am.* counter-intelligence; **≗en** *v/t. u. v/i.* (*Angriff, Feind*) beat back, repulse; *fenc.* (*Stoß*) parry, ward off (*a. fig.*); *Boxen, Fußball*: block; (*Unglück*) avert, head (*od.* stave) off; *fig.* (*ablehnen*) refuse; **~fehler** *m Sport*: defensive mistake; **~griff** *m Ringen*: counter-hold; **~jagdflugzeug** *n*, **~jäger** *m* interceptor (fighter); **~kampf** ⚔ *m* defensive battle; **~kraft** *f* power of resistance; **~mechanismus** *biol.*, *psych. m* defence mechanism; **~mittel** *n* means of defen|ce (*Am.* -se); ⚕ prophylactic; **~schlacht** ⚔ *f* defensive battle; **~spiel** *n Sport*: defensive play; **~spieler** *m* defender; *pl. a.* defen|ce (*Am.* -se); **~stoff** *biol. m* antibody; **~waffe** ⚔ *f* defensive weapon.

abweichen *v/i.* deviate, diverge (von from); *fig.* deviate, stray, depart (from); *von der Wahrheit*: *a.* swerve (from); *phys.* vary; *Magnetnadel*: decline; voneinander ~ differ (from one another), *sehr*: differ widely; **~d** *adj.* divergent, deviating, varying, differing; *ling. a.* irregular.

Abweichung *f* deviation; difference, discrepancy; *phys.* variation (*a.* ✝), deflection; *der Magnetnadel, Sonne*: declination; *ling. usw.* anomaly; ⊕ *zulässige*: allowance, tolerance; *fig. von e-r Meinung, Regel usw.*: departure (von from).

abweis|en *v/t.* refuse, reject, turn down; ⚖ dismiss; ⚔ (*Angriff*) beat back, repulse; (*j-n fortschicken*) send away; *schroff*: rebuff; (*j-m den Eintritt verwehren*) refuse admittance to; j-n kurz ~ send a p. about his business; glatt abgewiesen werden meet with a flat refusal; er läßt sich nicht ~ he will take no refusal; **~end** *adj.* unfriendly, cool; *word etc.* of refusal; **≗ung** *f* refusal, rejection; *j-s*: *a.* rebuff; ⚔ repulse; ⚖ dismissal; ✝ non-acceptance.

abwend|bar *adj.* preventable, avertible, avoidable; **~en** *v/t.* turn off (*od.* away); (*Stoß*) parry; *fig.* (*Gefahr, Unheil*) avert, head (*od.* stave) off; s-e *od.* die Augen ~ avert one's eyes; sich ~ turn away (von from); *fig.* → abkehren 2; **~ig** → abspenstig; **≗ung** *f* averting, prevention.

Abwerbung ✝ *f* enticing away (*gen. an employee, etc.*).

abwerfen *v/t.* throw off (*od.* down); ✈ (*Bomben*) release, (*a. Behälter usw.*) drop; *mit Fallschirm*: paradrop; (*Reiter*) throw; (*Geweih, Haut*) cast, shed; (*Joch*) shake off; (*Spielkarte*) discard; ✝ (*Gewinn*) yield; (*Zinsen*) bear *interest*; es wirft nichts ab it does not pay.

abwert|en *v/t.* ✝ devaluate, devalorize, devalue; *fig.* depreciate; *fig.* ~ als dismiss as; **~end** *fig. adj.* depreciatory, disparaging; **≗ung** *f* devaluation; *fig.* depreciation.

abwesend *adj.* absent, away, *vom Hause*: *pred.* out, not in; (*fehlend*) missing; *fig.* (*zerstreut*) absent-minded, (*adv. a.* absently), lost in thought; **≗e(r** *m*) *f* absentee; die ~n those absent.

Abwesenheit *f* absence; *unentschuldigte*: absenteeism; ⚖ non-appearance: *vorsätzliche*: contumacy; *fig.* (*Geistes*≗) absent-mindedness; in ~ von in the absence of; durch ~ glänzen be conspicuous by one's absence; **~spfleger** *m* curator absentis; **~surteil** *n* judgment in the absence of defendant.

abwetzen *v/t.* **1.** → schärfen; **2.** (*abnutzen*) wear out, rub off.

abwickeln *v/t.* **1.** (*a.* sich ~) unwind, unreel, reel off, uncoil; **2.** (*durchführen*) effect, handle, deal with; *gänzlich*: complete, settle; (*Verkehr*) regulate; Geschäfte ~ transact business; *fig.* sich ~ develop, go off; **3.** ⚖ (*Schuld* liquidate; (*Unternehmen*) wind up, liquidate.

Abwick(e)lung *f* unwinding; (*Durchführung*) execution, carrying-out; transaction, settlement; ✝ *u.* ⚖ winding-up, *Am.* wind-up; liquidation; reibungslose ~ smooth handling (*od.* disposal) *of a matter*; **~sstelle** *f* clearing office.

Abwickler ⚖ *m* liquidator.

Abwiege|maschine *f* weighing machine; **≗n** *v/t.* weigh out.

abwimmeln F *v/t.* (*j-n*) brush off; (*a. et.*) shake off, get rid of.

Abwind ✈ *m* katabatic wind.

abwinden *v/t.* → abwickeln 1.

abwinken *v/i.* **1.** *Sport*: flag off; **2.** *ablehnend od. warnend*: make a sign of refusal (*od.* warning), decline.

abwinkeln *v/t.* square off; (*Arme usw.*) bend, flex; (*den Körper*) jack-knife.

abwirtschaften *v/i. od. sich* ~ get ruined *od.* ruin o.s. (by mismanagement); → *abgewirtschaftet.*

abwischen *v/t.* wipe off; (*Tisch usw.*) wipe; *mit e-m Tuch*: mop; *mit e-m Schwamm*: sponge; *sich den Mund* (*die Stirn, die Tränen*) ~ wipe one's mouth (mop one's brow, wipe away [*od.* dry] one's tears).

abwracken ⚓ *v/t.* break up, scrap.

Abwurf *m* throwing off *od.* down; ✈ drop(ping); *Bomben*: *a.* release; (*Ertrag*) yield, profit; *Sport*: throw-off; **~behälter** ✈ *m* aerial delivery container; *für Kraftstoff*: slip (*od.* jettisonable) tank.

abwürgen *v/t.* strangle, throttle; *fig. a.* choke off; *mot.* stall, kill.

abzahl|bar *adj. in Raten*: payable by instal(l)ments; **~en** *v/t.* pay (*od.* clear) off, settle; (*in Raten* ~) pay by instal(l)ments; **≈ung** *f* payment (in full), liquidation; (*Ratenzahlung*) payment by instal(l)ments; *auf* ~ *kaufen* buy on the instal(l)ment plan, purchase on account; **≈ungsgeschäft** *n* hire-purchase business; **≈ungssystem** *n* hire-purchase system, instal(l)ment plan; **≈ungsverpflichtung** *f* hire-purchase commitment.

abzählen *v/t.* count (up); *an den Fingern* ~ tick off on one's fingers; *fig. das kannst du dir an den Fingern* ~ that's obvious enough; ⚔ ~*!* number!, *Am.* count off!

abzapfen *v/t.* tap (*a. Faß u.* ⚡, ⊕), draw off; ⚕ (*Eiter usw.*) drain; (*Blut*) draw; *j-m Blut* ~ bleed a p.; *fig. j-m Geld usw.* ~ bleed a p. (for money, *etc.*).

abzappeln F *v/refl.*: *sich* ~ fight the hands of the clock.

abzäumen *v/t.* unbridle.

abzäunen *v/t.* fence off (*od.* in).

abzehr|en *v/t.* consume, waste; *fig. sich* ~ pine away; **≈ung** *f* wasting away, consumption; emaciation.

Abzeichen *n* mark (of distinction); (*Vereins*≈, *Sport*≈, ⚔ *Rang*≈) badge; ⚔ (*Streifen*) stripe; (*Auszeichnung*) decoration; *pl.* insignia; (*Hoheits*≈) emblem, ✈ marking.

abzeichnen *v/t.* **1.** (*abbilden*) copy, draw, sketch (*von* from); *sich* ~ appear in outlines; *fig. a.* emerge, be in the offing, *Gefahr*: loom; *sich* ~ *gegen* stand out against; **2.** (*Schriftstück*) mark off, initial; (*abhaken*) tick off, *Am.* check off.

Abzieh|apparat *m* mimeograph; *typ.* proof-press; **~bild** *n* transfer(-picture); ⊕ *auf Glas, Holz usw.*: decalcomania; **~bilderverfahren** *n* decalcomania, metachromotype process; **~bürste** *f* letter-brush; **≈en I.** *v/t.* **1.** (*entfernen*) draw off (*a.* ✝ *Kunden*), pull down *od.* off, (*a. mot. Reifen*) remove; (*Bett*) strip; (*Schlüssel*) take out; (*Tier, Häute*) skin, flay; → *Fell*; (*Bohnen*) unstring; (*Ring usw.*) slip (*von* from); *fig.* withdraw (*a. Gelder,* ⚔ *Truppen*); (*j-s Aufmerksamkeit*) draw off, divert; *s-e Hand von j-m* ~ withdraw one's support (*od.* aid) from a p.; **2.** (*Flüssigkeit*) draw off, drain off; (*Bier, Wein*) rack, *auf Flaschen*: bottle; ⚗ distil, decant; **3.** (*vervielfältigen*) mimeograph; *typ.* pull off *a proof*; *phot.* print; (*Bilder*) transfer; **4.** ⊕ (*schleifen*) smooth, (*Messer*) grind, sharpen, *Rasiermesser*: strop; (*abhobeln*) plane off, (*Parkett*) surface; **5.** *Küche*: beat up; *mit e-m Ei*: mix *an egg* into *the soup*; **6.** (*abrechnen*) subtract; deduct (*von* from); ✝ *etwas vom Preis* ~ take (F knock) something off the price; **7.** F → *Schau*; **II.** *v/i.* **8.** go away, depart, march (*od.* move) off; *Rauch*: escape, disperse; *fig. mit langer Nase* ~ depart with one's tail between one's legs; **9.** (*schießen*) pull the trigger; **~feile** *f* smooth file; **~muskel** *anat. m* abductor (muscle); **~papier** *n* transfer-paper; *typ.* proof-paper; **~riemen** *m* razor strop; **~werkzeug** ⊕ *n* wheel dresser.

abzielen *v/i.*: *auf et.* ~ aim at, have in view; *Maßnahme, Bemerkung usw.*: *a.* be aimed at *doing*, be intended to *do*; *worauf zielte er ab?* what was he driving at?

abzirkeln *v/t.* measure (*od.* mark) with compasses; *fig.* be precise in; (*Begriffe*) define precisely.

abzischen F *v/i.* zoom off.

Abzug *m* **1.** departure; ⚔ withdrawal, retreat; **2.** ✝ deduction; *am Preis*: allowance, rebate, (*Skonto*) discount; *in* ~ *bringen* deduct, allow; *nach* ~ *der Kosten* charges deducted; *nach* ~ *der Steuer(n)* after taxation; *frei von* ~ net, clear; **3.** ⊕ outlet, escape; drain; *Schußwaffe*: a) trigger; b) (*Widerstand*) pull-off; **4.** *typ.* proof, (*Vervielfältigung*) (mimeograph) copy; *phot.* print.

abzüglich *adv.* less, minus; *bsd.* ✝ deducting, allowing for; ~ *der Spesen* (*od. Kosten*) charges deducted.

Abzugs...: **~bogen** *typ. m* proof (-sheet); **~bügel** *m Gewehr*: trigger guard; **≈sfähig** *adj.* deductible;

~graben *m* drain, gully; **~hebel** *m* trigger-arm; **~rohr** *n* waste pipe; escape pipe; **~schach** *n* discovered check.

abzwacken *fig. v/t.*: *j-m et.* ~ squeeze a th. out of a p.

Abzweig ⚡ *m* branch; **~dose** *f* junction box; **2en I.** *v/t.* branch off (*a. fig.*); (*bestimmen für*) earmark, set aside, divert (*für* for); **II.** *v/i. u. v/refl.*: (*sich* ~) branch off; **~klemme** ⚡ *f* branch terminal; **~leitung** ⚡ *f* branch (line); **~ung** *f* branching-off; 🚂 junction; (*Wegteilung*) bifurcation; ⚡ branch, shunt.

abzwicken *v/t.* pinch (*od.* nip) off.

abzwitschern F *v/i.* make off.

Acetat ⚗ *n* acetate.

Aceton ⚗ *n* acetone.

Acetylen ⚗ *n* acetylene.

ach *int. allg.* oh!; (*leider, a. rhet.*) alas!; ~ *nein?* you don't say?, is that (really) so?; ~ *so!* oh, I see!; ~ *wo!* certainly not!, not a bit of it!; ~ *was!* tut, tut!

Ach *n*: (~ *und Weh*) lamentation(s *pl.*); 2 *und weh schreien* cry blue murder; *mit* ~ *und Krach* with great difficulty, by the skin of one's teeth, barely.

Achat *m* agate; **~schrift** *typ. f* ruby, *Am.* agate.

Achilles|ferse *fig. f* Achilles heel, vulnerable (*od.* F soft) spot; **~sehne** *anat. f* Achilles tendon.

achromatisch *adj.* achromatic.

Achs...: → *Achs(en)...*

Achse *f* **1.** Ƙ, Δ, *anat., bot. usw.* axis, *pl.* axes; → *drehen* 12; **2.** ⊕ axle(-tree); (*Welle*) shaft; *bewegliche* (*feststehende*) ~ articulated (stationary) axle; † *per* ~ by land carriage, 🚂 by rail, *mot.* by road; *fig.* F *auf der* ~ on the move (*od.* road).

Achsel *f* shoulder; *die* ~ (*od. mit den* ~*n*) *zucken* shrug one's shoulders; *fig. j-n über die* ~ *ansehen* look down upon a p.; *auf die leichte* ~ *nehmen* make light of; **~bein** *anat. n* shoulder-blade; **~drüse** *f* axillary gland; **~gelenk** *n* shoulder-joint; **~höhle** *f* armpit; **~klappe** ⚔ *f*, **~stück** *n* → *Schulterklappe, -stück*; **~träger** *fig. m* (*Person*) time-server, double-dealer; **~zucken** *n* shrug (of the shoulders).

Achsen...: **~abstand** *m* **1.** Ƙ cent|re (*Am.* -er) distance; **2.** *mot.* wheel base; **~antrieb** *m* final drive; **~bruch** *m* breaking of an axle, broken axle; **~drehung** *f* (axial) rotation; **~schnitt** Ƙ *m* axial section; **~symmetrie** *f* axial symmetry.

Achs...: **~kappe** *mot. f* hub cap; **2parallel** *adj.* axially parallel; **~schenkel** ⊕ (axle) journal; *mot.* (steering) stub axle, *Am.* steering knuckle; **~stand** *mot. m* wheel base; **2versetzt** *adj.* hypoid; **~welle** *f* axle (driving) shaft.

acht I. *adj.* eight; *in* ~ *Tagen* within a week, today week; *vor* ~ *Tagen* a week ago; *alle* ~ *Tage* every other week; **II. 2**[1] *f* (number *od.* figure) eight.

Acht[2] *f* (*Bann*) outlawry, proscription, ban; *in* ~ *und Bann* under the ban; *in die* ~ *erklären, in* ~ *und Bann tun* outlaw, proscribe; *fig. gesellschaftlich*: ostracize, send *a p.* to Coventry; (*et.*) ban.

Acht[3] *f* (*Obacht*) attention; *außer* 2 *lassen* disregard, ignore, pay no heed to, leave out of account; *et. in* 2 *nehmen* be careful about a th.; *sich in* 2 *nehmen* take care (of o.s.), be on one's guard (*vor* against); *nimm dich vor dem Hund in* 2*!* mind (*od.* beware of) the dog!

achtbar *adj.* respectable, hono(u)rable; **2keit** *f* respectability.

achte *adj.* eighth; ~*s Kapitel* eighth chapter, chapter eight; *Heinrich VIII.* Henry VIII (= the Eighth); *am* (*od. den*) ~*n April* (on) the eighth of April, 8th April, April 8th.

Achteck Ƙ *n* octagon; **2ig** *adj.* octagonal.

Achtel *n* eighth (part), *z.B. ein* ~ *Pfund* an eighth of a pound; **~note** ♩ *f* quaver; **~pause** ♩ *f* quaver rest; **~takt** ♩ *m* quaver time.

achten I. *v/t.* (*j-n*) respect, (hold in high) esteem, have a high opinion of *a p.*; (*Gesetze*) observe, abide by; (*Rechte, Gefühle usw.*) respect; → *beachten, erachten*; **II.** *v/i.*: ~ *auf* pay attention to, heed, mind; look out for; keep an eye on; (*Wert legen auf*) set store by; *achte auf meine Worte* mark my words; *darauf* ~, *daß* see to it that, take care that; *nicht* ~ *auf* disregard.

ächten *v/t.* outlaw, proscribe; *fig.* ban; *gesellschaftlich*: ostracize.

Achtender *hunt. m* stag with eight tines.

achtens *adv.* eighth(ly), in the eighth place.

achtenswert *adj.* estimable, respectable.

Achter *m* **1.** (figure) eight; **2.** (*Boot*) eight; **3.** *Eislauf*: figure (of) eight.

achter(n), ~aus ⚓ *adv.* (ab)aft, astern.

Achter...: **~bahn** *f* switchback (railway), *Am.* roller coaster; **~deck** *n* quarter-deck; **≈lei** *adj.* of eight different kinds (*od.* types), eight (different kinds of); **~schiff** *n* after-body, stern; **~steven** *m* stern-post; F (*Gesäß*) behind.

acht...: **~fach**, **~fältig** *adj.* eightfold, octuple; **≈flach** *n*, **≈flächner** ⚗ *m* octahedron; **~flächig** ⚗ *adj.* octahedral.

acht|geben, ~haben *v/i.* pay attention, be attentive, be alert (*auf* to); *gib acht!* look (*od.* watch) out!, (be) careful!

acht...: **~hundert** *adj.* eight hundred; **~jährig** *adj.* eight-year-old ...; eight years old; of eight years.

achtlos *adj.* (*unaufmerksam*) inattentive; (*unachtsam*) heedless, careless; (*rücksichtslos*) inconsiderate; (*respektlos*) disrespectful; **≈igkeit** *f* inattention, carelessness, unconcern; negligence; disrespect.

acht...: **~mal** *adv.* eight times; **≈polröhre** *f Radio*: hexagrid valve, hectode.

achtsam *adj.* attentive (*auf* to); careful (of); **≈keit** *f* attentiveness; carefulness.

Acht...: **~stundentag** *m* eight-hour day; **≈stündig** *adj.* eight-hour ...; **≈tägig** *adj.* eight-day ...; lasting a week.

Achtung *f* **1.** attention; *~!* attention! (*a.* ⚔); (*Vorsicht!*) look (*od.* watch) out!; *auf Schild*: danger!, caution!, warning!; *~ Stufe!* careful!, mind the step!; *~! Fertig! Los!* on your marks! get set! go!; **2.** (*Hoch≈*) respect, esteem, regard (*vor* for); *~ vor sich selbst* self-respect; *alle ~!* congratulations!, hats off!; *bei aller ~ vor Ihnen* with due deference to you; *~ erweisen dat.* pay respect to; *~ gebieten* command respect; *~ genießen* be respected (*od.* esteemed); *in j-s steigen* rise in a person's esteem; *~ hegen für* have a high opinion of; *in hoher ~ stehen* be held in high esteem; *sich ~ verschaffen* make o.s. respected.

Ächtung *f* outlawing, proscription; *fig.* ban (*gen.* on); *gesellschaftliche*: ostracism.

Achtung...: **≈einflößend**, **≈gebietend** *adj.* inspiring (*od.* commanding) respect, imposing; **~serfolg** *m* succès d'estime (*fr.*); **≈svoll** *adj.* respectful.

achtzehn *adj.* eighteen; **~te** *adj.* eighteenth.

achtzig *adj.* eighty; *in den ~er Jahren* in the eighties; **≈er(in** *f*) *m* octogenarian; **~jährig** *adj.* eighty (years old), octogenarian; **~ste** *adj.* eightieth.

Achtzylindermotor *m* eight-cylinder engine.

ächzen I. *v/i.* moan, groan (*vor* with); **II.** ≈ *n* groan(s *pl.*), groaning.

Acker *m* field; arable (*od.* farm) land; (*Boden*) soil, ground.

Ackerbau *m* agriculture, *Brit. a.* arable farming; *engS.* tillage; **≈treibend** *adj.* agricultural.

Acker...: **~bestellung** *f* tillage; **~boden** *m* (arable) soil; **~fläche** *f* plough-land; **~fräse** *f* tiller; **~gaul** *m* farm-horse; **~gerät** *n* agricultural implements *pl.*, farming tools *pl.*; **~krume** *f* top-soil; **~land** *n* arable land; *bestelltes*: tilled land.

ackern *v/t. u. v/i.* plough (*Am.* plow), till; *fig.* work hard, toil.

Acker...: **~schlepper** *m* farm tractor; **~scholle** *f* clod; **~winde** ⚘ *f* lesser bindweed.

a conto ⚓ *adv.* on account.

ad absurdum *adv.*: *~ führen* reduce to absurdity.

ad acta *adv.*: *~ legen* file; *fig.* shelve.

Adam *m* Adam; *fig. der alte ~* the old Adam; *den alten ~ ausziehen* turn over a new leaf; *nach ~ Riese* according to simple arithmetics; **~sapfel** *anat. m* Adam's apple; **~skostüm** *n*: *im ~* in one's buff (*od.* birthday suit).

adäquat *adj.* adequate.

addier|en *v/t.* add, sum up; **≈maschine** *f* adding machine.

Addit|ion *f* addition; **~iv** ⚗ *n* additive.

ade *int.* → *adieu.*

Adel *m* **1.** nobility, aristocracy; (*Titel*) title; *von ~* → *ad(e)lig*; *von altem ~* of ancient stock; **2.** *fig.* nobility (of soul), nobleness (of mind).

ad(e)lig *adj.* noble (*a. fig.*), titled, of noble birth; **≈e(r** *m*) *f* nobleman, aristocrat, peer; *f* noblewoman, lady of title, peeress; *die ~n* the nobility *od.* aristocracy *sg. u. pl.*

adeln *v/t.* ennoble (*a. fig.*); *Brit.* raise to the peerage.

Adels...: **~brief** *m* patent of nobility; **~buch** *n* peerage(-book); **~krone** *f* coronet; **~partikel** *n* nobiliary prefix; **~stand** *m* nobility; *Brit.* peerage; *in den ~ erheben* → *adeln*; **~titel** *m*, *a.* **~prädikat** *n* title (of nobility).

Ader *f anat.* vein, vessel, (*Schlag≈*) artery; ⚘, *geol.*, *in Marmor usw.*, *a. fig.* (*poetische ~ usw.*): vein; *im*

Holz: *a.* grain, streak; *e-s Kabels*: core; *j-n zur ~ lassen* bleed a p. (*a. fig.*); *er hat e-e leichte ~* he is a happy-go-lucky fellow.

Äderchen *n* small vein, veinlet.

Ader...: **~haut** *f* choroid membrane; **~laß** *m* blood-letting (*a. fig.*).

ädern *v/t.* vein, streak, marble.

Adhäsion *phys. f* adhesion.

adieu I. *int.* good-by(e), farewell, adieu; **II.** **≗** *n* farewell, adieu.

Adjektiv *ling. n* adjective; **≗isch I.** *adj.* adjectival; **II.** *adv.* adjectively.

Adjutant *m* adjutant, *e-s Generals*: aide(-de-camp) (*fr.*), *Am.* aid.

Adler *m* eagle (*a. her.*); **~auge** *fig. n* eagle eye; **~horst** *m* eyrie; **~nase** *f* aquiline nose.

adlig *adj.* → *adelig.*

administrativ *adj.* administrative.

Admiral *m* ⚓ (*zo.* red) admiral; **~ität** *f* admiralty; **~sschiff** *n* flagship; **~stab** *m the* naval staff; **~swürde** *f* admiralship.

Adoleszenz *f* adolescence.

adop|tieren *v/t.* adopt; **≗tion** *f* adoption.

Adoptiv|bruder *m* brother by adoption; **~eltern** *pl.* adoptive parents; **~kind** *n* adoptive child.

Adrenalin *pharm. n* adrenaline; **~spritze** *f a.* F *fig.* shot of adrenaline (into the bloodstream).

Adress|ant ✝ *m* consignor; **~at** *m von Briefen*: addressee; *von Waren*: consignee.

Adreßbuch *n* directory.

Adresse *f* address (*a. formelles Schreiben*); ✝ house, firm; *per ~* care of (*abbr.* c/o); ✝ *erste ~ Geldmarkt*: first-class borrower; *fig. an die falsche ~ kommen od. geraten* come to the wrong person (*od.* F shop); *diese Bemerkung war an deine ~ gerichtet* was directed at (*od.* meant for) you.

adressier|en *v/t.* address, direct (*an* to); ✝ (*Güter*) consign; *falsch ~* misdirect; **≗maschine** *f* addressing machine.

adrett *adj.* smart, dressy, neat.

adsorbieren ⚗ *u.* ⊕ *v/t.* adsorb; *~de Substanz* adsorbent; *adsorbierte Substanz* adsorbate.

Adsorption *f* adsorption; **~svermögen** *n* adsorbing power.

Advektion *phys. f* advection.

Advent *eccl. m* advent; **~ist** *m* Adventist; **~ssonntag** *m* Advent Sunday; **~szeit** *f* Advent season.

Adverb *ling. n* adverb; **≗ial** *adj.* adverbial; *~e Bestimmung* adverbial qualification; **~ialsatz** *m* adverbial clause.

Advokat *m* lawyer; → *Anwalt*; *fig.* advocate, champion; **~enkniff** F *m* lawyer's trick.

Aero|dynamik *phys. f* aerodynamics *pl.* (*sg. konstr.*); **≗dynamisch** *adj.* aerodynamic; *Form*: *a.* streamlined; **~mechanik** *f* aeromechanics *pl.* (*sg. konstr.*); **~nautik** *f* aeronautics *pl.* (*sg. konstr.*); **~sol** *n* aerosol; **~stat** *n* aerostat; **~statik** *f* aerostatics *pl.* (*sg. konstr.*).

Affaire *f* affair (*a. Liebes≗*); (*Vorfall*) incident; (*Sache*) affair, matter, business; *sich aus der ~ ziehen* back out (of the business), F get out from under; *gut, geschickt*: master the situation, rise to the occasion; *das ist keine ~* that's no problem.

Affe *m* monkey; (*Menschen≗*) ape; F *fig.* (*eitler ~*) dandy, coxcomb; (*dummer ~*) silly fool, ass; *sl.* ⚔ (*Tornister*) pack, knapsack; F *e-n ~n haben sl.* be plastered; *e-n ~n an j-m gefressen haben* be infatuated with a p., *sl.* be nuts about a p.; F *ich denke, mich laust der ~* well, I'll be hanged.

Affekt *m* affect, emotion, passion; *im ~* in the heat of passion; *im ~ begangen, ~...* *a.* emotional; **~handlung** *f psych.* affective (*od.* emotional) act; ⚖ act committed in the heat of passion.

affektier|en *v/t.* affect; **~t** *adj.* affected, artificial; (*eingebildet*) conceited; **≗theit** *f* affectation.

äffen *v/t.* → *narren.*

Affen...: **≗artig** *adj.* apish, simian; F *fig. mit ~er Geschwindigkeit* like (a) greased lightning; **~brotbaum** *m* baobab; **~hitze** F *f* scorching heat; **~komödie** *f* → *Affentheater*; **~liebe** *f* doting love; **~mensch** *m* pithecanthropus, apeman; **~pinscher** *m* griffon (terrier); **~schande** *f* crying shame; **~stall** F *m* madhouse; **~theater** F *n* complete farce, foolery; *weitS.* crazy business; **~weibchen** *n* → *Äffin.*

affig F *adj.* foppish; (*albern*) silly.

Äffin *f* she-ape; she-monkey; female ape (*od.* monkey).

affinieren ⚗ *v/t.* refine.

Affinität *f* affinity.

Afrika|feldzug *hist. m* African campaign; **~ner(in** *f*) *m*, **≗nisch** *adj.* African.

Affront *m* affront (*gegen* on), insult (to).

Afghan|e *m*, **≗isch** *adj.* Afghan.

After *anat. m* anus; *Fische, Vögel usw.*: vent; **~gelehrter** *m* pseudo-scholar; **~klaue** *zo. f* pseudoclaw; **~kritiker** *m* would-be critic; **~lehen** *n* arriere-fief; **~miete** *f* → *Untermiete*; **~rede** *f* slander, calumny.

ägäisch *adj.* Aegean.

Agat *m* → *Achat*.

Agave ⚘ *f* agave.

Agend|a *f* agenda; (*Merkbuch*) memorandum-book; **~e** *eccl. f* ritual(-book).

Agens ⚗ *n* (re)agent; *fig.* driving force, agent.

Agent *m*, **~in** ☤ *u. pol. f* agent; **~ennetz** *n* network of agents, spy ring; **~ur** *f* agency.

Agglomerat *geol. n* agglomerate; **~ion** *f* agglomeration.

agglutinieren ⚗ *v/i.* agglutinate.

Aggregat *n phys.* aggregate; ⊕ set (of machines), unit, aggregate; (*Zuschlagstoff*) aggregate; **~zustand** *m* (aggregate) state.

Aggress|ion *f pol. psych.* aggression; **≈iv** *adj.* aggressive, belligerent; **~ivität** *f* aggressiveness; **~or** *m* aggressor.

Ägide *f* aegis, protection; *unter der ~ gen. a.* under the auspices of.

agieren *v/i.* act, operate.

agil *adj.* agile; **≈ität** *f* agility.

Agio ☤ *n* premium, agio; **~papiere** *n/pl.* premium bonds; **~tage** *f* stock-jobbing, agiotage.

Agitation *pol. f* agitation.

Agitator *m* agitator, fomenter, rabble-rouser; **≈isch** *adj.* rabble-rousing, fomenting.

agitieren *v/i.* agitate.

Agnost|iker *m*, **≈isch** *adj.* agnostic.

Agonie *f* (death-)agony, death-struggle.

Agraffe *f* clasp, brooch.

Agrar... agrarian *policy*, *reform*, *state*, *etc.*, agricultural; **~wirtschaft** *f* rural economy, farming; **~wissenschaft** *f* agronomy; **~-wissenschaftler** *m* agronomist.

Ägypt|er(in *f*) *m*, **≈isch** *adj.* Egyptian; *es herrschte eine ägyptische Finsternis* it was pitch-dark.

ah *int.* ah!, oh!

aha *int.* aha!, Oh, I see!; there you are!; **≈-Erlebnis** *psych. n* aha experience.

äh *int. Ekel*: ugh!; *stotternd*: er!

Ahle *f* awl, pricker; *typ.* point, bodkin; ⊕ reamer, broach.

Ahn *m* ancestor, forefather; grandfather; *~en a.* for(e)bears, ancestry *sg.*

ahnd|en *v/t.* (*rächen*) avenge; (*strafen*) punish; **≈ung** *f* revenge; punishment.

ähneln *v/i.* look (*od.* be) like, resemble, bear a (remote) resemblance to; *von Kindern*: take after *the mother*, *father*; *sich* (*od. einander*) ~ be *od.* look alike, be (rather) similar, resemble each other; *weitS. a.* have a resemblance.

ahnen I. *v/t.* (*vorhersehen*) anticipate, foresee; (*Vorgefühl von et. haben*) have a presentiment (*Am.* F hunch) of; (*Böses*) *a.* have a foreboding of; (*erraten, erfassen*) divine, sense; (*sich vorstellen*) imagine; (*argwöhnen*) suspect; *ohne zu ~, daß* without dreaming that; *wie konnte ich ~* how was I to know (*od.* tell); *et. ~ lassen* foreshadow, presage; *weitS.* give an idea of; **II.** *v/i.*: *mir ahnt Böses* I fear the worst.

Ahnen...: **~forschung** *f* genealogical research; **~galerie** *f* gallery of ancestral portraits; **~reihe** *f* line of ancestors; **~tafel** *f* genealogical tree, pedigree.

Ahn|frau *f* ancestress; **~herr** *m* ancestor.

ähnlich *adj.* resembling; similar (*dat.* to), like; *pred. a.* alike; (*entsprechend*) analogous (to), corresponding; *e-e ~e Methode wie die ...* a method similar to the one ...; *so etwas ≈es wie* something like (*od.* akin to); *j-m ~ sehen* look (very much) like a p.; *iro. das sieht dir ganz ~* that's just like you, you would do (*od.* say) that; *er wird der Mutter ~* he takes after his mother; → *sprechend*; **≈keit** *f* resemblance (*mit* to), likeness (to); *fig.* similarity (to), analogy (to); *viel ~ haben mit* be *od.* look very much like, be very similar to, resemble strongly.

Ahnung *f* (*Vorgefühl*) presentiment, *Am.* F hunch; (*schlimme ~*) *a.* foreboding, misgiving; (*Argwohn*) suspicion; (*Vorstellung*) idea; *ich hatte keine blasse ~ davon* I had not the faintest notion (*od.* idea) of it, F I hadn't a clue; F *er hatte keine ~ von Tuten und Blasen* he didn't know the first thing about it; *keine ~!* no idea!, F search me!; **≈slos** *adj.* unsuspecting; (*unwissend*) ignorant; (*unschuldig*) innocent; **~svermögen** *psych. n* anticipation, intuition; **≈svoll** *adj.* full of presentiment(s); ominous, portentous.

ahoi ⚓ *int.* ahoy!

Ahorn ⚘ *m* maple(-tree); **~holz** *n* maple (wood).

Ähre ⚘ *f* ear; *e-r Blume*: spike; *~n lesen* glean; *~n tragend* eared; **~nleser(in** *f*) *m* gleaner.

Ais ♪ *n* A sharp.

Akadem|ie *f* academy (= college

od. learned society); **~iker** *m* **1.** university(-trained) man, (university) graduate; *im freien Beruf:* professional man; **2.** (*Mitglied e-r Akademie*) academician; **⁓isch** *adj.* academic(ally *adv.*); e-e ~e Frage an academic question; *adv.* ~ gebildet having a university education, university-bred.

Akazie *f*, **~nholz** *n* acacia; (falsche ~) false acacia, robinia.

akklimatisier|en *v/t. a. fig.* acclimatize, *bsd. Am.* acclimate; sich ~ become acclimatized; **⁓ung** *f* acclimatization, acclimation.

Akkord *m* **1.** ♪ chord; *fig.* accord, harmony; **2.** ✝ a) → Vergleich 2, Vereinbarung; b) (*a.* **~arbeit** *f*) piece-work, job-work; im ~ by the piece (*od.* job); in ~ geben (nehmen) let by (take in) contract; **~arbeiter** *m* piece-worker.

Akkordeon ♪ *n* accordion.

akkordieren I. *v/t.* arrange; **II.** *v/i.* come to terms (mit with, über upon).

Akkord...: ~lohn *m* piece-wages *pl.*; **~satz** *m* piece-rate; **~system** *n* piece-rate plan.

akkreditieren *v/t.* **1.** (*Gesandten*) accredit (bei to); **2.** ✝ open a credit in favour of *a p.*

Akkreditiv *n* **1.** ✝ letter of credit (*abbr.* L/C); bestätigtes ~ confirmed (letter of) credit; unwiderrufliches ~ irrevocable L/C; ~ mit Dokumentenaufnahme documentary L/C; j-m ein ~ eröffnen open a credit in favo(u)r of a p.; **2.** *pol.* credentials *pl.*; **~gestellung** *f* opening of a credit.

Akku *m* → Akkumulator.

Akkumulator ⊕ *m* accumulator, (*a.* **~enbatterie** *f*) storage battery; **~antrieb** *m* battery drive; **~element** *n* storage-battery cell; **~enfahrzeug** *n* battery-powered (*od.* accumulator) car; **~säure** *f* accumulator acid, electrolyte.

akkumulieren *v/i.* accumulate.

akkurat *adj.* accurate; **⁓esse** *f* accuracy.

Akkusativ *ling. m* accusative (case); **~objekt** *n* direct object.

Akne ⚕ *f* acne.

Akontozahlung ✝ *f* payment on account; (*Rate*) instal(l)ment; als ~ erhalten received on account.

Akquisiteur *m* agent, canvasser.

Akribie *f* scientific precision, meticulosity.

Akrobat *m*, **~in** *f* acrobat; **~ik** *f* acrobatics *pl.*; **⁓isch** *adj.* acrobatic.

Akt *m* act (*a. thea. u. Zeremonie*), action, deed; ⚕ sexual act, coitus; *paint.* (*phot. a.* **~aufnahme** *f*) nude.

Akte *f* (official) document, (legal) instrument, deed; (*abgelegte* ~ *od. Dossier*) file, record; ~n files, records; e-e ~ anlegen über open a file on; die ~n schließen über close the file(s) on; zu den ~n *Notiz:* to be filed; zu den ~n legen (place on) file, *a. fig.* shelve, pigeon-hole.

Akten...: ~deckel *m* folder; **~einsicht** *f* inspection of records; **~heft** *n* file; **~hefter** *m* document file; **~klammer** *f* paper clip; **⁓kundig** *adj.* on (the) record; **~mappe** *f* **1.** portfolio, folder; **2.** → Aktentasche; **⁓mäßig** *adj.* documentary; *adv.* ~ festhalten place on record; **~mensch** *m* red-tapist; **~notiz** *f* memo(randum); **~schrank** *m* filing cabinet; **~stoß** *m* bundle (*od.* pile) of documents; **~stück** *n* document; (*Aktenband*) file; **~tasche** *f* brief-case; **~zeichen** *n* reference (number), file number.

Akteur *m* actor (*a. fig.*).

Aktie ✝ *f* share, *Am.* stock; die ~n stehen gut shares are at a premium; F *fig.* prospects are fine; j-s ~n steigen lassen send a p.'s stock up (*a.* F *fig.*); s-e ~n sind gestiegen his stock has gone up (*a.* F *fig.*).

Aktien...: ~ausgabe *f* issue of shares (*Am.* stock); **~bank** *f* joint-stock (*Am.* incorporated) bank; **~besitz** *m* (share-, *Am.* stock-) holdings *pl.*; **~besitzer** *m* shareholder, *bsd. Am.* stockholder; **~börse** *f* stock exchange; **~gesellschaft** *f* (public) limited company, *Am.* (stock) corporation; **~kapital** *n* share-capital, *Am.* capital stock; **~kurs** *m* share (*Am.* stock) price, quotation; **~markt** *m* stock-market; **~mehrheit** *f* majority stock; die ~ besitzen hold the control(l)ing interest; **~notierung** *f* quotation (of shares); **~paket** *n* block (*od.* parcel) of shares; **~schein** *m*, **~zertifikat** *n* share warrant, *Am.* stock certificate.

aktinisch ⚗ *adj.* actinic.

Aktion *f* action; (*Maßnahme*) measure; (*Werbungs⁓ usw.*) drive, campaign; *pol.* action; (*Plan*) scheme, project; ~en (*Tätigkeit*) activities; in ~ in action; in ~ treten take action, act.

Aktionär *m* shareholder, *bsd. Am.* stockholder; **~sversammlung** *f* → Generalversammlung.

Aktions...: ~art *ling. f* aspect (of verb); **~bereich** *m* radius (*od.*

range) of action; ⚔ *a.* (effective) range; ⊕ *u. fig.* range; **~freiheit** *f* freedom of action; **~gruppe** *pol. f* action group; **~komitee** *pol. n* action committee; **~radius** *m* → *Aktionsbereich.*

aktiv *adj. allg., a. phys. usw. u. fig.* active; ⚗ *a.* activated *carbon, etc.*; ⚕ *Bilanz*: favo(u)rable; *Soldat, Truppe*: regular; *~er Dienst* active duty; *~es Personal* serving staff *of a bank, etc.*; *~er Student* member of an academic fraternity; *~er Wortschatz* using vocabulary; → *Wahlrecht.*

Aktiv *ling. n* active voice.

Aktiva ⚕ *n/pl.* assets, resources; *~ und Passiva* assets and liabilities.

Aktiv...: ~bestand *m* assets *pl.*; **~bilanz** *f* favo(u)rable balance; **~geschäft** *n* credit transaction(s *pl.*); **~handel** *m* active trade; favo(u)rable balance.

aktivier|en *v/t.* **1.** *allg., a. fig.* activate; **2.** ⚕ enter on the asset side, assetize; **~ung** *f* **1.** *allg., a. fig.* activation; **2.** ⚕ entry on the asset side; **3.** *weitS.* improvement.

Aktivist *m* activist; **~isch** *adj.* activist(ic).

Aktivität *f allg.* activity.

Aktiv...: ~kapital *n* assets *pl.*, active capital; **~kohle** *f* activated carbon; **~legitimation** ⚖ *f* right to sue, status; **~posten** *m* credit item, asset; **~saldo** *m* credit balance; **~seite** *f* asset side; **~zinsen** *m/pl.* outstanding interest *sg.*

Akt|modell *n* life model; **~photo** *n* nude; **~studie** *f* study from the nude.

Aktrice *f* actress.

aktualisieren *v/t.* make topical, actualize.

Aktualität *f* topicality; **~enkino** *n* newsreel cinema.

aktuell *adj.* (*zeitgemäß*) topical, of immediate interest; *report* on current affairs; current-events *lecture; Problem*: present-day ..., immediate, acute; (*dringend*) urgent; (*modern*) up(-)to(-)date, modern.

Akupunktur ⚕ *f* acupuncture

Akust|ik *f* acoustics *pl. od. sg.*; **~isch** *adj.* acoustic(ally *adv.*).

akut *adj.* ⚕ acute; *fig. a.* critical, burning.

Akzeleration ⚕ *f* acceleration.

Akzent *m* accent; (*Betonung*) *a.* stress (*a. fig.*); (*Betonungszeichen*) accent (mark); *den ~ legen auf* → *akzentuieren*; *fig. neue ~e setzen* place some emphasis differently; **~los** *adj.* **1.** (*a.* **~frei**) without (any foreign) accent; **2.** *ling.* unstressed; **~uieren** *v/t.* accent, *a. fig.* accentuate, stress; **~verschiebung** *f* shift of stress.

Akzept ⚕ *n* acceptance; (*Wechsel*) *a.* accepted bill; *mangels ~* in default of acceptance; *zum ~ vorlegen* present for acceptance; **~abel** *adj.* acceptable (*für* to); **~ant** ⚕ *m* acceptor; **~bank** *f* accepting house; **~ieren** *v/t.* accept; ⚕ (*Wechsel*) *a.* hono(u)r; *nicht ~* dishono(u)r.

Akzidenz|druck *typ. m* job printing; **~schrift** *f* display type.

Akzise *f* excise (tax).

Alabaster *m* alabaster; **~gips** *m* gypseous alabaster.

Alarm *m* alarm; (*Flieger*~) air-raid warning, alert; *blinder ~* false alarm; *~ blasen od. schlagen* sound *od.* give the alarm; **~anlage** *f* alarm (system); **~bereit** *adj.* on the alert; **~bereitschaft** *f*: (*in ~* on the) alert; **~glocke** *f* alarm bell, tocsin.

alarmieren *v/t.* alarm (*a. fig.*), alert; **~d** *fig. adj.* alarming.

Alarm...: ~signal *n* alarm signal; **~stufe** *f* alert phase; **~zeichen** *n* danger signal (*a. fig.*); **~zustand** *m*: (*im ~* on the) alert.

Alaun *m* alum; **~erde** *f* alumina.

Alban|ier(in *f*) *m*, **~isch** *adj.* Albanian.

albern I. *adj.* foolish, silly, fatuous, absurd, inane; **II.** F *v/i.* ass (*od.* goof) around; clown about; **~heit** *f* foolishness, silliness.

Albino *m* albino.

Album *n* album.

Albumen *n* albumen.

Albumin *n* albumin, protein.

Alchim|ie *f* alchemy; **~ist** *m* alchemist.

Aldehyd *n* aldehyde.

Alge *f* alga, *pl.* algae, seaweed.

Algebra *f* algebra; **~isch** *adj.* algebraic(al).

Alger|ier(in *f*) *m*, **~isch** *adj.* Algerian.

alias ⚖ *adv.* alias, also known as.

Alibi ⚖ *n* alibi; *ein ~ erbringen* produce an alibi; *sein ~ nachweisen* prove (*od.* establish) one's alibi.

Alimente *pl.* maintenance *sg.*

aliphatisch ⚗ *adj.* aliphatic.

Alkali ⚗ *n* alkali; **~beständig** *adj.* alkali-proof; **~sch** *adj.* alkaline; **~sieren** *v/t.* alkalize.

Alkaloid *n* alkaloid.

Alkohol *m* alcohol; *als Getränk*: *oft* liquor, spirits *pl.*; **~frei** *adj.* non-alcoholic, soft *drink*; **~gehalt** *m* alcoholic strength (*od.* content); **~haltig** *adj.* alcoholic; **~ika** *pl.* spirits, alcoholic drinks; **~iker(in**

f) *m* alcoholic, dipsomaniac; **≈isch** *adj.* alcoholic; **≈isieren** *v/t.* alcoholize, intoxicate; **~probe** *mot. f* alcohol test; **~schmuggler** *m* liquor smuggler, *Am.* bootlegger; **~verbot** *n* Prohibition; **~vergiftung** *f* alcoholic poisoning.

Alkoven *m* alcove, recess.

all I. *indef. pron.* all; ~e *beide* both of them; ~ *und jeder* all and sundry; *sie* (*wir*) ~e all of them (us); ~e *außer* all but; ~e *die* all who *od.* that, whoever, *amtlich*: any persons who *od.* having; *das alles* all that; **II.** *adj.* all; (*jeder*) every, each; (*jeder beliebige*) any; ~e *Augenblicke* ever so often; ~e (*zwei*) *Tage* every (other) day; ~e *acht Tage* once a week; *auf* ~e *Fälle* in any case, at all events; ~e *Menschen* all men, everybody; ~e *Welt* all the world; *in* ~*er Form* in good and due form; ~*es Gute* all the best; → *alle, alles.*

All *n* universe, cosmos; (*Weltall*) (outer) space.

all...: ~abendlich *adv.* every evening; **~bekannt** *adj.* universally known; *b.s.* notorious; *es ist ja* ~ it is nobody's secret; **~deutsch** *pol. adj.*, **≈deutsche**(**r** *m*) *f* Pan-German.

alle *dial. adj. pred. u. adv.* (*aufgebraucht*) at an end, (all) gone; ~ *machen* do away with, finish; ~ *werden* run out; *die Dummen werden nie* ~ F there is a sucker born every minute.

Allee *f* avenue; (tree-lined) walk.

Allegor|ie *f* allegory; **≈isch** *adj.* allegoric(al).

allein I. *adj. pred. u. adv. allg.* alone; (*ohne Hilfe*) *a.* unassisted, single-handed, by oneself; solo; (*nur*) only, merely; (*ausschließlich*) exclusively; (*sage und schreibe*) no less than; *jeder Teil für sich* ~ separately, individually; *dies* ~ *genügt nicht* this alone won't do; *das schafft er ganz* ~ he will do it single-handed; *schon* ~ *der Gedanke* the mere thought, the very idea; **II.** *cj.* (*jedoch*) yet, but, however.

Allein...: ~berechtigung *f* exclusive right; **~besitz** *m* exclusive possession; **~erbe** *m*, **~erbin** *f* sole (*od.* universal) heir(ess *f*); **~flug** *m* solo flight; **~gang** *m* solo attempt; *e-n* ~ *machen* F go it alone; *im* ~ solo; **~handel** *m* monopoly; **~herrschaft** *f* sole reign; autocracy; **~herrscher** *m* autocrat, absolute monarch; **~hersteller** *m* sole manufacturer; **≈ig** *adj.* only, sole, exclusive; **~inhaber(in** *f*) *m* exclusive owner; **~schuld** *f* exclusive guilt (*od.* responsibility); **~sein** *n* loneliness, solitariness; **≈seligmachend** *adj. the* only true *od.* saving *church od. faith*; **≈stehend** *adj.* standing apart, isolated, *Gebäude*: *a.* detached; *Person*: alone (in the world); (*ledig*) single, unmarried; **~unterhalter** *thea. m* solo entertainer; **~verkauf** *m* exclusive sale, monopoly; **~vertreter** *m* sole *od.* exclusive agent (*od.* distributor); **~vertretung** *f* sole (power of) representation; sole agency; **~vertrieb** *m* exclusive distribution; (*Firma*) sole distributors *pl.*

allemal *adv.* every time, always; *ein für* ~ once and for all; F ~! (*gewiß*) F any time!, you bet!

allenfalls *adv.* at all events; (*zur Not*) if need be, at a pinch; (*höchstens*) at most, at best; (*vielleicht*) possibly, perhaps.

allenthalben *adv.* everywhere.

aller...: ~art *adj.* of all kinds *od.* sorts, all kinds of; **~äußerst** *adj.* outermost; *fig.* utmost; *Preis*: keenest, (rock)bottom *price*; **~best** *adj.* best of all, very best; *aufs* ~e in the best possible manner, F greatly; **~dings** *adv.* **1.** *verstärkend*: (*gewiß*) certainly; (*natürlich*) of course, to be sure; (*in der Tat*) indeed; (*auf jeden Fall*) at any rate; (*freilich, es ist richtig*) (it is) true; ~! certainly!, *Am.* F sure!; **2.** *einschränkend*: though, but; *das ist* ~ *wahr* I must admit (*od.* as a matter of fact) this is true; **~erst** *adj.* first and foremost, prime; *adv. zu* ~ first of all.

Allerg|ie ⚕ *f* allergy; **≈isch** *adj.* allergic (*gegen* to).

aller...: ~hand F *adj.* **1.** → *allerlei*; **2.** (*viel*) (quite) a lot, a good deal; *das ist* ~! *lobend*: not bad!, that's quite something!; *tadelnd*: that's a bit thick!; **≈heiligen(fest)** *n* All Saints' Day; **~heiligst** *adj.* most holy; **≈heiligste(s)** *n* Holy of Holies, sanctuary; **~herzlichst** *adj.* (*adv. aufs* ~e) most cordial(ly); **~höchst** *adj.* highest of all (*a. adv. am* ~en); supreme; *Not*: extreme; *auf* ~*en Befehl* by royal command; **~höchstens** *adv.* at the very most, at the outside; **~lei** *adj.* all kinds (*od.* sorts) of, diverse, sundry; (*einiges*) some, a lot of; **≈lei** *n* medley; *Küche*: hotchpotch; **~letzt** *adj.* very last; *Mode usw.*: latest; F *das* ≈e (*Neueste*) the last word; **~liebst** *adj.* dearest of all; (*reizend*) lovely, sweet; *adv. am ~en* best of all; **~meist** *adj.* (very) most; *adv. am ~en* most (of all); **~mindestens** *adv.* at the very least; **~nächst** *adj.* very next; *räumlich*: (very) nearest; *in ~er Zeit* in a very near future; *aus ~er Nähe* at close quarters; **~neu(e)st** *adj.* very newest *od.* latest; *die ~e Mode* the latest fashion *od.* cry; *das ≈e a.* the last word; **~nötigst, ~notwendigst** *adj.* most necessary, indispensable; *das ≈e* the bare necessities; **~schlimmst** *adj.* (*adv. am ~en*) worst of all; **≈seelen** *eccl. n* All Souls' Day; **~seits** *adv.* on all sides; F to all (of you); **≈weltskerl** *m* devil of a fellow, *sl.* crackerjack; **~wenigst** *adj.* (very) least; the smallest part of; *adv. am ~en* least of all; **≈werteste(r)** F *m* F backside, behind.

alles *indef. pron.* all, everything, the whole (of it), the lot, *Am. sl.* the works; (*alle Leute*) all people, everybody; *~ in allem* all things considered, all told; *~ Amerikanische* all things American; *~ was* all that; *er kann ~* he can do anything; *er ist mein ≈* he is my all; *~ zu seiner Zeit* everything at its proper time; *auf ~ gefaßt sein* be prepared for the worst; → *all, Mädchen.*

allesamt *adv.* altogether; all (of them), to a man.

Alles...: **~fresser** *m* omnivorous animal; **~kleber** *m* general-purpose adhesive; **~könner** *m* jack-of-all-trades; **~wisser** *contp. m* know-all.

allezeit *adv.* all the time, always.

Allgegen|wart *f* omnipresence, ubiquity; **≈wärtig** *adj.* omnipresent, ubiquitous.

allgemein I. *adj.* general, common; universal; (*öffentlich*) public; *~e Redensarten* generalities; † *~e Unkosten* overhead *sg.*; *mit ~er Zustimmung* by common consent; *≈es* General (Data); *im ~en* → **II.** *adv.* generally, in general; (*im ganzen*) on the whole; *~ anerkannt* generally accepted; *~ gesprochen* generally speaking; *~ verbreitet* widespread, popular.

Allgemein...: **~befinden** *n* general condition; **~bildung** *f* general (*od.* all-round) education; **≈gültig** *adj.* universally valid; **~gut** *fig. n* common knowledge; **~heit** *f* generality, universality; (*Öffentlichkeit*) general public; **≈verständlich** *adj.* intelligible to all, popular; **~wohl** *n* public welfare (*od.* weal).

All...: **~gewalt** *f* omnipotence; **≈gewaltig** *adj.* all-powerful, omnipotent; **~heilmittel** *n* panacea, cure-all (*a. fig.*).

Allianz *f* alliance.

Alligator *m* alligator.

alliier|en *v/refl.*: *sich ~* ally o.s. (*mit* to, with); *alliierte Streitkräfte* allied forces; **≈te(r)** *m* ally; *die ~n* the Allies.

Alliteration *f* alliteration.

all...: **~jährlich** *adj.* yearly, annual(ly *adv.*); *adv. a.* every year; **≈macht** *f* omnipotence; **~mächtig** *adj.* all-powerful, omnipotent; *der ≈e* God Almighty; **~mählich I.** *adj.* gradual(ly *adv.*); **II.** *adv. a.* by degrees, little by little; F *es wird ~ Zeit* it's about time; **~monatlich** *adj. u. adv.* monthly; every month.

Allonge *f* † allonge; *typ.* fly leaf.

Allopath *m* allopath(ist); **~ie** *f* allopathy; **≈isch** *adj.* allopathic(ally *adv.*).

Allotria *pl.* pranks, merrymaking *sg.*, *Am. sl.* monkeyshines; *~ treiben* lark about, skylark.

All...: **~parteien...** all-party ...; **~radantrieb** *mot. m* all-wheel drive; **≈seitig** *adj.* universal, general, all-round ...; *adv.* ⊕ *~ bearbeitet* machined all over; **~strom** *m Radio*: universal current, alternating current - direct current (*abbr.* AC-DC); **~stromempfänger** *m* AC-DC (*od.* all-mains) receiver; **~tag** *m* everyday life, workaday routine; → *grau*; **≈täglich** *adj.* daily; *fig.* everyday ..., workaday ..., common, routine; *etwas (nicht) ≈es* something (out of the) ordinary; **~täglichkeit** *f* everyday occurrence, triteness, triviality; **~tags...** everyday ..., workaday ..., ordinary, routine; **~tagsgesicht** *n* ordinary (*od.* everyday) face; **~tagsleben** *n* everyday (*od.* workaday) life; **≈umfassend** *adj.* all-embracing; universal, all-round ..., comprehensive.

Allüren *pl.* (grand) airs, mannerisms.

All...: **~wellen...** ⚡ all-wave ...; **~wetter...** *mot.* all-weather ...; **≈wissend** *adj.* all-knowing, omniscient; **~wissenheit** *f* omniscience; **≈wöchentlich** *adj. u. adv.* weekly; *adv. a.* every week; **≈zu** *adv.* far (*od.* much) too; over...; **≈zugut** *adv.* only too well; **≈zusehr** *adv.* (all) too much, excessively; **≈zuviel** *adv.* too much, overmuch; *~ ist ungesund* enough is as good as a feast; **~zweck...** all-purpose ..., general-purpose ..., universal.

Alm *f* Alpine pasture, alp.

Almanach *m* almanac.

Almosen *n* alms (*sg. u. pl.*), charity; *contp.* pittance, *Am.* handout.

Aloe ⚘ *f* aloe.

Alp[1] *m*, **~druck** *m*, **~drücken** *n* nightmare (*a. fig.*).

Alp[2] *f*, **~e** *f* → *Alm.*

Alpaka *n* **1.** (*~wolle*) alpaca; **2.** → **~silber** *n* German silver.

al pari ✝ *adv.* at par.

Alpen *pl.* Alps; *diesseits der ~* (*adj.*) *a.* cisalpine; *jenseits der ~* (*adj.*) *a.* transalpine; **~bahn** *f* Alpine railway; **~glühen** *n* alpenglow; **~rose** *f* alpine rose, rhododendron; **~veilchen** *n* cyclamen.

Alpha *n* alpha.

Alphabet *n* alphabet; **⁓isch** *adj.* alphabetic(al); **⁓isieren** *v/t.* arrange alphabetically, alphabetize.

Alpha|strahlen *phys. m/pl.* alpha rays; **~teilchen** *n* alpha particle.

alpin *adj.* Alpine; → *Kombination*; **⁓ismus** *m* alpinism, alpine climbing; **⁓ist(in** *f*) *m* alpinist, mountaineer.

Alptraum *m a. fig.* nightmare.

Alraun ⚘ *m*, **~e** *f* mandrake.

als *cj.* **1.** *nach comp. u. rather, else, other, otherwise*: than; *er ist älter ~ du* he is older than you; *ich würde eher sterben ~* I should die rather than; **2.** *nach Negation*: but, except; *alles andere als hübsch* anything but pretty; **3.** (*ganz so wie*) as, like (*od. unübersetzt*); *er behandelte mich ~ einen Freund* he treated me as a friend; *~ Entschuldigung* by way of excuse; *~ Geschenk* for a present; *er starb ~ Held* he died (as) a hero; **4.** (*in der Eigenschaft von*) as, in one's capacity of *an officer*, in (the) quality of *a connoisseur*; being *od.* as *an Englishman*; **5.** *zeitlich*: when, as; *~ er nach Berlin abreiste a.* on leaving for Berlin; **6.** *~ ob* as if, as though; *er ist zu gut erzogen, ~ daß er das tun könnte* he is too well-bred to do such a thing; *er bot zu wenig, ~ daß ich es hätte annehmen können* he offered too little for me to accept it; **7.** (*wie zum Beispiel*) *~ da sind* such as; **~bald** *adv.* at once, forthwith, directly; **~dann** *adv.* then, thereupon; F *~! (los!)* well then!

also I. *cj.* therefore, consequently, hence; logically; *du kommst ~ nicht?* you won't come, then?; *~, los!* well, here goes!; **II.** *obs. adv.* thus, so.

alt *adj. allg.* old; → *älter, ältest*; (*bejahrt*) *a.* aged, advanced in years; (*antik*) ancient, antique; → *altmodisch*; (*gebraucht*) *Kleider usw.*: secondhand; (*abgetragen*) worn; (*Ggs. frisch*) stale; (*erprobt*) experienced, seasoned; *~ werden* → *altern*; *das ⁓e Testament* the Old Testament; *die ~en Germanen* the ancient Teutons; *⁓er Herr* (*ehem. Student*) old boy, alumnus; *~e Sprachen* ancient languages, *the* classics; *ein 6 Jahre ~er Junge* a boy six years old, a six-year-old boy; *wie ~ bist du?* what is your age?, how old are you?; *er ist* (*doppelt*) *so ~ wie ich* he is (twice) my age; *er sieht nicht so ~ aus, wie er ist* he does not look his age; *sie ist* (*äußerlich*) *sehr ~ geworden* she has aged very much; *alles bleibt beim ~en* everything stands as it was; → *Eisen, Hase usw.*

Alt ♩ *m* alto.

Altan *m*, **~e** *f* balcony, gallery.

Altar *m* altar; **~bild** *n*, **~blatt** *n*, **~gemälde** *n* altar-piece; **~decke** *f*, **~tuch** *n* altar-cloth; **~raum** *m* chancel, sanctuary.

alt...: **~backen** *adj.* stale; F *fig.* old-fashioned; **~bekannt** *adj.* long-known; **~bewährt** *adj.* (well-)proven, well-tried; *friendship, etc.* of long standing; **⁓-bundeskanzler** *m* ex-chancellor; **~deutsch** *adj.* old German.

Alte 1. **~(r)** *m* old man, F oldster; *die ~n* the old (*pl.*); *hist.* the ancients; *~ und Junge* old and young (*sg. u. pl.*); F *der ~* (*Vater*) F the old man; (*Chef*) *a.* the boss; *er ist immer noch der ⁓* he is the same as ever; *er ist wieder ganz der ⁓* he is quite himself again; **2.** **~** *f* old woman; F *meine ~* (*Gattin*) F my old lady; **3.** **~(s)** *n an* old thing; *das ~* old things *pl.*; *das ~ und das Neue* the old and the new.

alt...: **~ehrwürdig** *adj.* time-hono(u)red; **~eingeführt, ~eingesessen** *adj.* old-established; **⁓-eisen** *n* scrap iron; **⁓eisenhändler** *m* junk dealer; **~englisch** *adj.* old English.

Alter *n* age; (*Greisen⁓*) (old) age; (*Dienst⁓*) seniority; *er ist in m-m ~* he is (about) my age; *im ~ von 20 Jahren* at an age of twenty; *mittleren ~s, von mittlerem ~* middle-aged; *~ schützt vor Torheit nicht* there is no fool like an old fool.

älter *adj.* older; *der ~e Bruder* the

elder brother; *ein* ~*er Herr* an elderly gentleman; *er ist (10 Jahre)* ~ *als ich* he is my senior (by 10 years); *er sieht (10 Jahre)* ~ *aus als er ist* he looks (10 years) more than his age.

altern I. *v/i.* grow old, age, advance in years; **II.** ⊕ *v/t.* age.

alternativ *adj.*, **˜e** *f* alternative; *keine Alternative haben* have no alternative (*od.* choice).

alternieren *v/i.* alternate.

alters *adv.*: *von* ~ *her, seit* ~ of old, from ancient times.

Alters...: **~aufbau** *m* age structure *of the population, etc.*; **~blödsinn** ⚕ *m* senile dementia; **~erscheinung** *f* symptom of old age; **~folge** *f* seniority; **~fürsorge** *f* old-age assistance; **~genosse** *m*, **~genossin** *f* person of same age, contemporary; **~grenze** *f* age limit; *für Beamte*: retirement age; **~gruppe** *f*, **~klasse** *f* age group (*bsd. Am.* class); **~heim** *n* home for the aged, old people's home; **~krankheit** *f* disease of old age, geriatric complaint; *Facharzt für Alterskrankheiten* geriatrician; **~präsident** *m* chairman by seniority; **~rente** *f* old-age pension; **˜schwach** *adj.* decrepit; **~schwäche** *f* senile decay, decrepitude; **~stufe** *f* stage of life; → *Altersgruppe*; **~unterschied** *m* difference in age; **~unterstützung** *f* old-age relief; **~versicherung** *f* old-age insurance; **~versorgung** *f* old-age pension (scheme); **~werk** *n Kunst*: late work; **~zulage** *f* age (*od.* seniority) bonus.

Altertum *n* antiquity; → *grau.*

Altertüm|er *pl.* antiquities, antiques, relics of the past; **~elei** *f* archaism; **˜eln** *v/i.* archaize; **˜lich** *adj.* ancient, antique; (*veraltet*) archaic; antiquated.

Altertums...: **~forscher** *m* archaeologist; *engS.* classical scholar; **~forschung** *f*, **~kunde** *f* archaeology; classical studies *pl.*

Alterung ⊕ *f* ag(e)ing; **˜sbeständig** *adj.* non-ag(e)ing; **~sverfahren** *n* ag(e)ing process.

ältest *adj. sup. von alt*: oldest; *in der Reihenfolge*: eldest; **˜e(r)** *m* oldest, eldest, senior; *eccl.* elder; *mein* ~*r* my eldest son; **˜enrat** *m* council of elders.

alt...: **~fränkisch** *adj. fig.* old-fashioned, old-world ...; **~gedient** *adj.* veteran ...; **~gewohnt** *adj.* (long-)accustomed, familiar; **~griechisch** *adj.* (*a.* ˜) ancient (*od.* classical) Greek; **˜händler** *m* second-hand dealer; **~hergebracht**, **~herkömmlich** *adj.* traditional, time-hono(u)red, ancient; **˜hochdeutsch** *n* Old High German.

Altist(in *f*) *m* alto(-singer).

alt...: **~jüngferlich** *adj.* old-maidish; **~katholisch** *adj.* Old Catholic; **~klug** *adj.* precocious.

ältlich *adj.* elderly, oldish.

Alt...: **~material** *n* junk, scrap; *verwertbares*: salvage; **~meister** *m* past master; *Sport*: ex-champion; **~metall** *n* scrap metal; **˜modisch** *adj.* old-fashioned; outmoded, antiquated; **˜nordisch** *n* (Old) Norse; **~papier** *n* waste paper; **~philologe** *m* classical scholar (*od.* student); **~philologie** *f* classical philology, *the* classics *pl.*

Altruismus *m* altruism.

Alt...: **~silber** *n* oxidized silver; **˜sprachlich** *adj.* classical; **~stadt** *f* old (part of the) town; **~steinzeit** *f* Pal(a)eolithic (age); **~stimme** ♪ *f* alto (voice); **˜väterlich** *adj.* patriarchal; **~vordern** *pl.* ancestors, forbears; **~warenhändler** *m* second-hand dealer; **~weibersommer** *m* **1.** Indian summer; **2.** (*Sommerfäden*) gossamer.

Aluminium *n* (*Brit.*) alumin(i)um.

alveolar *adj.*, **˜...** *anat., ling.* alveolar.

Alwegbahn ⊕ *f* monorail.

am = *an dem* → *an.*

Amalgam *n* amalgam.

amalgamier|en ⚗ *v/t.* amalgamate (*a. fig.*); **˜ung** *f* amalgamation.

Amateur *m* amateur; *in Zssgn* amateur ...

Amazone *f* Amazon (*a.* F *fig.*).

Ambition *f* ambition; **˜iert** *adj.* ambitious.

Amboß *m* anvil; *anat. a.* incus.

Ambra *f* ambergris; **˜farben** *adj.* amber(-colo[u]red); **~holz** *n* yellow sandalwood.

Ambros|ia *f* ambrosia; **˜isch** *adj.* ambrosial.

ambulan|t *adj.* ⚕ outpatient (*a.* ~ *behandelter Patient*), ambulatory; ✝ mobile; *Gewerbe*: itinerant; **˜z** *f* (*Klinik*) outpatient department; (*Unfallstation*) casualty ward; (*Krankenwagen*) ambulance.

Ameise *f* ant; **~nbär** *m* ant-eater; **~nhaufen** *m* ant-hill; **~nkönigin** *f* queen-ant; **~nlöwe** *m* ant-lion; **~nsäure** *f* formic acid.

Amen *int. u. n* amen; *so sicher wie das* ~ *in der Kirche* as sure as fate (*od.* death).

Amerikan|er *m*, **~erin** *f*, **˜isch**

adj. American; **⁓isieren** *v/t.* Americanize; **⁓ismus** *m* Americanism; **⁓istik** *ling. f* (study of North) American language and literature.

Amethyst *min. m* amethyst.

Ami F *m* F Yank.

Amino|säure ⚗ *f* amino-acid; **⁓verbindung** *f* amino-compound.

Amme *f* (*engS.* wet-)nurse; *zo.* nurse; **⁓nmärchen** *contp. n* old wives' tale, cock-and-bull story.

Ammer *orn. f* bunting.

Ammoniak ⚗ *n* ammonia; **⁓artig, ⁓haltig** *adj.* ammoniacal; **⁓wasser** *n* ammonia water.

Ammonium ⚗ *n* ammonium.

Amnesie ⚕ *f* amnesia.

Amnestie *f* amnesty, general pardon; act of grace; **⁓ren** *v/t.* amnesty, (grant a) pardon.

Amöbe *f* am(o)eba; **⁓nruhr** ⚕ *f* am(o)ebic dysentery.

Amok *m*: ⁓ *laufen* run amok (*od.* amuck); **⁓läufer** *m* runner amok (*od.* amuck).

Amor *myth. m* Cupid.

amoralisch *adj.* amoral.

amorph ⚗ *adj.* amorphous.

Amortisation *f* amortization, liquidation; *e-r Anleihe*: redemption; **⁓sfonds** *m*, **⁓skasse** *f* sinking-fund; **⁓swert** *m* amortized value.

amortisier|bar *adj.* amortizable, redeemable; **⁓en** *v/t.* amortize, pay off; (*Anleihe*) redeem.

amourös *adj.* amorous.

Ampel *f* hanging lamp; (*Verkehrs⁓*) traffic light.

Ampere ⚡ *n* ampere; **⁓meter** *n* ammeter; **⁓stunde** *f* ampere-hour; **⁓zahl** *f* amperage.

Ampfer ⚘ *m* dock, sorrel.

Amphib|ie *zo. f* amphibious animal, amphibian; **⁓ien...** ⊕ amphibian *plane, tank, vehicle*; **⁓isch** *adj.* amphibious, *a.* ⊕ amphibian.

Amphitheater *n* amphitheat|re (*Am.* -er); (*Kampfplatz*) arena.

Amplitude *phys. f* amplitude.

Ampulle *f* ampulla; *pharm.* ampoule, ampule.

Amputation ⚕ *f* amputation; **⁓sstumpf** *m* amputation stump.

amputier|en *v/t.* amputate; **⁓te(r** *m*) *f* amputee.

Amsel *f* blackbird.

Amt *n* office; (*Posten*) post; (*Aufgabe, Pflicht*) (official) duty, function; (*Behörde*) office, board, agency, bureau; (*Gerichts⁓*) court; *teleph.* (*Fernsprech⁓*) exchange; *relig.* Divine Service, *R.C.* (sung) mass; *die Ämter* the authorities; → *auswärtig, antreten* 4, *bekleiden* 3, *entheben usw.*; *von ⁓s wegen* ex officio, officially; *kraft meines ⁓es* by virtue of my office; *es ist nicht meines ⁓es* it is not in my province, it is not my business.

amtieren *v/i.* hold office, be in charge; *eccl. u. fig.* officiate; ⁓ *als* act (*od.* serve, function) as; **⁓d** *adj.* acting, in charge; F *⁓er Meister Sport*: present champion.

amtlich *adj.* official; *in ⁓er Eigenschaft* in one's official capacity.

Amtmann *m* senior clerk (in the middle grade of the German civil service); *hist.* bailiff.

Amts...: **⁓anmaßung** *f* (false) assumption of authority; **⁓antritt** *m* assumption of office; **⁓anwalt** *m* public prosecutor; **⁓arzt** *m* public health officer; **⁓befugnis** *f* (official) authority, competence; **⁓beleidigung** *f* insulting an official; **⁓bereich** *m* jurisdiction, competence; **⁓bezirk** *m* administrative district; **⁓blatt** *n* official gazette; **⁓bruder** *m* colleague; **⁓dauer** *f* term of office; **⁓delikt** *n* malversation (in office); **⁓diener** *m* usher; **⁓eid** *m* oath of office; *den ⁓ ablegen* be sworn in; **⁓einführung** *f* inauguration (into an office); **⁓enthebung** *f* removal from office; dismissal; *vorläufige ⁓* suspension; **⁓führung** *f* administration (of an office); **⁓geheimnis** *n* official secret; (*Geheimhaltung*) official secrecy; **⁓gericht** *n* Inferior Court (Amtsgericht); **⁓geschäfte** *n/pl.* (official) functions, (official) duties; **⁓gewalt** *f* (official) authority; **⁓handlung** *f* official act; **⁓miene** *f* solemn air; **⁓mißbrauch** *m* abuse of authority; **⁓müde** *adj.* weary of one's office; **⁓niederlegung** *f* resignation; **⁓periode** *f* term of office; **⁓richter** *m* judge of the Inferior Court; **⁓schimmel** *m* red tape, red-tapism; **⁓schreiber** *m* clerk; **⁓siegel** *n* official seal; **⁓sprache** *f* official (*od.* administrative) language; *iro.* officialese, gobbledygook; **⁓stunden** *f/pl.* office hours; **⁓tracht** *f* official attire; ⚖, *eccl.* robe; *univ.* gown; **⁓träger** *m* functionary, office-holder; **⁓überschreitung** *f* official excess; **⁓unterschlagung** *f* peculation; **⁓verbrechen** (**⁓vergehen**) *n* (minor) criminal offence committed by a public official; **⁓verletzung** *f* misconduct in office; **⁓vorgänger** *m* predecessor in office; **⁓vormund** *m* guardian by judicial appointment; **⁓vorsteher** *m* head

official; **~weg** *m*: auf dem ~ through official channels; **~zeichen** *teleph. n* dial(ling *Brit.*) tone; **~zeit** *f* tenure (*od.* term) of office.
Amulett *n* amulet, charm.
amüs|ant *adj.* amusing; **²ierbetrieb** *m* cheap entertainment; **~ieren** *v/t.* amuse, entertain; *sich* ~ (*sich die Zeit vertreiben*) amuse o.s.; (*sich gut unterhalten*) enjoy o.s., have a good time, have fun; *sich* ~ *über* be amused at; (*belächeln*) laugh at.
an I. *prp.* **1.** at; on, upon; by; against; to; (*bis* ~) as far as, *a. zahlenmäßig*: up to; (*etwa*) about, near(ly); (*hinsichtlich*) in respect to; in the way of; *am 1. März* on March 1st; *am Abend* (*Morgen*) in the evening (morning); *am Tage* by day, during day-time; *am Tage gen.* on the day of; *am* (~ *das, ans*) *Fenster* at (to) the window; ~ *der* (*die*) *Arbeit* at (to) work; ~ *der Grenze* at (*od.* on) the frontier; ~ *der Hand führen* by the hand; *am Himmel* in the sky; ~ *e-r Krankheit sterben* of a disease; ~ *Land gehen* go on land *od.* ashore; *am Leben* alive; ~ *e-m Ort* in a place; → *Reihe*; ~ *e-r Schule* at a school; ~ *der Themse* on the Thames; ~ *der Wand* on *od.* against the wall; ~ *die Wand* against *od.* to the wall; *fünf* ~ *der Zahl* five in number; *ein Brief* ~ *mich* to *od.* for me; *Schaden am Dach* damage to the roof; ~ *sich* in itself, as such; in principle (*od.* theory), inherently, properly speaking, → *eigentlich*; ~ *und für sich* properly speaking; *es ist* ~ *dir zu sagen, ob* it is for (*od.* up to) you to say whether; *arm* (*reich, gleich*) ~ poor (rich, equal) in; *am besten* best; *am ehesten* soonest; *denken* ~ think of; → *glauben* II, *leiden* I *usw.*; **II.** *adv.* **2.** *von ... an* from ... on *od.* onward; *von heute* ~ from today (on); *von nun* ~ from now on, henceforth; **3.** *mit dem Mantel* ~ with his coat on; *das Gas ist* ~ the gas is on; ~ — *aus Bedienungsanweisung*: on — off.
Anachronis|mus *m* anachronism; **²tisch** *adj.* anachronistic(al).
anaerob 🕮 *adj.* an(a)erobic.
Anagramm *n* anagram.
anal *adj.*, **Anal...** anal.
analog *adj.* analogous (*dat.* to, with); *adv. a.* by analogy; **²ie** *f* analogy (*mit* to, with); **²rechner** *m* analog(ue *Brit.*) computer.
Analphabet *m*, **~in** *f* illiterate; **~entum** *n* illiteracy.
Analy|se *f* analysis; **²sieren** *v/t.* analyze; **~sis** ℞ *f* analysis; **~tiker** *m* analyst; **²tisch** *adj.* analytic(al).
Ananas *f* pine-apple.
Anäm|ie ⚕ *f* an(a)emia; **²isch** *adj.* an(a)emic.
Anamnese ⚕ *f* anamnesis.
anarbeiten *v/i.*: ~ *gegen* oppose, counteract.
Anarch|ie *f* anarchy; **²isch** *adj.* anarchic(al); **~ismus** *m* anarchism; **~ist(in** *f*) *m*, **²istisch** *adj.* anarchist.
Anästhesie ⚕ *f* an(a)esthesia; **²ren** *v/t.* an(a)esthetize.
Anatom *m* anatomist; **~ie** *f* **1.** anatomy; **2.** a) institute of anatomy; b) → **~iesaal** *m* anatomic theat|re (*Am.* -er), dissecting-room; **²isch** *adj.* anatomical.
anbahn|en *v/t.* pave the way for, prepare (the ground for), initiate; (*Gespräche, Beziehungen*) *a.* open (up); *sich* ~ be in the offing, be at hand *od.* under way; *Schlimmes*: be in store (*für j-n* for); **²er** *m* initiator.
anbändeln F *v/i.*: *mit j-m* ~ (*kokettieren mit*) make up to; *a. fig.* flirt with; (*aufreißen*) F get off with, pick *a p.* up; (*Streit suchen mit*) → *anbinden* II.
Anbau *m* **1.** ⚘ cultivation, growing; *von Feldern*: tillage; **2.** ⚠ annex, extension, *bsd. Am.* addition; (*Flügel*) wing; (*Nebenhaus*) outbuilding; **²en I.** *v/t.* **1.** ⚘ cultivate, grow, raise; till; **2.** ⚠ add, annex (*an* to); ⊕ attach; **II.** *v/refl.*: *sich* ~ (become) settle(d); **²fähig** *adj.* arable; **~fläche** *f* **1.** (arable) acreage; **2.** area under cultivation; **~flantsch** ⊕ *m* mounting flange; **~gerät** ⊕ *n* attachment; **~möbel** *n/pl.* unit (*od.* sectional, add-on) furniture *sg.*; **~motor** ⚡ *m* built-on (*od.* flange-mounted) motor.
anbefehlen *v/t.* → *befehlen.*
Anbeginn *m* (earliest) beginning, outset; *von* ~ from the outset.
anbehalten *v/t.* (*Kleid usw.*) keep on.
anbei ✝ *adv. im Brief*: herewith, (please find) enclosed; attached.
anbeißen I. *v/t.* bite at, take a bite of; **II.** *v/i.* bite, nibble at the bait; *a. fig.* take the bait; *zum* ² very appetizing (*a. fig.*).
anbelangen *v/t.* → *anlangen* II.
anbellen *v/t.* bark at (*a. fig.*).
anbequemen *v/refl.*: *sich e-r Sache* ~ accommodate o.s. to.
anberaum|en *v/t.* appoint, fix, *bsd. Am.* schedule; (*Sitzung*) call; *e-n Termin* ~ set (*od.* fix) a date (*für* for); **²ung** *f* appointment.
anbet|en *v/t. u. v/i.* adore, worship,

idolize (*alle a. fig.*); **⁓er(in *f*)** *m* worship(p)er, adorer; *fig. a.* (ardent) admirer.
Anbetracht *m*: *in ⁓ gen.* considering, in consideration (*od.* view) of.
anbetreffen *v/t.* → *anlangen* II.
anbetteln *v/t.* solicit alms of; importune by begging.
Anbetung *f* adoration, worship; **⁓swürdig** *fig. adj.* adorable.
anbiedern *v/refl.*: *sich* (*bei*) *j-m* ⁓ F chum up to a p.
anbieten *v/t.* offer, tender; *sich* ⁓ offer one's services, volunteer; *Gelegenheit*: present itself; ✝ *angeboten werden* be on offer.
anbinden I. *v/t.* bind, tie up, fasten (*an* to); (*Boot*) moor; (*Hund*) chain up, *an die Leine*: leash; **II.** *v/i.*: *mit j-m* ⁓ pick a quarrel with a p., start a fight with a p., tangle with a p.; **III.** *fig. p.p.*: *kurz angebunden sein* be short *od.* curt (*mit, gegen* with).
anblasen *v/t.* blow at *od.* on; (*Feuer*) blow, fan; (*Hochofen*) blow in; F *fig.* (*rüffeln*) blow up.
anblecken F *v/t.* bare one's teeth at.
Anblick *m* look, sight, view, aspect; spectacle; *beim ersten* ⁓ at first sight; *ein trauriger* ⁓ a sorry sight; → *Gott* 2; **⁓en** *v/t.* look (*od.* glance) at; (*besehen*) view; (*mustern*) eye.
anblinzeln *v/t.* blink (*schlau*: wink) at.
anbohren I. *v/t.* ⊕ bore, spot-drill; (*Zahn*) (drill) open; (*Faß usw.*) broach, tap; (*Schiff*) scuttle; **II.** F *fig. v/i.*: *bei j-m* ⁓ sound a p.
anbraten *v/t.* roast gently, sear.
anbrausen *v/i.* dash up; *angebraust kommen* approach at full speed.
anbrechen I. *v/t.* (*Vorräte*) break into, tap; (*Flasche usw.*) open; **II.** *v/i.* begin; *Winter usw*: *a.* set in; *Tag, a. Zeit*: dawn; *Nacht*: come on.
anbrennen I. *v/i.* catch fire, (begin to) burn; *Speisen*: (*a.* ⁓ *lassen*) burn; **II.** *v/t.* kindle, burn; (*Zigarre usw.*) light.
anbringen *v/t.* **1.** (*herbringen*) bring (on *od.* in); **2.** (*befestigen*) fix, ⊕ attach, mount (*an* to); (*einrichten*) instal(l); (*Stempel, Unterschrift*) affix, set (to); **3.** (*unterbringen*) place (*a. Geld, Ware*), settle; ✝ (*Ware*) dispose of, sell; (*Geld*) spend; (*Sohn usw.*) find a place for; (*Gründe usw.*) advance, *gesprächsweise*: mention; (*ein Wort*) get in; (*e-n Schlag*) bring home, land; (*Verbesserungen usw.*) make, effect; (*sein Wissen*) display, show; *e-e Beschwerde* ⁓ lodge a complaint; *das ist bei ihm nicht angebracht* that won't do with him; → *angebracht*.
Anbruch *m* beginning; (*bei*) ⁓ *des Tages* (at) daybreak; (*bei*) ⁓ *der Nacht* (at) nightfall.
anbrühen *v/t.* (*Teeaufguß*) scald, infuse.
anbrüllen *v/t.* roar (*od.* bawl) at.
anbrummen F *v/t.* growl at.
Andacht *f* **1.** devotion; *mit* ⁓ *zuhören* listen raptly (*od.* absorbedly); **2.** (*Verrichtung*) prayers *pl.*; (short) service; *s-e* ⁓ *verrichten* say one's prayers.
andächtig *adj.* devout, pious; *fig.* (*aufmerksam*) absorbed, rapt; (*hingebungsvoll*) religious.
Andante ♪ *n* andante.
andauern *v/i.* last, continue, go on; *hartnäckig*: persist; **⁓d** *adj.* lasting, continuous; constant, persistent, incessant.
Andenken *n* memory, remembrance; (*Gegenstand*) keepsake, token, *mitgenommenes*: souvenir (*an* of); *zum* ⁓ *an* in memory (*od.* remembrance) of; *das* ⁓ *gen. feiern* commemorate *a th.*; *ein freundliches* ⁓ *bewahren dat.* keep in kind remembrance; → *selig*; **⁓geschäft** *n* souvenir shop; **⁓jäger** *m* souvenir hunter.
ander I. *adj.* other; (*verschieden*) different; (*zweit*) second; (*folgend*) next; (*gegenüberliegend*) opposite; (*neu, frisch*) fresh, new; *am* ⁓*n Tag* the next day; *e-n Tag um den* ⁓*n* every other day; *der* ⁓*e Strumpf usw.* the fellow of this sock, *etc.*; → *Ansicht* 2, *aufziehen* 3, *Geschlecht usw.*; *eine ganz* ⁓*e Welt* a world quite different from ours; **II.** *indef. pron.*: *ein* ⁓*er, eine* ⁓*e* another (person); someone else; *die* ⁓*n* the others; *e-r um den* ⁓*n* one by one; (*abwechselnd*) by turns, alternately; *kein* ⁓*er* no one else (*als* but); *rühmend*: no lesser person (than); ⁓*es, andres* other things; *alles* ⁓*e* everything else; *alles* ⁓*e als* anything but, far from, less than *enthusiastic, etc.*; *unter* ⁓*em* among other things; including; such as; *sofern nichts* ⁓*es bestimmt ist* unless otherwise provided; → *anders*.
ander(er)seits *adv.* on the other side *od.* hand.
andermal *adv.*: *ein* ⁓ (at) some other time.
ändern *v/t.* change, alter; vary, modify (*alle a. sich* ⁓); *sich* ⁓ *Wind usw.*: shift; *s-n Sinn* ⁓ change one's mind; *s-n Standpunkt*

~ shift one's ground; (*sich*) *zum Vorteil* (*Nachteil*) ~ change for the better (worse); *ich kann es nicht* ~ I can't help it; *das ist nicht zu* ~ that cannot be helped; *es ändert nichts an der Tatsache, daß* it does not alter the fact that; *das ändert natürlich die Sache* that puts a different complexion on the matter.

andern|falls *adv.* otherwise, else; **~tags** *adv.* (the) next day; **~teils** *adv.* on the other hand.

anders I. *adj. pred. u. adv.* otherwise; (*verschieden*) differently; ~ *werden* change; ~ *als seine Freunde* unlike his friends; ~ (*verhielt sich*) *Herr X* not so Mr. X; *er spricht* ~, *als er denkt* he says one thing and means another; *das ist nun einmal nicht* ~ it cannot be helped; *ich kann nicht* ~, *ich muß lachen* I can't help laughing; *ich weiß es* ~ I know better; ~ *gesagt* in other words; *Ferien mal* ~ holidays with a difference; *falls nicht* ~ *bestimmt ist* unless otherwise provided; → *besinnen*; **II.** *adv. bei pron.*: else; *jemand* ~ somebody (*od.* anybody) else; *niemand* ~ *als er* nobody (else) but he; *wer* ~? who else?; **~artig** *adj.* of a different kind, different; **~denkend** *adj.* dissentient; differently minded; (being) of a different opinion; **~farbig** *adj.* of a different colo(u)r; **~geartet** *adj.* → *andersartig*; **~gesinnt** *adj.* → *andersdenkend*; **~gläubig** *adj.* of a different faith; (*irrgläubig*) heterodox; **~herum** *adv.* the other way round; **~wie** F *adv.* (in) some other way; **~wo** *adv.* elsewhere, somewhere else; **~woher** *adv.* from elsewhere; **~wohin** *adv.* to another place, elsewhere.

anderthalb *adj.* one and a half; ~ *Pfund* a pound and a half; **~fach** *adj.* one and a half times; **~jährig** *adj.* eighteen months old; of eighteen months.

Änderung *f* change; *nur gewollte*: alteration; *teilweise*: modification; *a.* ⚓ *der Preise*: variation; *parl.* amendment; e-e ~ *vornehmen* (*erfahren*) make (undergo) a change; → *vorbehalten*; **~santrag** *m*, **~svorschlag** *m parl.* amendment; **~sgesetz** *n* amending law; ~ *zum Emissionsgesetz* Law to Amend the Issue Law.

ander|wärts *adv.* elsewhere; **~weitig I.** *adj.* other, further; **II.** *adv.* in another way *od.* manner; (*anderswo*) elsewhere.

andeuten *v/t.* (*zu verstehen geben*) intimate, hint at, suggest, give to understand; *b.s.* insinuate; (*hinweisen auf*) *a. Sache*: indicate, suggest; *nur Sache*: signify; *paint. u. fig.* outline, sketch; *fig. sich* ~ appear in outlines.

Andeutung *f* intimation; suggestion, hint (*beide a. fig.* = *Spur* trace; *auf* of); *versteckte*: insinuation; (*Hinweis*) indication; *paint.* outline; e-e ~ *machen* drop a hint, → *andeuten*; **≈sweise** *adv.* by way of suggestion, allusively; in outlines.

andichten *v/t.* address verses to; *fig. j-m et.* ~ ascribe *od.* impute a th. to a p.

Andienung ⚓ *f* (*Angebot*) tender, offer; (*Lieferung*) delivery.

andonnern F *fig. v/t.* thunder at.

Andrang *m* crush, throng; (*Ansturm*) rush; ⚓ run (*auf* on); *im Verkehr*: dense (mass of) traffic; ✱ congestion.

andrängen I. *v/i.* crowd (*od.* press, rush) near; **II.** *v/refl.*: *sich* ~ *an* press close to.

andreh|en *v/t.* (*Gas usw.*) turn on; ⚡ *a.* switch on; (*Motor*) start (*od.* crank) up; (*Schraube*) tighten; F *j-m et.* ~ palm (*od.* fob) a th. off on a p.; **≈kurbel** *f* starting crank.

andringen *v/i.* push forward, press on (*gegen* towards); *Feind usw.*: draw near, advance; *gegen den Kopf* ~ *Blut*: rush to the head.

androh|en *v/t.*: *j-m et.* ~ threaten (*od.* menace) a p. with a th.; *die vom Gesetz angedrohte Strafe* the punishment laid down in the law; **≈ung** *f* threat, menace; warning; ⚖ *unter* ~ *von od. gen.* under penalty of.

Andruck *typ. m* **1.** pull, proof; **2.** going to press; **≈en** *v/t.* **1.** proof; **2.** start printing *a th.*

andrück|en I. *v/t.*: (*a. sich*) ~ *an* press against *od.* on to; **II.** *v/refl.*: *sich* ~ press close (*an* to); **≈walze** *f* feed roll.

andudeln F *v/t.*: *sich einen* ~ get (o.s.) plastered.

anecken *v/i.* give offen|ce, *Am.* -se (*bei* to).

aneifern *v/t.* stimulate, incite, rouse (to action).

aneign|en *v/refl.*: *sich* ~ appropriate (to o.s.), make one's own; (*Gewohnheit*) contract; (*Meinungen anderer*) adopt; (*Kenntnisse*) acquire, (*a. e-e Sprache*) master; *widerrechtlich*: usurp, ⚖ convert to one's own use, misappropriate; (*ein Gebiet*) annex; **≈ung** *f* appropriation, acquisition; adoption; conversion, misappropriation; annexation.

aneinander *adv.* together; to one another; *fig.* ~ *hängen* be fond of each other; → *vorbeireden usw.*; **~binden** *v/t.* bind together; **~fügen** *v/t.* join (together); **~geraten** *v/i.* clash (*mit* with), fly at each other; (*handgemein werden*) come to blows *od.* grips; **~grenzen** *v/i.* be adjacent, border on each other; **~hängen** *v/i.* hang (*od.* stick) together; **~prallen** *v/i.* collide; **~reihen** *v/t.* line up (in a row); string (*od.* join) together; **~rücken** *v/t. u. v/i.* move closer together; **~stoßen** *v/i.* meet; → *aneinandergrenzen, -prallen.*

Anekdot|e *f* anecdote; **2enhaft, 2isch** *adj.* anecdotal.

anekeln *v/t.* disgust, sicken, nauseate; *es ekelt mich an* I am disgusted with it, it makes me sick.

Anemone *f* anemone.

anempfehlen *v/t.* recommend (*dat.* to).

Anerbe ⚖ *m* principal heir.

Anerbieten *n* → *Angebot.*

anerkannt *adj.* acknowledged, recognized, admitted; (*allgemein* ~) accepted, *ling. a.* received; ~*er Fachmann* recognized expert; ~*e Tatsache* accepted (*od.* established) fact; *ein* ~*es Werk* a standard work; → *staatlich* II; **~ermaßen** *adv.* admittedly.

anerkenn|bar *adj.* recognizable; admissible; **~en** *v/t.* acknowledge, *a. pol.* recognize (*als* as); *als gültig*: *a.* accept; *lobend*: appreciate; (*billigen*) approve; (*e-n Anspruch*) allow; (*Schuld*) admit; ✝ (*Wechsel*) hono(u)r, accept; *nicht* ~ repudiate, *als od. für das Seinige*: disown (*a. Kind*); *ein Tor (nicht)* ~ *Sport*: (dis)allow a goal; → *anerkannt*; **~end** *adj.* approving, appreciative; **~enswert** *adj.* laudable, commendable, creditable.

Anerkennung *f* acknowledgement, *a. pol.* recognition; *lobende*: appreciation; (*öffentliche Erwähnung*) hono(u)rable mention; (*Zeichen der Hochachtung*) tribute (*gen.* to); ⚖ *e-s Kindes*: legitimation; *von Urkunden*: legalization; *e-s Wechsels*: acceptance; ~ *finden* win recognition, meet with approval; ~ *verdienen* deserve credit; *in* ~ *s-r Verdienste* in recognition of his merits; *j-m* ~ *zollen* pay tribute to; **~sschreiben** *n* letter of commendation; **~surteil** *n* judg(e)ment by consent.

Aneroid *n* aneroid (barometer).

anerziehen *v/t.*: *j-m et.* ~ instil(l) a th. into a p.; *anerzogen* acquired.

anfachen *v/t.* fan; *fig. a.* kindle.

Anfahr|beschleunigung *mot. f* starting acceleration; **2en I.** *v/t.* **1.** carry up, convey to the spot; F bring on; **2.** (*rammen*) run into, (*a. Fußgänger*) hit; ⚓ run foul of; *fig. j-n* ~ *Hund*: go for a p.; *Person*: snap at a p.; **3.** ⚓ (*e-n Hafen*) call at; **4.** ⊕ start; **II.** *v/i.* start; *Reaktor*: start up; *angefahren kommen* drive up; **~kraft** *mot. f* getaway power; **~t** *f* journey, ride; transport; (*Zufahrt*) approach; *vor e-m Haus*: drive.

Anfall *m* **1.** attack, fit, ⚕ *a.* seizure, *leichter*: touch; *fig. in e-m* ~ *von Großzügigkeit* in a burst of generosity; **2.** (*Ertrag*) yield; *Gewinn, Zinsen*: accrual; *e-r Erbschaft*: *a.* devolution; (*Menge*) amount *produced, etc.*; (*Zahl*) number *of cases, etc.*; (*Häufung*) accumulation; **2en I.** *v/t.* (*angreifen*) attack, assault, *a. fig.* assail; **II.** *v/i.* (*sich ergeben*) result, *a. Gewinn, Zinsen*: accrue; *Arbeit usw.*: *a.* transpire; *Erbschaft*: devolve (*dat.* upon); *angefallene Kosten* costs incurred.

anfällig *adj. allg.* susceptible (*für* to); (*zart*) delicate; *für Krankheiten, Unfälle usw.* ~ prone to.

Anfang *m* beginning, start; *förmlich*: commencement; (*Entstehung*) origin; *e-s Briefes usw.*: opening; *am (od. im)* ~ at (*od.* in) the beginning, at the start (*od.* outset); *von* ~ *an* from the beginning, *etc.*; from the first; ~ *Januar* early in January; ~ *1958* early in 1958; *am* ~ *gen.* at the beginning of; (*am*) ~ *der dreißiger Jahre a.* in the early thirties; *er ist* ~ *der Dreißiger* he is in his early thirties; *den* ~ *machen* begin, *a. Sport*: lead off; *die Anfänge* the beginning(s) *sg. od.* origins; → *Anfangsgründe*; *in den Anfängen stecken* be in its infancy; *zu* ~ → *anfangs*; **2en** *v/t. u. v/i.* start (*mit et.* on; *zu inf. ger.*), begin, *förmlich*: commence (with; to *inf.*); (*e-e Arbeit*) *a.* set about, take up; (*tun*) do; (*zuwege bringen*) manage; (*ein Geschäft*) open; *mit der Arbeit* ~ set to work; *fig. immer wieder von et.* ~ keep harping on a th.; *immer wieder vom gleichen Thema* ~ keep harping on the same (*od.* on one) string; *ich weiß nichts damit anzufangen* I don't know what to do with (*fig.* make of) it; *damit (mit ihm) ist nichts anzufangen!* it (he) is useless *od.* hopeless; *was wirst du morgen* ~? what are you going to do (with yourself) tomorrow?; *das hat er geschickt angefangen* F that was slick work; *da fängst du schon wieder an!* there you go again!

Anfänger *m*, **~in** *f* beginner (*in* at); (*Neuling*) *a.* novice, tyro, tiro, *Am. sl.* rookie; → *blutig*; **~kurs** *m* elementary course.

anfänglich I. *adj.* initial; (*früh*) *a.* early; (*ursprünglich*) original; **II.** *adv.* → *anfangs* I.

anfangs I. *adv.* at (*od.* in) the beginning, (at) first; originally; *gleich ~* at the very beginning; **II.** F *prp.* at the beginning of.

Anfangs...: ~buchstabe *m* initial letter; *großer (kleiner) ~* capital (small) letter; *mit großen ~n schreiben* capitalize; **~erfolg** *m* initial success; **~gehalt** *n* starting (*od.* initial) salary; **~geschwindigkeit** *f* initial velocity; **~gründe** *m/pl.* elements, rudiments; **~kapital** *n* opening capital; (*Aktien*~) original (*od.* capital) stock; (*Anlage*) original investment; **~kurs** ⚕ *m* opening price; **~punkt** *m* starting point; **~schwierigkeiten** *f/pl.* initial difficulties, F teething troubles; **~spannung** ⚡ *f* input voltage; **~stadium** *n* initial stage; **~unterricht** *m* elementary instruction; **~zeile** *f* first line; **~zeit** *f* time of commencement.

anfassen I. *v/t.* **1.** (*packen*) take hold of, grasp, seize; (*berühren*) touch, handle; *sich* (*od. einander*) *~* take (*od.* hold) hands; **2.** *fig.* (*behandeln*) (*j-n*) treat, handle, deal with; (*e-e Aufgabe*) *a.* approach, tackle, set about; **II.** *v/i.* (*helfen*, *a. mit ~*) give (*od.* lend) a hand, help; **III.** *v/refl.*: *sich ~* → (*sich*) *anfühlen*.

anfauchen *v/t. Katze*: spit at; *fig.* snap at *a p.*

anfaulen *v/i.* begin to rot, go bad.

anfecht|bar *adj.* disputable, controversial; contestable; ⚖ *a.* voidable; **≈barkeit** *f* contestableness; ⚖ *a.* defeasibility; **~en** *v/t.* **1.** contest (the validity of); (*Patent*) oppose; (*Urteil*) appeal from; (*Vertrag*) avoid; (*Zeugen*[*beweis*]) challenge; *weitS.* (*Ansicht usw.*) contest, attack; **2.** (*beunruhigen*) worry, disturb; *was ficht dich an?* what is the matter with you?; **≈ung** *f* **1.** ⚖ contestation; avoidance, challenge; appeal (*gen.* from); opposition (to); **2.** *eccl.* (*Versuchung*) temptation; **≈ungsklage** *f* action to set aside, action of voidance.

anfeind|en *v/t.* bear ill-will to, be hostile to, persecute; **≈ung** *f* hostility (*gen.* to), persecution (of).

anfertig|en *v/t.* make, ⚕ *a.* manufacture; prepare; *schriftlich*: *a.* draw up; (*Übersetzung, Zeichnung*) do, make; (*fälschen*) fabricate, ⚖ falsely make; **≈ung** *f* making; manufacture; preparation.

anfeuchten *v/t.* moisten, wet.

anfeuer|n *v/t.* fire, heat; ⚔ ⊕ prime; *fig.* fire, encourage, incite; *durch Zurufe*: cheer (on), *Am. sl.* root for *a team*; *~de Ansprache* rousing speech, *sl.* pep-talk; **≈ung** *f* firing *usw.*; *fig.* encouragement, incitement, stimulation; → *a.* **≈ungsruf** *m* cheer(s *pl.*), club-yell.

anflantschen *v/t.* flange(-mount).

anflehen *v/t.* implore, beseech, supplicate.

anflicken *v/t.* patch on (*an* to; *a. fig.*).

anfliegen I. *v/t.* fly toward, approach; (*e-n Flugplatz*) head for, (*landen auf*) land (*od.* call) at; *im Scheinangriff*: buzz; *linienmäßig*: provide an air service to, fly to *an area*; **II.** *v/i.* approach; *angeflogen kommen* come flying (along).

Anflug *m* **1.** ✈ approach; **2.** ⊕ film; *metall.* efflorescence; **3.** *fig.* (*Spur*) touch, tinge, hint; (*Beigeschmack*) smack; *~ von Kenntnissen* smattering; **4.** *e-r Krankheit*: attack, *a. fig.* fit; *leichter ~ von* slight case of; **~radar** *n* approach control radar (*abbr.* ACR); **~weg** *m* approach route; **~zeit** *f* time of approach.

anflunkern *v/t.* → *anlügen*.

anforder|n *v/t.* demand, call for; request, ask for; **≈ung** *f* demand, call (*gen.* for); (*Bedürfnis*) requirement; *pl.* (*Leistungs-, Niveauanforderungen*) requirements, standard(s) *sg.*, demands; *spezifische*: qualifications, specifications; *auf ~* on request; *allen ~en genügen* meet all requirements, qualify, *Am.* F fill the bill; *den ~en nicht genügen* not to qualify, not to be up to standard; *hohe ~en stellen* make high demands (*an* on); *Person*: *a.* be very exacting; *hohe ~en stellen an a.* tax *a p. od. th.* severely.

Anfrage *f* inquiry, question; (*Antrag*) application; *parl.* question, interpellation; *e-e ~ richten an* address an inquiry to; **≈n** *v/i.* (*sich erkundigen*) inquire (*nach* for; *bei j-m nach et.* of a p. about a th.); ask (for; a p. about a th.); (*ansuchen*) apply (*bei* to; *wegen* for).

anfressen *v/t.* gnaw at; *Vogel*: peck (at); ⚗ corrode, eat into.

anfreunden *v/refl.*: *sich ~* become

friends; make friends (*mit* with *a p.*); *fig. sich mit e-m Gedanken* ~ *usw.* come to like.

anfrieren *v/i.* freeze on (*an* to).

anfüg|en *v/t.* join, attach, add, annex (*an* to); (*Unterschrift*) affix; **⁓ung** *f* addition, annex, attachment (*an* to); ⊕ (*Verbindung*) union, (flush) joint.

anfühlen *v/t.* feel, touch; *fig. man fühlt dir an, daß* one feels that you; *sich weich usw.* ~ feel soft, *etc.*; *es fühlt sich kalt an* it is cold to the touch.

Anfuhr *f* transport(ation); carriage; (*Zufuhr*) supply; ~ *zum Bauplatz* transport to building-site.

anführ|en *v/t.* **1.** lead (*a. Tanz*), be the leader of; ⚔ *usw.* command, *a. weitS.* (*Tabelle usw.*) lead, be at the head of; *als Angriffsspitze, a. fig.*: spearhead; **2.** (*erwähnen, sagen*) state, say, mention; *genau, einzeln*: specify; (*Gründe*) put forward, state; (*zitieren*) quote, cite, invoke *a law, etc.*; (*Beweise, Zeugen*) adduce, produce; *zur Verteidigung, Entschuldigung*: state (in *a p.'s* defence), plead (as an excuse); *falsch* ~ misquote; **3.** (*j-n täuschen*) hoax, dupe, fool, take in; **⁓er(in** *f*) *m* leader; ⚔ commander; (*Rädelsführer*) ringleader.

Anführung *f* → *anführen*; lead(-ership); allegation, statement; specification; adduction; quotation, citation; *von Gutachten, Quellen usw.*: reference (*von od. gen.* to); **~sstriche** *m/pl.*, **~szeichen** *n* quotation mark(s), inverted comma(s).

anfüllen *v/t.* fill (up) (*a. sich* ~); *übermäßig*: cram, stuff; *ganz* ~ fill to capacity; *neu* ~ replenish.

Angabe *f* **1.** statement; declaration (*a. Zoll*); (*Auskunft*) information; (*Darstellung*) representation, account; (*Beschreibung*) description; (~ *von Einzelheiten, Vorschrift*) specification; (*Einzelheit*) detail; (*Anweisung*) instruction(s *pl.*); *technische* ~*n* (engineering) data; *bewußt falsche* ~ misrepresentation; *besondere* ~*n* particular items; *genauere* (*od. nähere*) ~*n* particulars, details; *nach* ~ *des Antragstellers* according to the applicant; **2.** *Tennis*: service; **3.** F (*Prahlerei*) → *Angeberei*.

angaffen *v/t.* gape at.

angängig *adj.* (*zulässig*) permissible; (*möglich*) possible, feasible.

angeb|en **I.** *v/t.* **1.** (*Namen, Grund usw.*) give, state; *im einzelnen*: specify, particularize; (*namhaft machen*) name; (*erklären*) declare (*engS. a. Zollware*); (*vorbringen, behaupten*) allege (*daß* that); (*vorgeben*) pretend (that); ⚚ (*ausweisen*) show, return; (*Kurse, Preise*) quote; (*Richtung usw.*) indicate; *zu hoch* (*niedrig*) ~ overstate (understate); *falsch* ~ misstate; → *Tempo, Ton*[2]; **2.** ⚖ *der Polizei usw.*: denounce, inform against *a p.*; *ped. sl.* sneak on *a p.*; **II.** *v/i.* **3.** *Kartenspiel*: deal first; *Tennis*: serve; **4.** F (*prahlen*) brag (*mit* with), show off ([with] *a th. od. p.*); **⁓er(in** *f*) *m* **1.** (*Denunziant*) informer; *ped. sl.* sneak; **2.** (*Großtuer*) braggart, F show-off; **⁓erei** F *f* (*Prahlerei*) showing-off; **~erisch** *adj.* bragging, F show-offish; (*protzig*) showy, pretentious, ostentatious.

Angebinde *n* gift, present.

angeblich **I.** *adj.* alleged, supposed; ostensible; *contp. Künstler usw.*: so-called, self-styled, would-be; **II.** *adv.* allegedly, ostensibly; ~ *ist er* he is said (*od.* reported, reputed) to be.

angeboren *adj.* inborn, innate (*dat.* in); ⚕ *a.* congenital, hereditary.

Angebot *n* offer (*a.* ⚚); *Auktion*: bid; (*Preis*⁓) quotation; (*Ausschreibungs*⁓, *Lieferungs*⁓) tender, *Am.* bid; (*Waren*⁓), *a. Börse*: supply; ~ *und Nachfrage* supply and demand; *ein* ~ *machen* (*od. abgeben*) make an offer; ⚚ *a.* submit a tender.

angebracht *adj.* (*ratsam*) advisable; (*gut* ~) appropriate, reasonable, apt, proper, *pred.* in order; *zeitlich*: timely; *schlecht* (*od. nicht*) ~ inappropriate, misplaced, out of place; *zeitlich*: ill-timed; *es für* ~ *halten et. zu tun* see fit to do a th.; → *anbringen*.

angedeihen *v/i.*: *j-m et.* ~ *lassen* grant (*od.* give) a th. to a p.; bestow (*od.* confer) a th. on a p.

angegossen *fig. adj.*: *wie* ~ *sitzen* fit like a glove, be a perfect fit.

angegraut *adj.* greying, *Am.* graying.

angegriffen *adj.* exhausted, worn-out; *Gesundheit*: shaken, poor; ⚕ *Organ*: affected; ~ *aussehen* look poorly.

angeheiratet *adj.* (related) by marriage; ~*er Vetter* cousin by marriage; *die* ~*en Verwandten* one's in-laws.

angeheitert *adj.* (slightly) tipsy, F merry, happy, a little high.

angehen **I.** *v/i.* **1.** begin, start; **2.** (*funktionieren*) work; start; *Licht*: go on; *Feuer usw.*: start, burn; **3.** 🌱 take root; **4.** *Fleisch*: go bad; *angegangenes Fleisch* tainted meat;

5. (*leidlich sein*) be tolerable, be passable, be not so bad (after all); *das geht (nicht) an* that will (won't) do; **6.** F *gegen et. od. j-n* ~ fight (against), take measures against; **II.** *v/t.* **7.** (*angreifen*) *a. Sport*: charge, attack, *a. fig.* tackle; **8.** *j-n* ~ (*ihn bitten*) approach a p. (with a request), *um et.*: *a.* apply to a p. for a th.; **9.** (*betreffen*) concern, regard; *was ihn angeht* as far as he is concerned, as to him; *was geht das mich an?* what's that to me?; *das geht dich nichts an* that's no concern (*od.* business) of yours, that's none of your business; *das geht niemanden etwas an* that's nobody's business; **~d** *adj.* beginning, incipient; (*künftig*) future, would-be; *Künstler, Schönheit*: budding; *~er Vater* father to be.

angehören *v/i.* belong to; *als Mitglied*: *a.* be a member of, be affiliated with; *e-m Ausschuß*: sit on; *der Vergangenheit* ~ be a matter of (*od.* belong to) the past.

angehörig *adj.* (*e-r Sache*) belonging to; affiliated with *an organization*; **&e(r** *m*) *f* (*Mitglied*) member; *e-s Staates*: national (*gen.* of); (*Verwandte*) relative; (*unterhaltsberechtigter*) dependant; *nächster Angehöriger, nächste Angehörige* next of kin; *meine ~n* my family *od.* F people.

Angeklagte(r *m*) *f* defendant.

angeknackst F *adj.* damaged, shaky.

Angel[1] *f* → *Angelgerät*.

Angel[2] *f* (*Tür&*) hinge; ⊕ (*Drehzapfen*) pivot; *mit ~n versehen* hinged; *aus den ~n heben* unhinge (*a. fig.*); *aus den ~n geraten* come off the hinges; → *Tür*.

Angeld *n* → *Handgeld*.

angelegen *adj.*: *sich et. ~ sein lassen* make a th. one's business, take a th. in hand; *es sich ~ sein lassen, zu inf.* make a point of *ger.*; **&heit** *f* matter, business, concern, affair; *das ist s-e ~* that's his concern (*od.* business, outlook); *kümmere dich um deine ~en* mind your own business; **~tlich I.** *adj.* urgent; **II.** *adv.* urgently; (*eifrig*) intently; (*stark*) strongly; (*herzlich*) warmly.

angelehnt *adj.* (*Tür*) ajar.

angelernt *adj.* acquired; *~er Arbeiter* semiskilled workman.

Angel...: **~fliege** *f* (fishing-)fly; **~gerät** *n* fishing gear (*od.* tackle); (*Angelrute*) fishing rod; **~haken** *m* fish-hook; **&n** *v/t. u. v/i.* fish, angle (*nach* for); *fig.* fish (for); F *sich j-n od. et.* ~ catch, hook; **~platz** *m* fishing nook (*od.* water); **~punkt** *m* pivot; *fig.* cardinal (*od.* pivotal, crucial) point; **~rute** *f* fishing rod.

Angel|sachse *m*, **~sächsin** *f*, **&sächsisch** *adj.* Anglo-Saxon.

Angelschnur *f* fishing-line.

angemessen *adj.* suitable, appropriate, fit; (*annehmbar*) reasonable, fair; (*ausreichend*) adequate; *Benehmen*: proper, fitting; (*e-r Sache*) adapted (*dat.* to); (*entsprechend*) commensurate (with), proportionate (to); *e-r Sache (nicht)* ~ *a.* in (out of) keeping with a th.; *für ~ halten* think fit; **&heit** *f* suitability; adequacy; fitness; propriety.

angenehm *adj.* agreeable, pleasant (*dat. od. für* to); *Stimme*: *a.* pleasing; (*behaglich*) comfortable, cosy; *Fahrt usw.*: *a.* restful; (*willkommen*) welcome; *~es Wesen* engaging manners; *das &e mit dem Nützlichen verbinden* combine business with pleasure; *adv.* ~ *überrascht (enttäuscht)* agreeably surprised (disappointed).

angenommen *adj.* → *annehmen*.

Anger *m* meadow, pasture; (*Dorf&*) (village) green, *Brit. a.* common.

angeregt I. *adj.* stimulated; *Unterhaltung*: animated, lively; **II.** *adv.*: *sich ~ unterhalten* have an animated conversation, chat animatedly.

angesäuselt F *adj.* → *angeheitert*.

angeschlagen *adj.* *Boxer*: groggy (*a. fig.*); *Tasse usw.*: chipped.

Angeschuldigte(r *m*) ⚖ *f* accused.

angesehen *adj.* respected, esteemed; *~e Firma* firm of good standing (*od.* repute); *Persönlichkeit*: distinguished, notable.

Angesicht *n* face, countenance; *von ~* by sight; *von ~ zu ~* face to face; *dem Tod ins ~ schauen* look death in the face; → *Schweiß* 1; **&s** *prp.* in the presence of, *a. fig.* in view of; *fig.* considering, seeing that.

angespannt *adj.* *Nerven, Lage usw.*: strained, tense; *Person*: tense(d up); (*beschäftigt*) very busy; *Aufmerksamkeit*: close; *Tätigkeit usw.*: intense; *Reserven, Mittel*: overstretched.

angestammt *adj.* ancestral, hereditary; F *fig.* accustomed.

angestaubt *adj.* dusty (*a. fig.*).

Angestellt|e(r *m*) *f* (salaried) employee, F white-collar worker; (*Büro&*) clerk; (*Haus&*) domestic (servant); *die ~n* the staff *sg.*, the salaried personnel *sg.*; **~en...** (salaried) employees' *insurance, etc.*; **~enverhältnis** *n*: *im ~ stehen* be employed, be in salaried employment (*bei* with).

angestrengt *adj.* → *anstrengen.*

angetan *adj. pred.* **1.** ~ (*gekleidet*) *mit* attired in, clad in; **2.** (*ganz*) *danach* ~, *zu* (very) likely (*od.* apt) to *inf.*; **3.** ~ *sein von j-m od. et.* be pleased with; have a liking for; be taken with *a th.*; *er war von dem Gedanken wenig* ~ the idea did not appeal to him; → *antun.*

angetrunken *adj.* intoxicated, tipsy, F tight.

angewandt *adj. Wissenschaft, Forschung, Kunst*: applied.

angewiesen *adj. pred.*: ~ *sein auf* depend *od.* be dependant *od.* be thrown (up)on; *auf sich selbst* ~ *sein* be left to one's own resources; be on one's own.

angewöhnen *v/t.*: *j-m et.* ~ accustom a p. (*od.* get a p. used) to a th.; *sich et.* ~ get into (*od.* contract) the habit of; take to *smoking, etc.*; (*es*) *sich* ~, *zu inf.* make it a habit to *inf.*

Angewohnheit *f* (old) habit, custom; *aus* ~ from habit.

angewurzelt *adj.*: *wie* ~ *dastehen* stand rooted to the spot.

angezeigt *adj.* → *anzeigen* 3.

Angin|a ⚕ *f* angina; ~ *pectoris* angina pectoris, stenocardia; **≈ös** *adj.* anginal.

angleich|en *v/t.* (*a. sich* ~) assimilate (*dat. od. an* to, with); adapt (*a.* ⊕), adjust, approximate (to); **≈feder** ⊕ *f* adapter spring; **≈ung** *f* assimilation, *a.* ⊕ adaptation, adjustment; approximation; *Farbe*: (approximate) matching.

Angler(in *f*) *m* angler.

anglieder|n *v/t.* join, attach (*dat. od. an* to); (*Organisation*) affiliate (with), incorporate (in); (*annektieren*) annex; (*eingliedern*) integrate (within); **≈ung** *f* affiliation, incorporation; annexation.

Anglikan|er(in *f*) *m*, **≈isch** *adj.* Anglican; *die Anglikanische Kirche* the Anglican Church, the Church of England.

anglisieren *v/t.* anglicize.

Anglist|(in *f*) *m* Angli(ci)st; **~ik** *f* study of English language and literature, English studies *pl.*, *Am.* Anglistics *pl.* (*sg. konstr.*); **≈isch** *adj.* English.

Anglizismus *m* Anglicism.

Anglo... Anglo-...

anglotzen F *v/t.* gape (*od.* goggle) at.

Angora|katze *f* Angora cat; **~wolle** *f* mohair.

angreif|bar *adj.* assailable, open to attack; *fig. a.* vulnerable; **~en** *v/t.* **1.** (*anfassen*) touch, handle; *sich rauh usw.* ~ → (*sich*) *anfühlen*; **2.** *feindlich*: attack (*a. Sport*), assail (*beide a. fig.*), charge (*mit* with); ⚔ (*im Sturm* ~), ⚖ (*tätlich* ~) assault; **3.** *fig.* (*Aufgabe*) tackle, set about, approach; (*Vorräte*) break into, tap; (*a. Kapital*) touch, draw on, dip into; (*unterschlagen*) embezzle; **4.** (*schwächen*) weaken, exhaust; (*Augen usw.*) try, strain; (*Gesundheit*) affect, injure, impair; *die Krankheit hat ihn angegriffen* the illness has told on him; → *angegriffen*; **5.** ⚗ corrode; *Säge usw.*: bite; *phys. die Kraft greift in einem Punkt an* the force acts on a point; **~end** *adj.* attacking; aggressive, offensive; *körperlich*: trying, exhausting; ⚗ corrosive; **≈er(in** *f*) *m* attacker, assailant; *pol.* aggressor.

angrenzen *v/i.*: ~ *an* border (up)on, adjoin; abut (up)on; **~d** *adj.* adjacent, adjoining (*an* to); neighbo(u)ring; *fig.* related.

Angriff *m* attack (*a. fig. u. Sport*); (*Sturm*≈) assault, charge; *strategisch*: offensive; *pol.* aggression; (*Luft*≈) air-raid; *im Tiefflug*: low-level attack; *auf Erdziele*: ground attack, strafing; *chemischer* ~ attack by chemical action, corrosion; ⚖ → *tätlich*; *in* ~ *nehmen* attack, tackle, set about, start on; *zum* ~ *übergehen* take the offensive; → *a. Angriffsreihe.*

Angriffs...: **~befehl** *m* order to attack; **~fläche** ⊕ *f* working surface; **~flug** *m* raid, attack mission, sortie; **~krieg** *m* ⚔ offensive war(fare); *pol.* war of aggression; **~lust** *f* aggressiveness; **≈lustig** *adj.* aggressive; **~punkt** *m* ⚔ point of attack; ⊕ working point, point of contact; *Abnutzung*: point of wear; **~reihe** *f Sport*: attackers *pl.*, forwards *pl.*; **~spiel** *n* attacking play; **~spieler** *m* attacker; *Fußball*: striker; **~spitze** *f* spearhead; **~waffe** *f* weapon of attack, offensive weapon; **~ziel** *n* objective.

angrinsen *v/t.* grin (*od. wüst*: leer) at.

Angst I. *f* fear (*vor* of); *a. psych.* anxiety; (*Schreck*) fright; *große*: dread, terror; (*Pein*) anguish; *aus* ~ out of fear; for fear *of being punished, etc.*; ~ *haben* be afraid (*vor* of), be in fear (of); ~ *haben vor a.* fear, dread; *in* ~ *geraten* take fright, get scared *od.* alarmed, *sl.* get cold feet; *j-n in* ~ *versetzen* → *ängstigen*; *keine* ~! never fear!, not to worry!; *stärker*: don't panic!; **II.** ≈ *adj. pred.*: *mir ist* ~ I am afraid (*vor* of); *ihm usw. ist* ~ *und bange* terribly frightened, *Am.* F scared stiff; **⁓erfüllt** *adj.* fearful, terrified; **⁓gegner** *m Sport*: dreaded opponent; hoodoo team; **⁓geschrei** *n* screams *pl.* of terror (*od.* anguish); **⁓hase** *m* coward, F funk, *Am. sl.* chicken.

ängstigen *v/t.* alarm, frighten, strike with fear, terrify; (*besorgt machen*) worry; *sich* ⁓ be afraid (*vor* of); *stärker*: be alarmed *od.* frightened (at); be worried (*um* about).

Angstkäufe *m/pl.* panic buying *sg.*

ängstlich *adj.* anxious, fearful; (*unruhig*) uneasy, nervous, *sl.* jittery; (*schüchtern*) timid; (*peinlich genau*) scrupulous; *adv.* ⁓ *bedacht* (*bemüht*) *zu inf.* anxious to *inf.*; **⁓keit** *f* anxiety, nervousness; timidity; scrupulousness.

Angst...: **⁓neurose** *f* anxiety neurosis; **⁓psychose** *f* anxiety psychosis; **⁓röhre** F *f* top hat, stovepipe hat.

Angströmeinheit *phys. f* Angstrom unit (*abbr.* A.U.).

Angst...: **⁓schweiß** *m* cold sweat; **⁓traum** *m* nightmare (*a. fig.*); **⁓voll** *adj.* fearful, frightened, terrified; **⁓zustand** *psych. m* anxiety state.

angucken F *v/t.* look at, peek at.

anhaben *v/t.* **1.** (*Kleider*) have on (*a. Licht usw.*); wear, be dressed in; **2.** *j-m etwas* ⁓ *wollen* mean to harm a p.; *j-m nichts* ⁓ *können* be unable to harm (*od.* get at) a p., F have nothing on a p.; *das kann mir nichts* ⁓ that can't do me any harm.

anhaften *v/i. a. fig.* cling, adhere, stick (*dat.* to); *fig.* (*j-m od. e-r Sache*) *Mängel usw.*: attach to, be inherent in; *ihm haftete etwas Eigentümliches an* there was something peculiar about him.

anhaken *v/t.* hook *od.* hitch on (*an* to); *auf einer Liste usw.*: tick off, check off.

Anhalt *m* **1.** → *Halt, Stütze*; **2.** *fig.* → *Anhaltspunkt*; *e-n* ⁓ *gewähren* give a clue (*dat. od. für* to); **⁓en I.** *v/t.* **1.** *allg.* stop; halt; ⊕ *a.* arrest, check; *polizeilich*: arrest, seize; (*Ton*) hold; → *Atem*; (*hindern*; *Verkehr*) block, hold up, impede; (*Pferd*) pull up; (*Auto*) *a.* stop, halt; *j-n* ⁓ (*ansprechen*) accost a p., buttonhole a p.; **2.** *j-n zu et.* ⁓ keep a p. to a th., urge (*od.* encourage) a p. to do, *etc.*, a th.; **II.** *v/refl.* **3.** *sich* ⁓ hold on *od.* tight (*an* to); **III.** *v/i.* **4.** stop, halt, come to a stop *od.* standstill; *Auto*: *a.* pull up; **5.** (*andauern*) last, continue, keep on, *a. Wetter*: hold; *beharrlich*: persist, endure; **6.** ⁓ *um* apply for (*bei j-m* to); *um ein Mädchen* (*od. die Hand e-s Mädchens*) ⁓ ask for a girl's hand; **⁓end** *adj.* continuous, sustained; (*beharrlich*) persistent (*a. Regen*); (*andauernd*) lasting; ⁓*e Bemühungen* prolonged efforts; ⁓*er Fleiß* assiduity; ⁓*er Beifall* rounds and rounds of cheers; **⁓er** F *m* hitch-hiker; *per* ⁓ *fahren* hitch-hike; thumb a lift (*od.* ride); **⁓eweg** *mot. m* stopping distance; **⁓spunkt** *m* clue, lead, indication; (*Grundlage*) basis; ⊕ reference point.

Anhang *m* appendage; (*Beilage*) annex, enclosure, schedule; *zu e-m Buch usw.*: appendix, supplement; (*Nachtrag*) annex; *e-s Testaments*: codicil; (*Gefolgschaft*) adherents *pl.*, followers *pl.*, following; (*Angehörige*) dependents *pl.*, family.

Anhänge|adresse *f*, **⁓etikett** *n* (tie-on) label, (address-)tag; **⁓last** *mot. f* towed load.

anhangen *v/i.* adhere to, follow; cling (*od.* be attached) to.

anhängen I. *v/t.* hang on, suspend; (*hinzufügen*) append, affix, add (*an* to); *fig. j-m et.* ⁓ pin a th. on a p.; *j-m etwas* (*Ehrenrühriges*) ⁓ implicate a p., *sl.* frame a p.; *j-m e-n Prozeß* ⁓ involve a p. in a lawsuit; *j-m e-e Krankheit* ⁓ infect a p. with; **II.** *v/i. fig. j-m* ⁓ *Ruf usw.*: cling to a p.; → *anhangen*.

Anhänger *m* **1.** **⁓in** *f* adherent, follower, supporter; (*Jünger*) disciple; *Film, Sport usw.*: devotee, F fan; **2.** (*Schmuck*) pendant, locket; **3.** (*Schild*) (tie-on) label, tag; **4.** *mot.* trailer; **⁓kupplung** *f* trailer coupling (*od.* hitch); **⁓schaft** *f* following, adherents *pl.*, supporters *pl.*

Anhänge...: **⁓schloß** *n* padlock; **⁓silbe** *ling. f* suffix; **⁓zettel** *m* tag.

anhängig ⚖ *adj.* pending; *e-n Prozeß* ⁓ *machen* maintain an action (*gegen* against).

anhänglich *adj.* attached, *stärker*: devoted, affectionate; **⁓keit** *f* attachment (*an* to); devotion, affection; loyalty.

Anhängsel *n anat. u. fig.* appendage (*a.* F *Person*).

Anhauch *m poet.* breath; (*Färbung*) tinge (*a. fig.*); *fig.* touch; *ling.* breathing; **⁓en** *v/t.* breathe on; (*die Finger*) blow; F *fig.* (*rüffeln*) blow *a p.* up; *fig. rosig angehaucht* tinged with pink; F *er ist künstlerisch angehaucht* he has an

artistic turn; *er ist kommunistisch angehaucht* he sympathizes with the Communists, F he is (a) pink.
anhauen F *v/t.* speak to *a p.*; (*belästigen*) molest; *j-n um Geld* ~ touch for.
anhäuf|en *v/t.* heap up, (*a. sich* ~) pile up, accumulate; (*Geld*) amass; (*hamstern*) hoard up; ✝ *sich* ~ *Kapital*: accumulate, *a. phys.* aggregate; *Zinsen*: accrue; **≈ung** *f* accumulation.
anheben I. *v/t.* lift (up), *a.* ✝ raise; **II.** *v/i.* begin.
anhechten *v/t. Sport*: pike.
anheften *v/t.* attach, fasten, affix (*an* to); *mit Reißnagel*: tack on; *mit Stecknadel*: pin on; (*annähen*) stitch, baste.
anheilen *v/i.* heal on *od.* up.
anheimeln *v/t.*: *j-n* ~ remind a p. of home, make a p. feel at home; **~d** *adj.* homelike, hom(e)y; (*gemütlich*) cosy, snug.
anheim|fallen *v/i.* (*j-m*) fall to (*a p.'s* share), devolve on, revert to; *fig.* (*der Sünde usw.*) fall into; **~geben, ~stellen** *v/t.*: *j-m et.* ~ leave a th. to a p.('s discretion).
anheischig *adj.*: *sich* ~ *machen et. zu tun* offer (*od.* volunteer, undertake) to do a th.
anheiz|en *v/t.* fire; *a. fig.* heat up; *fig.* kindle; **≈kerze** *mot. f* heating plug.
anherrschen *v/t.* address *a p.* gruffly, bark at.
anheuern *v/t.* hire; *sich* ~ *lassen* sign on.
Anhieb *m*: *auf* (*den ersten*) ~ at the first attempt (*od.* F go), right away, *Am.* F right off the bat; *et. wissen, sagen können*: *a. sl.* off the cuff; (*sofort*) at once; *tell* offhand.
anhimmeln *v/t.* adore, idolize; *in Worten*: gush (*od.* rave) about *a p.*
Anhöhe *f* rise, elevation, hill.
anhocken *v/t. Sport*: squat.
anhör|en *v/t.* (*a. sich* ~) listen (*od.* attend) to, lend an ear (to), hear; *sich gut* (*schlecht*) ~ sound well (badly); *j-n* ~ give a p. a hearing; *j-n ganz* ~ hear a p. out; *man hört ihm den Ausländer an* one can tell by his accent that he is a foreigner; F *hör dir das mal an!* now listen to this!; **≈ung** *parl.*, ⚖ *f* hearing.
Anhub ⊕ *m* lift; **~moment** *n* initial power.
anhydrisch ⚗ *adj.* anhydrous.
Anilin *n* anilin(e); **≈blau** *adj.* anilin(e)-blue; **~farbstoff** *m* anilin(e) dye.
animalisch *adj.* animal; *b.s. a.* brutish.
Animier|dame *f* nightclub hostess; **≈en** *v/t.* incite, animate, stimulate; (*ermuntern*) encourage, urge; *animierte Stimmung* high spirits *pl.*
Animosität *f* animosity.
Anion *phys. n* anion.
Anis ⚘ *m* anise; (*Gewürz*) aniseed; **~likör** *m* anisette.
ankämpfen *v/i.*: ~ *gegen* struggle *od.* battle against.
Ankauf *m* buying, purchase; *weitS.* acquisition; **≈en** *v/t.* buy, purchase; *sich* ~ buy land.
Anker *m* **1.** ⚓ anchor; *vor* ~ *gehen* cast (*od.* drop) anchor; *den* ~ *lichten* weigh anchor; *vor* ~ *liegen* ride at anchor; *vor* ~ *treiben* drag the anchor; **2.** ⊕ anchor, brace, stay; *e-r Uhr*: anchor, lever; ⚡ a) armature; b) (*Läufer*) rotor; c) (*Ständer*) stator; **~boje** *f* anchor buoy; **~draht** ⚡ *m* armature wire; *Mast*: stay wire; **~feld** ⚡ *n* armature field; **~gang** *m Uhr*: anchor escapement; **~geld** *n* anchorage dues *pl.*; **~grund** *m* anchorage (bottom); **~hub** ⚡ *m* armature stroke; **~kette** *f* chain-cable; **~mine** ⚓ *f* anchored mine; **≈n** *v/i.* (cast) anchor, moor; **~platz** *m* anchorage ground; **~spill** *n* capstan; **~uhr** *f* lever-watch; **~unruh** *f* anchor escapement; **~wicklung** ⚡ *f* armature winding; **~winde** *f* windlass.
anketteln *v/t.* stitch on.
anketten *v/t.* chain (up) (*an* to).
ankeuchen *v/i.*: ~, *angekeucht kommen* come panting.
ankippen *v/t.* tilt.
ankitten *v/t.* cement (*an* to).
anklagbar *adj.* indictable, triable.
Anklage *f* accusation, charge (*gegen* against); ⚖ *a.* (*öffentliche* ~) *bsd. vor dem Schwurgericht*: indictment; (*formelle* ~, *~verlesung*) arraignment; *bei Immunität, wegen Amtsvergehens*: impeachment; ~ *erheben* prefer a charge (*gegen* against), → *anklagen*; *unter* ~ *stehen* be on trial (*wegen* for), stand trial (for); *unter* ~ *stellen* place on trial (*wegen* for), arraign (for); *die* ~ *vertreten* be counsel for the prosecution; **~bank** *f* (prisoner's) dock; *auf der* ~ in the dock; **~behörde** *f* prosecution; **≈n** *v/t.* accuse (*gen. od. wegen* of), charge (with); ⚖ *a. vor dem Schwurgericht*: indict (for); *bei Immunität*: impeach (of, for); *formell*: arraign (for); **≈nd** *adj.* accusing(ly *adv.*); **~punkt** *m* count (of an indictment), charge.
Ankläger(in *f*) *m* accuser; ⚖ plaintiff; *öffentlicher* ~ Public Prosecutor.

Anklage...: **~schrift** *f* (bill of) indictment; ⚔ charge-sheet; **~vertreter** *m* counsel for the prosecution, prosecuting counsel; **~zustand** *m*: *j-n in ~ versetzen* commit a p. for trial.
anklammern *v/t.* ⊕ clamp (*an* to), cleat (on *od.* up) (*an* to); *mit Büroklammer*: clip on (to); *sich ~* cling (*an* to); *weitS.* hold on for dear life.
Anklang *fig. m* **1.** (*Ähnlichkeit*) reminiscence, echo, suggestion (*an* of); **2.** *~ finden* be well received (*bei* by), meet with approval (*od.* a favo[u]rable response); F catch on, take, go down well (*bei* with); *~ finden bei a.* meet with the approval of, appeal to; *keinen ~ finden* meet with no approval; fall flat, *sl.* be a flop; **3.** *ling.* a) alliteration; b) assonance.
ankleben I. *v/t.* stick on; *mit Kleister*: paste on; *mit Leim*: glue on; *mit Gummi*: gum on (*alle an* to); **II.** *v/i.* stick, cling (*an* to).
Ankleide|kabine *f* cubicle; **&n** *v/t.* (*a. sich ~*) dress (*zu* for); **~raum** *m* dressing-room.
anklingeln *v/i.* → *anläuten.*
anklingen *v/i.* be heard; *fig. ~ an* be suggestive of, suggest, remind slightly of; *~ lassen* evoke, suggest, call up.
anklopfen *v/i.*: (*an die Tür ~*) knock (at the door); *fig. bei j-m ~* sound a p. (*wegen* about).
anknabbern *v/t.* gnaw at (*od.* into); F *fig.* make a dent into.
anknipsen *v/t.* turn (*od.* switch) on.
anknöpfen *v/t.* button on.
anknüpf|en I. *v/t.* tie up (*an* to), fasten, knot; *fig.* begin, start, enter into *a conversation, negotiations, etc.*; *Beziehungen ~* establish connections *od.* contacts; *wieder ~* resume; → *Bekanntschaft* 1; *sich ~* (*folgen*) ensue, follow; **II.** *v/i.*: *an et. ~* go on from a th., resume (*od.* pick up the thread of) a th.; *an j-s Worte usw. ~* refer to; *an e-e Tradition ~* continue; **&ungspunkt** *m* **1.** point of contact; **2.** starting-point.
ankommen I. *v/i.* **1.** arrive (*in* at); *~ in a.* reach; *iro. da ist er schön angekommen* he went to the wrong address, a fine reception he had; F *damit kommt er usw. bei mir nicht an* F that cuts no ice with me; **2.** (*herankommen*) approach; **3.** F (*angestellt werden*) be accepted *od.* employed (*bei* by), get a job (with); **4.** F (*Anklang finden*) F catch on, take, go down well (*bei* with); *nicht ~ a. sl.* be a flop; **5.** F (*verstanden werden*) F get across *od.* over (*bei* to); **6.** *~ gegen j-n od. et.* be able to cope (*od.* deal) with; *gegen ihn kann man nicht ~* there is no getting at him, he is more than a match for us, *etc.*; **II.** *v/impers.* **7.** *~ auf* (*ausschlaggebend od. wichtig sein*) depend (up)on; *es kommt darauf an, ob* the question is whether; *worauf es ankommt, ist* what matters is; *darauf kommt es an* that is (just) the point; *es kommt ganz darauf an* it all depends; *es kommt nicht auf den Preis an* it is not a matter of price, money is no object; *es kommt mir viel darauf an* it is very important to me, I set great store by it; *es kommt mir darauf an, zu inf.* I am concerned to *inf.od.* that, what I want is *inf.*; **8.** *es darauf ~ lassen* run a risk, take a (*od.* one's) chance, risk it; *es auf et. ~ lassen* take the risk of, risk *a th.*; **9.** *es kommt mich hart* (*leicht*) *an* I find it hard (easy); **III.** *v/t.* befall, seize, come over *a p.*; *es kam ihn die Lust an, zu inf.* he took it in his head to *inf.*, he felt like *ger.*; **~d** *adj.* arriving; *teleph.*, ✈ incoming.
Ankömmling *m* newcomer, (new) arrival (*a.* F *Kind*).
ankönnen F *v/i.* → *ankommen* 6.
Ankoppel|kreis ⚡ *m* coupling circuit; **&n** *v/t.* couple (up) (*an* to); **~ung** *f Radio*: coupling.
ankörn|en ⊕ *v/t.* center-punch, countersink; **&ung** *f* punch mark.
ankotzen V *fig. v/t.* make *a p.* sick.
ankrallen *v/refl.*: *sich ~* hang on (*an* to); *sich an et. ~ a.* cling to, clutch (at).
ankreiden *v/t.* chalk up (*j-m* against a p.); *fig. das werde ich ihm ~* I'll make him pay for that.
ankreischen *v/t.* scream at, shrill at.
ankreuzen *v/t.* check (*od.* tick) off.
ankündig|en *v/t. allg.* announce (*j-m et.* a th. to a p.); *formell*: give *a p.* notice of; *in der Presse*: publish, advertise; (*Veranstaltung*) bill; *fig.* (*Zeitalter usw.*) herald, usher in; *sich ~* announce one's visit; *fig.* announce itself; **&ung** *f* announcement; *Buch*: prospectus.
Ankunft *f* arrival; *fig. a.* advent; *bei ~, nach ~* on arrival; **~sbahnsteig** *m* arrival platform; **~shafen** *m* port of arrival; **~sverkehr** *m* incoming traffic; **~szeit** *f* time of arrival.
ankuppeln *v/t.* couple (up) (*an* to).
ankurbel|n *v/t. mot.* start, crank up; *fig.* stimulate, ginger up; (*die Produktion usw.*) step up, boost;

≈ungskredit ⚕ *m* reconstruction credit.

anlächeln, anlachen *v/t.* smile (*od.* laugh) at, give *a p.* a smile.

Anlage *f* **1.** (*Anlegen, e-s Gartens usw.*) laying-out; (*Bau*) construction; (*Einbau, Errichtung*) installation; **2.** (*Art der* ~) arrangement, lay-out; **3.** (*Entwurf*) design; *e-s Romans usw.*: structure, conception; *in der* ~ in its outlines; *biol. in der* ~ *vorhanden* rudimentary; **4.** *konkret*: (*Einrichtung*) facility, installation; (*Fabrik* ≈) (manufacturing) plant, works *pl. u. sg.*; (*Betriebs* ≈) equipment, facility, installation(s *pl.*); (*Maschinen* ≈, *Aggregat*) plant, unit; system, assembly; (*Sport* ≈) sport field (*od.* facility), athletic grounds *pl.*; (*Garten* ≈) gardens *pl.*, grounds *pl.*, park; *öffentliche* ~ public gardens *pl.*; **5.** (*Fähigkeit*) talent, aptitude, gift (*zu* for), makings *pl.* (of); (*Natur* ≈) (natural) tendency, bent, *a.* ⚕ (pre)disposition; ~*n haben zu et.* a) be talented (*od.* gifted) for; b) be predisposed to, tend to; **6.** ⚕ a) (*Kapital* ≈) investment; b) invested capital; (*Verwendung*) employment *of funds*; ~*n Bilanz*: assets; **7.** ⚕ (*Beilage*) enclosure, inclosure; (*Dokument*) exhibit, schedule; *in der* ~ enclosed; **~...** ⚕ investment *company, credit, fund, etc.*; **~güter** *n/pl.* capital goods; ⊕ items of equipment; **~kapital** *n* invested capital; (*Fonds*) capital funds *pl.*; **~kosten** *pl.* cost *sg.* of installation; **~papier** *n* investment security (*pl. a.* stock *sg.*); → *festverzinslich.*

anlagern *v/t.* ⚗ take up; ⚕ deposit; *sich* ~ be taken up *od.* deposited.

Anlagevermögen *n* **1.** fixed assets *pl.*; **2.** invested capital.

anlangen I. *v/i.* arrive (*an, bei,* in at), come (to); ~ *in od. bei* (*erreichen*) reach; **II.** *v/t.* concern, regard, relate to; *was ... anlangt* as to (*od.* for), as far as ... is *od.* are concerned.

Anlaß *m* (*Gelegenheit; Grund*) occasion; *zum Handeln*: *a.* motive, reason (*zu* for); (*Ursache*) *a.* cause, ground (*für* for; *zu tun* to do, to doing); (*Vorkommnis*) incident; (*Reizung*) provocation; *aus* ~ *gen.* on the occasion of; *aus diesem* ~ for this reason; *weitS.* to mark the occasion; *bei diesem* ~ on this occasion; *beim geringsten* ~ at the slightest provocation, at the drop of a hat; ~ *geben zu* give rise to, occasion *a misunderstanding, etc.*; *j-m* ~ *geben zu* give a p. reason for; *allen* ~ *haben zu* have every reason for; *ohne jeden* ~ for no reason at all; *ein besonderer* ~ a special occasion *od.* event; *dem* ~ *entsprechend* to fit the occasion; *dem* ~ *entsprechende Kleidung* dress suited to the occasion; **~...** *mot.*, ⊕ starting ...; **~drehmoment** ⊕ *n* starting torque; **~druckknopf** *mot. m* starter button.

anlassen I. *v/t.* **1.** (*Kleid*) keep on; (*Eingeschaltetes*) leave on; **2.** (*in Gang setzen*) set going, set in motion, start; (*Motor*) start (up); (*Dampf, Wasser*) turn on; (*Pumpe*) prime; **3.** ⊕ (*Stahl*) temper; **4.** F → *anschnauzen*; **II.** *v/refl.*: *sich* ~ appear; *sich gut* ~ promise (*od.* shape) well, be quite a success; *wie läßt er sich an?* how is he making out?; *er läßt sich gut an a.* he is doing quite nicely.

Anlasser *mot. m* **1.** starter; **2.** starter motor; **3.** (*Knopf*) starter button; **4.** *Motorrad*: self-starter; **~...** starter *pedal, switch, etc.*

anlasten *v/t. bsd. fig. j-m et.* ~ charge a p. with a th.

anläßlich *prp.* on the occasion of; at.

Anlaß...: **~magnetzünder** *mot. m* starting (*Am.* booster) magneto; **~motor** *m* starter motor; **~ventil** *n* starting valve; *Diesel*: starting-air valve; **~widerstand** ⚡ *m* starting resistance; **~zeit** *metall. f* tempering period.

Anlauf *m* **1.** *Sport*: a) run(up), *Schisprung*: inrun; *e-n* ~ *nehmen* take a run; *Sprung mit* ~ running jump; b) (*a.* **~bahn** *f*) run-up track, *Schisprung*: approach; **2.** (*Angriff*) onset, charge; **3.** *fig.* attempt, start; *beim* (*od. im*) *ersten* ~ straight off, at the first attempt; *e-n* ~ *nehmen zu* prepare to *do*; **4.** ⊕ start(ing); **5.** ✈ take-off run; **≈en I.** *v/i.* **1.** *Sport:* run up (for the jump); *allg. angelaufen kommen* come running along; ~ *gegen* → *anrennen*; **2.** ⊕ *Motor*: start (up) (*a.* ~ *lassen*); **3.** *fig.* start, get under way, get going; *Film*: be shown, come on; **4.** (*anschwellen*) rise; ⚕ *Zinsen, Kosten*: accumulate; accrue; *Schulden*: mount up; **5.** (*sich trüben*) *Spiegel usw.*: dim, fog, cloud over; *Metall*: tarnish; *rot* ~ turn red; *Person*: *a.* flush, blush; **II.** ⚓ *v/t.* (*Hafen*) call at, touch at; **~en** *n* **1.** start; **2.** increase; accumulation, accrual; **3.** dimming, fogging; tarnish; **~hafen** *m* port of call; **~kosten** ⚕ *pl.* initial cost *sg.*;

~kredit *m* opening credit; **~leistung** ⊕ *f* starting output; **~moment** ⊕ *n* starting torque; **~zeit** *f* initial period.
Anlaut *ling. m* initial sound, anlaut; *im ~* when initial; **≈en** *v/i.* begin (*mit* with).
anläuten I. *v/i.*: *teleph. bei j-m ~* ring (*od.* phone) a p. up, give a p. a ring, phone to a p. (*a. dial. v/t. j-n ~*); **II.** *v/t. Sport*: ring in.
anlautend *adj.* initial.
Anlege|brücke *f* landing stage, jetty; **~gebühren** *f/pl.* moorage *sg.*; **~hafen** *m* port of call; **≈n I.** *v/t.* **1.** (*Kleid, Schmuck usw.*) put on; (*hinzufügen*) add; (⚕ *Verband,* ⚡ *Spannung, fig. Maßstab*) apply (*an* to); → *Maßstab*; (*Hund*) tie up, chain up; (*Brand*) set *fire*, lay (*an, in* to); (*Gewehr*) level (*auf* at); *ein Gewehr ~ auf a.* point a gun at; *allg. et. ~ an* lay *od.* put to *od.* against; → *Hand usw.*; **2.** (*die Ohren*) put back; **3.** ⚓ (*Boot*) lay alongside (*an* of); **4.** (*planen*) design, plan; (*Garten, Straße usw.*) lay out; (*einrichten, a. Leitung usw.*) instal(l); (*bauen*) build, construct; (*Fabrik usw.*) set up, erect; (*Kanal*) cut; **5.** (*Akte, Sammlung usw.*) make, start; (*Kartei*) set up; (*Konto*) open; (*Vorrat*) lay in; (*Kolonie usw.*) found, establish; **6.** ☤ (*Geld*) invest (*zu e-m Zinssatz* at); (*ausgeben*) spend; *Geld mit Zinsen ~* put out at interest; *fest angelegt* permanently invested; **7.** *es ~ auf* aim at, be out for; **II.** *v/i.* **8.** ⚓ land, moor, (take) berth; *längsseits*: come alongside; *in e-m Hafen ~* call (*od.* touch, dock) at; *~ lassen* (*Schiff*) dock; **9.** *~ auf Schütze*: (take) aim at; **III.** *v/refl.*: *sich ~ mit j-m* tangle with, start a fight with; **~stelle** *f* landing(-place), moorings *pl.*; → *Anlegebrücke*.
Anlegung *f* **1.** application; **2.** laying out; planning; setting up; **3.** foundation; **4.** investment.
anlehn|en I. *v/t.* (*Tür*) leave ajar; *~ an* lean *od.* rest against (*a. sich ~ an*); **II.** *fig. v/refl.*: *sich ~ an Sache*: lean upon, take pattern from, follow, be model(l)ed on; *Autor usw.*: lean (*od.* rely) on *earlier works*; copy (from); **≈ung** *f pol.* dependence (*an* on); *Literatur usw.*: imitation (of), borrowing (from); *in ~ an nachahmend*: in imitation of, following; (*gemäß*) with reference to, in accordance with; **~ungsbedürftig** *adj.* in need of moral support (*od. iro.* of company).
Anleihe *f* loan; *öffentliche ~* public loan; *e-e ~ aufnehmen* raise a loan; *e-e ~ lancieren* float a loan; *e-e ~ bei j-m machen* borrow money of a p.; *fig.* borrow from a p.; **~kapital** *n* loan capital, bonded debt; **~papier** *n* stock, bond; **~schuld** *f* funded (*od.* bonded) debt.
anleimen *v/t.* glue on (*an* to).
anleit|en *v/t.* guide (*zu* to); *fig.* (*unterweisen*) instruct, school, train (*in* in); (*leiten*) direct; **≈ung** *f* instruction, direction, guidance; (*Lehrbuch*) manual, text-book, guide, primer; (*Einführung*) introduction; ⊕ instructions *pl.*, → *a. Bedienungsanleitung*.
Anlenkbolzen *m* wrist pin.
anlern|en *v/t.* train, instruct, school (*zu et.* in a th.); F break *a p.* in, show *a p.* the ropes; → *angelernt*; **≈ling** *m* trainee.
anlesen *v/t.* acquire by reading; *angelesenes Wissen* book knowledge.
anliefer|n *v/t.* deliver, supply; **≈ung** *f* delivery, supply.
anliegen I. *v/i.* **1.** *~ an* lie close to, border on, be adjacent to; ⊕ butt *od.* rest against; **2.** *Kleider*: fit; *eng ~* fit tight(ly), *an*: cling to; **II.** ⚓ *v/t.* head for, stand to *the north etc.*; **III.** ≈ *n* (*Wunsch*) request, wish; *weitS.* concern; (*Ziel*) object; (*Sache*) matter; *e-s Schriftstellers*: intent, message; *ich habe ein ~ an Sie* I want to ask a favo(u)r of you; **~d** *adj.* **1.** *Kleider*: (*eng ~*) tight(-fitting), snug; **2.** → *angrenzend*; **3.** (*a. adv.*) enclosed, inclosed, attached.
Anlieger *m* adjoining owner, abutter; *mot.* resident; *nur für ~!* residents only!; **~staat** *m* neighbo(u)ring (*od. an Fluß*: riparian) state.
anlocken *v/t.* decoy, *durch Ruf*: call; *mit Köder*: bait; *fig.* allure, attract.
anlöten *v/t.* solder on (*an* to).
anlügen *v/t.*: *j-n ~* lie to a p.('s face), tell a p. a lie.
anluven ⚓ *v/i.* luff (up).
anmachen *v/t.* (*befestigen*) attach, fix, fasten (*an* to); (*mischen*) mix, prepare; (*Farbe, Mörtel, Kalk*) temper; (*Salat*) dress; (*Feuer*) make, light; (*Licht*) switch on.
anmahnen I. *v/i.* **1.** send a reminder (note); **II.** *v/t.* **2.** *obs.* → *ermahnen*; **3.** ☤ (*bei j-m*) *et. ~* ask (a p.) for payment *od.* delivery, *etc.* of a th.
anmalen *v/t.* paint; F *sich ~* paint one's face.
Anmarsch *m* approach, advance; *im ~* a) advancing (*auf* towards);

b) F coming; ∼ieren *v/i.* approach, advance; **∼weg** *m* approach (route); F *zur Arbeit*: way.

anmaß|en *v/refl.*: *sich et.* ∼ arrogate to o.s., assume, usurp (*a. ein Recht usw.*); *sich* ∼, *zu inf.* presume to *inf.*; *ich maße mir kein Urteil darüber an* I don't presume (*od.* pretend) to give an opinion (on it); *ich würde mir nicht* ∼, *als Experte gelten zu wollen* I would never claim to be an expert; **∼end** *adj.* arrogant, presumptuous; (*herrisch*) overbearing; (*frech*) impudent; **∼ung** *f* arrogance; presumption; impudence; *widerrechtliche*: assumption, usurpation.

Anmelde|formular *n* registration form; (*Antrag*) application form; **∼frist** *f* period for registration (*od.* application); **∼gebühr** *f* registration fee; **∼n I.** *v/t.* announce; *a. polizeilich*: register (with the police); *et. bei e-r Behörde* ∼ notify *an authority* of, report *a th.* to; ✝ (*Sendung*) advise; ⚖ (*Berufung*) give notice of *appeal*; (*Forderung*) bring forward, submit; (*Gäste*) announce, usher in; *teleph.* (*ein Gespräch*) book, *Am.* place; → *Konkurs, Patent* I; (*Schüler usw.*) enrol(l), enter; *Sport*: enter (*a p.'s* name) (*zu* for); (*Vermögen*) declare; *fig.* (*Bedenken usw.*) raise; **II.** *v/refl.*: *sich* ∼ *beim Arzt usw.*: make an appointment (*bei* with); *zur Teilnahme*: enrol(l) (*zu* for); *Sport*: enter one's name (*zu* for); *fig.* announce itself; *sich* ∼ *für* (*et. beantragen*) apply for; *sich* ∼ (*lassen*) *Besucher*: have o.s. announced, send in one's card; **∼pflicht** *f* compulsory registration; **∼pflichtig** *adj.* notifiable; **∼schein** *m* → *Anmeldeformular*; **∼stelle** *f* registry office; **∼termin** *m* → *Anmeldefrist*.

Anmeldung *f* announcement, notification; report; registration; booking; (*Patent* ∼) application; *Schüler*: enrol(l)ment; *Sport*: entry; *Zoll*: declaration; (*Empfangsbüro*) reception (desk); *nach vorheriger* ∼ *Sprechstunde*: by appointment (only); **∼sgegenstand** *m Patent*: object of invention; **∼svordruck** *m* registration form.

anmerk|en *v/t.* **1.** (*anstreichen*) mark; (*notieren*) note (*od.* write, jot) down; *als Fußnote*: make an annotation (*od.* foot-note) of; **2.** *j-m et.* ∼ notice (*od.* perceive) a th. in a p.; *j-m et.* ∼ *an* be able to tell a th. by a p.'s *looks, etc.*; *sich nichts* ∼ *lassen* not to show (*od.* betray) anything *od.* one's feelings; *man merkt ihm sofort an, daß* you only have to look at him to see that, it is obvious that he ...; *laß dir nichts* ∼ ! F don't let on!; **3.** (*sagen*) observe, comment; **∼ung** *f* observation, remark (*über* on); *kritische*: comment (on); *schriftlich*: note; *erklärende*: annotation; (*Fußnote*) *a.* foot-note; *Text mit* ∼*en versehen* annotate; *Ausgabe mit* ∼*en* annotated edition.

anmessen *v/t.*: *j-m et.* ∼ measure a p. for a th.

anmustern *v/t.* → *anheuern*.

Anmut *f* grace(fulness); (*Liebreiz*) charm, loveliness; **∼en** *v/t.*: *j-n seltsam usw.* ∼ strike a p. as (being) curious, seem (*od.* appear) curious, *etc.*, to a p.; *j-n heimatlich* ∼ remind a p. of home; **∼ig** *adj.* graceful, *a. Gegend*: charming, lovely.

annageln *v/t.* nail on (*an* to); *fig. wie angenagelt* as if nailed (*od.* riveted, rooted) to the spot.

annagen *v/t.* gnaw at.

annähen *v/t.* sew on (*an* to).

annähern I. *v/t.* (*zwei Dinge*) *einander*: approximate (*a.* ⅍); *fig. a.* approach, (*Standpunkte*) approximate, reconcile; **II.** *v/refl.*: *sich* ∼ draw near *od.* close (*dat.* to), approach (*a th. od. p.*); **∼d I.** *adj.* approximat(iv)e, rough, fairly exact; **II.** *adv.* about, approximately, roughly; *nicht* ∼ not nearly, far from (being), F not by a far cry.

Annäherung *f* approach (*an* to); *a.* ⅍ approximation; *fig. a.* reconciliation; *pol.* rapprochement (*fr.*); *fig.* ∼*en* approaches, advances; **∼spolitik** *f* policy of rapprochement; **∼sverfahren** *n* method of approximation; **∼sversuch** *m pol.* attempt at rapprochement; *amourös*: advance, *sl.* pass; ∼*e a.* overtures, approaches; **∼sweise** *adv.* approximately; **∼swert** *m* approximate value.

Annahme *f* **1.** acceptance (*a. fig.*), reception; *e-s Antrages, e-s Kindes, e-r Meinung, e-s Planes usw.*: adoption; *e-s Gesetzes*: passing (*Am. a.* passage) *of a bill*; *von Mitarbeitern usw.*: engagement; *e-s Schülers usw.*: admission; → *Annahmestelle*; ✝ *die* ∼ *verweigern* refuse acceptance (*gen. od. von* of), *gen. od. von*: *a.* refuse to accept, reject *a th.*, *e-s Wechsels*: dishono(u)r; *zur* ∼ *vorlegen* present for acceptance; **2.** (*Vermutung*) assumption, supposition, presumption, belief, 🕮 hypothesis; *alles spricht für die* ∼ there is every reason to believe; *in der* ∼, *daß* on the assumption that, assuming that; **~stelle** *f bsd.* 📯 receiving office; ⚔ recruiting office; **~vermerk** *m* acceptance; **~verweigerung** *f* refusal of acceptance, non-acceptance.

Annalen *pl.* annals; *in den ~ der Geschichte verzeichnet sein* be on historic record.

annehm|bar *adj.* acceptable (*für* to), *Preis, Bedingung*: *a.* fair, reasonable; (*zulässig*) admissible; F (*leidlich*) passable, tolerable; **~en I.** *v/t.* **1.** *allg.* accept (*a. fig.*; *a. v/i.*); take, receive; *parl.* (*Antrag*) carry, adopt; (*Bewerber, Mitarbeiter usw.*) accept, engage, hire, take on; (*Farbe*) take (on); (*Gesetz*) pass; (*Gestalt*) take (on), assume; (*Gesuch*) grant; (*Gewohnheit*) contract, fall into; (*Glauben*) embrace; (*Haltung, Wesen*) take, adopt; → *Herausforderung, Vernunft*; (*Kind, Brauch*) adopt; (*Namen, Titel*) *a.* assume; (*Schüler usw.*) admit; ⚕ (*Ware*) accept; *e-n Wechsel (nicht) ~* (dis)hono(u)r; **2.** (*vermuten*) assume, suppose, presume, think, *Am. a.* guess; *nehmen wir an, angenommen* suppose, supposing, (let's) say; et. *als ausgemacht* (*od. erwiesen*) *~* take a th. for granted; **II.** *v/refl.*: *sich* e-r *Sache ~* take care (*od.* charge) of *od.* attend to a matter; see about a th.; *sich j-s ~* assist (*od.* look after, care for) a p.; *sich j-s Sache ~* take up the cause of; **~lichkeit** *f* convenience, comfort; agreeableness; *~en* amenities, comforts (of life).

annektieren *v/t.* annex.

Annex *m* (*Beilage*) annex, enclosure, inclosure (*gen. od. zu* to); **~bau** *m* annex; **~ion** *pol. f* annexation.

annieten ⊕ *v/t.* rivet on (*an* to).

Anno *adv.* in the year (of); *~ Domini* in the year of our Lord; *~ dazumal* long ago, in the olden times; *von ~ dazumal* of yore.

Annonc|e *f* advertisement, F ad; → *Anzeige*; **~ieren I.** *v/t.* advertise; insert (an advertisement for); **II.** *v/i.* put an ad(vertisement) in a newspaper.

Annuität *f* annuity.

annullier|en *v/t.* annul, nullify, ⚖ *a.* declare null and void; (*Urteil*) set aside; *bsd.* ⚕ (*Auftrag*) cancel; *Sport*: (*Tor*) disallow; **~ung** *f* annulment; cancellation.

Anode ⚡ *f* anode, *Am.* plate.

anöden F *v/t.* **1.** bore to death; **2.** → *belästigen*; *hänseln*.

Anoden...: **~batterie** *f* anode (*Am.* plate) battery; **~gleichrichter** *m* anode (bend) detector; **~kreis** *m* anode circuit; **~spannung** *f* anode (*Am.* plate) voltage; **~stecker** *m* anode plug; **~strahlen** *m/pl.* anode rays.

anodisch ⚡ *adj.* anodic, anodal.

anomal *adj.* anomalous; **~ie** *f* anomaly.

anonym *adj.* anonymous; **~ität** *f* anonymity.

Anorak *m* anorak, *bsd. Am.* parka.

anordn|en *v/t.* **1.** *a.* ⊕ arrange, design, group, *a.* ⚔ dispose; → *hintereinander*; **2.** (*befehlen*) order, direct; **~ung** *f* **1.** arrangement; (*Anlage*) *a.* design, layout; (*Ordnung*) order; *a.* ⚔ disposition; (*Gruppierung*) grouping; (*Aufbau*) structure; (*System*) pattern, scheme; **2.** (*Anweisung*) order, direction, instruction; (*Vorschrift*) regulation, rule; *~en treffen* give orders *od.* instructions; make arrangements, arrange *that*; *auf ~ von* by order of, at the instance of.

anorganisch ⚗ *adj.* inorganic.

anormal *adj.* abnormal, anomalous.

anpacken *v/t.* seize, grasp; F *fig.* (*j-n*) treat, handle; (*Arbeit, Problem usw.*) tackle; *mit ~* lend a (helping) hand, do one's share; e-e *Sache anders ~* approach (*od.* set about) a th. differently.

anpassen *v/t.* fit (on); *fig.* adapt, adjust (*a.* ⚕, ⊕ *usw.*), accommodate, suit, tune (*dat.* to); *farblich usw.*: match (with; ⚡ to); *sich ~* adapt (*od.* adjust [*a. psych.*], accommodate) o.s., conform (*dat.* to); *psych. angepaßt* adjusted.

Anpassung *f* adaptation, *a. psych.* adjustment; accommodation; matching; **~sfähig** *adj.* adaptable; *geistig*: *a.* flexible, (*vielseitig*) versatile; **~sfähigkeit** *f* adaptability; flexibility; **~sgesetz** *n* amending law; **~skreis** ⚡ *m* matching circuit; **~sschwierigkeiten** *f/pl.* adaptive difficulties.

anpeilen *v/t.* take a bearing on, locate; F *fig.* go (*od.* make) for, aim at.

anpeitschen *fig. v/t.* whip on, spur.

anpfeifen *v/t.* **1.** *Sport.*: *das Spiel ~* give the starting whistle; **2.** F *fig.* *j-n ~* F blow a p. up.

Anpfiff *m* **1.** *Sport*: starting whistle; **2.** F *fig.* dressing-down.

anpflanz|en *v/t.* plant, cultivate; **~ung** *f* planting, cultivation; *konkret*: plantation.

anpflaumen F *v/t.*: *j-n ~* pull a p.'s leg, F kid a p.

anpflöcken *v/t.* peg (up) (*an* to).

anpicken *v/t.* peck (at).

anpinseln *v/t.* paint (over).

anpirschen *v/refl.*: *sich* ∼ creep up (*an* to); *sich* ∼ *an a.* stalk.
anpöbeln *v/t.* abuse, molest, mob.
Anprall *m* impact, *a.* ⚔ shock; *den ersten* ∼ *aushalten* bear the brunt; ≗**en** *v/i.* strike, bump (*an* against), crash (into).
anpranger|n *v/t.* pillory, denounce, brand; ≗**ung** *f* denunciation.
anpreis|en *v/t.* (re)commend; praise, extol; *durch Reklame*: boost, F crack up; ≗**ung** *f* praising; *durch Reklame*: boosting; *b.s.* ballyhoo.
Anprob|e *f* try-on, fitting; ≗**ieren** *v/t.* try (*od.* fit) on.
anpumpen F *v/t.* (*j-n*) touch (*um* for).
anquatschen F *v/t.* talk to; blether at.
Anrainer *m* → *Anlieger*.
anranzen F *v/t.* → *anschnauzen*.
anraten I. *v/t.* advise (*j-m et.* [*zu tun*] a p. [to do] a th.); (*empfehlen*) recommend (a p. [to do] a th.); **II.** ≗ *n*: *auf sein* ∼ on his advice, at his recommendation.
anrauchen *v/t.* blow smoke at; (*Zigarre*) begin to smoke; (*Pfeife bräunen*) season, colo(u)r; (*neue Pfeife*) break in.
anrechn|en *v/t.* (*gutschreiben*) credit; (*abziehen*) deduct (*a.* ⚖ *Haft*), allow; (*in Betracht ziehen, berücksichtigen*) take into account, allow for; (*zählen*) count; *für et.* ∼ credit against, set off (*od.* offset) against; ⚚ *j-m et.* ∼ *a.* charge (*od.* put) to a p.'s account, pass to a p.'s debit; *j-m zuviel* ∼ overcharge a p.; *fig. j-m et. als Verdienst* ∼ credit a p. for a th.; *hoch* ∼ value highly, appreciate, *j-m et.*: *a.* think highly of a p. for a th.; *ich rechne es mir zur Ehre an* I consider it an hono(u)r; ≗**ung** *f* charge, debiting; *j-m et. in* ∼ *bringen* → *anrechnen*; ⚖ *unter* ∼ *der Untersuchungshaft* the time of detention pending trial being deducted from the sentence.
Anrecht *n* right, title, claim (*auf* to); *durch Befähigung*: qualification, eligibility; (*ein*) ∼ *haben auf* have a right (*od.* legitimate claim) to, be entitled to; be eligible to.
Anrede *f* address; *im Brief*: salutation; ≗**n** *v/t.* address (*als* as); speak (*od.* talk) to, accost.
anreg|en *v/t.* **1.** (*vorschlagen*) suggest; **2.** (*ermuntern*) animate, encourage, inspire; *a.* ⚡ excite; *a. geistig, physiol.*: stimulate (*a. v/i.*); (*veranlassen*) *a.* prompt; *es regt den Appetit an* it gives an edge to the appetite; → *angeregt*; ∼**end** *adj.* stimulating; *adv.* ∼*wirken* act as a stimulant; ≗**ung** *f* stimulation; *fig. a.* encouragement; (*Anreiz*) impulse, *a.* ⚕ stimulus; (*Idee*) idea; ⚡, *phys.* excitation; (*Vorschlag*) suggestion; *erste* ∼ first impulse, stimulus; *auf* ∼ *von* at the suggestion of; ≗**ungsmittel** ⚕ *n* stimulant; ≗**ungsspannung** ⚡ *f* exciting voltage.
anreicher|n *v/t. a.* ⚗ enrich; concentrate; *sich* ∼ accumulate; ≗**ung** *f* enrichment; concentration.
anreihen *v/t.* add; (*Perlen usw.*) string; ⊕ arrange (*od.* attach) in a series, align; *ling.* co-ordinate; *sich* ∼ (*sich anstellen*) queue (*Am.* line) up; *fig. sich* ∼ *an* join, rank with; (*sich anschließen an*) follow on; *sich würdig* ∼ be a worthy successor (*dat.* of).
Anreise *f* journey (to one's destination); ≗**n** *v/i.* travel (to one's destination); *a. angereist kommen* arrive, come; ∼**termin** *m* date of arrival.
anreiß|en *v/t.* **1.** tear (slightly); F *fig.* (*anbrechen*) break into; (*e-n Geldschein*) *a.* crack; **2.** (*vorzeichnen*) trace, mark out; **3.** *fig.* (*Frage*) raise, broach; ≗**er** ⚚ F *m* tout; ∼**erisch** *adj.* loud, puffing; ≗**lehre** *f* margin ga(u)ge; ≗**nadel** *f* marking tool, scriber; ≗**schablone** *f* stencil, template.
anreiten *v/i.*: ∼, *angeritten kommen* come riding up, approach (on horseback); ∼ *gegen* charge.
Anreiz *m* incentive (*a.* ⚚), stimulus, encouragement; impulse; ≗**en** *v/t.* stimulate; *fig. a.* incite, encourage, spur; (*verlocken*) tempt; ⚡ energize, excite; ⚖ → *anstiften*; ≗**end** *adj.* incentive.
anrempeln *v/t.* jostle (against), run (*od.* bump) into, elbow; *fig.* bait, provoke, pick a quarrel with.
anrennen I. *v/i.*: ∼ *gegen* run against, assail; ⚔ assault, charge; *fig.* assail, run full tilt against; *angerannt kommen* come running (along); **II.** *v/t.* (*anstoßen*) jostle (against).
Anrichte *f* sideboard; *Küche*: cabinet; ≗**n** *v/t.* **1.** (*Speisen*) dress, prepare; (*anordnen*) arrange; (*auftragen*) serve, dish up; *es ist angerichtet!* dinner, *etc.*, is served!; **2.** (*Unheil usw.*) cause, do; (*Schaden usw.*) do *damage*, work *mischief*, cause (*great*) *havoc*; *da hast du was Schönes angerichtet* now you have put your foot in it.

Anriß ⊕ *m* (hairline) crack, fissure; (*Vorzeichnung*) tracing.

anrollen *v/i.* **1.** roll up; *weitS. a.* be under way; ✝ *a.* be on track; **2.** start moving; ✈ taxi.

anrosten *v/i.* (begin to) rust.

anrüchig *adj.* disreputable, notorious, shady; *stärker*: infamous.

anrücken *v/i.* approach, draw near; ⚔ advance.

Anruf *m* call (*a. teleph.*); ⚔ *des Postens*: challenge; **≈en** *v/t.* call; ⚔ *Posten*: challenge; *teleph.* call *od.* ring (up), F phone; (*Schiff, Taxi*) hail; (*anflehen*) implore, invoke, appeal to; ⚖ *ein höheres Gericht* ~ appeal to a higher court; *j-n zum Zeugen* ~ call a p. to witness; *teleph. wieder* ~ call (*od.* ring) back; **~ung** *f eccl.* invocation; ⚖ *usw.* appeal (*gen.* to).

anrühren *v/t.* **1.** touch, handle; *fig.* (*Thema*) touch (upon); *Speise, Alkohol nicht* ~ not to touch; **2.** (*mischen*) mix, stir (up); (*Farben*) temper.

ans → *an.*

Ansage *f* announcement (*a. Radio usw.*), notification; *Kartenspiel*: bid(ding); **≈n** *v/t.* announce (*a. am Radio usw.*); (*Darbietung*) *a.* present, *Am. a.* emcee; (*diktieren*) dictate; *Kartenspiel*: bid; *Trumpf* ~ declare trumps; → *Kampf*; *sich* ~ announce one's visit; **~r**(**in** *f*) *m* **1.** announcer (*a. Radio, TV*); **2.** → *Conférencier.*

ansamm|eln *v/t.* collect, (*a. Personen*) gather, assemble, ⚔ (*Truppen*) assemble, concentrate (*alle a. sich* ~); (*Schätze usw.*) amass, pile up; *sich* ~ *Sache*: accumulate; *Zinsen*: accrue; *Wut*: build up; **≈lung** *f* collection; accumulation, accrual; heap, pile; *von Menschen*: gathering; assembly (*a.* ⚖), crowd; *von Truppen*: concentration, massing.

ansässig *adj.* resident; (*seßhaft*) settled; ~ *in a.* domiciled (*od.* residing, living) at *od.* in; *nicht* ~ non-resident; *sich* ~ *machen*, ~ *werden* settle (down), take up residence (*in* at); **≈e**(**r** *m*) *f* resident.

Ansatz *m* **1.** ⊕ (*Stufe*) lug, neck, shoulder; projection (*a.* △); → *Ansatzstück*; **2.** *anat.* appendage; *Muskel, Sehne*: insertion; *des Halses, der Nase*: base; → *Haaransatz*; **3.** ⚗, *geol.* deposit, sediment; **4.** ♪ *des Bläsers*: lip(ping), embouchure; *des Sängers*: intonation; **5.** *fig.* (*Anzeichen*) first sign(s *pl.*), beginning(s *pl.*); (*Spur*) trace; (*Anlage*) disposition; *gute (gewisse) Ansätze zeigen* show good (some) promise; **6.** *fig.* (*Versuch*) attempt; (*Methode*) (basic) approach; **7.** ⅍ statement; ✝ *in e-r Rechnung*: charge, rate; (*Schätzung*) estimate; *im Voranschlag*: appropriation, amount budgeted; *e-s Preises*: quotation; *in* ~ *bringen* ⅍ reckon, ✝ *mit e-m Betrag*: estimate at, *j-m*: charge (*od.* debit) a p. with *a sum*; **~feile** ⊕ *f* flat file; **~punkt** *m* **1.** ⊕ point of attachment; **2.** *fig.* starting point; **~rohr** *n* connecting tube; **~säge** *f* tenon saw; **~schraube** *f* shoulder screw; **~stück** ⊕ *n* **1.** attachment; **2.** (*Verlängerung*) extension(-piece).

ansäuern *v/t. Küche*: sour, (*Teig*) leaven; ⚗ acidify, acidulate.

ansaug|en *v/t.* suck in (*od.* up); (*Luft*) *a.* take in; *a.* ⚕ aspirate; (*e-e Pumpe*) prime; **≈hub** *mot. m* suction (*od.* intake) stroke; **≈leistung** *f* suction capacity; **≈leitung** *mot. f* intake manifold; **≈luft** *f* induction air; **≈rohr** *n* induction pipe.

anschaff|en *v/t.* (*besorgen*) procure, provide; (*kaufen*) buy, purchase; *sich et.* ~ *a.* supply (*od.* furnish, provide) o.s. with a th., get (o.s.) a th.; **≈ung** *f* procurement; purchase, acquisition; **≈ungskosten** *pl.* prime cost *sg.*, purchase cost *sg.*; **≈ungspreis** *m* cost price; *zum* ~ at cost; **≈ungswert** *m* cost (*od.* acquisition) value.

anschalten *v/t.* (*Licht usw.*) switch on, turn on; ⚡ *mit Draht*: connect, wire up; → *einschalten.*

anschau|en *v/t.* (take a) look at, view (*a. fig.*); (*Film usw.*) see (*alle a. sich et.* ~); **~lich** *adj.* graphic(ally *adv.*); clear, vivid; expressive; ~ *machen* demonstrate, illustrate, give a clear idea of; *adv.* ~ *schildern* give a vivid description of; **≈lichkeit** *f* graphic quality, clearness, vividness.

Anschauung *f* (*Ansicht*) view, opinion; (*Vorstellung*) idea, notion; (*Auffassung*) conception; *phls.* (*Erkenntnis*) intuition; → *Anschauungsweise.*

Anschauungs...: **~material** *n* illustrative material; *Ton- u. Bildgerät*: audiovisual aids *pl.*; **~unterricht** *m* visual instruction, object teaching, *a. fig.* object-lesson; **~vermögen** *n* intuitive faculty; **~weise** *f* approach, point of view.

Anschein *m* appearance; look, semblance; (*Wahrscheinlichkeit*) probability; *allem* ~ *nach* to all appearances, apparently; *den* ~ *gen. erwecken* (*zu inf.*) give the impression of (that); *es hat den* ~, *als ob* it looks (*od.* seems) as if; *sich den* ~ *geben, zu inf.* pretend (*od.* make out, make believe) to *inf.*; *sich den* ~ *gen. geben a.* pose as; → *wahren*; **≈end** *adj.* (*u. adv.*) apparent(ly), seeming(ly).

anscheißen F *v/t.* **1.** → *anschnauzen*; **2.** → *bescheißen*.

anschichten *v/t.* pile up in layers, stack; *bsd. geol.* stratify.

anschicken *v/refl.*: *sich zu et.* ~ get ready for, prepare for; (*sich machen an*) set about; *sich* ~, *zu inf.* get ready (*od.* prepare, proceed) to *inf.*; *gerade*: be going to *inf.*, be on the point of *ger.*

anschieben **I.** *v/t.* push (*an* against); give a shove *od.* push; **II.** *v/i. Kegelspiel*: bowl first.

anschielen *v/t.* squint at; *verstohlen*: cast a sidelong glance at, look at *a p.* from the corner of one's eyes; *frech*: leer at.

anschienen ⚕ *v/t.* splint.

anschießen *v/t.* **1.** wound, shoot; (*Vogel, a. Person*) *bsd. am Arm*: wing; **2.** (*Gewehr*) test; **3.** *typ.* add.

anschimmeln *v/i.* go mouldy.

anschirren *v/t.* harness.

Anschiß F *m* → *Anschnauzer*.

Anschlag *m* **1.** stroke; (*Anprall*) impact; ♪ touch; *e-r Taste*: depression, *Schreibmaschine*: stroke; *Schwimmen*: touch; **2.** (*Plakat*) placard, poster, bill; (*Bekanntmachung*) notice, announcement; *e-n* ~ *machen* post up a notice; **3.** *Gewehr*: aiming (*od.* firing) position; *im* ~ *halten auf* level (*od.* point) at; **4.** ⊕ stop, detent; *rückwärtiger* ~ backstop; **5.** (*Komplott*) plot, scheme; (*Attentat*) attempt (*auf* on); **6.** (*Schätzung*) estimate, valuation, *a. steuerlicher*: assessment; (*Berechnung*) calculation; *in* ~ *bringen* (*in Betracht ziehen*) take into account, (*berücksichtigen*) allow for; **~brett** *n* noticeboard, *Am.* bulletin board, billboard.

anschlagen **I.** *v/t.* **1.** strike, knock, beat (*an* at, against); → *angeschlagen*; **2.** (*befestigen*) fasten, (af-) fix; (*Zettel usw.*) stick (*od.* put, post) up; **3.** ♪ touch, strike; (*Glocke*) sound, ring, toll; (*Stunden*) strike; *den Ton* ~ give the key-note; *fig. e-n anderen Ton* ~ change one's tone *od.* tune; *e-n tragischen Ton* ~ strike a tragic note; → *Tempo*; **4.** *Gewehr* ~ *auf* level at, aim at; **5.** (*berechnen*) calculate; (*schätzen*) estimate, value, rate; *zu hoch* ~ overestimate, overrate; *zu niedrig* ~ underrate; **II.** *v/i.* **6.** ~ *an* strike (*od.* hit, beat, butt, dash) against; *Wellen*: break against; *mit dem Kopf an die Wand* ~ strike one's head against the wall; **7.** *Hunde*: bark, give tongue; **8.** *Schwimmen*: touch; **9.** (*wirken*) *Arznei*: take (effect) (*bei j-m* on); *Speisen*: be fattening (*a p.*).

Anschlag...: **~fläche** ⊕ *f* stop face; **~raste** *f* quantity stop; **~säule** *f* advertising pillar; **~schraube** *f* stop screw; **~stellung** ⚔ *f* firing position; **~stift** *m* stop pin; **~tafel** *f* → *Anschlagbrett*; **~zettel** *m* → *Anschlag* 2.

anschließen **I.** *v/t.* fasten with a lock (*an* to); (*anketten*) chain (to); ⊕ connect (with, to), join (to), link up (with); ⚡ connect, wire (to); *mit Stecker*: plug in; (*anfügen*) add, join (to); attach, annex (to); (*angliedern*) affiliate (to), link up (with), incorporate (into); **II.** *v/refl.*: *sich* ~ (*nachfolgen*) follow; *an den Vortrag schloß sich e-e Diskussion an* the lecture was followed by a discussion; *sich* ~ (*j-m*) join, attach o.s. to, befriend, *unterstützend*: take *a p.'s* side, side with; (*e-r Ansicht*) agree with, subscribe to, endorse, follow; (*e-m Beispiel*) follow (suit *v/i.*); (*j-s Bitte, Gesellschaft*) join; ⚖ (*e-m Urteil*) concur with; *sich* (*eng*) ~ *Kleider*: fit close, be a tight fit; *sich* ~ *an* (*angrenzen an*) border on, be adjacent to; **~d** *adj. räumlich*: adjacent, next, neighbo(u)ring; *zeitlich*: subsequent(ly *adv.*; *an* to), following, ensuing.

Anschluß *m* joining; 🚂, ⚡, *teleph.* connection; *teleph.* (*a. Leitung*) line; (*Gas*≈, *Wasser*≈ *usw.*) supply; *an e-e Partei usw.*: association, affiliation (*an* with); *e-s Staates*: union, *unfreiwilliger*: annexation; ~ *bekommen teleph.* get through; *Sport*: pull up (*an* to); 🚂 ~ *haben* communicate, correspond, *an e-n Zug*: meet (*od.* make connections with) a train; *s-n* ~ *erreichen* get one's connection; *fig. den* ~ *erreichen an* catch up with; *den* ~ *verpassen* miss one's connection; F *fig.* miss the bus (*od.* boat); ~ *suchen* seek company; ~ *finden* make contacts *od.* friends (*bei* with); *im* ~ *an* following, subsequent to; in connection with; *im* ~ *an mein Schreiben vom* referring (*od.* further) to my letter of.

Anschluß...: **~auftrag** ☤ *m* follow-up order; **~bahn** 🚂 *f* branch (*od.* feeder) line; **~dose** ⚡ *f* junction box, (wall) socket; **~gleis** 🚂 *n* siding; **~kabel** *n* ⚡ connection cable; *teleph.* subscriber's cable; **~klemme** ⚡ *f* terminal; **~leitung** *f* connection (pipe); ⚡ lead (wire); *teleph.* subscriber's line; **~linie** 🚂, ✈ *f* feeder line; **~schnur** ⚡ *f* flex(ible cord), *Am.* connecting cord; **~station** 🚂 *f* junction; **~stecker** *m* (wall) plug; **~strecke** 🚂 *f* feeder line; **~stutzen** *m* pipe union; **~szene** *f Film*: connecting scene; **~tor** *n Sport*: goal that leaves one more to level the score; **~wert** ⚡ *m* connected load; **~zug** 🚂 *m* corresponding train, connection.

anschmachten *v/t.* make sheep's eyes at.

anschmieden *v/t.* forge on (*an* to); *hist.* (*j-n*) chain up.

anschmieg|en *v/refl.*: *sich* ~ *Kleid usw.*, *a fig.*: cling (*an* to); *sich* ~ *an* nestle against, snuggle up to; → *a. schmiegen*; **~sam** *adj.* → *schmiegsam.*

anschmieren *v/t.* (be)smear, daub; *fettig*: grease; F *fig.* (*betrügen*) cheat, take in, F do.

anschmutzen *v/t.* soil.

anschnall|en *v/t.* strap on (*an* to), buckle on; *sich* ~ ✈ *usw.* fasten the seat belt, strap o.s. in; *mot.* buckle up; *bitte* ~*!* fasten your seat belts!; **≈gurt** ✈, *mot. m* safety-belt, seat belt.

anschnauz|en F *v/t.* blow *a p.* up, tick off, *Am. sl.* bawl out; **≈er** F *m* dressing-down, *sl.* rocket, *Am.* bawling-out.

anschneiden *v/t.* cut (*a. Ball*); *fig.* (*Thema, Frage*) broach, bring up, raise; ⊕ (*Güsse*) chamfer; (*Auflagefläche*) spot.

Anschnitt *m* first cut *od.* slice; ⊕ *Gußtechnik*: gate; *Straßenbau*: side cutting.

Anschove *f*, **Anschovis** *f* anchovy.

anschrauben *v/t.* bolt (up), screw on (*an* to).

anschreiben I. *v/t.* write down, book; *mit Kreide*: chalk up; (*Spielstand*) score (*a. v/i.*); (*j-n*) write to; (*Schuld*) charge; *j-m et.* ~ debit a p. with, put to a p.'s account; *et.* ~ *lassen* buy *od.* take on credit; *fig. bei j-m gut angeschrieben sein* be in a p.'s good books, be in good with a p.; *bei j-m schlecht angeschrieben sein* be in a p.'s bad books; **II.** ≈ ✝ *n* cover note.

anschreien *v/t.* shout (*od.* yell) at, scream at.

Anschrift *f* address.

anschuldig|en *v/t.* accuse (*gen.* of), charge (with), incriminate; **≈ung** *f* accusation, charge, incrimination.

anschüren *v/t.* → *schüren.*

Anschuß *m* **1.** first (⚔ sighting) shot; **2.** ⚗ crystallization.

anschütten *v/t.* fill (*od.* heap) up.

anschwärz|en *v/t.* blacken; *fig.* blacken (*a p.'s* reputation), denigrate, calumniate; (*denunzieren*) denounce, inform against, *sl.* sneak on (*od.* against); **≈ung** *f* calumny; ✝ ⚖ trade libel, injurious falsehood.

anschweißen *v/t.* weld on (*an* to).

anschwell|en *v/i.* ⚕, ♪, *a. Fluß, Lärm u. fig.*: swell, rise; **≈ung** *f* swelling, rise; ⚕ (*Geschwulst*) boil, tumo(u)r.

anschwemm|en *v/t.* wash ashore; (*Land*) deposit; *angeschwemmtes Land* alluvium; **≈ung** *f geol.* alluvial deposits *pl.*, alluvium.

anschwimmen *v/i.* → *Strom* 1.

anschwindeln *v/t.*: *j-n* ~ lie to a p.; tell a p. a (white) lie.

Anschwing|strom ⚡ *m* pre-oscillation current; **~zeit** *f* build-up period.

anschwirren *v/i.* come flying (F *Person*: buzzing) along.

ansegeln I. *v/i. a. angesegelt kommen* come sailing along; **II.** *v/t.* (*Hafen*) make for.

ansehen I. *v/t.* look at; *aufmerksam*: view; *prüfend*: inspect, examine (closely), scrutinize; *sich et.* (*genau*) ~ *a.* take *od.* have a (close) look at; (*beobachten*) watch; *et. mit* ~ witness, look on, (stand by and) watch; *fig. ich kann es nicht länger mit* ~ I cannot bear (*od.* stand) it any longer; *j-m et.* ~ read a th. in a p.'s face, tell a th. by a p.'s face; *man sieht ihm sein Alter nicht an* he doesn't look his age; *fig.* ~ *für od. als* look upon as, regard as, think (to be), consider; *fälschlich*: take for; (*behandeln als*) treat as; *j-n finster* ~ scowl (*od.* frown) at; *j-n giftig* ~ look daggers at; → *schief* II, *Schulter usw.*; *et. mit anderen Augen* ~ see a th. in a different light; *wie ich die Sache ansehe* as I see it; F *sieh mal einer an!* look at that now!, F what do you know!; → *angesehen*; **II.** ≈ *n* appearance, aspect, look(s *pl.*); (*Achtung, Geltung*) credit, prestige; authority, standing; (*Ruf*) repute, reputation; *berufliches* ~ professional standing; *j-n von* ~ *kennen* know a p. by sight; *dem* ~ *nach urteilen* judge by appearances; *dem* ~ *nach zu urteilen* on the face of it; *in hohem* ~ *stehen* enjoy (*od.* be held in) great esteem; ~ *verlieren* lose credit (*od.* prestige, face); *in j-s* ~ *steigen* rise in a p.'s estimation; *sich ein* ~ *geben* give o.s. airs; *ohne ~ der Person* without respect of persons.

ansehnlich *adj.* (*eindrucksvoll*) imposing; *Gestalt*: *a.* stately; *Person*: fine-looking; (*beträchtlich*) considerable, important; (*ziemlich groß*) siz(e)able; (*reichlich*) ample; (*großzügig*) handsome *amount, etc.*; → *a. angesehen.*

Ansehung *f*: *in ~ gen.* in consideration of, considering, in respect of; *in Verträgen usw.*: *a.* whereas; (*wegen*) on account of.

anseilen *mount. v/t.* (*a. sich ~*) rope (up).

ansengen *v/t.* singe.

ansetz|en I. *v/t.* **1.** put *od.* set on (*an* to); (*anstücken*) add, piece on (to); (*befestigen*) fasten (to); (*annähen*) sew on (to); (*den Becher usw.*) put to one's lips; (*Hebel, Werkzeug usw., a. Blutegel*) apply (to); (*Flöte usw.*) take up, put to one's lips; *die Feder ~* take up pen, set pen to paper; **2.** (*Essig, Likör usw.*) make, prepare, brew, mix; (*Speise*) *zum Kochen*: put on; **3.** (*Frist, Termin*) fix, appoint, schedule, set *a date*; *thea. ein Stück ~* put on a play; **4.** (*Arbeiter, Agenten usw.*) assign (*an* to), set (on); **5.** (*abschätzen*) rate, value, assess; (*Preise*) fix, quote; (*berechnen*) charge; ♁ (*Gleichung*) put up; *zu hoch* (*niedrig*) ~ over(under)-state; *zum Verkauf ~* put up for sale; **6.** (*entwickeln*) develop, produce, form; (*Blätter usw.*) *a.* put forth; (*Fleisch*) *am Körper*: put on *flesh*; *Fett ~* grow fat; *Rost ~* gather rust; **7.** *e-n Griff ~ Sport*: secure a hold; *e-n Schlag ~* deliver a blow; **II.** *v/i.* **8.** (make a) start; (*versuchen*) try; *zu et. ~* begin (*od.* prepare, get ready for) a th.; ✈ *zur Landung ~* come in (to land), set down; *zum Sprung ~* prepare (*od.* get ready) for the jump; *zum Spurt ~* launch into a spurt; **9.** *Kritik usw.*: set in; **10.** (*dick werden*) grow fat(ter), put on flesh *od.* weight; **11.** ⚘ set; **III.** *v/refl.*: *sich ~ Schmutz usw., a.* ⚗ deposit; **≈ung** *f* application; addition; preparation; development; *e-s Preises*: quotation; *e-s Termins usw.*: appointment, fixing.

Ansicht *f* **1.** view, sight; ✝ *zur ~* on approval, for inspection; ⊕ *~ im Aufriß, ~ von der Seite* side view, elevation; *~ im Grundriß* plan view; *~ im Schnitt* sectional view; *~ von oben* top view, *weitS.* bird's eye view; *~ von unten* worm's eye view; *schematische ~* diagram; *~en* (*Bilder*) *von London* views of London; **2.** (*Meinung*) opinion, view; (*Überzeugung*) conviction, persuasion; *nach ~ gen.* in the opinion of, according to; *anderer ~ sein* differ; *ich bin* (*da*) *anderer ~* I beg to differ, I cannot quite agree with you, I take a different view (of the matter); *anderer ~ werden* change one's mind; *die ~en sind geteilt* opinion is divided; *sich e-e ~ bilden* form an opinion; *der ~ sein, daß, die ~ vertreten, daß* be of opinion that, take the view that, hold that; *zu der ~ kommen, daß* decide that; **≈ig** *adj.*: *~ werden gen.* catch sight of, F spot; **~s(post)karte** *f* picture postcard; **~ssache** *f* matter of opinion; **~ssendung** *f* consignment (sent) for inspection *od.* on approval; **~sskizze** *f* sketch, view.

ansied|eln I. *v/refl.*: *sich ~* settle, colonize; establish o.s.; **II.** *v/t.* settle; *fig.* (*Handlung e-s Romans usw.*) place, set, site (*in* in); **≈ler(in** *f*) *m* settler, colonist; **≈lung** *f* settlement (*a. konkret* = colony); colonization.

Ansinnen *n* (impossible *od.* strange) demand, (unreasonable) request; *ein ~ stellen an j-n* expect something (unreasonable) of a p.; *an j-n das ~ stellen, zu inf.* expect a p. to *inf.*

Ansitz *hunt. m* (concealed) shooting stand; *weitS.* lurking (for game); **≈en** *v/i.* **1.** *hunt.* lie in wait; **2.** ⊕ be (firmly) attached; *Kleider*: fit tight; **~jagd** *f* runway watching.

ansonsten F *adv.* otherwise, apart from that.

anspann|en *v/t.* **1.** (*Pferde usw.*) put to, harness; hitch (*an* to); *~ lassen* order the carriage; **2.** (*Seil usw.*) stretch, tighten; *fig.* tense (*a. sich ~*); (*anstrengen*) strain, tax; (*Muskeln*) flex, tense; (*Kredit*) strain; (*Reserven usw.*) stretch to the limit; *aufs äußerste ~* strain to breaking-point; *alle Kräfte ~* strain every nerve, do one's utmost, exert o.s.; F *j-n ~* make a p. work, drive a p. (hard); → *angespannt*; **≈ung** *f fig.* tension, exertion; *a.* ✝ strain (*gen.* on).

ansparen *v/t.* save.

anspeichern *v/t.* store up, accumulate (*a. sich ~*).

anspeien *v/t.* spit at *od.* (up)on.

Anspiel *n Sport*: start of play, *Fußball*: kick-off; *Kartenspiel*: lead; **≈en I.** *v/i.* **1.** play first, lead; *Sport*: lead off; *Fußball*: kick off; *Kartenspiel*: (have the) lead; *Tennis*: serve; **2.** *fig. ~ auf* allude to, hint at, insinuate; **II.** *v/t.* **3.** (*Karte*) lead; **4.** *Sport*: *j-n* ~ pass to; **~ung** *f* allusion (*auf* to), hint (at), insinuation; *versteckte* ~ innuendo.

anspinnen *v/t.* (*Faden*) join; *fig.* enter into, engage in *a conversation, etc.*; *fig. sich* ~ develop, arise, spring up.

anspitzen *v/t.* point, sharpen.

Ansporn *m* spur (*dat. od. für* to), incentive, stimulus, encouragement; **2en** *v/t.* give spurs to; *fig.* spur (on), encourage, urge on, incite.

Ansprache *f* **1.** address, speech (*an* to); *e-e* ~ *halten* deliver an address; F *keine* ~ *haben* have no one to talk to; **2.** ♩ response.

ansprech|bar *adj.* responsive; F *er war nicht* ~ you couldn't talk to him; **~en I.** *v/t.* **1.** speak to, address; *auf der Straße*: accost, *b.s.* solicit; **2.** (*bitten*) apply to, appeal to (*um* for), ask, approach (for); *fig. mit Reklame usw.*: reach *the teenagers, etc.*; **3.** *Fragen*: touch (upon); **4.** ~ *als* consider, regard as; et. *für gut* ~ declare a th. to be good; **5.** ⚓ hail *a ship*; **6.** ⚔ (*Ziel*) designate; **7.** (*j-m zusagen*) appeal to, interest, please; **II.** *v/i.* **8.** (*reagieren*) respond (*auf* to; *a.* ⊕ *usw.*); *Relais*: pick up; **9.** (*ankommen, gefallen*) meet with a good response; **2en** *n*: (~ *des Motors* engine) response; *e-s Relais*: pick-up; **~end** *adj.* appealing, attractive; (*sympathisch*) engaging; *Leistung*: impressive, considerable.

anspringen *v/i.* jump (*auf, gegen* against); pounce (on); *Kugelstoßen*: (do the) shift; *Motor*: start, fire.

anspritzen *v/t.* splash (*a. mit Schmutz* = bespatter), spray, (be-)sprinkle (*mit* with).

Anspruch *m a.* ⚖, (*a. Patent*2) claim (*auf* to), (*Forderung*) *a.* demand (for); ⚖ *berechtigter*: title, legal claim, right (*auf* to; *aus* under); *allg., bsd. unbegründeter*: pretension (to); *fig.* (*Behauptung*) claim, pretension; ⚖ *älterer* ~ prior claim; *verjährter* ~ stale claim; ~ *auf Schadenersatz* claim for damages; *fig. kein leerer* ~ no idle boast; *fig. bescheidene Ansprüche* modest pretensions; *hohe Ansprüche* high demands; *starke Ansprüche stellen an* make heavy demands on, tax severely; *große Ansprüche stellen* be exacting, be hard to please; ~ *erheben* (*od. machen*) *auf, für sich in* ~ *nehmen* (lay) claim (to); *unbegründet*: *a.* pretend to; ⚖ enter a claim for; ~ *haben auf* be entitled to, have a right to; ⚖ have a title (*od.* legitimate claim) to; *e-n* ~ *geltend machen* assert (*od.* lodge) a claim; *in* ~ *nehmen* a) → ~ *erheben auf*; b) (*j-n, j-s Dienste, j-s Hilfe*) call on; (*e-n Anwalt*) retain, employ; (*j-n*) *Arbeit usw.*: keep busy (*od.* engaged), preoccupy, absorb; (*j-s Geduld*) tax; (*j-s Güte*) have recourse to; (*j-s Kraft, Mittel*) draw on; (*Aufmerksamkeit, Kredit, Zeit*) take up; *es nimmt mir zuviel Zeit in* ~ it takes up too much of my time; *ganz in* ~ *nehmen* engross; *ganz und gar für sich in* ~ *nehmen* monopolize *the conversation, a p., etc.*; *die Arbeit nimmt mich sehr in* ~ this job is making heavy calls on my time (*od.* keeps me very busy); (*sehr*) *in* ~ *genommen* engrossed, absorbed, wrapped up (*von* in); *von Arbeit*: very much engaged, very busy.

anspruchs|berechtigt *adj.* entitled (*auf* to); **~los** *adj.* unpretending, unpretentious; (*schlicht*) *a.* unassuming, modest, simple plain; *Essen*: frugal; *Roman usw.*: undemanding; **2losigkeit** *f* unpretentiousness, modesty, simplicity; frugality; *geistige, kulturelle*: undemanding quality, simpleness; **~voll** *adj.* pretentious; (*streng*) exacting, hard to please; (*wählerisch*) fastidious, discriminating; *übertrieben*: fussy; *von Sachen*: ambitious; *geistig usw.*: demanding, high-brow.

anspucken *v/t.* spit at *od.* (up)on.

anspülen *v/t.* → *anschwemmen*.

anstacheln *v/t.* goad (*od.* spur, urge) on, prod; *b.s. a.* incite *to do a th.*

Anstalt *f* **1.** establishment, (*öffentliche* ~ public) institution; institute; (*Heil*2) sanatorium, *Am. mst* sanitarium, F (*Nervenheil*2) asylum; (*Lehr*2) educational establishment, institute, school; (*Internat*) boarding school; (*Heim*) home; ✝ establishment, office; **2.** ~*en* (*Vorbereitungen*) preparations; (*Maßnahmen*) measures; ~*en machen zu inf.* get ready (*od.* prepare) to *inf.*; *er machte keine* ~*en zu gehen* he would not budge; ~*en zu et. treffen* make arrangements for, arrange for; **~sarzt** *m* resident (*od.* house) physician; **~sfürsorge** *f* institutional care; **~sunterbringung** *f* institutionalization.

Anstand *m* **1.** *hunt.* → *Ansitz*; **2.** (sense of) decency, propriety, decorum; (*Benehmen*) good behavio(u)r, (good) breeding *od.* manners *pl.*; *mit* ~ decently, properly; *mit* ~ *verlieren (können)* lose with a good grace, be a good loser; *den* ~ *wahren* preserve the proprieties (*od.* decencies); *j-n* ~ *lehren* teach a p. manners; → *verletzen*; **3.** (*Bedenken*) objection (*an* to); ~ *nehmen zu* hesitate to; *ohne* ~ → *anstandslos* II; **4.** *mst pl.* (*Ärger*) trouble *sg.*

anständig I. *adj. allg.* decent; (*schicklich*) proper, seemly; (*achtbar*) respectable; *Preis usw.*: reasonable, fair; (*genügend*) sufficient; *Auskommen*: comfortable; F (*gründlich*) proper, thorough, good; F (*beachtlich*) handsome, siz(e)able, quite a ...; F *Buch, Essen, Kerl usw.*: decent; *Witz*: *a.* clean; **II.** *adv.* decently, *etc.*; (*ehrlich*) fair and square, *Am.* F on the level; (*sehr*) thoroughly, soundly, F awfully; *sich* ~ *benehmen* behave (o.s.); *es regnet* ~ it's raining pretty hard; **≗keit** *f* decency; propriety; respectability; fairness.

Anstands...: **~besuch** *m* formal (*od.* duty) call; **~dame** *f* chaperon; **~formen** *f/pl.* proprieties; **~gefühl** *n* sense of propriety; delicacy, tact; **≗halber** *adv.* for decency's (*od.* politeness') sake; **≗los I.** *adj.* unhesitating, prompt; **II.** *adv.* unhesitatingly, *etc.*; readily, without objection (*od.* further ado); (*ungehindert*) freely; **~regel** *f* (rule of) etiquette; **~wauwau** F *m* chaperon; **≗widrig** *adj.* indecent, improper, unseemly.

anstapeln *v/t.* → *aufstapeln*.

anstarren *v/t.* stare at.

anstatt I. *prp.* instead of, in the place of, in lieu of; **II.** *cj.*: ~ *daß er kam*, ~ *zu kommen* instead of coming.

anstau|en I. *v/t.* (*a. sich* ~) → *stauen*; **II.** *fig. v/refl.*: *sich* ~ *Wut usw.*: be bottled (*od.* pent) up; **≗ung** *f* → *Stauung*.

anstaunen *v/t.* gaze *od.* stare at (in wonder), gape at.

anstechen *v/t.* prick; (*Faß*) broach, tap; ⊕ (*Hochofen*) tap off; (*Pumpe*) prime; ⚕ pierce, puncture; *frisch angestochen Bier*: fresh on tap.

ansteck|en I. *v/t.* **1.** stick on; (*Abzeichen usw.*) *mit e-r Nadel*: pin on; (*Ring*) put (*od.* slip) on; **2.** (*anzünden*) set on fire; (*Feuer*) kindle; (*Kerze, Zigarre usw.*) light; **3.** ⚕ infect (*mit* with); *fig.* contaminate; *sich* ~, *angesteckt werden* catch a disease, be infected; **II.** ⚕ *u. fig. v/i.* be catching *od.* infectious; **~end** *adj.* infectious, communicable; *direkt*: contagious; *fig. Lachen usw.*: infectious, catching; **≗nadel** *f* pin; (*Abzeichen*) badge.

Ansteckung ⚕ *f* infection; *durch Berührung*: contagion; **≗sfrei** *adj.* free from infection; **~sgefahr** *f* danger of infection; **~sherd** *m* focus (of infection); **~sstoff** *m* infective agent, contagium.

anstehen I. *v/i.* **1.** *in e-r Reihe*: stand in a queue (*bsd. Am.* line), queue (*od.* line) up (*nach* for); **2.** *j-m* ~ suit (*od.* become, fit) a p.; *es steht ihm schlecht an* it ill becomes him; **3.** (*zögern*) hesitate; (*sich verzögern*) be delayed *od.* deferred; ~ *lassen* put off, delay, defer; (*e-e Schuld*) defer payment of; **4.** ✝, ⚖ be up (*zur Entscheidung* for decision), be under consideration; (*zu erwarten sein*) be to be expected, impend; **5.** *geol.* outcrop; **6.** *hunt.* → *ansitzen* 1; **II.** ≗ *n* delay; hesitation; standing in a queue, queuing-up.

ansteigen I. *v/i. Gelände*: rise, slope, *a. Rang, Töne usw.*: ascend; *fig.* (*zunehmen*) rise, increase, mount; *gefährlich*: *a.* escalate; *jäh* ~ skyrocket; **II.** ≗ *n* rise; ascent; increase.

anstelle *prp.*: ~ *von od. gen.* → *anstatt* I.

anstell|en I. *v/t.* **1.** (*Tisch usw.*) add; *et.* ~ *an* place *od.* lean a th. against; **2.** (*Bewerber usw.*) engage, employ, take on, *bsd. Am.* hire; *angestellt bei* in the employ of, (employed) with; **3.** (*in Gang setzen*) start, set going (*od.* in motion); (*Radio, Licht usw.*) turn (*od.* switch) on; **4.** (*durchführen*) carry out, conduct; (*machen*) make; (*Unfug*) do, cause; → *Betrachtung, Vergleich* 1; *wie hast du das angestellt?* how did you manage that?; *was hast du wieder angestellt?* what have you been up to again?; F *was hast du die letzte Woche angestellt?* what have you been doing with yourself last week?; **II.** *v/refl.*: *sich* ~ **5.** (*Schlange stehen*) → *anstehen* 1; **6.** (*sich verhalten*) act, behave; *sich* ~ *als ob* pretend to *inf.*, act as if; *sich (un)geschickt* ~ go (*od.* set) to work cleverly (clumsily); *stell dich nicht so an!* don't make such a fuss!, F don't take on so!, *dumm*: don't be silly!; **~ig** *adj.* able, handy, skil(l)ful; clever; *er ist sehr* ~ *a.* he can turn his hand to anything.

Anstellung *f* employment, appointment; (*Stelle*) position, post, situation, place, job; **~sbedingung** *f* condition of employment; **≈sfähig** *adj.* qualified for a post; **~sprüfung** *f* qualifying test; *Beamte*: competitive examination; **~svertrag** *m* employment contract.

anstemmen *v/refl.*: *sich ~ gegen* stem against; *fig. a.* resist, set one's face against.

ansteuern ⚓, ✈ *v/t.* steer (*od.* head, make) for.

Anstich *m Faß*: broaching; *metall.* initial pass; *Obst*: pit(ting); *frischer ~ Bier*: fresh tap.

Anstieg *m* ascent; *Straße*, 🚂: gradient, *Am.* grade; *fig.* rise, increase, growth.

anstieren *v/t.* stare (*od.* glare) at.

anstift|en *v/t.* **1.** (*verursachen*) cause, set on foot; (*Unruhe, Verwirrung usw.*) *a.* provoke, stir up; F (*tun*) do; **2.** (*anzetteln od. verleiten*) incite, instigate; (*Rebellion*) *a.* foment; (*Verschwörung*) hatch; ⚖ *a.* abet; *j-n zu et. ~ a.* induce a p. (*od.* put a p. up) to a th.; **3.** ⊕ peg, pin (on); **≈er(in** *f*) *m* (prime) author; instigator; ⚖ *a.* abettor, accessory before the fact; (*Rädelsführer*) ringleader; **≈ung** *f* instigation; incitement; abetment, *auf ~ gen.* at the instigation of.

anstimmen *v/t.* (*Lied usw.*) strike up *a tune*, intone, intonate, begin to sing; (*Ton*) strike; (*Geschrei*) set up, start; *den Grundton ~* give the keynote; *fig. ein Klagelied ~* break out into lamentations.

Anstoß *m* **1.** *Fußball*: kick-off; **2.** *fig.* (*Antrieb*) impulse, impetus; *den (ersten) ~ geben zu* start, initiate; take the initiative in; **3.** (*Ärgernis*) offen|ce, *Am.* -se; *~ erregen* give *od.* cause offence (*bei* to), scandalize (*a p.*); *an et. ~ nehmen* take offence at, be scandalized at, take exception to; → *Stein*; **4.** ⊕ point of contact; *bündiger ~* flush joint; **~impuls** ⚡ *m* trigger pulse; **≈en I.** *v/t.* **1.** give a push; (*stoßen*) strike, knock, bump (*sich den Kopf* one's head; *an* against); *heimlich*: nudge; *Fußball*: kick off; **II.** *v/i.* **2.** stumble (*an, gegen* against); *~ an od. gegen a.* bump (*od.* knock) against; *mit dem Kopf ~ an* knock one's head against; *mit den Gläsern ~* touch (*od.* clink) glasses; *auf j-s Wohl ~* drink a p.'s health; *beim Sprechen ~* stammer, stutter; *mit der Zunge ~* lisp; *~ an* (*angrenzen*) border on, abut on; *bei j-m ~* offend; shock, scandalize; **3.** *Fußball*: kick off; **≈end** *adj.* adjoining, adjacent, contiguous (*an* to).

anstößig *adj.* objectionable, offensive; (*unanständig*) improper, indecent; (*empörend*) shocking, scandalous; **≈keit** *f* offensiveness; impropriety; scandalousness.

anstrahlen *v/t.* irradiate, shed rays on, shine on; (*Gebäude usw.*) illuminate, light up; *mit Scheinwerfer*: flood(light); *fig.* beam at *a p.*; *angestrahlt* floodlit.

anstreben *v/t.* aim at, aspire to, strive for.

anstreich|en *v/t.* **1.** paint, coat; (*tünchen*) whitewash; **2.** (*Fehler, Textstelle*) mark, underline; (*abhaken*) tick (*od.* check) off; *fig. das werde ich dir ~* I'll make you pay for this; **≈er** *m* (house-) painter; **≈technik** *f* painting (*od.* coating) practice.

anstreifen *v/i.*: *~ an* brush against, touch lightly, graze *a th.*

anstreng|en I. *v/t.* **1.** exert; (*erschöpfen*) tax, try, exhaust, strain, (*a. Augen*) be a strain on, be trying to; (*j-n*) *a.* fatigue, tire (out); *übermäßig ~* overtax; *s-n Geist (od. Kopf) ~* exert one's mind, use one's brains; *sich ~* exert o.s., make an effort; endeavo(u)r, strive hard (*zu inf.* to *inf.*); F *streng dich mal an!* pull yourself together!; *alle Kräfte ~* strain every nerve, do one's utmost, make every effort (*zu inf.* to *inf.*); *angestrengt* strenuous, strained, intense; *angestrengt arbeiten (nachdenken)* work (think) hard; **2.** ⚖ → *Prozeß* 2; **II.** *v/i.*: *das strengt an* it is a strain (*od.* hard work), it is rather trying; **~end** *adj.* fatiguing, exhausting, strenuous, hard; trying (*für* to *the eyes, etc.*); *übermäßig*: back-breaking; **≈ung** *f* (*Strapaze*) strain, exertion; (*Erschöpfung*) exhaustion, fatigue; (*Bemühung*) effort, *weitS. a.* endeavo(u)r, attempt; *~en machen* → (*sich*) *anstrengen* 1; *mit äußerster ~* by supreme effort; *ohne ~* → *mühelos*.

Anstrich *m* (*Anstreichen*) painting, coating; (*Farbe*) paint, colo(u)r; (*Überzug*) coat(ing); *fig.* veneer, varnish; (*leiser ~*) tinge; (*Aussehen*) air, appearance; *sich den ~ geben gen. od. von* give o.s. the air of.

anstricken *v/t.* knit on (*an* to).

anströmen *v/i. a. fig. mst angeströmt kommen* come streaming along (*od.* in).

anstücke(l)n *v/t.* **1.** (*anfügen*) piece on (*an* to); (*anflicken*) patch on (to);

⊕ join (to); **2.** (*verlängern*) lengthen; *a. fig.* add to.

Ansturm *m* assault, charge, onset, onslaught; *erster* ~ (first) onset; *fig. der Gefühle usw.*: *a.* onrush; ~ *auf* rush for, ⚚ *e-e Bank*: run on.

anstürmen *v/i.* **1.** assail (*a. fig.*), charge, storm (*alle a.* ~ *gegen*); ~ *gegen a.* rush against; **2.** → *anstürzen*.

anstürzen *v/i. mst angestürzt kommen* come rushing along, arrive in hot haste.

ansuchen I. *v/i.*: (*bei j-m*) *um et.* ~ ask (a p.) for, apply (to a p.) for, request *a th.* (of a p.), petition (a p.) for; **II.** ≈ *n* request, application, petition; *auf* ~ by (*od.* on) request; *auf j-s* ~ at a p.'s request.

antanzen F *v/i. mst angetanzt kommen* F turn up.

antarktisch *adj.* Antarctic.

antasten *v/t.* touch, handle, finger; *fig.* touch; (*Kapital*) *a.* draw on; (*Vorräte*) *a.* break into; (*j-s Rechte*) infringe (*od.* encroach) upon; (*verletzen*) offend, injure; (*angreifen*) attack; (*in Frage stellen*) question.

antäuschen *v/t. Sport*: fake *a blow, a shot.*

anteigen ⊕ *v/t.* (*Viskose*) premix.

Anteil *m* **1.** part, portion, *a. rechtmäßiger*: share; ⚖ *Erbe*: portion; ⚚ (*Beteiligung*) interest; (*Aktie*) share (of stock *Am.*); (*Genußschein*) participating share; *am Gewinn*: share in profits, interest; (*Beitrag*) share (of contribution); (*Zuteilung*) allotment; (*Quote*) quota; **2.** *fig.* interest; (*Mitgefühl*) sympathy; ~ *haben an* share *od.* participate (in); *tätig*: take an active part in; ~ *nehmen an* take an interest in; *mitleidig*: sympathize (*od.* feel) with; **≈ig**, **≈mäßig** *adj. u. adv.* proportionate(ly), pro rata; **~nahme** *f* interest; (*Mitgefühl*) sympathy; **~schein** *m* share certificate, *Am.* share of stock; **~seigner** *m* → *Aktionär*.

antelephonieren *v/t.* (tele)phone, ring (*Am.* call) up.

Antenne *f Radio*: aerial, *bsd. Am. u. zo.* antenna; *zo. a.* feeler; *fig.* antenna, feeling (*für* for).

Antennen...: **~ableitung** *f* aerial down-lead; **~abstimmung** *f* aerial tuning; **~draht** *m* aerial wire; **~kreis** *m* aerial circuit; **~leistung** *f* aerial output, *Am.* antenna power; (*zugeführte*) aerial input; **~mast** *m* aerial mast (*od.* tower).

Anthologie *f* anthology.

Anthrazit *min. m* anthracite, *Am. a.* hard coal; **≈farben** *adj. Kleid*: charcoal.

Anthropo|loge *m* anthropologist; **~logie** *f* anthropology; **≈logisch** *adj.* anthropological; **≈morph** *adj.* anthropomorphous; **~soph** *m* anthroposophist.

Anti..., **anti...** anti...

Antialkoholiker(**in** *f*) *m* total abstainer, teetotal(l)er.

antiautoritär *adj.* antiauthoritarian.

Antibiotikum ⚕ *n* antibiotic.

Antiblendungsfarbe *f* antiglare paint.

antichambrieren *v/i.* wait in the anteroom; *pol.* lobby; *fig.* ~ *bei* dance attendance upon.

Antichrist *m* **1.** *Bibl.* Antichrist; **2.** antichristian.

Antifaschi|smus *m* anti-Fascism; **~st** *m*, **≈stisch** *adj.* anti-Fascist.

Antifriktions... ⊕ anti-friction ...

Antiheld *m Literatur*: anti-hero.

antik *adj.* antique, ancient, classical; **≈e** *f* **1.** (classical) antiquity; **2.** antique (work of art).

Antiklerikalismus *m* anticlericalism.

Antiklopfmittel *n* anti-knock agent.

Antikörper *physiol. m* antibody.

Antilope *f* antelope.

Antimon ⚗ *n* antimony; **~blei** *n* antimonial lead; **~blende** *f* kermesite; **~blüte** *f* antimony bloom; **~glanz** *m* stibnite; **~silber** *n* antimonial silver, dyscrasite.

Antipath|ie *f* antipathy (*gegen* against, to), dislike (of, for), aversion (to); **≈isch** *adj.* antipathetic.

Antipod|e *m* antipode; **≈isch** *adj.* antipodal.

antippen F *v/t. u. v/i.* tap, touch lightly; *fig.* touch (upon); *fig. bei j-m* ~ sound a p.

Antipyrin ⚗ *n* antipyrine, phenazone.

Antiqua *typ. f* roman (type).

Antiquar *m* **1.** second-hand bookseller; **2.** antique dealer; **~iat** *n* second-hand bookshop; **≈isch** *adj. u. adv.* second-hand.

antiquiert *adj.* antiquated.

Antiquitäten *f/pl.* antiques; **~händler** *m* antique dealer; **~laden** *m* antique shop; **~sammler** *m* collector of antiques.

Antisemit *m* anti-Semite; **≈isch** *adj.* anti-Semitic; **~ismus** *m* anti-Semitism.

antiseptisch *adj.* antiseptic.

Antithese *f* antithesis.

Antlitz *n* face, countenance.

Antonym *n* antonym.

Antrag *m* **1.** (*Angebot*) offer; (*Vorschlag*) proposal (*a. Heirats*≈), proposition; (*Gesuch*) petition, application (*auf* for); *parl.*, *in e-r Sitzung*: motion; (*Gesetzes*≈) bill; ⚖ petition, prayer; *auf (den)* ~ *von* on the application of, on the motion of; ⚖ *in Urkunden*: *a.* ex parte, at the suit of; ~ *stellen auf* make (*od.* file) an application for, apply for; *parl. usw.* make (*od.* bring forward) a motion for, move for; ⚖ move for *od.* that, petition for; → *durchbringen usw.*; *e-r Dame e-n* ~ *machen* propose to a lady; **2.** F → *Antragsformular*; **≈en** *v/t.* offer, propose (*dat.* to); *sich* ~ offer *to do*; **~sdelikt** ⚖ *n* offen|ce (*Am.* -se) prosecuted only on the petition of the injured party; **~sformular** *n* application form; **~sgegner** *m* respondent; **~steller(in** *f*) *m* proposer; *parl.* mover; (*Gesuchsteller*) applicant, ⚖ *mst* petitioner; (*Anspruchsberechtigter*) claimant; (*Beschwerdeführer*) appellant; *im Prozeß*: party moving.

antreffen *v/t.* (*et.*) meet with, find; *zufällig*: come across, chance (*od.* hit) upon; (*j-n*) meet; *in e-m Zustand*: find *a p. well, in a good mood, etc.*

antreib|en I. *v/t.* **1.** (*Tiere*) drive (*od.* urge) on; *fig.* (*j-n*) *a.* impel, goad (F egg) on; (*schinden*) drive, sweat; **2.** (*Maschine*) drive; (*Fahrzeug*) *a.* propel; (*mit Antriebskraft versehen*) *a.* power; ⚕ (*Drüsen*) spur; (*Herz*) stimulate; **II.** *v/i.* come floating; *ans Land*: drift (*od.* float) ashore; **≈er** *m* slave-driver.

antreten I. *v/i.* **1.** (*sich aufstellen*) take one's place; ⚔ line up, fall in; F *fig. beim Chef*: report (*bei* to); **2.** *Sport usw.*: enter (*bei, zu* for), participate (in); (*zum Kampf* ~) compete (*gegen* with, against), *weitS.* enter the lists (against); *Partei, Nation usw.*: move into battle (against); **II.** *v/t.* **3.** (*Motorrad*) start up; **4.** *ein Amt* ~ enter upon *od.* take up an office; *die Arbeit (den Dienst)* ~ report for work (duty); → *Beweis*; *e-e Erbschaft* ~ enter upon an inheritance; *die Regierung* ~ come into power *od.* office, take over (the administration), *Monarch*: accede to the throne; ⚖ *e-e Strafe* ~ begin to serve a sentence; *e-e Reise* ~ set out (*od.* leave, start) on a trip.

Antrieb *m* **1.** impulse, *a. psych.* urge, drive; (*Beweggrund*) motive, inducement; (*Anreiz*) incentive; *phys.* impetus (*a. fig.* = stimulus); *neuen* ~ *verleihen* give fresh impetus (*dat.* to); *aus eigenem* ~ of one's own accord *od.* initiative, spontaneously; *aus innerem* ~ by impulse, from inclination; *aus natürlichem* ~ by instinct; **2.** ⊕ drive, propulsion; motive power; power source; *elektrischer* ~ electric drive; *mit eigenem* ~ *versehen* self-powered; → *Raketenantrieb*.

Antriebs...: **~achse** *f* driving axle; **~aggregat** *n* engine unit, prime mover; **~kraft** *f* motive power, driving force; **~kupplung** *f* driving clutch; **~motor** ⚡ *m* drive motor; **~organ** *n* driving element; **~rad** *n* driving gear; **~riemen** *m* driving belt; **~ritzel** *n* driving pinion; **~schwäche** *f psych.* lack of drive, 📖 aboulie; **~welle** *f* driving (*od.* drive) shaft.

antrinken *v/t.*: *sich e-n Rausch* (F *einen*) ~ get drunk (F tight); *sich Mut* ~ fire one's courage by a drink, give o.s. Dutch courage; → *angetrunken*.

Antritt *m* **1.** *Sport*: spurt, burst (of speed), acceleration; **2.** *fig.* ~ *e-s Amtes* entrance upon (*od.* assumption of) an office; ~ *e-r Erbschaft* entry upon (*od.* accession to) an inheritance; ~ *der Macht* accession to power; ~ *e-r Reise* start of (*od.* setting out on) a journey; **~saudienz** *f* first audience; **~sbesuch** *m* first visit; **~srede** *f* inaugural address; *parl.* maiden speech; **~svorlesung** *f* inaugural lecture.

antrocknen *v/i.* begin to dry.

antun *v/t.* **1.** F (*Kleider*) put on, don; → *angetan*; **2.** *j-m et.* ~ do a th. to a p.; *j-m Gewalt* ~ do violence to a p., harm a p.; *e-r Frau Gewalt* ~ *a.* ravish, rape, violate; *j-m Ehre* ~ do hono(u)r to a p., hono(u)r a p.; *j-m Schaden* ~ harm a p., do a p. harm; *sich etwas* (*od. ein Leid*) ~ lay hands upon o.s.; *sich Gewalt* ~ *a.* (*sich beherrschen*) restrain o.s.; → *Zwang*; **3.** *es j-m* ~ take a p.'s fancy, appeal to (*od.* charm, please) a p.; *sie hat's ihm angetan* he is quite taken with (*od.* F smitten by) her, he has fallen for her.

Antwort *f* answer, reply (*auf* to), *scharfe*: retort; *fig.* answer, reaction, response, echo; *abschlägige* ~ negative reply, refusal; *schlagfertige* ~ repartee, *Am.* F (quick) comeback; *in* ~ *auf* in answer to; *um* ~ *wird gebeten* an answer is requested (*abbr.* R.S.V.P.); → *schuldig* 2; **≈en** *v/t. u. v/i.* answer, reply, give an answer (*j-m, auf* to); *scharf*: retort; (*reagieren*) react, respond (to; *mit* with); **~karte** *f* reply card; **~schein** *m* (international) reply coupon; **~schreiben** *n* (written) reply, answer(ing letter).

anvertrauen *v/t.*: *j-m et.* ~ (en-) trust a p. with a th., put a th. into a p.'s hands; commit a th. to a p.'s care *od.* custody; ⚖ deliver a th. to a p. in trust; *anvertrautes Gut* trust; *fig. j-m ein Geheimnis usw.* ~ confide a secret, *etc.* to a p.; *fig. sich j-m* ~ confide in a p., unbosom o.s. to a p., make a p. one's confidant.

anverwandt *adj.* → *verwandt.*

anvisieren *v/t.* ⚔ sight (*a. opt.*), (take) aim at; *fig.* aim at.

anwachs|en *v/i.* **1.** (*Wurzeln schlagen*) take root; (*festwachsen*) grow on (*an* to); **2.** (*zunehmen*) grow, increase, augment, *a. Fluß*: rise; accumulate; *Zinsen*: *a.* accrue; (*gefährlich*) ~ escalate; ~ *auf Betrag*: run up to; **≈en** *n* growing, growth, increase, augmentation; *im* ~ *begriffen* on the increase, mounting, waxing; **≈ung** ✝ *f* accretion, increment; ⚖ *Erbschaft*: accession.

Anwalt *m* **1.** ⚖ (**Anwältin** *f* woman) lawyer, solicitor, *bsd. Am.* attorney; *plädierender*: barrister, *Am.* counselor-at-law; *vor Gericht*: counsel (*des Angeklagten* for the defence); *privatrechtlich*: agent, proxy, attorney-in-fact; *klägerischer* ~ plaintiff's counsel; *als* ~ *zugelassen werden* be called to the bar; *e-n* ~ *befragen* consult a lawyer, take counsel's opinion; *e-n* ~ *nehmen* retain counsel; **2.** *fig.* advocate, champion; **~schaft** *f* legal profession, attorneyship; *konkret*: *the* bar; **~sgebühr** *f* attorney's fee, (*Vorschuß*) retainer; **~skammer** *f* Bar Association; **~szwang** *m* obligation to be represented by counsel.

anwand|eln *v/t.* befall, seize, *a. weitS.* come over; *was wandelt dich an?* what's come over you?; *ihn wandelte die Lust an, zu inf.* the fancy took him to *inf.*; **≈lung** *f* ⚕ *usw.* fit, touch; *fig. a.* (*plötzliche* ~ sudden) impulse; *in e-r* ~ *von Schwäche* in a weak moment; *in e-r* ~ *von Großzügigkeit* in a burst (*od.* fit) of generosity.

anwärmen *v/t.* warm up (*a. mot.*), take the chill off; ⊕ preheat.

Anwärter(in *f*) *m auf ein Amt*: aspirant (*a. Sport*: *auf e-n Titel* to), candidate (for); *Sport*: *a.* contender; ⚖ expectant, *durch Heimfall*: reversioner, (*Anspruchsberechtigter*) claimant; (*Bewerber*) applicant.

Anwartschaft *f* candidacy, qualification (*auf* for); ⚖ (legal) expectancy; *durch Heimfall*: reversion(ary interest); *Versicherung*: qualifying period; (*Anrecht*) claim (*auf* to); (*Aussicht*) prospect (of).

anwassern ✈ *v/i.* alight (*od.* land) on water.

anwässern *v/t.* → *anfeuchten.*

anwehen *v/t.* blow *od.* breathe upon *od.* against; (*Schnee usw.*) drift (*gegen* against, *a. v/i.*).

anweis|en *v/t.* **1.** (*anleiten*) teach, instruct; (*j-m befehlen*) direct, order; *angewiesen sein, zu inf.* have orders (*od.* instructions) to *inf.*; **2.** (*zuweisen*) assign, allot; (*j-m e-n Platz*) show *a p.* to; *fig.* → *angewiesen*; **3.** ✝ (*j-m e-n Betrag*) remit, transfer (*dat.* to); credit (to a p.'s account); *zweckbestimmt*: allocate (to); **≈ung** *f* (*Anordnung*) direction, instruction, order; ⚖ directive; (*Zuweisung*) assignment, allotment; (*Zahlung*) remittance, transfer; allocation; ✉ money-order; *auf* ~ *gen.* by order of.

anwendbar *adj.* applicable (*auf* to); (*ausführbar*) practicable; (*einschlägig*) relevant; *allgemein* ~ of universal application; *leicht* ~ easy-to-apply; ~ *sein* be applicable, apply (*auf* to); **≈keit** *f* applicability, *e-s Gesetzes*: *a.* operation.

anwenden *v/t.* apply (*zu* to), employ (for), use (for); make use of, utilize; (*Gesetz, Prinzip usw.*), *a.* ⚕, ⊕ apply (*auf* to); (*Einfluß usw.*) bring to bear (on); *et. falsch* ~ misapply (*Geld*: *a.* misspend) a th.; *et. gut* ~ make good use of a th.; *et. nützlich* ~ turn a th. to good account; *et. sparsam* ~ use a th. sparingly, economize a th.; *Gewalt* ~ use (*od.* resort to) force; *sich* ~ *lassen* be applicable, apply (*auf* to); → *angewandt.*

Anwendung *f* employment, application, use, utilization; *zur* ~ *bringen* → *anwenden*; ~ *finden, zur* ~ *kommen* be used *od.* applied; *Gesetz, Prinzip usw.*: apply, be applicable (*in, bei* in, to); **~sbereich** *m* range of application, *bsd.* ⚖ scope; **~sform** *f* embodiment; **~sgebiet** *n* field of application; **~smöglichkeit** *f* applicability, use; **~sweise** *f* mode (*od.* method) of application.

anwerb|en *v/t.* ⚔ enlist, recruit, enrol(l); (*Arbeiter*) recruit, engage; *sich* ~ *lassen* ⚔ enlist; sign on; **≈ung** *f* enlistment, recruitment.

anwerf|en **I.** *v/i.* *Sport*: have the first throw; **II.** *v/t.* *mot.* crank *od.*

start (up); ✈ rotate, turn *the engine*, swing *the propeller*; △ roughcast; **2kurbel** *f* starting crank.

Anwesen *n* property, (real) estate, premises *pl.*; ⚘ farm.

anwesen|d *adj.* present (*bei* at); (*bei et.*) ~ *sein* be present (at), attend (*a th.*); *die* 2*en* those (*od.* the persons) present; *jeder* 2*e* everyone present; 2*e ausgenommen* present company excepted; *Verehrte* 2*e!* Ladies and Gentlemen!; **2heit** *f* presence, attendance (*bei* at); *in* ~ *gen.* in the presence of; **2heitsappell** *m* roll-call; **2heitsliste** *f* attendance list (*od.* sheet).

anwidern *v/t.* → *anekeln.*

Anwohner(**in** *f*) *m* (adjacent) resident, neighbo(u)r; → *Anlieger.*

Anwurf *m* **1.** *Sport*: first throw, throw-off; **2.** △ roughcast; **3.** *fig.* aspersion, offensive (*od.* slanderous) remark.

anwurzeln *v/i.* strike (*od.* take) root; → *angewurzelt.*

Anzahl *f* number, quantity; *e-e große* ~ a great number, a great many, a multitude.

anzahl|en *v/t.* **1.** (*e-n Betrag*) pay *a sum* on account *od.* as a first instal(l)ment *od.* as a deposit, make a down payment (*od.* first instal[l]ment) of *£10* (*für* for *od.* on); **2.** (*e-n Artikel*) make a down payment on (*od.* for); **2ung** *f* payment on account; *als Sicherheit*: deposit, down payment; *bei Ratenzahlung*: (first) instal(l)ment.

anzapfen *v/t.* (*Faß*) tap, broach; ⊕, ⚡, *teleph.* tap; F *j-n* ~ tap a p. (*um* for *information*), *um Geld*: touch a p. (for).

Anzeichen *n* sign, indication, mark; *a.* ⚕ symptom; (*Vorbedeutung*) omen, warning; *die ersten* ~ *von od. gen.* the first signs of; *alle* ~ *sprechen dafür, daß* everything points to the fact that.

anzeichnen *v/t.* mark; (*abhaken*) tick (*od.* check) off.

Anzeige *f* **1.** (*Ankündigung*) announcement, notification, notice; ✝ advice; **2.** *bei Gericht*: information, denunciation; → *erstatten*; **3.** (*Zeitungs*2, *Reklame*) advertisement, F ad, *Brit.* F *a.* advert; insertion; *kleine* ~*n* classified ads; → *aufgeben* I 1; **4.** ⊕ indication; (*Ablesung*) (instrument) reading; **~bereich** ⊕ *m* indicating range; **~gerät** ⊕ *n* indicator, indicating instrument; **~leuchte** *f* → *Kontrolleuchte*; **2n** *v/t.* **1.** notify (*j-m et.* a p. of a th.), give notice of, announce (a th. to a p.); ✝ advise (a p. of a th.); ✝ (*Wert*) declare; (*Preis*) quote; *Sport*: mark, signal; **2.** (*zeigen*) indicate; ⊕ *a.* read, register; **3.** *fig.* (*deuten auf*) indicate, be indicative (*od.* symptomatic) of, point to; *sich* ~ show (itself), manifest itself, be(come) noticeable; *angezeigt* (*ratsam*) indicated, advisable; *für angezeigt halten* think *a th.* fit (*od.* expedient); **4.** ⚖ (*et.*) report *a th.* (*dat.* to *the police, etc.*); (*j-n*) inform against, denounce, lay an information against, prefer (*od.* bring) a charge against; report *a p.* to the police; *weitS.* tell on *a p.*; **~nabteilung** *f* advertising department; **~nannahme** *f*, **~nbüro** *n* advertising agency *od.* office; **~nblatt** *n* advertising paper, advertiser; **~nteil** *m Zeitung*: advertisement section *od.* pages *pl.*; **2pflichtig** *adj.* notifiable, reportable; **~r** *m* **1. ~rin** *f* ⚖ informer; denouncer; **2.** *beim Schießen*: marker; **3.** ⊕ indicator; **4.** a) (*Amtsblatt*) gazette, b) → *Anzeigenblatt*; **~röhre** ⊕ *f* (visual) indicator valve (*Am.* tube); **~tafel** *f* **1.** *Sport*: score-board; **2.** ⊕ indicator-board; **~vorrichtung** ⊕ *f* indicating device.

Anzeigung *f* → *Anzeige* 1, 2, 4.

anzetteln *v/t.* **1.** plot, scheme, hatch, instigate, F engineer; (*verursachen*) provoke, cause, set on foot; *e-e Verschwörung* ~ *gegen* plot against; *das hat er alles angezettelt* it's all his doing; **2.** ⊕ warp.

anzieh|en **I.** *v/t.* **1.** draw, pull (on *od.* in); (*spannen*) stretch; (*Bremse*) apply; (*Hebel*) pull; (*Schraube*) tighten; *fig.* → *Schraube*; (*Zügel*) draw in; **2.** (*Kleider*) put on, don; *hastig* ~ slip on; *j-n u. sich* ~ dress; **3.** *phys.* (*Feuchtigkeit usw.*) absorb, take up, *a. Magnet*: attract; *fig.* attract (*a.* ✝ *Kapital*), draw, appeal to; **4.** (*zitieren*) quote, cite, refer to; **II.** *v/i.* **5.** pull; **6.** *Mörtel, Leim usw.*: set, bind; **7.** *Schraube*: bite, grip; **7.** *Schach usw.*: make the first move; **8.** ✝ *Preise usw.*: rise, advance, stiffen; **9.** *a. angezogen kommen* come marching along; **~end** *fig. adj.* attractive, engaging, winning, charming; **2er** *anat. m* adductor (muscle).

Anziehung *f a. phys.* attraction; **~skraft** *f phys.* attractive power, magnetism; *des Mondes usw.*: pull; *der Erde*: gravitation, pull; *fig.* attraction, appeal, magnetism; *e-e starke* ~ *ausüben auf j-n* have a strong attraction for a p., appeal very much to a p.; **~spunkt** *m* centre (*Am.* center) of attraction, chief attraction.

Anziehvermögen *n* → Anzugsvermögen.

Anzug *m* **1.** (*Kleidung*) dress, clothing, garb, apparel; (*vollständiger Herren~*) suit; ⚔ dress, uniform; **2.** (*Anrücken*) approach, advance; *im ~(e) sein* be approaching (*od.* drawing near); *Gewitter*: be gathering (*od.* coming up); *weitS. es ist etwas im ~* there is something in the wind (*od.* brewing); **3.** *Schach*: opening (*od.* first) move; **4.** *mot.* → Anzugsvermögen.

anzüglich *adj. Bemerkung*: personal, offensive; *Witz*: suggestive, risqué (*fr.*); *~ werden* become personal; **~keit** *f* **1.** (*Art*) offensiveness; suggestiveness; **2.** (*Redensart*) personal remark; *pl.* personalities.

Anzug|s(dreh)moment *mot. n* starting torque; **~stoff** *m* suiting; **~svermögen** *mot. n* getaway (power), pull.

anzünd|en *v/t.* (*Licht, Zigarette usw.*) light; (*Stroh, Holz usw.*) *a.* kindle; ignite; (*Streichholz*) strike; (*Haus usw.*) set on fire, set fire to; **~er** *m* lighter.

anzweifeln *v/t.* doubt, (call in) question, dispute.

anzwitschern F **I.** *v/i. a. angezwitschert kommen* turn up, toddle along; **II.** *v/t.* → andudeln.

Äonen *m/pl.* (a)eons.

Aorta *anat. f* aorta.

apart *adj. Gesicht, Person usw.*: striking, singular, unusual; *Kleidung usw.*: distinctive, exquisite, stylish.

Apath|ie *f* apathy, listlessness; **~isch** *adj.* apathetic, listless.

Aperçu *n* aperçu (*fr.*); witty saying.

aperiodisch ⚡ *adj.* aperiodic.

Aperitif *m* aperitif.

Apfel *m* apple; *~ im Schlafrock* baked apple dumpling; *fig. ~ der Zwietracht* apple of discord; *in den sauren ~ beißen* swallow the bitter pill; *der ~ fällt nicht weit vom Stamm* like father like son; **~baum** *m* apple-tree; **~blüte** *f* apple blossom; **~gehäuse** *n* apple-core; **~kern** *m* pip; **~kloß** *m* apple-dumpling; **~kuchen** *m* apple flan (*Am.* cake); **~most** *m* new cider; → Apfelsaft; **~mus** *n* apple-purée; *zum Braten*: apple-sauce; **~pastete** *f* apple-pie; **~saft** *m* apple juice; **~säure** ⚗ *f* malic acid; **~schale** *f* apple-paring; **~schimmel** *m* dapple-grey horse; **~schnitz** *m* (dried) apple section.

Apfelsine *f* orange; **~nbaum** *m* orange-tree; **~nsaft** *m* orange juice.

Apfel...: **~torte** *f* apple tart; **~wein** *m* cider.

Aphoris|mus *m* aphorism; **~tisch** *adj.* aphoristic(ally *adv.*).

Aphrodisiakum *n* aphrodisiac.

Aphrodite *myth. f* Aphrodite.

apodiktisch *adj. phls.* apodictic; *weitS.* dogmatic(ally *adv.*).

Apokalyp|se *f* apocalypse; **~tisch** *adj.* apocalyptic; *die ~en Reiter* the (Four) Horsemen of the Apocalypse.

apokryph(isch) *adj.* apocryphal.

apolitisch *adj.* apolitical.

Apoll(o) *m myth. u. fig.* Apollo.

Apologie *f* apology.

Apostel *m* apostle (*a. fig.*); **~amt** *n* apostolate; **~geschichte** *f the* Acts *pl.* (of the Apostles).

Apostol|iker *m* Apostolic; **~isch** *adj.* apostolic; *das ~e Glaubensbekenntnis* The Apostles' Creed; *R.C. der ~e Stuhl* the Apostolic See.

Apostroph *m* apostrophe; **~ieren** *v/t.* apostrophize (*a. fig.*).

Apotheke *f* chemist's shop, *bsd. Am.* pharmacy, *Am. mst* (*neben Ausschank u. Gemischtwarenverkauf*) drugstore.

Apotheker *m*, **~in** *f* (dispensing) chemist, pharmacist, *Am.* apothecary, druggist; **~buch** *n* pharmacopoeia; **~gehilfe** *m* chemist's assistant; **~gewicht** *n* apothecaries' weight; **~waren** *f/pl.* drugs, pharmaceutical products.

Apparat *m* **1.** *allg.* apparatus (*a. biol.*); *feinmechanischer*: instrument; (*Gerät, Vorrichtung*) device, appliance; machine, mechanism; *kleiner, a. iro.*: gadget; **2.** F (*Radio, TV*) set; → Radioapparat *usw.*; *phot.* camera; *teleph.* telephone; *am ~!* speaking!; *am ~ bleiben* hold the line; **3.** F *fig.* (*Ding*) thing, affair, *sl.* job; **4.** *fig.* organization, apparatus; (*politischer ~, Partei~*) *political, party* machine; **5.** *Literatur*: (critical) apparatus; **~ebau** *m* apparatus (*od.* instrument) construction; **~ur** *f* equipment, (mechanical) outfit; (*Zubehör*) fixtures *pl.*

Appell *m* ⚔ roll-call; (*Besichtigung*) inspection, muster, parade; *fig.* appeal (*an* to); **~ationsgericht** *n* court of appeal; **~ativ** *adj.*, **~ativ(um)** *ling. n* appellative; **~ieren** *v/i.*: *~ an* (make an) appeal to.

Appetit *m* appetite (*a. fig.*; *auf* for); *~ haben auf* have an appetite for;

~ *bekommen* get an appetite (*auf* for); ~ *machen* give an (*od.* whet the) appetite; *den* ~ *verderben* take away (*od.* spoil) the appetite; *den* ~ *verlieren* lose one's appetite; **∻anregend** *adj.* appetizing; **~bissen** *m*, **~brötchen** *n*, **~happen** *m* titbit, canapé (*fr.*); **∻lich** *adj.* appetizing, delicious (*beide a. Person*); savo(u)ry; **∻los** *adj.* having no appetite, ⚕ anoretic; **~losigkeit** *f* loss (*od.* lack) of appetite, ⚕ anorexia.

applaudieren *v/i.* (*j-m*) applaud, clap, cheer *a p.*

Applaus *m* applause; → *Beifall.*

Applikatur ♪ *f* fingering.

applizieren *v/t.* apply.

apport! *int. zu Hunden*: go fetch!

apportieren *v/t.* retrieve, fetch.

Apposition *f allg.* apposition.

appret|ieren *v/t.* (*Tuch*) dress, finish; **∻ur** *f* dressing, finish.

Approb|ation ⚕ licen|ce (*Am.* -se) to practise medicine; **∻iert** *adj. Arzt*: qualified, licensed.

Approxima|tion ⅌ *f* approximation; **∻tiv** *adj.* approximative.

Après-Ski(-Kleidung *f*) *n* après-ski *od.* after-ski (clothing).

Aprikose *f* apricot; **~nbaum** *m* apricot-tree.

April *m* April; *der erste* ~ the first of April; All Fool's Day; *j-n in den* ~ *schicken* make an April fool of a p.; ~ *!* ~ *!* April fool!; **~scherz** *m* April-fool hoax.

apriorisch *adj.* a priori.

apropos *adv.* by the way; speaking of, à propos (*fr.*).

Apsis *f* apse.

Aqua|marin *m* aquamarine; **~naut** *m* aquanaut; **~planing** *mot. n* aquaplaning, hydroplaning.

Aquarell *n* water-colo(u)r (painting); **~farbe** *f* water-colo(u)r; **~maler** *m* aquarellist, water-colo(u)rist; **~malerei** *f* water-colo(u)r(s *pl.*).

Aquarium *n* aquarium.

Äquator *m* equator, *the* line; **∻ial** *adj.* equatorial; **~taufe** *f* crossing-the-line ceremony.

äquivalent *adj. u.* **∻** *n* equivalent.

Ar *n* are (= *119,6 square yards*).

Ära *f* era.

Araber *m* **1.** Arab, Arabian; **2.** (*Pferd*) Arab (horse); **~in** *f* Arabian (woman).

arabesk *adj.*, **∻e** *f* arabesque.

arabisch I. *adj.* Arab *League, States*; Arabian *camel, coffee*; Arabic *numerals, alphabet, language*; **II.** **∻** *ling. n* Arabic.

Arbeit *f* **1.** *allg.* work; (*schwere* ~) hard work, labo(u)r, toil; ⊕ heavy duty; *geistige* ~ brainwork; *an od. bei der* ~ at work, ⊕ *Maschine*: *a.* in action, in operation; *an die* ~ *gehen, sich an die* ~ *machen, die* ~ *aufnehmen* start (*wieder* resume) work, go (*od.* set) to work, F buckle down to work, get busy; *zur* (F *auf*) ~ *gehen* go to work; *et. in* ~ *haben* be at work on a th., have a th. in hand; *erst die* ~, *dann das Vergnügen!* business before pleasure; ~ *macht das Leben süß* no sweet without sweat; **2.** (*Mühe*) work, trouble; (*Anstrengung*) effort; *j-m* ~ *machen* put a p. to trouble, make work for a p.; **3.** (*Berufstätigkeit*) work, employment, occupation, job; *ohne* ~ unemployed, out of work, jobless; *bei j-m in* ~ *stehen* (*od. sein*) be employed with, be in the employ of; ~ *suchen* seek employment, look for a job; **4.** (*Auftrag*) task, job, assignment; (*Vorhaben*) project; ~ *vergeben* give out work (*an* to), place contracts (with); *in* ~ *geben* (*nehmen*) put (take) *a th.* in hand; **5.** (*Erzeugnis*) (piece of) work, product, F job; (*schriftliche, wissenschaftliche* ~) paper, treatise; *künstlerische* ~ work of art; ⊕ *erhabene* ~ raised work; **6.** (*Ausführung, Qualität*) workmanship, craftsmanship; *gute* ~ good workmanship, good job; *gute* ~ *leisten* make a good job of it; *fig. ganze* ~ *leisten* finish the job; **7.** *pol.* labo(u)r; ~ *und Kapital* Capital and Labo(u)r; *Tag der* ~ Labo(u)r (*Brit.* May) Day; **8.** *phys.* work; ⊕ (*Leistung*) performance, output; (*Arbeitsweise*) functioning, operation; (~*svorgang*) (working) operation; **9.** → *Doktorarbeit, Schularbeit.*

arbeiten I. *v/i.* **1.** work (*an* on, at), be at work (on); *schwer* ~ work hard, labo(u)r, toil, drudge, slave; ~ *an* be working on; *fig. gegen j-n* ~ work against a p.; *bei j-m* ~ (*angestellt sein*) be employed with, be in the employ of, work for; *mit e-r Firma* (*geschäftlich*) ~ deal with, do (*od.* transact) business with; *im Bankfach* ~ be in the banking business; *die* ~*den Klassen* the working classes; **2.** ☨ *Firma, Kapital*: work, operate (*mit Gewinn* at a profit); *Kapital* ~ *lassen* employ; invest; **3.** ⊕ *Maschine usw.*: work, function (*a. physiol. Herz usw.*), operate, run; ~*de Maschinenteile* moving parts; **4.** *Gesichtsmuskeln*: work; *Holz usw.*: warp; *Teig*: rise; *Bier, Most*: ferment; ⚓ *Schiff*: labo(u)r; **II.** *v/t.* **5.** work (at); **III.** *v/refl.* **6.** *sich durch den Schnee usw.* ~ work one's way through the snow, *etc.*; → *Tod*; **7.** *es arbeitet sich schlecht hier* it is difficult to work here; **IV.** ≗ *n* work(ing); functioning, performance; ⊕ *einwandfreies* ~ efficiency, smooth running; *schlechtes* ~ malfunctioning.

Arbeiter *m* **1.** worker (*a. zo.*); (*Hand*≗) *a.* workman; *an der Maschine*: operator, attendant; *geistiger* ~, ~ *der Stirn* brain-worker; → (*an*)*gelernt usw.*; **2.** *coll. die* ~ labo(u)r *sg.*; (*Arbeitspotential*) manpower *sg.*; ~ *und Unternehmer* labo(u)r and management.

Arbeiter...: **~ameise** *zo. f* worker ant; **~angebot** *n* labo(u)r supply; **~bewegung** *hist. f* Labo(u)r movement; **~fahrkarte** *f* workman's ticket; **~familie** *f* working-class family; **≗feindlich** *adj.* anti-labo(u)r; **~frage** *f* labo(u)r question; **~führer** *m* labo(u)r leader (*od.* F boss); **~fürsorge** *f* workers' relief, (industrial) welfare work; **~gewerkschaft** *f* trade (*Am.* labor) union; **~in** *f* **1.** (female) worker; (*Hand*≗) *a.* working woman, work-woman; factory girl; **2.** *zo.* a) (*Biene*) worker bee; b) → *Arbeiterameise*; **~klasse** *f* working-class(es *pl.*); **~kolonne** *f* gang; **~mangel** *m* labo(u)r (*od.* manpower) shortage; **~partei** *f* Labo(u)r Party; **~schaft** *f* **1.** workers *pl.*, labo(u)r force; **2.** → *Arbeiterstand*; **~schutz** *m* protection of labo(u)r; **~schutzgesetzgebung** *f* protective labo(u)r legislation; *hist.* factory laws *pl.*; **~siedlung** *f* workers' settlement; **~stand** *m* working-class(es *pl.*), *the* workers *pl.*; *bsd. pol.* labo(u)r; **~versicherung** *f* workmen's insurance; **~vertreter** *m* labo(u)r representative; **~viertel** *n* working-class district; **~wohlfahrt** *f* industrial welfare organization.

Arbeit...: **~geber** *m* employer; **~geberanteil** *m Sozialversicherung*: employer's contribution; **~geberverband** *m* employers' association; **~nehmer**(**in** *f*) *m* employee; **~nehmerverband** *m* employees' association.

arbeitsam *adj.* industrious, diligent, hardworking, active.

Arbeits...: **~ablauf** ⊕ *m* sequence of operations; **~amt** *n* labo(u)r exchange; **~anfall** *m* volume of work (arising); **~angebot** *n* vacancies *pl.*; **~anzug** *m* work clothing, overalls *pl.*; ⚔ fatigue dress; **~auftrag** *m* job order; **~aufwand** *m* expenditure of work; ⊕ energy expended; (*Lohnkosten*) labo(u)r cost; **~ausfall** *m* loss of working hours; **~ausschuß** *m* working committee, study group; **~bedingungen** *f/pl.* working (⊕ operating) conditions; **~bereich** ⊕ *m* operating range; *des Drehstahls*: machining zone; *des Bohrkopfes*: drilling area; **~bereitschaft** *f* willingness to work; **~beschaffung** *f* provision of work; *Maßnahmen zur* ~ work-providing measures; **~beschaffungsprogramm** *n* employment scheme; **~bescheinigung** *f* certificate of employment; **~bewertung** *f* job evaluation; **~blatt** *n* work sheet; *Lohnabrechnung*: time sheet; **~buch** *n* employment record; (*Ausweis*) workmen's passport; *für geleistete Arbeit*: time book; **~dienst** *m hist.* labo(u)r service; ⚔ fatigue duty; **~eifer** *m* eagerness to work, zeal; **≗eifrig** *adj.* eager for (*od.* to) work, zealous; **~einheit** ⊕ *f* unit of work; **~einkommen** *n* earned income; **~einsatz** *m* mobilization (*od.* deployment) of labo(u)r; (*Dienstverpflichtung*) industrial conscription; **~einstellung** *f* cessation (*od.* stoppage) of work; *e-s Betriebs*: shutdown; (*Streik*) strike, walkout; **~erlaubnis** *f* labo(u)r permit; **~ersparnis** *f* labo(u)r saving; **~essen** *n* working dinner (*od.* lunch); **≗fähig** *adj.* able to work, able-bodied; *pol.* ~*e Mehrheit* working majority; **~fähigkeit** *f* fitness for work; **~feld** *n* field (*od.* scope) of work *od.* activity; ⊕ operating range; **~fläche** ⊕ *f* working surface; **~folge** ⊕ *f* sequence of operations; **~freude** *f* zest for work; **≗freudig** *adj.* happy in one's work; → *arbeitseifrig*; **~frieden** *m* industrial peace; **~gang** *m* working process (*od.* cycle); *e-r Maschine*: (cycle *od.* phase of) operation, service; *in e-m* ~ in a single operation; **~gebiet** *n* → *Arbeitsfeld*; **~gemeinschaft** *f ped. usw.* working (*od.* study) group; team; ☩ working pool, association; **~genehmigung** *f* work permit; **~gericht** *n* labo(u)r (*od.* industrial) court; **~gruppe** *f* working (*od.* study) group, team; **~grundlage** *f* working basis; **~haus** *n* house of correction; *Am.* workhouse; **~hub** ⊕ *m* power stroke; **~hypothese** *f* working hypothesis; **≗intensiv** ☩ *adj.* labo(u)r-intensive; **~kleidung** *f* work clothes *pl.*, overalls *pl.*; **~kollege** *m* fellow worker, associate; **~kommando** ⚔ *n* fatigue party; **~kontakt** ⚡ *m* make contact; **~kopie** *f Film*: studio print; **~kosten** *pl.* labo(u)r cost *sg.*; **~kraft** *f* **1.** (*Fähigkeit*) working power, capacity for work; **2.** (*Person*) worker; *Arbeitskräfte* labo(u)r *sg.*, manpower *sg.*; *volle ~* full-time worker; **~kräftemangel** *m* labo(u)r shortage; **~kreis** *m* working (*od.* study) group; **~lager** *n* labo(u)r camp; **~leistung** *f* working capacity, efficiency, productivity; ⊕, *e-r Person*: *a.* performance; ⊕, *e-r Fabrik*, *a. Person*: output; (*aufgewandte Zeit*) man-hours *pl.*; **~lenkung** *f* direction of labo(u)r; **~lohn** *m* wage(s *pl.*), pay.

arbeitslos *adj.* unemployed, out of work, jobless, idle; *~ machen* put out of work; **2e(r** *m*) *f* unemployed person; *pl. the* unemployed (*pl.*); **2enfürsorge** *f* unemployment relief; **2enunterstützung** *f* unemployment benefit (*od.* pay), dole; *~ beziehen* be on the dole; **2enversicherung** *f* unemployment insurance; **2igkeit** *f* unemployment.

Arbeits...: **~lust** *f* → *Arbeitsfreude*; **~mangel** *m* shortage of work; **~markt** *m* labo(u)r market; *Lage auf dem ~* job situation; **~maschine** ⊕ *f* machine; **~material** *n* working material; **~medizin** *f* industrial medicine; **~methode** *f* working (*od.* operating) method; **~minister** *m* Minister of Labour, *Am.* Secretary of Labor; **~ministerium** *n* Ministry of Labour, *Am.* Department of Labor; **~moral** *f* (working) morale; **~nachweis** *m* employment agency; **~niederlegung** *f* strike, walkout; **~norm** *f* work norm; (*Ziel*) target; **~papier** *n* working paper; **~papiere** *n*/*pl.* working papers; **~pause** *f* intermission, interval, break; **~pensum** *n* → *Pensum*; **~pferd** *n* cart-horse, workhorse (*a. fig.*); **2pflichtig** *adj.* liable to work; **~plan** *m* working plan; *Herstellung*: production schedule; *Konstruktion*: functional diagram; *Werkzeugeinrichtung*: tooling layout; **~planung** *f* production scheduling; **~platz** *m* **1.** place of work; *im Betrieb*: workshop place; ⊕ operator's position; **2.** (*Stelle*) situation, job; *freier ~* vacancy; *Sicherheit des ~es* job security; **~platzgestaltung** *f* work layout; **~prozeß** *m* working process; *in den ~ eingliedern* rehabilitate, give a job; **~psychologie** *f* industrial psychology; **~raum** *m* workroom; (*Büro*) office; **~recht** *n* labo(u)r legislation; **2reich** *adj.* busy; **2scheu** *adj.* work-shy, unwilling to work; **~scheu** *f* aversion to work; **~scheue(r** *m*) *f* shirker, work dodger; **~schicht** *f* shift; **~schutz** *m* industrial safety; **~schutzgesetz** *n* protection of labo(u)r law; **~sklave** *fig. m* galley slave, drudge; **~spannung** ⚡ *f* working voltage; **2sparend** *adj.* labo(u)r-saving; **~stätte** *f* → *Arbeitsplatz*; **~streckung** *f* spreading(-over), spread-work system; **~streitigkeit** *f* labo(u)r dispute *od.* conflict; **~strom** ⚡ *m* working current; **~stück** ⊕ *n* work(-piece); **~studie** *f* time (and motion) study; **~stunden** *f*/*pl.* working hours, man-hours; **~tag** *m* working-day, workday; **~tagung** *f* working meeting; **~takt** *mot. m* power stroke; **~teilung** *f* division of labo(u)r; **~therapie** *f* work therapy, ergotherapy; **~tier** F *n* glutton (*od.* demon) for work; **~titel** *m* working title; **2unfähig** *adj.* unfit for work; *ständig*: (permanently) disabled; **~unfähigkeit** *f* temporary (*ständige*: permanent) disablement; **~unfall** *m* industrial accident; **2unwillig** *adj.* → *arbeitsscheu*; **~urlaub** *m* working vacation; **~verdienst** *m* wage-earnings *pl.*; **~vereinfachung** *f* job simplification; **~verfahren** *n* working method, technique, manufacturing process; **~verhältnis** *n* **1.** ⚖ employment contract, employer-employee relationship; *im ~ stehen* be (gainfully) employed (*bei* with); **2.** *pl.* labo(u)r conditions; *technische*: shop conditions; **~verlangsamung** *f* go-slow strike; **~vermittlung(sbüro** *n*) *f* employment agency; **~verpflichtung** *f* industrial conscription; **~versäumnis** *n* absenteeism; **~vertrag** *m* employment contract; **~vorbereitung** *f* preparations *pl.* for work; ⊕ tool engineering; ✝ operations scheduling; **~vorgang** *m* operation; **~weise** *f* (mode of) operation; method (of working); ⊕ *e-s Geräts*: functioning, operation; **2willig** *adj.* willing to work; **~willige(r)** *m* non-striker; **~wissenschaft** *f* ergonomics *pl.* (*sg. konstr.*); **~woche** *f* working week; **~zeit** *f* working time; working hours *pl.*; operating time; machining time; production time; **~zeitersparnis** *f* saving in working hours; **~zeitverkürzung**

f reduction of working hours; **~zeug** *n* tools *pl.*; → *Arbeitskleidung*; **~zimmer** *n* study.
Arbitrage ⚕ *f* arbitrage.
archaisch *adj.* archaic.
Archäolog|e *m* archaeologist; **~ie** *f* archaeology; **≈isch** *adj.* archaeologic(ally *adv.*).
Arche *f* ark; ~ *Noah* Noah's ark.
Archetyp *psych. m* archetype; **≈isch** *adj.* archetypal.
Archipel *m* archipelago.
Architekt *m* architect; **≈onisch** *adj.* architectural, architectonic; **~ur** *f* architecture.
Archiv *n* record-office, archives *pl.*, records *pl.*; *Zeitung*: morgue; **~ar** *m* keeper of public records, registrar, archivist; **~aufnahme** *f*, **~bild** *phot. n* stock shot.
Areal *n* area.
Arena *f* arena (*a. fig.*); (*Stierkampf≈*) bullring; (*Zirkus≈*) circle.
arg I. *adj.* bad (*comp.* worse, *sup.* worst); utter; (*moralisch schlecht*) bad, wicked, evil; (*bösartig*) malicious; → *schlimm*; *Fehler*: grave, gross; *Sünder*: hopeless; *sein ärgster Feind* his worst enemy; *das ist (doch) zu ~* that's too much (of a good thing); (*an*) *nichts Arges denken* a) mean no harm (*bei* by); b) be unsuspecting; *auf das Ärgste gefaßt* prepared for the worst; *im ~en liegen* be in a sad (*od.* sorry, deplorable) state, be in a bad way; **II.** *adv.* badly, severely, utterly, F awfully; *immer ärger* worse and worse, from bad to worse; → *mitspielen*; **III. ≈** *n* malice, harm; *ohne ~* harmless(ly *adv.*), guileless(ly *adv.*).
Argentin|ier(in *f*) *m* Argentine; **≈isch** *adj.* Argentine, Argentinian.
Ärger *m* (*Verdruß*) annoyance, vexation, irritation, chagrin (*über* at); (*Zorn*) anger; (*Unannehmlichkeit*) trouble; *j-m zum ~* to spite a p.; *j-m ~ machen* give a p. trouble; *viel ~ haben mit* have a good deal of trouble (*od.* much to put up) with; *das gibt ~ mit Behörden usw.*: there will be trouble; **≈lich** *adj.* angry, annoyed, vexed, irritated, F cross, *Am.* mad (*auf, über* at, about *a th.*, with *a p.*); *Sache*: annoying, irritating, vexing, aggravating; *~e Sache* nuisance; *wie ~!* oh bother!, how awkward!; **≈n** *v/t.* make angry, anger, annoy, vex, irritate, exasperate, madden; (*aufbringen*) provoke, nettle; (*hänseln*) tease, chaff; *sich ~* be *od.* feel angry (*od.* annoyed) (*über* at, about *a th.*; with *a p.*); be vexed (by); fret; *ärgere dich nicht!* take it easy!, keep your hair on!; **~nis** *n* scandal, offen|ce, *Am.* -se; annoyance, vexation; bother; (*Mißstand*) nuisance; ⚖ *öffentliches ~* public nuisance, disorderly conduct; *~ erregen* give offence; create a scandal; *~ nehmen an* be scandalized at.
Arg|list *f* craftiness, deceitfulness, malice; ⚖ fraud; **≈listig** *adj.* crafty, malicious, insidious; ⚖ fraudulent; ⚖ *~e Täuschung* wil(l)ful deceit; **≈los** *adj.* guileless; (*naiv, harmlos*) artless, innocent, harmless; (*nichtsahnend*) unsuspecting; (*ohne Argwohn*) unsuspicious; **~losigkeit** *f* guilelessness; harmlessness; innocence.
Argument *n* argument; **~ation** *f* argumentation, (line of) reasoning; **≈ieren** *v/i.* argue, reason.
Argusaugen *n/pl.*: *mit ~* like a hawk, closely.
Arg|wohn *m* suspicion, mistrust, distrust (*gegen* of); *~ erregen* arouse suspicion; *~ fassen* (*od. schöpfen*) grow suspicious; *~ hegen* be suspicious (*gegen* of), *gegen*: *a.* suspect *a p. od. th.*; **≈wöhnen** *v/t.* suspect, be suspicious of; *~, daß* be suspicious (that); **≈wöhnisch** *adj.* suspicious, distrustful (*gegen* of).
Arie ♪ *f* aria.
Arier(in *f*) *m*, **arisch** *adj.* Aryan.
Aristokrat *m*, **~in** *f* aristocrat; **~ie** *f* aristocracy; **≈isch** *adj.* aristocratic(al).
Arithmet|ik *f* arithmetic; **~iker** *m* arithmetician; **≈isch** *adj.* arithmetic(al); *~e Reihe* arithmetic progression (*od.* series).
Arkade *f* arcade.
arktisch *adj.* arctic; *~e Kaltluft* arctic (*od.* polar) air.
arm *adj. allg.* poor (*an* in); *~ an a.* wanting in, lacking in, destitute of; (*bedürftig*) needy, indigent; *an Geld*: *a.* penniless, impecunious, poverty-stricken; (*schwach, ungenügend*) poor, meagre (*Am.* meager), deficient; *Qualität*: poor, low-grade ..., cheap; *Erz*: coarse; ⚒ weak; *mein ~es Kind* my poor child; *~ machen* impoverish, pauperize; **≈e(r** *m*) *f* poor man (*f* woman), pauper; *die ~n* the poor (*pl.*); *der ~ bemitleidend*: poor (*od.* wretched) fellow; *ich ~r!* poor me!
Arm *m* arm; (*Ärmel*) arm, sleeve; (*zo. Fang≈*) tentacle; *Fluß*: branch, tributary; *Leuchter*: branch; ⊕ arm, bracket, support; *Rad*: spoke; *Waage*: beam; *der ~ des Gesetzes*

the arm of the law; *~ in ~ gehen* go arm in arm (*od.* arms linked); *in die ~e schließen* clasp in one's arms, embrace; *auf den ~ nehmen* (*Kind*) take in one's arms; *fig.* (*veralbern*) pull *a p.'s* leg; *j-m unter die ~e greifen* give a p. a leg-up, help a p. (out); *j-m in den ~ fallen* restrain a p.; *j-n mit offenen ~en empfangen* receive a p. with open arms; *j-m in die ~e laufen* bump into a p.; *er hat e-n langen ~* he casts a long shadow, *Am. a.* he has a lot of pull.

Armatur *f* ⚡ armature; ⊕ (*a.* **~en** *pl.*) fittings *pl.*, mountings *pl.*; (*Zusatzteile*) accessories *pl.*; (*Verbindungen*) joints, connections *pl.*; (*Ventile*) valves *pl.*; **~enbrett** *n usw.* → *Instrumentenbrett usw.*

Armband *n Schmuck*: bracelet; (*Uhr*~) *a.* watch band (*od.* strap); (*Schutz*~, *Kraft*~) wristlet; **~uhr** *f* wrist-watch; **~wecker** *m* wrist alarm.

Arm...: **~binde** *f* armlet, brassard; ⚕ (arm-)sling; **~blatt** *n* dress-shield; **~bruch** ⚕ *m* fracture of the arm, fractured arm; **~brust** *f* crossbow.

Armee *f* army; **~befehl** *m* army field order; **~korps** *n* army corps.

Ärmel *m* sleeve; *mit kurzen ~n* short-sleeved; *ohne ~* sleeveless; *aus dem ~ schütteln* do *a th.* offhand; **~abzeichen** *n* sleeve badge; **~aufschlag** *m* cuff; **~los** *adj.* sleeveless; **~schoner** *m* oversleeve; **~streifen** ⚔ *m* stripe.

Armeleute... poor man's ...

Armen...: **~anstalt** *f* → *Armenhaus*; **~anwalt** ⚖ *m* poor litigant's counsel; **~haus** *n* poorhouse, almshouse; **~kasse** *f* (poor-)relief fund; **~pflege** *f* poor relief, public assistance; **~pfleger** *m* guardian of the poor; welfare officer; **~recht** ⚖ *n* right to legal aid, forma pauperis; *unter ~ klagen* sue in forma pauperis.

Armesünder|gesicht *n*, **~miene** *f* hang-dog look.

Armhöhle *f* armpit.

armier|en *v/t.* ⚔ arm, equip; ⊕ shield, sheath; (*Beton*) reinforce; (*Kabel, Schlauch*) armo(u)r; **~ung** *f* armament, equipment; ⊕ armo(u)ring, sheathing, reinforcement.

...armig ...-armed, ...-branched.

Arm...: **~lehne** *f* arm-rest; **~leuchter** *m* candelabrum, branched candlestick; F idiot, (silly) ass.

ärmlich *adj.* poor; (*schäbig*) shabby; *fig.* (*dürftig*) poor, paltry, scanty, meag|re (*Am.* -er); (*kläglich, schlecht*) poor, wretched, miserable; (*geizig*) shabby, stingy, mean; **~keit** *f* poorness; shabbiness; wretchedness.

Arm...: **~reif(en)** *m* bangle; **~schiene** ⚕ *f* splint; **~schlinge** *f* arm sling; **~selig** *adj.* → *ärmlich*; **~sessel** *m* arm-chair, easy chair; **~spange** *f* bangle, bracelet; **~stuhl** *m* → *Armsessel*; **~stütze** *f* arm support (*od.* rest).

Armut *f* poverty; *stärker*: destitution, indigence, penury, distress; (*Mangel*) lack (*an* of), poverty (in); *in ~ geraten* be reduced to penury; **~szeugnis** *n* certificate of poverty; *fig.* evidence of incapacity; *sich ein ~ ausstellen* demonstrate one's incapacity, give a poor account of o.s.

Armvoll *m* armful.

Arnika ⚘ *f* arnica.

Aroma *n* (*Duft*) aroma, fragrance; (*Wohlgeschmack, a. Würzstoff*) flavo(u)r; **~tisch** *adj.* aromatic, fragrant; (*würzig*) spicy.

Arrak *m* arrack.

Arrang|ement *n allg.* arrangement; **~ieren** *v/t.* arrange; ⚚ *sich ~* come to an arrangement, *mit Gläubigern:* compound with creditors (*über* for).

Arrest *m* (*Haft*) arrest (*a.* ⚔), detention (*a. Schule*), confinement; (*Beschlagnahme, dinglicher ~*) attachment (*gen.* of), distraint (upon); ⚓ embargo; *et. mit ~ belegen* distrain (upon), attach, seize; *mit ~ bestrafen* put under arrest; **~ant(in** *f*) *m* prisoner; **~befehl** ⚖ *m dinglicher*: writ of attachment; **~bruch** *m* illegal interference with attached property; **~lokal** *n* detention room, guardhouse; **~strafe** *f* (sentence of) confinement, detention.

arretier|en *v/t.* arrest, take into custody; ⊕ arrest, stop, lock; **~stift** ⊕ *m* arresting pin; **~ung** ⊕ *f* locking (device).

arrivier|en *v/i.* arrive, be successful, make it; **~t** *adj.* arrived, successful.

arrogan|t *adj.* arrogant; **~z** *f* arrogance.

Arsch V *m* arse, backside, bottom, behind, *Am. a.* ass; *iro. am ~ der Welt* at the back of beyond; *j-m in den ~ kriechen* suck up to a p.; *er (es) ist im ~* he (it) has had it; *leck mich am ~!* go to hell!, *Am. sl.* nuts to you!; **~backe** *f* buttock; **~kriecher** V *m* arse-licker, crawler; **~loch** V *n* arse-hole; (*Person*) *a.* silly ass, bastard.

Arsenal *n* arsenal (*a. fig.*).

Art *f* **1.** (~ *u. Weise*) manner, way, fashion, mode, style; (*Verfahren*) method, procedure; *auf die(se)* ~ (in) this way; *auf irgendeine* ~ somehow or other; *er auf s-e* ~ in his way; *auf keine* ~ nowise, in no way; *nach der* ~ *des* along the lines of; *die einfachste* ~ the simplest way; *auf ruhige* ~ quietly; F *daß es nur so e-e* ~ *hatte* awfully, tremendously; **2.** (*Natur, Beschaffenheit*) nature, kind, character; (*von*) *dieser* ~ of this nature (*od.* kind); **3.** (*Wesen*) nature; *gewinnende* ~ winning way (*od.* nature); *es liegt nicht in s-r* ~ it is not in his nature; *ein Mann s-r* ~ a man of his stamp; *einzig in s-r* ~ unique; **4.** (*Benehmen*) behavio(u)r, manners *pl.*; *das ist (doch) keine* ~*!* that's no way to behave; **5.** (*Sorte*) kind, sort, type; *Geräte aller* ~ *a.* tools of every description; *iro.* e-e ~ *Dichter* a poet of sorts; **6.** *biol.* species; (*Rasse*) race; *Fortpflanzung der* ~*en* propagation of the species; *fig. aus der* ~ *schlagen* go one's own ways; **7.** *ling.* → *Umstandswort.*

Artefakt *n* artifact.

arteigen *adj.* proper, true to type, characteristic.

arten *v/i.*: *nach j-m* ~ take after *od.* resemble a p.; *gut geartet* well-bred; *schlecht geartet* ill-behaved.

Arterie *f* artery; **~nverkalkung** *f* arteriosclerosis.

artesisch *adj.* Artesian; ~*er Brunnen* artesian well.

art|fremd *adj.* alien; **~gemäß** *adj.* → *arteigen*; **&genosse** *m* member of the same species; **~gleich** *adj.* identic; **&gewicht** *n* specific gravity.

Arthritis ⚕ *f* arthritis.

Arthrose ⚕ *f* arthrosis.

artig *adj.* **1.** *von Kindern*: well-behaved, good; *sei* ~*!* be good!, be (*od.* there's) a good boy *od.* girl; **2.** *obs.* (*höflich*) civil, polite, courteous; **3.** *obs.* (*hübsch*) nice, pretty; **&keit** *f* good behaviour (*od.* manners *pl.*); civility, politeness, courteousness; niceness, prettiness; *j-m* ~*en sagen* pay a p. compliments.

Artikel *m* **1.** *ling.* article; **2.** ⚖ (*Paragraph*) article, section; **3.** ⚓ article, commodity, line, item; **4.** (*Aufsatz*) article, paper; (*Presse*&) article, (news) item.

artikulieren *v/t.* articulate.

Artillerie *f* artillery; **~abteilung** *f* artillery battalion; **~beobachter** *m* artillery observer, spotter; **~beschuß** *m*, **~feuer** *n* artillery fire, shelling, cannonade; **~flieger** *m* artillery spotting pilot; **~flugzeug** *n* (artillery) spotting (air)plane; **~geschoß** *n* artillery projectile, shell; **~geschütz** *n* gun, piece of ordnance; **~vorbereitung** *f* preparatory fire.

Artillerist *m* artilleryman, gunner.

Artischocke *f* artichoke.

Artist *m*, **~in** *f* (variety, circus) artiste, acrobat, *Am. a.* performer; **~ik** *f* acrobatics *pl.* (*oft sg. konstr.*); *weitS. a.* artistry; **&isch** *adj.* acrobatic(ally *adv.*); *weitS. a.* artistic(ally *adv.*).

Artung *f* character, nature.

artverwandt *adj.* kindred.

Arznei *f* medicine, medicament, preparation, drug; (*Heilmittel*) remedy; **~ausschlag** *m* drug-rash; **~buch** *n* pharmacopoeia; **~flasche** *f* medicine bottle; **~formel** *f* prescription; **~gabe** *f* dose; **~glas** *n* phial; **~kasten** *m* → *Arzneischrank*; **~kraut** *n* medicinal herb; **~kunde** *f*, **~kunst** *f* pharmaceutics *pl.* (*sg. konstr.*); **~mittel** *n* → *Arznei*; **~mittellehre** *f* pharmacology; **~pflanze** *f* medicinal plant; **~schrank** *m* medicine-cabinet; **~trank** *m* potion, draught; **~verordnung** *f* prescription; **~waren** *f/pl.* drugs, medicaments.

Arzt *m* physician, doctor, medical practitioner, F medical man; (*Chirurg*) surgeon; (*Fach*&) specialist; *praktischer* ~ general practitioner; **~beruf** *m* medical profession.

Ärzte|haus *n* Health Centre; **~kammer** *f* General Medical Council; **~schaft** *f* medical profession.

Arzt|helferin *f*, **~hilfe** *f* consulting-room assistant.

Ärzt|in *f* lady (*od.* woman) doctor *od.* physician; **&lich** *adj.* medical; ~*e Behandlung* medical treatment; *in* ~*er Behandlung* under medical care; ~*e Hilfe* medical assistance; ~*e Verordnung* medical prescription; ~*es Zeugnis* medical (*od.* doctor's) certificate.

As[1] *n* (*Spielkarte*; *a.* F *fig. Person*) ace; F *fig. wie ein* ~ F super.

As[2] ♪ *n* A flat.

Asbest *m* asbestos; **~anzug** *m* asbestos suit; **~pappe** *f* asbestos millboard; **~platte** *f* asbestos pad.

aschblond *adj.* ash-blond(e).

Asche *f* ash, *mst* ashes *pl.*; (*Rückstände*) cinders *pl.*; (*Schlacke*) slag; *fig.* (*sterbliche Reste*) ashes *pl.*, dust, (mortal) remains *pl.*; *glühende* ~ embers *pl.*; *aus der* ~ *erstehen* rise from the ashes; *in* ~ *verwandeln* reduce to ashes; incinerate; *in* ~ *legen* lay in ashes; *Friede s–r* ~! may he rest in peace.

Aschen...: **~bahn** *f* cinder track, *mot.* dirt track; **~bahnrennen** *mot. n* dirt-track race; **~becher** *m* ashtray; **~brödel** *n* Cinderella (*a. fig.*); **~kasten** *m* dustbin, ash-can; **~krug** *m* cinerary urn; **~lauge** *f* ash lye; **~puttel** *n* Cinderella (*a. fig.*); **~urne** *f* cinerary urn.

Aschermittwoch *m* Ash Wednesday.

asch...: **~fahl** *adj.* ashen, ashy (pale); **~farben, ~farbig** *adj.* ash-colo(u)red, ashen; **~grau** *adj.* ash-grey (*Am.* -gray).

Aschkenasim *pl.* (*Ostjuden*) Ashkenazi(m).

Ascorbinsäure ⚗ *f* ascorbic acid.

Asen *myth. pl.* Aesir.

äsen *hunt. v/i. u. v/t.* graze, browse; feed (et. on a th.).

aseptisch *adj.* aseptic.

asexuell *adj.* asexual.

Asiat *m*, **~in** *f*, **˜isch** *adj.* Asiatic.

Aske|se *f* asceticism; **~t** *m* ascetic; **˜tisch** *adj.* ascetic(ally *adv.*).

Askorbinsäure ⚗ *f* ascorbic acid.

Äskulapstab *m* caduceus.

asozial *adj.* anti-social.

Aspekt *m* aspect.

Asphalt *m* asphalt; **~beton** *m* asphaltic concrete; **˜ieren** *v/t.* (cover with) asphalt; **~lack** *m* black japan; **~papier** *n* bituminized paper; **~pappe** *f* asphalt board, tarboard; **~presse** *f* yellow press; **~straße** *f* asphalt (*od.* bituminous) road.

Aspik *m* aspic.

Aspir|ant *m* candidate; **˜ieren** *ling. u.* ⊕ *v/t.* aspirate.

Assekuranz *f* insurance.

Assel *f* wood-louse.

Assessor *m* assessor; ⚖ assistant judge; **~examen** *n* final State Examination.

Assimilation *f* assimilation; **~skraft** *f* assimilative power.

assimilieren *v/t.* assimilate.

Assistent(in *f*) *m* assistant.

Assistenz *f* assistance; *unter* ~ *von* with the assistance of; **~arzt** *m* assistant (physician *od.* doctor); *Am.* intern(e), resident.

assistieren *v/i.* assist, aid (*bei* in).

Assozi|ation *f allg.* association; ⚕ partnership; **~ationsaufreihung** *f* stream of consciousness; **˜ieren** *v/t. allg.* associate; *sich* ~ *pol.* associate (o.s.) (*mit* with); ⚕ enter into a partnership (with); **˜iert** *pol. adj.* associate(d).

Ast *m* **1.** ⚘ bough, (main) branch; *im Holz*: knot; *fig. den* ~ *absägen, auf dem man sitzt* cut the ground from under one's own feet; *er ist auf dem absteigenden* ~ he is going downhill, he is on the downgrade; **2.** *anat., phys.,* ⚘ *u. fig.* branch; **3.** F *et. auf den* ~ *nehmen* take a th. on one's back (*od.* shoulder); → *lachen* I.

Ästchen *n* twig.

Aster ⚘ *f* aster.

Asthen|ie ⚕ *f* asthenia, debility; **~iker** *m* asthenic person.

Ästhet *m* (a)esthete; **~ik** *f* (a)esthetics *pl.* (*sg. konstr.*); **~iker** *m* (a)esthetician; **˜isch** *adj.* (a)esthetic(al).

Asthma ⚕ *n* asthma; **~tiker(in** *f*) *m*, **˜tisch** *adj.* asthmatic.

astigmatisch *adj.* astigmatic.

Astloch *n* knothole.

Astralleib *m* astral body.

astrein *fig. adj.*: *nicht ganz* ~ not (quite) on the level.

Astro|loge *m* astrologer; **~logie** *f* astrology; **˜logisch** *adj.* astrological; **~naut** *m* astronaut; **~nautik** *f* astronautics *pl.* (*sg. konstr.*); **~nom** *m* astronomer; **~nomie** *f* astronomy; **˜nomisch** *adj.* astronomic(al) (*a. fig.*); **~physik** *f* astrophysics *pl.* (*sg. konstr.*); **~physiker** *m* astrophysicist.

Astwerk *n* branches *pl.*, boughs *pl.*

Äsung *f* grazing, browsing; (*Nahrung*) feed, fodder.

Asyl *n* asylum, refuge; *fig. a.* sanctuary; (*Anstalt*) asylum, home; *um (politisches)* ~ *bitten* ask for (political) asylum; **~recht** *n* right of asylum.

asymmetrisch *adj.* asymmetric(al).

asynchron ⚡ *adj.* asynchronous; **˜motor** *m* asynchronous (*od.* induction) motor.

Atavis|mus *m* atavism; **˜tisch** *adj.* atavistic.

Atelier *n allg.* studio.

Atem *m* breath; (*Atmen*) breathing, respiration; *außer* ~ out of breath, winded, panting; ~ *holen od. schöpfen* draw (*od.* take) breath, pause for breath, F take a breather, *wieder*: recover one's breath, *tief*: take a deep breath; *den* ~ *anhalten* hold one's breath; *mit angehaltenem* ~ with bated breath; *außer* ~ *kommen* get out of breath, get winded; *wieder zu* ~ *kommen* recover one's breath, get one's breath back; *j-n in* ~ *halten* F keep a p. on the jump; (*in Spannung*) keep a p. in suspense; *j-m den* ~ *benehmen* take a p.'s breath away; *er hat den längeren* ~ he has more staying-power; **˜beraubend** *fig. adj.* breathtaking; **~beschwerde** *f* difficulty of breathing; **~einsatz** *m*, **~filter** *m Gasmaske*: filter (element); **~gerät** *n* oxygen (*od.* breathing) apparatus, respirator; **~geräusch** *n* respiratory sounds *pl.*; **~gymnastik** *f* → *Atemübungen*; **~holen** *n* respiration, breathing; **≈los** *adj.* breathless (*a. fig.*); out of breath, panting; **~not** *f* shortness of breath; **~pause** *f* breathing-time; breathing-space, F breather; *fig. a.* reprieve, respite; *e-e ~ einlegen (gewähren)* take (give) a breather; **≈raubend** *adj.* breathtaking (*a. fig.*); **~übungen** *f/pl.* breathing exercises, deep-breathing *sg.*; **~wege** *m/pl.* respiratory ducts (*od.* tract *sg.*); **~zug** *m* breath, respiration; *bis zum letzten ~* to the last gasp; *den letzten ~ tun* breathe one's last; *in e-m ~* in one breath.

Atheis|mus *m* atheism; **~t(in** *f*) *m* atheist; **≈tisch** *adj.* atheistic(al).

Athener(in *f*) *m* Athenian.

Äther *m phys. u.* ⚗ ether; *Radio*: *a.* air; *über den ~* on the air; *mit ~ betäuben* etherize.

ätherisch *adj. poet.* ethereal; ⚗ *phys. a.* etheric; ⚗ *a.* volatile; *~e Öle* essential oils.

Äther...: **~krieg** *m* radio war; **~narkose** *f* etherization; **~welle** *phys. f* ether wave.

Äthiop|ier(in *f*) *m*, **≈isch** *adj.* Ethiopian.

Athlet *m*, **~in** *f* athlete; **~enherz** ⚕ *n* athlete's heart; **~ik** *f* athletics *pl.* (*oft sg. konstr.*); **≈isch** *adj.* athletic.

Äthyl ⚗ *n* ethyl; **~en** *n* ethylene.

Atlant △ *m* atlas; **~en** *m/pl. v. Atlas 2.*

Atlant|ikpakt *pol. m* North Atlantic Treaty; **≈isch** *adj.* Atlantic; *der ≈e Ozean* the Atlantic (Ocean).

Atlas *m* **1.** *geogr. u. myth.* Atlas; **2.** (*Landkarten*) atlas; **3.** *anat.* (*Wirbel*) atlas; **4.** (*Seiden≈*) satin; (*Baumwoll≈*) sateen; **~papier** *n* satin (*od.* glazed) paper.

atmen I. *v/i.* breathe, respire; *schwer ~* breathe hard, gasp; *tief ~* breathe deep, draw a deep breath; **II.** *v/t.* breathe (*a. fig. Gesundheit usw.*); **III.** *≈ n* breathing, breath, respiration.

Atmosphär|e *f* atmosphere (*a. fig.*); **~endruck** *m* atmospheric pressure; **~enüberdruck** *m* (atmospheric) plus pressure; **≈isch** *adj.* atmospheric(al); *~e Störungen Radio*: atmospherics, statics.

Atmung *f* breathing, respiration; *künstliche ~* artificial respiration; **~sapparat** *m* **1.** → *Atemgerät*; **2.** → **~sorgan** *n*, **~swerkzeug** *n* respiratory organ; *Erkrankungen der ~e* respiratory diseases; **~szentrum** *n* respiratory cent|re, *Am.* -er.

Atoll *n* atoll.

Atom *n* atom; **~antrieb** *m* atomic propulsion; **≈ar** *adj.* atomic, nuclear; **~artillerie** *f* atomic artillery; **~bombe** *f* atom(ic) bomb, A-bomb; **≈bombensicher** *adj.* atom-bomb-proof; **~brenner** *m* atomic pile; **~energie** *f* atomic (*od.* nuclear) energy; *freigewordene ~* atomic yield; **~energiekommission** *f* Atomic Energy Commission (*abbr.* AEC); **~forscher** *m* nuclear scientist, A-man; **~forschung** *f* nuclear research; **~gemeinschaft** *f* Atomic Pool; *Europäische ~ (Euratom)* European Atomic Energy Community; **~geschoß** *n*, **~granate** *f* atomic shell; **~geschütz** *n*, **~kanone** *f* atomic cannon (*od.* gun); **~gewicht** *n* atomic weight; **~hülle** *f* atomic shell; **≈isch** *adj.* atomic; **≈isieren** *v/t.* atomize; **~kern** *m* atomic nucleus; **~kernforschung** *f* nuclear research; **~kernphysik** *f* nucleonics *pl.* (*sg. konstr.*); **~kontrolle** *f* nuclear inspection; **~kraft** *f* atomic power (*od.* energy); *mit ~ betrieben* atomic- (*od.* nuclear-)powered; **~kraftwerk** *n* nuclear power station; **~krieg** *m* atomic (*od.* nuclear) warfare; **~lehre** *f* atomic theory; **~macht** *pol. f* nuclear power; **~meiler** *m* (nuclear) reactor, atomic pile; **~modell** *n* atomic model; **~müll** *m* radioactive waste; **~physik** *f* atomic (*od.* nuclear) physics *pl.* (*sg. konstr.*); **~reaktor** *m* nuclear reactor; **~regen** *m* (atomic) fall-out; **~spaltung** *f* atomic fission; atom-splitting; **~sperrvertrag** *m* non-proliferation treaty; **~strahlenspürtrupp** *m* radiation detection team; **~stützpunkt** *m* atomic base; **~technik** *f* atomic science; **~teilchen** *n* atomic particle; **~treibstoff** *m* atomic fuel; **~unterseeboot** *n* nuclear(-powered) submarine; **~versuch** *m* atomic test; **~waffe** *f* atomic (*od.* nuclear) weapon; **~wissenschaft** *f* atomics *pl.* (*sg. konstr.*), nuclear science; **~wissenschaftler** *m* nuclear scientist; **~zahl** *f* atomic number; **~zeitalter** *n* atomic age; **~zerfall** *m* atomic disintegration (*od.* decay); **~zertrümmerung** *f* atom-smashing; → *Atomspaltung*.

atonal ♪ *adj.* atonal; **∻ität** *f* atonality.
ätsch! *int.* see!; serves you right!; *überraschend*: surprise, surprise!
Attaché *m* attaché (*fr.*).
Attack|e *f* ⚔, *a.* ⚕ *u. fig.* attack; ⚔ *a.* charge; ⚕ *a.* fit; **∻ieren** *v/t. u. v/i.* attack (*a. fig.*), charge.
Atten|tat *n* attempted assassination; ~ *auf j-n* attempt on a p.'s life; *ein* ~ *auf j-n verüben* make an attempt on a p.'s life, (attempt to) assassinate a p.; **~täter**(**in** *f*) *m* assassin, assailant; *co.* perpetrator.
Attest *n* attest(ation), certificate; *ärztliches* ~ medical (*od.* doctor's) certificate; **∻ieren** *v/t.* attest, certify.
Attrak|tion *f allg.* attraction; **∻tiv** *adj.* attractive.
Attrappe *f* ⚔ dummy, ✝ *a.* display package; ⊕ mock-up.
Attribut *n* attribute (*a. ling.*); characteristic, property; **∻iv** *adj.* attributive.
atü *kurz für Atmosphärenüberdruck.*
atypisch *adj.* atypical.
atz|en *v/t.* feed; **∻ung** *f* feeding.
Ätz|druck *m* etching; *Textil*: discharge printing; **∻en** *v/t.* corrode, eat into; ⊕ *auf Kupfer usw.*: etch; ⚕ cauterize; (*Textil*) discharge; **∻end** *adj.* caustic (*a.fig.*), corrosive, mordant; *fig. a.* vitriolic; ~*er Kampfstoff* vesicant (agent); **~kali** *n* caustic potash; **~kraft** *f* corrosive power; **~kunst** *f* (art of) etching; **~lauge** *f* caustic lye; **~mittel** *n*, **~stoff** *m* corrosive; *bsd.* ⚕ caustic; **~natron** *n* caustic soda, sodium hydroxide; **~ung** *f* corrosion; ⚕ cauterization; *Zeichnung*: etching.
au! *int.* oh!; *bei Schmerz*: ouch!
auch *cj. u. adv.* (*gleichfalls*) also; too; as well; likewise; (*selbst, sogar*) even; (*übrigens* ~) at that (*nachgestellt*); (*wirklich*) really; (*gewiß*) indeed; *wenn* ~ even if, even though, although; *ich glaube es — ich* ~*! I believe it* — so do I!, F me too!; *ich kann es nicht — ich* ~ *nicht! I cannot do it* — nor (*od.* neither) can I!, I cannot do it either!; *nicht nur ..., sondern* ~ not only ..., but also; *sowohl ... als* ~ both ... and, as well ... and; *wo* ~ (*immer*) wheresoever, wherever; *wer es* ~ *sei* whoever it may be, no matter who it is; *mag er* ~ *noch so reich sein* let him be ever so rich, however rich he may be; *so sehr ich* ~ *bedaure* much as I regret; *was er* ~ (*immer*) *sagen mag* whatever he may say; *ohne* ~ *nur zu fragen* without so much as asking; *da können wir* ~ (*genausogut*) *daheim bleiben* we may as well stay at home; *ich gebe dir das Buch, nun lies es aber* ~*!* now mind you read it!; *wirst du es* ~ (*wirklich*) *tun?* are you really going to do so?; *ist es* ~ *wahr?* is it really true?; *haben Sie ihn* ~ (*wirklich*) *gesehen?* are you sure you saw him?; *so ist es* ~*!* so it is indeed!, why, so it is!
Audienz *f* audience (*bei* with); **~saal** *m* audience chamber.
Audion *n* grid-leak detector; **~empfänger** *m* audion receiver.
audiovisuell *adj.* audio-visual.
Auditorium *n* **1.** (*Hörsaal*) auditorium, lecture-hall; ~ *maximum* great lecture-hall; **2.** (*Zuhörerschaft*) audience, hearers *pl.*
Au(e) *f* (rich) pasture; (*Wiese*) meadow, *poet.* mead.
Auerbach(sprung) *m* full gainer.
Auer|hahn *m* capercaillie, wood grouse; **~henne** *f*, **~huhn** *n* (hen) capercaillie; **~ochs** *m* aurochs.
auf I. *prp.* **1.** *mit dat.*: on, upon; in, at; of; by; *auf dem Tisch*(e) (up)on the table; ~ *Erden* on earth; ~ *der Welt* in the world; ~ *der Ausstellung* (*der Post*) at the exhibition (the post-office); ~ *e-m Ball*(e) (*e-r Schule, Universität*) at a ball (a school, university); ~ *dem Markt*(e) in the market, at market; ~ *der Stelle* on the spot, forthwith; ~ *der Straße* in (*Am.* on) the street, (*der Landstraße*) on the road; ~ *s-r Seite* at (*od.* by) his side, *fig.* on his side; ~ *Seite 15* on page 15; ~ *s-m Zimmer* in his room; ~ *dem nächsten Wege* by the nearest way; ~ (*in*)*direktem Wege* (in)directly; ~ *der Jagd* hunting; ~ *Reisen* travel(l)ing, on a journey; ~ *der Geige usw. spielen* play on the violin, *etc.*; **2.** *mit acc.*: on; in; at; to; towards (*a.* ~ ... *zu*); up; ~ *den Tisch* on the table; ~ *die Leinwand* on(to) the screen; ~ *Bestellung* to order; ~ *englisch* in English; ~ *e-e Entfernung von* at a distance (*od.* range) of; ~ *die Erde fallen* fall to the ground; ~ *die Jagd gehen* go (a-)hunting; *auf die Post usw. gehen* go to the post-office, *etc.*; ~*s Land gehen* go into the country; ~ *sein Zimmer gehen* go to one's room; ~ *ein Pfund gehen 20 Schilling* go to a pound; *es geht* ~ *neun* (*Uhr*) it is getting on to nine; ~ ... *hin* (*kraft, gemäß*) on the strength of; *als Antwort:* in answer (*od.* response) to; *als Folge*: as a result of, following; ~ *m-e Bitte* at my request; ~ *m-n Befehl* by my order; ~ *s-e Gefahr* at his risk;

~ *s-e Veranlassung* at his instance, on his initiative; ~ *s-n Vorschlag* at his suggestion; ~ *Jahre hinaus* for years to come; ~ *einige Tage* for some days; ~ *Lebenszeit* for life; ~ *ewig* for ever (and ever); ~ *die Minute* to the minute; ~ *morgen* for tomorrow, (*bis*) till tomorrow; ~ *rot stellen* turn *the lamp, etc.*, on red; ~*s beste* in the best way, wonderfully; ~*s höchste* in the highest degree; *alle bis* ~ *einen* all but one; *es hat nichts* ~ *sich* it does not matter (much), it is of no consequence; **II.** *adv.* up, upwards; (*offen*) open; (*wach*) awake; astir, up (and doing); ~ *und ab gehen* walk up and down *od.* to and fro; ~ *und davon gehen* run away, make off; **III.** *cj.* ~ *daß* (in order) that; ~ *daß nicht* (in order) that not, for fear that, to avoid that; *gehobener Stil*: lest; **IV.** *int.*: ~*!* (get) up!, up (and doing)!; *antreibend*: hurry up!, let's go!, F shake a leg!; *anfeuernd*: go it! (*alle a.* F ~ *geht's!*); *ermunternd*: come on!, cheer up!, *sl.* buck up!; **V.** ≈ *n*: *das* ~ *und Ab* the rise and fall, the up and down; *das* ~ *und Ab des Lebens* the ups and downs *pl.* of life.

aufarbeit|en *v/t.* **1.** (*Rückstände*) work (*od.* clear) off; (*verbrauchen*) use up; **2.** (*auffrischen*) work (*od.* furbish) up; (*Kleid*) F do up; (*erneuern*) renovate; ⊕ recondition; (*Werkzeuge*) dress; ≈**ung** *f* working up; renovating; reconditioning, *etc.*

aufatmen I. *v/i.* draw a deep breath; *fig.* breathe again *od.* freely; *erleichtert* ~ heave a sigh of relief; *fig. wieder* ~ *(können)* recover, revive; **II.** ≈ *n* sigh of relief.

aufbahr|en *v/t.* (*Sarg*) put on the bier; (*Leiche*) lay out (in state); ≈**ung** *f* laying-out; *von hochgestellten Persönlichkeiten*: laying in state.

Aufbau *m* **1.** building(-up), erection, construction; → *Wiederaufbau*; *fig. im* ~ *(begriffen)* in the process of organization, in the initial stages; **2.** (*Gefüge*) *a. e-r Organisation, e-s Dramas usw.*: structure, construction; system; (*Gruppierung*) grouping(s *pl.*); (*Anlage*) disposition, arrangement, setup; (*Zs.-setzung*) *a. e-s Kunstwerkes*: composition; **3.** ⊕ (*Montage*) assembly, mounting; **4.** *mot.* (*Karosserie*) (car) body, coachwork; **5.** ⚓ *usw.* → *Aufbauten*; **6.** *fig.*, *a. Sport*: build-up; ~**arbeit** *f* (re)construction work; (*soziale*) ~ social improvement; ~**deck** ⚓ *n* superstructure deck; ≈**en** *v/t.* build up, erect, construct; ⊕ assemble, mount, set up; ⚗ synthesize; (*aufstellen*) arrange; (*gruppieren*) group; *fig.* (*Existenz, Theorie usw.*) build up (*auf* on); (*gründen*) *a.* base, found (on); (*e-e Organisation*) establish, organize, set up; (*Drama usw.*) construct; *sich* ~ *auf* be based (up)on; *er baute sich vor mir auf* he planted himself before me; ≈**end** *adj.* constructive; developing; *pharm.* restorative; ~**lehrgang** *ped. m* continuation course.

aufbäumen I. *v/refl.*: *sich* ~ *Pferd*: rear (up), prance; ♞ buck; *Person*: (*vor Schmerz*) be convulsed (with pain); *im Kampf*: struggle up; *weitS.* make a (last) tremendous effort; *fig.* rebel (*gegen* against); **II.** *v/t. Weberei*: (*die Kette*) beam, take up.

aufbauschen *v/t.* **1.** (*a. sich* ~) puff, swell *od.* fill (out); **2.** *fig.* exaggerate, magnify, F play up.

Aufbau...: ~**schule** *f* continuation school; ~**spiel** *n Sport*: build-up; ~**ten** *m/pl.* ⚓ *usw.* superstructure *sg.*; *Film*: set *sg.*

aufbegehren *v/i.* flare (*od.* bristle) up, start up in anger; (*gegen j-n od. et.* ~) protest (*od.* remonstrate, rebel, revolt, F kick) (against).

aufbehalten *v/t.* (*den Hut*) keep on; F (*die Augen*) keep open.

aufbeißen *v/t.* bit open; (*Nüsse*) crack.

aufbekommen *v/t.* **1.** (*Tür usw.*) get open; (*Knoten*) get undone; **2.** (*Hausaufgabe*) be given *a task*; **3.** F (*Speisen*) finish, eat up.

aufbereit|en ⊕ *v/t.* prepare, work up; refine, separate; (*Häute*) dress; (*Nahrungsmittel, a. fig. Statistik*) process; (*Kohle*) upgrade; (*Erz*) dress, wash; ≈**ung** *f* preparation; treatment; dressing; processing, *etc.*

aufbesser|n *v/t.* (*Gehalt*) raise, increase; (*Kurse*) improve; ≈**ung** *f* rise, *Am.* raise, increase (of pay); *der Kurse*: improvement.

aufbewahren *v/t.* keep; (*a. haltbar machen*) preserve; *im Lager*: store (up); (*sich*) *et.* ~ *lassen* deposit (for safe keeping); *gut aufbewahrt* in safe keeping; *es läßt sich nicht* ~ it does not keep.

Aufbewahrung *f* keeping, preservation, storage; *sichere* ~ safe keeping; *j-m et. zur* ~ *geben* entrust a th. to a p.('s custody), deposit a th. with a p.; ~**sgebühr** *f* charge for storage (*od.* 🚂 for left luggage); *für Wertpapiere*: safe-deposit charges *pl.*; **~sort** *m* depository.

aufbiet|en *v/t.* **1.** (*verkünden*) proclaim; (*Brautpaar*) publish (*od.* put up) the banns of, *in der Kirche*: ask; **2.** (*zusammenrufen*) call up, (*a. Zinsen*) summon; ⚔ (*Truppen*) raise, levy, mobilize; (*Kräfte, Mittel, Mut, Sarkasmus usw.*) muster *od.* summon (up); *alle s-e Kräfte ~, alles ~* make every (possible) effort, do one's utmost; move heaven and earth; *s-n Einfluß ~* bring one's influence to bear; **2ung** *f* summoning; proclamation; mobilization; exertion; *unter ~ aller Kräfte* with all one's might; by supreme effort, with the utmost exertion; *attr.* all-out *campaign, etc.*

aufbinden *v/t.* **1.** (*aufschnüren*) untie, undo, loosen; **2.** (*befestigen*) tie up; (*hinaufbinden*) truss up, turn up; F *fig. j-m etwas* (*od. e-n Bären*) ~ hoax a p., take a p. in (*od.* F for a ride); *er läßt sich alles ~* he is easily taken in.

aufblähen *v/t.* blow out, swell, puff up; (*aufblasen*) blow up; *a. fig.*, ⚕ (*Währung usw.*) inflate; *sich ~* balloon; *Segel*: fill, belly out; ⚕ distend; *fig.* → *aufblasen* II.

aufblasen I. *v/t.* blow up, inflate; **II.** *fig. v/refl.*: *sich ~* puff o.s. up, preen o.s., give o.s. airs; → *aufgeblasen*.

aufbleiben *v/i.* **1.** *Tür usw.*: remain open; **2.** *Person*: (*wach bleiben*) stay (*od.* sit) up (*spät* late); (*immer*) *lang ~* keep late hours.

aufblenden I. *v/t. Film*: fade in *a sequence, etc.*; **II.** *v/i. mot.* turn on the headlights (*od.* the high beam).

aufblicken *v/i.* look (*od.* glance) up, raise one's eyes (*zu* to); *fig. zu j-m* (*mit Achtung*) ~ look up to a p.

aufblitzen *v/i.* flash *od.* flare (up); *fig. Gedanke*: flash (*in j-m* upon a p.); *Können*: (*a. ~ lassen*) show in flashes.

aufblühen I. *v/i.* (burst into) blossom *od.* bloom, open; *fig.* blossom (out); *bsd. wirtschaftlich usw.*: flourish, thrive, prosper; *wieder ~* revive, be rejuvenated, be filled with new life; **II.** 2 *n* blossoming; *fig.* rise, growth, flourishing.

aufbocken ⊕ *v/t.* jack up, prop up.

aufbohren ⊕ *v/t.* bore open; (*nachbohren*) rebore.

aufbrauchen *v/t.* use up, consume, exhaust.

aufbrausen I. *v/i. schäumend*: bubble up, *a.* ⚗ effervesce, fizz; *Wein*: ferment; *Meer*: surge, *a. fig. Gelächter usw.*: roar; *fig.* fly in(to) a passion, bridle up; *er braust leicht auf* he fires (*od.* flares) up quickly; **II.** 2 *n* effervescence; fermentation; roar; *fig.* (burst of) passion, fit of temper; **~d** *adj.* effervescent; *fig.* hot-headed, irascible.

aufbrechen I. *v/t.* **1.** break open, force (open); (*Brief*) open; *hunt.* disembowel; **II.** *v/i.* **2.** (*sich öffnen*) burst open; *Geschwür*: (burst) open; *Haut*: crack, chap; *fig. Feindschaft usw.*: flare up; **3.** (*weggehen*) start, depart, set out (*nach* for); ⚔ move off, break camp.

aufbrennen *v/t.* burn up, consume; *j-m ein Zeichen ~* brand.

aufbringen *v/t.* **1.** (*öffnen*) get open; (*Knoten*) get undone; **2.** ⊕ (*anwenden*) apply; (*Farbe*) *a.* coat on; **3.** (*beschaffen*) find, procure; (*aufbieten*) muster (up) (*a. fig.*); (*Geld*) raise; (*Kosten*) meet, defray; (*Mode*) start, introduce; (*Mut*) summon *od.* muster (up); **4.** ⚓ (*Schiff*) capture; **5.** *fig.* (*erzürnen*) provoke, infuriate, anger.

Aufbruch *m* **1.** departure, start, setting-out (*nach, zu* for); *fig. pol.* awakening, uprising; fundamental change; **2.** *hunt.* entrails *pl.*

aufbrühen *v/t.* boil (up); brew *tea.*

aufbrüllen *v/i.* (give a) roar.

aufbrummen F *v/t.*: *j-m e-e Strafe usw. ~* inflict on *od.* give a p.

aufbügeln *v/t.* iron, press; F *fig.* (*Kenntnisse*) brush up.

aufbürden *v/t.*: *j-m et. ~* burden (*od.* saddle) a p. with a th.

aufdeck|en I. *v/t.* **1.** uncover, (lay) bare; (*zeigen*) show; → *Karte*; **2.** *fig.* expose, unveil, reveal, lay bare; (*entdecken, aufklären*) detect; clear up, F crack; **3.** (*Bett*) turn down the sheets of; (*Tischtuch*) spread; **II.** *v/i.* lay the table; **2ung** *f fig.* exposure; revelation.

aufdrängen *v/t.*: *j-m et. ~* force (*od.* intrude, obtrude, press, urge) a th. (up)on a p.; *sich j-m ~* force (*od.* obtrude, intrude) o.s. (up)on a p.; *ich will mich nicht ~* I don't want to intrude; *der Gedanke drängte sich auf* the idea suggested itself.

aufdrehen I. *v/t.* **1.** turn up; (*Haare*) put up (in curlers); (*Faden usw.*) untwist, unravel; **2.** (*Hahn, Gas usw.*) turn on; (*Schraube*) loosen, unscrew; (*Deckel usw.*) screw on; (*Radio laut stellen*) turn up; (*Uhr usw.*) wind up; **3.** F *aufgedreht sein* a) be in high spirits, F be full of go; b) *nervlich*: be (all) wound (*od.* worked) up; **II.** F *v/i. mot. sl.* step on the gas, let her rip; *Sport*: open up, *sl.* go it; *weitS.* let go (*od.* loose), go to town, *sl.* whoop it up.

aufdringen *v/t.* → *aufdrängen.*

aufdringlich *adj.* obtrusive (*a. Sache*), importunate, F pushing; *Farben usw.*: gaudy, showy; **≈keit** *f* obtrusiveness, importunity.

Auf|druck *m typ.* imprint, impression; *auf Postkarten*: surcharge; **≈drucken** *v/t.* (im)print (*auf* on); stamp; **≈drücken** *v/t.* **1.** (*öffnen*) press (*od.* push) open; *kneifend*: squeeze open; **2.** (*Stempel usw.*) impress, affix (*dat. od. auf* on); et. ~ *auf a.* put *od.* stick a th. on *a th.*

aufeinander *adv.* (*übereinander*) one on top of the other; (*gegeneinander*) one against the other; (*nacheinander*) one after another, one by one; **≈folge** *f* succession; series, round *of events*; *in rascher* ~ in rapid succession; **~folgen** *v/i.* succeed (one another); **~folgend** *adj.* successive, consecutive; *während drei ~er Tage* for three days running; **~häufen** *v/t.* pile (*od.* heap) up; **~prallen, ~stoßen** *v/i.* collide, crash; *fig. Personen, Meinungen*: clash; (*sich berühren*) meet, touch.

Aufenthalt *m* **1.** stay, sojourn; **2.** (*~sort*) whereabouts (*sg. u. pl. konstr.*); (*Wohnsitz*) (place of) residence, abode, domicile; **3.** (*Verzögerung*) delay; holdup; *bsd.* 🚂 stop; *ohne* ~ without delay; *attr.* non-stop *train*; *wie lange haben wir ~?* how long do we stop here?; **~sbestätigung** *f* residence certificate; **~sdauer** *f* (duration of) stay; **~sgenehmigung** *f* residence permit; **≈slos** *adj.* non-stop ...; **~sort** *m* → *Aufenthalt* 2; **~sraum** *m* lounge; common (*od.* day) room.

auferleg|en *v/t.* (*Aufgabe, Bedingung, Pflicht, Steuer, s-n Willen usw.*) impose (*j-m* on a p.); (*Strafe*) inflict, impose (*j-m* on a p.); *j-m* et. (*als Pflicht*) ~ (*zu tun*) enjoin a th. on a p. (a p. to do a th.); *sich Zwang* ~ force o.s.; restrain o.s.; **≈ung** *f* imposition, infliction.

aufersteh|en *v/i.* rise (from the dead); *fig.* revive; **≈ung** *f* resurrection; **≈ungsfest** *n* Feast of the Resurrection; Easter.

auferweck|en *v/t. bibl.* raise (from the dead); *fig.* revive; **≈ung** *f* raising; *fig.* revival.

auferziehen *v/t.* bring up, rear.

aufessen *v/t.* eat up, finish.

auffädeln *v/t.* string, thread.

auffahren I. *v/i.* **1.** (*aufsteigen*) rise, ascend; **2.** (*vorfahren*) drive up, pull up; **3.** ~ *auf* run (*od.* crash) into, ram from behind; strike; ⚓ ram, run on; (*auf Grund* ~) *Schiff*: run aground; **4.** *mot.* (*dicht* ~) drive up close (to another car); **5.** *erregt*: flare up; *erschreckt*: start (*od.* jump) up, give a start; **II.** *v/t.* **6.** bring up, array; (*Wagen*) park; (*Geschütze*) bring into action, bring up, place; *fig.* → *Geschütz*; **7.** (*Speisen usw.*) bring on, dish up (*a.* ~ *lassen*); *fig.* (*Argumente*) bring forward; **8.** (*den Boden, Weg*) churn (*od.* cut) up; **~d** *adj.* vehement, irascible, irritable.

Auffahrt *f* **1.** ⚒ ascent; **2.** *in e-m Wagen*: driving up; *der Gäste*: arrival; **3.** (*Zufahrt*) approach; *zu e-m Haus*: drive(way *Am.*).

Auffahrunfall *m* front-end collision.

auffallen I. *v/i.* **1.** ~ *auf* fall (up)on *od.* onto, hit, strike *the floor, etc.*; **2.** *fig.* (*in die Augen fallen*) be conspicuous, attract attention; (*überraschen*) astonish, surprise; *j-m* ~ strike a p.; *engS.* catch a p.'s eye; *er fiel unangenehm auf* he made a bad impression; *es fiel allgemein auf* it was generally noticed; **II.** *v/t.*: *sich das Knie usw.* ~ bark *od.* skin one's knee, *etc.*; **~d** → *auffällig.*

auffällig *adj.* striking; *b.s.* blatant; (*augenfällig*) noticeable, remarkable, eyecatching, *a. b.s.* conspicuous; (*sensationell*) spectacular; (*sonderbar*) peculiar, strange; (*abstoßend*) shocking; *Kleider, Farben usw.*: gaudy, showy, loud, F flashy; *adv.* ~ *gekleidet* showily dressed.

Auffang|elektrode *f* collecting electrode; **≈en** *v/t.* catch (up), snatch; (*sammeln*) *a.* ⊕ collect; (*Brief, Funkspruch usw.*) intercept; (*Fall, Stoß*) cushion; (*Angriff, Schlag*) parry, *beim Boxen*: block; ✈ pull out (of a dive); (*Neuigkeiten usw.*) pick up; ⚕ (*nachteilige Entwicklungen*) cushion, absorb, head off; **~gesellschaft** ⚕ *f* holding company; **~lager** *n* reception camp; **~schale** ⊕ *f* collecting vessel, drip pan; **~stellung** ⚔ *f* (prepared) rear position.

auffärben *v/t.* redye; (*auffrischen*) touch up.

auffassen I. *v/t. fig.* conceive; (*begreifen*) understand, comprehend, grasp; (*deuten*) interpret, construe, read; (*e-e Bühnenrolle usw.*) interpret; et. *anders* ~ see a th. differently; *falsch* ~ misunderstand, misconceive; **II.** *v/i.*: leicht ~ be quick of understanding (*od.* in the uptake); schwer ~ be slow (of apprehension), be slow in the uptake.

Auffassung *f* **1.** conception; (*Deutung*) interpretation, reading; **2.** (*Meinung*) opinion, view; falsche ~ misconception; nach m-r ~ as I take it, from my point of view; die ~ vertreten, daß take the view that, hold (*od.* argue) that; **3.** → **~sgabe** *f*, **~skraft** *f*, **~svermögen** *n* perceptive faculty, intellectual grasp, intelligence.

auffind|bar *adj.* discoverable, traceable; **~en** *v/t.* find, trace, discover, locate, *weitS. a.* spot; **≗ung** *f* discovery, finding.

auffischen *v/t.* fish (up); *fig.* pick up.

aufflackern I. *v/i.* flare up (*a. fig.*); **II.** ≗ *n fig.* flare-up.

aufflammen *v/i.* blaze (*od.* flame) up, burst into flames; ⚗ deflagrate; *fig.* flare up, flame out.

aufflechten *v/t.* untwine, untwist; (*Haar*) unbraid.

auffliegen *v/i.* **1.** fly up; *Vögel*: soar, take wing, *aufgescheucht*: flush; ✈ ascend, take off; *Tür*: fly open; *Mine usw.*: explode; **2.** *fig.* (*aufgelöst werden*) be dissolved, F be blown sky-high, be busted; *Unternehmen usw.*: fail, end in smoke, explode; (*entdeckt werden*) be exposed; ~ lassen (*sprengen*) blow up; (*Mine*) spring; *fig.* (*Konferenz, Plan usw.*) cause the failure of, torpedo; F bust (*a. Bande*), blow sky-high.

aufforder|n *v/t.* call (up)on *a p.* (zu *inf.* to *inf.*); *bittend*: ask, request (to *inf.*), approach (for *ger.*); *anordnend*: bid, order; *eindringlich*: urge, exhort; *ermunternd*: encourage; (*einladen*) invite, ask (*alle* to *inf.*); *zum Kampf*: challenge; ⚖ summon; ✝ zur Zahlung ~ demand payment from, call on *a p.* to pay, dun; **~nd** *adj. Blick*: provocative, challenging, F come-hither ...; **≗ung** *f* call, request; order; urging; invitation; challenge; ⚖ (*Vorladung*) summons (*sg.*); (*Aufhetzung*) instigation.

aufforst|en *v/t.* (re)afforest, restock; **≗ung** *f* afforestation, reforestation.

auffressen *v/t.* devour, eat up; F *fig.* mit den Augen ~ look hungrily at, devour with one's eyes; F er wird dich schon nicht ~ he won't eat you.

auffrisch|en *v/t.* freshen up (*a. v/i. Wind*), refresh (*beide a.* sich ~); (*Bilder*) touch up; (*Möbel usw.*) varnish, do up; (*erneuern*) renew, regenerate; (*Lager*) replenish; *mot.* (*Öl*) purify; (*wiederbeleben*; *Andenken, Leid*) revive; (*Gedächtnis*) refresh; (*Kenntnisse*) brush up; **≗ungskurs** *m* refresher course.

aufführ|bar *thea. adj.* playable, stageable; **~en I.** *v/t.* **1.** (*Bau*) build, erect; **2.** (*aufzählen*) enumerate; (*eintragen*) enter, book; *in e-r Liste*: state, show, list, set out; einzeln ~ (*Posten*) specify, *Am.* itemize; **3.** (*Schauspiel*) perform, play, give, (put on the) stage, (*a. Film*) present, show; **4.** ⚖ (*Zeugen*) produce; **II.** *v/refl.*: sich (schlecht) ~ (mis)behave; **≗ung** *f* erection, construction; *thea.* representation, performance, *Film*: showing, presentation; (*buntes Programm*) show; *von Zahlen*: enumeration; *in e-r Liste*: entry, specification; *von Zeugen*: production; (*Benehmen*) behavio(u)r, conduct; **≗ungsrecht** *thea. n* performing (*od.* stage) rights *pl.*

auffüll|en *v/t.* fill up (*a.* ⚔ *Einheit*); (*nachfüllen*) refill, top up; (*Vorräte usw.*) replenish; (*Lager*) *a.* restock.

auffüttern *v/t.* feed up, rear.

Aufgabe *f* **1.** (*Arbeit*) task, job, assignment; (*Geschäft*) business, concern; (*Pflicht*) duty, responsibility, function; (*Sendung*) mission; (*Denk*≗) problem; (*Schul*≗) task, problem, lesson; (*Haus*≗) homework; (*Übung*) exercise; e-e ~ lösen solve a problem; e-e ~ übernehmen accept a task, take over (*od.* assume) a function; j-m e-e ~ stellen set a p. a task; er machte es sich zur ~ he made it his business (zu *inf.* to *inf.*); es ist nicht m-e ~ it is not my office (*od.* business); **2.** (*Übergabe*) delivery, surrender; *e-s Briefes*: posting, *Am.* mailing; *von Gepäck*: registration, booking, *Am.* checking; *von Telegrammen*: handing in, dispatch; (*Mitteilung*) advice, communication; laut ~ as per advice; **3.** (*Aufhören*) giving up, discontinuation; *e-s Amtes*: resignation (*gen.* from); *e-s Geschäfts*: giving up *business*, closing down; *Sport*: giving up, withdrawal; *e-s Rechts*: relinquishment, waiver; (*Preisgabe*) abandonment; (*Opfer*) sacrifice; **4.** *Tennis, Volleyball*: service.

aufgabeln F *v/t.* pick up.

Aufgabe...: **~bahnhof** *m* dispatch point; **~nbereich** *m*, **~ngebiet** *n*, **~nkreis** *m* scope (of duties), field (of activity), functions *pl.*; **~ort** *m* place of dispatch; **~schein** *m* (postal) receipt; **~stempel** *m* date stamp; postmark; **~tisch** ⊕ *m* infeed table; **~trichter** *m* feeding hopper; **~vorrichtung** ⊕ *f* feed mechanism.

Aufgalopp *m* trial gallop; *fig.* prelude.

Aufgang *m* **1.** rising, ascent; *der Gestirne*: rising, rise; **2.** (*Treppe*) staircase, stairs *pl.*, stairway.

aufgeben I. *v/t.* **1.** (*übergeben*) give up, deliver; (*Brief*) post, *Am.* mail; (*Gepäck*) book, register, *Am.* check; (*Telegramm*) hand in, send, dispatch; ✝ (*Bestellung*) give, place *an order*; (*Anzeige*) insert, run; ⊕ (*Schmelzgut usw.*) charge, feed; *Tennis*: serve; ✝ (*mitteilen*) advise, give notice of, let know; (*Preise*) quote; *j-m et.* ~ (*auftragen*) charge a p. with a th.; *j-m* ~, *et. zu tun* order (*od.* commission) a p. to do a th.; **2.** (*Rätsel*) ask, set;(*Aufgabe*) set, assign; **3.** (*Hoffnung*) abandon, lose; (*Kranke*) give up (*a. den Geist*), despair of (*a p.'s* recovery); (*preisgeben*) give up, abandon (*a.* ⚔); (*verzichten auf*) do without, renounce; (*Amt*) resign; (*Rechtsanspruch*) waive, relinquish; (*Vergnügen, Vorteil*) forgo; **4.** (*aufhören mit*) give up, cease, discontinue; (*Bekanntschaft*) drop, have done with; (*Dienst, Arbeit*) leave, quit; (*Geschäft*) give up, close; (*Gewohnheit*) give up, leave off, discard; *es* (*od. den Kampf, das Spiel*) ~ →II; **II.** *v/i.* give up (*od.* in); *Boxen u. fig.*: throw in the towel, throw up the sponge.

aufgeblasen *adj.* inflated; *fig. a.* puffed up, arrogant, conceited, bumptious, snobby; **≈heit** *f* arrogance, conceit, bumptiousness.

Aufgebot *n* **1.** public notice, citation; (*Ehe≈*) (publication of the) banns *pl.*, banns *pl.* of marriage, *Am.* official wedding notice; *das* ~ *bestellen* ask the banns; **2.** (*stattliche Reihe, Menge*) array; **3.** ⚔ *von Truppen*: levy, conscription; (*Streitmacht*) body (of men); (*Polizei≈*) posse; *Sport*: pool (of players); *letztes* ~ *the* last reserves *pl.*; *mit starkem* ~ *erscheinen* turn up in full force; **4.** *fig.* mobilization; *unter* ~ *aller Kräfte* with the utmost exertion, with might and main, by supreme effort; **~sverfahren** *n* ⚖ public citation; *Wertpapiere*: cancellation proceedings *pl.*

aufgebracht *adj.* angry (*gegen* with; *über* at, about), indignant, furious, incensed (at).

aufgedonnert F *adj.* dressed up to the nines, in full feathers, F dolled up.

aufgedunsen *adj.* bloated, puffed up.

aufgehen *v/i.* **1.** *Gestirn, Teig, Vorhang*: rise; *Pflanzen, Saat*: come up, shoot up, sprout, germinate; **2.** (*sich öffnen*) open; *Knoten usw.*: come undone, get loose; *Naht*: come open; *Eis, Geschwür usw.*: break (up); *Blume*: open, unfold; **3.** 𝔄 leave no remainder; *fig.* prove right; *4 geht in 12 auf* 4 goes into 12 without remainder; *9 geht nicht in 5 auf* 9 will not divide into 5; *gegeneinander* ~ compensate each other; **4.** *fig.* ~ *in e-r Firma, Gemeinde usw.*: be(come) merged (*od.* incorporated) in; **5.** *geistig* ~ *in* be absorbed (*od.* deeply engrossed) in; *er geht ganz in s-r Arbeit* (*s-n Kindern*) *auf* he is (all) wrapped up in his work (children); **6.** *j-m* (*geistig*) ~ dawn upon a p.; *die Wahrheit ging mir auf* the truth dawned (*plötzlich*: burst, flashed) upon me; *das Herz ging ihm auf bei ihren Worten usw.*: his heart warmed (*od.* went out) to her; → *Licht.*

aufgeklärt *adj.* enlightened; *sie ist ganz* ~ she knows all the facts of life; **≈heit** *f* enlightenment.

aufgeknöpft F *adj.* (*gesprächig*) communicative, chatty, expansive.

aufgekratzt F *adj.* cheerful, in high spirits, *bsd. Am.* chipper.

aufgelaufen *adj.* **1.** *Fuß*: sore, blistered; **2.** ✝ *Zinsen*: accumulated, accrued.

Aufgeld ✝ *n* premium, agio; *Börse*: contango; (*Angeld*) earnest-money; (*Zuschlag*) extra charge.

aufgelegt *adj.* **1.** ~ *zu* disposed for *a th. od.* to *do*; inclined to *do*; *zu et.* ~ (*in Stimmung*) *sein*, ~ *sein, et. zu tun usw.* feel like doing, *etc.* a th.; *ich bin heute nicht dazu* ~ I am not in the mood for it today; *ich bin nicht zum Arbeiten* ~ I don't feel like working; **2.** ✝ *zur Zeichnung* ~ open for subscription; **3.** *Schiff*: laid up; **4.** F *ein* ~*er Schwindel* a barefaced (*od.* blatant) swindle.

aufgelockert *adj. Bauweise usw.*: dispersed.

aufgelöst *fig. adj.* upset, hysterical.

aufgeräumt *fig. adj.* cheerful, jovial, in high spirits, expansive.

aufgeregt *adj.* excited, nervous, flustered; *stärker*: upset; *als Charaktereigenschaft*: excitable.

aufgeschlossen *fig. adj.* open (*dat. od. für* to), alert (to); open-minded, free-minded; (*mitteilsam*) communi-

cative; *Politik usw.*: enlightened; ˜**heit** *f* open-mindedness.
aufgeschmissen F *adj.*: ~ *sein* be stuck, be in a fix; be left stranded.
aufgeschossen *adj.* tall, lanky.
aufgestaut *adj. Gefühle,* ✝ *Bedarf usw.*: pent-up.
aufgeweckt *adj.* intelligent, bright, alert, clever, sharp.
aufgeworfen *adj. Lippe*: pouting.
aufgießen *v/t.* pour (*auf* upon); *bsd.* ⚗ infuse; (*Tee*) pour water on, *weitS. a.* make.
Aufgleitfront *meteor. f* (rising) warm front.
aufglieder|n *v/t.* split up, subdivide, break down; analyse; specify, *Am.* itemize; *nach Abteilungen*: departmentalize; ˜**ung** *f* subdivision, breakdown; analysis; (departmental) classification; (*Aufbau*) structure.
aufglühen *v/i.* glow (up).
aufgraben *v/t.* dig up.
aufgreifen *v/t.* (*et.*) take up (*a. fig. Thema, Idee*), *a.* (*j-n*) pick up, seize.
Aufguß *m* infusion; ~**tierchen** *biol. n/pl.* infusoria.
aufhaben I. *v/t.* **1.** (*Hut usw.*) have on, wear; (*Tür usw.*) have open; **2.** (*Aufgabe*) have to do; **II.** F *v/i.*: *das Geschäft hat auf* is open.
aufhacken *v/t.* break up.
aufhaken *v/t.* unhook, undo.
aufhalsen *v/t.* (*j-m et.*) saddle *a p.* with *a duty, etc.*; (*Ware usw.*) palm (*od.* foist) *a th.* off on.
aufhalten I. *v/t.* **1.** (*Tür usw.*) keep open; **2.** (*anhalten*) stop; *fig. a.* (*hemmen*) check, stay, stem, arrest, halt; ⚔ (*den Feind*) hold, stop, (*hinhalten*) delay; (*verzögern*) delay, retard, brake; (*j-n in Anspruch nehmen*) detain, waste (*od.* trespass on) *a p.'s* time, (*a. Auto, Verkehr*) hold up; *lassen Sie sich von mir nicht ~!* don't let me keep you!; **II.** *v/refl.*: *sich* ~ **3.** (*Fahrt usw. unterbrechen*) stop; **4.** *sich* ~ *in od. bei usw.* stay (*od.* live, be) in *od.* at, *etc.*; **5.** *fig. sich ~ bei od. über e-m Problem usw.* dwell on, *über die Zeit*: linger on *od.* over; *ich kann mich damit nicht ~* I cannot spend (*stärker*: waste) any time on it; *ich brauche mich bei diesem Punkt nicht ~* I need not belabo(u)r this point; **6.** *sich ~ über* (*tadeln*) find fault with, criticize, take exception to.
aufhäng|en *v/t.* hang (up) (*an* on); ⊕ suspend (from); *j-n* ~ hang a p. (by the neck); *sich* ~ hang o.s.; *fig. j-m et. ~ → aufhalsen*; ˜**er** *m* **1.** *an Jacke usw.*: tab; **2.** *fig.* peg (*für eine Geschichte usw.* on which to hang a story, *etc.*), F gimmick; ˜**ung** *f* suspension; *mot.* (*halbstarre* ~ (semi-)rigid suspension; *elastische* (*vollschwebende*) ~ flexible (fully floating) suspension.
aufhäuf|en *v/t.* heap up, *a. sich* ~ pile up, accumulate; (*Schätze usw.*) amass; ˜**ung** *f* accumulation.
aufheben I. *v/t.* **1.** take up, *vom Boden*: *a.* pick up; **2.** (*hochheben*) lift (up), raise; (*Hand usw.*) hold up; (*j-n*) help *a p.* up; **3.** (*aufbewahren*) keep, preserve; (*lagern*) store, warehouse; *gut aufgehoben sein* be in safe keeping; *Person*: be well taken care of (*bei* by), be in good hands (with); **4.** (*beenden*) stop, arrest; (*Belagerung, Blockade, Maßnahme*) raise; (*Erlaß, Verbot*) remove, cancel; lift *a ban*; (*Boykott, Streik*) call off; (*Organisation*) dissolve; (*Stillschweigen*) break *silence*; (*Versammlung*) break up, dismiss, adjourn; (*Verlobung*) break off; ℞ (*Bruch*) reduce; (*abschaffen*) abolish; (*widerrufen*) revoke; (*ersetzen*) supersede; (*für ungültig erklären*) declare null and void, invalidate, cancel, (*a. Ehe*) annul; *zeitweilig, vorläufig*: suspend; (*Gesetze*) repeal, abrogate; (*Vertrag*) rescind, terminate; ⚖ (*Urteil*) quash, reverse, set aside; (*Beschlagnahme*) withdraw; ⚔ *die Beschlagnahme von et.* ~ derequisition; → *Tafel*; **5.** (*ausgleichen*) balance, set off, offset; (*e-e Wirkung*) cancel, neutralize, negative; *sich gegenseitig* ~ neutralize each other, cancel each other out; **II.** ˜ *n*: *viel ~s machen* make a great fuss (*von* about); *viel ~s um nichts* much ado about nothing.
Aufhebung *f e-r Belagerung usw.*: raising; *von Beschränkungen usw.*: removal, lifting; (*Abschaffung*) abolition; (*Außerkraftsetzung*) cancellation, nullification; *vorläufige*: suspension; *der Ehe*: annulment; *der ehelichen Gemeinschaft*: (judicial) separation; *e-s Gesetzes*: repeal, abrogation; *e-s Vertrags*: rescission, termination; *e-r Organisation*: dissolution; *e-r Versammlung*: breaking up, adjournment; *e-r Wirkung*: neutralization; ⚖ *e-s Urteils*: reversal; ~ *e-r Klage* withdrawal of an action, nonsuit.
aufheiter|n *v/t.* (*j-n*) cheer *a p.* up; **II.** *v/refl.*: *sich* ~ *Wetter*: clear up, *Himmel*: clear, *a. Gesicht*: F brighten; ˜**ung** *f* cheering up; amusement; *Wetter*: clearing up, brightening; *zeitweise* ~ bright periods *pl.*, sunny spell.

aufhelfen *v/i.*: *j-m* ~ help a p. up.

aufhellen I. *v/t.* clear, brighten, light up; *fig.* throw light upon, illuminate; **II.** *v/refl.*: *sich* ~ brighten, *Wetter*: *a.* clear up.

aufhetz|en *v/t.* instigate, incite, stir up; *j-n gegen j-n* ~ set a p. against a p.; **⁀er(in** *f*) *m* instigator; *pol.* agitator, fomenter; **⁀ung** *f* instigation, incitement; *pol.* agitation, fomenting.

aufheulen *v/i.* (give a) howl; *mot.* roar.

aufhol|en I. *v/t.* ⚓ haul up; *Segeln*: bring close to the wind; *fig.* make up (for); (*Zeit*) make up for *lost time*; *Versäumtes* ~ recover lost ground, make up for leeway; **II.** *v/i.* gain (*gegen* on); *Sport*: *a.* pull up (to), close the gap; **⁀konjunktur** ⚕ *f* backlog boom.

aufhorchen *v/i.* prick (up) one's ears, listen attentively; *bsd. fig.* sit up and take notice.

aufhören *v/i.* (*zu Ende gehen*) cease; (*abbrechen*) discontinue; *allmählich*: subside, ebb; ~ *zu inf.* cease to *inf. od. ger.*; stop (*od.* leave off, *Am.* quit) *ger.*; have done (with) *ger.*; ~ *zu arbeiten* knock off work; *ohne aufzuhören* incessantly, without let-up; *der Sturm hat aufgehört* has calmed down *od.* blown over; F *da hört doch alles auf!* that's the limit!, that beats everything!; *hör auf damit!* stop it!, *sl.* cut it out!

aufjagen *v/t.* (*Wild*) start, rouse; (*Vögel*) flush; *fig.* (*j-n*) rout out.

aufjauchzen, aufjubeln *v/i.* shout with joy, jubilate.

Aufkauf ⚕ *m* buying up; *spekulativer*: cornering, forestalling; **⁀en** *v/t.* buy up; *spekulativ*: corner *goods od. the market*, forestall *the market*; (*Wechsel*) discount.

Aufkäufer *m* wholesale buyer; (*Agent*) buying agent; (*Spekulant*) speculative buyer, forestaller.

aufkeimen *v/i.* bud, burgeon, germinate, sprout (*alle a. fig.*); **~d** *fig. adj.* budding, nascent.

aufklapp|bar *adj.* hinged, folding; *~er Sitz* tip-up (*od.* folding) seat; **~en** *v/t.* open; (*Sitz*) tip up; (*Messer*) *a.* unclasp; (*Tisch*) put up the folds of.

aufklär|en *v/t.* clear up (*a. Wetter*: *sich* ~); *fig.* (*et.*) clear up, clarify; throw light on, illuminate; (*Geheimnis, Verbrechen*) solve, F crack; (*j-n*) enlighten (*über* on); *sexuell*: enlighten on sexual matters, F explain the facts of life to; (*unterrichten*) inform, instruct, educate; ⚔ (*a. v/i.*) reconnoit|re, *Am.* -er, scout; *j-n über e-n Irrtum* ~ correct a p.'s mistake, undeceive a p.; *sich* ~ *Verbrechen usw.*: be cleared up; **⁀er** ⚔ *m* → *Aufklärungsflugzeug*.

Aufklärung *f* clearing up; *fig.* englightenment; *hist. the* Enlightenment; educational work; (*Erklärung*) explanation; information; (*Klarstellung*) clarification; *e-s Geheimnisses usw.*: solution; *Wetter*: bright period, sunny spell; ⚔ reconnaissance, scouting; *sexuelle* ~ sex enlightenment, sex instruction; ~ *e-s Verbrechens* clearing up of (*od.* solving) a crime; *sich über et.* ~ *verschaffen* inform o.s. on a th.; ~ *verlangen* (*über*) demand an explanation (of).

Aufklärungs...: **~arbeit** *f*, **~feldzug** *m* educational work *od.* campaign; **~fahrzeug** ⚓ *n* scout vessel; **~film** *m* sex education film; **~flugzeug** *n* reconnaissance plane, observation aircraft, scout; **~schrift** *f* informative pamphlet; **~tätigkeit** *f* reconnaissance activity; **~zeitalter** *n* Age of Enlightenment.

aufklauben *v/t.* pick up.

aufklebe|n, aufkleistern *v/t.* stick on, paste on; *mit Gummi*: gum *od.* glue on; (*Briefmarken*) affix, put on (*auf* to, on); **⁀etikett** *n* adhesive (*od.* sticky) label, *Am.* sticker.

aufklingen *v/i.* resound, ring out.

aufklinken *v/t.* (*Tür*) unlatch.

aufknacken *v/t.* (*a. sl. e-n Safe*) crack (open).

aufknöpfen *v/t.* unbutton; → *aufgeknöpft*.

aufknüpfen *v/t.* tie up; (*lösen*) untie, undo; (*j-n*) hang.

aufkochen *v/i. u. v/t.* boil (up); *et.* ~ (*lassen*) bring to the boil.

aufkommen I. *v/i.* **1.** (*aufstehen*) rise, get up; *Wetter*: come up; *Wind*: spring up; (*entstehen*) spring up, arise; *Mode, Brauch*: come into fashion (*od.* vogue, use); *Erfindung usw.*: emerge, appear; (*sich ausbreiten*) spread; *Gedanke usw.*: arise; *Rede, Gerücht*: start, arise; *Geld*: be raised, come in; (*genesen*) recover; *Zweifel* ~ *lassen* give rise to doubt(s); *nicht* ~ *lassen* (*et.*) suppress, control; (*j-n*) give *a p.* no chance; *niemand* ~ *lassen* suffer no rival; **2.** *gegen j-n od. et.* ~ prevail against, cope with, be a match for; *Sport*: gain on *a p.*; *gegen ihn komme ich nicht auf* I am no match for him; **3.** *für et.* ~ answer (*od.* be responsible, liable) for a th.; *für die Kosten* ~ pay, defray; *für den Schaden* ~ compensate for, make

good; *für Schulden, Verluste* ~ make o.s. liable for; **II.** ≈ *n* **4.** (*Genesung*) recovery; **5.** (*Entstehung*) origin, rise, emergence; *e-r Mode usw.*: coming into fashion, introduction; **6.** *Steuer*: revenue, yield.
aufkratzen *v/t.* scratch open; (*Wolle*) card; sich ~ scratch o.s. sore; → aufgekratzt.
aufkrempeln *v/t.* (*Hose, Hutrand*) turn up; (*Ärmel*) roll (*od.* tuck) up.
aufkreuzen *v/i.* ⚓ beat to windward; F *fig.* turn up, show up.
aufkriegen F *v/t.* → aufbekommen.
aufkündig|en *v/t.* → kündigen; (*Gehorsam*) refuse; ✝ (*Hypothek*) call in, foreclose; (*Kapital*) recall; (*Kauf*) cancel; (*Vertrag*) give notice of termination of, revoke; j-m die Freundschaft ~ renounce a p.'s friendship, break with a p.; **≈ung** *f* warning, notice; *von Kapital e-r Hypothek*: recall(ing); *e-s Vertrags*: termination, revocation.
auflachen *v/i.* burst out laughing, give a laugh.
auflad|en *v/t.* load, lade; *mot.* boost, supercharge; ⚡ charge; ⚡ wieder ~ recharge; *fig.* j-m et. ~ burden (*od.* charge) a p. with a th.; sich et. ~ saddle o.s. with a th.; **≈er** *m* **1.** loader, packer; **2.** *mot.* → **≈egebläse** *n* supercharger, *Am.* booster.
Auflage *f* **1.** *e-r Steuer*: imposition, levy; (*Steuer*) tax, duty; **2.** (*Anweisung*) direction, instruction; (*Bedingung*) condition; (*amtlicher Befehl*) order, injunction; (*Pflicht*) duty; et. zur ~ machen make a th. a condition (j-m for a p.); **3.** *e-s Buches*: edition; (~*ziffer*) number of copies, *e-r Zeitung*: circulation; **4.** (*Stütze*) rest (*a. beim Schießen*), support, seat; **5.** (*Futter*) lining; (*Anstrich*) coat(ing); (*Schicht*) layer; **~fläche** *f* bearing (*od.* contact) surface; **~höhe** *f*, **~ziffer** *f* number of copies; *e-r Zeitung*: circulation, issue.
Auflager ⊕ *n* support.
auflass|en *v/t.* **1.** leave open; ⚖ (*Grundstücke*) convey, cede; ⚒ abandon; **2.** (*Ballon*) release, send up; **≈ung** *f* ⚖ conveyance; ⚒ abandonment.
auflauern *v/i.*: j-m ~ waylay a p. (*a. weitS., co.*), (lie in) wait for a p.
Auflauf *m* **1.** (⚖ unlawful) assembly, crowd; *stürmischer*: tumult, commotion, riot; **2.** *Speise*: soufflé; **~bremse** *mot. f* overrunning brake; **≈en I.** *v/i.* rise, swell; *Gelder*: accumulate, *a. Rechnung*: run up, mount up; *Zinsen usw.*: accrue, accumulate; ⚓ run aground; **II.** *v/t.*: sich die Füße ~ get footsore.
aufleben I. *v/i.* (wieder ~) revive (*a. alte Rechte*), come to life again; wieder ~ lassen revive; **II.** ≈ *n* revival.
auflecken *v/t.* lick (*od.* lap) up.
Auflegematratze *f* overlay (mattress).
aufleg|en *v/t.* **1.** (*Kohlen, Schallplatte usw.*) put on; (*Gewehr usw.*) rest (auf on); *teleph.* (*den Hörer*) restore (the receiver), hang up (*a. v/i.*); (*Tischtuch*) lay, spread; (*Pflaster usw.*) apply; (*Farbe, Schminke*) lay (*od.* put) on; sich ~ auf lean on; **2.** (*Buch*) publish, print; wieder ~ reprint, republish; **3.** (*Zeitschriften usw.*) lay out; (*Waren*) lay up, display (for sale); **4.** (*Schiffe*) lay up; **5.** (*Last*) impose (j-m on a p.); (*Strafe*) inflict; **6.** ✝ (*Emission*) bring out; (*Anleihe zur* Zeichnung) ~ invite subscriptions for *a loan*, offer for subscription; **≈ung** *f* imposition; infliction.
auflehn|en I. *v/t.*: *et.* (*a.* sich) ~ auf lean *od.* rest on *od.* against; **II.** *fig. v/refl.*: sich ~ rebel, revolt, F kick (gegen against), oppose (*a th. od. p.*); **≈ung** *f* rebellion, revolt, mutiny; opposition, resistance.
aufleimen *v/t.* glue on (auf to).
auflesen *v/t.* pick up (*a fig.*); (*Ähren*) glean.
aufleuchten *v/i.* **1.** flash (*od.* light) up; **2.** *Augen*: light up; *Gesicht*: *a.* brighten (up).
aufliegen I. *v/i.* **1.** lie *od.* rest (auf upon); weigh (on); **2.** *zur Besichtigung usw.*: be laid out (zu for); *Waren*: be exposed (for sale); zur Zeichnung ~ be offered for subscription; **II.** *v/refl.*: sich ~ get bedsore.
auflockern I. *v/t.* **1.** ⛏ break (up), loosen *the ground*; **2.** *fig.* loosen up, ease, relax; (*lebhafter gestalten*) liven up, relieve; **3.** (*streuen*) disperse *industry, houses, etc.*; **II.** *v/refl.*: sich ~ **4.** *Bewölkung*: break up, disperse; **5.** *fig. Atmosphäre*: relax; **6.** *Sport*: limber up.
auflodern *v/i.* blaze up (*a. fig.*).
auflös|bar *adj.* A, *Rätsel usw.*: solvable; ⚖ dissolvable; ⚗ soluble; **~en** *v/t.* (*öffnen*) loosen, untie; (*entwirren*) disentangle, unravel; ⚗ (*verflüssigen*; *a.* sich ~) dissolve, melt; (*zerlegen, in s-e Bestandteile* ~, *a.* sich ~) disintegrate, resolve, break up; (*zersetzen*) decompose; (*Rätsel, Aufgabe,* A *Gleichung, Klammer*) solve; *ling.*,

⚗ analyse; ℞ (*Brüche*) reduce; ♪ a) (*Dissonanz*) resolve; b) (*Vorzeichen*) cancel; (*Beziehungen*) sever, (*a. Verlobung*) break off; (*Parlament, Verein, Ehe*) dissolve; (*Vertrag*) cancel, annul; (*Firma, Geschäft*) liquidate, wind up; (*Konto*) close; (*Versammlung, a. sich* ~) dissolve, break up; (*Truppen, Behörde, Organisation*) disband, *Am.* ⚔ phase out; → *aufgelöst, Träne, Wohlgefallen.*
Auflösung *f* loosening; disentanglement; (*Lösung*) solution (*a.* ℞ *u.* ⚗); *e-s Romans usw.*: denouement (*fr.*); (*Zerlegung*) decomposition, disintegration; ⚗ analysis; ♪ a) *e-r Dissonanz*: resolution; b) *e-s Vorzeichens*: cancel(l)ation; ⚕ break-up, final stage, (*Tod*) death, decease; *e-r Ehe, des Parlaments usw.*: dissolution; (*Zerfall*) disintegration (*a. fig.*); ⚖ liquidation, winding-up; *e-s Kontos*: closing; ⚔ disbandment, *Am.* phase-out; *von Beziehungen*: severance; *opt., phot.* resolution, resolving power; *e-s Vertrags*: annulment, cancellation; *in der* ~ *begriffen* in the process of disintegration; **~smittel** *n* (dis)solvent; **~svermögen** *n* ⚗ solvent power; *opt., phot.* resolving power; **~szeichen** ♪ *n* natural.
auflöten *v/t.* solder on (*auf* to).
aufmach|en I. *v/t.* **1.** (*öffnen*) open; → *Auge, Ohr*; (*Schloß*) unlock; (*Flasche*) uncork; (*Kleid, Knoten*) undo; (*Paket*) undo, unpack; (*Schirm, Vorhang*) put up; (*Verschnürtes*) unlace; (*Zugeknöpftes*) unbutton, unfasten; **2.** (*Tür*) → 7; (*Geschäft*) open; (*eröffnen*) *a.* set up, establish; **3.** (*Rechnungen*) make out, draw up; (*Konto*) open; **4.** (*zurechtmachen*) make up, get up (*a. sich* ~), (*Ware*) *a.* pack attractively; (*gestalten*) design; *fig. et. groß* ~ highlight (*od.* play up) a th.; **5.** ⊕ (*Dampf*) get up; **II.** *v/i.* **6.** *a. Geschäft usw.*: open; **7.** (*die Wohnungstür* ~) *auf Klingelzeichen*: *a.* answer the door (*od.* bell); **III.** *v/refl.*: *sich* ~ (*weggehen*) set out, start (*nach* for), *nach*: *a.* make for; **≈er** F *m Zeitung*: front-page story, F gimmick; **≈ung** *f* make-up, *a. e-s Buches, e-r Zeitung*: get-up; *e-r Seite*: layout, make-up; *weit S.* style, presentation; *fig.* display, splash; *et. in großer* ~ *herausbringen* feature, highlight.
Aufmarsch *m* marching up; *von Demonstranten usw.*: march; ⚔ initial assembly, (strategic) concentration; (*Entfaltung zum Gefecht*) deployment; (*Parade*) parade, march-past; **~bewegung** *f* concentration movement; **~gebiet** ⚔ *n* **1.** concentration (*od.* marshalling) area; **2.** deployment zone; **≈ieren** *v/i.* march up; ⚔ *a. strategisch*: assemble; *taktisch*: deploy (*a.* ~ *lassen*); **≈plan** *m* operational plan.
aufmaschen *v/t.* mend a ladder (*Am.* run) in *a stocking*.
aufmauern *v/t.* brick up.
aufmerk|en *v/i.* attend, pay attention (*auf* to); → *aufhorchen*; **~sam I.** *adj.* attentive (*auf* to); (*wachsam*) watchful, vigilant; (*eifrig*) keen; *fig.* (*zuvorkommend*) obliging, attentive, kind (*gegen* to); *j-n* ~ *machen auf* call (*od.* draw) a p.'s attention to, point *a th.* out to a p.; *auf et.* ~ *werden* become aware of (*od.* alert to) *a th.*, notice; **II.** *adv.*: ~ *verfolgen* follow closely; ~ *zuhören* be all ears; **≈samkeit** *f* attention, attentiveness; (*Wachsamkeit*) watchfulness, alertness, vigilance; (*Höflichkeit*) courtesy, civility, kindness; *e-e kleine* ~ (*Geschenk*) attention, small token (*od.* gift); ~ *erregen* attract attention; *s-e* ~ *richten auf* direct (*od.* focus) one's attention to (on); *j-m od. e-r Sache* ~ *schenken* pay attention (to); *er überschütette sie mit* ~*en* he showered her with his attentions.
aufmöbeln F *v/t. sl.* pep up.
aufmontieren *v/t.* mount.
aufmucken F *v/i.* F kick (*gegen* against).
aufmunter|n *v/t.* rouse; *fig. a.* (*ermutigen*) encourage, reassure, buoy up, *sl.* pep up; (*erheitern*) cheer up; (*beleben*) animate; **≈ung** *f* cheering up; encouragement, uplift.
aufmüpfig F *adj.* rebellious.
aufnageln *v/t.* nail down (*auf* on).
aufnäh|en *v/t.* sew on; (*verkürzen*) tuck; **≈er** *m* tuck.
Aufnahme *f* **1.** *von Lasten, a. fig. von Gesprächen, der Arbeit usw.*: taking up; → *a.* 7; **2.** *von Nahrung*: intake; ⚡ input; (*Aufsaugung*) absorption (*a. fig. von Warenangebot, e-s Fremdworts, von Wissen*), uptake; *physiol., a. fig.* (*Einverleibung*) assimilation; *fig.* (*geistige* ~) reception, taking in, grasping; **3.** (*Eingliederung*) integration (*in* within), incorporation (into); (*Einbeziehung*) inclusion (into); (*Zulassung*) admission ([in]to); (*Einschreibung*) enrol(l)ment, registration; *in e-e Liste*: listing, entry; ~ *in e-n Verein* admission to a club; ~ *finden* be admitted (*bei* [in]to);

4. (*Empfang*) reception (*a. fig. e-s Theaterstücks, e-r Nachricht usw.*); *j-m e-e freundliche* ~ *bereiten* receive a p. kindly; *fig. e-e herzliche* (*kühle*) ~ *finden* meet with a warm (cool) reception (*bei* from); **5.** (*Beherbergung, Unterbringung*) accommodation; **6.** *von Inventar*: stocktaking, inventory; *e-s Schadens*: assessment; **7.** ~ *von Beziehungen* entering into relations, establishing contacts; **8.** ⚕ *e-r Anleihe*: raising, floatation; *von Schulden*: contraction; assessment; *von Kapital*: taking up, borrowing; **9.** *e-s Protokolls usw.*: drawing up, recording; **10.** *e-s Films*: shooting, *einzelne*: shot, take; *e-r Photographie*: taking *od.* shooting (a picture); (*Photo*) photo(graph), shot; (*Ton*≈) (sound) recording; *e-e* ~ (*auf Band*) *machen* make a (tape-)recording; *Achtung* ~! *Film*: Action!, Camera!; **11.** *geographische*: mapping-out; *topographische*: survey, plotting; *statistische*: survey, census; **~atelier** *n* (film *od.* recording) studio; **~bedingungen** *f/pl.* terms of admission; **≈bereit** *adj.* **1.** *Film*: ready to shoot; **2.** *fig. Person, Geist*: receptive (*für* to); **≈fähig** *adj.* (*geräumig*) capacious; ⚗ *u.* ⚕ capable of absorption; *geistig*: receptive (*für* to), able to take in *a th.*; **~fähigkeit** *f* capacity (of absorption, *a.* ⚕); *geistige*: receptivity; **~gebühr** *f* admission (*od.* entry) fee; **~gelände** *n Film*: lot; **~gerät** *n* (*Ton*≈) recording equipment, recorder; *phot.* camera; *Film*: camera equipment, pick-up unit; **~leiter** *m Film*: production manager; (*Ton*≈) recording (*od.* studio) manager; **~prüfung** *f* entrance examination; **~raum** *m*, **~studio** *n* studio; **~vermögen** *n* → *Aufnahmefähigkeit*; **~wagen** *m* recording van, *Am.* pickup truck.

aufnehmen *v/t.* **1.** (*heben*) take (*od.* lift) up, raise; *vom Boden*: pick up (*a. fig. Spur*); (*Wasser aufwischen*) mop up; **2.** (*Nahrung*) take in; (*aufsaugen, a. in sich* ~) absorb (*a. geistig u.* ⚕ *vom Markt*), assimilate (*a. Wissen*); *geistig*: *a.* take in; (*geistig erfassen*) grasp, comprehend, make *a th.* one's own; **3.** (*einbeziehen, eingliedern*) include (*in* into), integrate (within), incorporate (in), embody (in); (*Klausel*) insert (in); (*eintragen*) list, enter; (*annehmen*) accept; *in e-n Verein usw.* ~ admit to; **4.** (*empfangen*) receive (*a. fig. e-e Nachricht usw.*); *fig. a.* (*günstig* ~) welcome; *j-n freundlich* ~ receive a p. kindly; *fig. et. begeistert* (*kühl*) ~ receive a th. with enthusiasm (coolly); *fig. herzlich* (*ungünstig*) *aufgenommen werden* meet with a warm (an unfavo[u]rable) reception (*bei* from); *e-e Bemerkung, e-e schlimme Nachricht usw. gut* ~ take *a th.* well (*od.* in good part); *et. übel* ~ take a th. ill (*od.* amiss), take offen|ce (*Am.* -se) at a th.; **5.** (*Platz bieten für*) accommodate, hold, admit, shelter; (*beherbergen, unterbringen*) take in, accommodate; **6.** (*katalogisieren*) catalogue; (*Inventar*) make an inventory of; (*Schaden*) assess; **7.** (*Tätigkeit, Gespräch usw.*) take up; (*Betrieb*) start, open; (*Verhandlungen*) enter into; (*Beziehungen*) enter into *relations*, establish *contacts*; *et. wieder* ~ resume; *den Kampf* ~ give battle, *mit j-m*: fight (against) a p., take a p. on; *es mit j-m* ~ (*können*) be a match for a p., be as good as a p.; **8.** (*Geld*) borrow; (*Kapital*) *a.* take up; (*e-e Anleihe*) raise, float; (*e-e Hypothek, Geld*) raise (*auf ein Haus usw.* on); (*Schulden*) contract; **9.** (*Protokoll*) draw up *the minutes*, record; (*Diktat, Stenogramm*) take (down); (*Telegramm*) take; **10.** (*photographieren*) photograph, shoot; take (*j-n* a p.'s picture), take pictures of; (*Film*) shoot; (*Einzelszene, Details*) *a.* photograph; *auf Band, Schallplatte*: record; **11.** *geogr.* map out; (*vermessen*) survey.

aufnotieren *v/t.* note (down), make a note of.

aufnötigen *v/t.*: *j-m et.* ~ force (*od.* thrust) a th. (up)on a p.

aufoktroyieren *v/t.*: *j-m et.* ~ force (*od.* thrust) a th. upon a p., impose a th. on a p. (from above).

aufopfer|n *v/t.* sacrifice (*sich* o.s.) (*für od. dat.* for); **~nd** *adj.* sacrificing, devoted; **≈ung** *f* (self-) sacrifice; devotion.

aufpacken *v/t.* **1.** pack up, load (*auf* on); *j-m et.* ~ load a p. with a th.; → *a. aufbürden*; **2.** (*öffnen*) unpack, undo.

aufpäppeln *v/t.* feed up; *a. fig.* spoon-feed, coddle up.

aufpass|en I. *v/i.* (*aufmerken*) be attentive, be all ears, pay attention; (*vorsichtig sein*) take care, look (*Am.* watch) out, be on one's guard, be on the alert; ~ *auf* attend to, take care of, look after, mind; (*beobachten*) watch; *aufgepaßt!*, *paßt auf!* attention!, (*Vorsicht*) look (*Am.* watch) out!; F *paß* (*mal*) *auf!* look (*Am.* see) here!, listen!; **II.** *v/t.* ⊕ (*anpassen*) adapt, fit on; **≈er(in** *f*)

m watcher, overseer, F watch-dog; (*Spitzel*) spy.
aufpeitschen *fig. v/t.* whip (*od.* lash) up; *pol.* foment, agitate.
aufpflanzen *v/t.* set up; ⚔ (*Seitengewehr*) fix; F *sich vor j-m* ~ plant o.s. before a p.
aufpfropfen *v/t.* graft on; ~ *auf* graft (up)on *a th.*
aufpicken *v/t.* pick up.
aufplatzen *v/i.* burst (open), crack.
aufplustern F *v/refl.*: *sich* ~ *Vogel*: ruffle one's feathers; *fig.* puff o.s. up.
aufpolieren *v/t.* polish up (*a.* F *fig.*), refurbish, refinish.
aufpräg|en *v/t.* impress (*auf* on); ~ *auf a.* stamp on *a th.*; **2ung** *f* impress, embossing.
Aufprall *m* bound; (*Stoß*) impact; **2en** *v/i.*: ~ *auf* bounce *od.* (re)bound against; *krachend*: crash into; *hart*: hit, strike *a th.*
Aufpreis ✝ *m* additional price, surcharge; *Wertpapiere*: premium.
aufprobieren *v/t.* try on.
aufpulvern F *v/t. sl.* pep up.
aufpumpen *v/t.* pump up; (*Reifen*) blow up, inflate.
aufputschen *v/t.* incite; (*Nerven, j-n*) *sl.* pep up.
Aufputz *m* finery, attire, F get-up; **2en** *v/t.* **1.** dress up, deck out, smarten up; **2.** (*reinigen*) clean (*od.* mop) up.
aufquellen I. *v/i. Wasser*: well (*od.* bubble) up; (*anschwellen*) swell up, rise; **II.** *v/t.* soak, steep.
aufraffen I. *v/t.* snatch up; **II.** *v/refl.*: *sich* ~ struggle to one's feet; *fig.* rouse (*od.* brace) o.s., pull o.s. together (*zu* for); *Kranke*: recover, rally; *ich konnte mich nicht dazu* ~ (*es zu tun*) I couldn't bring myself to do it.
aufragen *v/i.* rise (on high), loom (up), tower (up).
aufrappeln F *v/refl.*: *sich* ~ → *aufraffen* II.
aufrauhen ⊕ *v/t.* roughen, buff; (*Tuch*) nap; (*Wolle*) card.
aufräum|en *v/t. u. v/i.* (*wegschaffen*) remove, clear away; (*ordnen*) put in order; (*Zimmer*) tidy up, *Am. a.* straighten up; ✝ *sein Lager* ~ clear *od.* sell off one's stock; *fig. mit et.* ~ do away with, get rid of; make a clean sweep of; *fig. gründlich* ~ take rigorous action; *unter der Bevölkerung* ~ *Seuchen usw.*: decimate, play havoc among; → *aufgeräumt*; **2ungsarbeiten** *f/pl.* clearing work *sg.*
aufrechn|en *v/t. u. v/i.* reckon (*od.* count) up; (*ausgleichen*) balance, square, settle; (*in Gegenrechnung bringen*) set off, offset (*gegen* against); ⚖ compensate; ✝ *j-m et.* ~ (*belasten mit*) charge a th. to a p.'s account, charge a p. a th.; **2ung** *f* balancing, squaring; set-off, offset; ⚖ compensation.
aufrecht *adj. u. adv.* **1.** upright, erect; ~ *sitzen* sit up; ~ *stehen* stand erect; **2.** *fig.* upright, hono(u)rable; **~erhalten** *v/t.* maintain; adhere to; (*Brauch, Lehre, Urteil*) uphold, sustain; **2erhaltung** *f* maintenance; support; **~stehend** *adj.* upright.
aufreg|en I. *v/t.* excite, agitate; stir up; (*beunruhigen*) alarm, upset, worry; (*ärgern*) irritate, exasperate; **II.** *v/refl.*: *sich* ~ get excited (*od.* alarmed, upset) (*über* about), get all worked up (about); *reg dich nicht auf!* don't get excited!, F take it easy!, *sl.* keep your shirt on!; **~end** *adj.* exciting, thrilling, dramatic, hair-raising; upsetting; **2ung** *f* excitement, agitation; (*Getue*) fuss; *nur keine* ~! don't panic!
aufreiben *v/t.* **1.** rub on; **2.** *wund*: rub sore (*od.* open), gall, chafe; **3.** ⊕ ream out, broach; **4.** (*verschleißen*) wear away; ⚔ annihilate, wipe out; *fig.* exhaust, wear out; *sich* ~ wear o.s. out; **~d** *adj.* exhausting, harassing, trying.
aufreihen *v/t.* string, thread (*auf* on); (*Leute usw.*), *a. sich* ~ line up.
aufreißen I. *v/t.* rip (*od.* tear) up *od.* open; (*Tür*) wrench (*od.* fling) open; (*Augen usw.*) open *one's eyes* wide, *gaffend*: gape; → *Maul* 2; **II.** *v/i.* split open, burst, crack.
aufreiz|en *v/t.* incite, provoke, stir up, instigate, F egg on; **~end** *adj.* provocative; *Reden usw.*: inflammatory; **2ung** *f* incitement, provocation, instigation.
aufrichten I. *v/t.* raise, set up, erect; (*aufhelfen*) help (*od.* lift) up; (*Oberkörper*) straighten up; ⚓ right; ✈ *a. aus dem Sturzflug*: pull out, *vor der Landung*: level off; *fig.* (*ermutigen*) put fresh heart into *a p.*, (*trösten*) comfort, console; **II.** *v/refl.*: *sich* ~ arise, stand up; straighten o.s.; *vom Boden*: pick o.s. up; (*sich recken*) draw o.s. up (*zu voller Größe* to full height); *im Bett*: sit up; *fig. sich an j-m* ~ take heart from a p.('s words).
aufrichtig *adj.* sincere (*a. Bedauern usw.* = heartfelt), candid, frank; (*ehrlich*) honest, upright; **2keit** *f* sincerity, cando(u)r, frankness; honesty, uprightness.
aufriegeln *v/t.* unbar, unbolt, open.
Aufriß *m* △ (*äußere Ansicht*)

elevation; (*Vorderansicht*) front elevation (*od.* view); ⚒ vertical projection; *fig.* outlines *pl.*
aufritzen *v/t.* slit (*od.* rip) open; (*Haut*) scratch open.
aufrollen *v/t.* roll (*od.* coil) up (*a. sich* ~); (*aufspulen*) reel in; (*Haare*) curl; ⚔ a) roll up *the front*; b) turn the *enemy's* flank; (*entfalten*), *a. fig.* unroll, unfurl (*a. sich* ~); (*Thema usw.*) bring up; *Prozeß wieder* ~ reopen.
aufrücken *v/i.* move up, advance (*a. fig.*); *Sport*: close in, gain ground; ⚔ *in Reih u. Glied*: close the ranks; *im Rang usw.*: be promoted (*zum General* general), rise (*od.* move up) (*zu* to).
Aufruf *m* call, summons; *namentlich*: call-up; *der Regierung*: proclamation; *zur Hilfeleistung*: appeal; *Banknoten*: withdrawal (from circulation); ⚔ *e-s Jahrgangs*: call-up; *e-n* ~ *erlassen* (make an) appeal (*an* to); **≗en** *v/t. u. v/i.* call up (*a.* ⚔ *Jahrgang*); ⚖ (*Zeugen, Sache*) call; (*Banknoten*) call in; *zur Einzahlung auf Aktien* ~ make a call on shares (*Am.* stock); *fig. j-n* ~ *zu inf.* call upon a p. to *inf.*; *zum Streik* ~ call a strike.
Aufruhr *m* (*Empörung*) rebellion, revolt, sedition, insurrection; (*Meuterei*) mutiny; (*Tumult*) riot (*a.* ⚖), tumult, unrest; *a. fig.* uproar, turmoil; *fig. in hellem* ~ *gegen* up in arms against.
aufrühren *v/t.* stir up, rouse (*a. fig. Gefühle usw.*); *fig.* (*alte Geschichten*) rake up.
Aufrührer *m*, **~in** *f* (*Rebell*) rebel, insurgent, mutineer; *pol.* agitator, fomenter; **≗isch** *adj.* rebellious, insurgent, mutinous; *Reden usw.*: seditious, inflammatory.
aufrunden *v/t.*: (*nach oben* ~) round off, bring to a round figure.
aufrüst|en *v/t. u. v/i.* ⚔ (re)arm; ⊕ assemble; **≗ung** *f* (re)armament.
aufrütteln *v/t.* shake up; *fig. a.* shake into action; *aus dem Schlaf, der Untätigkeit usw.*: rouse; **~d** *adj.* rousing, dramatic(ally *adv.*).
aufsagen *v/t.* **1.** say, repeat; (*Gedicht*) *a.* recite; **2.** → *aufkündigen.*
aufsammeln *v/t.* pick up (*a.* F *j-n*), gather (up), collect.
aufsässig *adj.* restive; (*widerspenstig*) rebellious, refractory.
Aufsatz *m* **1.** (*Abhandlung*) treatise, essay, article; (*Schul*≗) essay, composition, *Am.* theme; (*Zeitungs*≗) article; **2.** (*Oberteil*) top (piece); (*Tafel*≗) centre- (*Am.* center-) piece, epergne; ⊕ fixture, attachment; ⚔ *am Geschütz*: quadrant elevation; **~schlüssel** ⊕ *m* socket wrench; **~thema** *n* essay-subject.
aufsaug|en *v/t.* suck up (*od.* in), aspirate; ⚗ *u. fig.* absorb; **~end** *adj.* absorbent; **≗ung** *f* absorption.
aufscharren *v/t.* scratch up.
aufschauen *v/i.* look up (*zu* to; *a. fig.*); glance up.
aufschaukeln ⚡ *v/t.* build up.
aufschäumen *v/i.* foam up, froth, effervesce; *fig.* (*vor Wut* ~) foam (with rage).
aufscheuchen *v/t. hunt.* start, *a. fig.* (*j-n*) rout out, rouse; *fig.* (*beängstigen*) alarm.
aufscheuern *v/t.* (*die Haut*) rub (*sich* o.s.) sore, chafe.
aufschicht|en *v/t.* stack (*od.* pile) up; arrange in layers; *geol.* stratify; **≗ung** *geol. f* stratification.
aufschieb|bar *adj.* postponable; ... *ist* (*nicht*) ~ ... can(not) be postponed *od.* deferred *od.* put off; **~en** *v/t.* **1.** push (*od.* shove) open; **2.** *fig.* postpone, put off (*auf, bis* till), defer (to); (*verzögern*) delay; ⚖ suspend, (*Vollstreckung*) stay; *aufgeschoben ist nicht aufgehoben* it is only a pleasure deferred; *es läßt sich nicht* ~ it brooks no delay; **~end** ⚖ *adj.* suspensive.
aufschießen *v/i.* ⚘ shoot up, sprout; *Flammen usw.*: leap (*od.* shoot) up; *fig.* rise, spring (*od.* shoot) up; (*wachsen*) grow up rapidly, grow tall; *hoch aufgeschossen* lanky, tall, gangling.
Aufschlag *m* **1.** *am Ärmel*: cuff; ⚔ facing; *an der Hose*: turn-up; *am Rock*: lapel, facing, revers; **2.** (*Auftreffen*) striking; *e-r Granate usw.*: impact; *e-s Flugzeugs usw.*: crash; **3.** ✝ (*Kurs*≗, *Preis*≗) advance, rise; (*Zuschlag*) additional (*od.* extra) charge; (*Prämie*) premium; (*Steuer*≗) surtax, additional duty; **4.** *Tennis*: a) (*a.* **~ball** *m*) service; b) (*a.* ~*art*) serve; **≗en I.** *v/i.* **1.** ✈ *usw.* strike ground, crash; ~ *auf* hit, strike *the ground, etc.*; *dumpf* ~ thud; **2.** *Flammen usw.*: leap (*od.* blaze) up; **3.** *Tennis*: serve; **4.** ✝ *Waren*: rise, go up (in price); *Händler*: raise the price; **II.** *v/t.* **5.** break open; (*Ei*) break, crack; (*Knie usw.*) bruise; *sich den Kopf usw.* ~ bruise one's head, *etc.*; **6.** (*Augen, Buch usw. öffnen*) open; (*Wort, Buchstelle*) look up; **7.** (*Deckel usw. heben*) raise, cast up; **8.** (*Tennisball*) serve; **9.** (*errichten*) (*Gerüst*) erect, put up; (*Bett*) set up, put up; (*Lager, Zelt*) pitch;

(*Wohnsitz*) take up; *sein Hauptquartier* ~ *in* make one's headquarters at; **10.** (*Kosten*) charge; **11.** (*Preis*) increase, raise; **~feld** *n Tennis*: service-court; **~spiel** *n* service game; **~zünder** *m* percussion (*od.* impact) fuze; ~ *mit* (*ohne*) *Verzögerung* (non)delay fuze.

aufschließen I. *v/t.* **1.** unlock, open; **2.** (*Gelände*), ⚒ develop; ⚚ (*Markt*) open up, develop; **3.** ⚗ disintegrate, break up; **II.** *v/i.* **4.** open (the door, *etc.*); **5.** ⚔ close (the) ranks; *zum Verband*: close up; **6.** *Sport*: move up; ~ *zu* catch up with; **III.** *fig. v/refl.*: *sich* ~ open one's heart, unbosom o.s. (*dat.* to), *j-m*: confide in a p.

aufschlitzen *v/t.* slit (open), slash.

aufschluchzen *v/i.* (give a loud) sob.

Aufschluß *m* **1.** (*Erklärung*) explanation, information, data *pl.* (*über* about); ~ *geben über* give information about, explain *a th.*; throw light (up)on; *sich* ~ *verschaffen über* inform o.s. about; **2.** ⚗ disintegration; *geol.* exposure; ⚒ open lode, outcrop; **≈reich** *adj.* informative, instructive; *weitS.* revealing, illuminating, tell-tale ...

aufschlüsseln *v/t.* subdivide, break down; (*Kosten*) distribute (in a fixed ratio), allocate.

aufschmieren *v/t.* smear *od.* spread on; *et.* ~ *auf* smear *od.* spread a th. on *a th.*

aufschnallen *v/t.* **1.** buckle *od.* strap on (*auf* to); **2.** (*öffnen*) unbuckle, unstrap.

aufschnappen I. *v/t.* snap up, snatch; F *fig.* pick up; **II.** *v/i.* snap (*od.* spring) open.

aufschneid|en I. *v/t.* cut up (*od.* open); (*Braten*) cut up, carve; *in Scheiben*: slice; (*Buch*) cut the leaves of; ⚕ open; (*Geschwür*) *a.* lance; **II.** *v/i.* (*prahlen*) boast, brag, show off, talk big; **≈er** *m* braggart, boaster, show-off; **≈erei** *f* bragging, boast(ing), showing off, big talk; **~erisch** *adj.* boastful.

aufschnellen *v/i.* bound up.

Aufschnitt *m* cut; *kalter* ~ (slices *pl.* of) cold meat, *Am.* cold cuts *pl.*

aufschnüren *v/t.* **1.** lace, tie (*auf* on); **2.** (*lösen*) untie; (*Schuh*) unlace; (*Knoten*) undo.

aufschrauben *v/t.* **1.** screw on (*auf* to); **2.** (*lösen*) unscrew.

aufschrecken I. *v/t.* startle, frighten up; *aus Gedanken, Schlaf*: rouse (*aus* from); **II.** *v/i.* start (up), jump, give a start.

Aufschrei *m* cry, yell; *schrill*: scream, shriek; *fig.* outcry.

aufschreiben *v/t.* write (*od.* take) down, record; (*e-e Notiz machen von*) make a note of, note *od.* jot down; *beim Spiel*: (*v/i.* keep the) score; ⚚ (*belasten mit*) put to a p.'s account; (*eintragen*) book, enter; *j-n polizeilich* ~ take a p.'s name.

aufschreien *v/i.* cry out, give a yell; *schrill, spitz*: scream, shriek.

Aufschrift *f* inscription, legend; *e-s Briefes*: address; *e-r Flasche usw.*: label; (*Überschrift*) heading.

Aufschub *m* deferment; (*Verzögerung*) delay; *auf bestimmte Zeit*: postponement; (*Vertagung*) adjournment; ⚖ *der Strafvollstrekkung*: stay *of execution*, reprieve; ⚚ (*Stundung*) respite, grace; *e-n* ~ *bewilligen* allow (*od.* grant) respite; *ohne* ~ without delay; *die Sache duldet* (*od. leidet*) *keinen* ~ the matter is urgent (*od.* brooks no delay).

aufschürfen *v/t.* (*Haut*) graze, abrade; bark, skin *one's knee, etc.*

aufschütteln *v/t.* shake up.

aufschütt|en *v/t.* heap up; (*eingießen*) pour on; (*speichern*) store up; (*füllen*) charge, fill, feed; (*Damm*) throw up, raise; (*Erde*) deposit; (*Straße*) coat (with broken stones); **≈ung** *f geol.* accumulation, deposit; (*Speicherung*) storage; (*Damm*) embankment, barrier.

aufschwatzen F *v/t.*: *j-m et.* ~ talk a p. into buying a th.; palm (*od.* foist) a th. off on a p.

aufschweißen ⊕ *v/t.* **1.** weld on (*auf* to); **2.** (*Safe*) weld open.

aufschwellen *v/t. u. v/i.* swell (up).

aufschwemmen *v/t.* bloat.

aufschwingen *v/refl.*: *sich* ~ swing o.s. up; *Vögel*: soar (up); *fig. sich zu et.* ~ brace o.s. up for a th.; *sich* ~, *et. zu tun* bring o.s. to do a th.

Aufschwung *m* **1.** *Turnen*: upward circle (*od.* swing); **2.** *fig.* (*Antrieb*) impetus, stimulus; (*Besserung*) improvement, recovery; (*Fortschritt*) progress, rise, advance; ⚚ *a.* boom, upswing; *der Seele*: elevation, uplift; *e-n neuen* ~ *nehmen* receive a fresh impetus, revive; *neuen* ~ *verleihen* give a fresh impetus (*dat.* to).

aufsehen I. *v/i.* look up; → *aufblicken*; **II.** ≈ *n* sensation, stir; ~ *erregen* cause (*od.* create) a sensation, make a stir; *ohne* ~ *zu erregen* without attracting attention; *um* ~ *zu vermeiden* to avoid notice; **~erregend** *adj.* sensational; startling.

Aufseher(in *f*) *m in e-r Fabrik usw.*:

overseer, foreman; *im öffentlichen Dienst usw.*: supervisor, inspector; *in e-m Museum, Park usw.*: guardian; *e-s Parkplatzes*: attendant; *im Warenhaus*: shopwalker, *Am.* floorwalker; → *Aufsichtsbeamte(r)* 2.

aufsein *v/i.* **1.** be up; **2.** (*offen sein*) be open.

aufsetz|en I. *v/t.* **1.** set up; (*Brille, Hut, Kessel, Flicken, Miene, usw.*) put on; ⊕ attach, mount; *aufgesetzte Taschen* patch pockets; *fig. ein Gesicht* ~ make (*od.* pull) a face; *s-n Kopf* ~ be obstinate, remain adamant; → *Dämpfer, Glanzlicht, Horn* 1, *Krone* 2; **2.** *schriftlich*: draw up, draft; compose; **II.** *v/refl.*: *sich* ~ sit up; **III.** *v/i.* [aviation] touch down, *a. Sport*: land; **&er** *m Sport*: bounce shot.

aufseufzen *v/i.*: (*tief* ~) heave a (deep) sigh.

Aufsicht *f* **1.** supervision, inspection, control; superintendence; *polizeiliche*: surveillance; *e-s Vormunds*: guardianship, tutorage; *bei Kindern, Geisteskranken usw.*: care, custody; *die* ~ *führen über* superintend, be in charge of; *unter* ~ *stehen* be under supervision (*polizeilich*: surveillance); *Gefangene*: be in custody; *Geisteskranke*: be under restraint; **2.** → *Aufsichtsperson*; **3.** [drafting], ⊕ → *Draufsicht*; **&führend** *adj.* superintending, control(l)ing; **~sbeamte(r)** *m* **1.** supervisor, inspector; **2.** *Strafanstalt*: warder, *Am.* guard; **~sbehörde** *f*, **~sinstanz** *f*, **~sorgan** *n* supervisory authority, board of control; **~sdame** *f*, **~sherr** *m im Geschäft*: shop-(*Am.* floor)walker; **~sperson** *f* person in charge, supervisor; **~spersonal** *n* superintending staff; **~spflicht** *f* obligation to supervise, responsibility.

Aufsichtsrat [economics] *m* **1.** supervisory board (of German-type corporation); **2.** → **~smitglied** *n* member of the supervisory board; **~sposten** *m* directorship; **~svergütungen** *f/pl.* remuneration of the members of the supervisory board; **~svorsitzende(r)** *m* chairman (of the supervisory board).

aufsitzen *v/i.* **1.** *nachts, im Bett usw.*: sit up; *zu Pferde*: get on horseback, mount; ~*!, aufgesessen!* mount!; ~ *auf* sit on; **2.** ⊕ rest, be seated (*auf* on); *das Ziel* ~ *lassen* hold at the bottom edge of the target; **3.** F *fig.* F be dished; (*hereingelegt werden*) be taken in (*dat.* by); *j-n* ~ *lassen* leave a p. in the lurch.

aufspalt|en *v/t.* (*a. sich* ~) split (up), break up; [chemistry] *a.* disintegrate; **&öl** *n* cracked oil; **&ung** *f* splitting, split-up, division; *biol. e-r Zelle*: fission; [chemistry] split-up, disintegration.

aufspann|en *v/t.* stretch; (*Landkarte, Leinwand usw.*) mount; ⊕ (*das Werkstück*) fix, clamp; (*Saite*) put on; (*Schirm*) put up, open; (*Segel, Flügel*) spread; (*Zelt*) pitch; **&vorrichtung** ⊕ *f* clamping device, jig.

aufsparen *v/t.* save, put *od.* lay by (*zu, für* for); *fig.* save, (keep in) reserve.

aufspeicher|n *v/t.* store up (*a. fig.*); (*Waren*) *a.* warehouse; (*horten*) hoard; [electricity] store, accumulate; **&ung** *f* storage; accumulation; *von Wasser*: impounding.

aufsperren *v/t.* unlock; open (wide); *fig.* → *Mund*.

aufspielen I. *v/t. u. v/i.* strike up *a tune*; *zum Tanz*: play (to the dance); *Sport*: (*ganz groß* ~) give a demonstration, F make a great show, let off the fireworks; **II.** *v/refl.*: *sich* ~ give o.s. airs, put on side; show off (*mit* et. [with] a th.); *sich* ~ *als* set o.s. up as.

aufspießen *v/t.* spit; (*durchbohren*) pierce; *mit Hörnern*: gore; *auf e-m Pfahl*: impale; *mit Speer usw.*: run through, spear.

aufsplittern *v/t.* (*a. sich* ~) split up.

aufsprengen *v/t.* force open; *mit Sprengstoff*: blast open.

aufspringen *v/i.* **1.** jump up, leap up, bound up, spring to one's feet; *Schisprung usw.*: land; *auf e-n Zug*: jump on (*auf* to *a train*); *Ball*: bounce, rebound; **2.** *Hände*: chap; *Knospen*: burst; *Lackierung, Lippen usw.*: crack; **3.** *Tür*: fly (*od.* burst) open.

aufspritzen I. *v/t.* spray on, squirt on; **II.** *v/i.* splash (up).

aufsprudeln *v/i.* bubble up.

aufsprühen I. *v/t.* spray on; **II.** *v/i.* rise in a spray.

Aufsprung *m* bounce; *Sport*: landing; **~bahn** *f* landing run.

aufspulen *v/t.* wind *od.* reel (up).

aufspüren *v/t.* hunt up (*od.* out), track down, trace (out), ferret out.

aufstacheln *v/t.* goad (*a. fig.*); *fig.* spur (on), incite, stimulate; (*Leidenschaften*) *a.* rouse; *b.s.* instigate.

aufstampfen I. *v/i.* stamp one's foot (*od.* feet); **II.** ⊕ *v/t.* tamp down, ram up.

Aufstand *m* revolt, rebellion, in-

surrection, uprising; (*Meuterei*) mutiny.
aufständisch *adj.* rebellious, insurgent; **⁓e(r** *m*) *f* rebel, insurgent.
aufstapeln *v/t.* pile (*od.* stack) up; (*Vorräte*) store (up).
aufstäuben *v/t.* dust on, spray on.
aufstechen *v/t.* pierce, prick open, puncture; ⚕ (*Geschwür*) lance.
aufsteck|en *v/t.* **1.** put (*od.* stick) up; fix; *mit Nadeln*: pin up; (*Gardinen, Haar*) put up, do up; ⊕ attach, slip on; F *fig. j-m ein Licht* ~ open a p.'s eyes (*über* to); **2.** F (*aufgeben*) chuck up, (*a. v/i.*) give up; (*nur v/i.*) throw up the sponge, pack up; **⁓kamm** *m* dressing-comb; **⁓kappe** ⊕ *f* slip-on cap; **⁓rohr** *n* extension tube.
aufstehen *v/i.* **1.** (*offenstehen*) stand *od.* be open; *Tür*: (*a. halb* ~) be ajar; **2.** (*sich erheben*) rise, get up (*a. vom Bett*); *vom Sitz*: *a.* rise to one's feet, stand up; *von e-r Krankheit*: recover (*von* from); **3.** (*sich empören*) rise (in arms), revolt.
aufsteig|en *v/i.* go up, rise; *Ballon, Bergsteiger usw.*: ascend; *Flugzeug*: a) (*starten*) take off, take the air; b) (*höher* ~) climb; *Reiter*: mount; *Vogel*: soar; *fig.* (*befördert werden*) rise, be promoted; *Sportklub*: be promoted (to the next division); *drohendes Ereignis*: loom; *Gefühl*: well up; *Gewitter*: come up; *ein Gedanke stieg in mir auf* a thought struck (*od.* occurred to) me; *ein Verdacht stieg in mir auf* I had a suspicion; **⁓er** *m Sport*: club promoted to the next higher division, club due for promotion.
aufstell|en *v/t.* set up, put up; ⚔ a) line up; b) (*Einheit, Streitkräfte*) organize, raise; c) (*Geschütz*) emplace; d) (*Wachposten*) post, station; (*Bauten*) erect; (*Falle*) set; (*Leiter*) raise; (*Maschine*) set up, instal(l); (*Wagen*) park; (*Waren*) display; *fig.* (*Behauptung*) make *an assertion*; (*Beispiel*) set; (*Bilanz*) make up, prepare; (*Grundsatz*) lay down; *als Kandidaten*: put forward, nominate; (*Kosten usw.*) specify, *Am.* itemize; (*Lehre, Theorie*) propound, advance; (*Liste*) make out, prepare; (*Rechnung*) make out *od.* up; (*Problem, Regel*) state; (*Rekord*) establish, set (up); (*Schiedsrichter*) appoint; (*System*) establish; (*Tabelle usw.*) compile; *Sport*: (*Spieler*) nominate, put on (the team); (*Mannschaft*) compose, field; (*Zeugen*) produce; *sich* ~ take one's stand, station (*od.* place) o.s.; ⚔ form up, fall in (line); *sich* ~ *lassen für e-n Sitz im Parlament*: stand for *Parliament*, *Am.* run for *Congress*; **⁓ung** *f* setting up (*a.* ⊕ = installation); ⚔ drawing up; (*Anordnung*) arrangement, *a.* ⚔ formation, disposition; *e-r Mannschaft*: team composition; (*Liste*) list, schedule, statement; (*Tabelle*) table, tabulation; (*Übersicht*) survey; (*Bericht*) report; *im einzelnen*: specification, *Am.* itemization; (*Inventar*) inventory; (*Nominierung*) nomination; *e-r Behauptung*: assertion; *e-r Bilanz usw.*: preparation.
aufstemmen *v/t.* **1.** force (*od.* prize) open; **2.** *die Arme* ~, *sich* (*mit den Armen*) ~ brace (*od.* prop) o.s. with one's arms.
Aufstieg *m* ascent (*a. e-s Ballons usw.*); ✈ a) (*Abheben*) takeoff; b) (*Steigen*) climb(ing); *fig.* rise; (*Beförderung*) *a.* promotion; *sozialer usw.*: rise, advancement; *Sport*: promotion; *im* ~ (*begriffen*) on the upgrade *od.* rise; **~skandidat** *m Sport*: promotion contender; **~smöglichkeit** *f* opportunity for promotion; **~sspiel** *n Sport*: promotion tie.
aufstöbern *v/t.* (*Wild*) start, rouse; *fig.* hunt up, track down, ferret out, unearth, discover.
aufstocken I. *v/t.* △ raise (by one story or more); ✝ (*Kapital*) increase; **II.** *v/i.* ✝ raise additional funds; increase the capital.
aufstöhnen *v/i.* groan (aloud).
aufstören *v/t.* disturb, rouse, stir up.
aufstoßen I. *v/t.* **1.** (*Tür usw.*) push open; **2.** *et.* ~ *auf* knock a th. against; (*sich*) *das Knie usw.* ~ bruise one's knee, *etc.*; **II.** *v/i.* **3.** ~ *auf* run against, strike, hit; ⚓ (*auf Grund*) ~ run aground; **4.** *Speisen*: rise, repeat (*j-m* on a p.); (*rülpsen*) *Person*: belch, burp; → *sauer* II; **5.** *fig. j-m* ~ (*auffallen*) occur to *od.* strike a p.; *ihm ist ein Fehler aufgestoßen a.* he came across a mistake; **III.** ⁓ *n* belch(ing), eructation; ⚕ *saures* ~ heart-burn.
aufstreben *v/i.* (*hochragen*) rise, soar, tower up; *fig.* aspire (*zu* to); **~d** *fig. adj. Person*: up-coming.
aufstreichen *v/t.* lay (*od.* brush, coat) on; *Butter aufs Brot* ~ spread butter on bread, spread bread with butter.
aufstreifen *v/t.* (*Ärmel usw.*) turn (*od.* push) up; (*Ring usw.*) slip on.
aufstreuen *v/t.* strew *od.* sprinkle on; *et. auf et.* ~ *a.* strew *od.* sprinkle a th. with *a th.*
Aufstrich *m* **1.** *beim Schreiben*: up-

stroke; ♪ up-bow; **2.** *auf Brot*: spread; *von Farbe*: coat, layer.
aufstülpen *v/t.* (*Ärmel usw.*) turn up; ⊕ slip on; *sich den Hut* ~ clap on one's hat; *aufgestülpte Nase* turned-up nose.
aufstützen *v/t.* prop up (*auf* on, with), support (by); *sich* ~ prop o.s. (up), *auf*: lean (up)on.
aufsuchen *v/t.* **1.** seek out; *vom Boden*: pick up; (*e-e Stelle*) *in e-m Buch*: look up; **2.** (*j-n besuchen*) (go to) see, call on, look up; (*e-n Arzt usw.*) see, consult; (*e-n Ort*) visit, go to; *fleißig od. häufig* ~ frequent; *das Bett* ~ go to bed.
auftakeln *v/t.* ⚓ rig up; F *fig. sich* ~ rig (*od.* tog) o.s. up; *aufgetakelt* all togged (*od.* dolled) up, dressed to kill.
Auftakt *m* ♪ upbeat, pickup, *a. poet.* anacr(o)usis; ♪ *u. poet.* (*unbetonter Taktteil*) arsis; *fig.* prelude, preliminaries *pl.* (*zu* to).
auftanken *v/t. u. v/i.* refuel, fill up.
auftauchen *v/i.* come up, emerge; *U-Boot*: surface; (*erscheinen*) appear suddenly, emerge, turn (*od.* F pop) up; *Frage, Zweifel usw.*: arise, emerge.
auftauen *v/i. u. v/t.* thaw (*a. fig.* = unbend); *mot., a. Tiefkühlkost*: defrost.
aufteil|en *v/t.* divide (up), split up, partition; (*verteilen*) distribute, apportion, (*bsd. Land*) parcel out, allot; **≈ung** *f* division, partition (-ing); allotment; distribution.
auftischen *v/t.* dish up (*a. fig.*), serve up; *j-m et.* ~ regale a p. with a th., treat a p. to a th.
Auftrag *m* **1.** (*Beauftragung*) commission; (*Befehl, Pflicht*) charge; (*Sendung*) *a.* ⚔ mission; (*Aufgabe*) *a.* ⚔ task; (*Botengang*) *a. weitS.* errand; (*Botschaft*) message; ⚖ contract of agency, *a. pol.* mandate, *an Anwalt*: brief; ✝ (*Bestellung*) order; (*Bau≈, Liefervertrag, öffentlicher* ~) contract; (*Ernennung*) appointment; (*Weisung*) direction, instruction; *im* ~ (*i.A.*) on instruction, for, *behördlich*: by order; *im* ~ *von* by order (*od.* on behalf) of; *im* ~ *und auf Rechnung von* by order and for account of; *in* (*od. mit*) *besonderem* ~ on a special mission; *e-n* ~ *ausführen* execute (*od.* fill) an order; *e-n* ~ *erteilen* place an order (*dat.* with); *im* ~ *von j-m handeln* act on (*od.* in) behalf of; *in* ~ *geben* put in hand (*bei* with); order (from); **2.** *von Farbe usw.*: application; **≈en I.** *v/t.* **1.** (*Speisen*) serve (up), dish up; (*Farben*) coat (*od.* lay) on, apply; *typ.* distribute, roll on; *surv.* plot, protract; ⊕ (*anschütten*) *Straßenbau*: embank, fill; **2.** (*Kleid*) wear out; **3.** *j-m et.* ~ charge a p. with a th.; *j-m* ~, *et. zu tun* instruct a p. to do a th.; *er trug mir Grüße an dich auf* he asked me to give you his regards; **II.** *v/i.* **4.** *Kleid usw.*: be bulky; **5.** *fig. dick* ~ exaggerate, F lay it on thick.
Auftrag...: **~geber(in** *f*) *m* (*Besteller*) orderer; (*Kunde*) customer, client; ⚖ mandator; *Handelsrecht*: principal; *e-s Künstlers*: patron; **~nehmer(in** *f*) *m* consignee; contractor; **~sbestand** *m* orders *pl.* in hand, unfilled orders *pl.*; **~sbestätigung** *f* confirmation of order; **~sbuch** *n* order book; **~seingang** *m* order(s *pl.*) received, incoming orders *pl.*; **~serteilung** *f* placing of order; conferring of contract; *bei e-r Ausschreibung*: award; **~sformular** *n* order form (*Am.* blank); **≈sgemäß** *adv.* as ordered; according to instructions; **~-schweißen** *n*, **~shärtung** ⊕ *f* hard facing; **~spolster** ✝ *n*, **~srückstand** *m*, **~süberhang** *m* backlog of (unfilled) orders; **~swalze** *typ. f* inking roller; **~szettel** *m* order slip.
auftreff|en *v/i.* strike, hit, impinge (*auf* on); **≈punkt** *m* point of impact; **≈winkel** *m* angle of impact (*od. von Strahlen usw.*: of incidence).
auftreiben *v/t.* **1.** drive up; (*Wild*) rouse, start; **2.** (*aufblähen*) distend, blow up; **3.** *fig.* (*beschaffen*) find, hunt (*od.* F whistle, *Am. sl.* rustle) up; get hold of, come by; (*Geld*) raise.
auftrennen *v/t.* rip up (*od.* open); (*Naht usw.*) undo; *sich* ~ come undone.
auftreten I. *v/i.* **1.** ~ *auf* step *od.* tread on; **2.** (*erscheinen*) appear (*a. thea. als* as); *thea., engS.* enter, (*spielen usw.*) perform; *als Redner, Sänger*: take the floor; *zum ersten Mal* ~ make one's debut (*a. fig.*); *als Schriftsteller* ~ come forward as an author; **3.** (*handeln*) act, behave; ~ *als* (*sich brüsten als*) pose as; *öffentlich* ~ appear in public; ⚖ *als Kläger* ~ appear as plaintiff, bring an action; *als Zeuge* ~ appear as witness, *Am.* take the (witness-)stand; ~ *gegen* rise against, oppose; *energisch* ~ take a firm stand, F put one's foot down; **4.** *fig.* (*eintreten*) occur, happen, arrive; *Befürchtungen, Zweifel*: arise; *Folgeerscheinungen*: result, ensue; *Schwierigkeiten*: arise, be encountered; *plötzlich*: crop up; **5.**

(*anzutreffen sein*) occur, be found; **II.** *v/t.* **6.** (*Tür usw.*) kick open; **III.** ≈ *n* **7.** (*Erscheinen*) appearance; (*Vorkommen*) occurrence, *a.* *e-r Krankheit*: incidence; **8.** (*Benehmen*) behavio(u)r, bearing; sicheres ~ aplomb; **9.** *thea.* performance; erstes ~ debut.

Auftrieb *m* **1.** *des Alpenviehs*: driving of cattle to the Alpine pastures; **2.** ✝ cattle brought to market; **3.** *fig. von Preisen, Importen usw.*: upsurge; **4.** *phys.* buoyancy (*a. fig*); ✈ (aerodynamic) lift; **5.** *fig.* (*Anstoß*) (fresh) impetus, stimulus, encouragement, F boost, lift; e-n ~ geben *dat. a.* buoy up; neuen ~ verleihen give a fresh impetus (*dat.* to); **~skraft** *f* buoyancy, lift.

Auftritt *m* **1.** (*Trittbrett*) step, foothold; **2.** *thea.* (*Erscheinen*) appearance; (*Szene*) scene (*a. fig. Streit*); *a. fig.* großer ~ Grand Entrance; e-n ~ haben mit j-m have a row with a p.; j-m e-n ~ machen make a p. a scene.

auftrocknen *v/t. u. v/i.* dry up; (*aufwischen*) mop up.

auftrumpfen *fig. v/i.* F come it strong, let go (*mit* with); *Sport*: *a.* → (*groß*) aufspielen I.

auftun *v/t.* open; sich ~ open (*a. fig.*); *Abgrund*: yawn; F *Verein usw.*: form, organize.

auftupfen *v/t.* **1.** mop up, dab up; **2.** (*Farbe usw.*) dab on.

auftürmen *v/t.* heap (*od.* pile) up; sich ~ tower (*od.* loom) up; *Arbeit usw.*: pile up, accumulate.

aufwachen *v/i.* awake(n), wake up.

aufwachsen *v/i.* grow up.

aufwall|en *v/i.* bubble up; *kochend*: boil up; *brausend*: effervesce; *fig. Blut, Leidenschaft*: boil, surge up; **≈ung** *f* bubbling up, boiling; ⚗ ebullition; *phys.* surge; *seelische*: emotion, flush; (*Freude*) exuberance, transport; (*Wut*) outburst.

aufwalzen *v/t.* roll on.

Aufwand *m* cost, expense, expenditure; *an Geld, Zeit, Kraft*: expenditure (an of); (*Anstrengung*) effort; (*Prunk*) pomp, extravagance, splurge; *Luxus*: display; *an Worten*: volubility, profusion; unnützer ~ waste; e-n großen ~ an Kraft *usw.* erfordern require a great deal of energy, *etc.*; großen ~ treiben live in grand style; **~sentschädigung** *f* expense allowance; **~steuer** *f* excess consumption tax.

aufwärmen *v/t.* warm up; *fig.* (*alte Geschichten*) bring up again, rake up, rehash.

Aufwartefrau *f* charwoman.

aufwarten *v/i.* (*j-m*) wait (up)on, attend on; *fig.* ~ mit come up with, offer, show.

aufwärts *adv.* upward(s), up; (*bergan*) uphill; den Fluß ~ upstream; von 4 Millionen ~ from 4 million up(wards); mit ihm geht es ~ things are looking up with him, *a. Kranker, Geschäft*: he (it) is improving; **≈bewegung** *f* upward movement (✝ *a.* tendency); ⊕ (*Hub*) upstroke; **≈haken** *m Boxen*: uppercut; **~schalten** *mot. v/i.* change (*Am.* shift) into higher gear; **≈transformator** ⚡ *m* step-up transformer.

Aufwartung *f* attendance, service; (*Besuch*) (formal) visit; j-m s-e ~ machen pay a visit (*od.* one's respects) to a p.

Aufwasch *m* dirty dishes *pl.*; washing-up; **≈en** *v/t.* wash up; F in einem ≈ F all at one go.

aufwecken *v/t.* wake (up), awake(n), rouse (from sleep); *fig.* awaken, rouse; → aufgeweckt.

aufwehen *v/t.* blow up *od.* open.

aufweichen **I.** *v/t.* soften (up *fig.*), mollify; *naß*: soak, moisten; (*Farben*) temper; **II.** *v/i.* grow soft, soften; **~d** *adj.* softening, emollient.

aufweisen *v/t.* show, present; have, possess, feature; et. aufzuweisen haben have (to show) a th., boast a th.; er hatte nichts aufzuweisen he had nothing to show for it.

aufwend|en *v/t.* (*auslegen*) spend, expend; (*anwenden*) use, employ, apply, devote; Mühe ~ take pains, auf: *a.* bestow (great) efforts on; viel Geld ~ go to great expense; **~ig** *adj.* costly, expensive; large-scale ...; **≈ungen** *f/pl.* expenditure(s), expense(s).

aufwerfen **I.** *v/t.* throw up (*a. Damm, Erde*); (*Tür*) throw open; (*Blasen*) raise; (*Graben*) dig; (*Kopf*) toss; *fig.* (*Frage*) raise, pose, start; **II.** *v/refl.*: sich ~ zu set o.s. up as, pose as.

aufwert|en *v/t.* revalue, revalorize, upvalue; *fig.* upgrade; **≈ung** *f* revaluation, revalorization; *fig.* upgrading.

aufwickeln *v/t.* **1.** roll (*od.* turn) up; (*Haar*) curl up (*alle a.* sich ~); (*aufspulen*) wind *od.* spool up (auf onto); (*Film*) take up; ⚓ (*Tau*) coil (up); **2.** (*loswickeln*) unwind, unfold; (*Paket*) unwrap; (*Haar*) let down.

aufwiegel|n *v/t.* stir up, incite, instigate; **≈ung** *f* instigation, agitation, sedition.

aufwiegen *fig. v/t.* outweigh, compensate for, make up (for).

Aufwiegler *m*, **~in** *f* agitator, fomenter, demagogue; (*Anstifter*) instigator; **⁀isch** *adj.* seditious, agitating; *Rede usw.*: inflammatory.
Aufwind ✈ *m* up-wind, up-current, anabatic wind.
aufwinden *v/t.* (*heben*) lift, jack up; *mit e-r Winde*: hoist; *mit e-m Kran*: raise; (*Anker*) weigh.
aufwirbeln *v/t.* whirl up (*a. v/i.*); (*Staub*) raise; *fig. viel Staub ~* make quite a stir (*od.* scandal), create a sensation.
aufwischen *v/t.* **1.** (*Flüssigkeit usw.*) wipe up, mop up; **2.** (*reinigen*) clean.
aufwühlen *v/t.* (*Erde*) turn up; *Schweine*: root up; (*Meer*) churn up; *fig.* (*Seele*) move, stir, agitate; **~d** *fig. adj.* heart-stirring, haunting.
Aufwurf *m* embankment, dam.
aufzähl|en *v/t.* enumerate, tell, give; *in e-r Liste*: list, specify, *Am.* itemize; (*Geld*) count out; **⁀ung** *f* enumeration, specification, list(ing).
aufzäumen *v/t.* bridle; → *Pferd*.
aufzehren *v/t.* eat up, consume (*a. fig.*); *fig. a.* use up.
aufzeichn|en *v/t.* draw (*auf* upon), sketch; (*notieren*) note (*od.* write, take) down; *amtlich*: register, record (*a.* ⊕, *Radio, TV*), *auf Band*: *a.* tape(-record), *TV a.* video-tape; (*eintragen*) enter, book; *geschichtlich*: chronicle, record; ⊕ plot; **⁀ung** *f* drawing; note; entry; record; ⊕, *TV usw.*: recording; *~en a.* writings, papers; **⁀ungsgerät** *TV n* video tape-recorder.
aufzeigen *v/t.* **1.** show, present, set forth; (*klarmachen*) demonstrate, make evident; (*Fehler usw.*) point out; (*offenbaren*) disclose; **2.** → *aufweisen*.
aufziehen I. *v/t.* **1.** draw (*od.* pull) up; (*Last, Fahne*) hoist; (*Zugbrücke usw., thea. Vorhang*) raise; (*Anker*) weigh; (*Segel*) hoist, set; (*Schublade*) (pull) open; **2.** (*Uhr, Feder*) wind up; *zum ⁀ Spielzeug*: clockwork *mouse, etc.*; **3.** (*Bild*) mount; (*Reifen*) fit on; (*Saiten*) put on; *fig. andere Saiten ~* change one's tune; *gelindere Saiten ~* relent, come down a peg or two; **4.** (*Kind*) bring up, *a. Tier*: rear, raise; (*Pflanze*) cultivate, grow, raise; **5.** *fig.* (*Unternehmen usw.*) organize, start, stage, arrange; **6.** *j-n ~* tease (*od.* chaff, rally, *sl.* kid) a p., pull a p.'s leg; **II.** *v/i.* (*ankommen*) march up, appear; ⚔ draw up; *Gewitter*: approach, come up, gather; ⚔ *auf Wache ~* mount guard.
Aufzucht *f* breeding, rearing.
Aufzug *m* **1.** (*Aufmarsch*) procession, cortège (*fr.*), pageant; *a.* ⚔ parade; **2.** (*Anzug*) attire, appearance, F get-up; **3.** (*Pomp*) show, pomp; **4.** *thea.* act; **5.** (*Fahrstuhl, a. Waren⁀*) lift, *Am.* elevator; (*Küchen⁀*) *Am.* dumb-waiter; ⊕ hoist; (*Kran*) crane; **6.** *Weberei*: warp; **7.** *phot.* winding-key; *Uhr*: winder; **8.** *Turnen*: pull-up; **~kabine** *f* cage; **~schacht** *m* lift (*od.* elevator) shaft.
auf|zwängen *v/t.* **1.** force open; **2.** → **~zwingen** *v/t.*: *j-m et. ~* force (*od.* thrust) a th. upon a p.; push a th. down a p.'s throat; *j-m s-n Willen ~* impose one's will on a p.
Augapfel *m* eyeball; *fig.* apple o the eye, darling.
Auge *n* **1.** *anat.* eye; (*Sehkraft*) (eye)sight; *fig. das ~ des Gesetzes* the eye of the law; *bewaffnetes ~* aided eye; *mit dem bloßen ~* with the naked eye; *blau(geschlagen)es ~* black eye; *künstliches ~* artificial (*od.* glass-)eye; *in die ~n springen* strike (*od.* leap to) the eye; *weitS. a.* be obvious; *in die ~n springend* salient, eye-catching; *~ in ~* eye to eye, face to face (*mit* with); *~ um ~ (, Zahn um Zahn)* an eye for an eye (, a tooth for a tooth); *in meinen ~n* in my view, as I see it; *mit verbundenen ~n* blindfolded; *nur fürs ~* just for show; *unter vier ~n* face to face, in private; *vor aller ~n* openly, publicly, in full view; *aus den ~n verlieren* lose sight (*fig. a.* track) of; *aus den ~n, aus dem Sinn* out of sight, out of mind; *die ~n beleidigen* offend the eye, be an eyesore; *die ~n offenhalten od. aufmachen* keep one's eyes open, keep a sharp lookout; *(sich) die ~n verderben* spoil one's eyes; *die ~n verdrehen* turn up the whites of one's eyes; *die ~n (ver)schließen* close (*od.* shut) one's eyes (*vor* to), *vor der Tatsache usw.*: blink the fact, *etc.*; *die ~n weiden an* feast one's eyes on; *ein ~ haben auf* have an eye upon; *bei et. ein ~ zudrücken* wink at, connive at, turn a blind eye to; *große ~n machen* make big eyes, goggle, gape; *gute (schlechte) ~n haben* have good (bad) eyes; *et. im ~ behalten* keep one's eye on, keep track of, keep in mind; *im ~ haben* have in view (*od.* mind); *ins ~ sehen (j-m)* look *a p.* full in the face, face; *fig.* (*e-r Gefahr, Tatsache*) (look in the) face, envisage; *ins ~ fallen* attract (*od.* catch, strike) the (*od. j-m* a

p.'s) eye, stand out; → *stechen* I; *Ziel usw. ins* ~ *fassen* consider, envisage; *j-m (schöne)* ~*n machen* make eyes at a p., *sl.* give a p. the glad eye; *j-m die* ~*n öffnen* open a p.'s eyes, undeceive a p.; *et.*: *a.* be an eye-opener (for a p.); *j-m die* ~*n verbinden* blindfold a p.; *j-m et. an den* ~*n absehen* read a p.'s wishes in his eyes; *kein* ~ *zutun* not to sleep a wink (all night); *mit anderen* ~*n ansehen* take a different view of; *mit e-m blauen* ~ *davonkommen* get off cheaply; *nicht aus den* ~*n lassen* keep a watchful eye on; *sich vor* ~*n halten* realize, bear in mind; *j-m vor* ~*n führen* make clear to, demonstrate to, point out to; *das hätte leicht ins* ~ *gehen können* F that was a close shave; *ich habe doch* ~*n im Kopf!* I've got eyes!; *das sieht man doch mit einem* ~ you can see that with half an eye; *die* ~*n gehen mir auf* I am seeing daylight; *geh mir aus den* ~*n!* get out of my sight!; *ich traute meinen* ~*n nicht* I did not believe (*od.* trust) my eyes; → *Dorn, Faust, geistig* I, *Sand*; **2.** *zo.* → *Augenfleck*; **3.** *auf Würfeln, Karten*: pip, spot, point; **4.** ⚘ (*Knospe*) bud; (*Kartoffel*≗) eye; **5.** (*Öhr, Öse*) eye(let); ⊕ lug, boss; **6.** (*Fett*≗) grease drop; **7.** *des Sturms*: eye.

äugeln I. *v/i.* ogle (*mit* at); **II.** *v/t.* ⚘ graft, bud.

Augen...: ~**abstand** *m* interocular distance; ~**arzt** *m* ophthalmologist, oculist, F eye-doctor; ~**binde** *f* eye patch *od.* bandage; ~**blick** *m* moment, instant; *entscheidender od. kritischer* ~ critical moment; *alle* ~*e* constantly; *e-n* ~ (*lang*) for a moment; (*einen*) ~! one moment (*od.* just a minute), please!; *im* ~ at the moment; (*im Nu*) in an instant (*od.* a moment); *für den* ~ for the moment, for the time being; *im ersten* ~ at the first moment; *im richtigen* ~ at the right moment; *in diesem* ~ at this moment *od.* instant; *ich erwarte ihn jeden* ~ any moment (*od.* minute); *in dem (od. den)* ~, *als ich ihn sah* the moment I saw him; ≗**blicklich I.** *adj.* instantaneous; immediate; (*vorübergehend*) momentary; (*gegenwärtig*) present; **II.** *adv.* at the moment, at (*od.* for the) present, just now; (*sofort*) instant(aneous)ly, immediately; ~**blicksaufnahme** *phot. f* instantaneous photograph, snapshot; ~**blickserfolg** *m* short-lived success; ~**blickswirkung** *f* instantaneous effect; ~**braue** *f* eyebrow; *die* ~*n zs.-ziehen* knit one's eyebrows; ~**brauenstift** *m* eyebrow pencil; ~**deckel** *m* eyelid; ~**diagnose** ⚕ *f* iridiagnosis; ~**diagnostiker** *m* iridologist; ~**entzündung** *f* inflammation of the eye, ophthalmia; ≗**fällig** *adj.* conspicuous, eye-catching; *fig.* evident, obvious; ~**farbe** *f* colo(u)r of the eye; ~**fleck** *zo. m* eyespot, ocellus; ~**glas** *n* eye-glass; *opt.* eyepiece; ~**heilkunde** *f* ophthalmology; ~**höhe** *f*: *in* ~ at eye-level; ~**höhle** *f* eye socket, 📖 orbit(al cavity); ~**klappe** *f* eye patch; ~**klinik** *f* eye-hospital (*Am.* clinic); ~**leiden** *n* eye-disease; ~**licht** *n* eyesight; ~**lid** *n* eyelid; ~**linse** *f anat.* crystalline lens (of the eye); *opt.* eyepiece; ~**maß** *n* (judgment by the) eye; *fig.* sense of proportion; *gutes* ~ straight eye; *nach dem* ~ by eye; ~**mensch** *m* eye-minded person; ~**merk** *n* attention; (*Ziel*) aim; *sein* ~ *auf et. richten* direct one's attention to a th.; *fig. a.* have a th. in view, aim at a th.; ~**muschel** *f Fernglas*: eye cup; ~**nerv** *m* optic nerve; ~**operation** *f* eye-operation; ~**reizstoff** ⚔ *m* lachrymator, tear gas; ~**salbe** *f* eye ointment; ~**schein** *m* **1.** (*Anschein*) appearance, evidence; *dem* ~ *nach* to all appearances; **2.** (*Besichtigung*) (⚖ judicial) inspection, examination; *in* ~ *nehmen* inspect, examine, view; ≗**scheinlich** *adj.* evident, obvious, apparent; ~**scheinlichkeit** *f* obviousness; ~**schirm** *m* eye-shade; ~**spiegel** *m* ophthalmoscope; ~**sprache** *f* language of the eyes; ~**stern** *m* pupil; *fig.* beloved; ~**täuschung** *f* optical illusion; ~**trost** ⚘ *m* eye bright; ~**weide** *f* feast for the eyes, F sight for sore eyes; ~**wimper** *f* eyelash; ~**winkel** *m* corner of the eye; ~**wischerei** *f* window dressing; ~**zahn** *m* eye-tooth; ~**zeuge** *m* eyewitness; ~**zeugenbericht** *m* eyewitness report; ~**zittern** ⚕ *n* nystagmus.

Augiasstall *m*: *den* ~ *ausmisten* cleanse the Augean stables.

...äugig ...-eyed.

Auguren *hist. m/pl.* augurs; ~**lächeln** *fig. n* knowing smile.

August *m* (month of) August.

Augustiner(mönch) *m* Augustinian (monk).

Auktion *f* (sale by) auction, public sale; *in die* ~ *geben* put up for auction; *zur* ~ *kommen* be sold by auction; ~**ator** *m* auctioneer; ~**slokal** *n* sale-room.

Aula *f* (great) hall, *Am.* auditorium.
Aura *ast.*, ⚕ *f* aura (*a. fig.*).
Aureole *ast.*, *eccl. f* halo, aureole.
aus I. *prp.* out of; from; of; by; through; on, upon; in; off; ~ *Achtung* out of respect; ~ *Berlin* of Berlin, *kommend*: from Berlin; ~ *Ehrgeiz* through ambition; ~ *Erfahrung* by experience; ~ *guter Familie* from a good family; ~ *dem Fenster* out of the window; ~ *dem Französischen* from the French; ~ *Furcht vor* for (*od.* from) fear of; *gebürtig sein* ~ be a native of, come from; ~ *Gehorsam zu* in obedience to; ~ *diesem Grunde* for this reason; ~ *e-m Glas trinken* drink out of (*od.* from) a glass; ~ *Grundsatz* on principle; ~ *Haß* through hatred, out of spite; ~ *Holz* (made *od.* consisting) of wood; ~ *Liebe* from love; ~ *Liebe zu* out of love to, for the love of; ~ *Mangel an* for want of; ~ *Mitleid* out of pity; ~ *unserer Mitte* from our midst, from among us; ~ *Notwendigkeit* out of necessity; ~ *guter Quelle* on good authority; ~ *Shakespeare* from (*od.* out of) Shakespeare; ~ *Scherz* for (*od.* in) fun; ~ *Unwissenheit* from ignorance; ~ *bloßem Verdacht* on mere suspicion; ~ *Versehen* by mistake; ~ *der Zeit Cromwells* from the time of Cromwell; ~ *der Zeitung* from the newspaper; ~ *Ihrem Schreiben ersehe ich* I see by (*od.* from) your letter; *was ist* ~ *ihm geworden?* what has become of him?; **II.** *adv.* out (*a. Sport, Spieler od. Ball*); (*vorbei*) over; (*erledigt*) finished, done with; ~ *sein* be at an end; *die Kirche ist* ~ church is over; *damit ist es* (*jetzt*) ~ that's out (from now on); *es ist* ~ *mit ihm* it is all over (*od.* up) with him, he is done for; *das Spiel ist* ~! the game is up!; *er war gestern* (*mit ihr*) ~ yesterday he was out (with her); *von Grund* ~ thoroughly, radically; *von mir* ~ for all I care; *auf et.* ~ *sein* be set (*od.* bent, keen) on a th.; *darauf* ~ *sein, et. zu tun* be anxious *od.* eager to do a th.; *er weiß weder ein noch* ~ he is at his wit's end; *an* — ~ *auf Geräten*: on — off; **III.** ≈ *n Sport*: out; *im* (*od. ins*) ~ out.
ausarbeit|en I. *v/t.* work out; *sorgsam*: elaborate; (*entwerfen*) prepare, draw up; *schriftlich*: *a.* compose, formulate, write; *vollständig*: perfect, finish; **II.** *v/refl.*: *sich* (*körperlich*) ~ have a good workout; **≈ung** *f* **1.** preparation; working out; elaboration; composition; ⊕ finish(ing); **2.** *körperliche*: workout.
ausart|en *v/i.* degenerate (*in* into); *weitS. Spiel, Gesellschaft usw.*: turn rowdy, get out of hand; **≈ung** *f* degeneration.
ausatm|en *v/i. u. v/t.* breathe out, exhale; **≈ung** *f* exhalation.
ausbaden *fig. v/t.* pay (*od.* suffer) for; *die Sache* ~ (*müssen*) (have to) face the music *od.* take the consequence.
ausbaggern *v/t.* dredge out, excavate.
ausbalancieren *v/t.* balance (out).
ausbaldowern F *v/t.* spy (*od.* find) out.
Ausball *m Sport*: ball out of play, out.
Ausbau *m* **1.** ⊕ (*Abbau*) removal, dismounting; **2.** (*Fertigstellung*) completion; (*Vergrößerung*) extension, enlargement; (*Entwicklung*) development, expansion, improvement; (*Festigung*) consolidation; ⚠ a) (*a.* **~arbeiten** *f/pl.*) interior work *sg.*, finishing *sg.*; b) (*Umbau*) conversion (*zu, als* into).
ausbauch|en *v/t.* (*a. sich* ~) bulge (out), belly out; **≈ung** *f* bulge.
ausbau|en *v/t.* **1.** (*fertigstellen*) complete, finish; (*vergrößern*) extend, expand, enlarge; (*entwickeln*) develop, improve; (*pflegen*) cultivate *relations, etc.*; (*festigen*) consolidate, strengthen; **2.** ⊕ (*abbauen*) remove, dismount; ⚠ finish, (*umbauen*) convert (*zu, als* into); **~fähig** *adj.* capable of development (*od.* expansion, *etc.*); → *ausbauen*; *Stellung*: with good prospects, offering scope.
ausbedingen *v/t.*: *sich et.* ~ stipulate; reserve *a th.* (to o.s.); (*bestehen auf*) insist on; *sich* ~, *daß* make it a condition that.
ausbeißen *v/t.* bite out; *sich e-n Zahn* ~ break a tooth; *fig. sich die Zähne* ~ be biting on granite, *an et.*: find a th. a tough nut to crack.
ausbesser|n *v/t.* mend, repair, *Am. a.* fix; (*überholen*) overhaul; (*Fehler usw.*) correct; (*Lackierung, Bild*) touch up; (*Kunstwerk*) restore; **≈ung** *f* repair, mending; correction.
Ausbesserungs|arbeit *f* repair work; **≈bedürftig** *adj.* in need of repair; **≈fähig** *adj.* reparable; **~werkstatt** *f* repair shop.
ausbeulen *v/t.* **1.** (*Kleidung*) bulge, bag; **2.** ⊕ *mot.* bump out, planish.
Ausbeut|e *f* gain, profit; (*Ertrag*)

yield, output (*a.* ⊕ *u.* ⚒); *fig.* results *pl.*; ≈**en** *v/t.* exploit (*a.b.s.*); ⚒ *a.* work; (*Arbeiter*) exploit, sweat; *weitS.* make the most of, take advantage of; (*Boden usw.*) exhaust, deplete; **~er(in** *f*) *m* exploiter; sweater, slave-driver; ≈**erisch** *adj.* exploitive; **~ertum** *n* sweating (system), slave-driving; **~ung** *f* exploitation (*a. b.s.*); ⚒ working; (*Ausplünderung*) spoliation (*a. fig.*); *von Arbeitern*: sweating.

ausbezahl|en *v/t.* pay out (*od.* in full); (*j-n*) pay off; ≈**ung** *f* payment; paying off.

ausbiegen I. *v/t.* bend out(wards); **II.** *v/i.* turn aside; (*j-m, e-m Auto usw.*) make way for, avoid.

ausbild|en *v/t.* **1.** form, develop (*beide a. sich* ~); (*formen*) fashion, ⊕ design; **2.** (*bilden*) educate; (*schulen*) instruct, train; ⚔ train, drill; *Sport*: train, coach; *sich* ~ (*lassen*) train, take (*od.* undergo) a training; study (*zu* for); *sich* ~ *in* acquire a knowledge in; perfect o.s. in; *sich im Gesang* ~ train to be a singer; → *ausgebildet*; ≈**er(in** *f*) *m* instructor (*a.* ⚔); ≈**ung** *f* formation, development; instruction, education; *Beruf, Sport u.* ⚔: training.

Ausbildungs...: **~bataillon** *n* training battalion; **~beihilfe** *f* education (*od.* training) grant; **~förderung** *f* **1.** (subsidized) educational advancement; **2.** (*Geldbetrag*) education grant; **~lager** *n* training camp; **~lehrgang** *m* course of instruction, training course; **~leiter** *m* chief instructor; **~möglichkeiten** *f/pl.* training facilities; **~stand** *m* state of training; **~zeit** *f* period of training.

ausbitten *v/t.* **1.** *j-n* ~ (*einladen*) ask a p. out; **2.** *sich et.* ~ (*erbitten*) ask for (*od.* request) a th.; (*verlangen*) demand (*od.* insist on) a th.

ausblasen *v/t.* blow out; → *Lebenslicht.*

ausbleiben I. *v/i.* stay away (*od.* out), fail to appear *od.* come; (*überfällig sein*) be overdue; (*fehlen*) be wanting; *Puls*: stop; (*nicht*) *lange* ~ be (not) long in coming; *es konnte nicht* ~, *daß* it was inevitable that; *die Periode blieb bei ihr aus* she missed her period; **II.** ≈ *n* non-appearance, absence; non-arrival; *der Zahlung*: non-payment; ⚖ default.

ausbleichen I. *v/t.* bleach; **II.** *v/i.* bleach (out), fade.

ausblenden *v/t.* (*Radio, Film*) fade out.

Ausblick *m* outlook (*auf* on, over), view (of); *fig.* outlook (*auf, in* on), prospects *pl.*

ausblühen *v/i.* cease blooming, fade; *min.* effloresce; *ausgeblüht haben* be over.

ausblut|en *v/i. Wunde*: cease bleeding; *Person*: bleed to death; ~ *lassen* (*Wunde*) allow to bleed; (*Schlachttier*) drain the blood from; ≈**ungsschlacht** *f* battle of attrition.

ausbohren *v/t.* bore.

ausbomben *v/t.* bomb out.

ausbooten *v/t.* **1.** put into boats, disembark; **2.** *fig.* oust; *weitS.* put out of the running.

ausborgen *v/t.*: *sich et.* ~ borrow (*von* from); *j-m et.* ~ lend (out) to a p.

ausbrech|en I. *v/t.* break out (*od.* off); (*Steine*) quarry out; **II.** *v/i.* break out (*od.* loose); *Vulkan*: break out, erupt; *fig. Feuer, Krieg, Krankheit usw.*: break out; *Gefangene*: break out (*aus* of), escape (from); ⚔ sally forth, make a sortie; *aus e-r Gemeinschaft, a. Sport*: break away (from); *Pferd*: bolt; *in Schweiß* ~ break into a sweat; *fig. in Beifall* ~ break into applause; *in ein Gelächter* ~ burst out laughing; *in Tränen* ~ burst out crying, burst into tears; ≈**er** *m* prison- (*Am.* jail)breaker; *Pferd*: bolter.

ausbreit|en I. *v/t.* spread (out); (*Macht, Geschäft usw.*) expand, extend; (*verbreiten*) spread, disseminate; (*Lehre*) spread, propagate (*a. phys.*); (*zeigen*) show, display; **II.** *v/refl.*: *sich* ~ *Gelände usw.*: spread, stretch (out), extend; *Feuer, Gerücht, Lehre usw.*: spread; (*Boden gewinnen*) gain ground, make headway; F (*sich breitmachen*) spread o.s. out; (*ausführlich werden*) go into details; *sich über ein Thema* ~ enlarge upon; ≈**ung** *f* spread(ing); extension, expansion; propagation, dissemination.

ausbrennen I. *v/t.* **1.** burn out; ⚕ cauterize; **II.** *v/i.* **2.** burn (itself) out, go out; **3.** *Haus usw.*: be burnt out, be gutted; *Erde*: be scorched; → *ausgebrannt.*

ausbringen I. *v/t.* bring out; (*Boot*) launch; (*Ertrag*) yield, produce; *e-n Trinkspruch* ~ *auf* propose a toast to; *j-s Gesundheit* ~ drink a p.'s health; **II.** ≈ ⊕ *n* output, capacity.

Ausbruch *m* outbreak (*a. fig. e-r Krankheit, e-s Kriegs*); *e-s Vulkans*: *a.* eruption (*a. fig. des Zorns*); (*Flucht*) escape, break-out, *Am. a.* jailbreak; *fig.* (*Gefühls* ≈) outburst,

outbreak; *der Freude*: ecstasy, transport; *des Zorns*: eruption, explosion; *zum ~ kommen* break out, come to a head; **~sversuch** *m* attempted escape; ⚔ sally, sortie.
ausbrühen *v/t.* scald.
ausbrüt|en *v/t.* brood, hatch; *künstlich*: incubate; *fig.* hatch, plot; F (*Krankheit*) be sickening for; **≈ung** *f* hatching, incubation.
ausbuchen *v/t.* ✝ cancel, get off the books; transfer; *ausgebucht Reise usw.*: booked-out.
ausbuchsen ⊕ *v/t.* bush.
ausbucht|en *v/t.* indent, scallop; (*aushöhlen*) hollow; **≈ung** *f* convexity, *a.* ⚔ bulge; protrusion; (*Einschnitt*) indentation.
ausbuddeln F *v/t.* dig out.
ausbügeln *v/t.* iron out (*a.* F *fig.*).
Ausbund *fig. m*: *~ von od. an Schönheit usw.* paragon of beauty, *etc.*; *~ von Gelehrsamkeit* prodigy of learning; *ein ~ von Bosheit* a regular demon, an out-and-out rascal.
ausbürger|n *v/t.* deprive of citizenship, expatriate; **≈ung** *f* expatriation.
ausbürsten *v/t.* brush (out).
ausdämpfen *v/t.* steam out.
Ausdauer *f* perseverance; *im Ertragen*: endurance (*a.* ⊕); (*Stehvermögen*) stamina, staying-power; (*Geduld*) patience; (*Zähigkeit*) persistence, tenacity; **≈n** *v/i.* persevere, hold out, last; **≈nd** *adj.* persevering, unflagging; *Sport*: having staying-power; (*geduldig*) enduring, patient; (*zäh*) persistent, tenacious; ⚘ perennial.
ausdehn|bar *adj.* extensible, expansible; **~en** *v/t.* (*a. sich ~*) extend (*auf* to; *a. fig.*); *a. phys. u. fig.* expand; ⊕ *in die Länge*: stretch, elongate; (*vergrößern*) enlarge; ⚕ dilate; → *ausgedehnt*; **≈ung** *f* extension (*a. phys.*), expansion, spread; (*Bereich, Umfang*) extent, scope, range; ⊕ (*Dehnung*) stretching, elongation; Å dimension, increase in volume; (*Verformung*) deformation; ⚕ dilatation; **≈ungspolitik** *f* policy of expansion; **≈ungsvermögen** *n* expansibility; **≈ungsziffer** *f* co-efficient of expansion.
ausdenk|bar *adj.* conceivable, imaginable; **~en** *v/t.* **1.** (*zu Ende denken*) think out; **2.** *sich et. ~* (*erdenken*) think out (*Am.* up), invent, contrive, devise, work out, come up with, F dream up; (*vorstellen*) imagine, conceive, think of; *nicht auszudenken* inconceivable; *weitS. es ist nicht auszudenken* it would be disastrous.
ausdeuten *v/t.* interpret, explain; *falsch ~* misinterpret, misconstrue.
ausdocken ⚓ *v/t.* undock.
ausdorren *v/i.* dry up, become parched.
ausdörren *v/t.* dry up, parch; (*versengen*) scorch; *wie ausgedörrt Kehle*: parched.
ausdrehen *v/t.* **1.** (*Lampe, Gas usw.*) turn off (*od.* out); ⚡ *a.* switch off; **2.** ⊕ bore, (*aussparen*) recess.
Ausdruck *m* **1.** *allg.* expression (*a. Gesichts≈, a. fig.*); *e-m Gefühl usw. ~geben* (*od. verleihen*) give utterance to, put into words, express; *zum ~ bringen* express, voice; (*Glückwünsche usw.*) offer; *zum ~ kommen* be expressed, manifest itself; → *a. Ausdrucksweise*; **2.** (*Redewendung*) expression, phrase; (*Wort*) word, term; *bildlicher ~* figurative expression, figure of speech; *fachlicher ~* technical term; *gemeiner ~* vulgarism; *veralteter ~* archaism; **3.** Å expression; (*Glied*) term **≈en** *typ. v/t.* print (off); (*voll ~*) print in full.
ausdrück|en *v/t.* **1.** press *od.* squeeze (out); (*Zigarette*) stub (out); **2.** (*formulieren*) express, say, put into words; *sich ~* express o.s.; *sich kurz ~* be brief; *anders ausgedrückt* in other words; **3.** (*äußern, kundtun*) express, utter, voice; **4.** (*zeigen*) express, show, demonstrate; *sich ~* express (*od.* reveal) itself; **≈lich** *adj.* express, explicit, positive, clear, emphatic(ally *adv.*); *Befehl*: strict.
Ausdrucks...: **≈fähig** *adj.* expressive; **~kraft** *f* expressiveness; **≈leer**, **≈los** *adj.* expressionless; *Blick, Miene*: *a.* blank, vacant; *~es Gesicht* pokerface, F deadpan; **~tanz** *m* expressional dance; **≈voll** *adj.* expressive, full of expression; *Stil*: *a.* pithy; **~weise** *f* (mode of) expression, way of expressing o.s., choice of words; style, diction; *weitS.* language.
ausdünnen *v/t.* thin out.
ausdunst|en, ausdünst|en I. *v/t.* exhale, give off; **II.** *v/i.* evaporate; *Körper*: transpire (*a.* ⚘), perspire; **≈ung** *f* evaporation, exhalation; (*Schweiß*) perspiration.
auseinander *adv.* apart; *gewaltsam*: asunder; (*getrennt*) *a.* separated; no longer together *od.* friends *od.* in love; *Ehe*: F on the rocks; (*in verschiedene Richtungen*) in all directions; *~!* break it up!; **~brechen** *v/t. u. v/i.* break asunder (*od.* in two); **~bringen** *v/t.* separate,

part; (*et.*) get apart; **~fallen** *v/i.* fall apart *od.* to pieces; disintegrate; **~falten** *v/t.* unfold; **~gehen** *v/i.* **1.** *Sache*: come (*od.* go) apart; **2.** *Personen*: part (company), separate; *Menge*: disperse; *Versammlung, a. Bündnis usw.*: break up; *Wege*: branch off; *Meinungen*: differ, be divided, diverge (*a.* ⚓); F (*dick werden*) spread, grow fat; *beim* ≗ on parting; *~d* divergent; **~halten** *v/t.* **1.** keep asunder (*od.* apart); **2.** *fig.* (*unterscheiden*) distinguish between, tell apart (*od.* one from the other); **~jagen** *v/t.* scatter; **~kommen** *v/i.* be separated; *im Gedränge*: lose (sight of) each other; *fig. mit j-m ~* fall out with a p., *allmählich*: drift apart; **~laufen** *v/i. Menge*: disperse; *Linie, Weg*: diverge; *Teig usw.*: spread; **~leben** *v/refl.*: *sich ~* drift apart; **~legen** *v/t.* → *auseinandernehmen, -setzen*; **~liegen** *v/i.* lie apart; **~nehmen** *v/t.* take apart (*od.* to pieces); ⊕ *a.* disassemble, dismantle, strip; F *fig.* (*j-n, et.*) take apart; **~reißen** *v/t.* tear apart (*od.* asunder); **~setzen** *v/t.* **1.** put *od.* place apart; **2.** *fig.* (*j-m et. erklären*) explain, make clear, point out (*dat.* to); *sich mit j-m ~* a) argue with a p., *gründlich*: have it out with a p.; b) (*sich einigen*) come to an understanding (*od.* to terms) with a p. (*über* about); ✝ *sich mit e-m Gläubiger ~* settle (*od.* compound) with a creditor; *sich mit e-m Problem usw. ~* examine, *stärker*: tackle, grapple with, *polemisch*: take issue with; **≗setzung** *f* **1.** (*Erklärung*) explanation, exposition, analysis; (*Erörterung*) discussion; **2.** (*Übereinkommen*) arrangement, settlement, *mit Gläubigern*: composition; **3.** (*Trennung*) separation; *e-r Erbschaft*: partition; **4.** (*Streit*) argument, difference, altercation, quarrel; *bsd. pol.* confrontation, (*bewaffnete ~* armed) conflict; *endgültige ~* F showdown; **~sprengen** *v/t.* blow up, blast asunder; (*Feind, Menge*) disperse, scatter; **~treiben I.** *v/i.* drift apart; **II.** *v/t.* disperse, scatter; *mit e-m Keil*: cleave asunder; **~wickeln** *v/t.* unwrap; **~ziehen** *v/t.* draw asunder; *in die Länge*: stretch, ⚔ deploy, spread (out) (*a. sich ~*); *Fahrzeuge*: disperse, *sich ~* string out.

auserkoren *adj.* chosen, select(ed), elect.

auserlesen I. *v/t.* → *ausersehen*; **II.** *adj.* → *erlesen* II.

ausersehen *v/t.* choose, select, pick; (*bestimmen*) designate, destine, earmark (*für, zu* for).

auserwählen *v/t.* choose, select; *auserwählt* (*a. die Auserwählten*) elect, chosen; *humor. s-e Auserwählte* the girl of his choice; *das Auserwählte Volk* the chosen people.

ausessen *v/t.* eat up; (*Schüssel*) clear, empty; F *fig.* pay for.

ausfahr|bar *adj.* ⚒ extending; ⊕ telescopic; **≗en I.** *v/i.* drive out, go for a drive (*od.* spin); 🚂 leave (the station), pull out; ⚓ leave (port), put to sea; ⚒ ascend; **II.** *v/t.* (*j-n*) take out for a drive; (*Kind usw.*) take out; (*Pakete, Kohlen usw.*) deliver; ⚓ (*das Sehrohr*) raise, lift; ✈ (*das Fahrgestell*) lower; *mot.* run *the engine* up to top speed; (*e-e Kurve*) round; (*Wege*) wear out, rut; → *Geleise*; **≗spur** *mot. f* exit lane.

Ausfahrt *f* (*Abfahrt, a.* ⚓) departure; ⚒ ascent; (*Ausflug*) drive, (motor-)trip; excursion; (*Torweg*) gateway; *e-s Hafens*: mouth; *im Verkehr*: exit; *der Autobahn* (*a.* **~sstraße** *f*) exit (road); *~!* out!

Ausfall *m* **1.** falling out; **2.** (*Verlust*) loss; (*Fehlbetrag*) deficit; (*Mangel*) deficiency, shortage; *im Krieg*: *mst Ausfälle* casualties *pl.*, losses *pl.*; ⊕ (*Versagen*) failure, breakdown; *e-r Maschine*: *a.* stoppage; **3.** (*Ausschuß*) waste, scrap; F *Sport*: *ein glatter ~* (*Spieler*) a complete failure (*od. sl.* dead loss, washout, flop); **4.** ⚗ precipitate; *radioaktiver*: fallout; **5.** (*Ergebnis*) result, outcome; **6.** *fenc.* pass, thrust, *a. Turnen*: lunge; **7.** ⚔ *aus e-r Festung*: sally, sortie; **8.** *fig.* attack; (*Beschimpfung*) invective, abuse; **~bürgschaft** *f* indemnity bond; **≗en** *v/i.* **1.** *Zähne usw.*: fall (*od.* come) out; **2.** *fig.* (*ausgelassen werden*) be omitted; (*nicht stattfinden*) not (*od.* fail) to take place, not to come off, be cancelled (*od.* called off); *Stunde, Sitzung usw. ~ lassen* drop; *die Schule fällt heute aus* there is no school today; **3.** ⊕ (*versagen*) fail, break down; **4.** *Arbeiter, Sportler usw.*: drop out; *leistungsmäßig*: *sl.* be a dead loss; **5.** ⚗ precipitate, be deposited; **6.** *gut* (*schlecht*) *~ Ergebnis*: turn out well (badly), be (*od.* prove) good (bad), be a success (failure); *nach Wunsch ~* answer one's expectations, be satisfactory; **7.** ⚔ sally out, make a sortie; **8.** *fenc. usw.* lunge.

ausfällen ⚗ *v/t.* precipitate.

aus|fallend, ~fällig *adj.* aggressive; (*beleidigend*) insulting; *~*

werden become personal *od.* abusive.

Ausfall...: **~muster** ✝ *n* outturn sample; **~sbürgschaft** *f* deficiency guarantee; **~serscheinung** ⚕ *f* deficiency (*bei Sucht*: withdrawal) symptom; **~straße** *f* radial route, arterial road; **~winkel** *phys.* *m* angle of reflection.

ausfasern I. *v/t.* unravel; **II.** *v/i. u. v/refl.*: (*sich* ~) ravel out, fray (out), *Am. a.* frazzle.

ausfechten *v/t.* fight out; *mit j-m etwas* ~ have (*od.* fight) it out with a p.

ausfegen *v/t.* sweep out; (*Zimmer*) sweep (out).

ausfeilen *v/t.* file (out); *fig.* file, polish, give the finishing touches.

ausfertig|en *v/t.* (*Sendungen*) dispatch, expedite; (*Schriftstück*) draw up; ⚖ (*Urkunde*) execute; *abschriftlich*: exemplify, issue *a certified copy*; (*Rechnungen*) make out; (*Paß*) *a.* issue; **≈ung** *f* dispatch; drawing up; making out; ⚖ execution; (*Abschrift*) (certified) copy; *Paß*: issue; *erste* ~ original, master copy; *in doppelter* ~ in duplicate,in two copies; → *dreifach usw.*

ausfindig *adj.*: ~ *machen* find, discover; *örtlich*: locate; (*aufspüren*) ferret out, trace (out); (*Grund usw.*) find out.

ausflicken *v/t.* patch up.

ausfliegen *v/i.* fly out (*od.* away); *Vögel*: leave the nest; F *fig.* leave home, go (away); (*e-n Ausflug machen*) make an excursion, go on a trip; *der Vogel ist ausgeflogen* the bird has flown.

ausfließen *v/i.* flow (*od.* run) out; be discharged; leak (out), escape; *phys. u. fig.* emanate (*von* from).

ausflippen F *v/i. sl.* flip out; *fig. sl.* flip (one's top); *ausgeflippt* flipped-out.

Ausflucht *f* evasion, subterfuge, shift; (*Vorwand*) excuse, pretext; *Ausflüchte machen* make excuses, become evasive; prevaricate, shuffle, dodge, hedge; **≈en** ⊕ *v/t.* align; **≈ung** *f* alignment.

Aus|flug *m* excursion (*a. fig.*), outing, trip; *zu Fuß*: *a.* hike; *e-n* ~ *machen* go for (*od.* make) an excursion; **~flügler** *m* excursionist, tripper.

Ausfluß *m* **1.** outflow, effluence; ⚕ *Eiter, Sekret usw.*: discharge; *der Vagina*: flux; **2.** (*Abfluß*) outlet; **3.** *fig.* emanation, product; **~rohr** *n* discharge pipe.

ausfolgen *v/t.* → *aushändigen.*

ausforschen *v/t.* explore, (try to) find out; (*untersuchen*) investigate, inquire into; *fig.* (*j-n*) sound, question, F pump *a p.*

Ausfracht ✝ *f* outward freight.

ausfragen *v/t.* interrogate, question, quiz; *neugierig*: sound, draw out, F pump; *scharf*: cross-examine, *Am. a.* grill; (*e-n Fachmann*) pick *a p.*'s brains.

ausfransen *v/i.* fray (out).

ausfräsen ⊕ *v/t.* mill out.

ausfressen *v/t.* clean, empty; *geol.* eat away, erode; ⚗ corrode; F *et.* ~ (*büßen*) *müssen* have to pay for; F *was hat er ausgefressen?* what has he been up to?; *er hat wieder etwas ausgefressen* he has been up to mischief again.

ausfugen ⊕ *v/t.* point (up).

Ausfuhr ✝ *f* export(ation), export trade; (*Ausgeführtes*) exports *pl.*; **~artikel** *m* export(ed) article.

ausführbar *adj.* **1.** practicable, feasible, workable; **2.** ✝ exportable; **≈keit** *f* practicability, feasibility.

Ausfuhr...: **~beschränkung** *f* restriction(s *pl.*) on export; **~bestimmungen** *f/pl.* export regulations; **~bewilligung** *f* export permit *od.* licen|ce, *Am.* -se.

ausführen *v/t.* **1.** (*j-n*) take out; **2.** ✝ export (*nach* to); **3.** (*durchführen*) carry out, perform, effect; (*Aufträge*) execute, fill; (*Gesetz usw.*) implement; (*Kunstwerk*) do, execute; (*Konzert*) perform; (*Verbrechen*) commit, perpetrate; (*verwirklichen*) realize; (*Bau usw.*) erect, construct; ⊕ a) design; b) (*Äußeres*) *a.* finish; **4.** (*darlegen*) explain, point out, argue, say; *im einzelnen*: specify; (*erläutern*) explain, elaborate on; **~d** *adj. Gewalt, Organ*: executive; **≈de(r** *m*) *f* performer.

Ausfuhr...: **~genehmigung** *f* → *Ausfuhrbewilligung*; **~güter** *n/pl.* exports; **~hafen** *m* shipping port; **~handel** *m* export trade; **~kontingent** *n* export quota; **~land** *n* exporting country.

ausführlich I. *adj.* detailed, ample; full(-length); (*umfassend*) comprehensive, exhaustive, full; (*umständlich*) circumstantial; ~ *werden* go into details; **II.** *adv.* in detail; fully, *etc.*: *sehr* ~ at full (*od.* great) length, in great detail; ~*er* in greater detail, more fully; *ziemlich* ~ at some length; ~ *beschreiben a.* give full details about; **≈keit** *f* (*Genauigkeit*) minuteness of detail; (*Vollständigkeit*) comprehensiveness, fullness; *mit großer* ~ → (*sehr*) *ausführlich.*

Ausfuhr...: **~lizenz** *f* → *Ausfuhrbewilligung*; **~prämie** *f* export bounty; **~quote** *f* export rate; (*Kontingent*) export quota; **~sperre** *f* embargo on export.

Ausführung *f* **1.** carrying-out; *e-r Aufgabe, e-s Auftrags usw., a. Kunst*: execution; *e-s Planes*: *a.* realization; *e-s Vertrags usw., a.* ♪: performance; *e-s Gesetzes, Befehles*: implementation; *e-s Bauvorhabens*: construction; (*Fertigstellung*) completion; ⚖ *e-s Verbrechens*: perpetration; *zur ~ bringen → ausführen* 3; **2.** ⊕ a) (*Konstruktion*) design; b) (*Äußeres*) finish; (*Typ*) type, model, version; (*Marke*) make; style, pattern; (*Qualität*) workmanship, quality; **3.** (*Darlegung*) explanation, (detailed) statement; *kritische*: comment (*zu, über* on); *~en* words, remarks, representations, arguments; **4.** → *Ausfertigung*; **5.** ☤ exportation; **~sbeispiel** *n Patentrecht*: embodiment, example of operation, application; **~sbestimmungen** *f/pl.* regulations, implementing statutes; **~sverordnung** *f* implementing ordinance.

Ausfuhr...: **~verbot** *n* embargo on exports; **~waren** *f/pl.* export(ed) goods, exports; **~ziffern** *f/pl.* export figures; **~zoll** *m* export duty.

ausfüllen *v/t.* fill (in *od.* up); (*ausstopfen*) stuff, pad; (*Formular*) fill in (*Am.* out), complete; *fig.* (*e-e Lücke*) stop, fill; (*e-e Stellung*) fill; (*Zeit, Raum*) take up, occupy, fill (up); (*j-n, j-s Geist*) absorb, fill, occupy, *Arbeit usw.*: satisfy, fill *a p.*'s life; *ausgefüllt Tage*: full, *mit et.*: spent with.

ausfüttern *v/t.* line (*a.* ⊕); *mit Pelz*: fur; (*polstern*) pad.

Ausgabe *f* **1.** giving (*od.* handing) out, issue; *von Briefen usw.*: delivery; (*Verteilung*) distribution; **2.** *von Büchern usw.*: edition; (*Buchexemplar*) copy; *e-r Zeitschrift*: issue, number; *neue ~* reprint; *bearbeitete ~* revised edition; **3.** *von Briefmarken*: issue; **4.** ☤ *von Aktien, Noten, Anleihen*: emission, issue; **5.** *von Geldern*: expense, expenditure; *pl. a.* spending *sg.*; (*Auslage*) outlay, disbursement; (*Unkosten*) cost (*sg.*); *kleine ~n* petty expenses; → *einmalig* I, *laufend* I *usw.*; **6.** → *Ausgabestelle*; **~bank** *f* bank of issue; **~kurs** *m* rate of issue, issue price; **~nbuch** *n* cash-book; **~nposten** *m* expense item; **~stelle** *f* ☤ issuing office; 🚂 a) booking (*od.* ticket) office; b) (*Gepäck*~) luggage (*Am.* baggage) counter.

Ausgang *m* **1.** (*Tür usw.*) way out, exit; (*Auslaß*) outlet; ⊕ exit; ⚡ output; *Schalter mit fünf Ausgängen* five-point switch; **2.** going out, outing; *Ausgänge machen* (*einkaufen*) go shopping; *fig. s-n ~ nehmen von* start from; **3.** (*Freizeit*) day (*od.* afternoon, evening) off *od.* out; ⚔ *~ haben* be on pass (*od.* leave); **4.** ☤ (*Ausfuhr*) export; (*Waren*~) outgo, outturn; *Ausgänge* outgoings; (*Post*) outgoing mail *sg.*; (*Waren*) outgoing stocks; **5.** *fig.* (*Ende*) end(ing); *zeitlich*: *a.* close; (*Ergebnis*) result, outcome, issue, upshot; *Unfall mit tödlichem ~* fatal accident; *e-n guten ~ nehmen* turn out (*od.* end) well.

ausgangs I. *prp.* at the end of; **II.** *adv.* at (*fig.* in) the end.

Ausgangs...: **~baumuster** ⊕ *n* prototype; **~basis** *f* basis, starting point; **~erzeugnis** *n* initial product; **~impedanz** ⚡ *f* output impedance; **~kapital** *n* original capital; **~leistung** ⚡ *f* power output; **~material** *n* original material; **~position** *f* starting position; **~produkt** *n* primary product; **~punkt** *m a. fig.* starting point, point of departure; **~spannung** ⚡ *f* output voltage; **~sperre** *f* → *Ausgehverbot*; **~stellung** *f* starting position; ⚔ line of departure; **~stoff** ⊕ *m* primary material; **~stufe** ⚡ *f* output stage; **~zoll** *m* export duty.

ausgeben I. *v/t.* **1.** give (*od.* hand) out; (*verteilen*) distribute; (*Befehl, Fahrkarten usw.*) issue; (*Spielkarten*) deal; (*Geld*) spend, expend; ☤ (*Aktien*) issue, emit; (*Banknoten*) issue, circulate; *zuviel ~* overspend, overissue; F *einen* (*od. e-e Runde*) ~ stand a round of drinks; **2.** *~ als* pass *a p. od. th.* off for; *sich ~ als* (*od. für*) pass o.s. off for, pose as, set (o.s.) up as; **3.** F (*Ertrag*) yield; **II.** *v/refl.*: *sich ~ geldlich*: run out of money; *fig.* (*sich erschöpfen*) spend (*od.* extend) o.s. (*bei* in); **III.** *v/i.* (*ausgiebig sein*) yield well, be thrifty, be economical; *~ für drei Tassen Tee usw.* yield, give.

ausgebeult *adj. Hose*: baggy.

ausgebildet *adj.* trained *lawyer, etc.*, skilled; *voll ~* fully qualified.

ausgebombt *adj.* bombed(-)out.

ausgebrannt *adj.* burnt-out; *Haus*: *a.* gutted; *fig.* burned-out, spent.

Ausgeburt *fig. f* (monstrous) product, monstrosity; *~ der Phantasie* product of the imagination, phantom, illusion; *~ der Hölle* fiend.

ausgedehnt *adj.* expansive, vast,

extensive, wide(-spread); (*lang*) long; *fig.* extensive, large(-scale).

ausgedient *adj. Person u. Sache*: superannuated; *Beamter*: retired, pensioned-off; *Sache*: past use, worn out; discarded; ~er *Soldat* ex-serviceman, veteran.

ausgefallen *adj.* eccentric, unusual, odd, outré (*fr.*).

ausgefeilt *fig. adj.* polished, flawless.

ausgeglichen *adj.* → *ausgleichen*; *fig.* (well-)balanced, equable, harmonious; *seelisch*: *a.* (well-)poised; **≈heit** *f* balance, harmony; *des Wesens*: *a.* poise, mental balance.

Ausgehanzug *m* best suit; ⚔ dress uniform.

ausgehen *v/i.* **1.** go out; (*spazierengehen*) go for (*od.* take) a walk; *abends*: go out, *Am.* F go places; *mein Vater ist ausgegangen* my father is out (*od.* not in); **2.** (*enden*) end (*ling. auf* in); come to an end (*od.* a close); *gut usw.* ~ end (*od.* turn out) well, *etc.*; *das Spiel ging unentschieden aus* the match ended in a draw; **3.** *Geld, Vorrat usw.*: give (*od.* run) out; *allmählich*: run low; *mir ging das Geld* (*der Gesprächsstoff*) *aus* I ran out of money (conversation); → *Geduld*; *ihm ging der Atem* (*od. die Luft*, F *die Puste*) *aus* he got out of breath, he was winded; F *fig.* he was at the end of his tether; **4.** *Licht, Feuer usw.*: go out; **5.** *Haar*: fall out; **6.** *Farbe*: fade, come out; **7.** ~ *von* (*e-m Ort*) start from (*od.* at); *fig.* (*e-r Voraussetzung usw.*) proceed (*od.* start) from; *wenn wir davon* ~, *daß* proceeding on the assumption that; **8.** ~ *von* (*herkommen von*) come (*od.* emanate) from; *Gefühl, Wärme usw.*: *a.* be spread (*od.* radiated) by; *die Sache ging von ihm aus a.* it was his idea, it was suggested *od.* initiated by him; **9.** (*straf*)*frei* ~ go unpunished, get off scot-free; *leer* ~ come away empty-handed, get nothing; **10.** *auf et.* ~ (*suchen*) go in quest (*od.* search) of, seek *a th.*; (*anstreben*) aim at, have in view, be bent on, F be out for; *darauf* ~, *zu inf. Sache*: be calculated to *inf.*; **~d** *adj.* **1.** ☤ outgoing; ⚓ outward-bound; ~e *Fracht* outward freight; **2.** ending; *zeitlich*: late; *im* ~en *19. Jahrhundert* towards the end of.

Ausgeh|uniform ⚔ *f* dress uniform; **~verbot** ⚔ *n* confinement to barracks; *weitS.* curfew.

ausgeklügelt *adj.* ingenious, clever, well-contrived.

ausgekocht F *adj.* hardboiled, out-and-out ...; (*raffiniert*) crafty, tricky; (*erfahren*) seasoned.

ausgelassen *adj.* (*übermütig*) frolicsome, rollicking, gay, exuberant, frisky; (*laut*) boisterous, tumultuous; (*ungezügelt*) wild, unruly; **≈heit** *f* exuberance, high spirits *pl.*, hilarity; noisiness; unruliness.

ausgeleiert *adj.* **1.** worn out; ~es *Gewinde a. nut with* slipped thread; **2.** *fig.* hackneyed, trite.

ausgemacht *adj.* **1.** settled, perfect; established, agreed; ~e *Sache* foregone conclusion; *et. als* ~ *ansehen* take a th. for granted; **2.** *Gauner, Narr usw.*: thorough, perfect, downright, out-and-out ...

ausgemergelt *adj.* emaciated.

ausgenommen I. *prp.* except, with the exception of, save; *alle*, ~ *ihn* all but him; *Anwesende* ~ present company excepted; *du nicht* ~ not excepting you; **II.** *cj.* ~, *daß* except, saving that; ~, *wenn* unless.

ausgepicht F *adj.* → *ausgekocht*.

ausgeprägt *adj.* distinct, marked, pronounced.

ausgerechnet *fig. adv.* just, exactly; ~ *er* he of all people; ~ *heute* today of all days; ~ *das* this of all things.

ausgereift *adj.* mature(d) (*a. fig.*); ⊕ *Konstruktion*: perfected, fully developed.

ausgeschlossen *adj. u. int.* impossible, out of the question(!).

ausgeschnitten *adj. Kleid*: (*tief* ~) low(-necked).

Ausgesiedelte(r *m*) *f* evacuee.

ausgesprochen I. *adj.* decided, pronounced, positive; **II.** *adv.* decidedly, *etc.*; typically *British*.

ausgestalten *v/t.* → *gestalten*.

Ausgestoßene(r *m*) *f* outcast.

ausgesucht *adj.* exquisite, choice; *Person*: (hand-)picked; *Worte*: well-chosen; *Höflichkeit*: exquisite.

ausgetreten *adj. Schuhe*: trodden-down; *fig.* ~er *Weg* beaten track.

ausgewachsen *adj.* full-grown; *Künstler usw.*: full(y)-fledged; *b.s.* F full-blown, terrific, awful.

Ausgewiesene(r *m*) *f* expellee.

ausgewogen *adj.* (well-)balanced.

ausgezeichnet *adj.* excellent, splendid, outstanding, first-class, F capital, fine.

ausgiebig *adj.* extensive, ample, thorough; ~en *Gebrauch machen von* make full (*od.* good) use of; → *a. ergiebig*.

ausgieß|en *v/t.* **1.** (*Flüssigkeit*) pour out; (*verschütten*) spill; **2.** (*leeren*) empty; **3.** *mit Füllstoff*: fill up; **≈ung** *eccl. f*: ~ *des Heiligen Geistes* effusion of the Holy Spirit.

Ausgleich *m* **1.** balance; (*Entschädigung, Gegengewicht*) compensation; (*Berichtigung, Anpassung*) adjustment, equalization; *als* (*od. zum*) ~ *für* as a compensation for, to compensate for (*od.* balance) *a th.*; **2.** (*Schlichtung*) conciliation; (*Vergleich*) settlement, arrangement; **3.** ☤ *von Konten*: balancing, settlement; *von Gegenkonten*: set-off, *bsd. Am.* offset; *zum ~ unseres Kontos* in settlement of (*od.* in order to balance) our account; **4.** ⚡, ⊕ compensation; **5.** *Sport*: equalization; (*Treffer usw.*) equalizer; *den ~ schießen* equalize; **~bremse** *mot. f* differential brake; **~düse** *f* compensating jet.

ausgleich|en *v/t.* **1.** balance, equalize; (*berichtigen*) adjust; (*Mangel, Verlust usw.*) compensate (for), make good (*od.* up for); (*Streit*) adjust, settle; (*Nachteiliges*) set off, offset; *~de Gerechtigkeit* poetic justice; **2.** ☤ (*Konten*) balance, square, settle; (*decken*) cover; (*Gegenkonten*) set off, offset; **3.** ⊕, ⚡ balance (out), compensate; **4.** *Sport*: equalize (*a. v/i.*); **°~getriebe** *mot. n* differential (gear); **°~kondensator** ⚡ *m* balancing capacitor; **°~scheibe** ⊕ *f* shim; **°~sforderung** *f* equalization claim; **°~skonto** *n* adjustment account; **°~ssport** *m* remedial exercise(s *pl.*); **°~sspule** ⚡ *f* compensating coil; **°~sstrom** ⚡ *m* balance current; **°~stor** *n*, **°~streffer** *m Sport*: equalizer; **°~ung** *f* → *Ausgleich*; **°~zahlung** *f* equalization payment.

ausgleiten *v/i.* slip (*a. fig.*), slide, lose one's footing.

ausgliedern *v/t.* separate out, eliminate.

ausglühen I. *v/i.* cease glowing, cool down; **II.** *v/t.* burn out; *metall.* anneal.

ausgrab|en *v/t.* dig out (*od.* up), unearth (*a. fig.*); (*Leiche*) exhume, disinter; (*Ruinen*), △ excavate; **°~ung** *f* excavation; exhumation.

ausgreifen *v/i. Pferd*: step out; **~d** *fig. adj.*: *weit ~* far-reaching.

ausgrübeln *v/t.* puzzle out.

Ausguck ⚓ *m* look-out, crow's nest.

Ausguß *m Küche*: (*~becken*) sink; *e-s Gefäßes*: spout, lip; ⊕ outlet, drain; **~eimer** *m* slop-pail; **~röhre** *f* drain-pipe.

aushacken *v/t.* hack out; ⛏ hoe up; (*die Augen*) pick out.

aushaken *v/t.* (*a. sich ~*) unhook.

aushalten I. *v/t.* **1.** (*ertragen*) endure, suffer, bear; (*Angriff, Hitze, Probe, Vergleich usw.*) stand; (*standhalten*) resist, withstand; *kannst du es ~?* can you take it?; *nicht zum °~* beyond endurance; *es ist nicht mit ihm auszuhalten* he is unbearable; **2.** *bsd.* ♪ sustain, hold; **3.** *contp.* (*e-e Frau*) keep; **II.** *v/i.* (*ausdauern*) endure, last, hold out; *fig. a.* persevere; *er hält (es) nirgends lange aus* he never stays (*od.* lasts) long in one place.

aushandeln *v/t.* (*handeln um*) bargain (for), negotiate; (*erledigen*) settle, come to terms on.

aushändig|en *v/t.* hand *a th.* over, deliver (up), surrender (*j-m* to a p.); **°~ung** *f* delivery, surrender, handing over.

Aushang *m* notice, bulletin; notice-board.

Aushänge|bogen *typ. m* clean sheet; **°~n I.** *v/t.* **1.** (*Bekanntmachung usw.*) hang out, put up; **2.** (*Tür usw.*) unhinge, take *a th.* off its hinges; (*aushaken*) unhook; **II.** *v/refl*: *sich ~ Kleider*: smooth out; **III.** *v/i.* hang out, be announced (on the notice-board); **~schild** *n* sign(-board), shop sign, *Am. a.* shingle; *fig. Person*: figurehead, front; *Sache*: front, *als Empfehlung*: advertisement.

ausharren *v/i.* hold out, endure to the end; wait (patiently); *auf s-m Platz ~* stick to one's place.

aushärten ⊕ *v/t.* harden, cure, age.

aushauchen *v/t.* exhale, breathe out; *sein Leben ~* breathe one's last.

aushauen *v/t.* **1.** hew out (*aus* of); **2.** (*Wald*) clear, thin.

aushebe|en *v/t.* **1.** (*Graben usw.*) dig, excavate; **2.** → *aushängen* 2; **3.** ⚔ (*Truppen*) conscript, enlist, enrol(l), *bsd. Am.* draft; **4.** (*Verbrechernest usw.*) clean out, round up; **°~ung** *f* levy, recruiting, conscription, draft(ing).

aushebern *v/t.* siphon (out).

aushecken *fig. v/t.* hatch, concoct, cook (*od.* think) up.

ausheilen I. *v/t.* heal (*od.* cure) completely; **II.** *v/i. Wunde usw.*: heal up; *Krankheit, Patient*: be cured.

aushelfen *v/i.*: (*j-m, bei j-m*) help (a p.) out (*mit* with).

Aushilf|e *f* (temporary) help *od.* assistance; (*Notbehelf*) makeshift, substitute, stopgap; *mit Geld*: accommodation; *Person*: (temporary) help(er), F stopgap; **~sarbeiter** *m*, **~skraft** *f* temporary worker, auxiliary (worker); **~slehrer** *m* temporary teacher; **°~sweise** *adv.* temporarily, as a temporary help(er)

(*od.* F stopgap); ~ *bei j-m arbeiten a.* help a p. out.
aushöhl|en *v/t.* hollow out; *geol.* erode, wear away; (*Obst*) scoop out; *fig.* erode, sap, undermine; *ausgehöhlt* hollow (*a. Wange*); *fig. wie ausgehöhlt Person*: worn-out; **≈ung** *f* excavation; erosion; undermining; (*Loch*) hollow, cavity.
ausholen I. *v/i. zum Schlag, Stoß, Wurf*: swing (back); *Schwimmen*: strike out; *mit et.* ~ raise a th. to strike *od.* throw; *fig.* (*weit*) ~ *Erzählung usw.*: go far back; **II.** *v/t.* (*j-n*) → *aushorchen.*
aushorchen *v/t.* sound (F pump) *a p.*, draw *a p.* out.
Aushub *m* excavation; (*Erde*) excavated material.
aushülsen *v/t.* → *enthülsen.*
aushungern *v/t.* starve; (*Stadt usw.*) starve out; *ausgehungert* famished, starved.
aushusten *v/t.* cough up.
ausjäten *v/t.* root out; weed out.
auskämmen *v/t.* comb out; ⊕ card, comb; ⚔ comb, mop up.
auskämpfen *v/t.* fight *a th.* out.
auskehl|en ⊕ *v/t.* flute, groove, chamfer, hollow out; **≈ung** *f* fillet, groove, flute.
auskehren *v/t.* sweep.
auskeilen *v/i. Pferd*: lash out, kick; *geol.* pinch.
auskeimen I. *v/i.* germinate, sprout; **II.** *v/t.* remove the eyes from *potatoes.*
auskeltern *v/t.* press (out).
auskennen *v/refl.*: *sich* ~ *in örtlich*: know (one's way about) *a place*; *fig.* be well versed (*od.* quite at home) in; know all about *a th.*; *er kennt sich aus* he knows what's what; *ich kenne mich nicht mehr aus* I am completely at a loss.
auskernen *v/t.* → *entkernen.*
auskippen *v/t.* dump (*od.* pour) out.
ausklammern *v/t.* & factor out; *fig.* leave out of consideration, put to one side.
Ausklang *m* ♪ final notes *pl.*, *a. fig.* end, finale; epilogue; *zum* ~ (*gen.*) to conclude (*a th.*).
ausklappbar *adj.* folding, swivel-mounted, hinged.
ausklarieren ⚓ *v/t.* clear (out).
ausklauben *v/t.* pick out; (*sortieren*) sort (out).
auskleben *v/t.* line *with paper, etc.*
auskleiden *v/t.* undress (*a. sich* ~); *sich* ~ *a.* take off one's clothes.
ausklingen *v/i.* die (*od.* fade) away; *fig.* end (*in* in *od.* with).
ausklinken *v/t.* ⊕ disengage, *a.* ✈ (*Bomben, Segelflugzeug*) release.
ausklopfen *v/t.* beat (out); (*Kessel*) scale; (*Pfeife*) knock out.
ausklügeln *v/t.* think (*od.* work) out, contrive; → *ausgeklügelt.*
auskneifen F *v/i.* decamp, bolt, F cut and run, *Am. sl.* take a powder.
ausknipsen F ⚡ *v/t.* switch off.
ausknobeln *v/t.* toss (*od.* throw dice) for; F *fig.* puzzle (*Am. a.* figure, F dope) out.
auskochen *v/t.* (*Fleisch usw., a. Wäsche*) boil; (*Säfte*) decoct, extract; (*Gefäß*) scald; ⚕ (*Instrumente*) sterilize; → *ausgekocht.*
auskommen I. *v/i.* **1.** *mit et.* ~ (make) do with, manage with, get along with; *mit s-m Geld* ~ manage to live within one's money, make both ends meet; *ohne et. od. j-n* ~ manage (*od.* do, get along) without; be able to dispense with; **2.** *mit j-m* ~ get on (*od.* along) with a p., *auf Anhieb*: hit it off well with a p.; **3.** F (*entwischen*) escape; **II.** **≈** *n* **4.** (*Existenz*) competency, living, livelihood; *sein* ~ *haben* make a (decent) living, get along (nicely); **5.** *es ist kein* ~ *mit ihm* there is no getting on with him.
auskömmlich *adj.* sufficient, adequate.
auskörnen *v/t.* seed, shell; (*Baumwolle*) gin.
auskosten *v/t.* taste (*od.* enjoy) to the full; *iro. ich habe es ausgekostet* I have had my fill of it.
auskragen *v/i.* project, jut out.
auskramen *v/t.* pull (*od.* rummage) out; *fig.* bring up (again).
auskratz|en I. *v/t.* (*Augen, Schrift*) scratch out; (*Gefäß*) scrape out; ⚕ curette; **II.** *dial. v/i.* (*sich davonmachen*) bolt, decamp, make off; **≈ung** ⚕ *f* curetting.
auskriechen *v/i. junge Vögel usw.*: be hatched.
auskugeln *v/t.*: *sich den Arm* ~ dislocate one's arm.
auskühlen *v/i.* (become) cool; ~ *lassen* allow to cool.
auskultieren ⚕ *v/t.* auscultate.
auskundschaften *v/t.* explore, spy out, ferret out; ⚔ scout, reconnoit|re, *Am.* -er; (*finden*) trace, locate.
Auskunft *f* **1.** information; *nähere* ~ (further *od.* full) details *pl.*, particulars *pl.*; *nähere* ~ *bei od. in* ... see (*od.* consult) ...; ~ *einholen* seek (*od.* obtain) information; ~ *geben od. erteilen* give (*od.* supply) information; *Auskünfte einziehen lassen* have inquiries made; **2.** → *Auskunftsschalter, -stelle*; **~ei** *f* **1.**

private detective agency; **2.** ⚕ inquiry office, information bureau.

Auskunfts...: **~beamte(r)** *m*, **~beamtin** *f* inquiry clerk; *teleph.* information operator; **~büro** *n* → Auskunftei 2; **~mittel** *n* expedient; **~person** *f* informant; **~pflicht** *f* obligation to give information; **~schalter** *m*, **~stelle** *f* inquiry office (*od.* desk), "Inquiries", information (office *od.* bureau).

auskuppeln *v/t. u. v/i.* uncouple; disconnect, release, disengage; *mot.* disengage (the clutch), declutch, unclutch.

auskurieren *v/t.* cure (completely).

auslachen I. *v/t.* (*j-n*) laugh (*od.* jeer) at, deride *a p.* (wegen for); **II.** *v/refl.*: sich ~ laugh one's fill.

Auslad|ehafen *m* port of discharge; **~ekosten** *pl.* unloading (⚓ landing) cost *sg.*; **≈en I.** *v/t.* **1.** discharge, unload; (*Truppen u. Passagiere*) ⚓ disembark, land; **2.** j-n ~ cancel a p.'s invitation, ask a p. not to come, put a p. off; **II.** *v/i.* ⚠ *usw.*: jut out, project; *fig.* ~de Gebärde sweeping gesture; **~er** *m* unloader; ⚓ stevedore, *Am.* longshoreman; **~estelle** *f* unloading point; ⚓ wharf; **~ung** *f* **1.** discharge, unloading; **2.** ⚠ projection, overhang; **3.** ⊕ radial range, working radius; *Werkzeugmaschine*: overhang; *Drehkran*: length of jib; *Schwenkkran*: swing; *Blechschere*: depth of throat.

Auslage *f* **1.** *von Geld*: outlay, disbursement, advance; (*Unkosten*) expenses *pl.*, outlay; j-m s-e ~n zurückerstatten reimburse a p. (for his expenses); **2.** *von Ware*: display, goods *pl.* exhibited; **3.** (*Schaufenster*) (shop-)window; die ~n ansehen gehen go window-shopping; **4.** *fenc. u. Boxen*: on-guard position, guard, *z. B.* Links≈ left-hand guard; *Rudern*: starting position.

auslagern *v/t.* **1.** store outdoors; (*verlagern*) evacuate, disperse; **2.** ⊕ (*Bier*) settle; (*Aluminium*) age (-harden).

Auslagewerbung *f* window display; *im Laden*: counter display.

Ausland *n* foreign country; foreign countries *pl.* (*od.* parts *pl.*, nations *pl.*); ins ~, im ~ abroad; im ~ geboren foreign born; vom ~ from abroad; ⚕ fürs ~ bestimmt outward bound.

Ausländ|er(in *f*) *m* foreigner; ⚖ *im Lande seßhafter, nicht naturalisierter*: alien; feindlicher ~ enemy alien; unerwünschter ~ undesirable alien; **≈isch** *adj.* foreign; ⚕ *a.* external; ⚖ alien; *zo.*, ⚘ exotic; (*fremdartig*) exotic, outlandish, strange; ~e Besucher visitors from abroad.

Auslands...: **~abteilung** ⚕ *f* Foreign Department; **~anleihe** *f* foreign (*od.* external) loan; **~aufenthalt** *m* stay abroad; **~bank** *f* foreign bank, *Am.* overseas bank; **~berichterstatter** *m* foreign correspondent; **~beziehungen** *f/pl.* foreign relations; **~brief** *m* foreign letter; **~deutsche(r** *m*) *f* German living abroad; **~dienst** *m* foreign service; **~filiale** *f* foreign branch; **~geschäft** *n* foreign trade *od.* business; **~gespräch** *teleph. n* international (*od.* foreign) call; **~guthaben** *n* deposits *pl.* in foreign countries; **~hilfe** *f* foreign aid; **~korrespondent(in** *f*) *m* **1.** foreign correspondent; **2.** ⚕ foreign correspondence clerk; **~paß** *m* foreign passport; **~patent** *n* foreign patent; **~presse** *f* foreign press; **~reise** *f* journey (*od.* trip) abroad; **~schrifttum** *n* foreign literature; **~sender** *m* foreign station; **~spediteur** *m* foreign shipper; **~vermögen** *n* external assets *pl.*, property abroad; **~verschuldung** *f* foreign debt.

auslangen F *v/i.* **1.** reach out; **2.** (*ausreichen*) be sufficient, last (out); go round.

Auslaß *m* outlet, exit, discharge.

auslass|en I. *v/t.* **1.** (*Wasser usw.*) let out (*od.* off); **2.** (*Fett*) melt, render (down), extract; (*Honig*) strain; **3.** (*Kleid*) let out; **4.** (*Wort usw.*) leave out, omit; (*überspringen*) skip; (*Gelegenheit, Tanz usw.*) miss; **5.** *fig.* (*Gefühle, Wut, Zorn*) vent *one's anger* (an on); er ließ s-e Wut (darüber) an ihr aus *a.* he took it out on her; **II.** *v/refl.*: sich ~ express one's opinion, speak (über about); sich weitläufig ~ über expatiate (*od.* enlarge, dilate) upon; er ließ sich nicht weiter aus he did not explain himself further; **≈ung** *f* **1.** omission; **2.** (*Äußerung*) remark(s *pl.*), comment; **3.** *ling.* ellipsis, elision; **≈ungszeichen** *n* apostrophe; *typ.* caret.

Auslaßventil *n* exhaust valve; escape valve.

auslasten *v/t.* ⊕ balance, equalize *loads*; *fig.* use to capacity, utilize fully; nicht ausgelastet *Person*: not fully occupied; *Betrieb, Maschine usw.*: under-utilized, underused.

Auslauf *m* **1.** *e-s Bassins usw.*: outlet, drain; *e-s Flusses*: mouth; **2.** *für Tiere*: space to run about in; ✈ landing run; *Sport*: run-out;

≈en I. *v/i.* **1.** (*ausrinnen*) run (*od.* flow) out, leak (out); *Gefäß*: leak; (*sich entleeren*) drain, run dry; **2.** ⚓ sail, put to sea, leave port; **3.** *Fahrzeug*: coast (✈ taxi) to a standstill; *Sport, a. Motor*: run out; **4.** *Farbe*: run, blur; **5.** (*endigen*) end (*in* in); *Vertrag usw.*: expire; run out; *Produktion, Modell*: be discontinued; *allmählich*: (*a.* ~ *lassen*) taper off, phase out; *spitz* ~ taper off to a point; **II.** *v/refl.*: *sich* ~ *Person*: get exercise, exercise one's legs; **≈end** *adj.* **1.** ⚓ outward bound; **2.** *fig.* ending; ⚚ *Modell*: discontinued.

Ausläufer *m* ⚘ runner, (*Schößling*) offshoot; ⚒ branch; *e-s Gebirges*: foothills *pl.*; *e-r Stadt*: outskirts *pl.*, fringes *pl.* (*a. meteor.*); *weitS.* branches *pl.*; ramification.

auslaugen *v/t.* lixiviate, extract; *geol.* leach out; ⊕ wash; *fig.* (*j-n*) wear out.

Auslaut *ling. m* final sound; *im* ~ when final; **≈en** *v/i.*: ~ *auf* end in.

ausläuten I. *v/i.* cease ringing; **II.** *v/t.* ring out.

ausleben *v/refl.*: *sich* ~ **1.** enjoy life to the full; **2.** (*sich die Hörner abstoßen*) sow one's wild oats.

auslecken *v/t.* lick out (*od.* clean).

ausleeren *v/t.* **1.** (*Gefäß usw.*) empty, clear (out); (*Glas usw.*) drink up, drain; *physiol.* evacuate; **2.** (*Inhalt*) clear away (*od.* off, out), empty (*aus* from).

ausleg|bar *adj.* interpretable; *verschieden* ~ permitting different interpretations; **~en** *v/t.* **1.** (*ausbreiten*) lay out, spread; ⚚ (*Waren*) display, exhibit, expose (for sale); (*Patent*) lay open for inspection; ⊕ (*Kabel*) run, lay; (*Netze usw.*) put out; **2.** (*auskleiden*) line, cover; *mit Fußbodenbelag*: floor; **3.** (*verzieren*) inlay; *ausgelegte Arbeit* inlaid work; **4.** ⊕ (*entwerfen*) design, plan, lay out; **5.** (*vorstrecken*) advance, disburse, pay (*für* for); **6.** (*deuten*) interpret, construe, explain; *wie legst du diesen Satz aus?* how do you read this sentence?; *falsch* ~ misinterpret, misconstrue; *et. gut* (*schlecht*) ~ put a good (bad) construction on; *j-m et. als Eitelkeit usw.* ~ set a th. down to a p.'s vanity, *etc.*; *sich auf vielfache Weise* ~ *lassen* be open to wide interpretation.

Ausleger *m* **1.** expositor, interpreter, commentator; **2.** ⊕ *Kran*: derrick, jib, boom; △ cantilever; *Werkzeugmaschine*: arm; **3.** ⚓ outrigger; **4.** *typ.* fly(er); **~arm** ⊕ *m Kran*: jib; *Werkzeugmaschine*: arm; **~boot** *n* outrigger; **~brücke** *f* cantilever bridge.

Auslege|schrift *f Patent*: patent specification (laid out for inspection); **~ware** *f* carpets and rugs *pl.*

Auslegung *f* **1.** interpretation, construction, explanation; *eccl.* exegesis; (*Lesart*) reading; *falsche* ~ misinterpretation; **2.** (*Veröffentlichung*) publication.

ausleiden *v/i.*: *er hat ausgelitten* his sufferings are over.

ausleihen *v/t.* lend (out), hire out, *bsd. Am.* loan; ⚚ *Kapital auf Zinsen* ~ put out principal at interest; *sich et.* ~ borrow a th.

auslernen *v/i.* finish learning; *als Lehrling*: complete one's apprenticeship (*od.* training); *man lernt nie aus* we live and learn.

Auslese *f* choice, selection; *literarisch*: *a.* anthology; *Wein*: wine made from the choicest grapes; *natürliche* ~ natural selection; *fig. die* ~ the pick (*od.* cream, flower, élite); **≈n** *v/t.* **1.** select, choose, pick out; ⚚ sort, grade; **2.** (*Buch*) read (to the end), finish.

ausleuchten *v/t.* ⊕, *Film*: illuminate (*a. fig.*), light.

ausliefer|n *v/t.* deliver (up), hand (*od.* turn) over (*dat.* to); ⚚ deliver, supply; (*verteilen*) distribute; ⚖ surrender; (*ausländische Verbrecher*) extradite; (*zurückerstatten*) restore; *sich* ~ surrender, give o.s. up (*dat.* to); *j-m ausgeliefert sein* be at a p.'s mercy *od.* in a p.'s hands (*od.* clutches); **≈ung** *f* delivery; distribution; ⚖ surrender; (*Rückerstattung*) restitution; *ausländischer Verbrecher*: extradition.

Auslieferungs...: ~auftrag *m* delivery order; **~lager** *n* delivery stores *pl.*, supply depot; **~schein** *m* delivery order, bill of delivery; **~stelle** *f* distribution cent|re, *Am.* -er; **~vertrag** *m* extradition treaty.

ausliegen *v/i.* be displayed (*od.* exhibited), be on show; *zur Einsichtnahme* ~ be exposed (*od.* open) to inspection; *Zeitungen*: be (kept) available.

auslitern *v/t.* measure volumetrically (by litres).

Auslobung *f* public reward.

auslöffeln *v/t.* spoon up (*od.* out); *fig.* → *Suppe*.

auslösch|en *v/t.* **1.** (*Feuer, Kerze, Licht*), *a. fig.* extinguish, put out; ⚡ (*Licht*) switch off, turn out; (*Zigarette*) stub (*od.* put) out; **2.** (*Schrift*) efface, obliterate, blot out, (*auswischen*) wipe out, (*radie-

ren) erase; (*streichen*) cancel, delete; (*Tonaufnahme*) erase, obliterate; **3.** *fig.* (*vernichten*) wipe out; (*j-n*) *a.* kill; **≈ung** *f* extinction; obliteration; erasure; (*Vernichtung*) wiping out, annihilation.

Auslöse|feder ⊕ *f* release spring; **~hebel** *m* release (*od.* trip) lever; **~impuls** ⚡ *m* trigger pulse; **~knopf** *m* release button.

auslosen *v/t.* draw lots for; *mit e-r Münze*: toss for; ⚕ (*Wertpapiere*) draw (by lot); *ausgeloste Obligation* drawn bond.

auslös|en *v/t.* **1.** release (*a. Bomben usw.*); ⊕, ⚡ *a.* trip, trigger, actuate; (*auskuppeln*) disengage, throw out of gear; **2.** *fig.* start, set off, spark, trigger; (*entfesseln*) unleash; (*Beifall*) draw; (*Begeisterung*) call forth, arouse; (*Gefühle*) *a.* engender; (*Wirkung*) produce; **3.** (*Pfand*, ⚕ *Wechsel*) redeem; (*Gefangenen*) ransom, redeem; **≈er** *m*, **≈evorrichtung** *f* release (gear *od.* mechanism, lever), tripping device; *phot.*, *a.* ⚡ release, trigger; ✈ (bomb-)release control; **≈ung** *f* **1.** release, releasing; **2.** → *Auslösevorrichtung*; **3.** *fig.* starting, setting off; provocation, production; **4.** ⚕ redemption; (*Lösegeld*) ransom.

Auslosung *f* draw(ing of lots); ⚕ drawing of bonds; (*Zuteilung*) allotment; *Tennis*: draw; **~sschein** *m* letter of allotment.

ausloten *v/t.* ⚓ take soundings of, sound; ⚠ plumb, *mit Wasserwaage*: level; *fig.* sound, explore.

auslüften *v/t.* air.

ausmachen *v/t.* **1.** (*Feuer*) put out; ⚡ (*Licht usw.*) put (*od.* turn) out, switch off; (*Zigarette usw.*) stub (*od.* put) out; **2.** (*sichten, feststellen*) make out, sight, spot; (*orten*) locate; **3.** (*feststellen*) find out, determine; **4.** (*vereinbaren*) agree (up)on, arrange, settle; **5.** (*Streit*, *Sache*) settle, decide; fight out; *es unter sich* ~ fight it out between themselves; **6.** (*e-n Teil bilden*) make up, constitute, form; **7.** (*betragen*) amount (*od.* come, run) to, total; **8.** *fig. das macht nichts aus* it does not matter, it makes no difference, never mind; *es macht viel aus* it matters a great deal; *macht es Ihnen etwas aus od. würde es Ihnen etwas ~, wenn?* would it make any difference to you if?, do (*od.* would) you mind if?; *das macht mir nichts aus* I don't mind (that), *gleichgültig*: I don't care; *die Kälte macht ihm nichts aus* the cold doesn't affect him.

ausmahlen *v/t.* grind out, extract.

ausmalen *v/t.* (*Zimmer*) paint; (*Bild usw.*) illuminate, colo(u)r; *fig.* depict, picture (*dat.* to); (*ausschmücken*) amplify, embroider; *sich et.* ~ picture a th. (to o.s.), imagine a th.

ausmanövrieren *v/t.* outmanœuvre, *Am.* outmaneuver.

Ausmarsch *m* marching out, departure; **≈ieren** *v/i.* march out.

Ausmaß *n* measurement(s *pl.*), dimension(s *pl.*), size; *fig.* extent, scale, degree; *in großem* ~ on a large scale; *fig. a.* to a great extent; *erschreckende ~e annehmen* assume alarming proportions.

ausmauern *v/t.* wall (*od.* brick) up; line with brick.

ausmeißeln *v/t.* chisel *od.* carve (out).

ausmergeln *v/t.* emaciate; *fig.* impoverish, exhaust.

ausmerzen *v/t.* ⚒ weed out; (*Tiere*) cull out; (*Schädlinge*) destroy, kill; (*ausstreichen*) expunge, cut out; (*entfernen*) eliminate; (*ausrotten*) eradicate, wipe out; (*Schandfleck*) efface, blot out.

ausmessen *v/t.* measure (out); *mit e-r Lehre*: ga(u)ge.

ausmisten *v/t.* (*Stall*) clear the dung out of; F *fig.* clear.

ausmitt|eln *v/t.* → *ermitteln*; **~ig** ⊕ *adj.* eccentric, off-cent|re (*Am.* -er).

ausmünden *v/i.* → *münden.*

ausmünzen *v/t.* mint, coin; *fig.* exploit.

ausmustern *v/t.* discard, reject, *Am. a.* muster out; ⚔ (*j-n*) a) discharge (as unfit); b) (*befreien*) exempt (from military service).

Ausnahme *f* exception; (*Befreiung*) exemption; *mit ~ von od. gen.* except(ing), with the exception of, save; *ohne ~* without exception, all of them; *e-e ~ bilden* be an exception; (*bei j-m*) *e-e ~ machen* make an exception (in a p.'s case); *die ~ bestätigt die Regel* the exception proves the rule; *e-e ~ von der Regel* an exception to the rule; **~bestimmung** *f* saving clause; **~erlaubnis** *f* exemption permit; **~erscheinung** *f*, **~fall** *m* exceptional case, exception; **~gesetz** *n* special law; **~mensch** *m* exceptional person; **~zustand** *m* (state of) emergency; ⚔ (state of) martial law; *fig.* exception; *den ~ verhängen* declare a state of emergency; ⚔ establish martial law.

ausnahms|los *adv. u. adj.* without exception; (*einstimmig*) unanimous(ly); **~weise** *adv.* exceptionally, by way of exception; (*für diesmal*) for once.

ausnehmen I. *v/t.* **1.** (*Vögel, Eier*) take out; (*Nest*) rob; F (*j-n*) fleece, F soak, clean *a p.* out; **2.** (*Kartoffeln*) dig up, lift; **3.** (*ausweiden*) disembowel; (*Fisch*) gut; (*Geflügel*) draw; **4.** (*ausschließen*) except, exclude (*von* from); (*befreien*) exempt (from); **II.** *v/refl.*: *sich gut (schlecht)* ~ look well (bad); *er nahm sich schlecht aus a.* he cut a poor figure; **~d I.** *adj.* exceptional; **II.** *adv.* exceptionally, exceedingly, extremely.

ausnutz|en, ausnütz|en *v/t.* use, utilize, exploit (*voll* fully, to full advantage); take advantage of, make the most of, turn to account; *b.s.* (*Arbeiter*) exploit, sweat; (*j-s Schwäche usw.*) practise (*od.* play) on, take (unfair) advantage of; **⁀ung** *f* use, utilization; exploitation; **⁀ungsfaktor** *m* utilization factor, commercial efficiency.

auspacken I. *v/t.* unpack; (*Päckchen usw.*) unwrap; **II.** F *fig. v/i.* talk, let fly, F spill the beans.

auspeitschen *v/t.* whip, flog.

auspfänden *v/t.*: *j-n* ~ distrain (up)on a p.'s goods.

auspfeifen *v/t.* boo (at); *thea. a.* hiss off the stage.

auspflanzen *v/t.* plant out.

auspichen *v/t.* tar; *fig. ausgepicht* → *ausgekocht.*

Auspizien *pl.*: *unter günstigen (seinen)* ~ under favo(u)rable (his) auspices.

ausplaudern *v/t.* blab (*od.* let) out, divulge.

ausplündern *v/t.* ransack, loot, pillage, rifle; (*Kasse*) rob, *sl.* clean out; (*j-n*) rob; F (*ausnehmen*) fleece, clean *a p.* out; *bis aufs Hemd* ~ strip to the skin.

auspolstern *v/t.* pad (out).

ausposaunen F *v/t.* trumpet (*od.* blazon) forth, noise abroad, broadcast.

auspowern F *v/t.* impoverish.

ausprägen I. *v/t.* coin, stamp, mint; **II.** *v/refl.*: *sich* ~ be stamped (*auf* on *her face, etc.*); show (*od.* reveal) itself, find its expression (in); → *ausgeprägt.*

auspressen *v/t.* press (*od.* squeeze) out.

ausprobieren *v/t.* try (out), test; (*Wein*) sample, taste.

Auspuff *mot. m* exhaust; **~gas** *n* exhaust gas (*pl.* fumes); **~hub** *m* exhaust stroke; **~klappe** *f* exhaust valve; **~krümmer** *m*, **~leitung** *f*, **~stutzen** *m* exhaust manifold; **~rohr** *n* exhaust pipe; **~takt** *m* exhaust cycle (*od.* stroke); **~topf** *m* (exhaust) silencer, *Am.* muffler.

auspumpen *v/t.* pump out (*a. den Magen*); evacuate; F *fig. ausgepumpt* exhausted, *Am.* F pooped; (*schnaufend*) panting.

auspunkten *v/t. Boxen*: beat on points, outpoint.

auspusten *v/t.* blow out.

ausputz|en *v/t.* clean (out); (*Bäume*) prune, thin out; (*schmükken*) adorn, decorate; *sich* ~ dress up; **⁀er** *m Fußball*: sweeper.

ausquartieren *v/t.* lodge *a p.* elsewhere; *b.s.* turn *a p.* out; ⚔ billet out; *sich* ~ move out.

ausquetschen *v/t.* squeeze out; F *fig.* pump *a p.*, cross-examine.

ausradieren *v/t.* erase, rub (*fig. a.* wipe) out.

ausrangieren *v/t.* discard; (*verschrotten*) scrap; *fig.* discard, cast off; (*Beamte*) shelve.

ausrasieren *v/t.* shave.

ausrasten[1] ⊕ *v/i.* be disengaged (*od.* released).

ausrasten[2] *v/i.* → *ausruhen, rasten.*

ausrauben *v/t.* rob; (*plündern*) ransack.

ausrauchen *v/t.*: *s-e Pfeife usw.* ~ finish one's pipe, *etc.*

ausräuchern *v/t.* fumigate; (*Bienen, Fuchs, Feind*) smoke out.

ausraufen *v/t.* pull (*od.* tear) out; *fig. sich die Haare* ~ tear one's hair; *ich könnte mir die Haare* ~*!* I could kick myself!

ausräumen *v/t.* **1.** (*Zimmer usw.*) empty, clear; **2.** (*Möbel usw.*) remove, clear out; ⊕ broach (*a.* ⚕ *u. fig. Bedenken usw.*); F (*ausplündern*) clean out.

ausrechn|en *v/t.* calculate, compute; *a. fig.* reckon (*od.* work) out, *Am.* figure out; do *a sum*; *falsch* ~ miscalculate; → *ausgerechnet*; **⁀ung** *f* calculation, computation.

ausrecken *v/t.* stretch (out), extend; *sich* ~ stretch (*od.* draw) out; *sich den Hals* ~ crane one's neck.

Ausrede *f* excuse, pretext; *faule* ~ poor (*od.* lame) excuse; ~*n machen* make excuses, quibble, shuffle; *er weiß immer e-e* ~ he is never at a loss for an excuse; (*nur*) *keine* ~*n!* no excuses!; **⁀n I.** *v/i.* finish speaking; *j-n* ~ *lassen* hear a p. out; *lassen Sie mich* ~ *a.* let me finish; *j-n nicht* ~ *lassen* cut a p. short; **II.** *v/t.*: *j-m* ~ *et. zu tun* dissuade a p. from doing a th.; *j-m et.* ~ talk a p. out of a th.; **III.** *v/refl.*: *sich* ~ speak one's mind, have one's say; (*sich herauswinden*) make excuses, wriggle out.

ausregnen *v/impers.*: *es hat (sich) ausgeregnet* it has rained itself out.
ausreiben *v/t.* rub out; ⊕ ream.
ausreichen *v/i.* suffice, be sufficient (*od.* enough); do, last; *das wird kaum* ~ that will hardly do; *es wird für eine Woche* ~ it will last you a week; *mit et.* ~ have enough of a th., manage on (*od.* with) a th.; **~d** *adj.* sufficient, adequate, enough.
ausreifen *v/i.* ripen *od.* mature (thoroughly); *fig.* mature; → *ausgereift.*
Ausreise *f* departure, exit; ⚓ voyage out; *bei der* ~ on leaving the country; **~genehmigung** *f* exit permit (*od.* visa); **≗n** *v/i.* leave (the country).
ausreiß|en I. *v/t.* **1.** tear (*od.* pluck, pull) out; (*Bäume, Pflanze*) pull up; *mit der Wurzel*: uproot; (*Zähne*) pull out, extract; F *Bäume* ~ *können* feel up to anything; → *Bein*; **II.** *v/i.* **2.** tear, split; come off; **3.** F (*fliehen*) run away, decamp, take to one's heels; *a. Pferd*: bolt; *Sport*: break clear (*dat.* from); **≗er** *m* runaway (*a. phys.*), fugitive; *Sport*: breakaway (runner); ⚔ *Geschoß*: stray shot; **≗versuch** *m Sport*: breakaway.
ausreiten I. *v/i.* ride out, go for a ride; **II.** *v/t.* (*Pferd*) take out, exercise.
ausrenken *v/t.* dislocate (*sich den Arm* one's arm); → *Hals.*
ausricht|en *v/t.* **1.** straighten; *in Linie*: align, bring into line; (*anpassen*) adjust; ⊕ *a.* true; ⚔ dress *ranks*; (*Karte*) orient; *fig.* adjust, align (*nach* to); (*gleichschalten*) bring into line, streamline; *bsd. geistig*: orient(ate); ⚔ *sich* ~ dress ranks, line up; *fig. sich nach e-r Sache* ~ adjust one's behavio(u)r to, conform to, orient(ate) o.s. by; *ausgerichtet auf* aimed at, keyed to; **2.** (*bewirken*) do, effect; (*vollbringen*) succeed (et. in a th.), accomplish (a th.); (*erlangen*) obtain; *nichts* ~ fail, get nowhere; *damit richtet er nichts aus* F that won't get him anywhere; *gegen sie konnte er nichts* ~ he was no match for her; **3.** (*Botschaft usw.*) deliver; *richten Sie ihm meinen Gruß aus* give him my kind regards; *kann ich etwas* ~? can I take a message?; **4.** (*Veranstaltung usw.*) organize, arrange; **5.** *dial.* (*über j-n Übles reden*) run down; **≗er** *m Sport*: organizer; **≗ung** *f* **1.** alignment, adjustment; *fig. a.* orientation; **2.** *Sport usw.*: organization.
ausringen[1] *v/t.* (*Wäsche*) wring (out).
ausringen[2] *v/i.*: *er hat ausgerungen* his struggles are over.
Ausritt *m* ride.
ausroden *v/t.* **1.** (*Pflanzen*) root up, stub up; **2.** (*Wald*) clear.
ausrollen I. *v/t.* (*Teig*) roll out; (*Kabel*) pay out; **II.** *v/i.* ✈ taxi to standstill; *mot.* coast to a stop; **III.** **≗** ✈ *n* landing-run.
ausrott|en *v/t.* (*Pflanze*), *a. fig.* root out; *fig.* extirpate, eradicate, stamp out; (*Volk*) exterminate, wipe out; **≗ung** *f* uprooting; extirpation, eradication; extermination; *pol. ganzer Völker*: *a.* genocide.
ausrück|en I. *v/i.* march (*od.* turn) out, depart; F (*weglaufen*) run away, make off, bolt; **II.** *v/t.* ⊕ disengage, disconnect, throw out (of gear), unmesh; (*Kupplung*) *a.* declutch, shift; **≗er** *m* disengaging gear, releasing lever; **≗hebel** *m* throw-out lever; **≗stellung** *f* disengaged position; **≗ung** ⊕ *f* disengagement.
Ausruf *m* cry; *bsd. mit Worten*: exclamation; *ling. a.* interjection; *öffentlicher*: proclamation; **≗en** *v/t.* cry, exclaim; (*Namen, Waren usw.*) call (out); *pol.* proclaim; (*Streik*) call; *j-n* ~ (*suchen*) *lassen* page a p.; *j-n* ~ *als od. zu* proclaim a p. *a th.*; *et.* ~ *lassen* have a th. announced; **~er** *m* town-crier, bellman; *vor Buden*: crier, barker, tout; **~esatz** *ling. m* clause of exclamation; **~ewort** *n* interjection; **~zeichen** *n* exclamation mark (*Am.* point); **~ung** *f* proclamation; *e-s Streiks*: call.
ausruhen I. *v/i. u. v/refl.*: (*sich* ~) rest (*von* from), take a rest; *ausgeruht* rested; (*frisch*) fresh; ~ *lassen* (give a) rest; → *Lorbeer*; **II.** *v/t.* rest.
ausrunden *v/t.* round (off *od.* out).
ausrupfen *v/t.* pull (*od.* pluck) out.
ausrüst|en *v/t.* equip, fit out, provide, furnish, supply (*mit* with); *fig. a.* endow (with); ⚔ arm, equip; ⚓ rig (*od.* fit) out, (*bemannen*) man; ⊕ (*Papier, Tuch*) finish; **≗ung** *f* fitting out; (*Sport≗ usw.*) outfit, gear, *a.* ⚔ equipment, *des Soldaten*: kit; ⊕ (*Betriebs≗*) equipment; (*Gerät*) appliance, device; (*Zubehör*) accessories *pl.*, fittings *pl.*; (*Zusatz*) attachment; *Papier*: finish(ing); ⚓ (*Bestückung*) armament; **≗ungsgegenstand** *m* ⚔ item of equipment; *pl.* ⊕ equipments.
ausrutsch|en *v/i.* slip (*auf* on), lose one's footing; *a. mot. etc.*: skid; *fig.* slip, F make a bloomer; **≗er** F *m* slip, gaffe, F bloomer.

Aussaat *f* sowing; (*Ausgesätes*) seed.
aussäen *v/t.* sow; *fig.* disseminate, spread.
Aussage *f* **1.** statement, assertion, declaration; *ling.* predicate; *e-s Schriftstellers*: statement, message; *s-r* ~ *nach* according to his statement, from what he says; **2.** testimony, deposition, statement, (*Beweis*~) evidence (*a. pl.*); *der Parteien*: pleadings *pl.*; → *beeidigen usw.*; *nach* ~ *von od. gen.* according to *a p.'s* statement; *e-e* ~ *machen* → *aussagen* 2; (*die*) ~ *verweigern* refuse to give evidence; *hier steht* ~ *gegen* ~ it is his word against hers, *etc.*; **~n** *v/t. u. v/i.* **1.** state, declare, say; **2.** testify (*gegen* against), give evidence, depose; *Parteien*: plead, allege; **3.** *fig. Film usw.*: express, say; **4.** *phls.* predicate; **~nd** *ling. adj.* predicative.
aussägen *v/t.* saw out.
Aussage|satz *ling. m* clause of statement; **~verweigerung** *f* refusal to give evidence.
Aus|satz *m* **1.** leprosy; **2.** *Billard*: lead; **~sätzig** *adj.* leprous; **~sätzige(r** *m*) *f* leper (*a. fig.*).
aussaugen *v/t.* suck out; (*Frucht, Wunde*) suck; *fig.* exhaust, suck dry; *j-n* ~ *a.* bleed a p. white.
ausschacht|en *v/t.* excavate, dig; (*Brunnen usw.*) sink; **~ung** *f* excavation.
ausschälen *v/t.* (*Nüsse usw.*) shell; (*Knochen usw.*) take out; (*Tumor*) shell out.
ausschalt|en *v/t.* **1.** switch off, cut out; (*Licht, Gerät*) turn (*od.* switch) off; ⊕ (*Motor, Maschine*) stop, disengage, cut; (*Getriebe*) throw out; (*Zündung*) turn off; (*Kupplung*) disconnect; **2.** *fig.* (*Fehler usw.*) eliminate, exclude, avoid, rule out; **3.** (*Gegner usw.*) eliminate, (*kaltstellen*), *a. Sport u.* ⚔: neutralize, dispose of; **~er** *m* circuit-breaker, cut-out; **~stellung** ⊕ *f* off-position; **~ung** *f* elimination, exclusion, disposal; switching off, disconnection; stopping, disengagement.
Ausschank *m* sale of alcoholic drinks; (*Wirtschaft*) public house, tavern, F pub; (*Schanktisch*) bar, counter.
ausscharren *v/t.* dig up; scratch (*od.* scrabble) up.
Ausschau *f*: ~ *halten* (*nach*) → *auschauen* 1; **~en** *v/i.* **1.** look out, watch (*nach* for), be on the lookout (for); **2.** F → *aussehen.*
ausschaufeln *v/t.* shovel out.
ausscheiden I. *v/t.* **1.** eliminate (*a.*), exclude; (*beseitigen*) remove; (*Frage usw.*) rule out; ⊕ (*Fehlerhaftes*) reject; **2.** eliminate; (*ausziehen*) extract; (*fällen*) settle out, precipitate; (*freisetzen*) liberate; **3.** *physiol.* secrete; (*Eiter, Stein usw.*) discharge, pass; **4.** (*Säfte, Gummi usw.*) exude; **II.** *v/i.* **5.** *aus e-m Amt*: retire (*aus* from), leave, *aus e-m Verein usw.*: withdraw (from); **6.** *Sport*: *aus e-m Wettbewerb*: be eliminated (*aus* from), drop out (of); **7.** (*nicht in Frage kommen*) be out (of the question), be ruled out; *Person*: be not eligible, fail to qualify; **8.** settle out; **III.** **~** *n* elimination; exclusion; removal; retirement, leaving, withdrawal.
Ausscheidung *f* **1.** → *Ausscheiden*; **2.** precipitation, deposit; **3.** *physiol. Drüse*: secretion, excretion; *von Eiter usw.*: discharge, passing; (*Ausgeschiedenes*) excreted matter, *pl.* (*Stuhl, Urin*) excreta (*pl.*); **4.** *Sport*: a) elimination; b) → **~skampf** *m* elimination (*od.* qualifying) contest, tie; **~smittel** *n* separating agent, precipitant; **~sprüfung** *f* elimination test; **~sspiel** *n* qualifying match, tie; **~sstoff** *physiol. m* waste material.
ausschelten *v/t.* chide, scold, upbraid, berate.
ausschenken *v/t. u. v/i.* pour out; *als Wirt*: sell (drinks).
ausscheren *v/i.* ⚓, leave formation, fall out (of line); ⚓ *a.* veer out (*a. fig.*); *mot.* swerve out.
ausschicken *v/t.* → *aussenden.*
ausschießen *v/t.* **1.** shoot out; **2.** (*Preis*) shoot for *a prize*; **3.** *typ.* (*Kolumne*) impose.
ausschiff|en *v/t.* disembark, land (*beide a. sich* ~); put ashore, (*Ladung*) discharge; **~ung** *f* disembarkation; discharge.
ausschimpfen *v/t.* scold, upbraid, call *a p.* names, tell off, berate.
ausschirren *v/t.* unharness.
ausschlachten *v/t.* **1.** cut up; **2.** F ⊕ cannibalize, salvage (parts from); **3.** *fig.* (*ausnutzen*) exploit, make the most of, capitalize on, make *political, etc.* capital out of.
ausschlafen I. *v/i. u. v/refl.*: (*sich* ~) have a good (long) sleep; *sonntags usw.*: sleep late; *gut ausgeschlafen* well rested; **II.** *v/t.*: (*s-n Rausch usw.* ~) sleep (it) off.
Ausschlag *m* **1.** eruption, rash, (*Bläschen*) pimples *pl.*; *a.* *e-r Wand usw.*: efflorescence; **2.** ⊕ *e-s Zeigers usw., a. mot. der Räder*: deflection; *e-s Pendels, e-r Schwingung*: swing, amplitude; **3.** *fig.*

decisive factor; *den* ~ *geben* be decisive (*bei* in), decide (*a th.*), decide the issue, settle it, turn the scale; ≈**en I.** *v/t.* **1.** knock out *teeth, etc.*; → *Faß*; **2.** (*Feuer*) beat out; **3.** (*auskleiden*) line, cover; **4.** (*ablehnen*) refuse, decline, turn down; (*Erbschaft*) disclaim, waive; **II.** *v/i.* **5.** *Pferd*: kick, lash out; **6.** *Zeiger*: deflect; *Waage*: turn; *Pendel*: swing; **7.** (*sich beschlagen*) grow moist (*od.* damp); **8.** ⚘ sprout, bud; *Bäume*: break into leaf; **9.** *zu j-s Vorteil* ~ turn out to a p.'s advantage; *zum Guten* ~ be to the good; ≈**gebend** *adj.* decisive, determining *factor, etc.*; *von* ~*er Bedeutung sein* be decisive (*od.* essential, all-important); *das ist für mich nicht* ~ I can't go by that; ~*e Stimme* casting vote; ~**ung** *f e-r Erbschaft*: disclaimer.

ausschleifen ⊕ *v/t.* grind out; *mot.* (*Zylinder*) rebore.

ausschließ|en *v/t.* **1.** (*j-n, a. Arbeiter*) lock out; (*ausstoßen*) expel (*aus* from); *zeitweilig*: suspend; (*nicht zulassen*) bar *a p.* (from); → *Öffentlichkeit*; *von der Gesellschaft*: ostracize; *Sport*: disqualify, suspend; *sich* ~ exclude o.s. (*von* from); *sich ausgeschlossen fühlen* feel left out in the cold; **2.** (*Irrtum, Möglichkeit usw.*) exclude, preclude, rule out; (*Rechtsweg usw.*) bar; **3.** *typ.* justify; → *ausgeschlossen*; ~**lich I.** *adj.* (*u. adv.*) exclusive(ly), sole(ly); **II.** *prp.* exclusive of; ≈**lichkeit** *f* exclusiveness; ≈**ung** *f* **1.** exclusion; expulsion; *Sport*: disqualification, suspension; (*Aussperrung*) lockout; → *Ausschluß*; **2.** *typ.* justification; ≈**ungsverfahren** *n* → *Ausschlußverfahren*.

ausschlüpfen *v/i.* slip out; *aus dem Ei*: hatch (out).

ausschlürfen *v/t.* sip noisily, F slurp.

Ausschluß *m* **1.** exclusion, expulsion; (*Befreiung*) exemption; *von der Ausübung e-s Amtes, a. Sport*: disqualification; *zeitweiliger*: suspension (*von* from); **2.** (*Ausschaltung*) exclusion, elimination; (*Ausnahme*) exception; *unter* ~ *von* excluding, barring, to the exclusion of; **3.** ⚖ (*Präklusion*) preclusion, foreclosure; *e-r Einrede*: estoppel; *unter* ~ *der Öffentlichkeit* in camera, in closed session, behind closed doors; **4.** *typ.* spaces *pl.*; ~**verfahren** ⚖ *n* foreclosure proceedings *pl.*

ausschmelzen I. *v/t.* melt out; (*Erz*) fuse; **II.** *v/i.* melt; fuse.

ausschmieren *v/t.* **1.** smear (*mit* with); (*Fugen*) point (up); (*fetten*) grease; **2.** F *fig.* (*betrügen*) take in, F do.

ausschmück|en *v/t.* adorn, decorate, ornament, deck out; *fig.* (*Erzählung*) embroider, embellish; ≈**ung** *f* adornment, decoration, ornamentation; *fig.* embellishment, embroidery.

ausschnappen *v/i.* snap out.

ausschnauben *v/t.*: *sich die Nase* ~ blow one's nose.

ausschnaufen F *v/i.* have a breather (*a. fig.*).

ausschneiden *v/t.* cut out; (*Zeitungsartikel*) *a.* clip out; clip; ⚕ excise; (*Bäume*) prune; → *ausgeschnitten*.

Ausschnitt *m* cut (*a. fig.*); (*Zeitungs*≈) cutting, clipping; *am Kleid*: neck, *weitS.* neck-line, decolleté (*fr.*); ⊕ cutout, notch; ⚹ (*Kreis*≈) sector; *e-s Bildes usw.*: detail; *fig.* (*Teil*) part, section; (*Seite*) side, facet.

ausschnitzen *v/t.* carve out.

ausschnüffeln F *v/t.* nose (*od.* ferret) out.

ausschöpfen *v/t.* scoop out, empty; *fig.* (*Thema, Möglichkeiten*) exhaust.

ausschrauben *v/t.* screw out, unscrew.

ausschreib|en I. *v/t.* **1.** (*Wort, Namen*) write out (*od.* in full); (*Abkürzung*) expand; (*Zahl*) *a.* write out in words; (*Kurzschrift*) extend; **2.** (*Brief usw.*) finish; **3.** (*Quittung, Scheck usw.*) make (*od.* write) out; **4.** (*abschreiben*) copy; *unerlaubt*: plagiarize, pirate; *thea.* (*Rollen*) write out, transcribe; **5.** (*ankündigen*) announce; (*e-e Stelle usw.*) advertise *a post*, invite applications for; (*einberufen*) call, convoke *a meeting*; (*e-n Wettbewerb*) invite entries for *a competition*, ✝ invite tenders (*od.* bids) for; (*e-e Belohnung*) offer *a reward*; (*Steuern*) impose; *Wahlen* ~ issue the writs for elections; **6.** (*Handschrift*) develop; **II.** *v/refl.*: *sich* ~ *Schriftsteller*: write o.s. out, run dry; ≈**ung** *f e-s Schriftstücks*: making out; (*Bekanntmachung*) announcement; (*Einberufung*) convocation; *von Steuern*: imposition; *e-r Stelle*: advertisement; *wegen Angeboten*: call for tenders, invitation to bid; *Sport*: invitation to a competition.

ausschreien I. *v/t.* cry out; proclaim; **II.** *v/refl.*: *sich* ~ cry one's fill; F *sich den Hals* ~ scream one's head off.

ausschreit|en I. *v/i.* step out, go at

a brisk pace; **II.** *v/t.* pace off (the length of) *a room*; **~ung** *f mst pl.* excess, outrage; (*Aufruhr*) riot(s *pl.*).

Ausschuß *m* **1.** (*Abfall*) refuse, waste, scrap; → *Ausschußware*; **2.** ⚕ (*~wunde*) exit wound; **3.** committee, board, commission, panel; *beratender (leitender, parlamentarischer, ständiger)* ~ advisory (executive, parliamentary, standing) committee; *e-m ~ angehören* sit on a committee; *e-m ~ übergeben* refer to a committee; **~mitglied** *n* member of a committee; **~papier** *n* retree; **~sitzung** *f* committee (*od.* board) meeting; **~ware** *f* defective rejects *pl.*; damaged goods *pl.*; substandard goods *pl.*; **~wunde** ⚕ *f* exit wound.

ausschütteln *v/t.* shake out.

ausschütt|en *v/t.* **1.** (*Flüssigkeit usw.*) pour (*od.* dump, empty) out; (*verschütten*) spill; ✝ (*Dividende*) distribute, pay; (*Konkursmasse*) divide; **2.** (*Gefäß usw.*) empty, clear (out); *sein Herz ~* pour out (*od.* open) one's heart, unbosom o.s. (*j-m* to a p.); → *Lachen*; **~ung** *f* **1.** *e-r Dividende usw.*: distribution; **2.** *radioaktive*: fallout.

ausschwärmen *v/i.* swarm (out); ⚔ (*a. ~ lassen*) extend, deploy, *fächerartig*: fan out.

ausschwatzen *v/t. u. v/i.* blab out.

ausschweben *v/i.* ✈ flatten out.

ausschwefeln *v/t.* (fumigate with) sulphur.

ausschweif|en I. *v/i.* **1.** (*maßlos sein*) indulge in excess; *allg.* lead a dissolute (*od.* fast) life; **2.** → *abschweifen* I; **II.** ⊕ *v/t.* scallop, curve; **~end** *adj.* (*übertrieben*) extravagant, excessive; (*liederlich*) debauched, dissipated, licentious, riotous, fast; **~ung** *f* extravagance; dissipation; excess, orgy; (*Abschweifung*) aberration.

ausschweigen *v/refl.*: *sich ~* say nothing (*über* about), persist in silence; *a. fig.* be silent (on).

ausschwenken I. *v/t.* (*Glas, Wäsche usw.*) rinse; **II.** *v/i. Kran usw.*: swing (out).

ausschwing|en *v/i.* swing out; *phys.* die down, decay; **~zeit** *phys. f* decay time.

ausschwitz|en *v/t.* exude, sweat out; **~ung** *f* exudation.

aussehen I. *v/i.* **1.** look, appear *sad, etc.*; *~ wie a.* have the appearance (*od.* air) of; *er sieht blaß aus* he looks pale; *gut (schlecht) ~* a) be good- (bad-)looking; b) *gesundheitlich*: look well (ill); *wie du nur aussiehst!* what a sight you are!; F *ich sah vielleicht aus!* I did look a sight!; *wie sieht er aus?* what does he look (*od.* is he) like?; *so siehst du aus!* not on your life!; that's what you say (*od.* think)!; *es sieht nach Regen aus* it looks like rain; *er sieht wie ein Narr aus* he looks (like) *od.* appears a fool; *er sieht ganz danach aus* he looks it; *~, als ob* look as if; *nach etwas ~* (*Eindruck machen*) make a great show; *damit es nach etwas aussieht* just for looks; *wie sieht es bei dir aus?* how are you getting on?; *es sieht schlecht mit ihm aus* he is in a bad way; **2.** *nach j-m ~* look out for a p.; **III.** **~** *n* appearance, look(s *pl.*), exterior; air, aspect; (*Gesichtsfarbe*) complexion; *dem ~ nach* in appearance, to outward view, on the face (of it); *dem ~ nach urteilen* judge by appearances.

außen *adv.* outside, without; *~ und innen* without and within, outside and inside; *nach ~, nach ~ hin* outward(s); *fig.* outwardly, externally; *von ~* from (the) outside, from without; **~abmessung** *f* external (*od.* outside) dimension; **~abteilung** *f* field agency; **~ansicht** *f* outside (*od.* exterior) view; **~antenne** *f* outdoor aerial (*Am.* antenna); **~aufnahme** *f phot.* outdoor (shot); *Film*: location shot, exterior (shot); *auf ~* on location; **~backenbremse** *f* external shoe brake; **~bahn** *f Sport*: outside lane; **~beamte(r)** *m* field officer, field man; **~bezirk** *m* outlying district; *~e e-r Stadt*: outskirts; **~bilanz** *f* balance of payments; **~bordmotor** *m* outboard motor.

aussenden *v/t. allg.* send out, dispatch; (*Befehl*) issue; (*Funkspruch*) transmit; *phys.* send out, emit.

Außen...: **~dienst** *m* field service; *im ~* in the field; **~durchmesser** *m* outside diameter; **~fläche** *f* outer surface, face; **~gewinde** *n* external thread; **~hafen** *m* outer harbo(u)r; **~handel** *m* foreign (*od.* external) trade; **~handels...** foreign-trade ...; **~haut** *f* ⚘ outer skin; *anat.* epidermis; ⚓ shell-plating; **~institut** *n* research station; **~lack** *m* exterior varnish; **~liegend** *adj.* outlying, external; **~luft** *f* outside air; **~luftdruck** *m* barometric pressure; **~maße** *n/pl.* outside measurements; **~minister** *m* foreign minister; *Brit.* Foreign Secretary, Secretary of State for Foreign Affairs, *Am.* Secretary of State; **~ministerium** *n* foreign ministry; *Brit.* Foreign Office, *Am.* Department of State; **~politik** *f* foreign policy; **≈politisch** *adj.* of (*od.* referring, *adv.* with regard to) foreign affairs; foreign-affairs ..., international; **~posten** ⚔ *m* outpost; **~seite** *f* outside, exterior; outer surface; **~seiter** *m Sport u. fig.*: outsider; **~spiegel** *mot. m* outside (rear view) mirror; **~skelett** *zo. n* ectoskeleton; **~stände** ✝ *pl.* outstanding debts, *Am.* accounts receivable; **≈stehend** *adj.* outside ...; (*nicht betroffen*) not concerned (*od.* involved); **~stehende(r)** *m* outsider, onlooker; (*Beobachter*) outside observer; **~stelle** *f* branch office; field agency; **~stürmer** *m Fußball*: wing-forward, F wing(er); *linker* ~ outside left; **~tasche** *f* outer pocket; **~temperatur** *f* outside temperature; **~viertel** *n* outer part *of a town*; *pl.* outskirts; **~wand** *f* outer wall; **~welt** *f* outer (*od.* outside) world; **~werbung** ✝ *f* outdoor advertising; **~werk** ⚔ *n* outwork; **~winkel** *m* external angle; **~wirtschaft** *f* foreign trade; **~zoll** *m* external tariff.

außer I. *prp. räumlich*: out of, outside; beyond, beside; (*neben*) beside(s), apart from, not counting, *Am. a.* aside from; (*hinzukommend*) in addition to; (*ausgenommen*) except, save, but, other than; → *Betrieb 4, Dienst 4, 5, Frage usw.*; *alle ~ einem* all but one; *alle ~ den hier erwähnten Personen* all persons other than those named here; ~ *sich sein od. geraten* be *od.* get beside o.s. (*vor Freude* with joy); *seien Sie ~ Sorge* don't worry; **II.** *cj.* ~ *daß* except (*od.* save, but) that; ~ *wenn* if not, unless; **≈achtlassung** *f* disregard(ing), neglect; **~amtlich** *adj.* non-official, unofficial, private; **~beruflich** *adj.* extra-professional; **~betrieblich** *adj.* external; **≈betriebsetzung** *f* putting out of operation; stoppage; **~dem** *adv.* besides, moreover, in addition, also; what is more; **~dienstlich** *adj.* extra-official, unofficial, private; ⚔ off-duty ...; **≈dienststellung** ⚔ *f* putting out of commission; ⚓ *a.* moth-balling.

äußere *adj.* **1.** outer, outside, outward, exterior, external; *~r Durchmesser* outside diameter; ~ *Erscheinung* → *Äußere 2*; → *Umstand*; **2.** ✝, *pol.* foreign, external; **≈(s)** *n* **1.** outside, exterior; **2.** (*Erscheinung*) outward appearance, looks *pl.*, exterior, externals *pl.*; *nach dem ~n zu urteilen* judging by appearances, on the face of it; **3.** *Minister des ~n* → *Außenminister.*

außer...: **~ehelich** *adj. Kind*: illegitimate, born out of wedlock; *Verkehr*: extramarital; **~etatsmäßig** *adj.* extra-budgetary, extraordinary; **~europäisch** *adj.* extra- (*od.* non-)European; **~fahrplanmäßig** *adj.* special, non-scheduled; **~gerichtlich** *adj.* extrajudicial, private; *~e Regelung* settlement out of court; *j-n gerichtlich und ~ vertreten* represent in and out of court; **~gewöhnlich** *adj.* **1.** extraordinary, unusual, uncommon, out of the ordinary; **2.** → *außerordentlich 1*; **~halb I.** *prp.* out of, outside; (*jenseits*) beyond; ~ *der Geschäftsstunden* out of office hours; → *a. außer* I; **II.** *adv.* externally, (on the) outside, outwardly; *von ~* from outside; (*aus dem Ausland*) from abroad; **~irdisch** *adj.* extra-terrestrial; **~kirchlich** *adj.* non-ecclesiastical; **≈kraftsetzung** *f* annulment; *e-s Gesetzes*: repeal; *zeitweilige*: suspension; **≈kurssetzung** *f* withdrawal from circulation, demonetization; **~lehrplanmäßig** *adj.* extracurricular.

äußerlich I. *adj.* **1.** external, outward; ⚕ *~es Mittel* topical remedy; *zum ~en Gebrauch* for external application; *~e Erscheinung* → *Äußere 2*; **2.** *fig.* outward; (*scheinbar*) apparent, seeming; (*oberflächlich*) superficial; (*seicht*) shallow; (*unecht*) sham, insincere; **II.** *adv.* **3.** outwardly (*a. fig.*), externally; **≈keit** *f* **1.** exterior, outward appearance, externals *pl.*; **2.** *fig.* (*Formalität*) formality, matter of form; **3.** (*Oberflächlichkeit*) superficiality; (*Unechtheit*) insincerity.

äußern I. *v/t.* express, utter, say, voice; (*zeigen*) show, manifest; *sich od. s-e Meinung ~* express o.s., give one's opinion, express one's views, comment (*über* on), speak (on, about); **II.** *v/refl.*: *sich ~ Sache*: find expression, be shown, be manifested, become apparent (*in* in); *Krankheit usw.*: manifest itself; make itself felt, show (itself).

außer...: **~ordentlich** *adj.* **1.** extraordinary, uncommon, unusual, exceptional, singular; (*erstaunlich*) astonishing, amazing, remarkable, fabulous; (*hervorragend*) eminent, outstanding; (*ungeheuer*) enormous, immense, extreme; **2.** (*Sonder...*) extraordinary, special; *~e Ausgaben* extras; *~es Gericht* special court; *~er Professor* senior lecturer, *Am.* associate professor;

~parlamentarisch *adj.* extra-parliamentary; **~planmäßig** *adj.* extraordinary, additional; *Beamter*: supernumerary; *Gelder*: extra-budgetary; 🚂 *usw.*: special, non-scheduled.

äußerst I. *adj. räumlich*: outermost, extreme; (*entferntest*) *a.* farthest, remotest; *zeitlich*: last, latest, final, closing; *fig.* utter, utmost, extreme; maximum; *Armut, Gefahr, Grenze, Notfall usw.*: extreme; *~er Preis* lowest (*od.* rockbottom) price; *im ~en Falle* a) at (the) most; b) *b.s.* at (the) worst; *mit ~er Anstrengung* by supreme effort; *mit ~er Kraft* at full (*od.* maximum) speed; *fig.* at top-speed, at full pressure; *von ~er Wichtigkeit* of utmost importance; **II.** *adv.* extremely, exceedingly, utterly, highly, most; **≈e(s)** *n* extremity, extreme (limit *od.* case); *the* maximum, *the* most (*an* of); (*das Schlimmste*) *the* worst; *es auf das ~ treiben, es bis zum ~n treiben* push matters to extremes; *j-n zum ~n treiben* drive a p. to extremities; *bis zum ~n gehen* go to the last extreme; *sein ~s tun* do one's utmost; *aufs ~* to the utmost, for all it is worth; *bis zum ~n* to the bitter end; *auf das ~ gefaßt* prepared for the worst; *wenn es zum ~n kommt* if the worst comes to the worst; *zum ~n entschlossen* resolved to risk all, desperate.

außer|mittig ⊕ *adj.* eccentric; **~stande** *pred. adj.* unable, not in a position (*zu inf.* to *inf.*).

äußerstenfalls *adv.* **1.** at (the) most, at best, at the (very) outside; **2.** at (the) worst.

Äußerung *f* (*Ausspruch*) utterance, statement, declaration; (*Bemerkung*) remark, observation, comment; *fig.* (*Ausdruck, Zeichen*) expression, manifestation, sign.

aussetzen I. *v/t.* **1.** put out, set out; ⚓ disembark, put ashore, land; (*j-n*) *an der Küste*: maroon; (*Boote*) lower, launch; ⚔ (*Wachen*) post, station; (*Fische*) release; (*ein Kind*) expose (*a. fig. j-n dem Wetter, e-r Kränkung, Gefahr usw.*; *dat.* to); *fig. dem Gelächter ~* expose (*od.* turn) to ridicule, make *a p.* the laughingstock *of the town, etc.*; *sich e-r Gefahr ~* expose o.s. to danger, run a risk, take a chance; **2.** (*Belohnung, Preis*) offer, hold out, promise; set *a price on a p.'s head od. life*; (*Vermächtnis*) bequeath; (*Rente, Summe*) settle (*dat.* on), allow; *ausgesetzter Betrag* allowance; **3.** (*unterbrechen*) interrupt, suspend, discontinue, stop; ⚖ (*Urteil*) arrest, suspend *judgment*; (*Verfahren*) stay *proceedings*; (*Zahlung*) suspend; (*aufschieben*) defer, postpone; (*verschieben*) put off; (*vertagen*) adjourn; **4.** *etwas ~* (*od. auszusetzen haben*) *an* find fault with, object to, criticize; *was ist daran auszusetzen?* what's wrong with it?; *was haben Sie an ihm auszusetzen?* what is your objection to him?, what's wrong with him?; *ich habe nichts daran auszusetzen* I cannot find anything wrong with it; **II.** *v/i.* (*versagen*) fail, *sl.* conk out; (*unterbrechen*) pause, stop, break off; *Herz, Pulsschlag*: miss a beat, skip, *öfter*: be irregular; *Motor*: stall, misfire; (*sich Ruhe gönnen*) take a rest, have a breather, pause; *beim Spiel*: miss a turn; *e-n Tag ~* take a day off; *mit et. ~* discontinue, interrupt, stop; *ohne auszusetzen* without interruption (*od.* F let-up), without stopping; **III.** **≈** *n* interruption, cessation, stoppage; (*Versagen*) failure; *der Zündkerze*: misfiring; ⚕ *Puls*: intermittence.

aussetz|end *adj. a.* ⊕ intermittent; **≈ung** *f e-s Kindes, dem Wetter, e-r Gefahr usw., a.* ⚖ exposure (*dat.* to); ⚓ disembarkation; *Vermächtnis*: bequest, settlement; *e-r Rente usw.*: settlement; *e-s Preises*: offer, promise; ⚖ *der Strafvollstreckung*: suspension, arrest *of judgment*; *e-s Verfahrens*: stay *of proceedings*; *der Zahlungen*: suspension; (*Aufschub*) deferment, postponement; (*Vertagung*) adjournment; (*Tadel*) criticism, objection, censure.

Aussicht *f* **1.** view (*auf* of), outlook (over); *~ haben auf* (*in, über*) look down on (into, over), command a view of, overlook; *j-m die ~ versperren* obstruct a p.'s view; **2.** *fig.* prospect, chance (*auf* of), outlook (for); *~en haben auf* be in the running (*Am. a.* in line) for; *~en haben zu inf.* be in a fair way to *inf.*, stand to *win, etc.*; *gute* (*schlechte*) *~en haben* have good (poor) chances; *in ~ nehmen* consider, contemplate, plan; *in ~ haben* have in prospect; *in ~ sein* be in the offing; *in ~ stellen* promise, hold out a prospect of; *er hat nicht die geringste ~* he has not the slightest (*od.* a dog's) chance; **≈slos** *adj.* hopeless; **~slosigkeit** *f* hopelessness, futility; **~spunkt** *m* viewpoint, vantage point, *Am. a.* look-out; **≈sreich** *adj.* promising, full of promise; **~sturm** *m* look-out (*od.* observation) tower, *Am.* observatory; **≈voll** *adj.* → *aussichtsreich*; **~swagen** *m* observation (*od.* sight-seeing) car.

aussieben *v/t.* sift (*od.* sieve) out; *a. fig.* screen; *Radio*: filter (out).

aussied|eln *v/t.* evacuate, transfer (compulsorily); **≈lung** *f* compulsory transfer, evacuation.

aussinnen *v/t.* think out (*od.* up), invent, contrive, devise.

aussöhn|en *v/t. u. v/refl.*: *j-n* (*sich*) *~ mit et. od. j-m* reconcile a p. (o.s.) to a th. *od.* with a p. (*a. fig.*); *sich ~ mit a.* make (one's) peace with, make it up with; **≈ung** *f* reconciliation.

aussonder|n *v/t.* **1.** sort (*od.* single, pick) out; **2.** ⚖ separate; **3.** *physiol.*, ⚕ → *ausscheiden* 3; **≈ung** *f* selection; separation; *physiol.*, ⚕ → *Ausscheidung* 3; **≈ungsrecht** *n* right of separation.

aussortieren *v/t.* sort (*od.* pick, single) out.

ausspäh|en I. *v/t.* spy out; **II.** *v/i.* *~ nach* look out for; **≈ung** ⚖ *f* spying out (of state secrets).

ausspann|en I. *v/t.* **1.** stretch, extend; (*ausbreiten*) spread; **2.** (*Pferde*) unharness; (*Ochsen*) unyoke; **3.** take out (*aus* of); ⊕ (*Werkstück*) remove, release, unclamp; **4.** *fig. j-m et. ~* do a p. out of a th.; *j-m s-e Freundin ~* steal a p.'s *girl*, cut a p. out with; **II.** *v/i.* (take a) rest, relax, F take it easy; **≈ung** *f* relaxation, recreation, rest.

ausspar|en *v/t.* leave (blank *od.* free); ⊕ recess; ⚔ by-pass; *fig.* leave out (of consideration); **≈ung** *f* ⊕ recess; *typ.* blank.

ausspeien *v/t. u. v/i.* spit out; *fig.* spew (out), belch, disgorge.

aussperr|en *v/t.* **1.** shut out, (*a. Arbeiter*) lock out; **2.** *typ.* (*Zeilen*) space out; (*Satz*) lead; **≈ung** ✝ *f* lock-out.

ausspielen I. *v/t.* **1.** play to the end, finish; **2.** (*Karte*) play, (*anspielen*) lead; *fig.* → *Trumpf*; **3.** (*Sportpokal usw.*) play for; **4.** (*Sportgegner*) outplay; **5.** (*Lotteriegewinn*) dispose of (by lot); **6.** *fig. j-n gegen j-n ~* play a p. off against a p.; **7.** (*Können, Einfluß usw.*) bring to bear, demonstrate; **II.** *v/i.* **8.** finish playing; *fig. er hat ausgespielt* he is finished (*od.* done for), F his goose is cooked; **9.** *Kartenspiel*: lead; *wer spielt aus?* whose lead (is it)?

ausspinnen *fig. v/t.* spin out, elaborate, develop.

ausspionieren *v/t.* spy out.

ausspotten *v/t.* → *verspotten*.

Aussprache *f* **1.** pronunciation; (*un*)*deutliche*: *a.* articulation; *fremdartige*: accent; **2.** discussion, talk, exchange of views, *a. parl.* debate; *freundschaftliche ~* heart-to-heart talk; **~bezeichnung** *f* phonetic transcription; **~wörterbuch** *n* pronouncing dictionary.

aussprech|bar *adj.* pronounceable; *schwer ~* hard to pronounce; *nicht ~* unpronounceable; *fig.* unspeakable; **~en I.** *v/t.* **1.** (*Wort usw.*) pronounce; (*un*)*deutlich*: articulate; *ling. nicht ausgesprochen werden* be silent (*od.* mute); **2.** (*zu Ende sprechen*) speak to the end, finish; **3.** (*äußern*) voice, express, utter; (*Ansicht usw.*) give, state, express, speak, submit; (*Beileid, Dank, Wunsch*) express (*dat.* to); ⚖ (*Urteil*) pronounce, deliver, pass; *parl. der Regierung das Vertrauen ~* pass a vote of confidence (*dat.* in); **II.** *v/refl.*: *sich ~* **4.** speak one's mind, express o.s. *od.* one's opinion (*über* about, on); (*sein Herz ausschütten*) unburden o.s., make a clean breast of it; *sich mit j-m über et. ~* talk a th. over with a p.; **5.** *sich für* (*gegen*) *et. ~* declare o.s. for (against); *er sprach sich für den Plan aus a.* he advocated (*od.* supported, endorsed) the plan; *sie sprachen sich gegen die Politik aus a.* they rejected (*od.* opposed, warned against) the policy; → *ausgesprochen*; **III.** *v/i.* finish (speaking); *laß mich ~* let me finish, let me have my say, hear me out.

ausspreizen *v/t.* → *spreizen*.

aussprengen *v/t.* **1.** blast out; **2.** (*Gerücht usw.*) spread.

ausspringen *v/i.* snap out; *~der Winkel* salient angle.

ausspritzen I. *v/t.* **1.** (*Flüssigkeit*) squirt out, spout; ⚕ (*Ohr*) syringe; (*Gefäß*) flush (out); **II.** *v/i.* spurt (*od.* gush) out.

Ausspruch *m* utterance, saying; (*Bemerkung*) remark, observation, dictum; ⚖ *usw.* → *Spruch*.

ausspucken *v/i. u. v/t.* spit out (*vor j-m* in front of a p.); *fig. Computer usw.*: spit out, spew (out).

ausspülen *v/t.* **1.** wash (out), rinse; (*bsd. ein Becken usw.*) flush; ⊕ flush, scavenge; *sich den Mund ~* rinse one's mouth; **2.** *geol.* wash away, erode.

ausspüren *v/t.* → *aufspüren*.

ausstaffier|en *v/t.* equip, fit out, furnish (*mit* with); (*schmücken*) trim, garnish; *mit Kleidern*: dress up, F tog (*od.* rig) out; **≈ung** *f*

equipment, outfit; F get-up; garnishing.
Ausstand *m* **1.** (*Arbeitseinstellung*) strike, *Am. a.* walkout; *in den ~ treten* go on strike, *Am. a.* walk out; **2.** ✝ *Ausstände* outstanding debts, *Am.* accounts receivable; (*Verbindlichkeiten*) liabilities.
ausständig *adj.* **1.** on strike, striking; **2.** ✝ (*ausstehend*) outstanding; **≈e(r** *m*) *f* striker.
ausstanzen *v/t.* punch (*od.* stamp) out.
ausstatt|en *v/t.* provide, furnish, equip, fit out, supply (*mit* with); (*Tochter*) give a dowry to, dower; (*Buch usw.*) get up; (*Wohnung*) furnish; *mit Personal*: staff; *fig.* (*begaben*) endow, equip; *mit Befugnissen ~* vest with powers; **≈ung** *f* equipment, outfit; provision, supply; *Möbel usw.*: furniture, appointments *pl.*; (*Mitgift*) dowry; (*Aussteuer*) trousseau (*fr.*); (*Ausschmückung*) decoration; *Buch, Zeitung*: get-up, make-up; *thea.* scenery, settings *pl.*, décor (*fr.*); ⊕ fittings *pl.*, mountings *pl.*; ✝ *e-r Emission usw.*: terms *pl.*; (*Zuteilung*) allocation; **≈ungsfilm** *m* spectacular (film); **≈ungsstück** *n* **1.** *thea.* spectacular (show); **2.** (*Gegenstand*) piece of equipment.
ausstauben *v/t.* dust.
ausstechen *v/t.* **1.** (*Graben*) dig; (*Rasen, Torf*) cut (out); (*Augen*) put out; (*Apfel*) core; ⊕ engrave, carve; (*Muster*) prick out; (*Kabel*) pay out; **2.** *fig.* (*verdrängen*) cut out, supplant; (*übertreffen*) excel, outdo, put in the shade.
ausstehen I. *v/i.* have yet to come, not to be forthcoming; *Zahlungen*: be outstanding (*od.* owing), be in arrears; *Sendungen*: be overdue; *~de Forderungen* outstanding debts, arrears, *Am.* accounts receivable; *Geld ~ haben* have money owing; *die Nachricht steht noch aus* the message has not yet arrived, we *etc.* are still waiting for the message; *die Entscheidung steht noch aus* the matter is still pending; **II.** *v/t.* (*ertragen*) endure, bear, stand; (*Angst, Sorge*) suffer, have; *er hat viel auszustehen* he has a great deal to put up with; *ich kann ihn nicht ~* I can't bear (*od.* stand, F stomach, stick) him.
aussteifen ⊕ *v/t.* stay, strut, brace.
aussteigen *v/i.* **1.** get out (*aus* of), get off (*aus a train, etc.*), alight (from), ⚓, ✈ disembark (from); ✈ F (*abspringen*) bale (*od.* bail) out; **2.** F *fig.* get *od.* opt *od.* back out (*aus* of).
aussteinen *v/t.* stone.
ausstell|en I. *v/t.* **1.** put out (*od.* forth); ⊕ swing out; **2.** *zur Schau*: expose (to view); show, display, exhibit; **3.** (*Urkunde*) draw up, issue, *unterschriftlich*: execute; (*Paß, Rechnung, Scheck*) issue, make out (*dat.* to); (*Scheck*) *a.* make payable (*auf* to); (*Quittung*) give; (*Rezept*) write (out) (for); *Wechsel auf j-n ~* draw upon a p.; **4.** → *aussetzen* 4; **II.** *v/i.* exhibit; **≈er(in** *f*) *m* issuer; *e-s Wechsels*: drawer; *auf e-r Messe*: exhibitor; **≈fenster** *mot. n* ventipane.
Ausstellung *f* **1.** exhibition, show, *Am.* exposition; (*Messe*) fair; *von Waren*: show, display; **2.** *e-r Urkunde*: issue, *Am.* issuance, drawing up; (*Unterzeichnung*) execution; *e-s Passes, e-r Rechnung*: making out; *e-s Wechsels*: drawing; **3.** (*Tadel*) objection (*an* to), criticism (of); *~en machen an* find fault with, criticize; **~sdatum** *n* date of issue; **~sgelände** *n* exhibition (*od.* fair) grounds *pl. od.* site; **~shalle** *f* exhibition hall, pavilion; **~sraum** *m* show-room; **~sstand** *m* exhibition stand (*od.* booth); **~sstück** *n* exhibit; **~stag** *m* date of issue.
ausstemmen[1] ⊕ *v/t.* chisel out.
ausstemmen[2] *v/i. Schisport*: slide skis into stem position.
Aussterbeetat F *m*: *auf den ~ setzen* designate for the scrap heap; *auf dem ~ stehen* be doomed, be about to be scrapped.
aussterben I. *v/i.* die out (*a. fig.*); *bsd. Familie, Rasse usw.*: become extinct; *fig. wie ausgestorben Straße*: (completely) deserted; **II. ≈** *n* extinction; *im ~* (*begriffen*) dying out.
Aussteuer *f e-r Braut*: trousseau (*fr.*); (*Mitgift*) dowry; **≈n** *v/t.* **1.** (*Tochter*) dower; **2.** ⚡, (*Radio usw.*) modulate; (*regeln*) control the recording level of; **~ung** *f* ⚡, *Radio usw.*: modulation, level control; **~ungsbereich** ⚡ *m* range of modulation; **~ungskontrolle** *f Tonbandgerät*: recording level indicator; **~versicherung** *f* children's endowment insurance.
Ausstieg *m* exit; trap door; ⊕ manhole.
ausstochern *v/t.*: *sich die Zähne ~* pick one's teeth.
ausstopf|en *v/t.* stuff; *mit Watte usw.*: pad; **≈er** *m* taxidermist.
Ausstoß *m* **1.** *e-s Fasses*: tapping; **2.** ⊕ ejection; **3.** ✝ (*Fabrikation*) output, production; **≈en I.** *v/t.* **1.** push (*od.* thrust) out; (*Auge*)

knock (*od.* gouge) out; (*Faß*) stave in, tap; **2.** (*ausschließen*) expel, exclude, oust (*aus* from), turn out (of); ⚔ cashier; *eccl.* excommunicate; *aus der Gesellschaft*: ostracize; (*verbannen*) banish, exile (from); **3.** (*ausscheiden*) ⚗ eliminate; *ling.* a) (*Buchstaben*) drop, suppress; b) (*Vokal*) elide; *physiol.* expel, discharge; (*Gase usw.*) exhaust, blow off; *phys.* emit, give off; ⊕ eject, throw out; (*auspressen*) extrude; ⚓ (*Torpedo*) discharge, launch; **4.** ⚒ (*produzieren*) turn out, produce; **5.** (*Fluch, Schrei*) utter, give; (*Seufzer*) heave, draw; **II.** *v/i. fenc.* thrust, lunge; *Schwimmen*: strike out; **~hub** *mot. m* exhaust stroke; **~kolben** *m* ejecting piston; **~rohr** ⚓ *n* torpedo tube; **~ung** *f* expulsion (*a. physiol.*); ⊕ ejection; *eccl.* excommunication; *gesellschaftlich*: ostracism; ⚔ cashiering; *ling.* suppression; elision; **~vorrichtung** ⊕ *f* ejector, throw-out; **~ziffer** ⚒ *f* production (*od.* output) figure.

ausstrahl|en I. *v/t. phys.* radiate, emit; *Radio*: broadcast, transmit; *fig.* radiate; **II.** *v/i.* radiate (*a. fig.*); **≈ung** *f* **1.** *phys.* radiation, emission; **2.** *fig.* radiation; *e-r Person*: (personal) magnetism, aura, charisma, personality; **≈ungsfläche** *f* radiating surface; **≈ungskraft** *fig. f* → *Ausstrahlung* 2; **≈ungsvermögen** *n* emissive power.

ausstreben *v/t.* strut, brace.

ausstrecken *v/t.* stretch (out); (*Fühler*) put out; (*ausdehnen*) stretch, elongate; *die Hand ~ nach (et.)* hold (*od.* reach, stretch) out one's hand for, reach for *a th.*; (*j-m*) extend one's hand to; *mit ausgestreckten Händen* with outstretched hands; *sich ~* stretch o.s. (out).

ausstreichen *v/t.* **1.** (*Geschriebenes*) strike (*od.* score, cross) out; cancel; delete; **2.** (*glätten*) smooth (down); **3.** (*Fugen*) grout, point; *mit Farbe*: paint; *mit Fett*: grease.

ausstreuen *v/t.* scatter, *a. fig.* (*Gerücht*) spread.

ausström|en I. *v/i.* stream (*od.* flow, gush) forth, issue; *Gas, Dampf*: escape, exhaust; *phys. Licht, Strahlen*: emanate (*a. fig.*), radiate; *Wasser ~ lassen* discharge, drain (off); *von ihm strömte Zuversicht aus* he radiated confidence; **II.** *v/t.* (*Licht usw.*) radiate, emit, emanate; *fig. a.* spread, breathe; (*Duft*) give off, exhale; **≈ung** *f* outflow, discharge; *Gas*: escape; *Licht usw., a. fig.* radiation, emanation.

ausstudieren I. *v/i.* finish (*od.* complete) one's studies; **II.** *v/t.* study thoroughly; think out carefully.

aussuchen *v/t.* **1.** (*Tasche usw.*) search (*nach* for); **2.** (*auswählen*) choose, select, pick out; *suchen Sie sich nur etwas aus* take your pick, just pick and choose; → *ausgesucht*.

austäfeln *v/t.* → *täfeln*.

austapezieren *v/t.* → *tapezieren*.

austast|en *TV v/t.* blank; **≈impuls** *m* blanking pulse.

Austausch *m* exchange (*a. kulturell*); *von Gütern*: *a.* barter; *Sport*: substitution; *~ von Gedanken* interchange (*od.* exchange) of ideas; *im ~ gegen* in exchange for; **≈bar** ⊕ *adj.* interchangeable, exchangeable; **~barkeit** *f* interchangeability; **≈en** *v/t.* exchange (*gegen* for); (*unter-ea. ~*) interchange; *im Tauschhandel*: barter, truck, F swap; (*Worte, Blicke*) exchange, *schnell, heftig*: bandy; (*Gedanken usw.*) exchange *ideas*, compare *notes*; *A gegen B ~* replace A by B, substitute B for A; **~energie** *phys. f* exchange energy; **~er** *phys.*, ⊕ exchanger; **~lehrer** *m* exchange teacher; **~motor** *m* replacement engine; **~programm** *n* exchange program(me); **~spieler** *m Sport*: substitute; **~stahl** *m* substitute steel; **~stück** ⊕ *n* duplicate (*od.* interchangeable, spare) part; **~student(in** *f*) *m* exchange student; **~werkstoff** *m* alternat(iv)e *od.* substitute (material).

austeil|en *v/t.* distribute, hand out (*an* to; *unter* among); (*zuteilen*) allot (to); (*spenden*) dispense; (*Befehle*) give, issue; (*Essen*) serve out; (*Gnade*) bestow; (*Hiebe, Karten*) deal (out); *eccl.* (*Abendmahl, Kommunion*) administer *the Sacrament*, give *Communion*; *den Segen ~* impart the blessing; **≈ung** *f* distribution; administration.

Auster *f* oyster; **~nbank** *f* oyster bed; **~nfang** *m*, **~nfischerei** *f* oyster-fishing; **~nschale** *f* oyster-shell; **~nzucht** *f* oyster-culture.

austiefen *v/t.* **1.** deepen; **2.** ⊕ hollow out.

austilg|en *v/t.* (*auslöschen*) efface, obliterate, wipe out; (*ausrotten*) exterminate, eradicate, wipe out; *bsd. fig.* (*Übel, Laster*) extirpate; **≈ung** *f* obliteration; extermination, extirpation.

austoben I. *v/t.* (*s-n Zorn*) work off; **II.** *v/refl.*: *sich ~ Sturm usw.*: spend itself, cease raging (*a. v/i.*); *Person*: let off steam, have one's fling; *Jugend*: *a.* sow one's wild

oats; *Kinder*: (have a good) romp.
austollen *v/refl.*: *sich* ~ → *austoben* II.
Austrag *m* **1.** decision, settlement; *zum* ~ *bringen* settle (*vor Gericht* in court); *fig.* bring to a head; *zum* ~ *kommen* come up for decision, come off (*od.* to a head); → *a.* 2; *bis zum* ~ *der Sache* while the matter is pending; ⚖ *a.* pendente lite; **2.** *Sport*: holding *a contest*, staging; *zum* ~ *kommen Wettkampf*: be held; **⸗en** *v/t.* **1.** (*Briefe usw.*) deliver; *fig.* (*Klatsch usw.*) retail; (*Gerüchte*) spread, circulate; **2.** ⚕ (*Kind*) carry to term; **3.** (*Kleider*) wear out; **4.** (*streichen*) take *a name* off (the list), remove *a name* (from the list); † a) (*umbuchen*) transfer; b) (*stornieren*) cancel; **5.** (*Streit usw.*) settle; *die Sache* ~ *mit j-m* have it out with a p.; **6.** (*Wettkampf, Meisterschaft*) hold, stage, (*Wettspiel*) play.
Austräger *m* delivery-man, roundsman; newspaper- *od.* errand boy; *b.s. fig.* gossip, tittle-tattle.
Austragung *f* → *Austrag*; **~sort** *m Sport*: place where a match, *etc.*, is held.
Austral|asier *m*, **⸗asisch** *adj.* Australasian; **~ier**(**in** *f*) *m*, **⸗isch** Australian.
austreib|en I. *v/t.* **1.** (*Keil usw., a. Vieh*) drive out; (*j-n vertreiben*) *a.* expel, oust; (*den Teufel*) exorcize, cast out; **2.** ⊕ beat out; **3.** ⚕ (*Kind*) expel; **4.** F *fig. j-m et.* ~ cure a p. of a th., knock a th. out of a p.; **5.** *typ.* (*Satz*) drive over *matter*; **II.** *v/i.* ♀ sprout; **⸗ung** *f* expulsion (*a.* ⚕ *e-s Kindes*); exorcism.
austreten I. *v/t.* **1.** (*Feuer, Brand*) tread (*od.* stamp) out; **2.** (*Schuhe*) wear out; *neue*: break in; **3.** (*Treppe, Stufen*) wear down (*od.* out); (*Pfad*) tread, beat; → *ausgetreten*; **II.** *v/i.* **4.** *Licht usw.*: emerge; *Dampf, Gas usw.*: escape, issue; *Flüssigkeit*: flow out; ⚒ outcrop; ⚕ *Bruch, Organ*: protrude; *Blut aus Gefäßen*: extravasate; *Fluß*: overflow its banks; *j-m* ~ *Schweiß*: cover a p.; **5.** ~ *aus* (*e-m Verein, e-r Firma, der Kirche usw.*) leave; (*e-m Verein, e-r Partei usw.*) withdraw (*od.* resign) from, resign membership of; **6.** F (*ein Bedürfnis verrichten*) F go somewhere, go and wash one's hands.
austricksen F *v/t.* outfox.
austrimmen ✈ *v/t.* trim.
austrinken *v/t. u. v/i.* drink up, finish (one's drink); (*leeren*) empty, drain, finish (one's glass *od.* the bottle, *etc.*).
Austritt *m* **1.** leaving (*aus school, a firm, the Church, etc.*); withdrawal, resignation (from); **2.** *Luft, Gas*: escape, exit; *Licht usw.*: emergence; ⚕ *Blut*: extravasation; ⊕ (*Öffnung*) outlet, vent, port; *Nerv, Gefäß*: exit; *Leiste, Organ*: protrusion; **3.** (*Balkon*) balcony.
Austritts...: **~düse** *f* outlet nozzle; **~erklärung** *f* notice of withdrawal (*od.* resignation); **~öffnung** *f* outlet; **~phase** ⚕ *f Geburt*: third (*od.* expulsion) stage; **~ventil** *n* outlet valve.
austrocknen I. *v/t.* dry up, desiccate (*a.* ⚕); (*Boden, Kehle*) parch; (*trockenlegen*) drain; (*Holz*) season; *mit Tuch*: wipe dry; **II.** *v/i.* dry up, become dry *od.* parched.
austrommeln *v/t.* announce by beat of drums; *fig.* broadcast, noise abroad.
austrompeten *v/t.* → *ausposaunen*.
auströpfeln *v/i.* trickle out.
austüfteln F *v/t.* puzzle out; think out, contrive; *ausgetüftelt* well-contrived, elaborate.
ausüb|en *v/t.* (*Aufsicht, Macht, Recht usw.*) exercise; (*Einfluß*) exert, have (*auf* on); (*Reiz, Wirkung*) have, produce; (*Zwang*) use (on), apply; → *Druck*[1] 2, *Rache*; (*Beruf*) practise *law, medicine, etc.*, pursue, follow *a profession*; (*Gewerbe*) carry on; (*Tätigkeit*) carry on, perform, be engaged in; (*ein Amt*) exercise, carry out (the functions of), hold *an office*; (*e-n Sport*) go in for, be actively engaged in, practise; (*Verbrechen*) commit, perpetrate; *ein Verfahren* ~ *Patentrecht*: perform a system; **~end** *adj.* practising; *Künstler*: performing, professional; ~*e Gewalt* executive power; **⸗ung** *f* exercise; *e-s Berufes*: practice, pursuit; *e-r Pflicht*: performance, execution; *e-s Verbrechens*: perpetration; *in* ~ *des Dienstes* in line of duty; *in* ~ *s-s Berufes sterben* die in harness.
ausufern *v/i. Fluß*: overflow its banks; *fig.* spread, run wild.
Ausverkauf *m* **1.** selling off; (*Total*⸗) (clearance) sale; (*Saison*⸗) (seasonal) sale; (*Sonder*⸗) bargain sale; *im* ~ at the sales, at a sale; **2.** *fig. pol. usw.* sellout; **⸗en** *v/t.* (*Lager*) clear; (*Artikel*) *im Räumungsverkauf*: sell out (*od.* off), *Am. a.* close out; *ausverkauft* sold out, out of stock; *thea. usw.* sold out, filled to capacity; *vor ausverkauftem Hause spielen* play to a full house; **~spreis** *m* sale price.
auswachsen I. *v/i.* **1.** attain full

growth, grow up; → *auswachsen*; **2.** ⚘ run (*od.* go) to seed; **3.** (*verunstaltet* ~) grow deformed; (*bucklig werden*) grow hunch-backed; F *es war zum* ≈ (*langweilig*) it was frightfully boring; (*nervtötend*) it was enough to drive you crazy; **4.** *in et.* ~ end in; **II.** *v/t.* **5.** (*Kleider*) outgrow, *a. fig.* grow out of; **III.** *v/refl.*: *sich* ~ **6.** ⚕ heal up; F *fig.* come right; **7.** *fig. sich* ~ *zu* grow *od.* develop into.

auswägen *v/t.* → *auswiegen.*

Auswahl *f* **1.** choice, selection; ✝ assortment, collection, range; *Marktforschung*: sample; *e-e reiche* ~ a great variety (*od.* wide choice, range) of *goods, etc.*; *e-e* ~ *treffen* make a selection, select (*aus, unter* from); *zur* ~ for selection, *hundreds of books etc.* to choose from; **2.** (*Auslese*) choice articles *pl.*, the pick (of the bunch); *von Menschen*: élite (*fr.*), cream, pick; *literarisch*: selection(s *pl.*), *von Gedichten*: *a.* anthology; *von gekürzten Werken*: digest; *Sport*: → *Auswahlmannschaft.*

auswählen *v/t.* choose, select (*aus* from, from among); *mit Sorgfalt*: *a.* pick (*od.* single) out; *wähl dir das Beste aus!* take your pick!

Auswahl...: **~mannschaft** *f Sport*: select (*od.* representative) team; **~prinzip** *n* selection principle; **~sendung** ✝ *f* samples *pl.* (sent for selection), sampled offer.

auswalzen *v/t.* ⊕ roll out; *fig.* blow up.

Auswander|er(in *f*) *m* emigrant; **≈n** *v/i.* emigrate (*von* from, *nach* to); *Zugvögel, Volksstämme*: migrate; *Ballistik*: travel; **~ung** *f* emigration; migration; *fig.* exodus; **~ungsbehörde** *f* board of emigration.

auswärtig *adj.* (*nicht ansässig*) non-resident, (from) outside ..., out-of-town ...; (*ausländisch*) foreign; (*das Ausland betreffend*) *a.* external; *das* ≈*e Amt* → *Außenministerium*; ~*e Angelegenheiten* foreign affairs.

auswärts *adv.* outward(s); (*nicht zu Hause*) out, away (from home); (*außer der Stadt*) out of town; (*im Ausland*) abroad; ~ *wohnend* non-resident; ~ *essen usw.* dine, *etc.*, out; ~ *spielen Sport*: play away from home; **≈sieg** *m Sport*: away victory; **≈spiel** *n Sport*: away match.

auswaschen *v/t.* wash out, cleanse; (*spülen*) rinse; ⚕ bathe; *geol.* erode.

auswässern *v/t.* soak, steep.

auswechsel|bar *adj.* interchangeable, exchangeable (*gegen* for), replaceable (by); **~n** *v/t.* exchange (*gegen* for); (*ersetzen*) replace (by), (*unter-ea.* ~) interchange (*alle a.* ⊕); (*Rad, Reifen, Batterie*) change; *Sport*: replace *a player* (by), (*v/i.*) make a substitution; *fig. wie ausgewechselt sein* (*sich wie ausgewechselt fühlen*) be (feel) a different *od.* new man *od.* woman; **≈spieler** *m* substitute; **≈ung** *f* exchange, interchange; replacement; changing; *Sport*: substitution.

Ausweg *m* **1.** way out; ⊕ exit, vent; *das Wasser sucht sich e-n* ~ the water seeks an outlet; **2.** *fig.* way out (*aus* of), loophole, escape, alternative; *letzter* ~ last resort; *ich sehe keinen* ~ *mehr* I am at my wit's end; **≈los** *adj.* hopeless.

Ausweich|bewegung *f* evasive movement (*a.* ⚔); **≈en** *v/i.* **1.** make way (*dat.* for), get out of the way; (*e-m Fahrzeug usw.*) make way for, avoid; *durch Körperbewegung*: dodge; *Boxsport*: (*abducken*) duck, *durch Seitschritt*: side-step; *mot. usw. nach rechts* ~ swerve to the right; ⚔ (*dem Feind* ~) avoid contact (with the enemy); **2.** *fig.* avoid, evade, dodge, side-step; (*ausweichend antworten*) be evasive, hedge; **3.** ~ *auf* (*sich umstellen auf*) switch over to; **4.** ♪ modulate (*in e-e andere Tonart* into); **≈end** *adj.* evasive, non-committal; **~flugplatz** *m* alternative airfield; **~frequenz** *f* alternative frequency; **~klausel** *f* escape clause; **~manöver** *n* ⚓ *usw.* evading manœuvre (*Am.* maneuver); **~plan** *m* alternative plan; **~schritt** *m* side-step; **~stelle** *f mot.* by-pass, passing place; 🚂 siding; (*Büro*) out-office; **~stellung** ⚔ *f* alternative position; **~stoff** *m* substitute material, alternate; **~ung** *f* **1.** ♪ transition; **2.** ⊕ *plastische* ~ plastic flow; **~ziel** ⚔ *n* alternat(iv)e target.

ausweiden *v/t.* (*Wild*) gut.

ausweinen *v/refl. u. v/t.*: *sich* (*od. s-n Kummer*) ~ weep out one's grief (*bei j-m* on a p.'s shoulder); *sich* (*ordentlich*) ~ have a good cry; *sich die Augen* ~ cry one's eyes out.

Ausweis *m* **1.** (*Personal*≈) identification (card), identity card; (*Mitglieds*≈, *Zulassungs*≈ *usw.*) membership *od.* admission, *etc.*, card; *weitS.* pass, permit; **2.** (*Beleg*) voucher; *weitS.* documentary proof, evidence; (*Bank*≈) (bank) return (*Am.* statement); *von Bilanzen*: report; (*Rechnungs*≈)

statement (of account); (*Bescheinigung*) certificate; **∼en** *v/t.* **1.** (*vertreiben*) expel, eject; *aus dem Lande*: banish, exile, (*lästige Ausländer*) deport; ⚖ *aus e-r Wohnung, Pacht usw.*: evict; **2.** ✝ (*aufführen*) show, present, prove, *in Büchern*: set out, show; (*berichten*) report; *j-n (sich) als USA-Bürger usw.* ∼ identify a p. (o.s.) as; *sich* ∼ (*sich legitimieren*) prove (*od.* establish) one's identity, show one's papers; *ordentlich ausgewiesen* duly evidenced (*od.* identified); *fig. j-n* ∼ *als* show (*od.* prove) a p. to be *a th.*; *sich* ∼ *als* show o.s. *an artist, etc.*; **∼karte** *f* → *Ausweis* 1; **∼lich** *prp.* as shown in, as evidenced by, according to; **∼papiere** *n/pl.* (identification) papers, documents; **∼ung** *f* **1.** expulsion; deportation; ⚖ eviction; **2.** proof of identity; **∼ungsbefehl** *m* expulsion (*od.* deportation) order.

ausweit|en *v/t.* expand, extend (*a. fig.*; *zu* into); (*Handschuhe, Schuhe*) stretch; *fig. a.* spread (*alle a. sich* ∼); ✝ (*Kredit*) extend; (*Notenumlauf*) expand; **∼ung** *f* widening; expansion, extension.

auswendig *adj.* (*u. adv.*) **1.** (*äußerlich*) outward(ly), external(ly), outside; ∼ *angebracht* mounted externally; **2.** (*nur adv.*) *fig.* by heart; ∼ *lernen* learn by heart, commit to memory, memorize; *et.* ∼ *können* know a th. by heart; (*völlig beherrschen*) know a th. inside out; → *inwendig* II; ∼ *spielen* play from memory.

auswerf|en *v/t.* **1.** throw (*od.* cast) out; (*Angel, Anker, Netz*) cast; (*Lava*) eject, vomit; ⚕ (*Schleim, Blut*) expectorate, bring (*od.* cough) up; ⊕ (*a.* ⚔ *Hülsen*) eject; **2.** (*ausscheiden*) reject, discard; **3.** (*e-e Summe usw.*) allow, grant, allocate; **4.** (*Graben*) dig; **∼er** ⊕ *m* ejector.

auswert|en *v/t.* **1.** (*Angaben, Resultate*) evaluate (*a.* ⚗), analyze, (*a. Luftbilder*) interpret; (*schätzen*) estimate; *surv.* (*Karte*) plot; **2.** (*ausnützen*) utilize, make (full) use of, *a. kommerziell*: (*Patente, Filme usw.*) exploit; **∼estelle** *f* computing (*od.* plotting) station; **∼everfahren** *n* evaluation method; **∼ung** *f* evaluation (*a.* ⚗), analysis; interpretation; (*Verwertung*) utilization; *a. kommerzielle*: exploitation; ⚔ ∼ *der Lage* estimate of the situation; *zeichnerische* ∼ (*Lösung*) graphical solution.

auswetzen *v/t.* grind out; *fig.* → *Scharte.*

auswickeln *v/t.* unwrap, undo; (*Kind*) unswathe.

auswiegen *v/t.* weigh; (*ausbalancieren*) balance out; → *ausgewogen.*

auswinden *v/t.* (*Wäsche*) wring out.

Auswinterungsschäden *m/pl.* (damages by) winterkilling.

auswirk|en I. *v/t.* **1.** (*Teig*) knead, work; **2.** *fig. bei j-m et.* ∼ obtain a th. from a p.; **II.** *v/refl.*: *sich* ∼ have consequences, have its effect, make itself felt; *sich* ∼ *auf* affect, bear (*od.* tell, impinge) on; *es wirkte sich ungünstig aus* it worked out badly, it had unpleasant consequences; **∼ung** *f* (*Wirkung*) effect; bearing (*auf* on); (*Ergebnis*) result, outcome; (*mittelbare Folgerung*) implication; (*Rückwirkung*) consequence, impact, aftermath, repercussion.

auswischen *v/t.* (*reinigen*) wipe (*od.* clean) out; (*tilgen*) wipe out (*od.* off), obliterate, efface; *mit Schwamm*: sponge out; *sich die Augen* ∼ wipe one's eyes; F *fig. j-m eins* ∼ score off a p., play a p. a trick; F put one over on a p.

auswittern I. *v/i.* *Gestein usw.*: wear away; *Erz, Salze usw.*: effloresce; *Holz*: decompose, decay; **II.** *v/t.* (*Holz*) season (*a.* ∼ *lassen*).

auswringen *v/t.* wring out.

Auswuchs *m* outgrowth; ⚕ *a.* excrescence, protuberance, *der Knochen*: exostosis; (*Mißbildung*) deformity; (*Höcker*) hunch, hump; *Auswüchse* outgrowth *sg.*, product *sg.*, *der Phantasie*: *a.* aberration(s *pl.*); (*Übelstand*) abuse, excess(es *pl.*).

auswuchten ⊕ *v/t.* (counter-) balance.

auswühlen *v/t.* **1.** dig (*od.* grub, root) up; **2.** (*aushöhlen*) undermine.

Auswurf *m* **1.** throwing out; ⊕ ejection; *Vulkan*: eruption; ⚕ expectoration, sputum; *ohne* ∼ *Husten*: unproductive; **2.** (*Abfall*) refuse; (*Schund*) rubbish, trash; *fig.* ∼ (*der Menschheit*) *the* dregs *pl. od.* scum (of society).

auswürfeln *v/t.* dice for.

auswüten *v/i.* → *austoben* II.

auszacken *v/t.* jag; ⊕ (*auszahnen*) indent, tooth; *wellenförmig*: scallop.

auszahlen I. *v/t.* pay (out), disburse; *in bar*: pay cash down; (*Arbeiter, Gläubiger usw.*) pay off; (*auskaufen*) buy out *a partner*; *voll* ∼ pay in full; **II.** *fig. v/refl.*: *sich* ∼ (*lohnen*) pay off; *das zahlt sich*

nicht aus! it's not worth it!, it's not worthwhile!
auszählen *v/t.* (*Stimmen usw., a. e-n Boxer*) count out; *ausgezählt werden Boxen*: take the count.
Auszahlung *f* payment, disbursement; (*Ablohnung*) pay-off, discharge; *telegraphische* ~ telegraphic (*od.* cable) transfer; **~sanweisung** *f* disbursing order; **~ssperre** *f* stop-payment order; **~sstelle** *f* paying office.
auszahnen ⊕ *v/t.* tooth, indent.
auszanken *v/t.* scold, upbraid.
auszehr|en *v/t.* waste (away), consume; (*Land*) impoverish, drain, exhaust; **≈ung** ⚕ *f* consumption, phthisis.
auszeichn|en I. *v/t.* **1.** mark (out), (*Waren*) *a.* label, ticket; *mit Preisen*: price; **2.** *typ.* display, accentuate; **3.** *fig.* (*j-n od. et. hervorheben*) distinguish, make stand out; *das zeichnet ihn aus* that does him credit; *was diesen Artikel auszeichnet, ist* the special merits (*od.* features) of this article are; **4.** (*ehren*) hono(u)r, treat with distinction; *j-n mit e-m Preis usw.* ~ award a prize, *etc.* to a p.; *j-n mit Orden* ~ decorate a p.; **II.** *v/refl.*: *sich* ~ distinguish o.s., excel (*als* as; *durch* by; *in* at, in); *sich* ~ *durch Sache*: *a.* be distinguished by; *dieser Wagen zeichnet sich durch ... aus* this car stands out for (*od.* is superior by) ...; **≈ung** *f* **1.** marking; ✝ label(l)ing, ticketing; pricing; **2.** *typ.* display; **3.** *fig.* distinction, hono(u)r (*für* to); *mit* ~ *bestehen* pass with distinction, *univ.* obtain first-class hono(u)rs; **4.** (*Ehrung*) (mark of) distinction, hono(u)r, hono(u)rable mention; (*Orden*) decoration, medal; (*Preis*) award, prize; **≈ungsschrift** *typ. f* light-face type.
Auszeit *f Sport*: time out.
auszieh|bar ⊕ *adj.* extensible, telescopic, pull-out ...; (*herausnehmbar*) removable; **~en I.** *v/t.* **1.** draw (out), pull out; **2.** (*Kleider*) take off, doff; (*Handschuhe*) draw off; (*j-n*) undress, strip; F *fig.* fleece; *sich* ~ take off one's clothes, undress, strip; **3.** ℞ *u.* ⚗ extract (*aus* from); *Stellen aus e-m Buch usw.* ~ make excerpts from, extract passages from, *zusammenfassend*: summarize, epitomize; **4.** ✝ (*Konto*) make a statement of; **5.** (*Zeichnung*) ink in; *mit Tusche*: trace (with Indian ink); **6.** (*strecken*) stretch; *metall.* draw; **II.** *v/i.* **7.** march off, set out, depart; **8.** *aus e-r Wohnung*: move out (*aus* of); **≈er** ⊕ *m* extractor; **≈feder** *f* drawing-pen; **≈leiter** *f* extension ladder; **≈platte** *f e-s Tisches*: leaf; **≈rohr** *n* telescopic tube; **≈schacht** ⚒ *m* up(-cast) shaft; **≈sicherung** *f* pull-out fuse; **≈sitz** *m* pull-out seat; **≈tisch** *m* pull-out (*od.* extension) table; **≈tusche** *f* drawing ink; **≈ung** ⚗ *f* extraction.
auszimmern *v/t.* timber, frame.
auszirkeln *v/t.* measure (*od.* mark out) with compasses.
auszischen *thea. v/t.* hiss (at).
Auszug *m* **1.** (*Ausmarsch*) departure; *bibl. u. fig.* exodus; *aus e-r Wohnung*: removal, moving out (*aus* from); **2.** ⚗ (*Vorgang*) extraction; (*Produkt*) extract, essence; **3.** *phot.* separation; **4.** *aus e-m Buch usw.*: extract, excerpt (*aus* from); (*Kürzung*) abridgement, condensation; (*Zs.-fassung, Abriß*) epitome; summary, compendium; ✝ *aus e-r Rechnung*: abstract (of), (*Konto* ≈) statement (of account); **~mehl** *n* superfine flour; **≈sweise** *adv.* in extracts.
auszupfen *v/t.* pluck out; ⊕ (*Fäden, Seide*) unravel; (*Wolle*) pick, bur.
autark *adj.* self-supporting, (economically) self-sufficient; **≈ie** *f* autarky, self-sufficiency.
authenti|sch *adj.* authentic(ally *adv.*); genuine; *als* ~ *beweisen* prove the authenticity of, authenticate; *von* ~*er Seite* on good authority; **≈zität** *f* authenticity.
Autismus *psych. m* autism.
Auto *n* (motor-)car, *bsd. Am.* auto (-mobile); *allg.* motor-vehicle; (*Personen* ≈) passenger car; ~ *fahren* drive (a car); go (*od.* travel) by car; motor; *mit dem* (*od. im*) ~ *kommen usw.* by car; → *mitnehmen* 1; **~apotheke** *f* (driver's) first-aid kit; **~ausstellung** *f* motor show; **~bahn** *f* motorway, autobahn, *Am.* superhighway.
Autobiograph|ie *f* autobiography; **≈isch** *adj.* autobiographic(al).
Auto...: **~brille** *f* (motoring) goggles *pl.*; **~bus** *m* (motor-)bus, (motor) coach; **~busbahnhof** *m* bus terminal; **~busfahrer** *m* bus driver; **~bushaltestelle** *f* bus stop.
Autochrom *n* autochrome.
Autodidakt *m* autodidact, self-taught (*od.* self-educated) person; **≈isch** *adj.* autodidactic(ally *adv.*), self-taught.
Auto...: **~dieb** *m* car thief; **~diebstahl** *m* car theft; **~droschke** *f* (taxi-)cab, taxi; **~dynempfänger** *m* autodyne; **~elektriker** *m* car electrician; **~empfänger** *m* car radio; **~erotik** *psych. f* auto(-)erot-

icism; **⁓erotisch** *adj.* auto(-)erotic; **~fähre** *f* car ferry; **~fahren** *n* driving (a car), motoring; **~fahrer** *m* motorist, driver; **~fahrt** *f* drive, car ride; **~falle** *f* speed (*od.* police) trap; **~friedhof** *m* car dump, *Am.* auto graveyard.

autogam ⚘ *adj.* self-fertilizing.

autogen *adj.* autogenous; *~e Schweißung* autogenous (*od.* oxy-gen-acetylene) welding; ⚕ *~es Training* autogenous training.

Autogiro ✈ *n* gyroplane, autogiro.

Autogramm *n* autograph; **~jäger** *m* autograph hunter.

Autographie *typ. f* autography, autographical printing.

Auto...: **~händler** *m* car dealer; **~hof** *m* motor-court, auto court; **~hupe** *f* horn; **~industrie** *f* motor (*od.* car) industry, *Am.* automotive industry; **~karte** *f* road map; **~kino** *n* drive-in (cinema); **~koffer** *m* motor-car trunk; **~kolonne** *f* motor-vehicle column, queue of cars; *geschlossene*: convoy, motor cavalcade, *Am.* motorcade; **~kran** *m* motor crane, *Am. a.* wrecker; **~krankheit** *f* car sickness.

Autokrat *m* autocrat; **~ie** *f* autocracy; **⁓isch** *adj.* autocratic(ally *adv.*).

Automat *m* automaton, robot; ⊕ (*Maschine*) automatic machine, automat; (*Drehbank*) automatic lathe; (*Auslösesicherung*) automatic cut-out, trip fuse; (*Verkaufs⁓*) (automatic) vending machine, vendomat, (penny-in-the-)slot machine; (*Musik⁓*) musical automaton, juke box; (*Spiel⁓*) slot machine; **⁓enhaft** *adj.* robotlike, automatic; **~enrestaurant** *n* automat; self-service restaurant, cafeteria; **~enstahl** *m* free-cutting steel; **~ik** *f* automatism; ⊕ (*Anlage*) automatic system; (*Getriebe*) automatic transmission; (*Vorgang*) automatic operation (*od.* control); *Radio*: automatic tuning control; **~ion** *f* automation; **⁓isch** *adj.* automatic(ally *adv.*), *fig. a.* mechanic; ⊕ *a.* self-acting; (*Druckknopf...*) push-button ...; **⁓isieren** *v/t.* automate; **~isierung** *f* automation; **~ismus** *m* automatism.

Automechaniker *m* car mechanic.

Automobil *n* → Auto(...); **~bau** *m* motor (*Am.* automotive) industry; **~klub** *m* automobile association.

autonom *adj.* autonomous (*a. fig.*), self-governing; **⁓ie** *f* autonomy.

Auto...: **~parkplatz** *m* car-park, parking-place, *Am.* parking lot; **~pilot** ✈ *m* autopilot.

Autopsie *f* autopsy, post-mortem (examination).

Autor *m* author, writer.

Auto...: **~radio** *n* car radio; **~reifen** *m* (car) tyre (*bsd. Am.* tire); **~reisezug** *m* car (sleeper) train, auto-train.

Autoren...: **~exemplar** *n* presentation (*od.* author's) copy; **~honorar** *n* (author's) royalties *pl.*; **~schaft** *f* authorship.

Auto...: **~rennbahn** *f* race-track, circuit; **~rennen** *n* motor (*od.* car) race; **~reparaturwerkstatt** *f* motorcar repair shop, garage.

Autorin *f* authoress.

autori|sieren *v/t.* authorize, empower; *autorisierte Übersetzung* authorized translation; **~tär** *adj.* authoritarian; **⁓tät** *f* **1.** authority; **2.** (*Experte*) authority (*auf dem Gebiet gen.* on), expert (of); **~tativ** *adj.* authoritative.

Auto...: **~schalter** *m* drive-up window; **~schlange** *f* long queue of cars; **~schlosser** *m* car-mechanic; **~schlüssel** *m* car key; **~stop** *m* hitchhiking; *per ~ fahren* hitchhike; **~straße** *f* motor-road, *Am.* highway; **~suggestion** *f* auto-suggestion; **~technik** *f* automobile (*Am.* automotive) engineering; **~telephon** *n* car-phone; **~typie** *typ. f* autotype, half-tone reproduction; **~unfall** *m* motor(ing) accident, car crash; **~verkehr** *m* motor traffic; **~verleih** *m*, **~vermietung** *f* car hire service, *Am.* car rental service; **~versicherung** *f* motor-car insurance; **~zubehör** *n* motor-car accessories *pl.*

Aval ✝ *m* surety, guarantee, guaranty; **~akzept** *n* guaranteed bill of exchange, collateral acceptance; **⁓ieren** *v/t.* stand security for, guarantee.

Avan|cen *f/pl.*: *j-m ~ machen* make advances to a p.; **⁓cieren** *v/i.* be promoted, rise (in rank), advance; *zum Hauptmann ~* be promoted captain.

Avantgard|e *fig. f* avant-garde; **~ist** *m* avant-gardist; **⁓istisch** *adj.* avant-garde ...

Avenue *f* avenue.

Avers *m von Münzen*: obverse, face side.

Avis ✝ *n* advice; *laut ~* as advised; **⁓ieren** *v/t* **1.** (*j-n*) advise, notify, inform; **2.** (*et.*) give notice of.

Avitaminose ⚕ *f* avitaminosis.

axial *adj.* axial; **⁓beanspruchung** *f* axial stress.

axillar *adj.* axillary.

Axiom *n* axiom; **⁓atisch** *adj.* axiomatic(al).

Axt *f* ax(e); *kleine*: hatchet; *die ⁓ im Haus erspart den Zimmermann!* do it yourself!

Azalee ⚘ *f* azalea.

Azetat *n* acetate.

Azetylen *n* acetylene; **⁓gas** *n* oxy-acetylene; **⁓schweißung** *f* oxy-acetylene welding.

Azimut *n* azimuth.

Azur *m* **1.** *min.* lapis lazuli; **2.** (*Farbe*) azure, sky-blue; **⁓(blau)** *adj.* azure, sky-blue.

azyklisch *adj.* acyclic.

B

B, b *n* B, b; ♪ B flat; ♪ (*Versetzungszeichen*) flat.
Baalsdienst *m* Baalism.
babbeln *v/i.* babble, prattle.
Baby *n* baby; **~artikel** *m/pl.* baby goods; **~ausstattung** *f* (*Wäsche*) layette.
babylonisch *adj.*: ≈*e Gefangenschaft* Babylonian Captivity.
Baby...: **~sitter** *m* baby-sitter; **~sprache** *f* baby-talk.
Bacchanal *n hist.* Bacchanal, *weitS. a.* drunken revelry, orgy.
Bacchant|(**in** *f*) *m* bacchant; ≈**isch** *adj.* bacchanalian.
Bach *m* brook, rivulet, *Am. a.* run; **~binse** ⚘ *f* water bulrush.
Bache *hunt. f* wild sow.
Bachforelle *f* brook trout.
Bächlein *n* brooklet.
Bach...: **~stelze** *f* wagtail; **~weide** ⚘ *f* osier.
back ⚓ **I.** *adj.* aback; **II.** ≈ *f* forecastle; (*Schüssel*) mess tin; (*gemeinsamer Tisch*) mess(-table).
Back|aroma *n* (aromatic) essence (for baking); **~blech** *n* baking tin.
Backbord ⚓ **I.** *n, m* port (side), larboard; **II.** ≈ *adv.* to port; ~ *achteraus* (on the) port quarter; (*an*) ~ *voraus* on the port bow; **~motor** *m* port engine.
backbrassen ⚓ *v/t.* brace back.
Bäckchen *n* (little) cheek.
Backe *f* **1.** (*Wange*) cheek; *mit vollen ~n kauen* munch (heartily); F *au ~!* golly!, oh boy!; **2.** F *~n* (*Hinter*≈*n*) buttocks; **3.** *am Gewehr*: cheek piece; *am Ski*: toe piece (*od.* iron); **4.** ⊕ (*Spann*≈) jaw; *beim Spannfutter*: chuck jaw; *bei e-r Prüfmaschine*: wedge-grip; (*Schneid*≈) die; (*Brems*≈) shoe.
backen I. *v/t.* bake; *in der Pfanne*: fry; (*Obst*) dry; (*Ziegel*) burn, fire; **II.** *v/i.* bake; (*kleben*) cake, stick together.
Backen...: **~bart** *m* (side-)whiskers *pl.*, *Am.* sideburns *pl.*; **~bremse** *mot. f* shoe brake; **~futter** ⊕ *n* jaw chuck; *auswechselbares ~* jaw liner; **~knochen** *m* cheek-bone; **~sessel** *m* wing-chair; **~tasche** *zo. f* cheek-pouch; **~zahn** *m* molar (tooth).
Bäcker *m* baker; **~ei** *f* **1.** (*Laden*) baker's (shop), bakery; **2.** (*Backstube*) bakehouse; **3.** (*Handwerk*) baker's trade; **~geselle** *m* journeyman baker; **~laden** *m* → *Bäckerei* 1; **~meister** *m* master baker.
Back...: **~fett** *n* cooking fat, shortening; **~fisch** *m* **1.** fried fish; **2.** *fig.* (silly) teen-age girl; **~form** *f* baking tin, (pastry) mo(u)ld; **~hähnchen** *n*, **~hendl** *dial. n* fried chicken; **~hefe** *f* baker's yeast; **~huhn** *n* fried chicken; **~kohle** ⚒ *f* caking coal; **~motor** ⚓ *m* port engine; **~mulde** *f* kneading trough; **~obst** *n* dried fruit; **~ofen** *m* (baking) oven; **~pfeife** F *f* slap (in the face); **~pflaume** *f* prune; **~pulver** *n* baking powder; **~stein** *m* brick; **~steinmauer** *f* brickwall; **~teig** *m* dough; **~trog** *m* kneading trough; **~vermögen** ⚒ *n* coking quality; **~waren** *f/pl.* baker's ware *sg.*; **~werk** *n* pastries *pl.*, biscuits *pl.*, *Am.* cookies *pl.*
Bad *n* **1.** bath (*a.* ⚕ *u.* ⌂); *ein ~ nehmen* have (*od.* take) a bath; → *Kind*; **2.** *im Freien*: swim, bathe, F dip; **3.** → a) *Badezimmer*; b) *Badeanstalt*; c) *Frei- od. Schwimmbad*; d) *Badeort*; e) *Kurbad*; **4.** *Färberei*: dip, dye bath.
Bade...: **~anstalt** *f* public baths *pl.*; swimming baths *pl.* (*od.* pool); **~anzug** *m* bathing costume (*od.* suit), swimsuit; **~arzt** *m* spa-doctor; **~gast** *m* visitor (at a spa); *im Schwimmbad*: bather; **~hose** *f* bathing drawers (*od.* shorts, trunks) *pl.*, *Am.* (swim) trunks *pl.*; **~kabine** *f* bathing-cabin (*od.* cubicle); **~kappe** *f* bathing-cap; **~kur** *f* course of treatment at a spa; *die ~ in X. nehmen* take the waters at X.; **~mantel** *m* bathing-gown, bathrobe; **~meister** *m* bath attendant; superintendent; (*Schwimmlehrer*) swimming-instructor.

baden I. *v/i.* **1.** *in der Wanne*: have (*od.* take) a bath, bathe, *Am. a.* bath; **2.** (*schwimmen*) bathe, have a swim; ~ *gehen* a) go swimming; b) F *fig. Person*: go under, *sl.* be sunk; **II.** *v/t.* bath, *Am.* bathe; (*Wunde usw.*) bathe; *sich* ~ a) → 1; b) *fig.* bask (*in* in); ≈**de(r** *m*) *f* bather.

Bade...: ~**nixe** *f* bathing beauty; ~**ofen** *m* bathstove; (*Gas*≈, *Strom*≈) geyser, *Am.* hot-water heater; ~**ort** *m* bathing resort, watering-place, spa; (*Seebad*) seaside resort.

Bader *hist. m* barber-surgeon.

Bade...: ~**salz** *n* bath-salts *pl.*; ~**schönheit** *f* bathing beauty; ~**schuhe** *m/pl.* bathing slippers; ~**strand** *m* bathing beach; ~**tuch** bath-towel; ~**wanne** *f* bath(-tub), tub; F *Schisport*: sitzmark; ~**wärter** *m* bath attendant; *am Strand*: life-guard; ~**wasser** *n* bath-water; ~**zeug** *n* bathing things *pl.*; ~**zimmer** *n* bathroom, *Am. a.* bath.

baff F *adj. pred.*: (*ganz*) ~ *sein* be dumbfounded, F be flabbergasted.

Bagage *f* **1.** *obs.* a) → *Gepäck*; b) ⚔ baggage(-train); **2.** *fig. contp.* (*Gesindel*) rabble, riffraff; *die ganze* ~! F the whole lot of them!

Bagatell|e *f* trifle, bagatelle (*a.* ♪); ≈**isieren** *v/t.* minimize, make light of, belittle, F play down; ~**sache** ⚖ *f* petty case; summary offen|ce, *Am.* -se; ~**schaden** *m* petty damage.

Bagger *m* excavator; (*Naß*≈) dredge(r); (*Schaufel*≈) power shovel; ~**eimer** *m* (dredge-)bucket; ~**löffel** *m* (excavator) shovel *od.* scoop; ≈**n** *v/i. u. v/t.* excavate; *naß*: dredge.

bah *int.* bah!, pooh!

bäh *int.* **1.** *Schaf*: baa!; **2.** *spottend*: boo to you!

bähen[1] ⚕ *v/t.* foment.

bähen[2] *v/i. Schaf*: bleat.

Bahn *f* **1.** course; (*Pfad*) path, track; (*Weg*) road, way; *fig.* (*a. Laufbahn*) career; *mot.* (*Fahr*≈) lane; (*Flug*≈) trajectory; *ast.* course; (*Umlauf*≈) orbit (*a. e-s Elektrons*); (*Kometen*≈) path; *Sport*: (*Renn*≈, *Aschen*≈) track; (*Pferde*≈, *Schi*≈, *Schwimm*≈) course; *des einzelnen Läufers, Schwimmers usw.*: lane; (*Eis*≈) rink; (*Kegel*≈) alley; *Golf*: course, (*Loch*) hole; (*Schieß*≈) range, *gedeckte*: shooting gallery; *freie* ~ *dem Tüchtigen!* green light for ability; *e-r Sache* ~ *brechen* pave (*od.* prepare) the way for, pioneer *a th.*; *sich* ~ *brechen* force one's way (*zu* to), forge ahead; *auf die schiefe* ~ *geraten* go astray, go to the bad; *in die richtigen* ~*en lenken* direct into the right channels; *sich in ähnlichen* ~*en bewegen* follow similar lines; **2.** (*Eisen*≈) railway, *Am.* railroad; (*Strecke*) line; (*Zug*) train; (*Straßen*≈) tram, *Am.* streetcar; *j-n zur* ~ *bringen* see a p. off; *zur* ~ *gehen* go to the station; *an der* ~ at the station; *in der* ~ on the train; *mit der* ~ by train; ✝ by rail; **3.** (*Papier*≈, *Kunststoff*≈) web; (*Tuch*≈ *usw.*) width; **4.** ⊕ *Amboß, Hammer, Hobel*: face; *Schneidewerkzeug*: edge; (*Führungs*≈) track.

Bahn...: (→ *a. Eisenbahn...*); ~**angestellte(r** *m*) *f* railway (*Am.* railroad) employee; ~**anlagen** *f/pl.* railway installations (*od.* system *sg.*); ~**anschluß** *m* rail connection; ~**arbeiter** *m* railway worker; ~**bau** *m* railway construction; ~**beamte(r)** *m* railway official; ≈**brechend** *adj.* pioneer(ing), epoch-making; ≈ *es leisten, adv.* ~ *wirken* do pioneer work, blaze a trail; ~**brecher** *m* pioneer, trailblazer; ~**bus** *m* railway (company's) bus; ~**damm** *m* railway embankment; ~**elektron** *phys. n* orbital electron.

bahnen *v/t.* (*Weg*) beat, clear, open (up); *fig. den Weg* ~ prepare (*od.* pave, clear) the way (*dat.* for), pioneer (*a th.*), blaze the trail; (*erleichtern*) smooth the way (for), facilitate (*a th.*); *sich e-n Weg* ~ force (*od.* work) one's way, *durch Gedränge*: *a.* elbow one's way through.

Bahn...: ~**fahrt** *f* train journey; ~**fracht** *f* rail(way) carriage, *Am.* rail(road) freight; ~**frachtsätze** *m/pl.* railway rates; ~**frachttarif** *m* railway tariff; ≈**frei** ✝ *adv.* free on board (*od.* rail), *abbr.* f.o.b. (f.o.r.); ~**gleis** *n* track.

Bahnhof *m* (railway, *Am.* railroad) station; *auf dem* ~ at the station; F *fig. großer* ~ red carpet treatment; ~**sbuchhandlung** *f* station bookstall; ~**shalle** *f* station hall, *Am.* concourse; ~**smission** *f* Travel(l)ers' Aid (Society); ~**sschließfach** *n* left-luggage locker; ~**svorsteher** *m* station-master, *Am.* station agent; ~**swirtschaft** *f* station restaurant.

...bahnig *in Zssgn* ...-lane.

Bahn...: ~**körper** *m* permanent way, roadbed; ≈**lagernd** *adv.* to be collected from the station;

~lieferung *f* rail shipment (*od.* consignment); **~linie** *f* railway (*Am.* railroad) line; **≈mäßig** ☩ *adv.*: ~ *verpackt* packed for rail shipment; **~polizei** *f* railway police; **~post** *f* railway mail service; **~postamt** *n* station post-office; **~postwagen** *m* mail van (*Am.* car); **~rennen** *n Sport*: speedway racing; (*Radrennen*) track racing; **~schranke** *f* (level-crossing) barrier; **~schwelle** *f* sleeper, *Am.* tie; **~spediteur** *m* rail forwarding agent.

Bahnsteig *m* platform; **~karte** *f* platform ticket; **~sperre** *f* (platform) barrier *od.* gate; **~unterführung** *f* platform underpass.

Bahn...: **~strecke** *f* line, section, *bsd. Am.* track; **~transport** *m* railway transport(ation); **~überführung** *f* over-bridge, *Am.* overpass; **~übergang** *m* level (*Am.* grade) crossing; **~unterführung** *f* (railway) underpass; **~verbindung** *f* → *Bahnanschluß*; **~verkehr** *m* railway traffic; **~versand** *m* rail dispatch, forwarding (*Am.* shipping) by rail; **~wärter** *m* gate-keeper; (*Streckenwärter*) line(s)man.

Bahr|e *f* barrow; (*Kranken≈*) stretcher, litter; (*Toten≈*) bier; → *Wiege*; **~tuch** *n* pall.

Bai *f* bay; *kleine*: creek.

Baiser *n* meringue.

Baisse ☩ *f* slump, depression (of the market), bear market; fall (in prices); *auf ~ spekulieren* speculate (*od.* operate) for a fall, F (sell) bear, *Am.* sell short; **~angriff** *m* bearish operations *pl.* (*od.* drive); **~spekulant** *m* bear; **~spekulation** *f* bear(ish) speculation (*od.* operation); **~tendenz** *f* downward tendency, bearish tone.

Baissier ☩ *m* bear.

Bajazzo *m* buffoon, clown.

Bajonett ⚔ *n* bayonet; *das ~ aufpflanzen* fix the bayonet; **~fassung** ⚡ *f* bayonet socket; **~verschluß** ⊕ *m* bayonet joint.

Bajuwar|e *m*, **≈isch** *hist. adj.* Bavarian.

Bake *f* (⚓, *a. Funk≈*, *Verkehrs≈*) beacon; *surv.* (range) pole *od.* rod.

Bakelit *n* bakelite.

Baken...: **~antenne** *f* beacon aerial (*Am.* antenna); **~boje** *f*, **~tonne** *f* beacon buoy; **~sender** *m* radio beacon.

Bakkalaureus *univ. m* bachelor.

Bakschisch *n* ba(c)ksheesh.

Bakterie *f* bacterium (*pl.* -ia), germ.

bakteriell *adj.* bacterial.

Bakterien...: **~forschung** *f* bacteriological research, bacteriology; **~gift** *n* bacterial toxin; **≈haltig** *adj.* containing bacteria; **~krieg** *m* bacterial (*od.* biological, germ) warfare; **~kultur** *f* (bacterial) culture; **≈reich** ⚕ *adj.* rich in causative organisms; **≈sicher** *adj.* germproof; **~stamm** *m* strain (of bacteria); **≈tötend** *adj.* bactericidal; *~es Mittel* bactericide.

Bakteriolog|e *m*, **~in** *f* bacteriologist; **~ie** *f* bacteriology.

bakterizid *adj.*, **≈** *n* bactericide.

Balance *f* balance; → *a. Gleichgewicht*; **~akt** *m* balancing act; *fig. a.* tightrope act.

balancier|en *v/t. u. v/i.* balance (*a.* ☩); **≈stange** *f* balancing-pole.

bald *adv.* **1.** soon; (*in Kürze*) shortly, directly; before long, in the near future; (*frühzeitig*) early, in good time; *so ~ als möglich* as soon as possible; *~ darauf* soon (*od.* shortly) after, presently; *~ ..., ~ ...* sometimes ..., sometimes ...; now ..., now ...; now ..., then ...; **2.** F (*fast*) almost, nearly; **3.** F (*leicht*) easily; *iro. das ist ~ gesagt* it's easy talking.

Baldachin *m* canopy, (*Bett≈*) *a.* tester; ✈ cabane; *des Fallschirms*: canopy.

Bälde *f*: *in ~* soon, before long, in the near future.

bald|ig *adj.* early, speedy; **~igst**, **~möglichst** *adv.* as soon as possible, ☩ at your earliest convenience (*od.* opportunity).

Baldrian *m* valerian; **~tropfen** *m/pl.* valerian (drops).

Balg *m* **1.** skin, hide, *von lebenden Tieren*: coat, fur; *von Schlangen*: slough; *e-m Tier den ~ abziehen* skin *od.* flay an animal; **2.** *e-r Puppe*: body; **3.** (*Orgel≈*, *a. phot.*) bellows *pl. od. sg.*; F (*Bauch*) belly; **5.** F (*Kind*, *pl. Bälger*) brat; **~drüse** *f* follicular gland; **~en** *phot. m* bellows *pl. od. sg.*; **≈en** *v/refl.*: *sich ~*, **~erei** *f* wrestle, scuffle, scramble, tussle (*um* for).

Balken *m* **1.** △ beam; (*Dach≈*) rafter; (*Decken≈*, *Quer≈*) joist; (*Träger≈*) girder; *bibl. der ~ im eigenen Auge* the beam in one's own eye; *Wasser hat keine ~* the sea is not planked over; F *lügen, daß sich die ~ biegen* lie like a trooper; **2.** *e-r Waage*, *des Pflugs*, *a. Turnen*: beam; **3.** ♪ *der Geige*: bass-bar; (*Notenverbindung*) cross-bar, stroke; **4.** *anat.* (*Gehirnteil*) corpus callosum cerebri; **5.** *her.* fess(e); **~decke** *f* timbered ceiling; **~gerüst** *n* (wooden) scaffolding; (*Zimmerwerk*) timberwork; **~holz** *n* squared timber; (*Balken*) beam, joist; **~träger** *m* plate girder; **~überschrift** *typ. f* banner headline; **~waage** *f* beam scales *pl.*, steelyard; **~werk** *n* beams (and joists) *pl.*, timberwork.

Balkon *m* balcony; *thea.* dress-circle, balcony.

Ball[1] *m* ball; *geogr., ast. a.* globe; *genauer (scharfer) ~ Sport*: accurate (hard) ball *od.* shot; F *fig. am ~ bleiben* keep the ball rolling, keep at it; *am ~ sein Sport*: have the ball.

Ball[2] *m* ball, dance; → *Kostümball*; *auf dem ~* at the ball; *auf den ~ gehen* go to a ball.

Ballade *f* ballad; **~ndichter** *m* ballad-writer.

Ballast *m* ballast; *fig. a.* burden, encumbrance; **~stoff** *m* **1.** *phys.* non-participating substance; **2.** *in der Nahrung*: bulkage; **~widerstand** ⚡ *m* ballast resistor.

Ball...: **~behandlung** *f*, **~beherrschung** *f* ball control.

ballen *v/t.* (*a. sich ~*) (form into a) ball; (*Faust*) clench, double; *weitS.* cluster; *sich ~ Wolken*: gather; → *geballt*.

Ballen *m* **1.** *anat.* ball (of foot *od.* thumb); *zo.* pad, *des Pferdes*: bulb; ⚕ *entzündeter ~* bunion; **2.** ✝ bale, pack, bundle; *~ Papier* bale (*od.* ten reams *pl.*) of paper; **3.** ⊕ *am Schneidwerkzeug*: basil; **~presse** *f* baling press; **~schnur** *f* bale cord; **~waren** *f/pl.* bale(d) goods; **≈weise** *adv.* by the bale, in bales.

Ballerina *f* ballerina, ballet-dancer.

ballern F *v/i.* bang (away).

Ballett *n* ballet; (*~truppe*) corps de ballet (*fr.*); **~meister** *m* maître de ballet (*fr.*); **~röckchen** *n* tutu; **~tänzer(in** *f*) *m* ballet-dancer; (*a.* = **~ratte** F *f*) chorus-girl.

Ball...: **≈förmig** *adj.* ball-shaped, spherical; **~führung** *f Sport*: dribbling; **~hupe** *f* bulb horn.

Ballisti|k *f* ballistics *pl.* (*mst sg. konstr.*); **≈sch** *adj.* ballistic(ally *adv.*).

Ball...: **~junge** *m Tennis*: ball-boy; **~kleid** *n* ball-dress; **~königin** *f* belle of the ball; **~künstler** *m Fußball*: ball wizard.

Ballon *m* **1.** balloon; **2.** (*Flasche*) carboy, ⚗ balloon(-flask), bulb; **3.** F (*Kopf*) *sl.* nut; **~aufstieg** *m* balloon ascent; **~flasche** *f* → *Ballon* 2; **~führer** *m* balloon pilot; **~gondel** *f*, **~korb** *m* car, nacelle; **~reifen** *m* balloon tyre (*Am.* tire); **~seide** *f* balloon silk; **~sperre** *f* balloon barrage.

Ballo|tage *f* ballot(ing); **≈tieren** *v/i.* (vote by) ballot.

Ball...: **~saal** *m* ball-room; **~schuhe** *m/pl.* dancing-shoes; **~sender** *m* rebroadcast station; **~spiel** *n* ball game.

Ballung *f* agglomeration; *phys. a.* agglutination; *fig.* concentration, massing (*a.* ⚔ of troops); **~sgebiet** *n*, **~sraum** *m*, **~szentrum** *n* overcrowded area, conurbation.

Ballwechsel *m Tennis*: exchange (of shots).

Balneologie ⚕ *f* balneology.

Balsaholz *n* balsa(wood).

Balsam *m a. fig.* balsam, balm; **~harz** *n* balsamic resin; **~holz** *n* balm wood; **≈ieren** *v/t.* embalm; **≈isch** *adj.* balmy.

Balt|e *m* Balt; **≈isch** *adj.* Baltic; *das ≈e Meer* the Baltic (Sea).

Balustrade *f* balustrade.

Balz *orn. f* **1.** (*Werbung*) courtship, display; **2.** (*Paarung*) mating, coupling; **3.** (*~zeit*) mating season; **≈en** *v/i.* (*sich paaren*) pair, mate; (*locken*) court, display, call.

Bambus *m* bamboo; **~rohr** *n* bamboo (cane); **~vorhang** *pol. m* Bamboo Curtain.

Bammel F *m* → *Schiß* 2; **≈n** F *v/i.* dangle.

banal *adj.* banal, commonplace, trite; **≈ität** *f* banality.

Banane *f* banana; **~nbaum** *m*, **~nstaude** *f* banana-tree; plantain; **~nstecker** ⚡ *m* banana pin.

Banaus|e *m* Philistine, low-brow; **~entum** *n* Philistinism; **≈isch** *adj.* philistine, low-brow.

Band[1] *n* **1.** (*Bindfaden*) string, cord; (*Akten≈, Isolier≈, Meß≈, Ton≈, Ziel≈*) tape; (*Arm≈, Uhren≈*) band, bracelet; (*Leder≈*) strap; (*Gummi≈*) elastic band; (*Gurt≈*) webbing; (*Schuh≈*) lace, *Am. a.* string; (*Schürzen≈ usw.*) string; (*Hut≈*) band; (*bsd. Schmuck≈, Ordens≈*) ribbon (*a. Farb≈*), riband; (*Straßenbanner usw.*) streamer; *auf (Ton) ~ aufnehmen* (record on) tape; *auf Band aufgenommen* tape-recorded; ⚓ *das Blaue ~* the Blue Riband; **2.** ⚠ tie, bond; **3.** ⊕ (*Scharnier≈*) metal strip; (*Faß≈*) hoop; *der Bandsäge*: band; (*Förder≈*) (conveyor) belt; (*Fließ≈, Montage≈*) assembly (*od.* production) line; *am laufenden*

~ ⊕ on the assembly line; *fig.* uninterruptedly, continuously, one after the other, in great number; **4.** *anat.* (*Sehnen*≈, *Gelenk*≈) ligament; (*Strang*) cord, band; **5.** *Radio*: (wave) band; **6.** *fig. mst Bande* (*Fessel*) fetters, trammels, chains; (*Freundschafts*≈) tie, bond, link.

Band[2] *m* (*Buch*≈) volume; *dicker*: tome; *das spricht Bände* that speaks volumes (*für* for); *darüber ließen sich Bände schreiben* that would fill volumes.

Bandage *f*, **bandagieren** *v/t.* bandage.

Band...: **~antenne** *f* tape (aerial); **~arbeit** *f* moving-belt production; **~archiv** *n* tape library; **~aufnahme** *f* tape recording; **~breite** *f Radio*: band width; *Statistik*: spread; *Börse*: fluctuation margin(s *pl.*); *fig.* spectrum, range; **~breitenregelung** *f* bandwidth control; **~bremse** *f* band brake.

Bändchen[1] *n* small ribbon.

Bändchen[2] *n* (*Buch*) small volume, booklet.

Bande[1] *f* **1.** (*Verbrecher*≈ *usw.*) gang, ring, band; **2.** F *contp.* F pack, bunch, lot, crowd; (*Familie*) clan; *die ganze* ~ the whole lot; *e-e schöne* ~! a nice lot!

Bande[2] *f* **1.** *Billard*, *Kegeln*: cushion; **2.** *Eishockey usw.*: boards *pl.*

Bandeisen *n* band (*od.* strip) iron; *für Kisten*: metal strapping.

Bändel *m* string; F *j-n am* ~ *haben* have a p. on a string.

Banden...: **~diebstahl** ⚖ *m* theft committed by a gang; **~chef** *m*, **~führer** *m* chief, gang leader; **~krieg** guerilla war(fare).

bändern *v/t.* **1.** form into ribbons (*od.* stripes); **2.** (*streifig machen*) stripe, streak.

Bänderriß ⚕ *m* rupture (*Zerrung*: tearing) of a ligament.

Banderole *f* **1.** revenue stamp; *Zigarre*: band; **2.** *Kunst*: banderole, scroll.

Band...: **~fabrikation** *f* assembly-line production; **~feder** ⊕ *f* flat coil spring; **~filter** *m Radio*: band (-pass) filter; **~förderer** *m* belt conveyor; **~führung** *f Schreibmaschine*: ribbon guide; **~gerät** *n* tape recorder.

bändig|en *v/t.* tame; (*Pferde*) break in; *fig.* tame, restrain, master, subdue; (*a. Naturkräfte*) control, (*nutzbar machen*) harness; **≈er(in** *f*) *m* tamer; (*Unterwerfer*) conqueror; **≈ung** *f* taming; *fig.* subduing; control; harnessing; (*Unterwerfung*) subjugation.

Bandit *m* bandit.

Band...: **~keramik** *f* band ceramics *sg.*; **~maß** *n* measuring tape; **~mikrophon** *n* ribbon microphone; **~montage** ⊕ *f* assembly-line production; **~nudel** *f* ribbon-macaroni, noodle; **~paß** ⚡ *m* band-pass filter; **~säge** *f* band- (*od.* ribbon-)saw; **~scheibe** *anat. f* (intervertebral) disk; **~scheibenschaden** *m* damaged (intervertebral) disk; **~scheibenvorfall** *m* slipped disk; **~schleife** *f* ribbon bow; **~stahl** *m* strip steel; **~waren** *f/pl.* small wares, ribbons; **~wurm** *m* tape-worm, t(a)enia; F *fig. lang wie ein* ~ a mile long, endless; **~wurmmittel** *n* t(a)eniafuge.

bang *adj.*, **~e** *adj. pred.* anxious (*um* about); (*besorgt*) worried, uneasy (about); *stärker*: alarmed; (*ängstigend*) disquieting, alarming; *e-e* ~*e Stunde* an anxious hour; *e-e* ~*e Sekunde* (*lang*) for one bad moment; *j-m* ~*e machen* frighten (*od.* scare) a p., make a p. afraid (*vor* of); *mir ist* ~ *davor* I dread it; F ~*e machen gilt nicht!* don't be a coward!; **≈e** *f*: *keine* ~! don't (you) worry!; **≈emacher** *m* alarmist, scare-monger, pessimist; **~en** *v/i. u. v/refl.*: (*sich*) ~ *um* be anxious (*od.* worried) about; *er bangt um sein Leben* he trembles for his life; *es bangt ihm vor ...* he is afraid of ...; **≈igkeit** *f* anxiety, uneasiness, anxious suspense.

bänglich *adj.* (somewhat) anxious.

Banjo *n* banjo; **~spieler** *m* banjoist.

Bank[1] *f* **1.** (*Sitz*≈) bench, seat, *gepolstert*: *a.* settee; (*Schul*≈) form, desk; (*Kirchen*≈) pew; (~*reihe*) row; *in der vordersten* ~ in the front row; F *durch die* ~ without exception, all of them (*od.* it), down the line; *auf die lange* ~ *schieben* put off, postpone; shelve, pigeonhole; *er predigt vor leeren Bänken* he preaches to empty pews, *fig.* nobody listens to him; **2.** ⊕ (*Werk*≈) (work-)bench; *opt.* (optical) bench; → *Drehbank*, *Hobelbank*; **3.** *geol.* layer, bed, stratum; (*Flöz*) seam; → *Sandbank*; **4.** *meteor.* (cloud) bank; **5.** *Ringen*: mat position, crouch.

Bank[2] *f* **1.** ♆ bank, banking establishment (*od.* house); *bei e-r* ~ *zahlbar* payable at a bank; *wir haben unsere* ~ *angewiesen* we have instructed our bankers; *Geld auf der* ~ money in the bank;

2. (*Spiel* ≈) bank; *die* ~ *halten* hold the bank; *die* ~ *sprengen* break the bank; ~ *setzen* go bank.

Bank...: **~aktie** *f* bank share (*Am.* stock); **~akzept** *n* bank(er's) acceptance; **~angestellte(r** *m*) *f* bank clerk; **~anweisung** *f* banker's order; **~ausweis** *m* bank return (*Am.* statement); **~beamte(r)** *m* bank official (*od.* clerk); **~buch** *n* bank book; (*Gegen-, Kontobuch*) passbook; **~depot** *n* bank deposit, *für Effekten*: safe custody (account), *Am.* custodianship (account); **~direktor** *m* bank director (*od.* manager); **~diskont** *m* bank(er's) discount, (~*satz*) bank rate; **~einlage** *f* (bank) deposit.

Bänkel|lied *n* (street-)ballad; **~sänger** *m* ballad-singer.

Bank(e)rott I. *m* bankruptcy (*a. fig. moralischer, politischer* ~ *usw.*); (business *od.* commercial) failure, F smash, crash; *betrügerischer* (*einfacher*) ~ fraudulent (simple) bankruptcy; *den* ~ *erklären* declare bankrupt; ~ *machen* go bankrupt, fail, *sl.* go bust; **II.** ≈ *adj.* bankrupt (*a. fig.*), insolvent; F (*abgebrannt*) F dead broke; *sich für* ~ *erklären* declare o.s. bankrupt (*od.* insolvent), file one's petition in bankruptcy; ⚖ *j-n für* ~ *erklären* adjudge a p. a bankrupt; ~ *gehen* go bankrupt; **~erklärung** *f a. fig.* declaration of bankruptcy.

Bank(e)rotteur *m* bankrupt; insolvent firm.

Bankert *m contp.* bastard; F *weitS.* brat.

Bankett *n* **1.** (*Essen*) banquet, dinner; **2.** ⊕ (*a.* **~e** *f*) *Straßenbau*: banquette, shoulder; (*Grundmauer*) base-course; (*Berme*) berm.

Bank...: **~fach** *n* **1.** banking (business); **2.** (*Stahlfach*) safe (-deposit box); **≈fähig** *adj.* bankable, negotiable; **~filiale** *f* branch bank; **~geheimnis** *n* banker's discretion; **~geschäft** *n* **1.** (*Firma*) bank(ing house *od.* company); **2.** (*Branche*) banking business; **3.** (*einzelnes* ~) banking operation (*od.* transaction); **~guthaben** *n* bank balance; (*Bar* ≈) cash in the bank; **~halter** *m Spielbank*: banker; (*Spielgehilfe*) croupier.

Bankier *m* banker; (*großer Finanzmann*) financier.

Bank...: **~kapital** *n* bank stock (*od.* funds *pl.*); **~konsortium** *n* banking syndicate; **~konto** *n* bank(ing) account; *ein* ~ *haben bei a.* bank with; **~krach** *m* bank failure (*od.* crash); **~kredit** *m* bank credit (*od.* loan); **~leitzahl** ✝ *f* routing symbol (*od.* code); **≈mäßig** *adj.* banking; *Wertpapiere*: negotiable; **~note** *f* (bank-)note, *Am.* (bank) bill; **~notenausgabe** *f* issue of bank notes, note issue; **~obligationen** *f/pl.* bank bonds; **~provision** *f* banker's commission, banking charge; **~raub** *m* bank robbery; **~rott** *m*, **≈rott** *adj.* → *Bank(e)rott usw.*; **~satz** *m* bank rate; **~scheck** *m* bank cheque (*Am.* check); **~schulden** *f/pl.* bank debts; **~spesen** *pl.* bank charges; **~tratte** *f* bank draft; **~überweisung** *f* bank transfer; **~verbindung** *f* **1.** (*Konto*) bank(ing) account; **2.** *e-r Bank*: correspondent; **~verkehr** *m* banking; banking business (*od.* operations *pl.*); **~vollmacht** *f* banking authority; power of attorney; **~vorstand** *m* board of the management (of a bank); (*Direktor*) bank manager; **~wechsel** *m* bank(er's) bill *od.* draft; **~werte** *m/pl.* bank shares (*Am.* stocks); **~wesen** *n* banking; **~woche** *f* bank-return week; **~zinsen** *m/pl.* banking interest *sg.*

Bann *m* **1.** ban; (*Ächtung*) proscription; (*Kirchen* ≈) anathema, excommunication; *schwächer*: interdict; *in den* ~ *tun* banish, outlaw, proscribe; *kirchlich*: anathemize, excommunicate; *gesellschaftlich*: ostracize; *geschäftlich*: boycott; **2.** *fig.* (*Zauber*) charm, spell; *unter dem* ~ *stehen von od. gen.* be under the spell (*od.* influence) of, *stärker*: be spellbound (*od.* fascinated, captivated) by; → *gebannt*; **~bulle** *f* bull of excommunication; **≈en** *v/t.* **1.** banish (*a. fig., Furcht, Not usw.*); (*Gefahr*) avert, ward (*od.* stave) off; (*böse Geister*) lay, exorcize; *eccl.* excommunicate; (*j-n*) (*fest* ~) hold paralysed, transfix; **2.** *fig.* (*fesseln*) captivate, fascinate, spellbind; → *gebannt*; **3.** (*festhalten*) *auf Papier, Schallplatte usw.*: record, capture.

Banner *n* banner, standard; *fig. unter dem* ~ *gen.* under the banner (*od.* standard) of; **~träger** *m* standard-bearer (*a. fig.*).

Bann...: **~fluch** *m* anathema; **~kreis** *m* district under a p.'s jurisdiction; *fig.* sphere (of influence), spell; **~meile** *f hist.* precincts *pl.*; *e-s Staatsgebäudes*: neutral zone; **~strahl** *eccl.* *m* anathema; **~ware** *f* contraband goods *pl.*

Bantamgewicht *n*, **~ler** *m Sport*: bantam-weight.

Bap|tist *m* **1.** *bibl.* (St. John) *the* Baptist; **2.** *eccl.* Baptist.

bar I. *prp.* **1.** (*e-r Sache*) destitute (*od.* devoid, void) of, innocent of, completely lacking (in); *jeder Hoffnung* ~ utterly hopeless; ~ *jedes Interesses* void of any interest; **II.** *adj.* **2.** (*entblößt*) bare; **3.** (*echt*) pure *gold*; → *Münze*; **4.** *contp.* pure, downright, blatant; ~*er Unsinn* sheer nonsense; **5.** ~*es Geld* cash, ready money; **III.** *adv.*: (*in*) ~ *bezahlen* pay in cash, pay cash (down); *gegen* ~ for cash, cash down, on cash terms; ~ *gegen 2% Diskont* cash less 2% discount.

Bar[1] *f* (*Ausschank*) bar; night club.

Bar[2] *phys. n* (*Luftdruckeinheit*) bar.

Bär *m* **1.** (he-)bear; F *j-m e-n* ~*en aufbinden* tell a p. a whopping lie, hoax a p.; *schlafen wie ein* ~ sleep like a log; **2.** *ast. der Große* ~ the Great Bear, *Am.* the Big Dipper; *der Kleine* ~ the Little (*od.* Lesser) Bear, *Am.* the Little Dipper; **3.** ⊕ (*Rammklotz*) ram, monkey; **4.** (*Schmetterling*) tiger-moth.

Barabfindung *f* cash settlement.

Baracke *f* hut, *Am. a.* shack; **~nlager** *n* hutted camp, hutment; **~nsiedlung** *f* hutment area, *Am.* shantytown; **~nzelt** *n* barrack tent.

Bar...: ~auslage *f* cash outlay, out-of-pocket expenses *pl.*; **~auszahlung** *f* payment in cash.

Barbar *m* barbarian (*a. fig. contp.*).

Barbarei *f* barbarism, barbarity.

barbarisch I. *adj.* barbarian, barbaric, barbarous (*a. fig. contp.*); (*grausam*) savage, cruel; F (*schlimm*) F awful; **II.** F *adv.* F frightfully, awfully, beastly.

Barbe *ichth. f* barbel.

bärbeißig *adj.* bearish, surly.

Bar...: ~bestand *m* cash in hand; *e-r Bank*: cash reserve (*od.* holdings *pl.*); **~betrag** *m* amount in cash.

Barbier *m* barber; **²en** *v/t.* shave; → *Löffel.*

Barbitursäure *f* barbituric acid.

Bardame *f* barmaid.

Barde *m* bard.

Bar...: ~deckung *f* cash in hand available for cover; cash reimbursement; **~dividende** *f* cash bonus; **~eingang** *m* cash receipts *pl.*; (*einzelner Posten*) cash item; **~einlage** *f* cash deposit (*od.* investment); **~einnahme** *f* cash receipts *pl.*

Bären...: ~dienst *m*: *j-m e-n* ~ *erweisen* do a p. a disservice; **~führer** *m a.* F *fig.* bear-leader; **~hatz** *f* bear-baiting; **~haut** *f* bearskin; *auf der* ~ *liegen* laze about; **~höhle** *f* bear's den; **~hunger** *m*: *e-n* ~ *haben* be ravenous; **~jäger** *m* bear-hunter; **~junge(s)** *n* bear cub; **~mütze** ⚔ *f* bearskin (cap); **²stark** *adj.* strong as an ox, Herculean.

Barett *n* beret; *e-s Richters usw.*: biretta, cap.

bar|fuß, ~füßig *adj., adv.* barefoot(ed).

Bar...: ~geld *n* cash, ready money, cash in hand; **²geldlos** *adj.* cashless; *adv. a. pay* by cheque (*Am.* check); ~*er Zahlungsverkehr* cashless money transfers *pl.*; **~geschäft** *n* cash business (*od.* transaction); **~guthaben** *n* cash balance; **²häuptig** *adj., adv.* bareheaded; **~hocker** *m* barstool.

Bärin *f* she-bear.

Bariton *m* baritone (*a. Sänger*).

Barkasse ⚓ *f* (motor) launch.

Barkauf *m* cash purchase.

Barke ⚓ *f* barge; *poet.* bark, barque.

Bar...: ~kredit *m* cash credit; **~leistung** *f* payment in cash; **~lohn** *m* wages *pl.* in cash.

Bärme *f* barm, yeast.

barmherzig *adj.* merciful (*gegen j-n* to a p.); (*mildtätig*) charitable; *²e Schwester* Sister of Mercy (*od.* Charity); → *Samariter*; **²keit** *f* mercy, mercifulness; charity; *an j-m* ~ *üben* show mercy to a p.

Barmittel *n/pl.* cash *sg.* (funds *pl.*); liquid funds.

barock I. *adj. Kunst*: baroque (*a. fig.*); *fig.* eccentric; **II. ²** *m, n* **1.** (~*zeit*) Baroque (period); **2.** (~*stil*) baroque (style).

Barometer *n* barometer (*a. fig.*), (weather-)glass; *das* ~ *steigt* (*fällt*) the barometer is rising (falling); *das* ~ *steht hoch* (*tief*) the barometer is high (low); **~säule** *f* barometric column; **~stand** *m* barometer reading.

barometrisch *adj.* barometric(al).

Baron *m* baron; **~esse** *f*, **~in** *f* baroness.

Barpreis *m* cash price.

Barre *f* **1.** bar(rier); **2.** ⚓ bar.

Barren *m* **1.** billet; (*Gold²*, *Silber²*) bar, ingot, bullion; ~ *Gold* gold bar; **2.** (*Turngerät*) parallel bars *pl.*, parallels *pl.*; **²förmig** *adj.* ingot-shaped; **~gold** *n* bar gold.

Barriere *f* barrier (*a. geol. u. fig.*);

(*Geländer*) railing; *Reitsport*: post-and-rail.
Barrikade *f* barricade; ~*n errichten* raise barricades; *auf die* ~*n steigen* (*a. fig.*) mount the barricades (*für* for); **~nkampf** *m* barricade fighting.
Barsch *m* (*Fisch*) perch.
barsch *adj.* gruff, rough, brusque, harsh (*gegen* to).
Bar...: **~schaft** *f* ready money (*od.* cash), cash; **~scheck** *m* open *od.* uncrossed cheque (*Am.* check).
Barschheit *f* gruffness, harshness.
Barschuldner *m/pl. Bankbilanz*: advances.
Barsendung *f* cash remittance.
Bart *m* **1.** (*Voll*≈) beard; (*Backen*≈, *a. e-r Katze*) whiskers *pl.*; (*Schnurr*≈) moustache; *sich e-n* ~ *stehen lassen* grow a beard; *fig. in den* ~ *brummen* mumble to o.s.; *j-m um den* ~ *gehen* curry favo(u)r with a p., make up to a p.; F *Witz mit* ~ F chestnut; F *so ein* ~! that's an old one!; F *der* ~ *ist ab!* that's torn it!; → *Kaiser*; **2.** *zo.*, ⚘ barb, beard; *Hahn*: wattle; **3.** ⊕ (*Grat*) bur; (*Gußnaht*) seam; (*Schlüssel*≈) key-bit; **~flechte** *f* **1.** ⚕ barber's rash, sycosis; **2.** ⚘ beardmoss; **~haar** *n* hair of the beard; *erste* ~*e* down *sg.*, fluff *sg.*
bärtig *adj.* bearded; *mit Backenbart*: whiskered; ⚘, *zo.* barbate.
Bart...: **≈los** *adj.* beardless; **~nelke** *f* sweet-william; **~robbe** *f* bearded seal; **~stoppeln** *f/pl.* stubble *sg.*
Bar...: **~vergütung** *f* compensation in cash; (*Dividende*) cash bonus; **~verkauf** *m* cash sale; **~verkehr** *m* cash trade; **~verlust** *m* clear (*od.* net) loss; **~vermögen** *n* cash assets *pl.*; **~vorschuß** *m* cash advance; **~wert** *m* cash (*od.* actual) value; **~zahlung** *f* cash payment; *sofortige* ~ prompt cash; *nur gegen* ~ terms strictly cash; **~zahlungsgeschäft** *n* cash and carry store; **~zahlungsrabatt** *m* cash discount.
Basalt *m* basalt; **≈en** *adj.* basalt(ic).
Basar *m* bazaar.
Base[1] *f* (female) cousin.
Base[2] ⚗ *f* base.
Basedow(**sche Krankheit** *f*) *m* Graves' disease, 🕮 exophthalmic goit|re (*Am.* -er).
Basen...: **~austausch** ⚗ *m* exchange of bases; **~bildung** *f* basification.
basieren *v/i.*: ~ *auf* be based *od.* founded upon, rest upon.
Basilisk *m* basilisk; **~enblick** *m* basilisk (*od.* withering) glance.
Basis *f* ⚠ base; pedestal *of a monument etc.*; *anat.*, ⚘ base, basis; ⚗ base; ⚔ (*Stützpunkt*) base; *fig.* basis, foundation, footing; *auf gesunder* ~ on a sound basis; *auf gleicher* ~ on equal terms.
bas|isch ⚗ *adj.* basic; *ein*~ monobasic; *zwei*~ dibasic; **≈izität** *f* basicity.
Bask|e *m*, **≈isch** *adj.* Basque; **~enmütze** *f* beret.
baß *adv.*: ~ *erstaunt* very much (*od.* greatly) surprised, taken aback.
Baß ♪ *m* **1.** (*Stimme*) bass (voice); *hoher* ~ bass-baritone; *tiefer* ~ deep bass (voice); **2.** (*Sänger*) bass (singer); **3.** (*Partie*) bass (part); **4.** (*Instrument*) double-bass, contrabass; **~anhebung** *f Radio*: bass boost(ing); **~balken** ♪ *m* bass-bar; **~bariton** *m* bass-baritone; **~geige** *f* double-bass, contrabass.
Bassin *n* basin, reservoir, tank; (*Waschbecken*) basin (*a. geol.*); (*Schwimm*≈) (swimming-)pool.
Bassist *m* **1.** bass (singer); **2.** bass player.
Baß...: **~klarinette** *f* bass clarinet; **~pfeife** *f* bass-pipe; **~regelung** *f Radio*: automatic bass control; **~saite** *f* bass-string; **~sänger** *m* bass (singer); **~schlüssel** *m* bass clef; **~stimme** *f* **1.** bass (voice); **2.** bass (part).
Bast *m* bast; *bei Flachs usw.*: harl; *hunt. am Geweih*: velvet.
basta! *int.* enough (of it)!; *und damit* ~! so there!, period!, not another word!
Bastard *m* bastard, natural child; (*Mischling*) half-caste; ⚘, *zo.* hybrid, cross (breed), mongrel; **~feile** *f* bastard file.
bastardieren *v/t.* (*a. sich* ~) hybridize.
Bastard...: **~pflanze** *f* hybrid (plant); **~rasse** *f* half-breed (*zo.* hybrid) race, *bsd. bei Hunden*: mongrel race; **~schrift** *typ. f* bastard type.
Bastei *f* bastion.
Bastel|arbeit *f* craftwork, (piece of) handicraft; hobby; **~ei** *f* **1.** → *Bastelarbeit*; **2.** → *Basteln*; **≈n I.** *v/t.* build, make, rig up; *selbstgebastelter Apparat* home-assembled set; **II.** *v/i.* do handicrafts, be a hobbyist (*od.* home-mechanic); work at a hobby; F *contp. an et.* ~ a) tinker at; b) *weitS.* fumble at

(*od.* with); **~n** *n* handicraft(s *pl.*); tinkering.

Bast...: **~faser** *f* bast-fib|re (*Am.* -er); **~hut** *m* chip-hat.

Bastion *f a. fig.* bastion, bulwark.

Bastler(in *f*) *m* amateur (handi-) craftsman *od.* (*f*) craftswoman, hobbyist, home-mechanic; *Radio*: radio amateur.

Bastseide *f* raw silk.

Bataille *obs. f* battle.

Bataillon *n* battalion; **~skommandeur** *m* battalion commander.

Batate ⚘ *f* sweet potato, batata.

Bathy|skaph ⚓ *m* bathyscaphe; **~sphäre** bathysphere.

Batik *m* batik; **~en** *v/t.* ornament with batik work; **~druck** *m* batik (work).

Batist *m* cambric, batiste.

Batterie *f* **1.** ⚔ battery; **2.** ⚡ battery; (*Akkumulator*) storage battery; *mit ~ betreiben* run from a battery; **3.** ⊕ (*Gruppe von Maschinen*) group, set; **4.** *Brauerei*: tap system; **5.** F *Flaschen usw.*: F regiment, army *of bottles, etc.*; **~betrieb** *m* battery operation; *mit ~* → *batteriegespeist*; **~element** *n* battery cell; **~empfänger** *m* battery receiver; **~führer** ⚔ *m* battery commander; **~gespeist** *adj.* battery-operated; **~heizung** *f* battery heating; **~kohle** *f* battery carbon; **~ladegerät** *n* battery charger; **~prüfer** *m* battery tester; **~spannung** *f* battery voltage; **~strom** *m* battery current; **~zündung** *mot. f* battery ignition (system).

Batzen *m* (*Klumpen*) lump, chunk; mass; F *das kostet e-n ~* (*Geld*) F that costs a tidy penny.

Bau *m* **1.** (*Vorgang*) building, construction, erection; *von Maschinen usw.*: manufacture, construction, building; *im ~* (*befindlich od. begriffen*) under construction, being built, building; **2.** (*Gebäude*) building, edifice, structure; *~ten Film usw.*: setting *sg.*, architecture *sg.*; **3.** ⊕ design, construction, (*a. Aufbau*) structure; **4.** → *Baugewerbe*; *er arbeitet auf dem ~* he is in the building trade; F *fig. er ist vom ~* he is a specialist; **5.** → *Baustelle*; **6.** *zo.* (*Fuchs~*, *Dachs~*) earth; (*Kaninchen~*) burrow; (*Biber~*) lodge; *e-s Raubtiers*: lair, den (*a. fig.*); **7.** ⚔ *sl.* (*Arrest*) confinement, *sl.* jug; **8.** (*Körper~*) build; **9.** ⚒ cultivation, growing; **~abschnitt** *m räumlich*: (building) section; *zeitlich*: phase of construction; **~akademie** *f* school of architecture; **~amt** *n* (District) Surveyor's Office; **~arbeiten** *f/pl.* construction work *sg.*; *Straße*: road works; **~arbeiter** *m* construction worker; **~art** *f* style, architecture; ⊕ design, construction; (*Typ*) type, model; **~aufsichtsamt** *n* building supervisory board; **~ausschreibung** *f* invitation to tender for constructional work; **~baracke** *f* building shed; **~bedarf** *m* building supplies *pl.*; **~behörde** *f* building authority; **~beschreibung** *f* building specification; **~bewilligung** *f* building permit; **~bude** *f* site hut.

Bauch *m* belly; *anat.* abdomen; F (*Magen*) stomach, F tummy; *dicker*: pot-belly, paunch; (*Wölbung*) bulge, belly (*a. e-r Geige, e-s Schiffes usw.*); ⚡ (*Schwingungs~*) antinode; *auf dem ~ liegen* lie flat on one's face; *e-n ~ bekommen* develop a paunch; *sich den ~ halten vor Lachen* roar with laughter, split one's sides; *vor j-m auf dem ~ kriechen* grovel before (*od.* crawl to) a p.; **~ansatz** F *m* first signs *pl.* of a paunch; **~atmung** *f* abdominal breathing; **~binde** *f* **1.** abdominal bandage; **2.** cigar band; **3.** (*Reklamestreifen um ein Buch*) blurb; **~decke** *f* abdominal wall; **~en** *v/refl.*: *sich ~* bulge out; **~fell** *n* peritoneum; **~fellentzündung** *f* peritonitis; **~flosse** *f* ventral fin; **~gegend** *f* abdominal region; **~grimmen** *n* gripes *pl.*; **~gurt** *m* belly-band; **~höhle** *f* abdominal cavity; **~höhlenschwangerschaft** *f* extra-uterine pregnancy; **~ig** *adj.* bulgy; **~klatscher** F *m* belly flop; **~laden** *m* vendor's tray; **~lage** *f Sport usw.*: prone position; **~landung** *f* belly landing; **~muskel** *m* abdominal muscle; **~nabel** *m* navel; **~partie** *f* midriff; **~reden** *v/i.* ventriloquize; **~reden** *n* ventriloquism; **~redner(in** *f*) *m* ventriloquist; **~schmerzen** *m/pl.* belly-ache *sg.*, gripes, F tummy-ache *sg.*; **~schuß** *m* abdominal gunshot wound; **~speicheldrüse** *f* pancreas; **~tanz** *m* belly dance; **~tänzerin** *f* belly dancer; **~ung** *f* bulge; **~wand** *f* abdominal wall; **~wassersucht** *f* abdominal dropsy; **~weh** F *n* → *Bauchschmerzen*.

Bau...: **~denkmal** *n* (architectural) monument, historical building; **~element** *n* ⊕ construction element; *a.* ⚠ module.

bauen I. *v/t.* **1.** build, construct; → *Haus* 1; (*errichten*) erect, raise; **2.** (*herstellen*) manufacture, construct, make, build; (*entwerfen*) design; **3.** ⚘ (*an*~) cultivate, grow; **4.** ⚒ work; **5.** F *fig.* (*e-n Unfall*) have; (*ein Examen*) take; → *Doktor* 1; **6.** *fig. s-e Hoffnungen usw.* ~ *auf* base (*od.* rest) one's hopes, *etc.*, upon; **II.** *v/i.* **7.** build; ~ *an* work on; **8.** *fig.* ~ *auf* rely (*od.* build, count, depend) on, trust in.

Bauer[1] *m* **1.** (*Landwirt*) peasant, farmer; *kleiner*: smallholder; **2.** *fig. contp.* boor, yokel, peasant; **3.** *Schach*: pawn; *Kartenspiel*: knave.

Bauer[2] *n* (*Vogel*~) (bird-)cage.

Bäuer|in *f* peasant woman, farmer's wife; **~isch** *adj.* rustic; boorish, churlish.

Bauerlaubnis *f* building permit.

bäuerlich *adj.* rural, rustic.

Bauern...: **~brot** *n* (coarse) brown bread; **~bursche** *m* country lad; **~dorf** *n* country (*od.* farming) village; **~fänger** *m* sharper, trickster confidence man; **~fängerei** *f* confidence trick (*Am.* game), F take-in; **~frau** *f* → *Bäuerin*; **~frühstück** *n* omelette parmentière (*fr.*); **~gut** *n* peasant's holding, farm; **~haus** *n* farmhouse; **~hochzeit** *f* country wedding; **~hof** *m* farm, farmstead; **~krieg** *m* peasants' war; **~lümmel** *m* country bumpkin, boor, *Am. sl.* hick; **~regel** *f* peasants' weather maxim; **~schaft** *f* peasantry, farmers *pl.*; **~schlau** *adj.* shrewd, cunning, wily; **~schläue** *f* cunning; **~stand** *m*, **~tum** *n* → *Bauernschaft*; **~tölpel** *m* yokel, country bumpkin; **~tracht** *f* peasant costume; **~verband** *m* farmers' union.

Bauers|frau *f* → *Bäuerin*; **~mann** *m* → *Bauer*[1].

Bau...: **~fach** *n* **1.** architecture; **2.** building trade; **~fällig** *adj.* out of repair, dilapidated, tumble-down, ramshackle; **~fälligkeit** *f* dilapidated condition, decay; **~fehler** *m* structural fault; **~firma** *f* (firm of) builders and contractors, building enterprise; **~flucht** *f* alignment; **~fluchtlinie** *f* building line; **~führer** *m* building supervisor (*od.* foreman); **~gelände** *n* building land; *engS.* building site; **~genehmigung** *f* building permit; **~genossenschaft** *f* cooperative building society; **~gerüst** *n* scaffold(ing); **~geschäft** *n* building trade; **~gesellschaft** *f* building company; **~gesuch** *n* application for a building permit; **~gewerbe** *n* building trade; **~grube** *f* excavation; **~grund** *m* **1.** foundation soil; **2.** = **~grundstück** *n* building plot (*od.* site); **~gruppe** ⊕ *f* assembly group; **~handwerk** *n* building trade; **~handwerker** *m* workman in the building trade; **~herr** *m* building owner; **~hof** *m* contractor's yard; **~höhe** ⊕ *f* overall height, head-room; **~holz** *n* timber, *Am.* lumber; **~hütte** *f* **1.** site hut (*od.* office); **2.** *hist.* masonic lodge; **~hypothek** *f* building mortgage; **~ingenieur** *m* civil engineer; **~jahr** *n* year of construction; ~ *1957* 1957 model; **~kasten** *m* box of bricks; (*Stabil*~) building (*od.* construction) set; **~kastensystem** ⊕ *n* unit construction system, modular-design principle; **~klotz** *m* building block, brick; F *da staunt man Bauklötze* that bowls you over; **~körper** *m* main body of a building; **~kosten** *pl.* building expenses, cost of construction; *weitS.* production costs; **~kostenvoranschlag** *m* builder's estimate; **~kostenzuschuß** *m* contribution to building expenses; **~kran** *m* building crane; **~kredit** *m* building loan; **~kunst** *f* architecture; **~land** *n* building land; **~länge** *f* overall length; **~leiter** *m* → *Bauführer*; **~leitung** *f* supervision of building works; **~lich** *adj.* architectural; constructional, structural; *~e Kennzeichen* design features; *in gutem ~em Zustand* in good repair; **~lichkeiten** *f/pl.* buildings.

Baum *m* **1.** tree; *junger* ~ sapling, young tree; *fig. bibl. der* ~ *der Erkenntnis* the tree of knowledge; *es ist dafür gesorgt, daß die Bäume nicht in den Himmel wachsen* there is a limit to everything; F *es ist, um auf die Bäume zu klettern* it's enough to drive you mad; → *ausreißen* 1; **2.** ⊕ (*Hebe*~, *Weber*~ *usw.*) beam; *am Wagen, Pflug*: perch; (*Stange, Schaft*) pole, shaft; ⚓ boom, (*Lade*~) derrick; **~allee** *f* avenue (of trees); **~artig** *adj.* tree-like, arborescent.

Bau|maschine *f* building machine; **~material** *n* building material(s *pl.*).

Baum...: **~bestand** *m* stock of trees (*od.* timber); **~blüte** *f* **1.** blossom of a tree; **2.** (*Zeit*) blossoming season.

Bäumchen *n* small tree, sapling; F *~-wechsle-dich spielen* play puss in the corner; *fig.* indulge in the wife-swapping game.

Baumégrad *phys.* *m* degree Baumé.
Baumeister *m* master builder; *weitS.* architect.
baumeln *v/i.* **1.** dangle, swing (*an* from); *mit den Beinen* ~, *die Beine* ~ *lassen* swing one's legs; **2.** F (*am Galgen* ~) F swing.
bäumen *v/t. u. v/refl.*: (*sich* ~) → *aufbäumen.*
Baum...: **~fraß** *m* tree-blight; **~frevel** *m* unlawful damaging of trees; **~garten** *m* orchard; **~gärtner** *m* nurseryman; arboriculturist; **~grenze** *f* timber-line; **~gruppe** *f* group (*od.* cluster) of trees; **~harz** *n* resin; **~hecke** *f* hedge of trees; **~krone** *f* tree-top; **~kuchen** *m* pyramid cake; **~kunde** *f* dendrology; **2lang** *adj.* (as) tall as a lamp-post; **~läufer** *zo. m* (tree-)creeper; **~laus** *f* plant-louse, aphis; **2los** *adj.* treeless; **~marder** *m* pine marten; **~pfahl** *m* prop, stay; **~säge** *f* pruning saw; **~schere** *f* pruning shears *pl.*; **~schlag** *paint. m* foliage; **~schule** *f* (tree) nursery; **~stamm** *m* (tree-)trunk; *gefällter*: log; **2stark** *adj.* (as) strong as a horse; **~stumpf** *m* stump, stub; **~stütze** *f* tree-prop.
Baumuster *n* model, type.
Baumwoll...: **~baum** *m* cotton-tree; **~e** *f* cotton; **2en** *adj.* (of) cotton; **~faser** *f* cotton fib|re (*Am.* -er); **~garn** *n* cotton yarn; **~gewebe** *n* cotton fabric (*od.* goods *pl.*, textiles *pl.*); **~kämmerei** *f* cotton combing; **~köper** *m* cotton twill (*od.* serge); **~pflanzer** *m* cotton planter; **~saat** *f*, **~samen** *m* cotton-seed; **~samt** *m* cotton velvet, velveteen; **~spinnerei** *f* cotton-mill; **~staude** *f* cotton-plant; **~stoff** *m* cotton (cloth); **~waren** *f/pl.* cottons; **~zwirnerei** *f* cotton twist mill.
Baum...: **~zucht** *f* arboriculture; **~züchter** *m* arborist, nurseryman.
Bau...: **~nummer** *f* serial number; **~ordnung** *f* building regulations *pl.*; **~plan** *m* architect's (*od.* construction) plan *od.* drawing; ⊕ blueprint; **~plastik** *f* architectural sculpture; **~platz** *m* building site (*od.* plot); **~polizei** *f* Surveyor's Office; **~programm** *n* building program(me), construction schedule; production program(me); **~projekt** *n* building project; **~rat** *m* government surveyor (of works); **2reif** *adj.* developed; **~reihe** *f* series, type.
bäurisch *adj.* → *bäuerisch.*

Bausch *m* **1.** wad (*a.* ⚕ *Watte*2), ball; (*Ärmel*2, *Puder*2) puff; ⚕ plug, *zum Wischen*: swab; (*Polster*) pad, bolster; *am Kleid usw.*: bulge; **2.** ✝, *fig. in* ~ *und Bogen* in the lump, wholesale; **2en I.** *v/i.* (*a. sich* ~) swell (*od.* bulge, billow) out, bag; **II.** *v/t.* bulge, swell; **2ig** *adj.* bulgy, puffed (out), full; **~kauf** ✝ *m* bulk purchase.
Bau...: **~schlosser** *m* building fitter; **~schule** *f* school of civil engineering; **~schutt** *m* rubble; **~sparer(in** *f*) *m* investor in a building and loan association; **~sparkasse** *f* building and loan association, building society; **~sparvertrag** *m* building society's savings agreement, building loan contract; **~stadium** *n* stage (of construction); **~stahl** *m* structural steel; **~stein** *m* building stone; brick, building block (*a. Spiel*2, *fig.*, *physiol.*); ⊕ *genormter*: module; ⚡ cubicle; *fig.* element, component; *weitS.* important contribution; **~stelle** *f* (building) site; *auf Straßen*: (site of) road works; **~stil** *m* (architectural) style; **~stoff** *m* building material; **~tätigkeit** *f* building activity; **~technik** *f* constructional engineering; *angewandte*: construction technique; **~techniker** *m* constructional engineer; **~teil** *m* structural member, component (part); **~ten** *m/pl.* buildings, structures; **~tischler** *m* building joiner; **~träger** *m* builder; **~trupp** *m* construction team (*od.* gang); **~unternehmer** *m* building contractor, builder; → *a. Baufirma*; **~vorhaben** *n* building project; **~vorrichtung** ⊕ *f* assembly jig; **~vorschrift** *f* building regulations *pl.*; **~weise** *f* (method of) construction *od.* building; style (of architecture); ⊕ → *Bauart*; **~werk** *n* building, edifice, structure; **~wesen** *n* architecture, construction engineering, building industry; **~zeichnung** *f* construction drawing.
Bayer(in *f*) *m*, **bay(e)risch** *adj.* Bavarian.
Bazar *m* bazaar.
Bazi *dial.* F *m* rascal.
Bazillen|angst *f* bacillophobia; **~ausscheider** *m* → *Bazillenträger*; **2förmig** *adj.* bacilliform; **~herd** *m* focus of bacilli; **~stamm** *m* strain of bacillus; **~träger** ⚕ *m*: (*ständiger* ~ chronic) carrier.
Bazillus *m* bacillus (*pl.* -i); germ.
beabsichtig|en *v/t.* intend, mean,

plan, propose (*zu tun* to do, doing); have in view (to do); contemplate, aim at (doing); **~t** *adj.* **1.** intended, calculated; **2.** (*absichtlich*) intentional.

beacht|en *v/t.* pay attention to, heed; note, notice, take notice of; (*befolgen*) observe *a law, etc.*; (*bedenken*) take care, mind (*daß* that); (*berücksichtigen*) consider, bear in mind, take into account; *nicht ~* disregard, ignore, take no notice of; *bitte zu ~* please note; **~enswert** *adj.* noteworthy, remarkable; **~lich** *adj.* (*beträchtlich*) considerable; (*bemerkenswert*) remarkable.

Beachtung *f* attention, notice; (*Berücksichtigung*) consideration, regard; (*Befolgung*) observance; *~ finden* be noticed (*od.* taken notice of); *~ schenken dat.* pay attention to, take notice of; *keine ~ schenken* disregard, ignore, pay no attention to; (*keine*) *~ verdienen* be (not) worthy of notice; *unter ~ von Vorschriften* subject to; *zur ~!* Notice!, please note!

beackern *v/t.* till, cultivate; *fig.* go over, work through.

Beamte(r) *m* official, (*a. Polizei*≈, *Zoll*≈, *a.* ☤ *e-r Firma*) officer; (*Staats*≈) Government official, public officer, *Brit.* Civil Servant; *~r im öffentlichen Dienst* public servant; *städtischer ~r* municipal officer; (*Büro*≈, *Schalter*≈) clerk; *contp. kleiner ~r* petty official.

Beamten...: **~apparat** *m* civil service machinery; **~beleidigung** *f* defamation of a public officer while on duty; **~bestechung** *f* offering a bribe to a public officer; **~herrschaft** *f* bureaucracy; **~laufbahn** *f* public (*od.* civil) service (career); **~schaft** *f*, **~tum** *n* civil servants *pl.*; *a. contp.* officialdom.

beamtet *adj.* permanently appointed (as a civil servant).

Beamtin *f* → *Beamte*(*r*).

beängstig|en *v/t.* worry, alarm, frighten; **~end** *adj.* alarming(ly *adv.*), disquieting; *stärker*: appalling; **≈ung** *f* anxiety, alarm, uneasiness, worry.

beanspruch|en *v/t.* (*Person*: *a. für sich ~*) claim, demand; (*ein Recht usw.*) claim, lay claim to, enter a claim for; *unberechtigt*: pretend to; (*Aufmerksamkeit, Mühe, Sorgfalt usw.*) demand, require, call for; (*Platz, Zeit*) *a.* take (up); (*j-s Hilfe, Dienste usw.*) make use (*od.* avail o.s.) of; *zu sehr, über Gebühr*: try, tax (excessively); ⊕ stress, *verformend*: strain; *j-s Zeit zu sehr ~* trespass on a p.'s time, *Sache*: take (up) too much of a p.'s time; *meine Zeit ist stark beansprucht* I am very busy; *j-n ganz ~* keep a p. fully occupied, claim a p.'s full attention; **≈ung** *f* claim (*gen.* on); *von Zeit, der Kräfte, des Geldmarktes usw.*: demand (on); *des Geldbeutels*: drain (on); (*Anstrengung*) strain, *nervliche*: stress; ⊕ stress, strain, load; (*Verschleiß*) wear and tear; (*Betriebs*≈) working conditions *pl.*; *für hohe ~* for high-duty service; *für normale ~* for normal service; *für alle ~en im Betrieb* for all shop conditions.

beanstand|en *v/t.* object to, complain of (*od.* about), find fault with, criticize; (*Forderung usw.*) demur to; (*in Frage stellen*) question, query; (*Wahl usw.*) contest, oppose; (*Waren*) reject, refuse (acceptance of), complain about; *was ich an ihm* (*daran*) *zu ~ habe* what I dislike about him (it); **≈ung** *f* objection (*an* to), complaint (about); ☤ reclamation, complaint (about); *~en erheben* raise objections (*gegen* to).

beantragen *v/t.* apply for; ⚖ *parl. usw.* move (*a th.*; *daß* that); (*Scheidung usw.*) pray for; (*vorschlagen*) propose.

beantwort|bar *adj.* answerable; **~en** *v/t.* answer (*a. fig. mit* with), reply to; **≈ung** *f* answer(ing), reply; *in ~ gen.* in answer (*od.* reply) to; **≈ungsschreiben** *n* → *Antwortschreiben*.

bearbeit|bar ⊕ *adj.* workable, machinable; **~en** *v/t.* **1.** work; ✎ *a.* till, cultivate; (*formen*) fashion, model; (*Holz*) work; (*Leder*) dress; (*Steine*) hew, face; *maschinell*: machine; (*Metall*) *spanlos*: work, *spanabhebend*: machine, tool; (*verarbeiten*) process; (*aufarbeiten*) dress; (*behandeln*) treat (*mit* with); **2.** *fig.* (*Sachgebiet, Thema usw.*) work on, treat, (*erledigen*) attend to, handle, deal with; *verantwortlich*: be in charge of; (*Akten, Gesuche*) act upon, consider, treat, *Am. a.* process; (*ausarbeiten*) work out, prepare; ☤ (*Kunden*) canvass, (*Gebiet*) *a.* work, cover; (*Buch, Manuskript*) edit, prepare, *neu*: revise; *für Bühne, Film, Funk*: adapt (*für* for; *nach* from); ♪ arrange; ⚖ *e-n Fall ~* prepare a case; **3.** *j-n ~* a) *beeinflussend*: work on a p., try to persuade a p.; b) (*verprügeln*) belabo(u)r a p., thrash a p., *sl.*

beat a p. up; et. *mit den Fäusten (Füßen)* ~ pound (kick) a th.; **2er**(**in** *f*) *m* (*Sach*2) official in charge, person responsible (*gen.* for); (*Prüfer*) examiner, inspector; (*Buch*2) editor, (*Überarbeiter*) revisor; *thea.* adapter; ♪ arranger; **2ung** *f* ⚒ working, cultivation; *Akten usw.*: treatment, consideration, *Am.* processing; preparation; *von Kunden*: canvassing; *Buch*: revision, revised edition; *thea.* adaptation; *bsd.* ♪ arrangement; ⊕ mechanical treatment; *spanlose*: working; *spanabhebende*: machining, tooling; (*Verarbeitung*) processing; (*Zurichtung*) dressing; ⚗ treatment.

Bearbeitungs|grad *m* workability; **~kosten** *pl.* tooling costs; **~plan** *m* operation plan; **~verfahren** *n* working method; *Metall*: tooling method; **~vorgang** *m* machining operation.

beargwöhnen *v/t.* suspect, be suspicious of.

Beatmung *f*: (*künstliche* ~) artificial respiration.

beaufsichtig|en *v/t.* (*überwachen*) supervise, superintend, control; (*beobachten*) watch over, (*Kind*) look after; **2ung** *f* supervision, superintendence, surveillance, inspection.

beauftrag|en *v/t.* **1.** *j-n mit et.* ~ charge (*od.* entrust) a p. with a th., put a p. in charge of a th.; (*berufen*) appoint a p. to a th.; *j-n* ~, *et. zu tun* direct (*od.* instruct, order) a p. to do a th.; **2.** (*ermächtigen*) authorize, empower, commission; **2te**(**r** *m*) *f* (authorized) representative; *amtlicher*: commissioner; ⚖ *bürgerlich-rechtlicher*: agent, *Am. a.* (lawful) agent and attorney; *als* ~*r handeln* act as an agent (*od.* under instructions).

bebau|en *v/t.* ⚒ farm, till, cultivate; ⚠ build (up)on; *bebaute Fläche* tilled (*od.* cultivated) area; *bebautes Gelände* build-up area; **2ung** *f* ⚒ cultivation; ⚠ development; *geschlossene* ~ built-up area; **2ungsplan** ⚠ *m* development plan, lay-out.

beben I. *v/i.* shake, tremble; (*schaudern*) shiver, shudder; *vor Furcht, Erregung, a. Stimme*: quiver, shake, tremble (*vor* with); *Erde*: quake; (*vibrieren*) vibrate; **II.** 2 *n* trembling, *etc.*; *geol.* earthquake, tremor; **~d** *adj.* shaking, *etc.*; *Stimme*: *a.* tremulous.

bebildern *v/t.* illustrate.

bebrillt *adj.* bespectacled.

bebrüten *v/t.* brood, incubate.

Becher *m* cup (*a. fig. des Leidens* of sorrow); *großer*: beaker; *ohne Fuß u. Henkel*: tumbler, mug; (*Trink*2) drinking-cup; *für Speiseeis usw.*: cup; ♀ cup, calix; *Bagger*: bucket; **2förmig** *adj.* cup-shaped; **~glas** ⚗ *n* (glass) beaker; **~kette** ⊕ *f* bucket chain; **2n** F *v/i.* tipple, F booze; **~werk** *n* bucket elevator.

Becken *n* **1.** basin (*a.* ⊕), bowl; *Küche*: sink; *Klosett*: pan, *Am.* bowl; (*Schwimm*2) basin, pool; (*Hafen*2) basin; **2.** *geol.* basin; **3.** ♪ cymbal; **4.** *anat.* pelvis; **~bruch** ⚕ *m* fractured pelvis; **~knochen** *m* pelvic bone.

Beckmesser *fig. m* carping critic.

bedachen *v/t.* roof.

bedacht *adj.* **1.** → *bedachtsam*; **2.** ~ *auf* intent (*od.* keen, bent) on *a th. od. doing*; *darauf* ~ *sein, zu inf. a.* be careful (*od.* anxious) to *inf.*; *auf alles* ~ with an eye to everything.

Bedacht *m* reflection; (*Vorsicht*) care; *mit* ~ a) (*überlegt*) deliberately, with care; b) (*umsichtig*) circumspectly; c) (*vorsichtig*) cautiously; *ohne* ~ carelessly, rashly; ~ *nehmen auf* et. consider a th., take a th. into consideration.

Bedachte(**r** *m*) *f* ⚖ beneficiary (under a will), legatee.

bedächtig *adj.* (*überlegt*) deliberate, careful; (*umsichtig*) circumspect; (*vorsichtig*) cautious; (*langsam*) slow, measured; **2keit** *f* circumspection; deliberation; caution.

bedachtsam *adj.* **1.** thoughtful, considerate; **2.** → *bedächtig*.

Bedachung *f* roofing.

bedanken *v/refl.*: *sich* ~ express (*od.* return) one's thanks (*bei j-m* to a p.; *für* et. for a th.); (*ablehnen*) decline with thanks; *sich bei j-m* ~ thank a p. (*für* for); *iro. dafür bedanke ich mich* thank you for nothing.

Bedarf *m* need, want (*an* of); ✝ (*Nachfrage*) demand (for); (*Erfordernisse*) requirements *pl.*; (*Vorrats*2) (necessary) supply, supplies *pl.*; (*Verbrauch*) consumption; (*Geld*2) financial requirements *pl.*; ~ *an Wasser* water requirements *pl.*; *Güter des gehobenen* ~*s* luxuries and semi-luxuries; high-quality products; *bei* ~ if required; *nach* ~ as (*od.* when) required, as occasion demands; ~ *haben an* want, need; ✝ *a.* be in the market for; *den* ~ *decken* meet (*od.* supply) the demand, satisfy the need(s); *s-n* ~ *decken* cover one's requirements, supply o.s.; *e-n ~ schaffen* (*od.* *wecken*) create a need; *iro. mein ~* (*an e-r Sache*) *ist gedeckt* I've had enough (of); *contp. dafür habe ich keinen ~* I don't care for that; **~sartikel** *m* article of consumption, commodity; *pl.* (essential) commodities, consumer goods, requisites; **~sdeckung** *f* satisfaction (*od.* supply) of needs; *an Gebrauchsgütern*: commodity supply; **~sfall** *m* requirement; *im ~e* if required, in case of need; **~sgruppe** *f* consumer group; **~sgüter** *n/pl.* essential commodities; consumer goods; **~shaltestelle** *f* (request) stop; **~slage** *f* state of demand; **~slenkung** *f* consumption control, distribution of supply; **~sträger** *m* requiring person (*od.* body), consumer; **~sweckung** *f* creation of needs, consumptionism.

bedauerlich *adj.* regrettable, unfortunate, deplorable, sad; *es ist sehr ~* it is a great pity; **~erweise** *adv.* unfortunately, regrettably; sorry to say.

bedauern I. *v/t.* feel (*od.* be) sorry for (*od.* about), (feel) regret (at), *stärker*: deplore, lament; (*Person*) *a.* sympathize with, pity; *ich bedauere sehr, daß* I am very sorry that; *wir ~, sagen zu müssen* we regret (*od.* are sorry) to say; *er ist zu ~* he is to be pitied; **II.** *v/i.*: *bedaure!* (I am) sorry!; **III.** *≗ n* regret (*über* at, for); (*Mitleid*) pity, compassion (*mit* for); (*Betrübnis*) sorrow (*über, wegen* at); *mit ~* with regret, regretfully; *zu m-m* (*großen*) *~* (much) to my regret; *zum ~* pitiful; *et. mit ~ ablehnen müssen* regret (to have) to decline a th.; **~swert, ~swürdig** *adj.* **1.** pitiful, pitiable, deplorable; **2.** → *bedauerlich*.

bedeck|en I. *v/t.* cover; (*abschirmen*) screen; *mit Farbe usw.*: coat; (*schützen*) shelter, protect; ⚔ escort, ⚓ *a.* convoy; **II.** *v/refl.*: *sich ~* cover o.s.; *Himmel*: cloud (over); *fig. sich mit Ruhm* (*Schande*) *~* cover o.s. with glory (shame); **~t** *adj.* covered (*mit* with); *Himmel*: overcast; **~tsamig** ⚘ *adj.* angiospermous; **≗ung** *f* cover(ing); (*Schutz*) protection, safeguard; *bsd.* ⚔ escort, ⚓ *a.* convoy.

bedenken I. *v/t.* **1.** (*erwägen*) consider; (*überlegen*) think over, deliberate on; (*beachten*) remember, (bear in) mind; *die Folgen ~* weigh the consequences; *wenn man es* (*so*) *recht bedenkt* when you come to think of it, on second thoughts; *wenn man sein Alter bedenkt* considering his age; *zu ~ geben* argue, point out; *j-m et. zu ~ geben* draw a p.'s attention to a th.; **2.** (*j-n*) give *a p.* something; *j-n mit et. ~* give a p. a th.; provide a p. with a th.; bestow a th. (up)on a p.; *j-n in s-m Testament ~* remember (*od.* include) a p. in one's will; **II.** *v/refl.* **3.** *sich ~* think it over, deliberate; *sich anders ~* change one's mind; **III.** *≗ n* **4.** (*Erwägung*) consideration, deliberation; **5.** (*Zweifel*) doubt, scruple; *pl. nachträgliche*: *a.* second thoughts; (*Befürchtung*) concern, misgivings *pl.*; (*Einwand*) objection; *kein ~ tragen* make (*od.* have) no scruples (*wegen* about); *ohne ~* without hesitation, unhesitatingly; **~los I.** *adj.* **1.** unscrupulous; **II.** *adv.* **2.** without thinking; **3.** without hesitation; **4.** without scruple.

bedenklich *adj.* **1.** *Charakter, Handlung usw.*: dubious, questionable; **2.** (*ernst*) critical, grave, serious, disquieting; (*gefährlich*) precarious, risky; (*heikel*) delicate, ticklish; *es stimmt ~* it is disquieting; **3.** (*zweifelnd*) doubtful, sceptical, worried; **≗keit** *f* doubtfulness, dubiousness; *der Lage usw.*: precariousness, critical state.

Bedenkzeit *f* time for reflection; (*Aufschub*) respite; *ich gebe dir bis morgen ~* I give you till tomorrow.

bedeut|en *v/t.* **1.** mean, signify, *Abkürzung usw.*: *a.* stand for; (*darstellen*) represent, mean; (*besagen, wichtig sein*) mean, matter; (*vorbedeuten*) mean, spell, portend, (fore)bode; *was bedeutet dieses Symbol?* what does this symbol stand for?; *das bedeutet sicherlich Verdruß* spells trouble; *sie bedeutet mir alles* she is (*od.* means) everything to me; *contp. was soll das denn ~!* what's the idea (of this)?; *es hat nichts zu ~* it does not matter, it doesn't mean a thing, it is of no consequence; *das bedeutet nichts Gutes* that bodes no good; **2.** *j-m et. ~* a) (*andeuten*) intimate a th. to a p.; b) (*zu verstehen geben*) point out a th. to a p.; *j-m ~, daß* give a p. to understand that; *j-m* (*durch Zeichen*) *~ zu inf.* motion to a p. to *inf.*; **~end I.** *adj.* important, major; (*beträchtlich*) considerable; (*hervorragend*) distinguished, eminent, outstanding, prominent, great;

(*bemerkenswert*) remarkable; **II.** *adv.* considerably, much, a great deal; **~sam** *adj.* → *bedeutungsvoll.*

Bedeutung *f* **1.** (*Sinn*) meaning, significance; *e-s Wortes*: *a.* sense, (general) acceptation; **2.** (*Wichtigkeit*) importance, consequence, bearing; (*Tragweite*) import, *b.s.* portent; *von ~ sein* be of importance (*od.* consequence), matter (*für* to); *sachlich*: be relevant (*für* to); *~ beimessen dat.* attach importance to; *an ~ gewinnen* (*verlieren*) gain in (lose) significance; *nichts von ~* nothing to speak of; **≗sleer** *adj.* empty, void of meaning; **~slehre** *ling. f* semantics (*sg.*); **≗slos** *adj.* insignificant, of no account; (*ohne Sinn*) meaningless; **~slosigkeit** *f* insignificance; harmlessness; **≗sschwer** *adj.* fraught with significance; *Entscheidung usw.*: momentous; **≗svoll** *adj.* **1.** significant; *Worte*: pregnant, fraught with meaning; (*von Tragweite*) weighty, of great consequence, momentous; **2.** (*vielsagend*) meaning(ly *adv.*); **~swandel** *m* semantic change.

bedien|en **I.** *v/t.* **1.** (*j-n*) serve, wait on; ☤ attend to; F *Sport*: pass (the ball) to; *iro. ich bin bedient!* I've had about enough!; **2.** (*Maschine*) attend, work, operate, control, manipulate, handle; ⚔ (*Geschütz*) serve; (*Telephon*) be in charge of; **3.** *sich ~ bei Tisch*: help o.s.; *sich e-r Sache ~* use (*od.* make use of, avail o.s. of) a th.; *~ Sie sich!* help yourself!; **II.** *v/i.* **4.** *bei Tisch*: wait *od.* serve (at table); **5.** *Karten*: (*Farbe ~*) follow suit; **≗stete(r** *m*) *f* employee; **≗te(r)** *m* (man-)servant, valet; **≗tenseele** *f* servile person (*od.* nature).

Bedienung *f* **1.** ☤ service; **2.** (*Dienerschaft*) servants *pl.*, domestics *pl.*; (*Kellner*[*in*]) waiter (*f* waitress); (*Verkäufer*) shop assistant(s *pl.*); **3.** ⊕ working, operation, control; manipulation; **4.** ⚔ *e-r Waffe*: service; (*Mannschaft*) (gun) crew.

Bedienungs...: **~anleitung** *f*, **~anweisung** *f* operating instructions *pl.*, directions *pl.* for use; **~feld** ⚡ *n* control panel; **~hebel** *m* control (*od.* operating) lever; **~knopf** *m* control knob; **~mann** ⊕ *m* operator; **~mannschaft** ⚔ *f* (gun) crew, gunners *pl.*; **~pult** *n* control desk; **~stand** *m* control station, operator's stand; **~vorschrift** *f* → *Bedienungsanleitung.*

beding|en *v/t.* condition, stipulate; → *a. ausbedingen*; (*erfordern*) require, necessitate, call for; (*voraussetzen*) presuppose; (*in sich schließen, mit sich bringen*) imply, involve, entail; (*verursachen*) cause, produce, occasion; (*bestimmen*) determine; **~t** **I.** *adj.* **1.** *~ durch od. von* conditional on; (*abhängig*) dependent *od.* contingent on; *~ sein durch a.* be conditioned (*od.* determined) by, depend (up)on; → *Reflex*; **2.** relative; (*beschränkt*) limited; *Recht usw.*, *a. weitS. Lob usw.*: qualified; ⚖ *~e Annahme* conditional acceptance; *~e Entlassung* conditional discharge, *Brit.* ticket of leave, *Am.* parole; *~e Verurteilung* suspended sentence; → *Strafaussetzung, Straferlaß*; **II.** *adv.* conditionally; relatively; *~ arbeitsfähig* fit for limited service; *nur ~ richtig* true only up to a point; **≗theit** *f* conditionality; relativity.

Bedingung *f allg.* condition (*a. Zustand u. ling.*); (*Vertrags≗*) *a.* provision clause, stipulation; (*Voraussetzung*) prerequisite; (*Anforderung*) requirement; (*Einschränkung*) qualification, proviso, reservation; *~en* ☤ terms; (*Verhältnisse, Zustände*) conditions; (*Umstände*) *a.* circumstances; *~en stellen* make (*od.* stipulate) conditions, state one's terms; *zur ~ machen* (make it a) condition; *unter der ~, daß* on condition that, provided (that); *unter diesen ~en* under these circumstances; ☤ *zu günstigen ~en* on easy terms; *unter keiner ~* on no account; *zu gleichen ~en* on equal terms; *daran ist keine ~ geknüpft* it is not subject to any condition, F there are no strings attached to it; **~sform** *ling. f* conditional (mood); **≗slos** *adj.* unconditional; *Gehorsam usw.*: unquestioning; **~ssatz** *ling. m* conditional (clause).

bedräng|en *v/t.* press *a p.* hard; *fig. a.* afflict, beset; (*plagen*) harass, pester; (*schwer*) *bedrängt* hard-pressed, in bad trouble, F up against it; *in bedrängter Lage a.* in (great) distress; *finanziell*: *a.* in straitened circumstances; F in a spot; **≗nis** *f* affliction; (*Notlage*) distress, trouble, plight; *finanzielle*: embarrassment, financial straits *pl.*; *j-n in ~ bringen* have a p. in trouble, push a p. to the wall.

bedroh|en *v/t.* threaten, menace;

⚖ threaten *a p.* with the commission of a crime, *körperlich*: assault; **~lich** *adj.* threatening; ominous, alarming; **≈ung** *f* threat, menace (*gen.* to; *a. Sache*); ⚖ threat, *körperliche*: assault.
bedrucken *v/t.* print.
bedrück|en *v/t.* oppress, *seelisch*: *mst* depress, afflict, prey on *a p.'s* mind; **~end** *adj. Not, Hitze usw.*: oppressive; *seelisch*: depressing, gloomy, dismal; **≈er(in** *f*) *m* oppressor; **~t** *adj.* depressed, dejected; **≈ung** *f* oppression; *seelische*: (*a.* **≈theit** *f*) depression, dejection, gloominess.
bedürf|en *v/i.* (*e-r Sache, j-s*) need, want, require; be (*od.* stand) in need of; *es bedarf großer Anstrengungen* it calls for a great effort; **≈nis** *n* need, want; necessity, requirement; ✝ (*Nachfrage*) demand; (*inneres* ~) urge; *pl.* necessaries; *die dringendsten ~se des Lebens* the bare necessities; *e-m ~ abhelfen* supply a want; (*s*)*ein ~ verrichten* relieve nature, ease o.s., F wash one's hands; *es ist mir ein ~ zu sagen* I feel bound to say, I cannot help saying; **≈nisanstalt** *f* public lavatory (*od.* convenience); **~nislos** *adj.* having few wants; frugal; **≈nislosigkeit** *f* absence of wants; frugality.
bedürftig *adj.* needy, poor, indigent; *e-r Sache*: in need of, requiring; **≈keit** *f* need(iness), indigence, destitution.
Beefsteak *n* steak; *deutsches ~* rissole, hamburger (steak).
beehren *v/t.* hono(u)r, *a.* ✝ favo(u)r (*mit* with); *ich beehre mich zu inf.* I have the hono(u)r (*od.* privilege) to *inf.*; *er beehrte mich mit s-m Besuch* he favo(u)red me with a visit.
beeiden *v/t.* → *beeidigen*.
beeidig|en *v/t.* (*et.*) affirm by oath, take one's oath upon, swear to; (*j-n*) administer the oath to, swear *a p.* (in); **~t** *adj.*: ⚖ *beeidigte Aussage* sworn testimony (*od.* statement, evidence), *nur schriftlich*: affidavit, deposition; *beeidigter Dolmetscher* sworn interpreter; **≈ung** *f* **1.** affirmation by oath; **2.** → *Vereidigung*.
beeilen I. *v/t.* (*Schritte*) hasten, quicken; **II.** *v/refl.*: *sich ~* hasten, hurry, make haste, *Am. a.* hustle; *beeil dich!* hurry up!, *sl.* step on it!; *sich ~ mit* (*od. bei*) hurry up with.
beeindruck|en *v/t.* make an impression upon, impress; **~bar** *adj.* impressionable, susceptible.
beeinflu|ßbar *adj.* susceptible; **~ssen** *v/t.* influence, exercise an influence on, control; *nachteilig*: affect; (*Urteil usw.*) bias, prejudice, warp; **≈ssung** *f* influence; *Radio*: (*Störung*) interference; ⚖ *ungebührliche ~* undue influence.
beeinträchtig|en *v/t.* impair, injure, affect (adversely); (*j-s Rechte*) prejudice, infringe (*od.* encroach) upon, interfere with; (*Abbruch tun*) detract from; (*behindern*) hamper, handicap; **≈ung** *f* impairment (*gen.* of); injury, prejudice (to); encroachment (on); detraction (from); handicap (to).
Beelzebub *m*: *den Teufel mit* (*dem*) *~ austreiben* cure one evil with an even worse evil.
beend(ig)|en *v/t.* (bring to an) end, finish, complete; (*Vertragsverhältnis*) *a.* terminate; (*Sitzung, Rede usw.*) close, wind up, conclude; **≈ung** *f* ending; termination; conclusion, close; (*Vollendung*) completion; *e-s Verfahrens, Vertragsverhältnisses usw.*: termination.
beengen *v/t.* cramp, narrow, *stärker*: choke; *fig. a.* confine, restrain, hamper; *sich beengt fühlen* feel cramped (*od.* ill at ease).
beerben *v/t.*: *j-n ~* be a p.'s heir, succeed to a p.'s estate; inherit something from a p.
beerdig|en *v/t.* bury, inter; **≈ung** *f* burial, funeral, interment.
Beerdigungs...: **~institut** *n* undertaker's (establishment), funeral directors *pl.* (*Am.* home); **~kosten** *pl.* funeral expenses; **~unternehmer** *m* undertaker, funeral director.
Beere *f* berry; **≈nfressend** *zo. adj.* baccivorous; **~nobst** *n* soft fruit, berries *pl.*; **~nsaft** *m* berry juice.
Beet ⚘ *n* bed, (*Gemüse≈*) *a.* patch.
befähig|en *v/t.* enable *to do*; qualify (*für, zu* for); **~t** *adj.* fit (*zu* for), capable (of), *zu e-m Amt usw.*: qualified (for); (*begabt*) talented, gifted, (cap)able; **≈ung** *f* qualification, fitness (*für, zu* for); (*Begabung*) aptitude, gift, talent; (*Geschick*) skill; (*Zuständigkeit*) competence; *~ zum Richteramt* qualification for holding judicial office; **≈ungsnachweis** *m* certificate of qualification.
befahr|bar *adj.* passable, practicable, *Am. a.* trafficable; ⚓ navigable; *nicht ~* impassable, ⚓ unnavigable; **~en I.** *v/t.* travel (*od.* ride, drive) on, pass over; (*benut-*

zen) use *a road*; *Bus usw.*: cover *a route*; ⚓ ply *od.* navigate (on), (*Küste*) sail along; ⚒ (*Schacht*) descend (into); **II.** *adj.*: (*sehr od. stark* ~) *Straße*, *Strecke*: much travel(l)ed (*od.* used, frequented), carrying appreciable traffic.

Befall *m* (*Insekten*~) attack, infestation, (insect) pest; **~en** *v/t.* beset, befall, attack; *Furcht*, *Krankheit usw.*: seize, strike; ~ *werden von e-r Krankheit usw.*: be attacked (*od.* struck) by; be seized (*od.* taken) with; *Parasiten usw.*: be infested with (*od.* invaded by); *von Tuberkulose* ~*es Gebiet* tuberculosis-ridden area; *von Schrecken* ~ panic-stricken.

befangen *adj.* (*schüchtern*) shy, timid, self-conscious; (*verwirrt*) confused, embarrassed; (*parteiisch*) partial; (*voreingenommen*, *a.* ⚖) biassed, prejudiced; *in e-m Irrtum* ~ *sein* labo(u)r under a delusion, be mistaken; **~heit** *f* shyness; embarrassment; nervousness; partiality, prejudice, bias; ⚖ *wegen* (*Besorgnis der*) ~ *ablehnen* challenge *a p.* for bias.

befassen *v/refl.*: *sich* ~ *mit* a) *Person*: deal with, attend to, engage in, occupy (*od.* concern) o.s. with; (*a. befaßt sein mit*) be occupied with, *prüfend*: study, examine, consider, look into *a matter*; b) *Autor*, *Buch usw.*: deal with; *damit kann ich mich jetzt nicht* ~ I can't be bothered with that now.

befehden *v/t.* make war upon, fight; *fig.* attack; *sich* ~ be at feud with one another; be at strife (*od.* F loggerheads).

Befehl *m* **1.** order, command; ⚖ (*richterlicher* ~) judicial order, warrant *od.* writ (of the court); (*Unterlassungs*~) injunction; *auf* ~ *von od. gen.* by order of, on the orders of; *bis auf weiteren* ~ till further orders; *den* ~ *haben zu inf.* be ordered (*od.* under orders) to *inf.*; ~ *ist* ~*!* orders are orders!; *zu* ~*!* yes, Sir!; **2.** (*Befehlsgewalt*) command; *den* ~ *haben* (*od. führen*) *über* be in command of; *den* ~ *übernehmen* assume (*od.* take) command (*über* of); **~en** **I.** *v/t.* **1.** (*j-m et.*) order, command; (*anweisen*) order, direct, instruct, tell, bid (*zu tun* to do); (*verfügen*) decree; *ich lasse mir nichts* ~ I won't be dictated to (*od.* ordered about); **2.** *sich j-m* (*od. j-s Schutz*) ~ commend o.s. to a p.; **II.** *v/i.* give (the) orders, command; *wie Sie* ~*!* as you wish!; **~end** *adj.* *Stimme usw.*: commanding, peremptory; **~erisch** *adj.* imperious, dictatorial, peremptory, *sl.* bossy; **~igen** *v/t.* command, be in command of.

Befehls...: **~ausgabe** *f* issuance of orders, briefing; **~bereich** *m* (area of) command; **~empfang** *m* receipt of orders; **~empfänger** *m* recipient of an order; **~form** *ling. f* imperative (mood); **~gemäß** *adv.* as ordered, according to instructions; **~gewalt** *f* (authority of) command, authority; **~haber** *m* commander(-in-chief); **~haberisch** *adj.* → *befehlerisch*; **~notstand** ⚖ *m* (acting under) binding orders *pl.*; **~satz** *ling. m* imperative clause; **~stand** *m*, **~stelle** *f* command post, headquarters *pl.*; **~ton** *m* commanding tone (*od.* voice); **~übermittlung** *f* transmission of orders; **~verweigerung** *f* refusal to obey an order; **~wagen** *m* command (*od.* staff) car; **~widrig** *adj.*, *adv.* contrary to orders; **~zentrale** *f* control room.

befestig|en *v/t.* **1.** fasten, fix, attach, secure (*an* to), ⊕ *a.* mount (on); *mit Klammern*: clamp, cleat; (*Straße*) pave, consolidate; *befestigte Startbahn* hard-surface runway; *aneinander* ~ connect; **2.** ⚔ fortify; **3.** *fig.* strengthen, secure, solidify, consolidate; † *sich* ~ *Kurs*, *Preise*: harden, stiffen; **~ung** *f* fixing, fastening, ⊕ *a.* mounting; ⚔ fortification; *fig.* strengthening, consolidation, reinforcement; † strengthening, hardening; **~ungsanlagen** *f/pl.*, **~ungswerke** *n/pl.* fortifications, defences; **~ungsschraube** *f* fixing screw, setscrew.

befeucht|en *v/t.* moisten, damp; **~ung** *f* moistening, damping.

befeuer|n *v/t.* **1.** ✈, ⚓ mark with lights, beacon; **2.** *fig.* (*j-n*) fire, spur on; **3.** F (*bewerfen*) pelt (*mit* with); **~ung** ✈, ⚓ *f* lighting.

Beffchen *eccl. n* bands *pl.*

befiedert *adj.* feathered.

befinden **I.** *v/t.* **1.** (*erachten*) find, deem, think; → *schuldig 1*; **II.** *v/refl.* **2.** *sich* ~ a) *örtlich*: be, be found; be contained; be located; ⊕ be positioned; b) *gesundheitlich*: be, feel; *wie* ~ *Sie sich?* how are you?; **III.** *v/i.* **3.** (*entscheiden*) judge, decide, rule, order; ⚖ *über e-e Sache* ~ consider *a case*, adjudicate on; **IV.** ~ *n* **4.** *gesundheitlich*: (state of) health, condition; *sich nach j-s* ~ *erkundigen* inquire after a p.'s health;

5. (*Meinung, Gutachten*) opinion; 6. (*Ermessen*) discretion; 7. (*Entscheidung*) decision, ruling.
befindlich *adj.*: ~ *sein* → *befinden* 2a.
befingern *v/t.* finger.
beflaggen *v/t.* flag.
befleck|en *v/t.* stain, spot, soil; *fig. a.* tarnish, sully, besmirch; (*entweihen*) defile; *mit Blut befleckt* blood-stained; **≈ung** *f* tarnishing, staining; defilement.
befleißigen *v/refl.*: *sich* ~ (*e-r Sache*) apply o.s. to; *zu tun*: take pains to *inf.*, endeavour (*od.* be anxious) to *inf.*; *sich großer Höflichkeit* ~ be studiously polite.
befliegen *v/t.* (*Strecke*) fly.
beflissen *p.p., adj.* studious (*gen.* of); (*eifrig*) eager, assiduous, zealous; **≈e(r)** *m* student; **≈heit** *f* assiduity, devotion; studiousness.
beflügel|n *v/t.* (*Schritte usw.*) lend wings to, wing, quicken; *fig.* inspire; *es beflügelte s-e Phantasie* it fired his imagination.
befluten *v/t.* flood.
befolg|en *v/t.* (*Ratschläge*) follow, take; (*Befehl, Vorschrift*) obey, observe, comply with; (*Grundsatz*) adhere to, abide by, follow; *nicht* ~ disregard, ignore; **~enswert** *adj.* worth following, sound; **≈ung** *f* following, observance (*gen.* of); compliance (with), adherence (to).
beförder|n *v/t.* 1. convey, carry, transport, (*nur Güter*) haul; (*spedieren*) forward, consign; ⚓, *Am. allg.*: ship; *j-n schnell (weg)* ~ *zu (nach, in)* bundle (*od.* whisk, rush) a p. off (*od.* away) to (to, into); → *Jenseits* III, *hinausbefördern*; 2. *fig.* (*fördern*) promote, advance, further; *im Amt od. Rang*: prefer (*zu* to), *a.* ⚔ promote, advance (*zum Major usw.* to be major, *etc.*); *befördert werden* be promoted (to a higher rank; *zu et.* a th.); 3. (*beschleunigen*) hasten, accelerate; **≈ung** *f* 1. carriage, conveyance; transport(ation *Am.*); shipment; dispatch; ☏ transmission; 2. (*Förderung*) advancement, furtherance; *im Rang*: promotion, preferment, advancement; 3. (*Beschleunigung*) acceleration.
Beförderungs...: **~art** *f* mode of conveyance (*Am.* shipment); **~gebühr** *f Post*: postage, charges *pl.*; **~kosten** *pl.* charges for conveyance (*od.* of transport); carriage; 🚂 railway charges; **~liste** *f* promotion list; **~mittel** *n* (means of) transport(ation *Am.*); ⊕ material-handling equipment; **~schein** *m* waybill.
befracht|en *v/t.* load; ⚓ charter, freight; **≈er** ✝ *m* consignor; ⚓ charterer, freighter, shipper; **≈ung** *f* ✝ loading; ⚓ charterage, affreightment; **≈ungsvertrag** *m* charterparty.
befrackt *adj.* in tails.
befrag|en *v/t.* (*ausfragen*) question, interview; (*die Öffentlichkeit*) (take a) poll; (*verhören*) examine, interrogate; (*sich wenden an*) consult, turn to, see; **≈te(r** *m*) *f* interviewee; **≈ung** *f* inquiry, interview; ⚖ examination, interrogation; consultation; *des Publikums*: poll; (*Volks*≈) referendum.
befrei|en I. *v/t.* free, deliver, (*Land usw.*) *a.* liberate (*von* from); (*freilassen*) set free (*od.* at liberty); (*retten*) rescue (from); *behördlich*: exempt (from); ~ (*von*) (*Verbindlichkeiten, Haftpflicht*) *a.* release, discharge (from); (*e-r Pflicht*) excuse, relieve (from); (*e-r Last, Sorge*) relieve (from); (*Lästigem*) rid (of); (*e-r Anklage usw.*) clear (of), exonerate (from); (*e-r Umhüllung*) strip (of); *von e-r Umhüllung* ~ unwrap; II. *v/refl.*: *sich* ~ free o.s. (*von* from); extricate o.s., disentangle (*aus Schwierigkeiten* from); *beim Ringen*: break a hold; *sich* ~ *von* rid o.s. of, get rid of; shake off; **~end** *fig. adj.* relieving *laughter, etc.*; **≈er(in** *f*) *m* liberator; **~t** *adj.* freed, liberated; at liberty; (*erleichtert*) relieved; exempt (*von Steuern, Wehrdienst usw.* from); **≈ung** *f* (*von* from) deliverance; liberation; release; exoneration; discharge; *behördlich*: exemption; **≈ungsgriff** *m Sport, Schwimmen*: releasing trick; **≈ungskrieg** *m* war of liberation (*od.* independence); **≈ungsschein** *m* certificate of exemption.
befremd|en *v/t.* astonish, surprise, appear strange to, strike as odd; take *a p.* aback; **≈en** *n* surprise, astonishment, *stärker*: displeasure, indignation (*alle*: *über* at); **~end, ~lich** *adj.* strange, odd, surprising, disturbing.
befreund|en *v/refl.*: *sich* ~ become friends, make friends with one another; *sich mit j-m* ~ make friends with a p.; *sich mit et.* ~ get reconciled (*od.* reconcile o.s.) to a th.; come to like (*od.* warm to, get used to) a th.; **~et** *adj.* friendly; *pred.* on friendly (*od.* intimate) terms (*mit* with); *e-e* ~*e Nation* a friendly nation; ✝ ~e

Firma friendly firm, business connection (*od.* friends *pl.*); *wir sind eng* ~ we are close (*od.* intimate) friends.

befrieden *v/t.* (*ein Volk*) pacify.

befriedig|en *v/t.* satisfy, give satisfaction (to), please; (*Hunger, Begierden*) appease, satisfy, gratify; (*Erwartungen*) meet, answer, come up to; (*Bedürfnisse*) serve, supply, provide for; ⚕ (*Nachfrage*) meet; (*Anspruch, Gläubiger*) satisfy, pay off; (*beruhigen*) appease; *schwer zu* ~ hard to please, exacting; *sich* ~ *sexuell*: gratify one's sexual desires, *sich selbst*: masturbate; **~end** *adj.* satisfying, *a. ped. Note*: satisfactory; ~ *ausfallen* prove satisfactory; **~enderweise** *adv.* gratifyingly; **~t** *adj.* satisfied, pleased, *a. adv.* with satisfaction; **≈ung** *f* **1.** satisfaction, gratification; *von Ansprüchen*: satisfaction (*aus* from), settlement; **2.** → *Zufriedenheit.*

Befriedung *f* pacification.

befrist|en *v/t.* limit (as to time), fix a period for, place a time-limit on, put a deadline on; **~et** *adj.* limited as to time; temporary; for a fixed period; ⚖ ~*es Rechtsgeschäft* act subject to a stipulation as to time; ~*e Verbindlichkeiten* time liabilities; **≈ung** *f* (fixing of a) time-limit *od.* deadline, limiting (as to time).

befrucht|en *v/t.* fecundate, fertilize, fructify; (*Blüte*) pollinate; (*Frau*) impregnate; *künstlich* ~ inseminate artificially; **~end** *adj.* fertilizing; **≈ung** *f* fecundation, fertilization, fructification (*alle a. fig.*); pollination; impregnation; *künstliche* ~ artificial insemination.

befug|en *v/t.* empower, authorize, entitle; **≈nis** *f* **1.** authority, power, right; *durch Vorrecht*: privilege; *handelsrechtliche* ~ *e-r Gesellschaft* corporate authority; **2.** (*Zuständigkeit*) competence, jurisdiction; *konkret*: warrant; *j-m* ~ *erteilen* authorize *od.* empower a p. (*zu inf.* to *inf.*); **≈t** *adj.* authorized, empowered, entitled (*zu* to); (*zuständig*) competent (for *a th.*, to *inf.*), having jurisdiction (over); *er ist dazu nicht* ~ he has no right to do so.

befühlen *v/t.* feel, touch, handle.

Befund *m* (*festgestelltes Ergebnis*) finding(s *pl.*) (*a.* ⚕ *u.* ⚖); result, outcome; (*Tatsachen*) facts *pl.*, data *pl.*; (*Gutachten*) opinion, report; (je) *nach* ~ according to circumstances; ⚕ *ohne* ~ negative, normal.

befürcht|en *v/t.* fear, be afraid of, apprehend; (*vermuten*) suspect; *das Schlimmste ist zu* ~ we must be prepared for the worst; *dies ist nicht zu* ~ there is no fear (*od.* danger) of that; **≈ung** *f* fear, apprehension, misgivings *pl.*; suspicion.

befürwort|en *v/t.* (*eintreten für*) speak (*od.* plead) for; advocate, recommend; (*unterstützen*) support, endorse, second, back; (*begünstigen*) favo(u)r, sponsor; **≈er**(*in f*) *m* advocate, supporter, backer; **≈ung** *f* recommendation; endorsement, support.

begab|en *v/t.*: ~ *mit* endow with, bestow *a th.* upon; **~t** *adj.* gifted, endowed (*mit* with); talented (*für* for); able, clever; ~ *sein für* have a talent (*od.* gift) for; *iro. sehr* ~ *von dir!* very bright of you!; **≈tenauslese** *f* selection of the gifted; **≈ung** *f* **1.** gift, talent(s *pl.*), aptitude (*für* for), endowment(s *pl.*); **2.** (*Person*) talent.

begaffen *v/t.* gape (*od.* stare) at.

Begängnis *n* funeral.

begatt|en *v/t.* couple *od.* copulate with; have sexual intercourse with; *zo.* mate *od.* pair with; *sich* ~ couple, copulate; *zo.* mate, pair; **≈ung** *f* copulation, sexual intercourse, coition; *zo.* pairing, mating; **≈ungsorgan** *n* copulative organ.

begaunern *v/t.* cheat, swindle.

begebbar ⚕ *adj.* (*verkäuflich*) negotiable; (*übertragbar*) transferable; (*börsenfähig*) marketable; **≈keit** *f* negotiability; transferability.

begeb|en I. *v/refl.* **1.** *sich* ~ *nach od. zu* (*gehen*) go (*od.* proceed, repair, betake o.s.) to, *zu j-m*: *a.* join; *sich an die Arbeit* ~ set to work; *sich auf die Reise* ~ set out *od.* start (on one's journey); *sich unter j-s Schutz* ~ place o.s. under the protection of; → *Gefahr, Ruhe*; **2.** *sich* ~ (*sich ereignen*) happen, occur, take place, (come to) pass; **3.** *sich* ~ (*e-r Sache*) give up, resign, renounce, forgo; ⚖ (*e-s Anspruchs, Rechts*) waive; **II.** *v/t.* ⚕ (*Anleihen*) issue, float; (*Wechsel*) negotiate; *durch Giro*: endorse; (*Waren*) dispose of, sell; **≈enheit** *f*, **≈nis** *n* occurrence, incident, happening, event, affair; **≈ung** ⚕ *f* negotiation; *e-r Anleihe*: issue; ⚖ waiver; **≈ungsvermerk** ⚕ *m* endorsement.

begegn|en *v/i.* **1.** (*zusammentreffen*

mit) meet, *zufällig*: meet with, run (*od.* F bump) into *a p.*; (*e-r Sache*) *a.* come across, happen (up-) on; *j-m freundlich* (*grob*) ~ treat a p. kindly (rudely); *sich* ~ meet; **2.** (*widerfahren*) happen to, befall; **3.** (*Schwierigkeiten, dem Feind, Ablehnung usw.*) meet with, encounter; **4.** (*entgegentreten*) face, fight, counter; (*vorbeugen*) anticipate, obviate; (*der Nachfrage usw.*) meet; ~ *mit* (*reagieren*) answer with; **5.** (*vorkommen*) be found, occur (*bei* in); **˜ung** *f* meeting; *feindlich*: encounter; *Sport*: match.

begehen *v/t.* **1.** walk (on); go (*od.* pass) along; *häufig*: frequent; *besichtigend*: inspect; **2.** (*feiern*) celebrate, commemorate; (*Feiertag*) observe; **3.** (*Fehler*) make, commit; (*Verbrechen usw.*) commit, perpetrate; → *Selbstmord.*

Begehr *m, n* desire, wish; **˜en** *v/t.* ask (*od.* wish) for; (*fordern*) demand, require, *laut*: clamo(u)r for; ⚖ (*Scheidung usw.*) pray for; (*wünschen*) desire, crave; *gierig, neidisch*: covet; (*sich sehnen nach*) long (*od.* yearn) for, hanker after; et. *von j-m* ~ *a.* apply to a p. for a th.; request a th. of (*od.* from) a p.; *j-n* ~ desire a p., lust after a p.; *j-n zur Frau* ~ seek a woman's hand in marriage; *sehr begehrt* in great (*od.* much in) demand (*a. fig.*); **~en** *n* desire; ⚖ (*Antrag*) prayer *for divorce, etc.*, relief sought; **˜enswert** *adj.* desirable; **˜lich** *adj.* desirous, covetous, longing, hungry; greedy; **~lichkeit** *f* greed(iness), covetousness, cupidity.

Begehung *f* (*Besichtigung*) inspection; *e-r Feier*: celebration; commemoration; *e-s Feiertags*: observance; *e-s Verbrechens*: commission, perpetration.

begeifern *v/t.* beslobber, beslaver; *fig.* asperse, calumniate, vituperate.

begeister|n *v/t.* inspire, fill with enthusiasm, enthuse; (*das Publikum*) *a.* electrify, carry away, send into raptures; *sich* ~ be(come) (*od.* feel) enthusiastic (*für* for; *über* about, at); be fascinated *od.* thrilled (by), *für Kunst usw.*: be an enthusiast for (*od.* a devotee of); **~nd** *adj.* inspiring, rousing, heart-stirring; **~t** *adj.* enthusiastic(ally *adv.*); (*leidenschaftlich*) passionate, fervent, zealous; *poet.* inspired; *ein* ~*er* ...*anhänger* a ... enthusiast (*od.* fan); *für die Fliegerei* ~ air-minded; *für den Fußball* ~ soccer-conscious *town, etc.*; *er war* ~ *von dem Plan* he was enthusiastic about (*od.* heart and soul for) the project; *adv.* ~ *sprechen von* rave about; **˜ung** *f* enthusiasm, passion (*für* for, about); *stärker*: rapture, ecstasy; (*Beifall*) applause; *mit* ~ with enthusiasm, enthusiastically; **~ungsfähig** *adj.* capable of enthusiasm, enthusiastic, impressionable; **˜ungssturm** *m* storm (*od.* frenzy) of enthusiasm.

Begier, ~de *f* desire, appetite (*nach* for); greed (after); *fleischliche*: sensual (*od.* carnal) appetite, desire, lust; (*Eifer*) eagerness, intentness, zeal; (*Sehnsucht*) yearning, craving (*nach* for); (*Leidenschaft*) passion (for); **˜ig** *adj.* desirous (*nach, auf* of); (*lüstern*) covetous (of); (*eifrig*) eager, zealous, ardent; ~ *sein, zu inf.* be eager (*od.* anxious, impatient) to *inf.*; *ich bin* ~, *zu erfahren* I am anxious to know.

begießen *v/t.* **1.** water, sprinkle; pour water *etc.* over; *Braten mit Fett* ~ baste; **2.** F (*feiern*) celebrate (with a drink), *bsd. e-n Handel* ~ wet a bargain.

Beginn *m*: (*zu od. bei* ~ at the) beginning, commencement, outset, start; *der Schule, Verhandlung usw.*: opening; → *a. Anfang*; **˜en** *v/t. u. v/i.* begin, start, *förmlich*: commence; (*tun*) do; (*unternehmen*) start, undertake; (*den Anfang machen*) lead off; → *a. anfangen*; **~en** *n* (*Unterfangen*) undertaking, enterprise, venture.

beglaubig|en *v/t.* **1.** (*bescheinigen*) certify, authenticate; (*bezeugen*) attest; (*die Richtigkeit*) *a.* verify; (*Testament*) prove; *notariell*: notarize; **2.** (*e-n Diplomaten*) accredit (*bei* to); **~t** *adj.* **1.** (duly) certified, (publicly) attested; *Unterschrift durch Zeugen*: witnessed; *notariell*: notarized; ~*e Abschrift* certified copy, *als Vermerk*: a true copy; **2.** *Diplomat*: accredited (*bei* to); **˜ung** *f* certification, authentication, attestation; *e-s Gesandten*: accrediting; *der öffentlichen* ~ *bedürfen* require public certification; *zur* ~ *dessen habe ich hier unterzeichnet* in witness whereof I have hereunto set my hand and seal; **˜ungsschreiben** *n* letters *pl.* of credence, credentials *pl.*

begleich|en † *v/t.* pay, settle; **~ung** *f* settlement, payment.

Begleit...: **~adresse** *f* despatch note; **~brief** *m* covering letter; **˜en** *v/t.* accompany (*a.* ♪ *auf* *dem Klavier* on); *dienstlich*: attend (*a. fig.*); (*schützend geleiten, a.*) escort; , *mot.* escort, convoy; *j-n zur Bahn* ~ see a p. off; ~**d** accompanying; *fig. a.* attendant; ~**er(in** *f*) *m* companion; *dienstlicher*: attendant (*gen.* to *od.* of); (*Begleitperson, a. e-r Dame*) escort; accompanist; *ast.* satellite; *ihr ständiger* ~ her constant companion; ~**erscheinung** *f* concomitant (*od.* attendant) phenomenon *od.* symptom (*a.*), accompaniment; ~**fahrzeug** *n* escort; ~**flugzeug** *n* escort plane; ~**instrument** *n* accompanying instrument; ~**jäger** *m* escort fighter; ~**mannschaft** *f* escort (party); ~**musik** *f* accompanying music; *Film usw.*: incidental (*od.* background) music; *fig.* accompaniment; ~**schein** *m* way-bill; *Zoll*: permit, bond-note; ~**schiff** *n* escort vessel, convoy; ~**schreiben** *n* covering note, accompanying letter; ~**schutz** *m* (fighter) escort; ~**stimme** *f* supporting voice; secondary part; ~**umstand** *m* attendant circumstance, concomitant; accessory; ~**umstände** *m/pl.* concomitant (*od.* attendant) circumstances; *a.* circumstances surrounding the case; ~**ung** *f* company; (*Gefolge*) attendants *pl.*; *e-s Würdenträgers*: entourage; *bsd.* escort; convoy; accompaniment; *in* ~ *von od. gen.* accompanied (*od.* attended) by, in the company of; ~**wort** *n* word of explanation.

beglotzen F *v/t.* goggle at.

beglück|en *v/t.* make happy; fill with happiness, delight; *iro.* bless (*mit* with), treat (to); ~**end** *adj.* happy(fying F), delightful, enchanting; ~**t** *adj.* happy, blissful; *mit et.* ~ *werden* be favo(u)red (*od.* blessed) with a th.; ~**wünschen** *v/t.* congratulate *od.* felicitate (*zu, wegen* on); *sich (selbst)* ~ congratulate (F hug) o.s. (on); **≈wünschung** *f* congratulation, felicitation (*zu* on).

begnadet *adj.* highly gifted, ingenious; ~*er Künstler* inspired artist, genius; ~ *sein mit* be blessed (*od.* endowed) with.

begnadig|en *v/t.* pardon, reprieve; amnesty; **≈ung** *f* pardon; *pol.* amnesty, general pardon; **≈ungsgesuch** *n* petition for mercy; **≈ungsrecht** *n* right of pardon.

begnügen *v/refl.*: *sich* ~ *mit* content o.s. (*od.* put up) with, be satisfied (*od.* content) with.

Begonie *f* begonia.

begönnern *v/t.* patronize.

begraben *v/t.* bury (*a. fig.*); inter, entomb; *s-e Hoffnungen* ~ bury one's hopes; → *Hund*[1] 3.

Begräbnis *n* **1.** burial, interment, funeral; **2.** *obs.* (*Gruft*) tomb; ~**stätte** *f* burial-place.

begradigen ⊕ *v/t.* (*a.* *die Front*) straighten; (*ausrichten*) align.

begreif|en *v/t.* **1.** (*a. v/i.*) understand, conceive, comprehend, realize, grasp, F catch on (to), get (it); *schnell (schwer)* ~ be quick (slow) of comprehension, F be quick (slow) in the uptake; *ich kann das nicht* ~ *a.* that's beyond me; *ich kann nicht* ~, *weshalb er* I can't imagine (*od.* I fail to see) why he; **2.** → *befühlen*; ~**lich** *adj.* comprehensible, conceivable, understandable, natural; *j-m et.* ~ *machen* make a p. understand a th., make a th. clear to a p., bring a th. home to a p.; ~**licherweise** *adv.* understandably (enough); naturally.

begrenz|en *v/t.* **1.** mark off, delimit; (*die Grenze bilden von*) bound, form the boundary of, border (on); **2.** *fig.* limit, confine, restrict (*auf* to); (*festlegen*) circumscribe, determine, define; *begrenzte Mittel* limited means; *begrenzter Verstand* limited horizon, narrow mind; **≈er** *m* limiter; **≈theit** *fig. f* limitation; narrowness; **≈ung** *f* bounds *pl.*, limit; limitation, restriction; ⊕ stop; **≈ungsfeuer** *n* boundary light; **≈ungsleuchte** *mot. f* (side-) marker lamp; **≈ungslicht** *mot. n* side (parking) light.

Begriff *m* **1.** (*Vorstellung*) conception, idea, notion; *phls.* concept; *falscher* ~ misconception; *sich e-n* ~ *machen von* get (*od.* form) an idea of, imagine, visualize *a th.*; *e-n hohen* ~ *haben von* have a high conception of; *du machst dir keinen* ~*!* you have no idea!; *ist Ihnen das ein* ~*?* does that mean anything to you?; *das übersteigt alle* ~*e* imagination boggles at it, that beats everything; *das geht über m-e* ~*e* that's beyond me; *nach allgemeingültigen* ~*en* according to common standards; *nach m-n* ~*en* as I see it; *nach unseren* ~*en* according to our standards; *unser Fabrikat ist ein* ~ our make is a byword for quality; F *schwer von* ~ (a bit) dense, slow in the uptake; **2.** (*Ausdruck*) term (*a.* *usw.*); **3.** *im* ~ *sein* (*od. stehen*) *zu inf.*

be about (*od.* going) to *inf.*, be on the point of *ger.*; **≈en** *adj.*: *~ sein in et.* be engaged in (*od.* busy doing) a th., *Sache*: *a.* be in the process of (doing) a th.; *im Anmarsch ~* approaching; *im Schreiben ~* writing; *im Fortgehen ~* leaving, about to leave; → *Bau* 1, *Entstehen* II; **≈lich** *adj.* conceptual, abstract, notional; *~es Denken* thinking in the abstract; **~s-bestimmung** *f* definition; **~s-inhalt** *m* (conceptual) content; connotation; **≈sstutzig** *adj.* dense, slow, obtuse; **~svermögen** *n* comprehension, grasp; **~sver-wirrung** *f* confusion (of ideas).

begründ|en *v/t.* **1.** (*gründen*) found, establish, set up; **2.** (*j-s Ruf, Glück usw.*) lay the foundation of, create; **3.** (*Behauptung usw.*) give reasons for, substantiate; ⚖ *a.* show cause why, (*Anklage*) sustain; (*e-n Antrag usw.*) state one's case for, give arguments in support of; (*Handlung*) motivate, explain; account for, justify; **4.** ⚖ (*Recht, Haftung usw.*) create, establish, vest; **5.** *et. ~ auf* found (*od.* base) (up)on; **≈er**(**in** *f*) *m* founder, initiator, originator; **~et** *adj.* well-founded, well-grounded, justified; (*erwiesen*) substantiated; *Gründe, Anspruch*: legitimate, valid; *~e Rechte* vested rights; *~er Verdacht* (*Zweifel*) reasonable suspicion (doubt); **≈ung** *f* foundation, establishment; (*Motivierung*) reason(s *pl.*), argument(s *pl.*), grounds *pl.*, substantiation; motivation; *weitS.* proof(s *pl.*), statement of arguments; ⚖ *e-r Klage*: statement of reasons; *e-s Urteils*: opionion, reasons *pl.*; *e-s Rechts, Schuldverhältnisses usw.*: creation; *mit der ~, daß* on the grounds that; *ohne jede ~* without giving any reasons; *zur ~ gen.* in support of.

begrüß|en *v/t.* greet, salute, receive (*mit* with); *freudig*: *a.* welcome; (*durch Zuruf*) hail (*alle a. fig.*); **~enswert** *adj.* to be welcomed, welcome; **≈ung** *f* greeting, *bsd. im Brief*: salutation; welcome; *mar., fenc.* salute; **≈ungsan-sprache** *f* welcoming speech; **≈ungsformel** *f* salutation; **≈ungswort** *m mst pl.* word(s *pl.*) of welcome.

begucken *v/t.* look at, eye.

begünstig|en *v/t.* favo(u)r; (*Sache*) *a.* promote, foster, encourage; be favo(u)rable to; (*vorziehen*) prefer (*a. e-n Gläubiger*), favo(u)r; ⚖ be an accessory after the fact to; **~t** ⚖ *adj.* benefit(t)ing (*unter* from *a will, an insurance*), beneficiary; **≈te**(**r** *m*) *f* beneficiary; *Akkreditiv*: payee; **≈ung** *f* (*Förderung*) promotion, encouragement; (*Bevorzugung*) preference, preferential treatment, patronage, favo(u)ritism; (*Hilfe, Schutz*) aid, support, protection; ⚖ acting as an accessory after the fact; **≈ungsklausel** *f* benefit clause.

begutacht|en *v/t.* give an (expert's) opinion on; (*prüfen, besichtigen*) examine; (*Schaden*) appraise; *~ lassen* obtain expert opinion on, ⚖ *a.* call for expert evidence on; **≈er** *m* expert; appraiser; **≈ung** *f* **1.** examination; appraisement; **2.** → *Gutachten*.

begütert *adj.* rich, wealthy, well-to-do; propertied.

begütigen *v/t.* soothe, calm, appease, placate.

behaart *adj.* hairy, hirsute; ⚘, *zo.* pilose.

behäbig *adj.* sedate; phlegmatic, comfort-loving; *Gestalt*: portly; **≈keit** *f* sedateness; portliness.

behaftet *adj.*: *~ mit e-r Krankheit usw.*: afflicted (*od.* affected, infected) with; subject to; *Haaren usw.*: covered with; *Fehlern usw.*: full of; *mit Schulden ~* burdened with debt.

behag|en *v/i.* (*j-m*) suit, please, be to *a p.'s* taste; *das behagt mir* (*ganz u. gar*) *nicht* I don't like that (at all); **≈en** *n* comfort, ease, luxury; (*Vergnügen*) pleasure, delight, relish; (*Zufriedenheit*) contentment; *~ finden an* delight (*od.* find one's pleasure) in, relish a th.; *mit ~* with relish; **~lich** *adj.* comfortable; (*traulich*) cosy, snug; *sich ~ fühlen* feel at one's ease; **≈lichkeit** *f* comfort(ableness), ease; cosiness, snugness.

behalten *v/t.* keep, retain; (*im Gedächtnis ~*) remember, retain; ♧ (*e-e Zahl*) carry; *recht ~* be right (in the end), be confirmed (in one's opinion); et. *für sich ~* keep a th. for o.s.; *fig.* keep a th. to o.s.; *behalte das für dich!* F keep it under your hat; *Nahrung bei sich ~* retain.

Behält|er *m*, **~nis** *n* container (*a.* 🚃), receptacle; (*Kasten, Kiste*) case, box; *für Schüttgut*: bin; *für Flüssigkeiten*: tank, reservoir, holder.

Behälter...: **~inhalt** *m* tank capacity; **~verkehr** 🚃 *m* container system; **~wagen** *m* tank car.

behämmert F *adj. sl.* nuts.

behand|eln *v/t. allg.* treat; deal with (*a. Thema*); *handgreiflich u. fig.*: handle; (*lenken, meistern*) manage; ⊕ treat, process; ⚕ treat; attend (*j-n* to); (*Wunde*) dress; *schlecht* ~ illtreat, use ill; **≈lung** *f allg.* treatment; ⚕ *a.* medical attention; therapy; ⊕ *a.* processing; (*Handhabung*) handling; *in* (*ärztlicher*) ~ *sein* be under medical treatment; **≈lungsmethode** *f*, **≈lungsweise** *f* (method of) treatment; **≈lungszimmer** ⚕ *n* surgery, consulting room.

Behang *m* (*Wand≈*) hangings *pl.*, tapestry; (*Drapierung*) drapery; (*Schmuck*) pendant(s *pl.*); (*Obst≈*) crop; *des Jagdhundes*: lop-ears *pl.*; *des Pferdes*: fetlock.

behängen *v/t.* hang, drape (*mit* with); (*schmücken*) adorn, deck out (with); F *contp. sich* ~ *mit* load o.s. with.

beharken *v/t.* ⚔ *sl.* rake with gun-fire.

beharr|en *v/i.* persevere, continue; stand firm; *hartnäckig*: persist (*auf* in); ~ *auf a.* abide by, adhere (*od.* cling, F stick) to; *bei s-r Aussage, Meinung usw.* ~ maintain, stand (*od.* F stick) to, insist on; **~lich** *adj.* persevering, persistent, unwavering; (*stetig*) constant, steady, steadfast; (*hartnäckig*) pertinacious, stubborn, dogged; **≈lichkeit** *f*, **≈ung** *f* perseverance, persistence, patience; (*Hartnäckigkeit*) pertinacity, tenacity, doggedness; (*Entschlossenheit*) determination; **≈ungsgesetz** *phys. n* law of inertia; **≈ungsvermögen** *phys. n* inertia; **≈ungszustand** *m* state of inertia.

behauchen *v/t.* breathe (up)on; *ling.* aspirate.

behauen *v/t.* hew, trim, dress; *rechtwinklig*: square.

behaupt|en *v/t.* **1.** (*festhalten*) maintain, hold, retain; (*Rechte usw.*) *a.* assert, defend; ⚔ *das Feld* ~ hold the field; *sich* ~ hold one's own, stand one's ground, *gegen*: *a.* stand up against; ✝ *Kurse, Preise*: remain steady (*od.* firm); **2.** (*erklären*) state, declare; (*geltend machen*) contend, claim, maintain, hold (*daß* that); *mit Bestimmtheit*: aver, assure; *steif und fest* ~ insist, swear (that); (*beteuern*) protest; *fälschlich*: pretend; (*Unerwiesenes*) *bsd.* ⚖ allege; *das habe ich nicht behauptet* I didn't say that; *man behauptet von ihm, daß* he is said to *inf.*; **≈ung** *f* **1.** maintenance, holding; assertion; **2.** (*Erklärung*) statement, declaration; (*Vorbringen*) contention; ⚖ *a.* statement, (*zu beweisende* ~) allegation, averment; *e-e* ~ *aufstellen* make a declaration *etc.*; *die* ~ *aufstellen* (*daß*) → *behaupten* 2.

behaus|en *v/t.* accommodate, house; **≈ung** *f* housing, accommodation; dwelling, quarters *pl.*, home.

beheb|en *v/t. allg.* remove; (*Schwierigkeiten usw.*) *a.* clear away, eliminate, overcome; (*Mißstand*) remedy, redress; (*Schaden*) repair; (*Zweifel*) dispel; (*Schmerzen usw.*) relieve, check; **≈ung** *f* removal; elimination; redress; repair; relief.

beheimatet *adj.* domiciled, having one's home (*in* in); *er ist in* X. ~ he is a native of (*od.* comes from) X.

beheizen *v/t.* heat.

Behelf *m* expedient, makeshift; → *Rechtsbehelf*; **≈en** *v/refl.*: *sich* ~ manage, make do (*mit* with); (*sich durchschlagen*) make both ends meet; *sich ohne et.* ~ (make) do (*od.* manage) without a th.; **~sbrücke** *f* temporary bridge; **~sheim** *n* emergency (*od.* temporary) home; **~skonstruktion** *f* makeshift design; **~slösung** *f* makeshift (*od.* patch-up) solution; **≈smäßig I.** *adj.* makeshift ..., improvised, emergency ..., temporary; **II.** *adv.* temporary, as a makeshift.

behellig|en *v/t.* bother, trouble, molest, importune (*mit* with); **≈ung** *f* trouble, molestation.

behend, ~e *adj.* nimble, agile, quick; (*gewandt*) dexterous, adroit (*alle a. geistig*); **≈igkeit** *f* nimbleness, agility, quickness; dexterity, adroitness.

beherberg|en *v/t.* lodge, house, accommodate, put up, take in, (give) shelter (to); *fig.* harbo(u)r; **≈ung** *f* housing, lodging; shelter; (*Unterbringung*) accommodation.

beherrsch|en *v/t.* **1.** rule (over), reign over, govern; *stärker*: hold sway over; **2.** *fig.* (*Lage usw.*) dominate, command, control (*alle a.* ⚔); (*Leidenschaften usw.*) master, (keep in) check, (keep under) control; (*beeinflussen*) influence, sway; *j-n* ~ dominate a p. (*a. Sport*), hold a p. in one's power, have a p. under one's thumb; *sich* ~ control (*od.* restrain) o.s., keep one's temper;

3. (*Beruf usw.*) know *one's trade*; have complete command (*od.* grasp) of *a th.*; (*e-e Sprache*) have command of, know, speak; **4.** (*überragen*) *Berg usw.*: command, dominate; **≈er(in** *f*) *m* ruler, sovereign (*gen.* over, of); *fig.* master (*f* mistress) (over, of); **~t** *adj. Person*: restrained, disciplined, self-possessed; **≈ung** *f* rule, sway, domination, control; ⚔ *des Luftraums usw.*: supremacy; *fig.* command, mastery, grasp; (*Selbst≈*) self-control.

beherzig|en *v/t.* take to heart, (bear in) mind; → *a. beachten*; **~enswert** *adj.* worth remembering.

beherzt *adj.* courageous, brave, F plucky; (*entschlossen*) determined; **≈heit** *f* courage, F pluck.

behexen *v/t.* bewitch (*a. fig.*).

behilflich *adj.*: *j-m ~ sein* help (*od.* assist) a p., lend a p. a helping hand (*bei* in); be of service to a p.

behinder|n *v/t.* hinder, hamper, handicap, impede (*bei* in); restrain, check, interfere with; (*Sicht, Verkehr*) *a.* obstruct; **≈ung** *f* hindrance, handicap, impediment, obstacle (*gen.* to); *Sport*: tackle; ⚕ (*Körper≈*) (physical) disability, handicap.

behorchen *v/t.* eavesdrop on; ⚕ auscultate, sound.

Behörd|e *f* (public) authority, *mst pl.* the authorities; (*Amt*) *a.* administrative body, board, agency, office; **~enapparat** *m* official machinery; **~enweg** *m* official (*od.* administrative) channels *pl.*; **≈lich I.** *adj.* official, (*staats~*) government ...; **II.** *adv.* officially.

Behuf *m*: *zu diesem ~* for this purpose, to this end; **≈s** *prp.* for the purpose of, with a view to.

behüt|en *v/t.* guard, protect, preserve, shield, keep (*vor* from); watch over; (*Gott*) *behüte!* God forbid!, good heavens, no!; **≈er(in** *f*) *m* guardian, protector.

behutsam *adj.* cautious, careful, wary; (*sachte*) gentle, gingerly; **≈keit** *f* caution, care(fulness).

bei *prp.* **1.** *Ort*: *~ Berlin* near Berlin; *dicht ~ dem Haus* close to the house; *~m Bach* by the brook; *die Schlacht ~ Waterloo* the Battle of Waterloo; *~ Hofe* at court; *~m Buchhändler* at the bookseller's; *~ m-n Eltern* at my parents', with my parents; *~ (per Adresse) Schmidt* care of (*abbr.* c/o) Schmidt; *~ Tisch* at table; *~ der Hand* at hand; *Besuch ~* visit to; *~ den Griechen* with (*od.* among) the Greeks; *ich habe kein Geld ~ mir* I have no money about me; *man fand e-n Brief ~ ihm* a letter was found on him; *er hatte s-n Hund ~ sich* he had his dog with him; *Stunden nehmen ~* take lessons from (*od.* with) *a p.*; *ich lese ~ Schiller* in Schiller; *~ Katzen ist das nicht so* it is not so with cats; *das ist oft so ~ Kindern* you will often find this in children; **2.** *Zeit, Umstände*: *~ m-r Ankunft (Abfahrt)* on my arrival (departure); *~ Tagesanbruch* at dawn; *~ Nacht* by (*od.* at) night; *~ Tag* by day; *~m ersten Anblick* at first sight; *~ Gelegenheit* on occasion; *~ der ersten Gelegenheit* at the first opportunity; *~ e-m Glas Wein* over a glass of wine; *~ Strafe von 5 Dollar* under penalty of five dollars; ⚚ *~ Verfall* at maturity, when due; *~ Unfällen* in case of accidents; **3.** *Eigenschaften, Zustände*: *~ Appetit sein* have a healthy appetite; *~ der Arbeit* at work; *~ guter Gesundheit* in good health; *~ offenem Fenster* with the window open; *~ Geld* in cash; *~ schönem Wetter* in fine weather; *~m Spiel* at play; *~m Lesen* while reading; **4.** *Anhaltspunkt*: *~ der Hand usw. fassen* take by the hand *etc.*; *j-n ~m Namen nennen* call a p. by name; **5.** *Einräumung*: (*angesichts*) *~ so vielen Schwierigkeiten* considering (*od.* in view of, in the face of, under) so many difficulties; (*trotz*) *~ all s-r Vorsicht* despite (*od.* with, for) all his care; **6.** *Anrufung*: *schwören ~* swear by; *~ Gott!* by God!; *~ m-r Ehre!* (up)on my hono(u)r!; **7.** *Maß*: *~ weitem* by far.

beibehalt|en *v/t.* retain, maintain, keep up; (*Grundsatz usw.*) adhere to, abide by; (*Kurs, Richtung, Tempo*) keep; **≈ung** *f* retention (*gen.* of), maintenance (of), adherence (to).

Beiblatt *n* supplement (*zu* to).

Beiboot *n* dinghy.

beibring|en *v/t.* **1.** (*herbeischaffen*) supply, obtain, procure; (*Beweise, Unterlagen usw.*) produce, supply, furnish; (*Zeugen*) produce; (*Gründe*) submit, allege; **2.** *j-m et. ~* (*benachrichtigen von*) impart (*od.* convey) a th. to a p. (*a. Wissen*), *schonend*: break a th. (gently) to a p.; (*lehren*) teach a p. a th., show a p. how to do a th.; (*verständlich machen*) make a th. clear to *od.* explain a th. to a p.; *nachdrücklich*: bring a th. home to a p.; *j-m ~, daß* give a p. to understand that; F *dir werd' ich's schon noch ~!* I'll catch up with you yet!; **3.** (*Niederlage, Wunde, Verluste usw. zu-*

fügen) inflict (*dat.* on); (*Arznei, Gift*) administer (to); (*Schlag*) land (on), deal (at), deal *a p. a blow*; **~ung** ⚖ *f* production.

Beicht|e *f* confession; ~ *ablegen* confess; *j-m die* ~ *abnehmen* confess a p.; *zur* ~ *gehen* go to confession; **~en** *v/t. u. v/i.* confess (*bei* to); *fig. a.* (*nur v/i.*) make a clean breast of it; **~geheimnis** *n*, **~siegel** *n* confessional secret; seal of confession; **~kind** *n* penitent; **~stuhl** *m* confessional; **~vater** *m* (father) confessor.

beid|armig *adj. Sport*: two-handed; **~äugig** *adj.* binocular; **~beinig** *adj. Sport*: two-footed.

beide *adj.* (~ *zusammen*; ~*s*) both; (~ *für sich, die* ~*n*) the two; (*jeder von zweien*) either (*sg.*); *m-e* ~*n Brüder betont*: both my brothers, *unbetont*: my two brothers; *wir* ~ both of us; we two, the two of us; *alle* ~ both of them; *in* ~*n Fällen* in either case; *kein(e)s von* ~*n* neither (of the two); *zu* ~*n Seiten* on both sides, on either side *sg.*; **~mal** *adv.* both times.

beider|lei *adj.* (of) both kinds, (of) either sort; ~ *Geschlechts* of either sex; **~seitig I.** *adj.* on both sides; (*gemeinsam*) mutual, common; (*gegenseitig*) reciprocal; *Vertrag*: bilateral (*a.* ⚕); **II.** *adv.* → *beiderseits* II; **~seits I.** *prp.* on both sides of; **II.** *adv.* on both sides; mutually; reciprocally.

Beid|händer *m* ambidexter; **~händig** *adj.* ambidextrous; *a. Sport*: two-handed.

beidrehen ⚓ *v/t. u. v/i.* heave to.

beieinander *adv.* together; (*dicht*) ~ close together, next to each other; F *gut* ~ in good shape; F *er ist nicht ganz* ~ he is out of sorts; **~bleiben** *v/i.* stay together.

Beifahrer(in *f*) *m* assistant (*od.* reserve) driver, driver's mate; *a. beim Rennen*: co-driver; *im Pkw*: front-seat passenger; (*Soziusfahrer*) pillion-rider; *Beiwagen*: sidecar-rider.

Beifall *m* applause, clapping; *durch Zuruf*: (loud) cheers *pl.*, acclamation; *fig.* (*Billigung*) approval, approbation; ~ *ernten* (*od. finden*) meet with approval, *vom Publikum*: earn (*od.* draw) applause; ~ *spenden* applaud, cheer, acclaim (*j-m* a p.); *stürmischen* ~ *hervorrufen* provoke peals (*od.* thunders) of applause, F get a big hand, *thea.* bring down the house.

beifällig I. *adj.* approving; (*günstig*) favo(u)rable; **II.** *adv.* approvingly; *j-m* ~ *zulächeln* smile approval to a p.

Beifall|klatschen *n* applause, clapping; **~klatscher** *m*, **~spender** *m* applauder; **~sruf** *m* cheer(s *pl.*), acclaim; **~ssturm** *m* thundering applause, ringing cheers *pl.*

Beifilm *m* supporting film.

beifolgend *adj., adv.* enclosed, inclosed; annexed, attached; ~ *sende ich* enclosed please find.

beifüg|en *v/t.* add, join (*dat.* to); enclose, inclose (*e-m Brief* in *od.* with); (*anheften*) attach (*dat.* to); **~ung** *f* addition; (*Beilage*) enclosure, inclosure; *ling.* attribute.

Beifuß ⚘ *m* mugwort.

Beigabe *f* extra, addition; *als* ~ *a.* into the bargain.

beige *adj.* beige.

beigeben I. *v/t.* add *od.* attach *od.* join (*dat.* to); *j-m j-n als Berater usw.* ~ give a p. a p., assign a p. to a p.; **II.** *v/i.*: F *klein* ~ knuckle under, give in, eat humble pie.

beigeordnet *adj.* **1.** deputy ..., assistant ...; ~*er Bürgermeister* deputy mayor; **2.** *ling.* co-ordinate, paratactic; **~e(r)** *m* assistant (*gen.* to), deputy (of).

Beigericht *n* side-dish.

Beigeschmack *m* (peculiar) flavo(u)r; smack, taste (*von* of); *fig.* tinge, smack; *e-n* ~ *haben von* be tinged with, smack of.

beigesellen *v/t.* join, attach (*dat.* to); *sich j-m* ~ join a p.

Beihilfe *f* aid, assistance, support; (*Unterstützung*) relief; (*Beisteuer*) allowance; (*staatliche* ~) subsidy, grant; ⚖ aiding and abetting; ~ *leisten* aid and abet (*j-m* a p.).

beiholen ⚓ *v/t.* take in *sail.*

beikommen *v/i.* **1.** *j-m* ~ get at a p., *fig. a.* get the better of (*od.* catch up with) a p., find a p.'s weak spot; *ihm ist nicht beizukommen* there is no getting at him; *mit Vernunft ist ihr nicht beizukommen* she won't listen to reason; **2.** *e-r Sache* ~ cope (*od.* deal) with a th.

Beikost *f* **1.** supplementary food (for babies); **2.** → *Beilage* 2.

Beil *n* hatchet; (*Fleischer*~) cleaver; (*Henker*~) ax(e).

Beilage *f* **1.** addition; *e-s Briefes*: enclosure (*gen.* to); (*Anhang*) annex, appendix; *e-r Zeitung*: supplement (*gen.* to); (*Reklame*~) (loose) inset; **2.** *Küche*: garnishings *pl.*; *Fleisch mit* ~ meat and vegetables; *Reis als* ~ rice served with it.

beiläufig I. *adj.* casual; (*gelegentlich*) occasional, incidental; **II.** *adv.* casually; (*übrigens*) incidentally, by the way; ~ *erwähnen* mention in passing; → *a. ungefähr.*

beileg|en *v/t.* **1.** add, adjoin (*dat.* to); enclose (*e-m Brief* with); **2.** (*zuschreiben*) attribute, ascribe (*dat.* to); (*Titel*) confer *od.* bestow (on); (*Namen*) give; *e-r Sache Wert* ~ attach importance to a th.; *sich e-n Titel usw.* ~ assume; **3.** (*e-n Streit*) settle, make up; **⁓scheibe** ⊕ *f* shim, washer; **⁓ung** *f* addition; attribution, imputation; settlement; assumption.

beileibe *adv.*: ~ *nicht!* certainly not!, by no means!, F not by a long shot!

Beileid *n* condolence, sympathy; *j-m sein* ~ *bezeigen* condole with a p. (*zu* on, in); **~sbesuch** *m* visit of condolence; **~sbezeigung** *f* condolence, expression of sympathy; **~skarte** *f* condolatory card; **~sschreiben** *n* letter of condolence.

beiliegen *v/i.* be enclosed (*e-m Brief usw.* with), be attached (to); **~d** *adj., adv.* → *beifolgend.*

beimengen *v/t.* → *beimischen.*

beimessen *v/t.*: *j-m et.* ~ ascribe a th. to a p., credit a p. with a th.; *j-m die Schuld* ~ put the blame on a p., blame a p. (*an* for); ⚖ impute (*od.* attribute) the guilt (*od. zivilrechtlich*: the fault) to a p.; *e-r Sache Glauben* ~ give credence (*od.* credit) to a th.; *e-r Sache Bedeutung* ~ attach importance to a th.

beimisch|en *v/t.*: *e-r Sache et.* ~ mix a th. with a th.; admix (*od.* add) a th. to a th.; **⁓ung** *f* admixture, addition.

Bein *n* leg (*a. e-s Tisches, e-r Hose usw.*); (*Knochen*) bone; *sich auf den ~en halten* keep on one's feet; *j-m auf die ~e helfen* set a p. on his feet, *fig.* give a p. a leg up; *j-m ein ~ stellen* trip a p. up (*a. fig.*); *j-n wieder auf die ~e bringen* bring a p. round again; *dauernd auf den ~en sein* be always on the move (*od.* trot); F *fig. et. am ~ haben* be saddled with a th.; *fig. et. auf die ~e stellen* (*od. bringen*) set a th. on foot; start *od.* launch a th., (*ein Heer*) raise; *fig. auf eigenen ~en stehen* be one's own boss; *fig. auf schwachen ~en stehen* be shaky; *wieder auf die ~e kommen* recover, F come round, pick o.s. up again; F *j-m ~e machen* make a p. find his legs; *sich auf die ~e machen* start, be (*od.* F toddle) off, *sl.* get a move on; *die ~e in die Hand nehmen* take to one's heels; *schon auf den ~en sein* be up (and doing); *er reißt sich dabei kein ~ aus* he doesn't kill himself over the job; *die ganze Stadt war auf den ~en* all the town had turned out; → *Grab, Klotz, Knüppel.*

beinah(e) *adv.* almost, nearly; wellnigh, all but; *et.* ~ *tun* come near doing a th.; ~ *unmöglich* next to impossible; *es ist* ~ *e-e Million a.* it is little short of a million; ~ *dasselbe* much the same thing.

Beinahunfall *m* near-accident, ✈ near-miss.

Beiname *m* **1.** epithet, appellation, surname; **2.** → *Spitzname.*

Bein...: **~arbeit** *f Boxen*: footwork; *Ringen, Schwimmen*: legwork; **~bruch** *m* fracture of the leg; fractured (*od.* broken) leg; **~fäule** *f* caries; **~freiheit** *mot. f* legroom; **~griff** *m beim Ringen*: leg hold.

beinhalten *v/t.* contain; (*besagen*) say, express; *stillschweigend*: imply.

Bein...: **~haus** *n* charnel-house; **~kleid(er** *pl.*) *n* trousers; **~ling** *m* leg; **~prothese** *f* artificial leg; **~schere** *f Ringen*: leg scissors *pl.*; **~schiene** *f hist.* greaves *pl.*; ⚕ (leg-)splint; **~schützer** *m Sport*: leg-guard, pad; *Fußball*: shin-guard; **~stellen** *n* tripping; **~verkürzung** *f* short(ening of a) leg.

beiordn|en *v/t.* **1.** *j-n* ~ assign a p. (*dat.* to), appoint a p. as assistant (to); **2.** *ling.* co-ordinate; → *beigeordnet*; **⁓ung** *f* assignment; coordination.

beipacken *v/t.* pack up in addition (*od.* an additional ...), add.

Beipferd *n* **1.** outrunner; **2.** → *Handpferd.*

beipflicht|en *v/i.* agree (*j-m* with); (*e-r Ansicht usw.*) assent to, concur with; (*e-r Maßregel*) approve (of), endorse; **⁓ung** *f* agreement, assent.

Beiprodukt *n* by-product.

Beiprogramm *n Film*: supporting program(me *Brit.*).

Beirat *m* (*Person*) adviser, counsel(l)or; (*Ausschuß*) advisory board.

beirren *v/t.* confuse, mislead; (*erschüttern*) disconcert, fluster; (*entmutigen*) discourage; (*abbringen*) divert, dissuade; *er läßt sich nicht* ~ he stands firm, F he sticks to his guns.

beisammen *adv.* together; *s-e Gedanken* ~ *haben* have one's wits about one; F *schlecht* ~ *sein* F be poorly, feel seedy; F *er hat nicht alle* ~ F he's not all there; **⁓sein** *n* being together; (*Wieder*⁓) reunion; *geselliges* ~ (social) gathering, *Am. a.* sociable.

Beisatz *m* **1.** admixture; *bei Legierung*: alloy; **2.** *ling.* apposition.
beischaffen F *v/t.* get, procure.
beischießen F *v/t.* → *beisteuern.*
Bei|schlaf *m* cohabitation, coition, sexual intercourse; **~schläfer(in** *f*) *m* bedmate, lover.
beischließen *v/t.* enclose, inclose.
bei|schreiben *v/t.* add (*od.* note) on the margin (*dat.* of), annotate; **≈schrift** *f* marginal note, annotation; postscript.
Beisegel *n* studding sail.
Beisein *n* presence; *im ~ von od. gen.* in the presence of, before.
beiseite *adv.* aside, apart; *thea.* aside; *Scherz ~!* joking apart!; *~ gehen* step aside; *~ lassen* leave aside; disregard; *~ legen* put (*od.* set) aside; (*ausscheiden*) discard, junk; (*sparen*) put by, save; *~ schaffen* remove; *heimlich*: put on one side, *a.* ⚖ secrete; (*j-n*) remove, liquidate, do away with; *~ schieben* push aside; *fig.* brush aside; *~ setzen* set aside, overrule; *~ stehen* stand aside (*od. fig.* back); *~ stellen* put (*od.* place) aside; (*vormerken*) earmark.
beisetz|en *v/t.* **1.** (*Leiche*) bury, inter; **2.** (*hinzusetzen*) add; ⚗ *a.* admix; **3.** ⚓ (*Segel*) set; *alle Segel ~* crowd all sail; **≈ung** *f* burial, funeral.
Beisitz *m* seat; assessorship; **≈en** *v/i. bsd.* ⚖ (*e-m Ausschuß usw.*) sit in; have a seat on; **~er(in** *f*) *m* ⚖ assessor, associate judge; (*Laienrichter*) lay assessor (*od.* judge); (*Ausschußmitglied*) member (of a committee).
Beispiel *n* example (*a.* ℞); (*Muster, Vorbild*) *a.* model; (*Beleg*) instance; (*Präzedenzfall*) precedence; (*Darlegung*) illustration; *praktisches*: demonstration; *warnendes ~* awful example, warning; *zum ~* (*z. B.*) for instance, for example (*abbr.* e.g.); *ich zum ~* I for one; *wie zum ~* as for instance, such as; *ein ~ geben* set an example; *sich ein ~ nehmen an* take example by *a p.*, take a leaf out of *a p.'s* book; *mit gutem ~ vorangehen* set a good example (*dat.* to); *ohne ~* → *beispiellos*; → *folgen 5*; **≈haft** *adj.* exemplary; model ...; *~ (typisch) für* representative of; **≈los** *adj.* unequalled, unprecedented, unparalleled, unheard-of; (*unvergleichlich*) peerless, matchless; **~losigkeit** *f* singularity; matchlessness; **≈shalber, ≈sweise** *adv.* for (*od.* by way of) example, for instance.
beispringen *v/i.*: *j-m ~* hasten (*od.* come) to a p.'s aid; stand by a p.; (*aushelfen*) help a p. (out).
beiß|en *v/t. u. v/i.* bite (*auf, in* a th.); (*nagen*) gnaw (*an* at); (*kauen*) chew; *Insekten, Pfeffer usw.*: sting, bite; (*brennen*) burn; (*jucken*) itch; (*schmerzen*) smart; *nach j-m ~* snap at; *die Farben ~ sich* the colo(u)rs clash; *iro. er wird dich schon nicht ~* he won't bite you; → *Apfel, Gras, Granit, Hund 2, Lippe*; **~end** *adj.* biting, pungent, caustic, sarcastic, trenchant (*alle a. fig. Bemerkung, Witz usw.*); *Geschmack*: hot, sharp; *Kälte, Wind*: biting, cutting; *Schmerz*: stinging; **≈korb** *m* muzzle; **≈ring** *m* teething ring; **≈zahn** *m* incisor; **≈zange** *f*: (*e-e ~* a pair of) pliers *pl.*, pincers *pl.*, nippers *pl.*
Beistand *m* **1.** aid, help, assistance, support; *j-m ~ leisten* → *beistehen*; **2.** (*Person*) assistant, helper, stand-by; ⚖ (*Rechts≈*) legal adviser, *im Prozeß*: counsel; *im Zivilprozeß, von Minderjährigen*: next friend; *im Strafprozeß*: assistant ad litem; **~spakt** *m* pact of mutual assistance.
beistehen *v/i.* stand by, assist, help (*dat. a p.*), render (*od.* lend) *a p.* assistance, (come to *a p.'s*) aid; (*unterstützen*) support, back; (*eintreten für*) stand up for, plead for; ⚕ attend to, give *a p.* medical aid; **≈de(r)** *m* bystander, onlooker.
Beisteuer *f* contribution; **≈n** *v/t. u. v/i.* contribute (*zu* to).
beistimmen *usw.* → *zustimmen usw.*
Beistrich *m* comma.
Beitrag *m* contribution (*zu* to; *a. fig. Leistung od. Aufsatz usw.*); (*Mitglieds≈*) (membership) subscription (*od.* fee, *Am.* dues *pl.*); *von Gesellschaftern, zur Krankenversicherung, a. öffentlich-rechtlicher* (*z. B. Anlieger≈*): contribution; (*Versicherungs≈*) premium; → *Beitragsanteil*; *e-n ~ leisten* make a contribution (*zu* to); (*schriftliche*) *Beiträge liefern für* write (articles) for, contribute to; **≈en** *v/t. u. v/i.* contribute (*zu* to); (*förderlich sein*) *a.* be conducive (to), promote, help; *wesentlich zu et. ~ a.* be instrumental in a th., go a long way towards a th. *od. ger.*; *das trägt nur dazu bei, zu inf.* that will only serve to *inf.*; **~santeil** *m* share, quota; **≈sfrei** *adj.* without membership fees *etc.*; non-contributory; **≈spflichtig** *adj.* liable to contribution *etc.*, (*a.* **~spflichtige[r** *m*] *f*) contributory.
beitreib|bar *adj.* recoverable; **~en** *v/t.* (*Gelder*) collect, enforce pay-

ment of; (*Schulden*) recover, (*einklagen*) sue for; (*Steuern*) collect; ⚔ requisition, commandeer; **≈ung** *f* recovery, enforcement (of payment); collection; ⚔ requisition.

beitreten *v/i.* **1.** (*e-r Meinung usw.*) agree (*od.* assent) to, concur with; (*a. e-m Vertrag*) accede to; **2.** join, enter, become a member (of *a party, etc.*).

Beitritt *m* **1.** joining (*zu a club, etc.*), entry (into); *zu e-m Vertrag*: accession (to); **2.** ⚖ *zum Verfahren*: intervention, joinder; **~serklärung** *f* application for membership; declaration of accession (*zu e-m Vertrag* to).

Beiwagen *m Motorrad*: side-car; (*Anhänger*) trailer; **~fahrer(in** *f*) *m* side-car passenger; **~maschine** *f* (motorcycle) combination.

Beiwerk *n* accessories *pl.*, trimmings *pl.*; F *contp.* frills *pl.*

Beiwert *m* coefficient.

beiwohn|en *v/i.* **1.** assist (*od.* be present) at, attend; *als Zeuge*: witness; **2.** *geschlechtlich*: cohabit (*od.* sleep) with; **≈ung** *f* presence, attendance; sexual intercourse, cohabitation.

Beiwort *n* epithet; *ling.* adjective.

Beize[1] *f* **1.** (*Vorgang*) corrosion, etching; *Holz*: staining; **2.** (*Mittel*) ⚗ corrosive, mordant; 🌱 dressing; *Holz*: stain; *Färberei*: mordant; *Gerberei*: bate; *Kupferstechen*: aqua fortis; *metall.* pickle; *typ.* etching solution; *Tabak*: sauce; ⚕ caustic.

Beize[2] *hunt. f* (*Beizjagd*) hawking, falconry.

beizeiten *adv.* (*früh*) early, betimes; (*rechtzeitig*) in good time, on time.

beizen[1] *v/t.* (*ätzen*) corrode; (*Holz*) stain; (*Häute*) bate; *Färberei*: (steep in) mordant; *metall.* pickle, dip; (*Tabak*) sauce; 🌱 dress; ⚕ cauterize; *schwarz* ~ (*Holz*) ebonize.

beizen[2] *hunt. v/t. u. v/i.* hawk.

beizend *adj.* corrosive; caustic; *metall.* pickling; *Farbstoff*: mordant.

beiziehen *v/t.* (*Berater usw.*) call in.

Beiz|jagd *f* → Beize[2]; **~mittel** *n* → Beize[1] 2.

bejah|en *v/t.* answer in the affirmative (*a. v/i.*), affirm; *fig.* et. ~ accept (*od.* welcome) a th., say yes to a th.; **~end I.** *adj.* affirmative; positive; **II.** *adv.* in the affirmative.

bejahrt *adj.* aged, advanced in years, elderly, old.

Bejahung *f* affirmation, affirmative answer; *fig.* acceptance (*gen.* of), positive attitude (to).

bejammern *v/t.* bewail, bemoan; deplore, lament; **~swert** *adj.* deplorable, lamentable.

bekämpf|en *v/t.* fight (against), combat; resist, struggle against; (*Meinung usw.*) *a.* attack, oppose; (*Feuer*) fight; (*Seuche usw.*) combat; **≈ung** *f* fight(ing), combat, struggle (*gen.* against); *von Insekten*: control.

bekannt *adj.* known (*dat.* to); (*berühmt*) well-known, noted (*wegen* for), *mst b.s.* notorious; (*vertraut*) familiar; 𝔄 *~e Größe* known quantity; *mit j-m ~ sein (werden)* be(come) acquainted with a p.; *mit et. ~ sein* be familiar (*od.* acquainted, conversant) with a th.; *j-n mit j-m ~ machen* introduce a p. to a p.; *j-n mit et. ~ machen* acquaint a p. with a th.; *sich ~ machen* make o.s. known; make o.s. a name; ~ (*berühmt*) *werden* become famous, acquire a reputation; *sich mit j-m ~ machen* introduce o.s. to a p.; *sich mit et. ~ machen* acquaint o.s. (*od.* make o.s. familiar, familiarize o.s.) with a th.; *et. als ~ voraussetzen* take a th. for granted; *er ist ~ als* he is known to be (*od.* for being); *das ist mir ~* I know that, I am aware of that; *es ist allgemein ~* it is generally known (*od.* common knowledge); **≈e(r** *m*) *f* acquaintance, friend; **≈enkreis** *m* circle of acquaintances *od.* friends; **~ermaßen** *adv.* → *bekanntlich*; **≈gabe** *f* → *Bekanntmachung*; **~geben** *v/t.* → *bekanntmachen*; **~lich** *adv.* as you know, as everybody knows, of course; **~machen** *v/t.* make known, report, disclose; notify, give notice of; *öffentlich*: *a.* make public, publish; (*verkünden*) announce, proclaim; (*Gesetz*) promulgate; *in der Zeitung*: advertise; *es wird hiermit bekanntgemacht* notice is hereby given; **≈machung** *f* publication, notification; (*Verkündung*) announcement, proclamation; *e-s Gesetzes*: promulgation; (*Verlautbarung*) disclosure, communiqué; *in der Zeitung*: advertisement, announcement; (*öffentliche ~*) (public) notice, (*Vorgang*) publication (of notice); (*Anschlag*) bulletin; (*Plakat*) poster; **≈schaft** *f* **1.** acquaintance (*mit* of); familiarity (with); *flüchtige ~* speaking aquaintance; *mit j-m ~ schließen* (*od. anknüpfen*) become acquainted with a p., make a p.'s acquaintance, meet a p., (*anbändeln*) scrape acquaintance with a p.; *bei näherer* ~ on closer acquaintance; **2.** acquaintance(s *pl.*), friend(s *pl.*); **~werden** *v/i. öffentlich*: become known; *et.*: *a.* get abroad, come to light, (*durchsickern*) leak out, transpire, *Am. a.* develop.

bekappen *v/t.* **1.** (*Bäume*) top, lop; **2.** F (*verstehen*) F get.

bekehr|en *v/t.* convert (*zu* to); *sich* ~ become converted *od.* a convert (*zu* to); *fig.* (*sich bessern*) mend one's ways, turn over a new leaf; *sich* ~ *zu* (*e-r Ansicht*) *a.* adapt, make *a view* one's own; (*zum Katholizismus*) turn *Catholic*; **˜te(r** *m*) *f* convert; proselyte; **˜ung** *f* conversion (*zu* to), *zum Christentum*: christianization; *e-s Sünders*: reclamation; **˜ungssucht** *f* proselytism.

bekenn|en *v/t.* admit, confess, acknowledge, own (up to); *sich* ~ *zu* (*et.*) declare o.s. for, (*e-m Glauben usw.*) profess, (*e-r Tat*) confess to, own up to, (*j-m*) stand by, declare o.s. for; *sich geschlagen* ~ admit defeat; → *Farbe, schuldig* 1; **˜er** *m* confessor.

Bekenntnis *n* confession; (*Glaubens˜*) creed, confession (of faith); (*Konfession*) denomination; **~christ** *m* professing Christian; **˜frei** *adj.* non-denominational *school*; **~schule** *f* denominational school.

beklagen *v/t.* lament, deplore; *stärker*: bewail, bemoan; (*bemitleiden*) pity; *sehr zu* ~ much to be regretted, most deplorable; *sich* ~ complain (*über* of, about), make complaints (about); → *Menschenleben*; **~swert** *adj.* deplorable, lamentable, sad, sorry; (*Person*) pitiable, poor.

beklagt ⚖ *adj.* defendant; ~*e Partei* → **˜e(r** *m*) *f* defendant; *Scheidungsverfahren*: respondent, *Berufungsverfahren*: *a.* appellee.

beklatschen *v/t.* applaud, clap.

bekleben *v/t.* paste *a th.* over; *mit Etikett, Zettel*: label; *mit Papier*: paper, line (*mit* with).

bekleckern, beklecksen *v/t.* blotch, splotch; *allg.* soil, dirty; *mit Tinte*: blot; *mit Schmutz*: bespatter; F *du hast dich nicht gerade mit Ruhm bekleckert* you haven't exactly covered yourself with glory.

bekleid|en *v/t.* **1.** clothe, dress, attire; **2.** (*behängen*) drape; *mit Tapeten*: paper; ⊕ → *verkleiden* 2; **3.** (*Amt, Stelle*) hold, occupy, fill; *mit e-m Amt usw.* ~ invest with; **˜ung** *f* clothing, clothes *pl.*; dress, attire; draping; ⊕ → *Verkleidung*; *fig. mit e-m Amt usw.*: investiture; *e-s Amtes*: tenure, holding, exercise.

Bekleidungs...: **~artikel** *m/pl.*, **~gegenstände** *m/pl.* articles of clothing; **~industrie** *f* clothing industry; **~vorschrift** ⚔ *f* dress regulation.

beklemm|en *v/t.* constrict, oppress, weigh upon; *beklemmt* → *beklommen*; **~end** *adj.* oppressive (*a. fig.*); suffocating, stifling; *fig.* anxious, uneasy; **˜ung** *f* constriction, oppression; *fig.* anguish, anxiety.

beklommen *adj.* anxious, uneasy, oppressed; **˜heit** *f* uneasiness, anxiety.

beklopfen *v/t.* tap; ⚕ percuss.

bekloppt, beknackt F *adj. sl.* nuts, batty.

beknien *v/t.* work on *a p.*

bekochen *v/t.* cook for *a p.*

bekommen I. *v/t. allg.* get; (*erhalten*) *a.* receive; (*erlangen*) obtain; (*erwerben*) acquire; (*zu et. kommen*) come by; have, be given; (*Krankheit*) get; (*Ansteckung*) contract, catch; (*Kind, Junge*) have; (*den Zug*) catch; *Zähne* ~ cut one's teeth; *e-n Bauch* ~ develop a paunch; *Hunger* (*Durst*) ~ get *od.* grow hungry (thirsty); *e-n Orden* ~ be awarded an order, be decorated; *wir werden Regen* ~ we'll have rain; *es ist nicht zu* ~ it is not to be had; *was* ~ *Sie?* what can I do for you?; *wieviel* ~ *Sie?* how much is it (*od.* do I owe you)?; ~ *Sie schon?* are you being attended to?; *ich habe es geschenkt* ~ I had it as a gift; *ich bekomme es zugeschickt* I have it sent to me; **II.** *v/i.*: *j-m* (*gut*) ~ agree with a p.; *es bekommt ihm gut* it does him good, he feels all the better for it; *j-m nicht* (*od. schlecht*) ~ disagree with a p.; *es wird ihm schlecht* ~ he will regret it, he will suffer for it; *wohl bekomm's!* your health!, cheers!, *iro.* I wish you joy.

bekömmlich *adj.* wholesome, beneficial (*dat.* to); *Klima, Luft*: salubrious; (*leicht verdaulich*) easily digestible, light.

beköstig|en *v/t.* board, feed; *sich selbst* ~ cook for o.s.; **˜ung** *f* board(ing), food; *Wohnung und* ~ board and lodging.

bekräftig|en *v/t.* confirm, affirm; (*erhärten*) corroborate, substantiate; (*betonen*) emphasize; *eidlich*

~ affirm upon one's oath; *j-n in et.* ~ confirm (*od.* strengthen) a p. in; **˜ung** *f* confirmation, affirmation; corroboration, substantiation; *zur ~ s-r Worte* in support of his words; to give further emphasis to his words.

bekränzen *v/t.* wreathe, garland; (*j-n*) *a.* crown (*mit* with).

bekreuz(ig)en *v/refl.*: *sich ~* cross o.s., make the sign of the cross.

bekriegen *v/t.* make war (up)on, wage war (*od.* fight) against; *sich ~* be at war with one another.

bekritteln *v/t.* carp (*od.* cavil) at, criticize, find fault with.

bekritzeln *v/t.* scribble (*od.* scrawl) on.

bekümmer|n I. *v/t.* (*betrüben*) afflict, grieve; (*beunruhigen*) trouble, alarm, distress; *bekümmert sein über* be grieved at, be concerned (*od.* troubled) about; **II.** *v/refl.*: *sich ~* (*um*) → *kümmern* II; **˜nis** *f* affliction, grief; distress, trouble.

bekund|en *v/t.* **1.** (*zeigen*) show, manifest, reveal, demonstrate; **2.** declare, state; ⚖ testify, state; **˜ung** *f* manifestation, demonstration; statement, ⚖ *a.* testimony.

belächeln *v/t.* smile at.

belachen *v/t.* laugh at (*od.* over).

beladen *v/t.* load, charge (*mit* with); *fig.* burden, load.

Belag *m* cover(ing); coat(ing); (*Auskleidung*; *Brems*˜, *Kupplungs*˜) lining; (*Brücken*˜, *Fußboden*˜) flooring, covering; (*Spiegel*˜) foil; (*Straßen*˜) surface; (*Ablagerung*) deposit; (*Verkrustung*) incrustation; ⚕ (*Zungen*˜) fur; (*Zahn*˜) film; ⚘ scald; (*Brot*˜) (sandwich) filling, (*Aufstrich*) spread.

Belager|er *m* besieger; **˜n** *v/t.* beleaguer, besiege (*beide a. fig.*), lay siege to; *fig.* (*umdrängen*) *a.* throng, crowd (round); **~ung** *f* siege; **~ungszustand** *m* state of siege.

belämmert *adj.* → *belemmert.*

Belang *m* importance, consequence; (*Sache*) affair, concern, matter, issue; *~e* interests, concerns; *von ~* of importance *od.* consequence (*für* to), *sachlich*: relevant, pertinent (to); *von finanziellem ~* of financial interest; *ohne ~* of no account (*od.* consequence), *sachlich*: irrelevant, immaterial; *j-s ~e vertreten* represent a p.'s interests; *das ist hier ohne ~* that does not matter (*od.* count) here; **˜bar** ⚖ *adj. strafrechtlich*: triable, liable to criminal prosecution; *zivilrechtlich*: actionable; **˜en** *v/t.* **1.** (*j-n*) hold responsible; ⚖ sue, go to law with, take legal action against *a p.*, *a. strafrechtlich*: prosecute *a p.*; **2.** *was mich belangt* as for me; **˜los** *adj.* unimportant, insignificant; (*gering*) *a.* negligible, small, petty; (*nicht zur Sache gehörig*) irrelevant, immaterial; inconsequential; **~losigkeit** *f* insignificance; irrelevance; **˜reich** *adj.* → *belangvoll*; **~ung** ⚖ *f* prosecution; **˜voll** *adj.* important, significant, of (great) consequence.

belassen *v/t.*: *et. an s-m Platz ~* leave a th. in its place; *j-n in s-r Stellung ~* retain a p. (in his post), allow a p. to stay; *j-n in dem Glauben ~, daß* let a p. go on thinking that ...; *et. bei et. ~* leave a th. at a th.; *alles beim alten ~* leave things unchanged (*od.* as they are).

Belast|barkeit *f* ⊕ loading capacity; ⚡ power rating; *fig. von Personen usw.*: (power of) endurance; *bis zur Grenze der ~* to breaking-point; **˜en** *v/t.* **1.** burden (*mit* with, *a. fig.*); load, charge (*a.* ⊕, ⚡); (*beanspruchen*) ⊕ stress, load; (*beschweren*) weight; ⚕ stress, strain; **2.** ✝ *j-n od. j-s Konto ~* charge (*od.* debit) a sum to a p.'s account; **3.** ⚖ (*Grundstück, Haus*) encumber, mortgage; (*j-n*) *strafrechtlich*: incriminate (*sich selbst* o.s.), charge (*mit* with); **4.** *fig.* (*den Geist*) encumber (*mit* with); (*das Gemüt*) oppress, weigh (up)on, prey on *the mind*; *sich ~ mit* burden (*od.* encumber, saddle) o.s. with; *politisch belastet* politically incriminated; → *erblich*; **˜end** *adj.* irksome, onerous; ⚖ incriminating.

belästig|en *v/t.* molest, annoy; (*stören*) trouble, bother, inconvenience; (*plagen*) pester, harass; **˜ung** *f* molestation; annoyance, bother, nuisance.

Belastung *f* **1.** load, burden; ⊕, ⚡ load, stress; *zulässige ~* maximum permissible load, safe load; **2.** *fig.* burden, drag; (*Behinderung*) encumbrance, handicap; (*Sorge*) worry; (*Anstrengung, a.* ✝ *usw.*) strain (*gen.* on); ✝ *Buchhaltung*: debit; *e-s Grundstücks*: encumbrance, charge, (*Hypothek*) mortgage; ⚖ incrimination; incriminatory evidence; *politische ~* political incrimination; *seelische ~* emotional stress, *weitS.* burden (on *a p.'s* mind); → *erblich*; **~sanzeige** ✝ *f* debit advice (*od.* note); **~sfähigkeit** *f* → *Belastbarkeit*; **~sgrenze** *f* load limit, maximum load; **~smaterial** ⚖ *n* incriminating evidence; **~sprobe** *f* ⊕ load test; *fig.* (severe) test; **~sspitze** *f* peak load; **~szeuge** *m* witness for the prosecution.

belaub|en *v/refl.*: *sich* ~ come into leaf; **~t** *adj.* leafy, in leaf.

belauern *v/t.* lie in wait for; *weitS.* watch (secretly), spy (up)on.

belaufen *v/refl.*: *sich* ~ *auf* amount to, come (*od.* run up) to; work out at; *mehrere Posten*: total, aggregate.

belauschen *v/t.* overhear, listen (secretly) to; eavesdrop on.

beleb|en *fig.* **I.** *v/t.* enliven, liven up, animate, *Getränk usw.*: *a.* stimulate; (*kräftigen*) envigorate; (*Farben, Gesicht*) brighten; *neu* ~ put new life into; → *wiederbeleben*; **II.** *v/refl.*: *sich* ~ quicken, revive; *Straße usw.*: come to life; **~end** *adj.* animating, stimulating, tonic; ⚕ restorative (*a. su.* ~*es Mittel*); **~t** *adj.* animated; *Szene*: busy, bustling, *Straße usw.*: *a.* frequented, crowded; ☤ brisk; **≈ung** *f fig.* animation; stimulation; *durch Abwechslung*: variegation; ☤ upward movement, rise, increase *in sales, etc.*, upswing *in economic activity*, *gezielte*: stimulation; → *Wiederbelebung*.

belecken *v/t.* lick; *fig. von der Kultur kaum beleckt* with hardly a trace of culture.

Beleg *m* (authentic) record; (*Beweis*) proof, evidence; (*Beweisstück*) (documentary) evidence *od.* proof; (~*schein*) voucher; (*Unterlage*) *a.* (supporting) document; (*Quittung*) receipt; (*Beispiel*) example, instance, illustration; (*Hinweis*) reference; (*Quelle*) authority; **≈bar** *adj.* provable, verifiable; **≈en I.** *v/t.* **1.** (*bedecken*) cover, (over)lay (*mit* with); (*auskleiden, a. Bremsen usw.*) line; *mit Schutzüberzug usw.*: coat; *mit Fliesen* ~ flag, tile; *mit Dielen* ~ floor; *mit Teppichen* ~ carpet; *Brot* ~ *mit* put *a th.* on; **2.** ⚔ *mit Beschuß* ~ cover; *mit Bomben* ~ bomb; **3.** (*Wohnung usw.*) occupy; ⚔ requisition; ~ *mit* (*Personen*) accommodate *persons* in, (*Truppen*) quarter (*od.* billet) *troops* on; *mit e-r Garnison* ~ garrison; **4.** (*e-n Platz*) engage, reserve, (*vorbestellen*) book; (*Vorlesungen*) enrol(l) (*od.* inscribe) for; *den ersten* (*zweiten usw.*) *Platz* ~ *Sport*: be placed first (second, *etc.*); **5.** *fig.* ~ *mit* impose (*od.* lay) up(on); *mit Abgaben* ~ impose taxes (up)on, tax; *mit e-r Strafe* ~ inflict (up)on; *mit Schimpfnamen* ~ call *a p.* names; → *Beschlag* 3; **6.** (*beweisen*) prove, substantiate, support by documentary evidence; *durch Beispiele*: illustrate, exemplify; (*Textstelle, Wort*) give a reference for; **7.** *zo.* (*Stute, Kuh*) cover; **II.** *v/refl.*: *sich* ~ a) become covered (*mit* with), ⚕ *Zunge*: fur; b) *Stimme*: become husky; → *belegt*.

Beleg...: **~exemplar** *n* voucher copy; (*Buch*) author's copy; **~schaft** *f* personnel, staff; employees *pl.*, workers *pl.*, labo(u)r force; (*Schicht*) shift; **~schein** *m* voucher; (*Quittung*) receipt; **~stelle** *f* reference, instance; **≈t** *adj. Zunge*: coated, furred; *Stimme*: husky, thick; *Platz, Raum usw.*: engaged, reserved, taken; (*voll* ~) full (up); *teleph.* engaged, *Am.* busy; ~*es Brot* sandwich; *fig.* ~*e Fälle* cases on record, → *a. belegen* 6; **~ung** *f* occupancy; *e-s Platzes*: reservation, booking; ⚔ (*Einquartierung*) billeting; *teleph.* seizure; (*Beweis*) verification; *durch Beispiele*: illustration.

belehn|en *v/t.* invest with a fief, enfeoff; **≈ung** *f* enfeoffment.

belehr|en *v/t.* instruct; inform, advise, apprise (*über* of); (*aufklären*) enlighten (on); ⚖ instruct (*über Rechtsmittel usw.* as to), caution (*über Strafbarkeit usw.* as to); *sich* ~ *lassen* take advice, listen to reason; → *Bessere(s)*; **~end** *adj.* instructive; (*lehrhaft*) didactic; **≈ung** *f* instruction; information, advice; (*Zurechtweisung*) correction.

beleibt *adj.* corpulent, stout, fat; (*stattlich*) portly; **≈heit** *f* corpulence, stoutness; portliness.

beleidig|en *v/t.* offend, give offen|ce (*Am.* -se) to; (*verletzen*) injure, hurt; *gröblich*: insult, ⚖ *verleumderisch*: *a.* defame, *schriftlich*: *a.* libel, *mündlich*: slander; *fig.* offend (*a. das Auge usw.*), shock, outrage; *tätlich* ~ assault; *sich beleidigt fühlen* feel hurt (*durch* by), feel offended (at), take offence (at); *ich wollte Sie nicht* ~ no offence meant; **~end** *adj.* offensive, insulting, abusive; ⚖ (*verleumderisch*) *a.* defamatory, *mündlich*: *a.* slanderous, *schriftlich usw.*: libellous; **≈er(in** *f*) *m* offender, insulter; **≈ung** *f* insult, offen|ce (*Am.* -se); affront; ⚖ defamation; *verleumderische* ~ → *Verleumdung*; → *tätlich*; **≈ungsklage** *f* action for defamation, libel (*od.* slander) action *od.* suit.

beleihen *v/t.* **1.** grant a loan on; **2.** raise a loan on.

belemmert F *adj.* **1.** *Sache*: miserable, stupid; **2.** *Person, Miene*: dejected, sheepish.

belesen *adj.* well-read; **≈heit** *f* wide reading.

beleucht|en *v/t.* light (up), illumine, *a. festlich*: illuminate (*a. fig.*); *fig.* throw light on, illustrate; *näher* ~ examine (more closely); **²er** *m thea., Film*: lighting technician, electrician.

Beleuchtung *f* lighting, illumination; light(s *pl.*); *fig.* elucidation, illumination, illustration; *in dieser* ~ in this light; **~sanlage** *f* lighting system (*od.* installation); **~skörper** *m* light(ing fixture), lamp; **~smesser** *m* lux (*od.* illumination) meter; **~smittel** *n* illuminant; **~stechnik** *f* lighting engineering.

beleum(un)det *adj.*: *gut* (*schlecht*) ~ held in good (bad) repute, well (ill) reputed.

Belg|ier(in *f*) *m*, **²isch** *adj.* Belgian.

belichten *phot. v/t. u. v/i.* expose.

Belichtung *phot. f* exposure; **~sautomat** *m* automatic exposure timer; **~smesser** *m* exposure meter; **~stabelle** *f* exposure table; **~szeit** *f* exposure time.

belieben I. *v/t. bsd. iro.* deign, choose; *Sie* ~ *wohl zu scherzen?* you are joking, aren't you?; **II.** *v/i.* please; *wie es Ihnen beliebt* as you please; *tu ganz, was dir beliebt* do as you like (*od.* please), suit yourself; *wie beliebt?* I beg your pardon?; **III.** **²** *n* will, pleasure, discretion; *nach* ~ at will (*od.* pleasure); *ganz nach* ~*!* (just) as you like!; *es steht in Ihrem* ~ it rests with you; I leave it to you.

beliebig I. *adj.* any (you like), whatever (you choose); (*wahlfrei*) optional, arbitrary, discretionary; *jeder* ~*e* anyone, anybody; *jedes* ~*e* anything; *zu jeder* ~*en Zeit* (at) any time (that will suit); **II.** *adv.* at will (*od.* pleasure); ~ *viele* as many as you like, any number.

beliebt *adj. Person u. Sache*: popular (*bei* with), liked, favo(u)rite ...; *Waren*: popular, sought-after, in (great) demand; ~ *werden* become popular, *Mode usw.*: *a.* come into vogue; *sich bei j-m* ~ *machen* make o.s. popular (*od.* ingratiate o.s.) with a p.; **²heit** *f* popularity (*bei* with, among); *sich großer* ~ *erfreuen* enjoy great popularity.

beliefer|n *v/t.* supply, furnish (*mit* with); *mit Lebensmitteln*: cater for; **²er** *m* supplier; **²ung** *f* supply.

bellen *v/t. u. v/i.* bark (*a. fig. husten, schimpfen usw.*); (*anschlagen*) give tongue; (*kläffen*) yap, yelp.

Belletrist *m* belletrist; **~ik** *f* belles-lettres; light literature; **²isch** *adj.* belletristic; ~*e Zeitschrift* literary magazine.

belob(ig)|en *v/t.* praise, commend, laud; **²ung** *f* praise, commendation; **²ungsschreiben** *n* letter of commendation.

belohn|en *v/t. allg.* reward (*für* for); **²ung** *f* reward; *als* (*od. zur*) ~ *für* as a reward for, in return for.

belüften *v/t.* ventilate, aerate.

Belüftung *f* ventilation, aeration; **~sanlage** *f* ventilating system; **~sklappe** *f* ventilating flap; **~sschraube** *f* breather screw; **~sventil** *n* air-bleed valve.

belügen *v/t.*: *j-n* ~ lie to a p., tell a p. a lie (*od.* lies); *sich selbst* ~ deceive o.s.

belustig|en *v/t.* amuse, divert, entertain; *sich* ~ a) amuse o.s.; b) be amused (*über* at, by); *sich damit* ~ *zu inf.* amuse o.s. by *ger.*; **~end** *adj.* amusing, entertaining, funny; **~t** *adj., adv.* amused; **²ung** *f* (*Vorgang, Zustand u. Lustbarkeit*) amusement, diversion, entertainment; *zur großen* ~ *gen.* much to the amusement of.

Belvedere ⩓ *n* belvedere.

bemächtigen *v/refl.*: *sich* ~ (*e-r Person od. Sache*) seize, take (*od.* get) hold of (*a. fig.*); (*e-r Sache*) take possession (*od.* possess o.s.) of, get control of *a th.*; occupy; (*des Thrones, der Macht usw.*) *widerrechtlich*: usurp.

bemäkeln *v/t.* cavil (*od.* carp) at.

bemalen *v/t.* paint; decorate; F *sich* ~ paint one's face; → *a. beschmieren, bekritzeln.*

bemängel|n *v/t.* criticize; find fault with, *kleinlich*: cavil at; **²ung** *f* criticism (*gen.* of).

bemann|en *v/t.* man; **~t** *adj.* manned *rocket, etc.*; **²ung** *f* manning; (*Mannschaft*) crew.

bemäntel|n *v/t.* (*verdecken*) cloak, disguise, hide; (*beschönigen*) palliate, gloss over, make excuses for; **²ung** *f* cloak(ing); palliation.

bemaßen ⊕ *v/t.* dimension.

bemeistern *v/t.* master, conquer, control; *sich* ~ restrain (*od.* control) o.s.

bemerk|bar *adj.* noticeable; *sich* ~ *machen Person*: draw attention to o.s.; *Sache*: show, become noticeable; *es macht sich* (*unangenehm*) ~ it makes itself (unpleasantly) felt, it becomes (painfully) apparent; *die Anstrengung machte sich bei ihm* ~ the strain told on him; **~en** *v/t.* **1.** (*wahrnehmen*) notice, note, observe, become aware of; **2.** (*äußern*) observe, remark, say; (*erwähnen*) mention; **~enswert**

adj. remarkable (*wegen, durch* for), noteworthy; **2ung** *f* remark, observation; comment; *schriftliche*: note; (*Anmerkung*) annotation; *~en machen über* remark (*od.* comment) on.

bemess|en I. *v/t.* proportion (*nach* to); *zeitlich*: calculate, time; ⊕ (*dimensionieren*) dimension (*od.* design, calculate) (for); (*Leistung*) rate; (*anpassen*) adjust; (*abschätzen*) estimate, assess, rate; (*Strafe, Preis usw.*) determine, assess; *fig.* (*bewerten*) measure *od.* rate (*nach* by); **II.** *adj.* measured, dimensioned; (*knapp*) limited; *meine Zeit ist knapp ~* I am pressed for time; **2ung** *f* proportioning, calculation; dimensioning; rating, assessment.

bemitleiden *v/t.* pity, commiserate (with), be sorry for; *er ist zu ~* he is to be pitied; **~swert** *adj.* pitiable, poor.

bemittelt *adj.* well-off, well-to-do; *pred.* well off, in easy circumstances.

bemogeln F *v/t.* cheat, F do.

bemoost *adj.* mossy; F *~es Haupt* old boy.

bemüh|en I. *v/t.* trouble (*j-n mit od. wegen* a p. for); (*Arzt, Fachmann usw.*) call in; *darf ich Sie* (*darum*) *~?* may I trouble you (for it)?; **II.** *v/refl.*: *sich ~* endeavo(u)r, take trouble (*od.* pains), strive, exert o.s., make an effort, try (hard); *sich für j-n ~* exert o.s. (*od.* intervene) on behalf of a p.; *sich ~ um (et.)* strive for (*od.* after), (*e-n Auftrag, Posten usw.*) try to get (*od.* obtain), *durch Antrag, Bewerbung*: apply for, seek; (*j-n*) *als Mitarbeiter*: try to get (*od.* win *a p.* over), *schmeichlerisch*: court *a p.* (*od. a p.'s* favo[u]r); (*e-n Verletzten usw.*) attend to, try to help; *~Sie sich nicht* (*zu inf.*)! don't trouble *od.* F bother (to *inf.*)! *sich zu j-m ~* betake o.s. to; **2en** *n* → Bemühung; **~t** *adj.*: *~sein, zu inf.* be endeavo(u)red (*od.* at pains) to *inf.*, *eifrig*: be anxious (*od.* eager) to *inf.*, make every effort to *inf.*; **2ung** *f* effort (*um* for, toward), endeavo(u)r (towards); trouble, pains *pl.*; *ärztliche ~en* medical attention *sg.*

bemüßigt *adj.*: *sich ~ fühlen, zu inf.* feel bound (*od.* obliged) to *inf.*

bemuster|n *v/t.* **1.** ⚕ (*Angebot, Waren*) supply samples of, sample; (*j-n*) send samples to; **2.** (*Stoff usw.*) pattern; **2ung** *f* sampling.

bemuttern *v/t.* mother.

benachbart *adj.* neighbo(u)ring; (*angrenzend*) adjoining, adjacent; *fig.* related.

benachrichtig|en *v/t.* inform, notify (*von* of; *daß* that); send *a p.* word *od.* let *a p.* know (that); ⚕ advise; *im voraus*: give *a p.* warning (*od.* notice); **2ung** *f* information; notification; ⚕ advice; (*Ankündigung*) warning, notice; **2ungsschreiben** ⚕ *n* letter of advice.

benachteilig|en *v/t.* place *a p.* at a disadvantage, handicap; *bsd. sozial usw.*: discriminate against *a p.*; (*schädigen*) prejudice (*a.* ⚖), injure, wrong; **2ung** *f* disadvantage, handicap (*gen.* to); discrimination (against); prejudice, injury (to).

benagen *v/t.* gnaw at, nibble at.

benamsen F *v/t.* name, call.

benässen *v/t.* moisten, wet.

benebel|n *v/t.* befog (*a. fig.*); **~t** F *adj.* (*beschwipst*) fuddled.

benedeien *v/t.* bless.

Benediktiner *m* **1.** Benedictine (monk); **2.** (*~likör*) Benedictine (liqueur); **~orden** *m* Benedictine order.

Benefiz *n*, **~vorstellung** *f* benefit (performance).

benehmen I. *v/t.* **1.** take away (*j-m den Atem usw.* a p.'s breath, *etc.*); *j-m die Hoffnung usw. ~* deprive a p. of; **II.** *v/refl.* **2.** *sich ~* behave (o.s.), conduct (*od.* deport, demean) o.s.; *sich ~ gegen j-n* (*od. gegenüber j-m*) act (*od.* behave, show o.s.) towards a p., treat a p. *kindly, etc.*; *sich schlecht ~* behave badly, misbehave; *benimm dich!* behave yourself!; *er weiß sich nicht zu ~* he has no manners; **III.** **2** *n* **3.** behavio(u)r, conduct, demeano(u)r; (*Manieren*) *good, bad* manners *pl.*, (*Verhalten*) attitude, manner; *er hat kein ~* he has (got) no manners; **4.** *amtlich*: *im ~ mit* in agreement with; *sich ins ~ setzen mit j-m* contact (*od.* communicate with, get in touch with) a p.; confer with (*od.* consult) a p. (*über* about, on).

beneiden *v/t.* envy (*j-n um et.* a p. a th.); *j-n um et. ~ a.* grudge a p. a th., be envious of a p.'s th.; *ich beneide dich um deine Ruhe* I envy (you) your calm; *er ist* (*nicht*) *zu ~* he is (not) to be envied; **~swert** *adj.* enviable, to be envied.

benenn|en *v/t.* (*j-n, et.*) name, call (*nach* after); designate, term; 𝔄 denominate; (*Termin*) appoint, fix; (*Kandidaten*) nominate; *als Zeugen*: call (as a witness); 𝔄 *benannt* concrete; **2ung** *f* naming; *konkret*: name, designation, term; 𝔄 denomination; (*~ssystem*) no-

menclature; † *Wertpapier*: title; *falsche* ~ misnomer.
benetzen *v/t.* moisten, wet, sprinkle; *mit Tau*: bedew.
Bengal|e *m* Bengali; **~i** *ling. n* Bengali; **≈isch** *adj.* Bengali, Bengalese; ~e *Beleuchtung* Bengal light(s *pl.*).
Bengel *m* **1.** rascal, rogue; (*Flegel*) lout; *kleiner*: urchin, little rascal; **2.** *typ.* impression handle.
Benimm F *m* manners *pl.*
benommen *adj.* dazed; **≈heit** *f* daze, numbness.
benot|en *v/t.* mark, *Am.* grade; **≈ung** *f* **1.** marking; **2.** marks *pl.*
benötig|en *v/t.* want, need, require; *dringend* ~ want badly, be in urgent need of; **~t** *adj.* required, necessary.
benummern *v/t.* number.
benutz|en, benütz|en *v/t.* use (*a. ein Patent usw.*), make use of; (*verwenden*) *a.* employ, utilize; (*sich zunutze machen*) use, profit by, turn to account, capitalize on; (*Verkehrsmittel*) use, take, go by; → *Gelegenheit* 1; **≈er** *m* user; *e-r Bibliothek*: reader; *teleph. usw.*: subscriber; **≈ung** *f* use; utilization; *mit* (*od. unter*) ~ *von* by using *a th.*, with the aid of; **≈ungsgebühr** *f* fee *od.* charge (for using *a th.*); **≈ungsrecht** *n* (right to) use.
Benzaldehyd *n* benzaldehyde.
Benzin *n* ⚗ benzine; (*Test*≈) white spirit; *mot.* petrol, *Am.* gasoline, F gas; → *a. Kraftstoff...*; **~behälter** *m* → *Kraftstoffbehälter*; **~feuerzeug** *n* fuel lighter; **~fresser** F *mot. m* F gas-hog; **~hahn** *m* petrol shut-off, *Am.* fuel cock; **~kanister** *m* petrol (*Am.* gas) can; **~-Luft-Gemisch** *n* petrol-air mixture; **~messer** *m* fuel ga(u)ge; **~motor** *m* petrol (*Am.* gasoline) engine; **~standanzeiger** *m* → *Benzinuhr*; **~tank** *m* petrol (*Am.* gasoline) tank, fuel tank; **~uhr** *f* fuel consumption ga(u)ge; **~verbrauch** *m* fuel consumption; **~wagen** *m* petrol bulk lorry, *Am.* gas truck.
Benzoe *f* benzoin; **~säure** *f* benzoic acid.
Benzol *n* benzene, benzol(e).
Benzyl *n* benzyl.
beobacht|en *v/t.* **1.** observe, watch; keep an eye on; (*Horizont usw.*) scan, survey; (*beschatten*) shadow; **2.** (*wahrnehmen*) observe, notice (et. *an j-m* a th. in *od.* about a p.); **3.** (*Feiertag, Gesetz usw.*) observe; (*Anweisung*) observe, obey, follow, comply with; → *Stillschweigen*; **≈er(in** *f*) *m* observer (*a. pol.*, ⚔, *etc.*); (*Zuschauer*) onlooker; ⚓ *a.* navigator(-observer), *Flak*: spotter.
Beobachtung *f* **1.** observation; **2.** (*Einhaltung*) observance (*gen.* of), compliance (with); **~sfernrohr** *n* observation telescope; **~sflugzeug** *n* observation plane; **~sgabe** *f* power of observation; **~sposten** ⚔ *m* observation post; (*Mann*) observer; **~sstation** *f* ⚕ observation ward; *ast.* observatory.
beordern *v/t.* order, direct (*nach* [to go] to); (*her*~) summon (*zu* to); (*weg*~) order *od.* send away, assign (*nach* to).
bepacken *v/t.* load (*mit* with).
bepanzern *v/t.* → *panzern.*
bepflanzen *v/t.* plant (*mit* with).
bepflastern *v/t.* **1.** pave; **2.** (*Wunde*) put a plaster on; **3.** F (*beschießen usw.*) plaster.
bepudern *v/t.* powder.
bequatschen F *v/t.* **1.** (*et.*) thrash out; **2.** (*j-n*) get *a p.* round; *zu et.* ~ talk *a p.* into *doing a th.*
bequem I. *adj.* (*behaglich*) comfortable; restful; (*gemütlich*) cosy, snug; (*geräumig*) commodious (*für* for); (*mühelos*) effortless, (*a.* † *Bedingungen, Raten*) easy; (*passend*) convenient, suitable; *Stelle*: soft; (*zur Hand*) handy; *Person*: comfort-loving, (*träge*) easy-going, indolent, (*faul*) lazy; *es sich* ~ *machen* make o.s. comfortable (*od.* at home), relax; *fig.* take the easy way out; **II.** *adv.* (*leicht*) easily; ~ *in drei Tagen* easily in three days; **~en** *v/refl.*: *sich zu e-r Antwort usw.* ~ trouble (*od.* deign) to give an answer, *etc.*; *sich dazu* ~, et. *zu tun* condescend (*od.* bring o.s.) to do a th.; **≈lichkeit** *f* (*Behaglichkeit*) comfort, ease; (*Trägheit*) indolence, laziness; (*Einrichtung*) comfort, convenience, facility.
berappen *v/t.* **1.** ⚠ rough-cast; **2.** F (*a. v/i.*) pay, F fork out.
berat|en *v/t. u. v/i.* (*j-n*) advise, counsel (*bei* in, on); (*et.*) deliberate on, discuss, debate *a th.*; ~ *werden Sache*: be under consideration; *sich* ~ deliberate (*über* on, about); (*sich*) *mit j-m* ~ consult, confer with; *sich* ~ *lassen von* take the advice of, consult; *gut* (*schlecht*) ~ *sein* be well (ill) advised; **~end** *adj.* advisory, consultative; ~e *Versammlung* deliberative assembly; ~er *Ingenieur* consulting engineer; *in* ~er *Eigenschaft* in an advisory capacity; **≈er(in** *f*) *m* adviser, counsel(l)or; consultant; **~schlagen** *v/i.* → (*sich*) *beraten.*
Beratung *f* **1.** (*Beratschlagung*) de-

liberation (*über* on), consideration (of), discussion (of), debate (on); **2.** (*Besprechung*) conference, consultation, discussion; **3.** (*Rat*) advice, counsel; (*Berufs*≈, *Ehe*≈ *usw.*) guidance; *ärztliche* ~ medical advice; **~sgegenstand** *m* subject (under consideration), item (for discussion); **~sstelle** *f* advisory board; information cent|re, *Am.* -er; *ärztliche* ~ health centre; *soziale* ~ welfare centre; *berufliche usw.* ~ vocational *etc.* guidance office; **~szimmer** *n* conference room; *e-s Anwalts usw.*: consultation room.

beraub|en *v/t.* **1.** (*j-n*) rob (*gen.* of); *e-s Rechtes usw.*: strip, divest (of); **2.** *fig.* deprive, bereave, rob (*alle*: *gen.* of); *beider Eltern beraubt* bereaved (bereft) of both his parents; *jeder Romantik beraubt* shorn of all romance; **3.** *sich e-r Sache* ~ deprive o.s. of; **≈ung** *f* robbery; deprivation; bereavement.

berausch|en *v/t.* make drunk, intoxicate, inebriate (*alle a. fig.*); F fuddle, make tipsy; *sich* ~ get drunk; *fig. sich* ~ *an* be intoxicated with, be carried away by; **~end** *adj.* intoxicating, heady (*beide a. fig.*); alcoholic; *Schönheit usw.*: breath-taking, ravishing, overwhelming; **~t** *adj.* drunk, intoxicated (*von* with; *a. fig.*).

berechenbar *adj.* calculable.

berechn|en *v/t.* calculate (*a. fig.*), compute, reckon, *Am. a.* figure (out); (*zs.-rechnen*) sum (*od.* total) up; (*bestimmen*) determine; (*schätzen*) assess, estimate (*auf* at); ☨ (*fakturieren*) invoice, (*Preis stellen für*) price, quote; *j-m et.* ~ charge a p. for a th.; *darauf berechnet sein zu inf.* be calculated to *inf.*; *berechnet sein für* be meant (*od.* intended, calculated) for *a p.*, be designed (*od.* calculated) for *a th.*; **~end** *fig. adj.* calculating; **≈ung** *f* calculation, computation; *konkret*: *a.* figure(s *pl.*); (*Schätzung*) estimate; ☨ charge, (*Fakturierung*) invoicing, (*Belastung*) debit, (*Preisstellung*) quotation, pricing; ⚖ *von Strafen, des Streitwerts usw.*: assessment; *fig.* calculation; *mit* ~ with cool deliberation; *er tat es aus* ~ it (= his action) was well calculated; **≈ungstabelle** *f* ⊕ (calculating) chart; *Versicherung*: experience table.

berechtig|en *v/t. u. v/i.* entitle (*zu* to *a th. od. inf.*); give *a p.* a right *od.* a claim (to); (*ermächtigen*) authorize, empower (to *inf.*); (*befähigen*) qualify (for, to), make eligible (for); (*j-n*) *zu der Annahme* (*Hoffnung*) ~, *daß* justify *od.* warrant the (a p.'s) assumption (hope) that; *zu Hoffnungen* ~ give rise to hopes, bid fair, *Person*: *a.* show good promise; **~t** *adj.* entitled (*zu* to); authorized (to); qualified, eligible (for); justified (in *ger.*); *Anspruch, Hoffnung usw., Interesse*: legitimate; → *Wahrnehmung* 2; ⚖ (*begünstigt*) beneficiary, entitled (to benefit); **≈te(r** *m*) ⚖ *f* person (*od.* party) entitled; qualified (*od.* eligible) person; (*Forderungs*≈) legitimate claimant; (*Begünstigter*) beneficiary; *dinglicher* ~*r* usufructuary; **~terweise** *adv.* legitimately; **≈ung** *f* right, title (*zu* to); (*Ermächtigung*) authorization (to); (*Vollmacht*) power, authority; warrant; *behördlich*: licence; (*Befähigung*) qualification, eligibility (for); (*Rechtfertigung*) justification; *mit voller* ~ with every justification; **≈ungsschein** *m* qualification certificate, permit; ☨ licence; *für Warenbezug*: certificate of priority; *für Zinsen, Dividende*: warrant.

bered|en *v/t.* **1.** (*et.*) talk *a th.* over, discuss, debate; *sich mit j-m* ~ *über* confer (*od.* consult) with a p. about; **2.** (*j-n*) persuade *a p.*, talk *a p.* over; *zu et.* ~ *a.* talk *a p.* into *doing a th.*; **≈samkeit** *f* eloquence; **~t** *adj.* eloquent (*a. fig.*); ~*e Zunge* glib tongue.

beregn|en *v/t.* rain on; ⊕ sprinkle; **≈ungsanlage** *f* sprinkler system.

Bereich *m* (*Gegend*) area, region; *fig.* (*Reichweite*) range, reach (*a.* ⚔); scope, purview; (*Gebiet*) field, domain, sphere, area; (*Macht*≈, *Einflußsphäre*) sphere, orbit; *Radio*: range; *im* ~ *der Möglichkeit* within the range of possibility; *es fällt nicht in meinen* ~ it is not within my province.

bereicher|n *v/t.* enrich; (*Wissen usw.*) *a.* enlarge, increase; *sich* ~ enrich o.s., *b.s. a.* F feather one's nest; **≈ung** *f* enrichment; **≈ungsabsicht** ⚖ *f* (criminal) intent unlawfully to enrich o.s.

bereifen[1] *v/t.* cover with hoar-frost, (*a. sich* ~) frost (over).

bereifen[2] *v/t.* (*Rad*) tyre, *Am.* tire.

bereift *adj.* rimy.

Bereifung *mot. f* tyre (*bsd. Am.* tire) equipment; *doppelte* ~ dual tyres *pl.*

bereinig|en *v/t.* (*Streit,* ☨ *Konto*) settle, adjust (*a. Statistik*); (*Wertpapiere*) validate; (*Mißverständnis*) clear up, remove; (*ausgleichen*) iron out; **≈ung** *f* settlement; adjustment; validation; removal.

bereisen *v/t.* (*Land*) travel, tour; ✝ (*Vertreterbezirk*) work, cover; (*Messe*) visit.

bereit *adj.* (*pred.*) ready, prepared (*zu, für* for; to *inf.*); (*gewillt*) *a.* willing (to *inf.*); *et. ~ haben* have a th. ready, *fig. a.* have a th. in store (*für j-n* for a p.); ✝ *wir sind gern ~ zu inf.* we shall be pleased (*od.* are quite prepared) to *inf.*; *~ sein ist alles* readiness is all; *zu allem ~* F game for anything; *sich ~ erklären* agree (*zu* to *a th.*, to *inf.*), *freiwillig*: volunteer (for *a th.*, to *inf.*); *sich ~ finden zu* agree to, be prepared to; *sich ~ halten* hold o.s. ready (*od.* in readiness); **~en** *v/t.* **1.** prepare, get ready; (*zubereiten*) prepare, make *tea, etc.*; (*bearbeiten*) ⚒ work; (*Leder*) dress; **2.** *fig.* (*verursachen*) cause, give (*j-m et.* a p. a th.); → *Empfang, Ende, Freude, Kummer, Niederlage*[1], *Schande usw.*; **~halten** *v/t.* hold ready *od.* in readiness (*für* for; *zu* to *inf.*); *für j-n ~ a.* hold *a th.* at the disposal of; *fig.* have *a th.* in store for; **~legen** *v/t.* lay out, prepare; **~liegen** *v/i.* be ready; **~machen** *v/t.* (*a. sich ~*) get ready, prepare (o.s.) (*zu* for); **~s** *adv.* already; (*zuvor*) previously, before; **≗schaft** *f* **1.** readiness, preparedness; willingness; *in ~ sein* (*od. stehen*) → *bereitstehen*; *in ~ haben* (*od. halten*) → *bereithalten*; **2.** (*Polizeieinheit usw.*) squad; **≗schaftsdienst** *m* **1.** stand-by (⚔ *a.* stand-to) duty; *Arzt hat ~* is on call; **2.** → **≗schaftspolizei** *f* mobile police, flying squad; **~stehen** *v/i.* be ready *od.* in (a state of) readiness (*für* for); (*verfügbar sein*) be available; ⚔ *usw.* stand by (for); **~stellen** *v/t.* make available, provide, supply; (*Geldmittel*) *zweckbestimmt*: *a.* appropriate, apportion, allocate; (*Rücklage*) reserve, earmark; ⚔ (*Truppen*) assemble, marshal; **≗stellung** *f* preparation; (*Versorgung*) provision, supply; *Geldmittel*: *a.* appropriation; ⚔ (final) assembly; **≗stellungsraum** ⚔ *m* assembly area; **≗ung** *f* preparation; **~willig** *adj.* ready, willing; (*eifrig*) eager; (*dienstfertig*) obliging; **≗willigkeit** *f* readiness (to oblige), willingness; *mit großer ~* with alacrity.

berennen *v/t.* attack, assault.

bereuen *v/t. u. v/i.* repent (*et.* of); (*bedauern*) regret, rue, be sorry (for).

Berg *m* **1.** mountain; *kleinerer*: hill; *in die ~e gehen* go into the mountains; *über ~ und Tal* over hill and dale; **2.** *fig.* mountain; *~e von* F heaps (*od.* piles, *sl.* oodles) of; *~e versetzen* move mountains; *j-m goldene ~e versprechen* promise a p. the moon (*od.* the world); *vor e-m ~ stehen* be up against a great difficulty; *über den ~ kommen* turn the corner; *über den ~ sein* be over the worst, *mit Arbeit usw.*: *a.* have broken the back of it; *wir sind noch nicht über den ~* we are not yet out of the wood; *hinterm ~ halten mit et.* hold back, keep *a th.* dark; *er hielt damit nicht hinterm ~* he was very outspoken, he made no bones about it; *über alle ~e* off and away; *die Haare standen ihm zu ~e* his hair stood on end; **3.** ⚒ waste, stone; **≗ab** *adv.* downhill (*a. fig.*); *mit ihm geht es ~ a.* he is on the downgrade; **~abhang** *m* (mountain-)slope, hillside; **~akademie** *f* mining college; **~amt** *n* Mining Office; **≗an** *adv.* uphill, up; **~arbeiter** *m* miner; **≗auf** *adv.* uphill; *fig. es geht wieder ~* things are looking up (*mit ihm* for him); **~bahn** *f* mountain railway; **~bau** *m* mining (industry); **~bauingenieur** *m* mining engineer; **~bewohner(in** *f*) *m* mountain-dweller, highlander.

Berge|geld *n*, **~lohn** *m* salvage (money); **≗hoch** *adj.* mountain-high, sky-high; **≗n** *v/t.* save, shelter (*sich* o.s.) (*vor* from); ⚓ salvage; (*Segel*) furl, take in; (*Tote, Fahrzeug*) recover; (*enthalten*) hold, contain, *fig.* harbo(u)r; *heimlich*: conceal, hide; (*Gefahr in sich ~*) involve; **~recht** *n* right to salvage.

Berg...: **~enge** *f* defile; **~fach** ⚒ *n* mining; **~fahrt** *f* mountain tour; *mot.* hill-climb; *von Flußschiffen*: passage upstream; **≗freudig** *mot. adj.* quick on the upgrade; **~freudigkeit** *mot. f* (good) hill-climbing ability *od.* power; **~führer** *m* mountain guide; **~gipfel** *m* mountain top (*od.* peak), summit; **~grat** *m* (mountain) ridge; **≗ig** *adj.* mountainous, hilly; **~ingenieur** *m* mining engineer; **~kamm** *m* crest; **~kette** *f* mountain range (*od.* chain); **~knappe** *m* miner; **~krankheit** *f* mountain sickness; **~kristall** *m* rock-crystal; **~land** *n* mountainous (*od.* hilly) country; highland (region); **~mann** (*pl.* Bergleute) ⚒ *m* miner, pitman; **≗männisch** *adj.* mining, miner's ...; **~massiv** *n* massif; **~mehl** *n* infusorial earth; **~not** *f*: *in ~* in distress;

~predigt *bibl. f* Sermon on the Mount; **~recht** *n* mining law; **~rennen** *mot. n* mountain race; **~rettungsdienst** *m* → *Bergwacht*; **~rücken** *m* (mountain) ridge; **~rutsch** *m* landslip, *a. fig. pol.* landslide; **~salz** *n* rock salt; **~sattel** *m* saddle; **~schi** *m* upper ski; **~schuh** *m* climbing boot; **~spitze** *f* mountain peak; **~start** *mot. m* hill-start; **~steigefähigkeit** *mot. f* hill-climbing ability (*od.* power); **~steigen** *n* mountaineering; **~steiger(in** *f*) *m* (mountain-) climber, mountaineer, alpinist; **~steigerausrüstung** *f* mountaineering outfit; **~stiefel** *m* climbing boot; **~stock** *m* **1.** alpenstock; **2.** *geol.* massif; **~straße** *f* mountain road; **~sturz** *m* → *Bergrutsch*; **~tour** *f* mountain tour, climb; **~-und-Tal-Bahn** *f* switchback (railway), *Am.* roller coaster.

Bergung *f* ⚓ salvage; (*Rettung*) rescue; *von Toten, von Fahrzeugen, a. Raumfahrt*: recovery; **~sarbeiten** *f/pl.* salvage operations; *für Menschen*: rescue work *sg.*; **~sdienst** *m* recovery (⚓ salvage) service; **~sfahrzeug** *n mot.* rescue vehicle; ✈ crash tender; ⚓ salvage vessel; **~skommando** *n*, **~smannschaft** *f* rescue (⚓ salvage) party; **~sschiff** *n*, **~sschlepper** *m* salvage tug; **~sversuch** *m* rescue bid; salvage attempt.

Berg...: ~volk *n* mountain race, highlanders *pl.*; **~wacht** *f* mountain rescue service; **~wand** *f* mountain wall, rock face; **~wanderung** *f* mountain tour; **~welt** *f* mountains *pl.*

Bergwerk *n* mine; (*Kohlen*≈) coal mine, pit; *ein ~ betreiben* work a mine; **~saktie** *f* mining share (*Am.* stock); **~sgesellschaft** *f* mining company.

Berg|wesen *n* mining (industry); **~zinn** *m* pure tin; **~zinnober** *m* native cinnabar.

Bericht *m allg., a.* ✝ report (*über* on); account (of); (*Protokoll*) minutes *pl.*; (*Verlautbarung*) (official) statement, bulletin, communiqué; (*Überblick*) survey; (*Kommentar*) commentary; (*Erzählung*) narrative, story, account; (*Mitteilung*) information, ✝ advice; *kurzer ~* summary; *statistische ~e* official returns; *~ erstatten* (make a) report (*über* on; *j-m* to); **≈en** *v/t. u. v/i.* report (*über* on; *j-m* to); *in der Presse*: *a.* cover (*a th.*); *ausführlich*: give an account (of), (*erzählen*) *a.* narrate, relate; *j-m et. ~* (*melden*) inform (*od.* advise) a p. of a th., tell a p. a th.; **~erstatter(in** *f*) *m Presse*: reporter, *auswärtiger*: (foreign) correspondent; *Radio, TV*: commentator; (*Referent*) rapporteur, *bsd. Am.* referee; **~erstattung** *f* reporting, *in der Presse*: *a.* coverage; (*Bericht*) report; *Funk, TV*: *a.* commentary.

berichtig|en *v/t.* (*et.*) rectify, (*j-n*) correct, put (*od.* set) right; (*Text*, ⚖ *Urteil, Parteianträge, Vorschrift*) amend; ⊕ correct, adjust; ✝ (*Buchung*) adjust; (*Verbindlichkeit*) pay, satisfy; *pol.* (*Grenze*) adjust, rectify; *sich ~* correct o.s.; **≈ung** *f* rectification; correction; adjustment; amendment, payment, satisfaction.

Berichtigungs|anzeige *f* notice of error; **~beiwert** *m* corrective factor; **~konto** ✝ *m* suspense account; **~schraube** ⊕ *f* adjusting screw; **~wert** *m* correction value.

Berichtsjahr ✝ *n* year under review (*od.* report).

beriechen *v/t.* smell (*od.* sniff) at; F *fig. j-n* (*einander od. sich*) *~* size a p. (one another) up.

berieseln *v/t.* (*Land*) irrigate, water; (*besprengen*) sprinkle; *fig. mit Musik ~* expose *a p.* to an endless flow of music; **≈ung** *f* irrigation; (*Beregnung*) overhead irrigation; sprinkling; *fig.* constant exposure (*mit* to); **≈ungsanlage** *f* irrigation works *pl.*; *zum Löschen*: sprinkler system.

beritten *adj.* mounted, on horseback.

Berliner I. *m*, **~in** *f* Berlinian, Berliner; **II.** *adj.* (of) Berlin; *~ Blau* prussian (*od.* Berlin) blue; *~ Pfannkuchen* doughnut; **≈n** *v/i.* speak in Berlin dialect.

Berme *f* berm.

Bernhardiner *m* (*Hund*) St. Bernard (dog).

Bernstein *m* amber; *schwarzer ~* jet; **≈ern, ≈farben** *adj.* amber.

Berserker *m*, **≈haft** *adj.* berserk.

bersten *v/i.* burst (*fig. vor* with); *Eis, Glas usw.*: break, crack; (*explodieren*) burst, explode; *zum ≈ voll von* bursting with.

berüchtigt *adj.* notorious (*wegen* for); ill-famed, ill-reputed.

berücken *v/t.* captivate, charm, bewitch; **~d** *adj.* captivating, charming, bewitching; *~e Schönheit* ravishing beauty.

berücksichtig|en *v/t.* (*j-n od. et.*) consider, take into consideration; (*et.*) (*beachten*) bear in mind, heed; (*in Betracht ziehen*) allow (*od.* make allowance) for, take into account;

2ung *f* consideration, regard; ~ *finden* be considered; *unter* ~ *gen.* in consideration of, with regard to, considering; *unter* ~ *aller Vorschriften* subject (*od.* with due regard) to all regulations; *unter* ~ *eventueller Rückschläge* allowing for any setbacks that may occur.

Beruf *m* occupation, calling, F job; *höherer, freier*: profession; (*Gewerbe*) trade, vocation; (*Geschäft*) business; (*Fach*) line; (*Laufbahn*) career; *in allen* ~*en a.* in all walks of life; *von* ~ by occupation, by trade, by profession; *e-n* ~ *ergreifen* take up a profession (*od.* career), enter (*od.* go into) a trade; → *ausüben, nachgehen 2 usw.*; *s-n* ~ *verfehlt haben* have missed one's vocation.

berufen I. *v/t.* call; (*Parlament*) convoke; (*Versammlung*) convene, call; *j-n zu e-m Amt* ~ call (*od.* appoint, nominate) a p. to; ~ *werden* receive a call (*nach, an* to), *Professor usw.*: *a.* be offered a chair (at); **II.** *v/refl.*: *sich* ~ *auf* (*j-n*) appeal to, *als Zeugen*: call *a p.* to witness; (*et.*) refer to; quote (in support), rely on; *entschuldigend*: plead; *sich auf s-e Unkenntnis* ~ plead one's ignorance; *darf ich mich auf Sie* ~? may I use your name?; **III.** *adj.* called; (*befugt*) authorized (*zu* to); (*zuständig*) competent (to); (*befähigt*) qualified (for); ⚖ (*als Erbe*) ~ *sein* take (under a will); *als Vormund* ~ *sein* be appointed guardian; *sich* ~ *fühlen* feel called upon (*zu inf.* to *inf.*); *aus* ~*em Munde* from a competent authority.

beruflich I. *adj.* vocational, occupational; professional; **II.** *adv.*: ~ *verreist* away on business; ~ *verhindert* detained by work.

Berufs...: ~**ausbildung** *f* vocational (*od.* professional) training; ~**auslese** *f* vocational (*od.* professional) selection; ~**aussichten** *f/pl.* professional prospects; ~**beamtentum** *n* officialdom, civil service; ~**beamte(r)** *m* permanent civil servant; 2**bedingt** *adj.* occupational; ~**berater** *m* vocational counsel(l)or; ~**beratung(sstelle)** *f* vocational guidance (office); ~**boxer** *m* prize-fighter, professional boxer; ~**bezeichnung** *f* description (of occupation); style, title; ~**diplomat** *m* professional (*od.* career) diplomat; ~**ehre** *f* professional hono(u)r; ~**eignung** *f* vocational aptitude, qualification; ~**fachschule** *f* technical school; ~**fahrer** *m* commercial driver; *Radsport*: professional (cyclist); ~**geheimnis** *n* professional secret *od.* (*Schweigepflicht*) secrecy; ~**genossenschaft** *f* professional association; *Gewerbe*: trade association; *der Arbeitgeber*: employers' (liability insurance) association; ~**gruppe** *f* occupational group (*od.* category); ~**heer** *n* professional (*od.* regular) army; ~**kleidung** *f* work(ing) clothing; ~**krankenkasse** *f* vocational health insurance (fund); ~**krankheit** *f* occupational disease; ~**leben** *n* professional (*od.* active) life; 2**mäßig** *adj.* professional; ~**offizier** *m* career (*od.* regular) officer; ~**schule** *f* vocational (training) school; ~**soldat** *m* professional soldier, regular (soldier); ~**spieler** *m*, ~**sportler** *m* professional, F pro; ~**sportlertum** *n* professionalism; ~**sprache** *f* (professional) jargon; ~**stand** *m* profession, trade; 2**tätig** *adj.* working; (gainfully) employed; practising a profession; ~**tätigkeit** *f* professional activity; occupation, employment; 2**unfähig** *adj.* disabled; ~**unfähigkeit** *f* disability; ~**verband** *m* professional association; ~**verbrecher** *m* professional criminal; ~**vertretung** *f* → *Berufsverband*; ~**wahl** *f* choice of a profession (*od.* vocation, trade, career); ~**wettkampf** *m* vocational competition; ~**ziel** *n* professional goal, intended career; ~**zweig** *m* professional field (*od.* branch, line).

Berufung *f* **1.** *innere*: call (*zu* to); calling, vocation (for); **2.** (*Ernennung*) appointment (*a. e-s Professors usw., an* at *a university*), nomination, call (*zu* to); *e-e* ~ *erhalten Professor usw.*: *a.* be offered a chair (*an* at); **3.** → *Einberufung* 1; **4.** (*Verweisung*) reference (*auf* to); reliance (on); *unter* ~ *auf* with reference to, referring to, on the authority of; **5.** ⚖ appeal; ~ *einlegen* (file *od.* lodge an) appeal (*bei* to; *gegen* from, against); *e-r* ~ *stattgeben* allow an appeal; *die* ~ (*als unzulässig*) *verwerfen* refuse leave to appeal; *die* ~ *zulassen* give leave to appeal; ~**santrag** *m* petition for leave to appeal; ~**sbeklagte(r** *m*) *f* appellee, respondent (to an appeal); ~**seinlegung** *f* lodging (*od.* entering) of an appeal; ~**sgericht** *n* appellate court, *bestimmtes*: court of appeal; ~**sgerichtsbarkeit** *f* appellate jurisdiction; ~**sinstanz** *f* → *Berufungsgericht*; ~**sklage** *f* appeal; ~**skläger(in** *f*) *m* appellant, party appealing; ~**srecht** *n* right of appeal; **~srichter** *m* appellate judge; **~surteil** *n* judgment on appeal; **~sverfahren** *n* **1.** procedure on appeal; **2.** *konkret*: appeal proceedings *pl.*

beruhen *v/i.* **1.** ~ *auf* rest (*od.* be founded, based) on; (*abhängen von*) depend on; (*zurückführbar sein auf*) be due (*od.* owing) to, be caused by; **2.** *et. auf sich ~ lassen* let a th. rest (*od.* be, drop); *lassen wir die Sache auf sich ~* let's leave it at that; let us forget the whole matter; *wir können das nicht auf sich ~ lassen* we can't let this pass (unnoticed), we must do something about it.

beruhig|en I. *v/t. u. v/i.* quiet, calm; (*einschläfern*) lull (*a. fig.*); (*Erregte*) appease, soothe, placate, mollify; (*Ängstliche*) set at ease, reassure, comfort, put *a p.'s* mind at ease; (*Schmerzen usw.*) assuage, soothe, still, alleviate; (*die Nerven*) soothe; **II.** *v/refl.*: *sich ~* calm down, F cool (off); (*Mut fassen*) reassure o.s.; (*sich fassen*) compose o.s.; *Lage*: stabilize; *Wind usw.*: calm (*od.* die) down, subside, abate; *er beruhigte sich bei dem Gedanken, daß* he found comfort in the thought that; *~ Sie sich!* compose yourself!, take it easy!; **~end** *adj.* soothing, *etc.*; reassuring; ⚕ sedative; **2ung** *f* calming (down), quieting; (*Besänftigung*) appeasement, soothing; (*Trost*) reassurance, comfort, relief; *von Schmerzen*: soothing, mitigation; *der Lage*: stabilization; (*Friede*) calm, peace; *e-s Landes*: pacification; *zur ~ der Nerven* to soothe the nerves; *zur ~ der Gemüter* to set people's minds at rest; *zu unserer großen ~* much to our relief; **2ungsmittel** ⚕ *n* sedative; **2ungspille** *f* sedative; *fig.* soporific, placebo.

berühmt *adj.* famous, famed (*wegen* for); (*bekannt*) noted; (*gefeiert*) celebrated; (*hoch ~*) renowned, illustrious, eminent; *sich ~ machen* make a name for o.s., rise to fame, distinguish o.s. (*mit* by); F *nicht ~* nothing to shout about, *sl.* not so hot; **~-berüchtigt** *adj.* notorious; **2heit** *f* **1.** fame, renown, eminence; *~ erlangen* achieve eminence, rise to fame; **2.** (*Person*) celebrity, great name.

berühren *v/t.* **1.** touch; be in (*od.* come into) contact with; (*erreichen*) reach; (*streifen*) graze; (*Essen usw.*) touch; **2.** (*angrenzen an*) border on, meet; ⩓ be tangent to; **3.** (*e-n Ort*) touch, pass through; (*e-n Hafen*) touch, call at; **4.** (*erwähnen*) touch (up)on, mention, allude to, refer to *a th.* briefly; **5.** *seelisch*: touch, affect; (*j-s Interesse usw.*) concern, *stärker*: affect; *j-n (un)angenehm ~* produce a(n un)pleasant impression (up)on a p., (dis)please a p.; *(un)angenehm berührt* (un)pleasantly affected; *es berührt seltsam, daß* it is strange that; *es berührte mich seltsam, daß* it struck me as odd that; **6.** *sich ~* touch; be in (*od.* come into) contact; *fig.* meet, come close to one another.

Berührung *f* touch; contact; (*Hinweis*) reference *od.* allusion (*gen.* to), mention (of); *in ~ kommen* (*fig. a. treten*) *mit* come into contact with, *fig. a.* get in touch with *a p.*; *mit j-m in ~ bleiben* (*stehen*) keep (be) in touch with a p.; *bei der leisesten ~* at the slightest touch; **~sebene** ⩓ *f* tangent(ial) plane; **~selektrizität** *f* contact electricity; **~sfläche** *f* contact surface; ⩓ tangent plane; ⚗ interface; *fig.* area of contact; **~sgift** *n* contact poison; **~slinie** ⩓ *f* tangent; **~spunkt** *m* point of contact (*a. fig.*); ⩓ tangential point; **~sschutz** *m* contact safety device.

berußen *v/t.* (cover with) soot.

besabbern F *v/t.* slobber over.

besäen *v/t.* sow; *besät mit fig.* covered (*od.* studded, dotted) with; *unordentlich*: littered *od.* strewn with; (*wimmelnd von*) crawling (*od.* alive) with.

besagen *v/t.* say; (*bedeuten*) mean, signify, imply; *die Vorschrift besagt, daß* the regulation says that; *es besagt noch etwas anderes* it implies something else yet; *es will nicht viel ~* it doesn't mean much; → *a. bedeuten.*

besagt *adj.* (*bsd.* ⚖ afore)said.

besaiten *v/t.* string; *fig.* → *zartbesaitet.*

besam|en *v/t. biol.* inseminate; ⚘ pollinate; **2ung** *f*: (*künstliche ~* artificial) insemination; ⚘ pollination.

Besan ⚓ *m* **1.** (*a.* **~segel** *n*) mizzen; **2.** (*a.* **~mast** *m*) mizzen-mast.

besänftig|en *v/t.* calm (down), appease, placate, soothe; *sich ~* calm down; *nicht zu ~* implacable; **~end** *adj.* calming, soothing; **2ung** *f* soothing, appeasement.

Besatz *m* **1.** *am Kleid usw.*: trimming; (*Schuh2*) vamp; **2.** ⚒ tamping.

Besatzer F *m* → *Besatzungsangehörige(r).*

Besatzung *f* **1.** ⚔ a) occupation (troops *pl.*); b) garrison; **2.** ⚓, ✈ (*Mannschaft*) crew; **~sangehörige(r)** *m* member of the occupation forces; **~sbehörde** *f* occupation authorities *pl.*; **~sheer** *n* army of occupation; **~skosten** *pl.* occupation costs; **~smacht** *f* occupying power; **~sstatut** *n* Occupation Statute; **~sstreitkräfte** *f/pl.* occupation forces; **~szone** *f* zone of occupation.

besaufen F *v/refl.*: *sich ~* get drunk.

Besäufnis F *n* F booze-up.

besäuselt F *adj.* F tipsy.

beschädig|en *v/t.* damage; (*j-n*) injure, disable; *typ.* batter; **˜ung** *f* damage, injury (*gen.* to); defect; ⚓ average.

beschaffen[1] *v/t.* procure, provide, make available, get; (*erlangen*) obtain, secure, get (*alle a. sich ~*); (*liefern*) furnish, supply; ⚕ (*Deckung*) provide; (*Arbeit, Kapital*) find.

beschaffen[2] *adj.* constituted; *gut* (*schlecht*) ~ in good (bad) condition *od.* repair; *wie ist die Straße ~?* how is the road?; *fig. wie ist es mit ... ~?* what about ...?, what is ...?; *die Sache ist so ~* the matter stands thus; **˜heit** *f* (*Zustand*) state, condition; (*Eigenschaft*) quality; property, characteristic; (*Art*) nature, character, kind; (*Anlage*) design, structure, composition; *des Körpers*: constitution; *glatte* (*rauhe*) *~ der Oberfläche* smoothness (roughness) of surface.

Beschaffung *f* procuring, procurement; providing; (*Lieferung*) supply; (*Erwerb*) acquisition; ⚕ *von Deckung usw.*: provision; **~skosten** *pl.* cost *sg.* of acquisition; **~sstelle** *f* procurement office.

beschäftig|en I. *v/t.* **1.** (*j-n*) keep *a p.* busy, occupy *a p.*; find *a p.* something to do; (*anstellen*) employ, engage, give work to; (*einsetzen*) apply (*mit* to); **2.** (*j-n, j-s Geist od. Aufmerksamkeit*) occupy (*od.* fill) *a p.'s* mind, engage *a p.'s* attention, engross, absorb, preoccupy *a p.*; *der Gedanke beschäftigte ihn ständig* the thought was forever on his mind; **II.** *v/refl.*: *sich ~ mit* be busy (*od.* occupy o.s.) with, be engaged in, work at, be busy *ger.*; (*e-m Problem, Gebiet usw.*) concern o.s. with, be concerned with; deal with; (*prüfen*) consider, examine; **~t** *adj.* busy (*mit* with), engaged (in); *geistig*: preoccupied, concerned (with), absorbed (in); *~ sein bei* be employed with, be in the employ of, work for; **˜te(r** *m*) *f* person employed, employee; **˜tenstand** *m* level of employment; **˜ung** *f* (*Tätigkeit*) occupation, pursuit, work, activity; (*Geschäft*) business; (*Anstellung*) employment, engagement, F job; *Arbeitsmarkt*: employment; *Industrie*: activity; *ohne ~* → *beschäftigungslos*; **˜ungslage** *f* labo(u)r situation; **~ungslos** *adj.* unemployed, out of work; **˜ungslosigkeit** *f* unemployment; **˜ungsnachweis** *m* certificate of employment; **˜ungstherapie** *f* occupational therapy; **˜ungsverhältnis** *n* → *Arbeitsverhältnis* 1.

beschäl|en *v/t.* (*Stute*) cover, serve; **˜er** *m* stallion, stud-horse.

beschäm|en *v/t.* (put to) shame, make ashamed; (*verlegen machen*) embarrass, confuse, put to the blush; (*übertreffen*) put to shame, throw into the shade; (*demütigen*) humiliate; **~end** *adj.* shameful, disgraceful; **~t** *adj.* ashamed (*über* of); *adv. a.* in shame; **˜ung** *f* shame, humiliation; (*Verwirrung*) confusion; *zu m-r ~* to my shame.

beschatten *v/t.* **1.** *allg.* shade; **2.** *fig.* (*verfolgen*) shadow, F tail.

Beschau *f* inspection; **˜en** *v/t.* (*a. sich et. ~*) (have a) look at, view; *prüfend*: examine, inspect; *geistig*: contemplate; **~er(in** *f*) *m* **1.** → *Betrachter(in)*; **2.** → *Fleischbeschauer*; **˜lich** *adj.* contemplative, meditative; (*friedlich*) tranquil, peaceful; (*behaglich*) comfortable, leisurely; **~lichkeit** *f* contemplativeness; tranquillity; leisure(-liness).

Bescheid *m* (*Antwort*) answer, reply; (*Auskunft*) information, advice; (*Anweisung*) direction, instruction; (*Entscheidung*) decision, *a.* ⚖ decree, ruling; *e-s Schiedsgerichts*: award; *behördlich, offiziell*: notice; *abschlägiger ~* negative reply, rejection, refusal; *bis auf weiteren ~* until further orders; *~ erhalten* be informed, receive word (*od.* notice); (*j-m*) *~ geben* answer (a p.), send (a p.) word, *j-m*: let a p. know, inform a p. (*über* about); *~ hinterlassen* leave word (*bei* with, at); F *j-m gehörig ~ sagen* (*od. stoßen*) give a p. a piece of one's mind, *sl.* tick a p. off (properly); *j-m ~ tun* (*zutrinken*) pledge a p., drink to a p. in return; *~ wissen* be (fully) informed; be in the secret, F be in the know (*über, mit* about), *mit* (*od. in, über*): *a.* be acquainted (*od.* conversant) with, be aware (*od.* cognizant) of, *wie*: *a.* know how *to inf.*; *in e-r Sache genau ~ wissen* know the ins and outs of a th.; *ich weiß ~! a. iro.* I know all about it (now)!; *ich weiß hier ~* I know this place (*od.* my way about here).

bescheiden[1] **I.** *v/t.* **1.** (*zuteilen*) allot, grant; *es ist mir beschieden* it has fallen to my lot; *es war ihm nicht beschieden* it was not granted to him; *ihm war kein Erfolg beschieden* he was not granted success; **2.** *bsd.* ⚖ (*j-n*) give notice to, notify, inform, advise; → *abschlägig*; **3.** (*beordern*) order (*zu* to); *zu sich ~* summon *a p.*; **II.** *v/refl.*: *sich ~* be content (*mit* with).

bescheiden[2] *adj. allg.* modest; *Person*: *a.* unassuming, self-effacing; (*anspruchslos, einfach*) *a.* unpretentious, simple, plain; (*genügsam*) frugal; (*demütig, ärmlich*) humble; (*gemäßigt*) *Preise usw.*: moderate, modest; (*beschränkt*) limited, restricted; (*unbedeutend*) small, modest; **⁓heit** *f* modesty; unpretentiousness; frugality; humbleness; *bei aller ~* with all due modesty.

Bescheidung ⚖ *f* notice of decision (*gen.* to).

bescheinen *v/t.* shine (up)on; *von der Sonne beschienen* sunlit, sunny.

bescheinig|en *v/t.* certify (*j-m* to), attest *a p. a th.* (*a. iro.*); (*beglaubigen*) verify, vouch for, *amtlich*: authenticate; *den Empfang ~ e-s Briefes*: acknowledge receipt of, *e-r Summe*: give a receipt for, receipt; *es wird hiermit bescheinigt, daß* this is to certify that; **⁓ung** *f* attestation, certification; (*Schein*) certificate; (*Quittung*) receipt; (*Beleg*) voucher; (*Bestätigung*) acknowledgement; (*Erklärung*) declaration; *als Überschrift*: To Whom It May Concern.

bescheißen V *v/t.* cheat, *sl.* do.

beschenk|en *v/t.*: *j-n ~* make a p. a present (*od.* presents), *mit et.*: make a p. a present of, present a p. with; **⁓te(r** *m*) *f* recipient; ⚖ donee.

bescher|en I. *v/t.* bring *a p. a th.* (*a. iro.*); *j-m et. ~*, *j-n mit et. ~* present a th. to a p. (*od.* a p. with a th.), *fig.* bless a p. with a th.; **II.** *v/i.* distribute (Christmas) presents; **⁓ung** *f* distribution of Christmas presents; *iro.* F *e-e schöne ~!* a nice mess!; *da haben wir die ~!* there you are!, now we are in for it!; *die ganze ~* the whole bag of tricks.

bescheuert F *adj. sl.* nuts.

beschick|en *v/t.* **1.** (*Kongresse usw.*) send representatives to; ⚕ (*Märkte*) supply (with goods); (*Ausstellung*) exhibit at; **2.** ⊕ feed, charge; **3.** → *Haus*; **⁓ung** *f* representation (*gen.* at); supply (to); ⊕ a) charging, feeding; b) *konkret*: charge, batch; **⁓ungsanlage** *f* charging equipment; **⁓ungsgut** *f* charge, stock.

beschieß|en *v/t.* fire (up)on *od.* at; *mit Granaten*: bombard (*a. phys.*), shell, batter; (*unter Beschuß halten*) cover, rake with fire; *mit Maschinengewehr*: *a.* machine-gun; *im Tiefflug*: strafe; **⁓ung** *f* bombardment (*a. phys.*), shelling, fire.

beschiffen *v/t.* navigate (on), sail.

beschilder|n *v/t.* **1.** (*Waren usw.*) label; **2.** mark with street-plates, *mit Verkehrszeichen*: signpost; **⁓ung** *f Verkehr*: signposting; (*Schilder*) signposts *pl.*

beschimpf|en *v/t.* insult, abuse, swear at, call *a p.* names; (*entehren*) revile; (*Namen*; *Ehre*) stain; **⁓ung** *f* insult (*gen.* to), abuse (of), affront, outrage (to).

beschirmen *v/t.* shield, protect, guard, shelter (*vor* from).

Beschiß V *m* (*Betrug*) cheat; (*Gemeinheit*) dirty trick; (*Enttäuschung*) let-down; *so ein ~! sl.* what a sell!

beschissen V *adj.* F lousy, *sl.* rotten, shitty.

beschlafen *v/t.* **1.** F (*et.*) sleep on (*od.* over) *a problem, etc.*; **2.** (*e-e Frau*) sleep (*od.* lie) with.

Beschlag *m* **1.** ⊕ (*mst Beschläge pl.*) metal fitting(s *pl.*), mount(s *pl.*), furnishing(s *pl.*); (*Gewehr⁓*) mountings *pl.*; (*Stock⁓*) ferrule(s *pl.*); (*Schuh⁓*) nails *pl.*; (*Buch⁓*) clasp; (*Huf⁓*) shoe(ing); (*Auskleidung*) lining; **2.** *min.*, ⚗ efflorescence, bloom; (*Überzug*) film; (*Feuchtigkeit*) mist, damp, steam; **3.** ⚖ → *Beschlagnahme*; *in ~ nehmen, mit ~ belegen, ~ legen auf* a) → *beschlagnahmen*; b) *weitS.* (*Plätze usw.*) secure, F bag, *unverschämt*: hog; c) *fig.* (*j-n, Unterhaltung usw.*) monopolize; **⁓en I.** *v/t.* **1.** cover, overlay (*mit* with); (*auskleiden*) line; fit, mount (with metal); sheathe; (*Pferd, Rad*) shoe; (*Stock*) tip; *mit Ziernägeln*: stud; (*Holz*) square; (*Steine*) hew; **2.** (*Segel*) furl; **3.** *Dampf*: cloud, dim; **II.** *v/i. u. v/refl.* **4.** (*sich ~*) (*anlaufen*) *Glas*: cloud over, mist, dim, steam up; *Wände*: sweat; *Metall*: oxidize, effloresce, (be) tarnish(ed); (*schimmeln*) grow mouldy; **III.** *adj.* **5.** metal-mounted; *mit Eisen (Silber) ~er Stock* iron-tipped (silver-mounted) stick; *mit Messingnägeln ~er Sessel* brass-studded armchair; **6.** *Glas usw.*: dimmed, clouded, steamed; **7.** *fig.* experienced, proficient (*in* in); *in e-r Sache gut ~ sein a.* be well versed (*od.* up) in, have a sound knowledge of, be knowledgeable about, be (a) good (hand) at *a th.*; **~enheit** *f* experience (*in* in), (profound) knowledge (of), proficiency (in); **~nahme** *f allg.* seizure (*gen.* of); (*dinglicher Arrest*) attachment, arrest(ment) (of); *zwecks Pfändung*: distraint (of); *zur Zwangsvollstreckung*: levy (of execution) (on); *zur Zwangsverwaltung*: sequestration (of); *von Forderungen*: garnishment (of); (*Einziehung, Enteignung*) confiscation; ⚓ embargo (on), arrest (of); ⚔ requisition; **≈nahmen** *v/t.* seize; *privatrechtlich*: *a.* attach; (*einziehen, enteignen*) confiscate; (*pfänden*) distrain; (*Forderungen*) garnish; ⚔ requisition; ⚓ lay an embargo on; **~teile** *n/pl.* fittings, mount(ing)s.

beschleichen *v/t.* (*j-n*) sneak (*od.* creep) up to, surprise; (*Wild*) stalk; *fig. Angst, Alter, Schlaf usw.*: steal (*od.* creep) (up)on *od.* over, seize.

beschleunig|en *v/t.* accelerate (*a. mot., phys., etc.*); speed up, quicken, hasten (*alle a. sich ~*); (*vorantreiben*) *a.* hurry along, expedite, push ahead; *das Tempo ~* increase one's speed, force one's pace; *s-e Schritte ~* quicken one's steps; *dies beschleunigte nur die unvermeidliche Katastrophe* it only precipitated the inevitable disaster; **≈er** *mot., phot., phys. m* accelerator; **≈erpumpe** *mot. f* accelerator pump; **~t** *adj.* accelerated; speedy, expeditious; ⚖ *Verfahren*: summary *proceedings*; **≈ung** *f* acceleration (*a. phys.*), speeding up, expedition; **≈ungskraft** *f* accelerative force; **≈ungsmesser** *m* accelerometer; **≈ungsmoment** *n* moment of acceleration; **≈ungsvermögen** *mot. n* accelerating power, F zip.

beschließen *v/t.* **1.** (*beenden*) end, close, conclude, finish, terminate, wind up; *endgültig*: *a.* settle; (*e-e Kolonne usw.*) bring up the rear in; **2.** (*sich entscheiden*) determine (*et.* on, *zu* to *inf.*); decide (to *inf.*) (*beide a.* ⚖ = decree, rule); resolve (on, to *inf.*, on *ger.*); make up one's mind (to *inf.*); *parl.* vote; *e-n Antrag ~* carry a motion, *in Versammlungen*: pass a resolution.

beschlossen *adj.* agreed, settled; **~ermaßen** *adv.* as agreed.

Beschluß *m* decision, resolution, *Am. a.* resolve; ⚖ (court) order, order of court; *parl. e-n ~ fassen* pass a resolution; **≈fähig** *adj.*: *~ sein* be (*od.* constitute) a quorum; *~e Anzahl (Versammlung)* quorum; *das Haus ist (nicht) ~* there is a (no) quorum; **~fähigkeit** *f* quorum, competence; **~fassung** *f* passing of a resolution; **≈unfähig** *adj.* not having a quorum.

beschmieren *v/t.* (be)smear; *mit Farbe*: daub (over); *mit Fett*: grease; *mit Teer*: tar; (*Brot*) spread (*mit* with); (*bekritzeln*) scrawl, scribble (over); *mit Butter ~* butter *bread*.

beschmutzen *v/t.* soil, dirty; (*beflecken*) stain, smudge; (*bespritzen*) bespatter, splash; *fig.* soil, besmirch, sully; → *Nest.*

Beschneide|hobel *m Buchbinderei*: cutting knife; **~maschine** *f Papier usw.*: trimming machine; **≈n** *v/t.* trim, clip, cut; ⊕ trim, square; *vet.* dock; (*Buch*) cut; ⚕ (*Knaben*) circumcise; *fig.* (*kürzen*) cut (down), curtail, curb, restrict, slash; → *Flügel*; **~presse** *f* cutting press.

Beschneidung *f* clipping, trimming; ⚕ circumcision; *fig.* curtailment, cut, reduction.

beschneit *adj.* snowy, snow-covered.

beschnüffeln, beschnuppern *v/t.* smell *od.* sniff (at); *fig. alles ~* poke one's nose into everything; *sich od. einander ~* size each other up.

beschönig|en *v/t.* gloss over, palliate, extenuate, find excuses for; **~end** *adj.* palliative; **≈ung** *f* palliation, extenuation, excuse(s *pl.*).

beschotter|n *v/t.* gravel, metal; 🚂 (*neu ~* re)ballast; **≈ung** *f* metal(l)ing, ballast(ing).

beschränk|en *v/t.* confine, limit, restrict (*auf* to); (*einengen*) restrain, curb, narrow; *sich ~ auf* confine o.s. to, *Sache*: be confined, *etc.*, to; **~end** *adj.* restrictive; **~t** **I.** *adj.* **1.** limited, restricted, confined (*auf* to); (*eng*) narrow; *~e Anzahl* limited number; *~e Mittel* restricted means; *~e Sicht* low visibility; *~e Verhältnisse* straitened (*od.* narrow) circumstances; ⚕ *~e Annahme* conditional acceptance; *~es Giro* restrictive endorsement; → *Haftung* 2; **2.** *geistig*: dull, dense, obtuse; (*engstirnig*) narrow(-minded); *~e Intelligenz* limited intelligence; **II.** *adv.* restrictedly; *~ lieferbar* in short (*od.* limited) supply; *~ steuerpflichtig* subject to limited taxation; **≈theit** *f* restrictedness; *fig.* obtuseness, stupidity, limited intelligence; (*Engstirnigkeit*) narrow-mindedness, narrowness; ~ *der Mittel* limited means; **≈ung** *f* limitation, restriction, confinement (*auf* to); (*Maßnahme*) restriction, restrictive measure, restraint (*gen.* upon); (*Kürzung*) curtailment; (*Kürze*) brevity; ~*en auferlegen* impose restrictions (*dat.* upon).

beschreib|en *v/t.* **1.** (*Papier*) write (up)on, cover (*od.* fill) with writing; **2.** *fig.* (*Kreis, Bahn usw.*) describe, trace; **3.** (*schildern*) describe, give a description of; characterize; *anschaulich*: picture, depict, portray; *erzählend*: relate; *genau* ~ go into detail about, particularize, *bsd.* ⚕ *u.* ⊕ specify; *nicht zu* ~ indescribable, past (*od.* beyond) all description; **~end** *adj.* descriptive; **≈ung** *f* description; (*Darstellung*) representation; depiction, portrayal; (*Bericht*) account, narration; ⚕, ⊕ (*a. Patent≈*) specification; *kurze* ~ sketch, outlines *pl.*; *es spottet jeder* ~ it beggars all description; *er entsprach der* ~ he answered the description; *Güter jeder Art und* ~ goods of any kind and description.

beschreiten *v/t.* walk on; *fig. e-n Weg* ~ follow a course; *neue Wege* ~ apply new methods; → *Rechtsweg*.

beschrift|en *v/t.* inscribe, letter; ⚕ (*Kisten usw.*) mark, *mit Etikett*: label; (*Bild usw.*) caption; **≈ung** *f* lettering; (*Inschrift*) inscription; *erläuternde*: legend, caption; ⚕ marking.

beschuht *adj.* shod.

beschuldig|en *v/t.* accuse (*gen.* of), charge (with) (*beide a.* ⚖); arraign (for); *j-n e-r Sache* ~ blame a p. for a th.; **≈te(r** *m*) *f* accused; **≈ung** *f* accusation, charge.

beschummeln F *v/t.* cheat, trick, *sl.* do (*um* out of).

Beschuß ⚔ *m* (gun) fire; *nur Artillerie*: shelling, *a. phys.* bombardment; *unter* ~ *geraten* come under fire (*a. fig.*); *unter* ~ *nehmen* a) → *beschießen*; b) *fig.* go (*od.* gun) for.

beschütten *v/t.* throw sand *etc.* on (*od.* over); *mit Flüssigkeit* ~ pour liquid on (*od.* over); *mit Kies* ~ gravel.

beschütz|en *v/t.* protect, guard, shield, shelter (*vor, gegen* from); defend (against); watch over; (*geleiten*) escort (*a.* ⚔); **≈er(in** *f*) *m* protect|or (*f* -ress), defender; guardian; (*Schutzengel*) guardian angel; **≈ung** *f* protection; → *Schutz*.

beschwatzen *v/t.* talk *a p.* round (*zu* to); *j-n zu et.* ~ *a.* talk a p. into *doing a th.*, *schmeichelnd*: wheedle (*od.* coax) a p. into *doing a th.*

Beschwer *f* **1.** → *Beschwerde* 1; **2.** ⚖ grievance.

Beschwerde *f* **1.** (*Bürde*) burden, hardship; (*Verdruß*) trouble, annoyance; ⚕ complaint, trouble, ailment, discomfort; ~*n des Alters* infirmities of old age; *j-m* ~*n machen* give a p. trouble; *Essen*: disagree with a p.; **2.** (*Klage*) complaint (*über* about), protest (against); ⚖ appeal (*gegen* from); (~*grund*) grievance; ~ *erheben* lodge a complaint (*gegen* about; *bei* with); (enter a) protest (against); ⚖ ~ *führen gegen* appeal from (*od.* against); **~ausschuß** *m* appeal(s) committee; **~buch** *n* complaints book; **≈führend** ⚖ *adj.*: ~*e Partei* party appealing, appellant(s *pl.*); **~führer(in** *f*) *m* complainant; **~punkt** *m* (subject of) complaint, grievance; **~schrift** *f* complaint; **~verfahren** *n* appeal procedure (*konkret*: proceedings *pl.*).

beschwer|en **I.** *v/t.* **1.** burden, charge (*a. fig.*); (*lose Papiere usw.*) weight; (*den Magen*) lie heavy on; *fig.* (*seelisch*) weigh on, be a load on; **2.** ⚖ charge (*mit* with); **II.** *v/refl.*: *sich* ~ complain (*über* about, of; *bei* to); F *ich kann mich nicht* ~ I can't complain; **~lich** *adj.* burdensome, onerous; (*ermüdend*) fatiguing; (*lästig*) troublesome, annoying; (*unbequem*) inconvenient, awkward; (*hart*) hard, heavy, difficult; *j-m* ~ *fallen* a) be a burden to a p.; b) *körperlich*: be a strain on a p.; **≈lichkeit** *f* inconvenience; troublesomeness; difficulty; **≈nis** *f* → *Beschwerde* 1; **~t** ⚖ *adj.* aggrieved; **≈ung** *f* load(-ing), weight(ing).

beschwichtig|en *v/t.* soothe, pacify, *a. pol.* appease; (*zum Schweigen bringen*) silence (*a. das Gewissen*), quiet, hush; **≈ung** *f* appeasement, soothing, pacification; **≈ungspolitik** *f* appeasement policy.

beschwindeln *v/t.* **1.** tell *a p.* a lie (*od.* lies); **2.** (*betrügen*) swindle, cheat, trick, *sl.* bamboozle (*um* out of).

beschwing|en *v/t.* (*Schritte*) lend wings to, quicken; *fig. a.* animate; **~t** *adj. Schritte*: winged, elastic; (*frohgestimmt*) elated, animated (*von* by), buoyant; ~*en Schrittes* swift of foot; ~e *Melodien* racy melodies, pulsating rhythms.

beschwipst F *adj.* tipsy, gay.

beschwör|en *v/t.* **1.** (*et.*) swear to, take an oath on; **2.** (*Geister*) raise, conjure up (*a. fig. Erinnerungen usw.*); (*bannen*) exorcize, conjure away; (*Schlangen*) charm; **3.** (*j-n*) (*anflehen*) entreat, implore, beseech; ~*d* imploring(ly *adv.*), *etc.*; **2ung** *f* confirmation by oath (*gen.* of), swearing (to); (*Geister* 2) conjuration; (*Bannung*) exorcism; (*Flehen*) imploring, entreaty; **2ungsformel** *f* incantation, magic formula.

beseel|en *v/t. fig.* animate, inspire, fill (*mit* with); *sich* ~ come to life; **~t** *adj.* animated; *Spiel usw.*: *a.* inspired (*von* with); *Blick*: soulful.

besehen *v/t.* (*a. sich et.* ~) (have a) look at, view; *prüfend*: inspect, examine, look over; → *Licht.*

beseitig|en *v/t. allg.* remove; (*abschaffen*) abolish, do away with, get rid of; (*Abfälle usw.*) clear away, dispose of (*a. fig.*); ⚖ (*Urkunden, Wertsachen usw.*) secrete, conceal, (*vernichten*) destroy; (*Übel*) redress; (*Unrecht*) remedy; (*Fehler*) cure, eliminate; (*Hindernisse usw.*) clear away, overcome; (*Streit*) settle; (*Gegner*) remove, get rid of, eliminate, (*töten*) do away with, *pol.* liquidate, purge; **2ung** *f* removal, disposal, elimination; redress; liquidation, purge.

beselig|en *v/t.* make happy, fill with bliss; *eccl.* beatify; **~end** *adj.*, **~t** *adj.* blissful; **2ung** *f* bliss.

Besen *m* broom, (*Reisig* 2) besom; (*kleiner* ~) brush; → *Handbesen, Schneebesen usw.*; F (*Weibsbild*) hag, F battle-axe; *fig. mit eisernem* ~ (*aus*)*kehren* make a clean sweep of (it); rule with a rod of iron; *neue* ~ *kehren gut* a new broom sweeps clean; F *ich fresse e-n* ~, *wenn* I'll eat my hat if; **~binder** *m* broommaker; **2rein** *adj.* well-swept; **~schrank** *m* broom cabinet; **~stiel** *m* broom-stick; F *steif wie ein* ~ (as) stiff as a ramrod.

besessen *adj.* possessed (*von* by); *fig. a.* obsessed (with); (*rasend*) frantic; (*leidenschaftlich*) passionate; *wie* ~ like one possessed, like mad; **2e**(**r** *m*) *f* man (woman) possessed; maniac; **2heit** *f* possession; obsession; madness, (*Raserei*) frenzy; passion.

besetz|en *v/t.* **1.** (*Kleid usw.*) trim; *mit Pelz*: fur; *mit Borte*: border; *mit Spitzen*: lace; *mit Edelsteinen usw.* ~ set *od.* stud with; **2.** (*Sitzplatz*) take, occupy; **3.** (*Land*) occupy; ⚔ (*feindliche Stellung*) take; (*Haus usw.*) take possession of; (*leerstehendes Haus*) squat in; **4.** (*bemannen*) man; **5.** *Amt, Stelle* ~ fill (up), *mit j-m*: appoint a p. to *a post*; **6.** *thea.* cast; *neu* ~ recast; *falsch* ~ miscast; *die Rollen e-s Stückes* ~ cast (the parts of) a play; **7.** (*Gewässer usw.*) stock; **8.** (*bepflanzen*) plant (*mit* with); **9.** ⊕ (*Bohrloch*) tamp; **10.** ♪ score (*mit* for); **~t** *adj.* **1.** occupied (*a.* ⚔, *pol.*), *Platz*: *a.* taken; *Bus usw.*: full (up); *dicht* ~ crowded, packed; *thea. gut* ~*es Haus* full house; *gut* ~*es Stück* well-cast play; **2.** *teleph.* engaged, *Am.* busy; **3.** *Mannschaft, Gericht usw.*: composed (*mit* of); *nicht vorschriftsmäßig* ~ improperly constituted; **4.** F *Tag*: filled; *Person*: busy, engaged; **5.** *Kleid*: trimmed; *mit Spitzen* ~ laced; *mit Diamanten* ~ studded with diamonds; **2tzeichen** *teleph. n* engaged (*Am.* busy) signal; **2ung** *f*: (*kriegerische* ~ belligerent) occupation; *von leerstehenden Häusern*: squatting (in); *Amt, Stelle*: appointment (*gen.* of), filling (of), *konkret*: staff, personnel; *e-r Mannschaft, des Gerichts usw.*: composition; (*Wettkampfteilnehmer*) entrants *pl.*; *thea.* a) *der Rollen*: cast(ing); b) *des Hauses*: attendance; ♪ a) instrumentation; b) members *pl.*, players *pl.*

besichtig|en *v/t.* view; *prüfend*: examine, inspect (*a.* ⚔); (*Stadt usw.*) visit, tour, look round; → *Sehenswürdigkeit*; *zu* ~ *sein* to be on view; **2ung** *f* visit (*e-r Örtlichkeit, von Sehenswürdigkeiten* to), sightseeing (in *a place*); (*Prüfung*) examination, inspection (*a.* ⚔); (*Parade*) review; **2ungsfahrt** *f* sightseeing tour; ⚔ *usw.*: tour of inspection.

besiedel|n *v/t.* colonize, settle; (*bevölkern*) populate; *dicht besiedelt* densely populated; **2ung** *f* colonization, settlement; **2ungsdichte** *f* density of population.

besiegeln *v/t.* seal (*a. fig.*); *sein Schicksal ist besiegelt* his fate is sealed.

besieg|en *v/t.* conquer, vanquish, *a. Sport, pol. usw.*: defeat, beat, F whip, *sl.* lick; *fig.* conquer, overcome; (*im Laufen* [*Boxen*] *usw.* ~) outrun (outbox) *usw.*; *sich für besiegt erklären* admit defeat, give in, throw up the sponge, *Am. sl.* cry uncle; **2er** *m* conqueror, victor; **2te**(**r** *m*) *f* defeated person, *a. Sport*: loser; *Sieger und Besiegte* victors and vanquished; → *weh* I; **⁓ung** *f* defeat.

besingen *v/t.* sing (of); (*preisen*) sing the praises of, extol; (*Tonband*) record a song on.

besinn|en *v/refl.*: *sich* ⁓ (*überlegen*) reflect, consider, think; (*sich fassen*) recollect o.s.; *sich* ⁓ *auf* recall, remember, call to mind, F hit on; *sich anders* (*od.* *e-s anderen*) ⁓ change one's mind; *sich e-s Besseren* ⁓ think better of it; *sich hin und her* ⁓ rack one's brain; *ohne sich* (*lange*) *zu* ⁓ without thinking twice, without hesitation; ⁓ *Sie sich mal!* try to remember!; *wenn ich mich recht besinne* if I remember correctly; **⁓en** *n* reflection; *ohne langes* ⁓ without hesitation; **⁓lich** *adj.* thoughtful, reflective, contemplative; *Buch usw.*: contemplative, thought-provoking; *Zeit*: of meditation; (*tief*) profound; *ein heiter-*⁓*er Film* a film of whimsically contemplative content.

Besinnung *f* (*Vernunft*) reason; (*Überlegung*) reflection; (*innere Betrachtung*) contemplation, meditation; (*Bewußtsein*) consciousness; *Stunde der* ⁓ hour of meditation; *bei* ⁓ *bleiben* remain conscious; *fig.* keep a cool head; *die* ⁓ *verlieren* lose consciousness, faint; *fig.* lose one's head; *du bist wohl nicht bei* ⁓*!* you must be out of your mind; (*wieder*) *zur* ⁓ *kommen* recover consciousness, F come to; *fig.* come to one's senses; *fig.* *j-n zur* ⁓ *bringen* bring a p. to his senses; **⁓saufsatz** *ped.* *m* contemplative essay, reflections *pl.*; **⁓slos** *adj.* ⚕ unconscious, insensible; (*unüberlegt*) insensate, senseless, blind; **⁓slosigkeit** *f* unconsciousness; *fig.* senselessness, blindness.

Besitz *m allg.* (*jur. a.* physical) possession (*gen.*, *an*, *von* of); *konkret*: (*Besitztum*) possession(s *pl.*); (*Eigentum*) property; (*Land*⁓) (landed) property, (real) estate; (*Gut*) estate; (*Aktien*⁓) holdings *pl.*; *im* ⁓ *sein von* be in possession of, be the holder of, hold; *in* ⁓ *nehmen*, ⁓ *ergreifen von* take possession of, *fig.* *von j-m*: take hold of, seize; *in den* ⁓ *e-r Sache gelangen* come into possession of, obtain possession of, get hold of; *in j-s* ⁓ *übergehen* pass into a p.'s possession (*od.* hands); ⚚ *im* ⁓ *Ihres Schreibens* in receipt of your letter; *in staatlichem* ⁓ state-owned; **⁓anspruch** *m* possessory title; **⁓anzeigend** *ling.* *adj.*: ⁓*es Fürwort* possessive pronoun.

besitzen *v/t.* possess, be in possession of; (*innehaben*) own, hold, be holder of, have; (*Eigenschaft, Talent usw.*) possess, have; (*ausgestattet sein mit*) be provided (*od.* equipped) with, have; (*sich e-r Sache rühmen können*) boast *a th.*; *die* ⁓*den Klassen* the propertied classes.

Besitzer(**in** *f*) *m* possessor (*a.* ⚖); (*Inhaber*) holder, occupant; (*Eigentümer*) owner; propriet|or (-ress *f*); *den* ⁓ *wechseln* change hands.

Besitz...: **⁓ergreifung** *f* taking possession (*von* of), entry (upon), occupation; *gewaltsame*: seizure; *widerrechtliche*: usurpation; **⁓erisch** *adj.* possessive; **⁓erlos** *adj.* *Auto usw.*: abandoned; **⁓erstolz** *m* pride of possession; **⁓instinkt** *m* possessive instinct; **⁓klage** *f* possessory action; **⁓los** *adj.* unpropertied; **⁓nahme** *f* → *Besitzergreifung*; **⁓recht** *n* possessory right; **⁓stand** *m* ownership, possessory title; ⚚ (*Aktiva*) assets *pl.*; **⁓störung** *f* disturbance of possession, trespass; **⁓titel** *m* possessory title; (*Urkunde*) title-deed; **⁓tum** *n* possession, property, estate; **⁓übertragung** *f* transfer of possession; **⁓ung** *f* possession; **⁓urkunde** *f* title-deed.

besoffen V *adj.* drunk, F tight, *sl.* plastered, stoned; *total* ⁓ dead (*od.* roaring) drunk, drunk as a lord (*Am.* judge), *Am.* *sl.* stinko; **⁓heit** *f* drunkenness.

besohlen *v/t.* sole; *mot.* (*Reifen*) retread; *neu* ⁓ resole.

besold|en *v/t.* pay, (pay a) salary; **⁓et** *adj.* salaried; stipendiary.

Besoldung *f* pay; *e-s Beamten*: salary; **⁓sdienstalter** *n* pay seniority; **⁓sgruppe** *f* salary class (*od.* bracket); **⁓sordnung** *f* pay regulations *pl.*; **⁓sstufe** *f* salary grade.

besonder *adj.* special, particular; (*bestimmt*) specific; (*eigentümlich*) peculiar; (*unterscheidend*) distinct(ive); (*einmalig*) singular, unique, special; (*außerordentlich*) exceptional; (*individuell*) individual; (*getrennt*) separate; *in diesem* ⁓*en Fall* in this particular case; *ohne* ⁓*e Begeisterung* without any marked enthusiasm; → *Kennzeichen*; **⁓e**(**s**) *n*: et. ⁓*s* (*für sich*) something apart; (*Ungewöhnliches*) something special (*od.* out of the common, out of the way); *nichts* ⁓*s* nothing unusual (*od.* out of the way), *contp. a.* nothing special, F nothing to write home about; *im* ⁓*n* in particular, above all; *das* ⁓ *daran ist* the remarkable thing about it is; **~heit** *f* particularity, characteristic, special feature (*od.* quality); (*Eigentümlichkeit*) peculiarity; individuality; **~s** *adv.* especially, particularly, in particular; (*hauptsächlich*) *a.* above all, chiefly, mainly; (*getrennt*) separately, apart; (*außergewöhnlich*) exceptionally, singularly; (*ausdrücklich*) expressly, specially; (*sehr*) very much; *~, wenn* particularly when; *~gründlich* with particular care; *nicht ~ schön* not so (very) beautiful; F *nicht ~* not so good (*od. sl.* hot).

besonnen[1] *v/t.*: *sich ~ lassen* sun o.s., lie in the sun.

besonnen[2] *adj.* (*vernünftig*) sensible, level-headed; (*ruhig*) calm; (*vorsichtig*) prudent, circumspect, cautious; *~bleiben* keep calm; **~heit** *f* level-headedness; (*Ruhe*) calm, composure; (*Vorsicht*) prudence, caution; (*Geistesgegenwart*) presence of mind.

besonnt *adj.* sunny; *fig.* happy, serene; *~e Tage a.* halcyon days.

besorg|en *v/t.* **1.** (*fürchten*) fear; *es ist zu ~, daß* it is to be feared that; **2.** (*beschaffen*) get (*j-m et.* a p. a th., a th. for a p.), procure (a p. a th., a th. for a p.), provide, supply (a p. with a th.); *j-m e-e Stelle ~* find a p. a job; *sich et. ~* get (*od.* buy) a th.; F *ihm werde ich's ~* F I'll give him what for; I'll settle his hash; **3.** (*betreuen*) look after, take care of; (*erledigen*) attend to, see to, handle; (*Auftrag*) carry out; (*Haushalt*) manage, run; (*Briefe*) post; *j-s Angelegenheiten ~* conduct (*od.* manage) a p.'s affairs; *das Kochen ~* do the cooking; F *wird besorgt!* leave it to me!, *sl.* will do!; **4.** F (*a. sich ~*) (*stehlen*) F borrow; **~nis** *f* alarm, concern, anxiety (*über* about, at; *um* for); *~se* misgivings; *ernste ~* grave concern; *~ erregen* cause concern, be alarming; *in ~ geraten* get alarmed; → *Befangenheit*; **~niserregend** *adj.* alarming(ly *adv.*); **~t** *adj.* (*fürchtend*) alarmed (*um* for; *wegen* at, about); uneasy, worried, concerned (about); (*ängstlich bemüht*) anxious, solicitous (*um* for, about; *zu tun* to do); **~theit** *f* anxiety, uneasiness, concern; solicitude (*um* about); **~ung** *f* **1.** (*Beschaffung*) procurement, provision; (*Einkauf*) purchase; (*Auftrag*) errand; *~en machen* go shopping, *weitS.* have some errands to do; **2.** (*Erledigung*) attending (*gen.* to), handling; *von Geschäften*: *a.* management, conduct *of affairs*.

bespann|en *v/t.* **1.** ♪ (*mit Saiten ~*) string; **2.** ⊕ *mit Stoff ~* cover with fabric; **3.** *mit Pferden ~* put horses to; **~t** *adj.*: *mit Pferden ~* horse-drawn; **~ung** *f* team (of horses); (covering) fabric; ✈ wing covering.

bespeien *v/t.* spit at (*od.* on).

bespicken *v/t.* (*Fleisch*) lard; *mit Nägeln usw.*: stud, spike; *fig. bespickt mit* full of, bristling with.

bespiegeln *v/refl.*: *sich ~* look at o.s. (F admire o.s.) in a mirror; *fig.* admire o.s.

bespielen *v/t.* **1.** (*Tonband usw.*) make a recording on; **2.** *thea.* perform in *a town*.

bespitzeln *v/t.* spy on *a p.*

bespötteln *v/t.* mock (*od.* gibe) at.

besprech|en *v/t.* **1.** discuss, talk *a th.* over; *sich mit j-m ~* confer (*od.* consult) with a p. (*über* on, about), discuss the matter with a p.; **2.** (*Buch, Film usw.*) review; **3.** (*Tonband usw.*) make a recording on; **4.** (*Krankheit*) cure by magic formulas; **~er(in** *f*) *m e-s Buches usw.*: reviewer; **~ung** *f* **1.** discussion, talk; conference, (*Beratung*) deliberation; (*Verhandlung*) negotiation; **2.** (*Buch~*) review; *thea. usw.*: *a.* critique; (*Kommentar*) commentary; **~ungsexemplar** *n* reviewer's (*od.* press) copy; **~ungszimmer** *n* conference room.

besprengen *v/t.* sprinkle, spray.

bespringen *zo. v/t.* cover, mount.

bespritzen *v/t.* splash, bespatter; (*Pflanzen*) *a.* spray.

besprühen *v/t.* spray.

bespucken *v/t.* spit at (*od.* on).

bespulen ⚡ *v/t.* load.

bespülen *v/t.* (*Ufer usw.*) wash (against), *poet.* lave.

besser *adj., adv.* better (*als* than); (*überlegen*) superior (to); (*verbessert*) improved; *Familie usw.*: better-class, *iro.* genteel; *mein ~es Ich* (*od. Selbst*) my better self; → *Hälfte*; *um so ~* all the better; *~ gesagt* or rather, properly speaking; *~ als nichts* better than nothing; *je eher desto ~* the sooner the better; *~ ist ~* it is best to be on the safe side, let's play it safe; *~ werden* improve, become better; *es ~ wissen* know better; *sich ~ fühlen* feel better; *es geht ihm heute ~* he is better today; *es geht* (*wirtschaftlich*) *~* things are looking up; *er hat es ~ als ich, er ist ~ dran als ich* he is better off than I; *das macht die Sache nicht ~* that doesn't improve matters; *ich täte ~* (*daran*) *zu gehen* I had better go; *er ist nur ein ~er Friseur* he is merely a better sort of (*od.* a glorified) barber; *~bezahlt* better-paid; **²e(s)** *n* something better (*od.* superior); *~s leisten* do better; *j-n e-s ~n belehren* set a p. right, *weitS.* open a p.'s eyes; → *besinnen*; *Sie könnten nichts ~s tun* you could not do better; *wenn Sie nichts ~s zu tun haben* if you haven't anything better to do; *iro. ich habe ~s zu tun* I have other fish to fry; → *Wendung* 1; **~gestellt** *adj.* better-off.

besser|n *v/t.* (make) better, improve; *moralisch*: reform; *sich ~* grow better, improve, change for the better; *moralisch*: reform, mend one's ways, turn over a new leaf; *gesundheitlich*: recover, improve (*a.* ✝ *Markt*); ✝ *Kurse, Preise*: advance, rise, gain; **²stellung** *f* betterment (of *a p.'s* financial position *od.* social condition).

Besserung *f* improvement (*a. meteor.*, ⚕); (*Wendung*) change for the better; *moralisch*: reform(ation ⚖); ⚕ improvement (in a p.'s health), recovery; ✝ improvement, recovery; *Preis, Kurs*: advance, rise, gain; *auf dem Wege der ~* convalescing, on the way to recovery, F on the mend; *gute ~!* I wish you a speedy recovery!; **~sanstalt** *f* reformatory, *Brit. a.* approved school, *Am. mst* reform school; **~smaßregel** ⚖ *f* reformatory measure.

Besserwisser *m* wiseacre, know-all, F smart aleck; **~ei** *f* know-all manner; **²isch** *adj.* know-all.

best *adj., adv.* best (*a.* ✝ *price*); *am ~en* best; *im ~en Falle* at best, at the most; *aufs ~e* → *bestens* 1; *auf dem ~en Wege sein zu inf.* be in a fair way to *inf.*; *der erste ~e* the first comer; *im ~en Alter* in the prime of life; *in ~em Zustand* in prime condition; *zum ~en geben* (*Lied*) oblige with *a song*, (*Geschichte*) tell, relate; *j-n zum ~en haben* make fun of a p., pull a p.'s leg, hoax a p.; *es wäre am ~en, wenn ich jetzt ginge* I had best go; → *Kraft* 1, *Seite*, *Wissen* II *usw.*; **²e(s)** *n* the best (thing); *das ~, die ~n* the pick (of the bunch), the cream; *zu Ihrem ~n* in your interest, to your advantage; *zum ~n der Armen* for the benefit of the poor; *sein ~s tun* (*od. geben*) do one's best; *das] ~ herausholen* (*od. machen*) make the best of it.

bestall|en *v/t.*: *j-n in e-m Amt ~* install a p. in, appoint a p. to, invest a p. with; **²ung** *f* appointment, installation; **²ungsurkunde** *f* certificate of appointment; *e-s Arztes usw.*: licen|ce (*Am.* -se) to practice.

Bestand *m* **1.** (continued) existence; (*Fortbestand*) *a.* continuance, duration; (*Dauerhaftigkeit*) stability, durability; *von ~ sein, ~ haben* be lasting (*od.* enduring); *von kurzem ~ sein* not to last long, be short-lived; **2.** (*Vorrat*) (*a. Bestände*) (physical) stock, supply, store(s *pl.*), resources *pl.*; (*Vieh²* *usw.*) live stock, *des ganzen Landes*: (sheep, cattle, swine, *etc.*) population; (*Feld²*) crop, stand; (*Baum²*) stand (of timber), tree population; ✝ (*Waren²*) stock on hand, *in der Bilanz*: inventory; (*Kassen²*) cash (*od.* balance) in hand, *e-r Bank*: cash (*od.* liquid) assets *pl.*; *an Effekten*: holdings *pl.*; (*Kapital²*) assets *pl.*; (*Fahrzeug²*) rolling stock, fleet; ⚔ (*Mannschafts²*) (effective) strength; *~ aufnehmen* take stock (*a. fig.*), *Am.* take inventory; → *eisern*; **²en** *adj.* **1.** *Prüfung*: successful, *pred.* passed; **2.** *mit Bäumen ~* covered (*Straße*: lined) with trees.

beständig *adj.* **1.** constant, steady; (*unveränderlich*) unchanging, invariable, unvarying; (*dauerhaft*) lasting, permanent, stable; (*andauernd*) constant, continual, persistent; ✝ steady, stable; **2.** (*beharrlich*) persevering, persistent; **3.** (*zuverlässig*) reliable; **4.** (*treu*) steadfast, sta(u)nch; **5.** *Wetter*: settled; *Barometerstand*: set fair; **6.** ⊕ resistant; → *hitzebeständig usw.*; *Farben*: fast; **²keit** *f* constancy, steadiness; invariability; permanence, durability; continuance; perseverance; steadfastness; persistency, stability; resistance.

Bestands...: **~aufnahme** *f* stocktaking (*a. fig.*), *Am.* (physical) inventory; *~ machen* take stock (*a. fig.*), *Am.* take inventory; **~liste** *f* stock list, inventory; **~meldung** *f* stock report; **~verzeichnis** *n* inventory.

Bestandteil *m* component, part, constituent (part); (*Grund²*) element; ⚗ *usw.* ingredient; *wesentlicher ~* essential part, part and parcel; *die festen ~e des Eis* egg solids; *sich in s-e ~e auflösen* disintegrate, F *weitS.* fall apart.

bestärk|en *v/t.* (*j-n*) confirm, strengthen, fortify, encourage, support (*in* in); (*et.*) *a.* reinforce, lend force to; (*bestätigen*) confirm, corroborate, support; **²ung** *f* confirmation; strengthening; encouragement; support.

bestätig|en *v/t.* confirm; (*bescheinigen*) certify, attest; ⚖ (*Urteil*) confirm, uphold, sustain; (*erhärten*) corroborate, bear out; (*billigen*) approve, endorse; *amtlich*: authorize; (*Vertrag, Gesetz*) ratify; (*rechtsgültig machen*) validate; ✝ (*Aufträge*) confirm; (*Empfang*) acknowledge; *j-n (im Amt)* ~ confirm a p. in office; *sich* ~ be confirmed, hold good, prove correct (*od.* true); **~end** *adj.* confirmative; affirmative; **~ung** *f* confirmation (*a.* ⚖ *e-s Urteils*), attestation; corroboration; endorsement; verification; ratification; acknowledgement; ~ *finden* → (*sich*) *bestätigen*; **~ungsschreiben** *n* letter of confirmation; **~ungsvermerk** *m* notice of confirmation.

bestatt|en *v/t.* bury, inter; (*verbrennen*) cremate; **~ung** *f* burial, funeral, interment; → *a. Feuerbestattung*; **~ungs...** → *Beerdigungs...*

bestäub|en *v/t.* dust, spray; ⚘ (*befruchten*) pollinate; **~ung** *f* dusting; ⚘ pollination.

bestaunen *v/t.* gaze at in wonder, marvel (*od.* gape) at, admire; **~swert** *adj.* amazing.

beste, Beste → *best.*

bestech|en *v/t.* **1.** bribe, corrupt, buy (off); ⚖ (*Zeugen, Geschworene*) suborn; *sich* ~ *lassen* take bribes, be open to bribery; **2.** *fig.* (*täuschen*) deceive; **3.** (*a. v/i.*) fascinate, impress, excel (*durch* by); **~end** *adj.* brilliant, fascinating, impressive; **~lich** *adj.* bribable, corrupt(ible), (*käuflich*) venal; *pred.* open to bribery; **~lichkeit** *f* corruptibility, venality; **~ung** *f* bribery, corruption; ⚖ *aktive* ~ offer of bribe to public officer; *passive* ~ taking of bribes (by public officer); **~ungsaffäre** *f* corruption scandal; **~ungsgeld** *n* bribe; **~ungsversuch** *m* attempted bribery.

Besteck *n* **1.** ⚕ set of instruments; **2.** (*Eß*~) (set of) knife, fork and spoon, *coll. od.* ~e cutlery; *sechsteiliges* ~ six-piece set (of cutlery); **3.** ⚓ reckoning; *das* ~ *aufmachen* (*od. nehmen*) fix the ship's position.

bestecken *v/t.* stick (*mit* with); *mit Pflanzen* ~ plant with.

bestehen I. *v/t.* **1.** (*e-n Gegner*) conquer, defeat, (*Kampf*) fight *a battle*; *den Kampf* ~ come off victorious, emerge as winner; **2.** (*durchmachen*) undergo, endure; (*Gefahren*) go through, survive; (*Sturm, Krise*) weather; (*e-e Probe*) stand *the test*; (*Prüfung*) pass; *eine Prüfung nicht* ~ fail in an examination; **II.** *v/i.* **3.** exist, be in existence, *weitS. Bedenken, Grund usw.*: *a.* be; (*fort* ~) continue, last, endure; (*noch* ~) remain, be extant, (have) survive(d); (*Gültigkeit haben*) be in force, operate; *von et.* ~ subsist (*od.* live) on; ~ *bleiben* hold good, stand, survive; **4.** ~ *aus* be made of, *a. weitS.* consist of; **5.** ~ *in* consist in, lie in, be composed of; ~ *auf* insist (up)on, make a point of; stand on *one's right*; *ich bestehe darauf (,daß du kommst)!* I insist (on your coming)!; *sie besteht auf ihrer Ansicht* she sticks to her opinion (*od.* F to her guns); **6.** (*sich behaupten*) stand one's ground, hold one's own (*gegen* against); *diese Marke kann neben unserem Erzeugnis nicht* ~ cannot compare with our make; **7.** *in e-r Prüfung*: pass (the examination *od.* test); **III.** ~ *n* **8.** existence; (*Fort*~) continuance, continued existence; survival; *seit* ~ *unserer Firma* ever since our firm was established (*od.* founded); *das 50-jährige* ~ *feiern* celebrate the fiftieth anniversary; **9.** (*j-s*) ~ *auf* (a p.'s) insistence on; **10.** *e-r Prüfung*: passing; **~d** *adj.* existing; (*gegenwärtig*) present, current; (*vorherrschend*) prevailing; *Preise*: *a.* ruling; *noch* ~ extant, surviving.

bestehlen *v/t.* rob, steal from.

besteig|en *v/t.* (*Berg*) ascend, climb (up), (*bezwingen*) conquer; (*Pferd, Fahrrad*) mount; (*Schiff*) (go on) board (*a*) *ship*; (*Wagen usw.*) enter, *bsd. Am.* board; (*Thron*) ascend; **~ung** *f e-s Berges*: ascent, conquest; *des Thrones*: accession *to the throne*.

Bestell|buch ✝ *n* order book; **~en** *v/t.* **1.** (*Waren, Speisen usw.*) order; ✝ *a.* give (*od.* place) an order for; (*Zeitung*) subscribe to; (*Taxi*) call; (*Platz, Zimmer usw.*) book, *Am.* reserve; *sich et.* ~ order a th. (for o.s.); **2.** (*zu sich* ~) ask *a p.* to come, send for, make an appointment with; **3.** (*Aufträge*) attend to, carry out; (*Briefe*) deliver; (*Nachricht*) give, deliver; *j-m etwas* ~ *lassen* send a p. word (*od.* a message); **4.** 🌾 (*Feld*) till, cultivate; → *Haus*; **5.** ⚖ (*ernennen*) appoint (*j-n zum Vormund* a p. guardian); (*e-n Anwalt*) retain, *gerichtlich*: assign (*für* to); **6.** ⚖ (*Recht, Hypothek*) create; **7.** F *nichts zu* ~ *haben bei* (*od. gegen*) have not got a chance with (*od.* against) *a p.*, not to be a match for *a p.*; **8.** *es ist gut (schlecht) um j-n (od. et.) bestellt* things look good (bad) for, *he* (*od. it*) is well off (in a bad way); **~er** *m* orderer; (*Kunde*) customer, buyer; *e-r Zeitung*: subscriber; (*Überbringer*) deliverer; **~formular** *n* order form; **~gebühr** *f*, **~geld** *n für Zeitungen usw.*: charge for delivery; **~(l)iste** *f* order list; **~nummer** *f* order number; **~schein** *m* order form; **~ung** *f* **1.** ✓ cultivation, tillage; **2.** *von Briefen usw.*: delivery; (*Botschaft*) message; (*Verabredung*) appointment (*gen.* with); **3.** (*Ernennung*) appointment (*zu* as); **4.** (*Auftrag*) order (*von od. gen.* for); *e-r Zeitung*: subscription (to); (*Vor≈*) booking, reservation; *auf ~ arbeiten* (*anfertigen*) work (make) to order; *auf ~ gemacht* made to order, *Am. a.* custom-made; *~en machen* give (*od.* ☤ place) orders (*auf* for; *bei* with); **5.** *e-s Rechts, e-r Hypothek*: creation; **~zettel** *m* ☤ order form; *Bücherei*: call slip.

bestenfalls *adv.* at (the) best.

bestens *adv.* **1.** extremely (*od.* very) well, perfectly; *er läßt ~ grüßen* he sends you his best regards; (*ich*) *danke ~!* thank you very much indeed; **2.** F (*das ist ja*) *~!* F that's just great!

besteuer|n *v/t.* impose a tax on, tax; **≈ung** *f* taxation; **≈ungsgrenze** *f* tax limit.

Best|fall *m*: *im ~* at (the) best; **~form** *f Sport*: top condition; **≈gemeint** *adj.* best-intentioned.

bestial|isch *adj.* bestial, atrocious, heinous; F *Hitze usw.*: F beastly, awful; **≈ität** *f* bestiality; atrocity.

besticken *v/t.* embroider.

Bestie *f* beast; *fig.* (*Mensch*) bestial person, brute, beast.

bestimm|bar *adj.* determinable; (*erklärbar*) definable; **~en** *v/t. u. v/i.* **1.** (*festsetzen*) determine, decide; ⚖ *a.* decree, rule; (*Preis, Standort, Termin*) fix, (*Ort, Zeit*) *a.* appoint, set; (*anordnen*) direct, prescribe, order, *Gesetz*: lay down, provide; *höhere Gewalt*: ordain (*a.* ⚖); **2.** (*vorher ~*) predestine, predestinate, fate; (*beeinflussen*) determine, control; (*ausersehen*) choose, designate; *~ zu, für* destine (*od.* intend, mean) *a p. od. a th.* for, earmark *a th.* for; *j-n ~ et. zu tun* determine (*od.* arrange for, direct) a p. to do a th., *beeinflussend*: induce (*od.* prevail on) a p. to do a th., talk a p. into (doing) a th., *Sache*: induce (*od.* motivate, cause) a p. to do a th.; *bestimmt werden durch, sich ~ nach* be determined (*od.* governed) by, depend on; *sich von et. ~ lassen* be determined (*od.* influenced, *stärker*: swayed) by; **3.** (*ermitteln*) ascertain, *a.* Å, ⚗, *phys.* determine; (*Begriff*) define; **4.** *~ über* dispose of; *~ Sie über mich* I am at your disposal; *wer bestimmt hier?* who gives the orders here?; **~end** *adj.* determining, decisive; *ling.* determinative.

bestimmt I. *adj.* **1.** (*festgesetzt*) appointed, fixed, stated, specified; *Anzahl, Stunde*: certain, given; Å *Gleichung*: determinate; *Absicht, Plan usw.*: special, particular, specific, definite (*a. ling.*); **2.** (*deutlich*) clear, distinct, well-defined; **3.** (*entschlossen*) decided, determined; *im Auftreten usw.*: firm, resolute; **4.** *~ sein für* be intended (*od.* meant) for; *~ sein zu inf.* be destined to *inf.*; ⚓ *usw. ~ nach* bound for; **II.** *adv.* **5.** certainly, surely, for certain, definitely; *ganz ~* (most) decidedly, positively; without fail; *et. ~ wissen* be positive about a th., know a th. for sure; *er kommt ~* he is sure to come; **6.** firmly, decidedly; **≈e(s)** *n*: *et. ~s* something special; **≈heit** *f* (*Entschlossenheit*) determination, firmness; (*Genauigkeit*) exactitude, accuracy, precision; (*Sicherheit*) certainty, positiveness; (*Strenge*) strictness; *mit ~* (*gewiß*) certainly, definitely, positively; (*überzeugt*) confidently, (*mit Nachdruck*) emphatically; categorically.

Bestimmung *f* **1.** (*Festsetzung*) fixing, appointment *of a date*; (*Entscheidung*) determination, decision; **2.** (*Ernennung*) appointment, designation; **3.** (*Vorschrift*) regulation, rule, direction; *e-s Vertrags*: term, stipulation, clause; *e-s Gesetzes, Testaments usw.*: provision; **4.** (*Ermittlung*) determination (*a. phys.*, Å *usw.*); **5.** (*Zweck≈*) intended purpose, designation; *et. s-r ~ übergeben* inaugurate; **6.** (*Begriffs≈*) definition; (*Gruppe*) category; **7.** *ling.* qualification; *adverbiale ~* adverbial element; **8.** (*Berufung*) vocation, mission; (*Geschick*) destiny, fate; **9.** (*~sort*) destination.

Bestimmungs...: **~bahnhof** *m* station of destination; **≈gemäß** *adj., adv.* as directed (*od.* agreed), due (*adv.* duly); **~gleichung** Å *f* equation of condition; **~größe** *f* defining quantity; **~hafen** *m* port of destination; **~land** *n* country of destination; **~ort** *m* (place *od.* point of) destination;

~satz *ling.* *m* determinative clause; **~wort** *ling.* *n* determinative element; **~zweck** *m* intended purpose.

bestirnt *adj.* starry.

Best|leistung *f* best performance, record; **≈möglich** *adj.* best possible.

bestoßen ⊕ *v/t.* ⚔ trim; *Hobel*: rough-plane; *Feile*: rough-file; *typ.* dress.

bestraf|en *v/t.* punish (*wegen, für* for; *mit* with); ⚖ *a.* sentence (*mit* to), penalize; ⚖ *bestraft werden Handlung*: be punishable (*mit* by); *Zuwiderhandlungen werden bestraft* violations will be prosecuted; **≈ung** *f* punishment; (*Strafe*) *a.* penalty (*a. Sport*); (*strafrechtliche Verfolgung*) prosecution.

bestrahl|en *v/t.* shine (up)on; *a.* ⚕, *phys.* irradiate; ⚕ *a.* treat with rays, ray-treat; **≈ung** *f* irradiation; ⚕ *a.* ray-treatment, radiotherapy; (*Licht≈*) phototherapy; **≈ungslampe** *f* radiation lamp.

bestreb|en *v/refl.*: *sich* ~ (*od. bestrebt sein*) *zu inf.* endeavo(u)r (*od.* strive) to *inf.*; make an effort to *inf.*; aim at *ger.*; be anxious (*od.* eager) to *inf.*; **≈ung** *f* endeavo(u)r, effort, attempt, aspiration.

bestreichen *v/t.* spread *a slice of bread*; smear, *mit Farbe usw.*: coat, paint (*mit* with); (*einreiben*) rub (with); *mit Butter* ~ butter; *mit Fett (Öl)* ~ grease (oil), lubricate; ⚔ (*mit Feuer* ~) rake, sweep.

bestreik|en *v/t.* strike in (*od.* against); **~t** *adj.* struck, affected by (the) strike(s).

bestreit|bar *adj.* contestable, disputable; deniable; **~en** *v/t.* **1.** (*anfechten*) contest, dispute, challenge; (*abstreiten*) deny; (*bezweifeln*) doubt; **2.** (*Ausgaben usw.*) defray, bear, pay (for), cover, meet; (*Programm*) fill; *sie bestritt die Unterhaltung allein* she did all the talking; → *Lebensunterhalt*; **≈ung** *f* contestation; denial; defrayal, payment.

bestreuen *v/t.* strew (*mit* with), cover; *Küche*: *a.* sprinkle (with); *mit Kies* ~ gravel; *mit Mehl* ~ dredge, powder; *mit Zucker* ~ sugar; *mit Pfeffer* ~ pepper.

bestricken *v/t.* charm, fascinate, bewitch; **~d** *adj.* charming, bewitching, seductive.

Bestseller(**liste** *f*) *m* best-seller (chart).

bestück|en *v/t.* arm (with guns); *weitS.* equip (*mit* with); **≈ung** *f* armament, guns *pl.*

Bestuhlung *f* (fitting up with) seats *pl.*

bestürm|en *v/t.* storm, assail, assault; *fig.* (*bedrängen*) urge, press, *bittend*: implore; *Gedanken usw.*: assail, throng in upon *a p.*; *mit Bitten* ~ assail (*od.* beset) with requests; *mit Fragen* ~ assail (*od.* ply, overwhelm) with questions; **≈ung** *f* storming (*gen.* of), assault (on); *fig.* urging; entreaties *pl.*

bestürz|en *v/t.* dismay, startle, stun, consternate; **~t** *adj.* dismayed (*über* at); (*sprachlos*) dum(b)founded, thunderstruck, taken aback; (*verwirrt*) perplexed, confused; ~ *dastehen* stand aghast; *e-e ~e Miene machen* look aghast; **≈ung** *f* dismay, consternation.

Best|wert *m* optimum (value); **~zeit** *f* best (*od.* record) time.

Besuch *m* visit (*bei, in* to); *kurzer*: call (*bei* on; *in* at); *gewohnheitsmäßiger, e-s Gasthauses usw.*: frequentation (*gen.* of); *e-r Schule, Versammlung usw.*: attendance (at); (*Aufenthalt*) stay; (*Besichtigung*) visit (to); (*Besucher*) visitor(s *pl.*), company; (*Besucherzahl*) attendance; *auf* (*od. zu*) ~ on a visit; *e-n ~ machen* go on a visit, *bei*: pay a visit to (*od.* call on), call on; **≈en** *v/t.* (*j-n*) go (*od.* come) to see *a p.*; *formell*: visit, pay a visit (to); *kurz* (*a.* ✝): call on, F drop in on, look *a p.* up; (*Ort*) visit, resort to; (*Sehenswürdigkeiten*) visit, F do; *öfters, gewohnheitsmäßig*: frequent, *als Stammgast, Kunde*: patronize; (*Vortrag, Versammlung, Schule usw.*) go to, attend; *gut (schwach) besucht* well (poorly) attended; *der Ort wird viel besucht* is much frequented; **~er**(**in** *f*) *m* visitor (*gen.* to), caller; (*Gast*) guest; (*Stammgast usw.*) frequenter, habitué (*fr.*); *von Sehenswürdigkeiten*: sightseer; (*Zuschauer*) spectator(s *pl.*), *pl. a.* audience (*mst sg.*); (*Kino≈*) cinema-goer, (*Theater≈*) theatre-goer; **~erzahl** *f* number of visitors, attendance; **~skarte** *f* (visiting) card; **~stag** *m* visiting day; **≈sweise** *adv.* on a visit; **~szeit** *f* visiting hours *pl.*; **~szimmer** *n für Gäste*: guest room; *im Krankenhaus usw.*: visitors' room.

besudeln *v/t.* dirty, soil; (*bekritzeln*) scrawl over (*od.* on); *fig.* stain, besmirch; (*Namen usw.*) sully; (*entweihen*) defile.

betagt *adj.* aged, old, advanced (*od.* stricken) in years.

betakeln ⚓ *v/t.* rig.

betast|en *v/t.* touch, feel, finger;

⚕ palpate; F paw; ≈**ung** *f* touch (-ing); ⚕ palpation.

Beta-Strahlen *phys.* *m/pl.* beta-rays.

betätig|en I. *v/t.* ⊕ (*bedienen*) operate, manipulate; (*in Gang setzen*) set in motion (*od.* going); (*Knopf, Hebel usw.*) actuate; (*Bremse*) *a.* apply; (*steuern*) control; **II.** *v/refl.*: *sich* ~ busy o.s., (do some) work; (*helfen*) help (*bei* with); *sich* ~ *an* (*od. bei*) take (an active) part in; *sich* ~ *als* act as, be active as, *arbeitend*: work as; *sich politisch* ~ be (active) in politics; *sich sportlich* ~ go in for sports; *sich künstlerisch* ~ *a.* dabble in art; ≈**ung** *f* **1.** (*Tätigkeit*) activity; work; occupation; job; *körperliche* ~ physical exercise; **2.** ⊕ actuation, operation; control; ≈**ungsfeld** *n* field (of activity); *weitS.* outlet; ≈**ungshebel** *m* operating (*od.* control) lever; ≈**ungsschalter** *m* actuating (*od.* trip-)switch.

betäub|en *v/t.* **1.** *durch Lärm*: deafen, stun; *durch e-n Schlag usw., a. fig.*: stun, daze; (*bewußtlos machen*) make unconscious; *Schlachtvieh*: stun; *mit Schlafmitteln usw.*: drug; ⚕ an(a)esthetize, narcotize; (*Muskeln usw.*) (be)numb; (*Nerven, Schmerz*) deaden, kill; *fig.* (*wie*) *betäubt* dazed, stunned, in a daze; **2.** *fig.* (*berauschen*) intoxicate; **3.** (*abstumpfen*) blunt, dull; (*sein Gewissen, s-n Schmerz usw.*) drug *one's conscience, sorrow, etc.*; *mit Alkohol* ~ drown; *sich* ~ *mit* (*od. durch*) seek consolation in; ~**end** *adj. Lärm*: deafening; *Schlag*: stunning (*a. fig.*); ⚕ an(a)esthetic, narcotic; *Geruch*: intoxicating, heavy; *schmerzstillend*: pain-killing, analgesic; ≈**ung** *f* deafening; stunning; (*Bewußtlosigkeit*) unconsciousness, *tiefe*: coma; (*Benommenheit*) daze; ⚕ narcotization, an(a)esthetization, (*Zustand*) narcosis, an(a)esthesia; (*Starrheit*) torpor; (*Gefühllosigkeit*) numbness; *der Nerven*: deadening, soothing; (*Lethargie*) lethargy; (*Verblüffung*) stupefaction; (*Ablenkung*) distraction; ⚕ *örtliche* ~ local an(a)esthesia; ≈**ungsmittel** *n* narcotic, an(a)esthetic.

betaut *adj.* dewy.

Betbruder *m* bigot.

Bete ⚘ *f* beet; *rote* ~ beetroot.

beteilig|en *v/t.*: *j-n* ~ give a p. a share *od.* interest (*an, bei* to, in); ⚚ *a.* make a p. a partner; *sich* ~ *an od. bei* take part (*od.* participate) in; join in, enter; *Beitrag leistend*: contribute to; *helfend*: co-operate in; *beteiligt sein an* be interested (*od.* concerned) in, ⚚ have an interest (*od.* share) in; *am Gewinn*: share in *profits*; (*verwickelt sein*) be involved in; ⚖ *an e-m Rechtsstreit, Vertrag, e-r Straftat*: be a party to; ≈**te(r** *m*) *f* participant; person concerned *od.* involved; (*Teilhaber*) partner, associate; ⚖ party (*an* to), *Strafrecht*: *a.* accessory (to); ≈**ung** *f* participation (*a.* ⚖), ⚚ *a.* partnership (*an, bei* in); (*Anteil*) share, interest (*alle a.* ⚚) (in); (*Beitrag, Unterstützung*) contribution (to); (*Mitwirkung*) co-operation (in); *durch Kapitalanlage*: investment; *durch Aktienbesitz*: holdings *pl.*; *der Arbeiter*: (worker) participation; (*Teilnehmerzahl*) attendance; *bei Wahlen usw.*: *a.* turn-out; (*Mitwirkung*) co-operation; *Sport*: participation, entry; *maßgebliche* ~ control(l)ing interest; *tätige* ~ active share; ≈**ungsgesellschaft** *f* associated company; ≈**ungsquote** *f* quota, share.

beten I. *v/i.* pray (*zu Gott* to God); say one's prayer(s); *bei Tisch*: say grace; *um et.* ~ pray for a th.; **II.** *v/t.*: *das Vaterunser* ~ say the Lord's prayer; → *Rosenkranz*.

beteuer|n *v/t.* protest (*s-e Unschuld* one's innocence; *daß* that); swear (et. to a th.); (*behaupten*) assert, aver; (*versichern*) assure, affirm (solemnly); ≈**ung** *f* protestation; assertion; solemn declaration; ⚖ → *eidesgleich*.

betiteln *v/t.* (*Buch usw.*) entitle, give a title to, name; (*j-n*) call, style, address as; *betitelt sein* be (en)titled, bear the title of.

Beton *m* concrete; *armierter* ~ reinforced concrete; ~**bauweise** *f* concrete construction.

betonen *v/t.* stress (*a. ling.*), accentuate, *nachdrücklich*: emphasize (*a. Figur usw.*); *e-e Tatsache* (*besonders*) ~ lay (particular) stress *od.* emphasis on; → *betont*.

Betonie ⚘ *f* betony.

betonier|en *v/t.* concrete; ≈**en** *n* (*a.* ≈**ung** *f*) concreting, concrete work.

Beton...: ~**mischmaschine** *f* concrete mixer; ~**platte** *f* concrete slab.

betont I. *adj. Silbe*: stressed; *fig.* emphatic; *mit* ~*er Höflichkeit* (*Gleichgültigkeit*) with marked (*od.* studied) politeness (unconcern); **II.** *adv.* emphatically, markedly; ~ *einfach* markedly simple.

Betonung *f* accentuation; *ling.* stress, emphasis (*beide a. fig.*);

(*Tonfall*) intonation; *die* ~ *liegt auf der zweiten Silbe* the stress is on the second syllable; **~szeichen** *n ling.* stress mark; ♪ accent mark.

betör|en *v/t.* befool; (*täuschen*) delude, beguile; (*verliebt machen*) infatuate, bewitch, turn *a p.'s* head; ~*des Lächeln* seductive smile; **≗ung** *f* infatuation; delusion.

Betracht *m*: *et. außer* ~ *lassen* leave a th. out of consideration (*od.* account), disregard a th.; *außer* ~ *bleiben* be left out of consideration, *etc.*; *in* ~ *kommen* come into question, be a possibility, *als berechtigt, geeignet*: be eligible *od.* qualified; *nicht in* ~ *kommen* be out (of the question), be unsuitable; *in* ~ *ziehen* consider, take into consideration (*od.* account), (*einkalkulieren*) allow (*od.* make allowance) for; *wenn man ... in* ~ *zieht* considering ...; **≗en** *v/t.* (have a) look at; view (*a. fig.*); *genau*: inspect, examine; (*j-s Gesicht*) scrutinize; (*beobachten*) observe, watch; *sinnend*: contemplate, reflect on; *j-n prüfend* ~ look a p. over, size a p. up; ~ *als* regard *od.* look (up)on as, consider; *genau betrachtet* strictly speaking; **~er(in** *f*) *m* viewer, beholder; onlooker, spectator; *die Schönheit liegt im Auge des* ~*s* is in the eye of the beholder.

beträchtlich *adj.* considerable, important, substantial; (*umfangreich*) ample; *Kosten, Verluste*: heavy; *sein Auftreten erregte* ~*es Aufsehen* his appearance caused quite a stir.

Betrachtung *f* view (*gen.* of), inspection; *besinnliche*: contemplation, meditation; (*Erwägung*) consideration (of), reflection (on); (*Ergründung*) study; *bei näherer* ~ looked at more closely; *in* ~ *versunken* lost in contemplation, absorbed; ~*en anstellen* reflect (*über* on); **~sweise** *f* approach (*gen.* to), view (of).

Betrag *m* amount, sum; (*Gesamt*≗) (sum) total, aggregate; (*Buchungsposten*) item; (*Wert*) value (*a. Scheck*); *im* ~*e von* amounting to, to the amount of; ~ *erhalten Quittung*: payment (*od.* value) received.

betragen I. *v/i.* amount (*od.* come) to, F run (up) to, *a. Sport*: *Zeit usw.*: be; *mehrere Posten*: total, aggregate; **II.** *v/refl.*: *sich* ~ (*sich benehmen*) behave (o.s.), conduct o.s.; *sich* ~ *gegen* behave (*od.* show o.s.) towards; *sich schlecht* ~ misbehave; **III.** ≗ *n* behavio(u)r, conduct.

betrauen *v/t.*: *j-n mit et.* ~ entrust (*od.* charge) a p. with a th., entrust a th. to a p.; *mit e-m Amt* ~ appoint to an office; *betraut mit* entrusted with, in charge of.

betrauern *v/t.* mourn (for, over *a p.*); *weitS. a.* deplore, lament.

Betreff *m* ✝ reference; *im Briefkopf* (*Betr.*): re:, subject:; *der im* ~ *erwähnte Auftrag* referenced order; *in* ≗ → *betreffs*; **≗en** *v/t.* **1.** *Unglück usw.*: befall, come upon, visit; **2.** *fig.* (*berühren*) affect, touch; (*angehen*) concern; *Sache*: *a.* apply to; (*sich beziehen auf*) refer (*od.* relate) to; *was mich betrifft* as for me, as far as I am concerned; *was das betrifft* as for that, *mst nachgestellt*: for that matter; → *betroffen*; **≗end** *adj.* concerning, regarding, respecting; → *a. betreffs*; (*erwähnt*) said; (*vorliegend*) in hand; under consideration; (*jeweilig*) respective; (*einschlägig*) relevant; (*zuständig*) proper, competent; *das* ~*e Geschäft* the business in question (*od.* referred to); *die* ~*e Person* the person concerned; **≗s** *prp.* as to, as for, concerning; regarding, as (*od.* so) far as ... is concerned; ✝ *a.* re.

betreiben I. *v/t.* (*antreiben*) urge on, push ahead; ⚖ (*Forderung, Sache*) prosecute; (*Geschäft*) carry on; (*leiten*) manage, *a.* ⊕ operate, work; (*Beruf*) follow, practise; (*Studien, e-e Politik, Gewerbe*) pursue; (*hinarbeiten auf*) work for; *elektrisch betrieben* electrically operated (*od.* driven); **II.** ≗ *n* carrying on; management; prosecution; pursuit; *auf sein* ~ at his instigation; → *a. Betrieb*.

betreten[1] **I.** *v/t.* step (*od.* tread) on; set foot on (*od.* in); (*Raum*) enter; (*Schwelle*) cross; *unbefugt*: trespass on; (*Kanzel*) mount; **II.** ≗ *n*: ~ *verboten!* keep off!, no trespassing!, no entrance!

betreten[2] *adj.* (*viel* ~) *Weg*: beaten *track*; *fig.* abashed, embarrassed, awkward; *mit* ~*em Lächeln* with a sheepish grin.

betreu|en *v/t.* look after, care for, have the care of, (*a. Kunden, Kranke*) attend to; (*Sportler*) coach; (*Gebiet, Gemeinde usw.*) serve; *leitend*: be in charge of, supervise, handle; **≗er(in** *f*) *m* person who looks after (*od.* attends to) a p. (*od.* a th.); *Sport*: coach; **≗ung** *f* care (*gen.* of, for); **≗ungsstelle** *f* welfare cent|re, *Am.* -er.

Betrieb *m* **1.** (*Betreiben, Leitung*) management, working, running, operation; **2.** (*Unternehmen*) enterprise, business, firm, concern, company; → *landwirtschaftlich, öffentlich* I; **3.** (*Fabrikanlage*) factory, (manufacturing) plant, works (*mst sg.*), mill, shop; (*Werkstatt*) workshop; **4.** ⊕ (*Herstellungsgang*) manufacture; (~*spraxis*) engineering practice; (*Maschinenanlage*) plant; system; (*Arbeitsweise od. Bedienung*) operation, working, running; (*Arbeitsgang*) service; *in* ~ working, in operation; *in vollem* ~ in full action (*od.* swing); *in* ~ *setzen* put in operation; start, actuate; (*eröffnen*) open; *außer* ~ out of operation (*od.* service), inoperative, not working; (*defekt*) out of order; *außer* ~ *setzen* put out of operation, stop; 🚃 close *a line*; **5.** (*Tätigkeit*) activity; **6.** (*Trubel*) (hustle and) bustle; (*Verkehr*) *a.* traffic, rush; *wir hatten heute viel* ~ we were very busy today; **7.** F (*Lustigkeit*) merry-making, F high jinks, high time; **≈lich** *adj.* operational; (*intern*) internal; company's ...; **~sabrechnung** *f* operational accounting.

betriebsam *adj.* active, busy, bustling; (*fleißig*) industrious, hard-working; **≈keit** *f* activity, bustle; industry.

Betriebs...: **~analyse** *f* operational analysis; **~angehörige(r** *m*) *f* employee (of a firm); **~anlage** *f* (manufacturing) plant; **~anleitung** *f*, **~anweisung** *f* operating instructions *pl.*; **~arzt** *m* company physician; **~ausflug** *m* works outing; **~ausgabe** *f* operating expense; **~ausschuß** *m* → *Betriebsrat* 1; **~ausstattung** *f* plant-equipment; **≈bedingt** *adj.* operational; **~bedingungen** *f/pl.* operating conditions; **~berater** *m* business consultant, industrial management consultant; **≈blind** *adj.* routine-blinded, *pred. a.* in a groove; **~buchführung** *f* operational accounting; **~chemiker** *m* industrial chemist; **~daten** ⊕ *pl.* operating data; **~dauer** *f* working time; (*Lebensdauer e-r Maschine*) service life; **~direktor** *m* works manager; **≈eigen** *adj.* factory-owned; **~einnahmen** *f/pl.* operating revenue *sg.*, (business) receipts; **~einrichtung(en** *pl.*) *f* operating equipment; **~einschränkung** *f* cutting down a firm's activities; **~einstellung** *f* closing down, shutdown; discontinuation of operations; **≈fähig** *adj.* in (good) working condition, serviceable; **~ferien** *pl.* works holidays; **≈fertig** *adj.* ready for use (*od.* operation); **~fest** *n* company fête, office party; **≈fremd** *adj.* outside, external; **~führer** *m* works manager; **~führung** *f* (business *od.* works) management; **~geheimnis** *n* trade secret; **~gewinn** *m* operational profit; **~handwerker** *m* staff craftsman (*z. B.* staff electrician); **~ingenieur** *m* production engineer; **~jahr** *n* business year; **~kapital** *n* working capital; **~kaufmann** *m* commercial employee; **~klima** *n* working conditions *pl.* (*od.* climate); **~kosten** *pl.* working expenses, operating cost(s); **~krankenkasse** *f* works sickness fund; **~leistung** *f* operating efficiency; output, performance; **~leiter** *m* works manager; **~leitung** *f* management; **~material** *n* working materials *pl.*; 🚃 rolling-stock; **~mittel** *n/pl.* working funds; *sachliche*: → *Betriebsmaterial*; **~obmann** *m* head of works committee; **~ordnung** *f* rules and regulations *pl.*; **~personal** *n* staff, employees *pl.*; (*Bedienungspersonal*) operating personnel; **~prüfung** *f* audit; **~psychologie** *f* industrial psychology; **~rat** *m* **1.** works council (*od.* committee); **2.** (~*smitglied*) shop steward, member of works council; **~schließung** *f* → *Betriebsstillegung*; **≈sicher** *adj.* safe (to operate); (*zuverlässig*) reliable (in service); *Auto*: *a.* roadworthy; **~sicherheit** *f* safety (in operation); (*Zuverlässigkeit*) reliability (in operation); **~spannung** *f* working voltage; **~stellung** ⊕ *f* operating position; **~stillegung** *f* shutdown, closing down, closure; **~stockung** *f* interruption (of work *od.* service); **~stoff** *m* fuel; **~störung** *f* stoppage, breakdown; operating trouble; **~strom** ⚡ *m* working current; **~stunde** ⊕ *f* operating hour; **≈technisch** *adj.* operational, technical; manufacturing; **~unfall** *m* industrial accident, accident while at work; **~unkosten** *pl.* operating expenses; *allgemeine* ~ overhead costs; **~verhältnisse** *n/pl. Werkstatt*: shop conditions; *Maschine*: operating conditions; **~verfassung** *f* works industrial-relations scheme; **~versammlung** *f* workshop meeting; **~wirt** *m* → *Betriebswirtschaftler*; **~wirtschaft** *f* **1.** managerial (*od.* applied) economics (*sg.*); **2.** → *Betriebswirtschaftslehre*; **~wirtschaftler** *m* business economist, industrial management expert; **≈wirtschaftlich** *adj.* operational; management ...; **~wirtschaftslehre** *f* (science of) industrial management; **~wissen-**

schaft *f* science of industrial engineering; **~zustand** *m* working condition; **~zweig** *m* branch of industry (*od.* manufacture).

betrinken *v/refl.*: *sich* ~ get drunk; → *betrunken*.

betroffen *adj.* **1.** (*heimgesucht*) afflicted, visited (*von* by), stricken (with); **2.** (*bestürzt*) shocked, dismayed, startled, taken aback; **3.** (*berührt*) affected (*von* by), concerned; *die* ~*en* the persons concerned; **~heit** *f* shock, bewilderment, dismay, perplexity.

betrüb|en *v/t.* make *a p.* sad, sadden, grieve, distress; *sich* ~ grieve (*über* at, over); **~lich** *adj.* sad, distressing, deplorable; **~nis** *f* grief, sorrow, affliction, sadness; **~t** *adj.* grieved, distressed, afflicted (*über* at); (*traurig*) sad, sorrowful.

Betrug *m* ⚖, *fig.* fraud; *bsd. fig.* deceit, deception; (*Schwindel*) swindle, trickery; (*Hochstapelei*) imposture; *beim Spiel*: cheating.

betrügen *v/t.* deceive (*a. e-n Ehepartner*); cheat, dupe, victimize; ⚖ defraud; *sl.* bamboozle, con; *j-n um et.* ~ cheat (*od.* do, trick) a p. out of a th.; *sich* ~ deceive (*od.* cheat, delude) o.s.; *in s-n Hoffnungen betrogen werden* be disappointed in one's hopes; *er war der Betrogene* he was the dupe.

Betrüger(in *f*) *m* swindler, trickster, fraud, cheat, deceiver, impostor, confidence man; ⚖ defrauder; *sl.* crook.

Betrügerei *f* cheating, *a.* fraud (-ulence); → *a. Betrug*.

betrügerisch **I.** *adj.* deceitful, fraudulent; ⚖ *in* ~*er Absicht* with intent to defraud; ~*er Bankrott* fraudulent bankruptcy; **II.** *adv.* fraudulently, by fraud.

Betrugsdezernat *n* fraud department.

betrunken *adj.* drunken, *bsd. pred.* drunk; intoxicated, inebriated; ⚖ *in* ~*em Zustand fahren* drive under the influence (of alcohol); → *a. besoffen*; **~e(r)** *m* drunk(en man); **~heit** *f* drunkenness, intoxication.

Bet|saal *m* chapel, prayer-hall; **~schwester** *f* churchy woman; bigot.

Bett *n* bed (*a. geol.*); (~*stelle*) bedstead; ⚓, 🚂 berth, F bunk; ⊕ bed, base; ~*en* (~*zahl in Hotels usw.*) bed accommodation *sg.*, *am* ~ at the bedside; *im* ~ in bed; *sich zu legen, ins* ~ *gehen* go to bed, F turn in; *krankheitshalber*: take to one's bed; *das* ~ *hüten (müssen)* be laid up (*wegen* with), be bedridden, be confined to (one's) bed; *j-n zu* ~ *bringen* put *a p.* to bed, (*bsd. Kinder*) tuck in; *das* ~ *machen* make the bed; **~bezug** *m* plumeau case; **~couch** *f* bed-couch; **~decke** *f* coverlet, bedspread; *wollene*: blanket; *gesteppte*: quilt.

Bettel *fig. m* trash, rubbish; *der ganze* ~ the whole (wretched) business; **~arm** *adj.* desperately poor, poverty-stricken; **~brief** *m* begging letter.

Bettelei *f* **1.** begging; **2.** F pestering.

bettel...: **~haft** *adj.* beggarly; **~kram** *m* → *Bettel*; **~mann** *m* beggar; *Kartenspiel*: beggar-my-neighbo(u)r; **~mönch** *m* mendicant (friar); **~n** *v/t. u. v/i.* beg (*um* for); ~ *gehen* go begging; **~orden** *m* mendicant order; **~stab** *m*: *an den* ~ *bringen* reduce to beggary, ruin.

betten *v/t.* put *a p.* to bed; *fig.* embed; ⊕ bed, seat; 🚂 ballast; *sich* ~ make one's bed; *wie man sich bettet, so liegt man* as you make your bed, so you must lie on it; → *Rose, Ruhe*.

Betteppich *m* prayer-rug.

Bett...: **~flasche** *f* hot-water bottle; **~genosse** *m* bedfellow; **~gestell** *n* bedstead; **~häschen** F *n* bit of fluff, bedmate; **~himmel** *m* canopy; **~hupferl** F *n* bedtime sweets *pl.*; **~jacke** *f* bed-jacket; **~kissen** *n* pillow; **~lade** *f* bedstead; **~lägerig** *adj.* confined to bed, bedridden, laid up; ~*er Patient* bed patient; **~lägerigkeit** *f* confinement to bed; **~laken** *n* sheet; **~lektüre** *f* bedside books *pl.*

Bettler *m*, **~in** *f* beggar(-woman), mendicant; (*Landstreicher*) tramp, *Am.* hobo, F bum; *zum* ~ *machen* beggar, pauperize, ruin; **~stolz** *m* beggar's pride.

Bett...: **~linnen** *n* bed-linen; **~nässen** ⚕ *n* bed-wetting; **~nässer** *m* bed-wetter; **~pfanne** *f* bed-pan; **~ruhe** *f* rest in bed, *Am.* bed rest; **~schlitten** ⊕ *m* carriage; **~schüssel** *f* bed-pan; **~sofa** *n* sofa-bed; **~schwere** F *f*: *die nötige* ~ *haben* be ready for bed; **~statt** *f*, **~stelle** *f* bedstead; **~(t)uch** *n* sheet; **~überzug** *m* pillow-case, bed-tick; **~ung** *f* ⊕ bed(ding); bed-plate; ⚔ *Geschütz*: platform; 🚂 roadbed; ballast; **~vorleger** *m* bedside rug; **~wanze** *f* bed-bug; **~wäsche** *f*, **~zeug** *n* bed-linen, sheets *pl.*

betucht F *adj.* well-to-do.

betulich *adj.* (over-)attentive, solicitous, fussy.

betupfen *v/t.* dab, ⚕ swab; (*tüpfeln*) dot, spot.

Beuge *f Sport*: bend, (*Stellung*) bent position; *anat.* (*u. Kurve*) bend; **~haft** ⚖ *f* coercive detention; **~muskel** *m* flexor.

beug|en *v/t.* **1.** bend, bow, flex; *sich* (*nieder*) ~ bow *od.* bend (down), stoop; **2.** *phys.* deflect, diffract; **3.** *fig.* (*Stolz*) humble; *durch Kummer*: bow, afflict, crush; *vom Kummer gebeugt a.* bowed down by grief; *vom Alter gebeugt* bowed by age; *das Recht* ~ pervert (*od.* warp) justice; *sich* ~ bow, submit, yield (*dat. od. vor* to); **4.** *ling.* inflect, (*Hauptwort*) decline, (*Zeitwort*) conjugate; **²ung** *f* bend(ing), flection; flexure; *phys.* diffraction; *ling.* inflection.

Beule *f* bump, lump, swelling; (*Geschwür*) boil; *im Blech usw.*: dent, bump; **~npest** *f* bubonic plague.

beunruhig|en *v/t.* disturb, trouble; ⚔ (*den Feind*) harass; *fig.* disquiet, worry, alarm; *sich* ~ be alarmed (*od.* troubled, uneasy) (*über* about), worry (about); **~end** *adj.* disturbing, disquieting, alarming; **²ung** *f* disturbance; (*Unruhe*) uneasiness, anxiety, alarm; (*Sorge*) trouble, worry.

beurkund|en *v/t.*: (*öffentlich* ~) record (in valid legal form), make and execute a public record on; → *a. beglaubigen*; **²ung** *f* recording *a th.* in valid legal form; *weitS.* → *Beglaubigung*.

beurlaub|en *v/t.* give (*od.* grant) leave (of absence); *vom Amt*: suspend (from office); *sich* ~ take one's leave; **~t** *adj.* (absent) on leave; **²tenstand** ⚔ *m* reserve status; **²ung** *f* (granting of a) leave; *vom Amt*: suspension (from office).

beurteil|en *v/t.* judge (*nach* by); *fachmännisch*: *a.* criticize, comment on; (*Buch usw.*) review, discuss; (*Leistung, Wert*) rate; (*abschätzen*) estimate, assess; (*betrachten*) view; *et. ernst* ~ view *a th.* with concern, take a grave view of; *falsch* ~ misjudge; *das kann ich nicht* ~ I am no judge of that; **²er** *m* judge, critic; **²ung** *f* judg(e)ment, opinion (*gen.* of, on), view (of); criticism; assessment; rating; *in Personalakten*: confidential (*Am.* efficiency) report.

Beusche(r)l *dial. n* lungs *pl.* (of an animal).

Beute *f* (*Kriegs²*) booty, captured matériel, (*a. Diebes²*) loot, plunder; (*Fang*) catch; ⚓ prize; *hunt.* bag; *von Tieren*: prey, quarry; *fig.* prey, victim (*gen.* to); ~ *machen*, *auf* ~ *ausgehen* go marauding (*od.* plundering); *zur* ~ *fallen dat.* be captured by, fall into the hands of; *fig.* fall a prey (*od.* victim) to; **²gierig** *adj.* eager for booty; **~gut** ⚔ *n* captured (enemy) matériel, booty.

Beutel *m* bag; *Mode*: *a.* pochette; (*Geld²*) purse; (*Tabaks² usw., a. zo. u.* ⚘) pouch; (*Mehl²*) bolter; *biol.* sac; *anat.* bursa; ⚕ cyst; **²förmig** *adj.* bag-shaped; **²n** **I.** *v/t.* (*Mehl*) bolt; F *fig.* (*durchschütteln*) shake; **II.** *v/i. u. v/refl.*: (*sich* ~) *Kleider*: bag; **~ratte** *f* opossum; **~schneider** *m* swindler; **~schneiderei** *f* trickery; **~tier** *n* marsupial.

Beutezug *m* marauding expedition.

bevölkern *v/t.* people, populate, settle; *fig.* (*Straße usw.*) fill, crowd; *sich* ~ become inhabited, grow populous, *Straße usw.*: become alive (*mit* with); *dicht bevölkert* densely populated.

Bevölkerung *f* population, (*Einwohner*) *a.* inhabitants *pl.*, people *pl.*

Bevölkerungs...: **~abnahme** *f* decrease in population; **~aufbau** *m* → *Bevölkerungsstruktur*; **~dichte** *f* density of population; **~druck** *m* population pressure; **~explosion** *f* population explosion; **~kunde** *f*, **~lehre** *f* demography; **~politik** *f* population policy; **²politisch** *adj.* demographic, population *measures*; **~schicht** *f* social stratum (*pl.* strata), class (of society); **~stand** *m* (level of) population; **~statistik** *f* population statistics *sg. u. pl.*; **~struktur** *f* population structure; **~überschuß** *m* population surplus; **~zunahme** *f*, **~zuwachs** *m* increase in population.

bevollmächtig|en *v/t.* authorize, empower; (in)vest *a p.* with power(s); ⚖ give *a p.* power of attorney; appoint and constitute *a p.* one's lawful agent and attorney; (*Gesandte*) accredit; **~t** *adj.* authorized; having power of attorney; *~er Minister* (*außerordentlicher Gesandter*) (minister) plenipotentiary; **²te(r** *m*) *f* authorized representative, deputy; ⚖ *a.* (lawful) agent, proxy, attorney (in fact); (*Beauftragter*) delegate; *pol.* plenipotentiary; **²ung** *f* authorization; ⚖ (grant of) power of attorney (*gen.* to); *durch* ~ by proxy, ⚖ by power of attorney; → *a. Vollmacht*.

bevor *cj.* before; *poet.* ere; *nicht* ~ not until (*od.* till).

bevormund|en *fig. v/t.* keep in leading-strings (*od.* tutelage), patronize; **⁀ung** *f* tutelage; patronizing.

bevorrat|en *v/t.* stock up; **⁀ung** *f* stocking, stockpiling, provision of reserves; *konkret*: stocks *pl.*, supplies *pl.*

bevorrecht|(ig)en *v/t.* privilege; ⚖, ✝ give preference (to); **~igt** *adj.* privileged; *Anspruch usw.*: preferential; ~*er Gläubiger* preferential (*Am.* preferred) creditor; **⁀(ig)ung** *f* (granting of a) privilege *od.* prerogative; ⚖, ✝ preference; preferential right.

bevorschuss|en *v/t.* advance money to *a p.* (*für et.* on); **⁀ung** *f* advance.

bevorstehen I. *v/i.* be near (*od.* forthcoming, approaching, at hand), lie ahead; *Gefahr*: be imminent, impend, threaten; (*j-m*) be in store for, await; *ihm steht e-e große Enttäuschung bevor* he is in for a bad disappointment; *s-e Entlassung stand bevor* he was about to be dismissed; **II.** ⁀ *n* prospect, perspective; *der Gefahr usw.*: imminence; **~d** *adj.* forthcoming, approaching; next *week, etc.*; *pleasures, etc.* to come; *Gefahr*: impending, imminent.

bevorzug|en *v/t.* prefer (*dat., a. vor* to); (*begünstigen*) favo(u)r (before, above); grant special favo(u)rs to; ⚖ privilege; **~t** *adj.* privileged; favo(u)rite; ~*e Behandlung* (*Forderung*) preferential treatment (claim); ~*e Zuteilung* allocation by priority; et. ~ *behandeln* give a th. preference (*od.* precedence); **⁀ung** *f* preference (*j-s* given to a p.); favo(u)r (shown to a p.); preferential treatment (of a p.).

bewach|en *v/t.* guard; (keep) watch over; (*beschatten*) watch, shadow; **⁀er** *m* guard; (*Verfolger*) shadow; *Sport*: marker.

bewachsen *adj.*: ~ *mit* covered (*od.* overgrown) with.

Bewachung *f* guard(ing); (*Überwachung*) watch (*gen.* over), surveillance; *Sport*: marking; (*Mannschaft*) guard(s *pl.*), escort; *unter* ~ under guard *od.* (*Begleitung*) escort; **~sfahrzeug** ⚓ *n* escort (-vessel).

bewaffn|en *v/t.* arm (*sich* o.s. *a. fig.*); **~et** *adj.* armed (*mit* with; *a. fig.* F); ~*e Intervention* (*Neutralität*) armed intervention (neutrality); *mit* ~*er Hand* by force of arms; **⁀ung** *f* arming; (*Waffen*) arms *pl.*, weapons *pl.*; ⚓ armament.

bewahren *v/t.* (*erhalten*) keep, preserve (*mst fig.*: *Geheimnis, Andenken, Stillschweigen usw.*); ~ *vor* (*behüten*) save (*od.* protect, preserve, guard, keep) *a p.* from; (*Gott*) *bewahre!* Heaven forbid!; far from it!

bewähren *v/refl.*: *sich* ~ stand the test; prove (to be) good *od.* a success, prove one's worth (*Person*: *a.* one's ability *od.* efficiency); *Grundsatz*: hold good; *sich* ~ *als* prove to be a good *teacher, remedy, etc.*; *sich nicht* ~ prove a failure; → *bewährt.*

Bewahrer(in *f*) *m* keeper, preserver.

bewahrheiten *v/t.* prove; *sich* ~ prove (to be) true; (*sich erfüllen*) come true.

bewährt *adj.* (*erprobt*) (well-)tried, (ap)proved, time-tested, sound; (*erfolgreich*) successful; (*zuverlässig*) trustworthy, reliable; (*erfahren, fähig*) experienced, capable; (*verdient*) deserving *employees*; (*echt*) true, genuine; (*üblich*) usual; **⁀heit** *f* proved worth, excellence; successfulness; reliability.

Bewahrung *f* keeping; preservation (*vor* from).

Bewährung *f* **1.** (putting to the) proof *od.* test; trial, crucial test; **2.** proof of worth (*od.* efficiency); *bei* ~ upon proving satisfactory; **3.** ⚖ (release on) probation; → *a. Strafaussetzung*; *3 Monate Gefängnis mit* ~ a suspended sentence of three months; *bei* ~ in case of good conduct; **~sfrist** ⚖ *f* (period of) probation; ~ *gewähren* release on probation; *e-e* ~ *von zwei Jahren erhalten* be put on a two-year probation, be bound over for two years; **~shelfer** *m* probation officer.

bewaldet *adj.* wooded, woody.

bewältig|en *v/t.* (*meistern*) master (*a. Lehrstoff*), manage, handle, get under control; (*Schwierigkeit*) *a.* overcome, cope with, (*a. Berg*) conquer; (*Arbeit*) accomplish, complete, dispose of; (*Strecke*) do, cover; (*Hindernis*) clear, take; *fig.* (*Vergangenheit*) come to terms with *the past*; **⁀ung** *f* mastering *etc.*; accomplishment.

bewandert *adj.*: ~ *in* (*erfahren*) experienced *od.* skilled in; (*vertraut*) well acquainted with, conversant with, well versed in, *stärker*: at home in, proficient in, F well up in.

Bewandtnis *f*: *damit hat es folgende* ~ the matter is as follows; *das hat e-e ganz andere* ~ the matter is quite different; *das hat s-e eigene* ~ that is a matter apart; there is a special reason for that; thereby hangs a tale.

bewässer|n *v/t.* (*Garten*) water; (*Land*) irrigate; **≈ung** *f* watering; irrigation; **≈ungsanlage** *f* irrigation plant; **≈ungsgraben** *m* feeder; **≈ungskanal** *m* irrigation canal.

bewegen I. *v/t.* **1.** move, stir (*a. sich* ~); (*in Bewegung setzen*) set in motion (*od.* going); (*Truppen*) move; (*Pferd*) exercise; **2.** (*befördern*) carry, convey; **3.** *fig.* (*erregen*) stir, affect, agitate; (*rühren*) move, touch; (*beschäftigen*) occupy *a p.'s mind*; *sich ~ lassen* be moved (*von, durch* with *pity, etc.*); (*nachgeben*) give way, yield, relent; *j-n ~, zu inf.* induce (*od.* get, bring, move, prompt) a p. to *inf.*; *was bewog ihn dazu?* what made him do it?; *sich nicht ~ lassen* stand firm, be adamant; *er war nicht zu ~, zu inf.* nothing could move (*od.* induce) him to *inf.*; *sich bewogen fühlen, zu inf.* feel moved (*od.* prompted, bound) to *inf.*; **II.** *v/refl.*: *sich ~* → 1; *sich in freier Luft ~* take outdoor exercise; *sich im Kreis(e) ~* move in a circle; gyrate; *ast. sich um die Sonne usw. ~* move (*od.* travel, revolve) around; *sich nicht von der Stelle ~ (lassen)* not to budge *od.* stir; *fig. sich in e-e Richtung ~ Gedanken, Unterhaltung usw.*: move (*od.* tend) in a direction; *sich in feinen Kreisen ~* move in good society; *die Kosten ~ sich zwischen 50 und 80 Dollar* the costs range between $50 and $80; **~d** *adj.* **1.** moving; *~e Kraft* motive power; *sich selbst ~* self-acting; **2.** *fig.* moving, touching.

Beweg|grund *m* motive (*für* for); *tieferer ~* ulterior motive; **~kraft** *f* motive power.

beweglich *adj.* **1.** movable (*a. Festtag,* ⚖ *Vermögen*), moving, mobile (*a. Gesichtszüge*); ⊕ *a.* (*elastisch*) flexible, *mot. usw.* man(o)euvrable; (*tragbar*) portable; *~e Belastung* live load; *~e Teile* moving parts; ⚖ *~es Eigentum, ~e Sachen* movables *pl.*; **2.** *fig.* (*rührig*) active; (*behende, a. Geist*) agile, nimble, elastic; (*wendig*) versatile; *Zunge*: voluble, glib; **≈keit** *f* mobility, movableness; (*Biegsamkeit*) flexibility (*a. fig.*); (*Behendigkeit*) nimbleness, agility (*a. fig.*); *der Zunge*: volubility, quickness; (*Gewandtheit*) versatility; (*Lebhaftigkeit*) sprightliness; *mot., Sport*: flexibility, man(o)euvrability.

bewegt *adj.* **1.** *See:* rough, heavy; **2.** *fig. Zeiten*: lively, *b.s.* troubled; *Leben*: turbulent, (*abenteuerlich*) adventurous; (*ereignisreich*) eventful; *Unterhaltung*: lively, animated, *stärker*: heated; **3.** (*gerührt*) moved, touched; *Stimme*: choked, trembling, touched with emotion; *mit ~en Worten* vividly, *stärker*: in stirring words; **≈heit** *f* agitation, turbulence; (*Rührung*) emotion.

Bewegung 1. movement (*a.* ⚔ *Truppen≈*), motion (*a. phys. u.* ♪); *mit bestimmter Absicht*: move; *unruhige*: stir; *ruckweise*: jerk; (*Gebärde*) gesture; (*körperliche ~*) exercise; *sich ~ machen* take exercise; *in ~* ⊕ in motion; *fig.* astir, *Person*: *a.* on the move (*od.* go); *in ~ setzen* start (*a. fig.*), set going (*od.* in motion), → *Hebel, Himmel*; *sich in ~ setzen* start (to move), get going; *er machte keine ~ zu gehen* he made no move to go; *~ bringen in* stir (*od.* liven) up, get *a th.* going; **2.** (*Tendenz*) trend; ✝ *rückläufige ~* retrograde movement (*od.* trend); **3.** *pol. usw.* movement; **4.** (*Gemüts≈*) emotion; *in tiefer ~* deeply moved.

Bewegungs...: ~energie *f* kinetic energy; **≈fähig** *adj.* able to move, mobile; **~fähigkeit** *f* mobility; **~freiheit** *f* freedom of movement, clear space of action, room to move; *fig.* liberty of action; elbow-room, leeway, scope; **~kraft** *f* motive force; **~krieg** *m* mobile warfare; **~lehre** *f* theory of motion; kine(ma)tics (*sg.*); **≈los** *adj.* motionless, immobile; **~losigkeit** *f* immobility; **~spiel** *n* outdoor game; **~studie** *f* motion study; **~therapie** *f* kinetotherapy; **≈unfähig** *adj.* unable to move, immobilized.

bewehren *v/t.* arm; ⊕ reinforce, (*a. Kabel usw.*) armo(u)r, sheath.

beweibt *adj.* married.

beweihräuchern *v/t.* cense; F *fig.* adulate, praise fulsomely; *sich selbst ~* indulge in self-adulation.

beweinen *v/t.* mourn (for *od.* over), weep over, lament; **~swert** *adj.* deplorable, lamentable.

Beweis *m* proof (*für* of), evidence (of); ⚖ (*a. pl.*) proof, (*~mittel*) (piece of) evidence; (*Zeugen≈*) (testimonial) evidence; (*~grund*) argument; (*~stück*) exhibit; (*sichtbare Darlegung*) demonstration (*a.* 𝔄); (*Zeichen*) mark, sign, token; *als od. zum ~* as proof, *e-r Sache*: in proof of, to prove *a th.*; *den ~ für et. antreten* undertake to prove a th.; *den ~ erbringen* furnish proof, ⚖ produce evidence (*für* of), *für*: *a.* prove, (*demonstrieren*) demonstrate; *et. unter ~ stellen, den ~ für et. führen* furnish evidence for a th., prove a th.; *als ~ vorlegen* offer (*od.* submit) in evidence; *als ~ zulassen* admit in evidence; → *erheben* 5 *usw.*; *als ~ s-r Zuneigung* in token (*od.* as a sign, mark) of his affection; *als ~ nenne ich Shakespeare* witness Shakespeare; *bis zum ~ des Gegenteils* pending proof to the contrary; *er hat alle ~e beisammen* his case is complete; *er hat keine ~e gegen uns* he has no case against us, F he hasn't a leg to stand on; **~antrag** ⚖ *m* motion to receive evidence; **~antritt** *m* (formal) offering of evidence; **~aufnahme** *f* hearing (*od.* taking) of evidence; **≈bar** *adj.* provable, demonstrable; **≈en** *v/t.* prove (*j-m et.* a th. to a p.), show, evidence; (*feststellen*) establish; (*demonstrieren*) demonstrate; (*kundtun, zeigen*) show, manifest; *zu ~ suchen, daß* argue that; *wenn du das Gegenteil ~ kannst* if you can disprove that; *dies beweist zur Genüge, daß* this is ample evidence that; **~ergebnis** *n* *the* evidence (taken); **≈erheblich** *adj.* evidentiary, probative; **~erhebung** *f* taking of evidence; **≈fähig** *adj. Urkunde*: being valid evidence; **~führung** *f* (line of) argumentation, arguments *pl.*; ⚖ *engS.* presentation of evidence; **~grund** *m* argument; **~kette** *f* chain of evidence; **~kraft** *f* cogency, conclusiveness; ⚖ probative force; **≈kräftig** *adj.* conclusive, cogent; ⚖ probative; **~last** *f* burden of proof, onus; *die ~ obliegt dem Kläger* the burden of proof is on (*od.* lies with) the plaintiff; **~material** *n* evidence (*nur sg.*); **~mittel** *n* (piece of) evidence; *die ~* the evidence *sg.* (*für* of); **≈pflichtig** *adj.*: ... *ist ~* the burden of proof lies with ...; **~satz** ℞ *m* argument(ation); **~stück** *n* (piece of) evidence; *vom Gericht zugelassenes*: exhibit; (*Beleg*) voucher; **~termin** *m* (date of) hearing of evidence; **~thema** *n* matter on which testimony is heard; **~würdigung** *f* assessment of evidence.

bewenden I. *v/i.*: *es ~ lassen bei* leave it at; *wir wollen es dabei ~ lassen* we'll leave it (*od.* let it go) at that, let it rest there; **II.** **≈** *n*: *damit hat es sein ~* there the matter rests.

Bewerb *m östr. Sport*: event; contest; **≈en** *v/refl.*: *sich ~ um* apply for (*bei* to *a p.*), seek; (*kandidieren*) stand for, *Am. a.* run for; (*Stimmen*) canvass; ⚚ (*Aufträge*) *a.* solicit, *bei Ausschreibungen*: bid (*od.* tender) for *a contract*; (*e-e Dame*) court, woo; *sich* (*mit anderen*) *um e-n Preis ~* compete (*od.* enter) for; **~er** *m* applicant (*um* for); candidate, aspirant (to); ⚚ *bei e-r Ausschreibung*: bidder, competitor; *Sport*: entrant, competitor; contender (for) (*alle a.* **~erin** *f*); (*Freier*) suitor, wooer; → *Thronbewerber*; **~ung** *f* application (*um* for); candidacy (for); solicitation (of); (*Wettbewerb*) competition (for); *Sport*: *a.* entry (for); (*Liebeswerben*) courtship, wooing (of); **~ungsschreiben** *n* (letter of) application.

bewerfen *v/t.* **1.** *j-n mit et. ~* throw a th. at a p.; pelt (*od.* pepper) a p. with a th.; ⚔ *mit Bomben ~* bomb; **2.** ⚠ plaster, *roh*: rough-cast.

bewerkstellig|en *v/t.* manage, accomplish, contrive, bring about, effect; (*machen, tun*) do; **≈ung** *f* accomplishing, effecting; realization.

bewert|en *v/t.* value (*auf* at; *nach* by); (*abschätzen*) assess, estimate, appraise; (*a. Fähigkeiten, Leistung*) rate; *zu hoch ~* overrate; *dieser Sprung wird mit 7 Punkten bewertet* this jump rates 7 points; **≈ung** *f* valuation; estimation, assessment; *Leistung, Führung usw.*: rating, assessment; *ped.* (*Noten*) marks *pl.*, *Am.* grades *pl.*; *Sport*: scoring, (awarding of) marks *od.* points *pl.*

bewillig|en *v/t.* grant, allow, accord (*j-m et.* a p. a th., a th. to a p.); (*Antrag*) grant; *parl.* vote, sanction; appropriate; (*zuteilen*) allocate, allot; (*zugestehen*) concede; (*genehmigen*) authorize, approve; consent to; **≈ung** *f* grant, allowance; vote, appropriation; allocation, allotment; permission, concession, licen|ce, *Am.* -se; **≈ungsausschuß** *m* authorizing committee.

bewillkommn|en *v/t.* welcome, greet, receive; **≈ung** *f* welcome, reception.

bewirken *v/t.* effect; (*verursachen*) cause (*daß j-d tut* a p. to do; *daß et. geschieht* a th. be done); (*hervorrufen*) produce, give rise to, result in; (*veranlassen*) occasion, *stärker*: provoke.

bewirten *v/t.* entertain (*mit* with), treat (to); *glänzend ~* regale (*mit* with).

bewirtschaft|en *v/t.* ⛏ (*Acker*) cultivate, work; (*Gut usw.*) manage, run; (*verwalten*) administer; (*Mangelware*) ration, control; *das Hotel ist bewirtschaftet* the hotel is open; **≈ung** *f* cultivation; management, running; administration; (*Zwangs≈*) control, rationing.

Bewirtung *f* entertainment; *im Gasthaus*: food and service.
bewitzeln *v/t.* make fun of.
bewohn|bar *adj.* (in)habitable; **~barkeit** *f* habitableness; **~en** *v/t.* inhabit, live in; reside in; (*Haus usw.*) *a.* occupy; **~er(in** *f*) *m* inhabitant, resident; (*Bürger*) citizen; *e-s Hauses*: occupant, *bei mehreren*: *a.* inmate; (*Mieter*) tenant; *e-s Zimmers*: lodger, *Am.* roomer.
bewölk|en *v/t.* cloud; *sich* ~ cloud over, become clouded (*beide a. fig.*); *fig.* darken; **~t** *adj.* clouded, cloudy; *Himmel*: *a.* overcast; *fig.* dark, gloomy; **~ung** *f* clouding; cloudiness, clouds *pl.*
Bewunder|er *m*, **~in** *f* admirer; **~n** *v/t.* admire (*wegen* for), marvel at; **~nswert, ~nswürdig** *adj.* admirable; **~ung** *f* admiration (*gen.* of); → *abnötigen.*
Bewurf ⚠ *m* plaster; *grober*: rough-cast; *eigentlicher*: second coat.
bewußt *adj.* conscious (*gen.* of); (*absichtlich*) deliberate; (*besagt*) said, *nachgestellt*: in question; agreed *hour, etc.*; *sich e-r Sache ~ sein* be conscious (*od.* aware) of, *stärker*: be alive to; *sich e-r Sache ~ werden* realize, awake to, become aware of; *soviel mir ~ ist* as far as I know; *er war sich dessen nicht mehr ~* he did not remember; *die ~e Angelegenheit* the matter in question; **~heit** *f* awareness; **~los** *adj.* unconscious; *~ werden* lose consciousness, faint; *~ schlagen* knock out (*od.* unconscious); **~losigkeit** *f* unconsciousness, insensibility; *fig. bis zur ~* to breaking-point, *Am. a.* to beat the band, *langweilen usw.*: to distraction (*od.* death); *ein Wort bis zur ~ benützen* use a word ad nauseam.
Bewußtsein *n* consciousness; *fig. a.* awareness, knowledge; sense *of duty, responsibility*; *bei ~ sein* be conscious; *das ~ verlieren* lose consciousness, faint; *j-n zum ~ bringen* restore a p. to consciousness, F bring a p. round (*od.* to); *wieder zum ~ kommen* recover consciousness, F come to; *j-m et. zum ~ bringen* make a p. realize a th., bring a th. home to a p.; *j-m zum ~ kommen* become clear to (*od.* dawn upon) a p.; *in dem od. im ~, zu inf.* (*od. daß*) conscious of *ger.*; **~serweiterung** *f* mind-expansion; **~sinhalt** *m* conscious experience (*od.* content); **~sschwelle** *f* threshold of consciousness; **~sspaltung** *f* schizophrenia; split personality; **~sstörung** *f* disturbance of consciousness; **~sstrom** *m* stream of consciousness.
bezahl|bar *adj.* payable; **~en** *v/t. u. v/i.* pay; (*gekaufte Ware*) pay for; (*Schulden*) pay (off), discharge, settle; (*Wechsel*) hono(u)r; (*entlohnen*) pay, remunerate, compensate; fee; *schlecht ~* underpay *a p.*; *fig. et. teuer ~* pay dearly for a th.; **~er(in** *f*) *m* payer; **~t** *adj.* paid; (*besoldet*) salaried; *schlecht ~* ill-paid, underpaid; *sich ~ machen* pay (for itself); *es macht sich bezahlt, zu inf.* it pays to *inf.*; **~ung** *f* payment; (full) settlement; (*Honorar*) fee, remuneration; (*Entlohnung*) pay; (*Gehalt*) salary; (*Lohn*) wages *pl.*; *gegen ~* against payment; *bei ~ von* on payment of.
bezähmen *v/t.* tame; *fig.* restrain, control, master, bridle; *sich ~* control (*od.* restrain) o.s.
bezauber|n *v/t.* bewitch, enchant (*a. fig.*); *fig. a.* charm, captivate, fascinate; **~nd** *adj.* charming, enchanting, delightful, lovely; **~ung** *f* enchantment, spell; fascination.
bezechen *v/refl.*: *sich ~* get drunk.
bezeichn|en *v/t.* (*Weg, Waren usw.*) mark; *mit Etikett, a. weitS.*: label; (*benennen*) designate (*als* as), name, call, term; (*angeben*) indicate; (*zeigen*) point out (*dat.* to), show; (*kennzeichnen*) characterize; (*bedeuten*) denote, signify, stand for; *näher ~* define, specify; *er bezeichnete sich als Arzt* he called (*od.* styled) himself a doctor; *er wurde sofort als Egoist bezeichnet* he was promptly stamped (*od.* labelled) as an egotist; **~end** *adj.* characteristic, typical (*für* of); indicative (of); significant (of); **~enderweise** *adv.* characteristically, *etc.*; **~ung** *f* marking; label; characterization; (*Benennung*) designation, (*Name*) *a.* name, term, expression; (*Zeichen*) mark, sign; symbol; ♪ mark, sign; 𝄞 notation; *falsche ~* misnomer, wrong term; **~ungssystem** *n* nomenclature.
bezeig|en *v/t.* show, express; (*Gunst*) grant; (*Ehre*) do, pay; **~ung** *f* expression, manifestation.
bezetteln *v/t.* label, tag.
bezeug|en *v/t.* **1.** ⚖ *u. fig.* testify (*od.* bear witness) to; (*bescheinigen*) attest, certify; **2.** → *bezeigen*;

≈ung *f* **1.** testimony, attestation; **2.** → *Bezeigung.*

bezichtigen *v/t.* → *beschuldigen.*

bezieh|bar *adj.* **1.** *Haus*: ready for occupancy; **2.** ✝ *Ware*: obtainable, to be had (*von* of); **3.** *fig.* referable (*auf* to); **~en I.** *v/t.* **1.** (*Schirm, Sessel usw.*) cover; *mit Saiten*: string; (*Bett*) put clean sheets on; **2.** (*Wohnung*) move into, occupy; (*Universität usw.*) enter, go up to; *ein Lager* ~ encamp; *Quartier* ~ go into quarters; *Wache* ~ mount guard; → *Stellung*; **3.** (*Ware*) obtain, procure, get, buy (*von* from); (*Zeitung*) take in, subscribe to; (*Aktien*) subscribe to, take up; (*Gelder, Gehalt usw.*) draw; (*Informationen, Wissen*) get, obtain; *fig.* (*Schläge usw.*) get; **4.** ~ *auf* connect with, apply (*od.* refer, relate) to; *er bezog es auf sich* he took it personally (*od.* as meant for him); **II.** *v/refl.* **5.** *sich* ~ *Himmel*: cloud over, become overcast; **6.** *sich* ~ *auf* refer to; *Sache*: *a.* have reference to, relate to; *sich auf j-n* ~ use a p.'s name as (a) reference; *bezogen auf* corresponding to, as compared with; *praxis- usw. bezogen* (–)orientated; **≈er(in** *f*) *m* subscriber (*gen.* to); ✝ importer; (*Kunde*) buyer, customer; *e-s Wechsels*: drawer.

Beziehung *f* reference, relation (*zu* to); connection (with); bearing (on); *wechselseitige* ~ relationship, interrelation (*zwischen* between, of); *persönliche* ~*en* relations (*zu j-m* with); *menschliche* (*diplomatische*) ~*en* human (diplomatic) relations; (*Verbindungen*) connections, contacts; *gute* ~ *haben* be well-connected, (*Einfluß haben*) F have a lot of pull; *in dieser* ~ in this respect (*od.* connection); *in mancher* ~ in some respects; *in gewisser* ~ in a way; *in jeder* ~ in every respect; *in* ~ *auf* with regard to; *in politischer, wirtschaftlicher usw.* ~ politically, economically, *etc.*; *in* ~ *setzen* bring in relation (*mit* to); *in* ~ *stehen zu Sache*: be related to; *in guten usw.* ~*en stehen* be on good, *etc.*, terms (*zu j-m* with); *mit j-m in* ~ *treten* establish contact with a p., contact a p.; → *spielen 9*; **≈slos** *adj.* irrelative, unconnected; **≈sreich, ≈svoll** *adj.* suggestive; **~ssatz** *ling. m* relative clause; **≈sweise** *adv.* (*bzw.*) respectively (*abbr.* resp.); or (rather); *die Papiere bzw. Reisepässe* the papers or passports respectively; **~swort** *ling. n* antecedent.

beziffern *v/t.* mark with figures, number; (*schätzen*) figure, estimate (*auf* at); *sich* ~ *auf* amount to, figure (*od.* work) out at.

Bezirk *m* district; (*Stadt≈*) *a.* borough; (*Wahl≈*) ward; *Am.* (*Polizei≈, Wahl≈*) precinct; *fig.* → *Bereich*; **~s...** *in Zssgn* regional, district ...; **~sgericht** *n* local court; *DDR*: regional superior court; **~snotariat** *n* (office of the) district notary.

bezirzen F *v/t.* bewitch, turn *a p.'s* head.

Bezogene(r *m*) *f* ✝ drawee.

Bezug *m* **1.** (*Überzug*) cover(ing); (*Kissen≈*) case, slip; (*Saiten≈*) set of strings; **2.** *von Ware*: purchase, procurement, supply; (*Auftrag*) order (*von* for); *Aktien, Zeitung*: subscription (*gen.* to); *bei* ~ *von 25 Stück* on orders for; **3.** *Bezüge* emoluments; drawings; income *sg.*; (*Gehalt*) salary *sg.*, pay *sg.*; (*Versicherungsleistungen*) benefits; (*Lieferungen*) supplies, imports; **4.** *fig.* reference; *in* ≈ *auf* → *bezüglich* II; ~ *haben auf* have reference to, refer to; bear (up)on; ~ *nehmen auf* refer (*od.* make reference) to.

bezüglich I. *adj.*: ~ *auf* relating to; *ling.* ~*es Fürwort* relative pronoun; **II.** *prp.* regarding, concerning, in regard (*od.* respect) of, referring (*od.* with reference) to, relating to, as to.

Bezugnahme *f* reference; *unter* ~ *auf* with reference to, referring to.

Bezugs...: **~anweisung** *f* (delivery) order; **~bedingungen** *f/pl.* terms of delivery; **≈berechtigt** *adj.* entitled to draw *a pension*; **~berechtigte(r** *m*) *f* beneficiary; **~ebene** *f* datum plane; **≈fertig** *adj. Wohnung*: ready for occupancy; **~genossenschaft** *f* cooperative purchasing association; **~größe** *f* reference quantity; **~jahr** *n* reference year; **~preis** *m Zeitung, Aktien*: subscription price; (*Einkaufspreis*) purchase price, prime cost; **~punkt** *m* reference (*od.* datum) point; **~quelle** *f* source (of supply); **~recht** *n auf Aktien*: subscription right; *mit* (*ohne*) ~ cum (ex) rights; **~schein** *m für Aktien*: subscription warrant; *für Mangelware*: purchase permit; **~stoff** *m* cover fabric, covering; **~wert** *m* reference value; **~wort** *ling. n* antecedent.

bezwecken *v/t.* **1.** aim at, have in

view (*od.* for object); ~ *mit* intend by; **2.** F (*erreichen*) obtain; *damit bezweckst du nichts* that won't get you anywhere.

bezweifeln *v/t.* doubt, (call in) question, refuse to believe.

bezwing|en *v/t.* (*besiegen*) defeat, *Sport*: *a.* beat; (*Schwierigkeiten usw.*) master, overcome; (*Gefühle usw.*) *a.* restrain, control; (*Volk, Leidenschaften*) subdue, (*a. Berg*) conquer; *sich* ~ restrain (*od.* control, check) o.s.; **²er(in** *f*) *m* conqueror, subduer; *Sport*: winner (*gen.* against); **²ung** *f* mastering; defeat; conquest.

bibbern F *v/i.* tremble; *vor Kälte*: shiver.

Bibel *f* Bible; *fig.* bible; **~anstalt** *f* Bible society; **~auslegung** *f* exegesis; **²fest** *adj.* well-versed in the Scriptures; **~forscher** *m* student of the Bible; *Ernste* ~ Jehovah's Witnesses; **~gesellschaft** *f* Bible society; **~glaube** *m* biblicism; **~sprache** *f* scriptural language; **~spruch** *m* verse from the Bible, (biblical) text; **~stelle** *f* scriptural passage, text; **~stunde** *f* Bible class.

Biber *m* beaver; **~bau** *m* beaver's lodge; **~geil** *n* castor(eum); **~pelz** *m* beaver (fur); **~schwanz** *m* (*Flachziegel*) flat (*od.* plain) tile.

Biblio|graph *m* bibliographer; **~graphie** *f* bibliography; **²graphisch** *adj.* bibliographical; **~mane** *m* bibliomaniac; **~phile** *m* bibliophile.

Bibliothek *f* library; **~ar(in** *f*) *m* librarian; **~swissenschaft** *f* library science.

biblisch *adj.* biblical, scriptural; *²e Geschichte* scripture.

Bicarbonat *n* bicarbonate.

Bichromat ⚗ *n* dichromate.

Bidet *n* bidet.

bieder *adj.* honest, upright; *iro.* worthy; (*einfältig*) simple-minded; **²keit** *f* honesty, uprightness; simple-mindedness; **²mann** *m* honest man; good fellow; *iro.* worthy.

biegbar *adj.* flexible, pliable.

Biege|beanspruchung ⊕ *f* bending stress; **~festigkeit** *f* bending strength.

biegen I. *v/t.* (*a. sich* ~) bend; (*Glieder*) flex; (*krümmen*) curve; (*Holz*) camber; *sich* ~ (*verziehen*) distort; *Holz*: warp; *Metall*: buckle; ⊕ *im kalten* (*warmen*) *Zustand* ~ cold- (hot-)bend; → *Balken* 1, *Lachen* **II**; **II.** *v/i.*: *nach links* (*rechts*) ~ *Straße*: turn left (right); *um e-e Ecke* ~ turn (round) a corner; **III.** **²** *n* bending, *etc.*; *auf* ~ *oder Brechen* by hook or by crook, do or die.

biegsam *adj.* pliable, (*a. Stimme*) flexible; (*hämmerbar*) malleable, ductile; (*geschmeidig*) supple, lithe; *fig. Geist*: pliant, pliable; *Charakter*: malleable; **²keit** *f* pliability; flexibility; suppleness.

Biegung *f* bend(ing); (*Weg²*, *Fluß²*) bend, turn(ing), curve; (*Krümmung*) curvature, flexure; ⊕ *bleibende*: bend, set; *elastische*: deflection; (*Wölbung*) arch; (*Durch²*) sag(ging); **~selastizität** *f* flexional elasticity; **~sfestigkeit** *f* bending strength.

Biene *f* **1.** bee; *männliche* ~ drone; *fig. fleißig wie e-e* ~ (as) busy as a bee, sedulous; **2.** F (*Mädel*) *sl.* chick, bird.

Bienen...: **~fleiß** *m* assiduity, sedulousness; **~haus** *n* bee-house, apiary; **~königin** *f* queen (bee); **~korb** *m* beehive; **~schwarm** *m* swarm of bees; **~staat** *m* bee society; **~stand** *m* apiary; **~stich** *m* bee-sting; **~stock** *m* beehive; **~wabe** *f* honeycomb; **~wachs** *n* beeswax; **~weisel** *m* queen bee; **~zelle** *f* cell, alveole; **~zucht** *f* bee-keeping, apiculture; **~züchter** *m* bee-keeper, apiarist.

Bier *n* beer; *helles* ~ pale beer (*od.* ale); *dunkles* ~ dark beer (*od.* ale); (*Lager²*) lager (beer); → *Faß*; F *nicht mein* ~*!* none of my business!; **~bankpolitiker** *m* pothouse politician; **~bankstratege** *m* pothouse strategist; **~baß** F *m* deep bass, beery voice; **~brauer** *m* brewer; **~brauerei** *f* brewery; **~deckel** *m* beer mat; **~eifer** F *m* grim-faced zeal; **²ernst** F *adj.* grave, deathly solemn; **~fahrer** *m* → *Bierkutscher*; **~faß** *n* beer-barrel; **~filz** *m* beer mat; **~flasche** *f* beer-bottle; **~garten** *m* open-air restaurant, beer-garden; **~glas** *n* beer-glass; **~hefe** *f* brewer's yeast, barm; **~keller** *m* beer-cellar; (*Lokal*) beer tavern; **~krug** *m* beer mug, *Am.* stein; **~kutscher** *m* drayman; **~reise** F *f* pub-crawl; **~ruhe** F *f* imperturbable calm; **~schenke** *f*, **~stube** *f*, **~wirtschaft** *f* public house, ale-house, F pub, *Am.* beer-parlor (*od.* -saloon); **~zeitung** F *f* comic paper; **~zelt** *n* beer tent (*od.* marquee).

Biese *f* tuck; ⚔ piping; *am Schuh*: welting.

Biest *n* beast (*a.* F *fig.*).

bieten *v/t.* offer (*j-m* et. a p. a th. *od.* a th. to a p.); treat (*j-m e-n Genuß* a p. to); (*Anblick, Schwierigkeiten*) present; (*gewähren*) afford; (*darreichen*) (pr)offer, hold out; (*Leistung, Film, Programm*) show; ⚜ bid (*für* for); *mehr (weniger)* ~ *als* outbid (underbid); *sich* ~ *Gelegenheit*: present (*od.* offer) itself; *j-m e-n guten Morgen* ~ bid (*od.* wish) a p. a good morning; *j-m den Rücken* ~ turn one's back on a p.; *das läßt er sich nicht* ~ he won't stand for (*od.* put up with) that; → *Platz, Schach* 2, *Spitze*[1] 1 *usw.*

Bieter(in *f*) *m* bidder.

bifokal *adj.* bifocal.

Bigam|ie *f* bigamy; **≈isch** *adj.* bigamous; **~ist** *m* bigamist.

bigott *adj.* bigoted; **≈erie** *f* bigotry.

Bijouterie *f* costume jewel(le)ry.

Bilanz *f* balance; (*Aufstellung*) balance-sheet, *Am.* statement (of condition); *fig.* result, outcome; (*Prüfung*) review, stock-taking; (*Einschätzung*) estimation; ⚜ *aktive* ~ credit balance; *die* ~ *ziehen* strike the balance, *fig.* take stock (*aus* of); *e-e* ~ *aufstellen* prepare a balance-sheet; **~analyse** *f* analytical study of balance-sheet, *Am.* statement analysis; **~auszug** *m* abstract of balance-sheet; **~buch** *n* balance ledger, *Am.* statement book; **~buchhaltung** *f* balance-sheet department.

bilanzieren I. *v/i.* **1.** make out a balance-sheet; **2.** show in the balance-sheet; **II.** *v/t.* **3.** (*Konten*) balance.

Bilanz...: **~jahr** *n* financial year; **~posten** *m* balance-sheet item; **~prüfer** *m* chartered accountant, auditor; **~prüfung** *f* balance-sheet audit; **~verschleierung** *f* window-dressing; **~wert** *m* balance-sheet value.

bilateral *adj.* bilateral.

Bild *n allg.* picture (*a. phot., TV usw.*; *a. fig.*); (*Ab≈, Eben≈*) image (*a. TV*); (*Gemälde*) painting, (*Porträt*) portrait, likeness; (*Zeichnung*) drawing; (*Stand≈*) statue; *in Büchern usw.*: illustration; *Spielkarte*: court card; (*Licht≈*) photo(graph); *Film* (*im Vorspann*): Camera; *Münze*: effigy, head; (*Bühnen≈*) scene, setting; ⊕ diagram, chart, *bei Bildunterschrift, mst mit Zahl*: figure (*abbr.* Fig.); *typ.* face; ⚜, ⚖ (*Warenzeichen*) trade symbol; *fig.* (*Anblick*) picture, sight, view; (*Vorstellung*) idea, notion, picture; (*Schilderung*) picture, description, sketch, portrait; *rhetorisch*: image, metaphor, figure (of speech); (*Gleichnis*) simile; *ein* ~ *des Jammers* the picture of misery, a sorry sight; ~ *der Zerstörung* (*des Grauens*) scene of destruction (horror); → *Gott* 2; *ein* ~ *von e-m Mädchen* a girl as pretty as a picture; *im* ~*e sein* be in the picture (*od.* informed), *über*: be aware of (*od.* informed about, conversant with), know about; *jetzt bin ich im* ~*e* now I see; *j-n ins* ~ *setzen* put a p. in the picture, inform a p. (*über* about); *ein falsches* ~ *bekommen* get a wrong impression; *sich ein* ~ *von et. machen* picture a th. to o.s., visualize (*od.* imagine), a th.; *sich ein klares* ~ *von et. machen* have a clear idea of a th., see a th. clearly; *du machst dir kein* ~ you can't imagine, you have no idea; → *schief* I; **~abtastung** *TV f* scanning; **~archiv** *n* photographic archives (*od.* files) *pl.*; **~aufklärung** ✈ *f* photo(graphic) reconnaissance; **~aufnahmeröhre** *f* image pickup tube; **~aufzeichnungsgerät** *TV n* video tape recorder; **~ausfall** *TV m* blackout; **~auswertung** *f* interpretation (✈ of aerial photographs); **~band 1.** *typ. m* book of plates; **2.** *TV n* video tape; **~bandaufzeichnung** *TV f* videotape recording; **~bandgerät** *TV n* **1.** → *Bildaufzeichnungsgerät*; **2.** *zum Abspielen*: video player; **~bericht** *m* photographic report, picture-story; **~berichterstatter** *m* press photographer, photo reporter; *TV, Film*: (news) cameraman.

bilden I. *v/t.* **1.** *allg.* form; (*gestalten*) *a.* shape, mo(u)ld (*alle a. den Charakter*), fashion, make; (*Beispiel usw.*) make up, form, (*Satz*) *a.* construct; (*Neuwort*) coin; → *Meinung*; **2.** (*schaffen*) create; (*gründen*) found, organize, establish, set up (*a. Ausschuß*); (*Regierung*) form; *sich* ~ *Organisation*: form, come into being, be organized; **3.** (*hervorbringen*) form, develop (*beide a. sich* ~); **4.** (*Bestandteil usw.*) form, constitute, make (up), (*a. Attraktion, Grenze, Gefahr, j-s Glück usw.*) be; *den Abschluß* ~ mark the end; → *Nachhut usw.*; **5.** (*j-n*) *geistig*: educate, (*j-s Geist*) *a.* cultivate; *sich* ~ educate o.s., improve one's mind; → *gebildet*; **II.** *v/i.* broaden the mind; **~d** *adj.* **1.** formative; ~*e Kunst* pictorial art; *die* ~*en Künste* the fine arts, the plastic and graphic arts; **2.** (*belehrend*) instructive, broadening; (*erziehend*) educational, educating.

Bilder...: **~anbetung** *f* image-worship, iconolatry; **~bogen** *m* sheet of pictures; *Kunst*: (pictorial) broadsheet; **~buch** *n* picture-book; **~buch...** *in Zssgn* F *fig.* storybook ...; **~dienst** *m* → *Bilderanbetung*; **~galerie** *f* picture-gallery; **~geschichte** *f* picture-story; **~händler** *m* art dealer; **~rätsel** *n* picture-puzzle, rebus; **°reich** *adj.* richly illustrated; *fig.* rich in images, flowery; **~schrift** *f* hieroglyphics *pl.*; ⊕ *usw.* pictography; **~sprache** *f* metaphorical language; **~stürmer** *m* iconoclast; **°stürmerisch** *adj.* iconoclastic.

Bild...: **~feld** *opt. n* image field; **~fenster** *phot. n* picture gate; **~fläche** *f* picture area; *TV* image area; F *fig. auf der ~ erscheinen* appear on the scene, turn up; *von der ~ verschwinden* vanish, disappear, drop out of sight; **~folge** *f* succession of pictures; *phot.* time interval between exposures; *Film*: sequence; **~format** *n phot.* size of picture; *TV* frame size; **~frequenz** *f* picture frequency; **~funk** *m* radio picture transmission; facsimile radio; **~gießer** *m* bronze-founder; **°haft** *adj.* pictorial; *fig. a.* plastic, graphic; **~hauer(in** *f*) *m* sculptor; **~hauerei** *f* sculpture; **°hübsch** *adj.* (as) pretty as a picture, lovely; **~karte** *f* photographic map; *Kartenspiel*: court card; **°lich** *adj.* pictorial, graphic; *Wort usw.*: figurative, metaphorical; *adv. ~ gesprochen* figuratively speaking; **~material** *n* pictures *pl.*; **~ner(in** *f*) *m* sculptor, artist; **~nis** *n* portrait, picture, likeness; *auf Münzen*: effigy, head; **~platte** *TV f* video disc; **~postkarte** *f* picture postcard; **~reportage** *f* photo(graphic) report; **~röhre** *TV f* picture tube; **°sam** *adj.* plastic (*a. fig.*); pliant (*a. fig.*); **~säule** *f* statue; **~schärfe** *f* definition *od.* sharpness (of a picture); **~schirm** *m* (viewing) screen; **~schnitzerei** *f* (wood-)carving; **°schön** *adj.* most beautiful, of breath-taking (*od.* ravishing) beauty; **~schreiber** *m* facsimile recorder; **~seite** *f Münze*: face, obverse, head; **~sender** *m* facsimile (*TV* picture) transmitter; **~stock** *m typ.* block; *eccl.* wayside shrine; **~störung** *TV f* interruption (due to technical breakdown); **~streifen** *m* film strip; **~sucher** *phot. m* view-finder; **~tafel** *typ. f* plate; **~telegraphie** *f* phototelegraphy; **~telegramm** *n* phototelegram; **~telephon** *n* video (*od.* picture-) phone; **~teppich** *m* tapestry (-carpet); **~tonkamera** *f* sound-film camera; **~träger** *TV m* picture carrier; **~übertragung** *f* picture transmission.

Bildung *f* **1.** (*Entstehung*) formation (*a. phys., biol. usw.*); (*Entwicklung*) *a.* development; (*Wachstum, Gebilde*) growth; **2.** (*Schaffung*) creation, formation (*a. pol. des Kabinetts usw.*); (*Gründung*) *a.* foundation, organization, establishment; *e-s Ausschusses*: constitution, setting-up; *von Neuwörtern*: coinage; *e-r Satzform usw.*: forming; **3.** (*Aus°*) (formal) education, training, (*Kultur*) education, culture, refinement, breeding, (*Kenntnisse*) knowledge, information, (*Gelehrsamkeit*) learning, erudition; *höhere ~* secondary (*od.* higher) education; *ohne ~* → *ungebildet*; **4.** (*Körper°*) form, shape.

Bildungs...: **~anstalt** *f* educational establishment; **~arbeit** *f* educational work; **°beflissen** *adj.* eager to learn, studious; **~drang** *m*, **~eifer** *m* desire for education; thirst for knowledge; **°fähig** *adj.* educa(ta)ble; cultivable; **~gang** *m* (course of) education; **~gewebe** *anat. n* formative tissue, meristem; **~grad** *m* educational level; **~lücke** *f* gap in *a p.'s* education; **~monopol** *n* monopoly of learning; **~notstand** *m* education calamity; **~roman** *m* "novel of education"; Bildungsroman; **~stätte** *f* educational institution; **~stufe** *f* educational level; **~trieb** *m* → *Bildungsdrang*; **~urlaub** *m* educational leave; **~wärme** *phys. f* heat of formation; **~weg** *m* educational channel; *j-s*: (course of) education; **~wesen** *n* education.

Bild...: **~unterschrift** *f* caption; **~wand** *f* projection screen; **~wandler** *m* image converter; **~weite** *f* focal length; **~werbung** *f* pictorial advertising; **~werfer** *m* projector; **~werk** *n* sculpture, image; *typ.* book of plates; **~wörterbuch** *n* pictorial dictionary; **~zeichen** *n* (✝ trade) symbol; **~zeile** *TV f* (scanning) line; **~zerleger** *TV m* image dissector.

Bilge ⚓ *f* bilge.

bilinear *adj.* bilinear.

Billard *n* billiards *sg.*; **~kugel** *f*

billiard-ball; **~stock** *m* (billiard) cue; **~tisch** *m* billiard-table.

Billett *n* **1.** *obs.* note, billet; **2.** → *Einlaßkarte, Fahrkarte.*

Billiarde *f* a thousand billions, *Am.* quadrillion.

billig *adj.* **1.** (*gerecht*) equitable, fair, just; (*vernünftig, zumutbar*) reasonable, acceptable; ⚖ *~es Ermessen* reasonable discretion; → *recht* I; **2.** (*wohlfeil*) cheap (*a. Arbeitskräfte, Geld*), inexpensive, low-priced; *Preis*: low, moderate, agreeable; *ein ~er Kauf* a bargain; *iro. ~ und schlecht* cheap and nasty; **3.** *fig. contp.* cheap; **~denkend** *adj.* fair-minded, just.

billigen *v/t.* approve of, sanction; *amtlich*: approve, authorize; *stillschweigend ~* connive at; **~d** *adj.* approving(ly *adv.*).

billiger|maßen, ~weise *adv.* justly, in fairness, reasonably.

Billigkeit *f* **1.** fairness, justness; reasonableness; ⚖ (principle of) equity; **2.** cheapness, inexpensiveness; *Preis*: moderateness; **3.** *fig. contp.* cheapness; **~sgesichtspunkte** ⚖ *m/pl.*: *nach ~n* upon the principle of equity, in equity; **~srecht** *n* Equity.

Billigung *f* approval, approbation, sanction (*gen.* of); *amtlich*: *a.* authorization; consent (to); (*Duldung*) connivance (at).

Billion *f* billion, *Am.* trillion.

Biluxlampe *mot. f* double-dipping headlamp.

Bimbam *n* ding-dong; F *heiliger ~!* F holy cow!

Bimetall *n* bimetal; **~ismus** † *m* bimetallism.

bimmeln F *v/i.* tinkle, jingle; *Telephon usw.*: ring.

bimsen *v/t.* **1.** (rub with) pumice; **2.** F ⚔ drill hard; **3.** F (*prügeln*) beat up; **4.** F (*lernen*) cram; **5.** V (*koitieren mit*) *sl.* bang, screw.

Bimsstein *m* pumice (stone).

binär ⚗, *phys. usw. adj.* binary.

Binde *f allg.* band; *anat.* fascia; ⚕ bandage; (*Armschlinge*) sling; (*Leib*~) sash, ⚕ abdominal binder; (*Damen*~) sanitary towel (*Am.* napkin); (*Hals*~) (neck-)tie; (*Kopf*~) fillet; (*Armabzeichen*) badge, band; *j-m e-e ~ vor die Augen tun* blindfold a p.; *fig. j-m die ~ von den Augen nehmen* open a p.'s eyes; *die ~ fiel ihm von den Augen* the scales fell from his eyes; F *e-n hinter die ~ gießen* F wet one's whistle, hoist one; **~balken** ⚠ *m* tie-beam; **~draht** *m* binding wire; **~fähigkeit** ⊕ *f* bonding strength; **~gewebe** *anat. n* connective tissue; **~glied** *n* (connecting) link; *fig. fehlendes ~* missing link; **~haut** *anat. f* conjunctiva; **~hautentzündung** *f* conjunctivitis; **~kraft** ⊕ *f* bonding strength; **~mäher** ⚘ *m* harvester-binder; **~mittel** ⊕ *n* binder, bonding agent; *für Speisen*: thickening.

binden I. *v/t.* **1.** bind, tie (*an* to); (*befestigen*) fasten, attach (to); → *Hand, Nase, Seele* 1; **2.** (*zs.-binden*) tie (up), (*Besen, Strauß*) make; (*Knoten, Schlips*) tie; (*Ballen*) pack; **3.** (*Buch*) bind; **4.** ⚗ bind; (*a. phys. Wärme*) absorb; **5.** ⊕ bond, cement; **6.** *Kochkunst*: thicken, bind; **7.** ♪ bind, tie, slur; **8.** *ling.* link, bind together; **9.** † (*Geldmittel*) tie up; (*Preise*) fix; **10.** *fenc.* (*Klinge, a.* ⚔ *Feindkräfte*) bind, engage; **11.** *fig.* (*verpflichten*) bind, oblige, commit; *sich ~* bind (*od.* commit) o.s.; *gebunden sein* be bound (*an* to); *ich fühle mich immer noch an die Klausel gebunden* that clause remains binding on me; → *gebunden*; **II.** ⊕ *v/i. Zement usw.*: harden, set (*a. Farbe*); *Leim, Kunststoff*: bond; **~d** *adj.* **1.** ⊕ binding, bonding; **2.** *fig.* binding (*für* upon).

Binder *m* **1.** (*Krawatte*) tie; **2.** ⚠ truss, (*Stein*) header; **3.** → *Bindemäher.*

Binde...: **~strich** *m* hyphen; **~vokal** *m* connecting vowel; **~wort** *n* conjunction.

Bindfaden *m* string, cord, twine, packthread; *fig. es regnet Bindfäden* it's raining cats and dogs.

Bindung *f* **1.** *chem., phys.,* ⊕ bond(ing); **2.** *phys.* (*Atom*~) *u. biol.* linkage; **3.** *phys.* absorption; (*Verschmelzung*) fusion; **4.** *Weberei*: weave; **5.** ♪ ligature; *von Tönen*: *a.* slur; **6.** *ling.* liaison, linking; **7.** *fenc. u.* ⚔ engagement; **8.** (*Ski*~) binding; **9.** † *von Mitteln*: tying up, inactivation; *von Preisen*: fixing; **10.** *fig.* (*Verpflichtung*) obligation, commitment (*a. pol.*); **11.** *fig.* (*Bande*) bond(s *pl.*), tie(s *pl.*), link(s *pl.*); *politische ~en* political ties; → *Mutterbindung*; **~senergie** *f* binding energy.

binnen *prp.* within; *~ kurzem* shortly, before long, in the near future.

Binnen...: **~dock** *n* inner dock; **~eis** *n* inland ice; **~fischerei** *f* fresh-water fishing; **~gewässer** *n* inland water; **~hafen** *m* **1.** inland (*od.* river) port; **2.** inner harbo(u)r; **~handel** *m* domestic (*od.* home) trade; **~land** *n* inland, interior; **²ländisch** *adj.* inland ...; **~markt** *m* home (*od.* domestic) market; **~meer** *n* inland sea; **~reim** *m* internal rhyme; **~schiffahrt** *f* inland navigation; **~see** *m* inland lake; **~staat** *m* inland state; **~verkehr** *m* inland traffic; **~währung** *f* internal currency; **~wanderung** *f* inland migration; **~wasserstraße** *f* inland waterway; **~zoll** *m* inland duty.

Binode ⚡ *f* binode.

binokular *adj.* binocular.

Binom & *n*, **²isch** *adj.* binomial.

Binse ⚘ *f* rush; F *fig. in die ~n gehen* F go to pot (*od.* by the board); **~nmatte** *f* rush mat; **~nwahrheit** *f*, **~nweisheit** *f* truism, home truth.

Biochem|ie *f* biochemistry; **~iker** *m* biochemist; **²isch** *adj.* biochemical.

biogen *adj.* biogenic; **²ese** *f* biogenesis.

Biograph *m* biographer; **~ie** *f* biography; **²isch** *adj.* biographical.

Biolog|e *m* biologist; **~ie** *f* biology; **²isch** *adj.* biological; *~e Kriegsführung* biological warfare.

Bionik *f* bionics *pl.* (*sg. konstr.*).

Bio|physik *f* biophysics *pl.* (*sg. konstr.*); **~sphäre** *f* biosphere; **²tisch** *biol. adj.* biotic.

Birke *f* birch(-tree); **²n** *adj.* (of) birch; **~nholz** *n* birch(-wood); **~nrute** *f* birch-rod; **~nteer** *m* birch tar.

Birk|hahn *m* black cock; **~huhn** *n* black grouse.

Birn|ball *m Boxen*: platform ball; **~baum** *m* pear-tree.

Birne *f* ⚘ pear; ⚡ (electric) bulb; *metall.* converter; *Boxen*: punching ball; F (*Kopf*) F pate, *sl.* nut, bean; *e-e weiche ~ haben* be soft in the head; **²nförmig** *adj.* pear-shaped; **~nmost** *m*, **~nwein** *m* perry.

bis I. *prp.* **1.** *zeitlich*: till, until; (*~ spätestens*) by, *amtlich*: *a.* on or before, not later than; *~ heute* till today, up to this day, *Am.* F todate; *~ jetzt* till now, up to the present, so (*od.* thus) far, hitherto; *~ jetzt noch nicht* not as yet; *~ auf weiteres* until further notice; for the present; *~ zur endgültigen Regelung* pending final settlement; *~ in die Nacht* (far) into the night; *~ gegen Mittag* till about noon; *~ zum späten Nachmittag* till late in the afternoon; *~ zum Tode* till death; *~ vor wenigen Jahren* until some few years back; *~ über Weihnachten (hinaus)* beyond Christmas; *~ zum Ende* (right) to the end; *~ wann wird es dauern?* how long ...?; *~ wann ist es fertig?* by what time ...?; *in der Zeit vom 1. Mai ~ 31. Juli* (during the period) between ... and ...; *von Montag ~ (einschließlich) Samstag* from Monday to Saturday inclusive(ly), *Am. a.* (from) Monday through (*od.* thru) Saturday; *alle ~ 31. Dezember erteilten Genehmigungen* any licences granted before ...; *~ morgen!* see you tomorrow!; **2.** *räumlich*: to, up to, as far as; *~ hierher* up to here, thus far; *~ dahin* as far as that place, up to there; *~ wohin?* how far?; *~ ans Knie* up to the knee; *~ zum Himmel* up to the sky; *~ (nach) Berlin* as far as Berlin; *von hier ~ Japan* from here to Japan; **3.** *Zahlenangabe*: *sieben ~ zehn Tage* from seven to ten days; *fünf ~ sechs Wagen* five or six cars; *~ zu hundert Mann* as many as ...; *~ zu neun Meter hoch* as high as ...; *~ (auf) vier zählen* count up to four; *~ auf das letzte Stück* (down) to the last piece; **4.** *Grad*: *~ aufs höchste* to the utmost; *~ ins kleinste* down to the smallest detail; *~ zur Tollkühnheit* to the point of rashness; **5.** *~ auf* except, with the exception of, save; *alle ~ auf einen* all but one; **II.** *cj.* until such time as; *~ (daß)* till, until; *~ er Präsident wurde* until (*od.* up to the time) he became president; *es wird lange dauern, ~ er es merkt* it will be long before he finds out, it will take him long to find out.

Bisam *m zo.* musk; (*Pelz*) musquash *od.* muskrat (fur); **~ratte** *f* muskrat.

Bischof *m* bishop.

bischöflich *adj.* episcopal.

Bischofs...: **~amt** *n* episcopate; **~hut** *m*, **~mütze** *f* mitre; **~sitz** *m* episcopal see; **~stab** *m* crosier; **~würde** *f* episcopal dignity.

bisher *adv.* hitherto, till (*od.* up to) now, so (*od.* thus) far; *~ (noch) nicht* not as yet; *wie ~* as in the past; *~ die höchste Ziffer* the highest figure on record, *a.* an all-time high; **~ig** *adj.* hitherto existing; former; present, prevailing; *~e Tätigkeit a.* list of past employers.

Biskuit *n* **1.** (*Gebäck*) (sweet) biscuit; **2.** (*~porzellan*) biscuit ware, bisque; **~kuchen** *m* sponge-cake; **~rolle** *f* Swiss roll.

bislang *adv.* → *bisher.*

Bison *zo. m* bison.

Biß *m* **1.** bite (*a. ~wunde*); **2.** ⚕ bite, occlusion.

bißchen *adj., adv., n*: *ein ~* a little; a (little) bit; a trifle; somewhat, slightly; *kein ~* not a bit; *auch nicht ein ~* not the least bit; *ein ~ viel* rather (*od. a.* bit) much; *das ist ein ~ zuviel verlangt* that's asking a bit too much; *das ~ Einkommen* that measly income; *ein ganz kleines ~* a wee bit; *ein ~ Wahrheit* a grain (*od.* an element, atom) of truth; *warten Sie ein ~* wait a minute; *mein ~ Geld* what little money I have, my little all; F *ach du liebes ~!* goodness (gracious)!

Bissen *m* **1.** bit, morsel; (*Mundvoll*) mouthful, bite; *schmackhafter*: tit-bit; *eingetauchter*: sop; *sich den ~ vom Mund absparen* stint o.s. (*für* for); *fig. ein fetter ~* a fine catch; **2.** (*Imbiß*) bite, snack.

bissig *adj.* **1.** biting; *Hund*: snappish, vicious; *dieser Hund ist nicht ~* doesn't bite; **2.** *fig. Laune usw.*: waspish, snappish; *Bemerkung, Ton, Zunge usw.*: biting, cutting, trenchant, sarcastic; **≈keit** *f* snappishness; bitingness; sarcasm.

Bißwunde *f* bite.

Bistum *eccl. n* bishopric, diocese.

bisweilen *adv.* sometimes, at times; now and then, occasionally.

Bitte **I.** *f* request; (*dringende ~*) urgent request, entreaty; (*Ansuchen*) petition (*a. eccl.*); *auf m-e ~* at my request; *e-e ~ richten an j-n* make a request to a p.; *e-e ~ gewähren* grant a request; *ich habe e-e ~ an Sie* I want to ask you a favo(u)r; **II.** *≈ adv.* **1.** (*~ sehr od. schön*) *anfragend*: please; *~, gib mir die Zeitung* hand me the paper, please (*od.* will you?); **2.** *auf e-e Bitte hin*: *Darf ich es tun?* (*aber*) *~!* please do!, F go (right) ahead!; **3.** *auf e-n Dank od. e-e Entschuldigung hin*: don't mention it, that's all right, never mind; *nach "danke"*: *a.* (you are) welcome; **4.** *wie ~?* (I beg your) pardon?, sorry(, what did you say?)!; **5.** *Haben Sie Feuer? ~ sehr!* here you are!; **6.** *hinweisend od. triumphierend*: there (you are)!

bitten *v/t. u. v/i.* ask (*j-n um et.* a p. for a th. *od.* a th. of a p.); (*ersuchen*) request; (*einladen, freundlich auffordern*) invite; *dringend*: beg, entreat; (*anflehen*) implore, beseech; *~* (*bemühen*) *um* trouble for; ✝ *um Aufträge ~* solicit orders; → *Erlaubnis*; *j-n zu sich ~* ask a p. to come; *sich* (*lange*) *~ lassen* want a lot of asking; *~ für j-n* plead (*od.* intercede) for a p.; *sollen wir ihn zum Tee ~?* should we ask him to tea?; *es wird gebeten, daß* it is requested that; *wenn ich ~ darf* if you please; *darf ich ~?* may I?; *bei Tisch*: dinner is served!; *ich lasse Herrn X. ~* please show Mr. X. in; *da muß ich doch sehr ~!* I beg your pardon!; (*aber*) *ich bitte Sie!* really!, come, come!; *darf ich Sie um Ihren Namen ~?* may I ask your name?; *ich bitte um Verzeihung* I beg your pardon; excuse me; (I am) sorry; *ich bitte um Ruhe!* silence, please!; **~d** *adj.* pleading, beseeching.

bitter **I.** *adj., adv.* **1.** bitter; *~ schmecken* taste bitter, have a bitter taste; **2.** *fig. Enttäuschung, Erfahrung, Feind, Haß usw.*: bitter; *~e Armut* abject poverty; *~e Wahrheit* sad (*od.* bitter) truth; *~er Ernst* bitter earnest; *es ist mein ~er Ernst* I mean (every word of) it; *~ notwendig* urgently necessary, imperative; *das ist ~* that's hard (*od.* F tough); *~e Tränen weinen* weep bitterly; *man tut uns ~ Unrecht* they do us grievous wrong; **II.** *≈ m* (*Schnaps*) bitters *pl.*; **~böse** *adj.* (*zornig*) furious, livid; (*schlimm*) (very) wicked; **≈erde** ⚗ *f* magnesia; **~ernst** *adj.* dead serious; *es ist mir ~* (*damit*)! I am dead serious (about it); **≈kalk** *m* magnesian limestone, dolomite; **~kalt** *adj.* bitterly cold; **≈keit** *f* bitterness (*a. fig.*); **~lich** **I.** *adj.* slightly bitter; **II.** *adv.*: *~ weinen* weep bitterly; **≈ling** *m* ⚘ yellowwort; (*Fisch*) bitterling; **≈mandelöl** *n* oil of bitter almonds; ⚗ benzaldehyde; **≈nis** *f* bitterness; **≈salz** *n* Epsom salts *pl.*; **≈spat** *min. m* magnesite; **≈stoff** *m* bitter constituent; **~süß** *adj.* bitter-sweet; **≈wasser** *n* bitter mineral water.

Bitt|gebet *n* petitionary prayer; **~gesuch** *n* petition; **~gottesdienst** *m* rogation service; **~schrift** *f* petition; **~steller(in** *f*) *m* petitioner; **~woche** *eccl. f* rogation week.

Bitum|en *n* bitumen; **≈inös** *adj.* bituminous.

Biwak ⚔ *n*, **≈ieren** *v/i.* bivouac.

bizarr *adj.* bizarre, odd.

Bizeps *anat. m* biceps.

bläh|en **I.** *v/t.* swell, puff up, inflate. (*a. sich ~*) belly (*od.* swell) out; *fig. sich ~* puff o.s. up; **II.** *v/i.* ⚕ cause flatulence (*od.*

wind); **~end** ⚕ *adj.* flatulent; **~ung** ⚕ *f* wind, flatulence.

blam|abel *adj.* disgraceful, shameful, humiliating; **~age** *f* disgrace, shame, humiliation; **~ieren** *v/t.* make *a p.* look like a fool, expose to ridicule, disgrace; *sich* ~ make a fool of o.s., make o.s. ridiculous; put one's foot in it.

blank I. *adj.* bright (*a.* ⊕), shining; (*~geputzt*) polished; *Schuhe*: shiny; (*bloß*) naked; bare (*a.* ⊕); (*sauber*) clean; (*glatt*) smooth; (*unbeschrieben*) blank; (*abgetragen*) glossy, shiny; *fig.* pure, mere; F (*ohne Geld*) *sl.* broke; *~e Elektrode* bare electrode; *~e Waffe* cold steel; *~er Unsinn* sheer nonsense; *~ ziehen* draw (one's sword); ⊕ *~ polieren* finish, polish, furbish; *~ glühen* bright-anneal; *~ scheuern* scour.

Blankett *n* blank form, *Am. a.* blank; → *Blankovollmacht*.

blanko † **I.** *adj.* blank, uncovered; **II.** *adv.* in blank; *~ verkaufen Börse*: sell short; **~abgaben** *f/pl.* bearish operations, *Am.* short sales; **~akzept** *n* blank acceptance; **~formular** *n* blank (form); **~giro** *n auf Wechseln usw.*: blank endorsement; *auf Effekten*: blank transfer; **~kredit** *m* blank (*od.* open) credit; **~scheck** *m* blank cheque (*Am.* check); **~unterschrift** *f* blank signature; **~vollmacht** *f* full discretionary power, *a. fig.* carte blanche (*fr.*); **~wechsel** *m* blank bill.

Blankvers *poet. m* blank verse.

Bläschen *n* small bubble; *anat.*, ♀ vesicle; ⚕ (*Haut~*) vesicle, (small) blister; (*Eiter~*) pustule, pimple; **~ausschlag** ⚕ *m* herpes; **~förmig** *adj.* vesicular.

Blase *f* **1.** (*Luft~*) bubble; *anat.* (*Harn~*, *Gallen~*) bladder; ⚕ (*Haut~*) blister, vesicle; ⊕ flaw, *erhaben*: blister, *innerlich*: bubble; *in Glas*: bleb, seed; ⚗ still, alembic; (*Fußball~*) inner tyre (*Am.* tire); *in Comic strips*: balloon; *mit ~n bedeckte Füße* blistered feet; *~n ziehen* raise blisters; **2.** F *contp.* gang, bunch, clan; **~balg** *m* bellows *pl.* (*oft sg. konstr.*).

blasen *v/i. u. v/t.* blow (*a.* ⊕); *Wind*: *a.* waft; ♪ play, blow; sound (*a.* ⚔ *zum Angriff* the charge); → *Marsch*[1], *Trübsal*.

Blasen...: **~ausschlag** *m* vesicular eruption; **~bildung** *f* bubble formation; ⚕ blistering; **~entzündung** *f* inflammation of the bladder, cystitis; **~grieß** ⚕ *m* urinary gravel; **~katarrh** *m* cystic catarrh; **~leiden** *n* bladder trouble; **~säure** *f* uric acid; **~sonde** ⚕ *f* catheter; **~stein** *m* bladder stone, (cystic) calculus; **~tang** *m* bladder-wrack; **~ziehend** *adj.* blistering; ⚕ vesicant.

Bläser *m* **1.** ♪ player of a wind-instrument; *die ~ im Orchester*: the wind (*pl.*); **2.** ⊕ blower; fan.

blasiert *adj.* blasé (*fr.*).

blasig *adj.* bubbly; like blisters; ⚕ blistered (*a.* ⊕ *Gießerei*), vesicular.

Blas...: **~instrument** *n* wind-instrument; *die ~e im Orchester*: the wind (*pl.*); **~kapelle** *f* brass-band; **~musik** *f* (playing of a) brass-band.

Blasphem|ie *f* blasphemy; **~ieren** *v/i.* blaspheme; **~isch** *adj.* blasphemous.

blaß *adj.* pale (*vor* with); pallid, colo(u)rless (*a. fig.*); (*fahl*) sallow; *~ rot usw.* pale red, *etc.*; *~ werden* turn pale, blanch (*bei* at); *Farbe*: fade; *fig. ~ vor Neid* green with envy; *blasser Neid* sheer envy; *blasse Erinnerung* dim recollection; *keine blasse Ahnung* not the faintest (*od.* foggiest) idea.

Blasrohr *n* (*Waffe u.* ⊕) blowpipe; (*Spielzeug*) peashooter.

Blässe *f* paleness, pallor.

bläßlich *adj.* palish, pallid.

Blatt *n* **1.** ♀ leaf; *Blüte*: petal; *Kelch*: sepal; *fig. kein ~ vor den Mund nehmen* not to mince matters, be plain-spoken, call a spade a spade; **2.** *Buch*: leaf, (*Seite*) page; (*Papier~*) sheet, leaf; ♪ (*Noten~*) sheet (of music); *vom ~ spielen* play at sight; *fig. ein unbeschriebenes ~* an unknown quantity, a dark horse; *das steht auf e-m anderen ~* that's quite a different matter; *das ~ hat sich gewendet* the tide has turned, *b.s.* the tables are turned; **3.** (*Zeitung*) (news)paper; **4.** *Kunst*: (*Druck*) (art) print, (*Zeichnung*) drawing, (*Stich*) engraving; **5.** (*Spielkarte*) card; (*gezogene Karten*) hand; *ein gutes ~* a good hand; **6.** ⊕ plate, lamina, (*Folie*) foil; *Säge, Schaufel, Ruder usw.*: blade (*a.* ✈); *Weberei*: reed (*a.* ♪); **7.** *hunt.* breast.

Blättchen *n* **1.** small leaf, leaflet; **2.** *anat.*, ♀, ⚗ lamella; ⊕ membrane; (*Flocke*) flake; **3.** slip (of paper); **4.** small (local) (news-) paper.

blätt(e)rig *adj.* ♀ leafy, foliated; *in Zssgn* ...leaved; ⊕ laminated, lamellar; (*schuppig*) flaky.

Blättermagen *zo. m* third stomach.
Blattern ⚕ *f/pl.* small-pox *sg.*
blättern I. *v/i.* **1.** *in e-m Buch usw.* ~ leaf (*od. weitS.* skim) through a book, *etc.*; **2.** → *abblättern*; **II.** *v/t.* → *hinblättern*.
Blatter...: **~narbe** *f* pockmark; **≈narbig** *adj.* pockmarked.
Blätter...: **~pilz** *m*, **~schwamm** ♀ *m* agaric; **~tabak** *m* leaf tobacco; **~teig** *m* puff-paste; **~wald** *iro. m the* press, *the* (news)papers *pl.*
Blatt...: **~feder** ⊕ *f* plate-spring, leaf-spring; **≈förmig** *adj.* leaf-shaped, lamelliform; **~gold** *n* gold leaf; **~grün** ♀ *n* chlorophyll; **~knospe** *f* leaf-bud; **~laus** *f* plant-louse, aphid; **≈los** *adj.* leafless, 🕮 aphyllous; **~metall** *n* sheet metal, foil; **~pflanze** *f* foliage plant; **~säge** *f* pad-saw; **~schreiber** *m* page printer; **~schuß** *hunt. m* chest hit; **~silber** *n* silver leaf; **~singen** *n* sight-singing; **~vergoldung** *f* leaf-gilding; **≈weise** *adv.* leaf by leaf; **~werk** *n* foliage; **~zinn** *n* tinfoil.
blau I. *adj.* **1.** blue; (*himmel~*) azure; *~(geschlagen)es Auge* black eye; *~er Fleck* bruise, blue mark; *~es Blut* blue blood; *er hat ~es Blut in s-n Adern* he is blue-blooded; *~er Brief* a) (letter of) dismissal; b) *ped.* letter of warning; ⊕ *~ anlaufen lassen* blue, temper; F *~er Montag* Saint Monday; → *blaumachen, Auge I, Bohne, Dunst I, Wunder*; **2.** F (*betrunken*) *sl.* tight, plastered; *total ~* dead drunk, *Am. sl.* stinko; **II.** **≈** *n* blue, blue colo(u)r; *Dame in ~* lady in blue; *das ~e vom Himmel herunterlügen* lie shamelessly; *ins ~e hinein reden* talk wildly (*od.* at random); *Fahrt ins ~e* random trip, 🚌 mystery tour; *Schuß ins ~e* random shot; **~äugig** *adj.* blue-eyed; **≈bart** *m* Bluebeard; **≈beere** *f* bilberry, *Am.* blueberry; **~blütig** *adj.* blue-blooded.
Bläue *f* blue(ness); blue colo(u)r; *des Himmels*: *a.* azure; *für Wäsche*: blue.
blauen *v/i.* be blue; turn blue.
bläuen *v/t.* (dye) blue.
blau...: **≈felchen** *ichth. m* powan; **≈fuchs** *zo. m* blue (*od.* arctic) fox; **~grau** *adj.* bluish-grey; **~grün** *adj.* bluish-green; **≈holz** *n* logwood; **≈jacke** ⚓ *f* blue-jacket; **≈kohl** *m*, **≈kraut** *n* red cabbage; **≈kreuz** ⚔ *n* blue-cross gas.
bläulich *adj.* bluish.
Blau...: **~licht** *n der Polizei usw.*: blue light; **≈machen** F *v/i.* stay away (from work); → *a. schwänzen*; **~meise** *f* blue tit-mouse; **~papier** *n* blue carbon paper; **~pause** ⊕ *f* blueprint; **~säure** ⚗ *f* prussic (*od.* hydrocyanic) acid; **≈schwarz** *adj.* blue-black; **~specht** *m* nut-hatch; **~stift** *m* blue pencil; *mit ~ anstreichen usw.* blue-pencil; **~strumpf** *fig. m* blue-stocking; **~sucht** ⚕ *f* cyanosis; **~wal** *zo. m* blue whale.
Blech *n* **1.** (*Werkstoff*) sheet metal; (*Erzeugnis*) metal sheet; (*Stahl≈*) sheet steel; (*Eisen≈*) sheet iron; (*Grob≈*) plate; (*Folie*) foil; **2.** F *fig.* (*Unsinn*) rubbish, *sl.* bosh; *rede doch kein ~ sl.* don't talk rot.
Blech... *mst* sheet-metal ...; **~belag** *m* plate covering; **~bläser** ♪ *m/pl. im Orchester*: *the* brass (*pl.*); **~büchse** *f*, **~dose** *f* tin (box), *bsd. Am.* (tin) can; *in ~n verpackt* tinned, *bsd. Am.* canned; **~druck** *typ. m* tin-printing.
blechen F *v/t. u. v/i.* pay (up), F fork (*od.* shell) out, *sl.* cough up.
blechern *adj.* (of) tin; *Klang*: tinny.
Blech...: **~erzeugnisse** *n/pl.* sheet-metal (*od.* plate) products; **~geschirr** *n* tinware, tin-plate vessels *pl.*; **~instrument** ♪ *n* brass instrument; *die ~e im Orchester*: the brass (*pl.*); **~kanister** *m* → *Kanister*; **~kanne** *f* tin-can; **~lehre** *f* sheet-metal ga(u)ge; **~löffel** *m* tin spoon; **~marke** *f* tin control plate; **~musik** *f* (music of a) brass band; **~napf** *m* tin bowl; **~orden** *contp. m* putty medal; **~paket** *n* ⚡ stack (of armature plates); *metall.* sheet pack; **~schaden** *mot. m* damage to the car body, dented car(s *pl.*); **~schere** *f* plate-shears *pl.*; **~schmied** *m* tinsmith; sheet-metal worker; **~streifen** *m* sheet-metal strip; **~verkleidung** *f* sheeting; **~walzwerk** *n* plate rolling mill, sheet mill; **~ware(n** *pl.*) *f* tin-ware.
blecken *v/t.*: *die Zähne ~* show one's teeth; *Raubtier*: bare its fangs.
Blei[1] *ichth. m* bream.
Blei[2] *n* **1.** lead; *aus ~* (of) lead, leaden; *fig.* (*schwer*) *wie ~* like lead, leaden; **2.** → *Senkblei*; **3.** *hunt.* shot; (*Kugel*) bullet; **4.** F

(~*stift*) pencil; **~bad** *n* lead bath; **~barren** *m* lead pig.

Bleibe F *f* lodging, place to stay; *keine ~ haben* have nowhere to stay (*od.* live).

bleiben I. *v/i.* **1.** (*sich aufhalten, verweilen*) remain, stay; *zu Hause ~* stay in (*od.* at home); *im Bett ~* stay (*od.* remain) in bed; *draußen ~* stay out; *hinten ~* be left behind; *zum Essen ~* stay for dinner; F *und wo bleibe ich?* and where do I come in?; F *sieh zu, wo du bleibst!* look after yourself; (*im Kampf ~*) (*fallen*) fall, be killed (*bei* at); → *Ball, Leib, Strecke* 1 *usw.*; **2.** *bei e-r Sache ~* keep (*od.* stick, adhere) to; *bei der Wahrheit* (*s-r Meinung*) *~* stick to the truth (one's opinion); *bei der Behauptung ~, daß* persist in maintaining that; → *Sache, Stange, Takt* 1, *treu* I; **3.** *in e-m Zustand*: remain, continue (to be), keep; *geschlossen ~* remain closed; *trocken ~* stay dry; *kalt ~ Wetter*: continue cold; *unbestraft* (*unentdeckt*) *~* go unpunished (undiscovered); *für sich ~* keep to o.s.; *das bleibt unter uns!* that's between ourselves!; F keep it under your hat; *~ Sie* (*doch*) *sitzen!* keep seated, please!; *bleib* (*, wo du bist*)*!* stay where you are!; → *Leben, ruhig* I *usw.*; **4.** (*übrig ~*) remain, be left (*dat.* to); *zwei von sieben bleibt fünf* two from seven leaves five; → *abwarten, vorbehalten, Wahl*; **5.** (*weg~*) stay away; *wo bleibt er denn?* why doesn't he come?; *wo bist du so lange geblieben?* where have you been all this time?; *wo ist sie nur geblieben?* what has become of her?; **6.** *Schaden, Mode usw.*: stay, remain, be permanent (*od.* lasting); **II.** *v/impers.*: *es bleibt dabei!* agreed!, that's final (*od.* settled)!; *und dabei bleibt es!* and that's that!, and that's final!; *dabei wird es nicht ~* matters won't rest there; *es bleibt nur noch wenig zu tun* little remains to be done; → *gleich, überlassen usw.*; **III.** ≈ *n* stay; *hier ist meines ~s nicht länger* I cannot stay here any longer; **~d** *adj.* lasting, enduring; *a. Schaden usw.*: permanent; *~er Eindruck* lasting impression; → *Stätte*; **~lassen** *v/t.* leave *a th.* alone; *laß das bleiben!* don't do it!; leave it alone!; do nothing of the kind!; stop that *nuisance, etc.*!

Blei|benzin *n* leaded petrol (*Am.* gasoline); **~bergwerk** *n* lead mine.

bleich *adj.* pale (*vor* with), pallid, wan; (*verblaßt*) faint, faded; *~ werden* turn pale, blanch.

Bleiche *f* **1.** paleness, pallor; **2.** → *Bleichplatz*; **≈n I.** *v/t.* blanch; (*Haar, Gesicht*) whiten; (*Wäsche, Haar*) bleach; **II.** *v/i.* bleach; (*weiß werden*) turn white, blanch; (*verblassen*) lose colo(u)r, fade.

Bleich...: **~gesicht** *n* paleface; **~mittel** *n* bleaching agent; **~platz** *m* bleaching ground; **~sucht** ⚕ *f* greensickness, chlorosis; **≈süchtig** *adj.* greensick, chlorotic.

bleiern *adj.* (of) lead; leaden (*a. fig. Glieder, Schlaf usw.*), as heavy as lead.

Blei...: **~erz** *n* lead ore; **~essig** *m* Goulard water; **~farbe** *f* lead paint; **≈farbig** *adj.* lead-colo(u)red, livid; **≈frei** *adj. Benzin*: unleaded; **~gelb** *n* massicot; **~gießen** *n an Silvester*: molybdomancy; **~gießerei** *f* lead-works *pl.* (*mst sg. konstr.*); **~glanz** *min. m* lead glance, galena; **~glas** *n* lead glass; **≈grau** *adj.* leaden; **≈haltig** *adj.* plumbiferous; **~hütte** *f* lead-works *pl.* (*mst sg. konstr.*); **~kabel** *n* lead-covered cable; **~kugel** *f* lead bullet; **~lot** *metall. n* lead solder; **~mantel** *m* ⊕ lead sheathing; ⚔ lead jacket; **~mennige** *f*, **~rot** *n* minium, red lead; **~säure** ⚗ *f* plumbic acid; **≈schwer** *adj.* heavy as lead; *a. fig.* leaden; **~soldat** *m* tin soldier; **~spat** *m* black-lead spar.

Bleistift *m* (lead) pencil; **~spitzer** *m* pencil sharpener; **~zeichnung** *f* pencil drawing.

Blei...: **~vergiftung** ⚕ *f* lead poisoning; **~wasser** *n* Goulard water; **~weiß** ⚗ *n* white lead, ceruse; **~zucker** *m* lead acetate.

Blende *f* **1.** (*Schirm*) blind, screen; ⚔ (gun) shield; **2.** ⚠ (*Fenster≈*) transom; (*Fassade*) blind front wall, dead face; (*Nische*) blind niche; **3.** (*Scheuleder*) blinker, eye-flap; **4.** ⊕ cover plate; **5.** *phot.* diaphragm, f-stop; *bei ~ 8* at f-8; **6.** *min.* blende, glance; **7.** *am Kleid*: trimming, braiding, facing.

blenden I. *v/t.* **1.** (*j-s Augen ausstechen*) blind, gouge *a p.'s* eyes out; **2.** (*j-n, j-s Augen*) blind, dazzle; **3.** *fig.* (*täuschen*) blind, deceive, delude, take *a p.* in; (*bezaubern*) dazzle, fascinate; **4.** (*Pelz*) dye dark; **II.** *v/i.* dazzle, glare; **III.** ≈ *n mot. usw.*

glare, dazzling; **~d I.** *adj.* **1.** *Licht*: glaring, dazzling; **2.** *fig.* (*täuschend*) delusive; (*großartig, genial*) brilliant, (*prächtig*) dazzling, splendid, marvellous, F great; **II.** *adv. fig.* brilliantly, *etc.*; ~ *aussehen* look wonderful (*od.* awfully good); *sich* ~ *amüsieren* have a great time.

Blenden...: ~einstellung *f* diaphragm setting; **~öffnung** *f* diaphragm aperture; **~scheibe** *f opt.* diaphragm; ⊕ orifice plate; **~vorwahl** *f* aperture presetting; **~zahl** *f* f-stop.

Blender *fig. m* dazzler, fake(r), *sl.* phon(e)y.

Blend...: ≈frei *adj.* anti-glare, non-dazzling; **~ling** *m* mongrel, bastard, hybrid; **~rahmen** *m* **1.** ⊕ (outer) frame; **2.** *Kunst*: canvas-stretcher; **~scheibe** *f* → *Blendschutzscheibe*.

Blendschutz *mot. m* anti-dazzle device; **~glas** *n* anti-glare glass; **~scheibe** *f* anti-glare screen; **~scheinwerfer** *m* sealed-beam headlight; **~zaun** *m* anti-dazzle barrier.

Blendstein ⚠ *m* facing stone.

Blendung *f* blinding; *weitS.* dazzling, glare; *fig.* (*Täuschung*) deception, delusion.

Blendwerk *n* deception, delusion; illusion, mirage; ~ *des Teufels* snares *pl.* of the Devil.

Blesse *f* **1.** blaze, white spot; **2.** animal with a blaze.

bless|iert *adj.* wounded; **≈ur** *f* wound.

bleu *adj.*, **≈** *n* (*fr.*) (pale) blue.

bleuen *v/t.* beat (black and blue).

Blick *m* **1.** look (*auf* at); *flüchtiger* ~ glance (at), glimpse (of); *in ein Buch usw.*: dip (in); *durchbohrender* ~ glare; *finsterer* ~ scowl; *starrer* ~ gaze; *der böse* ~ the evil eye; ~ *in die Zukunft* forward look; *auf den ersten* ~ at first sight, at a glance; *das sieht man doch auf den ersten* ~ you can see that with half an eye; *e-n* ~ *werfen auf* take a look at, cast a glance at; *j-m e-n* ~ *zuwerfen* give a p. a look; *j-n mit* ~*en durchbohren od. erdolchen* look daggers at a p.; → *erhaschen usw.*; **2.** (*Aussicht*) view (*auf* of); *weiter* ~ vista; *mit* ~ *auf* with a view of, overlooking, facing; **3.** *e-n* ~ *für et. haben* have an eye for; **≈en** *v/i. u. v/t.* look, glance (*auf* at); *finster* ~ scowl; F *sich* ~ *lassen* show o.s., appear, put in an appearance; *er läßt sich nicht mehr* ~ he makes himself scarce; *laß dich nicht mehr* ~! never show your face again here!; *das läßt tief* ~ that's very revealing, that speaks volumes; *Mitleid blickte aus ihren Augen* her eyes looked compassion; **~fang** *m* eye-catcher; (*Werbewirksamkeit*) eye appeal; **~feld** *n* field of vision (*a. fig.*); *fig.* → *a. Blickpunkt* 2; **≈los** *adj.* unseeing; **~punkt** *m* **1.** *opt.* visual focus; **2.** *fig.* focal point, focus; *im* ~ *stehen* be in the cent|re (*Am.* -er) of interest, be in the limelight; **3.** *fig.* → *Blickwinkel* 2; **~richtung** *f* line of sight; **~winkel** *m* **1.** visual angle; **2.** *fig.* point of view, view-point.

blind I. *adj.* **1.** blind (*a. fig. gegen, für* to; *vor* with); *auf e-m Auge* ~ blind in one eye; **2.** *fig. Gehorsam, Glaube*: blind, implicit; *Liebe, Haß, Wut*: blind; ~*es Glück* mere chance; *j-n* ~ *machen* blind a p. (*gegen* to); → *Alarm, Eifer, Passagier, Werkzeug, Zufall*; **3.** *Spiegel, Metall*: dim, dull, tarnished; **4.** ⚠, ⊕ blind, dead; **5.** ⚔ *Patrone*: blank; **II.** *adv.* **6.** blind; ~ *fliegen* fly blind (*od.* on instruments); ~ *schießen* fire blank cartridges; ~ (*maschine-*) *schreiben* type by touch, touch-type; **7.** ~ *glauben, vertrauen usw.* blindly; **8.** → *blindlings*.

Blind...: ~anflug *m* blind approach; **~boden** *m* ⚠ dead floor; **~darm** *anat. m* caecum; appendix; **~darmentzündung** *f* appendicitis; **~darmoperation** *f* appendectomy.

Blindekuh *f* blind-man's buff.

Blinden...: ~anstalt *f* home for the blind; **~(führ)hund** *m* guide dog, *Am.* seeing-eye dog; **~schrift** *f* braille.

Blinde(r *m*) *f* blind (wo)man, blind person; *die* ~*n* the blind; *das sieht doch ein* ~*r* you can see that with half an eye; *unter den* ~*n ist der Einäugige König* in the country of the blind the one-eyed man is king.

Blind...: ~flug *m* instrument (*od.* blind) flying; **~gänger** ⚔ *m* blind shell, blind bomb, dud; F *fig. sl.* washout, dud; **≈geboren** *adj.* born blind; **≈gläubig** *adj.* blindly believing, of blind faith; **~heit** *f* blindness; *fig. mit* ~ *geschlagen* struck with blindness; **~landung** ✈ *f* instrument (*od.* blind) landing; **~leistung** ⚡ *f* reactive volt-amperes *pl.*, wattless power; **≈lings** *adv.* blindly, headlong, wildly; (*bedingungslos*) blindly, implicitly; **~schleiche** *zo.*

f slow-worm, blind-worm; **~schreiben** *n Schreibmaschine*: touch typing; **~spiel** *n* (game of) blindfold chess; **~strom** ⚡ *m* reactive current; **~widerstand** ⚡ *m* reactance; **~wütig** *adj.*, *adv.* blind with rage.

Blink|bake ✈ *f* flash beacon; **~en** *v/i.* glitter, gleam, sparkle, flash; *bsd. Sterne*: twinkle; (*signalisieren*; *a. v/t.*) signal (with lamps), *a. mot.* flash; **~er** *m* **1.** *mot.* flashing trafficator, blinker; **2.** *Angeln*: spoon-bait; **~feuer** *n* flashlight; **~gerät** *n* (lamp) signal(l)ing apparatus; **~leuchte** *mot. f* (direction) indicator lamp; **~licht** *n* **1.** *mot.* a) flashing light; b) → *Blinker* 1; c) (*Verkehrszeichen*) pulsating light, blinker; **2.** ⚓ → *Blinkfeuer*; **~parkleuchte** *mot. f* flasher-parking lamp; **~spruch** *m* blinker(-signal) message; **~zeichen** *n* **1.** lamp (*od.* flashlight) signal; ~ *geben* flash; **2.** *mot.* flasher signal.

blinzeln *v/i.* blink (one's eyes), twinkle, wink.

Blitz *m* lightning; (*~strahl*) flash (of lightning), thunderbolt (*a. fig.*); *der ~ schlug ein* the lightning struck; *vom ~ getroffen* struck by lightning; *fig. wie vom ~ getroffen* thunder-struck; *fig. wie der ~* → *blitzschnell*; F *wie ein geölter ~* like a greased lightning; *wie ein ~ aus heiterem Himmel* like a bolt from the blue; F *phot.* flash(-light); **~ableiter** *m* lightning-conductor (*od.* rod; *a. fig.*); **~artig** *adj.* → *blitzschnell*; **~aufnahme** *phot. f* flash shot; **~besuch** *m* lightning visit; **~blank** *adj.* shining, spick and span.

blitzen *v/i.* **1.** *impers. es blitzt* it is lightning; F *bei dir blitzt es!* your slip is showing; **2.** *fig. allg.* flash; (*glänzen*) glitter, sparkle; *s-e Augen blitzten* his eyes flashed (*vor Zorn* with anger), *vor Vergnügen*: his eyes glittered (*od.* sparkled) with amusement; **3.** *phot.* flash(-photograph); **4.** F (*nackt herumlaufen*) streak.

Blitzer *phot. m* → *Blitzgerät*.

Blitzesschnelle *f* lightning speed.

Blitz...: **~gerät** *phot. n* flash-gun; *elektronisches*: flash unit; **~gescheit** *adj.* very bright, brainy; **~gespräch** *teleph. n* lightning call; **~krieg** *m* lightning war (-fare), blitzkrieg; **~licht** *phot. n* flash-light; → *Blitzlichtbirne*; *mit ~ photographieren* flash(-photograph); **~lichtaufnahme** *f* flash-light photo(graph), photoflash picture; **~lichtbirne** *f*, **~lichtlampe** *f* flash-bulb, photoflash; **~reise** *f* whirlwind tour; **~sauber** *adj.* neat as a pin, spick and span; F (*hübsch*) very pretty; **~schaden** *m* damage caused by lightning; **~schlag** *m* (stroke of) lightning; **~schnell I.** *adj.* (as quick as a) lightning, split-second ...; **II.** *adv.* with lightning speed, like a flash (*od.* shot); (*plötzlich*) abruptly, all of a sudden; *es verbreitete sich ~* it spread like wildfire; **~schutz** ⚡ *m* lightning protection; (*Vorrichtung*) lightning-arrester; **~spurt** *m Sport*: electric dash; **~start** *m* lightning start; **~strahl** *m* flash of lightning, thunderbolt (*a. fig.*); **~telegramm** *n* special priority telegram(me); **~würfel** *phot. m* flash cube.

Block *m* **1.** block (*a.* 🚂, *Häuser~*, *a. Volleyball*); (*Holz~*) log; (*Fels~*) block, boulder; *Seife*: cake, bar; *Schokolade*: slab; (*Schreib~*) pad, block; (*Fahrkarten~*) book; (*Briefmarken~*) block, sheet; *metall.* ingot, pig; *vorgewalzter ~* cogged ingot, *Am.* bloom; ⊕ (*Rollkloben*) (pulley-)block; *mot. des Kühlers*: radiator core; **2.** *parl., pol.*, † bloc; **3.** *hist.* (*Richt~*) block; (*Straf~*) stocks *pl.*

Blockade *f* **1.** blockade; *die ~ verhängen* (*durchbrechen*, *aufheben*) impose (run, raise) the blockade; **2.** *typ.* turned letter(s *pl.*); **3.** ✂ block(ing); **~brecher** *m* blockade-runner.

Block...: **~buchen** *n Film*: block-booking; **~buchstabe** *m* block letter; **~druck** *typ. m* block-printing; **~en** *v/t.* 🚂 (*e-e Strecke*) block (by block-signal); (*Hüte, Schuhe*) block; *Sport*: *allg.* block; **~flöte** *f* recorder; **~frei** *pol. adj.* uncommitted, non-aligned; **~haus** *n*, **~hütte** *f* log-cabin, *bsd.* ⚔ blockhouse.

blockier|en *v/t.* **1.** block, obstruct; (*verstopfen*) clog; † block; *typ.* turn *letters*; (*a. v/i.*: *Räder*) lock, (*Maschine*) jam; **~ung** *f* blocking; ⚔ blockade.

Block...: **~kondensator** ⚡ *m* block(ing) condenser; **~säge** *f* pit-saw; **~satz** *typ. m* grouped style; **~schaltbild** *n* block diagram; **~schokolade** *f* slab chocolate; **~schrift** *f* block letters *pl.*; *in ~ schreiben* print (in block letters).

blöd|(e) *adj.* **1.** (*schwachsinnig*) imbecile, feeble-minded, half-witted; **2.** F (*dumm*) stupid, dull, F half-baked; (*albern*) idiotic, silly, foolish; ~*er Kerl* silly fool (*od.* ass), idiot; ~*e Frage* silly (*od.* stupid) question; **3.** *obs.* (*schüchtern*) timid, shy; **4.** F (*unangenehm, unpassend*) awkward, stupid; ~*e Sache* stupid business; **~eln** *v/i.* fool around, clown about; **≈hammel** F *m* → *Blödian*; **≈heit** *f* imbecility; stupidity; silliness; **≈ian** *m*, **≈ling** *m*, **≈mann** F *m* idiot, silly fool (*od.* ass), *sl.* nut; **≈sinn** *m* imbecility, idiocy; (*Unsinn*) nonsense, rubbish, *sl.* rot; (*Unfug*) antics *pl.*, tricks *pl.*; *mach keinen* ~! don't be silly!; → *höher* I; **~sinnig I.** *adj.* → *blöd*(*e*) 1 *u.* 2.; **II.** *adv.* F (*kolossal*) F awfully; **≈sinnige(r** *m*) *f* idiot.

blöken *v/i. Rind*: low; *Schaf*: bleat (*a. fig. Personen*).

blond *adj.* **1.** blond(e), fair (-haired); → *Gift*; **2.** *Tabak usw.*: blond(e), light-colo(u)red, light; **≈e** *f* **1.** blonde (woman); **2.** F (*kühle* ~) (Berlin) pale beer; **3.** ✝ blonde (lace); **~ieren** *v/t.* dye blond, bleach.

Blondine *f* blonde.

Blondkopf *m* F blondie.

bloß I. *adj.* **1.** (*unbedeckt*) bare, naked, uncovered; *mit* ~*en Füßen* barefoot(ed); *mit* ~*en Händen* with one's bare (*od.* naked) hands; *mit* ~*em Kopf* bareheaded; *mit dem* ~*en Auge* with the naked eye; **2.** *attr.* (*nichts als*) mere, simple, sheer; ~*e Worte* mere (*od.* empty) words; ~*er Neid* sheer envy; *der* ~*e Gedanke* the mere (*od.* very) idea; *auf den* ~*en Verdacht hin* on the mere suspicion; **II.** *adv.* merely, simply, only, just, but; ~ *ein Mechaniker* a mere mechanic; *komm* ~ *nicht hier herein!* don't you (*od.* dare you) come in here!; *wie machst du das* ~? how on earth are you doing it?; *wo sie* ~ *bleibt?* I wonder what has become of her; ~ *jetzt nicht!* not now, of all times!; → *a. nur.*

Blöße *f* **1.** nakedness; **2.** *fig.* (*schwacher Punkt*) weak spot; *wodurch man sich verrät*: giveaway; *bsd. Sport*: opening; *fenc.* *e-e* ~ *bieten* expose o.s.; *Boxsport*: drop one's guard; *a. fig. sich e-e* (*empfindliche*) ~ *geben* leave o.s. (wide) open; **3.** (*Lichtung*) clearing; **4.** *Leder*: smoothed skin.

bloß...: ~legen *v/t.* lay bare, expose (*a. fig.*); **~stellen** *v/t.* expose, unmask, compromise (*sich* o.s.), show *a p.* up; **≈stellung** *f* exposure.

Bluff *m*, **≈en** *v/i. u. v/t.* bluff.

blühen *v/i.* bloom, blossom, flower (*a. fig.*); be in bloom (*od.* blossom); *fig.* (*gedeihen*) flourish, prosper, thrive, ✝ *a.* boom; *wer weiß, was uns noch blüht* who knows what is in store for us; *ihm blüht e-e Tracht Prügel* he is in for a sound thrashing; *das kann uns auch* ~ that may well happen to us, too; **~d** *adj.* blooming, flowering; (*gedeihend*) flourishing, thriving, prosperous; *fig. Aussehen*: rosy, healthy; *Gesundheit*: glowing, radiant, vigorous; *Phantasie*: lively; *im* ~*en Alter* in the prime of life, in his (her) prime; ~*er Unsinn* utter nonsense, *sl.* tommy-rot.

Blümchen *n* little flower, floweret; **~kaffee** F *m* water bewitched, weak coffee.

Blume *f* **1.** flower; *durch die* ~ *sprechen* speak in a veiled manner, drop hints; *j-m et. durch die* ~ *sagen* tell a p. a th. in a veiled manner; *laßt* ~*n sprechen!* say it with flowers; **2.** (*Redefloskel*) flower of speech; **3.** bouquet, aroma; *Bier*: froth, head; **4.** *hunt.* (*Schwanz*) tail, brush; (*Schwanzspitze*) tip, tag; **5.** → *Blesse* 1.

Blumen...: ~ausstellung *f* flower show; **~beet** *n* flower-bed; **~blatt** *n* petal; **~draht** *m* florist's wire; **~erde** *f* garden mo(u)ld; **~flor** *m* luxuriant flowers *pl.*; **~garten** *m* flower-garden; **~gärtner** *m* florist; **~händler(in** *f*) *m* florist; **~handlung** *f* flower-shop, florist's; **~kasten** *m* window-box; **~kelch** ⚘ *m* calyx; **~kohl** *m* cauliflower; **~krone** ⚘ *f* corolla; **~laden** *m* flower-shop, florist's; **~mädchen** *n* flower-girl; **~motiv** *n*, **~muster** *n* floral design; **≈reich** *adj.* abounding in flowers; flowery (*a. fig.*); **~schale** *f* flower-bowl; **~staub** *m* pollen; **~ständer** *m* flower-stand; **~stengel** *m*, **~stiel** *m* flower-stalk, peduncle; **~stetigkeit** *f* *von Bienen*: preference for one flower; **~strauß** *m* bunch of flowers, bouquet; **~topf** *m* flower-pot; **~vase** *f* (flower-)vase; **~zucht** *f* floriculture; **~züchter(in** *f*) *m* florist, floriculturist; **~zwiebel** *f* flower-bulb.

blumig *adj.* flowery (*a. fig.*); (*geblümt*) flowered.

Bluse *f* blouse; ⚔ tunic, *Am.* blouse, (*Feld*≈) battle jacket.

Blut *n* **1.** blood; *heißes* ~ passionate (*od.* hot) temper; *von königlichem* ~ of royal blood; *bis aufs* ~ to the quick (*od.*

marrow), (almost) to death; *kalten ~es* in cold blood; *böses ~ machen* breed bad blood; *~ schwitzen (vergießen)* sweat (shed) blood; *er hat ~ geleckt* he has tasted blood; *~ ist dicker als Wasser* blood is thicker than water; *es liegt bei ihm im ~* it runs in his blood; *ruhig ~!* keep cool!, take it easy!; → *blau* 1; **2.** *junges ~ (Person)* young blood; *wildes ~* wild (*od.* gay) young man (*od.* woman); **3.** (*Rasse*) blood, race, breed.

Blut...: **~ader** *f* vein; **~alkohol** *m* blood alcohol (concentration); **~andrang** *m* congestion; **≈arm** *adj.* ⚕ an(a)emic; *fig.* poverty-stricken, (utterly) destitute, penniless; **~armut** ⚕ *f* an(a)emia; **~auswurf** *m* sputum containing blood; **~bad** *n* carnage, massacre, butchery, slaughter; **~bahn** *f* bloodstream; **~bank** ⚕ *f* blood bank; **≈befleckt** *adj.* bloodstained; **~bild** *n* blood-picture, blood count; **≈bildend** *adj.* blood-forming; **~bildung** *f* formation of blood, 🕮 h(a)emopoiesis; **~blase** *f* blood blister; **~buche** ⚘ *f* copper-beech; **~druck** *m* blood-pressure; *den ~ messen* take the blood-pressure; **~druckmesser** *m* sphygmomanometer, blood-pressure apparatus; **≈drucksenkend** *adj.* hypotensive; **~drüse** *f* endocrine gland; **~durst** *m* bloodlust, thirst for blood; **≈durstig** *adj.* bloodthirsty.

Blüte *f* **1.** blossom, bloom; *bsd. fig.* flower; (*~zeit*) flowering time, blossom (time); *fig.* (*Wohlstand*) prosperity; (*Höhepunkt*) heyday, climax, height; (*Elite*) flower, élite; *der Jahre*: prime; *der Jugend*: flush (of youth); *in (voller) ~* in (full) bloom; *~n treiben* put forth blossoms; *fig. sonderbare Blüten treiben* give rise to queer practices, have strange offshoots; *e-e neue ~ erleben* go through a time of revival; *zur ~ gelangen* come to fruition; *in der ~ s-r Jahre* in his prime; **2.** F (*komischer Fehler*) F howler; **3.** *sl.* (*Falschgeld*) *sl.* stiff.

Blutegel *m* leech.

bluten *v/i.* **1.** bleed (*aus* from); *mein Herz blutet* my heart bleeds (*um* for; *bei* at); *~den Herzens* with a heavy heart, with great reluctance; **2.** F *fig.* (*bezahlen*) F cough up; *schwer ~ müssen* pay through the nose; *j-n ~ lassen* bleed a p. (white).

Blüten...: **~becher** ⚘ *m* cupula; **~blatt** *n* petal; **~boden** *m* receptacle, torus; **~dolde** *f* umbel; **~honig** *m* honey of blossoms and flowers; **~kätzchen** *n* catkin; **~kelch** *m* calyx; **~kelchblatt** *n* sepal; **~knospe** *f* flower bud; **~lese** *fig. f* selection, anthology; **~stand** *m* inflorescence; **~staub** *m* pollen; **~stecher** *zo. m* anthonomus; **~träume** *m/pl.*: *nicht alle ~ reiften* not all the fond hopes came true.

Blutentnahme *f* bloodletting.

blüten|tragend *adj.* floriferous; **~weiß** *adj.* snow-white.

Bluter ⚕ *m* bleeder, h(a)emophiliac.

Bluterguß ⚕ *m* effusion of blood.

Bluterkrankheit ⚕ *f* h(a)emophilia.

Blütezeit *f* flowering time, blossom (time); *fig.* heyday, flowering period.

Blut...: **~farbstoff** *m* blood pigment, h(a)emoglobin; **~faserstoff** *m* fibrin; **~fink** *m* bullfinch; **~fleck** *m* blood-stain; **~fluß** ⚕ *m* h(a)emorrhage; **~gefäß** *anat. n* blood-vessel; **~geld** *n* blood-money; **~gerinnsel** *n* blood clot, thrombus; **~gerüst** *n* scaffold; **~geschwür** ⚕ *n* boil; furuncle; phlegmon; **≈getränkt** *adj.* blood-drenched; **≈gierig** *adj.* bloodthirsty, murderous; **~gift** *n* blood toxin; **~gruppe** *f* blood group; **~gruppenbestimmung** *f* blood grouping (*od.* typing); **~hochzeit** *f*: *die Pariser ~* the Massacre of St. Bartholomew; **~hund** *m* bloodhound; **~husten** ⚕ *m* h(a)emoptysis; **≈ig** *adj.* bloody, blood-stained; *Wunde*: bleeding; *Schlacht*: sanguinary, bloody; *~er Anfänger* rank beginner, greenhorn; → *Laie, Rache*; *es ist mein ~er Ernst* I am dead serious; **≈jung** *adj.* very young; **~konserve** *f* blood conserve; **~körperchen** *n* blood corpuscle; *weißes ~* leucocyte; *rotes ~* erythrocyte; **~krankheit** *f* blood disease; **~kreislauf** *m* (blood) circulation; **~lache** *f* pool of blood; **≈leer, ≈los** *adj.* bloodless (*a. fig.*); **~leere** *f* bloodlessness; local an(a)emia; *~ im Gehirn* cerebral an(a)emia; **~mangel** *m* deficiency of blood, 🕮 hyp(a)emia; **~mehl** *n* blood meal; **~orange** ⚘ *f* blood orange; **~pfropf** *m* blood clot, thrombus; **~plasma** *n* blood plasma; **~plättchen** *n* blood platelet, thrombocyte; **~probe** *f* blood test;

(*entnommene* ~) blood sample; ⚖ blood (alcohol) test; **~rache** *f* blood revenge, vendetta; **~rausch** *m* bloodlust; **≈reinigend** *adj.* blood-purifying; depurative (*a. su.* ~es *Mittel*); **~reinigungstee** *m* blood-cleansing tea; **≈rot** *adj.* red as blood, blood red, (dark) crimson; **≈rünstig** *adj.* bloodthirsty; *weitS.* bloody; *Geschichte usw.*: blood-curdling; **~sauger** *m* blood-sucker (*a. fig.*); **~sbrüderschaft** *f* blood brotherhood; **~schande** *f* incest; **~schänder(in** *f*) *m* incestuous person; **≈schänderisch** *adj.* incestuous; **~schuld** *f* blood-guilt(iness); murder; **~senkung** *f* blood sedimentation; **~senkungsgeschwindigkeit** *f* (blood-)sedimentation rate; **~serum** *n* blood serum; **~spender(in** *f*) *m* blood-donor; **~spucken** *n* spitting of blood, 🕮 h(a)emoptysis; **~spur** *f* track (*od.* mark) of blood; **~stauung** *f* vascular congestion; **~stein** *min. m* bloodstone, hematite; **≈stillend** *adj.* blood-sta(u)nching, styptic, h(a)emostatic; ~es *Mittel* styptic; **~stropfen** *m* drop of blood; **~sturz** ⚕ *m* h(a)emorrhage; **≈sverwandt** *adj.* related by blood (*mit* to), consanguineous; **~sverwandte(r** *m*) *f* blood-relation; ⚖ *der nächste* ~ next of kin; **~sverwandtschaft** *f* consanguinity, kinship; **~tat** *f* bloody deed, murder; **≈triefend** *adj.* dripping with blood; **≈überströmt** *adj.* bloody, covered with blood; **~übertragung** *f* blood transfusion; **~umlauf** *m* circulation of the blood; **~ung** *f* h(a)emorrhage, bleeding; **≈unterlaufen** *adj.* bloodshot; **~untersuchung** *f* blood test; **~vergießen** *n* bloodshed; **~vergiftung** ⚕ *f* blood-poisoning; **~verlust** *m* loss of blood; **~wärme** *f* blood heat; **~wäsche** *f* systemic lavage; **~wasser** *n* lymph, serum; **~weg** *m* blood stream; **~welle** *f* rush (*od.* wave) of blood; **≈wenig** *adj.* wretchedly little, next to nothing; **~wurst** *f* black pudding; **~wurz** ⚘ *f* bloodwort; **~zeuge** *m* martyr; **~zoll** *m* toll; *e-n schweren* ~ *fordern* take a heavy toll (of lives); **~zuckerspiegel** *m* blood-sugar level.

Bö *f* squall, gust; ✈ bump.

Boa *f* boa (constrictor).

Bob (*eigentlich* **~schlitten**) *m* bobsled, F bob; **~bahn** *f* bob(sled) run; **~fahrer** *m* bobsledder, bobber; **~mannschaft** *f* bob(-sled) team; **~rennen** *n* bob(sled) race.

Boccia *n* boccie.

Bock *m* **1.** buck; (*Widder*) ram; (*Ziegen*≈) he-goat, F billy-goat; F *fig. alter* (*od. geiler*) ~ old goat; *steifer* ~ block, gawk; *sturer* ~ pigheaded fellow, mule; *den* ~ *zum Gärtner machen* set the fox to keep the geese; **2.** F (*Fehler*) blunder, F bloomer, *Am.* boner, boo-boo; *e-n* ~ *schießen* make a blunder, *Am.* F pull a boner; **3.** ⊕ stand, trestle, support, jack; **4.** *Sport*: buck; ~ *springen* a) vault over the buck; b) leap-frog; **5.** (*Kutsch*≈) driver's seat, (coach-)box; **6.** *hist.* battering ram; **7.** bock (beer); **≈beinig** F *adj.* → *bockig* 1; **~bier** *n* bock (beer).

Böckchen *n* (male) kid.

bock|en *v/i. Pferd*: buck; *fig. Person*: F buck, kick; (*schmollen*) sulk; *mot.* F conk out, *Am.* buck; **~ig** *adj.* **1.** stubborn, obstinate, pigheaded; **2.** (*schmollend*) sulky; **3.** ✈ *Wetter*: bumpy; **≈leder** *n*, **~ledern** *adj.* buckskin; **≈leiter** *f* step-ladder, (pair of) steps *pl.*; **≈mist** F *m sl.* rot, crap; **≈sbart** *m* goat's beard; *bei Menschen*: goatee; ⚘ goat's-beard; **≈shorn** *n fig.*: *j-n ins* ~ *jagen* intimidate (*od.* bully) a p.; frighten a p. out of his wits, *Am.* F throw a scare into a p.; **≈springen** *n* **1.** leap-frog; **2.** = **≈sprung** *m Turnen*: buck vaulting; *fig. Bocksprünge machen* caper, gambol; **~wurst** *f* thick frankfurter.

Boden *m* (*Erde*) ground, *a.* ⚒ soil; *e-s Gefäßes, des Meeres*: bottom; *e-s Zimmers, Wagens usw.*: floor; (*Dach*≈) garret, attic, loft; (*Heu*≈) hay-loft; *Uhr*: frame; *auf britischem* ~ on British soil; *Grund und* ~ landed property, real estate; *doppelter* ~ false bottom; → *Moral*; *mit flachem* ~ flat-bottomed; *fester* ~ firm ground; *den* ~ *für et. bereiten* prepare the ground for a th.; *auf fruchtbaren* ~ *fallen* fall on fertile soil; *auf dem* ~ *der Verfassung stehen* be founded on (*od.* be within) the constitution; F *am* ~ *zerstört sein* be down and out; (*festen*) ~ *fassen* get a (firm) footing, *Idee usw.*: take root; ~ *gewinnen* (*verlieren*) gain (lose) ground; *den* ~ *unter den Füßen verlieren* lose one's footing, *fig.* get out of one's depths; *j-m* ~ *abgewinnen* gain ground (up)on a p.; *j-m den* ~ *unter den Füßen wegziehen* cut the ground from under a p.'s feet; *sich auf den ~ der Tatsachen stellen* take a realistic view, face the facts; *der ~ brennt ihm unter den Füßen* the place (*od.* it) is getting too hot for him; *zu ~ gehen Boxsport*: go down; *zu ~ schlagen* (knock) down, *Am. a.* floor; *er war bis drei am ~* he took count to three; *fig. zu ~ drücken* crush, overwhelm; *~ zurückgewinnen* regain (lost) ground; *er bringt sie noch unter den ~* he will be the death of her yet; *aus dem ~ schießen Häuser usw.*: mushroom up; → *stampfen* II.

Boden...: **~abstand** *mot. m* ground clearance; **~abwehr** ⚔ *f* ground defen|ce, *Am.* -se; **~belag** *m* floor covering; **~bewirtschaftung** *f*: *intensive ~* intensive cultivation of land, high farming; **~-Boden-Rakete** ⚔ *f* surface-to-surface missile; **~-Bord-Verbindung** ✈ *f* ground-to-air communication; **~chemie** *f* soil chemistry; **~decke** *f* soil-cover; **~dienst** ✈ *m* ground services *pl.*; **~erhebung** *f* rise, elevation; **~ertrag** *m* produce of the soil, crop yield; **~falte** *f* furrow; **~fenster** *n* garret-window, (*Luke*) dormer-window; **~fläche** *f* ⚒ acreage; ⚠ ground-space; *Zimmer*, ⊕: floor space; **~fräse** ⚒ *f* rotary hoe; **~freiheit** *mot. f* ground clearance; **~frost** *m* ground frost; **~fund** *m* arch(a)eological find; **~funkstelle** *f* ground radio station; **≈gelenkt** *adj.* ground-controlled; **~gestaltung** *f* topographical features *pl.*; **~haftung** *mot. f* road grip; **~höhe** *f* ground level; **~kammer** *f* garret, attic; **~kredit** *m* credit on landed property; **~kreditanstalt** *f* land mortgage bank; **~krume** *f geol.* surface soil, ⚒ *a.* topsoil; **~kunde** *f* soil science; **≈los** *adj.* bottomless; *fig.* enormous, incredible; *Dummheit usw.*: abysmal; **~-Luft-Rakete** *f* ground-to-air missile; **~matte** *f* floor mat; **~nähe** *f* ground level; ✈ zero altitude; **~nährstoff** *m* soil nutrient; **~nebel** *m* ground fog; **~nutzung** *f* cultivation (of the soil); **~organisation** ✈ *f* ground organization; **~personal** ✈ *n* ground personnel (*od.* crew); **~platte** *f* ⊕ base-plate, bed-plate; **~(rechts)reform** *f* reform of the property laws; **~rente** *f* ground-rent; **~satz** *m* deposit; grounds *pl.*, dregs *pl.*; ⚗ precipitate, sediment; **~schätze** *m/pl.* mineral resources; **~sicht** ✈ *f* ground visibility; **~spekulation** *f* land speculation; **≈ständig** *adj.* native, indigenous, rooted to the soil; permanent, static; ⚔ *Verteidigung*: internal, home ...; ⚘ radical; **~station** ✈ *f* ground station; **~streitkräfte** *f/pl.* ground forces; **~turnen** *n* floor exercises *pl.*; **~verbesserung** ⚒ *f* soil improvement.

Bodmerei ⚓ *f* bottomry.

Bogen *m* bow; *e-s Flusses usw.*: bend, curve; ⚡, ⛷, *ast.* arc; ⚠ arch, vault; ⊕ (*Krümmung*) curvature; *Holz*: camber; *Rohr*: bend; *Schisport*: turn; *Eislauf*: curve, circle; (*Papier≈*) sheet; (*Geigen≈*, *Schieß≈*) bow; *den ~ spannen* bend the bow; *fig. den ~ überspannen* go too far, overdo it; *e-n großen ~ um j-n machen* give a p. a wide berth, keep clear of a p.; F *er hat den ~ raus* he has got the hang of it; F *er spuckt große ~* he talks big, he puts on airs; *er flog in hohem ~ hinaus* he was turned out on his ear; **~achter** *m Eislauf*: curve (*od.* circle) eight; **~anleger** *typ. m* feeder; **~brücke** *f* arched bridge; **~fenster** *n* arched window; **≈förmig** *adj.* arched; **~führung** ♪ *f* bowing; **~gang** *m* arcade; (*Verbindungsgang*) archway; **~gewölbe** ⚠ *n* (arched) vault; **~lampe** *f* arc-lamp; **~licht** ⚡ *n* arc-light; **~linie** *f* circular line, curve; **~minute** *f* minute of arc; **~pfeiler** ⚠ *m* arched (*od.* flying) buttress; **~säge** *f* coping saw; **~schießen** *n* archery; **~schütze** *m* archer; **~sehne** *f* bow-string; **~sekunde** *f* second of arc; **~strich** ♪ *m* stroke of the bow; *weitS.* bowing; **~zirkel** *m* bow-compass(es *pl.*).

Bohem|e *f* Bohemia; **~ien** *m* Bohemian.

Bohle *f* plank, (thick) board; **~nbelag** *m* planking.

Böhm|e *m*, **~in** *f*, **≈isch** *adj.* Bohemian; *das sind mir böhmische Dörfer* that's all Greek to me.

Bohne *f* bean; (*Sau≈*) broad bean; *grüne ~n* French (*od.* string-) beans; *weiße ~n* haricot beans; *Kaffee in ~n* unground coffee-beans; *fig. blaue ~* bullet; *keine ~ wert* not worth a straw; *nicht die ~!* not a bit!; *er kümmerte sich nicht die ~ darum* he didn't care a rap for it; **~nhülse** *f* bean pod; **~nkaffee** *m* pure coffee; **~nranke** *f* bean-stalk;

~nstange *f*, **~nstecken** *m* beanpole (*a.* F *fig.*); F *fig.* *sie ist die reinste Bohnenstange* she is as tall as a lamp-post; **~nstroh** *n* bean straw; F *fig.* *dumm wie ~* infernally stupid, *Am.* F as dumb as they make them.

Bohner *m* floor-polisher; **~bürste** *f* polishing-brush; **~maschine** *f* electric floor-polisher; **2n** *v/t.* polish, wax, rub; **~wachs** *n* floor-polish.

Bohr|automat *m* automatic boring (*od.* drilling) machine; **~bank** *f* boring mill; **2en** *v/t. u. v/i.* **1.** ⊕ *ins Volle*: drill, (*ausbohren*) bore; (*Holz*) bore; (*Brunnen*) sink, bore; (*Tunnel*) drive; *nach Öl ~* prospect (*od.* bore, drill) for oil; ⚓ *in den Grund ~* sink, scuttle; *in der Nase ~* pick one's nose; **2.** (*eindringen*) bore, pierce, dig, *fig. a.* probe (*in* into); *sich ~ in a. Blick usw.*: bore into, pierce; **3.** (*weh tun*) *Schmerz*: gnaw, rack; *Haß usw.*: rankle; **4.** (*aufdringlich sein*) insist; *solange ~, bis j-d et. tut* pester (*od.* press, harass) a p. into doing a th.; **~er** ⊕ *m* **1.** borer, drill; *großer*: auger (*a. Holz2*); (*Nagel2*) gimlet; (*Stecheisen*) piercer; (*Erd2*) terrier, ground auger; ⚕ (*Zahn2*) drill, burr; **2.** (*Arbeiter*) borer, drilling-machine worker; **~erspitze** *f* drill bit; **~futter** *n* boring (*od.* drilling) jig; **~käfer** *m* death-watch (beetle); **~loch** ⊕ *n ins Volle*: drill-hole; *ausgebohrt*: bore-hole (*a. bei Holz*); ⚒ (*Sprengloch*) blasthole; **~maschine** *f* ⊕ *zum Ausbohren*: boring machine; *zum Bohren ins Volle*: drilling machine, drill; ⚒ rock drill; ⚕ (dentist's) drill; **~meißel** *m*, **~stahl** *m* boring tool, cutter; **~turm** *m* (drilling) derrick; **~ung** *f* boring, drilling; (*Bohrloch*) bore(-hole); (drilled) hole; diameter (of bore); *mot.* (*Zylinder2*) bore; **~wurm** *m* ship's worm.

böig *adj.* squally, gusty; ✈ bumpy.

Boiler *m* ⊕ boiler; *im Haushalt*: boiler, water-heater.

Boje *f* buoy.

Bolero *m* ♪ *u. Mode*: bolero.

Bolivian|er *m*, **~erin** *f*, **2isch** *adj.* Bolivian.

Böller *m* saluting gun; **~schuß** *m* gun-salute.

Bollwerk *n* ⚔ *u. fig.* bastion, bulwark (*a.* ⚓).

Bolschewis|mus *m* Bolshevism; **2ieren** *v/t.* bolshevize; **~t(in** *f*) *m* Bolshevist; **2tisch** *adj.* Bolshevist(ic).

Bolzen *m* **1.** ⊕ bolt, pin; ⚠ (*Dübel*) dowel, peg, pin; *mit ~ befestigen* bolt (*an* to); **2.** a) *hist.* (*Armbrust2*) bolt; b) (*Luftgewehr2*) dart; c) (*Kindergewehr2*) bolt; **2gerade** *adj.* bolt upright.

Bombardement *n* bombardment (*a. phys. u. fig.*); bombing; *Artillerie*: shelling.

bombardier|en *v/t.* bomb; *mit Granaten*: shell, *a. fig. u. phys.* bombard; F plaster, pelt (*mit* with); **2ung** *f* → *Bombardement*.

Bombast *m* bombast; **2isch** *adj.* bombastic(ally *adv.*).

Bombe *f* **1.** bomb; (*Zeit2*) time bomb; *~n abwerfen* drop bombs (*auf* on); *mit ~n belegen* bomb; *fig. wie e-e ~ einschlagen* a) *Nachricht*: fall like a bombshell; b) *Film usw.*: be a sensation; **2.** *Fußball*: cannon ball; **3.** → *Eisbombe*.

Bomben...: **~abwurf** *m* bombing, bomb release; *gezielter ~* precision (*od.* pinpoint) bombing; **~angriff** *m* bomb(ing) raid *od.* attack, air-raid; **~anschlag** *m*, **~attentat** *n* bomb attempt (*od.* outrage); **~erfolg** F *m* huge (F howling) success, *sl.* smash hit; **2fest I.** *adj.* bombproof; **II.** *adv.* F *fig. ~ überzeugt usw.* absolutely (*od.* dead) sure, *etc.*; **~flugzeug** *n* bomber; **~gehalt** F *n* huge (*od.* fantastic) salary; **~geschädigte(r** *m*) *f* bomb-damage claimant; **~geschäft** F *n* roaring trade; gold mine; **~hitze** F *f* terrible heat; **~last** *f* bomb load; **~rolle** F *f thea.* dream part; **~sache** F *f* F smasher, *Am. sl.* knockout, wow; **~schacht** *m* bomb-bay; **~schaden** *m* air-raid damage; **~schütze** *m* bombardier; **2sicher** *adj.* **1.** bombproof; **2.** F *fig.* as sure as death, *Am.* F surefire; *~e Sache* sure thing; **~splitter** *m* bomb splinter; **~stimmung** F *f* roaring (high) spirits *pl.*; **~teppich** *m* bomb carpet; **~trichter** *n* bomb crater; **~visier** *n* bomb-sight; **~wurf** *m* → *Bombenabwurf*; **~zielgerät** *n* bomb-sight.

Bomber ✈ *m* bomber (*a.* F *fig. Sport*); **~geschwader** *n* bomber group (*Am.* wing); **~gruppe** *f* bomber wing (*Am.* group); **~staffel** *f* bomber squadron; **~verband** *m* bomber formation.

bombiert *adj.* ⊕ dished; *Konservendose*: blown.

bombig F *adj.* F super, great.

Bon ✝ *m* voucher, ticket; (*Gutschein*) credit note, coupon.
Bonbon *m*, *n* bonbon, sweet(meat), F goody, *Am.* (hard) candy; **~niere** *f* box of chocolates.
Bonifikation ✝ *f* (*Vergütung*) compensation, allowance; *auf Wertpapiere*: bonus.
Bonität *f* ✝ *finanzielle*: credit, solvency, soundness; (*Warengüte*) (superior) quality; ⚒ (*Bodenergiebigkeit*) yield power.
Bonmot *n* witticism, mot.
Bonus ✝ *m* **1.** bonus, premium; **2.** extra dividend.
Bonze F *m* F bigwig, big bug, big shot, boss, *Am. a.* big wheel; **~ntum** *n* bossdom; boss rule.
Boom ✝ *m* boom.
Boot *n* boat; *ein ~ voll von Touristen* a boat-load (*od.* boatful) of tourists; *~ fahren* go boating; *fig. wir sitzen alle im gleichen ~* we are all in the same boat.
Boots...: **~bau** *m* boat-building; **~besatzung** *f* crew; **~fahrt** *f* boating; **~führer** *m* boat(s)man; *Sport*: coxswain; **~haken** *m* boat-hook; **~haus** *n* boat-house; **~länge** *f* boat-length; **~leine** *f* tow-rope; **~maat** *m* boatswain's mate; **~mann** *m* boatswain, ⚔ Petty Officer; **~mannsmaat** *m* boatswain's mate; **~rennen** *n* boat-race; **~steg** *m* landing stage; **~verleih** *m*, **~vermietung** *f* boat-hire; **~werft** *f* boat-yard.
Bor ⚗ *n* boron.
Borax ⚗ *m* borax; **~säure** *f* bor(ac)ic acid.
Bord[1] *m* **1.** ⚓, ✈ board; *an ~* on board (ship), aboard; *an ~ der "United States"* on board the "United States"; ✝ *frei an ~* free on board (*abbr.* f.o.b.); *an ~ bringen* take on board, ship; *an ~ gehen* go on board (*od.* aboard), board ship, embark; *an ~ nehmen* take aboard (*od.* in); *~ an ~ liegen* lie alongside; *über ~ gehen* go by the board (*a. fig.*); *über ~ werfen* throw overboard; *fig. a.* cast to one side; (*Ladung usw.*) jettison; *alle Mann an ~!* all aboard; *Mann über ~!* man overboard!; **2.** (*Rand*) edge, border.
Bord[2] *n* (*Bücher*~) shelf.
Bord ...: **~anlagen** *f/pl.* shipborne (✈ airborne) equipment; **~aufklärer** *m* shipborne reconnaissance plane; **~-Boden...** air-to-ground *communication*; **~-Bord-...** ✈ air-to-air ...; ⚓ ship-to-ship ...; **~buch** *n* log-book.
Bordell *n* brothel, *Am. a.* whore-house; **~viertel** *n* red-light district.
bördel|n ⊕ *v/t.* flange, seam; **²presse** *f* flanging press.
Bord...: **~flugzeug** *n* shipborne aircraft, ship-plane; **~funker** ⚓, ✈ *m* radio (*Brit. a.* wireless) operator; **~ingenieur** ✈ *m* flight engineer; **~kanone** ✈ *f* aircraft cannon; **~konnossement** ✝ *n* shipped bill of lading, on board B/L; **~mechaniker** *m* flight mechanic; **~personal** *n* air-crew; **~radar** ✈ *n* airborne radar; **~schütze** *m* (air-)gunner; **~schwelle** *f*, **~stein** *m* kerb(stone), *Am.* curb(stone); **~steinfühler** *mot. m* kerb (*Am.* curb) feeler.
Bordun ♪ *m* drone; *Orgel*: bourdon (stop).
Bordüre *f* border, trimming; *Buch*: (ornamental) border.
Bord...: **~waffen** *f/pl.* aircraft weapons; *Panzer*: tank armament *sg.*; *Erdziele mit ~ beschießen* strafe; **~wand** *f* ⚓ ship's side; *mot.* dropside; **~werkzeuge** *mot.*, ✈ *n/pl.* tool kit *sg.*
Borg *m*: *auf ~* on credit, F on tick; **²en** *v/t.* **1.** borrow (*a.* ⚔); *et. von j-m ~* borrow a th. of (*od.* from) a p. (*a. fig. plagiieren*); **2.** (*leihen*) lend, give on credit, *bsd. Am.* loan (out).
Bork|e *f* bark, rind; (*Kruste*) crust; ⚕ (*Schorf*) scab; **~enflechte** ⚕ *f* ringworm; **~enkäfer** *m* bark-beetle; **²ig** *adj.* barky; ⚕ scabby.
Born *fig. poet. m* fount(ain).
borniert *adj.* **1.** (*engstirnig*) narrow (-minded); **2.** (*dumm*) obtuse, dense; **²heit** *f* narrow-mindedness; denseness.
Bor...: **~salbe** *f* boric-acid ointment; **~säure** *f* boric acid.
Börse *f* **1.** purse; **2.** ✝ stock exchange; (*Geldmarkt*) money-market; *an der ~ notierte Aktien* shares officially quoted on the stock exchange, *Am.* listed stocks; *an der ~ gehandelt werden* be dealt in on the (stock) exchange; **3.** *Sport*: (*Preis*) purse.
Börsen...: **~bericht** *m* market report; **~blatt** *n* financial newspaper; *e-r Zeitung*: financial section; **²fähig** *adj.* **1.** admitted to the stock exchange, *Am.* listed; **2.** (*a.* **²gängig**) (*lieferbar*) negotiable, marketable (on the stock exchange); **~geschäft** *n* stock exchange transaction (*od.* operation), bargain; **~index** *m* stock price averages *pl.*; **~krach** *m* collapse of the stock market, crash; **~kurs** *m* market price (*od.* rate), quotation; **~makler** *m* stock-broker; **~manöver** *n* market-rigging, *Am.* campaign; **²mäßig** *adj.* in con-

formity with stock exchange rules; **~notierung** *f* quotation; **~ordnung** *f* stock exchange regulations *pl.*; **~papiere** *n/pl.* listed stock *sg.* (*od.* securities *pl.*); **~preis** *m* → Börsenkurs; **~schluß** *m* close of the market; (*Einheit von Abschlüssen*) trading unit, *Am.* full lot; **~spekulant** *m* stock-jobber, (market) speculator; **~sturz** *m* → Börsenkrach; **~vorstand** *m* governing committee (of a stock exchange); **~wert** *m* market value; **~zeitung** *f* financial paper; **~zettel** *m* stock list, market report.

Borst|e *f* bristle; **²enartig** *adj.* bristly, 🕮 setaceous; **~enbesen** *m* hair-broom; **~enpinsel** *m* bristle brush; **~envieh** *n* swine, pig(s *pl.*); **²ig** *adj.* bristly; F *fig.* surly, gruff; ~ werden bristle.

Borte *f* border; (*Besatz*²) braid, lace; (*Tresse*) galloon; mit ~n besetzt braided, gallooned.

Borwasser *n* boracic lotion.

bös *adj.* → böse; **~artig** *adj.* **1.** vicious (*a. Tier*), malignant, F nasty, *Am.* F ugly, mean; (*giftig*) venemous; **2.** ⚕ *Tumor usw.*: malignant, virulent; **²artigkeit** *f* viciousness, spitefulness, *a.* ⚕ malignity.

Böschung *f* slope; (*aufgeworfene* ~, *Fluß*²) embankment; **~swinkel** *m* angle of slope, gradient.

böse I. *adj. allg.* bad; (*verrucht*) evil, wicked; (*böswillig*) malevolent, malicious, spiteful, vicious; (*schädlich*) pernicious, hurtful; (*unartig*) bad, naughty, mischievous; (*zornig*) angry, cross, *Am.* mad (über at, about; auf with); *Krankheit*: malignant; (*schmerzend*) *Finger, Hals, Zahn usw.*: sore, bad; ~ Erkältung bad cold; ~r Fehler bad mistake; ~ Folgen dire consequences; e-e ~ Sache a bad (*od.* nasty) business; ~r Schlag vicious blow; → Blick I, Blut 2, Geist 2 *usw.*; es sieht ~ aus things look bad; er ist ~ dran he is in a bad way; ich habe es nicht ~ gemeint I meant no harm; **II.** *adv.* badly, *etc.*; **²(r** *m*) *f* bad (*od.* wicked) person, evildoer; die ~n the wicked, *thea. usw.* the villains, F the baddies; der ~ the Evil One, the foul fiend; **²(s)** *n* evil; (*Unheil*) mischief; ~s tun do evil (*od.* ill); j-m (etwas) ~s antun do a p. harm; ~s ahnen have dark forebodings (*od.* misgivings); ~s im Sinne haben have evil intentions, be up to (some) mischief; ~s reden über speak ill of; ~s mit Gutem vergelten return good for evil; **²wicht** *m* villain, rascal, rogue (*alle a. fig., iro.*).

bos|haft *adj.* malicious; (*mutwillig*) mischievous; (*schadenfroh*) gloating; (*tückisch*) spiteful, vicious; **²haftigkeit** *f*, **²heit** *f* malice, malignity, wickedness; spite; (*Tat*) naughty trick; aus ~ out of spite.

Boß F *m* F boss.

bosseln F *v/i.* potter; *a. fig.* tinker (an at).

bossieren *v/t.* ⊕ emboss; ⚠ dress; *Kunst*: rough in.

böswillig I. *adj.* malevolent; ⚖ malicious, wilful; ~e Absicht malice prepense; ~es Verlassen *von Ehegatten*: wilful desertion; **II.** *adv.* ⚖ with malice aforethought, wilfully; **²keit** *f* malevolence, ill-will.

Botan|ik *f* botany; **~iker** *m* botanist; **²isch** *adj.* botanical.

botanisier|en *v/t.* botanize; **²trommel** *f* specimen box, vasculum.

Bote *m* messenger; (*Laufbursche*) errand-boy; (*Post*²) postman; (*Dienstmann*) commissionaire; (*Fuhrmann*) carrier; (*Abgesandter*) emissary; (*Kurier*) courier, express; *fig.* (*Send*²) envoy; apostle; (*Vor*²) herald, harbinger; **~ndienste** *m/pl.*: für j-n ~ leisten carry messages for a p.; **~ngang** *m* errand; Botengänge machen run errands; **~nlohn** *m* messenger's fee; (*Fuhrlohn*) porterage; **~nzustellung** *f* express (*Am.* special) delivery.

botmäßig *adj.* (*untertänig*) subject; (*gehorsam*) obedient; **²keit** *f* dominion, jurisdiction; rule, sway; (*Gehorsam*) obedience; unter s-e ~ bringen bring under one's sway.

Botschaft *f* **1.** message, communication (an to); (*Nachricht*) news; (*Kunde*) intelligence; frohe ~ glad tidings, good news; *eccl.* die frohe ~ the Word of God, the Gospel; **2.** *e-s Schriftstellers*: message; **3.** *pol.* (*Amt u. Gebäude*) embassy; **~er(in** *f*) *m* ambassa|dor (-dress *f*); **~srat** *m* (embassy) counsel(l)or; **~ssekretär** *m* secretary (at the embassy).

Böttcher *m* cooper.

Böttcherei *f* → Küferei.

Bottich *m* tub, vat.

Bouclé *n* bouclé.

Bouillon *f* meat broth, clear soup; **~würfel** *m* beef (*od.* bouillion) cube.

Boulevard *m* boulevard; **~presse** *f* yellow (*od.* rainbow) press; **~zeitung** *f* tabloid.

bourgeois *adj.*, ≈ *m* bourgeois; ≈**ie** *f* bourgeoisie, middle-class.
Boutique *f* boutique.
Bowdenzug ⊕ *m* bowden wire.
Bowle *f* bowl, tureen; (*Getränk*) cobbler, *Am.* bowl.
Bowling|bahn *f*, ~**halle** *f* bowling alley.
Box *f* **1.** (*a.* ~**e**) (*Pferde*≈) (loose) box; *für Rennwagen*: pit; **2.** (~*kamera*) box camera.
boxen *v/i.* (*a. sich* ~) box, (have a) fight; *mit e-m Übungspartner*: spar.
Boxen *n* boxing.
Boxer *m* boxer, fighter; → *Berufsboxer*; ≈**isch** *adj.* boxing, pugilistic; ~**motor** ⊕ *m* opposed cylinder-type engine.
Box...: ~**handschuh** *m* boxing-glove; ~**kampf** *m* box(ing) match, fight, bout; ~**kunst** *f* (art of) boxing; ~**ring** *m* ring; ~**sport** *m* boxing; ~**staffel** *f* boxing team.
Boykott *m*, ≈**ieren** *v/t.* boycott.
brach ⚒ *adj.* fallow, uncultivated (*beide a. fig.*); → *brachlegen usw.*; ≈**feld** *n* fallow (land); ≈**e** *f* fallow.
Brachialgewalt *f*: (*mit* ~ by) brute force.
Brach...: ~**land** *n* fallow (land); ≈**legen** *v/t.* lay fallow; ≈**liegen** *v/i.* lie fallow; *fig. a.* lie idle, go to waste; ~**vogel** *m* curlew.
brack|ig *adj.* brackish; ≈**wasser** *n* brackish water.
Brahman|e *m*, ≈**isch** *adj.* Brahman, Brahmin; ~**entum** *n* Brahmanism.
Braille-Alphabet *n* Braille system.
bramarbasieren *v/i.* brag, swagger, bluster.
Bram|segel ⚓ *n* topgallant sail.
Branche ☤ *f* branch, line, trade, industry; ≈(**n**)**bedingt** *adj.* due to conditions in the particular trade; ~(**n**)**kenntnis** *f* knowledge of the trade; ≈(**n**)**kundig** *adj.* experienced in the trade; ≈(**n**)**üblich** *adj.* usual in the industry concerned; ~**nverzeichnis** *n* classified directory.
Brand *m* **1.** (*Feuer*) fire, (*Groß*≈) conflagration; (*Flamme*) blaze; *in* ~ on fire, in flames, ablaze; *in* ~ *geraten* catch fire; *in* ~ *stecken* set fire to, set on fire, (*Brennholz usw.*) kindle, ignite, (*Zigarette usw.*) light; **2.** F (*Durst*) terrible thirst; **3.** ⚘ blight, mildew, smut; **4.** ⚕ gangrene, necrosis; **5.** ⊕ (*gebrannter Satz*) batch; *Ziegel*: *a.* burning; *Keramik*: *a.* baking; ~**bekämpfung** *f* fire fighting; ~**binde** ⚕ *f* bismuth bandage (for burns); ~**blase** *f* blister; ~**bombe** *f* incendiary bomb; ~**brief** *m* sharp (*od.* urgent) letter; ~**direktor** *m* fire chief, *Am.* fireward(en); ≈**en** *v/i.* surge (*gegen* against); ~ *gegen a.* break on (*od.* against); ~**ente** *f* sheldrake; ~**fackel** *f* torch, firebrand; *fig. a.* torch of war; ~**fäule** ⚒ *f* brown rot; ≈**fest** *adj.* fire-proof; ~**flasche** ⚔ *f* incendiary bottle, Molotov cocktail; ~**fleck(en)** *m* burn; ⚕ gangrenous spot; ~**fuchs** *m* sorrel (horse); ~**gefahr** *f* fire hazard (*od.* risk); ~**geruch** *m* burnt smell; ~**geschoß** ⚔ *n* incendiary shell; ~**herd** *m* source of (the) fire; *fig.* storm cent|re, *Am.* -er, trouble spot; ≈**ig** *adj.* ⚘, ⚒ blighted, blasted, rusty; ⚕ gangrenous; ~ *riechen* (*schmecken*) have a burnt smell (taste); ~**kasse** *f* fire (-insurance) office; ~**leder** *n* insole leather; ~**mal** *n* brand; *fig.* stigma; ~**malerei** *f* poker-work, pyrography; ≈**marken** *v/t.* brand; *fig. a.* stigmatize, denounce; ~**markung** *fig. f* branding, stigmatization; denouncement; ~**mauer** *f* fire wall; ~**opfer** *n* burnt-offering; ~**pilz** ⚘ *m* smut (fungus); ~**rede** *f* inflammatory speech; ~**salbe** *f* burn ointment; ~**schaden** *m* damage caused by fire; ≈**schatzen** *v/t. u. v/i.* **1.** *hist.* lay under contribution; **2.** (*plündern*) pillage, plunder; ~**schatzung** *f* (war-)contribution; pillage, ravage; ~**schiefer** *m* bituminous shale; ~**sohle** *f* insole; ~**stätte** *f*, ~**stelle** *f* scene of fire; ~**stifter(in** *f*) *m* incendiary, ⚖ arsonist; ~**stiftung** *f* incendiarism, arson.
Brandung *f* surf, surge, breakers *pl.*; *fig.* surge, tumult, roar; ~**sboot** *n* surf-boat; ~**swelle** *f* breaker, surging billow.
Brand...: ~**wache** *f* fire-watch; ~**wunde** *f* burn; *durch Verbrühen*: scald; ~**zeichen** *n* brand.
Branntwein *m* brandy, spirits *pl.*; ~**brenner** *m* distiller; ~**brennerei** *f* distillery.
Brasil *f* Brazil cigar.
Brasilian|er *m*, ~**erin** *f*, ≈**isch**, **brasilisch** *adj.* Brazilian.
Brasse ⚓ *f*, ≈**n** *v/t.* brace.
Brasse *f*, ~**n** *m ichth.* bream.
Bratapfel *m* baked apple.
braten I. *v/t. u. v/i.* roast, frizzle; *im Ofen*: bake; *auf dem Rost*: grill, broil; *in der Pfanne*: fry; F (*nur v/i.*) *in der Sonne*: bask, *stärker*: roast (in the sun); *am Spieß* ~ roast on a spit, barbecue; (*zu*) *wenig* (*stark*) *gebraten* underdone (over-

done); *gut (durch)gebraten* well done; **II.** ∻ *n* roasting.

Braten *m* roast (meat); *(Keule)* joint; *fig. fetter* ~ fat morsel; fine catch; *den* ~ *riechen* smell a rat; **~fett** *n* dripping; **~soße** *f* gravy; **~wender** *m* roasting jack.

Brat...: **~fett** *n* cooking fat; **~fisch** *m* fried fish; **~hering** *m* grilled herring; **~hähnchen** *n*, **~huhn** *n* broiled chicken; *zum Braten*: broiler; **~kartoffeln** *f/pl.* fried potatoes; **~ofen** *m* oven; **~pfanne** *f* frying-pan; **~röhre** *f* oven; **~rost** *m* gridiron, grill.

Bratsche ♩ *f* viola; **~r** *m* violist.

Brat...: **~spieß** *m* spit; **~spill** ⚓ *n* windlass; **~wurst** *f* frying sausage; fried sausage.

Bräu *n* beer; (*~haus*) brewery.

Brauch *m* *(Sitte)* custom; *(Gewohnheit)* use, habit; *(Übung)* practice; *bsd. ling.*, ⚕ usage; *herkömmlicher* ~ tradition; *es ist* ~, *zu inf.* it is the custom to *inf.*

brauchbar *adj.* useful; *Person*: *a.* able, efficient, *(zuverlässig)* reliable; *Sachen*: *a.* serviceable, handy; ⊕ *Maschine, Verfahren, Plan*: workable; **∻keit** *f* usefulness; fitness; serviceability.

brauchen I. *v/t.* *(nötig haben)* be in want *(od.* need) of, want, need; *(erfordern)* require, *(bsd. Zeit)* take; *(verwenden)* use, make use of; → *a. gebrauchen, verbrauchen*; *wozu brauchst du einen Schirm?* what do you want with an umbrella?; *wir* ~ *es nicht länger* we have no use for it any more; we can do without it now; *Sie* ~ *drei Tage dazu* it will take you three days; *wie lange wird er* ~? how long will he take *(od.* will it take him)?; *das braucht (seine) Zeit* it takes time; **II.** *v/aux.* need; have to; *du brauchst (es) mir nicht zu sagen* you need not tell me; *du brauchst es nur zu sagen* you only have to say so, just say so; *er brauchte nicht zu kommen* he did not have to come; *er hätte nicht zu kommen* ~ he need not have come.

Brauchtum *n* custom(s *pl.*), tradition; folklore.

Braue *f* (eye)brow.

brau|en I. *v/t.* brew; *fig.* *(e-n Aufsatz, Plan usw.)* brew, concoct, hatch; **II.** *fig.* *v/i.* be brewing; **∻er** *m* brewer; **∻erei** *f* brewery; **∻gehilfe** *m* brewer's man; **∻haus** *n* brewery; **∻malz** *n* brewing malt; **∻meister** *m* master brewer.

braun I. *adj.* brown; *(lohfarben)* tan, tawny; *von der Sonne*: *a.* tanned, bronze; ~*e Butter* fried butter; ~*es Mädchen* dark(-complexioned) girl, brunette; ~*es Pferd* bay; ~*e Schuhe* tan shoes; ~ *werden* brown, get brown, *von der Sonne*: *a.* become sunburnt, get tanned *(od.* a tan); **II.** ∻ *n* brown; **~äugig** *adj.* brown-eyed; **∻bär** *m* brown bear; **~beizen** *v/t.* brown; **∻bier** *n* brown beer; **∻e(r)** *m* bay (horse).

Bräune *f* brownness; *(Sonnen∻)* (sun)tan; ⚕ → *Halsbräune.*

Brauneisenerz *n* brown hematite, limonite.

bräunen I. *v/i. u. v/refl.* *(sich* ~) grow *(od.* become, turn) brown; *Haut, Person*: *a.* become sunburnt *od.* bronzed, get a tan; **II.** *v/t.* brown *(a. Färberei, Kochkunst, metall.)*; *Sonne*: *a.* tan, bronze.

braun...: **~gebrannt** *adj.* *Haut, Person*: tanned, bronzed; **~haarig** *adj.* brown-haired; **∻kohl** *m* curly kale; **∻kohle** *f* brown *(Am.* soft) coal, lignite; **∻kohlenschwelung** *f* lignite (low-temperature) carbonization.

bräunlich *adj.* brownish.

Braunsche Röhre ⊕ *f* cathode-ray tube.

Brause *f* **1.** → *Brauselimonade*; **2.** *(Gieß∻)* rose, sprinkling nozzle; **3.** a) *im Bad*: shower; b) → **~bad** *n* shower(-bath); **~kopf** *m* ⊕ spray head; *fig.* hothead, hotspur; **~limonade** *f* effervescent *(od.* fizzy) lemonade, sherbet, F pop.

brausen I. *v/i.* **1.** *(rauschen)* roar, bluster; *(dröhnen)* boom, hum, buzz; *Orgel*: peal; *(toben)* rage, storm; *(aufwallen)* fizz, effervesce; **2.** F *fig.* *(stürmen)* rush, dash, *Auto usw.*: *a.* roar; **3.** *(duschen)* have a shower(-bath), take a shower-bath; **II.** *v/t.* spray, shower; **III.** ∻ *n* roar(ing), raging, *etc.*; ⚗ effervescence; **~d** *adj.* roaring, boisterous; ⚗ effervescent; ~*er Beifall* thunders *pl.* of applause, ringing cheers *pl.*

Brause...: **~pulver** *n* effervescent powder; **~wasser** *n* soda water; **~wind** *fig.* *m* young hotspur; **~würfel** *m* effervescent tablet.

Braut *f* **1.** fiancée, bride-to-be, betrothed, F intended; *am Hochzeitstag*: bride; *sie ist s-e* ~ she is engaged to him; **2.** F *(Freundin) his, etc.* girl; **~ausstattung** *f* trousseau; **~bett** *n* bridal bed; **~führer** *m* man attending the bride.

Bräutigam *m* fiancé, betrothed, F intended; *am Hochzeitstag*: bridegroom, *Am. a.* groom,

Braut...: **~jungfer** *f* bridesmaid; **~kleid** *n* wedding-dress; **~kranz**

m bridal wreath; **~leute** *pl.* → *Brautpaar* 2.

bräutlich *adj.* bridal.

Braut...: ~nacht *f* wedding-night; **~paar** *n* **1.** engaged couple; **2.** *am Hochzeitstag:* bride and bridegroom; **~schatz** *m* dowry; **~schau** *f*: F *auf die ~ gehen* look out for a wife; **~schleier** *m* bridal veil; **~stand** *m* time of engagement; **~vater** *m the* bride's father; **~zug** *m* bridal procession.

brav *adj.* (*wacker*) honest, upright, worthy; (*tapfer*) brave; (*artig*) good, well-behaved; *~ gemacht!* well done!, good work!; *sei ~!* be good; *sei ~ und geh zu Bett!* go to bed like a good boy (*od.* girl)!

bravo[1] **I.** *int.* bravo!; cheers!; well done!, *Am.* F attaboy!; **II.** **≈** *n* (shout of) bravo, *pl. a.* cheers.

Bravo[2] *m* bravo, assassin.

Bravoruf *m* → *bravo*[1] II.

Bravour *f* **1.** bravery; **2.** *fig.* (*Schwung*) dash; *mit ~* brilliantly, with great bravura, in superior style; **3.** ♪ bravura; **~arie** ♪ *f* bravura aria; **≈ös I.** *adj.* **1.** brave, gallant; **2.** *fig.* brilliant; **II.** *adv.* brilliantly, *etc.*, → *Bravour* 2; **~stück** *n* feat of daring, stunt; ♪ bravura.

brech|bar *adj.* breakable; *opt.* refrangible; **≈bohnen** *f/pl.* (broken) green beans; **≈durchfall** ⚕ *m* diarrh(o)ea with vomiting, summer-cholera; **≈eisen** ⊕ *n* crowbar.

brechen I. *v/t.* **1.** *allg.* break (*a. fig. Bann, Eid, Eis, Rekord, Schweigen, Stille, Stolz, Willen usw.*); (*zertrümmern*) smash (to pieces); (*mahlen*) crush; (*Blumen usw.*) pluck, pick; (*Flachs*) beat; (*Papier*) fold, crease; (*Steine*) break, quarry; (*Lichstrahl*) refract; F ⚕ (*er ~*) vomit; *sich ~ Wellen*: break (*an* on); *opt.* be refracted; (*sich*) *den Arm ~* break one's arm; **2.** *fig.* (*Gesetz, Vertrag*) break, violate; (*Blockade*) run; (*Widerstand*) break, crush, break the back of; *es brach ihr das Herz* it broke her heart; *die Ehe ~* commit adultery; → *Bahn, Biegen, Eis, Genick, Hals, Herz, Knie, Stab* 1, *Zaun usw.*; → *gebrochen*; **II.** *v/i.* **3.** break (*a. Stimme, Kälte, Widerstand usw.*); fracture, snap; *Augen*: break, grow dim; F ⚕ (*a. sich ~*) be sick; *~ aus* (*auf~, hervor~*) burst out of, *Tränen usw.*: *a.* gush from; *~! Boxen*: break!; **4.** *mit j-m* (*et.*) *~* break with a p. (a th.); *mit der Vergangenheit ~* break with the past; *mit e-r Gewohnheit ~* break o.s. of a habit; **III.** **≈** *n* **5.** breaking; *opt.* refraction; *zum ~ voll* → *brechend* II; → *a. Bruch*; **6.** ⚕ vomiting; **~d I.** *adj. allg.* breaking (*a. Stimme, Herz usw.*); *opt.* refractive; **II.** *adv.*: *~ voll* crammed, packed, filled to bursting point.

Brecher *m* **1.** ⊕ crusher, breaker; **2.** ⚓ (*Welle*) breaker.

Brech...: ~koks *m* crushed coke; **~mittel** *n* **1.** ⚕ emetic; **2.** F (*Person*) pest, awful bore; (*Sache*) sickener; **~nuß** *f* vomit-nut; **~reiz** *m* nausea; **~ruhr** *f* → *Brechdurchfall*; **~stange** *f* crowbar.

Brechung *f* breaking; *opt.* refraction; *ling.* fracture (of vowel); ♪ arpeggio; **~sebene** *f* plane of refraction; **~swinkel** *m* angle of refraction; **~szahl** *f* refractive index.

Brei *m* (*bsd. Kinder≈*) pap; (*bsd. Hafer≈*) porridge; *Am.* (*bsd. Mais≈*) mush; (*Teig*) paste; (*Mus*) mash; (*~masse*) pulp, squash; ⊕ (*Papier≈*) pulp; *zu ~ machen* mash, pulp, squash; *zu ~ kochen* cook to a pulp; F *zu ~ schlagen* beat *a p.* to a pulp; → *Katze* 1, *Koch*; **≈ig** *adj.* pulpy, mushy.

breit I. *adj.* **1.** broad, *a.* ⊕ wide; *Kinn, Schultern*: broad, square; (*ausgedehnt*) large, wide, spacious; *zwei Zoll ~* two inches wide (*od.* in width); *et. ~er machen* broaden, widen; *~er werden* widen; **2.** *fig.* (*weitschweifig*) diffuse, long-winded; *~er Akzent* broad accent; *~es Grinsen* broad grin; *die ~e Masse* the populace, the masses *pl.*; *ein ~es Publikum* a wide public; *~e Öffentlichkeit the* general public; *~es Interesse* wide-spread interest; → *Rücken*; **II.** *adv.* **3.** broadly (*a. lächeln usw.*); → *groß* II, *lang* 1, *weit* II; **4.** ♪ largo; **~angelegt** *adj. fig.* wide-ranging; **≈band** *n Radio*: wide-band; **~beinig** *adj., adv.* straddle-legged; with legs apart; *~ stehen auf* straddle *a th.*; *~ gehen* straddle; **~blätt(e)rig** *adj.* broad-leaved; **~drücken** *v/t.* flatten.

Breite *f* breadth, width; ⊕ *Material, Maschine, Stoff*: width; (*Arbeits≈*) working width; ⚓ (*Schiffs≈*) beam; *astr., geogr.* latitude; *fig.* breadth, wideness, extent; (*Weitschweifigkeit*) diffuseness, verbosity; *epische ~* epic breadth; *es hat e-e ~ von 6 Metern* it is 6 metres wide; *der ~ nach* breadthways, breadthwise; *in die ~ gehen* a) *Person*: grow broader, get stout; b) *fig.* be diffuse (*od.* long-winded), ramble; **≈n** *v/t.* → *ausbreiten*; **~ngrad** *m* (degree of) latitude; *der*

30. ~ the 30th parallel; **~nkreis** *m* parallel (of latitude); **~sport** *m* mass sports *pl.*; **~wirkung** *fig. f* broad effect.

breit...: **~füßig** *adj.* broad-footed; **~hüftig** *adj.* broad-hipped; **~krempig** *adj.* broad-brimmed; **≈leinwand** *f Film*: wide screen; **~machen** *v/refl.*: *sich* ~ **1.** *Angst usw.*: spread; **2.** *Person*: spread o.s. out; *fig.* obtrude o.s., do as if one owned the place, *Am.* F throw one's weight around; **~randig** *adj. Hut*: broad-brimmed; *Buch*: with wide margins; **~schlagen** F *v/t.*: *j-n* ~ talk (*od.* bring) a p. round, *zu et.*: talk a p. into (doing) a th.; *sich* ~ *lassen* give in, come round, *zu et.*: let o.s. be talked into (doing) a th.; **~schult(e)rig** *adj.* broad-shouldered; **≈schwanz** *m* (*Pelzart*) broadtail; **≈seite** ⚓ *u. fig. f* broadside; **~spurig** *adj.* 🚂 broad-ga(u)ge ...; *Schisport*: broad-track ...; *fig.* swaggering, pompous, F bumptious; **≈strahler** *mot. m* wide-beam headlight; **~treten** *fig. v/t.* expatiate (*od.* enlarge, dwell excessively) on, discuss ad infinitum; **≈wandfilm** *m* wide-screen film.

Breiumschlag *m* poultice.

Brems... *in Zssgn mst* brake ...; **~ausgleich** *m* brake compensator; **~backe** *f* brake-shoe; **~band** *n* brake band; **~belag** *m* brake lining; *den* ~ *erneuern* reline the brakes; **~betätigung** *f* brake operation; **~dauer** *f* braking period.

Bremse[1] *zo. f* gadfly; horse-fly.

Bremse[2] *f* **1.** *mot.* brake; *die* ~ *betätigen od.* (*an*)*ziehen* apply (*od.* put on) the brakes; **2.** ⚕ *für Pferde usw.*: barnacles *pl.*

bremsen I. *v/t.* brake; *fig. a.* check, curb; (*Fall*) cushion; *phys.* moderate; *fig.* act as a brake on, retard; *sich* ~ check (*od.* restrain) o.s.; *er war nicht zu* ~ there was no holding him; **II.** *v/i.* apply (*od.* pull, put on) the brakes; *fig.* act as a brake; (*langsam tun*) go slow, slow down; **III.** ≈ *n* braking.

Bremser *m* brake(s)man; **~häuschen** *n* brakeman's cabin, *Am.* caboose.

Brems...: **~fallschirm** *m* brake parachute; **~fläche** *f* braking surface; **~flüssigkeit** *f* brake fluid; **~fußhebel** *m* brake pedal; **~gitter** ⚡ *n* suppressor grid; **~klotz** *m* brake block, ✈ (wheel-) chock, *Am.* chock block; **~kraft** *f*, **~leistung** *f* brake horse power (*abbr.* b.h.p.); **~leuchte** *f*, **~licht** *n* stop light; **~moment** *n* braking moment; **~öl** *n* brake fluid; **~pedal** *n* brake pedal; **~probe** *f* braking test; **~prüfstand** *m* brake testing stand; **~rakete** *f* braking (*od.* retro-)rocket; **~scheibe** *f* brake disc; **~schlußleuchte** *f* stop and tail lamp; **~schuh** *m* brake-shoe; **~seil** *n* Bowden cable; **~spur** *f* skid mark(s *pl.*); **~trommel** *f* brake drum; **~ung** *f* braking (effect); **~vorrichtung** *f* brake-mechanism; **~weg** *m* stopping distance; **~welle** *f* brake shaft; **~wirkung** *f* braking action; **~zylinder** *m* brake cylinder; ⚔ (*Rückstoß* ≈) recoil cylinder.

brennbar *adj.* combustible, burnable; (*entzündlich*) inflammable; **≈keit** *f* combustibility; inflammability.

Brenn|dauer *f* burning-time; lighting hours *pl.*; **~ebene** *opt. f* focal plane; **~eisen** *n Vieh*: branding iron; *Friseur*: curling-iron (*od.* -tongs *pl.*).

brennen I. *v/t.* burn; (*sengen*) singe; (*Branntwein*) distil(l *Am.*); (*Haar*) curl, wave; (*Kaffee, Mehl*) roast; (*Kalk*) burn, calcine; (*Keramik, Porzellan*) burn, bake, fire; (*Licht*) burn; (*Schiff*) bream; (*Vieh*) brand, mark; (*Wunde*) cauterize; (*Ziegel*) burn, bake; *sich* ~ burn o.s.; F *fig. da* ~ *Sie sich aber!* you are jolly much mistaken there, *Am.* that's where you make your big mistake; → *Kind, Pelz*; **II.** *v/i.* burn; *Haus usw.*: *a.* be ablaze (*a. fig.*), be on fire; *fig. Augen, Wunde*: burn, smart, *Nessel*: sting; *Pfeffer usw.*: bite, be hot; *es brennt* there is a fire, *als Ruf*: fire!; *vor Ungeduld usw.* ~ burn (*od.* be consumed) with impatience, *etc.*; F *darauf* ~, *zu inf.* be burning (*od.* dying, itching) to *inf.*; F *fig. wo brennt's?* a) what's wrong?; b) what's the hurry?, F where's the fire?; → *Boden, Nagel*; **III.** ≈ *n* burning; *von Schnaps*: distillation; ⚕ cauterization; (*Sod* ≈) heartburn; *Kalk*: calcination; **~d I.** *adj.* burning (*a. fig. Durst, Frage, Interesse, Leidenschaft usw.*); (*in Flammen*) *a.* on fire, in flames, ablaze; *Kerze*: lighted, *Zigarette*: *a.* live; ⚕ (*ätzend*) caustic; *fig. Hitze*: burning, searing, scorching; *Farbe*: glaring; *Schmerz*: acute, pungent; **II.** *adv.*: *es interessiert ihn* ~ he is taking a keen interest in it; *es interessiert mich* ~, *ob* I am dying to know if.

Brenner *m* **1.** (*Schnaps* ≈) distiller; **2.** ⊕ (*Gas* ≈) burner; (*Schweiß* ≈) torch, blowpipe; (*Atom* ≈) (atomic) pile; ✈ combustor; **~ei** *f* distillery.

Brennessel *f* (stinging) nettle.

Brenn...: **~gemisch** *mot. n* combustible mixture; **~glas** *n* burning glass; **~holz** *n* firewood; **~kammer** *f* combustion chamber; **~kraftmaschine** *f* internal combustion engine; **~material** *n* fuel; **~ofen** *m Keramik, Ziegel*: (burning) kiln; *metall.* furnace; **~öl** *n* fuel oil; **~punkt** *m phys. u. fig.* focus, focal point; *Öl usw.*: fire point; *in den ~ rücken* bring into focus (*a. fig.*); *im ~ des Interesses stehen* be the focus of interest, be in the limelight, hold the spotlight; *Berlin stand im ~ des Interesses* all eyes were focused on Berlin; **~schere** *f* curling-tongs *pl.*; **~schluß** *m Rakete*: burnout; **~schneider** ⊕ *m* oxy-acetylene cutter; **~spiegel** *m* burning (*od.* concave) mirror; **~spiritus** *m* methylated spirit, denatured alcohol; **~stelle** ⚡ *f* lighting point; **~stoff** *m* fuel; *für Zssgn mot.* → *Benzin...*; **~strahl** *opt. m* focal ray; **~stunde** *f* lighting hour; **~weite** *opt. f* focal length (*od.* distance); **~wert** *m* calorific value; **~zünder** *m* combustion time-fuse.

brenzlig *adj.* **1.** *Geruch, Geschmack*: burnt; **2.** F *fig.* critical, ticklish; *es war ein ~er Augenblick* it was a bad moment (*od.* touch and go).

Bresche *f* breach, gap; *e-e ~ legen* (*od. schießen*) make a breach (*in* in); *e-e ~ schlagen* break through, clear the way; *fig. in die ~ springen* fill the breach; → *a. einspringen* 1.

Brett *n* board; (*Bohle*) plank; (*Regal*) shelf; (*Tablett*) tray; (*Spiel*2) board, table; *Sport*: (*Sprung*2, *Feder*2) springboard; F *~er* (*Schier*) skis, boards; *auf die ~er schicken Boxen*: (knock) down, drop for a count; *thea. die ~er* (*, die die Welt bedeuten*) the stage, F the boards; *das Stück geht über die ~er* the play is acted; *mit ~ern belegen* board, plank, floor; *mit ~ern verschalen* board; *fig. ein ~ vor dem Kopf haben* be blockheaded; → *Stein*; **~chen** *n* small (*od.* thin) board.

Bretter...: **~bude** *f* wooden hut, shack; (market) stall; **~dach** *n* board roof; **~fußboden** *m* boarded floor; **~(ver)schalung** *f*, **~verkleidung** *f* boarding; **~verschlag** *m* **1.** wooden partition; **2.** wooden shed; **~wand** *f* boarding; wooden partition; **~zaun** *m* boarding, *Am.* board-fence.

Brett...: **~säge** *f* pit-saw; **~schaltung** ⚡ *f* bread-board setup; **~spiel** *n* game played on a board, board game; **~stein** *m* man, piece.

Brevier *n* breviary.

Brezel *f* pretzel.

Brief *m* **1.** letter; *kurzer*: note, F a few lines *pl.*; *bibl., iro.* epistle; *~e a.* correspondence *sg.*; *mit j-m ~e wechseln* correspond with a p.; → *blau* 1; **2.** (*Urkunde*) document, charter, letters-patent; **3.** ⚕ *im Kurszettel* (*angeboten*, B): offered, sellers *pl.*; **~ablage** *f* letter file; **~aufschrift** *f* address; **~beschwerer** *m* paper-weight; **~block** *m* letter-pad; **~bogen** *m* (sheet of) note-paper; **~bombe** *f* letter bomb; **~einwurf** *m* letter-box, *Am.* mailbox; (*Schlitz*) slot; *als Aufschrift*: Letters!; **~freund(in** *f*) *m* pen-friend, *Am. a.* pen pal; **~geheimnis** *n* privacy of letters, secrecy of the mails; **~hypothek** ⚕ *f* certified mortgage; **~karte** *f* letter card; **~kasten** *m* **1.** letter-box, *Am.* mailbox; **2.** (*Zeitungsrubrik*) Question and Answer Column, Letters *pl.* to the Editor; **3.** *für Vorschläge usw.*: suggestion box; **4.** *Spionage*: *toter ~* letter drop; **~kastenfirma** *f* F front, letterbox firm; **~klammer** *f* paper-clip; **~kopf** *m* letter-head; **~korb** *m* letter tray; **~kurs** ⚕ *m* asked price, selling rate; **2lich** *adj., adv.* by letter, in writing; *~er Verkehr* correspondence; *er teilte uns ~ mit, daß a.* he sent us a letter to the effect that, he wrote us that; **~mappe** *f* portfolio, writing-case, blotter.

Briefmarke *f* (postage) stamp; **~nalbum** *n* stamp album; **~nhändler** *m* stamp dealer; **~nsammler** *m* stamp-collector, philatelist; **~nsammlung** *f* stamp collection; **~nserie** *f* stamp issue.

Brief...: **~muster** *n* specimen letter; **~öffner** *m* letter-opener; **~ordner** *m* letter-file; **~papier** *n* note paper, stationery; **~partner(in** *f*) pen-friend; **~porto** *n* postage (for letters); **~post** *f* letter post, *Am. a.* first-class matter; **~roman** *m* epistolary novel; **~schaften** *f/pl.* letters, correspondence *sg.*; papers; **~schalter** *m* letter counter; **~schreiber(in** *f*) *m* letter-writer, correspondent; **~schulden** *f/pl.* arrears of correspondence; **~sendung** *f* → *Briefpost*; **~steller** *m* (*Buch*) letter-writer's guide; **~stempel** *m* postmark; **~stil** *m* epistolary style; **~tasche** *f* wallet, pocket-book, *Am. a.* billfold; **~taube** *f* carrier pigeon, homing pigeon; **~telegramm** *n* letter telegram, *Am.* lettergram; **~träger** *m* postman, *Am. a.* mailman; **~umschlag** *m* envelope, (letter-)cover; **~verkehr** *m* correspondence; **~waage** *f* letter-balance; **~wahl** *pol. f* postal vote, absentee voting; **~wechsel** *m* exchange of letters, correspondence; *mit j-m im ~ stehen* exchange letters (*od.* correspond) with a p., be in correspondence with a p.; **~zensur** *f* postal censorship.

Bries *n* **1.** *zo.* thymus (gland); **2.** *Kochkunst*: sweetbread.

Brigade *f* **1.** ⚔ brigade; **2.** *DDR*: (work) brigade; **~general** *m* brigadier (general *Am.*); **~kommandeur** *m* brigadier, brigade commander.

Brigant *m* brigand.

Brigg ⚓ *f* brig.

Brikett *n* briquette.

brillant *adj.* brilliant, splendid.

Brillant I. *m* brilliant, cut diamond; **II.** *typ. f* → *Brillantschrift*; **~feuerwerk** *n* brilliant fireworks *pl.*; **~ine** *f* brilliantine; **~ring** *m* diamond ring; **~schrift** *typ. f* brilliant, four to pica; **~sucher** *phot. m* brilliant view-finder.

Brille *f* **1.** (a pair of) spectacles *pl. od.* glasses *pl.*, F specs *pl.*; (*Schutz*≳) goggles *pl.*; *e-e ~ tragen* wear spectacles (*od.* glasses); *ein Herr mit ~* a spectacled gentleman; *fig. durch e-e schwarze ~ betrachten* take a gloomy view of; → *rosarot*; **2.** (*Abortsitz*) lavatory seat; **3.** ⊕ (stuffing box) gland; **~nbügel** *m* bow, earpiece; **~netui** *n*, **~nfutteral** *n* spectacle case; **~nfassung** *f*, **~ngestell** *n* spectacle-frame; **~nglas** *n* (spectacle-)glass *od.* lens; **~nschlange** *f* **1.** spectacled cobra; **2.** *co.* spectacled person, F four-eyes (*sg.*); **≳ntragend** *adj.* spectacled; **~nträger(in** *f*) *m* wearer of glasses, spectacle-wearer.

Brimborium F *n* fuss, F to-do.

bringen *v/t.* **1.** (*her~*) bring (*a. Antwort, Nachricht, Hilfe usw.*), (*holen*) *a.* get, fetch; *was ~ Sie (Neues)?* what news have you?, F what's up?; *was bringt Sie hierher?* what brings you here?; **2.** (*weg~, hin~*) take, (*tragen*) *a.* carry, (*setzen, legen, stellen*) *a.* put; *bringe dieses Paket ins Haus* take (*od.* carry, put) this parcel inside; *er wurde ins Krankenhaus gebracht* he was taken to the hospital; **3.** (*geleiten*) take, see (*j-n zur Bahn* a p. to the station); *nach Hause ~* take (*od.* see) *a p.* home; **4.** (*ein~, verursachen*) bring, cause, result in; (*Gewinn*) bring, yield; *Zinsen ~* bear (*od.* yield) interest; *Glück (Unglück) ~* bring good (bad) luck; *Verdruß ~* cause (*od.* give rise to) trouble; **5.** (*darbieten*) bring, present, *Zeitung usw.*: *a.* publish, print, carry; (*Film, Stück*) *a.* show; (*Lied*) sing; *wir ~ Ihnen* ... we present ...; **6.** F (*erreichen, schaffen*) bring *a th.* off, manage; *das bringt nichts, das bringt es nicht* F that's not the stuff; **7.** *mit adv.*: *es dahin ~, daß* manage (*od.* contrive) to *inf.*, bring it about that; *j-n dahin* (*od. dazu*) *~, daß* bring (*od.* induce) a p. to *inf.*, make a p. do *etc.*; → *weit* II; **8.** *mit prp.*: *an sich ~* acquire, appropriate, take possession of; *j-n auf et.* (*od. e-e Idee*) *~* suggest a th. to a p. (*od.* give a p. an idea); *das bringt mich auf etwas* that reminds me (of something); *es (bis) auf achtzig Jahre ~* live to be eighty; *er brachte es auf zwanzig Siege* he achieved (*od.* scored) twenty wins; *j-n außer sich ~* enrage (*od.* infuriate) a p.; *es bis zum Major usw. ~* rise to the rank of major, *etc.*; → *hinter*; *mit sich ~* involve, entail; (*erfordern*) require, necessitate; *die Umstände ~ es mit sich* the circumstances call for it (*od.* make it unavoidable); *ich kann es nicht über mich* (*od. übers Herz*) *~* I cannot find it in my heart (*zu inf.* to *inf.*), *zu inf.*: I cannot bring myself to *inf.*; *j-n um et. ~* deprive (*od.* rob) a p. of a th.; (*betrügen*) cheat (*od.* do) a p. out of a th.; *unter sich ~* get control over; *vom Fleck* (*od. von der Stelle*) *~* remove; *er ist nicht vom Fleck zu ~* he won't stir (*od.* budge); **9.** *mit su.*: *in Aufregung ~* agitate, excite; → *Abwechslung, Ausdruck* 1, *Bein, Bewußtsein, Bühne* 2, *Einklang* 2, *Ecke, Erfahrung, Fassung* 3, *Formel, Gedanke, Geltung, Gerede, Gleichgewicht, Konzept, Lachen* II, *Lippe, Mann, Mode, Nenner, Opfer usw.*

Bringschuld *f* debt to be discharged at creditor's domicile.

brisan|t *adj.* high-explosive; *fig.* explosive; **≳z** *f* explosive effect; *fig.* explosiveness, dynamite; **≳zmunition** *f* high-explosive (*abbr.* H.E.) ammunition.

Brise *f* breeze, (light) wind; *steife ~* stiff (*od.* strong) breeze.

Brit|e *m*, **~in** *f* Briton, English(wo)man, *Am. a.* Britisher; *die ~n* the British (*pl.*); **≳isch** *adj.* British; *≳e Inseln* British Isles; *das ≳e Weltreich* the British Empire.

Bröck|chen *n* little morsel, bit, crumb; **~elig** *adj.* crumbly, friable; (*zerfallend*) crumbling (away); (*zerbrechlich*) brittle; (*mürb*) crisp; **~eln** *v/t. u. v/i.* crumble.

Brocken *m* (small) piece; *Brot*: crumb (*a. fig.*); (*Stückchen*) bit, scrap; (*Bissen*) morsel; (*Klumpen*) lump, hunk, chunk; *fig.* snatches *pl. of conversation*, scraps *pl. of English*; F *dicker* (*od. schwerer*) ~ ⚔ heavy bomb (*od.* shell); *Boxen*: hard punch, piledriver; F (*großer*) ~ (*Mann*) big fellow; *ein harter* ~ a hard nut (to crack), *Am. sl.* a toughie; **~weise** *adv.* bit by bit, in lumps, piecemeal.

brodeln I. *v/i.* bubble, simmer; ⚡ hum; *fig.* seethe; *es brodelte im Volk* there was a growing (*od.* seething) unrest among the masses; *es brodelte in ihm* (*vor Zorn*) he was seething with rage; **II.** ~ *n* boiling, bubbling.

Brodem *m* vapo(u)rs *pl.*, fumes *pl.*; *contp.* foul (*od.* strong) smell.

Brokat *m* brocade; **~en** *adj.* brocade(d); **~papier** *n* brocade paper.

Brom ⚗ *n* bromine.

Brombeer|e *f* blackberry; **~strauch** *m* blackberry bush.

Bromid ⚗ *n* bromide.

Brom...: ~kalium ⚗ *n* potassium bromide; **~sauer** *adj.* bromate; *bromsaures Natron* sodium bromate; **~säure** *f* bromic acid; **~silber** *n* silver bromide; **~silberpapier** *phot. n* bromide paper; **~wasser** *n* bromine water.

Bronchial|asthma *n* bronchial asthma; **~katarrh** *m* bronchial catarrh.

Bronch|ien *f/pl.* bronchi; **~itis** *f* bronchitis; **~itisch** *adj.* bronchitic.

Bronze *f* bronze; **~farbe** *f* bronze; *konkret*: bronze paint; **~farben** *adj.* bronze(-colo[u]red); **~lack** *m* bronze varnish; **~medaille** *f* bronze medal; **~n** *adj.* (of) bronze; **~zeit** *f* Bronze Age.

bronzieren *v/t.* bronze (over).

Brosam *m*, **~e** *f* crumb (*a. fig.*).

Brosche *f* brooch.

Bröschen *n Kochkunst*: sweetbread.

broschier|en *v/t.* **1.** (*Buch*) stitch, sew; **2.** (*Textilien*) brocade; **~t** *adj.* **1.** stitched, paperback(ed); **2.** brocaded.

Broschüre *f* brochure, booklet, pamphlet.

Brösel *m* crumb; **~n** *v/t. u. v/i.* crumble.

Brot *n* bread (*a. eccl.*); (*Laib*) loaf (*pl.* loaves) (of bread); (*Stulle, belegtes* ~) sandwich; *fig.* (*Unterhalt*) bread, living, livelihood; *das tägliche* (*od. liebe*) ~ the daily bread; *der Kampf ums* ~ the struggle for one's daily bread; *ein hartes* ~ *essen* have to work hard (for a living); *sein eigenes* ~ *essen* be one's own master; *fremdes* ~ *essen* work for other people; *sein* ~ (*selbst*) *verdienen* earn one's (own) living, F earn one's bread and butter; *es j-m aufs* ~ *schmieren* F rub it in; *j-n um sein* ~ *bringen* rob a p. of his livelihood; *der kann mehr als* ~ *essen* he knows a thing or two; **~aufstrich** *m* spread; **~beutel** *m* haversack.

Brötchen *n* roll; *belegtes* ~ roll with meat *etc.*, sandwich; **~geber** F *m* employer, F boss.

Brot...: ~erwerb *m* (earning one's) livelihood; **~getreide** *n* bread grain; **~herr** *m* master, employer, principal; **~kasten** *m* bread-bin; **~korb** *m* bread-basket; *fig. j-m den* ~ *höher hängen* put a p. on short rations (*od.* commons); **~krume** *f* (bread) crumb; **~kruste** *f* (bread) crust; **~laib** *m* loaf (*pl.* loaves) (of bread); **~los** *fig. adj.* unemployed, out of work; (*nicht einträglich*) unprofitable, not worthwhile; (*zwecklos*) unavailing, useless; → *Kunst* 1; ~ *machen* rob *a p.* of his livelihood, throw *a p.* out of work; ~ *werden* lose one's job (*od.* livelihood); **~messer** *n* bread-knife; **~neid** *m* professional jealousy; **~rinde** *f* crust; **~röster** *m* toaster; **~schneidemaschine** *f* bread-cutter; **~schnitte** *f* slice of bread; **~schrift** *typ. f* text- (*od.* ordinary) type; **~studium** *n* utilitarian study; **~teig** *m* dough (for bread); **~zeit** *dial. f* (tea-)break; *konkret*: snack.

brr! *int.* **1.** (*halt*) whoa!, wo!; **2.** (*pfui*) ugh!

Bruch[1] *m, n* marsh, fen.

Bruch[2] *m* **1.** breaking, breakage; (*Knochen*~) fracture; (*Unterleibs*~) rupture, hernia; ⊕ *im Stahl*: failure, break, (*Reiß*~) rupture; *min.* fracture, (*Gefüge*) structure; (*Riß*) crack; *mot.*, ✈ crash; ⚕ *einfacher* (*komplizierter*) ~ simple (compound) fracture; ✈ ~ *machen* crash, crash-land; *Auto zu* ~ *fahren* smash up; **2.** (*Zerbrochenes*) breakage, wreckage; (*Schrott*) scrap; **3.** 𝔄 fraction; *gewöhnlicher* ~ vulgar fraction; (*un*)*echter* ~ (im)proper fraction; *unendlicher* ~ recurring decimal; **4.** *fig. e-s Versprechens, des Friedens usw.*: breach; *e-s Gesetzes usw.*: violation (*a. des Eides*), infringement, infraction; *e-r Ver-*

bindung: rupture, breaking-off of *relations*; ~ *mit der Vergangenheit* (clean) break with the past; F *in die Brüche* (*od. zu* ~) *gehen* be broken up, come to grief, F go to pot; *bsd. Ehe*: go on the rocks; *es kam zwischen ihnen zum offenen* ~ it came to an open quarrel between them; **5.** F *contp.* junk, trash, rubbish, F lousy stuff; **6.** *geol.* fault; (*Ein*~) break; ⚒ thrust; **~band** ⚕ *n* truss; **~belastung** ⊕ *f* ultimate load; **~bude** F *f* **1.** ramshackle hut; **2.** *fig. sl.* lousy joint; **~dehnung** ⊕ *f* breaking elongation; **~festigkeit** ⊕ *f* ultimate strength; **~fläche** *f* (surface of) fracture.

brüchig *adj.* (*zerbrechlich*) fragile; (*spröde*) brittle; (*bröckelig*) crumbly, friable; (*zerbrochen*) broken; (*geborsten*) cracked; *metall.* short; ~e *Stimme* cracked voice.

Bruch...: ~landen ✈ *v/i.* crash-land; **~landung** *f* crash-landing; *e-e* ~ *machen* crash-land; **~operation** ⚕ *f* herniotomy, hernial operation; **~rechnung** *f* fractional arithmetic, fractions *pl.*; **~schaden** *m* breakage; **~sicher** *adj.* unbreakable; *Glas*: shatter-proof; **~stein** *m* quarrystone; **~stelle** *f* site of fracture; break, crack; **~strich** ✎ *m* fraction bar; **~stück** *n* fragment (*a. fig.*); (*Aktie*) fractional certificate; ~e *e-r Unterhaltung usw.*: scraps, snatches; **~stückhaft I.** *adj.* fragmentary; **II.** *adv.* in fragments, fragmentarily; **~teil** *m* fraction; *im* ~ *e-r Sekunde* in a split second; **~zahl** *f* fraction(al) number.

Brücke *f* **1.** bridge (*a. Turnen, Ringen*); *fig.* bridge, link (*zwischen* between); *schwimmende* ~ floating (*od.* pontoon) bridge; *e-e* ~ *schlagen über* build (*od.* throw) a bridge across, bridge *a river*; *die* ~ *machen Sport*: bridge; *fig. alle* ~*n hinter sich abbrechen* burn one's boats; *dem Gegner goldene* ~*n bauen* leave the door open for reconciliation, make it easy for one's opponent; **2.** ⚓ (captain's) bridge; → *Landungsbrücke*; **3.** ⚕ (*Zahn*~) bridge; **4.** *Brille*: bridge; **5.** ⚡ bridge; *in* ~ *schalten* arrange in a bridge circuit; **6.** *anat.* pons; **7.** (*Teppich*) rug.

Brücken...: ~bau *m* bridge-building; **~bogen** *m* arch; **~boot** *n* pontoon, *Am.* ponton; **~geld** *n* bridge-toll; **~joch** *n* bay, pier (of bridge); **~kopf** *m* ⚔ bridge-head; *fig. a.* foothold; **~kran** *m* bridge-crane; **~oberbau** *m* (bridge) superstructure; **~pfeiler** *m* bridge pier; **~schaltung** ⚡ *f* bridge (circuit); **~schlag** *m* bridging (*a. fig.*); **~steg** *m* foot-bridge; **~tragwerk** *n* supporting structure of a bridge; **~waage** *f* platform scale; *für Wagenlast*: weighbridge; **~zoll** *m* bridge-toll.

Bruder *m* brother; *eccl.* brother (*pl.* brethren), (*Mönch*) friar; F (*Kerl*) fellow, F bloke, *Am. a.* guy; *ein lustiger* ~ a jolly fellow; *ein übler* ~ F a bad egg; *gleiche Brüder, gleiche Kappen* birds of a feather (flock together); F *unter Brüdern* between friends; *soviel ist es unter Brüdern wert* that's a bargain (*od.* a fair price); → *warm* I.

Brüderchen *n* little brother.

Bruder...: ~herz *co. n* beloved brother; **~krieg** *m* fratricidal war; **~kuß** *m* brotherly kiss.

brüderlich I. *adj.* brotherly, fraternal; **II.** *adv.*: ~ *teilen* share and share alike; **~keit** *f* brotherliness, fraternity.

Bruder...: ~liebe *f* brotherly love; **~mord** *m*, **~mörder**(**in** *f*) *m* fratricide; **~mörderisch** *adj.* fratricidal; **~schaft** *eccl. f* brotherhood, confraternity, society.

Brüderschaft *f* brotherhood; ~ *schließen* (*trinken*) make (pledge) close friendship (*mit* with).

Bruder..: ~volk *n* sister nation, cousins *pl.*; **~zwist** *m* fraternal strife.

Brühe *f* (*Fleisch*~ *usw.*) broth; (*Soße, a. Tabak*~) sauce; (*Fleischsaft*) gravy; *zur Suppe*: stock; (*Saft*) juice; ⊕ liquor; F (*Schlamm*) slush; *contp.* (*Getränk usw.*) slop, swill, dishwater.

brüh|en *v/t.* scald; (*Wäsche*) soak; **~heiß** *adj.* boiling hot, scalding (hot); **~kartoffeln** *f/pl.* potatoes (boiled) in broth; **~warm** *fig. adj. Nachricht usw.*: red hot; *j-m et.* ~ *wiedererzählen* take a story directly to a p.; **~würfel** *m* beef (*od.* bouillon) cube.

Brüllaffe *m* howling monkey, howler.

brüllen I. *v/i.* roar (*a. fig. Geschütz, Motor usw.*); *Rind*: bellow; (*muhen*) low; *Mensch*: roar, (*a. heulen*) howl, F bawl; *vor Lachen usw.* ~ roar with laughter, *etc.*; ~*des Gelächter* roar of laughter; **II.** ~ *n* roar; F *er* (*es*) *ist zum* ~ *sl.* he (it) is a scream (*od.* riot).

Brumm ⚡ *m* hum; **~bär** *fig. m* grumbler, growler, *Am.* F grouch; **~baß** *m* (*Stimme*) rumbling bass; **~eln** *v/t. u. v/i.* mumble.

brummen I. *v/i. u. v/t.* (*summen*)

hum, buzz, drone; *Motor usw.*: *a.* purr, *stärker*: boom; *Tier*: growl; *Mensch*: growl, grumble (*über* at, about), (~*d sagen*) mutter; F *im Gefängnis*: do time (*od.* F a stretch); *mir brummt der Kopf* my head is throbbing; **II.** ≗ *n* humming, buzzing, growling, grumbling.

Brumm...: **~er** F *m* (*Fliege*) bluebottle; (*Hummel*) bumblebee; (*Lastwagen usw.*) F bus; **≗frei** ⚡ *adj.* hum-free; **≗ig** *adj.* grumpy, surly, gruff, *Am.* F grouchy; **~kreisel** *m* humming-top; **~schädel** F *m* headache; (*Katzenjammer*) hangover; F head; **~ton** ⚡ *m* hum.

brünett *adj.*, **≗e** *f* brunette.

Brunft *hunt. f*, **≗en** *v/i.* rut; **≗ig** *adj.* rutting; **~schrei** *m* bell, mating call; *fig.* cry of lust; **~zeit** *f* rutting season.

brünieren ⊕ *v/t.* brown, burnish.

Brunnen *m* well; (*Quelle*) spring; (*Spring*≗, *Trink*≗) fountain (*alle a. fig.*); ⚕ mineral spring, (mineral) waters *pl.*; *e-n ~ graben* sink a well; (*den*) *~ trinken* take the waters; **~becken** *n* basin; **~kresse** *f* water-cress; **~kur** *f* mineral-water cure; *e-e ~ machen* take the waters (at a spa); **~vergiftung** *fig. f* vitiating the political atmosphere; calumny; **~wasser** *n* well-water.

Brunst *f* **1.** *zo. des Männchens*: rut; *des Weibchens*: heat; *von Menschen*: lust, heat; **2.** → *Inbrunst.*

brünstig *adj.* **1.** *zo.* rutting, *bsd. von Weibchen*: in (*od.* on) heat; *Mensch*: lustful, hot, *Frau*: *a.* in heat; **2.** *fig.* → *inbrünstig.*

brüsk *adj.* brusque, curt, abrupt; **~ieren** *v/t.* affront, snub, provoke.

Brüsseler *adj.* of Brussels; *~ Spitzen* Brussels lace *sg.*

Brust *f* **1.** breast; (*~kasten*) chest, *anat.* thorax; (*Busen*) breast(s *pl.*), bosom, bust, 🕮 mamma(e *pl.*); *am Braten*: brisket, (*Kalbs*≗) breast; *fig.* breast, bosom, heart; *die Brüste der Weisheit* the breasts of wisdom; *~ an ~* shoulder to shoulder, neck and neck, abreast; *aus voller ~* at the top of one's voice, lustily; *e-m Kind die ~ geben* give *a baby* the breast, suckle, nurse; *ohne ~ aufziehen* dry-nurse; *es auf der ~ haben* have chest trouble; *schwach auf der ~ sein* have a weak chest; F *fig.* be hard up; *sich* (*reuevoll*) *an die ~ schlagen* beat one's breast; *sich in die ~ werfen* give o.s. airs, strut; *komm an meine ~* come to my heart; **2.** (*Hemd*≗) shirt-front; **3.** *Schwimmen*: breast-stroke; **~-an-~-Rennen** *n* neck-and-neck race, photo finish; **~atmung** *f* thoracic (*od.* costal) breathing; **~beere** *f* jujube; **~bein** *n* breastbone, 🕮 sternum; *Geflügel*: wish-bone; **~beschwerden** *f/pl.* chest-trouble *sg.*; **~beutel** *m* money-bag; **~bild** *n* half-length portrait (*od.* photo); **~bonbon** *m* cough-drop; **~bräune** ⚕ *f* angina pectoris; **~breite** *f Sport*: *um ~ gewinnen* win by a whisker; *um e-e ~ schlagen* nose out; **~drüse** *anat. f* thymus gland; *der weiblichen Brust*: mammary gland; **~drüsenentzündung** *f* mastitis.

brüsten *v/refl.*: *sich ~* boast (*mit* of), brag (about, of); *sich mit et. ~ a.* plume o.s. on a th., vaunt a th.

Brust...: **~fell** *anat. n* pleura; **~fellentzündung** ⚕ *f* pleurisy; **~flosse** *f* pectoral fin; **≗hoch** *adj.* breast-high; **~höhle** *f* thoracic cavity; **~kasten** *m*, **~korb** *m* chest, *anat.* thorax; **~kind** *n* breast-fed child; **≗krank** *adj.* suffering from a weak chest; **~krankheit** *f* chest disease; **~kraul** *m* front crawl (stroke); **~krebs** ⚕ *m* breast cancer, mastocarcinoma; **~leiden** *n* chest disease (*od.* trouble); **~mikrophon** *n* chest transmitter; **~muskel** *m* pectoral muscle; **~nadel** *f* breast-pin; **~scheibe** ⚔ *f* half-figure target; **~schild** *m* breastplate; **~schmerz** *m* pain in the chest; **~schwimmen** *n* breast stroke; **~schwimmer(in** *f*) *m* breast-stroke swimmer; **~stimme** *f* chest-voice; **~stück** *n zo.* thorax; *am Braten*: brisket, breast; **~tasche** *f* breast-pocket; inside pocket; **~tee** *m* pectoral tea; **~ton** *m* ♪ chest-note; *fig. ~ der Überzeugung* true ring of conviction; **~umfang** *m* → *Brustweite.*

Brüstung *f* balustrade, parapet; (*Fenster*≗) parapet, breast.

Brust...: **~warze** *f* nipple, 🕮 papilla; **~wassersucht** *f* dropsy of the chest, 🕮 hydrothorax; **~wehr** *f* breastwork, parapet; **~weite** *f* chest measurement, *bei Frauen*: bust (measurement); **~wirbel** *m* dorsal vertebra.

Brut *f* (*Brüten*) brooding; (*Junge*) brood; (*Laich*) fry, spawn; ⚘ shoot; F *fig. von Menschen*: brood, spawn; *contp.* (*Gesindel*) scum, lot, pack.

brutal *adj.* brutal; *mit ~er Gewalt* with brute force; **≗ität** *f* brutality.

Brut...: **~anstalt** *f* hatchery; **~apparat** *m* incubator (*a.* ⚕); **~ei** *n* **1.** egg for hatching; **2.** rotten egg.

brüten I. *v/i.* **1.** brood, incubate, *Henne*: sit (on eggs); **2.** *fig.* brood (über over); **II.** *fig. v/t.* → *ausbrüten*; → *Rache*; **~d** *adj.* brooding (*a. fig.*; *a. Hitze*).

Brut...: **~henne** *f* sitting hen; **~herd** *m* → *Brutstätte*; **~kasten** *m*, **~ofen** *m*, **~schrank** *m* incubator (*a.* ⚕); **~stätte** *f* breeding-place; *ichth.* spawning-ground; *fig.* breeding-ground, hotbed.

brutto ⚜ *adv.* (in the) gross; *~ für netto* gross for net; **~betrag** *m* gross amount; **~einkommen** *n* gross income; **~gewicht** *n* gross weight; **~gewinn** *m* gross profit; **~preis** *m* gross price; **~registertonne** (*B.R.T.*) *f* gross register ton (*abbr.* G.R.T.); **~sozialprodukt** *n* gross national product.

Brut...: **~wärme** *f* incubation heat; **~zeit** *f* brooding *etc.* time; **~zelle** *f* brood-cell.

brutzeln F **I.** *v/t.* fry; **II.** *v/i.* sizzle, crackle.

Bübchen *n* little boy; baby-boy.

Bube *m* boy, lad; *Kartenspiel*: knave, *bsd. Am.* jack; (*Schurke*) knave, rascal, rogue; **~nstreich** *m*, **~nstück** *n* boy's trick, prank; (*Gaunerstück*) knavish trick, knavery, piece of villainy.

Bubi F *m* **1.** sonny; **2.** *contp.* (young) hopeful, F pipsqueak; **~kopf** *m* bobbed hair; *e-n ~ schneiden* bob the hair.

bübisch *adj.* mischievous, roguish; (*schurkisch*) knavish, villainous.

Buch *n* **1.** book; (*Band*) volume; ⚜ book, *pl. a.* records; (*Haupt~*) ledger; *goldenes ~ e-r Stadt* (distinguished) visitors' book; *fig. das ~ des Schicksals usw.* the book of fate, *etc.*; *das ~ der Geschichte* the annals *pl.* of history; ⚜ *~ führen* keep book (*od.* accounts), do (the) bookkeeping; *~ führen über* keep book on, keep a record of; *zu ~e schlagen* show favo(u)rably in the books; *fig.* pay off, prove an asset; *zu ~ stehen mit ...* be valued at ... (as per books); *wie ein ~ reden* talk like a book; F *wie es im ~ steht* perfect, typical; *das ist mir ein ~ mit sieben Siegeln* that's a sealed book (*od.* all Greek) to me; **2.** *bibl.* Book (*der Könige* of Kings); *das ~ (der Bücher)* the Book (of Books); *das 1. ~ Mose(s)* Genesis; **3.** *~ Papier (24–25 Bogen)* quire; **4.** (*Wett~*) book; **5.** *Kartenspiel*: full suit; **~abschluß** ⚜ *m* closing (*od.* balancing) of books; **~ausstattung** *f* get-up of a book; **~besprechung** *f* book review; **~binder** *m* bookbinder; **~binderei** *f* **1.** bookbinder's establishment, bookbindery; **2.** (*Gewerbe*) bookbinding; **~bindergold** *n* gold leaf; **~block** *m* inner book; **~börse** *f* Book Exchange; **~deckel** *m* (book-)cover; **~drama** *n* → *Lesedrama*.

Buchdruck *m* letterpress printing, typography; **~er** *m* (letterpress) printer; **~erei** *f* **1.** printing office, *Am.* printing-plant; **2.** (*Gewerbe*) printing (of books); **~ereimaschine** *f* printing machine; **~erkunst** *f* art of printing, typography.

Buch|e *f* beech; **~ecker** *f* beechnut.

Bucheinband *m* binding, cover.

buchen[1] *v/t.* **1.** book; enter (*od.* pass) into the books, make an entry of; (*ins Hauptbuch übertragen*) post; *fig.* record, register, list; *et. als Erfolg ~* put (*od.* write) a th. down as a success; **2.** (*Flug usw.*) book.

buchen[2] *adj.* beech(en); **~wald** *m* beech wood (*od.* forest).

Bücher...: **~abschluß** *m* → *Buchabschluß*; **~brett** *n* book-shelf.

Bücherei *f* library.

Bücher...: **~freund(in** *f*) *m* book-lover, bibliophile; **~mappe** *f* briefcase; *ped.* satchel; **~marder** F *m* book-thief; **~mensch** *m* bookish person; **~narr** *m* bibliomaniac; **~regal** *n* book-shelf; **~revision** ⚜ *f* audit; **~revisor** ⚜ *m* auditor; *vereidigter*: chartered (*Am.* certified public) accountant; **~schau** *f* book review(s *pl.*); **~schrank** *m* bookcase; **~stand** *m* bookstall, *Am.* bookstand; **~ständer** *m*: (*drehbarer* revolving) bookcase; **~stapel** *m* pile of books; **~stube** *f* bookshop; **~stütze** *f* book-end; **~verzeichnis** *n* **1.** *Bücherei*: book catalog(ue *Brit.*), list of books; **2.** bibliography; **~weisheit** *f* book-learning; **~wurm** *m* bookworm (*a. fig.*).

Buch...: **~fink** *m* chaffinch; **~forderungen** ⚜ *f/pl.* book claims, *Am.* accounts receivable; **~führer** *m* → *Buchhalter*; **~führung** *f* bookkeeping, accounting; *amerikanische ~* tabular bookkeeping; *einfache (doppelte) ~* single-entry (double-entry) bookkeeping; **~führungspflicht** *f* statutory obligation to keep books; **~geld** *n* money of transfer; **~gelehrsamkeit** *f* book-learning; **~gemeinschaft** *f* book club; **~gewerbe** *n* book-trade; **~gewinn** *m* book profit; **~halter(in** *f*) *m* book-keeper, accountant; **~halterei** *f*, **~haltung** *f* **1.** → *Buchführung*; **2.** bookkeeping department; **~handel** *m* book-trade; **~händler** *m* bookseller; **~handlung** *f* bookshop, *Am.* bookstore; **~hülle** *f* book wrapper; (*Umschlag*) book jacket; **~hypothek** *f* inscribed mortgage; **~kredit** *m* book credit; **~kritik** *f* book review(ing); **~kritiker** *m* book reviewer; **~laden** *m* bookshop.

Büchlein *n* little book, booklet.

Buch...: **~leinen** *n* book linen; **~macher** *m* bookmaker, F bookie; **2mäßig** *adj. u. adv.* as shown by the books; *attr.* bookkeeping ..., accountancy ...; → *Forderung*; **~prüfer** *m* auditor, accountant; → *Bücherrevisor*; **~prüfung** *f* audit; **~rücken** *m* spine; **~saldo** *m* book balance.

Buchsbaum *m* box(-tree).

Buch...: **~schmuck** *m* book ornamentation; **~schnitt** *m* book edge; **~schuld** *f* book debt.

Buchse ⊕ *f* bush(ing); (*Muffe*) sleeve; (*Zylinder* 2) liner; (*Fett* 2) cup; ⚡ socket.

Büchse *f* **1.** box, case; *aus Blech*: tin(box), *bsd. Am.* can; *für Salben*: pot, jar; *in ~n verpackt usw.* tinned, canned; **2.** (*Gewehr*) (sporting) gun, rifle.

Büchsen...: **~bier** *n* canned beer; **~fleisch** *n* tinned (*od.* canned) meat; **~lauf** *m* rifle (*od.* gun) barrel; **~licht** *hunt. n* shooting light; **~macher** *m* gunsmith, ⚔ armo(u)rer; **~milch** *f* tinned (*od.* evaporated, *Am.* canned) milk; **~öffner** *m* tin-opener, *Am.* canopener; **~schuß** *m* gunshot; **~waren** *f/pl.* tinned (*od.* canned) goods.

Buchstabe *m* letter; (*Schriftzeichen*) character; *typ.* type; (*Anfangs* 2) initial; (*Unterabsatz*) sub-paragraph; *großer* (*kleiner*) ~ capital (small) letter; *fetter* ~ bold face; *dem ~n nach* literally; *auf den ~n genau, bis zum letzten ~n* to the letter; *nach dem ~n des Gesetzes* to the letter of the law; F *die vier ~n* bottom *sg.*, behind *sg.*

Buchstaben...: **~bezeichnung** *f* 𝔄 literal notation; *typ.* class number; **~folge** *f* alphabetical order; **~form** *typ. f* type mo(u)ld; **2getreu** *adj.* literal; **~glaube** *m* literalism; **~gleichung** 𝔄 *f* literal equation; **~mensch** *m* pedant; **~rätsel** *n* anagram; **~rechnung** *f* algebra; **~reim** *m* alliteration; **~schloß** *n* combination (*od.* puzzle) lock; **~setzmaschine** *f* type setting machine.

buchstabieren **I.** *v/t.* spell; (*mühsam lesen*) spell out; *falsch* ~ misspell; **II.** 2 *n* spelling.

buchstäblich **I.** *adj.* literal (*a. fig.*); **II.** *adv.* literally (*a. fig.*); (*genau*) to the letter, exactly; ~ *wahr* literally true; ~ *nichts* absolutely nothing.

Buchstütze *f* book end, book-rest.

Bucht *f* bay, bight; *kleine*: creek, inlet; (*Fluß* 2) basin; *anat.*, ⚘ sinus; (*Tauschleife*) bight; (*Koben*) sty.

Buch...: **~titel** *m* title of a book; **~umschlag** *m* wrapper, jacket.

Buchung *f* **1.** ✝ booking, posting; (*Posten*) entry, item passed to account; *e-e ~ machen* make an entry; **2.** *für Flug usw.*: booking, reservation.

Buchungs...: **~beleg** *m* voucher; **~fehler** *m* error in the books; **~formular** *n* bookkeeping form; **~maschine** *f* bookkeeping machine; **~nummer** *f* number of entry; **~posten** *m* entry, item; **~stelle** *f* accountancy department.

Buch...: **~weizen** *m* buckwheat; **~wert** *m* book-value; **~wissen** *n* book-learning, book-knowledge; **~zeichen** *n* book-mark(er); (*Eignerzeichen*) ex libris.

Buckel *m* hump, hunch; (*buckliger Rücken*) humpback, hunchback; (*schlechte Haltung*) stoop; F (*Rükken*) back; (*Hügel*) hummock, knoll, hump; (*Ausbauchung*) bulge; (*Verzierung*) boss; (*Beschlag*) knob, stud; *e-n ~ machen* stoop, *Katze*: arch its back; *fig. sich e-n ~ lachen* split one's sides; F *du kannst mir den ~ (he)runterrutschen! sl.* go to blazes!, nothing doing!; F *er hat e-n breiten ~* he has a broad back; → *vollügen*.

buck(e)lig *adj.* **1.** humpbacked, hunchbacked; humped, hunched; **2.** *Gegend*: hilly; **2e(r** *m*) *f* hunchback, humpback.

bücken *v/t. u. v/refl.*: (*sich* ~) bend, stoop; *sich vor j-m* ~ bow to a p., *untertänig*: cringe to (*od.* bow and scrape before) a p.; (*sich unterwerfen*) submit to a p.; *gebückte Haltung* stoop; *er bückte sich nach einem Stein* he stooped to pick up a stone.

Bück(l)ing *m* (*Fisch*) bloater.

Bückling *m* (*Verbeugung*) bow.

buddeln F *v/i. u. v/t.* dig.

Bud|dhismus *m* Buddhism; **~dhist(in** *f*) *m*, **2dhistisch** *adj.* Buddhist.

Bude *f* **1.** (*Verkaufs* 2) stall, booth; kiosk; (*Geschäft*, *Laden*) shop;

(*Hütte*) hut, F *contp.* hovel, shanty, *Am. a.* shack; **2.** F (*Zimmer*) room, place, (*Studenten*~) F digs *pl.*, pad; (*Lokal, Haus usw.*) *sl.* joint; die ~ zumachen shut up shop, F pack up; j-m auf die ~ rücken drop (*sl.* blow) in on a p.; *fig.* j-m auf die ~ steigen F come down on a p., give a p. hell; → Leben; **~nbesitzer** *m* stall-keeper; **~nzauber** F *m* F rag.

Budget *n* budget, *parl. a.* (annual) estimates *pl.*; das ~ vorlegen introduce the budget; et. im ~ vorsehen budget for a th.; **~ausschuß** *m* budget committee; *Am.* Committee of Ways and Means; **~beratung** *f* debate on the budget; **~ieren** *v/i.* budget (für for).

Büfett *n* sideboard, buffet; (*Schenktisch*) (snack-)counter, bar; (*Imbißstube*) refreshment-bar, buffet; kaltes ~ cold buffet; **~fräulein** *n* barmaid.

Büfettier *m* barkeeper, barman, *Am.* bartender.

Büffel *m* buffalo; F *fig.* lout, oaf; **~leder** *n* buff(-skin); **~n** F **I.** *v/i.* F grind, swot, cram; **II.** *v/t.* cram, swot, *Am.* bone up on.

Bug *m* **1.** ⚓ bow; ✈ nose; → Schuß; **2.** *zo.* shoulder; (*Beingelenk*) joint (of the leg); (*Kniefl echse*) hock; **3.** *Kochkunst*: shoulder; **~anker** *m* bow-anchor.

Bügel *m* bow; (*Steig*~) stirrup; (*Kleider*~) hanger; ⊕ *allg.* bow; (*Band*) strap; (*Handgriff*) handle; (*Klammer*) clamp, bracket; *Kupplung, Schloß*: shackle; (*Stromabnehmer*) bow (collector); *Beton*: loop; *Kopfhörer*: harness; *Kompaß*: gimbal; *Lehre, Säge*: frame; *Nietmaschine*: yoke, bale; *Gewehr*: trigger-guard; *fenc.* (sabre) guard; (*Brillen*~) side-piece, bow; **~brett** *n* ironing-board; **~eisen** *n* flat-iron; electric iron; *gewerblich*: pressing iron; **~falte** *f* crease; **~frei** *adj. Hemd*: drip-dry, non-iron ...; **~n** *v/t.* (*Wäsche*) iron; (*Hose usw.*) press; **~presse** *f* laundry press; **~riemen** *m* stirrup-strap; **~säge** *f* hacksaw; **~schraube** ⊕ *f* stirrup bolt; **~stromabnehmer** ⚡ *m* bow collector.

Bug...: **~figur** *f* figure-head; **~kanzel** ✈ *f* cockpit; ⚔ nose turret; **~lastig** ✈ *adj.* nose-heavy; **~rad** ✈ *n* nose wheel; **~raum** ⚓ *m* bow compartment; **~schütze** ✈ *m* front gunner.

Bugsier|dampfer *m* tug(-boat); **~en** *v/t.* tow, tug; *fig.* steer, manœuvre, *Am.* maneuver; **~leine** *f*, **~trosse** *f* tow-line.

Bug...: **~spriet** ⚓ *n* bowsprit; **~welle** *f* bow wave.

buh! *int.* boo!; **~en** F *v/i.* boo.

Buhl|e *obs. m, f* lover; *b.s.* paramour; **~en** *v/i. obs.* mit j-m ~ make love to, live in sin with; *fig.* um et. ~ woo, court, strive for; um j-s Gunst ~ curry favo(u)r with a p.; **~erei** *f obs.* fornication, lechery; *fig.* courting, wooing (um of), fawning; **~erin** *obs. f* courtesan, paramour; wanton; **~erisch** *obs. adj.* amorous, wanton; coquettish.

Buhmann F *m* bogeyman (*a. fig.*).

Buhne *f* groyne, breakwater.

Bühne *f* **1.** (*Redner*~ *u.* ⊕) platform; **2.** *thea.* stage (*a. weitS.*); *fig.* stage, scene, arena; auf der ~ on the stage; hinter der ~ off the stage, offstage, *a. fig.* behind the scenes, *Am.* backstage; auf die ~ bringen bring on (*od.* to) the stage, stage, produce; *fig.* bring *a th.* off; über die ~ gehen *Stück*: be put on the stage, be enacted (*a. fig.*); *fig. Vorhaben usw.*: go off (glatt smoothly); zur ~ gehen go on (*od.* take to) the stage; er trat von der politischen ~ ab he quitted the political scene; **3.** *dial.* → Dachboden.

Bühnen...: **~anweisung** *f* stage direction; **~arbeiter** *m* stage-hand; **~aufführung** *f* stage performance; **~aussprache** *f* standard pronunciation; **~ausstattung** *f* scene(ry), décor; **~bearbeitung** *f* adaptation for the stage; dramatization; **~bild** *n* scene(ry), setting, décor; **~bildner(in** *f*) *m* stage designer; **~dichter** *m* playwright, dramatist; **~dichtung** *f* dramatic poetry; (*Stück*) drama(tic work); **~effekt** *m* stage-effect; **~erfahrung** *f* stagecraft; **~erfolg** *m* stage-success; **~fassung** *f* stage version; **~gerecht** *adj.* actable; **~held(in** *f*) *m* (stage) hero(ine); **~kritiker** *m* stage critic; **~künstler(in** *f*) *m* stage artist; **~laufbahn** *f* stage career; **~leiter** *m* stage manager; **~licht** *n* limelight, footlights *pl.*; **~maler** *m* scene-painter; **~rechte** *n/pl.* stage (*od.* dramatic) rights; **~reif** *adj.* actable; **~requisiten** *pl.* stage-properties, F props; **~schriftsteller** *m* → Bühnendichter; **~stück** *n* (stage-) play; **~technisch** *adj.* theatrical, scenic; **~werk** *n* drama(tic work), (stage-)play; **~wirksam** *adj.* effective on the stage; **~wirkung** *f* stage-effect.

Buhrufe *m/pl.* boos.

Bukett *n* bouquet, nosegay; *des Weines*: bouquet, aroma.
bukolisch *adj.* bucolic.
Bulette *f* meat-ball, *Am. a.* hamburger; F *ran an die ~n!* go to it!, let's go!
Bulgar|e *m*, **~in** *f*, **⁓isch** *adj.* Bulgarian.
Bull|auge ⚓ *n* bull's-eye, porthole; **~dog** ⊕ *m* tractor; **~dogge** *f* bulldog.
Bulle[1] *m* **1.** *zo.* bull; **2.** F *fig.* bull, brawny fellow; **3.** F (*Polizist*) *sl.* cop(per), bull, fuzz (*a. pl.*).
Bulle[2] *f* (*Siegel*) seal; *eccl.* (*päpstliche* papal) bull.
Bullen|beißer *m* bulldog; **~hitze** F *f* awful heat; **~kalb** *n* bull-calf.
bullern F *v/i.* rumble; *Feuer im Ofen*: roar; *Wasser*: bubble, boil; *gegen et. ~* drum against.
Bulletin *n* bulletin.
bullig *adj.* **1.** *Person*: beefy, bull-like; **2.** F *Hitze*: scorching.
bum(m)! *int.* bang!, boom!
Bumerang *m* boomerang (*a. fig.*).
Bummel F *m* (*Spaziergang*) stroll; (*Bierreise usw.*) spree, *sl.* binge; (*Straße*) promenade; *e-n ~ machen* go for a stroll, *abends*: *a.* see the lights; *auf den ~ gehen* go on the spree (*Am. a.* bust).
Bumme|lant F *m* → *Bummler*; **~lantentum** *n* absenteeism; → *a.* **~lei** *f* dawdling; (*Faulenzen*) loafing; (*Nachlässigkeit*) carelessness, slackness.
bummel|ig *adj.* (*trödelnd*) dawdling, slothful; (*nachlässig*) careless, slack; (*langsam*) sluggish; **⁓leben** *n* idle life, loafing; **~n** *v/i.* (*schlendern*) stroll, saunter; go for a stroll; (*müßig gehen*) loaf, take it easy; (*trödeln*) dawdle, be sluggish, hang back; (*sich amüsieren*) be on a spree, gad about; *bei der Arbeit ~ a.* be slack at one's work; **⁓streik** *m* go-slow; *öffentlicher Dienst*: work-to-rule (campaign); **⁓zug** *m* slow (*Am.* way) train.
Bumm|ler *m* stroller; (*Trödler*) dawdler; (*Nichtstuer*) idler, loafer; (*langsamer Mensch*) dawdler, sluggard, slowcoach, *Am.* F slowpoke; **⁓lig** *adj.* → *bummelig*.
bums I. *int.* bump!, bang!, thud!; **II.** **⁓** *m* bang, bump, thump; **~en** *v/i.* **1.** bang, bump (*gegen* against); (*krachen*) (go) bang, crash; **2.** V (*koitieren, a. v/t.*) *sl.* bang; **⁓landung** ✈ *f* bumpy *od.* pancake landing; **⁓lokal** F *n sl.* (low) dive *od.* joint, *Am. a.* honkytonk.
Bund[1] *n* bundle; *Schlüssel*: bunch; *Heu, Stroh*: truss, bottle; *Flachs*: hank; *Garn*: knot; *Zwiebel*: rope; *zwei ~ Holz* two bundles of sticks.
Bund[2] *m* **1.** (*Band*) band, tie; *Schneiderei*: waistband; ⊕ *e-r Welle*: collar; (*Anschlag*) rod-stop; (*Flansch*) flange; *Buchbinderei*: rib; **2.** *fig.* union (*a. Ehe*); (*Bündnis*) alliance; (*Staaten⁓, Städte⁓*) federation, confederacy, league; (*Verband*) association, union, federation; *bibl.* covenant; *der ~* the Federal Government; *im ~e mit* a) in alliance with, in league with; b) *weitS.* in conjunction with, jointly with; *e-n ~ schließen mit* enter into an alliance with, ally o.s. with; *den ~ fürs Leben schließen* take the marriage vows, be joined in marriage.
Bündel *n* bundle (*a. fig. von Energie, Nerven usw.*), bunch; *längliches*: sheaf (*a. Garben⁓, Banknoten⁓*; *a.* ✂); ✝ packet, parcel; *anat.* fascicle; (*Strahlen⁓*) beam; → *a. Bund*[1]; *sein ~ schnüren* F pack up; **⁓n** *v/t.* bundle (up); ⚡ bunch; *phys., opt.* focus, concentrate, beam; **~ung** *f* ⚡ bunching; *phys.* focusing, beaming; **⁓weise** *adv.* by (*od.* in) bundles.
Bundes...: *in Zssgn* federal ...; **~anwalt** ⚖ *m* Attorney of the Federal Supreme Court; **~bahn** *f* Federal Railway(s *pl.*); **~bank** *f* Federal Bank; **~bankrat** *m* Board of Governors of the Federal Reserve System; **~behörde** *f* Federal authority (*od.* agency); **~bruder** *univ. m* fellow member of students' society, *Am.* fraternity brother; **~bürger(in** *f*) *m* citizen of the Federal Republic; **⁓deutsch** *adj.* German Federal ...; **~ebene** *f*: *auf ~* at the Federal level; **⁓eigen** *adj.* Federal; **~finanzhof** *m* Federal Finance Court; **~gebiet** *n* Federal territory; **~genosse** *m* confederate, *a. fig.* ally; **~gericht** *n* Federal Court; **~gerichtshof** *m* Federal Supreme Court; **~grenzschutz** *m* Federal Border Police; **~haus** *n* (headquarters *pl.* of the) Federal Parliament; **~kanzler** *m* Federal Chancellor; **~kanzleramt** *n* Federal Chancellery; **~kriminalamt** *n* Federal Office of Criminal Investigation; **~lade** *eccl. f* Ark of the Covenant; **~liga** *f Sport*: (*erste, zweite ~* First, Second) Division; **~post** *f* Federal Postal Administration (*od.* Services *pl.*); **~präsident** *m* Federal President; **~präsidialamt** *n* Office of the Federal President; **~rat** *parl. m* Bundesrat, Upper House (of Parliament); **⁓rechtlich** *adj., adv.* under

Federal law; **~regierung** *f* Federal Government; **~republik** *f* **Deutschland** Federal Republic of Germany; **~richter** *m* Justice of the Federal Supreme Court; **~staat** *m einzelner*: federal state; *Gesamtheit der einzelnen*: (con-)federation; **≈staatlich** *adj.* federal; **~straße** *f* Federal Highway; **~tag** *m* **1.** Bundestag, Lower House (of the German Federal Parliament); **2.** *hist.* Diet of the German Confederation; **~tagspräsident** *m* President (*od.* Speaker) of the Bundestag; **~verfassung** *f* Federal Constitution; **~verfassungsgericht** *n* Federal Constitutional Court; **~wehr** ⚔ *f* German Federal Armed Forces *pl.*

bündig *adj.* **1.** (*gültig*) binding, valid; (*verpflichtend*) obligatory; **2.** (*überzeugend*) conclusive; *Stil, Rede*: concise, terse; (*genau*) precise; (*schroff*) curt; → *kurz* II 4; **3.** ⊕ flush; **≈keit** *f* conclusiveness; conciseness, terseness; precision.

bündisch *adj.* **1.** confederate; **2.** belonging to youth organizations.

Bündnis *n* alliance, league; → *Bund*[2] 2; (*Vertrag*) agreement, pact; **≈frei** *adj.* non-aligned; **~politik** *f* policy of alliances; **~system** *n* system of alliances.

Bund...: **~stahl** *m* faggot steel; **~weite** *f* waist-size.

Bungalow *m* bungalow.

Bunker *m* ⚓ (*Kohlen≈*) bunker (*a. Golf*); (*Behälter*) (storage) bin, hopper, *bsd. für Getreide*: silo; ⚔ concrete dug-out, pill-box, *a.* bunker; (*Luftschutz≈*) air-raid shelter; *sl.* (*Arrest*) *sl.* clink; **~kohle** *f* bunker coal; **≈n** *v/t.* bunker (*a. Golf*), (re)fuel.

Bunsenbrenner ⊕ *m* Bunsen burner.

bunt *adj.* (many-)colo(u)red, colo(u)rful, varicolo(u)red, multicolo(u)r(ed); (*~gefleckt*) variegated, spotted; (*scheckig*) motley; (*lebhaft gefärbt*) gay; (*grell*) gaudy, loud; (*gewürfelt*) chequered, *Am.* checkered; *fig.* colo(u)rful; (*gemischt*) mixed, motley; (*abwechslungsreich*) varied, variegated; *~es Glas* stained glass; *~e Wiesen* meadows gay with flowers; *~e Menge* motley crowd; *in ~er Folge* in colo(u)rful succession; *~er Abend, ~e Unterhaltung Kabarett, Radio usw.*: variety program(me), *musikalisch*: (*a. ~er Teller*) musical medley; *~e Reihe machen* pair off, mix the sexes; F *das wird mir doch zu ~!* that's going too far!; F *er treibt es zu ~* he goes too far; F *es ging ~ zu* there were fine goings-on, everything was at sixes and sevens; *~ durcheinander* in a happy jumble; → *Hund*[1] 3; **~bemalt** *adj.* gaily colo(u)red; **≈druck** *m* colo(u)r printing; (*Bild*) colo(u)r-print, chromolithograph; **~fleckig** *adj.* spotted, speckled; **~gefiedert** *adj.* of gay plumage; **≈gewebe** *n* colo(u)red fabric, dyed cloth; **≈heit** *f* gayness, gay colo(u)rs *pl.*; *fig.* variety, motley; **~kariert** *adj.* checked (in colo[u]r), tartan; **≈kreuz-Kampfstoff** *m* colo(u)red cross gas; **≈metall** *n* nonferrous metal; **≈papier** *n* colo(u)red (*od.* stained) paper; **≈sandstein** *m* new red sandstone; **~scheckig** *adj.* variegated; spotted, dappled; *Pferd*: piebald; *Menge*: motley; **~schillernd** *adj.* irridescent, opalescent; **≈specht** *m* spotted woodpecker; **≈stift** *m* colo(u)red pencil, crayon.

Bürde *f* burden (*a. fig. für* to), load, charge; *phys.* apparent ohmic resistance; *unter der ~ der Jahre* under the weight of years; *j-m e-e ~ auferlegen* impose a burden on a p., burden a p.

Bure *m* Boer; **~nkrieg** *m the* Boer War.

Bürette *f* burette.

Burg *f* castle; (*Festung, a. fig.*) citadel, stronghold.

Bürge *m* ⚖ *Strafrecht*: bail, bailsman, surety; *Zivilrecht*: security, surety, guarantor (*a. fig.*); *Am. bsd. für Einwanderer*: sponsor; (*Referenz*) reference; *e-n ~n stellen* give *od.* offer bail (*od.* surety), *Am. a.* post bond; **≈n** *v/i.*: *~ für (j-n)* ⚖ go bail for, stand surety for, *Am.* bond *a p., allg.* vouch for, (*et.*) guarantee, warrant *a th.*, answer (*od.* vouch) for *a th.*; *mit s-m Wort ~* pledge one's word.

Bürger *m*, **~in** *f allg.* citizen; (*Stadtbewohner*) *a.* townsman, *f* townswoman, *pl.* townsfolk (*pl.*); *weitS.* inhabitant; (*~licher*) commoner; (*Zivilist*) civilian; *contp.* bourgeois; F *fig. friedlicher ~* peaceful fellow; *~ e-r Stadt werden* get the freedom of a city; **~initiative** *f* (citizens') action (committee); **~krieg** *m* civil war; **~kunde** *f* civics *pl.* (*sg. konstr.*).

bürgerlich *adj.* civil, civic; (*Mittelstands...*) middle-class, *contp.* bourgeois; (*nichtadlig*) untitled, common; (*Zivil...*) civilian; (*einfach*) plain, simple; *~e Küche* plain cooking; *Verlust der ~en Ehrenrechte* loss of civil rights; *≈es Gesetzbuch* (German) Civil Code;

~e *Pflicht* civic duty, *one's* duty as a citizen; ~es *Recht* civil law; ~e *Romantik* bourgeois romanticism; ~er *Tod* civil death; ~es *Drama* domestic drama; ≗e(r *m*) *f* commoner; **~-rechtlich** ⚖ *adj.* civil-law ...; under the Civil Code.

Bürger...: **~meister** *m* mayor; *in Deutschland*: burgomaster; **~meisteramt** *n* mayor's office (*od.* official residence); **~pflicht** *f* civic duty, *one's* duty as a citizen; **~-recht** *n* civic rights *pl.*; *engS.* freedom of a city, municipal citizenship; **~schaft** *f* citizens *pl.*, citizenry, inhabitants *pl.*; **~-schreck** *m* burgher scare; *den ~ spielen* F flutter the dovecots; **~sinn** *m* public spirit; **~stand** *m* *the* middle classes *pl.*; *contp.* bourgeoisie; **~steig** *m* pavement, causeway, *Am.* sidewalk; **~stolz** *m* civic pride; **~tugend** *f* civic virtue; **~tum** *n* → *Bürgerstand*; **~versammlung** *f* town-meeting; **~-wehr** *f* militia.

Burg...: **~flecken** *m* borough; **~frau** *f* lady of the castle; **~friede** *m* **1.** *hist.* (area of) jurisdiction; **2.** *fig.* truce (*a. pol.*); *~n schließen* make a truce; **~graben** *m* castle-moat; **~graf** *m* burgrave; **~gräfin** *f* chatelaine; **~herr** *m* lord of the castle.

Bürgschaft *f* (*Sicherheit*) security, surety, guarantee, *Am.* guaranty; *im Strafrecht*: bail; *Am., bsd. für Einwanderer*: sponsorship; assurance; *fig.* guarantee, bond; *~ leisten, die ~ übernehmen* give security, provide (*od.* stand) surety, *im Strafrecht*: a) *Bürge*: go bail; b) *Angeklagter*: give bail, *für e-n Wechsel usw.*: guarantee a bill, *etc.*; ⚖ *durch ~ verpflichten* bind over; *durch ~ aus der Haft befreien* bail *a p.* out; *gegen ~ freilassen* release on (*od.* admit to) bail.

Bürgschafts...: **~erklärung** *f* declaration of surety; **~leistung** *f* suretyship; giving security (*Strafrecht*: bail); **~provision** ☤ *f* commission on bank guarantee (*Am.* guaranty); **~schein** *m* ☤ surety bond, guarantee, *Am.* guaranty; ⚖ *Strafrecht*: bail-bond; **~-summe** *f* (amount of) security; (*Kaution*) bail; **~vertrag** *m* contract of suretyship; **~wechsel** *m* guaranteed bill of exchange.

Burgund|er(in *f*) *m*, ≗**isch** *adj.* Burgundian; **~er(wein)** *m* Burgundy (wine).

Burg...: **~verlies** *n* dungeon, keep; **~vogt** *m* castellan; **~warte** *f* watch-tower.

burisch *adj.* Boer.

burlesk *adj.* burlesque, farcical; ≗**e** *f* burlesque, farce.

Burnus *m* burnous(e).

Büro *n* office, (*Amt*) *a.* bureau; **~angestellte**(**r** *m*) *f* clerk, office employee; office-worker; black-coated (*Am.* white-collar) worker; **~arbeit** *f* clerical (*od.* office-, desk-)work; **~bedarf**(**sartikel** *m/pl.*) *m* office supplies *pl.*; **~chef** *m* head (*od.* senior) clerk; **~einrichtung** *f* office equipment; **~haus** *n* office building; **~hengst** F *m* F pen-pusher; **~klammer** *f* (paper-)clip; **~kraft** *f* office-worker.

Bürokrat *m* bureaucrat; **~ie** *f* **1.** bureaucracy; (*Beamte*) officialdom; **2.** *a.* **~ismus** *m* (*Amtsschimmel*) red tape, red-tapism; F bumbledom; ≗**isch** *adj.* bureaucratic(ally *adv.*), red-tape ...; ≗**isieren** *v/t.* bureaucratize.

Büro...: **~maschine** *f* office machine; **~mensch** *m* office-drudge, F pen-pusher; **~möbel** *n/pl.* office furniture *sg.*; **~personal** *n* office personnel, clerical staff; **~schluß** *m* closing-time; *nach ~* after (office) hours; **~schrank** *m* office cabinet; **~stunden** *f/pl.*, **~zeit** *f* office hours; **~vorsteher** *m* → *Bürochef*.

Bursch(e) *m* youth, boy, lad, youngster; (*Kerl*) fellow (*a. co. Tier*), F bloke, *a. freundschaftlich*: chap, *Am. a.* guy; *univ.* (senior) member of students' association; (*Lauf*≗) errand-boy; ⚔ (*Offiziers*≗) batman, orderly; *ein feiner ~* a fine chap, F a good egg, *Am. a.* quite a guy; *ein kluger ~* a bright boy, a clever fellow; *ein seltsamer ~* F a queer bird; *ein übler ~* F a bad egg (*od.* hat).

Bürsch|chen *n*, **~lein** *n* little boy, laddie, *Am.* kid; (*Frechdachs*) little rascal, brat, whipper-snapper.

Burschen|herrlichkeit *f* glorious student days *pl.*; **~schaft** *f* students' association.

burschikos *adj.* pert; *von Mädchen*: *a.* hoydenish.

Bürste *f* brush (*a.* ⊕, ⚡); F (*Schnurrbart*) tooth-brush; (*Frisur*) crew cut; ≗**n** *v/t.* brush; *sich die Haare ~* brush one's hair; *sauber ~* brush *a th.* clean.

Bürsten...: **~abzug** *typ. m* brush-proof; **~binder** *m* brush-maker; **~schnitt** *m* crew cut; **~walze** *f* rotary brush; **~waren** *f/pl.* brush-ware *sg.*

Bürzel *m orn.* rump, *bei Geflügel: a.* parson's nose; *hunt.* tail.
Bus F *m* bus; → *a. Autobus.*
Busch *m* bush (*a. Urwald*); (*Strauch*) shrub; (*kleines Gehölz*) copse, thicket, *Am.* brush; (*Unterholz*) brushwood; (*Büschel*) tuft, wisp; (*Haar* ≈) shock; *fig. auf den ~ klopfen* draw a bow at a venture, *bei j-m*: sound a p., feel a p.'s pulse; *hinterm ~ halten mit* be reticent about, keep *a th.* quiet, hold back; *sich in die Büsche schlagen* slip away.
Büschel *n* bunch; (*Bündel*) bundle; (*Quaste*) tassel; *Haare usw.*: tuft, wisp; *Blätter, Blüten, Früchte*: cluster, 📖 fascicle; *Federn*: tuft; *orn.* crest, tuft; (*Schmuck*) plume, aigrette; *phys.*, ⚕ pencil; ⚡ brush; **~entladung** ⚡ *f* brush discharge; **≈förmig** *adj.* tufted, tasseled, *a.* ⊕ clustered, ⚘ fascicular; **≈weise** *adv.* in bunches, *etc.*
Busch...: ~hemd *n* bush-shirt; jacket-shirt; **~holz** *n* brushwood, underwood.
buschig *adj.* bushy (*a. Haar*), shrubby.
Busch...: ~klepper *m* bandit, footpad; **~krieg** *m* bush-fighting; **~mann** *m* bushman; **~messer** *n* machete; **~neger** *m* maroon; **~obst** *n* bush fruit; **~werk** *n* bushes *pl.*, shrubbery, *Am.* brush; **~windröschen** ⚘ *n* wood-anemone.
Busen *m* **1.** (*Brust*) bosom, breast(s *pl.*); *fig.* bosom, breast, heart; *im ~ hegen* harbo(u)r *od.* nourish (in one's heart); **2.** *geogr.* gulf, bay; **~freund(in** *f*) *m* bosom-friend.
Bus...: ~fahrer *m* bus-driver; **~haltestelle** *f* bus stop.
Bussard *m* buzzard.
Buße *f* penitence, penance; (*Reue*) repentance; (*Genugtuung*) satisfaction; (*Sühnung*) atonement, expiation; (*Strafe*) sanction, penalty, *in Geld*: forfeit, ⚖ fine; *~ tun* do penance, *für et.*: atone (*weitS.* make amends) for; *er wurde zu e-r ~ von 10 Dollar verurteilt* he was fined $10.
büßen *v/t. u. v/i.* (*Buße tun*) do penance; (*~ für*) atone for, *weitS.* make amends for; (*Verbrechen*) expiate; (*bereuen*) repent (of); *fig.* suffer (*od.* pay) for; *er büßte es mit s-m Leben* he paid for it with his life; *das sollst du mir ~* I'll make you pay for this; *er hat es ~ müssen* he has paid the penalty.
Büßer *m*, **~in** *f* penitent; **~bank** *f* penitent bench; **~gewand** *n* penitential robe; **~hemd** *n* hair-shirt.
Busserl *dial. n* (little) kiss.
buß...: ~fertig *adj.* penitent, repentant; (*geknickt*) contrite; **≈fertigkeit** *f* repentance; contrition; **≈geld** *n* fine, penalty.
Bussole ⚓ *f* (nautical) compass.
Buß...: ~predigt *f* penitential sermon; **~tag** *m* day of penance; *Buß- und Bettag* Day of Repentance and Prayer.
Büste *f allg.* bust; **~nformer** *m* pre-shaped brassière; **~nhalter** *m* brassière, F bra; **≈nhalterlos** *adj.* bra-less.
Butan ⚗ *n* butane.
Butt *ichth. m* butt.
Bütte *f* butt, tub, vat.
Büttel *m* beadle.
Bütten|papier *n* hand-made paper; **~rand** *m Papier*: deckle-edge; **~rede** *f* carnival jester's speech.
Butter *f* butter; *mit ~ bestreichen* (spread with) butter; F *alles in ~* everything is fine (*od.* F okay); **~birne** *f* butter-pear; **~blume** *f* buttercup; **~brot** *n* (slice *od.* piece of) bread and butter; *belegtes ~* open sandwich; F *fig. j-m et. aufs ~ schmieren* rub a th. in to a p.; *für ein ~* a) (*billig*) for a song, dirt-cheap; b) *arbeiten*: for peanuts; **~brotpapier** *n* greaseproof paper; **~creme** *f* butter-cream; **~dose** *f* butter-dish; **~faß** *n* butter-tub; *zum Buttern*: churn; **~maschine** *f* butter-churn; **~messer** *n* butter-knife; **~milch** *f* buttermilk; **≈n I.** *v/t.* **1.** (*Milch*) churn; **2.** (*bestreichen*) (spread with) butter; **3.** F *fig. Geld in et. ~* put into a th.; **II.** *v/i.* make butter; **~säure** ⚗ *f* butyric acid; **~schmalz** *n* run butter; **~schnitte** *f* → *Butterbrot*; **~seite** *f* buttered side; F *fig. des Lebens*: sunny side; **~teig** *m* short pastry, puff-paste; **≈weich** *adj.* (as) soft as butter.
Butylalkohol ⚗ *m* butyl alcohol, butanol.
Butzemann F *m* bogeyman.
Butzen *m Kerze*: snuff; (*Klümpchen*) clump; *dial.* (apple *etc.*) core; **~scheibe** *f* bull's-eye pane.
Büx *dial. f*, **Buxe** *f* → *Hose.*
byzantinisch *adj.* Byzantine.

C

C, c *n* C, c (*a.* ♪); *siehe auch unter Buchstaben* K, Sch *u.* Z.
Cabriolett *n* → *Kabriolett.*
Cadmium *n* → *Kadmium.*
Café *n* café, coffee-house.
Callgirl *n* call-girl.
Calvinis|mus *m* Calvinism; **~t(in** *f) m* Calvinist; **≈tisch** *adj.* Calvinistic.
Camp *n* camp; **~er** *m* camper; **~ing** *n* camping; **~ingplatz** *m* camping (*od.* caravan) site.
Canaille *f* → *Kanaille.*
Caritasverband *m* (Catholic) Charity Organization Society.
Cäsar|entum *n* Caesarism, autocracy; **~enwahn(sinn)** *m* Caesarean madness, megalomania; **≈isch** *adj.* Caesarean.
Cassetten... → *Kassetten...*
Catcher F *m* catch-as-catch-can wrestler.
Cellist(in *f*) ♪ *m* (violon)cellist, 'cellist.
Cello ♪ *n* (violon)cello, 'cello.
Cellophan *n* cellophane.
Celsius *m* Celsius, degree centigrade; **~thermometer** *n* centigrade (*od.* Celsius) thermometer.
Cembal|ist(in *f*) *m* harpsichordist; **~o** *n* harpsichord.
Ces ♪ *n* C flat.
Cetanzahl *mot. f* cetane number.
Chagrinleder *n* shagreen (leather).
Chaiselongue *f* chaise-longue, couch.
Chalet *n* country cottage.
Chamäleon *n* chameleon (*a. fig.*).
chamois I. *adj.* chamois, buff; **II.** ≈ *n, a.* **≈leder** *n* chamois (-leather), shammy.
Champagner *m* champagne, F fizz.
Champignon ♀ *m* mushroom.
Championat *n* championship.
Chance *f* chance, F break; (*Aussicht*) prospect; *geringe* ~*n* small (*od.* slim) chances; *diese Laufbahn hat gute* ~*n* good prospects; *nicht die geringste* ~ not the least chance, F not an earthly (chance), not a dog's chance; *j-m e-e* ~ *geben* give a p. a chance (*od.* F break); *bei j-m* ~*n haben* stand a chance with a p.; *sich e-e* ~ *ausrechnen* see a chance; *die* ~*n stehen gleich* the odds are even; *die* ~*n stehen gut für uns* the odds are in our favo(u)r; **~ngleichheit** *pol. f* equal opportunities *pl.*
chang|eant *adj.* (*schillernd*) iridescent; ⊕ *Seide*: shot; **~ieren** *v/i.* **1.** (*wechseln*) change; **2.** *beim Galopp*: change step; **3.** (*schillern*) be iridescent; ⊕ *Seide*: be shot.
Chanson ♪ *n* chanson; **~ette** *f* chansonette.
Chao|s *n* chaos; **~te** *pol. m* anarcho-situationist; **≈tisch** *adj.* chaotic.
Charakter *m e-r Person od. Sache*: character, nature; (*sittliche Stärke*) (strength of) character, moral strength, backbone; (*Rang, Eigenschaft*) title, (official) rank, capacity; ⚔ brevet rank; *literarisch u. thea.*: character; *typ. obs.* character, letter; *ein Mann von* ~ a man of character; *der öde* ~ *dieser Landschaft* the dreariness of this landscape; *Gespräche vertraulichen* ~*s* of a confidential nature; **~anlage** *f* disposition; **~bild** *n* **1.** character-sketch (*od.* -study); **2.** character, disposition; **≈bildend** *adj.*, **~bildung** *f* character-mo(u)lding (*od.* -building); **~darsteller** *thea. m* character actor; **~eigenschaft** *f* → *Charakterzug*; **~fehler** *m* fault (*od.* defect) in *a p.'s* character, weakness; **≈fest** *adj.* of firm (*od.* strong) character, high-principled, incorruptible; **~festigkeit** *f* firmness of character, moral strength, backbone.
charakterisier|en *v/t.* **1.** (*kennzeichnen*) characterize, be characteristic of; **2.** (*schildern*) characterize, describe (*als* as); depict, delineate; **≈ung** *f* characterization; (*Schilderung*) description.
Charakteristik *f* **1.** characterization; **2.** ⚗, ⊕ characteristic; **~um** *n* characteristic (feature).
charakteristisch *adj.* characteristic, typical (*für* of); ~*e Eigenschaft* characteristic (feature *od.* property).
Charakter...: **~kopf** *m* fine (*od.* striking) head; **~kunde** *f* charac-

terology; ≈**lich I.** *adj.* of character; personal, moral; *s-e ~en Vorzüge* his commendable character *sg.*; **II.** *adv.* in character; personally; *~ einwandfrei* of impeccable character; ≈**los** *adj.* **1.** of weak character, unprincipled, corrupt, spineless; **2.** (*nichtssagend*) characterless, colo(u)rless; **~losigkeit** *f* lack of character; **~ologie** *f* characterology; **~rolle** *thea. f* character role; **~schilderung** *f* characterization, character-study; **~schwäche** *f* (**~stärke** *f*) weakness (strength) of character; **~stück** *thea. n* character play (♪ piece); **~studie** *f* character-study; ≈**voll** *adj.* full of character; **~zug** *m* characteristic, trait, feature, strain.

Charge *f* **1.** ⚔ *obs.* rank; **2.** *univ.* → *Chargierte(r)*; **3.** *thea.* supporting part; **4.** *metall.* charge, heat.

chargier|en *v/t. metall.* charge; *thea.* overact (*a. v/i.*); ≈**te(r)** *univ. m* committee-member of a students' association.

Charisma *n* charisma; ≈**tisch** *adj.* charismatic.

charm|ant *adj.* charming; ≈**e** *m* charm, personality; ≈**eur** *m* charmer; ≈**euse** ✝ *f* charmeuse; **~ieren** *v/t. u. v/i.* charm; *nur v/i.* F lay on the charm.

Charta *pol. f* charter; *die ~ der Vereinten Nationen* the United Nations Charter.

Chartepartie ✝, ⚓ *f* (*Miet-, Frachtvertrag*) charter-party.

Charter *f* charter; **~flugzeug** *n*, **~maschine** *f* charter plane; ≈**n** *v/t.* charter, hire; **~vertrag** *m* charter-party.

Chassis *n mot., Radio*: chassis.

Chauf|feur *m* driver, chauffeur; ≈**fieren** *v/t. u. v/i.* drive.

Chaussee *f* high road, *Am.* highway, *in Städten*: *a.* avenue.

chaussieren *v/t.* macadamize.

Chauvi|nismus *m* chauvinism, jingoism; **~nist(in** *f*) *m*, ≈**nistisch** *adj.* chauvinist, jingo.

Chef *m* chief, head; F boss, governor; ✝, *ped.* principal, head; (*Vorgesetzer*) superior; ⚔ chief, commander; (*Küchen* ≈) chef; ⚔ *~ des Stabes* Chief of Staff; **~arzt** *m* medical superintendent, head physician; **~delegierte(r)** *m* head of the delegation; **~in** *f* **1.** (woman) head, *etc.* (*of firm, etc.*); → *Chef*; **2.** F *the* boss's wife; **~ingenieur** *m* chief engineer; **~koch** *m* chef, head cook; **~konstrukteur** *m* chief designer; **~pilot** *m* chief pilot; **~redakteur** *m* chief editor; *TV* chief producer.

Chemie *f* chemistry; **~faser** *f* chemical fib|re, *Am.* -er.

Chemigraphie *f* chemigraphy; (*Bild*) chemigraph.

Chemikalien *pl.* chemicals.

Chemiker(in *f*) *m* (analytical) chemist, chemical engineer.

chemisch I. *adj.* chemical; *~e Erzeugnisse* chemicals; *~e Reinigung* dry-cleaning; *~e Wirkung* chemical action; **II.** *adv.*: *~ rein* chemically pure; F *fig. ~ rein von* innocent of.

Chemo|techniker(in *f*) *m* laboratory technician; ≈**technisch** *adj.* chemicotechnical; **~therapie** ⚕ *f* chemotherapeutics *pl.* (*mst sg. konstr.*); (*Verfahren*) chemotherapy.

Cherub *m* (*pl. a. ~im*) cherub; *pl.* cherubs *od.* cherubim.

Chesterkäse *m* Cheshire cheese.

chevaleresk *adj.* chivalrous.

Chiasma *physiol. n* chiasm(a).

Chicorée ⚘ *f* chicory.

Chiffre *f* cipher, code; *unter der ~ Anzeige*: under box-number; **~nummer** *f* box-number; **~schlüssel** *m* code key; **~schrift** *f* code; **~telegramm** *n* code-telegram.

Chiffreur *m* cipherer, decoder.

chiffrier|en *v/t.* cipher, (en)code; ≈**maschine** *f* cipher (*od.* encoding) machine; ≈**schlüssel** *m* cipher code, code key; ≈**ung** *f* (en)coding.

Chilen|e *m*, **~in** *f*, ≈**isch** *adj.* Chilean.

Chilesalpeter ⚗ *m* Chile saltpetre.

Chimäre *f* **1.** *myth., fig.*, ⚘ chimera; **2.** *ichth.* chimaera.

China|krepp *m* crêpe de Chine; **~rinde** *f* chinchona bark.

Chines|e *m* Chinese, *iro.* Chinaman, *sl.* Chink; **~enviertel** *n* Chinatown; **~in** *f* Chinese (woman).

chinesisch *adj.* Chinese; *die* ≈*e Mauer* the Great Wall of China; *~-japanisch* Sino-Japanese; *~es Grün* Chinese green; *~e Tusche* Indian ink.

Chinin ⚗ *n* quinine.

Chintz *m* chintz.

Chiromant *m* chiromancer, palmist; **~ie** *f* chiromancy, palmistry.

Chiropraktik ⚕ *f* chiropractic; **~er** *m* chiropractor.

Chirurg *m* surgeon; **~ie** *f* surgery; ≈**isch** *adj.* surgical.

Chlor ⚗ *n* chlorine; **~al** *n* chloral; **~at** *n* chlorate; ≈**en** *v/t.* chlorinate; **~gas** *n* chloric gas; **~id** *n* chloride; ≈**ieren** *v/t.* chlorinate; ≈**ig** *adj.* chlorous; **~it** *n* ⚗, *min.* chlorite; **~kalium** *n* potassium chloride; **~kalk** *m*, **~kalzium** *n* calcium chloride; **~natrium** *n* sodium chloride.

Chloroform *n*, **≈ieren** *v/t.* chloroform.

Chlorophyll ⚘ *n* chlorophyll.

Chlor...: **≈sauer** *adj.* chloric; *chlorsaures Kali* chlorate of potash; **~säure** *f* chloric acid; **~silber** *n* chloride of silver; **~ür** *n*, **~verbindung** *f* chloride; **~wasserstoff** *m* hydrogen chloride.

Cholera ⚕ *f* cholera; **~schutzimpfung** *f* cholera inoculation.

Choler|iker *m* choleric person; **≈isch** *adj.* choleric.

Cholesterin *n* cholesterol.

Chor 1. *m im Drama*: chorus; (*Sänger* ≈) choir, chorus; (*~satz*, *~gesang*) chorus; (*Instrumentengruppe*) section; *~ der Streicher* string section; *im ~ einfallen* (*singen*) join (sing) in chorus; *fig. im ~* in chorus, all together; *im ~ sprechen* speak in chorus; **2.** ⛪ *m*, *n* choir, chancel; **3.** F *n* (*Gesindel*) pack, F lot, gang.

Choral *m* choral(e), hymn; **~buch** *n* hymn-book.

Chor...: **~altar** *m* high altar; **~amt** *n* cathedral service.

Choreograph *m* choreographer; **~ie** *f* choreography; **≈isch** *adj.* choreographic.

Chor...: **~frau** *eccl.* *f* canoness; **~gang** *m* choir aisle; **~gesang** *m* choral (*od.* choir) singing *od.* song, chorus; **~gestühl** *n* (choir-)stalls *pl.*; **~hemd** *n* surplice; *der Bischöfe*: rochet; **~herr** *m* canon.

Chorist(in *f*) *m* choir singer, member of a choir; *thea.* chorus-singer.

Chor...: **~knabe** *m* choir-boy; **~-konzert** *n* choral concert; **~leiter** *m* choir-master; **~nische** *f* apse; **~sänger(in** *f*) *m* → *Chorist(in)*; **~stuhl** *m* (choir) stall; **~us** *m* chorus; *im ~* in chorus.

Christ *m* **1.** → *Christus*; **2.** **~(in** *f*) *m* Christian; **3.** *in Zssgn* → *a. Weihnachts...*; **~abend** *m* Christmas Eve; **~baum** *m* Christmas tree; *sl.* ⚔ target marker; **~baumschmuck** *m* Christmas-tree decoration; **~dorn** ⚘ *m* Christ's thorn.

Christen...: **≈feindlich** *adj.* antichristian; **~glaube** *m* Christian faith; **~heit** *f*: *die ~* Christendom, the Christian world; **~pflicht** *f* Christian's duty; *es ist mir e-e ~* it is my duty as a Christian; **~tum** *n* Christianity; *das ~ annehmen* adopt the Christian faith; *sich zum ~ bekennen* profess Christianity; *zum ~ bekehren* christianize, (*ein Land*) *a.* evangelize; **~verfolgung** *f* persecution of Christians.

Christfest *n* Christmas.

christianisier|en *v/t.* convert to Christianity, christianize; **≈ung** *f* christianization.

Christkind *n* **1.** Christ-child, infant Jesus; **2.** F Christmas present(s *pl.*); **3.** F *contp.* silly.

christlich I. *adj.* Christian; *~e Nächstenliebe* Christian charity; *≈er Verein Junger Männer* (*C.V.J.M.*) Young Men's Christian Association (*abbr.* Y.M.C.A.); *≈e Wissenschaft* Christian Science; **II.** *adv.* as (*od.* like) a Christian; in a Christian manner; F *~ teilen* share and share alike; **~-demokratisch** *pol. adj.* Christian Democrat; *≈e Union* Christian Democratic party.

Christ...: **~messe** *f*, **~mette** *f* Christmas (*bsd.* midnight) mass; **~nacht** *f* night before Christmas, Christmas Eve.

Christus *m* Christ; *vor Christi Geburt* (*v. Chr.*) before Christ (*abbr.* B.C.); *nach Christi Geburt* Anno Domini (*abbr.* A.D.); **~bild** *n* image of Christ, *am Kreuze*: crucifix; **~dorn** ⚘ *m* Christ's thorn.

Chrom *n* chromium; *metall. a.* chrome.

Chromat ⚗ *n* chromate.

Chromatik *f* ♪, *opt.* chromatics *pl.* (*mst sg. konstr.*).

Chromatin *biol.* *n* chromatin.

chromatisch ♪, *opt. adj.* chromatic; *~e Tonleiter* chromatic scale.

Chrom...: **≈gelb** *adj.* chrome-yellow; **~gerben** ⊕ *n* chrome tanning; **~leder** *n* chrome leather; **~nickelstahl** *m* chrome-nickel steel.

Chromo|lithographie *f* chromolithography; (*Bild*) chromo(lithograph); **~papier** *n* chromopaper.

Chromosom *biol.* *n* chromosome; **~enanordnung** *f* (**~enpaarung** *f*) arrangement (pairing) of chromosomes.

Chromosphäre *phys.* *f* chromosphere.

Chromotypie *f* chromotype.

Chrom...: **≈sauer** *adj.* chromic, chromate of; *chromsaures Kali(um)* potassium chromate; **~säure** *f* chromic acid; **~stahl** *m* chromium (*od.* chrome) steel.

Chronik *f* chronicle; *eccl. die Bücher der ~* the Chronicles; *in e-r ~ aufzeichnen* chronicle.

chronisch ⚕ *adj.* chronic (*a. fig.*).

Chronist *m* chronicler.

Chronograph ⊕ *m* chronograph.

Chronolog|e *m* chronologist; **~ie**

f chronology; ∼**isch** *adj.* chronologic(ally *adv.*).
Chronometer *n* chronometer.
Chronoskop *n* chronoscope.
Chrysanthemum ⚘ *n* chrysanthemum.
Chrysoberyll *min. m* chrysoberyl.
Chrysolyth *min. m* chrysolite.
Chrysopras *min. m* chrysoprase.
Cicero(schrift) *typ. f* pica.
Cicerone *m* guide, cicerone.
circa *adv.* → *zirka.*
Circe *f* Circe (*a. fig.*).
Cis ♪ *n* C sharp.
City *f Brit.* town centre, *Am.* downtown (business center *od.* district).
Claque *f* claque.
Clearing ✝ *n* clearing; ∼**haus** *n* clearing-house; ∼**verkehr** *m* clearing (system).
Clinch *m*, ∼**en** *v/i. Boxen*: clinch.
Clique *f* clique, set; ∼**nwirtschaft** *f* cliquism.
Clou *m* chief attraction, highlight; (*Höhepunkt*) climax; (*Witz*) point.
Club *m* → *Klub.*
Code *m* code; ∼**schlüssel** *m* code key.
Cœur *n Karten*: hearts *pl.*
Collage *f* collage.
Combo ♪ *f* combo.
Compoundmotor ⚡ *m* compound (-wound D.C.) motor.
Communiqué *n* → *Kommuniqué.*
Computer *m* computer; ∼**gerecht** *adj.* computer-compatible; ∼**gesteuert** *adj.* computer-controlled; ∼**gestützt** *adj.* computer-aided; ∼**isieren** *v/t.* computerize; ∼**wissenschaft** *f* computer science.
Concertina ♪ *f* concertina.
Conférencier *m* compère, *Am.* master of ceremonies (*abbr.* M.C.), emcee, showmaster; *e-e Veranstaltung als ∼ leiten* compère (*Am.* emcee) a show.
Containerschiff *n* container ship.
Contergankind *n* thalidomide child.
Corner *m östr. Sport*: → *Eckball.*
Couch *f* couch.
Coulomb *phys. n* coulomb.
Countdown *m* countdown.
Coup *m* coup, stroke.
Coupé *n* (*Wagen, a. mot.*) coupé; (*Abteil*) compartment.
Couplet *n* music-hall song; *politisches usw.*: topical song.
Coupon *m* **1.** coupon; (*Zinsschein*) (interest) coupon, dividend warrant; *im Scheckbuch*: counterfoil; **2.** *Textilien*: length of material.
Cour *f*: *e-r Dame die ∼ machen* (*od. schneiden*) pay court to.
Courag|e *f* courage, F pluck; *Angst vor der eignen ∼ bekommen* F get one's wind up; ∼**iert** *adj.* courageous, bold, F plucky.
Courtage ✝ *f* brokerage.
Cousin *m* (male) cousin; → *Kusine.*
Crack|anlage *f Erdöl*: cracking plant; ∼**benzin** *n* cracked petrol (*Am.* gasoline).
Credo *eccl. u. fig. n* credo.
Creme *f allg.* cream; *fig. die ∼ der Gesellschaft* the cream of society; ∼**farben** *adj.* cream(-colo[u]red); ∼**schnitte** *f* cream slice; ∼**speise** *f* crème; ∼**torte** *f* cream cake.
Croquette *f Kochkunst*: croquette.
cum *prp.* with; *∼ laude univ.* with hono(u)rs, *Am.* with distinction; *∼ grano salis* with a grain of salt.
Cumulus *m* → *Kumulus.*
Cup *m Sport*: (challenge-)cup; ∼**finale** *n* Cup Final.
Cupido *m myth.* Cupid; *Kunst*: cupid.
Curry *n* curry(-powder); ∼**reis** *m* curried rice.
Cutter(in *f*) *m Film usw.*: cutter.
Cyan... → *Zyan...*

D

D, d *n* D, d (*a.* ♪).

da I. *adv.* **1.** *Ort*: a) (*dort*) there; ~, *wo* where; ~ *oben* (*unten*) up (down) there; ~ *draußen*, ~ *hinaus* out there; ~ *drinnen*, ~ *hinein* in there; ~ *drüben*, ~ *hinüber* over there; ~ *und* ~ at such and such a place; *hier und* ~ here and there; ⚔ *wer* ~*?* who goes there?; *von* ~ from there, thence; ~ *ungefähr* thereabouts; b) (*hier*) here; ~ *und dort* here and there; *der* (*das*) ~ that one; ~ *bin ich* here I am; *ich bin gleich wieder* ~ I'll be back in a minute; ~ (*hast du*)! here you are!; ~ *haben wir es!* there we are!; **2.** (*vorhanden*) in existence; there, here; ~ *sein* be there; → *a. dasein*; (*angekommen sein*) have (*od.* be) arrived; → *dazu*; **3.** *Ausruf*: *sieh* ~*!* look (there)!, *verwundert*: look at that now!, *iro.* lo and behold!; *nichts* ~*!* nothing of the kind!, F nothing doing!; **4.** *Füllwort*: *als* ~ *sind* such are (for instance), such as; *als ich ihn sah*, ~ *lachte er* when I saw him he laughed; *es gibt Leute, die* ~ *glauben* there are people who do believe; *was* ~ *kommen mag* whatever may happen; **5.** *Zeit*: (*dann, damals*) then, at that time; ~ *erst* only then, not till then; *von* ~ *an* from that time (on), from that moment (on), since then; *hier und* ~ now and then, now and again; ~ *gab es noch kein elektrisches Licht* there was no electric light then; **6.** *Umstand*: in that case, this being so, under the circumstances; *was läßt sich* ~ *machen* what can be done in such a case (*od.* there); ~ *irren Sie sich* you are mistaken there; ~ *wäre ich* (*doch*) *dumm* that would be silly of me; **II.** *cj.* **7.** *Zeit*: (*als*) as, when, while; *in dem Augenblick*, ~ (at) the moment when; *nun*, ~ *du es einmal gesagt hast* now (that) you have mentioned it; **8.** *Grund*: (*weil*) as, since, because; ~ *ja*, ~ *doch* since (indeed); ~ *dem so ist* such being the case; ~ *ich keine Nachricht erhalten hatte, ging ich weg* having received no news, I left; **9.** *Gegensatz*: ~ *aber*, ~ *jedoch* but since, but considering (that).

dabehalten *v/t.* keep (there).

dabei *pron. adv.* **1.** (*nahe*) near (at hand), near (*od.* close) by; *ein Haus und ein Park* ~ a house and a park attached to it; **2.** (*im Begriffe*) about *od.* going to *do a th.*, on the point of *doing a th.*; *ich war gerade* ~ *zu packen* I was just packing; **3.** (*gleichzeitig*) at the same time, in doing so; ~ *sah er mich scharf an* saying so, he looked at me keenly; *tanzen und* ~ *singen* dance and sing at the same time; **4.** (*überdies*) besides; *er ist zurückhaltend und* ~ *freundlich* he is reserved and friendly as well; *sie ist hübsch und* ~ *auch noch klug* she is pretty and intelligent into the bargain; **5.** *Gegensatz*: nevertheless, yet, for all that, at the same time; *und* ~ *ist er doch schon alt* yet he is an old man, after all; ~ *könnte er längst Doktor sein* he could long have taken his degree for that matter; ~ *konnte ich ihn nicht ausstehen* and all the time I couldn't stand him; **6.** (*anwesend*) present, there; ~ *sein* be there; (*teilnehmen*) take part (in it); (*mit ansehen*) witness, watch; *darf ich* ~ *sein?* may I join the party?; *ich bin* ~*!* agreed!, count me in!, F I'm on!; *ich war* ~, *als er verunglückte* I was there when he had the accident; *sie war* (*auch*) ~ she was one of the party; **7.** (*bei dieser Gelegenheit*) on the occasion, then; (*dadurch*) by it *od.* that, thereby, as a result; ~ *kam es zu einer heftigen Auseinandersetzung* this occasioned (*od.* gave rise to, resulted in) a heated argument; *es kommt nichts* ~ *heraus* it's no use, it's not worth the trouble, it doesn't pay; ~ *dürfen wir nicht vergessen* in this connection (*od.* here) we must not forget; *jegliche* ~ *entstehenden Unkosten* any costs incident thereto; *alle* ~ *erzielten Gewinne* all profits accruing therefrom; **8.** (*bei sich*) with one; *er hat keinen Schirm* ~ he has no umbrella with him, he did not bring an umbrella along; *ich habe kein Geld* ~ I have no money on me; **9.** *allg.*: *ich dachte mir nichts Böses* ~ I meant no harm (by it); *ich dachte mir nichts* ~ (*bei s-n Worten usw.*) I gave it no thought, I paid no attention to it; *ich finde nichts* ~ I see no harm in that; *was ist schon* ~? what harm is there in that?, what does it matter?, what of it?; *lassen wir es* ~ let's leave it at that.

dabei...: **~bleiben** *v/i.* **1.** stay with it (*od.* them); **2.** *fig.* persist in it, abide by it, keep (*od.* stick) to it; *ich bleibe dabei, daß* I maintain that; *es bleibt dabei!* (it is) settled!, (we are) agreed!, done!; *dabei blieb's* there the matter ended; and that was all; **~haben** *v/t.* → *dabei* 8; **~sein** *v/i.* → *dabei* 6; **~stehen** *v/i.* stand by (*od.* near, there); look on; *die Dabeistehenden* the bystanders (*od.* onlookers).

dableiben *v/i.* stay, remain; *bleib doch noch ein Weilchen da!* why not stay a little longer?; ~ *müssen Schule*: be kept in.

da capo *adv.* encore!; ~ *rufen* (call for an) encore.

Dach *n* roof (*a. fig. Haus*); *mot. a.* (*festes* ~ hard) top; *anat.* (*Schädel*≈) cranial vault; *des Gaumens*: roof; *fig.* (*Schutz*) shelter; *ohne* ~ roofless; *das* ~ *der Welt* the roof of the world; *ein* ~ *über dem Kopf haben* have a roof over one's head; *unter demselben* ~ *wohnen* live under the same roof; *Haus unter* ~ *bringen* roof, put the roof on; *unter* ~ *und Fach* safely under cover, in safety; *unter* ~ *und Fach bringen* shelter (*od.* house) *a th.*; *fig.* (*arrangieren*) get settled (*od.* arranged); (*fertigstellen*) complete, bring to completion; F *eins aufs* ~ *bekommen* F catch hell, *weitS.* suffer a hard blow; F *j-m aufs* ~ *steigen* come down heavily on a p., blow a p. up.

Dach...: **~antenne** *f* roof aerial (*Am.* antenna); **~balken** *m* roof beam; *schräger*: rafter; **~belag** *m* roofing; **~binder** *m* roof truss; **~boden** *m* loft; **~decker** *m* roofer; *mit Ziegeln*: tiler; *mit Schiefer*: slater; *mit Schindeln*: shingler; *mit Stroh*: thatcher; **~deckerarbeit** *f* roofing; **~fenster** *n* dormer window, skylight; **~first** *m* ridge (of a roof); **≈förmig** *adj.* roof-shaped; **~garage** *f* roof-top garage; **~garten** *m* roof-garden; **~geschoß** *n* attic; **~gesellschaft** ☨ *f* holding company; **~gesims** *n* eaves mo(u)lding; **~giebel** *m* gable; **~hase** *co. m* cat; **~kammer** *f* attic, garret; **~luke** *f* skylight; **~organisation** *f* parent *od.* umbrella organization; control unit; **~pappe** *f* roofing felt; **~pfanne** *f* pantile; **~platte** *f Ziegel*: tile; *Schiefer*: slate; **~reiter** △ *m* ridge turret; **~rinne** *f* gutter, eaves *pl.*; *mot.* drip rail.

Dachs *m zo.* badger; *fig.* F (*frecher, junger* ~) (young) whippersnapper; F *wie ein* ~ *schlafen* sleep like a top; **~bau** *m* badger's earth.

Dach...: **~schaden** *m* damage to the roof; F *e-n* ~ *haben* be not quite right (in one's upper storey); **~schiefer** *m* roofing slate; **~schindel** *f* shingle.

Dachshund *m* dachshund.

Dach...: **~sparren** *m* rafter; **~ständer** *mot. m* roof luggage rack; **~stube** *f* attic, garret; **~stuhl** *m* roof framework (*od.* timbering); **~traufe** *f* eaves *pl.*; **~verband** *m* parent organization; **~werbung** ☨ *f* sky-sign advertising; **~werk** *n* roof(ing); **~wohnung** *f* attic flat; **~ziegel** *m* (roofing) tile.

Dackel *m* dachshund; F (*Dummkopf*) idiot, fool.

dadurch I. *pron. adv.* **1.** (*örtlich*) through (it, there, *etc.*); that way; **2.** (*auf diese Weise*) by it, through it, thereby; *am Satzanfang*: in this manner (*od.* way), by that means, thus; *was hat er* ~ *erreicht?* what did he get by it?; *alle* ~ *verursachten Schäden* any damage caused thereby; **II.** *cj.*: ~, *daß* **3.** (*weil*) as, because, owing to the fact that; ~, *daß er uns geholfen hat a.* thanks to his help; **4.** (*indem*) by *ger.*; ~, *daß er hart arbeitete* by working hard.

dafür I. *pron. adv.* **1.** for it, for that; ~ *sorgen, daß* see to it that; *er kann nichts* ~ it is not his fault (*od.* doing); *ich kann nichts* ~ I can't help it, *daß ich lachen muß usw.*: I can't help laughing, *etc.*; **2.** (*statt dessen*) instead (of it), *amtlich*: in lieu of it; *als Gegenleistung*: for it, in return (for it); in exchange; ~ *aber* but then, but (on the other hand); *arm,* ~ *aber glücklich* poor but happy; *er ist vielleicht jung,* ~ *aber sehr gescheit* he may be young, but then he is very intelligent; **3.** ~ *sein* be for it, be in favo(u)r of it, advocate (*od.* support, endorse) it, *bei Abstimmungen, a. allg.*: vote for it; ~ *sein, et. zu tun* be for (*od.* advocate) doing a th.; *es läßt sich vieles* ~ *und dagegen sagen* much may be said for and against it; **4.** (*diesbezüglich*) with regard to that; ~ *wird e-e besondere Regelung getroffen* this matter will be subject to a special arrangement; **II.** *cj.*: ~, *daß* for *ger.*; *er wurde* ~ *bestraft, daß er gelogen hatte* he was punished for having told a lie; **≗halten** *n*: *nach m-m* ~ in my opinion; as I see it.

dagegen I. *pron. adv.* **1.** against it (*od.* that); *s-e Gründe* ~ his objections to it; ~ *sein* be against (*od.* opposed to) it; ~ *stimmen* vote against it; *er sprach sich sehr* ~ *aus* he strongly opposed it; *haben Sie etwas* ~, *wenn ich rauche?* (do you) mind if I smoke?, would you mind my smoking (a cigarette)?; *wenn Sie nichts* ~ *haben* if you don't mind, *iro.* if you please; *ich habe nichts* ~ I have no objection (to it), I don't mind; ~ *hilft nichts* there is no help (*od.* remedy) (for it), *weitS.* it can't be helped; **2.** *Ersatz, Tausch*: in return *od.* exchange (for it); **3.** *Vergleich*: in comparison with it, compared to it; *unsere Qualität ist nichts* ~ our quality can't compare with it; **4.** (*andererseits*) on the other hand, however; **II.** *cj.* (*indessen*) on the contrary, but then; (*während, wogegen*) whereas, whilst, while.

dagegenhalten *v/t.* hold *a th.* against (it); *fig. a.* argue (against it), object (to it); (*vergleichen*) compare (with it), set against it.

daheim I. *adv.* (*zu Hause*) at home, in; at one's house; (*in der Heimat*) at (F back) home, in one's own (*od.* native) country; *ist er* ~? is he in?; *er wird bald* ~ *sein* he will be home soon; ~ *ist* ~ there's no place like home; *fig. er ist in dieser Materie* ~ he is at home in this field; **II.** **≗** *n* home; **≗gebliebene**(**r** *m*) *f* a p. who has remained at home.

daher I. *adv.* from there, from that place, thence; *fig. Ursache*: from this, hence; ~ (*stammt*) *die ganze Verwirrung* hence the confusion; ~ *kam es, daß* thus (*od.* in that way) it happened that; **II.** *cj.* (*deshalb*) therefore, for that reason; that is why; (*demgemäß*) accordingly; (*folglich*) consequently, as a result.

daher...: *in Zssgn* along, *z.B.* **~fliegen** (**~kommen**) *v/i.* fly (come) along; **~reden** *v/i.*: *dumm* ~ talk nonsense (*od. sl.* rot), babble.

daherum *adv.* thereabouts.

dahin *adv.* **1.** *räumlich*: there, to that place, thither; *das gehört nicht* ~ that does not belong there; *fig.* that's beside the point (*od.* irrelevant), that has no bearing on the subject; **2.** *zeitlich*: *bis* ~ until then, up to that time; *hoffentlich bist du bis* ~ *fertig* I hope you will have finished by then; **3.** *Ziel, Zweck*: *sich* ~ *äußern, daß* speak to the effect that; ~ *arbeiten, daß* endeavo(u)r (*od.* make every effort) to *inf.*, aim at *ger.*; *man hat sich* ~ *geeinigt, daß* it has been agreed that, they have agreed that; *m-e Meinung geht* ~, *daß* my opinion is that; **4.** (*soweit*) *es* ~ *bringen, daß* carry matters so far that; *j-n* ~ *bringen, daß er et. tut* bring a p. to do a th., make a p. do a th.; *ist es* ~ *gekommen?* has it come to that?; *nun ist es* ~ *gekommen, daß* things have come to such a pass that; **5.** (*weg*) away; (*vergangen*) past, over, gone; (*verloren*) gone, lost; (*tot*) dead and gone; (*zerbrochen*) gone, broken.

dahin...: **~auf** *adv.* up there; **~aus** *adv.* out there, out that way; *fig. will er* ~? is that what he is driving at?

dahin...: **~dämmern** *v/i.* doze, drowse; **~eilen** *v/i.* hurry along; *Zeit*: pass swiftly, fly.

dahinein *adv.* in there.

dahin...: **~fahren** *v/i.* travel (*od.* drive, rush) along; **~fliegen** *v/i.* fly along; *Zeit*: pass swiftly, fly; **~fließen** *fig. v/i.* flow on (smoothly, easily).

dahingegen *cj.* whereas, however, on the other hand; though.

dahingehen *v/i.* go along; *Zeit*: pass; (*sterben*) pass on (*od.* away); **~d** *cj.*: ~, *daß* to the effect that.

dahin...: **~gestellt** *adj.*: ~ *sein lassen* leave undecided (*od.* aside), not to go (further) into *a matter*; *es bleibt* ~ it remains to be seen; *es sei* ~, *ob* ... no matter whether ... or not; **~leben** *v/i.* live (from day to day); *contp. so* ~ vegetate; **~raffen** *fig. v/t.* carry off; **~rasen** *v/i.* speed (*od.* race, dash, rush) along; **~scheiden** *v/i.* pass away; **~schwinden** *v/i.* dwindle (*od.* melt) away; *Person*: waste away, *aus Kummer*: pine away; *Schönheit*: fade; **~stehen** *v/i.* be uncertain; *es steht noch dahin* it is not yet decided, it remains to be seen.

dahinten *adv.* behind (there); (*dort hinten*) back there.

dahinter *pron. adv.* behind it (*od.* that), at the back of it, *Am. a.* back of it; *fig.* at the bottom of it, behind it; *contp. es ist nichts* ~ there is nothing to it; **~her** F *adv.*: (*sehr*) ~ *sein* be after it, be dead set on it; (*sich Mühe geben*) spare no efforts; (*darauf bestehen*) make a point of it; ~ *sein, daß od. zu inf.* make a point of *ger.*, be keen on *ger.*; **~klemmen** F *v/refl.*: *sich* ~ → *dahintermachen*; **~kommen** F *v/i.* find out (about it); get to the bottom of it; (*verstehen*) F get (it); **~machen, ~setzen** *v/refl.*: *sich* ~ buckle to it, go hard at it, put one's back into it; → *Dampf, Druck* 1; **~stecken** *fig. v/i.* be behind (*od.* at the bottom of) it (*a. Person*); *da muß etwas* ~ there is more in it than meets the eye; *es steckt nichts dahinter* there is nothing in it; **~stehen** *fig. v/i.* be behind (*od.* backing) it.

dahinunter *adv.* down there.

dahin...: **~vegetieren** *v/i.* vegetate; **~welken** *v/i.* fade away; **~ziehen** *v/i.* go (*od.* move, travel) along.

Dahlie ⚘ *f* dahlia.

Dakapo *n* encore; → *da capo.*

Daktylus 📖 *m* dactyl.

da|lassen *v/t.* leave there (*od.* behind); **~liegen** *v/i.* lie there.

dalli F *adv.*: (*mach*) ~ !, *ein bißchen* ~ ! hurry up!, *sl.* get a move on!

Dalmat|iner *m* Dalmatian; (*Hund*) Dalmatian (dog); **⁀(in)isch** *adj.* Dalmatian.

damalig *adj.* then, of (*od.* at) that time *od.* period; *der* ~*e Besitzer* the then owner; *sein* ~*es Versprechen* the promise then given by him; *in der* ~*en Zeit* at that time.

damals *adv.* then, at that time; in those days; *schon* ~ even then.

Damaskus *n*: *sein* ~ *erleben* see the light, become a new man.

Damast *m*, **⁀en** *adj.* damask.

Damasz|enerklinge *f* Damascene blade; **⁀ieren** *v/t.* (*Stoff*) damask; (*Stahl*) damascene.

Dambock *m* fallow-buck.

Dämchen *n* little lady, F damsel.

Dame *f* **1.** lady; *beim Tanz*: partner; *die* ~ *des Hauses* the lady of the house, (*Gastgeberin*) the hostess; *m-e* ~ *Anrede*: Madam; *m-e* ~*n und Herren!* ladies and gentlemen!; *die feine* ~ *spielen* play the fine lady, play the duchess; **2.** *Damespiel*: king; *Schach u. Kartenspiel*: queen; *e-e* ~ *machen* crown a man; ~ *spielen* play at draughts, have a game at draughts; *sich e-e* ~ *ziehen* queen a pawn; **~brett** *n* draught-board, *Am.* checkerboard.

Damen...: **~besuch** *m* lady-visitor(s *pl.*); **~binde** *f* sanitary towel (*Am.* napkin); **~doppel** *n Tennis*: women's doubles *pl.*; **~einzel** *n* women's singles *pl.*; **~fahrrad** *n* lady's bicycle; **~friseur** *m* ladies' hairdresser; **~fußball** *m* women's football (*od.* F soccer); **⁀haft** *adj.* ladylike; **~hemd** *n* lady's vest, chemise; **~hut** *m* lady's hat; **~kleidung** *f* ladies' wear; **~konfektion** *f* ladies' ready-to-wear; **~mannschaft** *f Sport*: woman team; **~mantel** *m* lady's coat; **~mode** *f* ladies' fashion; **~salon** *m* beauty salon (*Am.* parlor); hair-stylist's; **~sattel** *m* side-saddle; **~schneider(in** *f*) *m* ladies' tailor (*f* -ess, dressmaker); **~unterwäsche** *f* ladies' underwear; *elegante*: lingerie; **~wahl** *f* ladies' choice; **~welt** *f the* ladies *pl.*, *the* fair sex.

Dame|spiel *n* draughts *pl.* (*sg. konstr.*), *Am.* checkers *pl.* (*sg. konstr.*); **~stein** *m* man, piece.

Dam|hirsch *m* fallow-deer; **~(hirsch)kuh** *f* fallow-doe.

damit I. *pron. adv.* with that *od.* it. (*pl.* those *od.* them), therewith, herewith; (*mittels*) by that *od.* it (*pl.* those *od.* them), thereby; *was will er* ~ *sagen?* what does he mean by it?; *was soll ich* ~ ? what am I to do with it?, what good is that?; *wie steht es* ~ ? how about it?; *es ist nichts* ~ it won't do, F it's no go; *wir sind* ~ *einverstanden* we agree to it; *jegliche* ~ *verbundenen Ausgaben amtlich, formell*: any expenditure connected therewith (*od.* incident thereto); *er fing* ~ *an, daß er versuchte, zu inf.* he began by trying to *inf.*; ~ *war ein neues Zeitalter angebrochen* this marked the beginning of a new epoch; **II.** *cj.* (in order) that, in order to *inf.*, so as to; with the object of *ger.*; so (that); ~ *nicht* lest, (in order) that ... not, so as (*od.* in order) not to *inf.*; (so as) to avoid that; for fear that; ~ *es alle sehen können a.* for all the world to see.

dämlich F *adj.* stupid, silly, idiotic, F daft, goofy; **⁀keit** *f* silliness.

Damm *m* **1.** (*Stau*⁀) dam; (*Deich*) dike, dyke; 🚂 embankment; (*Fluß*⁀) embankment, *Am.* levee; *Straßenbau*: bank; (*Fahr*⁀) roadway; (*Hafen*⁀) pier, mole, jetty; (*Wellenbrecher*) breakwater; *durch Moor*: causeway; *fig.* (*Hindernis*) barrier; F *fig. auf dem* ~ *sein* feel up to it, be in good shape; *geistig*: F be on the ball, be on one's toes; *j-n wieder auf den* ~ *bringen* set a p. up, put a p. on his feet again; *ich bin heute nicht auf dem* ~ I don't feel up to the mark today; **2.** *anat.* perineum; **~bruch** *m* **1.**

bursting of a dam; breach in a dam, *Am.* crevasse; **2.** ⚕ → *Dammriß.*

dämmen *v/t.* dam (up), dike; (*Fluß*) embank, *Am.* levee; *fig.* stem the tide of, check, curb.

Dämmer *m* dusk, twilight; **⁀ig** *adj.* dusky; *Licht u. fig.*: dim, obscure; **~licht** *n* twilight; *morgens*: grey dawn of day; *weitS.* dim light; **⁀n** *v/i. u. v/impers. morgens*: dawn; *abends*: grow dusky; *es dämmert morgens*: it is dawning, the day breaks; *abends*: it is getting dark, night is coming on; *fig. es dämmert bei ihm* it is beginning to dawn on him, he is beginning to see the light; → *a. hindämmern*; **~schlaf** *m* light sleep, doze; ⚕ twilight sleep; **~stunde** *f* twilight hour; **~ung** *f* **1.** (*Morgen⁀*) dawn; *bei ~* at dawn (*od.* daybreak); **2.** (*Abend⁀*) twilight, dusk; *in der ~* by twilight, at dusk (*od.* nightfall); **~zustand** *m* ⚕ twilight (*od.* semiconscious) state; *weitS.* daze.

Damm...: **~riß** ⚕ *m* perineal tear; **~weg** *m* causeway.

Dämon *m* demon; *guter* (*böser*) *~ a.* good (evil) genius (*a. fig.*); **⁀isch** *adj.* demoniacal; *weitS. a.* demonic, diabolical.

Dampf *m* **1.** (*Wasser⁀*) steam, *weitS. a.* vapo(u)r; (*Rauch*) smoke, reek; (*Ausdünstung*) exhalation; (*chemische*) *Dämpfe* vapo(u)rs, fumes; *mit ~ behandeln* steam; ⚓ *unter ~* under steam; F *fig. ~ bekommen sl.* get cold feet; *~ dahintermachen* (*od.* -*setzen*) put on steam; put pressure behind it; *j-m ~ machen* make a p. find his legs; → *ablassen* I, *aufmachen* 5; *Hans*; **2.** *vet.* broken wind; **~antrieb** *m* steam drive; **~bad** *n allg.* steam-bath; **~bagger** *m* steam shovel; **~betrieb** *m* steam drive (*od.* power); **~boot** *n* steamboat; **~druck** *m* steam pressure; **~druckmesser** *m* steam (pressure-)ga(u)ge.

dampfen **I.** *v/i.* steam; (*rauchen*) smoke (*a. Person*), fume; *Zug usw.*: steam, puff; **II.** F *v/t.* (*Pfeife usw.*) puff.

dämpfen *v/t.* **1.** (*mit Dampf behandeln*) steam; (*Speisen dünsten*) *a.* stew; **2.** (*abschwächen*) damp; (*Ton*) deaden, muffle, subdue; ♪ mute; (*Trommel*) muffle; (*Schwingungen*) damp, attenuate, absorb; (*Farbe, Licht*) subdue, soften; (*Stoß*) cushion, absorb; ✈ stabilize; (*Schmerz*) soothe, assuage; (*Stimme*) lower; *fig.* (*Stimmung*) damp(en), put a damper on, throw cold water on; (*Leidenschaft*) subdue, check; (*unterdrücken*) suppress; → *gedämpft.*

Dampfer *m* steamer, steamship; F *fig. auf dem falschen ~ sein* be jolly much mistaken.

Dämpfer *m* damper (*a. am Klavier*); ♪ *bsd. für Geige*: mute; *Lautsprecher*: baffle; (*Schall⁀*) *mot.* silencer, *Am.* muffler; (*Stoß⁀*) shock-absorber; ✈ stabilizer; *Atomphysik*: moderator; *fig.* damper; *j-m e-n ~ aufsetzen* take a p. down a peg or two, rein a p. in; *e-r Sache e-n ~ aufsetzen* put a damper on a th., damp(en) a th.; → *Dampfkochtopf.*

Dampf...: **⁀förmig** *adj.* vaporous; **~gebläse** *n* steam blower; **~hammer** *m* steam hammer; **~heizung** *f* steam heating; **⁀ig** *adj.* steamy, vaporous.

dämpfig *adj.* **1.** (*schwül*) sultry, close; **2.** *vet. Pferd*: broken-winded.

Dampf...: **~kessel** *m* (steam-) boiler; **~kochtopf** *m* pressure cooker, autoclave; **~kraft** *f* steam power; **~kraftwerk** *n* steam-power plant; **~lok(omotive)** *f*, **~maschine** *f* steam-engine; **~nudeln** *f/pl.* (sweet yeast) dumplings; **~pfeife** *f* steam-whistle; **~pflug** *m* steam plough (*Am.* plow); **~roß** *co. n* iron horse; **~schiff** *n* steamship, steamboat, steamer; *vor dem Schiffsnamen*: S.S.; *mit dem ~* by steamer; **~schiffahrt** *f* steam navigation; **~schiffahrtsgesellschaft** *f* steamship line; **~strahl** *m* steam jet; **~turbine** *f* steam turbine; **~überhitzer** *m* steam-superheater.

Dämpfung *f* damping, *etc.*, → *dämpfen*; *phys.*, ⚡, *von Energien*: loss; *e-r Übertragungsleitung*: attenuation (*a. Kernphysik*); *Schwingungskreis*: damping; ✈ stabilization; **~sfaktor** *m* damping coefficient; **~sflosse** ✈ *f* stabilizer.

Dampf...: **~wäscherei** *f* steam laundry; **~walze** *f* steam-roller (*a. fig.*).

Damwild *n* fallow-deer.

danach *pron. adv.* after that *od.* it, *pl.* after them, thereafter; (*später*) afterwards, later on; (*anschließend*) subsequently, thereupon; (*gemäß*) according to it; (*entsprechend*) accordingly; *er trägt ein Verlangen ~* he has a desire for it; *ich sehnte mich ~ heimzukehren* I longed to return; *ich fragte ihn ~* I asked him about it; *ich frage nicht ~* I don't care; *er handelte genau ~* he acted in strict adherence to it; *iro. er sieht ganz ~ aus* he looks it; *es ist aber auch ~* don't ask what it is like; F *mir ist nicht* ~ I don't feel like it.

Danaergeschenk *n* Greek gift.

Däne *m* Dane.

daneben *pron. adv.* beside it, near (by) it, next (*od.* close) to it; (*außerdem*) besides, moreover, in addition (to that); (*gleichzeitig*) at the same time, parallel to it; (*im Vergleich*) beside it *od.* him, *etc.*, in comparison; (*am Ziel vorbei*) beside (*od.* off, wide of) the mark; *dicht* ~ close (*od.* hard) by it; ~*!* missed!; **~benehmen** F *v/refl.*: *sich* ~ misbehave; **~gehen** *v/i. Schuß usw.*: miss (the mark *od.* target), be wide, fail to hit; *fig.* be wide of the mark, *Pläne usw.*: misfire; **~hauen** *v/i.* miss; F *fig.* miss one's guess, be very wrong; **~schießen** *v/i.* miss (the mark), shoot wide; **~schlagen, ~treffen** *v/i.* miss.

daniederliegen *v/i. krank*: be laid up (*an* with); *Handel usw.*: languish, stagnate; *Arbeit usw.*: *a.* hang fire.

Dän|in *f* Dane; **˜isch** *adj.* Danish.

dank *prp.* thanks to (*a. iro.*), owing to.

Dank *m* thanks *pl.*; (*~barkeit*) gratitude; (*Lohn*) reward; (*Würdigung*) acknowledgement; *schlechter* ~ ingratitude, small thanks; *vielen* (*od. besten, schönen*) ~*!* many thanks!, thank you very much; *mit* ~ with thanks; *j-m* ~ *sagen* thank a p., express one's thanks to a p.; *j-m* ~ *schulden* be indebted to a p., owe a p. thanks *od.* a debt of gratitude (*für* for); *j-m* ~ *wissen* be *od.* feel obliged (*od.* grateful) to a p.; *ist das der ~ für m-e Mühe?* is that the return for all my trouble?; *contp. das ist nun der ~ dafür, daß* that's all the thanks one gets for *ger.*; *zum ~ für s-e Dienste* as an acknowledgement for (*od.* in recognition of) his services; → *verpflichten*; **~adresse** *f* vote of thanks.

dankbar *adj. in Wort und Tat*: thankful; *innerlich*: grateful; (*verpflichtet*) obliged; (*lohnend*) worthwhile; (*lukrativ*) profitable, paying; (*befriedigend*) satisfactory; *e-e ~e Aufgabe* a grateful (*od.* rewarding) task; *~es Publikum* appreciative audience; *~es Material* hard-wearing (*od.* durable) material; *wir wären für e-e schnelle Erledigung* ~ we should appreciate an early settlement; *iro. ich wäre Ihnen ~, wenn Sie* I would thank you for *ger.*; **˜keit** *f* gratitude, gratefulness, thankfulness (*gegen* towards); *aus ~ für* out of gratitude for.

Dankbrief *m* letter of thanks, F thank-you letter.

danken I. *v/i.* thank (*j-m für et.* a p. for), return thanks; *ablehnend*: decline with thanks; *danke* (*schön*)*!* (many) thanks, thank you (very much); *danke*(*, ja*)*!* thank you!; *bei Ablehnung*: no, thank you!, no, thanks!; *nichts zu ~!* don't mention it!, you are welcome!, not at all!; *iro. na, ich danke!* thank you for nothing!; **II.** *v/t.*: *j-m et.* ~ (*dankbar sein für*) thank (*od.* reward) a p. for a th.; (*verdanken*) owe a th. to a p.; *ihm ~ wir, daß* we owe it to him that, it is due (*od.* thanks) to him that; **~d** *adv.* with thanks; **~swert** *adj.* **1.** deserving (of thanks), meritorious; **2.** *Aufgabe usw.*: rewarding, worthwhile; **~swerterweise** *adv.* kindly; *weitS.* commendably.

dankerfüllt *adj.* full of gratitude.

Dankes|bezeigung *f*, **~bezeugung** *f* (expression of) thanks *pl.*, mark of gratitude; **~brief** *m* → *Dankbrief*; **~pflicht** *f* obligation of gratitude; **~schuld** *f* debt of gratitude, indebtedness; **~wort** *n* word of thanks.

Dank...: **~fest** *n* thanksgiving (festival); **~gebet** *n* thanksgiving (prayer); **~gottesdienst** *m* thanksgiving service; **~opfer** *n* thank-offering; **~sagung** *f* (expression of) thanks *pl.*; *eccl.* thanksgiving; **~schreiben** *n* letter of thanks.

dann *adv.* then; (*anschließend*) *a.* thereupon; (*nachher*) after that, afterwards; (*in dem Falle*) in that case, then; (*außerdem*) besides, moreover, then; (*also*) so; *~ und ~* at such and such a time; *~ und wann* now and then, occasionally; once in a while; here and there; *was geschah ~?* what happened next?; *selbst ~* even then; *selbst ~, wenn es wahr wäre* even if it were true; *~ eben nicht!* all right, forget it!

dannen *adv.*: *von* ~ (from) hence; away, off.

daran, F **dran** *pron. adv.* at (*od.* by, in, on, to) that *od.* it; thereby; thereon; *~ befestigen* fasten (*od.* attach) to it; *~ glauben* believe in it; *~ leiden* suffer from it; → *liegen* I, *Schuld* 1; *~ erkennst du ihn* by that you may know him; *nahe ~* near it, close by it; *fig. nahe ~ sein, zu inf.* be on the point of *ger.*, be near *ger.*; (*drauf und ~*) be all set to *inf.*; *es war nah*(*e*) *~, daß* it was touch and go that; *es ist etwas* (*nichts*) ~ there is something (nothing) to it; F *da ist alles dran!* it's fantastic!, *sl.* hot stuff!; *er ist gut* (*übel*) *dran* he is well (badly) off; *wie ist er mit Kleidern ~?* how is he off (*Am.* F fixed) for clothes?; *wer ist dran?* whose turn is it?; *ich bin dran* it's my turn; F *fig. jetzt ist er dran* now he is (in) for it (*od.* up against it); *er tut gut ~, zu inf.* he does well to *inf.*; *~ ist nicht zu denken* that is out of the question; *er denkt nicht ~, es zu tun* he wouldn't dream of doing it; *ich dachte nicht ~, ihn zu beleidigen* I never meant to insult him; *jetzt weiß ich, wie ich ~ bin* now I know where I stand; → *glauben* II; **~bleiben** *v/i.* → *dranbleiben*; **~gehen** *v/i.* set to work (*od.* about it), F get down to it, get busy; *~, zu inf.* set about *ger.*; **~halten** *v/refl.*: *sich ~* → *dranhalten*; **~kommen** *v/i.* → *drankommen*; **~machen** *v/refl.*: *sich ~* → *darangehen*; **~nehmen** *v/t.* → *drannehmen*; **~setzen I.** *v/t.* stake, risk, hazard; *fig. alles ~* spare no effort, do one's utmost, move heaven and earth, leave no stone unturned (*zu inf.* to *inf.*); **II.** *v/refl.*: *sich ~* → *darangehen.*

darauf, F **drauf** *pron. adv.* **1.** *räumlich*: on it *od.* that (*pl.* them); on top of it; there(up)on; *gerade ~ zu* straight towards (*od.* up to) it; **2.** *zeitlich*: thereupon, after that, afterwards, then; *bald ~* soon after (that); *gleich ~* directly afterwards; *am Tage (od. den Tag, tags) ~* the day after, the next *od.* following day; *zwei Jahre ~* two years later; **3.** *fig.* on it (*od.* that); → *ankommen* II 7, *kommen* I 2 *usw.*; *drauf und dran sein zu inf.* be on the point of *ger.*, be just about (*od.* going) to *inf.*, be all set to *inf.*; *wenn es drauf und dran geht* if things come to a head; *~ steht Todesstrafe* it is a capital crime; *er arbeitete ~ hin, zu inf.* he endeavo(u)red to *inf.*, he aimed at *ger.*, his efforts were directed to(wards) *ger.*; **~folgend** *adj.* following, ensuing, subsequent; **~gehen** *v/i.* → *draufgehen.*

daraufhin *adv.* after that, thereupon; (*auf Grund dessen*) as a result, on the strength of it; (*als Antwort*) in answer to it.

daraus, F **draus** *pron. adv.* from this *od.* that (*pl.* them); of it; thence; therefrom; *es folgt ~* hence it follows; *es kann nichts ~ werden* nothing can come of it; *~ wird nichts!* that's out (of the question)!, F nothing doing!; *was ist ~ geworden?* what has become of it?; *was soll ~ (nur) werden?* what will come of it?; *ich mache mir nichts ~ (es ist mir gleichgültig)* I don't care (about it); (*ich mag es nicht besonders*) I don't care for it, I am not particularly keen on it; *~ können wir schließen* from this (*od.* hence) we may infer; *jegliche ~ erwachsenden Schwierigkeiten* any difficulties arising therefrom.

darben *v/i.* suffer want (*od.* privations), live in poverty; (*hungern*) starve (*a. ~ lassen*).

darbiet|en *v/t.* offer, present (*dat.* to); (*vorführen*) present, perform, show, play; *fig.* (*Anblick, Thema usw.*) present; *sich ~* offer (*od.* present) itself (*pl.* themselves); (*entstehen*) arise, emerge; **&ung** *f thea. usw.* performance, presentation; *weitS.* entertainment, program(me); show; (*Veranstaltung*) event.

darbring|en *v/t.* present (*dat.* to), offer, give; (*Opfer*) offer, make (to); (*Ovation*) give; **&ung** *f* presentation, offering.

darein, F **drein** *pron. adv.* into it *od.* that, therein; **~finden, ~fügen** *v/refl.*: *sich ~* submit to (*od.* put up with, resign o.s. to) it; **~geben** *v/t.* give into the bargain; **~mischen** *v/refl.*: *sich ~* meddle (with it); (*eingreifen, stören*) interfere; (*vermitteln*) intervene; **~reden** *v/i.* → *dreinreden*; **~schauen** *v/i.* → *dreinblicken*; **~schicken** *v/refl.*: *sich ~* → *dareinfinden*; **~schlagen** *v/i.* → *dreinschlagen*; **~willigen** *v/i.* agree (to it).

darin, F **drin** *pron. adv.* **1.** in it, in that, *pl.* in them; in there, therein; *was ist ~?* what is inside?; *fig. die Schwierigkeit liegt darin, daß* the difficulty is that; → *drin*; **2.** (*in dieser Hinsicht*) in this respect; *~ irren Sie sich* there you are mistaken; *~ kann ich Ihnen nicht zustimmen* I can't agree with you there (*od.* on this score); *dieses Material unterscheidet sich von anderen ~, daß es* this material differs from others in that it; **3.** (*in diesem Fach, auf diesem Gebiet*) at it, at that.

darleg|en *v/t.* (*enthüllen*) lay open, expose, disclose; (*offen ~, anführen*) set forth, show; (*kundtun*) declare; (*auseinandersetzen*) explain, expound, point out (*dat.* to); (*veranschaulichen*) represent, demonstrate; (*deuten*) interpret; (*aufführen*) state, *im einzelnen*: (state in) detail, specify, particularize; (*entwickeln*) unfold; **&ung** *f* disclosure; exposé; showing; explanation; representation; statement.

Darleh(e)n *n* loan; (*Vorschuß*) advance; ~ *auf Hypotheken* mortgage loan; ~ *auf Pfandwerte* loan against security; ~ *auf Zinsen* loan on interest; *befristetes* ~ time loan; *jederzeit kündbares* ~ demand (*od.* call) loan; *ein* ~ *aufnehmen* borrow money, raise a loan; *ein* ~ *geben* grant a loan; advance (*od.* lend) *a p.* money; **~sbank** *f* loan bank; **~sgeber** *m* lender; **~sgesellschaft** *f*, **~skasse** *f*, **~skassenverein** *m* (mutual) loan society, *Am.* credit corporation; **~snehmer** *m* borrower; **~sschuld** *f* loan debt.

Darm *m* gut, bowel, 📖 intestine; (*Wursthülle*) skin; **~bein** *n* ilium, iliac bone; **~blutung** ⚕ *f* intestinal h(a)emorrhage; **~entleerung** *f* evacuation of the bowels; **~entzündung** *f* inflammation of the bowels, enteritis; **~fistel** *f* intestinal fistula; **~flora** *f* intestinal flora; **~geschwür** *n* intestinal ulcer; **~grimmen** *n* → *Darmkolik*; **~grippe** *f* abdominal influenza; **~inhalt** *m Dickdarm*: f(a)ecal matter, *Dünndarm*: intestinal contents *pl.*; **~katarrh** *m* intestinal catarrh; **~kolik** *f* intestinal colic, F gripes *pl.*; **~krampf** *m* enterospasm; **~krankheit** *f*, **~leiden** *n* intestinal disease; **~krebs** *m* intestinal cancer; **~lähmung** *f* enteroparesis, paralysis of the bowels; **~saft** *m* intestinal juice; **~saite** *f* catgut (string); **~tätigkeit** *f* bowel function; **~trägheit** *f* constipation; **~verschlingung** *f* twisting of the bowels, volvulus; **~verschluß** *m* ileus; **~wand** *f* intestinal wall.

darnach *usw.* → *danach.*

darnieder *usw.* → *danieder.*

Darre[1] *f* (*Vorgang*) kiln-drying; (*Darrofen*) (drying-)kiln.

Darre[2] *f Vogelkrankheit*: roup.

darreichen *v/t.*: *j-m et.* ~ reach (*od.* hand) a p. a th., (pr)offer (*od.* hold out, present, ⚕ *u. eccl.* administer) a th. to a p.

darr|en ⊕ *v/t.* kiln-dry; **≈malz** *n* kiln-dried malt; **≈ofen** *m* kiln.

darstell|bar *adj.* representable; describable; *thea.* actable; **~en I.** *v/t.* **1.** (*zeigen, veranschaulichen*) represent, show, depict, delineate, portray; (*beschreiben*) describe, picture; *falsch* ~ misrepresent; **2.** (*bedeuten*) represent, constitute, be, mean; *dies stellte e-e Überraschung dar* this was a surprise; *was stellt dieses Zeichen dar?* what does this symbol stand for?; *was stellt dieses Bild dar?* what is this picture supposed to represent?; *fig. er stellt etwas dar* he is an impressive figure; **3.** *thea.* (im)personate, act *od.* play *od.* do (the part of); **4.** *graphisch*: figure, plot, chart; ⩘ describe; *schematisch, in groben Zügen*: skeletonize; *in Umrissen*: outline; **5.** ⚗ prepare, synthesize, *industriell*: produce; **6.** F (*bewerkstelligen*) do, manage; **II.** *v/refl.*: *sich* ~ *Sache*: present itself, appear; **~end** *adj.* representative; ~*e Geometrie* descriptive geometry; ~*e Künste* pictorial (*thea. usw.* interpretative) arts; **≈er(in** *f*) *m* actor (*f* actress), performer, player; *der* ~ *des Faust* the actor playing (the part of) Faust; **~erisch** *adj.* acting, mimic, theatrical; *s-e* ~*e Leistung* his (superb) acting *od.* performance; **≈ung** *f* presentation; (*Schilderung*) representation, description (*a.* ⩘); delineation, portrayal; (*Bericht*) statement, account; *thea.* a) (im)personation, acting, performance; b) *e-s Stückes*: production; ⊕ preparation, ⚗ *a.* disengagement; ⩘ construction; *nach Ihrer* ~ *des Falles* as you describe it, as you present the case; *falsche* ~ misrepresentation, ⚖ *des Sachverhalts*: *a.* incorrect recital of fact; *graphische* ~ diagram, figure, graph(ic representation); **≈ungsgabe** *f*, **≈ungskraft** *f* gift *od.* power of representation; **≈ungskunst** *f* art of (re)presentation; *thea. a.* acting; **≈ungsverfahren** ⚗ *n* method of preparation; **≈ungsweise** *f* style (*od.* manner) of representation.

dartun *v/t.* prove, show, demonstrate; (*erhärten*) substantiate; (*erklären*) explain; (*aufzeigen*) set forth.

darüber, F **drüber** *pron. adv.* over that *od.* it, *pl.* over them; above it; on top of it; (*quer über*) across it; (*zeitlich*) meanwhile, in the meantime; before that; (*in dieser Hinsicht*) about that (*od.* it), on that point (*od.* account, score, matter); (*über dieses Thema*) on that (*od.* it); (*dieses Inhalts*) to that effect; ~ *hinaus* beyond (*od.* past) it, *fig.* in addition (to it), beyond that, over and above it, on (the) top of it; *zwei Pfund* ~ two pounds more; *drei Jahre und* ~ three years and upward; *es geht nichts* ~ there is nothing like it; ~ *werden Jahre vergehen* it will take years; *wir sind* ~ *hinweg* we got over it; ~ *vergaß ich meine eigenen Sorgen* it made me forget my own cares; ~ *wird morgen verhandelt* this matter will be discussed tomorrow; *er beklagt sich* ~, *daß er betrogen worden sei* he complains of having been deceived; **~machen** F *v/refl.*: *sich ~* set about it; *über Essen*: fall upon it; fall to; **~stehen** *v/i.* be (*od.* stand) above it (*a. fig.*).

darum, F **drum** *pron. adv.* **1.** around that *od.* it, *pl.* around them; *fig.* about that; *er weiß ~* he knows about it, he is aware of it; *es ist mir nur ~ zu tun, zu inf.* all I ask (*od.* my only object) is to *inf.*; *es ist mir sehr ~ zu tun, zu inf.* I am very anxious to *inf.*, I set great store by *ger.*; *er kümmert sich nicht ~* he does not care (about it); *es handelt sich ~, festzustellen* the point is to find out; *~ handelt es sich (eben)* that's (just) the point; **2.** (*deshalb*) therefore, for that reason, on that account; *~ ist er nicht gekommen* that's (the reason) why he did not come; *~ eben!* that's just the reason!, that's precisely why!; *warum taten Sie es? ~!* because!; → *drum.*

darunter, F **drunter** *pron. adv.* under that *od.* it, *pl.* under them; underneath, beneath it; below; *unter e-r Anzahl*: among them; (*einschließlich*) including, (*weniger*) less; *zwei Jahre und ~* two years and under; *was verstehst du ~?* what do you understand by it?; *~ kann ich mir nichts vorstellen* it doesn't mean anything to me; *alles ging drunter und drüber* all was topsy-turvy (*od.* at sixes and sevens).

Darwinis|mus *m* Darwinism; **~t** *m*, **≈tisch** *adj.* Darwinist.

das → *der.*

dasein I. *v/i.* be there (*a.* F *fig. in Form sein*); (*anwesend sein*) be present, attend; (*vorhanden sein*) exist, be in existence; (*verfügbar sein*) be available (*od.* there); *noch nie dagewesen* unprecedented, without precedent, unheard-of, unparalleled; *es ist alles schon dagewesen* there is nothing new under the sun; → *a. da* 2; **II.** **≈** *n* existence, being, life; (*Anwesenheit*) presence; *ins ~ treten* come into being; → *Kampf*; **≈sberechtigung** *f* right to exist; (*Grund*) raison d'être (*fr.*); **≈sfreude** *f* joie de vivre (*fr.*), joy of life; **≈skampf** *m* struggle for existence.

daselbst *adv.* there, in that very place; *Vermerk in Büchern usw.*: ibidem; *wohnhaft ~* residing at the same (*od.* said) place *od.* address.

dasitzen *v/i.* sit there.

dasjenige → *derjenige.*

daß *cj.* that; *so ~* so that; *nicht ~* not that, lest; *es sei denn, ~* unless; *ohne ~* without *ger.*; (*auf*) *~* in order that (*od. bei gleichem Subjekt*: to); *er weiß, ~ es wahr ist* he knows (that) it is true; *er entschuldigte sich, ~ er zu spät kam* he apologized for being late; *entschuldigen Sie, ~ ich Sie störe* excuse my disturbing you; *~ es doch wahr wäre!* would (*od.* I wish) it were true; *nicht ~ ich wüßte* not that I know of; *nicht ~ es etwas ausmachte* not that it mattered; *~ du dich ja nicht rührst!* don't you move!; *~ du ja kommst!* be sure to come!; *es muß so formuliert sein, ~ es (nicht) den Eindruck erweckt* it should be so worded as (not) to give the impression; *es sind zwei Jahre, ~ ich ihn nicht gesehen habe* it is two years now that I haven't seen him.

dasselbe → *derselbe.*

dastehen *v/i.* stand (there); *fig. gut ~* be in a splendid position, *weitS.* appear in a favo(u)rable light; *Geschäft*: be on a sound footing, flourish; *einzig ~* stand alone, have no equal, be unrival(l)ed; F *wie stehe ich nun da!* what a fool I look now!

Daten *n/pl.* data (*a.* ⊕), facts; (*Personalangaben*) particulars; **~bank** *f* data bank; **~speicher** *m* data logger; **~typistin** *f* data-typist; **≈verarbeitend** *adj.*, **~verarbeitung** *f* data-processing.

datieren I. *v/t.* date; *falsch ~* misdate; *datiert sein von* bear the date of, be dated (*od.* date) as of; **II.** *v/i.*: *~ von* be dated (*od.* date) from; *dieses Dokument datiert aus der Zeit vor der Revolution* this document dates back to the time (*od.* dates from) before the revolution.

Dativ *ling. m* dative (case); **~objekt** *n* indirect object.

dato *adv.*: † *drei Monate ~* three months (after) date; *bis ~* hitherto, till now; **≈wechsel** *m* bill after date.

Dattel *f* date; **~baum** *m* → *Dattelpalme*; **~kern** *m* date-kernel; **~palme** *f* date-palm; **~pflaume** *f* persimmon, date-plum.

Datum *n* date; → *Daten*; *gleichen ~s* of same date; *heutigen ~s* of this date, of today; *ohne ~* undated; *neueren ~s* of recent date; *unter demselben ~* under same date; *welches ~ haben wir heute?* what is today's date?, which day of the month is it?; **~sgrenze** *geogr. f* date-line; **~(s)stempel** *m* date stamp; (*Gerät*) dater.

Daube *f* stave.

Dauer *f* duration (*a. ling.*, ♪); (*Fort≈*) continuance; (*Zeitspanne*) period, length (of time), *bsd.* †, ⚖ term; (*~haftigkeit*) durability, lastingness; (*Lebens≈, Laufzeit*) life; *die ~ der Rundfunksendung* the length of the broadcast; *auf die ~* in the long run; *nicht auf die ~* not indefinitely; *für die ~ von* for a period (*od.* term) of; *für die ~ gearbeitet* made to last; *während der ~ dieses Vertrags* during the term hereof; *von ~* lasting, permanent, durable; *von kurzer ~* of brief duration, short-lived; *von langer ~* of long duration (*od.* standing); *von ~ sein* last, *Farbe, Stoff*: wear well; **~angestellte(r** *m*) *f* permanent employee; **~anlagen** ⚕ *f/pl.* permanent investments; **~apfel** *m* keeping apple; **~auftrag** ⚕ *m* standing order (*a. an e-e Bank usw.*); **~ausscheider** ⚕ *m* (chronic) carrier; **~beanspruchung** ⊕ *f* endurance stress; **~befehl** ⚔ *m* standing order; **~belastung** ⊕ *f* constant load; **~betrieb** *m* continuous working (*od.* operation); permanent service; **~brandofen** *m*, **~brenner** *m* slow-combustion stove; **~delikt** ⚖ *n* continuing offen|ce, *Am.* -se; **~erfolg** *m* lasting success; **~fahrt** *f Radsport*: endurance run; **~festigkeit** ⊕ *f* fatigue limit (*od.* strength); **~feuer** ⚔ *n* sustained fire; **~flamme** *f* pilot flame; **~fleisch** *n* preserved meat; **~flug** *m* endurance flight; **~gast** *m Hotel*: permanent resident; F *fig.* permanent fixture; **~geschwindigkeit** *f* cruising speed; **≈haft** *adj.* durable, lasting, permanent; *zeitlich*: *a.* long-term ...; *Material*: durable (*a. Lebensmittel*), stable, resistant; *Farbe*: fast; *Stoff*: long-wearing; *Gebäude*: solid; *adv.* *~ gearbeitet* made to last; **~haftigkeit** *f* durability (*a.* ⊕), lastingness; ⊕ *a.* resistance, long service life; fastness; solidity; **~karte** *f* season-ticket, *Am.* commutation ticket; **~kredit** *m* permanent loan; **~lauf** *m* endurance run; *im ~* at a jog-trot; **~leistung** *f* ⊕ normal rating, continuous output; *mot.*, ✈ cruising power; **~lutscher** *m* lollipop; **~marsch** *m* forced march; **~mieter** *m* permanent tenant; **~milch** *f* sterilized milk.

dauern[1] *v/i.* continue, last; *Zeitaufwand*: take, require; *die Prüfung dauerte 5 Stunden* the examination took five hours; *es wird lange ~, bis er kommt* it will take him long to come, he will take long in coming; *es dauerte über e-e Woche, bis er schrieb* it was over a week before he wrote; *es wird nicht lange ~, dann* it won't be long before; F *das dauert aber!* that does take a long time!

dauern[2] *v/t.*: *er (es) dauert mich* I feel (*od.* am) sorry for him (it); I pity him; *mich dauert, daß* I am sorry that; *mich dauert das Geld* I regret the money (I spent on it).

dauernd *adj.* lasting, *a. Wohnsitz*: permanent; (*haltbar*) durable, enduring; (*ständig*) continuous, constant; (*unaufhörlich*) incessant; *adv. er lachte ~* he kept laughing.

Dauer...: **~obst** *n* fruit that keeps; **~parker** *m* long-term parker; **~prüfung** ⊕ *f* endurance test; **~redner** *m* marathon speaker; **~regen** *m* continuous rain; **~schaden** ⚕ *m* permanent damage; **~schlaf** *m* prolonged sleep; **~schmierung** *f* permanent lubrication; **~stellung** *f* permanent position (*od.* employment); **~strom** ⚡ *m* constant current; **~ton** *m* continuous tone; **~visum** *n* permanent visa; **~welle** *f im Haar*: permanent wave, F perm; *sich ~n machen lassen* have one's hair permed; **~wirkung** *f* lasting effect; **~wurst** *f* hard smoked sausage; **~zustand** *m* permanent condition.

Daumen *m* thumb (*a. am Handschuh*); ⊕ cam; *fig. j-m den* (*od. die*) *~ halten od. drücken* keep one's fingers crossed for a p.; (*die*) *~ drehen* twiddle one's thumbs; *j-n unter dem ~ haben* have a p. under one's thumb; *über den ~* (*gepeilt*) at a guess, roughly; **~abdruck** *m* thumb-mark; ⚖ thumb-print; **~breite** *f* thumb's breadth; **~lutschen** *n* thumb-sucking; **~mutter** ⊕ *f* thumb-nut; **~nagel** *m* thumb-nail; **~register** *n Buch*: thumb index; **~scheibe** ⊕ *f* cam disc; **~schraube** *f* thumbscrew (*a. fig.*); *j-m ~n anlegen* put the screw on a p.

Däumling *m* thumb-stall; *Handschuh*: thumb; (*Märchenfigur*) Tom Thumb.

Daune *f* downy feather; *pl.* down *sg.*; **~nbett** *n* feather-bed; **~ndecke** *f* eiderdown (quilt); **≈nweich** *adj.* downy.

Daus F *m*: *ei der ~!* dear me!, F gee!

davon *pron. adv.* of that *od.* it, *pl.* of them; thereof; (*dadurch*) by that *od.* it, thereby; (*fort, weg*) off, away; (*darüber*) about it, of it; *was habe ich ~?* what does it get me?; *das kommt ~!* that comes of it!, that's what happens!; *jegliche ~ betroffenen Rechtsansprüche* any legal claims thereby affected; **~eilen**

v/i. hurry (*od.* hasten) away *od.* off; **~fliegen** *v/i.* fly off (*od.* away); **~kommen** *v/i.* get away (*od.* off); (*mit dem Leben* ~) escape, survive, be saved; *wird er* ~? will he live?; → *Auge* 1, *Haut*, *Schreck*, *ungeschoren usw.*; **~laufen** *v/i.* run away (*j-m* from; *a. Sport*), bolt; *es ist zum* ≈! it's enough to drive you mad; **~machen** *v/refl.*: *sich* ~ make off; **~schleichen** *v/i. u. v/refl.*: (*sich* ~) sneak off, steal (*od.* slip) away; **~tragen** *v/t.* carry off (*a. Preis*); *fig.* (*sich zuziehen*) incur, sustain, suffer; (*Krankheit*) get, catch; → *Sieg*; **~ziehen** *v/i.* march off; F *Sport*: pull away (*j-m* from).

davor *pron. adv.* before *od.* in front of it (*od.* that, *pl.* them); *fig. er fürchtet sich* ~ he is afraid of it; *er bewahrte mich* ~ he saved (*od.* kept) me from it.

dazu *pron. adv.* to that *od.* it, *pl.* to them; thereto; (*zu diesem Zweck*) for it *od.* that, for that purpose, to that end, therefor; (*außerdem*) besides, in addition; *noch* ~ at that; into the bargain, on (the) top of that; ~ *gehört Zeit* it requires time; ~ *kommt* add to this; *wie kommen Sie* ~ (*dies zu tun usw.*)? what makes you do, *etc.*, this?; *schärfer*: how dare you?; *wie bist du* ~ (*zu dem Kleid usw.*) *gekommen?* how did you come by it?; *wie ist es* ~ *gekommen?* how did it happen?; *es wird nicht* ~ *kommen* it won't come to that; *doch es kam nie* ~ but it was not to be; → *a. dazukommen*; ~ *ist er da* that's what he is here for; *er ist* ~ *da, zu inf.* it is his duty (*od.* job) to *inf.*; *ich riet ihm (sehr)* ~ I (strongly) advised him to do it; *er hat das Geld* ~ he can afford it; *jegliche* ~ *erforderlichen Unterlagen* any documents and data required therefor; **~gehören** *v/i.* belong to it (*od.* them); *fig. das gehört alles dazu* that's all part of the game (*od.* job); **~gehörig** *adj.* belonging to it (*od.* them), forming part of it; pertinent, appropriate; **~kommen** *v/i.* **1.** come along; join (it *od.* them, *etc.*); *er kam gerade dazu, als* he happened to arrive at the very moment when; **2.** *Sache*: be added; *Krankheit usw., unvermutet*: supervene; *dazu kommt* add to this, in addition there is; *dazu kam noch, daß* another factor was that; **3.** *ich kam nie dazu* I never found the time (*zu inf.* to *inf.*), I never got (a)round to it, *zu inf.*: *a.* I never got round to *ger.*; → *dazu*; **~lernen** *v/t.* (*u. v/i.*) learn (something new).

dazumal *adv.* at that time, in those days; → *Anno.*

dazutun I. *v/t.* add; **II.** F *v/i.* (*sich beeilen*) hurry up; **III.** ≗ *n*: *ohne sein* ~ without his intervention; without so much as lifting a finger.

dazwischen *pron. adv.* between (them), in between; (*darunter*) among them; (*unterdessen*) in between, between times; **~fahren**, **~funken** *v/i.* (step in to) intervene; *weitS.* interfere, *sl.* butt in; *im Gespräch*: cut in, interrupt; **~kommen** *v/i. Person*: appear, interfere; *Ereignis*: intervene, happen, F turn up; *j-m* ~ *Sache*: get in a p.'s way, prevent a p.; *wenn nichts dazwischenkommt* if nothing happens; ≗**kunft** *f* intervention, interference; **~liegend** *adj.* intervening; **~reden** *v/i.* interrupt (*j-m* a p.); interfere (*bei* with), *sl.* butt in; **~treten** *v/i. fig.* intervene, interfere; (*sich einschalten*) intercede, step in; ≗**treten** *n* → *Dazwischenkunft*; **~werfen I.** *fig. v/t.* interpose, interject, throw in; **II.** *v/refl.*: *sich* ~ throw o.s. between them.

Debakel *n* debacle.

Debatte *f* debate (*a. parl.*), discussion (*über* on); *e-e erregte* ~ a heated debate; *zur* ~ *stehen* be under discussion *od.* at issue; *zur* ~ *stellen* put *a th.* to the debate; *das steht hier nicht zur* ~ that's beside the point, that's not the issue here.

debattier|en I. *v/t.* debate, discuss; **II.** *v/i.* debate, deliberate (*über et.* [on] a th.); ≗**klub** *m* debating society.

Debet ⚕ *n* debit; *im* ~ *stehen* be on the debit-side; **~note** *f* debit note; **~posten** *m* debit entry (*od.* item); **~saldo** *m* debit balance, balance due; *mein gegenwärtiger* ~ the balance standing to my debit; **~seite** *f* debit-side.

Debilität ⚕ *f* debility.

debit|ieren ⚕ *v/t.* charge, debit; *j-m e-n Betrag* ~ debit a p. with a sum, charge a sum to a p.'s account; ≗**oren** ⚕ *m/pl.* debtors; *Bilanz*: accounts receivable, receivables.

Debüt *n* first appearance, début; *sein* ~ *machen* (*od. geben*) → *debütieren*; **~ant**(**in** *f*) *m* beginner, débutant(e *f*); ≗**ieren** *v/i.* make one's début (*od.* first appearance), come out.

Dechant *eccl. m* dean.

dechiffrieren *v/t.* decipher, decode.

Deck *n* ⚓ deck; *e-s Wagens*: top (deck); *an* (*od. auf*) ~ on deck;

unter ~ below deck; **~adresse** *f* cover (address); **~anstrich** *m* finishing coat; **~aufbau** ⚓ *m* superstructure; **~bett** *n* featherbed; **~blatt** *n e-r Zigarre*: wrapper; ⚘ bract; *für Bücher, Schriftstücke*: change (*od.* correction) sheet; *durchsichtig, zum Auflegen*: overlay.

Decke *f* cover(ing); (*Bett*≈) (bed-) cover, (*Stepp*≈) counterpane, quilt, *Am.* comforter, (*Tages*≈) coverlet, bedspread; (*Woll*≈) blanket; (*Reise*≈ *usw.*) rug; (*Tisch*≈ *usw.*) cover, cloth; (*Plane*) awning, *geteerte*: tarpaulin; (*Zimmer*≈) ceiling; (*Hülle*) envelope; *Buch*: cover; *Zigarre*: wrapper; (*Oberfläche*) surface; (*Überzug*) lining; (*Schicht*) layer, coat; *auf Flüssigkeiten*: head, top; *anat. u.* ⚘ (in-) tegument; *hunt.* skin; *mot.* (*Reifen*≈) outer cover, casing; ⚒ roof; ♪ belly *of a violin, etc.*; *Parkplatz usw. mit fester* ~ hard-surfaced; e-e ~ *von Schnee* a blanket of snow; *fig.* (*vor Freude*) *an die* ~ *springen* stand on one's head with joy; (*vor Wut*) *an die* ~ *gehen* hit the ceiling, blow one's top; *sich nach der* ~ *strecken* make both ends meet, cut one's coat according to one's cloth; make the best of it; *unter e-r* ~ *stecken* conspire together, be hand in glove (*mit* with), *mit*: *a.* be in league (*Am. sl.* in cahoots) with.

Deckel *m* lid, (*a. Buch*≈) cover; (*Kappe*) top, cap; (*Uhr*≈) watch-cap; *typ.* tympan; F (*Hut*) lid; ⚘ *u. zo.* operculum; F *j-m eins auf den* ~ *geben* give a p. a dressing-down; **~korb** *m* basket with (a) lid; *bsd. für Picknick*: hamper; **~krug** *m* tankard.

decken I. *v/t.* **1.** *allg.* cover (*a. Dach*); (*Haus*) *a.* roof, *mit Ziegeln*: tile, *mit Schiefer*: slate, *mit Stroh*: thatch; *den Tisch* ~ lay (*od.* set) the table, *für sechs Personen*: lay covers for six persons, set the table for six; **2.** (*schützen*) shield, *a.* ⚔, *Schach usw.*: cover, protect (*alle a. sich* o.s.); (*geleiten*) escort; ⚓ *a.* convoy; **3.** (*j-n, et., a. Unzulängliches*) shield, cover up for; **4.** *Fußball usw.*: cover, *Brit.* mark; *Boxen*: cover (*sich* up), guard (o.s.); **5.** ⚕ (*Kosten usw.*) a) (provide) cover (for); b) (*zurückerstatten*) reimburse; (*Bedarf*) meet, cover, supply; (*Schaden usw.*) make good, cover; (*Scheck*) cover; (*Wechsel*) meet, provide with security; *hinlänglich gedeckt sein* have sufficient security; **6.** *zo.* cover, serve; **II.** *v/i.* **7.** *Farbe usw.*: cover; **8.** *Fußball*: cover, *Brit.* mark; *Boxen*: cover (up); *Fechten*: guard, parry; **III.** *v/refl.*: *sich* ~ (*übereinstimmen*) ⩘, *fig.* coincide (*mit* with); *fig. a.* correspond, tally, be identical (with).

Decken...: **~beleuchtung** *f* ceiling lighting *od.* lamp(s *pl.*); **~gemälde** *n* ceiling fresco; **~leuchte** *mot. f* ceiling (*od.* dome, courtesy) lamp; **~licht** *n* ceiling lighting; *mot.* dome light; → *Oberlicht*; **~schalter** *m* ceiling light switch; **~träger** △ *m* ceiling beam.

Deck...: **≈fähig** *adj. Farbe*: (*gut* ~) of good covering power; **~farbe** *f* body (*od.* opaque) colo(u)r *od.* paint; **~federn** *orn. f/pl.* tectrices; **~frucht** ⚘ *f* cover crop; **~gewebe** *anat. n* epithelial tissue; **~hülle** *f* covering; **~konto** ⚕ *n* fictitious account; **~kraft** *f Farbe*: covering power; **~lack** *m* coating varnish; **~ladung** *f* deck cargo; **~leiste** △ *f* cover mo(u)lding; **~mantel** *m* cloak, mask, disguise; *unter dem* ~ *gen.* under the cloak, *etc.*, of; posing as; **~name** *m* assumed name, alias; *e-s Schriftstellers*: pseudonym, nom de plume (*fr.*); ⚔ code name; **~offizier** ⚓ *m* warrant officer; **~platte** *f* cover plate.

Deckung *f* **1.** *allg.* covering; (*Schutz*) *a.* ⚔, *gegen Beschuß*: cover, shelter, *a. taktisch*: protection; (*Tarnung*) concealment, camouflage; *Fußball usw.*: a) covering; b) (*Hintermannschaft*) defen|ce, *Am.* -se; *Boxen, Fechten*: guard; *Schach usw.*: cover, guard, protection; *unter* ~ under cover; ~ *suchen* (*od. nehmen*), *in* ~ *gehen* take (*od.* make for) cover; ⚔ ~! (take) cover!; *s-e* ~ *vernachlässigen Boxen*: leave o.s. open, drop one's guard; **2.** ⩘ *u. fig.* coincidence, congruence; **3.** ⚕ *der Kosten usw.*: cover; (*Rückerstattung*) reimbursement; (*Zahlung*) payment; *des Bedarfs*: supply *of the demand*; (*Sicherheit*) cover, security, collateral (security); *der Währung*: cover, backing; (~*sspanne*) margin; (*Kapital, Mittel*) funds *pl.*; *keine* ~ no funds; *ohne* ~ unsecured; *mangels* ~ *zurück* returned for want of funds; **~sbetrag** ⚕ *m* margin (of loss), cover; **≈sfähig** *adj.* valid as legal cover; reimbursable; **~sforderung** *f* covering claim; **≈sgleich** ⩘ *adj.* congruent; **~sgraben** ⚔ *m* shelter trench; **~skauf** ⚕ *m* covering purchase; **~sklausel** *f* cover clause; **~sloch** ⚔ *n* foxhole; **≈slos** *adj.* uncovered; ~*es Gelände* open ground;

~smittel *pl.* (covering) funds, cover *sg.*; **~sspieler** *m Sport*: marker; *weitS.* defensive player.

Deck...: **~weiß** *n* zinc white; **~wort** *n* code word.

Dedikation *f* dedication; **~sexemplar** *n* presentation-copy.

dedizieren *v/t.*: *j-m et.* ~ dedicate a th. to a p.

Dedu|ktion *f* deduction; **⁀ktiv** *adj.* deductive; **⁀zieren** *v/t.* deduce (*aus* from).

De-facto... de facto ...

Defätis|mus *m* defeatism; **~t** *m*, **⁀tisch** *adj.* defeatist.

defekt I. *adj.* defective; faulty; damaged; *typ.* battered; **II.** ⁀ *m* defect, fault, flaw (*an* in); *psych.*, ⚕ defect, deficiency; *typ.* imperfection; **⁀bogen** *m* imperfect (*od.* overplus) sheet; **⁀buchstabe** *m* batter(ed letter).

Defektivum *ling. n* defective word.

defensiv *adj.* defensive; *sich ~ verhalten* be (*od.* act, stand) on the defensive; **⁀e** *f* defensive; *in der ~* on the defensive; **⁀krieg** *m* defensive war; **⁀spiel** *n Sport*: defensive play.

defilieren *v/i.* defile, pass in review; march past.

defin|ierbar *adj.* definable; **~ieren** *v/t.* define; **⁀ition** *f* definition; **~itiv** *adj.* (*bestimmt*) definite, positive; (*endgültig*) definitive, final.

Defizit ⚚ *n* deficit; *ein ~ decken* make good a deficiency; *mit e-m ~ abschließen, ein ~ aufweisen* show a deficit; **⁀är** *adj.* deficit *budget, etc.*

Deflation *f* deflation; **⁀är, ⁀istisch** *adj.* deflationary.

Deflor|ation *f* defloration; **⁀ieren** *v/t.* deflower.

Deform|ation *f* deformation; **⁀ierbar** *adj.* deformable; **⁀ieren** *v/t.* deform; **~ierung** *f* deformation; deformity.

Defraud|ant *m* defrauder; embezzler; **~ation** *f* defrauding; embezzlement; **⁀ieren** *v/t.* defraud; (*unterschlagen*) embezzle.

deftig I. *adj. Person*: robust, hefty; *Witz usw.*: earthy, robust; *Essen, Material usw.*: solid; *Schlag, Kritik usw.*: sharp; *Preis*: steep; **II.** *adv.* (*tüchtig*) thoroughly.

Degen *m* **1.** sword; *Sport*: épée (*fr.*); **2.** *obs.* (*Kriegsheld*) warrior.

Degener|ation *f* degeneration; **⁀ieren** *v/i.*, **⁀iert** *adj.*, **~ierte(r** *m*) *f* degenerate.

Degen...: **~fechten** *n* épée-fencing; **~griff** *m* sword-hilt; **~knauf** *m* pommel; **~scheide** *f* scabbard.

degradier|en *v/t.* degrade (*a. phys. u. fig.*), reduce (in rank), *Am.* demote; ⚓ disrate; **⁀ung** *f* degradation (*a. phys. u. fig.*), *Am.* demotion.

Degress|ion ⚚ *f* degression; **⁀iv** *adj.* degressive.

dehnbar *adj.* flexible, elastic; extensible; *phys.* expansive, expansible; *Metall*: ductile, malleable; *fig.* elastic (*a. Gewissen*); *Begriff*: *a.* vague, wide; *ling. der Vokal ist ~* can be lengthened; **⁀keit** *f* extensibility; flexibility, elasticity; *Metall*: ductility; *fig.* vagueness; (*Zweideutigkeit*) ambiguity.

dehn|en I. *v/t.* extend, draw out; *elastisch*: stretch (*a. fig.*); *verformend*: strain; (*Metalle*) malleate; (*Vokale, Silben*) lengthen; (*Worte*) drawl; **II.** *v/refl.*: *sich ~ Person*: stretch (o.s.); *phys.* expand, dilate; *Landschaft usw.*: extend, stretch out; **⁀fuge** *f* expansion joint; **⁀muskel** *m* dilator; **⁀ung** *f* stretch(ing); extension, expansion; ⊕ (*Längs⁀*) extension; *elastische*: stretch; (*Spannung*) longitudinal stress; *verformende*: elongation; *phys.* (*Wärme⁀*) expansion, dilatation; *ling.* lengthening; **⁀ungsfuge** *f* expansion joint; **⁀ungshub** *mot. m* expansion stroke; **⁀ungsmesser** *m* (*Wärme⁀*) dilatometer; *für Prüfkörper*: extensometer; **⁀ungszeichen** *ling. n* length-mark.

dehydrieren ⚗ *v/t.* dehydrogenate.

Deich *m* dike, dyke, dam; (*Fluß⁀*) embankment, *Am.* levee; **~bruch** *m* breaking of (*od.* breach in) a dike; **~hauptmann** *m* dike-reeve; **~schleuse** *f* sluice(-gate).

Deichsel *f* pole, shaft(s *pl.*); (*Gabel⁀*) thills *pl.*; *für Schlepperzug*: drawbar, *Am.* tractor hitch; **⁀n** F *v/t.* manage, F wangle, engineer.

dein I. *poss. adj.* your; *bibl., poet.* thy; *e-r ~er Freunde* a friend of yours; **II.** *poss. pron.* yours; *bibl. poet.* thine; *ich bin ~* I am yours; *~er m, ~e f, ~es n, der* (*die, das*) *~(ig)e* yours, *bibl. poet.* thine; *dieser Hut ist der ~e* this hat is yours; *immer der ~e* Yours ever; *die ⁀(ig)en* your family *sg.* (*od.* F folks, people); **~(er)** *pers. pron.* (*gen. von du*) of you, *bibl., poet.* of thee; *ich werde ~(er) gedenken* I shall remember you; *ich wurde ~(er) ansichtig* I caught sight of you; **~erseits** *adv.* for (*od.* on) your part; **~esgleichen** *pron.* your equals, your own kind; *contp.* F the likes of you.

deinet|halben, ~wegen, (*um*) **~-**

willen *adv.* **1.** (*dir zuliebe*) for you(r sake); **2.** (*in d-m Interesse*) on your behalf; **3.** (*wegen dir*) because of you.

Deis|mus *m* deism; **~t(in** *f*) *m* deist; **≈tisch** *adj.* deistical.

De-jure... de jure ...

Dekade *f* **1.** decade, set (*od.* series *sg.*) of ten; **2.** decade, period of ten years; **3.** period of ten days; **~nsystem** *n* decadic (*od.* decimal) system.

dekaden|t *adj.* decadent; ~er *Mensch* decadent; **≈z** *f* decadence; **≈zerscheinung** *f* symptom of decadence.

Dekan *m univ. u. R.C.* dean; *evangelisch*: superintendent; **~at** *n* office of a dean, *etc.*; dean's office.

dekantieren ⚗ *v/t.* decant.

dekarbonisieren *v/t.* decarbonize.

dekatieren ⊕ *v/t.* hot-press, shrink.

Deklam|ation *f* declamation (*a. fig. contp.*), recitation; **~ator** *m* declaimer; **≈atorisch** *adj.* declamatory; **≈ieren** *v/t. u. v/i.* recite, declaim, F spout.

Deklar|ation *f* declaration; **≈ieren** *v/t.* declare.

deklassieren *v/t.* lower the social position of, degrade; *Sport*: outclass.

Deklin|ation *f ling.* declension; *ast., phys.* declination; **≈ierbar** *ling. adj.* declinable; **≈ieren** *v/t.* decline.

Dekollle|té *n*: (*tiefes* ~ low) neckline; (*Kleid*) low-cut dress; **≈tiert** *adj. Kleid*: low(-cut *od.* -necked), décolleté; *Dame*: décolletée (*fr.*).

Dekor *m* decoration; *thea.* décor (*fr.*), scenery; **~ateur(in** *f*) *m* (painter and) decorator; (*Schaufenster* ≈) window-dresser; *thea.* scene-painter; **~ation** *f* decoration (*a. Orden* = medal); (*Schaufenster* ≈) window-dressing; *thea.* décor (*fr.*), scenery, setting; **~ationsmaler** *m* (painter and) decorator; *thea.* scene-painter; **≈ativ** *adj.* decorative; **≈ieren** *v/t.* decorate (*a. mit e-m Orden*), adorn; (*behängen*) drape; (*Schaufenster*) dress.

Dekret *n*, **≈ieren** *v/t. u. v/i.* decree.

Deleatur *n*, **~zeichen** *n typ.* delete mark, dele.

Deleg|ation *f* delegation; **≈ieren** *v/t.* (*j-n od. e-e Aufgabe*) delegate; **~ierte(r** *m*) *f* delegate.

delikat *adj.* **1.** (*taktvoll*) delicate; **2.** (*zart, a. Gesundheit*) delicate, dainty; **3.** *Speise usw.*: delicious, exquisite, savo(u)ry; **4.** *Problem usw.*: delicate, ticklish; **≈esse** *f* **1.** (*Leckerbissen*) delicacy, dainty, titbit (*a. fig.*); *pl. a.* delicatessen; **2.** (*Feingefühl*) delicacy, discretion; **≈essenhandlung** *f* delicatessen (shop *od.* store).

Delikt *n* delict, offen|ce, *Am.* -se; (*unerlaubte Handlung*) tort(ious act).

Delinquent(in *f*) *m* delinquent, offender.

delir|ieren ⚕ *v/i.* be delirious, rave; **≈ium** *n* delirium; *fig. a.* ecstasy; ~ *tremens* delirium tremens (*abbr.* d.t.).

Delkredere ⚓ *n* del credere, guaran|tee, *Am.* -ty; **~fonds** *m*, **~konto** *n* del credere (*od.* contingent) fund; **~versicherung** *f* credit insurance.

Delle *f* dent; *geogr.* depression.

Delphin *m* **1.** *zo.* dolphin; **2.** → **~schwimmen** *n*, **~stil** *m Sport*: dolphin (swimming *od.* stroke).

Delta *n* delta; **≈förmig** *adj.* deltaic, deltoid; **~metall** *n* delta metal; **~muskel** *anat. m* deltoid; **~schaltung** ⚡ *f* delta connection.

dem *dat./sg. von der, das*: to *the*; *als rel. pron.*: to whom, to which; ~ *steht nichts im Wege* that can be arranged, that's all right; *es ist an* ~ it is (actually) the case; *nach* ~, *was ich gehört habe* from what I have heard; *wenn* ~ *so ist* if that is true; *wie* ~ *auch sei* be that as it may.

Demagog|e *m* demagogue; **~entum** *n* demagogism; **~ie** *f* demagogy; **≈isch** *adj.* demagogic(al).

Demarche *pol. f* démarche (*fr.*).

Demarkationslinie *f* line of demarcation.

demaskieren *v/t.* unmask (*a. fig.*).

Dement|i *n* (official) denial; **≈ieren** *v/t.* deny (formally).

dem...: **~entsprechend**, **~gemäß I.** *adj.* corresponding; *pred.* as expected; **II.** *adv.* accordingly, correspondingly; **~gegenüber** *adv.* **1.** in contrast to this, compared with this; **2.** in opposition to this, on the other hand.

Demission *f* resignation; **≈ieren** *v/i.* resign (office), tender (*od.* hand in) one's resignation.

dem...: **~nach** *adv.* **1.** therefore, hence, consequently; **2.** (*demgemäß*) according to this, accordingly; **~nächst** *adv.* soon, before long, in the near future; ~ *stattfindend usw.* forthcoming.

Demo F *f* (*Demonstration*) F demo.

demobilisier|en *v/t. u. v/i.* demobilize, *bsd. der einzelne Soldat*: demob; **≈ung** *f* demobilization.

demodulieren *v/t.* demodulate.

Demographie *f* demography.

Demokrat *m*, **~in** *f* democrat; **~ie** *f* democracy; **≗isch** *adj.* democratic(ally *adv.*); **≗isieren** *v/t.* democratize; **~isierung** *f* democratization.

demolier|en *v/t.* demolish; **≗ung** *f* demolition.

Demonstr|ant(in *f*) *m* demonstrator; **~ation** *f allg.* demonstration, *pol. a.* F demo; **≗ativ I.** *adj.* demonstrative (*a. ling.*); **II.** *adv.* demonstratively, pointedly, in protest; **≗ieren** *v/t. u. v/i. allg.* demonstrate.

Demont|age *f* disassembly; *ganzer Werkanlagen*: dismantling; **≗ierbar** ⊕ *adj.* removable, detachable; **≗ieren** *v/t.* disassemble, take apart; (*schleifen*) dismantle, strip.

demoralisieren *v/t.* demoralize.

Demoskopie *f* → *Meinungsforschung.*

demotisch *adj.* demotic.

Demut *f* humility, humbleness; (*Unterwürfigkeit*) meekness.

demütig *adj.* humble; (*unterwürfig*) submissive, *iro.* meek; **~en** *v/t.* humiliate; *sich ~* humble o.s. (*vor* before); (*sich herabwürdigen*) abase o.s., grovel (before); **~end** *adj.* humiliating; **≗ung** *f* humiliation.

demzufolge *adv.* accordingly.

den, denen → *der.*

denaturalisieren *pol. v/t.* denaturalize.

denaturier|en ⚗ *v/t.* denature; *denaturierter Alkohol* denatured (*od.* methylated) alcohol; **≗ungsmittel** *n* denaturant.

dengeln *v/t.* sharpen.

Denk|arbeit *f* mental effort; **~art** *f* way of thinking; mentality; *edle ~* high-mindedness; **~aufgabe** *f* problem, brain-twister; **≗bar I** *adj.* conceivable, thinkable, imaginable, possible; **II.** *adv.*: *in der kürzesten Zeit* in the shortest time imaginable *od.* possible; *das ist ~ einfach* it's most simple, it's simplicity itself.

denken I. *v/t. u. v/i. allg.* think; (*nachsinnen*) reflect; *phls.* cogitate; *logisch*: reason; (*vermuten*) think, believe, suppose; (*erwägen*) consider, think of *doing a th.*; (*beabsichtigen*) intend, propose *doing od. to do a th.*; *sich et. ~* (*vorstellen*) imagine, visualize, picture; *~ an* think of, (*sich erinnern*) *a.* remember; *ans Heiraten ~* think of marrying; *j-m zu ~ geben* set a p. thinking, give a p. food for thought, (*verwirren*) bemuse (*od.* puzzle) a p.; *~ Sie nur!* just imagine (*od.* fancy)!; *ich denke* (*schon*) I (should) think so; *das habe ich mir gedacht* I thought as much; *das kann ich mir ~, das läßt sich ~* I can well imagine; *daran ist nicht zu ~* that's out (of the question); *ich denke nicht daran!* I wouldn't think (*od.* dream) of it!; *ich denke nicht daran, zu inf.* I have not the slightest wish to *inf.*, I wouldn't dream of *ger.*; *er denkt daran heimzugehen* he is thinking of going home; *es war für dich gedacht* it was meant (*od.* intended) for you; *an was du jetzt wohl ~ magst?* a penny for your thoughts; *~ über* (*nach ~ über*) think about, reflect on; (*e-r Meinung sein über*) think about *od.* of; *wie denkst du über? a.* what are your views on?, what do you say to?; *wie Sie ~* as you like, whatever you say; *wo ~ Sie hin?* what are you thinking of?, not on your life!, impossible!; *solange ich ~ kann* so long as I can remember; *edel ~* have noble sentiments, be high-minded; *der Mensch denkt, Gott lenkt* man proposes, God disposes; **II. ≗** *n* thinking, thought; *phls.* cogitation; (*logisches ~*) reasoning; (*Denkart*) way of thinking; **~d** *adj.* thinking; (*vernünftig ~*) rational; *wissenschaftlich ~* scientifically minded.

Denker *m*: (*großer ~* great) thinker; **≗isch** *adj.* intellectual; **~stirn** *f* thinker's brow.

Denk...: **≗fähig** *adj.* intelligent, rational; **~fähigkeit** *f* faculty of thought, intelligence; **≗faul** *adj.* too lazy to think, mentally inert; **~fehler** *m* error in (one's) reasoning; **~freiheit** *f* freedom of thought; **~gewohnheit** *f* thinking habit; **~kraft** *f* → *Denkvermögen*; **~lehre** *f* logic; **~mal** *n* monument (*a. fig.*); (*Ehrenmal*) memorial; (*Standbild*) statue; **~malpflege** *f* preservation of monuments; **~malpfleger** *m* curator of monuments; **~malschutz** *m* protection of monuments; *unter ~ stehen* be classified as a historical monument; F *fig.* be a protected animal; **~modell** *n* model, blueprint; **~münze** *f* commemorative medal; **~pause** *f* pause for reflection; **~prozeß** *m* thinking process; **~schablone** *f* (stereotyped) thought pattern; **~schrift** *f* memorial; *pol.* memorandum; (*Abhandlung*) memoir; **~sport** *m* mental exercise; **~sportaufgabe** *f* problem, puzzle, brain-twister; **~spruch** *m* motto, maxim; aphorism; **~stein** *m* memorial (stone); **~übung** *f* mental exercise; **~ungsart** *f* → *Denkart*; *Milch* 2; **~vermögen** *n* intellectual (*od.*

reasoning, brain) power; intelligence; **~weise** *f* → *Denkart*; **~würdig** *adj.* memorable (*wegen* for); **~würdigkeit** *f* **1.** memorableness; **2.** *~en* memoirs, memorabilia; **~zettel** *fig. m* reminder, lesson; *j-m e-n ~ verpassen* F give a p. what for.

denn I. *cj.* **1.** *begründend*: for; **2.** *nach comp.* (*als*) than; *mehr ~ je* more than ever; **II.** *adv.* **3.** (*sonst, anders*) *wo ~?* where else?; *es sei ~, daß* unless, except, provided; **4.** *tonlos*: (*also, schließlich*) then; *wo ~?* where (then)?; *wo war es ~?* where (then) was it?; *dies zeigt uns ~ doch* this shows us, after all; *ist er ~ so arm?* is he really so poor? *was ~?* what is it now?; *wieso ~?* how so?, but why?; *es gelang ihm ~ auch* he succeeded after all; *wo bleibt er ~?* what may be keeping him, I wonder?

dennoch *adv. u. cj.* yet, still, however, nevertheless, for all that; *am Satzende*: though; *~ bist du mir lieber* I like you better, though.

Denominativ(um) *ling. n* denominative.

Densität *f* density.

dental *adj.*, **~...** dental.

Dentist(in *f*) *m* dentist, dental technician.

Denunz|iant(in *f*) *m* informer; **~iation** *f* denunciation; **~ieren** *v/t.* inform against (*bei* with), denounce (to).

Dependance *f* annex(e) (to a hotel).

Depesch|e *f* dispatch; *telegraphisch*: telegram, F wire; **~ieren** *v/i.* telegraph, wire.

depilieren *v/t.* depilate.

deplaciert *adj.* out of place, *Bemerkung usw.*: *a.* misplaced.

depolarisieren *phys. u.* ⚡ *v/t.* depolarize.

Deponens *ling. n* deponent (verb).

Depon|ent(in *f*) *m* depositor; **~ieren** *v/t.* deposit; **~ierung** *f* deposition.

Deport ⚕ *m Börse*: backwardation.

Deport|ation *f* deportation; **~ieren** *v/t.* deport; **~ierte(r** *m*) *f* deported person, deportee.

Deposit|ar, ~är ⚕ *m* depositary.

Depositen ⚕ *pl.* deposits; **~bank** *f* deposit bank; **~gelder** *n/pl.* deposits; **~geschäft** *n* deposit banking; **~kasse** *f* (*Bankfiliale*) branch office (of a bank); **~konto** *n* deposit account.

Depot *n* depot (*a.* ⚔ *u.* 🚂), depository; ⚕ (*~konto*) deposit; *für Wertpapiere*: safe-custody (account), *Am.* custodianship (account); (*Waren~*) depository, warehouse, depot; *für unverzollte Waren*: bonded warehouse; *in ~ geben* (*Geld*) place on deposit, (*Effekten*) deposit for safe custody; *im ~ verwahren* hold in safe-custody; **~abteilung** *f für Effektendepots*: safe-custody (*od.* securities) department; **~effekt** *pharm. m*: *mit ~* time-release (*od.* timed release) *tablets*; **~präparat** *pharm. n* depot (*od.* repository) preparation; **~schein** *m* deposit receipt; **~wechsel** *m* bill on deposit.

Depp *dial. m* fool, idiot.

Depression *f allg.* depression; **~smittel** *pharm. n* anti-depressant (drug).

deprimieren *v/t.* depress, deject; **~d** *adj.* depressing.

Deputat *n* allowance in kind, free farm produce *od.* coal, *etc.*

Deput|ation *f* deputation, delegation; **~ieren** *v/t.* depute, delegate; **~ierte(r** *m*) *f* deputy.

der *m*, **die** *f*, **das** *n*, *pl.* **die I.** *art.* the; *der arme Hans* poor John; *die Königin Elisabeth* Queen Elizabeth; *die Oxford Straße* Oxford Street; *die Chemie* chemistry; *das Fernsehen* television; *ich wusch mir das Gesicht* I washed my face; *zwei Dollar das Pfund* two dollars a (*od.* the) pound; **II.** *dem. pron.* that, this; he, she, it; *pl.* these, those, they, them; *der Mann hier* this man; *der* (*od. die*) *mit der Brille* the one with the glasses; *nimm den hier!* take that one!; *sind das Ihre Bücher?* are those your books?; *das sind Sie* it is you; *das, was er sagt* what he says; *das waren Chinesen* they were Chinese; *zu der und der Zeit* at such and such a time; *es war der und der* it was Mr. So-and-So; *der und baden gehen?* go bathing?, not he!; → *dem*; **III.** *rel. pron.* who, which, that; *das Mädchen, mit dem* (*mit dessen Vater*) *ich sprach* the girl to whom (to whose father) I spoke; *das Material, dessen Eigenschaften* the material, whose properties (*od.* the properties of which); *ich, der ich Zeuge davon war* I who witnessed it; *der Bezirk, der e-n Teil von X. bildet* the district forming part of X.; *er war der erste, der es fertigbrachte* he was the first to succeed; *keiner* (*jeder*), *der* no one (any one) that; *alle, die davon betroffen sein können* all that may be concerned.

derangiert *adj.* untidy, (in) a mess.

derart *adv.* in such a manner (*od.* way), to such a degree, to such an extent; like that; *~, daß a.* such as to; *ich war ~ zornig, daß* I was so (F that) angry that; *~ groß war* *seine Freude, daß* so great (*od.* such) was his joy that; **~ig I.** *adj.* such; *e-e ~e Politik* such a policy, a policy such as this; *etwas (nichts) ~es* something (nothing) of the kind; *er sagte etwas ~es* he said some words to that effect; **II.** *adv.* → *derart.*

derb *adj.* (*fest*) firm, solid; (*kräftig*) robust, sturdy; (*grob*) coarse (*a. Kost*), rough, uncouth; (*unverblümt*) blunt; (*urwüchsig*) earthy; *Scherz*: gross, broad; *Sprache*: strong; *Verweis usw.*: severe; **~heit** *f* robustness, sturdiness; coarseness, roughness; bluntness; *~en* rough words; coarse jokes.

dereinst *adv.* some day, in days to come; **~ig** *adj.* future.

derent|halben, ~wegen, (*um*) **~willen** *adv.* for her (their) sake; on her (their) account *od.* behalf; *die Leute, ~ er sprach* the people on whose behalf (*od.* for whom) he spoke; *die Ware, ~ er gekommen war* the merchandise for which he had come.

dergestalt *adv.* → *derart.*

dergleichen *pron. u. adj.* such, suchlike, of that kind; *substantivisch*: the like, such a thing, something like that; *nichts ~* no such thing, nothing of the kind (*od.* sort); *und ~ (mehr) (u. dgl.)* and the like, and so forth (*od.* on) (*abbr.* etc.); F *nichts ~ tun* not to react, do nothing.

Derivat *n* derivative; **~iv(um)** *ling. n* derivative.

der-, die-, dasjenige *dem. pron.* he who, she who; that which; the one who; *diejenigen, die* (*od. welche*) they (*od.* those) who; the ones who.

derlei *pron. u. adj.* → *dergleichen.*

dermaßen *adv.* → *derart.*

Derm|atologie *f* dermatology; **~atose** ⚕ *f* dermatosis; **~(at)oplastik** ⚕ *f* dermatoplasty.

der-, die-, dasselbe *dem. pron.* the same; he, she, it; *ein und ~* one and the same; *ziemlich dasselbe* much the same (thing); *auf dieselbe Weise wie* the same (way) as; *es kommt auf dasselbe heraus* it comes to the same thing.

derweil I. *cj.* while, whilst; **II.** *adv.* (*a.* **~en**) meanwhile.

Derwisch *m*: (*heulender, tanzender ~* howling, whirling) dervish.

derzeit *adv.* at present, at the moment, now, for the time being; **~ig** *adj.* (*jetzig*) present, current, actual; (*damalig*) then.

Des ♪ *n* D flat.

desavouieren *v/t.* disavow.

Desert|eur *m* deserter, runaway; **~ieren** *v/i.* desert, run away.

desgleichen I. *pron.* the like, such a thing; the same; *ich stand auf und mein Freund tat ~* and so did my friend; **II.** *cj.* (*ebenso*) also, likewise, as well; ✝ ditto, same.

deshalb *adv. u. cj.* therefore, for that reason, on this account; that is why; (*für den Zweck*) for that purpose, to that end; *er ist ~ keineswegs gesünder* he isn't any the healthier for it; *ich tat es nur ~, weil* I did it only because; *er tat es gerade ~* he did it just because of it.

designier|en *v/t.* designate; **~t** *adj. nachgestellt*: designate.

desillusionieren *v/t.* disillusion.

Desinfektion *f* disinfection; **~skraft** *f* disinfecting (*od.* germicidal) power; **~smittel** *n* disinfectant; *Wundbehandlung*: *mst* antiseptic.

desinfizieren *v/t.* disinfect; **~d** *adj.* disinfectant.

Desintegration *f* disintegration.

desinteressiert *adj.* uninterested, indifferent.

Desodor|ans *n* deodorant, deodorizer; **~ieren** *v/t* deodorize; **~ierend** *adj.* deodorant.

desolat *adj.* desolate.

Desorganisation *f* disorganization.

Desoxydation ⚗ *f* deoxidation.

despektierlich *adj.* disrespectful.

Desperado *m* desperado, bandit.

Despot *m*, **~in** *f* despot; **~isch** *adj.* despotic; **~ismus** *m* despotism, tyranny.

dessen I. *rel. pron.* whose, of whom, of which; *mein Freund, ~ Vater Arzt ist* my friend, whose father is a doctor; **II.** *poss. adj.*: *sein Bekannter und ~ Frau* his friend and his (*od.* the latter's) wife; **III.** *dem. pron.*: *~ bin ich sicher* I am quite certain of that; *bist du dir ~ bewußt?* are you aware of that?; **~ungeachtet** *cj.* notwithstanding (that), nevertheless, for all that; → *a. dennoch.*

Dessert *n* dessert.

Dessin *n* design, pattern.

Destillat ⚗ *n* distillate.

Destillation *f* distillation.

Destillier|apparat *m* distilling apparatus, still; **~bar** *adj.* distillable; **~en** *v/t.* distil(l); **~kolben** *m* distilling flask; **~t** *adj.* distilled.

desto *adv.* (all) the; *~ besser* a) all (*od.* so much) the better; b) the better *he will work, etc.*; *~ weniger* the less; *je mehr, ~ besser* the more the better.

destruktiv *adj.* destructive.

deswegen *adv. u. cj.* → *deshalb.*

Detail *n* detail; *ins ~ gehen* go into

detail; *bis ins kleinste* ~ (down) to the last detail; ✝ *im* ~ *verkaufen* (sell by) retail; → *Teufel*; **~bericht** *m* detailed report; **~geschäft** *n*, **~handel** *m* retail business (*od.* trade); (*Laden*) retail shop; **~händler** *m* retail dealer, retailer.

detaillier|en *v/t.* **1.** particularize, specify, *Am. a.* itemize; give a detailed description of; **2.** ✝ (sell by) retail; **~t** *adj.* detailed, stating full particulars.

Detail...: ~schilderung *f* **1.** detailed description; **2.** detail; **~verkauf** *m* retail (sale); **~zeichnung** *f* detail drawing.

Detekt|ei *f* detective agency, private investigators *pl.*; **~iv** *m* detective; (*Polizei*≈) *a.* plain-clothes man, F sleuth, *Am. sl.* gumshoe; **~ivroman** *m* detective story, F whodunit, *Am. a.* mystery.

Detektor *m Radio*: detector; **~empfänger** *m* detector, crystal set; **~röhre** *f* detector valve (*Am.* tube).

Determinismus *m* determinism.

Detonation *f* detonation; **~sdruck** *m* blast (pressure); **~skapsel** *f* detonator; **~sladung** *f* detonation charge; **~swelle** *f* blast wave.

detonieren *v/i.* detonate.

Deut *m*: *keinen* ~ *wert* not worth a fig (*od.* farthing); *er kümmerte sich keinen* ~ *darum* he didn't care a rap (*od.* hoot, fig) about it; (*um*) *keinen* ~ *besser* not a bit better.

deutbar *adj.* explicable; *schwer* ~ hard to interpret (*od.* explain).

Deutel|ei *f* **1.** quibbling, hairsplitting; **2.** pedantic interpretation; **≈n** *v/i.* subtilize, split hairs, quibble (*an* about); *daran ist nicht zu* ~ there can be no argument about that.

deuten I. *v/i.*: ~ *auf* point at (*od.* to); *fig.* point to, indicate, suggest; (*ankündigen*) *a.* (fore)bode, portend; *alles deutet darauf hin, daß* there is every indication that; *mit dem Finger* ~ *auf* point one's finger at; **II.** *v/t.* (*et. auslegen*) interpret, construe; (*Traum, Zeichen, a. Satz usw.*) read; *falsch* ~ misinterpret.

Deuterium ⚗ *n* deuterium, heavy hydrogen.

deutlich *adj. allg.* distinct, clear; (*verständlich*) *a.* intelligible; (*leserlich*) *a.* legible; (*einleuchtend, augenfällig*) evident, obvious, clear, plain; (*unverblümt*) blunt, plain (-spoken), outspoken; (*merklich*) pronounced, marked; ~*er Wink* broad hint; *et.* ~ *machen* make a th. clear (*od.* plain) (*dat.* to), *j-m*: *a.* explain (*od.* point out) a th. to a p., *stärker*: bring a th. home to a p.; *e-e* ~*e Sprache führen* be plainspoken, not to mince matters; **≈keit** *f* clearness, distinctness, plainness; bluntness, plain speaking.

deutsch I. *adj.* German; *das* ≈*e Reich* the (German) Reich; ~*er Abstammung* of German extraction (*od.* stock); ~ *reden* talk (in) German; *fig.* speak plainly, not to mince matters; **II.** ≈ *n* German, the German language; *fig. auf gut* ≈ in plain English.

Deutsch...: ~amerikaner(in *f*) *m*, **≈amerikanisch** *adj.* German-American; **≈blütig** *adj.* of German blood; **~e(r** *m*) *f* German; **≈feindlich** *adj.* anti-German, Germanophobe; **≈freundlich** *adj.* pro-German, Germanophile; **~landlied** *n* German national anthem; **~lehrer(in** *f*) *m* teacher of German, German teacher; **~ordensritter** *m* Teutonic Knight; **~ritterorden** *m* Teutonic (Order of) Knights *pl.*; **~schweizer** *m*, **≈schweizerisch** *adj.* German-Swiss; **≈sprachig** *adj.* **1.** *Buch usw.*: German-language ...; **2.** → **≈sprechend** *adj.* German-speaking; **~stunde** *f* German lesson; **~tum** *n* **1.** German character, Germanity; **2.** *the* Germans *pl.*; **3.** German culture; **~unterricht** *m* German language teaching *od.* instruction.

Deutung *f* interpretation, explanation, construction, reading; *falsche* ~ misinterpretation.

Devalorisierung ✝ *f* devalorization.

Devise *f* **1.** motto (*a. her.* = device), maxim; **2.** ✝ ~*n* foreign exchange (*od.* currency) *sg.*; *1000 Mark in* ~*n* 1,000 marks of foreign exchange.

Devisen...: ~abkommen *n* foreign exchange agreement; **~ausgleichsfonds** *m* exchange equalization fund; **~ausländer** *m* non-resident alien; **~bestand** *m* foreign exchange holdings *pl.*; **~bewirtschaftung** *f* foreign exchange control; **~bilanz** *f* balance of foreign exchange payments; **~geschäfte** *n/pl.* foreign exchange operations, exchange deals; **~kontrolle** *f* foreign exchange control; **~kurs** *m* rate of exchange; **≈politisch** *adj.* foreign exchange *margin, etc.*; **≈rechtlich** *adj.* under exchange control legislation; ~*e Genehmigung* exchange control approval; **~schmuggel** *m* currency smuggling; **~sperre** *f* exchange embargo; **~vergehen** *n* currency offen|ce, *Am.* -se.

devot *adj.* humble, submissive, *contp.* servile; **~ion** *f* **1.** *eccl.* devotion; **2.** submissiveness, servility; **~ionalien** *eccl. pl.* devotional articles.

Dextrin *n* dextrin(e), starch gum.

Dezember *m* December.

Dezennium *n* decade.

dezent *adj.* discreet, unobtrusive; *Farbe, Licht*: subdued; *Kleidung*: conservative.

dezentralisieren *v/t.* decentralize.

Dezern|at *n* department; **~ent** *m* departmental head.

Dezibel *phys. n* decibel.

dezidiert *adj.* decided(ly *adv.*).

Dezigramm *n* decigram.

dezimal *adj.* decimal; **~bruch** *m* decimal fraction; **~e** *f* decimal (place); **~klassifikation** *f* decimal classification; **~rechnung** *f* decimal arithmetic; **~stelle** *f* decimal (place); **~system** *n* decimal system; *Maße u. Gewichte*: *a.* metric system; *auf das ~ umstellen* decimalize; **~waage** *f* decimal balance; **~zahl** *f* decimal.

Dezim(e) ♪ *f* tenth.

Dezimeter *m, n* decimeter; **~welle** *f phys. u. Radio*: decimetric wave, microwave; *in Frequenzen*: ultra-high frequency wave (*abbr.* UHF).

dezimier|en *v/t.* decimate; **~ung** *f* decimation.

Dia *n* → *Diapositiv.*

Diabe|tes ⚕ *m* diabetes; **~tiker** *m*, **~tisch** *adj.* diabetic.

Diabetrachter *m* transparency viewer.

diabolisch *adj.* diabolic(al).

Diadem *n* diadem.

Diadochenkampf *m* struggle for succession.

Diagno|se *f* diagnosis; e-e *~ stellen* make a diagnosis; **~stiker** *m* diagnostician; **~stisch** *adj.* diagnostic(ally *adv.*); **~stizieren I.** *v/t.* diagnose, state; **II.** *v/i.* make a diagnosis.

diagonal *adj.*, **~e** *f* diagonal.

Diagramm *n* diagram, graph(ical representation); *in Form e-s ~s* diagrammatically.

Diakon, ~us *m* deacon; **~isse, ~issin** *f* Lutheran nurse.

Dialekt *m* dialect; *~ sprechen* speak dialect; **~ausdruck** *m* dialecticism; **~frei** *adj. Sprache*: pure, standard; **~ik** *phls. f* dialectic(s *pl.*, *sg. konstr.*); **~iker** *m* dialectician; **~isch** *adj. ling.* dialectal; *phls.* dialectic(al).

Dialog *m* dialogue; **~form** *f*: *in ~* in dialogue (form); **~isch** *adj.* dialogic(al); **~isieren** *v/t.* turn into a dialogue.

Diamant *m a.* ⊕ *u. typ.* (*f*) diamond; *(un)geschliffener ~* (rough) cut diamond; ⊕ *schwarze ~en* black diamonds, coal *sg.*; **~en** *adj.* diamond ...; *~e Hochzeit* diamond wedding; **~schleifer** *m* diamond cutter.

diametral & *adj.* diametric(al); *adv.* *~ entgegengesetzt* diametrically opposed.

diaphan *adj.* diaphanous.

Dia|positiv *phot. n* transparency, slide; **~projektor** *m* transparency (*od.* slide) projector.

Diärese *ling. f* diaeresis.

Diarium *n* diary.

Diarrhö(e) ⚕ *f* diarrh(o)ea.

Diaspora *eccl. f* diaspora.

Diät I. *f* (special) diet, regimen; *strenge ~ halten* keep a strict diet; *j-n auf ~ setzen* put a p. on diet; **II. ~** *adv.*: *~ leben* be on a diet; **~en** *parl. pl.* sessional expense allowance *sg.*

Diätet|ik *f* dietetics *pl.* (*sg. konstr.*); **~iker** *m* dietician; **~isch** *adj.* dietary, dietetic.

Diathermie ⚕ *f* diathermy.

Diät...: **~kost** *f* dietary; **~kur** *f* dietetic treatment, diet cure.

dich *pers. pron.* (*acc. von du*) you, *bibl., poet.* thee; *refl.* yourself, *nach prp.*: you; *beruhige ~!* calm yourself!; *sieh hinter ~!* look behind you!

dicht I. *adj.* (*undurchlässig*) tight (*a. fig. Stil*), impervious; *Gefäß usw.*: leakproof; (*gedrängt*) close(ly packed), compact (*a.* ⊕); *phys., Nebel, Wald, Verkehr, Bevölkerung*: dense; *Haar, Laub, Gedränge*: thick; *Stoff*: thick, close; **II.** *adv.* tight(ly), close(ly), *etc.*; *~ anliegend Kleid*: tight(ly fitting); *~ geschlossen* shut tight; *~ an od. bei* close (*od.* next) to; *~ aneinander* close together; *~ dabei* close (*od.* hard) by; *~ hinter j-m her* close at (*od.* hot on) a p.'s heels; *~ hintereinander* in rapid succession; **~auf** *adv.* closely; **~behaart** *adj.* thick with hair, hirsute; **~besiedelt, ~bevölkert** *adj.* densely populated; **~e** *f allg.* density; *phys. a.* (*Wichte*) volumetric weight; (*spezifisches Gewicht*) specific gravity; → *a. Dichtheit.*

dichten[1] *v/t.* make tight; ⊕ seal, pack; (*Fuge*) flush; *mit Kitt*: lute; ⚓ ca(u)lk.

dichten[2] **I.** *v/t.* compose, write; **II.** *v/i.* compose (*od.* write) poetry, make verses, rhyme; **III. ~** *n* composition (*od.* writing) of poetry;

fig. sein ganzes ~ und Trachten all his thoughts and efforts, his whole mind.

Dichter *m*, **~in** *f* poet(ess *f*); (*Schriftsteller*) author(ess *f*), writer; **≈isch** *adj.* poetic(ally *adv.*); *~e Freiheit* poetic licen|ce, *Am.* -se; **~komponist** *m* poet (and) composer; **~ling** F *m* would-be poet, poetaster, rhymester; **~philosoph** *m* poet philosopher.

dicht...: **~gedrängt** *adj. u. adv.* closely packed; **~halten** F *v/i.* keep mum (*od.* one's mouth shut); *jemand hat nicht dichtgehalten* there must have been a leak.

Dicht|heit, ~igkeit *f* → *dicht*: tightness; imperviousness; compactness; density; closeness; *von Flüssigkeiten*: consistency; *auf ~ prüfen* test for leaks.

Dichtkunst *f* poetry, poetic art.

dichtmachen F *v/i.* (*od. v/t. den Laden ~*) shut up shop; *Sport*: stonewall, close up in front of goal.

Dichtung[1] ⊕ *f* sealing; *konkret*: (*Ab≈*) seal; (*Packung*) packing; (*~smanschette*) gasket; (*Unterlegscheibe*) washer; *mit Kitt*: lute; ⚓ ca(u)lking.

Dichtung[2] *f* poetry; (*Prosa≈*) fiction; (*Einzel≈*) poem (*a.* ♪), poetical work; work of fiction; (*Er≈*) fiction, invention; *~ und Wahrheit* fact and fiction.

Dichtungs...: **~manschette** *f* gasket; **~masse** *f* sealing compound; *in schlauchlosen Reifen usw.*: sealant; **~material** *n*, **~mittel** *n* sealing (*od.* packing) material, sealant; **~muffe** *f* packing sleeve; **~ring** *m*, **~scheibe** *f* sealing ring; washer, gasket; **~streifen** *mot. m* weatherstrip.

dick *adj.* thick; (*massig*) big, large, bulky; (*umfangreich*) voluminous, stout; (*geschwollen*) swollen; (*beleibt*) stout, corpulent, fat; (*zähflüssig*) viscid, syrupy; *Nebel usw.*: thick, dense; F (*groß*) big; *~er Auftrag* big (*od.* fat) order; *~e Milch* curdled milk; *~e Luft* close air; *fig.* F *~e Luft!* trouble's brewing!, something is up (*od.* in the wind)!; F *sie sind ~e Freunde* close friends, as thick as thieves; F *j-n od. et. ~ haben sl.* be fed up with, F be sick of; *durch ~ und dünn* through thick and thin; *adv.* F *~ auftragen* F lay it on thick; → *Brocken, Ende, Fell, Hund 3, faustdick* II; **~bäckig** *adj.* chubby; **≈bauch** *m* pot-belly, paunch; **~bäuchig** *adj.* big-bellied; **≈darm** *m* colon; **≈e** *f* thickness; bigness, bulk(iness); corpulence, stoutness; ⊕ thickness; (*Durchmesser*) diameter; *Draht, Blech*: ga(u)ge; ⚗ consistency; viscosity; (*Dichte*) density; **≈e(r** *m*) *f*, **≈erchen** F *n* F fatty; **~fellig** *adj.* thick-skinned; **≈felligkeit** *f* stolidity, callousness; **~flüssig** *adj.* viscid, viscous, syrupy; *~es Öl* high-viscosity oil; **≈häuter** *zo. m* pachyderm; **≈icht** *n* thicket (*a. fig.*); **≈kopf** *m* pigheaded (*od.* headstrong, stubborn) fellow, mule; *e-n ~ haben* be pigheaded, *etc.*; **~köpfig** *adj.* pigheaded, obstinate, mulish; **~leibig** *adj.* corpulent; *fig.* bulky; **~lich** *adj.* fattish, plump; **≈milch** *f* curdled milk, curds *pl.*; **≈schädel** F *m* → *Dickkopf*; **~tun** *v/i. u. v/refl.*: (*sich ~*) brag (*mit et. of od.* about a th.), show off ([with] a th.), talk big (about a th.).

Didakt|ik *f* didactics *pl.* (*sg. konstr.*); **≈isch** *adj.* didactic(ally *adv.*).

die → *der*.

Dieb *m* thief; ⚖ *a.* larcenist; (*Einbrecher*) burglar; *kleiner*: pilferer, petty thief; *haltet den ~!* stop thief!; → *Gelegenheit 2.*

Diebes...: **~bande** *f* gang of thieves; **~gut** *n* stolen goods *pl.*; **≈sicher** *adj.* theft-proof; burglar-proof; **~sprache** *f* thieves' cant.

Diebin *f* (female) thief.

diebisch *adj.* **1.** thievish; *~e Elster* thieving magpie; **2.** *fig. Vergnügen*: fiendish, malicious; *adv. sich ~ freuen* gloat (*über* over), F be tickled pink (at).

Diebstahl *m* theft, ⚖ *mst* larceny; *einfacher ~* (simple) larceny; *schwerer ~* aggravated (*od.* grand) larceny; *räuberischer ~* theft attended with violence; *~ geistigen Eigentums* plagiarism.

Diele *f* **1.** (*~nbrett*) (floor-)board, *stärkere*: plank; **2.** (*Fußboden*) floor; **3.** (*Vorraum*) hall, vestibule; → *Eisdiele, Tanzdiele*; **≈n** *v/t.* (*Fußboden*) board, plank; (*Zimmer*) floor.

dielektrisch *adj.* dielectric.

dienen *v/i.* **1.** serve (*j-m* a p.; *als* as; *zu* for; *dazu, zu inf.* to *inf.*); *zu et. ~* (*fördern*) be conducive (*od.* contribute) to, make for; *damit ist mir nicht gedient* that is of no use to me; *womit kann ich ~?* what can I do for you?; *welchem Zweck dient das?* what is the use of this?, F what is that good for?; *es dient dazu, zu inf.* it serves to *inf.* (*od.* the purpose of *ger.*); *es kann dazu ~, die Lage völlig zu verändern* it is apt to alter the situation completely; → *Warnung*; **2.** serve one's time; *bei der Marine ~* serve in (*od.* with) the Navy; *bei den Fallschirmjägern* ~ serve with the paratroopers.

Diener *m* **1.** (man-)servant; footman, valet; *fig.* servant; ~ *Gottes* servant (*od.* man) of God; **2.** (*Verbeugung*) bow (*vor* to); **3.** *stummer* ~ (*Nebentischchen*) dumb-waiter; **~in** *f* maid-servant, maid; *fig.* (*Hilfswissenschaft usw.*) handmaid (-en); **⁓n** *v/i.* bow and scrape; **~schaft** *f* servants *pl.*, domestics *pl.*

dienlich *adj.* useful, serviceable, helpful (*dat.* to); (*zweck*~) expedient, suitable, F handy; (*ratsam*) advisable; (*heilsam*) salutary, wholesome; *e-r Sache* ~ *sein* be conducive (*od.* contribute) to a th., promote a th.; *jegliche für* ~ *erachteten Maßnahmen* any measures that may be deemed fit; *es war mir sehr* ~ it was very helpful (*od.* of great help) to me; *kann ich Ihnen* ~ *sein?* can I help you?

Dienst *m* **1.** service (*an* to); *sich in den* ~ *e-r Sache stellen* offer one's services to, devote o.s. to, embrace *a cause*; **2.** (*Hilfeleistung*) service; *pol. gute* ~*e* good offices; *j-m e-n guten* ~ *leisten* render (*od.* do) a p. a good service, do a p. a good turn (*od.* a great favo[u]r); *gute* ~*e leisten* render good services, (*e-r Sache, j-m*) *a.* stand *a p.* in good stead, serve *a p. od. th.* well; *j-m e-n schlechten* ~ *erweisen* render a p. a disservice, do a p. a bad turn; **3.** (*Dienstleistung, a. öffentliche Einrichtung, Organisation*) service, *e-s Arztes*: *mst* attendance (*an* to); ~*e e-s Rechtsanwaltes* services of a lawyer; ~ *am Kunden* (prompt) service to the customer; ~(e) *leisten od. tun* render services, serve; ⊕ *den* ~ *versagen a. Herz, Stimme usw.*: fail; *j-m zu* ~*en stehen* be at a p.'s disposal (*od.* service, command); *was steht zu* ~*en?* what can I do for you?; → *Telefondienst*; **4.** (*Staats*⁓) Civil Service; *einfacher* (*gehobener, mittlerer, höherer*) ~ lower (clerical, higher, senior) service; *diplomatischer* ~ diplomatic service; *außer* ~ (*im Ruhestand*) retired, in retirement; → *öffentlich* **I**; **5.** (*amtliche* ~*ausübung*) duty (*a.* ⚔); *im* (*außer*) ~ on (off) duty; ⚔ ~ *bei der Truppe* field service; ⚔ *im aktiven* ~ on active duty; *Offizier vom* ~ officer of the day (*abbr.* O.D.); *Unteroffizier vom* ~ charge of quarters (*abbr.* C.Q.); *co. der Torschütze vom* ~ F the inevitable goal-scorer; *in Ausübung des* ~*es, im* ~ in line of duty, while on duty; ~ *haben*, ~ *tun* be on duty; *in* ~ *stellen* put into service, ⚓ *a.* commission; *außer* ~ *stellen* inactivate, ⚓ lay up; *sich zum* ~ *melden* report for duty; → *Vorschrift*; **6.** (*Stellung*) post, position, situation, employ(ment); *von Hausangestellten*: (domestic) service, employ; *im* ~*e gen. stehen* be employed with, be in the employ of, work for; *contp.* be in the pay of; *in den* ~ *gen. treten* become employed with, enter *a p.'s* service, take up a position in *an organization*; *in* ~ *nehmen* engage, *bsd. Am.* hire; → *quittieren* 2.

Dienstag *m* Tuesday; *am* ~ on Tuesday; ⁓*s*, *an* ~*en* on Tuesdays.

Dienst...: **~alter** *n* length of service, seniority; *nach dem* ~ by seniority; **⁓ältest** *adj.*, **~älteste(r)** *m* senior; **~antritt** *m* starting of work; entrance into one's office; entering upon service; *pol.* installation; **~anweisung** *f* service instruction(s *pl.*); **~anzug** *m* service dress (*a.* ⚔), *Brit.* ⚔ battle dress; *großer* ~ dress uniform; *kleiner* ~ semidress; **~aufsichtsbeschwerde** *f* disciplinary complaint; **⁓bar** *adj.* subservient (*dat.* to); ~*er Geist* ministering spirit; *fig. co.* factotum, servant; *s-n Zwecken* ~ *machen* make *a p. od. th.* serve one's purpose, (*Naturkräfte*) harness, utilize; **~barkeit** *f* **1.** subjection, servitude; **2.** ⚖ easement; **~befehl** *m* official (*od.* ⚔ service) order; **⁓beflissen** *adj.* zealous, assiduous (in office); obliging; *übertrieben*: officious; **~bereich** *m* area of responsibility; **⁓bereit** *adj.* ready to be of service; (*gefällig*) obliging; **~beschädigung** *f* injury sustained while on duty; **~bezüge** *m/pl.* emoluments, pay *sg.* (and allowances); **~bote** *m* domestic (servant), *Am.* help; **~eid** *m* oath of office; *den* ~ *leisten* be sworn in; **~eifer** *m* zeal, assiduity; *b.s.* officiousness; **⁓eifrig** *adj.* → *dienstbeflissen*; **~entlassung** *f* dismissal (*od.* discharge) from service (*od.* office); **⁓fähig** *adj.* → *diensttauglich*; **~fahrt** *f* official trip; **⁓fertig** *adj.* → *dienstbeflissen*; **⁓frei** *adj.*: ~ *sein* be off duty; ~*er Tag* off day; **~gebrauch** *m*: *nur für den* ~! for official use only!, *Am.* restricted!; **~geheimnis** *n* official secret; (*Geheimhaltung*) official secrecy; **~gespräch** *teleph. n* official call; **~grad** *m* rank; *Am. Unteroffiziere u. Mannschaften*: grade, ⚓

rating; ~**gradabzeichen** *n* badge of rank, *pl.* insignia (of rank); ²**habend** *adj.* (on) duty; ~**herr** *m* employer, principal, ⚖ master; ~**jahre** *n/pl.* years of service; ²**leistend** ⚕ *adj.* service-rendering; ~**leistung** *f* service (rendered); ~en ⚕ (*a.* ~**leistungsverkehr** *m*, ~**leistungswirtschaft** *f*) services *pl.*; ~**leistungsgesellschaft** *f* service society; ~**leistungsgewerbe** *n* service industries *pl.*; ~**leitung** *teleph. f* service line; ²**lich I.** *adj.* official; **II.** *adv. a.* in official capacity; ~ verhindert prevented by official duties; ~**mädchen** *n* maid(-servant), domestic helper, *Am. a.* help; ~**mann** *m* street-porter, commissionaire; ~**marke** *f* official postage-stamp; ~**mütze** ⚔ *f* service cap; ~**ordnung** *f* official (*od.* ⚔ service) regulations *pl.*; ~**personal** *n* personnel; (*Dienstboten*) servants *pl.*; ~**pflicht** *f* official duty; ⚔ (compulsory) military service; conscription; ²**pflichtig** *adj.* liable to service; im ~en Alter of military age; ~**pflichtige(r)** *m* conscript, *Am.* draft registrant; ~**pistole** *f* service pistol; ~**plan** *m* duty roster, service schedule; ~**prämie** *f* (service) gratuity; ~**raum** *m* office; ~**reise** *f* official journey (*od.* trip); ~**sache** *f* official matter (*od.* business); ~**schluß** *m*: nach ~ after (office) hours; ~**schreiben** *n* official letter; ~**siegel** *n* official seal; ~**stelle** *f* agency, office; (administrative) department; (*Polizei*²) police station; ~**stellung** *f* position, official function; (*Rangstufe*) service grade (*od.* rank); ~**strafe** *f* disciplinary punishment; ~**strafsache** *f* disciplinary action; ~**stunden** *f/pl.* office (*od.* business) hours; ²**tauglich** *adj.* fit for (⚔ active) service; ²**tuend** *adj.* on duty; ²**unfähig**, ²**untauglich** *adj.* unfit for service; *dauernd*: disabled; ~**vergehen** *n* malfeasance in office; ⚔ offen|ce (*Am.* -se) against regulations; ~**verhältnis** *n* employment, service; ~se terms of employment; ²**verpflichtet** *adj.* conscripted for essential service; ~**vertrag** *m* contract of employment (*od.* service); ~**vorschrift** *f* (service) regulations *pl.*; ~**wagen** *m* official car; ~**weg** *m* official channels *pl.*; auf dem ~ through official channels; ²**widrig** *adj.* contrary to rules and regulations; ²**willig** *adj.* → dienstbereit; ~**wohnung** *f* official residence (*od.* quarters *pl.*); ~**zeit** *f* (period of) service; → Dienststunden; ~**zeugnis** *n* (service) certificate; testimonial; *für Hausangestellte*: character.

diesbezüglich *adj. u. adv.* referring (*od.* relating) to this *od.* thereto; relevant, pertinent (to this); in this connection; e-e ~e Erklärung a statement on this matter (*od.* in this connection).

Diesel F *m* **1.** → Dieselmotor; **2.** → Dieselöl; ~**antrieb** *m* Diesel operation; mit ~ Diesel-driven (*od.* -powered); ~**kraftstoff** *m* Diesel oil; ~**motor** *m* Diesel (oil) engine; ~**öl** *n* Diesel oil.

dies|er, ~e, ~es *od.* **dies,** *pl.* **diese** *dem. pron.* **1.** *adj.* this, (*jener*) that; *pl.* these; those; dies alles all this; dieses Scheusal! that monster!; dieser Tage the other day, *zukünftig*: one of these days; diese Ihre Beobachtung this observation of yours; **2.** *substantivisch*: this (*od.* that) one; he, she; *pl.* these, those; (*Letztgenannter*) the latter; dieser ist es this is the one; diese sind es these are the ones; dies sind m-e Schwestern these are my sisters; dieser und jener this one and that (one); ⚕ am dritten dieses (Monats) (3. d. M.) the third instant (*abbr.* 3rd inst.); der Schreiber dieses the present writer, the undersigned.

diesig *adj. Wetter*: hazy, misty.

dies|jährig *adj.* this year's, of this year; ~**mal** *adv.* this time; for (this) once; ~**malig** *adj.* this, present, (*heutig*) today's; ~**seitig** *adj.* **1.** on this (*od.* our) side; **2.** *fig.* worldly; ~**seits** *adv.* (*u. prp.*) on this side (of); ²**seits** *n*: das ~ this life (*od.* world).

Dietrich *m* picklock, skeleton key; ein Schloß mit e-m ~ öffnen pick.

dieweil *obs.* **I.** *cj.* while; *kausal*: because, since; **II.** *adv.* meanwhile.

diffamier|en *v/t.* defame, calumniate, slander; ~**end** *adj.* defamatory; ²**ung** *f* defamation.

Differential *n* ⚙ differential; *mot.* (*a.* ~**getriebe** *n*) differential (gears *pl.*); ~**gleichung** *f* differential equation; ~**rechnung** *f* differential calculus; ~**rente** ⚕ *f* differential profit.

differentiell *adj.* differential.

Differenz *f* **1.** difference; (*Rest*) balance; (*Überschuß*) surplus; **2.** *mst* ~en (*Mißhelligkeit*) difference, disagreement (*sg.*); ~**geschäft** ⚕ *n* *Am.* margin business (*od.* transaction), time bargain.

differenzier|en I. *v/t. u. v/i.* differentiate, distinguish; (*nur v/i.*) *a.* make distinctions (alle zwischen

between); **II.** *v/refl.*: *sich* ~ differ (-entiate); **~t** *adj.* differentiated, varied; *Geschmack usw.*: discriminating, refined; **~theit** *f* differentiation, variety; refinement.
differieren *v/i.* differ, be different (*um* by).
diffizil *adj.* difficult, awkward.
diffus *phys. adj.* diffuse(d) (*a. fig.*).
Diffusion *f* diffusion; **≈sfähig** *adj.* diffusible; **~svermögen** *n* diffusibility.
Digital|rechner ⊕ *m* digital computer; **~uhr** *f* digital clock (*od.* watch).
Diktat *n* **1.** dictation; *nach* ~ from dictation; *ein* ~ *aufnehmen* take a dictation; **2.** (*Befehl, Zwang*) dictate; **~or** *m* dictator; **≈orisch** *adj.* dictatorial; **~ur** *f* dictatorship (*des Proletariats* of the proletariat).
diktier|en *v/t. u. v/i.* dictate (*a. fig.*); **≈gerät** *n* dictating machine.
Diktion *f* diction.
Diktionär *m* dictionary.
Diktum *n* dictum, saying.
Dilemma *n* dilemma, F fix; *sich in e-m* ~ *befinden* be in (*od.* on the horns of) a dilemma.
Dilettant *m*, **~in** *f* dilettante; **≈isch** *adj.* amateurish, dilettante ...; **~ismus** *m* dilettantism, amateurishness.
Dill ⚘ *m* dill.
diluvial *adj.* diluvial, glacial.
Dimension *f* dimension; *fig. a.* proportion; **≈al** *adj.* dimensional; **≈ieren** *v/t.* dimension; **~szahl** *f* dimension.
diminutiv *adj.*, **≈** *ling. n* diminutive.
dinarisch *adj.* Dinaric.
Diner *n* dinner(-party).
Ding *n* **1.** (*Sache*) thing, (*Gegenstand*) *a.* object; *phls. das* ~ *an sich* the thing in itself; *vor allen* ~*en* first of all, above all, primarily; *das ist ein* ~ *der Unmöglichkeit* that is a physical impossibility, it is quite impossible; *guter* ~*e* in good spirits, of good cheer, cheerful; *sei guter* ~*e!* cheer up!; *gut* ~ *will Weile haben* take your time to do it well; *aller guten* ~*e sind drei* all good things come by threes; **2.** ~*e* (*Angelegenheiten*) things, matters, affairs; (*so,*) *wie die* ~*e liegen* as matters stand; *das geht nicht mit rechten* ~*en zu* F there is something fishy about it; *wie ich die* ~*e sehe* as I see it; → *Lage* 2, *Lauf* 3, *laufen* 7, *Name*; **3.** F (*Kind, Mädchen, Tier*) thing; *armes* (*dummes, freches*) ~ poor (silly, saucy) thing; **4.** F (*tolles*) ~ quite (*od.* really) something, *sl.* wow, humdinger, knockout; *ein* ~ (*Verbrechen*) *drehen sl.* pull a job; **~elchen** F *n* little thing.
dingen *v/t.* hire (*a. Verbrecher*).
dingfest *adj.*: *j-n* ~ *machen* arrest (*od.* apprehend) a p., take a p. in custody, F put a p. behind bars.
dinglich *adj.* real (*a.* ⚖); ~*er Anspruch* ad rem claim; ~*er Arrest* attachment; ~*e Klage* real action; ~*es Recht* real right; *adv.* ~ *berechtigt* holding interests in rem.
Dings, *a.* **~da**, **~bums 1.** *n* thing, thingumbob, (*a. Ort*) what's-its-name; (*Apparat*) F gadget, *sl.* contraption; **2.** *m, f Mr., Mrs., Miss* what's-his-(her-)name (*od.* so-and-so, thingumbob).
dinieren *v/i.* dine.
Dinkel ⚘ *m* spelt.
Dinosaurier *m* dinosaur(ian).
Diode ⚡ *f* diode; **~ngleichrichter** *m* diode detector.
Dioptrie *opt. f* diopter, dioptry.
Dioskuren *m/pl.* Dioscuri.
Dioxyd *n* dioxide.
Diözese *eccl. f* diocese.
Diphtherie ⚕ *f* diphtheria; **~serum** *n* antidiphtheritic serum.
Diphthong *ling. m* diphthong; **≈ieren** *v/t.* diphthongize.
Diplom *n* diploma; *in Zssgn* → *diplomiert*; **~arbeit** *f* thesis.
Diplomat *m* diplomat (*a. fig.*), *Brit. a.* diplomatist; **~enlaufbahn** *f* diplomatic career; **~ie** *f* diplomacy; **~ik** *f* diplomatics *pl.* (*sg. konstr.*); **≈isch** *adj.* diplomatic (*a. fig.*); ~*es Korps* diplomatic corps; ~*er Schritt* démarche (*fr.*); ~*e Vertretung* diplomatic mission *of a state*; *die* ~*en Beziehungen abbrechen* (*wiederaufnehmen*) sever (restore) diplomatic relations; *adv.* ~ *vorgehen* act diplomatically, diplomatize.
diplomier|en *v/t.* grant a diploma to; **~t** *adj.* holding a diploma, diplomaed, qualified, trained.
Diplom...: **~ingenieur** *m* graduate (*od.* academically trained) engineer; **~kaufmann** *m* Bachelor of Commerce; **~physiker** *m* Bachelor of Science (Physics); **~volkswirt** *m* Bachelor of Science (Econ.).
Dipol ⚡ *m* dipole.
dir *pers. pron.* (*dat. von du*) **1.** (to) you, *eccl., poet.* (to) thee; *refl.* you; *er wird* ~ *helfen* he will help you; *ich werde es* ~ *erklären* I'll explain it to you; *nach* ~*!* after you!; *wasche* ~ *die Hände!* wash your hands; **2.** *als ethischer Dativ*: *das*

war ~ (vielleicht) ein Durcheinander! there was a mess for you!

direkt I. *adj.* **1.** (*gerade*) direct; *der ~e Weg* the direct way; *~er Zug nach X* through train to X; **2.** (*unmittelbar*) direct (*a. Steuer, Wahl usw.*), immediate; *Informationen*: firsthand, direct, inside; *Abstammung*: lineal, direct; **3.** (*unverblümt*) direct, plain, outspoken; **4.** (*ausgesprochen*) decided, perfect, plain; *~er Wahnsinn* sheer madness; **5.** *ling.* direct *method, speech*; **II.** *adv.* **6.** direct(ly), straight; *~ von (nach) London* direct *od.* straight from (to) London; *~ vom Hersteller* direct from the producer; **7.** (*gleich*) directly, immediately, (*sofort*) *a.* at once; *~ am Bahnhof* directly (*od.* right) at the station; *~ nach dem Essen* immediately (*od.* right) after lunch; *~ gegenüber* directly (*od.* exactly) opposite; **8.** (*ohne Umschweife*) direct, pointblank; **9.** F (*völlig*) downright, absolutely, really, just; *~lächerlich* downright ridiculous; **10.** *Radio, TV*: live, direct; **≈flug** *m* direct (*od.* nonstop) flight.

Direktion *f* **1.** (*Leitung*) direction; management, administration; **2.** (*Vorstand*) board of directors, (board of) management; **3.** (director's, *Am.* executive) office; **~sassistent** *m* assistant manager; **~ssekretär(in** *f*) *m* director's secretary.

Direktive *f* directive; (general) instruction, rule.

Direktor *m* director (*a. Funk*), manager; (*Geschäftsführer*) managing director, executive; *e-r Bank*: governor, *Am.* president; *e-s Gefängnisses*: prison governor, *Am. a.* warden; (*Schulleiter*) headmaster, *Am.* principal.

Direktorat *n* directorship; *Schule*: headmaster's office; → *a. Direktorium.*

Direktorin *f* → *Direktor, Direktrice.*

Direktorium *n* directorate, management committee, supervisory board; ⚚ board of directors, managing board.

Direktrice *f* manageress, directress, directrice.

Direkt|sendung *f*, **~übertragung** *f* live broadcast.

Dirigent ♪ *m* conductor, leader; **~enstab** *m*, **~stock** *m* baton.

dirig|ieren *v/t.* (*leiten*) direct, manage; (*beherrschen*) control, rule; (*lenken*) steer; ♪ conduct; **≈ismus** *pol.* ⚚ *m* planned economy, dirigisme (*fr.*).

Dirndl *n* **1.** → *Dirne* 1; **2.** (*a.* **~kleid** *n*) dirndl, Bavarian costume.

Dirne *f* **1.** girl, lass, maid; **2.** *b.s.* prostitute, street-walker, whore.

Dis ♪ *n* D sharp.

Disagio ⚚ *f* discount.

Discount... discount *shop, price, etc.*, cut-price *shop.*

Disharmon|ie *f* ♪ disharmony, dissonance, discord (*a. fig.*); **≈isch** *adj.* discordant, dissonant.

Diskant ♪ *m* descant, treble, soprano; **~...** treble ...

Diskont|(o) ⚚ *m* **1.** discount; *e-n ~ gewähren* allow a discount; *in ~ nehmen* take on discount; *zum ~ geben* have discounted, discount; **2.** → *Diskontsatz*; **~bank** *f* discount bank; **~en** *pl.* bills discounted; **~erhöhung** *f* raising of the discount rate (*od.* bank-rate); **≈fähig** *adj.* discountable, *Am.* eligible (for rediscount); **~geschäft(e** *pl.*) *n* discounting (business *sg.*); **~herabsetzung** *f* → *Diskontsenkung*; **≈ierbar** *adj.* → *diskontfähig*; **≈ieren** *v/t.* discount; **~markt** *m* discount (*od.* bill) market; **~politik** *f* (*Am.* re-) discount policy; **~satz** *m* bank-rate, rate of discount, *Am.* rediscount rate; *den ~ erhöhen* raise the bank-rate; *den ~ herabsetzen* cut (*od.* lower) the bank-rate; **~senkung** *f* lowering of the bank-rate; **~wechsel** *m* discounted bill.

Diskothek *f* discotheque.

diskreditieren *v/t.* (bring into) discredit, throw discredit upon.

Diskrepanz *f* discrepancy.

diskret *adj.* **1.** discreet; **2.** *Farbe usw.*: unobtrusive, quiet, discreet; **3.** ⩚ discrete; **≈ion** *f* discretion, (*Verschwiegenheit*) *a.* secrecy; *~ Ehrensache!* you may count on my (*od.* our) strictest confidence!

diskriminier|en *v/t.* discriminate against; **~end** *adj.* discriminating; **≈ung** *f* discrimination (*gen.* against).

Diskurs *m* discourse; **≈iv** *adj.* discursive.

Diskus *m* **1.** discus; *~ werfen* throw the discus; **2.** *anat., zo.,* ⚘ disc.

Diskussion *f* discussion, debate; *zur ~ stehend* under discussion; *zur ~ stellen* put up for discussion; **~sbasis** *f*, **~sgrundlage** *f* basis for discussion; **~sleiter** *m* (panel) chairman; **~steilnehmer(in** *f*) *m* *TV usw.*: panel member; **~sveranstaltung** *f* discussion meeting, *Am.* forum.

Diskus...: **~werfer(in** *f*) *m* discus-

thrower; **~wurf** *m* discus-throw (-ing).
diskut|abel *adj.* discussible; *nicht ~* out of the question, preposterous; **~ieren** *v/t. u. v/i.* discuss, debate, argue.
Dispens *m* dispensation (*a. eccl.*), exemption; *~ erteilen* grant dispensation; **⁓ieren** *v/t.* dispense, exempt (*von* from).
dispergieren *opt. v/t.* disperse.
Dispersion *f* dispersion.
Dispon|ent ⚕ *m* managing clerk; (*Händler e-r Bank*) dealer; **⁓ibel** *adj.* available; **⁓ieren I.** *v/i.* **1.** make arrangements, plan (ahead); **2.** *über j-n od. et. ~* dispose over; have at one's disposal; **3.** ⚕ place orders; **II.** *v/t.* **4.** dispose of; **5.** make arrangements for; **⁓iert** *adj.* disposed (*zu inf.* to *inf.*); *gut (schlecht) ~ sein* be in good (bad) form; ⚕ *für e-e Krankheit ~* predisposed to, prone to.
Disposition *f* **1.** ⚕ (pre)disposition, proneness (*zu* to); **2.** *mst ~en* (*Vorkehrungen*) plan, arrangement, disposition(s *pl.*); (*Planung*) (forward) planning, preparation(s *pl.*); (*Maßnahmen*) action taken (*nur sg.*); (*Anweisung*) direction(s *pl.*), instruction(s *pl.*); *(s-e) ~en treffen für od. zu* make arrangements for; **3.** ⚕ (*Auftragserteilung*) placing of orders; **4.** (*Anlage, Entwurf*) layout, plan; **5.** (*Verfügung*) disposal; *zu j-s ~ stehen* be at a p.'s disposal; *j-n zur ~ stellen* send a p. into temporary retirement.
Disput *m* dispute, argument; **⁓abel** *adj.* disputable, controversial; **~ation** *f* disputation, controversy, debate; **⁓ieren** *v/i.* **1.** dispute (*über et.* [over *od.* about] a th.), debate ([on] a th.), argue ([about] a th.); **2.** F (*streiten*) argue, quarrel.
Disqualifi|kation *f* disqualification; **⁓zieren** *v/t.* disqualify (*wegen* for).
Dissens *m* dissent.
Dissertation *f* dissertation; (*Doktorarbeit*) *a.* (doctoral) thesis.
Dissident *m* dissident.
Dissonanz *f* ♪ dissonance; *fig. a.* discord(ant note).
Distanz *f* distance (*a. Sport u. fig.*); *fig.* (*Objektivität*) detachment; *~ halten* keep one's distance, keep (*od.* remain) aloof (*j-m gegenüber* from a p.); *et. mit ~ betrachten* take a detached view of; *über die volle ~ gehen Boxen usw.*: go the distance; *in der ~ Boxen*: at long range; **~boxer** *m* outfighter; **~handel** *m* (long-)distance trade.
distanzier|en I. *v/refl.*: *sich ~* keep one's distance; *weitS.* dis(as)sociate o.s. (*von* from); **II.** *v/t. Sport*: outdistance, outstrip; *j-n mit fünf Metern ~* win by five yards against a p.; **~t** *adj.* **1.** reserved, aloof; **2.** (*objektiv*) detached.
Distanz...: **~lauf** *m*, **~rennen** *n* long-distance race; **~scheibe** ⊕ *f* spacer, washer; **~wechsel** ⚕ *m* out-of-town bill.
Distel ⚘ *f* thistle; **~falter** *m* painted lady; **~fink** *m* goldfinch.
Distichon *n* distich.
distinguiert *adj.* distinguished.
Distrikt *m* district; → *Bezirk*.
Disziplin *f* **1.** discipline; **2.** (*Sparte, Fach*) branch, department; *Sport*: event, competition.
Disziplinar|gewalt *f* disciplinary power (*über* over); **⁓isch** *adj.* disciplinary; *adv. ~ vorgehen* take disciplinary action; **⁓strafe** *f* disciplinary punishment; **~verfahren** *n* disciplinary action (*od.* proceedings *pl.*); **~vergehen** *n* infraction of discipline.
diszipliniert *adj.* disciplined.
disziplinlos *adj.* undisciplined, disorderly, unruly; **⁓igkeit** *f* lack of discipline, indiscipline.
dito *adv.* ditto, (the) same.
Diva *f* diva, star, prima donna.
Diverg|enz *f* divergence (*a. fig.*); **⁓ieren** *v/i.* diverge (*von* from).
divers *adj.* diverse, various, sundry; **⁓es** *n bsd.* ⚕ sundries *pl.*; **⁓ifikation** ⚕ *f* diversification; **~ifizieren** ⚕ *v/t. u. v/i.* diversify.
Dividend ⅍ *m* dividend; **~e** ⚕ *f* dividend; (*Satz*) dividend rate; *e-e ~ erklären* declare a dividend; *einschließlich ~* cum dividend, *Am.* dividend on; *ohne ~* ex dividend, *Am.* dividend off; → *ausschütten* 1; **~enausschüttung** *f* distribution of dividend; **⁓enberechtigt** *adj.* ranking for dividend; **~enpapiere** *n/pl.* shares, *Am.* stocks; **~ensatz** *m* dividend rate; **~enschein** *m* dividend warrant (*od.* coupon).
dividieren *v/t.* divide (*durch* by).
Divis *typ. n* hyphen.
Division ⅍, ⚔ *f* division; **~sabschnitt** ⚔ *m* division combat sector; **~sbefehl** *m* division (combat) order; **~skommandeur** *m* division(al) commander; **~szeichen** ⅍ *n* divisional mark.
Divisor ⅍ *m* divisor.
Diwan *m* **1.** divan, couch, *Am.* davenport; **2.** *hist.*, *Literatur*: divan.
doch *cj. u. adv.* (*dennoch*) however, yet, still, for all that; all the same, nevertheless; (*schließlich, also ~*) after all; (*gewiß*) surely; (*bekannt-*

lich) as you know; (*je* ~, *aber* ~) but; *auffordernd*: do, *z.B.* setz dich ~! do sit down; *nach verneinter Frage*: *siehst du es nicht?* ~! yes, I do; *willst du nicht kommen?* ~! O, yes, I will!; *ja* ~! yes, indeed!, of course!, by all means!, *Am. a.* sure (thing)!; *und* ~ and yet; *er kam also* ~? then he did come, after all?; *nicht* ~! don't!; (*gewiß nicht*) certainly not!; *du weißt* ~, *daß* surely (*od.* I am sure) you know that; *du kommst* ~? you will come, won't you?; *wo du* ~ *wußtest* when you knew; *er ist* ~ *nicht* (*etwa*) *tot?* he isn't dead, I hope (*od.* is he)?; *das kann* ~ *nicht dein Ernst sein?* you don't really mean that, do you?; *das ist* ~ *zu arg!* that's really too bad!; *wenn er* ~ *käme* if only he would come; *wenn es* ~ *wahr wäre* I wish it were true; *hättest du das* ~ *gleich gesagt!* if only you had said so at once!; *das ist* ~ *Georg!* why, that's George!

Docht *m* wick; **~schmierung** *mot. f* wick oiling.

Dock ⚓ *n* dock, dockyard; *auf* ~ *legen* (put into) dock; *ins* ~ *gehen* (go into) dock; **~anlagen** *f/pl.* docks; dock installations; **~arbeiter** *m* docker, *Am.* longshoreman.

Docke *f* **1.** ⊕ mandril, arbor; **2.** (*Geländersäule*) baluster; **3.** (*Strähne Garn*) skein, hank; (*Bündel Tabak usw.*) bundle; **4.** *dial.* (*Puppe*) doll.

docken ⚓ *v/t. u. v/i.* dock.

Doge *m* doge; **~npalast** *m* Ducal Palace.

Dogge *zo. f*: (*englische* ~) mastiff; *dänische* (*od. deutsche*) ~ Great Dane.

Dogma *n* dogma; *zum* ~ *erheben* proclaim as a dogma; **~tik** *f* dogmatics *pl.* (*sg. konstr.*); **~tiker** *m* dogmatist; **≗tisch** *adj.* dogmatic(ally *adv.*); **≗tisieren** *v/t. u. v/i.* dogmatize; **~tismus** *m* dogmatism.

Dohle *orn. f* (jack)daw.

Dohne *f* springe, noose.

doktern F *v/i.* doctor (*a. fälschen*).

Doktor *m* **1.** *univ.* doctor, → *Dr.* (*Abkürzungsliste im Anhang*); *den* ~ *machen*, F *s-n* ~ *bauen* take one's (doctor's) degree; **2.** F (*Arzt*) doctor, medical man; **~and** *m* candidate for a doctor's degree, doctorand; **~arbeit** *f* (doctoral) thesis; **~at** *n* doctorate; **~diplom** *n* doctor's diploma; **~examen** *n* examination for a doctor's degree; **~frage** *fig. f* vexed question, poser; **~grad** *m*, **~hut** F *m* doctor's degree; **~in** *f* woman doctor; **~titel** *m* doctor's title; **~vater** F *m* supervisor; **~würde** *f* doctorate; *j-m die* ~ *verleihen* confer the degree of doctor on a p.

Doktrin *f* doctrine; **≗är** *adj.*, **~är** *m* doctrinaire.

Dokument *n* document, record (*beide a. fig.*); ⚖ (legal) instrument, deed; ⚓, ⚕ ~e (shipping) documents.

Dokumentar|bericht *m* documentary report; **~film** *m* documentary (film); **≗isch I.** *adj.* documentary; **II.** *adv.* by documents; ~ *belegt* documented.

Dokumentation *f* documentation; *fig. a.* demonstration.

Dokumenten|akkreditiv ⚕ *n* documentary letter of credit; **≗echt** *adj.* accepted for use on official documents; **~inkasso** *n* collection of documents; **~tratte** *f* documentary draft.

dokumentieren *v/t.* document; establish by documentary evidence; *fig.* (*zeigen, beweisen*) demonstrate; reveal (*sich* itself).

Dolch *m* dagger; ⚔ (*Ehren*≗) dirk; **~messer** *n* case-knife, *Am.* bowie-knife; **~stich** *m*, **~stoß** *m* stab (*od.* thrust) with a dagger; *fig.* stab in the back; **~stoßlegende** *hist. f* myth of the "stab in the back".

Dolde ⚘ *f* umbel; **~nerbse** *f* crown pea; **~ngewächse** *n/pl.* umbellate plants, umbellifers.

Dole *f* drain, culvert.

doll F *adj.* → *toll*.

Dollar *m* dollar, *Am. sl.* buck; **~bilanz** *f* dollar balance of payment; **~lücke** *f* dollar gap; **~raum** *m* dollar area; **~schwund** *m* dollar drain; **~zeichen** *n* dollar sign.

Dolle ⚓ *f* thole-pin.

Dolmetsch *m* **1.** *fig.* spokesman; **2.** *östr.* → *Dolmetscher*; **≗en** *v/i.* interpret, translate (*a. v/t.*); act as interpreter; **~er(in** *f*) *m* interpreter; **~erinstitut** *n*, **~erschule** *f* school for interpreters.

Dolomit *min. m* dolomite.

Dom *m* **1.** cathedral; **2.** ⚠, ⊕, *geol.* dome, cupola; **3.** *poet.* vault, canopy.

Domäne *f* domain, (state) demesne; *fig.* domain, province.

Domestiken *m/pl.* domestics.

domestizieren *v/t.* domesticate.

Domherr *m* canon, prebendary.

dominant *adj.* dominant; **≗akkord** *m* dominant chord; **≗e** *f* ♪ dominant; *fig.* dominant factor;

˜septakkord *m* dominant seventh (chord).

dominieren *v/i. Person*: dominate (*über* over); have the upper hand; *Sache*: (pre)dominate, prevail; **~d** *adj.* dominating.

Dominikaner *eccl. m*, **~in** *f* Dominican (friar, *f* nun); **~orden** *m* Order of St. Dominic, *the* Dominicans *pl.*

Domino 1. *m* (*a.* **~maske** *f*) domino; **2.** *n* (*a.* **~spiel** *n*) (game of) dominoes *pl.*; *~ spielen* play at dominoes; **~stein** *m* domino.

Domizil *n* domicile (*a.* ✝); **˜ieren** ✝ *v/t.* (*Wechsel*) domicile, domiciliate (*bei* with *a p.*, at *a bank*); **~wechsel** *m* domiciled bill.

Dom...: ~kapitel *n* chapter (of a cathedral); **~pfaff** *orn. m* bullfinch; **~propst** *m* provost of a cathedral.

Domp|teur *m*, **~teuse** *f* tamer, animal trainer.

Donar *myth. m* Thor.

Donau... Danubian *monarchy, states, etc.*

Donner *m* thunder (*a. fig.*); *wie vom ~ gerührt* thunderstruck; **~getöse** *fig. n* din, ear-splitting noise; **~gott** *m* God of Thunder; **~keil I.** *m* thunderbolt; **II.** *int.* F → *Donnerwetter* II; **˜n** *v/i. u. v/t.* thunder (*a. fig., Person u. Sache*); *fig. a.* roar; *es donnert* it is thundering; **˜nd** *adj.* thundering, thunderous; *Gelächter*: roaring; **~schlag** *m* peal (*od.* crash) of thunder, thunderclap; *fig.* thunderbolt.

Donnerstag *m* Thursday; → *a. Dienstag.*

Donner...: ~stimme *f* thundering voice; *mit ~ sagen* thunder; **~wetter** F **I.** *n* (unholy) row, stink; *wie ein ~ dreinfahren* raise hell; **II.** *int.* **1.** *staunend*: F wow!, golly!, gosh!; **2.** *als Fluch*: *zum ~* damn (it)!, (bloody) hell!; *wer zum ~?* who the devil?; *warum* (*was, wo*) *zum ~?* why (what, where) the hell?

Donquichotterie *f* quixotry.

doof F *adj.* (*dumm*) goofy, dopey; (*fad*) boring, *it is* a drag; (*verwünscht*) damned, blasted.

dopen *v/t.* dope.

Doppel *n* duplicate; *Tennis*: doubles *pl.*; *gemischtes ~* mixed doubles *pl.*; **~achter** *m Rudern*: sculling eight; **~adler** *m* double eagle; **~bedeutung** *f* double meaning; **~belichtung** *phot. f* double exposure; **~bereifung** *f* dual tyres (*Am.* tires) *pl.*; **~besteuerung** *f* double taxation; **~betrieb** ⚡ *m* duplex operation; **~bett** *n* double bed, twin-bed; **~boden** *m* double (*od.* false) bottom; **˜bödig** *adj.* double-bottomed; *fig. ~e Moral* double standard of morals; **~brief** *m* overweight letter; **~bruch** ⚕ *m* compound fracture; **~decker** *m* ✈ biplane; *Omnibus usw.*: double-decker; **~deckung** *f Boxen*: covering up; **˜deutig** *adj.* equivocal, ambiguous; **~ehe** *f* bigamy; **˜fädig** ⊕ *adj.* bifilar; **~fehler** *m Tennis*: double fault; **~fenster** *n* double window; **~fernrohr** *n* binocular telescope; **~flinte** *f* double-barrel(l)ed gun; **~gänger** *m* double(ganger); **˜gängig** *adj. Schraube*: double-threaded; **~gleis** *n* double track; **˜gleisig** *adj.* double-track ...; **~griff** ♪ *m* double-stop; **~haus** *n* double house; (*Hälfte*) semi-detached house; **~hochzeit** *f* double wedding; **~kinn** *n* double chin; **~kolbenmotor** *m* opposed-piston engine; **~kopfhörer** *m* (a pair of) headphones *pl.*, head-set; **~kreuz** ♪ *n* double sharp; **~lauf** *m Flinte*: double-barrel; **˜läufig** *adj.* double-barrel(l)ed; **~laut** *ling. m* diphthong; **~leben** *n* double life; **~monarchie** *hist. f* Dual Monarchy; **~mord** *m* double murder; **˜n** *v/t.* double; **~name** *m* hyphenated name; **~nelson** *m Ringen*: full nelson; **~punkt** *m* colon; ♃ double point; **~rad** *n* twin wheel; **~reifen** *mot. m* dual (*od.* twin) tyre (*Am.* tire); **~reihe** *f* double row; ⚔ double file, column by twos; ♃ double series; **~rolle** *thea. u. fig. f* double role; **~rumpf** ✈ *m* twin fuselage; **~schalter** *m* duplex switch; **˜schichtig** *adj.* two-layered; **~schlußmotor** ⚡ *m* compound(-wound D.C.) motor; **˜seitig I.** *adj.* double-sided (*a. Textilien* = reversible); ⚕ double, bilateral; *typ.* two-page ...; ⚕ *~e Lungenentzündung* double pneumonia; **II.** *adv.* on both sides; **~sieg** *m* double win; **~sinn** *m* double meaning, ambiguity; **˜sinnig** *adj.* ambiguous, equivocal; **~sitzer** *m* two-seater; **~sohle** *f* clump sole; **~spiel** *n Tennis*: doubles (match) *pl.*; *fig.* double game; **~stecker** ⚡ *m* two-pin plug, two-way adapter; **~steuerung** ✈ *f* dual controls *pl.*

doppelt I. *adj.* double; (*zweifach*) double, twofold; duplicate; *bsd.* ⊕ dual, twin *engines, etc.*; *bsd.* ⚡ duplex; *~e Freude* (*~es Glück, ~er Whisky usw.*) double joy (luck, whisky, *etc.*); *~er Zweck* dual purpose; *den* ~*en Preis* double the price; *et.* ~ *haben* have two (copies *od.* sets) of; → *Ausfertigung, Boden, Buchführung, Moral, Spiel* 1, *Staatsbürgerschaft*; **II.** *adv.* double, twice; *vor adj.*: doubly; ~ *schmerzlich* doubly painful; ~ *so alt wie ich* twice my age; ~ *so lang* twice as long; ~ *soviel* twice as much, double the amount (*od.* price, *etc*); F ~ *u. dreifach* doubly (and more); F ~ *gemoppelt* the same thing twice over; **≈e(s)** *n the* double; (*doppelt soviel*) twice as much *od.* many; *das* ~ *des Betrags* double (*od.* twice) the amount; *um das* ~ *größer* double the size; **~kohlensauer** ⚗ *adj.*: *doppeltkohlensaures Natron* bicarbonate of soda.

Doppel...: **~tür** *f* double-door; **~ung** *f* doubling; **~verdiener** *m* double wage-earner; two-job man; **~verdienst** *m* double earnings *pl.*, dual income; **~währung** *f* double standard; **~zentner** *m* quintal; **~zimmer** *n bsd. mit zweischläfrigem Bett*: double(-bedded) room; *mit zwei Betten*: twin-bedded room; **≈züngig** *adj.* double-faced, double-dealing; **~züngigkeit** *f* double dealing.

Dopplereffekt *phys.* *m* Doppler effect.

Dorf *n* village; → *böhmisch, Kirche*; **~bewohner(in** *f*) *m* villager.

Dörf|chen *n* little village; (*Weiler*) hamlet; **≈lich** *adj.* village *life, etc.*; (*bäuerlich*) rustic.

Dorf...: **~pfarrer** *m* country parson; **~schenke** *f* village inn; **~trottel** F *m* village idiot, local halfwit.

Dorn *m* thorn (*a. fig.*); (*Stachel*) prickle, ⚘ spine; *am Sportschuh*: spike; *e-r Schnalle*: tongue; ⊕ (*Bolzen, Stift*) pin, bolt, stem; (*Ausweite* ≈) triblet, reamer; (*Dreh* ≈) mandril; (*Spitze*) spike; *er ist ihnen ein* ~ *im Auge* he is a thorn in their sides; → *Rose*; **~busch** *m* **1.** brier, briar, bramble; **2.** *bibl.* burning bush; **~enkrone** *f* crown of thorns; **≈enlos** *adj.* thornless; **≈envoll** *adj.* thorny; *fig. a.* hard; **≈ig** *adj.* ⚘ *u. zo.* spinous, spiny; *a. fig.* thorny; **~röschen** *n* Sleeping Beauty; *fig.* ~*schlaf* deep, long sleep; **~strauch** *m* brier.

dorren *v/i.* dry (up), wither; parch.

dörr|en *v/t.* dry, desiccate, dehydrate; *im Darrofen*: kiln-dry; **≈fleisch** *n* dried meat; **≈gemüse** *n* dried vegetables *pl.*; **≈obst** *n* dried fruit.

Dorsch *m* cod(fish).

dort *adv.* there; ☤ *a.* at your end; ~ *drüben* over there; ~ *oben* up there; *von* ~ → **~her** *adv.* from there, thence; **~hin** *adv.* there, that way, to that place, thither; **~hinaus** *adv.* out there; F *fig. bis* ~ F awfully, ad nauseam; **~hinein** *adv.* in there.

dortig *adj.*: *die* ~*en Filmtheater* the cinemas there (*od.* of that place); ☤ *die* ~*en Verhältnisse* (*bei Ihnen*) the conditions at your end.

dortzulande *adv.* there, in that country (*od.* region).

Dose *f* (lidded) box; (*Konserven* ≈) tin, *Am.* can; ⚡ box, *z.B. Abzweig* ≈ distribution box; *in* ~*n einmachen* tin, *Am.* can; → *a. Dosis.*

dösen *v/i.* doze, drowse; *verträumt*: day-dream.

Dosen...: **~bier** *n* canned beer; **~fleisch** *n*, **~milch** *f* → *Büchsenfleisch, -milch*; **~öffner** *m* tin-opener, *Am.* can-opener; **~sicherung** ⚡ *f* box fuse.

dosier|en *v/t.* dose, *a. fig.* give in (small, *etc.*) doses, measure out; ⊕ *a.* batch; *relativ*: proportion; **≈ung** *f* dosage; dosing.

dösig F *adj.* **1.** dozy, drowsy, sleepy; **2.** → *doof.*

Dosis *f* dose (*a. fig.*), dosage; *zu große* (*kleine*) ~ overdose (underdose); *fig. in kleinen Dosen* in small doses; *mit e-r leichten* ~ *Sarkasmus* with a dash of sarcasm; → *konzentriert.*

Dossier *n* dossier, file.

Dotation *f* donation, endowment; grant, allocation.

dotier|en *v/t.* endow; **~t** *adj.* endowed (*mit* with); (*bezahlt*) paid, remunerated; ~ *mit* with a prize of, with a ... prize; **≈ung** *f* → *Dotation.*

Dotter *m* yolk (of an egg); ⚘ gold-of-pleasure; **~blume** *f* marsh-marigold; **~gang** *m* vitelline duct; **~sack** *m* yolk-sac.

Double *n Film u.* ♪ double.

Doublé *n* → *Dublee.*

Doyen *m* doyen, dean (of the diplomatic corps).

Doz|ent *m* (university) lecturer, reader, *Am.* assistant professor; **≈ieren** *v/t. u. v/i.* lecture (*über* on); *fig. contp.* hold forth (on), pontificate; **~entur** *f* lectureship.

Drache *myth.* *m* dragon; **~n** *m* **1.** (*Papier* ≈) kite; *e-n* ~ *steigen lassen* fly a kite; **2.** *fig.* (*böses Weib*) termagant, virago, shrew, *sl.* battle-ax(e); **~nblut** *n* dragon's blood; **~nsaat** *fig.* *f* dragon's teeth *pl.*, seeds *pl.* of discord; **~ntöter** *m* dragon-slayer.

Drachme *f* (*Münze*) drachma; (*Gewicht*) dram, drachm.

Dragée *n* dragée, sugarcoated pill, coated tablet.

Dragoner *m* ⚔ dragoon; F *fig. a.* virago.

Draht *m* wire; ⚡ *dünner*: filament; (*Leiter*) leader, conductor; *sl.* (*Geld*) *sl.* bread, dough, *Brit. a.* lolly; *fig.* (*Verbindung*) line; *pol. heißer ~* hot line; *direkter ~ zum Chef*: pipeline, direct line (*zu* to); *mit ~ befestigen usw.* wire; *teleph. per ~ antworten* reply by wire, wire back; F *auf ~ sein* be in good form; (*wachsam sein*) be on one's toes, be on the ball *od.* beam; *wissensmäßig*: know one's stuff; *ich bin heute nicht ganz auf ~* I don't feel quite up to the mark today; **~anschrift** *f* cable address; **~antwort** *f* telegraphic reply; **~anweisung** *f* telegraphic money-order; **~auslöser** *phot. m* cable release; **~bericht** *m* telegraphic report; **~bürste** *f* wire brush; **⁓en** *v/t.* telegraph, wire; *überseeisch*: cable; **~funk** *m Radio*: wired radio, wire broadcasting; **~gaze** *f* wire gauze; **~geflecht** *n* wire netting; **~gewebe** *n* wire-cloth; **~gitter** *n* wire grating (*od.* fence), *Am.* wire grille; **~glas** *n* wired glass; **⁓haarig** *adj.* wire-haired; **~haarterrier** *zo. m* wire-hair(ed terrier); **~hefter** *m* wire stitcher; **~heftklammer** *f* wire staple; **⁓ig** *adj.* wiry (*a. Person*); **~lehre** *f* wire ga(u)ge; **⁓los I.** *adj.* wireless, radio-...; *~e Nachricht* wire(less), radio(gram); *~e Telegraphie* wireless telegraphy, radio-telegraphy; **II.** *adv.*: *~ senden*, *~ telegraphieren* radio, *Brit. a.* wireless; **~meldung** *f*, **~nachricht** *f* telegraphic (*od.* wire) message, wire; **~netz** *n* wire netting; ⚡ (*Schaltung*) wiring; *Funk*: wire (communication) network; **~öse** *f* staple; **~puppe** *f* puppet, marionette; **~saite** *f* wire string; **~schere** *f* wire-shears *pl.*; **~seil** *n* wire rope, cable; → *Nerv*; **~seilakrobat** *m* wire-walker; **~seilbahn** *f* cable (*od.* aerial) railway, funicular (railway); **~sieb** *n* wire sieve (*od.* screen); **~stärke** *f* wire ga(u)ge; **~stift** *m* wire tack; **~telegraphie** *f* line telegraphy; **~ung** *f* wire message, telegram, radiogram; **~verbindung** *f teleph.* wire communication (*od.* connection); ⚡ (*Schaltung*) wiring; **~verhau** ⚔ *m* wire-entanglement; **~walzwerk** *n* wire mill; **~wurm** *m* wire-worm; **~zange** *f* wire-cutters *pl.*; **~zaun** *m* wire fence; **~zieher** *m* **1.** ⊕ wire-drawer; **2.** *fig.* wire-puller; *der ~ sein* pull the wires; **~zieherei** *f* **1.** ⊕ wire (-drawing) mill; **2.** *fig.* wire-pulling.

Drain..., **drain...** → *Drän...*, *drän...*

Draisine 🚂 *f* (rail) trolley.

drakonisch *adj.* Draconian, draconic.

drall I. *adj. Faden*: tight(ly twisted); *fig. Mädchen, Frau*: buxom, strapping; *Wangen*: full, chubby; **II. ⁓** *m Faden*: twist; (*Geschoß⁓*) twist; (*Gewehrzüge*) rifling; *Ball*: spin; *phys.* moment of momentum.

Drama *n* drama; *fig. a.* tragedy; **~tik** *f* dramatic art; *fig.* drama; **~tiker** *m* dramatist, playwright; **⁓tisch** *adj.* dramatic(ally *adv.*) (*a. fig.*); **⁓tisieren** *v/t.* dramatize (*a. fig.*); **~turg** *m* dramatic adviser; **~turgie** *f* dramaturgy; **⁓turgisch** *adj.* F dramaturgic(ally *adv.*).

dran F *pron. adv.* → *daran.*

Dränage *f* drainage (*a.* ⚕).

dranbleiben F *v/i.* remain (*an* on); *fig. an et. od. j-m ~ Person*: stick to; *bleib dran!* keep at it!, hang on!; *teleph.* hold the line!

Drang *m der Geschäfte usw.*: pressure, rush, stress; (*Eile*) hurry; (*Antrieb*) impetus, impulse; (*Trieb*) urge, drive; (*Wunsch*) yearning, desire; (*Bedrängnis*) distress; *physiol. e-n heftigen ~ verspüren* need the lavatory badly.

Drängel|ei *f* jostling, jostle; **⁓n** F *v/t. u. v/i.* press, push, jostle; *fig.* pester, badger; *sich nach vorn ~* jump the queue.

drängen I. *v/t.* press, push, shove; → *Ecke*; *fig.* press, urge, *mit Zwang*: pressure (*zu tun* into doing); (*Schuldner*) press for payment; *zur Eile*: hurry, urge; *ich lasse mich nicht ~* I won't be rushed; *sich ~* crowd, throng, mill; (*sich*) *nach vorn ~ Menge*: press (*od.* surge) forward; *sich durch e-e Menge ~* force (*od.* elbow) one's way through a crowd; *sich aneinander~* press closely together, *aus Angst usw.*: huddle (together); *sich um j-n ~* crowd *od.* press (a)round a p.; *sich zu e-r Sache ~* volunteer for a th. *od.* to do a th., *stärker*: go all out after a th.; *es drängt mich zu inf.* I feel moved to *inf.*; **II.** *v/i.* be pressing *od.* urgent; *die Sache drängt a.* the matter presses (*od.* admits of no delay); *die Zeit drängt* time presses; *~ auf* insist (up)on, urge; → *gedrängt*; **III. ⁓** *n* pressing, pushing; crowd, crush; *fig.* pressure, insistence; urging, urgent request(s *pl.*).

Drangsal *f* affliction, distress, ordeal; ~e hardships; **≈ieren** *v/t.* harass, F plague; (*quälen*) torment, bully; (*verfolgen, schikanieren*) persecute.

dranhalten F *v/refl.*: *sich* ~ hurry up; *beharrlich*: keep at it.

dränieren *v/t.* drain.

dran...: ~kommen F *v/i.* **1.** get at *od.* reach it, *etc.*; **2.** (*an der Reihe sein*) have one's turn; *jetzt komme ich dran* now it's my turn; *wer kommt dran?* whose turn is it?; *iro. er kommt auch noch dran!* F he'll get his yet; **~kriegen** F *v/t.* **1.** *zu e-r Arbeit*: get *a p.* to do it; **2.** (*reinlegen*) fool *a p.* (properly); **3.** (*strafen*) give it to (*od.* get) *a p.*; **~machen** F *v/refl.*: *sich* ~ → *darangehen*; **~nehmen** F *v/t.* **1.** let *a p.* have a turn; take *a p.*; **2.** *ped.* ask *a pupil*; **3.** *b.s.* → *rannehmen.*

drapier|en *v/t.* drape; **≈ung** *f* draping, drapery.

Dräsine *f* → *Draisine.*

drastisch *adj.* drastic(ally *adv.*).

drauf F **I.** *pron. adv.* → *darauf*; ~ *und dran sein zu inf.* be on the point of *ger.*, be near *ger.*; **II.** *int.*: ~*!* F go at it!; (*schlag zu!*) *sl.* let him (*od.* them) have it!; **≈gänger** *m* (*Wagehals*) dare-devil, fighting fool; (*Erfolgsmensch*) go-ahead fellow, *Am.* go-getter; *in der Liebe*: he-man, F Casanova; **~gängerisch** *adj.* daredevil ..., reckless; aggressive; plucky; go-ahead ..., *Am.* go-getting; **≈gängertum** *n* recklessness; pluck, dash; aggressiveness; go-aheaditativeness; **~gehen** F *v/i.* go west (*od.* up in smoke), go (phut); (*verlorengehen*) be lost; *Geld*: *a.* go down the drain; (*kaputtgehen*) go to pot; (*sterben*) die (*vor Langeweile* with boredom), be killed, F hand in one's dinner-pail, *Am. sl.* kick the bucket.

Draufgeld ☨ *n* earnest-money.

drauflos|arbeiten *v/i.* work away (*an* at); **~gehen** *v/i.* make straight for it, make a beeline for it; **~reden** *v/i.* talk at random, ramble; **~schlagen** *v/i.* hit wildly (*od.* blindly), let fly; **~wirtschaften** *v/i.* spend recklessly.

draufmachen F *v/t.*: *einen* ~ F live it up, go on the racket.

Draufsicht *f* top (*Am.* plan) view.

draußen *adv.* out, outside, without; (*im Freien*) out of doors, outdoors, in the open (air); (*in der Fremde*) abroad; ~ *und drinnen* without and within; *da* ~ out there; *von* ~ from (the) outside, from without; ~ *im Garten* out in the garden; ~ *auf dem Lande* out in the country; ~ *in der Welt* out in the world.

drechs|eln *v/t. u. v/i.* turn (on the lathe); *fig.* elaborate, turn out; **≈ler** *m* (lathe-)turner.

Dreck F *m* dirt; (*Schlamm*) mud, muck, mire; (*Unflat*) filth (*alle a. fig.*); *fig.* (*Schund*) rubbish, trash, V crap, shit; *in den* (*aus dem*) ~ *ziehen* drag in (out of) the mud; *im* ~ *sitzen* be in a fine mess; *er kümmert sich um jeden* ~ he pokes his nose into everything; *er kümmert sich e-n* ~ *darum* he doesn't care a damn (about it); *das geht dich e-n* ~ *an!* that's none of your business!; *du verstehst e-n* ~ *davon* you don't know the first thing about it; *er hat Geld wie* ~ *sl.* he is lousy with money; → *Karren, Stecken*; **~arbeit** F *f* dirty work; **~bürste** *f* scrubbing-brush; **~fink** *m* mudlark; *weitS.* filthy fellow; **≈ig** *adj.* dirty, filthy (*a. fig.*); *fig.* (*gemein*) dirty, nasty; F *es geht ihm* ~ he is having a filthy time; **~nest** *n* awful hole; **~sack** *m*, **~sau** *f*, **~schwein** V *n* (dirty) swine (*od.* pig); (*Frau*) (dirty) slut; **~skerl** *m* swine, *Am. sl.* heel, louse; **~spatz** *m* → *Dreckfink*; **~(s)wetter** *n* foul (*od.* filthy) weather.

Dreh F *m* **1.** (*Wendung*) twist; *e-r Geschichte e-n heiteren* ~ *geben* give a story an amusing twist; **2.** (*Trick*) trick, knack; *jetzt hat er den* ~ *weg* F now he has got the hang of it; **3.** (*Idee*) idea.

Dreh...: ~achse *f* axis of rotation; ⊕ fulcrum shaft axle; **~arbeit** *f* **1.** ⊕ a) turning operation; b) (piece of) turned work; **2.** *mst pl. Film*: shooting (*nur sg.*); **~automat** *m* automatic lathe; **~bank** *f* (turning-)lathe; **≈bar** *adj.* revolving, rotating, rota(to)ry; (*schwenkbar*) swivel(l)ing; *adv.* ~ *eingesetzt* pivoted; **~beanspruchung** *f* torsional strain; **~bewegung** *f* rotation, rotary motion; turn; **~bleistift** *m* propelling (*Am.* mechanical) pencil; **~bohrer** *m* rotary drill; **~bolzen** *m* pivot pin; **~brücke** *f* swing- (*od.* turn-) bridge; **~buch** *n Film*: scenario, (film-)script; **~buchautor** *m* scriptwriter; **~bühne** *thea. f* revolving stage.

drehen I. *v/t.* **1.** *allg.* turn (*a.* ⊕); *fig. man mag es* ~ *u. wenden* (*wie man will*) look at it from whatever angle you like; → *Strick* 1, *Wolf*; **2.** *windend*: twist, wrench; **3.** (*ver-*

~) twist (*a. fig.*); **4.** (*Faden usw.*) twist, twine; → Locke; **5.** (*Drehorgel*) grind; **6.** *um e-e Achse*: rotate; (*schwenken*) swivel; **7.** (*Pille, Zigarette*) roll; **8.** (*Film, Szene*) shoot; **9.** F *fig.* (es) ~ *sl.* wangle (it); → Ding 4; **II.** *v/i.* **10.** turn; (*kurven*) curve; **11.** an et. ~ turn; F *fig.* tamper (*od.* fiddle) with; **III.** *v/refl.*: sich ~ **12.** turn, rotate, go round, *schnell*: spin (*od.* whirl) round; die Erde dreht sich um ihre Achse (um die Sonne) rotates on its axis (revolves about the sun); *fig.* sich ~ und wenden wriggle like an eel; **13.** *Wind*: shift, veer (round); **14.** *fig.* sich ~ um a) revolve round (*a. Gedanken usw.*); alles drehte sich um ihn he was the cent|re (*Am.* -er) of it all; b) F (*betreffen*) be about, relate to; es dreht sich darum, ob the point is whether, it is a matter (*od.* question) of *ger.*; (genau) darum dreht es sich that's just the point; um was dreht es sich? what is it all about?; das Gespräch drehte sich um Steuern was about taxes.

Dreh...: **~er** ⊕ *m* turner; **~feder** ⊕ *f* torsion spring; **~feld** ⚡ *n* rotating field; **~fenster** *mot. n* ventipane; **~flügelflugzeug** *n* rotorplane; **~gelenk** ⊕ *n* swivel joint; **~geschwindigkeit** *f* rotating speed; **~gestell** *n* bogie; **~griff** *m* turning handle; *Motorrad*: twist-grip; **~knopf** *m* (control) knob; **~kolben** *m* rotary piston; **~kondensator** *m* variable condenser; **~kraft** *f* torsional force; torque; **~kran** *m* swing crane; **~krankheit** *vet. f* staggers *pl.* (*sg. konstr.*); **~kranz** *m* turntable; **~kreuz** *n* turnstile; ⊕ capstan handle; **~kuppel** ⚔ *f* revolving turret; **~moment** *n* torque; **~orgel** *f* barrel-organ; **~punkt** *m* ⊕ cent|re (*Am.* -er) of rotation, fulcrum point; *fig.* pivot; **~schalter** ⚡ *m* rotary switch; **~scheibe** *f* turntable; *Töpferei*: potter's wheel; *teleph. usw.* dial; **~schemel** *m Brückenbau*: rolling segment; 🚂, *mot.* bogie; *Sattelschlepper*: fifth wheel; **~schieber** *m* rotary slide valve; **~schranke** *f* revolving (*od.* swing) gate; **~sinn** ⊕ *m* sense of rotation; **~spindel** *f* (headstock) spindle; **~spule** ⚡ *f* moving coil; **~stahl** *m* turning tool; **~strom** ⚡ *m* three-phase current; **~strommotor** *m* three-phase A.C. motor; **~stuhl** *m* swivel-chair; **~tag** *m Film*: shooting day; **~teil** *n* lathe work; **~tisch** *m* ⊕ revolving (*od.* index) table; *opt.* revolving stage; **~tür** *f* revolving door; **~ung** *f* turn; *im Kreis*: *a.* gyration; *um e-e Achse*: rotation (um on); *um e-n Körper*: revolution (round); (*Verwindung*) torsion, twist; *schnelle*: spin, whirl; *e-s Balls usw.*: spin; **~wurm** *m* stagger-worm; *fig.* den ~ haben feel giddy; **~zahl** ⊕ *f* speed, number of revolutions, revolutions *pl.* per minute (r.p.m.); **~zahlanzeiger** *m* speed indicator; **~zahlbereich** *m* speed range; **~zahlmesser** *m* revolution counter; **~zahlregler** *m* speed governor; **~zapfen** *m* pivot; (*Schildzapfen*) trunnion; 🚂 bogie pin, *Am.* truck center pin; *Kran*: slewing journal.

drei I. *adj.* three; ~ Uhr three o'clock; halb ~ half past two; sie waren (ihrer) ~ there were three of them, they were three (in number); ehe man bis ~ zählen konnte in the twinkling of an eye, F in a jiffy; er sieht aus, als ob er nicht bis ~ zählen könnte he looks as if butter would not melt in his mouth; ~ Schritte vom Leib! keep (*od.* hands) off!; **II.** ≈ *f* (number *od.* figure) three; *ped.* satisfactory mark, *in Prüfungen*: pass.

drei...: **≈achser** *mot. m* six-wheeler; **≈achteltakt** ♪ *m* three-eight time; **≈akter** *thea. m* three-act play; **~armig** *adj.* three-armed; **~atomig** *adj.* triatomic; **~bändig** *adj.* (consisting) of three volumes, three-volume ...; **~basisch** ⚗ *adj.* tribasic; **≈bein** *n* tripod; **~beinig** *adj.* three-legged; **≈blatt** *n* (*Klee*) trefoil; **~blätt(e)rig** *adj.* three-leaved; **≈bund** *pol., hist. m* Triple Alliance; **≈decker** *m* ⚓ three-decker; ✈ triplane; **~dimensional** *adj.* three-dimensional; *Klang*: *a.* stereophonic; **≈eck** *n* triangle; **≈eckgeschäft** † *n* triangular transaction; **~eckig** *adj.* three-cornered; triangular, trigonal, V-shaped; **≈eckschaltung** ⚡ *f* delta connection; **≈ecksverhältnis** *n* triangle; **~einig** *adj.* triune; **≈einigkeit** *eccl. f* Trinity; **≈er** F *m* → Drei II; **~erlei** *adj.* of three kinds, three sorts of, three different; auf ~ Art in three (different) ways; **~fach** *adj.* threefold, treble, triple; in ~er Ausfertigung in triplicate, in three copies; das ≈e three times as much (*od.* the amount), triple; **≈fachkondensator** ⚡ *m* three-gang condenser; **≈fachschalter** *m* three-point switch; **≈fachstecker** ⚡ *m* three-pole pin plug; **≈faden-**

lampe *f* three-filament (incandescent) lamp; **~fältig** *adj.* → *dreifach*; **≈faltigkeit** *eccl. f* Trinity; **≈faltigkeitsfest** *n* Trinity Sunday; **≈farbendruck** *m* three-colo(u)r *od.* trichromatic print (-ing); **≈farbenphotographie** *f* three-colo(u)r photography; **~farbig** *adj.* three-colo(u)r(ed), trichromatic; **≈felderwirtschaft** ⚒ *f* three-field system; **≈fuß** *m* tripod; **~füßig** *adj.* three-footed, tripedal; **≈ganggetriebe** *n* three-speed gear (*od.* transmission); **~gängig** ⊕ *adj. Gewinde*: triple-threaded; **≈gespann** *n* three-horse carriage; *fig.* trio; **≈gestirn** *fig. n* triumvirate *of artists, etc.*; **~gestrichen** ♪ *adj.* three-line ..., thrice-accented; **~glied(e)rig** ⚹ *adj.* trinomial; **~hundert** *adj.* three hundred; **~hundertjährig** *adj.* tercentenary; **~hundertst** *adj.*, **≈hundertstel** *n* three hundredth; **~jährig** *adj.* three-year-old ...; of three years, three years' ..., three-year ...; **~jährlich I.** *adj.* happening *od.* occurring every three years; triennial; **II.** *adv.* every three years; **≈kampf** *m Sport*: triathlon; **~kantig** *adj.* three-edged, three-cornered; **≈käsehoch** F *m* whipper-snapper, hop-o'-my-thumb; **≈klang** ♪ *m* triad; **≈königsfest** *n* Epiphany, Twelfth Night; **≈mächteabkommen** *pol. n* tripartite agreement; **~mal** *adv.* three times, thrice; **~malig** *adj.* done (*od.* repeated) three times, triple; *sein ~er Versuch* his three attempts; **≈master** ⚓ *m* three-master; (*Hut*) three-cornered hat; **≈meilenzone** ⚓, ⚖ *f* three-mile limit; **~monatig** *adj.* of three months, three months' ..., three-month ...; **~monatlich I.** *adj.* three-monthly, quarterly; **II.** *adv.* every three months; **≈monatswechsel** ☤ *m* three months' bill; **~motorig** *adj.* three-engined.

drein F *pron. adv.* → *darein*; **~blicken, ~schauen** F *v/i.* look *happy, sad, etc.*; **~finden, ~fügen** F *v/refl.*: *sich ~* → *dareinfinden*; **≈gabe** *f* → *Zugabe*; **~reden** F *v/i.* interrupt (*j-m* a p.); *weitS.* interfere (*bei* with; *in* in); **~schlagen** F *v/i.* lay about one; *es ist zum ≈!* blast it (all)!

drei...: ~phasig ⚡ *adj.* three-phase ...; **~polig** *adj.* three-pole ...; triple-pole ...; **~prozentig** ☤ *adj.* bearing three per cent (interest); *~e Papiere* three-per-cents; **≈punktlandung** ✈ *f* three-point landing; **≈rad** *n* tricycle; *mot.* (*a.* **≈radwagen** *m*) three-wheeler; **~räd(e)rig** *adj.* three-wheeled; **~reihig** *adj.* (placed) in three rows *od.* lines, triple-row ...; **≈ruderer** *hist. m* trireme; **≈satz** ⚹ *m* rule of three; **~schenk(e)lig** ⚹ *adj.* triangular; **~schichtig** *adj.* three-layered, *Holz*: three-ply ...; **~seitig** *adj.* three-sided; *pol.* trilateral; **~silbig** *adj.* trisyllabic; **~sitzig** *adj.*, **≈sitzer** *m* three-seater; **~spaltig** *adj.* three-columned; **≈spänner** *m* → *Dreigespann*; **~spännig** *adj.* with (a team of) three horses; **~sprachig** *adj.* in three languages, trilingual; **≈springer** *m Sport*: triple-jump man; **≈sprung** *m* triple jump.

dreißig I. *adj.* thirty; *im Alter von ~ Jahren* at the age of thirty; *~ beide Tennis*: thirty all; **II.** ≈ *f* (number) thirty; **~er** *adj.*: *in den ≈n* (*Alter*), *in den ~ Jahren* (*Zeit*) in the thirties; **≈er**(**in** *f*) *m* man (woman) of thirty *od.* in his (her) thirties; **~jährig** *adj.* thirty-year-old ...; of thirty years; *der ≈e Krieg* the Thirty Years' War; **~ste** *adj.*, **≈stel** *n* thirtieth.

dreist *adj.* bold, audacious, forward; (*frech*) impudent, brazen (*a. Lüge usw.*).

dreistellig *adj. Zahl*: three-figure *number*; three-place *decimal*.

Dreistigkeit *f* boldness, audacity; (*Frechheit*) impudence, brazenness, cheek.

drei...: ~stimmig ♪ *adj.* for (*od.* in) three voices; **~stöckig** *adj.* three-storied; **~stufig** *adj.*, **≈stufen...** with three steps; ⊕ three-stage ...; *Motor*: three-speed ...; **~stündig** *adj.* of three hours, three hours' ..., three-hour ...; **~tägig** *adj.* of three days, three days' ...; three-day ...; **~teilig** *adj.* (consisting) of three parts, three-part ...; *Kleid usw.*: three-piece ...; **~viertel** *adj.* three-quarter(s *adv.*); *~ zehn* a quarter to ten; **≈viertel** *n* three quarters *pl.*; **≈viertelmehrheit** *f* three-quarter majority; **≈viertelstunde** *f* three quarters of an hour; **≈vierteltakt** ♪ *m* three-four time; **≈wegehahn** *m* three-way tap; **~wertig** ⚗ *adj.* trivalent; **~wöchentlich I.** *adj.* three-weekly; **II.** *adv.* every three weeks; **~wöchig** *adj.* three-week ...; **≈zack** *m* trident; ⚘ arrow-grass; **~zehn** *adj.* thirteen; *jetzt schlägt's aber ~!* that's the limit!; **~zehnte** *adj.*, **~zehntel** *adj.* thirteenth.

Drell *m* → *Drillich*.

Dresch|e F *f* thrashing; **≈en** *v/t.*

u. v/i. thresh; F (*prügeln*) thrash; → *Phrase, Skat, Stroh*; **~er** *m* thresher; **~flegel** *m* flail; **~maschine** *f* threshing-machine; **~tenne** *f* threshing-floor.

Dreß *m* dress, sports outfit.

Dress|eur *m* (animal) trainer; (*Bändiger*) tamer; **~ieren** *v/t.* train; (*zureiten*) *a.* break in; *fig.* drill; ⊕ finish; **~iert** *adj.* trained; performing *seal, etc.*

Dressman *m* male (fashion) model.

Dressur *f* training; breaking in; *Sport*: (*a.* **~reiten** *n*) dressage; **~pferd** *n* dressage horse.

dribb|eln *v/t. u. v/i.*, **~ling** *n* *Fußball*: dribble.

Drill ⚔ *m* drill (*a. fig.*).

Drillbohrer *m* (spiral) drill.

drillen *v/t.* ⚔ drill (*a. fig.*); (*schulen*) *a.* coach; ⊕ (*verdrehen*) twist; (*bohren*) drill (*a.* ⚒).

Drillich *m* drill (cloth); **~anzug** *m* dungarees *pl.*, denims *pl.*; ⚔ fatigue uniform; **~hose** *f* dungarees *pl.*; jeans *pl.*; **~zeug** ⚔ *n* fatigue clothes *pl.*

Drilling *m* **1.** (*Kind*) triplet; **2.** *hunt.*, ⚔ three-barrel(l)ed gun.

Drillmaschine ⚒ *f* (seed) drill.

drin F *pron. adv.* **1.** → *darin*; **2.** *fig.* *das ist nicht ~!* that's out (*od.* not on)!; *mehr war nicht ~* that was the best we (he, *etc.*) could do; *das ist durchaus ~* that's quite possible, it's on the cards; *da ist (noch) alles ~!* F anything goes!

dringen *v/i.* **1.** *durch et. ~* force one's way through, break (*od.* get, pass) through, *a. Licht, Messer usw.*: penetrate, pierce, pass through; *Wasser usw.*: leak (*od.* seep) through; *Schrei*: ring through; **2.** *aus et. ~* break forth from, *Menge*: *a.* surge out of; *Geräusch*: come from; **3.** *in et. ~* penetrate (into), *Person*: *a.* invade, enter (by force), force one's way into; *fig.* (*erforschen*) search into, go (*od.* get) to the bottom of; *in die Öffentlichkeit ~* get abroad, transpire, leak out; **4.** *bis zu et. ~* reach, penetrate to, get as far as; *j-m zum Herzen ~* go (straight) to a p.'s heart, move a p.; **5.** *auf et. ~* press for, urge, insist on, demand; *darauf ~, daß* press for *a th. to be done*, urge that *a th. should be done*; **6.** *in j-n ~* press, urge, *mit Bitten*: plead with, entreat, beseech, *mit Fragen*: press *a p.* with questions; *er drang nicht weiter (in sie)* he didn't press the point any further; **~d I.** *adj.* urgent, pressing; (*vordringlich*) priority ...; *Gefahr*: imminent, instant; *Verdacht*: strong; *~es Gespräch* *teleph.* emergency call; **II.** *adv.* urgently; *~ notwendig* imperative; *~ verdächtig* highly suspect; *j-m ~ abraten von* strongly advise (*od.* warn) a p. against; *~ bitten* plead hard (*j-n* with), request *a p.* earnestly, entreat; *~ brauchen* be in urgent need of, want badly.

dringlich *adj.* pressing, urgent; **~keit** *f* urgency; (*Vor~*) priority.

Dringlichkeits...: **~antrag** *m* application (*parl.* motion) of urgency; *den ~ stellen* call for a vote of urgency; **~bescheinigung** *f* certificate of urgent need; **~fall** *m* case of (special) emergency; **~liste** *f* priority list; **~stufe** *f* priority (class); *höchste ~* top priority; **~vermerk** *m* priority note.

drinnen *adv.* inside, within; indoors.

dritt *adv.*: *zu ~ the* three of us *od.* you *od.* them; *wir waren zu ~* we (*od.* there) were three of us.

dritt|e *adj.* third; *pol. ~ Welt* Third World; *aus ~r Hand* at third-hand, indirectly; *das ist sein ~s Wort* that's his pet saying; → *Grad*; **~e(r)** *m* **1.** *the* third; *weitS.* another person, ⚖ third party; *Heinrich III. (der ~)* Henry III (the Third); **2.** (*Drittbester*) third (best); *er erreichte das Ziel als ~r* he came in (*od.* finished) third; **~ältest** *adj.* third (eldest); **~best** *adj.* third best; **~el** *n*, **~el** *adj.* third; *zwei Drittel* two(-)thirds; **~eln** *v/t.* divide into three (parts); **~ens** *adv.* thirdly, in the third place; **~klassig** *adj.* third-class ...; *fig.* third-rate ...; **~letzt** *adj.* last but two; **~rangig** *adj.* third-rate ...; *von ~er Bedeutung* of tertiary importance; **~schuldner** ⚖ *m* third-party debtor.

droben *adv.* up there, above; (*im Himmel*) *a.* on high.

Droge *f* drug; **~nabhängig, ~nsüchtig** *adj.* drug-addicted; **~nmißbrauch** *m* drug abuse; **~nrausch** *m* narcotism, *sl.* trip.

Drogerie *f* chemist's (shop), *Am.* drugstore; **~waren** *f/pl.* drugs and cosmetics.

Drogist *m* druggist.

Drohbrief *m* threatening letter.

drohen *v/i.* **1.** (*j-m*) threaten, menace (*mit* with); *mit der Faust*: shake a fist at; *mit dem Finger*: shake a warning finger at; (*warnen*) warn; **2.** (*bedrohlich bevorstehen*) threaten, impend, approach, loom (up); *er weiß noch nicht, was ihm droht* he doesn't know yet what is in store for him; **3.** *fig. ~ zu inf.* *Sache u. Person*: threaten to *inf.*, be in danger of *ger.*, be near (*od.* on the verge of) *ger.*; es *drohte zu regnen* it looked like rain; **~d** *adj.* threatening, menacing; (*bevorstehend*) *a.* imminent, impending.

Drohne *f* drone (*a. fig.*).

dröhnen *v/i. grollend*: rumble; *betäubend, wie Geschütz, Motor, Stimme*: boom, roar; *eintönig, wie Maschine, Stimme*: *a.* drone, hum; *Donner usw.*: roll; *Schritte*: thud; *Raum*: resound, ring, echo (*von* with); (*erzittern*) quake, shake; *mir dröhnt der Kopf* my head is ringing; **~d** *adj.* rumbling, booming *etc.*

Drohrede *f* threatening speech.

Drohung *f* threat (*mit* et. of a th.; *gegen j-n* to a p.), menace; (*Einschüchterung*) intimidation; → *leer.*

drollig *adj.* droll, funny, comical; **≈keit** *f* drollery, drollness.

Dromedar *n* dromedary, Arabian camel.

Drops *m* drop; → *sauer* I.

Droschke *f* cab, *Am. a.* hack; *mot.* taxi(-cab), cab; **~ngaul** *m* cab-horse; **~nhalteplatz** *m* taxi-rank, *Am.* cab-stand.

Drossel[1] *orn. f* thrush.

Drossel[2] *f* **1.** ⊕, *mot.* throttle; *Luft*: choke; **2.** ⚡ → *Drosselspule*; **3.** *hunt.* throat; **~ader** *anat. f* jugular vein; **~klappe** *f* throttle (-valve), butterfly valve; **≈n** *v/t.* ⊕ throttle, choke; (*ab* ~) slow down (*a. fig.* = curb, throttle); ⚡ choke; **~spule** ⚡ *f* choke coil; **~ung** *f* throttling, *etc.*, → *drosseln*; **~ventil** *n* → *Drosselklappe.*

drüben *adv.* over there (*a. fig. in Amerika, in der DDR*); on the other side; (*im Jenseits*) beyond (the grave), in the next world.

drüber *pron. adv.* → *darüber.*

Druck[1] *m* **1.** pressure (*a.* ⊕, *meteor.*); *der Hand*: *a.* squeeze; ⚕ *im Magen usw.*: sensation of pressure; *phys.* a) (*Flächen*≈) compression; b) (*Axial*≈, *Schub*) thrust; c) (*Belastung*) load; d) (*Beanspruchung*) stress; e) (~*welle*) blast; *atmosphärischer* ~ atmospheric pressure; *Dampf unter* ~ live steam; ~ *und Gegendruck* action and reaction; *fig.* ~ *dahintersetzen* put on steam; **2.** *fig.* (*Zwang*) pressure; (*Bedrängnis*) *a.* stress, strain; (*Belastung*) burden, weight; *nervlich*: *a.* stress; (*Bedrückung*) oppression; (*e-n*) ~ *ausüben auf, j-n unter* ~ *setzen* put pressure (*od.* the screw, F a squeeze) on, bring pressure to bear on; *im* ~ *sein* be hard put to it, F be in a fix; *zeitlich*: be (hard) pressed for time, be very rushed; *in* ~ *kommen mit* be pressed for time with.

Druck[2] *typ. m* printing; (~*art*) print, type; (*Buch, Ausgabe*) printed book, edition; (*Kunst*≈) print, engraving; (*Textil*≈) print (-ed material); *großer* (*kleiner*) ~ large (small) print *od.* type; *im* ~ *erscheinen* appear in print, be published; *im* ~ *sein* be printing (*od.* in the press); *in* ~ *senden* (*gehen*) send (go) to the press; ~ *und Verlag L.* printed and published by L.

Druck...: **~abfall** ⊕ *m* drop in pressure; **~anzug** ✈ *m* pressure suit; **~beanspruchung** *f* compressive stress; **~behälter** *m* pressure tank; **≈belüften** ✈ *v/t.* pressurize; **~bogen** *typ. m* printed sheet; **~buchstabe** *m* block letter; *in* ~*n schreiben* print, write in block letters.

Drückeberger F *m* shirker, dodger; *bei der Arbeit*: *a.* slacker; ⚔ *Am.* draft-dodger; (*Simulant*) malingerer; **~ei** *f* shirking; malingering; *im Betrieb*: absenteeism.

druckempfindlich *adj.* sensitive to pressure; ⚕ *a.* tender.

drucken *v/t.* print; ~ *lassen* have *a th.* printed, bring out, publish.

drücken I. *v/t.* **1.** *allg.* press; (*quetschen*) *a.* squeeze; (*Taste, Hebel*) (de)press, push; *breit* (*od. flach*) ~ flatten; *j-m die Hand* ~ shake hands with a p., *stärker*: press (*od.* squeeze) a p.'s hand; *j-m et.* (*heimlich*) *in die Hand* ~ slip a th. into a p.'s hand; *j-n an sich* ~ press (*od.* clasp) a p. to one's breast, give a p. a hug; → *Daumen, Schulbank, Wand*; **2.** *Schuh usw.*: pinch; **3.** *fig.* (*nieder*~, *be*~) oppress, weigh heavily on, weigh on *a p.'s* mind; *Stimmung usw.*: cast a gloom on, depress; **4.** ⚚ (*Markt, Preise*) depress, bring (*od.* force) down; **5.** (*Leistung*) lower; (*Rekord*) lower, better (*um* by); **6.** ✈ nose down; **II.** *v/refl.* **7.** *sich in e-n Raum usw.* ~ squeeze into, *ängstlich*: huddle in; **8.** F *sich* ~ a) (*sich fortstehlen*) sneak (*od.* slip) away; b) shirk, dodge, evade (*vor od. um et. a th.*), back out (of), *ängstlich*: *sl.* chicken out (on); *du willst dich nur* ~! you only want to get out of it!; **III.** *v/i.* **9.** press; ~ *auf* press (on), (*Knopf usw.*) *a.* push; *Luft, Sorge usw.*: lie (*od.* weigh) heavily (up)on; → *gedrückt, Tempo, Tube* 1; **10.** *Rucksack usw.*: press, hurt; *Schuhe usw.*: pinch; → *Schuh*; **IV.** ≈ *n* **11.** → *Druck*; **12.** *Gewichtheben*: (*beidarmiges* ~ two-hands) clean and press; **~d** *adj.* heavy, oppressive (*a.* ~ *heiß* = sultry, close); *fig.* ~*e Last* onerous charge; ~*e Armut* grinding poverty.

Drucker *typ. m* printer (*a. Gerät*).

Drücker *m* (door-)handle, *Türschloß*: latch; *Gewehr usw.*: *a.* ⊕ trigger; ⊕ *a.* thumb-release; (*Druckknopf*) push-button; F *fig. am* ~ *sitzen* be at the controls.

Druck|erei *f* printing-office, printing shop, printers *pl.*; **~erlaubnis** *f* printing licen|ce (*Am.* -se), imprimatur.

Drucker...: **~presse** *f* (printing-) press; **~schwärze** *f* printer's ink; **~zeichen** *n* printer's mark.

Druck...: **~erzeugnis** *n* publication, printed matter; **≈fähig** *adj.* printable (*a. fig.*); **~fahne** *typ. f* (galley-)proof; **~farbe** *f* (printing) ink; *für Stoffe*: printing colo(u)r; **~feder** *f* compression spring; **~fehler** *m* misprint, printer's error, erratum; **~fehlerteufel** *m* misprint-creating gremlin; **~fehlerverzeichnis** *n* errata *pl.*; **≈fertig** *adj.* ready for (the) press; **≈fest** *adj.* pressure-proof; ✈ pressurized; **~festigkeit** ⊕ *f* compressive strength; **~fläche** *phys. f* pressure plane; **~gas** *n* pressure gas; **~gefälle** *n* pressure gradient; **~gewerbe** *n* printing trade; **~kabine** *f* pressurized cabin; **~knopf** *m* ⊕ push-button, press-button; *am Kleid*: patent (*od.* snap) fastener; **~knopf...** ⊕ push-button ...; **~kolben** *m* ⊕ plunger; ⚗ pressure flask; **~last** *f* load; **~legung** *f* printing, going to press; **~leitung** *f* pressure line; **~luft** *f* compressed air; **~luft...** compressed-air ..., air-pressure ..., pneumatic(ally operated); ~*bremse a.* air brake; **~maschine** *typ. f* printing machine; **~messer** ⊕ *m* pressure ga(u)ge, manometer; **~mittel** *fig. n* lever; **~öl** *n* hydraulic oil; **~papier** *n* printing paper; **~platte** *f* (printing) plate; ⚡ armature head; **~posten** F *m* soft job; **~probe** *f typ.* specimen; ⊕ pressure test; **~pumpe** *f* pressure pump; **~punkt** *m* ⊕ working (*od.* straining) point; *am Gewehr*: first pressure; ~ *nehmen* take up the slack; F *fig.* → *drücken* 8; **~regler** ⊕ *m* pressure governor; **≈reif** *adj.* ready (*fig.* ripe) for the press; (*druckfähig*) printable (*a. fig.*); **~sache(n** *pl.*) *f* printed matter, *Am. a.* second-class (matter); *parl.* Document; **~sachenwerbung** *f* direct-mail advertising; **~schmierpresse** *f* grease gun; **~schmierung** ⊕ *f* forced-feed lubrication; **~schraube** *f* ⊕ thrust screw; ✈ pusher airscrew; *Flugzeug mit* ~ pusher aircraft; **~schrift** *f* **1.** block letters *pl.*; *typ.* print, type; *in* ~ *schreiben* write in block letters, print; **2.** (*Veröffentlichung*) publication; *kleine*: pamphlet.

drucksen F *v/i.* hem and haw, beat about the bush.

Druck...: **~stelle** *f* pressure point; mark (caused by pressure); *auf Obst*: bruise; **~stock** *typ. m* block, electro(type); **~taste** *f* press key; **≈technisch** *adj.* typographic(al); **~telegraph** *m* printing telegraph; **~umlaufschmierung** *mot. f* forced oil circulation, flooding system; **~ventil** *n* reduction (*Hydraulik*: delivery) valve; **~verband** ⚕ *m* pressure dressing; **~verfahren** *n* printing process; **~versuch** *m* compression test; crushing test; **~walze** *f typ.* printing roller, cylinder; ⊕ press roll, roller; **~wasser** *n* pressure water; *in Zssgn*: hydraulic; **~welle** *f* blast, pressure wave; **~zylinder** *m* pressure cylinder; *typ.* impression cylinder.

Drudenfuß *m* pentagram; ⚘ club-moss.

drum I. *pron. adv.* → *darum*; **II.** ≈ *n*: *das* ~ *und Dran* everything (*od.* all the little things) connected with it, the paraphernalia; *mit allem* ~ *und Dran* with all the trimmings.

drunten *adv.* down there, below (there); *im Hause*: downstairs.

drunter I. *pron. adv.* → *darunter*; **II.** *adv.*: ~ *und drüber* upside down, topsy-turvy, F higgledy-piggledy; *alles ging* ~ *und drüber* everything was at sixes and sevens.

Druse *f* **1.** *min.* druse, geode; **2.** *vet.* strangles *pl. u. sg.*

Drüse *anat. f* gland; ~*n mit innerer (äußerer) Sekretion* endocrine (exocrine) glands; **~nabszeß** ⚕ *m* glandular abscess; **~nentzündung** *f* adenitis; **~nkrankheit** *f* glandular disease; **~nschwellung** *f* glandular swelling; **~ntätigkeit** *f* glandular activity.

drüsig *adj.* glandular.

Dryade *f* dryad, wood nymph.

Dschungel *m* jungle (*a. fig.*); **~fieber** *n* jungle-fever; **~krieg** *m* jungle war(fare).

Dschunke *f* junk.

du *pers. pron.* you; *bibl., poet.* thou; *bist* ~ *es?* is it you?; *auf* ~ *und* ~

stehen be on intimate terms (*mit* with); *zu j-m ~ sagen* → *duzen*.

Dualismus *m* dualism.

Dübel ⊕ *m*, **~n** *v/t.* dowel, plug.

dubios *adj.* dubious; **~en** ✝ *f/pl.* bad debts.

Dublee *n* rolled gold; *in Zssgn* rolled-gold …; gold-plated.

Dub|lette *f* duplicate, double (specimen); *ling.* doublet; *hunt.* right-and-left, doublet (shot); *Boxen*: double blow; **~lieren** *v/t. allg.* double; *metall.* plate.

ducken *v/t.* (*den Kopf*) duck, stoop; *fig.* (*j-n*) take *a p.* down a peg or two, cut *a p.* down to size; *sich ~* stoop, cower, crouch; *ausweichend*: duck; *fig.* cringe (*vor* to, before), cower (before), knuckle under (to).

Duckmäuser *m* sneak, cringer, *Am. sl.* pussyfoot; (*Scheinheiliger*) hypocrite; **~isch** *adj.* cringing, sneaking; hypocritical.

Dudel|ei *f* tootling; **~n** *v/i. u. v/t.* tootle; *auf Dudelsack*: skirl; **~sack** *m* bagpipes *pl.*; **~sackpfeifer** *m* bagpiper.

Duell *n* duel (*auf Pistolen* with pistols); **~ant** *m* duellist; **~ieren** *v/refl.*: *sich ~* (fight a) duel.

Duett ♪ *n* duet.

Duft *m* pleasant (*iro.* nasty) smell, fragrance, perfume, aroma, (sweet) scent; (*~hauch*) waft, whiff; **~e** *sl. adj. sl.* fab, groovy, cool; *das ist ~ a.* that's a gas; **~en** *v/i.* have a perfume (*od.* scent), smell (pleasantly *od.* fragrantly, *iro.* offensively); *~ von* be scented (*od.* fragrant, sweet) with, *stark*: be redolent with; *es duftet nach …* there is a smell of …; **~end** *adj.* fragrant, sweet-smelling (*od.* -scented), aromatic; **~ig** *adj.* fragrant; (*leicht, zart*) filmy, *a. fig.* dainty; **~kissen** *n* sachet; **~stoff** *m* odorous substance, perfume, scent; ⚗ odoriferous agent.

Dukaten *m* ducat; **~gold** *n* ducat (*od.* fine) gold.

duld|en *v/t.* (*ertragen*) bear (patiently), endure, suffer, stand; (*zulassen, hinnehmen*) tolerate, permit, suffer, put up with, *stillschweigend*: shut one's eyes to; *er wird hier nur geduldet* he is only tolerated here, he is here on sufferance; *ich dulde nicht, daß* I won't have it that; → *Aufschub*; **~er(in** *f*) *m* sufferer; **~ermiene** *f* martyred expression; **~sam** *adj.* tolerant (*gegen* of); (*nachsichtig*) indulgent (to), patient (with), forbearing; **~samkeit** *f* tolerance (*gegen* of), forbearance; **~ung** *f* toleration, sufferance; *stillschweigende ~* tacit permission.

dumm *adj.* stupid, dull, dense, F dumb; (*blöde*) idiotic, brainless, blockheaded; (*töricht, albern*) silly, foolish; (*unklug*) unwise; (*unangenehm*) awkward, stupid; (*ungeschickt*) clumsy, awkward; (*schwindlig*) dizzy, giddy (*von, vor* with); *~er Junge* young shaver, jackanapes; *e-e ~e Sache* an awkward business; *~er Streich* foolish prank; *~es Zeug!* nonsense!, rubbish!, bosh!; *~es Zeug reden* talk nonsense (*od.* through one's hat, *sl.* rot); F *~ machen, für ~ verkaufen* dupe, *Am. sl.* play *a p.* for a sucker; *sich ~ stellen* play the fool; *er ist nicht (so) ~* he is no fool; *so ~ müßte ich sein!* catch me doing that!; (*das ist*) *zu ~!, wie ~!* how awkward!, what a nuisance (*od.* bore)!, too bad!; *schließlich wurde es mir zu ~* at last I got tired of all this; *das war ~ von mir* how stupid of me; **~dreist** *adj.* impudent, saucy; **~e(r)** *m* fool; *der Dumme sein* be the loser (*od.* dupe), (have to) pay the piper; *die Dummen werden nicht alle* fools never die out, *Am.* there's a sucker born every minute; **~erchen** F *n* (little) silly; **~erweise** *adv.* **1.** like a fool; **2.** unfortunately; **~heit** *f* stupidity; foolishness, silliness; (*Unwissenheit*) ignorance; (*Unklugheit, a. Handlung*) imprudence; (*Torheit*) folly, (*Handlung*) *a.* stupid thing; (*Fehler*) blunder; (*Streich*) foolish prank; (*Taktlosigkeit*) indiscretion, faux pas (*fr.*); *e-e ~ begehen* (*od. machen*) do a foolish thing, (*Taktlosigkeit*) put one's foot in it, *sl.* drop a brick; *mach keine ~en!* don't do anything foolish!, *weitS.* no funny tricks!; *~en treiben* cut capers, (play the) clown; *j-n vor ~en bewahren* keep a p. out of mischief; **~kopf** *m* blockhead, fool, nitwit, *Am. sl.* sap(head), dumbbell, dope; *er ist kein ~!* he is no fool.

dumpf *adj.* **1.** *Schall*: hollow, dull, muffled; *~er Aufprall usw., ~ aufprallen usw.* thud; **2.** *Luft*: heavy, sultry, close, oppressive; *Wetter*: *a.* muggy, stifling; **3.** (*muffig*) stuffy, fusty; (*modrig*) mo(u)ldy, musty; **4.** *Gefühl, Schmerz*: dull; **5.** *Schweigen, Stimmung usw.*: gloomy; **6.** (*undeutlich*) dark, vague; *e-e ~e Ahnung, ein ~es Gefühl* a dark feeling; **~ig** *adj.* **1.** → *dumpf* 2; **2.** (*feucht*) damp, dank.

Düne *f* dune.

Dung *m* dung, manure.

Dünge|mittel ⚒ *n* fertilizer; **~n** *v/t. u. v/i.* dung, manure; *bsd. künstlich*: fertilize; **~r** *m* dung, manure; *künstlicher* ~ artificial manure, fertilizer.
Dung...: **~erde** *f* vegetable earth, mo(u)ld; **~grube** *f* manure pit; **~haufen** *m* dunghill.
Düngung *f* manuring, fertilizing.
dunkel I. *adj. allg.* dark; (*trüb*) dim, murky; (*düster*) dusky; *fig.* (*finster, schlimm*) gloomy, somb|re (*Am.* -er), black; (*geheimnisvoll usw.*) dark, obscure, deep, mysterious; *Ahnung, Erinnerung, Gefühl*: vague, dim, dark; ~ *machen* darken; ~ *werden* get (*od.* grow) dark, darken, dim; *Existenz, Geschäft usw.*: shady, dubious, obscure; *das dunkle Mittelalter* the Dark Ages *pl.*; *j-n im* ~*n lassen* leave a p. in the dark (*über* about); *fig. im* ~*n tappen* grope in the dark; → *Punkt*; **II.** ~ *n the* dark, darkness, gloom; *fig.* darkness, obscurity, mystery; *im* ~ *der Nacht* in the depth of night.
Dünkel *m* (self-)conceit, arrogance.
dunkel...: **~blau** *adj.* dark-blue; **~blond** *adj.* dark-blond, light-brown; **~braun** *adj.* dark-brown.
dünkelhaft *adj.* (self-)conceited.
dunkel...: **~häutig** *adj.* swarthy; dark(-skinned); **~heit** *f* darkness; *der Haut*: *a.* swarthiness; *fig.* obscurity; (*Düsternis*) darkness, gloom; *in* ~ *hüllen* plunge into darkness; *fig.* wrap in obscurity, spread a veil of mystery over; *bei anbrechender* ~ at nightfall; **~kammer** *phot. f* dark room; **~mann** *m* (*Feind der Aufklärung*) obscurant(ist); (*dunkler Ehrenmann*) shady character; **~n I.** *v/i.* grow dark, darken; **II.** *v/t.* (*Farben*) darken, deepen; **~rot** *adj.* dark-red; **~schalter** *m* dimmer switch; **~ziffer** *fig. f* estimated number (of unknown cases).
dünken I. *v/impers.*: *es dünkt mich* (*a. mir*), *mir* (*od. mich*) *dünkt* it seems to me, *obs.* methinks; **II.** *v/refl.*: *sich weise* ~ fancy (*od.* imagine, think) o.s. wise.
dünn *adj. allg.* thin (*a. Stimme*); (*zart*) fine, delicate; *Gewebe*: flimsy; (*schlank*) slight, slender, slim; (*mager*) lean, spindly; *Flüssigkeit*: weak, (*verdünnt*) dilute(d); *Luft*: *phys.* rare; *fig.* (*dürftig*) meag|re, *Am.* -er; *adv.* ~ *besiedelt od. bevölkert* thinly (*od.* sparsely) populated; ~ *gesät* → *dünngesät*; **~bier** *n* small beer; **~blech** *n* light-ga(u)ge steel sheet; **~darm** *m* small intestine (*od.* gut); **~druckpapier** *n* India paper; **~e** *f* thinness; fineness; flimsiness; slenderness; *Flüssigkeit*: weakness; *der Luft*: *phys.* rarity; **~(e)machen** F *v/refl.*: *sich* ~ make o.s. scarce; **~flüssig** *adj.* thin(ly liquid), watery, fluid; *Öl*: light, thin-bodied; **~gesät** *adj.* thinly scattered; *fig.* sparse, scarce, *pred. a.* few and far between; **~schiß** F *m* diarrh(o)ea, *sl. the* runs *pl. u. sg.*; **~wandig** *adj.* thin-walled.
Dunst *m* **1.** (*Ausdünstung*) exhalation; (*Dampf*) vapo(u)r, steam; (*Rauch*) smoke; (*Schwaden*) fume(s *pl.*); (*Nebel*) haze, mist; *fig. j-m e-n blauen* ~ *vormachen* throw dust into a p.'s eyes, humbug a p.; *er hat keinen* (*blassen*) ~ *davon* he hasn't the foggiest idea about it, he doesn't know the first thing about it; **2.** *hunt.* dust-shot, *Am.* mustard seed.
dünsten I. *v/t.* stew; **II.** *v/i.* stew; (*dampfen*) steam, smoke.
Dunstglocke *f* smog.
dunst|ig *adj.* hazy, misty; **~kreis** *m* atmosphere, aura.
Dünstobst *n* stewed fruit.
Dunstschleier *m* haze.
Dünung ⚓ *f* swell, surf.
Duodez *n* (*a.* **~format** *n*) duodecimo, twelvemo; **~band** *m* duodecimo (volume); **~fürst** *m* petty prince, princeling; **~imalsystem** *n* duodecimal system.
Duole ♪ *f* duplet.
düpieren *v/t.* dupe.
Duplex... ⚡, ⊕ duplex.
Duplik ⚖ *f* (defendant's) rejoinder.
Duplikat *n* duplicate, *bsd.* ⚖ counterpart; (*Kopie*) (identical) copy; *Kunst*: replica; **~squittung** *f* duplicate receipt.
Duplizität *f* duplicity.
Düppel ⚔ *m* window, chaff.
Dur ♪ *n* major (key); *A-* ~ A major; **~akkord** *m* major chord.
Duralumin(ium) *n* duralumin.
durch I. *prp.* **1.** *allg. u. örtlich*: through, *Am. a.* thru; (*quer* ~) across; ~ *ganz England* throughout (*od.* all over) England; **2.** (*Mittel, Ursache*) through, by, by means (*od.* the agency) of; → *wegen*; **3.** (*Zeitdauer*) through(out), during; *das ganze Jahr* ~ throughout the year, the whole year through; *den ganzen Tag* ~ all day (long), the clock round; *die ganze Nacht* ~ all night long; **II.** *adv.*: *es ist drei* (*Uhr*) ~ it is past three; *hast du das Buch schon* ~? have you finished the book?; ~ *und* ~ through and through, thoroughly, completely; *fig. a. Person*: to the backbone; *ein Politiker* ~ *und* ~ a dyed-in-the-

wool (*od.* engrained) politician; ~ *und* ~ *ein Ehrenmann* a thorough gentleman; ~ *und* ~ *naß* wet (*od.* drenched) to the skin.

durchackern F *fig. v/t.* plough (*od.* wade) through.

durcharbeiten I. *v/t.* work through; *geistig*: *a.* study thoroughly; (*den Körper*) exercise, train, give *the body* a work-out; (*den Teig usw.*) work *od.* knead (thoroughly); *fig.* (*zu Ende führen*) complete, finish; **II.** *v/refl.*: *sich* ~ work (*od.* make) one's way through; **III.** *v/i.* work (through) without a break.

durchaus *adv.* (*gründlich*) throughout, thoroughly; (*ganz und gar*) through and through, out and out, entirely; (*unbedingt*) absolutely, quite, positively, definitely, by all means; (*geradezu*) downright; ~ *möglich* quite (*od.* altogether) possible; ~ *richtig* absolutely (*od.* perfectly) right; ~ *nicht* not at all, not in the least, by no means; ~ *nicht reich* far from rich; *wenn du es* ~ *willst* if you insist on (*od.* make a point of) it; *sie wollte es* ~ *so haben* she wouldn't do it otherwise.

durch...: **~atmen** *v/i.* breathe deeply; **~beben** *v/t.* thrill (through), pervade, run through; **~beißen I.** *v/t.* bite through (*od.* in two); **II.** *v/refl.*: *sich* ~ struggle through; weather the storm; **~betteln** *v/refl.*: *sich* ~ beg one's way; live by alms; **~beuteln** F *v/t.* shake; **~biegen** *v/refl.*: *sich* ~ bend (through), sag; **~bilden** *v/t.* educate (*od.* train) thoroughly; (*entwickeln*) improve, perfect, develop fully (*od.* to perfection); (*entwerfen*) design; **~blättern** *v/t.* leaf (*od.* glance, skim, thumb) through; **~bleuen** *v/t.* give *a p.* a sound hiding (*od.* thrashing); **2blick** *m* view, vista, perspective (*auf, in* of); peep; **~blicken** *v/i.* **1.** look (*od.* peer) through; F *fig.* (*kapieren*) get it; *bei e-r Sache* ~ get (*Am. sl.* savvy) a th.; *da blicke ich nicht (mehr) durch!* that's beyond me!; **2.** (*sichtbar werden*) become apparent, peep out, show; ~ *lassen* give to understand, hint.

durchblut|en *physiol. v/t.* supply with blood; **2ung** *f* supply of blood; (blood) circulation; **2ungsstörung** *f* disturbed circulation.

durchˈbohren *v/t.* pierce; *mit dem Dolch*: stab; *mit dem Schwert usw.*: run through; (*durchlöchern*) perforate; *fig. j-n mit den Blicken* ~ stare hard at a p., look daggers at a p.

ˈdurchbohren *v/t.* bore through; *sich* ~ bore one's way (through).

durchbohrend *adj. Blick*: piercing, keen; *Schmerz*: shooting.

durch...: **~boxen** F **I.** *v/t.* push *a th.* through; **II.** *v/refl.*: *sich* ~ struggle through; **~braten** *v/t.* roast thoroughly; *durchgebraten* well done.

ˈdurchbrechen I. *v/t.* **1.** break through (*od.* in two), snap; **2.** *ein Loch* ~ make a hole through; **II.** *v/i.* **3.** break (*od.* crash) through, force one's way (through); **4.** (*zum Vorschein kommen*) appear, show; break (*od.* come) out; *Blüten*: come (*od.* spring) forth; *Zähne*: cut.

durchˈbrechen *v/t.* break through, pierce; (*Blockade*) run; *fig.* (*Regel usw.*) break, breach.

durch...: **~brennen I.** *v/t. u. v/i.* burn through; burn a hole in; ⚡ *Sicherung*: fuse, blow; *a. Radioröhre, Lampe*: burn out; **II.** F *fig. v/i.* (*ausreißen*) run away, bolt (*mit et. od. j-m* with); *sie brannte mit ihm durch* she eloped with him; **~bringen** *v/t.* get through; *fig. a.* see *a th. od. p.* safely through; (*von e-r Krankheit heilen*) pull *a p.* through, bring *a p.* round; (*ernähren*) support, (*Kinder*) *a.* bring up, rear; (*Antrag*) carry; (*Gesetz*) pass, → *durchdrücken*; (*Geld*) dissipate, squander, *sl.* blue; *sich* ~ support o.s., make both ends meet; *sich ehrlich* ~ make an honest living; *sich kümmerlich* ~ make a poor living, scrape through; **~brochen** *adj.* pierced, perforated; ~*e Arbeit* pierced work; *Näherei*: openwork; *der Goldschmiede*: filigree(-work).

Durchbruch *m* ⚔ breakthrough (*a. Sport*); *e-s Dammes usw.*: rupture, bursting; (*Lücke*) gap, breach, opening; ⚕ eruption; *Zähne*: cutting; *Straße*: piercing, cutting; *fig.* breakthrough, ultimate success; *zum* ~ *kommen* break through, become apparent, show, burst forth; **~sschlacht** ⚔ *f* breakthrough battle; **~sstelle** ⚔ *f* point of penetration; **~sversuch** *m* attempted breakthrough.

durch...: **~dacht** *adj.*: (*gut* ~) well thought out, (well-)considered, well-devised; **~denken** *v/t.* think (*od.* reason) out; (*überlegen*) think *a th.* over, turn *a th.* over in one's mind, consider; **~drängen** *v/t.* force (*od.* press) through; *sich* ~ force (*od.* squeeze, elbow, push) one's way through.

durchdrehen I. *v/t.* **1.** (*Motor*) rev (up), *von Hand*: crank; ✈ swing; **2.** (*Fleisch*) pass through the meat grinder (*od.* mincer), mince;

II. *v/i.* **3.** *Räder*: race, spin; **4.** F *Person*: crack up, *sl.* flip; *vor Angst*: panic; **III.** ≈ *n mot. der Räder*: wheelspin.

'durchdringen *v/i.* **1.** get through, penetrate; *Flüssigkeit*: *a.* permeate, seep through; *Nachricht*: get abroad, leak out; *Stimme*: be heard; ~ *zu Nachricht*: reach *a p.*; **2.** *fig. Person*: succeed (*mit* with), carry one's point, win through, assert o.s.; *mit e-m Vorschlag usw.* ~ win acceptance for; **3.** *Meinung*: prevail.

durch'dringen *v/t.* penetrate, pierce; *Flüssigkeit*: permeate, pass through; *fig.* penetrate (*a. mit dem Verstand*); (*erfüllen*) fill, imbue, pervade, inspire (*mit* with); **~d** *adj.* penetrating, piercing (*a. Blick*); *Kälte, Wind*: piercing, cutting; *Stimme*: piercing, shrill; *Verstand*: penetrating, keen; ~*er Schrei* scream, shriek.

Durchdringung *f* penetration, pervasion; *pol. friedliche* ~ peaceful penetration; **~svermögen** *n* penetrating power.

durch...: ~drücken *v/t.* press (*od.* squeeze) through; (*Knie usw.*) straighten; *fig.* → *durchsetzen*; (*Gesetz*) force (*Am.* F railroad) through; **~drungen** *adj.* imbued, filled, inspired (*von* with); **~duften** *v/t.* fill with fragrance, perfume; **~'eilen** *v/t.* hasten (*od.* hurry, rush) through (*a. v/i.* **'durcheilen**); (*e-e Strecke*) cover.

durcheinander I. *adv.* in confusion; in a jumble, pell-mell, higgledy-piggledy; (*wahllos*) promiscuously; *ganz* ~ *sein Person*: be all mixed up, be all upset; **II.** ≈ *n* confusion; disorder, disarray, muddle, jumble; *von Stimmen*: hubbub, babel; **~bringen** *v/t.* **1.** → *durcheinanderwerfen*; **2.** *fig.* (*j-n*) upset, bewilder, confuse; **~geraten** *v/i.* get mixed up (*a. fig.*); **~reden** *v/i.* talk (*od.* speak) simultaneously *od.* confusedly, F speak all in a crowd; **~werfen** *v/t.* throw into disorder, jumble (*od.* mix) up; *fig.* mix up, confuse.

durchexerzieren *v/t.* rehearse.

'durchfahren I. *v/i.* pass (*od.* drive *od.* ⚓ sail *od.* 🚂 run) through; *ohne Halt*: go through (without a stopping, ⚓ landing); *unter e-r Brücke* ~ shoot a bridge.

durch'fahren *v/t.* pass, *etc.* through, → *'durchfahren*; *fig. Gedanke usw.*: go (*od.* run, flash) through *a p.'s* mind; *das Meer* ~ sail (*od.* cross) the sea.

Durchfahrt *f* passage (through); (*Straße*) thoroughfare; (*Tor*) gate (-way); (*Kanal*) channel; ~ *verboten!* no thoroughfare!; **~shöhe** *f* clearance (height); **~srecht** *n* right of passage (*od.* way); **~ssignal** 🚂 *n* through signal.

Durchfall *m* **1.** ⚕ diarrh(o)ea; **2.** (*Mißerfolg*) failure, *thea. usw. sl.* flop.

'durchfallen I. *v/i.* **1.** fall through (*a. Licht*); **2.** *im Examen usw.*: fail, be rejected, F be ploughed, *Am.* F flunk; *bei e-r Wahl*: be unsuccessful, be defeated; *thea.* fall flat, *sl.* turn out a flop; ~ *lassen* reject, *Am.* F flunk; *thea.* damn.

durch'fallen *v/t.* fall (*od.* drop) through.

durch...: ~faulen *v/i.* rot through, grow (completely) rotten; **~fechten I.** *v/t.* fight (*od.* battle, see) *a th.* through; *es* ~ fight it out, (*sich durchsetzen*) carry one's point; **II.** *v/refl.*: *sich* ~ fight one's way through; (*betteln*) beg (*Am. sl.* bum) one's way; **~feilen** *v/t.* file through; *fig.* polish, give the last finish to; **~feuchten** *v/t.* wet thoroughly, soak; **~finden** *v/refl.*: *sich* ~ find one's way through; *er findet sich nicht mehr durch* he is at his wits' end (*od.* completely at a loss); **~flechten** *v/t.* interlace, interweave, intertwine.

durch'fliegen *v/t.* **1.** fly through; *e-e Strecke* ~ fly (*od.* cover) a distance; **2.** *fig.* (*Buch usw.*) skim over, run (*od.* glance) through.

'durchfliegen *v/i.* **1.** fly through; **2.** F *im Examen usw.*: → *'durchfallen* 2.

'durchfließen *v/i. u.* **durch'fließen** *v/t.* flow (*od.* run) through.

Durchflug *m* flight through, (air) transit.

Durchfluß *m* flow(ing through), passage; ⊕ flow, discharge; **~erhitzer** *m* flow heater; **~geschwindigkeit** *f* velocity of flow (*od.* circulation); **~menge** *f* rate (*od.* quantity) of flow; **~messer** *m* flow meter.

durchfluten *v/t.* flow (*od.* run) through; *fig. a.* flood, pervade.

durchforsch|en *v/t.* (re)search, investigate; *genau*: scrutinize, (*a. Land*) explore; **≈ung** *f* (re)search, investigation; scrutiny; exploration.

durchforsten *v/t.* (*Wald*) thin (out); *fig. a.* weed (out).

Durchfracht ☤ *f* through freight; **~brief** *m* through way-bill; **~konnossement** *n* through bill of lading.

durch...: ~fragen *v/refl.*: *sich* ~

ask one's way; **~fressen I.** *v/t.* **1.** eat through; ⚗ *a.* corrode (*beide a. sich ~ durch*); **II.** F *v/refl.* **2.** sich ~ (*nassauern*) sponge on others; **3.** *sich durch ein Buch usw.* ~ wade through; **~frieren** *v/t.* freeze through; **≈fuhr** ✝ *f* transit.

durchführ|bar *adj.* practicable, feasible, workable; **≈barkeit** *f* practicability, feasibility, workability; **~en** *v/t.* **1.** lead (*od.* convey, take) through *od.* across; **2.** (*Draht usw.*) pass through; **3.** *fig.* carry out (*od.* through), execute; (*Untersuchung usw.*) conduct, effect; (*Gesetz*) implement, *a.* ⚖ enforce; (*s-e Rolle*) sustain; (*fertigstellen*) complete, accomplish; (*verwirklichen*) realize, go ahead with.

Durchfuhr...: **~handel** ✝ *m* transit trade; **~schein** *m* permit of transit.

Durchführung *f* carrying out, execution; performance; completion; realization; *e-s Gesetzes*: implementation; *a.* ⚖ enforcement; *e-r Leitung*: passing through, wall entrance; **~sbestimmungen** *f/pl.* implementing regulations; **~sverordnung** *f zum Gesetz*: regulation.

Durchfuhr...: **~verbot** ✝ *n* transit embargo; **~zoll** *m* transit duty.

durch...: **~furcht** *adj.* furrowed; **~füttern** *v/t.* (*Vieh*) feed through the winter; (*j-n*) feed, support; *sich ~ lassen von j-m* live on a p.; **≈gabe** *f* → *Durchsage*; **≈gang** *m* passage; *konkret*: passage(-way), gateway, alley; *zwischen Bänken*: *a.* ✈ gangway, *Am.* aisle; ⊕ connecting passage; *e-s Ventils*: gate, diameter; ✝, *ast.* transit; *Sport*: heat, run, round; *kein ~!* no thoroughfare!, private (road)!; **≈gänger** *m Pferd*: bolter, runaway (horse); *Person*: (*a. ~in*) runaway, absconder; **~gängig I.** *adj.* general, universal; *Preise*: uniform; **II.** *adv.* generally, as a rule; throughout.

Durchgangs...: **~bahnhof** *m* through station; **~gespräch** *teleph. n* through call; **~güter** *n/pl.* transit goods *pl.*; **~handel** *m* transit trade; **~konto** *n* transit account; **~lager** *n* transit camp; **~schein** *m* permit (of transit); **~stadium** *n* transition stage; **~straße** *f* thoroughfare, through road; **~verkehr** *m* through traffic; *mot. a.* non-resident traffic; ✝ transit trade; **~wagen** *m* corridor carriage, *Am.* vestibule car; **~zoll** *m* transit duty; **~zug** *m* through (*od.* express) train; corridor (*Am.* vestibule) train.

durchgeben *v/t.* (*Nachricht*) pass on, transmit, *im Radio*: announce.

durchgehen I. *v/i.* **1.** go (*od.* walk) through, pass (through); **2.** (*durchdringen*) go through, penetrate; **3.** (*fliehen*) abscond, run away, bolt (*a. Pferd*), *Liebende*: elope; ⊕ *mot.* race, run away; *mit j-m ~ Gefühl usw.*: run away with a p.; **4.** *Antrag, Gesetz*: go through, pass, be passed (*od.* carried); **5.** (*geduldet werden*) pass, be tolerated; *et. ~ lassen* let pass, overlook, close one's eyes to; *j-m et. ~ lassen* let a p. get away with a th.; **II.** *v/t.* (*erörtern, prüfen, lesen*) go through (*od.* over) *a th.*; **~d I.** *adj.* **1.** through *train, ticket, etc.*; *Betrieb usw., a.* ⊕: continuous; ✝ transit ...; *Muster usw.*: all over ...; *~er Dienst* twenty-four-hour (*od.* round-the-clock) service; **II.** *adv.* **2.** (*allgemein*) generally, universally; **3.** (*ständig*) continuously; *~ geöffnet* open all day; **4.** (*durchweg*) throughout, all (through), down the line.

durch...: **~geistigt** *adj.* spiritual, (highly) intellectual; **~geknöpft** *adj. Kleid*: button-through ...; **~gestalten** *v/t.* work out (to the last detail), design (to perfection); **~gleiten** *v/i.* glide (*od.* slide, slip) through.

ˈdurchglühen I. *v/t.* make red-hot; ⊕ anneal thoroughly; **II.** ⚡ *v/i. Lampe*: burn out.

durchˈglühen *v/t.* inflame, inspire; *durchglüht von a.* glowing (*od.* aglow) with.

durch...: **~graben I.** *v/t.* dig through, pierce; **II.** *v/refl.*: *sich ~* dig one's way through; **~greifen** *v/i.* **1.** reach through, pass one's hand through; **2.** *fig.* take (rigorous) action, resort to (*od.* take) drastic measures; **~greifend** *adj.* drastic; radical, sweeping; **~halten I.** *v/i.* hold out (to the end); see it through, F stick (*od.* sweat) it out; *Sport*: *a.* stay, last out; *verzweifelt ~* hang on for dear life; **II.** *v/t.* (*Lebensweise usw.*) keep up; (*Tempo*) *a.* stand *the pace*; **≈halteparole** *f* rallying-cry; **≈haltevermögen** *n* stamina, staying power; **≈hang** *m*, **~hängen** *v/i.* sag; **~hauen I.** *v/t.* cut (*od.* hew) through; (*spalten*) cleave, split; *entzwei*: cut (*od.* chop) in two; F (*prügeln*) thrash, give *a p.* a thrashing; **II.** *v/refl.*: *sich ~* hack one's way through; **~hecheln** *fig. v/t.* gossip about *a p.*; run down, pull to pieces; **~heizen I.** *v/t.* heat thoroughly; **II.** *v/i.* heat night and day; **~helfen** *v/i.* help through; see *a p.*

through; help *a p.* out of a difficulty; *sich* ~ get by, manage, scrape through; **~hocken** *v/i. Turnen*: squat through; **~irren** *v/t.* wander through.

ˈdurchjagen I. *v/i.* rush (*od.* race, tear) through; **II.** *v/t.* rush through (*a. fig.*).

durchˈjagen *v/t.* (*Land*) hunt through (*od.* across).

durch...: ~kämmen *v/t.* comb (thoroughly); *fig.* ⚔ *usw.* comb; **~kämpfen** *v/t.* → *durchfechten*; **~kauen** *v/t.* chew through; (*Speise*) chew thoroughly; *fig.* go over *a th.* for a long time, repeat *a th.* over and over again, belabo(u)r *a th.*; **~kneten** *v/t.* knead (*od.* work) thoroughly; **~kochen** *v/t.* cook thoroughly; *durchgekocht* well done; **~kommen** *v/i.* come through (*a. fig. Zahn, Nachricht, Charakterzug usw.*); *fig.* (manage to) get through, succeed; *im Examen*: pass; *Kranke*: come (*od.* pull) through; ~ *mit* (*e-r Frechheit usw.*) get away with; *mit et.* ~ (*auskommen*) get along (*od.* by) with a th., do (*od.* manage) with a th.; *kümmerlich* ~ scrape through, make both ends meet; *damit kommst du bei ihm nicht durch* that won't work with him, F that cuts no ice with him; *da war kein* ≈ there was no getting through; **~konstruieren** ⊕ *v/t.* design (to the last detail); **~kosten** *v/t.* taste one *dish, etc.* after the other; *fig.* taste, go through; **~kreuzen** *v/t.* cross (*a. sich* ~); *fig.* cross, thwart, foil, frustrate.

ˈdurchkriechen *v/i. u.* **durchˈkriechen** *v/t.* creep (*od.* crawl) through.

durch...: ~laden *v/i.* charge one's rifle, *etc.*; **≈laß** *m* **1.** ⊕ passage; outlet, opening; (*Leitung*) conduit, duct; (*Wasserabzugsrohr*) culvert; (*Schleuse*) gate; (*Filter*) filter; **2.** *fig.* passage; *um* ~ *bitten* ask for permission to pass; ~ *erhalten* be allowed to pass; **~lassen** *v/t.* let (*od.* allow to) pass, let through; (*Antrag, Prüfling*) pass; *phys.* be pervious *od.* permeable to; (*Licht*) transmit; (*filtern*) filter, strain; *fig.* let pass; *Wasser* ~ leak; → *a. durchgehen* 5; **~lässig** *adj.* permeable, pervious (*für* to); (*porös*) porous; *Gefäß, Schuhe usw.*: leaky; *für Licht*: translucent, diaphanous; *fig.* ~*e Stelle in e-m Amt*: leak; **≈lässigkeit** *f* permeability, perviousness; porosity; leakiness; translucence; *opt.* transmission factor; *elektrische* ~ electric constant.

Durchlaucht *f* (Serene) Highness; *Seine* ~ His Grace; **≈ig(st)** *adj.* (most) serene.

durchˈlaufen *v/t. a. fig. Gefühl, Schauder*: run through (*a. lesend, in Gedanken*), *a. phys.*, ⊕ travel through; (*e-e Strecke*) cover; *fig.* (*e-e Schule*) pass through; *Gerücht*: spread over *a town.*

ˈdurchlauf|en I. *v/i.* run (*od.* pass) through; *Flüssigkeit*: *a.* flow through; ⊕, ✝ pass through; **II.** *v/t.* (*Schuhe*) wear through; *sich die Füße* ~ walk one's feet sore; **~end** *adj.* continuous (*a.* ⊕); ✝ transitory; ~*e Kredite* loans granted on a trust basis; **≈erhitzer** *m* continuous-flow water heater; **≈schmierung** *f* total-loss lubrication.

durch...: ~lavieren *v/refl.*: *sich* ~ wangle through; **~leben** *v/t.* go (*od.* pass, live) through, experience; (*im Geiste*) *noch einmal* ~ relive; **~leiten** *v/t.* lead (*od.* conduct, channel, pass) through; **~lesen** *v/t.* read through (*od.* over), peruse; *flüchtig*: skim (over), run (*od.* glance) through.

ˈdurchleuchten *v/i.* shine through; *fig.* come to light, become apparent, show.

durchˈleuchten *v/t.* (flood with) light; ⚕ X-ray, screen; (*Eier*) test, candle; *fig.* fill with light, illumine; (*untersuchen*) investigate, analyze; (*aufklären*) clear up.

Durchleuchtung *f* illumination; ⚕ X-ray (*od.* fluoroscopic) examination; *fig.* investigation, analysis; **~sapparat** *m* fluoroscope, X-ray apparatus; **~sschirm** *m* fluorescent screen.

durch...: ~liegen *v/refl.*: *sich* ~ get bed-sore.; **~lochen** *v/t.* → *lochen*; **~löchern** *v/t.* make holes into, perforate, punch; (*durchbohren*) pierce; *mit Kugeln*: riddle; F *fig.* shoot holes in; **~löchert** *adj.* full of holes; perforated; punctured; *von Kugeln*: riddled; **~lotsen** *v/t.* pilot (*fig. a.* get, steer) through; **~lüften** *v/t.* air, ventilate, ⊕ *a.* aerate; **~machen I.** *v/t.* go (*od.* pass) through; (*Leiden usw.*) go through, endure, suffer; (*Wandlung usw.*) undergo; **II.** F *v/i.*: (*die ganze Nacht* ~) make a night of it.

Durchmarsch *m* **1.** passage *of troops*, march(ing) through; **2.** *co.* diarrh(o)ea, *sl. the* runs *pl. u. sg.*; **≈ieren** *v/i.* march through.

durchmesse|n *v/t.* traverse, pass

over; (*Strecke*) cover, travel; *zu Fuß*: walk; er *durchmaß das* Zimmer *mit langen Schritten* he paced the floor; **≈r** *m* diameter.

durch...: ~mischen *v/t.* mix thoroughly, intermix; **~mogeln** F *v/refl.*: sich ~ wangle one's way through, sneak through; **~nässen** *v/t.* wet through, soak, drench; *ganz durchnäßt* wet to the skin, soaked, drenched; **~nehmen** *v/t.* (*Thema*) go through, deal with, treat, do; **~numerieren** *v/t.* number consecutively; **~organisieren** *v/t.* organize thoroughly; **~pausen** *v/t.* trace, transfer; **~peitschen** *v/t.* **1.** whip (soundly); **2.** *fig.* hurry (*od.* rush) through; *parl.* rush (*od.* hustle, *Am.* F railroad) *a bill* through; **~pressen** *v/t.* press (*od.* squeeze) through; *Kochkunst*: pass through; (*filtern*) strain; **~prüfen** *v/t.* examine (*od.* test) thoroughly; scan, screen; **~prügeln** *v/t.* beat soundly, give *a p.* a sound thrashing; **~pulst** *fig. adj.*: ~ von pulsating (*od.* vibrating) with; **~queren** *v/t.* pass through, cross, traverse; *fig.* → durchkreuzen; **~quetschen** *v/t.* (*a.* sich ~) squeeze through.

ˈdurchrasen *v/i. u.* **durchˈrasen** *v/t.* race (*od.* rush, tear, shoot) through.

durch...: ~rasseln, ~rauschen F *v/i.* → ˈdurchfallen 2; **~rechnen** *v/t.* go through, check; **~regnen** *v/i.* rain through; **~reiben** *v/t.* → durchscheuern; **≈reiche** *f* (service) hatch; **~reichen** *v/t.* pass (*od.* hand, reach) through; **≈reise** *f* journey through, passage, transit; auf der ~ on one's way through.

durchˈreisen *v/t.* travel over, tour *a country*.

ˈdurchreise|n *v/i.* travel (*od.* pass) through; **≈nde(r** *m*) *f* travel(l)er, *Am. a.* transient; 🚂 through passenger; **≈visum** *n* transit visa.

ˈdurchreißen I. *v/i.* tear, get torn, break; **II.** *v/t.* → durchˈreißen.

durchˈreißen *v/t.* tear asunder (*od.* in two), rend; → Zielband.

ˈdurchreiten I. *v/t.* (*Pferd*) gall by riding; sich ~ chafe o.s. by riding; **II.** *v/i.* ride through.

durchˈreiten *v/t.* ride through, pass over (*od.* cross) on horseback.

ˈdurchrennen *v/i.* run through.

durchˈrennen *v/t.* **1.** run (*od.* race, dash) through; **2.** j-n ~ run a p. through.

ˈdurchrieseln *v/i.* run (*od.* trickle) through.

durchˈrieseln *v/t.* trickle (*od.* flow) through; *poet. Bach*: murmur through; *fig.* (*j-n*) run through.

durch...: ~ringen *v/refl.*: sich ~ struggle through (zu *et.* to), make one's way; sich zu e-m Entschluß ~ make up one's mind (after long inner struggles); **~rosten** *v/i.* rust through; **~rühren** *v/t.* stir (*od.* mix) thoroughly; **~rutschen** *v/i.* slip through (*a. fig.*); **~rütteln** *v/t.* shake up *od.* thoroughly; **~sacken** ✈ *v/i.* stall, *bei Landung*: pancake; **≈sage** *f* announcement, *Radio*: *a.* (news) flash; **~sagen** *v/t.* announce; **~sägen** *v/t.* saw through; **~schalten** *v/i. mot.* shift the gears through their full range; *teleph.* put the call through.

ˈdurchschauen *v/i.* look (*od.* peer) through.

durchˈschauen *v/t.* see through, find out; dich hab' ich durchschaut *sl.* I've got your number.

durchschauern *fig. v/t.* run through; es durchschauerte ihn a cold shiver ran through him.

durchscheinen *v/i.* shine through; **~d** *adj.* translucent, transparent, diaphanous.

durchscheuern *v/t.* rub through, gall, chaff; (*Stoff*) wear through; sich ~ get chafed.

ˈdurchschießen *v/i.* shoot through; (*durcheilen*) *a.* dash through.

durchˈschießen *v/t.* shoot through; *typ.* interline, space (out); *mit Papier*: interleave.

durchschimmern *v/i.* gleam (*od.* shine) through.

Durchschlag *m* **1.** (*Sieb*) colander, strainer; **2.** *Maschinenschrift*: (carbon) copy, duplicate, F carbon; **3.** (*Werkzeug*) punch, drift pin; **4.** (*Defekt*) *mot.* puncture; ⚡ disruptive discharge, *Am.* puncture; *dielektrischer*: break-down; *von Sicherungen*: blow-out.

durchˈschlagen *v/t.* beat (*od.* knock) through; (*durchbohren*) pierce, penetrate, go through (*a. Kugel*); (*durchhauen*) cut (*od.* slash) in two.

ˈdurchschlag|en I. *v/i.* **1.** break (*od.* pass, get) through, penetrate; **2.** (*wirken*) take (*od.* have) effect, ⚕ *a.* operate; **3.** *Papier*: blot, run; *Farbe*: show through; **4.** ⚡ break down; spark; **5.** *fig.* be dominant; (*zum Vorschein kommen*) become apparent, show, tell; **II.** *v/t.* (*Erbsen usw.*) strain; **III.** *v/refl.*: sich ~ fight one's way through; *fig.* scrape through, live from hand to mouth; **~end** *adj.* (*wirkungsvoll*) effective, telling, thorough; *Beweis usw.*: conclusive, irrefutable; ~er Erfolg striking (*od.* sweeping, sensational) success; **~festigkeit** ⚡ *f* disruptive strength; **~papier** *n* carbon paper; **~sicherung** ⚡ *f* puncture cut-out; **~skraft** *f* penetrating power, penetration; *fig.* effectiveness, force, impact; **~spannung** ⚡ *f* disruptive (*od.* puncture) voltage.

durch...: ~schlängeln *v/refl.*: *sich ~ Fluß usw.*: wind (*od.* meander) through; *Person:* thread one's way through, *fig.* wriggle through; **~schleichen** *v/refl.*: *sich ~* sneak (*od.* steal) through; **~schleppen I.** *v/t.* drag (*od.* pull) through; **II.** *v/refl.*: *sich ~* drag o.s. along, pull through; **~schleusen** *v/t.* pass *a vessel* through a lock; *fig.* (*j-n*) guide (*od.* get, see) through; *verwaltungsmäßig*: pass (*od.* channel) through, *Am.* process, stage; **~schlüpfen** *v/i.* slip through; **~schmelzen** *v/t. u. v/i.* melt, fuse; **~schmoren** ⚡ *v/i.* char through, *Am.* scorch; **~schmuggeln** *v/t.* smuggle through; F *sich ~* sneak through.

'durchschneiden *v/t.* cut (through *od.* in two).

durch'schneiden *v/t.* cut; *fig.* intersect (*a.* A); (*kreuzen*) cross, traverse; (*die Wellen*) cleave, plough.

Durchschnitt *m* **1.** cut(ting through); ⊕ section, profile; A intersection; **2.** (*Mittelwert*) mean, average; *fig.* average, standard; *der ~ der Leute* the common run of men; *im ~* on an average; *über* (*unter*) *dem ~* above (below) average *od.* standard; *im ~ erzielen usw.* average; *den ~ nehmen* strike an average; *er ist nur ~* he has only average ability; *er ist guter ~* he keeps up a good average; **~lich I.** *adj.* average, mean; *Preis, Qualität, Größe*: *a.* medium; (*gewöhnlich*) common, ordinary; (*mittelmäßig*) mediocre, middling, second-rate; **II.** *adv.* on an average; *~ betragen, leisten, verdienen usw.* average; *er raucht ~ zehn Zigaretten am Tage* he smokes an average of ten cigarettes a day.

Durchschnitts...: *mst* average; **~einkommen** *n* average income; **~geschwindigkeit** *f* average speed; **~leistung** *f* average performance; **~linie** A *f* line of intersection; **~mensch** *m* average person, *the* common man, *the* man in the street; *contp.* mediocrity; **~qualität** *f*: (*gute ~* fair) average quality, standard quality; **~wert** *m* average (*od.* mean) value; **~zeichnung** ⊕ *f* cross-section drawing.

durchschossen *typ. adj. Satz*: leaded; *Exemplar*: interleaved.

Durchschreibe|block *m* duplicating pad; **~buch** *n* duplicating book; **~feder** *f* manifold pen; **~n** *v/t.* make a (carbon) copy of; **~papier** *n* duplicating (*od.* carbon) paper; **~verfahren** *n* duplicating (process).

'durchschreiten *v/i. u.* **durch'schreiten** *v/t.* stride (*od.* step, walk) through, pass (through), cross.

Durchschrift *f* (carbon) copy; † *~ an* carbon copy (*abbr.* c.c.) to.

Durchschuß *m* **1.** *Weberei*: woof, weft; **2.** *typ.* lead, slug; **3.** (*Wunde*) shot (right) through, through and through (bullet) wound, *z.B. Arm~* shot through the arm; **~blatt** *n* interleaf.

'durchschütteln *v/t.* shake thoroughly.

durch'schütteln *v/t. Frost usw.*: shake; *das Fieber durchschüttelte ihn* he was shivering with fever.

durch...: ~schwärmen *v/t.* (*Straßen*) roam (*od.* swarm) through; *die Nacht ~* make a night of it; **~schweifen** *v/t.* wander through, roam.

'durchschwimmen *v/i.* swim (*Sachen*: float) through *od.* across.

durch'schwimmen *v/t.* swim through (*od.* across), cross; (*e-e Strecke*) swim.

durchschwitzen *v/t.* soak with sweat; *durchgeschwitzt sein Person*: be all in a sweat.

durch'segeln *v/t.* (*die Meere*) sail, cross, sail through (*od.* across).

'durchsegeln F *v/i.* → *'durchfallen* 2.

durch...: ~sehen I. *v/i.* see (*od.* look) through; **II.** *v/t.* look *od.* go through (*od.* over) *a th.*, check; (*prüfen*) *a.* examine, inspect; **~seihen** *v/t.* strain, (pass through a) filter, percolate.

'durchsetzen I. *v/t.* (*Plan usw.*) put through, bring about, succeed with; (*erzwingen*) enforce (*a.* ⚖), push (*od.* force) through, get *a th.* carried out; *s-e Meinung ~* carry one's point (*bei* with); *s-n Kopf* (*od. Willen*) *~* have one's way; *e-n Vorschlag ~* get a suggestion accepted; *et.* (*e-n Wunsch usw.*) *bei j-m ~* get a th. out of a p.; **II.** *v/refl.*: *sich ~* assert o.s.; get one's way; (*erfolgreich sein*) win through, be a success; *Sache*: *a.* win recognition, be generally accepted (*od.* adopted); prevail; † *Erzeugnis*: prevail on the market; *Person, im Leben*: make one's mark (*od.* way);

sich ~ *gegen* hold one's own against, deal with.
durch'setzen *v/t.* intersperse, F salt (*mit* with); *mit Spionen usw.*: infiltrate; *durchsetzt mit a.* honeycombed with.
Durchsicht *f* view (through), vista; *fig.* looking through (*od.* over), perusal; examination, inspection, check(ing); *typ.* reading; *e-r Auflage*: revision; *bei (der)* ~ *unserer Bücher* on examining our books; **≗ig** *adj.* transparent (*a. fig. offensichtlich*); *fig.* (*klar*) perspicuous, lucid; **~igkeit** *f* transparency (*a. fig.*); *fig.* clarity, lucidity *of style*; **~ssucher** *phot. m* direct view finder.
durchsickern **I.** *v/i.* trickle (*od.* ooze, seep) through; percolate; *fig.* ⚔ infiltrate; *Nachricht*: leak out; **II.** ≗ *n* leakage (*a. fig.*).
'durchsieben *v/t.* sift, screen (*a. fig.*).
durch'sieben *v/t.* riddle (*mit Kugeln* with bullets).
durch...: **~spielen** **I.** ♪ *v/t.* play through *od.* to the end; *fig.* rehearse; **II.** *v/i. Sport*: (*abspielen*) pass (*zu* to); **III.** *v/refl.*: *sich* ~ *Sport*: dribble through; **~sprechen** *v/t.* talk over, discuss; **~starten** ✈ *v/i.* go round again.
'durchstechen *v/i.* pierce (through).
durch'stechen *v/t.* pierce; *mit e-r Nadel*: prick; (*Damm*) cut, dig through.
durch...: **≗stecherei** *f* underhand dealing(s *pl.*); *Am. pol.* logrolling; **~stecken** *v/t.* pass (*od.* stick, put) through; **~stehen** *v/t.* see *a th.* through; → *a. durchhalten*; **~stellen** *teleph. v/t. u. v/i.* put (the call) through; **≗stich** *m* cut (*a.* 🚂 *usw.*); canal; **~stöbern** *v/t.* → *durchsuchen* 1.
'durchstoßen **I.** *v/i.* ⚔ penetrate, *a. Sport*: break through; **II.** *v/t.* push (*od.* thrust) through.
durch'stoßen *v/t.* pierce; ⚔ break through; ✈ (*Wolken*) fly through.
'durchstreichen *v/t.* cross (*od.* strike) out, cancel.
durch'streichen *v/t.* → **durchstreifen** *v/t.* roam (through), rove (through), wander through; *suchend*: scour, *bsd. Raubtier, Verbrecher*: prowl.
'durchströmen *v/i. u.* **durch'strömen** *v/t.* flow (*od.* run) through; *fig. a.* thrill through.
durchstudieren *v/t.* study thoroughly.
durchsuch|en *v/t.* **1.** search, rummage through, hunt (*nach* for); (*Gebiet*) comb, scour; **2.** (*j-n*) search, *sl.* frisk; **≗ung** *f* search; **≗ungsbefehl** *m* search warrant.
durch...: **~tasten** *v/refl.*: *sich* ~ grope one's way through; **~toben** *v/t.* rage through; **~trainiert** *adj.* thoroughly trained, top fit; **~tränken** *v/t.* soak, impregnate; *fig.* fill, imbue; **~treten** *v/t.* (*Schuhe*) wear out; *mot.* a) (*Pedal*) floor; b) (*Starter*) kick.
durchtrieben *adj.* sly, wily, artful; (*schalkhaft*) mischievous, roguish, sly; **≗heit** *f* slyness, artfulness.
durch...: **~verbinden** *teleph. v/t. u. v/i.* put (the call) through; **~wachen** *v/t.* pass *the night* waking; *die Nacht* ~ *a.* lie awake all night.
'durchwachsen *v/i.* grow through.
durch'wachsen *adj. Fleisch, Speck*: streaky, marbled; F *fig.* mixed, so-so.
durch...: **~wagen** *v/refl.*: *sich* ~ venture through; **≗wahl** *teleph. f* direct dial(l)ing; **~wählen** *teleph. v/i.* dial through (*od.* direct); **~walken** *v/t.* ⊕ full thoroughly; F *fig.* thrash.
'durchwandern *v/i. u.* **durch'wandern** *v/t.* wander (*od.* pass) through.
durchwärmen *v/t.* warm through.
'durchwaten *v/i. u.* **durch'waten** *v/t.* wade through, ford.
'durchweben *v/t.*: *durchgewebter Stoff* reversible fabric.
durch'weben *v/t.* interweave; *fig. a.* intersperse (*mit* with).
Durchweg *m* passage, way through.
durchweg *adv.* throughout, F down the line, altogether, without exception, all of them.
durchweich|en *v/t.* soften; *durch Nässe*: soak, drench; **~t** *adj.* soaked, sodden, soggy.
durch...: **~winden** *v/refl.*: *sich* ~ wind (*od.* meander) through; *Person*: worm (*od.* thread) one's way through; *fig.* wriggle through; struggle through; **~wirken** *v/t.* interweave (*mit* with); **~wühlen** **I.** *v/t.* (*Erde*) rake (*od.* root) up, burrow; (*durchsuchen*) search, rummage; *a. plündernd*: ransack; **II.** *v/refl.*: *sich* ~ burrow through; *fig.* work one's way through; **~wursteln** *v/refl.*: *sich* ~ muddle through; **~zählen** *v/t.* count (over); **~zeichnen** *v/t.* trace.
'durchziehen **I.** *v/t.* **1.** draw (*od.* pull) through, *schleppend*: drag through; **2.** (*Faden*) pass through; (*Graben usw.*) run through; ✈ pull out (of a dive); ⚠ (*Querbalken usw.*) lay; **3.** F *fig.* (*Plan usw.*) push (*od.* follow *a project*) through; **II.**

v/i. pass through; **III.** *v/refl.*: *sich* ~ (*durch*) run (*od.* extend) through; *fig.* pervade.

durch'ziehen *v/t.* pass (*od.* march, travel) through, traverse; *mit Adern usw.*: streak (*mit* with); *mit Fäden*: interweave (with); *fig. a.* intersperse (with).

durchzucken *v/t.* flash through (*a. fig.*).

Durchzug *m* **1.** passage, march through; **2.** (*Luft*) (through-) draught, *Am.* draft; circulation; ~ *machen* let in fresh air; **3.** ⚠ continuous girder; *Brückenbau*: intermediate tie; **~skraft** *mot. f* tractive power.

durch|zwängen, ~zwingen *v/t.* force (*od.* squeeze) through; *sich* ~ squeeze (o.s.) through, force one's way through.

dürfen *v/i.* **1.** (*Erlaubnis haben*) be permitted *od.* allowed to *inf.*, have the right to *inf.*; *ich darf* I may; *du darfst nicht* you must not; *darf man?* is it allowed to?; *es darf niemand herein* no one is admitted; *das hättest du nicht sagen* ~ you ought not to have said that; **2.** (*wagen*) dare; *ich darf sagen* I dare say, I am correct in saying; *man darf wohl annehmen* it is safe to assume; *wir* ~ *es bezweifeln* we have reason to doubt it; *man darf erwarten* it was to be expected; **3.** *Wahrscheinlichkeit*: *es dürfte leicht sein* it should be easy; *es dürfte sich erübrigen* it would seem superfluous; *es dürfte zu e-r Krise führen* it is likely (*od.* apt) to cause a crisis; *das dürfte Herr X. sein* that would be Mr. X; this is Mr. X., I suppose; *er dürfte mein schlimmster Feind sein* he may well be (*od.* is probably) my worst enemy.

dürftig *adj.* (*ungenügend*) poor, inadequate; (*spärlich*) scanty, skimpy (*a. iro. Badeanzug usw.*), meag|re (*Am.* -er); *Einkommen, Chance*: *a.* slim; (*erbärmlich, gering*) paltry, measly; (*ärmlich*) humble, shabby; *in* ~*en Verhältnissen* in needy circumstances; ~*e Ausrede* poor excuse; ~*e Kenntnisse* scanty knowledge *sg.*; **≈keit** *f* neediness, indigence; poverty; *fig. a.* poorness, inadequacy; scantiness, paltriness.

Durgeschlecht ♪ *n* major mode.

dürr *adj.* (*trocken*) dry; *Boden*: arid, barren, sterile; (*mager*) gaunt, lean, skinny, spindly; *mit* ~*en Worten* in plain terms, in so many words; **≈e** *f* dryness; aridity, barrenness; (*Regenmangel*) drought; *Person*: gauntness.

Durst *m* thirst (*nach* for; *a. fig.*); ~ *bekommen* (*haben*) get (be) thirsty; ~ *machen* make thirsty; *s-n* ~ *löschen* quench one's thirst; F *eins über den* ~ *getrunken haben* have had one over the eight; **≈en** (*a.* **dürsten**) *v/i.* be thirsty; *mich dürstet* I feel thirsty; *fig.* ~ *nach* (be) thirst(ing) for; **≈ig** *adj.* thirsty (*nach* for); **≈löschend, ≈stillend** *adj.* thirst-quenching; **~strecke** *fig. f* long haul, hard slog.

Durton|art ♪ *f* major key; **~leiter** *f* major scale.

Dusch|e *f* (*Anlage u. Vorgang*) shower(-bath); ⚕ *a. zur weiblichen Hygiene*: douche; F (*kalte* ~) (*Guß*) soaking, dousing; *fig. j-m e-e kalte* ~ *verabreichen* cast a damp on, throw cold water on; *s-e Rede wirkte wie e-e kalte* ~ *auf sie a.* his words brought them down to earth (with a bang); **≈en I.** *v/t.* give *a p.* a shower(-bath); ⚕ douche; **II.** *v/i.* have a shower (-bath); **~gelegenheit** *f* shower facility; **~kabine** *f*, **~nische** *f* shower cubicle; **~raum** *m* shower room.

Düse *f* **1.** ⊕ (*Zerstäubungs*≈) nozzle; (*Spritz*≈, *strahlbildende*) jet; *metall.* blast pipe; *e-s Brenners*: tip; *mot.* (*Vergaser*≈) jet; *Diesel, Einspritzpumpe*: nozzle; (*Öffnung*) orifice; **2.** F (~*nflugzeug*) jet(-plane).

Dusel F *m* (*Schwindligkeit*) dizziness, giddiness; (*Rausch*) fuddle; (*Glück*) luck, fluke; ~ *haben* be in luck, be lucky; *da haben wir noch einmal* ~ *gehabt* that was a close shave; **≈ig** *adj.* dizzy; (*schläfrig*) drowsy; **≈n** *v/i.* doze, be half asleep; (*träumen*) be daydreaming.

Düsen|antrieb *m* jet propulsion; *mit* ~ → *düsengetrieben*; **~bomber** ✈ *m* jet bomber; **~flugzeug** *n* jet(-propelled) aircraft; jet-plane; **≈getrieben** *adj.* jet-propelled (*od.* -powered); **~halter** *mot. m* nozzle holder; **~jäger** ✈ *m* jet-fighter; **~knall** *m* sonic bang; **~triebwerk** *n* jet engine (*od.* power plant, unit); **~vergaser** *mot. m* jet (*od.* spray) carburet(t)or; **~zeitalter** *n* jet age.

Dussel F *m* oaf, goof, *Am. sl.* sap.

düster *adj.* dark, gloomy, somb|re, *Am.* -er (*a. fig. trübe*); dusky; *Licht*: dim; *fig.* (*traurig*) sad, melancholy; (*bedrückend*) dismal, depressing; (*verdächtig*) shady; *ein* ~*es Licht werfen* cast a lurid light (*auf* on); **≈heit** *f*, **≈keit** *f* gloom(iness).

Dutzend *n* dozen (*abbr.* doz.); *ein (zwei)* ~ *Gläser* a (two) dozen glasses; ~*e von Leuten* dozens of people; *im* ~ *billiger* cheaper by the dozen; **≗(e)mal, ≗fach** *adv.* dozens of times; **~mensch** *m* commonplace (*od.* mediocre) person; **~preis** *m* price by the dozen; **~ware** *f* mass-produced articles *pl.*, *contp.* cheap stuff; **≗weise** *adv.* by the dozen.

Duz|bruder *m*, **~freund(in** *f*) *m*, **~schwester** *f* intimate friend, crony, pal; **≗en** *v/t.* use the familiar "du" form to, be on first-name terms with; call *a p.* by his Christian name; *sich mit j-m* ~ be on familiar terms with a p.

dwars ⚓ *adv.* abeam; **≗linie** ⚓ *f* line abreast; **≗wind** *m* beam wind.

Dyn *phys. n* dyne.

Dynam|ik *f* dynamics *pl.* (*a. sg. konstr.*); *fig. a.* dynamism; (*Kraft*) dynamic force; **≗isch** *adj.* dynamic(al) (*a. fig.*); *fig. a. Rente usw.*: progressive; **~ismus** *phls. m* dynamism.

Dynamit *n* dynamite; *mit* ~ *sprengen* (blow up with) dynamite; **~patrone** *f* dynamite cartridge.

Dynamo *m*, **~maschine** *f* dynamo, *Am.* generator; **~meter** *n* dynamometer.

Dynast|ie *f* dynasty; **≗isch** *adj.* dynastic(al).

Dysenterie ⚕ *f* dysentery.

Dyspepsie ⚕ *f* dyspepsia.

Dystrophie ⚕ *f* dystrophy.

D-Zug *m* express, express (*od.* fast) train.

E

E, e *n* E, e (*a.* ♪).

Ebbe *f* ebb(-tide), low tide; ~ *und Flut* high tide and low tide, the tides *pl.*, *a. fig.* ebb and flow; *es ist* ~ the tide is out (*od.* down); *die* ~ *tritt ein* the tide is going out; F *fig.* *in m-m Geldbeutel ist* ~ my purse is at low ebb, I am at low tide; **≈n** *v/i.* ebb; *es ebbt* it is ebb-tide.

eben I. *adj.* **1.** (*flach*) even, level, flat, plain; ⩚ plane; (*glatt*) smooth; **II.** *adv.* **2.** evenly; **3.** (*gerade, so* ~) just (now); ~ *erst* only just (now), just a moment ago; *ich wollte* ~ *gehen* I was just about (*od.* going) to leave; **4.** (*jetzt*) (just) now, this very moment; **5.** (*genau, gerade*) just, exactly, precisely; ~ *damals* just then; ~ *das wollte ich sagen* that's just what I wanted to say; *das* ~ *suche ich* that's just what (*od.* the very thing) I am looking for; (*das ist es ja*) ~*!* that's just it (*od.* the point)!; *das nun* ~ *nicht!* not precisely that!; **6.** (*gerade noch*) just, barely; ~ *noch* only just, barely; *es wird* ~ *reichen* it will just (*od.* barely) do; **7.** (*nun einmal*) just, simply; *er will* ~ *nicht* he just doesn't want to; *ich weiß es* ~ *nicht* I simply don't know; **8.** *iro. nicht* ~ *schön* (*klug usw.*) not exactly beautiful (clever, *etc.*); **9.** (*halt*) *er ist* ~ *schon alt* he is an old man after all; *da kann man* ~ *nichts machen* it can't be helped, I'm afraid; *es taugt* ~ *nichts* as I said, it is no good; *es ist* ~ *zu gefährlich* it's too risky, there is no getting away from that; *dann* ~ *nicht!* all right, have it your way; **≈bild** *n* image, (exact) likeness; *das* ~ *Gottes* God's image; *das* ~ *s-s Vaters* the very picture (*od.* the spit and image) of his father; **~bürtig** *adj.* of equal birth (*dat.* with); *fig.* equal, of equal rank *od.* value *od.* quality; *j-m* ~ *sein* be a p.'s equal, be a match for a p.; *ein* ~*er Nachfolger* a worthy successor; **~da(selbst)** *adv.* at the very (same) place, just there; *in Büchern*: ibidem (*abbr.* ib., ibid.); **~der, ~die, ~das(selbe)** *adj.* the very same (person, thing).

ebendeswegen *adv.* for that very reason; that's just why.

Ebene *f geogr.* plain; level (*od.* flat) land; ⩚ plane; ⊕ plane surface; *fig.* level, plane; *schiefe* ~ inclined plane, gradient, slope; *Besprechungen auf höherer* ~ high-level talks; *auf staatlicher* ~ at government level; *auf gleicher* ~ *liegen mit* be on a level with; *auf die schiefe* ~ *geraten* get into bad ways, go wrong.

eben...: ~erdig *adj.* on the ground (*Am.* first) floor; at street level; **~falls** *adv.* likewise, also; too, as well; ~ *nicht* (*kein*) neither, not ... either, nor; *danke,* ~*!* thank you, the same to you!; → *a. auch*; **≈heit** *f* evenness, flatness; smoothness; **≈holz** *n* ebony; **≈maß** *n* harmonious proportion; harmony, symmetry, regularity; shapeliness, beauty; **~mäßig** *adj.* symmetrical, well-proportioned; harmonious, regular; shapely, beautiful.

ebenso *adv.* **1.** equally, just so; ~ *wie* just as, in the same way as; *er ist* ~ *reich wie ich* he is just as rich as I am; *mir erging es* ~ the same thing happened to me; *in Amerika* ~ *wie in England* in America no less than in England; **2.** → *ebenfalls, auch*; **~gern** *adv.* just as much, just as soon; **~gut** *adv.* (just) as well; *wir könnten* ~ *wegbleiben* we might as well stay away; **~lange** *adv.* just as long; **~oft** *adv.* just as often, as many times (*wie* as); **~sehr, ~viel** *adv.* just as much, no less than; **~wenig** *adv.* just as little, no more than.

Eber *m* (wild) boar; **~esche** ⚘ *f* mountain-ash, rowan(-tree).

ebnen *v/t.* make even, level, plane, smooth (*a. ling.*); (*Boden*) *a.* grade; *fig.* → *Weg*.

Ebonit *n* ebonite, vulcanite.

echauffieren *v/refl.*: *sich* ~ get excited.

Echo *n* **1.** echo; *ein* ~ *geben* echo, resound, reverberate; **2.** *fig.* echo, response; *ein lebhaftes* ~ *finden* meet with a lively response; *weitS. a.* create a big stir; **≈en** *v/i.* echo; **≈frei** *adj.* anechoic; **~lot** *n* ⚓ echo (depth)-sounder; ✈ sonic altimeter.

Echse *f* **1.** saurian; **2.** → Eidechse.

echt I. *adj. Gold, Leder usw.*: real; *Gemälde usw.*: genuine; *Urkunde usw.*: authentic; (*unverfälscht*) unadulterated; *Metall*: unalloyed; *Farbe*: fast; *Haar, Blondine usw.*: natural; *fig.* genuine, real, true; typical; ✗ ~er Bruch proper fraction; ein ~er Engländer a real (*od.* true-born, typical) Englishman; ~er Freund true (*od.* real) friend; ~e Gefühle genuine feelings; ein ~er Rembrandt a genuine Rembrandt; ein ~er Verlust a genuine (*od.* real) loss; F das ist ~ (Georg)! that's typical (of George)!, that's George all over!; F er ist nicht ~! I wouldn't trust him!; **II.** *adv.* genuinely, truly; typically; ~ Gold (*od.* golden) real gold.

Eck *dial. n* corner; über ~ cornerwise, diagonally; **~ball** *m Fußball*: corner (kick); *Hockey*: corner (hit); *Hand-, Wasserball*: corner throw; **~bank** *f* nook bench; **~blech** ⊕ *n* gusset (plate); **~brett** *n* corner-shelf.

Ecke *f* corner (*a. Straßen≈*, F *Gegend*); (*spitzer Punkt*) angle; (*Kante*) edge; (*Nische*) nook, recess; △ (*Mauer≈*) quoin; (*Käse≈ usw.*) wedge; (*Biegung*) turn (-ing); (*kurzer Weg*) short distance; *Sport, Boxen*: corner; → *a.* Eckball; an der ~ der Straße: at the corner; an allen ~n und Enden everywhere; gleich um die ~ just round the corner; in die ~ drängen (drive into a) corner (*a. fig.*); F *fig.* um die ~ bringen *sl.* bump off; den Ball zur ~ lenken *Sport*: turn the ball round for a corner; **~nsteher** *m* loiterer, loafer.

Ecker ⚘ *f* acorn.

Eck...: **~fahne** *f Sport*: corner flag; **~fenster** *n* corner-window; **~haus** *n* corner house.

eckig *adj.* angular (*a. Gestalt, Gesicht usw.* = square), cornered; *fig.* awkward, clumsy; (*ungeschliffen*) unpolished, rough; ~e Klammer bracket; ~e Handschrift angular handwriting.

...eckig *adj.* -cornered; *Geometrie*: ...angular, ...gonal.

Eck...: **~laden** *m* corner-shop; **~lohn** *m* threshold (*od.* base) wage; *pl.* minimum and maximum wages; **~pfeiler** *m* corner pillar; *fig.* cornerstone; **~platz** *m* corner seat; **~schrank** *m* corner-cupboard; **~stein** *m* corner-stone; (*Prellstein*) kerbstone, *bsd. Am.* curbstone; *Karten*: diamond; **~stoß** *m* → Eckball; **~wert** *m* threshold (*od.* base) rate; **~zahn** *m* eye-tooth, canine tooth; **~zimmer** *n* corner room.

Eclair *n* (*Gebäck*) éclair (*fr.*).

edel *adj.* noble, aristocratic; *Pferd*: thoroughbred; *fig.* noble; *Sinnesart*: noble(-minded); *Körperteile*: vital *parts*; *Metall*: precious, noble; *Wein*: high-class, superior; von edler Herkunft of noble birth, high-born; die edle Kunst der Selbstverteidigung the noble art of self-defen|ce, *Am.* -se; **≈beere** *f* specially selected grape; **~denkend** *adj.* noble- (*od.* high-) minded; **≈fäule** *f Wein*: pourriture noble (*fr.*); *Käse*: mould; **≈frau** *f* noblewoman; **≈gas** *n* rare (*od.* inert) gas; **~gesinnt** *adj.* → edeldenkend; **~herzig** *adj.* noblehearted, magnanimous; **≈hirsch** *m* stag, red deer; **≈holz** *n* luxury wood; **≈kastanie** *f* sweet (*od.* edible) chestnut; **≈kitsch** *contp. m* kitsch, glorified trash; **≈knabe** *m* page; **≈mann** *m* noble(man); **≈metall** *n* precious (*od.* noble) metal; **≈mut** *m* noble-mindedness; (*Großherzigkeit*) magnanimity, generosity; **~mütig** *adj.* noble, high-minded, magnanimous, generous; **≈obst** *n* dessert fruit; **≈reis** *n* graft; **≈stahl** *m* high-grade steel; **≈stein** *m* precious stone; *geschnitten usw.*: jewel, gem; **≈tanne** *f* silver fir; **≈weiß** ⚘ *n* edelweiss; **≈wild** *n* red deer, high-class game.

Eden *bibl. n*: (Garten Garden of) Eden.

edieren *v/t.* edit; be the editor of.

Edikt *n* edict.

Edle(r *m*) *f* → Edelfrau, Edelmann.

Efeu *m* ivy; **≈umrankt** *adj.* ivy-clad, ivied.

Effeff F *n*: et. aus dem ~ können have a th. at one's finger-tips, know a th. inside out; be very good at a th.

Effekt *m* effect (*a. thea. usw.*); ⊕ (*Wirkungsgrad*) *a.* efficiency; (*Ergebnis*) *a.* result; nach ~ haschen strain for effect, play to the gallery (*Am.* grandstand); auf ~ angelegt calculated for effect; **~beleuchtung** decorative lighting; *Film*: effect lighting.

Effekten *pl.* (*Habe*) effects, movables, goods and chattels; † (*Wertpapiere*) securities; (*Obligationen*) bonds; (*Aktien*) stocks; **~börse** *f*

stock exchange; **~geschäft** *n* stock-exchange transaction; **~handel** *m* dealing in stocks; **~händler** *m* stock jobber, (stock *od.* security) dealer; **~makler** *m* stockbroker; **~markt** *m* stock market; **~paket** *n* block (of securities).
Effekthascherei *f* straining after effect, sensationalism, *Am.* grand-stand-playing, (cheap) showmanship; *in Wort u. Schrift*: claptrap.
effektiv *adj.* effective (*a.* ⚡, ⊕), real, actual; ✝ *~er Preis* cash price; *~er Wert* effective value; *~e Verzinsung* net yield; **≈bestand** ✝ *m* actual stock (of goods, *etc.*); realizable assets *pl.*; **≈leistung** ⊕ *f* effective output (*od.* performance); actual power; **≈lohn** *m* actual wage; **≈stärke** ⚔ *f* effective strength.
effektvoll *adj.* effective, striking, impressive, spectacular.
effeminiert *adj.* effeminate.
Effet *m Sport*: spin, twist, screw; *Billard*: side; *dem Ball ~ geben* put spin on; **~ball** *m* twister; *Tennis*: cut (*od.* sliced) ball.
Effizienz *f* efficiency.
egal I. *adj.* **1.** (*gleich*) equal, alike; **2.** (*gleichmäßig*) even, regular; **3.** F *pred.* (*einerlei*) *das ist* (*ganz*) *~!* that makes no difference!, who cares?; *das ist mir* (*ganz*) *~* it's all the same to me, I don't mind (*od.* care), I couldn't care less; *es ist mir nicht ~* I do care (about it); *mir ist alles ~* I couldn't care less about anything; (*ganz*) *~ wo* wherever, no matter where; **II.** *dial. adv.* over and over again, constantly; **~isieren** *v/t.* equalize (*a. Sport*); (*e-n Rekord*) equal.
Egel *zo. m* leech.
Egge *f*, **≈n** *v/t.* harrow, drag.
Ego|ismus *m* selfishness, egotism; *bsd. phls.* egoism; **~ist(in** *f*) *m* selfish person, egotist; **≈istisch** *adj.* selfish, egotistic(al); *bsd. phls.* egoistic(al); **≈zentrisch** *adj.* self-centred, egocentric.
egrenieren ⊕ *v/t.* gin.
Egyptienne *typ. f* Egyptian (type).
eh I. *adv.* **1.** *dial.* → *ohnehin*; **2.** (*seit*) *~ und je* always; *wie ~ und je* now as ever; **II.** *int.*: *~?* eh?, what?; **III.** *cj.* → *ehe*.
ehe *cj.* before, *poet.* ere; *nicht usw. ~* not until; *~* (*daß*) rather than; → *eher, ehest*.
Ehe *f* marriage; (*~stand*) *a.* matrimony, married state (*od.* life), *gewählt*: wedlock; (*~bund*) union; *wilde ~* cohabitation, concubinage; *zerbrochene ~* broken home; *aus erster ~* by one's first marriage, by the first husband *od.* wife; *e-e ~ schließen* contract a marriage (*mit* with), get married (to); → *brechen* I 2; **~anbahnung** *f* → *Heiratsvermittlung*; **~aufhebung** *f* annulment of marriage; **~berater** *m* marriage guidance counsel(l)or; **~beratung** *f* marriage guidance; **~bett** *n* marriage bed; **≈brechen** *v/i.* commit adultery; **~brecher(in** *f*) *m* adulterer (*f* adulteress); **≈brecherisch** *adj.* adulterous; **~bruch** *m* adultery; *~ begehen* commit adultery.
ehedem *adv.* formerly.
Ehe...: ≈fähig *adj.* **1.** → *ehemündig*; **2.** free to marry; **~fähigkeit** *f* **1.** → *Ehemündigkeit*; **2.** fitness to marry; **~frau** *f* wife, spouse, married woman; **~gatte** *m*, **~gattin** *f* **1.** ⚖ spouse, marital partner; *Ehegatten* (*pl.*) *a.* husband and wife (*a.* ⚖); **2.** → *Ehemann, Ehefrau*; **~gesetz** *n* Marriage Law, *Am. a.* Domestic Relations Act; **~glück** *n* wedded (*od.* conjugal) bliss, domestic felicity; **~hälfte** *co. f* better half; **~hindernis** *n* impediment to marriage; **~leben** *n* married life; **~leute** *pl.* married people; *engS.* married couple *sg.*, spouses, husband and wife; **≈lich I.** *adj.* conjugal, matrimonial; *Leben, Glück usw.*: *a.* wedded, married; *Kind*: legitimate; born in wedlock; *~e* (*Lebens*)*Gemeinschaft* conjugal community, (*als Rechtsanspruch*) conjugal rights *pl.*, consortium; *~e Pflichten* conjugal (*od.* marital) duties; *für ~ erklären* legitimate; **II.** *adv.*: *~ verbinden* join in marriage; **≈lichen** *v/t.* marry; **~lichkeit** *f e-s Kindes*: legitimacy; **~lichkeitserklärung** *f* declaration of legitimacy; **≈los** *adj.* unmarried, single; *eccl.* celibate; **~losigkeit** *f* single life (*od.* state); celibacy.
ehe|malig *adj.* (*früher*) former, erstwhile, ex-..., *Am. a.* one time; (*alt*) old; (*verstorben*) late; *~er König* (*Sträfling*) ex-king (ex-convict); **~mals** *adv.* formerly, in former times, once; (*vor alters*) of old, in the old days.
Ehe...: ~mann *m* husband, F hubby; **≈mündig** *adj.* (of) marriageable (age); **~mündigkeit** ⚖ *f* marrigeable age; **~nichtigkeit** *f* nullity of (the) marriage; **~nichtigkeitserklärung** *f* decree of nullity (of a marriage); **~paar** *n* married couple; **~partner** *m* (marriage) partner, spouse; **~prozeß** *m* matrimonial suit.
eher *adv.* **1.** (*früher*) sooner, earlier;

je ~, *desto lieber* the sooner the better; **2.** (*lieber*) rather, sooner; (*vielmehr*) rather; *alles* ~ *als das* anything but that; *um so* ~ *als* all the more so as; *ich würde* ~ *sterben* I would rather die (*als* than); *das ist* ~ *möglich* that's more likely; *das läßt sich* ~ *hören* that sounds better.

Ehe...: **~recht** *n* Marriage Law; **~ring** *m* wedding-ring.

ehern *adj.* brazen, of brass; *fig.* firm, unshakeable, adamant; (*kühn*) brazen; ~*es Gesetz* iron rule; ~*er Wille* iron will; *mit* ~*er Stirn* brazen-faced, boldly.

Ehe...: **~sache** ⚖ *f* matrimonial cause (*od.* case); **~scheidung** *f* divorce, dissolution of marriage; → *a. Scheidung(s...)*; **~schließung** *f* (contraction of) marriage; → *Trauung*; **~stand** *m* matrimony, wedlock, married state; **~standsbeihilfe** *f* marriage grant; **~standsdarlehen** *n* (government) marriage loan.

ehest I. *adj.* earliest, first; **II.** *adv.*: *am* ~*en* a) earliest, first; b) best, most easily; *er kann uns am* ~*en helfen* if anybody, he can help us; **~ens** *adv.* as soon as possible, at the earliest (date *od.* opportunity *od.* convenience).

Ehe...: **~stifter(in** *f*) *m* matchmaker; **~streit** *m* domestic quarrel (*od.* F row); **~trennung** *f* judicial separation; **~unmündigkeit** *f* want of marriageable age; **~verbot** *n* (prohibitive) bar to marriage; **~verfehlung** *f* matrimonial offen|ce, *Am.* -se; **~vermittler** *m usw.* → *Heiratsvermittler usw.*; **~versprechen** *n* promise of marriage; *Bruch des* ~*s* breach of promise; **~vertrag** *m* marriage contract (*od.* settlement); *zwischen Verlobten*: marriage articles *pl.*; **~weib** *iro. n* wife, spouse, F ball and chain; **≈widrig** *adj.* constituting a marital offen|ce, *Am.* -se; ~*e Beziehungen* extramarital (*od.* adulterous) relations.

Ehrabschneider(in *f*) *m* calumniator, slanderer.

ehrbar *adj.* hono(u)rable, upright, *a. Frau*: respectable; honest; **≈keit** *f* honesty, respectability, integrity.

Ehrbegriff *m* sense (*od.* code) of hono(u)r.

Ehre *f* hono(u)r; (*Auszeichnung*) *a.* distinction; (*Ehrgefühl*) (sense of) hono(u)r; (*Selbstachtung*) self-respect, dignity, pride; (*Ansehen*) reputation, credit, prestige; (*Ruhm*) glory; ~*n* hono(u)rs; *auf* ~ (*und Gewissen*) upon my word; *es sich zur* ~ *anrechnen* consider it an hono(u)r *od.* a privilege; *j-m* ~ *erweisen* pay hono(u)r *od.* tribute to a p.; *j-m die* ~ *erweisen* do a p. the hono(u)r; *j-m die letzte* ~ *erweisen* pay a p. the last hono(u)rs; *j-m (keine)* ~ *machen* be a (no) credit to a p.; → *einlegen* 3; *j-m zur* ~ *gereichen* do a p. credit; *j-n bei s-r* ~ *packen* put a p. on his hono(u)r; *in* ~*n halten* hold in hono(u)r; *mit* ~*n bestehen* acquit o.s. creditably at; *s-e* ~ *darein setzen zu inf.* make it a point of hono(u)r to *inf.*; *zu* ~*n gelangen* be hono(u)red, attain hono(u)rs; *wieder zu* ~*n kommen* come back into favo(u)r; ~, *wem* ~ *gebührt* hono(u)r to whom hono(u)r is due; *ich hatte noch nicht die* ~ you have the advantage of me; *Ihr Wort in* ~*n* with due deference to you; *mit wem habe ich die* ~? to whom have I the pleasure of speaking?; *ihm zu* ~*n* in his hono(u)r; *zu* ~*n des Tages* in hono(u)r of the day; *zur* ~ *Gottes* to the glory of God; → *antun* 2, *abschneiden* I 3 *usw.*

ehren *v/t.* hono(u)r (*a.* = *auszeichnen*); pay hono(u)r to; (*achten*) respect, esteem, *stärker*: revere; *sein Vertrauen usw. ehrt mich* is an hono(u)r to me, I feel hono(u)red by; *das ehrt dich* it does you credit.

Ehren...: **~abzeichen** *n* medal, decoration; **~amt** *n* honorary post (*od.* office); **≈amtlich I.** *adj.* honorary; **II.** *adv.* in an honorary capacity; **~bezeigung** *f*, **~bezeugung** *f* mark of respect, tribute; ⚔ salute; ~*en* hono(u)rs; **~bürger** *m* freeman, honorary citizen; **~bürgerrecht** *n*: *j-m das* ~ (*der Stadt*) *verleihen* confer on a p. the freedom of the town; **~dame** *f* maid of hono(u)r; **~doktor** *m* honorary doctor, doctor honoris causa; **~erklärung** *f* (full) apology, amende honorable (*fr.*); **~friedhof** *m* memorial cemetery; **~gast** *m* guest of hono(u)r; **~geleit** *n* escort of hono(u)r; **~gericht** *n* court of hono(u)r; **≈gerichtlich** *adj.* disciplinary; **≈haft** *adj.* hono(u)rable; respectable, honest; **~haftigkeit** *f* hono(u)rableness; honesty, uprightness, integrity; **≈halber** *adv.* for hono(u)r's sake; *univ. doctor* honoris causa; *Doktortitel* ~ honorary degree; **~handel** *m* affair of hono(u)r; duel; **~jungfrau** *f* maid of hono(u)r; **~karte** *f* complimentary ticket; **~kodex** *m* code of hono(u)r; **~kompanie** ⚔ *f* guard of hono(u)r; → *abschreiten*; **~kränkung** *f* insult (to a p.'s hono[u]r), affront; → *a. Verleumdung*; **~legion** *f* Legion of Hono(u)r; **~mal** *n* monument; (war) memorial, cenotaph; **~mann** *m* man of hono(u)r, gentleman; **~mitglied** *n* honorary member; **~pflicht** *f*: *es für s-e ~ halten, et. zu tun* be in hono(u)r bound to do a th.; **~pforte** *f* triumphal arch; **~platz** *m* place of hono(u)r; **~preis** *m* prize; ⚘ speedwell; **~recht** *n*: *Verlust der bürgerlichen ~e* loss of civil rights, civil degradation; **~rettung** *f* vindication (of a p.'s hono[u]r); rehabilitation, apology; **≈rührig** *adj.* defamatory; **~sache** *f* affair of hono(u)r; *das ist ~!* it's a point of hono(u)r to me; F *~!* you can count on me, that's understood!; → *Diskretion*; **~salve** *f* (gun) salute; **~schuld** *f* debt of hono(u)r; **~sold** *m* honorarium; **~tafel** *f* memorial tablet; ⚔ roll of hono(u)r; **~tag** *m* great day; **~titel** *m* honorary title; **~tor** *n* *Sport*: face-saving goal; **≈voll** *adj.* hono(u)rable; (*ruhmvoll*) glorious, creditable; **~wache** *f* guard of hono(u)r; **≈wert** *adj.* hono(u)rable, respectable; **~wort** *n* word of hono(u)r; ⚔ parole (of hono[u]r); (*auf*) *mein ~!* upon my hono(u)r, F hono(u)r bright!; *sein ~ geben* pledge one's word; *auf ~ entlassen* (*verpflichtet*) on parole; **≈wörtlich** *adv.* on one's word of hono(u)r; **~zahlung** ⚕ *f* payment for hono(u)r; **~zeichen** *n* badge of hono(u)r; decoration, medal.

ehr...: ~erbietig *adj.* respectful, deferential (*gegen* towards); **≈erbietigkeit** *f*, **≈erbietung** *f* respect (-fulness), deference; (*Verehrung*) veneration; **≈furcht** *f* awe (*vor* of), respect, reverence (for); *~ einflößen* (inspire *od.* strike with) awe; *von ~ gepackt* awestruck; **~furchtgebietend** *adj.* awe-inspiring, awesome; **~fürchtig I.** *adj.* reverential, respectful; (*beeindruckt, ergriffen*) awestruck, awed; **II.** *adv.*: *~ lauschen* listen in awe; **~furchtslos** *adj.* irreverent, disrespectful; **~furchtsvoll** *adj.* → *ehrfürchtig*; **≈gefühl** *n* sense of hono(u)r; (*Selbstachtung*) self-respect; (*Stolz*) pride; **≈geiz** *m* ambition; *s-n ~ dareinsetzen* make it a point of hono(u)r (*zu inf.* to *inf.*); **~geizig** *adj.* ambitious (*a. Plan usw.*).

ehrlich I. *adj.* honest; → *ehrbar*; *Spiel, Handel usw.*: fair, *pred.* above-board, F on the square (*od.* level); (*aufrichtig*) sincere; (*echt*) genuine; (*offen*) open, frank, candid; (*verläßlich*) reliable, loyal; *Name*: good; *~ währt am längsten* honesty is the best policy; *seien wir ~* (*geben wir's zu*) let's face it; **II.** *adv.*: *~ gesagt* honestly, frankly (speaking), to tell the truth; *er freute sich ~ darüber* he was genuinely pleased about it; *er meint es ~* (*mit uns*) his intentions (towards us) are the best, he means well (by us); *er hat sich ~ bemüht* he has really done his best; **≈keit** *f* honesty; uprightness; reliability, loyalty; fairness, plain dealing.

ehr...: ~los *adj.* dishono(u)rable, disgraceful, infamous; **≈losigkeit** *f* dishono(u)rableness, infamy; perfidy; **~sam** *adj.* → *ehrbar*; **≈sucht** *f* (inordinate) ambition; **~süchtig** *adj.* (over)ambitious; **≈ung** *f* hono(u)r (*gen.* conferred on *a p.*), distinction; tribute (to); (*Vorgang*) hono(u)ring; **~vergessen** *adj.* → *ehrlos*; **≈verlust** ⚖ *m* loss of civil rights; **≈würden** *m*: *Ew. ~* Reverend Sir; *Seine ~* the Reverend (*abbr.* Rev.); **~würdig** *adj.* venerable, *a. R.C.* reverend; patriarchal; (*alt~*) time-hono(u)red; **≈würdigkeit** *f* venerableness.

ei! *int.* ah!; *~, ~!* now, now!, *iro.* fancy that!, is that really so?; *~ wer kommt denn da!* look who is here!

Ei *n* **1.** egg; *physiol.* ovum; *altes* (*frisches, rohes*) *~* stale (new-laid, raw) egg; *eingelegte ~er* waterglass (*od.* preserved) eggs; *faules ~* rotten (*od.* addled, bad) egg; *hart-(weich)gekochtes ~* hard-(soft)boiled egg; *verlorene ~er* poached eggs; *aus dem ~ kriechen* come out (of the shell), hatch (out); *fig. das ~ des Kolumbus* a solution of striking simplicity, a pat solution, simplicity itself; *wie auf ~ern gehen* walk gingerly; *wie ein ~ dem andern gleichen* be as like as two peas; *wie ein rohes ~ behandeln* handle *a p.* most gingerly (*od.* with kid gloves); *wie aus dem ~ gepellt* as neat as a pin, spick and span; *will das ~ klüger sein als die Henne?* are you trying to teach your grandmother how to suck eggs?; **2.** ⚔ *sl.* bomb, egg; **3.** *pl.* F (*Geld*) *sl.* bucks, dough *sg.*; **4.** *pl.* V (*Hoden*) *sl.* balls, nuts.

eiapopeia *int.* hushaby baby!

Eiaustritt *physiol. m* ovulation.

Eibe ⚘ *f* yew(-tree); **~nholz** *n* yew(-wood).

Eibildung *physiol. f* oogenesis.
Eibisch ⚘ *m* marsh-mallow.
Eichamt *n* Office of Weights and Measures, *Am.* Bureau of Standards.
Eichapfel *m* oak-apple, oak-gall.
Eiche *f* oak(-tree); *(Holz)* oak (-wood); *junge ~, kleine ~* oakling.
Eichel *f* ⚘ acorn *(a. Spielkarte)*; *anat.* glans (penis); **≈förmig** *adj.* acorn-shaped; **~häher** *m* jay; **~mast** *f* acorn *(od.* oak) mast.
eichen[1] *adj.* oaken, (of) oak.
eichen[2] *v/t.* adjust (to standard), standardize, calibrate, ga(u)ge.
Eichen...: **~blatt** *n* oak leaf; **~holz** *n* oak(-wood); **~laub** *n* oak leaves *pl.* *(a.* ⚔); **~lohe** *f* tanbark.
Eich...: **~gewicht** *n* standard weight; **~hörnchen** *n*, **~kätzchen** *zo. n* squirrel; **~kurve** ⊕ *f* calibration curve; **~maß** *n* ga(u)ge, standard (measure); **~meister** *m* calibrator; *für Gewichte*: sealer; **~stab** *m* ga(u)ging rod; *mot.* dipstick; **~stempel** *m* ga(u)ger's stamp; **~ung** ⊕ *f* ga(u)ging; standardization; calibration; adjustment; **~wert** *m* standard value.
Eid *m* oath; *falscher ~* false oath, perjury; *an ~es Statt* in lieu of oath, → *a. eidesstattlich*; *unter ~* under oath, → *a. eidlich*; *e-n ~ leisten* take an oath *(auf* on), swear (to); *e-n falschen ~ schwören* foreswear *(od.* perjure) o.s.; *j-m e-n ~ abnehmen* administer an oath to a p., swear a p. (in); *unter ~ aussagen* testify *(od.* give evidence) on oath; *darauf lege ich jeden ~ ab* I'll swear to that.
Eidam *m* son-in-law.
Eid...: **~brecher(in** *f*) *m* oathbreaker; **~bruch** *m* breaking *one's* oath; **≈brüchig** *adj.* oathbreaking; *~ werden* break one's oath.
Eidechse *f* lizard.
Eider|daunen *f/pl.* eider-down *sg.*; **~ente** *f*, **~gans** *f* eider(-duck).
Eides|abnahme *f* administering of an oath; **~belehrung** *f* caution; **~fähigkeit** *f* capacity to take an oath; **~formel** *f* form of (an) oath; **≈gleich** *adj.*: *~e Beteuerung* affirmation (in lieu of oath); **~leistung** *f* taking of an oath; **~notstand** *m* necessity in cases of perjury; **≈stattlich** *adj.* in lieu of oath; *~e Erklärung* statutory *(od.* solemn) declaration, *schriftliche*: affidavit; → *eidlich*; **~unfähigkeit** *f* (permanent) disability to be heard under oath; **~unmündigkeit** *f* incapacity to be sworn.
Eidet|iker *m*, **≈isch** *adj.* eidetic.
Eid...: **~genosse** *m* Swiss (citizen); **~genossenschaft** *f*: *(Schweizer* Swiss) Confederation; **≈genössisch** *adj.* confederate, Federal; *engS.* Swiss.
eidlich I. *adj.* sworn; *~e Aussage* sworn statement *(od.* testimony), deposition, *nur schriftlich*: affidavit; *e-e ~e Erklärung abgeben* swear an affidavit; **II.** *adv.* by *(od.* upon, under) oath; *~ bezeugen* testify on oath; *~ verpflichten* bind by oath, swear *(zur Geheimhaltung* to secrecy), *bsd. zu e-m Amt*: swear in; *~ verpflichtet sein* be under oath.
Eidotter *m* (egg) yolk.
Eier...: **~becher** *m* egg-cup; **~brikett** *n* (coal) ovid; **~handgranate** ⚔ *f* oval handgrenade, Mill's bomb *(od.* grenade); **~kette** ⚡ *f* chain of egg insulators; **~kognak** *m* brandy flip; **~kopf** *m* egg-shaped head; F *fig.* F egghead; **~kuchen** *m* pancake; omelette; **~kürbis** *m* vegetable marrow; **~landung** ✈ *f* three-point landing; **~laufen** *n* egg-and-spoon race; **≈legend** *adj.* egg-laying, oviparous; **~likör** *m* liqueur egg-flip; **~löffel** *m* egg-spoon; **≈n** F *v/i. Rad usw.*: wobble; **~nudeln** *f/pl.* egg-noodles; **~pflaume** *f* large egg-shaped plum; **~punsch** *m* egg-nog; **~schale** *f* egg-shell; **~schalenporzellan** *n* egg-shell porcelain; **~schnee** *m* whipped white of eggs; **~speise** *f* egg dish; *dial.* scrambled eggs *pl.*; **~stock** *anat. m* ovary; **~tanz** *m* egg-dance; **~uhr** *f* egg-timer; **~wärmer** *m* egg-cosy.
Eifer *m* zeal, eagerness; *(Begeisterung)* enthusiasm, devotion; *(Fleiß)* assiduity; *(Erregung)* excitement, passion; *blinder ~* blinkered zeal, rashness, *eccl.* zealotry; *glühender ~* ardo(u)r, fervo(u)r; *blinder ~ schadet nur* haste makes waste; *in ~ geraten* fire *(od.* flare) up; *im ~ des Gefechtes* in the heat of the moment; **~er** *m* zealot, fanatic; **≈n** *v/i.* **1.** *nach et. ~* be zealous *od.* eager for, strive for; **2.** *für et. od. j-n ~* campaign for; *mit j-m um et. ~* vie with a p. for; **3.** *gegen et. od. j-n ~* a) campaign against; b) *(schmähen)* declaim *od.* inveigh against, rail at.
Eifer|sucht *f* jealousy *(auf* of); **~süchtelei** *f* petty jealousy; **≈süchtig I.** *adj.* jealous *(auf* of); **II.** *adv.*: *~ wachen über et.* guard a th. jealously.
eiförmig *adj.* egg-shaped, oval.
eifrig I. *adj.* eager, zealous, keen; *stärker*: passionate, ardent, fervent;

(*begeistert*) *a.* enthusiastic; (*fleißig*) assiduous, studious; (*über*~) officious, fussy; **II.** *adv.* eagerly, *etc.*; ~ bestrebt sein zu (*inf.*) be very anxious to (*inf.*), be keenly intent on (*ger.*); sich ~ bemühen make strenuous efforts (um for), do one's best *od.* utmost.

Ei...: **~furchung** *f* cleavage (of an egg); **~gang** *m* oviduct; **~gelb** *n* (egg-)yolk, yellow (of an egg).

eigen I. *adj.* own, of one's own; (*besonder*) particular, special; (*genau, wählerisch*) particular; *stärker*: fussy; (*innewohnend*) proper, inherent; (*seltsam*) peculiar, odd, queer; (*heikel*) squeamish; (*eigentümlich, anhaftend*) peculiar, special (*dat.* to), characteristic (of); *in Zssgn*: -owned, *z.B.* staats~ state-owned; ~e Ansichten personal (*od.* individual, independent) views; ein ~es Zimmer a room of one's own, a separate (*od.* private) room; ~e Aktien own shares, *Am.* treasury stock *sg.*; ~e Order my (our) order; ~er Wechsel promissory note; auf *od.* für ~e Rechnung for (*od.* on) one's own account; aus ~em Antrieb spontaneously, on one's own account; aus ~er Erfahrung from personal experience; sich zu ~ machen make *a th.* one's own; (*Ansicht*) *a.* adopt, endorse; **II.** ≗ *n my, your, etc.* own; → Eigentum; dies ist mein ~ this is my own (*od.* is mine).

Eigen...: **~antrieb** ⊕ *m* self-propulsion; mit ~ versehen self-propelled, self-powered; **~art** *f* peculiarity, (peculiar) character (*od.* feature); *künstlerische usw.*: originality; **≗artig** *adj.* peculiar (*a. seltsam* = odd, queer), characteristic; individual, special, original; **≗artigerweise** *adv.* strange to say; oddly enough; **~artigkeit** *f* → Eigenheit; **~bedarf** *m one's* own requirements (*od.* needs) *pl.*; *e-s Landes*: home (*od.* domestic) requirements *pl.*; **~bericht** *m* special report; ~ unserer Zeitung report from our (own) correspondent; **~besitz** *m* proprietary possession; **~betrieb** *m*: im ~ verwalten run under (one's) own administration; **~brötler** *m* solitary person, recluse; (*Sonderling*) eccentric (person), crank; **≗brötlerisch** *adj.* odd, eccentric, cranky; **~dünkel** *m* self-conceit; **~erzeugung** *f e-s Landes*: domestic production; **~fabrikat** *n* self-produced article; **~finanzierung** *f* self-financing; **~geräusch** *n Radio*: back-ground noise; *e-r Röhre*: valve noise; **~geschwindigkeit** ✈ *f* airspeed; **~gesetzlichkeit** *f* autonomy; *weitS.* (determination by) inherent laws *pl.*; pattern; **~gewicht** *n* (own) weight; ⊕ dead (*od.* net) weight, *Brücke*: own weight; (*Leergewicht*) weight empty, tare; ⚕ net weight; **≗händig** *adj. u. adv.* with one's own hand(s), personal(ly); *Unterschrift*: in one's own hand; ~e Urkunde document in one's own hand(writing), holograph(ic document); ~es Testament holograph(ic will); ⚖ ~es Delikt personal crime; ~ übergeben deliver personally; **~heim** *n* home *od.* house (of one's own); owner-occupied house; **~heit** *f* peculiarity; (*Seltsamkeit*) *a.* oddity; *der Sprache*: idiom(atic turn); (*Abneigung*) idiosyncrasy; (*Maniertheit*) mannerism; **~kapital** ⚕ *n* own capital, capital stock and reserve; capital resources *pl.*; **~leben** *n* individual existence; *one's* own way of life; **~liebe** *f* self-love, egotism; *psych.* narcissism; **~lob** *n* self-praise; ~ stinkt! self-praise is no recommendation!; **~macht** ⚖ *f*: verbotene ~ trespass (to property); **≗mächtig I.** *adj.* arbitrary, high-handed; (*unbefugt*) unauthorized; (*selbständig*) independent; **II.** *adv.*: ~ handeln act on one's own initiative, F act off one's own bat; **~mächtigkeit** *f* arbitrariness, high-handedness; arbitrary act, high-handed action; **~name** *m* proper name (*od.* noun); **~nutz** *m* self-interest, selfishness; aus grobem ~ from grossly selfish motives; ⚖ strafbarer ~ punishable act committed for personal gain; **≗nützig** *adj.* selfish, self-interested.

eigens *adv.* expressly, especially, particularly, on purpose; ~ zu diesem Zweck for that very (*od.* particular) purpose.

Eigenschaft *f* quality; (*Merkmal*) attribute, (distinctive) feature, characteristic; *physikalische, chemische*: property; (*Wesen*) nature; (*Eigentümlichkeit*) peculiarity; ⚖ (legal) status; gute ~ virtue (*a.* ⊕); gute (schlechte) ~en good (bad) points; in s-r ~ als in his capacity of (*od.* as), acting as; **~swort** *n* adjective.

Eigen...: **~sinn** *m* obstinacy, stubbornness, pigheadedness; **≗sinnig** *adj.* obstinate, stubborn, headstrong, pigheaded; (*verbissen*) dogged; (*eigenwillig*) willful(l); **~staatlichkeit** *f* sovereignty, (autonomous) statehood; **≗ständig** *adj.* independent, autonomous, *nachgestellt*: in one's own right; **~sucht**

f selfishness; ∻süchtig *adj.* selfish.

eigentlich I. *adj.* (*wirklich*) real, true, actual, virtual, proper; (*wesentlich*) essential; (*innewohnend, bsd. Wert*) intrinsic; *das* ~*e England* England proper; *im* ~*en Sinne* (*des Wortes*) in the true (*od.* strict, literal) sense (of the word); **II.** *adv.* (*tatsächlich*) really, actually, as a matter of fact; (*ursprünglich*) originally; (*genaugenommen*) strictly speaking; (*von Rechts wegen*) by rights; (*offen gesagt*) to tell the truth; ~ *nicht* not really (*od.* actually); *was wollen Sie* ~? what do you want anyhow?; *wo geschah das* ~? where exactly did it happen?; ~ *ist er ganz vernünftig* he is quite reasonable, after all.

Eigentor *n Sport*: own goal.

Eigentum *n* property; ⚖ (~*srecht*) (absolute) title (*an* to), ownership (of); *bewegliches* ~ personal property, goods and chattels *pl.*, movables *pl.*; *unbewegliches* ~ real property, immovables *pl.*; *sich das* ~ *vorbehalten* reserve title (*an* to); *das ist mein* ~ this is my property, it is mine (*od.* my own), it belongs to me; → *geistig* 1.

Eigentümer(**in** *f*) *m* owner; (*Inhaber*) proprie|tor (-tress *f*).

eigentümlich I. *adj.* peculiar, characteristic (*dat.* of); specific; (*innewohnend*) inherent (in); (*seltsam*) peculiar, odd, strange, queer; **II.** *adv.*: *j-n* ~ *berühren* make a peculiar impression upon; ~**erweise** *adj.* oddly enough; ∻**keit** *f* peculiarity (*a. Seltsamkeit* = oddity); (*Merkmal*) characteristic, (peculiar) feature, (special) trait.

Eigentums...: ~**anspruch** *m* (*Forderung*) claim of ownership; (*Anrecht*) title (to property); ~**delikt** *n* offen|ce (*Am.* -se) against property; ~**recht** *n*, ~**titel** *m* proprietary right, title (*an* to), (right of) ownership; ~**übertragung** *f* transfer (of property *od.* title), assignment; ~**verhältnisse** *n/pl.* legal position *sg.* concerning property, (question of) ownership *sg.*; ~**vorbehalt** *m* reservation of title (*od.* proprietary rights); ~**wohnung** *f* freehold flat, owner-occupied (*Am.* cooperative) apartment.

Eigen...: ∻**verantwortlich** *adj.* (directly) responsible; ~**verbrauch** *m* private consumption; ~**vermögen** *n* own assets *pl.* (*od.* capital); *der Ehefrau*: separate property; ~**versorgung** *f* domestic supply; self-supply, self-sufficiency; ~**verständigung** ☏ *f* intercom(munication system); ~**wärme** *f* body temperature; *phys.* specific heat; ~**wechsel** ✝ *m* promissory note (*abbr.* P/N); ~**wert** *m* intrinsic value; ~**wille** *m* self-will, wil(l)fulness; ∻**willig** *adj.* self-willed, wil(l)ful; *fig. Form usw.*: (highly) individual, original.

eignen I. *v/refl.*: *sich* ~ *für* (*j-n*) suit (*od.* fit) *a p.*; (*et.*) be suited (*od.* suitable) for, *Person*: *a.* be qualified for; *er würde sich zum Arzt* ~ *a.* he would make a good physician; **II.** *obs. v/i.*: *j-m* ~ be peculiar to (*od.* inherent in) a p.

Eigner *m* owner, proprietor.

Eignung *f Person*: qualification, suitability (*zu, für* for); *Sache*: suitability, applicability; ~**sprüfung** *f*, ~**stest** *m* aptitude test.

Eiland *n* island, isle.

Eil|auftrag *m* rush order; ~**bestellung** *f* express (*Am.* special) delivery; ~**bote** *m* express (*Am.* special delivery) messenger; *durch* ~*n* express, *Am.* (by) special delivery; ~**brief** *m* express letter, *Am.* special delivery (letter).

Eile *f* haste, hurry, rush; (*Schnelligkeit*) speed; (*Dringlichkeit*) urgency; ~ *haben Person*: (*a. in* ~ *sein*) be in a hurry, be pressed for time; *Sache*: be urgent; *es hat* (*od. damit hat es*) *keine* ~ there is no hurry (about it), there is plenty of time; *in* ~ in haste; *in aller* ~ hurriedly, in great (*od.* hot) haste, (*überstürzt*) *a.* precipitately, posthaste, (*mit Beschleunigung*) with the utmost dispatch; *in der* ~ in the rush.

Eileiter *anat. m* Fallopian tube, oviduct.

eilen *v/i.* hasten, hurry, make haste (*a.* F *sich* ~); *emsig, aufgeregt*: hustle, bustle; (*rasen*) rush, scurry; *Sache*: be urgent (*od.* pressing); ~ *zu od. nach* hasten (*od.* rush) to; *er eilte nicht sehr damit* he took his own time about it; *es eilt nicht* (*damit*)! there is no hurry (about it)!; *die Zeit eilt* time flies; *Eilt! Aufschrift*: Urgent!, Immediate!; *eile mit Weile* more haste less speed; ~**d** *adj.* hurrying, hurried; ~**ds** *adv.* in a hurry, hastily; in (great *od.* hot) haste, posthaste.

eilfertig *adj.* hasty; (*vorschnell*) *a.* rash; ∻**keit** *f* hastiness, rashness.

Eil...: ~**fracht** *f* express goods *pl.*, *Am.* fast freight; express (forwarding); ~**gebühr** *f* express fee, *Am.* expressage; ~**gespräch** *teleph. n* urgent call; ~**gut** *n* → *Eilfracht*; ~! (by) express!; *als* ~ *befördern* send by express (*od.* fast train).

eilig *adj.* hasty, speedy, hurried;

(*dringend*) urgent, pressing; (*sofortig*) prompt; es ~ *haben* be in a hurry (et. *zu tun* to do a th.), be in a rush; *wohin so* ~? what's the hurry?, F where's the fire?; *liegt etwas* ≈ *es vor?* are there any urgent matters?; **~st** *adv.* with utmost dispatch, with greatest expedition; (*überstürzt*) in great (*od.* hot) haste, posthaste; *er wurde* ~ *ins Krankenhaus gebracht* he was rushed to the hospital.

Eil...: ~marsch ⚔ *m* forced march; **~post** *f* express (*Am.* special) delivery; **~sache** *f* urgent matter; **~schrift** *f* high-speed shorthand; **~schritt** *m*, **~tempo** *n*: *im* ~ hurriedly, at a brisk pace; **~zug** *m* semi-fast train.

Eimer *m* pail; bucket (*a.* ⊕); F *fig. im* ~ → *hin* I 3; **~kette** *f Bagger, a. bei Löscharbeit*: bucket-chain; **~(ketten)bagger** *m* bucket dredge(r); **≈weise** *adv.* in buckets (*od.* bucketfuls).

ein[1] **I.** *adj.* one; ~ *für allemal* once for all; ~ *und derselbe* one and the same, the (very) same; *in* ~*em fort* incessantly; continuously; **II.** *indef. art.* a, an; ~ *Berg* a mountain; ~ *Abend* an evening; ~ *Europäer* a European; ~ *jeder* each one; ~*es Tages* one day; *die Beredsamkeit* ~*es X.* of a man like X.; ~ *Bernard Shaw* a Bernard Shaw; ~ (*gewisser*) *Herr Braun* a (*od.* one) Mr. Brown; **III.** *indef. pron.* (*jemand*) (some)one; (*et.*) something; ~*er m-r Freunde* a friend of mine; ~*er von beiden* one of them; ~*er nach dem andern* one after the other, one by one; *manch* ~*er* many a one; *so* ~*er* such a one; *wenn* ~*er behauptet* if a fellow says; *das tut* ~*em gut* that does one good; *er ist ihr* ~ *und alles* he means everything to her; → *a. eins*.

ein[2] *adv.*: *nicht* ~ *und aus wissen* be at one's wits' end, be (completely) at a loss; ~ *und aus gehen* come and go, *bei j-m*: frequent a p.('s house); ~! *an Geräten*: on!

ein|achsig *adj. Fahrzeug*: single-axle ..., two-wheel(ed); ⚘, *min.* uniaxial; **≈akter** *thea. m* one-act play.

einander *adv.* each other, *mehrere*: one another; *sie sind* ~ *im Wege* in each other's way; → *an-, auf-, auseinander usw.*

einarbeit|en *v/t.* familiarize *od.* acquaint *a p.* with his work, train *a p.* (to his job), F break *a p.* in; *sich* ~ familiarize o.s. with one's work, work o.s. in; *sich* ~ *in a.* get into *a subject*; **≈ungszeit** *f* initial period.

ein...: ~armig *adj.* one-armed; *anat.* one-branched; ~*er Handstand* one-hand balance; ⊕ ~*er Hebel* one-armed lever; **~äschern** *v/t.* incinerate, reduce (*od.* burn) to ashes *od.* cinders, (*e-e Stadt*) *a.* lay in ashes; (*Leichen*) cremate; ⚗ calcine; **≈äscherung** *f* incineration; cremation; ⚗ calcination; **~atmen** *v/t. u. v/i.* inhale, breathe (in); *tief* ~ draw a deep breath; **≈atmung** *f* inhalation; inhaling; **~atomig** *adj.* monatomic; **~ätzen** *v/t.* etch in(to *in*); **~äugig** *adj.* one-eyed; *opt.* monocular; → *Blinde*(*r*).

Ein...: ≈bahnig *adj.* single-lane ...; **~bahnstraße** *f* one-way street; **~bahnverkehr** *m* one-way traffic; **≈balsamieren** *v/t.* embalm; **~balsamierung** *f* embalming; **~band** *m* binding; (book-)cover; **≈bändig** *adj.* in one volume, one-volume ...; **≈basig** ⚗ *adj.* monobasic.

Einbau ⊕ *m* building in, installation, fitting, mounting, insertion, incorporation; *in Zssgn* built-in *aerial, cupboard, furniture, kitchen, motor, etc.*; **≈en** *v/t.* build in(to *in*), incorporate (into), install (in), mount (on), (*einfügen*) insert (into); et. ~ *in a.* fit a th. into *a th.*

Einbaum *m* dugout (canoe).

ein...: ~begreifen *v/t.*: (*mit* ~) comprise (*od.* include); be inclusive of; (*mit*) (*e*)*inbegriffen* included; **~behalten** *v/t.* retain, keep back, withhold; (*abziehen*) deduct; **~beinig** *adj.* one-legged.

einberuf|en *v/t.* **1.** (*Versammlung*) call, convene, *a. parl.* convoke, summon; **2.** ⚔ call up (*zu* for), *Am.* draft, induct (into); **≈ene(r)** *m* conscript, *Am.* draftee, inductee; **≈ung** *f* **1.** convocation, summoning; **2.** ⚔ call-up, conscription, *Am.* draft, induction; **≈ungsbescheid** ⚔ *m* call-up order, *Am.* induction order.

ein...: ~betonieren *v/t.* set (*od.* embed) in concrete; **~betten** *v/t.* embed (*a.* ⊕).

Einbett|kabine *f* single-berth cabin; **~zimmer** *n* single room.

ein...: ~beulen *v/t.*, **≈beulung** *f* dent; **~beziehen** *v/t.* include (*in* in), incorporate (into); ~ *in a.* cover; **≈beziehung** *f* inclusion (*in* in), incorporation (into); **~biegen I.** *v/t.* bend *od.* turn in(-wards); **II.** *v/i.*: *in e-e Straße* ~ turn into; *links* ~ turn left.

einbilden *v/refl.*: *sich* ~ fancy,

imagine *a th.*; *weitS. a.* hallucinate; (*glauben*) think, believe; *iro.* flatter o.s. with the belief (*daß* that), labo(u)r (*od.* be) under the delusion (*daß* that); *sich et. steif und fest* ~ be firmly convinced of a th.; *sich viel* ~ be full of conceit, have a high opinion of o.s.; *sich etwas* ~ *auf* pride (*od.* pique) o.s. on a th.; *bilde dir ja nicht ein, daß* don't (you) think that; *darauf brauchst du dir nichts einzubilden* that's nothing to be proud of; *darauf kannst du dir etwas* ~ that's a feather in your cap; *ich bilde mir nicht ein, ein Genie zu sein* I don't pretend (*od.* claim) to be a genius; → *eingebildet.*

Einbildung *f* **1.** (~*skraft*) imagination, fancy; (*Vorstellung*) idea; (*Trugbild*) illusion, hallucination; *nur in der* ~ *existierend* only imaginary; **2.** (*Dünkel*) conceit; **~skraft** *f*, **~svermögen** *n* (power of) imagination.

ein...: **~binden** *v/t.* tie up (*in* in); (*Buch*) bind; ⚕ bandage; **~blasen** *v/t.* blow in(to *in*); ⊕ *a.* inject (into); ⚕ insufflate (into); *bibl.* breathe (into); *fig. j-m et.* ~ whisper (*od.* prompt) a th. to a p.; **2bläser** *m* prompter; **2blattdruck** *m* broadsheet; **~blätt(e)rig** *adj.* one-leaved; **~blenden** *v/t.* (*Bild, Ton*) fade in; **2blendung** *f* fade-in, intercut; **~bleuen** F *v/t.*: *j-m et.* ~ pound (*od.* hammer, drum) a th. into a p.'s head (*od.* skull); *j-m* ~, *daß* tell a p. again and again that.

Einblick *m* **1.** view (*in* into); *fig.* insight (into); *kurzer*: glimpse (of); ~ *gewinnen, sich (e-n)* ~ *verschaffen* gain (*od.* get) an insight (*in* into); ~ *gewähren* give (*od.* afford) an insight (*in* into); give a general idea (of); ~ *nehmen in* look into, inspect; *er hat* ~ *in die internen Vorgänge* he is in a position to observe the internal affairs; **2.** *opt.* eyepiece.

ein...: **~booten** *v/t.* embark; **~brechen I.** *v/t.* **1.** break (*od.* force) open, smash (in); **II.** *v/i.* **2.** break (*od.* sink) in, give way, collapse; **3.** *gewaltsam*: break in, enter forcibly; *Diebe*: break into (*in ein Haus* a house), *bsd. bei Dunkelheit*: burgle (a house), commit burglary, *Am.* F burglarize; *bei ihm wurde eingebrochen* his house was broken into; **4.** ⚔ penetrate; ~*in* invade *a country*; **5.** *Kälte usw.*: set in; *die Nacht bricht ein* night is falling; *bei* 2 *der Nacht* at nightfall; **6.** *fig. auf j-n* ~ overtake (*od.* befall) a p.

Einbrecher *m* housebreaker, *bsd. zur Nachtzeit*: burglar; **2isch** *adj.* burglarious; **~werkzeuge** *n/pl.* burglarious implements.

ein...: **~brennen** *v/t.* burn in(to *in*); (*Farben*) anneal; (*Lacke*) bake; (*Mehl*) brown; *e-m Tier usw. ein Zeichen* ~ (mark with a) brand; **2brennlack** *m* baking varnish, stove enamel; **~bringen** *v/t.* **1.** *allg.* bring in; (*Ernte*) *a.* get in; (*Nutzen*) yield, *als Reingewinn*: net; (*Preis*) fetch (*j-m* for a p.); ⚚ (*Kapital*) pay in, contribute, invest; *j-m et.* ~ bring (*od.* earn, win, get) a p. a th.; *das bringt nichts ein* that does not pay; *seine Bemühungen brachten nichts ein* his efforts were in vain (*od.* brought no result); **2.** (*wieder* ~) retrieve, make good; (*Zeit*) make up (for); *typ.* (*Zeile*) get in; **3.** *parl. e-n Antrag* ~ enter a motion; *e-e Gesetzesvorlage* ~ introduce (*od.* present, bring in) a bill; ⚖ *e-e Klage* ~ bring (*od.* file) an action; **~brocken** *v/t.* **1.** *et.* ~ *in* crumble a th. into *the soup*; **2.** *fig. j-m etwas* ~ get a p. into trouble (*od.* into a mess); *sich etwas* ~ get o.s. into trouble, let o.s. in for a bad thing; *das hast du dir selbst eingebrockt* that's your own doing; *jetzt hat er sich aber etwas eingebrockt* now he is in for it.

Einbruch *m* **1.** ⚔ *in ein Land*: invasion (*in* of, *a. weitS. von Kaltluft usw.*); *in e-e Stellung, Linie*: penetration (into), breach; *a. fig.* inroad (on); **2.** ⚖ housebreaking, breaking and entering, break-in, *bsd. bei Dunkelheit*: burglary; *e-n* ~ *verüben* commit (a) burglary, break into (*od.* burgle) a house; **3.** ⚚ fall, slump, drop; **4.** *bei* ~ *der Dunkelheit* at nightfall, at dusk; *bei* ~ *der Kälte* when the cold (weather) sets in; **~sdiebstahl** *m* theft by breaking and entering, *bsd. bei Dunkelheit*: burglary; **2ssicher** *adj.* burglar-proof; **~sversicherung** *f* burglary insurance.

ein...: **~buchten** *v/t.* **1.** indent; **2.** F → *einlochen* 2; **2buchtung** *f* **1.** indentation; **2.** *geol.* bay, inlet; **~buddeln** F *v/t.* (*a. sich* ~) dig in; **~bürgern** *v/t.* naturalize (*a. fig. Fremdwort* = adopt); *sich* ~ become naturalized, settle down; *fig.* be (generally) adopted, take root; come into use, become established (*od.* a custom); *fig. sich fest eingebürgert haben* have come to stay; **2bürgerung** *f* naturalization; *fig.* (general) adoption *od.* acceptance, establishment.

Einbuße *f* loss, damage; *das tut s-m Ansehen keine* ~ that won't injure (*od.* detract from) his good reputation.

ein...: ~**büßen I.** *v/t.* forfeit, lose; **II.** *v/i.* lose; suffer (*od.* sustain) losses; ~**dämmen** *v/t.* dam up *od.* in, embank; (*Land*) dike, dyke; (*aufhalten, a. fig.*) stem; (*Feuer usw.*) check, bring under control; *pol.* contain; ~**dämmern** *v/i.* doze off; ~**dämmung** *f* damming; stemming, *etc.*; *pol.* containment; ~**dampfen** *v/t.* boil down, evaporate; ~**decken I.** *v/t.* cover (up); *mit Granaten, Schlägen usw.* ~ bombard with; **II.** *v/refl.*: *sich* ~ provide o.s. (*mit* with), get a supply (of), stock up(on), buy heavily; (*gut*) *eingedeckt sein mit* be (well) supplied *od.* provided with; *Börse*: be long of; *mit Arbeit eingedeckt sein* be swamped with work.

Eindecker ✈ *m* monoplane.

ein...: ~**deichen** *v/t.* dike; ~**deutig** *adj.* unequivocal, definite, clear (-cut); (*offensichtlich*) clear, plain, unmistakable; *s-e Stellungnahme ist* ~ his comment leaves no doubt; *adv. er wurde* ~ *geschlagen* he was clearly defeated; ~**deutschen** *v/t.* Germanize; ~**dicken** *v/t.* thicken; ⚗ condense, concentrate, inspissate; ~**dosen** *v/t.* tin, can; ~**dösen** F *v/i.* doze off; ~**drängen** *v/refl.*: *sich* ~ force one's way in; *fig.* intrude (*in* into, *bei j-m* upon); → *a. einmischen* II; ~**drehen** *v/t.* screw in; *sich Locken* ~ curl one's hair; ~**drillen** → *einexerzieren.*

eindring|en *v/i.* enter forcibly *od.* by force; break *od.* burst in(to *in*), force one's way in(to); *in e-e Gesellschaft*: intrude (into), F crash the gate; ⚔ *a.* penetrate; *Flüssigkeit*: soak in(to), ooze in(to), *a.* ⚔, *pol.* infiltrate (into); ~ *in* (*durchbohren*) pierce, penetrate; ⚔ *a.* invade *a country*; *fig.* (*ergründen*) fathom (*od.* delve into, go into) *a matter*; *auf j-n* ~ fall (*od.* rush) upon, attack, *fig.* press, urge *a p.*, *Probleme usw.*: press, crowd in upon, *Gefühle*: throng in upon *a p.*; *mit Bitten auf j-n* ~ plead with a p.; ~**en** *n* forcible (⚖ unlawful) entry; invasion, inroad; penetration, infiltration; ~**lich** *adj.* insistent, urgent, emphatic; (*eindrucksvoll*) striking, impressive, forcible; ~**lichkeit** *f* insistence, urgency; force(fulness); ~**ling** *m* intruder; (*Angreifer*) invader.

Eindruck *m* (*Spur*) imprint, impress(ion), mark; *fig.* impression; *bleibender* (*schlechter*) ~ lasting (poor) impression; → *flüchtig* I; ~ *machen auf* impress, make (*od.* leave) an impression on; *den* ~ *erwecken, daß* give (*od.* produce) the impression that; *unter dem* ~ *e-r Sache stehen* be under the spell of; *ich habe den* ~, *daß* I have (*od.* am under) the impression that, I have a feeling that; F ~ *schinden* show off; F *nur um* ~ *zu schinden* only for show; ~**en** *v/t.* imprint; print on; *eingedruckte Marke* embossed stamp.

ein...: ~**drücken** *v/t.* press in(to *acc.*); push in; (*zerschlagen*) smash; (*Tür*) force, crash; (*platt drücken*) flatten; (*zermalmen*) crush, squash; (*einbeulen*) dent, *stärker*: cave in; ⚔ (*die Front*) make a breach in; *sich* ~ be imprinted (*od.* impressed); ~**drucksfähig** *adj.* impressionable; ~**druckslos** *adj.* unimpressive; ~**drucksvoll** *adj.* impressive; ~**dünsten** *v/t.* evaporate; → *a. dünsten*; ~**ebnen** *v/t.* level, flatten; (*Stadt*) *a.* raze; *fig.* level out; ~**ehe** *f* monogamy.

einen *v/t. u. v/refl.*: (*sich* ~) unite.

ein...: ~**eiig** *anat. adj.* uniovular; ~*e Zwillinge mst* identical twins; ~**einhalb** *adj.* one and a half; ~**engen** *v/t.* confine, restrict, narrow (down), hem in, limit; (*einzwängen*) cramp; *sich eingeengt fühlen* feel hampered (*od.* cramped).

einer I. *pron.* **1.** (some)one, somebody; → *a. ein* III; **II.** ~ *m* **2.** *arith.* unit, digit; **3.** (*Boot*) single (sculler); ~**lei** *adj.* **1.** (one and) the same, of one (*od.* the same) kind; **2.** (*gleichgültig*) indifferent, all the same; *es ist* (*ganz*) ~ it doesn't matter (at all), it makes no difference; *es ist mir* (*ganz*) ~ it's all one (*od.* the same) to me, I don't care; ~ *ob* no matter (*od.* regardless) whether; ~ *wer usw.* whoever, *etc.*, no matter who, *etc.*; ~, *wir gehen hin!* all the same, let's go there!; ~**lei** *n* sameness, uniformity, monotony, *des Lebens*: *a.* humdrum.

einernten *v/t.* → *ernten.*

einerseits, einesteils *adv.* on the one hand (*od.* side).

Einer|stelle ⅍ *f* unit's place; ~**zelt** *n* one-man tent.

einexerzieren *v/t.* drill; *j-m et.* ~ drill a p. in a th., drum a th. into a p.

einfach I. *adj.* **1.** single; → *Buchführung*; ~*e Fahrkarte* single (ticket), *Am.* one-way ticket; **2.** (*unkompliziert*) simple; ~*er Bruch* ⚕ simple fracture; ~*er Bankrott* simple bankruptcy; *ling.* ~*es*

Wort simple (*od.* uncompounded) word; → *Mehrheit*; **3.** (*schlicht*) simple, plain, homely; *Essen*: frugal, plain; *das* ~*e Leben* the simple life; *ein* ~*er Mensch* a simple (*od.* ordinary) man; ~*er Soldat* private (soldier), *Am. a.* enlisted man; *sl.* buck private; **4.** (*nicht schwierig*) easy, simple; (*elementar*) elementary; **II.** *adv.* simply, *etc.*; *das ist* ~ *herrlich* that's simply (*od.* just) wonderful; *es ist* ~ *verbrecherisch* it's outright criminal; *es ist* ~ *unglaublich* it is fantastic; **≈betrieb** ⚡ *m* simplex operation; **≈heit** *f* simplicity; plainness, frugality; *der* ~ *halber* to simplify matters, to save trouble; **~wirkend** ⊕ *adj.* single-acting.

ein...: **~fädeln** *v/t.* (*Nadel*, *Faden*, *a. Film*, *Tonband*) thread; *fig.* start, set afoot, *geschickt*: contrive, arrange, engineer; (*tun*) do, go about *a th.*, handle; *mot. sich* ~ filter in, get into lane; **~fahrbar** ✈ *adj. Fahrwerk*: retractable; **~fahren I.** *v/i.* **1.** drive in(to *in*); come in, arrive; *Zug*: *a.* pull in; ⚒ descend; **II.** *v/t.* **2.** cart in; carry *od.* bring in; (*Fahrgestell*, ⚓ *Sehrohr usw.*) retract; **3.** (*Auto*) run (*od.* break) in; *sich* ~ practise (driving); **≈fahrt** *f* **1.** entrance, arrival; ⚒ descent; **2.** (*Eingang*) entrance; *Hafen*: mouth; ⚒ pit-head; (*Tor*≈) gateway, drive(way); *zur Autobahn*: approach.

Einfahrzeit *mot. f* running-in period.

Einfall *m* **1.** → *Einsturz*; **2.** ⚔ invasion (*in* of), (*Überfall*) inroad (on), raid (into); **3.** *phys. Licht*: incidence; **4.** *fig.* idea, inspiration; (*Laune*) whim; *glücklicher* ~ happy idea; *guter od. toller* ~ F brain wave; *witziger* ~ witty idea; *er kam auf den* ~ he had (*od.* hit upon) the idea, it occurred to him, *iro. a.* he took it in his head; **≈en** *v/i.* **1.** → *einstürzen*; **2.** *Licht*: fall in; *phys.* be incident; **3.** ⚔ ~ *in* invade *a country*; **4.** ♪ *u. fig.* chime (*od.* join) in; **5.** *im Gespräch*: cut in (*in on the conversation*), interrupt; *zustimmend*: chime in; **6.** *j-m* ~ (*in den Sinn kommen*) come into a p.'s mind, occur to a p.; *dabei fällt mir et. ein* that reminds me of something; *es fällt mir jetzt nicht ein* I can't remember (*od.* think of) it now; *dabei fällt mir nichts ein* nothing comes to mind; *es würde mir nie* ~, *zu inf.* it would never occur to me to *inf.*; → *Traum*; *was fällt dir ein?* what's the (big) idea?; *wie es ihm gerade einfiel* as the humo(u)r seized him; *sich et.* ~ *lassen* take a th. into one's head; (*ausdenken*) think of a th., think up (*od.* come up with) a th.; *laß dir das ja nicht* ~! don't (you) dare to do that; **≈end** *phys. adj.* incident; **≈slos** *adj.* unimaginative, lacking in ideas, dull; **~slosigkeit** *f* lack of ideas, unimaginativeness; **≈sreich** *adj.* imaginative, inventive; **~sreichtum** *m* wealth of ideas (*od.* invention); **~swinkel** *m* angle of incidence.

Ein...: **~falt** *f* simplicity, naivety; (*Unschuld*) innocence; (*Dummheit*) simple-mindedness; **≈fältig** *adj.* simple(-minded); innocent, naive; (*töricht*) silly, foolish; **~faltspinsel** *m* simpleton, nincompoop, *Am.* dum(b)bell; **~familienhaus** *n* one-family house (*od.* unit); **≈fangen** *v/t.* catch; (*Verbrecher usw.*) *a.* capture, apprehend; *fig.* (*j-n*) ensnare, entrap; (*Stimmung usw.*) capture, catch; **≈färben** *v/t.* dye; **≈farbig** *adj.* one-colo(u)red, unicolo(u)red; *Stoff*: *a.* plain; *typ.* monochromatic; **≈fassen** *v/t.* enclose; *mit e-m Zaun*: fence (in); (*umsäumen*) border, edge, line, (*Kleider usw.*) *a.* bind, trim; (*Bild usw.*) frame; (*Edelstein*) set; **~fassung** *f* enclosure; (*Zaun*) fence; (*Geländer*) railing; (*Rand*) rim; (*Saum*) border, edge, *Kleid*: *a.* trimming; *Schuhe*: welt; *Edelstein*: setting; *Bild*, *Fenster usw.*: frame; **≈fetten** *v/t.* grease; *mit Öl*: oil; ⊕ *a.* lubricate; (*Haut*) cream; **≈finden** *v/refl.*: *sich* ~ appear (on the scene), come, arrive, F turn (*od.* show) up; (*teilnehmen*) attend; (*sich versammeln*) assemble; *sich wieder* ~ *Sache*: turn up again; **≈flechten** *v/t.* interlace, weave in(to *in*); (*Haare*) plait, braid; *fig.* put in, insert, mention casually; (*Erzählung*) weave in; **≈flicken** *v/t.* patch in; *fig.* put in, insert; **≈fliegen** ✈ **I.** *v/i.* fly in(to *in*), enter (by air); *feindlich*: penetrate, intrude; **II.** *v/t.* make test-flights with, test out; **~flieger** *m* test pilot; **≈fließen** *v/i.* flow in(to *in*); *fig. et.* ~ *lassen* slip in, mention in passing, (*andeuten*) hint, give to understand; **≈flößen** *v/t.* pour in (-to *in*); ⚕ administer (*j-m* to); (*Nahrung*) feed (*j-m* a p. with); *fig.* (*Respekt*) command; (*Verlangen*) kindle; *j-m et.* ~ inspire (*od.* fill) a p. with a th.; **≈fluchten** *v/t.* align.

Einflug *m* ✈ flight (*in ein Land* into), entry (of); ⚔ penetration; (*Angriff*) raid; **~schneise** *f* air corridor, approach lane.

Einfluß *fig. m allg.* influence (*auf* on, *bei* with); *pol. usw. a.* pull; (*Macht*) power, control, sway (over), grip (on); (*Wirkung*) effect; *~ haben auf* influence, (*einwirken auf*) *a.* affect, have a bearing on; (*beherrschen*) sway; *e-n ~ ausüben auf* exercise (*od.* have) an influence on, influence; *s-n ~ geltend machen* bring one's influence to bear (*bei, auf* on); *unter dem ~ von j-m od. et.* under the influence of; **~bereich** *m*, **~gebiet** *n*, **~sphäre** *f* sphere of influence; **≈reich** *adj.* influential; *er ist sehr ~ a.* F he has a lot of pull.

ein...: ~flüstern *v/t.*: *j-m et. ~* whisper (*fig. a.* suggest, insinuate) a th. to a p., (*vorsagen*) prompt a th. to a p.; **≈flüsterung** *f* prompting; suggestion, insinuation; **~fordern** ⚚ *v/t.* (*Außenstände*) call in, demand payment of; (*Kapital*) call for (*od.* in); (*Steuern*) collect; **≈forderung** *f* calling-in, demand; *von Geldern*: call (for funds); *von Steuern*: collection; **~förmig** *adj.* uniform; → *a. eintönig*; **≈förmigkeit** *f* uniformity, monotony; **~fressen** *v/refl.*: *sich ~ in* eat into; **~fried(ig)en** *v/t.* enclose; *mit Hecke* (*Geländer, Mauer, Zaun*): hedge (rail, wall, fence) in; **≈friedigung** *f* enclosure; **~frieren I.** *v/i.* freeze (up *od.* in); *Schiff, Hafen*: become icebound; ⚚ freeze, be blocked; *Verhandlungen*: reach a deadlock; **II.** *v/t.* (*Lebensmittel*) (deep-) freeze; ⚚ (*Kapital, Preise*) (*a. ~ lassen*) freeze; **~fügen** *v/t.* put (*od.* fit) in(to *in*), insert (into); (*Bemerkung usw.*) *a.* interpolate; *sich ~* fit in (well), *Person*: *a.* adapt o.s.; **≈fügung** *f* fitting in, insertion; interpolation; adaptation; **~fühlen** *v/refl.*: *sich ~* acquire an insight (*in* into) *od.* a sympathetic understanding (of); *sich in et. ~ a.* get into the spirit of a th.; *sich in j-n ~* project o.s. into a p.'s mind, *mitfühlend*: feel with a p.; **~fühlend** *adj.* sympathetic(ally *adv.*); **≈fühlungsvermögen** *n* sympathetic understanding, intuition(al grasp); insight into people's nature; *bsd. psych.* empathy.

Einfuhr *f* ⚚ import(ation), *konkret*: imports *pl.*; *~ und Ausfuhr* imports and exports; **~artikel** *m* import(ed) article, *pl.* imports; **~beschränkung** *f* import restriction; **~bestimmungen** *f/pl.* import regulations; **~bewilligung** *f* → *Einfuhrerlaubnis*.

einführ|bar ⚚ *adj.* importable; **~en** *v/t. allg.* introduce; (*Mode*) *a.* set, launch; (*Maßnahmen*) *a.* initiate, adopt; (*Einrichtungen*) establish, set up; ⚚ (*Waren*) import; (*Effekten*) obtain quotation of, *Am.* list; (*j-n*) introduce (*bei j-m* to a p., *in e-e Gesellschaft* into), present (*bei Hofe* at); (*einweihen*) initiate (*in* into), *feierlich, in ein Amt*: install, inaugurate (in); (*et.*) *in e-e Öffnung, Wunde usw.*: introduce, insert (*in* into); ⚡ (*Leitung*) lead in(to); (*zuführen*) feed in(to); *gut eingeführt Person, Ware*: well introduced, *Firma*: well established.

Einfuhr...: ~erlaubnis *f*, **~genehmigung** *f* import licence (*od.* permit); **~hafen** *m* port of entry; **~handel** *m* import trade; **~kontingent** *n* import quota; **~land** *n* importing country; **~lizenz** *f* import licence; **~prämie** *f* bounty on imports; **~schein** *m* import permit; bill of entry; **~sperre** *f*, **~stopp** *m* embargo on imports, import ban; **~überschuß** *m* excess of imports.

Einführung *f allg.* introduction; (*Vorstellung*) *a.* presentation (*bei j-m* to a p., *bei Hofe* at court); (*Einweihung*) initiation, *feierliche*: installation, inauguration (*in* into *an office*); *von Maßnahmen usw.*: introduction, adoption; *von Einrichtungen*: establishment; ⚚ importation; ⚡ *e-r Leitung*: lead-in; **~sanzeige** ⚚ *f* launch ad; **~sgesetz** *n* introductory law; **~skabel** ⚡ *n* leading-in cable; **~skurs(us)** *m*, **~slehrgang** *m* introductory (*od.* orientation) course; **~sschreiben** *n* letter of introduction; **~swerbung** ⚚ *f* launch advertising.

Einfuhr...: ~verbot *n* import prohibition (*od.* ban), embargo on imports; **~waren** *f/pl.* import(ed) goods, imports; **~zoll** *m* import duty.

einfüll|en *v/t.* fill *od.* pour in(to *in*); *in Flaschen*: bottle; **≈öffnung** *f* filler-hole; **≈stutzen** *mot. m* filler-cap; **≈trichter** *m* funnel; ⊕ feed hopper.

Ein...: ~gabe *f* petition, application (*an* to, *um* for); *e-e ~ machen* submit *od.* file a petition, apply (*um* for); **≈gabeln** ⚔ *v/t.* bracket, straddle.

Eingang *m* **1.** entrance, entry, doorway, way in; *kein* ~*!* no entrance (*od.* entry)!; **2.** (*Eintritt*) entering, entry; (*Zugang*) access; ~ *finden* be introduced (*od.* adopted), come into vogue; *j-m* ~ *gewähren* give a p. access (*zu* to); *sich* ~ *verschaffen* obtain entry (*od.* access), gain admission (*zu, in* to); **3.** ⚚ *von Waren*: arrival, entry; *Schreiben, Summe*: receipt; *Eingänge von Waren* (*Zahlungen*): goods (payments) received; (*Einnahmen*) receipts, takings; *von Anmeldungen usw.*: entries; *bei* ~, *nach* ~ on receipt; **4.** (*Anfang*) beginning; *zu* ~ at the beginning; **5.** (*Einleitung*) introduction, opening, preamble.

eingängig *adj.*: (*leicht* ~) easy to grasp; *Melodie*: catching.

eingangs I. *adv.* at the beginning (*od.* outset); (*einleitend*) by way of introduction; **II.** *prp.* at the beginning of; **≈anzeige** *f*, **≈bestätigung** *f* acknowledg(e)ment (*od.* advice) of receipt; **≈buch** *n* book of entries; **≈datum** *n* date of arrival (*od.* receipt); *von Schecks*: value date; **≈formel** *f* preamble; **≈halle** *f* entrance lounge; **≈kreis** *m Radio*: input circuit; **≈rede** *f* opening speech; **≈spannung** ⚡ *f* input voltage; **≈stempel** *m* entry stamp; **≈tor** *n* (entrance-)gate; *e-s Hauses*: portal; **≈zoll** *m* import duty.

ein...: ~gebaut ⊕ *adj.* built-in, integral, installed, incorporated, permanently attached; **~geben** *v/t.* (*Arznei*) give, administer (*dat.* to); (*Bittschrift*) → *einreichen*; *fig.* (*j-n*) *zur Beförderung usw.*: recommend (*zu* for); *j-m et.* ~ (*einflüstern*) prompt (*od.* suggest) a th. to a p.; *j-m e-n Gedanken* ~ give a p. an idea, put an idea into a p.'s head, inspire a p. with an idea; *e-m Computer Daten* ~ feed a computer with data, feed data into a computer; **~gebildet** *adj. Krankheit, Kranker usw.*: imaginary; (*dünkelhaft*) conceited (*auf* about); (*anmaßend*) arrogant, F stuck-up; **~geboren** *adj. Sohn Gottes*: only-begotten; (*einheimisch*) native, indigenous; (*angeboren*) inborn, innate; **≈geborene(r** *m*) *f* native; ~ *pl.* (*Ureinwohner*) aborigines; **~gebracht** ⚖ *adj.*: ~*es Gut e-s Ehegatten* property brought in (*by a spouse* upon marriage); **≈gebung** *f* (*göttliche* divine) inspiration; (*Regung*) *a.* impulse; (*Einfall*) *a.* bright idea, F brain wave; **~gedenk** *adj. pred.* mindful (*gen.* of), remembering (*a th.*); *e-r Sache* ~ *sein* (*bleiben*) bear (keep) in mind, remember; **~gefallen** *adj. Haus*: dilapidated; (*abgezehrt*) emaciated, shrunken; hollow-cheeked; *Augen*: sunken; **~gefleischt** *fig. adj.* inveterate, engrained, dyed-in-the-wool; ~*er Junggeselle* confirmed bachelor; *Gewohnheit usw.*: engrained, deep-rooted.

eingehen I. *v/i.* **1.** ⚚ *Geld, Post, Waren*: come in (*od.* to hand), be received, arrive; **2.** *fig.* ~ *in* enter (*od.* pass) into; → *Geschichte* 2; **3.** *bei j-m ein- u. ausgehen* frequent a p.'s house; **4.** F *j-m* ~ (*einleuchten*) go down with a p.; *das geht ihm nicht ein* he doesn't grasp (*od.* F get) it; *Latein ging ihm schwer ein* he found Latin difficult; **5.** ~ *auf* (*e-n Vorschlag usw.*) (*akzeptieren*) accept, agree to, comply with; (*Interesse zeigen für*) respond to, be interested in; (*sich befassen mit*) consider, deal with; (*e-e Frage, Details usw.*) go into; (*Gründe*) *a.* listen to; (*e-n Scherz usw.*) join in, go along with; *auf j-n* ~ respond to; *zuhörend*: listen to; *nachsichtig*: humo(u)r; **6.** *Textilien*: shrink; **7.** *Tier, Pflanze*: die, perish; *co. Mensch*: F peg out; F *fig.* die on the vine; *Sport*: wilt, go under; *Firma, Zeitung*: F fold up, close down, *sl.* go bust; **II.** *v/t.* (*Ehe*) contract, enter into; (*Vertrag*) make, enter into; (*Bündnis*) form, enter into; (*Verbindlichkeit*) assume, contract, incur, enter into; *e-n Vergleich* ~ come to an arrangement, *mit Gläubigern*: compound with; *ein Risiko* ~ run a risk, take a chance; *e-e Wette* ~ lay a wager, make a bet; **~d I.** *adj.* **1.** *Post usw.*: incoming; **2.** *fig.* exhaustive, thorough, detailed; *Prüfung*: close, careful; **3.** *nicht* ~ *Stoff*: shrinkproof; **II.** *fig. adv.* thoroughly, carefully, in detail.

ein...: ~gelassen ⊕ *adj.* sunk, flush(-mounted); *Schrauben*: countersunk; **~gelegt** *adj.*: ~*e Arbeit* inlaid work, inlay, intarsia, marquetry; ~*e Eier* water-glass eggs; **≈gemachte(s)** *n* preserves *pl.*; (*Obst*) preserved fruit; *in Essig*: pickles *pl.*; **~gemeinden** *v/t.* incorporate (*in od. dat.* into); **≈gemeindung** *f* incorporation; **~genommen** *adj.*: *für j-n* ~ prepossessed (*od.* biassed) in favo(u)r of, well disposed toward(s); *von j-m* ~ taken with, fond of; *gegen j-n od. et.* ~ prejudiced (*od.* biassed) against, ill-disposed toward(s); *für et.* ~ partial to, well disposed toward(s), *stärker*: enthusiastic about, heart and soul for; *von sich* ~ conceited, having a high opinion of o.s.; **~genommenheit** *f* prepossession, bias (*für* in favo[u]r of); fondness (of); prejudice (*gegen* against); *von sich selbst*: (self-)conceit; **~gerostet** *adj.* rusty (*a. fig.*); **~geschlechtig** ⚘ *adj.* unisexual; **~geschnappt** F *adj.* cross, piqued, F peeved; **~gesessen** *adj.* resident, domiciled; → *a. einheimisch*; **~gesessene(r** *m*) *f* resident, inhabitant; native; **~gestandenermaßen** *adv.* avowedly, admittedly; **~geständnis** *n* confession, admission, avowal; **~gestehen** *v/t.* avow, confess, admit, own (up to); **~gestellt** *adj.*: ~ *gegen* opposed to; ~ *für* for, favo(u)rably disposed toward(s); ~ *auf* prepared for; (*ausgerichtet auf*) *a. Wirtschaft*: keyed (*od.* geared, tuned) to; *sozial usw. eingestellt* socially, *etc.* minded (*od.* oriented); *materialistisch eingestellt sein* be a materialist; → *einstellen*; **~getragen** *adj.* → *eintragen*.

Eingeweide *n/pl. allg. anat.* viscera, F innards; (*Gedärme*) bowels, intestines, entrails, guts; **~bruch** ⚕ *m* hernia.

ein...: **~geweiht** *adj.* → *einweihen*; **~geweihte(r** *m*) *f* initiate(d person), insider; *pl. the* initiated, F *those* in the know; **~gewöhnen** *v/t.* (*a. sich* ~) accustom (o.s.) (*in* to), acclimatize, *Am. a.* acclimate (to); *sich* ~ *in a.* get used to; **~gewöhnung** *f* acclimatization; familiarization; **~gewurzelt** *adj.* deep-rooted; engrained, inveterate; **~gezahlt** ✝ *adj. Kapital, Aktien*: paid-up.

ein...: **~gießen** *v/t.* pour in(to *in*); (*einschenken*) pour out; ⊕ cast in; **~gipsen** *v/t.* fix with plaster; ⚕ put in plaster; **~glas** *n* monocle; **~glasen** *v/t.* glaze; **~gleisig** *adj.* single-track ..., *a. fig.* one-track ...; **~gliedern** *v/t.* incorporate, integrate (*in* into); (*klassifizieren*) classify (into); (*zuweisen*) assign (to); (*Gebiet*) annex; (*Person*) enrol (in), make *a p.* a member (of); *in den Arbeitsprozeß*: find employment for, *wieder*: rehabilitate; *sich* ~ fit in(to *in*), become a part (*Person*: *a.* member) (of); **~gliederung** *f* integration, incorporation; annexation; enrolment; **~gliedrig** ⅍ *adj.* monomial; **~graben** *v/t.* dig in(to *in*); (*begraben*) bury; (*verstecken*) hide in the ground; *in Stahl usw.*: engrave, *fig. a.* stamp (*in* upon *a plate, a p.'s memory*); *sich* ~ *Tiere*: burrow in(to *in*); ⚔ dig in, entrench o.s.; *Geschoß usw.*: bury (*od.* embed) itself; *fig.* engrave itself (*ins Gedächtnis* in one's memory); **~gravieren** *v/t.* engrave (*in* on); **~greifen** *v/i.* **1.** ⊕ engage (*in* in *od.* with), *Getriebe, Maschinenteile*: gear in(to), mesh; *Anker usw.*: catch; **2.** *fig.* interfere (*in* in, with), intervene (in); take action, act, step in; ⚔ go into action, engage in the battle; *in j-s Rechte* ~ encroach (up)on a p.'s rights; *in die Debatte* ~ interfere in (*od.* cut in on) the debate; **~greifen** *n* **1.** ⊕ engagement, gearing, meshing; **2.** *fig.* action; intervention; interference; **~greifend** *adj.* drastic, radical; **~greifstreitkräfte** ⚔ *f/pl.* strike forces; **~griff** *m* **1.** (*verbotener* illegal) operation; **2.** ⊕ gearing, contact; *ständiger* ~ constant mesh; *im* ~ in gear, engaged; **3.** *fig.* action; (*Einmischung*) intervention (*in* in), interference (in, with); (*Übergriff*) encroachment (on); **~hacken** *v/i.*: ~ *auf* hack at, *Vogel*: *a.* peck at; *fig.* keep on at *a p.*; **~haken I.** *v/t.* hook in(to *in*), fasten; (*sich*) *bei j-m* ~ take a p.'s arm, link arms with a p.; *eingehakt* arm in arm; **II.** *fig. v/i.* cut in; *bei et.* ~ seize (*od.* jump) on a th.; **~halt** *m*: ~ *gebieten* stop, put a stop to, check, halt; **~halten I.** *v/t.* (*Brauch, Vertrag usw.*) observe, adhere (F stick) to, follow; (*Versprechen*) keep; (*Verpflichtung*) meet; (*Richtung*) follow; *e-e Frist* ~ keep (to) a term *od.* (within) a time-limit, meet a deadline; *weitS.* be punctual; **II.** *v/i.* stop, leave off; *mit dem Lesen* ~ stop reading; *halt ein!* stop!, leave off!; **III.** *v/refl.*: *sich* ~ (*sich festhalten*) hold on *od.* tight (*an* to); **~haltung** *f* observance (*gen.* of); adherence (to); compliance (with); **~hämmern** *v/t.* (*Nagel usw.*) drive in(to *in*); *fig. j-m et.* ~ hammer (*od.* drum, pound) a th. into a p.'s head; **~handeln** *v/t.* (*a. sich* ~) purchase, buy; (*eintauschen*) trade in, barter; (*herausschlagen*) get, obtain; *iro.* land o.s. with; **~händig** *adj.* one-handed; *adv. a.* with one hand; **~händigen** *v/t.* hand (over) (*j-m* to), deliver (to); **~hängen I.** *v/t.* hang *od.* hook in(to *in*); ⊕ suspend (into); (*aufhängen*) hang up; (*Tür*) put on its hinges; (*Telephonhörer*) replace, restore; *sich bei j-m* ~ → *einhaken* I;

II. *v/i. teleph.* hang up, *Brit. a.* ring off; **~hauchen** *fig. v/t.: j-m od. e-r Sache* neues Leben *usw.* ~ breathe new life, *etc.* into, inspire with new life, *etc.*; **~hauen I.** *v/i.* **1.** ~ *auf* fall upon; F pitch into; **2.** F *beim Essen*: fall to, F tuck in; **II.** *v/t.* **3.** hew in(to *in*); **4.** (*einschlagen*) break in (*od.* open); **~heften** *v/t.* sew *od.* stitch in(to *in*); (*Akten usw.*) file; **~hegen** *v/t.* fence in, enclose; **~heimisch** *adj.* native, indigenous (*a.* ⚘, *zo.*); local; *Sprache*: native, vernacular; *Krankheit*: endemic; ⚚ home ..., domestic, inland ..., *Produkt*: *a.* home-made; ~er *Markt* home-market; ~es *Vieh* home-bred livestock; ~es *Agrarprodukt* home-grown produce; ~e *Mannschaft Sport*: home team; **≈heimische(r** *m*) *f* native, local; **~heimsen** *v/t.* ✓ get (*od.* gather) in; *fig.* reap; (*Gewinn*) pocket, rake in; **≈heirat** *f*: ~ *in* marriage into *a family od. business firm*; **~heiraten** *v/i.*: ~ *in* marry into.

Einheit *f* unity; (*Gleichheit*) oneness; (~*lichkeit*) uniformity; ⩕, ⊕, *phys.*, ⚔ unit; ⚔ *Am.* F *a.* outfit; (*Wohnungs*≈) (dwelling) unit; ⚚ *Börse*: unit of trade, *Am.* full lot; (*Währungs*≈) (monetary) unit; *nationale* ~ national unity; *thea. die drei* ~*en* the dramatic unities; *e-e* ~ *bilden* unite, form an integrated whole; *zu e-r* ~ *verbinden* unify; **≈lich** *adj.* uniform; homogeneous; (*genormt*) standardized; (*ungeteilt*) undivided, united *front*, *etc.*; concerted *action*; ⚔ *Kommando*: unified; ⚚ *Kurse*: regular; *Regierung*: central(ized); *pol.* unionist(ic); **~lichkeit** *f* uniformity; homogenousness; conformity to standard; unity.

Einheits...: **~bauart** ⊕ *f* standard type; **~bestrebungen** *f/pl.* unitary tendencies (*od.* movement *sg.*); **~front** *f* united front; **~gewerkschaft** *f* unified trade union; **~gewicht** *n* standard weight; **~kreis** ⩕ *m* unit circle; **~kurs** ⚚ *m* standard quotation; **~kurzschrift** *f* standard shorthand system; **~partei** *f* unity party; **~preis** ⚚ *m* uniform (*od.* standard) price; (*Pauschale*) flat-rate price; **~satz** *m* standard (*od.* flat) rate; **~staat** *m* centralized state; **~tarif** *m* uniform tariff; **~vordruck** *m* standard printed form; **~währung** *f* standard currency; **~wert** *m* standard (*od.* unit) value; *Steuer*: rateable value; **~zeit** *f* standard time.

ein...: **~heizen** *v/i.* **1.** make (*od.* light) a fire; ~*in* heat *a room*; **2.** *fig.* (*j-m*) make it hot for, give *a p.* hell; **~hellig** *adj.* unanimous; **≈helligkeit** *f* unanimity.

einher...: *in Zssgn* ... along; **~gehen** (**~schreiten**, **~stolzieren**) *v/i.* walk (stride, strut) along.

ein...: **~holen I.** *v/t.* **1.** bring in, collect; **2.** (*empfangen*) escort home, receive; **3.** ⚓ (*Segel*) strike; (*Flagge*) *a.* haul down, lower; (*Tau*) haul in; (*Schiff*) tow in; **4.** (*Läufer*, *Fahrzeug usw.*) overtake, *a. fig.* catch up with; *Sport*: *a.* pull up to; **5.** (*Versäumtes*, *Zeit usw.*) make up (for); **6.** (*anfordern*) call for; (*beschaffen*) get, obtain, procure; (*erbitten*) ask (*od.* apply) for; (*Auskünfte*) make *inquiries* (*über* about); (*Instruktionen*) get, ask for; *Rat* ~ seek *od.* take advice (*bei* from), *bei*: *a.* consult *a p.*; **II.** *v/i.* F ~ *gehen* go shopping; **≈horn** *myth. n* unicorn; **≈hufer** *zo. m* soliped; **~hüllen** *v/t.* wrap (up) (*in* in), envelop (in); cover; ⊕ encase, sheathe, coat; **~hundert** *adj.* one (*od.* a) hundred.

einig *adj.* united; ~ *sein mit* agree with, be at one (*od.* in agreement) with; (*sich*) ~ *werden* agree *od.* come to terms (*über* about), reach an agreement (on); *sich nicht* ~ *sein* disagree, differ (*über* on); *die Fachwelt ist sich* ~ *darüber, daß* there is agreement (*od.* consensus) among the experts that, the experts are agreed that; *er ist sich selbst nicht* ~, *was er tun soll* he can't make up his mind, either.

einige I. *indef. pron.* **1.** *pl.* several, some, a few; **2.** ~*s* something, some things *pl.*; *ich könnte dir* ~*s erzählen* I could tell you a thing or two; → *a. allerhand* 2, *allerlei*; **II.** *adj.* **3.** *pl.* (*mehrere*) several, some, a few; *vor* ~*n Tagen* the other day; **4.** (*ziemlich viel*) some, F quite a bit of *money*; some, quite a *stir*; **5.** (*ungefähr*) some; ~ *hundert Jahre* some hundred (*od.* hundred odd) years; **~mal** *adv.* several times.

einigeln ⚔ *v/refl.*: *sich* ~ form a hedgehog (defen|ce, *Am.* -se).

einig...: **~en** *v/t.* unite, unify; (*versöhnen*) conciliate; *sich* ~ agree (*über od. auf* on), reach an agreement, come to terms (about); settle up, F get together; **~ermaßen** *adv.* to some (*od.* a certain) extent *od.* degree; somewhat; (*ziemlich*) rather, fairly; (*leidlich*) passably (well), middling, F so-so; **~gehen** *v/i.* agree (*mit* with), be in agreement (with); **≈keit** *f* unity, union, concord, harmony; *der Ansichten*: unanimity; agreement, concensus; ~ *macht stark* unity is strength.

Einigung *f pol.* unification, union; *a.* ⚕, ⚖ agreement, settlement, understanding; e-e ~*erzielen* come to an agreement; **~samt** *n* conciliation board; **~sstelle** *f* settlement board.

ein...: **~impfen** *v/t.* ⚕ inoculate (*et. in* a th. into *an organism*); (*j-m et.*) inoculate with (*a. fig.*); *fig. a.* indoctrinate with, implant in; **~jagen** *v/t.*: *j-m Angst* (*od. Furcht, e-n Schrecken*) ~ scare (*od.* frighten, terrify) a p., give a p. a fright, strike fear into a p., *Am.* F throw a scare into a p.; **~jährig** *adj.* one-year-old ...; *Dauer*: of one year, one year's ..., one-year ...; *Pflanze*: annual; **⁀-jährige(s)** *ped. n* O-level Certificate of Education; **~kalkulieren** *v/t.* take into account, allow for; *einkalkuliert* calculated *risk*; **~kapseln** *v/t.* ⊕ encase, enclose; ⚕ encapsulate, encyst; *sich* ~ become encapsulated; *fig. Person*: retire into one's shell; **~kassieren** *v/t.* cash, collect.

Ein|kauf *m* purchase; ⚕ (*Vorgang*) purchasing; (~*sabteilung*) purchasing department; *Einkäufe machen* go shopping, shop; **⁀kaufen** **I.** *v/t.* buy, purchase (*bei* from); (*beschaffen*) procure; **II.** *v/i.* make (one's) purchases; shop (*bei* at); ~ (*gehen*) go shopping; **III.** *v/refl.*: *sich* ~ *in* buy a place *od.* share in; **~käufer(in** *f*) ⚕ *m* buyer.

Einkaufs...: **~abteilung** *f* purchasing department; **~genossenschaft** *f* co-operative purchasing society; **~leiter** *m* head of purchasing department; **~netz** *n* string-bag; **~preis** *m* purchase price; *zum* ~ at cost price; **~tasche** *f* shopping bag; **~zentrum** *n* shopping cent|re, *Am.* -er; (*Großkaufladen*) hypermarket.

Einkehr *f* **1.** stop (*bei, in* at *an inn*); **2.** *fig.* (*innere* ~) self-communion; ~ *halten bei sich* commune with o.s., search one's heart, take stock of o.s.; **⁀en** *v/i.* **1.** *bei j-m* ~ call on a p.; *in e-m Gasthof* ~ stop (*über Nacht*: put up) at an inn; **2.** *fig.* come (*bei* to), enter.

ein...: **~keilen** *v/t.* wedge in (*a. fig.*); **~kellern** *v/t.* lay in (the cellar); **~kerben** *v/t.*, **⁀kerbung** *f* notch, indent; **~kerkern** *v/t.* imprison, incarcerate, cast into prison; **~kesseln** ⚔ *v/t.* encircle, pocket, trap; **⁀kesselung** *f* encirclement; **~kitten** *v/t.* cement in(to *in*), fix with putty; **~klagbar** ⚖ *adj.* suable, actionable; **~klagen** *v/t.*: *e-e Forderung usw. gegen j-n* ~ sue (a p.) for; **~klammern** *v/t.* **1.** ⊕ cramp; **2.** *typ.* bracket, put in parentheses (*od.* brackets), parenthesize.

Einklang *m* **1.** ♪ unison; **2.** *fig.* unison, accord, harmony; *in* ~ *bringen* reconcile, square, bring into line (*mit* with); *im* ~ *stehen mit* be compatible (*od.* in keeping) with, (*entsprechen*) correspond to, coincide (*od.* tally) with; *nicht im* ~ *stehen mit* be incompatible (*od.* out of keeping) with, be at variance with.

ein...: **~klarieren** ⚓ *v/t.* clear; **⁀klarierung** *f* clearance inwards; **~kleben** *v/t.* paste in(to *in*); **~kleiden** *v/t.* clothe; (*Amtsperson*) invest; ⚔ issue clothing to, fit out; *fig.* (*Gedanken*) clothe, couch; **⁀kleidung** *f* clothing; investiture; ⚔ accoutrement, equipment; *fig.* wording; **~klemmen** *v/t.* (*kneifen*) pinch; (*quetschen*) squeeze (in); *fest*: jam (*od.* wedge) in; *fig. a.* sandwich in; ⊕ *a.* clamp (fast); **⁀klemmung** *f* jamming; ⚕ strangulation; **~klinken** *v/t. u. v/i.* (*Tür*) latch; ⊕ engage; **~klopfen** *v/t.* knock (*od.* drive) in(to *in*); **~knicken** **I.** *v/t.* bend in; (*Papier*) fold; (*Tuch*) crease; **II.** *v/i.* bend, break; *a. Knie*: buckle, give way; **~knöpfbar** *adj.* button-in ...; **~kochen** *v/t. u. v/i.* (*eindicken*) boil down, thicken by boiling; (*einmachen*) preserve; make (jam).

einkommen **I.** *v/i.* **1.** *Geld*: come in, be paid in; **2.** (*bei j-m*) *um et.* ~ apply *od.* make an application *od.* present a petition (to a p.) for, petition (a p.) for; *um s-n Abschied* ~ hand in (*od.* tender) one's resignation; ~ *gegen* protest (*od.* lodge a complaint) against; **II.** **⁀** *n* income; *Staat*: revenue; ~ *aus Arbeit* earned income, earnings *pl.*; ~ *aus Kapital* unearned income; *festes* ~ fixed income; *Personen mit niedrigem* ~ low-income persons (*od.* earners); **⁀steuer** *f* income-tax; **⁀steuererklärung** *f* income-tax return; **⁀stufe** *f* income bracket (*od.* group).

ein...: **~köpfen** *v/t. u. v/i. Fußball*: head (the ball) home; **~krallen** *v/refl.*: *sich* ~ dig one's nails in(to *in*).

einkreis|en *v/t.* ⚔ encircle (*a. pol.*), envelop, outflank, surround; **⁀ung** *f* encirclement; **⁀ungspolitik** *f* policy of encirclement (*od.* isolation); **\~ungsschlacht** *f* battle of encirclement.

einkremen *v/t.* cream, apply cream to (one's skin *v/refl.: sich* \~).

Einkünfte *pl.* proceeds, receipts, takings; (*Gewinn*) profit *sg.*; (*Einkommen*) income *sg.*, *des Staates*: revenue *sg.*; *e-s Richters usw.*: emoluments.

einkuppeln *v/t. u. v/i.* couple, clutch; *mot.* let in (*od.* engage) the clutch.

einlad|en *v/t.* **1.** (*Waren*) load (in); ⚓ ship, embark; *mot.* entruck; 🚂 entrain; ✈ emplane; **2.** (*j-n*) invite *od.* ask (*zu* to *dinner*, to *come*); **\~end** *adj.* inviting, (*verlockend*) *a.* enticing, tempting; (*lecker*) appetizing; **\~ung** *f* invitation; *auf die* \~ *von* at the invitation of; **\~ungskarte** *f* invitation-card; **\~ungsschreiben** *n* letter of invitation.

Einlage *f* **1.** *im Brief*: enclosure, inclosure, accompanying document(s *pl.*); *in Zeitungen usw.*: insert(ion); **2.** ⊕ *usw.* insertion; (*Einsatzstück*) insert; (*Bewehrung*) reinforcement; *Schneiderei*: pad(ding); (*Schuh*\~) arch-support; (*Einlegesohle*) insole; (*Zahn*\~) inlay, temporary filling; *e-r Zigarre*: filler; ⊕ (*Schicht*) intermediate layer, ply; *mot.* (*Reifen*\~) inside tyre (*Am.* tire) protector; **3.** ✝ (initial) contribution, investment share; (*Spar*\~) deposit; *Spiel*: stake; **4.** *thea.* interlude, intermezzo; extra (item *od.* number); (*Gesangs*\~) inserted song; **5.** *Kochkunst*: side-dish, entree; (*Suppen*\~) garnish; **\~kapital** ✝ *n* capital invested (*od.* paid in).

einlager|n *v/t.* **1.** ✝ warehouse, store (up), put into stock, lay in; **2.** *geol.* embed, intercalate; **\~ung** *f* warehousing, storage; intercalation.

Einlaß *m* **1.** admission, admittance, entrance (*zu* to); → *a. Eintritt, Zugang; gewähren*; **2.** ⊕ inlet, intake.

einlassen *v/t.* **1.** let in, admit, open the door(s) to; *sich* \~ let o.s. in; **2.** (*einfügen*) insert; ⊕ \~ *in* let (*od.* fit, sink) into, imbed in; → *eingelassen*; **3.** (*Kleid*) take in; **4.** *fig. sich* \~ *auf* engage in, enter into *a conversation, etc.*; (*ein Vorhaben*) venture (*od.* embark) on, *leichtsinnig*: let o.s. in for, fool (*od.* meddle) with; (*e-n Vorschlag*) agree to, entertain; (*e-e Frage usw.*) go into; ⚖ *sich auf eine Klage* \~ enter an appearance, defend the charge; *laß dich nicht darauf ein!* leave it alone!; *ich lasse mich nicht darauf ein* I won't have anything to do with it; **5.** *sich mit j-m* \~ get mixed up with, have dealings with; *erotisch*: start an affair with, get involved with; *im Kampf usw.*: tangle with.

Einlaß...: **\~karte** *f* admission ticket; **\~öffnung** ⊕ *f* inlet; **\~rohr** *n* inlet pipe.

Einlassung ⚖ *f* **1.** (\~ *zur Klage*) notice of one's intention to defend; **2.** (*Behauptung*) averment, defen|ce, *Am.* -se; **\~sfrist** ⚖ *f* period for entering appearance.

Einlaßventil *n* inlet valve.

Einlauf *m* **1.** *Sport*: finish, run-in; **2.** *mot.* initial run; **3.** ⚕ enema, clyster; **4.** ✝ → *Eingang* 3; **\~en I.** *v/i.* **1.** come in, arrive; ⚓ *in e-n Hafen*: enter, put in; **2.** ✝ *usw.* → *eingehen* 1; **3.** *Wasser*: run in; **4.** *Stoff*: shrink; *nicht* \~*d* unshrinkable, *Am. a.* Sanforized; **II.** *v/t.*: *j-m das Haus* \~ besiege a p.'s house, pester a p.; **III.** *v/refl.*: *sich* \~ *Sport*: limber up; *fig. Sache*: get going; **\~en** *n* **1.** coming in, arrival; **2.** *von Stoff*: shrinkage; **\~zeit** *mot. f* run-in period.

ein...: **\~läuten** *v/t.* ring in; **\~leben** *v/refl.*: *sich* \~ settle down (*in* in), acclimatize (o.s.) (to), *a.* accustom o.s. (*od.* get used) to; *fig. sich* \~ *in* (*et.*) become familiar (-ized) with, enter into the spirit of *a th.*; (*j-n*) project o.s. into *a p.'s* mind; **\~legearbeit** *f* inlaid work, intarsia; **\~legen** *v/t.* **1.** *allg.* put in, insert (*a. Film, Tanz usw.*); (*Pause*) make; (*Spurt*) put in; (*Sonderzug usw.*) put on, insert; *in e-n Brief*: enclose, inclose; (*Geld*) deposit; *Kochkunst*: (*Gurken usw.*) preserve; *in Essig*: pickle; *in Salz*: salt; *in Töpfe*: pot; (*Lanze*) couch; (*eintauchen*) immerse, soak, steep; ⊕ *mit Elfenbein usw.* \~ inlay with; → *eingelegt*; **2.** (*Beschwerde, Rechtsmittel usw.*) lodge, file; → *Berufung 5, Verwahrung 2, Veto usw.*; **3.** *Ehre* \~ *mit et.* gain hono(u)r *od.* credit by; *mit ihm* (*damit*) *wirst du keine Ehre* \~ he (it) will do you no credit, he (it) will be no credit to you; → *Wort*; **\~leger** *m* **1.** ✝ *Bank*: depositor; *Firma*: investor; **2.** *typ.* feeder, layer-on; **\~legesohle** *f* insole, sock.

einleit|en *v/t.* start, begin; initiate, open (*a. Verhandlungen*); introduce, launch, set on foot *reforms, etc.*; ♪ prelude (*a. fig. vorangehen*); (*Zeitalter*) usher in; (*Buch*) preface (*mit* by); ⚕ (*Geburt, Narkose*) induce; ⚖ (*Untersuchung, Verfahren*) institute; *e-n Prozeß* ~ bring an action (*gegen* against), go to law (with); **~end I.** *adj.* introductory, opening, preliminary; *~e Maßnahmen usw.* preliminaries; **II.** *adv.* by way of introduction; **≈ung** *f* introduction; preface; *zu e-r Urkunde, e-m Gesetz usw.*: preamble (*gen. od. zu* to); ♪ prelude (*a. fig.*); (*Vorbereitungen*) preliminaries *pl.*; (*Vorgang*) starting, opening, initiation; ⚖ institution.

ein...: ~lenken *v/i.* **1.** turn in(to *in*); **2.** *fig.* give in, come round, show o.s. conciliatory; **~lenkend** *adv.* peaceably; **~lesen** *v/refl.*: *sich* ~ *in* get into, familiarize o.s. with (the style of); **~leuchten** *v/i.* be clear (*od.* obvious, evident, plain) (*j-m* to); *es leuchtet mir nicht ein* I cannot see that; *es leuchtet mir nicht ein, daß* I don't see why; **~leuchtend** *adj.* clear, obvious, evident; *Argument*: convincing; **~liefern** *v/t.* deliver (up); (*Briefe*) post; ⚚ (*Effekten*) deposit; (*j-n*) transfer (*in* to); *ins Krankenhaus* ~ take to the hospital, hospitalize; *ins Gefängnis* ~, *in e-e Anstalt* ~ take (*od.* send) to, ⚖ commit to; **≈lieferung** *f* delivery; *von Briefen*: posting; ⚚ *von Effekten*: deposit; admission; *ins Gefängnis, in e-e Anstalt*: committal (*in* to); **≈lieferungsbefehl** ⚖ *m* committal order; **≈lieferungsschein** 📯 *m* receipt of posting; **~liegend** *adj. u. adv.* enclosed; **~lochen** *v/t.* **1.** *Golf*: putt, hole (out); **2.** F (*einsperren*) *sl.* put *a p.* inside, clap *a p.* in jail; **~logieren** *v/t.* lodge; *sich* ~ take lodgings (*bei j-m* at a p.'s house), *in e-m Hotel*: take a room at; **~lösbar** *adj.* collectible; (*fällig*) due, payable; *durch Tilgung*: redeemable (*a. Versprechen*); *Banknoten*: convertible; **≈lösbarkeit** *f* redeemableness; convertibility; **~lösen** *v/t.* (*Hypothek, Wertpapier*) redeem; (*Banknoten usw.*) withdraw from circulation; (*umwandeln*) convert; (*Rechnungen usw.*) discharge, pay; (*Wechsel, Akzept*) meet, take up; (*Scheck, Sichtwechsel*) (*nicht* ~ dis)hono(u)r; (*Pfand*) take out of pawn; (*kassieren*) cash; (*Gefangene*) ransom; *fig.* (*Versprechen usw.*) redeem, keep; **≈lösung** *f* redemption (*a. fig.*); withdrawal; payment; discharge; cashing; **≈lösungsfrist** *f* term of redemption; **~löten** ⊕ *v/t.* solder in(to *in*); **~lullen** *v/t.* lull to sleep; *fig.* lull.

einmach|en *v/t.* preserve; *in Essig*: pickle; (*Fleisch*) *in Töpfen*: pot; *in Büchsen*: tin, *Am.* can; → *Eingemachte(s)*; **≈glas** *n* preserving jar; **≈zucker** *m* preserving sugar.

einmal *adv.* **1.** once; ~ *eins ist eins* once one is one; ~ *im Jahr* once a year; ~ *ist keinmal* once is no custom; ~ *und nie wieder* never again; ~ *hell,* ~ *dunkel* now bright, now dark; *noch* ~ once more (*od.* again); *noch* ~ *so alt* (*wie er usw.*) twice *od.* double his, *etc.* age; *auf* ~ (*gleichzeitig*) at once, at the same time; (*auf einen Sitz*) at one go, at once; (*plötzlich*) suddenly, all of a sudden; **2.** (*ausnahmsweise*) for once; **3.** (*zur Abwechslung*) for a change; **4.** (*einerseits*) on the one hand; **5.** (*zum einen; erstens*) first; **6.** (*künftig*) one day, some day (or other); **7.** (*früher*) once; (*schon* ~ once) before; *es war* ~ once (upon a time) there was; *das war* ~ that's a matter of the past, that's all gone; *haben Sie schon* ~ ...? did you ever ...?; **8.** *nicht* ~ not even, not so much as; **9.** (*halt, eben*) *ich bin* ~ *so* I can't help being as I am, that is my way; *es ist nun* ~ *so* that's how it is (and nothing can be done about it); **10.** (*doch*) just; *hör* ~*!* (just) listen!, look here!; *stell dir* ~ *vor* just imagine *od.* fancy.

Einmaleins *n* **1.** multiplication table; *großes* (*kleines*) ~ multiplication table up to twenty-five (up to ten); **2.** *fig.* ABC, basics *pl.*

einmalig I. *adj.* **1.** single; *Ausgabe*: first and final; *Zahlung usw.*: non-recurring; *nach* ~*em Durchlesen* after one perusal (*od.* reading it once); **2.** *fig.* unique, singular, unparalleled, matchless; ~*e Gelegenheit* unique opportunity; **II.** *adv.* uniquely, *etc.*; ~ *schön* of singular beauty, simply wonderful.

Ein...: ~mann... *in Zssgn* one-man *company, torpedo, etc.*; **~marsch** *m* march(ing) in, entry; **≈marschieren** *v/i.* march in(to *in*), enter (*a th.*); ~ *in a.* invade *a country*; **≈mauern** *v/t.* wall in, immure; (*einbauen*) fix in a wall, *a. fig.* imbed; **≈meißeln** *v/t.* chisel *od.* carve in(to *in*); **≈mengen** → *einmischen*; **≈mieten**[1] *v/refl.*: *sich* ~ take lodgings *od.* rooms (*bei* with); **≈mieten**[2] *v/t.* (*Kartoffeln usw.*) silo; **≈mischen I.** *v/t.* mix in, add; **II.** *v/refl.*: *sich* ~ interfere (*in* in, with), meddle (in, with), *bsd. vermittelnd*: intervene (in), *neugierig*: poke one's nose in(to); *sich in ein Gespräch* ~ join in (*od. störend*: cut in on, F butt in on) a conversation; *misch dich da nicht ein!* (you) keep out of this!; **~mischung** *f* interference, meddling; *bsd. pol.* intervention; **≈mitten** ⊕ *v/t.* cent|re, *Am.* -er; **≈motorig** *adj.* single-engined; **≈motten** *v/t.* mothball (*a. Gerät, Schiff*); **≈mummen** *v/t.* muffle up; **≈münden** *v/i.*: ~ *in Fluß*: discharge (*od.* empty, flow) into; *Nebenfluß*: join *a big river*; *Straße*: join, run into; ⚕ *Adern*: inosculate with; *fig.* lead to, flow into; **~mündung** *f Fluß*: mouth, estuary; *Straße*, 🚂: junction; **≈mütig I.** *adj.* unanimous, of one mind; **II.** *adv.* unanimously, as one man, with one voice, solidly; **~mütigkeit** *f* unanimity, full accord; **≈nähen** *v/t.* sew in(to *in*); sew up (in); (*Kleid*) take in.

Einnahme *f* **1.** ⚔ taking, capture, seizure; *e-s Landes*: occupation, conquest; **2.** ✝ receipts *pl.*, takings *pl.*, return; (*Erlös*) proceeds *pl.*; (*Verdienst*) earnings *pl.*; (*Einkommen*) income, *des Staates*: revenue; *parl.* ~*n und Ausgaben* revenues and expenditures; **~quelle** *f* source of income (*des Staates*: of revenue).

einnebeln *v/t.* ⚔ lay a smoke-screen over; F (*Raum*) fill with smoke; *sich* ~ lay a smoke-screen (round o.s.).

einnehmen *v/t.* **1.** ⚓ (*Ladung usw.*) take in (*od.* on board), ship; take; **2.** (*Essen*) have, (*a. Arznei*) take; **3.** (*Geld*) receive, take, cash, register; (*Steuern*) collect; (*verdienen*) earn, make; **4.** ⚔ take, capture, seize; (*Land*) occupy, conquer; **5.** (*Platz, Raum*) take up, occupy; *zuviel Platz* ~ take up too much room; **6.** (*Platz, Standort*) take (up); *s-n Platz* ~ take one's seat; **7.** (*Position, Stellung*) take, assume; (*innehaben*) hold; *j-s Stelle* ~ take (*od.* succeed to) a p.'s place, replace a p.; *e-e hervorragende Stelle* ~ hold an eminent place, rank high; → *Haltung* 1; **8.** *fig. j-n (für sich)* ~ win a p.'s favo(u)r *od.* heart, charm (*od.* captivate) a p., prepossess a p. in one's favo(u)r; *j-n gegen sich* ~ prejudice (*od.* bias, set) a p. against o.s.; → *eingenommen*; **~d** *adj.* engaging, winning, taking, prepossessing.

Ein...: **~nehmer** ✝ *m* collector; **≈nicken** *v/i.* nod (*od.* drop, doze) off; **≈nisten** *v/refl.*: *sich* ~ (build one's) nest (*in* in); *Parasiten*: nest in (*a th.*); *fig.* settle down (in), make o.s. at home (in).

Ein...: **~öde** *f* desert, waste, wilderness, solitude; **≈ölen** *v/t.* oil, lubricate; **≈ordnen** *v/t.* arrange (*in* in); range (in); *in Fächer*: pigeonhole; *in Akten*: file; *in Klassen*: classify; *ins Ganze*: integrate (*od.* incorporate) (*in* into); *sich* ~ take one's place; *fig.* adjust o.s. (*in* to), fall into (*pol. a.* toe the) line; *Sache*: fit in(to *in*); *mot. sich rechts* ~ move (*od.* filter) to the right (lane); *mot. sich* ~ get into lane.

ein...: **~packen I.** *v/t.* pack (up); (*einwickeln*) wrap up; (*Paket usw.*) do up; F (*j-n*) wrap (up); **II.** *v/i.* pack (up); F *fig. da können wir* ~ we might as well pack up and go; **~parken** *v/t. u. v/i.* park (between two cars); **~passen** ⊕ *v/t.* fit in(to *in*); **~pauken** F *v/t.* cram (up on) *a lesson*; *j-m et.* ~ drum *od.* drill a th. into a p.; **≈pauker** *m* coach, crammer; **≈peitscher** *parl. m* (party-)whip, *Am.* floor leader; **~pendeln** *fig. v/refl.*: *sich* ~ balance (*od.* even) out, find its (own) level, reach equilibrium; *weitS.* get into its stride; **~pennen** F *v/i.* fall asleep, drop off; **~pfählen** *v/t.* fence (in with pales), pale in, palisade; **~pferchen** *v/t.* **1.** pen (in), fold; **2.** *fig.* coop (*od.* pen) up, crowd together; ~ *zwischen* wedge (*od.* sandwich) in between; *wie Schafe eingepfercht* packed like sardines; **~pflanzen** *v/t.* plant; *fig.* implant (*j-m* in a p.'s mind); **~pfropfen** *v/t.* ⚘ (en)graft; (*stopfen*) cram in(to *j-m*); **≈phasen...**, **~phasig** ⚡ *adj.* single-phase ...; **~planen** *v/t.* include (in the planning *od.* programme), plan; (*berücksichtigen*) allow for; **~pökeln** *v/t.* pickle, salt, cure; F *laß dich doch* ~! go (and) jump in a lake; **~polig** ⚡ *adj.* unipolar, single-pole ...; *Stecker*: one-pin ...; **~prägen** *v/t.* impress, imprint; *fig. j-m et.* ~ impress (*einschärfend*: enjoin *od.* urge) a th. upon a p.; *sich j-m* ~ stamp (*od.* engrave) itself (up)on a p.'s mind; *Worte*: *a.* sink into a p.'s mind; *sich et.* ~ take a (mental) note of, *lernend*: commit to one's memory, memorize; **~prägsam** *adj.* easily remembered; impressive; *Melodie usw.*: catchy; **~pressen** *v/t.* press *od.* squeeze in(to *in*); **~prob(ier)en** *v/t. thea.* rehearse; **~pudern** *v/t.* powder; **~puppen**

v/refl.: *sich* ~ change into a chrysalis, pupate.

einquartier|en *v/t.* ⚔ quarter, billet (*in e-m Ort, bei j-m* on; *in e-e Wohnung* in); *sich* ~ take up quarters (*in* in, at; *bei* with); *weitS.* → *einlogieren*; **2ung** *f* ⚔ quartering, billeting; *konkret*: soldier(s *pl.*) quartered (*bei* on *a p.*, *in* in *a house*), billetee(s *pl.*).

ein...: **~quetschen** *v/t.* squeeze, jam (*sich den Finger* one's finger); *weitS.* → *einpferchen* 2; **~rahmen** *v/t.* frame (*a. fig.*); **~rammen** *v/t.* ram in(to *in*) *od.* down; (*Pfähle*) drive in; **~rasten** *v/i.* engage (*a. v/t.*), click into place; **~räuchern** *v/t.* fill with smoke.

einräum|en *v/t.* **1.** (*Möbel*) place (*od.* put) in; (*Zimmer*) put the furniture in *a room*; (*wegpacken*) clear (*od.* stow) away; (*ordnen*) put in order; **2.** (*abtreten*) give up *od.* cede (*j-m* to); (*Recht*) concede; ✝ (*Frist, Kredit usw.*) grant, allow; **3.** (*zugeben*) admit, concede, grant (*j-m* to); **~end** *ling. adj.* concessive; **2ung** *f* concession, grant (*beide a. fig.* = admission); allowance; **2ungssatz** *ling. m* concessive clause.

einrechnen *v/t.* include, reckon (*od.* count) in; (*einkalkulieren*) allow for, take into account; (*nicht*) *eingerechnet* (not) including.

Einrede *f* objection, protest, remonstrance; ⚖ plea, (statement of) defen|ce (*Am.* -se), demurrer; *prozeßhindernde* ~ demurrer to action.

ein...: **~reden I.** *v/t.*: *j-m et.* ~ talk a p. into a th., make a p. believe a th.; *j-m* ~, *daß* persuade a p. that; *sich et.* ~ talk o.s. into a th., take a th. into one's head; *das lasse ich mir nicht* ~ I refuse to believe that; *das redest du dir (doch) nur* ~! you are only imagining that; **II.** *v/i.*: *auf j-n* ~ talk insistently to (*od.* buttonhole) a p., keep on at a p., *drängend*: urge a p.; **~regnen I.** *v/i.*: *eingeregnet sein* be caught by the rain; **II.** *v/refl.*: *sich* ~ settle in to (*od.* for) rain; **~regulieren** ⊕ *v/t.* adjust, regulate; **~reiben** *v/t.* (*Öl usw.*) rub in(to *in*); (*die Haut usw.*) rub (*mit* with), ⚕ *a.* embrocate; *mit Fett* ~ grease; *sich den Arm mit Salbe* ~ rub one's arm with ointment, rub ointment into one's arm; **2reibung** *f* rubbing in; embrocation; **2reibungsmittel** *n* liniment, ointment; **~reichen** *v/t.* hand in, deliver; (*Schriftstück, Gesuch*) file, submit, send in, present; *s-n Abschied* ~ tender (*od.* hand in) one's resignation; *eine Klage* ~ file (*od.* bring) an action, prefer charges; ✝ *e-e Forderung* ~ lodge a claim; **2reichung** *f* handing in; submittal, tender; presentation; filing; **~reihen** *v/t.* range (*in* among); (*einfügen*) insert (in); *in e-e Klasse*: class (with), classify (into); ⚔ *usw.* enrol, enlist (in), incorporate (into); → *a. eingliedern*; *fig. j-n* ~ *unter* rank a p. with; *sich* ~ fall in(to line), take one's place, *in et.*: join a th.; **2reiher** *m* single-breasted suit; **~reihig** *adj. Anzug*: single-breasted; ⊕ single-row ...; ~*e Nietung* single-riveted joint; **2reise** *f* entry; **2reisegenehmigung** *f* entry permit; **~reißen I.** *v/t.* **1.** tear, rend; **2.** (*Haus usw.*) pull (*od.* take) down, demolish; **II.** *v/i.* **3.** tear, be torn; **4.** F *fig. Unsitte*: spread, become a habit; **~reiten I.** *v/i.* come riding in; **II.** *v/t.* (*Pferd*) break in; **~renken** *v/t.* ⚕ set; *fig.* put right (*od.* to rights), straighten out; *sich* ~ come right, straighten itself out; **~rennen** *v/t.* (*Tür usw.*) smash open, crash through, force (open); *fig. offene Türen* ~ force an open door; *sich den Kopf* ~ run one's head against a brick wall; *j-m das Haus* ~ besiege a p.'s house, pester a p.

einrich|ten I. *v/t.* **1.** (*Zimmer, Wohnung usw.*) furnish, decorate, fit up (*od.* out); (*Küche, Büroräume usw.*) equip; (*installieren, a.* ⊕) install; ⊕ (*ausrüsten*) equip, tool up; **2.** (*justieren*) adjust; (*Werkzeugmaschine*) set; ⚔ (*Geschütz*) lay; (*Landkarte*) set, orient; *typ.* (*Seiten*) lay; ⚕ (*Knochen*) set; ♪ arrange; *gut eingerichtet* well furnished (*od.* appointed); *das Gerät ist auf Batterien eingerichtet* operates on batteries; **3.** (*Schule, Geschäft usw.*) establish, set up; (*gründen*) found, organize; **4.** (*ermöglichen, organisieren*) arrange; *es* ~, *daß* arrange (*od.* see to it) that; *es läßt sich* ~ it can be arranged; *wenn du es* ~ *kannst* if you can (manage); *sein Verhalten usw.* ~ *nach* adjust to, regulate according to; **II.** *v/refl.*: *sich* ~ **5.** furnish one's home; *weitS.* (*sich niederlassen*) settle, establish (*od.* install) o.s.; → *häuslich* II; **6.** (*sparen*) economize, live within one's means; *er weiß sich nicht einzurichten* he can't make both ends meet; **7.** *sich* ~ *auf* prepare for; *darauf bin ich nicht eingerichtet* I am not prepared for that; **≈ter** ⊕ *m* (tool)setter; **≈tung** *f* arrangement, organization, *bsd. Am.* set-up; (*Anordnung*) disposition; (*Bauart*) design; (*Gründung*) establishment, setting-up; *e-s Hauses usw.*: furniture; furnishings *pl.*, appointments *pl.*, (interior) decoration; *e-s Ladens*: fittings *pl.*; ⊕ (*Ausrüstung*) equipment, facilities *pl.*; (*Einbau*) installation; (*Einstellung*) setting; (*Justierung*) adjustment; (*Anlage*) plant, installation; (*Vorrichtung*) apparatus, appliance, device, mechanism; (*öffentliche* ~) institution, *weitS.* facility; (*Amt*) agency; ⚕ setting; **≈tungsgegenstände** *m/pl.* fixtures, fitments, appointments.

ein...: **~riegeln** *v/t.* bolt in; **≈riß** *m* rent, tear, *a.* ⚕ fissure; **~ritzen** *v/t.* scratch (*in* on); **~rollen** *v/t.* roll up (*od.* in); (*kräuseln*) curl; **~rosten** *v/i.* rust (in), *a.* F *fig.* get rusty.

einrück|en I. *v/t.* (*Anzeige*) insert (*in* in *a newspaper*), put in *a newspaper*; publish; ⊕ engage, trip; (*Kupplung*) throw into gear, engage; (*Gang*) shift in; *typ.* (*Zeile*) indent; **II.** *v/i.* march in(to *in*), enter (*a th.*); *zum Militär*: report for active duty, join the services; **≈hebel** ⊕ *m* engaging lever; **≈ung** *f e-r Anzeige*: insertion; *e-r Zeile*: indention; ⊕ engagement.

einrühren *v/t.* **1.** stir *od.* mix in(to *in*); **2.** F *fig.* → *einbrocken* 2.

eins I. *adj.* **1.** (*Zahl*) one; *um* ~ at one (o'clock); **2.** (*identisch*) one; *die beiden Begriffe sind* ~ are one (*od.* the same, identical); **3.** (*einig*) ~ *sein mit j-m* agree with a p., see eye to eye (*od.* be of one mind) with a p.; *sich* ~ *werden mit j-m* agree (*od.* come to terms, settle) with a p.; **4.** (*einerlei*) *es ist mir alles* ~ I couldn't care less; **II.** *pron.* **4.** one (thing); ~ *gefällt mir nicht* there is one thing I don't like; *noch* ~! one thing more!; *es kommt alles auf* ~ *heraus* it all comes to the same thing; F ~ *trinken* have a glass, F take a drop; *j-m* ~ *versetzen* deal a p. a blow, paste a p. one; **III.** ≈ *f* **5.** (figure *od.* number) one; **6.** *ped.* full marks *pl.* (*a. fig.*).

ein...: **~sacken I.** *v/t.* bag, sack; *fig. a.* pocket; **II.** *v/i.* sag; **~sagen** *v/i. u. v/t.*: *j-m* ~ prompt a p.; *j-m et.* ~ whisper a th. to a p.; **~salben** *v/t.* rub with ointment; *mit Öl* ~ rub with oil; **~salzen** *v/t.* → *einpökeln*; **~sam** *adj. a. Person*: lonely, lonesome, solitary; (*abgelegen*) *a. Leben*: secluded, isolated; (*verlassen*) forlorn; **≈samkeit** *f* loneliness, lonesomeness; solitude; seclusion, isolation; **~sammeln** *v/t.* gather (in); (*Geld usw.*) *a.* F *fig.* collect; **~sargen** *v/t.* (put into a) coffin; F *fig.* (*Hoffnung*) bury.

Einsatz *m* **1.** (*das Einsetzen*) insertion; (*eingesetztes Stück*) inset; (*Gefäß usw.*) insert; *Tisch*: (extension-)leaf; *am Kleid*: insertion; *am Oberhemd*: (false) shirt-front; (*Geschirrhalter*) rack; *metall.* charge; *Härtung*: case; (*Filter* ≈) cartridge, element; **2.** (*Spiel* ≈) stake (*a. fig.*); *Karten*: pool; *fig.* (*Anteil*) share; **3.** ♪ coming in, entry; **4.** *fig.* (*Anwendung*) use, employment, application; ⚔ action, engagement, (*taktischer* ~) (tactical) employment, (*Auftrag*) mission, ✈ *a.* sortie; *von Arbeitskräften*: assignment, employment, mobilization *of labo(u)r*; (*Anstrengung*) effort(s *pl.*), hard (*od.* devoted) work; (*Hingabe*) dedication; (*Kampf, Mühen*) struggle; (*Wagnis*) risk, venture; *im* ~ in action, ⊕ *a.* in practical service (*od.* operation); *mit vollem* ~ all out; *unter* ~ *des Lebens* at the risk of one's life; ⚔ ~ *fliegen* fly a sortie (*od.* mission); *zum* ~ *bringen* use, employ, (*Truppen, Polizei usw.*) bring in(to action); *zum* ~ *kommen* be used (*od.* employed), be brought in(to action); **~befehl** ⚔ *m* combat *od.* operation(al) order; **≈bereit** *adj.* ready for action (*od.* ⊕ service, operation); ⚔ *a.* combat-ready; (*opferwillig*) self-sacrificing, devoted; (*kühn*) daring, gallant; *sich* ~ *halten* stand by; **~bereitschaft** *f* readiness for action (*od.* service), preparedness; fighting (*od.* working) morale; **~besprechung** ⚔ *f* briefing; **≈fähig** *adj.* usable, serviceable; (*verfügbar*) available; ⚔ operational; *Person*: fit for employment, able-bodied; **~flug** *m* (operational) sortie, mission; **≈freudig** *adj.* dynamic; **~gebiet** ⚔ *n* operational area; **~gruppe** ⚔ *f* task force; **~härtung** ⊕ *f* case-hardening; **~rennen** *n* sweepstake; **~stahl** *m* case-hardening steel; (*Drehstahl*) tool bit; **~stück** ⊕ *n* insert; → *a. Einsatz* 1; **~zug** *m* relief train.

ein...: **~säuern** *v/t.* ⚗ acidify;

(*Brot*) leaven; (*Fleisch*) pickle (in vinegar); (*Grünfutter*) ensilage; **~saugen** *v/t.* suck in (*a. fig.*); **~säumen** *v/t.* hem (in); *fig.* border; **~schachteln** *v/t.* box in (*od.* up); *ling.* encapsulate; **~schalten I.** *v/t.* **1.** (*einschieben*) insert, put (*od.* slip, *stärker*: thrust) in; (*Worte*) *a.* interpolate; (*Tag*) intercalate; **2.** ⚡ connect up (*od.* with a circuit); (*Licht, Gerät, Radio*) switch (*od.* turn) on; (*Sender*) tune in (*auf* on *od.* to); (*Kupplung*) throw in; *mot.* (*Zündung*) start; (*Gang*) go into; **3.** (*j-n*) call in (*bei* on), bring in(to play); **II.** *v/refl.*: *sich* ~ step in, intervene, *in ein Gespräch*: engage (*od.* join) in a conversation; **⁀schalter** *m* ⚡ (closing) switch; ⊕ *Ein- u. Ausschalter* on-off switch.

Einschalt|hebel *m* starting lever; **~quote** *TV f* audience rating; **~stellung** *f* on-position; **~strom** ⚡ *m* starting current; **~ung** *f* insertion; interpolation; intercalation; *ling.* parenthesis; ⚡, ⊕ switching (*od.* turning) on; *fig.* intervention; *e-r Person*: calling in.

ein...: ~schärfen *v/t.*: *j-m* et. ~ enjoin (*od.* urge, impress) a th. upon a p.; **~scharren** *v/t.* bury; *sich* ~ *Tiere*: burrow (*in* into); **~schätzen** *v/t.* assess, appraise, estimate (*auf* at); *a. fig.* value, rate; *fig.* judge; (*j-n*) *a.* size up; *hoch* ~ value highly, rate high; *zu hoch* (*niedrig*) ~ overrate (underrate); **~schenken** *v/t. u. v/i.* pour (out); *j-m* (*ein Glas*) *Wein usw.* ~ *a.* help a p. to (a glass of); *sich* ~ pour o.s. (*od.* help o.s. to) a drink; → *Wein*; **~schicken** *v/t.* → *einsenden*; **~schieben** *v/t.* slip (*od.* slide, push, shove) in; (*Worte usw.*) insert, interpolate; (*j-n, et.*) *in e-n Zeitplan usw.*: fit in; **⁀schiebesatz** *ling. m* incidental clause; **⁀schiebung** *f* insertion; interpolation; *ling.* incidental clause.

Einschienenbahn *f* monorail.

ein...: ~schießen I. *v/t.* (*Gebäude*) shoot (*od.* batter) down; (*Gewehr*) test, break in, (*Geschütz*) range; (*Brot*) put *od.* shove in(to the oven); *Weberei*: shoot; (*Fußball*) drive *the ball* home, net; *fig.* (*Geld*) contribute (*in* to), invest (in); **II.** *v/refl.*: *sich* ~ *auf* find the range of, register, *a. fig.* zero in on; *sich eingeschossen haben* be on target; **III.** *v/i. Sport*: score; **⁀schießen** ⚔ *n* adjustment (fire), registration; **~schiffen** *v/t.* embark, (*Waren*) *a.* ship; *sich* ~ embark (*nach* for), go on board (a ship); **⁀schiffung** *f* embarkation; **~schirren** *v/t.* harness; **~schlafen** *v/i.* fall asleep, go to sleep, F drop off; *Glieder*: become numb; *fig.* (*sterben*) pass away (peacefully); *Briefwechsel, Freundschaft usw.*: peter out; *Unterhaltung*: *a.* die down; *Brauch*: die out (gradually); ~ *lassen* let peter out; **~schläfern** *v/t.* lull to sleep; ⚕ narcotize, F put to sleep; *fig.* (*j-n*) lull (into a sense of false security); (*Gewissen*) soothe; **~schläfernd** *adj.* lulling, somnolent; ⚕ soporific, narcotic (*a. fig.*); **⁀schläferung** *f* lulling to sleep; ⚕ soporification, narcotization; **~schläfrig** *adj.* single *bed.*

Einschlag *m* **1.** *Blitz*: striking; *e-s Geschosses*: *a.* impact, strike, burst; **2.** *fig.* strain, streak, touch, suggestion, element (*in* of); **3.** *mot.* lock; **4.** *am Kleid*: tuck, fold; **5.** *Weberei*: weft, woof; **6.** *Forstwirtschaft*: felling; **7.** (*Hülle*) wrapper, cover; **⁀en I.** *v/t.* **1.** (*Nagel usw.*) drive *od.* knock in(to *in*); **2.** (*zerbrechen*) break, smash; (*Eier*) crack; (*Schädel*) bash in; (*Zähne*) knock out; **3.** (*einwickeln*) envelope, wrap (*od.* do) up; **4.** (*Leintuch*) fold, tuck in; **5.** (*Weg*) take; *fig.* pursue *od.* adopt *a course*; (*Laufbahn*) enter upon, choose; → *Richtung*; **II.** *v/i.* **6.** *Blitz, Geschoß*: strike, hit; *fig.* (*wie e-e Bombe* ~) cause a sensation, fall like a bombshell; (*Erfolg haben*) be a (great) success (*od.* hit), *thea. u.* ✝ *a.* take (well); **7.** *beim Handel*: shake hands (on it); *fig.* agree (to it); **8.** *auf j-n* ~ beat, rain blows on, belabo(u)r.

einschlägig *adj.* pertinent, relevant, (*entsprechend*) respective; **~e** *Literatur* literature relevant to the subject; **~er** *Fall* case in point, ⚖ relevant precedent; **~es** *Geschäft* dealer (in that line), stockist; *adv.* ~ *vorbestraft* previously convicted for the same offen|ce, *Am.* -se.

Einschlag...: ~papier *n* wrapping paper; **~winkel** *m mot.* steering lock angle; ⚔ angle of impact.

ein...: ~schleichen *v/refl.*: *sich* ~ creep (*od.* sneak, steal) in(to *in*); *Fehler*: creep (*od.* slip) in; *sich in j-s Vertrauen* ~ worm one's way into a p.'s confidence; **~schleifen** ⊕ *v/t.* (*Ventile*) grind in; (*Kolben*) re-bore; **~schleppen** *v/t.* drag in; (*Krankheit*) bring in, import; **~schleusen** *fig. v/t.* channel (*od.*

let) in(to *in*); (*Spione*) infiltrate (into); **~schließen** *v/t.* **1.** lock in (*od.* up); (*j-n*) *a.* turn the key on; confine; **2.** (*umgeben*) *a. in e-n Brief*: enclose; ⚔ surround, encircle; **3.** *fig.* include, comprise, embrace; be inclusive of; *unsere Preise schließen Ihre Provision ein a.* our prices reflect your commission; *j-n ins Gebet ~* remember a p. in one's prayer; **~schließlich** *adv. u. prp.* inclusive (of), including; ✝ *~ Verpackung* packing included; *vom 1. bis 4. Mai ~* from the first to the seventh of May inclusive(ly), *Am.* (from) the first through seventh of May; **~schlummern** *v/i.* fall into a slumber, doze off; *fig.* (*sterben*) pass away (peacefully); **≈schluß** *m* inclusion; *mit ~ von* → *einschließlich*; **~schmeicheln** *v/refl.*: *sich bei j-m ~* ingratiate o.s. with a p., curry favo(u)r with (*od.* fawn upon, play up to) a p., butter a p. up; **~schmeichelnd** *adj.* ingratiating, fawning; **≈schmeichelung** *f* ingratiation, cajolery, honeyed words; **~schmelzen** *v/t. u. v/i.* melt (down); **~schmieren** *v/t.* smear; *mit Krem*: cream; ⊕ grease, lubricate; **~schmuggeln** *v/t.* smuggle (*sich* o.s.) in; **~schnappen** *v/i.* **1.** catch, click, snap, engage; **2.** F (*sich ärgern*) take offen|ce, *Am.* -se (*wegen* at), be peeved (*od.* huffed) (at); **~schneiden I.** *v/t.* (*Muster usw.*) cut in(to *in*); (*Namen usw.*) carve, engrave (on); (*Stück Holz usw.*) (*einkerben*) notch; (*auszakken*) indent; **II.** *v/i.* cut (*a. weitS. Kragen usw.*); make an incision (*in* in); **~schneidend** *fig. adj.* incisive, trenchant, drastic; **~schneien** *v/t.* snow up (*od.* in); *eingeschneit a.* snow-bound; **≈schnitt** *m* cut, incision; (*Kerbe*) notch; *im Gelände*: cut, cleft; 🚂 cutting; *fig.* break, hiatus, upheaval; **~schnüren** *v/t.* (*Taille*) lace; (*Hals*) strangle; (*Paket*) tie (*od.* cord) up; *Sport*: beleaguer; → *a. einengen.*

einschränk|en *v/t.* restrict (*a. Recht*), confine, limit (*auf* to); (*Ausgaben*) reduce, retrench, curtail, cut (back), (*a. das Rauchen usw.*) cut down on *smoking, etc.*; (*Produktion, Umfang*) reduce; (*Behauptung*) qualify; *sich ~* economize, cut down expenses; **~end** *adj.* restrictive; qualifying; *ling.* qualificative; **≈ung** *f* restriction; reduction, curtailment, retrenchment, cut; qualification; *ohne ~ sagen usw.* without reservation, unreservedly.

einschrauben *v/t.* screw in(to *in*), screw home *od.* in(to position).

Einschreibe|brief *m* registered letter; **~gebühr** *f* registration fee.

einschreib|en *v/t.* (*eintragen*) enter; (*buchen*) book; *als Mitglied*: enrol(l); ⚔ enlist, enrol(l); 📯 register; *e-n Brief ~ lassen* have a letter registered; *≈!* Registered; *sich ~* enter one's name (*in* in); *sich ~ lassen* enrol(l) (o.s.), put o.s. down (*für* for), *univ.* register, *Am.* enrol(l); *eingeschrieben Mitglied*: *a.* card-carrying; **≈ung** *f* entering, entry; registration; enrol(l)ment.

ein...: **~schreiten** *v/i.* interfere, intervene, step in; *~ gegen* take (drastic) steps against; ⚖ take legal measures against, proceed against, *strafrechtlich*: prosecute; **≈schreiten** *n* interference, intervention; action; **~schrumpfen** *v/i.* **1.** shrink; **2.** (*a.* F **einschrumpeln**) shrivel (up); **≈schub** *m* insert(ion), interpolation; ⊕ insert, slide-in unit, ⚡ cubicle; **~schüchtern** *v/t.* intimidate, cow; *durch Gewalttätigkeit*: bully; *durch Drohungen*: *a.* browbeat; (*bluffen*) bluff; **≈schüchterung** *f* intimidation; **≈schüchterungsversuch** *m* attempt at intimidation; **~schulen** *v/t.* (send to) school; **≈schuß** *m* **1.** (*Treffer*) hit; (*Loch*) bullet-hole, point of entry, ⚕ entry wound; **2.** *Sport*: shot into the goal; **3.** ✝ capital invested (*od.* paid in), injection (of money), *im Differenzgeschäft*: margin; **4.** ⊕ *Weberei*: woof, weft; **≈schußgarn** *n* weft yarn; **~schütten** *v/t.* pour in(to *in*); **~schwärzen** *v/t.* blacken; *typ.* ink; **~schwatzen** *v/i.*: *auf j-n ~* chatter away at a p.; **~schwenken I.** *v/i.* ⚔ wheel (inwards); *nach links ~* turn (to the) left; *~ in* turn (*od.* swing) into; *fig.* come round to, fall into line with, conform to; **II.** *v/t.* swing *od.* swivel in(to *in*); **~segnen** *v/t.* consecrate, bless; (*Kinder*) confirm; **≈segnung** *f* consecration; confirmation; **~sehen** *v/t.* **1.** look into *od.* over *a th.*; have a look at; (*prüfen*) inspect, examine; ⚔ observe; **2.** *fig.* (*verstehen*) see, understand; (*erkennen*) realize; (*richtig einschätzen*) appreciate; *ich sehe nicht ein, weshalb* I don't see why; **≈sehen** *n*: *ein ~ haben* show (some) consideration *od.* understanding; (*vernünftig sein*) be reasonable; F *Wetter*: be favo(u)rable; **~seifen** *v/t.* soap; (*Bart*) lather; *fig.* F (*betrügen*) dupe, take in, *sl.* bamboozle; **~seitig** *adj.* one-sided (*a. fig.*); ⚕, *pol.*, ⚖ unilateral; (*parteiisch*) partial, bias(s)ed; (*ausschließlich*) exclusive; *~e Ernährung* unbalanced nutrition; *~e Lungenentzündung* single pneumonia; ⚖ *~e Parteiverhandlung* ex parte hearing; **≈seitigkeit** *f* one-sidedness; **~senden** *v/t.* send in; (*einreichen*) *a.* submit, file, hand in; *Fußball*: net, drive *the ball* home; **≈sender(in** *f*) *m* sender; *an Zeitungen*: contributor; **≈sendeschluß** *m*, **≈sendetermin** *m* closing date (for entries); **≈sendung** *f* sending in, transmittal; contribution; (*Zuschrift*) letter; **~senken** *v/t.* sink (*od.* let) in; ✓ layer, set; **≈senkung** *f* depression.

Einser *m* → *eins* III.

einsetz|en I. *v/t.* set (*od.* put) in; (*einfügen*; *a. inserieren*) insert; (*stiften, gründen*) institute; (*Ausschuß usw.*) set up; ⚔ engage, bring in(to action); (*Polizei usw.*) call in; (*Geld*) stake; *in ein Amt*: install (*in* in), appoint (to); *als Bevollmächtigten, Erben, Vorsitzenden*: appoint, constitute; (*anwenden*) use, employ, apply, *fig. a.* bring into action (*od.* play), mobilize; (*Arbeitskräfte*) *a.* assign (*für* for, *zu* to *do*); (*das Leben*) risk, stake; *sich (voll) ~* make a strong effort, do one's utmost, F go all out, *bsd. Sport*: extend o.s. (fully); *sich ~ für* stand (*od.* F stick) up for, (*bitten, plädieren für*) plead for, advocate, (*verfechten*) champion; **II.** *v/i.* ♪ come (*od.* strike) in; (*beginnen*) open, start (off); *Fieber, Flut, Wetter usw.*: set in; *wieder ~* recommence, revive; **≈ung** *f* insertion; institution; appointment; installation; → *a. Einsatz.*

Einsicht *f* **1.** inspection, examination (*in Akten* of records); *~ nehmen in* inspect, examine; **2.** *fig.* insight; (*Verständnis*) understanding, discernment, judgement; judiciousness, reasonable view; *zur ~ kommen* listen to (*od.* see) reason; **≈ig** *adj.* → *einsichtsvoll*; **~nahme** *f*: (*zur ~* for) inspection; *nach ~* on sight; **≈slos** *adj.* injudicious; (*unvernünftig*) unreasonable; **≈svoll** *adj.* judicious, prudent; (*verständig*) reasonable, sensible.

ein...: **~sickern** *v/i.* ooze (*od.* trickle, seep) in(to *in*); *a.* ⚔ *usw.* infiltrate (into); **≈siedelei** *f* hermitage; **≈siedler(in** *f*) *m* hermit, recluse; **~siedlerisch** *adj.* solitary; **~silbig** *adj.* monosyllabic (*a. fig.*); *fig.* (*wortkarg*) taciturn; (*kurz angebunden*) curt, short; *~es Wort* monosyllable; **≈silbigkeit** *fig. f* taciturnity, curtness; **~sinken** *v/i.* sink in(to *in*); *Boden usw.*: subside, cave in; **~sitzen** ⚖ *v/i.* serve a sentence, be detained (*in* at, in); **≈sitzer** *m* single-seater; **~sitzig** *adj.* single-seated.

Einsonderungsdrüse *anat. f* endocrine gland.

ein...: **~spannen I.** *v/t.* **1.** ⊕ fix, clamp, (*Werkstück*) *a.* chuck; (*Schreibpapier*) insert, feed in; **2.** (*Pferd*) harness; F (*j-n*) rope in, make *a p.* work; **II.** *v/i.* put the horse(s) to the carriage; **≈spänner** *m* one-horse carriage; F *fig.* recluse; (*Junggeselle*) bachelor; **~spännig** *adj.* one-horse ...; **~sparen** *v/t.* save, economize; **≈sparung** *f* saving(s *pl.*); economizing, economies *pl.*; **~speicheln** *v/t.* salivate; **~speisen** ⊕ *v/t.* feed (*in* into, *dat.* to); **~sperren** *v/t.* lock (*od.* shut) in, turn the key on *a p.*, *im Gefängnis*: gaol, jail, lock up, put behind bars; *in e-n Käfig*: cage (up); **~spielen I.** *v/t.* **1.** ♪ (*Instrument*) get into good playing order; **2.** *Film usw.*: bring in, show box-office returns of; **3.** *TV* → *einblenden*; **II.** *v/refl.*: *sich ~* **4.** *Sport*: warm up; *fig. Sache*: get into it's stride; *es hat sich gut eingespielt* it is functioning well (*od.* running smoothly); **5.** ⊕ *Zeiger, Waage*: balance out; *die Libelle sich ~ lassen Wasserwaage*: cent|re (*Am.* -er) the bubble; **6.** *sich aufeinander ~ Personen*: become coordinated (*od.* a good team); *sie sind gut aufeinander eingespielt* they are a fine team, their teamwork is excellent; **~spinnen I.** F *v/t.* **1.** → *einlochen*; **II.** *v/refl.*: *sich ~* **2.** *zo.* cocoon; **3.** *fig.* seclude o.s., keep to o.s.; *eingesponnen in* absorbed (*od.* wrapped up) in.

Einsprache(...) → *Einspruch(s...)*.

ein...: **~sprachig** *adj.* monolingual; **~sprechen** *v/i.* → *einreden* II; **~sprengen** *v/t.* **1.** blast; (*Tür usw.*) break open; **2.** *mit Wasser usw. ~* sprinkle with; **3.** *geol.* interstratify; intersperse (*a. fig.*); **~springen** *v/i.* **1.** *fig.* (*aushelfen*) help out, step in(to the breach); *für j-n ~* take a p.'s place, substitute (*od.* step in, *Am.* F pinch-hit) for a p.; **2.** ⊕ click (into place), catch, snap; **3.** *Textilien*: shrink; **4.** ⚠ recede; **5.** ~ *auf* fly at, fall (*od.* pounce) upon; **~springend** *adj.*: ~er *Winkel* re-entrant angle.

Einspritz|düse *mot. f Diesel*: injection nozzle; *Vergaser*: jet; **≈en** *v/t.* inject (*in* into); **~motor** *m* fuel injection engine; **~pumpe** *mot. f* (fuel) injection pump; **~ung** *f* injection.

Einspruch *m* objection, protest, veto (*gegen* against); ⚖ (formal) objection (to), *weitS.* appeal (from, against); *Patentrecht*: opposition (to); ~ *erheben* enter a protest (*gegen* against), object (to), *pol.* (enter a) veto (against), ⚖ (file *od.* lodge an) appeal (from *od.* against); **~srecht** *n* right to object; (power of) veto; **~sverfahren** *n Patent*: opposition proceedings *pl.*

einspurig *adj. mot.* single-track ...; *Straße*: single-lane ...

einst *adv.* **1.** (*vormals*) once, at one time, formerly; in the days of old; **2.** (*künftig*) one (*od.* some) day, in days to come.

ein...: ~stampfen *v/t.* stamp *od.* ram in(to *in*); ⊕ *a.* tamp in; (*Schriften*) pulp; **≈stand** *m* **1.** entry (into a new job); *s-n* ~ *geben* pay (for) one's footing; **2.** *Tennis*: deuce; **≈standspreis** *m* cost price; **~stäuben** *v/t.* dust, powder; **~stechen I.** *v/t.* (*Werkstoff*) prick, puncture, pierce; (*Loch*) make, prick *a hole*; (*Nadel*) stick in; ⊕ *Werkzeugmaschine*: cut, recess; (*eingravieren*) engrave; **II.** *v/i.*: ~ *auf j-n* stab at; **~stecken** *v/t.* put (*od.* stick) in; insert; *in die Tasche*: pocket; (*einpacken*) pack, take; (*Schwert*) sheathe; *fig.* (*Gewinn*) pocket, F clean up; (*Tadel usw.*) pocket, swallow, sit under *an insult*; (*Schlag*) take, get caught by; F *er kann viel* ~ he can take a lot (of punishment); F *schwer* ~ *müssen* get a sound beating.

Einsteck|kamm *m* dress comb; **~lauf** *m* subcalibre barrel, *Am. a.* liner; **~schloß** *n* mortise-lock.

ein...: ~stehen *v/i.*: ~ *für* answer (*od.* vouch, be responsible) for; guarantee; **~steigen** *v/i.* get in(to *in*); (*einklettern*) climb (*od.* slip) in, enter; ~ *in* (*ein Fahrzeug*) board; F *fig.* (*ein Geschäft usw.*) get in on; 🚂 *alle(s)* ~! take your seats, please!, *Am.* (all) aboard!; F *hart* ~ *Sport*: play rough; **≈steigdieb** *m* sneak thief, cat-burglar; **≈steigloch** *n* manhole.

einstell|bar *adj.* adjustable; **~en I.** *v/t.* **1.** put in(to *in*); (*Wagen*) garage; (*Möbel*) store; **2.** (*Arbeitskräfte usw.*) engage, employ, take on, *bsd. Am.* hire; **3.** ⊕ set, adjust; *zeitlich*: time; (*Radio*) tune in (*auf* on, to); *opt.* focus; ⚡ (*Frequenz*) syntonize; ⚗ standardize; **4.** (*in Betrieb nehmen*) put into service (*od.* operation); **5.** *fig.* (*anpassen*) adjust, adapt, accommodate (*auf* to); (*Gedanken usw.*) focus (on); *sich* ~ *auf* adapt (*od.* adjust) o.s. to, accommodate (o.s.) to; (*sich vorbereiten auf*) *a. seelisch*: prepare for; *wünschend*: set one's mind on; *ganz*: give one's whole attention to; *sich auf e-n Gegner* ~ *a.* study an opponent; **6.** *Sport*: *e-n Rekord* ~ tie a record; **7.** (*aufgeben*) give up, drop, stop, leave off, discontinue, cease; (*Zahlungen*) stop, suspend; ⚔ *das Feuer* ~ cease fire; *die Arbeit* ~ cease (*od.* stop) work; (*streiken*) (go on) strike, lay down tools, walk out; *den Betrieb* ~ shut down (*od.* stop) operations; ⚖ *e-n Prozess* ~ stay (*od.* quash) proceedings, dismiss a case; **II.** *v/refl.*: *sich* ~ appear, turn up; *Wetter usw.*: set in; *Sorgen, Schwierigkeiten*: arise, come; *Folgen usw.*: be (*od.* make itself) felt; *Gedanke, Wort*: suggest itself; *sich wieder* ~ turn up again.

einstellig *adj.* one-figure *number*; one-place *decimal*.

Einstell|knopf *m* adjusting (*od.* control) knob; **~marke** ⊕ *f* index mark; **~scheibe** *f* (setting) dial; *phot.* focus(s)ing screen.

Einstellung *f* **1.** *Arbeiter usw.*: engagement; **2.** ⊕ adjustment, setting; *mot. Ventil, Zündmoment, a. Bombe*: timing; ⚗ standardization; *opt., phot.* focus([s]ing); *Film*: angle, *weitS.* shot; **3.** (*Beendigung*) cessation, discontinuance; *Betrieb*: stoppage, *a. Feindseligkeiten, Zahlungen*: suspension; ⚖ *Verfahren*: stay *of proceedings*, *Klage*: dismissal; **4.** (*geistige* ~) (mental *od.* personal) attitude (*zu* to[wards]); (*Ansicht*) view(s *pl.*) (of); approach (to); *zum Leben*: outlook (on); *politische* ~ political views *pl.* (*od.* outlook, stance); *die richtige usw.* ~ *zum* (*od. auf den*) *Gegner* the right, *etc.*, formula against.

einstemmen I. *v/t.* ⊕ mortise; (*Loch*) chisel out; *die Arme*

eingestemmt arms akimbo; **II.** *v/i. Schisport*: stem.
einstens *adv.* → *einst.*
einsticken *v/t.* embroider (*in* into *od.* on).
Einstieg *m* entrance, way in; *fig.* entry (*in* into), getting in (on); **~luke** *f* hatch, access door; **~sdroge** *f* conditioning drug.
einstig *adj.* (*zukünftig*) future; (*ehemalig*) former, sometime, one-time, erstwhile.
einstimm|en I. *v/i.* ♪ *u. fig.* chime (*od.* join) in; *fig.* agree (*in* to); chime in (with); *in ein Lied* ~ join in a song; **II.** *v/t.* attune (*auf* to); *fig.* put (*sich* o.s.) into the proper mood; **~ig I.** *adj.* ♪ of (*od.* for) one voice; (*einmütig*) unanimous; **II.** *adv.* ♪ unisono; *fig.* unanimously, to a man, with one voice; **≗igkeit** *f* unanimity, common consent, consensus.
einstmal|ig *adj.* → *einstig*; **~s** *adv.* → *einst.*
ein...: ~stöckig *adj.* one-storied; **~stöpseln** *v/t.* plug in; **~stoßen** *v/t.* push (*od.* thrust) in; (*Fensterscheibe usw.*) smash (in); **~streichen** *v/t.* (*Geld*) rake in, pocket; **~streuen** *v/t.* strew in(to *in*); *fig.* intersperse, insert (in), slip in; **~strömen** *v/i.* stream (*od.* pour, flow) in(to *in*); **≗strömventil** *n* inlet valve; **~studieren** *v/t.* study, learn; *thea.* rehearse; (*Rolle*) get up; *einstudiert werden* be in rehearsal.
einstuf|en *v/t.* classify (*in* into, *als* as), grade, rate; *hoch* ~ rate high; **~ig** ⊕ *adj.* single-stage ...; **≗ung** *f* classification, rating.
ein...: ~stündig *adj.* one-hour ..., of one hour; **~stürmen** *v/i.*: ~ *auf* rush at, *a.* ⚔ attack, charge, storm; *fig. auf j-n* ~ assail a p.
Einsturz *m* collapse, crash; *Erdreich usw.*: caving in.
einstürzen *v/i.* fall in, break (*od.* tumble) down, collapse; *Erdreich, Stollen usw.*: cave in; *fig. auf j-n* ~ assail a p.
Einsturzgefahr *f* danger of collapse.
einstweil|en *adv.* meanwhile, in the meantime; (*vorläufig*) for the present, for the time being; **~ig** *adj.* temporary, provisional, interim ...; ⚖ *~e Verfügung* interim order, (*Unterlassungsbefehl*) injunction.
eintägig *adj.* one day's ..., one-day ...; *zo.*, ⚘, ⚕ ephemeral.
Eintagsfliege *f* day-fly, ephemera; *fig.* ephemeral success, F flash in the pan.
Eintänzer *m* gigolo, taxi-dancer.
ein...: ~tasten *v/t. Computer*: imprint, key in; **~tauchen I.** *v/t.* dip in(to *in*), immerse (in), steep (in); **II.** *v/i.* dive *od.* plunge (*in* into); **~tauschen** *v/t.* exchange, barter (*gegen* for); (*in Zahlung geben*) trade *a car, etc.* in (for); **~teilen** *v/t.* (sub)divide (*in* into); (*anordnen*) arrange (in); (*verteilen*) distribute, parcel out; *in Grade*: graduate; (*planen*) plan, map out, organize; (*Geld*) manage, budget; *zeitlich*: time; *in Klassen*: classify, grade, group; (*Zeit*) dispose of; *zur Arbeit*: detail, assign (*zu* for); **~teilig** *adj.* one-piece ...
Einteilung *f* division; (*Anordnung*) arrangement; (*Verteilung*) distribution; (*Planung*) plan(ning); *zeitlich*: schedule; *der Finanzen*: budget; *in Klassen*: classification; grouping; *in Grade*: graduation, scale.
eintönig *adj.* monotonous; *fig. a.* drab, humdrum; **≗keit** *f* monotony.
Eintopfgericht *n* stew, hot-pot.
Ein...: ~tracht *f* harmony, concord, peace; **≗trächtig** *adj.* harmonious, peaceful; **~trag** *m* **1.** (*Buchung*) entry, item; **2.** *fig.* ~ *tun dat.* prejudice, injure, damage, affect, detract from, hurt, harm; **≗tragen** *v/t.* **1.** (*buchen usw.*) enter (*in* into); book, list, record; *amtlich*: (*a. sich* ~ *lassen*) register (*bei* with), *als Mitglied*: enrol(l) (with); (*Verein, Gesellschaft*) register, incorporate; *sich* ~ *Person*: enter (*od.* inscribe) one's name, register (*bei* with); *eingetragen Gesellschaft*: registered, incorporated *company*, *Warenzeichen*: registered *trade-mark*; **2.** (*Gewinn usw.*) bring in, yield; (*rein* ~) net; *fig.* (*Schaden usw.*) bring on (*j-m* a p.); *dies trug ihm den Haß s-r Kollegen ein* by this he incurred the hatred of his colleagues; **≗träglich** *adj.* profitable, lucrative, remunerative, paying; **~träglichkeit** *f* profitableness, *etc.*; **~tragung** *f* entry; *amtliche*: registration (*bei* with); (*Posten*) item; **≗tränken** *v/t.*: *ich werde es ihm* ~ I'll make him pay for it; **≗träufeln** *v/t.* instil(l) (*in* into), pour in drop by drop (*od.* in drops); **≗treffen** *v/i.* **1.** (*ankommen*) arrive (*in, an* at), come; → *a. eingehen* 1; **2.** (*geschehen*) happen, occur; **3.** (*sich erfüllen*) come true, be fulfilled; **~treffen** *n*: (*bei m-m* ~ on my) arrival; **≗treiben** *v/t.* (*Nägel, Vieh*) drive in *od.*

home; (*Schulden, Steuern*) collect; (*Zahlung*) recover, ⚖ enforce; **~treibung** *f* collection, recovery.

eintreten I. *v/i.* **1.** enter (*in ein Haus* a house), step *od.* walk *od.* come in(to a house); **2.** *fig.* ~ *in* (*j-s Dienste, e-n Beruf, ein Stadium*) enter *a p.'s service, etc.*; (*das Heer, ein Geschäft, e-n Verein*) enter, join *the army, etc.*; (*ein Amt, e-e Laufbahn*) enter upon; (*Verhandlungen*) enter into, open; ⚖ (*j-s Rechte, Verbindlichkeiten*) enter into, succeed to; *in die (gerichtliche) Verhandlung* ~ open the proceedings; **3.** (*sich ereignen*) happen, occur, take place, supervene; *Fall, Notwendigkeit, Umstände*: arise; *Haftpflicht usw.*: accrue; *Dunkelheit, Stille*: fall; *Wetter usw.*: set in; *Tod*: occur; *der Tod trat auf der Stelle ein* death was instantaneous; **4.** *für j-n* ~ answer for, stand up (*od.* intercede) for; *für et.* ~ *a.* advocate, support; **II.** *v/t.* stamp in(to the ground); (*Tür*) kick open, crash; *sich et.* ~ run a th. into one's foot; **III.** ≈ *n* → *Eintritt*; **~denfalls** *adv.* should the case arise.

eintrichtern *v/t.* pour in through a funnel; *fig. j-m et.* ~ drum (*od.* drill) a th. into a p.'s head.

Eintritt *m* **1.** entry, entrance (*in* into); *in e-e Firma, ins Heer usw.*: *a.* entering, joining (of); ~ *in (e-e Laufbahn)* entering (up)on; ⚖ (*j-s Rechte usw.*) entry into; (*Verhandlungen*; *e-n Krieg usw.*) entry *od.* entering into; ~ *in die (gerichtliche) Verhandlung* opening of the proceedings; **2.** (*Anfang*) beginning; *von Wetter, Winter,* ⚕ *usw.*: setting in, *stärker*: onset; *nach* ~ *der Dunkelheit* after dark; **3.** *e-s Umstandes usw.*: happening, arising, accrual; *des Todes*: occurring; **4.** (*Einlaß*) admission; ~ *frei* admission free; ~ *verboten!* no entry!, keep out!; **5.** → **~sgeld** *n*, **~spreis** *m* entrance-fee; *Sport*: gate money; **~skarte** *f* (admission) ticket *od.* card.

ein...: ~trocknen *v/i.* dry in *od.* up; (*einschrumpfen*) shrivel up; **~tröpfeln** *v/t.* → *einträufeln*; **~trüben** *v/refl.*: *sich* ~ become cloudy (*od.* overcast); **≈trübung** *f* cloudiness, overcast sky; **~trudeln** F *v/i.* turn up; **~tunken** *v/t.* dip *od.* steep in(to *in*); **~üben** *v/t.* practise (*a. sich et.* ~); (*j-n*) train, coach, drill.

einverleib|en *v/t.* incorporate (*dat. od. in* in, with); (*Land*) *a.* annex (to); F *sich Essen usw.* ~ down, put o.s. outside of; **≈ung** *f* incorporation, inclusion; annexation.

Einver|nahme ⚖ *f von Zeugen*: interrogation, examination; **~nehmen** *n* agreement, (good) understanding, harmony; *in gutem* ~ on friendly terms (*mit* with); *im* ~ *mit* in agreement with; *sich mit j-m ins* ~ *setzen* come to an understanding with a p.

einverstanden *adj.*: ~ *sein* agree, be agreeable, *mit et.*: agree (*od.* consent) to, approve of; *mit j-m nicht* ~ *sein* disapprove of a p.; ~! agreed!; all right!, F O.K. (*od.* okay)!

Einverständnis *n* **1.** (*Zustimmung*) assent, consent (*zu* to), approval (of); *sein* ~ *erklären* (give one's) consent (*zu* to); **2.** → *Einvernehmen*; *geheimes* (*od. stillschweigendes*) ~ tacit understanding, *bsd.* ⚖ collusion, connivance.

ein...: ~wachsen[1] *v/i.* grow in(to *in*); *eingewachsener Nagel* ingrown nail; **~wachsen**[2] *v/t. den Boden*: wax; **≈wand** *m* objection (*gegen* to), argument (against); ⚖ objection, exception, defen|ce, *Am.* -se; **≈wanderer** *m* immigrant; **~wandern** *v/i.* immigrate (*in* into); **≈wanderung** *f* immigration; **~wandfrei I.** *adj.* unobjectionable; (*unanfechtbar*) incontestable, unassailable; (*tadellos*) blameless, impeccable; *Alibi*: sound; (*fehlerfrei*) faultless, flawless, troublefree, perfect; ~*e Führung* irreproachable conduct; F *er (es) ist nicht ganz* ~ he(it) is somewhat shady *od.* dubious; **II.** *adv.*: ~ *der Beste* absolutely (*od.* undeniably) the best; → *feststehen*; **~wärts** *adv.* inward(s); **~weben** *v/t. a. fig.* weave *od.* work in(to *in*); **~wechseln** *v/t.* change; (*tauschen*) exchange (*gegen* for); (*einlösen*) cash; **~wecken** *v/t.* → *einmachen*; **≈weg...** *in Zssgn* ✝ non-returnable *bottle, etc.*; ⊕ *Hahn, Schalter usw.*; *a. Funk*: one-way ...; **~weichen** *v/t.* soak, steep.

einweih|en *v/t.* **1.** *eccl.* consecrate; (*Denkmal usw.*) inaugurate, *Am.* dedicate; (*Straße usw.*) *a.* open (formally); F (*Kleid usw.*) christen; F *s-e Wohnung* ~ give a house-warming (party); **2.** ~ *in* initiate into; *j-n in ein Geheimnis* ~ *a.* let a p. into a secret; *eingeweiht (Mitwisser) sein* be in the secret, F be in the know; → *Eingeweihte(r)*; **≈ung** *f* consecration; inauguration, (formal) opening; initiation; **≈ungsrede** *f* inaugural address.

einweis|en *v/t.* direct *a vehicle*; *(j-n) in s-n Aufgabenbereich usw.*: introduce (*in* to), instruct, brief (in); *in ein Amt*: install (in); *in e-e Anstalt usw.*: commit (to); *in e-e Wohnung* ~ assign a flat to *a p.*; ⚖ *in den Besitz e-r Sache* ~ vest (the possession of) a th. in *a p.*; **≈ung** *f* guidance; instruction, briefing; installation; assignment.

einwend|en *v/t.* object (*gegen* to), ~, *daß* argue (*od.* object) that; *ich habe nichts dagegen einzuwenden* I have no objection to it; I don't mind; *es läßt sich nichts dagegen* ~ there is nothing to be said against it; **≈ung** *f* → *Einwand*; ~*en erheben gegen* raise objections to, object to, argue against, oppose *a th.*

ein...: **~werfen** *v/t.* throw in (*a. v/i. Sport*); (*Fenster*) smash, break; (*Brief*) post, *Am.* mail; *fig.* (*Bemerkungen usw.*) interpose, interject; (*einwenden*) object (*a. v/i.*); **~wertig** ⚗ *adj.* monovalent; **~wickeln** *v/t.* **1.** wrap (up), envelope (*in* in); (*Kind, Patienten, Glied*) swaddle, swathe; **2.** F *fig.* trick, dupe, inveigle, F take in; get round *a p.*; *durch Schmeicheln*: butter *a p.* up, *Am. sl.* softsoap; **≈wickelpapier** *n* wrapping-paper; **~wiegen** *v/t.* (*Kind*) rock to sleep; *fig.* lull.

einwillig|en *v/i.* consent, agree (*in* to), acquiesce (in), approve (of); **≈ung** *f* consent, approval, agreement.

einwirk|en *v/i.*: ~ *auf* act (⚕ *a.* = operate) (up)on, *a. weitS.* have an effect (up)on; (*angreifen*) affect; (*beeinflussen*) influence, *überredend*: bring one's influence to bear on, work on *a p.*; ⚗ ~ *lassen* allow to react; **≈ung** *f* action, operation, effect; influence.

Einwohner *m*, **~in** *f* inhabitant, resident; **~meldeamt** *n* registration office; **~schaft** *f* inhabitants *pl.*, population; **~zahl** *f* number of inhabitants, (total) population.

Einwurf *m* **1.** *Fußball*: throw-in; *e-r Münze usw.*: insertion; **2.** *für Münzen*: slot; *für Briefe usw.*: opening, slit; **3.** *fig.* objection.

einwurzeln *v/i. u. v/refl.*: (*sich* ~) take root; *fig.* become deeply rooted; → *eingewurzelt.*

Einzahl *ling. f* singular.

einzahl|en *v/t.* pay in (*auf ein Konto* to an account, *bei e-r Bank* at a bank); ✝ *voll eingezahlt* fully paid-up; **≈er(in** *f*) *m* depositor; **≈ung** *f* payment; *Bank*: deposit; (*Teilzahlung*) instal(l)ment; ✝ *e-e* ~ *auf Aktien leisten* pay a call on shares; **≈ungsschein** *m* pay(ing)-in slip, *Am.* deposit slip.

einzäun|en *v/t.* fence in; **≈ung** *f* enclosure; fence.

einzeichn|en *v/t.* draw in; enter; ⚔, *surv.* plot; *sich* ~ enter one's name, subscribe; **≈ung** *f* mark, entry; subscription.

einzeilig *adj.* single-line ...; *Vers*: monostich; ~ (*geschrieben*) single-spaced.

Einzel *n Tennis*: singles *pl.*; **~akkord** *m* individual contract work; **~anfertigung** *f* → *Einzelfertigung*; **~angaben** *f/pl.* details; isolated data; **~antrieb** ⊕ *m* separate drive; **~aufhängung** *mot. f* independent suspension; **~aufstellung** *f* detailed enumeration, specification, *Am. a.* itemized schedule; **~ausgabe** *f Buch*: separate edition; **~beispiel** *n* individual example; isolated case; **~beratung** *parl. f*: *in* ~ *eintreten* go into committee; **~betrag** *m* single amount, item; **~bett** *n* single bed; **~darstellung** *f* individual presentation (*od.* study); **~fall** *m* individual (*od.* isolated) case; **~fertigung** *f* single-part production, single-piece work, *Am.* individual construction; **~feuer** ⚔ *n* independent fire; *Maschinengewehr*: single (-shot fire); **~firma** *f* one-man business; **~gabe** ⚕ *f* single dose; **~gänger** *fig. m* F lone wolf; **~haft** *f* solitary confinement; **~handel** *m* retail trade; **~handelspreis** *m* retail price; **~händler** *m* retailer, retail dealer; **~haus** *n* detached house; **~heit** *f* detail, particular, item; isolated fact; *bis in alle* ~*en* down to the smallest detail; *mit allen* ~*en* with full particulars (*od.* details); *sich mit* ~*en befassen* go into detail; **~kampf** *m* ⚔ single (*od.* hand-to-hand) combat; ✈ F dogfight; *Sport*: individual competition; **~kaufmann** *m* sole trader; **~kind** *n* only child; **~kosten** *pl.* itemized costs *pl.*; **~leben** *n* individual (*od.* solitary) life; **~leistung** *f* individual performance.

einzellig *adj.* unicellular.

Einzel|lohn *m* individual wage; **~mensch** *m* individual.

einzeln **I.** *adj.* single, solitary; (*besonder*) particular, special; (*für sich allein*) individual; (*abgeschieden*) isolated; (*abgetrennt*) separate; detached; *Schuhe usw.*: odd; *die* ~*en Teile* the several parts; **II.** *indef. pron.*: *der* ~*e* the individual; *jeder* ~e each one; down to the last man, every manjack; ~es some (things *od.* points, parts); → *a. einige*; *im* ~*en* in detail, (*Ggs. im allgemeinen*) in particular; *ins* ~e *gehen* go into detail; **III.** *adv.* singly; individually; separately; severally; one by one; ~ *angeben* (*od. aufführen*) specify, itemize; ⚕ ~ *verkaufen* (sell by) retail.

Einzel...: **~person** *f* individual; **~richter** ⚖ *m* judge sitting singly; **~spiel** *n Tennis*: singles *pl.* (match); **≈stehend** *adj.* isolated; *Gebäude*: detached; (*verstreut*) scattered; **~täter** ⚖ *m* single offender; **~teil** *n* component (part); *Lieferant von* ~*en* parts supplier; **~unternehmen** *n* → *Einzelfirma*; **~unternehmer** *m* individual entrepreneur, sole proprietor; **~unterricht** *m* private lessons *pl.*; **~verkauf** ⚕ *m* sale by retail; **~verpackung** *f* unit packing; **~wesen** *n* individual (being); **~zeichnung** *f* detail drawing; **~zelle** ⚖ *f* solitary cell; **~ziel** ⚔ *n* point target; **~zimmer** *n* single (bed)room.

einzieh|bar *adj.* ⊕ retractable; *Geld*: recoverable, collectible; *Güter*: seizable; **~en I.** *v/t.* **1.** draw (*od.* pull, haul) in; (*den Kopf*) draw in, duck; *bsd.* ⊕, ✈ retract; (*Flagge*) strike; (*Ruder*) ship; (*Segel*) take in, furl; (*Krallen*) draw in, retract; → *Horn* 1; **2.** (*hineintun, einbauen*) insert; pass through; (*Wand*) erect; **3.** *typ.* indent; **4.** ⚔ call up, *Am.* draft, induct; **5.** ⚔ (*Posten*) withdraw; **6.** ⚖ seize, confiscate; (*Steuer usw.*) collect; (*einkassieren*) cash; (*Banknoten, Münzen usw.*) withdraw (from circulation), call in; **7.** *Erkundigungen* ~ make inquiries, gather information (*über* on, about); **II.** *v/i.* **8.** come in, enter, march in(to *in*); *fig. Frühling usw.*: come, make its appearance; **9.** *Mieter*: move in(to *in*); *bei j-m* ~ take lodgings with, *unerwünscht*: move in on *a p.*; **10.** *Flüssigkeit*: soak in, be absorbed; **≈fahrwerk** ✈ *n* retractable landing gear; **≈ung** *f* ⚔ call-up, *Am.* drafting, induction; ⚖ confiscation, seizure, forfeiture; ⚕ collection; *von Münzen*, ⚔ *Posten usw.*: withdrawal; *von Informationen*: collection, obtaining.

einzig I. *adj.* one, sole, single, *stärker*: one and only; *sein* ~*es Kind* his only child; *mein* ~*er Gedanke* my one thought; (*nur*) *e-e* ~*e Patrone* (just) one single cartridge; *kein* ~*es Auto* not a single car; *sein* ~*er Halt* his sole support; *nicht ein* ~*es Mal* not once; → *einzigartig* I; **II.** *adv.* only, (*a.* ~ *u. allein*) solely, *nachgestellt*: alone; ~ *dastehen* be unique, stand alone; *das* ~ *Richtige* (*od. Wahre*) the only thing *you could do, etc.*; ~ *schön* → *einzigartig* II; **III.** *indef. pron.*: *der* ~e the only one; *ein* ~*er* only one (person, *etc.*); *kein* ~*er* not (a single) one; *unser* ≈*er* our only son (*od.* child); *das* ~*e wäre, zu inf.* the only thing would be to *inf.*; **~artig I.** *adj.* unique, singular, unequal(l)ed, outstanding, unparalleled; (*großartig*) *a.* marvel(l)ous; **II.** *adv.* uniquely, *etc.*; ~ *schön* of singular beauty, *a. weitS.* marvel(l)ous, wonderful.

einzuckern *v/t.* sugar.

Einzug *m* **1.** entry, march(ing) in(to *in*); *in ein Haus usw.*: moving in(to); *fig. Jahreszeit usw.*: coming, advent; (*s-n*) ~ *halten* → *einziehen* 8; **2.** *typ.* indentation; **3.** → *Einziehung*; **~sgebiet** *n geogr.* catchment area (*od.* basin); *e-r Stadt* (*a.* **~sbereich** *m*): commuter-belt, hinterland; **~stag** *m* moving-in day.

einzwängen *v/t.* squeeze (*od.* jam, force) in; *fig.* constrain, straitjacket.

Eipulver *n* egg-powder, dried egg.

Eis ♪ *n* E sharp.

Eis *n* ice; (*Speise*≈) ice(-cream); *von* ~ *eingeschlossen* ice-bound, ice-locked; *auf* ~ *legen* put on ice (*od.* into cold storage) (*a. fig.*); *fig. das* ~ *brechen* break the ice; *j-n aufs* ~ *führen* lead a p. on to dangerous ground, *weitS.* trap (*od.* dupe) a p.

Eis...: **~bahn** *f* (ice- *od.* skating-) rink; **~bär** *m* polar (*od.* white) bear; **~becher** *m* coupe, sundae; **≈bedeckt** *adj.* ice-covered; **~bein** *n* pickled pork knuckles *pl.*; **~berg** *m* iceberg; **~beutel** *m* ice-bag; **~bildung** *f* ice formation; **~blick** *m*, **~blink** *m* iceblink; **~block** *m* ice-block; **~blume** *f am Fenster*: frost-work; **~bombe** *f* bombe glacée (*fr.*), ice-cream bombe; **~brecher** *m* ice-breaker; *Brücke*: ice-apron; **~decke** *f* sheet of ice; **~diele** *f* ice-cream parlo(u)r.

eisen *v/t.* ice.

Eisen *n* iron; (*Werkzeug*) iron tool; (*Huf*≈) horseshoe; → *Bügeleisen, Gußeisen, Roheisen usw.*; *schmiedbares* ~ forging steel; *altes* ~ scrap-iron, F junk; *j-n in* ~ *legen* put a p. in irons; *fig. ein heißes ~ anfassen* tackle a hot (*od.* ticklish) problem, play with dynamite; *zum alten ~ werfen* consign to the scrap-heap, scrap; F (*j-n*) throw on the scrap-heap, shelve; *er gehört zum alten ~* he is no longer of any use; *zwei ~ im Feuer haben* have two strings to one's bow; *ich habe noch ein ~ im Feuer* F I've still a shot in the locker; (*man muß*) *das ~ schmieden, solange es heiß ist* strike the iron while it is hot, make hay while the sun shines; *ein Mann aus ~* a man of iron; **~azetat** ⚗ *n* ferric acetate.

Eisenbahn *f* railway, *Am.* railroad; (*Zug*) train; *mit der ~* by rail, by train; → *Bahn*; F *es ist die höchste ~* it is high time; **~betriebsmaterial** *n* rolling stock; **~direktion** *f* Regional Administration of the Federal Railways; **~er** *m* railway-man, *Am.* railroadman; **~knotenpunkt** *m* (railway) junction; **~krankheit** *f* train sickness; **~netz** *n* railway (*Am.* railroad) network; **~schaffner** *m* railway guard (*od.* conductor); **~station** *f* railway (*Am.* railroad) station, *Am. a.* depot; **~tarif** *m* railway tariff; **~transport** *m* transport(ation *Am.*) by rail; **~unglück** *n* railway accident, train-disaster; **~verwaltung** *f* → *Eisenbahndirektion*; **~wagen** *m* railway carriage (*od.* coach), *Am.* railroad car; → *a. Güterwagen*; **~zug** *m* train.

Eisen...: **~band** *n* iron hoop, steel band; **~bergwerk** *n* iron-mine; **~beschlag** *m* iron mounting(s *pl.*); **≈beschlagen** *adj.* iron-mounted; **~beton** *m* → *Stahlbeton*; **≈bewehrt** *adj.* reinforced, armo(u)red; **~blech** *n* sheet iron; **~chlorid** ⚗ *n* ferric chloride; **~draht** *m* iron (*od.* steel) wire; **~erz** *n* iron ore; **~fresser** *fig. m* bully, fire-eater; **~gehalt** *m* iron content; **~gießerei** *f* iron-foundry; **~glanz** *m* iron glance, h(a)ematite; **~guß** *m* iron casting; (*Gußeisen*) cast iron; **≈haltig** *adj.* ferruginous; *co.* ⚔ unhealthy; **~hammer** *m* forge(-hammer); **~handel** *m* iron (*od.* hardware) trade; **≈hart** *adj.* (as) hard as iron; **~hochbau** *m* steel superstructure; **~hut** ⚘ *m* aconite, monk's-hood; **~hütte(nwerk** *n*) *f* ironworks *pl.* (*mst sg. konstr.*); **~kraut** ⚘ *n* vervain; **~mangan** *n* ferromanganese; **~mennige** *f* red iron och|re, *Am.* -er; **~oxyd** ⚗ *n* ferric oxide; **~rost**[1] *m* rust; **~rost**[2] *m* (*Gitter*) iron grate; **≈schaffend** *adj.*: *~e Industrie* iron and steel producing industry; **~spat** *m* spathic iron, siderite; **~stange** *f* iron (*od.* steel) rod; **~waren** *f/pl.* ironmongery, ironware, hardware (*alle sg.*); **~warenhändler** *m* ironmonger, hardware dealer; **~warenhandlung** *f* ironmonger's (shop), hardware store; **~werk** *n* → *Eisenhütte*; **~zeit** *f* Iron Age.

eisern *adj.* iron (*a. fig. Disziplin, Gesetz, Nerven, Wille usw.*), of iron (*a. fig.*); *Gesundheit*: cast-iron ..., robust; (*unnachgiebig*) rigid, inflexible, adamant, hard; (*fest, unerschrocken*) unwavering, firm; *Miene*: stony, steely; *Ruhe*: imperturbable; *Sparsamkeit usw.*: rigid, rigorous; *~er Bestand* permanent (*od.* emergency) stock; *~er Fleiß* untiring industry; *~er Grundsatz* iron rule; *~e Hochzeit* seventieth (*od.* seventy-fifth) wedding anniversary; *mit ~er Stirn* undauntedly, *b.s.* brazenly; → *Besen, Jungfrau, Kreuz* I, *Lunge, Ration, Vorhang.*

Eis...: **~eskälte** *f* icy cold; **~feld** *n* ice-field; **~fläche** *f* frozen (*od.* icy) surface; **≈frei** *adj.* free from ice, ice-free; **~gang** *m* breaking-up of the ice; ice-drift; **≈gekühlt** *adj.* iced; **~glas** *n* frosted glass; **~glätte** *f* icy surface; **≈grau** *adj.* hoary; **~heilige** *pl.* Ice Saints, Icemen.

Eishockey *n* ice-hockey; **~scheibe** *f* puck; **~schläger** *m* ice-hockey stick; **~spieler** *m* ice-hockey player.

eisig *adj.* icy, glacial; *fig. a.* chilly.

Eis...: **~kaffee** *m* coffee with ice-cream; **≈kalt** *adj.* icy-cold; *fig.* icy-nerved; (*frech*) brazen, cool; cold-blooded; **~kälte** *f* icy cold; **~keller** *m* ice-cellar; *a. fig.* ice-house; **~krem** *f* ice-cream; **~kübel** *m* ice-bucket; **~kunstlauf** *m* figure skating; **~kunstläufer(in** *f*) *m* figure skater; **~lauf** *m* skating; **≈laufen** *v/i.* skate; **~läufer(in** *f*) *m* skater; **~maschine** *f* ice-machine; ice-cream freezer; **~meer** *n* polar sea; *Nördliches* (*Südliches*) *~* Arctic (Antarctic) Ocean; **~pickel** *m* ice-ax(e).

Eisprung *physiol. m* ovulation.

Eis...: **~schießen** *n* curling; **~schnellauf** *m* speed-skating; **~schnelläufer** *m* speed-skater; **~scholle** *f* ice-floe; **~schrank** *m* ice-box; → *Kühlschrank*; **~segeln** *n* ice-yachting; **~sport** *m* icesports *pl.*; **~stadion** *n* ice stadium; **~tanz** *m* ice-dancing; **~torte** *f* ice-cream gateau (*fr.*); **~vogel** *m* kingfisher; **~waffel** *f* ice-cream wafer; **~wasser** *n* ice(d) water; **~würfel** *m* ice cube; *Getränk mit ~n a.* on the rocks; **~zapfen** *m* icicle; **~zeit** *f* glacial period, ice-age; **~zeitlich** *adj.* glacial; **~zone** *f* frigid zone.

eitel *adj.* **1.** vain (*auf* of); (*eingebildet*) conceited; **2.** (*leer, nichtig*) vain, empty; (*fruchtlos*) vain, futile; *eitles Gerede* idle talk; *eitle Hoffnung* idle hope; *eitle Versprechungen* empty promises; **3.** (*bloß*) mere, sheer; *eitles Gold* pure gold; **~keit** *f* vanity; (*Nichtigkeit, Fruchtlosigkeit*) *a.* vainness, futility.

Eiter ⚕ *m* matter, pus; **~beule** *f* abscess, boil; *fig.* canker, festering sore; **~bildung** *f* suppuration; **~bläschen** *n* pustule; **~erreger** *m* pyogenic organism; **~herd** *m* suppurative focus; **~ig** *adj.* purulent, suppurative, festering; **~n** *v/i.* fester, discharge matter (*od.* pus), suppurate; **~pfropf** *m*, **~stock** *m* core; **~ung** *f* festering, suppuration.

Eiweiß *n* white of egg; 🕮 albumen, protein; **~arm** *adj.* low in protein; *~e Ernährung* low protein diet; **~haltig** *adj.* albumious; **~körper** *m* protein; **~mangel** *m* protein deficiency; **~stoff** *m* protein.

Eizelle *f* egg-cell, ovum, oöcyte.

Ejakul|ation *physiol. f* ejaculation, emission; **~ieren** *v/t. u. v/i.* ejaculate.

Ekel 1. *m* loathing (*vor* for), aversion (to), disgust (at), repulsion (for); *~ empfinden* (*od.* *e-n ~ haben*) *vor* be nauseated at, be sickened by, shudder at; → *a.* *ekeln*; *Spinnen sind mir ein ~* I have a horror of spiders; *die Arbeit usw. ist mir ein ~* I loathe (*od.* hate) ...; **2.** F *n* (*Person*) nasty (*od.* loathsome) person, F pest, (perfect) horror, pain in the neck; **~erregend** *adj.* → *ekelhaft*; **~gefühl** *n* sick feeling; **~haft, ~ig** *adj.* nauseating, sickening, disgusting, revolting, loathsome; F *fig. a.* nasty, beastly; **~n** *v/refl. u. impers.*: *es ekelt mich* (*od.* *mich ekelt, ich ekle mich*) *davor* I loathe it, it disgusts me, it sickens me, it makes me sick; → *a.* *Ekel* 1.

Eklat *m* stir, sensation; *mit ~* splendidly, *iro.* miserably; **~ant** *adj.* striking; *contp.* flagrant, blatant.

eklektisch *phls. adj.* eclectic.

eklig *adj.* → *ekelig*.

Eklip|se *f* eclipse; **~tisch** *adj.* ecliptic.

Eksta|se *f* ecstasy; *in ~ geraten über* go into ecstasies over; **~tisch** *adj.* ecstatic(ally *adv.*).

Ekzem ⚕ *n* eczema.

Elan *m* élan (*fr.*), spirit, dash.

Elast|ik *n* elastic (material); **~isch** *adj.* elastic(ally *adv.*) (*a. fig.*); (*federnd*) resilient, springy; (*biegsam*) *a.* ⊕, *mot. u. fig.* flexible; **~izität** *f* elasticity (*a. fig.*); resilience, springiness; *a.* ⊕, *mot. u. fig.* flexibility.

Elch *m* elk; *nordamerikanischer*: moose.

Elefant *m* elephant; F *~ im Porzellanladen* bull in a china shop; → *Mücke*; **~enrüssel** *m* elephant's trunk, proboscis; **~enzahn** *m* elephant's tusk.

elegan|t *adj.* elegant (*a. fig.*), stylish, fashionable, smart; *Person, Kleid*: *a.* dressy; **~z** *f* elegance.

Eleg|ie *f* elegy; **~isch** *adj.* elegiac; *fig. a.* melancholy, sad.

elektrifizier|en *v/t.* electrify; **~ung** *f* electrification.

Elektrik *f* electricity, electrical engineering; *weitS.* electric system (*od.* equipment); **~er** *m* electrician.

elektrisch I. *adj.* electric(al); *~er Antrieb* electric drive; *~e Bahn* electric railway; *~e Beleuchtung* electric lighting; *~e Energie* electrical energy; *~er Schlag* electric shock; *~er Strom* electric current; *~er Stuhl* electric chair; *~e Uhr* electric clock; **II.** *adv.*: *~ betreiben* run by electricity; *~ beheizt* electric *blanket, radiator, etc.*; *~ betätigt* electrically operated; **~e** F *f* electric (tram), *Am.* streetcar.

elektrisier|bar *adj.* electrifiable; **~en** *v/t. allg.* electrify (*a. fig.*); *fig. wie elektrisiert* as if electrified; *sich ~* get an electric shock; **~maschine** *f* electrostatic machine; **~ung** *f* electrification.

Elektrizität *f* electricity; (*Strom*) (electric) current; **~sgesellschaft** *f* (electric) power-supply company; **~sversorgung** *f* electricity (*od.* power) supply; **~swerk** *n* power station; **~szähler** *m* electricity meter.

Elektro|analyse *f* electro-analysis; **~antrieb** *m* electric drive; **~chemie** *f* electro-chemistry.

Elektrode *f* electrode; *e-s galvanischen Elementes*: plate, element; *negative ~* cathode; *positive ~*

anode; **~nabstand** *m* electrode spacing, *mot.* spark plug gap.

Elektro...: **~dynamik** *f* electrodynamics *pl.* (*sg. konstr.*); **≈-dynamisch** *adj.* electrodynamic(al); **~-Enzephalogramm** ⚕ *n* electro-encephalogram; **~-fahrzeug** *n* electric vehicle; **~gerät** *n* electrical appliance; **~geschäft** *n* electrical supply shop; **~herd** *m* electric range; **~industrie** *f* electrical industry; **~ingenieur** *m* electrical engineer; **~kardiogramm** ⚕ *n* electrocardiogram; **~karren** *m* electric truck.

Elektroly|se *f* electrolysis; **~t** *m* electrolyte; **≈tisch** *adj.* electrolytic.

Elektro...: **~magnet** *m* electromagnet; **~mechanik** *f* electromechanics *pl.* (*sg. konstr.*); **~-mechaniker** *m* electrician; **≈-mechanisch** *adj.* electro-mechanic(ally *adv.*); **~meter** *n* electrometer; **~mobil** *n* electric vehicle; **~motor** *m* (electric) motor; **≈-motorisch** *adj.* electromotive.

Elektron *n* electron.

Elektronen...: **~blitz**(**gerät** *n*) *m phot.* electronic flash (unit); **~gehirn** *n* electronic brain; **~-hülle** *f* electron shell; **~kamera** *f* electron camera; **~mikroskop** *n* electron microscope; **~rechner** *m* computer; **~röhre** *f* electron(ic) valve (*Am.* tube).

Elektro|nik *f* **1.** electronics *pl.* (*sg. konstr.*); **2.** electronic system (*od.* equipment); **≈nisch** *adj.* electronic(ally *adv.*).

Elektro...: **~ofen** *m metall.* electric furnace; (*Heiz≈*) electric stove; **~physik** *f* electrophysics *pl.* (*sg. konstr.*); **≈plattieren** *v/t.* electroplate; **~rasierer** *m* electric razor; **~schock** ⚕ *m* electro-shock; **~schweißung** *f* electric welding; **~skop** *n* electroscope; **~stahl** *m* electric steel; **~statik** *f* electrostatics *pl.* (*sg. konstr.*); **≈statisch** *adj.* electrostatic(ally *adv.*).

Elektrotech|nik *f* electrical engineering; **~niker** *m* electrical engineer; electro-technician; **≈-nisch** *adj.* electrotechnical; *Bauteil, Industrie usw.*: electrical.

Elektro|therapie *f* electrotherapy; **≈thermisch** *adj.* electro-thermal; **~typie** *f* electrotype.

Element *n a. phys.*, ⚗, ⚒, ⊕ *usw.* element; ⚡ *a.* cell, battery; *fig.* (nicht) in s-m ~ sein be in (out of) one's element; ~e (*Grundbegriffe*) elements, rudiments; asoziale ~e (*Personen*) antisocial elements.

elementar *adj.* **1.** (*naturhaft*) elemental; mit ~er Gewalt with elemental force; **2.** (*grundlegend*) elementary, basic, fundamental; **3.** (*primär, primitiv*) elementary, rudimentary, primary; **≈begriff** *m* elementary (*od.* basic) idea; **≈buch** *n* primer; **≈gewalt** *f* elemental force; **≈lehrer** *m* primary teacher; **≈schule** *f* elementary (*od.* primary, *Am.* grade) school; **≈stoff** *m* element(ary matter); **≈teilchen** *n* elementary particle; **≈unterricht** *m* elementary instruction.

Elen *m, n,* **~tier** *n* elk.

Elend *n* misery, wretchedness; (*Not*) *a.* distress, need; (*Armut*) poverty, penury; ins ~ geraten fall into misery, become destitute; im (größten) ~ leben live in (utter) misery; j-n ins ~ stürzen ruin a p.; F das heulende ~ the horrors *pl.*, F the dismals *pl.*; *e-s Betrunkenen*: *Am. sl.* crying jag; das graue ~ black despair; F langes ~ (*Person*) tall streak; es ist schon ein ~ mit ihm it's no end of trouble with him.

elend I. *adj. allg.* miserable, wretched; (*arm*) distressed, poverty-stricken; (*beklagenswert*) pitiable, pitiful; (*verächtlich*) miserable, awful, vile; (*schrecklich*) terrible; ~ aussehen look very poorly; sich ~ fühlen feel miserable (*od.* wretched, F seedy); **II.** *adv.* miserably; F (*sehr*) awfully, terribly; **~iglich** *adv.* miserably, wretchedly.

Elends|quartier *n* squalid quarters *pl.*, shanty; **~viertel** *n* slum(s *pl.*).

Elevator ⊕ *m* elevator.

Elev|e *m,* **~in** *f* trainee.

elf I. *adj.* eleven; **II. ≈**[1] *f* (number) eleven; *Fußball*: eleven, team.

Elf[2] *m,* **~e** *f* elf, fairy, pixie.

Elfenbein *n* ivory; **≈ern** *adj.* (of) ivory; ivorylike; **≈farbig** *adj.* ivory-colo(u)red; **~schnitzerei** *f* ivory carving; **~turm** *fig. m*: im ~ leben live in an ivory-tower.

Elfen...: **~könig** *m* king of the elves; **~reich** *n* elf-land.

Elfer *m* (figure) eleven; *Fußball*: penalty kick.

elf...: **~fach** *adj.* elevenfold; **~mal** *adv.* eleven times; **≈meter (-ball)** *m Fußball*: penalty kick; **≈metermarke** *f* penalty spot.

elfte *adj.* eleventh; **≈l** *n* eleventh (part); **~ns** *adv.* in the eleventh place, eleventh.

eliminieren *v/t. allg.* eliminate.

elit|är *adj.* elitist; **≈e** *f*: die ~ the élite (*fr.*), the pick (*od.* cream,

flower); **⁀etruppen** *f/pl.* picked (*od.* crack) troops.
Elixier *n* elixir.
Elle *f* **1.** ell, yard; *fig. mit der ~ messen* measure by the yard-stick; **2.** *anat.* ulna.
Ell(en)bogen *m* elbow; *mit dem ~ stoßen* elbow; *sich mit den ~ den Weg bahnen* elbow one's way (*durch* through); **~freiheit** *f* elbow-room; **~gelenk** *n* elbow-joint; **~schützer** *m* elbow guard.
Ellen...: **⁀lang** *adj.* a yard long; *fig.* very long; *Bericht usw.*: lengthy, endless.
Ellip|se *f* ✎ ellipse; *ling.* ellipsis; **⁀tisch** *adj.* elliptic(al).
Elmsfeuer *n* St. Elmo's fire, corposant.
eloquen|t *adj.* eloquent; **⁀z** *f* eloquence.
Elox|alverfahren *n* eloxal process; **⁀ieren** *v/t.* anodize.
Elsäss|er *m*, **~erin** *f*, **⁀isch** *adj.* Alsatian.
Elster *f* magpie.
elterlich *adj.* parental; ⚖ *~e Gewalt* parental authority.
Eltern *pl.* parents; F *nicht von schlechten ~* F not half bad, terrific; **~beirat** *m* parents' council; **~haus** *n* house of one's parents, home, parental roof; **~liebe** *f* parental love; **⁀los** *adj.* parentless, orphan(ed); **~schaft** *f* parentage; *konkret*: *the* parents *pl.*; **~teil** *m* parent.
Email *n*, **~le** *f* enamel; **~arbeiter** *m* enamel(l)er; **~draht** *m* enamel(l)ed wire; **~farbe** *f* enamel-paint; **~geschirr** *n* enamelware; **~lack** *m* enamel varnish.
emaillieren *v/t.* enamel.
Emanation *f* emanation.
Emanzip|ation *f* emancipation; *der Frau*: (*~sbewegung*) *a.* Women's Lib(eration); **⁀ieren** *v/t.* emancipate; *sich ~* become emancipated.
Embargo *n* embargo; *ein ~ legen auf* lay an embargo on *a. th.*
Emblem *n* emblem.
Embolie ⚕ *f* embolism.
Embryo *m* embryo; **~logie** *f* embryology; **⁀nal** *adj.* embryonic, embryo ...; *fig. noch im ~en Zustand* still in embryo.
emendieren *v/t.* emend.
emeritieren *univ. v/t.* retire.
Emigr|ant *m* emigrant; **~ation** *f* emigration; *in der* (*die*) *~* in(to) exile; **⁀ieren** *v/i.* emigrate.
eminen|t *adj.* eminent; **⁀z** *eccl. f*: *Seine ~* His Eminence; *Graue ~* éminence grise (*fr.*), grey eminence.
Emission *f phys.* emission; ✝ issue; **~sbank** ✝ *f* bank of issue; **~skurs** ✝ *m* rate of issue; **~svermögen** *phys. n* emissive power.
emittieren ✝ *v/t.* issue.
Emotion *f* emotion; **⁀al**, **⁀ell** *adj.* emotional.
Empfang *m* **1.** (*Erhalt*) receipt; *nach* (*od. bei*) *~* on receipt (*von Waren*: delivery) (*von od. gen.* of); *in ~ nehmen* receive, (*j-n*) *a.* meet; **2.** (*Begrüßung, Aufnahme*) reception, welcome; *j-m e-n begeisterten* (*kühlen*) *~ bereiten* give a p. an enthusiastic (a cool) reception; **3.** (*Veranstaltung*) (*offizieller* official) reception; **4.** *Radio usw.*: reception; *auf ~ bleiben* stand by; **5.** *im Hotel usw.*: reception (desk *od.* office); **⁀en I.** *v/t. allg.* receive; (*begrüßen*) *a.* welcome; (*Zutritt gewähren*) see; (*annehmen*) accept; (*Löhnung usw.*) draw; *Radio usw.*: receive; **II.** *v/i.* (*schwanger werden*) conceive.
Empfänger *m* receiver (*a. teleph. u. Radio*), recipient; *e-r Summe*: payee; *von Waren*: consignee; *e-s Briefes*: addressee; *e-s Wechsels*: acceptor; (*Abtretungs⁀*) transferee.
empfänglich *adj.* susceptible (*für* to), receptive (to), responsive (to); ⚕ predisposed (*od.* prone) (to); *für Eindrücke*: impressionable; **⁀keit** *f* susceptibility, receptivity; impressionableness; ⚕ predisposition, proneness (*für* to).
Empfängnis *f* conception; **⁀verhütend** *adj.* contraceptive; *~es Mittel* contraceptive; **~verhütung** *f* contraception.
Empfangs...: **~antenne** *f* receiving aerial (*Am.* antenna); **⁀berechtigt** *adj.* authorized to receive; **~bereich** *m Radio*: service (*od.* reception) area; **~bescheinigung** *f* receipt; **~bestätigung** *f* acknowledgement of receipt; **~chef** *m* reception (*Am.* room) clerk; **~dame** *f*, **~herr** *m* receptionist; **~gerät** *n* receiving set; **~komitee** *n* reception committee; **~raum** *m*, **~saal** *m* reception hall; **~schein** *m* receipt; **~station** *f* ✝ (*Bahnhof*) point of destination; *Radio*: receiving station; **~störung** *f Radio*: interference; *atmosphärisch*: statics *pl.* (*sg. konstr.*); **~tag** *m* at-home (day); **~zimmer** *n* reception room, parlo(u)r.
empfehlen *v/t.* **1.** recommend (*als* as, *für* for); *sich ~ Sache*: be recommended, (re)commend itself (*für* for), *Verfahren usw.*: *a.* suggest itself (for); *wärmstens*

(nicht) zu ~ highly (not) recommended; *es empfiehlt sich, zu inf.* it is recommendable (*od.* advisable) to *inf.*; **2.** *sich j-m* ~ *durch Grüße*: present one's respects (*od.* compliments) to; ~ *Sie mich Ihrer Frau* please remember me to, give my kind regards to; **3.** *sich* ~ (*weggehen*) take one's leave; *sich französisch* ~ take French leave; **~swert** *adj.* (re)commendable; (*ratsam*) advisable.

Empfehlung *f* recommendation; *auf* ~ on recommendation; *gute* ~*en haben* have good references; *meine besten* ~*en an* my best regards (*od.* compliments) to; **~sschreiben** *n* letter of recommendation *od.* introduction.

empfinden I. *v/t.* feel (*a. v/i. mit j-m* with *od.* for); (*Mitleid usw.*) feel, have; *et. als lästig usw.* ~ feel (*od.* find) a th. to be troublesome, *etc.*; *sich* ~ *als* regard o.s. as; **II.** ≗ *n* feeling; (*Meinung*) opinion; (*Sinn*) sense; *nach m-m* ~ as I see it, the way I feel about it.

empfindlich I. *adj.* sensitive (*a. phot.*, ⊕) (*gegen* to); ⚕ *a.* allergic (to); (*zart*) delicate, tender; (*verwundbar*) vulnerable; (*heikel*) squeamish; (*reizbar*) irritable, testy; (*leicht gekränkt*) touchy; (*fühlbar*) sensible; *Kälte*: severe; *Kränkung*: grievous; *Mangel*: critical; *Schmerz*: acute; *Strafe*: severe, drastic; *Verlust*: heavy, bad; (*schmerzlich*) grievous; *s-e* ~*ste Stelle* his sore spot; **II.** *adv.* severely, badly; ~ *kalt* bitterly cold; **≗keit** *f* sensitiveness; allergy; delicacy; irritability, touchiness; severity; *phot.* speed.

empfindsam *adj.* sensitive, tender; (*gefühlvoll*) sentimental; **≗keit** *f* sensitiveness; sentimentality.

Empfindung *f* sensation; (*Wahrnehmung*) perception; *weitS.* feeling, sense; *ich habe die* ~, *daß* I have a feeling that; **≗slos** *adj.* insensitive (*für, gegen* to); insensible; *Glied*: numb, dead; *b.s. fig.* unfeeling, hardhearted; **~slosigkeit** *f* insensitiveness (*für, gegen* to), insensibility; apathy; *Glied*: numbness; **~snerv** *m* sensory nerve; **~svermögen** *n* sensitive (*od.* perceptive) faculty; **~swort** *ling. n* interjection; **~szelle** *f* sensory cell.

empfohlen *adj.* recommended.

Empha|se *f* emphasis; **≗tisch** *adj.* emphatic(ally *adv.*).

Empir|ik *f* empiricism; **~iker** *m* empiric; **≗isch** *adj.* empiric(al).

empor *adv.* up, upwards; *poet.* aloft, on high; *in Zssgn* → *a. hoch...*; **~arbeiten** *v/refl.*: *sich* ~ work one's way up; **~blicken** *v/i.* look up (*zu* to); **~bringen** *v/t.* → *hochbringen.*

Empore ⛪ *f* gallery.

empören I. *v/t.* (*aufbringen*) (rouse to) anger, incense, outrage; (*beleidigen*) offend, insult, hurt *a p.'s* feelings; (*schockieren*) shock, scandalize; **II.** *v/refl.*: *sich* ~ *Volk usw.*: revolt, rebel, rise (in arms); (*zornig werden*) grow furious, flare up, boil with indignation; **~d** *adj.* outrageous; shocking, scandalizing.

Empörer *m*, **~in** *f* insurgent, rebel; **≗isch** *adj.* rebellious, mutinous.

empor...: **~heben** *v/t.* lift (up), raise; **~kommen** *v/i.* rise, get up; *fig.* rise (in the world); **≗kömmling** *m* upstart, parvenu (*fr.*); **~ragen** *v/i.* tower, loom, rise (*über* above); **~schießen** *v/i. Pflanzen*: shoot (*od.* spring) up; *Fontäne*: gush up; *fig. über Nacht*: mushroom up; *raketenartig*: rocket up; **~schnellen** *v/i.* jerk (*od.* bounce, bound) up (*a. sich* ~); ✝ *Preise*: rocket; **~schrauben** *v/refl.*: *sich* ~ ✈ spiral up (*a. Preise usw.*); **~schwingen** *v/refl.*: *sich* ~ soar up, rise (aloft); **~steigen** *v/i.* rise, ascend; soar; **~streben** *v/i.* strive (*od.* tend) upwards; *fig.* aim high; *fig.* ~ *zu* aspire to; **~treiben** *v/t.* force (*od.* drive) up.

empör|t *adj.* furious, fuming; (*entrüstet*) indignant; shocked, scandalized (*über* at); **≗ung** *f* **1.** (*Aufstand*) revolt, rebellion, insurrection; (*Meuterei*) mutiny; **2.** (*Unwille*) indignation, resentment (*über* at).

emsig *adj.* (*geschäftig*) busy, active, bustling; (*fleißig*) assiduous, sedulous, hard-working; (*eifrig*) eager, keen, zealous; (*unermüdlich*) indefatigable; **≗keit** *f* activity; industry, assiduity; zeal, eagerness.

emul|gieren ⚗ *v/i. u. v/t.* emulsify; **≗sion** *f* emulsion.

End|abnehmer ✝ *m* ultimate buyer; **~abrechnung** *f* final account; **~absicht** *f* end (in view), ultimate object; **~bahnhof** *m* terminus, terminal, railhead; **~bearbeitung** ⊕ *f* finishing; **~betrag** *m* sum total, grand total, aggregate (amount); **~buchstabe** *m* final letter.

End|e *n allg.* end; *zeitlich*: *a.* close; *Film usw.*: ending; (*Beendigung*) termination; (*Ergebnis*) result, outcome, (*a. fig. das ~ vom Lied*) upshot; *am Geweih*: point; *~! Funk usw.*: over!; *äußerstes ~* extreme end, extremity; *~ Januar* late in January; *~ der dreißiger Jahre* in the late thirties; *er ist ~ zwanzig* he is in his late twenties; *am ~* at (*od.* in) the end; (*doch*) after all; (*vielleicht*) perhaps, *Am.* maybe; (*schließlich*) eventually; (*auf die Dauer*) in the long run; *fig. ich bin am ~* I'm finished; *bis zum bitteren ~* to the bitter end; *letzten ~s* in the final analysis, strictly speaking, when all is said and done; *e-r Sache ein ~ machen* (*od. bereiten*) put an end to; *zu ~ führen* bring to an end, (*fertigstellen*) complete; *zu ~ gehen* a) → *enden* 2; b) (*knapp werden*) run short; *zu ~ sein* be at an end, (*vorüber sein*) be over; *et. zu ~ denken* think out; *er findet kein ~* he can't stop; *~ gut, alles gut* all's well that ends well; *das dicke ~ kommt nach* the disagreeable part is yet to come; *die Arbeit geht ihrem ~ entgegen* is nearing completion; *es geht mit ihm zu ~* he is going (*od.* sinking) fast, he is on his last legs; *es ist noch ein gutes ~ bis dahin* it's a long way (*od.* good distance) off yet; *ohne daß ein ~ abzusehen wäre* with no end in sight; *alles muß einmal ein ~ haben* there is an end to everything; *das nimmt kein ~* that goes on and on; → *Latein, Weisheit*; **~effekt** *m*: *im ~* in the final analysis, ultimately, when all is said and done.

endemisch ⚕ *adj.* endemic(al).

enden I. *v/t.* **1.** → *beend(ig)en*; **II.** *v/i.* **2.** (come to an) end, (*allmählich*: draw to a) close, terminate; (*aufhören*) cease, finish, stop; *bei e-r Rede*: wind up *od.* close (*mit den Worten* by saying); *~ mit Sache*: end in, result in; *ling. ~ auf* end with; *nicht ~ wollend* unending, *Beifall*: rounds and rounds of *applause*; **3.** (*sterben*) end, die, meet one's death.

End...: ~ergebnis *n* final result, upshot; **~erzeugnis** *n* end product; **~esunterzeichnete(r** *m*) *f the* undersigned; **~geschwindigkeit** *f* final velocity; **2gültig I.** *adj.* final, definitive; definite; (*letztlich*) ultimate; *Beweis*: conclusive; ⚖ *~es Scheidungsurteil* decree final (*od.* absolute); **II.** *adv.* finally, *etc.*; (*für immer*) for good; *das steht ~ fest* that's final; **~gültigkeit** *f* finality.

endigen *v/t. u. v/i.* → *enden*.

Endivie ♀ *f* endive.

End...: ~kampf *m* final struggle; *Sport*: final; finish; **~lauf** *m Sport*: final heat.

endlich I. *adj.* final, ultimate; (*begrenzt*) limited; *phls. u.* ⩘ finite; **II.** *adv.* at (long) last, finally; *~ doch* after all; **2keit** *f* finiteness.

endlos *adj.* endless, unending, interminable; (*unbegrenzt*) boundless, infinite; ⊕ continuous, endless; *bis ins 2e* endlessly, ad infinitum; **2papier** *n* continuous paper.

End...: ~lösung *f* final solution; *pol. hist.* Final Solution; **~montage** ⊕ *f* final assembly.

endogen *adj.* endogenous.

End...: ~phase *f* final stage; **~preis** *m* price to ultimate consumer; **~produkt** *n* end (*od.* final, finished) product; **~punkt** *m* final (*od.* extreme) point; **~reim** *m* end-rhyme; **~resultat** *n* final result, upshot; **~runde** *f Sport*: final; **~rundenteilnehmer(in** *f*) *m* finalist; **~silbe** *f* final syllable; **~spiel** *n Sport*: final(s *pl.*); *ins ~ einziehen* go to the finals; **~spurt** *m Sport*: final spurt, finish; **~station** *f* terminus, terminal; *fig.* end of the road; **~stück** *n* end piece; **~stufe** *f* ⚡ output stage; *Rakete*: final stage; **~summe** *f* (sum) total.

Endung *ling. f* ending, termination.

End...: ~urteil *n* final judgment; **~verbraucher** *m* ultimate consumer; **~verstärker** ⚡ *m* output amplifier; **~wert** *m* final value; **2zeitlich** *eccl. adj.* eschatological; **~ziel** *n* final aim (*od.* objective), ultimate goal; **~zweck** *m* ultimate object.

Energetik *phys. f* energetics *pl.* (*sg. konstr.*).

Energie *f phys.* energy, ⚡ *a.* power; *fig.* energy, vigo(u)r, force, drive; **~aufspeicherung** *f* accumulation (*od.* storage) of energy; **~bedarf** *m* power demand; **~bündel** F *n* bundle of energy, live wire; **~einheit** *f* unit of energy; **2geladen** *fig. adj.* dynamic, bursting with energy; **~krise** *f* energy crisis; **2los** *adj.* lacking energy, weak, slack; **~losigkeit** *f* lack of energy, weakness; **~quelle** *f* source of energy; ⚡ *usw.* power source; **~wirtschaft** *f* power industry; power economy.

energisch *adj.* energetic(ally *adv.*), vigorous, dynamic; *Geste, Wort usw.*: sharp, resolute; *~ werden* put one's foot down.

enervieren *v/t.* enervate.

eng I. *adj.* narrow (*a. fig.*); *Kleidung usw.*: tight; (~ *anliegend*) *a.* clinging; (*gedrängt voll*) crowded, (closely) packed; *Verhältnisse, Raum usw.*: cramped; (*dicht, nah*) close; *Freund(schaft), Kollege, Kontakt usw.*: close, *a.* intimate; *~er machen* tighten, (*Kleider*) take in; → *Sinn, Wahl*; **II.** *adv.* narrowly, *etc.*; *~ befreundet sein* be close friends; *~ begrenzt* narrow, restricted; *~ zs.-legen* fold compactly.

Engag|ement *n* engagement; ✝, *pol. usw.* commitment; **≈ieren** *v/t.* engage, employ, take on; *fig. sich ~* commit o.s.; **≈iert** *adj.* engaged, busy; *fig.* committed; ✝ *Kapital*: tied-up.

eng|anliegend *adj.* tight(-fitting), clinging; **~brüstig** *adj.* narrow-chested.

Enge *f* narrowness (*a. fig.*); closeness; *Kleidung*: tightness; *Ort*: narrow passage, *a. fig.* bottleneck; (*Meer≈*) strait; *fig. in die ~ treiben* (drive into a) corner; *in die ~ getrieben* cornered, in a tight spot, with one's back to the wall.

Engel *m* angel; *guter* (*gefallener, rettender*) *~* good (fallen, preserving) angel; F *die ~ im Himmel singen hören* see stars; *du bist ein ~!* you are an angel (*od.* a dear)!; F *ein ~ geht durchs Zimmer!* a ghost walks!; **~chen** *n* little angel, cherub; **≈gleich, ≈haft** *adj.* angelic; **~macherin** *f* baby farmer; (*Abtreiberin*) back-alley abortionist; **~schar** *f* host of angels; **~sgeduld** *f* infinite patience, patience of Job; **~szunge** *f*: *mit ~n reden* speak with the tongues of angels.

Engerling *m* cock-chafer grub.

engherzig *adj.* narrow(-minded), hidebound; **≈keit** *f* narrow(-minded)ness, pettiness.

Engländer *m* **1.** Englishman, *weitS.* Briton, *Am. a.* Britisher; *die ~* the English (*pl.*); **2.** ⊕ (adjustable) spanner, monkey-wrench; **~in** *f* Englishwoman; *sie ist ~* she is English.

england|feindlich *adj.* Anglophobe; anti-British; **~freundlich** *adj.* Anglophile; pro-British; **≈-hasser** *m* Anglophobe.

englisch[1] *eccl. adj.*: *≈er Gruß* angelic salutation; Ave Maria.

englisch[2] **I.** *adj.* English; *weitS.* British; *~e Kirche* Anglican church; ⚕ *~e Krankheit* rickets (*sg. konstr.*); *~es Pflaster* court-plaster; *adv. ~* (*gebraten*) *Kochkunst*: underdone, *Am.* rare; **II. ≈** *n*: *das ~e* English, the English language; *das ~ gen.* the English of; *auf ≈* in English; *aus dem ~en* from (the) English; *ins ~e* into English; **~-deutsch** *adj. pol. usw.* Anglo-German; *Wörterbuch*: English-German; **≈horn** ♪ *n* English horn; **≈leder** *n* moleskin; **~sprechend** *adj.* English-speaking; **≈traben** *n Reitsport*: posting trot.

engmaschig *adj.* close-meshed; *Fußball*: close.

Engpaß *m* (narrow) pass, defile, *Am. a.* notch; *bsd. fig.* bottleneck; **~material** *n* critical material.

Engramm ⚕ *n* engram.

en gros *adv.* wholesale.

Engros|handel (**~händler, ~preis**) *m* wholesale business (dealer, price).

engstirnig *adj.* narrow(-minded), small-minded, hidebound, borné.

Enkel *m* (*~kind*) grandchild; (*~sohn*) grandson; *weitS.* descendant; **~in** *f* granddaughter.

Enklave *f* enclave.

enorm *adj.* enormous, huge; F (*famos*) F terrific, *sl.* great.

en passant (*fr.*) *adv.* in passing, en passant.

Enquete *f* inquiry, investigation.

Ensemble ♪, *thea. n* ensemble; (*Besetzung*) cast.

entart|en *v/i. allg.* degenerate; **~et** *adj.* degenerate; *fig. a.* decadent; *~er Mensch* degenerate; **≈ung** *f* degeneration; *fig. a.* decadence; corruption.

entäußern *v/refl.*: *sich e-r Sache ~* dispose (*od.* get rid) of; divest o.s. of, part with, discard; → *veräußern.*

entbehr|en I. *v/t.* **1.** (*nicht haben*) lack, want; **2.** (*vermissen*) miss; **3.** (*auskommen ohne*) do (*od.* go) without, dispense with; *ich kann ihn nicht ~* I can't spare him; **II.** *v/i.*: *e-r Sache ~* be without, be devoid of, lack; *die Beschuldigung entbehrt jeder Grundlage* the charge is entirely unfounded; **~lich** *adj.* dispensable; non-essential; (*unnötig*) unnecessary, needless; (*überflüssig*) superfluous; **≈lichkeit** *f* superfluity, needlessness; **≈ung** *f* privation, want.

entbieten *v/t.* **1.** *j-m s-n Gruß ~* present (*od.* send) one's compliments to a p.; *j-m e-n guten Morgen ~* bid a p. a good morning; **2.** *j-n zu sich ~* send for (*od.* summon) a p.

entbind|en I. *v/t.* **1.** dispense, release, excuse (*von* from); **2.** ⚕

disengage, liberate, set free; **3.** (*Frau*) deliver (von of); entbunden werden be delivered, von: *a.* give birth to; **II.** *v/i. Frau*: be confined; sie hat gestern entbunden she was confined yesterday; **²ung** *f* dispensation, release, exemption (von from); *e-r Frau*: delivery, accouchement (*fr.*); **²ungsanstalt** *f*, **²ungsheim** *n* maternity hospital (*od.* home).

entblättern *v/t.* strip of leaves, defoliate; sich ~ shed its leaves; F *fig.* strip, shed one's clothes.

entblöden *v/refl.*: sich nicht ~ zu *inf.* not to be ashamed to *inf.*, have the cheek to *inf.*

entblöß|en *v/t.* bare, denude, strip (to the skin); (*Haupt*) uncover; (*Schwert*) draw; ⚔, ⚕ expose; sich ~ strip (*gen.* of); *fig.* divest, strip (*gen.* of); entblößt bare, naked, nude; *fig.* destitute, stripped (*gen.* of); **²ung** *f* denudation; ⚔, ⚕ exposure; *fig.* deprivation; (*Mangel*) destitution.

entbrennen *v/i.* be inflamed (in Liebe zu j-m with love for a p.); *Zorn*: blaze up; *Kampf usw.*: break out, flare up, start.

entdeck|en *v/t.* discover; (*Öl usw.*) strike; (*finden*) find; (*herausfinden*) discover, detect, find out, F spot; (*aufdecken*) reveal, expose; (*offenbaren*) disclose; et. zufällig ~ stumble (up)on (*od.* tumble to) a th.; sich j-m ~ a) disclose one's identity to a p.; b) confide in a p., unbosom o.s. to a p.; **²er** *m*, **²erin** *f* discoverer; (*Forscher*) explorer; **²ung** *f* discovery; detection; disclosure, exposure; **²ungsreise** *f* voyage of discovery, expedition; F *fig.* exploration.

Ente *f* **1.** duck; junge ~ duckling; F *fig.* lahme ~ lame duck; **2.** (*Zeitungs²*) canard, hoax; **3.** kalte ~ (*Getränk*) white wine cup (with champagne); **4.** ⚕ (bed) urinal.

entehr|en *v/t.* dishono(u)r (*a.* e-e *Frau*), disgrace, degrade; **~end** *adj.* dishono(u)ring, disgraceful; degrading; **²ung** *f* dishono(u)ring; disgrace; degradation.

enteign|en *v/t.* expropriate; (*Besitzer*) dispossess; **²ung** *f* expropriation.

enteilen *v/i.* hasten away, be gone; (*fliehen*) escape; *Zeit*: slip away.

enteisen *v/t.* free from ice; *mot. usw.* defrost; ✈ de-ice.

enteisenen *v/t.* ⚗ (*Wasser usw.*) deferrize.

Enteisung *f* defrosting; de-icing; **~sanlage** *f* defroster; de-icing system.

Enten...: **~braten** *m* roast duck; **~ei** *n* duck's egg; **~jagd** *f* duck-shooting; **~schnabel** *m* duck's bill; ⚕ speculum; **~teich** *m* duck pond.

Enterbeil ⚓ *n* grappling iron.

enterb|en *v/t.* disinherit, F cut *a p.* off with a shilling (*Am.* cent); **²ung** *f* disinheritance.

Enterhaken ⚓ *m* grapnel.

Enterich *m* drake.

entern *v/t.* board, grapple *a ship.*

entfachen *v/t.* kindle, set ablaze; *fig. a.* arouse, call forth, provoke.

entfahren *v/i.*: j-m ~ escape a p.

entfallen *v/i.* **1.** fall (*od.* slip, drop) (den Händen from one's hands); *fig.* j-m ~ escape a p., slip a p.'s memory; **2.** (*wegfallen*) be dropped *od.* cancel(l)ed, *Wort usw.*: *a.* be omitted; (*nicht in Frage kommen*) be inapplicable; entfällt in *Formularen*: not applicable; **3.** auf j-n ~ fall to a p.('s share), be allotted to a p.; auf Einzelhändler ~ 60% the share of retailers is 60 per cent.

entfalt|en *v/t.* unfold; (*ausbreiten*) expand, spread; (*aufrollen*) unroll, (*Fahne*) unfurl; ⚔ deploy, spread out; *fig.* expand, unfold, (*a. Fähigkeiten*) develop (zu into) (*alle a.* sich ~); (*zeigen*) display, exhibit, show; (*Tätigkeit*) launch into; dabei kann ich mich nicht recht ~ this cramps my style; **²ung** *f* unfolding; ⚔ deploy; *Prunk usw.*: display; (*Entwicklung, a. der Persönlichkeit, von Fähigkeiten usw.*) development, *bsd. von Kraft, Macht usw.*: show *of strength, etc.*; zur ~ kommen develop, display itself, show, come to bear.

entfärb|en *v/t.* discolo(u)r; ⊕ decolo(u)r(ize); (*bleichen*) bleach; sich ~ → verfärben; **²ung** *f* decolo(u)rization; bleaching; **²ungsmittel** *n* decolo(u)rant; bleaching agent.

entfasern *v/t.* divest of fib|res, *Am.* -ers; (*Bohnen*) string.

entfern|en I. *v/t. allg.* remove (von from); (*wegnehmen, wegstellen*) *a.* take away, put aside; (*wegräumen*) *a.* clear away; (*Fleck*) *a.* take out; *von e-r Liste*: *a.* strike out; **II.** *v/refl.*: sich ~ (*weggehen*) go away, leave, withdraw, retire, absent o.s. (von from); (*abweichen*) deviate, depart (von from); **~t I.** *adj.* **1.** (*entlegen*) remote, distant (*a. Verwandte*), far(-away); e-e Meile von X. ~ a mile off X., within a mile from X.; zwei

Meilen voneinander ~ two miles apart; **2.** *fig. Ähnlichkeit usw.*: remote, faint; *weit* ~*!* far from it!; *weit* ~ *davon, zu inf.* far from *ger.*; **II.** *adv.* remotely, *etc.*; ~ *verwandt* remotely (*od.* distantly) related; *fig. nicht* ~ not by a long way; *es ist nicht* ~ *so gut* it can't touch (*od.* compare with) it; *nicht im* ~*esten* not in the least; **≈ung** *f* **1.** removal; ~ *aus dem Amt* removal (*od.* dismissal) from office; → *unerlaubt*; **2.** (*Abstand*) distance; ⚔ (*Schußweite*) range; (*Ferne*) distance, remoteness; *in e-r* ~ *von* at a distance of; *aus der* (*einiger*) ~ from the (a) distance; ⚔ *aus kurzer* (*großer*) ~ at close (long) range; **≈ungsmesser** *m* range-finder (*a. phot.*), telemeter; *Person*: range-taker; **≈ungsskala** *phot. f* focus(s)ing scale.

entfessel|n *v/t.* unchain; *fig. a.* set loose; (*Krieg usw.*) unleash, start, provoke; **~t** *adj. fig.* raging, unleashed; *weitS.* abandoned.

entfett|en *v/t.* remove the grease (*od.* fat) from, ⊕ degrease, (*Wolle*) scour; (*Personen*) reduce, slim; **≈ung** *f* removal of fat, scouring; **≈ungskur** *f* slimming cure; **≈ungsmittel** *n* ⚕ anti-obesic; ⊕, ⚗ degreasing agent.

entflamm|bar *adj.* inflammable; **~en I.** *v/t.* ignite, set ablaze; *fig.* inflame, kindle; rouse *a p.'s anger*, incense *a p.*; **II.** *v/i. phys.* flash; *fig.* → *entbrennen*; **≈ungspunkt** *m* flash(ing) point.

entflecht|en *v/t.* disentangle; (*Kartelle*) decartelize; (*Truppen*) disengage; **≈ung** *f* disentanglement; decartelization; *von Truppen*: (military) disengagement.

entfliegen *v/i.* fly away (*dat.* from).

entfliehen *v/i.* flee, escape, run away (*dat.* from); *Zeit*: fly.

entfließen *v/i.* flow (*dat.* from); *fig. e-r Sache* ~ spring (*od.* emanate) from.

entfremd|en *v/t.* estrange, alienate (*j-m* from a p.); *sich* (*gegenseitig*) ~ become estranged, drift apart; *sich j-n* ~ alienate (*od.* estrange) a p.; **≈ung** *f* estrangement, alienation (*a. des Arbeiters, der Jugend usw.*).

entfritten *v/t.* (*Radio*) decohere.

Entfroster *mot. m* defroster.

entführ|en *v/t.* carry off; (*Mädchen*) elope (*od.* run away) with; *mit Gewalt*: abduct, kidnap; (*Flugzeug*) hijack; **≈er(in** *f*) *m* abductor, kidnapper; ✈ hijacker; **≈ung** *f* abduction, kidnapping; elopement; ✈ hijacking.

entgas|en *v/t.* degas; (*Luft austreiben aus*) deaerate; (*entseuchen*) decontaminate; **≈ung** *f* degassing.

entgegen *prp.* **1.** *Gegensatz*: contrary to, against; in opposition to, in the face of; ~ *allen Erwartungen* contrary to all expectations; **2.** *Richtung*: toward(s), against; **~arbeiten** *v/i.* work against, counteract, oppose *a p. od. th.*; **~bringen** *v/t.*: *j-m et.* ~ bring a th. to(wards) a p.; *fig. j-m ein Gefühl usw.* ~ meet a p. with, show (*od.* have) for *od.* toward(s) a p.; **~eilen** *v/i.* (*j-m*) hasten to meet; *fig.* (*dem Untergang usw.*) rush (headlong) into; **~gehen** *v/i.* (*j-m*) go to meet *a p.*; *fig.* approach; (*e-r Gefahr, der Zukunft*) face, be in (*od.* headed) for; *dem Ende* ~ be drawing to a close; **~gesetzt** *adj.* opposite; *fig. a.* contrary, opposed (*dat.* to); *das* ≈*e* the opposite; **~halten** *v/t.* **1.** *j-m et.* ~ hold a th. out to a p.; **2.** *fig.* (*entgegnen*) reply (*dat.* to), say *a th.* in answer (to); advance *a fact* (against); *j-m et.* ~ point out a th. to a p., confront a p. with a th.; **3.** *Patent*: cite (in opposition) (*dat.* against); **≈haltung** *f Patentrecht*: citation, patent cited (in opposition); **~handeln** *v/i.* act against; **~kommen** *v/i.* (*j-m*) (come to) meet; *fig.* oblige *a p.*, co-operate with; (*a. Wünschen*) comply with; *j-m auf halbem Wege* ~ meet a p.('s wishes) halfway; **≈kommen** *n* obligingness; co-operation; friendly advance; concession(s *pl.*); **~kommend** *adj.* **1.** *fig.* obliging, accommodating, co-operative; **2.** *Fahrzeug, Verkehr*: oncoming; **~laufen** *v/i.* **1.** (*j-m*) run to meet, run up to; **2.** *fig.* run counter to; **≈nahme** *f* acceptance, receipt; **~nehmen** *v/t.* receive, accept, take; **~rücken** ⚔ *v/i.* (*dem Feind*) advance (*od.* march) against; **~schlagen** *fig. v/i. Herz*: go out to; **~sehen** *v/i.* (*e-r Sache*) expect, await; (*e-r Gefahr*) face, brace o.s. for; *e-r Sache freudig* ~ look forward to a th.; *e-r baldigen Antwort* ~*d* awaiting (*od.* in anticipation of) an early reply; **~setzen** *v/t.* **1.** → *entgegenhalten* 2; **2.** *Widerstand usw.* ~ put up (*od.* offer) resistance, *etc.* (*dat.* to); *sich* ~ oppose (*dat. a th.*); **~stehen** *v/i.* be opposed to; stand in the way of; (*e-m Feind usw.*) face; ⚖ (*e-m Anspruch*) be opposed to, conflict with, (*ausschließen*) bar, preclude, (*vernichten*) defeat; ~*d* contradictory, conflicting, adverse; **~stellen** *v/t.* (*j-m et.*) set (*od.* pit) against; → entgegensetzen, -halten; **~stemmen** *v/refl.*: sich e-r Sache od. j-m ~ set o.s. (*od.* one's face) against, oppose, resist, battle against; **~strecken** *v/t.*: j-m et. ~ stretch (*od.* hold) out a th. to a p.; **~stürzen** *v/i.* rush towards (*od.* up to); **~treten** *v/i.* (*j-m*) meet (*od.* step up to) *a p.*; *fig.* (*a. e-r Gefahr*) confront, face; *feindlich*: → entgegenstemmen; **~wirken** *v/i.* → entgegenarbeiten; **~ziehen** *v/i.* advance (*od.* march) towards.

entgegn|en *v/i.* reply, answer, return; *schlagfertig, kurz*: retort; **≗ung** *f* reply, answer (*auf* to); retort, repartee.

entgehen *v/i.* **1.** escape, elude, evade *law, punishment, etc.*; escape *death*; avoid, get round *a difficulty*; **2.** *fig.* j-m ~ escape a p.('s notice); ~ lassen let slip, miss; sich die Gelegenheit ~ lassen miss one's opportunity; er ließ sich die Gelegenheit nicht ~ he seized (*od.* did not fail to seize) the opportunity; es kann ihm nicht ~, daß he cannot fail to notice that; ihm entging wenig he didn't miss much.

entgeistert *adj. u. adv.* aghast, thunderstruck, F flabbergasted.

Entgelt *n* consideration (*a. von Vertragsleistung*), remuneration, compensation, recompense; (*Gebühr, Honorar*) fee; (*Belohnung*) reward; als ~ für in consideration of; **≗en** *v/t.* (*j-m et.*) (re)pay *a p.* for; j-n et. ~ (*büßen*) lassen make a p. suffer (*od.* pay) for a th.; **≗lich** *adj. u. adv.* for a consideration, against payment.

entgift|en *v/t.* ⚗ detoxicate; *von Gasen usw.*: decontaminate; *fig.* (*die Atmosphäre*) clear; **≗ung** *f* detoxication; decontamination (*a. fig.*); **≗ungsmittel** *n* detoxicating agent; decontaminant.

entgleis|en *v/i.* **1.** run off the rails, be derailed, *Am. a.* jump the track; ~ lassen derail, throw off the rails; **2.** *fig.* make a slip, commit a faux pas (*od.* gaffe); **≗ung** *f* derailment; *fig.* slip, faux pas (*fr.*), gaffe, (social) blunder.

entgleiten *v/i.* slip (*dat.* from).

entgräten *v/t.* bone.

enthaar|en *v/t.* depilate; **≗ungsmittel** *n* depilatory.

enthalten I. *v/t.* contain; (*fassen*) hold; *weitS. a.* comprise, embody; mit ~ sein in be included in; 4 ist in 12 dreimal ~ 4 goes into (*od.* is contained in) 12 three times; **II.** *v/refl.*: sich ~ *gen.* abstain *od.* refrain from; *parl.* sich der Stimme ~ abstain (from voting); er konnte sich des Lachens nicht ~ he could not help laughing.

enthaltsam *adj.* abstinent, abstemious; (*mäßig*) moderate, *im Trinken*: temperate, sober; *geschlechtlich*: continent; **≗keit** *f* abstinence, abstemiousness; continence.

Enthaltung *f* abstention (*a. Stimm≗*).

enthärt|en *v/t.* (*Wasser*) soften; **≗ungsmittel** *n* (water) softener.

enthaupt|en *v/t.* behead, decapitate; **≗ung** *f* beheading, decapitation; (*Hinrichtung*) execution.

enthäuten *v/t.* skin (*a. Obst.*), flay.

entheb|en *v/t.* relieve (*gen.* of); (*e-r Pflicht usw.*) *a.* release (*od.* exempt, dispense, excuse) from; (*des Amtes*) remove (*od.* oust) from *office*, *vorläufig*: suspend from; (*e-r Mühe, Entscheidung*) save, spare *a p. a th.*; **≗ung** *f* relief; exemption; removal; suspension.

entheilig|en *v/t.* profane, desecrate; **≗ung** *f* profanation.

enthemmen *v/t.* disinhibit.

enthüll|en *v/t.* uncover, bare; (*verschleiertes Gesicht, Denkmal*) unveil; (*zeigen*) show, unveil; *fig.* reveal, disclose, divulge (*dat.* to); (*aufdecken*) bring to light, expose; (*entlarven*) unmask; sich ~ a) reveal o.s. (als as); b) *Sache*: be revealed (*dat.* to); **≗ung** *f* uncovering; unveiling; *fig.* revelation, disclosure; exposure.

enthülsen *v/t.* shell, husk.

Enthusias|mus *m* enthusiasm; **~t** *m* enthusiast, F fan; **≗tisch** *adj.* enthusiastic(ally *adv.*).

entideologisieren *v/t.* de-ideologize.

entjungfer|n *v/t.* deflower; **≗ung** *f* defloration.

entkalken *v/t.* decalcify; delime.

entkeimen I. *v/i.* **1.** germinate, sprout; **2.** *fig.* (*dem Herzen usw.*) arise (*od.* spring) from; **II.** *v/t.* degerminate; (*Kartoffeln*) free from buds; (*Raum usw.*) disinfect; (*Gegenstände*) sterilize.

entkernen *v/t.* stone; (*Äpfel*) core; (*Trauben usw.*) seed.

entkleiden *v/t.* **1.** (*a.* sich ~) undress, strip; take *a p.'s* (*one's*) clothes off; **2.** *fig.* (*e-s Amtes usw.*) divest (*od.* strip) of.

entkohlen ⊕ *v/t.* decarbonize.

entkommen I. *v/i.* escape (*j-m* a p.; aus from), get away (*od.* off); → knapp I; **II.** ≗ *n* escape, getaway.

entkoppeln *v/t.* (*Radio*) decouple; neutralize.
entkorken *v/t.* uncork.
entkörnen ⊕ *v/t.* gin.
entkräft|en *v/t.* weaken, enfeeble, debilitate; (*entnerven*) enervate; (*erschöpfen*) exhaust; *fig.* ⚖ invalidate, (*a. widerlegen*) refute, defeat; **≈ung** *f* weakening, enfeeblement, debilitation; *fig.* ⚖ invalidation; (*Widerlegung*) refutation.
entkuppeln ⊕ *v/t.* uncouple, disconnect; *mot.* declutch.
Entladebrücke *f* unloading bridge.
entladen *v/t.* unload (*a. Gewehr*), unlade, (*Schüttgut*) dump; (*bsd.* ⚡, *a. sich* ~) discharge; *sich* ~ *Gewitter usw.*: burst, break; *Schußwaffe*: go off; *Sprengstoff*: explode, detonate; *fig.* erupt; *Flüche*: pour forth; *s-n Zorn* ~ pour out (*od.* give vent to) one's anger; *sein Zorn entlud sich über uns* he vented his anger on us, he took it out on us.
Entlade...: **~rampe** *f* unloading ramp (*od.* platform); **~spannung** ⚡ *f* discharge voltage.
Entladung *f* unloading; discharge; explosion; *fig.* explosion, eruption; *zur* ~ *bringen* explode, detonate; touch off.
entlang *adv. u. prp.* along; *die Straße* ~ along (*od.* down) the street; *den ganzen Weg* ~ the whole length of the lane; *hier* ~, *bitte!* this way, please!; **~gehen** *v/t.* (*u. v/i.*: ~ *an*) go (*od.* walk) along *the river, etc.*
entlarv|en *v/t.* unmask, expose; *sich* ~ *als* turn out to be; **≈ung** *f* unmasking, exposure.
entlassen *v/t.* dismiss; (*Patienten, Geschworene*) discharge (*aus* from); (*Gefangene*) release, set free; (*Arbeitnehmer*) dismiss, (*wegjagen*) F give the sack *od.* walking papers, fire; (*Beamte*) remove, oust; *mit Pension*: pension off, retire; (*Soldaten*) discharge, demobilize; (*Truppen*) disband; ⚓ pay off; **≈enfürsorge** *f* after-care (for ex-convicts).
Entlassung *f* dismissal, discharge; release; removal (from office); retirement; demobilization; → *a. Abschied*; *bedingt* I 2; **~sgeld** ⚔ *n* discharging (*Am.* mustering-out) pay; **~sgesuch** *n* (letter of) resignation; ⚖ petition for release (from custody); **~slager** *n* discharge camp, *Am.* ⚔ separation camp; **~spapiere** *n/pl.* discharge papers; **~sschein** *m* certificate of discharge; **~sschreiben** *n* letter of dismissal.
entlasten *v/t. allg., a. fig.* relieve (*von* of); ⚖ *von e-r Anklage*: exonerate, clear, release (from *a charge*); ☤ (*Vorstand, Schatzmeister*) give a release to; ☤ *j-n für e-n Betrag* ~ credit a p. for a sum; **~d** ⚖ *adj.* exonerating.
Entlastung *f* relief; ⚖ exoneration; ☤ release, discharge; credit (to *a p.'s* account); *des Arbeitsmarktes usw.*: improvement, easing; ⚖ *zu s-r* ~ *führte er an* in his defen|ce, *Am.* -se; ☤ *j-m* ~ *erteilen* → *entlasten*; **~sangriff** *m*, **~soffensive** *f* relief attack; **~sbeweis** *m*, **~smaterial** *n* ⚖ exonerating evidence; **~sstraße** *f* by-pass (road); **~sventil** ⊕ *n* safety (*od.* relief) valve; **~szeuge** *m* witness for the defen|ce, *Am.* -se; **~szug** *m* relief (*Am. a.* extra) train.
entlaub|en *v/t.* strip of (*sich* ~ shed) its leaves, defoliate; **~t** *adj.* stripped of its leaves, leafless.
entlaufen *v/i.* run away (*dat.* from).
entlausen *v/t.* delouse.
entledig|en *v/t.* (*e-r Sache*) release, exempt from; *sich* ~ (*j-s, e-r Sache*) rid o.s. (*od.* get rid) of; (*e-r Pflicht*) acquit o.s. of, discharge *a duty*; (*s-r Kleider*) take *one's clothes* off, strip (off); **≈ung** *f* release; *fig.* discharge, execution, performance.
entleer|en *v/t.* empty, drain, deplete; *phys. u. physiol.* evacuate; (*Ballon usw.*) deflate; **≈ung** *f* emptying, depletion; evacuation.
entlegen *adj.* remote (*a. fig.*), distant, far-away; out-of-the-way; **≈heit** *f* remoteness, distance.
entlehnen *v/t. a. fig.* borrow (*dat., aus, von* from).
entleiben *v/refl.*: *sich* ~ commit suicide, kill o.s.
entleihen *v/t.* → *entlehnen*.
entloben *v/refl.*: *sich* ~ break off one's engagement.
entlocken *v/t.* (*e-r Sache et.*) draw (*od.* elicit) *a th.* from; *j-m ein Geheimnis* ~ *a.* worm a secret out of a p.
entlohn|en *v/t.* pay (off); **≈ung** *f* pay(ment); → *a. Entgelt*.
entlüft|en *v/t.* evacuate (*od.* exhaust) the air from, exhaust; ⚗ de-aerate; *mot.* (*Bremse*) bleed; (*durchlüften*) air, ventilate; **≈er** ventilator; *mot. Kurbelgehäuse*: breather; *Bremse*: bleeder; (*Stutzen*) air vent; **≈ung** *f* evacuation of air (*gen.* from); de-aeration; (*Lüftung*) ventilation; **≈ungsan-**

lage *f* ventilation system; **∼ungsrohr** *mot. n* vent pipe.
entmachten *v/t.* deprive *a p.* of *his* power.
entmagnetisieren *v/t.* demagnetize; (*Schiffe*) degauss.
entmann|en *v/t.* castrate; *fig.* unman; **∼ung** *f* castration, *a. fig.* emasculation.
entmaterialisieren *v/t.* dematerialize.
entmenscht *adj.* inhuman, brutish.
entmilitarisier|en *v/t.* demilitarize; **∼ung** *f* demilitarization.
entminen ⚔ *v/t.* clear of mines.
entmündig|en *v/t.* (legally) incapacitate *a p.*, place under (legal) disability; **∼t** *adj.* (legally) incapacitated, under (legal) disability; **∼ung** *f* legal incapacitation, interdiction.
entmutig|en *v/t.* discourage, dishearten; **∼ung** *f* discouragement; frustration.
entmythologisieren *v/t.* demythologize.
Entnahme *f* taking (out); *von Geld*: drawing, withdrawal; **∼kreis** ⚡ *m* load circuit.
entnazifizier|en *v/t.* denazify; **∼ung** *f* denazification.
entnebeln *v/t.* clear of fumes.
entnehmen *v/t.* take (*dat.* from); (*der Tasche usw.*) *a.* produce from; (*e-m Buch usw.*) draw *od.* borrow from, (*zitieren*) quote from; *fig. et.* ∼ *aus od. dat.* (*erfahren*) learn from; (*schließen*) gather (*od.* infer, understand, take it) from; *ich entnehme Ihren Worten, daß Sie* I take it that you; ⚕ *nicht entnommene Gewinne* undistributed profits.
entnerven *v/t.* enervate, unnerve; **∼d** *adj.* unnerving; nerve-wracking.
entöl|en *v/t.* remove the oil from, drain of oil; **∼er** *m* oil trap.
entpersönlichen *v/t.* depersonalize.
entpolarisieren *v/t.* depolarize.
entpolitisieren *v/t.* depoliticalize.
entpuppen *v/refl.*: *sich* ∼ burst (from) the cocoon; *fig. sich* ∼ *als* reveal o.s. as, turn out to be.
entrahmen *v/t.* skim; *Zentrifuge*: separate.
entraten *v/i.* (*e-r Sache*) do without, dispense with.
enträtseln *v/t.* solve, unravel, puzzle out; (*Schrift usw.*) *a.* decipher.
entrecht|en *v/t.*: *j-n* ∼ deprive a p. of his (own) rights; **∼ung** *f* deprivation of rights.

Entree *n* **1.** ♪ *u. Kochkunst*: entrée (*fr.*); **2.** → *Eintrittsgeld*.
entreißen *v/t.* (*j-m et.*) *a. fig.* wrench (*od.* wrest, snatch) from; (*dem Tode usw.*) save (*od.* rescue) from.
entricht|en *v/t.* pay *a sum*, discharge *a debt*; (*Dank usw.*) offer (*dat.* to); **∼ung** *f* payment, discharge.
entrinden ⊕ *v/t.* decorticate, remove the bark from.
entringen *v/t.*: *j-m et.* ∼ wrest a th. from a p.; *sich j-s Lippen usw.* ∼ escape (*od.* break) from.
entrinnen I. *v/i.* escape, get away (*dat.* from); *e-r Gefahr* ∼ escape a danger; **II.** ∼ *n* escape.
entrollen *v/t.* (*a. sich* ∼) unroll; (*Fahne, Segel usw.*) unfurl; *fig. ein Bild von et.* ∼ unfold a picture of a th.
entrosten *v/t.* derust.
entrücken *v/t.* **1.** remove (*dat.* from), whisk (*od.* spirit) off *od.* away; *den Blicken entrückt werden* be carried out of sight, vanish; **2.** *fig.* enrapture, entrance, ecstasize; *bibl.* translate.
entrümpel|n *v/t.* clear of junk; **∼ung** *f* clearance of junk.
entrüst|en *v/t.* fill with indignation; (*erzürnen*) anger, incense, provoke; (*schockieren*) shock, scandalize; *sich* ∼ become indignant *od.* angry (*über* at *a th.*; with *a p.*), flare up, *bsd. sittlich*: be shocked *od.* scandalized (at); **∼et** *adj.* indignant, angry; furious, incensed; shocked, scandalized; **∼ung** *f* indignation; anger; exasperation.
entsaft|en *v/t.* extract the juice from; **∼er** *m* juice extractor.
entsag|en *v/i.* renounce; (*Ansprüchen*) waive, resign, abandon; (*aufgeben*) relinquish; (*Abstand nehmen von*) desist from; *dem Thron* ∼ abdicate; **∼ung** *f* renunciation; resignation; abdication; (*Selbst*∼) (self-)abnegation; **∼ungsvoll** *adj.* **1.** *Blick usw.*: resigned(ly *adv.*); **2.** (*aufopfernd*) sacrificing.
Entsatz ⚔ *m* relief.
entschädig|en *v/t.*: ∼ *für* (*e-n Verlust usw.*) indemnify (*od.* compensate) for; (*geleistete Dienste*) compensate (*od.* pay, remunerate) for; (*Auslagen*) reimburse for, repay; *fig.* compensate for; *sich* ∼ *für* reimburse (*od.* indemnify) o.s. for, (re)cover (*e-n Verlust* a loss); **∼ung** *f* indemnification, *bsd. konkret*: indemnity; compensation (*a. fig.*), consideration;

reimbursement; → *a. Schadenersatz.*

entschärfen *v/t.* (*Sprengkörper*) disarm, unprime, de-cap; (*Munition*) deactivate; *fig.* defuse, render harmless; (*Rede usw.*) take the edge off, take the bite out of.

Entscheid ⚖ *m* decree, decision; → *Entscheidung.*

entscheiden I. *v/t.* decide, determine; *endgültig*: settle; ⚖ *a.* decree, rule, adjudge; *damit war die Sache entschieden* that settled (*od.* clinched) it; **II.** *v/i.* (*den Ausschlag geben*) be decisive; (*sich*) ~ *für* (*gegen*) decide *od.* F opt for (against); ~ *über* decide (*od.* determine) *a th.*; **III.** *v/refl.*: *sich* ~ *Sache*: be decided; *Person*: make up one's mind (*zu inf.* to *inf.*); *sich* ~, *zu inf. a.* decide *od.* determine to *inf.* (*od.* on *ger.*); *sich für et.* ~ decide *od.* settle (up)on a th.; *er hat sich* (*schließlich*) *für den teuren Wagen entschieden* he settled on the more expensive car; *wir haben* (*uns*) *entschieden, nicht hinzugehen* we have decided not to go (*od.* against going) there; **~d** *adj.* decisive (*für* for *a p.*; for *od.* of *a th.*); (*endgültig*) final; (*kritisch*) crucial; *Augenblick*: critical; *Fehler usw.*: fatal; ~*e Stimme* casting vote.

Entscheidung *f* decision (*gen.* of; *über* on), determination; ⚖ decision, ruling, finding, decree; → *Urteil*; *der Geschworenen*: verdict; (*Schiedsspruch*) award; *e-e* ~ *treffen od. fällen* make (*od.* come to) a decision, decide; *die letzte* ~ *haben* have the final say; *zur* ~ *bringen* (*kommen*) bring (come) to a head; *Kampf ohne* ~ *Sport*: no decision contest; → *fallen* I; **~sbefugnis** *f* competence, jurisdiction; **~shelfer** *m*, **~sgehilfe** *iro. m* backroom decision-maker; **~sgrund** *m* decisive factor; **~skampf** *m* decisive battle; *fig. a.* showdown; *Sport*: final; **~sschlacht** *f* decisive battle; **~sspiel** *n Sport*: deciding game; (*Endspiel*) final; **~sstunde** *f* decisive (*od.* critical) hour; **≈svoll** *adj.* decisive; crucial, critical; fateful.

entschieden I. *adj.* decided, settled; (*entschlossen*) determined, resolute; (*ausgesprochen*) decided, distinct, definite; (*nachdrücklich*) emphatic(ally *adv.*); *Ton*: peremptory, authoritative; *ein* ~*er Gegner von* a declared (*od.* decided) enemy of; **II.** *adv.* (*fest*) firmly, resolutely; (*zweifellos*) decidedly, definitely; **≈heit** *f* determination, resoluteness; peremptoriness; *mit* ~ decidedly, categorically; *mit* ~ *ablehnen* refuse flatly.

entschlack|en *v/t.* ⊕ remove cinders *od.* slag from; (*Metall*) separate the dross *od.* slag from; ⚕ purify, purge *the system*; **≈ung** ⚕ *f* purge, catharsis.

entschlafen *v/i.* fall asleep; *fig.* die, pass away (*sanft* peacefully); **≈e(r** *m*) *f the* deceased (*od.* departed).

entschleiern *v/t.* unveil (*a. sich* ~); *fig. a.* reveal.

entschließ|en *v/refl.*: *sich* ~ decide, determine (*zu, für et.* on; *zu tun* to do), resolve, make up one's mind (to do); *sich anders* ~ change one's mind; **≈ung** *f* resolution; → *a. Beschluß.*

entschlossen *adj.* resolute, determined; ~ *sein, zu inf.* be determined to *inf.*; *kurz* ~ without a moment's hesitation, (*plötzlich*) abruptly; **≈heit** *f* determination, resoluteness.

entschlummern *v/i.* → *entschlafen.*

entschlüpfen *v/i.* slip away, escape (*dat.* from); *j-m* ~ give a p. the slip; *fig. Wort*: escape a p.'s lips, slip out.

Entschluß *m* decision, resolve, resolution, determination; *e-n* ~ *fassen, zu e-m* ~ *kommen* make (*od.* come to, reach) a decision, make up one's mind; *zu dem* ~ *kommen zu inf.* make up one's mind (*od.* decide) to *inf.*; *aus eigenem* ~ on one's own initiative; **~kraft** *f* determination, resolution, initiative; **≈los** *adj.* irresolute.

entschlüsseln *v/t.* decipher, decode.

entschuldbar *adj.* excusable, pardonable.

entschulden *v/t.* disencumber, free of debts.

entschuldig|en *v/t.* excuse, pardon; (*rechtfertigen*) justify; *sich* ~ excuse o.s., apologize (*bei j-m* to a p.; *für et.* for a th.); *j-n* ~ *bei* excuse a p. to; *sich* ~ *lassen* beg to be excused, send one's excuses (for not coming, *etc.*); *es läßt sich nicht* ~ it admits (*od.* allows) of no excuse; *er entschuldigte sich mit Unwissenheit* he pleaded ignorance; ~ *Sie!* excuse me!, sorry!; **~end** *adj.* apologetic(ally *adv.*); **≈ung** *f* excuse; (*Abbitte*) apology; (*Ausrede, Vorwand*) excuse, pretext; *als* (*od. zur*) ~ *für* in excuse of; *dafür gibt es keine* ~ it is inexcusable, there is no excuse for it; *j-n um* ~ *bitten* apologize to a p. (*wegen* for); ~*!* excuse me!, sorry!; **˜ungsgrund** *m* excuse; **˜ungsschreiben** *n* letter of excuse, written apology.

Entschuldung *f* liquidation of a p.'s indebtedness; *von Grundeigentum*: disencumberment.

entschweben *v/i.* → *entschwinden.*

entschwefeln *v/t.* desulphurize.

entschwinden *v/i.* disappear, vanish, pass out of sight; *dem Gedächtnis* ~ slip one's memory.

entseelt *adj.* dead, lifeless.

entsenden *v/t.* send (out), dispatch; *als Vertreter* ~ delegate, depute.

entsetzen I. *v/t.* **1.** *des Amtes* ~ dismiss *a p.*, remove (*od.* oust) *a p.*; **2.** ⚔ (*Festung*) relieve; **3.** (*erschrecken*) frighten, horrify, terrify; appal(l), shock; *sich* ~ be terrified (*od.* dismayed, appalled) (*über* at), *moralisch*: be shocked *od.* scandalized (at), shudder (at); **II.** ˜ *n* terror, fright, horror, dismay; *zu m-m* ~ to my horror.

entsetzlich I. *adj.* dreadful, terrible, horrible, horrid (*alle a.* F *ungemein*); (*scheußlich*) shocking, heinous, atrocious; (*katastrophal*) disastrous; **II.** *adv.* dreadfully, *etc.*; F ~ *langweilig* F awfully boring; F ~ *dumm* F infernally stupid; **˜keit** *f* frightfulness; heinousness; (*Greuel*) atrocity.

Entsetzung *f* dismissal, removal; ⚔ relief.

entseuch|en *v/t.* decontaminate; (*desinfizieren*) disinfect; **˜ung** *f* decontamination; disinfection.

entsichern ⚔ *v/t.* release the safety-catch of, cock.

entsiegeln *v/t.* unseal.

entsinken *v/i.*: *j-m* ~ fall from a p.'s hands; *fig. der Mut entsank ihm* his courage failed him, his heart sank.

entsinnen *v/refl.*: *sich* ~ remember, recall, recollect (*gen. a p. od. th.*); *wenn ich mich recht entsinne* if my memory serves me right.

entsittlich|en *v/t.* demoralize, deprave, corrupt; **˜ung** *f* demoralization.

entspann|en I. *v/t.* ⊕ relieve the tension (*od.* stress) of; (*Feder*) release; (*Gase usw.*) expand; (*Seil*) slacken; (*Bogen*) unbend; (*Muskeln*) relax, let go limp; *fig.* (*Nerven, Geist*) relax, unbend; *sich* ~ *Person, Gesicht*: relax, *Person*: *a.* relax one's mind, find relaxation; *politische Lage usw.*: ease; **II.** *fig. v/i.* be relaxing; **˜ung** *f* ⊕ release (from tension); *fig.* relaxation (*a. weitS.*), rest; (*Zerstreuung*) diversion; *weitS.* easing (*a.* ✝ *am Geldmarkt* of money rates); *pol.* détente (*fr.*); *eine* ~ *der politischen Lage trat ein* the political tension eased up (a little); **˜ungspolitik** *f* détente policy; **˜ungsübung** *f* relaxation exercise.

entspinnen *v/refl.*: *sich* ~ arise, develop (*aus* from); (*folgen*) ensue.

entsprech|en *v/i.* **1.** correspond to *od.* with, be in accordance (*od.* keeping) with; (*gleichwertig sein*) be equivalent to; (*sich decken mit*) coincide (*od.* tally) with; (*passen zu*) suit, match; (*e-r Beschreibung*) answer; **2.** (*erfüllen*) fulfil; (*Anforderungen*) meet, answer, come up to; (*e-r Bitte*) meet, comply with; (*e-r Erwartung*) come (*Person a.*: live) up to; (*e-r Vorschrift*) comply with, follow; (*e-m Zweck*) answer, serve; *nicht* ~ *dat.* fall short of; fail to meet (*od.* come up to); **~end I.** *adj.* corresponding (*dat.* to); (*angemessen*) adequate (to); (*gleichwertig*) equivalent (to); *sinngemäß*: analogous (to); *im Verhältnis*: proportionate *od.* commensurate (with); (*passend*) suitable (to *od.* for); (*jeweilig, betreffend*) respective; ⚖ *Paragraph 10 findet* ~*e Anwendung* article 10 shall apply analogously (*od.* mutatis mutandis); **II.** *adv.* correspondingly, *etc.*; (*gemäß*) according to, in accordance (*od.* conformity) with; (*befolgend*) in compliance with, following; *er verhielt sich* ~ he acted accordingly; ~ *den besonderen Umständen* in keeping with the special circumstances; *dicke Arme und* ~ *dicke Beine* and legs to match; **˜ung** *f* equivalent (*a. ling.*), counterpart; parallel, analogy.

entsprießen *v/i.* sprout (*od.* spring) from; *fig.* → *entstammen.*

entspringen *v/i.* **1.** (*entfliehen*) escape, run away (*dat. od. aus* from); **2.** *Fluß*: rise, have its source (*dat. od. in* in, at); *Quelle*: spring (from); **3.** *fig. dat. od.* ~ *aus* spring (*od.* arise, come) from; originate from *od.* in; **4.** → *entstammen.*

entstaatlich|en *v/t.* denationalize; (*Kirche*) disestablish; **˜ung** *f* denationalization; disestablishment.

entstammen *v/i.* (*abstammen von*) be descended from; (*herrühren* *von*) come from *od.* of, originate from *od.* in, be derived from.

entstauben *v/t.* (free from) dust.

entstehen I. *v/i.* come into being, spring up; (*erwachsen, a. Gefühle*) grow (*aus* out of), develop, emerge (from); *Schwierigkeiten usw.*: arise, take its rise (*aus* from), originate (from, in); (*geschaffen, gebaut, gebildet werden*) be created (*od.* made, produced, built, formed); ~ *durch* be caused by, be due to, result from; *Kosten usw.*: *a.* be incurred by, accrue from; *daraus entstand e-e Notlage* this gave rise to an emergency; **II.** ≈ *n* → *Entstehung*; *im* ~ *begriffen* in the making, in process of development, forming, growing, *a.* ⚗ nascent, *a.* ⚕ incipient.

Entstehung *f* coming into being, rise, emergence, development, formation; (*Ursprung, Anfang*) origin, beginning; birth, genesis; **~sart** *f* mode of origin (*od.* formation); **~sgeschichte** *f* history of origins, genesis; **~szustand** *m* ⚗ *u. fig.* nascent state.

entsteigen *v/i.* emerge from, get out of; (*e-m Wagen usw.*) *a.* alight from; *fig. Dämpfe usw.*: rise (*od.* issue) from.

entsteinen *v/t.* stone.

entstell|en *v/t.* disfigure, deform; deface; (*Schönheit*) mar; *fig.* (*Tatsachen usw.*) distort; (*Bericht*) garble; (*Wahrheit*) pervert; *von Wut entstelltes Gesicht* face distorted with rage; **≈ung** *f* disfigurement, deformation; distortion, misrepresentation; *konkret*: garbled account; perversion *of truth.*

entstör|en *v/t. teleph.* clear, dejam; (*Radio*) radio-shield, screen; *entstört* interference-free; **≈er** *m* interference suppressor; **≈gerät** *n* anti-interference device; **≈ung** *f* radio interference suppression, fault-clearing.

entstrahlen *v/t. Radioaktivität*: decontaminate.

entströmen *v/i.* **1.** *Wasser, Gase usw.*: escape, issue (*dat.* from); **2.** (*e-r Sache*) flow (*od.* stream, *stärker*: gush) from.

entsumpfen *v/t.* drain.

enttäusch|en I. *v/t. allg.* disappoint; let *a p.* down; disillusion; **II.** *v/i.* be disappointing; **~t** *adj.* disappointed (*über, von* at); disillusioned; ~*e Liebe* (*Hoffnung*) disappointed love (hope); *angenehm* ~ agreeably disappointed; **≈ung** *f* disappointment; disillusion(ment).

entthron|en *v/t.* dethrone (*a. fig.*); **≈ung** *f* dethronement.

entvölker|n *v/t.* depopulate; **~t** *adj.* depopulated; (*leer*) deserted; **≈ung** *f* depopulation.

entwachsen *v/i.* outgrow *a th.*, grow out of.

entwaffn|en *v/t.* disarm (*a. fig.*); **~end** *fig. adj.* disarming; **≈ung** *f* disarming; *e-s Landes*: disarmament.

entwalden *v/t.* deforest.

entwarn|en *v/i. Luftschutz*: sound the "all-clear" (signal); **≈ung** *f* "all-clear" (signal).

entwässer|n *v/t.* drain; **≈ung** *f* drainage, draining; **≈ungsanlagen** *f/pl.* drainage *sg.*; **≈ungsgraben** *m* drainage ditch.

entweder *cj.*: ~ ... *oder* either ... or; ~ *oder!* take it or leave it!; **≈-Oder** *n* either-or; *hier gibt es nur ein* ~ a clear decision is called for.

entweichen *v/i.* **1.** *Person*: escape (*dat. od. aus* from); **2.** *Gase usw.*: escape, leak (*dat. od. aus* from).

entweih|en *v/t.* desecrate, profane; **≈ung** *f* desecration, profanation.

entwend|en *v/t.* purloin, misappropriate, steal, pilfer; (*unterschlagen*) embezzle; **≈ung** *f* purloining, theft, pilfering; embezzlement.

entwerf|en *v/t.* trace (out), project; *flüchtig*: sketch, outline (*alle a. fig.*); (*Muster, Konstruktion*) design; (*Garten usw.*) lay out, plan; (*Vertrag usw.*) draw up, draft; (*Verfassung*) frame; (*Programm*) chart; (*Plan*) make, devise; **≈er** ⊕ *m* designer.

entwert|en *v/t. allg.* lower the value of, depreciate; (*Währung, Geld, Kurse*) depreciate, *durch Maßnahme*: devaluate; (*außer Kurs setzen*) demonetize, (*einziehen*) call in, withdraw; (*Wertzeichen*) cancel, deface; *fig.* render valueless, devaluate; **≈ung** *f* depreciation, devaluation (*a. fig.*); (*Außerkurssetzen*) withdrawal, demonetization; *von Wertzeichen usw.*: defacement, cancellation.

entwesen *v/t.* disinfest, free from vermin.

entwick|eln I. *v/t.* **1.** *allg.* (*Verfahren, Talent, Geschwindigkeit usw.*) develop (*a.* ⊕, ⚗, *phot., phys., Schach*); (*Ideen usw.*) *a.* work out; (*darlegen*) unfold, evolve, set forth; (*Tatkraft usw.*) *a.* show, display; (*Gas, Wärme usw.*) *a.* generate, produce; (*Geschmack*) *a.* acquire (*für* for); **2.** ⚔ deploy (*a. sich* ~); **II.** *v/refl.*: *sich* ~ *allg.* develop (*aus* from; *zu* into);

grow (into); evolve, form; *sich gut* ~ *weitS.* be shaping well; *der Streitfall entwickelte sich zu e-r ernsten Krise* the dispute developed into (*od.* assumed the proportions of) a serious crisis; F *du entwickelst dich (langsam)!* you are shaping up!; **≈ler** *m phot.* developer; *in Zssgn* developing *bath, liquid, etc.*

Entwicklung *f allg.* development; *a. biol.* evolution; (*Bildung*) formation (*a. phys.*), growth; (*Erzeugung*) generation; ⚗ extrication; ⊕ development, research; *phot.* developing; ⚔ deployment; *von Mut usw.*: display; (~*stendenz*) trend.

Entwicklungs...: **~ablauf** *m* (course of) development *od.* evolution; **~abteilung** *f* development department; **~alter** *n* formative years *pl.*, *engS.* age of puberty, adolescence; **~bad** *phot. n* developing bath; **≈fähig** *adj.* capable of development; developable; *Posten usw.*: progressive; (*vielversprechend*) promising; *biol.* (*lebensfähig*) viable; **~gang** *m* → *Entwicklungsablauf*; **~geschichte** *f* history of (the) development; *biol.* biogenesis, ontogeny; **≈geschichtlich** *adj.* developmental; biogenetic(ally *adv.*); **~helfer(in** *f*) *m* development aid volunteer, technical adviser (in developing countries); **~hilfe** *pol. f* development aid; **~ingenieur** *m* development engineer; **~jahre** *n/pl.* → *Entwicklungsalter*; **~land** *n* developing country; **~lehre** *f* theory of evolution; **~möglichkeit** *f* (developmental) possibility; **~roman** *m* Bildungsroman; **~ stadium** *n* → *Entwicklungsstufe*; **~störung** *f* developmental disturbance; maldevelopment; **~stufe** *f* stage of development, phase; **~tendenz** *f* trend; **~zeit** *f* developmental period; ⚕ time of incubation; → *a. Entwicklungsalter.*

entwinden *v/t.*: *j-m et.* ~ wrench (*od.* wrest) a th. from a p.; *sich* ~ extricate o.s. (*aus* from).

entwirren *v/t.* disentangle, unravel, unsnarl (*alle a. fig.*).

entwischen *v/i.* slip away (*dat.* from); escape (*j-m* a p., *aus* from); *j-m* ~ *a.* give a p. the slip, elude a p.

entwöhn|en *v/t.* disaccustom (*gen. od. von* to); (*Kind, Trinker*) wean (from); (*e-r Gewohnheit*) break of; **≈ung** *f* weaning; **≈ungskur** *f* → *Entziehungskur.*

entwölken *v/refl.*: *sich* ~ clear; *fig. Stirn, Lage*: *a.* brighten.

entwürdig|en *v/t.* degrade (*sich* o.s.), debase, disgrace; **~end** *adj.* degrading, disgraceful; **≈ung** *f* degradation, debasement, disgrace.

Entwurf *m* (*Gestaltung*) design; (*Zeichnung*) sketch, draft; (*Modell*) model; (*Plan*) plan, project, outline, sketch, blueprint; (*Konzept*) rough copy, draft; (*Gesetz*≈) bill; (*Vertrags*≈) draft agreement; *im* ~ *sein* be in the planning stage; **~sstadium** ⊕ *n* planning (*od.* blueprint) stage; **~szeichner** *m* draughtsman, *Am.* draftsman; *Mode*: designer.

entwurzel|n *v/t.* uproot (*a. fig.*); **≈ung** *f* uprooting.

entzaubern *v/t.* disenchant; *entzaubert werden* lose its magic.

entzerr|en *v/t. phot.* rectify; *teleph.* correct (the distortion of); *fig.* straighten out; **≈ung** *f phot.* rectification; *teleph.* correction; *fig.* straightening out.

entzieh|en I. *v/t.* **1.** (*den Führerschein usw.*) revoke; *et. j-s Zugriff, Einfluß* ~ remove from, put out of; *j-m et.* ~ withdraw a th. from a p. (*a. Drogen usw.*); (*rauben*) deprive (*od.* strip, rob) a p. of a th.; take a th. away from a p.; (*vorenthalten*) withhold a th. from a p.; *j-m den Alkohol* ~ forbid a p. to drink; *j-m s-e Befugnisse* ~ divest (*od.* strip) a p. of his powers; *j-m das Wort* ~ impose silence on a p., *parl.* rule a p. out of order; **2.** ⚗ extract; *Kohlensäure (Sauerstoff)* ~ *dat.* decarbonate (deoxygenize); *dem Körper Wärme* ~ take heat from; **II.** *v/refl.*: *sich* ~ *dat.* (*vermeiden*) avoid; (*e-m Einfluß usw.*) *a.* escape; (*e-r Pflicht usw.*) shirk, evade, dodge, back out of; (*Verfolgern usw., a. fig. der Definition usw.*) elude; *sich dem Gericht* ~ flee from (*od.* evade) justice, abscond; *sich j-s Blicken* ~ *Person*: hide from a p.'s sight, *Sache*: disappear (from a p.'s sight); *es entzieht sich m-r Zuständigkeit* it exceeds my authority; *es entzieht sich jeder Berechnung* it defies calculation; → *Kenntnis* 1; **≈ung** *f* withdrawal (*a.* ⚕); deprivation; revocation; (*Verweigerung*) denial; (*Verbot*) prohibition; ⚗ extraction; ~ *des Wahlrechtes* disfranchisement; ~ *der bürgerlichen Ehrenrechte* civic degradation; ⚖ *zeitweilige* ~ suspension (*a. des Führerscheins*); **≈ungsanstalt** *f* institution for alcoholics or drug addicts; **≈ungserscheinung** ⚕ *f* withdrawal symptom; **≈ungskur** *f*

Rauschgift usw.: withdrawal (*od.* detoxication) treatment.

entziffer|bar *adj.* decipherable; **~n** *v/t.* decipher; (*dechiffrieren*) decode; *bei unbekanntem Schlüssel*: solve (*od.* break) the key of, cryptoanalyze; (*enträtseln*) make (*od.* puzzle) out; **2ung** *f* deciphering; decoding.

entzück|en *v/t.* charm, enchant, captivate, (fill with) delight; (*hinreißen*) enrapture, ravish, thrill; **2en** *n* → Entzückung; **~end** *adj.* charming, enchanting, delightful, captivating; (*lieblich*) lovely, sweet; **~t** *adj.* delighted, enchanted (über at, von with), charmed (von by), thrilled (at); **2ung** *f* delight; rapture, transport; *stärker*: ecstasy; (*entzücktes Gebaren*) raptures *pl.*, transports *pl.*; in ~ geraten (versetzen) go (send) into raptures (über over).

Entzug *m* → Entziehung.

entzündbar *adj.* inflammable (*a. fig.*); **2keit** *f* inflammability.

entzünd|en *v/t.* kindle, ignite, light, set on fire; *fig.* inflame (*a.* ⚕), kindle, spark; sich ~ catch fire, ignite; (*aufflammen*) blaze up; ⚕ *u. fig.* be(come) inflamed; **~lich** *adj.* inflammatory; **2ung** *f* kindling (*a. fig.*); ⊕ ignition; ⚕ inflammation; **2ungsherd** ⚕ *m* focus of inflammation; **2ungspunkt** *m* ignition point.

entzwei *adv.* in two, asunder, in half; (*zerbrochen*) broken, in *od.* to pieces; (*zerrissen*) torn; **~brechen** *v/t. u. v/i.* break in two (*od.* asunder); **~en** *v/t.* disunite, divide, separate, set at variance; sich ~ fall out (*mit* with); quarrel (with); **~gehen** *v/i.* go to pieces, break; **~reißen I.** *v/t.* tear asunder (*od.* to pieces, to rags); **II.** *v/i.* tear; **~schlagen** *v/t.* smash, shatter; **~schneiden** *v/t.* cut in two (*od.* asunder, [in]to pieces); **2ung** *f* disunion; division, split, rupture; quarrel.

Enzephalitis ⚕ *f* encephalitis.

Enzian *m* **1.** ⚘ gentian; **2.** (~-*schnaps*) Enzian.

Enzyklika *eccl. f* encyclic(al).

Enzyklopäd|ie *f* encyclop(a)edia; **2isch** *adj.* encyclop(a)edic(al); **~ist** *m* encyclop(a)edist.

Enzym *biol. n* enzyme; **2atisch** *adj.* enzymic.

Epaulett *n*, **~e** *f* epaulet(te).

ephemer *adj.* ephemeral.

Epiblast *biol. n* epiblast, ectoderm.

Epidem|ie *f* epidemic (disease); **2isch** *adj.* epidemic(ally *adv.*).

Epidermis *f* epiderm(is).

Epigone *m* (weak) successor, (inferior) imitator, epigon(e); **2nhaft** *adj.* epigonous; **~ntum** *n* epigonism.

Epigramm *n* epigram; **~atiker** *m* epigrammatist; **2atisch** *adj.* epigrammatic(ally *adv.*).

Epigraph *n* epigraph.

Epik *f* epic poetry; **~er** *m* epic poet; *weitS.* narrative author.

Epikure|er *fig. m*, **2isch** *adj.* epicurean.

Epilepsie *f* epilepsy.

Epilep|tiker(in *f*) *m*, **2tisch** *adj.* epileptic; ~er Anfall epileptic fit.

Epilog *m* epilog(ue).

episch *adj.* epic; → Breite.

Episod|e *f* episode (*a.* ♪); **2enhaft, 2isch** *adj.* episodic(al).

Epistel *f* epistle.

Epitaph *n* epitaph.

Epithel *biol. n* epithelium; **~gewebe** *n* epithelial tissue.

epochal *adj.* epochal.

Epoche *f* epoch, era, period; ~ machen mark an epoch; **2machend** *adj.* epoch-making, epochal.

Epos *n* epic (poem).

Eppich ⚘ *m* celery; (*Efeu*) ivy.

Equipage *f* carriage, equipage.

Equipe *f Sport*: team (of riders).

er *pers. pron.* he; ~ selbst he himself; ~ ist es it is he, F it's him; *von Dingen*: it; *Dampfer, Mond, Wagen*: *a.* she.

erachten I. *v/t.* consider, judge, deem, think; et. für unnötig ~ consider (*od.* deem) a th. unnecessary; **II.** 2 *n* opinion, judg(e)ment; m-s ~s in my opinion, to my mind, as I see it; nach s-m ~ *a.* he holds *od.* takes the view *that*.

erarbeiten *v/t.* gain (*od.* acquire, achieve) by working; (*Wissensstoff usw.*) acquire, make *a th.* one's own; (*zs.-tragen*) extract, collect, compile; elaborate; sich et. schwer ~ müssen have to work hard for.

Erb|adel *m* hereditary nobility; **~anfall** *m* succession (to an estate); **~anlage** *f* hereditary disposition, *biol.* gene(s *pl.*); **~anspruch** ⚖ *m* hereditary title, claim to an inheritance; **~anteil** *m* → Erbteil.

erbarmen I. *v/t.* (*j-n*) move (to pity); er erbarmt mich I pity (*od.* feel sorry for) him; **II.** *v/refl.*: sich j-s ~ pity (*od.* take pity on) a p., show mercy to a p.; *eccl.* Herr, erbarme Dich unser Lord, have mercy upon us; **III.** 2 *n* pity, compassion, mercy; er hatte kein ~ he was pitiless, he had no pity (*od.* mercy); zum ~ →

⁓swert, **⁓swürdig** *adj.* pitiable, pitiful, wretched.

erbärmlich I. *adj. a. contp.* pitiful, pitiable; (*elend*) *a. contp.* miserable, wretched; (*gering*) paltry; (*verächtlich*) mean, base; **II.** *adv.* (*äußerst*) terribly, F awfully; **⁓keit** *f* pitiableness, misery; *fig.* wretchedness; *b.s.* meanness, baseness.

erbarmungs|los *adj.* pitiless, merciless; **~voll** *adj.* full of pity, compassionate, merciful.

erbau|en *v/t.* **1.** build (up), construct, raise, erect; **2.** *fig.* edify; *sich ~ an* be edified (*od.* uplifted) by; be delighted by; F *er ist nicht besonders erbaut davon* he is not exactly enthusiastic about it; **⁓er** *m* builder, constructor; (*Gründer*) founder; **~lich** *adj.* edifying (*a. iro.*), elevating; *Schrift*: devotional; **⁓ung** *f* **1.** building, construction, erection; **2.** (*Gründung*) foundation; **3.** *fig.* edification, uplift; **⁓ungsbuch** *n* devotional book; **⁓ungsschrift** *f* (religious) tract.

Erb...: **~auseinandersetzung** *f* partition (of an estate); **~bauer** *m* farmer holding his land in fee simple; **~begräbnis** *n* family vault; **⁓berechtigt** *adj.* entitled to the inheritance; **~bild** *biol. n* genotype.

Erbe 1. *m* heir, successor (*j-s* of *od.* to a p. [*beide a. fig.*]; *e-s Vermögens* to an estate); (*Begünstigter*) beneficiary (under a will); (*Vermächtnisnehmer*) legatee; *von Immobilien*: devisee; *gesetzlicher ~* legal (*od.* general) heir, heir-at-law; *e-s noch Lebenden*: heir-apparent; *leiblicher ~* heir of one's body; *ohne leibliche ~n* without issue; *mutmaßlicher ~* heir presumptive; *j-n zum ~n einsetzen* make (*od.* appoint, constitute) a p. one's heir; **2.** *n* inheritance, *a. fig.* heritage; → *a. Vermächtnis*; *fig. j-s ~ antreten* enter into the heritage of a p.

erbeben *v/i.* shake, tremble, quake, quiver (*vor* with; *bei* at).

erbeigen *adj.* inherited, hereditary; **⁓schaft** *f* hereditary quality.

erben I. *v/t.* inherit (*von* from), be (*od.* fall) heir to, succeed to *a p.'s property*; (*Geld*) *a.* come into *a fortune*, *a little money*; F *fig.* (*kriegen*) get; *hier ist nichts zu ~!* (it's) nothing doing (here)!; **II.** *v/i.* take (under a will).

Erben|gemeinschaft *f* community of heirs; **~haftung** *f* liability of the heir (to discharge the debt of the estate).

erbetteln *v/t.* (*a. sich ~*) get by begging, cadge; *schmeichelnd*: wheedle (*et. von j-m* a th. out of a p.).

erbeuten *v/t.* capture, take (as booty); F *fig.* take, get.

Erb...: **⁓fähig** *adj.* (legally) capable to inherit; **~faktor** *m* (hereditary) factor, gene; **~fall** *m* succession; **~fehler** *m* hereditary defect; **~feind** *m* hereditary (*od.* traditional) enemy; (*Teufel*) *the* Foe; **~folge** *f* succession, *Am. a.* descent; *gesetzliche ~* intestate succession; **~folgekrieg** *m* war of succession; **~forschung** *f* genetic research; **~gang** *m* devolution (upon death); **⁓gesund** *adj.* of healthy stock; **~gesundheitslehre** *f* eugenics *pl.* (*sg. konstr.*); **~gut** *n* **1.** *biol.* genotype; **2.** ⚖ a) inherited property; b) → *Erbmasse* 1; **~hof** *m* hereditary farm.

erbieten *v/refl.*: *sich ~, zu inf.* offer (*od.* volunteer) to *inf.*

Erbin *f* heiress, ⚖ *a.* inheritress; → *Erbe* 1.

erbitten *v/t.* beg (*od.* ask) for, request; (*erlangen*) obtain by entreaty; *sich ~ lassen* be moved by entreaties, yield, relent.

erbitter|n *v/t.* embitter, exasperate, incense; **~t** *adj.* embittered, *etc.* (*über* at, by); resentful (against); (*heftig, wild*) fierce; *Gegner usw.*: bitter; *adv. et. ~ bekämpfen* fight a th. tooth and nail; **⁓ung** *f* exasperation, bitterness; embitterment, animosity; (*Heftigkeit*) vehemence.

erbkrank *adj.* afflicted with a hereditary disease; **⁓heit** *f* hereditary disease.

erblassen *v/i.* (grow *od.* turn) pale, blanch.

Erb...: **~lasser(in** *f*) *m the* deceased, *Am. a.* decedent; *testamentarisch*: testa|tor (-trix *f*); **~lehre** *f* genetics *pl.* (*sg. konstr.*).

erbleichen *v/i.* → *erblassen.*

erblich *adj.* hereditary, inheritable; *~e Belastung* hereditary taint; *adv. ~ belastet* tainted with a hereditary disease, congenitally afflicted; **⁓keit** *f* heredity, hereditary character.

erblicken *v/t.* see, perceive; (*entdecken*) discover, catch sight of, F spot; *flüchtig*: catch a glimpse of; *fig. et. in j-m od. e-r Sache ~* see a th. in a p. *od.* th., regard *od.* look upon a p. *od.* th. as a th.

erblind|en *v/i.* grow (*od.* go) blind;

Glas usw.: dull, dim; **≈ung** *f* loss of (one's) sight; blindness.

erblühen *v/i.* → *aufblühen* I.

Erb...: **~masse** *f* **1.** ⚖ (*Nachlaß*) estate (of a deceased person); **2.** *biol.* genotype; **~onkel** *m* wealthy uncle.

erbosen *v/t.* infuriate, anger; *sich* ~ get angry *od.* furious (*über* at).

erbötig *adj.*: ~, *et. zu tun* ready (*od.* willing, prepared) to do a th.

Erb...: **~pacht** *f* hereditary tenancy (*od.* leasehold); **~pächter** *m* hereditary tenant; **~prinz** *m* hereditary prince.

erbrechen **I.** *v/t.* **1.** (*öffnen*) break open; (*Tür*) force; (*Brief*) open; **2.** ⚕ vomit, bring up; **II.** *v/i. u. v/refl.* **3.** (*sich* ~) vomit, throw up, retch, be sick; **III.** ≈ *n* **4.** breaking open, *etc.*; **5.** ⚕ vomiting.

Erbrecht *n* **1.** (*Gesetz*) law of succession (*Am.* descent); **2.** (*Anspruch*) right of succession, hereditary title; **≈lich** *adj.* under the law of succession; *~e Ansprüche* succession rights.

erbringen *v/t.* produce, furnish, ⚖ *a.* adduce.

Erbschaft *f* inheritance; → *a. Nachlaß, Vermächtnis; antreten* II 4 *usw.*; **~sanspruch** *m* claim to an inheritance; **~ssteuer** *f* death (*od.* estate) duty, *Am.* inheritance tax.

Erb...: **~schein** *m* certificate of heirship; **~schleicher(in** *f*) *m* legacy-hunter; **~schleicherei** *f* legacy-hunting.

Erbse *f* pea; **~nbrei** *m* pease-pudding; **≈nförmig** *adj.* pea-shaped, pisiform; **~nmehl** *n* pease-meal; **~nschote** *f* pea-pod; **~nsuppe** *f* pea-soup.

Erb...: **~sprung** *biol. m* saltation; **~stück** *n* heirloom; **~sünde** *f* original sin.

Erbswurst *f* pease-flour sausage.

Erb...: **~tante** *f* wealthy aunt; **~teil** *n*, ⚖ *m* distributive share, portion; *gesetzlicher* ~ intestate share, statutory portion; **~teilung** *f* partition (of an estate); **~übel** *n* hereditary evil; **≈unwürdig** *adj.* disqualified from inheriting; **~vertrag** *m* contract of inheritance; **~verzicht** *m* (contractual) waiver of inheritance rights.

Erd|achse *f* axis of the earth; **~anschluß** ⚡ *m* earth (connection), *Am.* ground(ing); **~antenne** *f* ground aerial (*Am.* antenna); **~apfel** *dial. m* → *Kartoffel usw.*; **~arbeit** *f* earthwork, excavation work; **~arbeiter** *m* digger, excavation labo(u)rer, *bsd.* ⚒ navvy; **~atmosphäre** *f* (earth's) atmosphere; **~bahn** *f* orbit of the earth; **~ball** *m* (terrestrial) globe, *weitS. the* earth; **~beben** *n* earthquake; **~bebengebiet** *n* seismic area; **~bebenherd** *m* seismic focus; **~bebenkunde** *f* seismology; **~bebenmesser** *m* seismograph; **≈bebensicher** *adj.* earthquake-proof; **~bebenwarte** *f* seismological station; **~beere** *f* strawberry; **~beobachtung** ⚔ *f* ground observation; **~bewegung** *f* **1.** *ast.* motion of the earth; **2.** ⊕ → *Erdarbeit*; **~bewohner** *m* inhabitant of the earth, terrestrial; **~biene** *f* ground-bee; **~boden** *m* ground, soil; (surface of the) earth; *dem* ~ *gleichmachen* level to (*od.* with) the ground, raze, flatten; *wie vom* ~ *verschluckt* vanished (into thin air); **~bohrer** *m* earth auger; **~draht** ⚡ *m* earth (*Am.* ground) lead.

Erde *f* **1.** (*Erdreich*) earth, soil; *seltene ~n* rare earths; *eccl.* ~ *zu* ~, *Staub zu Staub* ashes to ashes, dust to dust; **2.** (*Boden*) earth, ground; *über der* ~ above ground; *auf heimatlicher* ~ on one's native soil; *zu ebener* ~ on the ground-floor, at street-level; *j-n unter die* ~ *bringen* be the death of a p.; **3.** (*Erdball*) *the* earth *od.* world, *our* planet; *auf ~n* on earth, here below; *auf der ganzen* ~ all the world over; **4.** ⚡ (*a. v/t. an* ~ *legen*) earth, *Am.* ground.

erden ⚡ *v/t.* earth, *Am.* ground.

Erden|bürger *m* earthly being, mortal; **~glück** *n* earthly happiness.

erdenk|en *v/t.* think out (*od.* up), devise; (*erfinden*) invent; *erdacht* fictitious, imaginary; **~lich** *adj.* imaginable, conceivable; possible; *sich alle ~e Mühe geben* do one's best (*od.* utmost), spare no efforts.

Erden...: **~kloß** *fig. m* lump of mortal clay; **~leben** *n* earthly life.

Erd...: **~erschütterung** *f* earth-tremor; **~fehler** ⚡ *m* earth fault; **~ferne** *ast. f* apogee; **~floh** *m* flea-beetle; **~funkstelle** *f* ground signal station; **~gas** *n* natural gas; **~geist** *m* gnome; *weitS.* Earth-Spirit; **~geruch** *m* earthy smell; **~geschichte** *f* history of the earth; geology; **~geschoß** *n* ground-floor, *Am.* first floor; **~gürtel** *m* zone; **~hälfte** *f* hemisphere; **~harz** *n* native bitumen.

erdicht|en *v/t.* invent, *b.s. a.* fabricate, trump up; **~et** *adj.* invented, imaginary, fictional; *b.s.* fabricated, trumped-up; **2ung** *f* fiction; figment; invention; fabrication.

erdig *adj.* earthy.

Erd...: **~innere** *n* interior of the earth; **~kabel** *n* buried (*od.* underground) cable; **~kampf** ⚔ *m* ground fighting; **~karte** *f* map of the world; **~klemme** ⚡ *f* earth (*Am.* ground) terminal; **~klumpen** *m* clod; **~kreis** *m*: *der ganze ~* the whole world; **~krume** *f* surface soil, topsoil; **~krümmung** *f* earth curvature; **~kruste** *f* → *Erdrinde*; **~kugel** *f* (terrestrial) globe; **~kunde** *f* geography; **~leiter** ⚡ *m* earth wire, *Am.* ground wire; **~leitung** *f* **1.** ⚡ earth (*Am.* ground) wire; **2.** ⊕ underground pipe(line); **~loch** ⚔ *n* foxhole; **~magnetismus** *m* terrestrial magnetism; **~massen** *f/pl.* earth masses; **~maus** *f* field-mouse; **~messung** *f* geodesy; **~metall** *n* earth metal; **~mine** ⚔ *f* land mine; **~nähe** *ast. f* perigee; **~nuß** ⚘ *f* peanut, ground-nut; **~nußbutter** *f* peanut butter; **~oberfläche** *f* surface of the earth; **~öl** *n* mineral oil, (crude) petroleum; *in Zssgn mst* oil ...

erdolchen *v/t.* stab to death (with a dagger); → *Blick* 1.

Erd...: **~pech** *n* mineral pitch, bitumen; **~pol** *m* pole (of the earth); **~probe** *f* soil (test) sample; **~reich** *n* earth, ground, soil.

erdreisten *v/refl.*: *sich ~, zu inf.* dare (to) *od.* presume to *inf.*; have the impudence (*od.* face, F cheek) to *inf.*

Erdrinde *f* earth's crust, lithosphere.

erdröhnen *v/i.* → *dröhnen.*

erdrossel|n *v/t.* strangle, throttle (*a. fig.*); **2ung** *f* strangulation, throttling.

erdrücken *v/t.* crush (to death); *fig.* crush, overwhelm; *~des Beweismaterial* damning evidence; *~de Mehrheit* overwhelming majority; *von Arbeit fast erdrückt werden* be swamped with work; *von Sorgen erdrückt werden* be oppressed (*od.* weighed down) by worries; *zum 2 voll* crowded to suffocation, chockful.

Erd...: **~rutsch** *m* landslip, *a. fig. pol.* landslide; **~salz** *n* rock-salt; **~satellit** *m ast. u.* ⊕ earth satellite; **~schicht** *f* layer of earth; stratum; *untere*: subsoil; **~schluß** ⚡ *m* earth (contact); *Am.* ground (leakage); *aussetzender ~* intermittent earth; **~scholle** *f* clod; *fig.* soil; **~sicht** ✈ *f* ground visibility; **~spalte** *f* crevice, chasm; **~stecker** ⚡ *m* earthing plug; **~stoß** *m* seismic shock; **~strich** *m* region, zone; **~strom** *m* earth current; **~teil** *m geogr.* continent; **~truppen** ⚔ *f/pl.* ground forces.

erduld|en *v/t.* endure, bear, suffer; **2ung** *f* endurance.

Erd...: **~umdrehung** *f* rotation of the earth; **~umfang** *m* circumference of the earth; **2umkreisend** *adj.*, **~umkreisung** *f* orbiting; **~umlauf** *m*: *~ um die Sonne* revolution of the earth about the sun.

Erdung ⚡ *f* earth(ing), *Am.* ground(ing); **~sdraht** *m* earth (*Am.* ground) wire.

Erd...: **2verlegt** *adj.*: *~e Kabel* underground cables; **~verwehung** *f* soil-drift; **~wall** *m* earth wall, embankment, mound; **2wärts** *adv.* earthward(s).

ereifer|n *v/refl.*: *sich ~* get excited *od.* flushed (*über* over); (*heftig werden*) work up a rage, fly into a passion; lash out (*gegen* at); **2ung** *f* excitement, passion; vehemence.

ereignen *v/refl.*: *sich ~* happen, come to pass (*od.* about), occur, take place.

Ereignis *n* event; (*Vorfall*) occurrence, incident, happening; (*Angelegenheit*) affair; (*Sensation*) great event, sensation; *freudiges ~* (*Geburt*) blessed event; **2los** *adj.* uneventful; (*langweilig*) dull, monotonous; **2reich** *adj.* eventful.

ereilen *fig. v/t.* overtake, catch up with.

Eremit *m* hermit.

ererb|en *v/t.* inherit (*von* from); **~t** *adj.* inherited, *biol. a.* hereditary.

erfahren I. *v/t.* (come to) know, learn, hear; be told (*od.* informed) *that*; (*erleben*) experience, go through; (*erleiden*) suffer; (*empfangen*) receive, get; *er erfuhr von dem Anschlag* he got wind of the plot; *Änderungen ~* undergo changes, be changed; *Kritik ~* meet with criticism; *die Produktion erfuhr e-e Steigerung* the production (was) increased; **II.** *adj.*

experienced, expert (*in* in, at); *Soldat usw.*: seasoned; (*geübt*) skilled; (*bewandert*) well versed (*in* in), at home (in); (*tüchtig*) proficient (in); *er ist in diesen Dingen sehr* ~ he is an old hand at such things; **⁓heit** *f* experience.

Erfahrung *f* (*Erlebnis*) experience; (*Kenntnis, Praxis*) *nur sg.* experience, practice; practical knowledge; *technische* ~ *a.* know-how; *aus (eigener)* ~ from experience; *auf dem Wege praktischer* ~ by trial and error; *durch* ~ *klug werden* learn it the hard way; *in* ~ *bringen* learn, (*herausfinden*) find out, ascertain; *nach s-r* ~ in his experience; *die* ~ *machen, daß* make the experience that, find that; *s-e* ~*en machen* gain experience; *wir haben mit dem Gerät gute* ~*en gemacht* the device has been quite a success (*od.* has proved quite satisfactory); *die* ~ *hat gezeigt, daß* past experience has shown that; *um e-e* ~ *reicher sein* have learnt one's lesson; → *jahrelang* I.

Erfahrungs...: **~austausch** *m* exchange of experience; **⁓gemäß** **I.** *adv.* according to my (our, *etc.*) experience, from (previous) experience; **II.** *adj.* (*a.* **⁓mäßig**) empiric(ally *adv.*); **~satz** *m* empirical theorem; **~wissenschaft** *f* empirical science; **~zahl** *f* empirical coefficient.

erfass|en *v/t.* (*packen*) seize, grasp, grip, catch (*alle a. geistig* = comprehend); catch (*od.* lay) hold of, *stärker*: clutch; *fig.* (*erkennen*) realize; *statistisch*: register, record, list; ⚔ (*aufbieten*) call up, muster; (*Ziel*) pick up; (*in sich schließen*) cover, comprise; (*berücksichtigen*) consider; (*Anwendung finden auf*) apply to; *Anfall, Schwindel usw.*: seize, grip; *von e-m Verlangen usw. erfaßt werden* be seized by a desire, *etc.*; **⁓ung** *f* registration, recording, listing; inclusion; consideration; call-up; pick-up; **⁓ungsstelle** *f* registration office; collecting cent|re, *Am.* -er.

erfechten *v/t.* (*Sieg usw.*) gain.

erfinden *v/t.* invent, devise; (*entdecken*) discover, hit upon; (*erdichten*) invent, make up, *b.s. a.* concoct, cook up; → *Pulver.*

Erfinder *m* inventor; **~geist** *m* inventive genius, ingenuity; **~in** *f* inventress; **⁓isch** *adj.* inventive, ingenuous; (*phantasievoll*) imaginative; (*schöpferisch*) creative; (*findig*) resourceful; → *Not*; **~recht** *n* patent rights *pl.*

Erfindung *f* invention; (*Entdeckung*) discovery; (*Vorrichtung*) device; (*Erdichtetes*) fiction, invention, *b.s. a.* fabrication; **~sgabe** *f* inventive genius, inventiveness; (*Phantasie*) imagination; **~spatent** *n* inventor's patent; **⁓sreich** *adj.* → *erfinderisch.*

erflehen *v/t.* implore, invoke.

Erfolg *m* (*gutes Ergebnis, große Leistung*) success; (*Endergebnis, Ausgang*) result, outcome; (*Folge*) consequence, upshot; (*Wirkung*) effect (*a.* ⚖); (*Leistung*) achievement; *großer* ~ great success, F big hit; *guter* ~ good result; ~ *haben* succeed, be a success, be successful; *keinen* ~ *haben* be unsuccessful, fail, *a. thea. sl.* be a flop; *Unternehmung*: *a.* come to grief, be abortive; *Bemühungen*: *a.* be *od.* prove fruitless (*od.* unavailing); *von* ~ *gekrönt* crowned with success, successful; *er (es) war ein (voller)* ~ he (it) was a (great) success; *mit dem* ~*, daß* with the result that; *er hatte keinerlei* ~ *bei ihr* he didn't get anywhere (*Am. sl.* to first base) with her; **⁓en** *v/i.* ensue, follow, result (*aus* from); (*sich ereignen*) happen, take place, occur; (*sich einstellen*) come, arrive, be forthcoming; *es ist noch keine Antwort erfolgt* no answer has been received as yet; *die Zahlung muß sofort* ~ payment must be made (*od.* effected) immediately; **⁓los** **I.** *adj.* unsuccessful, ineffective, vain, unavailing, fruitless, abortive; **II.** *adv.* unsuccessfully, *etc.*; in vain, without success; **~losigkeit** *f* unsuccessfulness, failure; **⁓reich** *adj.* successful (*in* in), effective; crowned with success; **~santeil** ⚕ *m* share in results; **~sautor** *m* best-seller; **~sbuch** *n* best-seller; **~schance** *f* chance (of success); **~serlebnis** *n*, **~sgefühl** *n* sense of achievement; **~shonorar** *n* contingent fee; **~smensch** *m* go-ahead person, careerist, hustler, *Am. sl.* go-getter; **~squote** *f*, **~srate** *f* success rate; **~srechnung** ⚕ *f* profit and loss account; **~szwang** *m*: *unter* ~ *stehen* be under pressure to succeed; **⁓versprechend** *adj.* promising.

erforderlich *adj.* necessary, requisite, required; *unbedingt* ~ indispensable, imperative, essential; *falls* ~ if required; *dazu* *sind erhöhte Zuschüsse* ~ this requires (*od.* calls for) higher subsidies; ~ *machen* → *erfordern*; **~enfalls** *adv.* if required (*od.* necessary), in case of need.

erforder|n *v/t.* require, demand, call for; *stärker*: necessitate, exact; (*Zeit*) take (up), require; **≈nis** *n* requirement, demand; exigency, necessity; (*Voraussetzung*) (pre)requisite (*alle für* for).

erforsch|en *v/t.* (*Land*) explore (*a. fig.*); (*untersuchen*) inquire into, investigate; (*ergründen*) probe, fathom, (try to) find out; (*Gewissen*) search, examine; *wissenschaftlich*: research, investigate, study; **≈er** *m* explorer; investigator; **≈ung** *f* exploration; investigation; fathoming; examination.

erfragen *v/t.* ask (for); ascertain; *zu* ~ *bei* inquire at, apply to.

erfrechen *v/refl.*: *sich* ~ *zu inf.* have the impudence (*od.* F cheek) to *inf.*

erfreuen I. *v/t.* please, give pleasure to, gladden; (*entzücken*) delight; (*befriedigen*) gratify; *ich bin darüber erfreut* I am glad of it, I am pleased (*od.* delighted) to hear it; **II.** *v/refl.*: *sich* ~ *an* take pleasure in, (take) delight in, be delighted by, enjoy *a th.*; *sich e-r Sache* ~ enjoy a th.

erfreulich *adj.* delightful, pleasing, agreeable; *Nachrichten usw.*: glad, welcome, pleasant; (*ermutigend*) encouraging; (*befriedigend*) gratifying, satisfactory; **~erweise** *adv.* fortunately, happily; (much) to my (our) pleasure *od.* relief.

erfrier|en I. *v/i.* freeze to death; *Pflanzen*: be killed by frost; *erfroren* frozen (to death), *Pflanze usw.*: frost-bitten; **II.** *v/t.*: *sich die Ohren* ~ get one's ears frost-bitten; **≈ung** *f* death from exposure (to cold); *lokal*: frostbite.

erfrisch|en *v/t.* refresh; (*abkühlen*) cool; (*beleben*) give new life to, revive; *sich* ~ refresh o.s., *mit e-m Getränk usw.*: *a.* F refresh the inner man; **~end** *adj.* refreshing (*a. fig. Humor, Person usw.*); **≈ung** *f allg.* refreshment; **≈ungsraum** *m* refreshment room.

erfüllen *v/t.* **1.** *allg.* fill (*mit* with); *fig. mit Furcht usw.* ~ *a.* inspire (*od.* strike) with; **2.** (*verwirklichen, ausführen*) *allg.* fulfil(l); (*Aufgabe*) accomplish; (*Bedingung, Bitte*) comply with, meet; (*Wunsch*) grant, fulfil(l), meet; (*Erwartungen*) meet, come up to; (*Pflicht usw.*) do, carry out; (*Versprechen*) keep, make good; (*Vertrag*) perform, carry out; (*Zweck*) answer, serve; *sich* ~ be fulfilled, come true; *erfüllt sein von* be filled (*od.* imbued, inspired) with, be full of; → *Tatbestand.*

Erfüllung *f* fulfil(l)ment (*a. fig. Befriedigung*); accomplishment; ⚖, ⚕ performance; compliance (*gen.* with); realization; ⅍ *Mengenlehre*: elementhood; *in* ~ *gehen* be fulfil(l)ed, come true; **~sgehilfe** ⚖ *m* (debtor's) agent; **~sort** ⚕ *m* place of performance; domicile (of the contracting parties for the purposes of a contract); **~spolitik** *f* policy of appeasement; **~stag** ⚕ *m* settling-day.

erfunden *adj.* invented, imaginary, fictional; *b.s.* fictitious, fabricated, trumped-up; fantastic.

Erg *phys. n* erg.

ergänzen *v/t.* (*abrunden*) complement; (*vervollständigen*) complete; (*hinzufügen, nachtragen*) add, supplement, supply; (*ersetzen*) replace; (*auffüllen*) fill up, supply ⚕ (*Lager*) replenish; (*Summe*) make up; (*wiederherstellen*) restore; *sich* (*od. einander*) ~ complement one another, be complementary; **~d** *adj.* supplementary, supplemental, complementary (*alle acc.* to); (*zum Ganzen gehörig*) integral; (*zusätzlich*) additional; *ling. Satz*: completive *clause.*

Ergänzung *f* **1.** (*Vorgang*) completion; supplementation; replenishment; restoration; addition; **2.** (*das Ergänzte*) complement (*a. ling.*, ⅍); supplement; addition; *zu e-m Gesetz*: amendment.

Ergänzungs...: **~abgabe** *f* supplementary tax; **~band** *m* supplement(ary volume); **~farbe** *f* complementary colo(u)r; **~mannschaften** ⚔ *f/pl.* replacements; **~teil** *n* integral (*od.* supplementary) part; **~wahl** *f* by-election; **~winkel** ⅍ *m* complementary (*od.* supplementary) angle; **~wort** *ling. n* supplementary word.

ergattern F *v/t.* (manage to) get hold of, get, secure, bag, F grab, snare.

ergaunern *v/t.* get by trickery, *sl.* finagle, wangle; *et. von j-m* ~ cheat a p. out of a th.

ergeben I. *v/t.* **1.** (*hinauslaufen auf*) result in; (*betragen*) amount to; (*abwerfen*) yield, produce; **2.** (*erweisen*) *Prüfung usw.*: show, prove, reveal; **II.** *v/refl.* **3.** *sich* ~ *Schwierigkeiten usw.*: arise, emerge, ensue; *sich* ~ *aus* result (*od.* follow) from; *daraus ergibt sich* hence follows, this goes to prove; *es hat sich so ergeben* it so happened; **4.** *sich* ~ ⚔ *u. weitS.* surrender (*dat.* to); (*e-r Sache*) devote o.s. to; (*e-m Laster*) take to, become addicted to; *sich in ein Schicksal* ~ resign o.s. (*od.* submit) to, acquiesce in; **III.** *adj.* devoted (*dat.* to); *e-m Laster*: addicted (to); (*treu*) loyal (to); *e-m Schicksal*: resigned (to); (*untertänig*) humble; ~*er Diener* obedient servant; ~*st* respectfully; *Briefschluß*: Yours faithfully (*Am.* very truly); **˜heit** *f* devotion; loyalty; (*Unterwerfung*) submission; (*Gefaßtheit*) resignation.

Ergebnis *n allg.* result (*a. Sport usw.*), outcome; (*Ausgang*) issue, upshot; (*Folgen*) consequence(s *pl.*); (*Wirkung*) effect; (*Punktzahl*) score; *e-r Untersuchung*: *a.* finding(s *pl.*); *e-r Wahl*: returns *pl.*, result; → *Ertrag*; **˜los** *adj.* without result; ~ *bleiben* give no result; be unsuccessful, fail, come to nothing; → *erfolglos*.

Ergebung *f* **1.** ⚔ surrender; **2.** *fig.* resignation, submission; *voll* ~ resigned(ly *adv.*).

ergehen I. *v/i.* **1.** *Befehl usw.*: be issued (*an* to); *Gesetz*: *a.* be published, come out; *Einladung*: be sent (to); ⚖ *Urteil*: be pronounced, be handed down, *a. Beschluß*: be passed; ~ *lassen* issue; (*Einladung*) send (*od.* extend) (*an* to); ⚖ (*Beschluß*) pass; → *Gnade*; **2.** *et. über sich* ~ *lassen* suffer *a th.* (patiently), endure, submit to; **II.** *v/refl.* **3.** *sich* ~ take a stroll (*in e-m Garten usw.* in); **4.** *fig. sich über ein Thema* ~ hold forth on; **5.** *fig. sich* ~ *in* indulge in; (*Verwünschungen usw.*) break out in; pour forth; (*Lobpreisungen*) be profuse in; *sich in begeisterten Worten* ~ rave *od.* enthuse (*über* about); **III.** *v/impers.* **6.** *es erging ihr gut* things went well with her; *es ist ihm schlecht ergangen* he had a bad time; *wie ist es dir ergangen?* how did you fare?; *den Fachleuten erging es wenig besser* the experts fared little better; *mir ist's genauso ergangen* the same thing happened to me; **IV.** ˜ *n* **7.** → *Befinden*; **8.** how *a p.* fares (*od.* fared, is getting on).

ergiebig *adj.* productive (*a. fig. Gespräch usw.*); (*fruchtbar*) fertile; (*reich*) rich *od.* abounding (*an* in), plentiful; *Geschäft*: profitable, lucrative, paying; *Farbe usw.*: yielding; **˜keit** *f* productiveness; fertility; richness, abundance; lucrativeness; (*Ausgiebigkeit*) yield (value).

ergießen *v/refl.*: *sich* ~ *in* (*auf, über*) flow *od.* pour into (on to [*Am.* onto], over); *Fluß*: *a.* charge (*od.* empty) into.

erglänzen *v/i.* shine, gleam, sparkle.

erglühen *v/i.* glow; *Gesicht*: *a.* blush, flush (*vor* with); *fig.* ~ *vor* be flushed with *enthusiasm*.

ergo *cj.* ergo, therefore.

ergötz|en *v/t.* amuse, entertain, divert; (*a. das Auge od. Ohr*) delight; *sich* ~ enjoy o.s.; *sich* ~ *an* take delight in; be amused by; (*e-m Anblick*) feast one's eyes on; *schadenfroh usw.*: gloat over; **˜en** *n* delight; amusement; *zu j-s* ~ to a p.'s amusement; **~lich** *adj.* delightful, delectable; (*drollig*) amusing, comical, funny.

ergrauen *v/i.* (go, *Haar*: turn) grey, *Am.* gray.

ergreifen *v/t.* **1.** seize, grip (*a. fig. Angst etc.*); grasp, lay hold of; pick up; (*Feder, Waffen*) take up; (*Verbrecher*) apprehend, arrest, pick up; *fig.* (*Maßregel*) take, adopt; → *Beruf, Besitz, Flucht* 1, *Gelegenheit* 2, *Macht usw.*; **2.** *fig.* (*bewegen*) move, touch, stir *a p.*; **~d** *adj.* moving, touching, (soul-) stirring.

ergriffen *adj.* (*bewegt*) moved, touched, deeply stirred, affected (*von* by); *von Fieber* (*Panik*) ~ struck with fever (seized with panic); **˜heit** *f* emotion.

ergrimmen *v/i.* become angry (*od.* furious), flare up, fly into a rage.

ergründ|en *v/t.* fathom; *fig.* *a.* penetrate, get to the bottom of; (*erforschen*) explore, probe (into); **˜ung** *f* fathoming, penetration; exploration.

Erguß *m* discharge (*a. physiol.*); ⚕ effusion; *physiol.* (*Samen*˜) emission; *fig.* effusion, outpour (-ing); *von Worten*: flood, torrent; **~gestein** *geol. n* effusive rock.

erhaben *adj.* **1.** raised, elevated; ⊕ ~*e Arbeit* embossed (*od.* raised) work, relief; *ganz* ~*e Arbeit* high-relief, alto-relievo; *halb* ~*e Arbeit* half-relief; **2.** *fig.* sublime, exalted, lofty; (*berühmt*) illustrious, eminent; (*großartig*) grand, magnificent; ~ *über* above (*doing*) *a th.*, superior to; *über alles Lob* ~ beyond all praise; *über jeden Tadel* ~ above criticism; *phls. das* ˜*e* the sublime; **˜heit** *f* elevation; *fig.* sublimity; loftiness; grandeur; eminence.

Erhalt *m* receipt; → *a. Empfang* 1.

erhalten I. *v/t.* **1.** (*bekommen*) get, receive; (*erlangen*) obtain (*a.* ⚕); (*Genehmigung usw.*) *a.* be given (*od.* granted); (*e-n Preis*) be awarded (*od.* given); (*Sache*) *a.* fetch; **2.** (*bewahren*) preserve, keep (*am Leben* alive); (*Brauch*) maintain, retain; (*Frieden*) maintain, preserve; (*retten*) save; (*Familie*) keep, support; (*unterstützen*) support (*sich selbst* o.s.), maintain; *fig. sich* ~ be preserved, survive; *sich* ~ *von* subsist on; *sich gesund* ~ keep in good health, keep fit; **II.** *p.p. u. adj.*: *gut* (*schlecht*) ~ in good (bad) condition *od.* repair; ~ *bleiben* be preserved, survive; *noch* ~ *sein* remain, be left, survive; ✝ *Wert* ~ value received; *zu* ~ → *erhältlich.*

Erhalter(in *f*) *m* (*Retter*) preserver; (*Ernährer*) supporter, breadwinner.

erhältlich *adj.* obtainable; *nicht* ~ not obtainable (*od.* available), not to be had; *schwer* ~ hard to come by.

Erhaltung *f* → *erhalten*: preservation; conservation; maintenance, upkeep; support.

erhandeln *v/t.* get (by bargaining); (*kaufen*) buy (o.s.).

erhängen *v/t.* hang (*sich* o.s.).

erhärt|en *v/t.* harden, set; *fig.* (*bestätigen*) confirm, corroborate, substantiate; *eidlich* ~ affirm upon oath, swear to; **≈ung** *fig. f* confirmation, corroboration; proof.

erhaschen *v/t.* snatch, catch, seize; *e-n flüchtigen Blick von et.* ~ catch a glimpse of a th.

erheben I. *v/t.* **1.** raise (*a. Augen, Stimme*), lift (up); *fig.* (*Bedenken, Einwand usw.*) raise; → *Adelsstand, Anspruch, Geschrei, Hand, Klage* 2, *Protest, Thron usw.*; **2.** ~ *zu fig.* make *a system* of, adopt as; **3.** (*Steuern usw.*) levy, impose, collect; (*Gebühr*) charge; **4.** Å raise; *ins Quadrat* ~ raise to the second power, square; *zur dritten Potenz* ~ raise to the third power, cube; **5.** (*ermitteln*) ascertain; (*Daten, Statistik*) collect; ⚖ *Beweise* ~ take evidence; **6.** *fig.* (*den Geist*) edify, have an uplifting effect on; **II.** *v/refl.*: *sich* ~ rise (to one's feet), get up; *Flugzeug, Vogel*: rise, soar (up); *Gebirge, Hochhaus*: rise, tower (up); *Geschrei, Stimme usw.*: arise; *fig. Frage, Zweifel, Schwierigkeit*: arise; *Sturm, Wind*: arise, spring up; *Volk*: rise (in arms), revolt (*gegen* against); *sich* ~ *über* (*et.*) rise (*od.* tower) above *a th.*; *fig.* rise (*od.* soar) above, surmount; (*j-n*) rise above *a p.*, be superior to; **~d** *fig. adj.* elevating, edifying; heart-warming, exalting.

erheblich I. *adj.* considerable; *Schaden, Verluste*: *a.* serious, grave, heavy; (*wichtig*) important; ⚖ relevant, material; ~e *Tatsachen* facts of legal relevance; **II.** *adv.* considerably; ~ *besser* much (*od.* F a long sight) better; **≈keit** *f* importance; relevance.

Erhebung *f* **1.** (*Boden≈*) elevation, rise (in the ground), *weitS.* hill; **2.** *in e-n höheren Stand*: elevation, promotion (*in* to); **3.** *von Steuern, Zoll*: levy, imposition; *von Gebühren*: charge; **4.** Å involution; ~ *ins Quadrat* squaring; ~ *in die dritte Potenz* cubing; **5.** (*Ermittlung*) ascertainment; (*Untersuchung*) (official) inquiry, investigation; ~*en anstellen über* make inquiries about, inquire into, investigate; **6.** *statistische*: survey; ~*en* statistics, data (collected); (*Zählung*) census, count; **7.** (*Volks≈*) revolt, uprising, rebellion; **8.** *fig.* (*seelische* ~) elevation, edification, uplift; **~szeitraum** *m Statistik*: (data) collection period.

erheischen *v/t.* require, demand, exact; (*Respekt*) command.

erheiter|n *v/t.* cheer (up), exhilarate; (*ergötzen*) amuse; (*Gesicht*) brighten; *sich* ~ *Gesicht*: brighten, light up; **≈ung** *f* amusement.

erhell|en I. *v/t.* light up, illuminate; (*Farben*) brighten; *fig.* clear up, elucidate, shed light (up)on; **II.** *v/i.* become evident; *daraus erhellt* hence it appears; **≈ung** *f* illumination.

erhitz|en *v/t.* heat (*auf* to); make hot; (*pasteurisieren*) pasteurize; *fig.* (*Leidenschaften*) rouse, inflame; (*Phantasie*) fire; *sich* ~ get (*od.* grow) hot; *fig. Gemüt, Gespräch*: become heated; *Gefühle*: be roused; (*zornig werden*) flush (with anger), work up a rage; *die Gemüter erhitzten sich* feelings ran high; **≈er** *m* heater; **~t** *adj.* heated; hot, *Person*: *a.* flushed; *fig. Debatte*: heated; (*zornig*) flushed, excited; ~e *Gemüter* heated minds, hot feelings; **≈ung** *f* heating.

erhoff|en *v/t.* (*a. sich* ~) hope for, expect; **~t** *adj.* hoped-for.

erhöhen *v/t.* raise, lift; elevate; *fig.* (*steigern*) *allg.* raise, increase, augment (*auf* to; *um* by); (*verstärken*) intensify; (*Appetit*) whet, sharpen; (*Eindruck*) deepen; (*Preis*) raise, advance, mark up, *Am.* lift, F up; (*Wirkung usw.*) enhance, heighten, add to, F boost; *im Rang*: exalt; *sich* ~ increase, be increased (*od.* raised, enhanced, *etc.*), *Spannung usw.*: heighten; *Preise*: *a.* advance; *erhöhte Wahrnehmung* heightened perception.

Erhöhung *f* raising; (*Anhöhe*) elevation; (*Hügel*) hill(ock); *fig.* (*Steigerung*) increase; enhancement; heightening; *der Löhne*: rise, *Am.* raise; *der Preise*: increase, advance, rise; (*Verbesserung*) improvement; **~swinkel** *m* angle of elevation; **~szeichen** ♪ *n* sharp.

erhol|en *v/refl.*: *sich* ~ recover (*von* from; *a. fig.*), get better *od.* well, recuperate; rally (*a. fig.*), come round; *nach der Arbeit*: (take a) rest; (*sich entspannen*) relax; ⚕ *Preise, Kurse, Markt*: recover, rally; *Börse*: *a.* pick up; *sich von der Überraschung usw.* ~ recover from (*od.* get over) one's surprise, *etc.*; **~sam** *adj.* restful, relaxing.

Erholung *f* **1.** recovery, recuperation, convalescence; (*Entspannung*) rest, recreation, relaxation; ⚕ recovery, rally; **2.** (*Ferien*) holiday, *bsd. Am.* vacation; *zur* ~ *in X. weilen* stay for a rest in X.

Erholungs...: **≈bedürftig** *adj.* wanting a rest, run(-)down; **~fähigkeit** *f* recuperative capacity; **~gebiet** *n* recreation area; **~heim** *n* rest-home; (*Ferienheim*) recreation home, rest cent|re, *Am.* -er, *für Kinder*: holiday camp; **~kur** *f* recreation cure; **~ort** *m* (health *od.* holiday) resort; **~pause** *f* (pause for) rest, respite; breather; **~reise** *f* recreation trip, (pleasure-) trip; **~stunde** *f* hour of recreation, leisure hour; **~urlaub** *m* holiday, (recreation) leave, *bsd. Am.* vacation; ⚔ convalescent (*od.* sick-)leave; **~zentrum** *n* recreation cent|re, *Am.* -er.

erhör|en *v/t.* hear; (*Bitte*) grant; (*e-n Liebhaber*) yield to, accept; **≈ung** *f* hearing; granting.

erigier|en *physiol.* *v/i.* become erected; **~t** *adj.* in state of erection.

Erika ⚘ *f* heath(er).

erinnerlich *adj.* present to one's mind, recallable; *soviel mir* ~ *ist* as far as I can remember (*od.* recollect); *es ist mir nicht* ~ I do not remember it.

erinnern I. *v/t.*: *j-n* ~ *an* remind a p. of, call *a th.* (back) to a p.'s mind; *hinweisend*: draw a p.'s attention to, point *a th.* out to a p.; *j-n daran* ~, *daß od. wie usw.* remind a p. that *od.* how, *etc.*; *das erinnert mich an e-e Geschichte* that reminds me (*od.* makes me think) of a story; **II.** *v/refl.*: *sich* ~ remember (*gen. od. an a th., a p.*); *sich* ~ *gen. od. an* recall, recollect, call to mind; *kannst du dich noch an diesen Tag* ~? can you remember (*od.* recall, recollect) this day?; *wenn ich mich recht erinnere* if I remember rightly; *soviel ich mich* ~ *kann* as far as I can remember; **III.** *v/i.*: ~ *an* be reminiscent (*od.* suggestive) of, make *a p.* think of; *es erinnert stark an Goethe* it is strongly suggestive of Goethe.

Erinnerung *f* remembrance, recollection (*an* of); (*Mahnung*) reminder; (*Gedächtnis*) memory; ~*en* reminiscences; memoirs; *j-m et. in* ~ *bringen* → *erinnern* I; *die* ~ *wachrufen an* call *a th.* back to mind, call (*od.* conjure) up, be reminiscent (*od.* evocative) of; *zur* ~ *an* in memory (*od.* remembrance) of; → *a. Gedächtnis.*

Erinnerungs...: **~medaille** *f* commemorative medal; **~schreiben** *n* reminder; **~tafel** *f* memorial tablet; **~tag** *m* commemoration-day; **~vermögen** *n* power of recollection, memory; **~werbung** *f* follow-up advertising; **~wert** *m* sentimental personal value; *Bilanz*: pro memoria figure.

Erinnyen *myth.* *f/pl.* Erin(n)yes, Furies.

erjagen *v/t.* hunt down; *fig. a.* catch, secure, lay hold of.

erkalten *v/i.* get cold, cool (down); *fig.* cool (off).

erkält|en *v/t.* chill; *sich* ~ catch (a) cold; *sich die Blase usw.* ~ get a cold on; *er ist stark erkältet* he has a bad cold; **≈ung** *f* cold, chill, catarrh; **≈ungskrankheit** *f* (illness caused by a) cold.

erkämpfen *v/t.* gain by fighting for; *Sport*: win (after a stiff fight); *er mußte sich s-e Stellung hart* ~ he had to fight (*od.* struggle) hard for his position.

erkaufen *v/t.* buy, purchase (*a. fig.*); *fig. et. teuer* ~ *müssen* (have to) pay dearly for a th.; *j-s Schweigen usw.* ~ bribe a p. into silence, *etc.*

erkennbar *adj.* recognizable; (*wahrnehmbar*) perceptible, discernible; (*unterscheidbar*) distinguishable; identifiable; **≈keit** *f* recognizability.

erkennen I. *v/t.* recognize, know (*an* by); (*wahrnehmen*) perceive, discern, make out, see; (*entdecken*) detect, F spot; (*identifizieren*) identify; ⚕ diagnose; (*geistig erfassen*) know (*an* by); (*sich vergegenwärtigen, einsehen*) realize, see; (*durchschauen*) see through; *bibl.* (*e-e Frau*) know; † j-n ~ für credit a p. with *a sum*; ⚖ j-n für (nicht)schuldig ~ adjudge *od.* find a p. (not) guilty; *Geschworene*: return a verdict of (not) guilty; ~ lassen suggest, show, reveal; zu ~ geben indicate, give to understand; sich zu ~ geben disclose one's identity; *fig.* declare o.s., come out into the open, show one's real face; erkenne dich selbst! know thyself!; **II.** *v/i.*: ⚖ ~ auf pass a sentence of, impose; das Gericht erkennt daher für Recht it is therefore ordered, adjudged, and decreed.

erkenntlich *adj.* **1.** (*wahrnehmbar*) perceptible; **2.** (*dankbar*) grateful (*dat.* to); sich j-m ~ zeigen return a p.'s favo(u)r, *für*: reciprocate for; **≈keit** *f* thankfulness, (sign of) gratitude *od.* appreciation.

Erkenntnis 1. *f* knowledge; (*Wahrnehmung*) perception; (*Einsicht*) realization; (*Verständnis*) understanding, recognition; *phls.* cognition; (*Gedanke*) idea; (*Entdeckung*) discovery, finding; neueste wissenschaftliche ~se latest scientific findings; zu e-r ~ gelangen arrive at a conclusion; zu der ~ gelangen, daß (come to) realize that; zur ~ kommen realize one's mistake(s), listen to reason; → Baum 1; **2.** ⚖ *n* judg(e)ment, sentence, finding; *der Geschworenen*: verdict; ~ auf Todesstrafe imposition of the death penalty; **~kritik** *phls. f* epistemology; *bei Kant*: critique of knowledge; **~theorie** *f* theory of cognition, epistemology; **~vermögen** *n* cognitive faculty.

Erkennung *f* recognition; identification; detection; **~sdienst** *m* criminal identification department; **~smarke** ⚔ *f* identity disc, *Am.* identification tag, *sl.* dog-tag; **~smelodie** *f* signature tune; **~swort** *n* watchword, password; **~szeichen** *n* sign of recognition; distinctive mark, characteristic; ⚕ symptom; (*Abzeichen usw.*) badge; ✈ (aircraft) markings *pl.*

Erker *m* bay(-window); **~zimmer** *n* room with a bay-window.

erkiesen *poet. v/t.* choose, (s)elect.

erklär|bar *adj.* explainable, explicable; **~en** *v/t.* **1.** (*erläutern*) explain (*j-m* to); (*deuten*) interpret; (*definieren*) define; (*veranschaulichen*) illustrate, demonstrate; (*Aufschluß geben über*; *der Grund sein für*) account for, explain; sich ~ *Sache*: explain itself, be explained (*durch* by); *Person*: (*sein Verhalten usw.* ~) explain o.s., give an explanation; so erklärt sich that accounts for *a th. od. ger*; → *a.* 2; ~ Sie mir bitte, warum please tell me why; ich kann es mir nicht ~ I don't understand it; **2.** (*kundtun, aussprechen*) declare, state, pronounce; (*öffentlich bekennen*) profess; (*bezeichnen, nennen*) declare, pronounce; ⚖ (*aussagen*) declare, state, depose; (*s-e Bereitwilligkeit usw.*) declare, express; † (*Dividende*) declare, announce; für gesund ~ pronounce *a p.* healthy; sich ~ *Person*: (*s-n Standpunkt darlegen*) declare o.s., speak one's mind; sich ~ für (gegen) declare for (against); sich für zahlungsunfähig ~ declare o.s. insolvent; → bankrott II, Einverständnis 1, Rücktritt *usw.*; **~end** *adj.* explanatory, illustrative; **~lich** *adj.* → erklärbar; (*verständlich*) understandable; (*offensichtlich*) evident, obvious; das ist leicht ~ that can easily be accounted for; aus ~en Gründen → **~licherweise** *adv.* for obvious reasons; **~t** *adj. Gegner usw.*: declared, professed; **≈ung** *f* (*Erläuterung, Aufschluß*) explanation (*für* of); (*Deutung*) interpretation; (*Begriffsbestimmung*) definition; (*Gründe*) reasons *pl.*; (*Kommentar*) comment; (*Veranschaulichung*) illustration; (*Aussage, Feststellung*) declaration, statement (*a. pol.*), ⚖ *a.* deposition; → eidesstattlich; † e-r *Dividende*: declaration, announcement; e-e ~ abgeben *Regierung usw.*: make a declaration (*od.* statement); zur ~ dieser Maßnahme in explanation of this measure; dies wäre e-e ~ für s-e Handlungsweise that would explain his way of acting; **≈ungstag** *m Börse*: contango day.

erklecklich *adj.* considerable, substantial, goodly; e-e ~e Summe F a tidy penny.

erklettern, erklimmen *v/t.* climb (up) *a wall, etc.*; (*Berg a.*) ascend, conquer; (*Steilwand*) *a.* scale; *fig. a.* rise to.

erklingen *v/i.* (re)sound, ring (out), be heard; ~ lassen sound.

erkoren *adj.* chosen, (s)elect.

erkrank|en *v/i.* fall ill *od.* sick, be taken ill (*an* with), contract a disease; *Organ*: be affected (*od.* diseased); **≈ung** *f* falling ill, illness, sickness; *e-s Organs*: disease, affection; **≈ungsfall** *m*: *im* ~ in case of illness.

erkühnen *v/refl.*: *sich* ~, *zu inf.* make bold (*od.* venture, presume) to *inf.*, dare (to) *inf.*

erkunden *v/t.* explore, spy out; ⚔ reconnoitre, scout.

erkundig|en *v/refl.*: *sich* ~ make inquiries (*über* about), seek information (on), ask (about); *sich* ~, *nach* ask *od.* inquire *the way, the time* (*bei j-m* of a p.); inquire after *a p.*(*'s health*) *od.* for *a book, etc. od.* about *an accident, etc.*; **≈ung** *f* inquiry; ~*en einziehen* → (*sich*) *erkundigen*.

Erkundung ⚔ *f* reconnaissance.

erkünsteln *v/t.* affect.

Erlagschein *östr. m* paying-in form.

erlahmen *v/i.* (grow) weary, tire, fail; *fig. a. Person*: slacken (*a.* ✝), lose one's grip; weaken; *Interesse usw.*: wane, flag.

erlang|en *v/t.* (*erreichen*) reach, attain (to), achieve; (*sich verschaffen*) obtain, get, secure; (*erwerben*) acquire; (*Zutritt usw.*) gain; → *Geltung usw.*; *wiedererlangen*; **≈ung** *f* attainment, achievement; acquisition; gaining.

Erlaß *m* **1.** (*Befreiung*) dispensation, exemption, release (*gen.* from); *e-r Schuld, Strafe, Sünde*: remission; **2.** issuing, *e-s Gesetzes*: enactment, promulgation; (*Verordnung*) decree, ordinance.

erlassen *v/t.* **1.** (*Schuld*) remit, cancel; (*Strafe, Sünde*) remit; *j-m e-e Verpflichtung* ~ release (*od.* dispense, excuse) a p. from, let a p. off from; **2.** ⚖ (*Gebühren*) waive; (*Verordnung usw.*) issue, publish; (*Gesetz*) enact, promulgate.

erläßlich *adj.* remissible; *Sünde*: pardonable; (*entbehrlich*) dispensable.

Erlassung *f* → *Erlaß*.

erlauben *v/t.* allow, permit (*j-m et.* a p. a th.; *zu inf.* to *inf.*); (*dulden*) suffer, tolerate; *fig. Sache*: admit of *no delay, etc.*, *a. Umstände, Wetter*: permit; *j-m* ~, *et. zu tun a.* give a p. permission (*od.* leave) to do a th.; *sich* ~ *zu inf.* permit o.s. to *inf.*, (*wagen*) *a.* venture to *inf.*, take the liberty of *ger.*, be so free as to *inf.*, beg to *inf.*, (*sich erdreisten*) *a.* dare (to) *inf.*; *sich et.* ~ (*gönnen*) indulge in a th., treat o.s. to a th.; *sich Frechheiten* ~ take liberties; ~ *Sie* (*,daß ich* ...)? may I (...)?; *wenn Sie* ~ by your permission, if you don't mind; *m-e Mittel* ~ *mir das od.* (*a. weitS.*) *ich kann mir das* ~ I can afford it; ~ *Sie mal!*, *was* ~ *Sie sich?* I beg your pardon!; how dare you?

Erlaubnis *f* permission, *gewählt*: leave; *behördlich*: licen|ce, *Am.* -se; (*Ermächtigung*) authority; *j-n um* ~ *bitten* ask a p.'s permission *od.* a p. for permission (*et. zu tun* to do a th.); *um* ~ *bitten, zu inf. a.* beg leave to *inf.*; *j-m* ~ *erteilen* → *erlauben*; *er erhielt die* ~ *zur Besichtigung der Fabrik* he was authorized (*od.* granted permission) to inspect the works; **~schein** *m* permit, licen|ce, *Am.* -se.

erlaubt *adj.* allowed, permitted; (*zulässig*) admissible, permissible.

erlaucht *adj.* illustrious, noble.

erlauschen *v/t.* overhear.

erläuter|n *v/t.* explain, elucidate, expound; (*kommentieren*) comment (up)on; *durch Beispiele*: illustrate, exemplify; **~nd** *adj.* explanatory; illustrating; **≈ung** *f* explanation, elucidation; illustration; comment (-ary); (*Anmerkung*) note, annotation.

Erle ♀ *f* alder.

erleb|en *v/t.* (live to) see; experience; pass through, meet with; (*Schlimmes*) *a.* go through; (*Veränderungen*) undergo; (*Zeuge sein von*) see, witness, be witness of; (*Abenteuer, Aufschwung, Freude, schöne Tage usw.*) have; *6 Auflagen* ~ *Buch*: run into 6 editions; *er hat viel erlebt* he has had a great many adventures; *ich habe es (oft) erlebt* (*,daß*) I've (often) seen it happen (that); *wir werden es ja* ~! we'll see!; *er hat es nicht mehr erlebt, daß* he did not live to see that; *ich habe nie erlebt, daß er* ... I have never known him to *inf.*; *hat man schon so etwas erlebt!* F can you beat that?; *er will etwas* ~ he wants to see things; F *na, du sollst was* ~! you just wait!; **≈ensversicherung** *f* pure endowment assurance, whole-life insurance; **≈nis** *n* experience; (*Ereignis*) event, occurrence, episode; (*Unfall, Vorkommnis*) accident; (*Abenteuer*) adventure; *es war ein großes* ~ it was a wonderful experience; **~t** *adj. Geschichte usw.*: real-life ..., true; ~*e Rede* interior monologue.

erledig|en *v/t.* **1.** (*beenden*) finish, bring to a close; (*durchführen*) carry (F see) through, effect, execute; (*besorgen*) do; (*aus der Welt schaffen*) dispose of; (*Ge-

schäft, Frage, Streitfall) settle; (*sich kümmern um*) deal with, attend to, handle, take care of; (*ordnen*) arrange; (*abtun*) dismiss, dispose of; *sich* ~ *Sache*: be settled, *von selbst*: take care of itself; *ich werde die Sache* ~ I'll attend to (*od.* deal with, handle) this matter; *damit* ~ *sich die übrigen Punkte* this disposes (*od.* takes care) of the remaining questions; *würden Sie das für mich* ~? would you do this for me (*od.* take this off my hands)?; **2.** F *j-n* ~ (*erschöpfen*) wear a p. out, get a p. down; (*ruinieren*) dispose of a p., do for a p., F settle a p.'s hash; (*umbringen*) *sl.* do a p. in, rub a p. out; **~t** *adj.* finished, settled; *Amt*: vacant; *das wäre* ~ that's settled then, that was that; *fig.* (*erschöpft*) played out, done (*od.* all) in, ready to drop; *er ist* ~ (*ruiniert usw.*) he is done for (*od.* finished, washed up), his goose is cooked; *du bist für mich* ~ F I am through with you; *das ist für mich* ~ that's all over and done with; **⁀ung** *f* settlement; disposal; execution; treatment, handling, consideration, action; arrangement; transaction; *zur umgehenden* ~ for immediate attention (*od.* action).

erlegen *v/t.* **1.** *hunt.* kill, shoot, bag; **2.** *östr.* (*zahlen*) pay (down).

erleichter|n *v/t.* (*Aufgabe usw.*) make easy (*od.* easier), facilitate; (*Bürde*) lighten; (*Not, Schmerz*) relieve, alleviate, ease; (*das Gewissen*) ease; *sich* ~ (*Notdurft verrichten*) relieve nature; *j-m das Herz* ~ ease (*od.* relieve) a p.('s mind); *sich* (*das Herz*) ~ disburden one's mind; F *er erleichterte mich um m-n Geldbeutel* he eased me of my purse; **~t** *adj.* relieved; → *aufatmen* I; **⁀ung** *f* lightening; facilitation; ease (*von* from); relief (*über* at); alleviation; ~*en* (*Vorteile, bsd.* ✝) facilities; *in der Besteuerung*: easements; *zu m-r* (*großen*) ~ (much) to my relief.

erleiden *v/t.* (*erdulden*) suffer, endure, bear, go through; (*Niederlage, Schaden, Verlust usw.*) sustain, suffer, incur; (*den Tod*) suffer death; (*Veränderungen*) undergo.

erlern|bar *adj.* learnable; **~en** *v/t.* learn, acquire.

erlesen I. *v/t.* (*auswählen*) select, choose, pick; **II.** *adj.* select, choice, exquisite.

erleucht|en *v/t.* light (up), illumin(at)e; *fig.* enlighten; **⁀ung** *f* illumination; *fig.* enlightenment; *a. eccl.* illumination; (*Einfall*) inspiration, bright idea, F brainwave.

erliegen I. *v/i.* (*e-r Krankheit, Versuchung usw.*) succumb to; (*e-m Gegner, der Übermacht usw.*) *a.* be overcome by; (*sterben an*) die from; (*geschlagen werden von*) be defeated by; (*zum Opfer fallen*) fall victim to; **II.** ⁀ *n*: *zum* ~ *kommen* give way, fail, *a. Verkehr usw.*: break down; *Bergwerk usw.*: close down; *zum* ~ *bringen* cause to break down, paralyze.

erlisten *v/t. sl.* wangle, finagle; *et. von j-m* ~ *a. sl.* con a p. out of a th.

Erlkönig *m* **1.** Erl-king; **2.** F *mot.* disguised test model, "ghost-car".

erlogen *adj.* → *erlügen.*

Erlös *m* proceeds *pl.*; (*Reingewinn*) net profit(s *pl.*).

erlöschen I. *v/i.* be extinguished, go out; *fig.* become extinct, cease to exist, die out; *Augen*: dim; *Leben, Leidenschaft*: be extinguished; *Vertrag, Patent, Ansprüche usw.*: lapse, expire; *mit* ~*der Stimme* with a failing voice; **II.** ⁀ *n* extinction; expiration, lapse.

erloschen *adj.* extinct (*a. Familie, Vulkan usw.*); *Blick, Gefühl usw.*: dead; *Recht, Vertrag usw.*: lapsed, expired.

erlös|en *v/t.* **1.** *eccl.* redeem, deliver, save; (*retten*) rescue; (*befreien*) deliver, release, free (*alle von* from); *er ist erlöst* (*tot*) his sufferings are over; *erlöstes Gefühl* sense of release, relief; **2.** (*Geld*) realize, net, get; **~end** *adj. fig.* relieving; *das* ~*e Wort sprechen* break the tension (*od.* ice, spell); **⁀er** liberator, rescuer; *eccl.* Savio(u)r, Redeemer; **⁀ung** *f* deliverance; (*Erleichterung*) release, relief; *eccl.* redemption, Salvation.

erlügen *v/t.* invent, fabricate; *erlogen a.* false, made-up, trumped-up; *das ist* (*erstunken und*) *erlogen* that's a (filthy) lie.

ermächtig|en *v/t.* empower, authorize; vest *a p.* with authority *od.* powers; *ermächtigt sein zu inf.* be authorized (*od.* empowered) to *inf.*, have authority (*od.* power) to *inf.*; **⁀ung** *f* authorization; (*Befugnis*) authority; power; (*Urkunde*) warrant, licen|ce, *Am.* -se; **⁀ungsgesetz** *hist. n* Enabling Act.

ermahn|en *v/t.* admonish (*j-n zum Fleiß usw.* a p. to be diligent, *etc.*), exhort; expostulate with; (*drängen*) urge; (*warnen*) caution, warn (*a. Sport*); **~end** *adj.* admonitory, (ex)hortative, admonishing; **≈ung** *f* admonition, exhortation; (*Warnung*) warning, word to the wise; (*Rüge*) rebuke; *Sport*: (first) caution.

ermangel|n *v/i.* (*e-r Sache*) lack, want, be lacking *od.* wanting (in); *~, zu inf.* fail to *inf.*; *ich werde nicht ~, zu inf.* I shall not fail to *inf.*; *er ermangelte jeglichen Feingefühls* he was innocent of any delicacy; **≈ung** *f*: *in ~ gen.* for want of, in the absence (*od.* in default) of, failing *a th.*; *in ~ e-s Besseren* for want of something better.

ermannen *v/refl.*: *sich ~* take heart, pluck up courage, brace o.s.; pull o.s. together.

ermäßig|en *v/t.* reduce, lower, cut; (*Preise*) *a.* mark down; *zu ermäßigten Preisen* at reduced prices; *sich ~* be reduced; **≈ung** *f* reduction, lowering, cut.

ermatt|en I. *v/t.* tire, fatigue, exhaust, wear down (*od.* out); **II.** *v/i.* tire (*vor* with), be exhausted, give out; *a. geistig*: (grow) weary; (*nachlassen*) slacken; *Interesse usw.*: wane, flag; **~et** *adj.* fatigued, exhausted, spent, worn(-)out; *geistig*: weary, jaded; **≈ung** *f* fatigue, exhaustion; weariness, lassitude; **≈ungsstrategie** *f* strategy of attrition.

ermessen I. *v/t.* (*abschätzen*) estimate, assess, appraise; (*beurteilen*) judge; (*erwägen*) weigh, consider; (*begreifen*) conceive, appreciate, realize, see; (*folgern*) infer, conclude (*aus* from); **II. ≈** *n* estimate, judg(e)ment; (*freies ~* free) discretion; *nach m-m ~* in my opinion, as I see it; *nach menschlichem ~* as far as is humanly possible to tell, in all probability; *ich stelle es in Ihr ~* I leave it to you(r discretion); *das liegt* (*od.* *steht*) *ganz in Ihrem ~ a.* it is entirely up to you; *nach bestem ~* to the best of one's judg(e)ment; *nach dem ~ des Gerichtes* at the discretion of the court; **≈sentscheidung** ⚖ *f* discretionary decision; **≈sfrage** *f* matter of discretion; **≈smißbrauch** *m* abuse of discretion.

ermitteln I. *v/t.* determine (*a.* ⚗ *usw.*); ascertain, establish; (*entdecken*) find out, discover; (*Ort, Aufenthalt usw.*) locate, trace; *j-s Identität ~* identify a p.; **II.** *v/i.* *polizeilich*: investigate, conduct investigations (*gegen j-n* concerning).

Ermitt(e)lung *f* determination (*a.* ⚗ *usw.*); ascertainment, establishing; discovery; (*Untersuchung*) investigation, inquiry; *~en* (*Feststellungen*) findings, facts; information *sg.*; *~en anstellen über* make inquiries about, inquire into, investigate; **~sausschuß** *m* fact-finding committee; **~sbeamte(r)** *m* investigating officer; **~sverfahren** ⚖ *n* preliminary proceedings *pl.*, judicial inquiry.

ermöglich|en *v/t.* make (*od.* render) possible *od.* feasible; enable (et. a th. *od.* a th. to be done, *etc.*); (*gestatten*) allow, permit; *j-m ~, et. zu tun* make it possible for (*od.* enable) a p. to do a th.; **≈ung** *f*: *zur ~ gen.* to make *a th.* possible, to enable *a th.* to be done, *etc.*

ermord|en *v/t.* murder; *durch Attentat*: assassinate; **≈ete(r** *m*) *f* murdered person, (murder) victim; **≈ung** *f* murder; assassination.

ermüden *v/t. u. v/i.* → *ermatten*; **~d** *adj.* fatiguing; tiresome, wearisome.

Ermüdung *f* fatigue (*a.* ⊕), tiredness; exhaustion; weariness; **~serscheinungen** *f/pl.* signs of fatigue (*a.* ⊕); **~sfestigkeit** *metall. f* fatigue strength; **~sgrenze** ⊕ *f* endurance limit; **~sstoff** *m* fatigue toxin.

ermunter|n *v/t.* awake, rouse; *fig.* (*j-n*) rouse, stir up; (*anregen*) encourage *od.* stimulate (*zu inf.* to *inf.*); (*aufheitern*) cheer (up); (*beleben*) animate, enliven, stimulate; **~nd** *adj.* encouraging *etc.*; *words* of encouragement; **≈ung** *f* encouragement; stimulation; (*Anreiz*) incentive, stimulus.

ermutig|en *v/t.* encourage (*zu inf.* to *inf.*); hearten, embolden; **~end** *adj.* encouraging, reassuring; **≈ung** *f* encouragement.

ernähr|en *v/t.* nourish, feed; (*erhalten*) keep, support, maintain; *sich ~ von* live (*od.* subsist, feed) on; *fig.* live (*od.* make a living) by; *schlecht ernährt* ill-fed, malnourished; **≈er(in** *f*) *m e-r Familie*: provider, bread-winner.

Ernährung *f* nourishing, feeding; (*Nahrung*) food, nourishment, ⚕ nutrition, alimentation; (*Diät*) diet; (*Unterhalt*) maintenance, support; *schlechte ~* malnutrition.

Ernährungs...: **~fachmann** *m* nutritionist, nutrition expert; dietician; **~faktor** *m* nutritive factor; **~krankheit** *f* malnutritional disease; **~kunde** *f*, **~lehre** *f* dietetics (*sg. konstr.*); **~störung** *f* dystrophy, nutritional disturbance; **~therapie** *f* trophotherapy, dietetic treatment; **~weise** *f* nutrition, diet; *zo.* feeding habit; **~wirtschaft** *f* food and fodder production and trade; **~wissenschaft** *f* (science of) dietetics (*sg. konstr.*) *od.* nutrition; **~wissenschaftler** *m* nutritionist; **~zustand** *m* nutritional condition.

Ernannte(r *m*) *f* nominee.

ernenn|en *v/t.* appoint, nominate, constitute; *er wurde zum Vorsitzenden ernannt* he was appointed chairman; **⁓ung** *f* appointment, nomination, designation; *s-e ~ zum Konsul* his appointment as (*od.* to the post of) consul; **⁓ungsurkunde** *f* letter of appointment; commission.

erneuern *v/t. allg.* renew (*a.* ⊕, *a. Vertrag usw.*); (*renovieren*) renovate; (*reparieren*) repair, mend; (*Farben*) refresh; (*Gemälde usw.*) restore; (*auswechseln*) replace; *mot.* (*Öl*) change; (*Reifen*) retread; (*wiederholen*) renew, repeat; (*neu beleben*) revive; (*Patent*) reinstate; *sich ~* be renewed; revive.

Erneuerung *f* renewal, renovation; restoration; replacement; revival; reinstatement; (*Wiederholung*) reiteration; **~sfonds** ☤ *m* depreciation reserve; **~sschein** ☤ *m* talon.

erneut I. *adj.* renewed, repeated, fresh; ⚖ *~e Verhandlung* rehearing, trial de novo; **II.** *adv.* anew, once more, again.

erniedrig|en *v/t.* **1.** (*entwürdigen*) degrade; (*demütigen*) humble, humiliate; *sich ~* degrade (*od.* demean) o.s.; (*sich demütigen*) humble o.s., *zu et.*: stoop to doing, *etc.* a th.; **2.** ☤ (*Preise*) lower, reduce; **3.** ♪ flatten; **~end** *adj.* humiliating, degrading; **⁓ung** *f* degradation; abasement; humiliation; ♪ flattening; ☤ reduction.

Ernst I. *m* seriousness, earnest; (*Wesen*) earnestness; (*Bedrohlichkeit*) seriousness, gravity; (*Strenge*) severity, sternness; (*Würdigkeit*) gravity, solemnity; *allen ~es* quite seriously, in all seriousness; *~ machen mit* et. put a th. into effect, go ahead with a th., get down to a th.; *es im ~ meinen, ~ machen* be in earnest, be serious, mean it; *es ist mein voller ~* I am in dead earnest, I am dead serious; *ist das Ihr ~?* do you really mean it?; *wollen Sie im ~ behaupten ...?* you don't mean to say ...?; **II.** **⁓** *adj.* serious, earnest; (*bedrohlich*) grave, critical; (*feierlich*) solemn, grave; (*streng*) severe, stern; (*wichtig*) grave, weighty; (*düster*) gloomy; *~e Musik* serious music; *ein ~er Rivale* a serious rival; *et. ~ meinen* be serious (*od.* in earnest) about a th.; *es ~ meinen* mean it; *et. ~ nehmen* take a th. seriously; *ich nehme die Sache ~* I regard the matter as serious; **~fall** *m* emergency; *im ~* in case of emergency; if things come to a head; if need be; ⚔ in case of (actual) war; **⁓gemeint** *adj.* serious, earnest, genuine; **⁓haft** *adj.* **1.** serious, earnest, grave; **2.** → *ernstzunehmend*; **⁓lich** *adj.* (*u. adv.*) earnest(ly), serious(ly); *~ besorgt* very anxious, alarmed; *~ krank* seriously ill; **⁓zunehmend** *adj.* serious *rival, etc.*

Ernte *f* harvest (*a. fig.*); (*Ertrag*) crop, produce; *~ auf dem Halm* standing crop; **~arbeit** *f* harvesting (work); **~arbeiter(in** *f*) *m* reaper, harvester; **~ausfall** *m* crop failure; **~aussichten** *f/pl.* crop prospects; **~dankfest** *n* harvest festival; **~ertrag** *m* crop yield, produce; **~jahr** *n* crop year; **~maschine** *f* harvesting machine, harvester; **~monat** *m* August.

ernten *v/t. u. v/i.* harvest, reap, gather; (*Obst*) pick; *fig.* reap, earn, win, get.

Ernte...: **~schäden** *m/pl.* damages to the crop; **~segen** *m* rich harvest; **~vorhersage** *f* crop prediction; **~wagen** *m* harvest-wag(g)on; **~zeit** *f* harvest(-time).

ernüchter|n *v/t.* sober; *fig. a.* disillusion, bring *a. p.* down to earth; *sich ~* sober down; *fig. a.* come down to earth; *~d wirken* have a sobering effect; **⁓ung** *f* sobering; disillusionment, disenchantment.

Erober|er *m* conqueror; **⁓n** *v/t.* conquer (*a. fig.*); ⚔ capture, take; *im Sturm ~* take by storm (*a. fig.*); **~ung** *f* conquest, capture (*beide a. fig.*); *a. fig.* e-e *~ machen* make a conquest; **~ungskrieg** *m* war of conquest.

eröff|nen *v/t.* **1.** open (*a. Betrieb, Sitzung, Konto, Kredit, Feindseligkeiten, Testament usw.*; *a. v/i. beim Schach*); *feierlich*: *a.* inaugurate; (*Geschäft*; *a. fig. beginnen*) open, start, set up, launch; ⚔ *das Feuer ~* open fire; *das od. ein Konkursverfahren ~* institute bankruptcy proceedings; **2.** (*Aussichten*) open (up); *sich ~ Möglichkeit*: offer (*od.* present) itself; **3.** *j-m et. ~* disclose (*od.* reveal, *förmlich*: notify) a th. to a p., inform a p. of a th., tell a p. a th.; *sich j-m* ~ open o.s. to a p., take a p. into one's confidence; **°~nung** *f* opening (*a. Schach*); inauguration; disclosure, information, notification; announcement.

Eröffnungs...: **~ansprache** *f* opening (*od.* inaugural) address; **~beschluß** *m* ⚖ order to proceed; *im Konkursverfahren*: receiving-order; **~bilanz** ☤ *f* opening balance-sheet; **~feier** *f* opening ceremony, inauguration; **~kampf** *m Boxen*: opening bout; **~kurs** ☤ *m* opening price (*od.* quotation); **~sitzung** *f* initial meeting, *parl.* opening session.

erogen *adj.*: ~*e Zone* erogenous area.

erörter|n *v/t.* discuss, debate, argue; *gründlich*: discuss in detail, thrash out; **°~ung** *f* discussion, debate; *ped.* essay; *zur* ~ *stehen* be under discussion.

Eros *m* Eros (*a. fig.*).

Erosion *f* erosion.

Ero|tik *f* eroticism; **~tika** *pl.* erotica; **~tiker** *m* erotic (person); *weitS.* erotic writer (*od.* poet); **°~tisch** *adj.* erotic(ally *adv.*).

erpicht *adj.*: ~ *auf* intent (*od.* bent, F keen) on; *stärker*: mad for (*od.* after); *darauf* ~ *sein, zu inf.* be intent, *etc.* on *ger.*; be anxious to *inf.*

erpress|en *v/t.* (*et.*) extort (*von* from); (*j-n*) blackmail; *um Lösegeld, a. fig.*: hold *a p.* for ransom; *von j-m Geld* ~ *a.* blackmail a p. for money, squeeze money out of a p.; **°~er(in** *f*) *m* extortionist, blackmailer; **°~erbrief** *m* blackmailing letter; **°~ung** *f* extortion; blackmail; **°~ungsversuch** *m* attempted extortion.

erprob|en *v/t.* try (out), test, prove; put to the test; **~t** *adj.* well-tried, proved, proven, tested; (*erfahren*) experienced; (*zuverlässig*) reliable; **°~ung** *f* trial, test, try-out; **°~ungsflug** ✈ *m* proving (*od.* test) flight.

erquick|en *v/t.* refresh (*sich* o.s.); (re)invigorate, revive; *s-e Augen* ~ *an* feast one's eyes on; **~end, ~lich** *adj.* refreshing, bracing; delightful, agreeable; *iro. nicht gerade erquicklich* not exactly edifying; **°~ung** *f* refreshment; delight, treat.

erraffen *v/t.* grab; amass.

Errat|a *typ. pl.* errata; **°~isch** *adj.* erratic(ally *adv.*).

erraten *v/t.* guess.

errechnen *v/t.* reckon out, calculate, compute; *sich* ~ *Summe*: be calculated, be arrived at.

erreg|bar *adj.* excitable; *Person*: *a.* (*reizbar*) irritable; (*nervös*) nervous, high-strung; (*empfindlich*) (over-)sensitive, touchy; **°~barkeit** *f* excitability; irritability; **~en** *v/t.* (*j-n*) excite (*a. erotisch*); (*reizen*) irritate; (*erzürnen*) infuriate, incense, madden; (*et.*) (*verursachen*) cause, give rise to, call forth, provoke; inspire *fear, etc.*; (*Argwohn, Leidenschaft usw.*) *a.* (a)rouse, stir up; (*Aufsehen usw.*) create *a sensation, a scandal*; ⚡ excite, energize; *sich* ~ get excited, *etc.*; get all worked up (*über* about); *zürnend*: flare up, (fly into a) rage; → *erregt*; **~end** *adj.* exciting, thrilling; stirring, dramatic(ally *adv.*); ⚕ (*a.* ~*es Mittel*) excitant, stimulant; → *besorgniserregend usw.*; **°~er** *m* cause; ⚡ exciter; ⚕ pathogen, causative organism; (*Keim*) germ; **°~erenergie** ⚡ *f* field energy; **°~erspannung** ⚡ *f* exciting voltage; **°~erstrom** ⚡ *m* exciting (*od.* energizing) current; **~t** *adj.* excited (*a. sexuell*), agitated, F in a state; *Debatte, Gemüter usw.*: heated; *Zeiten*: stirring, turbulent; **°~ung** *f* excitement, agitation; emotion; (*Zorn*) exasperation, rage, fury; (*Verursachung*) creation, causing, provocation; ⚡ *u.* ⚕ *e-s Nervs, a. geschlechtlich*: excitation; *freudige* ~ thrill (*od.* ecstasy) of joy; ⚖ ~ *öffentlichen Ärgernisses* disorderly conduct; **°~ungszustand** *m physiol.* state of excitement; *psych.* state of agitation, emotional state.

erreichbar *adj.* within reach *od.* call, F get-at-able; (*verfügbar*) available, *Sache*: *a.* obtainable; *fig.* attainable, achievable; *leicht* ~ within easy reach; *zu Fuß* (*mit dem Wagen*) *leicht* ~ within easy walking (driving) distance.

erreich|en *v/t.* **1.** reach; (*Zug usw.*) *a.* catch, make; (*e-n Ort*) *a.* arrive at, get to; (*es schaffen bis*) make; (*einholen*) come (*od.* catch) up with, overtake, draw up to; *j-n telephonisch* ~ get a p. on the phone; *von der Bahn leicht zu* ~ within easy reach of the station; → *a. erreichbar*; **2.** *fig.* achieve, attain, reach; (*erlangen*) obtain, secure, get; (*gleichkommen*) equal, match; (*ein gewisses Maß*) come up to; *ein hohes Alter* ~ live to a great age; *hast du etwas erreicht?* did you get anywhere (*bei ihm* with him)?; *alles, was dabei erreicht wurde, war* the only result of it was; *ich erreichte, daß* I managed to *inf.*, I succeeded in *ger.*; *nichts wurde erreicht* it was all in vain, we didn't get anywhere; → *Ziel, Zweck*; **˜ung** *f* reaching; attainment, achievement.

errett|en *v/t.* save, rescue (*von, aus* from); (*befreien*) deliver (from); **˜er** *m*, **˜erin** *f* rescuer; *eccl.* → *Erlöser*; **˜ung** *f* rescue, deliverance; *eccl.* → *Erlösung*.

erricht|en *v/t.* erect, build, raise; (*Statue usw.*) *a.* set up; ⚓ (*das Lot*) raise; *fig.* (*gründen*) found, establish, set up; (*Geschäft*) *a.* open; (*Testament*) draw up, make; **˜ung** *f* erection, building, construction; foundation, establishment.

erringen *v/t.* achieve, gain, win, obtain; (*Preis*) win, carry off; *er errang den zweiten Platz* he was second, *beim Lauf*: he came in (*od.* ran) second; → *Sieg*.

erröten I. *v/i.* blush, flush, colo(u)r, mantle (*vor* with; *über* at); **II.** **˜** *n* blush(ing); *j-n zum ~ bringen* put a p. to the blush.

Errungenschaft *f* (*Erwerbung*) acquisition; ⚖ *Eherecht*: community property accumulated during the marriage; *fig.* achievement; (*Großtat*) feat, triumph; **~sgemeinschaft** ⚖ *f* community of after-acquired property.

Ersatz *m* (*Vergütung*) compensation; (*Entschädigung*) indemnification; (*Schaden***˜**) damages *pl.*, indemnity; (*Wiedergutmachung*) reparation; (*Rückerstattung*) restitution; (*Ersetzendes*) replacement, alternative; (*Austauschstoff*) substitute (*für* for), *bsd. contp.* ersatz; ⚔ replacements *pl.*, reinforcements *pl.*; (*Rekruten*) recruits *pl.*; → *a. Ersetzung, Ersatzmann, Ersatzmittel, Ersatzteil*; *als ~ für* as (*od.* by way of) compensation for; in exchange (*od.* return) for; *~ leisten für* compensate (*od.* make compensation, amends) for, make restitution of; **~anspruch** *m* claim for compensation; **~bank** *f Sport*: substitutes' bench; **~bataillon** *n* depot (*Am.* replacement training) battalion; **~batterie** *f* spare battery; **~befriedigung** *psych. f* compensation; **~chirurgie** *f* replacement surgery; **~dienst** ⚔ *m* → *Wehrersatzdienst*; **~einheit** ⚔ *f* replacement unit; **~erbe** *m* substitute heir; **~fahrer** *m* substitute driver; **~geld** *n* token money; **~handlung** *psych. f* redirection activity, (act of) compensation; **~heer** *n* reserve army; **~kaffee** *m* ersatz coffee; **~kasse** *f* health insurance society; **~leistung** *f* compensation, indemnification, payment of damages; **~lieferung** *f* compensation delivery; **~mann** *m* substitute, replacement, *Am. a.* alternate; *Sport*: substitute, reserve, F spare; (*Stellvertreter*) *a.* deputy; **~mine** *f Füllbleistift usw.*: refill; **~mittel** *n* substitute, surrogate; *bsd. contp.* ersatz; **~pflicht** *f* liability (for compensation *od.* to pay damages); **˜pflichtig** *adj.* liable for compensation; **~rad** *mot. n* spare wheel; **~religion** *f* ersatz religion; **~reifen** *m* spare tyre (*bsd. Am.* tire); **~reserve** ⚔ *f* supplementary reserve; **~spieler** *m thea.* understudy, *Am. a.* stand-in; *Sport*: → *Ersatzmann*; **~stoff** *m* → *Ersatzmittel*; **~strafe** ⚖ *f* alternative punishment; **~stück** *n*, **~teil** ⊕ *n, m* replacement part; *mitgeliefertes*: spare (part); **~teilchirurgie** ⚕ *f* spare part surgery; **~teillager** *n* spare parts store; **~teilliste** *f* parts list; **~wahl** *f* by-election; **~wesen** ⚔ *n* recruitment; **˜weise** *adv.* by (way of) substitution, *etc.*; ⚖ *usw.* alternatively; **~zeit** *f bei Rentenansprüchen*: equally ranking waiting period.

ersaufen *v/i.* be drowned, drown; *Bergwerk usw.*: be flooded.

ersäufen *v/t.* drown (*a.* F *fig. s-e Sorgen im Alkohol* one's sorrows in drink).

erschaff|en *v/t.* create, make; **˜er**(**in** *f*) *m* creator; (*Gott*) *the* Creator *od.* Maker; **˜ung** *f* creation.

erschallen *v/i.* (re)sound, ring (out); echo.

erschauern *v/i.* thrill; *vor Angst, Kälte usw.*: tremble, shiver, shudder (*alle über* at; *vor* with).

erscheinen I. *v/i.* **1.** *allg.* appear (*a. Geist*: *j-m* to a p.); (*kommen*) *a.* come (along), F turn up; *persönlich*: put in a personal appearance, present o.s.; (*auftauchen*) emerge (*aus* from); *vor Gericht ~* appear (*od.* attend) in court; *nicht ~* fail to appear; *nicht erschienen sein* be absent; **2.** *Sache*: appear, show (*od.* present) itself (*in e-m anderen Licht* in a different light); *in Dokumenten usw.*: appear, occur, be found; (*den Anschein haben*) seem, appear, look (*j-m* to); *es erscheint mir merkwürdig* it strikes me as (being) funny; *es erscheint ratsam* it appears advisable; **3.** *Buch, Zeitung*: appear, come out, be published; *soeben erschienen* just out (*od.* published); **II.** ≈ *n* appearance; publication; *im* ~ *begriffen Buch*: forthcoming; *beim* ~ when published; *ihr* ~ *einstellen Zeitung*: cease to be published.

Erscheinung *f* appearance; (*Geister*≈) apparition, (*Geist*) spect|re (*Am.* -er), phantom; (*Traumbild*) vision; *fig.* (*Anzeichen*) indication, sign, *a.* ⚕ symptom, *a. eccl.* manifestation; (*Vorgang, Sache*) occurrence, fact, thing, *a. phys.* (*u. Natur*≈) phenomenon; (*äußere* ~) (outward) appearance; (*Persönlichkeit*) figure; *e-e imposante* ~ (*Person*) an imposing figure; *e-e glänzende* ~ *sein* cut a fine figure; *in* ~ *treten* show o.s., appear, *fig. Sache*: *a.* emerge, enter the picture, come to the fore, be (*od.* make) itself felt; *stark* (*kaum*) *in* ~ *treten* be (not) much in evidence; *er tritt kaum in* ~ he keeps very much in the background.

Erscheinungs...: **~bild** *biol. n* phenotype; **~fest** *n*, **~tag** *eccl. m* Epiphany; **~form** *f* (outward) appearance, *a.* ⚕ manifestation, embodiment; *biol.* phenotype; **~jahr** *n* year of publication; **~weise** *f e-r Zeitung*: publication dates *pl.*; **~welt** *f* physical (*od.* tangible) world.

Erschienene(r *m*) *f* ⚖ declarant, deponent.

erschieß|en *v/t.* shoot (dead); ~ *lassen* have *a p.* shot; *sich* ~ shoot o.s., blow one's brains out; **≈ung** *f* shooting; *standrechtliche*: execution (by a firing squad); **≈ungskommando** *n* firing squad.

erschlaff|en I. *v/i. Muskel*: become slack (*od.* relaxed); *a. Haut*: get flabby; *Person*: tire, be exhausted (*od.* weary); *fig.* slacken, languish, flag; **II.** *v/t.* relax; (*erschöpfen*) fatigue, exhaust; enervate; **≈ung** *f* slackening, slackness; enervation; prostration.

erschlagen I. *v/t.* slay, kill; *der Blitz hat ihn* ~ he was killed by lightning; **II.** F *adj.*: *wie* ~ *sein* (*verblüfft*) be dum(b)founded *od.* F flabbergasted; (*erschöpft*) be dead-beat, F be all washed out, *sl.* be all in.

erschleich|en *v/t.* obtain surreptitiously (*od.* by fraud, by false pretences); *sich j-s Gunst* ~ worm o.s. into a p.'s favo(u)r; **≈ung** ⚖ *f* obtaining by false pretences.

erschließ|en *v/t.* open, make accessible; (*Absatzgebiet usw.*) open up, throw open; (*nutzbar machen*) develop, tap, exploit; (*Baugelände*) develop; (*folgern*) infer (*von* from); (*Wort*) derive (from); (*offenbaren*) disclose, reveal, unfold; *sich j-m* ~ *Möglichkeit*: open to; *Geheimnis usw.*: be revealed to; (*a. j-m sein Herz* ~) open one's heart to; **≈ung** *f* opening (up), development; exploitation; deduction.

erschmeicheln *v/t.* (*a. sich et.* ~) obtain by flattery; *sich et. von j-m* ~ cajole (*od.* wheedle) a th. out of a p.; *sich j-s Gunst* ~ worm o.s. into a p.'s favo(u)r.

erschöpf|en *v/t.* (*ermüden*) exhaust, wear out, take it out of *a p.*; (*Vorräte, Bodenschätze, Kräfte*) drain, deplete, (*a. Geduld, Möglichkeiten*) exhaust; (*Thema usw.*) exhaust, treat exhaustively; *sich* ~ exhaust o.s., wear o.s. out, *Schriftsteller*: write o.s. out, run dry; *Sache*: be exhausted, peter out, *Vorräte*: be exhausted, run out, get short; *fig. sich* ~ *in Talent, Tätigkeit usw.*: be limited to; **~end** *adj.* exhausting, punishing; (*gründlich*) exhaustive, full; **~t** *adj.* exhausted (*von* by), spent, F done in; *Batterie*: run-down; **≈ung** *f* exhaustion, weariness, prostration; *Vorrat*: depletion, exhaustion; *bis zur* ~ to the point of exhaustion; **≈ungstod** *m* death by exhaustion; **≈ungszustand** *m* (state of) exhaustion.

erschrecken I. *v/t.* frighten, scare, terrify, dismay; *plötzlich*: startle, (give a) shock, alarm; *j-n zu Tode* ~ frighten a p. out of his (her) wits, give a p. the shock of his (her) life; **II.** *v/i.* be frightened *od.* take fright (*über* at); be startled *od.* alarmed (by); *sie erschrak beim kleinsten Geräusch* she started at the slightest noise; **III.** ≈ *n* shock, fright, alarm; **~d I.** *adj.* alarming, startling, appalling, terrifying; **II.** *adv.*: ~ *wenige usw.* appallingly (*od.* alarmingly) few, *etc.*

erschrocken *adj. u. adv.* frightened, scared, terrified; startled.

erschütter|n *v/t.* shake, rock, stagger; *fig.* (*Entschluß, Vertrauen, Gesundheit usw.*) shake; (*Wirtschaft, Währung usw.*) shake, unsettle, upset; (*bestürzen*) shock, shake, upset; (*rühren*) move (*a p.'s* heart), affect *a p.* deeply; *das konnte ihn nicht* ~ it left him cold; **~nd** *adj.* shocking, pitiable, distressing; (*ergreifend*) deeply moving, (heart-)stirring, heart-wrenching; **≈ung** *f* concussion (*a.* ⚒), shock, jolt; ⊕ *a.* vibration; *fig.* shock, jolt; (*Schlag*) blow; (*Rührung*) emotion; **~ungsfest** *adj.* shock-proof; **~ungsfrei** ⊕ *adj.* free from vibrations, vibrationless; **~ungssicher** *adj.* shock-proof.

erschwer|en *v/t.* make *od.* render (more) difficult, make harder, complicate; (*hemmen*) impede, hamper, handicap; (*verschlimmern*) aggravate; (*stören*) seriously interfere with; **~end** *adj.* complicating, *a.* ⚖ aggravating; **~t** *adj.* more difficult, harder; **≈ung** *f* (added) difficulty; impediment (*gen.* to); complication, handicap; aggravation.

erschwindeln *v/t.* obtain by trickery (*od.* fraud); (*sich et.*) *von j-m ~* swindle (*od.* cheat) out of a p.

erschwing|en *v/t.*: *ich kann es nicht ~* I can't afford it; **~lich** *adj.* within a p.'s means (*od.* reach); *zu ~en Preisen* at reasonable (*od.* agreeable) prices; *das ist für uns nicht ~* we can't afford it.

ersehen *v/t.* see, note, observe; *et. ~ aus* (*entnehmen*) learn *od.* understand from; (*schließen*) gather from; *daraus ist zu ~, daß* hence it appears that, this goes to show that.

ersehnen *v/t.* long (*od.* yearn, crave) for, hanker after.

ersetz|bar *adj.* replaceable (*a.* ⊕); *Schaden*: reparable; *Verlust*: *a.* recoverable, retrievable; **~en** *v/t.* *allg.* replace (*durch* by, with *a th.*); (*an die Stelle treten von*) take the place of, (serve as a) substitute for; (*verdrängen*) supplant, supersede; (*j-n*) *a.* fill *a p.'s* place, replace (*a. Sport*); (*Verlust, Mangel*) make good (*j-m* to), repair, compensate for; (*Auslagen*) reimburse (*j-m* a p. [for] *expenses*), refund (to a p.); *A durch B ~ a.* substitute B for A; *j-m den Schaden ~* indemnify (*od.* compensate) a p. for the damage; *den Schaden ersetzt bekommen* get paid for the damage, ⚖ recover damages; *sie ersetzte ihm die Eltern* she was father and mother to him; *er ersetzte mangelndes Talent durch Fleiß* he compensated (*od.* made up for) a lacking talent by his industry; *er kann ihn nicht ~* he can't fill his shoes; F *das ersetzt mir e-n Fernseher* for me, that's as good as a telly; **≈ung** *f* replacement; substitution; supersession; compensation, indemnification; reimbursement.

ersichtlich *adj.* clear, obvious, evident; *ohne ~en Grund* for no obvious reason; *daraus wird ~* hence it appears, this shows; *~ machen* show.

ersinnen *v/t.* devise, contrive, think out (*Am.* up); (*erfinden*) invent.

ersitz|en ⚖ *v/t.* acquire by (positive) prescription; **≈ung** *f* positive prescription; **≈ungsfrist** *f* prescriptive period.

erspähen *v/t.* espy, catch sight of, F spot.

erspar|en *v/t.* (*Geld*) save, put by *od.* aside (*a. sich ~*); *j-m Arbeit* (*Kosten, Zeit usw.*) *~* save a p. work (money, time, *etc.*); *j-m e-e Demütigung usw. ~* spare a p. a humiliation, *etc.*; *erspare dir deine Bemerkungen* keep your remarks to yourself; *mir bleibt nichts erspart* I am spared nothing; **≈nis** *f* saving (*an* in, of); *~e* savings.

ersprießlich *adj.* profitable, worthwhile, fruitful; (*förderlich*) beneficial, advantageous (*dat.* to); **≈keit** *f* profitableness; fruitfulness; positive results *pl.*

erst *adv.* first; (*anfangs*) at first, at the outset, originally; (*zuvor*) first, before, previously; (*bloß*) only, just, but; (*nicht früher als*) only, not before, not till *od.* until; (*eben*) *~* just; *~ als* only when; *~ dann* only (*od.* not till) then; *~ gestern* only (*od.* but, as late as) yesterday; *~ jetzt* only (*od.* not until) now; *~ nach der Vorstellung* not until after the performance; *ich muß ~ m-n Chef fragen* I shall have to ask my boss first; *~ sagtest du, du würdest es tun* first you said you would (do so); *~ recht* more than ever, all the more (so); *jetzt ~ recht!* now with a vengeance!; *jetzt ~ recht nicht* now less than ever; *das macht es ~ recht schlimm* that makes it even (*od.* all the) worse; *wäre er ~ hier!* if only he were here!; *wenn du ~ so alt bist wie ich* once you are as old as I am.

erstark|en *v/i.* grow strong(er), gather (*od.* gain) strength, strengthen; **≈ung** *f* strengthening; (*Aufschwung*) upsurge.

erstarr|en *v/i.* grow stiff, stiffen; *Glieder*: become numb (*od.* torpid); *vor Kälte*: be chilled; ⚗ *usw.* solidify; *Fett usw.*: congeal; *Zement, Kunststoff usw.*: set; *Blut*: coagulate; (*gefrieren*) *a.* ⚔ *Front*: freeze; *fig. Person*: freeze; *Brauch usw.*: become rigid, ossify; *vor Schreck ~* be paralysed with fear, freeze with horror; *j-s Blut ~ lassen* make a p.'s blood freeze (*od.* run cold); *sein Gesicht erstarrte* his face froze; **~t** *adj.* stiff; numb, torpid; *fig.* frozen, paralysed; *Brauch usw.* rigid; **≈ung** *f* stiffness; numbness, torpor, torpidity (*alle a. fig.*); ⚗ solidification; *Blut*: coagulation; *Fett usw.*: congelation; *Zement usw.*: setting; *fig.* paralyzed state; rigidity; **≈ungsgestein** *n* igneous rock; **≈ungspunkt** *phys. m* solidification, *etc.* point.

erstatt|en *v/t.* (*Auslagen usw.*) reimburse, repay, refund; *Anzeige* ~ lay an information (*gegen j-n* against a p.), *gegen*: *a.* report *a p.* to the police; → *Bericht*; **≈ung** *f* restitution, return; compensation; (*Rückzahlung*) reimbursement, refund; sending in (*od.* delivery) *of a report*; **~ungsfähig** *adj.* reimbursable; **~ungspflichtig** *adj.* liable to make restitution; *Kosten*: reimbursable.

Erstaufführung *f thea., Film*: first night, première; *Film* (*erste Laufzeit*): first run; **~stheater** *n Film*: first-run theat|re, *Am.* -er.

erstaunen I. *v/i.* be astonished *od.* amazed (*über* at); (*überrascht sein*) be surprised (at); **II.** *v/t.* astonish, surprise, amaze, astound, make *a p.* stare; **III.** ≈ *n* astonishment, amazement, surprise; (*Verblüffung*) stupefaction; *in* ~ *geraten* → I; *staunen*; *in* ~ *setzen* → II; (*sehr*) *zu m-m* ~ to my (great) astonishment, (much) to my surprise.

erstaun|lich *adj.* astonishing, amazing, surprising; (*beachtlich*) remarkable; (*gewaltig*) stupendous; ≈es amazing thing(s *pl.*); **~licherweise** *adv.* astonishingly, to my, *etc.* surprise; strange to say; **~t** *adj.* astonished, amazed, surprised (*über* at).

Erst...: **~ausbildung** *f* initial training; **~ausfertigung** *f* original (copy); **~ausführung** ⊕ *f* prototype; **~ausgabe** *f*, **~druck** *m* first edition; **~ausstattung** *f* initial equipment; ⚔ initial issue; *für Babys*: layette; **≈beste I.** *adj.* first, any; **II.** *su.*: *der* (*die*) ~ the first person (*od.* comer), anybody; *das* ~ the first (*od.* next) thing, anything; **~besteigung** *f* first ascent.

erste *adj.* first; *fig.* first, foremost, prime, leading; *Karl der* ≈ (*Karl I.*) Charles the First (Charles I); *der* ≈ *des Monats* the first day of the month; ~ *Güte* prime quality; ≈ *Hilfe* first aid; *aus* ~*r Hand kaufen* buy (at) first-hand; *Nachrichten aus* ~*r Hand* first-hand information *sg.*; ~ *beste* → *erstbeste*; *er war der* ~, *der* he was the first to *inf.*; *der* (*die*) ≈ *e-r Klasse*: the top boy (girl); *in* ~*r Linie*, *an* ~*r Stelle* in the first place, first of all, primarily; *fürs* ~ for the present (*od.* moment), for the time being; → *Mal*; *zum* ~*n*, *zweiten*, *zum dritten!* going, going, gone!; *100 zum* ~*n*, *zum zweiten!* 100 is the bid!, going for 100!; → *Gang* 7, *Wahl usw.*

erstechen *v/t.* stab (to death).

ersteh|en[1] *v/i.* arise, rise, come into being.

ersteh|en[2] *v/t.* buy, purchase, get; **≈er**(**in** *f*) *m* successful purchaser (*od.* bidder); **≈ung** *f* purchase.

ersteig|bar *adj.* climbable; **~en** *v/t.* ascend, mount; *kletternd*: climb, scale; *fig. den Gipfel des Ruhms usw.* ~ rise to the zenith of fame, *etc.*

ersteigern *v/t.* buy at an auction.

Ersteigung *f* ascent, climbing.

Ersteinlage ☤ *f* original investment.

erstellen *v/t.* provide, make available, supply; (*Bilanz usw.*) draw up, prepare; (*Gebäude*) erect, construct, build.

erste(n)mal *adv.*: *das erstemal* the first time; *beim erstenmal* the first time; (*sofort*) at once, at the first go; *zum erstenmal* for the first time.

erstens *adv.* first(ly), in the first place; to begin with, for one thing.

erster *adj.* → erste.

ersterben *v/i.* die (away), expire; *fig. Ton usw.*: die *od.* fade (away).

erstere *pron. u. adj. the* former; *der od. die od. das* ~ (,*der letztere*) the former (the latter).

erst...: **~geboren** *adj.* first-born, eldest; **≈geburt** *f* **1.** first-born (child); **2.** → **≈geburtsrecht** *n* birthright, ⚖ primogeniture; **~genannt** *adj.* first-named, aforesaid; (*erstere*) former.

erstick|en I. *v/t.* suffocate, choke (*a. weitS. u. fig.*); stifle, smother (*a. fig. unterdrücken, dämpfen*); ⚕, ⚔ asphyxiate; (*Feuer usw.*) quench, put out; *fig.* (*Gefühl, Aufstand usw.*) suppress, quell; → *Keim*; **II.** *v/i.* suffocate, choke (*a. fig. vor* with), be suffocated (*od.* choked); *fig. in Arbeit* ~ be snowed under with work; *ersticktes Lachen* stifled laughter; *mit erstickter Stimme* in a choked voice; **III.** ≈ *n* suffocation, asphyxiation; *zum* ~ (*heiß*) suffocating, stifling(ly hot); **~end** *adj.* suffocating, stifling (*a. fig.*); asphyxiating; **≈ung** *f* → *Ersticken*; **≈ungsanfall** *m* fit of choking; **≈ungstod** *m* death from suffocation, asphyxia.

erst...: **~instanzlich** ⚖ *adj.* of the trial court, of (*adv.* at) the first instance; ~e *Gerichtsbarkeit* original jurisdiction; **~klassig** *adj.* first-class, first-rate, *pred.* of the first order; ⚕ *a.* prime, top-quality ..., high-grade ...; *Wertpapiere*: gilt-edged; F A-l, super, great.

erstlich *adv.* → *erstens.*

Erstling *m* first-born (child); *Tiere*: firstling; *fig.* first work (*od.* production); **~sarbeit** *f* first work; **~sausstattung** *f* layette; **~srede** *parl. f* maiden speech; **~sroman** *m* first novel; **~sversuch** *m* first attempt; **~swerk** *n* first work.

erst...: **~malig I.** *adj.* first; **II.** *adv.* *a.* **~mals** for the first time.

Erst...: **~meldung** *f Zeitungswesen*: exclusive report (*od.* story), F scoop; **~montage** *f* green assembly.

erstrahlen *v/i.* shine, sparkle.

erstrangig *adj.* → *erstklassig.*

erstreben *v/t.* strive after (*od.* for), aspire to; (*begehren*) desire, covet; **~swert** *adj.* desirable, worthwhile.

erstrecken *v/refl.*: *sich* ~ *a. fig.* extend, stretch, reach, range (*bis zu* to; *über* over); *fig. sich* ~ *über a.* cover; *fig. sich* ~ *auf* (*betreffen*) refer to, concern, apply to, affect; (*einschließen*) include, comprise.

erstreiten *v/t.* → *erkämpfen.*

erstürm|en *v/t.* (take by) storm; **≈ung** *f* taking (by assault), storming.

ersuchen I. *v/t.*: *j-n* ~ *zu inf.* request (*od.* call upon, *dringend*: entreat, beseech, request urgently) to *inf.*; *j-n um* et. ~ request (*od.* ask) a th. of a p., request a th. from a p.; **II.** *v/i.*: *um* et. ~ request a th., *formell*: petition for a th.; **III.** ≈ *n* request; petition; entreaty; *auf sein* ~ *hin* at his request.

ertappen *v/t.* catch, surprise (*bei* at); *beim Stehlen* ~ catch stealing; *fig. sich bei* et. ~ catch o.s. doing a th.; → *Tat.*

erteil|en *v/t.* (*Auskunft, Befehl, Rat, Unterricht usw.*) give (*j-m* [to] a p.); (*ein Recht usw.*) confer *od.* bestow (*dat.* on); (*Aufträge*) place (*dat.* with), give; (*Patent*) grant; (*Strafe, Verweis usw.*) give, administer (*dat.* to); → *Abfuhr* 2, *Lob, Vollmacht, Wort usw.*; **≈ung** *f* giving, grant(ing), conferring; placing.

ertönen *v/i.* (re)sound, ring (out); ~ *lassen* sound, (*Stimme*) raise; ~ *von* resound (*od.* echo) with.

ertöten *v/t.* (*Gefühle*) kill, deaden.

Ertrag *m* yield, produce; ⚒ *usw.* output; (*Einnahmen*) proceeds *pl.*, returns *pl.*, profit(s *pl.*) (*aus* from); *fig.* fruits *pl.*, results *pl.*; **≈en** *v/t.* bear (*a. Anblick, Gedanken*), endure, suffer, support, stand; (*dulden*) tolerate, suffer, put up with; *nicht zu* ~ → *unerträglich*; **≈fähig** *adj.* productive, yielding a return (*od.* profit); **~fähigkeit** *f* productiveness.

erträglich *adj.* bearable, endurable, supportable; (*leidlich*) passable, tolerable (*adv.* tolerably well); **≈keit** *f* bearableness.

ertraglos *adj.* unproductive, unprofitable.

Erträgnis *n* → *Ertrag.*

Ertrag...: **≈reich** *adj.* productive; *Unternehmen usw.*: profitable, paying; **~slage** *f* earnings and profits *pl.*; **~srechnung** *f* profit and loss account, income account; **~ssteuer** *f* profits tax; **~swert** *m* income value, capitalized earning power.

ertränken *v/t.* drown (*sich* o.s.).

• **erträum|en** *v/t.* dream of, imagine, vision; **~t** *adj.* imaginary, visionary; *lang* ~ long dreamt-of.

ertrinken I. *v/i.* be drowned, drown; **II.** ≈ *n*: (*Tod durch* ~ death by) drowning; **≈de(r** *m*) *f* drowning (wo)man.

ertrotzen *v/t.* get by sheer defiance (*a. sich* ~); *et. von j-m* ~ *a.* wring a th. from a p.

ertüchtig|en *v/t.* make fit, train, trim; harden, steel, toughen (up); **≈ung** *f* (physical) training, strengthening, hardening.

erübrigen *v/t.* (*Geld*) save, lay (*od.* put) by; (*Zeit*) spare; *sich* ~ be unnecessary (*od.* useless, superfluous); *es dürfte sich* ~ it will hardly be necessary; *es erübrigt sich jedes Wort* there is nothing more to be said.

eruieren *v/t.* establish, find out.

Eruption *geol. u.* ⚕ *f* eruption.

Eruptivgestein *n* volcanic rock.

erwachen I. *v/i.* awake(n), wake (up); *plötzlich*: start up; *fig.* (be) awaken(ed), wake, be roused; *Tag*: dawn; ~ *an* be roused by; *zu neuem Leben* ~ awaken to new life; **II.** ≈ *n*: (*fig. trauriges, unsanftes* ~ sad, rude) awakening.

erwachsen I. *v/i.* arise, develop, grow, spring, result (*aus* from); ~ *aus Vorteil, Nachteil, Unkosten usw.*: accrue from (*dat.* to); *daraus können uns große Schwierigkeiten* ~ this may cause us great difficulties; **II.** *adj.* grown-up, adult (*a.* **≈e[r** *m*] *f*); (*ausgewachsen*) full-grown; (*mündig*) of age; **≈enbildung** *f* adult education; **≈sein** *n* adulthood; (*Reife*) maturity.

erwäg|en *v/t.* consider, weigh, ponder, deliberate, think *a th.* over; (*prüfen*) examine; (*in Betracht ziehen*) take into account; ~, *et. zu tun* consider (*od.* contemplate) doing a th.; **≈ung** *f* consideration, deliberation; reflection, thought, idea; *in ~ ziehen* take into consideration, consider.

erwähl|en *v/t.* choose, select, pick; *durch Abstimmung*: elect, vote for; **≈te(r** *m*) *f* → *auserwählen.*

erwähn|en *v/t.* mention, refer to, make mention of (*od.* reference to); **~enswert** *adj.* worth mentioning, worthy of note; **≈ung** *f* mention (*gen.* of), reference (to); *ehrenvolle ~* hono(u)rable mention; *~ tun gen.* → *erwähnen.*

erwärm|en *v/t.* warm (*od.* heat) (up); *sich ~ Person*: warm o.s. (up), *Sache*: warm (up), *fig. für j-n od. et.*: warm (*od.* take) to; *fig. j-n für et. ~* get a p. interested in a th.; **≈ung** *f* warming, heating.

erwarten I. *v/t.* expect; *freudig*: look forward to; (*warten auf*) wait for, await; (*erhoffen*) anticipate; *et. kaum ~ können* be eagerly looking forward to; *es ist zu ~* it is expected; *wie zu ~* as was to be expected; *das habe ich erwartet* I thought (*od.* expected) as much; *wenn er wüßte, was ihn erwartet* if he knew what is in store for him; *das war mehr, als er erwartet* (*gewollt*) *hatte* that was more than he had bargained for; *von ihm kann man noch allerhand ~* he is a man to watch; → *Kind*; **II.** **≈** *n*: *über ~* beyond expectation; *über ~ gut a.* far better than expected; *wider ~* contrary to (all) expectation(s).

Erwartung *f* expectation; (*Hoffnung*) hope, anticipation; (*Spannung*) expectancy; *in ~ Ihrer Antwort* in anticipation of, looking forward to, awaiting; *den ~en entsprechen* come up to *a p.'s* expectations; **≈sgemäß** *adv.* as expected; **≈svoll** *adj. u. adv.* full of expectation, expectant(ly).

erweck|en *v/t.* **1.** → *wecken* 1; **2.** *vom Tode* (*od. von den Toten*) ~ raise from the dead, (*wiederbeleben*) resuscitate, recall to life; *j-n od. et. wieder zum Leben ~* revive; **3.** *fig. allg.* awaken, arouse; (*Gefühle*) *a.* stir up; (*Erinnerung*) *a.* raise, evoke; (*Hoffung*) *a.* raise; (*Interesse*) *a.* excite; (*Vertrauen, Furcht*) inspire; *bei j-m den Glauben ~, daß* make a p. believe that; → *Anschein, Eindruck usw.*; **4.** *eccl.* (*bekehren*) convert; **≈ung** *f* resuscitation, revival; *fig.* awakening, arousing; *religiöse ~* (religious) revival, *eines Einzelnen*: religious awakening; **≈ungsprediger** *m* revivalist.

erwehren *v/refl.*: *sich ~ gen.* keep (*od.* ward, fend) off; resist; *sich der Tränen ~* keep back one's tears; *sich nicht ~ können gen.* be helpless against, be unable to resist; *ich konnte mich des Lachens nicht ~* I could not help laughing; *man konnte sich des Eindrucks nicht ~* you could not help feeling.

erweich|en *v/t.* soften; *fig.* (*j-n*) *a.* mollify; (*rühren*) move, touch; *sich ~ lassen* relent, yield, give in; **~end** *adj.* softening; *pharm.* (*a. ~es Mittel*) emollient; **≈ung** *f* softening (*a.* ⚕); *fig. a.* mollification.

erweis|en *v/t.* **1.** (*beweisen*) prove, show, establish, demonstrate; *sich ~* be seen (*od.* proved), become apparent (*od.* clear); *sich ~ als* prove ([o.s.] to be), turn out to be, be found *good, etc.*; *sich e-r Sache würdig usw. ~* show o.s. (*od.* prove) worthy, *etc.* of; **2.** (*j-m et. gewähren, antun*) (*Gefallen, Dienst*) render (*od.* do) *a p. a service, etc.*; (*Gunst*) grant, bestow on; (*Gastfreundschaft usw.*) *a.* extend to; (*Achtung*) pay, show; **~lich** *adj. u. adv.* → *nachweisbar.*

erweiter|n *v/t.* widen, enlarge, expand, extend (*alle a. sich ~ u. fig.*); ⚕ dilate; (*Magen*) distend; (*Herz, Leber*) enlarge; (*Betrieb, Befugnisse usw.*) extend, enlarge; (*Kenntnisse*) *a.* improve, broaden; ⅍ (*Bruch*) reduce to higher terms; **~t** *adj.* enlarged, *etc.*, → *erweitern*; *ling.* a) *Satz*: compound; b) *Infinitiv*: extended; c) *Sinn*: wider; *Buchausgabe*: enlarged; **≈ung** *f* widening, enlargement, expansion, extension; ⚕ dilation, distension; **≈ungsbau** *m* annex(e), extension, addition; **~ungsfähig** *adj.* capable of being extended, *etc.*, expansible.

Erwerb *m* acquisition; (*Kauf*) purchase; (*Verdienst*) earnings *pl.*; (*Unterhalt*) living; *s-m ~ nachgehen* earn one's living, (go to) work; **≈en** *v/t.* acquire; *käuflich*: *a.* purchase; *durch Arbeit*: earn; (*sich Reichtum*) gain; (*ein Vermögen*) make; ⚚ (*Beteiligungen*) secure *interests*; *fig.* (*Kenntnisse, Rechte usw.*) acquire; (*j-s Achtung usw., Ruhm usw.*) earn, gain, win; *sich sein Brot ~* earn one's living; → *Verdienst* 2; **~er**(**in** *f*) *m* acquirer, purchaser; ⚖ *a.* vendee, transferee, assign.

erwerbs...: **~behindert, ~beschränkt** *adj.* partially disabled; **~fähig** *adj.* capable of gainful employment, fit for work; *~es Alter* employable age; **2fähigkeit** *f* fitness (for work), earning capacity; **2genossenschaft** *f* co-operative society; **2gesellschaft** *f* trading company, *Am.* corporation; **2leben** *n* gainful activity; business (life); **~los** *adj. usw.* → *arbeitslos usw.*; **2minderung** *f* reduction in earning capacity, loss of services; **2mittel** *n* means of living; **2quelle** *f* source of income; **2sinn** *m* acquisitiveness, business sense (*od.* acumen); **2steuer** *f* profit and income tax; **~tätig** *adj.* gainfully employed, working (for a living); **2tätige(r** *m*) *f* gainfully employed person; **2tätigkeit** *f* gainful employment; **~unfähig** *adj.* incapable of gainful employment, disabled, unfit for work; **2unfähigkeit** *f* incapacity of earning one's living, disability; **2urkunde** ⚖ *f* title-deed; **2zweig** *m* branch of industry (*od.* trade); line (of business), trade.

Erwerbung *f* acquisition.

erwider|n *v/t.* (*Besuch, Gefühl, Gefälligkeit usw.*) return, reciprocate; (*antworten, a. v/i.*) reply (*a.* ⚖), answer (*auf* to), *treffend*: retort; ⚔ (*das Feuer*) return, reply to; *auf m-e Frage erwiderte er* in reply to my question he said; **2ung** *f* return, reciprocation; (*Heimzahlung*) retaliation; (*Antwort*) reply (*a.* ⚖), answer; *treffende, scharfe*: retort, repartee.

erwiesen *adj.* → *erweisen*; **~ermaßen** *adv.* as has been proved (*od.* shown, established).

erwirken *v/t.* obtain, effect, bring about; suceed in getting *a th.*; (*Entscheid, Genehmigung usw.*) take out.

erwirtschaften *v/t.* produce (by good management), obtain, make.

erwischen *v/t.* catch, get (*a. Krankheit*), (*Zug usw.*) *a.* make; → *a. ertappen*; *sich ~ lassen* get caught; F *ihn hat's erwischt* he has got it badly (*a. Liebe*), *Unfall usw.*: he has had it.

erwünscht *adj.* desired; (*willkommen*) welcome; (*wünschenswert*) desirable; *das ist mir sehr ~* that suits me well.

erwürgen I. *v/t.* strangle, throttle; choke (the life out of); **II.** **2** *n* strangling, strangulation.

Erz *n* ore; (*Metall*) metal; (*Messing*) brass; (*Bronze*) bronze, brass; *fig. wie aus ~ gegossen* like a (brazen) statue; **~ader** *f* vein (*od.* lode) of ore.

Erz... *in Zssgn* arch-..., *contp. a.* arrant, utter.

erzähl|en I. *v/t.* tell; give an account of; *kunstvoll*: narrate; *man hat mir erzählt* I have been told; *man erzählt sich* people (*od.* they) say; *man erzählte von ihr, daß* it was told of her (that), she was said to be (*od.* to have); F *das kannst du mir nicht ~!* tell that to the marines!; F *wem ~ Sie das!* you are telling me!; F *dem werd' ich was ~!* F I'll give him what for!; **II.** *v/i.* tell a story (*od.* stories), narrate; *~ von* (*od. über*) tell of (*od.* about); **III.** **2** *n* narration, story-telling; **~end** *adj.* narrative *style, etc.*; **2er(in** *f*) *m* narrator, relator; *von Geschichten*: *a.* story-teller; (*Schriftsteller*) narrative writer; **2ung** *f* narration; (*Geschichte*) narrative, tale, story; (*Bericht*) account.

Erz...: **~aufbereitung** *f* ore dressing; **~bergwerk** *n* ore mine; **~bischof** *m* archbishop; **2bischöflich** *adj.* archiepiscopal; **~bistum** *n*, **~diözese** *f* archbishopric, archdiocese; **2dumm** *adj.* infernally stupid; **~engel** *m* archangel.

erzeug|en *v/t.* (*Kinder*) beget; (*hervorbringen*) produce; ↗ *a.* grow; *industriell*: produce, manufacture, make; *phys.*, ⚗ generate; (*bilden*) form; (*Fieber*) breed; *fig.* (*verursachen*) cause, give rise to, bring about; (*Gefühl, Zustand usw.*) create, engender, produce, generate; **2ende** ⩓ *f* generator; **2er** *m* procreator, father; ⚚ producer, manufacturer, maker; ↗ producer, grower; ⊕, ⚡ generator; **2erin** ⚚ *f* (*Firma*) manufacturers *pl.*, makers *pl.*; **2erland** *n* country of origin; **2erpreis** ⚚ *m* producer's price; **2nis** *n* product; (*Boden2, mst pl.*) produce (*sg.*); ⚚, ⚗ product; (*Fabrikat*) *a.* make, article; *des Geistes, der Kunst*: production, *iro.* brain-child; *der Phantasie*: product; *eigenes ~* my, *etc.* own make.

Erzeugung *f* (*Zeugung*) begetting, procreation; *phys.*, ⚗ generation; *weitS.* production; manufacture, making; (*Bildung*) formation; *fig.* creation, generation, production; **~skosten** *pl.* prime cost *sg.*, cost *sg.* of production; **~skraft** *phys. f* generative force.

Erz...: **~feind** *m* arch-enemy, (*a. Teufel*) arch-fiend; **~gang** *m* →

Erzader; **~gauner** *m* arch-rogue, arrant swindler, rascal; **~gewinnung** *f* ore winning (*od.* production); **~grube** *f* (ore) mine, pit; **²haltig** *adj.* ore-bearing; **~herzog(in** *f*) *m* archduke (*f* archduchess); **²herzoglich** *adj.* archducal; **~herzogtum** *n* archduchy; **~hütte** *f* smelting works *pl.* (*a. sg. konstr.*).

erzieh|bar *adj.* educable; *schwer ~es Kind* difficult (*od.* problem-) child; **~en** *v/t.* (*aufziehen*) bring up, raise, rear; *geistig*: educate; (*streng*) ~ discipline; (*sich*) ~ *zu* train *od.* educate *od. streng*: discipline (o.s.) to be; **²er** *m* educator, education(al)ist; (*Lehrer*) teacher; (*Hauslehrer, Internats²*) tutor; **²erin** *f* lady teacher; (*Hauslehrerin*) governess; **~erisch** *adj.* educational, pedagogic(al).

Erziehung *f* (*Aufziehen*) bringing up, rearing; *a. weitS.* upbringing; (*geistige, politsche usw.* ~) education; (*Ausbildung*) training; (*Lebensart*) breeding, (*Manieren*) *a.* manners *pl.*; *von guter* ~ well-bred; *er hat e-e gute* ~ *genossen* he has had a good upbringing (*od.* education); *er braucht e-e straffe* ~ he needs taking in hand; **~sanstalt** *f* **1.** educational establishment; **2.** → *Besserungsanstalt*; **~sbeihilfe** *f* education grant; **~smaßregel** ⚖ *f* corrective measure; **~smethode** *f* educational method; **~swesen** *n* education(al system *od.* matters *pl.*); **~swissenschaft** *f* education(al science), pedagogics *pl.* (*sg. konstr.*).

erzielen *v/t.* obtain, achieve, attain, get; (*Erfolg*) achieve, score; (*Gewinn usw.*) realize, make, secure; (*Preis*) fetch, get; (*Punkt, Treffer*) *Sport*: score, make; (*Verständigung*) reach, come to, arrive at; (*Wirkung*) produce.

erzittern *v/i.* tremble, shake, shiver, quake (*vor* with).

Erz...: **~ketzer** *m* arch-heretic; **²konservativ** *adj.* ultra-conservative; **~lager** *n* ore deposit; **~lügner** *m* arch-liar; **~narr** *m* arrant fool; **~priester** *m* arch-priest; **~scheider** *m* ore separator; **~schelm** *m*, **~schurke** *m* arch-villain, arrant knave.

erzürnen *v/t.* anger, make angry (*od.* furious), incense, enrage; *sich* ~ get angry *od.* furious *od.* incensed (*über* at), lose one's temper (over).

Erz...: **~vater** *m* patriach; **~verhüttung** *f* ore smelting.

erzwing|bar *adj.* enforcible; **~en** *v/t.* force; *bsd. gesetzlich*: enforce, compel compliance with; (*Gehorsam usw., j-s Erscheinen usw.*) compel; *et. von j-m* ~ force (*od.* extort, wring) a th. from a p.; *e-e Entscheidung* ~ force an issue; *Liebe läßt sich nicht* ~ love cannot be commanded; *erzwungen* forced (*a. Lächeln usw.*).

es I. *pers. pron.* **1.** *als Subjekt*: (*Sache*) it; (*Kind, Haustier*) it, *bei bekanntem Geschlecht*: he (*f* she); (*Schiff, Auto usw.*) it, *oft* F she; ~ (*das Messer usw.*) *ist auf dem Tisch* it is on the table; *impers.* ~ *schneit* it is snowing; ~ *ist kalt* it is cold; ~ *friert mich* I am cold; *es wurde getanzt* there was dancing, they *etc.* danced; ~ *tut mir leid* I am sorry; *wer ist der Junge?* ~ *ist mein Bruder* he is my brother; *wer sind diese Mädchen?* ~ *sind m-e Schwestern* they are my sisters; *wer hat angerufen?* ~ *war mein Freund* it was my friend; *ich bin's* it is I (F me); *sie sind* ~ it is they; ~ *war einmal ein König* once (upon a time) there was a king; ~ *gibt zu viele Menschen* there are too many people; ~ *wird erzählt* they say, it is said; ~ *heißt in der Bibel* it says in the Bible; ~ *lebe der König!* long live the king!; **2.** *als Objekt*: it; *ich nahm* ~ I took it; *ich halte* ~ *für unnütz* I think it useless; *da hast du* ~ there you are; *ich weiß* ~ I know; *ich bin* ~ *müde* (*od. habe* ~ *satt*) I am tired *od.* F sick of it; **3.** *als Ersatz od. Ergänzung des Prädikats*: so; *er ist reich, ich bin* ~ *auch* so am I; *ich hoffe* ~ I hope so; *er hat* ~ *mir gesagt* he told me so; *er sagte, ich sollte gehen, und ich tat* ~ and I did so; *bist du bereit?* — *ja, ich bin* ~ yes, I am; *sind Sie krank?* — *nein, ich bin* ~ *nicht* no, I am not; *ich kann* (*darf, will*) ~ I can (may, will); *ich will* ~ *versuchen* I will try; *ich ziehe* ~ *vor zu gehen* I prefer to go; **II.** ² *n psych.* id.

Es ♪ *n* E flat.

Eschatologie *eccl.* *f* eschatology.

Esche *f* ash(-tree); **²n** *adj.* ash(en).

Esel *m* **1.** ass, *mst* donkey; *männlicher* ~ he-ass, jackass; **2.** F (*Dummkopf*) (silly) ass *od.* fool; *alter* ~ old fool, silly ass; **~ei** *f* stupid (*od.* foolish) thing, folly; **²haft** *adj.* asinine, stupid; **~in** *f* she-ass, jenny(-ass); **~sbrücke** *f* *Schule*: crib, *Am.* F pony; ♙ pons asinorum; **~sohr** *n* *im Buch*: dog's ear; *ein Buch mit* ~*en* a dog-eared book.

Eskadron ⚔ *f* squadron.

Eskal|ation *pol. u.* ⚔ *f* escalation; **⁓ieren** *v/t. u. v/i.* escalate.
Eskapade *f* escapade.
Eskapismus *m* escapism.
Eskimo *m* Eskimo.
Eskort|e *f* ⚔ escort; ⚓ *a.* convoy; **⁓ieren** *v/t.* escort.
esoterisch *adj.* esoteric(ally *adv.*).
Espe ♀ *f* asp(en); **⁓nlaub** *n*: *wie ⁓ zittern* tremble like an aspen leaf.
Esplanade *f* esplanade.
Espresso *m* espresso (coffee).
Esprit *m* esprit (*fr.*), wit.
Eß|apfel *m* eating (*od.* dessert) apple; **⁓bar** *adj.* eatable, edible; *⁓er Pilz* (edible) mushroom; *⁓e Sachen* eatables, eats; **⁓besteck** *n* → *Besteck*.
Esse *f* **1.** (*Rauchfang*) chimney; **2.** (*Schmiede*) forge, smith's hearth; **3.** *geol.* (lava) conduit.
Eßecke *f* dining recess, *Am.* dinette.
essen I. *v/t. u. v/i.* eat; *zu Mittag ⁓* (have) lunch, dine (early); *ständig im Restaurant ⁓* take one's meals at a restaurant; *et. gern ⁓* like, be fond of; *leer ⁓* empty, clean *one's plate*; *tüchtig ⁓* eat heartily; *zuviel ⁓* overeat (F stuff) o.s.; *wann (wo) ⁓ Sie?* when (where) do you take (*od.* have) your meals?; *haben Sie schon gegessen?* have you had your lunch, *etc.* yet?; *man ißt dort ganz gut* the food isn't bad there; → *Abend, auswärts, heiß* II, *satt*; **II.** ⁓ *n* eating; (*Kost, Verpflegung*) food; (*Gericht*) dish; (*Mahlzeit*) meal, repast; ⚔, ⚓ mess; (*Fest⁓*) (formal) dinner, banquet; *⁓ und Trinken* food and drink; → *Abendessen, Mittagessen*; **⁓karte** *f*, **⁓marke** *f* meal (*od.* lunch) ticket; **⁓szeit** *f* mealtime, *mittags*: lunchtime, lunch-hour, *abends*: suppertime.
Essenz *f* essence; *fig. a.* gist, pith.
Esser(in *f*) *m*: *starker (schwacher) ⁓* great (poor) eater; *unnütze ⁓* useless mouths to feed.
Eß...: **⁓gabel** *f* table-fork; **⁓geschirr** *n* table-service, plates and dishes *pl.*; ⚔ mess-tin, *Am.* mess kit; **⁓gewohnheiten** *f/pl.* eating habits; **⁓gier** *f* gluttony, greediness.
Essig *m* vinegar; F *fig. damit ist es ⁓* F it's no go!, that's out!; **⁓äther** *m* acetic ether, ethyl acetate; **⁓baum** *m* tanner's sumac(h); **⁓bildung** *f* acetification; **⁓ester** *m* acetic ester; **⁓fabrik** *f* vinegar factory; **⁓flasche** *f* vinegar bottle; **⁓gurke** *f* (pickled) gherkin; **⁓sauer** *adj.* **1.** ⚗ acetic; → *Tonerde*; **2.** *fig. Miene*: vinegary; **⁓säure** *f* acetic acid; **⁓- und Ölständer** *m* cruet(stand).
Eß...: **⁓kastanie** *f* edible chestnut; **⁓korb** *m* hamper; **⁓löffel** *m* tablespoon; *zwei ⁓* two tablespoonfuls; **⁓lust** *f* appetite; **⁓marke** *f* meal ticket; **⁓napf** *m* bowl, *Am. a.* dinner-pail; **⁓saal** *m* dining-hall; **⁓tisch** *m* dining-table; **⁓waren** *f/pl.* eatables, victuals, provisions; food(stuff) *sg.*; **⁓zimmer** *n* dining-room.
Est|e *m*, **⁓in** *f*, **⁓nisch** *adj.* Estonian.
Ester ⚗ *m* ester.
Estrade *f* estrade.
Estrich *m* stone- (*od.* cement-, asphalt-)floor; composition floor.
etablieren *v/t.* establish (*sich* o.s.; *a. fig.*); *sich ⁓ a.* settle down, *geschäftlich*: set up in (*od.* start a) business, *als*: set up as.
Etablissement *n* establishment.
Etage *f* floor, stor(e)y; ⊕ deck, tier; → *Etagenwohnung*; **⁓nbett** *n* bunk bed; **⁓nchef** † *m* floor manager; **⁓nförmig** *adj.* (arranged) in tiers; **⁓nheizung** *f* central heating serving one flat; **⁓nrost** ⊕ *m* multistage grate; **⁓nventil** ⊕ *n* step valve; **⁓nwohnung** *f* (self-contained) flat, *Am.* apartment.
Etagere *f* whatnot, (set of) shelves *pl.*
Etappe *f* **1.** ⚔ communications zone; (*Stützpunkt*) base; **2.** *fig.* (*Teilstrecke, Abschnitt*) stage, leg; (*Tagesmarsch*) day's march; (*Rastort*) stop; **⁓nhengst** *m*, **⁓nschwein** ⚔ F *n* base wallah; **⁓nweise** *adv.* by stages.
Etat *m* **1.** (*Haushaltsplan*) budget, *parl.* (*veranschlagter ⁓*) *a.* estimates *pl.*; (*bewilligter ⁓*) supplies *pl.*; *den ⁓ aufstellen* draw up the budget; *nicht im ⁓ vorgesehen* not budgeted for; **2.** ⚔ establishment; **⁓ausgleich** *m* budgetary balance; **⁓mäßig** *adj.* budgetary; *Beamter, Beförderung usw.*: permanent; **⁓mittel** *n/pl.* budgetary (*od.* voted) funds; **⁓sberatung** *f* budget debate; **⁓sjahr** *n* fiscal (*od.* financial) year; **⁓stärke** ⚔ *f* authorized strength.
etepetete F *adj.* **1.** (*geziert*) la-di-da, over-nice; **2.** (*heikel*) fussy, finicky; **3.** (*zimperlich*) squeamish.
Eth|ik *f* ethics *pl.* (*sg. konstr.*); **⁓iker** *m* ethic philosopher; *weitS.* ethicist; **⁓isch** *adj.* ethical.
ethnisch *adj.* ethnic.
Ethno|graph *m* ethnographer; **⁓graphie** *f* ethnography; **⁓graphisch** *adj.* ethnographic(ally

adv.); **~loge** *m* ethnologist; **~logie** *f* ethnology.
Ethos *n* ethos; *weitS.* ethics *pl.*
Etikett *n* label, ticket; (*Anhängezettel*) tag.
Etikett|e *f* etiquette, convention(s *pl.*); *Verstoß gegen die ~* breach of etiquette; *es ist gegen die ~, zu inf.* it is bad form to *inf.*; **≈ieren** *v/t.* label, tag.
etliche *indef. pron. pl.* some, several; a few, sundry; *~s* (*sg.*) various things *pl.*, a thing or two; **~mal** *adv.* several times.
Etüde ♪ *f* étude (*fr.*), study.
Etui *n* case.
etwa *adv.* **1.** *a. in ~* (*ungefähr*) about, approximately, in the neighbo(u)rhood of, *Am. a.* around; *nachgestellt*: or so, or thereabouts; (*gewissermaßen*) to some extent; **2.** (*vielleicht*) perhaps, by (any) chance, possibly; (*zum Beispiel*) for instance, for example, (let us) say; *nicht ~, daß* not as if, not that *it mattered, etc.*; *ist das ~ besser?* is that any better?; *denken Sie ~ nicht, daß* don't think for a moment that; *du glaubst doch ~ nicht, daß* you surely don't think that?; **~ig** *adj.* possible; *~e Unkosten* any expenses (that may be incurred).
etwas I. *indef. pron.* something; *verneinend, fragend od. bedingend*: anything; *da liegt ~* there is something; *~ Merkwürdiges* a strange thing; *~ anderes* something (*fragend*: anything) else; *~, was* something that; *ohne ~ zu sagen* without saying anything; *ich habe nie so ~ gehört* I have never heard anything like it; *aus ihm wird ~* he is getting on, he will go a long way; **II.** *adj.* some; any; *hast du ~ Geld?* have you some (*zweifelnd*: any) money?; *ich möchte ~ Milch* I want some (F a spot of) milk; **III.** *adv.* somewhat; rather; a little, a bit; **IV.** *≈ n*: *ein gewisses ~* a certain something; *so ein kleines ~* such a little thing.
Etymo|loge *m* etymologist; **~logie** *f* etymology; **≈logisch** *adj.* etymological; **≈logisieren** *v/t.* etymologize.
Etymon *ling. n* etymon, root.
euch *pers. pron.* you, to you; *refl.*: yourselves, *nach prp.*: you; *setzt ~!* sit down!; *hinter ~* behind you.
Eucharist|ie *f the* Eucharist; **≈isch** *adj.* eucharistic.
euer I. *pers. pron.* of you; *ich gedenke ~* I am thinking of you; **II.** *poss. pron.* your; *der (die, das)* eu(e)re yours; *dieses Buch ist das ~e* this book is yours.
Eugen|ik *f* eugenics *pl.* (*sg. konstr.*); **≈isch** *adj.* eugenic(ally *adv.*).
Eule *f* owl; *fig. ~n nach Athen tragen* carry coals to Newcastle; **~nspiegel** *m* Owlglass; **~nspiegelei** *f* espièglerie (*fr.*), roguish prank.
Eunuch *m* eunuch.
Euphemis|mus *m* euphemism; **≈tisch** *adj.* euphemistic(ally *adv.*).
Euphor|ie ⚕ *u. fig. f* euphory; **≈isch** *adj.* euphoric.
Euras|ier(in *f*) *m*, **≈isch** *adj.* Eurasian.
eure → *euer.*
eurerseits *adv.* on your part.
euresgleichen *pron.* (people) of your kind, the likes of you.
euret|halben, ~wegen, (*um*) **~willen** *adv.* for your sake, on your account (*od.* behalf).
Eurhythmie *f allg.* eurhythmy.
eurig *poss. pron.*: *der (die, das) ~e* yours; → *euer* II.
Europä|er *m*, **~erin** *f*, **≈isch** *adj.* European; **≈isieren** *v/t.* Europeanize.
Europa...: **~meisterschaft** *f* European championship; **~rat** *m* Council of Europe.
Eurovision *TV f* Eurovision.
Eustachisch *adj. anat. ~e Röhre* Eustachian tube.
Euter *n* udder.
Euthanasie *f* euthanasia.
evakuier|en *v/t.* evacuate (*a.* ⚕ *u. phys.*); **≈te(r** *m*) *f* evacuee; **≈ung** *f* evacuation.
evangel|isch *adj.* evangelic(al); Protestant, Lutheran; **≈ist** *m* evangelist; (*Prediger*) *a.* revivalist; **≈ium** *n* gospel (*a. fig.*), *z. B. Matthäus ≈ the* Gospel according to St. Matthew.
Evas|kostüm F *n*: *im ~* in the nude, F in one's birthday suit; **~tochter** *co. f* daughter of Eve.
Eventual|antrag ⚖ *m* auxiliary petition; **~gebühr** *f* contingent fee; **~haushalt** *parl. m* contingency budget; **~ität** *f* contingency, possibility; **~verbindlichkeit** ⚕ *f* contingent liability; **~vorsatz** ⚖ *m* dolus eventualis, reckless disregard of the consequences (of one's action).
eventuell I. *adj.* possible, contingent, any; **II.** *adv.* possibly, perhaps; (*notfalls*) if necessary; (*gegebenenfalls*) should the occasion arise.
evident *adj.* evident, obvious.
Evolution *f* evolution; **~stheorie** *f* Theory of Evolution.

Evolvente ⚹ *f*, **Evolventen...** ⊕ involute.

Ewer ⚓ *m* lighter; **~führer** *m* lighterman.

ewig I. *adj. allg.* eternal; (*unaufhörlich*) everlasting, perpetual *happiness, peace, etc.*; (*endlos*) endless, unending; F (*ständig*) eternal, constant, incessant; *der ~e Jude* the Wandering Jew; *die ~e Stadt* (*Rom*) the Eternal City; *das ~e Licht, die ~e Lampe* the sanctuary lamp; *seit ~en Zeiten* from times immemorial, F (*schon lange*) for ages; F *du mit deinem ~en Jammern* you and your (eternal) lamentations; → *Schach* 2, *Schnee* 1 *usw.*; **II.** *adv.* eternally; constantly; *auf* (*immer und*) ~ for ever (and ever); F *~ lange* an eternity, for ages; *es ist ~ schade* it's just too bad; **~e** *su.* **1.** *der ~* (*Gott*) the Eternal (Father); **2.** *das ~* the eternal; **~keit** *f* eternity; everlastingness, perpetuity; *bis in alle ~* to all eternity, to the end of time; F *es ist e-e ~, seit* it's ages since; F *ich wartete e-e ~* I waited for ages; **~keitswert** *m* everlasting value; **~lich** *adv.* eternally; perpetually; for ever; **~weibliche** *n*: *das ~* the Eternal Feminine.

ex F **I.** *adj.* out, over; **II.** *adv.*: *~ trinken* drink up; *~!* bottoms up!

Ex... *in Zssgn* (*ehemalig*) ex-..., former ..., late ..., one-time ...

exakt *adj.* exact, accurate, precise; *die ~en Wissenschaften* the exact sciences; **~heit** *f* exactitude, exactness, accuracy.

exaltiert *adj.* **1.** over-excited, highly strung; **2.** eccentric.

Examen *n* examination, F exam; *ins ~ gehen* go in (*od.* sit) for one's examination; → *a. Prüfung(s...)*.

Examin|and *m* examinee, candidate; **~ator** *m* examiner; **~ieren** *v/t.* examine (*a. fig. et.*); *fig.* (*j-n*) question, catechize, quiz.

Exege|se *f* exegesis; **~t** *m* exegete.

exekut|ieren *v/t.* execute; **~ion** *f* execution; **~ionsverkauf** *m* forced sale; **~iv** *adj.*, **~ive** *f* executive; **~ivgewalt** *f* executive power; **~ivorgan** *n* law-enforcement agency.

Exempel *n* example, instance; ⚹ sum, problem; *die Probe aufs ~ machen* put it to the test, check back; → *statuieren*.

Exemplar *n* specimen; *e-s Buches*: copy; *e-r Zeitschrift*: number, issue; (*Muster*) sample, pattern; F *er ist ein prächtiges ~* he is a fine specimen; **~isch I.** *adj.* (*musterhaft, a. abschreckend*) exemplary; **II.** *adv.*: *j-n ~ bestrafen* punish a p. severely, make an example of a p.

exerzier|en I. *v/t. u. v/i.* drill (*a. fig.*); **II.** *~ n* drill; **~munition** *f* dummy (*od.* drill) ammunition; **~patrone** *f* dummy cartridge; **~platz** *m* drill (*od.* parade) ground.

Exerzitien *eccl. pl.* religious exercises.

Exhibition|ismus *m* exhibitionism; ⚖ indecent exposure; **~ist** *m*, **~istisch** *adj.* exhibitionist.

exhumieren *v/t.* exhume.

Exil *n* exile; *im ~* in exile; *im ~ lebende Person* exile; *ins ~ gehen* go into exile; *ins ~ schicken* (send into) exile; **~regierung** *f* government-in-exile.

Existential|ismus *m*, **~philosophie** *f* existential philosophy, existentialism; **~ist** *m*, **~istisch** *adj.* existentialist.

Existenz *f* **1.** existence; (*Unterhalt*) living, (means of) livelihood; *sichere ~* secure living (*od.* position); **2.** *contp.* (*Person*) character, type; *verkrachte ~* failure; *dunkle ~* shady character; **~angst** *f* existential dread; **~berechtigung** *f* right to exist; raison d'être (*fr.*); **~fähig** *adj.* able to exist, *a. biol.*, ⚕ *usw.* viable; **~kampf** *m* struggle for existence (*od.* life); **~minimum** *n* (bare) subsistence level; living wage; **~mittel** *n* means of existence; **~philosophie** *f* → *Existentialismus*.

existieren *v/i.* exist, be in existence; (*leben*) exist, live, subsist (*von* on); *noch ~* be extant, survive.

Exitus ⚕ *m* exitus, death.

Exklave *f* exclave.

exklusiv *adj.*, **~...** exclusive; **~e** *prp. u. adv.* exclusive of, excluding; **~ität** *f* exclusiveness.

Exkommuni|kation *f* excommunication; **~zieren** *v/t.* excommunicate.

Exkremente *n/pl.* excrements.

Exkret *n*, **~ion** *physiol. f* excretion.

exkulpieren *v/t.* exculpate.

Exkurs *m* **1.** (*Abschweifung*) digression, excursion (*in* into); **2.** (*Anhang*) appendix; **~ion** *f* study trip, *a. fig.* excursion.

Exlibris *n* ex-libris, book-plate.

exmatrikulieren *univ. v/t.* remove *a p.'s* name (*sich* have one's name removed) from the register of students.

Exmeister *m* ex-champion.

exmittieren *v/t.* evict, eject.

Exodermis *biol. f* exoderm.

Exodus *m* exodus; *bibl.* Exodus.

exogen *adj.* exogenous.

exotisch *adj.* exotic.

Expander *m Sport*: (chest-)expander.
Expansion *f* expansion; **≈istisch** *pol. adj.* expansionist.
Expansions...: **~hub** *mot. m* expansion stroke; **~kraft** *phys. f* expansive force; **~politik** *f* expansionism; **~politiker** *m* expansionist; **~ventil** ⊕ *n* expansion valve.
expansiv *adj.* expansive.
expatriieren *v/t.* expatriate.
Exped|ient ☤ *m* forwarding (*Am.* shipping) clerk; **≈ieren** *v/t.* dispatch, forward, ship; F (*j-n*) rush, whisk off.
Expedition *f* **1.** (*Forschungsreise, Kriegszug usw.*) expedition; **2.** ☤ a) dispatch, forwarding; b) → Versandabteilung; **~skorps** ⚔ *n* expeditionary force.
Experiment *n* experiment; **≈al** *adj.*, **~al...**, **≈ell** *adj.* experimental; **≈ieren** *v/i.* experiment, make experiments (an on); **≈ierfreudig** *adj.* keen on experimenting.
Expert|e *m* expert; **~ise** *f* expertise.
explodieren *v/i.* explode (*a.* F *fig.*).
Explosion *f* explosion (*a. ling. u. fig.*); zur ~ bringen explode, detonate.
Explosions...: **~druck** *m* explosion pressure, blast; **≈fähig** *adj.* explosive; **~gefahr** *f* danger of explosion; **≈geschützt**, **≈sicher** *adj.* explosion-proof; **~kraft** *f* explosive force; **~motor** *m* internal combustion engine; **~welle** *f* explosion wave.
explosiv *adj. allg.* explosive; **≈geschoß** *n* explosive missile; **≈laut** *ling. m* (ex)plosive; **≈stoff** *m* explosive (substance); *fig.* dynamite.
Expon|ent *m* A̸, *a. fig.* exponent; **~ential...** exponential *function, etc.*; **≈ieren** *v/t.* (*aussetzen, a. phot.*) expose (*dat.* to); sich ~ expose o.s. (*dat.* to).
Export *m* export(ing); (*Güter*) exports *pl.*; → *a.* Ausfuhr(...); **~abteilung** *f* export department; **~artikel** *m* export article *od.* item, *pl. a.* exports; **~ausführung** ⊕ *f* export version.
Exporteur *m* exporter.
Export...: **~freudigkeit** *f* export-mindedness; **~geschäft** *n* export transaction; (*Handel*) export trade; *a.* **~haus** *n* export house (*od.* firm).
exportieren *v/t.* export (nach to).
Export...: **~kaufmann** *m* exporter; *angestellter*: export clerk; **~land** *n* exporting country; (*Bestimmungsland*) country of destination; **~leiter** *m* export manager; **~prämie** *f* export bounty; **~quote** *f* export rate.
Exposé *n* exposé (*fr.*).
Exposition *f allg., thea.,* ♪ exposition.
express I. *adv.* expressly; ~ schicken send express (*Am.* by special delivery); **II.** **≈** *m* (~*zug*) express (train); **≈gut** *n* express parcels *pl.*, *Am.* fast freight.
Expressionis|mus *m* expressionism; **~t(in** *f*) *m*, **≈tisch** *adj.* expressionist.
exquisit *adj.* exquisite.
ex tempore *adv.* extempore, impromptu.
extemporieren *v/t. u. v/i.* extemporize, improvise, *Am. a.* adlib.
extensiv *adj.* extensive (*a.* ↗).
extern *adj.* external; **≈e(r** *m*) *f* day-pupil.
exterritorial *adj.* extraterritorial; **≈ität** *f* extraterritoriality.
extra I. *adj.* extra; **II.** *adv.* extra, specially; (*obendrein*) in addition, into the bargain; ~ angefertigt made-to-order; **III.** **≈** *n* (*Zubehör usw.*) extra; **IV.** **≈...** *in Zssgn* extra ..., special ..., additional ...; **≈blatt** *n* supplement; *e-r Zeitung*: extra (edition); **≈dividende** ☤ *f* extradividend, bonus; **~fein** *adj.* extra-fine, superfine.
extra|hieren *v/t.*, **≈kt** *m* extract; **≈ktion** *f* extraction.
Extraordinarius *univ. m* associate professor.
Extra|tour F *f*, **~wurst** F *f* something special (*od.* extra).
extravagan|t *adj.* extravagant; **≈z** *f* extravagance.
extravertiert *adj.* extrovert (*a. su.* ~e Person).
extrem I. *adj. allg.* extreme; **II.** **≈** *n* extreme; bis zum ~ to the extreme; von e-m ~ ins andere fallen go from one extreme to another; **III.** **≈...** *in Zssgn* extreme *case, value, etc.*; **≈ismus** *m* extremism; **≈ist(in** *f*) *m*, **~istisch** *adj.* extremist; **≈itäten** *f/pl.* extremities.
extrovertiert *adj.* → extravertiert.
Exzellenz *f* excellency.
Exzenter *m*, **~...** ⊕ eccentric.
Exzentri|ker *m* eccentric; **≈sch** *adj.* eccentric(ally *adv.*) (*a.* A̸, ⊕); **~zität** *f allg.* eccentricity.
exzerp|ieren *v/t.*, **≈t** *n* excerpt, extract.
Exzess *m* excess; (*Gewalttätigkeit usw.*) *a.* outrage; bis zum ~ to excess, excessively.

F

F, f *n* F, f (*a.* ♪).

Fabel *f* fable; *e-s Dramas usw.*: plot, story; *fig.* (*unglaubliche Geschichte*) cock-and-bull story, tall tale, fable; **~dichter** *m* fabulist.

Fabelei *f* fantastic story, F yarn; imagination gone wild.

fabel...: ~haft I. *adj.* (*großartig*) fabulous, marvellous; (*erstaunlich*) amazing, phenomenal, F stunning; ein ~er Kerl an excellent fellow, *Am.* F a great guy; **II.** *adv.* fabulously, *etc.*; **~n** *v/i.* **1.** tell (tall) tales *od.* stories (von about), spin a yarn; **2.** → faseln; **~tier** *n*, **~wesen** *n* fabulous (*od.* legendary) animal *od.* creature; **~welt** *f* world (*od.* realm) of fable.

Fabrik *f* factory, mill; (*Werk*) works *pl.* (*oft sg. konstr.*); **~anlage** *f* (manufacturing) plant; *pl. a.* works installation(s).

Fabrikant *m* (*Besitzer*) factory (*od.* mill-)owner; (*Hersteller*) manufacturer, maker.

Fabrik...: → *a.* Werks...; **~arbeit** *f* **1.** work in a factory, factory work; **2.** → Fabrikware; **~arbeiter** *m* factory (*od.* industrial) worker, millhand; **~arbeiterin** *f* (female) factory worker; factory girl.

Fabrikat *n* manufacture(d article), product, make, brand; eigenes ~ my, *etc.* own make.

Fabrikation *f* manufacture, production, making, fabrication; (*Ausstoß*) output; in (die) ~ geben put into production.

Fabrikations...: → *a.* Herstellungs...; **~geheimnis** *n* manufacturing secret; **~kosten** *pl.* production cost *sg.*; **~nummer** *f* serial number; **~programm** *n* production schedule; *weitS.* range of manufacture; **~zweig** *m* manufacturing branch.

Fabrik...: → *a.* Werks...; **~besitzer(in** *f*) *m* factory owner, millowner; **~fertig** *adj.* factory-built, prefabricated; **~frisch** *adj.* → fabrikneu; **~gebäude** *n* factory building, premises *pl.* (of a factory); **~halle** *f* workshop; **~mädchen** *n* factory girl; **~marke** *f* trade mark, brand; **~mäßig** *adj.* industrial; *adv.* ~ hergestellt factory-made, manufactured; **~neu** *adj.* brand-new, fresh from the factory; **~nummer** *f* serial number; **~preis** *m* factory price, prime cost; **~schiff** *n* factory ship; **~stadt** *f* manufacturing town; **~ware** *f* manufactured (*od.* factory-made) goods *pl. od.* article; **~zeichen** *n* trade mark, brand.

fabrizieren *v/t.* manufacture, make, produce; *bsd. fig.* fabricate.

fabulieren *v/i.* → fabeln.

Facette *f* facet; **~nauge** *n* compound eye.

Fach *n* **1.** (*Abteil*) compartment, partition, division; *in Schrank, Aktentasche*: partition; *im Schreibtisch*: pigeonhole; (*Schub~*) drawer; *im Bücherbrett usw.*: shelf; *der Tür, Wand*: panel; *typ. im Schriftkasten*: box; ⚘ *u. anat.* cell; ⚠ (*Zwischenraum*) bay; (*Deckenfeld*) coffer; **2.** *fig.* department, province, branch, field (of activity); (*Geschäft*) business, trade, line; specialty; (*Unterrichts~*) subject; *thea.* character, rôle; Mann vom ~ expert, specialist, professional; Musiker vom ~ professional musician; sein ~ verstehen know one's business (*od.* F stuff); das schlägt nicht in mein ~ that's not in my line.

...fach *in Zssgn* ... times, ...fold, *z.B.* zehn~ ten times, tenfold.

Fach...: ~arbeit *f* expert (*od.* skilled) work; **~arbeiter(in** *f*) *m* skilled (*od.* trained) worker, specialist; *pl.* skilled labo(u)r *sg.*; **~arzt** *m*, **~ärztin** *f* (medical) specialist (für in); **~ärztlich** *adj.* (*adv.* by a) specialist; **~ausbildung** *f* special(ized) training; professional training; **~ausdruck** *m* technical term; **~ausschuß** *m* committee (of experts); **~berater** *m* technical adviser, consultant; **~buch** *n* specialized book; *ped.* specialized textbook.

fächeln I. *v/t.* fan (sich o.s.); **II.** *v/i.* *Wind*: waft; *im Winde*: flutter gently.

fachen[1] *v/t.* divide into compartments.

fachen[2] *v/t.* → *anfachen.*

Fächer *m* fan; *fig.* range; **~antenne** *f* fan(-shaped) aerial (*Am.* antenna); **≈artig** *adj.*, **≈förmig** *adj.* fan-shaped, fan-like; *adv. sich ~ ausbreiten* (*verteilen usw.*) fan out; **~motor** *m* fan-type (*od.* double V) engine; **≈n** *v/t.* **1.** → *fachen*[1]; **2.** (*a. sich ~*) fan out; **~palme** *f* fan-palm.

Fach...: **~gebiet** *n* (special) field *od.* subject; **~gelehrte(r** *m*) *f* specialist, expert; **≈gemäß, ≈gerecht** *adj.* workmanlike, competent, skil(l)ful, professional; **~geschäft** *n* specialized dealer; **~größe** *f* authority; **~gruppe** *f* trade group; *ped.* subject section; **~handel** *m* specialized trade (*od.* dealers *pl.*); **~hochschule** *f* technical college; **~idiot** *contp. m* specialist borné, one-track specialist; **~ingenieur** *m* specialist (*od.* expert) engineer; **~kenntnis(se** *pl.*) *f* technical (*od.* specialized, expert) knowledge (*sg.*); **~kräfte** *f/pl.* trained workers, specialists; technical personnel *sg.*; **~kreis** *m*: *in ~en* among experts; **≈kundig** *adj.* expert, competent; **~lehrer(in** *f*) *m* subject (*od.* specialist) teacher; **≈lich** *adj.* professional, technical, specialized; **~literatur** *f* technical (*od.* specialized) literature; **~mann** *m* expert, specialist (*in* in, at; *für* on); authority (on); **≈männisch** *adj.* expert(ly *adv.*), specialist ...; *Arbeit*: workmanlike, competent, professional; *~es Auge* expert's eye; *~es Urteil* expert opinion; **~messe** ⚚ *f* trade fair; **~minister** *m* departmental minister; minister with portfolio; **~normenausschuß** *m* engineering standards committee; **~personal** *n* → *Fachkräfte*; **~presse** *f* trade press; **~redakteur** *m* special editor; **~richtung** *f* special subject, field (of specialization); **~schaft** *f* → *Fachgruppe*; **~schule** *f* technical college; **~simpelei** *f* shop-talk; **≈simpeln** *v/i.* talk shop; **~sprache** *f* technical language (*od* terminology); **~studium** *n* special(ized) studies *pl.*; **~übersetzer** *m* technical translator; **~verband** *m* professional (*od.* trade, industrial) associaton; **~welt** *f*: *in der ~* in professional circles, among experts; **~werk** *n* ⚠ framework; ⊕ truss; **~werkbrücke** *f* truss bridge; **~werkhaus** *n* half-timbered house; **~wissen** *n* → *Fachkenntnis*; **~wissenschaft** *f* special branch of science, special(i)ty; **~wort** *n* technical term; **~wörterbuch** *n* technical dictionary; **~zeitschrift** *f* trade journal, specialist periodical.

Fackel *f* torch (*a. fig.*), flare; (*Wachs≈*) flambeau; **≈n** F *fig. v/i.* hesitate, shilly-shally; *er fackelte nicht lange* he lost no time, he made short work of it (*od.* them); **~schein** *m* torchlight; **~träger** *m* torch-bearer; **~zug** *m* torchlight procession.

Fädchen *n* small thread, filament.

fade *adj.* tasteless, insipid; (*schal*) stale; *fig.* (*langweilig*) dull, boring, jejune, flat; *~r Kerl* dull fellow, F dreary, drag, stiff, wet blanket; *e-e ~ Sache sl.* a drag, a yawn.

Faden *m* thread (*a.* ⚕ *u. fig.*); *gezwirnter*: twine; (*Faser*) fib|re, *Am.* -er; ⚡, ⊕ filament; *von Bohnen, Flüssigem usw., a. e-r Marionette u. fig.*: string; *opt.* hairline; ⚓ *Maß*: fathom; *mit Fäden durchziehen* thread; *Fäden ziehen* rope; *fig. der rote ~ e-r Geschichte usw.*: the red thread; *den ~ verlieren* lose the thread; *den ~ wiederaufnehmen* pick up the thread; *keinen trockenen ~ am Leibe haben* not to have a dry stitch on one; *alle Fäden in der Hand halten* hold all the strings in one's hand; *sie ließ keinen guten ~ an ihm* she had not a good word to say for him; *es hing an e-m ~* it hung by a thread, it was touch and go; **≈förmig** *adj.* thread-shaped, 🕮 filiform; **~führer** ⊕ *m* thread guide; **~kreuz** *n opt.* reticule, crosshairs *pl.*, spider lines *pl.*; *Weberei*: lease; **~nudeln** *f/pl.* vermicelli *pl.*; **~rolle** *f* reel of thread; **≈scheinig** *adj.* threadbare (*a. fig.*), sleazy, shabby; *fig. Ausrede*: thin, flimsy; **~stärke** *f* count of yarn; **~wurm** *m* nematode; **≈ziehend** *adj.* stringy, ropy.

Fadheit *f* tastelessness, insipidity, flatness; staleness; F *fig.* dullness, flatness.

Fading *n Radio*: fading; **~regelung** *f* automatic gain control.

Fagott ♪ *n* bassoon; **~bläser** *m*, **~ist** *m* bassoonist.

fähig *adj.* capable (*zu et.* of a th.; *zu inf.* of *ger.*), able (to *inf.*); *speziell*: qualified, fit (for a th.; to *inf.*); *passiv*: liable *od.* apt (to *inf.*); (*tüchtig*) (cap)able, competent, efficient, talented; *~ machen zu* enable to; *mst b.s. zu allem ~* capable of anything, *Verbrecher usw.*: desperate; **≈keit** *f* (cap)ability;

qualification (*zum Richteramt* to hold judicial office), competence, efficiency; (*Anlage*) capacity; *geistig*: talent, *a. physiol.* faculty.

fahl *adj.* (*bleich*) pale, (*a. Himmel*) livid; *Gesicht*: *a.* ashen, sallow; (*düster*) lurid; (*verschossen*) faded; **~gelb** *adj.* pale-yellow, fallow.

Fähnchen *n* small flag; (*Wimpel*) pennant (*a.* ♪), streamer; *Sport*: (course) marker; F *fig.* (*Kleid*) cheap summer-dress.

fahnd|en *v/i.*: *nach j-m* ~ search for; **~ung** *f* search; → *a. Fahndungsstelle*; **~ungsbuch** *n* wanted persons file; **~ungsliste** *f* "wanted" list; **~ungsstelle** *f* tracing and search department.

Fahne *f* **1.** flag; standard; *bsd. fig.* banner; ⚔, ⚓ *u. fig.* colo(u)rs *pl.*; (*Rauch*~) trail (of smoke); *bei der* ~ *dienen* serve with the colo(u)rs; *die* ~ *hochhalten* keep the flag flying; *bsd. fig.* (*sich*) *um j-s* ~ *scharen* rally (a)round a p.'s banner; F *e-e* ~ *haben* reek of the bottle; → *fliegend*; **2.** *typ.* (galley-) proof.

Fahnen...: **~eid** *m* oath of allegiance; **~flucht** *f* desertion; **~flüchtig** *adj.*: ~ *sein* (*werden*) be a deserter (desert the colo[u]rs); **~flüchtige(r)** *m* deserter; **~junker** *m* officer cadet senior grade; **~stange** *f*, **~stock** *m* flag-staff, flagpole; **~träger** *m* standard-bearer (*a. fig.*); **~tuch** *n* bunting; **~weihe** ⚔ *f* consecration of the colo(u)rs.

Fähnlein *n* **1.** → *Fähnchen*; **2.** *hist.* squad, troop.

Fähnrich *m* ⚔ cadet (junior grade); ⚓ ~ *zur See* midshipman.

Fahr|ausweis *m* → *Fahrtausweis*; **~bahn** *f* roadway, carriageway, *Am. a.* pavement; (*Spur*) lane; *Straße mit zwei* ~*en* two-lane road; **~bar** *adj.* **1.** → *befahrbar*; **2.** ⚓ navigable; **3.** ⊕ mobile, travel(l)ing, portable; **~bereich** *m* radius of action, cruising radius; **~bereit** *adj.* ready to start; in running order; **~bereitschaft** *f* (*Einrichtung*) motor (transport) pool; **~damm** *m* → *Fahrbahn*; **~dienstleiter** *m* 🚂 stationmaster, dispatcher; *mot.* transport officer.

Fähre *f* ferry(-boat); *fliegende* ~ flying bridge; *schwebende* ~ suspension ferry; *in e-r* ~ *übersetzen* (*v/t. u. v/i.*) ferry across *od.* over.

Fahreigenschaften *mot. f/pl.* driving properties, road performance *sg.*

fahren I. *v/i. in beliebigem Fahrzeug* (*a. reisen*): go, travel (*mit* by); *selbst lenkend, bsd. mot.*: drive; *auf e-m Fahrrad od. mit e-m beliebigen Beförderungsmittel*: ride; ⚓ sail, cruise; (*verkehren*) run; (*ab*~) leave, go, depart; (*in Fahrt sein*) be moving; *er kann* ~ he can (*od.* knows how to) drive; he is a good driver; *rechts* ~! keep to the right!; *zwischen zwei Häfen usw.* ~ ply between; *das Boot, der Zug fährt zweimal am Tag* runs (*od.* goes, leaves) twice a day; *mit der Bahn* ~ go by train *od.* rail; *erster Klasse* ~ go first (class); *mit dem Omnibus* ~ go (*od.* travel, ride) by bus, take a bus; *elektrisch* (*mit Dieselkraftstoff*) ~ *Fahrzeug*: be electrically driven (be diesel-driven); *über e-n Fluß* (*Platz usw.*) ~ cross a river (square, *etc.*); *auf den Grund* ~ run aground; *gen Himmel* ~ ascend to heaven; *zur Hölle* ~ descend (*allg.* go) to hell; *aus dem Bett* ~ start up from one's bed; *in die Kleider* ~ slip one's clothes on, slip into one's clothes; *mit der Hand* ~ *über* pass (*od.* run) one's hand over; *aus der Hand* ~ slip from (*od.* jump out of) one's hand; *in et.* ~ *Kugel, Messer usw.*: go into; ⊕ F *mit e-r Leitung durch die Wand usw.* ~ run a line through the wall, *etc.*; ~ *lassen* (*Boot, Zug usw.*) run; → *a. fahrenlassen*; *fig. gut* (*schlecht*) ~ *bei et.* fare well (ill) at *od.* with a th.; *er ist sehr gut* (*schlecht*) *dabei ge*~ he did very well (badly) out of it; *was ist in ihn gefahren?* what has come over him?; *es fuhr mir durch den Sinn* it flashed across my mind; → *Boot, Haut, Schlittschuh usw.*; **II.** *v/t.* (*lenken*) drive, steer; ⚓ navigate, sail; (*Boot*) row; (*befördern*) convey, carry, *Am. a.* ship; (*Steine, Heu usw.*) cart; *ein Schiff auf den Grund* (*in e-e Bucht*) ~ run a ship aground (into a bay); *e-e Strecke* ~ cover (*od.* travel, traverse, run through) a distance; *j-n an e-n Ort* ~ drive a p. to; *das Auto fährt 120 km/h* the car makes (*od.* F does) 120 km/h; *er fuhr die beste Zeit* he clocked (*od.* made) the best time; *es fährt sich gut hier* it is good driving here, the going is good here; **III** ~ *n* travel(l)ing, going, riding; *bsd. mot.* driving; motoring; ⚓ navigating, sailing, steering; **~d** *adj.* moving; (*wandernd*) travel(l)ing, vagrant, itinerant; ~*er Ritter* knight errant; ~*es Volk* vagrants *pl.*, wayfaring people; ~*e Habe* movables *pl.*; **~lassen** *v/t.* let go; *fig.* abandon, give up.

Fahrer *m*, **~in** *f* driver; *mot. a.* chauffeur; (*Motorrad* ≈ *usw.*) rider; (*Herren* ≈) motorist; **~flucht** *f* hit-and-run offen|ce (*Am.* -se), absconding from the scene of accident; **~haus** *n* cab.

Fahr...: **~erlaubnis** *f* → *Führerschein*; **~gast** *m* passenger; **~gastschiff** *n* liner, passenger-ship; **~geld** *n* fare.

Fährgeld *n* ferriage, fare.

Fahr...: **~gelegenheit** *f* transport, conveyance; **~gestell** *n mot.* chassis; → *Fahrwerk*; *fig. co.* (*Beine*) F pins *pl.*

fahrig *adj.* (*unstet*) erratic, fickle, flighty; (*nervös*) fidgety, nervous; (*unaufmerksam*) inattentive.

Fahrkarte *f* **1.** ticket; *einfache* ~ single (*Am.* one-way) ticket; *durchgehende* ~ through-ticket; ~ *hin u. zurück* return-ticket; *e-e* ~ *lösen nach* book (*od.* take a ticket) for; **2.** F ⚔ miss, *sl.* Maggie's drawers *pl.*

Fahrkarten...: **~ausgabe** *f* ticket-office (window); **~heft** *n* book of tickets; **~kontrolleur** *m* ticket inspector; **~schalter** *m* → *Fahrkartenausgabe.*

Fahr...: **~kilometer** *m/pl.* mileage *sg.* (covered); **~komfort** *mot. m* driving comfort.

fahrlässig *adj.* careless, reckless, *a.* ⚖ negligent; ~*e Tötung* manslaughter (*Am.* in the second degree); ≈**keit** *f* carelessness, recklessness, (*grobe* ~ gross) negligence.

Fahr...: **~lehrer** *mot. m* driving instructor; **~leistung** *mot. f* road performance; *Kraftstoff*: economy.

Fährmann *m* ferryman.

Fahrnis ⚖ *f* chattels *pl.*, personal movables *pl.*; **~gemeinschaft** *f* community of movables.

Fahr...: **~plan** *m* time-table (*a. fig.*), *Am. a.* schedule; ≈**planmäßig I.** *adj.* regular, *Am. a.* scheduled; **II.** *adv.* (*rechtzeitig*) on time, according to schedule; *der Zug fährt* (*kommt*) ~ *ab* (*an*) *um 12 Uhr* the train is scheduled to leave (is due) at 12 o'clock; **~praxis** *f* driving experience; **~preis** *m* fare; **~preisanzeiger** *m* taximeter; **~preiszone** *f* fare stage (*Am.* zone); **~prüfung** *mot. f* driving test; **~rad** *n* bicycle, cycle, F bike, *Am. a.* wheel; **~radanhänger** *m* (bi)cycle trailer; **~rinne** *f* ⚓ fairway, shipping channel (*od.* lane); *binnenländisch*: waterway; **~schein** *m* ticket; **~scheinheft** *n* book of tickets; **~schule** *mot. f* driving school; **~schüler(in** *f*) *m* learner (-driver); **~sicherheit** *f* safe driving, road safety; **~spur** *f* (traffic) lane; **~strecke** *f* route, itinerary; distance (covered); **~stuhl** *m* lift, *Am.* elevator; *für Güter*: *a.* hoist; → *a. Rollstuhl*; **~stuhlführer** *m* lift-attendant, lift-boy, *Am.* elevator-operator; **~stunde** *mot. f* driving lesson.

Fahrt *f* **1.** *im Wagen*: drive, ride; (*Reise*) journey, trip, tour; *zur See*: voyage, passage, cruise; (*Ausflug*) outing, excursion, F hike; (*Schi* ≈) run; *freie* ~*!* all clear!; *mot.* open drive!, end of speed limit!; *gute* ~*!* (have) a pleasant journey!, bon voyage!; *auf der* ~ *nach X.* on one's way to X; → *Blau II*; **2.** (*Tempo*) speed; ⚓ *große* (*halbe, kleine, volle*) ~ three-quarter (half, dead-slow, full) speed; *in voller* ~ at full speed; ~ *aufnehmen* gather speed; ~ *machen* make (head)way; *in* ~ *kommen* get under way, get up speed; F *fig.* (*in Schwung*) get going, *a. Sache*: get into one's stride; *in* ~ *bringen* get *a p., a th.* going, (*j-n*) *a. sl.* turn *a p.* on; (*in Wut*) make *a p.* wild; *in* ~ *sein* be under way; F *fig.* be going it strong, (*beschwipst usw.*) be in high spirits; (*in Wut*) be in a rage; *Sache*: be in full swing; **3.** ⚓, ✈ trade; *kleine* (*große*) ~ home (foreign-going) trade; **~antritt** *m* departure; **~ausweis** *m* ticket; *mot.* → *Führerschein.*

Fährte *f* track, trace, trail, *fig. a.* scent; *auf der falschen* ~ *sein* be on the wrong track (*od.* scent), be barking up the wrong tree; *j-n auf die richtige* ~ *bringen* put on the right track (*od.* scent).

Fahrten|buch *mot. n* (driver's) log-book; **~schreiber** *m* tachograph; **~schwimmen** *n* 30-minute swimming test.

Fahrt...: **~richtung**• *f* direction (of motion *od.* traffic); **~richtungsanzeiger** *mot. m* direction indicator.

fahrtüchtig *mot. adj. Wagen*: roadworthy; *Fahrer*: fit to drive.

Fahrt...: **~unterbrechung** *f* break of journey, stop, *Am.* stopover; **~wind** *m* air stream.

Fahr...: **~verbot** *n* (temporary) suspension of *a p.'s* driving licence; **~verhalten** *mot. n* **1.** → *Fahrweise*; **2.** *des Wagens*: road behavio(u)r; **~wasser** *n* ⚓ navigable water; → *a. Fahrrinne*; *fig.* track; ways *pl.*; tendency; *im richtigen* ~ *sein* be in one's element; *in ein politisches*

~ *geraten* take a political turn; *in ein übles ~ geraten* get into evil ways; **~weg** *m* road(way); **~weise** *mot. f* driving (habit *od.* style); **~werk** *n* ⊕ travel(l)ing gear; *mot.* chassis (unit); ✈ landing gear, undercarriage; **~zeit** *f* running-time; (*Fahrtdauer*) duration (of a trip, *etc.*); hours *pl.* of operation; *des Motors*: engine mileage.

Fahrzeug *n* vehicle; ⚓ vessel, craft; **~halter** *m* car-owner; **~kolonne** *f* column of vehicles; **~papiere** *n/pl.* registration papers; **~schlange** *f* queue (of vehicles); **~park** *m mot.* (vehicle) fleet; 🚂 rolling stock; **~verkehr** *m* vehicular (*od.* wheeled) traffic.

Faible *n* weak (*od.* soft) spot (*für* for).

Fairneß *f* fairness.

fäkal *adj.* f(a)ecal; **≈ien** *pl.* f(a)eces.

Fakir *m* fakir.

Faksimile *n* facsimile; **~telegraphie** *f* facsimile telegraphy.

Faktion *pol. f* faction.

faktisch I. *adj.* actual, effective, real, de facto; **II.** *adv.* actually, in fact, de facto; virtually.

faktitiv *ling. adj.*, **≈** *n* factitive.

Faktor *m* **1.** factor (*a.* 𝔄, *biol.*); *bestimmender ~* determinant; ⊕ *veränderliche ~en* variables; *der menschliche ~* the human factor (*od.* element); **2.** (*Vorarbeiter*) foreman (*a. typ.*); → *a. Verwalter, Geschäftsführer, Handelsvertreter*; **~ei** *f* trading post; *hist.* factory.

Faktotum *co. n* factotum.

Fak|tum *n* fact; **~ten** *pl.* facts; (*Angaben usw.*) data.

Faktur|(a) ⚚ *f*, **≈ieren** *v/t.* invoice; **~ist** *m* invoice clerk.

Fakultät *univ. f* faculty, *Am.* department, school.

fakultativ *adj.* optional.

falb *adj.* fallow, dun; **≈e(r)** *m* dun horse.

Falke *m* falcon, hawk (*a. fig. pol.*); **~nauge** *n bsd. fig.* hawk's eye; **~nbeize** *f*, **~njagd** *f* falconry, hawking.

Falkner *m* falconer, hawker.

Fall[1] *m* **1.** fall; (*Sturz*) *a.* drop, plunge; *im Fallschirm*: descent; *des Barometers*: fall, drop; *fig.* downfall, *e-r Person, Regierung usw.*: overthrow, collapse, ruin; *e-r Festung usw.*: fall, surrender; ⚚ *der Kurse, Preise*: fall, drop, *stärker*: slump; *phys. freier ~* free fall; *der ~ Adams* the fall (of man); *zu ~ bringen* cause *a p.* to fall; *im Kampf*: (*a. e-e Regierung usw.*) bring down; *durch Beinstellen, a. fig.*: trip up; (*Pläne usw.*) thwart, kill, (*Gesetzentwurf usw.*) kill, defeat; *zu ~ kommen* (have a) fall; *fig.* come to grief, be ruined (*od.* defeated, *etc.*); **2.** (water)fall; **3.** *fig.* case (*a. ling.*, ⚕, ⚖); (*Angelegenheit*) *a.* matter, affair; (*Einzelbeispiel*) instance; (*Vorkommnis*) occurrence; ⚖ *im ~e Müller u. Genossen* in the case (*od.* matter) of Müller et al; *auf alle Fälle* a) at all events, in any case, at any rate, by all means; b) → *für alle Fälle* just in case, to be on the safe side; *auf keinen ~* in no case, on no account, by no means; *für den ~, daß, im ~, daß* in case *he should come*, in the event of *his coming*; *gesetzt den ~* suppose, supposing; *im besten ~e* at (the) best; *im schlimmsten ~e* at the worst; *in diesem ~* in that case; *von ~ zu ~* from time to time, according to circumstances; *der ~ liegt so* the case is this, the situation is as follows; F *klarer ~!* of course!, *Am. a.* sure (thing)!; F *das (er) ist ganz mein ~* that's (he is) just my cup of tea; *das ist nicht mein ~!* that's not my cup of tea (*od. sl.* my scene)!; *das ist auch bei ihm der ~* that's true for him too; → *hoffnungslos*.

Fall[2] ⚓ *n* halyard.

fällbar ⚗ *adj.* precipitable.

Fall...: **~behälter** *m* gravity tank; **~beil** *n* guillotine (blade); **~beschleunigung** *f* gravitational acceleration; **~bö** *f* air pocket, down gust; **~brücke** *f* drawbridge.

Falle *f* trap; (*Schlinge*) snare; (*Grube*) pitfall (*alle a. fig.*); F (*Bett*) bed, bunk; *j-m e-e ~ stellen* set a trap for; *in die ~ gehen* walk into the trap; F (*zu Bett gehen*) F turn in, *Am.* F hit the hay; *in die ~ locken* lure into the trap.

fallen I. *v/i. allg.* fall, drop; *Fieber, Wasser, Preise, Kurse usw.*: *a.* go down; (*purzeln*) tumble (down); (*hin~*) (have a) fall; ⚔ *Festung usw.*: fall, be taken; *Soldat*: fall, be killed (in action); *Barometer*: (be) fall(ing); *Blick, Licht usw.*: fall (*auf* on); ♩ descend, fall; *fig.* (*nachlassen*) abate, decline, subside; *Sport*: *Tor*: be scored; *Hindernis usw.*: go, be removed; (*hörbar werden*) be heard, fall; *Entscheidung*: be taken, come; *Bemerkung*: fall (*von j-m* from); *Fest usw.*: fall (*auf* on); *in e-e Kategorie, unter ein Gesetz* ~ come under, fall within (the scope of), be covered by; *an j-n* ~ *durch Erbübergang*: fall to, devolve on, come (*od.* go) to; *am dritten Tag fiel die Entscheidung* the third day brought the decision; *die Entscheidung fiel in der 2. Halbzeit usw. Sport*: the decider came; *Schüsse fielen* shots were fired (*od.* rang out); *das Kleid fällt hübsch* drapes beautifully; *das Los fiel auf mich* the lot fell upon me; → *Arm, Auge 1, Extrem, Fuß, Hand, Nerven, Ohnmacht 2, Opfer, Ungnade usw.*; **II.** ≗ *n* fall(ing), drop; descent.

fällen *v/t.* (*Holz*) fell, cut (*od.* hew) down; (*Gegner, Tier*) fell; ⚔ (*Bajonett*) lower; ⚗ precipitate; ⚖ *ein Urteil* ~ pronounce (*od.* pass) sentence (*über* on), *a. fig.* pass judg(e)ment (on); → *Entscheidung, Lot.*

fallenlassen *fig. v/t.* (*Bemerkung, Freund usw.*) drop, let fall; (*Plan usw.*) drop, give up, abandon; (*Ansprüche*) drop, waive; (*Gedanken*) drop, dismiss; (*Thema*) drop.

Fallensteller *m* trapper.

Fall...: **~gatter** *n* portcullis; **~geschwindigkeit** *phys. f* velocity (*od.* rate) of fall; **~gesetz** *n* law of falling bodies; **~grube** *f a. fig.* pitfall; **~hammer** ⊕ *m* drop hammer; pile driver; **~höhe** *f* height of fall; **~holz** *n* fallen wood.

fallieren ✝ *v/i.* fail, become insolvent, go bankrupt.

fällig *adj.* due; (*zahlbar*) *a.* payable; *Steuern*: *a.* collectible; *Wechsel*: *a.* mature; *längst* ~ (long) overdue; *noch nicht* ~ unmatured; *wenn* ~ at maturity, when due; ~ *werden* become due (*od.* payable), *Obligation usw.*: mature; *Wechsel*: fall due; *Bezugsrecht usw.* (*verfallen*): expire; F *da war was* (*od. allerhand*) ~ the fat was in the fire; → *a. los I 3*; F *jetzt ist er aber* ~ now he is in for it; *ein Besuch bei ... ist mal wieder* ~ it's about time to visit ... again; **≗keit** *f* maturity; expiration; *bei* ~ at maturity, when due; *vor* ~ prior to maturity; **≗keitstag** *m*, **≗keitstermin** *m* due date, maturity (date).

Fall...: **~obst** *n* windfall; **~recht** ⚖ *n* case law; **~reep** ⚓ *n* gangway; **~rohr** ⊕ *n* down-pipe; **~rückzieher** *m Fußball*: falling overhead kick.

falls *cj.* in case; if; in the event of *ger.*; (*angenommen*) suppose, supposing; (*vorausgesetzt*) provided (that), providing.

Fallschirm *m* parachute; *mit* ~ *abspringen* parachute, *bei Gefahr*: bail (*od.* bale) out; *mit* ~ *absetzen* parachute, paradrop; **~absprung** *m* parachute jump (*od.* descent); **~jäger** *m* paratrooper; **~kombination** *f* parasuit; **~leuchtbombe** *f* parachute flare; **~springen** *n* parachute jumping, skydiving; **~springer(in** *f*) *m* parachutist, *Sport*: *mst* skydiver; **~truppen** *f/pl.* paratroops.

Fall...: **~strick** *m* snare; *fig. a.* trap, pitfall; **~stromvergaser** *mot. m* down-draught (*Am.* -draft) carburet(t)or; **~sucht** ⚕ *f* falling sickness, epilepsy; **≗süchtig** *adj.*, **~süchtige(r** *m*) *f* epileptic; **~tank** *m* gravity tank; **~treppe** *f* trap-stairs *pl.*, fold-away stairs *pl.*; **~tür** *f* trap-door.

Fällung *f* felling; ⚗ precipitation; **~smittel** *n* precipitant.

Fall...: **~wind** *m* fall (*od.* down, katabatic) wind; **~winkel** *m* angle of inclination; ⚠, ⚔ dip, incline; *e-s Geschosses*: angle of descent.

falsch I. *adj.* **1.** *allg.* false; (*unwahr*) *a.* untrue; (*unrichtig*) wrong, incorrect; *Ansicht*: *a.* erroneous, mistaken; (*verkehrt*) wrong; ♪ false, wrong; ~*e Anwendung* misapplication; ~*e Bezeichnung* misnomer; ~*e Darstellung* misrepresentation; **2.** (*unecht*) false, spurious, imitated, bogus, fake ..., F phony; *Haar*: false; *Zähne*: false, artificial; (*gefälscht*) forged; *Geld*: *a.* counterfeit, bad; (*verfälscht*) adulterated; ~*e Angabe* false statement; ~*er Eid* false oath; ~*er Name* false (*od.* fictitious) name; ~*e Rippe* floating rib; **3.** (*betrügerisch*) deceitful, fraudulent; *Freund*: false, insincere, treacherous; ~*er Prophet* false prophet; **4.** (*unangebracht*) *Scham, Stolz*: false; **5.** F (*zornig*) angry, venomous, *bsd. Am.* mad; *Pferd*: vicious; → *Flagge, Kehle 1, Schlange 1, Spiel 1, Vorspiegelung, Würfel usw.*; **II.** *adv.*: ~ *antworten* answer wrong; ~ *auffassen* misconceive, misunderstand, get wrong; ~ *aussprechen* pronounce incorrectly *od.* wrong(ly), mispronounce; ~ *gehen Uhr*: go wrong; ~ *schreiben* write incorrectly, misspell; ~ *singen* sing out of tune (*od.* F off-key); ~ *geraten!* wrong!; *teleph.* ~ *verbunden* sorry, wrong number; ~ *schwören* perjure (*od.* forswear) o.s.; ~ *spielen* cheat (at cards); **III.** ≈ *m*: *ohne* ~ without guile, guileless, harmless.

Falsch...: **~aussage** ⚖ *f* false testimony; **~beurkundung** ⚖ *f* making false entry; **~buchung** *f* fraudulent entry; **~eid** *m* false oath.

fälsch|en *v/t. allg.* falsify, fake; (*Urkunden, Unterschrift usw.*) *a.* forge; (*Geld*) counterfeit, forge; ⚖ *a.* (*nachmachen*) make falsely, (*ver* ~) alter fraudulently; ☤ (*Rechnung, Bücher usw.*) tamper with, F doctor, cook; (*Wein usw.*) adulterate; (*Bilder*) fake (up); **≈er(in** *f*) *m* falsifier; forger, counterfeiter; faker.

Falschgeld *n* counterfeit (*od.* false, bogus) money, *Am. sl.* queer.

Falschheit *f* falseness, falsity; *e-r Person*: *a.* insincerity, duplicity, insidiousness; *Handlung*: *a.* treachery, double-dealing.

fälschlich *adj.* (*u. adv., a.* **~erweise**) false(ly), fraudulent(ly); (*unrichtig, irrig*) incorrect(ly), wrong(ly); erroneous(ly, by mistake).

Falsch...: **~luft** ⊕ *f* infiltrated air, air leak; **~meldung** *f* false report; (*Ente*) canard (*fr.*), hoax; **~münzer(in** *f*) *m* counterfeiter; **~münzerei** *f* false coining, *weitS.* forgery, counterfeiting; **~spieler(in** *f*) *m* card-sharper, cheat.

Fälschung *f* falsification; faking; *von Urkunden, Unterschriften*: forging, forgery; *von Geld*: *a.* counterfeiting; *von Lebensmitteln*: adulteration; *konkret*: (*Gefälschtes*) forgery; counterfeit; fake.

Falsett ♪ *n* falsetto (voice).

Falsifikat *n* forgery, fake.

falt|bar *adj.* foldable; **≈blatt** *n* folder; **≈boot** *n* collapsible (*od.* folding-)canoe, faltboat; **≈dach** *mot. n* folding roof, collapsible top.

Falte *f* fold; (*Runzel*) wrinkle; *der Stirn*: *a.* furrow; *unerwünschte, im Tuch*: wrinkle, crinkle, crease (*alle a. v/i.* ~*n bekommen*); *beabsichtigte*: pleat, plait; (*Bügel*≈) crease; (*Bodenwelle*) fold; *fig. innerste* ~*n der Seele* innermost recesses of the heart; ~*n werfen* pucker; *schöne* ~*n werfen* drape beautifully; *die Stirn in* ~*n ziehen* knit (*od.* pucker) one's brow, frown; *in* ~*n legen* → *falten*.

fältel|n *v/t.* (*a. sich* ~) gather, pleat, plait; (*kräuseln*) frill; **≈ung** *f* pleat(ing).

falten *v/t.* fold; (*Tuch*) *a.* pleat, plait; crease; *mit Gummifäden*: shir(r); *sich* ~ (*knittern*) wrinkle, crinkle, crease; *es läßt sich mühelos* ~ it folds easily; *die Hände* ~ join (*od.* fold) one's hands.

Falten|gebirge *n* folded mountains *pl.*; **≈los** *adj.* without folds (*od.* pleats); (*runzellos*) unwrinkled, smooth; **~rock** *m* pleated skirt; **~wurf** *m Kunst*: drapery.

Falter *m* butterfly, moth.

faltig *adj.* folded; *Tuch*: plaited, pleated; *Haut*: wrinkled, creased.

Falt...: **~prospekt** *m* folder; **~schachtel** *f* folding carton; **~stuhl** *m* folding-chair; **~ung** *f* folding; plaiting; ⚘ *der Blätter*: vernation.

Falz *m* fold; ⊕ welt, (turned-over) edge; *Buchbinderei*: guard, fold; *Tischlerei*: (*Fuge*) rabbet; (*Auskehlung*) groove, notch; **~bein** *n* paper-knife, folder; **~blech** *n* metal-sheet with good bend properties; **≈en** *v/t.* fold; *Tischlerei*: rabbet; groove; *Klempnerei*: welt; **~fräser** *m* rabbeting cutter; **~hobel** *m* rabbet plane; **~maschine** *f* (*Papier*≈ *usw.*) folding-machine; *Klempnerei*: seaming machine; **~ziegel** *m* grooved tile.

Fama *f* rumo(u)r.

familiär *adj.* family *affairs, etc.*; *fig.* (*vertraut*) familiar, intimate; (*ungezwungen*) informal; *ling.* familiar, colloquial; ~*er Ausdruck* colloquialism.

Familie *f* family (*a. ling., zo.,* ⚘); (*Haushalt*) household; *die* ~ *Braun* the Brown family; *m-e* ~ F my people, *Am. a.* my folks; *von guter* ~ of a good family; *e-e* ~ *gründen* (marry and) settle down; ~ *haben* have children; *er hat* ~ he is a family man; *es liegt in der* ~ it runs in the family; *das kommt in den besten* ~*n vor* accidents will happen in the best-regulated families.

Familien...: **~ähnlichkeit** *f* family likeness; **~angelegenheit** *f* family affair; **~anschluß** *m* opportunity to live as one of the family; **~bad** *n* mixed bathing; **~beihilfe** *f* family allowance; **~forschung** *f* genealogical research; **~glück** *n* domestic happiness; **~gericht** ⚖ *n* family court; **~gruft** *f* family vault; **~gut** *n* family estate; **~kreis** *m* family circle; **~leben** *n* family life; **~mitglied** *n* member of the family; **~nachrichten** *f/pl. Zeitung*: births, marriages, and deaths; **~name** *m* family name, surname, *Am. a.* last name; **~oberhaupt** *n* head of the family; **~packung** ☤ *f* family size package; **~planung** *f* family planning; **~rat**

m family council; **~roman** *m* roman fleuve (*fr.*), saga novel; **~stammbuch** *n* family register; **~stand** *m* marital status; **~stiftung** *f* family trust; **~stück** *n* heirloom; **~unterstützung** *f* family allowance; **~vater** *m* father of the family, paterfamilias; *weitS.* family man; **~verhältnisse** *n/pl.* family background *sg.* (*od.* relationships); **~zulage** *f* family allowance; **~zuwachs** *m* addition to the family.

famos F *adj.* excellent, F capital, great.

Fan F *m* F fan.

Fanal *n* beacon light; *fig.* torch, beacon, oriflamme.

Fana|tiker(in *f*) *m* fanatic; *für Sport usw.*: F fan; **≈tisch** *adj.* fanatic(al); **≈tisieren** *v/t.* fanaticize; **~tismus** *m* fanaticism.

Fanfare *f* fanfare; (*Signal*) *a.* flourish of trumpets; *mot.* trumpet horn.

Fang *m* **1.** capture, catch(ing) (*a. Sport*); (*Beute*) *hunt.* bag; *von Fischen*: catch, haul (*beide a. fig.*); *e-n guten ~ tun* make a good catch; **2.** (*pl. Fänge*) (*Vogelkralle*) claw, talon; (*Reißzahn*) fang; *des Ebers*: tusk; *et. od. j-n in s-n Fängen halten* hold in one's clutches; **3.** *hunt.* (*Stoß*) coup de grâce (*fr.*); **~arm** *zo. m* tentacle; **~eisen** *n* (steel) trap.

fangen I. *v/t. allg.* catch (*a. Dieb, Krankheit usw.*); *mit der Angel*: hook; *in der Falle*: trap (*a. fig.*); *im Netz*: net; *fig.* (*fesseln*) captivate, fascinate; *sich ~ lassen* get caught, walk into the trap; *Feuer ~* catch fire (*a. fig.*); **II.** *v/refl.*: *sich ~* be caught; *beim Stolpern usw.*: catch o.s.; *fig. sich (wieder) ~* regain one's composure, rally (*a. Sport*); ✈ flatten (*od.* straighten out); **III.** ≈ *n* (*Spiel*) catching, *Am.* tag.

Fänger *m* catcher.

Fang...: **~frage** *f* catch (*od.* trick) question; **~garn** *fig. n* snare, trap; **~leine** *f* ⚓ painter; *am Fallschirm*: shroud line; *des Jagdhunds*: leash; *Walfang usw.*: harpoon line; **~messer** *n* hunting-knife; **~schuß** *hunt. m* coup de grâce (*fr.*); **~vorrichtung** *f am Aufzug usw.*: safety-catch; (✈ aircraft) arresting gear; **~zahn** *zo. m* (*Reißzahn*) fang.

Fant *m* (young) coxcomb.

Fantasie ♪ *f* fantasia; **≈ren** ♪ *v/i.* improvise; → *a. phantasieren.*

Farad ⚡ *n* farad.

Farb|anstrich *m* coat of paint; **~aufnahme** *f*, **~bild** *phot. n* colo(u)r-photo(graph); **~band** *n* typewriter (*od.* ink) ribbon; **≈beständig** *adj.* → *farbecht*; **~dia(positiv)** *n* colo(u)r transparency (*od.* slide).

Farbe *f allg.* colo(u)r (*a. Haut≈, fig. Fahne usw.*); (*Farbton*) hue; *hellgetönt*: tint; *dunkelgetönt*: shade; (*Farbkörper*) pigment; *zum Auftragen*: colo(u)r, (*a. Anstrich*) paint; *für Haar, Stoffe*: dye; *typ.* (printer's) ink; (*Beize*) stain; (*Gesichts≈*) complexion, colo(u)r, hue; *Karten*: suit; *TV Sendung in ~* in colo(u)r; *~ bekennen* follow suit; *fig.* lay one's cards on the table, declare o.s.; *die ~ wechseln* change colo(u)r; *fig.* change sides; *e-r Sache ~ verleihen* lend colo(u)r to; *s-n ~n treu bleiben* stick to one's colo(u)rs; → *schildern.*

farbecht *adj.* non-fading, (colo[u]r-) fast; *phot.* orthochromatic.

färben *v/t.* colo(u)r, tinge (*beide a. fig.*); (*Stoff, Haar*) dye; (*Glas, Papier*) stain; (*tönen*) tint; *sich ~* colo(u)r, *rot*: *a.* turn red; (*tendenziös*) *gefärbter Bericht* colo(u)red report; *mit Humor gefärbt* seasoned with humo(u)r; *mit Blut gefärbt* blood-stained.

Farben|abstufung *f* colo(u)r gradation; **~band** *n*, **~bild** *phys. n* spectrum; **~beständigkeit** *f* colo(u)r stability; **≈blind** *adj.* colo(u)r-blind; **~druck** *typ. m* colo(u)r printing; (*Bild*) colo(u)r print (*od.* reproduction); **≈freudig, ≈froh** *adj.* colo(u)rful, gay(ly colo[u]red); **~industrie** *f* paint industry; **~kasten** *m* paint box; **~kleckser** *m* dauber; **~kreis** *m* colo(u)r disk; **~lehre** *phys. f* theory of colo(u)rs, chromatics *pl.* (*sg. konstr.*); **~messer** *m* colorimeter; **≈prächtig** *adj.* colo(u)rful, gorgeous; **≈reich** *adj.* richly colo(u)red; **~skala** *f* colo(u)r chart; **~spiel** *n* play of colo(u)rs, iridescence; **~steindruck** *m* chromolithography; **~zs.-stellung** *f* combination of colo(u)rs.

Färber *m* dyer; stainer; **~ei** *f* **1.** dyeworks *pl.* (*oft sg. konstr.*); **2.** (*Gewerbe*) dyer's trade.

Farb...: **~fernsehen** *n* colo(u)r television; **~fernseher** *m*, **~fernsehempfänger** *m* colo(u)r (television) receiver, *mst* colo(u)r set; **~film** *m* colo(u)r film; **~filter** *phot. m* colo(u)r filter; **~gebung** *f* colo(u)ring, colo(u)ration.

farbig *adj.* colo(u)red; *fig. a.* colo(u)rful; *Rasse*: colo(u)red; *Glas, Leder, Papier*: stained; **≈e(r** *m*) *f* colo(u)red ([*f* wo]man); *pl.* colo(u)red people, non-whites.

Farb...: **~kissen** *n* ink(ing)-pad; **~körper** *m* colo(u)ring matter, pigment (*a. biol.*); **~lack** *m* lake, lacquer; **ᐝlich** *adj.* colo(u)r ..., *a. adv.* in colo(u)r; **ᐝlos** *adj.* colo(u)rless (*a. fig.*); *opt.* achromatic; **~losigkeit** *f* colo(u)rlessness (*a. fig.*); *opt.* achromatism; (*Blässe*) pallor; **~mine** *f für Drehbleistift*: colo(u)red lead; *für Kugelschreiber*: colo(u)red cartridge; **~muster** *n* colo(u)r pattern; **~photographie** *f* colo(u)r photography; (*Bild*) colo(u)r photo (-graph); **~stift** *m* colo(u)red pencil (*od.* crayon); **~stoff** *m* **1.** → *Farbkörper*; **2.** ⊕ dye(-stuff); *für Lebensmittel usw.*: colo(u)ring matter; **~tafel** *f* **1.** *im Buch*: colo(u)r-plate; **2.** (*Tabelle*) colo(u)r chart; **~ton** *m* tone; *vorherrschender*: hue; *heller*: tint; *dunkler*: shade; **ᐝtonrichtig** *phot. adj.* orthochromatic.

Färbung *f* colo(u)ring (*a. fig.*); colo(u)ration; *der Haut usw.*: pigmentation; (*Tönung*) hue, tint, tinge (*a. fig.*).

Farb...: **~walze** *f* ink(ing)-roller; **~wert** *m* chromaticity value; **~wiedergabe** *f* colo(u)r fidelity.

Farc|e *f* **1.** *Kochkunst*: stuffing, forcemeat; **2.** *thea.* burlesque, farce (*a. fig.*); **ᐝieren** *v/t.* stuff.

Farinzucker *m* brown sugar.

Farm *f* farm; **~er** *m* farmer.

Farn ⚘ *m*, **~kraut** *n* fern.

Farre *dial. m* young bull.

Färse *f* young cow, heifer.

Fasan *m* pheasant.

Fasanen...: **~braten** *m* roast pheasant; **~garten** *m* pheasantry; **~hahn** *m* cock-pheasant; **~henne** *f* hen-pheasant; **~jagd** *f* pheasant shooting; **~zucht** *f* pheasant-breeding.

Fasanerie *f* pheasantry.

Faschine *f* fascine.

Fasching *m* carnival, Shrovetide; **~s...** carnival *costume, etc.*; **~sprinz** *m* carnival king; **~sprinzessin** *f* carnival queen.

Faschis|mus *m* fascism; **~t(in** *f*) *m* fascist; **ᐝtisch** *adj.* fascist; **ᐝtoid** *adj.* proto-fascist.

Fase ⊕ *f* chamfer; *Spiralbohrer*: land.

Faselei *f* blather, twaddle.

Fasel|hans *m* drivel(l)er; (*zerfahrener Mensch*) scatter-brain; **ᐝig** *adj.* silly, scatter-brained; **ᐝn** *v/i.* babble, blather, talk at random (*od.* through one's hat).

Faser *f anat.*, ⚘ fib|re, *Am.* -er; (*Faden*) thread; *von Bohnen*: string; *von Holz*: grain; *dünne* ~ filament; *fig. mit jeder* ~ *s-s Herzens* with every fibre of his heart; **ᐝartig** *adj.* fibroid, fibrous.

Fäserchen *n anat. u.* ⚘ fibril; (*Stoff*ᐝ) fluff, *Am.* lint.

Faser...: **~gewebe** *n* fibrous tissue; **ᐝig** *adj.* fibrous, filamentous; *Fleisch usw.*: stringy; (*ausfasernd*) fuzzy; **ᐝn** *v/i.* ravel (out), fray, fuzz; **ᐝnackt** *adj.* stark naked; **~platte** *f* fibreboard, *Am.* fiberboard; **~stoff** *m* fibrous material, fibrin; **~ung** *f* fibrillation; *im Holz*: grain.

Faß *n* cask, barrel; (*Riesen*ᐝ) tun; *kleines*: keg; (*Bottich*) vat, tub; *Bier vom* ~ → *Faßbier*; *Wein vom* ~ wine from the wood; *in Fässer füllen* barrel, cask; *fig.* ~ *ohne Boden* bottomless pit; *das schlägt dem* ~ *den Boden aus!* that's the limit (*od.* last straw)!

Fassade *f* façade, front (*a. fig.*); **~nkletterer** *m* cat burglar.

faßbar *adj. konkret*: tangible; *geistig*: comprehensible.

Faß...: **~bier** *n* draught (*Am.* draft) beer; **~binder** *m* cooper.

Fäßchen *n* small barrel (*od.* cask), keg; *als Maß*: firkin *of beer, etc.*

fassen I. *v/t.* **1.** seize, grasp, take (*od.* lay) hold of; (*fangen*) catch, (*Verbrecher usw.*) *a.* apprehend, seize; ~ *bei* seize (*od.* take, tackle) by; *am Kragen* ~ (seize by the) collar; *an* (*od. bei*) *der Hand* ~ take by the hand; *zu* ~ *kriegen* get hold of; *faß ihn! zum Hund*: sick him!; *fig. j-n bei der Ehre* ~ appeal to a p.'s hono(u)r; → *Wurzel*; **2.** ⚔ (*Essen usw.*) draw, fetch; **3.** ⊕ (*ein*~) mount *in silver, etc.*; (*Edelstein*) *a.* set, enchase; (*Quelle*) curb, *Brit. a.* kerb; (*abfüllen*) put in(to *in*); *in Säcke* ~ sack; *fig. in Worte* ~ put into words, express (*od.* clothe, couch) in words; formulate; **4.** (*aufnehmen können*) hold, have a capacity of; *Saal usw.*: accommodate, *auf Sitzplätzen*: *a.* seat; **5.** (*enthalten*) contain; *fig. in sich* ~ include, comprise, embrace; **6.** *fig. geistig*: grasp, seize, conceive, understand; (*glauben*) believe; *nicht zu* ~ unbelievable, incredible; **7.** *fig. e-n Gedanken* ~ form an idea; → *Beschluß, Entschluß, Fuß, Neigung, Vorsatz usw.*; **II.** *v/i.* **8.** *Werkzeug usw.*: bite; *Rad*: grip; ~ *nach* grasp (*stärker*: clutch) at; **9.** *sich an die Stirn usw.* ~ touch, feel, put one's hand to; **III.** *v/refl.* **10.** *sich* ~ compose (*od.* collect) o.s., master one's feelings; *sich schnell wieder* ~ rally quickly;

er konnte sich vor Glück kaum ~ he was beside himself with joy; *fasse dich!* control yourself!; → *gefaßt*; **11.** *sich kurz* ~ be brief; → *Geduld*.
faßlich *adj.* comprehensible, conceivable; *leicht* (*schwer*) ~ easy (hard) to understand.
Fasson *f* form, shape, design, style, *Kleid*: *a.* cut, ⊕ *a.* section; (*Frisur*) trim; *fig.* fashion, manner, way; *nach* ~ *gearbeitet* fully fashioned; *fig. nach seiner* ~ *selig werden* be saved after one's own fashion; **~arbeit** *f* shaping, profiling; **~draht** *m* section wire; **≗ieren** *v/t.* form, shape; **~schnitt** *m* (*Frisur*) trim; **~stahl** *m* shaping tool.
Faßreif(en) *m* (barrel) hoop.
Fassung *f* **1.** ⊕ mounting, frame, support; *Brille*: frame; *Glühlampe*: lamp holder, socket; *Juwel*: setting; **2.** *fig. schriftlich*: draft(ing); (*Wortlaut*) wording, text, version, formulation; (*Stil*) style, diction; ⚖ *in der jeweils geltenden* ~ as (hereafter) amended; **3.** *seelische*: composure, poise, self-command; *aus der* ~ *bringen* disconcert, upset, F put out, *sl.* rattle; *die* ~ *bewahren* keep one's countenance (*od.* head); *die* ~ *verlieren* lose one's self-control (*od.* head, poise), *vor Zorn*: lose one's temper; *die* ~ *wiedergewinnen* recover one's self-possession (*od.* aplomb), rally; *er war ganz außer* ~ he was completely beside himself; **~sgabe** *f*, **~skraft** *f* (power of) comprehension, mental capacity, grasp; **≗slos** *adj.* disconcerted, perplexed; shaken, aghast, speechless; *ich war völlig* ~ you could have knocked me down with a feather; **~slosigkeit** *f* bewilderment, perplexity; shock, dismay; **~svermögen** *n* **1.** ⊕, ⛫, *e-s Saales usw.*: capacity; **2.** *fig.* → *Fassungsgabe*.
Faß...: **~wein** *m* wine from the wood; **≗weise** *adv.* by the barrel.
fast *adv. vor su. u. adj. mst* almost; *vor Zahlen, Maß- und Zeitangaben mst* nearly; → *a. beinahe*; ~ *nichts* next to nothing; ~ *nie* hardly ever.
fasten I. *v/i.* fast, abstain from food; **II.** ≗ *n* fast(ing), abstinence; **≗predigt** *f* Lent sermon; **≗speise** *f* Lenten fare; **≗zeit** *f* Lent.
Fastnacht *f* (~*sdienstag*) Shrove Tuesday, Mardi gras; (*Fasching*) Shrovetide, carnival; **~s...** → *Faschings...*
Fasttag *m* fasting-day.
Faszikel *typ. m* fascicle.
Faszin|ation *f* fascination; **≗ieren** *v/t.* fascinate.
fatal *adj.* (*unselig*) unfortunate; fatal *mistake, etc.*; (*unangenehm*) awkward, embarrassing; **≗ismus** *m* fatalism; **≗ist(in** *f*) *m* fatalist; **~istisch** *adj.* fatalist(ic); **≗ität** *f* misfortune, adversity.
Fata Morgana *f a. fig.* fata morgana, mirage.
Fatum *n* fate, destiny, lot.
Fatzke F *m* (*Geck*) fop, dandy; (*Dummkopf*) fool, silly ass.
fauchen *v/i. Tier*: spit; *Maschine*: whiz(z), hiss, puff; (*schimpfen, a. v/t.*) hiss, snarl.
faul *adj.* **1.** *Obst, Ei, Zähne usw.*: rotten, bad; (*stinkend*) foul, putrid; *Metall, Gestein*: brittle; **2.** *fig.* rotten; *Friede usw.*: hollow, spurious; ✝ worthless (*a. Wechsel*), inferior; *Firma*: unsound; (*verdächtig*) dubious, F shady, fishy; ~*e Ausrede* lame (*od.* poor, thin) excuse; ~*er Kunde* shady customer; ~*e Redensarten* empty words, idle talk *sg.*; ~*e Sache* queer (*od.* F fishy) business; ~*er Witz* poor (*od.* stale) joke; ~*e Witze machen weitS.* talk nonsense (*od. sl.* rot); *an der Sache ist etwas* ~ I smell a rat, there is something fishy about it; → *Zauber*; **3.** (*träge*) lazy, idle, indolent, slothful; F *er, usw. nicht* ~ *... he, etc.* up and ...; → *Haut*; **4.** *Sport*: foul, unfair.
Faul...: **~baum** *m* black alder; **~bett** *n*: *sich aufs* ~ *legen* → *faulenzen*; **~brand** *m* ⚘ stinking smut; ⚕ moist gangrene; **~bruch** *metall. m* shortness; **≗brüchig** *adj.* short, brittle.
Fäule *f* **1.** ⚘ rot; **2.** → *Fäulnis*.
faulen *v/i.* rot, decay, putrefy, decompose, go bad.
faulen|zen *v/i.* lead an idle life, idle; be lazy, laze; take it easy, loaf; **≗zer** *m* **1.** *a.* **≗zerin** *f* sluggard, F lazybones *sg.*; (*Müßiggänger*) idler, loafer, F layabout; **2.** F (*Sessel*) easy-chair; **≗zerei** *f* lazy (*od.* idle) life, laziness, loafing.
Faul...: **~gas** *n* sewer gas; **~heit** *f* laziness, idleness, sluggishness; **≗ig** *adj.* rotten; putrid; (*modrig*) mo(u)ldy; (*faulend*) rotting, putrescent.
Fäulnis *f* rottenness; putrefaction; decay, decomposition; *stinkend*: putrescence; ⚕ sepsis; *der Knochen*: caries; *in* ~ *übergehen* (begin to) rot; **≗beständig** *adj.* decay-resistant; **≗erregend** *adj.* putrefactive; septic; **~erreger** *m* putrefactive agent (*od.* bacterium); **≗hemmend, ≗verhütend** ⚕ *adj.* antiseptic(ally *adv.*).
Faul...: **~pelz** *m* → *Faulenzer* 1;

~spiel *n Sport*: foul(s *pl.*); **~tier** *n zo.* sloth; F *fig.* → *Faulenzer* 1.

Faun *m* faun; **~a** *f* fauna; **²isch** *adj.* faun-like.

Faust *f* fist; (*erhobene* ~) *als pol. Gruß*: clenched-fist salute; *e-e* ~ *machen* make a fist; *die* ~ *ballen* clench one's fist; *j-m e-e* ~ *machen* shake a fist at a p.; *fig. auf eigene* ~ on one's own (account), F off one's own bat; *mit eiserner* ~ with an iron hand; *mit der* ~ *auf den Tisch schlagen* bang the table, *fig.* put one's foot down; *das paßt wie die* ~ *aufs Auge* it won't do at all.

Fäustchen *n* small fist; *fig. sich ins* ~ *lachen* laugh up one's sleeve, *über*: gloat over.

faustdick I. *adj.* as big as a fist; *fig. e-e* ~*e Lüge sl.* a whopping (*od.* thumping) lie; **II.** *adv.*: *er hat es faustdick hinter den Ohren* he is a sly dog, *sl.* he is a deep one; *es kommt immer gleich* ~ it never rains but it pours.

fausten *v/t.* (*u. v/i.*) *Sport*: punch *od.* fist (the ball).

Faust...: ²groß *adj.* (as) big as (*od.* the size of) a fist; **~handschuh** *m* mitt(en); **~kampf** *m* fist-fight; boxing-match; *als Sportart*: pugilism, boxing; **~kämpfer** *m* pugilist; *mit Handschuhen*: boxer; **~keil** *m* celt; **~pfand** *n* (dead) pledge, *bsd. fig.* pawn; **~recht** *n* club-law; **~regel** *f* rule of thumb; **~schlag** *m* punch, blow, *sl.* sock; **~skizze** *f* rough sketch.

favori|sieren *v/t.* favo(u)r; **²t(in** *f*) *m a. Sport*: favo(u)rite.

Faxen *pl.* grimaces; (*Unsinn*) nonsense *sg.*, silly pranks (*od.* tricks); ~ *machen* play the fool, clown (about); ~ *schneiden* grimace, make faces; **~macher** *m* clown, buffoon, wag.

Fazit *n* result, upshot; sum total; *das* ~ *ziehen* sum it up, *aus et.*: sum a th. up.

Feber *östr. m*, **Februar** *m* February.

Fecht|bahn *f* fencing strip; **~boden** *m* fencing-room; **~degen** *m* épée (*fr.*).

fechten I. *v/i.* **1.** fence; (*kämpfen*) fight; *fig.* ~ *mit* (*fuchteln mit*) gesticulate with, windmill *one's arms*; **2.** (*betteln*) cadge, beg (*a. v/t., et.* ~); **II.** **²** *n* fencing; fighting.

Fechter(in *f*) *m* fencer; *weitS.* fighter.

Fecht...: ~handschuh *m* fencing-glove; **~kunst** *f* (art of) fencing; **~meister** *m* fencing-master; **~sport** *m* fencing; **~turnier** *n* fencing tournament.

Feder *f* feather; (*Flaum*²) down; (*Schmuck*²) plume; (*Schreib*²) pen, (~*spitze*) nib; (*Gänsekiel*) quill; ⊕ spring; *Tischlerei*: tongue; ~ *und Nut Holz*: tongue and groove, *Metall*: slot and key; *sich mit fremden* ~*n schmücken* adorn o.s. with borrowed plumes; *die* ~ *ergreifen, zur* ~ *greifen* take up pen, set pen to paper; *e-e scharfe* ~ *führen* wield a formidable pen; (*j-m et.*) *in die* ~ *diktieren* dictate to; F *noch in den* ~*n liegen* be still in bed; **~antrieb** ⊕ *m* spring drive; **~ball** *m* shuttlecock; (*Spiel*) battledore and shuttlecock, *weitS.* badminton; **~bein** *n mot.* transverse control arm; *Motorrad*: telescopic fork; **²belastet** ⊕ *adj.* spring-loaded; **~bett** *n* feather-bed; → *a. Federdecke*; **~blatt** ⊕ *n* spring leaf; **~bolzen** ⊕ *m* spring bolt; **~brett** *n Turnen*: spring-board; **~busch** *m* tuft of feathers, plume; *zo.* crest; **~decke** *f* eiderdown, *Am.* comforter; **~fuchser** *m* pen-pusher, scribbler; **²führend** *adj.* responsible, authorized, in charge; **~führung** *f* centralized control; **~gabel** *mot. f* spring-fork; **~gewicht(ler** *m*) *n Sport*: featherweight; **~halter** *m* penholder; (*Füller*) fountain-pen; **²ig** *adj.* feathery; **~kasten** *m* pencil box; **~kiel** *m* quill; **~kissen** *n* feather-pillow; **~kraft** *f* springiness, resilience, elasticity; **~krieg** *m* literary feud; **²leicht** *adj.* (as) light as a feather, featherweight; **~lesen** *n*: *fig. nicht viel* ~*s machen mit* make short work of, give *a p.* short shrift; **~matratze** *f* spring-mattress; **~messer** *n* pen-knife.

federn I. *v/i.* **1.** *Vogel*: mo(u)lt, shed its feathers (*a. sich* ~); **2.** (*elastisch sein*) be elastic (*od.* springy, resilient), be cushioned; **3.** *Sport*: bend up and down, flex; (*schnellen*) jerk, bounce; **II.** *v/t.* **4.** (*rupfen*) pluck, feather; **5.** ⊕ fit with springs; spring-load; *Tischlerei*: tongue; *gut gefedert* well-sprung; **~d** *adj.* springy, elastic, resilient, flexible; ~ *angebracht* spring-mounted.

Feder...: ~nelke *f* feathered pink; **~ring** ⊕ *m* spring washer; **~schmuck** *m* plume; *der Indianer*: feather head-dress; **~skizze** *f* pen-and-ink sketch; **~spannung** ⊕ *f* spring tension; *unter* ~ spring-loaded; **~spitze** *f* nib, (pen-) point; **~stahl** *m* spring steel; **~strich** *m* stroke of the pen (*a. fig.*); **~ung** *f* ⊕ springing, springs *pl.*;

mot. a. spring suspension; **~vieh** *n* poultry; **~waage** *f* spring-balance; **~werk** *n* spring mechanism; **~wild** *n* winged game; **~wisch** *m* feather-duster; **~wolke** *f* cirrus (cloud); **~zeichnung** *f* pen-and-ink drawing; **~zirkel** *m* spring dividers *pl.*; **~zug** *m* **1.** → *Federstrich*; **2.** ⊕ spring tension.

Fee *f*: (*böse, gute* ~ wicked, good) fairy.

Feen...: **≗haft** *adj.* fairylike; *fig. a.* magic(al), enchanting; (*wunderbar*) marvel(l)ous; **~königin** *f* fairy queen; **~kreis** *m* fairy-ring; **~land** *n* fairyland; **~reigen** *m* fairy dance.

Fege|feuer *n* purgatory; **≗n I.** *v/t.* (*kehren*) sweep; (*polieren*) furbish, rub; (*reinigen*) clean, wipe; (*scheuern*) scour; ⚒ (*Getreide*) winnow; ~ *von usw.* (*wegreißen, wegblasen von*) sweep (off *od.* away) from, *etc.*; *das Geweih* ~ *Hirsch*: fray its antlers; **II.** *v/i.* (*sausen*) sweep, rush, race, flit; (*streifen*) sweep.

Feh *n* squirrel (fur).

Fehde *f* feud; *in* ~ *liegen mit* be at feud (*od.* war) with; *j-m* ~ *ansagen* throw down the gauntlet to a p., challenge a p.; **~brief** *m* challenge; **~handschuh** *m* gauntlet; *den* ~ *aufnehmen* take up the gauntlet; → *a. Fehde.*

Fehl I. *m* blemish, flaw, fault; **II.** ≗ *adv.* → *Platz*; **~anruf** *teleph. m* false call; **~anzeige** *f* negative report, *a.* ⚔ nil return; F ~! nothing doing!; **≗bar** *adj.* fallible; **~barkeit** *f* fallibility; **~besetzung** *f thea.* miscast; *Sport usw.*: wrong choice; **~bestand** *m* deficiency, shortage; **~betrag** *m* deficit, deficiency; **~bezeichnung** *f* misnomer; **~bitte** *f* vain request; e-e ~ *tun* meet with a refusal, be turned down; **~blatt** *n Karten*: bad card; **~bogen** *typ. m* imperfect sheet; **~diagnose** ⚕ *f* false diagnosis; **~disposition** *f* misguided action; **~druck** *typ. m* misprint; **~einschätzung** *f* false estimation.

fehlen I. *v/i.* **1.** (*abwesend sein*) be absent (*in der Schule, bei e-r Feier usw.* from); have failed to come (*od.* appear, attend); **2.** (*vermißt werden, abhanden gekommen sein*) be missing; *ihm* ~ *zwei Zähne* he has two teeth missing; *du hast uns sehr gefehlt* we have missed you badly; *er fehlte an allen Ecken und Enden* his absence was felt painfully everywhere; **3.** (*j-m ermangeln*) fail, lack, be wanting (*od.* lacking); *uns fehlt das nötige Geld, es fehlt uns am nötigen Geld* we lack (*od.* haven't got) the necessary money; *es* ~ *uns immer noch einige Helfer* we still need some helpers; *es* ~ *lassen an* fail in, be wanting in, lack; *es an nichts* ~ *lassen* spare no pains (*od.* expense), leave nothing undone; *es fehlt ihm an nichts* he lacks for nothing; *es fehlte an jeder Zs.-arbeit* there was no cooperation whatsoever; *es fehlte ihm nie an e-r Ausrede* he was never at a loss for an excuse; *das fehlte gerade noch!* that's all we, *etc.* wanted!, that's the last straw!; *wo fehlt's denn?* what's wrong (*od.* the trouble)?; *fehlt Ihnen etwas?* is anything the matter (*od.* wrong) with you?; *es fehlte nicht viel und* ... it was touch and go that ..., a little more and ...; *es fehlte nicht viel, und er* ... he almost ...; *an mir soll es nicht* ~ it shall not be my fault; **4.** (*sündigen*) err, sin, do wrong; ~ *gegen* offend against, violate; **5.** (*vorbeischießen*) miss; *fig. weit gefehlt!* (you are) quite wrong!, nothing of the sort!; **II.** ≗ *n* **6.** (*Nichterscheinen*) absence (*bei, in* from), non-attendance (at); *bsd. Arbeitnehmer usw.*: absenteeism; **7.** (*Mangel*) lack, want, absence; **~d** *adj.* lacking, missing, absent; **≗de(s)** *su.* what is missing (*od.* lacking); ✝ deficit, deficiency, shortage; *der* (*die*) ~e the absentee.

Fehl...: **~entscheidung** *f* wrong decision; mistake; **~entwicklung** *f* undesirable (⚕ faulty) development.

Fehler *m* (*Mangel*) defect, drawback, *Am. a.* shortcoming, (*Charakter*≗) *a.* failing, fault, imperfection; (*schwache Seite*) weakness; (*Makel*) blemish, flaw; (*körperlicher*~) (bodily) defect, infirmity; ⊕ defect (*an, in* in), fault, *bsd. im Material*: flaw; (*Fehlschuß*) miss; *Sport*: fault; (*Versehen, Mißgriff*) mistake; (*Irrtum*) error; *dummer, grober*: blunder; *e-n* ~ *machen* make a mistake, commit an error, blunder; (*Taktlosigkeit usw.*) make a faux pas, put one's foot in it; *das war allein sein* ~ that was entirely his fault; *jeder hat s-e* ~ we all have our little failings; *das war gerade der* ~ *an der Sache* that was just the trouble (with it); **≗frei** *adj.* faultless, perfect; ⊕ flawless (*a. fig.*), trouble-free; **~grenze** *f* margin of error, tolerance; **≗haft** *adj.* faulty; defective (*a.* ⚖), deficient; (*unrichtig*) incorrect; ⚖ *Besitz usw.*: wrongful; ~e *Stelle* *im Stoff usw.*: flaw, blemish; **≈los** *adj.* → *fehlerfrei*; **~losigkeit** *f* faultlessness, flawlessness; **~quelle** *f* source of error (*od.* ⊕ trouble); **~verzeichnis** *n* (list of) errata *pl.*

Fehl...: **~farbe** *f Karten*: renounce; ✝ off-shade cigar; **~fracht** *f* dead freight; **~geburt** *f* miscarriage, abortion; **≈gehen** *v/i.* miss one's way, *a. fig.* go wrong; *Schuß*: miss (its mark); (*mißlingen*) fail, go amiss (*od.* wrong); (*sich irren*) be wrong *od.* mistaken (*in der Annahme* in supposing); **~gewicht** *n* underweight, short weight; **≈greifen** *v/i.* miss one's hold; *fig.* make a mistake; **~griff** *m* mistake; (*falsche Wahl*) *a.* wrong choice; **~investition** ✝ *f* misinvestment; **~kalkulation** *f* miscalculation; **~kauf** *m* bad (*od.* wrong) buy; **~konstruktion** *f* faulty design; F *weitS.* misconceived thing; **~landung** ✈ *f* balked landing; **~leistung** *f* (*psych.* Freudian) slip; *weitS.* blunder; **≈leiten** *v/t.* misdirect, mislead; (*Briefe*) miscarry; **~prognose** *f* false prognosis; **~punkt** *m Sport*: bad point (*od.* mark), penalty; **≈schießen** *v/i.* miss (the mark, *a. fig.*); **~schlag** *m* miss; *fig.* failure; disappointment; setback, *sl.* wash-out; **≈schlagen** *v/i.* miss (one's blow); *fig.* fail, miscarry, come to nothing, go wrong; **~schluß** *m* false inference, wrong conclusion, error of judg(e)ment, fallacy; **~schuß** *m* miss; **~spekulation** *f* bad speculation; **~spruch** ⚖ *m* judicial error; **~start** *m allg.* false start; *e-n ~ verursachen* jump the gun; **~stoß** *m* miss; **≈treten** *v/i.* make a false step, miss one's footing, stumble; **~tritt** *m* false step, slip; *fig.* blunder, faux pas (*fr.*); *moralisch*: slip, lapse; **~urteil** *n* misjudg(e)ment; ⚖ incorrect sentence, judicial error; **~verhalten** *n* lapse; **≈zünden** *v/i.*, **~zündung** *mot. f* misfire, backfire.

feien *poet. v/t.* charm (*gegen* against), make proof (against); → *gefeit*.

Feier *f e-s Festes*: celebration; *konkret*: ceremony; (*Festlichkeit*) festival, fête; (*Gesellschaft*) party; *zur ~ des Tages* in hono(u)r of the day, to celebrate (*od.* mark) the occasion; **~abend** *m* finishing (*od.* closing, F knocking-off) time; (*Freizeit*) leisure-time, spare time (*od.* hours *pl.*), *in Zssgn a.* after-work; *~ machen* finish (work), F knock off; (*machen wir*) *~!* let's call it a day!; F *fig. damit ist's jetzt ~!* that's finished (*od.* out) now!

feierlich *adj.* solemn; (*festlich*) festive; (*förmlich*) ceremonious; *adv. ~ begehen* celebrate; **≈keit** *f* solemnity; ceremoniousness; (*Feier*) ceremony; *pl.* ceremonies, *Am. a.* exercises; (*Aufwand*) pomp *sg.*

feier|n I. *v/t.* (*Fest, Sieg usw.*) celebrate; (*Festtag einhalten*) keep, observe; (*gedenken*) commemorate; (*ehren, rühmen*) celebrate, hono(u)r, extol, praise; (*j-n*) *a.* fête; **II.** *v/i.* rest (from work); *fig.* (*faulenzen*) take it easy; *~ müssen* be out of work, be idled; → *a. krankfeiern*; **≈schicht** ✝ *f* idle shift; *~en einlegen* drop shifts; **≈stunde** *f* ceremony; (*Andacht*) solemnity, hour of meditation; **≈tag** *m*: (*gesetzlicher ~* public *od.* legal) holiday, red-letter day; *eccl.* feast(-day); (*Festtag*) festive day; **≈tagsarbeit** *f* Sunday and holiday work.

feig(e) *adj.* cowardly, white-livered, F yellow, chicken(hearted); (*furchtsam*) fainthearted, timid; (*gemein*) dastardly, mean.

Feige *f.* fig; **~nbaum** *m* fig-tree; **~nblatt** *n* fig-leaf.

Feig...: **~heit** *f* cowardice, cowardliness; dastardliness; **≈herzig** *adj.* fainthearted, pusillanimous; **~herzigkeit** *f* faintheartedness, pusillanimity; **~ling** *m* coward.

feil *adj.* on (*od.* for) sale, to be sold; *fig.* mercenary, venal; **~bieten** *v/t.* offer (*od.* put up) for sale; *contp.* prostitute (*sich* o.s.).

Feile *f* file; *grobe*: rasp; *fig.* file, finish; *die letzte ~ legen an* give the finishing touches to; **≈n** *v/t.* file; *fig.* (*a. v/i. ~ an*) file, polish, finish (off).

feil|halten *v/t.* have on sale; **≈heit** *f* venality; corruptibility.

feilsche|n *v/i.* bargain (*um* for), haggle (about), *Am. a.* dicker (about); **≈n** *n* bargaining, haggling; **≈r** *m* bargainer, haggler.

Feim(en) ⚒ *m* stack, rick.

fein *adj. allg.* fine; (*dünn, zart*) delicate, dainty; (*winzig*) minute; (*zierlich, graziös*) graceful; (*vornehm*) distinguished; (*verfeinert, gebildet*) refined; (*elegant*) elegant, smart; (*erlesen*) choice, exquisite; F (*famos, tadellos*) excellent, splendid, great, F swell; (*genau*) accurate, precise, fine *tuning*; *Gebäck*: fancy ...; *Gefühl*: delicate, subtle; *Gesicht*: fine(ly chiselled); *Ohr usw.*: sensitive, sharp; *Regen*: drizzling; *~er Ton* good form; *~er Unter-*

schied nice (*od.* subtle, fine) distinction; ~*es Gold* fine gold; *sich* ~ *machen* smarten (*od.* spruce) o.s. up; *er ist* ~ *heraus* he is well out of it; *weitS.* he is a lucky fellow; *iro. du bist mir ein* ~*er Freund* a fine friend you are.

Fein...: **~abstimmung** *f Radio*: fine tuning; **~arbeit** *f* delicate (*od.* precision) work; **~bäckerei** *f* fancy-bakery, confectionery; **~blech** *n* thin sheet (*od.* plate).

Feind I. *m*, **~in** *f* enemy (*a.* ⚔); *rhet.* foe; (*Gegner*) adversary, opponent, antagonist; (*Rivale*) rival; *eccl. der böse* ~ the Fiend, the Evil One; *Freund und* ~ friend and foe; *sich* ~*e machen* make enemies; *sich j-n zum* ~ *machen* make an enemy of (*od.* antagonize) a p.; *ein* ~ *e-r Sache sein* → **II.** **≈** *pred. adj.*: *j-m od. e-r Sache* ~ *sein* be an enemy of *od.* to; be hostile (*od.* opposed) to; hate, loathe.

Feind...: **~berührung** ⚔ *f* contact with the enemy; **~einwirkung** *f* enemy action; **~eshand** *f*: *in* ~ *fallen* fall into the enemy's hands; **~esland** *n* hostile (*od.* enemy) country *od.* territory; **~fahrt** ⚓ *f* operational cruise; **~flug** ✈ *m* (combat) mission, sortie; **≈frei** *adj.* clear of the enemy; **≈lich I.** *adj.* **1.** ⚔ hostile, (*the*) enemy('s) *fire, lines, etc.*; ~*e Truppen* enemy forces; ~*er Ausländer* enemy alien; **2.** *Person*: hostile, adverse, inimical, antagonistic, *schwächer*: unfriendly (*gegen* to); **II.** *adv.*: ~ *gesinnt* hostile (*dat.* to), ill-disposed (towards); ~ *eingestellt gegen* opposed to; **~lichkeit** *f*, **~schaft** *f* enmity, *stärker*: animosity, hostility; (*Gegnerschaft*) antagonism; (*Groll*) ranco(u)r; (*Haß*) hatred; (*Böswilligkeit*) ill will; (*Fehde, Streit*) feud, quarrel, strife; (*Zwietracht*) discord; *in Feindschaft leben mit* be at enmity (*od.* variance, daggers drawn) with; **≈selig** *adj.* hostile (*gegen* to); → *a. böswillig*; **~seligkeit** *f* hostility; malevolence; → *Feindlichkeit*; ⚔ *die* ~*en eröffnen* (*einstellen*) commence (suspend) hostilities.

Fein...: **~einsteller** ⊕ *m* vernier; **~einstellung** *f* fine adjustment; **~eisen** *n* fine iron, refined pig; **≈faserig** *adj. von Holz*: fine-grained; **≈fühlend**, **≈fühlig** *adj.* sensitive; (*zartfühlend*) delicate; tactful; **~gefühl** *n* sensitiveness; delicacy; tact; **~gehalt** *m e-r Münze*: standard; **~gehaltsstempel** *m* hallmark; **≈gesponnen** *adj.* fine(ly)-spun (*a. fig.*); **~gold** *n* fine (*od.* refined) gold; **~heit** *f allg.* fineness; (*Zartheit*) delicacy, daintiness; (*Zierlichkeit, Grazie*) grace(fulness); (*Eleganz*) elegance; *des Benehmens, Stils usw.*: refinement, elegance, polish; *des Fühlens*: delicacy, tact; (*Raffinesse*) subtlety, finesse; (*Qualität*) exquisiteness, superior quality; (*Reinheit*) purity; *von Garn*: size, grist; *pl.* niceties, delicacies, finer points; *die letzten* ~*en* the last touches; **~heitsgrad** *m* degree of fineness; **≈hörig** *adj.* quick of hearing, having a quick (*od.* sensitive) ear; **~keramik** *f* fine ceramics *pl.*; **≈körnig** *adj.* fine-grained; **~korn** *n Schießen*: fine sight; *phot.* fine grain; **~kost(...)** *f* → *Delikatessen* 1, *Delikatessen...*; **~mechanik** *f* precision (*od.* fine) mechanics *pl.* (*sg. konstr.*); **~mechaniker** *m* precision mechanic, instrument worker; **≈mechanisch** *adj.* fine-mechanical; **~messer** *m* micrometer; **~passung** ⊕ *f* close fit; **≈poliert** ⊕ *adj.* highly finished; **~schliff** ⊕ *m* finishing, final rub; **~schmecker**(**in** *f*) *m* gourmet, epicure; *für die* ~ for the fastidious palates; **~schnitt** *m Tabak*: fine cut; **~seife** *f* toilet soap; **~silber** *n* fine (*od.* refined) silver; **~sinn** *m* subtlety; **≈sinnig** *adj.* subtle; **~stbearbeitung** ⊕ *f* superfinish; microfinish; **~stellschraube** *f* micrometer screw; **~struktur** *phys. f* microstructure; **~waage** *f* precision balance; **~wäsche** *f* **1.** (dainty) lingerie; **2.** fine laundering; **~zucker** *m* refined sugar.

feist *adj.* fat, stout.

feixen F *v/i.* grin, smirk.

Feld *n* field (*a.* ⚔, ⚒, *phys.*, *TV*, *her.*, *psych. usw.*, *Computer*, *Sport*); ⚠ panel (*a. typ.*), *der Decke*: coffer; *Schach*: square; *fig.* (*Gebiet*) field, domain, department; (*Spielraum*) scope; *auf freiem* ~*e* in the open (field); *phys. elektrisches* (*magnetisches usw.*) ~ electric (magnetic, *etc.*) field; ⚔ ~ *der Ehre* field of honour; *das* ~ *anführen Sport*: lead the field; *aus dem* ~*e schlagen* drive from the field; *fig.* defeat, outstrip, rout, eliminate *a competitor*; *das* ~ *behaupten* hold the field, stand one's ground; *das* ~ *räumen* retreat, fall back, *fig.* make off, clear out, (*aufgeben*) quit; *fig. ins* ~ *führen* advance *arguments*; ⚔ *ins* ~ *rücken* (*od. ziehen*) take the field, go to the front; *fig. gegen j-n zu* ~*e ziehen* fight (*od.* campaign) against a p.; *fig.* **(noch) weit im** ~**e a long way**

off; *er hat freies* ~ he has full (*od.* free) scope.

Feld...: **~arbeit** *f* field-work (*a.* ✝ *usw.*, *Außendienst*); **~arbeiter(in** *f*) *m* agricultural labo(u)rer; **~artillerie** *f* field artillery; **~ausrüstung** ⚔ *f* field equipment; **~bau** *m* agriculture, tillage; **~becher** *m* canteen cup; **~bett** *n* camp-bed; **~bischof** ⚔ *m* chief of chaplains; **~blume** *f* wild flower; **~bluse** ⚔ *f* battle-dress tunic; **~bohne** *f* horse bean; **~dienst** ⚔ *m* field duty; **~dienstübung** *f* field exercise; **2einwärts** *adv.* across the fields; *Sport*: infield; **~elektron** *n* field electron; **~erregung** ⚡ *f* field excitation; **~flasche** *f* waterbottle, canteen; **~flugplatz** ⚔ *m* advanced airfield; **~früchte** *f/pl.* field crop(s); **~geistliche(r)** *m* army chaplain; **~gendarm** *m* military policeman; **~gendarmerie** *f* military police (*abbr.* M. P.); **~gericht** ⚔ *n* provost martial; **~geschrei** *n* war-cry; (*Parole*) password; **~geschütz** *n* field gun; **~gottesdienst** *m* camp service; **2grau** ⚔ *adj.* field-grey; *die* 2*en* the German soldiers; **~haubitze** *f* field-howitzer; **~heer** *n* field forces *pl.*; **~herr** *m allg.* general; (*Stratege*) strategist; **~herrnkunst** *f* generalship, strategy; **~herrnstab** *m* baton; **~hockey** *n* field hockey; **~huhn** *n* common partridge; **~hüter** *m* field-guard; **~küche** *f* field (*od.* motor-)kitchen; **~lager** *n* bivouac, (military) camp; **~lazarett** *n* casualty clearing station, *Am.* evacuation hospital; **~lerche** *f* skylark; **~marschall** *m* field-marshal; **2marschmäßig** *adj.* in heavy marching order; **~maus** *f* field-vole; **~messer** *m* surveyor; **~mütze** *f* forage-cap; **~post** *f* army postal service; **~postamt** *n* army post office (*abbr.* APO); **~postbrief** *m* field-post letter; **~postnummer** *f* Field Post Number, *Am.* A.P.O. (Army Post Office) No.; **~regler** ⚡ *m* field rheostat; **~rübe** *f* turnip; **~salat** *m* lamb's lettuce; **~schaden** *m* damage to crops; **~scher** *hist. m* army-surgeon; **~schlacht** *f* battle; **~schlange** *hist. f* culverin; **~schütz** *m* field-guard; **~spannung** ⚡ *f* field voltage; **~spat** *min. m* fel(d)spar; **~spiel(er** *m*) *n* outfield play(er); **~stärke** *phys. f* field strength; **~stecher** *m* field-glasses *pl.*; **~stein** *m* field-stone; (*Findling*) boulder; (*Grenzstein*) landmark; **~studie** *f Marktforschung usw.*: field study; **~stuhl** *m* camp-stool; **~telephon** *n* field-telephone; **~theorie** *phys. f* field theory; **~truppe** *f* field unit (*coll.* forces *pl.*); **2überlegen** *adj. Sport*: in command; **~verbandsplatz** *m* advanced dressing station, *Am.* collecting station; **~verweis** *m Sport*: dismissal from the field; **~wache** ⚔ *f* outpost, picket; **~-, Wald- und Wiesen...** F common or garden ...; **~webel** *m* sergeant; F (*Frau*) sergeant-major; **~weg** *m* field-path, country-lane, *Am. a.* dirt-road; **~wicklung** ⚡ *f* field coil; **~zeichen** *n* ensign, standard; **~zeugdepot** *n* ordnance depot; **~zeugmeister** *m* master of the ordnance; **~zug** *m* ⚔ campaign, expedition; *fig.* campaign, drive; **~zugsplan** *m* plan of operations.

Felge[1] ↗ *f* (ploughing of) fallow land.

Felge[2] *f* felloe; ⊕, *mot.* rim; *Turnen*: circle; *auf den* ~*n fahren* F go on flatfoot; **~nabziehhebel** *mot. m* rim remover; **~nbremse** *f* rim (*Fahrrad*: calliper) brake.

Fell *n zo.* coat; (*abgezogenes* ~) *von größeren Tieren*: hide, *von kleineren Tieren*: skin; (*rohes* ~) *von Pelztieren*: pelt; (*Pelz*) fur; F *von Menschen, a. e-r Pauke usw.*: skin, hide; *das* ~ *abziehen dat.* skin; *fig. ein dickes* ~ *haben* be thick-skinned, have a thick hide; *j-m das* ~ *über die Ohren ziehen* fleece (*od.* flay) a p.; *fig. s-e* ~*e davonschwimmen sehen* see a cake turn into dough; *ihm sind alle* ~*e davongeschwommen* all his hopes have been wrecked; → *gerben, jucken* 1.

Fellache *m* fellah.

Fels *m* → *Felsen*; **~block** *m* rock, boulder; **~boden** *m* rock soil.

Felsen *m* rock; (~*zacke*) crag; (*Klippe*) cliff, crag; **~abhang** *m* rocky declivity, precipice; **2fest** *adj.* as firm as a rock, rock-like; *Glaube usw.*: *a.* unshakable, unwavering; *adv. ich bin* ~ *davon überzeugt* I am absolutely convinced of it; **~gebirge** *n in Amerika*: Rocky Mountains *pl.*; **~klippe** *f* cliff; **~küste** *f* rocky coast; **~riff** *n* reef; **~wand** *f* wall of rock; (face of) precipice; **~zeichnung** *hist. f* rock-drawing.

Fels...: **~formation** *f* rock formation; **~geröll** *n* rock debris; **~glimmer** *m* mica; **~grat** *m* rocky ridge; **2ig** *adj.* rocky, cragged, craggy; rock-like; **~spalte** *f* crevice; **~sturz** *m* rock-slip; **~vorsprung** *m* ledge.

Fem|e *f* vehme; **~gericht** *n* vehmic court.

feminin *adj.* feminine (*a. ling.*); *fig. a.* effeminate; **≈um** *n* feminine (gender *od.* word).

Fenchel *m* fennel; **~holz** *n* sassafras (wood).

Fenn *n* fen, bog.

Fenster *n* window (*a. Schau≈*; *a. im Briefumschlag usw.*); *e-s Gartenbeets*: (glass-)frame; *fig. pol.* gate (*nach* to); *Geld zum ~ hinauswerfen* throw money down the drain; F *er ist weg vom ~* he is out (of the game); **~bank** *f*, **~brett** *n* window-sill; **~briefumschlag** *m* window envelope; **~chen** *n* small window; → *Oberlicht*; **~flügel** *m* leaf of (casement) window; **~gitter** *n* window-grate, lattice; **~glas** *n* window glass; **~kitt** *m* glazier's putty; **~kreuz** *n* cross-bar(s *pl.*); **~krone** *f Zahnheilkunde*: window crown; **~kurbel** *mot. f* window crank; **~laden** *m* shutter; **~leder** *n* chamois (leather); **≈ln** *dial. v/i.* climb in (to one's sweetheart); **≈los** *adj.* windowless; **~nische** *f* embrasure; **~pfeiler** *m* pier; **~pfosten** *m* mullion; **~platz** *m* window-seat; **~putzer** *m* window cleaner; **~rahmen** *m* window-frame; **~rose** ⚠ *f* rose window; **~scheibe** *f* (window-)pane; **~sims** *m* window-sill; **~spiegel** *m* window-mirror; **~sturz** *m* **1.** lintel; **2.** *hist.* Defenestration; **~tür** *f* French window (*od.* door).

Ferien *pl.* holidays; *bsd.* ⚖, *univ. od. Am.* vacation *sg.*; *parl.* recess *sg.*; *die großen ~* the long vacation; *~ machen* take (*od.* go on) one's holidays, *Am.* take a vacation, go *od.* be vacationing; → *a. Urlaub*; *~... in Zssgn* holiday *course, camp, home, village, etc.*; **~ort** *m* holiday resort; **~reise** *f* holiday (*Am.* vacation) trip *od.* tour; **~reisende(r** *m*) *f* holiday-maker, *Am.* vacationist; **~zeit** *f* holiday (*Am.* vacation) time.

Ferkel *n* young pig, piglet; *fig.* (dirty) pig; → *Spanferkel*; **~ei** *f* dirtiness; (*Zote*) filthy (*od.* dirty) joke, obscenity, smut; **≈n** *v/i.* farrow; *fig.* make a mess; (*Zoten reißen*) talk smut.

Fermate ♩ *f* pause, hold.

Ferment *n* ferment, enzyme; **~ation** *f* fermentation; **≈ieren** *v/t. u. v/i.* ferment.

fern I. *adj.* far (*a. adv.*); (*entfernt*) far off, distant, remote (*a. zeitlich*); *der ≈e Osten* the Far East; *~e Ähnlichkeit* remote (*od.* distant) resemblance; *von ~* from afar, from (*od.* at) a distance; *in nicht* (*allzu*) *~er Zukunft* in a not too distant future, before long; *das sei ~ von mir!* far be it from me!, by no means!; **II.** *prp.* far from.

Fern...: **~ablesung** ⊕ *f* distant reading; **~amt** *teleph. n* trunk (*Am.* long-distance) exchange; **~anruf** *m* → *Ferngespräch*; **~antrieb** *m* remote drive (*od.* control); **~anzeiger** ⊕ *m* remote indicator; **~aufklärer** ⚔ *m* long-range reconnaissance aircraft; **~aufklärung** ⚔ *f* long-range reconnaissance; **~aufnahme** *f* telephoto(graph); **~auslöser** *phot. m* remote-control release; **~beben** *n* distant earthquake; **~bedienung** ⊕ *f* remote control; **≈betätigt** *adj.* → *ferngesteuert*; **≈bleiben** *v/i.* stay away (*dat.* from), absent o.s. (from), not to come (*od.* appear, attend); **~bleiben** *n* absence (*von* from), non-attenance (at); *vom Arbeitsplatz*: absenteeism; **~blick** *m* distant view, vista; **~bomber** ✈ *m* long-range bomber; **~drucker** *tel. m* printing telegraph, teleprinter.

Ferne *f* distance, remoteness; *aus der ~* from a distance, from afar (*a. fig. verehren usw.*); *in der ~* in the (*od.* at a) distance; *fig.* (*noch*) *in weiter ~* (still) a long way *od.* a far cry off; *das liegt noch in weiter ~ a.* there is a long way to go yet; *in weite ~ gerückt* receded into a dim distance; *in der ~ verschwinden* pass out of sight, fade into the distance.

Fernempfang *m Radio*: long-distance reception.

ferner I. *adj.* further; farther; → *a. fernliegen*; **II.** *adv.* further (-more); (*außerdem*) moreover, besides, in addition; and then; *~ liefen Sport*: also ran: F *fig. er erschien unter "~ liefen"* he was among the also rans; **~hin** *adv.* for the (*od.* in) future, henceforth; *auch ~ tun* continue to do, keep doing.

Fern...: **~fahrer** *mot. m* long-distance lorry driver, *Am.* long-haul truck driver; **~fahrt** *f* long-distance trip (*od.* run, ⚓ cruise); *Lastwagen*: long-haul travel; **~flug** *m* long-distance flight; **~funk** *m* long-distance broadcast; **~gang** *mot. m* overdrive; **~gasversorgung** *f* long-distance gas supply; **≈gelenkt** *adj.* → *ferngesteuert*; **~geschütz** *n* long-range gun; **~gespräch** *teleph. n* trunk (*bsd. Am.* long-distance) call; **≈gesteuert** *adj.* remote-control(l)ed; *drahtlos*:

radio-control(l)ed; *Flugzeug*: *a.* pilotless; ~es *Geschoß* guided missile; **~glas** *n* binoculars *pl.*; **~halten** *v/t.* keep away, hold off (*von* from); *j-n von sich* ~ keep a p. at a distance, fend a p. off; et. *von j-m* ~ keep a th. from a p., protect (*od.* shield) a p. from a th.; *sich* ~ keep away (*von* from); keep aloof (from); steer clear (of); **~heizung** *f* district heating; **~her** *adv.*: (*von* ~) from afar; **~hörer** *m* telephone (receiver); (*Kopfhörer*) headphone; **~kabel** *n* long-distance cable; **~kurs(us)** *m* correspondence course; **~laster** F *m*, **~lastwagen** *m* long-distance lorry, *Am.* long-haul truck; **~lastverkehr** *m* long-distance road haulage; **~lastzug** *m* long-distance road train; **~leitung** *f* *teleph.* trunk (*Am.* long-distance) line; ⚡ transmission line; (*Röhrenleitung*) pipeline; **~lenkpult** *n* control desk; **~lenkung** *f* remote (*od.* distant) control; radio control; **~lenkwaffe** *f* guided weapon (*od.* missile); **~licht** *mot. n* full (headlight) beam, high beam (position); **~liegen** *v/i.*: *es liegt mir fern, zu inf.* I am far from *ger.*, far be it from me to *inf.*; *der Gedanke liegt mir fern* that's far from my thoughts; *nichts lag mir ferner* nothing was farther from my thoughts; **~liegend** *adj.* → *fern* I.

Fernmelde... *in Zssgn* telecommunication(s) ..., ⚔ signal(s) ...; communications ...; **~technik** *f* (tele)communications *pl.* (*sg. konstr.*) (engineering); **~turm** *m* post-office tower; **~wesen** *n* telecommunication(s *pl.*, *sg. konstr.*).

Fern...: **~meßgerät** *n* telemeter; **~messung** *f* telemetering; (*Ergebnis*) distant reading; **~mündlich** *adj.* telephonic, by telephone; **~ost...**, **~östlich** *adj.* Far-Eastern; **~photographie** *f* telephoto(graphy); **~rohr** *n* telescope; **~ruf** *m* telephone call; → *Ferngespräch*; *auf Briefköpfen usw.*: Telephone (*abbr.* Tel.); **~schalter** *m* remote control switch; **~schnellzug** *m* long-distance express train; **~schreiben** *n* teleprint (*od.* teletype, telex) message; **~schreiber** *m* teletype(writer); telex machine; *Person*: teletyper; **~schreibdienst** *m* teletype (*od.* telex) service; **~schuß** *m* long (-range) shot.

Fernseh... *in Zssgn* television ..., TV *camera*, *channel*, *film*, *interview*, *satellite*, *studio*, *etc.*; televisual; video ...; **~apparat** *m* → *Fernsehempfänger*; **~auge** *n* television eye; **~bild** *n* television image (*od.* picture); **~diskussion** *f* (TV-)panel discussion; **~empfänger** *m* **1.** television (*abbr.* TV) receiver (*od.* set, viewer), F telly; **2.** (*Person*) television viewer (*pl.* audience); **~en** *n* television (*abbr.* TV), *Am. a.* video; *im* ~ *erscheinen usw.* on television; *im* ~ *übertragen* broadcast on television, televise, telecast; **~en** *v/i.* watch (*od.* look at) television; **~er** *m* **1.** television viewer (*pl.* audience); **2.** *a.* **~gerät** *n* → *Fernsehempfänger* 1; **~kassette** *f* video cassette; **~kofferempfänger** *m* portable television set; **~publikum** *n* television audience; **~röhre** *f* television tube; *der Kamera*: iconoscope, pickup tube; **~schirm** *m* (tele)screen; **~sender** *m* **1.** television transmitter; **2.** television (broadcasting) station; **~sendung** *f* television (*abbr.* TV) broadcast *od.* program(me), telecast; **~spiel** *n* television play, teleplay; **~technik** *f* television engineering; **~techniker** *m* television engineer; **~teilnehmer(in** *f*) *m* television viewer, televiewer, *pl.* television audience; **~telephon** *n* video-telephone; **~turm** *m* television tower; **~übertragung** *f* → *Fernsehsendung*.

Fern...: **~sicht** *f*: (*gute* ~ good *od.* wide) view; → *Sicht* 1; **~sichtig** *adj.* long-sighted.

Fernsprech|amt *n* telephone exchange, *Am.* central (office); **~anschluß** *m* telephone connection, subscriber's line; **~apparat** *m* → *Fernsprecher*; **~auftragsdienst** *m* automatic telephone answering service; **~automat** *m* coin-box telephone, *Am.* coin (collector) telphone, pay station; **~buch** *n* telephone directory, F phone book; **~en** *v/i.* telephone, F phone; **~er** *m* telephone, F phone; *öffentlicher* ~ public telephone (station), *Am.* pay station; *am* ~ at *od.* on the (tele)phone; *durch den* ~ on (*od.* over) the telephone, by telephone; **~gebühren** *f/pl.* telephone charges; **~leitung** *f* telephone line; **~netz** *n* telephone network; **~nummer** *f* telephone (*od.* call) number; **~säule** *f* roadside telephone box; **~stelle** *f* (public) telephone station (*Brit. a.* call-office); → *a. Fernsprechzelle*; **~teilnehmer(in** *f*) *m* telephone subscriber; **~teilnehmerverzeichnis** *n* telephone directory; **~verkehr** *m* telephone traffic (*od.*

communication); **~wesen** *n* telephony; **~vermittlung** *f*, **~zentrale** *f* → *Fernsprechamt*; **~zelle** *f* telephone (*od.* call) box, telephone kiosk, *Am. a.* (tele)phone booth.

Fern...: ~spruch *m* telephone message; **≈stehen** *v/i.* be not close to, have no contacts with, be a stranger to; **~stehende(r** *m*) *f* outsider, onlooker; **≈steuern** *v/t.* (operate *od.* guide by) remote control; **~steuerung** *f* remote (*od.* distant) control; **~straße** *f* → *Fernverkehrsstraße*; **~studium** *n* (study by a) correspondence course; **~thermometer** *n* telethermometer; **~transport** *m* long-distance (*od.* long-haul) transport; **~trauung** *f* marriage by proxy; **~unterricht** *m* correspondence course (*od.* tuition); **~verkehr** *m* long-distance traffic; *teleph.* trunk (*Am.* long-distance) traffic; **~verkehrsomnibus** *m* long-distance coach, cross-country bus; **~verkehrsstraße** *f* trunk road, arterial road, highway; **~waffe** *f* long-range weapon; **~wahl** *teleph. f* trunk (*Am.* direct distance-) dial(l)ing; **~weh** *n* wanderlust; **~wirkung** *f* long-range (*od.* distant) effect; *psych.* telepathy; **~ziel** *n* long-term objective; **~zug** *m* long-distance train; **~zündung** *f* distant ignition.

Ferri|azetat ⚗ *n* ferric acetate; **~chlorid** *n* ferric chloride.

Ferro|azetat ⚗ *n* ferrous acetate; **~chlorid** *n* ferrous chloride.

Ferse *f* heel (*a. Strumpf≈ usw.*); *j-m od. e-r Sache (dicht) auf den ~n folgen* follow (hot) on the heels of; *j-m auf den ~n sein* be at (*od.* on) a p.'s heels, follow a p. closely, run a p. close; *sich an j-s ~n heften* dog a p.'s footsteps, *Sport*: tuck (*od.* drop) in behind a p.; **~nbein** *n* heel-bone; **~ngeld** *n*: *~ geben* take to one's heels, show a clean pair of heels, turn tail.

fertig *adj.* **1.** (*bereit*) ready; *~ werden (sein)* get (be) ready; *das Essen ist ~* dinner is ready; *(Achtung,) ~, los! Sport*: ready, get set, go!; **2.** (*beendet, abgeschlossen*) finished, done; (*fertiggestellt*) finished, complete(d); *fix und ~* quite ready, all complete (*od.* finished); *bist du ~?* have *od.* are you finished (*od.* done)?; *~ sein mit* have finished *a th.*, have got *a th.* finished, have finished (*od.* done) with *a th. od. p.*, be finished (*od.* through) with *a th. od. p.*; *bist du mit dem Brief ~? a.* have you finished *od.* done (writing) your letter?; *~ werden* be finished *od.* done (*mit* with); *er wird nie ~* he will never be done; *fig. ~ werden mit (et. od. j-m)* manage, handle, deal (*od.* cope) with; (*e-m Kummer usw.*) get over *trouble, etc.*; *laß ihn sehen, wie er damit ~ wird* let him look out for himself, that's his outlook (*sl.* funeral); *ohne j-n od. et. ~ werden* get along (*od.* manage, do) without; *und damit ~!* and that's that!; **3.** ⚕ finished, manufactured; ⊕ prefabricated; *Kleider*: ready-made, F reach-me-down ...; *Essen*: ready-cooked, ready-to-eat ..., instant ...; **4.** (*geschickt, gewandt*) ready, skilled, dexterous; **5.** (*vollendet*) accomplished, perfect; *Sprecher*: fluent; (*gereift*) mature; **6.** F (*erschöpft*) (*a. fix und ~*) finished, played out, ready to drop, *sl.* all in; *fig.* (*ruiniert*) ruined, at the end of one's tether, F down and out, done for; *der ist ~!* F he has had it; → *fertigmachen*; **7.** F (*sprachlos*) speechless, F flabbergasted, floored; *nun bin ich aber ~!* well, I'm floored!, what do you know!, that's the limit!; **≈bauweise** ⊕ *f* prefab(ricated) construction; *Haus in ~* prefabricated; **≈bearbeitung** ⊕ *f* finishing, finish machining; **≈beton** *m* ready-mixed concrete; **~bringen** *v/t.* finish, complete, get done; (*zustande bringen*) bring about (*od.* off), accomplish, achieve, manage, do; *es ~ zu inf.* manage (*od.* contrive) to *inf.*, succeed in *ger.*; *ich brachte es nicht fertig* I couldn't do it, I failed, I didn't make it; *er bringt es nicht fertig, ihr die Wahrheit zu sagen* he has not the heart (*od.* can't find it in his heart, can't bring himself) to *inf.*; *contp. er bringt es (glatt) fertig* he is easily capable of it, I shouldn't put it past him; **~en** *v/t.* manufacture, make, fabricate, produce; **≈erzeugnis** *n*, **≈fabrikat** *n* finished product (*od.* article); **~gepackt** ⚕ *adj.* prepacked; **≈gericht** *n* ready-to-serve (*od.* instant) meal; **≈haus** *n* prefabricated house, F prefab; **≈keit** *f* dexterity; (*Geschick*) skill, art; talent; (*Können*) proficiency (*in* in); (*Sprech≈*) fluency); (*Übung*) practice; *pl.* accomplishments; *e-e große ~ haben in* be highly proficient in, be very good at; **≈kleidung** *f* ready-to-wear (*od.* ready-made) clothing; **~kriegen** F *v/t.* → *fertigbringen*; **~machen** *v/t.* **1.** finish, complete, get ready (*od.* done); *typ.* adjust; *sich ~* get ready (*zu* for); **2.** F (*j-n*) (*a. fix und fertig machen*) *körperlich*: finish, wear *a. p.* out, take it out of *a p.*, *a. seelisch, nervlich*: get *a p.* down; (*abkanzeln*) give *a p.* hell, settle *a p.'s* hash; (*mundtot machen*) F squash, squelch, *durch Kritik*: F slam, pan, clobber; (*verprügeln*) beat *a p.* up, clobber; *im Sport*: trounce, demolish, clobber; (*umbringen*) finish *a p.* (off), *sl.* give *a p.* the works; **≈montage** *f* final assembly; **≈produkt** *n* finished product; **~stellen** *v/t.* finish, complete; **≈stellung** *f* completion; **≈stellungstermin** *m* completion date; **≈straße** ⊕ *f* finishing train; **≈teil** *n* prefabricated part; **≈ung** *f* manufacture, production, making, fabrication; (*Ausstoß*) output; *in Zssgn* → *a.* Herstellungs...; **≈ungsauftrag** *m* production order; **≈ungsbetrieb** *m* factory, production plant; **≈ungsingenieur** *m* production engineer; **≈ungsjahr** *n* year of manufacture; **≈ungsstraße** *f* production (*od.* assembly) line; **≈ungsteil** *n* production part; **≈ungszeit** *f* production time; **≈waren** *f/pl.* finished products.

Fes ♪ *n* F flat.

fesch F *adj.* smart, natty, chic (*fr.*), stylish; (*schneidig*) dashing.

Fessel[1] *f* fetter, shackle, chain; *fig. a.* trammels *pl.*, bonds *pl.*, ties *pl.*; *Ringen*: lock; *pl.* (*Hand≈n*) handcuffs, manacles; *j-m ~n anlegen* → *fesseln* 1; *fig.* lay fetters on, fetter, trammel; *die ~n abschütteln* shake off one's chains.

Fessel[2] *anat. f* ankle; *zo.* pastern.

Fessel...: **~ballon** *m* captive balloon, *sl.* sausage; **~gelenk** *vet. n* pastern-joint.

fesseln *v/t.* **1.** fetter, shackle, chain; (*binden*) tie, bind, pin, *mit Handschellen*: handcuff, manacle; *Ringen*: lock; **2.** ⚔ (*Feindkräfte*) contain; **3.** *fig.* fascinate, captivate, grip, enthrall, hold *a p.'s* interest; (*Aufmerksamkeit, Auge usw.*) catch, arrest, rivet; **4.** *fig. j-n an sich ~* bind a p. to one; *ans Bett gefesselt* confined to one's bed, bedridden, F laid-up; **~d** *adj.* captivating, fascinating, *Am. a.* spell-binding; (*spannend*) gripping, thrilling; *Buch, Problem*: *a.* absorbing.

fest I. *adj. allg.* firm (*a. fig. Absicht, Blick, Entschluß, Meinung, Stimme usw.*); (*nicht flüssig, festgefügt*) solid; (*hart*) compact, hard; (*widerstandsfähig*) strong, sturdy; (*starr*) fixed, rigid, ⊕ *a.* (*orts~*) stationary; *Anschlag*: positive; *Kupplung*: solid; *Straße*: surfaced; (*gut befestigt*) fast; (*unverrückbar*) fixed (*a. Zeitpunkt, Termin*); (*straff*) tight; (*ständig, unveränderlich*) permanent, steady (*a. Freundin*); *Stellung*: permanent; *Wohnsitz*: fixed *abode*, permanent *domicile*; *Freundschaft, Friede usw.*: durable, lasting; *Abmachung*: firm, binding; *Redewendung*: standing, set *phrase*; *Gesundheit*: robust; *Schlag usw.*: heavy, sound; (*unerschütterlich*) firm, unshakable; ✝ *Börse, Kurse, Markt*: steady, firm; *Kosten, Preise, Einkommen, Gehalt*: fixed; *Währung*: hard, stable; *Kunden*: regular; *~es Angebot* firm (*od.* binding) offer; *~es Geld* time-money, (*Einlagen*) fixed deposits; *~er Gewahrsam* safe custody; *phys. ~er Körper* solid (body); *~ werden* harden, stiffen, solidify; *~er machen* (*od. ziehen*) tighten; *~ sein in e-m Wissensgebiet* be well grounded (*od.* versed) in; *~ sein gegen* be proof against; *~en Fuß fassen* gain a (firm) footing; **II.** *adv.* firmly, *etc.*; F (*mächtig*) properly, thoroughly; *~ anbringen* fasten *od.* attach *od.* secure (*an* to); *~ angelegtes Geld* tied-up funds; F *~ arbeiten* work vigorously; *~ beharren auf* insist on, make a point of; (*steif und*) *~ behaupten* claim firmly, maintain positively; *ich bin ~ davon überzeugt, daß* I am perfectly convinced that, I am positive that; *~ abgemacht* definitely agreed; *~ entschlossen* firmly resolved; F (*immer*) *~e!* F go it!, keep at it!

Fest *n* festivity, festival, celebration; (*~lichkeiten*) festivities *pl.*; (*Feiertag*) holiday, *eccl.* feast; (*Gesellschaft*) party; (*~mahl*) feast, banquet; (*Freuden≈, Garten≈*) fête (*fr.*); *ein ~ begehen od. feiern* celebrate; F *es war mir ein ~!* it was a real pleasure (*od.* F a picnic)!; *man muß die ~e feiern, wie sie fallen* Christmas comes but once a year.

Fest...: **~abend** *m* (festive) night; **~akt** *m* ceremonial act; **≈angelegt** *adj. Geld*: tied-up; **≈angestellt** *adj.* permanently employed; **~ansprache** *f* → *Festrede*; **~antenne** *f* fixed aerial (*Am.* antenna); **~aufführung** *f* gala performance; **~ausschuß** *m* festival committee; **≈backen** ⊕ *v/i.* cake; *~ an* stick to; **≈bannen** *v/t.* fix (*od.* rivet) to the spot; **~beleuchtung** *f* festive illumination; **≈besoldet** *adj.* salaried; **≈binden** *v/t.* fasten (*an* to); tie up, bind fast;

~**bleiben** *v/i.* remain firm (*a.* ♆); ~**drehen** *v/t.* tighten.

Feste *f* → *Festung.*

feste F *adv.* → *fest* II.

Fest...: ~**essen** *n* feast, banquet, (public *od.* gala) dinner; ~**fahren** *v/t. u. v/i.* (*u. sich* ~) ⚓ run aground; *sich* ~ get stuck (*a. fig.*); *Verhandlungen usw.*: *a.* bog down, reach a deadlock; *festgefahren sein* have got stuck, *fig. a.* be at a deadlock; ~**fressen** *v/refl.*: *sich* ~ ⊕ seize; jam; *fig. sich* ~ *in* eat into; ~**frieren** *v/i.* freeze (up *od.* in); ~**gedicht** *n* festive poem; ~**gelage** *n* feast, banquet; ~**geläute** *n* festive peal (of bells); ~**gelder** *n/pl.* fixed (*Am.* time) deposits; ~**gurten** *v/t.* fasten *od.* strap (down *od.* in); ~**halle** *f* (festival) hall; ~**halten I.** *v/t.* hold fast (*od.* tight); ⚖ arrest, seize, *in Gewahrsam*: detain, keep in custody; (*j-n aufhalten*) hold up, detain, keep, (*auf j-n einreden*) buttonhole *a p.*; (*einbehalten*) hold, withhold, retain; *fig. in Bild, Wort, Ton*: record, *weitS.* capture; *das wollen wir mal* ~! that's a fact!, don't forget that!; (*nur*) *um das mal festzuhalten, ...!* just for the record: ...!; **II.** *v/i.*: ~ *an* adhere (*od.* cling, keep, stick) to; **III.** *v/refl.*: *sich* ~ hold (*od.* hang) on (*an* to); *sich* ~ *an a.* cling to, grip; ~**halten** *n* adherence (*an* to); ~**igen** *v/t. allg.* strengthen; (*Macht usw.*) *a.* establish (firmly), consolidate; (*Währung usw.*) strengthen, stabilize; (*Preise*) harden; *fig.* (*sichern*) secure; *sich* ~ strengthen, grow stronger, consolidate; ~**igung** *f* strengthening; establishment; consolidation; stabilization.

Festigkeit *f* → *fest*; firmness, solidity, compactness; *phys.*, ⊕ strength, resistance; ruggedness, stability; ♆ firmness, steadiness; stability *of currency*; *Person*: firmness, determination; steadfastness; ~**sgrad** *m* degree of firmness; ~**sgrenze** *f* breaking point; ~**slehre** *f* (theory of) strength of materials; ~**sprüfung** *f* strength test (-ing).

fest...: ~**keilen** *v/t.* fasten by wedges, ⊕ key; *fig.* wedge in; ~**klammern** *v/t.* fasten with clamps *od.* (*Wäsche*) pegs; clamp fast; clinch; *sich* ~ *an* cling (*od.* hold on) to, clutch; ~**kleben I.** *v/i.* adhere, stick (*an* to); **II.** *v/t.* fasten (*od.* stick) with glue, paste *od.* glue (*an* to); ~**kleid** *n* festive (*od.* gala) dress; ~**klemmen** *v/t.* ⊕ clamp; *unerwünscht*: (*a. sich* ~) jam; ~**komma** *n Computer*: fixed point; ~**konto** *n* blocked account; ~**kraftstoff** *m* solid fuel; ~**kurs** ♆ *m* fixed rate; ~**land** *n* mainland; continent; (*Ggs.* See) land; ~**ländisch** *adj.*, ~**land(s)...** continental, *z.B. Festlandsockel* continental shelf; ~**legen** *v/t.* **1.** → *festsetzen* 1; **2.** (*Grundsatz, Regel, im Gesetz usw.*) lay down; **3.** ⚓ (*Kurs*) plot; ⚔ (*Ziel*) spot, pinpoint; **4.** ♆ (*Kapital*) tie (*od.* lock) up, sink, freeze; **5.** *fig. sich auf et.* ~ commit (*od.* bind, pledge) o.s. to a th.; *j-n auf et.* ~ *a.* pin (*od.* nail) a p. down to a th.; ~**legung** *f* **1.** → *Festsetzung*; **2.** (*Bindung*) commitment (*auf* to).

festlich I. *adj.* festive; (*feierlich*) solemn, ceremonial; (*prächtig*) splendid; **II.** *adv.*: ~ *begehen* celebrate; ~ *bewirten* fête, entertain lavishly; ~**keit** *f* festivity; (*Stimmung*) festive atmosphere; (*Pracht*) splendo(u)r.

fest...: ~**liegen** *v/i.* **1.** be stuck; *Kranke*: be laid up; *Kapital*: be tied up (*od.* frozen); **2.** *Termin usw.*: be fixed (*od.* appointed); *Grundsatz usw.*: be laid down (*od.* fixed, defined, set); ~**machen I.** *v/t.* fix, attach, fasten, secure (*an* to); ⚓ moor; *fig.* fix, settle; (*Handel*) *a.* close, clinch, bind; **II.** ⚓ *v/i.* moor; ~**mahl** *n* feast, banquet; ~**meter** *n* cubic metre (of solid timber); ~**nageln** *v/t.* nail fast (*od.* down); *fig. j-n auf et.* ~ nail (*od.* pin) a p. down to a th.; *fig. wie festgenagelt* as if nailed to the spot; ~**nahme** *f* apprehension, arrest; ~**nehmen** *v/t.* apprehend, (put under) arrest, take into custody; ~**ordner** *m* steward; ~**ordnung** *f*, ~**programm** *n* program(me) of events; ~**platz** *m* festival ground; (*Rummelplatz*) fairground; ~**preis** *m* fixed price; ~**punkt** *m* fixed point, base; ~**rede** *f* speech of the day, (ceremonial) address; ~**redner** *m* official speaker; ~**saal** *m* festival hall; ~**schnallen** *v/t.* → *anschnallen*; ~**schnüren** *v/t.* tie up; ~**schrauben** *v/t.* bolt, fasten with screws, screw on (*od.* down); ~**schrift** *f* commemorative publication (*od.* volume); ~**setzen I.** *v/t.* **1.** establish, settle, arrange; (*regeln*) regulate; (*vorschreiben*) prescribe, provide, state; (*Bedingung*) lay down, stipulate; (*Ort, Zeit*) fix, appoint, name; (*Termin*) *a.* set (*auf* for), *Am. a.* schedule (on); (*Gehalt, Preis usw.*) fix (at); (*Schaden, Steuer*) assess;

(*Strafe*) fix, determine; *durch Übereinkunft*: agree upon; **2.** (*inhaftieren*) arrest, detain, take into custody, imprison; **II.** *v/refl.*: *sich ~ Schmutz usw.*: gather, collect; *Person*: establish o.s., settle (*a.* ⚕), gain a footing (*in* in); *fig. Idee usw.*: establish (*od.* fix) itself, become established; **≈setzung** *f* → *festsetzen*; appointment, fixing; establishment, arrangement, regulation; laying down, stipulation, provision; assessment; agreement; imprisonment; **~sitzen** *v/i.* sit fast; *Kleider*, ⊕: fit tightly; (*festgefahren sein*) be stuck (*a. fig.*); *Schiff*: be stranded (*od.* aground); *in Eis, Schnee*: be ice- (snow-)bound; **≈spiel** *n* festival performance; *~e* (*a.* **≈spielwoche** *f*) Festival(s *pl.*); **~stampfen** *v/t.* stamp (*od.* ram, ⊕ *a.* tamp) down; **~stehen** *v/i.* **1.** stand firm (*od.* fast), be steady; **2.** (*einwandfrei ~*) be (quite *od.* absolutely) certain (*od.* positive), be a fact; → *a. festliegen* 2; **~stehend** *adj.* ⊕ stationary; *Achse*: fixed, dead; *Bild*: still; *Brauch usw.*: established, settled, standing; *Redensart*: set; *Tatsache*: established, positive.

feststell|bar *adj.* **1.** ascertainable, detectable; noticeable; identifiable; determinable; *schwer ~* hard to ascertain; **2.** ⊕ lockable, securable; **≈bremse** *mot. f* parking brake; **~en** *v/t.* **1.** establish; (*konstatieren*) *a.* state; ⚕ *a.* diagnose; (*ermitteln*) *a.* ascertain, detect, find out; (*bestimmen, a. phys. usw.*) determine; (*Schaden*) assess; (*Ort, Lage, Fehler*) locate; (*j-s Personalien, Identität*) establish, identify; (*beobachten*) notice, observe; (*erkennen, einsehen*) realize, see; **2.** (*erklären*) declare, say, state; **3.** ⊕ lock, secure (in position), set; **≈er** *m der Schreibmaschine*: shift lock; **≈schraube** ⊕ *f* lock(ing) screw; **≈ung** *f* → *feststellen*; establishment; ascertainment; locating; ⚖ *usw.* finding(s *pl.*); identification, declaration; statement, comment, remark; observation; determination; assessment; ⊕ locking, securing; (*Vorrichtung*) detent, stop, locking device; **≈ungsbescheid** ⚖ *m* notice of assessment; **≈ungsklage** *f* action for declaratory judgment; **≈ungsurteil** *n* declaratory judgment.

Fest...: **~stoffrakete** *f* solid fuel missile; **~tag** *m* festive (*od.* high) day; festival, holiday; *eccl.* feast; *im Kalender* (*a. Glückstag*): red-letter day; **≈täglich** *adj.* festive; **≈umrissen** *fig. adj.* clear-cut, definite.

Festung *f* fortress, stronghold (*a. fig.*); *kleinere*: fort; *e-r Stadt*: citadel; **~sanlagen** *f/pl.* fortifications; **~sgraben** *m* moat; **~sgürtel** *m* ring of forts; **~shaft** *f* confinement in a fortress; **~skrieg** *m* siege warfare.

fest...: **~verzinslich** ✝ *adj.* fixed interest bearing; *~e Anlagepapiere* investment bonds; **≈vorstellung** *f* → *Festaufführung*; **~wachsen** *v/i.* grow on (*an* to); ♀ take root; ⚕ adhere (to); **≈wagen** *m* pageant (*od.* carnival, *Am. a.* street-parade) float; **≈wert** *m* standard value; *phys.*, ⚗ constant, co-efficient; **≈wiese** *f* fairground; **≈woche** *f*: *Berliner ~* Berlin Festival; **~wurzeln** *v/i.* take root, *fig. a.* become deeply rooted; (*wie*) *festgewurzelt dastehen* stand rooted to the spot; **≈zelt** *n* marquee; **~ziehen** *v/t.* tighten; **≈zug** *m* procession, pageant, parade.

Fetisch *m* fetish; **~ismus** *m* fetishism; **~ist** *m* fetishist.

fett *adj.* fat; (*~leibig*) *a.* corpulent, obese; (*schmierig*) greasy; (*klebrig, schmutzig*) grimy; (*ölig*) oily; *Boden, Essen, Mischung*: fat, rich; *Kohle*: bituminous, fat; *typ.* (extra-)bold; *fig.* fat, rich, lucrative; *~ machen* fatten; *~ werden* grow (*od.* run to) fat; *fig. davon kann man nicht ~ werden* that doesn't pay; *adv. ~ essen* eat fatty food.

Fett *n* **1.** fat; (*ausgelassenes ~*) grease; (*Schmalz*) lard; (*Braten≈*) dripping(s *pl.*); (*Back≈*) shortening; (*Schmier≈*) grease; *~ ansetzen* put on flesh (*od.* weight); **2.** F *fig. sein ~ bekommen* F catch it; *j-m sein ~ geben* F let a p. have it, settle a p.'s hash; *der hat sein ~* that will teach him; **~ansatz** *m* (incipient) corpulence; **≈arm** *adj.* poor in fats; **~auge** *n* grease drop, speck of fat; **~bestandteil** *m* fatty constituent; **~bildung** *f* fat formation; **~druck** *typ. m* bold (-faced) *od.* heavy-faced type; **≈en** **I.** *v/t.* grease, lubricate; ⚗ (*Öl*) compound; **II.** *v/i.* be (*od.* get) greasy; **~fleck** *m* grease-spot; **≈gedruckt** *adj.* boldface ..., in bold type; **~gehalt** *m* fat content; **~gewebe** *n* fatty tissue; **≈glänzend** *adj.* greasy, shiny; **≈haltig** *adj.* containing fat, fatty; *Creme usw.*: containing grease; **~heit** *f* fatness; **≈ig** *adj.* fat(ty); (*schmierig*) greasy; **~igkeit** *f* fatness; greasiness; **~kohle** *f* bituminous coal; **≈leibig** *adj.* corpulent, obese; **~-**

leibigkeit *f* corpulence, obesity; **˜lösend** *adj.* fat-dissolving; **˜löslich** *adj.* fat-soluble; **~näpfchen** *n*: *fig. ins ~ treten* put one's foot in it, drop a brick; **~nippel** ⊕ *m* grease nipple; **~papier** *n* grease-proof paper; **~polster** *n* cushion of fat, subcutaneous fatty layer; **~presse** *mot. f* grease gun; **~salbe** *f* greasy ointment; **~säure** ⚗ *f* fatty acid; **~schicht** *f* layer of fat; **~seife** *f* fat (*od.* lard) soap; **˜spaltend** ⚗ *adj.* fat-splitting, lipolytic; **~sucht** ⚕ *f* obesity; **˜süchtig** *adj.* obese; **~verbindung** ⚗ *f* fatty (*od.* aliphatic) compound; **~wanst** *m* fat belly, paunch; (*Person*) F fatty; **~wolle** *f* yolk (*od.* grease) wool; **~wulst** *f* roll of fat.

Fetus *biol. m* fetus.

Fetzen *m* shred; (*Lumpen*) rag, *Am. a.* frazzle; (*Wolken˜, Rauch˜*) scrap, wisp; *co.* (*Kleid*) rag; *contp.* (*Zeitung*) rag; F *pl.* (*Gesprächs˜, Lied˜ usw.*) snatches, scraps; *ein ~ Papier* a scrap of paper; *in ~* in rags (*od.* ribbons), in shreds (and tatters); *in ~ reißen* tear to shreds; *in ~ gehen* go to pieces; F *daß die ~ fliegen* like mad (*od.* blazes).

feucht *adj.* moist (*von* with), damp, *bsd. phys. Luft*: humid; (*naß*) wet; (*klebrig, kalt*) clammy; (*naßkalt*) dank; *Element, Grab*: watery; *~e Augen* moist eyes; **~en** *v/t.* moisten, damp; **~fröhlich** *adj.* bibulous, alcoholic, F boozy.

Feuchtigkeit *f* moisture, dampness, (*bsd. Luft˜*) humidity; clamminess; dankness; *vor ~ schützen!* keep dry!; **~sgehalt** *m* moisture content; **~sgrad** *m* degree of moisture (*der Luft*: humidity); **~smesser** *m* hygrometer.

feucht...: ~kalt *adj.* clammy, dank; **~warm** *adj.* moist and warm.

feudal *adj.* feudal; *fig.* aristocratic, exclusive; (*glänzend, luxuriös*) grand, magnificent, sumptuous, luxurious, F posh, *sl.* swank(y); **˜ismus** *m*, **˜system** *n* feudalism, feudal system.

Feuer *n* **1.** fire (*a. Brand*); → *anstecken 2, anmachen, auslöschen 1 usw.*; ⊕ *Hochofen*: heat; *am ~ kochen* cook over a fire; *auf langsamem* (*od. schwachem*) *~* on a slow fire; *j-m ~ geben zum Rauchen*: give a p. a light; *fig. durchs ~ gehen für* go through fire and water for; *mit dem ~ spielen* play with (the) fire; *et. aus dem ~ reißen* save, rescue; *das Spiel aus dem ~ reißen Sport*: swing the game one's way; → *Eisen, fangen, Kastanie, Öl usw.*; *zwischen zwei ~n* between two fires, between the devil and the deep (blue) sea; *~ machen hinter* put pressure (F steam) behind; *mit ~ und Schwert* with fire and sword; **2.** ⚓ (*Leucht˜*) light; (*Signal˜*) beacon; **3.** ⚔ fire; *gezieltes* (*massiertes*) *~* aimed (massed) fire; *~ bekommen* be fired at; *das ~ eröffnen* open fire; *im ~ stehen* be under (*od.* exposed to) fire; *unter ~ nehmen* fire at; *~!* fire!; **4.** *fig.* (*Glanz*) fire, sparkle, brilliance; (*Eifer*) fire, ardo(u)r, fervo(u)r; (*Temperament*) fire, spirit, mettle (*a. von Pferden*); *von Wein*: body, vigo(u)r; *~ und Flamme sein für* be enthusiastic about, be heart and soul for; *in ~ geraten* catch (*od.* take) fire (*über* at), kindle (at), get excited (about); **~alarm** *m* fire-alarm; **~alarmübung** *f* fire drill; **~anbeter(in** *f*) *m* fire-worshipper; **~anzünder** *m* fire-lighter; **~ball** *m* fire-ball; **~befehl** ⚔ *m* order to (open) fire; **~bekämpfung** *f* fire-fighting; **˜bereit** ⚔ *adj.* ready (for action); **˜beständig** *adj.* → *feuerfest*; **˜bestatten** *v/t.* cremate; **~bestattung** *f* cremation; **~bohne** ⚘ *f* scarlet runner; **~brand** *m* fire-brand (*a. fig.*); **~eifer** *m* (ardent) zeal, ardo(u)r; **~eimer** *m* fire-bucket; **~einstellung** ⚔ *f* cessation of fire; *auf Grund von Unterhandlungen*: cease-fire; **~eröffnung** ⚔ *f* opening of fire; **˜farben**, **˜farbig** *adj.* flame-colo(u)red; **˜fest** *adj.* fire-proof, (*unverbrennbar*) incombustible; *Baustoffe*: refractory; **~festigkeit** *f* fire-proof quality, heat resistance, refractoriness; **˜flüssig** *adj.* liquid at high temperature, molten; **~fresser** *m* fire-eater; **~garbe** ⚔ *f* sheaf (*od.* cone) of fire; **~gefahr** *f* → *Feuersgefahr*; **˜gefährlich** *adj.* inflammable, hazardous; **~gefecht** ⚔ *n* gun-fight (*od.* -battle), duel; **~geist** *fig. m* fiery spirit; (*Person*) firebrand; **~geschwindigkeit** ⚔ *f* rate of fire; **~glocke** *f* alarm-bell, tocsin; ⚔ box-barrage; **~hahn** *m* fire-plug, hydrant; **~haken** *m* poker; *Feuerwehr*: fire-hook; **~kopf** *fig. m* hotspur; **~kraft** ⚔ *f* fire-power; **~kugel** *f* fire-ball; meteor; **˜lackiert** *adj.* black enamel(l)ed; **~leiter** *f* fire-ladder; (*Nottreppe*) fire-escape; **~leitung** ⚔ *f* fire-control; **~lilie** *f* orange lily; **~linie** ⚔ *f* firing-line; **~löschboot** *n* fire-boat; **~löscher** *m* fire-extinguisher; **~löschgerät**

n fire-fighting equipment; **~löschmittel** *n* fire-extinguishing agent; **~löschteich** *m* static water tank; **~mal** *n* n(a)evus flammeus, F portwine-mark; **~meer** *n* sea of flames, sheet of fire; **~melder** *m* fire-alarm; **²n I.** *v/i.* **1.** make (*od.* light) a fire; *mit Holz (Kohlen)* ~ burn wood (coal); **2.** ⚔ fire (*auf* at, upon); **II.** *v/t.* **3.** (*Ofen,* ⚔ *Salut usw.*) fire; **4.** F *fig.* (*schleudern*) fling, hurl; **5.** F (*j-n entlassen*) F fire, sack, kick out; **6.** F *j-m eine* ~ F paste a p. one; **~n** *n* firing; **~nelke** ⚘ *f* scarlet lychnis; **~pause** ⚔ *f* pause (*od.* break) in firing; **~probe** *f hist.* ordeal by fire; *fig.* crucial (*od.* acid) test; *die* ~ *bestehen* stand the test; **~rad** *n* Catherine-wheel; **~raum** ⊕ *m* fire-box, combustion chamber, furnace; **~regen** *m* rain of fire (⚔ of steel); **~risiko** *n* fire-hazard (*od.* risk); **²rot** *adj.* fiery, blazing-red; ~ *werden im Gesicht*: turn crimson; **~salamander** *m* spotted salamander; **~säule** *f* column of fire; **~sbrunst** *f* (great) fire, conflagration, blaze; **~schaden** *m* damage caused by fire; *gegen* ~ *versichert* insured against fire; **~schein** *m* glare (*od.* reflection) of fire; ⚔ sky glow; **~schiff** ⚓ *n* lightship; **~schirm** *m* fire-screen; (*Kamingitter*) fire-guard; **~schlag** ⚔ *m* → *Feuerüberfall*; **~schlucker** *m* fire-eater; **~schlund** *poet. m* (*Krater, Kanone*) fire-spitting mouth; **~schutz** *m* fire-protection (*od.* -prevention); ⚔ covering fire, fire support; **~schutzmittel** *n* fire-proofing agent; **~sgefahr** *f* danger (*od.* risk) of fire, fire hazard; **~sglut** *f* burning heat; **²sicher** *adj.* fire-proof; **²speiend** *adj.* fire-spitting; volcanic; *~er Berg* volcano; **~spritze** *f* fire-engine; **~stätte** *f,* **~stelle** *f* fireplace, hearth; (*Brandstelle*) scene of a fire; **~stein** *m min. u. im Feuerzeug*: flint; **~stellung** ⚔ *f* firing position, gun emplacement; *in* ~ *bringen* emplace; **~stoß** ⚔ *m* burst of fire; **~strahl** *m* flash of fire; ⚔ *a.* gun flash; *rückwärtiger*: back-blast; **~taufe** ⚔ *f*: *die* ~ *erhalten* receive the baptism of fire; **~tod** *m* death by fire; **~ton** *m* fire-clay; **~treppe** *f* fire-escape; **~überfall** ⚔ *m* surprise fire, sudden concentration (of fire).

Feuerung *f* (*Heizung*) firing, heating; (*Ofen*) furnace; (*Brennstoff*) fuel; **~sbedarf** *m* fuel requirement; **~smaterial** *n* fuel.

Feuer...: **~unterstützung** ⚔ *f* fire support; **~vereinigung** ⚔ *f* concentration of fire; **~vergoldung** *f* fire-gilding; **~verhütung** *f* fire-prevention; **~versicherung(sgesellschaft)** *f* fire-insurance (company), *Brit. a.* fire-office; **²verzinken** ⊕ *v/t.* hot-galvanize; **²verzinnt** *adj.* fire-tinned, tin-coated; **~verzinnung** *f* hot(-dip) tinning; **~vogel** *m* firebird; *myth.* phoenix; **~vorhang** *m thea.* fire-curtain; ⚔ fire-screen, curtain of fire; **~wache** *f* → *Brandwache*; **~waffe** *f* fire-arm, gun; **~wasser** *n* (*Branntwein*) fire-water; **~wehr** *f* fire-brigade (*a.* F *pol.*), *Am. a.* fire department; F *wie die* ~ like a flash; **~wehrmann** *m* fireman, *Am. a.* fire-fighter; **~wehrschlauch** *m* fire-hose; **~wehrwagen** *m* fire-engine, *Am.* fire-truck, *mit Leiter*: hook-and-ladder (truck); **~werk** *n* fireworks *pl.* (*a. fig.*); **~werker** *m* pyrotechnician; ⚔ ordnance technician, artificer; **~werkerei** *f* pyrotechnics *pl.* (*a. sg. konstr.*); **~werkskörper** *m* firework, pyrotechnic article; **~wirkung** ⚔ *f* fire effect; **~zange** *f* fire-tongs *pl.*; **~zangenbowle** *f* burnt punch; **~zauber** *m* fire magic; F ⚔ fireworks *pl.*; **~zeichen** *n* fire-signal; ⚓ beacon (-fire), signal-light; **~zeug** *n* (cigarette-, *od.* cigar-, pocket-)lighter; **~zeugbenzin** *n* lighter fluid; **~zone** ⚔ *f* zone of fire; **~zug** *m* flue.

Feuilleton *n* feuilleton (*fr.*), feature supplement; **~ist(in** *f*) *m* feuilletonist, feuilleton writer; **²istisch** *adj.* feuilletonistic.

feurig *adj.* fiery, burning; (*funkelnd*) sparkling, *Augen*: *a.* flashing, burning; *fig.* fiery, ardent, passionate; *Pferd*: fiery, mettlesome; *Wein*: heady, strong; *Rede*: flaming, glowing, impassioned.

Fex *m* faddist; (*Enthusiast*) *in Zssgn* enthusiastic ..., ...-fan, ... enthusiast.

Fez[1] *m* fez.

Fez[2] F *m* (*Spaß*) lark; *sich e-n* ~ *machen* have a lark.

Fiaker *m* fiacre (*fr.*), cab; (*Kutscher*) cabman.

Fiasko *n* (complete) failure, fiasco, *sl.* (utter) flop.

Fibel[1] *f* primer, spelling-book.

Fibel[2] *f* (*Spange*) fibula, brooch.

Fiber *f* fib|re, *Am.* -er; → *a. Faser.*

Fibrille *f* fibril.

Fibrin *n* fibrin.

fibrös *adj.* fibrous.

Fichte *f* spruce, F pine(-tree).

Fichten...: **~harz** *n* spruce resin, rosin; **~holz** *n* spruce(-wood);

~nadelbad *n* spruce-needle bath.
ficken V *v/i. u. v/t.* V fuck.
Fideikommiß ⚖ *n* entail.
fidel *adj.* cheerful, merry, jolly.
Fidibus *m* spill.
Fieber *n* fever (*a. fig.*); *hohes* ~ high temperature; *schleichendes* ~ slow fever; *vom* ~ *befallen* fever-stricken; ~ *haben* be feverish, have (*od.* run) a temperature; *j-s* ~ *messen* take a p.'s temperature; **~anfall** *m* attack of fever; **²artig** *adj.* feverish, febrile; **²erregend** *adj.* producing fever, febrific; **~flecken** *m/pl.* fever-spots; **²frei** *adj.* free from fever, afebrile; **~frost** *m* chill; ~ *haben* be shivering with fever; **²gerötet** *adj.* flushed with fever; **²haft, ²ig** *adj.* feverish (*a. fig.*), febrile; *fig.* ~*e Spannung usw.* fever; **~haftigkeit** *f* feverishness; *fig. a.* feverish activity; **~hitze** *f* feverish heat; **²krank** *adj.* feverish, fever-stricken; **~kranke(r** *m*) *f* fever-patient; **~kurve** *f* temperature curve; → *a. Fiebertabelle*; **~mittel** *n* antipyretic; **²n** *v/i.* be in fever (*a. fig.*), have (*od.* run) a temperature; (*phantasieren*) be delirious, rave (*a. fig.*); ~ *nach* yearn for; *er fieberte dem Tag entgegen* he awaited the day in a fever of anticipation; **~phantasie** *f* delirium, wanderings *pl.*, feverish dreams *pl.*; **~rinde** *f* Peruvian (*od.* cinchona) bark; **~schauer** *m* shivering fit, shivers *pl.*; **~tabelle** *f* temperature chart; **~thermometer** *n* clinical thermometer; **~traum** *m* feverish dream; **²vertreibend** *adj.* febrifugal; **~wahn** *m* delirium; *im* ~ *sein* be delirious; **~zustand** *m* febrile condition.
fiebrig *adj.* feverish, febrile.
Fied|el *f* fiddle; **~elbogen** *m* fiddlestick (*od.* -bow); **²eln** *v/i. u. v/t.* fiddle; **~ler** *m* fiddler.
fies F *adj.* nasty, filthy.
Figur *f* figure (*a. Körper*² ; *a. Eislauf, Tanz,* ♪; *a. Person*); (*Gestalt*) shape, appearance; (*Taille*) waist-line; *Karte*: court-card; (*Schach*²) (chess)man, piece; *Kunst*: figure, statue; *kleine*: figurine, statuette; ⩙, ⊕ figure, diagram, graph(ical representation); (*Rede*²) figure of speech, metaphor(ical expression); *von guter* ~ well-proportioned, well made, shapely; *e-e gute* (*schlechte*) ~ *machen* cut a fine (poor) figure; *komische* ~ figure of fun, comical figure; **²al** ♪ *adj.* florid, figural; **~ant(in** *f*) *m thea.* super, walker-on; **²ativ** *ling. adj.* figurative; **~enlaufen** *n* figure-skating; **~entanzen** *n* figure-dancing; **²ieren** *v/i.* figure (*als* as); **~ine** *f* figurine.
figürlich *adj.* **1.** figured, statuary; **2.** *ling.* figurative.
Fik|tion *f* fiction (*a.* ⚖); **²tiv** *adj.* fictitious.
Filet *n* **1.** *Handarbeit*: netting; **2.** *Kochkunst*: fillet *of beef, fish*; **~arbeit** *f* netting; **~braten** *m* roast fillet.
Filial|bank *f* branch bank; **~e** *f* branch (office *od.* establishment), subsidiary; **~geschäft** *n* **1.** → *Filiale*; **2.** (*Kettenladen*) multiple shop, chain-store; **3.** *Bankwesen*: branch banking; **~leiter** *m* branch manager.
Filigran(arbeit *f*) *n* filigree.
Film *m* **1.** (*Häutchen, Überzug*) film, thin coat(ing); **2.** *phot.* film; *für Filmkameras*: *a.* cinefilm; **3.** (*Lichtspiel*²) film, (moving) picture, *Am. a.* motion picture, F movie; (*Lichtspielwesen, Kino*) *the* films, *the* pictures, *Am. the* (motion-)pictures, *the* movies (*alle pl.*), the screen; (*die Filmbranche*) *the* film (*Am.* motion picture) industry; *beim* (*od. im*) ~ on the films (*od.* screen); *e-n* ~ *drehen* shoot a film, *von et.*: film (*od.* screen, picturize) a th.; *e-n* ~ *herstellen* produce a film; *e-n* ~ *vorführen* show a film; *zum* ~ *gehen* become a screen actor (*f* actress); **~archiv** *n* film library (*od.* archives *pl.*); **~atelier** *n* film studio; **~aufnahme** *f* (*Vorgang*) shooting (of a film); (*Einzelszene*) shot, take; **~autor** *m* film author, *Am.* screen-writer; **~band** *n* film strip; **~bauten** *m/pl.* film sets; **~bearbeitung** *f* film (*Am.* screen) adaptation; **~bericht** *m* film report; **~besucher** *m* cinema-goer, *Am.* movie-goer; **~darsteller** *m* → *Filmschauspieler*; **~diva** *f* film (*Am. a.* movie) star; **²en I.** *v/t.* film, shoot; **II.** *v/i.* be filming, take shootings; make a film; *bei Außenaufnahmen*: be on location; **~festspiele** *n/pl.* film festivals; **~gelände** *n* studio (*od.* picture) lot; **~gesellschaft** *f* film (*Am.* motion-picture) company; **~gewaltige(r)** *co. m* cinemogul; **~größe** *f* film star; **~held** *m* film hero; **~hersteller** *m* film producer; **~industrie** *f* film industry; **²isch** *adj.* filmic, cinematic(ally *adv.*); **~kamera** *f* film (*Am.* motion-picture *od.* movie) camera; *bsd.* (*Schmalspur*²) cine-camera; **~komiker(in** *f*) *m* screen comedian (*f* comedienne); **~kopie** *f*

print, copy; ~**kunst** *f* cinematics (*sg.*), cinematic art; ~**leinwand** *f* screen; ~**manuskript** *n* film script; ~**pack** *m* film-pack; ~**produzent** *m* film producer; ~**preis** *m* film award (*od.* prize); ~**prüfer** *m* film censor; ~**prüfstelle** *f* film censorship board; ~**rechte** *n/pl.* film rights; ~**regisseur** *m* film director; ~**reklame** *f* screen advertising; ~**reportage** *f* screen-record; ~**schaffende(r** *m*) *f* cinéaste (*fr.*); ~**schauspieler(in** *f*) *m* film *od.* screen actor (*f* actress); ~**spule** *f* film spool; *mit Streifen*: reel of film; ~**star** *m* film (*Am. a.* movie) star; ~**sternchen** *n* starlet; ~**streifen** *m* film strip; reel; ~**stück** *n* screenplay; ~**studio** *n* film studio; ~**theater** *n* cinema, *Am.* motion-picture (*od.* movie) theater; ~**verleih** *m*, ~**vertrieb** *m* film distribution; *Gesellschaft*: film distributors *pl.*; ~**vorführer** *m* projectionist; ~**vorführgerät** *n* film projector, cine-projector, *Am.* motion-picture (*od.* movie) projector; ~**vorführung** *f*, ~**vorstellung** *f* cinema show(ing), *Am.* movie (*od.* picture) show; ~**vorschau** *f für Kritiker*: preview, *Am. a.* prevue; (*Ausschnitte, als Reklame*) trailer; ~**welt** *f* film world, filmland, screendom, *Am. a.* movieland; ~**werbung** *f* → Filmreklame.

Filter *m*, (⊕) *n* filter, strainer; ⚡ *a.* sifter; *phot.* colo(u)r filter; ~**anlage** *f* filtration plant; ~**einsatz** *m*, ~**element** *n* filter element; ~**gaze** *f* filter gauze; ~**gerät** *n* filter; ~**kaffee** *m* drip coffee; ~**kanne** *f* drip coffee-pot; ~**kohle** *f* filter charcoal; ~**kreis** ⚡ *m* filter circuit; ~**mundstück** *n* filter-tip; 2**n** *v/t.* filter (*a.* ⚡); strain; percolate; ~**n** *n* filtering, filtration; percolation; ~**papier** *n* filter paper; ~**rückstand** *m* (filter) sludge; ~**zigarette** *f* filter-tip(ped cigarette).

Filtrat *n* filtrate.

Filtrier|apparat *m* filtering apparatus, filter, percolator; 2**bar** *adj.* filterable; 2**en** *v/t.* → filtern; ~**tuch** *n* filtering cloth; ~**ung** *f* filtering, filtration; percolation.

Filz *m* **1.** felt; ⚘ tomentum; F (*Hut*) felt (hat); **2.** F (*Geizhals*) skinflint, miser; ~**dichtung** ⊕ *f* felt packing; 2**en I.** *v/t.* **1.** felt; **2.** *sl.* (*visitieren*) search, *Am. sl.* frisk; **II.** *v/i. Wolle*: felt; ~**hut** *m* felt (hat); *harter*: *a.* bowler (hat), *Am.* derby (hat); *weicher*: soft hat, F trilby, *Am.* fedora; 2**ig** *adj.* **1.** felt-like; (*aus Filz*) (of) felt; (*verfilzt*) felted, *Haar*: matted; ⚘ tomentous, downy; **2.** F (*geizig*) mean, niggardly, stingy; ~**laus** *f* crab-louse; ~**pantoffel** *m* felt slipper; ~**sohle** *f* felt-sole; ~**stiefel** *m/pl.* felt boots; ~**stift** *m*, ~**schreiber** *m* felt-tip(ped) pen.

Fimmel[1] *m* (*Hanf*) fimble (hemp).

Fimmel[2] ⚒ *m* gad, wedge.

Fimmel[3] F *m* (*Besessenheit*) craze; (*Mode*) *a.* F dodge, kick; e-n ~ haben F be nuts (*od.* crackers); er hat den Fußball 2 he is a football fan, he is wild (*od.* F crazy, nuts) about football.

final *adj.* final; 2**e** *n* ♪ finale; *Sport*: final (heat, round), finals *pl.*; 2**ist** *m Sport*: finalist; ~**satz** *ling. m* final clause.

Finanz|abteilung *f* finance department (*od.* division); ~**amt** *n* (inland) revenue-office; ~**ausgleich** *m* financial adjustment; ~**ausschuß** *m* finance committee; ~**beamte(r)** *m* fiscal (*od.* revenue) officer; ~**bedarf** *m* financial requirements *pl.*; ~**bericht** *m* financial report; ~**blatt** *n* financial newspaper; ~**buchhalter** *m* financial accountant; ~**en** *pl.* finances; ~**gebarung** *f* fiscal policy, (conduct of public) finances *pl.*; ~**gericht** *n* appellate tax tribunal; ~**geschäft** *n* financing; *Emission von Effekten*: investment banking; *pl.* financial affairs; ~**hoheit** *f* fiscal autonomy, supreme financial control; 2**iell** *adj.* financial; *Privatperson*: *a.* pecuniary *circumstances, difficulties*; in ~er Hinsicht financially; 2**ieren** *v/t.* finance; (*unterstützen*) subsidize; (*Anleihen usw.*) float; (*Radioprogramme, Veranstaltungen*) sponsor; ~**ierung** *f* financing; ~**ierungsgesellschaft** *f* finance company; ~**jahr** *n* fiscal (*od.* financial) year; 2**kräftig** *adj.* financially strong; ~**krise** *f* financial crisis; ~**lage** *f* financial state (*od.* condition, standing); *Privatperson*: pecuniary circumstances *pl.*; ~**mann** *m* financier; ~**minister** *m* Minister of Finance; *Brit.* Chancellor (of the Exchequer), *Am.* Secretary of the Treasury; ~**ministerium** *n* Ministry of Finance; *Brit.* Treasury Board, *Am.* Treasury Department; ~**periode** *f* budgetary (*od.* fiscal) period; ~**politik** *f* financial (*od.* fiscal) policy; 2**schwach** *adj.* financially weak; 2**technisch** *adj.* financial, fiscal; ~**teil** *m* e-r *Zeitung*: financial part (*od.* page); ~**verwaltung** *f* financial administration; (*Behörde*) fiscal authority; **~wechsel** *m* accommodation bill; **~welt** *f* financial world (*od.* circles *pl.*); **~wesen** *n* (public) finance, finances *pl.*; financial concerns *pl.*; **~wirtschaft** *f* financial management; **~wissenschaft** *f* public finance; **~zölle** *m/pl.* revenue-raising duties.

Findel|haus *n* foundling hospital; **~kind** *n* foundling.

finden I. *v/t. allg.* find; (*entdecken*) *a.* discover, chance upon, come across; (*vor* ~) find; (*dafürhalten*) find, think, consider; *Anerkennung* ~ find recognition, meet with approval; → *Beifall, Gefallen, Gnade, Meister* I, *Tod usw.*; *Trost* ~ *in* find comfort in; *die Tür verschlossen* ~ find the door locked; *wir fanden ihn bei der Arbeit* we found him at work; *ich habe noch keine Zeit dazu gefunden* I haven't yet found time to do it; *wir fanden in ihm e-n Freund* we found a friend in him; *ich finde keine Worte* I am at a loss for words; *et. gut* (*schlecht*) ~ find a th. good (bad); *es sehr heiß* ~ find it very hot; ~ *Sie nicht?* don't you think so?; *ich kann das nicht* ~ I am afraid I can't agree (with you); *ich finde es schön* I find it beautiful; *wie* ~ *Sie das Buch?* how do you like (*od.* what do you think of) the book?; *ich finde, daß es unangebracht wäre* I think (*od.* I daresay) it would be inappropriate; *ich kann nichts dabei* ~ I don't see any harm in it; **II.** *v/refl.*: *sich* ~ *Sache*: be found (*a. Zitat, bei* in *Shakespeare, etc.*); *Person*: find o.s. (*umzingelt usw.* surrounded, *etc.*); *Sportmannschaft usw.*: get into one's stride, rally; *sich zu j-m* ~ find one's way to a p.; *fig. sich* ~ *in* (*sich fügen in*) resign (*od.* reconcile) o.s. to; (*e-e Materie usw.*) get the hang of; *es wird sich* ~ we shall see, (you) wait and see; *es fanden sich nur wenige Freiwillige* there were but few volunteers; **III.** *v/i.*: ~ *nach, zu usw.* find one's way *home, to God, etc.*

Finder *m*, **~in** *f* finder; **~lohn** *m* finder's reward.

findig *adj.* resourceful, ingenious, clever; **≈keit** *f* resourcefulness, ingenuity, cleverness.

Findling *m* **1.** foundling; **2.** *geol.* (**~sblock** *m*) erratic block.

Findung *f* finding, *etc.*; → *finden.*

Finesse *f* finesse; **~n** *pl.* tricks.

Finger *m* finger (*a. des Handschuhs*); *mit dem* ~ *auf j-n weisen* point at a p.; *sich die* ~ *verbrennen* burn one's fingers (*a. fig.*); *sich in den* ~ *schneiden* cut one's finger; *fig.* make a big mistake; *fig.* (*sich*) *aus den* ~*n saugen* invent, F make (*od.* cook) up; *j-m auf die* ~ *klopfen* rap a p.'s knuckles; *j-m* (*scharf*) *auf die* ~ *sehen* keep a sharp eye on a p.; *j-m durch die* ~ *sehen* close one's eyes to (*od.* wink at) a p.'s faults; *j-n um den kleinen* ~ *wickeln* twist a p. round one's little finger; *keinen* ~ *rühren* (*od. krumm machen, krümmen*) not to lift a finger; *j-m durch die* ~ *schlüpfen Geld*: slip through a p.'s fingers; *Verbrecher usw.*: give a p. the slip; *er hat überall s-e* ~ *im Spiel* he has a finger in every pie; *sie würde sich die* ~ *danach lecken* she would give her eye-teeth for it; *laß die* ~ *davon* keep your hands off, *a. fig.* leave it alone; *gibt man ihm den kleinen* ~, *nimmt er gleich die ganze Hand* give him an inch, and he'll take a yard; → *abzählen, Wunde*; **~abdruck** *m* finger-print; *Fingerabdrücke* (*von j-m*) *nehmen* take (a p.'s) finger-prints, finger-print (a p.); **≈breit, ≈dick** *adj.* (as) thick as a finger; **~breit** *m* finger's breadth; *fig. a.* inch; **~druck** *m* pressure of the finger; **≈fertig** *adj.* dext(e)rous, deft, nimble-fingered; **~fertigkeit** *f* dexterity, manual skill, nimble fingers *pl.*; **≈förmig** *adj.* finger-shaped; **~gelenk** *n*, **~glied** *n* finger-joint; **~hakeln** *dial. n* finger-tug; **~hut** *m* thimble; ⚘ foxglove, digitalis; *ein* ~ *voll* a thimbleful; **~ling** *m* finger-stall; **≈n I.** *v/i.* finger; **II.** F *fig. v/t.* (*zuwege bringen*) manage, *sl.* wangle; **~nagel** *m* finger-nail; **~ring** *m* finger-ring; **~satz** ♪ *m* fingering; **~schale** *f* finger bowl; **~spitze** *f* finger-tip; **~spitzengefühl** *n* sure instinct, sensitivity, subtle intuition, flair, smooth touch; **~sprache** *f* finger-language, dactylology; **~übung** *f* finger exercise; **~zeig** *m* cue; (*Wink*) hint, tip, F pointer; *ein* ~ *Gottes* the warning finger of God.

fingier|en *v/t.* feign, fake, sham, simulate; fabricate; **~t** *adj.* fictitious, faked, sham.

Fink *m* finch.

Finne[1] *f ichth.* fin.

Finne[2] *f* ⚕ (*Pustel*) pimple, pustule, blotch; *vet.* (pig's) measles; (*Wurm*) bladder worm, 🕮 cysticercus.

Finne[3] ⊕ *f* (*schmale Hammerbahn*) pane, peen.
Finn|e[4] *m*, **~in** *f* Finn.
finnig *adj.* pimpled; *vet.* measly.
finnisch *adj.* Finnish; *≈er Meerbusen* Gulf of Finland.
finno-ugrisch *adj.*, **≈** *n ling.* Finno-Ugric.
Finnwal *m* finback, finner.
finster *adj.* dark; (*trübe*) gloomy, dim, murky; *fig.* (*düster*) gloomy, dark; (*drohend*) ominous; (*streng*) stern; (*grimmig*) grim; (*böse, unheilvoll*) sinister, evil; F (*miserabel*) F awful; F (*zweifelhaft*) shady; *das ~e Mittelalter* the Dark Ages *pl.*; *~e Gedanken* dark thoughts; *~er Blick* scowl; *es wird ~* it is getting dark; *es sieht ~ aus* things look bad (*od.* black, hopeless); *adv. j-n ~ ansehen* scowl at a p.; *im ≈n* (*fig. ~n*) *tappen* grope in the dark; **≈ling** *m* obscurantist; **≈nis** *f* darkness, obscurity, gloom, *fig. a.* blackness; *ast.* eclipse; *die Mächte der ~* the powers of darkness (*od.* evil).
Fint|e *f* feint; *fig. a.* ruse, trick, stratagem; **≈ieren** *v/i.* feint.
Firlefanz *m* **1.** (*unnützer Kram*) gew-gaws *pl.*, gimcrackery, frippery; **2.** (*Unsinn, Possen*) nonsense, tomfoolery; *~ treiben* fool around; **3.** (*Wildfang*) romp.
firm *adj.* → *beschlagen* III 7.
Firma *f* firm, (commercial) house, enterprise, business, company; (*Firmenbezeichnung*) firm(-name), style; *die ~ W.* the firm of W.; *unter der ~ W.* under the firm (*od.* style) of W.; (*An*) *~ X. im Brief*: Messrs. X., The X. Company.
Firmament *n* firmament, sky.
firme(l)n *eccl. v/t.* confirm.
Firmen...: **~bezeichnung** *f*, **~name** *m* firm(-name), company name, style; **~register** *n* register of companies; **~schild** *n* sign (-board), facia; *an e-r Maschine*: name-plate; **~schutz** *m* protection of registered firm-names; **~stempel** *m* firm's (*od.* company) stamp; **~vertreter** *m* manufacturer's agent; **~verzeichnis** *n* trade directory; **~werbung** *f* institutional advertising; **~wert** *m innerer*: good will; (*Bilanzwert*) intangible assets *pl.*; **~zeichen** *n* firm's symbol; maker's emblem.
firmieren ⚕ *v/i. u. v/t.*: *~* (*mit od. als*) have (*od.* use) the firm-name of; sign (*für* for).
Firm|ling *m* confirmand; **~ung** *f* confirmation.
Firn *m* firn (snow), névé; *Schisport*: corn snow; **~ewein** *m* last year's (*od.* well-seasoned) wine; **~feld** *n* névé (field).
Firnis *m* **1.** linseed oil; (*Klarlack*) varnish; *fetter ~* oil varnish; **2.** *fig.* varnish, veneer; **~papier** *n* oiled *od.* varnished paper; **≈sen** *v/t.* varnish.
Firnschnee *m* → *Firn.*
First *m* (*Dach≈*) (top) ridge; ⚒ (*Stollendach*) roof; (*Bergkamm*) ridge; (*Gipfel*) peak, top; **~ziegel** *m* ridge-tile.
Fis ♪ *n* F sharp.
Fisch *m* fish; *pl. mst* fish; *pl.* (*Sternbild*) Fishes, Pisces; F *im Tee usw.*: F stranger; F *fig. große ~e* big fish; *kleine ~e* (*Kleinigkeit*) a mere nothing *sg.*, peanuts; (*Leute*) small fry *sg.*; *faule ~e* lame excuses; *gesund wie ein ~ im Wasser* (as) sound as a bell, (as) fit as a fiddle; *stumm wie ein ~* (as) mute as a fish; *das ist weder ~ noch Fleisch* that's neither fish nor fowl; F *die ~e füttern Seekranker*: feed the fishes.
Fisch...: **~adler** *m* osprey, fish-hawk; **≈ähnlich** *adj.* fishlike, fishy; **~behälter** *m* fish-tank, reservoir; **~bein** *n* whalebone; **~blase** *f* air-bladder; **~blut** *n* fishblood; *~ haben* be (as) cold as a fish; **~bratküche** *f* fried-fish shop, *Am.* seafood restaurant; **~brut** *f* fry; **~dampfer** *m* steam-trawler.
fischen I. *v/t. u. v/i.* fish (*a.* F *fig.*); (*angeln*) *a.* angle; *~ nach* fish for (*a. fig.*); *im trüben ~* fish in troubled waters; **II.** **≈** *n* fishing.
Fischer *m* fisherman; **~boot** *n* fishing-boat; **~dorf** *n* fishing village; **~flotte** *f* fishing fleet; **~ei** *f* (*Fischen*) fishing; (*Gewerbe*) fishery.
Fisch...: **≈essend** *adj.* piscivorous; **~fang** *m* fishing; **~filet** *n* fish fillet; **~flosse** *f* fin; **~gabel** *f* fish-fork; **~gerät** *n* fishing-tackle; **~gericht** *n* fish dish; **~geruch** (**~geschmack**) *m* fishy smell (taste); **~gräte** *f* fish-bone; **~grätenmuster** *n* herring-bone (pattern); **~gründe** *m/pl.* fishing grounds; **~händler** *m* fish-merchant; *im Einzelhandel*: fishmonger, *Am.* fish-dealer; **~händlerin** *f* fishwife; **~handlung** *f* fish-shop; **~haut** *f* fish-skin; **≈ig** *adj.* fishy; **~kasten** *m* fish-box; **~kelle** *f* fish slice; **~köder** *m* bait; **~konserve(n** *pl.*) *f* tinned (*Am.* canned) fish; pickled fish; **~kunde** *f* ichthyology; **~kutter** *m* fishing cutter; **~laich** *m* (fish) spawn; **~leim** *m* fish-glue, isinglass; **~markt** *m* fish-market; **~mehl** *n*

fish-meal; **~milch** *f* milt, soft roe; **~netz** *n* fishing-net; **~otter** *zo.* *m* otter; **~platz** *m* fishing-ground; **2reich** *adj.* abounding in fish, fishy; **~reiher** *m* (common) heron; **~reuse** *f* weir; **~rogen** *m* roe; **~schuppe** *f* fish-scale; **~stäbchen** *n* fish finger; **~teich** *m* fish-pond; **~tran** *m* train-oil; **~treppe** *f* fish-ladder; **~vergiftung** *f* fish-poisoning; **~weib** *n* fishwife; **~zucht** *f* pisciculture, fish-farming; **~zuchtanstalt** *f* fish-hatchery (*od.* -farm); **~züchter** *m* fish-farmer, pisciculturist; **~zug** *m* catch, haul (*a. fig.*); draught (of fish).

Fisimatenten F *pl.* tricks; (*Ärger*) trouble *sg.*; (*Umstände*) fuss *sg.*

Fisis ♪ *n* F double sharp.

fisk|alisch *adj.* fiscal; government ...; **2us** *m* Exchequer, *bsd. Am.* Treasury; Government.

Fisole *östr. f* string bean.

Fissur ⚕ *f* fissure, crack.

Fistel ⚕ *f* fistula; **2artig** *adj.* fistulous; **~stimme** *f* falsetto.

fistulös *adj.* → *fistelartig.*

fit *adj.* fit, in good shape *od.* health.

Fittich *m* wing, pinion; *j-n unter s-e ~e nehmen* take a p. under one's wings.

fix I. *adj.* **1.** (*fest*) *Gehalt, Kosten, Preise*: fixed; ⚗ *~es Salz* fixed salt; *~e Idee* fixed idea, obsession; **2.** (*schnell*) quick (*in* at); **3.** (*gewandt*) smart, sharp; **4.** *~ und fertig* → *fertig* 1, 6; **II.** *adv.* quickly, in a flash (*od.* F jiffy); *mach ~!* F make it snappy!

Fixa|tion ⚕, *psych. f* fixation; **~tiv** *n* fixative.

fix|en *v/i.* **1.** ⚜ (sell) bear, *Am. a.* sell short; **2.** *sl.* *Süchtiger*: fix, shoot; **2er** *m* **1.** ⚜ (*Baissier*) bear; **2.** *sl.* (*Süchtiger*) junkie; **2geschäft** *n* time-bargain.

Fixier|bad *phot.* *n* fixing bath, fixer; **2en** *v/t.* **1.** *allg., a. phot.* fix; **2.** *fig.* a) → *festsetzen* 1; b) (*festhalten*) record, put down in writing; **3.** *psych.* fixate; **4.** (*j-n*) fix one's eyes upon, stare at; **~mittel** *n* fixative; **~salz** *n* fixing salt; **~ung** *f allg.* fixation.

Fixstern *m* fixed star.

Fixum *n* fixed sum; (*festes Gehalt*) fixed salary.

Fjord *m* fiord, fjord.

flach *adj.* flat; (*eben*) *a.* plain, level, even; ⩘ plane; *Gewässer*: shallow (*a. fig.* = superficial), shoal; (*niedrig*) low; ⚓ *Fahrzeug*: flat-bottomed; *phot. usw.* soft, with contrast; *Farbton*: flat; *~e Böschung* gentle slope; *~e Hand* flat of the hand, palm; *~er Motor* flat-type engine; *~ machen* flatten; *~ werden* flatten out, level off.

Flach...: **~bahn** *f* ⊕ square guideway; ⚔ flat trajectory; *Sport*: flat course; **~ball** *m* *Tennis*: drive; *Fußball*: low ball; **~bettfelge** *mot. f* flat-base rim; **~boot** *n* flat-bottomed boat; **~brenner** *m* flat-flame burner; **~dach** *n* flat roof; **~draht** *m* flat wire; **~druck** *typ. m* flat-bed printing.

Fläche *f* (*Ober2*) surface; ⩘ *a.* plane; *e-s Kristalls*: face; *e-s geschliffenen Steins*: facet; (*weite ~*) expanse; (*Gebiet*) area, region; (*Wasser2 usw.*) sheet; (*~nraum*) area, space; (*Boden2*) floor-space; ⊕ *bearbeitete ~* machined surface; *aufeinander arbeitende ~n* mating surfaces.

Flacheisen ⊕ *n* flat iron (*od.* bar).

Flächen...: **~antenne** *f* flat-top aerial (*Am.* antenna); **~ausdehnung** *f* superficial area, square dimension; **~belastung** *f* load per unit area; ⊕ surface stress; ✈ wing load; **~berechnung** *f* surface calculation; ⩘ planimetry; **~blitz** *m* sheet lightning; **~brand** *m* area conflagration; **~druck** *m* pressure per unit area, surface pressure; *typ.* relief printing; **~einheit** *f* unit area; **~inhalt** *m* area, superficies, surface (area); *in Morgen*: acreage; **~maß** *n* square *od.* surface measure(ment); **~messer** ⊕ *m* planimeter; **~messung** *f* planimetry; **~raum** *m* → *Flächeninhalt*; **~winkel** *m* plane (*od.* interfacial) angle.

flach...: **~fallen** F *v/i.* fall down, be off (*od.* out); **2feile** *f* flat file; **~gedrückt** *adj.* flat(tened down); **2gewinde** ⊕ *n* square thread; **2hang** *m* gentle slope; **2heit** *f* flatness; *fig.* shallowness, insipidity; triviality.

flächig *paint. adj.* flat.

Flach...: **~kolben** ⊕ *m* flat(-top) piston; **2köpfig** *adj. a.* ⊕ flat-headed; **~kopfschraube** *f* countersunk screw; **~küste** *f* low-lying (*od.* flat) coast; **~land** *n* lowland, flat country; **~meißel** ⊕ *m* flat chisel; **~paß** *m* *Fußball*: low pass; **~relief** *n* bas-relief; **~rennen** *n* flat race.

Flachs[1] *m* flax.

Flachs[2] F *fig. m* F kidding.

Flachsbau *m* cultivation of flax.

Flachschuß *m* *Fußball*: low ball.

Flachs...: **2blond, 2haarig** *adj.* flaxen(-haired); **2en** F *v/i.* be joking (*od.* F kidding); **~kopf** *m* flaxen-haired person; **~spinnerei** *f* flax-spinning mill.

Flach...: ~spule *f* flat coil; **~zange** *f* flat-nose(d) pliers *pl.*; **~ziegel** *m* flat (*od.* plain) tile.

flackern I. *v/i. Flamme*: flare, *schwächer*: flicker (*a. Licht, Augen usw.*); *Stimme*: shake, quaver; **II.** **2** *n* flicker(ing).

Fladen *m* pancake, flat cake; → *Kuhfladen.*

Flagge ⚔ *f* flag, colo(u)rs *pl.*; → *Fahne*; *die ~ hissen (streichen)* hoist (strike) the flag; *e-e ~ führen* fly a flag; *die britische ~* the Union Jack; *die amerikanische ~* the Stars and Stripes, the Star-spangled Banner; *unter falscher ~* under false colo(u)rs; **2n I.** *v/i. Gebäude, Schiff*: fly a flag (*od.* flags); ⚓ *a.* dress ship; *Person*: hoist a flag, put out the flags; **II.** *v/t.* flag *a message*, (*signalisieren*) signal (with flags).

Flaggen...: ~gruß *m* colo(u)r-salute; **~parade** *f* flag parade; **~stange** *f*, **~stock** *m* flagstaff; **~tuch** *n* bunting.

Flagg...: ~leine *f* flag-line; **~offizier** *m* flag officer; **~schiff** *n* flagship.

Flair *n* flair.

Flak ⚔ *f* **1.** (*Fliegerabwehrkanone*) anti-aircraft gun (*abbr.* A.A. gun); **2.** (*a.* **~artillerie** *f*) anti-aircraft artillery; **~feuer** *n* anti-aircraft fire; **~gürtel** *m* cordon of anti-aircraft fire.

Flakon *n* small bottle, phial.

Flak...: ~rakete ⚔ *f* → *Fla-Rakete*; **~sperre** *f* anti-aircraft barrage.

flambieren *v/t.* flame.

Flam|e *m* Fleming; **~in** *f* Flemish woman.

Flamingo *m* flamingo.

flämisch *adj.* Flemish.

Flämmchen *n* little flame.

Flamme *f* flame (*a. fig. u.* F *Angebetete*); *lodernde*: blaze; *in ~n* in flames, ablaze; *in ~n aufgehen* go up in flames; *in ~n ausbrechen* burst into flames; *auf kleiner (großer) ~ kochen* over a low (high) flame; *fig. die ~n der Leidenschaft* the flames of passion.

flammen I. *v/i.* flame, blaze, flare; *fig. allg.* (be a)blaze, burn; (*aufleuchten*) *a.* flash, be aglow; *Gesicht*: flame up; (*erregt sein*) flame (*vor* with); **II.** *v/t.* ⊕ (*sengen*) sear, singe; (*Holz*) flame, decorate with a wavy pattern; (*Stoff*) water; **~d** *adj.* flaming, blazing (*a. fig.*), *etc.*; *fig. a.* glowing *speech*, stirring *appeal*.

Flammen...: ~meer *n* sea of flames; **~muster** *n* wavy pattern; **~schrift** *fig. f the* hand on the wall; **~schwert** *n* flaming sword; **~tod** *m* death in the flames; **~werfer** ⚔ *m* flame-thrower (*od.* projector); **~zeichen** *n* flame signal; *fig.* oriflamme.

Flammeri *m* blancmange.

flammig *adj.* flame-like; ⊕ *Stoff*: watered; (*wellig gezeichnet*) waved.

Flamm...: ~ofen ⊕ *m* reverbatory furnace; **~punkt** *m* flash point; **~rohr** *n* flame tube, flue; **~rohrkessel** *m* flue boiler.

flandrisch *adj.* Flemish.

Flanell *m* flannel; **2en** *adj.* (made of) flannel; **~hemd** *n* flannel shirt; **~hose** *f* flannel trousers *pl.*, flannels *pl.*

flanieren *v/i.* saunter, stroll about.

Flanke *f* flank (*a.* ⚠, ⊕, ⚔, *mount.*); *Tennis*: side; *Turnen*: side-vault; *Fußball*: → *Flankenball*; *in die ~ fallen* attack in flank; **2n** *v/t. u. v/i. Fußball*: centre; *Turnen*: (side-)vault; **~nangriff** ⚔ *m* flank attack; **~nball** *m* (cross to the) centre, cross; **~ndeckung** *f*, **~nsicherung** *f* flank protection; **~nfeuer** *n* flanking fire; **~nmarsch** *m* flanking march; **~nstellung** *f* flanking position.

flankieren *v/t.* **1.** flank (*a. fig.* = *schützen*); ⚜, *pol.* *~de Maßnahmen* supporting measures; **2.** ⚔ (*umgehen*) (out)flank; (*beschießen*) flank, enfilade.

Flansch ⊕ *m* flange; **2en** *v/t.* flange; **~motor** *m* flange(-mounted) motor; **~rohr** *n* flange(d) pipe; **~verbindung** *f* flanged joint (*od.* coupling); **~welle** *f* flanged shaft.

Flaps F *m* whippersnapper; (*Flegel*) boor, lout.

Fla-Rakete ⚔ *f* anti-aircraft rocket, ground-to-air missile.

Fläschchen *n* small bottle, flask; *pharm.* phial; *für Babys*: (feeding-) bottle.

Flasche *f* bottle; *kleine, flache*: flask; *geschliffene*: decanter; (*Baby* **2**) (feeding-)bottle; (*Preßluft* **2**) compressed-air bottle (*od.* cylinder); *Gießerei*: casting-box; (*Rollengehäuse*) (pulley-)block; F *Sport u. weitS.* dud, washout, slouch, bum, flop; *e-e ~ Wein* a bottle of wine; ⚡ *Leidener ~* electric (*od.* Leiden) jar; *in ~n füllen, auf ~n ziehen* bottle; *mit der ~ aufziehen* bring up on the bottle; *zur ~ greifen* take to (F hit) the bottle; → *Hals.*

Flaschen...: **~batterie** ⚡ *f* battery of bottle cells; **~bier** *n* bottled beer; **~bürste** *f* bottle brush; **~füllmaschine** *f* bottling machine, bottle filler; **~gas** *n* bottled (*od.* cylinder) gas; **≈grün** *adj.* bottle-green; **~hals** *m* neck of a bottle; **~kind** *n* bottle(-fed) baby; **~kürbis** ⚘ *m* bottle-gourd; **~milch** *f* bottled milk; **~öffner** *m* bottle-opener; **~pfand** *n* bottle deposit; **~post** *f* bottle post, message-in-bottle; **≈reif** *adj.* fit for bottling; **~spüler** *m*, **~spülmaschine** *f* bottle-washer; **~wein** *m* bottled wine; **≈weise** *adv.* by the bottle, in bottles; **~zug** ⊕ *m* pulley block, block (and tackle); *mit elektrischem Antrieb*: electric chain hoist; *mit eingebauter Laufkatze*: trolley block.

Flaschner *m* → Klempner.

Flatter|geist *m* **1.** flighty person, flibbertygibbet; **2.** (*a.* **~sinn** *m*) fickleness, flightiness.

flatterhaft *adj.* **1.** flighty, giddy; **2.** (*unstet*) fickle, inconstant; **≈igkeit** *f* flightiness; fickleness, inconstancy.

flattern *v/i.* flutter; *Vogel usw.*: *a.* beat (*od.* flap) its wings; *fig. Tuch usw.*: flutter (*a.* ⚕ *Puls*, *a. Hände*), float, wave, fly; *Haar*: stream; ⊕ flutter; *mot. Räder*: shimmy, wobble; *im Winde* ~ flutter before the wind; *zu Boden* ~ flutter (*od.* float) to the floor.

flau *adj.* (*schwach*) weak, feeble, faint; (*matt*) lax, listless; *Getränk*: stale, flat; *Farbe*: dull, flat; *Gefühl*: queasy, hollow, *weitS.* sinking *feeling*; ⚚ (*lustlos*) dull, slack; *phot.* flat, weak, fuzzy; *mir ist ganz* ~ I have butterflies in my stomach, I feel queasy; ~*e Zeit* slack season; **≈heit** *f* feebleness, faintness; staleness; flatness; ⚚ dul(l)ness, slackness, stagnation.

Flaum *m* down, fluff; *feiner*: fuzz.

Flaumacher *m* pessimist, alarmist, scaremonger, *pol. a.* defeatist; ⚚ *Börse*: bear; (*Miesmacher*) killjoy, wet blanket; **~ei** *f* defeatism.

Flaum...: **~bart** *m* fluff; **~feder** *f* down; **≈ig** *adj.* downy, fluffy.

Flaus, Flausch *m* fleece, tuft; (*Wollstoff*) pilot-cloth, (*Rock*) pilot coat; duffle-coat.

Flause F *f mst pl.* (*Ausrede*) fib, F taradiddle; (*Unsinn*) nonsense; (*närrischer Einfall*) funny idea, whim; **~nmacher(in** *f*) *m* shuffler, fibber; humbug.

Flaute *f* dead calm, lull; *fig.* ⚚ slackness, slack period.

Flechs|e *f* sinew, tendon; **≈ig** *adj.* sinewy.

Flechte[1] *f* ⚘ lichen; ⚕ herpes, tetter; (*Kopfgrind*) ring-worm.

Flecht|e[2] *f* braid, plait; (*Haar* ≈) *a.* tress; **≈en** *v/t.* (*Seil*) twist, strand; (*Kranz*) wreathe, bind; (*Korb*) weave, plait; (*Stuhl*) cane; (*Haar*) plait, braid; *sich* ~ twine, wind (*um* round); **~werk** *n* basket-work, wickerwork; ⚠ wattle (-work), (*Verzierung*) guilloche.

Fleck *m* (*Stelle*) spot, place; (*Flicken*) patch; (*Stück Land*) patch; (*Schmutz* ≈) blot, spot, smudge, *bsd. von Flüssigkeiten*: stain; (*Schuh* ≈) heel(-piece); *zo.*, ⚕ spot, speck, patch, dot; (*blauer* ~) blue mark; (*Makel*) flaw; *fig.* (*Schand* ≈) blemish, blot, blur; *am falschen* ~ in the wrong place; *auf dem* ~, *vom* ~ *weg* on the spot; *schöner* ~ *Erde* lovely spot; *nicht vom* ~ *kommen* not to get on, make no headway; *sich nicht vom* ~ *rühren* not to stir (*od.* budge); *er hat das Herz auf dem rechten* ~ his heart is in the right place, he is as good as gold; **~chen** *n* (*Staub* ≈ *usw.*) fleck, speck; (*Ort*) spot; **≈en** **I.** *v/t.* spot (*a. Artillerie*); (*Schuhe*) patch; **II.** *v/i.* (*Flecke machen*) make stains, stain, blot; (*fleckenempfindlich sein*) spot easily; F *fig. das fleckte!* good work!; *es will nicht* ~ the work is not getting on.

Flecken *m* **1.** → Fleck; **2.** (*Ortschaft*) market-town, borough; **~entferner** *m*, **~reiniger** *m*, **~wasser** *n* spot (*od.* stain) remover; **≈los** *adj.* spotless; *fig. a.* stainless.

Fleck|fieber ⚕ *n* (epidemic) typhus; **≈ig** *adj.* spotted, speckled; (*befleckt*) stained, smudgy; *Gesicht*: freckled; ~ *machen* spot, stain, soil; ~ *werden* spot, stain; *Obst*: show spots; **~mittel** *n* stain remover; **~schuß** *m* bull's-eye; **~typhus** ⚕ *m* (epidemic) typhus.

fleddern *v/t.* plunder, rob.

Fleder|maus *f* bat; **~wisch** *m* (feather-)duster, whisk.

Flegel *m* ⚒ flail; *fig.* lout, uncouth fellow; (*Halbstarker*) hooligan, street rough; **~ei** *f* rudeness, loutishness; **≈haft** *adj.* loutish; rude; **~jahre** *n/pl.* awkward age *sg.*; **≈n** *v/refl.*: *sich* ~ loll, lounge (about).

flehen **I.** *v/i.*: *zu j-m* ~ implore (*od.* beseech, entreat, beg) a p. (*um et.* for a th.); *zu j-m um Hilfe* ~ implore a p.'s aid; *zu Gott* ~ pray to God; **II.** ≈ *n* supplication, entreaty, prayer(s *pl.*); **~d, ~tlich** **I.** *adj.* imploring, beseeching, *Bitte*:

urgent; *Gebet*: fervent; **II.** *adv.* imploringly, *etc.*; *j-n ~ bitten* → *flehen.*

Fleisch *n* flesh; (*Schlacht* ♀) meat; (*Frucht* ♀) pulp, flesh; *fig.* (*sündiges ~*) *the* flesh; ⚕ *wildes ~* proud flesh; *~ ansetzen* put on flesh; *in ~ und Blut* (*persönlich*) in the flesh; *das eigene ~ und Blut* one's own flesh and blood; *j-m in ~ und Blut übergehen* become second nature to a p.; *bibl. ~ werden* be made flesh; *den Weg alles ~es gehen* go the way of all flesh; *sich ins eigene ~ schneiden* cut off one's nose to spite one's face; turn the tables on o.s.; *aber das ~ ist schwach* but the flesh is weak; → *Fisch, Pfahl*; **~bank** *f* butcher's stall, *Am.* meat-counter; **~beschau** *f* meat inspection; F *fig.* flesh parade; **~beschauer** *m* meat-inspector; **~brühe** *f* (meat-) broth; beef-tea; *als Suppengrundlage*: meat-stock; **~brühwürfel** *m* bouillon (*od.* beef) cube.

Fleischer *m* butcher; **~geselle** *m* journeyman butcher; **~laden** *m*, **~ei** *f* butcher's shop.

Fleischeslust *f* carnal desire, lust.

Fleisch...: **~extrakt** *m* meat extract, bovril; **~farbe** *f* flesh-colo(u)r; **♀farbig** *adj.* flesh-colo(u)red; **~fliege** *f* meat-fly, blow-fly; **♀fressend** *adj.* carnivorous; **~fresser** *m* carnivore; **~gericht** *n* meat dish; *~e Speisekarte*: meats; **♀geworden** *adj.* incarnate; **~gift** *n* meat toxin, ptomaine; **~hackmaschine** *f* meat mincer, *Am.* meat grinder; **~hauer** *östr. m* butcher; **♀ig** *adj.* fleshy *arms, etc.*; meaty; ♀ pulpous, pulpy; **~kloß** *m* meat ball; **~konserven** *f/pl.* tinned (*bsd. Am.* canned) meat *sg.*; **~kost** *f* meat diet; **♀lich** *adj.* carnal, fleshy, sensual; *Nahrung*: (consisting of) meat; **♀los** *adj.* fleshless; *Kost*: meatless; **~markt** *m* meat-market; F *fig.* flesh parade; **~mehl** *n* meat meal; **~messer** *n* carving knife; **~pastete** *f* meat-pie, *Am.* potpie; **~platte** *f* (plate of) sliced cold meats *pl.* (*Am.* cold cuts *pl.*); **~saft** *m* gravy; **~salat** *m* meat salad; **~schnitte** *f* slice of meat; **~speise** *f* meat dish; **~ton** *m* flesh-tint; **~topf** *m* saucepan (for meat); *fig. die Fleischtöpfe Ägyptens* the fleshpots of Egypt; **~verarbeitung** *f* meat processing; **~vergiftung** *f* ptomaine poisoning; **~waage** *f* meat-scales *pl.*; **~ware** *f* meat (product); *pl.* meats; **~werdung** *f* incarnation; **~wolf** *m* → *Fleischhackmaschine*; F *j-n durch den ~ drehen* put a p. through the mill; **~wunde** *f* flesh-wound; **~wurst** *f* pork sausage.

Fleiß *m* (*Arbeitsamkeit*) diligence, industry; (*rastloses Bemühen*) application, assiduity; (*Mühe*) pains *pl.*, hard work; *viel ~ verwenden auf* take great pains with; *ohne ~ kein Preis* no pains, no gains; *mit ~* (*absichtlich*) intentionally, on purpose, deliberately; **~arbeit** *f* (piece of) diligent work; **♀ig I.** *adj.* diligent, industrious, hard-working; (*emsig*) assiduous, sedulous, active, busy; (*sorgfältig*) painstaking; (*häufig*) frequent, regular *visitor, churchgoer, etc.*; **II.** *adv.* diligently, *etc.*; F (*viel*) very much, plenty; *~ studieren* study hard; *~ besuchen* frequent; **~prüfung** *f* diligence test.

flektier|bar *ling. adj.* (in)flectional; **~en** *v/t.* inflect.

flennen *v/i.* cry, blubber, F blub.

fletschen *v/t.*: *die Zähne ~* show one's teeth, snarl; *Raubtier*: *a.* bare its fangs.

flexibel *adj. allg.* flexible.

Flexion *ling. f* inflection; **~s...** *in Zssgn.* inflectional ...

Flexor *anat. m* flexor.

Flick|arbeit *f a. contp.* patchwork; **♀en** *v/t.* mend, patch (up), repair; F *fig.* patch up; → *Zeug*; **~en** *m* patch; **~erei** *f* patching, patchwork; **~korb** *m* work-basket; **~schuster** *m* cobbler; **~vers** *m* padding line; **~werk** *fig. n* patchwork; **~wort** *n* expletive, filler, patchword; **~zeug** *n* sewing kit; *mot. usw.* repair kit.

Flieder ♀ *m* lilac; (*Holunder*) elder; **~beere** *f* elderberry; **~tee** *m* elder-tea.

Fliege *f* **1.** fly; *er tut keiner ~ was zuleide* he couldn't hurt a fly; *ihn stört* (*sogar*) *die ~ an der Wand* every little thing bothers him; *wie ~n sterben* die like flies; *zwei ~n mit e-r Klappe schlagen* kill two birds with one stone; *das sind zwei ~n auf einen Schlag* by that we have killed two birds with one stone; *sl. mach 'ne ~! sl.* beat it!; → *Not*; **2.** (*Schlips*) bow(-tie); **3.** (*Bärtchen*) a) small moustache; b) imperial.

fliegen I. *v/i.* **1.** *Flugzeug, Vogel, Funken, Blätter usw.*: fly; *mit dem Flugzeug*: fly, go (*od.* travel) by air; *~ lassen* fly *a kite*; → *Luft*; **2.** *Haare, Fahne usw.*: fly, stream; **3.** (*eilen*) fly (*a. Blick usw.*), rush; *Hände*: fly, *nervös*: flutter; *Puls*: race; *sein Atem flog* he was gasping for breath; **4.** F *fig. aus e-r Stellung*:

F be fired, get the sack; *a. aus der Schule, e-r Wohnung usw.*: be kicked out; *im Examen*: flunk (out), be ploughed; **5.** F *fig.* ~ *auf* go for, be wild (*od.* mad) about; (*j-n*) *a.* fall for; **II.** *v/t.* (*Flugzeug, Einsatz, Personen, Kurve usw.*) fly; (*e-e Strecke*) fly, cover; **III.** ≈ *n* flying; (*Luftfahrt*) aviation; ~ *im Verband* formation flying; **~d** *adj.* flying *bomb, fish, hospital, etc.*; der ≈e *Holländer* the Flying Dutchman; ✈ ~es *Personal* flying personnel; ~er *Händler* kerbstone trader; pedlar; ~er *Buchhändler* itinerant bookseller; ~er *Start Sport*: flying (*od.* running) start; ~er *Salto* flying somersault; *mit* ~en *Fahnen untergehen* go down with flying colo(u)rs; ~er *Teppich* magic carpet; ⊕ ~e *Achse* floating axle; ⊕ ~e *Anlage* temporary plant; *adv.* ~ *angeordnet* in overhung position, overhung.

Fliegen...: **~dreck** *m* fly-speck; **~fänger** *m* fly-paper; **~fenster** *n* fly-screen; **~gewicht(ler** *m*) *n Boxen*: fly-weight; **~klappe** *f*, **~klatsche** *f* fly-flap, fly-swatter; **~kopf** *typ. m* turned letter; **~netz** *n* fly-net; **~pilz** ♀ *m*, **~schwamm** *m* fly agaric; **~schrank** *m* meat-safe.

Flieger *m* **1.** flyer, flier; ✈ *a.* airman, aviator, *bsd. berufsmäßiger*: pilot; ⚔ *Brit.* aircraftman 2nd class, *Am.* Airman Basic; **2.** F → *Flugzeug*; **3.** *Radsport*: sprinter; *Pferderennen*: flyer; **~abwehr** *f* anti-aircraft (*od.* air) defen|ce, *Am.* -se; *in Zssgn* anti-aircraft ... (*abbr.* A.A.); → *a. Flak...*; **~abzeichen** *n* flying badge, wings *pl.*; **~alarm** *m* air-raid warning, air alert; **~angriff** *m* air raid, aerial (*od.* air) attack; (*Großangriff*) F blitz; **~aufnahme** *f* aerial photo (-graph); **~bombe** *f* aircraft bomb; **~dreß** *m* flying suit, overalls *pl.*; **~ei** *f* flying, aviation; **~geschädigte(r** *m*) *f* air-raid victim; **~held** *m* (flying) ace; **~horst** *m* air base; **~in** *f* airwoman, aviatrix, woman flier (*od.* pilot); **≈isch** *adj.* flying, aviation ..., aeronautic(al); **~karte** *f* aeronautical (*od.* flying) map; **~kombination** *f* flying suit, overalls *pl.*; **~krankheit** *f* aviator's disease, altitude sickness; **~leutnant** *m Brit.* pilot officer, *Am.* second lieutenant; **~notsignal** *n* airplane distress signal, Mayday; **~offizier** *m* air force officer; **~rennen** *n Radsport*: sprint race; *Pferdesport*: short-distance race; **~schaden** *m* air-raid damage; **~schule** *f* flying school; **~sprache** *f* airman's slang; **~staffel** *f* flying squadron; **~Suchaktion** *f* aerial search; **~tätigkeit** *f* air activity; **~tauglichkeit** *f* fitness for flying; **~truppe** *f* flying corps; **~tuch** *n* ground panel; **~warnungsdienst** *m* air-raid warning service.

fliehen I. *v/i.* flee (*statt* fleeing *mst* flying), run away, turn tail, take to one's heels; (*ent*~) escape; *Zeit*: fly; zu *j-m* ~ flee to a p., take (*od.* seek) refuge with a p.; **II.** *v/t.* avoid, shun, flee (from); **~d** *adj.* flying, fugitive; *Kinn, Stirn usw.*: receding.

Flieh|gewicht *n* ⊕ flyweight; *phys.* centrifugal weight; **~kraft** *phys. f* centrifugal force; *in Zssgn* centrifugal ...

Flies|boden *m* tiled floor; **~e** *f* (wall-, floor-)tile; *mit* ~n *belegen* tile; **~enleger** *m* floor-tiler.

Fließ|arbeit *f* assembly-line work, flow (*od.* line) production, *Am. a.* progressive manufacture (*od.* assembly); **~band** *n* assembly line, production line; (*Förderband*) conveyor belt; **~bandfertigung** *f*, **~bandmontage** *f* → *Fließarbeit*.

fließen I. *v/i. allg.* flow (*a. Gewand, Haar, Gaben, Sekt, Verse usw.*); run; *in Strömen*: pour, gush, stream; *Nase*: run; *Papier*: blot; ⊕ *Schüttgut*: flow, pass; *fig. Rede, Unterhaltung usw.*: flow (smoothly *od.* easily); ~ *in Fluß*: flow (*od.* run, fall) into; *fig.* ~ *aus* flow (*od.* result) from; es *wird Blut* ~ blood will flow, there will be bloodshed; **II.** ≈ *n* flow(ing); **~d I.** *adj.* flowing; *fig.* (*unbestimmt*) fluid; *Stil*: fluent, easy, smooth; ~es *Wasser* running water; *in* ~em *Englisch* in fluent English; **II.** *adv.*: ~ *schreiben* (*sprechen*) write (speak) fluently *od.* with (great) fluency.

Fließ...: **~fähigkeit** *f* fluidity, cold-flowing properties *pl.*; **~fertigung** *f* → *Fließarbeit*; **~fett** *n* semi-fluid grease; **~grenze** *phys. f* yield point; **~heck** *mot. n* fastback; **~papier** *n* blotting-paper; **~produktion** *f* flow production; **~punkt** *m* ⊕ pour point; *phys.* yield point.

Flimmer *m* glitter, glimmer; **~haar** *biol. n* cilium; **~kasten** F *m* **1.** *TV* F telly, (goggle-)box; **2.** (*a.* **~kiste** *f*) cinema, F *the* flicks *pl.*; **≈n** *v/i.* glitter, glimmer, scintillate; *bsd. Film, TV*: flicker; *Sterne*: twinkle; es *flimmert mir vor den Augen* my head swims.

flink *adj.* quick, nimble, light-footed, brisk; (*aufgeweckt*) bright, alert; ~ wie ein Wiesel quick as a flash, swift(ly *adv.*); ≈**heit** *f* quickness, nimbleness, agility.

Flinte *f* gun, rifle, *hist.* musket; (*Schrot*≈) shot-gun; *fig.* die ~ ins Korn werfen throw up the sponge; lose courage, resign; ~**nschuß** *m* gunshot; ~**nweib** F *n* gun-woman.

Flipflop(**schaltung** *f*) ⚡ *m* flip-flop (circuit).

Flipper F *m* pin-ball machine.

flirren *v/i.* **1.** whirr, whizz; **2.** → flimmern.

Flirt *m* flirtation; (*Person*) flirt; ≈**en** *v/i.* flirt.

Flittchen F *n sl.* floozie, tart.

Flitter *m* **1.** spangle; *coll.* spangles *pl.*, sequins *pl.*; glittering decoration; **2.** *fig.* (*a.* ~**glanz** *m*) (false) glitter; (*a.* ~**kram** *m*) tawdry finery, frippery, tinsel; ~**gold** *n* Dutch gold; ≈**n** *v/i.* **1.** glitter; **2.** F be honeymooning; ~**wochen** *f/pl.* honeymoon *sg.*

Flitz|bogen *m* (toy) bow; ≈**en** *v/i.* **1.** flit, whizz, dash; **2.** F (*abhauen*) flit, *sl.* beat it; ~**er** F *mot. m* fast little car, runabout (car).

floaten ✝ *v/t. u. v/i.* float.

Flock|e *f* (*Schnee*≈, *Schaum*≈, *Seifen*≈, *Hafer*≈ *usw.*) flake; *Wolle*: flock; (*Staub*≈, *Feder*≈, *Flaum*≈) fluff; *pl.* (*Mais*≈*n*) corn flakes; ≈**en** *v/i.* form flakes, *etc.*, flake; (*fasern*) fuzz; ~**enbildung** *f* flocculation; ~**enblume** *f* centaury; ~**enerz** *n* mimetite; ≈**ig** *adj.* flaky; flocky; fluffy; ⚗ flocculent; ~**seide** *f* floss-silk; ~**wolle** *f* flock wool.

Floh *m* flea; j-m e-n ~ ins Ohr setzen put ideas in a p.'s head; ~**biß** *m* flea-bite; ~**hüpfen** *n*, ~**spiel** *n* tiddlywinks *pl.*; ~**kino** F *n* flea-pit; ~**markt** F *m* flea-market; ~**zirkus** *m* flea-circus.

flöhen *v/t.* (sich ~) catch (one's) fleas, rid (o.s.) of fleas.

Flor[1] *m* (*Blüte*) bloom, blossom (-ing); (*Blumenfülle*) display (*od.* abundance) of flowers; *fig.* (*Damen*≈) bevy.

Flor[2] *m auf Samt, Teppich*: nap, pile; (*dünnes Gewebe*) gauze; (*Trauer*≈) crape (band).

Flora *f* flora.

Flor|band *m*, ~**binde** *f* crape band.

Florett *n* foil; ~**band** ⊕ *n* ferret ribbon; ~**fechten** *n* foil fencing; ~**seide** *f* floss-silk.

florieren *v/i.* flourish, prosper, thrive.

Flor...: ~**postpapier** *n* onion-skin paper; ~**schleier** *m* gauze veil; ~**strumpf** *m* lisle stocking.

Floskel *f* flower of speech, flourish; *contp.* empty phrase, *pl. a.* mere words; ≈**haft** *adj.* flowery; *contp.* empty, meaningless.

Floß *n* raft, float.

Flosse *f Fisch*: fin; *Wal, Seelöwe usw.*: flipper (*a. Schwimm*≈); ✈ stabilizer fin; *metall.* pig iron; F (*Hand*) *sl.* fin, flapper; (*Fuß*) trotter.

flößen *v/t. u. v/i.* float, raft.

Flossen|füßer *zo. m* pinniped; (*Reptil*) pygopod; ~**kiel** ⚓ *m* fin keel.

Flößer *m* raftsman.

Floßsack ⚔ *m* inflatable raft.

Flöte *f* flute; (*Pfeife*) whistle; *Kartenspiel*: flush; ≈**n** *v/t. u. v/i.* (play the) flute; (*pfeifen*) whistle; *Vogel*: sing; F *fig.* say (*od.* speak) in dulcet tones; ≈**ngehen** F *v/i.* get lost, go to the dogs (*sl.* to pot); ~**nspieler**(**in** *f*) *m* flute-player, flutist; ~**nstimme** *f* flute part; ~**nton** *m* note (*od.* tone) of a flute; *fig.* sweet (*od.* silvery) note; F *fig.* j-m die Flötentöne beibringen teach a p. what's what; ~**nzug** *m Orgel*: flute-stop.

Flötist(**in** *f*) *m* → Flötenspieler(in).

flott I. *adj.* **1.** ⚓ ~ sein be afloat; F *fig.* (wieder) ~ sein *Auto*: be in running order again; *Firma*: be back on its feet again, be thriving again; → flottmachen; **2.** *fig.* (*schnell*) quick, brisk, speedy, F snappy; (*lustig*) gay; (*schick*) smart, chic, jaunty; *Musik, Tanz usw.*: lively, gay; *Geschäft, Unterhaltung, Stil usw.*: brisk, lively; *Person*: dashing, sporting, F breezy; **II.** *adv.* quickly, *etc.*; ~ leben lead a gay and easy (*od.* fast) life, F go the pace; es ging ~ vonstatten it went off smoothly, there was no hitch to it; den Hut ~ auf dem Kopf his *od.* her hat at a jaunty angle.

Flotte[1] *f* ⚓ fleet; (*Marine*) navy; (*Luft*≈) (air-)fleet.

Flotte[2] *f* (*Färbe*≈) dye liquor, liquor-bath.

Flotten...: ~**abkommen** *n* naval agreement; ~**chef** *m* fleet commander; ~**manöver** *n/pl.* naval manœuvres (*Am.* maneuvers); ~**parade** *f* naval review; ~**stützpunkt** *m* naval base; ~**verband** *m* naval formation.

flottgehend *adj. Geschäft*: brisk, lively, flourishing.

flottierend *adj. Schuld*: floating.

Flottille ⚓ *f* flotilla; ~**nadmiral** *m Brit.* Commodore, *Am.* Rear Admiral.

flott...: **~machen** *v/t.* ⚓ float, set afloat; *mot.* get *a car* going again; (*Unternehmen*) put back on its feet; **~weg** *adv.* promptly, briskly, smoothly, without a hitch.

Flöz *geol. u.* ⚒ *n* seam.

Fluch *m* curse, malediction; imprecation; *eccl.* anathema; (*Gotteslästerung*) blasphemy; (*Kraftwort*) (profane) oath, profanity, curse, F swear-word, *Am.* cuss word; (*Unheil, Plage*) curse, bane, plague; *e-n ~ legen auf* lay a curse upon; *unter e-m ~ stehen* be under a curse; *~ dem Verräter!* curse(d be) the traitor!; **≈beladen** *adj.* under a curse, accursed; **≈en** *v/i.* curse and swear, swear, *Am.* F cuss; utter imprecations (*od.* oaths); *j-m ~* curse a p.; *auf j-n ~* swear at (*od.* curse) a p.; **~er** *m* curser, swearer.

Flucht *f* **1.** flight (*vor* from); *e-s Gefangenen*: escape; *wilde ~* rout, stampede; *fig. ~ vor der Wirklichkeit* flight (*od.* escape) from reality, escapism; *auf der ~* fleeing, on the run; while attempting to escape; *die ~ ergreifen* → *flüchten*; *in die ~ schlagen* put to flight, rout, drive away; *die ~ nach vorn antreten* seek refuge in attack, take the bull by the horns; **2.** ⚕ (*Kapital≈ usw.*) flight, drain, exodus; **3.** (*Zimmer≈, Treppen≈*) flight; **4.** △, ⊕ alignment, straight line; **≈artig I.** *adj.* hasty, hurried, headlong; **II.** *adv.* precipitately, head over heels, helter-skelter; **~auto** *n* getaway car.

fluchten △, ⊕ **I.** *v/t.* align; **II.** *v/i.* be in alignment.

flüchten *v/i.* flee (*a. sich ~*; *nach, zu* to); run away; take to flight, turn tail; *Gefangene*: escape; *sich ~ a.* take (*od.* seek) refuge *od.* shelter (*zu j-m* with a p.); *sich in die Öffentlichkeit ~* resort to publicity.

Flucht...: **~gefahr** *f* risk of *a p.*'s attempting to escape; **≈gerecht** △ *adj.* truly aligned, flush (*dat.* with); **~helfer** *m* refugee smuggler, escape agent.

flüchtig I. *adj.* fugitive (*a. fig.*); ⚗ volatile; *fig.* (*vergänglich*) fleeting, passing, transitory, short-lived; *Wirkung*: transient; (*eilig*) hasty; (*unsorgfältig*) careless *person, work*, cursory *inspection, perusal*; (*fahrig*) flighty, fickle; (*vage*) vague; ⚖ *~ werden* abscond; ⚖ *~er Schuldner* absconding debtor; *~e Bekanntschaft* passing (*od.* nodding) acquaintance; *~e Bemerkung* passing remark; *~er Besuch* flying visit; (*j-m*) *e-n ~en Besuch machen* drop in (to see a p.); *~er Blick* (cursory) glance; *~er Eindruck* fleeting impression, glimpse; *~er Fahrer* hit-and-run driver; *~es Lächeln* fleeting smile; **II.** *adv.* fleetingly, *etc.*; *~ bemerken* (*od. erwähnen*) mention in passing; *~ durchlesen* glance through, skim over; *~ niederschreiben* jot down; *~ zu Gesicht bekommen* catch a glimpse of; *~ bekannt sein mit j-m* know slightly; **≈e(r** *m*) *f* fugitive, runaway; **≈keit** *f* fleetingness, transitoriness; hastiness; carelessness; cursoriness; ⚗ volatility; **≈keitsfehler** *m* slip (of the pen), oversight.

Flüchtling *m* fugitive, runaway; *pol.* refugee; (*Vertriebener*) expellee; **~slager** *n* refugee camp.

Flucht...: **~linie** *f* △ alignment, face line; *opt.* vanishing line; **~punkt** *opt. m* vanishing point; **~verdacht** *m*: *es besteht ~* the prisoner is likely to attempt an escape; **≈verdächtig** *adj.* suspected of planning an escape; **~versuch** *m* attempt to escape; **~weg** *m* escape route.

fluchwürdig *adj.* damnable.

Flug *m* **1.** *allg.* flight; (*Luftreise*) *a.* air travel; *im ~e* flying, in flight, on the wing; *fig.* (*wie*) *im ~(e)* (*schnell*) quickly, swiftly; **2.** (*Vogelschar*) flight, flock, covey; **~abkommen** *n* air agreement; **~abwehr** *f* air defen|ce, *Am.* -se; *in Zssgn* anti-aircraft ...; **~apparat** *hist. m* flying-machine; **~asche** ⊕ *f* flue ash; **~bahn** *f* trajectory; ✈ flight path; **~ball** *m Sport*: volley; **≈begeistert** *adj. bsd. Bevölkerung*: air-minded; **~bereich** *m* flying range, radius of action; **≈bereit** *adj.* ready to take off, in flying order; **~betrieb** *m* air traffic; **~blatt** *n* leaflet, handbill; **~boot** *n* flying boat, seaplane; **~dauer** *f* duration of flight; **~deck** *n* flight deck; **~dienst** *m* air-service; **~ebene** *f Ballistik*: plane of flight; **~eigenschaften** ✈ *f/pl.* flying characteristics.

Flügel *m* wing; ✈ *a.* aerofoil, *Am.* airfoil; *des Propellers, Ventilators*: blade, vane; *e-r Bombe*: fin; *e-r Windmühle*: sail; ⚘ wing, side-petal; (*Lungen≈*) lobe; (*Fenster≈, Tür≈*) wing, leaf; (*Gebäude≈*) wing; (*Altar≈*) wing, side-piece; ♪ grand piano; ⚔ *u. Sport*: wing, flank; *pol.* wing; *die ~ hängen lassen* droop one's wings; *fig.* lose heart, be downcast; *j-m die ~*

beschneiden clip a p.'s wings; *j-m* ~ *verleihen* lend wings to a p; *auf den* ~*n der Phantasie* on the wings of fantasy.

Flügel...: **~abstand** ✈ *m* wing gap; **~adjutant** ⚔ *m* aide-de-camp; **~altar** *m* winged altarpiece; *dreiteiliger* ~ triptych; **~angriff** *m* wing attack; **~anordnung** ✈ *f* wing setting; **~decke** *f beim Insekt*: wing-case, 🕮 elytron; **~fenster** *n* casement-window; **≗förmig** *adj.* wing-shaped; **~frucht** *f* winged fruit; **~klappe** ✈ *f* wing flap; **≗lahm** *adj.* broken-winged; *fig.* (*mutlos*) despondent; (*kraftlos*) lame; **≗lastig** ✈ *adj.* wing-heavy; **≗los** *adj.* wingless; **~mann** *m* marker; flank man; → *a. Flügelstürmer*; **~mutter** ⊕ *f* wing (*od.* butterfly, thumb) nut; **≗n** *v/i. u. v/t.* wing; **~pferd** *n* → *Flügelroß*; **~pumpe** *f* oscillating pump; **~rad** *n* fan wheel; *e-r Pumpe*: impeller; **~roß** *myth. n* winged horse, Pegasus; **~same** *m* winged seed; **~schlag** *m* wing-stroke, flapping (*od.* beat) of wings; **~schraube** ⊕ *f* thumb screw; **~schraubenmutter** *f* → *Fügelmutter*; **~spannweite** *f* wing span; **~stürmer** *m Sport*: wing forward, F winger; **~tür** *f* folding-door; **~wechsel** *m Fußball*: wing-change.

Flug...: **~erfahrung** *f* flying experience; **≗fähig** *adj.* airworthy; **~feld** *n* airfield; **~gast** *m* (air) passenger; **~gastraum** *m* passenger cabin.

flügge *adj.* (fully-)fledged; *noch nicht* ~ unfledged (*beide a. fig.*); ~ *werden* fledge, *fig. Person*: begin to stand on one's own feet.

Flug...: **~gelände** *n* flying terrain; **~geschwindigkeit** *f* flying speed, air speed; *phys.* travel(l)ing velocity; **~gesellschaft** *f* airline (company); **~gewicht** *n* take-off weight; **~hafen** *m* airport; aerodrome; **~halle** *f* hangar; **~haut** *zo. f* flying membrane, 🕮 patagium; **~höhe** ✈ *f* (flying) altitude, height above ground; *höchste* ~ absolute ceiling; **~kapitän** *m* (aircraft) captain; **~karte** *f* **1.** air-travel ticket; **2.** aeronautical map; **≗klar** *adj.* ready to take off; **~körper** *m* flying object; missile; **~lehrer** *m* pilot instructor; **~leistung** *f* flight performance; **~leiter** *m* air traffic control(l)er; **~leitung** *f* air traffic control; **~linie** *f* **1.** → *Flugbahn*; **2.** ✈ (*Gesellschaft*) airline (company); (*Strecke*) air route; **~loch** *n der Bienen*: entrance to the hive; *der Tauben*: pigeon-hole; **~lotse** *m* (air traffic) control(l)er; **~maschine** *hist. f* flying-machine; **~meldedienst** *m* aircraft reporting service; **~motor** *m* aircraft engine, aero-engine; **~objekt** *n*: *unbekanntes* ~ unidentified flying object; **~passagier** *m* (air) passenger; **~personal** *n* flying personnel; **~plan** *m* time-table, *Am.* (flying) schedule; **~platz** *m* airfield, *großer*: airport; **~platzbefeuerung** *f* airfield lighting; **~post** *f* → *Luftpost*; **~preis** *m* (air) fare; **~prüfung** *f* flying test; **~reise** *f* air journey; **~reisende(r** *m*) *f* air passenger.

flugs *adv.* quickly, swiftly, F in a jiffy; (*sofort*) at once, instantly.

Flug...: **~sand** *m* wind-borne sand; **~schein** *m* **1.** air-travel ticket; **2.** → *Flugzeugführerschein*; **~schlag** *m Tennis usw.*: volley; **~schlepp** *m* airplane towing; **~schneise** *f* air lane; **~schreiber** *m* flight recorder, black box; **~schrift** *f* pamphlet; **~schüler** *m* pilot pupil, student pilot; **~sicherheit** *f* air safety; **~sicherung** *f* air traffic control; **~sicht** *f* flight visibility; **~sport** *m* aviation, sport flying; **~staub** *m* airborne dust; **~strecke** *f* flight (*od.* air) route; *zurückgelegte*: distance flown (*od.* covered); (*Etappe*) leg; **~stützpunkt** *m* air base; **~taxi** *n* air taxi, taxiplane; **≗tauglich** *adj.* fit to fly; *Flugzeug*: airworthy; **~technik** *f* aeronautics *pl.* (*sg. konstr.*); ⊕ aircraft engineering; *des Piloten*: flying technique, airmanship; **~techniker** *m* aeronautical engineer; **≗technisch** *adj.* aeronautical; **≗tüchtig** *adj.* airworthy; **~überwachung** *f* air traffic control; **~veranstaltung** *f* air display; **~verbot** *n* grounding (order); **~verkehr** *m* air traffic; *planmäßiger*: air service; **~versuch** *m* attempt to fly; ✈ flight test (*od.* experiment); **~weg** *m* flight path; **~weite** *f* → *Flugbereich*; **~wesen** *n* aviation, aeronautics *pl.* (*sg. konstr.*), flying; **~wettbewerb** *m* flying competition; **~wetter** *n* flyable weather; **~wetterdienst** *m* aviation weather service; **~wissenschaft** *f* aeronautics *pl.* (*sg. konstr.*); **~zeit** *f* flying time; duration of flight.

Flugzeug *n* (aero)plane, *Am.* (air-) plane; *allg.* aircraft (*a. pl.*); *im* ~ *ankommen* arrive by air; *im* ~ *reisen* go *od.* travel by aeroplane (*od.* air), fly (*nach* to), take a plane (for); **~absturz** *m* (air *od.* plane) crash; **~abwehr** *f* anti-aircraft defen|ce, *Am.* -se; **~bau** *m* aircraft construction (*od.* engineering); **~besatzung** *f* (air) crew; **~entführer** *m* hijacker, skyjacker; **~entführung** *f* hijacking; **~erkennungsdienst** *m* aircraft recognition service; **~führer** *m* pilot; *zweiter*: co-pilot; **~führerschein** *m* pilot's licen|ce, *Am.* -se; **~halle** *f* hangar; **~industrie** *f* aircraft industry; **~kanone** *f* (aircraft) cannon; **~kommandant** *m* aircraft commander, captain; **~konstrukteur** *m* aircraft designer; **~modell** *n* aircraft model; **~motor** *m* aircraft (*od.* aero-) engine; **~mutterschiff** *n* aircraft tender; **~rumpf** *m* fuselage, body; **~schlepp** *m* aircraft towing; **~stewardeß** *f* air hostess; **~träger** *m* aircraft carrier; **~unglück** *n* air disaster, (air) crash; **~verband** *m* air formation; **~wart** *m* aircraft mechanic; **~werk** *n* aircraft factory.

Flugzustand *m* flying (*weitS.* flight) condition.

Fluidum *n* fluid; *fig.* atmosphere, aura, air.

fluktuieren *v/i.* fluctuate.

Flunder *f* flounder.

Flunker|ei *f* fib, (cock-and-bull) story; (*Flunkern*) fibbing, story-telling; (*Prahlerei*) bragging; **≈n** *v/i.* fib, tell fibs (*od.* stories), spin a yarn; (*prahlen*) brag.

Flunsch *dial. m*: *e-n ~ ziehen* pout, make a wry face.

Fluor *n* fluorine; **~ammonium** *n* ammonium fluoride.

Fluoresz|enz *f* fluorescence; **≈ieren** *v/i.* fluoresce; **≈ierend** *adj.* fluorescent.

Fluoroskop ⚕ *n* fluoroscope.

Fluor...: säure *f* fluoric acid; **≈wasserstoffsauer** *adj.* fluoride of ...; **~wasserstoffsäure** *f* hydrofluoric acid.

Flur[1] *f* field, plain; (*Weide*) pasture, meadow(land); *poet.* lea.

Flur[2] *m* (*Haus≈*) (entrance-)hall; (*Gang*) passage, corridor; (*Treppen≈*) landing; (*Fußboden*) floor.

Flur...: ~bereinigung ⚒ *f* consolidation (of farmland); **~buch** *n* agricultural land register; **~garderobe** *f* hall-stand; **~name** *m* field-name; **~register** *n* → *Flurbuch*; **~schaden** *m* damage to crops.

Fluß *m* river, stream; *kleiner*: rivulet, brook, *Am. a.* creek; (*das Fließen*) flow(ing); *fig. der Rede*: fluency, *a. des Verkehrs usw.*: flow; *metall.* melting, fusion; ⊕, ⚡, ⚗, *phys.* flux; ⚕ discharge; ⚕ *weißer ~* leucorrhoea, F the whites *pl.*; *fig. im ~* in a state of flux; *fig.* (*wieder*) *in ~ bringen* get going (again); *in ~ kommen* begin to melt; *fig.* get underway (*od.* going, into full swing); **≈abwärts** *adv.* down the river, downstream; **~arm** *m* arm *od.* branch (of a river); **≈aufwärts** *adv.* upstream; **~bett** *n* river-bed.

Flüßchen *n* rivulet, *Am.* creek.

Fluß...: ~eisen *n* ingot steel; **~gebiet** *n* river basin.

flüssig I. *adj.* fluid, liquid; (*geschmolzen*) molten, melted; ⚚ liquid, available *capital, etc.*; *Geldmarkt*: easy; F *Person*: having money, being in cash; *fig. Stil usw.*: fluent, flowing; *~ machen, ~ werden* liquefy, melt; *fig.* → *flüssigmachen*; **II.** *adv.* in liquid form; *fig.* fluently; *Verkehr usw.*: smoothly; **≈gas** *n* liquid gas; **≈keit** *f* liquid, fluid; liquor; (*Zustand*) liquidity, fluidity (*a. fig.*).

Flüssigkeits...: ~aufnahme *physiol. f* fluid intake; **~barometer** *n* liquid barometer; **~bremse** *mot. f* hydraulic brake; **≈gekühlt** *mot. adj.* liquid-cooled; **~getriebe** *mot. n* fluid transmission; **~grad** *m* degree of fluidity; ⚗ viscosity; **~kompaß** *m* fluid compass; **~maß** *n* liquid (*od.* fluid) measure; **~messer** *m* liquid meter; **~säule** *f* column of liquid; **~spiegel** *m* surface of a liquid; *im Körper*: fluid level.

flüssig|machen ⚚ *v/t.* (*Werte*) realize; (*Geld*) disengage, convert into cash; **≈werden** *n* fusion, fusing; **~werdend** *adj.* liquescent.

Fluß...: ~insel *f* river island; **~kies** *m* river gravel; **~krebs** *m* (river) crayfish; **~lauf** *m* course of a river; **~mittel** ⊕ *n* flux; **~mündung** *f* mouth (of a river), estuary; **~netz** *n* network of rivers *od.* watercourses; **~pferd** *n* hippopotamus, river-horse; **~säure** ⚗ *f* hydrofluoric acid; **~schiff** *n* river-boat; **~schiffahrt** *f* river navigation (*od.* traffic); **~spat** *min. m* fluorspar, fluorite; **~stahl** *m* ingot steel; **~übergang** *m* river-crossing, ford; **~ufer** *n* river-bank, riverside.

Flüster|bariton (~tenor) *m* whispering baritone (tenor), crooner; **~dolmetschen** *n* whispered interpretation; **~galerie** *f* whispering gallery.

flüstern I. *v/i. u. v/t.* (speak in a)

whisper; F *das kann ich dir* ~*!* I tell you!, take it from me!; F *dem werde ich was* ~ I'll tell him a thing or two; **II.** ≈ *n* whisper(ing).

Flüster...: **~parolen** F *f/pl.* whisperings, grapevine *sg.*; **~propaganda** *f* whispering campaign; (*mit*) **~stimme** *f*, (*im*) **~ton** *m* (in a) whisper; **~tüte** F *f* megaphone.

Flut *f* flood; (*Ggs. Ebbe*) high tide, flood-tide; (*Wogen*) waves *pl.*, billows *pl.*; (*Wassermassen*) flood; (*Überschwemmung*) *a. fig. von Tränen, Menschen, Briefen, Worten usw.*: flood, spate, *stärker*: deluge; *die* ~ *kommt* (*geht*) the tide is coming in (going out); *es ist* ~ the tide is in; *fig.* ~ *von Worten a.* torrent of words; *mit e-r* ~ *von Zuschriften überschüttet werden* be flooded (*od.* deluged) with letters; **~becken** *n* tidal basin; **≈en I.** *v/i.* flood, surge, stream, pour (*alle a. fig. Licht, Menschen, Verkehr usw.*); *a. Haar*: flow; ~*der Verkehr* surging traffic; **II.** *v/t.* flood *the tanks*; **~grenze** *f* high-water mark; **~hafen** *m* tidal harbo(u)r; **~katastrophe** *f* flood disaster; **~licht** *n*: (*bei* ~ under *od.* by) floodlight; **~lichtspiel** *n Sport*: floodlit match.

flutschen F *v/i.* slip; *fig. Arbeit*: go well (*od.* with a swing).

Flut...: **~welle** *f* tidal wave; **~zeit** *f* floodtide.

Fobklausel ✝ *f* F.O.B. clause.

Fock *f*, **~mast** *m* foremast; **~segel** *n* foresail.

Födera|lismus *m* federalism; **~list** *m* federalist; **≈listisch** *adj.* federalistic; *Staatsaufbau usw.*: federal; **~tion** *f* (con)federation, confederacy; **≈tiv** *adj.* federative; **~tivstaat** *m* federal state.

Fohlen I. *n* foal, colt; (*Füllen*) filly; **II.** ≈ *v/i.* foal.

Föhn *m* (*Wind*) föhn, foehn.

Föhre *f* pine(-tree).

Fokus *phys. m* focus.

Folge *f* (*Aufeinander* ≈) succession, sequence; (*Reihen* ≈) order; (*Reihe, Serie*) series (*sg.*); (*Fortsetzung, e-s Romans usw.*) continuation, instal(l)ment, (*bsd. zweiter Teil*) sequel; (*Heft, Ausgabe*) number, issue; (~*zeit*) sequel; (*Zukunft*) future; (*Ergebnis*) consequence, result, upshot, outcome, (*Wirkung*) *a.* effect; (*ernste Nachwirkung, Kriegs* ≈ *usw.*) aftermath, *a.* ⚕ after-effect; (*logische* ~) consequence, *phls.* corollary; ♪ sequence; *e-e* ~ *von Artikeln* a series of articles; *e-e* ~ *von Verbrechen* a series of crimes; *in der* ~ in the sequel, subsequently; *in bunter* (*rascher*) ~ in colo(u)rful (rapid) succession; *Roman usw. in mehreren* ~*n* in instal(l)ments, in serial form; (*üble*) ~*n haben* have (bad) consequences; *die* ~*n tragen* bear (*od.* take) the consequences; *nicht ohne* ~*n bleiben* not to remain without consequences; *zur* ~ *haben* result in, entail, lead to; *als* ~ *davon* as a result; *die* ~ *war, daß* the result was that, as a result ...; ~ *leisten* a) (*e-m Gesuch*) grant; b) → *folgen* 6; **~erscheinung** *f* sequel, after-effect (*a.* ⚕); consequence, result.

folgen *v/i.* **1.** *allg.* follow (*a. weitS. mit den Blicken*; *zuhören, beobachten, entlanggehen, verstehen*); *j-m auf Schritt u. Tritt* ~ dog a p.'s footsteps, (*beschatten*) shadow (*Am. a.* F tail) a p.; *ein Unglück folgte dem andern* one misfortune followed (upon) the other; *den Worten Taten* ~ *lassen* let the words be followed by deeds; *Brief folgt* letter to follow; *wie folgt* as follows; *können Sie* (*geistig*) ~*?* can you follow?; *ich kann Ihnen da*(*rin*) *nicht* ~ (*zustimmen*) I can't agree with you there; *er folgte der Unterhaltung nicht* he did not follow the conversation; → *Fortsetzung*; **2.** *als Nachfolger*: succeed, follow; **3.** (*j-m*) *im Rang usw.*: follow (up)on, come after; **4.** (*sich ergeben*) follow, ensue (*aus* from); *daraus folgt* hence (*od.* from this) follows; **5.** (*sich richten nach*) follow (*a. e-r Eingebung, e-m Gefühl*); *j-s Beispiel* ~ follow a p.'s example, follow suit; *j-s Rat* ~ follow (*od.* take) a p.'s advice; **6.** (*Folge leisten*) (*e-m Befehl usw.*) obey; (*e-r Aufforderung usw.*) comply with, answer; (*e-r Bitte*) *a.* meet; (*e-r Einladung*) accept; **7.** F (*folgsam sein*) obey; **~d** *adj.* following; (*darauf erfolgend*) *a.* ensuing; (*später*) subsequent; (*nächst*) next; *am* ~*en Tage* next day, the following day, the day after; *ein Brief* ~*en Inhaltes* running as follows, saying; *aus* ~*em* from what follows; *im* ~*en* in the following; *es handelt sich um* ~*es* the matter is this; **~dermaßen, ~derweise** *adv.* as follows, in the following manner (*od.* way), like this; **~reich, ~schwer** *adj.* of grave consequence, grave, momentous.

folgerichtig *adj.* logical, consistent; **≈keit** *f* (logical) consistency.

folger|n *v/t.* conclude, infer, deduce, gather (*aus* from); **≈ung** *f*

inference, deduction, conclusion; *e-e ~ ziehen* draw a conclusion.
Folge...: ~satz *m ling.* consecutive clause; ⚔, *phls.* corollary; **~schäden** ⚖ *m/pl.* consequential damages; **&widrig** *adj.* illogical; inconsistent, inconsequential; **~widrigkeit** *f* inconsistency; **~wirkung** *f* consequent effect; **~zeit** *f* following period, sequel; (*Zukunft*) future; **~zustand** ⚕ *m* sequela.
folglich *cj.* consequently; (*daher*) therefore, hence; (*also*) thus, so.
folgsam *adj.* obedient; (*fügsam*) docile, submissive; (*brav*) good; **&keit** *f* obedience; docility.
Foliant *m* folio(-volume), tome.
Foli|e *f* foil, film; (*Hintergrund*) background; *fig. als ~ dienen* serve as a foil (*dat.* to); *e-r Sache ~ geben* set off a th.; **&ieren** *v/t.* foliate; (*Buch*) page.
Folio *n*, **~blatt** *n* folio; **~format** *n* folio (size).
Folklor|e *f* folklore; **&istisch** *adj.* folkloristic.
Follikel *physiol. m* follicle; **~sprung** *m* ovulation.
Folter *f hist.* (*~bank*) rack; *allg.*, *a. fig.* torture; *auf die ~ spannen* put to the rack; *fig. a.* tantalize, keep in suspense (*od.* on tenterhooks); **~bank** *f* rack; **~instrument** *n* instrument of torture; **~kammer** *f* torture-chamber; **~knecht** *m* torturer; **&n** *v/t.* torture, torment (*a. fig.*); **~qual** *f* torture, torment (*a. fig.*); *fig. a.* ordeal; **~ung** *f* torture (*a. fig.*); **~werkzeug** *n* instrument of torture.
Fön *m* (electric) hair-drier.
Fond *m* (*Hintergrund*) background; *e-r Tapete usw.*: ground; *mot.* back (of the car).
Fondant *m* fondant.
Fonds ⚚ *m* (*zweckgebundene Geldsumme*) fund; *gemeinsamer*: pool; *allg.* (*Gelder*) funds *pl.*, capital; (*Staatspapiere*) government funds (*od.* stocks, securities), *Am.* government bonds (*alle pl.*); *fig.* fund; **~börse** *f* stock exchange.
Fondue *f*, *n Kochkunst*: fondue.
fönen *v/t.* dry *hair* with a (hair-)dryer.
Fontäne *f* fountain; (*Strahl*) column (*od.* jet) of water.
Fontanelle *anat. f* fontanel(le).
foppe|n *v/t.* (*necken*) tease, chaff, F pull *a p.*'s leg, kid; (*täuschen*) hoax, fool; **&rei** *f* teasing, chaff, F leg-pull(ing), kidding.
forcier|en *v/t.* force; **~t** *adj.* forced.
Förder|anlage *f* conveyor (system); **~band** *n* conveyor (belt), band conveyor; **~er** *m*, **~in** *f* furtherer, promoter; supporter; (*Mäzen*) patron (*f* -ess), *Am.* sponsor; **~gerät** *n* conveyor; **~gut** *n* material (delivered *od.* to be transported); ⚒ output; **~hund** *m* mine car, tub; **~klasse** *ped. f* **1.** advanced class; **2.** *für Zurückgebliebene*: remedial class; **~kohle** *f* run-of-mine coal; **~korb** *m* (mine) cage; **~leistung** *f* conveying capacity; ⚒ output, production; *e-r Pumpe*: delivery; **&lich** *adj.* conducive (*dat.* to), promotive (of); (*günstig*) favo(u)rable, beneficial (to); (*nützlich*) useful, profitable; (*wirksam*) effective; **~maschine** *f* conveyor; ⚒ winding engine; **~menge** *f* quantity delivered, delivery, ⚒ output; → *a. Förderleistung.*
fordern *v/t.* (*verlangen*) demand, require (*von j-m* of a p.); *weitS.* (*er ~*) *a.* call for, *stärker*: exact; (*nachsuchen um*) ask for, request; (*erwarten*) expect (*von* from); *rechtlich*: claim; (*Preis*) ask (for) *a price*, charge; *zum Duell*: challenge (*auf Pistolen* to a duel with pistols); *fig.* (*Todesopfer usw.*) claim; (*e-n Sportler anstrengen*) challenge, force to extend himself; ⚚ *zuviel ~* overcharge (*von j-m* a p.); *vor Gericht ~* summon before a court.
fördern *v/t.* further, advance, promote; (*ermutigen*) encourage; (*anregen*) stimulate; (*helfen*) aid, assist; (*förderlich sein*) be conducive to; promote; *als Gönner*: patronize, support, *Am. a.* sponsor; ⚒ haul, produce; *Pumpe*: deliver; (*befördern*) convey, transport; ⊕ (*zuführen*) feed; (*beschleunigen*) speed up, expedite; *~des Mitglied* supporting (*od.* subscribing) member; → *zutage.*
Förder...: ~schacht ⚒ *m* winding shaft; **~schnecke** *f* screw (*od.* worm) conveyor; **~seil** *n* hoisting rope; **~soll** *n* production target; **~strecke** *f* haulage way; **~turm** *m* pit-head frame.
Forderung *f* demand (*nach* for, *an* on); call (for); (*Wunsch*) request (for); (*Anspruch*) claim (for); (*Schuld&*) (title to a) debt, debt claim; *behördlich*: requisition; *zum Duell*: challenge; ⚚ (*Preis*) charge; *von Gebühren, Steuern usw.*: exaction; *ausstehende ~* outstanding debt; *pl. a.* accounts receivable; *buchmäßige ~* book debt; *gerichtlich anerkannte ~* judg(e)ment debt; *~en stellen* make demands.
Förderung *f* furtherance, promo-

tion, advancement; encouragement; stimulation; assistance, support; (*Beschleunigung*) dispatch; ⚒ drawing, extraction, hauling; (*Menge*) output, production; ⊕ (*Be*≈) conveyance, transport, delivery; (*Zuführung*) feed, supply.

Forderungs...: **~abtretung** ⚖ *f* assignment of claim; **≈berechtigt** *adj.* entitled to (a) claim; **~berechtigte**(**r** *m*) *f* rightful claimant; *Versicherung usw.*: beneficiary; **~pfändung** *f* garnishment.

förderungswürdig *adj.* deserving promotion.

Förder...: **~wagen** *m* ⚒ mine car, tub; **~winde** *f* drawing winch.

Forelle *f* trout; **~nbach** *m* trout-brook; **~nfang** *m* trout-fishing; **~nzucht** *f* trout-breeding.

forensisch *adj.* forensic.

Forke *f* (pitch)fork.

Form *f* **1.** *allg.* form (*a. biol., math., phys.*); *ling* a) form; b) *aktive, passive*: voice; *biol.* ~en des Lebens forms of life; *phys. Wärme ist* e-e ~ *von* Bewegung a mode of motion; **2.** (*Erscheinung*) appearance, figure; **3.** (*Gestalt*) form, shape; *e-r Sache* ~ *geben* give shape to; *s-e* ~ *behalten* keep its shape; *aus der* ~ *geraten* (*od. kommen*) get out of shape; (*greifbare*) ~(*en*) *annehmen* take shape; *merkwürdige* (*häßliche*) ~*en annehmen* assume strange (unpleasant) aspects; *in* ~ *gen.* in the form (*od.* shape) of (*a. fig.*); **4.** (*konkrete* ~, *Umriß*) form, shape, outlines *pl.*; *Mode*: style, cut; *bsd.* ⊕ design, styling; (*Schiffs*≈ *usw.*) lines *pl.*; *weibliche* ~*en* feminine forms, F curves; **5.** (*Typ*) type, (*Modell*) model; **6.** ⊕ (*Guß*≈, *Preß*≈) mo(u)ld, (*Spritzguß*≈, *Strangpreß*≈) die; *typ.* a) form(e); b) (~*rahmen*) chase; (*Hut*≈) block; (*Schuh*≈) *a.* last; (*Kuchen*≈) tin, mo(u)ld, (*Ausstech*≈) pastry cutter; **7.** *fig.* (*Art und Weise*) form, manner, way, fashion, mode; *in höflicher* ~ in a polite way, politely; **8.** (~*sache, Formalität*) formality, form; (*Förmlichkeit*) form; *der* ~ *halber* for form's sake, pro forma, to keep up appearances; *in aller* ~ *erklären*: solemnly, *sich entschuldigen*: formally, in due form; **9.** (*Etikette*) conventions *pl*; (conventional) proprieties *pl.*; *die* ~ *wahren* (*verletzen*) observe (offend) the proprieties; *sich über alle* ~*en hinwegsetzen* ignore all conventions; **10.** *pl.* (*Manieren*) manners; *er hat gute* ~*en* good manners; **11.** *Sport u. weitS.*: form, condition, shape, trim; *in* ~ in (*Brit. a.* on) form, in shape; *in guter* ~ in good form (*od.* shape, condition); *in bester* ~, *groß in* ~ in top form; *nicht in* ~ off form, not in form; *weitS. a.* not up to the mark; *in schlechter* ~ in bad shape (*od.* condition); *unter s-r gewöhnlichen* ~ below one's usual form; *in* ~ *kommen* be getting into shape, be shaping up; *in* ~ *bleiben, sich in* ~ *halten* keep in form (*od.* shape, trim).

formal *adj.* formal(ly *adv.* = in form), technical(ly); ~*e Ausbildung* formal training, ⚔ drill; *aus* ~*en Gründen* on technical grounds.

Formaldehyd ⚗ *n* formaldehyde.

Formalien *pl.* formalities.

Formalin ⚗ *n* formalin.

formal|isieren *v/t.* formalize; **≈ismus** *m* formalism; **≈ist** *m* formalist; **~istisch** *adj.* formalist(ic); **≈ität** *f* formality; **~juristisch, ~rechtlich** *adj.* technical.

Format *n* **1.** format, size; *von mittlerem* ~ medium-sized; **2.** *fig.* stature, calib|re, *Am.* -er.

Formation *f allg.* formation.

formbar *adj.* mo(u)ldable (*a. fig.*), workable; *metall.* ductile, malleable; **≈keit** *f* plasticity, workability; *metall.* malleability.

formativ *adj.* formative.

formbeständig *adj.* **1.** ⊕ dimensionally stable, shape-retaining; **2.** *Sport*: consistently in (good) form.

Form...: **~blatt** *n* (blank) form, blank; **~draht** *m* sectional wire; **≈drehen** *v/t.* form(-turn).

Formel *f allg.* formula (*a. Rennklasse*); *auf* e-e ~ *bringen* reduce to a formula; **~buch** *n* formulary; **≈haft** *adj.* set, stereotyped.

formell *adj. allg.* formal; ⚖ ~*es Recht* adjective law.

Formelwagen *mot. m* formula car.

formen *v/t.* form, shape (*beide a. sich* ~), model, fashion, ⊕ mo(u)ld, shape; (*Gedanken, Satz*) form; (*j-n, Charakter*) form, mo(u)ld.

Formenlehre *f Wortbildung*: morphology (*a. biol., geogr., geol.*), *Grammatik*: *a.* accidence; ♪ theory of musical forms.

Former *m* former, mo(u)lder.

Form...: **~fehler** *m* informality, irregularity; ⚖ formal defect; *gesellschaftlicher*: breach of etiquette, social blunder, faux pas (*fr.*); **~fräser** ⊕ *m* forming (*für Holz*: mo[u]lding) cutter; **~gebung** ⊕ *f* shaping, styling, design(ing); **≈gerecht** *adj.* ⊕ accurate to size; ⚖ in due form, *adv. a.* duly; **~gestalter** *m* (industrial) designer; **~gestaltung** *f* styling, design(ing).

formieren *v/t.* form; ⚔ *a.* line up; *sich* ~ fall into line, form up, *Gesellschaft usw.*: align.

förmlich I. *adj.* formal; (*feierlich*) ceremonious; (*sehr genau*) punctilious; F (*regelrecht*) literal, veritable, regular; **II.** F *adv.* (*regelrecht*) literally, practically, almost; **2keit** *f* formality; ceremoniousness; *hergebrachte*: ceremony.

Form...: **2los** *adj.* formless, shapeless, 🕮 amorphous; (*zwanglos*) informal (*a.* ⚖); unceremonious, unconventional; **~losigkeit** *f* formlessness, shapelessness; informality; **~mangel** ⚖ *m* formal defect; **~maschine** ⊕ *f* mo(u)lding machine; **~sache** *f* matter of form, (*reine* ~ mere) formality; **~sand** *m* mo(u)lding sand; **2schön** ⊕ *adj.* of graceful design, elegant, stylish, streamlined; **~stahl** *m* structural steel; (*Produkt*) steel section; **~stück** *n* shape(d part); **~tief** *n Sport*: poor form, low.

Formul|ar *n* (printed *od.* blank) form, *Am. a.* schedule; → *a. Fragebogen*; **2ieren** *v/t.* formulate, word; define; **~ierung** *f* formulation; wording; definition.

Formung *f* formation; forming, shaping, mo(u)lding; ⊕ *spanabhebende* ~ metal cutting; *spanlose* ~ non-cutting shaping.

Form...: **~veränderung** *f* change of form; modification; *unerwünschte*: deformation; **2vollendet** *adj.* perfect (in form), finished; **~vorschriften** *f/pl.* formal requirements; **2widrig** *adj.* irregular; *fig.* offensive, informal; **~zahl** *f* form factor.

forsch *adj.* brisk, spirited, F peppy; (*kühn*) bold, brash, pert; (*flott*) smart, dashing.

forschen I. *v/i.* **1.** investigate, search; ~ *nach* inquire after, search for, seek, investigate for; ~ *in* investigate, explore, search, examine; **2.** *wissenschaftlich*: do research work; **II.** 2 *n* search(ing), investigating, inquiry; → *a. Forschung*; **~d** *adj.* research *work, etc.*; *Blick*: searching, speculative, inquiring.

Forscher *m*, **~in** *f* inquirer, seeker, investigator; *wissenschaftlicher*: research worker, researcher, (scientific) investigator, (research) scientist; (*Entdecker*) explorer; **~drang** *m* zeal for research, scientific curiosity, inquiring mind; **~geist** *m* spirit of research, inquiring mind, scholarliness.

Forschheit *f* → *forsch*; briskness, spirit(edness); boldness, brashness; dash, F pep, go.

Forschung *f* research (work), (scientific) investigation(s *pl.*); ~*en betreiben* do research work.

Forschungs...: **~abteilung** *f* research department; **~anstalt** *f* research institute (*od.* station); **~arbeit** *f* research work; **~gebiet** *n* field of research; **~ingenieur** *m* research engineer; **~reise** *f* (exploring) expedition; *weitS.* study tour; **~reisende(r)** *m* explorer.

Forst *m* forest; **~akademie** *f* school of foresty; **~amt** *n* forest superintendent's office; **~beamte(r)** *m* forest-officer.

Förster *m* forester, forest ranger; **~ei** *f* forester's house.

Forst...: **~fach** *n* forestry; **~frevel** *m* infringement of forest laws; **~haus** *n* → *Försterei*; **~mann** *m* forester; **~meister** *m* (district) forestry superintendent; **~revier** *n* forest district; **~verwaltung** *f* forest administration (*od.* management); **~wesen** *n*, **~wirtschaft** *f* forestry; **~wirt** *m* forester, forestry expert; **2wirtschaftlich** *adj.* forest *property, etc.*; **~wissenschaft** *f* (science of) forestry.

Fort ⚔ *n* fort.

fort *adv.* **1.** (*weg*) away, gone; ~ *mit dir!* be gone (*od.* off)!; *sie sind schon* ~ they have already left; *ich muß* ~ I must be off; → *a. weg*; **2.** (*verloren*) gone, lost; **3.** (*weiter*) on; *und so* ~ and so on (*od.* forth); *in einem* ~ on and on, uninterruptedly, ceaselessly, F without letup.

fort...: (→ *a. Zssgn mit weg...*) **~an** *adv.* henceforth, from now on; **2bestand** *m* continued existence, continuance; *e-r Nation, e-r Einrichtung usw.*: survival; **~bestehen** *v/i.* continue (to exist), endure, persist, survive; **~bewegen** *v/t.* move (on *od.* away); (*antreiben*) propel, drive; *sich* ~ move; move along *od.* away; *sich nicht* ~ not to move (*od.* budge, stir); **2bewegung** *f* locomotion, progression; **~bilden** *v/refl.*: *sich* ~ continue one's studies, perfect *od.* improve o.s.; **2bildung** *f* advanced (*od.* continuation) training; improvement; *ärztliche* ~ postgraduate medical education; **2bildungsanstalt** (*od.* **-schule**) *f* continuation school *od.* classes *pl.*; **2bildungskurs(us)** *m*, **2bil-**

dungslehrgang *m* continuation course; **~bleiben** *v/i.* stay away; **~bringen I.** *v/t.* carry (*od.* take) away, remove; (*begleiten*) see *a p.* off (*od.* to the station, *etc.*); **II.** *v/refl.*: sich ~ make a living, keep the pot boiling; **⁀dauer** *f* continuance; **~dauern** *v/i.* continue, last, persist; **~dauernd** *adj.* lasting, permanent; (*ständig*) constant, continuous, incessant; *Zahlungen usw.*: recurrent; **~denken** *v/t.* → *wegdenken.*

forte *adv.*, **⁀** ♪ *n* forte.

fort...: **~eilen** *v/i.* hasten (*od.* hurry) away, dash off; **~entwickeln** *v/t.* → *weiterentwickeln*; **~erben** *v/refl.* → *weitervererben* II; **~fahren** *v/i.* **1.** depart, leave, start; *mit dem Auto*: drive away; **2.** (*fortsetzen*) continue (et. *zu tun* to do a th. *od.* doing a th.), go on *od.* keep (doing a th.); *mit s-r Erzählung* ~ continue (with) one's story; *fahren Sie fort!* go on!; **⁀fall** *m* → *Wegfall*; **~fallen** *v/i.* → *wegfallen*; **~fliegen** *v/i.* fly away (*od.* off); **~führen** *v/t.* **1.** lead away, walk (*od.* march) *a p.* off; remove; **2.** (*fortsetzen*) go on with, continue, keep on; (*Geschäft*, *Krieg*) carry on; (*wiederaufnehmen*) resume; **⁀führung** *f* continuation; carrying on; (*Wiederaufnahme*) resumption; **⁀gang** *m* progress; (*Weiterentwicklung*) *a.* further development; (*Fortsetzung*) continuation; → *a. Weggang*; *den* ~ *der Sache abwarten* see how matters develop; **~gehen** *v/i.* **1.** go (away), leave; **2.** (*weitergehen*) go on; (*fortschreiten*) proceed; (*fortdauern*) continue; **~geschritten** *adj.* advanced (*Alter*, *Schüler*, *Stadium usw.*); *Stunde*: *a.* late; *Kurs für* ⁀e advanced course; **~gesetzt** *adj.* continual, constant, incessant; ⚖ continued; **~helfen** *v/i.* (*j-m od. e-r Sache*) help *a p. od. th.* on; *sich* ~ move (about), *fig.* get on; **~hin** *adv.* → *fortan*; **~jagen** *v/t.* chase (*od.* drive) away; (*j-n*) turn *a p.* out (on his ear), F kick *a p.* out; *aus der Schule*: expel; **~kommen** *v/i.* **1.** get away (*od.* off); F *mach, daß du fortkommst!* be off!, *sl.* beat it!; **2.** *fig.* get on (*od.* ahead); **⁀kommen** *n* getting on, progress; (*Unterhalt*) living, livelihood; **~lassen** *v/t.* **1.** (*j-n*) let *a p.* go, allow *a p.* to go; **2.** (*auslassen*) leave *a th.* out, omit, drop; **~laufen** *v/i.* **1.** run away ([*vor*] *j-m* from a p.); **2.** (*weitergehen*) run on, be continued; **~laufend** *adj.* continuous, running; ⚕ ~e *Notierung* consecutive quotation; ~e *Nummer* consecutive (*od.* successive, serial) number; ~er *Bericht Zeitung*: serial report, sequel; *adv.* ~ *numeriert* consecutively numbered; **~leben** *v/i.* live on; ~ *in s-n Werken usw.*: *a.* survive in; **⁀leben** *n* survival; *nach dem Tode*: life after death, after-life; **~machen I.** *v/i.* go on, carry on; **II.** F *v/refl.*: *sich* ~ (*wegeilen*) make off; **~müssen** *v/i.* → *wegmüssen*; **~pflanzen I.** *v/t.* *biol. usw.* propagate; *phys. a.* transmit, communicate; (*Krankheit*, *Glauben usw.*) *a.* spread; **II.** *v/refl.*: *sich* ~ *biol.* propagate, reproduce, multiply; *phys.* be propagated, be transmitted, travel; *fig.* spread, be propagated, be passed on.

Fortpflanzung *f* *biol. usw.* propagation; *phys. a.* transmission, communication; *biol. a.* reproduction; *fig.* spread, propagation; **~sapparat** *m* reproductive organs *pl.*; **⁀sfähig** *adj.* reproductive; *phys.* transmissible; **~strieb** *m* reproductive instinct; **~svermögen** *n* reproductive power; **~szelle** *f* reproductive cell.

fort...: **~raffen, ~räumen** *usw.* → *wegraffen, wegräumen usw.*; **~reisen** *v/i.* depart, leave, go away; **~reißen** *v/t.* **1.** → *wegreißen*; **2.** *fig.* → *hinreißen* 2; **⁀satz** *m* projection; *anat.*, ⚘ process; **~schaffen, ~scheren, ~schicken, ~schleichen** → *wegschaffen usw.*; **~schleppen** *v/t.* drag away; *sich* ~ drag o.s. along; **~schreiben** *v/t.* *Statistik*: project to a subsequent date, extrapolate; *fig.* perpetuate; **~schreiten** *fig.* *v/i.* proceed, advance, progress; *Zeit*: advance, march on; **⁀schreiten** *n* progress, advance; **~schreitend** *adj.* progressive; **⁀schritt** *m* progress (*in* in), headway, step forward; advance(ment); (*Verbesserung*) improvement; *pol. usw.* progress; *technische* ~e engineering progress *sg.*; ~e *machen* make progress (*od.* headway); *große* ~e *machen* make great strides, forge ahead; **⁀schrittler(in** *f*) *m* progressionist; **~schrittlich** *adj.* progressive, advanced; ⊕ *Anlage usw.*: *a.* modern, up-to-date ...; (~ *gesinnt*) progressive; **~schwemmen** *v/t.* wash (*a. fig.* sweep) away; **~sehnen** *v/refl.*: *sich* ~ long to go away; **~setzen** *v/t.* continue (*a. sich* ~); *wieder* ~ *a.* resume; **⁀setzung** *f* continuation; *e-r Geschichte usw.*: *a.* sequel; *e-r Tätigkeit*: pursuit, carrying on;

(*Wiederaufnahme*) resumption; *Roman in* ~*en abdrucken* serialize; ~ *folgt* to be continued; ~ *von Seite 2* continued from page two; **⁓setzungsroman** *m* serialized novel; **~stehlen** *v/refl.*: *sich* ~ steal (*od.* sneak) away *od.* off; **~stoßen** *v/t.* push away; **~tragen** *v/t.* carry away *od.* off; **~treiben I.** *v/t.* **1.** drive away; **2.** *fig.* carry on, go on with; **II.** *v/i. im Wasser*: drift away *od.* off.

Fortuna *f* Fortune; ~ *blieb ihm hold* his luck held.

fort...: ~wagen *v/refl.*: *sich* ~ venture (to go) away (*von* from); **~währen** *v/i.* last, continue, persist; **~während I.** *adj.* continual, continuous, constant, perpetual, incessant; **II.** *adv.* constantly, *etc.*; all the time; *sie lächelte* ~ she kept smiling; **~werfen, ~ziehen** → *wegwerfen, wegziehen.*

Forum *n* forum (*a. fig.*); *für Diskussionen usw.*: *a.* platform; (*Podiumsgespräch*) (public) forum, panel discussion.

fossil *adj.*, **⁓** *geol. n* fossil.

fötal *anat. adj.* f(o)etal.

Foto...: → *Photo...*

Fötus *m* f(o)etus.

Foul|(spiel) *n*, **⁓en** *v/t. u. v/i. Sport*: foul.

Fox|terrier *m* fox terrier; **~trott** *m* foxtrot (*a.* ~ *tanzen*).

Foyer *n thea.* foyer, F crushroom, *Am.* lobby; *e-s Hotels*: foyer, lounge.

Fracht *f* (*Ladung*) load, freight, goods *pl.*; (*Schiffs⁓*) cargo, shipload; (*Luft⁓*) air freight; (~*beförderung*, ~*geld*) carriage, *Am.* freight(age), ⚓ freightage; (*Rollgeld*) cartage; *durchgehende* ~ through-rate; *in* ~ *geben* (*nehmen*) freight (charter); **~aufschlag** *m* extra carriage, ⚓ *u. Am.* extra freight; **~aufseher** *m* supercargo; **~ausgleich** *m* adjustment of freight rates; **~brief** *m* waybill, consignment-note, ⚓ *u. Am.* bill of lading; **~dampfer** *m* cargo-steamer, freighter; **~empfänger** *m* consignee; **~er** *m* **1.** → *Frachtdampfer*; **2.** → **~flugzeug** *n* freight (*od.* cargo) aircraft, (air) freighter; **⁓frei** *adj.* carriage paid, *Am.* freight paid, prepaid; ⚓ freight-free; **~führer** *m*, **~fuhrmann** *m* carrier, *Am. a.* teamster; **~gebühr** *f*, **~geld** *n* carriage, *Am.* freight(age); (*Rollgeld*) cartage; ⚓ freightage; **~geschäft** *n* carrying trade, freight business; **~gut** *n* freight, goods *pl.*, *pl. Am.* ordinary freight *sg.*; ⚓ cargo, shipload; *als* ~ by goods (*Am.* freight) train; **~gutsendung** *f* consignment; **~kahn** *m* (freight) barge; **~kosten** *pl.* freight charges, freightage *sg.*, carriage *sg.*; **~liste** *f* freight list; **~raum** *m* cargo compartment, hold; (*Ladefähigkeit*) freight capacity; **~satz** *m* rate of freight, freightage; **~schiff** *n* cargo-ship, freighter; **~spesen** *pl.* freight(age) charges; **~stück** *n* package, parcel; (*Ballen*) bale; **~tarif** *m* freight rates *pl.*; **~verkehr** *m* goods (*Am.* freight) traffic; **~versicherung** *f* freight insurance; **~vertrag** *m* freight contract; ⚓ charter-party; **~zuschlag** *m* → *Frachtaufschlag.*

Frack *m* dress- (*od.* tail-)coat, F tails *pl.*; *im* ~ in full (*od.* evening) dress, F in tails; **~anzug** *m* dress-suit; **~hemd** *n* dress-shirt.

Frage *f* question (*zu* about); (*Erkundigung*) inquiry; (*Problem*) problem, question, point (in question), issue; *anzweifelnde, unangenehme*: query; *e-e* ~ *tun od. stellen* ask (*od.* put) a question; *außer* ~ *stehen* be out of the question, be beyond question; *in* ~ *kommen* come into question, be in consideration, be suitable; *in* ~ *kommende Personen* eligible persons; *in* ~ *stellen* a) (*gefährden*) make doubtful (*od.* uncertain), jeopardize; b) *a.* = *in* ~ *ziehen* (call in) question, query, challenge; *das ist e-e* ~ *der Zeit* that's a matter (*od.* question) of time; *das ist e-e andere* ~ that's another question (*od.* matter); *das ist die* ~ that's the question; *das ist eben die* ~ that's just the point; *das ist gar keine* ~, *das steht außer* ~ there is no doubt about that; *das kommt* (*gar*) *nicht in* ~ that's out of the question, F nothing doing!; F *gar keine* ~! (*natürlich*) of course!; *der in* ~ *stehende Punkt* the point in question; *die* ~ *ist, ob* the point is whether; *es erhebt sich die* ~ the question arises; *ohne* ~ beyond question, undoubtedly, doubtless; **~bogen** *m* questionnaire, form; **~form** *ling. f* interrogative form; **~fürwort** *n* interrogative (pronoun); **~kasten** *m Zeitung*: readers' questions *pl.*

fragen I. *v/t. u. v/i.* ask; (*ausfragen*) question, query, interrogate; (*sich erkundigen*) inquire (*nach* after); (*j-n*) *etwas* ~ ask (a p.) a question; (*j-n*) ~ *nach* ask (a p.) for; *j-n nach s-m Namen* (*dem Weg usw.*) ~ ask a p. his name (the way, *etc.*); *nach j-s Befinden* ~ inquire after a p.'s health; *j-n um Rat* ~ ask a p.

for advice, consult a p.; *es fragt sich, ob* it is doubtful (*od.* a question) whether; *ich frage mich, warum* I wonder why; *er fragt nicht danach* he doesn't care; *contp. niemand fragt nach mir* nobody bothers about me; *wenn ich ~ darf* if I may ask; ⚓ *u. allg.* (*stark*) *gefragt* in (great) demand; *dieser Artikel war ungemein gefragt* there was a run for this article; **II.** **≈** *n*: *~ kostet nichts* there is no harm in asking; **~d** *adj.* questioning, inquiring; *ling.* interrogative; *adv. j-n ~ ansehen* look at a p. inquiringly; **≈komplex** *m* complex of questions.

Frager(in *f*) *m* questioner, interrogator.

Frage...: **~satz** *ling. m* interrogative sentence (*od.* clause); **~steller** *m* questioner; **~stellung** *f* (formulation of the) question; *fig.* (statement of the) problem; **~stunde** *parl. f* question time; **~-und-Antwortspiel** *n* question (and answer) game, quiz; **~wort** *ling. n* interrogative; **~zeichen** *n* question-mark, interrogation mark (*od.* point); *anzweifelndes, a. fig.*: query.

fraglich *adj.* **1.** (*zweifelhaft*) doubtful, uncertain; **2.** (*in Rede stehend*) in question, under consideration (*od.* discussion); *die ~e Klausel* the clause in question.

fraglos *adv.* undoubtedly, unquestionably, without doubt, decidedly.

Fragment *n* fragment; **≈arisch** **I.** *adj.* fragmentary; **II.** *adv.* as a fragment, in fragments, in fragmentary form.

fragwürdig *adj.* questionable, dubious, F shady.

Fraktion *f* **1.** *parl.* parliamentary party (*od.* group); *die konservative ~* the parliamentary conservative party; **2.** ⚗ fraction; **≈ieren** ⚗ *v/t.* fractionate; **~sführer** *m*, **~svorsitzende(r)** *m* leader (*od.* chairman) of the parliamentary group, parliamentary party leader, *Am.* floor leader; **≈slos** *adj.* independent; **~szwang** *m* obligation to vote for the party line; *bei der Abstimmung gab es keinen ~* voting was on non-party lines.

Fraktur *f typ.* Gothic type; ⚕ fracture; F *fig. mit j-m ~ reden* tell a p. what's what, *Am.* F talk turkey with a p.

frank *adv.*: *~ und frei* quite frankly, openly, without restraint.

Franke *m hist.* Frank; (*Bewohner von Franken*) Franconian.

Franken *m* (*Münze*) (Swiss) franc.

frankier|en *v/t.* prepay, stamp; **≈maschine** *f* franking machine; **~t** *adj.* prepaid, post-paid, stamped, post-free; *nicht genügend ~* insufficiently stamped, understamped; **≈ung** *f* prepayment.

Fränk|in *f*, **≈isch** *adj.* Franconian.

franko *adv.* post-paid, prepaid; *Paket*: carriage paid.

Frans|e *f* fringe; (*loser Faden*) (loose) thread; *pl.* (*Frisur*) fringe *sg.*, bangs; *in ~n* in a frazzle (*a.* F *fig.*); **≈en** **I.** *v/i.* fray, frazzle; **II.** *v/t.* fringe; **≈ig** *adj.* fringed; (*ausgefranst*) frayed, frazzled; F *sich den Mund ~ reden* talk a p.'s head off.

Franz|band *typ. m* **1.** calf-binding; **2.** calf-bound volume; **~branntwein** *m* rubbing alcohol.

Franziskaner *m*, **~in** *f* Franciscan friar (*f* nun); **~orden** *m* Order of St. Francis.

Franzmann *m* Frenchman, *sl.* Frog.

Franzose *m* **1.** Frenchman; *die ~n* the French (*pl.*); *er ist ~* he is French; **2.** ⊕ monkey-wrench; **~nfeind(in** *f*) *m* Francophobe; **≈nfeindlich** *adj.* anti-French; **~nfreund(in** *f*) *m*, **≈nfreundlich** *adj.* Francophil(e); **~ntum** *n* French nationality.

Französin *f* Frenchwoman; *sie ist ~* she is French.

französisch *adj.* French; *~e Spracheigenheit* Gallicism; *die ~e Sprache, das ≈e* the French language, French; *er spricht gut ≈* he speaks good French; *auf ~* in French; *ins ≈e* (*aus dem ≈en*) into (from) French; *adv. sich ~ empfehlen* take French leave; **~-deutsch** *adj. pol. usw.* Franco-German; *Wörterbuch*: French-German.

frapp|ant *adj.* striking; **~ieren** *v/t.* strike, astonish, take *a p.* aback.

Fräs|arbeit *f* milling (*Holz*: shaping) work; **~dorn** *m* cutter arbor; **~e** *f* **1.** milling cutter; → *a. Fräsmaschine*; **2.** ⚒ rotary hoe; **≈en** *v/t. u. v/i. metall.* mill; (*Holz*) shape, mo(u)ld; **~er** *m* **1.** milling cutter; *für Holz*: shaper; **2.** (*Arbeiter*) milling-machine, *etc.*, operator; **~kopf** *m* cutter (head); **~maschine** *f* milling machine; *für Holz*: shaper.

Fraß *m* F (*Essen*) *sl.* grub; (*Tierfutter*) feed; (*Schaden*) damage; ⚕ caries; (*Säure≈, Rost≈*) corrosion.

Fratz *m*: *kleiner ~* little rascal (*od.*

monkey), brat; *niedlicher* ~ cute little thing, *Brit. a.* poppet.

Fratze *f* grimace; F (*Gesicht*) *sl.* mug; (*Zerrbild*) caricature; *Kunst*: mask; *e-e ~ schneiden* make a grimace; *~n scheiden* make grimaces (*od.* faces), *sl.* mug; **≈nhaft** *adj.* distorted, grotesque.

Frau *f* woman; *statistisch*: female; (*Herrin*) mistress; (*Edel≈, Dame*) lady; (*Ehe≈*) wife; *vor Namen*: Mrs.; F (*Mädchen*) girl; *gnädige ~!* madam!; *m-e ~* my wife, *förmlich*: Mrs. X; *wie geht es Ihrer ~?* how is Mrs. X.?; *Ihre ~ Mutter* your mother; *eccl. Unsere Liebe ~* Our (blessed) Lady; *zur ~ nehmen* marry; *zur ~ haben* be married to; **~chen** *n* little woman; F wifey, old girl.

Frauen...: (→ *a. Zssgn mit Damen-...*) **~arzt** *m* gyn(a)ecologist; **~bewegung** *f* feminist movement; **~feind** *m* woman-hater, misogynist; **~frage** *f* question of women's rights; **≈haft** *adj.* → *fraulich*; **~heilkunde** *f* gyn(a)ecology; **~held** *m* lady-killer; **~herrschaft** *f* female rule, matriarchy; *contp.* petticoat government; **~klinik** *f* gyn(a)ecological hospital (*od.* clinic); **~kloster** *n* nunnery, convent; **~krankheit** *f*, **~leiden** *n* women's disease (*od.* complaint), gyn(a)ecological disorder; **~rechte** *n/pl.* women's rights; **~rechtlerin** *f* feminist, suffragette; **~rolle** *thea. f* female part; **~schuh** ⚘ *m* lady's-slipper; **~sperson** F *f* female; **~sport** *m* women's sport(s *pl.*); **~stimmrecht** *n* women's suffrage; **~tum** *n* womanhood; **~welt** *f* womankind, women *pl.*; **~zeitschrift** *f* women's magazine; **~zimmer** *n* *mst contp.* female, woman, *sl.* skirt, broad.

Fräulein *n* young lady; unmarried (*od.* single) woman *od.* lady; *Titel*: Miss; (*Kinder≈*) governess; (*Verkäuferin*) shop-girl, sales-girl, *in der Anrede*: Miss; (*Kellnerin*) waitress; *Ihr ~ Tochter* your daughter; *teleph. ~ vom Amt* operator.

fraulich *adj.* womanly, womanlike; **≈keit** *f* womanliness.

frech *adj.* (*unverschämt*) impudent, insolent, F saucy, cheeky, *Am. sl.* fresh; (*naseweis*) forward, pert; (*kühn*) daring, bold, audacious; *e-e ~e Lüge* a brazen lie; *mit ~er Stirn* brazen-facedly; F *~ wie Oskar* bold as brass, cool as a cucumber; **≈dachs** F *m* F cheeky fellow, *kleiner*: whipper-snapper; **≈heit** *f* impudence, insolence, F sauciness, cheek, *sl.* nerve; boldness; *pl.* impudent remarks; *sich ~en erlauben* take liberties (*gegenüber* with); *er hatte die ~, zu inf.* he had the effrontery (*od.* impudence, F cheek) to *inf.*; *so e-e ~!* the insolence of it!, what (*od.* damn your) cheek!, what a nerve!

Fregatte *f* frigate; **~nkapitän** ⚔ *m* commander.

frei I. *adj. allg.* free (*von* from, of); (*unabhängig*) *a.* independent; (*befreit*) *von Steuern usw.*: exempt (*von* from); (*~mütig*) free, frank, open, candid; (*in Freiheit*) free, *pred.* at liberty, *bsd. Verbrecher*: at large; (*unbeschrieben*) blank; (*unbehindert*) free, unrestrained, unhampered; (*unbeschäftigt*) free, not busy; *Straße usw.*: clear; (*ungezwungen*) free (and easy); (*moralisch ~, tabu~*) free, (*moralisch großzügig*) *a.* permissive, *Film usw.*: *a.* candid; *Sport*: (*ungedeckt*) unmarked, (in the) clear; *phys. Energie, Fall usw.*: free; (*unentgeltlich*) gratuitous, gratis, free (of charge); (*porto~*) (pre)paid, post-free, *Paket*: carriage-paid; ⚗ uncombined; *Feld, Himmel*: open; *Journalist, Künstler usw.*: free-lance ...; *teleph. Leitung*: disengaged, vacant, *Am.* not busy; *Stelle*: vacant, open; *Übersetzung*: free, loose; *~e Ansichten* liberal views; *~es Auftreten od. Benehmen* free manner; *~er Beruf* liberal (*od.* independent) profession; *~er Eintritt* free admission; *~e Künste* liberal arts; *~e Liebe* free love; *~e Stadt* free city; *~er Mann Fußball*: free man, libero; *fig. ein ~er Mensch* (*der tun kann, was er will*) a free agent; *~e Stelle* vacancy; opening; *~er Nachmittag* half-holiday, afternoon off; *~er Tag* off day, day off, holiday; *~e Wahl* free choice; *~e Zeit* → *Freizeit*; ✝ *~ von Kosten* free of expense, all charges paid; *~ von Schulden* clear of debt; *im ~en Handel* in the shops; *~er Markt* free market, *Börse*: unofficial (*od.* open) market; (*die*) *~e Wirtschaft* free economy (*od.* enterprise); *im ≈en, unter ~em Himmel* in the open (air); *ich bin so ~* I take the liberty (*zu inf.* of *ger.*), *als Antwort auf ein Angebot*: well, thank you!, F I don't mind if I do!; → *Fuß, Hand, Stück, Lauf* 3 *usw.*; **II.** *adv.* freely, *etc.*; *~ sprechen* speak openly, *Redner*: speak offhand (*od.* extempore, without notes); *sich ~ bewegen* move freely; ⊕ *~ aufliegend* freely supported; *~ schwin-*

gen swing clear; ~ *finanziert* privately financed; ~ *erfunden* wholly invented; ~ *heraus* frankly, (*unverblümt*) bluntly, pointblank; ⚕ ~ *Haus* free domicile, free to the door; ~ *an Bord* free on board (*abbr.* f.o.b.).

Frei...: **~aktie** *f* bonus share; **~antenne** *f* free (*od.* outdoor) aerial (*Am.* antenna); **~antwort** *f* prepaid reply; **~bad** *n* open-air (*od.* outdoor) bath(s *pl.*) *od.* swimming pool; **~ballon** *m* free balloon; **~bank** *f* cheap-meat department; **≈bekommen I.** *v/t.* **1.** get (*od.* be given) *a day, etc.*, off; **2.** *allg.* get *a p., one's hands, etc.*, free; (*Weg*) (get) clear; **II.** *v/i.* get time off; **≈beruflich I.** *adj.* free-lance ...; *amtlich*: self-employed; *Anwalt, Arzt*: in private practice (*a. adv.*); **II.** *adv.*: ~ *tätig sein a.* work (as a) freelance, freelance; **~betrag** *m* tax-exempt amount, allowance; **~beuter** *m* freebooter, buccaneer; **~beuterei** *f* freebooting, filibustering, piracy; **≈beweglich** ⊕ *adj.* freely moving, mobile; **~bier** *n* free beer; **≈bleibend** ⚕ *adj. u. adv.* subject to being sold (*od.* to alteration without notice), without engagement; **~bord** ⚓ *n* freeboard; **~börse** *f* → *Freiverkehrsbörse*; **~brief** *m* charter; (*Vorrecht*) privilege; (*Patent*) (letters *pl.*) patent; *fig.* ~ *für* warrant (*od.* excuse) for; **~demokrat(in** *f*) *m pol.* Free Democrat, Liberal; **~denker(in** *f*) *m* freethinker; **≈denkerisch** *adj.*, **~denkertum** *n* freethinking.

Freie 1. ~(r *m*) *f* freeman, freewoman, free-born citizen; **2.** *n the* open (air), *the* outdoors; *im* ~*n* in the open (air), out of doors, outdoors; *Spiele im* ~*n* outdoor games; *im* ~*n lagern* (*übernachten*) camp out.

frei|en I. *v/i.*: ~ *um* court, woo; **II.** *v/t.* marry; **≈en** *n* courting, courtship, wooing; **≈er** *m* suitor; *rhet.* wooer; **≈ersfüße** *pl.*: *auf* ~*n gehen* be (*od.* go) courting, be looking for a wife.

Frei...: **~exemplar** *n* free copy; **~fahrschein** 🚆 *m* free ticket; **~fläche** *f* open space; **≈fliegend** ⊕ *adj.* cantilever ..., overhang ...; **~frau** *f*, **~fräulein** *n* baroness; **~gabe** *f* release (*a. für die Presse usw.*); *bewirtschafteter Ware*: decontrol; *des Wechselkurses*: floating; 🚆 *usw., a.* ✈ *zum Start*: clearance; **≈geben** *v/t. allg.* release; (*Gefangene*) *a.* set free; (*den Weg*, 🚆 *Strecke*) ✈ *zum Start*: clear; ⚔ (*beschlagnahmtes Gut*) *a.* derequisition; *von der Bewirtschaftung*: decontrol; (*gesperrtes Konto*) deblock, release; (*Wechselkurse*) float; *für den Verkehr* ~ open to the traffic; *zur Veröffentlichung* ~ release for publication; (*j-m*) *e-n Tag* ~ give (a p.) a day off; (*v/i.*) (*j-m*) ~ give (a p.) time off; **≈gebig** *adj.* liberal (*mit* of); generous, open-handed; ~ *sein a.* have an open hand; **~gebigkeit** *f* liberality, generosity, open-handedness; **≈geboren** *adj.* free-born; **~gehege** *n Zoo*: open-air enclosure; **~geist** *m* freethinker; **≈geistig** *adj.* freethinking; **~gelände** *n* open(-air) ground(s *pl.*); **~gepäck** *n* free (*od.* allowed) luggage; **≈giebig** *adj.* → *freigebig*; **~grenze** *f Steuern*: limit of tax-free income, free quota; **~gut** *n* ⚕ duty-free goods *pl.*; *Lehnswesen*: freehold (estate); **≈haben** *v/i.* have a holiday; *im Betrieb*: *a.* have a day off; *heute habe ich frei* this is my day off; **~hafen** *m* free port; **≈halten** *v/t.* (*j-n*) treat *a p.* (*mit* to), pay for *a p.*; (*e-n Platz*) keep free; (*Straße*) keep clear; ⚕ (*Angebot*) keep open; *sich* ~ keep o.s. free (*für* for); **~handbücherei** *f* open access (*Am.* open-shelf) library; **~handel** *m* free trade; **~handelszone** *f* free trade area; **≈händig** *adj. u. adv.* without holding on, *a. Schießen*: offhand, without support; *Zeichnen usw.*: freehand; ⚖ by private contract, privately; ⚕ *Verkauf, Auftragsvergebung*: direct; ~*er Verkauf von Wertpapieren*: sale in the open market, *Am.* over the counter trade; **~handzeichnen** *n*, **~handzeichnung** *f* freehand drawing; **≈hängend** ⊕ *adj.* freely suspended.

Freiheit *f* freedom, liberty (*von* from); *von Lasten*: exemption (from); (*Spielraum*) scope, latitude; (*Unabhängigkeit*) independence; *bürgerliche* ~ civil liberty, franchise; *dichterische* ~ poetic licen|ce, *Am.* -se; ~ *der Meere* freedom of the seas; → *Pressefreiheit, Redefreiheit usw.*; *volle* ~ *haben* have full scope; *in* ~ *sein* be free (*od.* at liberty), *Verbrecher*: be at large; *in* ~ *setzen die* ~ *schenken dat.* set free (*od.* at liberty), release, liberate; *sich die* ~ *nehmen, zu inf.* take the liberty of *ger.*, venture to *inf.*; *sich* ~*en erlauben* take liberties (*gegenüber* with), make free (with); **≈lich** *adj.* liberal; *Gesellschaft*,

Ordnung usw.: free (and constitutional).

Freiheits...: ~beraubung ⚖ *f* deprivation of liberty; *im Amt*: false imprisonment; **~drang** *m* desire for liberty (*od.* independence); **~entziehung** *f*, **~entzug** ⚖ *m* **1.** → Freiheitsberaubung; **2.** → Freiheitsstrafe; **~grad** ⊕ *m* degree of freedom; **~kampf** *m* struggle for freedom (*od.* political independence); (*Aufstand*) revolt; **~kämpfer** *m* freedom fighter; **~krieg** *m* war of liberation (*od.* independence); **~liebe** *f* love of liberty; **≈liebend** *adj.* freedom-loving; **~statue** *f* Statue of Liberty; **~strafe** ⚖ *f* (term of) imprisonment, prison sentence.

Frei...: ≈heraus *adv.* frankly, openly, straight out; **~herr** *m* baron; **~herrin** *f* baroness; **≈herrlich** *adj.* baronial; **≈herzig** *adj.* open-hearted, frank; **~in** *f* → Freifräulein; **~karte** *f* free ticket, *thea. a.* complimentary ticket; **~kirche** *f* free church; **≈kommen** *v/i.* get free; ⚖ *a.* be released (*od.* acquitted); (*wegkommen*) get away; ✈ (vom Boden) ~ become airborne, get off; **~körperkultur** *f* nudism; **~korps** ⚔ *n* volunteer corps; **~kuvert** *n* stamped envelope; **~lager** ⚚ *n* dump; **≈lassen** *v/t.* **1.** release, liberate, set free (*od.* at liberty); (*Sklaven*) emancipate; ⚖ gegen Kaution ~ release on bail; **2.** *in Formularen usw.*: leave blank; **~lassung** *f* release, liberation; *von Sklaven*: emancipation; **~lauf** *m Fahrrad u. mot.*: free-wheel (*a.* im ~ fahren); *in Zssgn* free-wheel ...; **≈legen** *v/t.* lay open (*od.* bare), expose; (*Verschüttetes*) uncover; **~leitung** ⚡ *f* overhead line.

freilich *adv.* **1.** *bejahend*: of course, certainly, to be sure; ja ~! yes, indeed (*od.* of course)!, by all means!; **2.** *einräumend*: it is true, of course, though; dies ist ~ nicht ganz richtig this is not quite correct, though.

Frei...: ~lichtaufnahme *phot. f* exterior shot; **~lichtbühne** *f*, **~lichttheater** *n* open-air stage, open-air theatre; **~lichtkino** *n* open-air cinema; **~lichtmalerei** *f* plein-air painting; **≈liegen** *v/i.* be exposed (*od.* uncovered), lie open (*od.* bare); **~liste** ⚚ *f für zollfreie Waren*: free list; **~los** *n* free (lottery-)ticket; *Sport*: bye; **~luft...** *in Zssgn* open-air ..., outdoor ...; **≈machen I.** *v/t.* get free, disengage, extricate (von from); (*Weg usw.*) clear; (*den Oberkörper usw.*) bare; ✉ prepay, stamp; **II.** *v/refl.*: sich ~ vom Dienst usw.: take time off; (*sich entblößen*) undress; sich e-n Tag ~ take a day off; *fig.* sich ~ von free o.s. of; **~machung** *f* freeing, disengagement, extrication, release; *Straße*: clearing; *von Räumen*: *a.* evacuation; ✉ prepayment, stamping; **~marke** *f* (postage-)stamp.

Freimaurer *m* freemason; **~ei** *f* freemasonry; **≈isch** *adj.* Masonic; **~loge** *f* freemasons' (*od.* Masonic) lodge.

Frei...: ~mut *m*, **~mütigkeit** *f* frankness, cando(u)r, openness; **≈mütig** *adj.* frank, candid, open; **≈nehmen** *v/t.*: (sich) e-n Tag ~ take a day off; **~plastik** *f* free-standing sculpture; **~platz** *m ped.* free place; *thea.* free seat; **≈religiös** *adj.* non-dogmatic religious; **~sasse** *m* freeholder, yeoman; **≈schaffend** *adj.*: ~er Künstler free-lance artist; **~schar** ⚔ *f* volunteer corps, irregulars *pl.*; **~schärler** *m* (volunteer) irregular; **~schüler(in** *f*) *m* scholarship pupil; **≈schwebend** *adj.* → freitragend; **≈schwimmen** *v/refl.*: sich ~ pass one's 15-minute swimming test; F *fig.* find one's feet, get going; **≈setzen** *v/t.* ⚗, *phys. u. fig.* release, liberate, set free; **~sinn** *m* liberal-mindedness; **≈sinnig** *adj.* liberal(-minded); **≈spielen** *v/refl.* (sich ~) *u. v/t. Sport*: get *a player* in the clear; **≈sprechen** *v/t. bsd. eccl.* absolve (von from); ⚖ acquit (of), discharge (on); *von e-r Schuld*: exonerate (from); *von e-m Verdacht*: clear (of); (*Lehrling*) release from his articles; **~sprechung** *f* absolution; exoneration; release *of an apprentice*; ⚖ → **~spruch** *m* acquittal; verdict of not guilty; **~staat** *m* free state; republic; **~statt** *f*, **~stätte** *f* asylum, sanctuary, refuge; **≈stehen** *v/i.* **1.** *Haus usw.*: be vacant; **2.** *Sport*: be unmarked (*od.* in the clear); **3.** j-m ~ be left open to a p.; es steht Ihnen frei, zu *inf.* you are free (*od.* at liberty) to *inf.*, it is open to you to *inf.*; **≈stehend** *adj.* vacant, empty; isolated; detached; *Sport*: unmarked, in the clear; **~stelle** *f* free place; *ped. a.* scholarship; **≈stellen I.** *v/t.* **1.** (*j-n*) exempt (von from; *a.* ⚔); ⚖ discharge (*od.* release) (from); **2.** j-m et. ~ leave a th. to a p.('s discretion); freigestellt (*wahlweise*) optional; **II.** *v/refl.*:

sich ~ *Sport*: run clear; **~stellung** *f* exemption; release.
Freistil *m Sport*: free style; *in Zssgn* free-style *swimming, wrestling, etc.*
Frei...: **~stoß** *m Fußball*: free kick; **~stunde** *ped. f* free period; **~tag** *m* Friday; *Stiller* ~, *Kar*≈ Good Friday; **≈tags** *adv.* on Friday(s), Fridays; **~tisch** *m* free board; **~tod** *m* voluntary death, suicide; **≈tragend** ⊕ *adj.* cantilever ..., self-supporting; *Achse*: floating; ⚡ ~*er Mast* pylon; **~treppe** *f* outside staircase, perron, *Am. a.* stoop; **~übungen** *f/pl.* free-standing exercises, light (*od.* free) gymnastics, F physical jerks; *für Damen*: *a.* callisthenics; **~umschlag** *m* stamped envelope; **~verkehr** ⚕ *m Börse*: unofficial (*Am.* curb) trading; *im* ~ in the open market, *Am.* over the counter; **~verkehrsbörse** ⚕ *f* kerb- (*od.* inofficial) market, *Am.* curb market; **~vermerk** ⚕ *m* note of prepayment of freight; **≈weg** F *adv.* quite openly, straightforwardly; **≈werden** *v/i.* become free; *a. phys.* be released; ⚔ *Truppen, a.* ⚓ become disengaged; **~wild** *n* unprotected game; *fig.* fair game; **≈willig I.** *adj. allg.* voluntary; (*aus sich heraus*) spontaneous; ⚖ ~*e Gerichtsbarkeit* non-contentious litigation; **II.** *adv. a.* of one's own free will; *sich* ~ *erbieten od. melden* volunteer (*zu* for); **~willige(r** *m) f* volunteer; **~willigkeit** *f* voluntariness, spontaneity; **~wurf** *m Sport*: free throw; **~zeichen** *teleph. n* ringing tone; **~zeichnung** ⚕ *f* stipulation of exemption from liability; **~zeichnungsklausel** *f* saving clause; **~zeit** *f* **1.** *allg.* leisure; free (*od.* spare, leisure) time; **2.** *ped. usw.* holiday (*od.* week-end) course; *eccl.* (Protestant) retreat; **~zeitbeschäftigung** *f* leisure-time (*od.* spare-time) occupation; **~zeitgestaltung** *f* recreational (*od.* leisure-time) activities *pl.*, planned recreation; **~zeithemd** *n* casual shirt; **~zeitindustrie** *f* leisure industry; **~zeitkleidung** *f* leisure (*od.* casual) wear; **~zeitlager** *n* holiday camp; **~zone** *f* free zone; **≈zügig** *adj.* free to move; ⚕ unrestricted; (*großzügig*) generous, liberal; *moralisch*: permissive, free, *Film usw.*: *a.* candid; **~zügigkeit** *f* freedom of movement; generosity; permissiveness.
fremd *adj.* strange; (*ausländisch, weitS.* ~*artig*) foreign, alien; *Pflanzen*: exotic; (*nicht dazugehörig*) extraneous; (*unbekannt*) unknown, unfamiliar; ⚕ ~*e Gelder Bank*: deposits by customers; ~*e Mittel* outside funds; ~*es Gut* other people's property; ~*e Hilfe* outside help; *in* ~*en Händen* in other (*od.* strange) hands; *unter e-m* ~*en Namen* under an assumed name, incognito; *ich bin hier* (*selbst*) ~ I am a stranger here (myself); *er ist mir nicht* ~ he is no stranger to me; *diese Version ist mir* ~ I have never heard of that version; *diese Gedankengänge sind ihm* ~ such thoughts are foreign (*od.* alien) to his nature; *sie tat so* ~ she was very cool (*od.* distant); **≈arbeit** *f* outside labo(u)r; **≈arbeiter** *m* outside worker; (*Ausländer*) foreign worker; **~artig** *adj.* strange, foreign, exotic, outlandish, (*alle a. weitS. merkwürdig*); **≈artigkeit** *f* strangeness; oddness; **≈befruchtung** ⚘ *f* cross-fertilization; **≈bestäubung** *f* cross-pollination.
Fremd|e *f* foreign country *od.* parts *pl.*; *in die* (*der*) ~ away from home; *im Ausland*: abroad; **~e(r** *m) f* stranger; (*Ausländer*) foreigner, alien; (*Reisender*) tourist; (*Gast*) guest, visitor; **≈eln** *dial. v/i.* be shy, act strange.
Fremden...: **~bett** *n* bed (for paying guest); **~buch** *n* visitors' book; **≈feindlich** *adj.* hostile to foreigners, xenophobe; **~führer** *m* (tourist) guide; **~haß** *m* xenophobia; **~heim** *n* boarding-house; **~industrie** *f* tourist industry; **~legion** ⚔ *f* Foreign Legion; **~polizei** *f* aliens (registration) office; **~verkehr** *m* tourist traffic (*od.* trade), tourism; **~verkehrsort** *m* tourist cent|re, *Am.* -er; **~zimmer** *n* spare (bed-)room, guest room; *im Gasthaus usw.*: room (to let).
Fremd...: **~erregung** ⚡ *f* separate excitation; **~erträge** *m/pl.* extraneous income *sg.*; **~finanzierung** *f* outside financing; **≈gehen** F *v/i.* be unfaithful (to one's husband *od.* wife), F play around; **~herrschaft** *f* foreign rule; **~kapital** *n* outside (*od.* borrowed) capital; **~körper** *m* foreign body (*od.* substance, matter); *fig.* alien element; **≈ländisch** *adj.* foreign, outlandish, *a.* ⚘ exotic; **~ling** *m* stranger; **≈rassig** *adj.* alien (to the race); **~sprache** *f* foreign language; **~sprachenkorrespondent(in** *f*) *m* foreign correspondence clerk; **~sprachensekretärin** *f* linguist-secretary, secre-

tary with languages; **⁓sprachig** *adj.* **1.** speaking a foreign language; **2.** *Buch, Unterricht usw.* → **⁓sprachlich** *adj.* foreign-language ...; **⁓stämmig** *adj.* alien (to the race), (of a) foreign (race); **⁓stoff** *m* **1.** → Fremdkörper; **2.** (*Verunreinigung*) impurity; **⁓strom** ⚡ *m* parasitic current; **⁓währung** *f* foreign currency; **⁓wort** *n* foreign word; **⁓zündung** *mot. f* spark ignition (system); (*Defekt*) uncontrol(l)ed ignition.

frenetisch *adj.* frenzied, frantic.

frequentieren *v/t.* frequent; (*Geschäft usw.*) patronize.

Frequenz *f phys. u. allg.* frequency; (*Besucherzahl*) attendance; (*Verkehrs⁓*) (density of) traffic; *in Zssgn* frequency *band, modulation, range, etc.*; **⁓moduliert** *adj.* frequency modulated; **⁓schreiber** *m* frequency recorder; **⁓wandler** *m* frequency converter.

Fresk|e *f*, **⁓o** *n* fresco; **⁓engemälde** *n* fresco(-painting); **⁓enmalerei** *f* painting in fresco.

Fressalien F *pl.* F eats.

Freßbeutel *m* nose-bag.

Fresse V *f* (*Mund*) *sl.* trap, kisser; (*Gesicht*) *sl.* mug, map; meine ⁓! God's teeth!; → Maul.

fressen I. *v/t.* **1.** eat, *Raubtier*: *a.* devour; V *Mensch*: eat (greedily), F wolf, gobble up; (*sich ernähren von*) eat, feed on; F *fig.* (*Bücher*) devour; F (*Benzin, Geld usw.*) swallow, devour, consume; e-m Tier (*Gras usw.*) zu ⁓geben *ständig*: feed an animal (on grass, *etc.*), *einmal*: feed (grass, *etc.*, to) an animal; *fig.* ihn frißt der Neid he is eaten up with envy; F er wird dich schon nicht ⁓! he won't eat you!; F den (das) habe ich gefressen I can't stick him (it); F er hat es gefressen (*kapiert*) F he got it (at last); (*geglaubt*) he swallowed (*od.* bought) it; s-n Ärger in sich ⁓ bottle up one's anger; → *a.* Besen, Narr *usw.*; **II.** *v/refl.* **2.** sich ⁓ in *a.* Säure, Säge *usw.*: eat into; **III.** *v/i.* **3.** eat, feed; V *Person*: *a.* gorge, eat like a pig; → Vogel; **4.** *fig.* ⁓ an gnaw at *a p.'s heart*, prey upon *a p.'s mind*; *Rost, Säure usw.*: eat away at, corrode; **IV.** ⁓ *n* **5.** feed, food; V (*Essen*) *a. sl.* grub; ⁓ u. Saufen eating and drinking; F zum ⁓ (*süß*) so sweet I, *etc.* could eat her, *etc.* alive; das ist ein gefundenes ⁓ für ihn that's just what he was waiting for, that is grist to his mill; **6.** ⊕ (*Fest⁓*) seizure, freezing; **⁓d** *adj. Säure usw.*: corroding; ⚕ *a.* rodent, (*krebsartig*) cancerous.

Fresser *m*, **⁓in** *f zo.* feeder; F (*Vielfraß*) glutton, guzzler; **⁓ei** V *f* F feed.

Freß...: **⁓gier** *f* greediness, gluttony, *a. zo.* voracity; **⁓gierig** *adj.* greedy, gluttonous, *a. zo.* voracious; **⁓korb** F *m* (picnic) hamper; (*Geschenkkorb*) gift basket; **⁓lust** *zo. f* appetite; → *a.* Freßgier; **⁓napf** *m* feeding dish; **⁓paket** F *n* food parcel; **⁓sack** F *m* F (greedy) pig, greedy-guts (*sg.*); **⁓sucht** *f* ⚕ bulimia; → *a.* Freßgier; **⁓trog** *m* (feeding) trough; **⁓werkzeuge** *zo. n/pl.* eating organs; *von Insekten*: trophi.

Frettchen *n* ferret.

Freude *f* joy (an in, über at), gladness; (*Vergnügen*) pleasure; (*Entzücken*) delight, glee; (*Überraschung*) (pleasant) surprise; ⁓ haben (*od.* finden) an take pleasure (*od.* delight) in, enjoy *a th.*; j-m ⁓ bereiten give pleasure (*od.* joy) to a p., please a p., make a p. happy; bitte, machen Sie mir die Freude please do me the favo(u)r; F keine reine ⁓ no real pleasure; weltliche ⁓n worldly pleasures; Freud u. Leid joys and sorrows; in Freud u. Leid through thick and thin; j-m die ⁓ verderben spoil a p.'s joy; vor ⁓ weinen weep for (*od.* with) joy; außer sich vor ⁓ beside o.s. with joy, overjoyed; mit ⁓n gladly, with pleasure; es war e-e ⁓, sie tanzen zu sehen it was a pleasure (*od.* treat) to see her dance; zu m-r großen ⁓ to my great (*od.* much to my) pleasure; → geteilt.

Freuden...: (*in Zssgn mst* ... of joy); **⁓botschaft** *f* glad tidings *pl.*; **⁓fest** *n* (occasion for) rejoicing, (joyful) celebration; **⁓feuer** *n* bonfire; **⁓geschrei** *n* shouts *pl.* of joy, cheers *pl.*; **⁓haus** *n* disorderly house, brothel; **⁓mädchen** *n* prostitute; **⁓rausch** *m* transports *pl.* (*od.* ecstasy) of joy, raptures *pl.*; **⁓schrei** *m* cry of joy; **⁓spender** *m* giver of delight; **⁓tag** *m* day of rejoicing, red-letter day; **⁓tanz** *m*: e-n ⁓ aufführen dance a jig; **⁓taumel** *m* → Freudenrausch; **⁓tränen** *f/pl.* tears of joy.

freude|strahlend *adj.* radiant (with joy); **⁓trunken** *adj.* rapturous, delirious (with joy).

freudig *adj.* joyful, joyous; (*froh*) glad; (*begeistert*) enthusiastic(ally *adv.*), keen; ⁓es Ereignis happy event; ⁓ stimmen gladden, cheer, elate; et. ⁓ erwarten be looking forward to a th.; ≈keit *f* joyousness; *weitS.* enthusiasm, keenness, willingness.

freudlos *adj.* cheerless, bleak.

Freudsch *psych. adj.* Freudian.

freuen *v/t.* → *erfreuen*; *es freut mich, zu inf.* I am glad (*od.* happy) to *inf.*; *es freut mich, daß du gekommen bist* I am glad you have come; *deine Antwort freut mich* I am pleased with (*od.* glad of, happy about) your answer; *sich* ~ be glad (*über* about, of, at; *zu inf.* to *inf.*), be pleased (with; to *inf.*), be happy (about; to *inf.*), rejoice (at; to *inf.*); *sich* ~ *an* delight in, enjoy, take (*od.* find) pleasure in; *sich* ~ *auf* be looking forward to.

Freund *m*, **~in** *f* (gentleman, lady, *od.* boy, girl) friend; (*Kamerad*) F chum, pal, *Am.* buddy; (*vertrauter* ~) intimate (*od.* bosom-)friend, other self; (*Verehrer*) admirer, beau; *alter* ~ old friend, F crony; F *in der Anrede*: F old man (*od.* chap); ~ *der Musik usw.* lover of music, *etc.*; *ein* ~ *sein von et.* be fond of, be partial to, like; *sich j-n zum* ~*e gewinnen* make friends with a p.; ~ *und Feind* friend and foe; → *dick*; → *a. eng* II; **~chen** *iro. n* F old chap, laddie, *Am.* buddy; **~eskreis** *m* (circle of) friends *pl.*: **≈lich I.** *adj.* friendly, kind (*gegen* to); (*liebenswürdig*) *a.* amiable, pleasant, genial; (*zuvorkommend*) obliging; (*leutselig*) affable; (*huldreich*) gracious; *Wetter*: fair, bright; *Klima*: mild, genial; *Zimmer*: cheerful (*a.* ✝ *Börse*); *das macht das Zimmer* ~*er* that brightens the room; *fig. et. in* ~*en Farben malen* paint a happy picture of; *phot. bitte recht* ~*!* smile, please!; ~*e Grüße* kind regards (*an* to); *mit* ~*er Genehmigung des Verlags* by courtesy of; **II.** *adv.*: *j-n* ~ *empfangen* give a p. a friendly welcome, receive a p. kindly; **≈licherweise** *adv.* kindly; **~lichkeit** *f* friendliness, kindness; amiability; affability; pleasantness; brightness; *j-m e-e* ~ *erweisen* do a p. a favo(u)r (*od.* kindness, good turn); *haben Sie die* ~*, zu inf.* have the kindness (*od.* be kind enough, will you be so kind as) to *inf.*; **≈los** *adj.* friendless.

Freundschaft *f* friendship; ~ *schließen mit* make friends with; *aus* ~ out of friendship; **≈lich I.** *adj.* friendly, amicable; ~*e Beziehungen* friendly relations; *auf* ~*em Fuße stehen mit j-m* be on friendly terms with a p.; **II.** *adv.*: ~ *gesinnt gegen* friendly to, well-disposed to; pro-*German, etc.*

Freundschafts...: **~bande** *n/pl.* ties of friendship; **~besuch** *pol. m* goodwill visit; **~bezeigung** *f* mark of friendship; **~dienst** *m* good offices *pl.*, good turn; *j-m e-n* ~ *erweisen* do a p. a good turn; **~pakt** *m* friendship pact; **~spiel** *n Sport*: friendly game, friendly (match); **~verhältnis** *n* friendly relations *pl.*; **~vertrag** *m* treaty of friendship.

Frevel *m eccl.* sacrilege (*a. fig.* = solecism; social crime); (*Lästerung*) blasphemy; (*Untat, a. fig.*) crime, outrage (*an, gegen* against); (*Mutwille*) wantonness; (*Bosheit*) wickedness; **≈haft** *adj.* sacrilegious; criminal, outrageous; wanton; wicked; **~haftigkeit** *f* sacrilegiousness, *etc.*; **≈n** *v/i.* commit an outrage (*od.* crime), do evil; ~ *an od. gegen* outrage, trespass against, *eccl.* commit a sacrilege (*od. lästernd*: blasphemy) against; **~tat** *f* outrage, crime.

freventlich *adj.* → *frevelhaft*.

Frevler *m*, **~in** *f* evil-doer, transgressor, offender; (*Gotteslästerer*) blasphemer; **≈isch** *adj.* → *frevelhaft*.

friederizianisch *hist. adj.* of Frederick the Great.

Friede(n) *m* peace; (*Einklang*) harmony; (*Ruhe, a. innerer* ~) tranquil(l)ity, peace of mind; *im* ~*n* a) at peace (*mit* with); b) in peacetimes; ~*n haben vor* be safe from; ~*n schließen* make peace; *den* ~*n bewahren* keep the peace; *mit aller Welt in* ~*n leben* be at peace with everybody; *s-n* ~*n machen mit* make one's peace with; *laß mich in* ~*n!* leave me alone!; *dem* ~*n traue ich nicht* there is something in the wind, I smell a rat; → *Asche, lieb* I.

Friedens...: *in Zssgn* ... of peace, peace-..., peacetime ...; prewar ...; **~angebot** *n* peace offer, offer of peace; **~bedingungen** *f/pl.* conditions of peace, peace terms; **~brecher**(**in** *f*) *m* peace-breaker; **~bruch** *m* ⚖ breach of the (public) peace; *pol.* violation of the peace; **~diktat** *n* (peace) dictate; **~forschung** *f* peace and conflict research; **~fürst** *eccl. m.* Prince of Peace; **~gericht** *n* → *Friedensrichter*; **~gespräche** *n/pl.* peace talks; **~konferenz** *f* peace conference; **≈mäßig** *adj.* peacetime *production, etc.*, as (it was) in peacetimes; ~*e Qualität* prewar quality;

~nobelpreis *m* Nobel peace prize; **~pfeife** *f* pipe of peace; **~politik** *f* pacific (*od.* peaceful) policy; **~produktion** *f* peacetime production; **~richter** *m* lay magistrate, *Brit.* Justice of the Peace; **~schluß** *m* conclusion of peace; **~stand** *m*, **~stärke** ⚔ *f* peacetime strength, *Brit.* peace establishment; **~stifter(in** *f*) *m* peacemaker; **~taube** *f* dove of peace; **~verhandlungen** *f/pl.* peace negotiations; **~vertrag** *m* peace treaty; **~ware** *f* prewar goods *pl.*; **~wille** *m* desire for peace; **~wirtschaft** *f* peacetime economy; **~zeit** *f* time of peace, peacetime.

fried|fertig *adj.* peaceable, peaceful; **≈fertigkeit** *f* peaceableness; **≈hof** *m* cemetery, churchyard, graveyard; **~lich** *adj.* peaceful *coexistence, times, etc.*; (*friedfertig*) peaceable, peaceful; (*ungestört, ruhig*) peaceful, untroubled, tranquil; *j-n ~ stimmen* pacify, mollify; F *sei doch ~!* cool off!; **≈lichkeit** *f* peacefulness; **~liebend** *adj.* peace-loving; **~los** *adj.* peaceless, without peace; **~sam** *adj.* → *friedlich.*

frieren *v/i. u. v/impers.* freeze; *mich friert od. es friert mich* I am (*od.* feel) cold, I am freezing; *mich friert an den Füßen* my feet are cold; *es friert* it is freezing; *der Fluß ist gefroren* is frozen over.

Fries *m* ⚠ *u. Tuch*: frieze.

Fries|e *m*, **~in** *f*, **≈isch** *adj.*, **~länder** *m*, **~länderin** *f* Frisian.

Friesel(n *pl.*) *m* miliary fever.

frigid|e *adj.* frigid; **≈ität** *f* frigidity.

Frikadelle *f* rissole, meat ball.

Frikass|ee *n*, **≈ieren** *v/t.* fricassee.

frikativ *adj.*, ≈ *ling. m* fricative.

Friktion *f*, **~s...** friction (...).

frisch I. *adj. allg.* fresh *air, drink, flowers, troops, etc.*; *Brot*: new; *Ei*: new-laid, fresh; *Wäsche*: clean; (*neu*) fresh, new; (*kürzlich geschehen*) recent; (*kräftig*) vigorous; *Gesichtsfarbe, Aussehen*: fresh, florid, *Gesicht*: *a.* ruddy; *Farbe*: bright; (*kühl*) cool, chilly; (*munter*) brisk, lively, fresh; (*aufgeweckt*) alert; *~er Eindruck* fresh impression; *ein ~er Junge* a fresh youth; *~ und munter* fresh as a daisy, alive and kicking, wide awake; *mit ~er Kraft* with renewed strength, refreshed; *sich ~ machen* refresh o.s., freshen up; *von ~em* afresh; *noch in ~er Erinnerung* fresh in my, *etc.* memory; *~er werden Wind*: freshen, stiffen; *~en Mut fassen* take fresh courage; → *Tat*; **II.** *adv.* freshly, *etc.*; (*neu*) F fresh; (*von neuem*) afresh; *~ gestrichen!* wet (*Am.* fresh) paint!; *~ gewagt ist halb gewonnen* a good start is half the battle; **≈arbeit** *metall. f* fining (process), *im Flammofen*: puddling process; **~auf!** *int.* let's go!, look sharp!; **≈blei** *n* refined lead; **≈dampf** *m* live steam; **≈e** *f* freshness; coolness, chill(iness); briskness, liveliness; *der Gesichtsfarbe*: ruddiness; (*Jugend≈*) vigo(u)r; *in alter ~* as vigorous as ever; **≈ei** *n* new-laid (*od.* fresh) egg; (*Ggs. Eipulver*) shell egg; **≈eisen** *n* (re)fined iron; **~en** *v/t. metall.* (re)fine, *im Flammofen*: puddle; (*Blei*) reduce; (*Kupfer*) revive; (*Öl*) reclaim; **≈erei** ⊕ *f* (re)finery; **≈fleisch** *n* fresh meat; **≈gewicht** *n* fresh (*od.* green) weight; **≈haltebeutel** *m* keep-fresh bag; **≈haltepackung** *f* vacuum (*od.* keep-fresh) package; *in ~* vacuum-packed, aroma-sealed; **≈haltung** *f von Lebensmitteln*: preservation; (*Kühlung*) refrigeration, cold storage; **≈ling** *m* young wild boar; **≈luftheizung** *mot. f* fresh-air heating system; **≈obst** *n* fresh fruit; **≈stahl** *m* natural (*od.* furnace-)steel; **≈wasser** *n* fresh water; **~weg** *adv.* straightaway; (*munter*) briskly.

Fris|eur *m* hairdresser, *für Herren*: *a.* barber; **~eursalon** *m* hairdresser's shop (*od.* salon), *für Herren*: *a.* barbershop; **~euse** *f* (woman) hairdresser.

frisier|en *v/t.* **1.** *j-n ~* dress (*od.* do) a p.'s hair; *sich ~* do (*od.* comb) one's hair; **2.** F *fig.* (*Bericht usw.*) F cook, doctor (up); (*herrichten*) do (*od.* doll) up; (*Motor, Wagen*) F hot (*od.* soup) up; **≈mantel** *m* dressing-gown, peignoir (*fr.*); **≈krem** *f* hair cream; **≈salon** *m* hairdressing salon; **≈tisch** *m* dressing-table, *Am.* dresser.

Frist *f* (*Zeitraum*) (appointed *od.* period of) time, (prescribed) period, (set) term; (*Zeitpunkt*) time-limit, date (of completion, *etc.*); (*Zwischenraum*) interval; (*Aufschub*) time allowed, extension, prolongation; (*Zahlungsaufschub*) respite; (*Strafaufschub*) reprieve; *äußerste ~* final date, deadline; ⚖, ✝ *drei Tage ~* three days' grace; *in Jahres≈* in a year's time, within a year; *in kürzester ~* at very short notice, without delay; *innerhalb e-r ~ von 10 Tagen* within a ten-day period; *e-e ~ einhalten* observe a term, meet a time-limit (*od.* deadline); *e-e ~ gewähren* grant a respite (*od. three days'* grace); *e-e ~ setzen* prescribe a time-limit, fix a deadline; *die ~ ist abgelaufen* the period has expired (*od.* lapsed); *deine ~ ist abgelaufen* your time is up; **~ablauf** *m* lapse of time; expiry; (*Fälligkeit*) maturity; **⁓en** *v/t.* **1.** → *befristen*; **2.** *sein Leben* (*od. Dasein*) *~* just manage to keep alive, make a bare living, eke out a scanty living; **~enlösung** *f* (law legalizing) abortion within three months after conception; **⁓gemäß, ⁓gerecht** *adj. u. adv.* in time, within the period prescribed; **~gesuch** *n* petition for respite; **~gewährung** *f* grant(ing) of a respite; **⁓los** *adj. u. adv.* without notice; *~e Entlassung* summary dismissal; **~setzung** *f* appointment (*od.* fixing) of a term; (fixing of a) time-limit *od.* deadline; **~verlängerung** *f* extension (of time *od.* of the time-limit, deadline); **~versäumnis** *f* default.

Frisur *f* hair-style, hair-do, coiffure (*fr.*); (*Haarschnitt*) hair-cut.

Friteuse *f* deep-frying pan.

fritten *v/t. u. v/i.* sinter.

Fritter *m Radio*: coherer.

frivol *adj.* frivolous, flippant; (*unanständig*) indecent; **⁓ität** *f* **1.** frivolity, flippancy, levity; indecency; **2.** *pl.* (*Textilien*) tatted work *sg.*

froh *adj.* (*erfreut*) glad, happy; (*~gestimmt*) cheerful, happy, blithe, in good spirits; (*lustig*) merry; gay (*a. Farbe*); (*erleichtert*) relieved, glad; *~e Botschaft* glad tidings *pl.*, good news (*sg.*), *eccl. the* Gospel; *~es Ereignis* happy event; *über et. ~ sein* **be** glad of (*od.* about) a th., be happy about a th.; *er wird s-s Lebens nicht mehr ~* he has no end of trouble; **~gemut** *adj.* cheerful.

fröhlich *adj.* merry, gay, cheerful, *Am.* F chipper; *~ machen* cheer, gladden, elate; *~e Weihnachten* Merry Christmas; **⁓keit** *f* gaiety, cheerfulness, high spirits *pl.*

frohlocken *v/i.* **I.** rejoice, jubilate (*über* at, over), be jubilant (at), exult (at, in, over); (*triumphieren*) triumph (over); *schadenfroh*: gloat (over); **II.** *⁓ n* jubilation, exultation; triumph; gloating; **~d** *adj.* jubilant, exultant; triumphant; gloating.

Froh|natur *f* cheerful nature (*od.* person); **~sinn** *m* cheerfulness, gaiety; happy disposition.

fromm *adj.* pious, religious, devout, godly; (*sanft*) gentle, meek (as a lamb); *Pferd*: quiet, steady; *~e Lüge* pious (*od.* white) lie; *~er Betrug* pious fraud; *~er Wunsch* pious wish, wishful thinking.

Frömme|lei *f* affected piety, sanctimoniousness, bigotry; **⁓ln** *v/i.* affect piety, be bigoted; *~de Sprache* (religious *od.* sanctimonious) cant.

frommen I. *v/i.*: *j-m ~* profit (*od.* avail, benefit) a p.; → *a. nutzen* I; **II.** *⁓ n* → *Nutz* II.

Frömm|igkeit *f* piety, devoutness, godliness; **~ler(in** *f*) *m* bigot(ed person), devotee; hypocrite.

Fron *f*, **~arbeit** *f*, **~dienst** *m hist.* soc(c)age, compulsory labo(u)r; *fig.* drudgery; *Frondienste leisten* (*dat. od. für*) → **⁓en** *v/i.* do compulsory work (*dat.* for); *fig.* slave, drudge (for).

Fronde *pol. f* (malcontent) faction, fronde; *weitS.* violent opposition.

frönen *v/i.* indulge in; be a slave to, be addicted to.

Fronleichnamsfest *n* Corpus Christi (Day).

Front *f* ⚠ front(age), face; ⚔ (*Kampflinie*) front, front-line, *e-r Formation*: front; *meteor. u. fig.* front; *an der ~* at the front; *hinter der ~* behind the lines; *an die ~ gehen* go to the front (*od.* up); *fig. die ~ der Arbeiterschaft* the labo(u)r front; *~ machen gegen* turn against, stand up to, resist; *e-e geschlossene ~ bilden* form a united front (*gegen* against); *in ~ gehen Sport*: take the lead; *in ~ liegen* (have the) lead, be ahead; **~abschnitt** *m* (front) sector; **⁓al** *adj.* frontal *attack, etc.*; *mot. usw. ~er Zs.-stoß* head-on (*od.* frontal) collision.

Front...: **~ansicht** *f* front view; **~antrieb** *mot. m* front-wheel drive; **~bericht** *m* front-line report; **~berichtigung** ⚔ *f* correction of the front; **~bogen** ⚠ *m* front(al) arc; **~dienst** *m*, **~einsatz** *m* combat duty, action (at the front); **~flug** ✈ *m* combat sortie, mission.

Frontispiz ⚠, *typ. n* frontispiece.

Front...: **~kämpfer** *m* front-line soldier, combatant; *ehemaliger*: exserviceman, *Am.* (combat) veteran; **~lenker** *mot. m* forward control truck; **~linie** *f* front line; **~scheibe** *mot. f* windscreen, *Am.* windshield; **~seite** ⚠ *f* frontispiece; **~soldat** *m* → *Frontkämpfer*; **~truppen** *f/pl.* combat troops; **~urlaub** *m* leave (*od.* furlough) from the front; **~wechsel** *m*

change of front; *fig. a.* about-face.
Fronvogt *hist. m* task-master.
Frosch *m* frog; ⊕ cam, bracket; (*Explosionsramme*) frog rammer; *typ.* adjustable slide; ♪ *der Geige*: nut; (*Knall*≈) cracker, squib; ⚕ ~ *im Hals* frog in one's throat; F *fig. sei kein* ~*!* come on, be a sport!; **~gequake** *n* croaking of frogs; **~geschwulst** ⚕ *f* ranula; **~hüpfen** *n* leap-frog; **~laich** *m* frog spawn; **~mann** ⚔ *m* frogman; **~perspektive** *f* worm's-eye view; **~schenkel** *m Kochkunst*: frog's leg; **~teich** *m* frog-pond; **~test** ⚕ *m* frog test.
Frost *m* frost; (*Kältegefühl*) chill, coldness; (*Fieber*≈) cold shivers *pl.*; **~aufbrüche** *m/pl.* frost heaves; **≈beständig** *adj.* frost-resistant; **~beule** *f* chilblain.
frösteln I. *v/i.* feel chilly, shiver (with cold); **II.** ≈ *n* shiver(ing).
Froster(**fach** *n*) *m* → *Tiefkühlfach*.
Frost...: ≈frei *adj.* free from frost, frost-free; **~gefahr** *f* danger of frost; **~grenze** *f* frost limit (*Am.* line); **≈ig** *adj.* frosty, chilly; *fig. a.* frigid, icy; **~salbe** ⚕ *f* anti-frostbite ointment; **~schaden** *m* frost damage; ⚕ frostbite; **~schutzmittel** *mot. n* anti-freezing agent, anti-freeze; **~schutzscheibe** *mot. f* anti-frost screen; **≈sicher** *adj.* frost-resistant, non-freezing; **~wetter** *n* frosty weather.
Frottee *n, m* terry cloth.
frottier|en *v/t.* rub down; give a rub-down; **≈(hand)tuch** *n* Turkish (*od.* terry) towel.
Frucht *f* **1.** ⚘ fruit (*a. pl.*); ⚒ crop, produce; *dial.* (*Getreide*) corn, *Am.* grain; *verbotene Früchte* forbidden fruit; ~ *des Leibes poet. u. eccl.* fruit of the womb, ⚕ f(o)etus; *Früchte tragen* bear fruit (*a. fig.*); *j-m wie e-e reife* ~ *in den Schoß fallen* fall into a p.'s lap; **2.** *fig. mst pl.* fruit, product, result (*alle sg.*); *die Früchte s-r Arbeit* the fruit *sg.* of his labo(u)r; *bibl. an ihren Früchten sollt ihr sie erkennen* ye shall know them by their fruits; **3.** *pl.* ⚖ a) natural products; b) (*Einnahmen*) revenue *sg.*; **≈bar** *adj. biol. u. fig.* fertile, fecund; *bsd. fig.* fruitful; productive; *Schriftsteller*: *a.* prolific (*alle an* in); *auf* ~*en Boden fallen* fall on fertile ground; **~barkeit** *f* fruitfulness; fertility, fecundity; productivity; **~becher** *m* ⚘ cupule; (*Eis*) fruit sundae; **~boden** ⚘ *m* receptacle; **~bonbon** *m, n* fruit drop; **≈bringend** *adj.* fruitful.
Früchtchen *n* small fruit; F *fig.* (*sauberes* ~) young scamp, scapegrace, (young) rascal.
Frucht...: ~eis *n* fruit-flavo(u)red ice-cream; **≈en** *fig. v/i.* bear fruit; be of use, have effect; *nicht(s)* ~ be of no avail (*od.* use), be in vain; **~fleisch** *n* fruit pulp; **~folge** ⚒ *f* crop rotation; **~hülle** *f* ⚘ pericarp; *anat.* f(o)etal envelope; **~knoten** ⚘ *m* ovary; **≈los** *adj.* fruitless; *fig. a.* futile, unavailing, ineffective; **~losigkeit** *f* fruitlessness; futility; **~presse** *f* fruit-press, juicer; **~saft** *m* fruit-juice; *eingedickter*: fruit syrup; **~säure** *f* fruit acid; **~wasser** *anat. n* amniotic fluid, F *the* waters *pl.*; **~wechsel** *m* → *Fruchtfolge*; **~zucker** *m* fruit sugar, fructose.
frugal *adj.* frugal.
früh I. *adj.* early *antiquity, death, hour, youth, morning, etc.*; *die* ~*en dreißiger Jahre* the early thirties; *ein* ~*er van Gogh* an early (work by) van Gogh; → *früher, frühest*; **II.** *adv.* early; at an early hour; (*morgens*) in the morning; (*rechtzeitig*) in (good) time; *heute* ~ (early) this morning; (*schon*) ~ early on; ~ *genug* soon enough; *von* ~ *bis spät* from morning till night; *zu* ~ *kommen* be early; **≈apfel** *m* early apple; **~auf** *adv.*: *von* ~ from an early age; **≈aufsteher**(**in** *f*) *m* early riser, F early bird; **≈barock** *m, n* early Baroque (period *od.* style); **≈beet** *n* cold frame; hotbed; **~christlich** *adj.* early Christian; **≈diagnose** *f* early diagnosis.
Frühe *f* early hour (*od.* morning); (*Tagesanbruch*) daybreak, dawn; *in aller* ~ quite early, early in the morning, at daybreak.
Frühehe *f* early (*od.* young) marriage.
früher I. *adj.* earlier; (*ehemalig, einstig*) former, (*vorherig*) *a.* previous; ~*e Fassung* earlier version; *der* ~*e Besitzer* the former (*od.* previous) owner; *in* ~*en Zeiten* in former times, formerly; **II.** *adv.* earlier; (*eher*) *a.* sooner; (*einstmals*) formerly, in former times; ~ *oder später* sooner or later; ~ *habe ich geraucht* I used to smoke; *ich kenne ihn von* ~ I know him from former times.
Früherkennung ⚕ *f* early recognition (*od.* diagnosis).
frühest *adj.* earliest; *in* ~*en Zeiten* in earliest (*od.* the most distant) times; **~ens** *adv.* at the earliest.
Früh...: ~geburt *f* premature birth; **~gemüse** *n* early vegetables *pl.*; **~geschichte** *f* early history; **≈-**

geschichtlich *adj.* early, ancient; ancient-history ...; **~gottesdienst** *m* morning service; **~jahr** *n* spring; *im ~* in (the) spring; **~jahrsmüdigkeit** *f* spring fatigue; **~jahrsputz** *m* spring cleaning; **~kartoffeln** *f/pl.* early (*od.* new) potatoes; **~konzert** *n* morning concert; **~kultur** *f* early civilization.

Frühling *m* spring(time) (*a. fig.*); *im ~* in (the) spring; *co. zweiter ~* second spring; **~sanfang** *m* beginning of spring; **⁀shaft** *adj.* spring-like; **~sluft** *f* spring air; *rhet.* vernal air; **~swetter** *n* spring weather; **~szeit** *f* springtime.

Früh...: **~messe** *f*, **~mette** *R.C. f* matins *pl.*; **⁀morgens** *adv.* early in the morning; **~obst** *n* early fruit, primeurs *pl.*; **⁀reif** *adj.* ⚘, *zo.* early-maturing; *fig.* precocious; **~reife** *f* early maturity; *fig.* precocity; **~romantiker** *m*, **⁀romantisch** *adj.* early Romantic; **~schicht** *f* early morning shift; **~schoppen** *m* morning pint; **~sommer** *m*, **⁀sommerlich** *adj.* early summer; **~sport** *m* early morning exercises *pl.*; **~stadium** *n* early stage; **~start** *m* → *Fehlstart*; **~stück** *n* breakfast; *zweites ~* mid-morning snack, *Brit.* F elevenses *pl.*; **⁀stücken I.** *v/i.* (have) breakfast; **II.** *v/t.* have *a th.* for breakfast; **~werk** *n* early work; **~zeit** *f* early period; (*Vorzeit*) prehistoric times *pl.*, dawn of history; **⁀zeitig I.** *adj.* (*vorzeitig*) untimely, premature(ly *adv*); **II.** *adv.* early (on), in good time; **~zeitigkeit** *f* earliness; untimeliness, prematureness; **~zug** *f* early train; **~zündung** *mot. f* advanced ignition.

Frustr|ation *psych. f* frustration; **⁀ieren** *v/t.* frustrate.

F-Schlüssel ♪ *m* F (*od.* bass) clef.

Fuchs *m* **1.** fox (*a. fig.*); *männlicher ~* he-fox; *weiblicher ~* (= **Füchsin** *f*) she-fox, vixen; *fig. schlauer ~* sly fox; *wo sich ~ u. Hase gute Nacht sagen* at the back of beyond; **2.** → *Fuchspelz*; **3.** (*Pferd*) sorrel (horse); **4.** (*Student*) first-year member; **5.** *Billard*: fluke; **6.** ⊕ flue; **~bau** *m* fox-earth; **~eisen** *n*, **~falle** *f* fox-trap; **⁀en** F *v/t.* make *a p.* wild (*od.* furious); *sich ~* fret (and fume).

Fuchsie ⚘ *f* fuchsia.

Fuchs...: **⁀ig** *adj.* foxy; F *fig.* furious, fuming, *bsd. Am.* mad; **~jagd** *f* fox-hunt(ing); **~pelz** *m* fox-fur; **⁀rot** *adj.* foxy-red, F carroty, ginger; *Pferd*: sorrel; **~schwanz** *m* foxtail, brush; ⚘ amarant(h), foxtail; (*Säge*) padsaw; **⁀teufelswild** F *adj.* hopping mad, furious.

Fuchtel F *fig. f*: *j-n unter s-r ~ halten* keep a p. under one's thumb; *unter j-s ~* under a p.'s thumb; **⁀n** *v/i.*: *~ mit* wave *a th.* about, fidget with; *drohend*: brandish; *mit den Händen ~* gesticulate (with one's hands), saw the air.

Fuder *n* **1.** cart-load; **2.** tun (of wine).

Fug *m*: *mit ~ und Recht* with full right, justly; *mit ~ und Recht kann er behaupten* he is fully justified in saying.

Fuge[1] ♪ *f* fugue.

Fuge[2] *f* ⊕ joint; (*Naht*) seam; (*Schlitz*) slit; (*Falz*) rabbet, groove; (*Zapfenloch*) mortise; (*Zwischenraum*) interstice; *aus den ~n bringen* disjoint, put out of joint; *aus den ~n gehen* go to pieces, come apart; *fig.* come off the hinges; *in allen ~n krachen* creak in every joint; *die Zeit ist aus den ~n* time is out of joint; **⁀n** *v/t.* joint; *mit Falz*: groove; (*verstreichen*) point up; **~nkelle** *f* pointing trowel; **⁀nlos** *adj.* jointless; (*nahtlos*) seamless.

füg|en I. *v/t.* **1.** → *an-, hinzu-, zs.-fügen*; **2.** *fig.* (*verfügen*) decree, ordain, dispose; **II.** *v/refl.*: *sich ~ dat. od. in* (*nachgeben*) yield to, submit to, comply with; resign o.s. to, put up with; (*sich anpassen*) accommodate o.s. to, reconcile o.s. to; **III.** *v/impers.*: *es fügt sich* it (so) happens; **~lich** *adv.* conveniently, rightly, justly, (very) well; **~sam** *adj.* (*lenksam*) tractable, manageable, docile; (*folgsam*) obedient; **⁀samkeit** *f* tractability, docility; obedience; **⁀ung** *f* **1.** *göttliche, des Schicksals*: (act of) providence, stroke of fate; (*Zs.-treffen*) coincidence; (*Schicksal*) fate; *glückliche ~* stroke of luck; **2.** *~ in* resignation to, submission to.

fühlbar *adj.* sensible; *körperlich*: tangible, palpable; *geistig*: perceptible, noticeable; (*deutlich*) distinct, marked; (*beträchtlich*) considerable, appreciable; *~er Mangel* felt want; *~er Verlust* serious loss; *sich ~ machen* make itself felt; be (much) in evidence; **⁀keit** *f* sensibility; tangibleness; perceptibility; seriousness.

fühl|en I. *v/t.* feel, sense, be conscious *od.* aware of (*alle a. fig. innerlich*); *fig. a.* have a feeling *that*; (*wahrnehmen*) *a.* perceive;

(*abtasten*) feel; → *Puls* 1; *j-n et.* ~ *lassen* make a p. feel a th.; **II.** *v/i.* (*empfinden*) feel; ~ *nach* (*tasten nach*) feel for; → *Zahn* 1; *mit j-m* ~ feel (*od.* sympathize) with a p.; **III.** *v/refl.*: *sich* ~ *als* regard o.s. as; *sich glücklich usw.* ~ feel happy, *etc.*; *er fühlte sich mehr u. mehr bedroht* he had a growing sense of being in danger; F *sich* ~ (*eingebildet sein*) F think no small beer of o.s., be feeling pretty grand; **≈en** *n* feeling; → *a. Gefühl*; **≈er** *m* feeler, antenna; *Weichtiere*: tentacle; ⊕ detector, sensor; *die* ~ *ausstrecken Schnecke*: put out its horns; *fig.* put out a feeler; **≈horn** *n* feeler, horn; **~los** *fig. adj.* unfeeling; **≈ung** *f* touch, contact (*a.* ⚔); ~ *haben* (*verlieren*) *mit* be in (lose) touch with; ~ *nehmen mit* get into touch with, establish contacts with, contact *a p.*; **≈ungnahme** *f* (entering into) contact; approach; first (*od.* preliminary) step *od.* talks *pl.*

Fuhre *f* (*Fahren*) carriage, carting; (*Ladung*) (cart-)load.

führen I. *v/t. allg.* lead (*nach, zu* to); *in bestimmter Richtung*: *a.* direct; (*weg*~) take; (*geleiten*) conduct, guide, *schützend*: escort; (*j-n*) *zu s-m Platz*: usher; *gewaltsam*: march *a p. to the door, the troops uphill*; ⚔ command, lead; *bsd.* (*Mannschaft, Unternehmen*) captain (*a.* ✈ = pilot); (*tragen*) carry (*a.* ⚓); (*steuern*) drive; steer; pilot; (*verwalten, beaufsichtigen*) manage, control, superintend, lead; (*Amt*) hold; (*Aufstand usw.*) head, lead; (*Bücher*) keep; (*Geschäft*) carry on, manage, run; (*Prozeß*) carry on, (*Strafprozeß*) try, *Anwalt*: conduct *a case*; (*Namen*) bear, go by (*od.* under) *the name of*; (*Titel*) hold, bear; (*Wappen*) bear, have; (*Feder, Waffe handhaben*) wield; (*Ware*) *auf Lager*: carry (in stock), keep, *zum Verkauf*: deal in, sell, have for sale, keep, *Am. a.* carry, *in den Büchern*: carry (on the books); (*Schlag*) strike *a blow*; (*Sprache*) use *bad language*; ⚡ (*Strom*) carry, (*leiten*) conduct; *Besucher in ein Zimmer* (*durch das Haus*) ~ *a.* show into a room (over the house); *was führt dich her?* what brings you here?; *bei sich* ~ carry *od.* have with (*bsd. Geld*: about) one; *sich gut* ~ conduct o.s., behave; *zum Munde* ~ raise to one's lips; *die Aufsicht* ~ *über* superintend; *den Ball* ~ *Fußball*: run with the ball; *den Haushalt* (*od. die Wirtschaft*) ~ keep house (*j-m* for a p.); *Klage* ~ *über* complain of, lodge a complaint about (*bei* with); *ein Leben* ~ lead (*od.* live) a life; *j-s Sache* ~ plead a p.'s cause; *ein Werkzeug usw.* ~ *über* pass over; *den Titel* ... ~ *Buch*: be entitled ...; → *Beweis, Gespräch, Krieg, Licht, Protokoll, Schild* 1, *Versuchung, Vorsitz, Wort usw.*; ⊕ → *einführen*; **II.** *v/i.* lead (*nach, zu* to); *fig.* (*Führer od.* ~*d sein*) (be in the) lead; *Sport*: (have the) lead; *mit zwei Toren* ~ have a two-goal lead, be two goals ahead; *die Straße führt nach X.* this road leads to X.; *das Tal führt in e-e Bucht* opens into a bay; *fig.* ~ *zu* lead to, result (*od.* end) in, entail; *wohin soll das* (*bloß*) ~? where is that going to lead us?, what (earthly) good can come of it?; *das führt zu nichts* that leads us nowhere; *dies führte mich dazu, zu inf.* this led me to *inf.*, this made me *inf.*; **~d** *adj.* leading, prominent, (top-)ranking; *Am. a.* banner ...; ~*e Stellung* position of authority; ~ *sein* (hold the) lead, rank in first place, be at the top (*od.* in the van).

Führer *m*, **~in** *f* **1.** *allg.* leader; (*Leiter*) chief, head; (*Fremden*≈ *usw.*) guide; ⚔ (*Zug*≈, *Gruppen*≈ *usw.*) leader; (*Kompanie*≈ *usw.*, *a.* ⚓) commander, leader; *Sport*: captain; **2.** *mot. usw.* driver; ✈ pilot; *e-s Krans usw.*: operator; **3.** *fig.* (*Wegweiser*) guide; **4.** (*Handbuch*) guide(-book); **5.** ⊕ guide; **~eigenschaften** *f/pl.* qualities of leadership; **~flugzeug** *n* flight leader; **~haus** 🚂, *mot. n* driver's cab; **≈los** *adj.* without a leader (*od.* guide, *etc.*); *Wagen*: driverless; *Flugzeug*: pilotless; **~natur** *f*, **~persönlichkeit** *f* born leader, leader figure; **~prinzip** *n* principle of (totalitarian) leadership; **~raum** ✈ *m* pilot's cabin, cockpit; **~schaft** *f* leadership; *coll. the* leaders *pl.*; **~schein** *m* **1.** *mot.* driving licence, *Am.* driver's license *od.* permit; *s-n* ~ *machen* take one's driving test; *j-m den* ~ *entziehen* revoke a p.'s driving licence *etc.*; **2.** ✈ pilot's certificate; **~scheinentzug** *m* disqualification from driving, suspension of driving licence (*Am.* driver's license); **~sitz** *m mot.* driver's seat; ✈ pilot's seat; **~stand** *m Kran*: driver's stand (*od.* cabin); ✈, ⚓ control cabin; 🚂 cab; **~stellung** *f*, **~tum** *n* leadership.

Fuhr...: **~geld** *n*, **~lohn** *m* cartage,

carriage; **~mann** *m* (*pl.* Fuhrleute) carter, carrier, wag(g)oner; (*Kutscher*) driver; *ast.* Auriga, Charioteer; **~park** *m* (transport) park, *Am. a.* motor pool; (*Wagen*) fleet (of vehicles).

Führung *f* **1.** leadership; *e-r Partei usw.*: *a.* control, (*die Führer*) the leaders *pl.*; ⚔ command, *e-s Unternehmens*: management, control, → *a.* Führungsgruppe; *e-m Ziel zu*: guidance (*a. fig. beratend usw.*); ⚔ innere ~ moral leadership; **2.** *in e-m Museum usw.*: (guided *od.* conducted) tour; unter der ~ von led (*od.* headed) by, under the direction (*od.* guidance, ⚔ command) of; die ~ übernehmen take charge, take over; → *a.* 5; **3.** *von Verhandlungen usw.*: conduct; ~ des Haushalts house-keeping; **4.** (*Benehmen*) conduct, behavio(u)r; gute ~ good conduct; **5.** *Sport u. fig.*: lead; in ~ bringen put *a p.* ahead; in ~ gehen, die ~ übernehmen take the lead; in ~ sein be in the lead, be leading; **6.** *e-s Titels*: use; **7.** ⊕ guide(way).

Führungs...: **~aufgabe** *f* executive function; **~bahn** ⊕ *f* guide (-way); **~bolzen** ⊕ *m* guide pin; **~gremium** *n*, **~gruppe** *f* controlling (⚚ managerial) group; **~kraft** *f* ⚚ executive; *pl. pol.* leaders; **~nachwuchs** *m pol.* potential leaders *pl.*; ⚚ management material; **~rolle** *f* **1.** ⊕ guide roller; **2.** *fig.* leading rôle; **~schiene** ⊕ *f* guide rail; **~spitze** *f* top echelon; ⚚ *a.* top management; **~stab** ⚔ *m* operations staff; **~stil** *m* style of leadership; **~tor** *n*, **~treffer** *m Sport*: goal that puts a team in the lead; **~zeugnis** *n* certificate of (good) conduct; *polizeiliches*: *a.* police clearance.

Fuhr...: **~unternehmen** *n* haulage contracting firm, *Brit.* (firm of) hauliers *pl.*, *Am.* trucking company; **~unternehmer** *m* carrier, haulage contractor, haulier, *Am.* hauler, teamster; **~werk** *n* (horse-drawn) vehicle, *für Personen*: carriage; (*Karren*) cart, wag(g)on; **≈werken** F *v/i.* potter (about); mit et. ~ fidget with a th.

Füll|ansatz ⊕ *m* filler neck; **~bleistift** *m* propelling (*Am.* mechanical) pencil; **~e** *f* fullness (*a. fig.*); (*Menge, Überfluß*) plenty, wealth, abundance, profusion; (*Körper≈*) stoutness, corpulence, plumpness; *der Stimme*: richness; e-e ~ von Einfällen (Eindrücken *usw.*) a wealth of ideas (impressions, *etc.*); → Hülle, Machtfülle.

füllen *v/t.* fill (*a. sich* ~; *a. Lücke, Raum usw.*; *a. er* ~); (*vollstopfen*) stuff; (*Räume usw.*) *Personen*: fill, crowd, throng; (*Zähne*) stop, fill; (*Braten usw.*) stuff; (*Kuchen, Pralinen usw.*) fill; der Aufsatz füllte drei Seiten took up three pages; in Flaschen ~ bottle; in Fässer ~ barrel; in Säcke ~ sack, put into bags; die Kirche füllte sich the church filled.

Füllen *zo. n* foal; (*Hengst≈*) colt; (*Stuten≈*) filly.

Füll...: **~er** *m* **1.** ⊕ filler; **2.** F → **~feder(halter** *m*) *f* fountain-pen; **~horn** *n* horn of plenty, cornucopia; **≈ig** *adj. Figur, Haar, Gesicht*: full; *Figur, Person*: plump; *Busen, Kleid*: ample; **~masse** *f* filling compound (*od.* paste), filler; **~material** *n*, **~mittel** *n* filling material, filler; **~rumpf** *m* storage bin, hopper; **~schraube** *mot. f* filler screw plug; **~sel** *n Kochkunst*: stuffing; *allg.* stopgap; *in Wort u. Schrift*: padding; **~stift** *m* → Füllbleistift; **~stoff** *m* → Füllmaterial; **~stutzen** *m* filler neck; **~trichter** *m* (filling) funnel; (*Vorratsbehälter*) infeed hopper; **~ung** *f* filling; *Braten usw.*: stuffing; ⊕ (*Polsterung*) padding, stuffing; (*Tür≈*) panel; (*Ladung, a. Geschoß≈*) charge; (*Schub*) batch; (*Zahn≈*) filling, stopping; **~vorrichtung** *f* filling device; **~wort** *n* expletive, filler.

fulminant *adj.* brilliant, fantastic.

fummeln F *v/i.* fumble (*an, mit* with), fiddle (with, at); (*basteln*) tinker (with); (*knutschen*) pet.

Fund *m* finding, discovery; (*Gefundenes*) find; e-n ~ machen make a find *od.* discovery.

Fundament *n* ⚠ foundation(s *pl.*), base (*a. e-s Berges*); (*Grundplatte*) bed-plate; *fig.* foundation, basis, ground work; das ~ legen zu → fundamentieren; **≈al** *adj.* fundamental, basic; **~alismus** *eccl. m* fundamentalism; **~alsatz** ⩚ *m* fundamental theorem; **≈ieren** *v/t.* lay the foundation of.

Fund...: **~amt** *östr. n*, **~büro** *n* lost property office; **~gegenstand** *m* object found; **~grube** *fig. f* rich source, mine, bonanza, storehouse.

fundier|en *v/t.* **1.** *fig.* (*Behauptung usw.*) substantiate, establish the truth of; **2.** ⚚ (*Anleihe, Schuld*) fund, consolidate; **~t** *adj.* **1.** ⚚ *Schuld*: funded; **2.** (*gut* ~) *Geschäft*: well-established; sound;

Wissen: well-founded; *Behauptung usw.*: (well-)substantiated.

fündig *adj.* rich; ~ *werden* strike (*od.* discover) gold *od.* oil, *etc.*

Fund...: **~ort** *m* place of discovery; *von Pflanzen usw.*: *a.* habitat; **~unterschlagung** ⚖ *f* larceny by finder.

Fundus *fig. m* fund.

fünf I. *adj.* five; → *a. acht*; *fig.* ~ *gerade sein lassen* stretch a point; *fig.* ~ *Minuten vor zwölf* at the eleventh hour; *fig. es ist* ~ *Minuten vor zwölf* it is high time; *nimm deine* ~ *Sinne zusammen!* pull yourself together!, look alive!; **II.** ≈ *f* (number) five; *auf Würfeln*: *a.* cinque; **≈akter** *thea. m* five-act play; **~blätt(e)rig** ⚘ *adj.* five-leaved; **≈eck** *n* pentagon; **~eckig** *adj.* pentagonal; **≈er** *m* five; (*Geldstück*) fiver; **~erlei** *adj.* of five (different) kinds, five kinds of; ~ *Typen* five different types; **~fach, ~fältig** *adj.*, **≈fache(s)** *n* fivefold, quintuple; **~hundert** *adj.* five hundred; **≈jahresplan** *m* five-year plan; **~jährig** *adj.* five-year-old ...; *Dauer*: of (*od.* lasting) five years, five-year ...; **~jährlich** *adj.* occurring every five years, quinquennial; **≈kampf** *m Sport*: (*moderner* ~ modern) pentathlon; **≈linge** *m/pl.* quintuplets, F quins; **~mal** *adv.* five times; **~malig** *adj.* done (*od.* occurring) five times; *nach* ~*em Versuch* after five attempts; **~prozentig** *adj.* (of *od.* at *od.* bearing) five per cent; **~seitig** *adj.* pentahedral; **~stellig** *adj. Zahl*: of five digits; **~stöckig** *adj.* five-storied; **~t** *adv.*: *zu* ~ (the) five of us (*od.* you *od.* them); *wir sind zu* ~ there are five of us, we are five; **≈tagewoche** *f* five-day week; **~tägig** *adj.* of five days, five-day ...; **~tausend** *adj.* five thousand; **~te** *adj.* fifth; → *a. achte*; → *Kolonne*, *Rad*; **~teilig** *adj.* having five parts, five-piece *set*; **≈tel** *n* fifth (part); *drei* ~ three fifths; **~tens** *adv.* fifthly, in the fifth place; **≈uhrtee** *m* five-o'clock tea; **~wertig** *adj.* pentavalent.

fünfzehn *adj.* fifteen; *Tennis*: ~ *beide* fifteen all; **~jährig** *adj.* fifteen-year-old ...; **~te** *adj.* fifteenth; **≈tel** *n* fifteenth (part).

fünfzig I. *adj.* fifty; **II.** ≈ *f* (number) fifty; **≈er(in** *f*) *m* man (woman) in his (her) fifties, quinquagenarian; **~jährig** *adj.* fifty-year-old ..., *man* of fifty; fiftieth *anniversary*; **~ste** *adj.* fiftieth.

fungieren *v/i.*: ~ *als* act (*od.* function, officiate) as.

Funk *m* radio, *Brit. a.* wireless; → *a. Rundfunk*, *Radio*; **~amateur** *m* radio amateur, F ham; **~anlage** *f* → *Funkeinrichtung*; **~ausstellung** *f* radio (and television) show; **~bake** *f* radio beacon; **~bearbeitung** *f Hörspiel*: radio adaptation; **~bericht** *m* broadcast, radio report; **~berichter** *m* radio reporter; **~bild** *n* radio picture.

Fünkchen *n* small spark; *fig.* → *Funke*.

Funkdienst *m* radio service.

Funke *m*: (*elektrischer* ~ electric) spark; flash; *fig.* spark; *Wahrheit usw.*: grain, atom, particle; *Hoffnung*: ray, gleam, flicker; *Verstand*: grain, vestige; ~*n sprühen* spark, emit sparks, scintillate.

Funkeinrichtung *f* radio (*od.* wireless) installation *od.* equipment; *mit* ~ *versehen* radio-equipped.

funkeln I. *v/i.* sparkle (*a. fig. Geist, Witz*); scintillate; (*glitzern*) glint, glisten, glitter; *Sterne*: *a.* twinkle; *Augen*: flash, *zornig*: *a.* blaze; **II.** ≈ *n* sparkling, sparkle; scintillation; glitter; *der Sterne*: *a.* twinkling.

funkelnagelneu *adj.* brand-new.

Funkempfänger *m* radio receiver.

funken I. *v/t.* radio, transmit; **II.** *v/i.* spark; F *fig. daß es nur so funkt(e) sl.* like blazes; *hat es bei ihm endlich gefunkt?* has he got it at last?; **III.** ≈ *n* radio transmission.

Funken *m* → *Funke*; **~bildung** *f* sparking; **~entladung** *f* spark discharge; **~induktor** *m* induction coil; **≈sprühend** *adj.* emitting sparks; **~strecke** *f* spark gap.

Funk...: **≈entstört** *adj.* radio-screened; **~entstörung** *f* noise suppression; (*Vorrichtung*) static screen; **~er** *m* radio operator; **≈ferngesteuert** *adj.* radio-controlled; **~fernschreiber** *m* radio teletyper; **~fernsprecher** *m* radiotelephone, F walkie-talkie; **~feuer** *n* radio beacon; **~gerät** *n* radio set, transmitter; **~haus** *n* broadcasting cent|re, *Am.* -er; **~meldung** *f*, **~nachricht** *f* radio message; **~navigation** *f* radio navigation; **~offizier** *m* signal officer; **~ortung** *f* radio location; **~peilgerät** *n* radio direction finder (*abbr.* RDF); **~peilung** *f* radio bearing, direction-finding; **~signal** *n* radio signal; **~sprechgerät** *n* radiophone, F walkie-talkie; **~sprechverkehr** *m* radio telephony; **~spruch** *m* radio message; **~station** *f*, **~stelle** *f* radio station; ~**steuerung** *f* radio remote control; ~**stille** *f* radio silence; ~**störung** *f* radio interference; *durch Störsender*: radio jamming; ~**streife** *f* **1.** radio patrol; **2.** → ~**streifenwagen** *m* radio patrol car, *Am. a.* prowl car; ~**taxi** *n* radio taxi; ~**technik** *f* radio engineering; ~**techniker** *m* radio engineer *od.* technician; ~**telegramm** *n* radio(tele)gram; ~**telephonie** *f* radiotelephony.

Funktion *f allg., a.* ⩘, ⚕ function; (*Amt*) *a.* office, duty; *in ~ treten* assume one's duties, begin to function, *weitS.* take charge (*od.* over), *a. Sache*: act, take action; ≗**al** ⩘ *adj.* functional; ~**är** *m* functionary, official; ≗**ell** *adj.* functional; ≗**ieren** *v/i.* function, work; *der Apparat funktioniert nicht* doesn't work, is out of order; ≗**sfähig** *adj.* functioning, working; ≗**ssicher** *adj.* fail-safe; ~**sstörung** ⚕ *f* functional disturbance, malfunction.

Funk...: ~**turm** *m* radio tower; ~**verbindung** *f* radio contact; ~**verkehr** *m* radio communication, *engS.* radio traffic; ~**wagen** *m* **1.** radio car (*Am. a.* truck); **2.** → *Funkstreifenwagen*; ~**weg** *m*: *auf dem ~* by radio; ~**wesen** *n* radio communications *pl.* (*sg. konstr.*); ~**zeitung** *f* radio magazine.

Funzel F *f* miserable lamp.

für I. *prp. allg.* for; (*als Ersatz*) *a.* in exchange (*od.* return) for; (*zugunsten von*) *a.* in favo(u)r of; (*anstatt*) *a.* instead of, in lieu of, in place of; (*im Namen von*) in *a p.'s* place, on behalf of *a p.*; *Jahr ~ Jahr* year by year; *Schritt ~ Schritt* step by step; *Stück ~ Stück* piece by piece; *Tag ~ Tag* day by (*od.* after) day; day in, day out; *~ immer, ~ und ~* for ever, for good; *~ mich* (*um meinetwillen*) for my sake; *ich ~ m-e Person* I for one, as for me; *~s erste* first; (*vorläufig*) for a start, for the present; *~ eigene Rechnung* on one's own account; *~ sich* (*leise*) in an undertone, *thea.* aside; *~ sich leben* live by o.s.; *sich ~ sich halten* keep aloof; *an und ~ sich* in (*od.* of) itself; (*eigentlich*) properly speaking; *e-e Sache ~ sich* quite another matter, a separate question; *das hat viel ~ sich* there is much to be said in favo(u)r of that, it has its advantages; *sie sind ein Völkchen ~ sich* they are a race to themselves (*od.* apart); *ich halte es ~ unklug* I think it unwise; *er ist ~ s-n Leichtsinn bekannt* he is well known for his recklessness; *was ~ (ein)?* what (kind of)?; **II.** ≗ *n*: *das ~ und Wider* the pros and cons *pl.*

Furag|e ⚔ *hist. f* forage, fodder; ≗**ieren** *v/i.* forage.

fürbaß *adv.* on, further, forward.

Fürbitte *f* intercession; *~ einlegen* intercede, plead (*für* for; *bei* with); ~**r(in** *f*) *m bsd. eccl.* intercessor.

Furche *f* furrow (*a. fig. Runzel*; *a. anat.*); ⊕ groove; (*Wagenspur*) rut; ≗**n** *v/t.* furrow (*a. Gesicht, Stirn*); ridge; (*Weg*) rut.

Furcht *f* fear (*vor* of), *stärker*: dread (of); (*Besorgnis*) apprehension (of), anxiety; (*Schrecken*) terror, fright; (*Respekt, Ehr*≗) awe; *aus ~ vor* for (*od.* from) fear of; *~ einflößen* (*od. einjagen*) frighten, terrify, scare; *~ haben vor* → *fürchten*; *in ~ geraten* take fright (*od.* alarm); *keine ~!* no (*od.* never) fear!; ≗**bar** *adj.* fearful; *stärker*: dreadful, frightful, formidable, horrible, terrible (*alle a.* F *ungemein*); F (*sehr groß usw.*) *a.* F awful, tremendous; ≗**einflößend** *adj.* → *furchterregend*.

fürchten I. *v/t.* fear, be afraid of, *stärker*: dread, be in dread of; be terrified by; *Gott ~* fear God; *ich fürchte, du hast nicht recht* I am afraid you are not right; **II.** *v/i.*: *für j-n ~* fear for (*od.* be anxious about) a p.; **III.** *v/refl.*: *sich ~* be frightened, be scared, be afraid (*vor* of); *sich ~ vor* → *a.* I; *sich (davor) ~, zu inf.* fear (*od.* dread) to *inf.*, be afraid of *ger.*; **IV.** ≗ *n*: *das ~ lernen* (learn to) know fear; F *er sieht zum ~ aus* he looks frightening.

fürchterlich *adj.* → *furchtbar*.

furcht|erregend *adj.* frightening, fearsome, awful, formidable; alarming; → *a. furchtbar*; ~**los** *adj.* fearless, intrepid, dauntless; ≗**losigkeit** *f* fearlessness, intrepidity; ~**sam** *adj.* timid, fearful, faint-hearted; ≗**samkeit** *f* timidity.

Furchung *f*, **Furchungsteilung** *biol. f* cleavage.

fürder(hin) *adv.* → *ferner(hin)*.

füreinander *adv.* for each other, for one another.

Furie *f* Fury; *fig.* fury, she-devil.

Furier ⚔ *m* quartermaster sergeant (*abbr.* QM), *Am.* ration N.C.O.

furios *adj.* furious, vehement.

fürliebnehmen *v/i.*: *~ mit* be content with.

Furnier *n*, ≗**en** *v/t.* veneer.

Furore *f*, *n*: *~ machen* create a

sensation (*od.* quite a stir), F make a splash (*od.* a big hit).

Fürsorge *f* care (*für* for), *eifrige*: solicitude; *ärztliche* ~ medical care (*od.* attention); *öffentliche* ~ a) public welfare work (*od.* service); b) → *Fürsorgeunterstützung*; *zahnärztliche* ~ dental service; ~ *für Strafentlassene* after-care (for discharged prisoners); **~amt** *n* welfare cent|re (*Am.* -er), public relief office; **~anstalt** *f* reformatory; **~arbeit** *f* social work; **~arzt** *m* welfare service doctor; **~berechtigt** *adj.* eligible for public relief; **~empfänger(in** *f*) *m* recipient of public relief, public charge; **~erziehung** ⚖ *f* corrective training; **~r(in** *f*) *m* welfare officer, social worker; **~unterstützung** *f* public assistance (*od.* relief); **~wesen** *n* social welfare (system), welfare work.

fürsorglich *adj.* thoughtful, solicitous, considerate.

Fürsprache *f* intercession (*für* for; *bei* with), plea; (*Empfehlung*) recommendation; (*Vermittlung*) mediation; ~ *einlegen für* intercede (*od.* plead) for (*bei* with).

Fürsprech(er) *m* intercessor; advocate, champion.

Fürst *m* prince (*a. Titel u. fig.*); (*Herrscher*) sovereign, ruler; F *leben wie ein* ~ live like a king; **~bischof** *m* prince-bishop; **~engeschlecht** *n*, **~enhaus** *n* dynasty (of princes); **~enstand** *m*, **~enwürde** *f* princely rank, princedom; **~entum** *n* principality; **~in** *f* princess; **~lich I.** *adj.* princely (*a. fig. Gehalt usw.*); *fig.* magnificent, splendid, royal; ~*es Trinkgeld* generous tip; ~*es Mahl* sumptuous dinner; **II.** *adv.*: ~ *leben* live in grand style; *j-n* ~ *bewirten* (*belohnen*) entertain (reward) a p. royally; **~lichkeit** *f* princeliness; *pl.* princely personages, royalties.

Furt *f* ford.

Furunk|el ⚕ *n* boil, furuncle; **~ulös** *adj.* furuncular; **~ulose** *f* furunculosis.

fürwahr *adv.* indeed, truly.

Für|witz *m* → *Vorwitz*; **~wort** *ling.* *n* pronoun.

Furz V *m*, **~en** *v/i.* fart.

Fusel *m* **1.** ⚗ amyl alcohol; **2.** F (*Schnaps*) *sl.* rotgut; **~öl** *n* fusel oil.

füsilieren ⚔ *v/t.* execute (by firing squad), shoot.

Fusion *f* ⚗ fusion; ⚚ *a.* amalgamation, merger, consolidation; **~ieren** *v/t.* (*a. sich* ~) amalgamate, merge, consolidate (*mit* with).

Fuß *m* **1.** foot; *pl.* feet; *e-s Berges, Schranks, e-r Liste, Seite usw.*: foot, bottom; *e-r Säule*: base, pedestal; *e-s Glases*: foot, stem; *e-r Lampe*: stand(ard); (*Tisch*~, *Stuhl*~) leg; *am* ~(e) *des Berges, Bettes*: at the foot of; *e-r Seite, Liste*: *a.* at the bottom of; *a. fig.* (*festen*) ~ *fassen* get a firm footing, gain a foothold; *Sache*: *a.* F catch on; *a. fig. auf dem* ~*e folgen* follow (close) on the heels of (*od. nur fig.* in the wake of); *fig. auf die Füße fallen* fall on one's feet; *auf freiem* ~ *sein Verbrecher*: be at large; *auf freien* ~ *setzen* set free (*od.* at liberty), release; *auf eigenen Füßen stehen* be independent, be on one's own; *auf schwachen Füßen stehen* rest on a weak foundation, be built on sand; *auf großem* ~*e leben* live in grand style; *auf gutem* (*schlechtem*) ~*e stehen mit* be on good (bad) terms with; *mit beiden Füßen auf der Erde stehen* have both feet firmly on the ground; *fig. mit Füßen treten* trample upon; (*sein Glück*) throw away; *fig. j-m zu Füßen liegen* worship a p.; *ungeduldig von e-m* ~ *auf den anderen treten* kick one's heels; *a.* F *fig. kalte Füße bekommen* get cold feet; *zu* ~ on foot; *zu* ~ *gehen* walk; *zu* ~ *erreichbar* within walking distance; *gut zu* ~ *sein* be a good walker; → *Grab, link, stehend usw.*; **2.** (*Längenmaß*) foot (= 30,48 cm); *zehn* ~ *lang* ten feet long.

Fuß...: **~abblendschalter** *mot. m* foot(-operated) dimmer switch; **~abstreifer** *m* door-scraper; (*Matte*) doormat; **~abdruck** *m* footprint; **~angel** *f* mantrap; *hist.* ⚔ caltrop; *fig.* trap, snare; **~antrieb** *m* treadle (*od.* pedal) drive; **~arzt** *m* podiatrist; **~bad** *n* foot-bath; **~ball** *m* **1.** football, F *u. Am.* soccer ball; **2.** (*Spiel*) (association) football, F *u. Am.* soccer; *amerikanischer* (*australischer, irischer*) ~ American (Australian, Gaelic) football; **~ballanhänger** *m* football (*od.* F soccer) fan; **~ballen** *m* ball of the foot; **~baller** F *m* → *Fußballspieler*; **~ballklub** *m* football club; **~ballmannschaft** *f* football team; **~ballplatz** *m* football field (*od.* stadium); **~ballspiel** *n* **1.** → *Fußball* 2; **2.** (*Kampf*) football match, F soccer game; **~ballspieler** *m* football (*od.* F soccer) player, footballer; **~balltoto** *m, n* football pools *pl.*, F *the* pools *pl.*;

~ballverband *m* football association; ~ballverein *m* football club; ~bank *f* footstool; ~bekleidung *f* footgear, footwear; ~betrieb ⊕ *m* → *Fußantrieb*; ~boden *m* **1.** floor; **2.** → ~bodenbelag *m* floor covering, flooring; ~bodenfläche *f* floor space, floorage; ~bodenheizung *f* underfloor heating; ~breit *m*: *keinen ~ weichen* not to budge an inch; ~breite *f* footbreadth; ~bremse *mot. f* footbrake, pedal brake; ~brett *mot. n* footboard; ~decke *f* rug; ~eisen *n* → *Fußangel*.

Fussel F *f* (*Härchen*) fluff, fuzz, *Am. a.* lint; ≈ig F *adj.* covered with fluff; F *sich den Mund ~ reden* talk a p.'s head off; ≈n *v/i.* fuzz.

füßeln F *v/i.* **1.** trip along; **2.** *unter dem Tisch*: F play footsie.

fußen *v/i.*: *~ auf* rest (*od.* rely) upon, be based upon; *~d auf* basing upon.

Fuß...: ~ende *n* foot; ~fall *m* prostration; *e-n ~ tun vor j-m* throw o.s. at a p.'s feet; ≈fällig **I.** *adj.* prostrate; **II.** *adv.* on one's (bended) knees; → *a. kniefällig*; ~fehler *m Sport*: foot fault; ≈frei *adj.*: *~er Rock* ankle-length skirt.

Fußgänger *m*, ~in *f* pedestrian; ~brücke *f* foot-bridge; ~schutzinsel *f* pedestrian island; ~übergang *m*, ~überweg *m* pedestrian crossing; ~unterführung *f* (pedestrian) subway, *Am.* underpass; ~verkehr *m* pedestrian traffic; ~zone *f* traffic-free zone, pedestrian precinct; *in e-e ~ umwandeln* pedestrianize.

Fuß...: ~gashebel *mot. m* accelerator (pedal), *Am.* gas pedal; ~gelenk *n* ankle (joint); ~gymnastik *f* foot exercises *pl.*; ~gicht ⚕ *f* podagra; ~hebel *m* pedal; ~hebelschalter *m* pedal switch; ≈hoch *adj.* one foot high; *Schnee usw.*: ankle-deep; ~knöchel *m* ankle(-bone); ≈krank *adj.* suffering from a foot disease; *vom Gehen*: footsore; ~kupplung *mot. f* foot-operated clutch; ~leiden ⚕ *n* foot complaint; ~leiste *f* skirting (board).

Füßling *m am Strumpf usw.*: foot.

Fuß...: ~matte *f* doormat; *mot.* floor mat; ~note *f* footnote; ~pfad *m* footpath; ~pflege *f* pedicure, chiropody; care of the feet; ~pfleger(in *f*) *m* pedicurist, *bsd. Brit.* chiropodist; ~pilz ⚕ *m* **1.** dermatophyte; **2.** → ~pilzerkrankung *f* athlete's foot; ~puder *m* foot powder; ~punkt *m ast.* nadir; ⩚ foot; ~raste *f* foot rest; ~reise *f* journey on foot; ~sack *m* foot-muff; ~schalter *m* foot(-operated) switch; ~schaltung *mot. f* pedal control; (*Gangschaltung*) foot gear control; ~schemel *m* footstool; ~schweiß *m* sweating of the feet; ~sohle *f* sole (of the foot); ~soldat ⚔ *m* foot-soldier, infantryman; ~spann *m* instep; ~spezialist *m* podiatrist; ~spitze *f* point of the foot; *auf den ~n gehen* (*stehen*) walk (stand) on tiptoe; ~spur *f einzelne*: footprint; (*Fährte*) track; ~stapfe *f* footstep; *fig. in j-s ~n treten* follow in a p.'s footsteps; ~steg *m* footbridge; (*Pfad*) footpath; ~steig *m* pavement, *Am.* sidewalk; ~stunde *f an* hour's walk; ~stütze *f* foot rest; ⚕ instep-raiser, arch-support; ~tritt *m* **1.** (*Geräusch*) footstep; **2.** → *Fußspur*; **3.** (*Trittbrett*) footboard; ⊕ treadle; (*Schemel*) footstool; **4.** (*Stoß*) kick; *j-m e-n ~ versetzen* give a p. a kick, kick a p.; *fig. e-n ~ bekommen* (*entlassen werden*) F be kicked out, get the boot; ~volk *n* **1.** ⚔ *hist.* foot, infantry; **2.** *fig.* rank and file *of a party, etc.*; ~wanderung *f* walking-tour, F hike; ~wärmer *m* foot-warmer; ~weg *m* **1.** footpath; **2.** → *Fußsteig*; **3.** *an hour's, etc.* walk; ~wurzel *anat. f* tarsus; ~wurzelgelenk *n* tarsal joint.

futsch F *adj.* (*verloren*) gone, lost; (*verdorben*) ruined, spoilt; (*kaputt*) broken, *Am. sl.* bust(ed); *Person*: done for; *~ gehen* go west (*od. sl.* to pot); *er ist ~ sl.* he has had it.

Futter[1] *n* (*Vieh*≈) feed, fodder; F (*Essen*) food, eats *pl.*, *sl.* grub, *Am.* chow.

Futter[2] *n* (*Rock*≈) lining; ⚠ casing; ⊕ (*Verkleidung*) lining; *Werkzeugmaschine*: chuck; ~al *n* case; (*Hülle*) cover; (*Scheide*) sheath.

Futter...: ~blech ⊕ *n* lining plate; ~beutel *m* nose-bag; ~boden *m* hay-loft; ~bohne *f* horse-bean; ~erbse *f* field pea; ~gerste *f* fodder barley; ~getreide *n* fodder cereals *pl.*; ~klee *m* red clover; ~krippe *f* crib, manger; *fig. an der ~ sitzen* feed at the public trough; ~krippensystem *pol. n Am.* spoils system; ~leinen ⚘ *n* linen for lining; ~mittel *n* feed(ingstuff), fodder; ≈n F *v/i.* eat heartily, F tuck in(to *v/t.*).

füttern[1] *v/t.* (*Tiere, Kinder usw., a. Computer*) feed.

füttern[2] *v/t.* ⊕ (*a. Rock usw.*) line; ⚠ case; *mit Pelz*: fur; (*auspolstern*) pad, stuff; *mit Blei*: lead; *mit Metall*: sheathe.

Futter…: **~napf** *m* feeding dish; **~neid** *m* (animal's) jealousy about food; *fig.* envy, (professional) jealousy; **~pflanzen** *f/pl.* forage crops, fodder plants; **~rübe** *f* fodder beet; **~schneidemaschine** *f* fodder chopping machine, green-food cutter; **~seide** *f* silk for lining; **~stoff** *m* lining (material); **~trog** *m* feeding trough, manger.

Fütterung[1] *f* (*Tier*~) feeding; *im Zoo*: feeding time; forage.

Fütterung[2] *f* ⊕ (*innere Bekleidung*) lining; ⚠ casing; *mit Pelz*: furring; (*Polsterung*) padding.

Futter…: **~wert** *m* feeding value; **~zeug** ✝ *n* lining (material).

Futur *ling. n* future (tense) (*a.* = *erstes* ~); *zweites* ~ future perfect (tense); **~ismus** *m* futurism; **~ist** (**-in** *f*) *m*, **²istisch** *adj.* futurist; **~ologe** *m* futurologist, futurist; **~ologie** *f* futurology; **~um** *ling n* → *Futur*.

F-Zug *m* long-distance express (train), *Am.* limited express.

G

G, g *n* G, g (*a.* ♪).

Gabardine *m, f* (*Gewebe*) gabardine, gaberdine.

Gabe *f* (*Geschenk*) gift, present; (*Spende*) contribution (*an* to); (*Schenkung*) donation; (*Opfer*) offering; ⚕ (*Dosis*) dose; *fig.* (*Begabung*) gift, talent, endowment; (*Geschick*) skill, knack; *milde ~* charitable gift, alms (*sg.*); *um e-e milde ~ bitten* ask for charity.

Gabel *f* fork (*a. am Motorrad usw.*); (*Heu*≈, *Mist*≈) (pitch)fork, prong; *teleph.* cradle; *Deichsel*: shafts *pl.*; *e-r Straße usw.*: fork; ⚘ tendril; (*Ast*≈) crotch; ⚔ *Artillerie*: bracket; **~bissen** *m* titbit, cocktail snack; **≈förmig** *adj.* forked, bifurcate(d); **~frühstück** *n* early lunch, mid-morning snack; **≈ig** *adj.* → *gabelförmig*; **≈n I.** *v/t.* fork; F *fig. sich j-n od. et. ~* pick up, catch (hold of); **II.** *v/refl.*: *sich ~* fork (off *od.* out), bifurcate, divide; **~stapler** *m* fork-lift truck; **~stütze** *f* forked support; ⚔ *MG*: bipod; **~ung** *f* fork(ing), bifurcation; **~weihe** *orn. f* kite; **~zinke** *f* prong, tine (of a fork).

Gabentisch *m* table of presents.

gackern *v/i.*, ≈ *n* cackle (*a. fig.*).

Gaffel ⚓ *f* gaff; **~schoner** *m* fore-and-aft (schooner); **~segel** *n* gaff-sail.

gaffen *v/i.* gape, stare, gawk.

Gaffer(**in** *f*) *m* gaper.

Gag *m* gag.

Gagat *min. m*, **~kohle** *f* jet.

Gage *f bsd. thea.* salary.

gähnen I. *v/i.* (give a) yawn; *fig. Abgrund*: yawn; **II.** ≈ *n* yawn(ing); **~d** *adj.* yawning (*a. fig. Leere usw.*); *~e Langeweile* utter boredom.

Gala *f* gala; (*Kleidung*) gala (*od.* full) dress; *sich in ~ werfen* spruce o.s. up; *~... in Zssgn*: gala *dress, dinner, performance, etc.*

galaktisch *adj.* galactic.

Galan *m* gallant, lover, beau, *iro.* swain.

galant *adj.* gallant, courteous, chivalrous; *~es Abenteuer* love affair, amorous adventure.

Galanterie *f* gallantry; **~waren** *f/pl.* fancy goods, novelties, *Am.* notions.

Gala...: **~uniform** *f* full(-dress) uniform; **~vorstellung** *thea. f* gala performance.

Galeere *f* galley; **~nsklave** *m*, **~nsträfling** *m* galley-slave.

Galerie *f* ▲, ⚒, ⊕ gallery (*a. fig.*), *thea. a.* F *the* gods *pl.*; (*Bilder*≈, *Kunst*≈) (picture-, art-) gallery; *für die ~ spielen* play to the gallery (*od. Am.* grandstand).

Galgen *m* gallows *sg.* (*a. Film* = boom); ⊕ (*Querholz*) cross-beam; *am ~* on the gallows; *an den ~ kommen* end up on the gallows, be hanged; *dafür soll er an den ~* he shall swing for it; **~frist** *f* last (*od.* brief) respite; *ich gebe dir bis morgen ~* I give you till tomorrow; **~humor** *m* gallows humo(u)r; **~strick** *m*, **~vogel** F *m* gallows-bird, scalawag, rogue.

Galiläer *m*, **≈isch** *adj.* Galilean.

Galionsfigur ⚓ *f* figure-head.

gälisch *adj.*, ≈ *ling. n* Gaelic.

Galiz|ier(**in** *f*) *m*, **≈isch** *adj.* Galician.

Gallapfel *m* gall(-nut), oak-apple.

Galle *f anat.* (*Organ*) gall-bladder; (*Sekret*) bile, *bsd. zo., vet.*, ⚘ gall; *fig.* bile, venom; *s-e ~ ausschütten* vent one's spite (*über* upon); *ihm kam die ~ hoch, ihm lief die ~ über* his blood boiled, he saw red; **≈bitter** *adj.* → *gallenbitter*.

Galleiche *f* gall oak.

gallen|bitter *adj.* (as) bitter as gall, acrid (*a. fig.*); **≈blase** *f* gall-bladder; **≈blasenentzündung** *f* cholecystitis; **≈gang** *anat. m* bile-duct; **≈kolik** *f* biliary colic; **≈leiden** *n* bilious complaint; **≈stein** *m* gall-stone, biliary calculus; **≈steinoperation** *f* cholecystostomy; **≈weg** *m* bile-duct.

Gallert *n*, **~e** *f* gelatine; *Koch-*

kunst: *mst* jelly; **˜artig** *adj.* gelatinous, jelly-like, colloid(al).

Gallier(in *f*) *m* Gaul.

gallig *adj.* bilious; *fig. a.* acrid.

gallisch *adj.* Gallic, Gaulish.

Gallizismus *ling. m* Gallicism.

Gallone *f* (*Brit.* Imperial) gallon (= 4,54 l), (*Am.* U.S.) gallon (= 3,78 l).

Gallwespe *f* gall-wasp.

Galopp *m* gallop; (*Tanz*) galop; *kurzer od. leichter* ~ canter; *gestreckter* (*starker, versammelter*) ~ full (extended, collected) gallop; *im* ~ at a gallop, *fig. a.* at a lope, *weitS.* in hot haste; *im* ~ *reiten* gallop; et. *im* ~ *erledigen* gallop through a th.; **˜ieren** *v/i.* gallop; **˜ierend** ⚕ *u. fig. adj.* galloping *consumption, inflation*.

Galoschen *f/pl.* galoshes, overshoes, *Am.* rubbers.

galvanisch *adj.* galvanic(ally *adv.*); ~*es Element* galvanic cell; ~*e Kette* voltaic cell (*od.* couple); ~*e Metallisierung* galvanic metallization; ~*e Plattierung* electroplating; ~*e Säule* pile; ~*e Vergoldung* electro-gilding; *adv.* ~ *gefällt* electrodeposited, electrolytic.

Galvani|seur *m* galvanizer, electroplater; **˜sieren** *v/t.* galvanize (*a.* ⚕), ⊕ *a.* electroplate.

Galvano *typ. n* electro(type); **~meter** *n* galvanometer; **~plastik** *f* galvanoplasty, *typ.* electrotyping.

Gamasche *f* gaiter, *kurze*: spat; *lederne*: legging; (*Wickel*˜) puttee; F *fig.* ~*n haben* be scared (*vor* of).

Gambit *n Schach*: gambit.

Gamet *biol. m* gamete.

Gammastrahlen *m/pl.* gamma rays.

gamm|elig F *adj.* **1.** (*faulig*) rotten; **2.** (*verlottert*) seedy, F crummy; **~eln** F *v/i.* (*faulenzen*) loaf, hang (*od.* bum) around; **˜ler(in** *f*) *m* loafer, lie-about, F bum.

Gams *dial. f* chamois; **~bart** *m* tuft of chamois hair; F shaving brush.

Gang *m* **1.** (~*art*) walk, gait, way *a p.* walks; (*Tempo*) *Pferd u. fig.*: pace; *s-n* ~ *beschleunigen* quicken one's pace, walk faster; **2.** (*Spazier*˜) walk, stroll; (*Besorgungs*˜) errand; (*Weg*) way; *vergeblicher* ~ fool's errand; *e-n* ~ *machen* go on an errand; *Gänge besorgen* run errands; *auf dem* ~ *zur Kirche* on one's way to church; *fig. ein schwerer* ~ a bitter errand; *der letzte* ~ the last journey; **3.** (*Bahn, Verlauf*) *allg.* course *of a conversation, of business, etc.*; *der* ~ *der Ereignisse* the course (*od.* march) of events; ~ *der Handlung* the run (*od.* course) of the plot; *s-n* ~ *gehen* take its course; *s-n gewohnten* ~ *gehen* be going on as usual; *der Sache ihren* ~ *lassen* let matters take their course; *das ist der* ~ *der Welt* that's the way of the world, such is life; **4.** *e-r Maschine usw.*: running, working, movement; (*Wirkungsweise*) action; *fig.* (*Bewegung*) movement, progress, action; ⊕ *ruhiger* ~ smooth running; *in* ~ *bringen* (*od. setzen*) ⊕ start, set *a machine* in motion (*od.* action), throw into gear, put in operation, actuate; *fig.* set (*od.* get) going, start, launch, set in train; *im* ~(e) *sein* ⊕ be running (*od.* working, in operation, in motion); *fig.* be going on (*od.* in progress, afoot, under way); *es ist etwas im* ~*e* something is going on (*od.* in the wind, F cooking); *in vollem* ~*e* in full swing; ⊕ *u. fig. außer* ~ *setzen* stop, ⊕ *a.* throw out of gear; *in* ~ *halten* keep going; make *the world, etc.*, go round; *in* ~ *kommen* get going (*od.* started) (*a. fig.*), start (working, operating, *etc.*), move; **5.** (*Flur*) corridor, hall(way); (*Durch*˜) passage(way); *zwischen Sitzreihen, im Zug usw.*: aisle, *Brit. a.* gangway; (*Bogen*˜) arcade; ⊕ walk (-way), catwalk; ⚒ tunnel, gallery; (*Röhren*˜) duct; **6.** *Kochkunst*: course; *Essen mit drei Gängen* three-course dinner; **7.** ⊕ speed; *mot.* gear, speed; *erster* ~ first (*od.* bottom, *Am.* low) gear; *zweiter* ~ second gear; *den dritten* ~ *einschalten* shift into third (gear); *höchster* ~ top (gear); *den* ~ *wechseln* change (*Am.* shift) gears; *den* ~ *herausnehmen* change (*Am.* shift) into neutral; **8.** ⊕ (*Arbeits*˜) operation; (*Produktions*˜) process of manufacture; *metall.* run; *beim Walzen, Schweißen usw.*: pass; **9.** ⊕ (*Gewinde*˜) (worm) thread; *toter* ~ backlash, *von Maschinenteilen*: dead travel; **10.** *Sport*: bout; *Boxen*: round; (*Durch*˜) heat; **11.** *anat.* duct, canal, passage; **12.** (*Erz*˜) lode, vein.

gang *adj.*: ~ *und gäbe* customary, usual, the usual thing; *durchaus* ~ *und gäbe* nothing unusual (*od.* out of the ordinary).

Gang...: **~anordnung** *mot. f* gear-change (*Am.* gearshift) pattern;

~art *f* gait, walk, *Pferd*: pace; ⊕ working (pace); *fig.* (*Tempo*) pace; ⚒ gangue; **~bar** *adj. Weg*: practicable, passable; *Münze usw.*: current; ⚕ *Ware*: sal(e)able, marketable, popular; *fig.* practicable, workable; ⚕ *~ste Nummern* best selling numbers; **~barkeit** *f* practicability (*a. fig.*); *Münze*: currency; ⚕ sal(e)ability, marketableness.

Gängel|band *fig. n* leading-strings *pl.*; *am ~ führen, ans ~ nehmen* → **~n** *v/t.* keep *a p.* in leading-strings, lead *a p.* by the nose.

Gang...: ~hebel *m* → *Gangschalter*; **~höhe** ⊕ *f Schraube*: pitch; *e-s mehrgängigen Gewindes*: lead.

gängig *adj.* **1.** *Pferd*: swift; **2.** *fig. Ausdruck*: current; **3.** *bsd.* ⚕ sal(e)able, marketable, popular; → *a. gangbar.*

Gang|lien *anat. n/pl.* ganglia; **~lienförmig** *adj.* gangliform; **~lion** *n* ganglion.

Gangrän ⚕ *n* gangrene; **~ös** *adj.* gangrenous.

Gang...: ~schalter *m*, **~schalthebel** *mot. m* gear-change (*Am.* gearshift) lever; **~schaltung** *mot. f* gear-change, *Am.* gearshift.

Gangster *m* gangster, *Am. a.* racketeer; **~bande** *f* gang (of criminals); **~braut** *f sl.* (gun) moll; **~tum** *n* gangsterism.

Gang...: ~wähler *mot. m* gear selector; **~zahl** *f mot.* number of gears (⊕ of speeds); *Gewinde*: number of threads.

Ganove F *m* F crook.

Gans *f* goose; *pl.* geese; *junge ~* gosling; *fig. dumme ~* (silly) goose; **~braten** *m* roast goose.

Gänschen *n* gosling; *fig. dummes ~* little goose, ninny.

Gänse...: ~blümchen *n* daisy; **~braten** *m* roast goose; **~brust** *f* goose-breast; **~feder** *f* (goose-) quill; **~fett** *n* goose-fat; **~füßchen** *n/pl.* quotation-marks, inverted commas; **~haut** *f* goose-skin; *fig.* goose-flesh, goose-pimples *pl.*; *ich bekam e-e ~* my flesh began to creep, F it gave me the creeps; **~kiel** *m* → *Gänsefeder*; **~klein** *n* (goose-)giblets *pl.*; **~leber** *f* goose liver; **~leberpastete** *f* (pâté de) foie gras (*fr.*); **~marsch** *m*: *im ~* (in) single (*od.* Indian) file; **~rich** *m* gander; **~schmalz** *n* → *Gänsefett*; **~wein** *co. m* F Adam's ale.

Gant ⚕ *f* → *Auktion, Konkurs.*

ganz I. *adj.* all; (*ungeteilt*) whole, entire, undivided; (*vollständig*) complete, total, full; (*unbeschädigt*) intact; *~ Deutschland* all (*od.* the whole of) Germany; *die ~e Stadt* the whole town, (*alle Einwohner*) all the town; *über ~ Amerika* all over America; *in der ~en Welt* all the world over; *die ~e Welt betreffend* world-wide; *den ~en Staat betreffend* state-wide; ⊕ *~e Länge* total (*od.* overall) length; ♪ *~e Note* semibreve; *~e Zahl* whole number, 𝔄 integer; *~e zwei Stunden* for two solid hours, (*nicht mehr*) for just two hours; *~e drei Pfund* (*nicht mehr*) just (*od.* merely) three pounds; *ein ~er Mann* a real man; *von ~em Herzen* with all my heart; *meine ~en Schuhe* all my shoes; *den ~en Morgen* (*Tag*) all the morning (day), *Am.* all morning (day); *die ~e Nacht* (*hindurch*) all through the night, all night long; *das ~e Jahr* throughout the year; *die ~e Zeit* all the time; *der ~e Betrag* the full amount; **II.** *adv.* wholly, all; (*völlig*) entirely, completely, totally, altogether, all, *contp. a.* utterly; (*a. ~ und gar*) (*ziemlich, leidlich*) quite, rather; (*sehr*) all, very; *~ Auge* (*Ohr*) all eyes (ears); *~ Freude* overjoyed; *~ gut* (*od. nett*) quite good (*od.* nice), F not bad; *~ und gar nicht* not at all, not in the least, by no means; *etwas ~ anderes* quite another thing; *nicht ~ dasselbe* not quite the same thing; *~ gewiß* most certainly (*od.* assuredly), absolutely; *~ naß* wet (all) through; *~ oder teilweise* in whole or in part; (*ich bin*) *~ Ihrer Meinung* I quite agree (with you); *~ bezahlen* pay in full; *~ der Vater* the (very) image of his (her) father; *nicht ~ zehn* just under ten; *ich ginge ~ gern hin, aber* I'd like to go, but; *~ wie du willst* just as you like; *~ besonders, weil* especially since, all the more so as; *im ~en* a) in all, altogether; b) ⚕ in the lump, wholesale; c) *a. im großen u. ~en* on the whole, by and large, all things considered; *er gewann im ~en 70 Preise* he fetched a total of 70 prizes; **~e** *n* whole; (*Gesamtbetrag*) total (amount), sum total; (*Gesamtheit*) totality, entirety; *einheitliches ~s* integral whole; F *das ~* the whole thing, everything, all; *et. als ~s betrachten* look at a th. as a whole; *aufs ~ gehen* go all out, risk all, go for the kill, go the whole hog; *jetzt geht's* *ums* ~ it's do or die (*od.* all or nothing) now; **≈aufnahme** *f*, **≈bild** *n* full-length portrait; **≈automat** *m* fully automatic machine.

Gänze *östr. f*: *zur* ~ entirely, in its entirety, completely, fully.

Ganzfabrikat *n* finished product.

Ganzheit *f* whole(ness); completeness, integrity; *in s-r* ~ in its entirety; **≈lich** *adj.* integral, comprehensive, all-embracing; *phls.* holistic; **~smethode** *ped. f* **1.** *a.* **~sunterricht** *m* global method, integrated curriculum; **2.** → *Ganzwortmethode*; **~spsychologie** *f* holistic psychology.

Ganz...: **~holzbauweise** *f* all-wood construction; **≈jährig** *adj.* full-year ...; twelve-month ...; *mot. Öl*: all-season ...; **~leder** *n* whole-leather (binding); *in* ~ leather-bound; **~lederband** *m* leather-bound volume; **~leinen** *n* full cloth (binding); *in* ~ cloth-bound.

gänzlich I. *adj.* complete, total, entire, utter; **II.** *adv.* wholly, completely, entirely; totally, absolutely, utterly; in every respect.

Ganz...: **~metall...** all-metal *construction, etc.*; **~sache** *f* postcard (*od.* envelope) with printed postage-stamp; **~seide** *f* pure silk; **~stahlkarosserie** *f* all-steel body; **≈tägig** *adj.* all-day ...; full-time; **~tagsbeschäftigung** *f* full-time job (*od.* occupation); **~tagsschule** *f* whole-day school; **≈wollen** ✝ *adj.* all-wool ...; **~wortmethode** *ped. f* "look and say" method; **~zeug** ⊕ *n Papier*: pulp.

gar I. *adj. Speisen*: (well) done; *Leder*: dressed; *Stahl*: refined; *nicht* ~ *Fleisch*: underdone, rare; **II.** *adv.* quite, entirely, very; (*sogar*) even; (*vielleicht*) perhaps; ~ *keiner* not a single one, none whatever; ~ *niemand* not a soul; ~ *mancher* many a man; ~ *nicht* not at all; ~ *nichts* not a thing, nothing at all; ~ *zu sehr* overmuch; → *a. allzu(...)*; ~ *kein Zweifel* not the least doubt; *das fällt mir* ~ *nicht ein* I wouldn't dream of doing that, catch me doing that; *oder* ~ say nothing of, let alone; *warum nicht* ~! why not?; *weitS.* you don't say so!

Garage *f* garage.

Garant *m* guarantor; → *a. Bürge.*

Garantie *f* (*Bürgschafts≈*) guaran|tee (*a. fig.*), -ty, surety, pledge; *des Verkäufers*: warranty; *ein volles Jahr* ~ guaranteed one full year; *ohne* ~ without obligation; F *unter* ~ definitely; *dafür kann ich keine* ~ *übernehmen* I can't guarantee that; **≈ren** *v/t.* (*u. v/i. für et.* ~) guarantee, warrant (*beide a. fig.*); *garantiert echt* guaranteed genuine; **~schein** *m* guarantee *od.* warranty (certificate); ⚖ surety bond, guarantee; **~syndikat** *n e-r Effektenemission*: underwriters *pl.*; **~verpflichtung** *f* warranty of quality; **~versprechen** *n*, **~vertrag** *m* guarantee contract; **~wechsel** *m* security bill.

Garaus *m*: *den* ~ *machen* (*j-m*) finish off (*od.* dispatch) *a p.*; (*e-r Sache*) put an end to *a th.*, demolish (*od.* kill) *a th.*

Garbe *f* ✓ sheaf; ⚘ milfril, yarrow; ⚔ (*Geschoß≈*) sheaf, cone of fire; *in* ~*n binden* sheave, bundle.

Gärbottich *m* fermenting vat.

Garde ⚔ *f the* Guard(s *pl.*); ~ *zu Fuß the* Foot Guards *pl.*; *fig. die alte* ~ the Old Guard; **~regiment** *n* Guards regiment.

Garderobe *f* wardrobe; *weitS.* coat (and hat); (*Kleiderablage*) cloak-room, *Am.* check-room; (*Flur≈*) hall-stand, *Am.* hall-tree; *thea.* dressing-room.

Garderoben...: **~frau** *f* cloak-room attendant, *Am.* hat-check girl; *thea.* wardrobe-mistress, dresser; **~marke** *f* cloak-room ticket, *Am.* check; **~schrank** *m* wardrobe; **~ständer** *m* hall-stand, *Am.* hall-tree; *im Restaurant*: coat-rack.

Garderobiere *f* → *Garderobenfrau.*

Gardine *f* curtain; *fig. hinter schwedischen* ~*n* behind (prison) bars; **~npredigt** F *f* curtain-lecture.

Gardist *m* guardsman.

Gare *f* ✓ mellowness *of soil*; *Leder*: tanning agent; *metall.* refined state.

gären *v/i.* ferment (*a.* ~ *lassen*); *fig.* be seething, be in a turmoil; *es gärt im Volke* there is unrest among the people.

Gärfutter ✓ *n* silage.

Garküche *f* cook-shop, eating-house.

Gärmittel ⊕ *n* ferment.

Garn *n* yarn; (*Faden*) thread; (*Baumwoll≈*) cotton; (*Netz*) net; *gezwirntes*: twine; *wollenes*: worsted; *fig.* (*j-m*) *ins* ~ *gehen* fall into the (*od.* a p.'s) snare *od.* trap; *ins* ~ *locken* ensnare, decoy, trap; *ein* ~ *spinnen* (*erzählen*) spin a yarn.

Garnele *zo. f* shrimp, prawn.
garnier|en *v/t.* trim, decorate, *a.* (*Speisen*) garnish; **≈ung** *f* trimmings *pl.*, *von Speisen*: *a.* garnish(ing) (*beide a. fig.*).
Garnison ⚔ *f* garrison, *Am. a.* (army *od.* military) post; **~dienst** *m* garrison duty; **≈dienstfähig** *adj.* fit for garrison duty (*od.* limited service); **~lazarett** *n* base hospital; **~stadt** *f* garrison town.
Garnitur *f* (*Besatz*) trimming(s *pl.*); ⊕ (*Beschläge*) fittings *pl.*, mountings *pl.*; (*Satz, Wäsche usw.*) set; ⚔ complete uniform; *erste* ~ No. 1 dress; *fig. erste* (*zweite usw.*) ~ *von Schriftstellern, Sportlern usw.*: first (second, *etc.*) rank; *fig. erste* ~ *a.* élite; *dritte* ~ *a.* third-rater(s *pl.*).
Garn...: **~knäuel** *m, n* ball of yarn; **~rolle** *f* reel; **~spule** *f* bobbin, spool; **~strähne** *f* hank (*od.* skein) of yarn.
garstig *adj. allg.* nasty, vile, filthy, foul, dirty, ugly; *er war sehr* ~ *zu mir* he was very nasty (*od.* F beastly) to me.
Gärstoff *m* ferment.
Gärtchen *n* little garden.
Garten *m* garden; *botanischer* (*zoologischer*) ~ botanical (zoological) gardens *pl.*; *bibl. der* ~ *Eden* the garden of Eden; **~anlage** *f* (public) gardens *pl.*; **~arbeit** *f* gardening; **~architekt** *m* landscape gardener (*Am. a.* architect); **~bau** *m* horticulture; *in Zssgn* horticultural *school, show, etc.*; **~erde** *f* garden mo(u)ld; **~fest** *n* garden party; **~geräte** *n/pl.* gardening implements (*od.* tools); **~gestaltung** *f* horticulture; landscaping; **~gewächs** *n* garden plant; *pl.* garden produce *sg.*; **~grill** *m*, *a.* **~grillfest** *n* barbecue; **~haus** *n* summer-house; **~land** *n* garden-plot; **~laube** *f* arbo(u)r, bower; summer-house; *fig.* sentimental trash; **~lokal** *n* beer- (*od.* tea-)garden; **~messer** *n* pruning knife; **~schau** *f* horticultural (*od.* flower) show; **~schere** *f* pruning shears *pl.*, secateurs *pl.*; **~schirm** *m* garden umbrella, *Am. a.* sunshade; **~stadt** *f* garden city; **~stuhl** *m* garden chair; **~wirtschaft** *f* → *Gartenlokal*; **~zaun** *m* garden-fence; **~zwerg** *m* (garden) gnome; F *fig. sl.* shrimp, twerp.
Gärtner *m*, **~in** *f* gardener; **~ei** *f* gardening, horticulture; (*Betrieb*) market-garden, *Am.* truck garden; **≈isch** *adj.* horticultural; *adv.* ~ *gestalten* landscape; **≈n** *v/i.* do gardening.
Gärung *f* fermentation; ⚕ zymosis; *fig.* state of ferment, turmoil, unrest, agitation; *zur* ~ *bringen* ferment; *sich in* ~ *befinden* (*a. fig.*) → *gären*.
Gärungs...: **~alkohol** *m* ethyl alcohol; **≈erregend** *adj.* zymogenic; **~mittel** *n*, **~stoff** *m* ferment; **~pilz** *m* yeast plant; **~prozeß** *m* (process of) fermentation; **~verfahren** *n* method of fermentation.
Gas *n allg.* gas; *mot.* ~ *geben* open the throttle, step on the accelerator, F *od. Am., a. fig.* step on the gas; ~ *wegnehmen* throttle down; (*sich*) *in* ~ *verwandeln* gasify; *mit* ~ *vergiften* gas; **~alarm** *m* gas alarm; **~angriff** ⚔ *m* gas-attack; **~anstalt** *f* gas-works *pl.* (*a. sg. konstr.*); **~anzünder** *m* gas lighter; **~arbeiter** *m* gas-fitter; **≈artig** *adj.* gaseous; **~auto** *n* gas-powered car; **~automat** *m* coin-operated gas-meter; **~backofen** *m* gas oven; **~behälter** *m* gas tank (*od.* container); gasometer; **≈beheizt** *adj.* gas-fired; **~beleuchtung** *f* gas-light(ing); **~bombe** ⚔ *f* gas bomb; **~brenner** *m* gas-burner; **≈dicht** *adj.* gas-tight; **~druck** *m* gas pressure; **≈en** *v/i.* (develop) gas; **~entwicklung** *f*, **~erzeugung** *f* gas production; **~fabrik** *f* → *Gasanstalt*; **~feuerung** *f* gas firing; **~feuerzeug** *n* gas-lighter; **~flamme** *f* gas flame; *am Kocher*: burner; **~flasche** *f* gas cylinder; **≈förmig** *adj.* gaseous; **~förmigkeit** *f* gaseity; **~gebläse** *n* gas-blower; **~gemisch** *n* gas(eous) mixture; **~gewinnung** *f* gas production; **~granate** *f* gas-shell; **~hahn** *m* gas tap; **~hebel** *mot. m* **1.** (*Hand*≈) throttle control (hand lever); **2.** → *Gaspedal*; **~heizofen** *m* gas-fire; **~heizung** *f* gas-heating; **~herd** *m* gas-range (*od.* -stove); **~kammer** *f* gas chamber; **~kessel** *m* → *Gasbehälter*; **~kocher** *m* gas cooker; **~koks** *m* gas coke; **≈krank** *adj.* gassed; **~krieg** *m* gas (*od.* chemical) warfare; **~lampe** *f*, **~laterne** *f* gas-lamp; **~leitung** *f* gas main (*od.* conduit); **~licht** *n* gaslight; **~lichtpapier** *phot. n* gas-light paper; **~-Luft-Gemisch** *mot. n* gas-air (*od.* explosive) mixture; **~mann** *m* gas-man; **~maske** *f* gas-mask; **~messer** *m* gas-meter; **~motor** *m* gas-engine; **~ofen** *m* gas-stove.

Gasolin ⚗ *n* gasolene, gasoline.
Gasometer *m* gasometer.
Gas...: **~pedal** *mot. n* accelerator (pedal), *Am.* gas pedal; **~pistole** *f* gas-pistol; **~rohr** *n* gas-pipe; **~schutz** ⚔ *m* gas defen|ce, *Am.* -se; **~schwade** *f* gas fumes *pl.*; **~schweißbrenner** ⊕ *m* autogenous welding torch.
Gäßchen *n* narrow alley *od.* lane.
Gasse *f* (narrow) lane *od.* alley *od.* street; *fig.* (*Spalier, Bahn*) lane; *Sport*: gap; e-e ~ bilden form a lane; sich e-e ~ bahnen durch force one's way through; **~nbube** *m*, **~njunge** *m* street arab, urchin, guttersnipe; **~nhauer** *m* popular song.
Gast *m allg.* guest (*a. biol.*); (*Besucher*) visitor, caller; *im Wirtshaus usw.*: customer, *regelmäßiger*: frequenter; *im Fremdenheim*: boarder, (paying) guest; (*Tourist*) guest, tourist; *thea.* guest (performer *od.* artist, star); ungebetener ~ intruder, unbidden guest; ein seltener ~ quite a stranger; Gäste haben have guests (*od.* company); j-n bei sich zu ~ haben entertain a p.; j-n zu ~ bitten invite a p.; bei j-m zu ~ sein be a p.'s guest, be staying with a p.; **~arbeiter(in** *f*) *m* foreign worker; **~bett** *n* spare bed; **~dirigent** ♪ *m* guest conductor; **~dozent** *m* guest lecturer.
Gäste|buch *n* visitors' book; **~heim** *n* guest-house; **~zimmer** *n* guest-bedroom; *im Gasthaus*: (bar) parlo(u)r; *im Hotel usw.*: lounge.
Gast...: **⁀frei** *adj.* hospitable; **~freiheit** *f* hospitality; **~freund** *obs. m* **1.** guest; **2.** (*Gastgeber*) host; **⁀freundlich** *adj.* hospitable; **~freundschaft** *f* hospitality; **~geber** *m* host; *pl. Sport*: home team (*sg.*); **~geberin** *f* hostess; **~haus** *n*, **~hof** *m* restaurant; *mit Unterkunft*: inn, guesthouse; **~hörer(in** *f*) *univ. m* guest student, *Am. a.* auditor.
gastieren *thea. v/i.* appear as a guest (star), give a guest performance.
Gast...: **~land** *n* host country; **⁀lich** *adj.* hospitable; **~lichkeit** *f* hospitality; **~mahl** *n* feast, banquet; (*Platos* ~) Symposium; **~professor** *m* visiting professor; **~recht** *n* (right of) hospitality; j-m das ~ gewähren grant a p. hospitality.
gastrisch ⚕ *adj.* gastric.
Gastritis ⚕ *f* gastritis.
Gastrolle *thea. f* guest part; e-e ~ geben a) → gastieren; b) *fig.* pay a flying visit (*in* to), show up briefly (at).
Gastronom *m* gastronomer; **⁀isch** *adj.* gastronomic(al).
Gast...: **~spiel** *thea. n* guest performance (*a.* F *fig.*); **~spielreise** *f* tour; **~spieltruppe** *f* travel(l)ing theat|re (*Am.* -er) company; **~stätte** *f* restaurant; **~stättengewerbe** *n* restaurant industry, catering trade; **~stube** *f* **1.** restaurant; **2.** (bar) parlo(u)r.
Gasturbine *f* gas turbine.
Gast...: **~vorlesung** *f* guest lecture; **~vorstellung** *thea. f* guest performance; **~wirt** *m* publican, landlord, host, innkeeper, *Am.* saloon keeper; **~wirtin** *f* landlady, hostess; **~wirtschaft** *f* → Gasthaus; **~zimmer** *n* → Gästezimmer.
Gas...: **~uhr** *f* gas-meter; **⁀vergiftet** *adj.* gassed; **~vergiftung** *f* gas-poisoning; **~versorgung** *f* gas supply; **~werk** *n* gasworks *pl.* (*oft sg. konstr.*); **~wolke** *f* gas cloud (*od.* wave); **~zähler** *m* gas-meter.
Gat(t) ⚓ *n* (*Heck*) stern; (*Loch*) hole; (*Spei*~) scupper; (*Durchfahrt*) fairway.
Gatte *m* husband, *poet.* mate, *a.* ⚖ spouse; ~*n* married couple *sg.*, husband and wife; **~nliebe** *f* conjugal love; **~nwahl** *f* choice of a spouse; *biol.* assortative mating.
Gatter *n* lattice; → Gattertor; **~säge** *f* frame saw; **~tor** *n*, **~tür** *f* (lattice) gate; lattice door; grille.
Gattin *f* wife, *poet.* mate, *a.* ⚖ spouse; Ihre ~ your wife, *förmlich*: Mrs. X.
Gattung *f zo.*, ⚘ genus, (*Rasse*) race, (*Familie*) family, (*Art*) species; *fig.* kind, sort, type, class; *Kunst*: *a.* genre (*fr.*), category, medium; von jeder ~ of every (kind and) description; **~sbegriff** *m* generic term (*od.* concept); **~skauf** ⚖ *m* purchase by description; **~sname** *m* generic name; *ling.* appellative, collective noun.
Gau *m* district, region, province; *in Zssgn* district ..., regional.
Gaudi F *n*, *f*, **~um** *n* (great) fun, *sl. a.* (real) gas; zur allgemeinen ~ to the general amusement (*od.* merriment).
gaufrieren ⊕ *v/t.* emboss; (*Buch*) goffer.
Gaukelbild *n* illusion, phantasm, mirage; (*Blendwerk*) delusion.

Gaukelei *f* → *Gaukelspiel.*
gaukel|haft *adj.* delusive; **~n I.** *v/i.* juggle, do tricks; *fig.* (*flattern*) flutter (about); (*sich wiegen*) sway, swing, rock; **II.** *v/t.* → *vorgaukeln*; **²spiel** *n*, **²werk** *n* jugglery, sleight-of-hand, legerdemain; (*Täuschung*) deception, delusion, hocus-pocus.
Gaukler(in *f*) *m* juggler, tumbler, illusionist; (*Spaßmacher*) buffoon, clown; (*Scharlatan*) charlatan, mountebank.
Gaul *m* horse; *contp.* nag; *alter ~* (old) jade; *fig. e-m geschenkten ~ sieht man nicht ins Maul* never look a gift horse in the mouth.
Gaumen *m* palate, roof of the mouth; *harter* (*weicher*) *~* hard (soft) palate; *feiner* (*verwöhnter*) *~* delicate (fastidious) palate; *j-s ~ kitzeln* tickle a p.'s palate; *den ~ betreffend* palatal; **~kitzel** *m* tickling of the palate; **~laut** *m* palatal (sound); **~platte** ⚕ *f* upper denture (*od.* F plate); **~segel** *n* soft palate, velum; **~zäpfchen** *n* uvula.
Gauner *m*, **~in** *f* swindler, sharper, *sl.* crook, conman; (*Halunke*) *a. co.* scoundrel, rascal; **~ei** *f* swindling, sharp practice, trickery, *Am. a.* skulduggery; (*Tat*) *a.* swindle; **²haft** *adj.* knavish, crooked, dishonest; **²n** *v/i.* cheat, swindle; **~sprache** *f* thieves' cant; **~streich** *m*, **~stück** *n* swindle, imposture; → *a. Gaunerei.*
Gaze *f* gauze (*a.* ⚕); ⚘ *feine*: gossamer; (*grobe Baumwoll²*) cheesecloth; ⊕ (*Draht²*) wire gauze; **~bausch** *m* gauze pad; **~binde** *f* gauze bandage; **~fenster** *n* gauze-screened window, screen.
Gazelle *f* gazelle.
Geächtete(r *m*) *f* outlaw.
Geächze *n* groaning, groans *pl.*
Geäder *n* veins *pl.*, veined structure; (*Blutgefäße*) blood vessels *pl.*; *im Holz*: graining; **²t** *adj.* veined, veiny; *Holz usw.*: grained, marbled.
geartet *adj.* natured, disposed, conditioned; *anders ~ sein* be different; *besonders ~* special case.
Geäst *n* branches *pl.*
Gebabbel F *n* babble.
Gebäck *n* baker's ware; (*Fein²*) pastry, fancy cakes *pl.*, cookies *pl.*
Gebälk *n* framework, timberwork; (*Balken*) beams *pl.*; (*Säulen²*) entablature; → *knistern.*
geballt *adj. Faust*: clenched; *fig.* concentrated; *Stil*: succinct; ⚔ *~es Feuer* concentric fire; *~e Ladung* concentrated charge.
gebannt *adj. u. adv.* fascinated(ly), spellbound (*a. wie ~*).
Gebärde *f* gesture; *fig.* air, mien; **²n** *v/refl.*: *sich ~* behave, act (*wie* like); **~nspiel** *n* gesticulation, gestures *pl.*; *thea.* pose; *stummes*: pantomime, dumb show (*a. fig.*); **~nsprache** *f* language of gestures, sign-language; *thea.* mimicry.
gebaren I. *v/refl.* → *gebärden*; **II. ²** *n* behavio(u)r, demeano(u)r; → *Geschäftsgebaren.*
gebären I. *v/t.* bear, bring forth (*a. fig.*), give birth to, be delivered of *a child*; *fig.* produce, beget, breed; *geboren werden* be born; *ich wurde geboren am* I was born on; → *geboren*; **II.** *v/i.* bear (*od.* give birth to) a child; **III. ²** *n* child-bearing, parturition; **~d** *adj.* being in labo(u)r, parturient.
Gebärmutter *f anat.* womb, uterus; *die ~ betreffend* uterine; **~hals** *m* cervix uteri; **~senkung** *f* uterine descent.
Gebarung *f* → *Gebaren* II.
gebauchpinselt F *adj.* flattered.
Gebäude *n* building, structure; *bsd. großes, bemerkenswertes*: edifice; *fig.* structure, framework; *von Gedanken*: edifice; **~komplex** *m* complex of buildings.
gebefreudig *adj.* open-handed.
Gebein *n* bones *pl.*; (*Knochengerüst*) skeleton; *~e* (*sterbliche Hülle*) (mortal) remains, *eccl.* relics.
Gebelfer *n* yelping, yapping (*a. fig.*).
Gebell *n* barking, *großer Hunde*: *a.* bay; (*Kläffen*) yapping.
geben I. *v/t.* **1.** *allg.* give (*j-m et.* a p. a th., a th. to a p.); (*reichen*) *a.* hand (a p. a th., a th. over to a p.); (*schenken*) *a.* present (a p. with a th.); (*verleihen*) *a.* confer, bestow (a th. on a p.); (*gewähren*) give, grant (*j-m* a p. *an interview, credit, time, etc.*); (*Gelegenheit*; *Grund, Vorgeschmack usw.*) give; (*Auskunft, Hinweis, Nachricht, Überblick, Vorstellung usw.*) give; (*Unterricht, Fach*) give (lessons in), instruct in, teach; (*Aufsatz*) set; (*Ertrag usw.*) give, yield, produce; F *ich gäbe was drum, zu erfahren* I'd give anything (*od.* my eye-teeth) to know; F *es j-m ~* give it to a p., let a p. have it; → *Abschied, Anlaß, bedenken* I 1, *Bescheid, Blöße* 2, *denken* I, *verstehen usw.*; → *gegeben*; **2.** (*verkaufen*) sell; **3.** (*Essen, Fest,*

Konzert usw.) give; (*Theaterstück usw.*) *a.* perform, F do; (*Film*) show, present; *e-e Gesellschaft* ~ give (*od.* F throw) a party; *das Stück wurde 7 Wochen lang gegeben* had a run of 7 weeks; *was wird heute abend gegeben?* what's on tonight?; **4.** (*ergeben*) make *a good soup, etc.*; (*Flecken*) make, leave; *er gibt mal e-n guten Koch* he will make a good cook; *das gibt keinen Sinn* it makes no sense; **5.** (*tun, legen, stecken usw.*) put; (*hinzutun, beimischen*) *a.* add; *Salz an* (*od. in*) *die Suppe* ~ put salt into (*od.* add salt to) the soup; **6.** *von sich* ~ ⚗ give off, emit; (*wieder von sich* ~) (*Essen*) bring (*od.* throw) up; (*Äußerung*) utter, (*Schrei usw.*) *a.* give; (*e-e Rede*) hold, deliver; (*Flüche*) pour forth; *nichts als Unsinn von sich* ~ talk nothing but nonsense; → *Ton*²; **7.** *etwas* (*viel*) ~ *auf* set (great) store by, attach (great) importance to, value (highly), *bsd.* (*j-n*) think much of, have a high opinion of; **II.** *v/i.* **8.** give (*mit vollen Händen* liberally); **9.** *Karten*: deal; *wer gibt?* whose deal (is it)?; **10.** *Tennis usw.*: serve; **11.** *tel.* transmit, send; **III.** *v/refl.*: *sich* ~ **12.** *Gelegenheit*: arise, present (*od.* offer) itself; **13.** (*nachlassen, vorübergehen*) pass, F blow over; *Leidenschaft usw.*: *a.* cool (down); (*wieder gut werden*) come right; **14.** (*sich verhalten*) behave, act *naturally, etc.*; *sich gelassen* ~ pretend to be calm; *wenn er sich sozialistisch gibt* F when he wears a socialist hat; **15.** *sich als Experte usw.* ~ pose as, give o.s. the air of, pretend to be, try to pass o.s. off for; **16.** *sich geschlagen* ~ give in, admit defeat; → *gefangen, verloren*; **IV.** *v/impers.* **17.** *es gibt* there is, there are; *es gibt e-n Gott* there is a God; *es gibt Leute, die* there are people who; *der beste Spieler, den es je gab* the best player ever (*od.* of all time); *es gab viel zu tun* there was much to be done, F there was a lot to do; *es gab kein Entrinnen* there was no escape; *das gibt Ärger* there will be trouble; F *was gibt's?* what's the matter?, F what's up?; *was gibt's Neues* (*bei dir*)? what's new (with you)?; *was gibt es heute* (*zum Essen*)? what are we having (for lunch, *etc.*) today?; *was es nicht alles gibt!* it takes all kinds!; *das gibt's nicht!* there is no such thing; *verbietend*: that's out!; F *das gibt's ja gar nicht!* that can't be true!, impossible!; *da gibt's nichts!* (*ohne Zweifel*) and no mistake about it; (*unter allen Umständen*) and if it kills me; *es wird heute noch etwas* ~ (*z.B. Gewitter, Krach usw.*) there will be *od.* we are in for a storm (row, *etc.*); F *sei ruhig, sonst gibt's was!* be quiet, or you'll catch it!; **V.** ≈ *n* **18.** giving; *es ist alles ein* ~ *und Nehmen* it's all a matter of give and take; ~ *ist seliger denn Nehmen* it is more blessed to give than to receive; **19.** *Kartenspiel*: *am* ~ *sein* be dealing; *er ist am* ~ it's his deal.

gebenedeit *R.C. adj.* blessed.

Geber *m*, **~in** *f* giver, donor (*a.* ⚖); *Kartenspiel*: dealer; *tel.* transmitter; (*Meßwert*≈) pick-up; (*Automat*) dispenser; ⚚ ~ *und Nehmer* (*pl.*) sellers and buyers; **~laune** *f* generous mood.

Gebet *n* prayer; *sein* ~ *verrichten* say one's prayers; *fig. j-n ins* ~ *nehmen* (*verhören*) question a p. closely, catechize a p., (*ermahnen*) take a p. to task, call (*od.* have) a p. on the carpet, give a p. a (good) talking-to; **~buch** *n* prayer-book.

Gebet...: **~smühle** *f* prayer-wheel; **~steppich** *m* prayer-rug.

Gebiet *n* territory; (*Bezirk*) district, region; zone; (*Fläche*) area; (*Gelände*) terrain; (*Landstrich*) tract; ⚚ (*Vertrags*≈) (contractual) territory *od.* district; *fig.* ⚖ (*Zuständigkeit*) jurisdiction; (*Fach*≈) field, domain; province, department; (*Thema*) subject; (*Bereich*) sphere, scope, range; *Fachmann auf dem* ~ *der Kernspaltung* authority on (*od.* in the field of) nuclear fission.

gebiet|en **I.** *v/t.* (*erfordern*) require, call for; (*Achtung, Ehrfurcht*) command; (*Schweigen*) impose; *j-m* ~ *et. zu tun* order (*od.* command, tell, bid, *stärker*: enjoin) a p. to do a th.; (*anweisen*) direct (*od.* instruct) a p. to do a th.; *j-m et.* ~ enjoin a th. on a p.; *die Not gebietet es* necessity demands it; *die Vernunft gebietet uns, zu inf.* reason commands us to *inf.*; **II.** *v/i.* (*herrschen*) rule (*über* over), govern, *a. weitS.* have command (*od.* control) (over), control (*a th.*); (*s-n Leidenschaften usw.*) check, control; (*e-r Sache*) (*verfügen über*) have at one's disposal (*od.* command); → *geboten*; **≈er** *m* master, lord; (*Herrscher*) governor, ruler, commander; **≈e-**

rin *f* mistress; (*Herrscherin*) ruler; **~erisch** *adj.* imperious, domineering; *Ton usw.*: *a.* peremptory.

Gebiets...: **~abtretung** *f* cession of territory; **~anspruch** *m* territorial claim; **~beauftragte(r)** *m* regional commissioner; **~hoheit** *f* territorial sovereignty; **~körperschaft** *f* territorial authority; **⁓weise** *adj.* (*u. adv.*) regional(ly), local(ly).

Gebilde *n* (*Ding*) thing; (*Schöpfung*) creation; (*Erzeugnis*) product; (*Form*) form, shape; (*Bau, Gefüge*) structure; ⚘, ⚖ entity, instrumentality; (*Bildung*) *a. geol.* formation; ⊕ *Weberei*: pattern, figure.

gebildet *adj.* educated, well-bred, cultivated, cultured, refined; *engS.* accomplished; (*wissensreich*) well-informed; (*belesen*) well-read; *die Gebildeten* the educated.

Gebimmel *n* (continual) ringing *od.* tinkling.

Gebinde *n* bundle; *von Blumen usw.*: spray, garland; *Garn usw.*: skein; ⚠ truss; (*Behälter*) container; (*Faß*) barrel, cask.

Gebirg|e *n* mountain range (*od.* chain); *weitS.* mountains *pl.*; *fig.* mountain; ⚒ ground, rock; **⁓ig** *adj.* mountainous; **~ler** F *m* → *Gebirgsbewohner*.

Gebirgs...: → *a.* Berg...; **~ausläufer** *m* spur (of a mountain range); **~bahn** *f* mountain railway; **~bewohner**(**in** *f*) *m* mountain-dweller, highlander; **~gegend** *f* mountainous region; **~grat** *m* mountain ridge; **~jäger** ⚔ *m* mountain infantryman; *pl.* mountain infantry *sg.*; **~kamm** *m* → *Gebirgsgrat*; **~kette** *f* chain of mountains; **~kunde** *f* orology; **~land** *n* mountainous country; **~paß** *m* mountain pass; **~rücken** *m* → *Gebirgsgrat*; **~truppen** *f/pl.* mountain troops; **~volk** *n* mountain-tribe; highlanders *pl.*; **~wand** *f* wall of rocks; **~zug** *m* mountain range.

Gebiß *n* (set of) teeth; *künstliches*: denture, set of artificial (*od.* false) teeth; *am Zaum*: bit; **~anomalie** *f* malformation of teeth.

Gebläse ⊕ *n* blast (engine), blower; *mot.* supercharger; *Hochofen*: airpipe; (*Blasebalg*) bellows *pl.*; (*Ventilator*) fan, ventilator; **~lampe** *f* blowtorch; **~luft** *f* blast air; **~motor** *m* fan motor; (*Lader*) supercharger engine; *Diesel*: blast-injection engine.

geblümt *adj.* flowered, flowery; ⚘ *a.* sprigged, with floral design; *Muster*: floral.

Geblüt *n* blood; (*Geschlecht*) *a.* lineage, race; *von edlem ~* of noble blood (*od.* birth); *Prinz von ~* prince of the blood.

gebogen *adj.* bent, curved; convex.

geboren *adj.* born; *~er Deutscher* German by birth; *in Deutschland ~* German-born; *~e Schmidt* née Schmidt; *sie ist eine ~e Schmidt* her maiden name was Schmidt; *~ sein zu* be born to *a th.* (*od.* to be *a th.*, to do *etc. a th.*), (*e-m Beruf*) *a.* be cut out for; *ein ~er Geschäftsmann* a born businessman; → *a. gebären*.

geborgen *adj.* safe, secure, sheltered (*vor* from); **⁓heit** *f* safety, security.

Gebot *n* order, command; (*Erfordernis*) demand, necessity; (*Vorschrift*) rule, ⚖ *a.* mandatory regulation; ⚘ *u. Bridge*: bid; *die Zehn ~e* the Ten Commandments; *das ~ der Vernunft* (*des Herzens usw.*) the dictates *pl.* of reason (of one's heart, *etc.*); *j-m zu ~e stehen* be at a p.'s disposal (*od.* command), be available to a p.; *ihm stehen reiche Hilfsquellen zu ~e* he has (*od.* commands, can rely on) rich resources; *zu ~(e) stehend* available; *das erste ~ s-s Handelns* the first principle of his actions; *Not kennt kein ~* necessity knows no law; *dem ~ der Stunde gehorchen* fit in with the needs of the moment; **⁓en** *adj.* (*notwendig*) requisite, necessary; *pred.* required, called for; *dringend ~* imperative; (*angezeigt*) indicated; (*gehörig*) due; F *da war was ~!* → *los* I 3; **~sschild** *n* mandatory sign.

gebrannt *adj.* burnt, burned; *Kaffee usw.*: roasted; *Keramik*: baked; → *Kind*.

Gebräu *n* brew; *fig. a.* mixture, concoction.

Gebrauch *m* use; (*Anwendung*) *a.* application (*a. pharm.*, ⚕); employment; *ling.* usage; (*Sitte*) custom; (*Gepflogenheit*) usage, practice; *heilige Gebräuche* sacred rites; *von et. ~ machen* make use (*od.* avail o.s.) of a th., use a th.; *guten* (*schlechten*) *~ von et. machen* put a th. to good (bad) use; *reichlichen ~ von et. machen* make frank use of; *in ~ kommen* come into use; *im ~ sein* be in use, be used; *außer ~ kommen* go out of use, fall into disuse; *außer ~ setzen* put out of use, discard, invalidate; *allgemein in ~*

in common use; *der ~ seines linken Arms* the use of his left arm; *zum äußeren (inneren) ~* for external (internal) application; *zum persönlichen ~* for personal use; *vor ~ schütteln!* shake before using!; **≈en** *v/t.* (*benützen*) use, make use of, avail o.s. of; employ (*für* for), apply (to); (*handhaben*) handle; (*Arznei*) take; *Gewalt ~* use force, have recourse to violence; *s-n Verstand ~* use one's brain (*od.* head); *sich ~ lassen zu* lend o.s. to; *ich kann es gut ~* I have a good use for it, it's just what I needed; *ich kann es nicht ~* it is of no use (*od.* useless) to me; *ich könnte e-n Schirm (Kognak usw.) ~* I could do with an umbrella (brandy, *etc.*); *du wirst nicht mehr gebraucht* you are no longer needed (*od. contp.* wanted); *er ist zu allem zu ~* he can turn his hand to anything; *er ist zu nichts zu ~* he's good for nothing; *äußerlich zu ~!* for outward application!; → *a. brauchen.*

gebräuchlich *adj.* in use; *Wörter usw.*: current, in common (*od.* general) use; (*gewöhnlich*) ordinary, common; (*üblich*) customary, usual, normal (*bei* with); *nicht mehr ~* no longer used; out-dated, obsolete; *~ werden* come into use (*od.* fashion, vogue).

Gebrauchs...: **~anleitung** *f*, **~anweisung** *f* directions *pl.* for use, instructions *pl.* (for use); **~anmaßung** ⚖ *f* (temporary) conversion (to one's own use); **~artikel** *m* article for daily use; (personal *od.* utility) article, commodity; **~ausführung** *f*: *einfache ~* utility type; **~diebstahl** *m* → *Gebrauchsanmaßung*; **≈fähig** *adj.* usable, serviceable; **~fahrzeug** *n* utility vehicle; **≈fertig** *adj.* ready for (*od.* to) use; instant *coffee, soup, etc.*; **~gegenstand** *m* → *Gebrauchsartikel*; **~graphik** *f* commercial (*od.* applied) art; **~graphiker** *m* commercial (*od.* industrial) artist; **~güter** *n/pl.* commodities, utility goods, consumer durables; **~hund** *m* all-round dog; **~möbel** *n/pl.* utility furniture *sg.*; **~muster** *n* (registered *od.* industrial) design; **~musterschutz** *m* legal protection of (registered) designs; copyright in designs; **~vorschrift** *f* → *Gebrauchsanweisung*; **~wert** *m* utility value; **~zweck** *m* purpose, intended use.

gebraucht *adj.* used, ✝ *a.* second-hand; *Kleider*: *a.* worn, old; **≈wagen** *m* used (*od.* second-hand) car; **≈wagenhändler** *m* used car dealer; **≈waren** *f/pl.* second-hand articles.

gebräunt *adj.* tanned; *tief ~* bronzed; ⊕ burnished.

Gebraus *n* → *Brausen* III.

gebrechen I. *v/i.*: *es gebricht ihm an* he lacks (*od.* wants) *a th.*, he has no *courage, etc.*; **II.** **≈** *n* (physical *od.* bodily) defect (*od.* disability, handicap); infirmity, affliction, ailment; *fig.* shortcoming, defect, handicap; *die ~ des Alters* the infirmities of old age.

gebrechlich *adj.* feeble, frail; (*altersschwach*) decrepit, infirm, shaky; F *Stuhl usw.*: rickety, shaky; **≈keit** *f* frailty; infirmity, decrepitude.

gebrochen *adj.* broken (*a. fig.*); *mit ~er Stimme* in a broken voice; *mit ~em Herzen* broken-hearted; *~es Englisch* broken English.

Gebrodel *n* → *Brodeln* II.

Gebrüder *pl.* brothers; ✝ *~ (Gebr.) Wolfram* Wolfram Brothers (*abbr.* Bros.).

Gebrüll *n allg.* roar(ing); *des Rindes*: lowing.

Gebrumm *n* → *Brummen* II.

gebückt *adj.* bent, stooped; *~e Haltung* stoop.

Gebühr *f* **1.** (*Vergütung*) charge, fee, due, (*bsd. Straßen≈ usw.*) toll; (*Beitrag*) subscription (*für* to); (*Satz, Tarif*) rate; (*Nutzungs≈*) royalty; ✝ (*Provision*) commission; *prozentuale ~* percentage (due); ☏ *ermäßigte ~* reduced rate; → *Anwaltsgebühr, Aufnahmegebühr, Lizenzgebühr usw.*; **2.** (*das j-m Zukommende*) *nach ~* duly, properly, appropriately, according to *a p.'s* deserts; *über ~* excessively, unduly, immoderately, too much.

gebühren I. *v/i.* be due to; (*gehören*) belong to; *es gebührt ihm a.* he is entitled to it; *gib ihm, was ihm gebührt* give him his due; → *Ehre*; **II.** *v/refl. impers.*: *sich ~* be fitting (*od.* proper, seemly); *wie es sich gebührte* as was fit and proper; *es gebührt sich nicht für ihn, zu inf.* it does not befit him (*od.* it ill becomes him) to *inf.*; **~d I.** *adj.* (*schuldig*) due (*dat.* to); (*geziemend, passend*) due, proper, fitting; *iro. in ~em Abstand* at a respectful distance; **II.** *adv.* (*a.* **~dermaßen**, **~derweise**) duly, properly.

Gebühren...: **~einheit** *f* unit (of charge); **~erlaß** *m* remission of fees; **~ermäßigung** *f* reduction of fees (*od.* rates, charges); **⁓frei** *adj.* free of charge; without fee; **~freiheit** *f* exemption from charges (*od.* fees); **~marke** *f* revenue stamp, fee-stamp; **~ordnung** *f* schedule (*od.* scale) of fees *od.* charges; **⁓pflichtig** *adj.* chargeable, liable to a fee (*od.* charge, *a.* ☏); *~e Autostraße* toll (*od.* turnpike) road; *~e Verwarnung* warning involving a summary fine; **~satz** *m* rate (of fees *od.* charges); **~stempel** *m* fee stamp; **~vorschuß** *m des Anwalts*: retainer.

gebührlich *adj.* → *gebührend.*

gebündelt *adj.* bundled, *phys. a.* pencil(l)ed *rays.*

gebunden *adj.* **1.** *typ.* bound; **2.** *fig.* bound, tied; *vertraglich ~* bound by contract; *sich an et. ~ fühlen* feel bound (*od.* pledged) to a th.; **3.** *fig.* engaged; **4.** ✝ *Kapital*: tied (up); (*gesperrt*) blocked; (*zweck~*) earmarked; (*gelenkt*) controlled (*a. Preis, Währung*); directed, subject to supervision; *~er Zahlungsverkehr* payment through clearing channels; **5.** ⚗ fixed (*an* to), combined (with); *phys. Wärme*: latent; **6.** ♪ slurred, *a. adv.* legato; **7.** *Rede*: metrical; → *a. binden*; **⁓heit** *f* constraint, restraint; dependence.

Geburt *f* birth; ⚕ (child)birth; (*Entbindung*) delivery, confinement; (*~svorgang*) parturition; (*Abstammung*) birth, extraction, descent; *fig.* birth, creation, rise; *leichte* (*schwere*) *~* easy (difficult) delivery; F *fig. e-e schwere ~* a tough job; *von ~ an* from (one's) birth; *Deutscher von ~* a German by birth; *von vornehmer ~* of noble birth, high-born.

Geburten...: **~beschränkung** *f*, **~kontrolle** *f*, **~regelung** *f* birth-control; **~rückgang** *m* decline in the birth-rate; **⁓schwach** (**⁓stark**) *adj.* having a low (high) birth-rate; **~überschuß** *m* excess of births; **~ziffer** *f* birth-rate.

gebürtig *adj.*: *~ aus Deutschland, ein ~er Deutscher* born in Germany, a native of Germany, German-born.

Geburts...: **~anzeige** *f* announcement of a birth; **~datum** *n* date of birth; **~fehler** *m* congenital defect; **~haus** *n*: *mein* (*sein usw.*) *~* the house where I (he, *etc.*) was born, my (his, *etc.*) birthplace; **~helfer** *m* obstetrician; **~helferin** *f* midwife; **~hilfe** *f* obstetrics *pl.* (*sg. konstr.*); *engS.* midwifery; **~jahr** *n* year of birth; **~jahrgang** *m* age class; **~land** *n* native country; **~ort** *m* birthplace, native place; *~ und Geburtstag* place and date of birth; **~schein** *m* birth certificate; **~stadt** *f* native town; **~stunde** *f* hour of birth; **~tag** *m* birthday; *amtlich*: date of birth; (*ich*) *gratuliere zum ~* (I wish you) many happy returns of the day; **~tagsfeier** *f* birthday party; **~tagsgeschenk** *n* birthday present; **~tagskind** *n* person celebrating his (her) birthday; **~urkunde** *f* birth certificate; **~wehen** *pl.* labo(u)r(-pains) *sg.*; *in ~ liegen* be in labo(u)r; **~zange** *f* forceps.

Gebüsch *n* bushes *pl.*, shrubbery; (*Dickicht*) thicket; (*Gehölz*) underbrush, underwood, copse.

Geck *m* fop, dandy, *Am. sl.* dude; (*Laffe*) coxcomb; **⁓enhaft** *adj.* dandyish, foppish.

gedacht *adj.* imaginary, assumed; *~ für* (*od. als*) intended *od.* meant for (*od.* as).

Gedächtnis *n* (*Fähigkeit*) memory; (*Erinnerung*) remembrance, recollection, memory; *gutes ~* good (*od.* retentive) memory; *schlechtes* (*kurzes*) *~* bad (short) memory; *aus dem ~* from memory, (*auswendig*) by heart; *zum ~ gen.* (*od. an*) in remembrance *od.* memory *od. festlich*: commemoration of; *et. aus dem ~ tilgen* dismiss the memory of; *im ~ behalten* keep (*od.* bear) in mind, remember; *j-m et. ins ~ zurückrufen* call a th. back to a p.'s memory, remind a p. of a th.; *sich et. ins ~ zurückrufen* call a th. (back) to mind, recall a th.; *wenn mich mein ~ nicht trügt* if my memory serves me right, if I remember rightly; **~fehler** *m* slip of the memory; **~feier** *f* commemoration; **~gottesdienst** *m* memorial service; **~hilfe** *f* mnemonic (*od.* memory) aid; (*Notiz*) memo; **~kirche** *f* memorial church; **~kunst** *f* mnemonics *pl.* (*sg. konstr.*); **~lücke** *f* gap in one's memory; **~rede** *f* commemorative address (*od.* speech); **~rennen** *n Sport*: memorial (stakes *pl.*); **~schwäche** *f* weakness of memory; **~schwund** *m* loss of memory, amnesia; *kurzfristiger*: memory lapse; **~störung** *f* disturbance of memory; **~stütze** *f* → *Gedächtnishilfe*; **~übung** *f* mnemonic exercise; memory training; **~verlust** *m* amnesia, loss of memory.

gedämpft *adj. Schall*: muffled; *Stimme*: hushed, *a. Farbe, Licht*: subdued; *phys.* damped; ⚡ attenuated; *Kochkunst*: stewed; *fig. Stimmung*, F *Person*: subdued; *mit ~er Stimme* in an undertone, under one's breath, sotto voce; *~er Optimismus* guarded optimism.

Gedanke *m* thought (*an* of); (*Vorstellung, Einfall, Plan*) idea; (*Gefühl, Ahnung*) notion; (*~ngang, Betrachtung*) thought(s *pl.*), reflection; (*Mutmaßung*) conjecture; (*Ansicht*) thought, view, opinion (*über* on); *der ~ der Demokratie* the idea (*od.* concept) of democracy; *guter ~* good (*od.* bright) idea, inspiration, F brain-wave; *in ~n* (*im Geiste*) in the spirit, (*in der Phantasie*) in one's imagination; (*zerstreut*) absent-minded(ly *adv.*); *in ~n versunken* (*od. vertieft*) *sein* be (w)rapt (*od.* absorbed, lost) in thought, be in a brown study; *s-e ~n beisammen haben* (*halten*) have (keep) one's wits about one; *j-n auf andere ~n bringen* divert a p.'s thought, make a p. think of other things; *j-n auf den ~n bringen, daß* make a p. think that; *j-n auf den ~ bringen, zu inf.* give a p. the idea of *ger.*; *j-n auf dumme ~ bringen* give a p. (silly) ideas; *j-s ~n lesen* read a p.'s mind; *sich mit dem ~n tragen, zu tun* consider (*od.* think of) doing, have in mind to do; *sein einziger ~ war, zu inf.* his one thought was to *inf.*; *sich ~n machen über* wonder about, *sorgend*: worry about; *wie kommst du auf den ~n?* what gives you this idea?; what makes you think that?; *ich kam auf den ~n* it occurred to me, it came to my mind; F *kein ~!* (*keineswegs*) certainly not!, nothing of the kind!; (*unmöglich*) not a hope!; *es ist kein ~ daran, daß* it is out of the question that; *mache dir keine ~n (darüber)!* don't let it worry you!; *ich möchte nicht den ~n erwecken, daß* I don't wish to give the impression that; *~n sind (zoll)frei* thought is free; → *spielen 8 usw.*

Gedanken...: **≗arm** *adj.* lacking in ideas; **~armut** *f* lack (*od.* poverty) of ideas; **~austausch** *m* exchange of ideas; **~blitz** *m* sudden inspiration, F brain wave; **~flug** *m* soaring thoughts *pl.*; **~freiheit** *f* freedom of thought; **~fülle** *f* wealth of ideas; **~gang** *m* train of thought, (chain of) reasoning; **~lesen** *n* mind-reading; **~leser(in** *f*) *m* thought-reader, mind-reader; **≗los** *adj.* thoughtless; (*unüberlegt, rücksichtslos*) *a.* inconsiderate; (*mechanisch*) mechanical; (*zerstreut*) absent-minded; **~losigkeit** *f* thoughtlessness; **~lyrik** *f* contemplative lyrics *pl.* (*sg. konstr.*); **≗reich** *adj.* rich in ideas; **~reichtum** *m* wealth of ideas; **~splitter** *m* aphorism; **~sprung** *m* jump (from one idea to the other); **~strich** *m* dash; **~übertragung** *f* thought-transference; telepathy; **~verbindung** *f* association of ideas; **≗verloren** *adj.* lost (*od.* rapt) in thought; absent-minded; **≗voll** *adj.* thoughtful, pensive; **~vorbehalt** *m* mental reservation; **~welt** *f* (world of) ideas *pl. od.* thought; *weitS.* intellectual world.

gedanklich *adj.* intellectual, mental, (of) thought, in ideas.

Gedärm *n*, *mst* **~e** *pl.* bowels, intestines, F guts; *zo.* entrails, guts (*alle pl.*).

Gedeck *n* **1.** cover; *ein ~ auflegen* lay a place; **2.** (*Speise*) set menu, table d'hôte.

Gedeih *m*: *auf ~ und Verderb* for better or for worse.

gedeihen I. *v/i.* **1.** prosper, thrive; (*wachsen*) grow; (*blühen*) flourish, blossom (*alle a. fig.*); **2.** (*gelingen*) succeed, get on (well); **3.** (*sich entwickeln*) develop; **4.** (*vorwärtskommen*) progress (well), get on (well); *die Sache ist nun so weit gediehen, daß* the matter has now reached a stage (*od.* point) where; *die Verhandlungen sind schon weit gediehen* the negotiations are in good progress (*od.* well under way); F *wie weit seid ihr gediehen?* how far did you get?; → *Gut*; **II.** **≗** *n* thriving, prospering, growth; success.

gedeihlich *adj.* **1.** (*ersprießlich*) profitable; successful; **2.** (*förderlich*) beneficial, advantageous.

gedenken I. *v/i.* (*e-r Sache od. Person*) think of; (*sich erinnern*) remember, recollect; (*bedenken*) bear in mind; (*erwähnen*) mention, *ehrend*: *a.* hono(u)r; (*feiern*) commemorate; *e-r Sache nicht ~* pass a th. over in silence; **II.** *v/t.*: *~ zu tun* think of (*od.* consider) doing, intend (*od.* propose, have in mind) to do; **III.** **≗** *n* memory; → *a. Gedächtnis, Andenken.*

Gedenk...: **~feier** *f* commemoration; **~gottesdienst** *m* memorial service; **~minute** *f a* minute's silence (*für* in memory of); **~rede** *f* commemorative address;

~stätte *f* memorial (place); **~stein** *m* memorial (stone); **~stunde** *f* hour of remembrance; **~tafel** *f* commemorative tablet (*od.* plaque); **~tag** *m* commemoration (day); (*Jahrestag*) anniversary.

Gedicht *n* poem, *pl. a.* poetry *sg.*; F *the cake* (*hat, etc.*) *is a* (perfect) dream, (just) heavenly; **~sammlung** *f* collection of poems; *in Auswahl*: anthology.

gediegen *adj.* **I.** (*massiv*) solid; (*rein*) pure; *Gold, Silber*: *a.* sterling (*a. fig. Charakter*); *metall., min. a.* native; *Ware*: solidly-made, (*geschmackvoll*) dignified; *fig.* solid; *~e Arbeit* solid piece of work, *weitS.* good craftsmanship; *~e Kenntnisse* solid (*od.* sound, thorough) knowledge *sg.*; *~er Mensch* man of sterling character; **II.** F (*komisch*) funny, odd; F *das ist ~* that's very funny, that's a good one; **&heit** *f* solidity, purity; sterling quality; genuineness; soundness, thoroughness.

Gedinge *n* (*Akkordarbeit*) piecework (contract); (*Stücklohn*) piece wage(s *pl.*).

Gedränge *n* crowding, thronging, pushing; (*Menge*) crowd, throng, F crush; (*Ansturm*) rush (*nach, um* for); *pol. usw.*: wrangling, jockeying (for); *Rugby*: scrummage; *fig.* trouble; *ins ~ kommen* get into trouble, be hard pressed.

gedrängt **I.** *adj.* **1.** (*dicht ~*) crowded, packed; crammed; **2.** *fig. Stil usw.*: concise, compact, terse; *~e Übersicht* condensed review, synopsis; **II.** *adv.*: *~ voll* packed (to capacity), *Am. a.* jammed; **&heit** *fig. f* compactness; conciseness, terseness.

gedrechselt *adj. Rede, Stil*: stilted.

Gedrittschein *ast. m* trine.

gedruckt *adj.* printed; F *lügen wie ~* lie by the book; → *Schaltung.*

gedrückt *adj.* depressed (*a.* ⚕ *Kurse, Preise*); ⊕ shallow formed; *~er Stimmung sein* be depressed (*od.* dejected, down-hearted, in low spirits), F have the blues; **&heit** *f* depression (*a.* ⚕); dejection, gloominess, low spirits *pl.*

gedrungen *adj.* compact; *Gestalt*: squat, stocky, thickset; → *a. gedrängt* 2; **&heit** *f* compactness; squatness, square build.

Gedudel *n* tooting.

Geduld *f allg.* patience; (*Nachsicht*) *a.* indulgence, forbearance; (*Ausdauer*) perseverance; *~ haben mit* have patience with; *die ~ verlieren* lose patience; *ihm ging die ~ aus* he lost (*od.* ran out of) patience; *jetzt reißt mir aber die ~!* that's about all I can stand!, that's the last straw!; *sich in ~ fassen* have patience, possess one's soul in patience; *j-s ~ auf die Probe stellen* try (*od.* task) a p.'s patience; F *mit ~ u. Spucke* with patience and a snare; *in, mit ~* → *geduldig*; **&en** *v/refl.*: *sich ~* have patience, be patient; wait (patiently); **&ig** **I.** *adj.* patient; (*nachsichtig*) indulgent, forbearing; → *Papier*; **II.** *adv.* patiently, in (*od.* with) patience; **~sfaden** *m*: *mir riß der ~* I lost (all) patience; **~sprobe** *f* trial of patience, ordeal; *es war eine ~* it was nerve-racking; **~(s)spiel** *n* puzzle (*a. fig.*).

gedungen *adj.* hired *killer, etc.*

gedunsen *adj.* bloated.

geehrt *adj.* hono(u)red; *in Briefen*: *Sehr ~er Herr N.!* Dear Sir, *vertraulich*: Dear Mr. N., *amtlich*: Sir.

geeicht *adj.* ⊕ calibrated, standardized; *fig. darauf ist er ~* he is an expert on that, F that's just his pigeon.

geeignet *adj. Person*: fit (*für, zu* for *a th.*, to *be a th.*); qualified (for), *a. Sache*: suited, suitable (to, for); proper, appropriate (to); *er ist nicht dafür ~* he does not qualify (for the job), he is not the right man (for it); *im ~en Augenblick* at the right moment.

Geest *f* high and dry land (of North German coastal region), geest.

Gefahr *f* danger (*für* to), peril; (*Wagnis*) risk, hazard, jeopardy; (*Bedrohung*) threat, menace (to); → *gelb*; *auf eigene ~* at one's own risk; ⚕ *für Rechnung und ~ von* for account and at the risk of; *gegen alle ~en Versicherung*: against all risks; *außer ~* out of danger, F out of the woods; *auf die ~ hin zu verlieren* at the risk of losing; *ohne ~* safely; *~ laufen zu inf.* run the risk of *ger.*, be liable (*od.* likely) to *inf.*; *der ~ aussetzen* expose to danger; *in ~ bringen* → *gefährden*; *in ~ getötet zu werden* in danger of being killed; *sich in ~ begeben* expose o.s. to danger, take risks; *es besteht keine ~, es hat keine ~* there is no danger; *~ im Verzuge!* danger ahead!; **&bringend** *adj.* dangerous.

gefährd|en *v/t.* endanger, imperil;

expose to danger; (*aufs Spiel setzen*) risk, hazard; (*in Frage stellen*) jeopardize; (*Frieden usw.*) threaten; (*Ruf, Stellung*) compromise; **~et** *adj.* endangered (*a. Jugend usw.*); threatened; *pred. a.* in danger; **≈ung** *f* endangering, *etc.*; danger, peril, threat, menace (*gen.* to).

Gefahren...: ~bereich *m* danger area; *aus dem ~* out of danger (*od.* harm's way); **~herd** *m*, **~quelle** *f* (constant) source of danger; *pol. a.* storm-cent|re, *Am.* -er, trouble spot; **~klasse** ☩ *f* class of risk; **~punkt** *m im Verkehr*: danger point (*od.* spot), *fig. a.* critical point; **~zone** *f* danger zone; → *a. Gefahrenbereich*; **~zulage** *f* danger pay, *Am. a.* hazard bonus.

gefährlich *adj.* dangerous (*für* to), perilous; (*gewagt*) risky, hazardous, precarious, ticklish; (*ernst*) critical, grave, serious; (*unsicher*) unsafe; *ein ~er Bursche* a dangerous fellow; F *das ist nicht so ~!* that's nothing much; → *Spiel* 1; **≈keit** *f* danger(ousness), riskiness; gravity, critical nature.

gefahrlos *adj.* without danger (*od.* risk), riskless; (*sicher*) safe; (*harmlos*) harmless; **≈igkeit** *f* safety, security.

Gefährt *n* vehicle; → *a. Fuhrwerk.*

Gefährt|e *m*, **~in** *f* companion; → *a. Lebensgefährte, Kamerad.*

gefahrvoll *adj.* full of danger, dangerous, perilous, risky.

Gefälle *n des Geländes*: fall, descent, slope, incline, *e-r Straße usw.*: *a.* gradient, *bsd. Am.* grade; *Wasserbau*: (height of) fall; ⚒, ⚡, *phys.* gradient; ☩ (*Abschwung*) downward trend, fall; *fig.* (*graduelle Unterschiede*) differential(s *pl.*), variation(s *pl.*), difference(s *pl.*); → *Lohngefälle, Zinsgefälle.*

Gefallen[1] *m* (*Freundschaftsdienst*) favo(u)r, kindness; *mir zu ~* to please (*od.* oblige) me, for my sake; *j-m e-n ~ tun* (*od. erweisen*) do a p. a favo(u)r *od.* good turn; *j-m et. zu ~ tun* do a th. to please (*od.* oblige) a p.; *j-n um e-n ~ bitten* ask a favo(u)r of a p.; *tu mir den ~ zu inf.* do me the favo(u)r of *ger.*, be so kind as to *inf.*, please *help me, etc.*

Gefallen[2] *n* pleasure; *~ finden an* (*e-r Sache*) take pleasure in, enjoy, like *a th.*, (*j-m*) like, take (a fancy) to *a p.*; *~ daran finden, et. zu tun* take pleasure in (*od.* enjoy) doing a th.; *~ haben an* have a liking for; *j-m zu ~ sein* oblige a p.; *j-m zu ~ reden* tell a p. just what he (she) wants to hear; *nach ~* at one's pleasure, at one's (own) discretion, as you *etc.* like.

gefallen[1] *v/i.* **1.** please (*j-m* a p.); *es gefällt mir* I like it, it is to my liking (*od.* taste), I am pleased with it; *er gefiel mir auf den ersten Blick* I liked (*od.* took to) him at once; *solche Filme ~ der Masse* such films will appeal to the masses; *er gefällt mir nicht* (*sieht krank aus*) he doesn't look too well, I am worried about him (*od.* his health); *hat dir das Konzert ~?* did you enjoy the concert?; *wie gefällt dir mein Hut?* how do you like my hat?; *wie gefällt es Ihnen in B.?* how do you like B.?; *er tut, was ihm gefällt* he does as he pleases; *ob es dir gefällt oder nicht* like it or lump it; **2.** *sich et. ~ lassen* a) (*gutheißen*) agree with (*od.* approve of) a th., consent to a th. (being done); b) (*hinnehmen*) put up with (*od.* submit to, suffer) a th.; *das laß ich mir ~!* that's what I like!; *das lasse ich mir nicht ~* I won't stand (*Am.* for) it; *das lasse ich mir schon eher ~!* F that's more like it!; **3.** *sich ~ in* take pleasure in, indulge (o.s.) in, affect *a th.*; *sich in e-r Rolle usw. ~* fancy o.s. in; *er gefiel sich in dem Gedanken, daß* he gloried in the thought that, he flattered himself in the belief that.

gefallen[2] *adj. Mädchen, Engel, Größe*: fallen; ⚔ killed in action, fallen, dead; **≈e(r** *m*) *f* fallen person; ⚔ killed (*od.* dead) soldier; *die Gefallenen* the fallen *od.* dead (*pl.*); **≈endenkmal** *n* war memorial; **≈enfriedhof** *m* war cemetery; **≈enliste** *f* casualty list; *weitS.* roll of hono(u)r.

gefällig *adj.* (*ansprechend*) pleasing, agreeable, pleasant, nice; (*einnehmend*) engaging, taking; (*verbindlich*) obliging, complaisant; (*zuvorkommend*) kind, accommodating; *j-m ~ sein* please (*od.* oblige, accommodate) a p., do a p. a favo(u)r; ☩ *~e Antwort* the favo(u)r of an answer; *was ist Ihnen ~?* what can I do for you?; *Zigaretten ~?* cigarettes, please?; → *gefälligst*; **≈keit** *f* kindness, complaisance, obligingness; (*Handlung*) favo(u)r, kindness; → *Gefallen*[1]; **≈keitsakzept** *n*, **≈keitswechsel** *m* accommodation bill; **~st** *adv. bsd. iro.* kindly, (if you) please; *sei ~ still!* be quiet, will you!

Gefall|sucht *f* desire to please,

craving for admiration; *bsd. weibliche*: coquetry; **⁓süchtig** *adj.* coquettish.

gefältelt *adj.* folded, pleated.

gefangen *adj.* caught; ⚔ captive, captured; (*eingekerkert*) imprisoned, in prison; *fig.* captivated, enthralled; *sich ⁓ geben* give o.s. up (as a prisoner), surrender; **⁓e(r** *m*) *f* prisoner, captive; (*Häftling*) prisoner; (*Sträfling*) convict; **⁓enarbeit** *f* convict labo(u)r; **⁓enbefreiung** ⚖ *f* aiding (and abetting) a prisoner to escape; **⁓enfürsorge** *f* prison welfare work; **⁓enlager** *n* prison camp; ⚔ prisoner-of-war (POW) camp; **⁓enwagen** *m Polizei*: prison van, *Am.* patrol wagon, F Black Maria; **⁓halten** *v/t.* keep *a p.* (a) prisoner (*od.* imprisoned), detain (in prison); hold *a. p.* captive; *fig.* hold *a p.* under one's spell, hold *a p.* (*od. a p.'s mind*) enthralled; **⁓nahme** *f bsd.* ⚔ capture, seizure; arrest, apprehension; **⁓nehmen** *v/t.* ⚔ take *a p.* prisoner; capture, seize; (*verhaften*) *a.* arrest, apprehend; *fig.* captivate, enthrall, grip, absorb; **⁓schaft** *f* ⚔ captivity; (*Haft*) imprisonment, confinement, (*Gewahrsam*) custody; *in ⁓ geraten* be captured, be taken prisoner; **⁓setzen** *v/t.* imprison, put (*od.* cast) in prison, jail; arrest, take into custody.

Gefängnis *n* prison, jail, *Brit. a.* gaol; *hist.* (*Verlies*) dungeon; ⚖ (*Strafe*) (term of) imprisonment; *j-n zu 5 Jahren ⁓ verurteilen* sentence a p. to 5 years' imprisonment; *ins ⁓ schicken* send to prison, jail, F run in; **⁓direktor** *m* governor, *bsd. Am.* warden (of a prison); **⁓haft** *f* detention (in prison); **⁓strafe** ⚖ *f* (sentence *od.* term of) imprisonment; *zu e-r ⁓ verurteilen* sentence to a term of imprisonment; **⁓wärter** *m* gaoler, *bsd. Am.* jailer; turnkey; (prison) guard; **⁓zelle** *f* prison(er's) cell.

Gefasel *n* twaddle, blather.

Gefäß *n* vessel (*a. anat.,* ⚘ *u. bibl. fig.*); receptacle, container; (*Topf*) pot, jar; (*Schale, Schüssel*) bowl, basin; *am Degen*: hilt; *fig.* receptacle, vehicle; **⁓entzündung** ⚕ *f* vasculitis; **⁓erweiterung** ⚕ *f* vasodilation; **⁓krampf** ⚕ *m* angiospasm; **⁓lehre** *f* angiology; **⁓leiden** *n* vascular disease; **⁓vereng(er)ung** *f* vasoconstriction; **⁓wand** *f* vascular wall.

gefaßt *adj.* calm, composed; (*sich fügend*) resigned; *⁓ sein auf* be prepared for; *auf das Schlimmste ⁓* prepared for the worst; *sich ⁓ machen auf* prepare for; F *er kann sich auf etwas ⁓ machen* he is in for it now; F *darauf kannst du dich ⁓ machen!* F put that in your pipe and smoke it!; **⁓heit** *f* calmness, composure.

Gefecht ⚔ *n* fight, combat, encounter; *taktisch*: engagement; (*Einsatz*) action; (*Scharmützel*) skirmish; *fig.* encounter, duel; *außer ⁓ setzen* put out of action, disable, (*Kanonen*) *a.* silence, (*Panzer*) *a.* knock out; *ins ⁓ kommen* come into action, engage in battle; *in ein ⁓ verwickeln* engage; *Argumente usw. ins ⁓ führen* advance; → *Hitze* 4, *klar* I 6.

Gefechts...: **⁓ausbildung** ⚔ *f* combat training; **⁓bereich** *m* zone of action; **⁓bereit** *adj.* ready for action, combat-ready; **⁓einheit** *f* combat unit; **⁓klar** ⚓ *adj.* clear(ed) for action; **⁓kopf** *m* (*nuklearer ⁓* nuclear) warhead; **⁓lage** *f* tactical situation; **⁓lärm** *m* noise of battle; **⁓mäßig** *adj.* combat *firing practice, etc.*; **⁓schießen** *n* field firing; **⁓stand** *m* (advanced) command post, *Luftwaffe*: operations room; *im Flugzeug*: turret; **⁓stärke** *f* fighting strength; **⁓tätigkeit** *f* combat activity; **⁓turm** *m* turret; **⁓übung** *f* combat practice, field exercise; **⁓ziel** *n* objective.

gefeit *adj.* invulnerable (*gegen* to), immune (from, against), proof (against).

Gefieder *n* plumage, feathers *pl.*; **⁓t** *adj.* feathered; ⚘ pinnate.

Gefilde *poet. n* fields *pl.*, regions *pl.*; *⁓ der Seligen* Elysian Fields *pl.*

geflammt ⊕ *adj.* watered, moiré.

Geflatter *n* fluttering.

Geflecht *n* net(work) (*a. fig.*); (*Blumen⁓*) garland; (*Weiden⁓*) wickerwork; ⊕ netting, mesh; (*Gewebe*) tissue; *anat.* (*Nerven⁓*) plexus; (*Netz⁓*) reticulum; *wirres ⁓* tangle.

gefleckt *adj.* spotted, speckled; *Gesicht*: freckled; → *fleckig*.

geflissentlich I. *adj.* wilful, intentional, deliberate; **II.** *adv. a.* studiously, designedly, on purpose.

Geflügel *n* poultry *sg. u. pl.*; fowl(s *pl.*); **⁓farm** *f* poultry farm; **⁓händler** *m* poulterer; **⁓handlung** *f* poultry-shop; **⁓salat** *m* chicken salad; **~schere** *f* poultry shears *pl.*

geflügelt *adj.* winged (*a.* ♀); ~e *Worte* winged words, household words, familiar quotations.

Geflügel|zucht *f* poultry farming; **~züchter** *m* poultry farmer.

Geflunker *n* fibbing; fibs *pl.*, lies *pl.*; (*Prahlerei*) bragging.

Geflüster *n* whispering, whispers *pl.*

Gefolg|e *n e-s Fürsten*: suite, retinue, *a. allg.* train, entourage, followers *pl.*; (*Bedienstete*) attendance, attendants *pl.*; (*Bedeckung*) escort; (*Trauer*≈) cortège (*fr.*), mourners *pl.*; *fig. im ~ von* in the train (*od.* wake) of; *im ~ haben* lead to, give rise to, bring in its train; **~schaft** *f* followers *pl.*, following, adherents *pl.*; *j-m ~ leisten* give one's allegiance to a p.; **~smann** *m* **1.** → *Lehensmann*; **2.** *pol. usw.* follower, supporter, adherent, henchman.

gefräßig *adj.* greedy, voracious, gluttonous; **≈keit** *f* voracity, gluttony, greediness.

Gefreite(r) ⚔ *m* lance-corporal, *Am.* private 1st class (Pfc.); ✈ *Brit.* aircraftman 1st class, *Am.* airman 3rd class.

Gefrier|anlage *f* freezing plant; **~apparat** *m* freezing apparatus, freezer; **≈en** *v/i.* freeze (*a. ~ lassen*); **~fach** *n* freezer, freezing compartment; **≈fest** *adj.* cold-resistant, non-freezing; **~fleisch** *n* frozen meat; **~maschine** *f* → *Gefrierapparat*; **~punkt** *m*: (*auf dem ~* at) freezing-point; **~raum** *m* freezing room, freezer; **~salz** *n* freezing-salt; **~schrank** *m* freezer (cabinet), refrigerator; **~schutzmittel** *n* anti-freezing compound, anti-freeze; **≈trocknen** *v/t.* freeze-dry; **~truhe** *f* deep-freeze, freezer.

Gefrorene(s) *östr. n* ice(-cream).

Gefüge *n* (*Bau*) structure; (*Beschaffenheit*) structure, texture (*a. metall., anat.*); ⚒ (*Schicht*) layer, stratum, bed; *fig.* structure, framework, make-up, system, fabric.

gefügig *adj.* pliable, supple, flexible; *Person, Charakter*: pliant, tractable, docile, submissive; *j-n ~ machen* bring a p. to heel; → *Werkzeug*; **≈keit** *f* pliancy, flexibility; docility, submissiveness.

Gefühl *n* feeling, sentiment; (*Regung*) emotion; (*Empfänglichkeit, intuitives ~*; *a. der Verantwortung usw.*) sense (*für* of); *als Wahrnehmung*: sensation; (*Tastsinn*) touch, *a. weitS.* feel (*z. B. mot. ~ für richtiges Kuppeln* clutch feel); (*Instinkt*) instinct, feel(ing); (*besondere Begabung*) flair; *~ der Sicherheit* feeling (*od.* sense) of safety; *~ des Unvermögens* sense of frustration; *~ der Kälte* sensation of cold; *~ für Anstand* sense of propriety; F *das höchste der ~e* sheer heaven (*für mich* to me), (*das Äußerste*) the utmost; *für mein ~, m-m ~ nach* my feeling is that ..., as I see it; *mit gemischten ~en* with mixed feelings; *s-e ~e zur Schau tragen* wear one's heart on one's sleeve; *j-s ~e verletzen* hurt a p.'s feelings; *ich habe das* (*dumpfe*) *~, daß* I have a (dim) feeling that; *von s-n ~en überwältigt* overpowered by his emotion; *er sang mit ~* he sang with feeling; *das muß man mit ~ machen* that takes a certain touch; **≈los** *adj. Gliedmaßen usw.*: numb, dead; *Person*: *a. fig.* insensible, insensitive (*gegen* to); (*hartherzig*) unfeeling, callous, heartless; **~losigkeit** *f* numbness, insensibility; *fig.* unfeelingness, callousness *etc.*; (*a. Handlung*) cruelty.

Gefühls...: **≈arm** *adj.* unemotional, cold, emotionally impoverished; **~ausbruch** *m* (emotional) outburst; **≈betont** *adj.* emotional; **~duselei** *f* (sloppy) sentimentalism; **≈duselig** *adj.* sentimental, mawkish, F sloppy; **≈geladen** *adj.* emotionally charged, emotive; **~kälte** *f* frigidity, coldness; **~leben** *n* emotional life; **≈mäßig I.** *adj.* emotional; *weitS.* intuitive, instinctive; **II.** *adv.* emotionally *etc.*; by instinct; according to my *etc.* feelings; **~mensch** *m* emotional person, emotionalist, sentimentalist; **~nerv** *m* sensory nerve; **~regung** *f* emotion; **~sache** *f* matter of feeling; **~umschwung** *m* revulsion of feelings; **~wärme** *f* warmth (of feeling); **~wert** *m* emotional value.

gefühlvoll I. *adj.* (full of) feeling; (*empfindsam*) sensitive; (*zärtlich*) tender; (*gefühlsbetont*) emotional; (*rührselig*) sentimental; **II.** *adv.* feelingly *etc.*; *singen usw.*: with feeling; F (*vorsichtig*) gently, gingerly.

gefurcht *adj.* furrowed.

gegeben *adj. allg.* given *temperature, facts, etc.*; ⅍ *~e Größe* given quantity; *innerhalb e-r ~en Frist* within a given (*od.* specified) period; *als ~ voraussetzen* assume as a fact; *wenn wir es als ~*

voraussetzen, daß taking (it) for granted that; *unter den ~en Umständen* under the prevailing conditions, things being as they are; *zu ~er Zeit* at the proper time, when (the) occasion arises; *die ~e Methode* the best (*od.* obvious) approach; **≈e** *n*: *das ~ sein* be the best (*od.* obvious) thing, F be the best bet, suggest itself; **~enfalls** *adv.* should the occasion arise; (*notfalls*) if necessary; *auf Formularen*: if applicable; **≈heit** *f* (given) fact *od.* factor; condition, circumstance; reality.

gegen *prp. örtlich, zeitlich*: toward(s); (*gegensätzlich*) against; in the face of; (*ungefähr*) about, nearly, in the neighbo(u)rhood of, *Am. a.* around; *Zeitpunkt*: by; *Mittel ~ e-e Krankheit*: for; *vergleichend*: compared with, as against; (*als Entgelt für*) in exchange (*od.* return) for; ⚖, *a. fig. u. Sport*: versus (*abbr.* vs. *od.* v.); *freundlich* (*grausam usw.*) ~ kind (cruel, *etc.*) to; *~ die Vernunft usw.* contrary to reason, *etc.*; ⚕ *~ Bezahlung* (*Dokumente*) against payment (documents); *~ bar* for cash; *~ Quittung* on (*od.* against a) receipt; *~ die Wand lehnen* (*stoßen*) lean (knock) against the wall; *ich wette 10 ~ eins* I lay ten to one; *ich bin ~ den Vorschlag usw.* I am against (*od.* opposed to) the proposal, *etc.*

Gegen...: **~aktion** *f* counteraction; **~angebot** *n* counter-offer; **~angriff** *m a. fig.* counter-attack; (*a. v/t. e-n ~ führen gegen*); **~anklage** *f* countercharge; **~anspruch** *m* counter-claim; **~antrag** *m* counter-motion; **~ansicht** *f* opposing view; **~antwort** *f* reply, rejoinder; ⚖ replication; **~argument** *n* counter-argument; **~auftrag** *m* counter-order; **~aussage** *f* counter-statement; **~bedingung** *f* counter-stipulation; **~befehl** *m* counter-order; **~beispiel** *n* example demonstrating the opposite; **~beschuldigung** *f* countercharge; **~besuch** *m* return visit; *j-m e-n ~ machen* return a p.'s visit; **~bewegung** *f* counter-movement; ♪ contrary motion; *fig.* opposition movement, reaction; **~beweis** *m* proof to the contrary, ⚖ counter-evidence; *den ~ antreten* furnish proof to the contrary, ⚖ introduce rebutting evidence; **~buchung** ⚕ *f* cross entry, counter-item.

Gegend *f* region (*a. anat.*), country, parts *pl.*; (*Bezirk*) district, area, part of the country (*od.* town, *etc.*); (*Himmels≈*) quarter, part, climate; (*Landschaft*) landscape, scenery; *coll.* (*Nachbarschaft*) neighbo(u)rhood; *umliegende ~* surroundings *pl.*, environs *pl.*, vicinity; *in der ~ von* near, close to, in the neighbo(u)rhood of; *in unserer ~* in our parts.

Gegen...: **~darstellung** *f* counter-representation, corrective answer; **~demonstration** *f* counter-demonstration; **~dienst** *m* reciprocal service, service in return; *j-m e-n ~ leisten* return a p.'s favo(u)r, do something for a p. in return; *als ~* in return; *zu ~en gern bereit* (always) glad to reciprocate; **~drehmoment** *n* anti-torque moment; **~druck** *m* counter-pressure, back pressure; *fig.* reaction, resistance; **≈einander** *adv.* against (*zueinander*: toward[s]) one another *od.* each other; (*gegenseitig*) reciprocally, mutually; **≈einanderdrehen** ⊕ *v/refl.*: *sich ~* counter-rotate; **≈einanderhalten** *v/t.* put side by side, compare; **≈einderprallen** *v/i.* collide (*a. fig.*); run (*od.* bump) into each other; **~elektrode** *f* counter-electrode; **~erklärung** *f* counterstatement; **~fahrbahn** *f* opposite (*od.* oncoming) lane; **~farbe** *f* complementary colo(u)r; **~forderung** *f* counter-claim; ⚕ *Wertberichtigung*: set-off; **~frage** *f* counter-question; **~füßler** *m/pl.* antipodes; **~gabe** *f* return present, present given in return; **~gerade** *f Sport*: back straight, *bsd. Am.* backstretch; **~geschäft** ⚕ *n* contra transaction; **~geschenk** *n* → *Gegengabe*; **~gewicht** *n a. fig.* counterweight, counterpoise; *das ~ halten dat.*, *ein ~ bilden zu* counterbalance; *als ~ zu et.* to balance (*od.* set off) a th.; **~gift** *n* antidote; **~griff** *m Ringen*: counterhold; **~grund** *m* counter-argument, argument against (it); **≈halten** ⊕ *v/i.* hold (*od.* back) up; **~halter** ⊕ *m* (*Nietstock*) dolly; back-up tool; *Werkzeugmaschine*: back stop; **~kandidat** *m* rival (*od.* opposition) candidate; *ohne ~* unopposed; **~klage** ⚖ *f* cross action; **~kläger(in** *f*) *m* defendant counterclaiming; **~kopp(e)lung** ⚡ *f* negative feedback; **~könig** *hist. m* anti-king; **~kraft** *f* counteracting force (*a. fig. mst pl.*); **~kurs** *m* opposite course (*a. fig.*); **~lauffräsen** ⊕ *n* conventional (*od.* up-cut) milling;

⁓läufig ⊕ *adj.* counter-rotating, opposite; *fig.* contrary; **~läufigkeit** ⚕ *f* contrary course; **~leistung** *f* return (service), quid pro quo; ⚕ *u.* ⚖ (valuable) consideration; *als ~* in return (*für* for); **⁓lenken** *v/i.* drive into skid; **~licht** *n* back light; *bei ~* against the light; **~lichtaufnahme** *f* back-lighted exposure; **~lichtblende** *f Film*: lense hood; **~liebe** *f*: *er fand keine ~* his love was not returned (*od.* requited); *fig. sein Vorschlag fand keine ~* his proposal found no takers; **~logarithmus** *m* antilogarithm; **~maßnahme** *f*, **~maßregel** *f* counter-measure, counteraction; *vorbeugend*: preventive measure; (*Vergeltung*) reprisal; *~n ergreifen* counteract, counter; **~mittel** *n a. fig.* remedy (*gegen* for), antidote (against); **~mutter** ⊕ *f* counter-nut, check-nut; **~offensive** *f* counteroffensive; **~papst** *m* antipope; **~partei** *f* opposite party, ⚖ *a.* other side; *pol.* opposition; *Sport*: opponents *pl.*; **~plan** *m* counter-plan; **~pol** ⊕ *m* antipole; **~posten** ⚕ *m* contra entry; **~probe** *f* check-test, cross-check; *parl.* counter-verification; **~propaganda** *f* counter-propaganda; **~quittung** *f* counter-receipt; **~rechnung** ⚕ *f* check account, *Am.* control(ling) account; (*Gegenforderung*) counter-claim, *zur Wertberichtigung*: set-off, *Am.* offset; *in ~ bringen* set off, *Am.* offset (*mit* against); **~rede** *f* reply; (*Widerspruch*) contradiction, objection; ⚖ counterplea; **~reformation** *f* counter-reformation; **~regierung** *f* counter-government; government in exile; **~revolution** *f* counter-revolution; **~ruder** ✈ *n/pl.* opposite controls; **~saldo** *m* counter-balance; **~satz** *m* contrast (*zu* to); (*Gegenteil*) *the* opposite, *the* contrary (*von* of); *mst pl. der Meinungen usw.*: difference (*sg.*); *im ~ zu* in contrast to (*od.* with), as contrasted with, contrary to, unlike *a p. od. th.*; *im ~ dazu* by way of contrast; *im ~ zu et. stehen* be in contrast with, contradict *a th.*, conflict with; → *a. Widerspruch*; **⁓sätzlich** *adj.* contrary, opposite, opposed; (*entgegenwirkend*) opposing, antagonistic; *~e Vorschriften* conflicting regulations; **~schlag** *m* counterblow, *fig. a.* retaliation; *e-n ~ tun* counter, *fig. a.* retaliate; *zum ~ ausholen* start to hit back; **~schrift** *f* reply, rejoinder; **~seite** *f* opposite (*od.* other) side; → *a. Gegenpartei*; **⁓seitig** *adj.* mutual, reciprocal; (*zweiseitig*) bilateral; *~e Abhängigkeit* interdependence; *~e Beziehung* interrelation, correlation; *~es Interesse* mutual interest; *adv. sich ~ loben* praise each other *od.* one another; **~seitigkeit** *f* reciprocity, mutuality; *Abkommen (Versicherung) auf ~* mutual agreement (insurance); *auf ~ (gegründet)* founded on mutual interest, on a basis of reciprocity, mutual benefit ...; F *das beruht ganz auf ~* it's mutual, F same here; **~seitigkeitsabkommen** ⚕ *n* reciprocal trade agreement; **~seitigkeitsgeschäft** *n* barter transaction; **~seitigkeitsklausel** *f* reciprocity clause; **~seitigkeitsprinzip** *n* principle of reciprocity; **~seitigkeitsvertrag** *pol. m* bilateral (*weitS.* mutual assistance) treaty; **~sinn** *m*: *im ~* in the opposite direction; **~spieler** *m* antagonist, *a. Sport*: opponent; **~spionage** *f* counter-espionage, counter-intelligence; **~sprechanlage** *f* duplex system, intercom(munication) system; **~sprechverkehr** *m Funk*: duplex communication; **~stand** *m* object, thing; (*a. fig. Punkt der Tagesordnung usw.*) item; (*Thema*) subject, topic; *künstlerischer*: motif, theme; (*Inhalt*) subject-matter; (*Angelegenheit*) matter, affair; (*Streitfrage*) issue; *~ des Mitleids usw.* object of pity, *etc.*; *~ des Spottes* object (*od.* butt) of ridicule, laughing-stock; *zum ~ haben* have for subject, deal (*od.* be concerned) with; **⁓ständig** ⚘ *adj.* opposite; **⁓ständlich** *adj.* objective; concrete (*a. ling.*); (*anschaulich*) graphic(ally *adv.*); *Kunst*: representational; **⁓standslos** *adj.* without object, abstract; *Kunst*: non-representational; (*zwecklos*) to no purpose; (*sinnlos*) meaningless; (*unnötig*) unnecessary, superfluous; (*nicht zur Sache gehörend*) irrelevant, immaterial; (*unwirksam, ungültig*) invalid; *damit ist Ihre Frage ~ geworden* this settles (*od.* disposes of, takes care of) your question; **~standswort** *n* concrete noun; **⁓steuern** *v/i.* apply opposite lock; correct; *fig.* take counter-measures; **~stimme** *f* ♪ counterpart; *bei Wahlen*: adverse vote; *fig.* opposition, objection; **~stoß** ⚔ *m* counterthrust (*a. v/i.* = *e-n ~ führen*); **~strom** ⚡ *m*,

~strömung *f* countercurrent; *fig.* → *a.* *Gegenbewegung*; **~stück** *n* counterpart, equivalent; *zugehöriges*: fellow, *Kunst*: pendant, companion-piece; **~taktgleichrichter** ⚡ *m* push-pull rectifier; **~teil** *n* contrary (*von* to), reverse (of), opposite (of); (*ganz*) *im ~* (quite) on the contrary; *gerade das ~* just the opposite (*od.* reverse); *ich behaupte das ~* I maintain the contrary; → *Beweis*; **≈teilig** *adj.* contrary, opposite; *~e Auskunft* information to the contrary; *soweit nachfolgend nichts ≈es bestimmt ist* unless otherwise provided hereinafter; **~tor** *n*, **~treffer** *m* *Sport*: goal against; *ein Gegentor hinnehmen* concede a goal.

gegenüber I. *adv.* opposite, *Personen*: *a.* face to face, vis à vis; across the way (*od.* street); *sie saßen einander ~ a.* they sat facing one another; **II.** *prp.*: *j-m od. e-r Sache ~* opposite (to), facing, vis à vis, face to face with; (*im Vergleich zu*) compared with (*od.* to), as against; (*im Gegenteil zu*) contrary to; (*in Anbetracht von*) in view of, in the face of, considering; *j-m* (*freundlich usw.*) *~* (kind, *etc.*) to(wards) a p.; *sich e-r Aufgabe, e-m Gegner usw. ~ sehen* be up against, be faced (*od.* confronted) with; **III.** *≈ n* person opposite; vis-à-vis, *fig. Sport usw.*: *a.* opposite number; (*Haus*) house across the street; **~liegen** *v/i.* be (*od.* lie) opposite, face (*dat. a th.*); *~d* opposite (*a.* ⩓), facing; **~stehen** *v/t.*: *j-m ~* face a p., *fig. a.* confront a p.; *sich* (*od. ea.*) *~* be facing each other, *fig. feindlich*: be enemies, *Meinungen usw.*: be conflicting, be opposed (to each other); *fig. e-r Sache ~* be faced (*od.* confronted) with, face, be up against, (*betrachten*) view, regard, look upon (*wohlwollend* favo[u]rably); **~stellen** *v/t.* (*j-m*) put opposite to; (*e-m Gegner*) set (*od.* pit) against; *fig.* confront with (*a.* ⚖), bring face to face with; *et. e-r Sache ~* set against, oppose to, (*vergleichend*) contrast (*od.* compare with; *sich* (*feindlich*) *~ dat.* oppose; **≈stellung** *f a.* ⚖ confrontation; *fig.* comparison, contrast; **~treten** *v/i. allg.*, *a. fig.* face, *feindlich* oppose (*j-m a p.*).

Gegen...: **~unterschrift** *f* counter-signature; **~verkehr** *m* oncoming traffic; *Verkehrsschild*: two-way traffic; *teleph.* duplex operation; **~versicherung** *f* reciprocal (*od.* re-)insurance; **~versuch** *m* control test; **~vormund** *m* coguardian; **~vorschlag** *m* counterproposal; **~waffe** *f* counterweapon; **~wart** *f* **1.** presence; *in m-r ~* in my presence; **2.** (*jetzige Zeit*) *the* present (time); *Künstler usw. der ~* → *gegenwärtig* 3; **3.** *ling.* present (tense); **≈wärtig I.** *adj.* **1.** (*anwesend*) present; *~ sein* be present (*bei* at), attend (*a th.*); **2.** *fig.* (*jetzig*) present, actual, current; (*vorherrschend*) prevailing; **3.** (*unserer Zeit, heutig*) present-day ..., contemporary, of our time, today's; **4.** (*erinnerlich*) *j-m ~ sein* be present to a p.'s mind; *es ist mir jetzt nicht ~* I can't think of it now, I forget; **II.** *adv.* **5.** at present; at the time being, at the moment; **6.** (*heutzutage*) nowadays, in our time, (in) these days, today; **≈wartsbezogen** *adj.*, **≈wartsnah(e)** *adj.* topical, of topical interest; **~wartskunde** *f* social studies *pl.*; current affairs *pl.*; **~wartsprobleme** *n/pl.* present-day problems; **~wehr** *f* defen|ce, *Am.* -se; resistance; **~wert** *m* equivalent (value); (*Erlös*) proceeds *pl.*; *den vollen ~ leisten für* give full value for; *im ~ von* to the equivalent value of; **~wertfonds** *m* counterpart fund; **~wind** *m* headwind; **~winkel** ⩓ *m* opposite angle; **~wirkung** *f* countereffect, reaction (*auf* to); **≈zeichnen** *v/i. u. v/t.* countersign; (*indossieren*) endorse; **~zeichnung** *f* counter-signature; **~zeuge** *m* counter-witness; **~zug** *m* **1.** *Schach u. fig.*: counter-move; **2.** 🚂 opposite train.

gegliedert *adj.* articulate, jointed; *weitS.* organized, planned; structured; ⊕, ⚠ *~e Bauweise* sectionalized design.

Gegner *m*, **~in** *f* opponent (*a. Sport*), adversary, antagonist; (*Feind*) enemy, *rhet.* foe; (*Angreifer*) assailant; (*Rivale*) rival, competitor; ⚖ opposing party, other side; *ein ~ sein von* be an enemy *etc.* of, be opposed to; *sich j-n zum ~ machen* make an enemy of a p., antagonize a p.; **≈isch** *adj.* opposing, adverse, hostile, antagonistic, of the other side; ⚔ (of the) enemy, hostile; **~schaft** *f* opponents *pl.*, opposition; (*Widerstand*) antagonism, opposition, hostility; rivalry.

Gehabe *n* (affected *od.* strange) behavio(u)r, affectation; (*Getue*) fuss; ≈n *v/refl.*: *sich* ~ behave; *gehab dich wohl* farewell; F *gehab dich nicht so* don't make a fuss.

Gehackte(s) *n Kochkunst*: mincemeat, mince, *Am.* ground meat, hamburger (meat).

Gehalt[1] *m* **1.** content, proportion, *prozentualer*: percentage; ⚗ *a.* concentration (*alle an* of); *von Wein*: body; ~ *an Öl* oil content; → *a. Feingehalt, Inhalt*; **2.** (*Fassungsvermögen*) capacity, (cubic) content; **3.** *fig.* substance; (*geistiger, innerer, ethischer*) ~ (intellectual, inner, ethical) content.

Gehalt[2] *n* salary, pay (*a.* ⚔), remuneration; *Richter, Professoren, Geistliche*: stipend; *ein festes ~ beziehen* draw a fixed salary *od.* pay; *sein ~ weiterbeziehen* be kept on the payroll; *mit vollem ~* on full pay.

gehalten *adj.* **1.** (*abgefaßt*) *Rede, Schrift*: worded, formulated; **2.** (*ruhig, nüchtern*) controlled, sober; **3.** ~ *sein zu tun* be bound (*od.* obliged) to do.

Gehalt...: **≈los** *adj. Nahrung*: unnourishing; *Wein*: lacking body; *fig.* lacking substance, empty, trivial; **~losigkeit** *f* emptiness, triviality, lack of substance; **≈reich** *adj.* → *gehaltvoll*.

Gehalts...: **~abzug** *m* deduction from salary *od.* pay; **~anspruch** *m* salary expected, salary claim; **~aufbesserung** *f* → *Gehaltserhöhung*; **~auszahlungen** *f/pl.* payroll disbursements; **~bestimmung** *f* determination of content, analysis; ⚒ assay; **~einstufung** *f* salary classification; **~empfänger(in** *f*) *m* salaried employee (*od.* worker); *pl. coll. a. the* salariat *sg.*; **~erhöhung** *f* increase in salary, rise (in salary), *Am.* (pay) raise; **~forderung** *f* salary claim; **~gruppe** *f* salary group; **~kürzung** *f* reduction in salary, salary cut; **~liste** *f* payroll; **~sätze** *m/pl.* scale *sg.* of salaries, pay scale *sg.*; **~streifen** *m* salary slip; **~stufe** *f* salary level; **~vorschuß** *m* advance (on salary); **~zahlung** *f* payment of salary; **~zulage** *f* **1.** additional pay, increment of pay; bonus; **2.** → *Gehaltserhöhung*.

gehaltvoll *adj.* **1.** *Nahrung*: substantial, nourishing; *Wein*: full-bodied; **2.** *fig.* substantial, rich in content; (*tief*) profound; *wissensmäßig*: containing a wealth of information.

gehandikapt *adj.* handicapped.

Gehänge *n* (*Blumen≈*) festoon(s *pl.*); (*Schmuck≈*) pendants *pl.*; (*Ohr≈*) (ear)drops *pl.*; (*Wehr≈*) belt; *des Hundes*: flap-ears *pl.*; ⊕ suspension gear; *mot.* shackle.

geharnischt *adj.* (clad) in armo(u)r, steel-clad; *fig. Antwort usw.*: sharp, withering, stinging.

gehässig *adj.* spiteful, venomous, malignant; **≈keit** *f* spite(fulness), venom, ranco(u)r; (*Handlung*) vindictive *od.* spiteful act (*od.* words *etc.*).

Gehäuse *n* case, box; ⊕ casing, case, housing, cabinet; (*Kompaß≈*) binnacle; *phot.* body; *zo.* (*Schnecken≈ usw.*) shell; *e-s Insekts*: case; ⚘ case, (*Frucht≈*) pericarp, (*Apfel≈ usw.*) core.

Gehbahn *f* → *Gehsteig*.

gehbehindert *adj.* hampered in walking.

Gehege *n* enclosure; *für Tiere*: *a.* pen; (*Pferde≈*) paddock, *Am.* corral; *hunt. u. fig.* preserve; *fig. j-m ins ~ kommen* poach on a p.'s preserve, get in a p.'s way; *komm mir ja nicht ins ~* (you) keep out of my way.

geheim *adj. allg.* secret; (*vertraulich*) confidential, private; (*verborgen*) concealed, hidden; (*heimlich, unerlaubt*) clandestine, surreptitious; (*geheimnisvoll*) mysterious; *Lehre usw.*: occult; *≈er Rat* Privy Council; *Person*: privy councillor; *im ~en* secretly, in secret; *~e Dienstsache* classified matter; *~! auf Dokumenten*: Restricted!; *streng ~* top secret; *~e Tür* secret door; *die ~en Verführer* (*Werbeleute*) the Hidden Persuaders; *in ~em Einvernehmen mit* in collusion with; **≈abkommen** *n* secret agreement; **≈agent** *m* secret agent; **≈befehl** *m* secret order; **≈bund** *m* secret society; **≈dienst** *m* secret service; **≈diplomatie** *f* secret diplomacy; **≈fach** *n* secret drawer; hidden safe; **~halten** *v/t.* keep secret (*vor* from), conceal (from); (*vertuschen*) hush *a th.* up; **≈haltung** *f* (observance of) secrecy; (*Verschweigen*) concealment; **≈haltungs...** ⚔, *pol.* security *measures, etc.*; **≈haltungspflicht** *f* (imposed) secrecy; **≈lehre** *f* occult (*od.* esoteric) doctrine; **≈mittel** *n* secret remedy, nostrum, arcanum.

Geheimnis *n* secret (*vor* from); (*Rätselhaftes, Verborgenes*) mystery; *das ~ des Erfolgs usw.* the secret of success, *etc.*; *ein* (*kein*) ~ *aus et. machen* make a (no) secret of a th.; *ein ~* (*be-*)

wahren keep (*od.* guard) a secret; *es ist ein öffentliches* ~ it is an open (*od.* nobody's) secret; F *das ist das ganze* ~ that's all there is to it; → *einweihen 2 usw.*; **~krämer** *m*, **~tuer** *m* mystery-monger; **~krämerei** *f*, **~tuerei** *f* mystery-mongering, secretiveness; **~träger** *m* official in charge of secrets; **~verrat** ⚖ *m* betrayal of state (✝ trade) secrets; **≗voll, ≗tuerisch** *adj.* mysterious; ~ *tun* → *geheimtun*.

Geheim...: **~polizei** *f* secret police; **~polizist** *m* detective, plain-clothes man; **~rat** *m* Privy Councillor; **~sache** *f* secret matter; *pol.*, ⚔ security matter; ~! Classified!; **~schrift** *f* code, cipher; secret writing; **~sender** *m* clandestine (radio) transmitter *od.* station; **~sitzung** *f* secret session; **~sprache** *f* secret language; *contp.* jargon, lingo; **~tinte** *f* invisible ink; **~tip** F *m* quiet tip; **~tuerei** *f usw.* → *Geheimniskrämerei usw.*; **≗tun** *v/i.* be mysterious *od.* secretive (*mit* about); **~tür** *f* secret door; **~vertrag** *m* secret treaty; **~waffe** *f* secret weapon; **~wissenschaft** *f* occult (*od.* esoteric) science; **~zeichen** *n* secret sign; code number.

Geheiß *n* order, command, bidding; *auf sein* ~ at his command (*od.* behest), by his order.

gehemmt *adj.* inhibited; **≗heit** *f* inhibition; (*Befangenheit*) self-consciousness, shyness.

gehen I. *v/i.* **1.** (*a. v/t.*) (*zu Fuß* ~) walk, go (on foot); *tanzen, schwimmen usw.* ~ go dancing, swimming, *etc.*; *j-n suchen* ~ go to find a p., (go and) look for a p.; *mit j-m* ~ (*begleiten*) accompany a p., *zum Bahnhof usw.*: see a p. to *the station, etc.*; *mit e-m Freund, Mädchen* ~ go with; *gut gekleidet* ~ be well-dressed, dress well; *in Schwarz* ~ wear black, be in mourning; ~ *als* (*arbeiten als*) work as; (*verkleidet sein als*) go (disguised) as; *es geht sich schlecht hier* it's bad walking here; **2.** (*fort*~, *abreisen*) go, leave, *Verkehrsmittel*: go, depart, start (*um 6 Uhr* at six o'clock), (*verkehren*) go, run (*nach, bis* to, as far as); (*führen*) *Weg*: go, lead (to); (*reichen*) go (*um die Taille usw.* round); (*aus e-r Stellung scheiden*) go, leave, quit, *aus e-m Amt*: *a.* resign; *j-n* ~ *lassen* let a p. go, *ungestraft*: *a.* let a p. off, → *a. gehenlassen*; *er ist gegangen* he is gone, he has left; F *er ist gegangen worden* F he has been sacked (*od. bsd. Am.* fired); *das Schiff geht nach China* the ship is bound for China; *er ist von uns gegangen* (*ist tot*) he has been taken from our midst (*od.* departed this life); F *fig.* (*ach,*) *geh!*, ~ *Sie!* go on!; ~ *Sie mir doch mit Ihren faulen Ausreden usw.!* none of your (*od.* spare me your) lame excuses!; **3.** (*funktionieren*) ⊕ go, run, work, function, operate; *fig.* (*klappen*) work, go; (*möglich sein*) be possible (*od.* practicable, feasible); (*erlaubt sein*) be allowed; (*j-m ergehen*) fare; *die Uhr geht nicht* doesn't go (*od.* run), (*ist kaputt*) doesn't work, is out of order; *das Gedicht, Lied geht so* goes as follows; *wie geht es Ihnen?, wie geht's?* how are you?, *zu e-m Kranken*: how do you feel?; F *wie geht's, wie steht's?* F how is life?; *es geht mir gut* (*schlecht*) I am well (not well), *geschäftlich usw.*: I am doing well (badly); *es geht! gesundheitlich, geschäftlich usw.*: F so-so, fair to middling!, (*nicht übel*) (it's) not (too) bad, (it) could be worse; (*ich brauche keine Hilfe*) I can manage (alone); (*es funktioniert*) it works; *es geht nicht* (*ist unmöglich*) it can't be done, it's impossible, that's out, F nothing doing, it's no go; (*genügt nicht*) that won't do; (*funktioniert nicht*) it doesn't work (*a. fig.*); *es wird schon* ~ it will be all right; *es geht auch so* (*ohne das*) we can manage *od.* do without (that); *es geht eben nicht anders* it can't be helped, there is no other way; *mir ist es genauso gegangen* the same thing has happened to me; *mir geht es geradeso* I feel the same way, F same here; *ihm ist es* (*auch*) *nicht besser gegangen* he didn't fare any better; *so geht es, wenn man lügt usw.* that's what happens if, that's what comes of *ger.*; *das geht nun schon Jahre so* that has been going on for years; *wie* ~ *die Geschäfte?* how is business?; *die Geschäfte* ~ *schlecht* business is bad; *es sich gut* ~ *lassen* have a good time, take it easy; *laß es dir gut* ~ *! a.* take care of yourself!; **4.** *Ware*: sell (*gut* well), *a. Theaterstück usw.*: go; *der Artikel geht glänzend* F sells like hot cakes; **5.** *Tür usw.*: go; *Klingel*: *a.* ring; *Radio*: be on (*od.* playing); *Puls*: beat; *Teig*: rise; *Wind*: blow; **6.** *mit prp.*: ~ *an* (*reichen*) go as far as, reach, extend to; *bis an j-s Schultern usw.* ~ come up to; *das Erbteil ging an ihn* went (*od.* fell) to him; *an die Arbeit* ~ go to (*od.* set to, buckle down to) work, start working; *an e-e Aufgabe usw.* ~ set about, tackle; *geh mir ja nicht an meine Sachen* don't you touch my things!; *wenn's ans Trinken geht* when it comes to drinking; ~ *auf* go up to, (*die andere Seite*) pass over to; *das Fenster geht auf die Straße* (*hinaus*) opens (*od.* looks out) into the street; *auf Reisen* ~ go travelling, go on a journey; *die Uhr* (*od.* es) *geht auf zehn* it is getting on for ten; *das geht auf dich* that is meant for you; *auf einen Zentner* ~ *50 Kilogramm* 50 kilogram(me)s go to one hundredweight; *s-e Ausführungen usw.* ~ *dahin, daß* aim at *ger.*, are to the effect that; ~ *durch* go (*od.* pass) through (*a. Sache*); *fig.* (*sich ziehen durch*) go (*od.* run) through; ~ *gegen* (*j-n, j-s Gewissen*) go against; *diese Bemerkung geht gegen dich* was meant for you; ~ *in* go in(to), enter; (*passen in*) go (*od.* fit) into; (*die Schule usw.*) go to (*a. ins Theater*), attend; (*führen*) *Treppe, Leitung*: lead into; *der Schaden geht in die Millionen* runs into millions; *es* ~ *200 Personen in den Saal* the hall holds (*od.* accommodates, seats) two hundred persons; *er geht ins 20. Jahr* he is entering upon his twentieth year; *in die Industrie* ~ go into industry; *in Seide usw.* ~ wear, be dressed in; *in sich* ~ commune with o.s., take stock of o.s., (*Reue fühlen*) repent, feel remorse; *wie oft geht fünf in zehn?* how many times does five go into ten?; *nach e-r Regel* ~ follow a rule; *das Fenster geht nach Norden* faces (*od.* looks) north; *man kann nicht nach s-m Äußeren* ~ you can't go by his appearance; *wenn es nach mir ginge* if I had my way, if I had to decide; *das Lied geht nach der Melodie von* goes to the tune of; ~ *über* go (*od.* walk) over, cross; *die Straße geht über e-e Brücke* crosses a bridge; *die Brücke geht über e-n Fluß* crosses a river; *der Brief, Zug usw. geht über Berlin* goes via Berlin; *das geht ihm über alles* he prizes it above everything; *nichts geht über* there is nothing like; *es geht ihm nur ums Geld* he is just interested in the money; *es geht um den Frieden, unser Leben usw.* ... is at stake; *worum geht es?* what is it all about?; *es geht darum, zu inf.* it is a matter of *ger.*, what we have to do is to *inf.*; *darum geht es hier* (*gar*) *nicht!* that's not the point!; *a. fig.* ~ *vor* go before; *vor sich* ~ happen, take place; *wie geht das vor sich?* how does it work (*od.* go)?; *was geht hier vor?* what's going on here?, F what's up?; *zu j-m* ~ go (*od.* step up) to a p., join a p.; (*besuchen*) go to a p., (go to) see a p., call on a p.; → *Auge* 1, *Bart* 1, *Begriff* 1, *Bett*, *Bord* 1, *Falle*, *Fuge*[2], *Grund* 1 *usw.*; → *a. vonstatten*, *weit* II; **II.** ≗ *n* going, walking; *Sport*: walk; ⊕ running, functioning; *das* ~ *wird ihm sauer* walking is becoming a trouble to him; **~lassen** *v/refl.*: *sich* ~ *zuchtlos*: let o.s. go, take leave of one's manners; (*die Beherrschung verlieren*) lose one's temper; (*sich entspannen*) take it easy, relax, unwind.

Gehenk *n* (sword-)belt.

Gehenkte(r) *m* hanged man.

Geher *m Sport*: walker.

gehetzt *adj.* hunted (*a. Blick usw.*); *fig. Person, von Terminen usw.*: hard-pressed, rushed.

geheuer *adj.*: *nicht* ~ (*riskant*) risky, ticklish, (*unheimlich*) uncanny, eerie; *hier ist es nicht* ~ this place is haunted; *die Sache ist nicht ganz* ~ F it looks a bit fishy (to me); *ihm war nicht recht* ~ *zumute* he had an uneasy feeling.

Geheul *n* howling, howls *pl.*

geh|fähig ⚕ *adj.* able to walk; ambulant *case*, walking *wounded*; **≗gips** ⚕ *m* walking cast; **≗gestell** ⚕ *n* invalid walker, (support) horse.

Gehilf|e *m*, **~in** *f* helper, assistant; ⚚ (*Laden* ≗) shop assistant; (*Handlungs* ≗) clerk; (*Handwerks* ≗) journeyman; ⚖ accessory before the fact; *fig.* helpmate; *contp.* henchman.

Gehirn *anat. n* brain; F *fig.* brain(s *pl.*), mind; **~...** *in Zssgn* (of the) brain, cerebral; **~blutung** ⚕ *f* cerebral h(a)emorrhage; **~entzündung** *f* encephalitis, brain-fever; **~erschütterung** *f* concussion (of the brain); **~erweichung** *f* softening of the brain; **~haut** *f* cerebral membrane; **~hautentzündung** ⚕ *f* meningitis; **~kasten** F *m* skull; **~lappen** *m* lobe of the brain; **~leiden** *n* brain disorder, cerebral disease; **~mark** *m* white matter (of the brain); **~masse** *f* brain matter; **~nerv** *m* cranial nerve; **~rinde** *f* cerebral cortex; **~schale** *f* brain-pan, cranium; **~schlag** *m* cerebral apoplexy; **~schwund** *m* encephalatrophy; **~stamm** *m* brain-stem; **~substanz** *f* brain matter; *graue ~* grey matter; **~tätigkeit** *f* cerebration; **~tumor** *m* cerebral tumo(u)r; **~wäsche** *pol. f* brain-washing; *bei j-m e-e ~ vornehmen* brain-wash a p.

gehoben *adj. Sprache usw.*: elevated, exalted; *Stellung*: high, senior ..., executive ...; *~e Stimmung* elation, high spirits *pl.*; *in ~er Stimmung* elated, in high spirits; ⚚ *Güter des ~en Bedarfs* luxuries and semi-luxuries.

Gehöft *n* farm(stead).

Gehölz *n* wood, copse; (*Dickicht*) thicket.

Gehör *n* (sense of) hearing, ear; (*Anhören*) hearing (*a.* ⚖); ⚖ *ordentliches, rechtliches ~* due process of law; *feines* (*scharfes*) *~* delicate (quick) ear; *musikalisches ~* musical ear; *nach dem ~* by ear; *~ haben für* have an ear for; *j-m ~ schenken* listen (*od.* lend an ear) to a p.; give a p. a hearing; *e-r Sache kein ~ schenken* refuse to listen to, turn a deaf ear to; *~ finden* get a hearing; *sich ~ verschaffen allg.* make o.s. heard, *rechtlich usw.*: obtain a hearing; ♪ *zu ~ bringen* perform, present, play; sing.

gehorchen *v/i.* **1.** *j-m* (*nicht*) *~* (dis)obey a p.; **2.** ⊕ respond.

gehören I. *v/i.* **1.** *allg.* belong to (*a. fig.*); *~ zu* belong to, (*e-n Teil bilden von*) *a.* form part of, appertain to; *als Mitglied*: *a.* be a member of; (*zählen zu*) rank (*od.* be) among, be classed with; *unter e-e Rubrik usw. ~* come (*od.* fall) under, be subject to; *wem gehört das Buch?* whose book is this?; *wem gehört das Haus?* who is the owner of the house?; *gehört der Handschuh dir?* is this glove yours?; *ihm gehört* (*eigentlich*) *der volle Anteil* he is entitled to a full share; *er gehört zu den besten Spielern* he is one of (*od.* ranks among) the best players; *die Sachen ~ in den Schrank* these things go (*od.* belong) into the cupboard; *es gehört zu s-r Arbeit* it is part of his job; *und alles, was dazu gehört* and all that goes with it; *das gehört nicht hierher Gegenstand*: that doesn't belong here, *Bemerkung usw.*: that's beside (*od.* not to) the point, it's irrelevant; *dazu gehört Geld* (*Zeit, Mut usw.*) that requires *od.* takes money (time, courage, *etc.*); *es gehört nicht viel dazu* it doesn't take much (doing); *die Sache gehört vor das Gericht* should be brought before a court; *er gehört tüchtig verprügelt* what he wants is a sound beating; *er gehört an den Galgen* he ought to be hanged; **II.** *v/refl.*: *sich ~* be fitting (*od.* proper, right); *es gehört sich* it is proper (*od.* right, fit); *das gehört sich nicht* it's not done, it's not good form; *er weiß, was sich gehört* he knows how to behave; *wie es sich ~* properly, duly, as it should be.

Gehör...: **~fehler** *m* auditory defect, defect of hearing; **~gang** *m* auditory canal.

gehörig I. *adj.* **1.** (*j-m*) belonging to, owned by; *zu et. ~* belonging to, forming part of, appertaining to; **2.** (*gebührend*) proper, fit, right, due, just; (*notwendig*) necessary; (*nicht*) *zur Sache ~* having (no) reference to the subject, (ir)relevant; *mit ~em Respekt* with due (*od. iro.* healthy) respect; *e-e ~e Tracht Prügel* a sound thrashing; *ein ~er Schluck* a good (*od.* powerful, F mighty) gulp; *e-e ~e Wegstrecke* quite a distance; *in ~er Weise* in due form, duly; **II.** *adv.* duly, properly; *ich habe es ihm ~ gegeben* I gave him what for, I settled his hash (properly); *es ist ~ kalt* it's awfully cold.

Gehör...: **~leidende(r** *m*) *f* person with impaired hearing; **≗los** *adj.* deaf.

Gehörn *n* horns *pl.*; *hunt.* antlers *pl.*; **≗t** *adj.* horned; *hunt.* antlered; F *fig. Ehemann*: cuckolded.

Gehör...: **~organ** *n* organ of hearing; **~probe** *f* hearing test.

gehorsam I. *adj.* obedient (*gegen* to); *Bürger*: law-abiding; (*folgsam*) docile, submissive, dutiful; **II.** **≗** *m* obedience (*gegen*[*über*] to); *aus ~ gegen* in obedience to; *j-m ~ leisten* obey a p.; *j-m den ~ verweigern* refuse to obey a p.; *sich ~ verschaffen* enforce (*od.* exact) obedience; **≗sverweigerung** *f* disobedience, *bsd.* ⚔ insubordination.

Gehör...: **~sinn** *m* sense of hearing; **~verlust** *m* loss of hearing.

gehren ⊕ *v/t.* mit|re, *Am.* -er.

Gehrock *m* frock coat, *Am.* Prince Albert.

Gehrung ⊕ *f* mit|re, *Am.* -er.

Geh...: **~steig** *m* pavement, *bsd. Am.* sidewalk; **~störung** *f* locomotor disturbance; **~verband** *m* walking bandage; **~versuch** *m* attempt at walking; **~werk** *n* *Uhr*: clockwork, movement, works *pl.*; **~werkzeuge** *n/pl.* 🕮 locomotor apparatus *sg.*

Geier *zo. m* vulture (*a. fig.*); F *hol's der ~!* confound it!, to hell with it!

Geifer *m* (*Speichel*) slaver, drivel; (*Schaum*) foam, froth; *fig.* venom, spite; **~er** *m* vituperator; **≗n** *v/i.* drivel, slaver; *vor Wut ~* foam with rage; *fig. ~ gegen* rail at, vituperate.

Geige *f* violin, F fiddle; (*auf der*) *~ spielen* → *geigen*; (*die*) *erste* (*zweite*) *~ spielen* play the first (second) violin; *fig.* play first (second) fiddle; → *Himmel*; **≗n** *v/i.* (*u. v/t.*) play (on) the violin, F fiddle.

Geigen...: **~bauer** *m* violin-maker; **~bogen** *m* (violin-)bow; **~harz** *n* colophony, rosin; **~kasten** *m* violin-case; **~macher** *m* violin-maker; **~saite** *f* violin-string; **~stimme** *f* violin part; **~strich** *m* stroke (of the violin-bow).

Geiger *m*, **~in** *f* violinist, F fiddler; **~zähler** *m* Geiger counter.

geil *adj.* **1.** lascivious, lecherous, lewd, wanton, lustful; (*erregt*) randy, hot, *Am.* V *a.* horny; *zo.* rutting, *Weibchen*, V *a. Frau*: in heat; **2.** *Pflanzen*: over-luxuriant, rank; **≗heit** *f* **1.** lasciviousness, lechery, lewdness, wantonness, lust; randiness; **2.** over-luxuriance, rankness.

Geisel *f* hostage; *~n stellen* give hostages; *als ~ behalten* hold as (a) hostage; **~nahme** *f* taking of hostage(s).

Geiß *f* (she- *od.* nanny-)goat; *hunt.* (*Ricke*) doe; **~bart** ⚘ *m* goats-beard; **~blatt** ⚘ *n* honeysuckle; **~bock** *m* he-goat, billy-goat.

Geißel *f* whip, lash; *fig.* scourge; *biol.* flagellum; **≗n** *v/t.* whip, lash; *eccl.* flagellate, scourge (*sich* o.s.); *fig.* castigate, scourge, chastise; *mit Worten*: lash (out at), castigate; **~tierchen** *biol. n* flagellate; **~ung** *f* lashing, scourging, flagellation; *fig.* castigation; (*Kritik*) severe criticism, lashing, condemnation.

Geißler *eccl. m* flagellant.

Geist *m* **1.** (*Seele*) spirit; (*Sinn, Gemüt*) *a.* mind; (*Verstand*) mind, intellect; (*Witz*) wit; (*Denken*) thought; (*Genius*) genius; (*Haltung, Kampf≗ usw.*) morale, spirit; *~ u. Körper* mind and body; *der ~ des Christentums usw.* the spirit of Christianity, *etc.*; *der ~ der französischen Sprache* the genius of the French language; *Sieg des ~es über die Materie* triumph of mind over matter; *ein großer ~* a great mind, a mental giant; *ein kleiner* (*enger*) *~* a small (narrow) mind; *Mann von ~* witty (*od.* brilliant) man, wit; *den ~ aufgeben* give up the ghost, F *fig. a. sl.* conk out; *im ~e* in spirit, in fancy; *im ~e bei j-m sein* be with a p. in spirit; *ich sah es im ~e vor mir* I saw it before my mind's eye; *im ~e j-s handeln* act in the spirit of a p.; *wes ~es Kind ist er?* what kind of man is he?; → *scheiden* II; **2.** *überirdischer*: spirit; (*Gespenst*) ghost, spectre; (*Erscheinung*) apparition, phantom; (*Kobold*) sprite; *böser ~* evil spirit, demon; *eccl. der Böse ~* the Evil One; *fig. j-s guter ~* a p.'s good genius; *hier geht ein ~ um* the place is haunted (*od.* ghost-ridden); *bist du denn von allen guten ~ern verlassen?* are you out of your mind?; → *dienstbar*, *heilig*.

Geister...: **~bahn** *f* ghost train; **~beschwörer** *m* (*der Geister ruft*) necromancer; (*der sie austreibt*) exorcist; **~beschwörung** *f* necromancy, evocation; (*Austreibung*) exorcism; **~erscheinung** *f* apparition, vision, phantom; **~geschichte** *f* ghost-story; **~glaube** *m* belief in ghosts; (*Aberglaube*) superstition; **≗haft** *adj.* ghostly, ghostlike, spectral; *fig.* (*unheimlich*) eerie, weird, F spooky; **~klopfen** *n* spirit-rapping; **≗n** *v/i.* (move *od.* wander about like a) ghost (*durch* through); pass, *etc.*, spectrally; *fig. in den Köpfen ~* lurk in; **~schiff** *n* phantom ship; **~seher**(**in** *f*) *m* ghost-seer; **~stimme** *f* spooky voice; *TV* mystery voice; **~stunde** *f* witching hour; **~welt** *f* spirit-world.

Geistes...: **≗abwesend** *adj.* absent-minded, distracted, in a brown study; **~abwesenheit** *f* absent-mindedness; **~anlage** *f* (natural) gift, talent, aptitude, ability; **~anstrengung** *f* mental effort; (*Strapaze*) mental strain; **~arbeit** *f* brain-work; **~arbeiter** *m* brain-worker; **~armut** *f* poverty of intellect, simpleness; **~art** *f* cast of mind, mentality; **~bildung** *f* cultivation of the mind, mental culture; **~blitz** *m* flash of genius, F brain wave; *witziger usw.*: flash of wit; (*Gedankensplitter*) aphorism; **~flug** *m* flight of imagination; **~freiheit** *f* intellectual liberty, freedom of the mind; **~frische** *f* mental vigo(u)r; **~gabe** *f* (intellectual) gift, talent; **~gegenwart** *f* presence of mind; **≈gegenwärtig** *adj.* (on the) alert; (*geistig flink*) quick-witted; *adv.*: *~ sprang er zur Seite* he had the presence of mind to jump aside; **~geschichte** *f* intellectual history; *die deutsche usw. ~* the history of the German, *etc.*, mind; **≈geschichtlich** *adj.* intellectual-history ..., relating to the history of the human mind; *adv.* in the light of the intellectual history; **≈gestört** *adj.* mentally disturbed, (mentally) deranged; insane; **~größe** *f* **1.** greatness of mind; (*Hochherzigkeit*) magnanimity; **2.** → *Geistesriese*; **~haltung** *f* mental attitude, mentality; **~kraft** *f* mental vigo(u)r (*od.* power); **≈krank** *adj.* insane, mentally ill (*od.* deranged); (*verrückt*) mad, crazy; **~kranke(r** *m*) *f* insane person, lunatic, F mental; mental case (*od.* patient); **~krankheit** *f* insanity, mental illness (*od.* disease); **~leben** *n* intellectual (*od.* spiritual) life; **~produkt** *n* (intellectual) product, brain child; **~richtung** *f* **1.** cast of mind, mentality; **2.** outlook, philosophy; school of thought; **~riese** *m* intellectual giant, master-mind, genius; **~schärfe** *f* acuteness (of mind), keen intellect; **≈schwach** *adj.* feeble-minded; imbecile; **~schwäche** *f* feeble-mindedness; imbecility; **~stärke** *f* → *Geisteskraft*; **~störung** *f* mental disorder (*od.* disturbance), psychopathy; **~strömung** *f* current of thought, (intellectual) trend; **~trägheit** *f* mental sluggishness; **~verfassung** *f* state (*od.* frame) of mind, (mental) state; **≈verwandt** *adj.* congenial (*mit* to), kindred; **~verwandtschaft** *f* congeniality, affinity; **~verwirrung** *f* mental confusion (*od.* disturbance); **~welt** *f* intellectual world; **~wissenschaft** *f* humane discipline; *pl. the* Arts, *the* humanities; **~wissenschaftler** *m* (Arts) scholar; **≈wissenschaftlich** *adj.* humane, relating to the Arts; **~zerrüttung** *f* (mental) derangement, dementia; **~zustand** *m* state of mind, mental state.

geistig I. *adj.* **1.** (*seelisch*) spiritual, (*unkörperlich*) *a.* immaterial; (*die Denkkraft betreffend*) intellectual, mental; *~es Auge* mind's (*od.* mental) eye; *~es Eigentum* intellectual (*od.* literary) property; → *Diebstahl*; *~er Führer* spiritual leader, brains *pl.* (*sg. konstr.*); *~er Gehalt* intellectual content (*od.* substance); *~e Freiheit* (*Größe, Verwandtschaft usw*). → *Geistesfreiheit usw.*; *~e Veranlagung, ~ Einstellung* mentality; *~er Vorbehalt* mental reservation; **2.** (*alkoholisch*) spirituous, alcoholic; *~e Getränke* spirits, alcoholic beverages; **II.** *adv.* mentally *etc.*; *~ belastet* mentally afflicted; *~ anspruchsvoll, ~ hochstehend* demanding, high-brow; *sich ~ mit j-m messen* match wits with a p.; → *beschränkt* I 2, *zurückbleiben usw.*; **≈keit** *f* spirituality; intellectuality.

geistlich *adj.* spiritual, religious; *Musik usw.*: *a.* sacred; (*≈e betreffend*) clerical; (*kirchlich*) ecclesiastical; *~es Amt* ministry; *~er Orden* religious order; → *Stand* 3; **≈e(r)** *m* clergyman; minister; (*Priester*) priest; (*Feld≈, Gefängnis≈, Schiffs≈*) chaplain; *die ~en* → **≈keit** *f the* clergy.

Geist...: **≈los** *adj.* spiritless; (*langweilig*) dull; (*flach*) insipid, banal, vapid, platitudinous; (*dumm*) stupid; **~losigkeit** *f* lack of wit; dul(l)ness; insipidity; stupidity; (*Redensart*) banality, platitude; **≈reich** *adj.* witty, brilliant, ingenious, clever; **~reichelei** *f* (forced) witticism; **≈reicheln** *v/i.* quip, try to be witty; **≈sprühend** *adj.* sparkling (with wit), scintillating; **≈tötend** *adj.* soul-destroying, stupefying, deadly dull; **≈voll** *adj.* → *geistreich*; (*tief*) profound.

Geiz[1] *m* **1.** miserliness, niggardliness, stinginess.

Geiz[2] *m* ♀ shoot, sucker.

geiz|en *v/i.* be stingy (*od.* niggardly); (*nicht*) *~ mit* (*a. fig.*) (not) to be sparing of, (not) to stint *a th.*; *obs. ~ nach* et. covet a th.; **≈hals** *m* miser, niggard, skinflint; **~ig** *adj.* stingy, niggardly, miserly, mean, close-fisted, F penny-pinching; **≈kragen** *m* → *Geizhals.*

Gejammer *n* → *Jammern* III.

Gejauchze *n*, **Gejohle** *n* → *Jauchzen* III, *Johlen* II.

gekachelt *adj.* tiled.

Gekeife *n* nagging, scolding.

Gekicher *n* → *Kichern* II.

Gekläff *n* yapping, yelping.

Geklapper *n* rattling, clatter.

Geklatsche *n* → *Klatschen* II.

Geklimper *n* → *Klimpern* II.

Geklingel *n* tinkling, jangling.
Geklirr(e) *n* → *Klirren* II.
Geknatter *n* → *Knattern* II.
geknickt *fig. adj.* crestfallen, crushed.
Geknister *n* → *Knistern* II.
gekonnt F *adj.* accomplished, skil(l)ful, competent, masterly, F slick.
gekränkt *adj.* hurt, offended, injured (*über* at).
gekräuselt *adj. Haar, Schrift usw.*: curly; *Wasser*: rippled; *Stoff*: gathered; → *a. kräuseln.*
Gekreisch *n* → *Kreischen* II.
Gekreuzigte *eccl. m*: *der* ~ Christ crucified.
Gekritzel *n* scraw(ling), scribbling, scribble.
gekröpft *adj.* ⊕ cranked, elbowed; ~*e Achse* dropped axle; *dreimal* ~*e Kurbelwelle* three-throw crankshaft; ⚠ angulate.
Gekröse *n anat.* mesentery; *Kochkunst*: tripe; *Gans*: giblets *pl.*
gekünstelt *adj.* artificial, affected; *Stil*: *a.* mannered, stilted; *Lachen*: forced.
Gel ⚗ *n* gel.
Gelächter *n* laughing, laughter; (*Gegenstand des* ~*s*) laughing-stock; *lautes* ~, *brüllendes* ~ roar of laughter; *wieherndes* ~ guffaw, horselaugh; *unterdrücktes* ~ chuckle, snigger; *in schallendes* ~ *ausbrechen* burst out laughing, roar with laughter, guffaw; *sich dem* ~ *aussetzen* expose o.s. to ridicule.
gelackmeiert *adj.* duped; ~ *sein* be the dupe.
geladen *adj.* loaded, ⚔ *a.* armed, charged; ⚡ charged; *Draht*: live; *Gast*: invited; F *fig.* (*wütend*) fuming, F mad, *sl.* hot under the collar; *auf j-n* ~ *sein* F have it in for a p., be mad at a p.; *fig.* ~ *mit* charged (*od.* brimming, pregnant) with.
Gelage *n* feast, banquet; carouse, F binge.
gelagert *adj.* ⊕ running in bearings; *fig. anders* ~ different; *so* ~ thus; *in besonders* ~*en Fällen* in special cases.
Gelände *n* (tract of) land, area; country; (*Boden*) ground; *a.* ⚔ terrain; (*Parzelle*) lot, plot; (*Bau*~, *Grundstück, a. Ausstellungs*~ *usw.*) site; *durchschnittenes* ~ intersected country; *hügeliges* ~ hilly ground; *schwieriges* ~ difficult terrain; ~**abschnitt** *m* sector (of ground), area; ~**antrieb** *mot. m* all-wheel drive; ~**aufnahme** *f* ground-survey; (*Luftbild*) air photograph; ~**ausbildung** ⚔ *f* field training; ~**erkundung** ⚔ *f* terrain reconnaissance; ~**erschließung** *f* land development; ~**fahrt** *f* (~**fahrzeug** *n*) cross-country drive (vehicle); ~**gang** *mot. m* cross-country (*od.* high-ratio) gear; ~**gängig** *mot. adj.* cross-country (man[o]euvrable); ~*er Kraftwagen* cross-country car; ~**gängigkeit** *f* cross-country mobility; ~**gestaltung** *f* terrain features *pl.*; ~**hindernis** *n* natural obstacle; ~**karte** *f* ground map; ~**kunde** *f* topography; ~**lauf** *m* cross-country race; ~**läufer** *m* cross-country runner; ~**prüfung** *f* *Reitsport*: endurance test; ~**punkt** *m* landmark.
Geländer *n* railing, (hand-)rail; balustrade; (*Treppen*~) banisters *pl.*
Gelände...: ~**reifen** *mot. m* cross-country *od.* off-the-road tyre (*Am.* tire); ~**ritt** *m* cross-country test; ~**ski** *m* cross-country ski; ~**spiel** *n* scouting game; ~**sport** *m* field-sports *pl.*; ~**sprung** *m* obstacle jump, gelaendesprung; ~**übung** *f* field exercise; ~**verhältnisse** *n/pl.* terrain conditions; ~**wagen** *mot. m* cross-country car.
gelangen *v/i.*: ~ *an, nach, zu* arrive at, get (*od.* come) to; (*erreichen*) reach, gain; *fig.* come to, attain (to), gain, achieve; (*erwerben*) acquire; *et. an j-n* ~ *lassen* address (*od.* forward) a th. to a p.; *in j-s Hände* ~ get into a p.'s hands; *in andere Hände* ~ pass into other (*od.* change) hands; *zu e-r Ansicht* ~ form an opinion; *zu der Ansicht* ~, *daß* decide that; *zur Aufführung* ~ be put on (the stage), be presented; *zu Reichtum* ~ make a fortune, gain wealth; → *Erkenntnis* 1, *Macht, Ohr, Schluß* 3 *usw.*
Gelaß *n* room, chamber, cabinet.
gelassen *adj.* calm, cool, composed; (*leidenschaftslos*) tranquil; (*unerschütterlich*) imperturbable; ~ *bleiben* keep one's temper, keep cool; ~**heit** *f* calm(ness), composure; tranquillity; imperturbability.
Gelatin|e *f* gelatin(e); ~**ieren** *v/t. u. v/i.* gelatinize.
Gelaufe *n* running (about).
geläufig *adj.* (*fließend*) fluent, easy, smooth; (*allgemein bekannt*) familiar; current, common; ~*e Zunge* voluble tongue; *er spricht ein* ~*es Englisch* he speaks a fluent English,

he speaks English fluently; *das ist ihm* ~ he is familiar with it; **≈keit** *f* fluency, ease, facility; *der Zunge*: volubility, glibness.

gelaunt *adj.*: *gut* ~ good-humo(u)red, in a good humo(u)r, in good mood; *schlecht* ~ ill-humo(u)red, out of (*od.* in a bad) humo(u)r, bad-tempered, cross; *ich bin nicht dazu* ~ I am not in the mood for it, I don't feel like (doing) it.

Geläut(e) *n* ringing *od.* peal (of bells); (*die Glocken*) chime.

geläutert *adj.* purified (*a. fig.* = chastened).

gelb *adj.* yellow; *bei Verkehrsampel*: amber; *Teint*: sallow; *die* ~*e Gefahr* the Yellow Peril; *das* ≈*e Meer* the Yellow Sea; ~ *werden* (get *od.* turn) yellow; ~ *vor Neid* livid with envy; **~braun** *adj.* yellowish brown; **≈buch** *pol. n* yellow book; **≈e(s)** *n vom Ei.*: yolk; **≈fieber** *n* yellow fever; **≈filter** *phot. n* yellow (light-) filter; **≈gießer** *m* brass-founder; **≈glut** *f* yellow heat; **~grün** *adj.* yellowish green; **≈holz** *n* yellow-wood; **≈kali** *n* potassium ferrocyanide; **≈kreuz(gas)** ⚔ *n* mustard gas; **≈kupfer** *n* brass, yellow copper; **~lich** *adj.* yellowish; **≈licht** *n Verkehrsampel*: amber light; **≈schnabel** *m orn.* mountain-linnet; *fig.* greenhorn, whippersnapper; **≈sucht** ⚕ *f* jaundice; **~süchtig** *adj.* jaundiced; **≈wurz** ⚘ *f* turmeric.

Geld *n* money; F brass, *sl.* dough; (*Münze*) coin; (*Kapital*) capital; (*Währung*) currency; → *a. Bargeld, Falschgeld, Kleingeld, Tagesgeld usw.*; ~*er* money *sg.*, funds, † *a.* monies; (*Einlagen*) deposits; *ausstehende* ~*er* outstanding debts; *öffentliche* ~*er* public funds; *festes* ~ time-money; *billiges* ~ easy money; *teures* ~ dear (*od.* close) money; *totes* ~ barren money; ~ *und* ~*eswert* money and valuables; ~ *zurück!* money refunded!; → *abheben* 3, *aufnehmen* 8, *vorstrecken* 2 *usw.*; *bei* ~*e sein* be in cash, have plenty of money, F be flush, *sl.* be in the chips; *ohne* ~ penniless, impecunious, *sl.* broke; *knapp bei* ~*e sein* be short of money, F be hard up (*od.* in low water); *im* ~*e schwimmen* be rolling in money (*od.* one's riches); *ins* ~ *gehen od. laufen* run into (a lot of) money; ~ *machen* make money; *zu* ~ *machen* turn into cash (*od.* ready money), realize; ~ *stinkt nicht* money does not smell; ~ *regiert die Welt* money rules the world; *nicht für* ~ *und gute Worte* not for love or money.

Geld...: **~abfindung** *f* (monetary) compensation, cash settlement; **~abfluß** *m* drain (*od.* efflux) of money; **~abwertung** *f* devaluation, devalorization; **~adel** *m* moneyed aristocracy, plutocracy; **~angelegenheit** *f* money (*od.* financial) matter; **~anlage** *f* investment; **~anleihe** *f* loan; **~anweisung** *f* remittance (of money), money order; **~aristokratie** *f* → *Geldadel*; **~aufnahme** *f* raising of money, borrowing; **~aufwand** *m* expenditure(s *pl.*); **~aufwertung** *f* revaluation (of money); **~ausgabe** *f* expenditure, expense, disbursement; **~auslage** *f* (financial) outlay; **~ausweitung** *f* monetary expansion; **~auszahler** *m* cashier; *Bank*: (paying) teller; **~bedarf** *m* sum required; money requirements *pl.*; *am Geldmarkt*: currency demands *pl.*; **~belohnung** *f* pecuniary reward; **~bestand** *m e-s Landes*: monetary holdings *pl.* (*od.* stock); **~betrag** *m* amount *od.* sum (of money); **~beutel** *m* purse; **~bewilligung** *f* (money) grant; **~briefträger** *m* (special) postman delivering money-orders; **~buße** *f* fine, penalty; **~einheit** *f* monetary unit; **~einlage** *f* deposit; **~einnahmen** *f/pl.* receipts *pl.*; **~einnehmer** *m* collector; *Bank*: receiving teller; **~einwurf** *m* insertion of coins; *am Automaten*: coin slot; **~empfänger** *m* remittee; **~entschädigung** *f* (monetary) compensation, indemnity; **~entwertung** *f* depreciation of currency; inflation; **~erhebungsvollmacht** *f* authority to draw (on an account); **~eswert** *m* money's worth; → *a. Geld*; **~esel** F *fig. m* money-spinner; **~flüssigkeit** *f* liquidity; *am Geldmarkt*: turnover of money; **~forderung** *f* money due (*od.* owing); outstanding debt; monetary claim; **~frage** *f* financial matter; (*bloß*) *e-e* ~ (merely) a question of money; **~geber(in** *f*) *m* lender of money, financial backer, financier; investor; (*Hypothekeninhaber*) mortgagee; **~geschäft** *n* money transaction; financial operation; banking (business); **~geschenk** *n* gift of money; *größeres*: donation; *Trinkgeld*: tip; **~gier** *f* greed (for money), avarice, cupidity; **~gierig** *adj.* greedy (for money), avaricious, grasping; **~hamsterer** *m* money hoarder; **~heirat** *f* money-match, marriage for money; **~herrschaft** *f* plutocracy; **~hilfe** *f* financial aid; **~hortung** *f* currency hoarding; **~institut** *n* financial institution; **~kasse** *f* strong-box; (*Ladenkasse*) till, (*Registrierkasse*) cash register; **~klemme** *f* → *Geldschwierigkeiten*; **~knappheit** *f* shortness (*od.* ✝ tightness) of money; **~krise** *f* monetary crisis; **~kurs** *m* rate of exchange; *Börse*: (*vom Käufer gebotener ~*) bid price; (*Kaufkurs*) buying rate; **~leistung** *f* (money) payment; *Krankenkasse*: cash benefit; **~lich** *adj.* pecuniary, financial, monetary; **~macht** *f* financial power; **~makler** *m* money-broker; **~mangel** *m* lack of money; ✝ money scarcity, (financial) stringency; **~mann** *m* financier; **~markt** *m* money market; *Anspannung des ~s* monetary strain; *Druck auf den ~ verursachen* place pressure on the market; **~marktempfindlich** *adj.* sensitive to money market influences; **~mittel** *pl.* means, funds, (financial) resources; **~münze** *f* coin; **~nehmer**(**in** *f*) *m* borrower; (*Hypothekenschuldner*) mortgagor; **~neuordnung** *f* monetary reform; **~not** *f* → *Geldschwierigkeiten, Geldmangel*; **~politik** *f* monetary policy; **~prämie** *f* bonus; → *a.* **~preis** *m Sport*: money (*od.* cash) prize; **~protz** *m* purse-proud character; **~quelle** *f* source of capital, pecuniary resource; **~reform** *f* monetary reform; **~reserve** *f* money reserve; **~sache** *f* money matter; **~sack** *m* money-bag (*a.* F *fig. Person*); *mit Inhalt*: bag of money; **~sammlung** *f* collection; fund-raising drive; **~satz** *m* money rate; **~schein** *m* (bank-)note, *Am.* bill; **~schöpfung** *f* creation of currency; **~schrank** *m* safe, strong-box; **~schrankknacker** *m* safe-cracker; **~schuld** *f* (pecuniary *od.* money) debt; **~schwemme** *f* glut of money; **~schwierigkeiten** *f/pl.* financial (*od.* pecuniary) difficulties *od.* straits; *in ~ sein a.* F be hard up, be pushed for money; **~sendung** *f* cash remittance; **~sorgen** *f/pl.* money worries; → *a. Geldschwierigkeiten*; **~sorte** *f* (monetary) denomination; *pl.* notes and coins; **~spende** *f* contribution, donation; subscription; **~strafe** *f* fine; *zu e-r ~ verurteilen, mit e-r ~ belegen* fine; **~stück** *n* coin; **~summe** *f* sum (of money); **~system** *n* monetary system; **~tasche** *f* money-bag; *im Herrenanzug*: change-pocket; → *Brieftasche*; **~theorie** *f* monetary theory; **~überfluß** *m* glut (*od.* excess) of money; **~überhang** *m* surplus money; **~überweisung** *f* remittance, (money) transfer; **~umlauf** *m* money circulation; **~umsatz** *m* turnover (of money); **~umstellung** *f*, **~umtausch** *m* currency conversion; **~unterstützung** *f* pecuniary aid; **~verdiener** *m* money-maker; **~verfassung** *f* monetary structure; **~verknappung** *f* → *Geldknappheit*; **~verlegenheit** *f* pecuniary embarrassment; → *a. Geldschwierigkeiten*; **~verleiher** *m* money-lender; **~verlust** *m* pecuniary loss; **~vermögenswert** *m* monetary asset; **~verschwendung** *f* waste of money; **~volumen** *n* money supply; **~vorrat** *m* funds *pl.*; cash reserve; (*Kassenbestand*) cash in hand; *am Geldmarkt*: supply of money; → *a. Geldbestand*; **~vorschuß** *m* (cash) advance; **~währung** *f* currency; money standard; **~wechsler** *m* money changer; **~wert** *m* monetary (*od.* cash) value; ✝ value of (the) currency; **~wertschuld** *f* claim payable in original value; **~wesen** *n* monetary system, finance; **~wirtschaft** *f* money economy; **~wucher** *m* usury; **~zulage** *f* additional pay; → *a. Gehaltserhöhung*; **~zeichen** *n* monetary token.

Gelee *n,m* jelly; *Kosmetik*: (skin) gel.

gelegen *adj.* **1.** lying, situated, sited, *Am. a.* located; **2.** (*passend*) convenient, suitable, apt, fit; (*günstig*) opportune; *es kommt mir gerade ~* it just suits me, it comes in handy; *du kommst mir gerade ~* you are just the man I wanted to see; *mir ist daran ~, zu inf.* I am anxious to *inf.*, what I want is to *inf.*; *es ist mir sehr daran ~* I set great store by it, it matters a lot to me; *mir ist nichts daran ~* I am not keen on it, I don't care for it, (*ist mir gleich*) it makes no difference to me, I don't care; *was ist daran ~?* what of it?, what difference does it make?

Gelegenheit *f* **1.** (*Anlaß*) occasion; *bei ~* on occasion, when there is a chance, at one's leisure; some time; *bei dieser ~ lernte ich ihn kennen* on that occasion; *bei* *dieser ~ möchte ich bemerken* in this connection; *bei erster ~* at the first opportunity; *bei solchen ~en* at such times, on such occasions; **2.** (*gute ~*) opportunity, chance; *~ haben zu inf.* have (an) opportunity to *inf.*; *e-e ~ ergreifen od. wahrnehmen od. benützen* seize (*od.* take, avail o.s. of, profit by) an opportunity; *die ~ verpassen* miss (*od.* lose) an opportunity; *j-m ~ geben zu inf.* give a p. the opportunity to *inf.* (*od.* of, for *ger.*); *es bot sich e-e ~* an opportunity presented itself, there was an opening; *~ macht Diebe* opportunity makes the thief; → *Schopf*; **3.** (*Einrichtung*) facility; → *Kochgelegenheit.*

Gelegenheits...: **~arbeit** *f* occasional (*od.* casual, odd) job; **~arbeiter** *m* casual labo(u)rer, odd-job man; **~auftrag** *m* odd job; **~dieb** *m* casual thief; **~gedicht** *n* occasional poem; **~geschäft** *n* occasional (*od.* chance) business (*od.* profit); **~kauf** *m* chance purchase, *preiswerter*: bargain; **~käufer** *m* chance buyer.

gelegentlich I. *adj.* occasional; (*zufällig*) incidental, accidental, chance ...; (*unverbindlich*) casual; (*zeitweilig*) temporary; *Arbeit*: odd job; **II.** *adv.* occasionally, now and then, at times; (*bei Gelegenheit*) on occasion, when there is a chance; at your leisure; *~ e-e Tasse Kaffee trinken* have an occasional cup of coffee; *gib mir das Buch ~ zurück* return the book to me some time; **III.** *prp.* on the occasion of *my visit, etc.*; *~ m-s Aufenthaltes in London a.* when I was in London, during my stay in London.

gelehrig *adj.* docile, teachable; (*klug*) clever, intelligent, F quick in the uptake; **≈keit** *f* docility, teachability; cleverness.

Gelehrsamkeit *f* erudition, learning, scholarship.

gelehrt *adj.* learned, erudite; scholarly; *~e Bücher* learned books; *~e Gesellschaft* learned society; → *Haus* 2; **≈e(r)** *m* scholar, savant (*fr.*), *co.* pundit; **≈heit** *f* → *Gelehrsamkeit.*

Geleier *n* singsong.

Geleise *n* (*Wagenspur*) rut, track; 🚂 *usw.* rail(s *pl.*), line(s *pl.*), track(s *pl.*); *einfaches ~* single track; *fig. ausgefahrenes ~ the* beaten track; *fig. das alte ~ a.* the familiar routine, the same old rut; *aus dem ~ springen* run off the rails, be derailed, *Am.* jump the track; *fig. aus dem ~ bringen* put *a p.* out; *aus dem ~ kommen* be put out, *Sache*: be upset; *wieder ins ~ bringen* put right, set to rights, *Am. a.* fix; *totes ~* blind track; *fig. auf ein totes ~ geraten Person*: get bogged down, *Verhandlungen usw.*: reach a deadlock (*od.* impasse); → *Gleis...*

Geleit *n* conduct, *a.* ⚔ escort; ⚓ escort, convoy; → *a. Gefolge*; *j-m das ~ geben* accompany (*od.* escort) a p., *zum Abschied*: *a.* see a p. off, *zum Bahnhof usw.*: to; *j-m freies* (*od. sicheres*) *~ geben* give a p. safe-conduct; *j-m das letzte ~ geben* pay a p. the last hono(u)rs; *unter ~* under escort (⚓ convoy); *Zum ~ in Büchern*: Foreword; **~brief** *m* (letter of) safe-conduct; ☤ letter of consignment; *Zoll*: customs-certificate; **≈en** *v/t.* accompany, conduct, *a.* ⚔ *u. schützend*: escort; ⚓ *a.* convoy; *an die Tür usw. ~* see to the door, *etc.*; *an den Bahnhof usw. ~* see off (*od.* to the station, *etc.*); **~flugzeug** *n* escort plane (*od.* fighter); **~schein** ☤ *m* navicert; **~schiff** *n* convoy-ship, escort vessel; **~schutz** *m* escort, ⚓ *mst* convoy; *~ geben* escort, convoy; **~wort** *n* prefatory note, foreword; **~zug** ⚓ *m* convoy; *im ~ fahren* sail in convoy.

Gelenk *n anat.* joint; (*~fügung*) articulation; ⊕, ⚘ articulation, joint; (*Bindeglied*) link; (*Scharnier*) hinge; *um ein ~ drehbar* hinged; **~band** *n anat.* ligament; **~entzündung** ⚕ *f* arthritis; **~fahrzeug** *n* articulated vehicle; **≈ig** *adj.* flexible (*a. fig.*); (*flink, gewandt*) agile; (*geschmeidig*) lissom(e), supple; ⊕ flexible, articulated; *adv. ~ angebracht* hinged; **~igkeit** *f* flexibility, pliancy; agility; suppleness; **~kupplung** ⊕ *f* flexible coupling; **~pfanne** *anat. f* socket, glenoid cavity; **~rheumatismus** ⚕ *m* articular rheumatism; **~schmiere** *f* synovia(l fluid); **~stange** ⊕ *f* toggle link; **~welle** ⊕ *f* cardan shaft.

gelernt *adj. Arbeiter*: skilled; *Handwerker usw.*: trained.

Gelichter *n* riff-raff.

Geliebte(r *m*) *f* lover; beloved, love, sweetheart, paramour; *nur f*: (*Mätresse*) mistress.

gelieren *v/i.* jelly, *Am. a.* jell; gelatinize.

gelind(e) *adj.* gentle, mild (*a. fig.*); *Strafe*: mild, lenient, light; *Schmerz*: (s)light; *Feuer*: slow; (*mäßig*) moderate, slight; *adv.*

~*e gesagt* to put it mildly, to say the least; → *aufziehen* 3.

gelingen I. *v/i.* succeed, be successful; *es gelang ihm (es zu tun)* he succeeded *od.* was successful (in doing it), he managed (to do it); *es gelang ihm, zu inf. a.* he contrived to *inf.*; *es gelang ihm nicht a.* he failed (*zu inf.* to *inf.*); *die Arbeit gelang gut* turned out well; → *gelungen*; **II.** ≈ *n* success, successful outcome.

Gelispel *n* → *Lispeln* II.

gell *adj.* shrill, piercing.

gellen *v/i.* shrill, ring out; (*gellend schreien*) *a.* yell, scream (*beide a. v/t.*); (*widerhallen*) ring (*von* with); *es gellt mir in den Ohren* my ears are ringing; **~d** *adj.* shrill, piercing; ~*es Geschrei* yelling, screams *pl.*

geloben *v/t.* promise solemnly; *feierlich, eidlich*: vow, pledge; *sich* ~, *zu inf.* vow to o.s. (*od.* make a solemn resolve) that; *das Gelobte Land* the Land of Promise.

Gelöbnis *n* (solemn) promise; pledge, vow.

gelöst *fig. adj. Person, Stimmung*: relaxed; ≈**heit** *f* relaxed mood.

gelt[1] *zo. adj.* giving no milk, dry; (*unfruchtbar*) barren.

gelt[2] *int.* isn't it?, eh?, don't you think?

gelten *v/t. u. v/i.* be worth *10 dollars, etc.*; → *Wette*; *fig.* count for; (*gültig sein*) be valid; (*zählen*) *Fehler, Treffer usw.*: count; *Gesetz usw.*: *a.* be effective (*od.* in force, in operation); *Münze*: be current (*od.* valid); *fig. Grund usw.*: be valid, hold (good), count; (*wichtig sein*) matter; *etwas* ~ *Person*: carry weight, have credit *od.* influence, count for much; *nicht viel* ~ not to count for much (*bei* with), have little weight (with); *wenig* ~ rate low; *j-m* ~ *Schuß, Bemerkung, Vorwurf*: be meant (*od.* intended) for a p., *Sympathie usw.*: be for a p.; ~ *für od. als* (*angesehen werden als*) pass for, be reputed (*od.* thought, supposed) to be, be considered as, be looked upon as, rank (*od.* rate) as; ~ *für* (*sich anwenden lassen auf*) apply to, ⚖ *a.* be applicable to; be true (*od.* right) for; ~ *lassen* accept, let pass (*od.* stand), allow, admit of; ~ *lassen als* let pass for, accept as; *das will ich* ~ *lassen!* granted!, I don't dispute that; *das gilt auch für dich!* that applies to (*od.* goes for) you, too!; ⚖ *dasselbe gilt für* the same rule shall apply to; *als Sonderfall gilt* shall be deemed an exceptional case; *in Zweifelsfällen gilt die englische Fassung* the English version shall prevail (*od.* be the official text); *er gilt dort viel* his word carries weight there, he is highly respected (*od.* much made of) there; *was er sagt, gilt* what he says goes, his word is the law; *es gilt!* done!, agreed!, I am on!; *das gilt nicht* that is not allowed (*od.* not fair), that does not count; *jetzt gilt's!* now's the time!; *es gilt, zu inf.* what matters (most) is to *inf.*, it is necessary (*od.* essential, imperative) to *inf. od.* that; *es gilt e-n Versuch* we should give it a try; *es gilt rasch zu handeln* now is the time for quick action, we must act quickly; *da galt kein Zaudern* there was no time for hesitation; *es galt unser Leben* our life was at stake; *er war stets zur Hand, wenn es galt* he was always there in an emergency; **~d** *adj.* valid, *Gesetz usw.*: *a.* effective, in force *od.* operation; (*anwendbar*) applicable; ⚕ *Preise*: ruling, current; (*allgemein anerkannt*) accepted, acknowledged, established; (*vorherrschend*) prevailing; ~ *machen* (*Ansprüche, Rechte*) assert, set up, (*Gründe*) advance; ~ *machen, daß* maintain (*od.* point out, put forward, argue) that; *als Entschuldigung usw.* ~ *machen* plead; ⚖ *Verjährung* ~ *machen* plead prescription; → *Einfluß*; *sich* ~ *machen* assert o.s., *fig.* (*fühlbar werden*) be (*od.* make itself) felt; ≈**dmachung** *f von Ansprüchen usw.*: assertion; *von Einfluß*: exercise.

Geltung *f* (*Wert*) worth, value; (*Gültigkeit*) validity; *e-r Münze*: currency (*a. fig. e-s Gedankens, Ausdrucks*); (*Wichtigkeit*) importance, consequence, weight, *e-r Person*: *a.* authority, credit; (*Achtung*) respect, recognition; prestige; ~ *haben* be valid, → *a. gelten*; *zur* ~ *bringen* (*Einfluß usw.*) bring to bear, (*hervorheben*) accentuate, emphasize, bring out, show (to advantage); *zur* ~ *kommen* (begin to) tell, be (*od.* make itself) felt, take effect, come into play; (*herausragen*) be conspicuous, stand out; (*wirkungsvoll erscheinen*) be effective; *die Farbe kommt gut zur* ~ the colo(u)r shows well (*od.* is very effective); *er kam in der Masse nicht zur* ~ he was hardly noticed in the crowd; *sich* ~ *verschaffen* make o.s.

respected; bring one's influence to bear; ~ *erlangen* gain recognition (*od.* prestige); **~sbedürfnis** *n*, **~ssucht** *f*, **~strieb** *m* craving for recognition (*od.* admiration), desire to show off, egotism; **~sbereich** *m* scope, field of application; ⚖ jurisdiction; *e-s Gesetzes*: purview; **~sdauer** *f* (period of) validity, valid period; *e-s Patents usw.*: life; *e-s Vertrags*: term.

Gelübde *n* vow; *ein ~ ablegen* take (*od.* make) a vow.

gelungen *adj.* **1.** successful, *pred.* a success; (*wirkungsvoll*) effective; *das Bild ist gut ~* the picture turned out well; **2.** (*drollig*) funny, amusing.

Gelüst *n* craving, appetite, desire, lust (*nach* for); **2en** *v/t. impers.*: *es gelüstet mich* (*od. mich gelüstet*) *nach* I crave (*od.* long) for; *es gelüstet mich sehr, zu inf.* I feel strongly tempted to *inf.*; *eccl. sich ~ lassen nach* covet *a. th.*

gemach! *int.* gently!, easy (does it)!

Gemach *n* room, apartment, chamber; *kleines*: cabinet, closet.

gemächlich *adj. u. adv.* leisurely, easy; (*ohne Hast*) *a.* unhurried; *~en Schrittes* (*od. Tempos*) at a leisurely pace, leisurely; *~ gehen* stroll, amble; *~ leben* live at ease (*od.* comfortably); **2keit** *f* leisureliness; ease, comfort.

gemacht *adj.* → *machen* IV.

Gemächt(e) *obs. n* genitals *pl.*

Gemahl *m* husband; → *Prinzgemahl*; **~in** *f* wife, spouse; *Ihre Frau Gemahlin* Mrs. N., *vertraulich*: your wife.

gemahnen I. *v/t.*: *j-n ~ an* remind a p. of, put a p. in mind of; **II.** *v/i.*: *~ an* remind of, suggest, be suggestive (*od.* evocative) of, recall.

Gemälde *n* painting, picture; portrait (*a. fig.*); **~ausstellung** *f* exhibition of paintings; **~galerie** *f* picture-gallery; **~sammlung** *f* collection of paintings (*od.* pictures).

Gemarkung *f* boundary; (*Bezirk*) boundaries *pl.*, area.

gemäß I. *adj.* (*angemessen*) appropriate, suitable (*dat.* to); **II.** *prp.* (*entsprechend*) according to, in accordance (*od.* conformity, agreement) with, in compliance with; (*zufolge*) in consequence of, as a result of; ⚖ pursuant to, in pursuance of; *~ den bestehenden Bestimmungen* under the existing regulations; *~ Ihren Anweisungen* as prescribed, following your instructions; *~ den nachfolgenden Vorschriften usw.* as hereinafter provided; **2heit** *f* conformity.

gemäßigt *adj.* moderate; *geogr.* temperate.

Gemäuer *n*: *altes ~* (old) ruins *pl.*, decayed walls *pl.*

Gemecker *n* → *Meckern.*

gemein I. *adj.* **1.** common; (*allgemein, gewöhnlich*) general, common; (*öffentlich*) public; ⅍ *~er Bruch* vulgar fraction; *~es Feldhuhn* common partridge; *der ~e Mann* the man in the street; *das ~e Volk* the common people; *das ~e Wohl* → *Gemeinwohl*; *~er Soldat* → *Gemeine(r)*; **2.** *contp.* (*niedrig*) low, base, caddish; (*schäbig, tückisch*) mean, nasty; *bsd. von Frauen*: F catty, bitchy; *Bemerkung usw.*: *a.* snide; (*pöbelhaft*) vulgar; (*roh*) coarse; (*schmutzig*) dirty, filthy; (*unangenehm, scheußlich*) vile, F awful, beastly; *~e Ausdrücke* filthy (*od.* vile, abusive) words; *~er Kerl* cad, F dirty dog, *Am. sl.* heel; *~e Lüge* dirty (*od.* filthy) lie; *~er Streich* dirty (*od.* shabby) trick; *das war ~ von dir* nasty (*od.* mean) of you; **3.** *et. ~ haben mit* have a th. in common with; *sie haben nichts miteinander ~* they have nothing in common; *sich ~ machen mit* make common cause with, chum up with; **II.** F *adv.*: *~ kalt* F awfully (*od.* beastly) cold.

Gemein...: **~besitz** *m* common (*od.* communal, public) property; **~betrieb** *m der öffentlichen Hand*: public utilities *pl.*; ✓ communal farm(ing); **~bürgschaft** *f* joint guarantee.

Gemeinde *f pol.* municipality; (*Verwaltung*) *a.* local government (unit); (*Land* 2) rural commune; (*Kirchen* 2) parish, (*Mitglieder*) *a.* parishioners *pl.*, (*Kirchgänger*) congregation; (*Zuhörerschaft*) audience; *fig.* community; **~abgaben** *f/pl.* (local) rates, *Am.* local taxes; **~amt** *n* municipal office; **~beamte(r)** *m* communal officer; **~behörde** *f* municipal (*od.* local) authority; **~betrieb** *m* communal enterprise; **~bezirk** *m* (municipal) district; **~diener** *m* beadle; **2eigen** *adj.* communal(-owned), municipal; **~haus** *eccl. n* parish hall; **~haushalt** *m* municipal budget; **~mitglied** *eccl. n* member of the congregation, parishioner; **~ordnung** *f* municipal code; **~pfleger** *eccl. m* parish worker; **~rat** *m* **1.** municipal council, town (*od.* city, local) council; **2.** (*Person*) municipal council(l)or; **~schreiber** *m* parish (*od.* town) clerk; **~schule** *f* parish school; **~schwester** *f* parish nurse; **~steuer** *f* (local) rate, *Am.* local tax; **~unterstützung** *f* parish relief; **~verwaltung** *f* local administration (*od.* government); → *a. Gemeindebehörde*; **~vorstand** *m eccl.* parish council; → *a. Gemeinderat* 1; **~vorsteher** *m* **1.** chairman of a parish council; **2.** → *Bürgermeister*; **~wahl** *f* municipal election.

Gemeine(r) *m Soldat*: private (soldier), *Am.* (basic) private, F GI.

gemein...: **≈eigentum** *n* **1.** communal property; **2.** public ownership; **~faßlich** → *gemeinverständlich*; **~gefährlich** *adj.* dangerous to public safety, *pred. a.* a public danger; *~er Verbrecher* dangerous criminal; *Am. a.* public enemy; *~es Verbrechen* crime constituting a public danger; *er ist ~* he is a public danger; **≈gläubiger** *m Konkurs*: non-preferential creditor; **~gültig** *adj.* (generally) accepted, recognized; **≈gut** *n* common property (*a. fig.*); → *a. Gemeineigentum*; **≈heit** *f* meanness, lowness; baseness; vulgarity; coarseness; (*Handlung*) mean (*od.* low) act, F dirty trick; (*Bemerkung usw.*) nasty (*od.* rude) remark, beastly thing to say; **~hin** *adv.* commonly, generally; **≈kosten** *pl.* overhead (costs) *sg.*; **≈nutz** *m* common *od.* public interest (*od.* good); *~ geht vor Eigennutz* public need before private greed; **~nützig** *adj.* in the public interest; (*wohltätig*) charitable, welfare ...; (*genossenschaftlich*) co-operative; *~e Organisation* non-profit(-making) organization; *~e öffentliche Betriebe* public utilities; *~e Belange* community interest; *in ~er Weise* on a non-profit basis; **≈nützigkeit** *f* public usefulness, public utility; non-profit-making character; **≈platz** *m* commonplace, platitude, F *a.* bromide; **~sam I.** *adj.* common (*dat.* to); joint; (*zs.-genommen*) combined, *Handeln usw.*: united, concerted; (*gegenseitig*) mutual; *Mahl usw.*: communal; *allen ~* common to all; *~er Freund* common (*od.* mutual) friend; *~e Aktion* joint (*od.* concerted) action; *~es Eigentum* joint (*od.* common) property; *~e Eigentümer* joint owners; *≈er Markt* Common Market; → *Nenner*, *Sache*; **II.** *adv.* jointly, together; (*geschlossen*) in a body; *~ handeln mit* act together (*od.* jointly, in concert) with; *~ vorgehen* take joint action; **≈samkeit** *f* community; common interest; mutuality; *bsd. pol.* (*identische Ansichten*) common ground, (*Zs.-arbeit*) co-operation; → *a. Gemeinschaftsgefühl*.

Gemeinschaft *f* community (*a. pol.*); (*Vereinigung*) union, association; (*Mannschaft, Gruppe*) team; *eccl.* communion (*der Heiligen* of Saints); (*Verkehr, Verbindung*) association (*mit* with); → *a. Gemeinschaftsgefühl*, *Gemeinschaftgeist*; *häusliche ~* common household; *in ~ mit* jointly (*od.* together, in co-operation) with; → *ehelich* I; **≈lich** *adj.* **1.** → *gemeinsam*; **2.** ✝ *~es Konto* joint account; → *Kasse* 5, *Rechnung* 2.

Gemeinschafts...: **~anschluß** *teleph. m* party line; **~antenne** *f* communal (*od.* shared) aerial (*Am.* antenna); **~arbeit** *f* teamwork, co-operative work; **~aufgabe** *pol. f* community task; **~betrieb** *m* joint enterprise; **~empfang** *m Radio*: community listening; **~erziehung** *ped. f beider Geschlechter*: co-education; **~finanzierung** *f* group financing; **~gefühl** *n* (sense of) solidarity, fellow feeling; **~geist** *m* team-spirit, esprit de corps (*fr.*), solidarity; **~konto** *n* joint account; **~küche** *f* canteen; communal kitchen; **~kunde** *ped. f* social studies *pl.*; **~leben** *n* communal living; **≈los** *adj.* (*konfessionell ungebunden*) without religious affiliations; **~produktion** *f* co-production; **~raum** *m* recreation (*od.* common) room, lounge; **~schule** *f* co-educational (*od.* non-denominational) school; **~sendung** *f* simultaneous broadcast, hook-up; **~speisung** *f*, **~verpflegung** *f* communal feeding; **~werbung** *f* co-operative advertising.

Gemein...: **~schuldner** *m* bankrupt; **~sinn** *m* public spirit, civic sense; **~sprache** *f* standard language; **≈verständlich** *adj.* intelligible to all, popular; **~wesen** *n* community; polity, commonwealth; **~wirtschaft** *f* social economy; ↗ collective farming; **≈wirtschaftlich** *adj.* public; *~er Nutzungsbetrieb* public utilities *pl.*; **~wohl** *n* common (*od.* public) weal, public welfare (*od.* interest).

Gemenge *n* **1.** mixture; **2.** → *Handgemenge.*
Gemengsel *n* medley, hotchpotch.
gemessen I. *adj.* measured (*a. Schritte, Worte*); (*förmlich*) formal, reserved; (*streng*) strict; (*feierlich*) grave, solemn; (*würdevoll*) dignified; **II.** *prp.*: ~ *an* measured against, compared with, considering; **⁀heit** *f* measuredness; formality; gravity; dignity.
Gemetzel *n* carnage, slaughter, butchery, massacre.
Gemisch *n* mixture (*a.* ⚗, *mot.*); *fig.* medley, mixture; **~regelung** *mot. f* mixture control; **~schmierung** *mot. f* petrol (*Am.* oil-in-gasoline) lubrication.
gemischt *adj.* mixed (*a. Tennis*); *Bank usw.*: mixed-type ...; *Kommission usw.*: mixed, joint; F *fig.* dubious; ~*e Gefühle* mixed (*od.* mingled) feelings; ~*e Gesellschaft* mixed company; *adv.* F *es ging recht* ~ *zu* there were all sorts of goings-on; **⁀bauweise** *f* composite construction; **⁀waren** *f/pl.* groceries, *Am.* general merchandise *sg.*; **⁀warenhandlung** *f* grocery, general store; *Am.* general merchandise store; **~wirtschaftlich** ⚕ *adj.* public-private, mixed-economy ...
Gemme *f* (engraved) gem; cameo.
Gems|bock *m* chamois-buck; **~e** *f* chamois; **~eneier** *co. n/pl.*: ~ *suchen* go on a wild-goose chase; **~leder** *n* chamois leather, shammy.
Gemunkel *n* whispering, whispers *pl.*; (*Gerücht*) rumo(u)r(s *pl.*), gossip, talk.
Gemurmel *n* murmur(ing) (*a. e-s Baches usw.*); mutter(ing), mumbling.
Gemüse *n* vegetable; *coll.* vegetables *pl.*, greens *pl.*, *Am. a.* truck; F *fig. junges* ~ small fry, youngsters *pl.*; **~bau** *m* vegetable gardening, ⚕ market-gardening, *Am.* truck farming; **~garten** *m* kitchen-garden; **~gärtner** *m* market-gardener, *Am.* truck farmer; **~händler(in** *f*) *m* greengrocer; **~konserven** *f/pl.* tinned (*bsd. Am.* canned) vegetables; **~suppe** *f* vegetable soup.
gemüßigt *adj.*: *sich* ~ *sehen, zu inf.* feel (*od.* find o.s.) obliged *od.* compelled to *inf.*
gemustert *adj.* figured, patterned.
Gemüt *n* mind; (*Gefühl*) feeling; (*Seele*) soul; (*Herz*) heart; (~*sart*) nature, disposition, mentality, cast of mind; F (*Person*) soul, thing; ~*er* (*Personen*) minds, people; *die* ~*er erhitzten sich* tempers ran high; *sonniges* ~ sunny nature; *sich et. zu* ~*e führen* take a th. to heart; F *sich e-e Flasche Wein usw. zu* ~*e führen* discuss, *sl.* get outside of; **⁀lich** *adj.* **1.** *Person*: (*umgänglich*) sociable, genial, jovial, jolly, good-natured, (*seelenruhig*) placid, cool, (*bequem*) easy-going, leisurely; ~ *werden* unbend, relax; **2.** (*behaglich*) comfortable, cosy, snug; (*angenehm*) pleasant; (*friedlich*) peaceful; (*entspannt*) relaxed; (*gemächlich*) leisurely; *Atmosphäre, Reise usw.*: restful; *es sich* ~ *machen* make o.s. comfortable (*od.* at home), relax; (*bequem leben*) take it easy; F *immer* ~! take it easy!, keep your shirt on!; **~lichkeit** *f* sociability, geniality, joviality, good nature; (*Traulichkeit*) comfort(ableness), cosiness, snugness; cosy atmosphere; relaxed mood; (*Gemächlichkeit*) leisureliness; *in aller* ~ leisurely; with time to spare; F *da hört doch die* ~ *auf!* that's the limit!; **⁀los** *adj.* unfeeling, heartless.
Gemüts...: **⁀arm** *adj.* lacking warmth, unemotional, cold; **~art** *f* nature, disposition, temper(ament), mentality, character, cast of mind; **~bewegung** *f* emotion; **⁀krank** *adj.* mentally diseased, emotionally disturbed; (*schwermütig*) melancholic; **~krankheit** *f* mental disorder; melancholia; **~leben** *n* inner (*od.* emotional) life; **~mensch** *m* emotional (*od.* warm-hearted) person, sentimentalist; *iro.* hard-boiled person; **~ruhe** *f* peace of mind, tranquil(l)ity; calmness, composure, placidity; *in aller* ~ (*gemütlich*) leisurely; (*eiskalt*) coolly, placidly, F cool as a cucumber; **~verfassung** *f*, **~zustand** *m* state (*od.* frame) of mind; humo(u)r.
gemütvoll *adj.* (full of) feeling, warm-hearted; emotional; sentimental.
gen *poet. prp.* to, toward(s); ~ *Osten* towards the east, eastward; ~ *Himmel* heavenward.
Gen *biol. n* gene.
genannt *adj.* (*oben erwähnt*) said, aforesaid, above-mentioned, foregoing; ⚕ ~*er Kurs* nominal price.
genau I. *adj.* exact, accurate (*in* in); ⊕ *a.* true; (*exakt*) exact, precise; (*klar umrissen*) definite, precise; (*pünktlich*) precise; (*streng*) strict; (*sorgfältig*) careful, thorough, *stärker*: scrupulous, meticulous;

(*ins einzelne gehend*) minute, detailed, in detail; (*eigen, peinlich* ~) particular, punctilious; (*sparsam*) sparing, *stärker*: parsimonious; *die* ~*e Zeit* the exact time; ~*er Bericht* detailed account, full report; ~*es Befolgen der Anweisungen* strict adherence to instructions; ☤ ~*ester Preis* lowest (*od.* keenest) price; ≗*eres* full particulars *pl.* (*od.* information), further details *pl.*; F *nichts* ≗*es!* not so hot!; **II.** *adv.* exactly, *etc.*; ~ *dasselbe* just the same thing; ~ *überlegt* carefully considered; ~ *um 4 Uhr* at 4 o'clock exactly (*od.* sharp); ~ *eine Meile* exactly one mile; ~ *in der Mitte* right in the middle; ~ *der Mann, den wir brauchen* just the man we want; *es* ~ *nehmen* be particular (*mit* about), be strict (about); *Vorschriften* ~ *befolgen* follow closely; ~ *gehen Uhr*: keep good time; ~ *kennen* know thoroughly (*od.* intimately, inside out); *ich weiß es* ~ I am sure of it; *ich weiß* ~, *daß* I am positive that, I know for certain that; *aufs* ~*este* minutely, to a nicety, to a T.; → *genauso*; **~genommen** *adv.* strictly speaking; (*eigentlich*) actually; **≗igkeit** *f* exactness, accuracy; precision; strictness; carefulness; punctiliousness; particularity; sparingness, parsimony; (*Wiedergabetreue*) fidelity; *mit* ~ accurately; *mit einiger* ~ with some approach to accuracy; **≗-igkeitsgrad** ⊕ *m* degree of accuracy.

genauso *adv.* **1.** exactly (*od.* just) the same; (just) the same way; *ich denke darüber* ~ I feel (just) the same way about it; **2.** *bei Vergleichen*: just as *good, etc.*; **~gern** *adv.* just as soon; **~gut** *adv.* (just) as well; **~viel** *adv. u. pron.* just as much (*mit pl.*: many); **~wenig** *adv. u. pron.* just as little; no more (*wie* than); *mit pl.*: just as few.

Gendarm *m* country constable; **~erie** *f* rural police, (country-) constabulary.

Genealog|e *m* genealogist; **~ie** *f* genealogy; **≗isch** *adj.* genealogical.

genehm *adj.* acceptable, convenient, agreeable (*dat.* to); *wann es ihm* ~ *ist* when it will suit him.

genehmig|en *v/t.* (*bewilligen*) grant; (*e-n freien Tag usw.*) allow, give; (*gutheißen*) agree (*od.* assent, consent) to; approve (of), authorize, F okay; *behördlich*: *a.* license; (*Vorschlag usw.*) accept; (*Vertrag usw.*) ratify; *amtlich genehmigt* (officially) approved; F *sich et.* ~ treat o.s. to; F *sich einen* ~ have a drink, F hoist one; **≗ung** *f* (*Bewilligung*) grant; (*Billigung*) approval (*gen.* of), assent (to); acceptance (of); *Vertrag usw.*: ratification; (*Erlaubnis*) permission; (*Ermächtigung*) authorization; (*behördliche Zulassung*) licen|ce, *Am.* -se, permit; *j-m* ~ *erteilen, zu inf.* give a p. permission (*od.* leave) to *inf.*, authorize (*od.* license) a p. to *inf.*; ⚖ *mit* ~ *des Gerichtes* by leave of court; *mit freundlicher* ~ *von* by favour of, *Am.* by courtesy of; **≗ungsbehörde** *f* authorizing agency; **≗ungsbescheid** *m* notice of approval; **~ungspflichtig** *adj.* subject to authorization.

geneigt *adj.* **1.** (*abschüssig*) sloping, inclined; **2.** *fig.* (*j-m*) well-disposed towards; ~ *sein zu* be inclined (*od.* disposed, prepared) to *do*, for *a th.*; *ein* ~*es Ohr* a willing ear, a favourable hearing; *der* ~*e Leser* the gentle reader; *er war nicht* ~, *ihn zu empfangen* he did not deign (*od.* choose) to receive him; **≗heit** *f* inclination; (*Gunst*) kind disposition, benevolence, favo(u)r; → *Neigung*.

General ⚔ *m* general; **~abrechnung** ☤ *f* general account; **~agent** *m* general agent; **~angriff** *m* all-out attack; **~anwalt** *m* advocate general; **~arzt** *m* Brigadier (*Am.* Brigadier General) of the Medical Corps; **~baß** ♩ *m* thorough-bass; **~beichte** *R.C.* *f* general confession; **~bevollmächtigte(r** *m*) *f* chief representative, *bsd. pol.* plenipotentiary; ☤ universal agent, *im Betrieb*: general manager; ⚖ general agent (with full power of attorney); **~direktion** *f* (central) executive board; **~direktor** *m* general manager, managing director, chairman (of the Board); **~feldmarschall** *m* field-marshal; **~gouverneur** *m* governor-general; **~inspekteur** ⚔ *m* Chief of Staff; **~intendant** *m thea., Radio, TV* director; ⚔ Commissary-general; **≗isieren** *v/t. u. v/i.* generalize; **~issimus** *m* generalissimo; **~ität** ⚔ *f the* generals *pl.*; **~klausel** *f* general (*od.* blanket) clause; **~kommando** *n* chief command; (*Hauptquartier*) command headquarters *pl.*; **~konsul** *m* consul-general; **~konsulat** *n* consulate-general; **~leutnant** *m* lieutenant-general; ✈ *Brit.* air marshal; **~major** *m* major-general; ✈ *Brit.* air vice marshal; **~nenner** ✗ *u. fig. m* common denominator; **~oberst** *m* colonel-general; **~pardon** *m* general pardon (*od.* amnesty); **~police** *f Versicherung*: floating policy; **~prävention** ⚖ *f* (general) prevention of crime; **~probe** *thea. u. fig. f* dress rehearsal; **~quittung** *f* receipt in full; **~sekretär** *m* secretary-general; **~srang** *m* rank of a general, generalship; **~staatsanwalt** *m* Chief State Prosecutor; **~stab** ⚔ *m* general staff; ✈ air staff; **~stabschef** *m* chief of general staff; **~stabskarte** *f* ordnance survey map (1:100 000), *Am.* strategic map; **~stabsoffizier** *m* general staff officer; **~streik** *m* general strike; **~swürde** *f* → *Generalsrang*; **~überholen** ⊕ *v/t.* (give a complete) overhaul; recondition; **~überholung** *f* major overhaul; **~untersuchung** ⚕ *f* general check-up; **~versammlung** *f* ✝ general meeting (of shareholders, *Am.* of stockholders); *pol.* General Assembly; ✝ *außerordentliche* ~ extraordinary general meeting, *Am.* special meeting of stockholders; **~vertreter** *m* general agent; **~vollmacht** ⚖ *f* general (*od.* full) power of attorney.

Generation *f* generation (*a.* ⊕, *mot.*); *die heranwachsende* ~ the rising generation; *seit* ~*en* for generations; **~skonflikt** *m* generational conflict; **~sproblem** *n* generation gap.

Generator *m* ⚡ generator, (*Gleichstrom*~, *Licht*~) dynamo, (*Wechselstrom*~) alternator; *für Gas*: (gas) producer; **~gas** *n* producer gas.

generell *adj.* general(ly *adv.*), universal(ly *adv.*), *Am. a.* blanket ...

generisch *adj.* generic(ally *adv.*).

generös *adj.* generous.

genesen *v/i.* recover (*von* from), get well; *e-s Kindes* ~ give birth to (*od.* be delivered of) a child; **~de(r** *m*) *f* convalescent.

Genesis *f* genesis; *bibl.* Genesis.

Genesung *f* recovery, *allmähliche*: convalescence (*von* from); **~sheim** *n* convalescent home; **~surlaub** *m* convalescent (*od.* sick) leave.

Genet|ik *biol. f* genetics *pl.*; **~iker** *m* geneticist; **~isch** *adj.* genetic(ally *adv.*).

Genfer I. *m*, **~in** *f* Genevan; **II.** *adj.* (of) Geneva; ~ *Konvention* Geneva Convention; ~ *See* Lake Geneva, Lake Leman.

genial *adj.* ingenious, brilliant; *Person*: *a.* inspired, of genius; *er ist* ~ he is a (man of) genius; *er hat etwas* ~*es* he has a touch of genius; **~ität** *f* genius; ingenuity, brilliancy.

Genick *n* (back of the) neck, nape (of the neck); (*sich*) *das* ~ *brechen* break one's neck; *j-n beim* ~ *nehmen* take a p. by the scruff of the neck; *fig. das brach ihm das* ~ that broke his neck, that was his undoing; **~schlag** *m Boxen*: rabbit-punch; **~schuß** *m* shot through the base of the skull; **~starre** ⚕ *f* cerebrospinal meningitis; *weitS.* stiff neck.

Genie *n* genius; *Person*: *a.* man of genius.

genieren *v/t.* (*stören*) bother; (*verlegen machen*) embarrass; *sich* ~ feel embarrassed (*od.* awkward), be self-conscious (*od.* timid, shy); *sich* ~, *et. zu tun* be too timid to do a th., be shy about doing a th.; *geniert es Sie, wenn ich rauche?* (do you) mind my smoking (*od.* if I smoke)?; ~ *Sie sich nicht* don't be shy, make yourself at home; *er genierte sich nicht, zu inf.* he had the audacity (*od. sl.* nerve) to *inf.*; *das geniert ihn nicht* he doesn't mind, that doesn't bother him.

genieß|bar *adj.* eatable, (*unschädlich*) edible, fit to eat; *Getränk*: drinkable; F *fig.* enjoyable, agreeable; *Buch*: *a.* readable; *Person*: bearable; *nicht* ~ → *ungenießbar*; **~barkeit** *f* eatableness, edibility, drinkability; **~en** *v/t. allg.* enjoy (*a. Ruf, Vorteil, Kredit usw.*); (*Nahrung*) take, (*essen*) eat, (*trinken*) drink; (*recht* ~) relish, savo(u)r (*a. fig.*); (*schwelgen in*) revel in; *nicht zu* ~ → *ungenießbar*; *etwas* ~ have some food *od.* refreshments; *er genoß es, zu inf.* he enjoyed *ger.*; *j-s Vertrauen* ~ be in a p.'s confidence; *e-e gute Erziehung* ~ receive (*od.* have the benefit of) a good education; → *Achtung* 2; **~er(in** *f*) *m* epicure, connoisseur, bon vivant (*fr.*); *im Essen*: gourmet; *ein stiller* ~ one who enjoys life on the quiet; **~erisch I.** *adj.* appreciative(ly *adv.*); **II.** *adv. a.* with relish, luxuriously.

Geniestreich *m* stroke of genius, ingenious trick; *iro.* inspired blunder, F bright idea.

genital *adj.* genital; **~ien** *pl.* genitals.

Genitiv *ling. m* genitive; **~isch**

adj. genitival; **~objekt** *n* genitive object.

Genius *m allg.* genius; *guter ~* good genius.

genormt *adj.* standardized.

Genosse *m* companion, partner; comrade (*a. pol.*); fellow, F mate, pal, *Am.* buddy; ⚖ (*Komplice*) accomplice; *Braun u. ~n* Braun and associates; → *Genossenschaft(l)er.*

Genossenschaft *f* association; ⚕ co-operative (society), *Am. a.* mutual benefit association; *landwirtschaftliche ~* farmer's co-operative; **~(l)er** *m* member of a co-operative society, co-operator, associate; **≗lich** *adj.* co-operative; **~sbank** *f* co-operative bank(ing association); **~sverband** *m* co-operative union; **~svertrag** *m* articles *pl.* of co-operative society.

Genossin *f* → *Genosse.*

Genotyp *biol. m* genotype.

Genozid *n, m* genocide.

Genre *n* genre (*fr.*); **~bild** *n* genre picture; **~maler(in** *f*) *m* genre-painter.

genug *adv. u. adj.* enough, sufficient(ly); a sufficient amount *od.* number of; *~ Geld* enough money, money enough; *gut ~* good enough; *wir haben ~ zu leben* we have enough to live on; *~ der Tränen!* no more tears!; *~ (davon)!* enough (of that)!, no more of this!, that will do!; *ich habe ~ davon* I have enough of it, F I am fed up with it, I am sick (and tired) of it; *er hat ~* (*verdient gut*) he is making enough money; (*hat sein Teil*) he has had his share; (*ist satt*) he has had his fill; (*ist erledigt*) F he has had it; *mehr als ~* enough and to spare; *nicht ~, daß er sie lobte, sondern* not only did he praise her, but; *sag, wenn es ~ ist! beim Einschenken usw.*: say when!; *~!* (*kurz gesagt*) in short, in a word.

Genüge *f*: *zur ~* enough, sufficiently, fully; *ich kenne ihn zur ~* I know him well enough; *~ tun* (*od. leisten*) (*j-m*) satisfy *a p.*, give *a p.* satisfaction; (*Anforderungen usw.*) → *genügen* 2; *der Gerechtigkeit war ~ getan* the law was vindicated.

genügen *v/i.* **1.** suffice, be sufficient *od.* enough (*dat.* for); *das genügt (mir)* that's enough, that will do (for me); *j-m ~ a.* satisfy a p.; *sich et. ~ lassen* be satisfied with; *das genügt für eine Woche* that will do for a week; ⚕ *diese Ausführung genügt für 3 Personen* serves three persons; **2.** (*Anforderungen usw.*) come up to, *a.* ⚖ meet (*a. Nachfrage*), comply with, fulfil; **~d** *adj.* sufficient(ly *adv.*), enough; (*befriedigend*) satisfactory; (*Zeugnisnote*) fair.

genügsam *adj.* easily satisfied; (*mäßig*) moderate, *im Essen*: frugal; (*bescheiden*) modest; **≗keit** *f* modesty; frugality.

genug...: **~tun** *v/i.*: *j-m ~* satisfy a p., give a p. satisfaction; *er konnte sich nicht ~, es zu loben* he could not praise it enough; **≗tuung** *f* **1.** (*Wiedergutmachung*) satisfaction (*für* for); reparation, redress; *j-m ~ geben* give a p. satisfaction (*für e-e Beleidigung usw.* for); *~ leisten* make amends (*für* for); *~ verlangen* demand satisfaction; **2.** (*Befriedigung*) satisfaction, gratification (*über* at); *zu unserer ~ haben wir gehört, daß* we are gratified to hear that.

Genus *n* **1.** *biol.* genus; **2.** *ling.* gender.

Genuß *m von Nahrung*: consumption, taking *of food*, (*Essen*) eating, (*Trinken*) drinking; ⚖ *von Rechten, Besitz*: enjoyment; (*Nutznießung*) *a.* benefit, ⚖ use, usufruct (*gen.* of); (*Freude*) enjoyment (*an* in; *für* to), pleasure, delight (in); (*Hoch≗*) treat; *mit ~* with relish (*od.* gusto); *mit ~ essen (trinken, sehen, zuhören usw.)* enjoy; *die Genüsse des Lebens* the pleasures (*od.* sweets) of life; *j-n in den ~ e-r Sache setzen* give a p. the benefit of a th.; *in den ~ e-r Sache kommen* acquire, get (the benefit of), *weitS. e-s Konzerts usw.*: be treated to.

genüß|lich → *genießerisch*; **≗ling** *m* → *Genußmensch.*

Genuß...: **~mensch** *m* pleasure-lover, sensualist, epicure, sybarite; **~mittel** *n* semi-luxury; luxury food; *anregendes*: stimulant; **≗reich** *adj.* enjoyable, pleasurable, delightful; **~sucht** *f* thirst for pleasure; pleasure-seeking, self-indulgence; **≗süchtig** *adj.* pleasure-seeking; sensual, sybaritic.

Geo|chemie *f* geochemistry; **~däsie** *f* geodesy; **~graph** *m* geographer; **~graphie** *f* geography; **≗graphisch** *adj.* geographic(al); **~loge** *m* geologist; **~logie** *f* geology; **≗logisch** *adj.* geologic(al).

Geo|meter *m* surveyor; **~metrie** *f* geometry; **≗metrisch** *adj.* geometric(al); *~e Reihe* geometrical progression; **~physik** *f* geophysics *pl.* (*sg. konstr.*); **\~physikalisch** *adj.* geophysical; **~physiker** *m* geophysicist; **~politik** *f* geopolitics *pl.* (*sg. konstr.*).

geordnet *adj. a. fig.* orderly (*a.* ⚔ *Rückzug*); systematic; *~es Denken* disciplined thinking; *in ~en Verhältnissen leben* a) live in (well-)ordered circumstances; b) *finaziell*: live in easy circumstances, be financially sound; → *ordnen*.

Georgine ⚘ *f* dahlia.

Gepäck *n* luggage; ⚔ *od. Am.* baggage, ⚔ (soldier's) pack; *das ~ aufgeben* book (*od.* register) one's luggage, *Am.* check one's baggage; **~abfertigung** *f* **1.** registering of luggage, *Am.* checking of baggage; **2.** → **~annahme** *f*, **~aufbewahrung(sstelle)** *f*, **~ausgabe(stelle)** *f* left luggage office, cloakroom, *Am.* check(ing) room; **~halter** *m mot.* luggage rack, *Am. od. am Fahrrad*: carrier; **~marsch** *m* march with full equipment, pack march; **~netz** *n* luggage (*Am.* baggage) rack; **~raum** *m* 🚃 luggage (*Am.* baggage) compartment; ✈ baggage hold; ⚓ baggage room; *mot.* (luggage) boot, *Am.* trunk (compartment); **~schalter** *m* → *Gepäckannahme*; **~schein** *m* luggage ticket *Am.* baggge check; **~schließfach** *n* luggage (*Am.* baggage) locker; **~stück** *n* piece of luggage, parcel, item; **~träger** *m* **1.** (railway) porter; **2.** → *Gepäckhalter*; **~versicherung** *f* luggage (*Am.* baggage) insurance; **~wagen** *m* luggage van, *Am.* baggage car.

gepanzert *adj.* armo(u)red; ironclad; *mit ~er Faust* with the mailed fist.

Gepard *zo. m* cheetah, hunting-leopard.

gepfeffert *adj.* → *pfeffern*.

Gepfeife *n* (awful) whistling.

gepflegt *adj.* well-groomed, soigné (*fr.*); *Sache*: *a.* well cared-for *hands, etc.*; *Garten usw.*: *a.* well-kept; *Sprache, Stil usw.*: cultivated, elegant, polished, refined; *Heim*: refined, elegant; *Wein*: elegant, select; **\~heit** *f* well-groomed, *etc.* appearance; neatness; elegance; refinement.

Gepflogenheit *f* habit, custom, wont; *bsd.* ⚕ practice, usage.

geplagt *adj.* → *plagen*.

Geplänkel *n* skirmish (*a. fig.*).

Geplapper *n* → *Plappern*.

Geplärr *n* → *plärren* II.

Geplätscher *n* → *plätschern* II.

Geplauder *n* chat(ting), small talk; chit-chat.

gepolstert *adj.* → *polstern*.

Gepolter *n* → *Poltern*.

Gepräge *n* **1.** impression, stamp; **2.** *fig.* stamp, imprint, character(istic features *pl.*); *e-r Sache das ~ geben* set the character of a th.; *das ~ j-s od. e-r Sache aufweisen* bear the imprint (*od.* stamp) of.

Gepränge *n* pomp, splendo(u)r, pageantry.

Geprassel *n* → *Prasseln* II.

Gequassel *n*, **Gequatsche** F *n* silly talk, twaddle, blather, balderdash, claptrap.

gerade I. *adj.* straight; *Haltung usw.*: upright, erect; (*direkt*) direct; *Zahl*: even; *fig.* (*aufrichtig*) straightforward, sincere, plain, upright; **II.** *adv.* straight; (*eben*) just; (*genau*) just, exactly, precisely; *~ ein Jahr* a year to a day; *~ entgegengesetzt* diametrically opposite (*od.* opposed); *~ gegenüber* just (*od.* directly) opposite; *~ das Gegenteil* just the contrary, the very opposite; *~ in dem Augenblick* (at) the very moment; *ich bin ~ gekommen* I have just come; *er schrieb ~* he was just writing; *sie wollte ~ gehen* she was just about (*od.* going) to leave; *ich war ~ (zufällig) dort* I happened to be there; *daß ich ~ dich treffen würde* that I should meet you of all people; *das hat mir ~ noch gefehlt* that's all I needed; *sie ist nicht ~ eine Schönheit* she is not exactly (*od.* what you would call) a beauty; *das ist ~ das Richtige* that's just the thing (we need); *da wir ~ von Kindern sprechen* speaking of children; *~ zur rechten Zeit* just in time (*um zu inf.* to *inf.*), *Hilfe usw.*: *a.* in the (very) nick of time; *nun ~!* now more than ever!, now with a vengeance!; *nun ~ nicht!* now less than ever!; *~ als wenn od. ob* just as if (*od.* though); *~ darum, weil* for the very reason that, just because; → *recht* II; **III. \~** *f* ⛛ straight line; *Renn-, Laufsport*: straight; → *Zielgerade*; *linke (rechte) ~ Boxen*: straight left (right).

geradeaus *adv.* straight on (*od.* ahead); **\~empfänger** *tel. m* straight-circuit receiver; **\~fahrt** *f* straight run.

gerade...: **~biegen** *v/t.* straighten; F *fig.* straighten out, *Am. a.* fix; **~halten** *v/refl.*: *sich ~* hold o.s.

upright (*od.* erect); **~heraus I.** *adv.* straight out, frankly, outright; (*unumwunden*) bluntly, plainly, point-blank; **II.** *adj. pred.* straightforward, frank, outspoken; **~legen, ~machen** *usw. v/t.* put straight, straighten.

gerädert *adj.* → *rädern.*

gerade...: ~so *adv.* → *genauso, ebenso* 1; **~stehen** *v/i.* stand straight (*od.* erect); *fig.* ~ *für* (*et.*) answer for, take the responsibility for, (*s-e Überzeugung usw.*) stand up for; **~(s)wegs** *adv.* **1.** straight, directly; ~ *auf et. losgehen* make straight (*od.* a beeline) for; **2.** (*sofort*) straight away, on the spot, immediately; **~zu** *adv.* **1.** → *geradeheraus*; **2.** (*fast*) almost, next to; (*nichts anderes als*) sheer, plain, downright, nothing short of; *das ist* ~ *Wahnsinn* that's sheer (*od.* downright) madness.

Gerad|flügler *zo. m* orthopter(on); **~führung** *f* straight-line motion; **~heit** *f* straightness; *fig.* straightforwardness, uprightness, honesty; **~linig I.** *adj.* (recti)linear, straight-lined; *Abstammung*: lineal; *fig.* straight, clear-cut; **II.** *adv.* in a straight line; **~linigkeit** *f* straightness, (recti)linearity; **~zahlig** *adj.* even-numbered.

gerammelt F *adv.*: ~ *voll* chockful, crammed, packed (to capacity), jammed.

Gerangel F *n* wrangling.

Geran|ie *f*, **~ium** ⚘ *n* geranium.

Gerassel *n* → *Rasseln.*

Geraschel *n* rustling.

Gerät *n* (*Werkzeug*), *a. coll.* tool(s *pl.*), utensil(s *pl.*), *a.* ✓, *eccl.* implement(s *pl.*); ⊕ gear; (*Apparat*) apparatus; *feinmechanisches*: instrument; *teleph., Radio, TV*: set; (*Vorrichtung*) device, F gadget; (*Maschineneinheit, Aggregat*) unit; (*Ausrüstung*) equipment, *kleineres*: *a.* outfit; *elektrisches* ~ electrical appliance; **~ebau** ⊕ *m* equipment (*od.* instrument) making; **~ekasten** *m* tool-box.

geraten[1] *v/i.* **1.** (*ausfallen*) turn out *well, etc.*; (*gedeihen*) thrive, prosper; *gut* ~ *a.* be (*od.* prove) a success, be fine, *attr.* → *wohlgeraten*; *j-m zum Vorteil* ~ be (*od.* prove) to a p.'s advantage; *der Rock ist etwas zu kurz* ~ the skirt turned out (*od.* is) a bit short; *co. er ist ein bißchen zu kurz* ~ he is a bit on the short side; *ihm gerät alles* everything succeeds with him; **2.** *nach j-m* ~ *Kind*: take after a p.; **3.** (*gelangen, kommen mit prp.*) get, come; *an et.* ~ (*erlangen*) come by, get, (*stoßen auf, a.* ~ *über*) come across, happen upon; *an j-n* ~ meet, come across, *feindlich*: fall foul of; *in j-s Hände* ~ fall (*od.* get) into a p.'s hands; *in Gefahr* ~ get (*od.* run) into; *in e-n Sturm usw.* ~ get caught in; *in Entzücken* ~ go into raptures; *in Besorgnis* ~ grow alarmed; *unter j-s Einfluß* ~ come under a p.'s influence; → *Abweg, Adresse, außer* I, *Brand* 1, *Konkurs, Wut, aneinandergeraten usw.*

geraten[2] *adj.* (*ratsam*) advisable, commendable; good policy; (*vorteilhaft*) advantageous, profitable; *was du für* ~ *hältst* whatever you think fit; *das* ~*ste wäre, zu inf.* I should think it best to *inf.*, the best thing (*od.* policy) would be to *inf.*

Geräte...: ~schalter ⚡ *m* plug switch; **~schnur** *f* flexible cord; **~steckdose** *f* coupler socket; **~stecker** *m* connector plug; **~turnen** *n* apparatus gymnastics *pl.* (*od.* work); **~übung** *f* apparatus exercise.

Geratewohl *n*: *aufs* ~ at random (*od.* haphazard), on the off-chance; *aufs* ~ *e-e Auswahl treffen* make a random selection; *er versuchte es aufs* ~ he took a chance.

Gerätschaften *f/pl.* tools, utensils, implements; equipment *sg.*

Geratter *n* → *Rattern.*

Geräucherte(s) *n* smoked meat.

geraum *adj.*: (*e-e*) ~*e Zeit* a fairly long time; *seit* ~*er Zeit* for a long time.

geräumig *adj.* spacious, roomy; **~keit** *f* spaciousness, roominess.

Geräusch *n* noise, sound; ⚕ *a.* souffle, murmur; *Radio*: noise; *pl. thea., Film*: sound effects; **~arm** *adj.* noiseless, silent; **~dämpfend** *adj.* noise-deadening, silencing; **~kulisse** *f* background noise; *thea., Film*: sound effects *pl.*; **~los** *adj.* noiseless, silent, quiet (*alle a.* ⊕); **~losigkeit** *f* noiselessness, silence, quietness; **~pegel** *m* noise level; **~voll** *adj.* noisy, loud; (*lärmend*) clamorous, boisterous, uproarious.

gerben *v/t.* tan; (*Stahl*) refine; *weiß* ~ taw; *sämisch* ~ chamois; *fig. j-m tüchtig das Fell* ~ give a p. a good hiding.

Gerber *m* tanner; **~ei** *f* tanning, tanner's trade; (*Anlage*) tannery; **~lohe** *f* tan-bark; **~wolle** *f* slipe (wool).

Gerb|säure *f* tannic acid; **~stahl** *m* polishing steel, burnisher; **~stoff** *m* tanning agent.

gerecht *adj.* just; (*rechtschaffen*) righteous; (*billig*) fair, just; (*unparteiisch*) impartial; (*berechtigt*) justified, legitimate; *Strafe*: just, (*verdient*) well-deserved; *iro.* ~er Lohn one's just deserts *pl.*; ~e Sache good (*od.* just) cause; ~er Zorn righteous anger; ~ werden (*j-m od. e-r Sache*) do justice to (*a. fig.*), (*Anforderungen, Bedingungen, Nachfrage, Wunsch*) meet, (*Erwartungen*) meet, come up to; (*s-m Ruf, Namen*) live up to; e-r Aufgabe ~ werden master (*od.* cope with) a task; allen Seiten e-s *Problems usw.* ~ werden deal with all aspects; allen Leuten ~ werden please everybody; das ist nur ~! that's only fair!; ~er Himmel! good heavens (*od.* gracious)!; → Sattel; **2e(r)** *bibl. m* righteous man; die ~n the righteous (*pl.*); der Schlaf des ~n the sleep of the just; **~erweise** *adv.* justly; *einräumend*: in fairness; **~fertigt** *adj.* justified, justifiable.

Gerechtigkeit *f* **1.** justice; (*Billigkeit*) fairness, justness, justice; (*Rechtmäßigkeit*) legitimacy, justification; j-m ~ widerfahren lassen do a p. justice; ~ walten lassen dispense justice; *fig.* be just (*od.* fair); → ausgleichen 1; **2.** (*Rechtschaffenheit*) righteousness; **3.** → Gerechtsame; **~sliebe** *f* love of justice; **2sliebend** *adj.* fair (-minded), equitable; **~ssinn** *m* sense of justice.

Gerechtsame *f* right, franchise, privilege, prerogative.

Gerede *n* talk(ing); (*Klatsch*) gossip, tittle-tattle; (*Gerücht*) rumo(u)r; j-n ins ~ bringen make a p. the talk of the town, spread rumo(u)rs about a p.; ins ~ kommen get talked about; dummes (leeres) ~ silly (idle) talk.

geregelt *adj.* (*regelmäßig*) regular; (*ordentlich*) orderly, well-conducted, well-regulated.

gereichen *v/i.*: zu et. ~ contribute (*od.* redound) to a th.; es gereicht ihm zur Ehre it does him credit, it is a credit to him; es gereicht mir zur Freude it gives (*od.* affords) me much pleasure; es gereicht ihm zum Vorteil it is (*od.* will prove) to his advantage.

gereizt *adj.* irritated (*a.* ⚕), nettled, piqued; (*reizbar*) irritable, waspish, testy, edgy; **2heit** *f* irritation.

Gerenne *n* (constant) running.

gereuen *v/t.*: es gereut mich I repent (of) it, I am sorry for it; sich die Zeit nicht ~ lassen not to grudge the time; sich keine Mühe ~ lassen spare no trouble.

Geriatr|ie ⚕ *f* geriatrics *pl.* (*oft sg. konstr.*); **2isch** *adj.* geriatric.

Gericht[1] *n* dish; (*Gang*) course.

Gericht[2] ⚖ *n* (~*shof*) court (of justice), law-court, *mst rhet. u. fig.* tribunal; (*die Richter*) *the* judges *pl.*, *the* Bench; (*Gebäude*) law-court, court-building; (*Verhandlung*) hearing, *im Strafverfahren*: trial; (*Rechtsprechung*) jurisdiction; (*Urteil*) judg(e)ment; *eccl.* Jüngstes ~ Last Judg(e)ment; Tag des (Jüngsten) ~s Day of Judgement, Doomsday; ordentliches ~ ordinary court (of law); von ~s wegen by order of the court; ~ (ab)halten hold court, sit; ~ halten (*od.* zu ~ sitzen) über sit in judg(e)ment upon (*a. fig.*), *strafrechtlich*: try *a p. od. case*; vor ~ bringen, vor ~ gehen mit bring *a th. od. a p.* into court, go to law with *a p. od. th.*, bring an action against *a p.*; vor ~ erscheinen appear in court; vor ~ kommen *Sache*: come before the court(s), *Person*: go on trial; vor ~ stellen bring to trial, put on trial, commit for trial, *formell*: arraign; sich vor ~ verantworten stand trial; e-e Sache vor ~ vertreten plead a cause, defend a case; *fig.* mit j-m scharf ins ~ gehen take a p. severely to task; Hohes ~! *Anrede*: Your Lordship (*Am.* (Honor), Members of the Jury!; **2lich** *adj. u. adv.* judicial(ly), legal(ly); (of the) court; *adv. a.* by order of the court; ~ vereidigt sworn *interpreter, etc.*; ~e Beglaubigung legalization; ~e Medizin forensic medicine; ~e Untersuchung judicial inquiry; ~es Verfahren legal proceedings *pl.*; ~e Verfügung order (of the court), court order; ~e Verfolgung prosecution; j-n ~ belangen, gegen j-n ~ vorgehen, ~e Schritte gegen j-n ergreifen sue a p., institute (legal) proceedings against a p., take legal steps against a p.

Gerichts...: **~akten** *f/pl.* court records; **~arzt** *m* medical expert (*Am.* examiner); **~assessor** *m* junior barrister, fully qualified candidate for judicial appointment; **~barkeit** *f* jurisdiction; erstinstanzliche ~ original jurisdiction; freiwillige ~ voluntary jurisdiction, non-contentious litigation; **~beamte(r)** *m* law-court official; **~befehl** *m* legal warrant, writ, court order; **~beschluß** *m* court order, decree of the court; **~bezirk** *m* circuit, judicial district; (*Zuständigkeit*) jurisdiction; **~diener** *m* (court) usher, *Am. a.* marshal; **~dolmetscher(in** *f*) *m* authorized court interpreter; **~entscheid(ung** *f*) *m* court decision, judicial ruling; **~ferien** *pl.* vacation *sg.*, *Am.* recess *sg.*; **~gebäude** *n* law-court, court-building, court-house; **~herr** *m* supreme judicial authority; **~hof** *m* court of justice, law-court; *mst rhet. od. fig.* tribunal; Oberster ~ Supreme Court (of Judicature); **~kasse** *f* court cashier; **~kosten** *pl.* costs (of an action); **~medizin** *f* forensic medicine; **~mediziner** *m* → Gerichtsarzt; **≈medizinisch** *adj.* medicolegal; **~person** *f* court officer, member of the court; **~präsident** *m* president of the court; chief presiding judge; **~referendar** *m* junior lawyer (who has passed his first State examination); **~saal** *m* court room; **~schreiber** *m* clerk; **~sitzung** *f* (court) session, hearing; **~stand** *m* (legal) venue, (legal) domicile; ~: Berlin *a.* any disputes arising hereunder will be settled before a competent Berlin court of law; **~urteil** *n* → Urteil 2; **~verfahren** *n formal*: court procedure; *konkret*: legal proceedings *pl.*, lawsuit, action; (*Strafverfahren*) trial; ein ~ einleiten gegen institute legal proceedings against; **~verfassung** *f* **1.** constitution of the courts; **2.** (structure of the) judiciary; **~verfassungsgesetz** *n* Judicature Act; **~verhandlung** *f* (judicial) hearing; (*Strafverhandlung*) trial; **~vollzieher** *m* bailiff, *Am.* marshal, committing officer; **~weg** *m*: auf dem ~ by legal proceedings; den ~ einschlagen take legal action; **~wesen** *n* judicial system, judiciary.

gerieben F *adj.* → gerissen.

Geriesel *n* trickling, trickle; *Regen*: *a.* drizzling.

gering *adj.* little, small; → ~er, ~st; (*unbedeutend*) trifling, negligible, minor, unimportant, petty *amount, etc.*; (*wenig, schwach*) slight, little; (*bescheiden*) modest; (*beschränkt*) limited; (*minderwertig*) inferior, poor, low *quality*; *Preis, Temperatur, Druck*: low; *Herkunft usw., a. Ansehen, Meinung*: low; ~e Aussicht poor (*od.* slender, slim) chance; ~es Einkommen modest income; ~e Entfernung short distance; ~es Interesse little interest; ~e Kenntnisse scanty (*od.* poor, meag|re, *Am.* -er) knowledge *sg.*; mit ~en Ausnahmen with (but) few exceptions; mein ~es Verdienst my humble merit; vornehm und ~ high and low; nichts ≈es no small matter; um ein ~es (*ein wenig*) a little *better, etc.*; (*fast*) very nearly; (*billig*) cheaply; **II.** *adv.* a little; ~ geschätzt at least; **~achten** *v/t.* **1.** → geringschätzen; **2.** (*Gesundheit, Leben usw.*) hold of little account, value little; **~er** *adj.* smaller; (*weniger*) less; (*unbedeutender*) minor; (*niedriger*) lower; *Qualität usw.*: inferior; ein ~er Betrag a smaller sum; in ~em Maße in a less degree; das ~e von zwei Übeln the lesser of two evils; kein ≈er als no less a man than; **~fügig** *adj.* little, slight, negligible, insignificant, unimportant, trifling, trivial, *a. Betrag, Vergehen*: petty; **≈fügigkeit** *f* slightness, insignificance, trivial nature; (*Kleinigkeit*) trifle; ⚖ ein Verfahren wegen ~ einstellen dismiss a case; **~haltig** *adj.* base, low-grade ...; **~schätzen** *v/t.* have a low opinion of, think little of; (*et.*) *a.* set little store by; (*verachten*) despise; (*unbeachtet lassen*) ignore, disregard; **~schätzig I.** *adj.* contemptuous, disdainful; (*herabsetzend*) deprecatory, disparaging, slighting; **II.** *adv.* contemptuously *etc.*; j-n ~ behandeln treat a p. with contempt; et. ~ abtun pooh-pooh a th.; **≈schätzung** *f* disdain, contempt, disrespect; (*Geringachtung*) scant regard, disregard (*gen.* for); **~st** *adj.* least; slightest; minimum; smallest; nicht im ~en not in the least, in no way, not at all; nicht das ≈e nothing what(so)ever, not a thing; die ~e Kleinigkeit the merest trifle; bei der ~en Kleinigkeit at the least word, at the drop of a hat; nicht die ~e Aussicht not the slightest (*od.* F a dog's) chance; nicht die ~e Ahnung not the faintest (*od.* foggiest) idea; nicht den ~en Zweifel not the slightest doubt; das macht nicht das ~e aus it doesn't make any difference; **~stenfalls** *adv.* at the very least; **~stmöglich** *adj.* least possible; **~wertig** *adj.* of low value; inferior; of inferior quality, poor.

Gerinne *n* watercourse; (*Rinne*) drain, channel; ⊕ canal; *e-r Schleuse*: sluice(-box).

gerinnen *v/i.* ⚗ *u. Blut*: coagulate, clot, *durch Kälte*: congeal; *Milch*: curdle; ~ machen (*od.* lassen) coagulate; congeal; curdle (*a. fig. das Blut*).

Gerinnsel *n* **1.** coagulum, ⚕ (blood-)clot; **2.** → *Rinnsal.*

Gerippe *n* skeleton; (*dürrer Mensch*) *a.* scrag, bag of bones; △ framework, shell, *a.* ⚓ carcass; ✈ frame; *fig.* skeleton, frame; *e-r Handlung usw.*: outlines *pl.*

gerippt *adj.* ribbed (*a.* ⊕ = finned); ♀ *u. zo.* costate(d); *Blatt*: *a.* nervate; *Gewebe*: corded; *Säule*: fluted; *Papier*: laid.

gerissen F *adj.* (*schlau*) smart, sly, shrewd, crafty, wily.

geritzt F *adj.* in the bag, done; *~!* okay!, can do!

German|e *m*, **~in** *f* Teuton, ancient German; **≈isch** *adj.* Germanic, Teutonic; **≈isieren** *v/t.* Germanize; **~ismus** *m* Germanism; **~ist(in** *f*) *m* **1.** Germanist, German scholar; **2.** student of German; **~istik** *f* **1.** German(ic) philology; **2.** (study of) German language and literature, *Am.* Germanics *pl.* (*sg. konstr.*); **≈istisch** *adj.* German(ic).

gern(e) *adv.* gladly, with pleasure; (*bereitwillig*) willingly, readily; *als Antwort*: I should be delighted, I should love to; *ganz ~* F I don't mind *if I do, doing a th.*; *herzlich ~* with great pleasure, by all means; *~ haben* (*od. mögen, tun*) be fond of, like *a p. od. th., doing a th.*, care for, F be keen on; *ich reise ~* I like to travel, I like (*od.* am fond of) travelling; *nach dem Essen ging er ~ spazieren* he used to (*od.* would) take a walk; *Erlen wachsen ~ am Bach* alders are often found (*od.* tend to grow) along brooks; *er kommt ~ um diese Zeit* he often (*od.* usually) comes (*od.* he is apt to come) at this hour; *das glaube ich ~* I quite believe it; *das kannst du ~ haben* you are welcome to it; *ich möchte ~ wissen* I should like to know, (*a. ich frage mich*) I wonder; ⚚ *wir nehmen ~ zur Kenntnis* we are pleased to note; *wir sind ~ bereit, zu inf.* we are quite prepared (*od.* should be glad *od.* happy) to *inf.*; *~ gesehen sein* be welcome; *~ geschehen!* don't mention it!, (you are) welcome!; *~gesehener Gast* welcome visitor; F *du kannst mich ~ haben!* go to blazes (*od.* hell)!; **≈egroß** *m* young jackanapes; *weitS.* show-off.

Geröll *n* (*Steinchen*) pebbles *pl.*; (*Bruch*) rubble, *geol.* debris, scree; *größeres*: boulders *pl.*; **~halde** *geol. f* scree, *Am.* talus.

Gerontologie ⚕ *f* gerontology.

Gerste *f* barley.

Gersten...: **~flugbrand** *m* loose smut of barley; **~graupen** *f/pl.* pearl barley *sg.*; **~hartbrand** *m* covered smut of barley; **~korn** *n* barley-corn; ⚕ *am Auge*: sty(e); **~saft** *m* (*Bier*) beer; **~schleim** *m* barley-water.

Gerte *f* switch; (*Reit≈*) (riding) crop; **≈nschlank** *adj.* willowy, slender.

Geruch *m* **1.** smell, odo(u)r; *angenehmer ~* pleasant smell, scent, perfume, fragrance; *übler ~* bad (*od.* offensive, unpleasant) smell *od.* odo(u)r, stench; → *Körpergeruch, Mundgeruch*; *~ beseitigen an od. in* deodorize; **2.** → *Geruchssinn*; **3.** *fig.* reputation, odo(u)r; *im ~ der Heiligkeit* in the odo(u)r of sanctity; *in schlechtem ~ stehen* be in bad odo(u)r (*bei* with), be ill reputed (*od.* famed); **≈beseitigend** *adj.* → *geruchtilgend*; **≈los** *adj.* odo(ur)less; inodorous *gas, etc.*; *Blumen usw.*: scentless; *Seife usw.*: unscented; *~ machen* deodorize; **~losigkeit** *f* odo(u)rlessness; scentlessness; **~snerv** *m* olfactory nerve; **~ssinn** *m* sense of smell; *feiner ~ a.* F good nose; **~stoff** *m* odorous substance.

Gerücht *n* rumo(u)r; *es geht das ~, daß* it is rumo(u)red that, rumo(u)r has it that, he *etc.* is rumo(u)red to *inf.*; *ein ~ verbreiten* spread a rumo(u)r; **~emacher** *m* rumo(u)r-monger.

geruchtilgend *adj.* deodorant (*a. su. ~es Mittel*).

gerüchtweise *adv.* as rumo(u)r has it; *~ verlautet* it is rumo(u)red; *ich habe es nur ~ gehört* I know it by hearsay only.

gerufen *adj.* → *rufen* II.

geruhen *v/i.*: *~ zu inf. bsd. iro.* condescend (*od.* deign) to *inf.*

gerührt *fig. adj.* touched, moved.

geruhsam *adj.* (*ruhig*) quiet, peaceful, tranquil; (*gemütlich*) leisurely, relaxing, restful.

Gerumpel *n* → *Rumpeln.*

Gerümpel *n* lumber, junk.

Gerund|ium *ling. n* gerund; **~iv** *n* gerundive.

Gerüst *n* (*Bau≈*) scaffold(ing); (*Gestell*) trestle; (*Dach≈, Brükken≈*) truss; (*Schau≈*, ⊕ *Arbeitsbühne*) stage, platform; *biol.* stroma, reticulum; *eisernes ~* (*Eisenkonstruktion*) steel frame (*od.* structure); *fliegendes ~* flying scaffold (*od.* stage); → *a. Skelett*; *fig.* frame(work), outlines *pl.*; **~bau** *m* scaffolding; **~stange** *f* scaffolding pole.

Gerüttel *n* → *Rütteln* II.

Ges ♩ *n* G-flat.
gesalzen *adj.* → *salzen.*
gesammelt *adj.* → *sammeln* 3.
gesamt *adj.* whole, entire, all, complete; total, aggregate, collective, overall; general; joint; united; → *a. ganz*; ⚖ *zur* ~*en Hand* joint *ownership, property, etc., Haftung*: joint and several *liability*; ≈**e(s)** *n* *the* whole, *the* total; *im* ≈ *n* → *insgesamt*; ≈**absatz** ⚕ *m* total sale(s *pl.*); ≈**ansicht** *f* general view; ≈**aufkommen** *n* total yield; ≈**auflage** *f e-r Zeitung*: total circulation; ≈**ausfuhr** *f* total exports *pl.*; ≈**ausgabe** *f e-s Buches*: complete edition; ≈**ausgaben** ⚕ *f/pl.* total expenditure *sg.*; ≈**bedarf** *m* total requirement; ≈**begriff** *m* comprehensive (*od.* generic) term; ≈**betrag** *m* total (amount), grand total, sum total, aggregate amount; ≈**bild** *n* general (*od.* overall) view; ≈**bürgschaft** *f* joint surety; ~**deutsch** *pol. adj.* all-German; ≈**eigentum** *n* aggregate property; joint property; ≈**eindruck** *m* general impression; ≈**einfuhr** *f* total imports *pl.*; ≈**einnahme** *f*, ≈**erlös** *m* total receipts *pl.*; ≈**ergebnis** *n* total result; ≈**ertrag** *m* total proceeds (*od.* returns) *pl.*; ⚒ total produce; ≈**fläche** *f* total area; ≈**gebiet** *n* entire territory; ≈**gewicht** *n* total weight; ≈**gläubiger** *m* general (*od.* joint) creditor; ≈**haftung** *f* joint liability; ≈**handgemeinschaft** *f* (community of) joint owners *pl.*; ≈**heit** *f* total(ity); *the* whole, *the* entirety; *in s-r* ~ in its entirety; ≈**hypothek** *f* blanket mortgage; ≈**kapital** *n* joint capital; aggregate amount of principal; ≈**katalog** *m* union catalog(ue *Brit.*); ≈**kosten** *pl.* total expenses (*od.* cost *sg.*); ≈**lage** *f* general (*od.* overall) situation; ≈**länge** *f* overall length; ≈**masse** ⚖ *f* total assets *pl.*; ≈**maße** ⊕ *n/pl.* overall dimensions; ≈**note** *ped. f* aggregate mark; ≈**planung** *f* overall planning; ≈**preis** *m* lump-sum price; ≈**probe** *thea. f* full rehearsal; ≈**produkt** *n* gross (national) product; ≈**produktion** *f* total output; ≈**prokura** *f* joint power of attorney; ≈**regelung** *f* overall settlement; ≈**schaden** *m* total loss; ≈**schau** *f* total view, synopsis; ≈**schuldner** *m* general (*od.* joint) debtor; ~**schuldnerisch** *adj.*: ~*e Bürgschaft* joint and several guarantee; ≈**schule** *f*: (*integrierte* ~ integrated) comprehensive school; ≈**sieger** *m* final winner; ≈**strafe** ⚖ *f* global punishment; ≈**summe** *f* → *Gesamtbetrag*; ≈**überblick** *m*, ≈**übersicht** *f* general survey; overall view; ≈**umsatz** *m* total turnover; ≈**unterricht** *ped. m* integrated-curriculum teaching; ≈**verband** *m* general association; ≈**vermögen** *n* aggregate property; ≈**versicherung** *f* comprehensive insurance; ≈**vollmacht** *f* joint power of attorney; ≈**werk** *n* complete works *pl.*; ≈**wert** *m* total (*od.* aggregate) value; ≈**wirkung** *f* general (*od.* cumulative) effect; ≈**wirtschaft** *f* whole national economy; ≈**wohl** *n* common weal, public welfare; ≈**zahl** *f* total number.
Gesandt|e(r) *pol. m* envoy; *rangmäßig*: minister; *päpstlicher* ~ nuncio; ~**schaft** *f* legation (*a.* ~*sgebäude*); ~**schaftsattaché** *m* attaché (*fr.*); ~**schaftspersonal** *n* (staff of a) legation; ~**schaftsrat** *m* legation counsel(l)or.
Gesang *m* (*Singen*) singing, song; ♩ vocal music; (*Lied*) song; (*Melodie*) air, tune, melody; *eccl.* hymn, *rezitativer*: chant; (*Teil e-r Dichtung*) canto, book; ~**buch** *n* song-book; *eccl.* hymn-book, hymnal; ~**lehrer(in** *f*) *m* singing-teacher; ≈**lich** *adj.* vocal; ~**probe** *f* audition; ~**seinlage** *thea. f* inserted song; vocal number; ~**skunst** *f* art of singing, vocal art; ~**stunde** *f* singing-lesson; ~**unterricht** *m* singing-lessons *pl.*; ~**verein** *m* choral society, *Am. a.* glee club.
Gesäß *n* buttocks *pl.*, posterior, rump, F bottom; *der Hose od.* F: seat; ~**bein** *anat. n* ischium; ~**gegend** *f* gluteal region; ~**muskeln** *m/pl.* gluteal muscles.
gesättigt *adj.* satiated; ⚗ *Lösung*: saturated.
Gesäusel *n* → *Säuseln* III.
Geschädigte(r *m*) *f* injured person, sufferer; (*Opfer*) victim.
Geschäft *n allg.* business; (*Unternehmung*) *a.* transaction, operation, F deal, *Am.* F proposition; *Börse*: *a.* trading; (*Angelegenheit*) *a.* affair; (*Pflicht*) *mst pl.* duties, functions; (*Arbeit*) work; (*Beschäftigung*) occupation, trade, line, job, *Am. sl.* racket; (*Firma*) business, firm, commercial house, enterprise, concern, company; (*Handel*) business, commerce, trade; (*Laden* ≈) shop, *bsd. Am.* store; *gutgehendes* ~ going concern; *glänzendes* ~ goldmine, (*Umsatz*) roaring trade; *vorteilhaftes* ~ bargain, (good)

deal; *dunkles* ~ shady deal, *Am. sl.* racket; *die* ~*e des Gerichts* the business *sg.* of the court; *laufende* ~*e* current business *sg.*; ~ *in Wolle* dealings *pl. od.* trading (*eines*: transaction) in wool; ~*e halber, in* ~*en* on business; ~*e machen mit* (*j-m*) do business (*od.* deal) with; (*et.*) do business (*od.* deal) in; *ins* ~ *kommen mit* (*j-m*) secure business from, do business with; *s-n* ~*en nachgehen* go about one's business; F *sein* ~ (*Notdurft*) *verrichten* relieve nature, F wash one's hands; *wie gehen die* ~*e?* how is business; *die* ~*e gehen gut* (*schlecht*) business is good (slack); ~ *ist* ~ a bargain is a bargain, business is business; **~emacher** *m* profiteer, *Am.* F wheeler-dealer; **°ig** *adj.* busy, active, *Markt usw.*: *a.* bustling; **~igkeit** *f* (bustling) activity, bustle; **°lich I.** *adj.* (relating to) business, commercial; ~*es Unternehmen* business, (*Transaktion*) *a.* transaction; ~*e Beziehungen* business connections; ~*e Angelegenheit* business matter; *in e-r* ~*en Angelegenheit* on business; **II.** *adv.* on business; ~ *verreist* away on business; ~ *verhindert* prevented by business; ~ *zu tun haben mit* (*j-m*) have dealings with, do business with; *sich* ~ *betätigen* be in business; ~ *geht es ihm gut* (in business) he is doing well.

Geschäfts...: **~abschluß** *m* **1.** (business) transaction *od.* F deal; *pl. a.* orders (*od.* contracts) secured; **2.** → *Jahresabschluß*; **~adresse** *f* business address; **~andrang** *m* pressure of business, rush; **~anteil** *m* share (in a business), business interest; *maßgeblicher* ~ control(l)ing interest; **~anzeige** *f* business advertisement; **~aufgabe** *f* closing of a business; retirement from business; **~aufsicht** ⚖ *f*: *unter* ~ *gestellt werden* be put into receivership; **~aussichten** *f/pl.* business prospects; **~auto** *n* company car; **~bereich** *m* sphere (*od.* scope) of business; ⚖ jurisdiction; *pol.* portfolio; *Minister ohne* ~ minister without portfolio; **~bericht** *m* business report; *jährlicher* ~ annual report, *über die Marktlage*: market report; **~betrieb** *m* business (activity *od.* operations *pl.*); (*Firma*) commercial enterprise, business (firm); **~beziehungen** *f/pl.* business relations; **~brief** *m* business letter; **~bücher** *n/pl.* account (*od.* commercial) books; **~erfahrung** *f* business experience; **~eröffnung** *f* opening of a business; *weitS.* starting of business; **°fähig** *adj.* having legal capacity, able to make contracts, competent; *beschränkt* ~ of restricted (legal) capacity; **~fähigkeit** *f* legal capacity (to contract); **~flaute** *f* → *Flaute*; **~frau** *f* businesswoman; **~freund** *m* business friend; **°führend** *adj.* managing, executive; (*stellvertretend* ~) acting; in charge of affairs; ~*er Ausschuß* managing (*od.* executive) committee; ~*e Regierung* caretaker government; **~führer** *m* manager; managing director; *e-s Vereins*: secretary; *pol. e-r Partei*: party director; ⚖ (~ *ohne Auftrag* unauthorized) agent; **~führung** *f* management (*a. Personal*); ⚖ agency; **~gang** *m* (*Ablauf*) course of business; (*Entwicklung*) trend of affairs; *täglicher* ~ daily (*od.* office) routine; **~gebaren** *n* business policy (*od.* methods, practices *pl.*); **~gegend** *f* → *Geschäftsviertel*; **~geheimnis** *n* business (*od.* trade) secret; **~geist** *m* business acumen, head for business; **°gewandt** *adj.* efficient, versatile; **~haus** *n* commercial firm, business; (*Gebäude*) office (*od.* shop) building, business premises *pl.*; **~inhaber**(**in** *f*) *m* owner (of a business), principal, proprietor; (*Laden*°) *a.* shopkeeper, *bsd. Am.* storekeeper; **~interesse** *n* interest in business; *in j-s* ~ in the interest of a p.'s business; **~jahr** *n* business year; *der Regierung*: financial (*od.* fiscal) year; **~kapital** *n* capital; **~karte** *f* business-card; **~kosten** *pl.* costs, business expenses; *auf* ~ on expense account; **~kreis** *m*: *in* ~*en* in commercial circles; **°kundig** *adj.* experienced in business; **~lage** *f* business situation; *örtliche*: (store) location; **~leben** *n* business (life); *ins* ~ *eintreten* go into business; **~leiter** *m* → *Geschäftsführer, -führung*; **~leute** *pl.* businessmen; **~lokal** *n* business premises *pl.*; (*Laden*) shop, *bsd. Am.* store; **~mann** *m* businessman; **°mäßig** *adj.* businesslike; (*unpersönlich*) *a.* impersonal; (*routinehaft*) routine ...; **~ordnung** *f* **1.** *parl.* standing orders *pl.*; *zur* ~ *sprechen* rise to order; **2.** rules *pl.* (of procedure); (*Tagesordnung*) agenda; **~papiere** *n/pl.* commercial papers; **~räume** *m/pl.* business premises; **~reise** *f* business trip; **~reisende(r)** *m* commercial travel(l)er, travel(l)ing salesman; **~risiko** *n* business risk; **~rückgang** *m* business recession; **~schädigung** ⚖ *f* trade libel, injurious (commercial) malpractice; **~schluß** *m* closing-time; *nach ~ a.* after business (*od.* office) hours; **~sitz** *m* (registered) seat of a firm, place of business; **~sprache** *f* commercial (*od.* business) language, F commercialese; *pol.* official language; **~stelle** *f* office; *e-r Bank usw.*: branch (office); **~stille** *f*, **~stockung** *f* stagnation of business, slackness (of trade); **~straße** *f* shopping street; **~stunden** *f/pl.* business (*od.* office) hours; **~tätigkeit** *f* business activity; **~teilhaber(in** *f*) *m* partner; **~träger** *m pol.* chargé d'affaires (*fr.*); ✝ (authorized) representative; **≗tüchtig** *adj.* efficient, *iro.* smart; *er ist sehr ~ a.* he is a good businessman; **~tüchtigkeit** *f* business acumen, smartness; **~übernahme** *f* take-over; **≗unfähig** *adj.* legally incapacitated, *pred.* under legal incapacity; **~unkosten** *pl.* business expenses; (*Gemeinkosten*) overhead expenses; **~unterlagen** *f/pl.* business data (*od.* papers); **~unternehmen** *n* commercial enterprise, business; **~verbindung** *f* business connection; *in ~ treten* establish (*od.* enter into) business relations; *in ~ stehen mit* have business connections with, do business with; **~verkehr** *m* business dealings (*od.* transactions) *pl.*; **~verlauf** *m* course (*od.* trend) of business; **~verlegung** *f* removal of business; **~viertel** *n* business quarter, commercial district; *e-r Stadt*: business centre, *Am.* downtown (business center); (*Läden*) shopping cent|re, *Am.* -er; **~vorfall** *m* transaction; **~wagen** *m* commercial vehicle; (*Lieferwagen*) delivery van; (*Firmenauto*) company car; **~welt** *f* business (world *od.* circles *pl.*); **~wert** *m e-r Firma*: goodwill; **~zeichen** *n* reference (*od.* file) number; **~zeit** *f* → *Geschäftsstunden*; **~zimmer** *n* office; **~zweig** *m* branch *od.* line (of business).

geschätzt *adj.* **1.** *Entfernung, Einkommen usw.*: estimated; **2.** *fig.* esteemed; (*beliebt*) popular, liked.

gescheckt *adj.* piebald *horse, etc.*; *Kuh*: brindled; *Katze*: tabby.

geschehen I. *v/i.* happen, occur, take place; come to pass; (*widerfahren*) (*j-m*) happen to *a p.*; (*getan werden*) be done; *~ lassen* let *a th.* happen, allow, suffer, tolerate, shut one's eyes to; *es geschehe* so be it; *es geschieht ihm recht* it serves him right; *was geschieht, wenn* what happens if; *das geschieht nur, um zu inf.* it is only to *inf.*; *was soll damit ~?* what is to be done with it?; *es muß etwas ~* something must be done (about it); *es wird dir nichts ~* nothing will happen to you, no harm will come to you, it is perfectly safe; *er wußte nicht, wie ihm geschah* he was dumbfounded; *es ist um mich ~* F I am done for; *es war um s-e Ruhe usw. ~* his peace, *etc.* was shattered; *Dein Wille geschehe* Thy will be done; *~ ist ~* what's done is done; it's no use crying over spilt milk; → *gern*(e), *Unrecht* II, *Zeichen*; **II.** **≗** *n* happenings *pl.*, events *pl.*; scene; process; **≗e(s)** *n* what is done, accomplished facts *pl.*; *Streit usw.*: bygones *pl.*

Geschehnis *n* event, occurrence, incident, happening.

gescheit *adj.* clever, intelligent, brainy; (*aufgeweckt*) bright; (*klug*) wise, prudent; (*vernünftig*) sensible; *sie ist ein ~es Mädchen a.* she has a good head on her (shoulders); *sei doch ~!* don't be a fool!, (do) be reasonable!, F be your age!; F *nicht recht ~* a bit touched, *sl.* not all there, off one's rocker; *du bist wohl nicht recht ~ a.* you must be out of your mind; *ich werde nicht daraus ~* I can't make head or tail of it, it makes no sense to me, I don't get it; *ich war so ~ wie zuvor* I was none the wiser (for it); F *nichts ≗es* nothing good; **≗heit** *f* cleverness, intelligence, brains *pl.*, brightness.

Geschenk *n* present, gift; (*Schenkung*) donation; *fig. ~ des Himmels* godsend; *j-m et. zum ~ machen* make a p. a present of a th.; **~abonnement** *n* gift subscription; **~artikel** *m/pl.* gifts, fancy goods; **~artikelgeschäft** *n* gift shop; **~korb** *m* gift hamper; **≗mäßig** *adv.*: *~ verpacken* gift-wrap; **~packung** *f* gift-box, gift wrapping.

Geschichtchen *n* little story; anecdote.

Geschicht|e *f* **1.** story, tale; (*Erzählung*) *a.* narrative; *damit ist e-e ~ verknüpft* thereby hangs a tale; F *immer die alte ~!* it's always the same old story;! F *erzähl mir keine ~n!* don't tell me stories!;

2. *als Wissenschaft*: history; *weitS. e-r Person od. Sache*: story; *in die* ~ *eingehen* become *German, etc.* history, go down in history; → *biblisch*; 3. F (*Angelegenheit, Sache*) affair, business, thing; *e-e dumme* ~ a stupid business; *e-e schöne* ~*!* a pretty kettle of fish!, a pretty mess!; *die ganze* ~ the whole thing (*od.* business, *sl.* caboodle); *da haben wir die* ~*!* there you are!; ~*n machen* do something silly; *mach keine* ~*n!* don't make a fuss!, don't be a fool!; *er macht keine große* ~ *daraus* he does not make a big issue of it; *er hat e-e böse* ~ *am Magen* bad stomach trouble; **~enbuch** *n* story-book; **~enerzähler(in** *f*) *m* story-teller; **≗lich I.** *adj.* historical; (~ *bedeutsam*) historic; **II.** *adv.* historically, in the light of history.

Geschichts...: **~bild** *n* conception of history; **~buch** *n* history-book; **~fälschung** *f* falsification of history; **~forscher** *m* (research) historian; **~forschung** *f* historical research; **~kenntnis(se** *pl.*) *f* knowledge of history; **~klitterung** *f* perversion of history; bias(s)ed historical account; **≗los** *adj.* without (a) history; **~malerei** *f* historical painting; **~philosophie** *f* philosophy of history; **~schreiber** *m* historian; **~schreibung** *f* historiography; **~studium** *n* study of history; **~stunde** *f*, **~unterricht** *m* history class(es *pl.*), history lesson(s *pl.*); **~werk** *n* historical work; **~wissenschaft** *f* (science of) history; **~wissenschaftler** *m* historian.

Geschick[1] *n* **1.** (*Schicksal*) fate, lot; *trauriges* ~ sad fate; *schweres* (*od. schlimmes*) ~ cruel fate *od.* blow; **2.** *oft pl.* (*Belange*) destiny (*sg.*), fortunes *pl. of a nation, etc.*

Geschick[2] *n*, **~lichkeit** *f* skill; (*Raffinesse*) adroitness; *bsd. körperlich*: dexterity, *der Finger*: deftness; (*Begabung*) knack; *mit* ~ → *geschickt* II; **~lichkeitsfahren** *mot. n* driving skill test, *Am.* gymkhana; **~lichkeitsprüfung** *f* test of skill.

geschickt I. *adj.* skil(l)ful (*zu* at, *in* in); (*fingerfertig*) *a.* dexterous, deft, handy, F slick; *geistig*: *a.* clever, adroit (at); *er ist besonders* ~ *in* he has a knack for; **II.** *adv.* skil(l)fully *etc.*; ~ *ausgedacht* cleverly (*od.* ingeniously) contrived; ~ *vorgehen* proceed cleverly, play one's cards well.

Geschiebe *n* **1.** F shoving, pushing; **2.** *geol.* (glacial) drift, rubble.

geschieden *adj.* separated; *Eheleute*: divorced; *Ehe*: dissolved; ~*er Mann* (~*e Frau*) divorcé(e); *wir sind* ~*e Leute* I am through with you *etc.*

Geschimpfe *n* → *Schimpfen*.

Geschirr *n* **1.** (*Gefäß*) vessel; (*Tafel*≗) table-ware; dishes *pl.*; (*Silber*≗) plate; (*Porzellan*) china; (*Tee*≗) tea service (*od.* things *pl.*); (*irdenes* ~) crockery, pottery, earthenware; (*Küchen*≗) kitchen utensils (*od.* things) *pl.*, pots and pans *pl.*; ~ *spülen* wash (*od.* do) the dishes; **2.** (*Gerät*) equipment, gear; **3.** (*Pferde*≗) harness; *für andere Zugtiere*: gear; (*Wagen u. Gespann*) (horse and) carriage; *e-m Pferd das* ~ *anlegen* harness; *sich ins* ~ *legen* pull hard, *fig.* put one's back into it; **~schrank** *m* (china) cupboard; **~spülmaschine** *f* dish-washer; **~tuch** *n* tea-towel, *Am.* dish towel.

geschlagen *adj.* → *schlagen* I.

Geschlecht *n* sex; (*Gattung*) kind, genus (*a.* ♧), species, race; (*Abstammung*) descent, birth, lineage, race, stock, extraction; (*Familie*) family; (*Fürsten*≗) dynasty; (*Generation*) generation; *ling.* gender; *das menschliche* ~ the human race, mankind; *das männliche* (*weibliche*) ~ the male (female) sex; *das andere* ~ the opposite sex; *das starke* ~ the strong sex; *das schwache* (*schöne*) ~ the weak (fair, gentle) sex; *beiderlei* ~*s* of both sexes; *künftige* ~*er* future generations.

geschlechtlich *adj.* sexual, sex ...; *biol. a.* (*gattungsmäßig*) generic; ~*e Aufklärung* sex education; → *Geschlechtsverkehr usw.*; **≗e** *n*: *das* ~ **1.** sex; **2.** → **≗keit** *f* sexuality.

Geschlechts...: **~akt** *m* sexual act, coitus; **~bestimmung** *f* sex determination; **~chromosom** *n* sex chromosome; **~drüse** *f* genital gland, gonad; **≗gebunden** *biol. adj.* sex-linked; **~genosse** *m*, **~genossin** *f* person of one's (own) sex; **~hormon** *n* sex hormone; **≗krank** *adj.* suffering from a venereal disease; **~krankheit** *f* venereal disease (*abbr.* V.D.); **~leben** *n* sex life; **≗los** *adj.* sexless, *a. ling.* neuter; *biol. a.* asexual, ⚘ agamic; **~merkmal** *n* sex characteristic; **~name** *m* family name, surname, *Am.* last name; *biol.* genus (name); **~organ** *n* sex(ual) organ, *pl. a.* genitals; **≗reif** *adj.*

(sexually) mature; **~reife** *f* sexual maturity; **~teile** *m/pl.* genitals, F private parts; **~trieb** *m* sexual instinct (*od.* urge, drive); **~umwandlung** *f* sex reversal; **~verkehr** *m* sexual intercourse; **~wort** *ling. n* article; **~zelle** *f* sex cell.

geschliffen *adj.* **1.** → *schleifen*[1]; **2.** *fig.* polished.

Geschlinge *n* **1.** (*Gekröse*) pluck; **2.** (*wirres* ~) tangle.

geschlossen I. *adj.* closed (*a. ling. Vokal,* ⚡ *Stromkreis*); ⊕ compact; (fully-)enclosed *motor*, (*in sich* ~) self-contained *unit*; *fig.* compact (*a. Stil*); *Arbeit, Leistung*: consistent, well-rounded; (*vereint*) united; (*einheitlich*) uniform; *Formation, Front, Reihen*: close, serried; *~es Ganzes* compact whole; *~e Gesellschaft* (*Vorstellung*) private party (performance); *mot.* *~e Ortschaft* built-up area; *~e Veranstaltung* private meeting *od.* performance; ⚖ *in ~er Sitzung* in closed court, in camera; **II.** *adv.* compactly *etc.*; ☨ en bloc (*fr.*); (*alle gemeinsam*) in a body, to a man; (*einstimmig*) unanimously; *~ für et. sein od. stimmen* go (*od.* be) solid for; *~ hinter j-m stehen* be solidly behind a p.; **≈heit** *f* compactness, consistency; unanimity.

Geschluchze *n* sobbing, sobs *pl.*

Geschmack *m* **1.** *von Essen usw.*: taste (*a. ~sempfindung*); (*Aroma*) flavo(u)r; (*Bei≈*) smack; **2.** *fig.* (*ästhetisches Empfinden*) taste; (*Vorliebe*) taste, fancy, liking (*alle an* for); *guter* (*schlechter*) ~ good (bad *od.* poor) taste; *~ finden an* acquire a taste for, develop a liking for, (come to) like; *ich kann keinen ~ daran finden, ich kann der Sache keinen ~ abgewinnen* it is not to my taste, I don't like it; *auf den ~ kommen* taste blood; *er hat ~* he is a man of taste, he has good taste; *es ist nicht nach m-m ~* it is not to my taste; *ein Mann nach m-m ~* after my heart; *jeder nach seinem ~!* each to his (own) taste!; (*die*) *Geschmäcker sind verschieden, über den ~ läßt sich nicht streiten* tastes differ, there is no accounting for tastes; *ohne, mit ~* → *geschmacklos, geschmackvoll*; **≈lich** *adj. u. adv.* as regards taste; **≈los** *adj.* tasteless, having no taste, (*fad*) flat, insipid; flavo(u)rless; *fig.* tasteless, *pred.* in bad taste; inelegant; (*taktlos*) tactless; **~losigkeit** *f* tastelessness; *fig. a.* bad taste; (*Taktlosigkeit*) tactlessness; (*Geschmackssünde*) offen|ce (*Am.* -se) against good taste; *das war e-e ~* that (remark) was in bad taste; **~smuster** *n* (ornamental) design; **~snerv** *m* gustatory nerve; **~sorgan** *n* organ of taste; **~srichtung** *f* (trend of) taste; **~ssache** *f* (a) matter of taste; **~ssinn** *m* (sense of) taste; **~sverirrung** *f* lapse of taste; crime against good taste, outrage; **≈swidrig** *adj.* contrary to good taste, *pred.* in bad taste; **~swidrigkeit** *f* bad taste; **~szusatz** *m* flavo(u)r(ing); *mit ~* flavo(u)red; **≈voll I.** *adj. fig.* tasteful, *pred.* in good taste; elegant, stylish; *äußerst ~* in excellent (*od.* admirable, the best) taste; **II.** *adv.*: *~ gekleidet* dressed in good taste; *das war nicht sehr ~ von ihm* that was not very tactful of him.

Geschmeide *n* jewel(le)ry, jewels *pl.*; (*Hals≈*) (jewelled) necklace; (*Arm≈*) bracelet(s *pl.*).

geschmeidig *adj. Körper usw.*: supple, lithe, lissom(e); (*elastisch*) flexible, elastic, pliant; (*glatt*) smooth; *Metall*: (*hämmerbar*) malleable; (*dehnbar*) ductile; *fig. Geist*: supple, flexible, elastic; (*gewandt*) versatile, adroit; (*aalglatt*) smooth, slippery, F slick; *Zunge*: glib; **≈keit** *f* suppleness; flexibility, pliancy; smoothness; malleability, ductility; *der Zunge*: glibness; **≈keitsübungen** *f/pl. Sport*: limbering-up exercises.

Geschmeiß *n* vermin; *fig. a.* rabble, scum, riffraff.

Geschmier(e) *n* smearing, smears *pl.*; (*Gekritzel*) scrawl, scribble; (*schlechtes Bild*) daub.

Geschmorte(s) *n* stew(ed meat).

Geschmunzel *n* → *Schmunzeln* II.

Geschnatter *n* → *Schnattern* II.

geschniegelt *adj.* smartened up, spruce, dapper; *~ und gebügelt* all dressed up, spick-and-span, natty.

Geschnüffel *n* → *Schnüffelei.*

Geschöpf *n* creature; F *süßes* (*armes*) ~ lovely (poor) creature *od.* thing.

Geschoß[1] *n* projectile, missile (*a. Wurf≈*); (*Gewehr≈, Pistolen≈*) bullet; (*Granate*) shell; *ferngelenktes* guided missile.

Geschoß[2] *n* (*Stockwerk*) stor(e)y, floor.

Geschoß...: **~aufschlag** *m* impact; **~bahn** *f* trajectory; **~garbe** *f* sheaf of fire; **~höhe** △ *f* height between floors; **~kern** *m* core (of projectile); **~mantel** *m* jacket (of bullet); *der Granate*: (shell) case.

geschränkt ⊕ *adj.* crossed.

geschraubt *adj.* ⊕ screwed, bolted; *fig. Stil*: stilted, affected.

Geschrei *n* shouting, yelling; shouts *pl.*, cries *pl.*, screams *pl.*; *der Menge*: clamo(u)r; *wirres*: hubbub, hullabaloo; (*Freuden*≈) acclamations *pl.*, cheers *pl.*; *des Esels*: bray(ing); *fig.* clamo(u)r, outcry, howls *pl.* of protest, hue and cry (*alle gegen* against); (*Aufhebens*) (great) noise, fuss, brouhaha; *anfeuerndes* ~ *Sport*: cheering; *Am.* yell(ing), *sl.* rooting; *viel ~ und wenig Wolle* much ado about nothing; *ein großes ~ erheben* set up a great shout (*od.* loud cry), vociferate, *protestierend*: raise a hue and cry, cry blue murder.

Geschreibsel *n* scrawl, scribble; *fig.* scribblings *pl.*, *sl.* bilge.

Geschütz *n* gun, cannon; piece (of ordnance); *schweres* ~ heavy gun, *coll.* heavy artillery, ordnance; *ein ~ auffahren* bring a gun into action; *fig. er fuhr schweres* (*od. grobes*) *~ gegen sie auf* he turned his heavy guns on them; **~bedienung** *f* serving of a gun; (*Mannschaft*) gun crew, gunners *pl.*; **~bettung** *f* gun base; **~bronze** *f* gun-metal; **~donner** *m* roar (*od.* booming, *entfernter*: rumbling) of guns; **~exerzieren** *n* gun drill; **~feuer** *n* gun-fire, shelling; **~führer** *m* (No. 1) gunner; **~lafette** *f* gun-mount; **~park** *m* ordnance park; **~rohr** *n* gun-barrel; **~stand** *m*, **~stellung** *f* gun position, (gun) emplacement; **~turm** *m* turret.

Geschwader *n* ⚓ squadron; ✈ group, *Am.* wing; F *fig. mst in Zssgn* brigade; **~kommodore** ✈ *m Brit.* Air Officer Commanding (*abbr.* A.O.C.), *Am.* wing commander.

Geschwätz *n* (idle *od.* foolish) talk, twaddle, babble, prattle, gabble; (*Klatscherei*) gossip; **≈ig** *adj.* talkative, garrulous, F gabby; **~igkeit** *f* talkativeness, garrulousness.

geschweift ⊕ *adj.* curved.

geschweige *cj.*: ~ *denn* to say nothing of, not to mention, let alone, much less.

geschwind I. *adj.* quick, fast, swift; (*schleunig*) speedy, hasty; (*unverzüglich*) prompt; **II.** *adv. a.* in an instant, F in a jiffy; ~*!* quick!

Geschwindigkeit *f* quickness, swiftness, speed, rapidity; *des Handelns*: *a.* promptness, expedition; (*bestimmte* ~, *Tempo*) speed, pace, *Am.* F clip; *bsd. phys.* velocity; (*Maß der Fortbewegung*) rate; (*Schwung*) momentum; *mit e-r ~ von* at a rate (*od.* speed) of; *mit größter* ~ at full (*od.* top) speed; *an ~ zunehmen* gather (*od.* pick up) speed, *Lawine, fallender Körper usw.*: *a.* gather momentum; *die ~ herabsetzen* slow down, decelerate, throttle down; *e-e ~ erreichen von* attain (*od.* develop) a speed of.

Geschwindigkeits...: **~abfall** *m* loss of speed; **~anzeiger** *m* → *Geschwindigkeitsmesser*; **~begrenzung** *f* speed restriction (*od.* limit); **~bereich** *m* speed range; **~gleichung** *f* velocity equation; **~grenze** *f* speed limit; **~kontrolle** *f* speed check; **~messer** *m* speed ga(u)ge *od.* indicator; *mot.* speedometer, tachometer, F speedo; **~regler** ⊕ *m* speed governor; **~rekord** *m* speed record; **~überschreitung** *f* speeding; **~zunahme** *f* increase in speed.

Geschwindschritt ⚔ *m* double-quick step; *im* ~ at the double.

Geschwirr *n* whirring, buzz(ing).

Geschwister *pl.* brother(s) and sister(s); siblings; **~kind** *n* nephew, *f* niece; first cousin; **≈lich** *adj.* brotherly, sisterly; **~liebe** *f* brotherly *od.* sisterly love; **~paar** *n* brother and sister; two brothers (*od.* sisters).

geschwollen *adj.* swollen, thick; *fig. Rede*: bombastic, pompous, inflated.

geschworen *adj.*: *~er Gegner von* sworn enemy of; **≈e(r** *m*) ⚖ *f* juror, member of the jury; *die Geschworenen* the jury *sg.*; **≈enbank** *f* jury box; **≈engericht** *n* jury court; **≈enliste** *f* (jury) panel; **≈enspruch** *m* verdict of the jury.

Geschwulst ⚕ *f* swelling; (*Gewächs*) growth, tumo(u)r.

geschwungen *adj.* curved, *weit*: sweeping.

Geschwür ⚕ *n* ulcer; abscess; (*Furunkel*) boil; *offenes*: running sore; *fig.* sore, canker; **~bildung** *f* ulceration; **≈ig** *adj.* ulcerous.

gesegnet *adj.* → *segnen*.

Geselchte(s) *dial. n* smoked meat.

Geselle *m* (*Handwerker*) journeyman, *z. B. Schneider*≈ journeyman tailor; (*Gefährte*) companion, mate; F (*Bursche*) fellow, lad; *lustiger* ~ jolly fellow.

gesellen *v/refl.*: *sich ~ zu* join *a p., a party, etc.*; *zu uns gesellte sich e-e Dame* we were joined by a lady; *zu diesem Punkt gesellt sich noch ein zweiter* this point brings up still another; → *gleich* I.

Gesellen...: **~brief** *m* certificate

of apprenticeship; **~prüfung** *f* (apprentices') final examination; **~stück** *n* piece of work done to qualify as a journeyman; **~zeit** *f* journeyman's years *pl.* of service.

gesellig *adj. Tiere*: gregarious (*a. fig.*); *Person*: social; (*umgänglich*) sociable, companionable, convivial; *~es Leben usw.* social life, *etc.*; *der Mensch ist ein ~es Tier* man is a gregarious animal; **⁀keit** *f* sociability, conviviality, companionableness; (*Umgang*) sociality, company, social life.

Gesellschaft *f* **1.** society; *menschliche* (*bürgerliche*) *~* human (bourgeois) society; *vornehme ~* fashionable (*od.* high) society, high life, rank and fashion; *sich in guter ~ bewegen* move in good society (*od.* circles); **2.** (*Zusammensein mit anderen; Besucher, Gäste*) company; *gute* (*schlechte*) *~* good (bad) company; *in schlechte ~ geraten* get into bad company; *in j-s ~* in company with a p., in a p.'s company, in the company of a p.; *j-m ~ leisten* keep a p. company, join a p. (*bei* in); **3.** (*Party*) party, evening, *allg.* social gathering; *e-e ~ geben* give (*od.* F throw) a party, entertain; *ich lernte sie auf e-r ~ kennen* I met her socially (*od.* at a party); **4.** (*Vereinigung*) society, association, union; ⚕ company, *Am. a.* corporation; (*Teilhaberschaft*) partnership; *rechtsfähige ~* legal corporation, incorporated society; *eingetragene ~* registered (*Am.* incorporated) society; *gelehrte ~* learned society; *wissenschaftliche ~* scientific association; *eccl. ~ Jesu* Society of Jesus; → *Aktiengesellschaft, Handelsgesellschaft, Haftung* 2; **5.** *fig. contp.* lot, set, *sl.* bunch, crowd; **~er**(**in** *f*) *m* **1.** companion; *er ist ein guter ~* he is good (*od.* pleasant) company; **2.** *Gesellschaftsdame*: lady companion; **3.** ⚕ partner, associate; → *a. Aktionär*; *stiller ~* sleeping (*Am.* silent) partner; *tätiger ~* active partner; **⁀lich** *adj. allg.* social *structure, life, position, etc.*; *~e Formen* social graces; *adv. ~ unmöglich werden* be socially disgraced.

Gesellschafts...: **~abend** *m* evening (party), soirée (*fr.*); **~anteil** ⚕ *m* share, interest; **~anzug** *m* formal suit (*od.* dress), dress suit; **~dame** *f* lady companion; **⁀fähig** *adj.* socially acceptable; presentable, respectable (*a. Kleidung*); **~fahrt** *f* → *Gesellschaftsreise*; **⁀feindlich** *adj.* antisocial; **~form** *f* social system; ⚕ type of company; **~jurist** *m* corporation lawyer; **~kapital** *n* company's capital; (*Grundkapital*) joint stock, share capital, *Am.* capital stock; **~klasse** *f* (social) class; **~klatsch** *m* society gossip; **~kleid** *n* (evening) gown, party dress; **~kreis** *m* circle (of acquaintances *od.* friends), set; **~kritik** *f* social criticism; **⁀kritisch** *adj.* socio-critical; **~kunde** *f* social studies *pl.*; **~lehre** *f* sociology; **~ordnung** *f* social order; **~raum** *m* lounge; **~recht** *n* company law; **~reise** *f* party (*od.* package, conducted) tour; **~roman** *m* social novel; **~schicht** *f* (social) class, social stratum; **~satzungen** *f/pl.*, **~statuten** ⚕ *f/pl.* → *Satzung*; **~spiel** *n* parlo(u)r (*od.* sociable) game; **~steuer** *f* corporation tax; **~stück** *n thea.* social comedy; *Kunst*: conversation piece; **~tanz** *m* ballroom (*od.* social) dance; **~vermögen** *n* company assets *pl.*; **~vertrag** *m* **1.** *pol., phls.* social contract; **2.** → *Satzung*; **~wissenschaft** *f* social science; sociology; **~zimmer** *n* reception room, drawing-room.

Gesenk ⊕ *n* die; (*Schmiede*⁀) forging die; (*Flachhammer*) swage; *im ~ schmieden* drop-forge; **~fräser** *m* die-sinking cutter; **~hammer** *m Schlosserei*: top swage; *Schmiede*: drop hammer; **~presse** *f* drop-forging press; **~schmiede** *f* drop forge; **~schmieden** *n* drop-forging; swaging; **~schmiedepresse** *f* drop-forging press; **~stahl** *m* die steel.

Gesetz *n allg.* law (*a. fig.*); ⚖, *parl. a.* act, statute; (*~esvorlage*) bill; (*Vorschrift, a. fig. Prinzip*) rule, principle (*a.* ⊕); (*Natur*⁀) law of nature; *eccl. das ~* the Law; *~ der Schwerkraft* law of gravity; *~ über* (*od. betreffend*) law relating to; *~ über Testamentsvollstreckung* Administration of Estates Act; *~ über Verjährungsvorschriften* Statute of Limitations; *~ in der Fassung von* law (*od.* act) as amended on; *auf Grund* (*od. kraft*) *e-s ~es* under (*od.* on the strength of) a law, by (*od.* in) virtue of a law; *gegen das ~* against the law, illegal; *nach dem ~* under the law; *im Namen des ~es* in the name of the law; *die ~e achtend* law-abiding *citizen*; *ein ~ erlassen* enact a law; *zum ~ werden* become law, pass into law; → *aufheben* I 4, *fallen*

I, *Hüter, Masche* 1, *übertreten usw.*; *fig. das oberste* ~ *der Werbung ist* the supreme law (*od.* first rule) of advertising is; *sich et. zum obersten* ~ *machen* make a th. a cardinal rule; *er bestimmte das* ~ *des Handelns* he had the initiative; **~blatt** *n* law gazette; **~buch** *n* code (of law); statute-book; **~entwurf** *parl. m* bill.

Gesetzes...: ~konkurrenz ⚖ *f* conflict of penal provisions; **~kraft** *f* legal force; ~ *erlangen* pass into law; ~ *verleihen* enact; **~lücke** *f* loophole in a law; **~sprache** *f* legal terminology; F legalese; **≈treu** *adj.* law-abiding; **~übertreter(in** *f*) *m* offender, lawbreaker; **~übertretung** *f* offen|ce *Am.* -se; violation (*od.* infraction) of the law; **~vorlage** *f* bill; **~vorschrift** *f* legal provision.

Gesetz...: ≈gebend *adj.* legislative; ~*e Gewalt* legislative authority, legislature; **~geber** *m* legislator, lawgiver, lawmaker; **~gebung** *f* legislation; **≈lich I.** *adj. allg.* legal, (~ *bestimmt*) *a.* statutory; (*rechtmäßig*) lawful; *Forderung*: legitimate; (*gesetzgeberisch*) legislative; ~*es Alter* legal age; ⚕ ~*e Reserven* statutory reserves; ~*er Vertreter* legal representative; *Erbe* 1, *Erbfolge, Erbteil, Hindernis, Zahlungsmittel*; **II.** *adv.* legally *etc.*; ~ *bestimmt* prescribed by law, statutory; ~ *geschützt* patented, *Warenzeichen usw.*: registered; ~ *zulässig* legal, lawful; ~ *verboten* prohibited (by law); **~lichkeit** *f* lawfulness; legality; legitimacy; **≈los** *adj.* lawless; anarchic(al); **~losigkeit** *f* lawlessness; anarchy; **≈mäßig** *adj.* ⚖ legal, lawful; *Anspruch usw.*: *a.* legitimate; *fig.* regular, following a set pattern, based on a principle (*od.* law); **~mäßigkeit** *f* legality; lawfulness; legitimacy; *phys.* conformity with a natural law; *fig.* (inherent) law(s *pl.*), regularity; **~sammlung** *f* digest; statute-book.

gesetzt I. *adj.* **1.** (*ruhig, ernsthaft*) sedate, staid; (*zuverlässig*) steady, solid; (*nüchtern*) sober; (*würdig, ernst*) dignified, grave; ~*es Alter* mature age, age of sobriety; ~*es Wesen* staid (*od.* dignified) demeano(u)r; **2.** *Sport*: seeded; ~*er Spieler* F seed; **II.** *cj.*: ~ (*den Fall*), *es sei wahr* suppose (*od.* supposing) it were (*od.* it to be) true; **≈heit** *f* sedateness, staidness; steadiness; sobriety; gravity.

Gesetz...: ≈widrig *adj.* illegal, unlawful, wrongful; **~widrigkeit** *f* unlawfulness; illegality; unlawful (*od.* illegal) act.

gesichert *adj.* secured (*vor, gegen* against), safe, protected (from); ⊕, *a.* ⚕ secured; *Schußwaffe*: at safe; *Einkommen, Existenz usw.*: secure.

Gesicht *n* (*Sehvermögen*) (eye)sight; (*Angesicht*) face; (*Miene*) countenance, mien; (*Aussehen*) look; *fig.* aspect, character; (*Erscheinung*) vision; *zweites* ~ second sight; ~*er machen od. schneiden* make (*od.* pull) faces, grimace; *ein böses* ~ *machen* scowl; *ein saures* ~ *machen* look sour; make a (sour) face; *ein langes* ~ *machen* make a long face; *er machte ein langes* ~ his face fell; *j-m* (*gerade*) *ins* ~ *sehen* look a p. (straight *od.* squarely) in the face; *j-m ins* ~ *fahren* fly in a p.'s face; *j-m gut zu* ~ *stehen* suit (*od.* be becoming to) a p.; *fig. es steht e-m Staatsmann schlecht zu* ~*e* it ill becomes (*od.* befits) a statesman; *j-m ins* ~ *schlagen* slap a p.'s face; *ins* ~ *schlagen* (*e-r Sache*) flatly contradict, conflict (*od.* clash) with, (*e-r Tatsache*) belie; *j-m et. ins* ~ *sagen* say a th. to a p.'s face; *j-m ins* ~ *lügen* lie to a p.'s face; *den Tatsachen usw. ins* ~ *sehen* look the facts *etc.* in the face; *fig. j-m et. ins* ~ *schleudern* fling a th. into a p.'s teeth; *sein* ~ *wahren* (*od. retten*) save one's face; *zu* ~ *bekommen* catch sight (*kurz*: a glimpse) of, set eyes (up)on, see; *aus dem* ~ *verlieren* lose sight of; *sein wahres* ~ *zeigen* show one's true face, drop the mask; *e-r Sache ein neues* ~ *geben* put a different complexion on a th.; *er ist s-m Vater wie aus dem* ~ *geschnitten* he is the spit and image of his father, he is a chip of the old block.

Gesichts...: ~ausdruck *m* (facial) expression; **~behandlung** *f* facial (treatment); **~bildung** *f* features *pl.*, physiognomy; **~creme** *f* face cream; **~farbe** *f* complexion, colo(u)r (of the face); **~feld** *opt. n* visual field, field (*od.* range) of vision; **~hälfte** *f* side of the face; **~haut** *f* facial skin; **~knochen** *m/pl.* facial bones; **~kreis** *m* sight; *fig.* horizon, outlook; *s-n* ~ *erweitern* broaden one's mind (*od.* outlook); *er verschwand aus m-m* ~ I lost sight of him; **~lähmung** *f* facial paralysis; **~linie** *f* facial line; *opt.* visual line; **~maske** *f* mask; *des Chirurgen*: (face)mask; (*Schutz-*

maske) face guard (*od.* shield); *fenc.* fencing mask; *Kosmetik*: face-pack; **~massage** *f* facial (massage); **~muskel** *m* facial muscle; **~nerv** *m* facial nerve; **~neuralgie** ⚕ *f* facial neuralgia; **~operation** *f* operation on the face; (*Schönheitsoperation*) cosmetic plastic surgery, (*Straffung*) face-lift(ing); **~packung** *f Kosmetik*: face-pack; **~pflege** *f* care of the face; **~plastik** *f* plastic surgery (on the face), facioplasty; **~puder** *m* face powder; **~punkt** *m* point of view, viewpoint, aspect, approach, *bsd. Am.* angle; (*Beweggrund*) motive; (*Faktor*) factor; **~rose** ⚕ *f* facial erysipelas; **~schmerz** ⚕ *m* facial neuralgia; **~schnitt** *m* cast of features; **~seife** *f* facial (*od.* face) soap; **~straffung** *f* face-lift(ing); **~verletzung** *f* facial injury; **~wasser** *n* face lotion; **~winkel** *m anat.* facial angle; *opt.* visual angle; *fig.* → Gesichtspunkt; **~zug** *m* (*mst pl.*) feature(s), lineament(s).

Gesims *n* △ (*Zierleiste*) mo(u)lding; (*Kranz*≈) cornice; (*Kamin*≈) mantelpiece; (*Fenster*≈) sill; *geol.* ledge, shelf.

Gesinde *n* servants *pl.*, domestics *pl.*

Gesindel *n* rabble, trash, scum; riffraff; (*Lumpen*) scoundrels *pl.*

gesinnt *adj. well, etc.* disposed (*dat.* towards); *in Zssgn* ...-minded, -oriented; *feindlich* ~ ill-disposed, hostile; *anders* ~ *sein* have different views (*als* from, than); *sozialistisch* ~ *sein* be a socialist; *wie ist er* ~? what are his views?

Gesinnung *f* mind, sentiment(s *pl.*); (*Denkart*) way of thinking; (*Ansichten*) opinions *pl.*, views *pl.*; (*Einstellung*) attitude; (*Überzeugung*) conviction, persuasion; (*Charakter*) character; *aufrichtige* ~ fair-mindedness; *edle* ~ noble-mindedness; *niedere* ~ base mind, meanness; *treue* ~ loyalty; *vaterländische* ~ patriotism.

Gesinnungs...: **~genosse** *m*, **~genossin** *f* like-minded person, person of the same convictions; political friend; (*Anhänger*) partisan, adherent, supporter; **≈los** *adj.* unprincipled; (*treulos*) disloyal; **~losigkeit** *f* lack of principle (*od.* character); **~lump** *m* time-server, *sl.* rat; **≈treu** *adj.* loyal; **≈tüchtig** *adj.* sta(u)nch; *iro.* time-serving; **~wechsel** *m* change of opinion (*od.* front), *bsd. pol.* volte-face, about-face.

gesitt|et *adj.* civilized; (*moralisch*) moral; (*wohlerzogen*) well-bred, well-mannered; (*höflich*) polite, courteous; **≈ung** *f* civilization.

Gesocks F *n* → Gesindel.

Gesöff F *n* poison, swill; (*Fusel*) *sl.* rotgut.

gesondert *adj.* separate.

gesonnen *adj.*: ~ *sein zu inf.* have in mind to *inf.*; be disposed (*od.* inclined, willing, prepared) to *inf.*, intend (*od.* propose) to *inf.*

Gesottene(s) *n* boiled meat(s *pl.*).

Gespann *n* team, *Am. a.* span; (*Wagen u.* ~) horse(s) and carriage, turn-out; *mot.* (*Motorrad mit Beiwagen*) (side-car) combination; *fig.* team, (*Paar*) couple, pair, duo; *die beiden bilden ein ausgezeichnetes* ~ are a perfect team; *ungleiches* ~ incongruous pair; **~führer** *m* teamster.

gespannt *adj.* stretched, tight, tense; *Muskel, Seil*: taut; *Aufmerksamkeit*: close, intent; *Beziehungen*: strained; *Lage, Nerven*: tense; (*begierig*) eager, anxious, keen; (*neugierig*) curious; (*erwartungsvoll*) expectant; *ling.* strong *consonant*; (*sehr*) ~ *sein* be in suspense (*od.* on tenterhooks), be in a flutter of expectation, be all agog; ~ *sein auf* be anxious to see *etc.*, look forward keenly to seeing *etc.*, await eagerly *od.* anxiously, be curious about; ~ *sein, ob usw.* be anxious to know (*od.* wonder) if, *etc.*; *auf ihn bin ich ja* ~ I wonder what he is like, *stärker*: I am anxious (*od.* dying) to see him; *auf* ~*em Fuße mit* on bad terms with; *adv. er hörte* ~ *zu* he listened intently; **≈heit** *f* tenseness; tension; intensity, intentness, strained relations *pl.*

Gespenst *n* ghost, spect|re, *Am.* -er, F spook; *fig.* (*Gefahr*) spectre, nightmare; F *du siehst ja* ~*er!* you are seeing things!, *fig.* you are just imagining it!

Gespenster...: **~geschichte** *f* ghost-story; **≈haft** *adj.* ghostlike, ghostly, spectral, F spooky; *fig.* ghostly, eerie, ghastly, lurid; **≈n** *v/i.* → geistern; **~schiff** *n* phantom-ship; **~stunde** *f* witching hour.

gespenstisch *adj.* → gespensterhaft.

gesperrt *adj.* → sperren.

Gespiele[1] F *n* (constant) playing.

Gespiel|e[2] *m*, **~in** *f* playmate.

Gespinst *n* (spun) yarn; (*Gewebe*) web, tissue (*beide a. fig. von Lügen usw.*); *zo. der Raupe*: cocoon; *der Spinne*: web; **~faser** *f* textile fib|re, *Am.* -er.

Gespons *humor. m u. n* spouse.

Gespött *n* mockery, derision, raillery, scoffing, jeers *pl.*; *sein* ~ *treiben mit* ridicule, deride, mock, make a mockery of; make a laughingstock of *a p.*; *sich zum* ~ *machen* make a fool of o.s.; *zum* ~ *der Leute werden* become the laughingstock of everybody.

Gespräch *n* talk (*a. pol.*), conversation, colloquy, discourse; (*Diskussion*) discussion; (*Zwie*≈) dialog(ue); (*Gedankenaustausch*) exchange of ideas; (*Telephon*≈) telephone conversation, (*Anruf*) call; *pol.* ~*e auf höchster Ebene* summit talks; *mit j-m ein* ~ *anknüpfen* strike up (*od.* enter into, begin) a conversation with a p.; *mit j-m ein* ~ *führen* have (*od.* carry on) a conversation with a p.; *mit j-m ins* ~ *kommen* engage in conversation with a p.; *fig.* establish contact with a p.; *das* ~ *bringen auf* lead the conversation round to, introduce (*od.* broach) the subject of; (*weiterhin*) *im* ~ *bleiben Sache*: remain under discussion; *es usw. ist das* ~ *der Stadt* the talk of the town; **≈ig** *adj.* talkative; (*mitteilsam*) communicative, F chatty; *j-n* ~(*er*) *machen* loosen a p.'s tongue; **~igkeit** *f* talkativeness.

Gesprächs...: ~anmeldung *teleph. f* booking (*Am.* placing) of a call; **~dauer** *teleph. f* duration of a call; **~einheit** *teleph.* call unit; **~form** *f* interlocutory form; *in* ~ in the form of a conversation *od.* dialog(ue); **~gegenstand** *m*, **~thema** *n* topic (*od.* subject) of conversation; **~leiter** *m Radio, TV*: discussion leader; **~partner(in** *f*) *m* interlocutor; **~pause** *f* lull in (the) conversation; **~runde** *pol. f* round of talks; **~stoff** *m* topics *pl.* of conversation; **≈weise** *adv.* conversationally; in the course of (the) conversation, in talk.

gespreizt *adj.* (out)spread, (spread) wide apart; *die Beine* ~ legs astraddle; *fig.* pompous, affected; *Stil*: *a.* stilted; **≈heit** *f* pomposity, affectation; stiltedness.

gesprenkelt *adj.* spotted, speckled, mottled, dappled.

Gespür *n* flair, F nose; *feines* ~ *a.* antenna (*für* for).

Gestade *n* (river-)bank, shore; *des Meeres*: shore, coast, *flaches*: beach.

gestaffelt *adj.* → *staffeln.*

Gestalt *f* (*äußere* ~) shape, form, appearance; ⊕ design; (*Umriß*) contour; (*Körperbau*) figure, build, frame, stature; (*undeutliche Erscheinung*) shape, *bsd. Person*: figure; *fig.* (*Art*) kind; (*Art u. Weise*) manner, fashion, way; (*historische, literarische* ~) figure, character; *psych.* gestalt; *dunkle* ~ dark figure (*od.* shape), *fig. contp.* shady character; *in* ~ *von* in the shape (*od.* form) of, (*verkleidet als, a. fig.*) in the guise of; *rund von* ~ spherical (in shape); *e-r Sache* ~ *geben* give a th. shape, frame (*od.* create) a th.; (*feste*) ~ *annehmen* take shape, materialize, develop; *sich in s-r wahren* ~ *zeigen* show one's true colo(u)rs *od.* character; **≈en** *v/t.* form, shape, fashion; *Bildhauerei usw.*: model, mo(u)ld; (*entwerfen, künstlerisch* ~, *a.* ⊕) design; ⊕ *a.* style; (*schöpferisch* ~) create, produce, make; (*schmücken*) decorate; (*einrichten, organisieren*) arrange, organize; *dramatisch* ~ dramatize; et. *interessanter usw.* ~ make a th. more interesting *etc.*; et. *zu* et. ~ make a th. out of a th., turn a th. into a th.; *sich* ~ take shape; (*sich entwickeln*) develop; *sich gut usw.* ~ go well, work (*od.* turn) out well *etc.*; *sich zu e-m Erfolg usw.* ~ develop into, prove *od.* turn out (to be), be(come); **~er(in** *f*) *m* shaper, fashioner; organizer; creator; ⊕ designer, stylist; **≈erisch** *adj.* designing, (of) design; artistic; creative; **≈et** *adj.* shaped, fashioned, modelled; *wohl* ~ well-shaped, well-made; **~festigkeit** ⊕ *f* rated fatigue limit; **~lehre** *f* morphology; **≈los** *adj.* shapeless, 🕮 amorphous; **~psychologie** *f* gestalt psychology.

Gestaltung *f* formation; arrangement, organization; planning; (*künstlerische* ~) creation, production; (*Formgebung*) shaping, *a.* ⊕ designing; styling; *TV usw.*: programming; (*Gestalt*) shape, configuration; form; structure; (*Merkmale*) features *pl.*; (*Stil, Zuschnitt*) style, fashion, *a.* ⊕ design; (*Entwicklung*) development; (*Lage*) situation, position; (*Zustand*) state, condition(s *pl.*); **≈sfähig** *adj.* shapable, plastic; **~skraft** *f* creative power (*od.* genius); **~strieb** *m* creative impulse.

Gestammel *n* stammering.

geständ|ig *adj.* confessing (*od.* admitting) one's guilt, pleading guilty; *er ist* ~ he has confessed; **≈nis** *n a.* ⚖ confession; (*Ein*≈) admission; (*Bekenntnis*) avowal; *ein* ~ *ablegen* make a confession (*über* of), confess (*a th.*); make a clean breast (of); *ich muß dir ein ~ machen* I have something to confess to you.

Gestänge *n* ⊕ rod(s *pl.*), bar(s *pl.*), pole(s *pl.*); (*Mechanismus*) linkage, gear; ⚒ (*Bohr*~) boring tools *pl.*; *hunt.* antlers *pl.*

Gestank *m* stench, bad (*od.* offensive) smell, stink.

gestatten *v/t.* allow, permit; (*einwilligen in*) consent to, approve (of), authorize; (*gewähren*) grant; (*dulden*) suffer, tolerate; *j-m et.* ~ allow (*od.* permit) a p. a th.; *j-m ~ zu inf.* give a p. permission (*od.* leave) to *inf.*; *sich ~ zu inf.* venture to *inf.*; take the liberty of *ger.*; ✝ *a.* beg (leave) to *inf.*; (*sich herausnehmen*) presume to *inf.*, → *erdreisten*; *wenn Sie ~* by your permission, if you don't mind; *m-e Mittel ~ mir das* I can afford it; *~ Sie mir zu inf.* permit me to *inf.*; *~ Sie?* may I?

Geste *f* gesture (*a. fig.*).

gestehen I. *v/t.* confess (*a.* ⚖), admit, avow, own; *ich muß ~, daß* I must admit that; *offen gestanden* to tell the truth, frankly; **II.** *v/i. bsd.* ⚖ confess, make a confession, own up, come clean.

Gestehungs|kosten *pl.*, **~preis** *m* prime (*od.* first) cost(s), production cost(s), cost-price *sg.*

Gestein *n* rock, stone(s *pl.*); (*Schicht*) rock stratum; *loses ~* loose rock; *taubes ~* dead rock.

Gesteins...: ~art *f* rock type; **~bohrer** *m* rock drill; **~kunde** *f* petrology, mineralogy; **~pflanze** *f* rock plant; **~probe** *f* rock sample; mineral test.

Gestell *n* (*Regal*) stand, rack, shelf; (*Bock*) trestle, horse, ⊕ support; (*Fassung, Rahmen*) frame (*a. Brillen*~, *Fahrrad*~), holder, mount(-ing); (*Gerippe, Rahmen*) frame; (*Sockel*) pedestal; *metall.* hearth; *am Pflug*: stool; → *Büchergestell, Fahrgestell usw.*

gestellt *adj.* → *stellen* III.

Gestellung *f* making available, furnishing, supply; ⚔ reporting for (military) service; **~saufschub** *m* deferment; **~sbefehl** *m* call(ing)-up order, *Am.* induction order; **~spflichtig** *adj.* bound to report for military service.

gestern I. *adv.* yesterday; *~ früh, ~ morgen* yesterday morning; *~ abend* last night; *~ vor 14 Tagen* yesterday fortnight; *von ~* of yesterday, yesterday's; *fig. er ist nicht von ~* he wasn't born yesterday, he is no(body's) fool; **II.** ~ *n*: *das ~* yesterday, the past.

gestiefelt *adj.* booted, in boots; *~ und gespornt* booted and spurred; *fig.* up in arms; *Der ~e Kater* Puss in Boots.

gestielt *adj.* stemmed *vase, etc.*; ♀ stalked, *a.* ⚕ pedunculate(d).

Gestik *f* gestures *pl.*; **~ulieren** *v/i.* gesticulate; **~ulieren** *n* gesticulation.

Gestirn *n* (*Stern*) star(s *pl.*); (*Sternbild*) constellation; **~t** *adj.* starry.

Gestöber *n* drift, flurry (of snow).

Gestöhn(e) *n* → *Stöhnen* II.

gestört *adj.* → *stören* I.

Gestotter *n* stuttering, stammering.

Gestrampel *n* kicking, fidgeting.

Gesträuch *n* shrubs *pl.*, bushes *pl.*, shrubbery.

gestreckt *adj.* → *strecken.*

gestreift *adj.* striped, streaky; ♀, ⚕, *zo.* striate(d).

gestreng *adj.* severe; → *a. streng.*

gestrichen *adj.* (*bemalt*) painted; → *frisch* II; *typ.* deleted; *~es Papier* coated paper; *~es Maß Korn usw.* level measure; *~es Korn Schießsport*: medium sight; *drei ~e Löffel* three level spoon(ful)s; *im Protokoll ~* deleted (*bsd. Am.* stricken) from the records; *adv. ~ voll* filled to the brim, brimful.

gestrig *adj.* yesterday's, of yesterday; *am ~en Tage* yesterday; *am ~en Abend* last night; *unser ~es Schreiben* our letter of yesterday; *fig. das ~e* → *Gestern* II; *die ewig ~en* the die-hard reactionaries.

Gestrüpp *n* scrub, brushwood; undergrowth, tangled growth; *fig.* jungle, maze.

Gestühl *n* chairs *pl.*, seats *pl.*; *Kirche*: pews *pl.*; (*Chor*~) stalls *pl.*

Gestümper *n* bungling, botching.

Gestüt *n* stud-farm, *coll.* stud; **~buch** *n* stud book; **~hengst** *m* stud-horse, stallion; **~stute** *f* stud-mare.

Gesuch *n* (formal) request; (*Bittschrift*) petition; (*Antrag, Bewerbung*) application; → *Antrag*; **~steller(in** *f*) *m* applicant; petitioner.

gesucht *adj.* **1.** (*begehrt*) (much) sought after; ✝ (*sehr*) *~ sein* be in (great *od.* brisk) demand; *diese Modelle, Sekretärinnen usw. sind sehr ~ a.* there is a great demand for; **2.** (*benötigt*; *in Inseraten*; *polizeilich ~*) wanted; **3.** *fig.* (*absichtlich*) studied; (*geziert, gekünstelt*) affected, artificial; (*weit hergeholt*) far-fetched; **~heit** *f* affectation.

Gesudel *n* scribble, scrawl.

Gesumm(e) *n* hum(ming), buzz.

Gesums F *n* fuss.

gesund *adj.* **1.** *allg. Person, Aussehen, Appetit, Ehrgeiz, Klima, Opposition usw.*: healthy; *Person*: *a.* sound, *pred.* in good health, well; (*arbeitsfähig*) able-bodied, fit; (*zuträglich*) healthful, wholesome, salubrious, beneficial; (*heilsam*) salutary; *Gesichtsfarbe*: ruddy; *a. fig. Firma, Politik, Urteil*: sound; *Ansichten*: sound, healthy; *geistig* ~ sane, of sound mind; *~es Herz usw.* sound heart, *etc.*; *~e Nahrung* wholesome food; *~ und munter* fit as a fiddle, F alive and kicking; *~ wie ein Fisch im Wasser* sound as a bell, in the pink of health; *~ und wohlbehalten* safe and sound; *frisch und ~* hale and hearty; *~er Menschenverstand* common sense, F horse sense; *wieder ~ machen* restore to health, cure; *a. fig.* put *a p. od. company* on his (its) feet again; → *gesundmachen, -stoßen*; *wieder ~ werden* → *gesunden*; *j-n ~ schreiben* certify a p. as recovered (*od.* fit to work); *die Lektion ist für ihn ganz ~* does him a world of good, is good for him, serves him right; **≈beten** *n*, **≈beterei** *f* faith-healing; **≈beter(in** *f*) *m* faith-healer; **≈brunnen** *m* mineral spring (*od.* waters *pl.*); *fig.* fount of health; **~en** *v/i.* recover (one's health), be restored to health, get well again, recuperate; *fig.* recover.

Gesundheit *f* health; *Tiere, Dinge, a.* ⚕: soundness; *des Geistes*: soundness of mind, sanity; (*Tauglichkeit*) fitness; (*Zuträglichkeit*) healthiness, healthfulness, wholesomeness, salubrity; *geschädigte* (*zerrüttete*) ~ impaired (shattered) health; *öffentliche ~* public health; *bei bester ~* in the best (*od.* pink) of health; *von zarter ~* in delicate health; *vor ~ strotzen* be bursting with health, be the picture of health; *auf j-s ~ trinken* drink a p.'s health; *auf Ihre ~!* your health!; *~! beim Niesen*: God bless you!; **≈lich** *adj.* sanitary, hygienic, health ...; physical; *~er Zustand* state of health, physical condition; *aus ~en Gründen* → *gesundheitshalber.*

Gesundheits...: **~amt** *n* Public Health office; **~apostel** *m* health fanatic; **~appell** ⚔ *m* physical inspection; **~attest** *n* health certificate; **~beamte(r)** *m* public health officer; **~behörde** *f* public health authority; **~dienst** *m* public health service; **≈förderlich** *adj.* healthy, healthful, wholesome, salubrious, good for one's health; **≈gefährdend** *adj.* noxious; *~ sein a.* be a health hazard; **~fürsorge** *f* medical welfare work; public health services *pl.*; **≈halber** *adv.* for reasons of health, for health reasons; **~lehre** *f* hygiene, hygienics *pl.* (*sg. konstr.*); **~minister** *m* Minister of Health; **~paß** *m* → *Gesundheitszeugnis*; **~pflege** *f* (personal) hygiene, health care; *öffentliche ~* public hygiene (*od.* health); *vorbeugende ~* preventive medicine; **~polizei** *f* sanitary police; **~rücksichten** *f/pl.*: *aus ~* → *gesundheitshalber*; **~schäden** *m/pl.* injuries to health; **≈schädlich** *adj.* injurious to health, unhealthy, unwholesome, bad for one's health; *Gas usw.*: noxious; **~vorschriften** *f/pl.* sanitary regulations; **~wesen** *n* (*öffentliches ~*) Public Health; **≈widrig** *adj.* unhealthy, unwholesome; **~zeugnis** *n* health certificate; **~zustand** *m* state of health, physical condition; *schlechter ~* poor health, ill-health.

gesund...: **~machen, ~stoßen** F *v/refl.*: *sich ~* feather one's nest, F make a packet; **~pflegen** *v/t.* nurse *a p.* back to health; **~schrumpfen** *fig. v/refl.*: *sich ~* shrink to a profitable (*od.* reasonable) size, concentrate and consolidate, F slim down.

Gesundung *f* recovery (*a. fig.*).

Getäfel *n* → *Täfelung*; **≈t** *adj.* panelled, wainscoted.

Getändel *n* dallying, philandering, flirting.

geteilt *adj.* divided (*a. pol. Land*); ⚘ *Blatt*: parted; ⊕ split; *~e Freude ist doppelte Freude* a joy shared is a double joy; → *Leid, Meinung.*

Getier *n* animals *pl.*

getigert *adj.* striped, streaked.

Getöse *n* (deafening) noise, din, crash, turmoil, racket; (*Kampf≈*) fracas; (*Höllenlärm*) pandemonium; *e-r Menge usw.*: uproar; *des Windes, der Wellen*: roaring.

getragen *adj.* **1.** *Kleider*: worn, old; **2.** *fig.* (*feierlich*) solemn, measured, slow.

Getrampel *n* trampling, stamping.

Getränk *n* drink, beverage; ⚕ potion; → *geistig* 2; **~eautomat** *m* drink dispenser; **~ekarte** *f* list of beverages; **~esteuer** *f* beverage tax.

Getrappel *n* patter(ing); (*Pferde≈*) clatter.

getrauen *v/refl.*: *sich ~* dare (, et. *zu tun* [to] do a th.); *sich ~, et. zu tun* (*sich zutrauen*) feel able to do a th.

Getreide *n* grain, cereals *pl.*, *Brit. a.* corn; **~art** *f* cereal, (type of) grain; **~brand** *m* smut; **~feld** *n* grain-field, *Brit. a.* corn-field; **~land** *n* grain-growing country; **~pflanze** *f* cereal plant; **~produkte** ⚕ *n/pl.* cereal products; **~rost** *m* black rust; **~schrot** *m*, *n* whole meal; **~speicher** *m* granary; silo, *Am.* grain elevator.

getrennt *adj.* (*u. adv.*) separate(ly); *~ leben* be separated (*von* from), live apart; *Begriffe ~ halten* distinguish between; *Wort ~ schreiben* write in two words; → *Kasse 5, Post.*

getreu *adj.* faithful, true, loyal, trusty, sta(u)nch; *~e Abschrift* true copy; *~e Übersetzung* faithful translation; *~ s-m Eid usw.* true to his oath, *etc.*; **≈e(r** *m) f* (loyal) follower, supporter; **~lich** *adj.* faithful (*a. fig. genau*); loyal.

Getriebe *n* **1.** ⊕ gearing, gear unit; *mot. usw.* (gear *od.* speed) transmission; (*Räderkasten*) gear-box; (*Antrieb*) drive; (*Schaltwerk*) mechanism; *e-r Uhr usw.*: clockwork; *fig.* machinery, wheels *pl.*; → *Sand*; **2.** (*Trubel*) (hustle and) bustle, whirl, rush; **~...** *in Zssgn mst* transmission ...; **~bremse** *f* gear (*od.* transmission) brake; **~gehäuse** *mot. n* gear-box; **~motor** ⊕ *m* geared motor; **~rad** *n* gear wheel; **~ritzel** *n* drive pinion; **~schaden** *m* transmission trouble (*od. total*: failure); **~schalthebel** *mot. m* → *Schalthebel*; **~übersetzung** *f* gear ratio; **~welle** *f* gear (*od.* transmission) shaft.

getrost I. *adj.* confident, hopeful; *seid ~!* be of good cheer!; **II.** *adv.* confidently; (*ohne weiteres*) without hesitation, safely, always; *das kannst du ~ tun* you are perfectly safe in doing that, you can easily do so.

getrösten *poet. v/refl.*: *sich ~ gen.* be confident of.

Getto *n* ghetto.

Getue *n* **1.** fuss, to-do, brouhaha, ado; *ein großes ~ machen* make a big fuss (*um* over *od.* of); **2.** (*dummes ~*) silly behavio(u)r; **3.** (*Gespreiztheit*) affectation, mannerism(s *pl.*).

Getümmel *n* turmoil, tumult, bustle, hurly-burly.

getüpfelt, getupft *adj.* dotted, spotted; *Kleid*: *a.* polka-dot ...

Getuschel *n* → *Tuscheln* II.

geübt *adj.* practised; skilled, versed, experienced; trained (*a. Auge*); **≈heit** *f* skill, practice, experience.

Gevatter *obs. m* **1.** (*Pate*) godfather; *~ Tod* Goodman Death; **2.** *fig.* (good)friend, neighbo(u)r; **~in** *f* godmother; *fig.* → *Gevatter 2.*

geviert I. *adj.* squared; **II.** **≈** *n* square; *typ.* quad(rat); ⚠ *her.* quarter; **≈schein** *ast. m* quartile (aspect).

Gewächs *n* (*Pflanze*) plant, vegetable; (*Kraut*) herb; (*Erzeugnis*) produce, growth; (*Wein*) wine, (*Jahrgang*) vintage; ⚕ growth; *inländisches* (*ausländisches*) *~* home (foreign) produce.

gewachsen *adj.* **1.** grown; *Erde*: natural, undisturbed; *fig. Beziehungen usw.*: developed over the years; **2.** *fig. j-m ~ sein* be a match for a p.; *e-r Sache ~ sein* be equal to a th., measure (*od.* be) up to a th.; *sich der Lage ~ zeigen* rise to the occasion, be able to cope with (*od.* handle) the situation.

Gewächshaus *n* greenhouse, hothouse, *Brit. a.* glasshouse.

gewagt *adj.* daring (*a. fig. Film, Kleid usw.*); risky, *Witz*: risqué (*fr.*), blue.

gewählt *adj.* choice; *Sprache usw.*: *a.* refined; *Gesellschaft*: select; **≈heit** *f* choiceness, refinement.

gewahr *adj.*: *~ werden gen.* → **~en** *v/t.* become aware of, notice; (*entdecken*) *a.* discover; (*sehen*) catch sight of, see.

Gewähr *f* guarantee, ⚖, ⚕ *a.* guaranty, warrant, security, surety (*alle für* for); *ohne ~* without guarantee, ⚕ *a.* without engagement, subject to change; *~ bieten* (*od. leisten*) *für* guarantee, warrant, ensure; → *a. Bürgschaft*; **≈en** *v/t.* (*bewilligen*) grant, allow, accord; (*einräumen*) allow, concede; (*geben, darbieten*) give, yield, furnish, offer, afford; *j-n ~ lassen* let a p. have his way (*od.* head); give a p. full scope; (*in Ruhe lassen*) let (*od.* leave) a p. alone; *j-m Einlaß ~* allow a p. to enter, admit a p.; *e-n Vorteil ~* offer an advantage; *es gewährt e-n Einblick in* it affords a view of; **≈leisten** *v/t.* guarantee, warrant, ensure; **~leistung** *f* guaranty, warranty.

Gewahrsam *m, n* (*Obhut*) custody, care; safe keeping; control; (*Haft*) custody, detention; *et. in ~ haben* have the care (*od.* control) of a th., have a th. in safe keeping; *j-n in ~ halten* hold a p. in custody (*od.* under detention); *in ~ nehmen* (*Sache*) take charge of, (*Person*) take into custody; place under detention, detain; *in si-*

cherem ~ in safe keeping (*od. Person*: custody).

Gewährs...: **~mann** *m* informant, source; (*Bürge, a.* **~träger** *m*) guarantor; (*Rechtsvorgänger*) predecessor in title; **~pflicht** *f* warranty; *e-e ~ übernehmen* give a warranty.

Gewährung *f* grant(ing), allowing; concession.

Gewalt *f* power (*über* over, of); *amtliche*: *a.* authority; (*Herrschaft*) sway (over), dominion (over), control (of); (*zwingende Kraft*) force, might, power; (*Zwang*) restraint; (*~tätigkeit, ~anwendung*) violence, force; (*Wucht*) force, vehemence, impact; *höhere ~* force majeure (*fr.*), Act of God, influence beyond one's control; *nackte od. rohe ~* brute (*od.* sheer) force; *tatsächliche ~* actual control (*über* of); → *elterlich, gesetzgebend, richterlich, Vollzugsgewalt*; *antun* 2, *anwenden*; *mit ~* by force, forcibly; *mit aller ~* with might and main, by hook or crook, at all costs; *mit sanfter ~* gently but firmly; *sich in der ~ haben* have o.s. under control; *die ~ verlieren über* lose control over, lose one's hold (*od.* grip) on; *in s-e ~ bringen* bring under one's sway, achieve control of, obtain a hold on; *in s-r ~ haben* have under one's sway (*od.* power, thumb), have in one's hand (*od.* grip); *er verlor die ~ über s-n Wagen* he lost control over his car; **~akt** *m* act of violence, outrage; *fig.* tour de force (*fr.*); **~androhung** *f* threat of violence; **~anwendung** *f* **1.** (use of) force; *ohne ~* without resort to force; **2.** (*Gewalttätigkeit*) (use of) violence; **~enteilung** *f*, **~entrennung** *pol. f* separation of powers; **~friede** *m* dictated peace; **~haber** *m* ruler, *contp.* oppressor; **~herrschaft** *f* despotism, tyranny, terrorism; **~herrscher** *m* despot; **°~ig I.** *adj.* powerful, mighty; (*heftig*) vehement, violent; (*ungeheuer*) enormous, immense, stupendous, phenomenal; (*riesig*) gigantic, colossal, huge, vast; F tremendous, terrific; *~er Unterschied* vast difference; *~er Schlag* powerful stroke (*od.* punch), stunning (*od.* staggering) blow; **II.** *adv.* enormously, *etc.*; *da irren Sie sich ~* you are very much mistaken there, *Am.* that's where you make your big mistake; **~ige(r** *m*) *f* mighty person, ruler; *pl. the* mighty, *the* rulers; **~kur** *f* drastic measures *pl.*; **°~los** *adj. Politik*: non-violent; **~lösung** *f* drastic (*b.s.* brutal) solution; **~marsch** *m* forced march; **~maßnahme** *f* drastic (*od.* violent) measure; **~mensch** *m* brutal person, brute; **~samkeit** *f* violence, force; act of violence; **~streich** *m* bold stroke, coup de main (*fr.*); **~tat** *f* act of violence; outrage; atrocity; **°~tätig** *adj.* violent; brutal, brutish, outrageous; **~tätigkeit** *f* brutality, violence, act of violence, outrage; **~verbrechen** *n* crime of violence; **~verbrecher** *m* violent criminal; **~verzichtsvertrag** *pol. m* non-aggression treaty.

Gewand *n* garment, garb (*beide a. fig.*), raiment; *wallendes*: robe, gown; *bsd. eccl.* vestment; *fig.* look; *im ~ gen.* in the guise of; **~meister** *thea. m* wardrobe master.

gewandt *adj.* (*flink*) agile, nimble, quick; (*geschickt*) dexterous, deft, skil(l)ful, adroit, clever (*alle a. fig.*); (*wendig*) versatile; (*tüchtig*) efficient; (*raffiniert*) ingenious, smart; *Umgangsformen, Stil usw.*: elegant, easy, *a. b.s.* smooth; *Redner*: fluent; *~ sein in a.* be good at; **°~heit** *f* agility; dexterity, skill, cleverness, adroitness; efficiency, versatility; ingenuity, smartness; elegance *of style, manners, etc.*; smoothness; fluency.

gewärtig *adj.*: *e-r Sache ~ sein* → **~en** *v/t.* be aware of; (*erwarten*) expect, reckon with; (*erkennen*) realize; (*vorbereitet sein auf*) be prepared for; *et. zu ~ haben* have to reckon with, F be in for; *e-e Strafe zu ~ haben a.* be liable to punishment.

Gewäsch F *n* twaddle, balderdash.

Gewässer *n* water(s *pl.*); **~kunde** *f* hydrology.

Gewebe *n* (*Stoff*) (woven) fabric, textile, web; (*feines ~*) tissue (*a. anat.*); (*Webart*) texture; *fig.* tissue, web; **~lehre** *f* histology; **~schicht** *f* layer of tissue; **°~schonend** *adj.* gentle (to textiles); **~verletzung** ⚕ *f* lesion; **~zerfall** *m* death of tissue.

geweckt *fig. adj.* → *aufgeweckt.*

Gewehr *n* gun; (*gezogenes ~*, ⚔) rifle; (*Karabiner*) carbine; *pl.* (*Feuerwaffen*) (fire-)arms; ⚔ *an die ~e!* to arms!; *~ ab!* order arms!; *das ~ über!* slope arms!, *Am.* right shoulder arms!; *präsentiert das ~!* present arms!; *fig. ~ bei Fuß stehen* stand ready for action; **~appell** ⚔ *m* rifle inspection; **~auflage** *f* support, parapet; **~feuer** *n* rifle fire; **~futteral** *hunt. n* gun-case; **~granate** *f* rifle-grenade; **~kolben** *m* (rifle-) butt; **~kugel** *f* bullet; **~lauf** *m* barrel; **~munition** *f* rifle (*od.* small-arms) ammunition; **~patrone** *f* cartridge; **~riemen** *m* rifle-sling; **~schaft** *m* stock; **~schloß** *n* gun lock; **~schuß** *m* rifle-shot; **~ständer** *m* rifle-rack.

Geweih *n* antlers *pl.*, horns *pl.*; **~sprosse** *f* tine, point.

geweiht *adj.* sacred, consecrated; *Priester*: ordained; *j-m od. e-r Sache* ~ dedicated to, devoted to; *dem Tode usw.* ~ doomed to death, *etc.*

Gewerbe *n* (*Erwerbszweig*) trade, business, occupation; (*Handwerk*) craft; (*Industriezweig*) (branch of) industry, trade; *fig.* trade, métier (*fr.*); *ehrliches* ~ honest trade; *dunkles* ~ shady business; *ein* ~ *(be)treiben* pursue (*od.* carry on) a trade; **~aufsichtsamt** *n* industrial inspection board; **~ausstellung** *f* industrial exhibition; **~bank** *f* trade bank; **~betrieb** *m* **1.** commercial establishment, business (*od.* industrial) enterprise; **2.** carrying on a trade; **~erlaubnis** *f* trade licen|ce, *Am.* -se; **~ertragssteuer** *f* trade profit tax; **~freiheit** *f* freedom of trade; **~gesetz** *n* trade law; **~kammer** *f* Trade Board; **~lehrer(in** *f*) *m* vocational (school) teacher; **~museum** *n* industrial museum; **~ordnung** *f* industrial code; trade regulations *pl.*; **~schein** *m* trade licen|ce, *Am.* -se; **~schule** *f* vocational school; **~steuer** *f* trade tax; **~tätigkeit** *f* industrial activity; **≗treibend** *adj.* carrying on a trade, trading; industrial, manufacturing; **~treibende(r)** *m* tradesman; *pl.* tradesmen, tradespeople; (*Hersteller*) manufacturer, industrial producer; (*Handwerker*) craftsman, artisan; **~zweig** *m* (branch of) trade *od.* industry, industrial (*od.* trade) group; line (of business).

gewerblich *adj.* industrial, commercial, trade ...; *~er Betrieb* → *Gewerbebetrieb*; *~e Einfuhr* industrial imports; *~es Fahrzeug* commercial vehicle; *~er Güterverkehr* road haulage; *~e Wirtschaft* trade and industry.

gewerbs|mäßig I. *adj.* professional (*a.* ⚖); gainful; *~er Künstler usw.* professional, F pro; *~e Unzucht* prostitution; **II.** *adv.* professionally, on a commercial basis; gainfully, for gain; **~tätig** *adj.* → *gewerbetreibend*.

Gewerkschaft *f* (trade) union, *Am.* *a.* labo(u)r-union; *bergrechtliche* ~ mining company; **~(l)er** *m* trade-unionist; **≗lich** *adj.* (trade-) union(ist) ...; *adv.* *(sich)* ~ *organisieren* unionize.

Gewerkschafts...: **~bewegung** *f* trade-unionism; **~bund** *m* Federation of Trade Unions; **≗feindlich** *adj.* anti-union ...; **~führer** *m* trade-union leader; **~funktionär** *m* trade-union official; **~mitglied** *n* → *Gewerkschaft(l)er*; **~verband** *m* Federation of Trade-Unions; **~wesen** *n* (trade-)unionism.

gewesen *adj.* (*ehemalig*) former, one-time, ex ...

Gewicht *n* **1.** weight (*a. als Maß*); (*Last, Belastung*) *a.* load; *e-r Waage*: weight; *des Pendels*: bob; *fehlendes* ~ short weight; ⊕ *totes* ~ (*Eigen≗*) dead weight (*od.* load); → *spezifisch usw.*; *nach* ~ by weight; ~ *abtrainieren Sport*: reduce the weight, get the weight down; **2.** *fig.* weight, consequence, importance, significance; *e-r Sache* ~ *beimessen* attach importance to; *e-r Sache* ~ *geben* lend weight to; ~ *haben* carry (*od.* have) weight (*bei* with); ~ *legen auf* lay stress upon, set (great) store by; ~ *darauf legen zu inf.* make it a point to *inf.* (*od.* that); *das* ~ *legen auf* put the emphasis on, emphasize; *ins* ~ *fallen* be of great weight, weigh heavily, count, matter (a lot); *nicht ins* ~ *fallen* be of no consequence, not to count (*od.* matter), make no difference; **~heben** *n* *Sport*: weight-lifting; **~heber** *m* weight-lifter; **≗ig** *adj.* weighty, heavy; *fig.* weighty, important, momentous; (*einflußreich*) influential; *Auftreten, Person*: imposing; (*wichtigtuend*) important(ly *adv.*); *co.* (*dick, schwer*) big, fat.

Gewichts...: **~abnahme** *f* loss of weight, decrease in weight; **~analyse** *f* gravimetric analysis; **~angabe** *f* declaration (*e-r Waage*: indication) of weight; **~einheit** *f* unit of weight; **~grenze** *f* weight limit; **~klasse** *f* *Sport*: weight (-class); **≗los** *adj.* weightless; **~mangel** *m*, **~manko** *n* deficiency in weight, short weight, underweight; **~unterschied** *m* difference in weight; **~verhältnis** *n* weight ratio; **~verlagerung** *f* shifting of weight; *fig.* change of emphasis, shift; **~verlust** *m* loss of weight; **~zunahme** *f* increase (*od.* gain) in weight.

gewieft F, **gewiegt** *adj.* experienced, seasoned; (*schlau*) smart, shrewd, clever; ~er *Bursche a.* old hand.

Gewieher *n* → *Wiehern* II.

gewillt *adj.* (*bereit*) willing, prepared, ready, inclined (*zu inf.* to *inf.*); (*entschlossen*) determined (to *inf.*).

Gewimmel *n* swarming, bustle; (*Menge*) swarm, (milling) crowd, throng.

Gewimmer *n* → *Wimmern* II.

Gewinde *n* **1.** (*Blumen*≈) garland, festoon; (*Kranz*) wreath; **2.** ⊕ (*Schrauben*≈) thread; **3.** *Schneckenhaus*: spire; *Muschel*: whirl, whorl; **~bohrer** ⊕ *m* screw tap; **~bolzen** *m* threaded bolt; **~drehbank** *f* threading lathe; **~gang** *m* thread; **~lehre** *f* thread pitch ga(u)ge; **~schneiden** *n* thread cutting; *mit Wälzfräser*: thread hobbing; **~schneidkopf** *m* screwing chuck; **~schneidmaschine** *f* threading machine; **~steigung** *f in axialer Richtung bei e-r vollen Umdrehung*: lead; (*achsparalleler Abstand, Teilung*) pitch; **~strehler** *m* chasing tool.

Gewinn *m* winning; (*Gewonnenes*) gain, profit; (*Spiel*≈) winnings *pl.*; (*Lotterie*≈) prize; (*Los*) winner; (*Verdienst*) earnings *pl.*; (*Ertrag*) yield, returns *pl.*; (*Erlös*) proceeds *pl.*; (*Vorteil, Nutzen*) advantage, benefit; (~*spanne*) (profit) margin; (*Überschuß*) surplus; (*innerer* ~) gain, advantage, profit; ~e *bei e-r Wahl*: gains; *entgangener* ~ profit lost; *erzielter* ~ realized profit; *reiner* ~ net profit; *unerwarteter* ~ unexpected profit, windfall; ~ *abwerfen od. bringen* leave (*od.* yield) a profit; *am* ~ *beteiligt sein* share in profits; ~ *erzielen* realize (*od.* net) a profit; *mit* ~ *verkaufen* (*arbeiten*) sell (work) at a profit; *fig.* ~ *ziehen aus* profit from; *die Reise war ein* ~ *für mich* I profited from that journey; **~abführung** *f* surrender of profits; **~abschöpfung** *f* skimming of excess profits; **~anteil** *m* share in (the) profits; dividend; **~anteilschein** *m* dividend warrant; **~aufstellung** *f* earnings statement; **~aufstockung** *f* increase of capital resources out of profits; **~beteiligung** *f* participation in profits; profit-sharing; **≈bringend** *adj.* profitable (*a. fig.*), lucrative, paying.

gewinnen I. *v/t.* **1.** win, gain; (*Vorteil, Vorsprung*) gain, get; (*sich sichern*) secure; (*erwerben*) acquire, obtain; (*verdienen*) earn, make, net; (*Preis*) carry off, fetch; *fig.* (*Einblick, Eindruck, j-s Zutrauen usw.*) gain, win, get; *den Kampf* ~ win the battle; ⚖ *e-n Prozeß* ~ win a law-suit; *j-n für sich* ~ win *od.* gain a p.('s support), win a p. over; *j-n für et.* ~ *a.* interest a p. in a th., (*zu et. bekehren*) convert a p. to a th.; *j-s Hilfe* ~ enlist a p.'s help; *j-n zum Freunde* ~ gain the friendship of a p.; *j-s Herz* (*Hand*) ~ win a p.'s heart (hand); *ich konnte es nicht über mich* ~ I could not bring myself to do it; *wie gewonnen, so zerronnen* easy come, easy go; → *Oberhand, Spiel* I, *Zeit usw.*; **2.** ⚒ *usw.* win, produce, obtain, extract, get; *aus Altmaterial*: recover, reclaim (*aus* from); ⚗ extract, derive; **3.** (*das Ufer usw. erreichen*) gain, reach, F make; **II.** *v/i.* **4.** win, be (the) winner(s), be victorious; win the battle, gain the victory; → *spielend* II; **5.** *an Bedeutung, Klarheit usw.* ~ gain in; *an Boden* ~ gain ground; *an Kraft od. Wucht* ~ gather force; **6.** *durch Vergleich od. Kontrast usw.*: gain, improve; ~ *von od. durch et.* profit by a th., benefit from a th.; *er hat sehr gewonnen* he has greatly improved; *sie gewinnt bei näherer Bekanntschaft* she improves on acquaintance; **~d** *fig. adj.* winning, charming, engaging.

Gewinn...: **~entnahme** *f* withdrawal of profits; **~er(in** *f*) *m* winner; **~lage** *f* profit-and-loss position; **~ler(in** *f*) *m* profiteer; **~liste** *f* list of prizes (*od.* drawn numbers); **~los** *n*, **~nummer** *f* winning ticket (*od.* number), winner; **~quote** *f* † profit margin; *Lotterie usw.*: prize; *Fußballtoto*: dividend; **~rechnung** *f* profit account; **≈reich** *adj.* profitable; **~spanne** *f* profit margin; **~steuer** *f* profix tax; **~streben** *n* pursuit of profit; **~sucht** *f* greed (for gain), avarice; **≈süchtig** *adj.* greedy, profit-seeking, grasping, profiteering; ⚖ *in* ~*er Absicht* for gain; **~-und-Verlust-Rechnung** *f* profit-and-loss account (*Am.* statement); **~ung** *f* winning, gaining; (*Erwerbung*) acquisition; *an Bodenschätzen usw.*: production, extraction, winning; (*Fördermenge*) output; *von Neuland*: reclamation; ⚗ preparation, derivation; **~verteilung** *f* distribution of profits; **~vortrag** *m* profit carried forward; **~zahl** *f* *Toto usw.*: winning number.

Gewinsel *n* → *Winseln* II.

Gewinst *m* profit; winnings *pl.*

Gewirr *n* tangle, snarl, entanglement; *von Straßen usw.*: maze;

(*Durcheinander*) jumble, confusion; → *Stimmengewirr.*

gewiß I. *adj.* certain, sure, positive; *unbestimmt*: certain; *ein gewisses Alter* a certain age; *in gewissen Fällen* in certain (*od.* some) cases; *ein gewisser Herr N.* a certain (*od.* one) Mr. N.; *ein gewisses Etwas, so etwas Gewisses* a certain something; *in gewissem Sinne* in a sense; *es ist ganz ~, daß* it is quite certain that, there can be no doubt that; *subjektiv*: I am quite sure (*od.* certain, positive) that; *ich bin dessen ~* I am sure of it; *s-e Stimme ist mir ~* I am sure (*od.* certain) of his vote; *sich s-r Sache ~ sein* be sure of one's ground (*od.* facts); *man weiß nichts Gewisses* nothing definite is known; **II.** *adv.* certainly, surely; indeed; (*zweifellos*) no doubt, doubtless; (*entschieden*) decidedly, assuredly; *~ nicht* certainly not, by no means; *er kommt ~* he is sure to come; *davon hast du ~ noch nicht gehört* I am sure you have not heard of this before; *~!* certainly!, to be sure!, *Am.* sure!; *aber ~!* by all means!, why, yes (of course)!

Gewissen *n* conscience; *reines ~* clear conscience; *gutes* (*ruhiges*) *~* good (*od.* safe, peaceful) conscience; *schlechtes ~* bad (*od.* guilty) conscience; *ein schlechtes ~ haben a.* be conscience-stricken; *künstlerisches ~ one's* conscience as an artist; → *weit* I; *sein ~ beruhigen* (*erleichtern*) soothe (ease) one's conscience; *j-m ins ~ reden* appeal to a p.'s conscience, reason with a p., talk seriously to a p.; *das hast du auf dem ~* that is your fault (*od.* doing); *das kannst du mit gutem ~ behaupten* you can say that with a safe conscience (*od.* with safety); *er machte sich kein ~ daraus, zu inf.* he thought nothing of *ger.*, he had no scruples about *ger.*; *das ~ schlug ihm* his conscience smote him, he was conscience-stricken (*od.* stung with remorse); → *Wissen* II; **≈haft** *adj.* conscientious, (*ängstlich ~*) scrupulous; **~haftigkeit** *f* conscientiousness; **≈los** *adj.* unscrupulous; (*verantwortungslos*) irresponsible, reckless; **~losigkeit** *f* unscrupulousness.

Gewissens...: **~angst** *f* qualms *pl.* of conscience, anguish; **~bisse** *m/pl.* pricks (*od.* pangs) of conscience; remorse *sg.*, compunction *sg.*; *~ haben a.* be conscience-stricken; *mach dir keine ~ deswegen* don't let it worry you; **~erforschung** *f* examination of one's conscience; **~frage** *f* matter of conscience, moral issue; **~-~freiheit** *f* freedom of conscience; **~gründe** *m/pl.*: *aus ~n* for reasons of conscience; *Wehrdienstverweigerer aus ~n* conscientious objector; **~konflikt** *m* inner conflict; **~not** *f* pressure of conscience, moral dilemma; **~pflicht** *f* moral duty; **~prüfung** *f* self-examination; **~qual** *f mst pl.* agonies *pl.* of conscience; **~sache** *f* matter of conscience; **~zwang** *m* moral constraint; *eccl.* religious intolerance; **~zweifel** *m/pl.* moral doubts.

gewissermaßen *adv.* so to speak, in a manner of speaking; as it were; (*in gewissem Maße*) to some extent, in a way.

Gewißheit *f* certainty; (*innere ~*) certitude, assurance; *mit ~* with certainty, for certain; *mit voller ~* most assuredly (*od.* positively); *zur ~ werden* become certain (*od.* a certainty); *sich ~ verschaffen über* make sure of, find out for certain about.

gewißlich *adv.* → *gewiß* II.

Gewitter *n* thunderstorm, (electric) storm; *fig.* storm, tempest; *wie ein reinigendes ~ wirken* clear the air; **~flug** *m* flying in a thunderstorm; *Segelflug*: front-soaring; **~front** *f* thundery front; **≈ig** *adj.* → *gewittrig*; **≈n** *v/impers.*: *es gewittert* there is a thunderstorm; it is thundery; **~neigung** *f* tendency to thunderstorms; **~regen** *m*, **~schauer** *m* thundershower; **≈-schwül** *adj.* thundery, sultry; **~schwüle** *f* sultriness, thunderous air; **~störungen** *f/pl.* *Radio*: atmospherics, static *sg.*; **~sturm** *m* thunderstorm; **~wolke** *f* thundercloud.

gewittrig *adj.* thundery *shower, etc.*

gewitzigt *adj.* made wise by experience; *ich bin jetzt ~* I've had my lesson, now I know better.

gewitzt *adj.* smart, clever.

Gewoge *n* surging (*a. fig.*); (*Menge*) surging (*od.* milling) crowd, throng.

gewogen *adj.* (*j-m od. e-r Sache*) well (*od.* kindly) disposed *od.* favo(u)rably inclined to(wards); friendly to, kind to; *j-m ~ sein a.* show affection for a p., like a p.; *sie ist ihm sehr ~* he is in her good graces; **≈heit** *f* friendliness, goodwill, kindness, affection.

gewöhnen *v/t.*: *~ an* accustom to, habituate to, get used to; (*Strapazen usw.*) *a.* inure to; (*vertraut* *machen mit*) familiarize with; *sich* ~ *an* get accustomed (*od.* used) to; (*sich*) *an das Klima* ~ acclimatize, *Am.* acclimate (*a. weitS.*); *sich daran* ~ *zu inf.* get used to *ger.*, get into the habit of *ger.*, take to *ger.*; *gewöhnt* (*sein*) → *gewohnt* 2.

Gewohnheit *f* habit; *aus* (*alter*) ~ out of (*od.* from) habit; *aus der* ~ *kommen* get out of practice (*od.* the habit); *die* ~ *haben, zu inf.* be in the habit of *ger.*, be wont to *inf.*; *j-m zur* ~ *werden* become a habit with a p.; *in die* ~ *verfallen, zu inf.* get into (*od.* acquire) the habit of *ger.*; *sich et. zur* ~ *machen* make a th. a habit; *zur* ~ *werden* grow into a habit; *wie es s-e* ~ *war* as was his wont (*od.* custom); → *Macht.*

Gewohnheits...: **≈mäßig I.** *adj.* habitual (*a.* ⚖), customary; normal, usual, routine; **II.** *adv.* habitually, out of (*od.* from) habit; **~mensch** *m* creature of habit; **~recht** *n* (*ungeschriebenes Gesetz*) common law; (*ersessenes Recht*) prescriptive right; *weitS.* established right; **~sache** *f* matter of habit; **~sünde** *f* besetting sin; **~tier** *n* creature of habit; **~trinker**(**in** *f*) *m* habitual drunkard, alcoholic; **~verbrecher** *m* habitual criminal.

gewöhnlich I. *adj.* (*allgemein*) common, general; (*alltäglich*) ordinary, commonplace; (*üblich*) usual, customary; (*gewohnt*) habitual; normal, routine; (*herkömmlich*) customary, conventional; (*einfach*) plain; (*durchschnittlich*) average; (*mittelmäßig*) mediocre; (*unfein*) common, vulgar; **II.** *adv.* commonly, *etc.*; (*normalerweise*) *a. für* ~ as a rule, generally, normally; under ordinary circumstances; *wie* ~ as usual.

gewohnt *adj.* **1.** habitual, usual, wonted; (*herkömmlich*) customary; ~*er Anblick* familiar sight; *zu* ~*er Stunde* at the usual hour; **2.** *et.* ~ *sein* be accustomed (*od.* used) to a th.; *Kälte, Strapazen usw.* ~ *sein a.* be inured to; ~ *sein, zu inf.* be accustomed (*od.* used) to *ger.*; (*die Gewohnheit haben*) be in the habit of *ger.*; *ich bin* ~, *früh aufzustehen* I am accustomed to getting up early; **~ermaßen** *adv.* as usual.

Gewöhnung *f* accustoming, *a.* ⚕ habituation (*an* to *drugs, etc.*); inurement (to); *an ein Klima*: acclimatization, *Am.* acclimation (to); ~ *an a.* getting used to; *Kokain führt zur* ~ cocaine is a habit-forming drug.

Gewölbe *n* vault (*a. fig. des Himmels*); (*Keller*) *a.* cellar; (*Bogen*) arch; **~bogen** *m* arch (of a vault); **~pfeiler** *m* pier (of a vault).

gewölbt *adj.* vaulted, arched; *Stirn usw.*: domed; ⊕ convex, curved, *a. Straße*: cambered.

Gewölk *n* clouds *pl.*

gewollt *adj.* (*absichtlich*) deliberate; studied; *adv.* ~ *malerisch* consciously pictoresque.

Gewühl *n* bustle, turmoil; (*Menschenmenge*) throng, milling crowd; *im* ~ *der Schlacht* in the thick of the battle.

gewunden *adj.* sinuous, convolute(d); winding, twisting, serpentine; *fig.* tortuous, *Rede*: *a.* roundabout.

gewürfelt *adj. Stoff*: checked.

Gewürm *n* reptiles *pl.*; worms *pl.*; (*Ungeziefer*) vermin.

Gewürz *n* spice; (*Zutat*) seasoning, condiment; *pl.* spices and herbs; **~essig** *m* aromatic vinegar; **~gurke** *f* gherkin; **~handel** *m* spice trade; **~kräuter** *n/pl.* (pot-)herbs; **~nelke** *f* clove; **≈t** *adj.* spicy, spiced, seasoned, flavo(u)red (*alle a. fig.*); **~waren** *f/pl.* spices, groceries.

gezackt *adj.* jagged, ragged; *bsd.* ♆, ⊕ serrated; *bsd.* ⊕ indented.

gezähnt *adj.* toothed (*a.* ⊕); (*gekerbt*) notched; *biol.*, ♆ dentate(d); *Briefmarke*: perforated.

Gezänk *n* squabbling, wrangling, bickering; (*Keifen*) nagging.

Gezappel *n* fidgeting, wriggling, struggling; *weitS.* squirming mass; *fig.* (*Hetze*) F rat-race.

gezeichnet *adj.* drawn; (*unterschrieben*) signed; *auf Briefen usw.*: (gez.) signed (*abbr.* sgd); *Boxer, Gesicht, Frau usw.*: marked; *vom Tode* ~ bearing the mark of death; ✝ *voll* ~ *Anleihe*: fully subscribed.

Gezeiten *pl.* tides; **~kraftwerk** *n* tidal power station; **~strom** *m* tidal current; **~tafel** *f* tide table.

Gezelt *n* tent(s *pl.*); *fig.* canopy.

Gezeter *n* shrill clamo(u)r; (*Zetergeschrei*) hue and cry; (*Keifen*) nagging; → *a. Geschrei.*

gezielt *adj.* → *zielen.*

geziemen I. *v/i.* (*gebühren*) be due to; (*passen zu*) befit *a p. od. th.*; **II.** *v/refl.*: *sich* ~ be becoming (*od.* seemly, fit) (*für* for); *es geziemt sich nicht* it is not fitting (*od.* proper), it is not done (*od.* good form); *wie es sich geziemt* as is fitting (*od.* proper); **~d** *adj.* becoming, seemly, fit(ting); (*anständig*) decent, decorous; (*gehörig*) due, proper *respect*, *etc.*; respectful *distance*.

geziert *adj.* affected; **≈heit** *f* affectation.

Gezisch *n* hissing; **~el** *n* whispering, whispers *pl.*

gezogen *adj. Waffe, a.* ⊕ *Draht usw.*: drawn; *Gewehrlauf*: rifled.

Gezücht *n* brood, vermin; *fig. a.* rabble, riffraff.

Gezweig *n* branches *pl.*, boughs *pl.*

Gezwitscher *n* chirping, twitter (-ing).

gezwungen I. *adj.* compulsory, forced; (*unnatürlich*) unnatural, self-conscious; (*geziert*) affected; (*steif*) stiff, formal, constrained; *Fröhlichkeit usw.*: forced, strained; **II.** *adv.*: ~ *lachen* force a laugh; **~ermaßen** *adv.* under compulsion; willy-nilly; *I am* (*od. find myself*) compelled *od.* forced *to inf.*; **≈heit** *f* constraint; affectation; formality, stiffness.

Gicht[1] ⚕ *f* gout; **~**[2] *metall. f* furnace top (*od.* mouth); (*Einsatz*) furnace charge; **≈artig** *adj.* gouty; **≈brüchig** *bibl.* palsied; **~gas** *metall. n* (blast-)furnace gas; **≈isch** *adj.* gouty; **~knoten** *m* gouty concretion, tophus; **≈krank** *adj.* suffering from the gout, gouty; **~kranke(r** *m*) *f* gouty person (*od.* patient); **~schmerzen** *m/pl.* gouty pains.

Giebel *m* gable(-end); *kleiner*: gablet; (*Zier*≈) fronton, pediment; **~dach** *n* gable(d) roof; **~feld** *n* tympanum; **~fenster** *n* gable-window; **~seite** *f* front; **~stube** *f* garret, attic; **~wand** *f* gable-wall.

Gier *f* greed(iness), thirst, craving, lust (*alle nach* for); **≈en**[1] *v/i.*: ~ *nach* crave, lust for (*od.* after), thirst for; **≈en**[2] ⚓, ✈ *v/i.* yaw; **≈ig I.** *adj.* greedy (*nach, auf* after, for, of), avid (for, of), covetous (of); grasping; (*gefräßig*) gluttonous; **II.** *adv.*: ~ *essen* eat greedily; ~ *verschlingen* gulp down, bolt; ~ *lesen* read avidly; es (*die Nachricht usw.*) ~ *in sich aufnehmen* F lap it up.

Gießbach *m* torrent.

gießen I. *v/t.* **1.** pour; (*verschütten*) spill, shed; *fig.* (*Lichtstrahlen usw.*) shed forth (*über* over), pour (*in* into); → *Binde, Öl*; **2.** (*Pflanzen, Garten*) water; **3.** ⊕ (*Gußstücke*) cast (*zu Barren* into bars); (*Glocke, Statue*) found, (cast in a) mo(u)ld; *fallend* ~ pour from the top; *in Sand* ~ sand-cast; **II.** *v/impers.*: *es gießt* (*in Strömen*) it is pouring, it is raining cats and dogs.

Gießer ⊕ *m* caster; founder, mo(u)lder; *Glashütte*: ladler; **~ei** *f* foundry; *Tätigkeit*: casting, founding, mo(u)lding.

Gieß...: **~fähigkeit** ⊕ *f* pourability; castability; **~form** *f* mo(u)ld; *Spritzguß*: die; **~grube** *f* casting-pit; **~kanne** *f* watering-can; **~kannensystem** F *pol. n* indiscriminate distribution of grants, *etc.*; **~kelle** *f*, **~löffel** *m* (casting) ladle; **~maschine** *typ. f* casting machine; **~pfanne** *f* (foundry) ladle; **~technik** *f* casting practice.

Gift *n* poison, *zo. a.* venom; ⚗, *biol.* toxin; *fig.* poison; virus; (*Wut, Bosheit*) venom, malice, spite; *co. blondes* ~ blond menace; *das ist das reinste* ~ *für ihn* that's sheer poison to him; *darauf kannst du* ~ *nehmen* you can bet your life on it; *er spie* ~ *u. Galle* he fumed and foamed, he was convulsed with rage; **≈abtreibend** *adj.* antitoxic, antidotal; **~becher** *m* poison-cup; **~beibringung** ⚖ *f* poisoning; **~blase** *zo. f* poison sac; **~drüse** *f* poison gland; **≈fest** *adj.* immune to poison; **≈frei** *adj.* free from poison, non-poisonous; **~gas** *n* poison gas; **~hauch** *m* poisonous breath, blight.

giftig I. *adj.* poisonous, venomous; ⚗ toxic(al); ⚕ virulent, contagious; (*vergiftet*) poisoned; *fig.* poisonous, baneful; (*bösartig*) poisonous, venomous, malicious, spiteful; (*wütend*) furious, rabid; (*gereizt*) waspish; **II.** *adv.* venomously *etc.*; *j-n* ~ *ansehen a.* look daggers at; **≈keit** *f* poisonousness; ⚗ toxicity; *fig.* banefulness, virulence; (*Bosheit*) malice, spitefulness, viciousness; (*Wut*) (cold) fury.

Gift...: **~kunde** *f* toxicology; **~mischer(in** *f*) *m* poisoner (*a. co. Apotheker*); **~mord** *m* (murder by) poisoning; **~mörder(in** *f*) *m* poisoner; **~müll** *m* toxic wastes *pl.*; **~nudel** F *f* **1.** (*Frau*) (old) cat; **2.** (*Zigarre*) F weed; **~pfeil** *m* poisoned arrow (*Blasrohr*: dart); **~pflanze** *f* poisonous plant; **~pilz** *m* poisonous mushroom, toadstool; **~schein** *m* permit to purchase poison; **~schlange** *f* poisonous (*od.* venomous) snake, serpent; F *fig.* snake, spiteful creature; **~schrank** *m* poison-cupboard (*od.* cabinet); **~schwamm** *m* → *Giftpilz*; **~spinne** *f* poisonous spider; **~stachel** *m* poisonous sting; *ichth.* venomous spine; **~stoff** *m* poison (-ous substance); ⚗ toxin, toxic agent; (*Abgas usw.*) pollutant; **~trank** *m* poisoned draught; **≈-**

widrig *adj.* antitoxic; **~wirkung** *f* poisonous action *od.* effect; **~zahn** *m* poison fang; **~zwerg** F *m* venomous toad.

Gigant *m* giant; **~in** *f* giantess; **2isch** *adj.* gigantic, colossal.

Gigerl *dial. m* fop, *Am. sl.* dude.

Gigolo *m* gigolo.

Gilde *f* guild, corporation; **~-meister** *m* master of a guild, chairman of a corporation.

Gimpel *m* bullfinch; *fig.* simpleton, dupe, gull, *bsd. Am.* F sucker.

Ginster ⚘ *m* broom.

Gipfel *m* **1.** summit, (mountain) peak *od.* top; *e-s Baumes*: top; *e-r Kurve*: peak; **2.** *fig.* (*Höhepunkt*) peak, height, climax, summit, apex, apogee; *der Vollendung*: peak (of perfection); *der Macht, des Ruhms*: *a.* zenith, summit; der ~ der Frechheit the height of impudence; auf dem ~ *gen.* at the height (*od.* peak, *etc.*) of *power, etc.*; das ist der ~ that's the limit; **3.** *pol.* → Gipfelkonferenz; **~gespräch** *pol. n* summit talk; **~höhe** *f* ✈ ceiling; *Ballistik*: maximum ordinate; **~konferenz** *pol. f* summit conference, F summit; **~-leistung** *f* peak (performance); (*Rekord*) record; highest achievement; **2n** *v/i.* culminate (in in), *fig. a.* climax (in); **~punkt** *m* highest (*fig. a.* culmination) point; → *a.* Gipfel; **2ständig** ⚘ *adj.* terminal, apical; **~stürmer** *m* enthusiastic mountain climber; *fig.* very ambitious person; **~treffen** *pol. n* summit meeting.

Gips *m* **1.** *min.* gypsum, calcium sulphate; **2.** ⚕ plaster (of Paris); ⚕ das Bein in ~ legen put a p.'s leg in plaster (*Am.* in a [plaster] cast); **~abdruck** *m*, **~abguß** *m* plaster cast; **~baustein** *m* (precast) plaster block; **2en** *v/t.* plaster (*a. Wein u.* ⚕); **~er** *m* plasterer; **~figur** *f* plaster (of Paris) figure; **2haltig** *adj.* gypseous; **~marmor** *m* imitation marble; **~mehl** *n* powdered plaster; **~mörtel** *m* gypsum mortar; **~verband** ⚕ *m* plaster (of Paris) cast (*od.* dressing); e-m Bein e-n ~ anlegen put a leg in plaster (*Am.* in a [plaster] cast).

Giraffe *f* giraffe.

Gir|ant ⚕ *m* endorser; **~at** *m* endorsee; **2ierbar** *adj.* endorsable; **2ieren** *v/t.* endorse, indorse (*auf*, an upon); blanko giriert endorsed in blank.

Girlande *f* garland, festoon.

Giro *n* **1.** *e-s Wechsels usw.*: endorsement, indorsement; mit ~ versehen → girieren; **2.** (*Überweisung*) bank (*od.* giro) transfer; **~abteilung** *f* giro department; **~auftrag** *m* giro transfer instruction; **~bank** *f* clearing bank, (giro) transfer bank; **~einlagen** *f/pl.* deposits on a giro transfer account; **~konto** *n* giro transfer (*od.* checking) account; **~kunde** *m* giro account holder; **~überweisung** *f* giro transfer; **~verkehr** *m* giro transfer business; clearing system; **~zentrale** *f* central clearing house, central giro institution.

girren *v/i.* coo; ~des Lachen giggly laughter.

Gis ♪ *n* G sharp.

gischen *v/i.*, **Gischt** *f* foam, froth, spray.

Gitarr|e *f* guitar; **~espieler(in** *f*) *m*, **~ist(in** *f*) *m* guitar-player, guitarist.

Gitter *n* grating, lattice; (*Gatterwerk*) trellis; (*Eisen2*) (iron) bars *pl.*; *an Tür, Fenster*: grille; *vor e-m Kamin usw.*: fender, guard; (*Rost*) grate; (*Draht2*) wire-lattice (*od.* -screen); ⚡, *Radio, Funk, auf Landkarten*: grid; *phys.* grating; (*Zaun*) fence; (*Geländer*) railing; *fig.* hinter ~n behind bars; **2artig** *adj.* latticed, grid-like; **~batterie** *f* grid (*od.* C) battery; **~bett** *n* (latticed) cot, *Am.* crib; **~brücke** *f* latticed bridge; **~draht** *m* wire-netting; ⚡ grid wire; **~-elektrode** *f* grid electrode; **~-fenster** *n* lattice-window; *mit Eisenstangen*: barred window; **2-förmig** *adj.* latticed; *biol.* reticulated; **~gleichrichter** *m* grid leak detector; **~kapazität** *f* input capacity; **~kondensator** *m* grid capacitator; **~kreis** *m* grid (*od.* input) circuit; **~mast** *m* lattice mast, pylon; **~modulation** *f* grid modulation; **~netz** *n Karte*: grid; **~netzkarte** *f* gridded map; **~spannung** *f* grid voltage; **~-spule** *f* grid coil; **~stab** *m* bar; **~steuerung** *f* grid control; **~tor** *n* wrought-iron gate; **~träger** ⚠ *m* lattice truss; **~werk** *n* latticework; **~widerstand** *m Radio*: grid leak (resistor); **~zaun** *m* trellis-work fence.

Glacé|handschuhe *m/pl.* kid gloves; *fig.* mit ~n anfassen handle *a p.* with kid gloves; **~leder** *n* glacé (*od.* kid) leather.

Gladiator *m* gladiator.

Gladiole ⚘ *f* gladiolus.

Glanz *m* brightness; *funkelnder*: lust|re, *Am.* -er, brilliance, sparkle; *strahlender*: radiance, glow; (*Glit-*

zern) glitter; (*blendender Schein*) glare; (*Politur, Oberfläche*) ⊕ polish, lust|re (*Am.* -er), gloss, gleam; *auf Stoffen*: sheen; *fig.* splendo(u)r, glamo(u)r, magic; (*Blüte*) bloom; (*Ruhm*) glory; (*Gepränge*) pomp; (*Flitter*) glitter, tinsel; äußerer ~ gloss; in vollem ~ in all one's splendo(u)r, *a. iro.* in all one's glory; e-e Prüfung mit ~ bestehen pass an examination with distinction (*od.* brilliantly); F mit ~ u. Gloria royally; (*jämmerlich*) miserably; s-s ~es beraubt shorn of all its glamo(u)r; **~bürste** *f* polishing brush.

glänzen I. *v/i.* gleam, shine; be lustrous (*od.* glossy, *a. Stoff*: shiny); (*funkeln*) glitter, glisten, glint, flash, sparkle, scintillate; *Sterne*: *a.* twinkle; *Person*: (*strahlen*) radiate, beam, shine (vor with); *durch Leistungen, Geist*: be brilliant, excel, shine (durch by; in at); → Abwesenheit, Gold; **II.** *v/t.* ⊕ polish; (*Metall*) *a.* burnish; (*Leder, Papier, Stoff*) glaze; (*Schuhe*) polish, *Am.* shine; **III.** ≗ *n* → Glanz; ⊕ polishing; glazing, burnishing; **~d I.** *adj.* bright, lustrous, brilliant, gleaming, glittering, flashing, sparkling; (*strahlend*) radiant, shining; (*blank, poliert*) glossy, shiny; *fig.* splendid, magnificent, brilliant, excellent, F great; ~er Redner brilliant (*od.* magnificient) orator; ~e Idee splendid (*od.* excellent, *bsd. iro.* bright) idea; ~e Geschichte capital story; ~e Zukunft bright future; F das ist ja ~! that's splendid (*od.* F great); **II.** *adv. fig.* brilliantly; extremely well, F (just) great.

Glanz...: ~farbe *typ. f* gloss ink; **~garn** *n* glacé yarn; **~gold** *n* bright gold; **~kohle** *f* glance coal; **~lack** *m* brilliant varnish; **~leder** *n* patent leather; **~leinen** *n* glazed linen; **~leistung** *f* masterly achievement, brilliant feat (*od.* performance); **~licht** *paint. n* highlight; *fig.* e-r Sache ein ~ *od.* ~er aufsetzen highlight a th.; **≗los** *adj.* lustreless, dull; *fig.* lacklust|re (*Am.* -er), dull; (*ruhmlos*) inglorious, unremarkable; **~nummer** *f* star attraction, star turn, highlight, hit; *e-s Artisten usw.*: most brilliant item, pièce de resistance (*fr.*); **~papier** *n* glazed paper; **~pappe** *f* glazed board; **~parade** *f Sport*: brilliant save; **~partie** *f* **1.** brilliant performance; **2.** → Glanzrolle; **~periode** *f* → Glanzzeit; **~punkt** *m* highlight; (*Höhepunkt*) climax; **~rolle** *thea. f* star part; most brilliant role; **~stelle** *f Buch*: purple patch; **~stoff** *m* glazed fabric; artificial silk; **~stück** *n* **1.** *e-r Sammlung usw.*: gem, showpiece; **2.** → Glanzleistung, -nummer; **~taft** *m.* glazed taffeta; **≗voll** *adj.* → glänzend; **~wolle** *f* lust|re (*Am.* -er) wool; **~zeit** *f* heyday, glorious (*od.* palmy) days *pl.*, big time, golden age.

Glas[1] *n* glass (*a. Gefäß*); (*Wasser*≗, *Bier*≗) *ohne Fuß*: tumbler; *opt.* (*Brillen*≗) lens, glass, (*Fern*≗, *Opern*≗) glasses *pl.*; (*Spiegel*) mirror; (*Einweck*≗) jar; Gläser (*Brille*) (eye)glasses; mit dicken Gläsern thick-lensed; zwei ~ Wein two glasses of wine; F gern ins ~ gucken be fond of a drop; zu tief ins ~ gucken have a drop too much; **~**[2] ⚓ *n* (*1/2 Stunde*) bell; acht ~en eight bells; **≗artig** *adj.* vitreous, glasslike; **~auge** *n* glass-eye; *vet.* walleye; **~ballon** *m* demijohn, carboy; ⚗ balloon(-flask); **~baustein** *m* glass brick; **~bläser** *m* glass-blower.

Gläschen *n* little (*od.* small) glass; ein ~ zuviel a drop too much.

Glaser *m* glazier; **~ei** *f* glazier's workshop; (*Handwerk*) glazing; **~kitt** *m* glazier's putty.

Gläser|klang *m* clinking of glasses; **≗n** *adj.* (of) glass; *Auge*: glassy, glazed.

Glas...: ~fabrik *f* → Glashütte; **~faden** *m* glass thread; **~faser** *f*, **~fiber** *f* glass fib|re, *Am.* -er; **~fenster** *n* glass window; **~flasche** *f* glass bottle; **~flügler** *zo. m* clearwing moth; **~fluß** *m* glass flux; **~geschirr** *n* glassware, glasses *pl.*; **~gespinst** *n* spun glass; **~glocke** *f* glass cover; *Lampe*: globe; *für Pflanzen*: glass bell; **≗hart** F *adj. Schlag, Schuß*: cracking; **~haus** *n* greenhouse, glasshouse; wer im ~ sitzt, soll nicht mit Steinen werfen people in glasshouses should not throw stones; **~haut** *f* cellophane; **~hütte** *f* glassworks *pl.* (*oft sg. konstr.*).

glas|ieren *v/t.* glaze, gloss; (*lackieren*) enamel; *Kochkunst*: frost, ice; (*Früchte*) candy; **~ig** *adj.* glassy, vitreous; *Auge*: glazed, glassy.

Glas...: ~kasten *m* glass case; F *contp.* (*Haus*) glass box; **~kinn** *n Boxen*: glass jaw; **≗klar** *adj.* crystal-clear (*a. fig.*); **~kolben** *m* **1.** → Glasballon; **2.** ⚡ bulb; **~körper** ⚕ *m* vitreous body;

~kugel *f* glass bulb (*od.* sphere, globe); **~malerei** *f* glasspainting; **~masse** *f* glass metal; **~papier** *n* glass paper; **~perle** *f* glass bead; **~röhrchen** *n* small glass tube, *pharm. a.* vial; **~scheibe** *f* pane (of glass); glass plate; **~scherbe** *f* piece of broken glass, glass fragment; **~schleifer** *m* glass grinder *od.* cutter; **~schneider** *m* (*a. Werkzeug*) glass-cutter; **~schrank** *m* glass cabinet; **~seide** *f* continuous filament glass fib|re, *Am.* -er; **~splitter** *m* glass splinter; **~stein** ⚠ *m* glass brick; **~träne** *f*, **~tropfen** *m* glass tear, Prince Rupert's drop; **~tür** *f* glass door.

Glasur *f Keramik*: glaze; *auf Metall usw.*: gloss; enamel; *für Backwerk*: icing, *Am.* frosting; **2blau** *adj.* zaffre; **~ofen** *m* glost kiln.

Glas...: ~veranda *f* glass veranda(h), *Am.* sun parlor; **~waren** *f/pl.* glassware *sg.*; **~watte** *f* glass wool; **2weise** *adv.* by the glass(ful); **~wolle** *f* glass wool; **~ziegel** *m* glass tile; (*Baustein*) glass brick.

glatt I. *adj. allg.* smooth; *Haar*: *a.* sleek, lank; *Haut*: *a.* sleek, soft; (*eben*) level; *Meer*: smooth, unruffled; (*poliert*) polished, glossy; (*glitschig*) slippery; *Schnitt, Bruch*: clean; *fig.* (*gefällig, gewandt*) smooth; (*aal~*) *a.* slippery; *Worte, Zunge*: smooth, glib; (*klar, ausgesprochen*) clear, plain, obvious; *Unsinn usw.*: absolute, downright, outright; (*reibungslos*) smooth, easy; *Rechnung, Zahl*: even, round; ~e Absage flat refusal; ~e Lüge outright lie; ~e Landung smooth landing; ~er Sieg straight win; *es kostete mich* ~e 1000 Dollar a cool thousand (dollars); **II.** *adv.* smoothly; (*ganz*) thoroughly, clean; ~ rasiert clean-shaven; ~ anliegen fit closely (*od.* tightly), ⊕ an der Wand *usw.*: be flush with the wall, *etc.*; ~ ablehnen (ableugnen) refuse (deny) flatly; ~ durchschneiden cut clean through; ~ heraussagen tell frankly (*od.* bluntly, straight to a p.'s face); ~ gewinnen win hands down; mit ~ 10 Sekunden *Vorsprung* by clear 10 seconds; ~ geschlagen werden be roundly defeated; ~ vergessen haben have completely (*od.* clean) forgotten; es ging ~ (vonstatten) it went smoothly (*od.* without a hitch); es geht nicht immer alles ~ it isn't all smooth sailing.

Glätte *f* smoothness; sleekness; (*Schlüpfrigkeit*) slipperiness; (*Politur*) polish, gloss; *fig. e-r Person*: smoothness, suavity, slipperiness; *Stil*: smoothness, polish, fluency.

Glatteis *n* glazed frost, (slippery) ice; j-n aufs ~ führen trip up (*od.* trap) a p.; ~(gefahr)! Danger, icy road!

glätten *v/t.* smooth (down); *bsd.* (*Haar*) sleek; (*Falten*) take out; ⊕ smooth, give *a th.* a smooth finish; (*polieren*) polish, (*Metall*) *a.* burnish; (*Holz*) plane; (*Papier, Tuch*) calender; ⚡ smooth; *fig.* polish; sich ~ (become) smooth; *Gesicht*: relax; *Meer*: calm down; → Woge.

glatterdings *adv.* utterly, completely, F plain *impossible*.

glatt...: ~haarig *adj.* straight-haired; *Hund usw.*: smooth-haired; **2heit** *f* → Glätte; **2hobel** *m* smoothing plane; **~machen** *v/t.* **1.** → glätten; **2.** ✝ settle, pay off.

Glättmaschine *f für Papier, Tuch*: calender.

glatt...: ~rasiert *adj.* clean-shaven; **~stellen** ✝ *v/t.* settle; *Börse*: realize, *Am.* even up; **2stellung** *f* settlement, liquidation; **~streichen** *v/t.* smooth (down *od.* out); **2strich** ⚠ *m* setting coat; **~weg** *adv.* **1.** (*rundheraus*) plainly, bluntly, point-blank; ~ ablehnen refuse flatly; **2.** (*ohne weiteres*) easily; **3.** (*völlig*) completely; **~züngig** *adj.* smooth-tongued, glib.

Glatz|e *f* bald head (*od.* pate); (*kahle Stelle*) bald patch; **~kopf** *m* **1.** bald head; **2.** bald(-headed) person; **2köpfig** *adj.* bald (-headed).

Glaube *m allg.* belief (an in); (*festes Vertrauen*) *a.* faith, trust (in); (*Bekenntnis*) creed; (*Religion*) (religious) faith *od.* belief, religion; (*Überzeugung, Konfession*) person's faith; blinder ~ implicit faith; fester ~ firm belief; in gutem ~n in good faith, bona fide (*a.* ⚖); ~n finden be believed, find credit; ~n schenken *dat.* give credence (*od.* credit) to, believe; des ~ns sein, daß believe that (*od. a th.* to be), be of the opinion that; e-n ~n bekennen profess a faith; *fig.* j-n bei s-m ~n lassen let a p. keep his illusions; j-n in dem ~n lassen, daß let a p. go on believing that; ~n macht selig faith is bliss; → erwecken 3, Treu III.

glauben I. *v/t.* believe *a th.*; (*meinen, annehmen*) believe, think, suppose, *Am. a.* guess; (*erwarten*) expect; *j-n et.* ~ *machen* make a p. believe a th.; *ich glaubte dich in London* I thought you were in London; *das glaube ich gern* I can easily believe that; *es ist nicht zu* ~ it is incredible (*od.* unbelievable, fantastic); *er glaubt alles* F he swallows anything; *ob du es glaubst oder nicht* believe it or not; *das glaubst du ja selbst nicht!, wer's glaubt, wird selig!* tell that to the horse-marines!, my eye!, a likely story!; *sich unbeobachtet* ~ believe o.s. unobserved; *ich glaubte, er sei Künstler* I thought he was (*od.* him to be) an artist; **II.** *v/i.* believe (*j-m* a p.; *an* in); ~ *an od. dat.* give credence (*od.* credit) to; (*Vertrauen haben zu*) have faith in, trust; F *dran* ~ *müssen* have to die (*od. Sache*: go), → *a. draufgehen*; *ich glaube schon* I suppose so; *ich glaube wohl* I dare say *he will come*; *sie* ~ *fest daran* they swear by it; *du kannst mir* ~ you can take it from me; **III.** ♀ *m* → *Glaube*.

Glaubens...: **~abfall** *m* apostasy; **~änderung** *f* change of faith (*od.* religion); **~artikel** *m* article of faith; **~bekenntnis** *n* **1.** profession of faith; **2.** (*Konfession*) confession (of faith), *a. pol.* creed; **~bewegung** *f* religious movement; **~bruder** *m* → *Glaubensgenosse*; **~eifer** *m* religious zeal; **~freiheit** *f* religious freedom; **~gemeinschaft** *f* religious body (*od.* community); **~genosse** *m*, **~genossin** *f* fellow-believer, co-religionist, brother in faith; **~lehre** *f* religious doctrine, dogma; dogmatics *pl.* (*sg. konstr.*); **~sache** *f* matter of faith; **~satz** *m* dogma; **~spaltung** *f* schism; **♀stark** *adj.* deeply religious; **~streit** *m* religious controversy (*od.* strife); **♀wert** *adj.* worthy of belief (*od.* credit), credible; **~zwang** *m* religious coercion, intolerance.

Glaubersalz *n* Glauber's salt.

glaubhaft *adj.* credible, plausible; ⚖ ~ *machen* substantiate; *dem Gericht et.* ~ *machen* satisfy the court of a th.; *adv.* ~ *nachweisen* satisfactorily show; → *glaubwürdig*; **♀machung** ⚖ *f* satisfactory proof; substantiation; *nach erfolgter* ~ upon proper showing.

gläubig *adj.* believing, faithful; (*fromm*) pious, devout, religious; (*vertrauend*) trustful; (*arglos*) credulous, unsuspecting; **♀e(r**[1] *m*) *f* (true) believer; *die Gläubigen* the faithful (*pl.*).

Gläubiger[2] ✝ *m*, **~in** *f* creditor; *Bürgschafts*♀) guarantor; (*Hypotheken*♀) mortgagee; *bevorrechtigter* ~ preferential (*Am.* preferred) creditor; *gerichtlich anerkannter* ~ judgment creditor; *sichergestellter* ~ secured creditor; *Vergleich mit* ~*n* composition with creditors; **~ausschuß** *m Konkurs*: committee of inspection, *Am.* creditors' committee; **~forderungen** *f/pl.* creditor's claims; **~staat** *m* creditor country; **~versammlung** *f* meeting of creditors.

Gläubigkeit *f* (religious) faith, devoutness; trustfulness; credulity.

glaublich *adj.* credible; *kaum* ~ hard to believe, unlikely.

glaubwürdig *adj.* credible (*a. Politiker usw.*); (*verbürgt*) authentic, reliable; *Person*: (*zuverlässig*) trustworthy; ~*er Zeuge* credible witness; *aus* ~*er Quelle* on good authority, from a reliable source; **♀keit** *f* credibility; authenticity; reliability; trustworthiness.

gleich I. *adj.* **1.** (*ebenso*) like, same; identical; (*an Bedeutung* ~) equal (*an* in); (*sich deckend*) coincident; (*eben, auf gleicher Höhe*) even, level; (~*bleibend*) constant; (*einheitlich*) uniform; *fast* ~ (very) similar, of striking resemblance; Å ~*e Winkel* equal angles; in ~*em Abstand von ea.* equidistant from each other; *x ist* ~ *y* x equals y; *7 – 2 ist* ~ *5* 7 – 2 is (equal to *od.* leaves) 5; *in* ~*er Weise* likewise, in like manner, (in) the same way; *zu* ~*en Teilen* equally, in equal parts (*od.* shares), ⚖ *a.* share and share alike; *zu* ~*er Zeit* at the same time (*od.* moment), simultaneously; *er ist ihm* ~ he is his equal, he is on a par with him; *es ist* (*mir*) ~ it is all the same (to me), it makes no difference (to me); *das* (*od.* es) *bleibt sich* ~ it makes no difference; *es geht uns diesmal allen* ~ we are in the same boat this time; *das sieht ihm* ~ that's just like him; *ins* ~*e bringen* make even, settle; ~ *und* ~ *gesellt sich gern* birds of a feather flock together; ~*es gilt für staatenlose Personen* the same (rule) applies to stateless persons; *er ist nicht* (*mehr*) *der* ~*e* he is not the same man; *es kommt aufs* ~*e hinaus* it comes (*od.* amounts) to the same thing; *substantivisch*: ♀*es mit* ♀*em vergelten* give tit for tat (*od.*

measure for measure); *ein* ≈*es tun* do the same (thing), follow suit; *es kann uns ein* ≈*es begegnen* the same thing may happen to us; **II.** *adv.* **2.** alike, equally; *j-n* ~ *behandeln wie* treat a p. the same way as, put a p. on a footing with; ~ *alt* (*groß usw.*) of the same age (size, *etc.*); **3.** (*direkt*) just, directly; (*so* ~, *sofort*) immediately, presently, directly, at once; ~ *zu Beginn* at the very beginning; ~ *daneben* just beside it, next-doors; ~ *gegenüber* just (*od.* directly) opposite; ~ *als* as soon as, the moment *he had entered*; ~ *nach*(*dem*) immediately (*od.* right) after; ~ *als ob* just as if; *das dachte ich mir doch* ~ I thought as much; *habe ich es nicht* ~ *gesagt!* didn't I tell you (before)!; *das ist* ~ *geschehen* that's easily done, it won't take a minute; *es ist* ~ *zehn* (*Uhr*) it is nearly (*od.* close on, on the stroke of) ten (o'clock); ~*!* (I'm) coming!, *hinhaltend*: just a minute, please!; **4.** *als Füllwort*: *das ist* ~ *ganz anders* that makes all the difference, F that's more like it; *wie lautete doch* ~ *die Adresse?* I say, what was the address?; *was wollte ich doch* ~ *sagen?* what was I just going to say?; **III.** *prp.*: ~ *einem König* like a king.

gleich...: **~altrig** *adj.* (of) the same age; **~artig** *adj.* of the same kind, homogeneous; (*ähnlich*) similar, analogous; (*einheitlich*) uniform; **≈artigkeit** *f* homogeneousness, homogeneity; similarity; uniformity; **~bedeutend** *adj. ling. u. allg.* synonymous (*mit* with); *allg.* equivalent (to), tantamount (to); ~*e Wörter* synonyms; **≈behandlung** ⚖ *f* equal treatment; **~berechtigt** *adj.* having equal rights, *in e-m Anspruch*: being equally entitled; **≈berechtigung** *f* equality (of rights *od.* status); ~ *der Frau* equal rights *pl.* for women; **~bleiben** *v/i. u. v/refl.*: (*sich* ~) remain the same *od.* unchanged; *das bleibt sich gleich* that comes to the same thing, it makes no difference; **~bleibend** *adj.* always the same; (*unveränderlich*) constant, unchangeable, invariable, even; steady (*a.* ✝ *u. Barometer*); ⊕ *Motor mit* ~*er Geschwindigkeit* constant-speed motor; **~denkend, ~empfindend** *adj.* congenial, like-minded; sympathetic, sympathizing.

gleichen *v/i.* equal *a p. od. th.*, be equal to; (*ähnlich sein*) be like, be similar to, resemble; (*entsprechen*) correspond to, be analogous (*od.* a parallel) to; *er gleicht s-r Mutter* he looks like (*od.* takes after) his mother; → *Ei 1.*

gleicher|gestalt, ~maßen, ~weise *adv.* in like manner, likewise, equally.

gleich...: **~falls** *adv.* also, likewise, as well, too, in the same way; *danke,* ~*!* thanks, the same to you!; **~farbig** *adj.* of the same colo(u)r; *phys.* isochromatic; **~förmig** *adj.* uniform, equal; (*unveränderlich*) steady, constant, invariable; (*eintönig*) monotonous; **≈förmigkeit** *f* uniformity; steadiness; monotony; **~gerichtet** *adj.* parallel, similarly directed; ⊕ acting in the same direction; synchronous; ⚡ rectified, unidirectional; **~geschlechtlich** *adj.* homosexual; **~gesinnt** *adj.* like-minded, congenial, sympathetic; **~gestellt** *adj.* on an equal footing (*dat.* with); *gesellschaftlich*: on the same level, equal (in rank), on a par (*dat.* with); *den deutschen Staatsangehörigen* ~ assimilated in status to; **~gestimmt** *adj.* ♪ tuned to the same pitch; *fig.* congenial, like-minded, kindred; **≈gewicht** *n a. fig.* balance, equilibrium, equipoise; *politisches* ~ political equilibrium; ~ *der Kräfte* balance of power (*phys.* of forces); *seelisches* ~ mental equilibrium, emotional (*od.* psychic) balance, balance of mind; *fig. gestörtes* ~ imbalance; *im* ~ in (a state of) equilibrium, balanced; *aus dem* ~ *bringen* unbalance, put (*od.* throw) off balance; *fig. a.* upset, disconcert; *aus dem* ~ *kommen, das* ~ *verlieren* lose one's balance; *fig.* be thrown off balance, be upset; *das* ~ *(be)halten od. wahren* keep one's balance; *das* ~ *halten dat.* counterpoise, counterbalance *a p. od. th.*; *das* ~ *halten zwischen* hold the balance between; *sich das* ~ *halten* balance (each other) out; *das* ~ *wiederherstellen* redress the balance; *im* ~ *halten* balance; *ins* ~ *bringen* balance, ⊕ stabilize; **≈gewichtslage** *f* position of equilibrium; **≈gewichtslehre** *f* statics *pl.* (*sg. konstr.*); **≈gewichtsorgan** *n* vestibular apparatus (of the ear); *zo.* organ of equilibrium; **≈gewichtssinn** *m* sense of balance, static sense; **≈gewichtsstörung** *f* disturbance of equilibrium; *im Stoffwechselhaushalt*: imbalance; *hormonale* ~

hormonal imbalance; **≈gewichtsübung** *f* balance exercise; **~gültig** *adj. allg.* indifferent (*gegen od. dat.* to); (*uninteressiert*) *a.* incurious, unconcerned (about); (*leichtfertig*) careless; (*lässig*) *a.* casual, nonchalant; (*teilnahmslos*) listless, apathetic (towards); (*gefühllos*) unfeeling, callous; (*belanglos*) unimportant, trivial; *es ist mir ~* it is all the same to me, I don't care; *Sport ist mir ~* I am not interested in sports; *er ist mir ~* he means nothing to me; *s-e Gedanken sind mir ~* his thoughts are indifferent to me; *es ist völlig ~* it is of no consequence whatever, it doesn't matter at all; *~, was du tust* no matter what (*od.* whatever) you do; **≈gültigkeit** *f* indifference (*gegen* to), unconcern (about); (*Unbekümmertheit*) insouciance (*fr.*); **≈heit** *f* equality; *völlige*: identity; (*Ähnlichkeit*) likeness, similarity; (*Gleichförmigkeit*) uniformity; (*Übereinstimmung*) conformity; (*Gleichartigkeit*) homogeneousness; (*Gleichwertigkeit*) equivalence; *von Flächen usw.*: evenness, symmetry; *~ vor dem Gesetz* equality before the law; → *Punktgleichheit, Stimmengleichheit*; **≈heitszeichen** ⩘ *n* sign of equality; **≈klang** *m* unison (*a. fig.*); *ling.* consonance; *fig. a.* harmony; **~kommen** *v/i.* equal, come up to, compare with, (*j-m*) *a.* be *a p.'s* equal, be a match for, (*e-r Sache*) *a.* amount to, be tantamount to; *das kommt e-m Mord gleich* that amounts to (*od.* is nothing short of) murder; **≈lauf** *m* ⊕, ⚡, *TV*: synchronism; *zum ~ bringen* synchronize; **~laufend** *adj.* parallel (*mit* to, with); ⊕ synchronous, synchronized; **≈lauffräsen** *n* climb milling; **≈laut** *ling. m* consonance, identical sound; **~lautend I.** *adj. Brief, Inhalt usw.*: identical, of the same tenor, to the same effect; *ling.* consonant, *Wörter*: homonymous; *~es Wort* homonym; *~e Abschrift* duplicate, true copy; **II.** *adv.*: ✝ *~ buchen* book in conformity; **~machen** *v/t.* make equal (*dat.* to), equalize (to *od.* with); (*einebnen*) (make) level (with *od.* to); (*vereinheitlichen*) standardize; *dem Erdboden ~* raze (*od.* level) to the ground; *j-n od. et. e-r Sache ~* turn a p. *od.* a th. into a th.; **≈macher** *m* level(l)er, egalitarian; **≈macherei** *f* level(l)ing (mania), egalitarianism; **~macherisch** *adj.* egalitarian; **≈maß** *n* symmetry; harmony; → *a. Gleichmäßigkeit, Gleichgewicht*; **~mäßig I.** *adj.* (*ebenmäßig*) proportionate, symmetric(al), harmonious; (*regelmäßig*) regular, even; (*gleichförmig*) uniform, rhythmic(al); (*gleichbleibend*) constant; (*stetig*) steady; **II.** *adv.*: *verteilen usw.*: evenly; *~ gut* consistently good; **≈mäßigkeit** *f* evenness, regularity; uniformity; consistency; **≈mut** *m*, **≈mütigkeit** *f* equanimity; (*Ruhe*) calmness, coolness, serenity; (*Unerschütterlichkeit*) imperturbability, stoicism; (*Gleichgültigkeit*) indifference; **~mütig** *adj.* even-tempered; calm, stolid, cool; imperturbable; indifferent; **~namig** *adj.* of (*od.* having) the same name; *phys.* like *poles, etc.*; ⩘ *Brüche*: with a common denominator; **≈nis** *n bibl. u. weitS.* parable; *rhet.* simile; (*Bild*) image, likeness; **~nishaft** *adj.* allegoric(al), parabolic(al); *Bedeutung, Vorgang*: symbolic(al); **~rangig** *adj.* ⚔ *usw.* of equal rank, equal-ranking; *Künstler usw.*: *a.* of equal standing; *fig.* (of) equal (importance *od.* rank); *Dringlichkeit*: of equal priority; **~richten** ⚡ *v/t.* rectify; **≈richter** ⚡ *m* rectifier; **≈richterröhre** ⚡ *f* rectifying valve (*Am.* tube); **≈richtung** ⚡ *f* rectification; **~sam** *adv.* as it were, so to speak; more or less, virtually; *~ als wollte er sagen* (just) as if *od.* though he wanted to say; **~schalten** *v/t.* ⊕ synchronize; *pol. usw.* co-ordinate, *a. contp.* bring into line, streamline; **≈schaltung** *f* synchronization; *pol.* co-ordination, *a. contp.* bringing into line, streamlining; **~schenk(e)lig** ⩘ *adj.* isosceles; **≈schlag** *m Schwimmen*: double-arm stroke; *mit den Beinen*: dolphin kick; **≈schritt** *m* marching in step, *Am.* cadence; *Im ~, marsch!* forward, march!; **~sehen** *v/i.* resemble, look (*od.* be) like; *das sieht ihm gleich* that's just like him; **~seitig** ⩘ *adj.* equilateral; **~setzen** *v/t.* ⩘ *u. fig.* equate (*dat. od. mit* with); *fig.* (*vergleichen*) *a.* compare (with); (*auf dieselbe Ebene stellen*) identify, put on a level (with); **≈setzung** *f* equation, identification (*mit* with); → *a. Gleichstellung*; **~silbig** *adj.* parisyllabic; **~sinnig** ⊕ *adj.* (working) in the same direction; **≈stand** *m Sport*: tie, *Tennis*: deuce; **~stehen** *v/i.* be equal (*dat.* to); *Personen*: be on a par *od.* on a level (with), be on the same footing (with); (*j-m*) *a.* be the equal of; *sie stehen gleich Sport*: the scores are level, the score is even, *in der Tabelle*: they are level in the table; **~stellen** *v/t.* equate (*dat.* with); put in the same category (with); compare (with); (*j-n*) put on an equal footing *od.* on a par (with); ⚖ *pol.* assimilate in status (to); **≈stellung** *f* equation; comparison; ⚖ *pol.* assimilation in status; *soziale usw.*: according (of) equal status; **≈strom** ⚡ *m* direct current (*abbr.* D.C., d.c., d-c); **≈strom...** *in Zssgn* direct-current, D.C. ... *usw.*; **~tun** *v/t.*: es *j-m* ~ emulate a p.; equal (*od.* match) a p. (*in* in); es *j-m* ~ *wollen* try to do the same (*od.* as much) as a p.; vie with a p.; **≈ung** *f* equation; ~ *ersten Grades* equation of the first degree; *fig.* die ~ *ging nicht auf* things didn't work out (as planned); **~viel** *adv.* no matter; ~, *ob usw.* no matter if, *etc.*; ~, *wo* no matter where, wherever; **~wertig** *adj.* equivalent (*dat.* to), of the same value; equally good; *fig.* equal (*dat.* to), on a par (with), of equal standard; **≈wertigkeit** *f* equal value (*od.* standard, ability); ⚗ equivalence; **~wie** *cj. u. adv.* (just) as, like; **~wink(e)lig** *adj.* equiangular; **~wohl** *adv.* nevertheless, for all that, all the same; yet, however; **~zeitig I.** *adj.* simultaneous; (*zs.-fallend*) concurrent, coincident; (*zeitgenössisch*) contemporary (*mit* with); **II.** *adv.* simultaneously, at the same time; **≈zeitigkeit** *f* simultaneousness; concurrence, coincidence; contemporaneity; **~ziehen** *v/i. Sport*: (*einholen*) draw level (*mit* with), catch up (with) (*beide a. fig.*); (*ausgleichen*) equalize.

Gleis *n* → *Geleise*; **~abschnitt** *m* track section; **~anlage** *f* track system; **~anschluß** *m* rail connection, works siding; **~bildstellwerk** *n* track-diagram signal-box; **~kette** *mot.* *f* crawler track; **~kettenantrieb** *m* crawler drive; **~kettenschlepper** *m* crawler (*od.* track-laying) tractor.

Gleisner *m*, **~in** *f* hypocrite; **≈isch** *adj.* hypocritical.

gleißen *v/i.* → *glänzen* I.

Gleit|bahn *f* (*Rutschbahn*) slide, (*Rinne*) *a.* chute; ⚓ slipway; ✈ glide path; ⊕ slide, (*Führung*) guide(way); **~bombe** ⚔ *f* glide(r) bomb; **~boot** *n* hydroplane, glider; **≈en** *v/i.* glide; (*rutschen, schlüpfen*) slide, slip; *a. mot.* skid; ⚓ glide; *Boot*: skim (*über* over); *Blick*: go, travel (over); *Hände*: glide, pass, run (over); *Lächeln*: pass (over *a p.'s face*); et. ~ *lassen* slide, slip a th. (*in* into); *das Auge* ~ *lassen über* run one's eye over, (pass a) glance over; *die Hand* ~ *lassen über* pass one's hand over; **≈end** *adj.* gliding; *a. Maschinenteile, fig. Preise, Skala usw.*: sliding; ~e *Arbeitszeit* flexible working hours *pl.*; **~fläche** *f* sliding surface; **~flug** *m* glide, gliding flight; **~flugzeug** *n* glider; **~klausel** ⚖ *f* escalator clause; **~komma** *n Computer*: floating point; **~kommazahl** *f Computer*: floating-point number; **~kufe** *f* runner; ✈ landing skid (*od.* ski); **~lager** ⊕ *n* slide bearing; **~laut** *ling. m* glide; **~rolle** ⊕ *f* trolley; **~schiene** *f* slide bar, guide; *Schreibmaschine*: carriage rail; **~schritt** *m Tanz*: glissade; *Schisport usw.*: gliding step; **~schuh** ⊕ *m* slide block; **~schutz** *m* **1.** anti-skid protection; **2.** *a.* **~schutzvorrichtung** *f* anti-skid device; **~schutzreifen** *mot. m* non-skid tyre (*Am.* tire); **≈sicher** *adj.* non-skid; **~sitz** *m Rudern*: sliding seat; ⊕ slide fit; **~wachs** *n Schi*: gliding wax; **~weg** ⚓ *m* glide path; **~zeit** *f* → *gleitend*.

Gletscher *m* glacier; **≈artig** *adj.* glacial; **~bildung** *f* glacial formation; **~boden** *m* glacial soil; **~brand** *m* glacial sunburn, dermatitis solaris; **~eis** *n* glacial ice; **~kunde** *f* glaciology; **~mühle** *f* moulin; **~spalte** *f* crevasse.

Glied *n* (*Körper≈*) limb, *obs.* (*a. fig., Mit≈*) member; (*Gelenk*) joint (*a.* ⚘ *u. anat.*); (*Ketten≈, a. fig.*) link; *biblisch*: generation; ⚔ rank, file; *ling.* → *Satzteil*; ♎, *Logik*: term; *künstliches* ~ artificial limb; (*männliches*) ~ penis, (male) member; *an allen* ~*ern zittern* tremble all over; *s-e* ~*er strecken* stretch o.s. (*od.* one's limbs); ⚔ *ins* ~ *treten* fall in; *der Schreck fuhr ihm in alle* ~*er* he had a bad shock.

Glieder...: **~bau** *m* frame, build, physique; **~fahrzeug** ⊕ *n* articulated vehicle; **~frucht** ⚘ *f* loment; **~füß(l)er** *zo. m* arthropod; **≈lahm** ⚕ *adj.* lame in the limbs; paralytic; **~lähmung** ⚕ *f* paralysis.

gliedern *v/t.* (*anordnen*) arrange, order, organize, construct, structure; ⚔ organize, *taktisch*: deploy; *in Teile*: divide (*in* into), (*unterteilen*) subdivide (into); (*gruppieren*) group, classify; (*verteilen*) distribute; *sich* ~ *in* be divided into, be composed (*od.* made up) of.

Glieder...: **~puppe** *f* jointed doll; (*Marionette*) puppet; *für Maler*: lay figure; *für Kleider*: mannequin; **~reißen** *n*, **~schmerz** *m* rheumatism; **~tier** *n* articulate; **~ung** *f anat.*, *zo.*, ♀ articulation; segmentation; (*Anordnung*) arrangement, order, plan; pattern; (*Aufbau*) structure, organization, system; (*Gruppierung*) grouping, classification; (*Einteilung*) division; (*Verteilung*) distribution; *ling. Aufsatz usw.*: construction; ⚔ organization, formation; **~zelle** *biol. f* articulate cell; **~zucken** *n* convulsions *pl.*; **~zug** *m* articulated train.

Glied...: **~maßen** *pl.* limbs, extremities; **~staat** *m* member (*od.* constituent, federal) state; **≈weise** *adv.* limb by limb; link by link; ⚔ in files.

glimmen I. *v/i. Feuer*: smo(u)lder (*a. fig.*); (*glühen*) glow (*a. Augen, Zigarette usw.*); (*schimmern*) glimmer, gleam; *Hoffnung*: flicker; **II.** ≈ *n* smo(u)ldering (*a. fig.*); faint glow; gleam, glimmer.

Glimmentladung *f* glow discharge.

Glimmer *m* **1.** faint glow, glimmer; **2.** *min.* mica; **≈artig, ≈haltig** *adj.* micaceous; **~schiefer** *m* mica schist.

Glimm|lampe ⚡ *f* glow lamp; **~leuchtröhre** *f* fluorescent lamp; **~stengel** F *m* (*Zigarre*) F weed, (*Zigarette*) *sl.* fag.

glimpflich I. *adj.* mild, lenient; **II.** *adv.*: ~ *abgehen* go off without much harm being done; ~ *davonkommen* get off lightly; *j-n* ~ *behandeln* deal gently with a p.

glitsch|en F *v/i.* slide, slither, slip; **~ig** *adj.* slippery.

glitzern *v/i.* glitter, glisten, glint; *Sterne*: *a.* twinkle.

global I. *adj.* global (*a. fig.*), worldwide, universal; *fig.* overall; **II.** *adv.* globally; as a whole; in a wider context; **≈berechnung** ⚕ *f* aggregate calculation; **≈betrag** ⚕ *m* global (*od.* overall) amount; **≈sicherheit** ⚕ *f* global security.

Globetrotter *m* globe-trotter.

Globulin *n* (*Eiweißkörper*) globulin.

Globus *m* globe.

Glöckchen *n* small bell.

Glocke *f* bell; *e-r Lampe*: globe; (*Käse*≈ *usw.*) cover; ⚗ bell(-jar), receiver; *der Klingel*: gong; ♀ bell, corolla, calyx, cup; *die* ~*n läuten* ring the bells; *fig.* et. *an die große* ~ *hängen* make a song (*od.* fuss) about a th., broadcast a th., blazon a th. abroad, shout a th. from the rooftops; *er weiß, was die* ~ *geschlagen hat* he knows the time of the day (*od.* what he is in for, where he stands); *ich werde ihm sagen, was die* ~ *geschlagen hat* I'll tell him what's what.

Glocken...: **~blume** *f* bell-flower; **≈förmig** *adj.* bell-shaped; **~geläut** *n* **1.** ringing (*od.* peal) of bells; **2.** bells *pl.*; *abgestimmtes*: chime; **~gießer** *m* bell founder; **~gießerei** *f* bell-foundry; **~gut** *n* bell metal; **≈hell, ≈rein** *adj.* (as) clear as a bell, bell-like; **~hut** *m Mode*: cloche; **~isolator** *m* bell-shaped insulator; **~klang** *m* peal of bells; **~klöppel** *m* (bell-)clapper; **~rock** *m* flared skirt; **~schlag** *m* stroke of the clock; *mit dem* (*od. auf den*) ~ (*pünktlich*) F on the dot; **~seil** *n* bell-rope; **~speise** *f* bell metal; **~spiel** *n* chime(s *pl.*), ♪ carillon; **~stuhl** *m*, **~turm** *m* bell-tower, belfry; **~zeichen** *n* bell-signal; **~zug** *m* bell-pull.

Glöckner *m* bell-ringer, sexton.

Glor|ie *f* glory; **~ienschein** *fig. m* halo, aureola; **≈ifizieren** *v/t.* glorify; **~iole** *f* halo; **≈ios, ≈reich** *adj.* glorious (*a. iro.*).

Gloss|ar *n* glossary; **~e** *f ling.* gloss; *weitS.* comment(ary), marginal note; *b.s.* ~*n* sneering remarks, jeers, scoffs; *fig. s-e* ~*n machen über* comment (up)on, *b.s.* pass sneering remarks (up)on, sneer (*od.* jeer, scoff) at; **≈ieren** *v/t.* (*Text*) gloss; *fig.* make unfavo(u)rable comments about.

glottal *ling.* **I.** *adj.* glottal; **II.** ≈, **≈laut** *m* glottal (sound).

Glotz|auge *n* goggle-eye, pop-eye; ⚕ exophthalmos; **≈äugig** *adj.* goggle-eyed, pop-eyed; **≈en** F *v/i.* stare, goggle; *offenen Mundes*: gape; **~kasten** *m*, **~ophon** F *n* (*Fernseher*) *sl.* goggle-box.

Glück *n* fortune; (~*sfall, glücklicher Zufall*) (good) luck, good fortune, (lucky) chance *od. sl.* break, stroke of luck; (~*sgefühl*) happiness, *stärker*: bliss, felicity; (*Wohlergehen*) prosperity; (*Erfolg*) success; *junges* ~ young bliss; *eheliches* ~, *häusliches* ~ domestic felicity; ~ *im Unglück* a blessing in disguise; *zum* ~ fortunately, luckily, as good luck would have it; *zu m-m* (*d-m usw.*) ~ luckily for me (you, *etc.*); ~ *haben* be lucky, succeed (*mit* in); be in luck; *kein* ~ *haben* be out of luck; *das* ~ *haben* *zu inf.* have the good luck (*od.* fortune, chance) to *inf.*; *da hast du ~ gehabt* you were lucky (there); *da kannst du von ~ sagen* you may consider yourself lucky, you may thank your lucky star; *es ist ein (sein) ~, daß* it is fortunate (for him) that; *ein ~, daß du kamst* good thing you have come; (*es ist*) *ein wahres ~, daß* it is quite a mercy that; *j-m ~ wünschen* wish a p. luck, (*gratulieren*) congratulate (*od.* felicitate) a p. (*zu* on); *viel ~!* good luck (to you)!; *viel ~ zum Geburtstag!* (I wish you) many happy returns of the day!; *viel ~ zum neuen Jahr!* (I wish you) a very happy (and prosperous) New Year!; ⚒ *~ auf!* good luck!; *sein ~ machen* make one's fortune; *sein ~ versuchen* try one's luck (*bei j-m* with a p); *sein ~ versuchen mit et. a.* try a th., F have a shot at a th.; *auf gut ~* on the off chance; *nochmal ~ gehabt!* F that was a close shave!; *man kann niemanden zu s-m ~e zwingen* you can lead a horse to the water, but you cannot make it drink; *~ in der Liebe, Unglück im Spiel* lucky in love, unlucky at cards; *jeder ist s-s ~es Schmied* everyone is the architect of his own future; *~ und Glas, wie leicht bricht das* glass and luck, brittle muck; *mancher hat mehr ~ als Verstand* Fortune favo(u)rs fools; → *hold* 2; **~auf** ⚒ *n* (shout of) good luck; **≈bringend** *adj.* lucky.

Glucke *f* sitting hen, brood-hen; **≈n** *v/i.* cluck.

glücken *v/i.* succeed, be successful, come off (*od.* turn out, work out) well; *nicht ~* fail, miscarry, not to succeed; *es glückte ihm zu inf.* he succeeded in *ger.*; *ihm glückt alles* everything succeeds with him, he makes a success of everything; *das wird ihm nicht ~* he won't get away with it; *es wollte ihm nicht ~* he couldn't manage it; *nichts wollte ~* everything went wrong.

gluckern *v/i. Wasser usw.*: gurgle.

Gluckhenne *f* → *Glucke.*

glücklich I. *adj.* (*zufrieden, selig*) happy, *stärker*: blissful; (*vom Glück begünstigt*) fortunate, lucky; (*gedeihlich*) prosperous, successful; (*günstig*) favo(u)rable, auspicious, propitious; *Einfall, Formulierung usw.*: happy, felicitous; *~ sein* be (*od.* feel) happy; *sich ~ schätzen* (*od. preisen*) count o.s. happy; *du kannst dich ~ schätzen* (*von Glück sagen*) you may consider yourself lucky, you can bless your stars; *~ machen* make happy; *~ ankommen* arrive safely (*od.* safe and sound); **II.** *adv.* happily, *etc.*; (*gut*) well; (*erfolgreich*) successfully; *iro.* F (*endlich*) finally; *es ~ treffen* be in luck; *nun hat er ~ auch noch seinen Posten verloren* on top of all that he lost his job; → *vonstatten*; **≈e(r** *m*) *f* lucky (*od.* fortunate) one; *du ~r!* F you lucky dog!; **~erweise** *adv.* luckily, fortunately, as (good) luck would have it.

Glück...: **≈los** *adj.* luckless, unlucky; **~sache** *f* → *Glückssache*; **~sbeutel** *m* lucky bag (*od.* dip); **~sbringer**(**in** *f*) *m* mascot; (*Gegenstand*) *a.* talisman, (good-luck) charm.

glückselig *adj.* blissful, happy, *pred.* overjoyed; **≈keit** *f* bliss(fulness), (blissful) happiness; *ewige ~* eternal bliss.

glucksen *v/i. Henne*: cluck; *Wasser*: gurgle; (*~d lachen*) chuckle.

Glücks...: **~fall** *m* lucky chance (*od. sl.* break); (stroke of) luck; (*unverhoffter Erwerb*) windfall; **~gefühl** *n* (sense of) happiness; **~göttin** *f* Fortune; **~güter** *n/pl.* riches, earthly possessions; good things of this world; **~kind** *n* → *Glückspilz*; **~klee** *m* four-leafed clover; **~pfennig** *m* lucky penny; **~pille** F *f* tranquil(l)izer; **~pilz** *m* lucky fellow (*od.* F devil, dog); *er ist ein rechter ~* he always falls on his feet; **~rad** *n* wheel of fortune; **~ritter** *m* soldier of fortune, adventurer; fortune-hunter; **~sache** *f* matter of luck; *reine ~* sheer luck (*daß* that); **~spiel** *n* game of chance; *coll.* gambling; *fig.* gamble; **~spielautomat** *m* gaming (*od.* slot) machine, F one-armed bandit; **~stern** *m* lucky star; **~strähne** *f* streak (*od.* run) of luck; **~tag** *m* happy (*od.* lucky) day.

Glück...: **≈strahlend** *adj.* radiant(ly happy); **~streffer** *m* lucky hit; *fig.* stroke of luck; **~sumstände** *m/pl.* fortunate circumstances; **~szahl** *f* lucky number; **≈verheißend** *adj.* auspicious; **~wunsch** *m* congratulation, felicitation (*zu* on); good wishes *pl.*; *zu Festen*: compliments *pl.* (of the season); *zum Geburtstag, Neujahr*: → *Glück*; *j-m s-n ~ aussprechen zu* offer a p. one's congratulations on, congratulate a p. on; *m-n ~ zu deiner Beförderung!* congratulations on your promotion!; *in Zssgn* congratulatory *telegram etc.*; **~wunschkarte** *f* congratulatory card, *bsd. zu Festen*: greeting(s) card.

Glucose *f* → *Glukose*.

Glüh|birne ⚡ *f* (electric *od.* incandescent) bulb; **~draht** ⚡ *m* filament; **≈en I.** *v/i.* glow, be red-hot; (*weißglühend sein*) be white-hot (*od.* incandescent); *fig. Gesicht*: glow, *a. Hände usw.*: burn; ~ *vor* burn (*od.* glow, be aglow) with; *vor Zorn* ~ burn (*od.* boil) with anger; **II.** *v/t.* make red-hot; (*aus*~) anneal; **≈end I.** *adj.* glowing, incandescent, (*rot*~) red-hot; *Kohlen*: live; *fig.* glowing, burning; ardent, passionate, fervid; *in* ~*en Farben schildern* describe in glowing terms; ~*e Hitze* scorching heat; → *Kohle*; **II.** *adv.* glowingly, *etc.*; ~ *heiß* blazing hot, sizzling; **~faden** ⚡ *m* (incandescent) filament; **~frischen** *metall. n* malleablizing; **~hitze** *f* red-heat; *weitS.* intense heat; **~kathode** ⚡ *f* hotcathode; **~kathodenröhre** *f Radio*: thermionic valve (*Am.* tube); **~kerze** *mot. f* heater (*od.* glow) plug; **~kopf** ⊕ *m* hot bulb; **~kopfmotor** *m* hot-bulb (*od.* semi-diesel) engine; **~lampe** *f* incandescent lamp; → *a. Glühbirne*; **~licht** *phys. n* incandescent light; **~ofen** *m* annealing furnace; *Keramik*: hardening-on kiln; **~stahl** *m* malleable cast iron; **~strumpf** ⚡ *m* incandescent mantle; **~ung** *metall. f* (*Aus*≈) annealing; (*Zwischen*≈) process annealing; → *Glühfrischen*; **~wein** *m* mulled claret, negus; **~wurm** *m*, **~würmchen** *n* glow-worm; **~zündung** *mot. f* self-ignition, pre-ignition.

Glukose ⚗ *f* glucose.

Glut *f* heat, glow; *konkret*: glowing fire, (*Asche*) embers *pl.*, *fig.* glow; *der Leidenschaft usw.*: *a.* ardo(u)r, fervo(u)r, fire, flames *pl.*; (*Farben*≈) glow, blaze; **~asche** *f* embers *pl.*; **≈flüssig** ⊕ *adj.* molten, fused; **~hauch** *m* scorching breath; **≈rot** *adj.* glowing red, of a fiery red.

Glutamin ⚗ *n* glutamine; **~säure** *f* glutamic acid.

glutäugig *adj.* fiery-eyed.

Gluten ⚗ *n* gluten.

Glyzerin ⚗ *n* glycerin(e).

Gnade *f* grace; (*Milde*) clemency; (*Barmherzigkeit*) mercy; (*Gunst*) favo(u)r; (*Segnung*, ~ *des Himmels*) blessing; ⚔ *keine* ~ *finden* (*geben*) find (give) no quarter; *ohne* ~ without mercy, mercilessly; *iro. Arzt usw. von eigenen* ~*n* self-styled doctor, *etc.*; *e-e* ~ *gewähren* grant a favo(u)r; ~ *für* (*od. vor*) *Recht ergehen lassen* show mercy, be lenient, temper justice with mercy; *j-n in* ~*n entlassen* dismiss a p. graciously; *um* ~ *bitten* ask for mercy; *fig.* ~ *finden vor* please *a p.*, find the approval of; ⚔ *sich auf* ~ *oder Ungnade ergeben* surrender unconditionally; *j-m auf* ~ *oder Ungnade ausgeliefert sein* be at a p.'s mercy; *Euer* ~*n* Your Grace; → *Gott*; **≈n** *v/i.*: *dann gnade dir Gott* heaven help you.

Gnaden...: **~akt** *m* act of grace; **~beweis** *m*, **~bezeigung** *f* favo(u)r, grace; **~bild** *eccl. n* miracle-working image; **~brot** *n* charity; (*bei j-m*) *das* ~ *essen* live on (a p.'s) charity; **~frist** *f* reprieve; ✝ (days of) grace; **~gehalt** *n* allowance; **~gesuch** *n* petition for mercy; **≈los** *adj.* merciless, pitiless; **~mittel** *eccl. n/pl.* means of grace; **~ort** *eccl. m* place of pilgrimage; **~recht** ⚖ *n* **1.** law relating to pardons; **2.** *subjektives*: right of pardon; **≈reich** *adj.* gracious; *R.C.* blessed, *Maria*: full of grace; **~sache** *f* matter of grace; ⚖ clemency case; **~stoß** *m* coup de grâce (*fr.*); **~tod** *m* mercy killing, euthanasia; **~wahl** *eccl. f* election to grace, predestination; **~weg** *m*: *auf dem* ~*e* by an act of grace; by a petition for pardon.

gnädig I. *adj.* gracious (*gegen* to); (*gunstvoll*) *a.* favo(u)rable (to); (*freundlich*) kind, benevolent (to); (*barmherzig*) merciful (to); (*herablassend*) condescending; *Urteil*: lenient, mild; *als Titel*: gracious *king*; ~*e Frau*, ~*es Fräulein* Madam; **II.** *adv.* graciously *etc.*; *noch* ~ *davonkommen* get off lightly; *machen Sie es* ~*!* don't be too hard (on me)!, F draw it mild!; *Gott sei ihm* ~*!* God have mercy upon him!

Gneis *min. m* gneiss.

Gnom *m* gnome; **≈enhaft** *adj.* gnomish.

Gnost|iker *m*, **≈isch** *adj.* Gnostic.

Goal *n östr. Sport*: goal.

Gobelin *m* gobelin (tapestry).

Gockel *m*, **~hahn** *m* cock, rooster.

Go-Kart *m* go-kart.

Gold *n* gold; *fig.* ~ *in der Kehle* a golden voice; *nicht mit* ~ *zu bezahlen* (*od. aufzuwiegen*) priceless, invaluable; *er hat ein Herz* (*od. ist treu*) *wie* ~ he has a heart of gold, he is as good as gold; *es ist nicht alles* ~*, was glänzt* all is not gold that glitters; **~abfluß** ✝ *m* gold outflow; **~ader** *f* vein of gold; **~agio** † *n* premium on gold; **~ammer** *orn. f* yellow-hammer; **~amsel** *orn. f* golden oriole; **~anleihe** † *f* gold loan; **~arbeit** ⊕ *f* goldsmith's work; **~auflage** *f* gold-plating; **~barren** *m* gold bar (*od.* ingot); **~barsch** *ichth. m* ruff; † Norway haddock; **~basis** *f* gold basis; **~bergwerk** *n* gold-mine; **~bestand** *m* gold stock (*od.* reserve); **~blatt** *n*, **~blättchen** *n*, **~blech** *n* gold foil; **~block(länder** *n/pl.*) *m* gold bloc (countries); **≈blond** *adj.* golden(-haired); **~brokat** *m* gold brocade; **~buchstabe** *m* gilt letter; **~deckung** † *f* gold cover; **~devisen** † *pl.* gold exchanges; **~devisenwährung** *f* gold exchange standard; **≈durchwirkt** *adj.* gold-brocaded; **≈en** *adj.* **1.** (of) gold; (*vergoldet*) gilt, gilded; *~e Brille* gold-rimmed spectacles *pl.*; *~e Uhr* gold watch; **2.** *fig. Haar, Stimme, Zeit usw.*: golden; *~es Herz* → *Gold*; *~e Hochzeit* golden wedding; *~er Mittelweg* golden mean; *~e Regel* golden rule; ⅌ *≈er Schnitt* golden section; *~es Zeitalter* Golden Age; *j-m ~e Berge versprechen* promise a p. the earth; → *Brücke, Buch* I, *Käfig, Kalb usw.*; **~erz** *n* gold ore; **~faden** *m* gold thread; **~farbe** *f* gold colo(u)r; **≈farben, ≈farbig** *adj.* gold-colo(u)red, golden; **~fasan** *orn. m* golden pheasant; **~feder** *f* gold nib; **~fink** *m* goldfinch; **~fisch** *m* goldfish; **≈führend** *adj.* gold-bearing, auriferous; **~füllung** ⚕ *f* gold filling; **~gehalt** *m* gold content, titre; **≈gelb** *adj.* golden(-yellow); **~gewicht** *n* troy (weight); **~gräber** *m* goldminer; **~grube** *f* gold-mine, *Am. a.* bonanza (*beide a. fig.*); **~grund** *m Kunst*: gold (back)ground; **~haar** *n* golden hair; ⚘ goldilocks *pl.*; **≈haltig** *adj.* auriferous, gold-bearing; **~hamster** *zo. m* golden hamster; **≈ig** *adj.* golden; *fig.* lovely, sweet, darling ..., *Am. a.* cute; **~junge** F *m* fine chap; darling (boy); **~käfer** *m* rose-chafer; **~kernwährung** † *f* gold bullion standard; **~kind** *n* darling; **~klumpen** *m* lump of gold, nugget; **~könig** *min. m* regulus of gold; **~kurs** *m* gold rate; **~lack** *m* gold varnish; ⚘ wallflower; **~leiste** △ *f* gilt cornice; **~macher** *m* alchemist; **~macherei** *f* alchemy; **~medaille** *f* gold medal; **~medaillengewinner(in** *f*) *m*, **~medailleninhaber(in** *f*) *m* gold medallist; **~mine** *f* gold-mine; **~münze** *f* gold coin (*od.* medal); **~papier** *n* gold (*od.* gilt) paper; **~parität** † *f* gold parity; **≈plattiert** *adj.* gold-plated; **~plombe** *f* gold-filling; **~punkt** † *m* specie (*od.* gold) point; **~rahmen** *m* gilt frame; **~regen** ⚘ *m* laburnum; **≈richtig** F *adj. u. adv.* just (*od.* F dead) right; **~schatz** *m* treasure of gold; F *fig.* darling, F sweetie; **~schaum** *m* Dutch foil, tinsel; **~scheideanstalt** *f* gold refinery; **~schläger** *m* gold-beater; **~schmied(earbeit** *f*) *m* goldsmith('s work); **~schnitt** *m Buch*: gilt edge; *mit ~* gilt-edged; **~standard** *m* gold standard; **~staub** *m* gold dust; **~stickerei** *f* embroidery in gold; **~stück** *n* gold coin (*od.* piece); F *fig.* (*Person*) gem; **~sucher** *m* gold prospector; **~tresse** *f* gold braid; **~vorrat** *m* stock of gold, gold holdings *pl.*; **~waage** *f* gold-balance (*od.* scales *pl.*); *fig. jedes Wort auf die ~ legen* weigh every word, be very careful what one says; *du mußt nicht jedes s-r Worte auf die ~ legen* take him with a grain of salt; **~währung** *f* gold standard; **~waren** *f/pl.* gold ware *sg.*, jewel(le)ry *sg.*; **~wäscher** *m* gold-washer; **~wert** *m* value (*od.* equivalent) in gold; (*Wert des Goldes*) value of gold; **~zahn** *m* gold(-capped) tooth; **~zufluß** † *m* influx of gold.

Golf[1] *geogr. m* gulf.

Golf[2] *n*, **~spiel** *n* golf; **~ball** *m* golf ball; **~hose** *f* plus-fours *pl.*; **~junge** *m* caddie; **~platz** *m* golf-links *pl.* (*od.* -course); **~schläger** *m* golf-club; **~spieler(in** *f*) *m* golfer.

Goliath *fig. m* giant (of a man).

Gondel *f* gondola, *e-s Ballons*: *a.* basket; ✈ *mst* car, nacelle; *e-r ~bahn*: (cable-)car; **~bahn** *f* cable railway; **~führer** *m* gondolier; **≈n** *v/i.* go in *od.* row a gondola; F *fig.* cruise, bowl (*od.* tool) along.

Gong *m* gong; *Sport*: *a.* bell; **≈en** *v/i.*: sound (*od.* strike) the gong; **~schlag** *m*: (*beim ~* at the) stroke of the gong.

gönnen *v/t.*: *j-m et. ~* (*nicht neiden*) not to (be)grudge a p. a th., be glad for a p. to have a th.; (*zukommen lassen*) allow (*od.* grant) a p. a th.; *sich et. ~* allow (*od.* give, permit) o.s. a th.; *wir ~ es ihm* (*von Herzen*), *das ist ihm zu ~* we are so glad for him, he really deserves it; *iro.* (that) serves him right; *ich gönne ihm das Vergnügen* I do not grudge him the pleasure; *sie gönnte ihm keinen Blick* she did not so much as look at him.

Gönner *m* patron; (*Beschützer*) protector; (*Wohltäter*) benefactor; **~in** *f* patroness, protectress; **≈haft** *adj.* patronizing; **~haftigkeit** *f*, **~miene** *f* patronizing air; **~schaft** *f* patronage, protection.

Gonokokkus ⚕ *m* gonococcus.

Gonorrhö(e) ⚕ *f* gonorrh(o)ea.

Göpel ⊕ *m* whim(-gin).

Gör F *n*, **~e** *f* F kid; *contp.* brat.

gordisch *adj.* Gordian; *den ≈en Knoten zerhauen* cut the Gordian knot.

Gorgonenhaupt *n* Gorgon's head.

Gorilla *m* gorilla (*a. sl. Leibwächter*).

Gösch ⚓ *f* jack; *engS.* canton (of flag).

Gosse *f* gutter (*a. fig.*).

Got|e *m*, **~in** *f* Goth; **~ik** *f* ⚠ Gothic (style); Gothic period; **≈isch** *adj.* Gothic; *typ.* *~e Schrift* (*a.* **~isch** *f*) Gothic (type).

Gott *m* **1.** God; *~ der Herr* our Lord God; *~ der Allmächtige* God (*od.* The) Almighty; *der liebe ~* the good God; *Wort ~es* word of God, The Word; F *ach (du lieber) ~! großer ~!* good God (*od.* Lord, Heavens)!; *~ bewahre!* God (*od.* Heaven) forbid!; *~ sei Dank!* thank God!, *adv.* (*glücklicherweise*) *a.* fortunately, mercifully; *bei ~!* by God (*od.* F by golly)!; *leider ~es* unfortunately, alas; *in ~es Namen!*, *um ~es willen!* for Heaven's sake!; *so ~ will!* please God!; *so wahr mir ~ helfe!* so help me God!; *weiß ~ nicht einfach usw.* God knows not easy, *etc.*; *seit ~ weiß wann* since God knows when; *von ~es Gnaden* by the grace of God; *um ~es Lohn* for nothing; *den lieben ~ e-n guten Mann sein lassen* let things go hang, take it easy; *den lieben ~ spielen* play God (*od.* providence) (*bei* in *a. th.*); *wie ~ in Frankreich leben* live like a king (*od.* in clover, on the fat of the land); *bist du denn ganz von ~ verlassen?* you must be out of your mind!; *er kennt ~ und die Welt* he seems to know everybody; *dein Wort in ~es Ohr!* let's hope so, by goodness!; *das hieße ~ versuchen!* that would be madness!; **2.** (*~heit*) god, deity; *fig. ein Anblick* (*od. Bild*) *für (die) Götter* a sight for the gods; **≈ähnlich** *adj.* godlike; **≈begnadet** *adj.* god-gifted, inspired.

Götter *m/pl.* → *Gott 2*; **~bild** *n* image of a god, idol; **~bote** *m* messenger of the gods; (*Merkur*) Mercury; **~dämmerung** *f* twilight of the gods; **~gatte** F *m* F hubby.

gottergeben *adj.* resigned (to the will of God); (*fromm*) pious, devout.

Götter...: **~glaube** *m* belief in gods; **≈gleich** *adj.* godlike; **~lehre** *f* mythology; **~mahl** *n* feast for the gods; **~sage** *f* myth; **~speise** *f* *myth.* food of the gods, ambrosia; *Kochkunst*: jelly; **~trank** *m* drink of the gods; nectar; **~verehrung** *f* worship of (the) gods; **~welt** *f* (realm of the) gods *pl.*; Olympus.

Gottes...: **~acker** *m* graveyard, God's acre; **~anbeterin** *zo. f* praying mantis; **~dienst** *m* (divine) service; **≈dienstlich** *adj.* church (service) ..., religious; **~furcht** *f* fear of God; piety; **≈fürchtig** *adj.* God-fearing; pious; **~gabe** *f* gift of God; *unverhoffte*: godsend; **~geißel** *f* scourge of God; **~gelehrte(r)** *m* theologian; **~gericht** *n* ordeal; **~glaube** *m* belief in God; **~gnadentum** *n* divine right (of kings); **~haus** *n* house of God, church; **~kindschaft** *f* sonship; **~lästerer** *m* blasphemer; **≈lästerlich** *adj.* blasphemous; F unholy, awful; **~lästerung** *f* blasphemy; **~leugner** *m* atheist; **~lohn** *n* God's reward; **~mord** *m*, **~mörder** *m* deicide; **~mutter** *f* Mother of God; **~staat** *m* theocracy; **~urteil** *n* ordeal.

gott...: **~gefällig** *adj.* pleasing to God; (*fromm*) pious; **~gewollt** *adj.* God-given; **~gleich** *adj.* godlike; **≈heit** *f* deity, divinity; god, goddess; (*Gottnatur*) godhead.

Göttin *f* goddess.

göttlich *adj.* divine, godlike; heavenly; F *fig.* divine, heavenly, marvellous, *Spaß*: capital; *das ≈e* the divine (spark); **≈keit** *f* divinity; godliness.

Gott...: **≈lob!** *int.* thank God (*od.* goodness)!; **≈los** *adj.* godless, ungodly; irreligious; (*sündhaft*) impious, sinful, wicked; F *Sache*: unholy, ungodly, awful; **~losigkeit** *f* ungodliness, irreligion; impiety, wickedness; **~mensch** *m* God-man, God incarnate; **~menschentum** *n* Godmanhood; **~seibeiuns** F *m the* devil, Old Nick; **≈selig** *adj.* godly, pious; **~seligkeit** *f* godliness; piety; **≈serbärmlich** F *adj.* (*u. adv.*) dreadful(ly), awful(ly); **~vater** *m* God the father; **≈vergessen** *adj.* → *gottlos*; **≈verlassen** F *adj.* godforsaken; **~vertrauen** *n* trust in

God, faith; **⁓voll** F *adj.* heavenly, divine; (*spaßig*) capital, (too) funny (for words); *⁓er Anblick* a sight for the gods; *sie war einfach ⁓!* F she was a perfect scream.

Götze *m* idol (*a. fig.*), false god; **⁓nbild** *n* idol; **⁓ndiener(in** *f*) *m* idolater (*f* idolatress); **⁓ndienst** *m* idolatry; *⁓ treiben mit* idolize; **⁓ntempel** *m* temple of an idol, heathen temple.

Gour|mand *m* **1.** (*Schlemmer*) gourmand (*fr.*), gourmandizer; **2.** (*Feinschmecker*) → **⁓met** *m* gourmet (*fr.*).

goutieren *v/t.* taste; *fig.* (*schätzen*) appreciate; (*mögen*) like.

Gouvernante *f* governess; **⁓nhaft** *adj.* governessy, schoolmarmish.

Gouverneur *m* governor.

Grab *n* grave, *rhet. u.* (*⁓mal*) tomb; (*Gruft*) sepulch|re, *Am.* -er; *am ⁓e* at the graveside; *ins ⁓ sinken* sink into the grave; *zu ⁓e tragen* bury (*a. fig.*); *mit e-m Bein* (*od. Fuß*) *im ⁓(e) stehen* have one foot in the grave; *sein eigenes ⁓ schaufeln* be digging one's own grave; *sein Geheimnis mit ins ⁓ nehmen* carry one's secret into one's grave; *sich im ⁓e umdrehen* turn in one's grave; *verschwiegen wie das ⁓* (as) secret as the grave; *er wird sie noch ins ⁓ bringen* he will be the death of her yet; *bis ins ⁓* unto (*od.* till) death; *über das ⁓ hinaus* beyond the grave.

graben I. *v/i.* dig (*nach* for); (*um⁓*) spade; (*Gräben ziehen*) cut ditches, dig trenches, trench; ⊕ (*stechen, schneiden*) engrave, carve; *Tier*: burrow; **II.** *v/t.* (*Grab*) dig; (*Loch*) *a.* burrow; (*Brunnen, Schacht*) sink; △ (*Fundament*) dig out, excavate; (*schneiden*) carve (*in* into); ⊕ engrave, cut; ⚘ (*um⁓*) dig (over), spade; F *fig.* (*Hände in die Taschen usw.*) dig; *Kartoffeln ⁓* dig potatoes; → *a. eingraben.*

Graben *m* ditch (*a. Straßen⁓ u. Sport*), *bsd.* ⚔ trench; (*Abzugs⁓*) (open) drain, culvert; (*Burg⁓*) moat; *geol.* rift valley, graben, *im Meer*: trench; ⚔ *vorderster ⁓* front-line trench; *e-n ⁓ ziehen* run a ditch; *mot. e-n Wagen in den ⁓ fahren* ditch a car; **⁓bagger** *m* ditcher, trench excavator; **⁓krieg** *m* trench war(fare); **⁓pflug** *m* trench plough (*Am.* plow); **⁓wehr** ⚔ *f* parapet.

Gräber *m* digger; ⊕ ditcher.

Gräber...: **⁓dienst** ⚔ *m* War Graves Commission; **⁓fund** *m* grave find.

Grabes...: **⁓dunkel** *n* darkness (*od.* gloom) of the grave; sepulchral darkness; **⁓ruhe** *f* peace of the grave; **⁓stille** *f* silence of the grave; *fig.* deathlike (*od.* deathly) silence; **⁓stimme** *f* sepulchral voice.

Grab...: **⁓geläut(e)** *n* (death-)knell, toll (*beide a. fig.*); **⁓gesang** *m* funeral song, dirge; **⁓gewölbe** *n* (burial) vault, tomb; **⁓hügel** *m* (grave-)mound, tumulus; **⁓inschrift** *f* epitaph; **⁓legung** *f* entombment, burial; **⁓lied** *n* → *Grabgesang*; **⁓mal** *n* tomb, sepulchre; (*Ehrenmal*) monument; → *a. Grabstein*; **⁓rede** *f* funeral oration (*od. eccl.* sermon).

grabschen F *v/t. u. v/i.* grab (*nach* at).

Grab...: **⁓schändung** *f* desecration of graves; **⁓scheit** *n* spade; **⁓schrift** *f* epitaph; **⁓stätte** *f*, **⁓stelle** *f* burial-place; (*Grab*) grave, tomb; **⁓stein** *m* gravestone, tombstone; **⁓stichel** ⊕ *m* graving-tool, graver, chisel; **⁓urne** *f* funeral urn.

Grad *m* degree (*a.* ⩘, *phys., geogr.*); *univ.* (academical *od.* university) degree; ⚔ *usw.* grade, rank; *fig.* (*Ausmaß*) degree, extent; (*Stufe*) stage; *15 ⁓ Wärme* (*Kälte*) 15 degrees above (below) freezing-point (*od. Celsius*: zero); *10 ⁓ Fahrenheit* 10 degrees Fahrenheit (10° F); *10 ⁓ Celsius* ten degrees Centigrade (10° C); → *Gleichung*; *Verbrennung zweiten ⁓es* second-degree burn; *Vetter* (*Base*) *ersten ⁓es* first cousin; *Vetter* (*Base*) *zweiten ⁓es* second cousin, cousin once removed; *dritter ⁓ bei Verhör*: third degree; *in ⁓e einteilen* graduate; *e-n akademischen ⁓ erlangen* take a degree; *fig. in* (*od. bis zu*) *einem gewissen ⁓e* to a certain degree *od.* extent, up to a point; *in hohem ⁓e* to a high degree, greatly, highly, (*weitgehend*) largely; *der höchste ⁓ der Dummheit* the height of folly; *in dem ⁓e, daß* to such a degree that; **⁓bogen** *m* graduated arc; **⁓einteilung** *f* graduation, scale.

Gradient ⩘ *phys. m* gradient.

gradier|en ⊕ *v/t.* graduate; **⁓ung** *f* graduation; **⁓werk** *n* graduation house; cooling tower.

Grad...: **⁓leiter** *f* (graduated) scale; **⁓linig** *adj.* → *geradlinig*; **⁓messer** *m* graduator; *fig.* yardstick; indicator, barometer; **⁓netz** *n Landkarte*: (map) grid; **⁓strich** *m* graduation mark.

graduell I. *adj.* gradual; in degree;

II. *adv.* gradually, by degrees; *verschieden*: in degree.

graduier|en I. *v/t.* **1.** ⊕ graduate; **2.** *univ.* confer a degree on; **II.** *univ. v/i.* graduate; **≈te(r** *m*) *f* graduate.

Grad...: **~unterschied** *m* difference in degree; **≈weise** *adv.* → *graduell* II.

Graf *m* count; *englischer*: earl; **~enkrone** *f* earl's (*od.* count's) coronet; **~enstand** *m* dignity of a count; *in England*: earldom.

Grafik *usw.* → *Graphik usw.*

Gräf|in *f* countess; **≈lich** *adj.* of an earl *od.* a count(ess).

Grafschaft *f* county, shire.

gräko...: *in Zssgn* Gr(a)eco-...

Gral *m*: *der Heilige ~* the Holy Grail; **~sburg** *f* Grail Castle; **~sritter** *m* Knight of the Grail.

Gram *m* grief, sorrow, sadness, heart-ache; *vor ~ vergehen* pine away; *vor ~ sterben* die of grief, die of a broken heart.

gram *adj. pred.*: *j-m ~ sein* bear a p. ill-will *od.* a grudge, have a grievance against a p.; be angry (*od.* cross) with a p.

grämen *v/t.* grieve, distress, worry; *sich ~* grieve (*über* at, for, over); (*sich Sorgen machen*) worry (about); (*sich ärgern*) fret (at, about, over); *sich zu Tode ~* die of grief (*od.* of a broken heart).

gram...: **~erfüllt** *adj.* grief-stricken, sorrowful, grieved; **~gebeugt** *adj.* bowed down with grief, grieve-stricken; **~gefurcht** *adj.* careworn.

grämlich *adj.* morose, sullen, gloomy, peevish, sour.

Gramm *n* gramme, *Am.* gram.

Grammat|ik *f* grammar; (*Buch*) grammar(-book); **≈ikalisch, ≈isch** *adj.* grammatical; **~iker** *m* grammarian.

Gramm|kalorie *f* gramme (*Am.* gram) calorie; **~molekül** *n* gramme (*Am.* gram) molecule.

Grammophon *n* gramophone, *Am.* phonograph; (*Plattenspieler*) record player; **~anschluß** *m Radio:* gramophone socket; **~platte** *f* (gramophone) record (*od.* disk).

gram...: **~versunken** *adj.* sunk in grief, woebegone; **~voll** *adj.* → *gramerfüllt.*

Gran *n* grain (*a. fig. of truth, etc.*).

Granat *min. m* garnet; **~apfel** ⚘ *m* pomegranate.

Granat|e ⚔ *f* shell; (*Gewehr≈, Hand≈*) grenade; **~feuer** ⚔ *n* shell-fire, shelling; **~splitter** *m* shell-splinter; **~trichter** *m* shell-crater; **~werfer** *m* mortar.

Grand[1] *m Skat*: grand.

Grand[2] ⊕ *m* → *Kies.*

Grande *m* grandee.

Grandezza *fig. f* grandeur.

grandios *adj.* grand(iose), overwhelming; F *fig.* grand, terrific.

Granit *min. m* granite; *fig. auf ~ beißen* bite on granite, run one's head against a brick wall; **≈artig, ≈en** *adj.* granitic; **~felsen** *m* granite (od. granitic) rock.

Granne *f* ⚘ awn, beard, arista.

grantig *dial. adj.* bad-tempered, cross.

granulieren *v/t. u. v/i.* granulate.

Graph ⅍, *phys.*, *ling. m* graph; **~em** *ling. n* grapheme.

Graph|ik *f* **1.** graphic arts *pl.*; ⚚ commercial art; **2.** *Kunst*: print; **3.** (*graphische Gestaltung*) art (-work), layout; **4.** (*graphische Darstellung*) graph(ic representation), diagram, chart; **~iker** *m* graphic (*od.* ⚚ commercial) artist; **≈isch** *adj.* graphic(ally *adv.*); *~e Darstellung* → *Graphik* 4; *~e Gestaltung* → *Graphik* 3; *~e Kunstanstalt* (fine) art printers *pl.*

Graphit *min. m* graphite, plumbago; (*Reißblei*) black-lead; *mit ~ überziehen* → **≈ieren** *v/t.* graphitize, coat with graphite; **~schmiere** *f* graphite lubricant; **~stift** *m* lead (*od.* graphite) pencil.

Graphilog|e *m* graphologist; **~ie** *f* graphology; **≈isch** *adj.* graphologic(al).

graps(ch)en F *v/t. u. v/i.* grab (*nach* at).

Gras *n* grass; *fig.* F *das ~ wachsen hören* hear the grass grow, see through a millstone; *ins ~ beißen* bite .he dust, go west; *über et. ~ wachsen lassen* let the grass grow over a th., forget about (*od.* bury) a th.; *es ist (viel) ~ darüber gewachsen* it is a thing of the past, that's dead and buried; **≈artig** *adj.* gramin(ac)eous; **≈bewachsen** *adj.* grass-grown; **~boden** *m* lawn, turf; **~büschel** *n* grass-tuft; **~butter** *f* grass-butter; **≈en** *v/i.* graze; (*mähen*) cut (*od.* mow) grass; **~fleck** *m* grass-plot; *auf Kleidern usw.*: grass-stain; **≈fressend** *zo. adj.* grass-eating, graminivorous; **~fresser** *m* graminivore; **~frucht** *f* caryopsis; **~futter** *n* grass-fodder; **≈grün** *adj.* grass-green; **~halm** *m* blade of grass; **~hüpfer** *m* grasshopper; F *fig.* pipsqueak, (young) whippersnapper; **≈ig** *adj.* grassy, grass-grown; **~land** *n* grassland; **~mäher** *m*, **~mähmaschine** *f* (grass-)mower; **~mücke** *orn. f* warbler; **~narbe** *f* turf- sward, sod; **~nelke** *f* maiden pink; **~samen** *m* grass-seed.

grassieren *v/i* rage, be rampant (*od.* rife, wide-spread).

gräßlich *adj.* horrible, frightful, dreadful, terrible, awful, ghastly (*alle a* F *fig.*); (*scheußlich*) hideous; *Verbrechen*: *a.* monstrous, atrocious, heinous; **≈keit** *f* horribleness, frightfulness, ghastliness *etc.*; (*Untat*) atrocity, monstrous crime.

Gras...: ~steppe *f* (grassy) steppe, prairie, savanna(h); **~teppich** *m* (well-groomed) lawn.

Grat *m* (sharp) edge; (*Bergrücken*) ridge, crest; ⊕ (*Messer≈*) wire-edge; *feiner*: bur(r), *starker*: flash, (*Gußnaht*) fin; ⚠ arris, (*Gewölbe≈*) groin; **~balken** ⚠ *m* hip rafter.

Gräte *f* (fish-)bone; **~nmuster** ✝ *n* herringbone pattern; **~nschritt** *m* *Schisport*: herringbone (step).

Gratifikation *f* gratuity, *Christmas etc.* bonus.

grätig *adj.* bony; F *fig.* querulous testy, peevish, cross.

gratis *adv.* gratis, free (of charge), gratuitous(ly); *als Dreingabe*: into the bargain; *~ und franko* gratis and postage paid; F *fig.* for nothing, free; **≈aktie** ✝ *f* bonus share; **≈exemplar** *n* presentation (*od.* free) copy; **≈probe** ✝ *f* free sample.

Grätsch|e *f* **1.** straddle; **2.** (*Sprung*) straddle vault; **≈en** *v/t. u. v/i.* straddle; *im Spagat*: do the splits; **~schlag** *m* *Schwimmen*: frog kick; **~sprung** *m* straddle vault; **~stellung** *f* straddle (position).

Gratul|ant(in *f*) *m* congratulator; **~ation** *f* congratulation (*zu* on); → *a. Glückwunsch*; **≈ieren** *v/i.* congratulate *od.* felicitate (*j-m zu et.* a p. on a th.); *sich ~ zu* congratulate o.s. on, hug o.s. on (*od.* for); *j-m zum Geburstag ~* wish a p. many happy returns of the day; *ich gratuliere!* (my) congratulations; F *fig. da kannst du dir ~!* you can be proud of that!; *iro.* you'll regret it!

Gratwanderung *f* tour of mountain ridges; *fig. pol.* brinkmanship.

grau I. *adj.* **1.** grey, *bsd. Am.* gray (*a.* ✝ *market, rate*); *Gesichtsfarbe, Himmel*: *a.* livid; *etwas ~* greyish; *~ werden* (grow *od.* turn) grey; *pol. ≈e Eminenz* éminence grise (*fr.*); ⚕ *~er Star* grey cataract; *anat. ~e Gehirnsubstanz* grey matter; *fig. laß dir darüber keine ~en Haare wachsen* don't let it worry you, don't lose any sleep over it; **2** *fig. Zeit*: grey, remote, ancient; *~er Alltag* the drab monotony of everyday life, workaday life; *~es Altertum* hoary antiquity; *seit ~er Vorzeit* from times immemorial; **3.** (*düster*) grey, gloomy, dismal; *fig. ~ in ~ malen* paint *a th.* in the darkest colo(u)rs; **II. ≈** *n* grey (colour), *Am.* gray (color); *in ~* in grey; **~äugig** *adj.* grey-eyed; **≈bär** *m* grizzly bear; **≈bart** *m* greybeard; **~blau** *adj.* greyish blue; **≈brot** *n* rye-bread.

grauen[1] **I.** *v/i. Tag*: dawn, be dawning; **II. ≈** *n*: *beim ~ des Tages* at the dawn of day, at daybreak.

grauen[2] **I.** *v/impers.*: *es graut mir* (*od. mir graut*) *vor* I shudder at, I have a horror of; **II. ≈** *n* horror, dread (*vor* of); *j-m ~ einflößen* strike (*od.* fill) a p. with horror, make a p. shudder, F give a p. the creeps; *von ~ gepackt* horror-stricken; **~erregend, ~haft, ~voll** *adj.* horrible, horrid, dreadful, ghastly, gruesome (*alle a.* F *fig.*).

grau...: ~grün *adj.* greyish (*Am.* grayish) green; **≈guß** ⊕ *m* grey cast-iron; **~haarig** *adj.* grey-haired, grizzled; **≈kopf** *m* grey-head; **~köpfig** *adj.* greyheaded.

graulen *v/refl.*: *sich ~* be afraid (*vor* of), dread (*a th.*); F have the creeps; → *a. grauen*[2].

gräulich *adj.* greyish, *bsd. Am.* grayish; *Haare*: *a.* grizzly.

graumeliert *adj.* grey-flecked, greying, *Am.* graying.

Graupe *f* (peeled) barley, pot-barley; ⚒ grain; **~l** *meteor. f* small hail, sleet (*a. pl.*); **≈ln** *v/impers.*: *es graupelt* small hail (*od.* sleet) is falling.

Graus *m* horror, dread; F *o ~!* oh horror!; *das* (*er*) *ist mir ein ~* I loathe it (him); *es ist ein ~ mit ihm* he is just awful.

grausam *adj.* cruel (*gegen* to); F (*schlecht*) F awful; **≈keit** *f* cruelty; (*Greueltat*) atrocity; → *seelisch*.

Grauschimmel *m* grey horse.

grausen, ~erregend *usw.* → *grauen*[2], *grauenerregend usw.*

grausig *adj.* → *grauenerregend, gräßlich.*

Grau...: ~tier F *n* donkey; **~wacke** *geol. f* greywacke; **~werk** *n* miniver; **~zone** *fig. f* grey area.

Graveur *m* engraver.

Gravier|anstalt *f* engraver's establishment; **≈en** *v/t.* engrave; **≈end** *adj.* ⚖ aggravating; *fig. a.* serious; **~nadel** *f* engraving needle; **~ung** *f* engraving.

gravimetrisch *adj.* gravimetric.

Gravis *ling. m* grave (accent).
Gravitation *phys. f* gravitation, gravity; **~sfeld** *n* gravitational field; **~sgesetz** *n* law of gravitation; **~stheorie** *f* gravitational theory.
gravitätisch *adj.* solemn.
gravitieren *v/i.* gravitate (*zu, nach* to[wards]).
Gravüre *f* engraving.
Graz|ie *f* **1.** grace(fulness); *mit ~* → *graziös* II; **2.** *die drei ~n* the three Graces; **2il** *adj.* graceful(ly slender), delicate; **2iös I.** *adj.* graceful; **II** *adv.* with grace, gracefully; elegantly (*a fig.*).
Gräzis|mus *ling. m* Gr(a)ecism; **~t** *m* Greek scholar.
Greif *m* griffin.
Greif...: ~arm *m zo.* tentacle; ⊕ grip arm; **~backe** ⊕ *f* clamping jaw; **~bagger** *m* grab dredger; **2bar** *adj.* seizable, tactile; † available, ready, on hand; *fig.* tangible, palpable; (*offenkundig*) obvious; *nicht ~* impalpable; *~e Gestalt annehmen* assume a definite form, materialize; *in ~e Nähe gerückt* near at hand (*a. fig.*).
greifen I. *v/t.* seize, grasp, grab, grip, catch hold of; ♪ (*Saite*) touch; (*Note*) strike; *fig. es ist mit Händen zu ~* it is quite obvious, it meets the eye; *die Zahl ist zu hoch gegriffen* the figure is put too high; F *fig. sich j-n ~* give a p. hell; → *Luft, Platz*; **II.** *v/i.*: *an den Hut usw. ~* touch; *fig. j-m ans Herz ~* touch (*od.* affect) a p. deeply; *~ in* put one's hand in(to), dip into; *hinter sich ~* reach behind one; *~ nach* reach for, catch (*od.* grasp) at, *hastig*: snatch at, *klammernd*: clutch at, grip; *mit beiden Händen ~ nach* jump at *a chance, offer, etc.*; *um sich ~* spread, gain ground; *zu et. ~* reach for, *wählend*: select; *zu e-m Mittel ~* have recourse to, resort to; *zum Äußersten ~* go to extremes; *zu den Waffen ~* take up arms, *Volk*: *a.* rise in arms; *zum 2 nah* near at hand; → *Feder, Flasche, Strohhalm, Tasche, ineinandergreifen usw.*
Greifer *m* ⊕ gripper, gripping device; (*Klaue*) claw; *Bagger, Kran*: grab; *typ.* gripper; *Nähmaschine*: looper; *Traktor*: lug; **~kran** *m* grab crane.
Greif...: ~klaue *f*, **~kralle** *f* claw, talon; **~werkzeug** *n* gripping device; *zo.* prehensile organ; **~zange** *f* (gripping) tongs *pl.* (*a. sg. konstr.*); **~zirkel** *m* outside cal(l)ipers *pl.*
greinen *v/i.* whine, whimper, blubber, cry.
Greis I. *m* **1.** old man; **II. 2** *adj.* **2.** old, aged; **3.** (*grau*) hoary, grey, *bsd. Am.* gray; **~enalter** *n* old age; **2enhaft** *adj.* senile (*a.* ⚕), old (*f* wo)man's *face, etc.*; **~enhaftigkeit** *f* senility; **~in** *f* old *od.* aged woman (*od.* lady).
grell I. *adj. Ton*: shrill, strident, piercing; (*blendend hell*) dazzling, glaring; *Licht*: *a.* harsh; *Farben*: glaring (*a. fig.*), loud, garish, flashy; *fig. Kontrast usw.*: harsh, violent; **II.** *adv.*: *~ gegen et. abstechen* form a sharp contrast to a th.; **2heit** *f* shrillness; *Licht*: glare, dazzling brightness; *Farben*: glare, garishness.
Gremium *n* body, group; committee.
Grenadier ⚔ *m* rifleman, infantryman; (*Rang*) private; *hist.* grenadier; **~bataillon** *n* infantry (*od.* rifle) battalion.
Grenz|abfertigung *f* customs clearance; **~bahnhof** *m* border station; **~beamte(r)** *m* border official; **~befestigungen** *f/pl.* frontier fortifications; **~belastung** ⊕ *f* critical load; **~bereinigung** *f*, **~berichtigung** *f* frontier (*od.* border) adjustment; rectification of boundary; **~bewohner** *m* frontier dweller, borderer; **~bezirk** *m* frontier district.
Grenze *f* boundary; (*Landes 2*) frontier, border(s *pl.*); *fig.* (border-) line, dividing line, (*Beschränkung*) limit, bound; *~n der Bescheidenheit, des Möglichen usw.* bounds; *an der ~* (*gen.*) *liegen* → *grenzen* (*an*); *s-e ~n kennen* know one's limitations; *keine ~n kennen* know no bounds; *~n setzen od. stecken* set limits *od.* bounds (*dat.* to); *e-e* (*scharfe*) *~ ziehen* draw a (sharp) line; *in ~n bleiben, sich in* (*vernünftigen*) *~n halten* keep within (reasonable) bounds *od.* limits; *alles hat s-e ~n* there is a limit to everything, we must draw the line somewhere; *ohne ~n* → *grenzenlos.*
grenzen *v/i.*: *~ an* border on (*a. fig.* = verge on, be next door to, come near being ...), touch; be adjacent (*od.* contiguous) to; be bounded by; *s-e Felder ~ an die meinen* his fields adjoin (*od.* are next to) mine; **~los I.** *adj.* boundless, unlimited; unbounded; (*unendlich*) infinite; (*unermeßlich*) immense (*alle a. fig.*); *~e Frechheit the* height of impudence; *~e Trauer* infinite sadness; *~er Zorn* towering rage; **II.** *adv.*

boundlessly, *etc.*; ~ *dumm* infernally stupid; **≈losigkeit** *f* boundlessness, immensity; *fig. a.* excessiveness.

Grenz...: **~ertrag** ⚕ *m* marginal returns *pl.*; **~fall** *m* borderline case, critical (*od.* extreme) case; **~fläche** *f* marginal surface, interface; **~frequenz** *f* limiting frequency; **~gänger** *m* (illegal) border crosser; (*Arbeiter usw.*) frontier commuter; **~gebiet** *n* frontier area; *fig.* borderland; **~jäger** *m* border patrolman; **~kämpfe** *m/pl.* border fighting *sg.*; **~kohlenwasserstoff** *m* saturated hydrocarbon; **~konflikt** *m* border dispute; **~kontrolle** *f* border control; **~kosten** ⚕ *pl.* marginal cost *sg.*; **~krieg** *m* border war(fare); **~land** *n* borderland, frontier area; **~lehre** ⊕ *f* limit ga(u)ge; **~linie** *f* boundary (line), borderline; *Sport*: line; *pol.* line of demarcation; **~mal** *n* boundary mark; **~maß** ⊕ *n* (*Passung*) limiting size; **~mauer** *f* boundary wall; **~nachbar** *m* (adjoining) neighbo(u)r, ⚖ abutter; **~nutzen** *m* marginal utility; **~pfahl** *m* boundary-post; **~polizei** *f* frontier (*od.* border) police; **~punkt** *m* ⅍ limit(ing) point; *fig.* limit; **~schalter** ⚡ *m* limit switch; **~schutz** *m* frontier protection; *coll.* frontier guard; **~situation** *f* borderline (*od.* extreme) situation; **~spannung** *f* limiting stress; **~sperre** *f* **1.** ban on border-traffic, closing of the frontier(s); **2.** (*Hindernis*) frontier barrier; **~stadt** *f* frontier town; **~station** *f* frontier station; **~stein** *m* boundary stone; **~streitigkeit** *f* → Grenzkonflikt; **~übergang** *m* **1.** frontier crossing point, check point; **2.** → **~überschreitung** *f*, **~übertritt** *m* frontier crossing; **~verkehr** *m*: (*kleiner* ~ local) border traffic; **~verletzung** *f* violation of the frontier; **~wache** *f*, **~wacht** *f*, **~wächter** *m* frontier guard; **~wert** *m* limit, limiting (*od.* threshold) value; **~winkel** *m* critical angle; **~zeichen** *n* boundary mark; **~zoll** *m* customs duty; **~zollamt** *n* (frontier) customhouse; **~zwischenfall** *m* frontier (*od.* border) incident.

Gretchenfrage *f* crucial question.

Greuel *m* horror (*vor* of); (~*tat*) atrocity, outrage; horror; *er* (*es*) *ist mir ein* ~ I detest *od.* abhor *od.* loathe him (it); **~hetze** *f*, **~märchen** *n*, **~propaganda** *f* atrocity propaganda (*od.* story, tales *pl.*); **~tat** *f* atrocity, outrage, heinous deed.

greulich *adj.* → *gräßlich*.

Grieben *f/pl.* greaves.

Griech|e *m*, **~in** *f* Greek; **~entum** *n* Hellenism.

griechisch I. *adj.* Greek; ⚠ *u. paint.* Grecian; **II.** ≈ *ling. n* Greek; **~-orthodox** *adj.* Greek orthodox; **~-römischer Ringkampf** *m* Gr(a)eco-Roman wrestling (*od.* style).

grienen *dial. v/i.* → *grinsen*.

Gries|gram *m* grumbler, F grouch, sourpuss; **≈grämig** *adj.* grumpy, sullen, morose, sour.

Grieß *m* (*Sand*) grit, coarse sand, gravel; ⚕ gravel; *von Getreide*: semolina, (fine) groats *pl.*; *TV* granulation effect, F sand; ⚒ breeze, → *a. Grießkohle*; **~brei** *m* semolina pudding; **~kohle** *f* small coal, smalls *pl.*; **~kloß** *m* semolina dumpling; **~mehl** *n* semolina; **~stein** ⚕ *m* urinary calculus.

Griff *m* **1.** (*Zu*≈) grip, grasp, hold, *schneller*: snatch (*nach* at), *klammernder*: clutch (at); (*Hand*≈) movement (of the hand); *Ringen*: hold; *Turnen*: grip; *mount.* (hand-) hold; ♪ finger position, stop; *weit S. a.* chord; *fig. kühner* ~ bold stroke; *sicherer* ~ sure touch; *würgender* ~ stranglehold; ~ *nach der Macht* reach for power; ⚔ ~*e üben* (*od.* F *kloppen*) do rifle drill; *e-n* ~ *ansetzen Ringen*: secure a hold; *e-n* ~ *nach et. tun* (make a) reach for a th., grasp at (*od.* for) a th.; *fig. e-n guten* (*schlechten*) ~ *tun* make a good (bad) choice, (not to) strike it lucky (*mit* with); *e-n schlechten* ~ *tun a.* make a mistake, pick the wrong man, *etc.*; *et. im* ~ *haben* have the feel (*fig.* knack, F hang) of a th.; *fig. in den* ~ *bekommen* get the knack of *a th.*, (*a. Situation usw.*) get *a th.* under control, get a grip on; *mit einem* ~ with one grasp, ⊕ in one motion; (*im Nu*) F in a jiffy; **2.** (*Koffer*≈, *Messer*≈ *usw.*) handle, grip; *zum Festhalten*: grab handle, grip; → *Pistolengriff*, *Türgriff usw.*; **3.** *von Stoff usw.*: feel; **≈bereit** *adj.* ready to hand, handy; **~brett** ♪ *n Geige usw.*: finger-board.

Griffel *m antik*: style; *jetzt*: slate pencil; *Kunst*: stylus; ⚘ style, pistil.

griff|ig *adj. Werkzeug usw.*: handy, wieldy, affording a firm grip, gripping well; *mot.* non-skid(ding); *Stoff*: of good feel; *Mehl*: granular; **≈igkeit** *f* wieldiness; firm grip;

mot. grip, traction; **~loch** ♪ *n* finger-hole, stop; **~stück** *n* grip; **~übung** ♪ *f* fingering exercise.

Grill *m*, **~en** *v/t.* grill; *im Freien*: *a.* barbecue.

Grille *f zo.* cricket; *fig.* whim, fancy; (silly) idea; *~n fangen* mope; *~n im Kopf haben* be full of whims and fancies, have silly ideas; *j-m ~n in den Kopf setzen* put ideas into a p.'s head; **~nfänger** *m* mope(r); **~nhaft** *adj.* **1.** whimsical, crotchety, cranky; **2.** → *griesgrämig.*

Grill...: **~fest** *n* barbecue; **~fleisch** *n* **1.** grilled meat; **2.** meat for grilling.

Grimasse *f* grimace, (wry) face; *~n schneiden* grimace, make (*od.* pull) faces, *Am. sl.* mug.

Grimm I. *m* wrath, fury, rage; **II.** ~ *obs. adj.* → *grimmig*; **~darm** *m* colon; **~en** ⚕ *n* gripes *pl.*, colic; **~ig** *adj. allg.* grim; (*wütend*) furious, wrathful, enraged; (*wild*) fierce, ferocious; *fig.* fierce, harsh.

Grimmsch *adj.*: *~es Gesetz* Grimm's law.

Grind *m* ⚕ crust, scab; (*Kopf~*) scurf; *vet.* scab, mange; ⚘ scab, scurf; F *dial.* (*Kopf*) F loaf, pate; **~ig** *adj.* scurfy, scabby.

grinsen I. *v/i.* grin (broadly); sneer, smirk (*über* at); **II.** ~ *n* (broad) grin; *albernes*: simper; *höhnisches*: sneer, smirk.

gripp|al ⚕ *adj.* influenzal, grippal; **~e** *f* influenza, grippe, F flu; **~ewelle** *f* wave of influenza.

Grips F *m* (*Verstand*) brains *pl.*

grob I. *adj.* coarse (*a.* ⊕); (*rauh*) rough, coarse; (*unverarbeitet*) raw, crude; (*derb, plump*) gross, coarse, crude; *fig. Arbeit, Stimme*: rough; (*unverschämt*) rude; (*roh*) rough, brutal; (*ungehobelt*) coarse, unpolished, uncouth, churlish; (*unfertig, unkultiviert*) raw, crude; (*geradeheraus*) bluff, blunt; ⚖ gross; *~e Fahrlässigkeit* gross negligence; *~e* (*ungefähre*) *Entfernung* approximate distance; *~e Skizze* (*Umrisse*) rough sketch (outlines); *in ~en Zügen* in rough outlines, roughly; *~er Fehler* gross (*od.* bad) mistake; *~e Lüge* flagrant (*od.* gross, shameless) lie; *~er Spaß* coarse joke; *~es Vergehen* grievous offen|ce, *Am.* -se; *~ werden gegen j-n* be rude to (*od.* rough with) a p., be abusive to a p.; *aus dem ~en arbeiten* work from the rough; *aus dem Gröbsten heraus sein* have broken the back of it, be out of the woods; → *Geschütz, Holz, Klotz, Unfug*; **II.** *adv.* coarsely, *etc.*; ⚖ *~ fahrlässig* grossly negligent; *~ geschätzt* roughly (estimated), at a rough guess; *et. ~ umreißen* make a rough outline of; *j-m ~ kommen* be rude to a p.; **~abstimmung** *f Radio*: coarse tuning; **~bearbeiten** *v/t.* ⊕ rough-machine; (*Steine usw.*) rough-hew; **~blech** *n* (thick) plate; **~einstellung** ⊕ *f* coarse adjustment; **~faserig** *adj.* coarse-fib|red, *Am.* -ered; *Holz*: coarse-grain(ed); **~feile** ⊕ *f* rough file; **~gerechnet** *adv.* roughly; **~heit** *f* coarseness; roughness; crudeness; *fig.* (*grobes Benehmen*) rudeness, roughness; (*Unfeinheit*) coarseness, grossness; (*grobe Rede, Handlung*) rudeness, incivility; *j-m ~en sagen* be rude to a p., insult a p.; **~ian** *m* rude (*od.* coarse) fellow, boor, ruffian, *Am.* F roughneck; **~körnig** *adj.* coarse-grained (*a. phot.*).

gröblich *adj.* gross(ly *adv.*).

Grob...: **~mahlung** *f* crushing; **~maschig** *adj.* coarse- (*od.* wide-) meshed; **~passung** ⊕ *f* loose (*Gewinde*: coarse) fit; **~sand** *m* coarse sand; **~schlächtig** *adj.* uncouth; **~schleifen** *n*, **~schliff** ⊕ *m* rough grinding; **~schmied** *m* blacksmith; **~schnitt** *m* (*Tabak*) coarse cut.

Grog *m* grog.

grölen *v/i. u. v/t.* bawl; *Radio usw.*: blare.

Groll *m* grudge, ill-will, resentment, ranco(u)r; (*eingewurzelter Haß*) inveterate hatred, animosity; **~en** *v/i.* **1.** be resentful (*od.* angry); *~ über* resent *a th.*; *j-m ~* bear a p. ill-will (*od.* a grudge), have a grievance (*od.* spite) against a p.; **2.** *Donner*: roll, rumble; **~end** *adj.* resentful, sulky, cross.

Grönländer(**in** *f*) *m* Greenlander.

Gros[1] ✝ *n* gross, twelve dozen.

Gros[2] *n* ⚔ main body (*od.* force), bulk; *fig.* majority, bulk.

Groschen *m* ten-pfennig piece; *fig.* penny; *m-e paar ~* the few pence I have, my little all; F *der ~ ist gefallen!* now I see!, the penny has dropped!; **~automat** *m* (penny-in-the-)slot machine; **~blatt** *n* tabloid (paper), yellow paper; **~roman** *m* penny dreadful, *Am.* dime novel; **~schreiber** *m* penny-a-liner.

groß I. *adj.* large, big; *bsd. Entfernung usw.*: great; (*sperrig, unförmig*) bulky, voluminous (*a. Buch usw.*); *von Wuchs*: tall (*a. Baum, Haus usw.*); (*geräumig*) spacious; (*weit*) vast, extensive;

(*riesig*) huge, enormous, immense; (*erwachsen*) grown-up; *fig. allg.* great; (*~artig*) *a.* grand; (*~ angelegt, bedeutend*) major, important; large-scale ...; *Fehler*: great, gross, bad; *Hitze*: great, intense, scorching; *Kälte*: severe; *Schmerz*: great, *Verlust*: heavy; *größer* a) *comp.* larger, greater, *etc.*; b) (*ziemlich ~*) considerable, major; *~er Buchstabe* capital letter; *~es Einkommen* large income; *~e Ferien* long vacations; *~er Geist* (*Staatsmann*) great mind (statesman); *parl.* *~e Mehrheit* great (*od.* vast) majority; *das ~e Publikum* the general public; *ein ~er Tag* a great day; *~e Schwester* elder (*od.* F big) sister; *der größere Teil* the larger (*od.* better) half; *zum ~en Teil* largely; ♪ *~e Terz* major third; *~e Toilette* full evening dress, gala; *~er Unterschied* vast (*od.* great, big) difference; *e-e ~e Zahl von* a large number of, a great many; *~e Zehe* big toe; *gleich ~* of the same size; *so ~ wie ein Haus* as big as (*od.* the size of) a house; *~ werden Kinder*: grow up; *zu ~ werden für* outgrow *a th.*; *wie ~ ist er?* what is his height?; *er ist 6 Fuß ~* he is (*od.* stands) 6 feet high, he measures 6 feet, he is a six-footer; F *ganz ~* F great, super; F *er war ganz ~* he was at his best (*od.* F great); *ich bin kein ~er Tänzer usw.* I am not much of a dancer, *etc.*; *unser Umsatz war dreimal so ~ wie der der Konkurrenz* was three times that of the competition; → *Auge 1, Bär 2, Einmaleins 1, Fuß, Glocke, Ozean, Stil, Stück, Teich, Wert usw.*; **II.** *adv.*: *~ auftreten* lord it, assume airs; *~ denken* think nobly, *von*: think highly of, have a high opinion of; *~ schreiben Rechtschreiben*: capitalize; *fig.* set great store by; *fig. ~ geschrieben werden* loom large, be considered essential (*od.* important); *j-n ~ anblicken* stare at a p., look at a p. wide-eyed (*od.* in amazement); *bei ihnen geht es ~ her* they live in high style; F *er kümmert sich nicht ~ darum* he doesn't bother much about it; *was ist schon ~ dabei?* what's the big problem about it?; *was gibt es da noch ~ zu fragen?* isn't that answer enough?; F *~ u. breit dastehen usw.* as large as life; → *herausbringen usw.*; **≗e(r, -s)** *m, f, n* **1.** *etwas ~s* something big, *etc.*; *fig.* something great, a great thing; (*Großtat*) a feat, a great exploit (*od.* achievement); *~s vollbringen* do (*od.* achieve) great things; *nach Größerem streben* aim at bigger things; *im ≗n* on a large scale, ⚚ wholesale, *einkaufen*: *a.* in bulk; *Versuch im ~n* large-scale trial; *im ≗n und ganzen* on the whole, generally (speaking), by and large; *im ~n wie im Kleinen* in great as in little things; **2.** (*Kind*) eldest (child); *unser ~r* our eldest (son); **3.** (*Erwachsener*) grown-up; **4.** *Friedrich der ~* Frederick the Great; *die ~n dieser Welt* the great (*od.* mighty) (of this world).

Groß...: **~abnehmer** ⚚ *m* bulk purchaser; **~admiral** ⚓ *m* Admiral of the Fleet; **~aktionär** *m* principal shareholder (*Am.* stockholder); **≗angelegt** *adj.* large-scale; **~angriff** ⚔ *m* major offensive, all-out attack, ✈ air blitz; **≗artig I.** *adj.* great, grand(iose); (*erhaben*) lofty, sublime; (*ausgezeichnet*) excellent, first-rate; brilliant; (*wunderbar*) wonderful, splendid, marvellous, magnificent, beautiful; (*ungeheuer*) enormous, phenomenal; (*großspurig*) pompous; *~e Idee* splendid (*a. iro.* bright, F big) idea; *~e Geschichte* capital story; *sie war ~* F she was great, *sl.* she was a wow; **II.** *adv.*: *~ tun* put on airs; **~artigkeit** *f* grandeur; greatness; loftiness; magnificence, splendo(u)r; brilliance; **~aufnahme** *f Film*: close-up; **~auftrag** ⚚ *m* large order; **~bank** *f* large (*od.* major) bank; **~bauer** *m* (great) farmer; **~-Berlin** Greater Berlin; **~betrieb** *m* large-scale enterprise, large concern (*od.* ✎ farm); **≗britannisch** *adj.* of Great Britain, British; **~buchstabe** *m* capital (letter); **≗bürgerlich** *adj.*, **~bürgertum** *n* upper middle-class, (of the) haute bourgeoisie (*fr.*); **≗deutsch** *adj.* Pan-German(ic).

Größe *f* largeness, bigness; (*Umfang, Format*) size; (*Körper≗*) height; (*hoher Wuchs*) tallness (*a. von Bäumen, Häusern usw.*); (*Ausdehnung, Abmessung*) dimension(s *pl.*); ⚚ (*Nummer*) size; (*Geräumigkeit, Weite*) width, spaciousness, *stärker*: vastness; (*Menge, bsd.* ⅌) quantity; (*un*)*bekannte ~* (un-)known quantity; (*Rauminhalt*) volume, bulk, *e-s Gefäßes*: cubic contents *pl.*; *fig. ast.* magnitude; (*~nordnung*) order; (*Bedeutung, menschliche ~*) greatness; *e-s Vergehens*: enormity; (*berühmte Person*) celebrity, notability, great man (*od.* figure, mind, name), *thea., Sport*: star; *e-e ~ auf dem Gebiet der Atomforschung* an authority on atomics; *in voller* ~ full-size, *weitS.* (as) large as life; *von mittlerer* ~ medium-sized, *Person*: of medium height; *Stern erster* ~ star of the first magnitude.

Groß...: ~**einkauf** ✝ *m* bulk (*od.* quantity) purchase; ~**einsatz** *m* large-scale operation; ~**eltern** *pl.* grandparents.

Größen...: ~**angabe** *f* statement of size; ~**faktor** *m* size factor.

Groß...: ~**enkel** *m* great-grandson; *pl.* great-grandchildren; ~**enkelin** *f* great-granddaughter.

Größen...: ~**klasse** *f* size (group); ~**ordnung** *f* order (of magnitude; *a. ast.*).

großenteils *adv.* to a large extent, in a large measure, largely.

Größen...: ~**verhältnis** *n* ratio of size, proportion; *pl.* proportions, dimensions; ~**wahn** *m* megalomania; delusions *pl.* of grandeur; ≈**wahnsinnig** *adj.*, ~**wahnsinnige(r** *m*) *f* megalomaniac, (person) suffering from delusions of grandeur.

größer *adj.* → *groß* I.

Groß...: ~**erzeuger** *m* large-scale (*od.* mass) producer; ~**fahndung** *f* dragnet operation, manhunt; ~**fabrikation** *f* mass (*od.* quantity) production, large-scale manufacture; ~**familie** *f* extended family; ~**feuer** *n* large (*od.* four-alarm) fire, (big) blaze; ~**finanz** *f* high finance; ~**flughafen** *m* major airport; ~**flugzeug** *n* giant (air)plane; ~**folio** *n Papier*: large folio; ~**format** *n* large size; F *co.* king-size; ~**fürst** *m* grand duke; ~**fürstentum** *n* grand principality; ~**fürstin** *f* grand duchess; ~**garage** *f* **1.** large garage, *öffentliche*: car park; **2.** large service station; ~**grundbesitz** *m* extensive landed property; ~**grundbesitzer(in** *f*) *m* great landowner, landed proprietor; ~**handel** *m* wholesale trade (*od.* business); *im* ~ *(ver)kaufen* wholesale; ~**handelsgeschäft** *n* wholesale business; ~**handelsindex** *m* wholesale price index; ~**handelspreis** *m* wholesale price; ~**handelsrabatt** *m* wholesale discount; ~**händler** *m* wholesale dealer, wholesaler; ~**handlung** *f* wholesale business; ≈**herzig** *adj.* magnanimous, noble(-minded); ~**herzigkeit** *f* magnanimity; ~**herzog(in** *f*) *m* grand duke (*f* duchess); ≈**herzoglich** *adj.* grand-ducal; ~**herzogtum** *n* grand duchy; ~**hirn** *anat. n* cerebrum; ~**hirnrinde** *f* cerebral cortex; ~**industrie** *f* big (*od.* large-scale) industry; ~**industrielle(r)** *m* big industrialist, industrial magnate, captain of industry; ~**inquisitor** *m* grand inquisitor.

Grossist ✝ *m* → *Großhändler*.

Groß...: ≈**jährig** *adj.* of age; ~ *werden* come of age, attain one's majority; ~*e Person* major; ~**jährigkeit** *f* majority, full (legal) age; ~**kampfschiff** *n* capital ship; ~**kampftag** *m* great battle (day); F *fig.* tough day; ~**kapital** *n* high finance, big business; *coll.* big capitalists *pl.*; ~**kapitalismus** *m* big capitalism; plutocracy; ~**kapitalist** *m* big capitalist; ~**kaufladen** *m*, ~**kaufzentrum** *n* hypermarket; ~**kaufmann** *m* **1.** great merchant; **2.** → *Großhändler*; ~**klima** *n* macroclimate; ~**knecht** *m* foreman; ~**konzern** *m* big concern, group; ≈**kotzig** F *adj.* **1.** *Person*: high and mighty, F hoity-toity; (*angeberisch*) F show-offish; **2.** *Sache*: showy, *sl.* flash; ~**kraftwerk** *n* super-power station; ~**kreuz** *n* Grand Cross; ~**küche** *f* large kitchen, *weitS.* canteen; ~**kundgebung** *f* mass rally (*od.* meeting); ~**lautsprecher** *m* high-power loudspeaker; (~*anlage*) public address system (*abbr.* P.A.S.); ~**macht** *f* great power; ≈**mächtig I.** *adj.* most powerful, mighty; F *fig.* enormous; **II.** F *adv.* enormously; ~**machtstellung** *f* position as *od.* of a great power; ~**mama** F *f* F grandma, granny; ~**mannssucht** *f* megalomania; ~**markt** *m* central market; ~**mars** ⚓ *m* maintop; ≈**maschig** *adj.* wide-meshed; ~**mast** ⚓ *m* mainmast; ~**maul** F *n* → *Großsprecher*; ≈**mäulig** F *adj.* big-mouthed; ~**meister** *m* Grand Master; ~**mut** *f* magnanimity; ≈**mütig** *adj.* magnanimous, generous; ~**mutter** *f* grandmother; ≈**mütterlich** *adj.* grandmotherly; ~**neffe** *m* grand-nephew; ~**nichte** *f* grand-niece; ~**offensive** *f* major offensive; ~**oktav** *n* large octavo; ~**onkel** *m* great-uncle, grand-uncle; ~**papa** F *m* F grandpa; ~**photo(graphie** *f*) *n* photomural; (*Vergrößerung*) blowup; ~**produktion** *f* large-scale production; ~**raum** *m* extended area; ~ *München* Greater Munich (area); ~**raumbüro** *n* open-plan office; ≈**räumig** *adj.* spacious; *a. weitS.* extensive; ~**reinemachen** *n* thorough (*od.* F wholesale) house-cleaning; ≈**schnauzig** *adj.* big-mouthed; ~**schreibung** *f* capitalization; ~-

segel *n* mainsail; **~sender** *m* high-power transmitter (*weitS.* broadcasting station); **~sprecher(in** *f*) *m* braggart, swaggerer, boaster, big-mouthed person; **~sprecherei** *f* big talk, grandiloquence, bluster; **≗sprecherisch** *adj.* boastful, swaggering, grandiloquent, big-mouthed; **≗spurig** *adj.* arrogant, haughty, high and mighty; (*wichtigtuerisch*) pompous; **~stadt** *f* large (*od.* big) town *od.* city; (*Weltstadt*) metropolis; **~städter(in** *f*) *m* inhabitant of a large town, city-dweller; **≗städtisch** *adj.* of (*od.* in) a large town *od.* city, urban, (big-)city ..., metropolitan; **~stadtluft** *f* city air; **~stadtverkehr** *m* big-city traffic; **~tankstelle** *f* large service station; **~tante** *f* grand-aunt; **~tat** *f* great feat (*od.* exploit); **~teil** *m* major part.

größt|enteils *adv.* for the most part, mostly, mainly, chiefly; **≗maß** *n* maximum (measure *od.* size); ⊕ *Passung*: maximum limit; **~möglich** *adj.* greatest possible; best, utmost *efforts, etc.*

Groß...: ~tuer(in *f*) *m* boaster, braggart, F show-off; **~tuerei** *f* boasting, bragging, showing off; **≗tuerisch** *adj.* bragging, boastful; **≗tun** *v/i.* boast, brag, show off; (*sich*) *mit et.* ~ boast (*od.* brag) of *od.* about a th., show a th. off; **~unternehmen** *n* large-scale (*od.* big) enterprise; **~unternehmer** *m* large-scale entrepreneur, big industrialist (*od.* manufacturer); **~vater** *m* grandfather; **≗väterlich** *adj.* grandfatherly; **~vaterstuhl** *m* easy chair; **~veranstaltung** *f* big event; *bsd. pol.* mass rally; **~verbraucher** *m* bulk consumer; large user; **~verdiener** *m* big-income earner; **~versandgeschäft** *n* mail-order house; **~verteiler** ☤ *m* wholesaler, large-scale distributor; **~vertrieb** ☤ *m* large-scale distribution; **~vieh** *n* cattle and horses *pl.*; **~wesir** *m* Grand Vizier; **~wetterlage** *f* general weather situation; **~wildjagd** *f* big-game hunt(ing); **~würdenträger(in** *f*) *m* high dignitary; **≗ziehen** *v/t.* rear, bring up, raise; **≗zügig** *adj.* **1.** (*freigebig*) liberal, generous, open-handed; **2.** *Ansichten, Charakter usw.*: liberal, broadminded; (*alles erlaubend*) permissive; **3.** *Anlage, Planung usw.*: on a large (*od.* grand) scale, large-scale ..., generous; (*weiträumig*) spacious; **~zügigkeit** *f* generosity, liberality; broadmindedness; large scale, generous (*od.* bold) conception (*od.* design, planning).

grotesk *adj.*, ≗ *typ. f* (*a.* ≗**schrift** *f*) grotesque; ≗**e** *f* **1.** grotesque tale; **2.** *fig.* farce; **3.** △, *Kunst*: grotesque(rie).

Grotte *f* grotto.

Grübchen *n Wange usw.*: dimple; *bot., zo.* fossule; ⊕ pit.

Grube *f* pit; ⚒ mine, pit, (*Kohlen*≗) *a.* colliery; (*Höhlung*) hollow, hole, cavity, cave; *fig. in die* ~ *fahren* go down to the grave; *j-m e-e* ~ *graben* set a trap for a p.; *wer andern eine* ~ *gräbt, fällt selbst hinein* the biter will be bitten.

Grübelei *f* musing, pondering; (deep) meditation, rumination; (*Brüten*) brooding.

grübeln I. *v/i.* muse, ponder, meditate (*über* on *od.* over); ruminate (on), rack one's brains (about); (*brüten*) brood (over); ~ *über a.* pore on *od.* over, mull on *od.* over; **II.** ≗ *n* → *Grübelei.*

Gruben...: ~arbeiter *m* miner, *in Kohlengrube*: *a.* collier; **~bahn** *f* mine *od.* pit railway (*Am.* railroad); **~brand** *m* pit fire; **~explosion** *f* colliery explosion; **~gas** *n* pit gas, firedamp; **~halde** *f* mine-dump, tip; **~holz** *n* mine timber; **~lampe** *f* miner's (*od.* pit) lamp; **~schacht** *m* mine (*od.* pit) shaft; **~steiger** *m* overseer (of a mine); **~stempel** *m* pit-prop; **~unglück** *n* mine-disaster; **~wetter** *n* → *Grubengas.*

Grübler *m*, **~in** *f* ponderer, brooding (*od.* meditative, introspective) person; ≗**isch** *adj.* pondering, pensive, meditative, introspective; brooding.

Gruft *f* tomb, vault; *poet.* grave.

Grum(me)t ⸙ *n* aftermath, *Am.* rowen.

grün I. *adj.* green; *Natur*: *a.* verdant; *Bäume*: *a.* in leaf; (*frisch*) fresh; (*unreif*) green, unripe; *Häute, Heringe, Holz, Kaffee usw.*: green; *fig. Person*: (*unreif*) green, raw; (*unerfahren*) green, inexperienced; ~*e Bohnen* French beans, string-beans; ≗*e Insel* (*Irland*) Emerald Isle; ~*er Junge* greenhorn, whipper-snapper; ~*er Salat* lettuce; ~ *vor Neid* green with envy; *mot.* ~*es Licht* green light; *fig. j-m* ~*es Licht geben* give a p. the green light (*od.* the go-ahead) (*für* for); ~ *u. blau schlagen* beat black and blue; *j-m nicht* ~ *sein* have it in for a p.; *sich* ~ *und gelb ärgern* be wild (with rage); *er wird nie auf e-n* ~*en Zweig kommen* he will never get on (in life), he will never get anywhere, *Am.* he will never make the grade; → *Klee, Minna, Tisch*; **II.** **♀** *n* green (colo[u]r); (*Laub usw.*) green(ery); *der Natur*: green, verdure; *im* ~*en*, F *bei Mutter* ~ out in the open; *Fahrt ins* ~*e* (in)to the country, to Mother Nature; *die Verkehrsampel steht auf* ~ is at green; F *es ist dasselbe in* ~ it comes to the same thing, it's six of one and half a dozen of the other; **♀anlage** *f* public park *od.* garden(s *pl.*); **~blau** *adj.* greenish-blue.

Grund *m* **1.** ground; (*Erdboden*) *a.* soil; (~*besitz*) land, (real) estate; *des Meeres, von Gefäßen usw.*: bottom; (*Tal*) valley; ⚠ (*Fundament*) foundation; (*Bauplatz*) (building-)plot; (*Farb*♀) ground; (*Hinter*♀) background; (*Grundierung*) priming (coat); (*Kaffeesatz*) ground; (*Hefe*) dregs *pl.*; ~ *und Boden* land, property; ⚓ *auf* ~ *geraten od. laufen* run aground; *den* ~ *legen zu* lay the foundation of; *e-r Sache auf den* ~ *gehen* get to the bottom (*od.* root) of a th.; *von* ~ *aus od. auf* thoroughly, completely, radically, fundamentally; *im* ~*e* at (the) bottom, fundamentally; *im* ~*e genommen* actually, strictly speaking, when all is said and done; **2.** (*Vernunfts*♀) reason, ground; (*Ursache, Anlaß*) cause, occasion; (*Beweg*♀) motive; (*Beweis*♀) argument; (*Ausrede, Entschuldigung*) excuse; *Gründe für und wider* arguments for and against, *the* pros and cons (of a matter); *auf* ~ *von* on grounds of, on the strength (*od.* basis) of, in virtue of, ⚖ *a.* under, pursuant to; *aus gesundheitlichen Gründen* on health grounds, for reasons of health; *aus diesem* ~*e* for this reason, that's why; *aus welchem* ~*e?* for what reason?, why?; *aus dem einfachen* ~*e, daß* for the simple reason that; *aus demselben* ~*e* for the same reason; (*genauso, umgekehrt*) by the same token; *mit* (*gutem*) ~ justly, with reason, reasonably; *nicht* (*ganz*) *ohne* ~ not unreasonably; *Gründe anführen* advance arguments, state one's case (*für* for); *triftige Gründe ins Feld führen können* have compelling arguments, have a strong case (*für* for); *jeden* (*keinen*) ~ *haben zu inf.* have every (no) reason to *inf.*; *es besteht* ~ *zu der Annahme, daß* there is (good) reason to suppose that; → *zugrunde*; **~abgabe** *f* land tax; **~akkord** ♪ *m* basic chord; **~angel** *f* ground angle tackle; **~anschauung** *f* fundamental idea, basic conception (*od.* outlook); **♀anständig** *adj.* very decent; **~anstrich** ⊕ *m* priming (coat), first coat; **~ausbildung** ⚔ *f* basis training; **~bau** *m* foundation; **~bedeutung** *f* primary (*od.* basic) meaning; **~bedingung** *f* basic condition, prerequisite; **~begriff** *m* fundamental (*od.* basic) idea; ~*e* fundamentals, principles, (*Anfangsgründe*) rudiments; **~besitz** *m* (landed) property, real estate, (*Immobilien*) immovables *pl.*; **~besitzer** *m* landed proprietor, landowner, estate owner; **~bestandteil** *m* element, primary constituent, basic component; **~buch** *n* land (title) register; **~buchamt** *n* land registry (office); **~dienstbarkeit** *f* (real) servitude; easement; **~ebene** *f e-r technischen Zeichung*: datum level; **♀ehrlich** *adj.* thoroughly honest; **~eigentum** *n*, **~eigentümer** *m* → *Grundbesitz*(*er*); **~einheit** *f* absolute unit; **~einkommen** *n* basic income; **~einstellung** *f* basic attitude (*od.* outlook); **~eis** *n* ground-ice.

gründen *v/t.* found, (*einrichten*) establish, institute, set up; (*schaffen*) create; ⚕ (*Gesellschaft*) found, organize, form, *mit Kapital*: promote, float; (*Geschäft*) start, open, set up; (*einleiten*) set on foot, launch; (*Beweisführung usw.*) found *od.* base (*auf* on); *sich* ~ *auf* rest (*od.* be founded, based) on, (*herrühren von*) be due to.

Gründer *m*, **~in** *f* founder (*f* foundress); (*Schöpfer*) creator, originator; ⚕ founder, promoter; **~aktien** *f/pl.*, **~anteile** *m/pl.* founders' shares (*Am.* stock *sg.*); **~gesellschaft** *f* association of founders; **~jahre** *n/pl.*, **~zeit** *hist. f* period (*sg.*) of promoterism.

Grund...: **~erfordernis** *n* basic requirement, prerequisite; **~erwerb** *m* purchase (*od.* acquisition) of land; **~erwerbssteuer** *f* purchase tax on real estate; **♀falsch** *adj.* fundamentally (*od.* utterly) wrong; absolutely false; **~farbe** *f* ⊕ ground (*od.* priming) colo(u)r; *phys.* primary colo(u)r; **~fehler** *m* fundamental mistake, basic error; **~feste** *f* foundation; *fig. in den* ~*n erschüttern* shake to its very foundation; *an den* ~*n des Staates usw. rütteln* rock the foundations of; **~fläche** *f* basal surface, base; ⊕ floor space; **~form** *f allg.* basic form; *ling. a.* infinitive; **~formel** *f* basic formula; **~gebühr**

f basic rate (*od.* fee), flat rate; **~gedanke** *m* basic (*od.* fundamental) idea; **~gehalt 1.** *m* basic content; **2.** ⚕ *n* basic salary; **≈gelehrt** *adj.* profoundly learned, erudite; **≈gescheit** *adj.* highly intelligent, very bright; **~gesetz** *n* fundamental law; *pol.* Basic (Constitutional) Law; **~gleichung** ⚲ *f* basic equation; **~haltung** *f* basic attitude; **~herr** *hist. m* lord of the manor.

Grundier|anstrich *m* → *Grundierung*; **~bad** *n* bottoming bath; **≈en** *v/t. paint.* ground, ⊕ *mst* prime; *Färberei*: bottom; (*Holz, Papier*) stain; *Vergolder*: size; **~farbe** *f*, **~lack** *m* primer; **~ung** *f* priming (coat), first (*od.* ground) coat.

Grund...: ~industrie *f* basic industry; **~irrtum** *m* fundamental error; **~kapital** ⚕ *n* (original *od.* capital) stock, original capital; **~kenntnisse** *f/pl.* basic knowledge *sg.*; **~körper** *m* fundamental substance; **~kredit** *m* real estate loan; **~kreditanstalt** *f* land-mortgage bank; **~kreis** ⚲ *m* base circle; **~lage** *f* base; *bsd. fig.* foundation, basis, groundwork; *~n e-r Wissenschaft usw.*: elements, rudiments, fundamentals; *auf der ~ von* on the basis of; *auf breiter ~* on a broad basis; *auf gesetzlicher ~* on legal authority; *die ~ bilden von et.* underlie a th.; *jeder ~ entbehren* be without any foundation; *auf e-e neue ~ stellen* put on a new basis; **~lagenforschung** *f* basic research; **≈legend** *adj.* fundamental, basic(ally *adv.*); **~legung** *f* laying the foundation.

gründlich I. *adj. allg.* thorough; (*sorgfältig*) *a.* careful, painstaking; (*zuverlässig*) solid; (*erschöpfend*) exhaustive; (*vollständig*) complete; (*durchgreifend*) thorough-going, radical; *Wissen*: thorough, profound, solid; F (*mächtig*) thorough, proper, awful; *~e Kenntnisse haben in* be well-grounded (*od.* thoroughly versed) in; **II.** *adv.* thoroughly, *etc.*; F (*sehr*) *a.* properly, very much; *j-m ~ die Meinung sagen* give a p. a piece of one's mind; *da hast du dich ~ getäuscht* F you are jolly much mistaken (there); **≈keit** *f* thoroughness; carefulness, diligence; exhaustiveness; profoundness.

Gründling *ichth. m* gudgeon.

Grund...: ~linie *f* ⚲ base-line (*a. Sport*), base; *mst pl. fig.* (main) outline(s *pl.*); **~linienspiel** *n Tennis*: base-line game; **~lohn** *m* basic wage(s *pl.*); **≈los I.** *adj.* bottomless, unfathomable; *Weg*: muddy; *fig.* (*unbegründet*) groundless, baseless, unfounded, without foundation; **II.** *adv.* groundlessly; for no reason (at all), without any reason; **~losigkeit** *f* groundlessness; baselessness; **~maß** *n* basic (*od.* standard) measurement; **~masse** *f geol.* ground mass; *biol.* matrix, stroma; **~mauer** *f* foundation wall; **~metall** *n* base (*od.* parent) metal; **~nahrungsmittel** *n* basic food(-stuff), staple food; **~norm** *f* basic standard.

Gründonnerstag *m* Maundy (*od.* *R.C.* Holy) Thursday.

Grund...: ~ordnung *f e-s Staates usw.*: fundamental order; **~pfeiler** *m* foundation pillar, main support; *fig.* foundation, mainstay, keystone; **~platte** *f* ⊕ base-plate, bed-plate; ⚡ chassis; **~preis** *m* basic price; **~prinzip** *n* basic (*od.* fundamental) principle; **~problem** *n* fundamental problem; **~rechnungsarten** *f/pl.* fundamental operations of arithmetic; **~rechte** *n/pl.* basic (*od.* constitutional) rights; **~regel** *f* basic (*od.* ground) rule; **~rente** *f* ground-rent; **~richtung** *f* ⚔ zero line; *fig.* general tendency; **~richtungspunkt** ⚔ *m* zero (*od.* base) point; **~riß** *m* △ ground plan, floor plan; (*Anlageplan*) layout; *fig.* outline, sketch; (*Lehrbuch*) compendium; (*Abriß*) outline(s *pl.*), summary; **~satz** *m* principle; (*Lebensregel*) *a.* maxim; *bsd. phls.* axiom; (*Lehrsatz*) tenet, theorem; *Mann von hohen Grundsätzen* man of high principles; *nach dem ~, daß* on the principle that; *nach neuen* (*denselben*) *Grundsätzen a.* on new (the same) lines; *es sich zum ~ machen* make it a rule; **~satzentscheidung** ⚖ *f* (basic) ruling; **~satzerklärung** *f* declaration of principle; **~satzgesetzgebung** *f* framework legislation; **≈sätzlich I.** *adj.* fundamental, basic; (*prinzipiell*) *nachgestellt*: on principle; **II.** *adv.* fundamentally, basically; in (*od.* on) principle, as a matter of principle; **~satzprogramm** *pol. n* basic program(me), policy statement; **~schaltung** ⚡ *f* basic circuit; **~schicht** *f* primary layer; **~schuld** *f* land charge, real-estate liability; encumbrance; **~schule** *f* primary (*od.* elementary) school, *Am. a.* grade school; **~stein** *m* foundation-stone; *den ~ legen zu* lay the foundation-stone of, *fig.* lay the foundations of (*od.*

for); **~steinlegung** *f* laying (of) the foundation-stone; *feierliche*: corner-stone ceremony; **~stellung** *f* ⚔ position of attention; *Turnen*: normal position; *Fechten usw.*: initial position; *Boxen*: on-guard position; **~steuer** *f* land (*od.* real-estate) tax; **~stimmung** *f* general tone, basic mood; *Börse*: prevailing tone; **~stock** *m* foundation, basis; stock; **~stoff** *m phys.* element; (*Rohstoff*) basic (raw) material, base; **~stoffindustrie** *f* basic industry; **~stoffwechsel** *physiol. m* basal metabolism; **~stück** *n* piece of land, plot (of land), real estate, property; (*Bauplatz*) (building) site, *Am. a.* location; *auf dem ~* on the premises; **~stückmakler** *m* (real-)estate agent, *Am.* realtor; **~stücksmarkt** *m* property market; **~stufe** *f ped.* first (*od.* elementary) stages *pl.*; *ling.* positive degree; **~substanz** *f* basic substance; *biol. a.* matrix; **~text** *m* original text; **~ton** *m* ♪ fundamental tone; keynote; *e-s Dreiklangs*: root; *paint.* bottom shade; *fig.* → *Grundstimmung*; **~trieb** *pysch. m* basic drive (*od.* instinct); **~tugend** *f* cardinal virtue; **~übel** *n* basic evil; **~umsatz** *m* **1.** ⚚ basic turnover; **2.** *physiol.* basic metabolic rate.

Gründung *f* foundation; ⚚ *e-r Gesellschaft*: *a.* formation; *durch Finanzierung*: promotion, flo(a)tation; *formell, durch Eintragung*: incorporation; (*Errichtung*) establishment, institution, setting-up, organizing, *e-s Geschäfts*: *a.* opening, starting.

Gründungs...: **~jahr** *n* year of foundation; **~kapital** *n* original (*od.* capital) stock; **~mitglied** *n* founder member; **~urkunde** *f*, **~vertrag** *m* memorandum (*od.* articles *pl.*) of association (*Am.* incorporation).

Grund...: **~ursache** *f* primary cause; **≈verkehrt** *adj.* fundamentally (*od.* totally) wrong; *es wäre ~ anzunehmen, daß* it would be a fundamental mistake to believe that; **~vermögen** *n* **1.** ⚚ basic assets *pl.*; **2.** → *Grundbesitz*; **≈verschieden** *adj.* totally different; **~wahrheit** *f* fundamental truth; **~wasser** *n* (under)ground water; **~wasserspiegel** *m* ground-water level; **~wehrdienst** *m* basic military service; **~werkstoff** *m* basic material; **~wert** *m* basic value (*a. fig.*); **~wissenschaft** *f* fundamental science; **~wort** *ling. n* primary word, etymon; **~zahl** *f* cardinal number; *Logarithmus*: base radix; *Potenz*: base; **~zins** *m* ground-rent; **~zug** *m* characteristic (feature), main feature; *Grundzüge der Physik usw.*: fundamentals, outlines; *et. in s-n Grundzügen schildern* outline (the essential aspects of) a th.

Grüne *n* → *grün* II; *pol. die ~n* the Greens, the German ecology party; **≈n** *v/i.* be green (*od.* verdant); (*grün werden*) (grow *od.* become, turn) green; *fig.* flourish, blossom (out).

Grün...: **~fäule** *f* green rot; **~fink** *m* greenfinch; **~fläche** *f* green (plot), lawn; *Stadtplanung*: grass-covered open space; **~futter** *n* green fodder; **≈gelb** *adj.* greenish yellow; **~gürtel** *m um e-e Stadt*: green belt; **~kern** *m* unripe spelt grain; **~kohl** *m* kale, borecole; **~kreuz(kampfstoff** *m*) ⚔ *n* choking gas, Green Cross; **~land** *n* grassland; **≈lich** *adj.* greenish; **~schnabel** *fig. m* greenhorn, young shaver, whipper-snapper; **~span** *m* verdigris; **~specht** *m* green woodpecker; **~streifen** *m* grass strip, *Autobahn*: centre (*bsd. Am.* median) strip.

grunzen I. *v/i. u. v/t.* grunt; **II. ≈** *n* grunt(ing).

Grünzeug *n* greens *pl.*, greenstuff.

Gruppe *f allg.* group; *von Leuten, Häusern usw.*: *a.* cluster; *Bäume*: *a.* clump; *von Arbeitern usw.*: team, crew, gang; (*Haufe*) troop, covey; (*Klasse*) group, category; ⚔ section, *Am.* squad; ✈ *Brit.* wing, *Am.* group; ⚚ group, concern; ⊕ assembly; *~n bilden* form groups; *in ~n einteilen* group.

Gruppen...: **~antrieb** ⊕ *m* group drive; **~arbeit** *f* teamwork, group work; **~aufnahme** *f*, **~bild** *phot. n* group picture; **~dynamik** *psych. f* group dynamics *pl.* (*sg. konstr.*); **~feuer** ⚔ *n* volley fire; **~führer** *m* group leader; ⚔ *Brit.* section leader, *Am.* squad leader; **~mord** *m* genocide; **~meister** ⚚ *m* foreman; **~schalter** ⊕ *m* gang switch; **~schaltung** ⊕ *f* series multiple; **~sex** *m* group sex; **~therapie** *psych. f* group therapy; **~unterricht** *m* group instruction; **≈weise** *adv.* in groups; ⚔ by *od.* in sections (*Am.* squads).

gruppier|en *v/t.* group, arrange in groups, range; *Sport*: *a.* marshal; *sich ~* form groups, group (o.s.), cluster (*um* round); *Sport*: line up; **≈ung** *f* grouping, arrangement (in groups); (*Gruppe, pol. usw.*) grouping, group.

Grus *m Kohle*: slack, breeze; *geol.* debris.

Grusel|film *m* horror film; **~geschichte** *f* tale of horror; **&ig** *adj.* weird, eerie, F creepy, spooky; *Geschichte*: *a.* spine-chilling, blood-curdling; **&n** *v/i. u. v/impers.*: *mir (mich) gruselt* my flesh creeps (*bei dem Gedanken* at the thought), F it gives me the creeps; *j-n ~ machen* make a p.'s flesh creep, F give a p. the creeps; **~n** *n* creepy feeling, F *the* creeps *pl.*; *da kann man das ~ lernen* it makes your flesh creep.

Gruß *m* (*Grüßen*) salutation, greeting; *bsd.* ⚔, ⚓ salute; *Grüße* compliments, regards, respects, greetings, *vertraulich*: love (*an* to); (*bestelle ihm*) *e-n schönen ~ von mir!* give him my kind(est) regards (*vertraulich*: my love), remember me to him; (*viele*) *herzliche Grüße in Briefen*: (many) kind regards, F love; *mit bestem (od. freundlichem) ~* Sincerely yours, *Am.* Yours truly.

grüßen *v/t.* greet, *bsd.* ⚔, ⚓, *fenc. u. feierlich*: salute; *durch Verbeugung*: bow to; *durch Nicken*: nod to; (*anrufen, be~*) hail; *fig. Berge usw.*: greet (*a. v/i.*); *~ Sie ihn von mir!* → *Gruß*; *er läßt Sie freundlichst ~* he sends you his (kind) regards *od.* compliments; *Grüß Gott!* good day!; good morning, *etc.*; F *grüß dich!* hullo!

Gruß...: **~form(el)** *f* (form of) salutation; **&los** *adv.* without saying hullo (*od.* good-bye, *etc.*); **~wort** *n* (word of) greeting.

Grützbeutel ⚕ *m* wen, atheroma.

Grütze *f* (*bsd. Hafer&*) groats *pl.*, grits *pl.*; (*~brei*) porridge; F (*Verstand*) brains *pl.*; **~schleim** *m* gruel.

Gschaftlhuber *dial. m* busybody.

guck|en F *v/i.* look, peer, peep, peek; *Sache*: peep, look; (*starren*) stare, gaze; (*dreinschauen*) look (*erstaunt* surprised); *guck mal!* look!; *nicht ~!* don't peep!; **&fenster** *n* peep-hole; judas (window); **&kasten** *m* peep-show (box); **&loch** *n* peep-hole.

Guerilla **1.** *f*, *a.* **~krieg** *m* guer(r)illa war(fare); **2.** *m*, *mst pl.*, *a.* **~kämpfer** *m* (*Partisan*) guer(r)illa (fighter).

Guillotin|e *f*, **&ieren** *v/t.* guillotine.

Gulasch *n* goulash; **~kanone** ⚔ F *f* field-kitchen; **~suppe** *f* goulash soup.

Gulden *m* florin, guilder; *hist.* gulden.

gültig *adj. allg.* valid (*a. fig.*); (*in Kraft*) effective, in force; (*gesetzlich, zulässig*) legal; *Münze*: current, good; *Fahrkarte*: valid, good (*drei Tage* for three days); *~ vom od. ab* effective as from; *~ sein* → *gelten*; (*für*) *~ erklären*, *~ machen* declare valid, validate; **&keit** *f allg.* validity (*a. fig.*); *e-s Gesetzes*: *a.* legal force; *von Geld*: currency; (*Zulässigkeit*) legality; **&keitsbereich** *m* range of validity, scope; **&keitsdauer** *f* (period of) validity; *e-s Vertrages*: *mst* term; *e-s Patents usw.*: life; **&keitserklärung** *f* validation.

Gummi *n*, *m* (*Saft, Klebe&*) gum; (*Kautschuk*) (India) rubber; (*Radier&*) india-rubber, eraser; F (*Kondom*) French letter, *Am.* rubber; **~absatz** *m* rubber heel; **~arabikum** *n* gum arabic; **&artig** *adj.* rubbery, elastic; **~artikel** *m* rubber article, *pl.* rubber goods; **~ball** *m* rubber ball; ⊕ rubber bulb; **~band** *n* rubber band; elastic (band); **~baum** *m* gum-tree; (India) rubber tree; **~bereifung** *f* rubber tyres (*bsd. Am.* tires) *pl.*; **~blase** *f* rubber bladder; **~bonbon** *m*, *n* gum-drop; **~boot** *n* rubber dinghy, inflatable (rubber) boat; **~druck** *typ. m* offset (printing); **~elastikum** *n* (India) rubber, gum elastic.

gummier|en *v/t. klebrig*: gum; ⊕ rubberize, rubber-coat; **&ung** *f* gum(ming); rubber-coat(ing).

Gummi...: **~faden** *m* rubber thread; **~floß** *n* rubber raft; **&gelagert** ⊕ *adj.* rubber-cushioned; **~gewebe** *n* rubberized (*od.* elastic) fabric; **~gutt** ⚗ *n* gamboge; **~handschuh** *m* rubber glove; **~harz** *n* gum resin; **~haut** *f für Faltboote usw.*: rubber skin; **~kabel** *n* rubber-insulated cable; **~knüppel** *m* (rubber) truncheon, *Am.* (policeman's) club, F billy; **~lack** *m* gum lac; ⊕ rubber varnish; **~linse** *f Film*: zoom lens; **~lösung** ⊕ *f* rubber solution; **~mantel** *m* mackintosh, rubber coat; **~matte** *f* rubber mat; **~paragraph** F *m* elastic clause; **~reifen** *m* (rubber) tyre (*bsd. Am.* tire); **~ring** *m* rubber band; **~sauger** *m* **1.** ⊕ rubber suction cup; **2.** *für Säuglinge*: rubber dummy (*od.* teat); **~schlauch** *m* rubber hose; *für Reifen*: inner tube; **~schnur** *f* elastic (cord); **~schuhe** *m/pl.* galoshes, rubber overshoes, *Am.* rubbers; **~schwamm** *m* rubber sponge; **~sohle** *f* rubber sole; **~stempel** *m* rubber stamp; **~stiefel** *m* rubber boot; **~stopfen** *m*, **~stöpsel** *m* rubber stopper; **~strumpf** *m* elastic stocking; **~tier** *n* (toy) rubber animal; **~überschuhe** *m/pl.* → Gummischuhe; **~überzug** *m* rubber coating; **~unterlage** *f* rubber sheet; **~walze** *f* rubber roller; **~waren** *f/pl.* rubber goods; **~zelle** *f* padded room; **~zucker** *m* arabinose; **~zug** *m* elastic.

Gunst *f allg.* favo(u)r; (*Wohlwollen*) goodwill; (*Freundlichkeit*) kindness; (*Gefallen*) favo(u)r; (*günstige Umstände*) favo(u)rableness, auspiciousness, favo(u)r; *in j-s ~ stehen* be in a p.'s favo(u)r (*od.* good graces, F good books); *in j-s besonderer ~ stehen* be high in a p.'s favo(u)r; *sich in j-s ~ setzen* gain a p.'s favo(u)r, ingratiate o.s. with a p.; *sich um j-s ~ bewerben* court a p.'s favo(u)r; *um j-s ~ buhlen* curry favo(u)r with a p.; *a.* ⚕ *zu m-n ~en* to my favo(u)r (*od.* credit); *Saldo zu Ihren ~en* balance in your credit; → *zugunsten*; **~bezeigung** *f* (mark of) favo(u)r.

günstig I. *adj. allg.* favo(u)rable (*für* to); (*verheißungsvoll*) auspicious, propitious; *Moment*: opportune, propitious; (*ermutigend*) encouraging, reassuring; (*vielversprechend*) promising; (*passend, zuträglich*) suitable; (*vorteilhaft*) advantageous, profitable, beneficial; (*befriedigend*) satisfactory, agreeable; *~e Gelegenheit* (good) opportunity; *~ sein für* be favo(u)rable to, favo(u)r, make for; *bei ~em Wetter* weather permitting; *im ~sten Fall* at best; ⚕ *zu ~en Bedingungen* on easy terms; *der Wind ist ~* the wind sits fair; *das Glück war uns ~* the luck was on our side; *er hätte keinen ~eren Zeitpunkt wählen können* he couldn't have chosen a better (*od.* more propitious) moment; *die Sache erweist sich ~er, als ich dachte* things are half as bad as I thought; **II.** *adv.* favo(u)rably; *~ gesinnt* well-disposed, benevolent (*dat.* to); *~ abschneiden* come off well (*bei* in *an examination, etc.*); *bei e-m Vergleich*: compare well, show up to advantage; *sich ~ stellen zu et.* take a positive view of a th., favo(u)r a th.; **~stenfalls** *adv.* at best.

Günstling *m* favo(u)rite; protégé (*fr.*); *contp.* minion; **~swirtschaft** *f* favo(u)ritism.

Gurgel *f* throat; *j-n bei der ~ packen* take a p. by the throat; *j-m die ~ zudrücken* choke (*od.* strangle) a p.; **≈n** *v/i. u. v/t.* gargle; *Stimme, Wasser*: gurgle; **~wasser** *n* gargle.

Gurke *f* **1.** cucumber; *kleine* (*Essig≈, Pfeffer≈*): gherkin; *saure* (*eingelegte*) *~n* pickled (preserved) cucumbers; **2.** F (*Nase*) *sl.* boko; (*Person*) *sl.* nut; (*mieses Ding*) *sl.* dud.

Gurken...: **~hobel** *m* cucumber slicer; **~kraut** *n* borage; dill; **~salat** *m* cucumber salad.

gurren *v/i.* coo.

Gurt *m* (*Gürtel*) belt (*a. mot. usw.*); (*Halte≈, Trage≈ usw.*) strap; (*Hosen≈ usw.*) waistband; (*Sattel≈*) girth(-strap); ⚔ (*Patronen≈*) (cartridge) belt; ⚠ flange; ⊕ (*Förder≈*) belt; **~band** *n* webbing, waistband; **~bogen** ⚠ *m* reinforcing arch.

Gürtel *m* belt, girdle (*beide a. fig.*); *fig. geogr.* zone; *von Grünanlagen usw.*: belt; (*Festungs≈*) belt, ring (of fortifications); (*Polizei≈, Absperrung*) cordon; (*Taille*) waist (-line); *Schwarzer ~ Judo*: black belt; *den ~ enger schnallen* tighten one's belt; **~linie** *f* waist-line; *unter der ~ Boxen*: below the belt; **~reifen** *mot. m* radial-ply tyre (*bsd. Am.* tire); **~rose** ⚕ *f* shingles *pl.* (*sg. konstr.*); **~schnalle** *f* buckle (*od.* clasp) of a belt; **~tier** *zo. n* armadillo.

gurten *v/t.* fill *cartridges* in an ammunition belt; (*anschnallen*) strap; ⚠ brace, string; (*Holz*) halve.

gürten *v/t.* gird; *sich ~* put on one's belt, *a. fig.* gird o.s. (*mit* with, *für* for).

Gurt...: **~förderer** ⊕ *m* belt conveyor; **~gesims** ⚠ *n* string-course; **~gewölbe** *n* ribbed vault; **~zuführung** ⚔ *f MG*: belt feed.

Guß *m* ⊕ (*Gießen*) founding, casting (process); (*Werkstoff*) cast iron (*od.* metal); (*Gußstücke*) castings *pl.*; *typ.* fount, *Am.* font; (*Übergießung*) jet, gush, dash (of water); (*Regen≈*) downpour, (heavy) shower; ⊕ *schmiedbarer ~* malleable iron; *aus e-m ~* of one founding *od.* jet; *fig.* of a piece; → *Zuckerguß*; **~asphalt** *m* poured asphalt; **~beton** *m* cast concrete; **~block** *m* ingot; **~bruch** *m* cast-iron scrap; **~eisen** *n* cast iron; **≈eisern** *adj.* cast-iron ...; **~fehler** *m* casting flaw; **~form** *f* (casting) mo(u)ld; **~messing** *n* cast brass; **~naht** *f* casting burr, fin; **~stahl** *m* cast steel; **~stein** *m Küche*: sink; **~stück** *n* casting; **~waren** *f/pl.* castings.

gut I. *adj. allg.* good; (*~mütig*)

good-natured, kind(-hearted); (*tüchtig*) capable, able, efficient; (*günstig*) favo(u)rable; (*fein, prächtig*) fine, splendid; (*nützlich*) useful, serviceable; (*zuträglich, förderlich*) conducive (*für* to), beneficial, good (for); (*vorteilhaft*) advantageous, profitable; (*angemessen*) adequate; (*beträchtlich*) considerable, substantial; (*gesund, kräftig*) sound; (*richtig*) right, correct; ⚕ *~er Absatz* ready sale; *~er Anzug* Sunday best; *~er Spieler* good player; *~es Wetter* fair (*od.* good) weather; *~gehendes Geschäft* going concern; *~e Nerven* good (*od.* steady) nerves; *~e Qualität* good (*od.* high) quality; *~e Stube* drawing room, parlo(u)r; *~e Worte* fair words; *auf ~ deutsch* in plain English; *aus ~er Familie* of a good family; *ganz ~* not bad; well (*od.* good) enough; *das ist ganz ~ so!, auch ~!* that's just as well!; *schon ~!* never mind!, (that's) all right!; (*es genügt*) that will do!; *laß es ~ sein!* let it be (*od.* pass)!; leave it alone!; *sei so ~ und imp.* (will you) be so kind as to *inf.*, be good enough to *inf.*; *es ist ganz ~, daß* it is all to the good that; (*es ist nur*) *~, daß* it's lucky that, good thing that; *so ~ wie unmöglich* practically (*od.* next to) impossible; *der Prozeß ist so ~ wie gewonnen* as good as won; *so ~ wie kein* practically no; *zu ~er Letzt* finally; → *zugute*; *e-e ~e Stunde* a good (*od.* full) hour; *~ zu Fuß sein* be a good walker; *ein ~er Rechner sein* be good (*od.* quick) at figures; *~ sein für* be good for *a cold, etc.*; (*bürgen für*) vouch (*od.* answer) for; ⚕ *j-m ~ sein für* be a p. good for *an amount*; *~ sein gegen j-n od. zu j-m* be good (*od.* kind) to a p.; *~ sein mit j-m* be on friendly terms with a p.; *j-m ~ sein* love (*od.* like) a p., be attached to a p.; *~ werden Wunde usw.*: get well, heal, mend; *fig. a.* turn out well, come right (again); *es ~ haben* be well off, have a good time (of it), be lucky; *du hast es ~, du bist ~ daran* you are lucky; *dort hat er es ~ gehabt* he was very happy there; *für ~ finden* think fit (*od.* proper); *kein besonders ~er Tänzer usw. sein* be not much of a dancer, *etc.*; → *Ding 1, Glaube, Glück, Haar, Hoffnung 1, Kasse 5 usw.*; **II.** *adv.* well, good; favo(u)rably, *etc.*; (*mindestens*) *a. ~ und gern* at least, slightly over, easily; *~ hören* (*spielen usw.*) hear (play, *etc.*) well; *~ riechen* smell good, have a pleasant smell; *~ schmecken* taste good; *~ aussehen* look good, *Person*: be good-looking, *gesundheitlich*: look well; *~ lernen* learn easily; F *mach's ~!* good luck (to you)!, *als Gruß*: cheerio!, have a good time!; *~!* good!, fine!; *~ so!* good!, well done!; *ich kann ihn nicht ~ darum bitten* I can't very well ask him for it; *er täte ~ daran zu gehen* he had better go; *du hast ~ reden* (*lachen*) it's easy for you to talk (laugh); *das fängt ja ~ an* that's a nice start, really; *das kann ~ sein* that may well (*od.* easily) be; → *ebensogut, guttun, halten* I, III, *meinen, zustatten usw.*; **≈e(r, -s)** *m, f, n* **1.** *~(r)* good woman (man); *mein ~r* my good man, my dear; *die ~n* the good (*pl.*), the righteous (*pl.*), F the goodies; **2.** *etwas ~s* something good, *zu essen*: a good thing to eat; **3.** *das ~* the good; *~s und Böses* good and evil; *~s tun* do good; *das ~ an der Sache ist* the good thing about it is; *etwas ~s war doch daran* there was still a good side to it; *des ~n zuviel tun* overdo it, overshoot the mark; *das ist des ~n zuviel* that's too much of a good thing; *sich zum ~n wenden* change for the better, take a turn (for the better); *im ≈n* in a friendly manner, amicably; *alles ~!* all the best!; good luck!; *ich wünsche ihm alles ~* I wish him all the best; *das führt zu nichts ~m* nothing good will come of it; *er hat mir nur ~s erwiesen* he has shown me nothing but kindness.

Gut *n* **1.** good; (*Besitz*) property, possession, goods *pl.*; ⊕ (*in Verarbeitung befindliches ~, Förder≈*) stock, material; *Güter* goods, products, commodities, merchandise *sg.*; 🚂 goods, freight *sg.*; (*Vermögensstücke*) effects, assets; *Hab und ~* → *Habe*; (*un*)*bewegliche Güter* (im)movables; *lebenswichtige Güter* essential goods; *das höchste ~* the greatest good; *~ und Blut* life and property; *unrecht ~ gedeihet nicht* ill-gotten wealth never thrives; **2.** (*Land≈*) (landed) estate, farm.

Gut...: ~achten *n* opinion; *engS.* expert opinion (*od.* evidence ⚖); (*Zeugnis*) certificate, testimonial; *ärztliches ~* medical opinion (*konkret*: certificate, ⚖ evidence); *ein ~ abgeben* deliver an opinion; *ein ~ einholen* procure an (expert) opinion; **~achter** *m* expert; *Versicherung*: *a.* surveyor; (*Schätzer*) expert, valuer, appraiser; (*Berater*) consultant; **∼achtlich I.** *adj.* expert …, authoritative; advisory; **II.** *adv.* by way of an (expert's) opinion; *sich ∼ äußern* give an expert opinion; **∼artig** *adj.* good-natured, harmless (*a.* ⚕); ⚕ *Tumor usw.*: benign; **∼artigkeit** *f* good nature; harmlessness; ⚕ benignity; **∼aussehend** *adj.* good-looking; **∼besetzt** *thea. adj. Rolle*: well-cast; *Haus*: well-filled; **∼bringen** ⚚ *v/t.* → *gutschreiben*; **∼bürgerlich** *adj. Kost*: plain, homely; **∼dünken** *n* opinion, judg(e)ment, discretion (*a.* ⚖); *nach ∼* at pleasure, at (one's own) discretion; *Entscheidung nach ∼* discretionary decision; *nach ∼ des Gerichtes* at the Court's pleasure (*od.* discretion); *nach eigenem ∼ handeln* use one's own discretion; *et. dem ∼ j-s überlassen* leave a th. to a p.'s discretion.

Güte *f* **1.** goodness (of heart), kind(li)ness; (*Großzügigkeit*) generosity; (*wohltätige ∼*) charitableness; *Gottes*: (God's) grace, loving-kindness; *in* (*aller*) *∼* amicably, in a friendly manner; by fair means; *haben Sie die ∼, zu inf.* (would you) be so kind as to *inf.*; *durch die ∼ des Herrn X.* through the kindness (*od.* through the kind offices) of Mr. X.; F (*ach, du*) *meine ∼!* good(ness) gracious!; (my) goodness!, good lord!, dear me!; **2.** (*Qualität*) quality; (*∼grad*) *a.* grade, class; (*Vortrefflichkeit*) superior quality; *der Tonwiedergabe*: fidelity; ⚚ (*von*) *erster ∼* first-class, first-rate, top-quality …, *weitS.* of the first water; **∼faktor** ⊕ *m* quality factor; **∼grad** *m* quality, grade; (*Wirkungsgrad*) efficiency; **∼klasse** *f* class, grade; standard of quality; *nach ∼n eingeteilt* graded.

Gutenachtkuß *m* good-night kiss; *j-m e-n ∼ geben* kiss a p. good-night.

Güter…: **∼abfertigung** *f* (*Vorgang*) dispatch of goods; (*Stelle, a.* **∼annahme** *f*) goods (*Am.* freight) office; **∼austausch** *m* exchange of goods; **∼bahnhof** *m* goods station (*od.* depot, yard), *Am.* freight depot (*od.* yard); **∼beförderung** *f* → *Gütertransport*; **∼erzeugung** *f* production (*od.* manufacture) of goods; **∼fernverkehr** *m* long-distance goods traffic, *Am.* long-haul trucking; **∼gemeinschaft** *f* community of goods, *eheliche*: *a.* joint property; **∼halle** *f* goods shed, warehouse.

guterhalten *adj.* well-preserved (*a. Person*), in good condition.

Güter…: **∼kraftverkehr** *m* road haulage; **∼makler** *m* (real-)estate (*od.* land) agent, *Am.* realtor; **∼markt** *m* commodity market; **∼recht** *n* law of property; *eheliches ∼* a) law relating to the property between husband and wife; b) → *Güterstand*; **∼schuppen** *m*, **∼speicher** *m* goods shed, *Am.* freight depot; warehouse; **∼stand** ⚖ *m*: *ehelicher ∼* legal status of property (in marriage), property arrangement; *getrennter ∼* separate (ownership of) property; **∼tarif** *m* goods (*Am.* freight) tariff; **∼transport** *m* transport of goods, goods traffic; **∼trennung** *f* separation of property (in marriage); **∼verkehr** *m* goods (*Am.* freight) traffic; **∼verteilung** *f* distribution of goods; **∼wagen** 🚃 *m* goods wag(g)on, *Am.* freight car; *geschlossener*: goods van, *Am.* box-car; *offener*: open goods truck, *Am.* gondola car; **∼zug** *m* goods (*Am.* freight) train.

Güte…: **∼stelle** *f* voluntary settlement board; **∼stempel** ⚚ *m* quality stamp; **∼verfahren** *n* conciliatory proceedings *pl.*; **∼vorschrift** *f* quality specification; **∼zeichen** *n* quality mark (*od.* seal); *fig.* hallmark.

gut…: **∼geartet** *adj.* good-natured; **∼gebaut** *adj.* well-built (*od.* made) (*a. Person*); **∼gelaunt** *adj.* good-humo(u)red, in a good humo(u)r (*od.* mood), *bsd. Am.* chipper; **∼gemeint** *adj.* well-meant; **∼gesinnt** *adj.* well-disposed (*dat.* to); well-meaning; **∼gewicht** ⚚ *n* extra weight, overweight; **∼gläubig I.** *adj.* credulous; *bsd.* ⚖ acting (*od.* done) in good faith, bona fide …; *∼er Eigentümer* bona fide owner; **II.** *adv.* in good faith, bona fide; **∼gläubigkeit** *f* credulity; ⚖ good faith; **∼haben** ⚚ *n* credit (balance), (bank) balance; (*Konto*) account; (*Vermögen*) assets *pl.*, holdings *pl.*; „*kein ∼*“ “no funds”; *mein gegenwärtiges ∼* the balance standing to my favo(u)r; **∼haben** *v/t.* ⚚ have *a th.* to one's credit, have due to one; F *du hast bei mir noch e-e Zigarette gut* I still owe you a cigarette; **∼heißen** *v/t.* approve (of), sanction, F okay; **∼herzig** *adj.* kind(-hearted), good(-hearted); **∼herzigkeit** *f* kind-heartedness, kindness.

gütig I. *adj.* good, kind (*gegen* to); kind-hearted, kindly; (*wohlmeinend*) benevolent; (*nachsichtig*) indulgent; *mit Ihrer ~en Erlaubnis* with your kind permission; *Sie sind sehr ~* you are very kind; **II.** *adv.* kindly; *wollen Sie mir ~st gestatten* (will you) kindly allow me (*a. iro.*).

gütlich I. *adj.* amicable, friendly; *~e Einigung, ~er Vergleich* amicable agreement (⚖ settlement); **II.** *adv.*: *sich ~ einigen* come to a friendly agreement, *über*: settle (*od.* arrange) *a th.* amicably; *sich ~ tun an* take (*od.* eat, drink) one's fill of, treat o.s. to; *sie taten sich an s-n Zigarren ~* they helped themselves to his cigars.

gut...: ~machen *v/t.*: (*wieder*) *~* make good, make up for, make amends for, compensate; (*Fehler usw.*) repair, redress; (*gewinnen*) make *10 dollars* (profit); (*Abstand, Zeit*) make up; **~mütig** *adj.* good-natured; **≈mütigkeit** *f* good nature; **~nachbarlich** *adj.* neighbo(u)rly; **~sagen** *v/i.* vouch *od.* answer (*für* for).

Gutsbesitzer(**in** *f*) *m* estate owner, big landowner, gentleman farmer.

Gut...: ~schein *m* credit note, coupon, voucher; (*Geschenk≈*) gift token; **≈schreiben** *v/t.* credit (*e-n Posten* an item); *j-m e-n Betrag ~* pass (*od.* enter) an amount to a p.'s credit, credit a sum to a p.; *e-n Betrag e-m Konto ~* credit an account with an amount; **~schrift** *f* credit item (*od.* entry); *zur ~ auf unser Konto* to the credit of our account; **~schriftsanzeige** *f* credit note.

Guts...: ~haus *n* mansion-house; **~herr**(**in** *f*) *m* **1.** *hist.* lord (lady) of the manor; **2.** → *Gutsbesitzer*; **~hof** *m* estate, manor, farm.

gutsituiert *adj.* well-to-do.

Gutspächter *m* tenant farmer.

gutstehen *v/i.* → *gutsagen.*

Gutsverwalt|er *m* landholder's steward (*od.* manager); **~ung** *f* management of an estate.

Guttapercha *f* gutta-percha.

Guttat *f* good deed.

guttun *v/i.* **1.** (*j-m, e-r Sache*) do *a p. od. th.* good; *j-m od. bei e-r Sache ~* be good for; *j-m* (*seelisch*) *~* do a p. good, F buck a p. up; *das tut gut!* that is a comfort!, that does one good!; *das tut ihm gut!* that does him (a world of) good! (*a. iro.*); *j-m nicht ~ Arznei usw.*: disagree with a p.; *das tut nicht gut* no good can come of it; *Rauchen tut dir nicht gut* smoking is not good for you; **2.** F *Kind*: behave, be good.

guttural *adj.* guttural; **≈(laut)** *ling. m* guttural (sound).

gut...: ~unterrichtet *adj.* well-informed; **~willig** *adj.* willing, ready; (*gefällig*) obliging; (*entgegenkommend*) cooperative; (*freiwillig*) voluntary; **≈willigkeit** *f* willingness, readiness; obligingness.

Gymnasialbildung *f* secondary school education; → *Gymnasium.*

Gymnasiast(**in** *f*) *m* pupil at a secondary school, *etc.*; → *Gymnasium.*

Gymnasium *n* secondary school; *humanistisches*: classical secondary school, *Brit. etwa* grammar-school.

Gymnastik *f* gymnastics *pl.* (*sg. konstr.*); **~er** *m* gymnast; **~lehrer**(**in** *f*) *m* gymnastics teacher; **~schule** *f* school of gymnastics.

gymnastisch *adj.* gymnastic.

Gynäkolog|e *m* gyn(a)ecologist; **~ie** *f* gyn(a)ecology; **≈isch** *adj.* gyn(a)ecological.

Gyro *m* gyro; **~skop** *n* gyroscope.

H

H, h *n* H, h; ♪ B.

ha! *int.* ha!, ah!

Haager *adj.* (of the) Hague; ~ *Abkommen*, ~ *Landkriegsordnung* Hague Conventions *pl.*; ~ *Internationaler Schiedshof* International Court of Arbitration at The Hague.

Haar *n* hair (*a.* ✿); (*Kopf*≈) hair (of the head); *am Tuch*: nap, pile; *j-m die ~e schneiden* give a p. a hair-cut; *sich die ~e schneiden lassen* have one's hair cut, have (*od.* get) a hair-cut; *j-n an den ~en ziehen* pull a p.'s hair; *sich das ~ frisieren od. richten* dress (*od.* do, *Am. a.* fix) one's hair; *sich die ~e (aus)raufen* tear one's hair; *ich könnte mir die ~e raufen!* I could kick myself!; *fig. aufs ~* to a hair, to a T, exactly, precisely; *um ein ~* by a hair's breadth, very nearly (*od.* narrowly); *um ein ~ wäre ich überfahren worden* I came within an ace of being run over, I had a narrow escape; *um kein ~ besser* not a bit better; *~e spalten* split hairs; *ein ~ in der Suppe finden* find a fly in the ointment; *j-m kein ~ krümmen* not to touch (*od.* harm) a hair on a p.'s head; *kein gutes ~ an j-m lassen* tear (*od.* pull) a p. to pieces, not to find a good word to say for a p.; *~e auf den Zähnen haben* have a sharp tongue, be a tough customer; *sich in den ~en liegen* be at loggerheads (*od.* quarrelling, fighting); *sich in die ~e geraten* fly at each other, clash, get into each other's hair; *~e lassen müssen* suffer heavy losses; (*betrogen werden*) be fleeced; (*e-e Schlappe erleiden*) F take a drubbing; et. *bei den ~en herbeiziehen* drag a th. in (by the head and shoulders); *bei den ~en herbeigezogen* far-fetched; *mein Leben hing an e-m ~* my life hung by a thread; *die ~e standen mir zu Berge, mir sträubten sich die ~e* my hair stood on end; *da standen einem die ~e zu Berge* it was a hair-raising affair; *laß dir deshalb keine grauen ~e wachsen* don't let it worry you, don't lose any sleep over it.

Haar...: ~ansatz *m* hair-line; **~ausfall** *m* loss of hair, ⚕ alopecia; **~balg** *anat. m* hair follicle; **~besen** *m* hairbroom; **~boden** *m* hair-bed; **~breit** *fig. n* **1.** *nicht ein ~ (weichen)* not (to budge) an inch; **2.** → *Haar(esbreite)*; **~bürste** *f* hairbrush; **~büschel** *n* tuft of hair; **~draht** *m* finest (gold) wire; **≈dünn** *adj.* hair-thin, capillary; **≈en** *v/i. u. v/refl.* (*sich ~*) lose (*od.* shed) one's hair; **~entferner** *m*, **~entfernungsmittel** *n* depilatory; **~ersatz** *m* false hair, transformation; **~esbreite** *f*: *um ~* by a hair's breadth; *nicht um ~* not an inch; → *a.* (*um ein*) *Haar*; **~farbe** *f* colo(u)r of hair; **~färbemittel** *n* hair-dye, (hair-) tint; **~färben** *n* hair-dyeing (*od.* tinting); **~faser** *f* capillary filament; **~feder** ⊕ *f* hairspring; **≈fein** *adj.* (as) fine as a hair, hair-like; *fig.* very subtle; **~festiger** *m*, **~fixativ** *n* setting lotion; **~filz** *m* hair felt; *für Hüte*: fur felt; **~flechte** *f* braid (of hair), tress, plait; **~follikel** *m* hair follicle; **≈förmig** *adj.* hair-like, capilliform; **~garn** *n* hair cord; **~gefäß** *anat. n* capillary (vessel); **≈genau** *adj.* (*u. adv.*) precise(ly), exact(ly); *adv. a.* to a hair (*od.* nicety), to a T; **≈ig** *adj.* **1.** hairy, hirsute; ✿ *u. zo.* pilous, pilose; **2.** F (*schlimm*) bad, stiff, tough; (*heikel*) ticklish; **~kamm** *m* (hair-)comb; **~klammer** *f*, **~klemme** *f* hair-clip, *Am. a.* bobby pin; **~kleid** *n* coat of hair; **≈klein** *adv.* minutely, in detail, (down) to the last detail; **~knoten** *m* chignon, bun; **~krankheit** *f* disease of the hair; **~künstler(in** *f*) *m* hair-stylist, *co.* tonsorial artist; **~locke** *f* lock; *gekräuselte*: curl, ringlet; **≈los** *adj.* hairless; (*kahlköpfig*) bald; **~mittel** *n* hair-restorer; **~mode** *f* hair-style; **~nadel** *f* hairpin; **~nadelkurve** *f* hairpin bend; **~netz** *n* hair-net;

flüssiges ~ hair lacquer; **~öl** *n* hair oil; **~pflege** *f* care of the hair; **~pflegemittel** *n* hair tonic (*od.* lotion); **~pinsel** *m* hairbrush; **~puder** *m* hair-powder; **~riß** *m* ⊕ hair(-line) crack; *Keramik*: craze; **°rissig** *adj.* with hair(-line) cracks; *Keramik*: crazed; **~röhrchen** *n* capillary tube; **°scharf I.** *adj.* very sharp, razor-sharp; *fig.* (*deutlich*) very clear; (*genau*) very precise (*od.* exact); **II.** *fig. adv.* precisely, with mathematical precision; → *a. haargenau*; (*knapp*) by a hair's breadth; *der Wagen fuhr* ~ *an uns vorbei* the car missed us by an inch; **~schleife** *f* (hair-)ribbon, bow; **~schmuck** *m* hair ornament(s *pl.*); **~schneidemaschine** *f* (hair-)clippers *pl.*; **~schneiden** *n* hair-cut(ting); ~, *bitte!* hair-cut, please!; **~schneider** *m* (men's) hair-dresser, barber; **~schnitt** *m* hair-cut; **~schopf** *m* tuft of hair; *wirrer, voller*: mop of hair; **~schuppen** *f/pl.* dandruff *sg.*; **~schwund** *m* → *Haarausfall*; **~seil** *n* ⚕ seton; **~seite** ⊕ *f* hair (*od.* grain) side; **~sieb** *n* hair sieve; **~spalter** *m* hair-splitter; **~spalterei** *f* hair-splitting; ~ *treiben* split hairs; **~spange** *f* hair-slide, *Am.* barrette; **~spitze** *f* tip of hair; **°sträubend** *adj.* shocking, outrageous; scandalous, incredible; **~strich** *m* hair-stroke; **~teil** *n* hair-piece; **~tracht** *f* hair-style, coiffure (*fr.*); **~trockner** *m* hair-drier; **~waschen** *n* shampoo(ing); **~waschmittel** *n* shampoo; **~wasser** *n* hair tonic (*od.* lotion); **~wickel** *m* curler; **~wild** *n* furred game; **~wuchs** *m* growth of (the) hair; (*Haare*) hair; **~wuchsmittel** *n* hair-restorer; **~wurzel** *f* root of a hair; **~zange** *f* tweezers *pl.*; **~zirkel** *m* hair-compasses *pl.*

Habe *f* (*Eigentum*) property, possessions *pl.*; *persönliche*: (personal) belongings *pl.*, effects *pl.*, goods *pl.*, ⚖ personality; *bewegliche* ~ movables *pl.*, personal estate; *unbewegliche* ~ immovables *pl.*, real estate; *all sein Hab und Gut* all one's possessions (*od.* belongings) *pl.*

haben I. *v/t. allg.* have; (*besitzen*) possess; (*umfassen*) consist of; *es hat* there is, there are; ~ *zu inf.* have to *inf.*, be obliged (*od.* compelled) to *inf.*; ~ *wollen* wish, desire, want; (*fordern*) ask for, demand; *sich* ~ put on airs, (*Aufhebens machen*) (make a) fuss; *etwas* (*nichts*) *auf sich* ~ be of (no) consequence, (not to) matter; *hinter sich* ~ have experienced (*od.* undergone), have gone through *a th.*; *vor sich* ~ await, face, be in for; *unter sich* ~ be in charge of, (*befehligen*) command; *es im Hals* ~ suffer from (*od.* have) a bad throat; ☤ *zu* ~ *Ware*: obtainable, to be had, for sale, on the market; *zu* ~ *bei* sold by; *ich hab's!* I have (got) it!; *da hast du es!* there you are!; *was hast du?* what is the matter with you?, what's wrong with you?, *Am.* F what's eating you?; *er hat es ja!* he can afford it; F *hat sich was!* nothing doing!, what next?; F *und damit hat es sich!* and that's that!; F *wie gehabt!* as usual!; *so will sie es* ~ that's the way she wants it; *er hat Geburtstag* it is his birthday; *wir* ~ *April* it is April; *wir* ~ *Winter hier* it's winter (over) here; *den Wievielten* ~ *wir heute?* what is the date (today)?; *welche Farbe* ~ *seine Augen?* what colo(u)r are his eyes?; *hat man den Dieb schon?* have they caught the thief yet?; *es hat viel für sich* there is much to be said for it; *ich habe einen Freund an ihm* I have a friend in him; *er hat et. Überspanntes an sich* there is something eccentric about him; *die Aufgabe hat es in sich* it's a very difficult problem (*od.* F a tough job), it's a hard nut to crack; *er hat viel von s-m Vater* he takes after his father, he is like his father in many ways; *woher hast du das?* where did you get it?, how did you come by that?, (*Nachricht usw.*) where did you learn that?; *was hast du gegen ihn?* what have you (got) against him?; F *sie hatte es mit ihm* she had an affair with him; *dafür bin ich nicht zu* ~ I would rather not have anything to do with it, count me out; *ich will es nicht* ~ I don't want it, (*leiden*) I won't have it; *was habe ich davon?* what's in it for me?, what's the good of it?; *das hast du nun davon!* there (you are)!, see what you have done!; → *Anschein, Auge* 1, *Eile, gern, recht* II *usw.*; **II.** *v/aux.* have; *hast du ihn gesehen?* have you seen him?; *du hättest es mir sagen sollen* you ought to have told me; *er hätte es tun können* he could (*od.* might) have done it.

Haben ☤ *n* credit (side); *Soll und* ~ credit and debit; **~bestände** *m/pl.* assets.

Habenichts *m* have-not, beggar; *pl.* have-nots.

Haben|saldo *m, n* credit balance; **~seite** *f* credit side.
Haber *m* → *Hafer*.
Habgier *f* greed(iness), covetousness, avarice; **≈ig** *adv.* greedy, covetous, grasping, avaricious.
habhaft *adj.*: ~ *werden* (*e-r Sache*) get hold of, secure, get one's hands on; (*j-s, e-s Verbrechers*) catch, seize.
Habicht *m* goshawk; *Augen wie ein ~* eyes like a hawk; **~skraut** ⚘ *n* hawkweed; **~snase** *f* hawk-nose, F eagle's beak.
Habilit|ation *univ. f* habilitation; **~ationsschrift** *f* thesis submitted for the certificate of habilitation; **≈ieren** *v/refl.*: *sich ~* habilitate, qualify as a university lecturer.
Habit *n* habit, costume, attire.
habituell *adj.* habitual.
Habitus *m* appearance, habit (*a. zo.*); (*Haltung*) deportment; *geistiger*: habit of mind, disposition; ⚕ constitution.
Habseligkeiten *f/pl.* belongings, effects, things, F traps; → *Habe*.
Hab|sucht *f*, **≈süchtig** *adj.* → *Habgier, habgierig*.
Hachse *f zo.* hock; *Kochkunst*: knuckles *pl.*; F (*Bein*) leg.
Hack|beil *n* chopper, cleaver; **~block** *m* chopping-block; **~braten** *m* mince (*od.* meat) loaf; **~brett** *n* chopping-board; ♪ dulcimer.
Hacke[1] *f* ⚒ hoe, (*Karst*) mattock; (*Picke*) pick(axe).
Hacke[2] *f* (*Ferse, Absatz*) heel; *j-m auf die ~n treten* tread on a p.'s heels; *j-m dicht auf den ~n sein* be hard on a p.'s heels; *sich die ~n ablaufen nach* run o.s. off one's legs for; *die ~n zs.-schlagen* click one's heels.
hacken *v/t. u. v/i.* hack, ⚒ *a.* hoe; (*Holz usw.*) chop, cut; (*Fleisch*) chop, mince; (*picken*) pick, peck, hack (*nach* at; *ein Loch* a hole).
Hackepeter *m* → *Hackfleisch*.
Häckerling *m* → *Häcksel*.
Hack...: **~fleisch** *n* minced (*Am.* ground, hamburger) meat; F *aus j-m ~ machen* make mincemeat of a p.; **~frucht** *f* root crop; **~klotz** *m* chopping-block; **~maschine** *f Fleisch*: (meat) mincing-machine, mincer, *Am.* (food) chopper; ⊕ chopping machine; ⚒ hoeing machine, *Am.* cultivator; (*Schnitzler*) chipper; **~messer** *n* chopper, cleaver; ⚒ hoe blade; **~ordnung** *biol. u. fig. f* peck(ing) order.
Häcksel ⚒ *m, n* chaff, chopped straw; **~bank** *f*, **~(schneide)maschine** *f* chaff-cutter.
Hader *m* (*Streit*) quarrel; feud, strife; (*Zwietracht*) discord; **≈n** *v/i.* quarrel (*mit* with).
Hadern *dial. m* (*Lumpen*) rag.
Hafen[1] *m* harbo(u)r, (*Handels≈*) (sea)port; (*~anlagen*) dock(s *pl.*); *fig.* haven, port, harbo(u)r, (safe) refuge; *fig. in den ~ der Ehe einlaufen* get married, F be spliced, get hitched.
Hafen[2] *dial. m* (*Topf*) pot.
Hafen...: **~amt** *n* port authority; **~anlagen** *f/pl.* docks, port installations (*od.* facilities); **~arbeiter** *m* docker, *Am.* longshoreman; **~arbeiterstreik** *m* waterfront (*od.* dock) strike; **~becken** *n* harbo(u)r basin, (wet) dock; **~behörde** *f* port authority; **~damm** *m* (harbo[u]r) pier, jetty; **~einfahrt** *f* entrance to a harbo(u)r; **~gebühren** *f/pl.*, **~geld** *n* harbo(u)r (*od.* port) dues *od.* charges; **~meister** *m* harbo(u)rmaster; **~schleuse** *f* dock gate(s *pl.*); **~sperre** *f* barrage; (*Sanktion*) embargo; (*Blockade*) blockade; **~stadt** *f* seaport, port-town; **~viertel** *n* dock area, water-front; **~wache** *f* harbo(u)r police; **~zoll** *m* harbo(u)r dues *pl.*
Hafer *m* oat(s *pl.*); *fig. ihn sticht der ~* he is getting cocky *od.* too reckless, he is feeling his oats; **~brei** *m* (oatmeal) porridge, *Am.* oatmeal; **~flocken** *f/pl.* oat flakes, rolled oats; **~grütze** *f* groats *pl.*, grits *pl.*
Haferlschuh *dial. m* brogue.
Hafer...: **~mehl** *n* oatmeal; **~schleim**(**suppe** *f*) *m* gruel.
Haff *n* haff; lagoon.
Hafner *dial. m* (*Töpfer*) potter; (*Ofensetzer*) stove-fitter.
Haft *f* (*Gewahrsam*) custody; (*Gefängnis≈*) detention, confinement; (*Verhaftung*) arrest; *strenge ~* close confinement; *in ~* under detention (*od.* arrest), in custody; *aus der ~ entlassen* release (*gegen Sicherheitsleistung* on bail); *in ~ halten* detain, hold under detention, keep in custody; *in ~ nehmen* place under detention, take into custody; **~anstalt** *f* prison; detention cent|re, *Am.* -er.
haftbar *adj.* responsible, answerable, *bsd.* ⚖ liable (*für* for); *~ sein* (*für*) → *haften 2*; *j-n ~ machen für* make a p. liable for, hold a p. responsible for; **≈keit** *f* responsibility, liability.
Haft...: **~befehl** *m* warrant of arrest; **~beschwerde** *f* appeal against a warrant of arrest; **~dauer** *f* term of confinement.
haften *v/i.* **1.** (*an~, kleben*) cling,

adhere, stick (*an* to); ⚔ *Kampfstoffe usw.*: persist; *fig. Gedanken usw.*: be fixed *od.* cent|red, *Am.* -ered (on); *im Gedächtnis* ~ stick (in one's mind), be imprinted *od.* engraved (up)on one's mind, *Böses*: haunt one's mind, rankle (in one's mind); *s-e Blicke auf et.* ~ *lassen* keep looking at a th., have one's eyes fixed on a th.; **2.** ⚖ (*bürgen*) be liable *od.* responsible, answer (*für* for); be held responsible (for); ~ *für et.* (*garantieren*) guarantee *od.* warrant a th.; *beschränkt* ~ have a limited liability; *unbeschränkt* ~ be liable without limitation; *mit s-m ganzen Vermögen* ~ be liable to the extent of one's property; *persönlich* ~*der Gesellschafter* personally liable (*od.* full, responsible) partner, *Kommanditgesellschaft*: general partner; **~bleiben** *v/i.* → *haften* 1.

Haft...: **~entlassung** *f* release (from custody); **~fähigkeit** *f*, **festigkeit** ⊕ *f* adhesion, adhesive strength; **~gläser** *opt. n/pl.* contact lenses; **~hohlladung** ⚔ *f* limpet bomb; **~linse** *opt. f* haptic lens.

Häftling *m* prisoner.

Haftlokal *n* detention room; ⚔ guard room, *Am.* guardhouse.

Haftpflicht *f* liability, responsibility; *mit beschränkter* ~ with limited liability; **≈ig** *adj.* liable (*für* for); **~versicherung** *f* liability insurance, third party (indemnity) insurance.

Haft...: **~psychose** *f* prison psychosis; **~reibung** *phys. f* adhesive friction; **~schale** *opt. f* contact lens; **~sitz** ⊕ *m* tight fit.

Haftung *f* **1.** ⊕ adhesion; ⚗ absorption; **2.** ⚖ liability, responsibility; (*Bürgschaft*) guarantee; *beschränkte* (*persönliche*) ~ limited (personal) liability; *dingliche* ~ liability in re; *Gesellschaft mit beschränkter* ~ private limited (liability) company; *aus e-r* ~ *entlassen* discharge from a liability; *e-e* ~ *übernehmen* undertake liability; **~sausschluß** *m* exclusion of liability.

Haftvermögen *phys. n* adhesive power.

Hag *m* (*Hecke*) hedge; (*eingefriedigter Raum*) enclosure; (*Hain*) grove.

Hage|buche *f* hornbeam; **~butte** *f* (rose-)hip; **~dorn** *m* hawthorn.

Hagel *m* hail; *fig. a.* shower; *von Schimpfwörtern usw.*: volley, torrent; **≈dicht** *adj.* (as) thick as hail; **~korn** *n* hailstone; **≈n** *v/i.* hail (*a. fig.*); *es hagelt* it hails; *fig. es hagelte Schläge* there was a hail of blows, blows rained down; *es hagelte Vorwürfe auf ihn* he was showered with reproaches; **~schaden** *m*, **~schlag** *m* damage caused by hail; **~schauer** *m* (brief) hailstorm; **~schloßen** *f/pl.* hailstones; **~wetter** *n* hailstorm; **~zucker** *m* nib-sugar.

hager *adj.* lean, gaunt, haggard, scraggy; **≈keit** *f* leanness, gauntness.

Hagestolz *m* confirmed bachelor.

Hagiographie *f* hagiography.

haha! *int.* ha ha!

Häher *m* jay.

Hahn *m* **1.** cock, (*Haus≈*) *a.* rooster; *junger* ~ cockerel; (*Wetter≈*) weather-cock; *fig.* ~ *im Korbe* cock of the walk; *es kräht kein* ~ *danach* nobody cares (two hoots) about it; *j-m den roten* ~ *aufs Dach setzen* set fire to a p.'s house; **2.** ⊕ cock, tap, *Am. a.* faucet; (*Faß≈*) spigot; (*Ventil*) valve; *den* ~ *aufdrehen* (*zudrehen*) turn the tap on (off); **3.** (*Gewehr≈*) hammer; *den* ~ *spannen* cock the (*od.* one's) gun.

Hähnchen *n* cockerel; → *a. Brathähnchen.*

Hahnen...: **~fuß** ⚘ *m* crowfoot; **~kamm** *m a.* ⚘ cockscomb; **~kampf** *m* cock-fight; **~schrei** *m*: (*mit dem ersten* ~ at) cock-crow; **~sporn** *m* cockspur; ⚘ plectranthus; **~tritt** *m im Ei*: (cock-)tread.

Hahnrei *m* cuckold; *zum* ~ *machen* cuckold.

Hai(fisch) *m* shark.

Hain *m* grove.

Häkchen *n* hooklet, small hook; *beim Abhaken e-r Liste usw.*: tick, *Am. a.* check(mark); *ling.* apostrophe; *früh krümmt sich, was ein* ~ *werden will* as the twig is bent the tree is inclined.

Häkel|arbeit *f*, **~ei** *f* crochet work; **~garn** *n* crochet yarn; **≈n** *v/t. u. v/i.* crochet; **~nadel** *f* crochet-needle (*od.* -hook).

Haken I. *m* hook; (*Kleider≈*) peg; (*Spange*) clasp, hasp; ⊕ hook, clutch; (*Klammer*) clamp; (*Klaue*) claw; (*Griff*) catch; *auf e-r Liste usw.*: tick, *Am. a.* check(mark); *fig.* hitch, F snag; ~ *und Öse* hook and eye; *linker* (*rechter*) ~ *Boxen*: left (right) hook; *j-m e-n* ~ *versetzen* (land a) hook (on) a p.; (*e-n*) ~ *schlagen Hase usw.*: double; *fig. die Sache hat e-n* ~ there is a hitch (*od.*

catch) to it; es *hat den* ~, *daß* the snag (*od.* trouble) is that; *da sitzt der* ~! F there is the rub (*od.* snag)!; **II.** ≈ *v/t.* hook (*an* on to); *sich* ~ *an* hook on; catch (*od.* be caught) in; **~büchse** *hist. f* arquebus; **≈förmig** *adj.* hooked; **~kreuz** *n* swastika; **~nagel** *m* hook-nail; (*Wandhaken*) wall hook; **~nase** *f* hooked nose; **~schlüssel** ⊕ *m* hook-spanner.

hakig *adj.* hooked.

Halali *hunt. n* death-halloo, mort; ~ *blasen* sound the mort.

halb I. *adj.* half; e-e ~e *Stunde* half an hour, *Am. a.* a half-hour; ~ *drei Uhr* half past two; es *schlägt* ~ the half-hour strikes; ~ *Deutschland* half of Germany; *auf* ~*er Höhe* half-way (up); *die* ~*e Summe* half the sum; *um den* ~*en Preis* for half the money, (at) half-price; ~*e Maßnahme* half measure; *nichts* ≈*es und nichts Ganzes* neither fish, flesh nor fowl; neither here nor there; a half measure; ~*e Wahrheit* half-truth; *mit* ~*em Herzen* half-hearted(ly); ♪ ~*er Ton* semitone; *j-m auf* ~*em Wege entgegenkommen* meet a p. halfway; *sich auf* ~*em Wege einigen* split the difference; *mit* ~*em Ohr zuhören* listen with one ear only; **II.** *adv.* half; (*fast*) half, almost; ~ *soviel* half as much; ~ *und* ~ half and half; (*zum Teil*) partly; *a.* ~*e*-~*e* fifty-fifty,; → *halbpart*; es *ist* ~ *so schlimm* things are not as bad as all that; *er wünschte* ~ he half-wished; ~ *herausfordend*, ~ *abwehrend* half-challenging, half-defensively; *das ist* ~ *geschenkt* it's practically a gift (at that price); *damit war die Sache* ~ *gewonnen* that was half the battle; *die Zeit ist* ~ *um* the time is half over.

Halb...: **~achse** *f* ⩕ semiaxis; ⊕ half axle; **~affe** *m* lemur; **≈amtlich** *adj.* semi-official; **~ärmel** *m* half-sleeve; **~atlas** *m* satinet(te); **~automat** ⊕ *m* semi-automatic machine; **≈automatisch** *adj.* semi-automatic; **~band** *m Buch*: half-binding; **≈bewußt** *adj.* half-conscious; **~bildung** *f* semi-culture, semiliteracy; superficial knowledge, smattering; **~blut** *n* half-blood; (*Volksrasse, Person*) *a.* half-caste; (*Pferd*) half-bred; **~blut...**, **≈blütig** *adj.* half-blooded, half-bred *horse*; **~blüter** *m* (*Pferd*) half-bred; **~bruder** *m* half-brother; **≈bürtig** *adj.* of the half blood; **≈dunkel** *adj.* semi-dark, dusky, dim; **~dunkel** *n* semi-darkness, (dim) twilight; **~e** *dial. f* pint (of beer); **~edelstein** *m* semi-precious stone.

...halben, ...halber *in Zssgn* (*wegen*) on account of, for reasons of, owing to; (*um ... willen*) for the sake of; (*zwecks*) for, with a view to.

Halb...: **≈erhaben** ⊕ *adj.* half relief, mezzo-relievo (*a. su.* ~e *Arbeit*); **~fabrikat** ⊕ *n* semi-finished product; **≈fertig** *adj.* half-done, half-finished; ⊕ semi-finished; *fig. Person*: half-baked; **≈fett** *adj. typ.* semi-bold, medium-faced; *Kohle*: semi-bituminous; *Creme usw.*: semi-greasy; **~finale** *n* semi-final; **~flugball** *m Tennis*: half-volley; **~format** *phot. n* half-frame; **~franz(band** *m*) *n* half-calf (binding); **≈gar** *adj.* underdone, rare; **≈gebildet** *adj.* half-educated, pseudo-learned, semi-literate; **~geschoß** ⚠ *n* entresol; **~geschwister** *pl.* half-brothers (*od.* -sisters); **~geviert** *typ. n* en quad(rat); **~gott** *m*, **~göttin** *f* demigod(dess *f*); **~heit** *f* half measure; *er liebt keine* ~*en a.* he does not do things by halves; **≈herzig** *adj.* half-hearted(ly *adv.*); **≈hoch** *adj.* medium(-high); *Sport usw.*: shoulder-high.

halbier|en *v/t.* halve, cut in half, divide into (equal) halves; ⩕ bisect; **≈ung** *f* halving; ⩕ bisection; **≈ungsebene** *f*, **≈ungsfläche** ⩕ *f* bisecting plane; **≈ungslinie** ⩕ *f* bisecting line, bisector.

Halb...: **~insel** *f* peninsula; **~invalide** *m* semi-invalid; **~jahr** *n* half-year; (period of) six months *pl.*; **~jahr(e)s...** half-yearly, semi-annual, six-month ...; **≈jährig** *adj. Dauer*: lasting (*od.* of) six months, half-year ..., six-month ...; *Alter*: six months old; **≈jährlich I.** *adj.* half-yearly, *Am.* semi-annual(ly *adv.*); **II.** *adv.* half-yearly, twice a year; **~jude** *m* half-Jewish person; **~kettenfahrzeug** *mot. n* half-track (vehicle); **~kreis** *m* semicircle; **≈kreisförmig** *adj.* semicircular; **~kugel** *f* hemisphere; **≈kugelförmig** *adj.* hemispheric(al); **≈lang** *adj.* medium-length ...; *Rock, Hosen*: knee-length ...; *Laut*: half-long; F *mach mal* ~! draw it mild!; **≈laut I.** *adj.* low, subdued; **II.** *adv.* in an undertone, sotto voce; **~leder** *n* half-leather; *in* ~ *gebunden* half-bound; **~lederband** *m* half-leather binding; (*Buch*) half-bound volume; **⁓leinen** *adj.* half-linen; **~leinen** *n* half-linen (cloth); *in ~ gebunden* half-cloth; **~leiter** ⚡ *m* semiconductor; **~linke(r)** *m*, **⁓links** *adv. Fußball*: inside left; **⁓mast** *adv.*: (*auf ~* at) half-mast; **~messer** *m* radius; **~metall** *n* semi-metal; **⁓militärisch** *adj.* paramilitary; **~mittelgewicht(ler** *m*) *n* light middle-weight; **⁓monatlich I.** *adj.* semi-monthly, half-monthly; **II.** *adv.* half-monthly, twice a month; **~monatsschrift** *f* semi-monthly (publication); **~mond** *m* half-moon (*a. am Fingernagel*), (*a. Islamsymbol*) crescent; **⁓mondförmig** *adj.* crescent-shaped; **⁓nackt** *adj.* half-naked, semi-nude; **~nelson** *m Ringen*: half nelson; **⁓offen** *adj.* half-open (*a. ling.*); **⁓part** *adv.*: *~ machen* go halves, F go fifty-fifty; **~pension** *f* demi-pension; **~profil** *n* semi-profile, three-quarter face; **~rechte(r)** *m*, **⁓rechts** *adv. Fußball*: inside right; **⁓reif** *adj.* half-ripe; **~relief** *n* half relief, mezzo-relievo; **⁓rund** *adj.* semi-circular; **~rund** *n* semicircle; **~samt** *m* terry velvet; **~schatten** *m* half-shade, halfshadow, 🕮 penumbra; **~schlaf** *m* doze; *im ~* half asleep; **~schuh** *m* (low) shoe, Oxford (shoe); **~schwergewicht(ler** *m*) *n Sport*: light heavy-weight; **~schwester** *f* half-sister; **~seide** *f* half-silk; **⁓seiden** *adj.* half-silk; *fig. contp.* dubious; **~seitenlähmung** ⚕ *f* hemiplegia; **⁓seitig** *adj. print.* half-page ...; ⚕ unilateral, on one side; **~sold** ⚔ *m*: (*auf ~* on) half-pay; **~spieler** *m Fußball*: half-back; **⁓staatlich** *adj.* semi-governmental; **~stahl** *m* semi-steel; **~starke(r)** F *m* young street-rowdy, hooligan, hood; **⁓starr** ✈ *adj.* semi-rigid; **⁓steif** *adj.*: *~er Kragen* semistiff collar; **~stiefel** *m* half-boot; **~stoff** *m Papier*: half-stuff; **~strumpf** *m* knee-length stocking, sock; **⁓stündig** *adj.* lasting (*od.* of) half an hour, half-hour ...; **⁓stündlich I.** *adj.* half-hourly; **II.** *adv.* half-hourly, (once) every half-hour; **~stürmer** *m Fußball*: inside forward; **⁓tägig** *adj.* lasting half a day, half a day's ..., half-day ...; **~tagsarbeit** *f* half-day *od.* part-time job (*od.* employment); **~tagsbeschäftigte(r** *m*) *f* half-day (*od.* part-time) worker, part-timer; **~ton** *m* ♪ semitone, *a. phot.*, *typ.* half-tone; **~tonätzung** *f* half-tone (etching), autotypy; **⁓tot** *adj.* half-dead; *adv. sich ~ lachen* split one's sides with laughter; **~totale** *f Film*: medium close-up; **~trauer** *f* half mourning; **⁓verdaut** *adj.* undigested (*a. fig.*); **~vers** *m* hemistich; **~vokal** *m* semivowel; **⁓voll** *adj.* half-full; **⁓wach** *adj.* half-awake, dozing; **~wahrheit** *f* half-truth; **~waise** *f* fatherless child, motherless child; **⁓wegs** *adv.* half-way; *fig. a.* to some extent, in the least, just a bit; (*leidlich*) tolerably, F middling; **~welt** *f* demi-monde; **~weltdame** *f* demi-mondaine, demi-rep; **~wertzeit** *phys. f* half-life (period); **~wissen** *n* superficial knowledge, smattering; **~wisser** *m* smatterer; **⁓wöchentlich** *adj.* half-weekly; **~wolle** *f*, **~wollstoff** *m* linsey-woolsey; **⁓wollen** *adj.* half-woolen; **⁓wüchsig** *adj.* adolescent, teenage ...; **~wüchsige(r** *m*) *f* adolescent, juvenile (boy, girl), teen-ager; **~zeit** *f* **1.** *Sport*: (*Spielhälfte*) half-time, *first, second* half; (*Pause*, *a.* **~zeitpause** *f*) half-time (interval); **2.** *phys.* half-life (period); **~zeug** ⊕ *n* **1.** *Papier*: half stuff; **2.** → *Halbfabrikat*; **⁓zivilisiert** *adj.* semi-civilized; **~zug** ⚔ *m Brit.* half platoon, *Am.* section.

Halde *f* slope, hillside; ⚒ dump, coal stock(s *pl.*); **~nbestände** *m/pl.* dump stocks; **~nkoks** *m* stock coke.

Hälfte *f* half; *die ~ der Leute* half the men; *die ~ deiner Zeit* half your time; *bis zur ~* (*zur Mitte*) to the middle; half-way up; *um die ~ mehr* (*teurer*) half as much (dear) again; *um die ~ weniger* less by half, only half; F *m-e bessere ~* my better half; *die größere ~* the better part; *zur ~* half (of it *od.* them); *zur ~ fertig* half-finished; *zur ~ tragen* split *the bill*.

Halfter 1. *m*, *n* (*Zaum*) halter; **2.** *f*, *n* (*Pistolentasche*) holster; **⁓n** *v/t.* halter; **~riemen** *m* halter-strap.

Hall *m* sound, clang, peal; (*Wider*⁓) echo, resonance.

Halle *f allg.* hall; (*Vor*⁓) *a.* vestibule, *Hotel*: lounge; (*Werks*⁓) shop; (*Turn*⁓) gymnasium; (*Sport*⁓) sports hall; (*Markt*⁓) market-hall; *Tennis*: covered court; ✈ hangar, shed.

Halleluja *n*, ⁓ *int.* hallelujah.

hallen *v/i.* (re)sound, echo.

Hallen...: **~handball** *m* indoor hand-ball; **~meisterschaft** *f* indoor championship; **~rekord** *m* indoor record; **~(schwimm)bad** *n* indoor swimming-pool (*Brit. a.* bath); **~sport** *m* indoor sports (*od.* athletics) *pl.*

hallo I. *int.* hullo, *bsd. Am.* hello, *Am. a.* hey, hi; **II.** **~** *n* hullo, hello; *fig.* hullabaloo; **~dri** *dial. m* F scalawag.

Halluzin|ation *f* hallucination; **~atorisch** *adj.* hallucinatory; **~ieren** *v/i.* hallucinate; **~ogen** *adj.* hallucinogenous.

Halm *m* (*Gras~*) blade; (*Getreide~*) stalk, haulm; (*Stroh~*) straw; *die Ernte auf dem ~* the standing crop.

Halo *ast.*, ⚕ *m* halo.

Halochemie *f* chemistry of salts.

Halogen ⚗ **I.** *n* halogen; **II.** **~** *adj.* halogenous; **~ieren** *v/t.* halogenate; **~scheinwerfer** *mot. m* halogen headlight.

Hals *m* neck; (*Schlund, a. äußere Kehle*) throat; ⊕ neck, collar; *e-r Flasche, Geige*: neck; *e-s Weinglases*: stem; ♪ *e-r Note*: tail; ⚕ *steifer ~* stiff neck; *~ über Kopf* head over heels, (*hastig*) headlong, helter-skelter, precipitately; *bis an den ~* up to the neck (*od.* eyes, ears) (*a. fig.*); *aus vollem ~e lachen* roar with laughter; *aus vollem ~e schreien* shout at the top of one's voice, scream one's lungs out; *e-n schlimmen ~ haben* have a bad (*od.* sore) throat; *fig. et.* (*od. j-n*) *auf dem ~ haben* have a th. (*od.* a p.) on one's back, be saddled with a th. (*od.* a p.), be stuck with a th.; *j-m die Polizei usw. auf den ~ hetzen* bring the police, *etc.* down on a p.; *j-m den ~ umdrehen* wring a p.'s neck; *j-m um den ~ fallen* fall on a p.'s neck; *sich j-m an den ~ werfen* throw o.s. at a p.('s head); *sich den ~ aus- od. verrenken nach et.* crane one's neck for a th.; *sich et. od. j-n vom ~(e) schaffen* get rid of, get *a th. od. p.* off one's back; *sich den ~ brechen* break one's neck; *e-r Flasche den ~ brechen* crack a bottle; *das bricht ihm den ~* that will be his undoing; *das kann ihm den ~ kosten* that may cost him his head; *das Wort blieb mir im ~e stecken* the word stuck in my throat; *er hat es in den falschen ~ bekommen* it went down (*fig.* he took it) the wrong way, *fig. a. sl.* it got his goat; *es hängt* (*od. wächst*) *mir zum ~ heraus* I am fed up (to the teeth) with it, I am sick (and tired) of it; *bleib mir damit vom ~e!* don't bother me with that!; → *abschneiden* 1 *usw.*; **~abschneider** *m*, **~abschneiderisch** *adj.* cutthroat; **~ausschnitt** *m am Kleid*: neckline; *tiefer ~* low neck(line); **~band** *n* necklet, (*Kette*) necklace; *für Hunde*: collar; **~bräune** ⚕ *f* quinsy; **~brecherisch** *adj.* breakneck *speed, etc.*, daredevil ..., perilous, risky; **~entzündung** ⚕ *f* inflammation of the throat, sore throat; **~kette** *f Schmuck*: necklace; **~kragen** *m* collar (*a. zo.*); **~krankheit** *f*, **~leiden** *n* throat-disease; **~krause** *f* frill, ruff; **~länge** *f*: *um e-e ~* by a neck; **~muskel** *anat. m* cervical muscle; **~-, Nasen- u. Ohrenspezialist** *m* ear, nose, and throat specialist, otolaryngologist; **~schlagader** *anat. f* carotid (artery); **~schmerzen** *m/pl.*: *~ haben* have a sore throat; **~starrig** *adj.* obstinate, stubborn; headstrong, pigheaded; **~starrigkeit** *f* obstinacy, stubbornness; **~stück** *n Schlachtvieh*: neck; **~tuch** *n* neckerchief; (*Schal*) scarf, *wollenes*: muffler; **~- und Beinbruch!** *int.* good luck!; **~weh** *n* sore throat; **~weite** *f* neck size; **~wickel** ⚕ *m* fomentation round the throat; **~wirbel** *anat. m* cervical vertebra; **~zäpfchen** *anat. n* uvula.

Halt *m* **1.** (*Griff, Stand*) hold, *für die Füße*: *a.* foothold, *für die Hände*: *a.* handhold; (*Stütze*) support, mainstay (*a. fig.*); (*innerer ~*) stay; (*innere Festigkeit*) (moral) stability; *Mensch ohne ~* unstable, unsteady, without backbone, weak; **2.** (*Aufenthalt, Pause, Einhalt*) halt, stop; *Marsch, Flug usw. ohne ~* non-stop ...; *j-m, e-r Sache ~ gebieten* call a halt to, halt, stop; → *haltmachen.*

halt I. *int.*: *~!* stop!, halt! (*a.* ⚔), don't go *od.* move!; wait!; (*es genügt*) that will do!; (*Moment mal!*) wait a minute!; ⚔ *~, wer da?* halt, who goes there?; **II.** F *adv.* (*eben*) just; you know; to be sure; *das ist ~ so* that's the way it is; *da kann man ~ nichts machen* it can't be helped, I'm afraid.

haltbar *adj. Material*: durable, lasting, hard-wearing; (*fest, stabil*) stable, strong, solid, sturdy; ⊕ *a.* wear-resistant; *Farbe*: fast; (*unverderblich*) not perishable; ⚔ tenable; *Sport*: *Ball, Schuß*: stoppable, *a goal he* could have saved; *fig.* durable, lasting; *Argument usw.*: tenable, valid; ~ *machen* (*Lebensmittel*) preserve; **≗keit** *f* durability; stability (*a.* ⚗); ⊕ *a.* resistance to wear, service life, rugged design; *Farbe*: fastness; ⚚ *Ware*: (lasting) wear, imperishable nature; ⚔ *u. fig.* tenableness; **≗machen** *n von Lebensmitteln*: preservation.

Halte...: **~bolzen** ⊕ *m* locking bolt; **~feder** ⊕ *f* retaining spring; **~griff** *m* (grab) handle; strap; **~gurt** *m* safety harness; *mot.* safety belt.

halten I. *v/t.* (*fest* ~) hold; (*stützen*) hold (up), support; (*in e-m Zustand* ~) keep; (*ab* ~, *Versammlung usw.*) hold; (*Hochzeit, Messe*) *a.* celebrate; (*Mahlzeit*) have, take; ♪ (*Ton*) hold; (*ent* ~, *fassen*) hold, contain; (*an* ~, *auf* ~, *zurück* ~) hold (up *od.* back), keep, detain; ⚔ (*Stellung usw.*) hold; (*Preise*) hold, maintain, keep up; (*ein* ~, *erfüllen*) keep, abide by, (*Gebote, Diät*) observe; (*Versprechen*) keep; *Sport*: (*Schuß*) stop, save; (*den Ball*) *in den eigenen Reihen*: hold, keep possession of; (*Gegner*) (*auf* ~) stop, *beim Boxen, unfair*: hold; (*Rekord*) hold, (*Titel*) retain, defend successfully; (*sich*) ~ (*Personal, e-n Wagen usw.*) keep; (*e-e Zeitung*) *a.* take in, be a subscriber to; ⚚ (*Ware*) *auf Lager*: keep, (keep in) stock, carry; F *sich j-n* ~ *als Gönner usw.*: hold in with a p., cultivate a p.; *an der Hand* ~ hold by the hand; *ans Licht* ~ hold to the light; *den Kopf hoch* ~ hold up one's head; *frisch* (*sauber, warm*) ~ keep fresh (clean, warm); *Frieden* ~ keep peace; *e-e Rede* ~ deliver an address, deliver (*od.* make) a speech; *e-e Predigt* ~ preach (a sermon); *e-e Vorlesung* ~ give a lecture; *Vorlesungen* ~ lecture, give lectures; *j-n gut* ~ treat a p. well; *knapp* ~ keep short; *streng* ~ be strict with; *es mit j-m* ~ hold (*od.* side) with a p.; *viel* ~ *von* think highly (*stärker*: the world) of, make much of, have a high opinion of; *nicht viel* ~ *von* think little of, attach no value to; *er hält nichts von Gymnastik* he does not believe in calisthenics; ~ *für* consider, regard as, look upon as, think (*od.* believe, suppose) to be, *irrtümlich*: (mis)take for; *es für angebracht* (*od. gut*) ~, *zu inf.* think fit (*od.* proper) to *inf.*; *es für notwendig* ~, *zu inf.* consider (*od.* deem) it necessary to *inf.*; *für wie alt hältst du ihn?* how old do you think he is?; *wofür* ~ *Sie mich* (*eigentlich*)? what are you taking me for?; *das kannst du* ~, *wie du willst* (you can) do as you like, (you can) please yourself; *wie hältst du es mit ausstehenden Rechnungen usw.* what do you generally do about?; *so haben wir es stets gehalten* it has always been done this way; *was* ~ *Sie von?* what do you think of?, *auffordernd*: *a.* how about?; *diese These läßt sich nicht* ~ is untenable; *er ließ sich nicht* ~, *er war nicht zu* ~ there was no holding him; *dort hielt mich nichts mehr, es hielt mich nicht länger dort* I was impatient to leave that place; → *a. gehalten*; → *Daumen Ehre, Gang 4, laufend* I, *schadlos, Schranke, Schritt* 1 *usw.*; **II.** *v/i.* (*festsitzen, fest sein*) hold; (*haltmachen*) stop, halt, *Fahrzeug*: *a.* draw (*od.* pull) up; (*Bestand haben*) last, be lasting (*od.* durable), endure, keep, hold out; *Eis*: bear; *Lebensmittel, Blumen usw.*: keep; *Schuhe usw.*: wear well, last (long); *Wetter*: hold; *Fußball usw.*: save; *links* (*rechts*) ~ keep to the left (right); *an sich* ~ restrain (*od.* check, control) o.s.; ~ *auf* (*achten auf*) pay heed (*od.* attention) to, (*Wert legen auf*) set store by, attach value to, lay great stress on, (*bestehen auf*) insist on; *auf sich* ~ be particular (about one's appearance), *gesundheitlich*: take care of one's health; *jeder Handwerker, der* (*etwas*) *auf sich hält* every self-respecting craftsman; *dafür* ~, *daß* hold that; *wir* ~ *nicht auf Formen* we do not stand upon ceremony; *es wird schwer* ~ it will be difficult (*od.* hard, not so easy); *zu j-m* ~ be loyal to a p., stand by (*od.* F stick to) a p., *parteinehmend*: side with a p.; **III.** *v/refl.*: *sich* ~ (*stand* ~) hold (out); (*in e-r bestimmten Richtung bleiben, in e-m* [*guten*] *Zustand bleiben*) keep, *Wetter*: *a.* hold; *thea.* hold the stage; *sich an et.* ~ (*fest* ~) hold on to, steady o.s. by; *sich* ~ *an* (*die Tatsachen usw.*) keep to, stick to, follow; (*Vertrag usw.*) adhere to, observe, follow, abide by, act in conformity with, comply with; (*j-n*) (*sich wenden an, sich verlassen auf*) rely on, F stick to; *wegen Schadenersatz*: have recourse to, hold *a p.* liable; *sich* (*auf e-m Posten od. in e-r Firma usw.*) ~ last (at *od.* in), hold (down) one's job; *er wird sich* (*dort*) *nicht lange* ~ he won't last long (there); *sich aufrecht* ~ hold o.s. upright (*od.* erect); *sich bereit* ~ hold o.s. (*od.* be) ready; *sich gut* ~ *Lebensmittel*: keep well; *Anzug*: wear well; (*sich wacker schlagen*) stand one's ground, hold one's own (*gegen* against), do well, show up fine; *sie hat sich gut gehalten* (*ist wenig gealtert*) she is well preserved; *sich links* (*rechts*) ~ keep to the left (right); **IV.** ≈ *n* holding; *mot. usw.* stopping, halting; *von Personal, Pferden usw.*: keeping; *e-s Vertrages usw.*: observance; *e-s Versprechens*: keeping, fulfilment; *e-r Zeitung*: taking-in (*gen.* of), subscription (to); ~ *und Schlagen Boxsport*: holding and hitting; *da gab es kein* ~ *mehr* there was no holding them, *etc.*, any more.

Halte...: **~platz** *m* stopping-place; **~punkt** *m* (*Haltestelle*) stop; *phys.* critical point; *beim Schießen*: point of aim.

Halter *m* **1.** (*Inhaber*) holder; (*Eigentümer*) owner; (*Benutzer*) user; **2.** ⊕ (*Haltevorrichtung*) holder; (*Stütze*) support; (*Festklemmer*) clip; clamp; (*Wandkonsole*) bracket; *für Handtücher, Zeitschriften usw.*: rack; → *a.* (*Füll*)*Federhalter*; **~ung** ⊕ *f* mounting support, holding device, clamping fixture.

Halte...: **~schraube** ⊕ *f* check-screw; **~signal** 🚂 *n* stop signal; **~stelle** *f* stop; **~stift** ⊕ *m* locking pin; **~verbot** *n* stopping restriction; (*a.* **~verbotszeichen** *n*) "no stopping" (sign); **~vorrichtung** ⊕ *f* → *Halterung*.

Halt...: **≈los** *adj. fig.* (*unhaltbar*) untenable; (*unbegründet*) unfounded, baseless; *Charakter, Mensch*: unsteady, unstable, weak; **~losigkeit** *f* instability, unsteadiness, laxity; *e-r Behauptung usw.*: baselessness, unfoundedness; *e-r Theorie*: untenableness; **≈machen** *v/i.* (make *od.* call a) halt, stop; pause; ⚔ ~ *lassen* halt; *fig. vor nichts* ~ stop (*od.* F stick) at nothing.

Haltung *f* **1.** (*Körper*≈) bearing, carriage; (*Körperstellung*) attitude, posture, *Sport*: *a.* (body) position, stance, style; (*Pose*) pose; *e-e* ~ *einnehmen* assume an attitude (*a. fig.*) *od.* pose; ⚔ ~ *annehmen* stand at attention; **2.** *fig.* (*Benehmen*) deportment; (*Führung*) *a.* demeano(u)r, behavio(u)r, conduct; (*Einstellung*) attitude (*gegenüber* towards); (*inneres Gleichgewicht*) poise, composure; (*Selbstbeherrschung*) self-possession (*od.* -control); (*Kampfgeist usw.*) morale; (*Handlungsweise*) way of acting, role (in the matter); † *Börse*: tone, tendency; *feste* ~ firmness; *politische* ~ political standpoint (*od.* opinion, views *pl.*, outlook); ~ *bewahren* give proof of moral strength (*od.* backbone), keep a stiff upper lip, *bei Lachhaftem*: keep a straight face, *a. im Zorn usw.*: remain composed, control (*od.* check) o.s., preserve one's dignity; **3.** *von Tieren usw.*: keeping; **~sfehler** *m* posture fault.

Haltverbot(szeichen) *n* → *Halteverbot*(*szeichen*).

Halunke *m* scoundrel, blackguard, *a. co.* rascal, scamp.

hämisch I. *adj.* malicious, spiteful; sneering, sardonic, gloating; *ein* ~*es Gesicht* (*machen*) sneer; **II.** *adv.* maliciously, *etc.*; *sich* ~ *freuen über* gloat over.

Hammel *m* wether; (~*fleisch*) mutton; F *fig.* idiot, ass; boor; **~braten** *m* roast mutton; **~fleisch** *n* mutton; **~keule** *f* leg of mutton; **~kotelett** *n*, **~rippchen** *n* mutton chop; **~rücken** *m* saddle of mutton; **~sprung** *parl. m* division.

Hammer *m* **1.** hammer (*a.* ♪, *Sport u. Auktion*); (*Holz*≈) mallet; *parl. u. Auktion*: gavel; ~ *und Sichel* (*Symbol*) hammer and sickle; *fig. unter den* ~ *kommen* come under the hammer, be auctioned; **2.** F → *Knüller, Mordsding*.

hämmerbar ⊕ *adj.* malleable, ductile; **≈keit** *f* malleability.

Hammer...: **~hai** *m* hammerhead; **~klavier** *n* piano(forte).

hämmern I. *v/t. u. v/i.* hammer (*in* into; *a. fig.*); (*schmieden*) forge; (*stampfen, pochen*) pound, *a. mot.* knock, *Herz*: *a.* throb; *gehämmert Metallwaren*: hammered; **II.** ≈ *n* hammering; forging; (*Pochen*) knocking, pounding, rapping; *des Herzens*: throbbing.

Hammer...: **~schlag** *m* hammer blow; (*Abgang vom Eisen*) hammer-scales *pl.*; **~schmied** *m* hammersmith; **~schweißung** *f* forge welding; **~werfen** *n* throwing the hammer; **~werfer** *m* hammer-thrower; **~werk** *n* forge (shop), hammer mill; ♪ hammer mechanism; **~zehe** ⚕ *f* hammer-toe.

Hämo|globin *n* h(a)emoglobin; **~phile(r** *m*) *f* ⚕ h(a)emophiliac, bleeder.

Hämorr|hagie ⚕ *f* h(a)emorrhage, bleeding; **~hoiden** ⚕ *f/pl.* h(a)emorrhoids, piles.

Hämostasis *f* h(a)emostasis.

Hampelmann *m* jumping Jack; F *fig.* (*unruhige Person*) fidget; (*Marionette*) puppet; (*Kasper*) clown.

Hamster *zo. m* hamster; **~backen** F *f/pl.* fat jowls; **~er** *m* hoarder; **&n** *v/t. u. v/i.* hoard; **~n** *n* hoarding.

Hand *f* hand (*a.* *~schrift, Kartenspiel*); *fig. j-s rechte* ~ a p.'s right hand (*od.* right-hand man); *öffentliche* ~ public authorities *pl.* (*od. Staatskasse*: funds *pl.*), state, government; *im Besitz der öffentlichen* ~ public-owned, under government control; ⚖ *tote* ~ mortmain; *Politik der freien* ~ policy of the free hand; *Politik der starken* ~ strong-arm (*od.* get-tough) policy; ~! *Fußball*: hands!; *Hände hoch!* hands up!; *Hände weg!* hands off!; *an* ~ *von* by (means of), guided by, on the basis of, in the light of; *aus bester* ~ on good authority, from the best source; *aus erster* ~ at first hand, first-hand; *aus zweiter* ~ *kaufen usw.*: second-hand, used, *fig. Erlebnis, erleben*: vicarious(ly); *Nachrichten aus erster* ~ first-hand (*od.* inside) information *sg.*; *bei der* ~, *zur* ~ at hand, handy, *Antwort*: *a.* pat; *parl. durch Heben der* ~ by show of hands; *in der* ~ in hand; *in Händen* (*bsd.* ✝) on hand; *mit der* ~ *machen usw.* by hand; *mit der* ~ *gemacht usw.* handmade; *mit bewaffneter* ~ by force of arms; *mit starker* ~ with a strong hand; *mit vollen Händen* plentifully, lavishly, open-handedly, liberally; *unter der* ~ in secret, on the quiet, *verkaufen*: privately, by private contract; *von* ~ *gemalt* hand-painted; *von langer* ~ for a long time past, long beforehand, carefully *planned*; *von zarter* ~ by dainty hands; *zu Händen auf Brief*: care of (*abbr.* c/o.), *Am. amtlich*: Attention; *zu treuen Händen* in trust; *zur rechten* (*linken*) ~ on the right (left) hand *od.* side; ~ *anlegen* lend a hand, put one's shoulder to the wheel; ~ *an et. legen* take a th. in hand; ~ *an j-n legen* lay hands on a p.; ~ *an sich legen* lay hands on o.s., commit suicide; ~ *ans Werk legen* set to (*od.* buckle down to) work; *letzte* ~ *an et. legen* put the finishing touches to; ~ *in* ~ *gehen* go hand in hand, *fig. a.* go together (*mit* with); ~ *und Fuß haben* hold water, be (very much) to the point (*od.* purpose), make sense; *ohne* ~ *und Fuß* without rhyme or reason; *alle Hände voll* (*zu tun*) *haben* have one's hands full, be very busy; *aus der* ~ *geben* part with, relinquish; *aus der* ~ *legen* put away (*od.* aside); et. *aus der* ~ *lassen* let a th. slip from one's hand, lose one's control of (*od.* grip on) a th.; *die* ~ *erheben gegen j-n* lift up one's hand against a p.; *die Hände in den Schoß legen* fold one's hands, twiddle one's thumbs; *e-e offene* ~ *haben* be open-handed (*od.* generous); et. *in die Hände bekommen* get hold of a th., gain the control of a th.; et. *in die* ~ *nehmen* take a th. in hand, take charge of a th.; *die Sache in die* ~ *nehmen* take the initiative; *j-m an die* ~ *gehen* aid (*od.* assist) a p., lend (*od.* give) a p. a hand; *j-m* et. *an die* ~ *geben* supply (*od.* furnish) a p. with a th., *Vorzugsrecht*: give a p. the option of a th.; *a. fig. j-m aus der* ~ *fressen* eat out of a p.'s hand; *j-m die* ~ *reichen* offer a p. one's hand, *zur Ehe*: accept a p. (as husband); *j-m die* ~ *schütteln* shake a p.'s hand, shake hands with a p.; *j-m* (et.) *in die Hände spielen* play (a th.) into a p.'s hands; *j-m freie* ~ *lassen* give a p. a free hand (*od.* carte blanche); *j-n auf Händen tragen* fulfil a p.'s every wish; *j-n in der* ~ *haben* have a p. in the hollow of one's hand (*od.* in one's grip, at one's mercy); *j-m in die Hände fallen* fall into a p.'s hands; *j-n in die* ~ *bekommen* gain complete control over a p., *sl.* get a p. by the short hair; *bsd. fig. j-s Hände binden* tie a p.'s hands; *mit beiden Händen zugreifen* jump at the chance (*od.* offer); *mit beiden Händen nach* et. *greifen* grasp a th. with both hands; *mit leeren Händen weggehen* go away empty-handed; *s-e* ~ *im Spiel haben* have a hand in it, have a finger in the pie; *s-e* ~ *ins Feuer legen für* put one's hand into the fire for, vouch for; *sich die Hände reichen* join hands (*fürs Leben* for life), *zum Gruß*: shake hands; *fig. die Hand reichen zu* stoop to; *sich mit Händen u. Füßen wehren* struggle (and kick) wildly, *fig. gegen et.*: fight a th. tooth and nail; *von* (*od. aus*) *der* ~ *in den Mund* *leben* live from hand to mouth; *von der ~ weisen* reject, rule out; *es ist nicht von der ~ zu weisen* it cannot be denied, there is no getting away from it; *es liegt in s-r ~ Entscheidung*: it (*od.* the decision) lies *od.* rests with him, it is for him to decide, it is up to him; *es liegt klar auf der ~* it is self-evident (*od.* quite obvious), it goes without saying; *die Arbeit geht ihm flott von der ~* he is a quick worker; *sie hat immer e-e Antwort bei der ~* she is never at a loss for a reply; *er ist damit schnell bei der ~* he is quick to do that (*a. fig.*); *e-e ~ wäscht die andere* one good turn deserves another; *wir haben die Lage fest in der ~* we have the situation well in hand (*od.* under control); → *drücken* 1, *gelangen*, *gesamt usw.*

Hand...: **~abzug** *typ. m* hand-impression; **~akten** *f/pl.* reference files; **~anlasser** *mot. m* hand-starter; **~apparat** *teleph. m* handset; **~arbeit** *f* manual labo(u)r *od.* work; (*Ggs. Maschinenarbeit*) (handi)craft, *a. ped.* handwork; *a. als Erzeugnis*: handiwork; *weibliche*: needlework, *kunstvolle*: fancy-work; *das ist ~* it is handmade; **~arbeiter**(**in** *f*) *m* manual labo(u)rer *od.* worker; *weitS.* (handi)craftsman; **~arbeitslehrerin** *f* needlework teacher; **~arbeitsunterricht** *m* needlework (classes *pl.*); **~atlas** *m* hand atlas; **~aufheben** *parl. n*: *durch ~ abstimmen* by show of hands; **~auflegung** *eccl. f* imposition of hands; **~ausgabe** *f* concise edition; **~ball**(**spiel** *n*) *m* hand-ball; **~ballen** *anat. m* ball of the thumb, 🕮 thenar; **~bedienung** *f* → *Handbetrieb*; **~beil** *n* hatchet; **~besen** *m* (hand-)brush; **~betrieb** *m* manual operation; hand control; *mit ~* manual *set, etc.*; hand-operated, hand-control(l)ed; **~bewegung** *f* movement (*schwungvolle*: sweep) of the hand, motion, gesture; *durch e-e ~ auffordern* motion (*zu* to *do, etc.*); **~bibliothek** *f* reference library; **~bohrer** ⊕ *m* gimlet; **~bohrmaschine** *f* hand-drill(ing machine); **⁀breit** *adj.* of a hand's breadth; **~breit(e)** *f* handbreadth, hand's breadth; **~bremse** *f* handbrake; **~bremshebel** *m* handbrake lever; **~buch** *n* manual, handbook; textbook, guide; **~deutung** *f* chiromancy, palmistry; **~dusche** *f* hand-spray.

Hände|druck *m* clasp of the hand, shaking of hands, F handshake; **~klatschen** *n* clapping (of hands), applause.

Handel *m* **1.** commerce, business, trade, *bsd. Börse*: trading (*mit* in); *weitS.* traffic (*a. b.s.*); (*Markt*) market; (*Geschäft*) (business) transaction, business, bargain, deal; (*Tausch⁀*) barter; *ehrlicher ~* square deal; *guter ~* good stroke of business, good bargain (*od.* deal); *~ und Gewerbe* trade and industry; *~ und Wandel* trade and commerce, business life; *im ~* on the market; *nicht mehr im ~* off the market; *in den ~ bringen* put on the market; *in den ~ kommen* be put on the market, be marketed; *~ treiben* (carry on) trade, *mit et.*: deal (*od.* trade) in a th., *mit j-m*: do business with a p.; → *abschließen* 3; **2.** → *Rechtshandel*; **3.** (*Sache, Vorfall*) affair, business, matter.

Händel *pl.* quarrel *sg.*; *handgreifliche*: brawl *sg.*; *kleinliche*: squabble *sg.*; *~ haben mit* quarrel with; *~ suchen* seek (*od.* try to pick) a quarrel.

handelbar ✝ *adj. Börse*: negotiable.

handeln I. *v/i.* **1.** act; (*verfahren*) proceed; (*in Aktion treten*) take action; (*sich verhalten*) behave; **2.** ✝ trade (*mit* with *a p.*; in *goods*), deal (*nur* in *goods*); (*feilschen*) bargain (*um* for), haggle (over); *mit sich ~ lassen* be accommodating (*od.* open to an offer); **3.** *fig. ~ von od. über* treat of, deal with, be about; **II.** *v/t.*: *an der Börse gehandelt werden* be traded (*od.* quoted, *Am.* listed) on the stock exchange; **III.** *v/impers.*: *es handelt sich um* it is a question *od.* matter of, it refers to, ... is concerned (*od.* involved); *es handelt sich darum, ob usw.* the question is if, *etc.*; *worum handelt es sich?* what is the (point in) question?; what is it all about?; **IV.** **⁀** *n* action; (*Handlungsweise*) way of acting; behavio(u)r.

Handels...: **~abkommen** *n* trade agreement; **~adreßbuch** *n* commercial directory; **~akademie** *f* commercial college, *Am.* business school; **~artikel** *m* (commercial) article, commodity; **~attaché** *m* commercial attaché; **~bank** *f* commercial bank; **~bericht** *m* trade (*od.* market) report; **~beschränkung** *f* restriction on trade; **~besprechungen** *f/pl.* trade talks; **~betrieb** *m* commercial enterprise, business, trading concern; **~bevollmächtigte(r** *m*) *f* → *Handlungsbevollmächtigte(r)*; **~bezeichnung** *f* trade name, brand; **~beziehungen** *f/pl.* trade relations; **~bilanz** *f* balance of trade; *aktive* ~ favo(u)rable balance of trade; *passive* ~ unfavo(u)rable (*od.* adverse) balance of trade; **~blatt** *n* trade journal; **~bücher** *n/pl.* commercial books; account books; **~dampfer** *m* → *Handelsschiff*; **~dünger** *m* commercial fertilizer; **~einheit** *f* *Börse*: unit of trade; **≗einig, ≗eins** *adj.*: ~ *werden* come to terms (*mit* with); **~erlaubnis** *f* trading licen|ce, *Am.* -se; **~fach** *n* branch of trade, line of business; **≗fähig** *adj.* negotiable; **~firma** *f* → *Firma*; **~flagge** *f* merchant flag; **~flotte** *f* merchant fleet; **~freiheit** *f* freedom of trade, *weitS.* free trade; **≗gängig** *adj.* marketable, commercial; **~gärtner** *m* market-gardener, *Am.* truck gardener; **~gärtnerei** *f* market-garden, *Am.* truck farm; **~geist** *m* commercialism, commercial spirit; **~genossenschaft** *f* trading co-operative; **~gericht** *n* commercial court; **≗gerichtlich** *adv.*: ~ *eintragen* register, *Am.* incorporate; **~gesellschaft** *f* (trading) company, *Am.* (business) corporation; *offene* ~ (general) partnership; **~gesetz(buch)** *n* commercial law (code); **~gewerbe** *n* trade, business; **~gewicht** *n* commercial weight, avoirdupois; **~gewinn** *m* trading profit; **~hafen** *m* commercial (*od.* trading) port; **~hochschule** *f* commercial college, *Am.* business school; **~index** *m* business index; **~kammer** *f* Chamber of Commerce, *Am.* Board of Trade; **~kapital** *n* trading capital; **~kette** *f* chain (of stores); **~korrespondenz** *f* commercial correspondence; **~kredit** *m* business loan; **~krieg** *m* economic war (-fare); **~macht** *f* trading nation; **~marine** *f* merchant navy; **~marke** *f* trade-mark; brand; **~minister** *m* Minister of Commerce, *Brit.* President of the Board of Trade, *Am.* Secretary of Commerce; **~ministerium** *n* Ministry of Commerce, *Brit.* Board of Trade, *Am.* Department of Commerce; **~mission** *f* trade mission; **~name** *m* trade name; **~nation** *f* trading nation; **~niederlassung** *f* **1.** business establishment; **2.** ⚖ registered seat (of a business firm); **3.** (*Zweigstelle*) branch; **4.** *im Ausland*: trading post; **~partner** *m* trading partner; **~platz** *m* commercial (*od.* trading) town; (*Stapelplatz*) emporium, mart, commercial cent|re, *Am.* -er; **~politik** *f* commercial (*od.* trade) policy; **≗politisch** *adj.* relating to trade policy; trade ...; **~qualität** *f* commercial quality; **~recht** *n* commercial law; **≗rechtlich I.** *adj.* in accordance with *od.* pertaining to commercial law; **II.** *adv.* under (*od.* according to) commercial law; **~register** *n* commercial (*od.* trade) register; *in das* ~ *eintragen* register, *Am.* incorporate; **~reisende(r)** *m* → *Handlungsreisende(r)*; **~richter** *m* commercial judge; **~schiff** *n* merchant ship, trading vessel, cargo steamer; **~schiffahrt** *f* merchant shipping; **~schranken** *f/pl.* trade barriers; **~schule** *f* commercial (*od.* business) school; **~spanne** *f* trade margin; **~sperre** *f* embargo; **~stadt** *f* commercial (*od.* trading) town; **~stand** *m* trading class, *the* trade; **~straße** *f* trade-route; **~stützpunkt** *m* trading base; **~teil** *m* *e-r Zeitung*: financial (*od.* trade) section; **≗üblich** *adj.* usual in (the) trade, commercial; ~e *Qualität* commercial quality; ~e *Bezeichnung* trade name, brand.

Händel...: ~sucht *f* quarrelsomeness; **≗süchtig** *adj.* quarrelsome.

Handels...: ~- und Zahlungsabkommen *n* trade and credit agreement; **~unternehmen** *n* commercial enterprise; **~verbot** *n* prohibition of trade; **~verkehr** *m* trading, traffic; commerce; **~vertrag** *m* commercial treaty, trade agreement; **~vertreter** *m* commercial (*od.* mercantile) agent; → *a.* *Handlungsreisende(r)*; **~vertretung** *f* agency; *pol.* trade mission; **~volk** *n* trading nation; mercantile people; **~ware** *f* article of commerce, commodity; merchandise (*a. pl.*); **~wechsel** *m* trade bill; **~weg** *m* trade route; **~wert** *m* market value; **~wissenschaft** *f* commercial science; **~zeichen** *n* trade-mark, brand; **~zweig** *m* → *Handelsfach*.

handeltreibend *adj.* trading, mercantile; **≗e(r)** *m* trader.

hände...: ~ringend *adv.* wringing one's hands; (*flehentlich*) imploringly; (*verzweifelt*) despairingly; **≗schütteln** *n* shaking of hands, handshake, F shake-hands.

Hand...: ~exemplar *n* **1.** copy

for one's personal use; **2.** author's copy; **~feger** *m* hand-brush; **~fertigkeit** *f* manual skill, dexterity; **~fessel** *f* → *Handschelle*; **²fest** *adj.* sturdy, hefty, stalwart, robust; *fig. Beweis usw.*: solid; *weitS. a.* mighty, thumping, full-fledged; ~e *Lüge* whopping lie; **~feuerlöscher** *m* (hand) fire extinguisher; **~feuerwaffe** *f* portable fire-arm; *pl. mst* small-arms; **~fläche** *f* flat of the hand, palm; **~galopp** *m* canter; **~garn** ⊕ *n* hand-spun yarn; **~gashebel** *mot. m* hand throttle lever; **²gearbeitet** *adj.* handmade; hand-tooled; hand-wrought; **~gebrauch** *m*: *zum* ~ for ordinary (*od.* daily) use; **²gefertigt** *adj.* → *handgearbeitet*; **~geld** *n* earnest-money, deposit; ⚔ bounty; *Sport*: cash payment (on transfer); **~gelenk** *n* wrist (-joint); F *aus dem* ~ offhand, off the cuff; (*leicht*) with the greatest ease; **~gelenkschützer** *m Sport*: wristlet; **²gemacht** *adj.* handmade; **²gemalt** *adj.* hand-painted; **²gemein** *adj.*: ~ *werden* come to blows (*od.* grips); **~gemenge** *n* ⚔ hand-to-hand fight(ing); mêlée (*fr.*); (*Schlägerei*) brawl, scuffle; **~gepäck** *n* **1.** small luggage, *Am.* handbaggage; **2.** *a.* **~gepäckaufbewahrung** *f* left luggage office, *Am.* baggage room; **²gerecht** *adj.* handy; **²geschmiedet** *adj.* hand-forged; **²geschöpft** *adj. Papier*: handmade; **²geschrieben** *adj.* written by hand, hand-written; **²gestrickt** *adj.* hand-knitted; F *fig.* home-made, funny; **²gewebt, ²gewirkt** *adj.* hand-woven; **~granate** *f* hand-grenade; **²greiflich I.** *adj.* palpable; (*offensichtlich*) obvious, evident, manifest, plain; ~e *Lüge* downwright lie; ~er *Scherz* practical joke; ~ *werden* turn violent, *Am.* get tough; **II.** *adv.*: ~ *vor Augen führen* illustrate clearly, make *a th.* plain enough (*j-m* to a p.); **~griff** *m* **1.** ⊕ *usw.* grip, handle; **2.** (*Art des Zugreifens*) grip, movement (of the hand), manipulation, motion; *mit wenigen* ~*en läßt sich das Gerät montieren* with effortless ease, in no time; *das ist doch nur ein* ~*!* it only needs a flick of the wrist!

Handhab|e *f* **1.** hold, handle, grip; **2.** *fig.* handle; (*Anlaß*) occasion; (*Gelegenheit*) opportunity; (*Beweise*) proof, evidence; *gesetzliche* ~ legal grounds *pl.*; *j-m e-e* ~ *bieten gegen j-n* give a p. a handle against a p.; *er hat keinerlei* ~ he hasn't a leg to stand on, *gegen mich*: F he has nothing on me; **²en** *v/t.* **1.** handle, wield (*a. Feder*), manage; (*Maschine*) operate, manipulate; **2.** *fig.* handle, manage, deal with; (*anwenden, gebrauchen*) apply, use; (*Rechtspflege*) administer; **~ung** *f* handling, wielding; operation, manipulation; application, use; administration *of justice*; *fig.* management, handling.

Hand...: **~harmonika** ♪ *f* accordion; **~hebel** *m* hand lever; **~kamera** *f* hand camera; **~kante** *f* side of the hand; *Schlag mit der* ~ (backhand) chop; **~karren** *m* handcart; **~kasse** *f* petty cash; **~koffer** *m* (small) suitcase; **~korb** *m* hand-basket; **~kurbel** *f* (crank-) handle; *mot.* starting crank; **~kuß** *m*: *j-m e-n* ~ *geben* kiss a p.'s hand; F *mit* ~ gladly, with the greatest pleasure; **~langer** *m* helper, unskilled workman; *Am.* handy man; △ hodman; *fig. contp.* underling, F dogsbody; *b.s.* henchman, stooge; (*Komplice*) accomplice; **~langerdienste** *m/pl.*: *j-m* ~ *leisten* fetch and carry for a p., *contp. a.* do a p.'s dirty work for him.

Händler *m* trader, dealer, merchant; (*Einzel*²) (retail) dealer; (*Laden*²) shopkeeper, storekeeper; (*Börsen*²) stock jobber; → *Buchhändler, Fischhändler, Straßenhändler usw*; *wenden Sie sich an Ihren* ~ ask your dealer; **~in** *f* tradeswoman, → *a. Händler*; **~organisation** *f* dealer organisation; **~preis** *m* trade price; **~rabatt** *m* dealer's rebate; **~seele** *f* huckster.

Hand...: **~lesekunst** *f* palmistry, chiromancy; **~leser(in** *f*) *m* palmist, chiromancer; **~leuchte** *f* hand (*od.* inspection) lamp; **~leuchter** *m* (portable) candlestick; **²lich** *adj.* handy, wieldy; manageable, easy-to-use; compact.

Handlung *f* **1.** (*Tat*) act, action; *e-s Romans, Films usw.*: action, story, *im Grundriß*: plot (*a. thea.*); ⚖ *strafbare* ~ punishable act, (criminal) offen|ce, *Am.* -se; *unerlaubte* ~ tort(ious act); *Ort der* ~ scene of action; *voll(er)* ~ *Film usw.*: full of action; **2.** (*Geschäft*) business, shop, *bsd. Am.* store.

Handlungs...: **~ablauf** *m* (course of) action, plot; **~agent** *m* mercantile agent; **~bevollmächtigte(r)** *m* (authorized) agent, attorney(-in-fact), proxy; **²fähig** *adj.* ⚖ having disposing capacity; *weitS. Regie-*

rung usw.: working; functioning; **~fähigkeit** *f* capacity to take legal action and liability; *weitS.* capacity to act; **~freiheit** *f* freedom of action, full discretion, free hand (*od.* play); **~gehilfe** *m* employee, ⚖ *a.* servant; *engS.* (commercial) clerk; (*Verkäufer*) shop-assistant, *Am.* (sales-)clerk; **~lehrling** *m* business apprentice; **≈reich** *adj.* *Geschichte usw.*: full of action, action-packed; **~reisende(r)** *m* travel(l)ing salesman, commercial travel(l)er; **~schema** *n* plot; **~vollmacht** *f* (commercial) power of attorney, limited authority to act and sign (for the principal); **~weise** *f* way of acting; (*Verhalten*) behavio(u)r, conduct; attitude; (*Verfahren*) procedure; (*Methoden*) methods *pl.*, practices *pl.*

Hand...: **~malerei** *f* hand-painting; **~mühle** *f* hand-mill; **~pferd** *n* led horse; *im Gespann*: off-horse; **~pflege** *f* care of the hands; manicure; **~pfleger(in** *f*) *m* manicurist; **~presse** *f* hand-press; **~pumpe** *f* hand-pump; **~rad** *n* handwheel; **~ramme** *f* (paving-)rammer; **~reichung** *f* help, assistance; **~rücken** *m* back of the hand; **~säge** *f* hand-saw; **~satz** *typ. m* hand composition; **~schaltgetriebe** *mot. n* manually operated (gear) transmission; **~schaltung** *mot. f* hand (gear) change, *Am.* manual shifting; **~schelle** *f* handcuff; *j-m ~n anlegen* handcuff a p.; **~schlag** *m* handshake; *durch ~ bekräftigen* shake hands on; **~schrapper** ⊕ *m* hand-scraper; **~schreiben** *n* autograph letter.

Handschrift *f* handwriting, hand (*a. fig.*); *e-e gute ~* a good hand; (*geschriebenes Werk*) manuscript; **~endeutung** *f* graphology; **~enkunde** *f* pal(a)eography; **~ensachverständige(r)** ⚖ *m* handwriting expert; **≈lich** **I.** *adj.* hand-written, in writing, (in) manuscript; **II.** *adv.* in writing.

Handschuh *m* glove; (*Panzer≈*, *Fecht≈*, *Hockey≈*, *Schi≈*) gauntlet; (*Box≈*) boxing-glove; (*Faust≈*) mitten; *fig. j-m den ~ hinwerfen* throw down the gauntlet to a p.; *fig. den ~ aufheben* take up the gauntlet, accept the challenge; **~fach** *mot. n* glove compartment; **~macher** *m* glover; **~nummer** *f* glove size.

Hand...: **~schutz** *m* hand-guard; **~setzer** *typ. m* hand-compositor; **~siegel** *n* private seal, signet; **~spiegel** *m* hand-mirror; **~spiel** *n Fußball*: handling of the ball, hands *pl.*; **~stand** *m Sport*: handstand; **~standüberschlag** *m* handspring; *rückwärts*: backflip; **~streich** *m* surprise (attack *od.* raid), coup de main (*fr.*), bold stroke; *im ~ nehmen* take by surprise; **~täschchen** *n* (small) handbag, pochette, *Am. a.* purse; *mit Puder, Spiegel usw.*: vanity-bag; **~tasche** *f* handbag; **~teller** *m* → *Handfläche*; **~trommel** *f* tambourine; **~tuch** *n* towel; *das ~ werfen Boxen*: throw in the towel; **~tuchhalter** *m*, **~tuchständer** *m* towel-rack; **~umdrehen** *n*: *im ~* in the twinkling of an eye, in a trice, in no time, F in a jiffy; **~voll** *f* handful; **~waffe** *f* hand weapon; **~wagen** *m* handcart, barrow; **≈warm** *adj.* lukewarm; **~webstuhl** *m* handloom.

Handwerk *n* (handi)craft, trade; *das ~* (*Berufsstand, a. coll.*) the craft, the trade; *ein ~ lernen* learn a trade; *sein ~ verstehen* know one's business (*od.* F onions); *fig. j-m das ~ legen* put a stop to a p.'s activities, stop a p.; *einem Verbrecher usw. das ~ legen* lay a criminal *etc.* by the heels; *j-m ins ~ pfuschen* meddle in a p.'s business, botch at a p.'s trade; **~er** *m* artisan, craftsman; (*Mechaniker*) mechanic; *weitS.* workman; **≈lich** *adj.* (handi)craft ..., craftman's ...; *~er Beruf* skilled trade.

Handwerks...: **~bursche** *m*, **~geselle** *m* journeyman; **~kammer** *f* chamber of handicrafts; **≈mäßig** *adj.* workmanlike; *weitS.* technical(ly competent); *fig.* mechanical; **~meister** *m* master craftsman; **~zeug** *n* (kit of) tools *pl.*; *fig.* equipment, tools *pl.*

Hand...: **~wörterbuch** *n* concise dictionary; **~wurzel** *f* wrist, 🕮 carpus; **~wurzelgelenk** *n* wrist-joint; **~zeichen** *n* mark, initials *pl.*, monogram; (*Signal*) sign, hand signal; *parl.* show of hands; **~zeichnung** *f* hand drawing; sketch; **~zettel** *m* handbill, leaflet.

hanebüchen *adj.* incredible, scandalous, F awful.

Hanf *m* hemp; **~breche** ⊕ *f* hemp-break; **~darre** *f* hemp-kiln; **≈en** *adj.* hempen; **~garn** *n* hemp yarn; **~leinen** *n* hemp cloth.

Hänfling *orn. m* linnet.

Hanf...: **~öl** *n* hempseed oil; **~samen** *m* hempseed; **~schwinge** *f* swingle; **~seil** *n* hemp(en) rope.

Hang *m* **1.** slope (*a. Schi≈*), declivity,

incline; **2.** *Turnen*: hang; **3.** *fig.* (natural) inclination (*zu* to *stoutness, etc.*, to *do*); bent (for *language, etc.*, for *doing*); tendency (to *a th.*, to *do*); propensity (to *a th.*, for *doing*), penchant (for *a th.*); (*Vorliebe*) partiality (for *a th.*); (*Anfälligkeit*) proneness (to *disease, etc.*); ~ *zu Mädchen usw.* inclination for, fondness of.

Hangar ✈ *m* hangar, shed.

Hänge|antenne *f* trailing aerial, *Am.* antenna; **~backe** *f* flabby cheek; **~bahn** *f* suspension railway, telpher (line); ⊕ overhead trolley; **~balken** △ *m* main beam; *Brückenbau*: suspension girder; **~bauch** *m* paunch, potbelly; ⚕ pendulous abdomen; **~brücke** *f* suspension-bridge; **~brust** *f*, **~busen** *m* pendulous (*od.* sagging) breasts *pl.*; **~gerüst** △ *n* hanging stage; **~kommission** *f Kunst*: hanging committee; **~lager** ⊕ *n* hanger bearing; **~lampe** *f* hanging (*od.* suspended) lamp; **~matte** *f* hammock.

hangeln *v/i.* climb (*od.* travel) hand over hand, overhand o.s. *upwards, etc.*

hangen I. *v/i.* → *hängen* I; **II.** ˜ *n*: *mit ~ u. Bangen* with great anxiety; in anxious suspense; (*knapp*) barely; (*mühsam*) with the greatest difficulty.

hängen I. *v/i.* hang (*an* on; *lose*: by; *von* from), be suspended (*od.* hung) (from); (*haften*) adhere, cling, stick (*an* to), ⊕ catch, stick; (*festsitzen*) be caught; △ (*durch ~*) sag; (*schief stehen usw.*) (be) incline(d), lean (*od.* hang) over; *fig.* ~ *an* (*e-m Brauch, am Leben usw.*) cling to, *bsd.* (*j-m*) be attached (*stärker*: devoted) to; (*abhängen von*) hang on; *die ganze Arbeit usw. hängt an mir* I am saddled with all the work, *etc.*; → *a. Faden, Lippe*; ~ *über Schicksal, Schwert usw.*: hang over; *voller Früchte ~ Baum*: be full of fruit; F *ped. in Latein ~* be bad at Latin; *woran hängt's?* where is the hitch?, what's the trouble?; → *Luft usw.*; ~ *lassen* → *Flügel, Kopf* 1; → *hängenlassen*; **II.** *v/t.* hang (up) (*an* on *the wall*, from *the ceiling*), suspend (from); (*befestigen*) attach, fix, fasten (*an* to); (*anhaken*) hook on (to); (*Verbrecher*) hang (by the neck); *gehängt werden* be hanged, F swing; *sich ~* hang o.s.; *sich an j-n ~* cling (*od.* attach o.s.) to a p.; *Laufsport*: drop (*od.* tuck) in behind a p.; *fig. sein Herz an et. ~* set one's heart on a th.; → *Brotkorb, Glocke, Mantel, Nagel*; **III.** ˜ *n* hanging, suspension, attachment; *e-s Kleides usw.*: hang; F *mit ~ u. Würgen* barely, (only) with the greatest difficulty; **~bleiben** *v/i.* be caught (*an* by), catch (on, in); get (*od.* be) stuck (*in* in); ⊕ jam, stick, lock; (*sich festfressen*) seize; *fig.* stick (*im Gedächtnis* in the memory); (*aufgehalten werden*) be detained; *Sport*: be stopped (*an* by); *etwas bleibt immer hängen von e-r Verleumdung usw.*: something will always stick; *schließlich blieb er in e-m Lokal hängen* he wound up in a pub; **~d** *adj.* hanging, suspended, pendent; dropping, sagging; pendulous; ~*er Motor* inverted engine; ~*e Ventile* overhead valves.

Hangende ⚒ *n* roof, hanging wall.

hängenlassen *v/t.* let *a th.* hang; (*baumeln lassen*) (let) dangle; (*vergessen*) leave *a th.* (*in* at *a place*); F *fig.* leave *a p.* in the lurch.

Hänge...: **~ohren** *n/pl.* drooping (*od.* pendent, flap-, lop-)ears; **~partie** *f Schach*: adjourned game; **~pflanze** *f* hanging plant.

Hänger *m* (*Hängekleid*) loose dress, smock; (*Mantel*) loose coat.

Hänge...: **~reck** *n* trapeze; **~schloß** *n* padlock; **~schrank** *m* wall cabinet; **~weide** *f* weeping willow.

Hang...: **~segeln** *n* ridge soaring; **~waage** *f Turnen*: lever hang; **~winkel** *m* gradient of a slope.

Hannoveraner(in *f*) *m* Hanoverian.

Hans *m* Jack, John; *fig.* ~ *und Grete* Jack and Jill; ~ *im Glück* lucky dog; ~ *Guckindieluft* Johnnie Head-in-the-air.

Hansa *f*, **Hanse** *f* Hansa, Hanseatic League.

Hänschen *n* Jackie, Johnny; *was ~ nicht lernt, lernt Hans nimmermehr* you can't teach an old dog new tricks.

Hansdampf F *m*: ~ *in allen Gassen* jack-of-all-trades; *weitS.* person who has a finger in every pie.

hanseatisch *adj.* Hanseatic.

Hänsel|ei *f* teasing; ˜**n** *v/t.* tease, chaff, pull *a p.*'s leg, *sl.* kid.

Hansestadt *f* Hanseatic town.

Hans...: **~narr** *m* tomfool; **~wurst** *m thea.* buffoon, harlequin; *im Zirkus*: clown, *auf Jahrmärkten*: merry-andrew, punch; *fig. contp.* clown, buffoon.

Hantel *f* dumb-bell.

hantier|en *v/i.* bustle (about), busy o.s.; *gemütlich*: potter (about);

~ *mit* work with, handle, operate, wield, use; ~ *an* work on, manipulate, *contp.* fiddle with; **∻ung** *f* operating, handling, manipulation; work; occupation.

hapern F *v/impers.*: *es hapert mit od. bei* there is something wrong with, there is a hitch in; *es hapert an* what is lacking is ...; *woran hapert es?* what is wrong (*od.* amiss)?; *es hapert uns an Geld* we are short of money; *im Englischen hapert es bei ihm* English is his weak point.

Häppchen *n* morsel, (tid)bit.

Happen *m* morsel, mouthful, bite; *großer* ~ hunk; *fig.* (*Beute*) haul, catch; F *ein fetter* ~ a fine catch; *e-n* ~ *essen* have a bite (*od.* snack).

happig F *adj.* (*gefräßig*) greedy; *fig. Preis usw.*: steep.

Härchen *n* little (*od.* tiny) hair; *biol.* cilium; → *a. Haar.*

Harem *m* harem.

hären *adj.* hairy, (made) of hair.

Häre|sie *f* heresy; **~tiker** *m* heretic; **∻tisch** *adj.* heretical.

Harfe *f* harp; (*die*) ~ *spielen* play the harp, harp; **~nantenne** *f* fan aerial (*Am.* antenna); **~nspiel** *n* harping; **~nspieler(in** *f*) *m*, **~nist(in** *f*) *m* harpist, harper.

Harke *f* ✓ rake; *Straßenbau*: rake dozer; *fig. j-m zeigen, was eine* ~ *ist* tell (*od.* show) a p. what's what; *a.* show a p. (how to do it better); **∻n** *v/t. u. v/i.* rake.

Harlekin *m* harlequin; **~ade** *f* harlequinade.

Harm *m* (*Kummer*) grief, sorrow; (*Kränkung*) injury, wrong.

härmen *v/refl.*: *sich* ~ → (*sich*) *grämen.*

Harm...: **∻los** *adj. allg.* harmless; (*unschädlich*) *a.* innocuous; *Miene, Vergnügen usw.*: *a.* innocent; (*ohne Bosheit*) guileless; (*unbedeutend*) insignificant, small; *adv.* ~ *klingende Frage* innocent-seeming question; **~losigkeit** *f* harmlessness; innocence; innocuousness; insignificance.

Harmonie *f* harmony (*a. fig.*); **~lehre** ♪ *f* harmony; **∻ren** *v/i.* harmonize (*mit* with).

Harmon|ika ♪ *f* accordion; concertina; (*Mund*∻) mouth-organ; **~iker** ♪ *m* harmonist; **∻isch** *adj.* ♪ harmonic(al) (*a.* ⅍), harmonious (*a. fig.*); ~*e Schwingungen* harmonics; **~ische** *phys. f* harmonic; **∻isieren** *v/t.* harmonize; **~ium** ♪ *n* harmonium.

Harn *m* urine, F water; *von Vieh, Pferd*: stale; **~analyse** *f* → *Harnuntersuchung*; **~apparat** *anat. m* urinary apparatus; **~ausscheidung** *f* urinary excretion; **~beschwerden** *f/pl.* urinary trouble *sg.*; **~blase** *f* (urinary) bladder; **~blasenentzündung** ⚕ *f* cystitis; **~drang** *m* urge to pass water, micturition; **∻en** *v/i.* urinate, pass water; *Vieh*: stale; **~en** *n* urination; **~fluß** *m* urinary flow; ⚕ incontinence of urine; **~gang** *m* ureter; **~glas** *n* urinal; **~grieß** ⚕ *m* gravel.

Harnisch *m* (suit of) armo(u)r, harness; (*Brust*∻) cuirass; *fig. in* ~ *bringen* enrage, infuriate, F get *a p.'s* back up; *in* ~ *geraten* fly into a rage, bridle up; *in* ~ *sein* be furious (*od.* up in arms).

Harn...: **~lassen** *n* urination; **~leiter** *m* ureter; **~probe** *f* sample of urine; **~röhre** *f* urethra; **~röhrenausfluß** ⚕ *m* urethral discharge; **~röhrenentzündung** *f*, **~röhrenkatarrh** ⚕ *m* urethritis; **~röhrensonde** *f* catheder; **~säure** ⚗ *f* uric acid; **~stein** ⚕ *m* urinary calculus; **~stoff** *m* urea; **∻treibend** *adj.* diuretic; ~*es Mittel* diuretic; **~untersuchung** *f* analysis of (the) urine, uranalysis, *Am.* urinalysis; **~zwang** ⚕ *m* strangury.

Harpun|e *f* harpoon; **~ier** *m* harpooner; **∻ieren** *v/t.* harpoon.

Harpye *f* harpy.

harren I. *v/i.* wait (*gen. od. auf* for), (*hoffen*) hope (for); (*verweilen*) tarry, stay; ~ *gen. od. auf a.* await; **II.** ∻ *n* waiting; tarrying; (*Geduld*) patience.

harsch I. *adj. Schnee*: crusted; **II.** ∻ *m* (*a.* **∻schnee** *m*) crusted snow.

härtbar *adj. metall.* hardenable; *Kunststoffmasse*: thermosetting.

hart I. *adj.* **1.** *allg.* hard; (*fest*) firm, solid; *Brot*: stale; *Ei*: hard (-boiled); *Wasser*: hard, chalky; *fig.* hard; (*abgehärtet, zäh*) hardened, tough; (*streng*) hard, severe, harsh; (*gefühllos*) hard(-hearted), unfeeling; (*unerbittlich*) adamant, inflexible; (*unbarmherzig*) pitiless; (*schwierig*) hard, tough; ✈, *mot.* rough *landing, running, etc.*; ~ *machen* harden; ~ *werden* harden, grow hard; ~*e Droge* hard drug; ~*es Geld* hard cash, coin(s *pl.*); ~*e Währung* hard currency; ~*er Kampf* hard (*od.* stiff) fight; ~*es Los* hard lot, cruel fate; ~*e Nuß* tough nut to crack; ~*er Schlag* (*Verlust*) heavy blow (loss); ~*es Spiel Sport*: rough play; ~*e Strafe* severe (*od.* harsh) punishment; ~*e*

Tatsachen hard facts; *~er Winter* hard (*od.* severe, rigorous) winter; *~e Worte* hard (*od.* harsh) words; *~e Zeiten* hard times; *e-n ~en Kopf haben* be head-strong (*od.* thick-headed); *er blieb ~* he was adamant; *e-n ~en Leib haben* be constipated; *durch e-e ~e Schule gegangen sein* have learnt it the rough way; *e-n ~en Stand haben* have no easy time of it; *~ für j-n od. mit od. zu j-m sein* be hard on a p.; **II.** *adv.* **2.** hard; *~ arbeiten* work hard; *~ anzufühlen* hard to the touch; *es kommt ihn ~ an* it is hard on him, he finds it hard; *es ging ~ auf ~* it was either do or die; **3.** (*dicht, nah*) *~ an* hard by, close to (*od.* by); *~ bedrängt* hard pressed (*od.* beset); *~ an et. vorbeistreifen* graze a th.; *~ aneinandergeraten* fly at each other, come to high words; *~ am Wind segeln* sail close to the wind.

Hartblei *n* hard lead.

Härte *f* hardness; *des Stahls*: *a.* temper; *fig.* (*Zähigkeit; Brutalität, Aggressivität*) toughness; *Sport*: roughness, rough play; (*Strenge*) harshness, severity, rigo(u)r; (*Unbill*) hardship; *phot.* contrast; ⚖ *unbillige ~* undue hardship; *~n verursachen* work hardship; **~ausgleich** ⚖ *m* equitable compensation; **~bad** *metall. n* tempering bath; **~fachmann** ⊕ *m* hardening expert, heat-treating engineer; **~fall** *m* case of hardship; **~grad** *m* degree of hardness; *von Stahl*: temper; **~mittel** *n* hardening agent, hardener; **~n I.** *v/t.* harden; (*Stahl*) temper, *im Einsatz*: case-harden; **II.** *v/i.* harden, grow hard; **~n** *n* hardening; *Stahl*: *a.* tempering; heat treatment; **~ofen** *m* hardening (*od.* tempering) furnace *od.* stove; **~prüfung** *f* hardness test; **~rei** *f* heat-treating department (*od.* shop); **~riß** *m* heat (treatment) crack; **~skala** *f* scale of hardness.

Hart...: **~faserplatte** *f* hardboard, *Am.* fiberboard; **~futter** *n* grain-fodder; **~gefroren** *adj.* hard-frozen; **~gekocht** *adj.* hard-boiled; **~geld** *n* hard cash, coins *pl.*, coined money; **~gelötet** ⊕ *adj.* hard-soldered; **~gesotten** *adj.* hard-boiled; *fig. a.* callous, (case-)hardened; **~glas** *n* hard(ened) glass; **~gummi** *n, m* hard rubber; ⚕ vulcanite, ebonite; **~guß** ⊕ *m* case-hardening; (*Erzeugnis*) case-hardened casting(s *pl.*); **~herzig** *adj.* hard-hearted, unfeeling; *~ gegen* hard on; **~herzigkeit** *f* hard-heartedness, hardness; **~holz** *n* hardwood; (*Schichtholz*) laminated wood; **~hörig** *adj.* hard of hearing; **~hörigkeit** *f* hardness of hearing, defective hearing; **~käse** *m* hard cheese; **~köpfig** *adj.* headstrong; **~laubgehölz** ⚘ *n* sclerophyllous woodland; **~leibig** ⚕ *adj.* constipated, costive; **~leibigkeit** *f* constipation, costiveness; **~lot** ⊕ *n* hard solder; **~löten** ⊕ *v/t.* braze, hard-solder; **~mäulig** *adj. Pferd*: hard-mouthed; **~metall** *n* hard metal; ⊕ cutting metal, carbide; **~metallwerkzeug** ⊕ *n* carbide-tipped tool; **~näckig** *adj. Person u. Sache*: obstinate, stubborn, persistent, dogged, stiff-necked; *Krankheit*: refractory, obstinate; *~e Versuche* persistent efforts; **~näckigkeit** *f* obstinacy, stubbornness, persistence, doggedness; refractoriness; **~papier** *n* laminated (*Am. a.* kraft) paper; **~pappe** *f* hardboard; **~platz** *m Tennis*: hard court; **~post** *f* bank paper; **~schalig** *adj.* hard-shelled; **~spiritus** *m* solid alcohol; **~umkämpft** *adj.* grimly embattled.

Hartung *obs. m* January.

Härtung *f* hardening, *Stahl*: *a.* tempering; heat-treatment; (*Einsatz~*) case-hardening; **~smittel** *n* hardening agent; *für Farben*: *a.* hardener; **~sverfahren** *n* hardening process.

Hart...: **~weizen** *m* durum wheat; **~wurst** *f* hard sausage.

Harz *n* resin, *bsd.* ♪ rosin; *mot.* (*Benzinrückstand*) gum; **~baum** *m* resiniferous tree; (*Kiefer*) pitch-pine; **~en I.** *v/t.* tap for resin; ♪ (rub with) rosin; **II.** *v/i.* exude resin; *Substanz*: gum; **~firnis** *m*, **~lack** *m* resin varnish; **~ig** *adj.* resinous; **~säure** *f* resin acid; **~teer** *m* resinous tar.

Hasard|eur *m* gambler (*a. fig.*); **~spiel** *n* game of chance; *fig.* gamble.

Hasch F *n* → *Haschisch.*

Haschee *n* hash.

haschen[1] **I.** *v/t.* snatch, catch, seize; *sich ~ Spiel*: play tag (*od.* at catch); **II.** *v/i.*: *~ nach* snatch (*od.* grasp, grab) at; *fig.* aim at, strive for, seek; *nach Komplimenten ~* fish for compliments; → *Effekt.*

haschen[2] F *v/i.* (*Haschisch rauchen*) F smoke hash.

Häschen *n* young hare, leveret, F bunny; F (*Mädel*) dolly.

Häscher *m* catchpole, myrmidon (of the law); *contp.* blood-hound.

Hascherl *dial. n*: *armes* ~ poor little thing, poor creature.

Haschisch *n* hashish, F hash.

Hase *m* hare, *Am.* rabbit; *junger* ~ leveret; *männlicher* ~ male hare, buck (hare); *falscher* ~ *Kochkunst*: ~ mince loaf; *fig. alter* ~ old hand (*od.* stager), veteran, *Am. a.* old-timer; *furchtsam wie ein* ~ (as) timid as a rabbit; *sehen, wie der* ~ *läuft* see which way the cat jumps; *da liegt der* ~ *im Pfeffer!* there is the rub (*od.* snag)!; F *mein Name ist* ~ (*, ich weiß von nichts!*) sorry, no idea!, F search me!

Hasel|busch *m* hazel-bush; **~huhn** *n* hazel-hen; **~maus** *f* common dormouse; **~nuß** *f* hazel-nut; **~rute** *f* hazel-rod; **~strauch** *m* hazel(-bush *od.* -tree).

Hasen...: **~braten** *m* roast hare; **~fuß** *m* hare's foot; *fig.* (*a.* **~herz** *n*) coward; **~jagd** *f* hare-hunt(ing); **~klein** *n*, **~pfeffer** *m* jugged hare; **~panier** *n*: *das* ~ *ergreifen* take to one's heels; **≈rein** *adj. hunt. Hund*: steady from hare; F *fig. nicht ganz* ~ *sl.* a bit fishy; **~scharte** ⚕ *f* hare-lip.

Häsin *f* female hare, doe.

Haspe ⊕ *f* hasp, hinge, clamp.

Haspel ⊕ *f* (*Garn*≈) reel; (*Winde*) windlass, winch; ⚓ capstan; **≈n** *v/t. u. v/i.* reel; (*hastig sprechen*) splutter, sputter.

Haß *m* hatred (*gegen* of, against, for), *poet.* hate; (*Erbitterung*) animosity, ranco(u)r; (*Abscheu*) loathing; (*Feindschaft*) enmity; *aus* ~ out of hatred (*gegen* of); F *e-n* ~ *kriegen* see red, get wild.

hassen *v/t.* hate; (*verabscheuen*) *a.* loathe, detest, abhor; → *Pest*; **~swert** *adj.* hateful, odious.

Hasser(**in** *f*) *m* hater.

Haß...: **≈erfüllt I.** *adj.* seething with hatred, *bsd. Blick, Wort*: venomous; **II.** *adv.*: ~ *blicken* look daggers; **~gefühle** *n/pl.* feelings of hatred, ranco(u)r *sg.*; **~gesang** *m* hymn of hate, hate tune.

häßlich *adj.* ugly; (*scheußlich*) hideous; (*unschön*) unsightly; ill-looking, *a. Person*: plain, *Am. a.* homely; (*mißgestaltet*) misshapen, monstrous; *fig. Person, Handlung usw.*: ugly, nasty, mean; (*unangenehm*) ugly, unpleasant, offensive, loathsome; ~*er Anblick* eyesore; **≈keit** *f* ugliness; hideousness; unsightliness; nastiness.

Haß|liebe *f* love-hate relationship; **~objekt** *n* hate object; F *bevorzugtes* ~ pet hate.

Hast *f* hurry, haste; (*Überstürzung*) precipitation; *des Lebens*: rush, press; *in der* ~ in the rush; *in wilder* ~ in hot haste, precipitately, helter-skelter; **≈en** *v/i.* hasten, hurry; (*rennen*) *a.* rush, scurry, race; **≈ig I.** *adj.* hurried, hasty; (*überstürzt*) precipitate; (*voreilig*) rash; (*schlampig*) slapdash; (*aufgeregt*) nervous; **II.** *adv.* hurriedly, *etc.*; in haste (*od.* a hurry); *nicht so* ~! not so fast!, wait a minute!; **~igkeit** *f* hastiness; → *a. Hast.*

hätscheln *v/t.* (*liebkosen*) fondle, pet, cuddle, caress; (*verzärteln, bevorzugen*) pamper, coddle.

hatschi!, hatzi! *int.* atishoo!

Hatz *hunt. f* chase, hunt.

Häubchen *n* small cap.

Haube *f* bonnet, cap; (*Kapuze*) hood; *hist.* coif; *eccl.* (*Schwestern*≈) cornet; *der Vögel*: crest, tuff; *des Falken*: hood; *von Wiederkäuern*: second stomach, bonnet; (*Trocken*≈) (hair-)dryer; *hist.* (*Sturm*≈) helmet; ⊕ cap, cover, dome; *bsd. mot.* bonnet, *Am.* hood; ✈ cowling; *fig. unter die* ~ *bringen* find a husband for, get *a girl* married; *unter die* ~ *kommen* get married, marry; **~nlerche** *f* crested lark.

Haubitze ⚔ *f* howitzer; F *fig. voll wie eine* ~ roaring drunk.

Hauch *m* breath; (*Luft*≈) breath (of wind), breeze, *a.* (*Duft*≈) whiff, waft; *ling.* aspiration; *fig.* (*zarte Schicht*) bloom, film; *von Farbe*: tinge; (*Anflug*) trace, touch, tinge; (*Atmosphäre*) aura, air; *ein* ~ *von Ironie* a touch of irony; **≈dünn** *adj.* wafer-thin; *Gewebe*: flimsy; *Strumpf*: sheer; *Porzellan*: eggshell ...; *fig. Mehrheit, Vorsprung*: very slim; ~*er Sieg* knife-edge victory; **≈en I.** *v/i.* breathe; **II.** *v/t.* (*flüstern*) breathe, whisper; *ling.* aspirate; **~laut** *ling. m* aspirate; **≈zart** *adj.* filmy, flimsy; (extremely) delicate.

Haudegen *m* broadsword; *fig.* (*alter* ~) (*Soldat*) old trooper, tough old soldier, (*Politiker usw.*) old warhorse (*od.* campaigner).

Haue[1] *f* (*Hacke*) hoe, mattock.

Haue[2] *dial. f* (*Prügel*) thrashing, spanking; ~ *bekommen* get a thrashing (*od.* spanking).

hauen I. *v/t.* (*hacken*) hew, chop; (*Loch, Stufen, Weg*) cut, hew; (*Bäume*) cut down, fell; (*Steine*) dress, carve; (*schlagen*) strike, beat, hit; F (*prügeln*) thrash, flog; (*Kinder*) spank; *mit der Faust*: *a.* punch, sock; *mit der Peitsche*: whip, lash; F (*schmeißen*) slam, bang; *sich* ~ (have a) fight; *haut ihn! sl.* let him have it!; → *Ohr,*

Pauke, Pfanne, Schnur usw.; **II.** *v/i.*: ~ *nach* strike (*od.* lash out) at; *um sich* ~ lay about one, hit out in all directions.

Hauer *m* **1.** ⚒ getter, hewer; **2.** *zo.* tusk; **3.** *dial.* → *Winzer*.

Häufchen *n* small heap; *Personen*: small group (*od.* cluster); *fig. wie ein* ~ *Unglück* (*od. Elend*) the picture of misery, woebegone.

Haufe *obs. m* → *Haufen*.

häufeln *v/t. u. v/i.* heap, pile; (*Kartoffeln usw.*) hill up.

Haufen *m* heap, pile; (*Ansammlung, Häufung*) accumulation, cluster, mass; *Holz usw.*: stack; *fig.* (*Schwarm*) swarm, crowd; troop, band, gang; F (*Menge, Zahl*) great number, mass; *ein* ~ (*von*) a lot of; *ein* ~ *Geld* heaps (*od.* lots, F oodles) *pl.* of money; *e-n* ~ (*Geld*) *verdienen* make a pile (of money); *auf e-n* ~ all of a heap; (*durcheinander*) in a jumble, pellmell, higgledy-piggledy; *der große* ~ the multitude, the masses *pl.*; *über den* ~ *rennen usw.* run (*od.* bowl) over, knock down; *über den* ~ *schießen* shoot down; *über den* ~ *werfen fig.* (*Pläne usw.*) upset; (*Theorie usw.*) explode, F blow skyhigh.

häufen *v/t.* heap (up), pile up; accumulate; *sich* ~ accumulate, (*sich mehren*) multiply, increase; (*sich verbreiten*) spread; *drei gehäufte Teelöffel* three heaping teaspoonfuls.

Haufen...: **~dorf** *n* nucleated village; **²weise I.** *adv.* in heaps; (*scharenweise*) in crowds; **II.** F *adj.* lots (*od.* heaps, F oodles) of; **~wolke** *f* cumulus (cloud); *geschichtete* ~ stratocumulus.

häufig I. *adj.* frequent; (*zahlreich*) numerous; (*verbreitet*) widespread; ~ *sein od. vorkommen* be frequent, abound, happen often; **II.** *adv.* frequently, often; *e-n Ort* ~ *besuchen* visit frequently, frequent, be a frequenter of; **²keit** *f* frequency; **²keitskurve** *f* frequency curve.

Häuflein *n* → *Häufchen*.

Häufung *f* accumulation, increase, multiplication; (*Verbreitung*) spreading; (*Wiederholung*) frequent occurrence.

Hauklotz *m* chopping-block.

Haupt *n* head (*a. fig. Ober*² *usw.*); *erhobenen* ~*es* with head erect; *gesenkten* ~*es* with bowed head; *gekrönte Häupter* crowned heads; *zu j-s Häupten* over a p.'s head, (just) above a p.; on high; *fig. aufs* ~ *schlagen* defeat (decisively), vanquish; *an* ~ *u. Gliedern reformieren* drastically, root and branch; *fig. über s-m* ~ over his head.

Haupt... *mst* head ..., main ..., chief ..., primary, principal, general, central, leading; **~abteilungsleiter** *m* (senior) head of department; **~achse** *f* main axis; **~ader** ⚒ *f* master lode; **~aktionär** ⚚ *m* principal shareholder (*Am.* stockholder); **~akzent** *m* primary stress; **~altar** *m* high altar; **~amt** *n* central office; *teleph. a.* main exchange; **²amtlich** *adj. u. adv.* full-time; *adv. a.* on a full-time basis; **~angeklagte(r** *m*) *f* principal defendant; **~anschluß** *teleph. m* main station; (*Leitung*) main line; **~anteil** *m* ⚚ principal share; *fig.* decisive share, lion's share; **~arbeit** *f* chief (part of the) work; **~artikel** *m* ⚚, ⚖ main article; *e-r Zeitung*: leader; **~attraktion** *f* chief attraction, highlight; **~augenmerk** *n*: *sein* ~ *richten auf* give one's special attention to; **~ausschuß** *m* central committee; **~bahnhof** *m* main (*od.* central) station; **~bank** ⚚ *f* head-bank; **~belastungszeuge** *m* star prosecution witness; **~beruf** *m* main (*od.* regular) occupation; full-time job; **²beruflich I.** *adj.* regular, full time ...; **II.** *adv.* as (*od.* in) one's chief occupation, full-time; **~beschäftigung** *f* chief occupation; **~bestandteil** *m* chief ingredient (*od.* component), main constituent; *fig. den* ~ *von et. bilden* be part and parcel of a th.; **~beweggrund** *m* leading motive, main reason; **~buch** ⚚ *n* (general) ledger; **~buchhalter** *m* head book-keeper, *Brit.* accountant; **~darsteller(in** *f*) *m* leading actor (*f* actress), lead; → *a. Hauptrolle*; **~deck** ⚓ *n* main deck; **~eigenschaft** *f* chief quality (*od.* property), leading feature; **~einfahrt** *f*, **~eingang** *m* main entrance.

Häuptelsalat *östr. m* lettuce.

Haupt...: **~entlastungszeuge** *m* principal witness for the defence; **~erbe** *m* (**~erbin** *f*) chief heir(ess *f*), residuary legatee; **~erfordernis** *n* principal requirement (*od.* prerequisite); **~erzeugnis** ⚚ *n* principal (*od.* main) product, staple product; **~fach** *n* main subject, *Am.* major; ... *als* ~ *studieren* take ... as main subject, *Am.* major in ...; **~farbe** *f* primary colo(u)r; **~fehler** *m* chief mistake (*od.* error); *weitS.* principal (*od.* chief, cardinal) fault *od.* defect; **~feind** *m* chief enemy; **~feldwebel** ⚔ *m* sergeant major, *Am.* platoon sergeant; **~figur** *f* main (*od.* central) figure; *thea. usw.* leading character, hero(ine *f*); **~film** *m* feature (film); **~frage** *f* chief (*od.* cardinal) question, main issue; **~gebäude** *n* main building; **~gedanke** *m* leading idea, keynote; **~gefreiter** ⚔ *m Brit.* lance corporal, *Am.* private 1st class; **~gericht** *n Kochkunst*: main course; **~geschäft**(**sstelle** *f*) *n* head (*od.* central) office; **~geschäftssitz** *m* commercial domicile, principal place of business; **~geschäftszeit** *f* main business hours *pl.*, rush hours *pl.*; **~gesichtspunkt** *m* major consideration; **~gewicht** *fig. n* main emphasis (*od.* stress); **~gewinn** *m Lotterie*: first prize; ☤ main profit; **~gläubiger** *m* principal creditor; **~grund** *m* main reason; **~haar** *n* hair (of the head); **~hahn** *m* main tap (*od.* cock); **~handlung** *f thea. usw.* main plot; **~interesse** *n* primary interest; **~kabel** *n* mains *pl.*; **~kampf** *m Boxen*: main event (*od.* bout); **~kampflinie** ⚔ *f* main line of resistance; **~kartei** *f* master file; **~kasse** *f* central pay office; *thea.* box-office; **~kassier** *m* head cashier; **~kerl** F *m* devil of a fellow, *sl.* cracker-jack.

Häuptling *m* (*Stammes*≈) chieftain; F *weitS.* boss.

Haupt...: **~linie** 🚂 *f* main (*od.* trunk) line; **~macht** *f* ⚔ main body; *pol.* chief power; **~mahlzeit** *f* main meal (of the day); **~mangel** *m* main defect (*od.* fault), chief drawback; **~mann** *m* ⚔ captain; (*Räuber*≈) chieftain; **~mannsrang** ⚔ *m* rank of a captain, captaincy; **~masse** *f* bulk, main body; **~merkmal** *n* distinctive (*od.* characteristic) feature, chief characteristic; **~mieter** *m* principal tenant; **~nahrung** *f* staple food; **~nenner** *m* common denominator; **~niederlassung** ☤ *f* head (*od.* central) office, headquarters *pl.*; **~person** *f* most important person, central figure (*od. thea.* character), principal; *contp. he wants to be the* cent|re (*Am.* -er) of attention; **~postamt** *n* general (*Am.* main) post-office; **~posten** ☤ *m* principal item; **~probe** *f thea.* dress rehearsal; ♪ general rehearsal; **~punkt** *m* main point; **~quartier** *n* ⚔ *u. weitS.* headquarters *pl.*; **~redner** *m* principal speaker; **~regel** *f* principal rule; **~register** ♪ *n* main stop; **~rohr** *n* main; **~rolle** *f* chief part, leading rôle (*od.* character), lead; (*Titelrolle*) title-rôle; *in der ~ zeigen* star, feature; *die ~ spielen* play the lead; *fig. Person*: be the central figure, be the cent|re (*Am.* -er) of attention, (*dominieren*) play the first fiddle, *sl.* run the show; *Sache*: be all-important; **~sache** *f* main (*od.* essential, most important) thing *od.* point, essential; main issue, focal question; ⚖ *in der ~ entscheiden* give judg(e)ment on the point at issue; *in der ~* in the main, on the whole, chiefly; *der ~ nach* in substance; *die ~ ist, daß ...*, F *~, ...* the main thing is that ...; *das ist die ~* that's all that matters; **≈sächlich I.** *adj.* principal, chief ..., main ..., essential, most important; **II.** *adv.* chiefly, mainly, especially, essentially, above all; **~saison** *f* peak season; **~satz** *m Logik*: main proposition; *ling.* principal (*od.* main) clause; *phys. usw.* first principle (*od.* law); **~schalter** ⚡ *m* main (*od.* master) switch; **~schiff** △ *n* nave; **~schlagader** *anat. f* aorta; **~schlüssel** *m* master- (*od.* pass)key; **~schriftleiter** *m* chief editor, editor-in-chief; **~schuld** *f* principal fault; *er trägt die ~ daran* it is mostly his fault (*od.* doing), he is chiefly to blame for it; **~schuldige(r** *m*) *f* principal (in the first degree), major offender; **~schuldner** *m* principal (debtor); **~schule** *f* 9-year elementary school; **~sendezeit** *TV f* prime time; **~schwierigkeit** *f* main difficulty; **~sicherung** ⚡ *f* main fuse; **~sitz** ☤ *m* registered office, principal place of business; head office; **~sorge** *f* main concern; chief worry; **~spaß** *m* great fun (*od.* joke), *sl.* scream; *es machte ihm e-n ~, zu inf.* it amused him immensely to *inf.*, F he got a big kick out of *ger.*; **~stadt** *f* capital (city *od.* town); **≈städtisch** *adj.* metropolitan; **~straße** *f* main street; → *a. Hauptverkehrsstraße*; **~strecke** *f* main route; 🚂 main line; **~strom** ⚡ *m* main current; **~strommotor** ⚡ *m* series (-wound D.C.) motor; **~stütze** *fig. f* mainstay; **~täter(in** *f*) *m* ⚖ principal (offender); **~tätigkeit** *f* chief occupation; (*Pflicht*) principal duty (*od.* function); **~teil** *m* main part; *weitS.* major part; **~thema** *n* main subject; ♪ principal theme; **~ton** *m* main stress; ♪ keynote; **~träger** △ *m* main girder; **~treffer** *m Lotterie*: first prize, F jackpot; *den ~ gewinnen* F hit the jackpot; **~treppe** *f* principal staircase; **~tribüne** *f* grandstand; **~triebfeder** *f* mainspring (*a. fig.*); **~tugend** *f* cardinal virtue; **~uhr** *f* master clock; **~-und Staatsaktion** *f*: *e-e ~ machen aus et.* make a tremendous issue out of; **~unterschied** *m* principal (*od.* main) difference; **~ursache** *f* chief cause; **~verbandplatz** ⚔ *m* main dressing station, *Am.* clearing station; **~verhandlung** ⚖ *f* trial; **~verkehr** *m* main traffic; rush-hour (*od.* peak-hour) traffic; **~verkehrsader** *f* arterial (road), traffic artery; **~verkehrsstraße** *f* arterial (*od.* main) road, (main) highway; *in der Stadt*: main thoroughfare (*od.* road); **~verkehrsstunden** *f/pl.*, **~verkehrszeit** *f* rush (*od.* peak) hours *pl.*, peak traffic hours *pl.*; **~versammlung** ⚚ *f* general meeting; **~vertreter** *m* general agent; **~verwaltung** *f* head office, central headquarters *pl.*; **~vorstand** *m* governing board; **~wache** ⚔ *f* main guard; **~wachtmeister** *m* police sergeant; ⚔ → *Hauptfeldwebel*; **~welle** ⊕ *f* main shaft; **~werk** *n* chief (*od.* major) work; (*Fabrik*) main plant; **~wort** *ling. n* noun, substantive; **2wörtlich** *adj.* substantival; **~zeuge** *m* principal witness; **~ziel** *n* main objective; **~zollamt** *n* Customs and Excise Office, *Am.* Customs Bureau; **~zweck** *m* main object, chief purpose.

hau ruck! *int.* yo-ho!

Haus *n* **1.** house (*a.* ⚚ = firm; *a. thea., ast.*); (*Gebäude*) building; (*Wohnsitz*) residence; (*Heim, Familie*) home, family, household; (*Geschlecht*) house, dynasty; *parl.* House; *beschlußfähiges ~* quorum; *das ~ ist nicht beschlußfähig!* no house!; *öffentliches ~* brothel; *~ und Hof* house and home; *aus gutem ~e sein* come of a good house; *außer (dem) ~* out of doors, outdoors; ⚚ *frei ~* free domicile (*od.* to the door); *im ~e* indoor(s), ⚚ on the premises; *im ~e m-r Tante* at my aunt's (house); *im ~e wohnend* resident; *nach ~e* home; *von ~e* from home; *fig. von ~ aus* by nature; *von ~ zu ~* from house to house, from door to door; *zu ~e* at home, F in; *bei uns zu ~e* at home, in our country, where I come from; *zu ~e sein* be at home, *Am. a.* be home; F be in; *nicht zu ~e sein* be out *od.* away (from home), F be not in; *in e-r Sache zu ~e sein* be at home (*od.* well versed, well up) in a th.; *~ an ~ wohnen* be nextdoor neighbo(u)rs, *mit j-m*: live next door to; *außer ~e essen* dine out; *das ~ hüten* stay in(doors); *ein großes ~ führen* live in great style; *ein offenes ~ haben* keep open house; *j-m das ~ führen* keep house for; *j-m das ~ verbieten* forbid a p. (to enter) the house; *j-n nach ~e bringen* see a p. home; *sein ~ bestellen* (*od. beschicken*) set one's house in order; *fig.* (*j-m*) *ins ~ stehen* be impending (on a p.); *thea. vor leeren Häusern spielen* play to empty houses; *auf ihn kann man Häuser bauen* he is absolutely reliable; *tut, als ob ihr zu ~e wäret* make yourself at home; **2.** *co. altes ~* old man (*od.* chap); *fideles ~* jolly (old) fellow, gay bird; *gelehrtes ~* pundit.

Haus...: **~angestellte** *f* domestic servant, (house-)maid, *Am.* domestic helper, houseworker; **~apotheke** *f* family medicine cabinet; **~arbeit** *f* housework; *ped.* homework; **~arrest** *m*: (*unter ~ stellen* place under) house arrest; **~arznei** *f* household remedy; **~arzt** *m* family doctor; *im Kurhaus usw.*: resident doctor; **~aufgabe(n** *pl.*) *f* homework, *Am.* assignment(s); **2backen** *adj.* home-made; *fig. Person*: homely; *Sache*: plain, prosy; **~ball** *m* private ball; **~bar** *f* cocktail cabinet, (house-)bar; **~bau** *m* house-building; **~bedarf** *m* domestic requirements *pl.*, household necessaries *pl.*; *für den ~* for the home; **~besetzer** *m* squatter; **~besetzung** *f* (*Demonstration*) squatting (campaign); **~besitzer(in** *f*) *m* house-owner; (*Vermieter*) landlord (*f* landlady); **~besuch** *m des Arztes usw.*: home visit; **~bewohner(-in** *f*) *m* inmate (*od.* occupant) of a house; (*Mieter*) tenant, lodger; **~bibliothek** *f* private library; **~blatt** *n* house organ; **~boot** *n* house-boat; **~brand** *m* domestic fuel; **~brandkohle** *f* house coal.

Häuschen *n* small house; cottage, cabin; (*Pförtner2, Jagd2*) lodge; → *Hütte*; F (*Abort*) F loo, *Am.* john; F *fig.* (*ganz*) *aus dem ~ geraten* get all excited, *sl.* (nearly) flip; *ganz aus dem ~ sein* be beside o.s. (*vor* with), F be in a flap (*wegen* about).

Haus...: **~dach** *n* house-top; **~dame** *f* housekeeper; lady's companion; **~diener** *m* man-servant, valet; *im Hotel*: boots (*sg.*); **~drachen** F *m* shrew, scold, termagant; **~eigentümer**(**in** *f*) *m* → *Hausbesitzer(in)*.

hausen *v/i.* **1.** (*wohnen*) dwell, live, reside; **2.** (*Verwüstung anrichten*) ravage (*in a place*); *schlimm* (*od. übel*) ~ play havoc (*in* in, *unter* among).

Hausen *ichth. m* beluga; **~blase** *f* isinglass.

Hausente *f* domestic duck.

Häuser|block *m* block (of houses); **~kampf** ⚔ *m* house-to-house fighting; **~makler** *m* house agent, (real) estate agent, *Am.* realtor; **~meer** *n* sea of houses; **~viertel** *n* quarter, *Am.* block.

Haus...: **~flur** *m* (entrance-)hall, *Am. a.* hallway; → *a. Treppenhaus*; **~frau** *f* housewife; *weitS.* mistress (*od.* lady) of the house; (*Wirtin*) landlady; **≈fraulich** *adj.* housewifely; **~freund** *m* friend of the family; *iro.* cicisbeo, gallant; **~friedensbruch** ⚖ *m* violation of *a p.'s* privacy; (*unbefugtes Eindringen*) trespass; **~garten** *m* back garden, *Am.* backyard; **~gebrauch** *m*: *für den* ~ for domestic use, for the household; F *fig.* for the simpler needs; **~gehilfin** *f* → *Hausangestellte*; **~geist** *m* brownie; *fig. co.* servant; **≈gemacht** *adj.* home-made (*a.* F *fig.*); **~gemeinschaft** *f* house community, *engS.* household; **~genosse** *m*, **~genossin** *f* fellow lodger (*od.* tenant), housemate; **~gerät** *n* household utensils *pl.*; → *a. Hausrat*; **~glocke** *f* front-door bell; **~hahn** *m* domestic cock, rooster; **~halt** *m* household; (*Heim*) home; (~*ung*) housekeeping; *pol.* budget; *den* ~ *führen* manage (*od.* run) the household; keep house (*für j-n* for a p.); *e-n gemeinschaftlichen* ~ *führen* keep house together; **≈halten** *v/i.* keep house, manage (*für j-n* for); ~ *mit et.* husband, economize, be economical with, use economically; **~hälterin** *f* housekeeper; *e-e gute* ~ *a.* a good economical manager; **≈hälterisch** *adj.* economical, thrifty.

Haushalts...: **~artikel** *m* household article; *pl. a.* household supplies; **~ausschuß** *parl. m* budget committee; **~defizit** *n* budgetary deficit; **~führung** *f* housekeeping; **~geld** *n* housekeeping money; **~gerät** *n* household appliance; **~jahr** *n* fiscal (*od.* financial) year; **≈mäßig** *adj.* budgetary; **~mittel** *n/pl.* budgetary means; *gebilligte*: appropriations; **~plan** *parl. m* budget; *et. im* ~ *vorsehen* budget for a th.; **≈rechtlich** *adj.* → *haushaltsmäßig*; **~voranschlag** *parl. m the* Estimates *pl.*; **~waren** *f/pl.* household articles (*od.* supplies); **~zuweisung** *parl. f* (budgetary) appropriation.

Haushaltung *f* **1.** housekeeping, housewifery; **2.** (*Haushalt*) household; **~sbuch** *n* housekeeping book; **~skosten** *pl.* household expenses; **~sschule** *f* domestic science school; **~svorstand** *m* head of the household, householder.

Haus...: **~-Haus-Verkehr** 🚂 *m* door-to-door service; **~herr** *m* master of the house, head of the family; (*Gastgeber*) host; (*Hauswirt*) landlord; **~herrin** *f* lady of the house; hostess; landlady; **≈hoch I.** *adj.* very high, huge; *fig.* vast, enormous; *Sieg*: big, smashing; *Niederlage*: devastating, shattering; **II.** *adv.*: ~ *gewinnen* win by a wide margin, score a tremendous victory; ~ *schlagen* trounce (badly); *j-m* ~ *überlegen sein* be vastly superior to a p., be head and shoulders above a p.; **~hofmeister** *m* steward, major-domo; **~huhn** *n* domestic fowl; **~hund** *m* house-dog.

hausier|en *v/i.* hawk, peddle (*mit et.* a th.); ~ *gehen* go peddling, hawk; *mit et* ~ peddle a th. (*a. fig.*); **≈er** *m* hawker, pedlar, *Am.* peddler; door-to-door salesman.

Haus...: **~industrie** *f* cottage industry; **~kapelle** *f* private chapel; ♪ private band; *the* club, *etc.* band; **~katze** *f* domestic cat; **~kleid** *n* house-frock; **~knecht** *m* boots (*sg.*); **~korrektor** *typ. m* indoor reader; **~lehrer** *m* private tutor; **~leinen** *n*, **~leinwand** *f* homespun linen.

Häusler(**in** *f*) *m* cottager.

häuslich I. *adj.* domestic (*a. Glück usw.*); *in Zssgn a.* household, family, home; (*sparsam*) economical, thrifty, sparing; (*gern zu Hause bleibend*) home-loving, domesticated; ~*e Arbeiten* housework *sg.*, *Schule*: homework *sg.*; ⚖ ~*e Gemeinschaft* joint household; ~*er Zwist* domestic difference; **II.** *adv.*: *sich* ~ *einrichten* (*od. niederlassen*) settle down; *fig.* make o.s. at home; come to stay (*bei j-m* with a p.); **≈keit** *f* (*Familienleben*) family life; (*Liebe zum Haus*) domesticity; (*Heim*) home.

Hausmacher... *in Zssgn* home-made; **~art** *f*: *nach* ~ of home-made quality.

Haus...: **~macht** *f hist.* dynastic power; *fig. pol.* pressure-group of one's own; **~mädchen** *n* (house-) maid; **~mannskost** *f* plain fare (*od.* cooking); **~mantel** *m* house coat; **~marke** *f* (firm's) own brand (*od.* make), special brand (*a. fig.*); F *weitS. one's* favourite brand; **~meier** *hist. m* major-domo; **~meister** *m* → *Hausverwalter* 1; **~mittel** *n* household remedy; **~musik** *f* music-making in the home; **~mutter** *f* mother of the family; *fig.* matron; **≈mütterlich** *adj.* homely, housewifely; **~nummer** *f* house number; **~ordnung** *f* house rules *pl.*; **~pflege** *f* ⚕ home-nursing; *Sozialwesen*: home care (by social worker); **~putz** *m* house cleaning; **~rat** *m* household effects *pl.*; **~ratte** *f* black rat; **~recht** *n* domestic authority; **~rock** *m* smoking-jacket, *der Frau*: morning gown; **~sammlung** *f* house-to-house collection; **~schlachtung** *f* home slaughtering; **~schlüssel** *m* front-door (*od.* latch)key; **~schuh** *m* slipper; **~schwalbe** *f* (house) martin; **~schwamm** *m* house fungus; *Echter* ~ dry rot; **~schwein** *n* domestic pig.

Hausse ⚚ *f Börse*: rise (in prices), boom, bull movement (*od.* market); *auf* ~ *spekulieren* buy for a rise, bull the market; **~bewegung** *f* bull movement, bullish trend.

Haussegen *co. m*: *der* ~ *hängt schief* (*bei ihnen*) they are having a row.

Hausse...: **~kauf** *m* bull purchase; **~markt** *m* boom market; **~spekulant** *m* operator for a rise, bull, *Am. a.* long; **~spekulation** *f* bull(ish) operation (*od.* speculation); **~stimmung** *f* bullish tone.

Haussier ⚚ *m* → *Haussespekulant*.

Haus...: **~stand** *m* household; *e-n eigenen* ~ *gründen* set up house, settle down; **~steuer** *f* house-tax; **~suchung** *f* house search, domiciliary visit, *Am. a.* house check; **~suchungsbefehl** *m* search-warrant; **~telephon** *n* house telephone, interphone; *in Betrieben*: intercommunication system, F intercom; **~tier** *n* domestic animal; **~tochter** *f* lady help; **~tor** *n* main door, gate; **~tür** *f* front-door; **~tyrann** *m* house tyrant; **~vater** *m* father of the family, paterfamilias; (*Anstaltsleiter*) warden; **~verbot** *n* order to stay away (from a house, *etc.*); **~verwalter** *m* **1.** caretaker, janitor, *Am. a.* (house) superintendent, F super; **2.** property manager; **~verwaltung** *f* property management; **~wart** *m* → *Hausverwalter* 1; **~wesen** *n* household (concerns *pl.*); **~wirt** *m* landlord; **~wirtin** *f* landlady; **~wirtschaft** *f* housekeeping; domestic economy; *als Lehrfach*: domestic science; **≈wirtschaftlich** *adj.* domestic, household ...; ~*es Seminar* school of domestic science; **~wirtschaftslehre** *f* domestic science; **~wirtschaftsschule** *f* domestic science school; **~zeitung** *f*, **~zeitschrift** ⚚ *f* house organ; **~zelt** *n* wall tent; **~zins** *m* (house)-rent; **~-zu-Haus...** door-to-door ...; → *Haus-Haus*.

Haut *f* skin (*a.* ⚓, ✈; *a. Wurst*≈ *usw.*); (*abgezogene Tier*≈, *a.* ⊕) hide; (*abgeworfene Schlangen*≈) slough; *anat.* (in)tegument, cuticle (*a.* ♀); (*eigentliche* ~, *unter der Ober*≈) derm(a); (*Organhülle*) tunic; *e-r Frucht*: peel, skin; (*dünne Schicht, auf Flüssigkeiten*) film; *obere* ~ epiderm(is); *dünne* ~ membrane (*a.* ♀), pellicle; *die* ~ *betreffend* cutaneous, skin ...; *durch die* ~ *wirkend* percutaneous; *unter der* ~ (*befindlich od. angewandt*) subcutaneous; hypodermic; *bis auf die* ~ *durchnäßt* soaked to the skin; *auf bloßer* ~ *tragen* wear next to one's skin; *e-m Tier die* ~ *abziehen* skin; *sich die* ~ *aufschürfen* graze one's skin, *an den Knien usw.*: skin one's knees, *etc.*; F *e-e ehrliche* (*gute*) ~ an honest (a good) soul; *mit* ~ *und Haar* completely, altogether, root and branch; *auf der faulen* ~ *liegen* take it easy, loaf; F *aus der* ~ *fahren* jump out of one's skin; *es ist um aus der* ~ *zu fahren* it's enough to drive you mad; *e-e dicke* ~ *haben* be thick-skinned; *mit heiler* ~ *davonkommen* come away unscathed (*od.* unhurt, safely); *s-e* (*eigene*) ~ *retten* F save one's bacon; *s-e* ~ *zu Markte tragen* risk one's hide; *sich s-r* ~ *wehren* defend o.s. (to the last); *ich möchte nicht in s-r* ~ *stecken* I wouldn't like to be in his shoes; *er ist nur* ~ *und Knochen* he is a mere bag of bones (*od.* nothing but skin and bones); *es kann eben keiner aus seiner* ~ a leopard can't change his spots, we can't help being what we are; *das geht mir unter die* ~ it gets under my skin.

Haut...: **~abschürfung** ⚕ *f* excoriation, (skin) abrasion; **~arzt** *m* dermatologist; **~atmung** *f* cutaneous respiration; **≈ätzend** *adj.*

vesicant; **~ausschlag** ⚕ *m* skin eruption, rash.

Häutchen *n* (*Überzug*) thin coat(-ing); *auf Flüssigkeiten*: film; *anat.*, ♀ membrane, pellicle, tunicle.

Haut den Lukas *m* try-your-strength machine.

Hautcreme *f* skin cream.

Hautdrüse *anat. f* cutaneous gland.

häuten *v/t.* skin, flay; *sich ~* cast (*od.* shed) one's skin, *Schlangen usw.*: (cast the) slough; ⚕ peel, desquamate.

Haut...: **2eng** *adj. Kleid*: skin-tight; **~entzündung** ⚕ *f* cutaneous inflammation, dermatitis.

Hautevolee (*fr.*) *f* high society, F upper crust.

Haut...: **~farbe** *f* colo(u)r (of the skin); *Gesicht*: complexion; ✝ flesh-colo(u)r; **2farben** *adj.* flesh-colo(u)red, *Kosmetik*: skin-colo(u)red; **~farbstoff** *m* (skin) pigment; **~gewebe** *n anat.* dermal tissue; ♀ periderm; **~gift** *n* skin poison, vesicant (agent).

häutig *adj.* skinny; *anat. u.* ♀ membranous; *in Zssgn* ...-skinned.

Haut...: **~jucken** ⚕ *n* itching (of the skin), pruritus; **~krankheit** *f* skin-disease; dermatosis; **~krebs** *m* cancer of the skin; **~krem** *f* skin cream; **~lehre** *f* dermatology; **2nah** *fig. adj.* very realistic(ally *adv.*); flesh-and-blood ...; **~nerv** *m* cutaneous nerve; **~pflege** *f* care of the skin; **~pflegemittel** *n* skin care product; **~pilz** *m* ⚕ dermatophyte; **~plastik** *f* dermatoplasty, skin-grafting; **~salbe** *f* skin ointment; **~schere** *f* cuticle scissors *pl.*; **~transplantation** *f*, **~übertragung** ⚕ *f* skin-graft(ing).

Häutung *f* skinning; *der Schlange usw.*: sloughing; ⚕ peeling (of skin), desquamation.

Haut...: **~unreinheit** *f* skin blemish; **~vene** *f* cutaneous vein; **~verletzung** *f*, **~wunde** *f* skin wound, (skin) lesion; **~wassersucht** ⚕ *f* anasarca.

Hauzahn *zo. m* tusk, fang.

Havanna(zigarre) *f* Havana (cigar).

Havarie *f* average; F (*Zs.-stoß*) collision; *große* (*besondere, kleine*) *~* general (particular, petty) average; *~ andienen* notify average; *~ aufmachen* adjust (*od.* settle) the average; **~klausel** *f* average clause; **~kommissar** *m* average adjuster, claims agent.

Haxe *dial. f* → *Hachse*.

he! *int.* hey!, hi!

Hebamme *f* midwife.

Hebe|balken *m*, **~baum** *m* heaver, lever; **~bock** *m* (lifting-)jack; **~bühne** *mot. f* car hoist; **~eisen** *n* crowbar; **~fahrzeug** ⚓ *n* salvage vessel; **~kran** *m* hoist(-ing crane).

Hebel ⊕ *m* lever (*a. Ringen u. fig.*); *am Automat usw.*: handle; (*Kurbel*) crank; *den ~ ansetzen* apply the lever; *fig.* tackle the matter; *mit e-m ~ hochdrücken usw.* lever up; *fig. alle ~ in Bewegung setzen* move heaven and earth, leave no stone unturned; *am längeren ~ sitzen* be in the stronger position, have more leverage; *an den ~n der Macht sitzen* be at the controls; **~arm** *m* lever arm.

Hebeliste *f* register of taxes.

Hebel...: **~kraft** *f*, **~moment** *n* leverage; **~schalter** ⚡ *m* lever switch; **~stützpunkt** *m* fulcrum; **~waage** *f* beam scale; **~werk** *n* lever gear; **~wirkung** *f* leverage, lever action.

Hebe|magnet *m* lifting magnet; **~muskel** *m* elevating muscle.

heben I. *v/t.* lift (*a. Sport*); raise, elevate (*beide a. fig.*); *mit Mühe*: heave; (*hochwinden*) hoist; (*Auto aufbocken*) jack up; (*Schatz, Wrack*) raise; *fig.* raise, increase; (*verbessern*) *a.* improve; *paint. usw.* accentuate, set off; (*Stimme, a. Stimmung*) raise; (*Wirkung usw.*) enhance, add to; F *einen ~* F raise the elbow, hoist (*od.* down) one; *sich ~* rise, lift, go up, *fig.* rise, improve; *Stimme, Stimmung*: rise; *sich ~ und senken* rise and fall, heave; *sich wieder ~ Handel usw.*: revive, improve (again); → *Angel, Himmel, Sattel, Taufe, gehoben usw.*; **II. 2** *n* lifting, raising; (*Gewicht 2*) lift(ing); *beidarmiges ~* twohands lifts.

Heber *m phys.* (*Saug2*) siphon; (*Stech2*) pipette; (*Spritze*) syringe; ⊕ *bsd. in Zssgn* ...-lifter, ...-raiser; *mot.* (car) jack; *anat.* → *Hebemuskel*; **~pumpe** ⊕ *f* siphon-pump.

Hebe...: **~satz** *m* rate of assessment; **~schiff** *n* salvage ship; **~vorrichtung** *f* lifting device (*od.* gear, tackle), hoisting apparatus; *an Werkzeugmaschinen*: elevating mechanism; (*hydraulische Hebeflasche*) hydraulic (hoisting) jack; **~zeug** *n* lifting gear, hoist.

Hebrä|er(in *f*) *m* Hebrew; **2isch** *adj.*, **~isch** *ling. n* Hebrew.

Hebung *f* lifting, raising; *des Geländes*: elevation, rise; *fig.* improvement, enhancement, encouragement, promotion; increase;

Metrik: stress, arsis; (*Silbe*) stressed syllable.

Hechel *f* hatchel, hackle, flaxcomb; **2n**[1] *v/t.* hackle, comb.

hecheln[2] *v/i. Hund usw.*: pant.

Hecht *m* **1.** pike, jack; *ausgewachsener* ~ luce; *fig.* F *toller* ~ devil of a fellow; (*wie*) *ein* ~ *im Karpfenteich* (like) a pike in a fish-pond; **2.** F (*Tabakqualm*) thick tobacco smoke; **2en** *v/i. Schwimmen*: do a pike-dive, jackknife; *Turnen*: do a long-fly; *Fußball usw.*: dive (at full-length); **2grau** *adj.* bluish-grey; **~rolle** *f Turnen*: flying dive roll; **~sprung** *m Schwimmen*: pike dive, jackknife (dive), header; *Turnen*: long-fly; *Fußball usw.*: (flying) dive; *den Ball durch* ~ *abfangen* make a full-length save.

Heck *n* ⚓ stern, poop; *mot.* rear; ✈ tail; (*Zaun*) fence; (*Gattertür*) trellis-gate; **~antrieb** *mot. m* rear-wheel drive.

Hecke[1] *f* hedge (*a. Reitsport*); (*Busch*2) hedgerow; *mit e-r* ~ *umgeben* hedge.

Hecke[2] *f* **1.** (*Hecken*) hatching, breeding; **2.** (*Brut*) hatch, brood.

hecken *v/t. u. v/i.* hatch, *Säugetiere*: breed.

Hecken...: **~rose** *f* dog-rose; **~schere** *f* hedge-shears *pl.*; **~schütze** ⚔ *m* sniper; **~sprung** ✈ *m* hedge-hopping.

Heck...: **~fenster** *n* rear window; **~flagge** ⚓ *f* stern flag; **~flosse** *mot. f* tail fin; **~geschütz** *n* ⚓ stern-gun; ✈ tail gun; **2lastig** ✈ *adj.* tail-heavy; **~licht** ✈ *u. mot.* tail-light; ⚓ stern-light; **~motor** *mot. m* rear engine; **~raddampfer** *m* stern wheeler; **~ruder** *n Rennwagen*: spoiler; **~schütze** ✈ *m* rear gunner; **~zeit** *zo. f* breeding season.

heda! *int.* hey (there)!

Hede *f* tow.

Hederich ⚘ *m* wild radish; (*Unkraut*) hedge mustard.

Hedonis|mus *m* hedonism; **~t** *m* hedonist; **2tisch** *adj.* hedonistic(ally *adv*).

Heer ⚔ *n* army; *fig.* host, multitude, army; *stehendes* ~ standing army, (*aktive Truppe*) regular army.

Heeres...: **~bedarf** *m* army requirements (*od.* supplies) *pl.*; **~bericht** *m* army communiqué, (daily) war bulletin; **~bestände** *m/pl.* military stores; **~dienst** *m* military service; **~dienstvorschrift** *f* army manual; **~führung** *f* army command (staff); *Oberste* ~ *the* Supreme Command; **~gruppe** *f* army group; **~leitung** *f* → *Heeresführung*; **~lieferant** *m* army contractor; **~lieferung** *f* army contract; *pl.* army supplies; **~macht** *f* (military) forces *pl.*, army; **~personalamt** *n* army personnel branch; **~verwaltung** *f* army administration; **~zug** *m* expedition.

Heer...: **~fahrt** *f* (military) expedition; **~führer** *m* general, commander-in-chief; **~lager** *n* (army) camp; **~säule** *f* column of troops; **~schar** *f* host; *bibl. himmlische* ~*en* heavenly hosts; **~schau** *f* (military) review; **~straße** *f* military road.

Hefe *f* yeast; *Bäckerei*: (baker's) yeast, *für Sauerteig*: leaven; *Brauerei*: (brewer's) yeast, barm; (*Bodensatz*) dregs *pl.* (*a. fig.* = scum); lees *pl.*, grounds *pl.*; *fig. den Kelch bis auf die* ~ *leeren* drink the cup to the dregs; **~gebäck** *n* yeast pastries *pl.*; **~kuchen** *m* yeast cake; **~pilz** *m* yeast fungus; **~teig** *m* yeast dough.

hefig *adj.* yeasty; *Wein*: full of dregs.

Heft[1] *n* (*Griff*) handle, haft; *e-s Schwertes*: hilt; *bis ans* ~ up to the hilt; *fig. das* ~ *in der Hand haben* hold the reins in one's hands, have things well under control; *j-m das* ~ *aus der Hand nehmen* take the reins out of a p.'s hands.

Heft[2] *n* (*Schreib*2) copy-book; (*Übungs*2) exercise-book; (*Lieferung*) number, part; (*Exemplar*) copy; *e-r Zeitung*: number, issue; (*Broschüre*) (stitched) booklet, pamphlet, brochure; *in* ~*en erscheinen* appear in numbers (*od.* parts); **~draht** *m* staple; *für Bücher usw.*: stitching wire.

heft|en *v/t.* fasten, attach, fix (*an* to); *mit Stecknadeln, Reißzwecken*: pin; *Näherei*: baste, tack, (*a. Buch*) stitch, sew; *geheftet* in sheets; *sich* ~ *an* attach (*od.* cling) to; *fig. s-e Augen* ~ *auf* fasten (*od.* fix, rivet) one's eyes on; → *Ferse*; **2er** *m* **1.** (*Ordner*) file; **2.** → *Heftmaschine*; **2faden** *m*, **2garn** *n* tacking thread.

heftig *adj. allg.* vehement, violent, fierce; (*stürmisch, leidenschaftlich*) *a.* impetuous, passionate; (*reizbar*) irascible, hot-tempered; (*wütend*) furious; (*stark*) intens(iv)e, strong; ♏ brisk; *Kälte usw.*: sharp, severe, keen; *Regen*: heavy; *Schmerzen*: violent, acute; *Kopfweh*: splitting; *Erkältung*: bad; *Worte*: angry, high; ~ *werden Person*: lose one's temper, flare up, cut up rough; **≈keit** *f* vehemence, violence; fierceness; intensity; severity; impetuosity; hot temper.

Heft...: **~klammer** *f* paper-clip; *der Heftmaschine*: staple; **~maschine** *f für Fadenheftung*: stitching machine, stitcher; *für Drahtheftung* (*a. Büro≈*): stapling machine, stapler; **~naht** *f* tacked seam; **~pflaster** *n* adhesive (*od.* sticking-)plaster; **~stich** *m* tack; **≈weise** *adv. Buch*: in fascicles; **~zwecke** *f* drawing-pin, *Am.* thumb-tack.

Hegelian|er *m*, **≈isch** *adj.* Hegelian.

Hegemonie *f* hegemony, supremacy.

hegen *v/t. hunt.* (*Wild*) preserve; (*Pflanze*) nurse, tend; (*schützen*) protect, guard; (*Künste, Beziehungen*) cultivate; (*Gefühle, Hoffnung*) have, cherish, entertain; (*Groll, Haß*) harbo(u)r, nurse, nourish, bear; (*Verdacht, Zweifel*) have, entertain; *~ u. pflegen* lavish care upon, take loving care of.

Hehl *n*: *kein ~ machen aus* make no secret of, make no bones about, not to disguise; *ohne ~* quite openly, without reserve; **≈en** ⚖ *v/i.* receive stolen goods.

Hehler *m*, **~in** *f* ⚖ receiver (of stolen goods), *sl.* fence; **~ei** *f* receiving (of stolen goods).

hehr *adj.* sublime, noble, lofty; *Person*: noble, exalted, august.

hei! *int.* heigh-ho!

Heia F *f* bed; *in die ~ gehen* go to bye-bye(s).

Heid|e[1] *m*, **~in** *f* heathen; *bsd. bei den alten Griechen u. Römern*: pagan; *bibl. Juden u. Heiden* Jews and Gentiles.

Heide[2] *f* **1.** heath(-land), moor (-land); **2.** → **~kraut** *n* heather; **~land** *n* → Heide[2] 1.

Heidelbeere ⚘ *f* bilberry, *Am.* blueberry, huckleberry.

Heidelerche *f* wood-lark.

Heiden...: **~angst** F *f*: *e-e ~ haben* be in a mortal fright (*od.* F blue funk), be scared to death; **~geld** F *n a* lot of money, *a* fortune; **~lärm** F *m* terrible noise (*od.* row, racket); **≈mäßig** F *adj.* F awful; **~mission** *f* foreign mission; **~spaß** F *m* huge fun; **~tempel** *m* pagan temple; **~tum** *n* heathenism; *klassisch*: paganism; (*die Heiden*) heathendom; *the* pagans *pl.*

Heideröschen *n* briar-rose.

Heidin *f* → Heide[1].

heidnisch *adj.* heathen; *klassisch*: pagan; *weitS.* heathenish, barbarous.

Heidschnucke *zo. f* (North German) moorland sheep.

heikel *adj.* **1.** *Person*: (*wählerisch, anspruchsvoll*) fastidious, particular, fussy, hard to please; (*leicht Ekel empfindend*) squeamish; **2.** *Angelegenheit usw.*: delicate, ticklish, F tricky; *Problem*: *a.* thorny, knotty, critical; *heikler Punkt* tender (*od.* sore, sensitive) point; *heikles Thema* delicate subject; **3.** *Stoff usw.*: (*empfindlich*) sensitive, (*leicht schmutzend*) that soils easily.

heil I. *adj.* (*unversehrt*) *Person*: unhurt, uninjured, unharmed, unscathed, safe and sound; *Sache*: undamaged, whole, intact; (*geheilt*) healed, cured; *fig. ~e Welt* intact world; **II.** **≈** *n* welfare, well-being; *eccl.* salvation; *Jahr des ~s* year of grace; *zu j-s ~* (*gereichen*) (be) for a p.'s good *od.* benefit; *zu s-m ~* (*Glück*) luckily for him; *sein ~ versuchen* try one's luck; *sein ~ in der Flucht suchen* seek safety in flight, take to flight; *~!* hail!; *~ dir!* hail to thee; → *Petri Heil, Ski.*

Heiland *eccl. m* Savio(u)r, Redeemer.

Heil...: **~anstalt** *f* sanatorium, *Am. a.* sanitarium; (*Nerven≈ usw.*) (mental) home *od.* institution; **~bad** *n* **1.** therapeutic bath; **2.** (*Kurort*) spa, health resort; **≈bar** *adj.* curable (*a.* ⚖); **~barkeit** *f* curability; **~behandlung** *f* (therapeutic) treatment; **≈bringend** *adj.* salutary, beneficial; **~brunnen** *m* mineral spring; **~butt** *m* halibut; **≈en I.** *v/i. Krankheit*: be cured; *Wunde*: heal (up), close; **II.** *v/t.* (*j-n*) heal, cure (*a.* ⚖ *Formfehler*); (*Wunde*) heal; *j-n ~ von* cure a p. of (*a. fig.*); **≈end** *adj.* healing; curative; **~erde** *f* healing earth; **~erfolg** *m* (remedial) success, successful treatment; **~faktor** *m* curative factor; **~fieber** *n* therapeutic fever; **≈froh** *adj.* very (*od.* F jolly) glad; **~gymnast(in** *f*) *m* physiotherapist; **~gymnastik** *f* remedial gymnastics *pl.*, physiotherapy.

heilig *adj.* holy; (*Gott geweiht*) sacred; (*geheiligt, geweiht*) hallowed; (*fromm*) saintly, godly, pious; (*feierlich*) solemn; (*unverletzlich*) sacred, inviolable, sacrosanct; (*ehrwürdig*) venerable; *vor Eigennamen*: Saint (*abbr.* St.); *der ~e Antonius* St. Anthony; *≈er Abend* Christmas Eve; *hist. ≈e Allianz* Holy Alliance; *das ≈e Römische*

Reich Deutscher Nation the Holy Roman Empire; *der* ꝛ*e Geist* (*Stuhl*, *Vater*) the Holy Ghost (See, Father); *das* ꝛ*e Grab* the Holy Sepulch|re, *Am.* -er; *das* ꝛ*e Land* the Holy Land; *die* ꝛ*e Schrift* the Holy Scriptures *pl.*; ~*e Bücher* sacred books; ~*e Handlung* sacred rite; ~*e Pflicht* sacred duty; ~*er Zorn* righteous anger; *ihm ist nichts* ~ nothing is sacred to him; *schwören bei allem, was* ~ *ist* swear by all that is holy; *es ist mein* ~*er Ernst* I am in dead earnest, I absolutely mean it; → *Jungfrau*, *Kuh*.

heiligen *v/t.* hallow, sanctify; (*heilighalten*) hold sacred, keep holy; → *Zweck*.

Heiligen...: **~bild** *n* picture of a saint; **~schein** *m* halo, nimbus, aureole, gloriole.

Heilige(**r** *m*) *f* saint (*a. weitS.*); F *wunderlicher* ~*r* F queer fish.

heilig...: **~halten** *v/t.* hold sacred; (*Sonntag*) keep (holy), observe (strictly); **ꝛkeit** *f* holiness, sanctity, sacredness; *Person*: saintliness; *Seine* ~ (*der Papst*) His Holiness; **~sprechen** *v/t.* canonize; **ꝛsprechung** *f* canonization; **ꝛtum** *n* (*Stätte*) sanctuary, (holy) shrine; (*Gegenstand*) (sacred) relic; *fig.* something sacred; F *co.* (*Zimmer*) sanctum; *Schändung e-s* ~*s* sacrilege; **ꝛung** *f* hallowing, sanctification (*a. fig.*).

Heil...: **~klima** *n* salubrious climate; **~kraft** *f* healing (*od.* curative) power; **ꝛkräftig** *adj.* curative; **~kraut** *n* medicinal (*od.* officinal) herb; **~kunde** *f* medical science, medicine, therapeutics *pl.* (*sg. konstr.*); **ꝛkundig** *adj.* skilled in medicine; **~kunst** *f* medical art; **ꝛlos** F *adj.* terrible, F awful, unholy; **~magnetismus** *m* mesmerism; **~massage** *f* curative massage; **~methode** *f* method of treatment, cure; **~mittel** *n* remedy, cure (*gegen* for; *a. fig.*); medicine, medicament, drug; **~mittelallergie** *f* drug allergy; **~mittellehre** *f* pharmacology; **~pädagogik** *f* therapeutic pedagogy; **~pflanze** ⚘ *f* medicinal plant (*od.* herb); **~pflaster** *n* healing (*od.* medicated) plaster; **~praktiker** *m* non-medical practitioner, healer; **~quelle** *f* mineral (*od.* medicinal) spring; **~ruf** *m* cheer; **~salbe** *f* healing ointment; **ꝛsam** *adj.* wholesome, salutary; *Klima*: salubrious; (*heilend*) healing, curative; *fig.* beneficial (*für* to), good (*od.* healthy) (for); *iro.* *das wäre sehr* ~ *für ihn* that would do him no end of good; **~samkeit** *f* wholesomeness, salutariness; salubrity.

Heils|armee *f* Salvation Army; **~botschaft** *f* message of salvation.

Heil...: **~schlaf** *m* healing sleep; (*Verfahren*) hypnotherapy; **~serum** ⚕ *n* antitoxic serum; **~sgeschichte** *eccl. f* history of salvation; **~slehre** *eccl. f* doctrine of salvation; **~stätte** *f* sanatorium; **~trank** *m* medicinal draught; **~- und Pflegeanstalt** *f* mental home; **~ung** *f* cure, healing, successful treatment; **~ungsprozeß** *m* healing process; (*Genesung*) recovery; **~verfahren** *n* (medical) treatment, therapy; **~wert** *m e-r Droge*: curative (*od.* therapeutic) value; **~wirkung** *f* curative effect.

Heim I. *n allg.* home (*a. Anstalt*); (*Jugend*ꝛ, *Studenten*ꝛ) hostel; **II.** ꝛ *adv.* home; **~arbeit** *f* homework, outwork; *weitS.* cottage industry; **~arbeiter**(**in** *f*) *m* home-worker.

Heimat *f* home; (*Ort*) native place; (~*stadt*) native (*od.* home) town; (*Wohnsitz*) domicile; (*Land*) native country, homeland; ⚘ habitat; *zweite* ~ second home, country of one's adoption; **~anschrift** *f* home address; **ꝛberechtigt** *adj.* having right of residence; **~berechtigung** *f* right of settlement (*od.* residence); **~dichter** *m* regional poet; **~film** *m* (sentimental) film with a regional background; **~front** *f* home front; **~hafen** *m* home port; port of registry; **~krieger** *m* stay-at-home patriot; **~kunde** *f* local history and geography; **~land** *n* homeland, native country; **ꝛlich** *adj.* native, home ...; (~ *anmutend*) homelike, like home, *Am.* hom(e)y; ~*er Boden* native soil; **ꝛlos** *adj.* homeless, without a home; (*ausgestoßen*) outcast; **~ort** *m* native place; **~recht** *n* right of residence (*od.* settlement); **~schein** *m* certificate of citizenship; **~schuß** ⚔ *m sl.* blighty (one), cushy one, homer; **~staat** *m* native country, country of origin; **~stadt** *f* home town, native town; **~urlaub** ⚔ *m* home leave; **~vertriebene**(**r** *m*) *f* expellee.

heim....: **~begeben** *v/refl.*: *sich* ~ go (*od.* return) home; **~begleiten** *v/t.* see *a p.* home; **ꝛchen** *zo. n* (house) cricket; **~eilen** *v/i.* hasten home; **~elig** *adj.* homelike, *Am.* hom(e)y; (*traulich*) cosy; **~fahren** *v/i.* go (*od.* return) home; *mot.* (*a.*

v/t.) drive home; **⁓fahrt** *f* journey home, homeward journey (*od.* ⚓ voyage), return; **⁓fall** ⚖ *m* reversion, escheat; **⁓fallen** *v/i.* revert (*an* to); **⁓fällig** *adj.* reversionary; **⁓fallsrecht** *n* reversionary right, right of escheat; **⁓finden** *v/i.* find one's way home; **⁓führen** *v/t.* lead home; (*repatriieren*) repatriate; *j-n als Frau* ⁓ marry; **⁓gang** *m* **1.** going home; → *Heimweg*; **2.** *fig.* death, decease; **⁓gegangene(r** *m*) *f* departed, deceased; **⁓gehen** *v/i.* go (*od.* return) home; *fig.* (*sterben*) die, depart this life, pass away; **⁓holen** *v/t.* fetch (*od.* take) home; **⁓industrie** *f* home (*od.* cottage) industry; **⁓isch** *adj.* native, indigenous; domestic, home ...; ⁓*e Gewässer* home waters; ⁓ *sein in* be established in, be indigenous to, (*wohnen, leben*) live (*od. a. fig.* be at home) in; ⁓ *werden* acclimatize o.s. (*in* to); *sich* ⁓ *fühlen* feel at home; **⁓kehr** *f*, **⁓kunft** *f* return (home), homecoming; **⁓kehren, ⁓kommen** *v/i.* return home, come back; **⁓kehrer** *m* home-comer; (*Kriegsgefangener usw.*) repatriate(d soldier); **⁓kino** *n* home cine-projector; **⁓leiter** *m* director (of a home); *ped.* warden; **⁓leiterin** *f* matron (of a home); *ped.* warden; **⁓leuchten** F *fig. v/i.*: *j-m* ⁓ tell a p. what's what, tell a p. off, send a p. about his business.

heimlich I. *adj.* **1.** (*geheim*) secret; (*verborgen*) hidden, concealed, private; (*verstohlen*) clandestine, surreptitious, stealthy, furtive, underhand ..., F hush-hush ...; (*getarnt*) in disguise, undercover ...; **2.** → *heimelig*; **II.** *adv.* secretly, *etc.*; by stealth, F on the sly (*od.* quiet) (*a.* ⁓, *still u. leise*); (*innerlich*) inwardly; *j-n* ⁓ *anblicken* steal a glance at a p.; *sich* ⁓ *entfernen* slip (*od.* steal) away, take French leave; **⁓keit** *f* secrecy, secretiveness; furtiveness, stealthiness, stealth; (*Geheimnis*) secret; **⁓tuer** *m* secretive fellow, mystery-monger; **⁓tuerei** *f* mysteriousness, secretive manner, F hush-hush routine; **⁓tun** *v/i.* be secretive (*mit* about), make a mystery (of); affect an air of secrecy.

Heim...: **⁓niederlage** *f Sport*: home defeat; **⁓reise** *f* journey home, homeward (*od.* return) journey *od.* ⚓ voyage; *auf der* ⁓ on the journey home; *auf der* ⁓ *befindlich* homeward bound; **⁓reisen** *v/i.* travel home; **⁓schicken** *v/t.* send home; **⁓schule** *f* boarding school; **⁓sehnen** *v/refl.*: *sich* ⁓ long for home, be home-sick; **⁓sieg** *m Sport*: home victory; **⁓spiel** *n Sport*: home match; **⁓stätte** *f* home; (*Siedlung*) homestead; **⁓suchen** *v/t. mit Katastrophen usw.*: visit (*bsd. bibl.*), afflict, strike, plague; (*zerstören*) ravage; *Geister*: haunt (*a. fig. das Gemüt*); *Unholde, Ungeziefer*: infest (e-n Ort a place); *co.* (*besuchen*) descend on *a p.*; *heimgesucht* afflicted (*od.* stricken) (*von* by); haunted (by), infested (with); *von Dürre heimgesucht* drought-stricken; *von Krieg heimgesucht* war-torn; *vom Streik heimgesucht* strike-racked (*od.* -ridden); **⁓suchung** *f* visitation; affliction, trial; **⁓tücke** *f* insidiousness, malice, treachery, foul play; **⁓tückisch** *adj.* malicious; insidious (*a. fig. Krankheit*), treacherous (*a. fig. Straße usw.*); perfidious, cowardly, dastardly; **⁓vater** *m* warden; **⁓wärts** *adv.* homeward(s), home; **⁓weg** *m* way (*od.* return) home; *auf dem* ⁓ on my, *etc.*, way home; **⁓weh** *n* homesickness; (*Sehnsucht*) nostalgia (*a. fig. nach Vergangenem*); ⁓ *haben* be homesick; ⁓ *haben nach* long for; **⁓wehr** ⚔ *f* militia; **⁓werker** *m* hobbyist, do-it-yourselfer; **⁓zahlen** *fig. v/t.* pay back; *j-m et.* ⁓ pay a p. back for a th., get even with a p. for a th.; **⁓ziehen** *v/i.* go (*od.* return, march) home.

Hein *m*: *Freund* ⁓ Goodman Death.

Heini F *contp. m sl.* drip, jerk crumb.

Heinzelmännchen *n* brownie; *pl. a.* little people (*pl.*), fairies.

Heirat *f* marriage; (*Hochzeit*) wedding; *gute* ⁓ (*Partie*) good match; ⁓ *aus Liebe* love match; **⁓en I.** *v/t.* marry, be (*od.* get) married to, wed; **II.** *v/i.* marry, get married.

Heirats...: **⁓antrag** *m* proposal (of marriage), offer of marriage; *j-m e-n* ⁓ *machen* propose to, F pop the question to; **⁓anzeige** *f* **1.** marriage announcement; **2.** (*Suchanzeige*) Lonely Hearts' ad; **⁓büro** *n* marriage bureau; **⁓fähig** *adj.* marriageable; *in* ⁓*em Alter* of marriageable age; **⁓gut** *n* dowry, marriage portion; **⁓kandidat** *m* suitor, wooer; **⁓lustig** *adj.* eager to get married, keen to marry; **⁓markt** *m* marriage market; **⁓schwindel** *m* fraud by false imputation of matrimonial intentions; **~schwindler**(**in** *f*) *m* marriage impostor; **~urkunde** *f* marriage certificate; **~vermittler**(**in** *f*) *m* marriage broker; **~vermittlung** *f* **1.** matchmaking; **2.** *geschäftlich*: marriage brokerage; **3.** (*Büro*) marriage bureau, matrimonial agency; **~versprechen** *n* promise to marry; *Bruch des ~s* breach of promise (to marry); **~vertrag** *m* marriage settlement.

heischen *v/t.* (*erbitten*) ask for, beg; (*fordern*) demand, exact.

heiser *adj.* hoarse; (*belegt*) husky; (*rauh*) raucous; (*krächzend*) croaking; *~ werden* (*sein*) grow (be) hoarse; *sich ~ schreien* cry o.s. hoarse; **≈keit** *f* hoarseness; huskiness; raucousness.

heiß I. *adj.* hot; *Zone*: torrid; *fig.* (*leidenschaftlich*) hot, burning, fiery, ardent; (*heftig*) vehement, violent, fierce; (*inbrünstig*) fervent, fervid; (*geil*) hot, in heat; *glühend ~* red-hot, *Sonne usw.*: scorching; *~es Blut* hot blood (*od.* temper); *~er Kampf* hot (*od.* fierce) battle; *~er Kopf* burning head; F *~e Musik* (*Ware*) hot music (goods *pl.*); *~er Tip* hot tip; *~ machen* make hot, heat; *~e Tränen weinen* shed scalding tears, weep bitterly; *mir ist ~* I am hot; → *Draht, Hölle, Katze* 1 *usw.*; **II.** *adv.* hot(ly), ardently, *etc.*; *et. ~ ersehnen* long for ardently (*od.* fervently); *es wird nichts so ~ gegessen, wie es gekocht wird* things are never so bad as they look; → *hergehen* 2; **~blütig** *adj.* hot-blooded (*a. zo.*); passionate, fiery; **≈dampf** ⊕ *m* superheated steam.

heißen[1] **I.** *v/t.* (*nennen*) call, name; (*befehlen*) bid, tell, order, direct, command; → *willkommen*; F *das heiße ich e-e gute Nachricht!* that's what I call good news!; **II.** *v/i.* be called (*od.* named), go by the name of; (*bedeuten*) mean, signify; (*gleichbedeutend sein mit*) be tantamount (*od.* equivalent) to; *das heißt* that is (to say) (*abbr.* i.e.); *das hieße* (*od. würde ~*) that would mean; *das will* (et)*was ~* that is saying something; *das will nicht viel ~* that doesn't mean much; *es heißt, daß* they (*od.* people) say that, it is said (*od.* reported, rumo[u]red) that; *es heißt in der Bibel* it says in the Bible; *wie es bei Shakespeare heißt* as Shakespeare has it; *das soll nicht ~, daß* that does not mean that; *es soll nicht ~, daß* it shall not be said that; *nun heißt es aufgepaßt!* careful now!; *nun heißt es handeln usw.* the situation now calls for (*od.* requires) action *etc.*, it is now for us to act *etc.*, what we must do now is act *etc.*; *soll das ~, daß* does that mean that, do you mean to say that; *was soll das ~!* what is the meaning of (all) that, F what's the big idea?; *wie ~ Sie?* what is your name?; *wie heißt das?* what is this called?, what is the name of this?; *wie heißt das auf englisch?* what is (*od.* do you call) that in English?, what is the English for that?

heißen[2] ⚓ *v/t.* hoist.

heiß...: **~ersehnt** *adj.* ardently desired; **~geliebt** *adj.* (dearly) beloved, ardently loved; **≈hunger** *m* ravenous hunger; *fig.* craving, thirst (*nach* for); **~hungrig** *adj.* ravenous(ly hungry), voracious (*a. fig.*); **~laufen** ⊕ *v/i. u. v/refl.*: (*sich ~*) run hot, overheat; **≈laufen** *n* overheating; **~löten** ⊕ *v/t.* hot-solder; **≈luftbad** *n* hot-air bath; **≈luftdusche** *f* hot-air blower; (*Haartrockner*) electric hair dryer; **≈luftturbine** ⊕ *f* hot-air turbine; **≈sporn** *fig. m* hotspur, hothead; **≈strahltriebwerk** *n* thermal jet engine; thermojet; **~umstritten** *adj.* fiercely contended; highly controversial; **≈wasserbereiter** *m*, **≈wasserspender** *m* water-heater, *Brit. a.* geyser.

heiter *adj.* (*hell, sonnig*) clear, bright, fair; (*fröhlich*) cheerful, gay, hilarious; (*amüsant*) amusing, funny; humorous *story etc.*; (*abgeklärt, gelassen*) serene; F (*beschwipst*) merry, tipsy; *~* (*er*) *werden* cheer up, *Wetter, Gesicht, Lage*: brighten; *iro. das kann ja ~ werden!* nice prospects, indeed!; **≈keit** *f* serenity; clearness, brightness; cheerfulness, glee; amusement, merriment, mirth; *zur allgemeinen* (*wachsenden*) *~* to the general (growing) amusement *od.* merriment; **≈keitserfolg** *m*: *damit hatte er e-n ~* this raised a laugh.

Heiz|anlage *f* heating system (*od.* installation); **~apparat** *m* heater; **≈bar** *adj.* heatable, with heating (facilities); **~batterie** ⚡ *f* filament-battery, *Am.* A-Battery; **~(bett)decke** *f* electric blanket; **~draht** *m* heating wire; **~effekt** *m* heating (*od.* calorific) effect; **≈en I.** *v/t.* heat; (*Ofen*) fire; **II.** *v/i.* make (*od.* light) a fire; *~ mit* heat with, burn, fire; *der Ofen heizt gut* heats well; *das Zimmer heizt sich gut* is easily heated, heats well; **~er** *m* stoker (*a.*

🚂); fireman, boilerman; **~faden** ⚡ *m* filament; **~fläche** *f* heating surface; **~gas** *n* fuel gas; **~gerät** *n* heating appliance, heater; **~kessel** *m* boiler; **~kissen** *n* electric pad; **~körper** *m* radiator, heater; heating element; **~kraft** *f* heating (*od.* calorific) power; **~material** *n* fuel; **~ofen** *m* stove; (electric, oil, *etc.*) heater; **~öl** *n*: (*leichtes* ~, *schweres* ~ light, heavy) fuel oil; **~platte** *f* hot-plate; **~raum** *m* boiler-room; ⚓ stokehold; **~rohr** *n*, **~röhre** *f* ⊕ fire tube; (*Heizungsrohr*) heating pipe (*od.* tube); **~schlange** *f* heating coil; **~sonne** *f* (reflector) bowl-fire; **~strom** *m* filament (*od.* heater) current; **~ung** *f* heating, firing; (*Anlage*) (central) heating; (*Heizkörper*) radiator; **~ungsanlage** *f* heating plant (*od.* system); **~ungstechnik** *f* heating engineering; **~wert** *phys. m* heating (*od.* calorific) value; **~widerstand** ⚡ *m* heating resistor.

Hekatombe *f* hecatomb.

Hektar *n* hectare.

Hekt|ik *f* hectic state; *fig. a.* fever (-ishness); **≈isch** ⚕ *u. fig. adj.* hectic.

Hektode *f* pentagrid mixer.

Hektograph ⊕ *m*, **≈ieren** *v/t.* hectograph.

Hektoliter *n* hectolit|re, *Am.* -er.

Held *m* hero (*a. thea., e-s Romans usw.*); (*Vorkämpfer*) champion; *fig.* ~ *des Tages* hero (*od.* lion) of the day; *er ist kein* ~ *in e-m Fach* he is not much good (F no great shakes) at; *den* ~*en spielen thea. u. iro.* play the hero.

Helden...: ~dichtung *f* epic (*od.* heroic) poetry; **~friedhof** *m* military cemetery; **~gedenktag** *m* Remembrance Day, *Am.* Memorial Day; **~gedicht** *n* epic (poem); **≈haft** *adj.* heroic(ally *adv.*), valiant; **~keller** ⚔ *co. m* F funk-hole; **~lied** *n* epic song; **~mut** *m* heroism, valo(u)r; **≈mütig** *adj.* → *heldenhaft*; **~rolle** *thea. f* part of a (*od.* the) hero; **~sage** *f* heroic legend, epic tale; **~tat** *f* heroic deed (*od.* exploit), feat; **~tenor** *m* heroic tenor; **~tod** *m* heroic death; *allg.* ⚔ death in action; *den* ~ *sterben* die in battle, be killed in action; fall on the field of hono(u)r; **~tum** *n* heroism; **~verehrung** *f* hero-worship.

Held|in *f* heroine (*a. thea.*); **≈isch** *adj.* heroic(ally *adv.*).

helfen *v/i.* help; aid, assist (*bei* in); (*behilflich sein*) *a.* lend (*od.* give) a hand; (*fördern*) promote; (*Rückhalt geben*) back; (*nutzen*) help, be of use, avail, profit; (*dienen*) serve (*zu inf.* to *inf.*), be instrumental (in *ger.*), go to(wards *ger.*); ~ *gegen et.* be a good remedy for, be good for; *j-m auf die Spur* ~ put a p. on the (right) track; *j-m aus dem (in den) Mantel* ~ help a p. off (on) with his coat; *j-m aus e-r Verlegenheit* ~ help a p. out of a difficulty; *j-m bei der Arbeit* ~ aid (*od.* help) a p. in his work; *sich* ~ find a way (out), manage; *da ist nicht zu* ~ there is no help for it, nothing can be done about it; *das hilft mir wenig* that's not much help, that's cold comfort, F a fat lot it helps; *er weiß sich zu* ~ he is full of resource, he is resourceful, he is able to take care of himself; *er weiß sich nicht (mehr) zu* ~ he is at a loss what to do, he is at his wits' end (*od.* at the end of his resources); *es hilft (zu) nichts* it is useless (*od.* of no use), it is no good; *was hilft es, wenn* what's the use of *ger.*; *es hilft alles nichts, wir müssen gehen* we have no choice but go; like it or not, we must go; *ich kann mir nicht* ~ I cannot help it; *ich kann mir nicht* ~, *ich muß darüber lachen* I can't help laughing about it; *ihm ist nicht (mehr) zu* ~ he is beyond help, *iro.* he is hopeless; *iro. ihm werde ich schon* ~*!* I'll give him what for!; *das half (wirkte)* that worked (*od.* F did the trick); *hilf dir selbst, dann hilft dir Gott* god helps those who help themselves.

Helfer *m*, **~in** *f* helper, assistant; *fig.* (*Hilfe*) help; ~ *in Steuersachen* tax-adviser; **~shelfer** *m* accomplice; → *a. Handlanger.*

Helikopter *m* helicopter.

Helio|graph *m* heliograph; **~graphie** *f* heliography; **~gravüre** *f* heliogravure; **~skop** *n* helioscope; **~therapie** *f* heliotherapy; **~trop** *n* heliotrope; **≈zentrisch** *adj.* heliocentric(ally *adv.*).

Helium *n* helium.

hell I. *adj. Klang*: clear, (*schmetternd*) ringing; *Licht*: bright, clear, (*leuchtend*) luminous, shining; (*durchsichtig*) transparent; *Bier*: pale, light; *Farbe*: light; *Haar, Gesichtsfarbe*: fair; *Vokal*: bright; *fig.* (F *a.* ~e) intelligent, wide-awake; ~*e Entrüstung* utter indignation; ~*es Gelächter* hearty (*od.* ringing) laugh; ~*er Jubel* ringing cheers *pl.*, jubilations *pl.*;

~er Neid pure envy; *~er Unsinn* sheer (*od.* downright) nonsense; *~er Wahnsinn* sheer madness; *in ~en Flammen stehen* be in a blaze; *s-e ~e Freude haben an* be (more than) delighted at (*od.* with), enjoy *a. th.* immensely; *in ~en Haufen* in (dense) crowds, in swarms; *in ~er Verzweiflung* in utter despair; *in ~er Wut* in a (blazing) rage; *am ~(licht)en Tage* in broad daylight; *es wird ~* it is beginning to dawn; *es ist schon ~er Tag* it is quite light; *die ~en Tränen standen ihr in den Augen* her eyes were brimming with tears; **II.** *adv.* clearly, *etc.*; → *a.* **~auf** *begeistert usw.* extremely, over-*enthusiastic, etc.*; **~blau** *adj.* light-blue; **~blond** *adj.* very fair, ash-blond; **~dunkel** *paint. n* chiaroscuro, clair-obscure (*fr.*).

Helle 1. *f* brightness, clearness; luminousness; **2.** *n* (*Sicht*) light; **~(s)** F *n* (light) beer, pale ale.

Hellebarde *f* halberd.

Hellen|e *m*, **~in** *f* Hellene, Greek; **~entum** *n* Hellenism; **~isch** *adj.* Hellenic, Greek.

Heller *m*: *auf ~ und Pfennig bezahlen* pay to the last penny (*Am.* cent); *es ist keinen ~ wert* it isn't worth a rap; *er besitzt keinen roten ~* he hasn't a penny to his name, *Am.* he doesn't have a red cent.

helleuchtend *adj.* (*bei Trennung: hell-leuchtend*) brilliant, luminous.

hell...: ~farbig *adj.* light-colo(u)red; **~gelb** *adj.* light-yellow; **~glänzend** *adj.* of a bright lust|re (*Am.* -er), brilliant; **~grün** *adj.* light-green; **~hörig** *adj.* keen of hearing; ⚠ not soundproof; *fig. das machte ihn ~* that made him prick up his ears, that aroused his suspicion; *für et. ~ sein* have a keen ear for a th.

hellicht *adj.* (*Trennung: hell-licht*): *am ~en Tage* in broad daylight.

Helligkeit *f* brightness (*a. TV*); luminousness; brilliancy; *phys.* light intensity; **~sgrad** *m* degree of brightness; **~sregelung** *TV f* brightness control.

Helling *f* ⚓ slip(way); ✈ (assembly) cradle.

hell...: ~rot *adj.* light-red; **~schreiber** *m* Hell teleprinter; **~sehen** *v/i.* have second sight, be clairvoyant; **~sehen** *n* clairvoyance; **~seher(in** *f*) *m*, **~seherisch** *adj.* clairvoyant; **~sichtig** *adj.* clear-sighted; **~wach** *adj.* wide-awake (*a. fig.*).

Helm[1] *m* **1.** (*Stiel an Werkzeugen*) handle, helve; **2.** ⚓ helm, rudder.

Helm[2] *m* **1.** (*Kopfschutz*) helmet; **2.** ⚠ cupola; **~busch** *m* plume, crest (of a helmet); **~dach** *n* conical roof, cupola.

Helot *m* helot; **~entum** *n* helotism.

Hemd *n* (*Männerober~*) shirt; (*Unter~*) vest, *Am.* undershirt; *fig. j-n bis aufs ~ ausziehen* have the shirt off a p.'s back, fleece a p.; *das ~ ist mir näher als der Rock* near is my shirt, but nearer is my skin; charity begins at home; **~ärmel** *m* → *Hemdsärmel*; **~bluse** *f* shirt(-blouse), *Am.* shirt (-waist); **~blusenkleid** *n* shirt dress; **~brust** *f*, **~einsatz** *m* shirt-front; **~enstoff** *m* shirting; **~(en)knopf** *m* shirt-button, *zum Herausnehmen*: stud; **~hose** *f*: (*eine ~* a pair of) combinations *pl.*, *für Frauen*: *a.* camiknickers *pl.*; *Am. a.* union suit; **~särmel** *m* shirt-sleeve; *in ~n* in one's shirt-sleeves, shirt-sleeved; **~särmelig** *adj.* shirt-sleeved (*a. fig.*).

Hemisphär|e *f* hemisphere; **~isch** *adj.* hemispheric(al).

hemmen *v/t.* (*aufhalten*) check, stop; obstruct, hold up; (*behindern*) hamper, impede, hinder; (*verzögern*) retard, delay; slow down (*od.* up), brake; (*Rad, Wagen*) drag, skid, scotch; (*Flut*) stem (*a. fig.*); ⚕ (*Blut*) staunch, stop; *psych.* (*j-n*) inhibit; (*Leidenschaften*) curb, check, restrain; *seelisch gehemmt sein* be inhibited; *in dieser Umgebung fühle ich mich gehemmt a.* this atmosphere cramps my style; **~d** *adj.* impeding, retarding; obstructive; ⚕ inhibitory.

Hemmnis *n* impediment, obstruction, hindrance, obstacle; handicap.

Hemm...: ~rad *n Uhr*: escape-wheel; **~schuh** *m* brake, drag, skid; *fig.* obstacle (*für* to), F drag (on); **~ung** *f* **1.** obstruction, check, hindrance; *des Wachstums*: retardation; ⚖ suspension (*der Verjährung* of the statute of limitations); **2.** *psych.* inhibition; (*Skrupel*) scruple; **3.** ⚔ (*Lade~*) jam, stoppage; **4.** ⊕ detent, stop, catch; *der Uhr*: escapement; **~ungslos** *adj.* unrestrained, uncontrol(l)ed, without restraint, reckless, unscrupulous; **~ungslosigkeit** *f* lack of restraint, recklessness; unscrupulousness; **~vorrichtung** *f* braking (*od.* arresting) device, stop, catch.

Hengst *m* stallion; (*Esel*) jackass; **~fohlen** *n*, **~füllen** *n* colt.

Henkel *m* handle; **~korb** *m* basket with a handle; **~krug** *m* jug; **~ohren** *n/pl.* F jughandle ears.

henken *v/t.* hang (by the neck).

Henker *m* executioner, hangman; F *scher dich (schert euch) zum ~!* go to blazes (*od.* hell)!; *zum ~!* hang it (all)!, to hell with it!; *wer zum ~?* who the devil (*od.* hell)?; **~sbeil** *n* executioner's axe; **~sknecht** *m* hangman's assistant; *fig.* henchman; **~smahl(zeit** *f*) *n* last meal (before execution, F *fig.* before departure, *etc.*).

Henne *f* hen.

Hepatitis ⚕ *f* hepatitis.

Hepta|eder ⚹ *n* heptahedron; **~gon** *n* heptagon; **~meter** *m* heptameter.

Heptan *n* heptane.

her *adv.* (*Ggs. hin*) hither, *mst* here; (*von wo*) from; *zeitlich*: ago; *komm ~!* come here (*od.* on)!; *wie lange ist es ~?* how long is it ago, how long ago was it?; *es ist nun ein Jahr ~, daß* it is now a year since (*od.* that); *wo ist er ~?* where does he come (*od.* hail) from?; *wo hat er das ~?* where did he get that (from)?; *von weit ~* from afar; *~ damit!* give it to me!, hand it over!; *an* (*od. neben*) *et. ~* beside (*od.* by the side of) a th.; *hinter ~ sein* be after; *um mich ~* (a)round (*od.* about) me; *von oben ~* from above; *fig. von ... ~* from the point of view of, in terms of ...; *vom Technischen ~* from the technical point of view, technically (speaking); → *weit* **II.**

herab *adv.* down, downward; *den Hügel ~* (*ins Tal*) down the hill, downhill; *die Treppe ~* down the stairs, downstairs; *von oben ~* from above (*od.* on high); *fig.* condescendingly; *in Zssgn mst ...* down; → *a. herunter...*; **~blicken** *v/i.* → *herabsehen*; **~drücken** *v/t.* press down, depress; ⚚ (*Preise*) beat (*od.* force) down; **~gehen**, **~hängen**, **~kommen** → *heruntergehen usw.*; **~lassen I.** *v/t.* let down, lower; **II.** *fig. v/refl.*: *sich ~ zu* condescend (*od.* deign) to *talk to a p.* (*e-m Lächeln usw.* to give a smile, *etc.*, *a.* deign a smile, *etc.*); *b.s.* stoop (*od.* condescend) to *bribery*, to *take bribes*, *etc.*; **~lassend** *adj.* (*u. adv.*) condescending(ly), patronizing(ly); **°~lassung** *f* condescension; *j-n mit ~ behandeln* treat a p. with condescension, be patronizing towards a p.; **~mindern** *v/t.* reduce, diminish, decrease, lower; (*Wert usw.*) *a.* impair, detract from; **~sehen** *v/i.*: *~ auf* look down at (*od. fig. verächtlich*: upon); **~setzen** *v/t.* put (*od.* take) down, lower; *fig. im Rang*: degrade, debase; (*verringern*) reduce, lower (*beide a. Geschwindigkeit*), diminish, decrease; ⚚ reduce (in price), mark down; (*kürzen*) reduce, cut (back), curtail, *Am. a.* slash; *fig.* (*j-n verächtlich machen*) disparage, F run down; (*Leistung*) belittle; *in j-s Achtung*: lower; *zu herabgesetzten Preisen* at reduced prices, cut-rate ...; **~setzend** *adj.* disparaging; **°~setzung** *f* lowering, reduction (*a.* ⚚); (*Kürzung*) *a.* curtailment, cut; *fig.* disparagement; disparaging treatment; **~steigen** *v/i.* descend, walk (*od.* climb, come) down; *vom Pferd*: dismount; **~stoßen** *v/i. Vogel usw.*: swoop down; **~stürzen I.** *v/t.* throw (*od.* push) down, precipitate; *sich ~* throw o.s. down, jump (to one's death); *Vogel usw.*: swoop down; **II.** *v/i.* fall down, crash down; (*eilen*) rush down; **~würdigen** *v/t.* degrade (*sich* o.s.), abase (o.s.), demean (o.s.), lower (o.s.); **°~würdigung** *f* degradation, abasement.

Herald|ik *f* heraldry; **~iker** *m* heraldist; **°~isch** *adj.* heraldic.

heran *adv.* near, close, up, to the spot; *~ an* up (*od.* near) to; *nur* (*od. immer*) *~!* come on!; *in Zssgn mst ...* near; **~arbeiten** *v/refl.*: *sich ~* work one's way near (*an* [to] *a th.*), (*schleichen*) creep up (to); **~bilden** *v/t.* train, educate (*sich* o.s.); *fig. sich ~* (*entwickeln*) develop; **~brechen** *v/i.* approach; *Tag*: dawn; **~bringen** *v/t.* bring up; carry (*od.* transport, move) to the spot; supply; **~führen** *v/t.* lead to the spot, bring up; ⊕ (*Werkzeug*) advance (*an* to); *fig. j-n ~ an et.* lead a p. up to a th., initiate a p. into a th.; **~gehen** *v/i.* go (*od.* walk) up (*an* to), step up (to), approach; *an e-e Aufgabe ~* set about, approach, tackle; **~kämpfen** *v/refl.*: *sich ~ Sport*: close in (*an* on), pull up (to); **~kommen** *v/i.* come (*od.* draw) near, come on, approach; *an j-n ~* come up to a p., (*Boden gewinnen*) gain (*od.* close in) on a p., (*einholen*) overtake (*od.* draw level with) a p.; *weitS.* get to (*od.* at) a p., *menschlich*: get through to (*od.* reach) a p.; *im Vergleich*, *an Leistung usw.* (*a. an et.* ~) come *od.* measure up to a p. (a th.); *an et.* ~ (*erreichen*) reach (*od.* get to) a th.; (*bekommen*) get at (*od.* get hold of, come by) a th.; *an e-e Zahl, Leistung usw.* ~ come near (*od.* up) to, approach; *die Sache* (*od. es*) *an sich* ~ *lassen* wait and see (what happens); *er* (*es*) *kommt nicht an ... heran a.* he (it) can't touch ...; **~machen** *v/refl.*: *sich an et.* ~ set to work on a th.; *sich an j-n* ~ *unmittelbar*: approach a p., sidle up to (*od.* edge near) a p.; *fig.* approach a p., *schmeichelnd*: make up to a p., *beeinflussend*: (start to) work on a p.; **~nahen** *v/i.* approach, draw near; **≈nahen** *n* approach; **~pirschen** *v/refl.*: *sich* ~ *an* stalk, creep up to; **~reichen** *v/i.*: ~ *an* reach (*od.* come) up to, touch; *fig.* approach, come near (to), come up to, equal, touch; **~reifen** *v/i.* ripen, mature, grow up (*zu et.* to be *od.* into); **~rücken I.** *v/t.* move (*od.* push) near, pull up; **II.** *v/i.* approach, draw near (*a. zeitlich*); advance, come on; **~schaffen** *v/t.* bring up, carry (*od.* transport, move) to the spot; supply, furnish; **~schleichen** *v/refl.*: *sich* ~ *an* sneak (*od.* creep) up to; **~tasten** *fig. v/refl.*: *sich* ~ *an* approach *a th.* gropingly; **~treten** *v/i.* approach (*an j-n* a p.; *a. fig. mit e-r Bitte usw.* with); ~ *an* step up to; *fig. Aufgabe usw.*: confront *a p.*; **~wachsen** *v/i.* grow up; ~ *zu* grow into (*od.* up to be); *die* ~*de Generation* the rising generation; **≈wachsende(r** *m*) *f* adolescent; ⚖ young person; **~wagen** *v/refl.*: *sich* ~ *an* venture near, dare to approach, *fig.* (*e-e Aufgabe usw.*) venture to approach (*od.* tackle), try one's hand (*od.* luck) on, F have a go at; **~winken** *v/t.* motion (*od.* beckon) to approach; **~ziehen I.** *v/t.* **1.** draw (*od.* pull) near (*od.* up); **2.** (*aufziehen*) raise, rear; (*Nachfolger, Nachwuchs usw.*) train, groom; **3.** *fig.* (*interessieren*) interest *a p.* (für in); *zu Diensten, zur Unterstützung*: summon (*od.* call in) *a p.*, enlist *a p.*('s services), call (up)on *a p.*, ⚔, (*Arbeitskräfte usw.*) mobilize, recruit (*zu* for); (*Arzt, Fachmann*) consult, call in; (*Gelder usw., in Anspruch nehmen*) draw upon, use, apply; (*beschaffen*) find, procure; (*sich berufen auf, zitieren*) cite, quote, refer to, rely on; (*fig. Quelle*) draw upon, rely upon; **II.** *v/i.* approach, draw near, ⚔ *a.* advance.

herauf *adv.* up, upwards; (*hier* ~) up here; *den Berg* ~ up the hill, uphill; *den Fluß* ~ up the river, upstream; *die Treppe* ~ up the stairs, upstairs; (*von*) *unten* ~ from below; ~*!* come up (here)!; *in Zssgn mst* ... up, → *a. empor...*; **~arbeiten** *v/refl.*: *sich* ~ work one's way up; **~bemühen** *v/t.* (*a. sich* ~) trouble to come up; **~beschwören** *v/t.* conjure up, evoke, call up (*alle a. fig.*: *Gefühle, Erinnerungen*); *fig.* (*verursachen*) bring on, give rise to, provoke, set off; **~bitten** *v/t.* ask *a p.* (to come) up; **~bringen** *v/t.* bring up; **~dämmern** *v/i.* dawn; **~dringen** *v/i. Geräusche*: rise from below, float up; **~führen** *v/t.* show (*od.* lead) up *od.* upstairs; **~kommen** *v/i.* come up; *die Treppe* ~ come up the stairs (*od.* upstairs); *die Straße* ~ come up (*od.* along) the street; *fig. in der Welt*: get on, rise; *Unwetter*: → *heraufziehen* II; **~schalten** *mot. v/i.* shift into higher gear, change (*Am.* shift) up; **~setzen** *v/t.* increase, raise, F up; ✝ (*Preise usw.*) *a.* mark up; **~steigen** *v/i.* ascend, mount, come (*od.* climb) up; *Dämpfe usw.*: rise; *Unwetter*: → **~ziehen I.** *v/t.* draw (*od.* pull) up; *fig.* (*j-n*) lift up (*zu sich* to one's own level); **II.** *v/i.* move (*od.* march) up; *Unwetter*: come up, be brewing.

heraus *adv.* out; (~ *aus*) out of; *zum Fenster* ~ out of the window; *nach vorn* ~ *wohnen* at the front, in a front room; *von innen* ~ from within; ⚕ *von innen* ~ *heilen* cure internally *od.* radically; *aus e-m Gefühl der Verlassenheit usw.* ~ from (*od.* out of) a sense of; → *fein*; ~*!* → *raus*; ~ *mit ihm!* out with him!; ~ *damit!* out with it!; ~ *mit der Sprache!* speak up (*od.* out)!, F spit it out, *sl.* spill (the beans)!; *da* ~*!* out there!, this way out!; *da* ~*?* is that the way out?; *frei* (*od. gerade, offen, rund*) ~ frankly, openly, (*schonungslos*) plainly, bluntly, point-blank; F *jetzt ist es* ~*!* now the secret is out!, now we know!; F *das ist noch nicht* ~ (*steht nicht fest*) that's not at all certain, it's still undecided (*od.* open); → *heraushaben*; *in Zssgn mst* ... out; **~arbeiten** *v/t.* work out; *aus Stein, Holz*: carve (*od.* chisel, hew) out (*aus* of); *fig.* (*Gedanken*) work out, *kunstvoll, umständlich*: elaborate; *sich* ~ work one's way out (*aus* of), struggle out (of); extricate o.s. (from); **~beißen** *v/t.* bite out (*aus* of); *fig.* (*j-n*) get out (*aus* *e-r mißlichen Lage* of a quandary); *sich* ~ extricate o.s., fight (*od.* work) one's way out (of); **~bekommen** *v/t.* **1.** get out (*aus* of); (*Geheimnis*) *a.* worm (*od.* ferret) out, elicit; (*Wort usw.*) say, utter, get out; (*herausfinden*) find out, discover, *sl.* get wise to; (*Rätsel usw.*) puzzle (*od.* work) out, solve; (*den Sinn*) make (*od.* find, *Am.* figure) out; **2.** *sein Geld wieder* ~ get back (*od.* recover) one's money; *etwas* (*Geld*) ~ get some change back; *Sie bekommen zwei Mark heraus* you get ... change; **~bringen** *v/t.* bring out (*a. fig. j-s beste Leistung usw.* a p.'s best performance, *etc.*); (*herausbekommen*) get out; *fig.* (*Fabrikat*) bring out, come out with, (put on the) market; *aus der Produktion*: turn out; *thea.* (put on the) stage, produce, present; *groß* ~ highlight, splash, give prominence to; (*j-n*) give *a p.* a big build-up, feature *a p.*; (*Geheimnis, Rätsel, Wort usw.*) → *herausbekommen* 1; (*Buch usw.*) → *herausgeben*; **~drücken** *v/t.* squeeze out; (*die Brust*) stick out; **~fahren I.** *v/i.* come (*od.* drive) out; *fig. Worte*: escape, slip out; **II.** *v/t.* drive out; F (*e-n Sieg usw.*) gain, make, achieve; **~finden** *v/t.* discover, find out, trace (out); establish; *sich* ~ find one's way out (*a. v/i.*); *fig.* extricate o.s. (*aus* from); **~fliegen** *v/i. u. v/t.* fly out (*aus* of); **~fließen** *v/i.* flow out (*aus* of), issue (from) **≈forderer** *m* challenger; **~fordern** *v/t.* (*Gegenstand*) ask for the return of, demand the restitution of; (*j-n*) *zum Kampf*: challenge, throw down the gauntlet to; (*Trotz bieten, aufreizen*) defy, provoke; *das Unglück* ~ court disaster, F ask for it; *zur Kritik* ~ invite criticism; **~fordernd** *adj.* challenging; (*trotzig*) defiant; (*aufreizend*) provoking, provocative; (*anmaßend*) arrogant; (*lockend*) inviting; F come-hither *look*; **≈forderung** *f* challenge (*a. fig. Aufgabe usw.*); *weitS.* provocation; (open) defiance; *die* ~ *annehmen* accept the challenge, take up the gauntlet; **~fühlen** *v/t.* feel, sense; **≈gabe** *f* ⚖ restitution, surrender, delivery up; (*Auslieferung*) delivery, *von Büchern usw.*: publication, issue; ⚖ *Klage auf* ~ action for restitution; **~geben** *v/t.* surrender, deliver up, hand over, give up; (*zurückgeben*) give back, return, restore; (*Buch usw.*) publish, *als Bearbeiter*: edit; (*Briefmarken, Vorschrift usw.*) issue; (*Geld*) give in change; *Geld* ~ *auf* give change for; **≈geber**(**in** *f*) *m* publisher; (*Redakteur, Verfasser*) editor; **~gehen** *v/i. Nagel usw.*: go out; *Fleck*: come out; *fig. aus sich* ~ thaw (*od.* loosen) up, come out of one's shell; **~greifen** *v/t.* pick (*od.* single) out; select, choose; (*Beispiele*) *a.* cite: **~gucken** *v/i.* peep (*od.* peek) out; **~haben** *v/t.* have found *a th.* out; (*Rätsel usw.*) have solved (*od.* got); *die Handhabung von et.* ~ know how to use (*od.* handle) a th., have the knack (*od.* F hang) of a th.; *jetzt habe ich es* (*he*)*raus* now I have got it (*od.* know how to do it); **~halten** *v/t.*: *j-n* (*a. sich*) *aus et.* ~ keep out of a th.; **~hängen** *v/t. u. v/i.* hang out; **~hauen** *v/t.* hack (*od.* hew) out; *aus Stein*: carve out (*aus* of); F *j-n* (*sich*) ~ hew a way out for a p. (o.s.), *fig.* get a p. (o.s.) out (*aus* of *a difficulty, etc.*); **~heben** *v/t.* lift (*od.* take) out; (*j-n*) *a.* help out (*aus* of); *fig.* → *hervorheben*; *fig. sich* ~ stand out; **~helfen** *v/i.*: *j-m* ~ help (*od.* get) a p. out (*aus* of); **~holen** *v/t.* get (*od.* take, draw) out, extricate (*aus* from); *fig.* extract (from), get out (of); (*Geheimnis usw.*) get (*od.* draw, worm) out (of), elicit; → *letzt* II; **~hören** *v/t.* hear; *fig.* detect; **~kehren** *v/t. fig.* act *the wise man*, assume the air of, like to play; (*zeigen*) show, display; **~kommen** *v/i.* come out; (*erscheinen*) appear, emerge; (*entfliehen*) get out; *fig. aus e-r Schwierigkeit*: get out (*aus* of), extricate o.s. (from); (*ruchbar werden*) come out, become known, leak out, *Am. a.* develop; *Erzeugnis*: come out, *Buch usw.*: *a.* be published, appear, *in Lieferungen, a. Briefmarken usw.*: be issued; 𝔄 be the answer (*od.* result); *groß* ~ *Schauspieler usw.*: be a great success, be a big hit; *komisch usw.* ~ (*sich anhören*) sound funny, *etc.*; F *mit et.* ~ come out with, say, (*gestehen*) admit, reveal; → *a. herausrücken, herausspringen*; *es kommt auf eins* (*od. dasselbe*) *heraus* it amounts to the same thing, it is all the same; ~ *bei* (*resultieren*) come of *a th.*, result from *a th.*; *es kommt nichts dabei heraus* there is nothing (to be) gained by it, it does not pay, it is of no use; *dabei ist nichts Gutes herausgekommen* nothing good has come (out) of it; *man kam aus dem Lachen nicht heraus* there was no end of laughter; **~kriegen** F *v/t.* → *herausbekommen*; **~kristallisieren** *v/t. u. v/refl.*: (*sich* ~) crystallize (*a. fig.*); **~lassen** *v/t.* let out; F *fig.* (*verraten*) let on; **~laufen I.** *v/i.* run out; *Flüssigkeit*: *a.* leak out; **II.** *v/t. Sport*: (*erringen*) gain *a victory*, secure *a place*; **~lesen** *v/t.* pick out; *fig.* gather from; read into; **~locken** *v/t.* lure (*od.* entice) out; *fig. aus j-m* ~ draw (*od.* worm) *a th.* out of a p.; **~lügen** *v/refl.*: *sich* ~ lie o.s. out (*aus* of); **~machen** *v/t.* take out; remove; F *fig. sich* ~ come (*od.* get) on well, develop (*od.* shape) well; (*Fortschritte zeigen*) show (good) progress, improve; *nach e-r Krankheit*: pick up, come round (very nicely); **~nehmbar** ⊕ *adj.* removable; **~nehmen** *v/t.* take out (*aus* of), remove (from) (*a. Organ*); *fig. sich etwas* ~, *sich Freiheiten* ~ take liberties (*gegen* with), make free (with); *er nimmt sich zuviel heraus* he is too forward; **~platzen** *v/i.* burst out (*lachend* laughing); *mit der Wahrheit, e-r Nachricht usw.* ~ blurt out; **~pressen** *v/t.* press (*od.* squeeze) out; **~putzen** *v/t.* dress (*sich* o.s.) up, spruce (o.s.) up; **~ragen** *v/i.* jut out, project; *Haus usw.*: tower, rise (*aus* above); *fig.* stand out (from); **~reden** *v/i.*: *frei* ~ speak out (*od.* up), speak freely (*od.* one's mind); *fig. sich* ~ make excuses; prevaricate, quibble; *erfolgreich*: talk one's way out (*aus* of), wriggle out (of); **~reißen** *v/t.* tear (*od.* pull, rip, wrench) out; *fig.* tear (*od.* pull) *a p.* out (*aus* of); (*befreien*) extricate, free (from), get out (of); (*aufrütteln*) rouse (from), shake out (of); F (*retten*) save; F *diese Leistung hat ihn noch herausgerissen* saved him (from the worst); **~rücken I.** *v/t.* push (*od.* move) out; F *fig.* (*hergeben*) → II; **II.** *v/i. mit et.* ~ come out with a th.; (*a. v/t.*) F (*mit*) *Geld* ~ F shell (*od.* fork) out, *sl.* cough up; *mit der Sprache* ~ speak out (freely), speak up, talk, (*gestehen*) come out with the truth, F own up; *er wollte nicht mit der Sprache* ~ *a.* he kept beating about the bush (*od.* hedging); **~rufen** *v/t.* call out; ⚔ turn out *the guard*; *thea.* call for, call before the curtain; **~rutschen** *v/i.* slip out (*a. fig. Bemerkung*); **~sagen** *v/t.* declare (*od.* utter) freely, tell frankly, say *a th.* straight out; → *a. heraus*; **~schaffen** *v/t.* take (*od.* move, carry) out; **~schälen** *fig. v/t.* lay bare, unfold, develop; sift out; *a. sich* ~ crystallize; **~schauen** *v/i.* look (*od.* peer) out (*aus* of); *fig.* → *herausspringen* 2; **~schinden** *v/t.* F finagle; **~schlagen I.** *v/t.* **1.** knock out (*aus der Hand* of); (*Funken*) strike; **2.** *fig.* get out (*aus* of), F finagle; (*Vorteil*) get, obtain, *sl.* wangle; *Geld aus et.* ~ profit (*od.* make money) by; *möglichst viel* ~ *aus* make the most of; **II.** *v/i. Flamme*: leap out (*aus* of); **~schleichen** *v/refl.*: *sich* ~ sneak (*od.* steal, slink) out; **~schleudern** *v/t.* throw (*od.* fling, catapult) out; **~schlüpfen** *v/i.* slip out; **~schneiden** *v/t.* cut (*od.* clip) out; ✂ excise, snip out; **~sehen** *v/i.* look out (*aus* of); **~springen** *v/i.* **1.** jump out; **2.** F *fig. bei et.* ~ be gained by; *was springt für mich dabei heraus?* what's in it for me?; **~spritzen** *v/i.* spout out, gush forth; **~sprudeln I.** *v/i.* bubble out; **II.** *fig. v/t.* splutter (out); **~stellen I.** *v/t.* **1.** put out; **2.** *fig.* (*Gedanken usw.*) emphasize, set forth, point out; (*an die Öffentlichkeit bringen*) make public, publicize; *in der Presse, Werbung usw.*: highlight, feature (*a. thea.*), bring out, give prominence to, give prominent display to; *iro.* dramatize, play up; (*erkennbar machen*) distinguish plainly; (*abheben*) set off, throw into (sharp) relief; → *a. hinausstellen*; **II.** *v/refl.*: *sich* ~ appear, become apparent; (*entdeckt werden*) be discovered (*od.* revealed, found out); come to light; *sich* ~ *als* prove (to be) *satisfactory*, turn out *satisfactorily*; prove (oneself) to be *a swindler*; *es stellte sich heraus, daß er* he turned out (*od.* proved, was found) to be; **~strecken** *v/t.* put forth (*od.* out); (*Kopf usw.*) stick out (*aus* of); → *Zunge*; **~streichen** *fig. v/t.* praise (to the skies), eulogize, F crack up; **~strömen** *v/i.* pour (*od.* flow, gush) out; *fig.* pour forth; **~stürzen** *v/i.* fall (*od.* tumble) out; (*eilen*) rush out; **~suchen** *v/t.* choose, select, pick out; **~treten** *v/i.* step (*od.* come) out (*aus* of); emerge (from); ⚕ protrude; → *a. hervortreten*; **~wachsen** *v/i.* ⚘ sprout (*od.* shoot, grow) out (*aus* of); *aus den Kleidern* ~ outgrow; F *das wächst mir zum Halse heraus* I am (getting) sick and tired of it, I am fed up with it; **~wagen** *v/refl.*: *sich* ~ venture out; **~winden** *fig. v/refl.*: *sich* ~ extricate o.s. (*aus* from);

wriggle out (of); **~wirtschaften** *v/t.* extract, obtain, get (*aus* out of); *e-n Gewinn ~* make a profit (*aus* out of); **~wollen** *v/i.* want to get out; *fig. nicht mit der Sprache ~* → *herausrücken* II; **~ziehen** *v/t.* draw (*od.* pull, take) out; extract (*a.* ⚗, *Zahn, u. fig. Inhalt*); (*schleppen*) drag out; ⚔ (*Truppenteil*) withdraw, disengage, pull out; (*Notizen*) *aus Büchern usw.*: cull (from).

herb *adj.* harsh, acrid, sour, tart; *Wein*: dry; *fig.* harsh, severe, bitter, unpleasant; *Schönheit, Stil*: austere.

Herbarium *n* herbarium.

Herbe *f* → *Herbheit.*

herbei *adv.* here, hither; *~!* come here (*od.* on)!; → *a. heran...*; **~bringen** *v/t.* bring (on *od.* along); **~eilen** *v/i.* approach in haste, rush to the scene, come running (up); **~führen** *v/t.* **1.** lead (*od.* bring) up; **2.** *fig.* bring about (*od.* on), cause, produce; arrange *a meeting*; (*nach sich ziehen*) lead (*od.* give rise) to, entail; (*erzwingen*) force; *bsd.* ⚕ induce; *selbst herbeigeführte Abtreibung* self-induced abortion; **~holen** *v/t.* fetch, go for; (*Arzt usw.*) call (in); *~ lassen* send for; **~kommen** *v/i.* come (up *od.* along); **~lassen** *v/refl.*: *sich ~* → *herablassen*; **~laufen** *v/i.* come running (along); **~rufen** *v/t.* call here (*od.* for *a p.*), call (in) (*a. Arzt usw.* = send for, summon); **~schaffen** *v/t.* bring (*od.* get) here; transport (*od.* carry, move) to the spot; supply, procure; produce (*a. Zeugen, Beweise*); **~schleppen** *v/t.* drag along (*od.* here, in); **~strömen** *v/i.* flock *od.* crowd here (*od. zu* to), come in crowds; **~stürzen** *v/i.* rush up (*od.* to the scene *od.* spot); **~winken** *v/t.* motion (*od.* beckon) to come; (*Taxi*) hail; **~ziehen** *v/t.* draw (*od.* pull) near; *fig.* → *Haar.*

her...: **~bekommen** *v/t.* get, obtain, procure; **~bemühen** *v/t.*: *j-n* (*a. sich*) *~* trouble to come (here *od.* round); **~beordern** *v/t.* summon.

Herberg|e *f* (*Gasthaus*) inn; (*Jugend*≈ *usw.*) (youth) hostel; (*Obdach*) shelter (*a. fig.*), lodging; **≈en** *v/i.* lodge (*bei* with), put up (at); **~svater** *m* (hostel) warden.

her...: **~bestellen** *v/t.* ask to come, make an appointment with; bid *a p.* come, send for, summon; **~beten** *v/t.* reel (*od.* rattle) off.

Herbheit *f* acerbity, harshness (*a. fig.*); *Wein*: dryness; *fig.* severity; bitterness; *Schönheit, Stil*: austerity.

her...: **~bitten** *v/t.* ask to come, ask round; **~bringen** *v/t.* bring (here *od.* along); → *hergebracht.*

Herbst *m* autumn, *Am. a.* fall; *fig. ~ des Lebens* autumn of life; **~abend** *m* autumn(al) evening; **~anfang** *m* beginning of autumn (*Am. a.* fall); **~blume** *f* autumn flower; **≈e(l)n** *v/impers.*: *es herbste(l)t* autumn is coming; **~färbung** *f* autumnal tints *pl.*; **~ferien** *pl.* autumn holidays; **≈lich** *adj.* autumn(al); **~ling** ⚘ *m* autumn fruit; **~monat** *m* autumn month; *weitS.* September; **~rose** *f* hollyhock; **~tag** *m* autumn(al) day; **~wetter** *n* autumn(al) weather; **~zeitlose** ⚘ *f* meadow-saffron.

Herd *m* hearth, fireplace; (*Küchen*≈) (kitchen) stove, (kitchen) range, *Am. a.* cookstove; *metall.* hearth, smelting chamber; *fig.* hearth, home; (*Ausgangspunkt, Zentrum*) cent|re (*Am.* -er), focus (*a. Erdbeben*≈, *Krankheits*≈); *am häuslichen ~* by the fireside, at home; *s-n eigenen ~ gründen* set up a home of one's own; *eigener ~ ist Goldes wert* there is no place like home.

Herde *f Großvieh*: herd (*contp. a. fig.*); *Kleinvieh*: flock; *fig. die (große) ~* the (common) herd, the mass(es *pl.*); **~ngeist** *m* herd-mentality; **~ninstinkt** *m* herd instinct, gregariousness; **~nmensch** *m* person who follows the common herd, *iro.* → *a.* **~ntier** *n* gregarious animal; **~ntrieb** *m* herd instinct; **≈nweise** *adv.* in herds *od.* flocks (*a. fig.*).

Herd...: **~frischen** *metall. n* open-hearth refining; **~frischstahl** *m* open-hearth steel; **~platte** *f* stove (*od.* hot) plate, cooktop; **~sklerose** ⚕ *f* multiple sclerosis.

herein *adv.* in (here); *von draußen ~* from outside; *~!* come in!; *hier ~!* this way, please; *in Zssgn mst* ... in; **~bekommen** *v/t. a.* ⚚ get in; (*Außenstände*) recover; **~bemühen** *v/t.* trouble (*od.* ask) to come in; *sich ~* take the trouble of coming in; **~bitten** *v/t.* invite *od.* ask (to come) in; **~brechen** *v/i. fig. Nacht*: close in (*über* upon), fall; *Sturm*: set in; *~ über Sturm*: *a.* break over; *Unglück usw.*: befall, hit; **~bringen** *v/t.* bring in, *mit Mühe*: get in; (*Ernte*) *a.* gather in, house; **~dringen** *v/i.* → *eindringen*; **≈fall** *m* → *Reinfall*; **~fallen** *v/i.*

fall in; *fig.* (F *reinfallen*) be taken in (*auf* by); *auf j-n od. et.* ~ *a.* fall for; *mit et. od. j-m* ~ be unlucky with, make a mistake with; **~führen** *v/t.* show (*od.* usher) in(to *in*); **~gehen** *v/i.* → *hineingehen*; **~holen** *v/t.* fetch (*od.* bring) in; ⚕ (*Aufträge*) canvass, get (in); *fig.* (*aufholen*) make up for; **~kommen** *v/i.* come in(side), come in(to *in*), step *od.* walk in(to); *mühsam*: get in; ⚕ come in; *kurz* ~ drop in; **~kriegen** *v/t.*→ *hereinbekommen*; **~lassen** *v/t.* let in, admit; **~legen** *v/t.* (F *reinlegen*) cheat, swindle, take in, *sl.* sell, take for a ride, have *a p.*; (*narren*) fool, hoax, dupe; **~nehmen** *v/t.* take in; ⚕ (*Aufträge*) accept, book, take in; (*Ware*) take in stock; (*Wertpapiere*) *Reportgeschäft*: accept in continuation; *zum Diskont* ~ accept for discount; *Wechsel zum Inkasso* ~ accept bills for collection; **⁀nehmer** *m Börse*: taker(-in); **~platzen** *v/i. in ein Zimmer*: burst in(to *in*); **~rasseln** F *v/i.* → *hereinfallen*; **~regnen** *v/impers.*: *es regnet herein* it is raining in(to *in*); **~reichen I.** *v/t.* hand in; **II.** *v/i. fig.* → *hineinreichen*; **~reißen** F *v/t.* → *hineinreißen*; **~rufen** *v/t.* call in; **~schneien I.** *v/impers.*: *es schneit herein* it is snowing in(to *in*); **II.** F *fig. v/i.* turn up suddenly (*od.* unexpectedly), F blow in; **~sehen** *v/i.* look in(to *in*; *zum Fenster* at the window); **~strömen** *v/i.* flood *od.* pour in (*a. fig.*); **~stürmen, ~stürzen** *v/i.* rush in(to *in*); **~treten** *v/i.* enter, walk (*od.* step, stride) in(to *in*); **~ziehen I.** *v/t.* draw *od.* pull in(to *in*); *fig.* → *hineinziehen*; **II.** *v/i.* → *einziehen*.

her...: **~fahren I.** *v/t.* bring (*od.* drive) here; **II.** *v/i.* come (*od.* drive) here; **⁀fahrt** *f* journey (*od.* trip) here; (*Rückfahrt*) journey back, return journey (*od.* trip); **~fallen** *v/i.*: ~ *über* pounce (*od.* fall, set) upon; attack, assail, assault; F (*Eßbares*) fall upon, attack; **~finden** *v/i. u. v/refl.*: (*sich* ~) find one's way (here); **⁀fracht** *f* home freight; **~führen** *v/t.* bring (*od.* conduct) here; *was führt Sie her?* what brings you here?; **⁀gang** *m* course of events, proceedings *pl.*; (*Umstände*) circumstances *pl.*, details *pl.*; *tell me* what happened *od.* the whole story; **~geben** *v/t.* (*weggeben*) give away, part with, relinquish; (*aufgeben*) give up; (*geben, reichen*) give; (*herausgeben*) give up, deliver, surrender, hand over; (*zurückgeben*) give back, return; F *fig.* (*gewähren*) yield; (*fertigbringen*) make, manage; *sich* (*od. s-n Namen*) ~ *zu* lend one's name to *a th.*; *b.s. a.* stoop to *a th.*; **~gebracht** *adj.* conventional, usual, customary; (*alt* ~) handed down to us, traditional, ancient; **~gehen** *v/i.* **1.** come (here); *hinter j-m* ~ follow a p.'s steps, dog a p.'s footsteps, walk behind a p.; *vor j-m* ~ walk in front (*od.* ahead) of a p.; **2.** F (*sich zutragen*) happen; *hier geht es hoch her* there are grand goings-on here; *es ging heiß her* things were pretty lively, feathers flew, *beim Kampf*: it was a fierce battle; *es ging lustig her* we, *etc.*, had great fun; *über j-n* ~ pull a p. to pieces; *jetzt geht es über ihn her* now they are down upon him; **~gehören** *v/i.* → *hierhergehören*; **~gelaufen** *contp. adj.*: ~*er Kerl* beggar, *weitS. a.* perfect stranger; **~haben** *v/t.*: *wo hast du das her?* where did you get that (from)?, how did you come by it?; **~halten I.** *v/t.* hold out; **II.** *v/i.*: ~ *müssen* be the one to suffer (*für* for), be the victim (of); F have to stand the racket; *als Zielscheibe des Spottes usw.*: be (made) the butt *od.* target (of); (*es tun müssen*) have to do it; *Sache*: have to serve (*als* as); **~holen** *v/t.* fetch (*od.* get) here; ~ *lassen* send for; *fig. weit hergeholt* far-fetched; **~hören** *v/i.* listen, pay attention.

Hering *m* **1.** herring; F (*dürre Person*) scrag, starveling; *geräucherter* ~ red (*od.* smoked) herring; *gesalzener od. saurer* ~ pickled herring; *grüner* ~ fresh (*od.* green) herring; *wie die* ~*e zs.-gedrängt* packed like sardines; **2.** (*Zeltpflock*) (tent) peg.

Herings...: **~fänger** *m* (*Boot*) herring-smack; **~fischer** *m* herring-fisher, herringer; **~fischerei** *f* herring-fishery; **~milch** *f* herring-milt; **~rogen** *m* soft-roe (of a herring); **~salat** *m* pickled-herring salad; **~schwarm** *m* shoal (*od.* school) of herrings.

her...: **~kommen** *v/i.* come here; (*sich nähern*) come (*od.* draw) near, approach; *a. fig.* ~ *von* come from; *Sache*: *a.* be due to; *Wort*: *a.* be derived from; *komm(t) her!* come here!; *wo kommt er her?* where does he come from?; **⁀kommen** *n* **1.** → *Herkunft*; **2.** tradition, convention, custom, usage; **~kömmlich** *adj.* conventional (*a. Waffe, Konstruktion usw.*).

Herkules *m myth.* Hercules; *fig. a.* giant; **~arbeit** *fig. f* Herculean task.

herkulisch *adj.* Herculean.

her...: ≈kunft *f Person*: origin, descent, birth; *Sache*: origin, provenance; *Wort*: *a.* derivation; *der ~ nach ein Anwalt* a lawyer in origin; **≈kunftsbezeichnung** ⚕ *f* mark of origin; **≈kunftsland** ⚕ *n* country of origin; **~laufen** *v/i.* run here; *hinter j-m ~* run after a p.; → *hergelaufen*; **~leiern** F *v/t.* reel (*od.* rattle) off; **~leiten** *v/t.* **1.** lead (*od.* bring) here; **2.** *fig.* (*ableiten*) derive (*von* from); *logisch*: deduce *od.* infer (from); *sich ~ von* (be) derive(d) from; go back to, be traceable to; *zeitlich*: date from; *genealogisch*: descend from; **≈leitung** *f* derivation; inference; **~locken** *v/t.* lure here; **~machen** *v/refl.*: *sich ~ über et.* set about, tackle, attack; → *a. herfallen.*

Hermaphrodit *m* hermaphrodite.

Hermelin 1. *zo. n* ermine, stoat; **2.** *m* (= **~pelz**) ermine(-fur).

hermetisch *adj.* hermetic(ally *adv.*), air-tight; *adv. ~ verschlossen* hermetically sealed.

hermüssen *v/i.* have (*od.* be obliged) to come; *das Buch muß her!* we must have that book!

hernach *adv.* after, afterwards, after this (that); hereafter (thereafter), subsequently; later (on).

hernehmen *v/t.* take (*von* from), get (from), find; F (*j-n*) (*schelten*) take to task, F give *a p.* hell; (*schlauchen*) give *a p.* a hard time; (*drillen*) drill, *Am.* ⚔ *sl.* give *a p.* chicken.

hernieder *adv.* down.

Hero|enkult *m* hero-worship; **~entum** *n* heroism; **~in** *n* heroin, *sl.* horse; **~ine** *thea. f* heroine; **≈isch** *adj.* heroic(ally *adv.*); **~ismus** *m* heroism.

Herold *m* herald; *fig.* (*Vorbote*) *a.* harbinger; **~stab** *m* herald's staff.

Heros *m* hero.

herplappern *v/t.* reel (*od.* rattle) off.

Herr *m* master, *bsd. adliger*: lord, *sl.* boss; (*Herrscher*) ruler, sovereign; (*Gott, Christus*) Lord; (*~ höheren Standes u. allg. Mann*) gentleman; *vor Eigennamen*: Mr., *Brit. a.* Mr (*abbr. für* Mister); *die ~en N. und M.* Messrs. (*abbr. für* Messieurs) N. and M.; *~! Anruf*: O Lord!; (*mein*) *~!* Sir!; *Ihr ~ Vater* your father; *~ Doktor (Professor, General)* doctor (professor, general); *~ Präsident!* Mr. Chairman!, *im Unterhaus*: Mr. Speaker!; *zum Präsidenten der USA*: Mr. President!; *dagegen*: *der ~ Präsident* the Chairman, *etc.*; *meine (Damen und) ~en!* (ladies and) gentlemen!; *in Briefen*: *sehr geehrter ~ N.!* Dear Sir,; *vertraulicher*: Dear Mr. N.; (*für*) *~en Toilette*: Gentlemen, Men; *univ. Alter ~* F old boy; F *mein Alter ~* (*Vater*) my governor, my old man; *co. ~en der Schöpfung* lords of creation; *mein ~ und Gebieter* my lord and master; *in j-n s-n ~n u. Meister finden* meet one's match in a p.; *in aller ~en Länder* all the world over; *aus aller ~en Länder* from all over the world; F *ein großer Tänzer vor dem ~n* a great dancer; *~ sein über* be master of, rule, control; *~ im eigenen Haus sein* be master in one's own house; *~ der Lage (od. Situation) sein* be master of the situation, have the situation well in hand *od.* under control; *~ über Leben und Tod sein* have power over life and death; *~ werden gen.* master, bring (*od.* get) under control, subdue, (*s-r Gefühle usw.*) *a.* conquer, overcome, control; *den (großen) ~n spielen* come the (fine) gentleman, lord it, F act big; *als großer ~ leben* live in grand style; *sein eigener ~ sein* be one's own master (*od.* F boss), F paddle one's own canoe; *keiner kann zwei ~en dienen* no man can serve two masters; *wie der ~, so der Knecht (od.* F *so's Gscherr)* like master, like man.

Herrchen *n* little (*od.* young) gentleman *od.* master; (*Stutzer*) dandy, fop.

her...: ~reichen *v/t.* reach, hand, pass (*j-m et.* a p. a th.); **≈reise** *f* → *Herfahrt*; **~reisen** *v/i.* travel (*od.* come) here.

Herren...: ~abend *m* gentlemen's evening (party), F stag party; **~anzug** *m* (gentle)man's suit; **~artikel** *m/pl.* (gentle)man's outfitting (*od.* wear) *sg.*, *Am.* haberdashery *sg.*; **~ausstatter** *m* men's outfitter, haberdasher, *Am.* gents' (*od.* men's) clothing store; **~bekanntschaft** *f* gentleman friend; **~bekleidung** *f* men's clothing; **~besuch** *m* man visitor; **~doppel** *n Tennis*: men's doubles *pl.*; **~einzel** *n Tennis*: men's singles *pl.*; **~essen** *n* sumptuous meal, *sl.* slap-up dinner; **~fahrer** *m* gentleman driver, motorist; *Sport*: owner-driver; **~fahrrad** *n* man's bicycle (*od.* F bike); **~friseur** *m* men's hairdresser, barber; **~gesellschaft** *f* → *Herrenabend*; **~gut** *n* manor; **~haus** *n* mansion, manor(-house); *hist. parl.* Upper Chamber; **~hemd** *n* man's shirt; **~hof** *m* manor; **~konfektion** *f* (gentle)men's ready-made clothing; **~leben** *n* life of luxury; *ein ~ führen* live like a lord; **≈los** *adj. Sache*: ownerless, abandoned; ⚖ *a.* derelict; *Tier*: stray; *~e Güter* unclaimed goods (*od.* property *sg.*), derelicts (*a.* ⚓); **~mensch** *m hist.* member of the master race; *weitS.* masterful man; **~mode**(**n** *pl.*) *f* (gentle)men's fashions *pl.*; **~partie** *f* (*Ausflug*) men's outing; **~rasse** *hist. f* master race; **~reiter** *m Sport*: gentleman rider; **~schneider** *m* (gentle)men's tailor; **~schnitt** *m* (*Damenfrisur*) Eton crop, shingle; **~sitz** *m* **1.** (*Gut*) manor; **2.** *im ~ reiten Reitsport*: ride astride; **~toilette** *f* (gentle)men's lavatory; *Aufschrift*: Gentlemen, Men; **~volk** *n* master race; **~zimmer** *n* study; smoking-room; library; F den.

Herrgott *m the* Lord (God), God; → *Gott*; **~sfrühe** *f*: *in aller ~* at the crack of dawn, at an unearthly hour; **~sschnitzer** *m* carver of crucifixes.

herrichten *v/t.* arrange; (*bereiten*) prepare, get ready; (*ordnen*) set in order, (*Zimmer*) tidy; (*renovieren*) do up, renovate; (*Buch usw.*) adapt; *sich ~* smarten (*od.* spruce) o.s. up.

Herrin *f* mistress, lady; → *Herrscherin.*

herrisch *adj.* imperious, domineering, masterful; *Stimme usw.*: commanding, peremptory; (*hochmütig*) haughty, arrogant, overbearing.

herrje! *int.* goodness!, cripes!

herrlich I. *adj.* (*großartig*) grand, magnificent; (*wunderbar*) wonderful, marvellous; (*hervorragend*) excellent, capital, topping; (*reizend*) charming, delightful, lovely; (*prächtig*) splendid, gorgeous, brilliant; glorious; (*köstlich*) delicious, exquisite; *iro.* (just) fine *od.* great *od. Am.* dandy; **II.** *adv.* marvellously, *etc.*; *du siehst ja ~ aus* you look quite a sight; *~ und in Freuden leben* live in the lap of luxury, live like a king; **≈keit** *f* magnificence, grandeur; excellence; splendo(u)r, glory; *die ~ Gottes* the glory (*od.* majesty) of God; *die ~ wird nicht lange dauern* it won't last long.

Herrschaft *f* domin(at)ion; *persönliche*: rule (*über* of, over); (*Regierung*) government, *e-s Fürsten*: reign; (*Gewalt*) power, sway; *a. fig.* control, command, mastery (*über* of); (*Vor≈*) supremacy; *von Dienstboten*: master and mistress; Mr. and Mrs. X.; (*Gebiet*) dominion, territory; (*Gut*) estate, manor; *meine ~en!* ladies and gentlemen!; *hohe ~en* high-ranking people, illustrous persons; *die ~ der Mode* the sway of fashion; *unter j-s ~ fallen* (*kommen*) fall (come) under a p.'s rule (*od.* control, sway); *er verlor die ~ über seinen Wagen* he lost control over (*od.* of) his car, his car got out of hand; **≈lich** *adj.* lordly; manorial; nobleman's ..., gentleman's ...; *Rechte*: territorial; (*erstklassig*) high-class, elegant, grand, seigneurial.

herrschen *v/i.* **1.** rule (*über* over), be in power (of), hold sway (over), dominate (*a th. od. p.*); (*regieren*) govern (*über e-n Staat usw.* a state, *etc.*), *als Fürst*: reign (over); *~ über a.* control; **2.** (*vor~*) prevail, predominate, reign (*bsd. Stille*); (*in Mode sein*) be the (*od.* in) vogue; *Krankheit*: be raging (*od.* rife); (*bestehen*) be, exist; *es herrschte schlechtes Wetter* the weather was bad; *unter der Mannschaft herrscht eine glänzende Stimmung* the team is in the best of spirits; **~d** *adj.* ruling, dominant; (*vor~*) prevailing, prevalent, predominant; general, current; (*gegenwärtig*) present; *unter den ~en Verhältnissen* under the present circumstances, conditions being as they are.

Herrscher *m*, **~in** *f* ruler; (*Fürst*) sovereign, monarch; *unumschränkter ~* autocrat; *in Zssgn* sovereign ...; *Blick, Ton usw.*: commanding, imperious; **~familie** *f*, **~geschlecht** *n*, **~haus** *n* (reigning) dynasty; (ruling) royal family; **~gewalt** *f* sovereign power; **~miene** *f* commanding air; **~paar** *n* ruler (*od.* sovereign) and his (her) consort; **~stab** *m* scept|re, *Am.* -er.

Herrsch|sucht *f* lust (*od.* thirst) for power; *fig.* domineering (*od.* tyrannical) nature, F bossiness; **≈süchtig** *adj.* power-mad; *fig.* imperious, domineering, F bossy.

her...: **~rufen** *v/t.* call (here *od.*

over); **~rühren** *v/i.*: ~ *von* come (*od.* arise, derive, proceed, spring, *Am. a.* stem) from; originate from *od.* in; (*verursacht sein durch*) be due (*od.* owing) to; **~sagen** *v/t.* recite; (*Gebet*) say, (*Aufgabe*) *a.* repeat; **~schaffen** *v/t.* bring (*od.* get) here; → *a. herbeischaffen*; **~schenken** *v/t.* give away; **~schicken** *v/t.* send here; **~schieben** *v/t.* push over; *et. vor sich* ~ push a th. in front of one; *fig.* keep putting a th. off; **~schleichen** *v/i.* (*a. sich* ~) sneak (*od.* steal) near *od.* here; **~schreiben** *v/refl.*: *sich* ~ *von* come from; **~sehen** *v/i.* look (here *od.* this way); **~senden** *v/t.* send here; **²spiel** *n Sport*: second leg; **~stammen** *v/i.* **1.** ~ *von* descend (*od.* come) from *a family*; (*e-m Land*) be a native of, come (*od.* hail) from, be born in; *er stammt aus Deutschland her a.* he is German-born; **2.** *fig.* → *herrühren*; **~stellbar** *adj.* capable of being produced, producible; *leicht* ~ easy to produce; **~stellen** *v/t.* **1.** place (*od.* put) here *od.* near; **2.** (*erzeugen*) manufacture, produce, make, fabricate; *in Serien usw.*: turn out; (*bauen*) build; (*verarbeiten*) process; ⚗ prepare; ⚡ (*Stromkreis*) close, make; *teleph. e-e Verbindung* ~ establish a connection, *für j-n*: put a p. through; ⊕ *usw. künstlich* ~ synthesize; **3.** (*wieder*~) restore, repair; *gesundheitlich*: restore to health, cure; **4.** *fig.* create, bring about, produce; (*Frieden, Ordnung, Verbindungen usw.*) establish, make; **²steller(in** *f*) *m* manufacturer, maker, producer (*a. Film*); **²stellerfirma** *f* manufacturing firm, manufacturers *pl.*

Herstellung *f* (*Erzeugung*) manufacture, production, making, fabrication; (*Ausstoß*) output; (*Wieder²*) restoration, repair; ⚕ recovery; *fig.* creation, establishment, making, bringing about.

Herstellungs...: **~betrieb** *m* manufacturing firm (*od.* plant); **~fehler** *m* productional defect; **~gang** *m* process (*od.* course) of manufacture; **~kosten** *pl.* cost *sg.* of production, production costs; (*Selbstkosten*) prime cost *sg.*; **~land** *n* producer country; (*Ursprungsland*) country of origin; **~preis** *m* price of production; cost-price; **~verfahren** *n* manufacturing method (*od.* process).

her...: **~stürzen** *v/i.* **1.** rush (*od.* dash) here; **2.** → *herfallen*; **~tragen** *v/t.* carry here; *vor sich* ~ carry before one; **~treiben** *v/t.* drive here; *vor sich* ~ drive before one, *Fußball*: *a.* dribble *the ball*; F *was treibt dich her?* what brings you here?

Hertz *phys. n* cycles *pl.* (per second) (*abbr.* c.p.s. *od.* cps), hertz.

herüber *adv.* over (here), across, this side; ~ *und hinüber* to and fro; hither and thither; *in Zssgn mst* ... over, ... across; **~bringen** *v/t.* bring over (*od.* round); *über e-n Fluß, e-e Grenze usw.* ~ bring across; **~geben, ~reichen** *v/t.* hand *od.* reach over (here); *fig.* reach (*in* into); **~holen** *v/t.* fetch over; → *herbeiholen*; **~kommen** *v/i.* come over *od.* round (*zu* to); *über e-e Straße usw.* ~ come across.

herum *adv.* **1.** *ziellos*: about, (a)round; ~ *um* (a)round; (*rings* ~, *rund* ~) round (about), (all) around; (*um die eigene Achse*) turning (*od.* spinning) round; (*immer*) *um den Tisch* ~ round (and round) the table; *in der ganzen Stadt* ~ all over the town; *wir fahren in der Stadt* ~ about (the) town; (*immer*) *um j-n* ~ *sein* be (always) near *od.* about a p.; *hier* ~! this way!; *gleich um die Ecke* ~ just round the corner; **2.** (*ungefähr*) about; somewhere near; in the region *od.* neighbo(u)rhood of; *um zehn Uhr* ~ about ten o'clock; *hier* ~ *muß es liegen* hereabouts, somewhere about here; **3.** (*vorbei*) over, finished, up; **4.** *in Zssgn mst* ... round; → *a. umher...*; **~albern** *v/i.* fool (*od.* clown) about (*bsd. Am.* around); **~ärgern** *v/refl.*: *sich* ~ *mit* be plagued with, have constant trouble with; **~balgen** *v/refl.*: *sich* ~ (have a) romp, scuffle; *fig.* wrangle (*mit* with); **~basteln** *v/i.* fumble (*an* with), tinker (at); **~bekommen** F *v/t.* (*j-n*) bring (*od.* talk) round (*zu* to), win over; (*Zeit*) get through; **~bringen** *v/t.* **1.** (*et.*) bring (*od.* get) round; **2.** (*j-n, Zeit*) → *herumbekommen*; **~bummeln** *v/i.* **1.** stroll (*od.* saunter) about; **2.** → *bummeln*; **~dirigieren** F *v/t.* order about, F boss around; **~doktern** F *v/i.*: ~ *an* (*j-m od. et.*) doctor; *fig.* (*et.*) *a.* try to patch up, tinker at; **~drehen** *v/t. u. v/refl.*: (*sich* ~) turn (a)round (*Liegendes*: *a.* over); **~drücken** F *v/refl.*: *sich* ~ hang (*od.* loiter) about; *sich um et.* ~

dodge, shirk; **~drucksen** F *v/i.* shuffle, hem and haw; **~experimentieren** *v/i.* experiment, try all sorts of experiments (*mit* with); **~fahren** *v/i.* **1.** drive (*od.* motor, ride, cruise, ⚓ sail) about; *um die Stadt* ~ drive round; *in der Stadt* ~ drive about; *um e-e Ecke* ~ (drive) round a corner; ⚓ *um ein Kap* ~ (sail) round, double; **2.** (*sich schnell umdrehen*) whisk (a)round; → *a. herumfuchteln*; **~fingern** *v/i.* fumble (*an* with), finger (*a th.*); **~fliegen** *v/i.* fly (a)round (*um et.* a th.); (*umher* ~) *a.* fly about; **~fragen** *v/i.* make inquiries, ask (a)round; **~fuchteln** *v/i.* saw the air, gesticulate; *mit et.* ~ fidget with, wave *a th.* about, *drohend*: brandish; **~führen** *v/t.* lead (a)round (*od.* about); *zur Orientierung*: show *a p.* round; *um die Stadt* ~ take round; *j-n* ~ *in* show a p. over *the house, etc.*; *e-n Graben usw.* ~ *um* run a ditch, *etc.* round; → *Nase*; **~fuhrwerken** F *v/i.* bustle about; *mit et.* ~ wield a th. energetically; **~fummeln** F *v/i.* **1.** → *herumfingern*; **2.** → *herumbasteln*; **~geben** *v/t.* hand (*od.* pass) round, circulate; **~gehen** *v/i.* (*zirkulieren*) circulate, be passed round; (*verlaufen*) *Graben usw.*: run round; *Zeit*: pass; ~ *um* walk (*od.* go) round, round (*od.* turn) *the corner, etc.*; ~ *in* walk about *a place*; ~ *lassen* pass *a th.* round; *fig. im Kopf* ~ go round and round in one's head, haunt one's mind; **~hacken** *v/i.*: *auf j-m* ~ pick on a p.; **~horchen** *v/i.* keep one's ears open, scout about; **~kommandieren** *v/t.* order about (*od.* around), F boss around; **~kommen** *v/i.* **1.** come round, turn *the corner;* F *aus dem Nachbarhaus*: come round (*od.* over); **2.** (*weit* ~) get about (*bsd. Am.* around); see a great deal (of the world), do a lot of travel(l)ing; *Gerücht*: get about, spread; **3.** *um et.* ~ get (a)round *a th.* (*a. fig.*), *fig. a.* avoid, evade, dodge; *um e-e Tatsache* ~ get away from; *nicht* ~ *um et.* not to be spared a th., not to get round a th.; **~kriegen** F *v/t.* → *herumbekommen*; **~laufen** *v/i. ziellos*: run (*od.* rove, ramble, roam) about *od.* (a)round; *um et.* ~ run (a)round a th.; **~liegen** *v/i.* (*zerstreut liegen*) lie (scattered) about; *müßig*: lie about, loaf; *um et.* ~ lie round a th.; *unordentlich auf dem Boden* (*im Zimmer*) ~ litter the floor (the room); **~lungern** *v/i.* loaf (*od.* loiter, hang) about *od.* (a)round; **~machen** F *v/i.*: ~ *an* F monkey with; *seelisch*: fret over; **~pfuschen** *v/i.*: ~ *an et.* fumble (*od.* tamper, monkey) with a th.; **~reden** *v/i.*: *um et.* ~ talk (*od.* argue) round a th.; *darum* ~ beat about the bush, hedge, dodge the issue; **~reichen** *v/t.* hand (*od.* pass) round; **~reisen** *v/i.* travel about, F *ziellos*: knock about; **~reißen** *v/t.* pull round; **~reiten** *v/i.* ride about; ~ *um* ride round *a th.*; *fig.* ~ *auf* (*et.*) harp on, keep bringing *a th.* up; (*j-m*) pick on; pester; **~schicken** *v/t.* send round (*od.* about); **~schlagen** *v/refl.*: *sich* ~ knock each other about; (have a) fight *od.* scuffle (*mit* with); *fig.* grapple (with); **~schnüffeln** *v/i.* sniff about; *fig.* F snoop around; **~schubsen** F *v/t.* push *a p.* about (*bsd. Am.* around); **~sitzen** *v/i. verstreut*: sit about; *fig. untätig*: loaf (*od.* hang) about; *weitS.* twiddle one's thumbs; *um den Tisch usw.* ~ sit round the table, *etc.*; **~spielen** *v/i.* play about (*mit, an* with); *fig.* ~ *an a.* fumble (*od.* fool, monkey) with, finger *a th.*; **~spionieren** *v/i.* snoop around; **~sprechen** *v/refl.*: *sich* ~ get about (*od.* around); **~stehen** *v/i. verstreut*: stand about; *müßig*: loiter (*od.* hang) about; ~ *um* stand round, surround; **~stoßen** *v/t. a. fig.* push *a p.* about; **~streichen, ~streifen** *v/i.* prowl (*in den Straßen* the streets), roam (*od.* rove, ramble) about; **~streiten** *v/refl.*: *sich* ~ wrangle (*od.* quarrel) persistently; **~tanzen** *v/i.* dance about *od.* around (*um j-n* a p.); → *Nase*; **~tappen, ~tasten** *v/i.* grope (*od.* feel) about (*nach* for); **~tollen** *v/i.* romp (*od.* frolic, gambol) about; **~tragen** *v/t.* carry round (*od.* about); (*Nachrichten*) spread about; *fig. Kummer usw. mit sich* ~ carry around with one, nurse; **~treiben** *v/refl.*: *sich* ~ rove (F knock) about, gad about; → *a. herumlungern*; **≈treiber(in** *f*) *m* loafer, tramp; **~wälzen** *v/t.* turn (*od.* roll) over; *sich* ~ turn about *od.* (a)round; *schlaflos*: toss and turn; **~wandern** *v/i.* wander about; **~werfen** *v/t.* throw (*od.* toss) about; (*Hebel*) throw (over); (*Steuer*) pull round; *sich* ~ throw o.s. (a)round, *immer wieder*: toss about, *im Schlaf*: toss and turn; **~wickeln** *v/t.* wind (*od.* wrap, twist) round; **~wirbeln** *v/t. u. v/i.* spin (*od.* whirl) (a)round; pirouette; **~wirtschaften** F *v/i.* potter about; **~wühlen** *v/i.* wallow about; *fig.* rummage (*in* [in] *a th.*); **~zanken** *v/refl.*: *sich ~* squabble (with one another); **~ziehen I.** *v/t.* draw (*od.* pull) (a)round; haul (*od.* tug) about; **II.** *v/i.* wander (*od.* rove) about; *~ um* march round *a th.*; **~ziehend** *adj. Volk*: nomadic, wandering; *Händler*: itinerant; *Schauspieler*: strolling.

herunter *adv.* down; *da ~* down there; *hier ~* down here; *die Treppe ~* down the stairs, downstairs; *~ damit!* down with it!; *~ mit ihm!* down with him!; *den Hut ~!* off with your hat!; *~ mit dem Mantel!* off with your overcoat!; *~!* down you go!, *vom Stuhl*: get off that chair!; *in Zssgn mst ...* down; → *a. herab..., nieder..., fälschlich oft*: *hinunter...*; **~bringen** *v/t.* bring down (*a. fig. Preise, Temperatur usw.*); *mühsam*: get down; *fig.* (*j-n, Wirtschaft usw.*) bring low, ruin; **~drücken** *v/t.* press (*od.* force) down; (*Hebel, Taste*) depress; *fig.* (*Preise*) force down; **~fallen** *v/i.* fall down; *~ von* fall (*od.* drop) off *a th.*; **~gehen** *v/i. allg.* go down; *Temperatur usw.*: *a.* drop (*bis auf* to); ✈ *a.* descend; *Preise*: *a.* fall, drop, ease off; *~ mit* reduce, lower *prices, speed, etc.*; **~handeln** *v/t.* (*Preis*) beat down; **~hängen** *v/i.* hang down; *baumelnd*: dangle (*von* from); **~hauen** *v/t.* F (*schnell wegarbeiten*) knock off, do in a rush; *j-m eine ~* F fetch (*od.* paste) a p. one; slap a p.('s face); **~helfen** *v/i.* (*j-m*) help *a p.* down; **~holen** *v/t.* fetch (*od.* get) down; *hunt.* bring down, ⚔ *a.* (shoot) down; **~klappen** *v/t.* turn (*od.* fold) down; **~kommen** *v/i.* **1.** come down (*od. die Treppe*: downstairs); *die Straße ~* come down the street; *kletternd usw.*: get down; **2.** *fig.* (*verfallen*) decay, decline; (*sich verschlechtern*) deteriorate, go to rack and ruin, run to seed; *Person*: come down in the world; *sittlich*: go downhill (*od.* to the dogs), sink (low), degenerate; *er wird dabei gesundheitlich ~* this will ruin (*od.* undermine) his health; *heruntergekommen fig. Person*: (*schäbig*) seedy, shabby, out-at-elbows, down(-at-heel); *sittlich*: demoralized, depraved; *gesundheitlich*: run(-)down, in bad shape; *Bauernhof usw.*: run-down, seedy; (*verfallen*) decayed, dilapidated; **~lassen** *v/t.* let down, lower; drop; **~leiern** *v/t.* rattle (*od.* reel) off; **~machen** *v/t.* **1.** lower; (*Kragen*) turn down; **2.** *fig.* (*j-n*) (*schelten*) scold, upbraid, give a dressing-down, *Am. a.* bawl out; (*kritisieren*) F run down, pull to pieces; **~purzeln** *v/i.* tumble down; **~putzen** F *v/t.* → *heruntermachen*; **~rasseln** F *v/t.* (*Gedicht usw.*) rattle off; **~reißen** *v/t.* pull down; *fig.* (*scharf kritisieren*) pull to pieces, *Am. sl.* pan; **~rutschen** *v/i.* slide *od.* slip down; → *Buckel*; **~schalten** *mot. v/i.* change (*Am.* shift) down (*auf den ersten Gang* to first [gear]); **~schlagen** *v/t.* beat (*od.* knock) down; (*Kragen usw.*) turn down; **~sehen** *v/i.* look down (*auf* at, *fig.* upon); **~sein** F *v/i.* **1.** be down (*von* from); **2.** *fig. gesundheitlich*: be run down, be low; **~setzen** *v/t.* → *herabsetzen*; **~spielen** *v/t.* **1.** ♪ play *a th.* off mechanically; **2.** F *fig.* (*bagatellisieren*) play down; **~steigen** *v/i.* → *herabsteigen*; **~transformieren** ⚡ *v/t.* step down; **~werfen** *v/t.* throw down; **~wirtschaften** *v/t.* ruin (by mismanagement), mismanage, run down; **~ziehen I.** *v/t.* pull (*od.* drag) down; **II.** *v/i.* come (*od.* march) down.

hervor *adv.* forth, forward; out; *~ aus* out of; *hinter ... ~* from behind ...; *unter ... ~* from under ...; **~blicken** *v/i.* (*sichtbar sein*) peep out (*hinter, unter* of), peep through, appear; *hinter e-m Baum usw. ~* look (*od.* peep, peer) from behind a tree, *etc.*; **~brechen** *v/i.* break (*od.* burst) forth *od.* out *od.* through; ⚔ sally (*od.* rush) forth; **~bringen** *v/t.* bring forth, produce (*a. Nachkommen*); (*gebären*) bear, give birth to; (*schaffen*) create; (*bewirken*) cause, effect, give rise to; (*Worte*) utter; (*zeigen*) produce, bring out; **~dringen** *v/i.* **1.** → *hervorbrechen*; **2.** *Geräusche*: proceed *od.* come *od.* issue (*von* from); **~gehen** *v/i.*: *~ aus* (*stammen aus*) come (*od.* emerge) from; (*sich entwickeln aus*) develop (*od.* arise) from; (*sich als Folge ergeben aus*) result (*od.* follow) from; *daraus geht hervor, daß* from this (*od.* hence) follows that, this shows (*od.* proves, goes to prove) that;

als Sieger ~ emerge victorious *od.* (as) the winner, come off (*od.* out) victorious *od.* a winner; **~gucken** F *v/i.* peep out; **~heben** *fig. v/t.* render prominent, give prominence to, make stand out; *Kunst*: set off, throw into (sharp) relief (*gegen* against); (*herausstreichen*) show off, display, accentuate, point out; (*betonen*) emphasize, stress, lay stress (up)on; *sich* ~ be(come) conspicuous *od.* prominent, stand out (*aus* from); **~holen** *v/t.* produce, take out; **~kommen** *v/i.* come out *od.* forth (*hinter* from behind); (*auftauchen*) appear, emerge (*aus* from); **~leuchten** *v/i.* **1.** shine forth (*od.* out); **2.** *fig.* shine (*aus* from); **~locken** *v/t.* lure out; (*Tränen*) fetch; → *herauslocken*; **~quellen** *v/i.* well (*od.* gush) out *od.* forth; *Augen, Bauch usw.*: bulge out, protrude; **~ragen** *v/i.* **1.** project (*aus* from, *über* over), jut (*od.* stand, stick) out; (*sich erheben*) rise, tower (*über* above); **2.** *fig.* ~ *aus* stand out from, tower above; **~ragend** *adj.* **1.** projecting; prominent, salient; **2.** *fig.* prominent, eminent, distinguished; (*ausgezeichnet*) outstanding, excellent, superior, first-rate; *er war an dem Erfolg in* ~*em Maße beteiligt* the success was largely due to his efforts; **≈ruf** *thea. m* curtain call; **~rufen** *v/t.* call forth (*od.* out); *thea.* call for; *fig.* call forth, evoke; (*bewirken*) cause, bring about, produce, give rise to, call forth, arouse; (*Eindruck*) create; (*Gelächter*) raise, draw, provoke; **~springen** *v/i.* leap *od.* bound (*aus* from); *fig.* → **~stechen** *fig. v/i.* stand out (*aus* from); be prominent *od.* salient *od.* conspicuous; **~stechend** *adj.* salient, prominent; (*auffallend*) striking, conspicuous; (*vorherrschend*) (pre)dominant; **~stehen** *v/i.* project, stand (*od.* jut) out; *Augen usw.*: protrude, bulge; *Ohren*: stick out; ~*de Backenknochen* high cheek-bones; **~suchen** *v/t.* look (*Am.* search) out; **~treten** *v/i.* **1.** step forth (*od.* forward); ~ *aus* step out (*od.* emerge) from; **2.** *fig. Augen*: bulge, protrude; (*sich abheben*) stand out, be set off (*od.* contrasted); *Farben*: *a.* come out; (*in Erscheinung treten*) come to the fore, be (much) in evidence; *Person*: distinguish o.s. (*durch* by), make o.s. a name (*als* as); *mit e-m Roman usw.* ~ come out with; **~tretend** *adj.* prominent, salient; (pre)dominant; **~tun** *v/refl.*: *sich* ~ distinguish o.s.; (*angeben*) show off (*mit* et. a th.); **~wagen** *v/refl.*: *sich* ~ venture forth; **~zaubern** *v/t.* produce (as if) by magic, conjure up; **~ziehen** *v/t.* pull out, produce.

her...: **~wagen** *v/refl.*: *sich* ~ venture to come here *od.* near; **~wärts** *adv.* on the way here; this way; **≈weg** *m* way here; *auf dem* ~ on the way here (*od.* back).

Herz *n* heart (*a. fig.*); (*Gemüt, Geist*) *a.* mind; (*Seele*) *a.* soul; (*Mut*) *a.* courage, spirit, pluck; *Kartenspiel*: hearts *pl.*; *als Kosewort*: darling, love; (*Kern e-r Sache*) heart, *a.* ⊕ core; (*Mittelpunkt*) heart, cent|re, *Am.* -er; *goldenes* ~ heart of gold; ~ *von Stein* heart of stone; *ohne* ~ heartless; *aus tiefstem* ~*en* from the depth (*od.* bottom) of one's heart; *ein Mann nach meinem* ~*en* after my heart; *klopfenden* ~*ens* with a throbbing heart; *leichten* ~*ens* with a light heart, light-heartedly; *schweren* ~*ens* with a heavy heart; *mit* ~ *und Hand* with heart and hand, heart and soul (*für* for); *mit ganzem* ~*en dabeisein* with one's whole heart, ... heart and soul; *von* ~*en* heartily; *von* ~*en kommend* deep-felt, hearty, sincere; *von* ~*en gern* most willingly, with the greatest pleasure; *von ganzem* ~*en danken usw.* with all my, *etc.*, heart; *an gebrochenem* ~*en sterben* die of a broken heart; *auf* ~ *und Nieren prüfen* put to the acid test, F vet; *die* ~*en höher schlagen lassen* thrill the hearts; *ein gutes* (*hartes*) ~ *haben* be good- (hard-)hearted; *ein Kind unter dem* ~*en tragen* be with child; et. *auf dem* ~*en haben* have a th. on one's mind; *was hast du auf dem* ~*en?* what can I do for you?; *j-m et. ans* ~ *legen* urge (*od.* enjoin) a th. on a p., recommend a th. warmly to a p.; *j-m das* ~ *schwer machen* grieve (*od.* sadden, worry) a p.; *j-m zu* ~*en gehen* go to (*od.* move, stir) a p.'s heart; *j-n an sein* ~ *drücken* press (*od.* clasp) a p. to one's breast; *j-n in sein* ~ *schließen* become attached to (*od.* grow fond of) a p., (come to) love a p. dearly; *j-s* ~ *brechen* (*gewinnen, stehlen*) break (win, steal) a p.'s heart; *sein* ~ *an et. hängen* set one's heart on a th.; *sein* ~ *auf der Zunge tragen* wear one's heart on one's sleeves; *s-m* ~*en Luft machen* give vent to one's feelings; *sich ein ~ fassen* take heart (*od.* courage), pluck up courage; *sich et. zu ~en nehmen, sich et. zu ~en gehen lassen* take a th. to heart; *Hand aufs ~!* cross my heart!, hono(u)r bright!, *Am.* F honest Injun!; *komm an mein ~* come to my heart; *ein Stein fiel mir vom ~en* a weight was lifted from my heart, that took a load off my mind; *es liegt mir am ~en* I have it at heart, I am keenly interested in it, I attach great importance to it; *es gab mir einen Stich ins ~* it cut me to the quick; *es ging mir bis ins ~* it thrilled me to the core; *es wurde mir leichter ums ~* I felt easier in my mind; *er hat das ~ auf dem rechten Fleck* his heart is in the right place; *er ist mit ganzem ~en bei der Arbeit* his heart is in his work; *es tut dem ~en wohl* it does one good, F it warms the cockles of your heart; *haben Sie doch ein ~!* be merciful!, F have a heart!; *ich kann es nicht übers ~ bringen* I can't bring myself to do it; *mein ~ blutete* my heart bled (*für ihn* for him; *bei dem Anblick* at the sight); *sein ~ schlug höher* his heart leaped; → *ausschütten* 2, *dringen* 4 *usw.*

Herzader *f* aorta.

herzählen *v/t.* count off.

Herz...: **≈allerliebst** *adj.* → *allerliebst*; **~allerliebste(r** *m*) *f* sweetheart; **~anfall** *m* heart attack; **~-As** *n* ace of hearts; **~asthma** *n* cardiac asthma; **~beklemmung** *f* oppressed feeling, nervous heart trouble; **~beschwerden** *f/pl.* heart trouble *sg.*; **~beutel** *m* pericardium; **~beutelentzündung** *f* pericarditis; **~blatt** *n* **1.** ♀ leaf of the heart; **2.** F *fig.* (*a.* **~blättchen** F *n*) darling, sweetheart, *Am. a.* honey; **~blut** *fig. n* heart's blood, all one's soul; **~bube** *m Kartenspiel*: knave of hearts; **~chen** F *n* darling; **~chirurg** *m* heart surgeon; **~chirurgie** *f* heart (*od.* cardiac) surgery; **~dame** *f Kartenspiel*: queen of hearts.

herzeigen I. *v/t.* show, let see; **II.** *v/i.* point this way.

Herzeleid *n* deep sorrow, woe, heartache.

herzen *v/t.* (*umarmen*) embrace, hug; (*kosen*) caress, fondle, cuddle.

Herzens|angelegenheit *f* matter that is near to one's heart; **~angst** *f* great anxiety; **~brecher** *m* F lady-killer; **~freude** *f* great joy; **~freund(in** *f*) *m* bosom-friend; **≈froh** *adj.* overjoyed, very happy; **~grund** *m*: *aus tiefstem ~* from the bottom of one's heart; **≈gut** *adj.* very kind(-hearted); **~güte** *f* kindness of heart, kind-heartedness; **~lust** *f*: *nach ~* to one's heart's content; **~wunsch** *m* heart's desire, dearest wish.

Herz...: **~entzündung** *f* carditis; **≈erfrischend, ≈erquickend** *adj.* heart-warming, very refreshing; **≈ergreifend** *adj.* deeply moving, soul-stirring; **≈erschütternd** *adj.* heart-rending; **≈erwärmend** *adj.* heart-warming; **~erweiterung** *f* dilatation of the heart; cardiectasis; **~fehler** *m* cardiac defect; **~flattern** *n* heart flutter; **≈förmig** *adj.* heart-shaped; **~gegend** *f* cardiac region; **~geräusch** *n* cardiac murmur; **~gift** *n* cardiotoxin; **~grube** *f* pit of the stomach; **≈haft I.** *adj.* (*mutig*) courageous, plucky; (*keck*) bold; (*kräftig*) hearty; **II.** *adv.*: *~ lachen* (*essen usw.*) laugh (eat, *etc.*) heartily; **~haftigkeit** *f* courage, pluck; heartiness.

herziehen I. *v/t.* **1.** pull (*od.* draw) near; **II.** *v/i.* **2.** come to live here, move to this place; **3.** *fig. ~ über* run down, pull to pieces.

herzig *adj.* sweet, lovely, *Am. a.* cute.

Herz...: **~infarkt** *m* cardiac infarction; **~kammer** *f* ventricle (of the heart); **~kirsche** *f* heart-cherry; *weiße*: bigaroon; **~klappe** *f* cardiac valve; **~klappenfehler** *m* valvular defect; **~klopfen** *n* beating (*od.* throbbing) of the heart; *bsd.* ⚕ palpitation (of the heart); *mit ~* (*ängstlich*) with a throbbing heart; **~kollaps** *m* heart failure; *weitS.* heart attack; **~krampf** *m* spasm of the heart; **≈krank** *adj.* suffering from heart disease, cardiac; **~kranke(r** *m*) *f* person suffering from a heart disease, cardiac (case *od.* patient); **~krankheit** *f* → *Herzleiden*; **~kranzgefäß** *n* coronary vessel; **~lähmung** *f* paralysis of the heart; **~leiden** *n* heart disease (*od.* complaint, trouble), cardiac disorder.

herzlich I. *adj.* cordial, hearty, warm; (*innig empfunden*) heartfelt, sincere; (*liebevoll*) affectionate, loving; *Brief*: *~e Grüße* kind regards, *vertraulich*: love (*an* to); *~es Beileid* sincere sympathy; **II.** *adv.* cordially, *etc.*; *~ gern* gladly, with pleasure; *~ schlecht* bad enough, *sl.* rotten; *~ wenig* precious little; ~ *lachen* laugh heartily; *es tut mir ~ leid* I am very sorry (indeed); **~keit** *f* cordiality; heartiness; sincerity.

Herz...: ~liebste(r *m*) *f* sweetheart, love; **~los** *adj.* heartless, unfeeling; uncharitable; **~losigkeit** *f* heartlessness, unfeelingness; heartless act; **~-Lungen-Maschine** *f* heart-lung machine; **~massage** *f* cardiac massage; **~mittel** *n* cardiac remedy (*od.* stimulant); **~muskel** *m* cardiac muscle; **~muskelentzündung** *f* myocarditis; **~neurose** *f* cardiac neurosis.

Herzog *m* duke; **~in** *f* duchess; **~lich** *adj.* ducal; **~tum** *n* dukedom, duchy.

Herz...: ~schlag *m* **1.** heartbeat; beating of the heart; **2.** (*Herztod*) apoplexy of the heart, heart failure; **~schrittmacher** *m* cardiac pacemaker; **~schwäche** *f* cardiac insufficiency; *momentane*: syncope; **~spender** *m* heart donor; **~spezialist** *m* heart specialist, cardiologist; **~spitze** *f* apex of the heart; **~stärkend** *adj.* cardiotonic (*a. su.* = *~es Mittel*); **~stillstand** *m* cardiac arrest; **~stück** *n* ⛟ frog; *fig.* heart, core; **~tätigkeit** *f* heart action; **~tod** *m* cardiac death; **~töne** *m/pl.* cardiac sounds.

herzu(...) → *herbei(...)*, *hinzu(...)*.

Herz...: ~verfettung *f* fatty degeneration of the heart; **~vergrößerung** *f* cardiac enlargement (*od.* hypertrophy); **~verpflanzung** *f* heart transplant(ation); **~versagen** *n* heart failure; **~vorhof** *m*, **~vorkammer** *f* atrium; **~wand** *f* cardiac wall; **~wassersucht** *f* dropsy of the heart; **~weh** *fig. n* heartache; **~zerreißend** *adj.* heart-rending.

Hess|e *m*, **~in** *f*, **~isch** *adj.* Hessian.

Hetäre *f* hetaera; *weitS.* courtesan.

hetero... *in Zssgn* hetero...

hetero|gen *adj.* heterogenous; *~e Zeugung* → **~genesis** *f* heterogenesis; **~genität** *f* heterogeneity; **~nym** *adj.* heteronymous; **~nym** *n* heteronym.

Hetz|artikel *m* virulent article; **~blatt** *n* smear-sheet.

Hetze *f* **1.** *hunt.* → *Hetzjagd* 1; **2.** (*Eile*) rush, *des Lebens*: *a.* F rat-race; **3.** (*Hetzfeldzug*) virulent (*od.* smear-)campaign, vituperative (*od.* slanderous) attacks *pl.*, hate tunes *pl.*; (*Aufhetzung*) agitating, fomenting; *Jew-*, *etc.* baiting.

hetzen I. *v/t.* **1.** hunt (with hounds), chase, (*Hasen*) course, (*Bären*) bait; **2.** ~ *auf* set on; *die Hunde ~ auf* set (od. sick) the dogs on *a p.*; *fig. mit allen Hunden gehetzt sein* be up to all the tricks (*od.* dodges); *j-m die Polizei auf den Hals ~* set the police on a p.; → *a. aufhetzen*; **3.** *fig.* (*verfolgen, jagen*) hound, chase, hunt; *zu Tode ~* hound to death, *weitS.* (*Wort, Witz usw.*) work to death; **6.** (*antreiben*) rush, hurry, drive; *ich lasse mich nicht ~* I won't be rushed; *sich ~* → 5; **II.** *v/i.* **5.** F (*eilen*) rush, race, hurry; **6.** *fig.* (*Hetzreden führen*) agitate, stir up trouble; *~ gegen* conduct a virulent (*od.* smear-)campaign against, attack venomously, (*schmähen*) vituperate (against), (*verleumden*) calumniate, slander, smear.

Hetzer *m*, **~in** *f* agitator, fomenter, rabble-rouser; calumniator; **~ei** *f* → *Hetze* 2 *u.* 3; **~isch** *adj.* inflammatory, virulent, slanderous.

Hetz...: ~feldzug *m* inflammatory (*od.* virulent, smear-)campaign; **~hund** *m* hound; **~jagd** *f* **1.** *hunt.* hunt(ing) (with hounds); *auf Hasen*: coursing; *auf Bären*: baiting; **2.** *fig.* (*Verfolgung*) hunt, chase; **3.** → *Hetze* 2; **~kampagne** *f* → *Hetzfeldzug*; **~peitsche** *f* hunting-whip; **~presse** *f* yellow press; **~rede** *f* inflammatory (*od.* virulent) speech; **~redner(in** *f*) *m* agitator, fomentor, rabble-rouser.

Heu *n* hay; *~ machen* make hay; *fig. Geld wie ~ haben* have heaps (*od.* F oodles) of money, have money to burn; **~bazillus** *m* hay bacillus; **~boden** *m* hayloft.

Heuchelei *f* hypocrisy, cant; pharisaism; (*Verstellung*) dissimulation; (*Unaufrichtigkeit*) insincerity, duplicity; (*Falschheit*) falsehood; deceit.

heucheln I. *v/i.* play the hypocrite; (*scheinheilig reden*) cant; (*sich verstellen*) simulate, feign, dissemble; **II.** *v/t.* simulate, feign, affect, sham, F fake.

Heuchler *m*, **~in** *f* hypocrite; dissembler; **~isch** *adj.* hypocritical; (*falsch*) dissembling, deceitful, insincere; **~miene** *f* hypocritical air.

heuen I. *v/i.* make hay; **II.** **~** *n* haymaking.

heuer *adv.* (in) this year.

Heuer[1] *m*, **~in** *f* haymaker.

Heuer[2] ⚓ *f*, **~lohn** *m* pay; **~n**

v/t. ⚓ engage, sign on; F *weitS.* hire.
Heuernte *f* hay-harvest, haymaking (season).
Heuervertrag ⚓ *m* ship's articles *pl.*
Heu...: ~fieber ⚕ *n* hay fever; **~gabel** *f* hay-fork, pitchfork; **~haufen** *m* haycock; *großer*: haystack.
Heul|boje ⚓ *f* whistling buoy; **2en** *v/i.* howl; *Wind*: *a.* roar; *Eule*: hoot; *Sirene*: hoot, wail; *Bombe usw.*: scream, screech; (*weinen*) cry, blubber; (*jammern*) wail, squall, bawl; *er heulte vor Wut* he howled with rage; **~en** *n* howling, *etc.*; (*a.* **~erei** *f*) crying, blubbering, bawling; *mir ist zum ~* I could cry; *es ist zum ~* it's a shame; *bibl.* *~ und Zähneklappern* weeping and gnashing of teeth; **~er** F *m* (*Schnitzer*) F howler; (*tolles Ding*) *sl.* lu lu; **~suse** F *f* cry-baby; **~ton** *m* (high frequency) warble tone; **~tonfrequenz** *f Radio*: wobbling frequency.
Heu...: ~machen *n* haymaking; **~monat** *m* July; **~pferd** *n* grasshopper; **~rechen** *m* hayrake.
heureka! *int.* eureka!
heurig *adj.* of this year, this year's (*od.* season's), new; **2e(r)** *m* wine of this year's vintage, new wine.
Heu...: ~schnupfen *m* hay fever; **~schober** *m* haystack; **~schrecke** *f* locust, grasshopper.
heute I. *adv.* today, this day; *~ abend* this evening, tonight; *~ früh*, *~ morgen* this morning; *~ nacht* tonight; *~ noch* this very day; (*immer noch*) still today; *~ in acht Tagen* (*od. über acht Tage*) today week, this day week; *~ in einem Jahr* (*od. über ein Jahr*) a year hence (*od.* from today); *~ vor acht Tagen* a week ago (today); *bis ~* till today, up to this day, *Am. a.* to date; ⚖ *drei Monate nach ~* after date; *von ~ an* from today (onwards), from this day, *amtlich*: as of today; *von ~ auf morgen* in a rush, precipitately, (*plötzlich*) overnight, all of a sudden; *Ausgabe von ~* today's issue; *Mädchen von ~* girls of today, modern girls; *Amerika von ~* present-day America; → *a. heutzutage*; **II. 2** *n*: *das ~* the present, today.
heutig *adj.* today's, this day's, of this day (⚖ date); (*gegenwärtig*) present(-day ...), of today, modern; *der ~e Tag* this day, today; *die ~e Zeitung* today's paper; *bis zum ~en Tage* → (*bis*) *heute*; *mit ~er Post* by today's post (*od.* mail); *in der ~en Zeit* → *heutzutage.*
heutzutage *adv.* nowadays, (in) these days, today, in our time(s).
hexa... *in Zssgn* hexa... (→ *sechs...*).
Hexa...: ~eder △ *n* hexahedron; **~gon** △ *n* hexagon; **2gonal** *adj.* hexagonal; **~meter** *m* hexameter.
Hexe *f* witch, sorceress; *fig.* (*altes Weib*) (old) hag *od.* witch; (*böses Weib*) hell-cat, vixen; *kleine ~* little minx; **2n** *v/i.* practise witchcraft (*od.* sorcery); *ich kann doch nicht ~* I can't work miracles; *es geht wie gehext* it works like magic.
Hexen...: ~jagd *fig. f* witch-hunt(ing); **~kessel** *fig. m* inferno, swelter; **~küche** *f* witches' kitchen; **~kunst** *f* → *Hexerei*; **~meister** *m* wizard, sorcerer; **~prozeß** *m* witch trial; **~sabbat** *m* Witches' Sabbath; *fig.* inferno; **~schuß** ⚕ *m* lumbago; **~verfolgung** *f* witch-hunt; **~werk** *n* → *Hexerei.*
Hexerei *f* witchcraft, sorcery, magic; piece of witchcraft; *das ist doch keine ~* there is nothing to it, that's easy enough.
Hexode *f* hexode.
hie *adv.* **1.** *obs.* → *hier*; **2.** *~ u. da* now and then.
Hieb *m* **1.** (*Schlag*) blow, stroke, *mit der Faust*: *a.* punch; *mit der Peitsche*: lash, cut; *fenc.* cut; (*~wunde*) cut, gash, *stärker*: slash; *fig.* (*Anzüglichkeit*) cutting remark (*auf* about), dig (at), (*Seiten2*) passing shot (at); *~e* (*Prügel*) thrashing, whipping, beating (*alle sg.*); *fig. auf den ersten ~* at the first attempt (*od.* go); *j-m e-n ~ versetzen* strike a p., deal a p. a blow, *a. fig.* lash out at a p.; *~e bekommen* get a thrashing *od.* beating (*a. fig.*); *der ~ saß* that hit went home; F *e-n ~ haben sl.* be nuts; **2.** (*Baum2*) felling, cut(ting); cutting area; **3.** ⊕ *der Feile*: cut.
Hieb...: 2- und stichfest *adj.* invulnerable; *fig.* watertight, cast-iron, unassailable; **~- und Stoßwaffe** *f* cut-and-thrust weapon; **~waffe** *f* cutting weapon; **~wunde** *f* slash(-wound), gash.
hienieden *adv.* here below.
hier *adv.* **1.** here; (*am Ort*) in this place; *~ (drüben)* on this side, over here; *~ draußen (drinnen)* out (in) here; *~ oben (unten)* up

(down) here; ~ *entlang* this way; ~ *hinein* in here; ~ *sein* be here (*od.* present); ~! *Appell*: present!, *Am.* here;! *teleph.* ~ (*spricht*) *John B.* John B. *od.* John B. speaking (*od.* calling); *er ist von* ~ he is a native of this place; *ich bin auch nicht von* ~ I am a stranger here myself; ✝ *Wechsel auf* ~ on this place; *das Haus* ~ this house; ~ *und da* here and there; *zeitlich*: now and then, occasionally; **2.** *fig.* here; (*in diesem Falle*) *a.* in this case; (*diesmal*) this time; (*bei diesen Worten*) at these words; (*bei dieser Gelegenheit*) on this occasion.

hieran *adv.* at (*od.* by, in, on, to) this; *wenn ich* ~ *denke* thinking of this; *er wird sich* ~ *erinnern* he will remember this; ~ *kann ich es erkennen* by that I can recognize it.

Hierarch|ie *f* hierarchy; **≗isch** *adj.* hierarchical.

hier...: ~auf *adv.* (up)on this *od.* that, hereupon; *zeitlich*: *a.* after this (*od.* that), now; **~aus** *adv.* from (*od.* out of) this; *alle* ~ *entstehenden Verbindlichkeiten Vertrag*: any liabilities arising hereunder; ~ *geht hervor, daß* hence (*od.* from this) follows that; **~behalten** *v/t.* keep here, keep (back); **~bei** *adv.* at (*od.* in, with) this; on this occasion; in this connection; (*beigeschlossen*) herewith, enclosed; attached, annexed; **~bleiben** *v/i.* stay here; *hiergeblieben!* (you) stay here!; **~durch** *adv. örtlich*: through here, this way; *ursächlich*: by this (means), hereby; **~für** *adv.* for this (*od.* it); **~gegen** *adv.* against this (*od.* it); **~her** *adv.* here, hither; this way, over here; (*komm*) ~! come here!; *bis* ~ up to here, so far; *zeitlich*: hitherto, (up) to this day, till now, so far; *bis* ~ *und nicht weiter* this far and no further; **~hergehören** *v/i.* belong here; *dies gehört nicht hierher* (*ist abwegig*) *a.* this is not to the point, it is not relevant (*od.* pertinent); **~herkommen** *v/i.* come here; come this way; **~herum** *adv.* this way round; (*ungefähr hier*) hereabouts, somewhere about here; **~hin** *adv.* here, this way; **~in** *adv.* in this (*od.* it), herein; **~mit** *adv.* with this (*od.* it), herewith; (*bei diesen Worten*) with these words, saying this; ~ *ist der Fall erledigt* this settles (*od.* brings to a close, disposes of) the case; ~ *bin ich einverstanden* to this I agree; ~ *wird bescheinigt* this is to certify; **~nach** *adv.* after this (*od.* it), hereafter; (*dementsprechend*) according to this.

Hieroglyphe *f* hieroglyph.

hier...: ~orts *adv.* in this place, here; **≗sein** *n* being here, presence; stay (here); **~selbst** *adv.* here, in this place (*od.* town); **~über** *adv.* over here; (*über dieses Thema*) about this, on this (subject *od.* score); ~ *ärgerte ich mich* this made me angry; **~um** *adv.* about this (place); *fig.* about (*od.* concerning) this; **~unter** *adv.* under(neath) *od.* beneath this (*od.* it); among these; ⚖ hereunder; *verstehen usw.*: by this *od.* that; **~von** *adv.* of (*od.* from) this, hereof, herefrom; **~zu** *adv.* to this, hereto; in addition to this, moreover; (*zu diesem Punkt*) concerning this (matter), on this score; **~zulande** *adv.* in this country, in these parts, (over) here; **~zwischen** *adv.* between these.

hiesig *adj.* of (*od.* in) this place *od.* town *od.* country; local; *m-e* ~*en Freunde* my friends here.

hieven ⚓ *v/t.* heave, hoist (*a.* F *fig. in e-n Posten usw.*).

Hi-Fi-... hi-fi ...

Hifthorn *n* hunting-horn.

Hilfe *f allg.* help (*a. Person*); (*Beistand, a. finanziell usw.*) aid, assistance; (*Unterstützung*) support; (*Mitwirkung*) co-operation; (*Rettung*) succo(u)r, rescue operation; (*Hilfsaktion,* ⚔ *Entsatz*) relief; *Erste* ~ (*leisten*) (render) first aid; (*zu*) ~! help!; *mit* ~ *gen. od. von* with the help of *a p.*, with (*od.* by) the aid of *a th.*, by means of *a th.*; *ohne* ~ (*selbständig*) unaided, unassisted, single-handed; ~ *suchen* seek help; *et. zu* ~ *nehmen* make use of, resort to; *j-m* ~ *leisten* help (*od.* aid) a p.; *j-m zu* ~ *kommen* (*eilen*) come (rush) to a p.'s aid *od.* assistance; *j-n um* ~ *bitten, j-n zu* ~ *rufen, bei j-m* ~ *suchen* call on (*od.* ask) a p. for aid, ask a p.'s help; *um* ~ *rufen* (*schreien*) call (cry) for help; *iro. du bist mir e-e schöne* ~ a fine help you are; **≗flehend** *adj.* imploring, pleading, suppliant; **~leistung** *f* help, assistance, *bsd. finanzielle*: aid; ⚖ *unterlassene* ~ exposure; **~ruf** *m* cry for help; *fig. a.* plea for help; **~stellung** *f Turnen*: support, F *fig. a.* F assist; *j-m* ~ *geben* give a p. support, *fig.* back a p. up; **≗suchend** *adj.* **1.** seeking help; **2.** → *hilfeflehend*.

Hilf...: ≗los *adj.* helpless (*a. fig.*); **~losigkeit** *f* helplessness; **≗-**

reich I. *adj.* helpful; **II.** *adv.*: *j-m ~ zur Seite stehen* lend a p. a helping hand, stand by (*od.* help, aid) a p.

Hilfs... *oft* auxiliary, emergency ..., temporary; relief ..., subsidiary; assistant ..., junior ...; → *a. Behelfs..., Not...*; **~aktion** *f* relief action, campaign; **~anlage** *f* stand-by plant, emergency set; **~antrieb** *m* auxiliary drive; **~arbeiter(in** *f*) *m* unskilled (*od.* temporary) worker *od.* labo(u)rer; *pl.* unskilled labo(u)r *sg.*; (*Aushilfe*) help, assistant; **~arzt** *m* assistant physician, *Am. a.* intern; **≈bedürftig** *adj.* in need of help; (*notleidend*) needy, indigent; **~bedürftigkeit** *f* need (of help); indigence; **≈bereit** *adj.* ready to help, helpful, co-operative; **~bereitschaft** *f* readiness to help, helpfulness; **~buch** *n* handbook; **~buchstabe** *ling. m* servile letter; **~dienst** *m* auxiliary (*od.* subsidiary) service; (*Notdienst*) emergency service; **~fallschirm** *m* pilot parachute; **~fonds** *m* relief fund; **~frequenz** *f Radio*: auxiliary *od.* back-up frequency; **~geistliche(r)** *m* curate; **~gelder** *n/pl.* subsidies; *~ zahlen an* subsidize; **~größe** ⩓ *f* auxiliary quantity; **~kasse** *f* relief fund; **~kolonne** *f* emergency crew; **~korps** *n* auxiliary corps; **~kraft** *f* **1.** additional (*od.* temporary) worker; help(er), assistant; *fachliche ~* technical help; **2.** *mot.* servo-power; **~kreuzer** ⚓ *m* auxiliary cruiser; **~lehrer(in** *f*) *m* supply (teacher); untrained teacher; **~linie** *f* ⩓ subsidiary line; ♪ ledger line; **~maschine** *f* auxiliary (*od.* donkey) engine; **~maßnahme** *f* remedial measure; relief action (*od.* measure); **~mittel** *n* aid; ⊕ device, aid; auxiliary (material); *weitS.* remedy, (*Maßnahme*) measure; (*Notbehelf*) expedient; (*finanzielle ~* financial) aid *sg.*; *~ (pl.) für den Unterricht* teaching aid(s); **~motor** *m* auxiliary engine (⚡ motor); *Fahrrad mit ~* motor-assisted bicycle; **~organisation** *f* relief organization; **~personal** *n* auxiliary personnel; ancillary staff; **~polizei** *f* auxiliary police; **~polizist** *m* special constable; **~prediger** *m* curate; **~programm** *n* aid program(me); **~quelle** *f* resource; **~regisseur** *m Film*: assistant director; **~schule** *f* school for backward children; **~sprache** *f* auxiliary (international) language; **~schwester** *f* assistant nurse; **~stoff** *m* auxiliary material; **~truppen** ⚔ *f/pl.* auxiliary troops; reinforcements; **~verb** *n* auxiliary verb; **~vorrichtung** *f* auxiliary device, servo-mechanism; **≈weise** ⚖ *adv.* alternatively; **~werk** *n* welfare (*od.* relief) organization; **~wissenschaft** *f* auxiliary science; **~zeitwort** *n* auxiliary verb.

Himbeer|e *f* raspberry; **~eis** *n* raspberry ice; **~saft** *m* raspberry juice; **~strauch** *m* raspberry bush.

Himmel *m* sky, heavens *pl.*; (*~sgewölbe*) firmament; *eccl.* (*~reich*) heaven; (*Bett≈, Trag≈ usw.*) canopy; (*~sstrich, Zone*) skies *pl.*, climate, zone; *am ~* in the sky; *eccl. im ~* in heaven, on high; *unter freiem ~* in the open air; *zwischen ~ und Erde* between heaven and earth; *fig. ~ auf Erden* heaven on earth; *~ und Hölle in Bewegung setzen* move heaven and earth; *aus allen ~n fallen* be cruelly disillusioned, be stunned; *bis in den ~ heben* praise to the skies; *im siebenten ~ sein* be in the seventh heaven (of delight); *ihm hängt der ~ voller Geigen* he feels on top of the world; *wie vom ~ fallen* drop from the sky, appear from nowhere; *der ~ würde einstürzen, wenn* the sky would fall if; *das schreit zum ~* it's a crying shame (*od.* a disgrace), it is scandalous; *es ist noch kein Meister vom ~ gefallen* no man is born a master; *du lieber ~!* good Heavens!; *dem ~ sei Dank!* thank Heaven!; *um('s) ~s willen!* for Heaven's sake!, goodness gracious!, dear me!; *weiß der ~, wo* Heaven knows where; → *stinken* 2; **≈an** *adv.* (up) to heaven *od.* to the skies, heavenward(s); **≈angst** F *adv.*: *mir wurde ~* I was scared to death, I was terrified; **~bett** *n* tester-bed, four-poster; **≈blau** *adj.*, **~blau** *n* sky-blue, azure; **~fahrt** *eccl. f* **1.** Ascension (of Christ); *Mariä ~* Assumption (of the Blessed Virgin); **2.** → **~fahrtsfest** *n*, **~fahrtstag** *m* Ascension Day; **~fahrtskommando** ⚔ F *n* suicide mission; **~fahrtsnase** F *f* tip-tilted nose; **≈hoch I.** *adj.* sky-high, soaring; **II.** *adv.*: *fig. ~ jauchzend, zu Tode betrübt* up one minute and down the next; **~reich** *n* (kingdom of) Heaven; **≈schreiend** *adj.* outrageous, shameful; *Unsinn usw.*: utter, blatant; *~e Schande* crying shame.

Himmels... *mst* heavenly; celestial;

~erscheinung *f* celestial phenomenon; **~gegend** *f* **1.** region of the sky; **2.** → *Himmelsrichtung* 1; **~gewölbe** *n* celestial vault, firmament; **~karte** *f* celestial chart; **~königin** *f* Queen of Heaven; **~körper** *m* celestial body; **~kugel** *f* celestial globe; **~kunde** *f* astronomy; **~leiter** *f* Jacob's ladder (*a.* ⚘); **~pforte** *f* gate of Heaven; **~reklame** *f* sky-writing, aerial advertising; **~richtung** *f* **1.** point of the compass, cardinal point; *die vier ~en* the four cardinal points; **2.** direction; *aus allen ~en* from all directions; *in alle ~en* in all directions, *zerstreut*: to the four winds; **~schlüssel** *m* key of Heaven; ⚘ cowslip; **~schreiber** *m* sky-writer; **~schrift** *f* sky-writing; **~strich** *m* zone, climate, clime; **2stürmend** *adj.* high-flying; boundless; **~tor** *n*, **~tür** *f* gate of Heaven; **~wagen** *ast. m* Great Bear, *Am.* Big Dipper; **~zelt** *n* vault of heaven, firmament.

himmel...: **~wärts** *adv.* skyward(s); *fig.* heavenward(s); **~weit** *fig. adj. u. adv.* vast(ly), enormous(-ly), immense(ly); *~ voneinander entfernt* miles (*od.* worlds) apart; *~ verschieden sein* differ widely, be diametrically opposed, be as different as day and night; *es ist ein ~er Unterschied zwischen* there is all the difference in the world between.

himmlisch *adj.* celestial, heavenly; (*göttlich*) divine; F (*wundervoll*) heavenly, divine, marvellous; lovely, sweet; *~er Vater Our* Father in Heaven; *~e Geduld the* patience of Job.

hin I. *adv.* **1.** there; *auf* (*od. nach, zu*) ... *~* toward(s), to; *über ... ~* over; *an ... ~* (*entlang*) along; *~ u. her* a) to and fro, back and forth (→ *a.* II); b) *a. ~ u. zurück* there and back (*a.* 🚂 *usw.*); *Fahrkarte ~ u. zurück* → *Hinfahrt*; *~- und herfahren* shuttle, commute; *~- u. hergehen* walk up and down, *Maschinenteile*: reciprocate; et. *~ und her überlegen* turn a th. over in one's mind, consider the pros and cons of a th.; *~ und her gerissen sein* a) *zwischen*: be torn between, b) F *von*: be gone over, be carried away by; F *Anstand ~ oder her* fairness or no, never mind fairness; *~ und wieder* now and then; *örtlich*: here and there; *vor sich ~ in Zssgn gehen*: along, *blicken*: in front of o.s., *murmeln, weinen usw.*: to o.s.; *über die ganze Welt ~* all over the world; *da ist noch weit ~* that's yet far off; *ich muß ~* I must go there; *nichts wie ~!* let's go!; *wo ist er* (*es*) *~?* → *hingeraten*; **2.** *auf et. ~* as a result of, in consequence of, following, upon; (*in Beantwortung*) in reply to, (up)on; (*hinsichtlich*) for, concerning; (*auf Grund von*) on the strength of; *auf die Gefahr ~, zu verlieren* at the risk of losing; *auf bloßen Verdacht ~* on mere suspicion; *auf s-n Rat ~* at his advice; **3.** F *pred.* (*kaputt*) broken, wrecked, smashed, gone; (*verloren*) gone, lost; (*ruiniert*) *Person od. Sache*: ruined, done for; (*erschöpft*) done in, all in; (*tot*) gone, dead; (*hingerissen*) gone, in raptures; *er* (*es*) *ist ~ allg. a. sl.* he (it) has had it; *~ ist ~* gone is gone, lost is lost; **II.** 2 *n*: *~ und Her* coming and going, to(-ing) and fro(-ing); *fig. nach langem ~ und Her* after much argument (*od.* discussion).

hinab(...) → *hinunter(...)*

hinan(...) → *hinauf(...)*

hinarbeiten I. *v/i.*: *~ auf* work for (*od.* towards), strive for, aim at; *fig.* work up to *a conclusion*; **II.** *v/refl.*: *sich ~ zu* work one's way to.

hinauf *adv.* up, upward(s), up there; *bis ~ zu* up to; *den Berg ~* up the hill, uphill; *den Fluß ~* up the river, upstream; *die Treppe ~* upstairs; *die Straße ~* up the street, *Am. a.* upstreet; *hier ~* up here, this way; *dort ~* up there; *in Zssgn mst* ... up; → *a. empor...*; **~arbeiten** *v/refl.*: *sich ~* work one's way up (*a. fig.*); **~befördern** *v/t.* carry (*od.* convey, hoist) up; *im Fahrstuhl usw.*: take (*schnell*: shoot) up; **~begeben** *v/refl.*: *sich ~* go up(stairs); **~blicken** *v/i.* look up (*zu* at, *fig.* to); **~bringen** *v/t.* bring (*od.* carry, take, get) up; **~fahren I.** *v/i.* drive (*od.* travel, ride, go) up; **II.** *v/t.* take (*od. mot.* drive) up; **~gehen** *v/i.* go (*od.* walk) up, ascend, mount; (*die Treppe ~*) go upstairs; *fig. Preise*: go up, rise, climb; **~kommen** *v/i.* come up; (*es schaffen*) get up, make it; **~schnellen** *v/i.* bound up; *fig.* rise abruptly; *Preise*: shoot (*od.* soar, rocket) up; **~schrauben** *v/t.* (*Preise usw.*) screw (*od.* push, force) up; (*Produktion usw.*) step up, *Am.* F up; **~setzen** *v/t.* (*Preis, Miete usw.*) raise, mark up, *Am.* F up; **~steigen** *v/i.* mount (up), climb up, ascend; **~tragen** *v/t.* carry (*od.* take) up; **~transformieren** ⚡ *v/t.* step up; **~treiben** *v/t.* (*Preise*) drive (*od.* push, force) up;

~ziehen I. *v/t.* pull up; **II.** *v/i.* march (*od.* troop, move, go) up.

hinaus *adv.* out, out there; (*nach außen*) outside; ~ *aus* out of; *hier* ~ out here, this way; *nach hinten (vorn)* ~ *wohnen* at the back (front); *über* ... ~ beyond, past, (*höher als*) above, exceeding, in excess of; *über das Grab* ~ beyond the grave; *auf Jahre* ~ for years (to come); *zum Fenster* ~ out of the window; *fig. er weiß nicht wo* ~ he doesn't know which way to turn (*od.* what to do); *darüber ist er* ~ he has got over that, he is past that stage now; *wo soll das noch* ~? what will all that lead to?; *worauf will er* ~? what is he driving at?; *über die Fünfzig* ~ on the shady side of fifty; ~! (get) out!; ~ *mit dir! a.* out with you!, out you go!; ~ *mit ihm!* turn (*od.* throw) him out!, out with him!; ~ *damit* out with it!; *in Zssgn mst* ... out; **~begleiten** *v/t.* see out (*od.* to the door); **~beugen** *v/refl.*: *sich* ~ lean out (*zum Fenster* of the window); **~blicken** *v/i.* look (*od.* gaze) out; **~bringen** *v/t.* bring *od.* take out(side); see *a p.* out; **~ekeln** F *v/t.* winkle (*sl.* freeze) out; **~fahren** *v/i.* drive (*od.* motor, ride) out (*a. v/t.*); ⚓ sail out, put to sea; **~feuern** F *v/t.* → *hinauswerfen*; **~fliegen** *v/i.* fly out; F *aus e-m Lokal, e-r Schule usw.*: be thrown (*od.* kicked, chucked) out; *aus e-r Stellung*: *a.* F get the sack, be sacked (*od.* fired); **~führen I.** *v/t.* lead (*od.* take) out; **II.** *v/i. Tür, Weg*: lead out; **~gehen** *v/i.* go (*od.* walk) out, leave; *das Zimmer geht auf den Park hinaus* looks out on (*od.* faces, opens on) the park; ~ *über* go beyond (*od.* higher than), *Sache*: *a.* surpass, exceed; ~ *auf Absicht*: aim at; **~geleiten** *v/t.* see (*od.* show, usher) *a p.* out; **~greifen** *fig. v/i.*: ~ *über* reach beyond; **~jagen** *v/t.* chase (*od.* drive) out, expel; **~kommen** *v/i.* come (*od.* get) out; *fig.* → *hinauslaufen* 2; **~komplimentieren** *v/t.* bow out, ease out; **~laufen** *v/i.* **1.** run (*od.* rush) out; **2.** *fig.* ~ *auf* come (*od.* amount) to, F boil down to; *es läuft auf dasselbe (od. eins) hinaus* it comes (*od.* amounts) to the same thing; **~posaunen** *v/t.* broadcast *a th.*; **~ragen** *v/i.*: ~ *über* project beyond; *fig.* tower above, stand out from; **~reichen I.** *v/t.* reach (*od.* hand) *a th.* out; **II.** *v/i.*: ~ *über* reach (*od.* stretch, extend) beyond; **~schaffen** *v/t.* take (*od.* get) out, remove; **~schauen** *v/i.* look (*od.* gaze) out; **~schicken** *v/t.* send out; **~schieben** *v/t.* **1.** push out; **2.** *fig.* postpone, defer, put off; (*verzögern*) delay; **~schießen** *v/i.*: ~ *über* overshoot (*das Ziel* the mark); **~schleichen** *v/i.* slink (*od.* sneak, steal) out; **~schmeißen** F *v/t.* → *hinauswerfen*; **~sehen** *v/i.* look (*od.* glance) out; **~sein** *v/i.* **1.** be out(side), have left; **2.** *fig. über et.* ~ be past (*od.* beyond, above) a th.; → *a. hinaus*; **~setzen** *v/t.* put out; F (*j-n*) turn *a p.* out; **~stellen** *v/t.* put out(side); *Sport*: order (*od.* send) off the field; **~stoßen** *v/t.* push (*od.* thrust) out; eject (*a.* ⊕); **~stürzen** *v/i.* rush (*od.* dash) out; **~trompeten** *v/t.* broadcast *a th.*; **~wachsen** *fig. v/i.*: ~ *über* outgrow *a th.*; surpass *a p.*; *über sich selbst* ~ surpass o.s., rise above o.s.; **~wagen** *v/refl.*: *sich* ~ venture out; **~werfen** *v/t.* cast (*od.* throw) out (*aus* of); (*j-n*) turn (*od.* throw, F chuck, kick) out, (*entlassen*) *a.* (give the) sack, F boot out, F fire; *Geld zum Fenster* ~ throw away, squander; **~wollen** *v/i.* **1.** wish (*od.* want) to get out (*aus* of); **2.** *fig.* ~ *auf* aim (*od.* drive) at; *worauf will er hinaus?* what is he driving at?; *wo will das hinaus?* what's the meaning of it?; *hoch* ~ aim high, be ambitious; *zu hoch* ~ aim (*od.* aspire) too high; **~ziehen I.** *v/t.* **1.** draw (*od.* pull, drag) out; **2.** *fig.* (*in die Länge ziehen*) protract, draw (*od.* drag) out; *sich* ~ drag along, be protracted; *es zog ihn hinaus (in die Welt)* he felt the urge to go out into the world; **II.** *v/i.* **3.** march out; **4.** (*umziehen*) *aufs Land* ~ move out into the country.

hin...: **~begeben** *v/refl.*: *sich* ~ go there; **~bemühen** *v/t.* (*u. sich* ~) trouble to go there; **~bestellen** *v/t.*: ~ *zu od. nach* order (*od.* tell, arrange for) *a p.* to go to (*od.* appear at); **~biegen** F *v/t.* → *hinkriegen*; **~blättern** F *v/t.* (*Geld*) plonk down; **≗blick** *m*: *im* ~ *auf* with regard to, in regard to (*od.* of), with a view to, in view of; in consideration of, considering; in the light of; **~blicken** *v/i.* look there; ~ *auf od. zu od. nach* look at *od.* towards; *vor sich* ~ gaze before o.s.; **~bringen** *v/t.* **1.** bring *od.* take *od.* carry there; (*j-n*) lead (*od.* take, conduct) there; (*begleiten*) accompany there; ~ *zu od. nach* bring *od.* take *od.* carry to; **2.** (*Zeit*) spend, pass (away), *müßig*: idle away, kill; (*Vermögen*) dissipate; **~brüten** *v/i.*: *vor sich* ~ be brooding, be lost in thought; **~dämmern** *v/i.*: *vor sich* ~ doze, drowse;

~denken *v/i.*: *wo denkst du hin?* of course not!, what do you think?
hinderlich *adj.* hindering, impeding (*dat. a p. od. th.*); obstructive (to); (*lästig*) troublesome, cumbersome; embarrassing; (*unbequem*) inconvenient (to); *j-m ~ sein* be in a p.'s way.
hindern *v/t.* hinder, hamper, handicap, impede (*bei, in* in); (*Verkehr*) block, obstruct; (*stören*) interfere with; *~ an* prevent (*od.* stop) from.
Hindernis *n* hindrance; *äußerliches*: obstacle, barrier (*a. fig.*); *Laufsport*: hurdle (*a. fig.*), obstacle, jump; *Reitsport*: fence, (*a. Golf* ⚲) obstacle; (*Hemmnis*) impediment, handicap, *plötzliches*: check, snag; stumbling stone (*od.* block); intervening circumstance; *belastendes*: encumbrance; *Schwierigkeit*: difficulty; ⚖ *gesetzliches ~* statutory bar, legal impediment (*zu* to); *fig. kein ~ für* no obstacle to; *ohne ~se* without a hitch; *auf ~se stoßen* run into obstacles; *j-m ~se in den Weg legen* put (*od.* throw) obstacles into a p.'s way; **~bahn** *f* obstacle course; **~lauf** *m*, **~rennen** *n* steeplechase; *Turnen*: obstacle race; **~läufer** *m* steeplechaser.
Hinderung *f* hindrance, obstruction; interference; *ohne ~* without let or hindrance; **~sgrund** *m* obstacle, objection (*für* to); reason (for *one's absence, etc.*).
hindeuten *v/i.*: *~ auf* point to (*od.* at); *fig. Person*: point to, suggest; hint at, intimate; *Sache*: point to, indicate, suggest; be indicative (*od.* suggestive) of.
Hindin *f* hind.
hindrängen *v/t.*: *~ zu od. nach* push (*od.* press) to(wards); *sich ~ zu od. nach* press (*Menge*: *a.* throng) to(wards).
Hindu *m* Hindu, Hindoo; **~ismus** *m* Hinduism.
hindurch *adv.* **1.** *örtlich*: through; throughout; (*darüber*) across; *dort ~* through here (*od.* there); *mitten ~* right (*od.* straight) through; **2.** *zeitlich*: during, through(out); *den ganzen Tag ~* all day (long), the clock round; *die ganze Nacht ~* all night (long), the whole night through; *das ganze Jahr ~* all the year round, throughout the year; *in Zssgn → durch...*
hin...: **~dürfen** *v/i.* be allowed to go there; *darf ich hin?* may I go there?; **~eilen** *v/i.* hurry (*od.* hasten, rush) there.
hinein *adv.* in; *~ in* into, in(side); *da (hier) ~* in there (here); *bis od. mitten ~ in* right into (the middle *od.* heart of); *bis in den Mai ~* well (*od.* right) into May; *nur ~!* just go in!; *~ mit dir!* in you go!; *in Zssgn mst ...* in(to *in*); **~arbeiten** *v/t.* work (*od.* fit) in(to *in*); *sich ~ in* work one's way into; *→ einarbeiten*; **~bauen** *v/t.* build in(to *in*); **~bekommen** *v/t.* get *a th.* in(to *in*); **~bringen** *v/t.* take *od.* bring *od.* carry in(to *in*); *mühsam*: get *a th.* in(to); *fig.* bring in(to); **~denken** *v/refl.*: *sich ~ in et.* go (*od.* delve) into a th.; *sich in j-n, in j-s Lage ~* put o.s. into a p.'s position, try to understand a p.('s position), enter a p.'s ideas; **~drängen** *v/t.* push (*od.* press) in(to *in*); *sich ~* press in(to *in*); shoulder one's way in, *Am. sl.* muscle in; **~fallen** *v/i.* **1.** fall (*od.* tumble) in(to *in*); **2.** *→ hereinfallen*; **~finden** *v/refl.*: *sich ~ in* familiarize o.s. with, get the feel of, get used to; (*hinnehmen*) get reconciled to; **~gehen** *v/i. allg.* go in(to *in*); *in den Kanister gehen ... hinein a.* the container holds ...; *in den Saal gehen ... hinein a.* the hall accommodates (*od.* seats) ... *persons*; **~geraten** *v/i.*: *in et. ~* get into a th.; **⚲grätschen** *n Fußball*: sliding tackle; **~knien** *v/refl.*: *sich ~* put one's back into it, *in et.*: get (*od.* buckle) down to a th.; **~kommen** *v/i.* come in; (*gelangen, geraten*) get in(to *in*); *fig. ins Reden usw. ~* start talking, *etc.*; *→ a. hineinfinden*; **~lachen** *v/i.*: *in sich ~* laugh (*od.* chuckle) to o.s.; **~lassen** *v/t.* let in(to *in*); **~leben** *v/i.*: *in den Tag ~* lead a happy-go-lucky life, take it easy; **~legen** *v/t.* **1.** put in(to *in, a. fig.*), put inside; **2.** F *fig. → hereinlegen*; **~lesen** *v/t.*: *et. ~ in* read a th. into; **~mischen** *v/refl.*: *sich ~ → einmischen*; **~ragen** *v/i.*: *~ in et.* project into a th.; **~reden** *v/i.*: *in et. ~* interfere (*od.* meddle) with a th.; *→ a. Blau* II; *sich in e-n Zorn ~* talk o.s. into a passion; **~reichen I.** *v/t.* reach (*od.* pass) in(to *in*); **II.** *v/i.* reach (*od.* extend) in(to *in*); **~reißen** *v/t.* pull in; F *fig.* get *a p.* into a mess; *in e-e Sache ~* get (*od.* drag) *a p.* into a th.; **~reiten** *v/t.* get *a p.* into a mess; **~riechen** F *v/i.*: *~ in (e-e Firma usw.)* take a look at; (*e-e Arbeit usw.*) have a go at; **~schlittern** F *v/i.*: *in e-e Sache, e-n Krieg ~* stumble into; **~stecken** *v/t.* put *od.* slip in(to *in*); *fig. Geld ~ in* put (*od.* sink) money into, invest money in; *→ Nase*; **~stehlen** *v/refl.*: *sich ~* steal *od.* sneak in(to

in); **~steigern** *v/refl.*: *sich ~ in* work o.s. up into *a rage*, *etc.*; get all worked up over; **~tun** *v/t.* put in(to *in*); *e-n Blick ~ in* take a look in, glance into; **~versetzen** *v/t.* → *versetzen* I; **~wachsen** *v/i. allg.* grow in(to *in*); *in s-e Rolle ~* find one's feet, get a grip on it; **~wagen** *v/refl.*: *sich ~* venture in; **~wollen** *v/i.* want to go in; *das will mir nicht in den Kopf hinein* I can't understand that, it's beyond me; **~ziehen** *v/t.* **1.** pull (*od.* draw, drag) in(to *in*); **2.** *fig. j-n ~* (*verwickeln*) *in* bring (*od.* drag) a p. into, implicate (*od.* involve) a p. in; **~zwängen** *v/t.* squeeze (*od.* force, press) in(to *in*).

hin...: **~fahren I.** *v/t.* **1.** drive *od.* carry there; take there; *~ nach od. zu* drive *od.* carry *od.* take *od.* convey to; **II.** *v/i.* **2.** drive *od.* go there; *~ nach od. zu* drive *od.* go to; *~ an* drive (⚓ sail) along; *~ über* pass over; *fahre hin!* farewell!; **3.** *fig. mit der Hand über et. ~* pass (*od.* run) one's hand over a th.; **4.** (*sterben*) pass away; **≈fahrt** *f* journey (*od.* trip, ⚓ voyage) there, way there; 🚂 *Fahrkarte*: single, *Am.* one way; *Fahrkarte für Hin- und Rückfahrt* return ticket, *Am.* round trip ticket; *Hin- und Rückfahrt* journey *od.* drive there and back; *auf der ~* on the way there; **~fallen** *v/i.* fall (down), have a fall; **~fällig** *adj.* (*gebrechlich*) frail, decrepit; (*schwach*) weak, infirm; (*ungültig*) invalid, (null and) void; *~ machen* render invalid, invalidate; *~ werden* be invalidated, be no longer applicable; *damit wird dieser Punkt ~* this disposes of the matter; **≈fälligkeit** *f* frailty, decrepitude; weakness, infirmity; *fig.* invalidity; **~finden** *v/i.* (*a. sich ~*) find one's way (there); **≈flug** ✈ *m* flight there, outward flight; **~fort** *adv.* henceforth, from now on; **≈fracht** ⚕ *f* outward freight; **~führen** *v/t. u. v/i.* **1.** lead *od.* take there; *~ nach od. zu* lead *od.* take to; **2.** *fig. wo soll das ~?* where will this lead to?

hin...: **≈gabe** *f* devotion (*an* to); (*Opfer*) sacrifice; *mit ~* devotedly, with devotion, (*begeistert*) *a.* passionately; **≈gang** *fig. m* decease, death; **~geben** *v/t.* give away; (*überlassen*) give up, relinquish, surrender (*dat.* to); (*aufgeben*) abandon; (*opfern*) sacrifice (*für* for); *sein Leben ~* lay down one's life; *sich ~ dat.* devote (*od.* dedicate, apply) o.s. to; (*Lastern usw.*) indulge in, abandon o.s. to; (*sich unterwerfen*) surrender to, yield to; *sie gab sich ihm hin* she gave herself (*od.* yielded) to him; → *Hoffnung* 1; **~gebend** *adj.* devoted; **≈gebung** *f* → *Hingabe*; **~gebungsvoll** *adj.* devoted(ly *adv.*); **~gegen** *adv.* however, but, whereas *he*, *etc.*; on the other hand; **~gehen** *v/i.* **1.** go (*Straße*: *a.* lead) there *od.* to that place; *~ zu od. nach* go (*Straße*: *a.* lead) to; **2.** *Zeit*: pass, elapse; **3.** *fig.* (*durchgehen*, *gelten*) pass; *~ lassen* let pass, (*übersehen*) overlook; **~gehören** *v/i.* belong (*a. Person*); *wo gehört das hin?* where does that belong (*od.* go)?; **~geraten** *v/i.* get there; *wo ist er (es) ~?* where has he (it) got to?, what has become of him (it)?; **~gerissen** *adj.* entranced, enraptured, fascinated, spellbound, electrified, carried away, F gone; **~halten** *v/t.* **1.** hold out (*dat.* to); **2.** *fig.* (*j-n*) put off, F stall (*od.* jolly) along; keep *a p.* waiting (*od.* in the air); (*et. verzögern*) delay; **~haltend** *adj.* delaying; **~hauen** F **I.** *v/i.* **1.** hit, strike; **2.** *fig.* (*klappen*) work; (*gut sein*) be okay (*od.* OK); (*stimmen*) be it (*od.* right); *das haut hin!* it works!, that does the trick!; (*ist gut*) that's the stuff!; (*stimmt*) that's (about) it!; (*reicht*) that'll do!; **II.** *v/t.* (*Arbeit*) knock off; **III.** *v/refl.*: *sich ~* hit the ground, (*schlafen gehen*) turn in, hit the hay; **~hören** *v/i.* listen.

hinken I. *v/i.* (walk with a) limp, (go) lame; (*humpeln*) hobble; *fig.* be lame; *Verse*: limp; *der Vergleich hinkt* that's a lame comparison; **II.** **≈** *n* limp(ing); **~d** *adj.* limping, lame; *fig. Beweis, Vers usw.*: lame.

hin...: **~knien** *v/i. u. v/refl.*: (*sich ~*) kneel down; **~kommen** *v/i.* **1.** come *od.* get there; **2.** →*hingeraten*; **3.** *fig. wo kämen wir hin, wenn?* where would we be if?; *wo kommen wir da hin?* what should we come to?; **4.** F (*auskommen*) manage, get along (*mit* with); *zeitlich*: make it; **5.** F *fig.* → *hinhauen* 2; **~kriegen** F *v/t.* manage; (*fertigbekommen*) get *a th.* done, F swing *it*; *es (gut) ~* make a good job of it, do it well; **~langen** → *hinreichen*; **~länglich** *adj.* (*u. adv.*) sufficient(ly), adequate(ly); *~ bekannt* sufficiently known; **~lassen** *v/t.* let *a p.* go (there); *~ zu* allow *a p.* near *a th.*; **~legen** *v/t.* **1.** lay (*od.* put) down; *sich ~* lie down; **2.** F *fig.* do (brilliantly), show *a* (terrific) ...; **~leiten**, **~lenken** *v/t.* lead (*od.* conduct, steer) there; *~ nach od. zu* lead, *etc.* to; *~ auf* (*Gespräch* *usw.*) direct to, (*Aufmerksamkeit*) *a.* draw (*od.* call) to; **~machen** F *v/t.* **1.** fix; **2.** *fig.* → *kaputtmachen*; (*töten*) kill; **~metzeln, ~morden** *v/t.* massacre, slaughter, butcher; **~nehmen** *v/t.* **1.** *mit* ~ take along (there); **2.** *fig.* accept, take; (*sich gefallen lassen*) put up with, submit to, suffer, tolerate; *e-e Beleidigung* ~ *a.* sit under an insult; et. (es) *als selbstverständlich* ~ take a th. (it) for granted; **~neigen I.** *v/t. u. v/refl.*: (*sich*) ~ *zu* incline *od.* lean towards; **II.** *fig. v/i.*: ~ *zu* tend (*od.* gravitate) towards *an idea, etc.*

hinnen *adv.*: *von* ~ from hence, away; *von* ~ *gehen* (*sterben*) depart this life, pass away.

hin...: **~opfern** *v/t.* sacrifice; **~pflanzen** *v/t.* plant (F *sich* o.s.) there; **~raffen** *v/t. Tod*: carry (*od.* snatch) away; **~reichen I.** *v/t.* reach (*od.* hold) out (*dat.* to); **II.** *v/i.* (*genügen*) be sufficient, suffice, do; ~ (*bis*) *zu* reach, extend (*od.* go) to *od.* as far as; **~reichend I.** *adj.* sufficient; adequate; (*reichlich*) ample; **II.** *adv.* sufficiently, *etc.*; enough; **≈reise** *f* journey (⚓ voyage) there *od.* out; *auf der* ~ on the way there; **~reisen** *v/i.* travel (*od.* go) there; **~reißen** *v/t.* **1.** carry (*od.* sweep) off; **2.** *fig.* (*begeistern*) carry away, enrapture, thrill, electrify, fascinate, *Am. sl.* wow, send; *j-n zu et.* ~ move (*od* drive) a p. to a th., make a p. do a th.; *sich* ~ *lassen von* allow o.s. to be carried away by; give way (*od.* surrender) to; → *hingerissen*; **~reißend** *adj.* entrancing, ravishing, thrilling, breath-taking, fascinating; **~richten** *v/t.* execute, put to death; (*köpfen*) behead, decapitate; (*hängen*) hang (by the neck); *auf dem elektrischen Stuhl*: electrocute; **≈richtung** *f* execution; **≈richtungsbefehl** *m* death-warrant; **~schaffen** *v/t.* move (*od.* transport, convey, take, get) there; ~ *nach od. zu* move, *etc.* to; **~scheiden** *v/i.* pass away, depart this life; **≈scheiden** *n* decease, death; **~schicken** *v/t.* send there; ~ *nach od. zu* send to; **~schlachten** *v/t.* → *hinmetzeln*; **~schlagen** *v/i.* **1.** strike, hit; **2.** F (*stürzen*) fall down heavily (*od.* full length); **~schleppen I.** *v/t.* drag along; **II.** *v/refl.*: *sich* ~ drag o.s. along; *fig. Zeit, Verhandlungen usw.*: drag on (*od.* out); **~schmeißen** F *fig. v/t.* chuck up; **~schmieren** *v/t.* *malend*: daub; *schreibend*: scribble, scrawl; **~schreiben** *v/t.* write down, *flüchtig*: jot down; **~schwinden** *v/i.* vanish *od* dwindle (away); **~sehen** *v/i.* look (*od.* glance) there; ~ *nach od. zu* look *od.* glance to(wards) *od.* at; *ohne hinzusehen* without looking; **~sein** F *v/i.* → *hin* 3; **~setzen** *v/t.* set (*od.* put) down; (*Person*) seat; *sich* ~ sit down, take a seat; **≈sicht** *f*: *in anderer* ~ in other respects; *in dieser* ~ in this regard (*od.* respect), on that score; *in gewisser* ~ in a way (*od.* sense); *in jeder* ~ in every respect, throughout, to all intents and purposes; *in politischer* ~ politically; *in* ~ *auf* → **~sichtlich** *prp.* with regard (*od.* reference) to; in respect of, in regard of (*od.* to); with a view to; concerning, regarding; relating to; as to; **~siechen** *v/i.* waste away; *aus Kummer*: pine away; **~sinken** *v/i.* sink down; (*ohnmächtig werden*) *a.* swoon (*od.* faint) away; *tot* ~ drop dead; **≈spiel** *n Sport*: first leg; **~sprechen** *v/t.*: (*nur so*) ~ say lightly; *vor sich* ~ talk to o.s.; **~stellen** *v/t.* place *a th.* there; (*abstellen*) put down; F (*Gebäude*) raise; *sich* ~ *vor* stand (*od.* plant o.s.) before; *fig.* shield *a p.*; *fig.* ~ *als* represent (*od.* picture, describe) as, make out to be; *sich* ~ *als fälschlich*: pose as; **~steuern I.** *v/t.* steer there; ~ *auf od. nach* steer to(wards); **II.** *v/i.*: *auf et.* ~ steer towards, make (*od.* head) for (*a. fig.*); *fig.* be driving (*od.* aiming) at; **~sterben** *v/i.* die away; **~streben** *v/i.*: ~ *zu od. nach* make (*od.* head) for; *fig.* strive for *od.* after; *phys. u. fig.* tend (*od.* gravitate) towards; **~strecken** *v/t.* **1.** (*Hand*) stretch *od.* hold out (*dat.* to); **2.** (*j-n*) fell, knock down; *sich* ~ lie down (full length), stretch o.s. out (*auf* on); **~strömen** *v/i.* flock (*od.* throng, stream) there; **~stürzen** *v/i.* fall, tumble down; ~ *nach od. zu* rush to.

hintan|setzen, ~stellen *v/t.* put last, set aside; (*vernachlässigen*) neglect, slight; (*ignorieren*) disregard, ignore; (*benachteiligen*) discriminate against; **≈setzung** *f*, **≈stellung** *f* slight(ing), neglect, disregard; discrimination; *mit* (*od. unter*) ~ *gen.* without regard to, disregarding.

hinten *adv.* behind, at the back; (*im Hintergrund*) in the background; (*am Ende*) at the rear, rearmost, (quite) at the end; *nach* ~ back (-wards), to the back (*od.* rear), ⚓ aft, astern; *nach* ~ *gelegenes Zimmer* back room; *von* ~ from behind, from the rear; *von* ~ *angrei-*

fen attack from behind (*od.* in the rear); *von weit* ~ (from) far back; ~ *anfügen* add, append, annex; *sich* ~ *anstellen* join (the end of) a queue, queue up; *fig.* ~ *und vorn* left and right, all around; *lieber Karl* ~, *lieber Karl vorn* Charlie here, Charlie there, Charlie everywhere; → *bleiben* I 1; **~an** *adv.* behind, in the rear, at the back; **~drein** *adv.* → *hinterher*; **~herum** *adv.* (a)round to the back; from behind (*od.* the rear); *fig.* (*heimlich*) secretly, on the quiet, *sl.* on the q.t.; *erfahren*: in a roundabout way; *sich et.* ~ *besorgen* wangle a th.; **~nach** *adv.* → *hinterher*; **~über** *adv.* backward(s).

hinter *prp.* behind, at the back of, F *a.* back of; *Folge*: after; ~ *meinem Rücken* behind my back; ~ *mir* (*mich*) behind me; ~ *ihm* (*sich*) behind him; ~ *dem Hügel hervor* from behind the hill; ~ *et. od. j-m hersein* be (*od.* run) after, pursue; *fig.* ~ *et. kommen* find out (about) a th., (*verstehen*) get the hang of a th.; → *dahinter*; ~ *et. stecken* be at the bottom of a th.; ~ *e-r Sache stehen* be behind a th., (*unterstützen*) *a.* back (*od.* support) a th.; ~ *sich bringen* get *a th.* over, get through with *a th.*; (*Entfernung*) cover; *et.* ~ *sich haben* be through a th.; *das Schlimmste haben wir* ~ *uns* we are out of the woods now, we have broken the back of it; *fig. j-n od. et.* ~ *sich haben* have behind one, be backed by; *j-n od. et.* ~ *sich lassen* leave behind; *im Lauf*: *a.* outdistance; *sich* ~ *die Arbeit machen* buckle (*od.* get) down to work; *sich* ~ *et. machen* get down to a th., tackle a th.

Hinter...: **~achsantrieb** *mot. m* rear-axle drive; **~achse** *f* rear axle; **~ansicht** *f* back (*od.* rear) view; **~backe** *f* buttock; **~bänkler** *parl. m* backbencher; **~bein** *n* hind leg; *sich auf die* ~*e stellen* stand on one's hindlegs (*a. fig.*); *Pferd*: *a.* rear up; **~bliebene(r** *m***)** *f* survivor, (surviving) dependant; *die* ~*n in Traueranzeigen*: the bereaved; **~bliebenenrente** *f* pension for surviving dependants; **≈bringen** *v/t.*: *j-m et.* ~ (secretly) inform a p. of a th., pass a th. on to a p.; **~bringer(in** *f***)** *m* informer, telltale; **~deck** ⚓ *n* after-deck; **≈drein** *adv.* → *hinterher.*

hintere *adj.* rear, back; *nachgestellt*: (of) behind, in the rear, at the back; ~*s Ende* rear end; *die* ~*n Bänke* the back benches.

hintereinander *adv.* one behind the other; (~ *her*) one after the other, one by one; in succession (*od.* series), successively; *drei Tage* ~ three days running (*od.* at a stretch, in a row); *fünfmal* ~ five times running; *et.* ~ *tun abwechselnd*: do in turns, take turns in doing; *dicht* ~ close together, on top of each other; ~ *hereinkommen* file in; ⊕ ~ *angeordnet* in tandem arrangement; **~gehen** *v/i.* walk one behind the other, walk in single (*od.* Indian) file; **~kommen** F *fig. v/i.* (*streiten*) F have a row; **~schalten** ⚡ *v/t.* connect in series; **≈schaltung** *f* ⚡ series (⊕ tandem) connection.

Hinter...: **~fuß** *m* hind foot; **~gaumenlaut** *ling. m* velar; **~gebäude** *n* back building (*od.* premises *pl.*); **~gedanke** *m* (mental) reservation; ulterior motive; arrière pensée (*fr.*); *schmutzige* ~*n* dirty thoughts; *ohne* ~*n* quite innocently; *das war wohl sein* ~ that may have been at the back of his mind; **≈gehen** *v/t.* deceive, cheat (on); **~gehung** *f* deception; **~grund** *m* background (*a. paint. u. fig.*); rear; *thea.* back(drop); *fig. die Hintergründe e-r Tat usw.* the background *sg.* of, the hidden motives of, the true facts about, what is behind *a th.*; *sich im* ~ *halten* keep in the background; *in den* ~ *drängen* thrust into the background; *in den* ~ *treten* recede into the background, *Person*: F take a backseat; **≈gründig** *fig. adj.* enigmatical, cryptic; (*fein, subtil*) subtle; (*tief*) profound; (*heimlich*) hidden; (*schlau*) sly; **~grundmusik** *f* background music; **~halt** *m* ambush; (*Falle*) trap; *aus dem* ~ *überfallen* ambush; *im* ~ *liegen* lie in ambush; *sich in den* ~ *legen* lie down in ambush; *fig. et. im* ~ *haben* have a th. in reserve (*od.* up one's sleeve); *ohne* ~ without reserve, unreservedly, candidly; **≈hältig** *adj.* perfidious, insidious; → *a. hinterlistig*; **~hand** *f Pferd*: hind quarters *pl.*; *Kartenspiel*: youngest hand; **~hang** *m e-s Berges*: back slope; **~haupt** *n* back of the head, occiput; **~haus** *n* back (part) of the house; back house, house at the back; **~hauswohnung** *f* rear flat.

hinterher *adv. örtlich*: after, behind; *zeitlich*: afterwards, subsequently; *fig.* when it is (*od.* was) too late, with hind-sight; F *fig.* (*da* ~) *be* after (*od.* bent on); **~gehen** *v/i.* walk behind; follow (in the rear);

~kommen *v/i.* come behind; bring up the rear; (*folgen*) follow (*a. fig.*); **~laufen** *v/i.* run behind; *j-m* ~ run after a p.

Hinter...: **~hirn** *n* afterbrain, metencephalon; **~hof** *m* backyard; **~keule** *f* hind leg; **~kopf** *m* back of the head; **~lader** ⚔ *m* breech-loader; **~lager** ⊕ *n* rear bearing; **~land** *n* hinterland, interior, *bsd. Am.* back country; **≈lassen I.** *v/t.* leave (behind); *fig.* (*Eindruck usw.*) leave; *j-m et.* ~ *letztwillig*: leave (*od.* bequeath) a th. to a p.; *Nachricht* ~ leave word (*od.* a message); *er hinterließ kein Testament* he left no will behind (him), ⚖ he died intestate; **II.** *adj. Werke*: posthumous; **~lassenschaft** *f* property (left), estate, assets *pl.*; *fig.* heritage; **≈lastig** *adj.* ✈ tail-heavy, ⚓ stern-heavy; **~lauf** *hunt. m* hind leg; **≈legen** *v/t.* deposit, lodge (*bei* with); give in trust; *als Sicherheit* ~ deposit (*od.* lodge) as security; *hinterlegte Gelder* deposits; **~leger** *m* depositor; **~legung** *f* depositing, deposition; *konkret*: deposit; **~legungsgelder** *n/pl.* deposit funds, deposits; **~legungsschein** *m* certificate of deposit; **~leib** *zo. m* hind quarters *pl.*; *von Insekten usw.*: abdomen; **~list** *f* (*List*) (underhand) trick, dodge; (*Falle*) trap, snare; (*Verschlagenheit*) cunning, craftiness; (*Tücke*) insidiousness, underhandedness, treachery; (*Falschheit*) falseness; **≈listig** *adj.* (*verschlagen*) artful, crafty; underhand ...; (*tückisch*) insidious, perfidious; (*betrügerisch*) deceitful; (*falsch*) false; **~mann** *m* person behind (me, him, *etc.*); ⚔ rear-rank man; ⚓ (*Schiff*) ship next astern; ✝ subsequent endorser; *fig.* man (operating) behind the scenes, *the* (real) brain behind it, wirepuller, instigator; **~mannschaft** *f Sport*: defen|ce, *Am.* -se; **~n** F *m* backside, bottom, behind; → *a. Arsch*; **~pförtchen** *n* → *Hintertür*; **~pfote** *f* hind paw; **~rad** *n* back (*od.* rear) wheel; **~radachse** *f* rear (wheel) axle; **~radantrieb** *m* rear(-wheel) drive; **~radbremse** *f* rear wheel brake; **≈rücks** *adv.* from behind, from the back; *fig.* treacherously, from the (*od.* behind one's) back; **~schiff** ⚓ *n* stern; **~schliff** ⊕ *m* relief grinding; **≈schlingen** F *v/t.* gobble off, F bolt; **≈schlucken** F *v/t.* swallow, gulp down; **~seite** *f* back (side), rear side; reverse; **≈sinnig** *adj.* melancholy; **~sitz** *m* backseat; **≈st** *adj.* rearmost, backmost, hindmost; (*letzt*) last, back ...; *das* ~*e Ende* the tail end; *das* ≈*e zuvorderst kehren* turn everything upside down; **≈stechen** ⊕ *v/t.* recess; **~steven** ⚓ *m* sternpost; **~stück** *n* hind piece; **~teil** *n* back *od.* rear (part); ⚓ stern; *zo.* hindquarters *pl.*; F (*Sitzfläche*) backside, posterior, behind, bottom, rump; **~treffen** *n* ⚔ *hist.* rear(guard); *fig. im* ~ *sein* be at a disadvantage, *mit et.*: have fallen behind with; *ins* ~ *geraten* (*od. kommen*) fall (*od.* lag) behind, drop back, *weitS.* be put at a disadvantage, go to the wall; **≈treiben** *v/t.* (*vereiteln*) prevent, frustrate, thwart, obstruct, *pol. a.* torpedo; *durch Gegenlist*: counteract; **~treibung** *f* prevention, thwarting, frustration, obstruction; **~treppe** *f* back stairs *pl.*; **~treppenliteratur** *f* trashy literature; **~treppenpolitik** *f* backstair(s) politics; **~treppenroman** *m* F penny dreadful, *Am.* dime novel; **~tupfingen** F *n* Podunk; **~tür** *f* backdoor; *fig. a.* loophole; *sich ein* ~*chen offenhalten* keep a backdoor open, leave o.s. a way out; **~wäldler** *m* backwoodsman, F yokel, *Am. a.* hick; **≈wärts** *adv.* backward(s); **≈ziehen** ⚖ *v/t.* (*Steuern*) evade; **~ziehung** *f* defraudation *of the revenues, tax* evasion; **~zimmer** *n* back room.

hin...: **~tragen** *v/t.* carry (*od.* take) there *od.* to that place; **~träumen** *v/i.*: *vor sich* ~ be musing, be lost in reverie, be daydreaming; **~treten** *v/i.*: *vor j-n* ~ (take one's) stand before a p.; *treten Sie dorthin!* stand over there!; **~tun** *v/t.* place (*od.* put) there; *wo soll ich es* ~*?* where shall I put it?; F *fig. ich weiß nicht, wo ich ihn* ~ *soll* I can't place him.

hinüber *adv.* **1.** over (there); to the other side; *quer* ~ across; *über ...* ~ over, across; **2.** *fig.* F *Lebensmittel*: (gone) bad, spoilt; *Gegenstand*: gone, broken, no longer of use; *er ist* ~ he is dead, it's all over with him; **~blicken** *v/i.* look over *od.* across (*zu* to); **~bringen** *v/t.* take over *od.* across; **~fahren** **I.** *v/t.* (*j-n*) drive (*od.* run, take) over *od.* across; (*et.*) convey (*od.* transport, take, carry) over; **II.** *v/i.* go (*od.* travel, drive) over (*nach* to); *über die Grenze* ~ cross; **~gehen** *v/i.* go over, walk across; *fig.* pass away; ~ *über* cross; **~kommen** *v/i.* get over *od.* across; **~lassen** *v/t.* allow to (*od.* let) go over;

~reichen I. *v/t.* pass (*od.* hand) over *od.* across; **II.** *v/i.* reach (*od.* extend) across; **~schwimmen** *v/i.* swim across, swim over (*zu* to); **~springen** *v/i.* jump (*über e-n Graben* a ditch), leap over; **~tragen** *v/t.* carry over *od.* across (*zu* to); **~wechseln** *v/i.* switch over (*zu* to), go over (to); **~werfen** *v/t.* throw (*od.* fling) across; **~ziehen I.** *v/t.* draw (*od.* pull, drag) across *od.* over; **II.** *v/i.* move (*od.* march) across *od.* over.

hinunter *adv.* down (there), downward(s); *den Hügel ~* down the hill, downhill; *die Treppe ~* down the stairs, downstairs; *den Fluß ~* down the river, downstream; *die Straße ~* down the street; *~ mit ihm!* down with him!; *da ~, dort ~* down there, down that way; *in Zssgn. mst* ... down; **~blicken** *v/i.* look (*od.* glance) down (*auf et.* upon); **~fahren** *v/i.* drive (*od.* ride, go) down; *schnell ~* rush (*od.* race, fly) down; **~fallen** *v/i.* fall (*od.* tumble) down; *mit Gepolter*: crash down; **~führen I.** *v/t.* lead (*od.* take) down; **II.** *v/i. Treppe, Weg*: lead (*od.* run) down (*nach, zu* to); **~gehen** *v/i.* go (*od.* walk) down; **~gießen** *v/t.* pour down; (*Getränk*) gulp (down), toss off; **~helfen** *v/i.* help *a p.* down; **~lassen** *v/t.* let down, lower; **~reichen I.** *v/t.* hand down; **II.** *v/i.*: *~ (bis) auf od. zu* reach down to; **~schauen, ~sehen** *v/i.* → *hinunterblicken*; **~schlingen, ~schlucken** *v/t.* gulp down, F bolt; **~spülen** *v/t.* wash down; **~stürzen I.** *v/t.* (*Getränk*) gulp (down), toss off; **II.** *v/i.* fall (*od.* tumble, crash) down; **~werfen** *v/t.* throw down; **~würgen** *v/t.* choke down; **~ziehen I.** *v/t.* pull (*od.* drag) down; *fig. sich ~ bis an od. zu* reach down as far as, extend down to; **II.** *v/i.* move (*od.* march, troop) down (*nach, zu* to).

hinwagen *v/refl.*: *sich ~* venture to *od.* near this (*od.* that) place; *sich ~ zu* dare to go to (*od.* venture near) *a th. od. a p.*

Hinweg *m*: *auf dem ~* on the way there *od.* out.

hinweg *adv.* **1.** away, off; *~ (mit euch)!* off with you!, begone!; **2.** *über et. ~* over (*od.* across) a th.; **3.** *fig. über et. ~ sein* be past a th., *über ein Erlebnis usw.*: have got over a th.; **~bringen** *v/t.*: *j-n über e-n Verlust usw. ~* help a p. to get over a loss, *etc.*; *dies wird uns über die kritische Zeit ~* this will see us through (*od.* tide us over) the critical period; **~führen** *v/t.* lead (*od.* march, walk) off; **~gehen** *v/i.* go away; *fig.* über et. *~ leichthin*: pass lightly over a th.; *lachend*: laugh a th. away (*od.* aside); *gleichgültig*: shrug a th. off; (*auslassen*) skip a th.; (*ignorieren*) ignore (*od.* overlook) a th.; **~helfen** *v/i.*: *~ über* help *a p.* over; *fig.* → *hinwegbringen*; **~kommen** *v/i.*: *~ über* get over *a th.* (*a. fig.*); **~raffen** *v/t.* snatch away, carry off; **~sehen** *v/i.*: *~ über* see over, (*blicken*) look over; *fig.* overlook, shut one's eyes to; **~setzen I.** *v/i.*: *über ein Hindernis ~* jump (over), clear; **II.** *fig. v/refl.*: *sich ~ über* disregard, ignore; *lachend*: laugh *a th.* away (*od.* aside); *gleichgültig*: shrug *a th.* off; **~täuschen** *v/i. u. v/t.*: *über die Tatsache (od. darüber) ~* obscure the fact *that*, (*j-n*) blind *a p.* to the fact *that*.

hin...: **~weis** *m* (*Verweisung*) reference (*auf* to); (*Anspielung*) hint (at), allusion (to); (*Rat, Richtlinie*) advice, instruction, hint, F pointer; (*Anhaltspunkt*) indication (of), index, clue (to); (*Benachrichtigung*) notice; (*Bemerkung*) remark, comment; *unter ~ auf* with reference to, referring to; **~weisen I.** *v/t.*: *j-n ~ auf* call a p.'s attention to, point out *a th.* to a p.; **II.** *v/i.*: *~ auf Sache*: point to, indicate; *Person*: point out; (*anspielen*) hint at, allude to; (*verweisen*) refer to; *darauf ~, daß* point out that, *nachdrücklich*: stress (*od.* emphasize) that; **~weisend** *ling. adj.*: *~es Fürwort* demonstrative pronoun; **~weisschild** *n*, **~weiszeichen** *n Verkehr*: directional sign, signboard; **~wenden** *v/t.* (*a. sich ~*) turn (*zu* to[wards]); **~werfen** *v/t.* throw (*od.* fling) down; *fig. flüchtig*: (*Bemerkung, Wort*) drop (casually); (*Zeichnung usw.*) dash off (with a few strokes); (*Brief usw.*) jot down, dash off; F (*aufgeben*) F chuck (*den Kram* it *od.* the whole business); *hingeworfene Bemerkung* casual (*od.* stray) remark; **~wiederum** *adv. zeitlich*: again, once more; (*andererseits*) on the other hand; (*als Gegenleistung*) in return; **~wirken** *v/i.*: *~ auf* work towards, use one's influence to bring *a th.* about; **~wollen** *v/i.* want to go (there); F *wo willst du hin?* where are you going?

Hinz *m*: *~ und Kunz* Tom, Dick and Harry.

hin...: **~zählen** *v/t.* count out (*od.* down); **~zeigen** *v/i.* point there;

~ *auf* point at *od.* to; → *a. hinweisen* II; **~ziehen I.** *v/t.* draw (*od.* pull) there; *fig.* (*verzögern*) draw (*od.* drag) out, protract, delay; *sich hingezogen fühlen* feel (*od.* be) attracted (*zu* by), be drawn (to); *sich* ~ *räumlich*: extend (*od.* stretch, spread) (*bis* to, *entlang* along); *endlos*: stretch away; *zeitlich*: drag on; **II.** *v/i.* go (*od.* march) away; ~ *nach* march (*od.* move) to(wards); (*umziehen*) move to; **~zielen** *v/i.*: ~ *auf* aim at; *fig. a.* have in view, be out for; *Sache*: tend to, be directed to.

hinzu *adv. räumlich*: to the spot, near; there; (*außerdem*) in addition, moreover, besides; (*obendrein*) into the bargain; **~bekommen** *v/t.* get (*od.* receive) in addition *od.* besides; **~denken** *v/t.* add in one's mind, imagine; **~fügen** *v/t.* add; (*beilegen*) *a.* enclose, attach; *als Nachtrag*: append, annex; **²fügung** *f* addition (*zu* to); **~gesellen** *v/refl.*: *sich* ~ join the party, *etc.*; **~kommen** *v/i.* come along, appear (on the scene); (*sich anschließen*) join (*zu a p. od. th.*); *Sache*: be added, be there in addition; ⚕ *Komplikation*: supervene; *es kamen noch zehn Personen hinzu* they were joined by ten more persons; *es kommt noch hinzu, daß* add to this that, what is more; **~kommend** *adj.* additional, further; **~nehmen, ~rechnen** *v/t.* add (*zu* to), include (in *od.* among); **~setzen** *v/t.* add (*zu* to); **~treten** *v/i.* → *hinzukommen*; **~tun** F *v/t.* add (*zu* to); **~wählen** *v/t.* co-opt; **~zählen** *v/t.* add (*zu* to); **~ziehen** *v/t.* (*Arzt usw.*) call in, consult; **²ziehung** *f* calling-in, consultation; (*Einbeziehung*) inclusion.

Hiobs|bote *m* bearer of bad news; **~botschaft** *f*, **~post** *f* bad news; **~geduld** *f* patience of Job.

Hippe *f* ⚒ bill(hook); (*Sense des Todes*) scythe.

Hippodrom *n* hippodrome.

hippokratisch ⚕ *adj. Eid, Gesicht*: Hippocratic.

Hirn *n* brain; (~*substanz*; *a. Kochkunst*; *fig. Verstand*) brains *pl.*; *fig.* (*Kopf*) mind; → *a. Gehirn*(...); **~anhang**(**drüse** *f*) *m* pituitary body (*od.* gland); **~gespinst** *n* chimera, phantasm, fantasy, figment of the mind; (*Idee*) fancy, wild notion; **~haut** *f* → *Gehirnhaut*; **~holz** ⊕ *n* cross-cut wood; **²los** *adj.* brainless (*a.* F *fig.*); **~rinde** *f* cerebral cortex; **~schädel** *m*, **~schale** *f* brain-pan, cranium; **~schmalz** F *n* brains *pl.*; **~stamm** *m* brain stem; **²verbrannt** *adj.* crack-brained, crazy, mad, F cracked.

Hirsch *m* stag; *weitS.* (red) deer; *Kochkunst*: venison; **~brunft** *f* rutting season, rut of deer; **~dorn** ♀ *m* buckthorn; **~fänger** *m* hunting-knife, bowie knife; **~geweih** *n* (stag's) antlers *pl.*; **~horn** *n* staghorn; ♀ hartshorn; **~hornsalz** ⚗ *n* salt of hartshorn, ammonium carbonate; **~jagd** *f* stag-hunt(ing); **~käfer** *m* stag-beetle; **~kalb** *n* fawn, calf (of red deer); **~keule** *f* haunch of venison; **~kuh** *f* hind; **~leder** *n*, **²ledern** *adj.* buckskin (...), deerskin (...); **~talg** *m* suet (of deer); **~ziemer** *m* saddle of venison.

Hirse *f* millet; **~brei** *m* millet gruel; **~korn** *n* millet-seed; ⚕ stye; **~mehl** *n* millet-flour.

Hirt *m* herdsman; (*Schaf*² ; *fig. Seelen*²) shepherd; *eccl. der Gute* ~*e* the Good Shepherd.

Hirten...: **~amt** *eccl. n* pastorate; **~brief** *eccl. m* pastoral (letter); **~dichtung** *f* pastoral poetry; **~flöte** *f* shepherd's pipe; **~gedicht** *n* pastoral (poem), bucolic, eclogue; **~hund** *m* shepherd('s) dog; **~junge** *m*, **~knabe** *m* shepherd boy; **~leben** *n* pastoral life; **~lied** *n* shepherd's (*od.* pastoral) song; **²los** *adj.* shepherdless; **~mädchen** *n* (young) shepherdess; **~spiel** *n* pastoral (play); **~stab** *m* shepherd's crook; *eccl.* crosier; **~tasche** *f* shepherd's pouch (*od.* purse, *a.* ♀); **~volk** *n* pastoral tribe (*od.* people).

Hirtin *f* shepherdess.

His ♪ *n* B sharp.

hissen *v/t.* hoist (up), raise.

hist! *int.* (*nach links*) wo hi!

Histologie ⚕ *f* histology.

Histörchen *n* anecdote, (little) story.

Histor|ie *f* history; **~ienmaler** *m* history painter; **~iker** *m* historian; **~iograph** *m* historiographer; **²isch I.** *adj.* historical; (*geschichtlich bedeutsam*) historic; ~*es Ereignis* historic event; ~*er Roman* historical novel; **II.** *adv.* historically; in the light of history.

Hitz|bläschen *n*, **~blatter** *f* (heat-)blister; *pl.* heat-rash *sg.*; **~draht** ⊕ *m* hot (*od.* heated) wire.

Hitze *f* **1.** heat; **2.** hot weather; *drückende* ~ oppressive (*od.* sweltering) heat; **3.** ⚕ *fliegende* ~ hot flushes *pl.*; **4.** (*Leidenschaft*) heat (of passion), passion, ardo(u)r, vehemence; (*Zorn*) rage, fury; *in* ~ *geraten* fire (*od.* flare) up, fly into a passion, *sl.* get hot under the collar; *in der ~ des Gefechtes (der Debatte)* in the heat of the moment (debate); **~ausschlag** ⚕ *m* heat-rash; **²beständig, ²fest** *adj.* heat-resistant (*od.* -proof), thermostable; *Glas*: oven-proof; **~beständigkeit** *f* heat resistance; **~einwirkung** *f* effect of heat; **²empfindlich** *adj.* sensitive to heat; **~grad** *m* degree of heat; **~(grad)-messer** *m* pyrometer; **~härten** ⊕ *n* thermosetting; **~welle** *f* heat wave, hot spell.

hitzig I. *adj.* ⚕ *Fieber*: acute, high; *Veranlagung*: hot-headed, hot-tempered; (*vorschnell*) hasty, rash; (*feurig*) hot-blooded, passionate, fiery; (*heftig*) violent, vehement; (*jähzornig*) choleric, irascible; *Debatte*: heated; *Wettkampf*: hot; *~ werden* fire up, fly into a passion, *Debatte*: grow heated; *nicht so ~!* slow down your horses!, take it easy!; **II.** *adv.* heatedly, hotly, passionately.

Hitz...: ~kopf *m* hothead, hotspur; **²köpfig** *adj.* hot-headed; **~pickel** *m/pl.*, **~pocken** *f/pl.* heat-rash *sg.*; **~schlag** *m* heat-stroke.

hm! *int.* hum!, (a)hem!

Hobby *n* hobby.

Hobel *m* ⊕ plane; *typ.* planer; *Buchbinderei*: plough; *Kochkunst*: cutter, slicer; **~bank** *f* carpenter's bench; **~eisen** *n* plane-iron; **~-maschine** *f* planing machine; **~messer** *n* plane-iron, cutter; **²n** *v/t.* plane; *waagrechte Stoßarbeit*: shape; *genau, von Holz*: surface; *fig.* polish, refine; **~späne** *m/pl.* (wood) shavings, chippings; *Stahl*: facings; **~werk** *n* planing mill.

Hoboe *f* → *Oboe*.

hoch I. *adj. allg.* high; → *höher, höchst*; *Wuchs, Gestalt, Baum, Haus, usw.*: *a.* tall; *Lage*: *a.* elevated; *fig.* (*edel*) noble, lofty, sublime; (*groß*) great, important; *3 Meter ~ sein* be ... high (*od.* in height), *Schnee, Wasser*: be ... deep; *hoher Adel* nobility, *Brit. a.* peerage; *~ und niedrig* (*alle Leute*) high and low; *hohes Alter* great (*od.* old, advanced) age; *hohe Ehre* great hono(u)r; *hohe Geburt* high birth; *hohe Geldstrafe* heavy fine; *hohes Gericht* high court; *in der Anrede*: Your Lordship (*Am.* Your Honor), Members of the Jury!; *hohe Geschwindigkeit* high (*od.* great, fast) speed; *parl. das Hohe Haus* the House; *Hoher Kommissar* High Commissioner; *das hohe Mittelalter* the High Middle Ages *pl.*; *der hohe Norden* the far North; *hoher Offizier usw.* high(-ranking) officer, *etc.*; *hohe Politik* high politics *pl.* (*sg. konstr.*); *hoher Preis* high (*stärker*: exorbitant, F steep) price; *hoher Sinn* lofty mind; *hohes Spiel* playing for high stakes; *fig. a.* gamble; *hohe Strafe* severe punishment; *bei hoher Strafe* under a heavy penalty; ♪ *hoher Ton* high tone *od.* note; *ein hohes Ansehen genießen* enjoy a high reputation, be highly esteemed; *ein Mann von hohem Ansehen* a man of high standing; *ein hohes Lied singen auf* sing the praises of; *e-e hohe Meinung haben von* have a high opinion of, think highly of; *in hoher Blüte stehen* enjoy great prosperity, be flourishing; *in hohem Maße* highly, largely, to a high degree; *in hoher Fahrt* at full speed; F *in hohem Bogen hinausfliegen* be thrown out on one's ear, be kicked (*od.* booted) out; *das ist mir zu ~* (*zu schwierig*) that is above (*od.* beyond) me; *seine Rede war zu ~ für sie* he was talking over their heads; → *Kante, Roß, Schule, See 1, Tier, Warte usw.*; **II.** *adv.* high(ly); *~ emporragend* towering; *drei Mann ~* three men deep (*a.* ⚔), three of them; (*j-m*) *et. ~ anrechnen* value greatly, give (a p.) much credit for; *~ aufhorchen* prick up one's ears; *~ und heilig geloben* promise solemnly; *~ und heilig schwören* swear by all that is holy; *~ gewinnen* win high (*od.* by a wide margin); *~ verlieren* suffer a crushing defeat, get trounced; *~ spielen* play (for) high (stakes) (*a. fig.*); *~ im Preise stehen* stand at a high figure; *~ verehren* hono(u)r *od.* esteem highly; *~ zu stehen kommen* cost dear, come expensive; *zwei Treppen ~ wohnen* live on the second floor; *zu ~ bemessen* calculate at too high a figure; ♪ *zu ~ gestimmt* tuned (*od.* pitched) too high; *zu ~ einschätzen* overestimate, overrate; *zu ~ singen* sing sharp; *die See ging ~* the sea was high; F *es ging ~ her* it was quite an affair (*od.* party), things were pretty lively; *wenn es ~ kommt* at the most (*od.* highest), at best; *wie ~ möchten Sie gehen?* to what price would you like to go?; *Hände ~!* hands up!; *Kopf ~!* head (*Am.* chin) up!, cheer up!, never say die!; *~ lebe ...!* three cheers for ...!; *~ lebe die Königin!* long live the Queen!; **III.** ⅌ *prp.*: *4 ~ 5* four (raised) to the fifth (power).

Hoch *n* **1.** (*~ruf*) hurrah, cheers *pl.* (*auf* for); *ein ~ auf j-n ausbringen* cheer a p.; *ein dreifaches* ~ *für* three cheers for; **2.** *fig.* (~*stand*) high, peak; **3.** *Wetterkunde*: high (-pressure area), anticyclone.

hoch...: **~achtbar** *adj.* most respectable *od.* hono(u)rable; **~achten** *v/t.* esteem (*od.* respect) highly, hold in high esteem; **≈achtung** *f* (high) esteem, (deep) respect; reverence; (*Bewunderung*) admiration; *bei aller* ~ *vor* with all respect to; *j-m* ~ *zollen* pay respect (*od.* homage, tribute) to; *mit vorzüglicher* ~ *Briefschluß*: Yours faithfully, *bsd. Am.* Yours very truly; **~achtungsvoll I.** *adj.* (most) respectful, deferential; **II.** *adv. a.* with the greatest respect; *Briefschluß*: Yours faithfully, *bsd. Am.* Yours truly; **≈adel** *m* higher nobility; **~aktuell** *adj.* highly topical; **~alpin** *adj.* high-alpine; **≈altar** *m* high altar; **≈amt** *n* high mass; **~angesehen, ~ansehnlich** *adj.* → *hochgeachtet*; **~anständig** *adj.* very decent; **≈antenne** *f* overhead *od.* outdoor aerial (*Am.* antenna); **~arbeiten** *v/refl.*: *sich* ~ work one's way up; **~aufgeschossen** *adj.* lanky; **≈ätzung** *f* ectypography; **≈aufschlag** *m Tennis*: overhand service; **≈bahn** *f* overhead *od.* elevated railway (*Am.* railroad); **≈barren** *m Turnen*: high parallel bars *pl.*; **≈bau** *m* building construction, surface (*od.* structural) engineering; *Hoch- und Tiefbau* structural and civil engineering; **≈bauamt** *n* Building Surveyor's Office; **~begabt** *adj.* highly gifted (*od.* talented); **≈behälter** *m* overhead bin, high-level (*od.* gravity) tank; **~beinig** *adj.* long-legged; **~bejahrt** *adj.* advanced in years, aged; **~berühmt** *adj.* highly renowned, very famous, celebrated; **~betagt** *adj.* → *hochbejahrt*; **≈betrieb** *m im Geschäft usw.*: intense (*od.* feverish) activity, rush, bustle; (*Zeit des* ~*s*) rush hours *pl.*, peak time; *weitS.* high season; *es herrschte* ~ there was a (mad) rush, business was booming; *auf den Werften herrschte* ~ the shipyards were humming with activity; **~bezahlt** *adj.* highly paid; **~bringen** *v/t.* bring up (*a.* ⚕ *speien*); (*heben*) lift, get up; *fig.* raise, develop; bring to prosperity; **~brisant** *adj.* highly explosive; **≈burg** *f* stronghold; **≈decker** *m* high-wing monoplane; **~deutsch** *adj.*, **≈deutsch** *n* standard (*engS.* High) German; **≈druck** *m* high pressure (*a. meteor.*); ⚕ high blood pressure; *typ.* relief printing; *fig. mit* ~ at high (*od.* full) pressure, at full blast; **≈druck...** *in Zssgn* high-pressure ...; **≈druckgebiet** *n* high(-pressure area), anticyclone; **≈druckrücken** *m* ridge of high pressure; **≈ebene** *f* elevated plain, plateau, tableland; **~elegant** *adj.* very elegant, most stylish; **~empfindlich** *adj.* highly sensitive (*a. phys. usw.*); *phot.* high speed ...; F *Person*: very touchy; **~entwickelt** *adj.* highly developed; *Technik usw.*: highly advanced; **~entzückt, ~erfreut** *adj.* delighted, overjoyed (*über* at); **~erhoben** *adj. nachgestellt*: raised (*od.* held) high; **~explosiv** *adj.* high-explosive; **~fahren** *v/i. erschreckt*: start up; *zornig*: flare up; **~fahrend** *adj.* high-handed, haughty, arrogant; **~fein** *adj.* superfine, exquisite, first-class, F tip-top, A 1, posh; *Familie usw.*: very genteel, very refined; **≈finanz** *f* high finance; **≈fläche** *f* → *Hochebene*; **~fliegen** *v/i.* soar (up); (*explodieren*) blow up, explode; ✈ *steil* ~ zoom; **~fliegend** *fig. adj.* high-flying, soaring, ambitious, (*übertrieben*) high-flown; **≈flug** *m* ✈ high flight; *fig.* ~ *der Gedanken* soaring thoughts; **≈flut** *f* high tide; *fig.* floodtide, deluge; **≈form** *f*: *in* ~ in top form, at one's best; **≈format** *n* upright format; **~frequent** *adj.* high-frequency ...; **≈frequenz** ⚡ *f* high frequency (*abbr.* H.F.); *in Zssgn mst* high-frequency ...; **≈frequenzbereich** *m Radio*: treble range (*od.* band); **≈frequenzhärtung** ⊕ *f* induction hardening; **≈frequenzkamera** *phot. f* high-speed camera; **≈frequenztechnik** *f* high-frequency engineering; **≈frisur** *f* upswept hair-style, upsweep; **≈garage** *f* multi-stor(e)y car-park; **~geachtet** *adj.* highly esteemed (*od.* respected), of high standing; **~gebildet** *adj.* highly educated; **≈gebirge** *n* high mountain region; **≈gebirgs...** *in Zssgn* high mountain ..., alpine; **~geboren** *adj.* high-born; *als Titel*: Right Hono(u)rable; **~geehrt** *adj.* highly hono(u)red; **≈gefühl** *n* elation, exaltation; **~gehen** *v/i.* **1.** go up; *Vorhang usw.*: *a.* rise; *See*: run high; *Preise*: go up, rise, F up; **2.** F (*explodieren*) explode, blow up; (*wütend werden*) flare up, explode, F hit the ceiling; ~ *lassen* (*Bande usw.*) round up, (*j-n*) expose, blow *a p.* sky-high, *sl.* bust; **~gehend** ⚓ *adj.* running high, heavy; **~geistig** *adj.* highly intellectual, *iro.* high-brow; ~**gelegen** *adj.* high-lying, elevated; ~**gelehrt** *adj.* very learned, erudite; ~**gemut** *adj.* high-spirited; ≈**genuß** *m* great delight (*od.* pleasure), real treat; ≈**gericht** *hist. n* criminal court; (*Richtstätte*) place of execution; ~**geschätzt** *adj.* highly appreciated (*od.* valued), *Person*: highly esteemed; ~**geschlossen** *adj. Kleid*: high-necked; ≈**geschwindigkeits...** ⊕ *in Zssgn* high-speed ...; ~**gesinnt** *adj.* high-minded; ~**gespannt** *adj.* ⊕ high-pressure ...; ⚡ high-voltage ...; *fig. Erwartungen*: great, high; *Pläne*: ambitious; ~**gestellt** *adj. typ.* superior; *fig.* high-ranking; ~**gestochen** F *adj.* F jumped-up; (over)sophisticated; ~**gewachsen** *adj.* tall, lanky; ~**gezüchtet** *adj.* high-bred; ⊕ *a.* sophisticated; *Motor*: high-compression ...; ≈**glanz** *m* high polish (*od.* lust|re, *Am.* -er), high gloss, high mirror finish; ≈**glanzpapier** *n* enamelled (*od.* art) paper; ~**glanzpolieren** *v/t.* give a mirror-finish; ≈**glanzpolitur** *f* high mirror polish; ~**gradig** *adj.* extreme; intense; ⊕ high-grade; ⚗ highly concentrated; *a. adv.* in (*od.* to) a high degree; ≈**halte** *f Turnen*: *Arme in ~* arms at vertical; ~**halten** *v/t.* hold up; *fig.* hono(u)r, value highly, treasure; (*Andenken, Gefühl*) cherish; ⚕ (*Preise*) keep up, peg; ≈**haus** *n* multi-stor(e)y building, tower block, skyscraper, *Am. a.* high-rise; ≈**hausgarage** *f* → *Hochgarage*; ~**heben** *v/t.* lift (up), raise; (*Kleid usw.*) hold up; *parl. durch ≈ der Hände* by show of hands; ~**herzig** *adj.* high-minded; (*großzügig*) generous, magnanimous; ≈**herzigkeit** *f* generosity, magnanimity; ~**jagen** *v/t.* rout (up), rouse; (*Motor*) rev *od.* whip up; ~**kant(ig)** *adv.* on end (*od.* edge), edgewise; *~ stellen* set on end, upend; ≈**kapitalismus** *m* heyday of capitalism; ≈**kirche** *Brit. f* High Church; ~**klappbar** *adj.* upward-folding, tip-up ..., hinged; ~**klappen** *v/t.* turn (*od.* fold) up, raise; ~**klettern** *v/i.*: *~ an* climb (up); ~**kommen** *v/i.* come up; (*aufstehen*) get up, get on (*od.* struggle to) one's feet; *fig.* get on (*od.* ahead); F *es kommt mir hoch* it makes me sick; *mir kam alles wieder hoch* I brought everything up again; *wenn es hochkommt* at the most, at best; ≈**kommissar** *pol. m* High Commissioner; ≈**konjunktur** ⚕ *f* boom, peak prosperity; ~**konzentriert** ⚗ *adj.* highly concentrated; ~**krempeln** *v/t.* roll up; ≈**kultur** *f* very advanced civilization; ≈**lage** *f* high altitude; ≈**land** *n* highland, uplands *pl.*; *schottisches*: *the* Highlands *pl.*; ~**leben** *v/i.*: *j-n ~ lassen* give a p. three cheers, *durch Trinkspruch*: toast a p.; ..., *er lebe hoch!* three cheers to ...; ≈**leistung** *f* high (*od.* top) performance; ⊕ *a.* high output; ≈**leistungs...** ⊕ *in Zssgn* high-capacity ..., heavy-duty ..., high-efficiency (*od.* -output, -performance) ..., high-power(ed) ...; ≈**leistungssport** *m* top-performance sport(s *pl.*); ≈**leitung** ⚡ *f* overhead wire.

höchlich *adv.* highly, greatly.

hoch...: ≈**meister** *hist. m* Grand Master; ≈**messe** *eccl. f* High Mass; ≈**mittelalter** *n* High Middle Ages *pl.*; ~**modern** *adj.* ultra-modern, in the latest style; ≈**moor** *n* upland moor; ≈**mut** *m* haughtiness, arrogance, pride; *~ kommt vor dem Fall* pride goes before a fall; ~**mütig** *adj.* haughty, supercilious, proud, arrogant; ~**näsig** *adj.* F stuck-up, snooty; *adv. j-n ~ behandeln* snub a p.; *Am.* high-hat a p.; ≈**näsigkeit** *f* arrogance, F snootiness; ~**nehmen** *v/t.* **1.** take up, lift; **2.** (*hänseln*) tease, pull *a p.'s* leg, put *a p.* on; ≈**ofen** *m* (blast-)furnace; ≈**parterre** *n* raised ground-floor; ≈**plateau** *n* → *Hochebene*; ~**politisch** *adj.* highly political; ~**prozentig** *adj.* high-percentage ...; *alkoholische Getränke*: high-proof; ~**qualifiziert** *adj.* highly qualified; ~**ragen** *v/i.* tower (*od.* rise, loom) (up); ~**rappeln** *v/refl.*: *sich ~* struggle to one's feet; *Kranker*: pick up again; ≈**rechnung** *f* projection; ≈**reck** *n Turnen*: high bar; ~**reißen** *v/t.* pull up; ✈ zoom, hoick; ≈**relief** *n* high relief; ~**rot** *adj.* bright red, crimson; ≈**ruf** *m* cheer; *mit ~en empfangen usw.* cheer; ≈**saison** *f* peak (*od.* height of the) season; ~**schätzen** *v/t.* → *hochachten*; ~**schießen** *v/t. u. v/i. allg.* shoot up; ~**schlagen I.** *v/t.* (*Ball usw.*) hit up in the air, *Tennis*: lob; (*Kragen usw.*) turn up; **II.** *v/i. Wellen, fig. Gefühle*: run high; ~**schnellen** *v/i.* bound up; *Preise*: jump, rocket; ~**schrauben** *v/t.* (*Preise usw.*) force up; (*Erwartungen*) pitch high, exaggerate; ✈ *u. fig. sich ~* spiral up; ≈**schulbildung** *f* university education; ≈**-schule** *f* university; (*Akademie*) academy, college; *technische ~*

college for advanced technology, *Am.* institute of technology; *pädagogische* ~ college of education; **≈schüler(in** *f*) *m* university student; college student; **≈schullehrer(in** *f*) *m* university (*od.* college) teacher, professor, reader, lecturer; **≈schulreife** *f* matriculation standard; **~schwanger** *adj.* far advanced in pregnancy; **≈see** *f* high sea(s *pl.*), open sea; **≈seefischerei** *f* deep-sea fishing; **≈seeflotte** *f* high-seas fleet; **≈seeschlepper** *m* sea-going tug; **~seetüchtig** *adj.* ocean- (*od.* sea-)going; **≈seilakt** *m von Artisten*: high-wire act; **~sinnig** *adj.* high-minded; **≈sitz** *m* raised hide; **≈sommer** *m* midsummer; **≈spannung** *f* ⚡ high tension, high voltage; *fig.* great suspense; *politische* ~ high political tension; **≈spannungsleitung** ⚡ *f* high-tension (*od.* power) line; **≈spannungsmast** *m* high-tension pole, pylon; **≈spannungsnetz** *n* high-tension mains *pl.*; **~spielen** *v/t.* F play up *an affair*; **≈sprache** *f*: *die deutsche* ~ (educated) standard German; **≈springer(in** *f*) *m* high-jumper; **≈sprung** *m* high jump.

höchst I. *adj.* highest, uppermost, topmost; *fig.* highest, greatest, supreme, extreme, utter; *im Rang*: highest(-ranking); *~es Gut* most precious possession; *~e Instanz* highest authority; *fig. ~er Punkt* culminating point, height, peak; *~e Vollkommenheit* peak of perfection; *in ~en Tönen schildern* describe in superlatives; *es ist ~e Zeit* it is high time; *es ist von ~er Wichtigkeit* it is of the utmost importance, it is all-important; → *äußerst*; *in Zssgn* maximum ..., top ..., peak ..., ceiling ..., record ...; **II.** *adv.* (*a. aufs ~e*) highly, greatly, most, extremely, exceedingly, in the highest degree; **≈alter** *n* maximum age.

hoch...: **~stämmig** *adj.* tall; standard *roses*; **≈stand** *m* → *Hochsitz*; **≈stapelei** *f* (high-class) swindling, confidence trick (*Am.* game), imposture; **≈stapler(in** *f*) *m* impostor, swindler, confidence man, *sl.* con-man.

höchst...: **≈beanspruchung** *f*, **≈belastung** ⊕ *f* peak stress *od.* (*a.* ⚡) load; **≈betrag** *m* maximum (amount), limit; **≈bietende(r** *m*) *f* highest bidder; **≈e** *n*: *das* ~ the highest; (*das Äußerste*) the utmost; → *a. höchst* II.

hochstehend *adj.* upright; *typ.* superior; *fig.* high(-ranking), distinguished, notable, of high standing; *Sache*: superior, on a high level; *geistig* ~ of high intellect, *Sache*: on a high intellectual level, very demanding.

höchst...: **~eigenhändig** *adj.* with his (*f* her) own hand; **~ens** *adv.* at (the) most, at best, F at the outside (*bei Zahlenangaben alle nachgestellt*); *bsd.* ⚖ not exceeding; **~,** *wenn* unless; **≈fall** *m*: *im ~e* → *höchstens*; **≈form** *f Sport*: top form; **≈frequenz** *f* very high frequency; **≈gebot** *n* highest bid; **≈geschwindigkeit** *f* maximum (*od.* top) speed; *mot. zulässige* ~ maximum (permitted) speed, speed limit; *Überschreiten der* ~ speeding; **≈grenze** *f* maximum limit, ceiling; **≈leistung** *f* ⊕, *a. e-r Person*: maximum (*od.* top) performance, maximum output; *Sport*: record (performance); *fig.* supreme (*od.* highest) achievement, great feat; **≈lohn** *m* maximum wage(s *pl.*); **≈maß** *n* maximum (*an* of); **~möglich** *adj.* highest possible; **~persönlich I.** *adj.* strictly personal; **II.** *adv.* himself (*f* herself), *he* (*she, etc.*) *appeared* in person *od.* personally; **≈preis** *m* maximum (*od.* ceiling) price.

hoch...: **~strebend** *adj.* soaring; *fig. Person, Plan usw.*: ambitious; **≈strecke** *f Gewichtheben*: *zur* ~ *bringen* clear.

höchst...: **≈satz** *m* maximum rate; ceiling; **≈spannung** *f* ⚡ extra-high tension (*abbr.* E.H.T.); peak voltage; ⊕ maximum stress, *Prüfwesen*: ultimate stress; **≈stand** *m* peak (level), highest level, all-time high; **≈strafe** *f* maximum penalty (*od.* sentence); **~wahrscheinlich** *adv.* most probably, in all probability; **≈wert** *m* maximum value; **≈zahl** *f* maximum (figure); **~zulässig** *adj.* maximum (permissible) ...

hoch...: **~tönend** *adj.* high-sounding, grandiloquent, pompous, bombastic; **≈tonlautsprecher** *m* treble loud-speaker; **≈tour** *f* **1.** Alpine tour, high-level climb; **2.** *auf ~en* ⊕ at full pressure (*od.* speed); F *fig.* at full blast; **~tourig** ⊕ *adj.* high-speed ...; **≈tourist(in** *f*) *m* mountaineer; **~trabend** *adj.* → *hochtönend*; **~transformieren** ⚡ *v/t.* step up; **~treiben** *v/t.* force (*od.* send) up; **≈- und Tiefbau** *m* → *Hochbau*; **≈vakuumröhre** ⚡ *f* high-vacuum valve (*Am.* tube); **~verdient** *adj.* highly deserving, of great merit; **~verehrt** *adj.* **1.**

→ *hochgeehrt*; **2.** *in der Anrede*: dear; **≈verrat** *m* high treason; **≈verräter(in** *f*) *m* person guilty of high treason, traitor; **~verräterisch** *adj.* treasonable; **~verzinslich** *adj.* high-interest-bearing; **≈wald** *m* high (*od.* timber) forest; **≈wasser** *n e-s Flusses*: high water; *der See*: high tide; (*Überschwemmung*) flood(s *pl.*); ~ *führen* be swollen (*od.* in flood); **≈wasserkatastrophe** *f* flood disaster; **≈wasserschaden** *m* flood damage; **≈wasserstand** *m* high-water level; **~wertig** *adj.* high-grade ..., (of) high quality (...), high-class ..., superior; ⚗ of high valence; ~e *Nahrungsmittel* highly nutritive food *sg.*; **~wichtig** *adj.* highly important; **≈wild** *n* big game; (red) deer; **~willkommen** *adj.* most welcome; **~winden** *v/t.* ⊕ hoist (up); *sich* ~ *Pfad*: wind (its way) up; **~wirksam** *adj.* highly active (*od.* effective); **≈wohlgeboren** *obs.*: *Euer* (*od. Eure*, *abbr. Ew.*) ~! Your Hono(u)r!; **≈würden:** *Eure* (*od. Euer*) ~! Reverend Sir (*od. R.C.* father)!; *S-e* ~ the Most Reverend (*Titel u. voller Name*); **≈zahl** ⅍ *f* exponent.

Hochzeit *f* **1.** wedding, marriage; ~ *halten* celebrate one's wedding; *silberne* (*goldene*, *diamantene*, *eiserne*) ~ silver (golden, diamond, iron) wedding; *fig. auf zwei* ~*en tanzen* do two things at once; **2.** (*große Zeit*) heyday, flowering period; **~er** *m* bridegroom; **~erin** *f* bride; **≈lich** *adj.* nuptial, bridal.

Hochzeits...: **~feier(lichkeit)** *f*, **~fest(lichkeit** *f*) *n* wedding (celebration); **~flug** *zo. m* nuptial flight; **~gast** *m* wedding guest; **~geschenk** *n* wedding-gift (*od.* present); **~kleid** *n* wedding-dress; **~kuchen** *m* wedding-cake; **~mahl** *n* wedding breakfast (*od.* dinner); **~nacht** *f* wedding-night; **~reise** *f* honeymoon (trip); *auf* ~ *a.* honeymooning; **~reisende** *pl.* honeymooners; **~tag** *m* wedding-day; (*Wiederkehr*) (wedding) anniversary; **~zug** *m* bridal procession.

hoch...: **~ziehen** *v/t.* pull (*od.* draw) up; (*Hose*) hitch up; (*Beine*) draw up; (*Augenbrauen*) raise; (*hochwinden, hissen*) hoist; ✈ pull up, hoick; **≈zucht** *f* selective breeding; (*Tiere*) pedigree stock; **~züchten** *v/t.* breed selectively; *fig.* (*et.*) develop (*od.* cultivate) intensely; (*Gefühle usw.*) build up; (*j-n*) groom (*od.* train) carefully.

Hocke *f* **1.** 🌾 shock (of sheaves); **2.** a) *Turnen, Ringen, Schisport*: crouch, squat position; *Kunstspringen*: tuck (position); b) (*Hocksprung*) squat-vault; *Kunstspringen*: tuck(ed jump); *in die* ~ *gehen* crouch, squat (down); **≈n I.** *v/i.* squat, crouch; *hoch oben*: perch; F (*sitzen*) sit; ~ *über* sit (*od.* be poring) over; *immer zu Hause* ~ be a stay-at-home; **II.** *v/refl.*: *sich* ~ squat down; F (*sich setzen*) sit down; **≈nbleiben** F *v/i.* → *sitzenbleiben*.

Hocker *m* stool.

Höcker *m allg.* protuberance, hump; (*Beule, Unebenheit*) bump; *anat.* tuberosity; (*Buckel*) hump (*a. zo. of camel*), hunch; *e-n* ~ *haben* be hunchbacked; **≈ig** *adj.* *Oberfläche*: bumpy, rough, ragged, (*knotig*) bossed, knobby; (*buckelig*) humpy; ⚘ (*warzig*) tuberculate; (*knollig*) tuberous.

Hockey *n* hockey; **~schläger** *m* hockey-stick; **~spieler(in** *f*) *m* hockey-player.

Hock...: **~sprung** *m* → *Hocke* 2b; **~stellung** *f* → *Hocke* 2a.

Hode *m, f,* **~n** *anat. m* testicle; **~nbruch** ⚕ *m* scrotal hernia; **~nentzündung** ⚕ *f* orchitis; **~nsack** *m* scrotum.

Hodometer *n* (h)odometer; (*Schrittzähler*) pedometer.

Hof *m* **1.** yard; (*Innen≈*) court (-yard); (*Hinter≈*) backyard; *der Kaserne*: square; **2.** (*Fürsten≈*) court; *bei* (*od. am*) ~e at court; ~ *halten* keep court; *fig. j-m den* ~ *machen* pay court (*od.* one's addresses) to, court, *contp.* curry favo(u)r with, fawn upon; **3.** (*Bauern≈*) farm(stead); **4.** *um Sonne, Mond*: halo (*a. opt. u.* ⚕), corona; *anat.* areola.

Hof...: **~arzt** *m* court physician; **~ball** *m* court-ball; **~burg** *f* Imperial Palace; **~dame** *f* lady-in-waiting; court lady; **~dichter** *m Brit.* Poet Laureate; **~etikette** *f* court etiquette; **≈fähig** *adj.* presentable (at court).

Hoff|art *f* haughtiness, pride, arrogance; **≈ärtig** *adj.* vainglorious, haughty, arrogant.

hoffen I. *v/t. u. v/i.* hope (*auf* for); (*sicher* ~) be confident; ~ *auf* (*erwarten*) expect, await; *zuversichtlich*: trust in, look forward to; *verzweifelt* ~ hope against hope; *das Beste* ~ hope for the best; *es ist zu* ~ it is to be hoped; *ich hoffe* (es) I hope so; *ich hoffe nicht, ich will es nicht* ~ I hope not; **II.** **≈** *n* hoping, hope; **~tlich** *adv.* it is to be hoped; *in Antworten*: I hope so, let us hope so; *~ nicht* I hope not; *~ ist er gesund* I hope he is well.

Hoffnung *f* **1.** hope (*auf* for, of); (*Erwartung*) *a.* expectation; (*Zuversicht*) trust; (*Aussicht*) prospect; *getäuschte ~* disappointment; *~en erwecken* raise hopes (*in* in); *berechtigte ~en haben* have good hopes; *neue ~ schöpfen* have new hopes; *die ~ aufgeben* abandon hope; *die ~ verlieren* lose hope; *guter ~ sein* be full of hope; *Frau*: be expecting (a baby), F be in the family way; *j-m ~en machen* hold out hopes to (*od.* raise hopes in) a p.; *sich ~en machen* (*od. hingeben*) entertain hopes, be hopeful (*daß* that), hope (*daß* that, *auf* for); *gib dich keinen falschen ~en hin!* don't delude yourself, F *iro.* you haven't got a hope!; *s-e ~en setzen auf* pin one's hopes on, bank (up)on; *e-e ~ zerstören* dash a hope; *zu schönen ~en berechtigen* bid fair, show good promise (for the future), justify the fondest hopes; *in der ~ zu inf.* hoping to *inf.*, in the hope of *ger.*; *es besteht gewisse ~, daß* there is guarded hope that; *es besteht noch ~* there is hope still; *mach dir keine (falschen) ~en!* no false hopes!; don't be too hopeful!; **2.** (*Person od. Sache*) hope; *er (es) ist unsere letzte ~* he (it) is our last hope; *die große ~ Sport u. weitS.*: F the Great White Hope.

Hoffnungs...: **~kauf** ⚕ *m* speculative purchase; **~lauf** *m Sport*: repechage (*fr.*); **≗los** *adj.* hopeless (*a.* F *fig.*); (*verzweifelt*) desperate; *er ist ein ~er Fall* he is hopeless; **~losigkeit** *f* hopelessness; despair; **~schimmer** *m* glimmer of hope; **~strahl** *m* ray of hope; **≗voll** *adj.* hopeful, full of hope; (*vielversprechend*) promising.

Hof...: **~gut** *n* (crown-)domain; **≗halten** *v/i.* hold court; **~haltung** *f* Royal Household; **~hund** *m* watchdog.

hofieren *v/t.* court, pay one's court (*od.* addresses) to; (*schmeicheln*) flatter, fawn (up)on.

höfisch *adj.* courtly.

Hof...: **~kapelle** *f* court chapel; ♪ court orchestra; **~kreise** *pl.* court circles; **~leben** *n* court life; **~leute** *pl.* courtiers.

höflich I. *adj.* polite, civil, courteous (*gegen* to); **II.** *adv.* politely, *etc.*; *wir bitten Sie ~, zu inf.* we may ask you kindly to *inf.*; *wir teilen Ihnen ~(st) mit* we beg to inform you; **≗keit** *f* politeness, civility, courtesy; (*Wort, Kompliment*) civility, compliment; *aus ~* out of politeness.

Höflichkeits...: **~besuch** *m* courtesy call; **~bezeigung** *f* mark of respect; compliments *pl.*; **~formel** *f* polite phrase; *im Briefschluß*: complimentary close.

Hoflieferant *m* purveyor to the court (*Brit.* to Her Majesty).

Höfling *m* courtier.

Hof...: **~mann** *m* courtier; **~marschall** *m* seneschal; **~meister** *m* steward; *Brit.* Comptroller of the Royal Household; (*Erzieher*) private tutor; **~narr** *m* court-jester; **~prediger** *m* court chaplain; **~rat** *m* Privy Council; (*Person*) privy councillor; **~schauspieler(in** *f*) *m* actor (*f* actress) at the Royal Theatre; **~schranze** *m, f* (slimy) courtier; **~staat** *m* royal (*od.* princely) household *od.* (*Gefolge*) retinue; (*Kleid*) court-dress; **~theater** *n* court (*od.* royal) theat|re, *Am.* -er; **~tor** *n* yard-gate; **~tracht** *f* court-dress; **~trauer** *f* court-mourning.

hohe *adj. attr.* → *hoch.*

Höhe *f* height; *ast., geogr.,* ✈ altitude; (*An≗*) height, hill, elevation; (*Gipfel*) summit, top; *fig.* (*Niveau*) level; (*Ausmaß*) extent; (*Bedeutung, Größe*) importance, magnitude; (*Höhepunkt*) height, peak; ♪ (*Ton≗*) pitch; *phys.* (*Stärke*) intensity; *e-r Summe*: size, amount; *e-r Strafe*: degree, amount; *der Preise*: level, range; *~ des Zinsfußes* rate of interest; *in e-r ~ von 1000 Metern* at a height of; *Bevölkerungszuwachs in ~ von* at the rate of; *Summe in ~ von* (to the amount) of; *Summe in ~ bis zu* (ranging) up to; *e-e Strafe bis zu e-r ~ von* ... a penalty to the extent of ... (*od.* not exceeding ...), a maximum of ...; *auf der ~ von* in the latitude of *London*, ⚓ off *Dover*; *auf gleicher ~* abreast, *mit*: on a level with; *fig. die ~n u. Tiefen des Lebens* the ups and downs of life; *auf der ~ s-s Ruhms usw.* at the height (*od.* peak) of; *auf der ~ sein* be in good form, be up to the mark, (*leistungsfähig*) be very efficient, *weitS.* be equal to the occasion, *der Zeit*: be up to date; *sich nicht auf der ~ fühlen* not to feel up to the mark; *geistig nicht ganz auf der ~* (mentally) not quite normal; *aus der ~* from above, from on high; *in die ~* up, upward(s); F *das ist die ~!* F that's the limit!; *Preise in die ~ treiben* force (*od.* send) up; → *a.*

Zssgn mit hoch... (*hochfahren, hochsteigen usw.*).

Hoheit *f* **1.** (*Ober*≈, *Staats*≈) sovereignty; *innerstaatlich*: *a.* supreme power, jurisdiction; prerogative; **2.** *Titel*: Highness; *Anrede*: Your Highness; *Seine (Ihre) Königliche* ~ His (Her) Royal Highness; **3.** *fig. e-r Person*: majestic dignity, *a. von Bergen usw.*: grandeur, majesty; (*Erhabenheit*) sublimity.

Hoheits...: **~abzeichen** *n* national emblem; **~akt** *m* sovereign act; **~bereich** *m* **1.** jurisdiction (*of the State, etc.*); **2.** → **~gebiet** *n* (national) territory; *deutsches* ~ German territory; **~gewalt** *f* → *Hoheit* 1; **~gewässer** *pl.* territorial waters; **~recht** *n* → *Hoheit* 1; **≈voll** *adj.* majestic(ally *adv.*), dignified; (*gebieterisch*) imperious; **~zeichen** *n* national emblem.

Hohelied *n* hymn (*gen.* in praise of); *bibl. das* ~ the Song of Solomon, the Song of Songs.

Höhen...: **~abstand** *m* vertical interval; **~abweichung** ⚔ *f* vertical deviation; **~angabe** ✈ *f* altitude reading; **~anzug** ✈ *m* pressure suit; **~atmer** ✈ *m* high-altitude oxygen apparatus; **~flosse** ✈ *f* stabilizer; **~flug** *m* ✈ altitude flight; *fig. geistiger* ~ flight of fancy; **~kabine** *f* pressurized cabin; **~karte** *f* relief map; **~klima** *n* mountain climate; **~krankheit** *f* altitude sickness; **~kurort** *m* high-altitude health resort; **~lage** *f* altitude (level); **~leitwerk** ✈ *n* elevator unit; **~linie** *f Karte*: contour line; **~luft** *f* mountain air; **~messer** *m* altimeter; *Flak, Radar*: height finder; **~messung** *f* altimetry; **~rekord** *m* altitude record; **~ruder** *n* ✈ elevator; ⚓ *Unterseeboot*: hydroplane; **~schichtlinie** *f* contour line; **~schreiber** *m* altigraph; **~sonne** *f* mountain sun; ⚕ (*Lampe*) quartz (*od.* sun-ray) lamp, ultra-violet lamp; *Behandlung mit* ~ ultra-violet ray treatment; **~steuer** ✈ *n* elevator (control); **~strahlen** *m/pl.* cosmic rays; **~strahlung** *f* cosmic radiation; **~unterschied** *m* difference in elevation (*od.* altitude); **~verlust** ✈ *m* loss of altitude; **~weltrekord** *m* world record for altitude; **~wind** *m* upper wind; **~zug** *m* range of hills, mountain-chain.

Hohepriester *m* high priest; **≈lich** *adj.* high-priestly, pontifical.

Höhepunkt *m* highest point; *ast.*, *fig.* culmination, zenith; *fig. a.* climax (*a.* ⚕, *sexuell usw.*), height, peak; *des Ruhmes usw.*: *a.* zenith, pinnacle, acme, summit; *e-r Epoche usw.*: heyday; (*Glanzpunkt*) *e-s Festes usw.*: highlight, climax, F high spot; (*entscheidende Phase*) critical point (*od.* stage); *thea. usw.* climax; *auf dem* ~ at its height; *auf dem* ~ *s-r Macht* at the zenith (*od.* height, peak) of his power; *s-n* ~ *erreichen* (reach one's) climax, culminate (*in* in).

höher I. *adj.* higher; *~e Bildung* higher (*od.* university) education; *~er Beruf* (learned) profession; *~e Berufsstände* professional classes; *~er Dienst* senior service; *~es Dienstalter* seniority; → *Gewalt*; *~e Instanz* ⚖ higher court, *Verwaltung*: higher authority; *~e Macht* supernatural power; *~e Mathematik* higher mathematics *pl.*; *~en Orts* by (higher) authority; *~e Schule* secondary school; *~er Blödsinn* a) higher nonsense; b) utter nonsense; *in ~en Regionen schweben* live in the clouds; **II.** *adv.* higher, *fig.* more highly; (*weiter [nach] oben*) higher up; *immer* ~ higher and higher; ~ *bewerten* rate higher; ~ *hinauswollen* fly at higher game; **≈e** *fig. n*: *das* ~ the Higher Thought, higher things *pl.*; **~liegend** *adj.* higher-lying; **~stehend** *adj.* higher(-ranking); *biol.* more highly developed; **≈versicherung** *f* increased insurance; **~wertig** ⚗ *adj.* of higher valence.

hohl *adj.* hollow (*a. Augen, Zahn, Klang, Magen*); (*röhrenförmig*) tubular; *opt.* concave; *fig.* (*leer, seicht*) hollow, empty, shallow; *~er Kopf* empty head; *ling. ~es L* dark L; *~e See* heavy swell, hollow sea; ~ *machen* hollow out; *in der ~en Hand* in the hollow of one's hand (*a. fig.*); *mit ~er Stimme* in a hollow voice; **~äugig** *adj.* hollow-eyed; **≈blockstein** *m* hollow block; **≈bohrer** *m* shell auger.

Höhle *f* cave, cavern; (*Loch*) hole; (*Grotte*) grotto; *von Raubtieren*: den, lair (*beide a. fig.*), *von Füchsen, Kaninchen usw.*: hole, burrow; (*Hohlraum*) hollow; *a. anat.* cavity; (*Augen*≈) socket; *die* ~ *des Löwen* the lion's den; **≈n** *v/t.* hollow.

Höhlen...: **~bär** *zo. m* cave-bear; **≈bewohnend** *adj.* cave-dwelling, spel(a)ean; **~bewohner(in** *f*) *m* cave-dweller, caveman, troglodyte; **~forscher** *m* cave explorer, spel(a)eologist; **~forschung** *f*, **~kunde** *f* spel(a)eology; **~malerei** *f* cave-painting; **~mensch** *m*

→ *Höhlenbewohner*; **~wohnung** *f* cave-dwelling; **~zeichnung** *f* cave drawing.

Hohl...: **≗erhaben** *adj.* concavo-convex; **~fläche** *f* concavity; **~fräser** ⊕ *m* concave cutter; **≗geschliffen** *adj.* hollow-ground, *opt.* concave; **~gewinde** ⊕ *n* female thread; **~glas** *n* hollow glass (-ware); **~heit** *f* hollowness; *fig. a.* emptiness, shallowness; **~kehle** *f* ⊕ groove, channel; △ cavetto; **~klinge** *f* hollow-ground blade; **~kopf** *m* empty-headed fellow, numskull; **≗köpfig** *adj.* empty-headed; **~körper** *m* hollow body; **~kreuz** ⚕ *n* hollow back; **~kugel** *f* hollow sphere (*od.* ball); **~maß** *n* measure of capacity; *für Korn usw.*: dry measure; **~meißel** *m* gouge; **~nadel** ⚕ *f* cannula; **~raum** *m* hollow (space), *a. anat.*, ⚕, *metall.* cavity; **~saum** *m* hemstitch; **~saumarbeit** *f* drawn work, thread-drawing; **~schliff** *m* hollow grinding; **~spiegel** *m* concave mirror; **~tier** *n* zoophyte, *pl.* coelenterata.

Höhlung *f* hollow, *a. anat.* cavity.

Hohl...: **≗wangig** *adj.* hollow-cheeked; **~weg** *m* hollow (way); (*Schlucht*) ravine, gorge; (*Engpaß*) sunken road, narrow pass, *bsd.* ⚔ defile; **~ziegel** *m* hollow brick; **~zirkel** *m* (*Innentaster*) inside cal(l)ipers *pl.*; **~zylinder** *m* hollow cylinder.

Hohn *m* (*Verachtung*) scorn, disdain; (*Verspottung*) mockery, derision, scoff(ing); sneer(s *pl.*), jeer(s *pl.*), gibe(s *pl.*); sarcasm; *der reinste ~* sheer mockery; *ein ~ auf* a mockery of; *~ u. Spott ernten* earn scorn and derision; *zum Spott u. ~ werden* become a mockery, be the scorn (*od.* laughing-stock) of all; *zum ~(e) gen.* (*e-r Person*) in defiance of, to spite *a p.*, (*e-r Sache*) in defiance (*od.* in the face, teeth) of.

höhnen *v/i.* sneer, jeer, mock, scoff (*über* at).

Hohngelächter *n* scornful (*od.* derisive) laughter.

höhnisch *adj.* (*geringschätzig*) scornful, disdainful; (*spöttisch*) sarcastic, sneering, mocking, derisive; (*hämisch*) sardonic, gloating; *~e Bemerkung*, *~es Lächeln* sneer.

Hohn...: **~lächeln** *n* derisive smile, sneer; **≗lächeln** *v/i.* smile derisively, sneer (*über* at); **~lachen** *n* derisive laughter; **≗lachen** *v/i.* laugh derisively (*od.* scornfully) (*über j-n* at; *et.* about); **≗sprechen** *v/i.* deride; scorn; sneer, scoff (*dat.* at); (*mit Verachtung trotzen*) defy, challenge; (*der Vernunft usw.*) fly in the face of.

Höker *m*, **~in** *f* hawker, huckster; **≗n** *v/i.* huckster, hawk; **~waren** *f/pl.* hawker's wares.

Hokuspokus *m* hocus-pocus (*a. fig.*); *~! a.* hey presto!

hold *adj.* **1.** *attr.* (*lieblich*) lovely, sweet; **2.** *pred.* (*zugetan*) kind, well-disposed, favo(u)rably inclined (*dat.* to); *j-m ~ sein a.* love (*od.* like, be attached to) a p.; *das Glück war ihm ~* fortune smiled upon him, *mst* he was in luck; *das Glück war ihm nicht ~* his luck was against him.

Holder ⚘ *m* → *Holunder usw.*

Holdinggesellschaft ⚚ *f* holding company.

holdselig *adj.* → *hold* 1.

holen *v/t.* (go and) get, fetch; go for; (*ab ~*) come (*od.* call) for, pick up, collect; *et. ~ aus* take from; *~ lassen* send for *a p. od. a th.*, call *a p.*; *sich ~* get, fetch, *fig.* (*sich zuziehen*) catch; *sich bei j-m Rat ~* consult a p., ask a p.'s advice; F *hier ist nichts zu ~* there is nothing to be got here; → *Atem, Luft, Teufel.*

holla! *int.* hey!

Holländer *m* **1.** Dutchman; *die ~* the Dutch (people *sg.*) (*pl.*); *der Fliegende ~* the Flying Dutchman; **2.** ✓ dairyman; **3.** *Papierherstellung*: hollander, beater; **4.** (*Kinderfahrzeug*) push-pull car.

Holländerei *f* dairy-farm.

Holländerin *f* Dutchwoman.

holländern *v/t.* ⊕ beat *rags*; *Buchbinderei*: sew, stitch.

holländisch *adj.*, **≗** *ling. n* Dutch.

Holle *f*: *Frau ~ schüttelt ihre Betten aus* Mother Carey is plucking her geese.

Hölle *f* hell; inferno; *in der ~* in hell; *in die ~ kommen* go to hell; *fig. die ~ auf Erden* hell on earth; *j-m die ~ heiß machen* give a p. hell, make it hot for a p.; *j-m das Leben zur ~ machen* make life a perfect hell to a p.; *die ~ war los* all hell broke loose.

Höllen...: **~angst** *f*: *e-e ~ haben* be in a mortal fright (*od.* F blue funk), be scared stiff; **~brut** *f* spawn of hell; **~fahrt** *eccl. f* (Christ's) Descent into Hell; F *fig.* hellish trip (*od.* ride); **~feuer** *n* hell-fire; **~fürst** *m* Prince of Darkness; **~hund** *m* hell-hound, Cerberus; **~lärm** *m* infernal noise, hellish din (*od.* F racket), pandemonium; **~maschine** *f* infernal machine, time bomb; **~pein** *f*, **~qual** *f* torment of hell; *fig. a.* excruciating pain, agony; e-e ~ *ausstehen* suffer hell; **~rachen** *m*, **~schlund** *m* jaws *pl.* of hell; **~stein** ⚗ *m* (lunar) caustic, silver nitrate.

Holler *m* → *Holunder usw.*

Hollerithsystem *n* Hollerith punched-card system.

höllisch I. *adj.* hellish, infernal, (*teuflisch*) devilish, fiendish (*alle a.* F *fig.*); F *fig.* dreadful, terrible, F awful; *ein ~er Spektakel* a hell of a noise; e-e *~e Arbeit* a hellish (*od.* fiendish) job; **II.** *adv.* F *fig.* hellishly, terribly, infernally, F awfully; *~ schwer* awfully difficult, hellish, fiendish.

Holm[1] *m* ⊕ (cross-)beam, transom; ✈ spar, (*Längs*~, *Rumpf*~) longeron; *Turnen*: bar; (*Stiel*) helve, handle; *des Ruders*: oar shaft.

Holm[2] *m* (*Insel*) islet, holm(e).

holp(e)rig I. *adj.* rough, uneven, rugged; *Straße*: *a.* bumpy, jolting; *fig.* bumpy, stumbling, clumsy; **II.** *adv.*: et. *~ vorlesen* (*od. vortragen*) stumble through a th.

holpern *v/i.* jolt *od.* bump *od.* rumble (along); (*stolpern*) stumble; *fig. Vers usw.*: be bumpy (*od.* clumsy); *Person*: stumble (along).

Holschuld *f* debt to be discharged at the domicile of the debtor.

holterdiepolter *adv.* helter-skelter.

Holunder *m* elder; *Blauer* (*od. Spanischer*) ~ lilac; **~beere** *f* elder-berry; **~strauch** *m* elder-bush; **~tee** *m* elder-tea; **~wein** *m* elder-berry wine.

Holz *n* wood (*a. Gehölz*); (*Nutz*~) timber, *Am.* lumber; (*Brenn*~) (fire-)wood; *aus ~* (made of) wood, wooden; F *ich bin doch nicht aus ~* I am not made of stone; *fig. aus demselben ~ geschnitzt* of the same stamp (*od.* kidney), *wie der Vater*: a chip of the old block; *aus einem anderen* (*od. härteren*) *~ geschnitzt* of a different stamp, made of sterner stuff; *aus grobem ~ geschnitzt* very rough; F *~ vor der Tür haben* be big-bosomed; *Gut ~! Kegeln*: good bowling!; **~alkohol** *m* wood alcohol; **~apfel** *m* crab-apple; **~arbeit** *f* woodwork(ing); → *Holzfällen*; **~artig** *adj.* woody, ligneous; **~bau** *m* **1.** wooden structure; **2.** ⚠ (*a.* **~bauweise** *f*) timber construction; **~bearbeitend** *adj.*, **~bearbeitung** *f* woodworking; **~bearbeitungsmaschine** *f* woodworking machine; **~bein** *n* wooden leg; **~bestand** *m* stand (*od.* stock) of timber; **~bildhauer** *m* wood-carver; **~bläser** ♪ *m* woodwind player; *die ~* the woodwind (*pl.*); **~blasinstrument** *n* woodwind instrument; **~bock** *m* **1.** ⊕ saw-horse; **2.** (*Insekt*) (wood) tick; **~bohrer** *m* **1.** ⊕ wood auger; **2.** (*Insekt*) wood-borer; **~brei** ⊕ *m* wood-pulp; **~druck** *m* (wood-) block print(ing).

holzen I. *v/i.* cut trees (*od.* timber); F *Fußball*: play rough; **II.** F *v/t. Fußball*: foul.

Holzerei F *f Fußball*: rough play.

hölzern *adj.* wooden, (of) wood; timber ...; *fig.* wooden, clumsy.

Holz...: ~essig *m* wood vinegar; **~fällen** *n* woodcutting; **~fäller** *m* woodcutter, *Am.* lumberjack; **~faser** *f* wood fib|re, *Am.* -er; (*Struktur*) grain; **~faserplatte** *f* wood fibreboard (*Am.* fiberboard); **~faserstoff** *m* (wood) cellulose; *Papierherstellung*: wood-pulp; **~feuerung** *f* firing (*od.* heating) with wood; **~fräser** *m* (wood) shaper; **~frei** *adj. Papier*: wood-free; **~gas** *n* wood-gas; **~geist** ⚗ *m* wood spirit (*od.* alcohol); **~hacken** *n* wood-chopping; **~hacker** *m* wood-chopper; → *a. Holzfäller*; **~haltig** *adj.* woody, ligneous; **~hammer** *m* mallet; F *mit dem ~* with a sledge-hammer; **~hammer...** F *in Zssgn* sledge-hammer *method, diplomacy*; **~handel** *m* timber (*Am.* lumber) trade; **~händler** *m* timber (*Am.* lumber) merchant; **~hauer** *m* → *Holzfäller*; **~haus** *n* wooden house; **~ig** *adj.* woody, ligneous; *Rettich usw.*: woody, stringy; **~klotz** *m* block of wood (*a. fig.*); **~kohle** *f* charcoal; **~konstruktion** *f* wooden construction; **~kopf** F *m* blockhead; **~lager** (**-platz** *m*) *n* timber (*Am.* lumber) yard; **~malerei** *f* painting on wood; **~ofen** *m* wood-burning stove; **~pantoffeln** *m/pl.* wooden slippers, clogs; **~papier** *n* wood (-pulp) paper; **~pflaster** *n* wood-block pavement; **~pflock** *m* wooden peg, dowel; **~platz** *m* → *Holzlager(platz)*; **~reich** *adj.* well-timbered; **~rost** *m* wooden grate; **~säge** *f* wood-saw; **~sandale** *f* wooden sandal; **~scheit** *n* piece (*od.* log) of wood; **~schlag** *m* felling (area); **~schleifer** *m*, **~schleifmaschine** *f* wood sander; *Papierherstellung*: wood grinder; **~schliff** *m* mechanical (wood-) pulp; **~schneidekunst** *f* wood engraving, xylography; **~schneider** *m* wood-engraver; xylographer; **~schnitt** *m* wood-engraving, woodcut; ~schnitzer *m* wood-carver; ~schnitzerei *f* wood-carving; ~schraube *f* wood screw; ~schuh *m* wooden shoe, clog; ~schuhtanz *m* clog-dance; ~schwamm *m* dry rot, wood fungus; ~span *m* chip (of wood), *pl. a.* (wood-)shavings; ~spanplatte *f* (wood) chipboard; ~spiritus *m* → *Holzgeist*; ~splitter *m* splinter (of wood), sliver; ~stahlkarosserie *mot. f* composite (*od.* metal-wood) body; ~stich *m* wood engraving; ~stift *m* (wooden) peg; ~stoff *m* lignin; *Papierherstellung*: wood-pulp; ~stoß *m* stack of wood, wood-pile; (*Scheiterhaufen*) stake; ~tafel *f* wooden board (*od.* panel); ~täfelung *f* wainscot(ing); ~taube *f* wood-pigeon; ~teer *m* wood-tar; ~trocknung *f* seasoning of timber; ~verarbeitung *f* wood processing; (*Bearbeitung*) woodworking; ~verschlag *m* wooden partition (*od.* shed); (*Verpackung*) (wooden) crate; ~ware *f* wooden ware *od.* article(s *pl.*); ~watte *f* wood wool; ~weg *m*: *fig. auf dem ~ sein* a) be on the wrong tack (*od.* track), be barking up the wrong tree; b) be very much mistaken; ~werk *n* woodwork; (*Zimmerwerk*) timber-work, (*Getäfel*) wainscot(ing); ~wolle *f* wood-wool, fine wood-shavings *pl.*, *Am.* excelsior; ~wurm *m* wood-worm; ~zellstoff *m* lignocellulose; ~zucker *m* wood sugar, xylose.

Homburg *m* Homburg (hat).

homerisch *adj.* Homeric; *~es Gelächter* Homeric (*od.* epic) laughter.

Hominide *biol. m* hominid.

Homo F *m* F homo, *sl.* queer, fruit, *Am. a.* fag(got).

homo... *in Zssgn* homo...; **~dyn...** ⚡ *in Zssgn* homodyne; **~gen** *adj.* homogeneous; **~genisieren** *v/t.* homogenize; **≈genität** *f* homogeneousness, homogeneity; **~log** *adj.* homologous; **~nym** *ling. adj.* homonymous; **≈nym** *ling. n* homonym.

Homöo|path ⚕ *m* hom(o)eopath (-ist); **~pathie** *f* hom(o)eopathy; **≈pathisch** *adj.* hom(o)eopathic(ally *adv.*).

homophil *adj.*, **≈e(r)** *m* homophile.

Homosexu|alität *f* homosexuality; **≈ell** *adj.* homosexual; **~elle(r)** *m* homosexual.

honen ⊕ *v/t.* hone.

Honig *m* honey; F *fig. j-m ~ um den Mund schmieren* F butter a p. up, *sl.* soft-soap a p.; **~biene** *f* honey-bee; **~drüse** *f* nectar gland; **~ertrag** *m* yield of honey; **≈farben** *adj.* honey-colo(u)red; **≈fressend** *adj.* honey-eating, mellivorous; **~kuchen** *m* honey-cake; → *a. Honigwabe*; **~mond** *m* honey-moon; **~scheibe** *f* honeycomb; **~schleuder** *f* honey extractor; **≈süß** *adj.* honey-sweet, honeyed (*a. fig.*); **~wabe** *f* honeycomb; **~zelle** *f* honey(comb) cell.

Honneurs *pl.*: *die ~ machen* do the hono(u)rs.

Honorar *n* honorarium, payment; *e-s Arztes usw.*: fee, remuneration; *e-s Autors*: (author's) royalties *pl.*; **~professor** *m* honorary professor, associate lecturer; **~vertrag** *m* fee contract.

Honoratioren *pl.* notables, notabilities, local dignitaries.

honorier|en *v/t.* (*et.*) pay (a fee) for; (*j-n*) remunerate (*für* for); ⚚ (*Wechsel*) hono(u)r, meet; *fig.* hono(u)r, appreciate; *nicht ~* dishono(u)r; **≈ung** *f* remuneration, payment; ⚚ *Wechsel*: acceptance, payment.

honorig *adj.* respectable, decent.

Hopfen *m* ⚘ hop; ↗ *coll.* hops *pl.*; *fig. an ihm ist ~ und Malz verloren* he is (a) hopeless (case); **~darre** *f* hop kiln; **~stange** *f* hop-pole; F *fig.* F bean-pole.

hopp I. *int.* jump!, hop!; (*schnell*) quick!, hop (to) it!; **II.** *adv.*: F *~ nehmen sl.* nab *a thief, etc.*

hoppeln *v/i.* hop, lollop.

hoppla *int.* **1.** (wh)oops!; **2.** → *hopp* I; **~hopp** F *adv.* slapdash.

hops F **I.** *adj. pred.* → *hin* 3; **II.** *adv.*: *~ gehen* go to pot, *sl.* go west; (*sterben*) *sl.* go west, peg out; (*verhaftet werden*) *sl.* be nabbed; *~ nehmen sl.* nab *a thief, etc.*

hopsa(ssa)! *int.* (wh)oops!

Hopser *m* hop; (*Tanz*) ecossaise (*fr.*).

Hörapparat *m* hearing aid.

hörbar *m* audible; *sich ~ machen* make o.s. heard; **≈keit** *f* audibility.

Hör...: **~bericht** *m* radio report, running commentary; **~bild** *n* radio feature; **~brille** *f* hearing spectacles *pl.*, earglasses *pl.*

horchen *v/i.* listen (*auf* to); *heimlich*: *a.* eavesdrop.

Horcher(**in** *f*) *m* eavesdropper.

Horch...: **~gerät** *n* ⚔ sound locator; ⚓ hydrophone; *Funk*: intercept receiver; **~posten** ⚔ *m* listening post (*od. Soldat*: sentry).

Horde[1] *f* **1.** horde, (nomadic) tribe; *fig. contp.* horde, mob, gang.

Horde[2] *f* (*Gestell*) hurdle, shelf.

hordenweise *adv.* in hordes.

hören I. *v/t. u. v/i.* hear; (*zu-*

fällig mit an ~) overhear; (*Gehör leihen*) hear, listen to, ⚖ give a hearing to; *Radio* ~ listen in; *e-n Sender* ~ listen in to a station; *beide Parteien* ~ hear both parties (*od.* sides); ~ *an* hear (*od.* recognize, tell) by; ~ *auf* (*j-n*) listen to, follow the advice of, (*Ratschläge usw.*) heed, obey; *auf den Namen* ... ~ answer to the name of ...; *von et. nichts* ~ *wollen* shut one's ears to a th., refuse to listen to a th.; *gut* ~ hear well, have a good (*od.* quick) ear; *schwer* ~ be hard of hearing; *die Messe* ~ hear mass; *univ. ein Kolleg* ~ attend (*od.* hear) a course of lectures; *bei Professor B. Geschichte* ~ hear Professor B.'s lectures on history; *ich habe von ihm gehört* I heard from (*durch andere*: *über* of) him; *wie ich höre od. ich habe gehört, daß* I hear (*od.* understand) (that), I have been told (*od.* they tell me) that; *ich habe es von Herrn B. gehört* I have it from Mr. B.; *sich* ~ *lassen Künstler*: perform; *er ließ nichts von sich* ~ he sent no word (*od.* news), we are without his news; *man hörte nie mehr etwas von ihm* he was never heard of again; *lassen Sie* (*bald*) *von sich* ~ I hope to hear from you (soon); *ich lasse von mir* ~ I'll let you know; *das läßt sich* ~ that sounds well (*od.* F all right); *das läßt sich schon eher* ~ that's more like it, *Am. a.* now you are talking; *er hört sich gerne reden* he likes to hear himself talk; *hört, hört!* hear, hear!, *Am.* that's right!; ~ *Sie mal!* listen *od.* look (here)!; *soviel man hört* from all accounts; **II.** ≈ *n* hearing; (*Zu*≈) listening; *ihm verging* ~ *u. Sehen* (*dabei*) he was stunned; ..., *daß dir* ~ *u. Sehen vergeht drohend*: ... that you'll wish you were never born; ≈**sagen** *n* hearsay; *vom* ~ from hearsay; *das beruht nur auf* ~ that's mere hearsay.

Hörer *m* **1.** ~**in** *f* (*a. Radio*≈) listener; *univ.* student; *die* ~ *pl.* the audience *sg.*; **2.** (*Gerät*) *teleph.* receiver; (*Kopf*≈) earphone(s *pl.*), headphone(s *pl.*), headset; ~**kreis** *m*, ~**schaft** *f* listeners *pl.*, audience.

Hör...: ~**fehler** *m* error in hearing; ⚕ hearing defect; ~**folge** *f* radio serial (*od.* series); ~**frequenz** *f* audio-frequency; ~**funk** *m* sound broadcasting, radio; ~**gerät** *n*, ~**hilfe** ⚕ *f* hearing aid.

hörig *adj.*: *j-m* ~ *sein* be in bondage (*od.* be enslaved) to a p.; ≈**e**(**r** *m*) *f hist.* bond(s)man (-woman *f*), serf; *fig.* slave (*j-s* to a p.); ≈**keit** *f* bondage; *fig. a.* subjection.

Horizont *m* horizon (*a. geol. u. fig.*); *am* ~ on the horizon; *fig. s-n* ~ *erweitern* widen one's (mental) horizon, broaden one's mind; *das geht über m-n* ~ that is beyond me.

horizontal *adj.* horizontal, level; ≈**bohrmaschine** *f* horizontal boring machine; ≈**e** *f* horizontal; ≈**ebene** *f* horizontal plane; ≈**flug** *m* horizontal flight.

Hormon *n* hormone; ≈**al** *adj.* hormonal; ~**behandlung** *f* hormonotherapy; ~**drüse** *f* hormonal gland.

Hörmuschel *teleph. f* earpiece.

Horn *n* **1.** *zo.* horn (*a. Material*); *der Schnecke*: horn, feeler; *fig. j-m die Hörner zeigen* show a p. one's teeth; *die Hörner einziehen* pull in one's horns; *j-m Hörner aufsetzen* cuckold a p.; *sich die Hörner ablaufen* (*od. abstoßen*) sow one's wild oats; → *Stier* 1; **2.** ♪ horn; (*Jagd*≈, *a.* ⚔) bugle; (*Wald*≈) French horn; *ins* ~ *stoßen* blow one's horn; *fig.* (*mit j-m*) *in dasselbe* ~ *stoßen* chime in (with), F sing the same tune (as); **3.** *mot.* (*Hupe*) horn; *an der Stoßstange*: overrider; **4.** (*Bergspitze*) peak; ≈**artig** *adj.* hornlike, horny; ~**berger Schießen** *n*: *ausgehen wie das* ~ come to nothing; ~**bläser** *m* → *Hornist*; ~**blende** *min. f* hornblende; ~**brille** *f* horn-rimmed spectacles *pl.*

Hörnchen *n* small horn; (*Gebäck*) croissant (*fr.*), crescent.

hörnen I. F *v/t.* cuckold *a husband*; **II.** *zo. v/i.* shed its antlers.

Hörnerv *m* auditory nerve.

Hornhaut *f* horn(y) skin, callosity; *des Auges*: cornea; ~**entzündung** *f* inflammation of the cornea, keratitis; ~**krümmung** *f* curvature of the cornea; ~**trübung** *f* corneal opacity.

hornig *adj.* horny.

Hornisse *f* hornet; ~**nnest** *n* hornets' nest.

Hornist *m* horn-player; ⚔ bugler.

Horn...: ~**ochse** F *m* blockhead, oaf, idiot; ~**signal** *n* bugle-call; *mot.* horn signal.

Hornung *m* February.

Hornvieh *n* horned cattle.

Hörorgan *n* auditory organ.

Horoskop *n* horoscope; *j-m das* ~ *stellen* cast a p.'s horoscope (*od.* nativity).

Hörprobe *f* audition.

horrend *adj.* enormous; → *ungeheuer*.

horrido *int.*, ≈ *n* halloo.

Hörrohr *n* ear-trumpet; ⚕ stethoscope.
Horror *m*: e-n ~ *haben vor* have a horror of, loathe *a th.*; **~film** *m* horror film.
Hör...: **~saal** *m* lecture-hall, auditorium; **~schärfe** *f* hearing acuity; **~schwelle** *f* threshold of audibility; **~spiel** *n* radio play.
Horst *m* nest; *des Adlers u. fig.*: aerie, eyrie; → *Fliegerhorst*; (*Gesträuch*) copse; *geol.* horst.
horsten *v/i.* build an aerie, nest.
Hort *m* **1.** *poet.* (*Schatz*) treasure; hoard *of the Nibelungs*; (*sicherer Ort*) safe retreat, refuge, shelter; (*Schutz*) protection; (*Bollwerk*) bulwark, stronghold; (*Schützer*) protector; **2.** (*Kinder*~) day-nursery; **~en** *v/t.* hoard (up), accumulate; (*Rohstoffe*) stockpile.
Hortensie ⚘ *f* hydrangea.
Hortung *f* hoarding.
ho-ruck! *int.* heave-ho!
Hör...: **~vermögen** *n* (power of) hearing; **~weite** *f*: *außer* (*in*) ~ out of (within) earshot (*od.* hearing).
Höschen *n* short trousers *pl.*, shorts *pl.*, F *od. Am.* pants *pl.*; (*Damenschlüpfer od. Kinder*~) pants *pl.*, panties *pl.*, knickers *pl.*
Hose *f* (*oft pl.* ~*n od. ein Paar* ~*n*) (a pair of) trousers *pl.*, F *od. Am.* pants *pl.* (*beide a. Damen*~); (*Arbeits*~, *Freizeit*~) slacks *pl.*; *kurze* ~(*n*) short pants *pl.*, shorts *pl.*; → *Badehose, Golfhose, Kniehose, Unterhose*; F *fig. die* ~*n anhaben* wear the breeches (*Am.* pants); F ([*sich*] *vor Angst*) *in die* ~*n machen* dirty one's pants (with fright), *weitS.* get into a blue funk; F *die* ~*n* (*gestrichen*) *voll haben* F be in a blue funk; *j-m die* ~*n strammziehen* give a p. a spanking, *Am. a.* warm a p.'s pants; *fig. sich auf die* ~*n setzen* buckle down to work, work hard; *das Herz fiel ihm in die* ~(*n*) his heart was in his boots; F *in die* ~ *gehen* F backfire, *sl.* be a frost.
Hosen...: **~anzug** *m* trouser suit, *Am.* pants suit; **~aufschlag** *m* (trouser) turn-up; **~bandorden** *m* Order of the Garter; *Ritter des* ~*s* Knight of the Garter; **~bein** *n* trouser-leg; **~boden** *m* seat of the trousers; **~boje** ⚓ *f* breeches buoy; **~bügel** *m* trouser-hanger; **~bund** *m*, **~gurt** *m* waistband; **~klappe** *f*, **~laden** *m*, **~latz** *m* fly; **~matz** F *m* tiny tot; **~naht** *f* trouser seam; **~rock** *m* divided (*od.* trouser, *Am.* pant) skirt; **~rolle** *thea. f* breeches part; **~scheißer** F *m* coward; **~schlitz** *m* fly; **~spanner** *m*, **~strecker** *m* trouser-hanger; **~steg** *m* trouser strap; **~tasche** *f* trouser pocket; F *fig. et. wie s-e* ~ *kennen* know a th. like the back of one's hand; **~träger** *m* (pair of) braces *pl.* (*Am.* suspenders *pl.*).
Hosianna *n*, ~ *int.* hosanna.
Hospital *n* hospital; → *a. Krankenhaus*; *für Altersschwache usw.*: home; **~schiff** *n* hospital ship.
Hospit|ant(in *f*) *m univ.* guest student; *ped.* auditor; *pol.* associate; **~ieren** *v/i.* attend (lectures) as a guest student; sit in (*bei* at).
Hospiz *n* hospice; (*christliches Heim*) Christian family hotel.
Hostie *eccl. f* (eucharistic) host, consecrated wafer; **~ngefäß** *n* pyx; **~nteller** *m* paten.
Hotel *n* hotel; ~ *garni* residential hotel (providing bed and breakfast only); **~besitzer(in** *f*) *m*, **Hotelier** *m* hotel proprietor, hotelier; **~boy** *m* page(-boy), *Am. a.* bellboy; **~direktor** *m* hotel manager; **~fach** *n* hotel business; **~fachschule** *f* school of hotel management; **~gewerbe** *n* hotel trade (*od.* industry); **~führer** *m* hotel guide (*od.* directory); **~halle** *f* (entrance-)hall *od.* lounge, vestibule; **~nachweis** *m* hotel information service; list of hotels; **~page** *m* → *Hotelboy*; **~portier** *m* hall porter; → *a. Empfangschef*; **~- u. Gaststättengewerbe** *n* catering trade; **~unterkunft** *f* hotel accommodation; **~zimmer** *n* hotel room.
hott! *int.* **1.** (*marsch*) gee ho!, hoy!; **2.** (*nach rechts*) gee!
Hottentotte *m* Hottentot.
hu! *int.* whew!, ugh!; *zum Erschrecken*: boo!
hü! *int.* **1.** → *hott* 1; **2.** → *hist.*
Hub *m* ⊕, *mot.* stroke, travel; *des Ventils, e-s Krans*: lift; (*Exzenter*~, *Pendel*~) throw; **~brücke** *f* lifting bridge.
hüben *adv.* on this side; ~ *und* (*od. wie*) *drüben* on both sides.
Hubertusjagd *f* St Hubert's Day hunt.
Hub...: **~höhe** *f* → *Hub*; **~kraft** *f*, **~leistung** *f* lifting capacity; *mot.* output per unit of displacement; **~pumpe** *f* lifting pump; **~raum** *m* piston displacement, swept volume, cubic (*od.* cylinder) capacity.
hübsch I. *adj.* **1.** pretty, *Person*: *a.* good-looking, *bsd. Mann*: handsome; (*lieblich*) lovely; (*reizend*) charming; (*malerisch*) picturesque; **2.** *weitS.* nice, fine; *Wetter usw.*: pretty, pleasant; **3.** F (*beträchtlich*)

considerable, substantial, F pretty; *e-e ~e Summe* a pretty (*od.* tidy) sum; *ein ~es Vermögen* a handsome fortune; *iro. ~e Aussichten* nice prospects; *iro. e-e ~e Geschichte!* a pretty mess (*od.* kettle of fish)!; *ein ~es Stück Wegs* quite a distance; **4.** F (*freundlich, nett*) nice, kind; *das war nicht ~ von dir!* that wasn't nice of you!; **II.** *adv.* **5.** prettily; **6.** F (*ziemlich, sehr*) quite, rather, F pretty; **7.** F *das wirst du ~ sein lassen* you aren't going to do anything of the sort; *sei ~ artig!* be a good boy (girl)!; *immer ~ der Reihe nach!* come on, one after the other!

Hub...: **~schrauber** *m* helicopter; **~schrauberlandeplatz** *m* heliport; **~stapler** *m* fork-lift (truck); **~volumen** *n* → *Hubraum*; **~weg** *mot. m* piston travel; *Ventil*: height of valve lift.

huch! *int.* eek!, ooh!

Hucke F *f*: *j-m die ~ voll hauen* give a p. a sound thrashing; *j-m die ~ voll lügen* tell a p. a pack of lies; **≗pack** *adv.* pick-a-back; **~pack...** *in Zssgn* pick-a-back *airplane, traffic, etc.*

Hud|elei F *f* sloppy (*od.* slipshod) work; **≗eln** *v/i.* scamp one's work, work carelessly, botch; **≗ler**(**in** *f*) *m* scamper, botcher.

Huf *m* hoof.

Hufe ⚒ *f* hide (of land).

Huf...: **~eisen** *n* horseshoe; **≗eisenförmig** *adj.* horseshoe (-shaped); **~eisenmagnet** *m* horseshoe magnet; **~lattich** ⚘ *m* coltsfoot; **~nagel** *m* horseshoe nail, hobnail; **~schlag** *m* hoofbeat; (horse's) kick; **~schmied** *m* farrier; **~schmiede** *f* farriery; **~tier** *n* hoofed animal.

Hüft|bein *anat. n* hip-bone, ilium; **~e** *f* hip; *von Tieren*: haunch; *bis an die ~ reichend* waist-high; **~gelenk** *n* hip-joint; **~gelenkentzündung** ⚕ *f* inflammation of the hip-joint, coxitis; **~gürtel** *m*, **~halter** *m* (*elastischer*: roll-on) girdle; (*Strumpfhaltergürtel*) suspender (*Am.* garter) belt; *mit Schlüpfer*: panty-girdle; **≗hoch** *adj. u. adv.* waist-high; **≗lahm** *adj.* hipshot; **~nerv** *m* sciatic nerve; **~schwung** *m Sport*: hip-swing; *Ringen*: cross-buttock; **~umfang** *m* hip-measurement.

Hügel *m* hill, *kleinerer*: *a.* hillock; (*Erdhaufen*) mound, hill; **~abhang** *m* hillside, slope.

hüg(e)lig *adj.* hilly.

Hügel...: **~kette** *f* range of hills; **~land** *n* hill(y) country.

Hugenott|e *m*, **≗isch** *adj.* Huguenot.

Huhn *n* fowl, chicken; (*Henne*) hen; *junges ~* → *Hühnchen*; *pl.* chickens, hens; (*Geflügel*) poultry *sg.*; *gebratenes ~* roast chicken; *fig. ein krankes ~* a lame duck; *verrücktes ~* crackpot, *Am. sl.* screwball; F *mit den Hühnern aufstehen* (*zu Bett gehen*) rise with the lark (go to bed early); F *da lachen ja die Hühner!* that's a laugh!

Hühnchen *n* chicken, pullet; (*Brat≗*) roast chicken; *fig. mit j-m ein ~ zu rupfen haben* have a bone to pick with a p., have a score to settle with a p.

Hühner...: **~auge** *n* corn; F *j-m auf die ~n treten* tread on a p.'s corns (*od.* toes); **~augenentferner** *m* corn-remover; **~augenoperateur** *m* chiropodist, corn-cutter; **~augenpflaster** *n* corn-plaster; **~brühe** *f* chicken-broth; **~brust** *f* chicken breast; ⚕ pigeon-chest; **~ei** *n* hen's egg; **~farm** *f* poultry (*od.* chicken) farm; **~futter** *n* chicken-feed; **~habicht** *m* goshawk; **~hof** *m* poultry-yard, *Am.* chicken-yard; **~hund** *m* pointer, setter; **~jagd** *f* partridge shoot(ing); **~leiter** *f* chicken-ladder; **~pastete** *f* chicken pie; **~pest** *f* fowl-pest; **~ragout** *n* chicken ragout; **~schlag** *m*, **~stall** *m* hen-house, chicken-coop (*od.* -shack); **~schrot** *n* partridge shot; **~stange** *f* (hen-)roost; **~suppe** *f* chicken broth; **~vögel** *m/pl.* gallinaceous birds; **~zucht** *f* chicken breeding (*od.* farming); **~züchter** *m* chicken breeder (*od.* farmer).

hui I. *int.* woosh!; *erstaunt*: ooh!; **II.** **≗** *m*: *im ~, in e-m ~* in a trice, F in a jiffy.

Huld *f* graciousness, grace, favo(u)r; (*Zuneigung*) affection; (*Güte*) benevolence; *in j-s ~ stehen* be in a p.'s good graces; *j-m s-e ~ schenken* bestow one's favo(u)r on a p.

huldig|en *v/i.* (*j-m*) do (*od.* pay, render) homage to; *fig.* pay homage (*od.* tribute) to *a p. od. th.*; *durch Beifall*: give *a p.* an ovation; (*e-r Dame*) pay court (*od.* homage) to; (*e-r Ansicht*) profess, hold *an opinion*; (*e-m Laster usw.*) indulge in, be addicted to; (*der Mode usw.*) follow, devote o.s. to; (*den Göttern*) worship; **≗ung** *f* homage; *fig. a.* tribute (*an* to); (*Beifall*) ovation, cheers *pl.*; **≗ungseid** *m* oath of allegiance.

huld|reich, ~voll *adj.* gracious.

Hülle *f* wrap(per), cover(ing); (*a.*

Brief≈, *Ballon*≈, *a. ast.*) envelope; (*Buch*≈) cover, (*Umschlag, a. Schallplatten*≈) jacket; (*Dokumenten*≈) folder, jacket; (*Futteral, Gehäuse*) case; (*Überzug*) coat; (*Kleid*) garment, *pl.* clothes *pl.*; (*Schleier*) veil; *für die Augen*: bandage; *anat.* sheath, (*Deckhaut*) integument; ⚘, *zo.* involucre; *des Elektrons*: shell; *Algebra*: closure; *fig.* cloak, veil; (*Maske*) mask; *sterbliche* ~ mortal frame (*od.* remains); ... *in* ~ *und Fülle* ... in abundance; an abundance of ..., plenty of ...

hüllen *v/t.* wrap (up) (*in* in), envelope (in), cover (with); *fig. in Flammen gehüllt* enveloped in flames; *in Dunkel (Nebel) gehüllt* shrouded in darkness (mist); *in Wolken gehüllt* clouded; *sich in Schweigen* ~ wrap o.s. in silence, *über et.*: be silent about a th.; **≈elektron** *n* orbital electron; **~los** *adj.* naked.

Hülse *f* hull, husk; (*Schale*) shell; (*Schote*) pod; (*Kapsel*) capsule; ⊕ case, bush, sleeve; (*Röhre*) tube; (*Steck*≈) socket; (*Aufsteck*≈ *des Füllhalters*) (slip-on) cap; ⚔ (*Geschoß*≈) case; (*Etui*) case; **≈nartig** ⚘ *adj.* leguminous; **~nauszieher** ⚔ *m* (cartridge case) extractor; **~nfrucht** *f* legume(n); (*Pflanze*) leguminous plant; *Hülsenfrüchte* pulse (*oft pl. konstr.*).

human *adj.* humane; F (*anständig*) decent; **≈genetik** *f* human genetics *pl.* (*sg. konstr.*); **≈isieren** *v/t.* humanize.

Humanis|mus *m* humanism; **~t(in** *f*) *m* humanist, classical scholar, classicist; **≈tisch** *adj.* humanistic(ally *adv.*), classical; ~*e Bildung* classical education; → *Gymnasium*.

humanitär *adj.* humanitarian.

Humanität *f* humaneness, humanity; **~sduselei** F *f* sentimental humanitarianism.

Humanmedizin *f* human medicine.

Humbug *m* humbug.

Hummel *f* bumble-bee; F *fig. wilde* ~ tomboy, romp, hoyden.

Hummer *m* lobster; **~cocktail** *m* lobster cocktail; **~salat** *m* lobster salad; **~schere** *f* claw of a lobster.

Humor *m* (sense of) humo(u)r; → *a. Laune*; *er hat keinen* ~ he has no sense of humo(u)r, he can't see a joke; *et. mit* ~ *ertragen* take a th. good-humo(u)redly; *iro. du hast (vielleicht)* ~*!* you've got a nerve!

Humoreske *f* humorous sketch (*od.* story); ♪ humoresque.

humorig *adj.* whimsical, humorous.

Humorist *m* humorist; humorous writer (*od. weitS.* person); **≈isch** *adj.* humorous.

humorvoll *adj.* humorous.

humpeln *v/i.* limp, hobble.

Humpen *m* tankard.

Humus|(erde *f*) *m* humus, vegetable mould; **~boden** *m* humous soil; **~pflanze** *f* saprophyte; **~säure** *f* humic acid; **~schicht** *f* humus layer, top soil.

Hund[1] *m* **1.** dog; (*Jagd*≈) hound; *junger* ~ young dog, puppy; **2.** *fig.* ~*e, die viel bellen, beißen nicht* barking dogs seldom bite; *wie* ~ *und Katze leben* lead a cat-and-dog life; *den letzten beißen die* ~*e* the devil takes the hindmost; *viele* ~*e sind des Hasen Tod* sheer numbers will get you down; → *hetzen* I 2; **3.** F *fig.* (*gemeiner*) ~ (dirty) dog, scoundrel, *sl.* skunk, rat; *armer* ~ poor fellow (*od.* devil); *schlauer (fauler)* ~ sly (lazy) dog; *auf den* ~ *bringen* ruin, wreck; *auf den* ~ *kommen* go to the dogs, be ruined, *Person*: *a.* come down in the world, *gesundheitlich*: go to pieces, F crack up; (*ganz*) *auf dem* ~ *sein* be in a sorry state, F be down and out, *gesundheitlich*: *a.* be a wreck; *er ist mit den Nerven ganz auf dem* ~ he is a nervous wreck, his nerves are all shot; *vor die* ~*e gehen* go to the dogs, *Sache*: *a. sl.* go to pot; *es ist, um junge* ~*e zu kriegen* it's enough to drive you mad; *da liegt der* ~ *begraben* that's why, that's it; *er ist bekannt wie ein bunter* ~ he is known all over the place; *damit kannst du keinen* ~ *hinter dem Ofen hervorlocken* it's (just) no good; *das ist ein dicker* ~ *sl.* that's a humdinger (*od.* wow); **4.** *ast. Großer* ~ Greater Dog, Canis major; *Kleiner* ~ Lesser (*od.* Little) Dog, Canis minor.

Hund[2] ⚒ *m* (*Förderkarren*) (mine) car, truck, tub.

Hunde...: **~arbeit** F *f* fiendish job, drudgery; **~ausstellung** *f* dog-show; **~biß** *m* dog-bite; **≈elend** F *adj.* miserable, wretched; *sich* ~ *fühlen* feel rotten (*od.* F lousy); **~fänger** *m* dog-catcher; **~futter** *n* dog-food; **~halsband** *n* dog-collar; **~halter** *m* dog-owner; **~hütte** *f* (dog-)kennel, *bsd. Am.* dog-house; **~kälte** F *f*: *es ist eine* ~ F it's beastly cold; **~koppel** *f* **1.** (dog-)leash; **2.** *hunt.* brace of dogs; **~krankheit** *f* canine distemper; **~kuchen** *m* dog-biscuit; **~leben** *n*: F *ein* ~ *führen* lead a dog's life; **~leine** *f* (dog-)lead, leash; **~liebhaber** *m* dog-fancier; **~marke** *f* dog tag (*a. Am.* ⚔ *sl.* = identity disk); **2müde** F *adj.* dog-tired; **~peitsche** *f* dog-whip; **~rasse** *f* dog-breed; **~rennen** *n* dog *od.* greyhound race (*od.* racing).

hundert I. *adj.* hundred; ~ *Personen* a (*od.* one) hundred persons; ~ *gegen eins wetten* lay a hundred to one; **II.** 2 *n* hundred; *ein halbes* ~ fifty; *fünf vom* ~ (*abbr. v. H.*) five per cent; ~*e von Menschen* hundreds of people; *zu* ~*en* by (*od.* in) hundreds; **III.** 2 *f* (figure) hundred; **2er** *m* ♣ *the* hundred; (*die Ziffer 100*) (figure *od.* number) hundred; (*dreistellige Zahl*) three-figure number; F (*Geldschein*) hundred-mark *etc.* note (*Am.* bill); **~erlei** *adj.* of a hundred (different) kinds, a hundred different *things*; of all possible sorts; **~fach, ~fältig** *adj. u. adv.* (a) hundredfold; *adv. a.* a hundred times; **2fünfundsiebziger** F *m* → *Homo*; **~fünfzigprozentig** F *adj.* fanatic(al), ultra ...; **~gradig** *phys. adj.* centigrade; **2jahrfeier** *f* centenary; *Am.* centennial; **~jährig** *adj.* a hundred years old, centenary; **2jährige(r** *m*) *f* centenarian; **~mal** *adv.* a hundred times; **2markschein** *m* hundred-mark note (*Am.* bill); **2-Meter-Lauf** *m* 100-metre (*Am.* -meter) dash; **~prozentig** *adj.* a hundred per cent (*a. adv.*); *fig. a.* complete(ly *adv.*), out-and-out, thorough; **2satz** *m* percentage.

hundertst *adj.* hundredth; *fig. vom* 2*en ins Tausendste kommen* ramble from one subject to the other, talk on and on; **2el** *n* hundredth (part); *one, etc.* per cent.

hundert...: **~tausend** *adj.* a (*od.* one) hundred thousand; 2*e von Exemplaren* hundreds of thousands of copies; **~weise** *adv.* by hundreds; by the hundred.

Hunde...: **~schlitten** *m* dog-sled; **~schnauze** *f* dog's nose (*od.* muzzle); F *kalt wie e-e* ~ (as) cold as a fish; **~steuer** *f* dog tax; **~wetter** F *n* F beastly weather; **~zucht** *f* dog-breeding; (*Zwinger*) kennel (of dogs); **~zwinger** *m* (dog-)kennel.

Hündin *f* she-dog, bitch.

hündisch *adj. fig. contp.* cringing, servile; ~*e Angst* cringing fear; ~*e Ergebenheit* dog-like (*od.* abject) devotion.

Hunds...: **~fott** *m* scoundrel; **2föttisch, 2gemein** *adj.* dirty, mean, *sl.* low-down; *weitS.* F beastly *weather, etc.*; **2miserabel** F *adj. sl.* lousy; **2müde** F *adj.* F dog-tired; **~stern** *ast. m* dog-star, Sirius; **~tage** *m/pl.* dog-days, canicular days; **~tagshitze** *f* canicular heat; **~wut** *f* → *Tollwut*.

Hüne *m* giant; **~ngestalt** *f* gigantic figure; Herculean build; **~ngrab** *n* dolmen, megalithic grave; **2nhaft** *adj.* gigantic, Herculean.

Hunger *m* hunger (*fig. nach* after, for); (*Eßlust*) appetite (for); *fig. a.* craving, thirst (for); (~*snot*) famine, starvation; ~ *bekommen* get hungry; ~ *haben* be hungry; ~ *leiden* suffer from hunger, starve; ~*s* (*od. vor* ~) *sterben* die of hunger (*od.* starvation), starve (to death); *ich habe* ~ *wie ein Wolf* I am hungry as a wolf, I am ravenous (*od.* famished); ~ *ist der beste Koch* hunger is the best sauce; **~blockade** *f* hunger blockade; **~gefühle** *n/pl.* hunger-pangs; **~jahr** *n* year of famine; *pl.* hungry (*od.* lean) years; **~künstler** *m* professional starver; F *weitS.* expert faster; **~kur** ⚕ *f* starvation cure (*od.* diet); *e-e* ~ *durchmachen* be put (*od.* put o.s.) on a low diet, starve o.s.; **~leben** *n* life of want, (slow) starvation; **~leider** F *m* starveling, poor beggar; **~lohn** *m* starvation wage(s *pl.*); (*a* mere) pittance; **2n I.** *v/i.* (*Hunger leiden*) (suffer) hunger, starve, go hungry; *freiwillig*: starve o.s.; (*fasten*) fast; *aus Gesundheitsrücksichten*: diet o.s.; *j-n* ~ *lassen* starve a p.; *fig.* ~ *nach* hunger (*od.* crave, long) for; **II.** *v/impers.*: *es hungert mich, mich hungert* I am (*od.* feel) hungry; **2nd** *adj.* hungry, starving; **~ödem** ⚕ *n* nutritional (o)edema; **~ration** *f* starvation ration *od.* diet; **~snot** *f* famine; *von* ~ *befallen* famine-stricken; **~streik** *m* hunger-strike; *in* ~ *treten* go on hunger-strike; **~tod** *m* (death from) starvation; *den* ~ *erleiden* die of hunger (*od.* starvation), starve to death; **~tuch** *n*: *am* ~ *nagen* be starving, go hungry, have nothing to bite; **~typhus** *m* typhus, famine-fever.

Hünin *f* giantess; huge woman.

hungrig *adj.* hungry, *stärker*: ravenous; (*ausgehungert*) starving, famished; *fig.* hungry (*a. Blick usw.*), starved (*nach* for).

Hunn|e *m*, **~in** *f* Hun.

hunzen F *v/t.* give *a p.* a hard time, chase *a p.* around.

Hupe *mot. f* horn, hooter; **2n** *v/i.* hoot, honk; sound one's horn;

~nsignal *n*, **~nzeichen** *n* horn signal, honk.
hupfen *v/i.* → *hüpfen*; F *das ist gehupft wie gesprungen* that's six of one and half a dozen of the other, that's much of a muchness.
hüpfen *v/i.* hop, skip; (*springen*) leap, jump (*vor Freude* for joy); (*herumtollen*) gambol, frisk (about); (*emporschnellen*, *abprallen*) bound, bounce; *fig. sein Herz hüpfte ihm im Leibe* his heart leapt for joy.
Hüpfspiel *n* hopscotch.
Hup|konzert F *n* chorus of horns, general honking; **~signal** *n*, **~zeichen** *n* horn signal, honk.
Hürde *f* **1.** *Sport*: hurdle (*a. fig.*); *e-e ~ nehmen* take (*od.* clear) a hurdle; **2.** (*Pferch*) fold, pen; **3.** → *Horde*[2]; **~nlauf** *m Sport*: hurdle race, hurdles *pl.*; **~nläufer(in** *f*) *m* hurdler; **~nrennen** *n Reitsport*: hurdle race.
Hure *f* whore, prostitute, *sl.* tart; (*Gassen*~) F street-walker; **~n** *v/i.* whore, fornicate; **~nbock** F *m* lecher, whoremonger; **~nhaus** *n* whorehouse, brothel; **~nviertel** *n* red-light district; **~rei** *f* whoring, prostitution, fornication.
Huri *f Islam*: houri.
hurra! *int. u.* ~ *n* hurra(h)!, hooray!; *~ rufen* (give a) cheer, shout hurrah; *mit ~ begrüßen* receive with (loud) cheers; **~patriot(in** *f*) *m* jingo, chauvinist, patrioteer; **~patriotisch** *adj.* jingo(istic), chauvinistic, flag-waving; **~patriotismus** *m* jingoism, chauvinism, flag-waving patriotism; **~ruf** *m* (shout of) hurra(h), cheer(s *pl.*).
hurtig *adj.* brisk, swift, quick; (*munter*) alert, lively; (*flink u. gewandt*) nimble, agile; **~keit** *f* briskness, swiftness, quickness; nimbleness, agility.
Husar ⚔ *m* hussar; **~enjacke** *f* dolman; **~enstreich** *m*, **~enstückchen** *n* coup de main (*fr.*), bold stroke.
husch! *int. verscheuchend*: shoo!; (*schnell!*) quick!; *und ~ war sie weg* she was gone in a flash; **~en** *v/i.* dart, whisk, flit.
hüsteln I. *v/i.* cough silently, hem; **II.** ~ *n* slight cough.
husten I. *v/i.* (have a) cough, give a cough; *fig.* F *~ auf* not to care a rap for; **II.** *v/t.* (*aus*~) cough (*od.* bring) up; *Blut ~* spit blood; F *fig. ich werde dir (et)was ~* I'll see you further first!, you may whistle for it!; **III.** ~ *m* cough; *e-n (schlimmen) ~ haben* have a (bad) cough; **~anfall** *m* fit of coughing; **~bonbon** *m* cough-drop; **~mittel** *n* cough remedy; **~reflex** *m* cough reflex; **~reiz** *m* tussive irritation, tickle in the throat; **~saft** *m* cough-syrup; **~stillend** *adj.* cough-relieving.
Hut[1] *m* hat; *des Pilzes*: cap, pileus; F *fig. ein alter ~!* F old hat!; *steifer ~* bowler (hat), *Am.* derby (hat); *~ ab!* hat(s) off!; *fig. ~ ab vor solchem Manne!* hats off to such a man!; *a. fig. vor j-m den ~ abnehmen* take off one's hat to a p.; *den ~ aufsetzen* put on one's hat, cover o.s.; F *fig. unter einen ~ bringen* reconcile, get under one umbrella; *s-n ~ nehmen (abdanken) müssen* have to go; F *eins auf den ~ kriegen* get a rap over the knuckles; F *fig. s-n ~ in den Ring werfen* throw one's hat into the ring; F *da geht einem der ~ hoch! vor Spaß*: that beats cockfighting!, *vor Zorn*: it makes your blood boil!; *ihm ging der ~ hoch* he blew his top (*od.* saw red); F *das kannst du dir an den ~ stecken!* you may have (*sl.* shove) it!
Hut[2] *f* (*Obhut*, *Aufsicht*) care, charge, keeping; (*Schutz*) protection; *in (od. unter) j-s ~ sein* be in a p.'s keeping (*od.* care), be under a p.'s protection; *auf s-r (od. der) ~ sein* be on one's guard (*vor* against), look (*Am.* watch) out (for); be careful (*nicht zu inf.* not to *inf.*); be on the alert, keep one's weather-eye open; *nicht auf der ~ sein* be off one's guard.
Hut...: **~ablage** *f* hatrack; **~band** *n* hatband.
hüten *v/t.* guard, protect (*vor* from); (*bewachen*) watch (over); (*Vieh*) tend, herd; (*Kind*) mind, look after; *sich ~* → *auf der Hut*[2] *sein*; *sich ~ zu inf.* be careful not to *inf.*, take (good) care not to *inf.*; *sich ~ vor* (be on one's) guard against, look (*Am.* watch) out for; *hüte dich vor ihm!* beware of him!; F *ich werde mich ~!* F nothing doing!, not on your life!
Hüter *m* guardian, protector, custodian; (*Wächter*) keeper, warden; (*Vieh*~) herdsman; *co. der ~ des Gesetzes* the arm of the law.
Hut...: **~form** *f* shape of a hat; ⊕ hat-block; **~geschäft** *n*, **~laden** *m* hatter's shop, hat-shop; *für Damenhüte*: milliner's shop; **~koffer** *m* hat-case; **~krempe** *f* (hat-)brim; **~macher** *m* hatter; **~macherin** *f* milliner; **~nadel** *f* hatpin; **~rand** *m* (hat-)brim; **~schachtel** *f* hatbox.
hutschen *dial. v/t. u. v/i.* swing, rock, seesaw.

Hut...: **~schnur** *f* hat-string; F *fig.* *das geht (mir) über die ~!* that's going too far!; **~ständer** *m* hat-stand.

Hütte *f* **1.** hut; (*Häuschen*) cottage, cabin; *elende*: hovel, shanty, shack; *mount.* alpine hut, mountain lodge; (*Schutz*~) refuge; (*Schuppen*) shed; (*Jagd*~) hunting-lodge; **2.** *metall.* steelworks *pl.* (*a. sg. konstr.*), metallurgical plant; (*Schmelz*~) smelting works *pl.* (*a. sg. konstr.*); (*Glas*~) glass-works *pl.* (*a. sg. konstr.*).

Hütten...: **~aluminium** *n* primary aluminium (*Am.* aluminum); **~arbeiter** *m* steelworker; **~chemiker** *m* metallurgical chemist; **~glas** *n* pot metal; **~industrie** *f* iron and steel industry; **~ingenieur** *m* metallurgical engineer; **~koks** *m* metallurgical coke; **~kunde** *f* metallurgy; **~technik** *f* metallurgical engineering; **~werk** *n* → Hütte 2; **~wesen** *n* metallurgical engineering; **~wirt** *mount.* *m* hut-keeper; **~zink** *n* spelter zinc.

hutz(e)lig *adj.* shrivelled, withered; *Person*: *a.* wizened.

Hutzelbrot *n* spiced currant bread.

Hutzucker *m* loaf sugar.

Hyäne *zo.* *f* hyena.

Hyazinth *min.* *m*, **~e** ⚘ *f* hyacinth.

hybrid *adj.*, **~e** *f*, *m* hybrid.

Hybris *f* hubris.

Hydra *f* hydra.

Hydrant *m* hydrant, fire-plug.

Hydrat ⚗ *n* hydrate.

Hydraul|ik *phys.* *f* (*Lehre u. System*) hydraulics *pl.* (*mst sg. konstr.*); *in Zssgn* hydraulic; **~isch** *adj.* hydraulic(ally *adv.*); *~es Getriebe* hydraulic power transmission, hydrodynamic drive.

hydrier|en ⚗ *v/t.* hydrogenate; **~ung** *f* hydrogenation; **~werk** *n* hydrogenation plant; synthetic oil plant.

Hydro... *in Zssgn* hydro... (→ *a.* *Wasser...*); **~chinon** *n* hydroquinone; **~dynamik** *phys.* *f* hydrodynamics *pl.* (*sg. konstr.*); **~genisieren** *v/t.* hydrogenate; **~graphie** *f* hydrography; **~logie** *f* hydrology; **~lyse** *f* hydrolysis; **~meter** *n* hydrometer; **~pathie** ⚕ *f* hydropathy; **~phon** *n* hydrophone; **~statik** *f* hydrostatics *pl.* (*mst sg. konstr.*); **~statisch** *adj.* hydrostatic(ally *adv.*); **~therapie** ⚕ *f* hydrotherapy.

Hygien|e *f* hygiene; **~isch** *adj.* hygienic(ally *adv.*).

Hygro|meter *n* hygrometer; **~skop** *n* hygroscope.

Hymen *anat.* *n* hymen.

Hymne *f* hymn (*an* to); (*National*~) national anthem.

hyper..., **~...** *in Zssgn* hyper...; F *contp.* *a.* ultra..., over..., *z.B.* *~kritisch* hypercritical, overcritical; **~modern** hypermodern, ultramodern.

Hyper|bel *f* ⩕ hyperbola; *ling.* hyperbole; **~bolisch** *adj.* hyperbolic(al).

Hypertonie ⚕ *f* *Blutdruck*: hypertension; *Muskel, Auge*: hypertonia.

Hypno|se *f* hypnosis; **~tik** *f* hypnotism; **~tisch** *adj.* hypnotic(ally *adv.*).

Hypnoti|seur *m* hypnotizer; **~sieren** *v/t.* hypnotize; **~smus** *m* hypnotism.

Hypochon|der *m* hypochondriac; **~drie** *f* hypochondria; **~drisch** *adj.* hypochondriac(al).

Hypo|krit *m* hypocrite; **~physe** *anat.* *f* hypophysis, pituitary gland; **~tenuse** *f* hypotenuse.

Hypothe|k *f* mortgage; *fig.* *a.* burden; *erste (nachstehende) ~* first (junior) mortgage; *~ auf Grundbesitz* mortgage on real estate; *Belastung mit e-r ~* hypothecation; *e-e ~ aufnehmen* raise a mortgage (*auf* on); *mit e-r ~ belasten* encumber with a mortgage, mortgage; **~karisch** *adj.* (*adv.* by *od.* on) mortgage ..., hypothecary; *~er Kredit* credit on mortgage; *~e Sicherheit* hypothecary (*od.* mortgage) security; *gegen ~e Sicherheit* (*od. adv. ~ gesichert*) on mortgage security; *adv. ~ belastet* mortgaged.

Hypotheken...: **~bank** *f* mortgage bank; **~brief** *m* mortgage (deed); **~darlehen** *n* mortgage loan; **~forderung** *f* mortgage claim; **~frei** *adj.* unencumbered, unmortgaged; **~gläubiger(in** *f*) *m* mortgagee; **~pfandbrief** *m* mortgage bond; **~schuld** *f* mortgage debt; **~schuldner(in** *f*) *m* mortgagor.

Hypothe|se *f* hypothesis, (mere) supposition; **~tisch** *adj.* hypothetic(al).

Hypotonie ⚕ *f* *Blutdruck*: hypotension; *Muskel, Auge*: hypotonia.

Hysteres|e, **~is** *phys.* *f* hysteresis.

Hyster|ie *f* hysteria; **~iker(in** *f*) *m* hysteric; **~isch** *adj.* hysteric(al); *e-n ~en Anfall bekommen* go into hysterics.

I

I, i I. *n* I, i; *fig.* *das Tüpfelchen auf dem i* the dot on the i; **II.** *int.*: *i wo!* of course not!, nothing of the kind!
iah *int.*, **~en** *v/i.* *Esel*: hee-haw.
iberisch *adj.* Iberian.
ich I. *pers. pron.* I; *~ selbst* I myself; *~ bin's!* it is I, *mst* F it's me!; *~ Narr!* fool that I am!; **II.** *≈ n* self; *pysch. phls.* ego; *mein ganzes ~* my whole self (*od.* being); *das liebe ~* one's own sweet self, "number one"; *mein zweites* (*od.* *anderes*) *~* my other self, my alter ego; *sein besseres ~* his better self (*od.* feelings); **~bewußt** *adj.* self-aware; **≈bewußtsein** *n* consciousness of self; **~bezogen** *adj.* egocentric, self-centred, *Am.* self-centered; **≈form** *f*: *Roman in der ~* novel in the first person (singular); **≈sucht** *f* egotism, selfishness.
Ichthyo|logie *f* ichthyology; **~saurus** *m* ichthyosaur.
Id *biol.*, *psych.* *n* id.
ideal I. *adj.* *allg.* ideal; (*vorbildlich*) *a.* model *husband, etc.*; **II.** *≈ n allg.* ideal; F (*Wunsch*) *a.* dream; **≈fall** *m* ideal case; *im ~* ideally; **~isieren** *v/t.* idealize; **≈ismus** *m* idealism; **≈ist(in** *f*) *m* idealist; **≈konkurrenz** ⚖ *f* concurrence of two or more offen|ces (*Am.* -ses) in one and the same criminal act.
Idee *f* **1.** *allg.* idea; (*Gedanke*) *a.* thought, notion; (*Begriff*) concept; *fixe ~* fixed idea, obsession; *gute ~* good idea, F brain wave; (*aber*) *keine ~!* by no means!, not a bit!; *keine ~ von et. haben* have no (*od.* not the faintest) idea of a th.; *ich habe so e-e ~, daß* I have an idea (*od.* a feeling, F a hunch) that; *ich kam auf die ~, zu inf.* I had (*od.* got) the idea to *inf.*, it occurred to me to *inf.*; *wie kamst du auf die ~, zu inf.?* what gave you the idea to *inf.*?, what made you *do that*?; *contp.* *was für e-e ~!* the very idea!; → *a. Gedanke*; **2.** F *eine ~* (*ein bißchen*) a little (bit), a bit, a shade *better, etc.*
ideell *adj.* ideal (*a.* ♈); *Motive usw.*: idealistic; *Hilfe usw.*: spiritual; ✝ *~er Firmenwert* goodwill.
Ideen...: **≈arm** *adj.* → *ideenlos*; **~assoziation** *f* association of ideas; **~drama** *n* drama of ideas, philosophical drama; **~lehre** *f* ideology; (*Plato's*) theory of ideas; **≈los** *adj.* lacking in (*od.* devoid of) ideas, without imagination; (*nicht findig*) resourceless; **≈reich** *adj.* rich in (*od.* full of) ideas, imaginative, inventive; (*findig*) resourceful; **~reichtum** *m* wealth of ideas; (*Phantasie*) ingenuity, inventiveness; resourcefulness; **~welt** *f* (world of) ideas *pl.*
Iden *pl.* Ides.
identifizier|bar *adj.* identifiable; **~en** *v/t.* identify (*sich mit* o.s. with); **≈ung** *f* identification.
identisch *adj.* identical (*mit* with).
Identität *f* identity; **~skarte** *östr.* *f* identity card; **~snachweis** *m* proof of identity; *Zoll*: certificate of origin.
Ideogramm *ling.* *n* ideogram.
Ideolog|e *m* ideologist; **~ie** *f* ideology; **≈isch** *adj.* ideological; **≈isieren** *v/t.* ideologize.
Idioblast *biol.* *m* idioblast.
Idiom *n* (*Spracheigenheit*) idiom; (*Mundart*) dialect, vernacular; (*Sprache*) language; **~atik** *f* idiomology; (*Ausdrucksweise*) idiom, phraseology; **≈atisch** *adj.* idiomatic(ally *adv.*); (*mundartlich*) dialectal, vernacular.
Idiosynkrasie *f* idiosyncrasy.
Idiot *m*, **~in** *f* idiot; **~enhügel** F *m* *Ski*: nursery slope; **≈ensicher** F *adj.* foolproof; **~ie** *f* idiocy; F *fig.* *a.* imbecility; **≈isch** *adj.* idiotic, imbecile (*beide a.* F *fig.*);
Idol *n* idol; **~atrie** *f* idolatry.
Idyll *n* idyll; **~e** *f* idyll; *Kunst*: pastoral (poem *od.* *paint.* scene); **≈isch** *adj.* idyllic; *Kunst*: pastoral, bucolic.
Igel *m* hedgehog; ⚔ → **~stellung** *f* all-round defen|ce (*Am.* -se) *od.* hedgehog position.
ignoran|t *adj.* ignorant; **≈t** *m* ignorant person, ignoramus; **≈z** *f* ignorance.
ignorieren *v/t.* ignore, disregard,

take no notice of; (*j-n schneiden*) *a.* cut.

ihm *pers. pron.* (*dat. von* er *u.* es) **1.** (to) him; *von Dingen*: (to) it; *ich habe es* ~ *gegeben* I have given it (to) him; *sag es* ~ *nicht!* do not tell him!; **2.** *nach prp.*: him, *z.B. von* ~ of *od.* from him; *ich drückte* ~ *die Hand* I pressed his hand.

ihn *pers. pron.* (*acc. von* er) him, *von Dingen*: it.

ihnen *pers. pron.* (*dat. pl. von* er, sie, es) **1.** (to) them; *ich habe es* ~ *gesagt* I have told them; **2.** *nach prp.*: them; *bei* ~ with them; at their house; **3.** ⁓ (*dat. von* Sie) (to) you.

ihr I. *pers. pron.* **1.** (*dat. von sie sg.*) (to) her, *von Dingen*: (to) it; **2.** (*nom. pl. von* du; *im Brief*: ⁓) you; ~ *selbst* yourselves; *nach dem rel. pron.*: ~, *die* ~ *das sagt* you who say that; **II.** *poss. adj.* **3.** *sg.* her, *von Dingen*: its; *einer* ~*er Brüder* a brother of hers; *mein und* ~ *Bruder* my brother and hers; **4.** *pl.* their; *sie haben* ~ *Haus verkauft* they have sold their house; *einer* ~*er Freunde* a friend of theirs; **5.** *Anrede*: ⁓ your; **III.** *su.*: *der* (*die, das*) ~(*ig*)*e* hers (*pl.* theirs, *Anrede*: ⁓ yours); *sie und die* ~(*ig*)*en* she (*pl.* they) and hers (*pl.* theirs); *Sie und die* ⁓(*ig*)*en* you and yours; *im Brief*: *ganz der* ⁓(*ig*)*e* yours very truly.

ihrer *pers. pron.* **1.** (*gen. sg. von sie*) of her; **2.** (*gen. pl. von sie pl.*) of them; *es waren* ~ *zehn* there were ten of them; **3.** ⁓ (*gen. von Sie*) of you; **~seits** *adv.* on her (*pl.* their, ⁓ your) part; in her (*pl.* their, ⁓ your) turn.

ihresgleichen *pron.* the like(s) of her (them, ⁓ you); her (their, ⁓ your) kind *od.* equals *pl.*

ihret|halben, ~wegen, ~willen *adv.* on her (*pl.* their, ⁓ your) account; because of her (*pl.* them, ⁓ you); for her (⁓ your) sake, *pl.* for their sakes.

ihrig → *ihr* III.

Ikon|e *f* icon; **⁓oklastisch** *adj.* iconoclastic; **~oskop** *TV n* iconoscope.

Ilias *f* Iliad.

illegal *adj.* illegal; **⁓ität** *f* illegality.

illegitim *adj. allg.* illegitimate.

Illumin|ation *f allg.* illumination; **⁓ieren** *v/t.* illuminate.

Illusion *f* illusion; (*Wahn*) *a.* delusion; *sich* ~*en machen* (*od. hingeben*) have (*od.* cherish, be under) illusions (*über* about); *j-m die* ~*en nehmen* (*od. rauben*) disillusion a p.; **⁓är** *adj.* illusory; **~ist** *m* illusionist.

illusorisch *adj.* illusory.

illuster *adj.* illustrious.

Illustra|tion *f* illustration, picture (*a. fig*); *bsd.* ⊕ figure, diagram; *zur* ~ to illustrate (what I mean); **~tor** *m* illustrator, artist.

illustrier|en *v/t.* illustrate, *fig. a.* demonstrate, exemplify; **⁓te (Zeitung)** *f* (illustrated) magazine, illustrated paper.

Iltis *zo. m* polecat, fitchew.

im = *in dem*; → *in.*

Image *n* image.

imaginär *adj.* imaginary.

Imago *psych. u. zo. f* imago.

Imbiß *m* snack; **~halle** *f*, **stube** *f* snack bar.

Imita|tion *f allg.* imitation; (*Nachbildung*) *a.* copy; (*Fälschung*) fake, counterfeit; **~tor** *m* imitator.

imitieren *v/t.* imitate.

Imker *m* bee-keeper, apiarist; **⁓ei** *f* bee-keeping, apiculture.

immanen|t *adj.* immanent; **⁓z** *f* immanence.

Immatrikul|ation *univ. f* matriculation, enrol(l)ment; **⁓ieren** *v/t.* (*a. sich* ~ *lassen*) matriculate, enrol(l) (*an* at).

Imme *f* bee.

immens *adj.* immense.

immer *adv.* **1.** always, ever, at all times; (*fortwährend*) continually, constantly, incessantly, for ever, all the time, (*den ganzen Tag*) all day (long); ~ *und ewig* for ever and ever; *auf* (*od. für*) ~ for ever, for good; permanently; *noch* ~ still, even now; *noch* ~ *nicht* not yet, not even now; ~ *wenn* whenever, every time; ~ (*und* ~) *wieder* again and again, over and over (again), time and again; *et.* ~ *wieder tun* keep doing a th.; ~ *weiter reden* keep (on) talking, talk on and on; (*nur*) ~ *zu!* go on!, keep it going (*od.* up)!; **2.** *vor comp.*: ~ *besser* better and better; ~ *schlimmer* worse and worse, (going) from bad to worse; ~ *größer* bigger and bigger, ever bigger; ~ *größer werdend* ever increasing; **3.** (*jedenfalls*) under any circumstances, at all events, in any case; **4.** → *je*[2] 4; ~ *vier und vier* (always) four at a time; ~ *den dritten Tag* every third day; **5.** *verallgemeinernd*: *wann auch* ~ whenever; *was auch* ~ what(so)ever; *wer auch* ~ who(so)ever; *wie auch* ~ in whatever manner, however; *wo auch* ~ wherever; **~dar** *adv.* for ever (and ever), for ever more; **~fort** *adv.* continually, incessantly, all the time, on and on; *es regnete* ~ it kept on raining; **~grün** *adj.*, **≈grün** ⚘ *n* evergreen; **~hin** *adv.* *einräumend*: for all that, after all, nevertheless, anyhow, still; *am Satzende*: though; (*wenigstens*) at least; **~während** *adj.* everlasting, perpetual, eternal; **~zu** *adv.* → *immerfort.*

Immi|grant(in *f*) *m* immigrant; **≈grieren** *v/i.* immigrate.

Immobiliar|klage ⚖ *f* real action; **~kredit** *m* loan(s *pl.*) on real estate; **~vermögen** *n* →*Immobilien.*

Immobilien *pl.* immovables, landed property *sg.*, real estate *sg.*; **~gesellschaft** *f* real estate company; **~handel** *m* real estate business; **~händler** *m*, **~makler** *m* estate agent, *Am.* realtor.

immobilisieren *v/t.* immobilize.

Immortelle ⚘ *f* everlasting (flower), immortelle.

immun *adj.* immune (*gegen* to, against, from); ~ *machen* → **~isieren** *v/t.* render immune, immunize; **≈ität** *f* immunity (*gegen* to, against, from); *parl. a.* (parliamentary) privilege; **≈körper** *m* antibody.

Impedanz ⚡ *f* impedance.

Imperativ *m* *ling.* imperative (mood); *phls. kategorischer* ~ categorical imperative; **≈isch** *adj.* (*adv.* in the) imperative.

Imperfekt(um) *ling.* *n* imperfect (tense).

Imperialis|mus *m* imperialism; **~t** *m* imperialist; **≈tisch** *adj.* imperialist(ic).

Imperium *n* empire.

impertinen|t *adj.* impertinent, insolent; **≈z** *f* impertinence.

Impf|arzt *m* vaccinator, inoculator; **≈en** *v/t.* ⚕ inoculate (*a.* ⚘ *usw.*); *gegen Pocken*: vaccinate; *sich* ~ *lassen* be inoculated, *etc.*, get an inoculation, *etc.*; *fig.* → *einimpfen*; **~gegner** *m* anti-vaccinationist; **~ling** *m* child (*od.* person) liable to vaccination; vaccinated child (*od.* person); **~messer** *n* vaccinator; **~paß** *m* vaccination certificates book; **≈pflichtig** *adj.* liable to vaccination; **~schein** *m* inoculation (*od.* vaccination) certificate; **~schutz** *m* protection by vaccination; **~stoff** *m* vaccine, serum; **~ung** *f* inoculation (*a.* ⚘ *usw.*), *gegen Pocken*: vaccination; **~zwang** *m* compulsory vaccination.

Impli|kation *f* implication; **≈zieren** *v/t.* imply; **≈zit** *adj.* implicit; **≈zite** *adv.* implicitly.

Implosion *ling.* *f* implosion; **~slaut** *m* implosive.

Imponderabilien *n/pl.* imponderables, contingencies.

imponier|en *v/i.* be imposing (*od.* impressive), command respect; (*j-m*) impress; (*blenden*) dazzle; **~end** *adj.* imposing, impressive, awe-inspiring; ~*es Auftreten* commanding presence; **≈gebaren** *n* display behavio(u)r.

Import ✝ *m* import(ation), *konkret*: (*a.* **~e** *pl.*) imports *pl.*; → *a. Einfuhr*; **~eur** *m* importer; **~geschäft** *n* **1.** import trade; **2.** (*Firma od. Transaktionen*) import business; **≈ieren** *v/t.* import; **~kaufmann** *m* importer; (*Angestellter*) import clerk; → *a. Einfuhr…*

imposant *adj.* → *imponierend.*

impoten|t ⚕ *adj.* impotent; **≈z** *f* impotence.

imprägnier|en *v/t.* impregnate; (*bsd. Webstoffe*) (water)proof; **≈mittel** *n* impregnating agent; **≈ung** *f* impregnation; (water-) proofing.

Impresario *m* impresario, agent.

Impressionis|mus *m* impressionism; **~t** *m* impressionist; **≈tisch** *adj.* impressionist(ic).

Impressum *typ.* *n* imprint; *e-r Zeitung*: *a.* masthead.

Improvis|ation *f* improvisation; *beim Reden*: *a.* extemporization, *Am.* F ad-lib; **~ator** *m* improviser; extemporizer; **≈atorisch** *adj.* improvisatorial; **≈ieren** *v/t. u. v/i.* improvise (*a. fig. u.* ♪); *beim Reden*: *a.* extemporize, *Am.* F ad-lib.

Impuls *m* impulse; ⚡ *a.* pulse; *fig. neue* ~*e geben* give a fresh impetus (*dat.* to), stimulate; **~dauer** ⚡ *f* pulse duration; **~geber** *m* pulse generator; *Computer*: (digit) emitter; **≈iv** *adj.* impulsive; *adv.* ~ *handeln* act on impulse (*od.* on the spur of the moment); **~ivität** *f* impulsiveness; **~kauf** *m* ✝ impulse buying; **~kode** *m* pulse code; **~satz** *phys.* *m* theorem of (the conservation of) momentum; **~schweißen** *n* impulse-welding; **~zähler** *m* pulse counter.

imstande *pred. adj.*: ~ *sein zu* (et.) *od.* (et.) *zu tun* be able to do (a th.), be capable of doing (a th.), be in a position to do (a th.); *nicht* ~ *zu inf.* unable to *inf.*, incapable of *ger.*; *er ist nicht* ~ *aufzustehen a.* he cannot get up; *iro. dazu ist er glatt* ~ he is quite capable of doing that, I wouldn't put it past him.

in *prp.* **1.** *räumlich*: (*wo?*) in, at; (*innerhalb*) within; (*wohin?*) into, in; *im Hause* in(side) the house, indoors; *im ersten Stock* on the first floor; ~ *der* (*die*) *Kirche*

(*Schule*) at (to) church (school); *im* (*ins*) *Theater* at (to) the theatre; *~ England* in England; *waren Sie schon ~ England?* have you ever been to England?; *vor Städtenamen*: at, *bei großen Städten*: in (⚖ at, of); *Herr Professor N. ~ Bonn* Professor N. of Bonn; **2.** *zeitlich*: in, at, during; within; *Dauer*: *~ drei Tagen* (with)in three days; *~ diesem* (*im letzten, nächsten*) *Jahre* this (last, next) year; *~ dieser Stunde* at this hour; *~ Kürze* in the near future, before long; *wir reisen ~ acht Tagen* in a week('s time), within a week; *heute ~ vierzehn Tagen* today fortnight; *Jahr, Monat, Tag*: *im Jahre 1939* in (the year of) 1939; *im* (*Monat*) *Februar* in (the month of) February; *im Frühling* (*Herbst*) in (the) spring (autumn); *~ der Nacht* at night; *~ letzter Zeit* lately, of late, recently; **3.** *Art u. Weise*: *~ großer Eile* in great haste; *im Frieden leben* at peace; *im Kreise* in a circle; *~ Reichweite* within reach; **4.** *äußere Verhältnisse usw.*: *im Alter von* at the age of; *~ Behandlung* under treatment; *~ Vorbereitung* being prepared; *~ Geschäften* on business; *Kassierer ~ e-r Bank* cashier in (*od.* at) a bank.

inaktiv *adj. allg.* inactive; ⚗ *a.* inert; **~ieren** *v/t.* inactivate; **~ität** *f* inactivity.

Inangriffnahme *f allg.* preliminary operations *pl.*; *~ e-r Sache* start (*od.* beginning) made with a th.; setting about a th.; tackling *od.* taking in hand (*od.* in action) of a th.

Inanspruchnahme *f* (laying) claim (*gen.* to); (*Benutzung*) use, utilization, employment (of); (*Zuhilfenahme*) *e-s Rechtes usw.*: reliance (on), resort (to); *von Geldmitteln, Kraft, Material usw.*: strain (on); *des Geldbeutels*: drain (on); (*Anforderungen*) demands (on); *geistige*: preoccupation, *stärker*: absorption; *zeitliche*: claim(s *pl.*) on *a p.'s* time; ✝ *starke ~* pressure of business; ✝ *~ von Kredit* availment of credit.

inartikuliert *adj.* inarticulate.

Inaugenscheinnahme *f* inspection.

Inbegriff *m* (*Wesen*) (quint)essence; *the* be-all and end-all; totality; (*Verkörperung*) embodiment, incarnation; (*Musterbeispiel*) paragon.

inbegriffen I. *pred. adj.* included; **II.** *prp.* including, inclusive of.

Inbesitznahme *f* occupation, taking possession (*gen.* of).

Inbetrieb|nahme *f*, **~setzung** *f* opening, commencement of operations; *e-r Maschine usw.*: putting into operation.

Inbrunst *f* ardo(u)r, fervo(u)r.

inbrünstig *adj.* ardent, fervent.

Inbusschraube *f* allen screw.

inchoativ *adj.*, **~(um)** *n ling.* inchoative.

Indanthren *n* indanthrene.

indem *cj.* **1.** *Gleichzeitigkeit*: as, while; *~ er mich ansah, sagte er* looking at me he said; *~ er dies sagte, zog er sich zurück* saying so; → *indes* II; **2.** *Mittel*: by (*mit ger.*); *er gewann, ~ er einen kühnen Zug tat* by making a bold move.

Indemnität *f* indemnity.

Inder(**in** *f*) *m* Indian.

indes, indessen I. *adv.* during that time; (*mittlerweile*) meanwhile, in the meantime; (*dennoch*) nevertheless, for all that; (*dessenungeachtet*) yet, still, however; **II.** *cj.* (*während*) while.

Index *m* ⚕, ⊕, *Statistik* (*u. Verzeichnis*) index; *eccl. Bücher auf den ~ setzen* put on the Index; **~bolzen** ⊕ *m* index(ing) pin; **~familie** *f Statistik*: representative index family; **~lohn** ✝ *m* index-tied wages *pl.*; **~strich** *m* index (line); **~währung** ✝ *f* index-linked currency; **~zahl** *f*, **~ziffer** *f* index (number).

Indian *östr. m* turkey(-cock).

Indianer *m*, **~in** *f* (Red *od.* American) Indian; **~häuptling** *m* (Red) Indian chief; **~stamm** *m* (Red) Indian tribe.

indianisch *adj.* (Red) Indian.

Indienststellung *f* **1.** ⚓, ⚔ commissioning; **2.** ⊕ putting into service.

Indier(**in** *f*) *m* → *Inder*(*in*).

indifferen|t *adj.* indifferent (*gegenüber* to); *phys.*, ⚗ *a.* neutral; *Gas*: inert; **~z** *f* indifference.

Indig|nation *f* indignation; **~niert** *adj.* indignant (*über* at).

Indigo *m* indigo; **~blau** ⚗ *n* indigo blue; **~farbstoff** *m* indigotin; **~rot** *n* indirubin.

Indikation ⚕ *f* indication.

Indika|tiv *ling. m* indicative (mood); **~tivisch** *adj.* indicative.

Indikat|or *m* indicator; **~rix** ⚕ *f* indicatrix.

Indio *m* (South *od.* Central American) Indian.

indirekt *adj. allg.*, *a. ling.*, *pol.* indirect.

indisch *adj.* Indian

indiskret *adj.* indiscreet; **~ion** *f* indiscretion.

indiskutabel *adj.* out of the question, out (of court); *Benehmen usw.*: impossible.

indispon|ibel *adj.* not available; **~iert** *adj.* indisposed, out of sorts.

individual|isieren *v/t.* individualize; **~ismus** *m* individualism; **~ist** *m* individualist; **~istisch** *adj.* individualist(ic); **~ität** *f* individuality; **~psychologie** *f* individual psychology; **~verkehr** *mot. m* passenger-car traffic.

individuell I. *adj.* individual; personal; **II.** *adv.*: ~ *gestalten* individualize, personalize; *das Gerät läßt sich ~ einstellen* can be adjusted to your likes; *das ist ~ verschieden* that varies with the individual.

Individuum *n* individual; person.

Indiz *n* **1.** indication, sign; **2.** ⚖ *pl.* (*a.* **~ienbeweis** *m*) circumstantial evidence *sg.*; **~ieren** *v/t.* **1.** indicate; **2.** (*Buch usw.*) index, (*verbieten*) ban, *R.C.* put on the Index.

indo|chinesisch *adj.* Indo-Chinese; **~europäisch, ~germanisch** *adj.* Indo-European.

indolent *adj.* indolent, idle.

Indones|ier(in *f*) *m*, **~isch** *adj.* Indonesian.

Indos|sament ☤ *n* indorsement, endorsement; **~sant** *m* indorser, endorser; **~sat** *m* indorsee, endorsee; **~sierbar** *adj.* indorsable, endorsable; **~sieren** *v/t.* indorse, endorse.

Induktanz ⚡ *f* inductance.

Induktion *phls. u.* ⚡ *f* induction; **~sapparat** ⚡ *m* induction coil; **~selektrizität** *f* inductive electricity; **~sfrei** *adj.* non-inductive; **~shärtung** *f* induction hardening; **~smotor** *m* induction motor; **~sspule** *f* induction coil; **~sstrom** *m* induced current.

induktiv *adj.* inductive; **~ität** *f* inductance.

Induktor *m* inductor.

industria|lisieren *v/t.* industrialize; **~lisierung** *f* industrialization; **~lismus** *m* industrialism.

Industrie *f* industry; *einzelne*: (branch of) industry; *in der ~ (tätig) sein* be (employed) in industry; **~aktien** ☤ *f/pl.* industrial shares (*Am.* stocks), industrials; **~anlage** *f* industrial plant, works *pl.* (*oft sg. konstr*); **~arbeiter(in** *f*) *m* industrial worker; **~ausstellung** *f* industrial exhibition; **~bank** *f* industrial bank; **~berater** *m* industrial (*od.* management) consultant; **~betrieb** *m* industrial enterprise; → *a. Industrieanlage*; **~erzeugnis** *n* industrial product, manufactured article; **~firma** *f* industrial firm; **~forschung** *f* industrial research; **~führer** *m* leader of industry; **~gebiet** *n* industrial district (*od.* area); **~gelände** *n* industrial sites *pl.*; **~gesellschaft** *f* **1.** ☤ industrial company; **2.** *pol.* industrial society; **~gewerkschaft** *f*: ~ *Bergbau* Mining Industry Trade Union; ~ *Metall* Metal Workers' Union; **~kapitän** *m* captain of industry, F tycoon; **~kaufmann** *m* officer (*od.* clerk) in an industrial company.

industriell *adj.* industrial; **~e(r)** *m* industrialist, manufacturer.

Industrie...: **~magnat** *m* → *Industriekapitän*; **~messe** *f* industrial fair; **~müll** *m* industrial wastes *pl.*; **~obligationen** ☤ *f/pl.* industrial bonds; **~ofen** *m* industrial furnace; **~papiere** ☤ *n/pl.* industrials; **~potential** *n* industrial potential; **~ritter** *m* high-class swindler; **~spionage** *f* industrial espionage; **~staat** *m* (**~stadt** *f*) industrial country (town); **~technik** *f* industrial engineering; **~- und Handelskammer** *f* Chamber of Industry and Commerce; **~verband** *m* federation of industries; **~werk** *n* industrial (*od.* manufacturing) plant *od.* works *pl.* (*oft sg. konstr.*); **~werte** ☤ *m/pl.* industrials; **~wirtschaft** *f* industrial sector (*od.* activity); industry; **~zentrum** *n* industrial cent|re, *Am.* -er; **~zweig** *m* (branch of) industry.

induzieren *v/t.* induce (*a. phys.*).

ineinander *adv.* in(to) one another; *zwei*: *a.* in(to) each other; *in Zssgn a.* inter...; ~ *verliebt* in love (with each other); **~flechten** *v/t.* interlace, intertwine; **~fließen** *v/i.* flow (*od.* merge) into each other; *Farben*: run into one another; **~fügen** *v/t.* fit into each other, join; **~greifen** *v/i.* ⊕ gear together, mesh, *a. Finger usw.*: interlock; *fig.* work (harmoniously) together; *Tatsachen usw.*: interlink, be interconnected; *Arbeitsvorgänge usw.*: be co-ordinated (*od.* dovetailed, synchronized); **~greifen** *n* interplay, concatenation; engagement; interconnection; **~geschachtelt** *adj.* fitted into one another, nested; *fig. Satz*: incapsulated; **~passen** *v/i. u. v/t.* fit together (*od.* into each other); **~passend** *adj. Geschirrsatz usw.*: nested; **~schieben** *v/t.* (*a. sich ~*) telescope; **~schlingen** *v/t.* intertwist.

Inempfangnahme *f* receipt.
infam *adj.* infamous; (*schändlich*) disgraceful, shameless, dirty; F *fig.* awful; **≈ie** *f* infamy.
Infant *m* infante; **~in** *f* infanta.
Infanterie *f* infantry; **~angriff** *m* infantry attack; **~ausbildung** *f* infantry training; **~geschoß** *n* small arms projectile; **~geschütz** *n* infantry (*od.* close support) gun; **~spitze** *f* infantry point.
Infanterist *m* infantryman, (*Schütze*) rifleman; **≈isch** *adj.* infantry ...
infantil *adj.* infantile; **≈ismus** *m* infantilism.
Infarkt ⚕ *m* infarct.
Infekt ⚕ *m* infection.
Infektion *f* infection; **~sabteilung** *f* isolation ward; **~sgefahr** *f* danger of infection; **~sherd** *m* focus of infection; **~skrankheit** *f* infectious disease.
infektiös *adj.* infectious, *durch Kontakt*: *a.* contagious; *Erreger*: infective.
Inferiorität *f* inferiority; **~skomplex** *m* inferiority complex.
infern|alisch *adj.* infernal; **≈o** *n* inferno (*a. fig.*).
Infiltr|at *n* infiltrate; **~ation** *f* infiltration; **≈ieren** *v/t. u. v/i.* infiltrate.
Infinitesimalrechnung *f* infinitesimal calculus.
Infinitiv *m* infinitive (mood); **≈isch** *adj.* **I.** infinitive ...; **II.** *adv.*: ~ gebraucht used as an infinitive.
infizieren *v/t.* infect; sich ~ be (*od.* get) infected.
in flagranti *adv.*: j-n ~ ertappen catch a p. red-handed *od.* in the (very) act.
Inflation *f* inflation; **≈är, ≈istisch** *adj.* inflationary.
Inflations...: **~erscheinung** *f* inflationary symptom; **~gefahr** *f* danger of inflation; **~politik** *f* inflationism; **~zeit** *f* inflation(ary period).
Influenz ⚡ *f* electrostatic induction, influence.
Influenza ⚕ *f* influenza, F flu.
infolge *prp.* in consequence of, as a result of, owing (*od.* due) to, because of; **~dessen** *adv.* as a result, consequently, accordingly; owing to this (*od.* which).
Infor|mant *m* informant; **~mation** *f* (*a. pl.*) information (*sg.*) (über on, about) (*a. Computertechnik*); zu Ihrer ~ for your information; → *a.* Auskunft 1; **~mationsbüro** *n* information bureau, inquiry office; **~mationsspeicher** *m Computer*: information memory; **≈mativ** *adj.* informative; **≈matorisch** *adj.* informatory; **≈mieren** *v/t.* inform (über of, on, about), notify, advise (of); acquaint (with); (*anweisen*) instruct; *bsd.* ⚔ brief; falsch ~ misinform; sich ~ inform o.s., gather information, make inquiries; **≈miert** *adj.* informed; (gut) ~e Kreise well-informed circles.
infraakustisch *adj.* sub-audio.
Infragestellung *f* calling into question; (*Gefährdung*) jeopardizing.
infrarot *adj.*, **≈** *n* infra-red; **≈...** *in Zssgn* infra-red *heating, etc.*
Infra|schall... infra-sonic; **~struktur** ⚔, ✝, *pol. f* infra-structure.
Infusion *f* infusion; **~stierchen** *n/pl.*, **Infusorien** *n/pl.* infusoria.
Ingang|haltung *f* keeping *a th.* going; **~setzung** *f* ⊕ setting *a th.* in motion, actuating, starting; *fig.* setting in train, starting, launching.
Ingebrauchnahme *f* putting to use (*od.* into operation); → *a.* Gebrauch.
Ingenieur *m* engineer; beratender (leitender) ~ consulting (chief) engineer; **~bau** *m* constructional (*od.* civil) engineering; **~büro** *n* engineering (consultant's) office; **~schule** *f* school of engineering; **~wesen** *n* engineering; **~wissenschaft** *f* (science of) engineering.
ingeniös *adj.* ingenious.
Ingot ⊕ *n* ingot.
Ingredien|s *n*, **~z** *f* ingredient.
Ingrimm *m* rage, wrath, fury; **≈ig** *adj.* wrathful, fierce, furious.
Ingwer(...) *m* ginger *beer, etc.*
Inhaber *m*, **~in** *f* (*Besitzer*) possessor, (de facto *od.* present) holder, *e-s Hauses usw.*: occupant, tenant; (*Eigentümer*) owner, proprietor; *e-s Amtes, e-r Urkunde, e-s Titels usw., a. Sport*: holder; *e-s Patents*: holder, patentee; *e-s Wechsels, Wertpapiers usw.*: holder, bearer; ✝ auf den ~ ausstellen make out to bearer; auf den ~ lautend (payable) to bearer; **~aktie** *f* bearer share; **~papier** *n* bearer instrument; **~scheck** *m* cheque (*Am.* check) to bearer; **~schuldverschreibung** *f* bearer bond; **~wechsel** *m* bearer bill.
inhaft|ieren *v/t.* arrest, take in custody, place under detention; **≈ierung** *f*, **≈nahme** *f* arrest, detention, imprisonment.
Inhalation *f* inhalation; **~sapparat** *m* inhaler.
inhalieren *v/t.* inhale.
Inhalt *m* contents *pl.*; (*Raum≈*) capacity; (*Körper≈*) volume; *e-r*

Rede, Schrift usw.: content(s *pl.*), tenor, subject-matter; (*Gehalt*) content; *wesentlicher* ~ substance, essence, gist; *Brief usw. des* ~*s, daß* to the effect that, saying that; *des folgenden* ~*s* running as follows, to the following effect; *gleichen* ~*s* to the same effect; *ohne* ~ → *inhaltslos*; ≈**lich** *adv.* as (*od.* with regard) to the contents, in substance, in its contents.

Inhalts...: ~**angabe** *f* **1.** statement of contents; *e-s Werkes*: summary, *kurze*: synopsis, epitome; **2.** *e-e* ~ *machen von* summarize, epitomize; **3.** → *Inhaltsverzeichnis*; ~**bestimmung** *f* determination of volume, cubature; ~**erklärung** ⚕ *f* declaration (*od.* list) of contents; ≈**gleich** ⟁ *adj.* equal; ≈**leer,** ≈**los** *adj.* empty, devoid of substance, trivial, meaningless; ≈**reich** *adj.* **1.** rich in content (*od.* substance); fraught with meaning, pregnant, meaty; (*bedeutsam*) weighty, momentous; **2.** *Leben*: rich, full; ~**verzeichnis** *n* list (*von Büchern*: table) of contents; *am Ende e-s Buches*: index; (*Übersicht*) synopsis; ≈**voll** *adj.* → *inhaltsreich.*

inhären|t *adj.* inherent; ≈**z** *f* inherence.

Inhibi|tion *f allg.* inhibition; ~**tor** *anat.*, ⚗ *m* inhibitor.

inhuman *adj.* inhuman(e).

Initial|e *f* initial (letter); ~**sprengstoff** *m* priming explosive; ~**wort** *n* acronym; ~**zünder** *m* primer; ~**zündung** *f* primer detonation; (*Zündsatz*) primer, booster charge.

Initia|tive *f* initiative; (*Unternehmungsgeist*) *a.* enterprise, F go; *die* ~ *ergreifen* take the initiative; *auf seine* ~ *hin* on his initiative; *aus eigener* ~ of one's own initiative (*od.* accord); ~**tor** *m* initiator, launcher; ≈**torisch** *adj.* initiatory.

Injektion *f* injection, ⚕ F *a.* shot; ~**snadel** *f* hypodermic needle; ~**sspritze** *f* injection syringe.

injizieren *v/t.* inject.

Injurie *f* insult.

Inkarnation *f eccl.* incarnation; *fig. a.* embodiment.

Inkasso ⚕ *n* collection; *zum* ~ for collection; ~... *in Zssgn mst* collection *agency, business, etc.*; ~**vollmacht** *f* collecting power; ~**wechsel** *m* bill for collection.

Inkaufnahme *f* acceptance; ⚖ reckless disregard of the consequences (*gen.* of).

inklusive (*inkl.*) **I.** *adv.* inclusive; **II.** *prp.* inclusive of, including; ⚕ ~ *Verpackung* packing included.

Inklusivpreise *m/pl.* inclusive terms.

inkognito *adv.*, ≈ *n* incognito.

inkompatibel *adj.* incompatible.

inkongruen|t *adj.* incongruous; ≈**z** *f* incongruity.

inkonsequen|t *adj.* inconsequential, inconsistent; ≈**z** *f* inconsistency.

inkonvertibel ⚕ *adj.* inconvertible.

inkorrekt *adj.* incorrect.

Inkraft|setzung *f* putting into effect; enactment; ~**treten** *n* coming into force, taking effect; *Tag des* ~*s* effective date.

Inkreis ⟁ *m* in-circle; ~**mittelpunkt** *m* in-cent|re (*Am.* -er).

inkriminieren *v/t.* incriminate.

Inkubationszeit *f* incubation period.

Inkubator *m* incubator.

Inkurssetzung *f* putting into circulation.

Inland *n* (*Ggs. Ausland*) home (*od.* native) country; (*Landesinnere*) interior (of the country), inland; *im In- und Ausland* at home and abroad; *im* ~ *hergestellt* home-made, domestic; *in Zssgn mst* home ...; native; inland ...; internal; domestic.

Inländ|er(in *f*) *m* native, national; ≈**isch** *adj.* native, home-bred, indigenous; national, domestic; *Erzeugnis*: home-made, domestic; *Handel*: home ..., inland ...; *Verkehr*: internal.

Inlands...: ~**absatz** ⚕ *m* home (*od.* domestic) sales *pl.*; ~**auftrag** *m* inland order; ~**gebühr** *f* inland (*Am.* domestic) charge; ~**handel** *m* home trade; ~**markt** *m* home (*od.* domestic) market; ~**post** *f* inland (*Am.* domestic) mail; ~**wechsel** ⚕ *m* inland bill.

Inlaut *ling. m* medial (sound).

Inlett *n* tick(ing).

inliegend I. *adj.* enclosed, inclosed; **II.** *adv. a.* as (an) enclosure.

inmitten *prp.* in the midst of, amid(st).

inne|haben *v/t.* hold, possess; (*Amt, Stelle*) hold, fill; (*Rekord*) hold; (*Haus usw.*) occupy; ~**halten I.** *v/t.* observe, keep to; **II.** *v/i.* stop, pause; *mit* (*od. bei*) *der Arbeit* ~ stop working.

innen *adv.* within, (on the) inside; (*im Hause*) within doors, indoors; ~ *und außen* within and without, inside and out(side); *nach* ~ (*zu*) inwards, towards the interior; *von* ~ from within, from (the) inside.

Innen...: **~abmessungen** *f/pl.* inside dimensions; **~ansicht** *f* interior view; **~antenne** *f* indoor aerial, *Am.* inside antenna; **~architekt(in** *f*) *m* interior decorator; **~architektur** *f* interior decoration; **~aufnahme** *f phot.* indoor photograph (*od.* exposure); *Film*: interior (*od.* studio) shot; **~ausstattung** *f* interior decoration (*od.* equipment), furnishings *pl.*, appointments *pl.*; **~bahn** *f* *Sport*: inside lane; **~beleuchtung** *f* interior lighting; **~bord...**, **~bords** *adv.* inboard; **~dienst** *m* indoor (*od.* office) work; ⚔ barracks duty; **~durchmesser** *m* inside diameter; **~einrichtung** *f* → *Innenausstattung*; **~fläche** *f* inner (*od.* inside) surface; *der Hand*: palm; **~gewinde** ⊕ *n* internal (*od.* female) thread; **~haut** *f* inner (⚓ inside) skin; **~hof** *m* inner court; **~leben** *n* inner life; F *fig.* innards *pl.*; **~leitung(en** *pl.*) *f* internal wiring; **~minister** *m* Minister of the Interior; *Brit.* Secretary of State for the Home Department, F Home Secretary; *Am.* Secretary of the Interior; **~ministerium** *n* Ministry of the Interior; *Brit.* Home Office, *Am.* Department of the Interior; **~politik** *f* home (*od.* domestic, internal) politics *pl. od.* (*bestimmte*) policy; **~politisch** *adj.* concerning home affairs; domestic (political), internal; **~raum** *m* interior; **~seite** *f* inner side (*od.* surface), inside; **~stadt** *f* (inner) city, (town) cent|re, *Am.* -er; **~stürmer** *m* → *Halbstürmer*; **~tasche** *f* inside pocket; **~taster** *m* inside cal(l)ipers *pl.*; **~welt** *f* world within us, inner life; **~winkel** ⩘ *m* internal angle.

inner *adj.* inner, internal, interior (*alle a. pol.* = domestic); inside; (*seelisch*) inner, inward, mental; ⚕ internal *disease, medicine, etc.*; *pol.* ~e *Angelegenheiten* internal affairs (→ *a. Innenminister*); ~es *Auge* mind's eye; ~er *Durchmesser* inside diameter; ~er *Halt* moral backbone (*od.* stability), morale; ~er *Mangel* inherent vice; ~e *Mission* Home Mission; ~e *Stimme* inner voice; *ling.* ~es *Objekt* cognate object; ~er *Wert* intrinsic value; ~er *Widerspruch* inconsistency; **~betrieblich** ⚒ *adj.* internal, intramural, *Am. a.* in-plant ...; **~e** *n* interior (*a. geogr.*), inside; (*Mitte*) heart, midst, cent|re, *Am.* -er; *fig.* (*Geist*) mind, heart, soul; *im* ~*n* inside, within, *e-s Landes*: in the interior; *fig.* inwardly, at heart, secretly; *Minister des* ~*n* → *Innenminister*; **~deutsch** *adj.* German domestic *problems, etc.*; ~e *Beziehungen* relations between the two German States.

Innereien *f/pl.* entrails, innards; *von Fisch*: guts; *Kochkunst*: offal (*sg. u. pl. konstr.*).

inner...: **~halb** **I.** *adv.* inside, within; **II.** *prp.* within (*a. fig.*), inside; *zeitlich*: within, *Am. a.* inside of; (*während*) within, during; ~ *e-r Woche* within a week; **~lich** **I.** *adj.* **1.** → *inner*; **2.** (*geistig*) mental, psychological; (*a. vergeistigt*) spiritual; (~ *veranlagt*) inward-looking, introspective; (*gefühlsmäßig, gefühlsbetont*) emotional; (*seelenvoll*) soulful; (*nachdenklich*) contemplative; **II.** *adv.* **3.** internally; *pharm.* ~ (*anzuwenden*)! for internal use!; **4.** (*geistig*) mentally; inwardly; (*insgeheim*) secretly; **~lichkeit** *f* inward-looking (*od.* contemplative) nature; spirituality; soul(fulness); **~parteilich** *pol. adj.* intra-party ..., internal; **~politisch** *adj.* → *innenpolitisch*; **~staatlich** *adj.* intra-state ..., internal, national; **~städtisch** *adj.* (intra-)urban, within the town.

innerst *adj.* innermost; *fig. a.* inmost; *die* ~*en Gedanken* one's most intimate (*od.* secret) thoughts; **~e** *n* the innermost (*od.* most central) part; (*Mittelpunkt*) heart, midst; *fig. sein* ~*s* his inmost soul; *im* ~*n des Waldes* in the heart of the forest; *fig. bis ins* ~ to the heart (*od.* core); *im* ~*n s-r Seele* in his heart of hearts.

inne|sein *v/i.* be conscious (*od.* aware) of; **~werden** *v/i.* perceive, notice, see; become aware (*od.* conscious) of, awake to; (*erfahren*) learn; **~wohnen** *v/i.* be inherent in; *der Sache wohnt ... inne a.* the thing has ...; **~wohnend** *adj.* inherent.

innig **I.** *adj.* (*zärtlich*) tender, affectionate; (*glühend*) ardent, fervent, *Wunsch*: *a.* devout; (*herzlich, aufrichtig*) heartfelt, sincere; *Freundschaft usw.*: close, intimate; ⚗ *Mischung*: intimate; **II.** *adv.* tenderly, *etc.*; with tender affection; ~ *lieben* love dearly (*od.* devoutly); ⚗ ~ *gemischt* intimately mixed; **~keit** *f* tenderness, tender affection; deep feeling, soul(fulness); sincerity, warmth; intimacy, closeness; **~lich** *adv.* → *innig* II.

Innovation *f* innovation.
Innung *f* (trade) guild, corporation; **~sfachschule** *f* guild-sponsored technical school.
inoffiziell *adj.* unofficial; (*zwanglos*) informal; *pred. a. declare* off the record.
inokulieren *v/t.* inoculate.
inoperabel ⚕ *adj.* inoperable.
inopportun *adj.* inopportune, untimely, out of place.
in petto *adv.*: et. *in ~ haben* have a th. up one's sleeve.
in puncto *prp.* as regards.
Inquisi|tion *f* inquisition; **~tor** *m* inquisitor; **≈torisch** *adj.* inquisitorial.
ins = *in das*; → *in.*
Insass|e *m*, **~in** *f e-r Anstalt, e-s Gefängnisses usw.*: inmate; (*Bewohner*) *a.* occupant, dweller; (*Einwohner*) inhabitant; *e-s Fahrzeugs*: occupant, (*Fahrgast*) *a.* passenger; **~enversicherung** *mot. f* passenger insurance (cover).
insbesondere *adv.* in particular, particularly, (e)specially, above all.
Inschrift *f* inscription, *bsd. auf Medaillen usw.* (*Am. allg.*): legend; *auf Denkmälern usw.*: *a.* epigraph.
inseitig *adj.* internal, inside ...
Insekt *n* insect, *bsd. Am. a.* bug.
Insekten...: **~blütler** *m* entomophilous plant; **~forscher** *m* entomologist; **~fraß** *m* insect damage; **≈fressend** *adj.* insectivorous; **~fresser** *m* insectivore, insect-eater; **~kunde** *f*, **~lehre** *f* entomology; **~plage** *f* insect pest; **~pulver** *n*, **~vertilgungsmittel** *n* insect-powder, insecticide; **~stich** *m* insect sting; *von Mücken, Flöhen usw.*: insect bite; **~vertreibungsmittel** *n* insectifuge.
Insel *f* island (*a. fig. u. Verkehrs≈*); *poet. od. mit npr.* isle; *die ~ Wight* the Isle of Wight; *die Britischen ~n* the British Isles; **~bewohner** (**-in** *f*) *m* islander; **~chen** *n* islet; **~gruppe** *f* group of islands, archipelago; **≈reich** *adj.* studded with islands; **~reich** *n* island country; *a.* = **~staat** *m* insular state; **~volk** *n* insular race (*od.* people), islanders *pl.*; **~welt** *f* archipelago.
Inserat *n* advertisement, F ad; insertion; **~enbüro** *n* advertising agency.
Inserent *m* advertiser.
inserieren I. *v/t.* advertise; **II.** *v/i.*: *~ in* advertise in, put an ad(vertisement) into.
Insertionsgebühren *f/pl.* advertising charges (*od.* rates).
insge|heim *adv.* in secret, secretly; (*im Innern*) *a.* inwardly, privately; **~mein** *adv.* in general, generally; **~samt** *adv.* altogether, in all; (*als Ganzes*) as a whole; *er erhielt ~ 500 Briefe* he received a total of 500 letters; *s-e Schulden betragen* (*od. belaufen sich auf*) *~ ...* his debts total ...
Insignien *pl.* insignia.
insistieren *v/i.* insist.
inskribieren *v/t.* → *einschreiben.*
insofern I. *adv.* so far; as far as that goes, in this respect; **II.** *cj.*: *~* (*als*) in so far as, inasmuch as, in that; *das ist ~ unrichtig, als ...* that is incorrect in that ...
insolven|t ⚚ *adj.* insolvent; **≈z** *f* insolvency; → *Bankrott.*
insonderheit *adv.* → *insbesondere.*
insoweit *adv.* → *insofern.*
in spe future; to be (*nachgestellt*).
Inspekteur *m* inspector; ⚔ Chief of Staff (of the Army, *etc.*).
Inspektion *f* inspection; (*Amt*) inspectorate; **~sreise** *f* tour of inspection.
Inspektor *m* inspector; superintendent, supervisor, overseer; *e-s Gutes*: steward.
Inspirat|ion *f* inspiration; **~or** *m* initiator, inspirer.
inspirieren *v/t.* inspire.
Inspiz|ient *m* **1.** → *Inspektor*; **2.** *thea.* stage-manager; **≈ieren** *v/t.* inspect; examine.
Installa|teur *m* plumber; *für Dampfanlagen*: steam fitter; *für Gasanlagen*: gas-fitter; ⚡ installer, electrician; **~tion** *f* installation.
installieren *v/t.* (*et., j-n*) install; F *sich ~ in* install o.s. in.
instand *adv.*: *~ halten* keep in good order (*od.* condition); ⊕ maintain, service; *~ setzen* a) ⊕ repair, fix, mend; b) (*j-n*) enable.
Instandhaltung *f* upkeep, care; maintenance; servicing; **~skosten** *pl.* maintenance costs.
inständig I. *adj.* urgent, instant, earnest; **II.** *adv.*: *j-n ~ bitten* implore, beseech, entreat.
Instandsetzung *f* repair(ing), restoration; reconditioning; **~sarbeit** *f* repair work, repairs *pl.* (*an* to); **≈sbedürftig** *adj.* in need of repair.
Instanz *f* (*Dienststelle*) authority; *bsd.* ⚖ instance; *höhere ~en* higher authorities (*od.* echelons), ⚖ higher courts; ⚖ *in erster ~* at first instance; *Gericht erster ~* court of first instance, (*Strafgericht*) *a.* trial court; *in erster ~ zuständig sein* (*für*) have original jurisdiction (over); *letzte ~* last resort; *in letzter ~ zuständig sein*

⚖ have final appellate jurisdiction, *weitS.* have the final say; **~enweg** *m* ⚖ (successive) stages *pl.* of appeal; → *a. Dienstweg*; *auf dem* ~ through official (*od.* the prescribed) channels; **~enzug** ⚖ *m* stages *pl.* of appeal.

Instinkt *m* instinct; *fig. a.* flair (*für* for); *aus* ~ by instinct, instinctively; **2artig, 2mäßig, 2iv** *adj.* instinctive(ly *adv.*), *adv. a.* by (*od.* from) instinct.

Institut *n* institute; *ped.* (boarding-) school.

Institution *f* institution; **2alisieren** *v/t.* institutionalize; **2ell** *adj.* institutional(ly *adv.*); *adv. a.* as an institution, through institutions.

instruieren *v/t.* instruct, coach, give *a p.* instructions; brief (*a.* ⚔).

Instruktion *f* instruction; (*Anweisung*) *a.* direction(s *pl.*); *bsd.* ⚔ briefing.

instruktiv *adj.* instructive.

Instrument *n* instrument (*a.* ♪); (*Gerät*) *a.* tool, implement; (*Urkunde*) (legal) instrument; **2al** *adj.*, **~al...** instrumental *accompaniment, music, etc.*; **~alis** *ling. m* instrumental (case); **~arium** ♪ *u. fig. n* instruments *pl.*

Instrumenten|brett *n*, **~tafel** *f allg.* instrument panel, *mot. a.* fascia panel, dashboard, ✈ *a.* control panel; **~flug** *m* instrument flying (*od.* flight); **~macher** *m* instrument-maker.

instrumentier|en *v/t.* ♪ instrument (*a.* ⊕), orchestrate, arrange, score; **2ung** *f* instrumentation (*a.* ⊕), orchestration.

Insubordination *f* insubordination.

Insuffizienz *f bsd.* ⚕ insufficiency.

Insul|aner(in *f*) *m* islander; **2ar** *adj.* insular.

Insulin *n* insulin.

Insurgent *m* insurgent.

inszenier|en *v/t. thea.* (put on the) stage, enact, produce; (*Film*) produce, *als Regisseur*: direct; *fig.* stage, enact; **2ung** *f* production, staging, mise en scène (*fr.*).

Intaglio *n* intaglio.

Intarsien *f/pl.* inlays, inlaid work *sg.*, marquetry *sg.*

integer *adj. man* of integrity, upright.

integral *adj.*, **2(...)** ⅍ *n u. in Zssgn* integral; **2rechnung** *f* integral calculus.

Integrand ⅍ *m* integrand.

integrier|en ⅍ *u. fig. v/t.* integrate; **~end** *adj.* integrant; ~*er Bestandteil* integral part; **~t** *adj. allg.* integrated.

Integrität *f* integrity.

Intellekt *m* intellect; **~ualismus** *m* intellectualism; **2uell** *adj.*, **~uelle(r** *m*) *f* intellectual, F highbrow.

intelligent *adj.* intelligent, F brainy, bright, sharp.

Intelligenz *f* intelligence; *coll. die* ~ *e-s Landes* the intelligentsia; **~bestie** F *f*, **~bolzen** F *m*, **~ler** F *m* egghead; **~prüfung** *f*, **~test** *m* intelligence test; **~quotient** *m* intelligence quotient, I.Q.

Intendan|t *m thea. usw.* director; **~tur** ⚔ *f* commissariat; **~z** *f* office of director.

Intensität *f* intensity, intenseness.

intensiv *adj.* intensive; *Gefühl, Interesse usw.*: intense; ⚚ *in Zssgn* involving a high proportion of *capital cost, etc.*; **~ieren** *v/t.* (*a. sich* ~) intensify; **2ierung** *f* intensification; **2kurs** *m* crash course; **2station** ⚕ *f* intensive-care unit; **2um** *ling. n* intensive verb.

Intention *f* intention.

Interdependenz ⚚ *f* interdependence.

Interdikt *n* prohibition; *eccl.* interdict.

interessant *adj.* interesting, of interest (*für* to); *stärker*: fascinating; *nur um sich* ~ *zu machen* only for effect; *das* 2*e daran* the interesting thing about it.

Interesse *n allg.* interest (*an, für* in); *im öffentlichen* ~ in the public interest; ~ *haben an od. für* → (*sich*) *interessieren*; *in j-s* ~ *liegen* (*od. sein*) be (*od.* lie) in a p.'s interest; *es besteht kein* ~ *an* there is little interest (*od.* demand) for; *ich tat es in deinem* ~ in your interest, for your sake; *geistige* (*literarische*) ~*n* intellectual (literary) interests; *im* ~ *der Sache usw.* in the interest of; *j-s* ~*n vertreten* (*od. wahrnehmen*) safeguard (*od.* protect) a p.'s interests, act in a p.'s behalf; **2los** *adj.* uninterested, indifferent; **~ngebiet** *n* field of interest; **~ngemeinschaft** *f* community of interests; ⚚ (*Vereinbarung*) pooling agreement; (*Vereinigung*) combine, pool; **~ngruppe** *parl. f* pressure group, lobby; **~nsphäre** *f* sphere of influence.

Interessent(in *f*) *m* interest(ed party); ⚚ prospective customer (*od.* buyer); (*Antragsteller*) applicant.

Interessenvertretung *f* representation of (the) interests.

interessieren *v/t.* interest (*für* in); rouse the interest of; *das Stück interessiert mich nicht ...* does not interest me, ... has no interest for me, I don't care for ...; *das interessiert mich (überhaupt) nicht!* I don't care (a rap)!, I couldn't care less!; *es interessiert (betrifft) dich* it concerns you; *sich ~ für* interest o.s. (*od.* take an interest) in; (*suchen*) be in the market for; *interessiert sein an* be interested in.

Interferenz *phys. f* interference.

interfraktionell *pol. adj.* inter-party ...

interimistisch *adj.* interim ...; provisional, temporary.

Interims...: *in Zssgn* interim ...; temporary, provisional; **~aktie** *f*, **~schein** † *m* interim certificate, scrip; **~regierung** *f* provisional government.

Interjektion *ling. f* interjection.

interkonfessionell *adj.* interdenominational.

interkontinental *adj.* intercontinental; **≈geschoß** *n*, **≈rakete** *f* intercontinental ballistic missile.

interlinear *adj.*, **≈...** interlinear.

Intermezzo ♪ *u. thea. n* intermezzo, interlude (*a. fig.*).

intermittierend *adj.* intermittent.

intern *adj.* internal; *ped. ~er Schüler* → **≈e(r** *m) f* boarder; **≈at** *n* boarding-school.

international *adj.* international; **≈e** *pol. f* International (Working Men's Association); (*Lied*) *the* International(e); **≈e(r** *m) f Sport*: international (player *od.* competitor), internationalist; **~isieren** *v/t.* internationalize; **≈ismus** *m* internationalism; **≈ität** *f* internationality.

Internatsschüler(in *f) m* boarder.

internier|en *v/t.* intern; ⚕ isolate; **≈te(r** *m) f* internee; **≈ung** *f* internment; **≈ungslager** *n* internment camp.

Internist ⚕ *m* specialist in internal diseases, *Am.* internist.

interparlamentarisch *adj.* interparliamentary.

Interpell|ation *parl. f* interpellation; **≈ieren** *v/i.* make (*od.* bring in) an interpellation.

interplanetarisch *adj.* interplanetary.

Interpol|ation *f* interpolation; **≈ieren** *v/t. u. v/i.* interpolate.

Interpret *m* interpreter (*a.* ♪ *etc.*); expounder; **~ation** *f* interpretation; *e-s Textes, Satzes*: *a.* reading, construction; **≈ieren** *v/t.* interpret (*a. Kunst*), expound, read; ⚖ construe.

Interpunktion *f* punctuation; **~szeichen** *n* punctuation mark.

Interregnum *n* interregnum.

interrogativ *ling. adj.*, **≈...** interrogative *pronoun, etc.*.

Intervall *n* interval.

intervalutarisch *adj.* as between (*od.* among) different currencies; *~er Kurs* foreign exchange rate.

Interven|ient ⚖ *m* intervener; **≈ieren** *v/i.* intervene; **~tion** *f* intervention (*a.* ⚖); (*Einmischung*) interference.

Interview *n* interview; *ein ~ geben* give an interview; **≈en** *v/t.* interview; **~er** *m* interviewer.

Interzonen... *in Zssgn* interzonal *trade, etc.*

Inthronisation *f* enthronement.

intim *adj.* intimate (*mit* with); *Raum*: *a.* comfortable, cosy; *b.s.* over-familiar, *sl.* chummy; (*erotisch ~*) intimate, sexual; *~er Freund* intimate; **≈ität** *f* intimacy; *b.s. ~en* familiarities, liberties; **≈sphäre** *f* privacy; **≈spray** *m* vaginal spray; **≈us** *m* best friend, F crony.

intoleran|t *adj.* intolerant; **≈z** *f* intolerance.

Inton|ation ♪, *ling. f* intonation; **≈ieren** *v/t.* inton(at)e.

intransitiv *ling. adj.* intransitive; *~es Verb(um)* → **≈(um)** *n* intransitive verb.

intravenös ⚕ *adj.* intravenous.

intrigant *adj.* intriguing; scheming, plotting; **≈(in** *f) m* intriguer, schemer, plotter; *thea.* villain.

Intrige *f* intrigue, scheme, plot.

intrigieren *v/i.* intrigue, (plot and) scheme, hatch plots.

introvertiert *psych. adj.* introverted; *~er Mensch* introvert.

intuit|iv *adj.* intuitive; **≈ion** *f* intuition.

intus F *adj.*: *et. ~ haben* have a th. inside one (*od. geistig*: in one's head).

Inumlaufsetzen † *n* emission, circulation, issue.

invalid|(e) *adj.* invalid, disabled; **≈e** *m* invalid; *engS.* disabled soldier (*od.* workman, *etc.*); **≈enhaus** *n*, **≈enheim** *n* home for the disabled; **≈enmarke** *f* disability insurance stamp; **≈enrente** *f* disability pension; **≈enversicherung** *f* disability insurance.

Invalidität *f* disablement, disability.

Invasion *f* invasion; **~skrieg** *m* war of invasion.

Inventar *n* (*Verzeichnis*) inventory; (*Gegenstände*) (inventory) stock;

(accountable, *Am.* nonexpendable) stores *pl.*; *lebendes (totes)* ~ live (dead) stock; *festes* ~ fixture; installed property; (*Büroeinrichtung*) office furniture and equipment; F *fig. zum* ~ *gehören Person*: be a fixture; ~ *aufnehmen* → **≈isieren I.** *v/i.* take an inventory, take stock; **II.** *v/t.* take an inventory of; **~stück** *n* inventory item, fixture; **~verzeichnis** *n* inventory.

Inventur ⚕ *f* inventory(-taking), stocktaking; ~ *aufnehmen* (*od. machen*) take an inventory, take stock; **~aufnahme** *f* → *Inventur*; **~ausverkauf** *m* stocktaking sale.

Inversion *f allg.* inversion.

investier|en *v/t. u. v/i.* invest; **≈ung** *f* investment.

Investition ⚕ *f* investment; (*Kapitalaufwand*) capital expenditure; **~s...** *in Zssgn mst* investment *loan, bank, etc.*; **~sgüter** *n/pl.* capital goods; **~skonjunktur** *f* boom in capital investment.

Investitur *f* investiture.

Investment|fonds *m* investment fund; **~gesellschaft** *f* investment company.

inwendig I. *adj.* inner, inward, internal, inside ...; **II.** *adv.* inside; *fig.* inwardly; et. *in- u. auswendig kennen* know a th. inside out.

inwie|fern, ~weit *cj.* (in) how far, to what extent; in what way (*od.* respect).

Inzahlungnahme *f* part exchange, *Am.* trade-in.

Inzucht *f* inbreeding, endogamy.

inzwischen *adv.* in the meantime, meanwhile, since.

Ion *phys. n* ion; **~enaustausch** *m* ion exchange; **~enbeschleuniger** *m* ion accelerator; **~enstrahl** *m* ionic beam; **~enwanderung** *f* ionic migration.

ionisch *adj.* Ionian; ~*e Säule* Ionic order.

ionisier|en *phys. v/t.* ionize; **≈ung** *f* ionization.

Ionosphäre *f* ionosphere.

Iota *n* → *Jota.*

I-Punkt *m* dot over the i; *bis auf den* ~ (*genau*) down to the last detail, to a T.

Irak|er *m*, **≈isch** *adj.* Iraqui, Iraki.

Iran|er *m*, **≈isch** *adj.* Iranian.

irden *adj.* earthen(ware); **≈geschirr** *n* earthenware, crockery.

irdisch *adj.* earthly, terrestrial; (*zeitlich*) temporal; (*weltlich*) worldly; (*sterblich*) mortal; **≈e(s)** *n* earthly (*od.* worldly) things *pl.*; *den Weg alles Irdischen gehen* go the way of all flesh; **≈e(r)** *m* mortal (being).

Ire *m* → *Irländer.*

irgend *adv.* **1.** *in Zssgn mit indef. art. u. pron. u. mit adv. mst* a) *bejahend*: some..., b) *fragend, verneint, allgemein*: any...; **2.** *im Anschluß an rel. pron. u. cj.*: *wann* (*wo*) *es* ~ *geht* whenever (wherever) it may be possible; *was man* ~ *tun kann* whatever can be done; *wenn ich* ~ *kann* if I possibly can; *wer nur* ~ *geeignet ist* any qualified person; *so rasch wie* ~ *möglich* as soon as ever possible; **~ein(e), ~eins** some(one); any(one); *irgendein anderer* someone else, anyone else; *besteht irgendeine Hoffnung?* is there any hope at all?; **~einer, ~jemand, ~wer** somebody, someone; anybody, anyone; **~einmal** → *irgendwann*; ~ **etwas, ~was** something; anything (at all); **~wann** some time (or other), sometime; **~welcher** somebody; *ohne irgendwelche Kosten* without any expense (whatever); *hat er irgendwelche Absichten?* has he any intentions at all?; **~wie** somehow; (in) some way (or other); **~wo** somewhere, (in) some place (or other); anywhere; ~ *anders* somewhere else; **~woher** from some place (or other); from anywhere; **~wohin** (to) some place (or other); to any place (whatever).

Iris *anat.*, ⚘ *f* iris.

Ir|in *f* Irishwoman; *sie ist* ~ she is Irish; **≈isch** *adj.* Irish; ≈*er Freistaat* Irish Free State; ≈*e Republik* Irish Republic, Eire; **~isch** *ling. n* Irish.

irisieren *v/i.* iridesce; **~d** *adj.* iridescent.

Irländer *m* Irishman; *die* ~ the Irish (*pl.*); **~in** *f* → *Irin.*

Iron|ie *f* irony (*des Schicksals* of fate); **~iker** *m* ironist; **≈isch** *adj.* ironic(al); **~isieren** *v/t.* treat with irony.

irr|(e) *adj.* **1.** ⚕ *u. fig.* mad, insane, crazy; **2.** F *fig.* (*toll*) mad, crazy, wild (*vor* with); *Tempo usw.*: *a.* terrific, fantastic; F (*sagenhaft, umwerfend*) *a. sl.* far-out, super; *wie* ~ *arbeiten usw.* like mad; **3.** (*verwirrt*) confused, muddled; ~ *werden an* begin to doubt *a th.*, have one's doubts about, lose one's faith in, not to know what to make of; → *a. irremachen usw.*; **≈e** *f*: *in die* ~ *führen* → *irreführen*; *in die* ~ *gehen* → *irregehen*; **≈e(r** *m*) *f* madman (*f* madwoman), lunatic;

F *fig. a.* F crackpot; F *wie ein* ~*r* like mad; F *du armer* ~*r!* F you poor nut!

irreal *adj.* unreal; **⁓is** *ling. m* "unreality" form; **⁓ität** *f* unreality.

irre...: **~führen** *bsd. fig. v/t.* mislead, lead astray, put on the wrong track; (*täuschen*) *a.* deceive, hoodwink; *sich* ~ *lassen* be deceived (*od.* F taken in) (*von* by); **~führend** *adj.* misleading; **⁓führung** *f* misleading, deceiving; **~gehen** *v/i.* lose one's way, *a. fig.* go astray; *fig.* be wrong, get on the wrong track; **~geleitet** *adj.* misguided.

irregulär *adj.* irregular; ~*e Truppen* irregulars.

irreleiten *v/t.* → *irreführen.*

irrelevant *adj.* irrelevant.

irre...: **~machen** *v/t.* **1.** confuse, bewilder, disconcert; **2.** make *a p.* doubtful (*an* about), make *a p.* doubt (*a p. od. th.*) *od.* lose one's faith (in *a p. od. th.*); → *a. beirren.*

irren I. *v/i.* **1.** stray, wander, err (*durch* through); **2.** *geistig*: (*a. sich* ~) make a mistake, make (*od.* commit) an error; be mistaken (*od.* wrong); *sich in j-m od. et.* ~ be wrong (*od.* mistaken) about *od.* in, *engS. in der Tür, im Datum usw.*: mistake, have (*od.* get) *a th.* wrong, go to the wrong *door, etc.*; *ich kann mich (auch)* ~*!* I may be wrong!, I speak under correction; *wenn ich mich nicht irre* if I am not mistaken; **II.** ⁓ *n*: ~ *ist menschlich* to err is human; **⁓anstalt** *f* lunatic asylum, mental home, *Am.* state hospital; **⁓arzt** *m* mental specialist, alienist; **⁓haus** *n* → *Irrenanstalt*; F *a. fig.* madhouse; **⁓häusler** *m* lunatic, madman.

irreparabel *adj.* irreparable.

irre...: **~reden** *v/i.* rave, talk wildly; **⁓sein** *n* insanity; *jugendliches* ~ dementia praecox, hebephrenia; *zirkuläres* ~ circular insanity (*od.* psychosis).

Irr...: **~fahrt** *f* wandering, odyssey; **~gang** *m* **1.** *fig.* aberration; **2.** (*Labyrinth*) → **~garten** *m* labyrinth, maze; **~glaube** *m* erroneous belief; false doctrine, heterodoxy; (*Ketzerei*) heresy; **⁓gläubig** *adj.* heterodox; (*ketzerisch*) heretic; **~gläubige(r** *m*) *f* heretic.

irrig *adj.* erroneous, wrong, mistaken.

Irrigator ⚕ *m* irrigator; *Hygiene*: douche.

irrigerweise *adv.* → *irrtümlicherweise.*

irritieren *v/t.* irritate, (*ärgern*) *a.* annoy, vex; (*irremachen*) confuse, muddle.

Irr...: **~lehre** *f* false doctrine, heterodoxy; (*Ketzerei*) heresy; **~läufer** ✉ *m* letter delivered to wrong address, lost letter; **~licht** *n* will-o'-the-wisp (*a. fig.*), Jack-o'-lantern, 📖 ignis fatuus; **~pfad** *m* → *Irrweg*; **~sal** *n* erring, vagary; (*Labyrinth*) maze; **~sinn** *m* insanity, madness (*beide a. fig.*); **⁓sinnig** *adj.* insane, crazy, mad; F *fig. a.* terrible, terrific; **~sinnige(r** *m*) *f* → *Irre(r).*

Irrtum *m* error, mistake; (*Mißverständnis*) misunderstanding; *im* ~ *sein* be mistaken (*od.* wrong); *in e-m* ~ *befangen sein* be labo(u)ring under a mistake; *Irrtümer vorbehalten* errors excepted.

irrtümlich I. *adj.* erroneous, mistaken, false; **II.** *adv.* → **~erweise** *adv.* by mistake, mistakenly, erroneously.

Irrung *f* → *Irrtum, Irrsal.*

Irr...: **~wahn** *m* delusion; **~weg** *m* wrong way; *auf* ~*e geraten* lose one's way, *a. fig.* go astray, get on the wrong track; **~wisch** *m* → *Irrlicht*; (*Person*) flibbertigibbet.

isabellfarben *adj.* isabelline.

Ischias ⚕ *f* sciatica; **~nerv** *m* sciatic nerve.

Isegrim *m* (*Wolf*) Isengrim; *fig.* (*Person*) bear; grumbler.

Islam *m* Islam; **⁓isch, ⁓itisch** *adj.* Islamic.

Isländ|er(in *f*) *m* Icelander; **⁓isch** *adj.* Icelandic.

Isobar|(e *f*) *n* isobar; **⁓isch** *adj.* isobaric.

isochron *adj.* isochronic.

Isolation *f* **1.** *pol.* isolation; **2.** ⚡ ⊕ → *Isolierung*; **~ismus** *m* isolationism; **⁓istisch** *adj.* isolationist

Isolator *m* insulator.

Isolier|band *n* insulating tape; **⁓bar** *adj.* ⊕, ⚡ insulatable; ⚗ isolable; **~baracke** ⚕ *f* isolation ward; **⁓en** *v/t. pol. usw.* isolate (*a.* ⚗); ⚕ *a.* quarantine; ⚡, ⊕ insulate; *fig. sich* ~ isolate o.s.; **~haft** ⚖ *f* solitary confinement; **~lack** *m* insulating varnish (*od.* paint); **~masse** *f* insulating compound; **~schicht** *f* insulating layer; **~schutz** *m* insulation; **~station** ⚕ *f* isolation ward; **~ung** *f* isolation, ⚕ *a.* quarantine; ⚡, ⊕ insulation; **~zelle** ⚖ *f* cell for solitary confinement.

Isomer ⚗ **I.** *n* isomer; **II.** ⁓ *adj.* isomeric.

Isotop *n* isotope.

isotrop *adj.* isotropic.

Israel|i *m*, **≈isch** *adj.* Israeli; **~it(in** *f*) *m* Israelite, Jew, *a.* Hebrew; **≈itisch** *adj.* Israelite, Jewish.

Ist-...: **~Bestand** *m* actual amount, balance actually on hand; (*Inventar*) actual inventory *od.* stock; **~Einnahme** *f* actual (*od.* net) receipts *pl.*; **~Stärke** ⚔ *f* effective strength.

Itaker F *m sl.* dago, wop.

Italien|er(in *f*) *m*, **≈isch** *adj.*, **~isch** *ling. n* Italian.

I-Tüpfelchen *n* → *I-Punkt.*

J

J, j *n* J, j.

ja I. *adv.* **1.** yes; ⚓ *u. parl.* aye; F, *Am. parl. u. biblisch*: yea; *bei der Trauung*: I do!; ~ *doch*, ~ *freilich* yes, indeed; to be sure, by all means; *wenn* ~ if so, in that case; ~ *sagen zu et.* say yes to, (give one's) consent to; *wird er kommen? ich glaube* ~ I think so, I think he will; *hast du es nicht gehört?* ~, *gewiß!* of course, I did!; **2.** (*schließlich*) *er ist* ~ *mein Freund* why, he is my friend; *er ist* ~ *ein alter Mann* he is an old man after all; *es ist* ~ *nicht so schlimm* it isn't so bad, really!; **3.** *einleitend*: ~, *wissen Sie* why (*od.* well), you know; **4.** *feststellend*: *Sie wissen* ~, *daß* you know very well that; *da bist du* ~! there you are (at last)!; *da haben wir* (*od. hast du*) *es* ~! there you are!; *ich sagte es Ihnen* ~! I told you so!, didn't I tell you (so)?; **5.** *einschärfend*: *schreiben Sie* ~ *recht bald* be sure to write soon, do write soon; *kaufe es* ~ *nicht* do not buy it on any account; **6.** *überrascht*: ~, *weißt du denn nicht, daß* why, don't you know that; **7.** *verstärkend*: nay; or, what is more; ~ *sogar noch mehr* and even more than that; *er ist bekannt,* ~ *sogar berühmt* in fact (*od.* one might even say) a celebrity; **II.** 2 *n* yes; *parl.* aye; *Am. u. bibl.*: yea; *bei der Trauung*: *the* "I do"; *mit* (*einem*) ~ (*be*)*antworten* answer in the affirmative, say yes (to); → *a. Jawort.*

Jabo *m* → *Jagdbomber.*

Jacht *f* yacht; **~klub** *m* yachting club.

Jacke *f* jacket; (*Strick* 2) cardigan; (*Kostüm* 2, *Am. a. Anzug* 2) coat; (*Unter* 2) vest; *kurze* ~ (**Jäckchen** *n*) short jacket, *etc.*; (*Baby* 2) coatee; *fig.* F *das ist* ~ *wie Hose* that's much of a muchness, it's all the same; F *j-m die* ~ *voll hauen* give a p. a sound thrashing; **~nkleid** *n* ladies' suit, two-piece dress.

Jacketkrone ⚕ *f* jacket crown.

Jackett *n* jacket, *Am. a.* coat.

Jade *min. m* jade.

Jagd *f* **1.** hunt(ing), *mit der Flinte*: *a.* shoot(ing); *auf* (*die*) ~ *gehen* go hunting; **2.** → a) *Jagdbeute*, b) *Jagdgebiet*, c) *Jagdgesellschaft*, d) *Jagdrecht*; **3.** (*Verfolgung*) chase, pursuit; ~ *machen auf* chase (after), pursue; *die* ~ *aufnehmen* give chase; **4.** (*Suche*) hunt, search (*nach* for); *fig. a.* chasing (after), rush (for); ~ *nach* (*dem*) *Glück* hunt for (*od.* pursuit of) happiness; *e-e wilde* ~ (*nach*) a mad scramble (*od.* rush) (for); *myth. die Wilde* ~ the Wild Chase; **~abwehr** ✈ *f* fighter defen|ce, *Am.* -se; **~anzug** *m* hunting-suit; **~aufseher** *m* gamekeeper; **2bar** *adj.* fit for hunting; fair *game*; **~berechtigung** *f* permission to hunt; → *a. Jagdschein*; **~beute** *f* bag; **~bomber** ✈ *m* fighter-bomber; **~büchse** *f* sporting rifle; **~fieber** *n* hunting-fever; **~flieger** ✈ *m* fighter pilot; **~flinte** *f* sporting gun, shotgun; *für Vögel*: *a.* fowling-piece; **~flugzeug** ✈ *n* fighter (plane *od.* aircraft); (*Abfangjäger*) interceptor; **~frevel** *m* poaching; **~gebiet** *n* hunting district (*od.* ground); **2gerecht** *adj.* huntsmanlike; **~geschwader** ✈ *n* fighter group (*Am.* wing); **~gesellschaft** *f* hunting party, field; **~gesetz** *n* game-law; **~gewehr** *n* sporting gun (*od.* rifle); **~gründe** *m/pl.* hunting-grounds; *in die ewigen* ~ *eingehen* go to the happy hunting-grounds; **~haus** *n* hunting-lodge (*od.* -box); **~horn** *n* hunting-horn, bugle; **~hund** *m* hunting-dog; hound; (*Rasse*) short-haired pointer; **~hütte** *f* shooting-box; **~messer** *n* hunting knife; **~pächter** *m* game-tenant; **~patrone** *f* shotgun cartridge; **~recht** *n* shooting (*od.* hunting) right(s *pl.*); (*Gesetz*) game-law; **~rennen** *n* steeplechase; **~revier** *n* → *Jagdgebiet*; **~schein** *m* shooting-licen|ce, *Am.* -se; **~schloß** *n* hunting seat; **~schutz** ✈ *m* fighter escort; **~springen** *n* show jumping; **~staffel** ✈ *f* fighter squadron; **~tasche** *f* game-bag; **~wild** *n* game, game animal(s *pl.*); **~zeit** *f* hunting (*od.* shooting) season.

jagen I. *v/t.* hunt (*a. fig.*); (*treiben*) drive; (*verfolgen*) chase, give chase to, pursue, *mit Hunden*: hound (*a. fig.*); (*sich anpirschen an*) stalk; (*schießen*) shoot; *j-n aus dem Amt* ~ oust a p.; *j-n aus dem Dienst* ~ F sack (*od.* fire) a p.; *aus dem Hause* ~ turn out (of the house); *aus dem Lande* ~ drive out of the country; *in die Flucht* ~ put to flight, rout; F *zum Teufel* ~ send *a p.* packing; *fig. j-m ein Messer in den Leib* ~ run (*od.* drive) a knife into a p.; *j-m (sich) e-e Kugel durch den Kopf* ~ blow a p.'s (one's) brains out; *den Ball ins Netz* ~ *Fußball*: slam (*od.* drive) the ball home; *Brücke usw. in die Luft* ~ blow up; *sein Pferd* ~ race one's horse; *sich* ~ rush (about), dash (madly) along, *Gedanken usw.*: race; *ein Ereignis jagte das andere, die Ereignisse jagten sich* one event followed hot on the heels of the other, things were happening fast; F *damit kannst du mich* ~*!* I want none of that!; → *Bockshorn usw.*; **II.** *v/i.* go (out) hunting *od.* shooting, hunt; (*rasen*) rush (*od.* dash, sweep, tear, race); *fig.* ~ *nach* hunt for, chase after, pursue; **III.** ≈ *n* hunt(ing), shooting; → *a. Jagd* 1, 3, 4; *Forstwesen*: forest section.

Jäger *m* hunter, huntsman, sportsman; (*Förster*) ranger; (*Wildhüter*) gamekeeper; ⚔ rifleman; → *a. Jagdflieger, Jagdflugzeug.*

Jäger|ei *f* hunt(ing), shooting; **~in** *f* huntress.

Jäger...: ~latein *n* sportsman's slang; (*Aufschneiderei*) tall (hunting) stories, (hunter's) yarn; **~meister** *m* professional hunter; **~smann** *m* → *Jäger*; **~sprache** *f* hunter's jargon, hunting terms *pl.*

Jaguar *zo. m* jaguar.

jäh I. *adj.* (*plötzlich*) sudden, abrupt; (*schnell*) rapid; (*erschreckend*) startling; (*ungestüm*) impetuous; (*erregbar*) hot-tempered, irascible; (*schroff*) abrupt; (*vorschnell*) rash; (*abschüssig*) steep, precipitous; *~e Flucht* headlong flight; *~er Tod* sudden death; *~er Abhang* precipice; **II.** *adv.* → **jählings** *adv.* (*plötzlich*) (all) of a sudden, abruptly; (*steil*) precipitously; (*kopfüber*) headlong.

Jahr *n* year; *ein halbes* ~ half a year, six months; *anderthalb ~e* eighteen months, a year and a half; *dreiviertel* ~ nine months; ~ *des Heils* (*des Herrn*) year of grace (of our Lord); *im ~e 1938* in (the year) 1938; *bis zum 31. Dezember d. J.* (= *dieses Jahres*) until 31st December of this year; *zu Anfang der dreißiger ~e* in the early thirties; *alle ~e* every year; *auf ~e hinaus* for years to come; *bei ~en* advanced in years; *bei seinen hohen ~en* at his age; *im Lauf der ~e* through (*od.* over) the years; *in die ~e kommen* be getting on in years; *in diesem* (*im nächsten, vorigen*) *~e* this (next, last) year; *mit den ~en* with (the) years; *mit* (*od. im Alter von*) *20 ~en* at the age of twenty; *nach ~en* after (many) years; *nach ~ und Tag* a full year later; *seit ~ und Tag* for many years; for a long time; (*heute*) *übers* ~ a year hence; *ein ~ ums andere* year after year; *heute vor einem* ~ a year ago today; *von ~ zu ~* from year to year; *in den besten ~en sein* be in one's best years (*od.* the prime of life); **≈aus** *adv.*: ~, *jahrein* year after year; year in, year out; **~buch** *n* year-book, almanac, annual; **≈elang I.** *adj.* long-standing, *struggle* lasting for years; *~e Erfahrung* (many) years of experience; **II.** *adv.* for years.

jähren *v/refl.*: *es jährt sich heute, daß* it is a year today since (*od.* that).

Jahres...: ~abonnement *n* annual subscription; *thea. usw.* yearly season ticket; **~abschluß** *m* annual closing of accounts; (*Bilanz*) annual statement of accounts; **~anfang** *m*, **~beginn** *m* beginning of the year; **~ausweis** *m* annual (bank) return (*Am.* statement); **~bericht** *m* annual report; **~bestleistung** *f* record of the year; **~bilanz** *f* annual balance(-sheet); **~einkommen** *n* yearly income; **~ende** *n* end of the year; **~erste(r)** *m the* first of the year; **~feier** *f* anniversary; **~frist** *f*: *binnen* ~ within a year; *nach* ~ after one year, after a year's time; **~gehalt** *n* annual salary; **~hälfte** *f* half-year; **~lauf** *m* course of the year; **~rente** *f* annuity; **~ring** ⚘ *m* annual ring; **~schluß** *m* close of the year; **~schrift** *f* annual; **~tag** *m* anniversary; **~versammlung** *f* annual meeting; **~wechsel** *m*, **~wende** *f* turn of the year; (*Fest*) New Year; *mit den besten Wünschen zum* (*zur*) ~ with the compliments of the season, season's greetings; **~zahl** *f* (year-)date, year; **~zeit** *f* season, time of the year; **≈zeitlich** *adj.* seasonal.

Jahrgang *m* age-group, all persons born in *1950, etc.*; *ped.* age-class, year; *Wein*: vintage (*a. fig.*), year; *Zeitschriften*: (annual) volume.

Jahrhundert *n* century; **≈ealt** *adj.* centuries old; **≈elang** *adv.* (*adj.* lasting) for centuries; **~feier** *f* centenary, centennial; **~wein** *m* vintage wine of the century; **~wende** *f* turn of the century.

jährlich I. *adj.* yearly, annual; **II.** *adv.* every year, yearly, once a year; *1000 dollars* a year, per annum.

Jährling *zo. m* yearling.

Jahr...: ~markt *m* fair; **~marktsbude** *f* (fairground) booth; **~tausend** *n* millenium; **~tausendfeier** *f* millenary; **~zehnt** *n* decade, (period of) ten years; **≈zehntelang I.** *adj.* lasting for decades; *~e Forschungsarbeit* decades of research; **II.** *adv.* for decades.

Jähzorn *m* violent fit of temper, sudden rage; (*Eigenschaft*) violent temper, irascibility; **≈ig** *adj.* hot-tempered, irascible; (*wütend*) furious, fierce.

Jakob *m*: F *der wahre ~* the real thing (*od.* McCoy).

Jakobiner *m hist. pol.* Jacobin; *eccl. a.* Dominican (friar); **~mütze** *f* Phrygian cap.

Jakobsleiter *bibl.*, ⚘, ⚓ *f* Jacob's ladder.

Jalousie *f* (Venetian) blind; ⊕ louv|re, *Am.* -er.

Jamaikan|er *m*, **≈isch** *adj.* Jamaican.

Jamb|e *f*, **~us** *m* iamb(us); **≈isch** *adj.* iambic.

Jammer *m* (*Elend*) misery, distress, affliction, woe; (*Verzweiflung*) despair; (*Wehklagen*) lamentation, wailing; *es ist ein ~* it is a (great) pity *od.* shame; F *immer der gleiche ~!* always the same old story!; **~bild** *n*, **~gestalt** *f* picture of misery (*od.* woe), piteous sight, woebegone figure; **~geschrei** *n* lamentation, wails *pl.*; **~lappen** F *m* weakling, F sissy, wet; **~leben** *n* wretched life.

jämmerlich I. *adj.* miserable, wretched, pitiful (*alle a. fig. contp.*); deplorable, lamentable; (*herzzerreißend*) heart-rending, pitiful *cries, etc.*; *~ aussehen* look wretched (*od.* a picture of misery); *ihm war ~ zumute* he felt miserable; **II.** *adv.*: *~ weinen* cry piteously; *~ (schlecht) singen usw.* terribly, F awfully; F *j-n ~ verhauen* give a p. a terrible beating.

jammern I. *v/i.* lament, wail; (*stöhnen*) moan (*um, nach* for); (*wimmern*) whimper; *um et. od. j-n ~* bemoan, bewail, lament; *über et. ~ (sich beklagen) a.* complain of; **II.** *v/t.*: *j-n ~* move a p. to pity, make a p. feel sorry; *er jammert mich* I pity (*od.* feel sorry for) him; **III.** **≈** *n* lamentation(s *pl.*), wailing; moaning, moans *pl.*; F belly-aching.

jammer...: ~schade *adj.*: (*es ist*) *~* it's a great pity (*od.* shame), it's just too bad; **≈tal** *n* vale of tears; **~voll** *adj., adv.* → *jämmerlich.*

Janker *dial. m* (loose) jacket.

Jänner *östr. m*, **Januar** *m* January.

janusköpfig *adj.* janus-faced.

Japan|er(in *f*) *m*, **≈isch** *adj.*, **~isch** *ling. n* Japanese; **~lack** *m* japan (varnish); **~papier** *n* Japanese vellum.

Japs(e) F *m* F Jap.

japsen *v/i.* gasp (*nach Luft* for breath), pant.

Jargon *m* jargon, cant.

Jasager *m* yes-man.

Jasmin *m* jasmin(e).

Jaspis *m* jasper.

Ja-Stimme *parl. f* aye, *Am.* yea.

jät|en *v/t. u. v/i.* weed; **≈hacke** *f* hoe.

Jauche *f* 🖊 liquid manure, dung water; ⚕ sanies, ichor; F *fig.* swill; **~grube** *f* cesspit; 🖊 liquid manure pit.

jauchzen I. *v/i.* jubilate, exult, rejoice, cheer, shout for joy; **II.** *v/t.* shout forth, jubilate; **III.** **≈** *n* jubilation, exultation, rejoicing; cheers *pl.*; **~d** *adj.* jubilant, exultant; cheering.

jaulen *v/i.* howl, yowl.

Jause *östr. f* light meal, snack.

Javan|er(in *f*) *m*, **≈isch** *adj.* Javanese.

jawohl *adv.* yes, indeed; to be sure; (*ganz recht*) quite so, exactly, that's right; ⚔ *usw.* yes, Sir!

Jawort *n* yes; (*Einwilligung*) (word of) consent; *e-m Freier das (od. sein) ~ geben* say yes (to *a p.'s* proposal of marriage).

Jazz *m* jazz; *~ spielen a.* jazz; **~band** *f*, **~kapelle** *f* jazz band; **~musik** *f* jazz (music); **~musiker** *m* jazz musician, jazzer; **~sänger** *m* jazz-singer.

je[1] *int.*: *ach ~!* good heavens!, dear me!; *~ nun* well now, now then.

je[2] *adv. u. cj.* **1.** *seit ~ (od. von ~her)* at all times, always; *wie eh und ~* as always; **2.** (*jemals*) ever; *ohne ihn ~ gesehen zu haben* without ever (*od.* once) having seen him; *hast du ~ so etwas gehört?*

did you ever hear (of) such a thing?; **3.** (*beziehungsweise*) respectively; **4.** *distributiv*: ~ (*immer*) *zwei und zwei* two at a time, two by (*od.* and) two, by twos; *sie kosten* ~ *einen Dollar* they cost a dollar each; *er gab den drei Knaben* ~ *einen Apfel* he gave each of the three boys an apple; *für* ~ *zehn Wörter* for every ten words; *in Schachteln mit* ~ *10 Stück verpackt* packed in boxes of ten; **5.** ~ *nach* according to; ~ *nachdem* a) *als adv.* as the case may be, F it (all) depends; b) *als cj.* according as (*od.* to), depending on; in proportion as; ~ *nach Gutdünken des Vertreters* as the agent may deem fit; **6.** *mit comp.*: ~ ... *desto* the ... the; ~ *mehr man hat, desto mehr man will* the more we have, the more we want; ~ *länger,* ~ *lieber* the longer, the better.

jede, ~r, ~s *indef. pron.* **1.** *adjektivisch*: (~ *einzelne*) each; (~ *insgesamt*) every; (~ *beliebige*) any; *von zweien*: either; *mit* ~*m Tag* every day, from day to day; *ohne* ~*n Zweifel* without any (*od.* the slightest) doubt; (zu) ~*r Zeit* (at) any time; *unter* ~*r Bedingung* on any terms; *zu* ~*r Stunde* at any (given) hour; *fern* ~*r Zivilisation* far from any semblance of civilization; **2.** *substantivisch*: each (*od.* every)one; each thing, everything; → *a. jedermann*; ~*r von den beiden* either of them; *all*(e) *und* ~*r* each and all, all and sundry; ~*r hat seine Fehler* we all have our faults; ~*r ist sich selbst der Nächste* charity begins at home.

jedenfalls *adv.* in any case, at any rate, at all events; (*wie dem auch sei*) however that may be; (*wenigstens*) at least.

jeder|mann *indef. pron.* everybody, each (*od.* every)one; (*jeder beliebige*) anyone, anybody; **~zeit** *adv.* at any time, at all times, always.

jedesmal *adv.* each (*od.* every) time; (*immer*) always; ~ *wenn* whenever, as often as, every (*od.* each) time *I meet her.*

jedoch *adv.* however, still, yet; nevertheless, for all that.

jedwede, ~r, ~s, jegliche, ~r, ~s *indef. pron.* → jede(r, s).

jeher *adv.*: *von* ~ at all times, always; all along; (*seit alters*) from time immemorial.

Jelängerjelieber ⚘ *n u. m* honeysuckle.

jemals *adv.* ever.

jemand I. *indef. pron.* somebody, someone; *fragend, verneinend*: *mst* anybody, anyone; *es kommt* ~ there is somebody coming; *ist* ~ *hier?* is anybody there?; *es ist* ~ *bei ihm* he has company; *irgend* ~ anybody; ~ *anders* someone (*od.* anyone) else; *sonst noch* ~? anyone (*od.* somebody) else?; **II.** **≗** *m*: *ich kenne einen* (*gewissen*) ~, *der* I know a (certain) person who, I know somebody who.

jene, ~r, ~s *dem. pron.* **1.** *adjektivisch*: that, *pl.* those; (*Lezterer*) the former; *in* ~*n Tagen* in those days; **2.** *substantivisch*: that one, *pl.* those ones; *bald dieser, bald* ~*r* now (this) one, now the other; *von diesem und* ~*m sprechen* speak of this and that.

jenseitig *adj.* **1.** (situated) on the other side; lying beyond, further; *das* ~*e Ufer* the opposite bank; **2.** *fig.* otherworldly.

jenseits I. *prp.* on the other side of, beyond, across; ~ *des Grabes* beyond the grave, hereafter; **II.** *adv.* on the other side; *von* ~ from beyond; ~ *von* beyond; **III.** **≗** *n* *the* beyond (*od.* hereafter), *the* other world, *the* life to come; F *ins* ~ *befördern* kill, F send to glory (*od.* to kingdom come).

Jeremiade *f* jeremiad, lamentation.

Jesuit *m* Jesuit; **~enorden** *m* Society of Jesus, Jesuit Order; **~enschule** *f* Jesuit college; **≗isch** *adj.* Jesuit(ic); *contp.* jesuitical.

Jesus *m* Jesus; ~ *Christus* Jesus Christ; *der Herr* ~ the (*od.* our) Lord Jesus (Christ); **~kind(lein)** *n* the infant (*od.* child) Jesus.

jetzig *adj. allg.* present; current; of the present time, present-time; (*bestehend*) existing; (*vorherrschend*) prevailing; *in der* ~*en Zeit* in (*od.* at) the present time; in our days (*od.* times), nowadays.

jetzt *adv.* **1.** *allg.* now; (*heutzutage*) *a.* at present, nowadays; *eben* ~ just now; *erst* ~ only now; *gleich* ~ at once, instantly, right away; *noch* ~ even now, to this day; **2.** *bei lebhafter Erzählung* = *da*: ~ *erhob er sich* then (*od.* with that) he rose; **3.** *nach prp.*: *bis* ~ until now; so far, *bei Verneinung*: as yet; *für* ~ for the present; *von* ~ *an* from now on, henceforth; **≗zeit** *f* *the* present (time).

jeweil|ig I. *adj.* respective; (*gegeben, spezifisch*) particular, specific, given; (*vorherrschend*) prevailing, obtaining, current; *der* ~*e Präsident usw.* the president, *etc.*, of the day; *den* ~*en Umständen nach* as the circumstances may require; **II.** *adv.* → **~s** *adv.* in each case, re-

spectively; at the time; (*gleichzeitig*) *two, etc.* at a time; (*jedesmal*) each time; *bsd.* ⚖ (*von Fall zu Fall*) from time to time; *die ~ gültigen Bestimmungen* such provisions as may from time to time be established (*od.* as now are or hereafter may be in force).
jiddisch *adj.*, **≈** *ling. n* Yiddish.
Jiu-Jitsu *n* j(i)u-jitsu; **~griff** *m* j(i)u-jitsu hold.
Joch *n* **1.** yoke (*a.* ⚡; *a. fig. der Ehe usw.*); *ins ~ spannen* (put to the) yoke; *fig. das ~ abschütteln* (*od. abwerfen*) shake off one's yoke; *unter das ~ bringen* bring under one's yoke (*od.* sway), subjugate; **2.** *ein ~ Ochsen* a yoke of oxen; **3.** (*Berg***≈**) saddleback, col, pass; **4.** ⚠ bay; (*a.* **~balken** *m*) crossbeam, girder; **~bein** *anat. n* cheek-bone; **~brücke** *f* pile-bridge.
Jockei *m* jockey, F jock.
Jod ⚗ *n* iodine; **~dampf** *m* iodine vapo(u)r.
jodeln *v/i. u. v/t.* yodel.
jodhaltig *adj.* iodiferous.
jodieren *v/t.* ⚗ iodinate; ⚕ *u. phot.* iodize.
Jodler *m* **1.** (*Ruf*) yodel; **2.** (*u.* **~in** *f*) yod(el)ler.
Jod...: **~natrium** *n* sodium iodide; **~salbe** *f* iodine ointment; **~silber** *n* silver iodide; **~tinktur** *f* tincture of iodine.
Joga *m* yoga.
Joghurt *m, n* yog(ho)urt.
Johann|esevangelium *n* St John's Gospel; **~i(s)** *n* Midsummer Day.
Johannis|beere *f* (red *od.* black *od.* white) currant; **~beerwein** *m* currant wine; **~brot** ⚘ *n* St John's bread, carob (bean); **~fest** *n* → *Johanni(s)*; **~feuer** *n* Midsummer Eve bonfire; **~käfer** *m* glow-worm; **~kraut** *n* St John's wort; **~nacht** *f* Midsummer Night; **~tag** *m* → *Johanni(s)*; **~trieb** F *m* "third spring", old man's infatuation.
Johanniterorden *m* Order of St John of Jerusalem.
johlen I. *v/i.* howl, bawl, yell; **II. ≈** *n* howling, yelling.
Jolle *f* jolly(-boat), dinghy.
Jong|leur *m* juggler; **≈lieren** *v/t. u. v/i.* juggle (*mit* [with] *a th.*; *a. fig.*); F *et. ~* wangle.
Joppe *f* jacket.
Jordan|ier *m*, **≈isch** *adj.* Jordanian.
Jot *n* (the letter) J, j, jay; **~a** *n* jot; *fig. kein ~* not a jot (*od.* tittle).
Joule ⚡ *n* joule.
Journal *n* journal (*a.* ✝), magazine; diary; ✝ daybook; ⚓ logbook; **~ismus** *m* journalism; **~ist(in** *f*) *m* journalist; **~istendeutsch** *n*, **~istenstil** *m* journalese; **~istik** *f* journalism; **≈istisch** *adj.* journalistic.
jovial *adj.* jovial, affable; **≈ität** *f* joviality, affability.
Jubel *m* jubilation, rejoicing, exultation; → *a. Jubelgeschrei*; **~feier** *f*, **~fest** *n* jubilee; **~geschrei** *n*, **~rufe** *m/pl.* (loud) cheering *sg.*, jubilant cries, exultant shouts, vociferous cheers; **~greis** *m* → *Jubilar*; *weitS.* F gay old spark; **~jahr** *n* jubilee year; *alle ~e einmal* once in a blue moon; **≈n** *v/i. u. v/t.* jubilate, shout for joy, rejoice, exult (*über* at); → *Weste*.
Jubilar(in *f*) *m* person celebrating his (her) jubilee.
Jubiläum *n* jubilee, anniversary; **~sausgabe** *f* jubilee edition.
jubilieren *v/i.* → *jubeln*.
juch|he, ~hei(ßa) *int.* hurray(!), yippee(!) (*a. su.*).
Juchten *m, n*, **~leder** *n* Russia (leather).
juchzen *v/i.* → *jauchzen*.
jucken I. *v/t. u. v/i.* **1.** itch; *es juckt mich* I am itching; *mein Arm juckt* (*mich*), *es juckt mich am Arm* my arm itches; *fig. es juckt mir in den Fingern od. es juckt mich, zu inf.* I am itching to *inf.*; *ihn juckt das Fell* he is itching for a fight; **2.** F *sich ~* (*sich kratzen*) scratch (o.s.); **II. ≈** *n* itch(ing); **~d** *adj.* itching, itchy.
Juck|pulver *n* itching powder; **~reiz** *m* itch(ing).
Judaismus *m* Judaism.
Judas *npr. u. m fig.* Judas; **~kuß** *m* Judas kiss; **~lohn** *m* traitor's reward, *the* thirty pieces of silver.
Jude *m* Jew; → *ewig* I.
Juden...: **~deutsch** *n* Yiddish; **~feind** *m* anti-Semite; **≈feindlich** *adj.* anti-Semitic; **~hetze** *f* Jew-baiting; **~kirsche** *f* winter-cherry, alkekengi; **~tum** *n eccl.* Judaism; (*Art*) Jewishness; *coll.* Jewry, *the* Jews *pl.*; **~verfolgung** *f* persecution of Jews; pogrom; **~viertel** *n* Jewish quarter, ghetto.
Jüdin *f* Jewess.
jüdisch *adj.* Jewish; F *fig. ~e Hast* indecent haste.
Judo *n* judo; **~ka** *m* judoka.
Jugend *f* **1.** youth, early years *pl.*; (*Kindesalter*) childhood; (*Jünglingsalter*) adolescence, teens *pl.*; *von ~ auf* from one's early years; **2.** (*Jugendlichkeit*) youth(fulness); **3.** *coll. die ~* the youth, the young people, the rising generation; *die*

deutsche ~ (the) German youth, the young Germans; *die männliche* ~ boys, young men; ~ *hat keine Tugend* you can't put old heads on young shoulders, boys will be boys; **4.** (~*gruppe*) youth (group); *Sport*: → *Jugendmannschaft*; **~alter** *n* youth, young age; **~amt** *n* youth welfare office; **~arrest** ⚖ *m* short-term detention in a remand home; **~bewegung** *f* youth movement; **~blüte** *f* prime (*od.* bloom) of youth; **~erinnerung** *f* memory of one's youth (*od.* childhood); **~freund(in** *f*) *m* **1.** friend of one's youth, school-day friend; **2.** friend of the young; **~frische** *f* youthful freshness; **~fürsorge** *f* youth welfare (work); **~fürsorger (-in** *f*) *m* youth welfare officer *od.* worker; **⁀gefährdend** *adj.* harmful (to young persons); **~gefährte** *m*, **~genosse** *m*, **~gespiele** *m* companion of one's youth; **~gefängnis** *n* → *Jugendstrafanstalt*; **~gericht** *n* juvenile court; **~heim** *n* youth cent|re, *Am.* -er, youth-club; **~herberge** *f* youth hostel; **~jahre** *n/pl.* early years, *one's* youth *sg.*; **~klasse** *f Sport*: youth class; **~kraft** *f* youthful vigo(u)r; **~kriminalität** *f* juvenile delinquency; **~lager** *n* youth camp.

jugendlich *adj. allg.* youthful (*a. Aussehen, Kleid usw.*); (*jung*) young, *a.* ⚖ juvenile; *thea.* ~*er Held* young hero; ~*er Leichtsinn* youthful recklessness; ~*er Verbrecher* juvenile delinquent, youthful offender; ~ *aussehen* look young; → *Irresein*; **⁀e(r** *m*) *f* youth, juvenile, ⚖ *a.* (*14–17*) young person, (*17–21*) juvenile adult, (*unter 14*) child; (*Halbwüchsiger*) adolescent, teen-ager; **⁀keit** *f* youthfulness.

Jugend...: **~liebe** *f* early love, *co.* calf-love; (*Person*) sweetheart of one's youth, *my* old flame; **~mannschaft** *f* youth team; **~meister** *m* youth champion (in the age-group 14–18); **~pflege** *f* → *Jugendfürsorge*; **~psychologie** *f* adolescent psychology; **~richter** *m* judge of the Juvenile Court; **~sache** ⚖ *f* juvenile case; **~schriften** *f/pl.* books for young people; **~schutz** *m* protection of children and young persons; **~schutzgesetz** *n* Children and Young Persons Act; **~streich** *m* youthful prank (*od.* escapade); **~stil** *m Kunst*: art nouveau (*fr.*); **~strafanstalt** *f* juvenile prison, detention cen|tre, *Am.* -er, *Brit.* remand home; **~strafe** *f* penalty for juvenile delinquents; **~strafrecht** *n* criminal law relating to youthful offenders; **~sünde** *f* sin of one's youth; **~tage** *m/pl.* → *Jugendzeit*; **~torheit** *f* youthful folly; **~traum** *m* dream of one's youth; **~weihe** *pol. f* youth initiation ceremony; **~werk** *n* **1.** early work; ~*e e-s Autors*: *a.* juvenilia; **2.** (*Organisation*) Youth Activities (Association); **~zeit** *f* youth, early days *pl.*; *in m-r* ~ in my young days, when I was young.

Jugoslaw|e *m*, **~in** *f*, **⁀isch** *adj.* Yugoslav, Jugoslav.

Julfest *n* yule(-feast).

Juli *m* July.

Jumper *m* jumper.

jung *adj.* young; (*jugendlich*) youthful; *fig.* young, fresh, new; ~*e Aktien* new shares; ~*e Eheleute* young couple *sg.*; ~*e Liebe* (~*es Glück*) young love (bliss); ~*es Unternehmen* new company; ~*er Wein* new wine; *von* ~ *auf* from childhood; ~ *und alt* young and old; ~ *bleiben* (*heiraten, sterben usw.*) stay (marry, die, *etc.*) young; ~ *gewohnt, alt getan* once a use and ever a custom; → *jünger, jüngst* **I**, *Gemüse, Hund usw.*; **⁀arbeiter** *m* young worker; **⁀brunnen** *m* fountain of youth.

Junge *m* **1.** boy, youngster, lad, youth; (*junger Mann*) young man, young fellow; *alter* ~! old man (*od.* chap)!; *dummer* ~ silly ass; *grüner* ~ (young) whippersnapper; F *schwerer* ~ thug, (professional) criminal; F ~, ~! man (alive)!, boy!, oh boy!; **2.** (*Spielkarte*) knave; **~(s)** *zo. n* young one; (*Hund*) puppy; (*Kätzchen*) kitten; (*Raubtier* ⁀) cub; (*Kalb, Elefant, Robbe*) calf; *co.* baby *elephant, etc.*; ~ *werfen* (*od. bekommen*) have (*od.* bring forth) young (ones), litter; *Hündin*: whelp, pup; *Katze*: have kittens, kitten; *Kuh usw.*: calve; *Raubtier*: cub; *Wild*: fawn.

jungen|haft *adj.* boyish; **⁀schule** *f* boys' school; **⁀streich** *m* boyish prank.

jünger *adj.* younger; *weitS.* (*ziemlich jung*) youngish; (*zeitlich näher*) more recent, later; *der* ⁀*e* (*d.J.*) junior (*abbr.* jun.), *Künstler usw.*: the younger; ☤ ~*er Teilhaber* junior partner; ~*en Datums* more recent, of a later (*od.* more recent) date; *er ist drei Jahre* ~ *als ich* he is three years younger than I, he is my junior by three years; *sie sieht* ~ *aus als sie ist* she doesn't look her age.

Jünger *m* disciple (*a. bibl.*), follower, adherent; ~ *der Wissenschaft* votary (*od.* man) of science.

Jungfer *f* **1.** maid; (*Ledige*) spinster; (*Zofe*) lady's maid; *alte* ~ old maid; e-e *alte* ~ *bleiben* remain an old maid, *co.* remain on the shelf; **2.** *obs. Anrede*: Miss.

jüngferlich *adj.* **1.** maidenly; (*spröde*) coy, demure, prim; **2.** → *altjüngferlich.*

Jungfern...: **~fahrt** ⚓ *f* (**~flug** ✈ *m*) maiden voyage (flight); **~häutchen** *anat. n* hymen; **~honig** *m* virgin honey; **~metall** *n* native metal; **~öl** *n* virgin oil; **~rede** *f* maiden speech; **~reise** ⚓ *f* maiden trip; **~schaft** *f* virginity, maidenhood.

Jung...: **~frau** *f* maid(en); (*unberührtes Mädchen*) virgin; *ast.* Virgo; *die* ~ *von Orleans* the Maid of Orleans; *die Heilige* ~, *die* ~ *Maria* the Holy Virgin, the Virgin Mary; *die klugen* (*törichten*) ~*en* the wise (foolish) virgins; *die Eiserne* ~ (*Folterwerkzeug*) the Iron Maiden; **≈fräulich** *adj.* maiden(ly); (*keusch*) chaste; (*unberührt*) virginal; *fig.* virgin ...; **~fräulichkeit** *f* virginity; **~gesell(e)** *m* **1.** bachelor, single man; *eingefleischter* (*alter*) ~ confirmed (old) bachelor; **2.** (*Handwerker*) youngest journeyman; **~gesellen** ... *in Zssgn* bachelor's ...; **~gesellenleben** *n*, **~gesellenstand** *m* bachelor's life, bachelorhood; **~gesellin** *f* bachelor-girl; **~lehrer**(**in** *f*) *m* assistant (*od.* junior) teacher.

Jüngling *m* youth, young man, lad; *bsd. contp.* stripling; **~salter** *n* youth, early manhood, adolescence, teens *pl*; **≈shaft** *adj.* youthful; **~sjahre** *n/pl.* → *Jünglingsalter.*

Jung...: **≈mädchenhaft** *adj.* girlish; **~sozialist** *m* Young Socialist.

jüngst I. *adj.* youngest; *Zeit*: latest, recent; ≈*er Tag*, ≈*es Gericht* Doomsday, Last Judg(e)ment; *die* ~*en Ereignisse* the latest events; *Vorgänge der* ~*en Vergangenheit* of the recent past; *sein* ~*es Werk* his latest work; F *sie ist auch nicht mehr die* ≈*e* F she is no chicken any more; *in* ~*er Zeit* → **II.** *adv.* (quite) recently, lately, of late; the other day.

Jung...: **~steinzeit** *f* Neolithic age; **~türke** *hist.*, F *pol. m* Young Turc; **≈verheiratet, ≈vermählt** *adj.* newly-wed; **~vieh** *n* young stock (*od.* cattle *pl.*).

Juni *m* June; **~käfer** *m* June-bug.

junior I. *adj.* **1.** (*jun., jr.*) junior (*abbr.* jun.); **II.** ≈ *m* **2.** *Sport u.* F *e-r Familie usw.*: junior; **3.** ✝ a) son of the owner; b) *a.* **≈chef** *m* junior director (*od.* partner); **≈en...** *in Zssgn Sport*: junior *class, etc....*

Junker *m* (young) nobleman, (*Land* ≈) squire; *preußischer*: junker; **~herrschaft** *f*, **~tum** *n* squir(e)archy; *Preußen*: junkerdom.

Junktim *pol. n* linking (together), package (deal), nexus.

Juno 1. *f myth., ast. u. fig.* Juno; **2.** *m teleph. usw.* (*Juni*) June; **≈nisch** *adj.* junoesque.

Junta *pol. f* junta.

Jupiter *myth., ast. m* Jupiter; **~lampe** *f Film*: Jupiter lamp, klieg light.

Jura[1] *n/pl.*: ~ *studieren* study (the) law.

Jura[2] *geol. m* **1.** Jurassic (system *od.* period); **2.** → **~gebirge** *n* Jura Mountains *pl.*; **~formation** *geol. f* Jurassic formation (*od.* system); **~kalk** *m* Jura limestone; **~zeit** *f* Jurassic period.

juridisch *östr. adj.* → *juristisch.*

Jurisprudenz *f* jurisprudence.

Jurist *m* lawyer, jurist; *Am. co.* legal eagle; (*Student*) law-student; **~ensprache** *f* legal language (*od.* terminology), *Am. co.* legalese; **≈isch** *adj.* legal; ~*e Fakultät* faculty of law, legal faculty, *Am. a.* Law School; ~*e Person* legal entity, juristic person, body corporate, corporation.

Jurorenkomitee *östr. n*, **Jury** *f* **1.** ⚖ jury; **2.** *Kunst, Sport*: (panel of) judges *pl.*; *Ausstellung*: selection committee.

Jus *n* law; → *Jura*[1].

Juso *pol. m* Young Socialist.

just *adv.* (*gerade*) just, exactly; (*soeben*) just (now).

justier|bar ⊕ *adj.* adjustable; **~en** *v/t.* ⊕ adjust, set; (*Gewehr usw.*) true up; (*eichen*) calibrate; *typ.* justify; (*Münzen*) adjust, standard; **≈schraube** *f* adjusting (*od.* set) screw; **≈ung** *f* adjusting, adjustment.

Justitia *poet. f* Justice.

Justitiar *m* legal adviser, justiciary.

Justiz *f* (administration of) justice; *the* law; **~beamte(r)** *m* judicial officer; **~behörde** *f* legal authority; **~gebäude** *n* → *Gerichtsgebäude*; **~gewalt** *f* judiciary (power); **~irrtum** *m* error of justice; **~minister** *m* Minister of Justice,

Brit. Lord Chancellor, *Am*. Attorney General; **~ministerium** *n* Ministry of Justice, *Am*. Department of Justice; **~mord** *m* judicial murder; **~palast** *m* (Central) Law Courts *pl.*; **~pflege** *f*, **~verwaltung** *f* administration of justice; *konkret*: legal administrative body; **~rat** *m Brit*. Queen's Counsel (*abbr*. Q.C.); **~wesen** *n* judicial system, judiciary.

Jute *f* jute.

Jütländer(in *f*) *m* Jutlander.

Juwel *n* jewel, gem (*beide a. fig.*); *~en* jewel(le)ry *sg.*; (*Edelsteine*) precious stones.

Juwelier *m* jewel(l)er; **~geschäft** *n* jewel(l)er's shop; **~waren** *f/pl.* jewel(le)ry *sg*.

Jux F *m* (practical) joke, prank, F lark; *sich e-n ~ machen* have a lark *od.* (great) fun; *sich e-n ~ daraus machen, zu inf.* have a lark *doing*; *nur aus ~* only for laughs.

K

K, k *n* K, k.
Kabale *f* cabal, intrigue.
Kabarett *n* cabaret (show), (satirical) revue; **~ist(in** *f*) *m* cabaret (*od.* revue) artiste; **²istisch** *adj.* cabaret(-type) ..., revue ..., topical-satirical.
Kabbal|a *f* cabbala; **²istisch** *adj.* cabbalistic.
kabbel|ig ⚓ *adj.* choppy *sea*; **~n¹** F *v/i. See*: be choppy; **~n²** F *v/i.* (*a. sich* ~) squabble, quarrel.
Kabel *n* **1.** ⚡ cable; ⊕ cable(-rope); **2.** → *Kabeltelegramm*; **~fernsehen** *n* cable television.
Kabeljau *m* cod(-fish).
Kabel...: **~länge** *f a.* ⚓ cable('s length); **~leger** *m* cable layer; **²n** *v/t. u. v/i.* cable; **~schacht** *m* manhole; **~schnur** *f* flex; **~telegramm** *n* cablegram, F cable; **~trommel** *f* cable drum; **~zug** *m* ⊕, *mot.* cable assembly; *Schi*: cable.
Kabine *f allg., a.* ⚓, ✈ cabin; *beim Friseur usw.*: *a.* cubicle; *Seilbahn*: car; *teleph.* booth; *Fahrstuhl*: cage; *Film*: projecting room; **~nbahn** *f* cabtrack; **~nkoffer** *m* cabin-trunk; **~npredigt** F *f Sport*: pep talk; **~nroller** *mot. m* cabin-scooter, F bubble-car; **~ntaxi** *n* cabin taxi.
Kabinett *n* **1.** (*Gemach*) cabinet, closet; **2.** *pol.* cabinet; **~format** *phot. n* cabinet size; **~sjustiz** *f* star-chamber justice (*od.* proceedings *pl.*); **~skrise** *f* cabinet crisis; **~sliste** *f* list of cabinet members; **~ssitzung** *f* cabinet meeting; **~stück** *n* **1.** *Kunst*: showpiece; **2.** *fig.* (*a.* **~stückchen** *n*) clever move, master-stroke; *Sport* F: party-piece; **~wein** *m* cabinet wine.
Kabrio(lett) *n* cabriolet, *Am.* convertible.
Kabuff F *n* cubby-hole, hole.
Kachel *f* (Dutch *od.* glazed) tile; **~ofen** *m* tiled stove.
Kacke V *f*, **²n** *v/i.* shit.
Kadaver *m* (*Aas*) carcass; (*Leiche*) cadaver, corpse; **~gehorsam** *m* slavish obedience.
Kadenz ♪ *f* cadence.
Kader *m* ⚔, *pol. usw.* cadre; *Sport*: pool *of players, etc.*; **~truppen** *f/pl.* ⚔ cadre troops; *pol.* cadre *sg.*, stalwarts.
Kadett ⚔, ⚓ *m* cadet; **~enanstalt** *f* cadet school.
Kadi *m* cadi; F *j-n vor den* ~ *schleppen* drag a p. before the judge.
Kadmium ⚗ *n* cadmium; **~gelb** *n*, **~sulfid** *n* cadmium sulphide (*od.* yellow).
kaduzier|en ⚖ *v/t.* declare forfeited; **²ung** ⚖ *f* forfeiture.
Käfer *m* beetle, chafer, *Am. a.* bug; F (*VW*) beetle; F *netter* ~ F nice chick; **²artig** *adj.* coleopterous.
Kaff F *n* god-forsaken place, F awful hole.
Kaffee *m* coffee; *gemahlener* (*gebrannter*) ~ ground (roasted) coffee; *e-e Tasse* ~ a cup of coffee; ~ *mit* (*ohne*) *Milch* white (black) coffee; ~ *verkehrt* milk with a dash (of coffee); F *kalter* ~! F old stuff (*od.* hat)!; **~baum** ⚘ *m* coffee-tree; **~bohne** *f* coffee-bean; **~brenner** *m* → *Kaffeeröster*; **~-Ersatz** *m* coffee substitute, F ersatz coffee; **~gebäck** *n* (fancy) cakes (*od.* biscuits, *Am.* cookies) *pl.* to serve with coffee; **~geschirr** *n* coffee things *pl.*; → *a. Kaffeeservice*; **~haus** *n* café, coffee-house; **~kanne** *f* coffee-pot; **~klatsch** F *m*, **~kränzchen** *n* (ladies') coffee-party, *Am. a.* coffee klatsch; **~löffel** *m* tea-spoon; **~maschine** *f* coffee percolator; **~mühle** *f* coffee-mill (*od.* grinder); **~pflanzung** *f*, **~plantage** *f* coffee plantation; **~röster** *m* coffee-roaster; **~rösterei** *f* coffee roasters *pl.*; **~satz** *m* coffee-grounds *pl.*; **~service** *n* coffee-service; **~tasse** *f* coffee-cup; **~trommel** *f* coffee-roaster; **~wärmer** *m* (coffee-pot) cosy.
Kaffer *m* Kaffir; F oaf, duffer.
Käfig *m* cage; ⚡ cage, *Motor*: cage rotor; ⊕ *Kugellager*: cage; *fig. im goldenen* ~ in a gilded cage;

~anker ⚡ *m* squirrel-cage rotor; **~antenne** *f* cage aerial (*Am.* antenna); **~motor** ⚡ *m* squirrel-cage induction motor.

Kaftan *m* caftan.

kahl *adj. Kopf*: bald, (*geschoren*) shorn; *zo.* bald, bare; *Vogel*: featherless; *fig.* bare, naked, bald; *Baum*: bare, leafless; *Landschaft*: barren, bleak; *Wand*: blank; (*schmucklos*) plain; (*ärmlich*) poor, paltry; (*leer*) empty.

Kahl...: **~fläche** *f* → Kahlschlag; **~fraß** *m* complete defoliation; **²geschoren** *adj.* shaven; **~heit** *f* baldness; *fig.* bareness; barrenness; bleakness; **~kopf** *m* bald head; (*Person*) bald(-headed) person, baldhead; **²köpfig** *adj.* bald-headed; **~köpfigkeit** *f* baldness; **~schlag** *m* complete deforestation; clear-cutting; (*Kahlfläche*) cut-over area.

Kahm *m* mo(u)ld; **²ig** *adj.* mo(u)ldy.

Kahn *m* **1.** (rowing-, fishing-)boat; (*Last²*) barge; F (*altes Schiff*) F tub; ~ *fahren* go boating; **2.** F (*Bett*) bed, F bunk; *in den ~ gehen* F turn in, hit the hay; **3.** F (*Gefängnis*) *sl.* (*im ~, in den ~* in) jug *od.* clink; **~fahrt** *f* boat trip; **~fracht** ✝ *f* lighterage.

Kai *m* quay, wharf; **~anlage** *f* wharf(age *a. pl.*); **~arbeiter** *m* docker, longshoreman; **~gebühren** *f/pl.*, **~geld** *n* wharfage *sg.*, dockage *sg.*

Kaiman *zo. m* cayman.

Kai...: **~mauer** *f* jetty-wall; **~meister** *m* wharfinger.

Kains|mal *n*, **~zeichen** *n* mark of Cain.

Kaiser *m* emperor; *der deutsche ~* the German Emperor; (*Wilhelm II*) the Kaiser; *fig. sich um des ~s Bart streiten* quarrel about nothing (*od.* mere trifles); *gebt dem ~, was des ~s ist* render unto Caesar the things that are Caesar's; *in Zssgn mst* imperial; **~adler** *orn. m* imperial eagle; **~haus** *n* imperial family; **~in** *f* empress; **~krone** *f* imperial crown; **²lich** *adj.* imperial; **~reich** *n* empire; **~schnitt** ⚕ *m* C(a)esarean section (*od.* operation); **~tum** *n* **1.** empire; **2.** → **~würde** *f* imperial status.

Kajak ⚓ *m, n* kayak; *~-Einer* (*-Zweier, -Vierer*) one- (two-, four-)seater kayak.

Kajüte ⚓ *f* cabin; **~npassagier** *m* cabin-passenger; **~ntreppe** *f* companion-way.

Kakadu *orn. m* cockatoo.

Kakao *m* (*Getränk*) cocoa; (*Baum, Same*) cacao; F *durch den ~ ziehen* (*hänseln*) make fun *od.* game of, F kid, (*schlechtmachen*) pull to pieces, *sl.* roast; **~baum** ♀ *m* cocoa-tree, cacao(-tree); **~bohne** *f* cacao-bean, ✝ cocoa-bean; **~pulver** *n* cocoa-powder.

Kakerlak *m* cockroach.

Kakophonie *f* cacophony.

Kaktee *f*, **Kaktus** ♀ *m* cactus; *pl.* cacti, cactuses; F (*Kot*) turd.

Kalamität *f* calamity.

Kalander ⊕ *m*, **²n** *v/t.* calender.

Kalauer *m* pun; (*dummer Witz*) stale joke, Joe Miller; **²n** *v/i.* pun; *weitS.* crack silly jokes.

Kalb *n allg.* calf; (*~fleisch*) veal; *fig.* F (*Person*) silly goose; *bibl. u. fig. der Tanz um das Goldene ~* the worship of the golden calf; **²en** *v/i.* calve.

kalbern, kälbern F *v/i.* fool about.

Kalb...: **~fell** *n* calfskin; **~fleisch** *n* veal; **~leder** *n* calf(-leather); *in ~ gebunden* calf-bound; **²ledern** *adj.* of calfskin, calf(skin) ....

Kalbs...: **~braten** *m* roast veal; **~brust** *f*: (*gefüllte ~* stuffed) breast of veal; **~filet** *n* fillet of veal; **~frikassee** *n* fricassee of veal; **~fuß** *m* calf's foot; **~hachse** *f*, **~haxe** *f* knuckle of veal; **~keule** *f* leg of veal; **~kopf** *m* calf's head; **~kotelett** *n* veal cutlet (*od.* chop); **~leber** *f* calf's liver; **~leder** *n* → Kalbleder; **~lende** *f* fillet of veal; **~nierenbraten** *m* loin of veal; **~schlegel** *m* leg of veal; **~schnitzel** *n* veal cutlet.

Kaldaunen *f/pl.* bowels, intestines; *als Speise*: tripe *sg.*

Kaleidoskop *n* kaleidoscope.

Kalender *m* calendar (*a. weitS.*); (*Abreiß²*) tear-off calendar; *mit astronomischen usw. Angaben*: almanac; **~block** *m* calendar-block, *Brit. a.* date-block; **~jahr** *n* calendar year; **~uhr** *f* calendar watch (*od. große*: clock).

Kalesche *f* calash, barouche.

Kalfakt|er *m*, **~or** *m im Gefängnis*: trusty; (*Heizer*) boilerman; *Schule*: school porter.

kalfatern ⚓ *v/t.* caulk, calk.

Kali *n* potash (*a.* ⚒); (*kohlensaures*) ~ potassium carbonate; *ätzendes* ~ caustic potash; *salpetersaures* ~ potassium nitrate.

Kaliber *n Gewehr*: calib|re, *Am.* -er (*a. fig. e-r Person*), bore; *fig. a.* type, sort; ⊕ ga(u)ge; *Walze*: groove, pass; **~maß** *n* calibre ga(u)ge.

kalibrieren ⊕ *v/t.* calibrate, ga(u)ge; (*Walze*) groove.

Kalidünger *m* potash fertilizer.
Kalif *m* caliph; **~at** *n* caliphate.
Kaliforn|ier(in *f*) *m*, **~isch** *adj.* Californian.
Kaliko *m* calico; *Buch*: cloth(-binding).
Kali...: **~lauge** *f* potash lye; **~salpeter** *m* saltpet|re, *Am.*-er, potassium nitrate; **~salz** *n* potassium salt.
Kalium *n* potassium; **~chlorat** *n* potassium chlorate.
Kaliwerk *n* potash works *pl.* (*mst sg. konstr.*).
Kalk *m* ⚒ lime; (*~stein*) limestone, chalk; ⊕ → *Kalkmilch*; ⚕ calcium; *gebrannter ~* quicklime; *gelöschter ~* slaked lime; *mit ~ tünchen* lime-wash, whitewash; F *bei ihm rieselt schon der ~* he is getting senile; **~arm** *adj.* deficient in lime (*od.* ⚕ in calcium); **~artig** *adj.* lime-like, chalky, calcareous; **~brenner** *m* lime-burner; **~brennerei** *f* limekiln; **~ei** *n* preserved egg; **~en** *v/t.* ✓ lime; (*tünchen*) whitewash, lime-wash; **~erde** *f* calcareous earth; lime; **~gebirge** *n* limestone mountains *pl.*; **~grube** *f* lime-pit; **~haltig** *adj.* calcareous, limy, chalky; **~hütte** *f* limekiln; **~ig** *adj.* limy, calcareous; **~licht** *n* limelight; **~mangel** *m* deficiency in lime, ⚕ calcium deficiency; **~milch** ⊕ *f* lime-wash; **~ofen** *m* limekiln; **~stickstoff** *m* calcium cyanamide; **~tünche** *f* limewash, whitewash.
Kalkül *n* calculation.
Kalkula|tion *f* calculation; **~tionsfehler** *m* miscalculation; **~tor** *m* calculator, cost accountant; **~torisch** *adj.* calculatory, (of) calculation.
kalkulieren *v/t. u. v/i.* calculate, reckon (*beide a. fig.*).
Kalligraphie *f* calligraphy.
Kalme *meteor. f* calm; **~ngürtel** *m* calm-belt; *äquatorialer ~* the doldrums *pl.*
Kalorie *f* calorie; **~ngehalt** *m* calorie content; **~nreich** *adj.* rich in calories; **~nwert** *m* calorific value.
Kalorimeter *n* calorimeter.
kalt *adj. allg.* cold (*a. Person, Empfang, Farbe usw.*); *Luft usw.*: *a.* chilly, frosty; *psych., Zone usw.*: frigid; (*eisig*) icy, glacial (*alle a. fig.*); *pol. ~er Krieg* cold war; *mir ist ~* I am cold; *mir wird ~* I am getting cold; *~ werden* grow (*od.* get) cold, (*sich abkühlen*) cool down; *~ stellen* put in a cool place (*od.* in cold storage, on ice, in the refrigerator), → *a. kaltstellen*; *~en Blutes* in cold blood; *j-m die ~e Schulter zeigen* give a p. the cold shoulder, cold-shoulder a p.; *~e Fährte* cold scent; *~! im Spiel*: cold!; → *Dusche, Fuß, Küche, Platte usw.*; → *a. kaltbleiben, -lassen usw.*; **~bearbeitung** *f* cold working; **~biegen** *n* cold-bending; **~bleiben** *fig. v/i.* keep cool; **~blut** *n* heavy horse; **~blüter** *m* cold-blooded animal; **~blütig I.** *adj. zo.* cold-blooded (*a. fig. Mord usw.*); *fig.* (*ruhig*) *a.* cool, calm; **II.** *adv. b.s.* in cold blood; (*gelassen*) calmly, cool(l)y; **~blütigkeit** *f* cold-bloodedness; *fig. a.* calmness, sang-froid (*fr.*), F nerve; **~brüchig** *metall. adj.* cold-short.
Kälte *f* coldness (*a. fig. e-r Person, Reaktion, Farbe usw.*); *Luft*: cold; *psych.* frigidity, coldness; → *Kälteperiode*; *drei Grad ~* three degrees below freezing; *draußen in der ~* (out) in the cold; *vor ~ zittern* shiver with cold; **~anlage** *f* refrigerating plant; **~beständig** *adj.* cold-resistant; **~beständigkeit** *f* resistance to cold; ⊕ anti-freezing quality; **~chemie** *f* cryochemistry; **~einbruch** *m* cold snap; **~empfindlich** *adj.* sensitive to cold; **~erzeugend** *adj.* refrigerant, cryogenic; **~erzeugungsmaschine** *f* refrigerator, freezer; **~gefühl** *n* sensation of cold; **~grad** *m* degree of cold *od.* (*nach Celsius*) below zero; **~industrie** *f* refrigeration industry; **~leistung** *f* refrigerating capacity; **~maschine** *f* refrigerating machine, refrigerator; **~mischung** *f* freezing mixture; **~mittel** *n* cryogen; refrigerant; **~periode** *f* cold spell (*od.* snap); **~regler** *m* cryostat; **~schutzmittel** ⊕ *n* antifreeze; **~technik** *f* refrigeration (engineering); **~therapie** ⚕ *f* cryotherapy; **~welle** *f* cold wave.
kalt...: **~front** *meteor. f* cold front; **~hämmern** *v/t.* cold-hammer; **~härten** *v/t.* strain-harden; *~der Lack* cold-setting lacquer; **~herzig** *adj.* cold-hearted, unfeeling; **~lächelnd** F *fig. adv.* cool(l)y, without turning a hair; **~lagerung** *f* cold storage; **~lassen** *v/t.*: *das läßt mich kalt* that leaves me cold; **~leim** *m* cold glue; **~luft** *f* cold air; **~machen** F *v/t.* (*j-n*) kill, *sl.*

bump *a p.* off; ²**nadel** *f Kunst*: dry-point; ²**reckung** *metall. f* cold straining; ²**schale** *f* fruit purée mixed with wine, *etc.*; ~**schmieden** *v/t.* cold-hammer; ~**schnäuzig** F **I.** *adj.* cool; **II.** *adv.* cool(l)y, as cool(l)y as you please; ²**start** *mot. m* cold start(ing); *in Zssgn* cold starting *device, etc.*; ~**stellen** F *v/t. fig., pol., Sport*: neutralize; ²**verformung** *f* cold working (*od.* shaping); ²**wasserheilkunde** *f* cold-water therapy; ²**wasserkur** *f* cold-water cure; ²**welle** *f* (*Frisur*) cold wave; ~**ziehen** ⊕ *v/t.* cold-draw.

Kalvarienberg *m bibl.* (Mount) Calvary; *eccl.* Calvary, stations *pl.* of the Cross.

Kalvinis|mus *m* Calvinism; ~**t(in** *f*) *m* Calvinist; ²**tisch** *adj.* Calvinist(ic).

kalzinieren *v/t.* calcine.

Kalzium *n* calcium; ~**chlorid** *n* calcium chloride.

Kamarilla *f* camarilla.

Kambodschan|er *m*, ²**isch** *adj.* Cambodian.

Kamee *f* cameo.

Kamel *n* camel; F *fig.* F blockhead, *sl.* duffer; ~**füllen** *n* young camel; ~**garn** *n* mohair; ~**haar** *n* camel's hair; *in Zssgn* ✝ camel hair ...; ~**hengst** *m* male camel.

Kamelie ⚘ *f* camellia.

Kamelkuh *f* she-camel.

Kamelott *m* camlet.

Kamel...: ~**stute** *f* she-camel; ~**treiber** *m* camel-driver.

Kamera *f* camera.

Kamerad *m*, ~**in** *f* comrade, companion, fellow, mate, F pal, chum, bud(dy); → *Schul-, Spielkamerad*; ~**schaft** *f* **1.** comradship, (good) fellowship; **2.** (*Gruppe*) squad; ⚒ gang; ²**schaftlich** *adj.* like a comrade, comradely, companionable; ~**schaftsabend** *m* social evening; ~**schaftsehe** *f* companionate marriage; ~**schaftsgeist** *m* esprit de corps (*fr.*), camaraderie (*fr.*).

Kamera...: ~**führung** *f Film*: camera work, *a.* photography; ~**mann** *m* cameraman; ~**wagen** *m* dolly.

Kamille ⚘ *f* camomile; ~**ntee** *m* camomile tea.

Kamin *m* (*Schornstein*) chimney (*a. geol., mount.*); (*Abzugsrohr*) flue; (*Feuerstelle*) fire-place, fireside; *fig.* *Plauderei am* ~ fireside chat; *in den* ~ *schreiben* write *a th.* off; ~**feger** *m*, ~**kehrer** *m* chimney-sweep; ~**feuer** *n* open fire; *am* ~ by the fireside; ~**sims** *n* mantelpiece; ~**vorsetzer** *m* fender.

Kamm *m* comb; (*Gebirgs*²) crest, ridge; (*Wellen*²) crest; *orn.* comb, crest (*a. vom Pferd usw.*); (*Rad* ²) cog, cam; *Weberei*: comb, reed; *Schlächterei*: → *Kammstück*; *fig.* *alle(s) über e-n* ~ *scheren* treat all alike, make no distinctions at all; *fig. ihm schwoll der* ~ *vor Wut*: he bristled (*od.* saw red), *vor Übermut*: he was getting cocky.

kämmen *v/t.* comb; (*Wolle*) comb, card; ⊕ (*Zahnräder*) mate; *sich* ~ comb (*frisieren*: do) one's hair.

Kammer *f* chamber (*a.* ⊕ *u. Gewehr*); (small) room, cabinet, closet; (*Abteil, Fach*) compartment; (*Behörde*) board, chamber (*a. parl.*); ⚖ division, court; ⚔ unit clothing stores *pl.*; *anat.* (*Herz*² *usw.*) ventricle, chamber; ⚘ valve; ~**diener** *m* valet.

Kämmerei *f* finance department; *bsd. Am.* city treasury.

Kämmerer *m hist., R. C.* chamberlain; (*Schatzmeister*) treasurer.

Kammer...: ~**frau** *f*, ~**fräulein** *hist. n* lady-in-waiting; ~**gericht** *n* **1.** Superior Court of Justice (of Berlin); **2.** *hist.* supreme court; ~**herr** *m* chamberlain; ~**jäger** *m* vermin exterminator; ~**junker** *hist. m* gentleman-in-waiting; ~**kätzchen** F *n* chambermaid; ~**konzert** *n* chamber concert(o *engS.*).

Kämmerlein *n* closet, small room, cubicle; *im stillen* ~ in the privacy of one's room.

Kammer...: ~**musik** *f* chamber music; ~**orchester** *n* chamber orchestra; ~**sänger(in** *f*) *m title conferred on singer of outstanding merit*; ~**sonate** *f* chamber sonata; ~**spiel** *n* **1.** intimate play; **2.** *pl.* intimate theat|re, *Am.* -er *sg.*; ~**ton(höhe** *f*) *m* concert pitch; ~**tuch** *n* cambric; ~**unteroffizier** *m Brit.* NCO storekeeper, *Am.* supply sergeant; ~**zofe** *f* lady's maid; chambermaid.

Kamm...: ~**garn** *n* worsted (yarn); ~**garngewebe** *n* worsted (fabric); ~**(m)uschel** *f* scallop; ~**rad** ⊕ *n* cog-wheel; ~**stück** *n Schlächterei*: neck(-piece), scrag (end), chuck; ~**wolle** *f* worsted (wool).

Kampagne *f* campaign.

Kämpe *m hist.* warrier, champion; *alter* ~ (*Soldat*) tough old veteran, *fig. a.* old hand.

Kampf *m* ⚔ fight, combat; (*Gefecht*) action, engagement; (*Schlacht*) battle (*um* for); *fig.* fight, battle, *schwerer*: struggle (*um* for); *der Meinungen usw.*: conflict (*a. pol.*); (*Hader*) strife; (*Fehde*) feud; (*Rivalität*) rivalry; (*innerer, seelischer* ~) struggle, battle (with o.s.), inner conflict; *Sport*: (*Wett*≈) contest; (*Spiel*) match; *Boxen*: bout, fight; ~ *ums Dasein* struggle for existence; ~ *auf Leben und Tod* life-and-death struggle; ~ *Mann gegen Mann* hand-to-hand fight; *j-m den* ~ *ansagen* challenge a p., fling down the gauntlet to a p.; → *antreten* 2, *bestehen* I 1 *usw.*; **~abschnitt** *m* combat sector; **~abstimmung** *pol. f* crucial vote; *Gewerkschaft usw.*: strike ballot; **~ansage** *f* challenge (*an* to); **~anzug** ⚔ *m* battle dress; **~auftrag** *m* combat mission, task; **~bahn** *f Sport*: stadium, arena; **~begier(de)** *f* pugnacity, lust for battle; **≈begierig** *adj.* eager to fight, combative, pugnacious; **≈bereit** *adj.* combat-ready, ⚓ cleared for action; *fig.* ready for battle; **~einheit** ⚔ *f* combat unit; **~einsatz** *m* action, combat; commitment *of troops*.

kämpfen I. *v/i.* (*a. fig.*) fight, battle (*für, um* for); *fig. a.* campaign (for); *ringend, a. fig.*: struggle (*mit* with, *gegen* against), wrestle (*mit* with); ~ *gegen* fight (against) *od.* combat *a p. or th.*; *fig.* ~ *mit a.* contend (*od.* grapple) with; *gut* ~ put up a good fight; *mit dem Tode* ~ struggle with death; *mit den Tränen* ~ be fighting back one's tears; **II.** *v/t.*: *e-n schweren Kampf* ~ fight a hard battle (*od.* fight), struggle hard; **III.** ≈ *n* → *Kampf*.

Kampfer *m* camphor.

Kämpfer[1] *m* ⚔ combatant, warrior, fighter; *fig.* champion, fighter (*für* for); *Sport*: contestant, (*Boxer*) fighter, boxer, (*Ring*≈) wrestler.

Kämpfer[2] ⚠ *m* springer; (*Stützpfeiler*) abutment.

Kampf...: **≈erfahren, ≈erprobt** *adj.* battle-tested, seasoned; veteran ... (*a. Sport* = experienced); **~erfahrung** *f* ⚔ combat experience; *Sport*: experience, routine.

kämpferisch *adj.* fighting, pugnacious, belligerent, aggressive; *pol. usw.* militant; ⚔ *u. Sport*: fighting, combative.

Kampfeslust *f usw.* → *Kampflust usw.*

Kampf...: **≈fähig** *adj.* ⚔ fit for action, *a. Sport*: fighting fit, able to fight; **~fähigkeit** *f* fitness (*od.* ability) to fight; **~flieger** *m* combat pilot; *hist.* bomber pilot; **~flugzeug** *n* tactical aircraft; *hist.* bomber; **~gas** *n* war (*od.* poison) gas; **~gefährte** *m*, **~genosse** *m* comrade-in-arms, brother-in-arms; **~gebiet** *n* combat area; **~geist** *m* fighting spirit; ~ *zeigen* show fight, put up a good fight; **~gericht** *n Sport*: *the* judges *pl.*; **~geschwader** *n* tactical group; **≈gewohnt** *adj.* → *kampferfahren*; **~gewühl** *n* turmoil of battle, mêlée (*fr.*); (*mitten*) *im* ~ in the thick of the battle; **~gruppe** ⚔ *f Brit.* brigade group, *Am.* (combat) group; *mit bestimmtem Auftrag*: task force; **~hahn** *m* fighting cock, game-cock (*a. fig.*); **~handlung** *f* ⚔ *f* action, fighting (*beide a.* ~*en pl.*); engagement; **~kraft** *f* (fighting) strength, ⚔ *a.* tactical efficiency; **~lied** *n* battle song; revolutionary song; **~linie** *f* fighting (*od.* firing) line; **≈los** *adv. u. adj.* without a fight; **~lust** *f* love of fighting, pugnacity, bellicosity; **≈lustig** *adj.* belligerent, pugnacious, aggressive; **~maßnahme** *f* ⚔ military (*pol.* militant) action; **~moral** *f* morale; **≈müde** *adj.* battle-weary; **~platz** *m* battle-ground; *hist.* (*Turnierplatz*) lists *pl.*; *Sport*: arena (*a. fig.*); *fig. den* ~ *betreten* enter the lists; **~preis** *m Sport*: prize; ⚕ cut-throat price; **~richter** *m* judge, *bsd. Sport*: (*Schiedsrichter*) umpire, referee, *für Wurf u. Sprung*: field judge; **~ruf** *m* battle-cry, war-cry (*a. fig*); **~schwimmer** ⚔ *m* frogman; **~sport** *m* combatant (*od.* competitive) sport; **≈stark** *adj.* ⚔ *u. Sport*: strong, powerful; **~stärke** *f* ⚔ fighting strength; *Sport*: strength; **~stoff** ⚔ *m* (chemical *od.* biological) warfare agent; **~tätigkeit** *f* fighting, action; **~truppe** *f* line (*od.* combat) troops *pl.*; **≈unfähig** *adj. Person u. Sache*: disabled, out of action; *Boxen*: unable to continue boxing; ~ *machen a. Sport*: disable, put out of action; **~verband** ⚔ *m* combat (*od.* fighting) unit; task force; ✈ bomber (*Jäger*: fighter) formation; **~wagen** *m* armo(u)red vehicle; tank; **~ziel** *n* objective; **~zone** *f* combat zone.

kampieren *v/i.* (set up) camp; F *fig.* camp; *auf dem Sofa usw.* ~ bed down on.

Kanad|ier[1] *m*, **~ierin** *f*, **≈isch** *adj.* Canadian.

Kanadier[2] *m* (*Boot*) Canadian

(canoe); *~-Einer* (*-Zweier*) Canadian-single (-double).

Kanaille *f* **1.** (*Schuft*) scoundrel; **2.** (*Pöbel*) rabble, mob.

Kanake *m* Kanaka.

Kanal *m geogr. natürlicher*: channel (*a. fig.*); *künstlicher*: canal; (*Graben*) ditch; (*Abzugs*~, *Abwasser*~) drain, sewer; (*Röhre, Kabelführung*) conduit, duct; *anat.* duct; *Radio, TV*: channel; *geogr. der* ~ (*Ärmel*~) the (English) Channel; *fig. diplomatische Kanäle* diplomatic channels; F *den* ~ *voll haben* a) *sl.* be fed up to the teeth; b) *von Alkohol*: F be sloshed; **~arbeiter** *m* canal-digger, *Brit.* navvy; (*Kanalreiniger*) sewerman.

Kanalisation *f* canalization; (*Entwässerung*) drainage; *e-r Stadt*: sewerage; *im Haus*: drains *pl.*; **~snetz** *n e-r Stadt*: sewerage system; **~srohr** *n* sewer pipe; drain pipe.

kanalisier|en *v/t.* (*Fluß*) canalize; (*Stadt*) sewer; **~ung** *f* canalization; installation of sewers.

Kanal...: **~schwimmer(in** *f*) *m* cross-Channel swimmer; **~strahlen** *phys. m/pl.* canal rays; **~system** *n* canal system; *städtisches*: sewerage (system); **~wähler** *m Radio, TV*: channel selector.

Kanapee *n* **1.** sofa, settee; **2.** *Kochkunst*: canapé (*fr.*).

kanarien|gelb *adj.* canary (yellow); **~vogel** *m* canary (bird); **~wein** *m* canary (wine).

kanarisch *adj.* Canarian.

Kandare *f* curb(-bit); *an die* ~ *nehmen* (*Pferd*) curb; *fig.* (*j-n*) put the curb on, take *a p.* in hand.

Kandelaber *m* candelabrum; (branched) candlestick, chandelier; *weitS.* lamppost.

Kandidat *m*, **~in** *f pol., univ. usw., a. fig.* candidate; (*Antragsteller*) applicant, candidate; *pol. vorgeschlagener* ~ nominee; **~enliste** *f* list of candidates, *Am. a.* slate; *e-r Partei*: *Am.* party ticket.

Kandidatur *f* candidacy, candidature.

kandidieren *v/i.* be a candidate (*für* for); (*sich bewerben*) *a.* apply (for); *pol. a.* stand (*Am.* run) for election (*od.* an office, *etc.*).

kandier|en *v/t.* candy, crystallize; **~t** *adj.* candied, crystallized.

Kandiszucker *m* (sugar-)candy.

Kaneel *m* cinnamon.

Kanevas *m* (embroidery) canvas.

Känguruh *zo. n* kangaroo.

Kaninchen *zo. n* rabbit; **~bau** *m* burrow; **~fell** *n* rabbit-skin; **~gehege** *n* rabbit-warren; **~stall** *m* rabbit-hutch.

Kanister *m* can, (metal) container.

Kannä *fig. n*: *das war sein* ~ that was his Waterloo.

Kann-Bestimmung ⚖ *f* → *Kann-Vorschrift.*

Kännchen *n* small can.

Kanne *f* pot; (*Krug*) jug; (*Bierkrug mit Deckel*) tankard; (*Milch*~, *Öl*~ *usw.*) can; **~gießer** *fig. m* pothouse politician; **~gießerei** *f* political twaddle; **~gießern** *v/i.* blather about politics.

kannelieren ⊕ *v/t.* channel, flute.

Kanniba|le *m*, **~lin** *f* cannibal; *fig.* F savage; **~lisch I.** *adj.* (like a) cannibal, man-eating; *fig.* cruel, ferocious, savage; *fig.* F awful, terrific; **II.** F *fig. adv.* (*schrecklich*) terribly, beastly; *sich* ~ *wohl fühlen* feel like a million dollars; **~lismus** *m* cannibalism.

Kann-Vorschrift ⚖ *f* discretionary clause, permissive provision.

Kanon *m* **1.** (*Maßstab, Regel*) canon, standard, code; **2.** *bibl., eccl., R.C.,* ⚖, *a.* 𝔄 canon; **3.** ♪ canon, round.

Kanonade ⚔ *f* cannonade, bombardment.

Kanone *f* **1.** ⚔ gun, cannon; → *Spatz*; **2.** *fig.* F (*Könner*) wizard, *Am.* F *a.* whiz, *bsd. Sport*: ace, *sl.* crack; **3.** *fig.* F *unter aller* ~ beneath contempt, abominable (*adv.* abominably), vile, *sl.* lousy.

Kanonen...: **~boot** ⚔ *n* gunboat; **~futter** *fig. n* cannon-fodder; **~kugel** *f* cannon-ball; **~ofen** *m* round iron stove; **~rohr** *n* gun barrel; **~schuß(weite** *f*) *m* cannon-shot (range).

Kanonier ⚔ *m* gunner, *Am.* recruit, cannoneer.

Kanon|ikus *m* canon; **~isch** *adj. allg.* canonical; *eccl.* ~*es Recht* canon law; **~isieren** *v/t.* canonize.

Kanossa *n*: *fig. nach* ~ *gehen* eat humble pie.

Kantate ♪ *f* cantata.

Kant|e *f allg.* edge; (*Web*~) selvage; *fig.* F *etwas* (*od. Geld*) *auf die hohe* ~ *legen* put something (*od.* money) by (for a rainy day); → *Ecke*; **~el** ⚠ *m* square section ruler; **~en** *m des Brotes*: crust; **~en** *v/t.* cant, set on edge, (*kippen*) tilt; (*randen*) border, edge; (*Stein*) square; *die Schier* ~ *Sport*: edge the skis; ☨ *nicht* ~*!* don't tilt!, this side up!

Kanter *m Reitsport*: canter; **~sieg** *m Sport*: walkover.

Kanthaken ⚓ *m* cant-hook.

kantig *adj.* angular, square(d); *Kinn*: square.

Kantine *f* canteen (*a.* ⚔).
Kanton *m* canton.
Kantonist *fig.* F *m*: *unsicherer* ~ unreliable fellow.
Kantor *m* precentor, cantor; (*Chorführer*) choir-master; (*Organist*) organist.
Kanu *n* canoe; **~fahren** *n*, **~sport** *m* canoeing; **~fahrer** *m*, **~te** *m* canoeist.
Kanüle ⚕ *f* cannula, (drain) tube.
Kanzel *f* **1.** pulpit; *auf der* ~ in the pulpit; *die* ~ *besteigen* mount the pulpit; **2.** ✈ cockpit; (*Kampfstand*) (gun-)turret; (*Bug*) nose; **3.** *hunt.* (raised) hide; **~mißbrauch** ⚖ *m* unlawful bias in sermons; **~rede** *f* sermon; **~redner** *m* pulpit-orator.
Kanzlei *f hist.* chancellery; (*Amt, Büro*) office; **~beamte(r)** *m* (government) clerk *od.* official; **~gericht** *n* (Court of) Chancery; **~papier** *n* (official) foolscap; **~sprache** *f*, **~stil** *m* official *od.* legal language (*od.* style), *co.* officialese.
Kanzler *pol.*, *a. univ. m* chancellor; **~amt** *n* chancellorship; (*Einrichtung*) Office of the Federal Chancellor.
Kaolin *min. n* kaolin.
Kap *geogr. n* cape.
Kapaun *m* capon.
Kapazität *f phys.*, ⊕, ⚡ *u. fig.* capacity; *e-s Kondensators*: capacitance; *fig.* (leading) authority (*auf dem Gebiete gen.* on, in the field of); **~sausnutzung** *f Produktion*: (full) utilization of capacity.
kapazitiv ⚡ *adj.* capacitive.
Kapelle[1] *f* **1.** *eccl.* chapel; **2.** ♪ band, orchestra.
Kapelle[2] ⚗ *f* cupel.
Kapellmeister *m* band-master, conductor.
Kaper[1] ♀ *f* caper.
Kaper[2] ⚓ *m* privateer, corsair; **~brief** *m* letters *pl.* of marque; **2n** *v/t.* ✝ capture, seize; F *fig.* nab, bag, secure; (*sich*) *e-n Mann* ~ hook; **~schiff** *n* privateer, corsair.
kapholländisch I. *adj.* Cape Dutch; **II.** 2 *ling. n* Afrikaans.
kapieren F **I.** *v/t.* get, grasp, understand; *ich kapiere das nicht!* I don't get it!; **II.** *v/i.* get it, F catch on, *Am. sl.* savvy; *Drohung usw.*: *a.* get the message; *kapiert?* got it?; (*ich*) *kapiere!* got it!, I see!
Kapillar|gefäß *anat. n* capillary (vessel); **~kraft** *f* capillary force.
Kapital I. *n* capital; (*Geldmittel*) *a.* funds *pl.*; (*Grund*2) capital stock; *fig.* capital, asset; ~ *u. Arbeit* capital and labo(u)r; ~ *und Zinsen* principal and interest; *arbeitendes* (*totes*) ~ working (dead) capital; *eingezahltes* ~ paid-up capital; *flüssiges* ~ available funds; ~ *aus et. schlagen* profit by a th., *fig. a.* make capital out of a th., capitalize on a th., turn a th. to account, cash in on a th.; → *anlegen, aufnehmen, kündigen usw.*; **II.** 2 *adj. Fehler, Verbrechen*: capital; *Idee, Scherz usw.*: capital, excellent; *hunt.* royal *stag*; **~abfindung** *f* monetary compensation; **~abfluß** *m*, **~abwanderung** *f* capital outflow, exodus of capital; **~anlage** *f* (capital) investment; **~anlagegesellschaft** *f* investment trust; **~anteil** *m* capital share; **~aufwand** *m* capital expenditure; **~bedarf** *m* capital requirements *pl.*; **~beschaffung** *f* raising of capital; **~bilanz** *f* balance of capital transactions; net capital movement; **~bildung** *f* formation (*od.* accumulation) of capital; **~buchstabe** *typ. m* capital (letter).
Kapitälchen *typ. n* small capital (*od.* F cap).
Kapital...: **~einlage** *f* invested capital, paid-in share; **~entwertung** *f* capital depreciation; **~erhöhung** *f* increase of capital; **~ertrag** *m* capital yield; **~ertragsteuer** *f* capital yields tax; **~flucht** *f* flight of capital; **~geber** *m* financer, investor; **~gesellschaft** *f* capital (*od.* joint-stock) company; **~gewinn** *m* capital profit; **~gewinnsteuer** *f* capital gains tax; **~güter** *n/pl.* capital goods; **2intensiv** *adj.* capital-intensive; involving a high proportion of fixed capital costs.
kapitalisier|bar ✝ *adj.* capitalizable; **~en** *v/t.* capitalize; **2ung** *f* capitalization; **2ungsanleihe** *f* funding loan.
Kapitalis|mus *m* capitalism; **~t** *m* capitalist; **2tisch** *adj.* capitalist(ic).
Kapital...: **~knappheit** *f* shortage of capital; **~konto** *n* capital account; **~kraft** *f* financial capacity; **2kräftig** *adj.* well funded, (financially) powerful; **~mangel** *m* lack of capital; **~markt** *m* capital market; **~steuer** *f* tax on capital; **~verbrechen** *n* capital crime; **~verkehr** *m* turnover of capital; **~vermögen** *n* capital assets *pl.*; **~wert** *m* capital value; **~zins** *m* interest on capital; **~zufluß** *m* influx of capital.
Kapitän *m* **1.** ⚓ captain, *bsd. auf kleinem Handelsschiff*: skipper; ~ *zur See* captain (in the navy), *Brit.* captain R.N. (= of the Royal

Navy), *Am.* captain U.S.N. (= of the U.S.-Navy); **2.** ✈ captain; **3.** *Sport*: captain, team leader, F skipper; **~leutnant** *m* lieutenant.

Kapitel *n* chapter (*a. eccl. u. fig. des Lebens usw.*); *fig.* (*Sache*) story, matter; *ein trauriges* ~ a sad story; *ein anderes* ~, *ein* ~ *für sich* a different story.

Kapitell △ *n* capital.

Kapitul|ation ⚔ *f* **1.** capitulation, surrender; *bedingungslose* ~ unconditional surrender; **2.** *hist.* (*Dienstverlängerung*) re-enlistment; **2ieren** *v/i.* **1.** capitulate, surrender; *fig. a.* give in (*od.* up); **2.** *hist.* (*weiterdienen*) re-enlist.

Kaplan *m* chaplain.

Kapo F *m* **1.** ⚔ sergeant; **2.** (*Kolonnenführer*) gang boss.

Kappe *f* cap; (*Verschluß*) cap, top; ⊕ *a.* hood, (*Kuppel*) dome; *des Schuhs*: (toe-)cap; *am Strumpf*: heel-piece; △ top, *e-r Mauer*: coping; *fig.* et. *auf s-e* ~ *nehmen* take the responsibility (*od.* blame) for a th.

kappen *v/t.* **1.** (*Tau*) cut; (*Baum*) lop, top; (*Hahn*) capon; **2.** (*Henne*) tread.

Käppi *n* ⚔ forage (*Am.* garrison) cap; (*a. Damen*2) (small) cap, beret.

Kapriole *f Reitsport*: capriole; *fig.* (*Luftsprung*) caper; (*Streich*) caper, prank, escapade; ~*n machen* cut capers, *weitS.* play pranks, fool around.

kapriz|ieren *v/refl.*: *sich* ~ *auf* set one's heart on, be dead set on; **~iös** *adj.* capricious.

Kapsel *f anat.*, ⚘, *pharm.* (*a. Flaschenverschluß*; *a. Raum*2) capsule; (*Behälter*) *a.* case; (*Kappe, Deckel*) cap; ⊕ (*Guß*2) chill; *Keramik*: sagger; (*Spreng*2) detonator; **~bakterien** *f/pl.* (en-)capsulated bacteria; **2förmig** *adj.* capsular; **~frucht** *f* capsular fruit; **~mikrophon** *n* inset transmitter.

kaputt F *adj.* **1.** broken, smashed, wrecked, *sl.* kaput, (*außer Betrieb*) out of order; **2.** (*ruiniert*) *Person u. Sache*: ruined, finished, done for, *sl.* bust, *Ehe usw.*: wrecked, F on the rocks; **3.** (*erschöpft*) done (*od.* all) in, dead(-beat); **4.** dead; gone; *allg.* er (es) *ist* ~ *a. sl.* he (it) has had it; *was ist denn jetzt* ~? what's wrong now?; **~arbeiten** F *v/refl.*: *sich* ~ kill o.s. (with work), work o.s. to death; **~fahren** *mot v/t.* smash up, wreck *a car*; **~gehen** *v/i.* get broken, break (down *mot. usw.*); go phut; (*zugrunde od. bankrott gehen*) *sl.* go bust; (*ruiniert werden*) be ruined, *Ehe, Freundschaft*: *a.* break up, F go on the rocks; *Person*: go to pieces, crack up, (*sterben*) die, *sl.* peg out; **~lachen** F *v/refl.*: *sich* ~ laugh one's head off; *iro. ich lach' mich kaputt!* I'm tickled to death!; **~machen** *v/t.* break, smash, wreck, ruin, *sl.* bust; (*erschöpfen od. töten*) kill; *sich* ~ kill o.s. (*mit* over *a th.*, *doing*, *etc.* [*a th.*]); **~schlagen** *v/t.* smash.

Kapuze *f* hood; *der Mönche*: cowl.

Kapuziner|(mönch) *m* Capuchin (monk); **~kresse** *f* nasturtium.

Karabiner *m* carbine; **~haken** *m* ⊕ snap (*od.* spring) hook.

Karacho F *n*: *mit* ~ at top speed.

Karaffe *f* carafe, *für Wein*: *a.* decanter.

Karambol|age *f Billard*: cannon, *Am.* carom; *fig.* (*Zs.-stoß*) collision; **2ieren** *v/i.* (make a) cannon; *fig.* F ~ *mit* collide with.

Karamel *m*, **~le** *f* caramel.

Karat *n* carat.

Karate *n Sport*: karate.

karatieren *v/t.* alloy.

...karätig *adj. in Zssgn*: *achtzehn*~*es Gold* 18-carat gold.

Karawan|e *f* caravan; **~enstraße** *f* caravan route; **~serei** *f* caravanserai.

Karbid *n* carbide; **~lampe** *f* carbide (*od.* acetylene) lamp.

Karbol *n*, **~säure** *f* carbolic acid; **~seife** *f* carbolic soap.

Karbonade *f* grilled cutlet.

Karbonat ⚗ *n* carbonate.

karbonisieren *v/t.* carbonize.

Karborund(um) ⊕ *n* (*Schleifmittel*) carborundum.

Karbunkel ⚕ *m* carbuncle.

karburieren *v/t. metall.* carburize; ⚗ carburet.

Kardan|antrieb ⊕ *m* Cardan drive; **~gelenk** *n* Cardan (*od.* universal) joint; **2isch** *adj.* Cardan(ic); **~welle** *f* Cardan (*od.* flexible drive) shaft.

Kardätsche *f* ⊕ *Weberei*: card; (*Striegel*) curry-comb, horse-brush; **2n** *v/t.* ⊕ card; (*Pferde*) curry, brush.

Karde ⚘ *u.* ⊕ *f*, **2n** *v/t.* teasel.

kardial ⚕ *adj.* cardial.

Kardinal *m* cardinal (*a. orn.* = cardinal-bird); **~bischof** *m* cardinal bishop; **~fehler** *m* cardinal error; **~punkt** *m* cardinal point; **~skollegium** *n* college of cardinals; **~tugend** *f* cardinal virtue; **~zahl** *f* cardinal number.

Kardiogramm ⚕ *n* cardiogram.

Karenz(zeit) *f Versicherung*:

qualifying (*od.* waiting) period; † *Konkurrenzklausel*: period of (competitive) restriction; ⚕ period of rest; *fig.* (*Schonfrist*) (period of) grace.

Karfiol *dial. m* cauliflower.

Karfreitag *m* Good Friday.

Karfunkel *min. u.* ⚕ *m* carbuncle.

karg *adj.* meag|re, *Am.* -er, scanty, *stärker*: paltry; *Essen, Leben*: *a.* frugal; *Person*: sparing, frugal, (*geizig*) mean, niggardly, stingy; *Boden*: poor, sterile; *adv.* *s-e Zeit war ~ bemessen* his time was strictly limited; *fig.* *~ sein mit* → **~en** *v/i.*: *~ mit* be sparing (*od.* chary) of, be stingy with; *nicht ~ mit a.* be lavish with; **≈heit** *f* meagreness, *Am.* meagerness, scantiness; frugality; sparingness; stinginess.

kärglich *adj.* → *karg.*

karibisch *adj.* Caribbean.

kariert *adj.* **1.** check(ed), chequered, *Am.* checkered; *Papier*: squared; **2.** F *fig.* quirky, silly; *~es Zeug reden* blather, *sl.* talk rot.

Karies ⚕ *f* caries.

Karikatur *f* caricature (*a. fig.*); (*Witzzeichnung*) *mst* cartoon; **~ist(in** *f*) *m* caricaturist, cartoonist; **≈istisch** *adj.* caricatural; in the form of a cartoon.

karikieren *v/t.* caricature, cartoon.

kariös ⚕ *adj.* carious, decayed.

karitativ *adj.* charitable.

Karmelitergeist *m* Carmelite water.

karmesin(rot) *adj.* crimson.

Karmin *n*, **≈rot** *adj.* carmine.

Karneval *m* (Shrovetide) carnival; **~s...** → *Faschings...*

Karnickel F *n* rabbit; *fig.* (*Sündenbock*) scapegoat; (*Dummkopf*) silly ass.

Kärntner *m*, **~in** *f*, **≈isch** *adj.* Carinthian.

Karo *n im Stoff*: check, square; *Kartenspiel*: diamonds *pl.*; **~könig** *m* king of diamonds.

Karoling|er *m*, **≈isch** *adj.* Carolingian.

Karomuster *n* check(ed) pattern.

Karosse *f* state-coach.

Karosserie *f* (car-)body, coachwork; **~bau** *m* body-making, (car-)body construction; **~bauer** *m* body-maker; **~blech** *n* body sheet; **~gestalter** *m*, **~konstrukteur** *m* car-body designer (*od.* stylist).

Karotin *n* carotene, carotin.

Karotte *f* carrot.

Karpfen *m* carp; **~teich** *m* carp pond; → *Hecht* 1.

Karre *f* → *Karren.*

Karree *n* (hollow) square.

Karren I. *m* (*Schub≈*) (hand)cart, wheelbarrow; (*Fuhrwerk*) cart; F (*Auto*) F bus, *sl.* pile; F *alter ~* (old) rattletrap *od.* jalopy; *ein ~ voll Äpfel* a cartload of apples; *fig.* F *den ~ in den Dreck fahren* make a mess of things; *den ~ aus dem Dreck ziehen* clear up the mess, straighten things out; *j-n vor s-n ~ spannen* harness a p. for one's purposes; *den ~ (einfach) laufen lassen* let things slide; **II.** ≈ *v/t. u. v/i.* cart, wheel; **~gaul** *m* cart-horse.

Karrier|e *f* **1.** *Reiten*: full gallop; *in voller ~* at full gallop, *weitS.* at top speed; **2.** (*Laufbahn*) career; *~ machen* work one's way up, get on (*od.* ahead *od.* to the top), have a brilliant career; **~efrau** *f* career woman; **~emacher** *m*, **~ist** *m* careerist.

Kärrner *m* carter; **~arbeit** *fig.* *f* donkey-work, drudgery.

Karsamstag *m* Holy Saturday.

Karst[1] *m* ⚒ mattock; (*zweizinkige Hacke*) prong-hoe.

Karst[2] *geol. m* karst.

Kartätsche ⚔ *hist. f* canister-shot.

Kartäuser **1.** *m*, **~in** *f R.C.* Carthusian (monk *od.* nun); **2.** → **~likör** *m* Chartreuse.

Karte *f allg.* (*Spiel≈*, *Post≈*, *Visiten≈ usw.*) card; (*Land≈*) map; (*See≈*) chart; (*Eintritts≈*, *Fahr≈*) ticket; (*Speise≈*) bill of fare, menu; (*Wein≈*) list; (*Lebensmittel≈*) ration card, coupons *pl.*; (*Stempel≈*) time card; *nach der ~ speisen*: à la carte, *fahren, marschieren*: by map; *ein Spiel ~n* a pack (*Am. a.* deck) of cards; *~n spielen* play cards; *gute (schlechte) ~n haben* have a good (bad) hand; *~n geben* deal (cards); *~n legen* tell fortunes (from the cards); *fig.* *alles auf e-e ~ setzen* stake everything on one card (*od.* chance), F put all one's eggs in one basket; *auf die falsche ~ setzen* bet on the wrong horse; *mit offenen ~n spielen, s-e ~n aufdecken* (*od. auf den Tisch legen*) put one's cards on the table, show one's hand; *mit verdeckten ~n spielen* conceal one's hand; → *a. Trumpf.*

Kartei *f* card-index; *~ führen über* keep a card-index on; **~karte** *f* index-card, file-card; **~kasten** *m* card-index box; **~reiter** *m* tab (signal); **~schrank** *m* filing cabinet.

Kartell *n* **1.** †, *a. pol.* cartel; † *Am. a.* trust; **2.** *univ.* federation of student organizations; **3.** (*Herausforderung zum Duell*) cartel; **~abkommen** *n*, **~absprache** *f* cartel agreement; ~amt *n* Office for the Control and Supervision of Cartels; ~entflechtung *f* decartel(l)ization; ~träger *m Duell*: second; ~verbot *n* ban on cartels; ~wesen *n* cartel system, cartelism.

Karten...: **~ausgabe** *f* **1.** sale of tickets; **2.** → **~ausgabestelle** *f* ticket (*od.* booking) office; **~blatt** *n der Landkarte*: map sheet; **~brief** *m* letter-card; **~gitter** *n* (map) grid; **~gruß** *m* (post)card; **~haus** *n* ⚓ chart-house; *fig.* house of cards; **~kunststück** *n* card-trick; **~legen** *n* fortune-telling from the cards; **~leger(in** *f*) *m* fortune-teller; **~lesen** *n* map-reading; **~spiel** *n* card-playing; card-game, game of cards; (*Karten*) pack (*Am. a.* deck) of cards; **~spieler(in** *f*) *m* card-player; **~ständer** *m* map stand; **~tasche** *f* map-case; *im Auto usw.*: map pocket; **~tisch** *m* **1.** card-table; **2.** map-table; **~verkauf** *m* sale of tickets; ticket office; **~vorverkauf** *m* **1.** sale of tickets; **2.** (*Kasse*) box-office; **~winkelmesser** *m* (map) protractor; **~zeichen** *n* conventional sign; **~zeichner** *m* cartographer.

kartesisch *adj.* Cartesian.

kartieren *v/t.* map, ⚓ chart.

Kartoffel *f* potato; *sl.* (*sich*) *die* ~*n von unten ansehen* F be pushing up daisies; **~anbau** *m* potato growing; **~bauch** F *m* pot-belly; **~branntwein** *m* potato spirit; **~brei** *m* mashed (*od.* creamed) potatoes *pl.*; **~ernte** *f* potato harvest; **~erntemaschine** *f* potato harvester; **~käfer** *m* Colorado (*od.* potato) beetle; **~kloß** *m*, **~knödel** *m* potato dumpling; **~puffer** *m* potato pancake; **~püree** *n* → *Kartoffelbrei*; **~salat** *m* potato salad; **~schalen** *f/pl.* potato peelings; **~schnaps** *m* potato spirit; **~suppe** *f* potato soup.

Kartograph *m* cartographer; **~ie** *f* cartography; **≗isch** *adj.* cartographic(ally *adv.*); *adv.* ~ *erfaßt* mapped.

Karton *m* (*Pappe*) cardboard, *stärker*: pasteboard; (*Schachtel*) carton, cardboard box; (*Skizze*) cartoon; *Buchbinderei*: paper boards *pl.*; **~age(n** *pl.*) *f* cardboard container(s *pl.*) *od.* product(s *pl.*); *Buchbinderei*: paper boards *pl.*; **≗ieren** *v/t.* (*Buch*) bind in boards; *kartoniert* (bound) in boards, paper-back(ed); **~papier** *n* fine cardboard.

Kartothek *f* card-index.

Kartusche *f* ⚔ cartridge; △ cartouche.

Karussell *n* roundabout, merry-go-round; F *mot.* → *Kreisverkehr*; **~drehbank** *f* vertical turret lathe.

Karwoche *f* Passion (*od.* Holy) Week.

Karzer *m* detention (room).

karzi|nogen ⚕ *adj.* carcinogenic; **≗nogen** *n* carcinogen; **≗nom** *n* carcinoma.

Kasack *m* ⚔ *hist.* cassock; *Mode*: tunic, jumper-blouse.

Kaschemme *f sl.* (low) dive.

kaschieren *v/t.* ⊕ line; (*Papier*) laminate; (*verdecken*) conceal (*a. fig.*).

Kaschmir ✝ *m* cashmere; **~schal** *m* cashmere shawl.

Käse *m* **1.** cheese; **2.** F *fig.* (*Unsinn*) F rubbish, *sl.* rot, *Am. sl.* baloney; (*dumme Sache*) stupid business, V shit; **~auflauf** *m* cheese soufflé; **~blatt** *n*, **~blättchen** F *n* (local) rag; **~gebäck** *n* cheese biscuit(s *pl.*); **~glocke** *f* cheese-cover; **~händler(in** *f*) *m* cheese-monger.

Kasein ⚗ *n* casein.

Käsekuchen *m* cheese-cake.

Kasematte *f* casemate.

Käse...: **~milbe** *f* cheese-mite; **≗n** *v/i.* curdle; **~platte** *f* (plate of) assorted cheese; **~rinde** *f* cheese-rind.

Kaserne ⚔ *f* barracks *pl.* (*oft sg. konstr.*); **~narrest** *m* confinement to barracks; **~ndienst** *m* fatigue duty; **~nhof** *m* barrack-square (*od.* -yard).

kasernieren *v/t.* quarter in barracks, barrack.

Käse...: **~stange** *f* cheese-straw; **~stoff** ⚗ *m* casein; **≗weiß** *adj.* pasty, deathly pale, (as) white as a sheet.

käsig *adj.* **1.** cheesy, caseous; **2.** → *käseweiß*.

Kasino *n* **1.** ⚔ officers' mess (*od.* club); **2.** (*Spiel≗ usw.*) casino.

Kaskade *f* cascade (*a. phys.*, ⚡); ⚡ *in* ~ *geschaltet* connected in cascade (*od.* tandem); **~nbombenwurf** *m* cascade bombing; **~nmotor** ⚡ *m* cascade motor; **~nschaltung** ⚡ *f* cascade (*od.* tandem) connection.

Kasko *m* **1.** ⚓ hull; **2.** → **~versicherung** *f* **1.** ⚓ insurance on hull; **2.** *mot.* (full) comprehensive insurance.

Kasper *m* **1.** F *fig.* clown; **2.** → **~l(e)** *n*, *m* Punch; **~l(e)theater** *n* Punch and Judy show; **≗n** F *v/i.* clown (about).

kaspisch *adj.* Caspian *Sea, etc.*

Kassa ⚚ *f* **1.** *per* ~ in (*od.* for) cash; **2.** → *Kasse*; **~geschäft** *n* cash business, spot transaction; **~kurs** *m* spot price; **~lieferung** *f* spot delivery.

Kassation *f* **1.** ⚖ *e-s Urteils*: quashing, annulment; **2.** (*Dienstentlassung*) dismissal, *von Offizieren*: cashiering; **~shof** *m* court of cassation (*od.* appeal).

Kasse *f* **1.** (*Geld*≈) cash-box, strong-box; (*Laden*≈) till, (*Registrier*≈) cash register; **2.** (*Zahlstelle, Büro*) cashier's office; (*~nschalter*) (cashier's *od.* cash-, pay-)desk, *e-r Bank*: teller's counter (*od.* window); *thea.* ticket-office, booking-office, box-office; *Film, Sport*: ticket-window, pay-box; *Kartenspiel usw.*: pool; *an der* ~ at the ticket-office, *etc.*, *in Läden*: at the desk, *in Banken*: at the counter; *iro. zur* ~ *bitten* present the bill; **3.** (*Fonds*) funds *pl.*; → *a. Spar-, Krankenkasse*; **4.** (*Einnahmen*) takings *pl.*, receipts *pl.*; **5.** (*Bargeld*) cash; F (*gut*) *bei* ~ *sein* F be flush (*od.* in cash, in the chips); F *nicht* (*od. schlecht, knapp*) *bei* ~ short of cash, out of pocket, F hard up; *gemeinschaftliche* ~ common purse; *gemeinschaftliche* ~ *machen* pool (*od.* split) the expenses; *getrennte* ~ *machen* F go Dutch; ~ *machen* ⚚ balance the cash; F *fig.* count one's cash; ~ *bei Lieferung* cash on delivery (*abbr.* C.O.D.); ~ *gegen Dokumente* cash against documents; *gegen* (*od. per*) ~ *verkaufen* sell for cash; *gegen sofortige* ~ prompt (*od.* spot) cash; *netto* ~ net cash.

Kassel *n*: F *ab nach* ~*!* let's go!, buzz off!; **~er Rippe(n)speer** *m od.* **Rippchen** *n* cured spare-rib of pork.

Kassen...: **~abschluß** ⚚ *m* closing (*od.* balancing) the cash-accounts; **~anweisung** *f* order for payment; (*Schatzanweisung*) treasury bond; **~arzt** *m* doctor participating in a health insurance plan, panel doctor; **~beamte(r)** *m* cashier; *Bank*: teller; **~beleg** *m* sales slip (*Am.* check); **~bericht** *m* cash report; **~bestand** *m* cash in hand, cash balance; **~bilanz** *f* cash balance; **~defizit** *n* cash deficit, *Am.* adverse cash balance; *bei Irrtümern*: cash short; **~diebstahl** *m* theft from the till; **~eingänge** *m/pl.* cash receipts, takings; **~erfolg** *thea. m* box-office success; **~führer** *m* **1.** cashier; **2.** *e-s Vereins*: treasurer; **~magnet** *m* → *Kassenschlager*; **~obligation** *f* medium-term bond; **~patient** *m* panel (*od.* health plan) patient; **~praxis** *f* medical practice under contract with state-recognized sick-funds, panel practice; **~prüfung** *f* cash audit; **~raum** *m* counter hall; **~schalter** *m* cash-desk, *Bank*: teller's counter (*od.* window); **~rekord** *m thea., Film*: box-office record; **~revision** *f* cash audit; **~scheck** *m* open (*od.* uncrossed) cheque, *Am.* check; **~schein** *m* **1.** → *Kassenanweisung*; **2.** → *Kassenzettel*; **3.** → *Krankenschein*; **~schlager** *m* box-office success (*od.* draw, hit), *Am. a.* moneymaker; **~schrank** *m* safe; **~stunden** *f/pl.* business hours; **~sturz** *m*: ~ *machen* check the cash; F *weitS.* count one's cash; **~wart** *m* treasurer; **~zettel** *m* sales slip (*Am.* check); **~zwang** *m* compulsory sickness insurance.

Kasserolle *f* casserole.

Kassette *f* (*Geld*≈) cash-box, strong-box; (*Schmuck*≈) casket, case, box; *für Bücher, Schallplatten*: cassette, box, slip case; (*Geschenk*≈) gift carton; (*Film*≈, *Tonband*≈) cassette, *Am. a.* cartridge (*beide a. phot.*); (*Fernseh*≈) video-cassette; ⩓ coffer; **~ndecke** ⩓ *f* coffered ceiling; **~nfernsehen** *n* cassette television; **~nfilm** *m* cassette film; **~nrecorder** *m* cassette recorder; **~ntonbandgerät** *n* cassette tape-recorder.

Kassiber *sl. m* secret message, *sl.* stiff.

Kassier *m* → *Kassierer*; **≈en** *v/t. u. v/i.* **1.** collect; **2.** F *fig.* (*verlangen*) charge, take; (*nehmen*) grab, pocket, *sl.* bag; (*verdienen*) collect, make; (*e-n Schlag*) catch; (*verhaften*) *sl.* nab; *sich j-n* ~ give a p. hell; **3.** ⚖ (*Urteil*) quash, set aside; (*Offizier*) cashier; **~er(in** *f*) *m* cashier; *Bank*: teller; (*Vereins*≈) treasurer; (*Haus-zu-Haus-*~) collector.

Kastagnette *f* castanet.

Kastanie *f* chestnut; *eßbare* ~ edible (*od.* sweet) chestnut; *fig. für j-n die* ~*n aus dem Feuer holen* act as a p.'s cat's-paw, pull the chestnuts out of the fire for a p.; **~nbaum** *m* chestnut(-tree); **≈nbraun** *adj.* chestnut(-brown), auburn; **~nholz** *n* chestnut(-wood).

Kästchen *n* small box (*od.* case), *für Schmuck*: casket; *Zeitung, Formular*: box; *Papier*: square.

Kaste *f* caste.

kastei|en *v/t. u. v/refl.*: *sich* (*od. s-n*

Leib) ~ chasten o.s., mortify the flesh; **²ung** *f* (self-)castigation, mortification (of the flesh).

Kastell *n* fort; castellum; **~an** *m* castellan, steward.

Kasten *m* **1.** *allg.* (*a. Brief²*, *Kohlen²* *usw.*) box; (*Kiste*) *a.* chest; (*Behälter, Kiste*) case (*a. typ. Setz²*); (*Truhe*) trunk; *Turnen*: box; (*Schau²*, *Aushang*) showcase; (*Futter²*) bin; ⊕ (*Form²*) flask, box; *in Zeitungen usw.*: box; (*Schub²*) drawer; *dial.* (*Schrank*) cupboard, wardrobe, (*Schließ²*, *Spind*) locker; **2.** F *fig.* (*Auto, Flugzeug*) F bus, crate; (*Schiff*) F tub; (*Gebäude, a. Radio, Fernsehapparat, Fußballtor usw.*) box; *bsd.* ⚔ (*Gefängnis*) *sl.* jug, clink; (*Körper*) body, *großer*: hulk; *er hat was auf dem* ~ he's a brainy fellow, *sl.* he has something on the ball; *er hat nicht viel auf dem* ~ F he is no great shakes; **~brot** *n* tin loaf; **~drachen** *m* box-kite; **~form** *f* box-shape; ⊕ flask mo(u)ld; *für Brot usw.*: rectangular baking tin; **~geist** *m* caste-spirit; **~kipper** *m*, **~kippwagen** *m* box-type tipper (*Am.* tipping car); **~möbel** *n/pl.* free-standing cabinets; **~rahmen** *m* box(-type) frame; **~wagen** *m* box wagon (*Am.* car); *mot.* box-type van (*Am.* truck).

Kastrat *m* eunuch; **~ion** *f* castration; *e-s Pferdes usw.*: *a.* gelding; **~ionskomplex** *psych. m* castration complex.

kastrieren *v/t.* castrate; (*Pferd usw.*) *a.* geld; (*weibliche Tiere*) spay.

Kasuist|ik *f allg.* casuistry; **²isch** *adj.* casuistic(ally *adv.*).

Kasus *m* case; **~endung** *ling. f* case ending.

katabatisch *adj.* katabatic.

Katafalk *m* catafalque.

Katakombe *f* catacomb.

Katalog *m* catalog(ue); **²isieren** *v/t.* catalog(ue); **~preis** *m* list price.

Katalys|ator *m* catalyst; **²ieren** *v/t.* catalyse.

katalytisch *adj.* catalytic(ally *adv.*).

Katapult *m, n* catapult; **~flugzeug** *n* catapult(-launched) aircraft; **²ieren** *v/t.* catapult; **~sitz** *m* ejector seat; **~start** *m* catapult take-off.

Katarakt *m* cataract (*a.* ⚕).

Katarrh *m* catarrh; cold (in the head); **²alisch** *adj.* catarrhal.

Kataster *m, n* land register; **~amt** *n* land registry (office).

katastrophal *adj.* disastrous, catastrophic(ally *adv.*); F *fig. a.* appalling, awful.

Katastrophe *f* catastrophe, disaster (*a. fig.*); **~neinsatz** *m* disaster operation; **~ngebiet** *n* disaster area.

Kate *f* cottage, hut.

Katech|ese *f* catechesis; **~et** *m* catechist; **~etik** *f* catechetics *pl.* (*a. sg. konstr.*); **²isieren** *v/t.* catechize; **~ismus** *m* catechism.

Kategor|ie *f* category; **²isch** *adj.* categorical; **²isieren** *v/t.* categorize; **~isierung** *f* classification in categories.

Kater *m* **1.** male cat, tom-cat; *der Gestiefelte* ~ Puss in Boots; **2.** F *fig.* F hangover; **~frühstück** F *n* hangover breakfast; **~stimmung** F *f* morning-after feeling.

Katharsis *f* catharsis.

Katheder *n, m* (teacher's *od.* lecturer's) desk; **~blüte** *f* howler; **~weisheit** *f* donnish learning; arm-chair philosophy.

Kathedrale *f* cathedral.

Kathete ⩓ *f* short side of a rectangular triangle, cathetus.

Katheter ⚕ *m* catheter; **²isieren** *v/t.* catheterize.

Kathode ⚡ *f* cathode; **~nröhre** *f* cathode-ray tube; **~nstrahlen** *m/pl.* cathode rays; **~nverstärker** *m* cathode follower.

Kathol|ik(in *f*) *m*, **²isch** *adj.* (Roman) Catholic; **~izismus** *m* Catholicism.

Kattun *m* calico, *weitS.* cotton (fabric *od.* goods *pl.*); (*Möbel²*) chintz; *bedruckter* ~ print; **~druck** *m* calico printing; **~kleid** *n* print(-dress), *weitS.* cotton dress.

katzbalg|en *v/refl.*: *sich* ~, **²erei** *f* F tussle, scuffle; *fig.* wrangle.

katzbuckeln *v/i.* bow and scrape; *vor j-m* ~ fawn (up)on a p., lick a p.'s boots.

Kätzchen *n* kitten, F puss(y); ⚘ catkin.

Katze *f* **1.** *allg.* cat; *männliche* ~ → *Kater*; *weibliche* ~ she-cat, tabby (-cat); *fig. falsche* ~ (false) cat; she-cat; *neunschwänzige* ~ cat-o'-nine tails; *mit j-m Katz u. Maus spielen* play (at) cat and mouse with a p.; *die* ~ *aus dem Sack lassen* let the cat out of the bag; *die* ~ *im Sack kaufen* buy a pig in a poke; *wie die* ~ *um den heißen Brei gehen* beat about the bush, make roundabout remarks; *bei Nacht sind alle* ~*n grau* when the candles are out, all cats are grey; F *das ist für die Katz* that's of no (earthly) use, that's a waste; *wenn die* ~ *aus* *dem Haus ist, tanzen die Mäuse* when the cat is away, the mice will play; *die ~ läßt das Mausen nicht* the leopard cannot change his spots; **2.** ⊕ → *Laufkatze.*

Katzen...: **⁀artig** *adj.* catlike, feline; **~auge** *n* **1.** cat's eye (*a. fig. u. min.*); **2.** (*Rücklicht*) (rear) reflector, *am Straßenrand usw.*: cat's eye; **~buckel** *m* cat's (arched) back; *e-n ~ machen* put up (*od.* arch) one's back; *fig.* → *katzbuckeln*; **~darm** *m* catgut; **~fell** *n* cat skin; **⁀freundlich** *adj.* sugary, oversweet, honeyed; **~geschrei** *n* caterwauling; **~gold** *min. n* cat gold, yellow mica; **⁀haft** *adj.* catlike, feline; **~jammer** *m* morning-after feeling; F hangover (*a. fig.*); *moralischer ~ the* dumps *pl.*, *the* blues; **⁀jämmerlich** F *adj.* F hangoverish, morning-afterish; **~kopf** *m* **1.** cat's head; **2.** ⊕ cobble(-stone); **3.** F *fig.* box on the ear; **~musik** *f* caterwauling, charivari; **~mutter** *f* mother cat; **~pfötchen** *n* cat's paw; ⚘ cat's-foot; **~sprung** *fig. m a* stone's throw; **~tisch** F *m* side-table; **~wäsche** F *f* cat's lick.

Kau|apparat *anat. m* masticatory apparatus; **⁀bar** *adj.* masticable; **~bewegung** *f* masticatory movement.

Kauderwelsch *n* gibberish, F double Dutch; *weitS.* jargon, *doctor's, etc.* lingo; **⁀en** *v/i.* talk gibberish (*od.* F double Dutch).

kauen I. *v/t. u. v/i.* chew, masticate, *schmatzend*: munch; (*beißen*) bite; *an den Nägeln ~* bite one's nails; *fig. ~ an* plod (away) at, pore (*od.* rack one's brains) over, chew *a th.* over; *j-m et. zu ~ geben* give a p. something to think about; **II.** **⁀** *n* chewing, mastication.

kauern *v/i.* (*v/refl.*: *sich ~*) crouch *od.* squat (down).

Kauf *m* purchase, F buy; (*Erworbenes*) acquisition; (*das Kaufen*) purchasing, buying; *günstiger ~* bargain, F good buy; *e-n ~ abschließen* complete a purchase, close a bargain; *zum ~ anbieten* offer for sale; *fig. et. mit in ~ nehmen* accept (*od.* put up with) a th.; *leichten ~es davonkommen* get off cheaply; **~abschluß** *m* (completion of a) purchase; **~anlaß** *m* buying motive; **~auftrag** *m* buying order; **~bedingungen** *f/pl.* conditions of purchase; **~brief** *m* bill of sale; ⚖ title deed.

kaufen I. *v/t. u. v/i.* **1.** buy, purchase (*von* from); (*ein~*) shop, do one's shopping (*bei* at); *viel ~* make large purchases; **II.** *v/t.* **2.** F (*bestechen*) bribe, buy; **3.** F *was ich mir dafür kaufe!* F a fat lot it helps!; *den werde ich mir ~ sl.* I'll let him have it!; **4.** *Kartenspiel*: *Karten ~* buy (*od.* take in) cards.

Käufer *m*, **~in** *f* buyer, purchaser; (*Kunde*) customer; (*Bieter*) bidder; **~markt** *m* buyer market; **~schicht** *f* group of buyers; **~streik** *m* buyers' strike.

Kauf...: **~fahrer** *m*, **~fahrteischiff** *n* merchant vessel, merchantman; **~geld** *n* purchase money; **~gelegenheit** *f* opportunity (to buy); **~halle** *f* bazaar; covered market; markethall; **~haus** *n* department store, big shop (*od.* store); **~kraft** *f des Geldes*: purchasing power; *des Käufers*: spending power; **⁀kräftig** *adj.* able to buy, moneyed, well-funded; **~kraftparität** *f* purchasing power parity; **~kraftschwund** *m* dwindling purchasing power; **~kraftüberhang** *m* surplus spending power; **~laden** *m* shop, store; **~leute** *pl.* → *Kaufmann.*

käuflich I. *adj.* purchasable; for (*od.* on) sale, to be sold; (*ver~*) marketable, sal(e)able; *fig.* (*bestechlich*) venal, corrupt, bribable, open to bribery; *~es Mädchen* prostitute; *~e Liebe* venal love; **II.** *adv.*: *~ erwerben* (acquire by) purchase; **⁀keit** *f* availability (for sale); *b.s.* venality, corruption.

Kauf...: **~lust** *f* inclination to buy; *rege ~* brisk demand; *Börse*: buoyancy; **⁀lustig** *adj.* inclined (*od.* eager) to buy; interested; **~lustige(r** *m*) *f* intending purchaser, willing buyer, interest; **~mann** *m allg.* businessman; (*Berufsbezeichnung*) (full) trader, (qualified) merchant, (*Angestellter*) commercial clerk; (*Händler*) trader, tradesman; (*Einzelhändler*) (retail) dealer, shopkeeper, *Am.* storekeeper; (*Gemischtwarenhändler*) grocer; (*Verkäufer*) shop-assistant, salesman; *~ werden* go into business; → *Großhändler, technisch*; **⁀männisch I.** *adj.* commercial (*a. arithmetic, book-keeping, etc.*); business *qualities, etc.*; *~er Angestellter* (commercial) clerk; *~er Betrieb* business enterprise, commercial undertaking; *~er Direktor* business manager; *~es Personal* office staff; **II.** *adv.* commercially, from the business point of view; *~ ausgebildet sein* have had a commercial (*od.* business) training; *~ tätig* in business; **~mannslehr-**

ling *m* commercial apprentice; **~miete** *f* hire-purchase (plan); **~motiv** *n* buying motive; **~objekt** *n* object of purchase; **~preis** *m* purchase price; **~straße** *f* shopping street; **~summe** *f* purchase price; **~unlust** *f* disinclination to buy, sales (*od.* consumer's) resistance; **~vertrag** *m* contract of purchase (*od.* sale); **~wert** *m* purchase value; **~wut** *f* buying craze; **~zwang** *m* obligation to buy; *kein ~* free inspection invited.

Kaugummi *m* chewing-gum.

Kaukas|ier(in *f*) *m*, **⁓isch** *adj.* Caucasian.

Kaulquappe *f* tadpole.

kaum *adv.* hardly, scarcely (*beide a. = schwerlich*); (*nur gerade*) barely; (*mit Mühe*) with difficulty; *~ je* hardly ever; *~ glaublich* hard to believe; *~ hatte er* ... (*od. ~ daß er* ... *hatte*) *als* no sooner had he ... than; hardly had he ..., when; (*wohl*) *~!* hardly!, I don't think so!, (it's) most unlikely!

Kau...: ~magen *zo. m* gizzard; **~muskel** *anat. m* masticatory muscle.

kausal *adj.* causal; **⁓begriff** *m* causal concept; **⁓ität** *f* causality; **⁓(itäts)gesetz** *n* law of causality, law of cause and effect; **⁓(itäts)-prinzip** *n* principle of causality; **⁓satz** *ling. m* causal clause; **⁓zusammenhang** *m* causal connection (*od.* nexus *a.* ⚖).

kaustisch *adj.* caustic (*a. fig.*).

Kautabak *m* chewing tobacco.

Kautel ⚖ *f* reservation, saving clause; *weitS.* precaution, safeguard.

Kaution *f* security, surety, bond; ⚖ *mst* bail; *~ stellen* give (*od.* stand) security *od.* ⚖ bail; *gegen ~ entlassen* release on bail; *gegen ~ freigelassen werden* be granted bail; *j-n durch ~ freibekommen* bail out; **⁓sfähig** (**⁓spflichtig**) *adj.* able (liable) to give security *od.* bail; **~ssumme** *f* (amount of) security *od.* bail.

Kautschuk *m* caoutchouc, (India) rubber; *in Zssgn mst* rubber *plantation, solution, goods, tree, etc.*; **~paragraph** F *m* elastic clause.

Kauwerkzeuge *n/pl.* masticatory organs.

Kauz *m* **1.** *orn.* (*a.* **Käuzchen** *n*) tawny (*od.* hoot) owl; **2.** F *fig.* (*sonderbarer*) *~* F queer fish, rum customer; odd character.

Kavalier *m* gentleman, gallant (*od.* chivalrous) man; (*Verehrer*) beau, admirer, squire; (*Begleiter*) escort; *obs.* (*Edelmann*) cavalier, nobleman; *~ der alten Schule* gentleman of the old school; **⁓mäßig** *adj.* gentlemanly, gallant, chivalrous; **~sdelikt** F *n* peccadillo; **~start** *m mot.* dashing start; ✈ (steep) climbing take-off.

Kavalkade *f* cavalcade.

Kavaller|ie *f* cavalry; **~ist** *m* cavalryman, trooper.

Kavern|e ⚕ *f* cavity; **⁓ös** *adj.* cavernous.

Kaviar *m* caviar(e); *~ fürs Volk* caviar(e) to the general (public); **~brot** *n* French bread; **~brötchen** *n* caviar(e) sandwich.

Kebs|e *f*, **~weib** *n* concubine.

keck *adj.* bold, audacious, daring; (*forsch*) dashing; (*vorlaut, frech*) pert, F saucy (*beide a. fig. Hütchen, Näschen usw.*); **⁓heit** *f* boldness, audacity; pertness, F sauciness, cheek.

Kegel *m zum Spiel*: skittle, pin; *bsd.* ∡ *u.* ⊕ cone; (*verjüngtes Teil*) taper; (*Innen⁓*) inside taper; (*Brems⁓*) brake cone; *typ.* body (-size); *abgestumpfter ~* truncated cone; *~ spielen* (*od. schieben*) → *kegeln*; → *Kind*; **~bahn** *f* skittle- (*Am.* bowling) alley; **~bremse** ⊕ cone brake; **⁓förmig**, **⁓ig** *adj.* conical, coniform; (*verjüngt*) taper(ed); **~getriebe** *n* bevel gear(ing); **~klub** *m* skittles (*od.* bowling) club; **~kugel** *f* skittles-ball; **~kupplung** ⊕ *f* cone friction clutch; **⁓n** *v/i.* play at skittles, *Am.* bowl; **~n** *n* (9-pin) bowling; **~rad** *n* bevel wheel (*od.* [*Zahnrad*] gear); **~radantrieb** *m* bevel drive; **~radfräser** *m* bevel gear cutter; **~rollenlager** ⊕ *n* tapered roller bearing; **~scheibe** ⊕ *f* cone pulley; **~schnitt** ∡ *m* conic section; **~spiel** *n*, **~sport** *m* (game of) skittles, tenpin; **~stumpf** *m* frustrum of (*od.* truncated) cone; **~ventil** *n* cone valve.

Kegler *m* skittles-player, *Am.* bowler.

Kehl|ader *anat. f* jugular vein; **~deckel** *m* epiglottis.

Kehle *f* **1.** *anat.* throat; (*Schlund*) gullet; (*Luftröhre*) windpipe; (*Kehlkopf*) larynx; *aus voller ~* at the top of one's voice; *aus voller ~ lachen* laugh heartily, shout with laughter; *durch die ~ jagen* spend on drink; *das ist ihm in die falsche* (*od. unrechte*) *~ geraten* it went down (his throat) the wrong way; *fig.* he took it amiss; *j-m an der ~ sitzen* have a stranglehold on a p.; *j-m das Messer an die ~*

setzen hold a knife to a p.'s throat; *ihm geht's an die* ~ he is in for it now; → *Gold*; → *a. Wendungen mit Hals*; **2.** ⚠ chamfer, *a.* ⊕ flute, channel; *der Axt*: neck.

kehlen ⊕ *v/t.* channel, flute.

Kehlkopf *anat. m* larynx; **~entzündung** *f* laryngitis; **~krebs** *m* laryngeal cancer; **~mikrophon** *n* throat microphone; **~schnitt** ⚕ *m* laryngotomy; **~spiegel** ⚕ *m* laryngoscope; **~verschluß(laut)** *ling. m* glottal stop.

Kehl...: **~laut** *ling. m* guttural (sound); **~leiste** ⚠ *f* mo(u)lding.

Kehr|aus *m* last dance; *fig.* clean-out; **~besen** *m* broom.

Kehre *f* (*Kurve*) (sharp) bend *od.* turn; (*Wendeplatz*) turning space, loop (*a.* 🚂); *Turnen*: rear vault, (*Abgangs*≈) back dismount; *Schisport*: turn; ✈ turn, *über die Tragfläche*: wing over.

kehren[1] *v/i. u. v/t.* sweep (out *od.* up); *kehre vor deiner eigenen Tür* you (had) better look at yourself!

kehren[2] *v/t.* **1.** turn; *j-m den Rücken* ~ turn one's back on (*a. fig.*), (*verlassen*) *a.* leave; *das Oberste zuunterst* ~ turn everything upside down (*od.* topsy-turvy); ⚔ *kehrt!* about turn (*od.* face)!; *in sich gekehrt* wrapt in thought, (*zurückhaltend*) withdrawn *person*; **2.** *fig. sich* ~ *gegen* turn against (*a. Zorn usw.*); *sich zum besten* ~ come right (in the end); **3.** *sich nicht* ~ *an* pay no attention to, not to bother about, not to heed, ignore, disregard.

Kehricht *m, n* sweepings *pl.*, *weitS.* dust, rubbish, garbage; *fig.* scum, dregs *pl.*; **~eimer** *m* dustbin, *Am.* garbage (*od.* trash) can; **~haufe(n)** *m* rubbish heap; **~schaufel** *f* dustpan.

Kehr...: **~maschine** *f* **1.** sweeping machine, road sweeper; **2.** (*Teppich*≈) carpet-sweeper; **~reim** *m* refrain, burden, chorus; **~seite** *f* other (*od.* wrong) side, reverse; *fig. a.* seamy side *of life*; *die* ~ *der Medaille* the reverse of the medal (*a. fig.*); F *j-m s-e* ~ *zuwenden* turn one's back on a p.

kehrt|machen *v/i.* turn (⚔ *a.* face) about, *schnell*: wheel round; (*zurückgehen*) turn back, turn on one's heels, *eilig*: turn tail, beat a hasty retreat; **≈wendung** *f* about-face; *fig. a.* volte-face (*fr.*).

Kehr...: **~wert** *m* reciprocal (value); **~wisch** *m* feather-duster, whisk.

keif|en *v/i.* scold, nag; (*zanken*) squabble; **≈erin** *f* scold, nagging wife.

Keil *m* wedge, ⊕ (*Verbindungs*≈) *a.* key; (*Schließ*≈) cotter (pin); (*Halte*≈, *Hemm*≈) chock; *typ.* quoin; ⚠ keystone; (*Zwickel*) gore, gusset, *am Strumpf*: clock; ⚔ (*Angriffs*≈) wedge, spearhead; *fig. e-n* ~ *treiben zwischen* drive a wedge between, estrange *two people; ein* ~ *treibt den andern* one nail drives another; **~absatz** *m* wedge heel; **~e** F *f a* thrashing (*od.* beating); **≈en I.** *v/t.* **1.** wedge; *typ.* quoin; **2.** F (*j-n gewinnen*) *sl.* rope *a p.* in (*für* for); **II.** F *v/refl.*: *sich* ~ fight, scuffle.

Keiler *zo. m* wild boar.

Keilerei *f* brawl, fight, F scrap, *Brit. sl.* punch-up.

Keil...: **~flosse** ✈ *f* vertical tail fin; **~form** ✈ *f* V-formation; **≈förmig** *adj.* wedge-shaped, cuneiform; **~hacke** *f*, **~haue** *f* pick-ax(e); **~hose(n** *pl.*) *f* stretch (*od.* ski) trousers *pl.*; **~kissen** *n* wedge-shaped bolster; **~nut** ⊕ *f* key seat; **~riemen** ⊕ *m* V-belt; **~riemenscheibe** *f* V-belt pulley; **~schrift** *f* cuneiform writing (*od.* script); **~stück** *n* wedge(-shaped piece); (*Zwickel*) gore, gusset.

Keim *m biol.*, ⚕ germ; ♀ bud, (*Schößling*) shoot, (*Trieb*) sprout; (*Frucht*≈) embryo; *des Kristalls*: nucleus; *fig.* germ, seed(s *pl.*); ~*e treiben* germinate; *im* ~ *vorhanden* (in) seminal (state), *fig.* in the bud, in embryo; *im* ~ *ersticken* nip in the bud; **~bett** *n* germinating bed; **~bildung** *f* germ formation; **~blatt** *n* ♀ cotyledon, seed-leaf; *biol.* germ layer; **~boden** *biol. m* substratum; **~drüse** *anat. f* gonad; **~drüsenhormon** *n* sex hormone.

keimen *v/i.* germinate; (*treiben*) shoot (up), spring up, sprout; (*knospen*) bud (*a. fig.*); (*entstehen*) arise, spring up; develop; (*sich regen*) stir; **~d** *adj.* germinating; (*entstehend*) nascent; *Leidenschaft*: growing, rising; *Liebe*: budding.

Keim...: **~faden** *m* germ tube; **≈fähig** *adj.* germinable, viable; **~fähigkeit** *f* germination capacity; **≈frei** *adj.* sterilized, sterile, germ-free, germ-proofed; aseptic; ~ *machen* sterilize; **~ling** *m* seedling, germ-bud; embryo; **~scheibe** *biol. f* germinal disc; **≈tötend** *adj.* germicidal; ~*es Mittel* germicide; **~träger** ⚕ *m* (germ) carrier; **~zelle** *f* germ-cell, gamete; *fig.* basic unit.

kein *indef. pron.* **1.** *adjektivisch*:

~(e) no, not any; *er hat ~ Auto* he has no car, he hasn't got a car; *sie hat ~e Freunde a.* she hasn't any friends; *~ and(e)rer als* none other but; *sie ist ~ Kind mehr* she is no longer a child; **2.** *substantivisch*: **~er, ~e, ~(e)s** not any, none, no(t) one, nobody; nothing, not anything; *hast du welche gesehen? — nein, ~e* no, I did not see any, I saw none; *~er (~e, ~s) von beiden* neither (of the two), neither the one or the other; *~er von uns beiden*: neither of us, *mehrere*: none of us.

keiner|lei *adj.* no ... of any kind (*od.* sort), no ... at all; *~ Schmerzen* no pains whatever; *auf ~ Weise* in no manner (*od.* way); *es macht ~ Mühe* it is no trouble at all; **~seits** *adv.* on (*od.* from) no side.

keines|falls *adv.* in no case, on no account, on no conditions; *als Antwort*: by no means; **~wegs** *adv.* in no way, by no means, not in the least, not at all, nowise; (*alles andere als*) anything but.

keinmal *adv.* not once, never; *einmal ist ~* once doesn't count.

Keks *m, n* biscuit, *Am.* cracker, *süßer*: cookie.

Kelch *m* cup, goblet; *eccl.* chalice, communion-cup; ♀ calyx, flower-cup; *der (bittere) ~ des Leidens* the (bitter) cup of sorrow; → *Hefe*; **~blatt** *n* sepal; **~blüte** *f* calycinal flower; **~blüter** ♀ *m/pl.* calyciflorae; **2förmig** *adj.* cup-shaped; ♀ calyciform; **~glas** *n* (crystal) goblet.

Kelle *f* (*Schöpf*2) scoop; (*Gieß*2) *für Suppe usw.*, ⊕: ladle; (*Fisch*2) slice; (*Maurer*2) trowel; (*Signal*2) disk.

Keller *m* cellar (*a. weitS. Weine*); **~assel** *zo. f* wood-louse, sow-bug.

Kellerei *f* wine-cellars *pl.*

Keller...: **~geschoß** *n* basement; **~gewölbe** *n* (underground) vault, cellar; **~lokal** *n* cellar restaurant (*od.* bar); **~meister** *m* cellarer, cellarman; **~theater** *n* cellar theat|re, *Am.* -er; **~wechsel** ✝ *m* accommodation-bill, F kite; **~wirtschaft** *f* → *Kellerlokal*; **~wohnung** *f* basement (flat).

Kellner *m* waiter; ⚓ steward; **~in** *f* waitress.

Kelt|e *m*, **~in** *f* Celt.

Kelter *f* wine-press; **~ei** *f* press-house; **2n** *v/t.* press.

keltisch *adj.*, 2 *ling. n* Celtic.

Kemenate *obs. f* lady's room, *poet.* ladies' bower.

kenn|bar *adj.* recognizable; **2-buchstabe** *m* identification (*od.* code) letter; **2daten** ⊕ *pl.* data.

kennen *v/t. allg.* know; (*bekannt od. vertraut sein mit*) *a.* be acquainted with; (*erkennen*) recognize, know (*an* by); *sich ~* know o.s., *einander*: know each other; *das ~ wir!* we know (all about) that!; *er kannte sich nicht mehr vor Wut* he was quite beside himself with rage; **~lernen** *v/t.* become acquainted with, get (*od.* come) to know, *a.* make *a p.'s* acquaintance, meet *a p.*; *sich (od. einander) ~* meet, *weitS.* come to know each other; *als ich ihn kennenlernte* when I first met him; F *du sollst mich ~!* F I'll give you what for!, I'll teach you!

Kenner *m*, **~in** *f* connoisseur, (good) judge; (*Fachmann*) expert (*gen.* in), *stärker*: authority (on); **~auge** *n*, **~blick** *m* expert('s) *od.* connoisseur's eye; **2haft, 2isch** *adj.* knowledgeable, (*adv.* with the air) of a connoisseur; **~miene** *f* air of a connoisseur; **~schaft** *f* connoisseurship; expert knowledge, expertise.

Kenn...: **~faden** *m* colo(u)red tracer thread; **~farbe** *f* identifying colo(u)r; **~karte** *f* identity card; **~linie** *f* characteristic (curve *od.* line); **~marke** *f* identification mark; tag; **~melodie** *f* signature tune.

kenntlich *adj.* recognizable; (*unterscheidbar*) distinguishable; (*wahrnehmbar*) discernible; (*bezeichnet*) marked; *~ machen* mark, (*etikettieren*) label; *sich ~ machen* make o.s. known; **2keit** *f* recognizability.

Kenntnis *f* **1.** knowledge (*gen. od. von* of); acquaintance (with); *~ haben von* have knowledge of, know (about), be aware of; *~ erlangen von* hear about, receive information on; *et. zu j-s ~ bringen, j-n in ~ setzen von et.* inform (*od.* notify, advise, apprise) a p. of a th., bring a th. to a p.'s notice (*od.* attention); *von et. ~ nehmen* take notice (*od.* note) of a th., note a th.; *es ist uns zur ~ gelangt, daß* it has come to our knowledge (*od.* attention) that, we understand (*od.* have learned) that; *das entzieht sich m-r ~!* I don't know anything about it!; *Herrn X zur ~!* (for the) attention (of) Mr. X!; **2.** *~se* (*Wissen*) knowledge *sg.* (*gen. od. in* of); (*Erfahrung*) experience *sg.* (in); (*Verständnis*) insight *sg.* (in), understanding *sg.* (of); *gute ~se haben in* have a good knowledge of, be well acquainted with, be well grounded (*od.* up, versed) in; **~nahme** *f* (taking) notice; *zu Ihrer ~* for your information (*od.* attention); **≗reich** *adj.* well-informed, knowledgeable.

Kennummer *f* reference (*bei Inseraten*: box) number; *mot.* registration (*Am.* license) number.

Kennung *f* identification; ⚓, ✈ route marking; *Funk, Radar usw.*: identification (signal *od.* code).

Kenn...: **~wert** ⚗ *m* characteristic value; **~wort** *n* ⚔ password, *a.* † *usw.* code word; *Inserat*: box number; **~zahl** *f* → *Kennziffer*; **~zeichen** *n* (distinguishing) mark, sign; *bsd. fig.* (distinguishing) feature, characteristic; (*Gütezeichen*) hallmark; (*Abzeichen*) badge, emblem; (*Eigentumszeichen*) brand, earmark; ⚕ *u. fig.* (*Anzeichen*) symptom, indication, sign; ✈ aircraft marking; *mot.* (*polizeiliches*) ~ registration (*Am.* license) number; *besondere ~ Paß*: distinguishing marks; *fig. ein sicheres ~, daß* a sure sign that; **≗zeichnen** *v/t.* mark, identify, (*etikettieren*) label; (*Tiere*) brand, earmark; *fig.* characterize (*a. durch e-e Aussage*), be characteristic of, typify; *fig.* (*anzeigen*) *a.* signalize; **≗zeichnend** *adj.* characteristic, typical (*für* of); (*unterscheidend*) distinguishing; **~ziffer** *f* † *usw.* reference (*od.* index) number; *teleph. usw.* code number; ⚗ characteristic, index (*of logarithm*); *Statistik*: index (number); *Inserat*: box number.

kentern ⚓ *v/i.* capsize.

Keram|ik *f* (*Kunst*) ceramics *pl.* (*sg. konstr.*), pottery; (*Ware*) ceramics *pl.*, pottery; (*Stück*) ceramic article; *in Zssgn mst* ceramic ...; **~iker** *m* ceramist, potter; **≗isch** *adj.* ceramic.

Kerbe *f* notch, score, mark, nick; ⊕ (*Nut*) groove, slot; *fig. in dieselbe ~ hauen* do (*od.* say) the same thing, follow suit.

Kerbel ♀ *m* chervil.

kerben *v/t.* notch, indent, channel; (*rändeln*) knurl, mill.

Kerb|holz *n*: *etwas auf dem ~ haben* be guilty of a misdeed; *einiges auf dem ~ haben* have a lot to answer for, have quite a (police) record; **≗schlagfest** ⊕ *adj.* impact-resistant; **~schlagversuch** *m* notched-bar impact test; **~schnitzer** *m* chip-carver; **~tier** *zo. n* insect.

Kerker *m* jail, *Brit. a.* gaol, prison; (*Verlies*) dungeon; ⚖ → **~haft** *f*, **~strafe** *f* imprisonment; **~meister** *m* jailer, *Brit. a.* gaoler, turnkey.

Kerl *m* fellow, F chap, bloke, *Am.* guy; *armer* (*feiner, guter*) ~ poor (fine, good) fellow *etc.*; *ein* (*ganzer*) ~ a real man; (*kein*) *schlechter* ~ (not) a bad sort (*od.* fellow); *sie ist ein lieber* ~ she is a dear; **~chen** F *n* little man (*od.* F chap), manikin, F chappie.

Kern *m von Kernobst*: pip, seed; *von Steinobst*: stone, *Am. a.* pit; (*Nuß≗*) kernel; *von Getreide usw.*: grain; *von Holz*: pith; ⊕, ⚡, *e-s Geschosses, a. e-s Reaktors*: core; 🕮 (*a. Atom≗*) nucleus; *fig.* core, (*das Wichtigste*) *a.* essence, main issue; (*Stadt≗ usw.*) cent|re, *Am.* -er, heart; (*erster Anfang*) nucleus; *~ der Sache* heart (*od.* core, crux, gist) of the matter; *bis zum ~ e-r Sache dringen* get to the core (*od.* bottom, heart) of a th.; *der harte ~ e-r Partei usw.* the hard core; *in ihr steckt ein guter ~* basically she is good; **~abstand** *phys. m* internuclear distance; **~achse** *f* nuclear axis; **~chemie** *f* nuclear chemistry; **≗deutsch** *adj.* German to the core; **~eisen** *n* core iron; **~elektron** *phys. n* nuclear electron; **~energie** *f* nuclear energy; **~fach** *ped. n* basic subject; **≗faul** ♀ *adj.* rotten at the core; **~fäule** ♀ *f* heart rot; **≗fern** *phys. adj.* planetary *electron*; **~forschung** *phys. f* nuclear research; **~frage** *f* crucial question, central issue; **~gedanke** *m* central idea; **~gehäuse** *n* (apple) core; **≗gesund** *adj.* thoroughly healthy, (as) sound as a bell; **~haus** ♀ *n* core; **~holz** *n* heartwood; **≗ig** *adj.* full of pips; *fig.* (*markig*) pithy; (*kraftvoll*) vigorous; (*derb*) earthy, robust; *Leder*: full; **~igkeit** *fig. f* pithiness; vigo(u)r; **~kraftwerk** *n* nuclear power station; **~ladung** *phys. f* nuclear charge; **~ladungszahl** *phys. f* atomic number; **~leder** *n* bend leather; **≗los** *adj.* ♀ seedless; *biol., phys.* anucleate; ⊕ coreless; **~modell** *phys. n* nuclear model; **~munition** ⚔ *f* armo(u)r-piercing ammunition; **~obst** *n* pomaceous fruit, pome; **~physik** *f* nuclear physics *pl.* (*a. sg. konstr.*); **~physiker** *m* nuclear physicist; **~punkt** *m* essential (*od.* central, crucial) point; **~reaktion** *phys. f* nuclear reaction; **~reaktor** *m* (nuclear) reactor; **≗rissig** *adj. Holz*: shaky; **~schatten** *m* deepest shadow; *ast.* umbra; **~schuß** *m* point-blank shot; *Fußball*: cannon-ball; **~seife** *f* curd soap;

~spaltung *phys. f* nuclear fission; **~spruch** *m* pithy saying; **~stück** *n* principal (*od.* basic) item; *e-r Sammlung usw.*: pièce de résistance (*fr.*); **~teilchen** *phys. n* nuclear particle; **~theorie** *phys. f* nuclear theory; **~truppen** ⚔ *f/pl.* picked (*od.* crack, élite) troops; **~waffe** *f* nuclear weapon; **~wolle** ⚘ *f* first-grade wool; **~zerfall** *phys. m* nuclear disintegration.

Kerze *f* candle (*a.* ⚡, *Lampe u. Meßeinheit*); *mot.* (*Zünd*~) spark(ing-)plug, *Am.* spark plug; *Turnen*: shoulder stand; *Fußball*: F skyer.

Kerzen...: **~gerade I.** *adj.* (as) straight as an arrow, (*aufrecht*) bolt upright; **II.** *adv.*: ~ *auf et. zugehen* make a bee-line for a th.; **~halter** *m*, **~leuchter** *m* candlestick; **~licht** *n* candlelight; **~stärke** *f* candle-power.

keß F *adj.* pert, saucy, jaunty (*alle a. Hut usw.*).

Kessel *m* kettle; *großer*: ca(u)ldron, tank, vat; (*Dampf*~) boiler; (*Vertiefung*) (deep) hollow; (*Wasserbecken*) basin; (*Tal*~) basin (-shaped valley); ⚔ pocket; **~anlage** *f* boiler plant; **~druck** *m* boiler pressure; **~flicker** *m* tinker; **~haken** *m* pot-hook; **~haus** *n* boiler-house; **~jagd** *f* → *Kesseltreiben*; **~pauke** *f* kettle-drum, tympano; **~pauker** *m* tympanist; **~raum** *m* boiler room; **~schlacht** ⚔ *f* battle of encirclement; **~schmied** *m* boiler-maker; **~stein** *m* scale, fur; **~stein(lösungs)mittel** *n* disincrustant; **~treiben** *n hunt.* battue; *fig.* dragnet hunt; *pol.* witch-hunt; **~wagen** *m* 🚃 tank wagon (*Am.* car); *mot.* tanker (lorry), *Am.* tank truck.

Ketchup *m, n* ketchup.

Keton ⚗ *n* ketone.

Ketsch ⚓ *f* ketch.

Kette *f* **1.** *allg.* chain (*a.* ⚗, ⚘); (*Amts*~, *Uhr*~ *usw.*) chain, (*Hals*~) *mst* necklace, (*Arm*~) chain, bracelet; *fig. mst* ~*n* (*pl.*) (*Knechtschaft usw.*) chains, fetters; *an die* ~ *legen* (*Hund*) chain up, *fig.* (*j-n*) put a curb on *a p.*; *in* ~*n legen* put in chains (*od.* irons), shackle; *von der* ~ *losmachen* unchain; → *Perlenkette usw.*; **2.** ⊕ *e-s Kettenfahrzeuges*: track; **3.** *Weberei*: warp; ~ *und Schuß* warp and woof; **4.** *von Bergen usw.*: chain, range; *von Seen*: chain, string; *von Fahrzeugen*: line, string; *hunt. von Rebhühnern*: covey, *von Wildenten usw.*: flight; ✈ (*3 Flugzeuge*) flight; *fig. von Ereignissen usw.*: chain, series (*sg.*), *der Beweisführung, von Gedanken usw.*: chain; (*Absperrung*) cordon; *e-e* ~ *bilden* form a cordon, *zum Weiterreichen*: form a line (*od.* human chain).

ketteln *v/t.* chain-stitch.

ketten *v/t.* chain (*an* to) (*a. fig.*).

Ketten...: **~antrieb** ⊕ *m* chain drive; **~armband** *n* (chain) bracelet; **~brief** *m* chain-letter; **~bruch** 𝔄 *m* continued fraction; **~brücke** *f* suspension bridge; **~faden** *m* warp thread; **~fahrzeug** *mot. n* track(-laying) *od.* crawler-type vehicle; **~förderer** ⊕ *m* chain conveyor; **~förmig** ⚗ *adj.* aliphatic; **~gebirge** *n* mountain chain; **~gelenk** *n*, **~glied** *n* chain-link; *mot.* track link; **~geschäft** *n* chain-store, multiple store; **~handel** *m* chain-trade; **~hund** *m* watch-dog; **~karussell** *n* chairoplane; **~laden** *m* → *Kettengeschäft*; **~linie** 𝔄 *f* catenary; **~los** *adj.* chainless; **~panzer** *m* chain armo(u)r, coat of mail; **~rad** ⊕ *n* sprocket(-wheel); **~raucher** *m* chain-smoker; **~reaktion** *phys. u. fig. f* chain reaction; **~rechnung** *f*, **~regel** 𝔄 *f* chain rule; **~schaltung** ⚡ *f* iterative network; **~schlepper** *mot. m* crawler-tractor; **~schluß** *phls. m* chain syllogism, sorites; **~schutz** *m Fahrrad*: chain guard; **~seide** ⚘ *f* organzine; **~stich** *m beim Nähen*: chain-stitch; **~sträfling** *m* chained convict; *Gruppe von* ~*en* chain-gang.

Ketzer *m*, **~in** *f* heretic; **~ei** *f* heresy.

Ketzer...: **~gericht** *n* (court of) inquisition; **~isch** *adj.* heretical; **~verbrennung** *f* burning of heretics, auto-da-fé.

keuchen I. *v/i. u. v/t.* pant, gasp, puff, *pfeifend*: wheeze; *vor Schreck usw.*: gasp; *Zug usw.*: puff, chug; *vet.* roar; **II.** ~ *n* panting, gasp(ing), *etc.*

Keuchhusten ⚕ *m* whooping-cough, pertussis.

Keule *f* club, cudgel, *hist.* mace; *Turnen*: (Indian) club; ⊕ *e-s Mörsers*: pestle; *zo.* haunch; *Kochkunst*: leg, haunch, *Geflügel*: leg, drumstick; **~nhieb** *m*, **~nschlag** *m* blow with a club; *fig. es traf ihn wie ein* ~ it was a terrible blow to him; **~nschwingen** *n* (Indian) club swinging.

Keuper *geol. m* Keuper.

keusch *adj.* chaste, pure; (*jungfräulich*) virgin(al); (*sittsam*) modest; **~heit** *f* chastity; **~heitsgelübde** *n*

vow of chastity; **~heitsgürtel** *m* chastity belt.
Khaki 1. *n* (*Farbe*) khaki; **2.** *m* (*Stoff*) khaki.
Kibbuz *m* kibbutz.
Kichererbse ⚘ *f* chick-pea.
kichern I. *v/i.* giggle, titter, *Erwachsene*: *mst* snigger, snicker; **II. ~** *n* giggling, giggle, *etc.*
kick|en *v/t.* kick; **~er** F *m* soccer player.
Kicks *m*, **~en** *v/i. Billard*: miscue.
Kickstarter *mot. m* kick-starter.
kidnapp|en *v/t.* kidnap; **~er** *m* kidnapper.
Kiebitz *m* pe(e)wit, lapwing; F (*Zugucker*) F kibitzer; **~en** *v/i.* F kibitz.
Kiefer[1] *m anat. u. zo.* jaw(-bone), 🕮 maxilla; *Insekt*: mandible.
Kiefer[2] ⚘ *f* pine(-tree); *Gemeine ~* Scotch pine (*od.* fir).
Kiefer...: ~bruch ⚕ *m* fracture of the (lower) jaw; **~chirurgie** *f* oral surgery; **~höhle** *anat. f* maxillary sinus; **~höhlenentzündung** *f* maxillary sinusitis; **~knochen** *m* jaw-bone; **~(n)holz** *n* pine(wood); **~(n)nadel** *f* pine-needle; **~(n)wald** *m* pinewood; **~(n)zapfen** *m* pine-cone; **~orthopädie** *f* orthodontics *pl.* (*a. sg. konstr.*).
kiek|en F *v/i.* → *gucken*; **~er** F *m*: *j-n auf dem ~ haben* have it in for a p.
Kiel *m* **1.** ⚓ *u.* ✈ keel; **2.** *orn.* (*Brustbein*) keel; *der Feder*: barrel; **3.** *obs.* (*Feder~*) quill; **4.** ⚘ keel, carina; **5.** ♪ plectrum, quill; **~bogen** ⩓ *m* ogee arch; **~flosse** ✈ *f* tail fin; **~holen** *v/t.* (*Schiff*) careen; (*Matrosen*) keelhaul; **~jacht** *f* keel yacht, keeler; **~linie** ⚓ *f* **1.** (*in ~ fahren* sail in) line ahead; **2.** *e-s Schiffes*: keel line; **~oben** *adv.* bottom up; **~raum** *m* bilge; **~schwein** ⚓ *n* keelson; **~schwert** ⚓ *n* centre-board, *Am.* center-board; **~wasser** *n* wake; *im ~ fahren* (*od. folgen*) follow in the wake (*gen.* of) (*a. fig.*).
Kieme *zo. f* gill, branchia; **~natmung** *f* gill-breathing; **~ndeckel** *m* gill-cover, opercle; **~nspalte** *f* gill cleft.
Kien[1] *m* resinous pinewood; **~apfel** *m* pine-cone; **~holz** *n* → *Kien*[1]; **~ig** *adj.* resinous; **~span** *m* chip of pinewood; (*Fackel*) pine-torch.
Kien[2] F *m*: *auf dem ~ sein* be on one's toes.
Kiepe *f* dosser, pannier; **~nhut** *m* poke bonnet.
Kies *m* **1.** gravel; (*Straßen~*) *a.* grit; *grober ~* shingle; *mit ~ bestreuen* gravel; **2.** *min.* pyrites (*sg. u. pl.*); **3.** F (*Geld*) *sl.* dough; **~beton** *m* gravel concrete; **~boden** *m* gravelly soil.
Kiesel *m* pebble; *min.* flint; **~alge** *f* diatom; **~erde** *f* siliceous earth, silica; **~fluor(wasserstoff)säure** *f* (hydro)fluorisilic acid; **~gur** *f* infusorial earth, kieselgu(h)r; **~ig, ~sauer** ⚗ *adj.* siliceous; **~säure** *f* silicic acid; **~stein** *m* pebble.
kiesen *obs. v/t.* (s)elect, choose.
Kies...: ~grube *f* gravel-pit; **~haltig, ~ig** *adj.* gravelly; *min.* pyritiferous; **~sand** *m* gravel(ly) sand; **~weg** *m* gravel walk.
kikeriki *int.*, **~** *n* cock-a-doodle-do.
killekille F *int.* tickle-tickle!; *bei j-m ~ machen* tickle a p.
kill|en F *v/t.* kill, *sl.* bump off; **~er** *m* killer.
Kilo F *n*, **~gramm** *n* kilogram(me); **~(gramm)kalorie** *f* kilogram(me) calorie; **~hertz** *n* kilocycle (per second).
Kilometer *m, n* kilomet|re, *Am.* -er; *60 ~ (in der Stunde) fahren* drive at (*Wagen*: make) 60 kilometres per hour; **~fresser** F *m* mile-eater, speed merchant; **~geld** *n* mileage allowance; **~lang, ~weit I.** *adj.* miles long; **II.** *adv.* for miles (and miles); **~stand** *mot. m* mileage (reading); **~stein** *m* milestone; **~zahl** *mot. f* mileage; **~zähler** *m* odometer, mileage indicator.
Kilo...: ~mol *phys. n* kilogram(me) molecule; **~ohm** *n* kilohm; **~pond** *n* kilogram(me) weight; **~tonne** *f* kiloton; **~voltampere** *n* kilovolt-ampere; **~watt** *n* kilowatt; **~wattstunde** *f* kilowatt-hour.
Kimm ⚓ *f* **1.** visual horizon; **2.** (*Schiffsbauch*) bilge; **~e** *f* (*Vertiefung*) notch; (*Visier~*) notch (*od.* Vee) of the back-sight; *~ und Korn* notch and bead (sights *pl.*); **~ung** ⚓ *f* **1.** → *Kimm* **1**; **2.** (*Spiegelung*) mirage.
Kimono *m* Kimono.
Kind *n* child; ⚖ infant, child; *fig. des Geistes*: product, child; *pl.* children, offspring *sg.* (*oft pl. konstr.*), family *sg.*; ⚖ issue *sg.*; *kleines ~* baby, infant; *~ der Liebe* love-child; *~ des Todes* dead man, *sl.* goner; *ein Berliner ~* a native of Berlin, a Berliner; *iro. ein großes ~* a big child; *noch ein halbes ~* really a child still; *kein ~ mehr* no longer a child; *mit ~ und Kegel* (with) bag and baggage; *ein ~ bekommen od.* F *kriegen* a) have a child (*a.* F *fig.*), b) (= *ein ~ erwarten*) be pregnant, be expecting

(a baby), F be in the family way; *e-m Mädchen ein ~ machen* make a girl a child, get a girl with child, *sl.* knock a girl up; F *das weiß doch jedes ~!* any child knows that!; F *wie sag ich's meinem Kinde?* a) how can I best put this now?; b) *schonend*: how am I going to put it to him (*od.* her)?; F *wir werden das ~ schon schaukeln!* F we'll swing it all right!; (*ein*) *gebranntes ~ scheut das Feuer* the burnt child dreads the fire; once bitten, twice shy; *~er und Narren sagen die Wahrheit* children and fools will speak the truth; *das ~ mit dem Bade ausschütten* empty the baby out with the bath; *sich lieb ~ machen bei j-m* ingratiate o.s. with a p.; *fig. das ~ beim rechten Namen nennen* call a spade a spade; F *~er, ~er!* my, my!; → *Statt, totgeboren.*

Kindbett *n* childbed; **~fieber** *n* childbed (*od.* puerperal) fever; **~psychose** *f* puerperal psychosis.

Kindchen *n* little child, baby, F tot; *Kosewort*: child, dearie, baby.

Kinder...: **~abteilung** *f* ⚕ children's ward (✝ department); **~arbeit** *f* child labo(u)r; **~arzt** *m*, **~ärztin** *f* child specialist, p(a)ediatrician; **~beihilfe** *f* → *Kindergeld*; **~bekleidung** *f* children's wear; **~bett** *n* cot, crib; **~brei** *m* pap; **~buch** *n* children's book; **~chor** *m* children's choir; **~dorf** *n* children's village.

Kinderei *f* childishness; (*dummer Streich*) childish trick, *pl. a.* nonsense *sg.*; (*Kleinigkeit*) trifle.

Kinder...: **~eisenbahn** *f* toy train; **~ermäßigung** *f* reduction (*Steuer*: allowance) for children; **~erziehung** *f* child education; upbringing (of children); **~fahrkarte** *f* children's ticket; **~fahrrad** *n* juvenile bicycle; **~fest** *n* children's fête (*od.* party); **~frau** *f* nurse, nanny; **~fräulein** *n* governess, nanny; **~freund(in** *f*) *m* friend of children; *ein ~ sein mst* be fond of children; **~funk** *m* Children's Program(me); **~fürsorge** *f* child welfare; **~fürsorger(in** *f*) *m* child welfare worker; **~garten** *m* kindergarten, nursery school; **~gärtnerin** *f* kindergarten *etc.* teacher, *Am. a.* kindergart(e)ner; **~geld** *n* children's allowance; **~gesicht** *n* child's face; *weitS.* baby-face; **~glaube** *m* childish (*od.* simple) faith; **~gottesdienst** *m* children's service, Sunday school; **~heilkunde** ⚕ *f* p(a)ediatrics *pl.* (*a. sg. konstr.*); **~heim** *n* children's home; **~hort** *m* day-nursery, crèche; **~jahre** *n/pl.* (years of) childhood, infancy *sg.*; **~kleidung** *f* children's wear; **~klinik** *f* children's clinic; **~krankheit** ⚕ *f* children's disease; *fig. ~en* teething troubles, growing pains; **~kreuzzug** *hist. m the* Children's Crusade; **~kriegen** *n* having a baby; F *es ist zum ~* it's enough to drive you crazy; **~krippe** *f* → *Kinderhort*; **~lähmung** ⚕ *f*: (*spinale*) *~* infantile paralysis, polio(myelitis); **≈leicht** *adj.* very easy; *es ist ~* it's mere child's play; **≈lieb** *adj.* fond of children; **~liebe** *f* love (*od.* fondness) of children; *zu den Eltern*: children's love, filial affection; *der Eltern*: parental affection; *zwischen Kindern*: childhood love; **~lied** *n* children's song; nursery-rhyme; **≈los** *adj.* childless; ⚖ without issue; **~mädchen** *n* nurse(maid); **~märchen** *n* fairy-tale; **~mehl** *n* baby cereal; **~mord** *m* child murder; *bibl. der ~ zu Bethlehem* the Massacre of the Innocents; **~mörder(in** *f*) *m* child-murderer; **~mund** *m* child's mouth; *fig.* things *pl.* children say; **~nahrung** *f* infant food; **~narr** *m*, **~närrin** *f*: *er ist ein ~* he dotes on children; **~pflege** *f* child care; **~pistole** *f* toy pistol; **~popo** F *m*: *glatt wie ein ~* (as) smooth as a baby's bottom; **~psychologie** *f* child psychology; **~puder** *m* baby powder; **~raub** *m* → *Kindesentführung*; **≈reich** *adj.* with many (⚖ with three or more) children; blessed with a large offspring; *~e Familien* large families; **~reichtum** *m* large number of children; **~reim** *m* nursery rhyme; **~schreck** *m* bog(e)yman; bugbear; **~schuhe** *m/pl.* children's shoes; *fig. die ~ ausgetreten* (*od. abgelegt*) *haben* be no longer a child (*od.* a boy, a girl); *das Unternehmen steckt noch in den ~n* is still in its infancy; **~schule** *f* → *Kindergarten*; **~schutz** *m* protection of children; **~schwester** *f* children's nurse; **~spiel** *n* children's game; *fig. das ist ein ~* (*für ihn*) it's mere child's play (to him); **~spielzeug** *n* (children's) toys *pl.*, playthings *pl.*; **~sprache** *f* child(ren's) language (*od.* prattle); **~sterblichkeit** *f* infant mortality; **~stube** *f* nursery; *fig.* manners *pl.*, upbringing; **~wagen** *m* perambulator, F pram; *bsd. Am.* baby carriage, F baby buggy; **~wäsche** *f* baby-linen; **~zeit** *f* childhood; **~zimmer** *n* children's room, nursery, playroom; **~zulage** *f* children's allowance.

Kindes...: **~abtreibung** ⚖ *f* (procured) abortion; **~alter** *n* infancy, childhood; **~annahme** *f* adoption (of a child); **~beine** *n/pl.*: von ~n an from childhood, from a child; **~entführung** *f* child abduction, kidnapping; **~kind** *n* grandchild; **~liebe** *f* filial love; **~mord** *m* → Kindestötung; **~nöte** *f/pl.* labo(u)r *sg.*; in ~n sein be in labo(u)r; **~pflicht** *f* filial duty; **~raub** *m* → Kindesentführung; **~tötung** ⚖ *f* infanticide.

Kindheit *f* childhood, *frühe*: infancy; *co.* zweite ~ second childhood, dotage; von ~ an from childhood (*od.* infancy), from a child.

kindisch *adj.* childish, puerile; sei nicht ~! don't be silly!, be your age!

Kindlein *n* little child; *bibl.* lasset die ~ zu mir kommen suffer the little children to come unto me.

kindlich I. *adj.* childlike, like a child; *im Verhältnis zu den Eltern*: filial; (*unschuldig*) innocent; (*naiv*) naive; simple(-minded); **II.** *adv.*: sich ~ freuen be as pleased as a child (*od.* as Punch); **≈keit** *f* childlike nature; innocence, naivety.

Kinds... *in Zssgn* → Kind(es)...; **~kopf** F *m* silly ass; **~mutter** ⚖ *f* mother (of an illegitimate child); natural mother; **~pech** *n* meconium; **~taufe** *f* christening *od.* baptism (of a child).

Kinematograph *m* cinematograph; **~ie** *f* cinematography; **≈isch** *adj.* cinematographic(ally *adv.*).

Kinet|ik *phys. f* kinetics *pl.* (*a. sg. konstr.*); **≈isch** *adj.* kinetic(ally *adv.*).

Kinkerlitzchen F *pl.* → Mätzchen.

Kinn *n* chin; **~backe(n** *m*) *f* jaw (-bone); **~backenkrampf** ⚕ *m* lock-jaw; **~bart** *m* chin-beard, goatee, imperial; **~haken** *m* *Boxen*: hook to the chin; (*Aufwärtshaken*) uppercut; **~lade** *f* jaw(-bone); **~riemen** *m* chinstrap.

Kino F *n* (*Gebäude*) cinema, *Am.* F movie theater; (*Institution*) cinema, *the* pictures *pl.*, *sl. the* flicks *pl.*, *Am.* F *the* movies *pl.*; *weitS. the* screen; ins ~ gehen go to the pictures (*od.* movies, *etc.*); **~...** *in Zssgn* → Film...

Kintopp F *m* → Kino.

Kiosk *m* kiosk; (*Zeitungsstand*) *a.* bookstall, *Am.* newsstand.

Kipfe(r)l *n* (*Gebäck*) crescent (roll).

Kipp...: **~amplitude** ⚡ *f* sweep (*od.* sawtooth) amplitude; **~anlage** *f* tipping plant; **≈bar** *adj.* tiltable, tipping, hinged; **~becher** *m* tipping bucket; **~bewegung** *f* tipping movement; **~bühne** *f* tipping platform.

Kippe *f* F (*Wippschaukel*) seesaw; *Turnen*: upstart; F (*Zigarettenstummel*) stub, *bsd. Am.* butt, *Brit.* F fag-end; auf der ~ stehen be atilt, *fig.* hang in the balance, be uncertain (*od.* touch and go); *Regierung, Unternehmen usw.*: be on the brink, be about to go over the cliff; es stand auf der ~, ob ... it was touch and go whether ...; **≈lig** F *adj.* wobbly.

kippen I. *v/i.* lose one's balance; tip (*od.* topple) over; tilt; **II.** *v/t.* tilt, tip over (*od.* up); (aus ~) dump, (*Wasser usw.*) tip, pour (aus from); F einen ~ (*trinken*) F have (*od.* down) a quick one; → *a.* umkippen.

Kipper ⊕ *m* tipper, *Am.* dumper; → *a.* Kippwagen.

Kipp...: **~fenster** *n* bottom-hung window; **~frequenz** *f* sweep (*od.* sawtooth) frequency; **~hebel** *m* rocking level, rocker; **~karren** *m* tipcart, *Am.* dumpcart; **~lager** ⊕ *n* rocker bearing; **~laufgewehr** *n* break-action gun; **~schalter** *m* tumbler (*od.* toggle) switch; *für einmaliges Auslösen*: trigger switch; **≈sicher** *adj.* stable; **~spannung** ⚡ *f* sweep (*od.* sawtooth) voltage; **~vorrichtung** *f* tipping device, tipper; **~wagen** *m* 🚃 tipping (*od.* dumping) wag(g)on (*Am.* car); *mot.* tipping lorry, tipper, *Am.* dump truck.

Kirche *f* church; *für Dissidenten*: chapel; (*Einrichtung, christliche* ~) Church; (*Gottesdienst*) church, (divine) service; anglikanische ~ Anglican Church, Church of England; in der ~ at church; nach der ~ after church; in die (*od.* zur) ~ gehen go to (*regelmäßig*: attend) church; wir wollen die ~ im Dorf lassen let's not exaggerate (things).

Kirchen...: **~älteste(r)** *m* churchwarden, elder; **~amt** *n* church office, ecclesiastical function; **~bann** *m* excommunication, *gegen ein Land*: interdict; in den ~ tun excommunicate; **~besuch** *m* attendance at church; **~besucher (-in** *f*) *m* church-goer; **~blatt** *n* church (*od.* parish) periodical; **~buch** *n* parish-register; **~chor** *m* (church) choir; **~diener** *m* sexton, sacristan; **≈feindlich** *adj.* anticlerical; **~fenster** *n* church-window; **~fürst** *m R.C.* Prince of the Church; *weitS.* high dignitary of the church, prelate; **~gebet** *n* common prayer; **~gemeinde** *f* parish; (*Mitglieder*) parishioners *pl.*, *in der Kirche*: congregation; **~gesang** *m* chant, hymn; (*Singen*) congregational singing; **~geschichte** *f* ecclesiastical history; **~gestühl** *n* pews *pl.*; **~glocke** *f* church-bell; **~jahr** *n* ecclesiastical year; **~kalender** *m* ecclesiastical calendar; **~kampf** *m* strife between Church and State; **~konzert** *n* church concert; **~lehre** *f* church doctrine; **~licht** *n*: *fig.* *er ist kein ~* he is no shining light, he won't set the Thames on fire; **~lied** *n* chant, hymn; **~maus** *f*: *fig. so arm wie e-e ~* (as) poor as a church-mouse; **~musik** *f* sacred (*od.* church) music; **~pfleger** *m* churchwarden; **~politik** *f* church policy; **~rat** *m* ([*Person*] member of a) consistory; **~raub** *m* robbery from a church; **~räuber** *m* church-robber; **~recht** *n* canon (*od.* church) law; **≈rechtlich** *adj.* canonical; **~schändung** *f* profanation of a church, sacrilege; **~schiff** *n* nave; **~spaltung** *f* schism; **~sprengel** *m* parish; **~staat** *m the* Papal States *pl.*; (*Vatikan*) *the* Pontifical State; **~steuer** *f* church rate (*od.* tax); **~streit** *m* ecclesiastical controversy; **~stuhl** *m* pew; **~tag** *m* Church congress; **~uhr** *f* church-clock; **~vater** *m* Father of the Church; **~väter** *hist. m/pl. the* Early Fathers; **~vorstand** *m* parish council; **~vorsteher** *m* churchwarden, elder.

Kirch...: **~gang** *m* church-going; **~gänger(in** *f*) *m* church-goer; **~hof** *m* churchyard; cemetery, graveyard.

kirchlich I. *adj.* (of the) church, ecclesiastical; (*gottesdienstlich*) ritual; (*geistlich*) spiritual, sacred, religious; (*Geistliche betreffend*) clerical; (*~ gesinnt*) religious, devout; *ohne ~e Bindung* unaffiliated; **II.** *adv.* by the church; *sich ~ trauen lassen* have a church wedding.

Kirch...: **~spiel** *n*, **~sprengel** *m* parish; **~turm** *m* steeple, spire, *ohne Spitze*: church-tower; **~turmpolitik** *f* parish-pump politics *pl.*; **~turmpolitiker** *m* parish-pump politician; **~turmspitze** *f* spire; **~weih(e)** *f* **1.** consecration of a church; **2.** → **~weihfest** *n* parish fair, kermis.

Kirmes *f* parish fair, kermis.

kirre F *adj.* tame(d down); (*gefügig*) docile; *~ machen* → *kirren* 2; **~n** *v/t.* **1.** (*ködern*) bait, decoy; **2.** (*gefügig machen*) tame, bring *a p.* to heel.

Kirsch F *m* (*a.* **~branntwein** *m*) kirsch; **~baum** *m* cherry(-tree); (*Holz*) cherry(-wood); **~blüte** *f* cherry-blossom.

Kirsche *f* cherry; *saure ~* sour cherry, morello; *fig. mit ihm ist nicht gut ~n essen* he is not a pleasant customer to deal with, he is a tough one.

Kirsch...: **~kern** *m* cherry stone (*Am. a.* pit); **~kuchen** *m* cherry-tart; **~likör** *m* cherry brandy; **≈rot** *adj.*, **~rot** *n* cherry(-red); cerise (*fr.*); **~saft** *m* cherry-juice; **~stein** *m* cherry stone; **~torte** *f* cherry gateau; **~wasser** *n* kirsch.

Kissen *n* cushion; (*Kopf≈*) pillow; (*Polster, Unterlage*) bolster, pad; **~bezug** *m* pillow-case, pillow-slip; cushion cover; **~schlacht** F *f* pillow-fight.

Kiste *f* **1.** box, chest; ⚓ (packing) case; (*Latten≈*) crate; (*Koffer*) trunk; **2.** F *mot.*, ✈ F bus, crate; *alte ~* rattletrap; jalopy; **3.** F (*Sache*) business, job; *faule ~* fishy business; *tolle ~ sl.* humdinger, wow; *fertig ist die ~!* that's that!

Kisten|öffner *m* nail wrench; **~verschlag** *m* crating; **≈weise** *adv.* by the crate.

Kitsch *m* trash, kitsch; *thea. usw. a.* hokum, (*sentimentales Zeug*) slush, *Am.* sobstuff; (*süßliches Zeug*) sirupy (*od.* sugar-coated) stuff; (*Waren usw.*) trash, junk; → *a. Quatsch*; **≈ig** *adj.* shoddy, trashy, tawdry; (*sentimental*) slushy, sloppy; sirupy, mawkish; **~roman** *m* trashy (*od.* slushy, *etc.*) novel.

Kitt *m* (*Fenster≈*) putty; (*Kleb≈*) cement (*a. fig.*), lute; (*Dichtmasse*) sealing cement; (*Füllmasse*) filling compound.

Kittchen F *n* jail, *sl.* clink, jug.

Kittel *m* smock, (loose) frock; (*Überwurf*) overall; (*Arzt≈ usw.*) (white) coat; **~kleid** *n* house frock; **~schürze** *f* apron dress.

kitt|en *v/t.* cement; *Glaserei*: putty; *weitS.* glue (*od.* stick) together; F *fig.* patch up, mend; **≈messer** *n* putty knife.

Kitz *n*, **~e** *f* kid; (*Reh≈*) fawn.

Kitzel *m* tickle, tickling; *~ im Hals* throat tickle; (*Jucken*) itch(ing); *fig.* thrill, F kick; *sinnlicher*: titillation; (*Verlangen*) desire, F itch (*nach* for); **≈ig** ticklish (*a. fig.*

heikel, riskant); **⁀n** *v/t. u. v/i.* tickle (*a. fig.*); *es kitzelt mich* something tickles me; *es kitzelt mich am Fuß* my foot tickles; *j-s Gaumen* ~ tickle a p.'s palate; F *es kitzelte ihn, zu inf.* he was sorely tempted to *inf.*

Kitzler *anat. m* clitoris.

kitzlig *adj.* → *kitzelig.*

Klabautermann ⚓ *m* ship's kobold.

Kladde *f* (rough) notebook; (scribbling) pad; ✝ waste-book, *Am.* blotter.

kladderadatsch F **I.** *int.* crash-bang!; **II.** ⁀ *m* crash (*a. fig.* ✝); *fig.* mess; (*Skandal*) *a.* scandal; *da haben wir den* ~*!* what a mess!, there you are!

klaffen *v/i. Abgrund, Spalte*: gape (*a. Wunde, Kleid usw.*), yawn; *hier klafft ein Widerspruch* this is highly contradictory.

kläff|en *v/i.* yap, yelp; *fig.* yap, bicker; **⁀er** *m* yapping dog; *fig.* grouser, yapping critic.

Klafter *m, n* fathom (*a.* ⚓); *Holzmaß*: cord; **~holz** *n* cordwood; **⁀n** *v/t. u. v/i.* fathom; (*Holz*) cord (up); **⁀tief** *adj.* fathom-deep.

Klag... *in Zssgn* → *Klage*(...).

klagbar *adj.* actionable; *Anspruch*: suable; ~ *werden gegen j-n* proceed (*od.* bring suit) against a p.

Klage *f* **1.** complaint; (*Weh*⁀) lament(ation); **2.** (*Beschwerde*) complaint; ~ *führen über* complain about; (*keinen*) *Grund zur* ~ *haben* have (no) cause for complaint; **3.** ⚖ suit, action; (~*schrift*) statement of claim, plaint; *in Scheidungssachen*: petition; *vor Schiedsgericht*: application; ~ *auf Schadenersatz* action for damages; *dingliche* ~ real action; ~ *aus e-m Vertrag* action under a contract; ~ *erheben gegen* bring (*od.* enter, institute) an action against, institute proceedings against, bring (*od.* file a) suit against, sue (*j-n* a p.; *wegen* for); → *a. Anklage*; **~abweisung** *f* dismissal of an action, nonsuit; **~anspruch** *m* (plaintiff's) claim; **~antrag** *m*, **~begehren** *n* application, prayer (for relief); *the* relief sought; **~begründung** *f* statement of claim; **~grund** *m* cause of action; **~laut** *m* plaintive sound; moan, groan, whimper; **~lied** *n* dirge; elegy; *fig.* lamentation; *fig. ein* ~ *anstimmen* set up a wail; **~mauer** *f* Wailing Wall.

klagen I. *v/i.* **1.** complain (*über* about, of; *bei* to); utter complaints; (*jammern*) lament; (*weh* ~) wail, moan; ~ *über* (*leiden an*) complain of; *ohne zu* ~ without complaining; *ich kann nicht* ~*!* I can't complain!; **2.** ⚖ bring an action (*gegen* against, *auf, wegen* for), go to law (*auf, wegen* about), sue (for); → *a. Klage* 3 (*erheben*); **II.** *v/t.*: *j-m et.* ~ complain to a p. about a th.; *j-m sein Leid* ~ pour out one's trouble(s) *od.* grief to a p.; **III.** ⁀ *n* complaining, complaints *pl.*, lamentation; **~d** *adj.* plaintive; ⚖ *der* ~*e Teil* the plaintiff(s *pl.*); **⁀häufung** ⚖ *f* joinder (of actions).

Kläger ⚖ *m*, **~in** *f Zivilrecht*: plaintiff; *bsd.* (*Berufungs*⁀) complainant; *in Scheidungssachen*: petitioner; *Strafrecht*: prosecutor; **⁀isch** *adj.* of the plaintiff, plaintiff's; ~*er Anwalt* counsel for the plaintiff; ~*e Partei* prosecuting party, plaintiff(s *pl.*); **⁀ischerseits** *adv.* by (*od.* on the part of) the plaintiff.

Klage...: ~sache ⚖ *f* action, (law-) suit, civil case; **~schrift** ⚖ *f* statement of claim, plaint; **~ton** *m* plaintive sound (*od.* tone); **~weg** *m*: *auf dem* ~ by entering an action; *den* ~ *beschreiten* → *Klage* 3 (*erheben*); **~weib** *n* (professional) mourner.

kläglich *adj. Gesicht, Weinen usw.*: pitiful; *fig. Dasein, Lage, Zustand usw.*: miserable, wretched, pitiful, deplorable, sorry, poor.

klaglos *adv.* without complaining.

Klamauk F *m* (*Lärm*) hullabaloo, row, racket; (*Rummel, Reklame*) ballyhoo; (*Getue*) fuss, to-do, brouhaha; (*Lustigkeit*) noisy fun, skylarking; *thea.* slapstick; **~stück** *n* slapstick comedy.

klamm *adj.* (*feuchtkalt*) clammy; (*erstarrt*) numb; F ~ (*in Geldnot*) *sein* F be hard up.

Klamm *f* narrow gorge, glen.

Klammer *f* ⊕ cramp, clamp; bracket; ⚕ clip; (*Zahn*⁀) brace; (*Büro*⁀) clip, (*Heft*⁀) staple; → *a. Haarklammer usw.*; *typ.* parenthesis, *eckige*: bracket (*a.* ⚔), *geschweifte*: brace (*a.* ♪); *in* ~*n setzen* put in parentheses (*od.* brackets), bracket; *fig. in* ~*n hinzufügen* add *a remark* in parentheses; ~ *auf,* ~ *zu* open brackets, close brackets; **⁀n I.** *v/t.* clamp, clip, *etc.* → *Klammer* (*an* to); *sich* ~ *an* cling to (*a. fig.*); **II.** *v/i. Boxen*: clinch, hold.

klammheimlich F *adv.* on the quiet.

Klamotte F *f* **1.** (*alte*) ~ (*Film usw.*) oldie; **2.** *pl.* (*Kleider*) things, rags, *sl.* duds; **3.** *pl.* (*Sachen*) things, junk *sg.*; **~nkiste** F *f*: (*aus der* ~ out of the) rag-bag (*a. fig.*).

Klampe ⊕ *f* clamp, cleat.

Klampfe F *f* guitar.

Klang *m* sound; *der Glocken*: ringing, peal; *silberner*: tinkle; *von Geld*: ring, chink; *von Gläsern*: clink(ing); *von Metall*: clank; *der Stimme*: ring; (*Ton*) tone; (~*farbe*) timbre; (*Widerhall*) resonance; ♪ *Klänge* strains, sounds; → *Sang*; *fig.* ring; *fig. e-n guten* ~ *haben* have a good reputation.

Klang...: **~bild** *n* sound pattern; **~blende** *f* tone control; **~charakter** *m*, **~farbe** *f* tone colo(u)r, timbre; **~farbenregler** *m* tone control; **~figur** *f* sonorous figure; **~fülle** *f* sonority; **~körper** *m* orchestra; band; **~lehre** *f* acoustics *pl.* (*sg. konstr.*); **~lich** *adj.* tonal, tone ...; **~los** *adj.* toneless; → *Sang*; **~regler** *m*, **~regelung** *f* tone control; **~rein** *adj.* having a pure tone, fine-tuned; **~treue** *f* fidelity; **~voll** *adj.* sonorous, full-sounding; melodious; *fig.* fine-sounding, illustrious; **~welle** *f* sound wave; **~wirkung** *f* sound effect.

klapp|bar *adj.* collapsible, folding; *nach oben, unten*: hinged, tipping; **~bett** *n* folding bed; **~brücke** *f* bascule bridge; **~deckel** *m* spring cover, snap lid.

Klappe *f* **1.** *lose*: flap (*a. am Briefumschlag, an Hose, Tasche usw.*; *a.* ⚓); (*Deckel*) (hinged) lid; ⊕ shutter; (*Falltür*) trapdoor; *am Lastwagen*: tailboard, *seitlich*: drop side; (*Tisch*~) flap, leaf; (*Ventil*) flap valve, clack (valve); (*Visier*~) leaf; (*Schieber*) damper; *teleph.* drop-annunciator; ♪ key; *Film*: clapper-board(s *pl.*), clappers *pl.*, *Am. a.* slate; ⚘, *zo.* valve; **2.** F (*Mund*) F trap; *halt die* ~! F shut up; (*immer*) *die* ~ *aufreißen*, *e-e große* ~ *haben* have a big mouth, F talk big; **3.** F (*Bett*) bunk; *in die* ~ *gehen* F turn in, hit the hay.

klappen I. *v/t.* **1.** fold; *in die Höhe* ~ tip (*od.* put, fold) up; *nach vorn* ~ fold forward; *der Sitz läßt sich nach hinten* ~ the seat folds back (-ward); **II.** *v/i.* **2.** clap, clack (*mit et.* a th.); **3.** F (*gutgehen*) work out (well), work, go off well, go smoothly (*od.* without a hitch); (*gelingen*) *a.* be successful, succeed; *das klappt!* it works!, (*geht reibungslos*) it goes smoothly!; *bis jetzt klappt alles!* all plain sailing so far!; *es klappt nicht* it doesn't work, there is a hitch (somewhere); *wenn alles klappt* if nothing goes wrong; (*es*) *wird schon* ~! it will work out all right!; **III.** ~ *n* clapping, *etc.*; F *fig. zum* ~ *kommen* a) come to a head; b) (*gelingen*) come off, work out all right.

Klappen...: **~artig, ~förmig** *adj.* flap-like, valvular; **~fehler** ⚕ *m* valvular defect; **~schrank** *teleph. m* drop-type switchboard; **~text** *m Buch*: blurb; **~ventil** ⊕ *n* clack (*od.* flap) valve; **~verschluß** *m* hinged cover.

Klapper *f* rattle; ♪, *R.C.* clapper; **~dürr** *adj.* (as) lean as a rake, spindly, *he is* a bag of bones; **~ig** → *klapprig*; **~kasten** F *m* **1.** (*Klavier*) rattly old piano; (*Schreibmaschine*) typewriter; **2.** *a.* **~kiste** *f* (*Fahrzeug*) rattletrap; (*Flugzeug*) old crate; **~mühle** *f* (water-, wind-)mill; F *co.* → *Klapperkasten* 2; **~n** *v/i.* (*a.* ~ *mit et.*) rattle, clatter; *Schuhe usw.*: clack, click; *Storch*: clatter; *er klapperte (vor Kälte) mit den Zähnen* his teeth were chattering (with cold); **~n** *n* rattling, rattle, clatter(ing), *etc.*; ~ *gehört zum Handwerk* puff is part of the trade; **~schlange** *zo. f* rattlesnake, *Am. a.* rattler; **~storch** *m* stork.

Klapp...: **~etui** *n* snap-lid case; **~fahrrad** *n* folding bicycle; **~fenster** *n* top-hung window; *mot.* vent wing; **~flügel** ✈ *m* folding wing; **~hornvers** *m* limerick; **~hut** *m* opera- (*od.* crush-)hat; **~kamera** *f* folding camera; **~messer** *n* clasp- (*od.* jack-, switchblade) knife; **~rig** *adj. Auto usw.*: rattly, ramshackle; *Stuhl usw.*: rickety; F (*schwach*) *Person*: shaky, (*altersschwach*) decrepit; **~sitz** *m* tip-up seat (*a. mot.*), folding seat; **~stuhl** *m* folding chair, camp-stool; **~tisch** *m* folding table; *mit Seitenteilen*: drop-leaf table; *im Zug usw.*: fold-away table; **~tür** *f* snap-action door; **~ventil** *n* flap valve; **~verdeck** *mot. n* folding hood (*Am.* top); **~visier** *n* leaf sight.

Klaps *m* clap; *harter*: smack, whack; F *e-n* ~ *haben* be crackers (*od. sl.* nuts, potty), have a screw loose; **~mühle** F *f* F booby hatch, loony bin.

klar I. *adj.* **1.** *allg. Augen, Luft, Himmel, Suppe usw.*: clear; *Schnaps*: colo(u)rless, white; → *Wein*; **2.** (*deutlich*) clear, distinct *idea, pronunciation, writing, etc.*; (*verständlich*) clear, intelligible; (*offenkundig*) clear, plain, evident, obvious; (*vernünftig, klardenkend*) clear, lucid; *e-n* ~*en Kopf behalten* keep a clear head; *er ist ein* ~*er Kopf* he is a clear-headed man; **3.** (*übersichtlich, verständlich*) clear; *Entscheidung, Standpunkt, Ziel usw.*: clear(-cut), definite; (*geordnet*) clear, straight; ~*e Verhältnisse schaffen* get things clear, straighten things out; *zwischen ihnen ist alles* ~ everything is settled between them; **4.** *Sport usw.*: clear *victory, defeat, etc.*; **5.** *Wendungen*: *es ist* ~, *daß* it is clear (*od.* plain, evident, obvious) that, it stands to reason that; *es ist mir* ~, *daß* ..., *ich bin mir darüber* ~, *daß* it is clear to me that, I realize (*od.* see, am aware) that; *ich bin mir noch nicht* ~ (*darüber*), *was ich tun soll* I am not quite sure (*od.* still undecided) what ...; *ist das* ~? (is that) clear?; F (*na*) ~! of course!, naturally!, F sure (thing)!; F ~ *wie Kloßbrühe* (*od. dicke Tinte*) (as) clear as daylight; → *a. klarkommen, klarmachen usw.*; **6.** ⚓, ✈ clear, ready; ~ *zum Gefecht* ready for action, *als Kommando*: (*a.* ~ *Schiff!*) clear the decks (for action)!; **II.** *adv. allg.* clearly; ~ *und deutlich* clearly, distinctly, unmistakably; ~ *zutage treten* be evident (*od.* obvious), meet the eye; *er brachte es* ~ *zum Ausdruck, daß* he made it clear (*od.* plain) that; **⁀e(s)** *n* **1.** *von Flüsigkeiten*: clear part; *vom Ei*: *the* white of the egg; **2.** *fig. sich im* ⁀*n sein über* realize (*od.* be aware of).

Klär|anlage *f* (sewage) purification plant; **~becken** *n* settling tank.

klar|blickend *adj.* clear-sighted; **~denkend** *adj.* clear-thinking.

klären I. *v/t.* clear, clarify; (*reinigen*) *a.* purify; *fig.* clear up, clarify settle; **II.** *v/i. Sport*: clear; **III.** *v/refl.*: *sich* ~ become clear, clarify.

Klärgas *n* sewer gas.

klargehen F *v/i.* go off smoothly; (*in Ordnung sein*) be all right.

Klarheit *f* clearness; *strahlende*: brightness; (*Durchsichtigkeit*) transparency; *fig.* clearness, clarity; distinctness; *des Stils usw.*: *a.* lucidity; ~ *bringen in* clear up, shed light on *a th.*; ~ *gewinnen, sich* ~ *verschaffen* find out (all), become clear (*über* about); *in aller* ~ *zeigen* show (very) clearly.

klarier|en ⚓ *v/t.* clear; **⁀ung** *f* clearance.

Klarinett|e *f* clarinet; **~ist** *m* clarinet(t)ist.

klar...: **~kommen** F *v/i.* manage (*mit et.* a th.); ~ (*mit*) (*verstehen*) get, understand; *mit j-m* ~ get along (fine) with a p.; **~kriegen** F *v/t.* F wangle, sort *it* out; **⁀lack** *m* clear varnish; **~legen** *v/t.* make clear, point out, explain (*j-m* to a p.); **~machen** *v/t.* **1.** *j-m et.* ~ make a th. clear (*od.* plain) to a p., point out (*od.* explain) a th. to a p., bring a th. home to a p.; → *Standpunkt*; *sich et.* ~ realize a th.; **2.** ⚓ *usw.* (*a. v/i.*) clear, make ready (*zu* for); ~ *zum Gefecht* clear the decks for action.

Klärschlamm *m* sewage sludge.

klar...: **~sehen** F *v/i.* see (clearly), see daylight, see the light; see one's way clear; **⁀sicht...** transparent, clear-view ...; **⁀spülmittel** *n* (liquid) rinse aid; **~stellen** *v/t.*: *et.* ~ clear up a th., get a th. straight, make a th. clear, settle a th.; **⁀text** *m* text in (the) clear; *im* ~ in clear, *fig.* in plain English; ~ *reden* talk turkey (*mit* with).

Klärung *f* clarification, purification; *fig.* clarification, clearing up.

klarwerden *v/i.* become clear (*j-m* to a p.); *es wurde mir klar* I realized, *langsam*: it dawned on me; *sich* ~ (*sich entscheiden*) make up one's mind (*über* about), *über*: realize, grasp, understand.

Klasse I. *f allg.* class (*a. zo.*, ♀, 🚂, ⚓, *mot.*, *Sport, Lotterie, Gesellschafts*⁀); *ped. a.* form, *Am. a.* grade; (~*nzimmer*) classroom; (*Schiffstyp*) rating; *ling.* (form) class; ✝ class, grade, quality; *Fußball*: division, league; (*Gehalts-, Steuer*⁀) class, bracket; *Abteil* (*Fahrkarte*) *erster* ~ first-class compartment (ticket); *erster* ~ *reisen* travel first-class; *die arbeitenden* (*besitzenden*) ~*n* the working (propertied) classes; *in* ~*n einteilen* classify; F *erster* ~ first-class; **II.** F *int., attr., pred.*: ~(!) *sl.* swell(!), groovy(!), fab(ulous)(!), F fantastic(!), super(!); *er ist* (*ganz*) *große od. einsame* ~ *od. e-e* ~ *für sich* in a class by himself, F super.

Klassement *n Sport*: (list of) results *pl.*; order of competitors.

Klassen...: **~älteste**(**r** *m*) *f* oldest pupil in the class; **~arbeit** *f* (written) class test; **~aufsatz** *m* classroom essay; **⁀bewußt** *adj.* class-conscious; **~bewußtsein** *n* class-consciousness; **~buch** *n* class register, *Am.* classbook; **~feind** *m* enemy of the working class; **~geist** *m* class feeling; **~gesellschaft** *f* class society; **~haß** *m* class hatred; **~kamerad**(**in** *f*) *m* class-mate; **~kampf** *m* class conflict (*od.* warfare); **~lehrer**(**in** *f*) *m* class-teacher, form master, *Am.* homeroom teacher; **⁀los** *adj.* classless; **~lotterie** *f* class lottery; **~sprecher(in** *f*) *m* class representative; **~unterschiede** *m/pl.* class distinctions; **~ziel** *n* required standard of a class; **~zimmer** *n* classroom.

klassieren *v/t.* classify; (*Erz, Kohle*) *a.* size.

klassifizier|en *v/t.* classify; **⁀ung** *f* classification.

Klassik *f* classical period (*od.* age); **~er** *m* classical writer; *fig.* (*großer Künstler, Autor usw.*) classic, great (*od.* standard) artist *od.* author, *etc.*; (*Werk*) classic.

klassisch *adj.* **1.** classical; *fig.* classic (*a. Fehler, Beispiel usw.*); (*herkömmlich*) *a.* traditional, conventional; ~es Alterum classical antiquity; ~es Werk classic, standard work; ~e Physik classical physics; **2.** F *fig.* marvellous, F fab(ulous), *sl.* groovy.

Klassizis|mus *m* classicism; **~t** *m*, **⁀tisch** *adj.* classicist.

klatsch! *int.* smack!, slap!; *Tür*: slam!, bang!; *Wasser*: splash!

Klatsch *m* smack, slap; (*Geschwätz*) gossip; **~base** *f* gossip(monger), scandalmonger; *bsd. ped.* telltale, F sneak; **~blatt** *n* gossip rag, scandal-sheet.

Klatsche *f* **1.** (*Fliegen⁀*) fly-swatter; **2.** F a) → Klatschbase; b) *ped.* (*unerlaubtes Hilfsmittel*) F crib, *Am.* pony.

klatschen I. *v/i. u. v/t.* **1.** smack, slap; *im Wasser, Regen usw.*: splash; *Peitsche*: crack; *nasse Segel, Tuch usw.*: flap (gegen against); (*Fliegen*) swat; (*Beifall* ~) clap; j-m Beifall ~ clap (*od.* applaud) a p.; in die Hände ~ clap one's hands; sich auf die Schenkel ~ slap one's thighs; et. an die Wand ~ slap (*od.* bang) a th. against the wall; **2.** F *fig.* (*schwatzen*) gossip (über about); **II.** ⁀ *n* **3.** smacking, slapping; clapping, applause; **4.** gossip(ing), tittle-tattle.

Klatscher(in *f*) *m* **1.** (*Beifall⁀*) clapper, applauder; **2.** → Klatschbase.

Klatscherei F *f* → Klatschen 4.

Klatsch...: ~geschichte *f* (piece of) gossip; **⁀haft** *adj.* gossipy; **~haftigkeit** *f* gossipiness; **~maul** F *n* → Klatschbase; **~mohn** *m* corn poppy; **⁀naß** *adj.* dripping (wet), drenched, soaked (to the skin); **~spalte** *f* gossip column; **⁀süchtig** *adj.* gossipy; **~tante** *f*, **~weib** F *n* → Klatschbase.

klauben *v/t.* pick; (*sammeln*) pick up, gather; (*sortieren*) sort out, pick out; *fig.* Worte ~ quibble, split hairs.

Klaue *f* claw (*a.* ⊕ = dog, jaw), *der Raubtiere, -vögel*: *a.* fang, talon; (*Pfote*) paw (*a. contp.* = *Hand*); *der Füchse, Wölfe usw.*: foot; (*Spalthuf*) cloven hoof; *einzelne*: claw, digit, toe; in s-e ~n bekommen get one's clutches on *a th.*, get *a p.* into one's clutches; die ~n des Todes the jaws (*od.* grip *sg.*) of death; F eine schreckliche ~ (*Handschrift*) F an awful scrawl.

klauen F *v/t.* F filch, lift, swipe, *Am.* *a.* snitch; *fig.* (*Ideen usw.*) steal, borrow, crib.

Klauen...: ~fett *n* neat's-foot oil; **~hammer** *m* claw hammer; **~kupplung** *f* clutch coupling; **~seuche** *f* foot-rot.

Klause *f* (*Einsiedelei*) hermitage; (*Zelle*) cell; F (*Bude*) F den; (*Bergpaß*) defile.

Klausel ⚖ *f* clause; (*Vorbehalt*) proviso; (*Bedingung*) stipulation.

Klausner(in *f*) *m* hermit, recluse.

Klaustrophobie *f* claustrophobia.

Klausur *f* *eccl.* enclosure; *fig.* seclusion; *univ.* (*a.* **~arbeit** *f*) work (*od.* test paper) written under supervision; **~tagung** *f* closed meeting.

Klaviatur *f* keyboard, keys *pl.*; *Orgel*: manual.

Klavichord *n* clavichord.

Klavier *n* piano(forte), (*Ggs. Flügel*) upright piano; elektrisches ~ player piano; am (auf dem) ~ at (on) the piano; ~ spielen (können) play the piano; **~auszug** *m* piano score; **~begleitung** *f* piano accompaniment; **~instrument** *n* keyboard instrument; **~konzert** *n* piano concert (*od.* recital); (*Stück*) piano concerto; **~lehrer(in** *f*) *m* piano-teacher; **~schule** *f* (*Buch*) piano tutor; **~spiel** *n* piano-playing; **~spieler(in** *f*) *m* pianist; **~stimmer** *m* piano-tuner; **~stück** *n* composition for (the) piano; **~stuhl** *m* piano-stool; **~stunden** *f/pl.*, **~unterricht** *m* piano-lessons *pl.*; **~taste** *f* piano key; *TV usw.*: piano-key switch; **~vortrag** *m* piano(forte) recital.

Klebe|band *n* adhesive (*Film*: splicing) tape; **~ecke** *phot. f* corner (mount); **~falz** *m* gummed hinge; **~folie** *f* (self-)adhesive foil; **~kraft** *f* adhesive power; **~mittel** *n* adhesive; **⁀n I.** *v/i.* (*a.* **⁀nbleiben**) adhere *od.* stick *od.* cling (an to); *fig.* an j-m ~ be glued to a p.; an s-m Posten ~ hang on to one's job; Blut klebt an *seinen Händen* his hands are stained with blood; *am Buchstaben* ~ stick to the letter; **II.** *v/t.* glue, paste, stick (fast); (*Film*) splice; F *j-m e-e* ~ *sl.* paste a p. one; **⁀nd** *adj.* adhesive; **~pflaster** *n* adhesive (*od.* sticking) plaster.

Kleber *m* ⚘ gluten; F → *Kleb(e)stoff.*

kleb(e)rig *adj.* adhesive, sticky; tacky; (*leimig*) glutinous; (*zähflüssig*) viscid, ropy; (*feucht* ~) clammy.

Kleb(e)...: **~stelle** *f* (glued) join(t); *Film*: splice; **~stoff** *m* adhesive; (*Gummi*) gum; (*Leim*) glue; (*Kitt*) cement; (*Kleister*) paste; **~streifen** *m* adhesive tape.

Klebe...: **~tisch** *m Film*: splicing table; **~wachs** *n Schisport*: sticking wax; **~zettel** *m* gummed (*od.* sticky) label, *Am.* sticker.

kleckern F **I.** *v/i.* spill, make a mess; *fig. Geld usw.*: come in in dribs and drabs, *Arbeit*: proceed by fits and starts; *nicht* ~, *sondern klotzen!* think big!; **II.** *v/t.* spill *soup, etc.* (*auf* on).

Klecks *m* (ink-)blot; blotch, splotch; F (*kleine Portion*) blob; **⁀en** *v/t. u. v/i.* blot (with ink), make (ink-)blots; blotch, smudge; (*spritzen*) splash; (*malen*) daub; (*schreiben*) scrawl, scribble; **~er(in** *f*) *m* scrawler, scribbler; (*Maler*) dauber; **~erei** F *f* blotting; (*Geschmier*) mess; (*Malen*) daubing; (*schlechtes Bild*) daub; (*Schrift*) scrawl.

Klee ⚘ *m* clover, trefoil; *über den grünen* ~ *loben* praise to the skies; **~blatt** *n* **1.** trefoil (*a.* ⚠), cloverleaf; *irisches Nationalzeichen*: shamrock; *vierblättriges* ~ four-leaf(ed) clover; **2.** *fig.* threesome, trio; **3.** (*Straßenkreuzung*) cloverleaf (intersection); **⁀blattförmig** *adj.* trifoliate; **~feld** *n* clover field.

Klei *m* clay, marl.

Kleiber *orn. m* nuthatch.

Kleid *n* dress, garment; ~*er* clothes, → *a. Kleidung*; *für Frauen, Mädchen*: dress; *leichtes*: frock; *elegantes*: gown (*a. Amts*⁀, *Haus*⁀, *Talar*); *langes*: robe (*a. Staats*⁀); (*Tracht*) attire, garb, habit; (*Kostüm*) costume; *poet.* raiment; *fig. festliches* ~ *e-r Stadt*: festive garb; ~*er machen Leute* fine feathers make fine birds, the tailor makes the man.

kleiden I. *v/t. u. v/refl.*: (*sich*) ~ clothe (o.s.), dress; *gewählt*: attire (o.s.); *sich gut (schlecht, in Weiß)* ~ dress well (badly, in white); → *ankleiden*; *fig. in Worte* ~ clothe (*od.* couch) in words; *leicht gekleidet* lightly dressed (*od.* clad); *j-n (gut)* ~ (*j-m stehen*) suit (*od.* become) a p., look well on a p.

Kleider...: **~ablage** *f* cloak-room, *Am.* checkroom; (*Ständer*) hallstand; **~bad** *n* dry-cleaning (dip); **~bestand** *m* wardrobe; **~bügel** *m* (coat-)hanger; **~bürste** *f* clothes-brush; **~geschäft** *n*, **~laden** *m* clothes shop, outfitter, *Am.* clothing-store; **~haken** *m* clothes-peg, coat-hook; **~laus** *f* body louse; **~mode** *f* fashion in clothes; **~motte** *f* (clothes) moth; **~pflege** *f* clothes care; **~puppe** *f* (tailor's) dummy; **~sack** *m* duffle bag; **~schrank** *m* wardrobe; **~schürze** *f* house-frock; **~schwimmen** *n* swimming fully dressed; **~ständer** *m* hallstand, hat (and coat) stand; *im Kaufhaus*: clothes rack; **~stoff** *m* dress material.

kleidsam *adj.* becoming; **⁀keit** *f* becomingness.

Kleidung *f* clothes *pl.*, clothing, garments *pl.*, (wearing-)apparel; (*Kleid*) dress, costume, garb; *gewählt*: attire; *poet.* raiment; → *Bekleidung*; **~sstück** *n* article of clothing (*od.* dress); garment; ~*e* → *Kleidung.*

Klei|e *f* bran; **~enmehl** *n* pollard; **⁀ig** *adj.* branny; *geol.* clay(ey).

klein I. *allg.* small, *bsd. attr. u. gefühlsbetont*: little; (*winzig*) tiny, minute, wee; (~ *von Wuchs*) small, short; (*sehr jung*) small, *pred. a.* (still) a child; (*unbedeutend*) small, little, insignificant; *Unternehmen*: *a.* small-scale ...; *Fehler, Vergehen usw.*: *a.* minor, petty, trifling; *Alphabet, Buchstabe, Stimme*: small; *Finger, Zehe*: little; ♪ minor *third, etc.*; *ein* ~*er Anfang* a small beginning, a (first) start; ~*er Bruder* little (*od.* younger, *Am.* F kid) brother; ~*e Familie* small family; ~*er Geist* small mind; ~*er Bauer* (*Dichter, Geschäftsmann*) small farmer (poet, businessman); ~*es Geld* (small) change, small coin; *iro. seine* ~*en Bemühungen* (*Intrigen, Launen*) his little efforts (intrigues, moods); *fig.* ~*e Leute* little people; *fig. der* ~*e Mann* the little (*od.* ordinary) man, the man in the street; *das* ~*ere Übel* the lesser evil; ~*ere Vergehen* minor offen|ces (*Am.* -ses); *von* ~ *auf* from a child, from an early age; *fig.* ~ *(und häßlich) werden* be rather subdued, F sing small, eat humble pie; *fig.* ~*er werden* grow less, lessen, decrease; **II.** *adv.* small; ~ *anfangen* begin in a small way; ~ *denken* be small-minded, have narrow views, *von* *j-m*: think little of; *sich ~ machen* make o.s. small; *fig. das wird bei ihm ~ geschrieben* he doesn't go in for that much; **III.** *su.* **(**~**er,** ~**e,** ~**es)**: *der (die) Kleine* the little boy (girl), the little one, *contp.* shorty; *meine Kleine* (*Freundin*) my girl, F my dollie; *die Kleinen* the little ones; *im kleinen* on a small scale, in a small way, *engS.* in minature (*od.* little); *im kleinen verkaufen* (sell by, *Am.* at) retail; *bis ins kleinste* down to the last detail; *über ein kleines* after a little while, presently; *um ein kleines* very nearly, by a hair's breadth; *im Kleinen wie im Großen* in little things as in bigger ones; *es wäre ihm ein Kleines* he could easily *do that*, it would be no trouble to him; → *bißchen*.

Klein...: **~aktie** *f* low par-value share, baby share (*Am.* stock); **~aktionär** *m* small shareholder (*Am.* stockholder); **~anzeigen** *f/pl.* small (*od.* classified) advertisements, F small ads; **~arbeit** *f* detail work, spade-work; **~asiatisch** *adj.* of Asia Minor; **~auto** *n* → *Kleinwagen*; **~bahn** *f* narrow-gauge (*od.* light) railway; local railway; **~bauer** *m* small farmer, small holder; **~betrieb** *m* small enterprise (*od.* business); *landwirtschaftlicher ~* small holding; **~bildkamera** *f* miniature camera; **~buchstabe** *m* small letter; *typ.* lower case letter; **~bürger** *m*, **~bürgerlich** *adj.* petty (*od.* petit) bourgeois; **~bürgertum** *n* petty bourgoisie; **~bus** *m* minibus; **~denkend** *adj.* small-minded; **~empfänger** *m* midget receiver; **~e(r** *m*) *f* → *klein* III; **~fahrzeug** *n* → *Kleinwagen*; **~flugzeug** *n* light (*od.* small) aircraft; **~garten** *m* allotment (garden); **~gärtner** *m* allotment gardener; **~gebäck** *n* (fancy) biscuits *pl.*, *Am.* cookies *pl.*; **~gedruckt** *adj. u. adv.* in small print; **~gedruckte** *n*: *das ~* the small print; **~geld** *n* (small) change, small coin; *co. das nötige ~* the necessary, the cash; **~gewerbe** *n* small trade (*od.* business); **~gläubig** *adj.* of little faith; **~gläubigkeit** *f* weakness of faith; **~handel** *m* retail trade (*od.* business); *im ~* by (*Am.* at) retail; **~handelspreis** *m* retail price; **~händler** *m* retail dealer, retailer; **~heit** *f* littleness, smallness; minuteness; **~hirn** *anat. n* cerebellum; **~holz** *n* matchwood, kindling; F ✈ *~ machen* crash; F *~ machen aus (et.)* smash (up), (*j-m*) beat to a pulp, make mincemeat of.

Kleinigkeit *f* little (*od.* small) thing; bagatelle, trifle; (*Einzelheit*) minor detail; (*Geschenk*) little something (*od.* present); (*Imbiß*) F bite; *für eine ~ kaufen* buy for a mere song; *iro. es kostet die ~ von zwei Millionen Dollar* the trifling sum of two million Dollars; *das ist eine ~ für ihn* that's easy for him, it is nothing at all to him; *das ist keine ~* that's no small thing; *e-e ~ zu lang* a little too long; **~skrämer(in** *f*) *m* pedant(ic person), pettifogger, stickler (for detail).

Klein...: **~kalibergewehr** *n* subcalibre (*od.* small-bore) rifle; **~kalibrig** *adj.* sub-calibre *gun*; **~kariert** *adj.* small-check(ed); F *fig.* small(-minded); **~kind** *n* small child, infant; **~kinderbewahranstalt** *f* day-nursery, crèche (*fr.*); **~körnig** *adj.* small-grained; **~kraftwagen** *m* → *Kleinwagen*; **~kram** *m* trivial matters (*od.* details) *pl.*; **~krieg** *m* guer(r)illa war(fare); **~kriegen** F *v/t.* break, smash; (*Vermögen*) get through; *j-n ~* wear a p. out, *nervlich*: *a.* get a p. down, *moralisch*: make a p. eat humble pie, take the starch out of a p.; *nicht kleinzukriegen* indestructible; **~küche** *f* kitchenette; **~kunstbühne** *f* cabaret; **~künstler(in** *f*) *m* entertainer, cabaretist; **~laut** *adj.* subdued, meek, downcast; *~ werden* become subdued, F sing small; **~lebewesen** *n* microorganism; **~lich** *adj.* (*geizig*) mean; (*sehr genau*) pedantic, punctilious, fussy; (*engstirnig*) small-minded, narrow(-minded), petty; **~lichkeit** *f* meanness; pedantic nature, fussiness; narrow-mindedness, pettiness; **~lieferwagen** *m* light lorry, *Am.* pickup (truck); **~machen** *v/t.* make small; (*Holz*) chop; (*Geldschein*) change; (*Vermögen usw.*) get through, dissipate; *sich ~* make o.s. small, *fig.* degrade o.s.; **~malerei** *f* miniature painting; **~möbel** *n/pl.* occasional furniture *sg.*; **~motor** *m* fractional H.P. motor; **~mut** *m* pusillanimity, faint-heartedness; (*Niedergeschlagenheit*) despondency; **~mütig** *adj.* pusillanimous, faint-hearted; despondent; **~od** *n* jewel, gem, *fig. a.* treasure; **~oktav** *n* small octavo; **~omnibus** *m* minibus; **~rentner(in** *f*) *m* small pensioner; **~russe** *m*, **~russin** *f*, **~russisch** *adj.* Little Russian; **~schlepper**

m small tractor; **⁀schneiden** *v/t.* chop; **~schreibung** *f* use of small (initial) letters; **~sparer** *m* small saver; **~staat** *m* small state; **~staaterei** *f* particularism; **~stadt** *f* small town; **~städter(in** *f*) *m* provincial, *Am. a.* small-towner; **⁀städtisch** *adj.* small-town, provincial; **~stadtzeitung** *f* small-town newspaper; **⁀stampfen** *v/t.* crush, pulverize; **~stbetrieb** *m* enterprise of the smallest category; **~stbildkamera** *f* subminiature camera; **~ste(r** *m*, **-s** *n*) *f* → *klein* III; **~stkind** *n* baby; **⁀stmöglich** *adj.* smallest possible; **~stmotor** ⚡ *m* pilot motor; **~stwagen** *m* minicar, midget car; **~tier** *n* small (domestic) animal; **~verdiener** *m* low-income worker; **~verkauf** *m* retail (trade); **~vieh** *n* small livestock; **~wagen** *m* small (*od.* sub-compact) car, runabout, minicar; **~wild** *n* small game; **~wohnung** *f* small flat, flatlet.

Kleister *m* paste; F *fig.* F goo(ey stuff); **⁀ig** *adj.* sticky; F gooey; **⁀n** *v/t.* paste; F *j-m eine* ~ paste a p. one.

Klemme *f* **1.** clamp, clip; ⚡ terminal; → *a. Haarklammer*; **2.** F *fig.* (*Zwickmühle*) dilemma, quandary; (*schlimme Lage*) F tight corner, jam, fix, scrape; *in der* ~ *sein* (*od. sitzen*) *a.* be in a (tight) spot; *sich aus der* ~ *ziehen* get o.s. out of the fix, wriggle out; **⁀n I.** *v/t.* **1.** (*quetschen*) pinch, jam, squeeze; (*zwängen*) wedge, jam (*hinter* behind); (*stecken*) stick, tuck *under one's arm, etc.*; *sich den Finger* ~ jam one's finger; *sich hinter et.* ~ squeeze o.s. behind a th.; F *fig.* get down to a th.; F *sich hinter j-n* ~ tackle (*od.* work on) a p.; **2.** F (*stehlen*) → *klauen*; **II.** *v/i.* jam, get jammed (*od.* stuck).

Klemmen...: **~brett** ⚡ *n* terminal board; **~dose** *f*, **~kasten** ⚡ *m* terminal box.

Klemmer *m* → *Kneifer*.

Klemm...: **~schraube** *f* clamp(ing) screw; **~zange** ⚕ *f* clamp forceps.

Klempner *m* (*Blechschmied*) tinsmith, sheet-metal worker; (*Installateur*) plumber; **~arbeit** *f* plumbing; **~ei** *f* tinsmith's trade; plumbing; tinsmith's (*od.* plumber's) workshop; **~meister** *m* master tinsmith; master plumber.

Klepper *m* nag, hack, jade.

kleptoman, ~isch *adj.*, **⁀e** *m*, **⁀in** *f* kleptomaniac; **⁀ie** *f* kleptomania.

klerik|al *adj.*, **⁀ale(r)** *m* clerical; **⁀alismus** *m* clericalism; **⁀er** clergyman, cleric.

Klerus *m* clergy.

Klette *f* bur(r) (*a. in Wolle*); burdock; *fig. kleben wie e-e* ~ stick like a bur(r) *od.* a leech; *sich wie e-e* ~ *an j-n hängen* stick to a p. like a leech (*od.* limpet); **~ndistel** *f* bur(r) thistle; **~nwolle** *f* burry wool; **~nwurzelöl** *n* burdock-root oil.

Kletterei *f* climb(ing).

Kletter|eisen *n/pl.* climbing-irons, climbers; **~er(in** *f*) *m* climber (*a.* ⚘), *mount. a.* cragsman.

klettern I. *v/i.* climb (*a.* ⚘ *u. allg. fig.*); ~ *auf* climb (up) *a tree*, climb (*od.* scale) *a wall, a mountainside, etc.*; *schnell (hoch)* ~ swarm up; *mit Mühe*: clamber (*od.* scramble) up; **II.** ⁀ *n* climbing.

Kletter...: **~partie** *f* → *Klettertour*; **~pflanze** *f* climber, creeper; **~rose** *f* rambler (rose); **~schuhe** *m/pl.* (rock-)climbing shoes; **~seil** *n* climbing rope; **~stange** *f* climbing pole; **~tour** *f* climb(ing tour); **~vogel** *m* scansorial bird, climber.

klick *int.*, **⁀** *n*, **~en** *v/i.*, **⁀en** *n* click.

Klient(in *f*) *m* client.

Klima *n* climate; *fig. a.* atmosphere, conditions *pl.*; *in Ländern mit hartem* ~ in vigorous climates; → *gewöhnen*; **~anlage** *f* air-conditioning plant (*od.* system); *mit* ~ *ausstatten* air-condition; **~gürtel** *m* climatic zone.

klimakter|isch ⚕ *adj.* climacteric, menopausal; **⁀ium** *n* menopause, climacteric, change of life.

klimat|isch *adj.* climatic(ally *adv.*); **~isieren** *v/t.* air-condition; **⁀ologie** *f* climatology.

Klimbim F *m* (*Kram*) junk; (*Getue*) fuss, to-do, brouhaha; (*Gepränge*) pomp; (*Unsinn*) rubbish; *der ganze* ~ F the whole bag of tricks, *Am. sl.* the whole caboodle.

klimmen *v/i.* climb.

Klimmzug *m*: (*e-n* ~ *machen* do a) pull-up *od.* chin up; F *fig.* gymnastics *pl.*

klimpern I. *v/i. u. v/t.* jingle (*a.* ~ *mit et.*); tinkle; chink; F strum *a tune* (*auf* on *the piano, etc.*); F *mit den Wimpern* ~ flutter one's eyelashes; **II.** ⁀ *n* jingling, *etc.*

Klinge *f* blade; (*Schwert*) sword; *die* ~*n kreuzen mit* cross swords with (*a. fig.*); *e-e gute* ~ *schlagen* be a good swordsman, *fig. beim Essen*: play a good knife and fork; *fig. über die* ~ *springen lassen* put to the sword, *fig.* (*Beamten usw.*) F sack, put the skids under *a p.*

Klingel *f* (small) bell, handbell; ⚡ bell; **~beutel** *m* collection-bag; **~draht** *m* bell-wire; **~knopf** *m* bell-push; **~leitung** *f* bell-wiring.

klingeln I. *v/i. Person*: ring (the bell); (*j-m*) ring for; *Schelle, Glöckchen*: tinkle, jingle; *Motor*: pink; *es klingelt* the bell (*od.* the phone) is ringing; F *endlich hat es bei ihr geklingelt!* the penny has dropped at last!; **II.** *v/t.*: *j-n aus dem Schlaf ~* get a p. out of bed; **III.** *2 n* ringing; sound of the bell.

Klingel...: **~schnur** *f* bell-cord; **~strom** ⚡ *m* ringing current; **~zeichen** *n* ring, bell-signal; **~zug** *m* bell-pull.

klingen *v/i.* sound (*a. fig.*); *Metall, Glas, Glocke*: (*a. ~ lassen*) tinkle, jingle, ring, clink; *fig. Ruhm usw.*: resound, spread; *das klingt gut* (*sonderbar*) that sounds good (strange); *das klingt wahr* it rings true; *mir ~ die Ohren* my ears are tingling; *haben dir nicht die Ohren geklungen?* didn't your ears burn?; *es klingt mir noch in den Ohren* it still rings in my ears; **~d** *adj. Stimme usw.*: ringing, resounding; *ling.* sonant; *schön ~e Worte* fine-sounding words; *mit ~em Spiel* (with) drums beating, with fifes and drums; → *Münze.*

klingklang *int.*, *2 n* ding-dong.

Klinik *f* clinic, nursing-home; (*Unterricht*) clinic; **~er** *m* clinician.

klinisch *adj.* clinical; *~er Tod* clinical death.

Klinke *f* (door-)handle, latch; ⊕ (*Sperr2*) pawl, catch; ⚡ jack; **2n** *v/i.* press the door-handle.

Klinker ⚠ *m* clinker; **~boot** ⚓ *n* clinker(-built) boat; **~stein** *m* clinker (brick).

klipp *adv.*: *~ und klar* clearly, in no uncertain terms, in so many words; (*schonungslos*) plainly, point-blank, straight from the shoulder; (*offenkundig*) (quite) obviously.

Klippe *f* cliff; *spitze*: crag; (*Fels*) rock; (*Riff*) reef; *fig.* rock, hurdle, stumbling-block; **~nküste** *f* craggy coast; **2nreich** *adj.* full of cliffs, craggy, rocky.

Klippfisch *m* dry cod, klipfish.

klippig *adj.* craggy, rocky.

klipp, klapp! *int.* click-clack!, *Hufschlag*: clip-clop.

klirren I. *v/i. Glas*: clink, jingle; *Besteck, Teller usw.*: clatter; *Ketten usw.*: clank; *Waffen*: clash; *Fensterscheiben*: rattle (*alle a. ~ mit et.*); **II.** *2 n* clink(ing), jingling; clatter(-ing); clanking; clash(ing); **~d** *adj.* clinking, *etc.*; *fig. ~e Kälte* biting frost.

Klirrfaktor *m* distortion factor.

Klischee ⊕ *n* (printing) block, stereo(type plate), cut, *a. fig.* cliché; **~abzug** *m* block pull, *Am.* engraver's proof; **~anstalt** *f* plate and blockmaking establishment; **2haft** *fig. adj.* stereotyped.

klischieren *v/t.* stereotype, dab.

Klistier ⚕ *n* enema, clyster; **2en** *v/t.* give *a p.* an enema; **~spritze** *f* enema syringe.

Klitoris *anat. f* clitoris.

klitsch(e)naß *adj.* → *klatschnaß.*

klitschig *adj. Brot*: soggy, doughy.

klitzeklein F *adj.* teeny-weeny, tiny.

Klo F *n* → *Klosett.*

Kloake *f* sewer, drain, *a. fig.* cesspool, sink; *zo.* cloaca.

Klob|en *m* (*Holz*) log; *hunt.* trap; ⊕ (*Rolle*) pulley-block; (*Schraubstock*) vice, *Am.* vise; (*Kneifzange*) pincers *pl.*; *e-r Waage*: cheek; *fig.* (*Kerl*) boor, lout, clumsy fellow; **2ig** *adj.* bulky, massy, heavy; clumsy, plump; *fig.* (*ungeschickt*) clumsy; (*grob*) boorish, uncouth, coarse.

klönen F *v/i.* chat, F have a chinwag.

klopfen I. *v/i.* knock (*a. mot.*), rap; *sanft*: tap (*an, auf* at, on); *Herz*: beat, throb (*vor* with); → *Busch, Finger*; *j-m auf die Schultern ~* pat a p.'s shoulders, *anerkennend usw.*: slap a p.'s back; *es klopft* there is a knock at the door; **II.** *v/t.* (*Fleisch, Kleider, Teppich*) beat; (*Steine*) break; *einen Nagel in die Wand ~* knock (*od.* drive) a nail into; **III.** *2 n* knock(ing); rap; *leises*: tap(ping); *des Herzens*: throbbing, palpitation; *des Pulses*: pulsation; *mot.* knocking.

Klopfer *m* (*Tür2*) knocker, rapper; (*Schlegel*) beetle, mallet; *tel.* sounder; *Radio*: decoherer; *für Fleisch*: bat.

Klopf...: **2fest** *mot. adj.* knockproof, antiknock ...; **~festigkeit** *f* antiknock rating; **~(festigkeits)wert** *m* antiknock value, octane rating.

Klöppel *m* (*Schlegel*) beetle, mallet; *e-r Glocke*: clapper; ⚡ *am Läutewerk*: bell-striker; (*Spitzen2*) (lace-)bobbin; **~arbeit** *f* bobbin-work; **~garn** *n* lace-yarn; **2n** *v/i.* make (bone-)lace; **~spitzen** *f/pl.* bone-lace *sg.*

Klops *m* meat ball.

Klosett *n* toilet, lavatory, F loo, *Am.* john; **~becken** *n* closet-bowl, lavatory pan; **~bürste** *f* W.C. brush; **~deckel** *m* lavatory lid; **~papier** *n* toilet paper.

Kloß *m* lump, clump; (*Erdscholle*) clod; *Kochkunst*: dumpling, *mit Fleisch*: meat ball; *fig. einen ~ im Hals haben* have a lump in one's throat; **~brühe** *f*: F *klar wie ~* (as) clear as daylight, plain as the nose in your face.

Klößchen *n* small dumpling.

Kloster *n* cloister; (*Mönchs*~) monastery; (*Nonnen*~) convent, nunnery; *ins ~ gehen* enter a monastery *od.* convent, turn monk, *Nonne*: take the veil; *ins ~ stecken* shut up in a monastery *od.* convent; **~bruder** *m* friar, monk; **~frau** *f* nun; **~gelübde** *n* monastic vow; **~kirche** *f* monastic (*od.* conventual) church.

klösterlich *adj.* monastic (*a. fig.*), conventual; *fig.* cloistered, secluded.

Kloster...: **~regel** *f* monastic rule; **~schule** *f* monastic (*für Nonnen*: convent) school; **~zucht** *f* monastic discipline.

Klotz *m* block, log; (*Baumstumpf*) stump; *fig.* boor, lout; clumsy fellow, blockhead; *~ am Bein* handicap (*dat.* to), drag (on), *a* millstone round *a p.*'s neck; *auf einen groben ~ gehört ein grober Keil!* tit for tat!, pay him back in his own coin!; **~ig I.** *adj.* bulky, massy, heavy, clumsy; F (*gewaltig*) mighty, enormous; **II.** F *adv.*: *~ viel* F an awful lot (of); *er hat ~ viel Geld sl.* he is lousy with money.

Klub *m* club; **~haus** *n*, **~lokal** *n* clubhouse; **~kamerad** *m* clubmate; **~sessel** *m* club arm-chair, lounge chair.

Kluft[1] *f* **1.** (*Spalt*) gap (*a. fig.*), crevice, fissure, crack; *bsd. von e-m Felsen*: cleft; (*Schlucht*) ravine, gorge; (*Abgrund*) chasm, gulf, abyss (*alle a. fig.*); *fig.* (*Feindschaft*) rift.

Kluft[2] F *f* (*Kleidung*) dress, *sl.* duds *pl.*, togs *pl.*

klug *adj.* clever, intelligent; (*weise*) wise; (*verständig*) sensible, judicious; (*vorsichtig*) prudent; (*klarsichtig*) clear-sighted; (*aufgeweckt*) bright, alert; (*fähig*) able; (*begabt*) gifted, talented; (*scharfsinnig*) shrewd, sagacious, keen, F sharp; (*scharf unterscheidend*) discerning; (*raffiniert*) smart, clever; (*schlau*) cunning, astute; *so ~ wie zuvor* none the wiser (for it); *~ werden* grow wise; *er wird nie ~ werden* he will never learn; *ich kann nicht daraus ~ werden* I cannot make head or tail of it; *aus ihm werde ich nicht ~* I cannot make him out; → *Schaden*; *der Klügere gibt nach* the wiser head gives in; *es wäre das klügste, zu inf.* it would be best to *inf.*

Klügelei *f* sophistry, hairsplitting, over-subtlety.

klügeln *v/i.* subtilize.

klugerweise *adv.* → *klüglich*.

Klugheit *f* (→ *klug*) cleverness, intelligence, brains *pl.*; good sense, wisdom; prudence; shrewdness, sagacity; smartness, cunning; astuteness; good policy.

klüglich *adv.* wisely, prudently.

klug...: **~reden**, **~scheißen** V, **~schnacken** F *v/i.* talk like a damned know-all, be a wiseacre; **~schnacker** *m*, **~tuer** *m* **~tuerin** *f* wiseacre, F know-all, smart aleck, smarty, *Am. sl.* wise guy, wisenheimer.

Klumpen *m* lump; *~ Blut* clot of blood; *~ Erde* clod of earth; *~ Gold* nugget (of gold); (*Haufen*) heap, bulk; (*Gruppe, Traube*) cluster; F *in ~ hauen* smash up.

Klumpfuß *m* clubfoot.

klumpig *adj.* lumpy; cloddy; *Blut usw.*: clotted.

Klüngel *m* clique, coterie, set.

Klunker *dial. f, m* tassel, bob; (*Anhänger*) pendant.

Kluppe ⊕ *f Drehbank*: die-stock, *Am.* screwplate; (*Gabelmaß*) slide cal(l)iper.

Klüse ⚓ *f* hawse.

Klüver ⚓ *m* jib; **~baum** *m* jibboom.

knabbern *v/i. u. v/t.* gnaw, nibble (*an* at).

Knabe *m* boy, lad; youngster; F *alter ~* old chap (*od.* boy); **~nalter** *n* boyhood; *im ~* when a boy; **~nbekleidung** *f* boys' (*Am. a.* junior's) wear; **~nchor** *m* boys' choir; **~nhaft** *adj.* boyish; **~nkraut** ⚘ *n* orchis; **~nliebe** *f* p(a)ederasty; **~nschule** *f* boys' school; **~nstreich** *m* boyish prank.

knack! *int.* crack!, snap!, click!

Knäckebrot *n* crispbread.

knacken I. *v/i.* crack; *Zweige usw.*: snap; *Feuer, Radio*: crackle; *metallisch*: click; **II.** *v/t.* (*Nüsse, Geldschrank usw.*) crack (open), ⚔ (*Panzer*) *a.* F bust; (*Geheimcode usw.*) crack; *j-m e-e harte Nuß zu ~ geben* give a p. a hard nut to crack; **III.** ~ *n* crack(ing); crackling; click.

Knacker F *m*: *alter ~* old fogey.

Knack...: **~geräusch** *n* crack(ling sound); click; **~laut** *ling. m* glottal stop; **~mandel** *f* shell-almond.

knacks! *int.* → *knack!*

Knacks *m* **1.** crack; **2.** F *fig.* defect; *e-n ~ kriegen* F crack up; *er hat e-n ~ weg gesundheitlich*: his health is shaken, *seelisch*: he's badly hit, *in den Nerven*: his nerves are all shot; *e-n leichten ~ haben* be slightly cracked.

Knackwurst *f* saveloy.

Knagge *f* ⊕ cam; *mot.* tappet; ⚓ (*Stellring*) button.

Knall *m allg.* bang; *e-s Gewehres*: *a.* crack, (sharp) report; (*Aufprall*) thud; (*Explosion*) detonation, explosion, bang; *Korken*: pop; (*Düsen*~) (sonic) boom; F *fig.* (*Streit*) F row; (*Pleite*) crash; *~ und Fall* (all) of a sudden, on the spot, without warning (*od.* notice), F slap-bang; F *du hast wohl 'nen ~* you must be crazy!, *sl.* are you nuts?; **~blei** *n* lead fulminate; **~bonbon** *n* (party) cracker; **~büchse** *f* pop-gun; **~dämpfer** *m* silencer, muffler; **~effekt** *fig. m* sensation, clou, coup de théâtre (*fr.*); **~en I.** *v/i.* bang, crack, pop; detonate, explode; *mit dem Gewehr ~* bang away, fire; *mit der Peitsche ~* crack one's whip; *e-n Korken ~ lassen* let off a cork; *es knallte zweimal* there were two loud reports, two shots rang out; *ins Schloß ~ Tür*: close with a bang; F *gegen et. ~* crash into; F *sonst knallt's!* or else!; **II.** *v/t.* (*schießen*) fire, shoot; (*werfen, hauen*) slam, bang; *den Ball ins Tor ~ Fußball*: crash (*od.* slam) the ball home; F *j-m e-e ~ sl.* paste a p. one; **~er** *m* **1.** → *Knallkörper*; **2.** F → *Knüller*; **~erbse** *f* (toy-)torpedo; **~frosch** *m* jumping-cracker; **~gas** *n* oxyhydrogen (gas), detonating gas; **~gold** *n* fulminating gold; **~hart** F *adj. Schlag usw.*: smashing; *fig. Film usw.*: F tough, *nachgestellt*: that pulls no punches; **~ig** F *adj.* gaudy, glaring, flashy; *~e Reklame (machen)* ballyhoo; **~kopf** F *m* F silly ass, idiot; **~körper** *m* banger, fire-cracker; ⚔ detonator; **~pulver** *n* detonating powder; **~quecksilber** *n* fulminating mercury, mercuric fulminate; **~rot** *adj.* glaring red; *Kopf, Gesicht*: (bright) scarlet; **~satz** *m* detonating composition; **~säure** *f* fulminic acid; **~silber** *n* fulminating silver.

knapp I. *adj. Kleider*: tight, close-fitting, close; *Stil*: concise, terse; *Worte*: brief; (*dürftig*) scant(y), scarce (*mst pred.*), tight; (*kärglich*) spare, meag|re (*Am.* -er), barely sufficient; stringent; (*beschränkt*) limited; *~ (an Geld, bei Kasse)* short (of money *od.* cash), F hard up; *~e fünf Jahre* a scant five years; *e-e ~e Meile* a bare mile; *~e Mehrheit* bare majority; *~e Waren* critical items; *~ sein* be in short supply; *~ werden* fall into short supply, *Vorrat*: run short; *sein ~es Auskommen haben* make a bare living; *mit ~er Not* barely, just; *mit ~er Not ent- od. davonkommen* have a narrow escape (*od.* F close shave, *Am.* close call), escape by the skin of one's teeth; F *und nicht zu ~!* and how!; **II.** *adv.* (*kaum*) barely, just; *vor Zahlen*: just under, a little less than; (*dicht*) narrowly; *~ berechnen* cut it fine; *~ gewinnen (verlieren)* win (lose) by a narrow margin; *meine Zeit ist ~ bemessen* my time is limited, I am pressed for time.

Knappe *m hist.* page; (*Schild*~) shield-bearer, square; ⚒ miner.

knapphalten *v/t.* keep *a p.* short.

Knappheit *f* (→ *knapp*) tightness; scantiness; conciseness, terseness; shortness, narrowness; scarcity, deficiency; *an Vorräten*: shortage; *Geldmarkt*: stringency.

Knappsack *m* knapsack.

Knappschaft ⚒ *f* body (*od.* society) of miners; **~skasse** *f* miners' provident fund; **~sverband** *m* miners' union.

Knarre *f* rattle; ⊕ ratchet; F (*Gewehr*) gun.

knarren *v/i.* creak, grate; *quietschend*: squeak; *ächzend*: groan; *~de Stimme* grating (*od.* rasping) voice.

Knast *m* **1.** *im Holz*: knot; **2.** F *alter ~* old fogey; **3.** F (*Gefängnis*) jail, *sl.* clink, jug; *im ~ sitzen, ~ schieben sl.* be in clink, F do time; **~bruder** *m*, **~schieber** F *m* jail-bird.

Knaster *m* canaster; F *weitS.* (bad *od.* ill-smelling) tobacco.

knattern I. *v/i. allg.* crackle; *Gewehrfeuer*: *a.* rattle; *Segel, Fahne*: flap; *mot.* roar, put(t)-put(t); **II.** ~ *n* crackling, crackle; rattle; roar.

Knäuel *m, n* (*Garn*~) ball, clue; (*Woll*~) skein, hank; (*Draht*~) coil; *fig.* tangle, snarl; *von Leuten*: *a.* cluster, throng; *zu e-m ~ wickeln* wind into a ball.

Knauf *m* knob, stud; (*Degen*~) pommel; ⌂ capital.

Knauser *m*, **~in** *f* niggard, miser, skinflint, penny-pincher; **~ei** *f* stinginess, meanness, cheese-paring; **~ig** *adj.* stingy, miserly, niggardly, mean, close; **~n** *v/i.* stint, be stingy (*od.* mean); *~ mit* stint (on), be sparing (*od.* stingy) with.

knautschen F **I.** *v/t.* crumple, crease; **II.** *v/i.* crease, wrinkle.

Knautsch|lack(leder *n*) *m* crinkle

leather; **~zone** *mot.* *f* crushable bin.

Knebel *m* (*Mund*~) gag; *für Pferde*: cheek-bar; ⊕ (*Hebel*) lever; ⚓ toggle; **~bart** *m* twisted (*od.* handlebar) moustache; **~n** *v/t.* gag *a p.*; *fig.* die Presse ~ muzzle the press; **~schlüssel** ⊕ *m* T-handle wrench; **~schraube** *f* tommy screw; **~verband** *m* tourniquet.

Knecht *m* farm-labo(u)rer *od.* -hand; (*Stall*~) stable-boy; (*Pferde*~) groom; (*Haus*~) boots; (*Diener*) servant (*a. fig.* of God); (*Unfreier*) slave (*a. fig.*); (*Leibeigener*) serf, bondsman; **~en** *v/t.* enslave; (*tyrannisieren*) tyrannize, oppress; (*unterjochen*) subjugate; **~isch** *adj.* slavish, servile, submissive; **~schaft** *f* slavery, servitude, bondage; serfdom; **~ung** *f* enslavement; oppression; subjugation.

kneifen I. *v/t.* pinch; **II.** F *v/i.* (*sich drücken*) back (*od.* wriggle, *sl.* chicken) out (*vor* of), dodge (*a th.*); *bsd. bei e-r Wette*: *sl.* welsh (on).

Kneifer *m* **1.** (*Zwicker*) pince-nez (*fr.*); **2.** F (*Drückeberger*) dodger, *sl.* welsher.

Kneifzange *f* (a pair of) pincers *od.* nippers *pl.*

Kneipe *f* **1.** F pub, tavern; *Am.* saloon; **2.** (*Studenten*~) drinking session; **~n**[1] F *v/i.* drink (beer), carouse, tipple, F booze; **~n**[2] *v/t. u. v/i.* (*zwicken*) gripe; **~n** *n* (**Kneiperei** *f*) drinking, tippling, F boozing; (*Zechgelage*) carousal, drinking-bout; **~nwirt(in** *f*) *m* publican, barkeeper, *Am.* saloon-keeper.

Kneiplied *n* drinking-song.

kneipp|en *v/i.* take a Kneipp('s) cure; **~sandale** *f* Kneipp sandal.

knet|bar *adj.* plastic; *Teig usw.*: kneadable; **~en I.** *v/t.* (*Teig*) knead; (*Wachs usw.*) mo(u)ld; ⚕ (*Körper*) knead, massage; **II.** *v/i.* mo(u)ld (figures out of plasticine); **~massage** *f* kneading-massage; **~masse** *f* plasticine.

Knick *m* (*Sprung*) crack; (*Bruch*) flaw, bruise; *im Papier*: fold, bend, (*Eselsohr*) dog's-ear; *in Draht usw.*: kink; *im Metall*: buckle; (*Winkel*) angle (*a.* △); *Rohr*: knee; (*Kurve*) sharp bend; **~beinig** *adj.* knock-kneed; **~en I.** *v/i.* crack; (*brechen*) break, snap; (*platzen*) burst, split; *Knie, Metall*: buckle, give way; **II.** *v/t.* crack, break; burst, split; (*Zweig*) snap (off); (*Papier*) fold; *fig.* (*j-n*) crush; → geknickt.

Knicker *m usw.* → Knauser *usw.*

Knickerbockers *pl.* knickerbockers, plus-fours.

Knick...: **~festigkeit** ⊕ *f* buckling strength; **~flügel** ✈ *m* gull wing; **~fuß** ⚕ *m* pes valgus.

Knicks *m* curts(e)y; e-n ~ machen → **~en** *v/i.* (drop a) curts(e)y (*vor* to).

Knie *n* knee; *des Weges usw.*: bend; ⊕ (*Rohrstück*) elbow, knee; (*Fuge*) joint; (*Winkel*) angle; *e-r Kurbel*: crank; ⚔ salient; auf den ~n bitten beseech, *a. iro.* beg *a p.* on one's bended knees; auf den ~n liegen be on one's knees; auf die ~ fallen fall on (*od.* drop to) one's knees; *fig.* in die ~ gehen (*od.* brechen) go to the wall; j-n auf die ~ zwingen force a p. to his (*f* her) knees; übers ~ legen give a (sound) spanking; *fig. et.* übers ~ brechen rush a th.; wir dürfen die Sache nicht übers ~ brechen we must not be rash.

Knie...: **~aufschwung** *m Turnen*: knee mount; **~band** *anat. n* ligament of the knee; **~beuge** *f* **1.** *Turnen*: knee bend; **2.** → Kniekehle; **~beugung** *f*, **~fall** *m eccl.* genuflection; *weitS.* prostration; **~fällig** *adv.* (up)on one's (bended) knees; ~ bitten supplicate; **~frei I.** *adj.* above-the-knee; **II.** *adv.* above the knee; **~gelenk** *anat. n* knee-joint; **~hebel** ⊕ *m* elbow (*od.* toggle) lever; **~hoch** *adj.* up to the knees, knee-high; *Schnee, Wasser*: knee-deep; **~hose** knee-breeches *pl.*; **~kehle** *anat. f* hollow of the knee.

knien *v/i.* kneel, be on one's knees; (*nieder* ~) kneel down, go (down) on one's knees; *eccl.* genuflect; *fig.* → hineinknien; ⚔ ~der Anschlag kneeling position.

Knie...: **~reflex** ⚕ *m* knee-jerk (reflex); **~rohr** ⊕ *n* elbow(-pipe), bent tube; **~scheibe** *anat. f* knee-cap, 🕮 patella; **~scheibenreflex** ⚕ *m* knee-jerk (reflex); **~schützer** *m* knee-pad; **~strumpf** *m* knee-length sock (*für Damen*: stocking); **~stück** *n* ⊕ elbow(-piece), knee; *Kunst*: half-length portrait; **~tief** *adj.* knee-deep; *adv. a.* up to one's knees; **~weich** *adj.* weak-kneed (*a. fig.*); **~welle** *f Turnen*: knee-circle.

Kniff *m* (*Zwicken*) pinch; (*Falte*) fold, crease; *Hut*: dent; *fig.* (*Kunstgriff*) trick, knack, short-cut; (*List*) trick, dodge, artifice, ruse; den ~ heraushaben have the knack of it, know the ropes; er kennt alle ~e he knows all the tricks; **~(e)lig** F *adj.* tricky; **~en** *v/t.* fold, crease.

Knigge *m*: *er hat ~ nie gelesen* he has no manners, *Am. a.* he has never read Emily Post.

Knilch F *m* → *Knülch*.

knipsen I. F *v/i.*: *mit den Fingern ~* snap one's fingers; (*mit der Schere ~*) snip (the scissors); **II.** *v/t.* (*Fahrkarte*) clip, punch; (*Schalter*) (*an ~, aus ~*) flick, flip; F *phot.* take a snapshot of, F snap.

Knipszange *f* (ticket-)punch.

Knirps *m* little man (*od.* fellow); F whipper-snapper, hop-o'-my-thumb, pipsqueak, F shortie; (*Zwerg*) pygmy, midget.

knirschen *v/i.* creak, grate; *Kies, Sand usw.*: crunch; *mit den Zähnen ~* gnash (*od.* grind) one's teeth (*vor* with).

knistern I. *v/i.* crackle; *bsd. Seide*: rustle; ⚗, ⚡, ⚕ decrepitate; *fig. es knistert vor Spannung* the air is charged with suspense; *fig. es knistert im Gebälk* there are the first signs of a crack-up; **II.** ≈ *n* crackle, rustle, (de)crepitation.

Knittelvers *m* doggerel.

Knitter *m* crease; **≈frei** *adj.* crease-resistant; **≈n** *v/t. u. v/i.* crumple, crease, wrinkle.

Knobel|becher *m* dice-box; ⚔ *sl.* (*Stiefel*) field-boot; **≈n** *v/i.* throw dice, toss (*um* for); *fig.* puzzle (*an* over).

Knoblauch *m* garlic; **~pille** *f* garlic pill; **~zehe** *f* clove of garlic.

Knöchel *anat. m* knuckle; (*Fuß≈*) ankle; **~bruch** *m* ankle fracture; **~gelenk** *n am Fuß*: ankle joint; *Hand*: knuckle joint; **≈lang** *adj.* ankle-length *dress*; **≈tief I.** *adj.* ankle-deep; **II.** *adv.* up to one's ankles.

Knochen *m* **1.** bone; F *fig. ich spüre es in den ~* I feel it in my bones; *das ist ihm in die ~ gefahren* it was a great shock for him; *sich bis auf die ~ blamieren* make a terrible fool of o.s.; **2.** F (*Mann*) fellow, man; *fauler ~* lazybones; **~arbeit** F *f* gruelling work; **~asche** *f* bone-ash; **~bau** *m* bone structure; **≈bildend** *adj.* bone-forming, osteogenic; **~bruch** ⚕ *m* fracture (of a bone); **~erweichung** ⚕ *f* softening of the bone(s), 🕮 osteomalacia; **~fett** *n* bone grease; **~fraß** ⚕ *m* caries, necrosis of a bone; **~gerüst** *n* skeleton; **~gewebe** *n* bony tissue; **~haut** *f* periosteum; **~hautentzündung** ⚕ *f* periostisis; **~lehre** *f* osteology; **~leim** *m* bone glue, gelatine; **≈los** *adj.* boneless; **~mann** *m* Death; **~mark** *n* marrow; **~markentzündung** ⚕ *f* osteomyelitis; **~mehl** *n* bone-meal; **~naht** ⚕ *f* bone suture; **~öl** *n* bone oil; **~säge** ⚕ *f* bone saw; **~splitter** *m* bone fragment; **≈trocken** F *adj.* bone-dry; **~tuberkulose** ⚕ *f* tuberculosis of the bone.

knöchern *adj.* bony, 🕮 osseous; → *a. verknöchern*.

knochig *adj.* **1.** → *knöchern*; **2.** (*mager*) bony, scraggy.

Knockout *m* (*K.O.*), ≈ *adj., adv.* (*k.o.*) *Boxsport*: (*technischer ~* technical) knock-out; *k.o. schlagen* knock out, F kayo, k.o., put to sleep; *stehend k.o.* out on one's feet.

Knödel *m* dumpling.

Knolle ⚘ *f* tuber, bulb.

Knollen *m* lump, clod, knob; → *a. Knolle*; **~blätterpilz** *m* death-cup; **~gewächs** ⚘ *n* tuberous (*od.* bulbous) plant; **~nase** *f* bulbous nose; **~wurzel** *f* tuberous root; **~zwiebel** *f* corm, bulbotuber.

knollig *adj.* lumpy, cloddy, knobby; ⚘ bulbous (*a. weitS. Nase usw.*), tuberous.

Knopf *m* **1.** button; (*Manschetten≈*) stud, *doppelter*: sleeve-link; (*Kragen≈*) stud; *fenc.* button; (*Degen≈, Sattel≈*) pommel; (*Turm≈*) ball; (*Tür≈, Deckel≈ usw.*) knob; ⊕ (push-)button; *am Akkordeon*: button-key; *dial.* ⚘ (*Knospe*) bud; *auf den ~ drücken* press the button (*a. fig.*); *fig. das hättest du dir an den Knöpfen abzählen können!* you might have known that (all along)!; **2.** F (*Kerl*) chap, *Am.* guy; *alter ~* old fogey.

Knöpfchen *n* small button.

knöpfen *v/t.* button.

Knopf...: **~fabrik** *f* button-factory; **~loch** *n* buttonhole; *Abzeichen usw. im Knopfloch a.* in one's lapel; *iro. mit e-r Träne im ~* moved to tears; **~steuerung** ⊕ *f* push-button control.

Knöpf|schuhe, ~stiefel *m/pl.* buttoned boots (*od.* shoes).

Knorpel *m* cartilage; *Schlächterei*: gristle; **≈artig, ≈ig** *adj.* cartilaginous, gristly; **~haut** *f* perichondrium.

Knorr|en *m* knot, knag, gnarl, knob; (*Aststumpf, Baumstumpf im Fluß*) snag; (*Auswuchs*) (knotty) excrescence; protuberance; **≈ig** *adj.* gnarled, knobby, knotty; (*rauhbeinig*) coarse, rough.

Knospe ⚘ *f* bud; (*Blüten≈*) flower-bud, (*Blatt≈*) leaf-bud; (*Auge*) eye; *fig. zarte ~* (*Mädchen*) rose-bud; *der Liebe*: tender bud; *~n treiben* → **≈n** *v/i.* bud, *weitS.* sprout, shoot; *fig.* bud; *~de Liebe* budding love; **~nbildung** *f* gemmation.

Knote(**n**[1]) F *m* boor.

Knoten[2] **I.** *m* knot (*a. Haar*~, *Teppich*~); ⚓ knot, hitch, *als Geschwindigkeit*: knot; ⚘ joint, *a. phys., ast.* node; ⚕ node; nodule; ⚒ *in Tuch, Wolle*: knot, burl; *im Holz*: knot; *fig.* rub, hitch, catch; *e-s Dramas usw.*: plot, intrigue; e-n ~ binden (lösen) tie (undo) a knot; *thea.* den ~ schürzen (lösen) weave (unravel) the plot; der ~ der Handlung schürzt sich the plot thickens; → gordisch; **II.** ~ *v/t. u. v/i.* knot, tie in knots, make knots (in *a rope, etc.*); **~punkt** *m* ✗, *opt., phys.* nodal point; *von Straßen*: point of intersection, *a.* 🚂 junction; *Handel usw.*: cent|re, *Am.* -er; **~stock** *m* knotty stick.

Knöterich ⚘ *m* knotgrass.

knotig *adj.* knotty (*a. fig. Problem*); ⚕ nodular; *Hand, Baum usw.*: gnarled, knotty; F *fig.* coarse, boorish; → *a.* knorrig.

Knuff *m*, **~en** *v/t.* cuff, thump; *leicht*(*er*) *u. heimlich*(*er*): nudge.

Knülch F *m* F bloke, *sl.* bird, nut, *Am. a.* guy.

knüllen *v/t. u. v/i.* crumple; crease.

Knüller F *m* F (big) hit; *Journalismus*: scoop; (*Witz*) gag; (*tolle Sache*) *sl.* wow, riot; → *a.* Schlager.

Knüpfarbeit *f* knotwork.

knüpfen *v/t.* (*Knoten, Netz*) tie, make; (*Teppich*) knot; (*befestigen*) attach, fasten (an to); (*vereinen*) join, unite, knit (together); *fig.* ein Bündnis (e-e Freundschaft) ~ form an alliance (friendship); die Bande der Freundschaft enger ~ tighten the bonds of friendship; ~ an connect (*od.* tie up) with, *bedingend*: *a.* make *a th.* subject to; Bedingungen ~ an add conditions to; sich ~ an be connected (*od.* tied up) with; (*folgen aus*) arise from; daran ~ sich keinerlei Bedingungen no conditions whatsoever attach to it.

Knüppel *m* heavy stick, cudgel, club; (*Polizei*~) truncheon, *Am.* club, F billy; (*Scheit*) stick, log; ✈ (*Steuer*~) control stick, F joystick; *metall.* billet; F (*Brötchen*) French roll; Politik des großen ~s big stick policy; j-m e-n ~ zwischen die Beine werfen put a spoke in a p.'s wheels; **~damm** *m* log (*Am.* corduroy) road; **~dick** F *adj. u. adv.*: er hat es ~ he is sick and tired of it; es kommt immer gleich ~ it never rains but it pours; **~herrschaft** *f* club law; **~n** *v/t.* beat (with a stick, *etc.*), cudgel; **~schaltung** *mot. f* floor shift; **~steuerung** ✈ *f* stick control.

knurren I. *v/i. u. v/t. Tier, Mensch*: growl, *wütend*: snarl; *fig.* (*grunzen*) grunt; (*murren, schimpfen*) grumble (*alle* über at); *Magen, Eingeweide*: rumble; F mir knurrt der Magen I am famished; **II.** ~ *n* growl(ing), snarl(ing); grumbling; rumbling (noise).

knurrig *adj.* growling, snarling; *Person*: grumpy, gruff.

knuspern *v/t.* nibble (at).

knusp(e)rig *adj.* crisp, crackling, crunchy; F *fig. Mädchen*: appetizing.

Knute *f* knout; *fig.* unter j-s ~ under a p.'s heel (*od.* thumb); **~n** *v/t.* knout, flog; *fig.* oppress, enslave.

knutschen F *v/t. u. v/i.* neck, pet, (*nur v/i.*) smooch.

Knüttel *m* → Knüppel.

K.o., k.o. → Knockout; **~-System** *n Sport*: knock-out system.

koagulieren *v/i. u. v/t.* coagulate.

koalieren *v/i. u. v/refl.*: (sich ~) form a coalition.

Koalition *pol. f* coalition, *Am. a.* fusion; **~srecht** *n* freedom of association; **~sregierung** *f* coalition government, *Am.* fusion administration.

koaxial *adj.* coaxial.

Kobalt *n* cobalt; **~blau** *n* cobalt blue; **~bombe** *f* cobalt bomb; **~glanz** *m* cobaltite; **~kanone** ⚕ *f* cobalt bomb.

Koben *m* (pig)sty.

Kober *m* basket, hamper.

Kobold *m* imp (*a.* F *fig.*), (hob)goblin, sprite.

Kobolz *dial. m*: ~ schießen turn a somersault, turn somersaults.

Koch *m* (male) cook; (*Küchenchef*) chef; viele Köche verderben den Brei too many cooks spoil the broth.

Koch...: **~apfel** *m* cooking apple; **~beständig, ~echt** *adj.* fast to boiling, boil-proof; **~buch** *n* cookery-book, *Am.* cookbook.

kochen I. *v/i. Speise*: be cooking, *gelinde*: simmer, *stark*: wallop, *Flüssiges*: boil, be boiling; (*sieden*) seethe; (*aufwallen*) bubble up; *als Tätigkeit*: cook, do the cooking; *fig. Stadt usw., vor Hitze*: be sweltering; sie kocht gut she is a good cook; er kocht (vor Wut) he is boiling (*od.* seething) with rage; **II.** *v/t.* (*Gemüse, Fleisch*) cook, (*a. Eier, Wasser, Seife, Wäsche*) boil; (*Eier*) *in siedendem Wasser*: poach; (*Kaffee, Tee usw.*) make; gekocht *Fleisch, Ei usw.*: boiled; *Obst*: stewed; **III.** ~ *n* cooking, cookery;

boiling; *zum* ~ *bringen* bring to the boil(ing-point), *fig.* (*j-n*) make *a p.'s* blood boil; et. *am* ~ *haben* have a th. on the boil (*a.* F *fig.*); **~dheiß** *adj.* boiling (*od.* piping) hot, scalding.

Kocher *m* cooker; (*Kessel*) boiler.

Köcher *m* quiver.

Koch...: **²fertig** *adj.* ready-to-cook; **²fest** *adj.* fast to boiling, boil-proof; **~fett** *n* cooking fat; **~fleisch** *n* boiling meat; **~gefäß** *n* cooking vessel; **~gelegenheit** *f* cooking facilities *pl.*; **~gerät** *n*, **~geschirr** *n* cooking (*od.* kitchen) utensils *od.* things *pl.*; ⚔ mess-tin, *Am.* mess kit; **~gut** *n* food to be cooked; **~herd** *m* (kitchen-) range, cooking-stove, *Am.* cookstove; *elektrischer* ~ electric cooker.

Köchin *f* (female) cook.

Koch...: **~kessel** *m* kettle, *größerer*: cauldron; **~kunst** *f* (art of) cooking, culinary art; **~künstler** *m* culinary artist; **~kurs(us)** *m* cookery course; **~löffel** *m* (wooden) spoon; **~maschine** *f*, **~ofen** *m* → *Kochherd*; **~nische** *f* kitchenette; **~platte** *f* hot-plate; **~punkt** *m* boiling-point; **~salz** *n* common salt; **~salzlösung** *f* sodium chloride (*od.* salt) solution; **~schinken** *m* boiled ham; **~schule** *f* cookery school; **~topf** *m* (cooking-)pot, *weitS.* saucepan; **~wäsche** *f* boil-proof laundry.

Kode *m* → *Code*.

Köder *m*, **²n** *v/t.* bait (*a. fig.*); *auf den Köder anbeißen* take the bait (*a. fig.*).

Kodex *m* codex, manuscript; ⚖ (*Gesetzbuch*) code.

kodifizier|en *v/t.* codify; **²ung** *f* codification.

Kodizill ⚖ *n* codicil.

Koedukation *f* co-education.

Koeffizient *m* coefficient.

Koexist|enz *bsd. pol. f* coexistence; **²ieren** *v/i.* coexist.

Koffein *n* caffeine; **²frei** *adj.* decaffeinated.

Koffer *m* (*Hand²*) suitcase, travel(l)ing bag; *Am. a.* grip; *großer*: trunk; *pl.* → *a. Gepäck*; F (*Radio usw.*) → *Koffergerät*; ⚔ *sl.* (*Bombe, Granate*) heavy stuff; *Straßenbau*: roadbed; *seine* ~ *packen* pack one's things, F *fig.* pack up; **~apparat** *m* → *Koffergerät*; **~empfänger** *m* → *Kofferradio*; **~fernseher** *m* portable television set; **~gerät** *n* portable (set); **~grammophon** *n* portable gramophone (*Am.* phonograph); **~radio** *n* portable radio (set); **~raum** *mot. m* (luggage-) boot, *Am.* trunk (compartment); **~schließfach** *n* (automatic) luggage locker, *Am.* (self-service) baggage locker.

Kognak *m* (French) brandy, cognac; **~bohne** *f* brandy-chocolate; **~schwenker** *m* brandy balloon, *Am.* snifter.

Kohärenz *phys. f* coherence.

Kohäsion *phys., psych. f* cohesion; **~skraft** *f*, **~svermögen** *n* cohesive force, cohesiveness.

Kohl *m* cabbage; F *fig.* F bosh, rubbish, *sl.* rot, *Am.* hooey; *fig. aufgewärmter* ~ raked-up (*od.* old) story; *fig. das macht den* ~ *nicht fett* that won't help much; **~dampf** F *m* ravenous hunger, F missmeal cramps *pl.*; ~ *schieben* be (*od.* go) hungry, be starving.

Kohle *f* coal; → *Braunkohle, Holzkohle usw.*; ⚗, ⚡ carbon; F (*Geld*) *sl.* dough; *ausgeglühte* ~*n* cinders; *glimmende* ~ ember; *glühende* ~ live coal; *fig. glühende* ~*n auf j-s Haupt sammeln* heap coals of fire upon a p.'s head; (*wie*) *auf glühenden* ~*n sitzen* be on pins and needles, be on tenterhooks; ⚓, 🚂 ~*n einnehmen, mit* ~*n versorgen* coal; *mit* (*od. in*) ~ *zeichnen* draw with charcoal; **~bürste** ⚡ *f* carbon brush; **~elektrode** *f* carbon electrode; **~hydrat** ⚗ *n* carbohydrate; **~mikrophon** *n* carbon microphone.

kohlen *v/t. u. v/i.* char; carbonize; (*nur v/i.*) ⚓ (*Kohle einnehmen*) coal.

Kohlen...: **~aufbereitung** *f* coal-dressing; **~becken** *n* **1.** coal-pan, brazier; **2.** *geol.* coal-basin; → *Kohlenrevier*; **²beheizt** *adj.* coal-fired; **~bergbau** *m* coal-mining (industry); **~bergwerk** *n* coal-mine, colliery; **~brenner** *m* charcoal burner; **~bunker** ⚓ *m* (coal-) bunker; **~dioxyd** *n* carbon dioxide; **~eimer** *m* coal-scuttle; **~fadenlampe** ⚡ *f* carbon filament lamp; **~feuerung** *f* heating with coal, coal-firing; ⊕ combustion of coal; **~filter** *m* charcoal filter; **~flöz** *n* coal seam; **~förderung** *f* extraction of coal, coal-getting; (*Produktionsvolumen*) coal output; **~gas** *n* coal gas; **~grieß** *m*, **~grus** *m* coal slack; **~grube** *f* coal pit; **~halde** *f* coal dump; **~händler** *m* coal-dealer; **~handlung** *f* coal-merchant's business; **~heizung** *f* coal heating (system); **~herd** *m* coal-burning range; **~hydrat** *n* → *Kohlehydrat*; **~knappheit** *f*, **~mangel** *m* shortage of coal, coal famine; **~lager** *n* **1.** ⚒ coal depot; **2.** *geol.* coal bed (*od.* seam); **~meiler** *m* charcoal pile; **~(mon)oxyd** *n* carbon monoxide; **~pott** F *m the* Ruhr coal-basin; **~revier** *n* coal region, coal-mining district; **≈sauer** *adj.* carbonic; *~es Salz* carbonate; *~es Kali* potassium carbonate; *~es Wasser* carbonic (*od.* aerated) water; **~säure** *f* carbonic acid; *in Getränken*: carbon dioxide; **≈säurehaltig** *adj.* carbonated; **~säureschnee** *m* carbonic acid snow, dry ice; **~schacht** *m* coal pit; **~schaufel** *f*, **~schippe** *f* coal-shovel; **~schicht** *f* coal-bed; **~schiff** *n* collier, coal-ship; **~station** ⚓, 🚂 *f* coaling station; **~staub** *m* coal dust; **~stoff** ⚗ *m* carbon; **~stoffstahl** *m* carbon steel; **~versorgung** *f* coal supply; **~wasserstoff(gas** *n*) *m* hydrocarbon; **~zeche** *f* coal-mine, coal-pit, colliery.

Kohlepapier *n* carbon paper.

Köhler *m* charcoal-burner.

Köhlerei *f* charcoal works *pl.* (*mst. sg. konstr.*).

Köhlerglaube *m* simple faith.

Kohle...: **~stift** *m Kunst*: charcoal (pencil); ⚡ carbon(-rod); **~tablette** *f* charcoal tablet; **~zeichnung** *f* charcoal drawing.

Kohl...: **~kopf** *m* (head of) cabbage; **~meise** *orn. f* great titmouse; **≈(raben)schwarz** *adj.* coal-black; *Haar usw.*: jet-black; **~rabi** ⚘ *m* kohlrabi; **~rübe** *f* Swedish turnip, swede, *Am. a.* rutabaga; **~weißling** *m* cabbage butterfly.

Kohorte *hist. f* cohort.

koit|ieren *v/i.* have (sexual) intercourse, copulate; **≈us** *m* coitus, coition, (sexual) intercourse.

Koje ⚓ *f* bunk, berth.

Kokain *n* cocaine; → *Koks 2*; **~ismus** *m*, **~sucht** *f* cocainism; **~süchtige(r** *m*) *f* cocain addict; → *Kokser*.

Kokarde *f* cockade.

Kokerei *f* coking plant; **~gas** *n* coke-oven gas.

kokett *adj.* coquettish; **≈e** *f* coquette, flirt; **≈erie** *f* coquetry; **~ieren** *v/i.* coquet; *a. fig.* flirt (*mit* with).

Kokille ⊕ *f* die, (ingot) mo(u)ld; **~nguß** *m* gravity die-casting.

Kokken *biol. f/pl.* cocci.

Kokolores F *m* nonsense, F rubbish; (*Kram*) stuff, lot.

Kokon *m* cocoon.

Kokos|baum *m* coconut tree, coco(-palm); **~faser** *f* coconut fib|re, *Am.* -er, coir; **~öl** *n* coconut oil; **~läufer** *m* (runner of) coconut matting; **~nuß** *f* coconut; **~palme** *f* → *Kokosbaum*.

Kokotte *f* cocotte.

Koks *m* **1.** coke; **2.** *sl.* (*Kokain*) *sl.* snow, coke; **≈en** *sl. v/i.* take cocaine (*od. sl.* snow); **~er** *sl. m* (*Kokainsüchtiger*) *sl.* snowbird; **~feuerung** *f* coke-firing.

Kölbchen *n* small flask.

Kolben *m* (*Keule*) club; (*Gewehr≈*) butt; (*Flasche, a.* ⚗) flask; ⚡ (*Birne*) bulb; ⊕ piston; (*Tauch≈*) plunger; (*Löt≈*) soldering iron; ⚘ spike, spadix; (*Mais≈*) cob; F (*Nase*) F conk; **~antrieb** *m* piston drive; **~blitz** *phot. m* flash-bulb; **~fressen** *n* seizing of pistons; **~hals** *m e-r Flasche*: neck; *am Gewehr*: small of the stock; **~hub** *m* piston stroke; **~kopf** *m* piston head; **~motor** *m* piston engine; **~schlag** ⚔ *m* butt stroke; **~spiel** *n* piston play; **~stange** *f* piston rod; **~verdichter** *m* reciprocating compressor.

Kolchose *f* kolkhoz, collective farm.

Kolibri *m* humming-bird.

Kolik *f* colic.

Kolkrabe *m* (common) raven.

kollabieren ⚕ *v/i.* collapse.

Kollabor|ateur *pol. m* collaborator; **≈ieren** *v/i.* collaborate.

Kollaps *m*: (*e-n ~ erleiden*) collapse.

kollateral *adj.* collateral

kollationieren *v/t.* collate, compare, call over.

Kolleg *n* **1.** *univ.* a) course of lectures, b) (single) lecture; *ein ~ belegen* register for a course of lectures; *ein ~ halten* (give a) lecture (*über* on); **2.** *R.C.* theological college; **~e** *m* **1.** colleague; *im Lehramt*: *a.* fellow teacher; *e-s Kellners*: fellow-waiter; **2.** (*Gegenüber*) opposite number; **3.** F (*Freund*) F chum, pal, mate; **~gelder** *n/pl.* lecture-fees; **~heft** *n* lecture notebook.

kollegial *adj.* **1.** friendly, helpful, co-operative; **2.** ⚖ *usw.* collegial *system, etc.*; **≈gericht** ⚖ *n* court composed of several judges; **≈ität** *f* helpfulness, co-operativeness; loyalty to one's colleagues.

Kollegin *f* → *Kollege*.

Kollegium *n* council, board, committee, assembly; (*Lehrkörper*) teaching staff, *Am. a.* faculty.

Kollegmappe *f* (underarm) briefcase.

Kollekte *f* (*Sammlung*) collection; (*Gebet*) collect.

Kollektion ✝ *f* collection, range; selection, assortment.

kollektiv *adj.*, ≈ *n* collective; ≈**begriff** *ling. m* collective; ≈**bewußtsein** *n* collective consciousness; ≈**gesellschaft** ✝ *f* general partnership; ~**ieren** *v/t.* collectivize; ≈**ismus** *m* collectivism; ≈**psyche** *f* collective mind; ≈**schuld** *pol. f* collective guilt; ≈**versicherung** *f* group insurance; ≈**vertrag** *m* collective agreement (*pol.* treaty); ≈**wirtschaft** *f* collective economy.

Kollektor ⚡ *m* commutator, collector.

Koller[1] *n* collar; cape; *hist.* jerkin.

Koller[2] *m vet.* staggers (*sg. konstr.*); F *fig.* rage, tantrum; *den* ~ *bekommen* fly into a rage, F blow one's top.

Kollergang ⊕ *m* edge mill.

kollern *v/i.* (*rollen*) roll; *Puter*: gobble; *Taube*: coo; *Eingeweide*: rumble; *vet.* have the staggers; *fig.* (*rasen*) rage, storm.

kollidieren *v/i.* collide (*mit* with); *fig. a.* clash (with).

Kollier *n* necklace; (*Pelz*) necklet.

Kollision *f* collision; *fig. a.* clash, *a.* ⚖ conflict; ~**skurs** *m*: *a. fig. auf* ~ *sein* be heading on a collision course.

Kollodium ⚗ *n* collodion.

kolloid *adj.*, ≈ *n* colloid; ≈**chemie** *f* colloid chemistry.

Kolloquium *n* colloquy.

Kollusion ⚖ *f* collusion.

kölnisch *adj.* (of) Cologne; ≈(*es*) *Wasser* eau-de-Cologne.

Kolon *ling.*, *anat. n* colon.

Kolonel *typ. f* minion.

Kolonial... *in Zssgn* colonial; ~**ismus** *m* colonialism; ~**waren** *f/pl.* groceries; ~**warenhändler** *m* grocer; *beim* ~ at the grocer's; ~**warenhandlung** *f* grocer's (shop), *Am.* grocery; ~**zeit** *f* colonial age.

Kolonie *f* colony (*a. biol.*).

Kolonis|ation *f* colonization; ~**ator** *m* colonizer; ≈**atorisch** *adj.* colonizing; of colonization; ≈**ieren** *v/t.* colonize.

Kolonist *m* colonist, settler.

Kolonnade *f* colonnade.

Kolonne *f allg.* column; ⚔ *von Fahrzeugen*: *a.* convoy; (*Arbeiter*≈) gang, crew; *pol. Fünfte* ~ Fifth Column; *mot.* (*in e-r*) ~ *fahren* drive in a column (*od.* queue), drive in line; ~**nsteller** *m Schreibmaschine*: tabulator; ≈**nweise** *adv.* in columns.

Kolophonium *n* colophony, rosin.

Koloratur ♪ *f* coloratura; ~**sänger(in** *f*) *m* coloratura singer; ~**sopran** *m* coloratura soprano.

kolorier|en *v/t.* colo(u)r; ≈**ung** *f* colo(u)ring.

Kolorimetrie *f* colorimetry.

Kolorit *n* colo(u)r(ing); *fig.* colo(u)r, atmosphere.

Koloß *m* colossus; ~ *auf tönernen Füßen* colossus with feet of clay.

kolossal *adj.* colossal, gigantic, huge, enormous, F *fig. a.* terrific, tremendous.

Kolpor|tage *f* hawking of books; *fig.* trashy literature; *von Gerüchten*: rumo(u)rmongering; ~**tageroman** *m* trashy novel, *Am.* dime-novel; ~**teur** *m* book-hawker; *fig.* rumo(u)rmonger; ≈**tieren** *v/t.* hawk, peddle *books*; *fig.* retail, spread *news, etc.*

Kolumb|ier *m*, ≈**isch** *adj.* Columbian.

Kolumne *typ. f* column; ~**ntitel** *m* running title (*od.* headline); ~**nziffer** *f* folio.

Kolumnist(in *f*) *m* columnist.

Koma ⚕ *n* coma.

Kombi F *m* → *Kombiwagen*; ~**nat** *n* collective combine.

Kombination *f* **1.** *allg.* combination (*a. Schach, Sport,* ♘, ⊕ *usw.*; *a. e-s Schlosses*; *a. Hemdhose*); (*Montur*) *a.* overalls *pl.*; (*Flieger*≈) *a.* flying-suit; (*Unterwäsche*) set of underwear; (*kombinierter Anzug*) sports coat and slacks; *Briefmarken*: pair; *Schisport*: combined event; *Alpine (Nordische)* ~ Alpine (Nordic) combination; **2.** (*Folgerung*) deduction; (*Vermutung*) conjecture, speculation; ~**sgabe** *f* power(s *pl.*) of deduction; ~**slauf** *m Schisport*: combined event; ~**sschloß** *n* combination (*od.* puzzle) lock; ~**sspiel** *n* combined play (*od.* moves *pl.*); ~**ssprunglauf** *m* jumping event (of Nordic combination); ~**szange** *f* combination pliers *pl.*

kombinieren I. *v/t.* combine (*mit* with); **II.** *v/i.* (*folgern*) deduce; *Sport*: combine.

Kombiwagen *mot. m* estate car, *bsd. Am.* station wagon.

Kombüse *f* caboose, (ship's) galley.

Komet *m* comet; ≈**enartig**, ≈**enhaft** *adj.* cometary; *fig.* comet-like, meteoric; ~**enbahn** *f* orbit of a comet; ~**enschweif** *m* tail of a comet.

Komfort *m* comfort, luxury; *mit allem* ~ with all the conveniences; ≈**abel** *adj.* comfortable, luxurious.

Komik *f* comicality; *the* comic; comic touch (*od.* effect), humo(u)r;

the funny side; **ᴗer** *m* comic actor, (*contp.* slapstick) comedian, F comic; F *fig.* clown; **ᴗerin** *f* comic actress.

komisch *adj.* comic(al), funny; (*seltsam, mulmig, verdächtig*) funny, queer, *sl.* rum; (*rührend*) pathetic; *thea.* comic *opera, part, etc.*; *das ᴗe daran* the funny thing about it; **~erweise** *adj.* funnily (*od.* oddly) enough.

Komitee *n* committee.

Komma *n* comma; *im Dezimalbruch*: (decimal) point; *sechs ~ vier* six point four; *null ~ fünf* point five.

Komman|dant *m*, **~deur** *m* commander, commanding officer (*abbr.* C.O.); *e-r Festung*: commandant; **~dantur** *f* commander's office, post headquarters *pl.*; **ᴗdieren** *v/t. u. v/i.* (*befehligen, führen*) command, be in command (of); (*befehlen*) command, order; give the orders; F (*herum ~*) order *a p.* about; *~ zu* detach to, (*einteilen*) detail to (*od.* for); **ᴗdierend** *adj.* commanding *general, etc.*

Kommandit|är *m*, **~ist** ✝ *m* limited partner.

Kommandit|e *f* partly-owned subsidiary, branch; *obs. a.* → **~gesellschaft** *f* limited partnership; *~ auf Aktien* partnership limited by shares.

Kommando ⚔ *n* (*Befehl*) command, order; (*Befehlsgewalt*) command; (*~behörde*) command, headquarters *pl.*; (*Abteilung*) detachment, detail, party; (*~einheit, mit Sonderauftrag*) commando (unit); *das ~ führen* (be in) command; *das ~ übergeben* hand over the command; *das ~ übernehmen* assume (*od.* take over the) command; *~ zurück!* as you were!; *auf* (*ein*) *~* on (a) command; *unter j-s ~* under a p.'s command; *wie auf ~* as if by command; **~brücke** ⚓ *f* (conning-)bridge; **~flagge** *f* command post (*Am.* organization) flag; **~gerät** ✈ *n Flak*: predictor; *Funk*: command set; **~kapsel** *f Raumfahrt*: command module; **~stab** *m* command staff; **~stand** *m* control station; *U-Boot*: tower; **~stelle** *f* command post, headquarters *pl.*; **~trupp** *m* command (unit); **~truppe** *f* Commandos *pl.*, *Am.* Rangers *pl.*; **~turm** ⚓ *m* conning (✈ control) tower; **~wagen** *m* command car.

kommen I. *v/i.* **1.** *allg.* come; (*an ~*) arrive; (*heran ~*) *a.* approach; (*gelangen*) get (*bis* as far as, to); (*sich zutragen*) come (about *od.* to pass), happen; (*resultieren*) result, arise; *spät ~* come late; *angelaufen* (*gefahren usw.*) *~* come running (driving, *etc.*) along *od.* up; *j-n ~ lassen* have a p. come, send for (*od.* call, summon) a p.; (*e-n Gegner usw.*) let a p. come; *laß ihn nur ~!* *drohend*: (just) let him come; et. *~ lassen* (*bestellen*) send for (*od.* order) a th.; *dahin dürfen Sie es nicht ~ lassen* you must not let things get (*od.* go) so far; *fig.* et. *~ sehen* see a th. come, foresee a th.; *weit ~* get far (*mit* with); *wie weit sind Sie gekommen?* how far did you get?; *es ist weit gekommen* things have come to a fine pass!; *es ist so weit gekommen, daß* things have come to such a pass that; *so weit ~, daß* get so far as to *inf.*; *es wird noch so weit ~, daß er betteln muß* we shall see him begging yet; *j-m grob ~* be rude to a p.; *wenn Sie mir so ~* if you talk to me like that; *~ Sie mir nicht mit diesen Worten!* don't give me that line!; *~ Sie mir nicht mit Ihren Ausreden!* none of your excuses!; *ich komme* (*schon*)*!* (I'm) coming!; *er wird bald ~* he will be here soon, F he won't be long; *komm* (*mit*)*!* come (on)!; F *komm, komm!* come, come!, F come off it!; F *na, komm schon!* come on!; *es ~ viele Leute* (*her*) there are many people coming (this way *od.* here); *es kommt ein Gewitter* there is a storm coming up (*od.* brewing); *komme, was da wolle* come what may; *das kommt mir gerade recht!* that's suits me admirably!, that comes in handy!; *es wird noch ganz anders ~* there is worse to come (yet); *wie kommt das?* what's the reason (for that)?, F how come?; *wie* (*od. woher*) *kommt es, daß* how is it that?, why?, F how come?; *das kommt nur daher, daß* it simply comes from *ger.*, that is entirely due to *ger.*; *wie es gerade kommt* as the case may be; *es kam mir* (*der Gedanke*), *daß* it struck (*od.* occurred to) me that; *wer zuerst kommt, mahlt zuerst* first come, first served; **2.** *mit prp.*: *~ an* (*gelangen zu*) come (*od.* get) to, arrive at; (*fallen an*) go (*od.* fall, come) to; *an j-s Stelle ~* succeed a p., take a p.'s place; → *a. Reihe, unrecht* I *usw.*; *~ auf* (*herausfinden*) (come to) think of, hit upon; (*sich besinnen*) *a.* remember; *auf soundsoviel ~* come (*od.* amount) to, total; *auf die Rechnung ~* go (*od.* be put) on; *das kommt* (*steht*) *auf*

Seite 12 that comes (*od.* is) on page 12; *auf et. zu sprechen* ~ come to speak of a th.; *wie kommst du darauf?* what makes you think (*od.* say) that?; *darauf wäre ich nie gekommen* it would never have occurred to me, I would never have thought of that; *ich komme nicht darauf!* I can't make it out!, F it's got me stumped!; *darauf komme ich gleich* (*od. noch*)*!* I am coming to that!; *auf jeden Jungen kommen zwei Äpfel* there are two apples to each boy, each boy gets two apples; *auf j-n nichts* ~ *lassen* defend a p. staunchly; *auf et. nichts* ~ *lassen* swear by a th.; → *a. Geschmack 2, Kosten, Schliche*; *aus gutem Hause* ~ come of a good family; → *a. Mode, Sinn usw.*; *durch e-e Stadt usw.* ~ pass (*od.* come) through; *hinter et.* ~ find a th. out, discover a th.; ~ *in* come (*od.* get, go) into, enter; *in andere Hände* ~ pass into other hands; *das Buch kommt in die Kiste* the book goes into the box; → *a. Verlegenheit usw.*; ~ *nach* come (*od.* get) to; *in der Reihenfolge*: come after (*od.* next to); *wie komme ich nach ...?* how can I get to ...?; ~ *über* (*reisen über*) come via *Berlin*; *fig.* (*befallen*) befall, *Gefühl usw.*: *a.* come over *a p.*; *über j-s Lippen* ~ escape a p.'s lips; *um et.* ~ *das man besitzt*: lose, be deprived (*od.* robbed) of, F be done out of, *das man erwartet*: be disappointed (*od.* cheated) of; *ums Leben* ~ lose one's life, perish; ~ *unter* (*e-e Überschrift usw.*) go under; (*e-m Paragraphen*) appear under; *unter die Leute* ~ *Person*: mix with people; ~ *von* (*e-m Land usw.*) come from; (*herrühren von*) come from, be due (*od.* owing) to, be caused by; *der Wind kommt von Westen* the wind is in the west; F *das kommmt davon!* serves you right!; ~ *vor* come (*od.* go) before; *vor den Richter* ~ come before the judge; *vors Gericht* ~ *Sache*: come up before the court; *zu et.* ~ come (*od.* get) to a th.; (*bekommen*) come by (*od.* get) a th., (*erben*) come into *a fortune*; *zur Ansicht* ~, *daß* come to the conclusion that, decide that; *zur Beratung od. Sprache* ~ come up (for discussion); (*wieder*) *zu sich* ~ come to (*od.* round); *wie bist du dazu ge*~*?* how did you come by it?; *wie kamst du nur dazu* (*,dies zu tun*)*?* how did you come to do that?, whatever made you do that?; *sollte es zum Geschäft* ~ if business should result; *es kam zum Streit* they (*od.* we) quarrel(l)ed; *wie* ~ *sie dazu?* how dare you?; *hinzu kommt* (*noch*), *daß* add to this that; → *a. Kraft, Ohr, Sache usw.*; **II.** ≗ *n* coming; arrival; advent; *das* ~ *und Gehen* the coming and going; *im* ~ coming, under way; *fig. a.* on the march, on the way up, in the making, *Sache*: under way, F in the pipeline; **~d** *adj.* coming; (*zukünftig*) *a.* future; (*nahend*) approaching, forthcoming; ~*es Jahr, im* ~*en Jahr* next year, (in) the coming year; *in* (*den*) ~*en Jahren* in (the) years to come; *der* ~*e Mann* the coming man; *die* ~*e Generation* the rising (*od.* oncoming) generation; ~*e Geschlechter* future generations.

Komment|ar *m* commentary; *bsd. weitS.* comment; *kein* ~*!*, ~ *überflüssig!* no comment!; **~ator** *m* commentator; (*Schreiber von Fußnoten*) *a.* annotator; **≗ieren** *v/t.* comment (up)on; annotate *books, etc.*

Kommers *m* students' ceremonial drinking-session; **~buch** *n* students' song-book.

Kommerz *m* commerce.

kommerzialisier|en *v/t.* commercialize; (*Schuld*) convert into a negotiable loan; **≗ung** *f* commercialization.

kommerziell *adj.* commercial.

Kommerzienrat *m* councillor of commerce.

Kommiliton|e *m*, **~in** *f* fellow student.

Kommis *m* → *Handlungsgehilfe*.

Kommiß ⚔ *m* military service, (life in the) army; *in Zssgn* Army ..., *Am.* G.I. ...

Kommissar *m* commissioner; *hist. in Rußland*: commissar; (*Polizei*≗) (police) superintendent; (*Kriminal*≗) (detective) superintendent; **~iat** *n* commissionership; (*Behörde*) commissioner's, *etc.* office (→ *Kommissar*); **≗isch** *adj.* provisional, temporary; (*stellvertretend*) deputy ...; (*amtierend*) acting.

Kommißbrot *n* army bread, *Am.* G.I. bread.

Kommission *f* (*Ausschuß*; ☤ *Auftrag, Provision*) commission; *e-e* ~ *berufen* set up a commission; ☤ *in* ~ on commission, in consignment; **~är** *m* ☤ (commission) agent; *Buchhandel*: wholesale bookseller; (*Dienstmann*) commissionaire.

Kommissions...: **~basis** *f*: *auf* ~ on a commission basis, on commission; **~gebühr** *f* commission; **~geschäft** *n* commission business; **~kaufmann** *m* commission merchant; **~lager** *n* consignment stock; **~verkauf** *m* sale on commission; **≈sweise** *adv.* on commission.

Kommode *f* chest of drawers, *Am.* bureau.

Kommodore *m* commodore.

kommunal *adj.* municipal, communal, local; **≈abgaben** *f/pl.* local rates (*Am.* taxes); **≈anleihe** *f* municipal loan; **≈bank** *f* municipal bank; **≈beamte(r)** *m* municipal officer; **~isieren** *v/t.* communalize; municipalize; **≈politik** *f* local politics *pl.*; *konkret*: municipal policy; **≈steuer** *f* local rate (*Am.* tax); **≈verwaltung** *f* municipal administration; local government; **≈wahl** *f* local (*od.* municipal) election.

Kommun|e *f* (*Gemeinde*) community; municipality; (*Lebensgemeinschaft*) commune; F *contp.* (*die Kommunisten*) *the* Reds *pl.*; *hist. the* (Paris) Commune; **~arde** *m* person living in a commune.

Kommunikant *R.C. m* communicant.

Kommunikation *f allg.* communication; **~smittel** *n* means of communication; (*Radio, TV, Zeitung usw.*) (mass) communication medium (*pl.* media); **~sschwierigkeiten** *f/pl.* lack *sg.* of communication; **~swissenschaft** *f* (science of) communication.

Kommunion *R.C. f* (Holy) Communion; **~s...** *in Zssgn* communion ...

Kommuniqué *n* communiqué.

Kommunis|mus *m* communism; **~t(in** *f*) *m* Communist; **≈tisch** *adj.* communist; *~e Partei* Communist Party.

kommunizieren *v/i.* communicate, receive the Holy Communion; **~d** *adj.* ⊕ communicating *pipes, etc.*

Kommut|ator ⚡ *m* commutator; **≈ieren** *v/t.* commute, ⚡ *mst* commutate.

Komödiant *m*, **~in** *f* actor, comedian (*f* actress, comedienne); *fig. contp.* play-actor; (*Heuchler*) hypocrite; **≈enhaft** *adj.* theatrical.

Komödie *f* comedy; *fig.* farce; (*Verstellung*) F act; *fig. ~ spielen* play-act, sham, F (put on an) act; **~ndichter** *m*, **~nschreiber** *m* comedy-writer, comic playwright.

Kompagnon *m* partner, associate.

kompakt *adj.* compact; **≈heit** *f* compactness.

Kompanie *f* company; **~chef** *m*, **~führer** *m* company commander; **~geschäft** † *n* partnership.

Komparativ *m*, ≈ *adj. ling.* comparative.

Kompars|e *m thea.* supernumerary, F super, *Film*: *a.* extra; **~erie** *f* supernumeraries *pl.*, F supers *pl.*

Kompaß *m* compass; *nach ~ marschieren usw.* by compass; **~abweichung** *f* compass deviation; **~häuschen** ⚓ *n* binnacle; **~nadel** *f* compass (*od.* magnetic) needle; **~peilung** *f* compass bearing; **~rose** *f* compass card; *Seekarte*: compass rose; **~strich** *m* point of the compass.

Kompendium *n* compendium; abstract; (*Handbuch*) manual.

Kompensation *f allg., a.* ⚡, ⚗, *psych.* compensation; **~sabkommen** *n* barter arrangement; **~sgeschäft** *n* barter (transaction).

Kompensator ⚡ *m* compensator, potentiometer; **≈isch** *adj.* compensatory.

kompensieren *v/t.* compensate for (*a. psych.*), offset, counterbalance; ⚡, ⚗ compensate.

kompetent *adj.* (*maßgeblich*) competent, authoritative; (*zuständig*) responsible, competent; ⚖ having jurisdiction; (*befähigt*) qualified, competent (*für* for).

Kompetenz *f* (→ *kompetent*) competence; ⚖ *mst* jurisdiction; authority; responsibility; *in die ~ gen. fallen* be the responsibility of, ⚖ come under the jurisdiction of; *s-e* (*j-s*) *~ überschreiten* exceed one's (a p.'s) authority; **~bereich** *m* (sphere of) competence *od.* (⚖) jurisdiction; **~konflikt** *m*, **~streit(igkeiten** *f/pl.*) *m* dispute about competence; ⚖ conflict of jurisdiction.

Kompil|ation *f* compilation; **~ator** *m* compiler; **≈ieren** *v/t.* compile.

komplementär I. *adj.* complementary; **II.** ≈ † *m* general partner; **≈farbe** *f* complementary colo(u)r.

komplett *adj.* complete; F *contp. a.* utter; **~ieren** *v/t.* (make) complete.

Komplex *m* complex (*a. psych.*, ⚗, 🏛 *usw.*), group, set; (*Fragen≈*) complex of questions; (*Gebäude≈, Industrie≈*) (building, industrial) complex; **II.** ≈ *adj.* complex.

Komplice *m* accomplice; **≈nhaft** *adj.*: *~er Blick* glance of complicity.

Komplikation *f* complication.

Kompliment *n* compliment; (*mein*) *~!* my compliments!, congratulations!; → *haschen*[1] II; *j-m ~e machen* → *komplimentieren* 1; **˜ieren** *v/t.* **1.** compliment *a p.* (*zu* on), make compliments to; **2.** *j-n ins Haus usw. ~* usher *a p.* into.

komplizier|en *v/t.* complicate; *sich ~* become (more) complicated; *das kompliziert die Sache* that complicates matters; **~t** *adj.* complicated, intricate; complex *character, etc.*; ⚕ *~er Bruch* compound fracture; **˜theit** *f* complexity.

Komplott *n* plot, conspiracy; *ein ~ schmieden* → **˜ieren** *v/i.* (lay a) plot, conspire (*gegen* against).

Komponente *f allg.* component; *fig. a.* element, factor.

kompon|ieren *v/t. u. v/i.* compose (*a. paint. etc*), write *a song, etc.*; **˜ist** *m* composer.

Komposition *f* composition (*a. paint.*); (*Übersetzung*) version; *typ.* page make-up, *bsd. Am.* layout; **~slehre** *f* (theory of) composition.

Kompositum *ling.*, ⚕ *n* compound.

Kompost(**erde** *f*) *m* compost.

Kompott *n* stewed fruit, compote, *Am. a.* sauce; **~schale** *f*, **~schüssel** *f* compote (*od.* fruit-)dish.

Kompresse *f* compress.

Kompressor *m* ⊕ compressor; *mot.* supercharger; **~motor** *m* supercharged engine.

komprimieren *v/t.* compress; (*Gase usw., a. fig. Buch usw.*) condense.

Kompromiß *m, n* compromise; *ein*(*en*) *~ schließen* (make a) compromise (*über* on); **˜los** *adj.* uncompromising; **~lösung** *f* compromise solution; **~vorschlag** *m* compromise proposal.

kompromittieren *v/t.* compromise (*sich* o.s.).

Komtesse *f* daughter of a count, countess.

Komtur *m* Commander.

Kondens|at *n* condensate; **~ation(s…)** *f* condensation (…); **~ator** *m* ⚡ capacitor, *bsd.* ⊕, ⚗ condenser; **˜ieren** *v/t.* condense; **~ierung** *f* condensation; **~milch** *f* evaporated milk; **~streifen** ✈ *m* condensation trail, contrail; **~wasser** *n* water of condensation.

Kondition *f* condition; *Sport*: *a.* F shape, trim.

Konditional *ling.* **I.** *m* conditional (mood); **II.** **˜** *adj.* conditional; **~satz** *m* conditional clause.

kondition|ell *adj., adv. Sport*: as regards condition; **~ieren** *v/t. allg.* condition.

Konditions…: **~schwäche** *f* lack of condition; **˜stark** *adj.* of great stamina; **~training** *n* fitness training, *Am.* conditioning.

Konditor *m* confectioner, pastry-cook; **~ei** *f* confectionery; café; **~waren** *f/pl.* confectionery *sg.*, pastry *sg.*

Kondolenz *f* condolence; **~besuch** *m* (**~brief** *m*) visit (letter) of condolence.

kondolieren *v/i.* condole (*j-m* with a p.), express one's sympathy (with).

Kondom *n* condom.

Kondor *m* condor.

Kondukteur *m* → *Schaffner*.

Konfekt *n* chocolates *pl.*, sweets *pl.*, sweetmeats *pl.*, *Am.* soft candy.

Konfektion *f* (manufacture of) ready-made clothing; **~är** *m* manufacturer (of ready-made clothing); *weitS.* outfitter; **˜ieren** *v/t.* manufacture.

Konfektions…: **~abteilung** *f* ready-made (clothes) department; **~anzug** *m* ready-made (suit), ready-to-wear (suit), F reach-me-down, *Am.* hand-me-down; **~geschäft** *n* ready-made clothes shop; **~waren** *f/pl.* ready-made (*od.* ready-to-wear) clothes.

Konferenz *f* conference; **~dolmetscher** *m* conference interpreter; **~saal** *m* conference room; **~schaltung** ⚡ *f* conference circuit; **~teilnehmer**(**in** *f*) *m* member of the conference, *Am. a.* conferee; **~tisch** *m* conference table.

konferieren *v/i.* **1.** confer, deliberate (*über* on); **2.** *thea.* (*a. v/t.*) compère, *Am.* emcee.

Konfession *f* confession (of faith), (religious) creed; (*Kirche*) denomination; **˜ell** *adj.* confessional, denominational; **˜slos** *adj.* undenominational; *Person*: unaffiliated; **~sschule** *f* denominational school.

Konfetti *n* confetti.

Konfirmand *m*, **~in** *f* candidate for confirmation, confirmee; **~enunterricht** *m* confirmation classes *pl.*

Konfirmation *eccl. f* confirmation.

konfirmieren *v/t.* confirm.

konfiszier|en *v/t.* confiscate, seize; **˜ung** *f* confiscation.

Konfitüre *f* jam, preserves *pl.*

Konflikt *m*: (*bewaffneter, innerer ~* armed, inner) conflict; *in ~ geraten* come into conflict (*mit* with), *mit*: *a.* clash with; **~situation** *f* conflict situation.

Konföderation *f* confederacy.

konform *adj.* conforming (*mit od.*

dat. to), concurring (with), in conformity (with); ~ *gehen* be in agreement, agree, concur (*mit* with); **≈ismus** *m* conformism; **≈ist** *m*, **~istisch** *adj.* conformist; **≈ität** *f* conformity.

Konfront|ation *f allg.* confrontation; **≈ieren** *v/t. allg.* confront (*mit* with).

konfus *adj.* confused; *Person:* *a.* muddle-headed, muddled.

Konfusion *f* confusion, muddle.

kongenial *adj.* congenial, like-minded, sympathetic(ally *adv.*).

Konglomerat *n* conglomerate.

Kongoles|e *m*, **~in** *f*, **≈isch** *adj.* Congolese.

Kongreß *m* congress; *Am.* (*Partei≈ usw.*) convention; *der Amerikanische* ~ the Congress of the U.S.A.; **~halle** *f* congress hall; **~teilnehmer(in** *f*) *m* member of a congress, congress member.

kongru|ent ⩓ *adj.* congruent, perfectly equal; **≈enz** *f* congruence; **~ieren** *v/i.* be congruent.

König *m* king (*a. im Spiel*); *fig.* ~ *des Jazz* King of Jazz; *eccl. die Heiligen Drei* ~*e* the (three) Magi; *zum* ~ *machen* make (a) king, raise to the throne; **~in** *f* queen (*a. im Spiel u. zo.*); **~inmutter** *f* queen mother; **~inwitwe** *f* queen dowager; **≈lich I.** *adj.* royal; *Benehmen usw.*: kingly; *Insignien, Vorrechte*: regal; *Geschenk usw.*: princely, handsome; *Mahl*: sumptuous; *von* ~*em Blute* of royal blood; **II.** *adv.*: *j-n* ~ *bewirten* entertain a p. lavishly; *sich* ~ *freuen* feel as happy as a king, be as pleased as Punch; *sich* ~ *amüsieren* enjoy o.s. immensely (*od.* royally); *die* **~lichen** *pl.* the Royalists; **~reich** *n* kingdom (*a. eccl.*), *rhet.* realm.

Königs...: **~adler** *m* golden eagle; **≈blau** *adj.* royal blue; **≈gelb** *adj.* chrome-yellow; **~haus** *n* royal dynasty *od.* family; **~hof** *m* royal court; **~kerze** ⚘ *f* mullein; **~krone** *f* king's (*od.* royal) crown; **~läufer** *m Schach*: king's bishop; **~schloß** *n* royal castle; **~tiger** *zo. m* Bengal tiger; **~treue(r** *m*) *f* royalist; **~wasser** ⚗ *n* aqua regia; **~würde** *f* royal dignity, kingship.

Königtum *n* **1.** monarchy; **2.** → *Königswürde*.

konisch *adj.* conic(al); ⊕ *a.* taper(ed); ~*e Bohrung* taper bore.

Konju|gation *ling.*, *biol. f* conjugation; ~*s...* conjugational; **≈gieren** *v/t.* conjugate (*a.* ⩓, ⚗, ⚡).

Konjunktion *ling. f* conjunction; **≈al** *adj.*, **~al...** conjunctional.

Konjunktiv *ling. m* subjunctive (mood); **≈isch** *adj.* subjunctive.

Konjunktur ⚚ *f* (*Wirtschaftslage*) economic situation (*od.* activity), business outlook (*od.* trend); (~*kreislauf*) business (*od.* trade, economic) cycle; (*Hoch≈*) boom, peak prosperity; *fig.* favo(u)rable climate, boom; *sinkende* (*od. rückläufige*) ~ → **~abschwächung** *f* downward movement, downswing, declining economic activity; **~anstieg** *m* upward trend, upswing, (business) revival; **~ausgleich** *m* compensation for cyclical fluctuations; **~barometer** *n* business barometer; **≈bedingt** *adj.* cyclical; **~bewegung** *f* trade cycle, trend; **≈dämpfend** *adj.* countercyclical; **≈ell** *adj.* cyclical (*a.* ~ *bedingt*); economic, business *trend, etc.*; **~entwicklung** *f* economic development (*od.* trend); **~forschung** *f* business research; **~phase** *f* phase of the trade cycle; **~politik** *f* trade cycle policy; **≈politisch** *adj.* cyclical, economic(ally *adv.*); **~ritter** *m* opportunist, profiteer; **~rückgang** *m* → *Konjunkturabschwächung*; **~schwankungen** *f/pl.* cyclical (*od.* business) fluctuations; **~spritze** F *f* F shot in the arm; **~überhitzung** *f* overheating of the economic climate, excessive boom; **~verlauf** *m* business cycle; economic trend; **~zyklus** *m* business (*od.* trade) cycle.

Konkordat *n* concordat.

konkret *adj. allg.* concrete; (*greifbar*) *a.* tangible, actual, practical; (*genau*) *a.* definite, precise; ~*e Formen annehmen* assume concrete forms; *adv.* ~ *gesprochen* in terms of fact; **~isieren** *v/t.* put in concrete form (*od.* terms), concretize; *sich* ~ take shape, materialize.

Konkubin|at *n* concubinage; **~e** *f* concubine.

Konkurrent(in *f*) *m* ⚚, *Sport usw.*: competitor, rival.

Konkurrenz *f* **1.** (*Wettbewerb*) competition, rivalry; ⚚ *starke* (*od. scharfe*) ~ keen (*od.* stiff) competition; *unlautere* (*mörderische*) ~ unfair (cut-throat) competition; *j-m* ~ *machen* compete with a p., enter into competition with a p.; **2.** (*Konkurrent, mst coll. die Konkurrenten*) competitor(s *pl.*), rival(s *pl.*), rival firm(s *pl.*); **3.** *Sport*: (*Wettkampf*) event, competition, contest; (*Rivale*) competitor(s *pl.*); *außer* ~ hors concours (*fr.*), as a non-official competitor; **4.** ⚖ concurrence; **≈fähig** *adj.* competitive, able to compete; **~fähigkeit** *f* competitive position, competitiveness; **~firma** *f*, **~geschäft** *n* rival firm, competition; **~kampf** *m* competition, (trade) rivalry; **~klausel** *f* restraint clause; **≈los** *adj.* **1.** without competition; **2.** matchless, unrival(l)ed, unbeatable; **~neid** *m* professional jealousy; **~preis** *m* competitive price; **~verbot** *n* (agreement in) restraint of trade.

konkurrieren *v/i.* compete (*mit* with; *um* for), rival (*a th.*, *a p.*; for); **~d** *adj.* competing, competitive, rival ...; ⚖ concurrent; ⚖ *~es Verschulden* contributory negligence.

Konkurs ✝ *m* bankruptcy, insolvency, failure; *~ anmelden* file a petition in bankruptcy; *in ~ gehen* (*od. geraten*), *~machen* go bankrupt, become insolvent; *den ~ eröffnen über j-n* adjudicate a p. bankrupt; **~antrag** *m* petition in bankruptcy; **~delikt** *n* bankruptcy offen|ce, *Am.* -se; **~erklärung** *f* declaration of insolvency; **~eröffnung** *f* adjudication in bankruptcy; **~forderung** *f* claim against a bankrupt's estate; **~gericht** *n* bankruptcy court; **~gläubiger(in** *f*) *m* creditor of a bankrupt's estate; **~masse** *f* bankrupt's estate, assets *pl.* (of a bankrupt); **~verfahren** *n*: *das ~ eröffnen* institute bankruptcy proceedings; **~verwalter** *m vom Gericht eingesetzter*: (official) receiver (*od.* liquidator); *von Gläubigern eingesetzter*: trustee in bankruptcy.

können I. *v/t.*, *v/i.*, *v/aux.* **1.** (*vermögen*) be able to *inf.*, be capable of *ger.*; be in a position to *inf.*; *ich kann* I can; *nicht ~* be unable (*od.* at a loss) to *inf.*; *ich kann nicht* I cannot, I can't; *er hätte es tun ~* he could have done it; *ich weiß, was du kannst* I know what you can do; *ich kann nicht mehr* I can't go on, I am at the end of my tether; *er schrie, was er konnte* he screamed with all his might; *er tut, was er kann* he does his best; *man kann nie wissen* you never can tell, there is no telling; **2.** (*dürfen*) be allowed (*od.* permitted) to *inf.*; *er kann gehen* he may (*od.* can) go; *du kannst nicht hingehen* you may not (*od.* cannot) go there; *Sie ~ es glauben* you may believe me; **3.** (*Möglichkeit, Wahrscheinlichkeit*) *das kann sein* that may be (so), that's possible; *es kann nicht sein* it is impossible; *ich kann mich auch täuschen* I may be mistaken; *du könntest recht haben* you might be right; **4.** (*beherrschen, gelernt haben*) know, understand, be proficient in; *eine Sprache ~* know (*od.* have command of) a language; *er kann schwimmen* he can (*od.* knows how to) swim; *er kann das* he knows how to do that; *er kann etwas* he is a capable fellow, F he knows his stuff; *er kann nichts* he can do nothing, he doesn't know a thing; **5.** (*schuld sein*) *ich kann nicht anders* I can't help it; *ich kann nichts dafür* it isn't my fault, I can't help it; *er kann nichts dafür, daß er* he can't help *ger.*; **II.** **≈** *n* ability; skill, efficiency, prowess; knowledge.

Könner *m* very able man (*od.* actor, player, *etc.*); master (hand), expert, F crack, ace.

Konnex *m* connection, nexus.

Konnossement ✝ *n* bill of lading.

konsequen|t *adj.* (*folgerichtig*) consequent, logical; (*grundsatzgetreu*) consistent; (*kompromißlos*) uncompromising(ly *adv.*); (*beharrlich*) persistent, firm; (*entschlossen*) resolute; (*gründlich*) thorough, systematic; *~ bleiben* stand firm, F stick to one's guns; **~terweise** *adv.* logically; **≈z** *f* (*Folgerung*) conclusion, consequence; (*Zielstrebigkeit*) consistency; (*Entschlossenheit*) resolution; (*Folge, Ergebnis*) consequence; *mit eiserner ~* resolutely; *bis zur äußersten ~* a) to the bitter end; b) regardless of the consequences; *die ~(en) ziehen* draw one's conclusions (*aus* from), act accordingly, do the obvious thing; *die ~en tragen* bear the consequences, F face the music.

Konserva|tismus *m* conservatism; **≈tiv** *adj.*, **~tive(r** *m*) *f* conservative.

Konservator *m* curator; **~ium** ♪ *n* academy of music, conservatoire, *bsd. Am.* conservatory.

Konserve *f* preserve(d food); *~n* tinned (*bsd. Am.* canned) foods; **~nbüchse** *f*, **~ndose** *f* tin, *bsd. Am.* can; **~nfabrik** *f* tinning factory, *Am.* cannery; **~nglas** *n* preserving jar; **~nmusik** F *f* canned music.

konservier|bar *adj.* preservable; **~en** *v/t.* (*a. sich ~*) preserve (*a. Gebäude usw.*); *in Büchsen*: tin, *Am.* can; **≈ung** *f* preservation; **≈ungsmittel** *n* preservative.

Konsi|gnant ✝ *m* consignor; **~gnatär** *m* consignee; **~gnation** *f*: (*in ~* on) consignment; **~gnationslager** *n* consignment stocks *pl.*; *weitS.* commission agency; **~gnieren** *v/t.* consign.

Konsilium *n* council.

konsisten|t *adj.* consistent; **~z** *f* consistency.

Konsistorium *n* consistory.

Konsole ⚠, ⊕ *f* console, bracket, pedestal, support.

konsolidier|en *v/t. u. v/refl.*: (*sich* ~) *allg.* consolidate; † *konsolidierte Staatspapiere* → *Konsols*; *konsolidierte Schuld* funded debt; **~ung** *f* consolidation.

Konsols † *pl.* consols, *Am.* consolidated government bonds.

Konsonant *ling. m* consonant; **~enhäufung** *f* consonant cluster; **~enwechsel** *m* consonantal change; **~isch** *adj.* consonantal.

Konsorten *m/pl.* **1.** † members of an underwriting syndicate, *Am.* participants; ⚖ *Braun u.* ~ Brown and associates, Brown et al.; **2.** F *contp.* (*Freunde*) clique *sg.*, gang *sg.*; *üble* ~ F bad lot.

Konsortial|bank † *f* member bank (of a syndicate); **~geschäft** *n* syndicate transaction.

Konsortium † *n* (underwriting) syndicate, group.

konspirieren *v/i.* conspire, plot.

konstant *adj. allg.* constant (*a. phys.*, ⅍); consistent, steady; *Kosten, Einkommen*: fixed; ~*e Größe* constant; ~ *halten* keep constant, maintain; **~e** *f* ⅍, *phys.* constant (factor *fig.*).

konstatieren *v/t. allg.* state.

Konstellation *ast.*, ⚹ *f* constellation (*a. fig.*).

konsterniert *adj., adv.* taken aback, dismayed, stupefied.

konstituieren *v/t.* (*u. sich* ~) constitute (o.s.), organize (o.s.); *parl.* assemble, convene; *das Haus konstituiert sich* (*als Ausschuß*) the House resolves itself into a committee; ~*de Versammlung* constituent assembly.

Konstitution *pol.*, ⚹ *f* constitution; **~ell** *adj.* constitutional.

konstruieren *v/t.* ⊕ design; (*bauen*) construct (*a.* ⅍); *ling.* construe; (*aufgliedern*) analyze; *fig.* fabricate, invent; *fig. konstruierter Fall* fictitious (*od.* hypothetical) case.

Konstrukteur *m* (technical) designer, designing engineer.

Konstruktion *f* construction (*a.* ⅍, *ling. u. fig.*); (*Entwurf, Bauart*) design.

Konstruktions...: **~änderung** *f* design change; **~büro** *n* drawing office, *Am.* drafting room; **~fehler** *m* constructional flaw (*od.* defect); faulty design; **~merkmal** *n* constructional feature; **~technisch** *adj.* constructional; **~teil** *n* structural component, element; **~zeichner** *m* draughtsman, *Am.* draftsman; designer; **~zeichnung** *f* workshop (*od.* production, detail) drawing.

konstruktiv *adj.* ⊕ constructional, design ...; *fig.* constructive.

Konsul *m* consul.

Konsu|lar...: *in Zssgn*, **~larisch** *adj.*, **~lats...** consular.

Konsulent *m* (legal) adviser.

Konsult|ation *f* consultation; **~ativ** *adj.* consultative; **~ieren** *v/t.* consult.

Konsum *m* **1.** consumption (*a. fig.*); **2.** F → a) *Konsumgenossenschaft*; b) *Konsumgeschäft*; **~ent(in** *f*) *m* consumer; **~genossenschaft** *f* consumer co-operative (society), F co-op; **~geschäft** *n* co-operative store, F co-op; **~gesellschaft** *f* consumer society; **~güter** *n/pl.* consumer goods; **~idiot** F *m* brainwashed consumer; **~ieren** *v/t.* consume (*a. fig.*); **~verein** *m* → *Konsumgenossenschaft.*

Kontakt *m* contact (*a.* ⚡); *fig. enger* ~ close contact(s); ⚡ *den* ~ *herstellen* (*unterbrechen*) make (break) the contact; *fig. mit j-m* ~ *aufnehmen* establish contact with a p., get in touch with a p.; *mit j-m in* ~ *stehen* be in contact (*od.* touch) with a p.; **~abzug** *phot. m* contact print; **~arm** ⚡ *m* wiper; *Bus*: trolley pole; **~arm** *adj. Person*: lacking social contacts, unsociable, friendless, F not a good mixer; **~aufnahme** *f* establishing of contact; **~er** *m Werbung*: contact man; **~fähig, ~freudig** *adj. Person*: sociable, able to make friends easily, F a good mixer; **~fläche** *f* surface of contact; **~gift** *n* contact poison; **~linse** *opt. f* contact lens; **~mann** *m* (*Agent usw.*) contact; **~mine** *f* contact mine; **~person** *f bsd.* ⚹ contact; **~pflege** *f* (maintenance of) human relations *pl.*; **~schalter** *m* contact switch; **~schwierigkeiten** *f/pl.* difficulties in establishing personal contacts; **~strom** ⚡ *m* contact current.

Konten|plan † *m* chart of accounts; **~sparen** *n* saving through accounts.

Konter F *m* → *Konterschlag*; **~admiral** *m* Rear Admiral; **~bande** *f* contraband; **~fei** *n* portrait, likeness; **~n** *v/t. u. v/i. Boxen u. fig.*: counter; **~revolu-**

tion *f* counter-revolution; **~schlag** *m Boxen usw.*: counter; *fig.* counter-blow.

Kontext *m* context.

Kontinent *m* continent; *der (europäische)* ~ the Continent; **⁀al** *adj.* continental; **⁀aleuropäisch** *adj.* Continental; **~alsockel** *m* continental shelf; **~sperre** *hist. f* Continental System.

Kontingent *n bsd.* ⚔ contingent; ⚕ *(Zuteilung) a.* quota, share, allotment; *(Abzulieferndes)* delivery percentage, commitments *pl.*; **⁀ieren** *v/t.* fix the quota for; *(beschränken)* make subject to a quota, limit; *(rationieren)* ration; *(nicht) kontingentierte Einfuhren* (non-) quota imports; **~ierung** *f* fixing of quotas, *etc.*, allotment; restriction, limitation.

kontinuierlich *adj.* continuous.

Kontinuität *f* continuity.

Konto ⚕ *n* account; *(Bank⁀)* bank account; *laufendes (überzogenes)* ~ current (overdrawn) account; *ein* ~ *ausgleichen* settle (*od.* balance) an account; *ein* ~ *belasten* charge (*od.* debit) an account; *ein* ~ *eröffnen* open an account (*bei* with; *zugunsten von* in favo[u]r of); *ein* ~ *führen* keep an account; *auf* ~ *von* chargeable to the account of; *fig. das geht auf sein* ~ that's his doing, *b.s. a.* that's his fault, he is to blame for it; **~auszug** *m* statement of account; **~buch** *n* **1.** account book; **2.** *des Kunden*: → **~gegenbuch** *n* pass (*Am.* deposit) book; **~inhaber(in** *f*) *m* account holder; **~korrent** *n* current account; *Am.* account current; **~korrentgeschäft** *n*, **~korrentverkehr** *m* deposit banking; current account business.

Kontor *n* office; *fig. Schlag ins* ~ unpleasant surprise, blow.

Kontorist(in *f*) *m* (female *f*) clerk.

kontra I. *prp.*, *adv.* against, contra; *bsd.* ⚖ *u. fig.* versus (*abbr.* vs.); **II.** ⁀ *n*: ~ *geben Kartenspiel*: double; *fig.* give *a p.* tit for tat; **⁀-Alt** ♪ *m* contralto; **⁀baß** ♪ *m* contrabass, double-bass; **⁀fagott** *n* double bassoon, contrabassoon.

Kontra|hent *m* ⚖ contracting party, contractor; *fig.* opponent; **⁀hieren** *v/t. u. v/i. allg.* contract.

Kontrakt *m* contract, agreement; *einen* ~ *(ab)schließen* make (*od.* enter into) a contract; **~...**, **⁀...** *in Zssgn* → *Vertrag(s)..., vertrag(s)...*

Kontrapunkt ♪ *m* counterpoint; **⁀ierend**, **⁀isch** *adj.* contrapuntal.

konträr *adj.* contrary, opposite, antithetical.

Kontrast *m* contrast; *e-n* ~ *bilden zu* → **⁀ieren** *v/i.*: ~ *mit* contrast with, form a contrast to; **~brei** *m*, **~mahlzeit** ⚕ *f* opaque meal; **⁀reich** *adj.* rich in contrast; *phot.* high-contrast ...

Kontrollabschnitt *m* counterfoil, *Am. a.* stub.

Kontrollampe *f* → *Kontrolleuchte.*

Kontroll|ausschuß *pol. m* supervisory committee; **~beamte(r)** *m* → *Kontrolleur.*

Kontrolle *f (Aufsicht)* supervision; *(Prüfung)* check(ing); *von Gepäck usw.*: inspection; *(Überwachung, a. Beherrschung)* control; *unter ärztlicher* ~ under medical supervision; *unter* ~ *haben allg.* (have under) control, be in control of, have *the situation, etc.* well in hand; *die* ~ *verlieren über* lose control of; *er verlor die* ~ *über s-n Wagen (s-e Leute) a.* his car (his men) got out of hand; *die Lage ist unter* ~ the situation is (safely) in hand (*od.* under control).

Kontrolleuchte *f* ⊕, *mot.* tell-tale (*od.* warning) light, pilot lamp (*od.* light); *(Handleuchte)* inspection lamp.

Kontrolleur *m* controller, supervisor; 🚂 *usw.* inspector, conductor.

Kontroll...: **~gang** *m* round; *Polizei*: beat; **~gerät** *n* controlling device, *bsd. TV* monitor.

kontrollier|bar *adj.* checkable; control(l)able; *schwer* ~ difficult to check (*od.* to keep a check on); **~en** *v/t. (beaufsichtigen)* supervise; *(nachprüfen)* check, *(Gepäck usw.)* inspect; *(Richtigkeit)* verify; ⚕ *(Bücher)* audit; *(überwachen, a. beherrschen)* control.

Kontroll...: **~karte** *f* time-card; **~maßnahmen** *f/pl.* control(l)ing measures; **~muster** *n* check sample; **~nummer** *f* check number; **~organ** *pol. n* control(l)ing body; **~punkt** *m* check-point; **~rat** *hist. m* (Allied) Control Council; **~schein** *m* → *Kontrollabschnitt*; **~stelle** *f* → *Kontrollpunkt*; **~stempel** *m* check mark; **~turm** ✈ *m* control tower; **~uhr** *f* tell-tale clock; *für Arbeitszeit*: time clock; **~versuch** *m* control test; **~zettel** *m* check slip.

kontrovers *adj.* controversial; **⁀e** *f* controversy, dispute.

Kontur *f* contour, outline; *(Stadtsilhouette)* skyline; **⁀ieren** *v/t.* outline; **~zeichnung** *f* outline drawing.

Konus *m allg.* cone; ⊕ *a.* taper.

Konvaleszenz ⚕ *f* convalescence.
Konvektion *phys. f* convection.
Konvent *m* convention, meeting; (*Kloster*) convent.
Konvention *f* convention, agreement; *gesellschaftliche*: (social) convention, *pl.* (*Etikette*) *a.* conventional proprieties; **~alstrafe** *f* penalty (for non-performance); **∻ell** *adj. allg.* conventional.
konvergieren *v/i.* converge; **~d** *adj.* convergent.
Konversation *f* conversation; **~slexikon** *n* (universal) encyclop(a)edia; **~sstück** *thea. n* comedy of manners.
konversieren *v/i.* converse.
konvertier|bar ⚚ *adj.* convertible; **∻barkeit** *f* convertibility; **~en** ⚚ *v/t. u.* (*eccl.*) *v/i.* convert (*zu* to).
Konvertit *m* convert.
konvex *adj.* convex.
Konvoi ⚓ *m* convoy.
konvulsiv *adj.* convulsive.
konzedieren *v/t.* concede (*j-m et.* a p. a th.).
Konzentrat ⚗ *n* concentrate.
Konzentration *f allg.* concentration; **∻sfähig** *adj.* able to concentrate; **~sfähigkeit** *f* power of concentration; **~slager** *n* concentration camp; **~sschwäche** *f* lack of (*od.* bad) concentration.
konzentrier|en *v/t.* (*a. sich* ~) concentrate (*auf* upon); (*Aufmerksamkeit*) *a.* focus (on); ⚔ (*Truppen*) *a.* mass; **~t** *adj.* concentrated; ⚕ *~e Dosis a.* tabloid; ⚕ *in ~er Form* in tabloid form.
konzentrisch *adj.* concentric(ally *adv.*).
Konzept *n* (rough) draft *od.* copy, *für e-e Rede*: *a.* notes *pl.*; *fig.* conception; plan(s *pl.*); *aus dem ~ kommen* lose the thread, break down; *j-n aus dem ~ bringen* disconcert a p., put a p. out, *sl.* rattle a p.; *das paßt ihm nicht ins ~* that does not suit his plans.
Konzeption *f allg.* conception; **∻slos** *adj.* planless.
Konzeptpapier *n* scribbling-paper.
Konzern ⚚ *m* combine, group; **~entflechtung** *f* deconcentration of combines; **~verflechtung** *f* interlocking combine; (*Vorgang*) business concentration.
Konzert *n* concert; (*Solovortrag*) recital; (*Musikstück*) concerto; *im ~* at the concert; *ins ~ gehen* go to a concert; **~ante** *f* concertante; **~flügel** *m* concert grand.
konzertier|en *v/i.* give a concert; **~t** *adj.*: *~e Aktion* concerted action.
Konzert...: **~meister** *m* leader, first violinist; **~saal** *m* concert-hall.
Konzession *f* **1.** (*Gewerbeerlaubnis*) licence, *Am.* license, franchise; ⚒ (*a. Öl∻ usw.*) concession; **2.** (*Zugeständnis*) *~en machen* (*dat. od. an acc.*) make concessions (to); **~sinhaber(in** *f*) *m* concessionaire; licencee, *Am.* licensee, *a.* franchised dealer.
konzessiv *ling. adj.* concessive.
Konzil *eccl. n* council.
konziliant *adj.* conciliatory.
konzipieren *v/t.* (*erdenken*) conceive; (*entwerfen, abfassen*) draft, outline; formulate.
Kooperat|ion *f* co-operation; **∻iv** *adj.* co-operative.
kooptieren *v/t.* co-opt.
Koordinate ⩘ *f* co-ordinate; **~nebene** *f* co-ordinate plane; **~nsystem** *n* system of co-ordinates; **~nzahl** *f* index of co-ordination.
Koordinat|ion *f* co-ordination; **~or** *m* co-ordinator.
koordinier|en *v/t.* co-ordinate; **∻ung** *f* co-ordination.
Kopal *m* copal; **~firnis** *m*, **~lack** *m* copal varnish.
Kopeke *f* copeck, Kopec(k).
Köper ⊕ *m*, **∻n** *v/t.* twill.
Kopf *m* **1.** head (*a. von Sachen,* ⊕); (*Schädel*) skull; *in Schriftstücken*: heading; (*Brief∻*) letterhead; (*Spreng∻*) warhead; *e-r Seite usw.*: top; *e-s Flugzeugs*: nose; *e-s Hutes*: crown; *e-r Münze*: head, face side; *e-r Pfeife*: bowl; *~ an ~* crowded together, closely packed, *beim Pferderennen, bei e-r Wahl usw.*: neck and neck; *~ hoch!* chin up!, *fig. a.* bear up!, keep smiling!; *~ oder Wappen* head(s) or tail(s); *~ voraus* head first; *auf dem ~ stehend* inverted, upside-down; *fig. hier steht alles auf dem ~* everything is topsy-turvy, the place is at sixes and sevens; *von ~ bis Fuß* from head to foot, from top to toe; *j-m den ~ abschlagen, j-n e-n ~ kürzer machen* behead a p., chop a p.'s head off; *j-m den ~ waschen* wash a p.'s head (for him *fig.*), *fig. a.* take a p. to task; *den ~ hängen lassen* hang one's head, *fig. a.* be despondent (*od.* down in the mouth); *nur nicht den ~ hängen lassen!* never say die!; *den ~ in den Sand stecken* hide one's head in the sand; *den ~ oben behalten* keep up one's

spirits; *er weiß nicht, wo ihm der ~ steht* which way to turn; *es geht um ~ und Kragen* it's either do or die; *j-m den ~ verdrehen* turn a p.'s head; *s-m eigenen ~ folgen* follow one's own bent, suit o.s.; *mir steht nicht der ~ danach* I don't feel like it; *verlieren Sie nicht den ~* don't lose your head; *j-m den ~ zurechtsetzen* F comb a p.'s hair for him, straighten a p. out; → *anstrengen* I 1, *durchsetzen* I *usw.*; **2.** (*Sinn, Verstand, Urteil*) head, mind, sense, understanding, judg(e)ment, brain(s *pl.*); (*Willen*) will; (*Gedächtnis*) memory; *aus dem ~ hersagen* from memory, by heart, offhand; **3.** *fig.* (*Geist, Denker*) (good *od.* fine) head, (able) thinker; (great) mind, genius; (*Führer*) head, leader; (*treibende Kraft*) mastermind, driving force; *fähiger (hohler) ~* capable (empty-headed) fellow; **4.** (*einzelne Person*) head; (*Stück*) piece; *pro ~* a head, per capita, each; *es kamen 100 Mark auf den ~* each received (*od.* had to pay) 100 marks; *viel(e) Köpfe, viel(e) Sinne* many heads, many minds; **5.** *Wendungen*: *er ist nicht auf den ~ gefallen* he is no fool; F *Geld auf den ~ hauen* blue; *j-m et. auf den ~ zusagen* tell a p. a th. to his face; *auf den ~ stellen* turn upside down; *Tatsachen auf den ~ stellen* stand facts on their heads; F *die Stadt auf den ~ stellen* paint the town red, *Am. sl.* make whoopee; *sich et. aus dem ~ schlagen* put a th. out of one's mind, forget a th.; *das will mir nicht aus dem ~* I cannot get it out of my mind; *sich et. durch den ~ gehen lassen* think a th. over, turn a th. over in one's mind; *sich et. in den ~ setzen* take a th. into one's head; *in den ~ (od. zu ~) steigen* go to a p.'s head; *mit dem ~ gegen die Wand rennen* run one's head against the wall (*a. fig.*); *bis über den ~ in Schulden stecken* be up to one's ears in debt; *j-m über den ~ wachsen* outgrow a p., *fig.* be too much for a p., get beyond a p.'s control; *Beförderung über s-n ~ hinweg* over his head; *j-n vor den ~ stoßen* shock (*od.* offend, antagonize) a p.; *Köpfe rollten* heads rolled; *a. fig. j-s ~ fordern* demand a p.'s head; *wie vor den ~ geschlagen* thunderstruck, speechless.

Kopf...: **~arbeit** *f* brain-work; **~arbeiter** *m* brain-worker; **~bahnhof** *m* terminus, terminal; **~ball** *m Sport*: header; **~balltor** *n* headed goal; **~bedeckung** *f* headgear; **~bogen** *m* letterhead sheet.

Köpfchen *n* small head; ⚘, *anat.* capitulum; F *fig. er hat ~* he has brains; *~, ~!* smart boy!

köpfen I. *v/t.* behead, decapitate, cut off *a p.'s, an animal's* head; (*Bäume*) top; (*Fußball*) head; **II.** *v/i. Salat, Kohl*: (form a) head; *Fußball*: head.

Kopf...: **~ende** *n allg.* head; **~freiheit** *mot. f* headroom; **~geld** *n* (*Belohnung*) reward, *b.s.* blood-money; (*Steuer*) poll-tax; **~gesteuert** *mot. adj.* overhead-valve *engine*; **~grippe** ⚕ *f* head cold; **~haar** *n* hair of the head; **~hängerisch** *adj.* low-spirited, dejected, gloomy; **~haut** *f* skin of the head; *mit Haar*: scalp; **~hörer** ⊕ *m* headset, headphone(s *pl.*), earphone(s *pl.*); **~jäger** *m* head-hunter; **~kissen** *n* pillow; **~kissenbezug** *m* pillow-case (*od.* -slip); **~länge** *f Rennsport*: *um e-e ~* by a head; **~lastig** *adj.* top- (✈ nose-)heavy; **~laus** *f* head-louse; **~lehne** *f* head-rest; **~leiste** *typ. f* headpiece; **~los** *adj.* headless, acephalous; *fig.* (*erschreckt*) panic-stricken, F panicky; *~ werden* panic, lose one's head; *~e Flucht* headlong flight, stampede; **~losigkeit** *f fig.* panic; (*Übereiltheit*) rashness; **~massage** *f* scalp massage; **~naht** *f* cranial suture; **~nicken** *n* nod(ding); **~nuß** F *f* cuff on the head; **~putz** *m* head-dress; **~rechnen** *n* mental arithmetic; **~rose** ⚕ *f* erysipelas of the head; **~salat** *m* (cabbage- *od.* garden-)lettuce; **~scheibe** ⚔ *f* silhouette target (representing the head); **~scheu** *adj. Pferd*: restive, skittish; *fig.* timid, apprehensive; *j-n ~ machen* intimidate (*od.* alarm, unnerve) a p.; **~schmerzen** *m/pl.* headache *sg.*; *(heftige) ~ haben* have a (splitting) headache; F *fig. j-m ~en bereiten* worry a p.; **~schuppen** *f/pl.* dandruff *sg.*; **~schuß** *m* shot in the head; **~schütteln** *n* shaking (*od.* shake) of the head; *allgemeines ~* general shaking of heads; **~schüttelnd** *adv.* shaking one's head; *verneinen usw.*: with a shake of the head; **~schützer** *m* head-guard; ⚔ Balaclava helmet; **~spiel** *n* **1.** *Fußball*: heading, header; **2.** ⊕ crest clearance; **~sprung** *m* header; *einen ~ machen* take a header, dive; **~stand** *m* headstand; ✈ nose-over; *e-n ~ machen* → **≈stehen** *v/i.* stand on one's head; ✈ nose-over; *Sache*: be upside down; F *fig.* go mad (*wegen* over), *sl.* flip; *ganz Paris stand kopf* all Paris was in a whirl; **~steinpflaster** *n* cobble-stone pavement; **~steuer** *f* poll-tax; **~stimme** *f* head-voice; *weitS.* falsetto; **~stoß** *m Billard*: massé (*fr.*); *Boxen*: butt; *Fußball*: header; **~stütze** *f* head-rest; *mot.* neck restraint; **~tuch** *n* (head)kerchief, (head-)scarf; **≈über** *adv.* head first, *a. fig.* headlong, head over heels; **~verletzung** *f* head injury; **~wäsche** *f*, **~waschen** *n* hair-wash, shampoo; F *fig.* dressing-down; **~waschmittel** *n* shampoo; **~wassersucht** ⚕ *f* hydrocephalus; **~weh** *n* headache; **~wunde** *f* head wound; **~zahl** *f* number of persons; **~zerbrechen** *n*: *j-m ~ machen od. bereiten* puzzle (*od.* nonplus) a p., F give a p. quite a headache; *ohne viel ~* without much pondering.

Kopie *f* copy (*a. fig.*); *Kunst*: *a.* replica; (*Durchschlag*) carbon (-copy); (*Zweitschrift*) duplicate; *phot.*, *Film*: print, copy.

Kopier...: **~anstalt** *f* printing laboratory; **~apparat** *m* → *Kopiergerät*; **~buch** ✝ *n* copying-book; **≈en** *v/t.* copy; (*a. nachahmen*) imitate; *phot.* print; ⊕ form, profile; **~farbe** *f* → *Kopiertinte*; **~gerät** *m*, **~maschine** *f* copier, copying apparatus; *phot.* printer; ⊕ copying machine (*od.* lathe); **~papier** *n* tracing (*phot.* printing) paper; (*Kohlepapier*) carbon-paper; **~presse** *f* copying-press; **~rahmen** *phot. m* printing frame; **~stift** *m* indelible (pencil); **~tinte** *f* copying ink.

Kopilot *m* co-pilot.

Kopist(**in** *f*) *m* copyist.

Koppel[1] ⚔ *n* (waist-)belt.

Koppel[2] *f hunt.* leash, couple; (*~ Hunde*) couple, pack; (*~ Pferde*) string; (*Pferdegehege*) paddock; (*Einfriedung*) enclosure; **≈n** *v/t.* (*Hunde*) leash, couple; (*Pferde*) string (together); 🚂 couple; (*einfriedigen*) fence in, enclose; ⚡, *Radio*: couple; *fig. mit et. ~* combine (*od.* couple) with; **~schloß** *n* (belt) buckle; **~ung** *f* coupling, linkage.

koppheister F *adv.* headlong; *~ gehen* F come a cropper (*a. fig.*).

Koppler *m Radio*: coupler.

Kopplungs... *in Zssgn* ⚡ coupling; **~geschäft** ✝ *n*, **~verkauf** *m* tie-in sale; **~manöver** *n Raumfahrt*: docking.

Kopra *f* copra.

Koproduktion *f* co-production.

kopulieren I. *v/t.* unite; *obs.* (*trauen*) marry; ⚘ splice-graft; **II.** *v/i.* (*koitieren*) copulate.

Koralle *f* coral; **~nbank** *f* coral-bank; **~nfischerei** *f* coral-fishing; **~nkette** *f* coral necklace; **~ntier** *n* coral animal.

Koran *m* Koran.

Korb *m allg.* basket (*a. Hunde≈*, *Ballon≈*); (*Eß≈*) *a.* hamper; (*Bienen≈*) hive; (*Säbel≈*) basket (-hilt), guard; (*Förder≈*) cage; *Sport*: basket, (*Treffer*) goal; F *fig. j-m e-n ~ geben* turn a p. down; *e-n ~ bekommen* be turned down; **~ball** *m* netball; **~blütler** ⚘ *m* composite (flower); **~flasche** *f* wicker-bottle; *große*: demijohn; **~geflecht** *n* wickerwork; **~macher** *m* basket-maker; **~möbel** *n/pl.* wicker furniture *sg.*; **~sessel** *m*, **~stuhl** *m* wicker-chair; **~wagen** *m für Kinder*: bassinet; **~waren** *f/pl.* basket-wares; **~weide** ⚘ *f* osier.

Kord(samt) *m* corduroy.

Kordel *f* string, cord, twine; **≈n** ⊕ *v/t.* knurl.

Kordon *m* cordon.

Korean|er(in *f*) *m*, **≈isch** *adj.*, **~isch** *ling. n* Corean.

Korinthe *f* currant.

Korinth|er *m*, **≈isch** *adj.* Corinthian.

Kork *m* ⚘ cork; (*Pfropfen*) cork (stopper); **~eiche** *f* cork(-tree), cork-oak.

Korken I. *m* cork (stopper); **II.** **≈** *adj.* (of) cork; **III.** **≈** *v/t.* cork.

Kork|enzieher *m* cork-screw; **~enzieherlocke** *f* cork-screw curl; **≈ig** *adj.* corky; **~jacke** *f* cork jacket; **~helm** *m* cork helmet; **~maschine** *f* corking-machine; **~mundstück** *n* cork tip; *mit ~* cork-tipped.

Korn *n allg.*, *von Sand, Getreide, Leder, Papier, Stein, phot.*: grain; (*Samen≈*) (grain of) seed; (*Getreide*) cereals *pl.*, *Brit.* corn; (*Roggen*) rye; (*Weizen*) wheat; *Münze*: fineness; *am Gewehr*: front sight, bead; (*~schnaps*) rye whisk(e)y; *aufs ~ nehmen* (take) aim at, *Am. a.* draw a bead on; *fig.* mark (*od.* attack) *a p.*; → *Schrot* 4; **~ähre** *f* ear of corn, spike; **~blume** *f* cornflower; **≈blumenblau** *adj.* cornflower blue, cya-

neous; **~branntwein** *m* rye whisk(e)y.
Körnchen *n* small grain; *fig.* ~ *Wahrheit* grain of truth.
körnen I. *v/i. Getreide usw.*: seed; *Salze, Zucker usw.*: granulate; **II.** *v/t. metall.* granulate, (*a. Leder, Schießpulver*) grain; *Metallverarbeitung*: mark with a centre-punch.
Körner|fresser *m* granivore; **~mikrophon** *n* granular microphone; **~spitze** ⊕ *f* lathe cent|re, *Am.* -er.
Korn...: ~feld *n* corn-field, *Am.* grain-field; **~früchte** *f/pl.* cereals, grain *sg.*; **~größe** ⊕ *f* grain size.
körnig *adj.* granular, grainy; gritty; *in Zssgn*: ... -grained.
Korn...: ~käfer *m* grain weevil; **~kammer** *f* granary (*a. fig.*).
Körnmaschine *f* granulating machine.
Korn...: ~rade ⚘ *f* corn-cockle; **~schnaps** *m* rye whisk(e)y; **~speicher** *m* granary.
Körnung *f* granulation; grain(ing).
Korona *f ast.*, ⚡ corona; F (*Personenkreis*) F crowd, bunch, gang; **~entladung** ⚡ *f* corona discharge.
Koronar... ⚕ *in Zssgn* coronary.
Körper *m* body (*a.* ⩓, ♪); *phys.* body, substance, *a.* ⩓ *fester*: solid; (*~schaft*) body; *von Farbe, Wein*: body; *am ganzen ~ zittern* tremble all over; **~bau** *m* build, frame, physique; *weitS.* anatomy; **~beherrschung** *f* body control; **≈behindert** *adj.* (physically) disabled, handicapped; **~behinderung** *f* **1.** (physical) disability, handicap; **2.** *Sport*: body-check; **~beschaffenheit** *f* constitution, physique; **~chen** *n* small body, particle, corpuscle; **~fülle** *f* corpulence; **~geruch** *m* body odo(u)r; **~gewicht** *n* (body-)weight; **~größe** *f* (body-)height; **~haken** *m Boxen*: hook to the body; **~haltung** *f* carriage, bearing; poise, posture; **~inhalt** *m* volume; **~kraft** *f* physical strength; **~lehre** *f* somatology; ⩓ solid geometry, stereometry; **≈lich** *adj.* physical, bodily; *bsd. Strafe*: corporal; (*stofflich*) corporeal, substantial, material; ⩓ solid; *~e Betätigung* physical exercise; *~e Züchtigung* corporal punishment; **≈los** *adj.* bodiless, incorporeal; **~maß** *n* cubic measure; *pl. von Person*: (body-)measurements; **~öffnung** *f* body orifice; **~pflege** *f* care of the body, hygiene, physical culture; **~pflegemittel** *n* toilet requisite, cosmetic; **~puder** *m* talcum powder; **~schaft** *f* corporation, body (corporate), corporate entity; *~ des öffentlichen Rechts* corporation under public law; *gesetzgebende ~* legislative body; **≈schaftlich** *adj.* corporate; **~schaftssteuer** *f* corporation (income *od.* profits) tax; **~schlag** *m Boxen*: body-punch; **~schluß** ⚡ *m* (earthing by) body contact; **~schwäche** *f* physical weakness, debility; **~schwung** *m Sport*: body swing; **~strafe** *f* corporal punishment; **~teil** *m* part (*od.* member) of the body; **~temperatur** *f* body-temperature; **~treffer** *m Boxen*: body-punch; **~verletzung** *f* physical injury; ⚖ (*schwere ~* grievous) bodily harm; **~wärme** *f* body heat; **~wuchs** *m* stature, build, physique.
Korporal ⚔ *m* corporal.
Korporat|ion *f* corporation; *univ.* students' association, *Am.* fraternity; **≈iv** *adj.* corporate.
Korps *n* corps; **~geist** *m* esprit de corps (*fr.*); **~student** *m* member of a students' duelling corps.
korpulen|t *adj.* corpulent, stout; **≈z** *f* corpulence, stoutness.
Korpus *m* ♪ resonance box; *typ.* long primer; F (*Körper*) body.
korrekt *adj. allg.* correct; **≈heit** *f* correctness; **≈ion** *f* correction; **≈iv** *n* corrective; **≈or** *typ. m* (proof-)reader.
Korrektur *f allg. a. typ.* correction; *~(en) lesen* read (the) proofs; **~abzug** *m* proof(-sheet), galley-proof; **~bogen** *m* page-proof; **~fahne** *f* galley-proof; **~zeichen** *n* (proof-reader's) correction mark.
Korrelat *n* correlative; **~ion** *f* correlation.
Korrespond|ent(in *f*) *m allg.* correspondent; **~enz** *f* correspondence; *e-e ~ unterhalten* carry on a correspondence; **~enzbüro** *n* news-agency; **≈ieren** *v/i.* **1.** *brieflich*: correspond, be in correspondence (*mit* with), exchange letters; *~des Mitglied* corresponding member; **2.** (*mit et. ~*) correspond (to a th.).
Korridor *m* corridor (*a. geogr., pol.*); passage(-way); 🚃 corridor, *Am. a.* aisle; (*Flur*) hall.
korrigieren *v/t. allg.* correct; (*anpassen*) adjust; *typ.* correct, (*Fahnen*) read *the proofs.*
korrodieren *v/t. u. v/i.* corrode.
Korrosion *f* corrosion; **≈sbeständig** *adj.* corrosion-resistant; **≈sfrei** *adj.* non-corroding; **~smit-**

tel *n* corrosive; **°~sverhütend** *adj.* anti-corrosive.
korrumpieren *v/t.* corrupt.
korrupt *adj.* corrupt; **°~ion** *f* corruption, *Am. pol. a.* graft; (*Bestechung*) bribery, corruption.
Korsar ⚓ *m* (*a. Schiff*) corsair, privateer.
Kors|e *m*, **°~isch** *adj.* Corsican.
Korsett *n* corset, stays *pl.*
Korso *m* corso.
Korund *min.*, ⊕ *m* corundum.
Korvette ⚓ *f* corvette; **~nkapitän** *m* lieutenant commander.
Koryphäe 1. *m hist.* coryphaeus; **2.** *f fig.* (eminent) authority (*auf e-m Gebiet* on), F great brain, big gun.
Kosak *m* Cossack.
Koschenille *f* cochineal.
koscher *adj.* kosher; F *fig. das* (*er*) *ist nicht ganz ~ sl.* there is something fishy about it (him).
Koseform *f* diminutive.
kosen *v/i. u. v/t.* fondle, caress, F cuddle.
Kose...: ~name(n) *m* pet name; **~wort** *n* term of endearment.
Kosinus 𝔄 *m* cosine; **~satz** *m* cosine formula.
Kosmet|ik *f* cosmetics *pl.*; **~iker(in** *f*) *m* cosmetician, beautician; **°~isch** *adj.* cosmetic; *~es Mittel* cosmetic, beauty aid.
kosmisch *adj.* cosmic(ally *adv.*).
Kosmo|naut *m* cosmonaut; **°~nautisch** *adj.* cosmonautical; **~polit** *m*, **°~politisch** *adj.* cosmopolitan.
Kosmos *m* cosmos.
Kost *f* food, fare; diet; (*Beköstigung*) board; *deutsche ~* (*Art zu kochen*) German cooking; *magere* (*od. schmale*) *~* slender fare, meag|re (*Am.* -er) diet; *kräftige ~* rich diet; *fig. leichte ~* light fare; *freie ~ u. Wohnung* free board and lodging; *j-m ~ u. Logis geben* board and lodge a p.; *in* (*die*) *~ geben* board out; *in ~ nehmen* take as a boarder, board; *in ~ sein bei* board with.
kostbar *adj.* precious, valuable; (*teuer*) costly, expensive; (*prächtig*) splendid, sumptuous, luxurious; *fig.* (*großartig*) capital, priceless; **°~keit** *f* preciousness, valuableness; costliness; *konkret*: precious object, treasure; *~en* valuables.
kosten[1] *v/t.* (*Speisen*) taste, (*probieren*) *a.* try, sample (*alle a. fig.*); *fig. a.* (*genießen*) enjoy; *b.s.* get a taste of.
kosten[2] *v/t.* (*Geld, a. Schweiß, Tränen usw.*) cost (*j-n, j-m* a p.); (*Mühe, Zeit*) *a.* take, require; *was kostet dies?* how much is it?, what does it cost?, what do you charge for it?, *nach dem Kauf*: how much (*od.* what) did you pay for this?; *es koste, was es wolle!* cost what it may!; *das kostet ihn viel* it costs him a great deal; *es kostete ihn sein Leben* (*den Kopf*) it cost him his life; *er ließ es sich viel ~* he spent a great deal of money on it; *es kostete uns e-e volle Stunde* (*zu inf.*) it took us a full hour (to *inf.*); *es kostete mich e-n harten Kampf* it cost me a hard struggle.
Kosten *pl.* cost(s *pl.*) *sg.*; (*Spesen*) expense(s *pl.*) *sg.*, charges; (*Gebühren*) fees, charges, ⚖ costs; (*Auslagen*) outlay *sg.*; ☤ *~, Fracht und Versicherung* cost, insurance and freight (*abbr.* c.i.f.); *laufende ~* standing charges; *auf ~ von* at the cost (*od. a. fig.* at the expense) of; *auf anderer Leute ~* at other people's expense; *auf eigene ~* at one's own cost; *auf ~ der Allgemeinheit* at the public expense; *auf ~ der Gesundheit gehen* be bad for one's health; *mit geringen ~* at a slight cost; *ohne ~* at no cost (*für* to); *~ machen* (*od. verursachen*) cost a great deal of money; *die ~ tragen* bear (*od.* pay, meet, defray) the costs; *keine ~ scheuen* spare no expense; *auf s-e ~ kommen* cover one's expenses; *fig.* get value for one's money, enjoy o.s. (immensely); *sich in ~ stürzen* go to great expense; ⚖ *zu den ~ verurteilt* condemned in the (*od.* to pay all) costs; **~anschlag** *m* estimate, tender; **~anstieg** *m* rise (*od.* increase) of costs; **~aufstellung** *f* statement of cost, cost account; **~aufwand** *m* expenditure; *mit e-m ~ von* at a cost of; **~berechnung** *f* cost accounting, costing; **~beteiligung** *f* cost sharing; **°~deckend** *adj.* cost-covering; **~entscheidung** ⚖ *f* order for costs; **~ersatz** *m*, **~erstattung** *f* reimbursement (*od.* refund) of costs (*od.* expenses); **~ersparnis** *f* saving of expense, cost saving; **~faktor** *m* cost factor; **~folge** ⚖ *f* order for costs; **~frage** *f* question of cost (*od.* what it costs); **°~frei** *adj.* free (of cost), ☤ clear of (all) charges; **~güter** *n/pl.* input(s *pl.*) *sg.*; **~inflation** *f* cost inflation; **~lenkung** *f* cost control; **°~los** *adj.*, *adv.* free (of charge), gratuitous(ly), for nothing; **°~pflichtig** *adj.* with costs, liable to pay costs; *adv.* ⚖ *e-e Klage ~*

abweisen dismiss with costs; **~preis** ☨ *m* cost-price, prime cost; *unter dem* ~ below cost, at a loss (*od.* sacrifice); **~-Preis-Schere** *f* cost-and-price scissors *pl.*; **~punkt** *m* matter of expense, expenses *pl.*; **~rechnung** *f* cost accounting; ⚖ bill of costs; **~träger** *m* cost unit; **~verteilung** *f* cost distribution; **~voranschlag** *m* estimate; **~vorschuß** ⚖ *m* advance on costs; **~wert** *m* cost value.

Kost...: **~gänger(in** *f*) *m* boarder; **~geld** *n* (payment for) board, F keep; *von Dienstboten*: board-wages *pl.*; ☨ *Börse*: contango; **~geschäft** ☨ *n* contango business.

köstlich I. *adj.* delicious, dainty, savo(u)ry, tasty; (*erlesen*) exquisite, choice, delectable; (*reizend*) charming, delightful, wonderful; (*famos*) capital, F great; **II.** *adv.*: *sich* ~ *amüsieren* enjoy o.s. immensely, have a wonderful time (*od.* great fun).

Kostprobe *f* tasting; sample (*a. fig.*); *fig.* taste.

kostpielig *adj.* expensive, costly; *durch Aufwand*: sumptuous; **&keit** *f* expensiveness, costliness.

Kostüm *n* costume, dress; (*Damen*&) suit; *für ein Kostümfest*: fancy-dress; **~ball** *m*, **~fest** *n* fancy-dress ball; **~berater** *m Film*: costume adviser, *Am.* stylist; **~film** *m* period picture; **&ieren** *v/t.* dress up; *sich* ~ dress (o.s.) up; **~jacke** *f* suit jacket; **~probe** *thea. f* dress rehearsal; **~verleih(er)** *m* costume rental shop, costumier.

Kostverächter(in *f*) F *m*: *er ist kein* ~ he likes his bit of fun.

Kot *m* (*Schmutz*) mud, muck, mire; (*Dreck*) dirt, filth; (*Menschen*&) excrements *pl.*, f(a)eces *pl.*, stool; *von Tieren*: dung, droppings *pl.*; *fig. in den* ~ *ziehen* drag in the mud.

Kotangen|s *m*, **~te** ⩓ *f* cotangent.

Kotau *m* kotow, kowtow; *vor j-m* ~ *machen* kowtow to a p.

Kotelett *n* chop, cutlet; **~en** *pl. Frisur*: side-whiskers, *Am.* side-burns.

Köter *contp. m* cur, tyke.

Kot...: **~fliege** *f* dung-fly; **~flügel** *mot. m* mudguard, *Am.* fender.

Kothurn *thea. m* buskin, cothurnus; *fig. auf hohem* ~ in a tragic (*od.* majestic, *iro.* pompous) style.

kotieren ☨ *v/t.* quote.

kotig *adj.* muddy, dirty; bedraggled; f(a)ecal.

Kotze[1] *f* (coarse) woollen cape (*od. Decke*: blanket).

Kotze[2] V *f* puke; **&n** V *v/i.* vomit, puke, spew, throw up; *mot.* sp(l)utter, *Am. a.* conk; *es ist zum* & it's enough to make one sick.

Krabbe *zo. f* crab; (*Garnele*) shrimp, *größere*: prawn; F *fig.* (*Mädel*) little monkey (*od.* imp); **&ln I.** *v/i.* crawl, *zuckend, sich windend*: wriggle; (*klettern*) scramble; (*jucken*) itch, tickle; **II.** *v/t.* (*kraulen, kitzeln*) tickle; (*kratzen*) scratch.

Krach I. *m* crash, bang; (*Lärm*) (loud) noise, din, F row, racket; F (*Streit*) quarrel, F row, scene, bust-up; ☨ crash, collapse; ~ *machen* make a noise (*od.* F row, racket); ~ *schlagen* F raise hell (*od.* Cain), kick up a row; F (*miteinander*) ~ *haben* quarrel, F have a row; **II.** & *int.* crash!, bang!, slam!; **&en** *v/i.* crash (*a. Donner*); *Kanone usw.*: roar, thunder; *Feuer, Radio*: crackle; *Tür usw.*: bang, slam; (*bersten*) burst, explode; ☨ crash; ~ *gegen* (*od. in*) crash into; F *daß es nur so krachte* F like blazes; **~en** *n* crash(ing); roar, thunder; bang(-ing); **~er** *m* **1.** (*Feuerwerk*) (fire-)cracker; **2.** F (*alter* ~) old dodderer; **~lederne** *f* leather shorts *pl.*; **~mandel** *f* shell-almond.

krächzen I. *v/i.* caw, croak (*a. v/t. fig.*); **II.** & *n* croak(ing); **~d** *adj.* croaking.

Krack|anlage *f* cracking plant; **~benzin** *n* cracked gasoline; **~verfahren** *n* cracking process.

Krad ⚔ *n* motor-cycle.

Kraft *f* **1.** *allg., a. fig.* strength, power, force; (*Natur*&, *a. phys.*) force; (*Macht, a.* ⊕, ⚡) power; (*Tat*&, *a. phys.*) energy; *in Rede, Schrift usw.*: force, power, F punch; (*politische* ~, *Machtgruppe*) force, power; *phys.* ~ *u. Masse* force and mass; *heilende* ~ healing power; *überirdische Kräfte* supernatural forces; *pol. dritte* ~ (*im Staate usw.*) third force; *treibende* ~ driving force, motive power, prime mover (*alle a. fig.*); *rohe* ~ brute force; *am Ende meiner* ~ at the end of my tether; *bei Kräften* on one's feet; *aus eigener* ~ ⚓ under one's own steam; *fig. a.* by o.s., on one's own resources; *aus eigener* ~ *hochzukommen suchen* try to pull o.s. up by one's bootstraps; *mit aller* ~ with all one's might; *mit frischen Kräften* with renewed strength; *mit letzter* ~ with one's last ounce of strength; *mit voller* ~ with one's full strength, ⊕ at full power, ⚓ *usw.* at full speed; *volle* ~ *voraus* full speed ahead; *nach besten Kräften* to the best of one's ability; *das geht über m-e Kräfte* that is beyond my strength (*od.* power), that's more than I can handle; *was (nur) in meinen Kräften steht* my utmost; ~ *schöpfen, Kräfte sammeln* gather strength; *von Kräften kommen* lose one's strength, be weakened; *wieder zu Kräften kommen* recover one's strength; ~ *verleihen* give strength (*dat.* to), *fig.* lend force (to *an argument*, *etc.*); → *Spiel* 1, *vereinen, zs.-nehmen* 3 *usw.*; **2.** ⚖, ✝ *bindende (rückwirkende)* ~ binding (retrospective) force; *in* ~ *sein* be in force (*od.* operation), be effective; *in* ~ *setzen* enact, put into force (*od.* operation), *wieder*: re-enact, restore, (*Patent usw.*) reinstate; *in* ~ *treten* come into effect (*od.* force, operation), become effective; *außer* ~ *setzen* annul, (*Gesetz*) repeal; (*Vertrag usw.*) cancel, rescind, invalidate; (*Regel*) *a.* overrule; *zeitweilig*: suspend; *außer* ~ *treten* cease to be effective, expire, lapse; **3.** (*Person, Arbeits*≈) worker, *pl. a.* personnel *sg.*, labo(u)r *sg.*; *thea.* performer, actor; *Sport*: man, athlete, (*Spieler*) player; ⚔ *Kräfte* forces.

kraft *prp.* by virtue of; on the strength of; ~ *des Gesetzes a.* by operation of law.

Kraft...: ~**akt** *m* strong-man act; ~**anlage** ⚡ *f* power plant; ~**anstrengung** *f* (strenuous) effort; ~**antrieb** *m* power-drive; *mit* ~ power-driven; ~**aufwand** *m* expenditure of energy; effort; ~**ausdruck** *m* → *Kraftwort*; ~**bedarf** ⚡ *m* power demand; *e-s Motors*: input; ~**brühe** *f* beef-tea; ~**droschke** *f* taxi-cab.

Kräfte...: ~**dreieck** *n* triangle of forces; ~**mangel** *fig. m* manpower (*od.* labo[u]r, personnel) shortage; ~**parallelogramm** *n* parallelogram of forces; ~**verfall** *m* loss of strength; ~**verhältnis** *n* relative strength; *phys.* interrelation of forces; ~**verlagerung** *pol. f* shift of power.

Kraft...: ~**fahrer(in** *f*) *m* driver, motorist; ~**fahrpark** *m* → *Kraftwagenpark*; ~**fahrsport** *m* motoring; ~**fahrtechnik** *f* automotive engineering; ≈**fahrtechnisch** *adj.* automotive; ~**fahrtruppe** ⚔ *f* motor transport troops *pl.*; ~**fahrwesen** *n* motoring, automobilism; ~**fahrzeug** *n* motor vehicle; → *a. Auto(...)*; ~**fahrzeugbau** *m* motorcar manufacture, automotive engineering; ~**fahrzeugbrief** *m* motor-vehicle registration book, log book; ~**fahrzeugindustrie** *f* motorcar (*od.* automotive) industry; ~**fahrzeugsteuer** *f* motor vehicle tax; ~**feld** *phys. n* field (of force); ~**futter** *n* concentrate(d feed); ~**gas** *n* power gas; ~**gefühl** *n* feeling of strength; ≈**geladen** *adj.* dynamic, powerpacked; ~**hub** ⊕ *m* working stroke.

kräftig I. *adj.* strong, robust, sturdy (*alle a.* ⊕); stalwart, brawny, hefty, *Am. a.* husky; (*drall*) strapping; (*tat* ~) energetic, vigorous; (*kraftvoll, mächtig*) powerful; (*gesund*) healthy; (*nahrhaft*) nourishing, substantial, rich; *Farbton*: deep, rich; *Verweis*: severe, sharp; *paint.*, *phot.*, *Lichter*: high; **II.** *adv.* strongly *etc.*; hard; (*mit Lust*) lustily, heartily; (*ausgiebig*) soundly; ~**en** *v/t.* strengthen (*a. fig.*), invigorate, fortify; (*stählen*) harden, steel; (*erfrischen*) refresh, revive, brace; *sich* ~ strengthen, grow stronger; gain strength; ~**end** *adj.* invigorative, ⚕ tonic; *Luft*: bracing; (*erfrischend*) refreshing, reviving; ≈**keit** *f* strength, vigo(u)r, energy; ≈**ung** *f* strengthening; invigoration; restoration; ≈**ungsmittel** ⚕ *n* restorative, tonic.

Kraft...: ~**lastwagen** *m* (motor) lorry, *Am.* truck; ~**lehre** *f* dynamics *pl.* (*sg. konstr.*); ~**linie** ⚡ *f* line of force; ≈**los** *adj.* (*schwach*) feeble, weak (*a. fig.*); (*matt*) limp (*a. Glieder*), exhausted; *Stil*: weak, wishy-washy; ⚖ (*ungültig*) invalid, (null and) void; ~**loserklärung** ⚖ *f* invalidation; ~**losigkeit** *f* weakness (*a. fig.*), lack of strength *od.* vigo(u)r, feebleness; ~**maschine** *f* engine; ~**mehl** *n* cornflour, *Am.* cornstarch; ~**meier** F *m* muscleman, strong-arm man; ~**meierei** F *f* strong-arm stuff; ~**mensch** *m* muscle-man; ~**messer** *m* dynamometer; ~**papier** *n* kraft paper; ~**post** *f* postal bus service; ~**probe** *f* trial (*od.* test) of strength (*a. fig.*); ~**protz** *m* → *Kraftmeier*; ~**quelle** *f* source of power; ~**rad** *n* motorcycle; ~**reserve(n** *pl.*) *f* power reserve; *Person*: reserve of strength, reserves *pl.*; ≈**schlüssig** ⊕, ⚡ *adj.*

non-positive; **~sport** *m* heavy athletics *pl.* (*sg. konstr.*); *einzelner*: heavy-athletics event; **~sportler** *m* heavy athlete; **~station** ⚡ *f* power station; **~stoff** *mot. m* fuel; → *a. Benzin*; **~stoffanzeiger** *m* fuel ga(u)ge; **~stoffbehälter** *m* fuel tank; **~stoffgemisch** *n* fuel mixture; **~stoff-Luft-Gemisch** *n* fuel-air mixture; **~stoffpumpe** *f* fuel pump; **~stoffverbrauch** *m* fuel consumption; **~strom** ⚡ *m* power current; **≈strotzend** *adj.* bursting with strength, (as) strong as an ox, powerful; **~stück** *n* strong-man act, stunt; **~übertragung** *f* power transmission; **~verkehr** *m* motor traffic; **~verschwendung** *f* waste of energy; **≈voll** *adj.* strong, vigorous, powerful, athletic; energetic; *Stil*: powerful, pithy; **~wagen** *m* (motor-)car, *Am. a.* automobile; *allg.* motor vehicle; → *a. Auto(...)*, *Kraftfahrzeug(...)*; **~wagenführer** *m* driver; **~wagenkolonne** *f* column (of motor vehicles); **~wagenpark** *m* motor pool; *die Wagen*: fleet (of motor vehicles); **~werk** ⚡ *n* power station; **~wort** *n* swear-word, four-letter word; *~e* strong language *sg.*; **~zug** *m* power traction.

Kragen *m* collar (*a.* ⊕); (*Umhänge≈*) cape; (*Pelz≈*) tippet; *fig. j-n beim ~ nehmen* collar a p.; *j-m an den ~ gehen* go for a p.'s throat; *jetzt geht es ihm an den ~* now he is in for it; *j-m den ~ umdrehen* wring a p.'s neck; F *da platzte mir der ~* there I blew my top, that was the last straw; **~knopf** *m* collar-stud, *Am.* collar button; **~nummer** *f*, **~weite** *f* collar size; **~spiegel** ⚔ *m* collar patch.

Kragstein △ *m* console, corbel.

Krähe *f* crow; (*Saat≈*) rook; *e-e ~ hackt der andern kein Auge aus* dog won't eat dog; **≈n** *v/i.* crow (*a. fig. Kind usw.*); → *Hahn* 1; **~nfüße** *m/pl.* (*Schrift*) scrawl *sg.*; (*Runzeln*) crow's-feet; **~nnest** *n* crow's nest (*a.* ⚓).

krählen ⊕ *v/t.* rabble.

Krähwinkel *n* sleepy village, *Am.* Podunk.

Krake *zo. m* octopus, octopod.

Krakeel F *m* noisy quarrel, brawl; (*Lärm*) F row, racket; **≈en** *v/i.* brawl; make (*od.* F kick up) a row; **~er** *m* brawler, rowdy.

krakeliert ⊕ *adj.* crackled.

Kral *m* kraal.

Kralle *f* claw (*a. fig.*); *bsd. von Vögeln*: talon, clutch; *fig. die ~n zeigen* show one's teeth; *j-n in den ~n haben* have a p. in one's clutches; **≈n** *v/t.* claw, clutch; *sich an et. ~* cling to, clutch (at).

Kram *m* ⚚ **1.** (retail) goods *pl.*, (small) wares *pl.*; **2.** F (*Plunder*) stuff, junk, *fig. a.* rubbish, trash; (*Sache*) F business; *der ganze ~* the whole stuff, *fig.* the whole bag of tricks (*od.* F business, *Am. sl.* caboodle); *den ganzen ~ hinschmeißen* F chuck it all; *das paßt gerade in m-n ~* that suits me to a T, that comes in handy; *es paßte ihm nicht in s-n ~* it did not suit his plans; *er versteht s-n ~* he knows his stuff; **≈en** *v/i.* rummage (*in, unter* in; *nach* for); *fig. in s-n Erinnerungen ~* reminisce.

Krämer *m*, **~in** *f* shopkeeper; (*Kolonialwarenhändler*) grocer; *ein Volk von ~n* a nation of shopkeepers; **~geist** *m* mean character, meanness; **≈haft** *adj.* shopkeeper's ..., mean; **~seele** *f* sordid mind; **~volk** *n* nation of shopkeepers.

Kramladen *m* small shop; grocer's shop.

Krammetsvogel *m* fieldfare.

Krampe ⊕ *f* cramp, staple.

Krampf *m* **1.** ⚕ (*Muskel≈*, *Magen≈ usw.*) cramp; (*Zuckungen*) spasm, convulsion; (*Anfall*) paroxysm, convulsive fit; *epileptische Krämpfe* epileptic spasms (*od.* fits); *e-n ~ im Bein haben* have a cramp in one's leg; *Krämpfe bekommen* go into convulsions, F *fig.* have a fit; **2.** F (*wertloses Zeug, Unsinn*) (awful *od.* hopeless) stuff, rubbish, *sl.* rot; *der ganze ~* the whole bag of tricks; **~ader** ⚕ *f* varicose vein; **~aderbruch** *m* varicocele; **~aderentzündung** *f* cophlebitis; **~aderleiden** *n* varicosis; **≈artig** *adj.* spasmodic, convulsive; **≈en I.** *v/t.* clench; **II.** *v/refl.*: *sich ~* contract convulsively, clench; **≈haft** *adj.* ⚕ spasmodic, convulsive; *fig.* desperate, feverish, frantic, grim; *Lachen usw.*: forced; **~husten** ⚕ *m* convulsive cough; (*Keuchhusten*) whooping-cough; **≈lösend**, **≈stillend** *adj.* antispasmodic.

Kran ⊕ *m* crane; (*Dreh≈*) slewing crane; *dial.* (*Zapfhahn*) (stop-)cock; *mit dem ~ heben* crane up, hoist; **~arm** *m*, **~ausleger** *m* jib; **~brücke** *f* crane bridge; **~führer** *m* crane driver (*od.* operator).

krängen ⚓ *v/i.* heel, list.

Kranich *orn. m* crane.

krank *adj.* sick, ill (*an* with, of); (*leidend*) suffering *od.* ailing (from), afflicted (with); in bad *od.* ill health; *Organe usw., a.* ⚕ diseased; *Zahn usw.*: bad, defective; (*gemüts* ~) mentally ill (*od.* sick); *fig. Phantasie, Geist*: sick, diseased; *Wirtschaft usw.*: sick, ailing, languishing; *der* ~*e Mann am Bosporus* the Sick Man of Europe; ~*e Gesellschaft* sick society; ~ *werden* fall (*od.* get, be taken) ill, *Am.* fall sick; *sich* ~ *fühlen* feel ill (*od.* F poorly); *sich* ~ *melden* report (o.s.) sick, ⚔ *a.* go on sick-call; *sich* ~ *stellen* sham illness, pretend to be ill, ⚔ malinger; ~ *schreiben* certify as ill; *j-n* ~ *machen* make a p. ill, *fig.* get a p. down, make a p. sick; *das macht mich noch* ~ that's enough to drive me mad; *fig.* ~ *vor Sehnsucht* sick with yearning (*nach* for); **≈e**(**r** *m*) *f* sick person, invalid, patient; (*Fall*) case, subject; *die* ~*n* the sick (*pl.*).

kränkeln I. *v/i.* be sickly (*od.* ailing, F poorly), be in poor health; **II.** ≈ *n* sickliness, poor (*od.* failing) health.

kranken *v/i.*: ~ *an* suffer from (*a. fig.*).

kränken *v/t.* offend, injure; wound, hurt *a p.* (*od. a p.'s* feelings); *das kränkt* that hurts; *es kränkt mich, daß* it annoys (*od.* hurts) me that; *sich* ~ feel hurt (*über* at, by); **~d** *adj.* hurtful, insulting.

Kranken...: **~anstalt** *f* hospital; **~auto** *n* → *Krankenwagen*; **~bahre** *f* stretcher, litter; **~bericht** *m* medical report; bulletin; **~besuch** *m* visit to (*od.* call on) a patient; *des Arztes*: visit, *pl.* rounds; **~bett** *n* sick-bed; *am* (*zum*) ~ at (to) the bedside; *ans* ~ *gefesselt* confined to bed, bedridden; **~blatt** *n* clinical record; **~fürsorge** *f* care of the sick; **~geld** *n* sick-benefit; **~geschichte** *f* case history; **~gymnastik** *f* physiotherapy, remedial gymnastics *pl.* (*a. sg.*); **~gymnast**(**in** *f*) *m* physiotherapist.

Krankenhaus *n* hospital; *im* ~ *liegen* lie in hospital, *Am.* be hospitalized; *ins* ~ *aufnehmen* admit to hospital; → *einliefern*; **~aufenthalt** *m* stay in hospital, *Am. a.* hospitalization; **~behandlung** *f* hospital treatment; **~fürsorgerin** *f* almoner; **~pflege** *f* hospital care.

Kranken...: **~kasse** *f* sick-fund, sickness insurance fund (*Am.* plan); **~kost** *f* (invalid) diet; **~lager** *n* → *Krankenbett*; **~liste** *f* sick-list; **~pflege** *f* nursing (care); **~pfleger**(**in** *f*) *m* (male, *f* female) nurse; *Am. a.* orderly, *f* practical nurse; **~revier** ⚔ *n* sick-bay, infirmary; **~saal** *m* ward; **~schein** *m* sick-certificate (entitling to free treatment); **~schwester** *f* (female *od.* hospital, *Am.* registered) nurse; **~stube** *f* sick-room; ⚔ sick-bay; **~stuhl** *m* wheel-chair; **~trage** *f* stretcher; **~träger** *m* stretcher-bearer; **~urlaub** *m* sick-leave; **~versicherung** *f* health (*od.* sickness) insurance; **~wagen** *m* (motor) ambulance; **~wärter**(**in** *f*) *m* → *Krankenpfleger*(*in*); **~zimmer** *n* sick-room.

krankfeiern F *v/i.* stay away from work on the pretext of being ill.

krankhaft *adj.* morbid, pathological, diseased; *das ist* ~ *bei ihm* that's a complaint of his; **≈igkeit** *f* morbidity, pathological nature.

Krankheit *f* illness, sickness; *bestimmte*: disease (*a.* ⚕ *u. fig.*); *a. fig.* malady; (*Leiden*) complaint, trouble, ailing; → *zuziehen* I 3 *usw.*

Krankheits...: **~bericht** *m* medical report (*od.* bulletin); **~beschreibung** *f* pathography; **~bild** *n* clinical picture; **≈erregend** *adj.* pathogenic; **~erreger** *m* pathogen(ic agent), germ; **~erscheinung** *f* symptom; **~fall** *m* case (of illness); **≈halber** *adv.* owing (*od.* due) to illness *od.* ill health; **~herd** *m* seat of a disease, focus, nidus; **~keim** *m* germ of a disease; **~lehre** *f* pathology; **~stoff** *m* contagious (*od.* morbid) matter; **~träger** *m* carrier; **~übertragung** *f* infection, communication (of a disease); *durch Berührung*: *a.* contagion; **~urlaub** *m* sick-leave; **~verlauf** *m* course of an illness; **~zeichen** *n* symptom; **~zustand** *m* diseased state.

kränklich *adj.* sickly, ailing, infirm, poorly; **≈keit** *f* sickliness, infirmity.

krankmachen F *v/i.* → *krankfeiern.*

Kränkung *f* insult.

Kranwagen *mot. m* crane lorry (*Am.* truck); → *a. Abschleppwagen.*

Kranz *m* wreath, garland; ⚠ cornice; ⊕ (*Rad* ≈) rim; (*Scheiben*≈) face; ⚔ revolving gun mount; *fig.* ring (*a. Kuchen*); *von Leuten*: circle; **~arterie** *anat. f* coronary artery.

Kränzchen *n* **1.** small wreath (*od.*

garland); **2.** (*Gesellschaft*) (ladies') circle, F hen party.

kränzen *v/t.* wreathe; crown (with wreaths), adorn (with garlands).

Kranz...: ~**gesims** ⚠ *n* cornice; ~**gefäß** *anat. n* coronary artery; ~**jungfer** *f* bridesmaid; ~**niederlegung** *f* (ceremonial) laying of a wreath; ~**spende** *f* funeral wreath, flowers *pl.*

Krapfen *m* doughnut.

Krapp ⚘ *u.* ⊕ *m* madder.

kraß *adj.* crass, gross, blatant; (*drastisch*) drastic; *Widerspruch*: *a.* flagrant, *Gegensatz*: *a.* glaring; *krasser Außenseiter* rank outsider; *krasser Materialist* crass materialist; 2**heit** *f* crassness *etc.*; blatancy.

Krater *m allg.* crater; ~**landschaft** *f* cratered landscape; ~**see** *m* crater-lake.

Kratz|bürste *f* scratch-brush; *fig.* F cross-patch; 2**bürstig** *adj.* cross, prickly, bristly.

Kratze ⊕ *f* scraper; (*Woll*2) carding machine.

Krätze *f* **1.** ⚕ itch, scabies; **2.** ⊕ (*Abfälle*) dross, waste metal.

kratzen I. *v/t. u. v/i.* scratch (*sich* o.s.); (*schaben*) scrape; (*Metall*) rabble; *Geräusch*: grate, rasp; *sich den Kopf* ~ scratch one's head; *sich hinter dem Ohr* ~ scratch one's ear; F *auf der Geige* ~ F scrape on the fiddle; *der Wein kratzt* has a harsh taste; *es kratzt mir im Hals* I've got a tickle in my throat; → *Kurve*; **II.** 2 *n* scratching (noise); tickle (in one's throat).

Kratzer *m* ⊕ scraper; F (*Schramme*) scratch.

Krätzer *m* rough (cheap) wine.

kratzfest *adj.* mar-resistant.

Kratzfuß F *m* scrape, obeisance; *Kratzfüße machen* bow and scrape.

kratzig *adj.* prickly, rough.

krätzig ⚕ *adj.* scabious, itchy.

kraue(l)n *v/t.* → *kraulen*[2].

Kraul *n Schwimmen*: crawl(-stroke); 2**en**[1] *v/i. Schwimmen*: (do the) crawl.

kraulen[2] *v/t.* (*streicheln*) tickle.

Kraul|en *n, a.* ~**schwimmen** *n*, ~**stil** *m* crawl(-stroke); ~**schwimmer(in** *f*) *m* crawl swimmer, crawler.

kraus *adj.* curly, frizzy; *Rock usw.*: gathered; (*wirr*) tangled, *fig. a.* intricate; *Gedanken usw.*: muddled; *die Stirn* ~ *ziehen* pucker (*od.* knit) one's brow; ~*es Zeug reden* talk nonsense.

Krause *f* ruff(le), frill.

Kräusel|garn *n* stretch yarn; ~**krepp** *m* crêpe nylon; ~**lack** *m* crinkle-finish enamel.

kräuseln *v/t.* (*a. sich* ~) curl, frizzle, crimp; *phot.* frill; *Stoff*: gather; *Wasser*: ruffle; *sich* ~ *Wasser*: ripple, ruffle; *Rauch*: wreathe, curl up; *Lippen*, *Stoff*: pucker; *Haare*: curl; → *a. krausen.*

Kräuselstoff *m* terry-cloth.

krausen *v/t.* curl, frizzle; (*Stirn*) knit; (*Nase usw.*) wrinkle.

Kraus...: ~**haar** *n* curly (*od.* frizzy) hair; 2**haarig** *adj.* curly-haired; ~**kopf** *m* curly-head.

Kraut *n* herb(aceous plant); *Kochkunst*, ⚕: herb; (*Kohl*) cabbage; (*Unkraut*, F *Tabak*) weed; *bei Rüben usw.*: top(s *pl.*); *ins* ~ *schießen* run to leaf, *fig.* run wild (*od.* riot); *fig. das macht das* ~ *auch nicht fett* F that won't help matters any; *wie* ~ *und Rüben* (*durcheinander*) higgledy-piggledy, in a jumble; ~**acker** *m* cabbage field; 2**artig** *adj.* herbaceous.

Kräuter|bad ⚕ *n* (aromatic) herb bath; ~**buch** *n* herbal (book); ~**butter** *f* parsley (*Am.* herb) butter; ~**essig** *m* aromatic vinegar; 2**fressend** *adj.* herbivorous; ~**käse** *m* green cheese, sapsago; ~**kunde** *f* herbal lore; ~**likör** *m* herb-flavo(u)red liqueur; ~**salbe** *f* herbal ointment; ~**schampoo** *m* herbal shampoo; ~**tee** *m* herb-tea; ~**wein** *m* medicated wine.

Kraut...: ~**garten** *m* kitchen garden; ~**hacke** *f* hoe; ~**junker** F *m* country-squire; ~**kopf** *m* cabbage head; ~**salat** *m* cabbage salad.

Krawall F *m* riot; (*Krach*) F row, rumpus, shindy; → *a. Krach* (*machen*, *schlagen*); ~**macher** *m* rioter, rowdy.

Krawatte *f* (neck-)tie; cravat (*a. beim Ringen*); ~**nnadel** *f* tie-pin.

kraxeln F *v/i.* climb, scramble.

Kreation *f* creation, design.

kreativ *adj.* creative; 2**ität** *f* creativity.

Krea|tur *f* creature; *fig. contp.* creature, tool, minion; *alle* ~ all nature; 2**türlich** *adj.* creatural, animal ...

Krebs *m zo.* crayfish, *Am.* crawfish; (*Taschen*2) crab; *ast.* Cancer, Crab; ⚕ cancer; ⚘ canker; ✝ ~*e Buchhandel*: returns; 2**artig** *adj.* crablike, crustaceous; ⚕ cancerous, cancroid; ~**angst** *f* carcinophobia; ~**bekämpfung** *f* cancer control; 2**en** *v/i.* catch crabs; F *fig.* (*krabbeln*) scramble, *rückwärts*: move crabwise; ~-

erkennung *f* cancer diagnosis; **∼erregend, ∼fördernd** *adj.* carcinogenic; **∼erreger** ⚕ *m* carcinogen; **∼forschung** ⚕ *f* cancer research; **∼gang** *m* crab's walk; *fig.* backward movement, decline; *den ∼ gehen* go downhill; **∼geschwulst** *f* carcinoma; **∼geschwür** *n* cancerous ulcer; **∼krank** *adj.* cancerous; **∼kranke(r** *m) f* person suffering from cancer, cancer patient; **∼krankheit** *f*, **∼leiden** *n* cancer(ous disease); **∼rot** *adj.* (as) red as a lobster; **∼schaden** *m* cancerous affection; *fig.* canker; **∼schere** *f* claw of a crayfish; **∼suppe** *f* crayfish soup; **∼tier** *n* crustacean; *die ∼e* the crustacea; **∼übel** *n* → *Krebsschaden*; **∼verdacht** *m* suspicion of cancer; **∼zelle** *f* cancer cell; **∼zerfall** *m* carcinolysis.

Kredenz *f* sideboard; **∼en** *v/t.* serve, hand, offer.

ˈKredit[1] ⚚ *n* (*Ggs. Debet*) credit; *im ∼ stehen* be on the credit-side;

KreˈDit[2] ⚚ *m* credit; (*Darlehen*) *a.* loan; *fig.* (moral) credit, standing; *auf ∼* on credit, F on tick; *laufender ∼* open credit; *(un)widerruflicher ∼* (ir)revocable (letter of) credit; *e-n ∼ aufnehmen* raise a loan; *e-n ∼ einräumen* allow (*od.* grant) a credit; *e-n ∼ eröffnen* open (*od.* lodge) a credit; (*bei* with; *zu j-s Gunsten* to a p.'s favo[u]r); *der ∼ ist gültig bis* the credit is available up to; **∼abteilung** *f* credit department; **∼anspannung** *f* credit strain; **∼anstalt** *f* credit institute (*od.* bank); **∼aufnahme** *f* raising of credit, borrowing; **∼ausdehnung** *f* credit expansion; **∼bank** *f* credit bank; **∼beanspruchung** *f* borrowings *pl.*; **∼brief** *m* letter of credit; → *a. Akkreditiv* 1; **∼drosselung** *f* credit restrictions *pl.* (*od.* F squeeze); **∼eröffnung** *f* opening of a credit (*bei* with); **∼fähig** *adj.* credit-worthy, trustworthy; sound, solvent; *j-n bis zur Höhe von ... für ∼ halten* consider a p. trustworthy to the extent of ...; **∼fähigkeit** *f* credit-worthiness, trustworthiness, soundness; (*Aufnahmefähigkeit*) borrowing power; (*geschätzte ∼*) credit standing (*Am.* rating); **∼geber** *m* credit grantor; **∼genossenschaft** *f* (cooperative) credit society, *Am.* credit union; **∼geschäft** *n* credit business (*od.* operation).

kreditier|en ⚚ **I.** *v/i.* credit; **II.** *v/t.*: *j-n mit e-m Betrag ∼, j-m e-n Betrag ∼* pass (*od.* place) an amount to the credit of a p., credit a p.('s account) with an amount; *ein Konto ∼* credit an account; → *a. gutschreiben*; **∼ung** *f* (*Gutschrift*) crediting; (*Anzeige*) credit advice; (*Aufgabe*) credit note.

Kredit...: **∼institut** *n* credit institute (*od.* bank); **∼karte** *f* credit card; **∼knappheit** *f* credit stringency; **∼linie** *f* credit limit (*od.* line); **∼markt** *m* credit market; **∼mittel** *n/pl.* credit funds; **∼nehmer** *m* borrower; **∼politik** *f* credit policy; **∼posten** *m* credit item; **∼schöpfung** *f* credit creation; **∼schraube** *f* F credit squeeze; **∼seite** *f* credit side; **∼sperre** *f* ban on credit(s); **∼spritze** *f* credit injection; **∼system** *n* credit system; *Ratenzahlung*: instalment plan; **∼verkehr** *m* credit transactions *pl.*; **∼würdig** *adj.* **1.** ⚚ → *kreditfähig*; **2.** *fig.* trustworthy, credible.

Kredo *n eccl. u. fig.* credo, creed.

kregel F *adj.* lively.

Kreide *f* chalk; *paint. a.* crayon; → *a. Kreidezeit*; *bei j-m in der ∼ stehen* owe a p. money, be in the red with a p.; *tief in der ∼ sitzen* be up to one's ears in debt; **∼bleich** *adj.* → *kreideweiß*; **∼boden** *m* chalky soil; **∼fels(en)** *m* chalk-cliff; **∼haltig** *adj.* chalky, cretaceous; **∼papier** *n* chalk overlay paper; **∼stift** *m* (piece of) chalk; *Kunst*: crayon; **∼strich** *m* chalk line; **∼weiß** *adj.* (as) white as a sheet, deathly pale, ashen; **∼zeichnung** *f* chalk (*od.* crayon) drawing; **∼zeit** *f the* Cretaceous (period).

kreidig *adj.* chalky, *geol.* cretaceous.

kreieren *v/t.* create.

Kreis *m allg., a.* ⚖ *u. fig.* circle; *weitS.* ring; *ast.* orbit; ⚡ (*Strom∼*) circuit; (*∼lauf*) cycle; *fig.* (*Bezirk*) district; (*Gruppe*) group; (*Wirkungs∼*) sphere; (*Ideen∼*) range; (*Freundes∼, Zirkel*) circle; (*Lebens∼, soziale Schicht*) walk of life, social stratum, class; *politische, eingeweihte usw. ∼e* quarters; *im ∼ (herum)* (moving) in a circle; round about; *in kleinem ∼e* in a small circle; *im engsten ∼e* a) within the immediate family-circle; b) with one's intimates; *im ∼e s-r Familie* in (the midst of) one's family; *in weiten ∼en* widely; *in weiten ∼en der Bevölkerung* in wide sections of the population; *in den besten ∼en* in the best society; *wohlunterrichtete* ~e (well-)informed quarters (*od.* circles), informed opinion *sg.*; e-n ~ *beschreiben* describe a circle; e-n ~ *bilden* (*od. schließen*) *Personen*: form a circle *od.* ring (*um* round); *sich im* ~(e) *bewegen od. drehen* move in a circle (*a. fig.*), (revolve in a) circle, spin (*od.* whirl) round, rotate; *der* ~ *schließt sich* the wheel comes full circle; *störe m-e* ~e *nicht!* mind my circles!, *allg.* don't bother me; **~abschnitt** ⩓ *m* segment (of a circle); **~antenne** *f* circular aerial (*Am.* antenna); **~arzt** *m* district medical officer; **~ausschnitt** ⩓ *m* sector (of a circle); **~ausschuß** *m* district council; **~bahn** *f* circular path (*od. ast.* orbit); **~behörde** *f* district authority; **~bewegung** *f* circular motion, rotation; **~bogen** *m* ⩓ arc of a circle.

kreischen I. *v/i. u. v/t.* scream, shriek, *stärker*: screech (*alle a. Bremsen usw.*); **II.** ≈ *n* shriek(ing), screech(ing), shrieks *pl.*; **~d** *adj.* shrieking, shrill; *fig. Farbe*: glaring, garish.

Kreis...: **~diagramm** *n* circular (*od.* pie) chart; **~ebene** *f* **1.** ⩓ circular plane; **2.** *fig. auf* ~ at district level.

Kreisel *m* **1.** (whipping-)top, pegtop; *den* ~ *schlagen* spin the top; **2.** ⊕ gyroscope, gyrostat; ⚓, ✈ gyro stabilizer; **~bewegung** *f* gyration; **≈gesteuert** *adj.* gyro-controlled; **~kompaß** *m* gyrocompass; **≈n** *v/i.* spin the top; *weitS.* (*sich drehen*) spin, whirl round, gyrate; **~pumpe** *f* centrifugal pump; **~rad** *n* rotor, impeller.

kreisen I. *v/i.* (move in a) circle, spin round; revolve, rotate, *schnell*: gyrate; *Blut, Geld*: circulate; *Vögel*: circle, hover; ~ *lassen* (*Flasche usw.*) pass round; *die Flasche kreist* goes round; ~ *um ... herum* circle round, *a. Gedanken*: revolve round; **II.** *v/t. Turnen*: *die Arme* ~ swing one's arms round; **III.** ≈ *n* circular movement, rotation, *der Gestirne*: revolution; spinning.

Kreis...: **~fläche** *f* circular area; ⩓ area of the circle; **≈förmig** *adj.* circular; **~förmigkeit** *f* circular form, circularity; **~frequenz** *f* angular (*Am.* radian) frequency; **~gericht** ⚖ *n* district court; **~kegel** ⩓ *m* circular cone; **~kehre** *f Turnen*: double rear vault; **~klasse** *f Sport*: district league; **~kolben** ⊕ *m* rotary piston; **~korn** *n Gewehr*: front ring sight; **~lauf** *m* circular course, revolution; *des Blutes, von Flüssigkeiten, Luft, Geld*: circulation; *der Jahreszeiten usw.*: cycle (*a. biol.*); *der Wirtschaft*: (business) cycle; **~läufer** *m Handball*: inside forward; **~laufkollaps** ⚕ *m* circulatory collapse; **~laufmittel** ⚕ *n* circulatory preparation; **~laufschmierung** ⊕ *f* circulating lubrication; **~laufschwäche** *f* circulatory debility; **~laufstörung** *f* circulatory disturbance; **~linie** *f* circular line; **≈rund** *adj.* circular; **~säge** *f* circular (*Am. a.* buzz) saw; F (*Strohhut*) boater.

kreiß|en *v/i.* be in labo(u)r; **≈saal** ⚕ *m* labo(u)r room.

Kreis...: **~stadt** *f* district (*Brit.* county) town; **~strom** ⚡ *m* circular current; **~tag** *m* district assembly; **~umfang** ⩓ *m* circumference of a circle; **~verkehr** *m* roundabout (traffic *od.* junction).

Krem *f u.* F *m* → Creme.

Kremat|ion *f* cremation; **~orium** *n* crematorium, *Am.* crematory.

kremieren *v/t.* cremate.

Kreml *m the* Kremlin.

Krempe *f* edge, border; *e-s Hutes*: brim; *an Hosen*: turn-ups *pl.*; ⊕ flange; *Hut mit breiter* (*schmaler*) ~ broad- (narrow-)brimmed.

Krempel[1] F *m* → Kram 2.

Krempel[2] ⊕ *f* card(er); *für Tuch*: teasel; **~garn** *n* carded yarn; **~maschine** *f* carder; **≈n** *v/t.* card.

Kren *dial. m* horseradish.

Kreol|e *m*, **~in** *f*, **≈isch** *adj.* Creole.

Kreosot ⚗ *n* creosote.

krepieren *v/i. Tier*: die, perish; F *Person*: die wretchedly, F peg out, *sl.* kick the bucket; ⚔ *Geschoß*: burst, explode.

Krepp ⊕ *m* crêpe, crape; **≈en** *v/t.* crêpe; **~flor** *m* mourning crêpe; **~gummi** *n* crêpe rubber; **~(p)apier** *n* crêpe paper; **~seide** *f* crêpe de Chine (*fr.*); **~sohle** *f* crêpe sole.

Kresol ⚗ *n* cresol.

Kresse ⚘ *f* cress.

Kret|er(in *f*) *m*, **≈isch** *adj.* Cretan.

Krethi und Plethi *pl.* (every) Dick, Tom and Harry; the hoi polloi.

Kretin *m* cretin; *contp. a.* half-wit; **~ismus** *m* cretinism.

Kreuz I. *n allg.* cross (*a. eccl., her.*, ⚔ *Orden*); (~*bild*) crucifix; *anat.* (small of the) back, ⚕ sacral region; *Kartenspiel*: club(s *pl.*);

♪ sharp; *typ.* (†) dagger, obelisk; *fig.* cross, affliction; ⚔ *Eisernes* ~ Iron Cross; *ast.* ~ *des Südens* Southern Cross; *über* ~ crosswise; *ans* ~ *schlagen* → *kreuzigen*; *das* ~ *schlagen* make the sign of the cross, *über sich*: *a.* cross o.s. (*a. fig.*); *sein* ~ *auf sich nehmen* take up one's cross; *sein* ~ (*geduldig*) *tragen* bear one's cross (patiently); *zu* ~*e kriechen* knuckle under (*vor* to), truckle (to), eat humble pie, *Am. a.* eat crow; F *j-n aufs* ~ *legen* flatten a p., F *fig.* bamboozle a p.; *mit j-m über(s)* ~ *stehen* be on bad terms with a p.; *es ist ein* ~ *mit ihm* he is a real problem, one has no end of trouble with him; **II.** ≈ *adv.*: ~ *und quer* zig-zag, criss-cross, in all directions; *ein Land* ~ *u. quer durchreisen a.* travel the length and breadth of a country; **~abnahme** *f* Descent from the Cross; **~band** *n* **1.** ⊕ cross halved joint; **2.** *anat.* crucial ligament; **3.** ✉ (postal) wrapper; *unter* ~ by book post; **~bein** *anat. n* sacrum; *in Zssgn* sacral ...; **~blüt(l)er** ⚘ *m* crucifer; **~bogen** ⚠ *m* groined arch; **≈brav** *adj.* thoroughly honest.

kreuzen I. *v/t.* **1.** (*Linie, Straße usw.*) cross, intersect; ⚡ transpose, cross(-connect); (*Arme, Beine*) cross, fold; ✝ (*Scheck*) cross; *sich* ~ *allg.* cross; *fig. Interessen usw., gegensätzlich*: clash, interfere with each other, *sich teilweise deckend*: overlap, meet; *Blicke*: meet; → *durchkreuzen, Klinge*; **2.** *biol.* cross(-breed), interbreed, intercross (*alle. a sich* ~), hybridize; **II.** *v/i.* **3.** ⚓, ✈ cruise; (*lavieren*) tack (*gegen den Wind* against the wind); **III.** ≈ *n* **4.** *allg.* crossing; **5.** *biol.* → *Kreuzung* 2.

Kreuzer[1] ⚓ *m* cruiser.

Kreuzer[2] *m* (*Münze*) kreutzer.

Kreuz...: **~erhöhung** *eccl. f* Exaltation of the Cross; **~estod** *m* death on the cross; **~fahrer** *hist. m* crusader; **~fahrt** ⚓ *f* cruise; **~feuer** *a. fig. n* cross-fire; *ins* ~ *nehmen* (*geraten*) bring (come) under cross-fire; *im* ~ *der Kritik* under the cross-fire of criticism, under criticism from all sides; **≈fidel** *adj.* (quite) cheerful, (as) merry as a cricket; **~förmig** *adj.* cross-shaped, cruciform; **~frage** *f* cross-equation; **~gelenk** ⊕ *n* universal joint; **~gewölbe** ⚠ *n* cross-vault(ing); **~hacke** *f* pick-ax(e); **~hieb** ⊕ *m* cross cut.

kreuzig|en *v/t.* crucify (*a. fig.*), fix (*od.* nail) to the cross; **≈ung** *f* crucifixion.

Kreuz...: **~kopf** ⊕ *m* crosshead; **≈lahm** *adj. Pferd*: broken-backed; *Person*: stiff-backed; *fig.* lame; **~mars** ⚓ *m* mizzen top; **~otter** *zo. f* common viper, adder; **~punkt** *m* ⩘ point of intersection; 🚂 crossing; **~reim** *m* alternate rhyme; **~ritter** *m* **1.** crusader; **2.** Teutonic Knight; **~ritterorden** *m* Teutonic Order of Knights; **~schiff** *n e-r Kirche*: transept; **~schmerz** *m* lumbago; **~schnabel** *orn. m* crossbill; **~schnitt** ⚕ *m* crucial incision; **~spinne** *f* cross (*od.* garden) spider; **~stich** *m* cross-stitch; **~support** ⊕ *m* cross-slide rest; **~tonart** ♪ *f* sharp key.

Kreuzung *f* **1.** *Straße,* 🚂 *usw.*: crossing, junction, *bsd. Am.* intersection; **2.** *biol.* a) (*Züchtung*) cross-breeding, hybridization; b) (*Produkt*) cross(-breed), hybrid, *fig.* cross; **≈sfrei** *adj.* intersection-free; **~spunkt** *m* crossing(-point), point of intersection.

Kreuz...: **≈unglücklich** F *adj.* very miserable, wretched; **~verhör** ⚖ *n* cross-examination; *ins* ~ *nehmen* cross-examine; **~verweis** *m* cross-reference; **~weg** *m* **1.** cross-roads (*sg.*) (*a. fig.*), crossing; *am* ~ at the crossroads; **2.** *eccl.* way of the Cross; **≈weise** *adj.* crosswise, crossways, across; **~worträtsel** *n* crossword (puzzle); **~zeichen** *n* **1.** *eccl.* sign of the Cross; **2.** cross; **~zucht** *f* → *Kreuzung* 2; **~zuchtwolle** *f* cross-bred wool; **~zug** *m* crusade (*a. fig.*).

kribb(e)lig *adj.* nervous, fidgety, jumpy, *Am.* F jittery; on pins and needles; (*reizbar*) irritable.

kribbeln I. *v/i.* **1.** crawl, scurry; (*wimmeln*) swarm; **2.** (*prickeln*) prickle, tingle, tickle; (*jucken*) itch; *mir kribbelt's in den Fingern* I have pins and needles in my fingers, *fig.* I am itching (*zu tun* to do); **II.** ≈ *n* tickle, tingling, pins and needles *pl.*

Kricket *n* cricket; **~spieler** *m* cricketer.

kriechen I. *v/i.* creep, crawl; *mühsam*: drag o.s. along; ⚘, ⊕, *geol.* creep; ⚡ leak; → *Ei* 1; *fig. vor j-m* ~ toady (*od.* grovel) to a p., crawl on all fours before a p.; **II.** ≈ *n* creeping, crawling; ⊕, *geol.* creep; ⚡ surface leakage; *fig.* → *Kriecherei*.

Kriecher *m* toady, F crawler; **~ei** *f* crawling, toadyism; **≈isch** *adj.* toadying, grovelling, servile.

Kriech...: **~gang** *mot.* *m* creeping speed; **~pflanze** *f* creeper; **~spur** *f* **1.** trail; **2.** *mot.* slow lane; **~strecke** *f*, **~weg** *m* ⚡ leakage path; **~strom** ⚡ *m* (surface) leakage current; **~tier** *zo.* *n* reptile.

Krieg *m* war; (*~führung*) warfare; (*Fehde*) feud; (*Streit*) strife, quarrel; *kalter ~* cold war; *totaler ~* total warfare; *im ~* at war (*mit* with); *in ~ und Frieden* in peace and war; *im ~ u. in der Liebe ist alles erlaubt* all is fair in love and war; *vom ~ verwüstet* war-torn, war-ravaged; *~ führen gegen od. mit* wage (*od.* carry on) war against *od.* with, make war upon; be at war with; *den ~ erklären* declare war (*dat.* on); *e-n ~ anfangen* start a war; *in den ~ ziehen gegen* go to war against; *in e-n ~ treiben* drift into a war.

kriegen F *v/t.* (*fangen, fassen*) catch (hold of); (*erwischen*) catch, get *a criminal, a train, etc.*; (*bekommen*) get, (*Krankheit*) *a.* catch; *sich ~ Paar*: marry (in the end); *gleich kriegst du (Schläge)!* you'll get it pretty soon now!; *das werden wir schon ~!* we'll manage that all right; → *a. bekommen.*

Krieger *m* warrior; (*Soldat*) soldier; *co. alter ~* old campaigner; **~bund** *m* → *Kriegerverein*; **~denkmal** *n* war-memorial; **⁀isch** *adj.* warlike, martial, bellicose, belligerent (*a. fig.*); *Konflikt usw.*: military, armed; **~verein** *m* ex-servicemen's (*Am.* veterans') association; **~witwe** *f* war-widow.

Krieg...: **⁀führend** *adj.* belligerent; **~führung** *f* conduct of war; strategy; (*Methode*; *biologische usw.* *~, ~ zur See usw.*) warfare.

Kriegs...: **~anleihe** *f* war-loan; **~ausbruch** *m* outbreak of (the) war; **~ausrüstung** *f* war equipment, matériel; *in voller ~* in full battle order; **~auszeichnung** *f* war decoration; **~beil** *n*: *das ~ begraben (ausgraben)* (un)bury the hatchet; **~bemalung** *f* war-paint (*a.* F *fig. volle ~*); **~bereitschaft** *f* (state of) preparedness for war, war readiness; **~bericht** *m* war report; **~berichter(statter)** *m* war correspondent; **⁀beschädigt** *usw.* → *kriegsversehrt usw.*; **~beschädigung** *f* war-disablement; **~beute** *f* (war-)booty, spoils *pl.* of war; **~blinde(r)** *m* war-blinded veteran; *die ~n* the war-blind (*pl.*); **~braut** *f* war bride; **~dienst** *m* war service; **~dienstverweigerer** *m* conscientious objector; **~drohung** *f* threat of war; **~einsatz** *m* action; **~einwirkung** *f* enemy action; **~eintritt** *m* entry into the war; **~ende** *n* end of the war; **~entschädigung** *f* war indemnity; reparation(s *pl.*); **~erfahrung** *f* war experience; **~erklärung** *f* declaration of war; **~erlebnis** *n* wartime experience; **~fackel** *f* torch of war; **~fall** *m*: (*im ~* in) case of war; **~flagge** ⚓ *f* naval ensign; **~flotte** *f* naval force, fleet; **~flugzeug** *n* military aircraft, warplane; **~freiwillige(r)** *m* war volunteer; **~führung** *f* → *Kriegführung*; **~fuß** *m*: *auf ~ stehen mit* (*j-m*) be at daggers drawn with; (*der Rechtschreibung usw.*) be very poor at; **~gebiet** *n* war zone; **~gebrauch** *m* custom of war; **~gefahr** *f* danger (*od.* risk) of war; **⁀gefangen** *adj.* captive; **~gefangene(r)** *m* prisoner of war (*abbr.* P.O.W.); **~gefangenschaft** *f* (war) captivity; **~gerät** *n* (war) matériel; **~gericht** *n* court martial; *vor ein ~ stellen* court-martial; **~geschrei** *n* war-cry, *von Wilden*: war-whoop; **~gesetz** *n* martial law; **~gewinnler** *m* war profiteer; **~glück** *n* fortune of war; (*Erfolg*) military success; *das ~ wendet sich zu j-s Gunsten* the tide of war turns in a p.'s favo(u)r; **~gott** *m* god of war, Mars; **~gräberfürsorge** *f* War Graves Commission; **~greuel** *m/pl.* atrocities; **~hafen** *m* naval port; **~handwerk** *n* trade of war; **~held** *m* war-hero; *hist.* great warrior; **~herr** *m*: *oberster ~* commander-in-chief, supreme commander; *weitS.* war-lord; **~hetze** *f* warmongering; **~hetzer** *m* warmonger; **~hinterbliebene** *pl.* war widows and orphans, surviving dependants; **~industrie** *f* war industry; **~invalide** *m* war-disabled person; **~jahr** *n* year of (the) war; **~kamerad** *m* fellow-soldier, wartime comrade; **~kosten** *pl.* cost *sg.* of war; **~kunst** *f* art of war; generalship; **~lasten** *f/pl.* burdens of war; **~lazarett** *n* base hospital; **~lieferung** *f* military supplies; **~list** *f* stratagem; **⁀lustig** *adj.* belligerent (*a. fig.*); **~macht** *f* military force(s *pl.*); *pol.* belligerent power; **~marine** *f* navy; **~material** *n* war material (*od.* matériel); **~minister** *hist.* *m* minister of war; → *Verteidigungsminister*; **~ministerium** *n* ministry of war;

→ *Verteidigungsministerium*; **≈müde** *adj.* war-weary; **~neurose** ⚕ *f* war neurosis, battle fatigue, shell-shock; **~opfer** *n* war-victim; **~pfad** *m*: *auf ~* on the war-path; **~plan** *m* war (*od.* strategic) plan; **~potential** *n* military resources *pl.*; war potential; **~psychose** *f* **1.** ⚕ → *Kriegsneurose*; **2.** *weitS.* war-fever; **~rat** *m* war council; *a. fig. ~ halten* hold a council of war; **~recht** *n* ⚖ law of war; ⚔ martial law; (*Gebrauch*) custom of war; **~rente** *f* war pension; **~risiko(versicherung** *f*) *n* war risk (insurance); **~ruf** *m* war-cry; **~ruhm** *m* military fame (*od.* glory); **~rüstung** *f* arming for war; (*Produktion*) arms production, armament; war industry; **~schaden** *m* war-damage; **~schadenrente** *f* war damage pension; **~schauplatz** *m* theat|re (*Am.* -er) of war; **~schiff** *n* warship; *hist.* man-of-war; **~schuld** *f* war guilt; **~schulden** *pl.* war debts; **~schuldfrage** *f* question of war guilt; **~schule** *hist. f* military academy; **~spiel** *n* **1.** ⚔ war-game, kriegspiel; **2.** *von Kindern*: game of soldiers; **~stand** *m*, **~stärke** *f* war strength, *Brit.* war establishment; **~tanz** *m* war-dance; **~tat** *f* warlike feat; **~teilnehmer** *m* combatant; *ehemaliger ~* ex-serviceman, *Am.* (war) veteran; **~trauung** *f* wartime wedding; **~treiber** *m* war-monger; **≈treiberisch** *adj.* war-mongering; **~verbrechen** *n* war crime; **~verbrecher** *m* war criminal; **~verbrecherprozeß** *m* war crimes trial; **≈versehrt** *adj.* disabled on active duty, (war-)disabled; **~versehrte(r)** *m* war-disabled ex-serviceman (*od.* person); *pl. coll. the* war-disabled (*pl.*); **≈verwendungsfähig** *adj.* fit for active service; **~vorrat** *m* war supplies *pl.*; **~waise** *f* war orphan; **≈wichtig** *adj.* of military importance; strategic, essential; *~e Ziele* military targets; **~wirtschaft** *f* wartime economy; **~wissenschaft** *f* military science; **~zeit** *f* time of war, wartime; *in ~en* in times of war; **~ziel** *n* (war) objective; **~zug** *m* (military) expedition, campaign; **~zulage** *f* field-allowance, war bonus; **~zustand** *m* state of war.

Krimi F *m* (crime) thriller, *sl.* whodunit.

Kriminal|amt *n* (Central) Bureau of Criminal Investigation; **~assistent** *m* detective sergeant; **~beamte(r)** *m* C.I.D. officer, plainclothesman, detective; **~film** *m* crime film; → *a. Krimi*; **~inspektor** *m* detective inspector; **≈isieren** *v/t.* criminalize.

Kriminalist *m* detective; (*Wissenschaftler*) criminalist; **~ik** *f* criminalistics *pl.* (*sg. konstr.*); **≈isch** *adj.* detective('s ...), criminal investigation ..., (crime-)detection ...

Kriminalität *f* criminality, delinquency; (*Verbrechertum*) crime.

Kriminal...: **~kommissar** *m* detective superintendent; **~komödie** *f* comedy thriller; **~polizei** *f* plainclothes police, criminal investigation department (*abbr.* C.I.D.); **~psychologie** *f* criminal psychology; **~rat** *m* detective chief superintendent; **~roman** *m* crime (*od.* detective, mystery) novel *od.* story; → *a. Krimi*; **~romanschreiber** *m* crime novelist, detective fictionist; **~soziologie** *f* sociology of crime; **~stück** *thea. n* crime play; → *a. Krimi*.

kriminell *adj.*, **≈e(r** *m*) *f* criminal.

Kriminologe *m* criminologist.

Krimkrieg *hist. m* Crimean war.

Krimskrams F *m* junk, odds and ends *pl.*

Kringel *m* curl, ring; *Schrift*: squiggle; (*Gebäck*) cracknel; **≈n** F *v/refl.*: *sich ~* curl (up); *sich* (*vor Lachen*) *~* die with laughter.

Krinoline *f* crinoline.

Kripo F *f* → *Kriminalpolizei*.

Krippe *f* (*Vieh≈*) crib, *a. bibl.* manger; (*Weihnachts≈*) (Christmas) crib; (*Kinder≈*) crèche, day-nursery; *fig. an der ~ sitzen* be in clover; **~nspiel** *n* Nativity play.

Krise *f* crisis; **≈ln** F *v/impers.*: *es kriselt* there is a crisis looming, there is trouble brewing, symptoms of crisis are noticeable; **~nanfälligkeit** *f* proneness to crises, instability; **≈narm** *adj.*, **≈nfest** *adj.* stable; **~nfestigkeit** *f* stability; **~nherd** *pol. m* (political) storm-cent|re (*Am.* -er), trouble spot; **~nmanagement** *n* crisis-handling; **~nstab** *m* crisis-handling committee; **~nstimmung** *f* crisis atmosphere, apprehensive climate; **~nzeit** *f* time of crisis.

Kristall 1. *m* crystal; *~e bilden* form crystals, crystallize; **2.** *n* (*Glasware*) crystal (glass *od.* goods *pl.*); **≈artig** *adj.* crystalline; **~bildung** *f* crystallization; **~detektor** *m Radio*: crystal detector; **~eis** *n* crystal ice; **≈en** *adj.* crystalline; *a. fig.* crystal; **~glas** *n* crystal glas.

kristallinisch *adj.* crystalline.

kristallisier|bar *adj.* crystallizable; **~en** *v/t.*, *v/i. u. v/refl.*: (*sich* ~) crystallize (*a. fig.*); **≈ung** *f* crystallization.

Kristall...: **~kern** *m* crystal nucleus; **≈klar** *adj.* crystal-clear; **~kugel** *f* crystal ball (*od.* globe); **~mikrophon** *n* crystal microphone; **~waren** *f/pl.* crystal (-glass) ware *sg.*; **~zucker** *m* (refined) sugar in crystals.

Kriterium *n* (*Merkmal*) criterion; (*Probe*) test.

Kritik *f* criticism (*über, an* of), (*Tadel*) *a.* censure; *thea. usw.* review, criticism, critique; *phls.* ~ *der reinen Vernunft* Critique of Pure Reason; F *unter aller* ~ beneath contempt; ~ *üben* (*an*) → *kritisieren*; *gute* ~*en haben* have a good press.

Kritiker *m* critic, *von Büchern usw.*: *a.* reviewer.

kritiklos *adj.* uncritical; **≈igkeit** *f* uncritical disposition, lack of discrimination.

kritisch *adj.* **1.** *allg.*, *a. Text usw.*: critical (*gegenüber* of); (*fein urteilend*) *a.* discriminating, discerning; **2.** (*bedenklich*) critical (*a. phys.*, ⊕); ~*es Alter* critical age; ~*er Augenblick* critical moment; ~*e Geschwindigkeit* critical speed.

kritisieren *v/t.* criticize, *tadelnd*: *a.* censure; (*Buch usw.*) review, criticize; → *a. kritteln.*

Krittelei *f* faultfinding, cavilling.

Krittler(**in** *f*) *m* faultfinder, caviller, carper.

kritteln *v/i.* find fault (*an* with), cavil, carp (at).

Kritzelei *f* scrawl(ing), scribble.

kritzeln *v/i.* scrawl, scribble; *malend*: doodle.

Kroat|e *m*, **~in** *f* Croat; **≈isch** *adj.*, **~isch** *ling. n* Croatian.

Krocket *n* croquet.

Krokant *m* croquant.

Krokodil *n* crocodile; **~haut** *f*, **~leder** *n* crocodile (skin), alligator (skin); **~tränen** F *fig. f/pl.* crocodile (*od.* false) tears; *ein paar* ~ *weinen a.* F squeeze a tear.

Krokus ⚘ *m* crocus.

Krone *f* **1.** crown; (*Papst*≈) tiara; (*Adels*≈) coronet; (*Stirnband*) diadem; **2.** *fig.* acme, crowning glory; *die* ~ *des Lebens* the crown of life; *die* ~ *der Schöpfung* the pride of creation; F *das setzt allem die* ~ *auf* that beats all, that's the last straw; F *was ist ihm in die* ~ *gefahren?* what's got into him?, what's eating him?; F *er hat e-n in der* ~ F he is tight; **3.** ⚘ (*Blumen*≈) corolla; (*Baum*≈) crown, top; *zo.*, *hunt.* crown (antlers *pl.*); (*Zahn*≈, *a. künstliche*) crown; (*Wellen*≈) crest; ⚠, ⊕ (*Damm*≈ *usw.*) crest, top, crown, *a. e-r Mauer*: coping; *e-r Uhr*: crown, (winding) button; ⊕ (*Bohr*≈) bit, crown; (*Leuchter*) chandelier; *ast.* (Northern, Southern) Crown.

krönen *v/t.* **1.** crown (*sich* o.s.); *j-n zum König* ~ crown a p. king; *gekrönte Häupter* crowned heads; **2.** *fig.* (*vollenden*) crown, cap, top; *von Erfolg gekrönt* crowned with success.

Kronen|aufzug *m Uhr*: stem-winding; **~bohrer** *m* crown drill; **~mutter** ⊕ *f* castle nut.

Kron...: **~erbe** *m* (**~erbin** *f*) heir(ess *f*) to the crown; **~gut** *n*, **~land** *n* crown-land, royal demesne; **~juwelen** *n/pl.* crown-jewels; **~kolonie** *f* Crown Colony; **~leuchter** *m* chandelier, *mit Glasbehang*: lustre; (*Gas*≈) gaselier; ⚡ electrolier; **~prinz** *m* crown prince (*a. fig.*), Prince Royal; *Brit.* Prince of Wales; **~prinzessin** *f* crown princess, *Brit.* Princess Royal; **~schatz** *m* royal treasure.

Krönung *f* coronation, crowning; *fig.* crowning moment (*od.* event); climax, highlight, consummation; **~seid** *m* coronation oath; **~sfeier(lichkeit)** *f* coronation ceremony; **~stag** *m* coronation day.

Kronzeuge *m* chief witness; (*geständiger Mittäter*) (person who turns) Queen's (*Am.* State's) evidence.

Kropf *m orn.* crop, maw; ⚕ goit|re, *Am.* -er, struma, F wen; *beim Pferd*: strangles *pl.*; ⚘ excrescence; F *unnötig wie ein* ~ F as useful as a hole in the head; **≈artig** ⚕ *adj.* goitrous; **~eisen** ⊕ *n* sling, devil's claw.

kröpfen *v/t.* (*Gänse*) cram, stuff; ⊕ offset, crank; bend at right angles; ⚠ return.

kropfig, kröpfig ⚕ *adj.* goitrous.

Kropf...: **~kranke**(**r** *m*) *f* goitrous person; **~stein** ⚠ *m* joggled vousoir; **~taube** *orn. f* pouter (-pigeon).

Kröpfung *f von Gänsen*: cramming; ⚠ return, joggle; ⊕ offset; *der Kurbelwelle usw.*: crank, throw.

Kroppzeug F *n* **1.** (*kleine Kinder*) young fry, brats *pl.*; **2.** (*Gesindel*) riff-raff.

Krösus *fig. m* Croesus, nabob.

Kröte *f* toad (*a. contp. Person*); *fig. giftige* ~ nasty creature; F *kleine*

~ brat, (little) tot; F *pl.* (*Geld*) pennies, *sl.* dough *sg.*; *nur ein paar ~n* just a few coppers (*Am.* cents).

Krotonsäure ⚗ *f* crotonic acid.

Krück|e *f* crutch; *fig. a.* stay, prop; (*Bischofs*≈) crook, crozier; (*Griff*) crutch(ed handle); ⊕ *metall.*, *a. des Croupiers*: rake; *Brauerei*: oar; F (*Kerl*) *sl.* twerp; *an ~n gehen* walk on crutches (*a. fig.*); **~stock** *m* walking-stick.

Krug *m* jug, pitcher; (*Bier*≈) mug, pot, *Am. a.* stein; tankard; (*Vase*) vase; *der ~ geht so lange zum Brunnen, bis er bricht* the pitcher that goes too often to the well gets broken, you'll do that once too often.

Kruke *f* stone pitcher (*od.* jug); F *fig. contp.* (*Person*) *sl.* twerp, bum.

Krüllschnitt(tabak) *m* curly (*od.* crimp) cut.

Krümchen *n* crumb; *fig. a* wee bit.

Krume *f* crumb; ⚒ top-soil.

Krümel *m* crumb; **≈ig** *adj.* crumbly; friable; **≈n** *v/t. u. v/i.* crumble; **~schaufel** *f* crumb tray.

krumm *adj. u. adv.* **1.** crooked, bent; (*geschweift*) curved; (*hakenförmig*) hooked; (*bogenförmig*) arched; (*gewunden*) winding, *unregelmäßig*: tortuous; (*verdreht, verbogen*) twisted, (a)wry, out of shape; *~e Haltung* stoop; *~ biegen* bend; *~ gehen, sich ~ halten* stoop; → *~nehmen*; *sich ~ lachen* split one's sides with laughter; *~ werden* bend, curve, *Holz*: warp, *Person durch Altersschwäche*: be bowed down (with age); **2.** F *fig.* (*unredlich*) crooked; *~e Sache* (*od. Tour*) crooked business; *~e Wege* crooked ways; **~beinig** *adj.* bandy- (*od.* bow-)legged; (*X-beinig*) knock-kneed; **≈darm** *anat. m* ileum.

krümmen *v/t.* (*a. sich ~*) crook, bend, curve, twist; *Katze usw.*: (*den Rücken*) arch; *sich ~* form a bend (*od.* curve), *Fluß*: wind, meander, *Holz*: warp, *Wurm*: turn, writhe, wriggle; *sich ~ vor Schmerzen, Scham*: writhe with, *Lachen*: be doubled up (*od.* convulsed) with, die with *laughter*, *Verlegenheit*: squirm with; → *Finger, Haar.*

Krümmer ⊕ *m* bend, elbow.

krumm...: **~linig** ⩚ *adj.* curvilinear; **~nasig** *adj.* hook-nosed; **~nehmen** *v/t.*: *(j-m) et. ~* take a th. amiss, take offen|ce (*Am.* -se) at a th.; **≈säbel** *m* scimitar; **≈stab** *m* crook; *eccl. a.* crosier.

Krümmung *f* **1.** (*Krümmen*) crooking, bending, *etc.*, → *krümmen*; **2.** (*a. Straßen*≈) bend, curve; ⩚, ⚕, *phys.* curvature; ⊕ *a. senkrechte*: camber, *seitliche*: sweep; (*Windung*) turn, winding, twist; **~shalbmesser** *m* radius of curvature.

krumpf|echt *adj. Stoff*: non-shrinkable; **~en** *v/t.* (pre)shrink.

Kruppe *f des Pferdes*: croup.

Krüppel *m* cripple; F *fig.* (*Kerl*) V bastard; *zum ~ machen* cripple, maim; *zum ~ werden* be crippled; **≈haft, ≈ig** *adj.* crippled, deformed.

Kruste *f allg., a.* ⚕, *geol., von Brot usw.*: crust; *(sich) mit e-r ~ überziehen* (en)crust; **~nbildung** *f* incrustation; **~ntier** *n* crustacean.

krustig *adj.* crusty.

Kruzifix *n* crucifix.

Krypt|a *f*, **~e** *f* crypt.

Kryptogame ⚘ *f* cryptogam.

Kuban|er(in *f*) *m*, **≈isch** *adj.* Cuban.

Kubatur ⩚ *f* cubature.

Kübel *m* tub; (*Bottich*) vat; (*Eimer*) pail, *a.* ⊕ bucket; ⊕ *a.* skip; *es gießt wie mit ~n* it's raining cats and dogs; **~pflanze** *f* tub plant; **~wagen** *m* 🚃 bucket car; ⚔ jeep.

kubier|en ⩚ *v/t.* cube; **≈ung** *f* cubation.

Kubik|inhalt *m* cubic content; cubage; **~inhaltsberechnung** *f* cubature; **~maß** *n* cubic measure; **~meter** *n, m* cubic met|re, *Am.* -er; **~wurzel** ⩚ *f* cube root; **~zahl** ⩚ *f* cube number.

kubisch *adj.* cubic(al).

Kubis|mus *m* cubism; **~t** *m* cubist; **≈tisch** *adj.* cubist ..., cubistic(ally *adv.*).

Kubus ⩚ *m* cube.

Küche *f* kitchen; ⚓ galley, ✈ *a.* pantry; (*Kochart*) cooking, cuisine (*fr.*); *deutsche ~* German cuisine; *(gut)bürgerliche ~* plain cooking; *kalte ~* cold meat (*od.* dishes *pl.*); lunch(eon); *die ~ besorgen* attend (F see) to the cooking, do the cooking; F *fig. in des Teufels ~ kommen* F get into an awful mess.

Kuchen *m* cake; *a. fig. ein Stück vom ~* a slice of the cake; F *iro. ja, ~!* F nothing doing!, my foot (*od.* eye)!

Küchen|abfälle *m/pl.* kitchen-refuse, rubbish, garbage (*alle sg.*).

Kuchenblech *n* baking-sheet (*od.* -tin).

Küchen...: **~benützung** *f*: *mit ~* with kitchen privileges; **~bulle** ⚔ *sl. m* mess sergeant, cook; **~chef** *m* chef (*fr.*); **~dienst** ⚔ *m* cookhouse fatigues *pl.*, *Am.* kitchen police (*abbr.* K.P.).

Kuchen...: **≈fertig** *adj.*: *~es Mehl*

self-raising flour; ~**form** *f* cake-tin; ~**gabel** *f* pastry fork.

Küchen...: ~**gerät** *n*, ~**geschirr** *n* kitchen utensils *pl. od.* F things *pl.*; kitchen crockery; ~**herd** *m* (kitchen-)range, kitchener; *für Gas*: gas cooker; *elektrischer* ~ electric range (*od.* stove); ~**hilfe** *f* kitchen help; ~**junge** *m* kitchen-boy; ~**kräuter** *n/pl.* pot-herbs; ~**latein** *n* dog-Latin; ~**mädchen** *n*, ~**magd** *f* kitchen-maid; ~**meister** *m* head cook, chef (*fr.*); → *Schmalhans*; ~**messer** *n* kitchen-knife; ~**salz** *n* common salt; ~**schabe** *f* cockroach; ~**schelle** ⚘ *f* pasque-flower; ~**schrank** *m* dresser(-type cabinet).

Kuchen|teig *m* cake dough (*od.* mixture); ~**teller** *m* cake plate.

Küchen...: ~**uhr** *f* kitchen clock; ~**waage** *f* kitchen-scales *pl.*; ~**zettel** *m* menu.

Küchlein *n* chick(en).

Kücken *n* → *Küken.*

Kuckuck *m* cuckoo; F *des Gerichtsvollziehers*: bailiff's stamp; F *zum* ~*!* damn it!; *wo (wie) zum* ~*...?* where (how) the devil ...?; → *a. Teufel*; ~**sei** *n* cuckoo's egg; ~**suhr** *f* cuckoo-clock.

Kuddelmuddel F *m, n* confusion, mess.

Kufe[1] *f* (*Faß*) tub, vat.

Kufe[2] *f* (*Schlitten*≈) runner; ✈ skid.

Küfer *m* cooper; (*Kellermeister*) cellarman; ~**ei** *f* cooperage; (*Werkstatt*) *a.* cooper's shop.

Kugel *f* ball, globe; ⩓ sphere; *für Spiele*: ball; (*Wahl*≈) ballot; (*Stoß*≈) shot, weight; *anat. e-s Knochens*: head; (*Gewehr*≈ *usw.*) bullet; (*Kanonen*≈) (cannon-)ball, shot; *die* ~ *stoßen Sport*: put the shot (*od.* weight); *von* ~*n durchlöchert* riddled with bullets; F *e-e ruhige* ~ *schieben* lead a cushy life; ~**abschnitt** ⩓ *m* spherical segment; ~**antenne** *f* isotropic aerial, *Am.* unipole; ~**bakterien** *f/pl.* spherical bacteria, cocci; ~**baum** round-topped tree; ~**blitz** *m* ball-lightning.

Kügelchen *n* small ball, globule; *Luftgewehr, a. aus Brot, Papier usw.*: pellet.

Kugel...: ~**durchmesser** *m* diameter of a sphere; ~**fang** ⚔ *m* butt, *Am.* backstop; ≈**fest** *adj.* bullet-proof; ~**fläche** *f* spherical surface; ~**form** *f* **1.** spherical shape; **2.** *Gießerei*: bullet-mo(u)ld; ≈**förmig**, ≈**ig** *adj.* ball-shaped, spherical, globular; ≈**gelagert** ⊕ *adj.* ball-bearing mounted; ~**gelenk** *n anat.*, ⊕ ball-and-socket joint; ~**hagel** *m* hail of bullets; ~**lager** ⊕ *n* ball bearing.

kugeln I. *v/t.* roll; *sich* ~ *Person*: roll about; *sich vor Lachen* ~ split one's sides with laughter; **II.** *v/i.* roll; → *a. kegeln*; **III.** ≈ *n*: F *es war zum* ~ *sl.* it was a (perfect) scream.

Kugel...: ~**regen** ⚔ *m* hail of bullets; ≈**rund** *adj.* (as) round as a ball, globular; ~**schale** ⊕ *f* ball socket; ~**schaltung** *mot. f* ball-change (lever); ~**schnitt** ⩓ *m* spherical section; ~**schreiber** *m* ball(-point) pen, *Brit. a.* biro; ≈**sicher** *adj.* bullet-proof; ~**stoßen** *n Sport*: shot-put(ting); ~**stoßer(in** *f*) *m* shot-putter; ~**ventil** ⊕ *n* ball valve; ~**wechsel** *m* exchange of shots, gun battle.

Kuh *f* cow; F *contp.* (*Frau*) cow; *dumme* ~ stupid cow; F *fig. heilige* ~ sacred cow.

Kuh...: ~**blume** ⚘ *f* marsh-marigold; ~**dorf** F *n* backwoods village; ~**euter** *n* cow's udder; ~**fladen** *m* cow-pat; ~**glocke** *f* cow-bell; ~**handel** F *fig. m bsd. pol.* (piece of) horse-trading, *Am. a.* horse trade; ~**haut** *f* cowhide; *fig. das geht auf keine* ~ that's simply fantastic; ~**hirt(e)** *m* cowherd, *Am.* cowboy.

kühl I. *adj.* **1.** cool, chilly; *etwas* ~ coolish; ~ *werden* cool (down); **2.** *fig. Kopf, Urteil usw*: cool; *Person, Empfang usw.*: cool, cold; F (*frech, kühn*) cool; **II.** *adv.* coolly; *j-n* ~ *behandeln* treat a p. coolly, give a p. the cold shoulder; *j-n* ~ *empfangen* give a p. a cool reception; ~ *aufbewahren* (*od. lagern*)*!* keep in a cool place!

Kühl...: ~**anlage** *f* cold-storage (*od.* refrigerating) plant; *mot. usw.* cooling system; ~**apparat** *m* cooling apparatus, refrigerator; ~**box** *f* cold box, cooler.

Kühle *f* coolness (*a. fig.*); *der Nacht usw.*: cool.

Kühleimer *m* cooler; ice-pail.

kühlen *v/t.* cool; (*erfrischen*) refresh; (*Lebensmittel*) chill, refrigerate, hold in cold store; (*den Durst*) quench; ⊕ (*Glas*) anneal; *a. fig. sich* ~ cool (down *od.* off); *fig. s-n Zorn* ~ cool one's anger; → *Mütchen.*

Kühler *m* cooler; *mot.* a) radiator; b) → *Kühlerhaube*; ~**figur** *f* radiator mascot; ~**haube** *f* bonnet, *Am.* hood; ~**lamelle** *f* radiator fin; ~**maske** *f*, ~**verkleidung** *f* radiator shell (*od.* grille).

Kühl...: ~**fach** *n* freezer compartment; **~flüssigkeit** *f* coolant; **~gebläse** *n* cooling blower; **~haus** *n* cold-storage depot; **~luft** *f* cooling air; **~mantel** *m* cooling jacket; **~mittel** *n* coolant, refrigerant (*a.* ⚕); **~ofen** *m* annealing oven; **~raum** *m* cold room (*od.* store); **~rippe** *mot. f* radiator (*od.* cooling) fin, gill; **~schiff** *n* **1.** ⚓ refrigerator ship; **2.** *Brauerei*: cooler; **~schlange** *f* cooling coil; **~schrank** *m* refrigerator, F fridge; **~stoff** *m* coolant; **~truhe** *f* (deep) freezer; **~ung** *f* cooling; ⊕ *a.* refrigeration; (*Anlage*) cooling system; (*Erfrischung*) (refreshing) coolness; **~wagen** *m* 🚃 refrigerator van (*Am.* car); *mot.* refrigerator lorry (*Am.* truck); **~wasser** *n* cooling water; **~wirkung** *f* cooling effect.

Kuh...: **~milch** *f* cow's milk; **~mist** *m* cow-dung.

kühn *adj. allg.* bold (*a. Entwurf usw.*); (*keck, verwegen*) daring, *mst b.s.* audacious; (*mutig*) hardy, courageous; (*unerschrocken*) fearless, intrepid; (*entschlossen*) resolute; (*forsch*) dashing; (*riskant*) risky, hazardous; ~ *machen* embolden; *j-s ~ste Träume übertreffen* go beyond a p.'s fondest dreams; **°heit** *f* boldness; daring, audacity.

Kuh...: **~pocken** *f/pl.* cow-pox *sg.*; **~pockenimpfung** *f* vaccination; **~stall** *m* cow-shed, *Am. a.* cow barn; **~weide** *f* cattle pasture.

Küken *n* chick(en); ⊕ plug; F (*Mädchen*) F girlie, chick.

Kukuruz *östr. m* → *Mais.*

kulan|t ⚚ *adj.* accommodating, obliging; (*großzügig*) generous; *Preis, Bedingungen*: fair, easy; **°z** *f* generosity; fairness.

Kuli *m* **1.** coolie; *fig. a.* galley-slave; **2.** F → a) *Tintenkuli*; b) *Kugelschreiber.*

kulinarisch *adj.* culinary.

Kulisse *f thea.* flat; *pl.* wings, scenery *sg.*; *fig.* background (*a.* ♪); *contp.* outward show, front; ⚚ *Börse*: unofficial market; ⊕ link; *a. fig. hinter die (den) ~n* behind the scenes, *Am. a.* backstage; **~nmaler** *m* scene-painter; **~nschaltung** *mot. f* gate-type gear change (*Am.* shifting); **~nschieber** *m* scene-shifter.

Kuller|augen F *n/pl.* saucer-like eyes; ~ *machen* gaze wide-eyed; **°n** *v/i.* roll.

Kulm *m* mountain-top.

Kulmination *f* culmination; **~spunkt** *m ast.* culminating point, *fig. a.* acme.

kulminieren *v/i.* culminate (*a. fig. in* in).

Kult *m* cult; *e-n ~ treiben mit* make a cult out of, idolize; **~handlung** *f* rite, act of worship; **°isch** *adj.* cultic, ritual.

Kultivator ⚒ *m* cultivator.

kultivier|en *v/t. allg.* cultivate; **~t** *adj.* cultured, refined, civilized; **°ung** *f* cultivation.

Kult...: **~stätte** *f* place of worship; **~tanz** *m* ritual dance.

Kultur *f* **1.** (*Anbau*) cultivation, growing; (*Bakterien°* *usw.*) culture; *weitS.* plantation; **2.** *abendländische usw.*: civilization, culture; (*Bildung*) culture; *er hat ~* he is cultured; F *etwas für die ~ tun* have a bit of culture; F *in ~ machen* go in for culture; **~abkommen** *n* cultural agreement; **~arbeit** *f* cultural work; **~attaché** *m* cultural attaché; **~austausch** *m* cultural exchange; **~beutel** *m* toilet bag; **°ell** *adj.* cultural; **~erbe** *n* cultural heritage; **°fähig** *adj.* ⚒ arable, tillable; *fig.* civilizable; **~feind** *m* enemy of civilization; **°feindlich** *adj.* hostile to civilization; **~film** *m* documentary (film), educational film; **~geschichte** *f* history of civilization; culture history; **°geschichtlich** *adj.* relating to the history of civilization; cultural-historical; **~gut** *n* cultural asset (*od.* value); **~kampf** *hist. m* struggle between State and Church, Kulturkampf; **~kreis** *m* society, cultural complex; **~kritik** *f* cultural criticism; **~mensch** *m* civilized man; **~pessimismus** *m* pessimistic view of civilization; **~pflanzen** *f/pl.* cultivated plants; **~politik** *f* cultural and educational policy; **°politisch** *adj.* politico-cultural; **~sprache** *f* civilized (*od.* cultural) language; **~staat** *m* civilized country; **~stufe** *f* stage of civilization; **~träger** *m* upholder of civilization; **~volk** *n* civilized race (*od.* people); **~zentrum** *n* cultural cent|re, *Am.* -er.

Kultus *m* cult; (public) worship; **~minister** *m* (**~ministerium** *n*) Minister (Ministry) of Education and Cultural Affairs.

Kümmel *m* caraway (seed); ⚘ (*echter ~*) cumin; (*Schnaps*) kümmel.

Kummer *m* grief, sorrow distress, care, affliction; (*Unruhe*) trouble; worry; *j-m ~ machen (od. bereiten)* grieve a p.; cause a p. a lot of worry (*od.* trouble); *sich ~ machen über* worry (o.s.) about *a th.*;

zu m-m ~ to my sorrow (*od.* distress); *das ist mein geringster* ~ that's the least of my worries; **~falten** *f/pl.* lines of worry.

kümmerlich I. *adj.* miserable, wretched, pitiful; (*armselig*) *a.* poor, paltry, measly, scant(y), meag|re, (*Am.* -er); (*verkümmert*) stunted; **II.** *adv.*: *sich* ~ *durchschlagen* eke out a miserable existence.

Kümmerling *m* stunted plant; dying tree; (*Tier*) undersized (*od.* stunted) animal; *allg.* miserable creature, F *contp.* shrimp.

kümmern I. *v/t.* trouble, worry, bother; *das kümmert mich nicht* that doesn't worry me, I don't mind that, I don't care; *was kümmert ihn das?* what is that to him?; **II.** *v/refl.*: *sich* ~ *um* look after, take care of, (*et.*) *a.* see to; (*sich Gedanken machen über*) care (*od.* trouble, bother) about; (*beachten*) pay attention to, heed; (*sich einmischen in*) meddle with; *sich nicht* ~ *um* pay no attention to, not to bother about, ignore, disregard, (*vernachlässigen*) neglect; *kümmere dich um deine eigenen Angelegenheiten* mind your own business; **III.** *v/i.* *Pflanze, Tier*: develop poorly.

Kümmernis *f* → *Kummer.*

kummervoll *adj.* sorrowful, grievous, woebegone, sad.

Kum(me)t *n* (horse-)collar.

Kumpan *m* companion, fellow, F mate, pal, crony, *Am. a.* buddy.

Kumpel *m* **1.** ⚒ miner, collier, pitman; **2.** F → *Kumpan.*

Kumul|ation *f* (ac)cumulation; **≈ativ** *adj.* cumulative; **≈ieren** *v/t. u. v/i.* (ac)cumulate; **~ieren** *n pol.* cumulative voting.

Kumulus(wolke *f*) *m* cumulus.

kund *adj.* known (*dat.* to); ~ *und zu wissen sei* be it known, *auf Urkunden*: *a.* know all men by these presents; *e-r Sache* ~ *sein* be familiar with.

kündbar *adj.* terminable; *Anstellung, Miete usw.*: subject to notice; ⚕ *Kapital*: at call, subject to call, callable; *Hypothek*: liable to be foreclosed; *Anleihe*: redeemable, call *loan.*

Kunde[1] *f* (*Kenntnis*) knowledge, information, intelligence; (*Nachricht*) news (*sg.*), tidings *sg. u. pl.*; (*Wissenschaft*) science, lore; *j-m von et.* ~ *geben* inform a p. of a th., send a p. word of a th.

Kunde[2] *m* customer, *für Dienstleistungen*: client; (*Stamm≈ e-s Ladengeschäfts*) patron; *fester* ~ regular customer; *voraussichtlicher* ~ prospect(ive customer); *contp. schlauer* ~ sly customer; *übler* ~ nasty (*Am.* ugly) customer; ~ *sein bei e-m Geschäft* patronize; *~n werben* canvass customers; → *faul* 2.

künden I. *obs. v/t.* announce (*dat.* to), tell (*a p.*) of; **II.** *v/i.*: *~von* tell of, bear witness to.

Kunden...: **~akzept** *n* trade acceptance; **~berater** *m* customer consultant, consumer adviser; **~beratung** *f* advisory service to customers; **~besuche** *m/pl.* calls on customers (*od.* clients); **~dienst** *m* service (to the customer); after-sales service; *im* ~ *betreuen* service; **~fang** *m* touting; **~kreis** *m* custom(ers *pl.*), clients *pl.*, clientele; **~wechsel** ⚕ *m* trade bill; **~werber(in** *f*) *m* canvasser; **~werbung** *f* canvassing (of customers); **~zeitschrift** *f* shoppers' magazine.

kundgeb|en *v/t.* make known (*dat.* to), announce (to), *amtlich*: *a.* proclaim; (*erklären*) declare; **≈ung** *f* **1.** *pol.* rally, meeting; demonstration; **2.** (*Bekanntgabe*) announcement; declaration; (*Ausdruck*) manifestation.

kundig *adj.* (well-)informed; (*sachverständig*) experienced, versed, skilled (*gen.* in), expert (at), knowing; (*geschickt*) skil(l)ful; *des Weges* ~ *sein* know the way; *des Schreibens* ~ able to write; *mit ~er Hand* expertly, skil(l)fully.

kündigen I. *v/i.*: *allg.* (*j-m* ~) give (a p.) notice; *formal*: give (a. p.) notice of termination, *etc.*, → *Kündigung*; **II.** *v/t.* (*Vertrag usw.*) terminate, cancel; *formal*: give notice of termination (*e-n Vertrag* of agreement, *ein Dienstverhältnis* of employment *od.* service, *e-n Miet- od. Pachtvertrag* of lease); (*Anleihe, Geldeinlage usw.*) give notice of withdrawal of, call in; *e-e Hypothek* ~ call a mortgage for redemption; *die Wohnung* ~ (*dem Mieter*) give (*a p.*) notice to quit, (*dem Vermieter*) give (*a p.*) notice that one is giving up the flat; *e-n Staatsvertrag* ~ denounce a treaty; *fig.* → *aufkündigen.*

Kündigung *f allg.* notice; *formal*: notice of termination (*e-s Vertrags* of agreement, *e-s Dienstverhältnisses* of employment *od.* service, *e-s Miet- od. Pachtvertrags* of lease); *dem Mieter gegenüber*: notice to quit; *des Mieters*: notice of intention to leave; *e-r Geldeinlage, e-s Kredits usw.*: notice of withdrawal (*gen.* of); *e-r Hypothek usw.*: call for redemption; *mit monatlicher* ~ at (*od.* subject to) a month's notice; *mit vierwöchiger* ~ *angestellt* employed on a monthly basis; ⚚ *Geld auf* ~ time money, *Bank*: fixed (*Am.* time) deposits *pl.*; *Geld auf tägliche* ~ call money, day-to-day money; **~sfrist** *f* period of notice; *mit halbjähriger* ~ at six months' notice; **~sgrund** *m* ground for giving notice; **~srecht** *n* right to give notice *etc.*, → *Kündigung*; **~sschreiben** *n* written notice; **~sschutz** *m* protection against unlawful dismissal; *für Mieter*: protection against unwarranted notice to quit; **~stermin** *m* (last) day for giving notice *usw.*, → *a. Kündigung.*

Kundin *f* (woman *od.* lady) customer *usw.*, → *Kunde.*

kundmach|en *v/t.* → *kundgeben*; **≈ung** *f* announcement.

Kundschaft *f* **1.** ⚚ customers *pl.*, clients *pl.*; custom, clientele, trade; *als Verhältnis*: custom, patronage; F (*Kunde*) customer; **2.** (*Erkundung*) reconnaissance; *auf* ~ *gehen* go out reconnoitring *od.* scouting; **3.** (*Botschaft*) news *pl.* (*sg. konstr.*), tidings *sg. u. pl.*; **≈en** *v/i.* ⚔ reconnoitre, scout; **~er** *m* scout, spy.

kund...: **~tun** *v/t.* → *kundgeben*; **~werden** *v/i.* become known (*od.* public), come to light.

künftig I. *adj.* future, coming; *Generation, Zeit usw.*: *a.* ... to come; *Leben*: next; *Kunde, Ingenieur usw.*: future, prospective, ... -to-be; *in* ~*en Tagen* (*od. Zeiten*) in times to come, in the days ahead; **II.** *adv.* (*a.* **~hin**) in future, henceforth, from now (*od.* this time) on.

Kunst *f* (*schöne* ~) art; (*Geschicklichkeit*) *a.* skill; (*Kniff*) trick; *die schönen* (*freien*) *Künste* the fine (liberal) arts; *die griechische* ~ Greek art; *bildende* ~ graphic art; *Schwarze* ~ a) black art (*od.* magic); b) *typ.* art of printing; *die* ~ *zu schreiben* (*zu reiten, der Liebe*) the art of writing (of riding, of love); *die edle* ~ *der Selbstverteidigung* the noble art of self-defence, *Am.* -se; *alle Künste der überredung* all the tricks (*od.* wiles) of persuasion; *das ist e-e brotlose* ~ that's a lost art, there is no money in that; *die* ~ *geht nach Brot* art follows the public; *mit s-r* ~ *am Ende sein* be at one's wits' end; *das ist keine* ~! that's easy (*od.* nothing)!; **~akademie** *f* academy of arts, art college; **~auktion** *f* art auction; **~ausdruck** *m* **1.** term of art; **2.** ⊕ technical term; **~ausstellung** *f* art exhibition; **≈beflissen** *adj.* keenly interested in arts; *iro.* arty; **~begeisterung** *f* enthusiasm for the arts; **~beilage** *f* art supplement; **~blatt** *n* art print; (*Heft*) art journal; **~blume** *f* artificial flower; **~buch** *n* art book; **~butter** *f* (oleo)margarine; **~darm** *m* artificial sausage-skin; **~denkmal** *n* monument of art; **~druck** *m* art print(ing); **~druckpapier** *n* art paper; **~dünger** *m* artificial manure, fertilizer; **~eis** *n* artificial ice.

Künste|lei *f* artificiality, elaboration; (*Geziertheit*) affectation, mannerism; **≈ln I.** *v/t.* → *erkünsteln, gekünstelt*; **II.** *v/i.* behave affectedly.

Kunst...: **~fahrer** *m* trick cyclist; **~fälschung** *f* art forgery, fake; **~faser** *f* artificial (*od.* synthetic) fib|re, *Am.* -er; **~fehler** ⚕ *m* malpractice; **≈fertig** *adj.* skilled; skil(l)ful, expert; **~fertigkeit** *f* (artistic *od.* technical) skill; craftsmanship; **~flieger** *m* stunt-pilot, F stunter; **~flug** *m* stunt-flying, aerobatics *pl.* (*mst sg. konstr.*); **~flugstaffel** *f* aerobatic squadron; **~form** *f* art form; **~freund(in** *f*) *m* art lover; **~frevel** *m* barbarism; **~galerie** *f* art gallery; **~gärtner** *m* horticulturist; landscape gardener; **~gärtnerei** *f* horticulture; landscape gardening; **~gattung** *f* art form, genre (*fr.*); **~gegenstand** *m* objet d'art (*fr.*); **≈gemäß**, **≈gerecht** *adj.* expert, professional, skil(l)ful; **~genuß** *m* artistic treat; **~geschichte** *f* history of art, art history; **~geschichtler** *m* art historian; **≈geschichtlich** *adj.* art-historical; **~gewerbe** *n* arts and crafts *pl.*; (*angewandte Kunst*) applied art(s *pl.*); **~gewerbeschule** *f* arts-and-crafts school; **~gewerbler(in** *f*) *m* artist craftsman, handicraft-artist; **~glied** *n* artificial limb; **~griff** *m* artifice, knack, device; trick, dodge; **~gummi** *m* synthetic rubber; **~haar** *n* artificial hair; **~halle** *f* art gallery; **~handel** *m* art trade; **~händler** *m* art dealer; **~handlung** *f* art dealer's shop; **~handwerk** *n* → *Kunstgewerbe*; **~harz** *n* synthetic resin; **~harzpreßstoff** *m* plastic mo(u)lding compound, plastic (material); **~historiker** *m* art historian; **≈historisch** *adj.* art-historical; **~hoch-**

schule *f* art academy (*od.* college); **~honig** *m* artificial honey; **~kalender** *m* art calendar; **~kenner(in** *f*) *m* (art) connoisseur; **~kopf** *m Radio*: dummy head; **~kritik** *f* art criticism; **~kritiker** *m* art critic; **~lauf** *m Eissport*: figure skating; **~läufer(in** *f*) *m* figure skater; **~leder** *n* imitation leather.

Künstler *m*, **~in** *f* artist; ♪, *thea. oft* performer; (*Zirkus*≈ *usw.*) artiste; *fig.* genius, wizard (*in* at); **≈isch** *adj.* artistic(ally *adv.*); *iro.* (*gewollt* ~) F arty; ~*er Leiter Film usw.*: art director; **~leben** *n* artistic (*weitS.* Bohemian) life; **~name** *m* stage-name; **~pech** F *n* bad luck; **~tum** *n* artistry, artistic genius; *coll. the* artistic world; **~werkstatt** *f* studio.

künstlich I. *adj. allg.* artificial (*a. Atmung, Auge, Blume, Befruchtung, Licht, Zähne usw.*); *Haare, Zähne usw.*: *a.* false; (*nachgeahmt*) imitated; (*unecht*) false, spurious, faked; *Lachen usw.*: forced, artificial; (~ *hergestellt*) synthetic; man-made *moon, structure, etc.*; **II.** *adv.* artificially; ~ *herstellen* synthetize; F *sich* ~ *aufregen* get all worked up (about nothing); **≈keit** *f* artificiality.

Kunst...: **~liebhaber(in** *f*) *m* art lover; **~lied** *n* lied, art-song; **≈los** *adj.* amateurish, primitive; **~maler(in** *f*) *m* painter, artist; **~pause** *f* dramatic pause, pause for effect; *iro.* awkward pause; *er machte e-e* ~ he paused for effect; **~radfahren** *n* trick cycling; **≈reich** *adj.* elaborate, ornate; **~reiter(in** *f*) *m* trick rider; circus-rider; **~richtung** *f* art trend; artistic school; **~sammler** *m* art collector; **~sammlung** *f* art collection; **~schätze** *m/pl.* art treasures; **~schlosser** *m* art metal-worker; **~schreiner** *m* cabinet-maker; **~schule** *f* school of arts; **~schwimmen** *n* water ballet; **~seide** *f* (**≈seiden** *adj.* of) artificial silk, rayon; **~sprache** *f* artificial language; **~springen** *n Sport*: (fancy) diving; **~springer (-in** *f*) *m* (fancy) diver; **~stein** *m* artificial stone; **~stickerei** *f* art needlework; **~stoff** *m* synthetic material; (*Harzstoff*) plastic (material); ~e plastics; *aus* ~ (*bestehend*), ~... plastic; **~stoffindustrie** *f* plastics industry; **~stopfen** *n* invisible mending; **≈stopfen** *v/t.* mend invisibly; **~stück** *n thea., mit Karten usw.*: trick; *akrobatisches, a. fig.*: stunt; *fig.* (great) feat; F (*das ist kein*) ~! that's easy!, anyone can do that!; *iro. er brachte das* ~ *fertig, zu inf.* he managed to *inf.*; **~tanz** *m* ballet-dancing; **~tischler** *m* cabinet-maker; **~turnen** *n* gymnastics *pl. u. sg.*; **~turner(in** *f*) *m* (*f* woman) gymnast; **~verstand** *m*, **~verständnis** *n* expert knowledge of art, connoisseurship; artistic sense; **~verständige(r** *m*) *f* expert on art; art connoisseur; **≈voll** *adj.* (highly) artistic, elaborate, ornate; (*geschickt*) skil(l)ful, ingenious; **~werk** *n* work of art; **~wissenschaft** *f* science of art; **~wolle** *f* artificial wool; **~wort** *n* coined (*od.* invented) word; **~zweig** *m* branch of art.

kunterbunt *adj. u. adv.* motley; *fig.* ~*es Durcheinander* wild confusion, happy jumble; ~ *durcheinander* higgledy-piggledy, in a happy jumble; *dort geht es* ~ *zu* things are at sixes and sevens there.

Küpe *f* vat.

Kupfer *n* copper; (*Geräte*) copper (utensils *pl.*); → *a. Kupfergeld*; **~bergwerk** *n* copper-mine; **≈blau** *adj.* azurite; **~braun** *n*, **≈braun** *adj.* copper-brown; **~draht** *m* copper wire; **~(tief)druck** *m* copperplate (printing *od.* engraving); **~erz** *n* copper ore; **≈farben** *adj.* copper-colo(u)red; **~geld** *n* copper coin(s *pl.*), F coppers *pl.*; **≈haltig** *adj.* containing copper, copper-bearing, cupriferous; **≈n** *adj.* (of) copper; **~platte** *f* copper plate; *typ.* copperplate; **≈rot** *adj.* copper-colo(u)red; **~schmied** *m* coppersmith; **~stecher** *m* copperplate engraver; **~stich** *m* copper(plate) engraving, copperplate print; **~sulfat** *n*, **~vitriol** *n* cupric sulphate, blue vitriol.

Kupido *m* Cupid.

kupieren *v/t.* cut (off); (*Tier*) dock, (*Ohren usw.*) *a.* crop; ⚡ stop, check.

Kupon *m* → *Coupon*.

Kuppe *f* (*Berg*≈) rounded hilltop, knoll; *e-r Straße*: crest; (*Finger*≈) finger-tip; ⊕ (*Nagel*≈) (rounded) head.

Kuppel *f* dome, *a. anat., geol.* cupola; **≈förmig** *adj.* dome-shaped.

Kuppelei *f* matchmaking; *b.s.* pandering, pimping; ⚖ procuring.

kuppeln I. *v/t.* → *koppeln*; **II.** *v/i.* **1.** *mot. usw.* operate the clutch, (*ein* ~) (let in the) clutch, (*aus* ~) declutch; **2.** (*Ehe vermitteln*) match-make, arrange a match; *b.s.* pander, pimp, ⚖ procure, act as procurer (*f* procuress).

Kuppler|(**in** *f*) *m* matchmaker; *b.s.* pimp, *a.* ⚖ procurer (*f* procuress); **~isch** *adj.* matchmaking; pimping, procuring.

Kupplung *f* ⊕ coupling (*a.* 🚂, ⚡); *mot.* clutch; *die ~ einrücken od. kommen lassen* let in (*od.* engage) the clutch; *die ~ ausschalten* disengage the clutch; *die ~ schleifen lassen* let the clutch slip; **~sautomat** *m* automatic clutch; **~sbremse** *f* clutch stop; **~shebel** *m* clutch (control) lever; **~spedal** *n* clutch pedal; **~sscheibe** *f* clutch disc; **~sstecker** ⚡ *m* connector plug; **~swelle** *f* clutch shaft.

Kur *f* cure, (course of) treatment; *in e-m Kurbad usw.*: cure *at a spa, etc.*; *e-e ~ machen, sich e-r ~ unterziehen* undergo a course of treatment, take a cure (at a spa, *etc.*); F *fig. j-n in die ~ nehmen* put a p. through his paces, (*zs.-stauchen*) F pull (*od.* blow) a p. up.

Kür *f* **1.** election; **2.** *Sport*: voluntary exercise; → *a. Kürlauf usw.*

Kur|**anstalt** *f* sanatorium, *Am. a.* sanitarium; **~arzt** *m* doctor at a spa.

Küraß *m* cuirass.

Kürassier *m* cuirassier.

Kurat *R.C. m* (assistant) curate.

Kuratel *n* tutelage, guardianship; *j-n unter ~ stellen* place a p. under tutelage; *unter ~ stehen* be under tutelage (*a. fig.*).

Kurator *m* ⚖ trustee, (*Vormund*) guardian; *univ., e-s Museums usw.*: curator; **~ium** *n* board of trustees (*od.* curators).

Kurbad *n* spa, watering-place.

Kurbel ⊕ *f* crank; (winch-)handle; **~anlasser** *mot. m* crank starter; **~antrieb** *m* crank drive; **~arm** *m* crank lever; **~fenster** *n* crank-down window; **~gehäuse** *n* crankcase; **~getriebe** *n* → *Kurbeltrieb*; **~kasten** *m* crank case; F *Film*: film-camera; **~n** *v/i. u. v/t.* **1.** crank, wind (up, *etc.*); **2.** F *Film*: shoot; *mot.* (*Runde usw.*) do; ✈ engage in a dogfight, *sl.* jink; **~stange** *f* connecting rod; **~trieb** *m* crank mechanism; **~welle** *f* crank shaft.

Kürbis ⚘ *m* pumpkin, gourd; F (*Kopf*) F nut, loaf; **~flasche** *f* gourd; **~kern** *m* pumpkin (*od.* gourd) seed.

küren *v/t.* choose, elect.

Kürette ⚕ *f* curette.

Kurfürst *m* elector; **~entum** *n* electorate; **~in** *f* electoress; **~lich** *adj.* electoral.

Kur...: **~garten** *m* spa garden; **~gast** *m* visitor (to a spa); **~haus** *n* kurhaus; **~hotel** *n* spa hotel, hotel at a health-resort.

Kurie *R.C. f* Curia; *the* pāpal Court.

Kurier *m* courier, messenger.

kurieren *v/t. a. fig.* cure (*von* of).

kurios *adj.* curious, odd, strange, funny, queer, F rum; **~ität** *f* **1.** oddness, queerness; **2.** → *Kuriosum*; **3.** (*Sammlungsstück*) curio(sity); **~itätenhändler** *m* curiosity dealer; **~um** *n* curious (*od.* odd) thing *od.* fact, freak; curiosity, oddity.

Kürlauf *m Eissport*: free skating.

Kur...: **~ort** *m* health-resort, spa; **~park** *m* park of a spa; **~pfalz** *f the* Electoral Palatinate; **~pfuscher(in** *f*) *m* quack; **~pfuscherei** *f* quackery.

Kurrentschrift *f* running hand; *typ.* cursive.

Kurs *m* **1.** ⚚ price; (*Umlauf*) currency, circulation; (*Notierung*) quotation; (*von Valuta*) official rate of exchange, exchange; *zum ~ von* at the rate of; *die ~e sind gefallen* (*gestiegen*) prices have dropped (risen); *hoch im ~ stehen* be at a premium; *fig.* rate high (*bei* with); *niedrig im ~ stehen* be at a discount; *fig.* rate low; *außer ~* out of circulation; *außer ~ setzen* withdraw from circulation, call in; *in ~ setzen* set in circulation, circulate; **2.** ⚓, ✈ course; (*Radar* ~) track; (*Strecke*) route; *fig. pol.* course, line, policy; *~ halten* keep (*od.* stay) on course; *vom ~ abweichen* go off course; *~ nehmen auf* set course for; head for (*a. fig.*); *e-n falschen* (*neuen*) *~ einschlagen* take a wrong (new) course (*pol. a.* line); **3.** (*Lehr* ~) → *Kursus*.

Kursaal *m* kursaal.

Kurs...: **~abschlag** *m Börse*: backwardation; **~abschwächung** *f* price weakness, weak market; **~änderung** *f* change of course (*fig. a.* of policy); **~bericht** *m* **1.** market-report; **2.** → **~blatt** *n* official (stock exchange) price-list; **~buch** 🚂 *n* railway guide, timetable.

Kürschner *m* furrier; **~ei** *f* **1.** furrier's trade; **2.** furrier's (work-)shop.

Kurs...: **~einbuße** *f* price decline; **~entwicklung** *f* trend of prices; **~festsetzung** rate (*Börse*: price) fixing; **~gewinn** *m* price gain.

kursieren *v/i. Geld*: circulate; *Gerüchte*: *a.* go round, be afloat.
kursiv *typ.* **I.** *adj.* italic; **II.** *adv.* in italics; **III.** **≈** *n*, **≈schrift** *f* italics *pl.*; *in* ~ *setzen* italicize.
Kurs...: **~makler** *m* official (*od.* inside) broker; **~niveau** *n* price level; **~notierung** *f* (price *od.* market) quotation.
kursorisch *adj.* cursory.
Kürsprung *m Sport*: voluntary dive.
Kurs...: **~rückgang** *m* decline in prices; **~schwankung** *f* price fluctuation; **~steigerung** *f* price increase; **~steuerung** ✈ *f* directional control; (*Gerät*) autopilot; **~sturz** *m* sharp fall in prices, slump; **~stützung** *f* price support (*od.* pegging); *Währung*: exchange pegging; **~teilnehmer** (**-in** *f*) *m* participant in a course; **~treiberei** *f* share pushing, *Am.* bull campaign.
Kursus *m* course (of instruction), study-course; (*Klasse*) class.
Kurs...: **~verlust** *m* loss on the exchange; **~wagen** 🚃 *m* through coach; **~wechsel** *m* change of course (*fig.* of policy); *fig. a.* reorientation; **~wert** *m* market-value; **~zettel** *m* (official) stock exchange list, *der Industriepapiere*: industrial list.
Kurtaxe *f* visitors' tax.
Kurtisane *f* courtesan.
Kür|turnen *n* free gymnastics *pl. u. sg.*, voluntary exercises *pl.*; **~übung** *f* voluntary exercise.
Kurve *f allg., a.* ✈, *a.* F *e-r Dame*: curve; *e-r Straße usw.*: *a.* bend, turn; *ballistische* ~ (curve of) trajectory; *scharfe* ~ sharp turn, hairpin bend; *e-e* ~ *nehmen* (*schneiden*) take (cut) a curve; *~n drehen* → *kurven*; ✈ *in die* ~ *gehen* bank; *e-e* ~ *fliegen* do a banking turn; F *die* ~ *kratzen* F beat it; **≈n** *v/i.* curve; drive round; ✈ circle, curve.
Kurven...: **~bild** *n*, **~blatt** *n*, **~darstellung** *f* graph, curve diagram; **~fahrt** *mot. f* cornering; **~festigkeit** *mot. f* cornering stability; **≈förmig** *adj.* curviform, curved; **~lage** *mot. f* cornering characteristics *pl.*; **~lineal** *n* curve templet; **≈reich** *adj.* winding, twisting, full of bends; F *Dame*: F curvaceous, curvy; **~rolle** ⊕ *f* (cam) follower; **~scheibe** *f* cam disk; **~schreiber** ⊕ *m* plotter; **≈sicher** *mot. adj.* corner-tight; **~vorgabe** *f Sport*: stagger.
kurz I. *adj.* **1.** *räumlich*: short; *Person*: (*a.* ~ *und dick*) dumpy, thickset; ~ *und stämmig* stocky, squat; *~e Hose* shorts *pl.*; ⚓ *~e See* short sea; *kürzer machen od. werden* shorten; *~und klein schlagen* smash to bits; *hundert Ellen zu* ~ a hundred yards short; *mit ~en Ärmeln* short-sleeved; *fig. den kürzeren ziehen* get the worst of it, be worsted, come off a loser; **2.** *zeitlich od. in der Abfassung*: short, brief; (*gedrängt*) concise; (*treffend*) laconic, succinct; (~ *angebunden, schroff*) short, sharp, curt (*gegen* with; *a. Antwort*); *~er Besuch* flying visit; *~e Darstellung od. Zs.-fassung* (brief) summary; ⚕ *~er Wechsel* short-dated bill; *~es Gedächtnis* short memory; → *Prozeß* 2; *in kürzester Frist* at very short notice, very quickly, F in a jiffy, (*so bald wie möglich*) at the earliest possible date, as soon as possible; *binnen ~em* shortly, before long, in a short time; *seit ~em* for some little time (now), lately, of late; *vor ~em* a short time ago; **II.** *adv.* **3.** *räumlich*: short; *zu* ~ *werfen* (*schießen*) throw (fire) short; ~ *vor London* short of London; *fig. zu* ~ *kommen* go short, get the worst of the deal, come off a loser, *a. Sache*: be neglected, F get a bad deal; → *kurzhalten, kurztreten*; **4.** *zeitlich od. in der Abfassung, im Ausdruck*: shortly, briefly; (*kurzfristig, momentan*) for a short time, for a moment; (*gedrängt*) *im Ausdruck*: concisely; (*treffend*) laconically, succinctly; ~ *darauf* shortly after; presently; ~ *zuvor* shortly before; *über* ~ *oder lang* sooner or later; ~ (*gesagt*), *um es* ~ *zu sagen od. machen* in short; in a word (*od.* nutshell); to cut a long story short; ~ (*und bündig*) briefly, (*schroff*) curt(ly), (*schonungslos*) bluntly, point-blank, *ablehnen*: flatly; *~angebunden* short, curt (*gegen* with), short-spoken; *~entschlossen* resolutely, without a moment's hesitation; *fasse dich* ~*!* please, be brief!; *er wird* ~ *Bill genannt* he is called Bill for short; → *abfertigen* 2; **≈arbeit** *f* short-time work; **~arbeiten** *v/i.* work short-time; **≈arbeiter** *m* short-time worker; **~ärmelig** *adj.* short-sleeved; **≈arrest** ⚖ *m* short-term detention; **~atmig** *adj.* short of breath, short-winded; ⚕ dyspn(o)eic; *vet.* broken-winded; **≈ausgabe** *f* abridged edition; **~beinig** *adj.* short-legged; **≈-**

bericht *m* brief report; summary; **⁓biographie** *f* profile.

Kürze *f allg.* shortness; *des Ausdrucks*: *a.* brevity; *ling.* (*Silbe*) short (syllable); *in* ~ shortly, in the near future, before long; *die* ~ *der Zeit* the shortness (*od.* lack) of time; *in aller* ~ very briefly; *der* ~ *halber* for short; *sich der* ~ *befleißigen* express o.s. briefly (*od.* succinctly), be brief; *in der* ~ *liegt die Würze* brevity is the soul of wit.

Kürzel *n* grammalogue.

kürzen *v/t.* shorten (*um* by); (*Buch*) abridge, condense; (*Film, Rolle usw.*) cut; (*Arbeitszeit, Gehälter, Ausgaben usw.*) reduce, curtail, cut (down); *drastisch* ~ F *a.* slash; ⩚ (*Bruch*) reduce.

kurzerhand *adv.* without hesitation (*od.* further ado), on the spot; (*schroff*) flatly, bluntly; (*plözlich*) abruptly, there and then.

kurz...: **⁓fassung** *f* abridged version; **⁓film** *m* short (film); **⁓form** *f* shortened form; **⁓formel** *f*: *auf e-e* ~ *bringen* put *a th.* in a nutshell; **~fristig I.** *adj.* of short duration, short-term ...; (*eilig*) at short notice, immediate; ✝ *Anleihe, Kredit, Verpflichtung usw.*: short-term ...; *Wechsel*: short-dated; **II.** *adv.* at short notice; within a short time; ~ *lieferbar* available for prompt delivery; **~gefaßt** *adj.* short, concise; **⁓geschichte** *f* short story; **~geschoren** *adj.* closely shorn, close-cropped; **~haarig** *adj.*, **⁓haar...** short-haired; **~halten** F *v/t.* keep *a p.* short (*mit Geld usw.* of money, *etc.*); **~lebig** *adj.* short-lived (*a. fig. u. phys.*), ⚘, *zo. u. fig.* ephemeral; *Konsumgüter*: perishable **⁓lehrgang** *m* short (study-)course; *intensiver*: crash course.

kürzlich *adv.* recently, not long ago, the other day; *erst* ~ quite recently.

Kurz...: **~meldung** *f* news flash; ~*en* → **~nachrichten** *f/pl.* news *sg.* in brief, summary *sg.* of the news; **~paß** *m Sport*: short pass; **⁓schließen** ⚡ *v/t.* short-circuit; **~schluß** *m* ⚡ short-circuit, F short; *seelischer*: panic, moment of madness; ~ *haben* be short-circuited; **~schlußhandlung** *f* panic action; **~schlußläufer** ⚡ *m* short-circuited rotor; **~schlußläufermotor** ⚡ *m* squirrel-cage (induction) motor; **~schlußschalter** *m* short-circuit switch; **~schrift** *f* shorthand, stenography; **⁓sichtig** *adj.* short- (*Am.* near-)sighted, ⚕ myoptic; *fig.* short-sighted; **~sichtigkeit** *f* short-sightedness (*a. fig.*), ⚕ myopia; **~start** ✈ *m* short take-off; **⁓stielig** *adj.* short-stalked; **~strecke** *f allg.* short distance; **~streckenbetrieb** *m* short-distance traffic; **~streckenlauf** *m* short-distance running (*od.* race), sprint, dash; **~streckenläufer(in** *f*) *m* sprinter, dasher; **~streckenradar** *n* short-range radar; **⁓treten** *v/i.* mark time; *fig. a.* ease up, take things easy.

kurzum *adv.* in short, in a word, to cut a long story short.

Kürzung *f* shortening; *e-s Buches usw.*: abridg(e)ment, condensation; *thea., Film*: cut; *von Gehältern usw.*: reduction, curtailment (*gen.* of), cut (in); ⩚ reduction; (*Ab*⁓) abbreviation; *starke* ~ F *a.* slash.

Kurz...: **~urlaub** ⚔ *m* short leave, *Am.* pass; **~waren** *f/pl.* haberdashery *sg.*, *Am.* dry goods, notions; **~warenhändler(in** *f*) *m* haberdasher; **~warenhandlung** *f* haberdashery, *Am.* dry-goods store; **⁓weg** *adv.* → *kurzerhand*; **~weil** *f* amusement, diversion, entertainment, fun; **⁓weilig** *adj.* amusing, diverting, entertaining; **~welle** *f* short wave; *auf* ~ in the short-wave band; **~wellenamateur** *m* short-wave radio amateur, *sl.* ham; **~wellenbereich** *m* short-wave range; **~wellensender** *m* short-wave transmitter; **~woche** *f* cut working-week; **~wort** *n* contraction, abbreviated word; (*Zs.-ziehung, z. B. Radar, Krad*) acronym; **~zeit...** *in Zssgn*, **⁓zeitig** *adj.* short-term ..., short-time ....

kusch! *int.* (lie) down!, be quiet!

kuscheln *v/t. u. v/refl.*: *sich an j-n* ~ snuggle up to, nestle to; *sich (s-n Kopf usw.) an (in) et.* ~ snuggle *od.* nestle (one's head, *etc.*) against (into, among *the cushions, etc.*).

kuschen *v/i. Hund*: lie down; *fig.* obey, knuckle under.

Kusine *f* cousin.

Kuß *m* kiss; **⁓echt** *adj.* kiss-proof.

küssen *v/t.* kiss; *sie küßten sich* they kissed (each other); *j-n zum Abschied* ~ kiss a p. good-bye.

Kuß...: **~hand** *f*: *j-m e-e* ~ *zuwerfen* blow a p. a kiss; *fig. mit* ~ with the greatest pleasure, gladly; *er nahm den Vorschlag mit* ~ *an* he jumped at the proposal.

Küste *f* coast, shore.

Küsten...: **~artillerie** *f* coast(al) artillery; **~batterie** *f* shore battery; **~bewohner(in** *f*) *m* inhabitant of the coastal region, coast-dweller; **~fischerei** *f* inshore fishing; **~gebiet** *n* coastal area (*od.* region); **~geschütz** *n* shore gun; **~gewässer** *n/pl.* coastal waters; **~handel** *m* coasting trade; **~insel** *f* offshore island; **~land** *n* coastland; **≗nah** *adj.* coastal, offshore ..., near the coast; **~radar** *n* shore-based radar; **~schiffahrt** *f* coastal shipping; **~streifen** *m*, **~strich** *m* coastal strip; beach; **~verteidigung** *f* coast(al) defence, *Am.* -se; **~wache** *f* coast-guard (service *od.* station); **~wachschiff** *n* coastal patrol vessel.

Küster *m* sexton, sacristan, verger; **~ei** *f* sexton's, *etc.* office.

Kustos *m* custodian, curator.

kutan *adj.*, **≗...** *in Zssgn* ⚕ cutaneous.

Kutschbock *m* (coach-)box.

Kutsche *f* carriage, coach; F *mot. alte* ~ F old jalopy; **~nschlag** *m* carriage-door.

Kutscher *m* coachman, driver.

kutschieren I. *v/i.* drive (*od.* ride) in a coach; (*selbst fahren*) drive (a coach); F *mot. usw.*: drive, F bowl; **II.** *v/t.* drive (in a coach).

Kutte *f eccl.* cowl; F *dial.* smock, frock.

Kutteln *f/pl.* tripe *sg.*

Kutter ⚓ *m* cutter.

Kuvert *n* **1.** (*Brief*≗) envelope, cover, wrapper; **2.** (*Gedeck*) cover; **≗ieren** *v/t.* (put in an) envelope.

Kux ⚒ *m* mining share.

Ky... → *Zy...*

Kybernet|ik *f* cybernetics *sg*; **~iker** *m* cyberneticist; **≗isch** *adj.* cybernetic(ally *adv.*).

Kyrie(eleison) *eccl.* *n* Kyrie (eleison).

kyrillisch *adj.* Cyrillic.

L

L, l *n* L, l.

Lab *biol., zo. n* rennet, rennin.

Laban F *m*: *langer* ~ F tall streak.

labb(e)rig F *adj.* sloppy, slip-slop, wishy-washy (*a. fig.*).

Labe *f* → *Labsal*; **°~n** *v/t.* refresh (*a. sich* ~), restore (o.s.); (*beleben*) revive; *sich* ~ *an* regale o.s. with, *fig.* relish *a th.*, *b.s.* gloat over *a th.*; *sich an e-m Anblick* ~ feast one's eyes on; **°~nd** *adj.* refreshing, reviving; **~trunk** *m* refreshing draught (*od.* drink).

Labferment *n* → *Lab.*

labial *adj.*, **°~(laut)** *ling. m* labial.

labil *adj. allg.* labile, unstable; **°~ität** *f* lability, instability.

labio|dental *adj.*, **°~dental(laut)** *m ling.* labiodental; **~velar** *adj.*, **°~velar(laut)** *m* labiovelar.

Lab|kraut ⚘ *n* bedstraw; **~magen** *zo. m* rennet bag.

Labor F *n* lab; **~ant(in** *f*) *m* laboratory assistant; **~atorium** *n* laboratory, F lab; **°~ieren** F *v/i.*: ~ *an e-r Krankheit* be wrestling (*od.* afflicted) with; **~techniker(in** *f*) *m* laboratory technician; **~versuch** *m* laboratory experiment, F lab test.

Lab|sal *n*, **~ung** *f* refreshment, restorative; *fig.* comfort, (*Genuß*) treat.

Labyrinth *n* labyrinth (*a. anat. Ohr*), maze (*a. fig. u. bei Tierversuchen*); **°~isch** *adj.* labyrinthic.

Lachanfall *m* fit of laughter.

Lache[1] *f* laugh(ter); *e-e gellende* ~ *anschlagen* give a wild laugh.

Lache[2] *f* puddle, pool.

lächeln I. *v/i.* smile (*über* at), *spitzbübisch*: grin (at); *geziert*: smirk; *albern*: simper; *höhnisch*: sneer (at); *immer nur* ~! keep smiling!, grin and bear it!; *fig. das Glück lächelt ihm* (*zu*) fortune smiles upon him; **II. °~** *n* smile; grin; smirk, simper; sneer.

lachen I. *v/i.* laugh (*über* at); *laut* ~ laugh out loud, guffaw; *brüllend* ~ roar (*od.* bellow) with laughter; *häßlich* ~ laugh an ugly laugh; *leise vor sich hin* ~ chuckle (to o.s.); *sich krank* (*od. schief, e-n Ast*) ~ split one's sides with laughing, howl with laughter; → *Fäustchen*; *das Herz lacht ihm im Leibe* his heart leaps for joy; *er hat nichts zu* ~ his life is no bed of roses; *du hast gut* ~ F it's all very well for you to laugh; F *daß ich nicht lache!* don't make me laugh!, F my eye (*od.* foot)!; *lach* (*du*) *nur!* laugh away!, you just wait!; *es wäre doch gelacht, wenn* it would be ridiculous if *we couldn't do it*; *fig. die Sonne, das Glück usw. lacht* smiles; *wer zuletzt lacht, lacht am besten* he who laughs last, laughs loudest; **II. °~** *n* laugh(ing), laughter; *glucksendes*: chuckle, chortle; *j-n zum* ~ *bringen* make a p. laugh; *ein* ~ *hervorrufen* raise (*od.* draw) a laugh; *in lautes* ~ *ausbrechen* burst out laughing; *sich vor* ~ *biegen* (*od. ausschütten*) double up (*od.* howl) with laughter; *das ist* (*nicht*) *zum* ~ it is ridiculous (no laughing matter *od.* no joke); *ich werde dir das* ~ *abgewöhnen* I'll make you laugh on the wrong side of your face; → *verbeißen, zumute*; **~d** *adj.* laughing; *Himmel*: bright, smiling; ~*e Erben* joyful heirs; *der* ~*e Dritte* the real winner.

Lacher *m* laugher; *er hatte die* ~ *auf seiner Seite* he had the laugh on his side.

lächerlich *adj.* laughable, ridiculous; (*unsinnig*) absurd; (*unbedeutend*) ridiculous(ly small), derisory; ~ *machen* (hold up to *od.* turn to) ridicule; *sich* ~ *machen* make a fool (*od.* an ass) of o.s.; **°~e** *n*: *das* ~ the ridiculous; *das* ~ *daran* the ridiculous thing about it; *ins* ~ *ziehen* (turn to) ridicule, make fun of; **°~keit** *f* ridiculousness; (*et. Lächerliches*) trivial matter, (a mere) farce; *der* ~ *preisgeben* expose to ridicule, make *a p.* the laughing-stock.

lächern *v/t.*: *es lächert mich* it makes me laugh, I find it ridiculous.

Lach...: **~gas** *n* laughing-gas, nitrous oxide; **°~haft** *adj.* laughable, ridiculous; **~krampf** *m* paroxysm (*od.* fit) of laughter; *e-n*

~ *bekommen* be convulsed with laughter; **~lust** *f* merriness; **²lustig** *adj.* merry, hilarious; **~muskel** *anat. m* risible muscle.

Lachs *m* salmon.

Lachsalve *f* peal of laughter.

Lachs...: ~fang *m* salmon-fishing; **²farben** *adj.* salmon(-pink); **~forelle** *f* salmon trout; **~schinken** *m* fillet of smoked ham.

Lachtaube *f* ring-dove.

Lack *m allg.* lacquer, varnish; (*Klar²*) (clear) varnish; (*Farb²*) lacquer, lake, enamel; *mot.* varnish paint; *fig.* varnish, veneer; **~arbeit(en** *pl.*) *f* lacquered work; **~draht** *m* enamelled wire.

Lackel F *m* boor, *Am.* F rube, yokel.

Lack...: ~farbe *f* (*Trocken²*) lake; (*Klar²*) varnish (colo[u]r); (*Öl²*) paint; **~firnis** *m* lac varnish.

lackier|en *v/t.* lacquer, varnish; paint; F *fig.* dupe, take in; *der Lackierte sein* be the dupe (*od. Am. sl.* sucker); **²er** *m* varnisher; lacquerer; **²erei** *f* paintshop; **²ung** *f* varnish *od.* enamel *od.* lacquer coat(ing), lacquer finish; paint (-work).

Lack...: ~leder *n* patent leather; **~mus** ⚗ *n* litmus; **~muspapier** *n* litmus paper; **~pflegemittel** *n* lacquer preservative; **~schuhe (~stiefel)** *m/pl.* patent leather shoes (boots).

Lade *f* case, chest, box; *Wäsche*: press; (*Schub²*) drawer; **~aggregat** ⊕ *n* (battery) charger; **~anlage** *f* loading equipment, ramp facilities *pl.*; **~batterie** ⚡ *f* storage battery; **~baum** *m* derrick; **~brücke** *f* loading bridge; **~bühne** *f* loading platform; **~druck** *mot. m* boost pressure; **~fähigkeit** *f* loading (*od.* carrying) capacity; (*Schiff*) tonnage; ⚡ *Batterie*: storage capacity; **~fläche** *f* loading space; **~gebühr** *f*, **~geld** *n* loading charges *pl.*; **~gerät** *n* battery charger; **~hemmung** ⚔ *f* jam, stoppage; **~höhe** *f* loading height; **~kapazität** *f* → *Ladefähigkeit*; **~klappe** *mot. f* tail-board, *Am.* tail gate; **~kran** *m* loading crane; **~linie** ⚓ *f* load line; **~liste** *f* cargo list; ⚓, ✈ manifest; **~luke** *f* hatch(-way); **~meister** *m* chief-loader.

laden[1] *v/t.* load, ☤ *a.* lade; *als Fracht*: freight, ship; ⚡ (*Batterie*) charge, (*Draht*) energize; (*Motor*) supercharge, boost; ⚔ (*Gewehr usw.*) load, charge; (*zuführen*) feed; *blind* (*scharf*) ~ load with blank (live) cartridges; *fig. auf sich* ~ burden (*od.* saddle) o.s. with; (*Haß usw.*) bring down upon o.s., incur; F *er hat schwer geladen* F he is half-seas-over, *Am. sl.* he's got a load on; → *geladen.*

laden[2] *v/t.* (*ein~*) invite, ask (*zu Tisch* to dinner); ⚖ *vor Gericht* ~ cite (*od.* summon) before a court, *unter Strafandrohung*: subpoena.

Laden *m* **1.** ☤ shop, store; *offener*: stall; *e-n* ~ *aufmachen* set up shop, F hang out one's shingle; **2.** F *fig.* shop; (*Sache*) business; *den* ~ *hinschmeißen* chuck it; *den* ~ *schmeißen* a) F run the (whole) show, b) (*es schaffen*) F swing it; *s-n* ~ *zumachen* shut up shop, *fig.* F fold up; *der* ~ *klappt! sl.* everything's jake!; **~bau** *m* shop-fitting; **~besitzer(in** *f*) *m* shopkeeper, *Am.* storekeeper; **~dieb(in** *f*) *m* shop-lifter; **~diebstahl** *m* shop-lifting; **~fenster** *n* shop-window; **~front** *f* shop (*Am.* store) front; **~geschäft** *n* shop, store; **~hüter** F *m* drug in (*Am.* on) the market, F shelf warmer, sticker, sleeper, *sl.* plug; F *fig.* oldie; **~inhaber(in** *f*) *m* shopkeeper, *bsd. Am.* storekeeper; **~kasse** *f* till; **~kette** *f* chain (of stores); **~mädchen** *n* shop-girl; **~miete** *f* shop-rent; **~preis** *m* selling price, retail price; *Buchhandel*: publishing price; **~schild** *n* (shop-)sign, facia; **~schluß** *m* closing time; *nach* ~ after hours; **~schwengel** F *contp. m* counter-jumper; **~straße** *f* shopping street; **~tisch** *m* counter; *fig. unter dem* ~ under the counter.

Lader ⊕ *m* (*Maschine*) loader, charger; *mot.* (*Gebläse*) supercharger, booster; ⚡ battery charger; **~motor** *m* supercharged engine.

Lade...: ~rampe *f* loading platform (*od.* ramp); **~raum** *m* loading *od.* cargo space; ⚓ a) tonnage; b) *konkret*: (ship's) hold; ✈ stowage compartment; **~schein** ⚓ *m* bill of lading; **~schütze** ⚔ *m* loader; **~station** *f*, **~stelle** *f* (battery-)charging station; **~stock** *hist. m* ramrod; **~streifen** ⚔ *m* charger strip; (*Magazin*) cartridge clip; **~strom** ⚡ *m* charging current; **~trommel** ⚔ *f* cartridge drum; **~vorrichtung** *f* → *Ladeanlage*; ⚔ feeding device; *Geschütz*: loading device; ⚡ (battery) charger.

lädieren *v/t.* damage, (*j-n*) injure.

Ladung[1] *f* **1.** ☤ (*Fracht*) load, freight, ⚓, ✈ cargo, freight; (*Lieferung*) shipment; (*Wagenvoll*) carload, *Am.* a truckload; ~ *einnehmen* load, ⚓ take in cargo, ship; **2.** ⚔ (explosive) charge; (*Spreng²*) shot; ⚡, *a. phys.* (*Atomkern²*) charge; ⊕ *e-s Hochofens*: (furnace-) charge; ⚔ *gestreckte* ~ elongated (*od.* pole-)charge; → *geballt*; F *e-e* ~ *Schmutz usw.* a load of.

Ladung[2] ⚖ *f* summons, citation, *unter Strafandrohung*: subpoena; *durch öffentliche Bekanntmachung*: public citation.

Lafette ⚔ *f* (gun-)carriage, mount.

Laffe *m* fop, dandy; *weitS.* puppy.

Lage *f* **1.** (*räumliche* ~, *Standort*) position, situation; *e-s Gebäudes usw.*: site, location; (*körperliche* ~) position (*a.* ⚕ *e-s Organs usw.*), ⚕ *des Fötus*: *a.* presentation; (*Haltung*) posture, attitude; *mot.* → *Straßenlage*; *Haus in schöner* ~ beautifully situated; *in höheren* ~*n* higher up; **2.** *fig.* (*Lebens*~ *usw.*) situation (*a.* ⚔), position; (*Umstände*) *a.* circumstances *pl.*, state of affairs, outlook; (*Zustand*) condition, state; *pol. Bericht zur* ~ *der Nation* State of the Nation Message; *rechtliche* ~ legal position (*od.* status); *wirtschaftliche* (*finanzielle*) ~ economic (financial) position *od.* status *od.* outlook; *mißliche* (*od. unangenehme* ~) awkward position, predicament, plight; *nach* ~ *der Dinge* as matters stand, under the circumstances; (*nicht*) *in der* ~ *sein, zu inf.* be (un)able to *inf.*, (not to) be in a position to *inf.*; *j-n in die* ~ *versetzen, zu inf.* enable a p. to *inf.*, make it possible for a p. to *inf.*; *in der glücklichen* ~ *sein, zu inf.* be in the fortunate position to *inf.*, have the good fortune of *ger.*; *versetzen Sie sich in meine* ~ put yourself in my place; → *peilen* I, *schief* I; **3.** (*Schicht*) layer, *geol. a.* stratum, bed, deposit; *im Stapel*: tier; ⊕ *von Werkstoff*: ply; *paint.* coat; (*Satz*) set; *von Papier*: quire; **4.** ♪ (*Ton*~, *Stimm*~) register; *von Akkorden*: position; *die höheren* ~*n* the upper registers, the higher notes; **5.** *Artillerie*: group, tier; (*Salve*) volley; **6.** *e-e* ~ *Bier usw. spendieren* stand a round of beer *etc.*; **7.** F *Sport*: → *Lagenstaffel*; ~**bericht** *m* situation report; ~**besprechung** ⚔ *f* briefing; ~**nstaffel** *f Schwimmen*: medley relay; ~**plan** *m* site plan, lay-out plan.

Lager **1.** (*Schlafstätte*) rest, (*Bett*) bed, (*Liege*) couch; *von wilden Tieren*: lair; → *Krankenbett*, *Nachtlager*; **2.** ⚔ *usw.* (*a. Ferien*~, *Gefangenen*~, *Flüchtlings*~) camp; (*geheimes* ~ *von Waffen usw.*) cache; **3.** *fig.* (*Partei*) camp; *das gegnerische* ~ the rival camp; *im feindlichen* ~ in the hostile camp; *ins andere* ~ *überwechseln* change sides; **4.** ⚚ (~*haus*) warehouse, store(house), depot; (*Stapelplatz*) dump; (*Warenbestand, Vorrat*) stock (of goods), stock(s *pl.*), store(s *pl.*), supply; *auf* ~ *haben* have in stock (*od.* on hand); *fig.* have up one's sleeve, (*Witze usw.*) have to tell, *für j-n*: hold *a th.* in store for a p.; *auf* ~ *halten* stock, keep a stock of; *auf* ~ *nehmen* (put in) store, stock, warehouse; *nicht auf* ~ out of stock; *ab* ~ ex warehouse, from stock; **5.** ⊕ (*Stütz*~, *Unterlage*) support; (*Kugel*~ *usw.*) bearing; **6.** *geol.* bed, layer, deposit; ~**auftrag** *m* stock order; ~**bestand** *m* stock (on hand); ~**bier** *n* lager (beer); ~**buch** *n* stock book, store ledger; ~**buchhalter** *m* store-ledger clerk; ~**buchse** ⊕ *f* bearing bush(ing); ~**fähig** *adj.* storable; ~**fähigkeit** *f* storage (*od.* shelf) life; ~**feuer** *n* camp fire; ~**gebühren** *f/pl.*, ~**geld** *n* storing charges *pl.*; ~**halter** *m* → *Lagerist*; ~**haltung** *f* stock-keeping; ~**haus** *n* warehouse, store(house).

Lagerist *m* stock-keeper, warehouseman, stock clerk, *Am. a.* storeman.

Lager...: ~**koller** *m* camp psychosis; ~**kosten** *pl.* storing charges, storage *sg.*; ~**leben** *n* camp life; ~**liste** *f* stock list; ~**meister** *m* → *Lagerist*; ~**metall** *n* bearing (*od.* babbit) metal.

lagern **I.** *v/i.* **1.** (*sich niederlegen*) lie down, rest; (*Rast machen*) (take a) rest, ⚔ (make a) halt; (*zelten*) camp, ⚔ *a.* be encamped; *fig. Wolken*: hang, brood (*über* over); **2.** ⚚ be warehoused (*od.* stored); *Holz, Wein, Tabak*: mature; ⚒ be deposited; **3.** ⊕ run *in a bearing, etc.*; → *a. gelagert*; **II.** *v/t.* **4.** lay down; *sich* ~ → 1; **5.** *bsd.* ⚕ (*Kopf, Bein usw.*) rest; **6.** ⚚ (*Güter*) store, warehouse; *im Freien*: dump, stack; **7.** (*Holz usw.*; *altern lassen*) season; **8.** ⊕ mount (in bearings), *drehbar*: pivot, (*Maschine*) bed, seat, support.

Lager...: ~**platz** *m* resting-place; ⚔ *usw.* camp site; ⚚ depot, (*Stapelplatz*) dump; ~**psychose** *f* camp psychosis; ~**raum** *m* storeroom; ~**schale** ⊕ *f* bearing brass; ~**schrank** *m* stock cabinet; ~**schein** *m* warehouse receipt; ~**schuppen** *m* storage shed; ~**stätte** *f*, ~**stelle** *f* **1.** → *Lagerplatz*; **2.** *geol.* deposit; ~**tank** *m* storage tank; ~**ung** *f* **1.** ⚚ storage, warehousing; (*Alterung, Reifung*) seasoning; **2.** ⊕ bearing application; *weitS.* mounting, bedding, seating, support; *mot.* suspension; **3.** *geol.* stratification; **~verwalter** *m* → *Lagerist*; **~vorrat** *m* stock, supply; **~zapfen** ⊕ *m* journal; (*Pivotzapfen*) pivot pin; (*Schildzapfen*) trunnion.

Lagune *f* lagoon.

lahm *adj.* **1.** lame, ⚕ paralysed; (*hinkend*) limping; (*verkrüppelt*) crippled; **2.** F *fig. allg.* lame (*a. Entschuldigung, Film, Betrieb, Person*); (*langsam, träge*) *a.* slow, sluggish; ~*er Kerl* laggard; **&e(r** *m*) *f* lame person, ⚕ paralytic; *weitS.* cripple; **~en** *v/i.* be (*od.* go) lame, (walk with a) limp.

lähmen *v/t.* lame, ⚕ paralyse; *fig.* a) (*j-n*) paralyse; b) (*et.*) → *lahmlegen*; *gelähmt* paralysed (*fig. vor Furcht* with fear); **~d** *adj.* paralysing (*a. fig. Angst*).

lahmlegen *v/t. fig.* paralyse, cripple, hamstring; bring to a standstill; ⚔ *Sport usw.*: neutralize; ⊕ (*Gerät, Anlage*) knock out.

Lähmung *f* ⚕ paralysis, *teilweise*: paresis; *fig.* paralysing.

Lahn *m* tinsel.

Laib *m* loaf (*pl.* loaves).

Laich *m*, **&en** *v/i.* spawn; *Austern, Muscheln*: spat; **~zeit** *f* spawning time.

Laie *m eccl. u. fig.* (*blutiger* complete) layman; **~nbruder** *m* lay brother; **&nhaft** *adj.* amateurish, lay ...; **~npriester** *m* lay priest; **~nrichter** *m* lay judge; **~nschwester** *f* lay sister; **~nspiel** *thea. n* amateur play; ~*e* amateur theatricals; **~nsprache** *f* lay (*od.* non-specialist) language; **~nverstand** *m*: *für den* ~ to the lay mind.

Lakai *m* **1.** lackey, footman; **2.** *fig. contp.* lackey, flunkey; **&enhaft** *adj.* servile; **~enseele** *contp. f* **1.** servile soul; **2.** → *Lakai* 2.

Lake *f* brine, pickle.

Laken *n* linen; (*Bett&*) *a.* sheet; (*Bade&*) large towel.

lakonisch *adj.* laconic(ally *adv.*).

Lakritze *f* licorice, liquorice; **~nsaft** *m* licorice (extract); **~nstange** *f* liquorice-stick.

Laktation *f* lactation.

Lakto|flavin *n* lactoflavin, riboflavin; **~se** *f* lactose.

lallen **I.** *v/i. u. v/t.* stammer, mumble, *Betrunkene*: *a.* speak thickly; **II.** **&** *n* stammer(ing); *psych.* lallation.

Lama[1] *zo. n* llama.

Lama[2] *eccl. m* lama; **~ismus** *m* Lamaism.

Lamé *m* lamé.

Lamelle *f* ⊕ lamella; ⚡ *Kollektor*: bar, segment; *mot. am Kühler*: gill, fin, rib; *Kupplung, Bremse*: disc; ⚘ *der Pilze*: gill; **~nbremse** *f* multiple-disc brake; **&nförmig** *adj.* lamellar, lamellate(d); **~nkühler** *mot. m* finned (*od.* gilled) radiator; **~nkupplung** *f* multiple-disc clutch.

lament|ieren *v/i.* lament; **&o** *n* lamentation(s *pl.*).

Lametta *n* silver tinsel; F (*Orden*) *sl.* fruit salad.

lamin|ar *phys. adj.* laminary; **~ieren** ⊕ *v/t.* laminate.

Lamm *n* lamb (*a. fig.*); *das* ~ *Gottes* the Lamb of God; **~braten** *m* roast lamb.

Lämmchen *n* little lamb, lambkin.

Lämmer|geier *m* lammergeyer.

Lamm...: **~sgeduld** *f* Job's patience; **~fell** *n* lambskin; **~fleisch** *n* lamb; **&fromm** *adj.*(as) gentle *od.* meek as a lamb, lamblike; **~wolle** *f* lamb's wool.

Lämpchen *n* small lamp.

Lampe *f* lamp; *weitS.* light; (*Glüh&*) bulb; →*ewig* I, *Lötlampe, Taschenlampe usw.*

Lampen...: **~faden** *m* lighting filament; **~fassung** *f* lamp-socket; **~fieber** *n thea. usw.* stage fright; **~licht** *n* lamplight; **~schirm** *m* lamp-shade.

Lampion *m, n* Chinese lantern.

Lamprete *ichth. f* lamprey.

lancier|en *v/t.* launch (*a. fig. j-n od. et.*); ☤ (*Anleihe*) float.

Land *n* (*Ggs. Wasser*) land; (*Ackerboden*) soil, ground; arable land; (*Grund u. Boden*) land, property, piece of land; (*Ggs. Stadt*) country; countryside; (*Gebiet*) land, country, territory, region; (*Staat*) country, state, nation; *pol. in Deutschland*: (Federal) State, Land; *fig.* realm, land *of dreams*; ~ *u. Leute kennen* know the country intimately; *aus aller Herren Länder(n)* from all corners of the globe; *an* ~ *gehen, ans* ~ *steigen* land, go ashore; disembark; *an* ~ *ziehen* land (*a.* F *fig. job, etc.*); *auf dem* ~*e* in the country; *aufs* ~ *gehen* go into the country; *außer* ~*es gehen* go abroad; *fig. ins* ~ *gehen Zeit*: pass, elapse; ⚓ ~ (*in Sicht*)! land ho!; *zu* ~*e* by land; → *geloben, heilig*.

Land...: **~adel** *m* (landed) gentry; **~arbeit** *f* agricultural work, farm-work; **~arbeiter** *m* farm-worker, farm hand; **~arzt** *m* country doctor.

Landauer *m* landau.

Land...: **~aufenthalt** *m* stay in the country; **≈aus** *adv.*: ~, *landein* far and wide; **~bau** *m* agriculture, farming; **~besitz** *m* landed property, ⚖ real estate; **~besitzer** *m* landowner, landed proprietor; **~bevölkerung** *f* rural population; **~bewohner** *m* countryman, country dweller; **~bezirk** *m* rural district; **~brücke** *geol. f* land-bridge; **~butter** *f* farm butter.

Lande...: **~bahn** ✈ *f* runway, landing strip; **~bahnfeuer** ✈ *n* runway light(s *pl.*); **~bake** *f* landing beacon; **~brücke** *f* landing stage, pier, jetty; **~deck** ✈ *n* landing (*od.* flight) deck.

Landedelmann *m* (country) squire.

landeinwärts *adv.* up country, (further) inland.

Lande...: **~klappe** ✈ *f* landing flap; **~kopf** ⚔ *m* beach-head; **~licht** *n* landing (*od.* approach) light.

landen I. *v/i.* land; *Schiff*: *a.* dock; (*ausschiffen*) disembark, go ashore; ✈ make a landing, land, alight, put down; (*zwischen* ~) touch down; → *wassern*; *fig. auf den Füßen, dem Boden usw.*: land, alight; strike the ground; F (*ankommen*) arrive, get home; *im Gefängnis, in e-r Kneipe usw.*: land, end (*od.* wind) up; *Sport*: *auf dem 3. Platz* ~ be placed (*od.* come in) third; F *bei ihm kannst du nicht* ~ you won't get anywhere with him, you stand no chance with him; F *damit können Sie bei mir nicht* ~ *sl.* that cuts no ice with me; **II.** *v/t.* (*Truppen usw.*) disembark; (*e-n Schlag*) land, get home; **III.** ≈ *n* landing; *beim* ~ on landing; ✈ *Ansetzen zum* ~ landing approach.

länden *v/t.* land, bring ashore.

Landenge *f* neck of land, isthmus.

Lande...: **~piste** ✈ *f* → *Landebahn*; **~platz** *m* ⚓ quay, wharf, pier; ✈ landing field.

Länderei(en *pl.*) *f* landed property, land(s *pl.*), estate(s *pl.*).

Länder...: **~kampf** *m Sport*: international meeting (*od.* competition); *Fußball usw.*: international match; **~kunde** *f* geography; **~mannschaft** *f* national team; **~spiel** *n* international match.

Landerziehungsheim *n* country boarding-school.

Landes...: **~aufnahme** *f* topographical survey; **~behörde** *f in Deutschland*: State authority; **~bischof** *m* Regional Bishop; **≈eigen** *adj.* state-owned; **~erzeugnis** *n* agricultural product; home produce (*a. pl.*); **~farben** *f/pl.* national colo(u)rs; **~flagge** *f* national flag; **~fürst(in** *f*) *m*, **~herr** *m* sovereign; **~gebiet** *n* national territory; **~grenze** *f* frontier, (national) border; **~kirche** *f* national church; *evangelische*: Regional Church; **~mutter** *f* sovereign (lady); **~produkt** *n* → *Landeserzeugnis*; **~regierung** *f* (central) government; *in Deutschland, Österreich*: State government; **~schuld** *f* national debt; **~sitte** *f* national (*od.* local) custom; **~sprache** *f* language of a country, native language; vernacular.

Landesteg *m* landing stage.

Landes...: **~tracht** *f* national (*od.* local) costume **~trauer** *f* public mourning.

Landestreifen *m* landing strip.

Landes...: **≈üblich** *adj.* customary, being the practice in a country; **~vater** *m* Father of the Country, sovereign; **~vermessung** *f* ordnance survey; **~verrat** *m* treason; **~verräter** *m* traitor; **≈verräterisch** *adj.* treasonable; **~verteidigung** *f* national (*od.* home) defen|ce, *Am.* -se; **~verweisung** *f* expulsion; **~währung** *f* national currency.

Lande...: **~trupp** ⚔ *m* landing party; **~tuch** ✈ *n* ground panel; **~verbot** *n* landing prohibition; **~weg** ✈ *m* landing path.

Land...: **~fahrzeug** *n* land (and road) vehicle; **~flucht** *f* flight from the land, drift to the cities, rural exodus; **~fracht** ✝ *f* carriage; **~frau** *f* country-woman; **~friede(nsbruch)** *m* (breach of the) public peace; **~geistliche(r)** *m* country clergyman; **~gemeinde** *f* rural community; **~gericht** *n* District Court, Superior Court (Landgericht); **~gerichtspräsident** *m* President of the District Court; **~gerichtsrat** *m* District Court judge; **~gewinnung** *f* reclamation of land; **~graf** *m* landgrave; **~gräfin** *f* landgravine; **~gut** *n* estate; **~haus** *n* country-house, villa, *kleines*: cottage; **~innere(s)** *n* inland, interior, up-country; **~jäger** *m* **1.** *obs.* country constable; **2.** (*Wurst*) hard smoked sausage compressed to flat, long shape; **~junker** *m* (country) squire; **~karte** *f* map; **~kreis** *m* (rural) district; **~krieg** *m* land warfare; **~kriegsordnung** *f*: *Haager* ~ Hague Convention respecting the laws and customs of war on land;

≈läufig I. *adj.* current, common, generally accepted; **II.** *adv.* commonly, in common speech; **~leben** *n* country life; **~leute** *pl.* country-folk (*pl.*).

Ländler ♪ *m* ländler, country waltz.

ländlich *adj.* rural, country ...; (*einfach, bäuerlich*) rustic; (*idyllisch*) bucolic; (*verbauert*) F countrified; **≈keit** *f* rural character; rusticity, rustic simplicity.

Land...: **~luft** *f* country air; **~macht** *f* land power; ⚔ land-force(s *pl.*); **~mann** *m* countryman, farmer; **~marke** *f* landmark; **~maschinen** *f/pl.* agricultural machinery *sg.*, farming equipment *sg.*; **~messer** *m* (land) surveyor; **~mine** ⚔ *f* land mine; **~nahme** *f* taking possession of (*od.* settling in) a country; **~partie** *f* outing, picnic; **~pfarre(i)** *f* country parsonage; **~pfarrer** *m* country parson; **~plage** *f* public calamity, scourge; F *iro.* (public) nuisance, F pest; **~pomeranze** *co. f* F country-miss, *Am. sl.* hick girl; **~rat**(**samt** *n*) *m* (Office of the) District President; **~ratte** F ⚓ *f* landlubber; **~regen** *m* general (and persistent) rain; **~reise** *f* (overland) journey; **~rücken** *m* ridge of land.

Landschaft *f* landscape (*a paint.*), scenery; (*Bezirk*) province, district, region; (*Land*) country(side); *fig.*, *politische usw.*: scene, landscape; *e-e Straße usw. in die ~ einbetten* landscape; F *fig. das paßt nicht in die ~* it doesn't fit the scene; **≈lich I.** *adj. Schönheit usw.*: scenic; *allg.* landscape ...; (*regional*) regional; **II.** *adv.* scenically; *~ schön* scenic; *~ verschieden* regionally different.

Landschafts...: **~gärtner** *m* landscape-gardener; **~maler**(**in** *f*) *m* landscape-painter, landscapist; **~malerei** *f* landscape-painting; **~schutz** *m* conservation; **~zerstörung** *f* spoliation of the countryside.

Land...: **~schildkröte** *f* land turtle (*od.* tortoise); **~schinken** *m* country(-cured) ham; **~schule** *f* country-school; **~schulheim** *n* → *Landerziehungsheim*; → *Schullandheim*; **~ser** F *m* (common) soldier, *Brit.* Tommy (Atkins), *Am.* G.I. (Joe); (*Infanterist*) infantryman, *Am. sl.* doughboy; **~sitz** *m* country-seat.

Lands...: **~knecht** ⚔ *hist. m* lansquenet; (*Söldner*) mercenary; *fluchen wie ein ~* swear like a trooper; **~mann** *m* (fellow-)countryman, compatriot; *was sind Sie für ein ~?* where do you come from?; **~männin** *f* (fellow-)countrywoman; **~mannschaft** *f* organization of German expellees (from a specific region).

Land...: **~spitze** *f* cape, promontory, headland; **~stadt** *f* country town; **~straße** *f* country road, highroad; **~streicher**(**in** *f*) *m* vagabond, vagrant, tramp, *Am. sl.* hobo; **~streicherei** *f* vagrancy; **~streitkräfte** *f/pl.* land forces; (*Ggs.* ✈) ground forces; **~strich** *m* countryside, region, district; **~sturm** *m* veteran reserve, *Brit.* Territorial Reserve; **~tag** *pol. m* (Federal) State Parliament; **~tiere** *n/pl.* terrestrial animals; **~transport** *m* overland transport; **~truppen** *f/pl.* land-forces; (*Ggs.* ✈) ground troops.

Landung ⚓, ✈ *f* landing; (*Wassern*) alighting; (*Ausschiffung*) debarkation, disembarkation; ⚔ (*Angriffs≈*) assault; (*Ankunft*) arrival; ✈ (*Zwischen≈*) touch-down, stop-over; *zur ~ ansetzen* come in to land; *zur ~ zwingen* force down, ground; **~sboot** *n* landing-craft (*abbr.* LC), assault craft; **~sbrücke** *f* landing-stage, jetty, pier; **~sgebiet** ⚔ *n* landing area; **~sgestell** ✈ *n* landing-gear, undercarriage; **~splatz** *m*, **~sstelle** *f* landing-place; *künstliche*: jetty, pier; ✈ landing ground; **~ssteg** *m* landing-stage; **~strupp** ⚔ *m* landing party; **~struppen** *f/pl.* landing force *sg.*; beach assault troops; **~sunternehmung** ⚔ *f* landing (*od.* land-sea) operation; **~sversuch** *m* attempt to land.

Land...: **~urlaub** ⚓ *m* shore leave; **~vermessung** *f* land surveying; **~vogt** *hist. m* governor, high bailiff; **~volk** *n* → *Landleute*; **≈wärts** *adv.* landward(s), inshore; **~-Wasserflugzeug** *n* amphibious (air)plane; **~weg** *m* (secondary) country-road; *weitS.* overland route; *auf dem ~e* by land; **~wehr** ⚔ *f* → *Landsturm*; **~wein** *m* home-grown wine, vin ordinaire (*fr.*); **~wind** *m* offshore wind, land-breeze; **~wirt** *m* farmer, agriculturist; **~wirtschaft** *f* agriculture, farming; (*Anwesen*) farm; **≈wirtschaftlich** *adj.* agricultural; *~er Betrieb* farm; *~e Maschinen* agricultural machinery *sg.*, farm equipment *sg.*; *~e Hochschule* agricultural college; **~wirtschafts...** *in Zssgn* agricultural; **~wirtschafts-**

wissenschaft *f* agricultural science; **~wirtschaftsministerium** *n* Ministry of Agriculture; *Brit.* Board (*Am.* Department) of Agriculture; **~zunge** *f* spit (of land).

lang I. *adj. u. adv.* **1.** *räumlich*: long; *Mensch usw.*: *a.* tall; *vier Fuß ~* four feet long (*od.* in length); *zehn Fuß ~ und vier Fuß breit* ten feet by four; *gleich ~* equally long, of equal length; *viele Meilen ~* extending for many miles, *gehen usw.*: walk, *etc.* (for) many miles; *e-n ~en Hals machen* crane one's neck; *fig.* → *Bank*[1] *1, Gesicht, Hand, Nase usw.*; *sich des ~en und breiten über et. auslassen* expatiate on a th.; **2.** *zeitlich*: long, (for) a long time; *~e Jahre* for years; *in nicht zu ~er Zeit* in a not too distant future, before long; *seit ~em* for a long time past; *vor nicht ~er Zeit* not so long ago; *über kurz oder ~* sooner or later; *ihm wird die Zeit ~* time hangs heavily on his hands; *er braucht ~* he takes long (*zu inf.* to *inf.*); *~ werden Tage*: lengthen; → *dauern*[1]; *drei Jahre ~* for three years; *die ganze Woche ~* all the week long, all (*od.* throughout the) week; *~ anhaltend* long, continuous; *~ ersehnt* long-desired, long-hoped-for; *~ entbehrt* (*od. vermißt*) long-missed; *nicht ~e darauf* shortly after (-wards); *~e bevor er kam* long before he arrived; *das ist schon ~e her* that was a long time ago; *es ist schon ~e her, daß* it has been a long time since (*od.* that), it's ages that; *ich kenne ihn schon viele Jahre ~* I have known him for many years; *wie ~e lernen Sie schon Englisch?* how long have you been learning English?; *noch ~e nicht* not for a long time yet; far from it; not by a long way; far from (being) *satisfactory, etc.*; *es ist noch ~e nicht fertig* it is not nearly ready; *so ~e wie* as long as; *so ~e bis* till, until (such time as); *da kannst du ~e warten* you can wait till you are blue in the face; *du brauchst nicht ~e zu fragen* you need not (trouble to) ask first; *er ist ~e nicht so geschickt* he is not nearly (*od.* far from being) as clever; *er macht ~e!* he takes his (own) time about it; *das ist ~e genug für ihn* that's plenty and enough for him; → *länger, längst*; **II.** *dial. prp.* (*entlang*) along; *die Straße ~* along (*od.* down) the street; **~atmig** *adj.* long-winded, long-drawn-out; **≈baum** *m e-s Wagens*: perch; **~beinig** *adj.* long-legged, F leggy; **≈drehschlitten** ⊕ *m* turning carriage.

lange *adv.* → *lang* I 2.

Länge *f* length (*a. zeitlich* = duration); (*Größe*) tallness, height; *geogr., ast.*, ⚓ longitude; *ling. u. Metrik*: long; ⊕ *~ über alles* overall length; *~ in Fuß* (*Meilen*) footage (mileage); *thea. usw.* (*ermüdende Abschnitte*) tedious (*od.* dragging) passage; *20 Meter in der ~* long, in length; *der ~ nach* lengthwise; *der ~ nach hinfallen* → *längelang*; *mit zwei ~n siegen Sport*: win by two lengths; F *auf die ~* in the long run; *in die ~ ziehen* draw (*od.* drag) out, protract; (*Erzählung*) spin out; *sich in die ~ ziehen* drag on (and on), *Straße*: stretch (out); **≈lang** *adv.*: *~ hinfallen* fall (at) full length, measure one's length on the ground, go sprawling.

langen I. *v/i.* **1.** (*ausreichen*) suffice, be sufficient *od.* enough (*für* for); *langt das?* will that do?; F *jetzt langt's mir aber!* I'm fed up with that now!, that's the last straw!; **2.** (*auskommen*) *damit lange ich e-e Woche* this will last me a week; **3.** *~ nach* reach for; *~ in* reach in; *in die Tasche ~* reach into one's pocket; **II.** F *v/t.*: *j-m et. ~* (*reichen*) reach (*od.* hand) a p. a th.; *fig. j-m e-e* (*Ohrfeige*) *~* fetch (*od.* paste) a p. one.

längen *v/t.* **1.** ⊕ lengthen, elongate; **2.** F (*Soße usw.*) dilute, spin out.

Längen...: **~ausdehnung** *f* linear expansion; **~bruch** ⊕, ⚕ *m* longitudinal fracture; **~(durch)schnitt** *m* longitudinal section; **~einheit** *f* unit of length; **~grad** *m* degree of longitude; **~kreis** *m* meridian; **~maß** *n* long *od.* linear measure.

langentbehrt *adj.* long-missed.

länger *adj. u. adv.* (*comp. von lang*) longer; (*ziemlich lang*) rather long, prolonged; *~e Zeit* (for) some time, (for) a prolonged period; *ich kann es ~ nicht ertragen* I cannot bear (*od.* stand) it any longer; *je ~, je lieber* the longer, the better.

langersehnt *adj.* long-hoped-for, long-desired.

Langett|e *f* scallop; **~enstich** *m* buttonhole stitch; **≈ieren** *v/t.* buttonhole, scallop.

Langeweile *f* boredom, tediousness, tedium, ennui (*fr.*); *aus* (*od. vor*) *Lange(r)weile* from (sheer) boredom; *~ haben* → *sich langweilen*; *sich die ~ vertreiben* while away the (*od.* F kill) time.

lang...: **˜finger** F *m* pickpocket; thief; **˜format** *n* oblong size; **~fristig** *adj.* long-term ..., long-range...; ⚕ ~e *Anleihe* long-term (*od.* long-sighted) loan; ~es *Geld* time money, long-term funds; ~er *Wechsel* long(-dated) draft *od.* bill; **~gestreckt** *adj.* long, extended; **~haarig** *adj.* long-haired (*a. iro. u. contp.*); *Baumwolle*: long-staple(d); **~halsig** *adj.* long-necked; **˜hobel** ⊕ *m* trying plane; (*Maschine*) parallel planing machine; **˜holz** *n* long log(s *pl.*), long(-cut) timber; **˜holzwagen** *m* timber carriage (*od.* trailer); **~hubig** ⊕ *adj.* long-stroke ...; **~jährig** *adj.* of many years(' standing *od.* duration), long; ~e *Freundschaft* friendship of long (*od.* old) standing; ~e *Erfahrung* (many) years of experience; **˜lauf** *m* (long-)distance run(ning) *od.* race; *Schi*: cross-country race *od.* skiing; **~lebig** *adj.* long-lived (*a.* ⊕ *u. fig.*); ⚕ *a.* durable; **˜lebigkeit** *f* longevity.

länglich *adj.* longish; *bsd.* ⊕ elongated, oblong; **~rund** *adj.* oval.

lang...: **˜loch** ⊕ *n* oblong hole, slot; **˜mut** *f*, **˜mütigkeit** *f* patience, forbearance; ~ *üben gegen* be very patient with *a p.*; **~mütig I.** *adj.* forbearing, patient, long-suffering; **II.** *adv.* patiently; **~nasig** *adj.* long-nosed; **˜ohr** F *n* (*Esel*) long-ear, jackass; **~ohrig** *adj.* long-eared; **˜pferd** *n Turnen*: long horse; **˜rohrgeschütz** ⚔ *n* long-barrelled gun.

längs *adv. u. prp.* along, alongside (of); → *a. entlang*; **˜achse** *f* longitudinal axis.

langsam I. *adj. allg.* slow; ⊕ *a.* slow-speed ...; (*bedächtig*) leisurely, unhurried; (*säumig*) tardy, F dawdling; (*träge*) sluggish; (*schwerfällig*) heavy, plodding; *geistig*: slow (of comprehension *od.* in the uptake); ~er *Kerl* F slowpoke; ~er *werden* slow down, slacken; ~, *aber sicher* slowly but surely; *immer* ~ (*voran*)! take it easy!, not so fast!, easy does it!; *mot.* ~ *fahren!* slow down!; **II.** *adv.* slowly, *etc.*; (*allmählich*) gradually; *es wird* ~ *Zeit* it's about time (*zu tun* to do); *es wird mir* ~ *zuviel* this is getting too much for me; ~ *tun* let up a little (*mit* on); ~er *tun* let down a bit; **˜keit** *f* slowness; leisureliness; tardiness; sluggishness; slackness; **˜treten** *n* (*Streikmethode*) ca'-canny, go-slow strike.

lang...: **~schädelig** *adj.* long-headed, dolichocephalic; **˜schäfter** *m/pl.* highboots, Wellingtons; **˜schiff** ⚠ *n e-r Kirche*: nave; **˜schläfer(in** *f*) *m* late riser, F slug-abed; **~schurig** *adj. Wolle*: long-staple(d); **~sichtig** ⚕ *adj.* long-sighted; **˜spielband** *n* long-playing (*mst abbr.* LP) tape; **˜spielplatte** *f* long playing record, *mst abbr.* LP.

längs...: **~gerichtet** *adj.* longitudinal; **˜richtung** *f* longitudinal direction (*od.* sense); **˜schlitten** ⊕ *m* longitudinal slide; **˜schnitt** *m* longitudinal section; (*Bauzeichnung*) sectional elevation; **~seits** *adv.* alongside.

längst *adv.* **1.** (*seit langem*) long ago, long since; *ich weiß es* ~ I have known it for a long time (*od.* for ages); *er sollte* ~ *dasein* he should have been here long (*od.* hours) ago; ~ *vergangene Tage* times long past (and gone), long-ago days; *am* ~en longest; → *fällig*; **2.** *fig.* ~ *nicht* not by a long way; *das ist* ~ *nicht so gut* that's not nearly (*od.* far from being) as good; ~ *nicht so viel* not nearly as much; **~ens** *adv.* at the longest; (*spätestens*) at the latest; (*höchstens*) at (the) most.

langstielig *adj.* long-handled; ⚘ long-stemmed, long-stalked; F *fig.* long-winded, boring.

Längsträger *m* ⚠ longitudinal girder; *mot.* side member.

Langstrecken|bomber *m* (**~flugzeug** *n*) long-range *od.* long-distance bomber (aircraft); **~lauf** *m* (long-)distance run *od.* race; **~läufer** *m* (long-)distance runner; **~radar** *n* long-range radar; **~rakete** *f* long-range missile.

Languste *f* spiny lobster.

lang...: **˜weile** *f* → *Langeweile*; **~weilen** *v/t.* bore (*zu Tode* to death *od.* stiff); *sich* ~ feel bored; **˜weiler** F *m* boring (*od.* dull) fellow; (*langsamer Mensch*) F slowpoke; **~weilig** *adj.* boring, dull (*beide a. Person*), tedious, tiresome, wearisome, dull; (*eintönig*) humdrum *life*; e-e ~e *Sache a.* a drag; **˜weiligkeit** *f* tediousness, dullness; **˜welle** *f Radio*: long wave; **˜wellenbereich** *m* long-wave band; **˜wellenempfänger** *m* long-wave receiver; **~wellig** ⚡ *adj.* long-waved; **~wierig** *adj.* protracted, lengthy, long-drawn-out; unending, wearisome; ⚕ lingering, chronic; **˜wierigkeit** *f* long duration, lengthiness; tediousness; **˜zeit...** *in Zssgn* long-term ..., long-time ....

Lanolin *n* lanolin.

Lanze *f* spear, ⚔ lance; *fig. für j-n e-e ~ brechen* break a lance for a p., stand up for a p.; **~nbrechen** *n*, **~nstechen** *n* tilt(ing), joust, tournament.

Lanzette ⚕ *f* lancet.

lapidar *adj.* lapidary, terse.

Lapisdruck *typ. m* lapis style.

Lapislazuli *m* lapis lazuli.

Lappalie *f* trifle, bagatelle.

Lapp|e *m*, **~in** *f* → *Lappländer(in)*.

Lappen *m* rag; *zum Waschen usw.*: *a.* cloth; (*Flicken*) patch; *hunt.* toil(s *pl.*); (*Ohren*) flap-ears; *anat.*, ⚘, *Funk*: lobe; *von Geflügel*: wattle, gill; ⚕ (*Hautfetzen*) flap; F *fig.* (*Geldschein*) *sl.* stiff, greenback; F *fig. j-m durch die ~ gehen* give a p. the slip.

läppen ⊕ *v/t.* lap.

läppern I. *v/t. u. v/i.* lap, sip; **II.** F *v/refl.*: *sich ~* (*zs-~*) run up, add up; *es läppert sich!* it adds up to something!

lappig *adj.* ragged; (*schlaff*) flabby, flaccid; *anat.*, ⚘ lobed.

läppisch *adj.* silly, foolish; (*kindisch*) childish.

Lapp|länder(in *f*) *m* Laplander, Lapp; **°~ländisch** *adj.* Lapp(ish).

Lapsus *m* slip.

Lärche *f* larch.

larifari I. *int.* stuff and nonsense!; **II.** °~ *n* nonsense, F rubbish.

Lärm *m allg.* noise; (*Getöse*) din; (*Spektakel*) row, racket; (*Geschrei*) clamo(u)r, hubbub, hullaballoo; (*Streit*) broil; (*Unruhe*) bustle; (*Aufruhr*) uproar, tumult, riot; *blinder ~* false alarm; *~ schlagen* give (*od.* sound) the alarm; *fig.* (*protestieren*) clamo(u)r, cry blue murder, *Am.* F holler; *blinden ~ schlagen* cry wolf; *~ machen* → *lärmen*; *großen ~ um et. machen* make a great noise (*od.* fuss) about a th.; *viel ~ um nichts* much ado about nothing; **~bekämpfung** *f* noise abatement (campaign); **~belästigung** *f* noise pollution; **°~en** *v/i.* be noisy, make much noise, make a racket, F kick up a row; (*streiten*) brawl; (*schreien*) yell, shout; (*tollen*) romp; **°~end** *adj.* noisy; (*wild*) uproarious, tumultuous, riotous; **~pegel** *m* noise level.

Larve *f* mask; (*Gesicht*) face; *zo.* larva, grub.

Laryng|itis ⚕ *f* laryngitis; **~ologe** *m* laryngologist; **~oskop** *n* laryngoscope.

lasch *adj.* (*schlaff*) limp, flabby; (*lässig, disziplinlos*) lax, slack.

Lasche *f* ⊕ strap; (*Tauwerk*) lashing; *Kessel, Eisenkonstruktion*: butt strap; *mot.* shackle, clip; *Tischlerei*: groove; ⚓ strip; *Schneiderei*: (*Zwickel*) gusset; (*Taschenklappe*) flap; *an Schnürschuhen*: tongue.

Laser *phys. m* laser.

lasier|en *v/t.* glaze; **°~farbe** *f* glazing colo(u)r.

Läsion ⚕ *f* lesion.

lassen I. *v/t.* **1.** (*zu~, erlauben*) *j-n gehen* (*schlafen usw.*) *~* let a p. go (sleep, *etc.*), allow a p. to go (sleep, *etc.*); *j-n entkommen ~* allow a p. to get away, let a p. off; *fallen ~* let fall, drop; *sehen ~* show; *laß mich mal sehen!* let me see!, let me have a look; *~ Sie mich Ihnen helfen!* let me help you!; *laß ihn nur kommen!* just let him come!; *laß mich nur machen!* (just) leave it to me!; *er läßt sich nichts sagen* he won't take advice, he won't listen (to reason); *ich lasse (ihn) bitten!* please show him in!; *er ließ ihn ins Haus* he let him in(to the house); → *bieten, schmecken II, stören I, träumen I, unterkriegen usw.*; **2.** (*veran~*) *j-n et. tun ~* have a p. do a th., cause a p. to do a th., *stärker*: make a p. do a th., order a p. to do a th.; *er ließ den Spion erschießen* he had the spy shot; *ich ließ den Hund* (*zwang ihn zu*) *springen* I made the dog jump; *ich ließ ihn e-e Liste anfertigen* I had him (*od.* got him to) make a list; *sie ließ sich ein Kleid machen* she had a dress made (for herself); *sich et. schicken ~* have a th. sent (to one); *sich e-n Zahn ziehen ~* have a tooth drawn (*od.* out); *man ließ den Arzt kommen* the doctor was sent for; *er ließ die Polizei kommen* he called the police; *er ließ mich warten* he kept me waiting; *ich habe mir sagen ~* I have been told; *er hat wissen ~* he has given to understand; *~ Sie mich wissen* let me know; *laß dir das gesagt sein!* mark my words!, be told by me!, *contp.* F put that in your pipe and smoke it!; **3.** *auffordernd*: *laß(t) uns gehen!* let's go!; *laßt* (*od. lasset*) *uns beten!* let us pray!; **4.** (*unter~*) stop, leave off, abstain (*od.* desist, refrain) from *a th. od. ger*; *laß es sein!* let it be!, don't (do it)!; *laß das!* stop it!, don't!, F cut it out!, lay off!; (*doch*) *~ wir das!* enough of that!, let's forget that!; *laß das Weinen!* stop crying!; *laß den Lärm!* stop that noise!; *tu, was du nicht ~ kannst!* just go ahead (and do your worst)!; *ich kann es nicht ~!* I can't help (doing) it!; *er kann das Streiten nicht ~* he will (*od.* must) have his fight; **5.** (*in e-m Zustand be* ~) leave; *alles so* ~, *wie es ist* leave things as they are; *die Tür offen* ~ leave the door open; *et. od. j-n hinter sich* ~ leave behind; *das Licht brennen* ~ leave the light(s) on; *laß mich (in Ruhe)!* leave me alone!; **6.** (*an e-m Ort usw.* ~) leave; *wo soll ich mein Gepäck* ~? where shall I leave (*od.* put) my luggage?; *wo habe ich (nur) meinen Schirm ge*~? where did I put (*od.* what's happened to) my umbrella?; **7.** *j-m et.* ~ (*über* ~) leave a p. a th., *a. fig.* leave a th. to a p.; *ich lasse Ihnen das Bild für 40 Dollar* I let you (*od.* you can) have the picture for $40; *j-m s-e Ruhe* ~ leave a p. alone (*od.* in peace); F *das muß man ihm* ~! you have to grant him that!, F you have to hand it to him!; → *Sorge, Vortritt, Wille, Zeit usw.*; **8.** *poet.* (*ver*~) leave *one's country, wife, etc.*; *sein Leben* ~ lose one's life, perish, be killed, die, *für et.*: give (*od.* sacrifice, lay down) one's life for a th.; **II.** *v/refl.* **9.** *das läßt sich (schon) machen od. einrichten* it can be done (*od.* arranged); *es läßt sich nicht beweisen* it can't be proved; *das Wort läßt sich nicht übersetzen* is not (*od.* is un)translatable; *es läßt sich nicht leugnen, daß* it can't be denied that, there is no denying the fact that; *das Material läßt sich vielfach verwenden* can be used for various purposes; F *der Wein läßt sich trinken* is drinkable (*od.* not bad); → *einfallen 6, hören I, sehen II usw.*; **III.** *v/i.*: *von j-m od. et.* ~ give up, leave alone; → *a. ablassen II.*

lässig *adj.* (*träge*) sluggish, slack; (*nachlässig*) negligent, lax, remiss; (*unbekümmert, leichthin*) nonchalant, casual, offhand; **≈keit** *f* slackness; negligence; nonchalance; offhandedness.

läßlich *eccl. adj.*: ~*e Sünde* venial (*od.* pardonable) sin.

Lasso *m, n* lasso.

Last *f* load (*a.* ⚓, ✈ = cargo, freight); (*Bürde*) burden; (*Gewicht*) weight, charge; (*Tragfähigkeit*) tonnage; *bewegliche (ruhende)* ~ live (dead) load; *fig.* weight, burden, charge; trouble, nuisance; ☤ (*Schuld, Hypothek*) encumbrance; ⚖ ~ *der Beweise* weight of evidence, onus of proof; *soziale* ~*en* social burdens (*od.* charges); *steuerliche* ~ tax burden; *öffentliche* ~*en* public charges; ☤ *zu j-s* ~*en* to the debit of a p.; *wir buchen es zu Ihren* ~*en* we debit (*od.* charge) it to your account; *j-m zur* ~ *fallen* be a burden to (*od.* drag on) a p., *störend*: trouble (*od.* bother) a p.; *der Öffentlichkeit zur* ~ *fallen* be(come) a public charge; *j-m et. zur* ~ *legen* charge a p. with a th. (*a.* ⚖); blame a th. on a p., lay a th. at a p.'s door; **~anhänger** *m* trailer; **~auto** *n* → *Lastkraftwagen.*

lasten *v/i.*: ~ *auf* weigh *od.* press (up)on (*a. fig.*), *Verantwortung*: *a.* rest with *a p.* (*od.* on *a p.*'s shoulders); *Schulden*: encumber; *Wolken*: brood over; **~d** *adj. Schwüle, Stille usw.*: oppressive.

Lasten...: **~aufzug** *m* goods lift, *Am.* (freight) elevator; **~ausgleich** *m* equalization of burdens; **~fallschirm** *m* cargo parachute; **≈frei** *adj.* unencumbered; **~segler** *m* transport glider.

Laster[1] F *m* → *Lastkraftwagen.*

Laster[2] *n* **1.** vice; *e-m* ~ *frönen* indulge (in) a vice; **2.** F *langes* ~ tall streak.

Lästerer *m* calumniator, slanderer; (*Gottes*≈) blasphemer.

lasterhaft *adj.*, wicked, depraved, corrupt; **≈igkeit** *f* wickedness, depravity.

Laster...: **~höhle** *f* den of vice; **~leben** *n* depraved life.

läster|lich *adj.* slanderous, calumnious, abusive; (*gottes*~) blasphemous; (*schändlich*) disgraceful; F (*furchtbar*) F awful; **≈maul** F *n* slanderer; *weitS.* vicious tongue; **~n I.** *v/t.* calumniate, defame; (*schmähen*) abuse, revile, F run down; (*Gott*) blaspheme; **II.** *v/i.* (*spotten*) scoff (*über* at); *weitS.* make snide remarks (about). **≈schrift** *f* libel(lous pamphlet), lampoon; **≈ung** *f* calumny, slander, abuse; blasphemy; **≈zunge** *f* → *Lästermaul.*

Last...: **~esel** *m* donkey; *fig.* drudge, coolie; **~fahrzeug** *n*, **~fuhre** *f* heavy transport (vehicle); **~flugzeug** *n* cargo (air)plane, freight carrier.

lästig *adj.* burdensome, cumbersome, onerous; (*beschwerlich*) troublesome, tiresome; (*unangenehm*) irksome, bothersome, annoying; (*unbequem*) uncomfortable, inconvenient; ~*er Ausländer* undesirable alien; ~*e Person (Sache)* nuisance, bore; *j-m* ~ *fallen (werden)* be(come) a burden *od.* trouble to a p., (begin to) bother *od.* annoy a p.; **≈keit** *f* burdensomeness; troublesomeness; irksomeness.

Last...: **~kahn** *m* barge, lighter;

~kraftwagen *m* (*LKW*) (motor) lorry, *Am.* truck; *mit Anhänger*: tractor-trailer unit; **~kraftwagenanhänger** *m* lorry (*Am.* truck) trailer; **~magnet** *m* lifting magnet; **~pferd** *n* pack horse; **~schiff** ⚓ *n* freighter; **~schrift** † *f* (*Anzeige*) debit advice (*od.* note); (*Buchung*) debit item (*od.* entry); **~tier** *n* pack animal; **~wagen** *m* wag(g)on, van; *mot.* → *Lastkraftwagen*; **~wagenfahrer** *m* lorry (*Am.* truck) driver; **~wagenladung** *f* truckload; **~zug** *mot. m* road (*Am.* truck) train; (*Schlepper mit Anhänger*) tractor-trailer unit.

Lasur[1] *min. m* azure; → *a. Lasurstein.*

Lasur[2] *f* glaze.

Lasur...: ~farbe *f*, **~lack** *m* transparent varnish; **~stein** *min. m* lapis lazuli.

lasziv *adj.* lascivious; **≈ität** *f* lascivity.

Latein *n* Latin; *fig. mit seinem ~ am Ende sein* be at one's wits' end; **~amerikaner(in** *f*) *m*, **≈amerikanisch** *adj.* Latin-American; **~er** F *m* F Latiner; **≈isch** *adj.* Latin; *auf ~* in Latin; *~e Buchstaben* (*od. Schrift*) Latin characters, *typ.* Roman (type *od.* letters); **~schule** *f* grammar-school.

laten|t *adj. allg.* latent; **≈z** *f* latency; **≈zzeit** *f* latent period.

Laterna magica *f* magic lantern.

Laterne *f* lantern; F *fig. solche Leute kannst du mit der ~ suchen* such men are few and far between; **~npfahl** *m* lamp-post.

latin|isch *adj.* Latin; **~isieren** *v/t.* Latinize; **≈ist** *m* Latinist; **≈um** *ped. n.*: *Großes ~* A-level (*od.* 7-year) Latin; *Kleines ~* O-Level (*od.* 3-year) Latin.

Latrine ⚔ *f* latrine; **~ngerücht** *n*, **~nparole** ⚔ *sl. f* latrine rumo(u)r.

Latsche[1] ♀ *f* dwarf-pine.

Latsche[2] *f*, **~n** *m* (old) slipper; F *fig. aus den ~n kippen* collapse, *weitS.* be bowled over.

latschen F **I.** *v/i.* shuffle (*od.* slouch) along; **II.** *v/t.*: *j-m e-e ~* paste a p. one.

latschig *adj.* slouching; *fig.* (*schlampig*) slovenly.

Latte *f* lath, (strip) board; *dünne, kleine*: slat; (*Vermessungs≈*) stadia rod; *sl.* ✈ prop(ellor); *Hochsprung, Fußball*: (cross-)bar; F *fig.* long list, F raft *of questions, etc.*; *die ~ reißen Sport*: dislodge (*od.* knock off) the bar; *die ~ überqueren* clear the bar; F *j-n auf der ~ haben* F have it in for a p.; **~nkiste** *f* crate; **~nrost** *m* duckboards *pl.*; **~nzaun** *m* lattice fence, (wooden) paling.

Lattich ♀ *m* lettuce.

Latwerge *f* electuary.

Latz *m von Kindern*: bib; (*Schürzchen*) pinafore; (*Hosen≈*) flap, fly; F *j-m eine vor den ~ knallen sl.* put a slug into a p., *mit der Faust*: sock (it to) a p.

lau *adj.* lukewarm (*a. fig.*), tepid; *Luft, Wetter*: mild.

Laub *n* foliage, leafage; leaves *pl.*; *sich mit ~ bedecken Bäume*: come into leaf; **~baum** *m* deciduous tree; **~dach** *n* canopy of leaves.

Laube *f* arbo(u)r, bower, summer-house; (*Schuppen*) garden shed; △ (*Vorhalle*) porch; (*Säulengang*) portico; (*Bogengang*) arcade; F *fertig ist die ~!* there you are!, F Bob's your uncle!; **~ngang** *m* arbo(u)red walk, pergola; △ arcade, loggia, covered way.

Laub...: ~fall *m* shedding of leaves; **~frosch** *m* tree-frog; **~grün** *n* leaf green; **~holz** *n* foliage trees *pl.*, leaf-wood; **~hüttenfest** *n* Feast of Tabernacles.

laubig *adj.* leafy, leaved, foliate.

Laub...: ≈los *adj.* leafless, bare; **≈reich** *adj.* leafy; **~säge** *f* fret-saw; **~sägearbeit** *f* fretwork; **~wald** *m* deciduous wood; **~werk** *n* foliage; *Kunst*: *a.* leafwork.

Lauch ♀ *m* leek.

Lauer *f*: *auf der ~ (liegen)* (lie) in wait *od.* ambush, (be) on the look-out; *sich auf die ~ legen* a) lay an ambush, b) *weitS. u. fig.* → *lauern*; **≈n** *v/i.* lurk (*auf* for), (lie in) wait (for); *Gefahr*: lurk; *a. auf e-e Gelegenheit ~* be on the look-out for, watch for; **≈nd** *adj. Gefahr usw.*: lurking; *Blick*: lowering, (*argwöhnisch*) wary.

Lauf *m* **1.** run(ning), *Sport*: *a.* (*Wett≈*) race, (*Durchgang*) heat, run; *kurzer, schneller ~ a. Sport*: (*Kurzstrecken≈*) dash, sprint; *100-Meter-~* one hundred metres dash; *1500-Meter-~* metric (*od.* Olympic) mile race; *in vollem ~* at top speed, in full career; **2.** (*Bewegung*) movement, motion, travel; *des Wassers*: flow, current; ⊕ motion, action, operation, running; *ruhiger ~ des Motors*: smooth running; **3.** *fig.* (*Ver≈, Entwicklung*) run, course; *s-n ~ nehmen* take its course; *freien ~ lassen (e-r Sache)* let ... take its course; (*Gefühlen usw.*) give free rein (*od.* vent) to; *den Dingen ihren ~ lassen* let things take their course; *die Sache nimmt nun ihren ~* the matter will take (*od.* run) its course now; *das ist der ~ der Welt* that's (*od.* such is) life; *im ~e des Monats, Gesprächs usw.* in the course of; *im ~e der Jahre* over the years; *im ~e der Zeit* in course of time, *Vergangenheit*: *a.* as time went on; **4.** (*Bahn*) course (*a.* ⚓, *ast., e-s Flusses*), path (*a. ast.*); **5.** ♪ run; *Koloratur*: roulade; **6.** (*Gewehr*~ *usw.*) barrel; *mit zwei Läufen* double-barrelled; *gezogener ~* rifled barrel; *ihm kam ein Reh vor den ~* he got his sights on a deer; **7.** *hunt., zo.* (*Bein*) leg, foot; **~achse** ⊕ *f* running axle; **~bahn** *fig. f* career; *e-e ~ einschlagen* enter on a career; **~decke** *mot. f* tyre (*Am.* tire) casing, outer cover; **~buchse** ⊕ *f* bush(ing), liner; **~bursche** *m* errand-boy (*a. fig. contp.*), office-boy; *fig.* leg man; **~disziplin** *f Sport*: running event.

laufen I. *v/i.* **1.** run, *schnell*: *a.* dash, rush, race; *schneller ~ als* outrun, outstrip; *gelaufen kommen* come running along; *nach et. ~* run around for a th.; *Lauf!* run!, quick!; *j-n ~ lassen* let a p. go, *straflos*: let a p. off, (*wegschicken*) send a p. away; → *a.* 7; → *Arm, Grund 1, Mine*; **2.** *dial.* (*gehen*) walk, go (on foot); **3.** ⊕, *mot. usw.* run; (*funktionieren*) *a.* go, work, function; *Kolben usw.*: travel, move, pass; **4.** *Gestirn usw.*: move, run; *~ um* revolve (*od.* move) round *the sun, etc.*; **5.** *Linie, Weg usw.*: run (*durch* through); *Fluß, Schweiß usw.*: run, flow, *Tränen*: *a.* roll (down); *Blut, Schauer usw.*: run (*durch* through); → *Rücken*; **6.** (*sich erstrecken*) run, stretch, extend (*von... bis* from ... to); **7.** *fig.* (*im Gang sein*) be in progress, be under way; *Vertrag usw.*: run; *Film*: run, *auf dem Programm*: *a.* be on, be showing; *der Antrag läuft* (*wird behandelt*) the application is being considered; *das Abonnement läuft noch drei Monate* the subscription will run (*od.* be valid) for three more months; *die Dinge ~ lassen* let matters take care of themselves; *die Sache ist gelaufen* a) it's all over (*od.* settled); b) *gut*: it's come off well, the battle is won; F *da läuft nichts!* nothing doing!, it's just not on!; → *Name, Geld, hinauslaufen* 2; **8.** *Nase, Wunde, Ohr*: run; *Kerze*: drip; *Gefäß*: run, leak; *Strumpfmasche*: run; **II.** *v/t.* **9.** (*Strecke*) (*durch ~*) cover, run, do; *ein* (*gutes*) *Rennen ~* run a (good) race; *das Auto läuft 60 Meilen in der Stunde* the car makes 60 miles per hour; → *Gefahr, Sturm usw.*; **III.** *v/refl.* **10.** *sich müde* (*od. tot*) *~* nearly kill o.s. with running, F run o.s. ragged; **IV.** *v/impers.* **11.** *es läuft sich schlecht hier* this is no place for running (skiing, skating, walking, *etc.*), the skiing *etc.* is poor here; **V.** ~ *n* running; *dial.* (*Gehen*) walking; → *Schilauf(en) usw.*

laufend I. *adj.* running; *fig.* (*ständig*) *a.* steady; continuous; *Ausgaben, Jahr, Konto, Preis, Produktion usw.*: current, running; *Kunden*: regular, *a. Geschäft, Arbeit, Überprüfung usw*: routine; *Nummern*: consecutive, serial; *Wechsel*: running, (*im Umlauf befindlich*) in circulation; *Nase*: running, *Ohr, Wunde*: *a.* suppurating; *~en Monats* of this month; ⊕ → *Band* 1; *~e Berichterstattung* running commentary, blow-by-blow coverage (*od.* account); *~e Notierung Börse*: consecutive quotation; *~e Rechnung* current account; *~es Meter Tuch*: running metre; *~e Wartung* (*Prüfung*) routine maintenance (check); *auf dem ~en sein* a) be up to date, b) be fully informed (*über* about), be au fait (with), be in touch (with); *j-n* (*sich*) *auf dem ~en halten* keep a p. (o.s.) (currently) informed *od.* F posted, keep abreast of developments; **II.** *adv.* currently; regularly, routinely, *etc.*; (*ständig*) constantly; (*zunehmend*) increasingly.

Läufer *m Sport*: runner (*Eis*~) skater; (*Schi*~) skier (*alle a.* **~in** *f*); *Fußball usw.*: halfback; *Schach*: bishop; ⚘ runner, tendril; (*schmaler Teppich*) runner; (*Treppen*~) stair-carpet; ⊕ (*Schiebering*) slider; (*Gewicht e-r Waage*) sliding weight; ⚡ rotor; *Rechenschieber*: cursor; △ stretcher, binder.

Lauferei *f* running about; *weitS.* trouble, bother.

Läufer...: **~reihe** *f Sport*: *the* half-backs *pl.*; **~verband** △ *m* stretcher bond.

Lauf...: **~feuer** *n* running fire; *fig. sich wie ein ~ verbreiten* spread like wildfire; **~fläche** *f* ⊕ *Lager*: runway; *Zylinder*: working surface; *Reifen*: tread; *Ski usw.*: running surface; **~gewicht** *n* sliding weight; **~gitter** *n* play-pen; **~graben** ⚔ *m* communication (*od.* approach) trench.

läufig *zo. adj.*: *~e Hündin* bitch in heat.

Lauf...: **~junge** *m* → *Laufbursche*; **~katze** ⊕ *f* crab; **~kette** *f* track; **~kippe** *f Turnen*: running upstart; **~kran** ⊕ *m* travel(l)ing (*od.* mobile) crane; **~kunde** ⚕ *m* casual (*od.* chance) customer; **~kundschaft** *f* passing trade; **~masche** *f* ladder, *bsd. Am.* run; **≈maschenfrei** *adj.* ladderproof, runproof; **~nummer** *f* consecutive (*od.* serial) number; **~paß** *iro. m*: *j-m den ~ geben* F give a p. his walking papers; **~rad** *n* running wheel; *Motor*: impeller; *Turbine*: runner; → *a.* **~rädchen** *n an Möbeln usw.*: caster(-wheel); **~riemen** ⊕ *m* driving-belt; **~ring** ⊕ *m Kugellager*: (ball) race; **~rolle** ⊕ *f* roller; **~rost** *m* duckboards *pl.*; **~ruhe** ⊕ *f* silent running; **~schiene** ⊕ *f* guide rail, track; **~schritt** *m* run, jogtrot; ⚔ double; *im ~* running, at the double; *~! als Kommando*: at the double!, *Am.* double time, march!; **~sitz** ⊕ *m* clearance fit; **~sport** *m* running (events *pl.*); **~stall** *m*, **~ställchen** *n* play-pen; **~steg** *m* footbridge, *bsd.* ⚓ gangway; **~stil** *m Sport*: running style; **~stuhl** *m* go-cart, *Am.* (baby-)walker; **~vogel** *m* running bird; **~werk** ⊕ *n* drive mechanism; 🚃 *usw.*: bogie; *an e-r Winde usw.*: pulley cradle; ⚔ *Panzer*: tracks and suspensions *pl.*; **~zeit** *f* ⚕ *e-s Wechsels*: currency; *e-s Vertrags*: term, life; *Film, Werbung usw.*: run; *Funk, Elektronik*: transit time; *Uhr*: running period; *Radar*: travel time; ⊕ hours *pl.* of operation; (*Lebensdauer*) (service) life; **~zeitröhre** *TV f* velocity-modulated tube; **~zettel** *m Büro*: memo; *für Akten*: inter-office slip, control tag.

Lauge *f* lye; ⊕ *mst* caustic solution, liquor, steep; (*Salz≈*) brine; *metall.* extraction liquor; (*Seifen≈*) suds *pl.*

laugen *v/t.* lye, steep (in lye); (*aus~*) ⚗ lixiviate; (*Wäsche*) soak in lye (*od.* suds); **~artig** *adj.* alkaline, alkaloid; **≈bad** *n* alkaline bath; **~beständig** *adj.* alkaliproof; **≈messer** *m* alkalimeter; **≈salz** *n* alkali.

Lauheit *f* lukewarmness, tepidity; *fig. a.* half-heartedness.

Laune *f* **1.** humo(u)r, temper, mood, frame of mind; *(in) guter (schlechter) ~* in a good (bad) humo(u)r *od.* temper *od.* mood; *bester ~* in the best of good moods, in high spirits; *(nicht) in der ~ sein, zu inf.* (not to) be in the mood for *ger.*, (not to) feel like *ger.*; *~n haben* be subject to moods; *er hat (so) s-e ~n* he has his little moods; *j-n bei (guter) ~ erhalten* keep a p. in a good mood (*od.* happy); **2.** (*Einfall, Grille*) fancy, whim, caprice; *~n des Wetters usw.* changeableness *sg.*, vagaries; *~ des Glücks (der Natur)* freak of fortune (nature).

launenhaft *adj.* capricious, whimsical; (*stimmungsunterworfen*) moody; (*veränderlich*) erratic, unaccountable, fickle; **≈igkeit** *f* moodiness; capriciousness, whimsicality, fickleness.

launig *adj.* humorous, jocose; whimsical, witty; **≈keit** *f* humorousness.

launisch *adj.* **1.** → *launenhaft*; **2.** (*übellaunig*) ill-tempered, peevish, moody, out of humo(u)r.

Laus *f* louse (*pl.* lice); *fig. j-m eine ~ in den Pelz setzen* give a p. trouble, F put a flea in a p.'s bed; *was für eine ~ ist dir über die Leber gekrochen?* what's wrong with you?, what's got into you?, *Am.* F what's eating you?; **~bub(e)** *m* young scamp (*od.* devil, rascal); **~bubenstreich** *m* boy's trick (*od.* prank); *fig.* mischievous act.

lausch|en *v/i.* listen (*dat. od. auf* to); *angestrengt*: strain one's ears; *überrascht*: prick one's ears; *heimlich*: eavesdrop, listen; **≈er(in** *f*) *m* listener, *b.s.* eavesdropper; **≈gerät** ⚔ *n* intercept set; **~ig** *adj.* snug, cosy; idyllic, tranquil, peaceful; (*versteckt*) sequestered, hidden, tucked-away.

Lause...: **~junge** *m* → *Lausbube*; **~kerl** *m* blackguard, lout, *bsd. co.* rascal.

lausen *v/t.*: *j-n (sich) ~* pick a p.'s (one's) lice, delouse a p. (o.s.); → *Affe*.

Läusepulver *n* pediculicide.

lausig F **I.** *adj.* lousy (*sl. a. fig.* = miserable, F awful); **II.** *adv.* awfully; *~ viel Geld haben sl.* be lousy with money.

laut[1] **I.** *adj. allg.* loud; *Person*: *a.* loud-voiced, *contp.* loud-mouthed; (*lärmend*) noisy, boisterous; (*vernehmlich*) audible; (*stark klingend*) sonorous, ringing, booming; *~e Straße* loud street; *~ werden* become audible, be heard, make o.s. heard; *fig. Sache*: leak out, get abroad, become known; *~ werden lassen* betray, leak, F let on; **II.** *adv.* loud(ly), aloud; *~ reden usw.* in a loud voice, loud; *~ und deutlich* loud and clear; (*offen*) openly; *(sprechen Sie) ~er!* speak up!, louder!; *er schrie, so ~ er konnte* at the top of his voice.

laut[2] *prp.* according to; (*gemäß*) *a.* in accordance (*od.* conformity) with; in pursuance of; (*kraft*) on the strength (*od.* by virtue) of, under; ✝ as per; ~ *Befehl* as ordered, *gen*: by order of; ~ *Verfügung* as directed.

Laut *m* sound (*a. ling.*); *keinen ~ von sich geben* not to utter a sound; ~ *geben Hund*: give tongue; *in Zssgn ling.* phonetic ...; **~angleichung** *ling. f* assimilation.

lautbar *adj.*: ~ *werden* become known (*od.* public), transpire.

Laut...: **~bezeichnung** *ling. f* sound notation; **~bildung** *f* articulation, phonation.

Laute ♪ *f* lute (*a. fig.*); *die ~ schlagen* play the lute.

lauten *v/i.* sound; *Inhalt, Worte*: run, *vor Kolon*: read; *die Antwort lautet günstig* is favo(u)rable; *wie lautet der Brief?* what does the letter say?; *er lautet wie folgt* it runs (*od.* reads) as follows; *wie lautet sein Name?* what is his name?; ~ *auf Paß usw.*: be issued to; ✝ *auf den Inhaber (Namen) ~* be payable to bearer (order); ⚖ *die Klage lautet auf Schadenersatz* the action sounds in damages; *das Urteil lautet auf Tod (ein Jahr Gefängnis)* the sentence is death (one year's imprisonment).

läuten I. *v/i. u. v/t.* ring (*j-m, nach et.* for); *Kirchenglocken*: *a.* peal, (*feierlich*) toll; *Glöckchen*: tinkle, jingle; *es läutet* the bell is ringing; *fig. ich habe etwas davon ~ hören* I have heard something to that effect; **II.** ≈ *n* ringing.

Lauten|ist(in *f*) *m*, **~spieler(in** *f*) *m* lute-player, lutist.

lauter *adj.* **1.** (*rein*) pure, unalloyed; *Flüssigkeit*: clear; (*durchsichtig*) transparent; *Edelstein*: flawless; (*echt*) genuine; **2.** *fig.* (*aufrichtig, ehrlich*) sincere, honest; (*integer*) upright; *das ist die ~e Wahrheit* that is the plain (*od.* unvarnished) truth (*od.* the truth and nothing but the truth); **3.** (*nichts als, nur*) nothing but, mere, only; *aus ~ Bosheit* from sheer spite; *das sind ~ Lügen* that's nothing but lies; **≈keit** *f* pureness, clearness; transparency; *fig.* purity, sincerity, honesty, integrity.

läuter|n *v/t.* purify, ⊕ *a.* purge, cleanse; (*Flüssigkeiten*) clarify, *durch Destillieren*: rectify; (*Glas, Metall, Zucker*) refine; (*Branntwein*) clear; *fig.* purify, *durch Prüfungen*: chasten; (*veredeln*) ennoble; **≈ung** *f* purification; clarification, rectification; refining; *fig.* chastening, purging.

Läutewerk *n* ringing device (*od.* bell); electric alarm.

Laut...: **~gesetz** *n* phonetic law; **≈getreu** *adj.* phonetic(ally correct); **≈hals** *adv.* vociferously; ~ *lachen* roar with laughter; **~heit** *f* loudness; **≈ieren** *v/t. u. v/i.* spell (and read) phonetically; **~lehre** *f* phonetics *pl.* (*mst sg. konstr.*); phonology; **≈lich** *adj.* phonetic(ally *adv.*), phonic; **≈los** *adj.* soundless; (*geräuschlos*) *a.* noiseless; (*still*) silent; (*stumm*) mute; *~e Stille* hushed (*od.* deep, breathless) silence; **~losigkeit** *f* soundlessness; (deep) silence, hush; **≈malend, ≈nachahmend** *adj.* onomatopoeic, echoic; **~malerei** *f* onomatopoeia; **~schrift** *f* phonetic transcription (*od.* script); **~sprecher** *m* loudspeaker; **~sprecheranlage** *f*: *öffentliche ~* public address system; **~sprecheranschluß** *m Radio*: (loud)speaker socket; **~sprecherwagen** *m* loudspeaker van (*Am.* truck), public-address car; **~stärke** *f* loudness (level); *Radio*: volume; *mit voller ~ schreien* at the top of one's voice; **~stärkemesser** *m* sound level meter; **~stärkeregler** *m Radio*: volume control; **~stärkeschwankungen** *f/pl.* fading *sg.*; **~system** *n* phonetic system, phonetics *pl.* (*mst sg. konstr.*); **~ung** *f* articulation; **~verschiebung** *f* sound shift; **~verschiebungsgesetz** *n* Grimm's law; **~verstärker** *m* (sound) amplifier; **~wert** *ling. m* phonetic value; **~zeichen** *n* phonetic character.

lauwarm *adj.* → *lau*.

Lava *geol. f* lava; **~strom** *m* stream of lava.

Lavendel ♀ *m* lavender; **~blüten** *pharm. f/pl.* lavender flowers; **~öl** *n* spikenard.

lavieren ⚓ *v/i.* tack; *fig.* tack, manœuvre, *Am.* maneuver; *vorsichtig ~* F play both ends towards the middle.

Lawine *f* avalanche (*a.* ⚡, *phys. u. fig.*); **≈nartig** *adj. u. adv.* like an avalanche; ~ *anwachsen* snowball; **~ntransistor** ⚡ *m* avalanche transistor.

lax *adj.* lax, loose; *Moral*: *a.* easy; **≈heit** *f* laxity, laxness.

laxier|end *adj.* laxative, aperient; **≈mittel** *n* laxative.

Layout *n* layout; **~er** *m* layout man.

Lazarett *n* (military) hospital; **~flugzeug** *n* ambulance aircraft; **~schiff** ⚓ *n* hospital ship; **~wagen** *m* ambulance; **~zug** 🚂 *m* hospital train.

Lebe|hoch *n*: *ein* ~ three cheers (*auf* for); **~mann** *m* man about town, fast liver, bon-vivant (*fr.*), playboy.

Leben *n allg.* life; (*Dasein*) *a.* existence; (*Sein*) being; (*Lebewesen pl.*) life, life forms *pl.*; (*Lebenszeit*) life(time); (*~sweise*) life(-style), (way of) living; (*~skraft*) vitality, vigo(u)r; (*Lebhaftigkeit, Munterkeit*) liveliness, animation, life; (*geschäftiges Treiben*) stir, activity, (hustle and) bustle, to-do; (*~sbeschreibung*) life, biography; *Versicherung*: life; *das ~ in Australien* life in Australia; *auf dem Mond ist kein ~* there is no life on the moon; *das einfache ~* the simple life; *das nackte ~* one's bare life; *am ~ sein* be alive; *am ~ bleiben, mit dem ~ davonkommen* stay alive, survive, escape; *am ~ erhalten* keep alive; *ein ruhiges usw. ~ führen* lead (*od.* live) a quiet, *etc.*, life; *ein neues ~ beginnen* turn over a new leaf; *~ in eine Sache bringen* put life into a th., give life to a th.; F *~ in die Bude bringen* liven (*od.* F pep) up the party, F make things hum; et. *für sein ~ gern tun* be very (*od.* passionately) fond of doing a th., F be crazy (*od. sl.* nuts) about doing a th.; *ich würde für mein ~ gern* I would give anything to *inf.*, I would love to *inf.*; *ins ~ rufen* call into being (*od.* existence), start, launch, set on foot; *ins ~ treten* go into the world, start; *das ~ schenken dat.* spare *a p.'s* life, ⚔ give quarter to *a p.*; (*e-m Kind*) give birth to; *mein ganzes ~* (*lang*) all my life; *nach dem ~ zeichnen* draw from life (*od.* from nature); *nur einmal im ~* only once in a lifetime; *sich das ~ nehmen* take one's (own) life, commit suicide; *ums ~ kommen* lose one's life, perish, be killed; → *lassen* 8; *sie kamen ums ~* they lost their lives; *ums liebe ~ rennen* run for dear life; *es geht um ~ oder Tod* it is a matter of life and death; *nicht ums ~ möchte ich das* not for all the world, not for the life of me; *voll*(er) *~* full of life, lively, F full of go (*od.* beans, *sl.* pep); *~ zeigen* show (signs of) life, become animated; → *abschließen* 4, *erwecken* 2, *verkaufen* 2, *Kampf*.

leben I. *v/i.* live, be alive, exist; (*wohnen*) live, reside, dwell; (*sich aufhalten*) stay; (*fortbestehen*) live on; (*das Leben genießen*) live (well), lead a gay (*od.* fast) life; *die Statue lebt* lives, seems alive (*od.* animated, to breathe); *~ für et., e-r Sache ~* live for (*od.* devote o.s. to) a th.; *~ nach e-m Grundsatz* live by (*od.* up to); *~ von* (*Nahrung*) live *od.* feed *od.* subsist (up)on, (*Einkommen*) live on, (*Beruf*) earn (*od.* make) a living by, (*s-m Kapital*) live off; *von der Luft ~* live on air; *friedlich usw. ~* lead (*od.* live) a peaceful, *etc.*, life, live peacefully, *etc.*; *~ und ~ lassen* live and let live; *er wird nicht mehr lange ~* his days are numbered; his sands are running out; *wie lange ~ Sie schon in England?* how long have you been living ... ?; *so wahr ich lebe!* as sure as I live!, upon my life!; *er ist mein Vater wie er leibt und lebt* he is the very image (F the spit) of my father; *es lebe ...!* here's to ...!, three cheers for ...!; *es lebe die Königin!* long live the Queen!; *die Damen sollen ~!* a toast to the ladies!; *~ Sie wohl* good-by(e), farewell; **II.** *v/t.*: *ein behagliches usw. Leben ~* lead a comfortable life, live comfortably, *etc.*; *sein Leben noch einmal ~* live one's life over again; **III.** *v/refl. u. v/impers.*: *hier lebt es sich gut* this is a fine place to live, you can live well here.

lebend *adj.* (*lebendig*) living (*a. Sprache* = modern); *biol.* live; *~e Bilder* tableaux vivants (*fr.*); *~e Fische* live fish; *~e Hecke* quickset (hedge); *~es Inventar* live-stock; *kein ~es Wesen* not a living soul; ⚔ *~e Ziele* live targets; *als p.pr. ein hier ~er Freund* a friend living here; **≈e(r** *m*) *f* living person; *die* (*noch*) *~n* those still alive, the survivors; *die ~n und die Toten* the living and the dead; **≈gebären** *zo. n* viviparity; **~gebärend** *zo. adj.* viviparous; **≈geburt** ⚕ *f* live birth; **≈gewicht** *n* live weight.

lebendig *adj.* (*lebend*) living, *pred.* alive; (*flink*) quick; (*rege*) full of life, astir, bustling, ✝ *Börse, Markt*: brisk, animated; (*lebhaft*) lively, vivacious, *Schilderung*: lively, vivid; *Phantasie*: lively, *Geist*: *a.* active; (*voller Lebenskraft*) full of vigo(u)r *od.* vitality; *der ~e Gott* the living God; *bei ~em Leibe verbrannt usw.* alive; *mehr tot als ~* more dead than alive; *wieder ~ machen* revive, bring back to life, resuscitate; *~ werden* come to life; *im Haus wurde es ~* people began to stir in the house; **≈keit** *f* → *Lebhaftigkeit.*

Lebens...: **~abend** *m* evening (*od.* eve) of (one's) life; **~abriß** *m* biographical sketch; **~abschnitt** *m* period of life; **~ader** *fig. f* lifeline; **~alter** *n* age, period of life;

~angst *f* fear of life, existential dread; **~anschauung** *f* way of looking at life, approach to life; **~art** *f* manner (*od.* way, mode) of living; *feine* ~ excellent manners, good breeding; savoir vivre (*fr.*); *er hat keine* ~ he has no style; **~auffassung** *f* view (*od.* philosophy) of life; **~aufgabe** *f* life-task; **~äußerung** *f* manifestation of life; **~bahn** *f* (course of) life; **~baum** *m* tree of life; ♀ arbor vitae; **~bedingungen** *f/pl.* living conditions; **~bedürfnisse** *n/pl.* necessaries of life; **~bejahung** *f* acceptance of life; **~beschreibung** *f* life, biography; **~dauer** *f* duration of life, life-span; *lange* ~ longevity; ⊕ (service) life, durability; *auf* ~ → *Lebenszeit*; **≈echt** *adj.* true to life, real-to-life, lifelike; **~elixier** *n* elixir of life; **~ende** *n* end of life; *bis an mein* ~ to the end of my days; **~erfahrung** *f* experience of life; **~erwartung** *f* life expectancy, expectation of life; **~faden** *m* thread of life, life-strings *pl.*; **≈fähig** *adj.* ⚕ *u. fig.* viable; **~fähigkeit** *f* viability; **~form** *f* form of life; **~frage** *f* vital question; question of life and death; **≈fremd** *adj.* → *weltfremd*; **~freude** *f* → *Lebenslust*; **~frist** *f* lease of life; **~führung** *f* (conduct of) life, (life-)style, way of living; **~funke** *m* vital spark; **~funktion** *f* vital function; **~gefahr** *f* danger to life, mortal danger; ~*!* danger!; *in* ~ *schweben* be in danger of one's life; *unter* ~ at the risk of one's life; **≈gefährlich** *adj.* dangerous (to life), perilous; ⚖ involving danger to life and limb; *Krankheit*: dangerous, critical, very grave (*od.* serious); **~gefährte** *m*, **~gefährtin** *f* mate, (lifetime) companion; **~geister** *m/pl.* vitality *sg.*; *j-s* ~ *wecken* put new life into a p.; **~gemeinschaft** *f* community of life; **~geschichte** *f* biography, *a. biol.* life history; **~gewohnheit** *f* (lifetime) habit, way of living; **~glück** *n* happiness; **≈groß** *adj.* (as) large as life; *Bild usw.*: life-size(d); **~größe** *f* life-size, real size; *in* ~ at full length; *Bild in* ~ full-length picture; F *fig. in voller* ~ as large as life, (*höchstpersönlich*) in the flesh; **~haltung** *f* standard of living; **~haltungskosten** *pl.* cost *sg.* of living; **~haltungskostenindex** *m* cost of living index; **~hunger** *m* zest (*od.* lust) for life; **~interessen** *n/pl.* vital interests; **~jahr** *n* year of one's life; *im 50.* ~ at the age of fifty; **~kampf** *m* struggle for existence (*od.* life); **≈klug** *adj.* worldly-wise; **~klugheit** *f* worldly wisdom; **~kraft** *f* vitality (*a.* ⚕), vital force (*od.* energy), life-force; **≈kräftig** *adj.* vigorous, full of vitality; **~kunst** *f* art of living; **~künstler** *m* philosopher; *er ist ein* ~ he knows how to live, he always makes the best of things; **~lage** *f* (life) situation; *in jeder* ~ in every situation (of life); **≈lang**, **≈länglich I.** *adj.* lifelong, life(time) ...; ~*e Rente* annuity for life, life annuity; ⚖ ~*e Freiheitsstrafe* imprisonment for life, life sentence (*od.* imprisonment); ~*er Zuchthäusler sl.* lifer; **II.** *adv.* all one's life; ⚖ *usw.* for life; **~lauf** *m* course of life, career; *schriftlicher*: curriculum vitae, autobiographical statement; **~licht** *n*: *j-m das* ~ *ausblasen* kill (F do for) a p.; **~linie** *f der Hand*: line of life, lifeline; **~lust** *f* love of life, zest for living; high spirits *pl.*; **≈lustig** *adj.* gay, merry, F swinging; (*sinnenfroh*) sensuous; **~mark** *fig. n the* (very) pith and marrow (of existence), core; **~mittel** *pl.* foodstuffs, food *sg.*, provisions, victuals; **~mittelchemiker(in** *f*) *m* food analyst; **~mittelgeschäft** *n* food store, grocery (shop); **~mittelhändler(in** *f*) *m* grocer; **~mittelkarte** *f* food ration card; **~mittelknappheit** *f* food shortage; **~mittelversorgung** *f* food-supply; **≈müde** *adj.* world-weary, tired of life; **~mut** *m* courage to face life, optimism, F spunk; **≈nah** *adj.* realistic(ally *adv.*); **~nähe** *f* realism; **~nerv** *fig. m* vital nerve; **≈notwendig** *adj.* vital, essential; ~*er Bedarf* bare necessaries of life, essentials *pl.*; **~notwendigkeit** *f* vital necessity; **~odem** *m* breath of life; **~praxis** *f* experience; **~qualität** *f* quality of life; **~raum** *m* living space, lebensraum; **~regel** *f* rule of life, maxim; **~rente** *f* life annuity; **~retter** *m* lifesaver, rescuer; **~rettungsgerät** *n* lifesaving equipment; **~rettungsmedaille** *f* lifesaving medal; **~spanne** *f* life-span; **≈spendend** *adj.* life-giving; **≈sprühend** *adj.* exuberant, red-blooded, brimming with life; **~standard** *m* standard of living, living standard; **~stellung** *f* position (in life), station (of life), (social) status, standing; *im Beruf*: permanent position, lifetime post (*od.* job); **~stil** *m* lifestyle, style of living; **≈tüchtig** *adj.* **1.** fit for life; **2.** energetic, dynamic; **~überdruß** *m* world-weariness, taedium vitae; **⁓überdrüssig** *adj.* sick (*od.* tired) of life; **⁓unfähig** *adj.* non-viable; **⁓unterhalt** *m* (means *pl.* of) subsistence, maintenance, livelihood; *(sich) s-n ⁓ verdienen (od. bestreiten)* earn one's living; **⁓untüchtig** *adj.* unfit for life; **⁓verhältnisse** *n/pl.* living conditions; **⁓verneinung** *f* rejection of life, pessimism; **⁓versicherung** *f* life-assurance, *bsd. Am.* life insurance; *⁓ auf den Erlebensfall* endowment insurance; **⁓versicherungspolice** *f* life(-insurance) policy; **⁓voll** *adj.* full of life, lively, fullblooded; **⁓wahr** *adj.* true to life; **⁓wandel** *m* life, (moral) conduct; *e-n schlechten ⁓ führen* lead a disorderly life; **⁓weg** *m* course of life; **⁓weise** *f* way of life (*od.* living); (*Gewohnheiten*) habits *pl.*; *gesunde (sitzende) ⁓* healthy (sedentary) life; **⁓weisheit** *f* worldly wisdom, practical philosophy; **⁓werk** *n* lifework, life's work; **⁓wert** *adj.* worth living; **⁓wichtig** *adj.* essential (to life), vital; *(nicht) ⁓e Güter* (non-)essentials; *⁓e Arbeiter (Ausrüstung) in e-m Betrieb*: key workers (equipment); *⁓e Organe* vital organs; *⁓e Verbindungslinie* lifeline; **⁓wille** *m* will to live, vital force; **⁓zeichen** *n* sign of life; *kein ⁓ von sich geben* give no sign of life (*a. fig.*); **⁓zeit** *f* lifetime, life; *auf ⁓* for life; *Mitglied auf ⁓* life member; **⁓ziel** *n*, **⁓zweck** *m* aim in life.

Leber *f anat. u. Kochkunst*: liver; *fig. frei (od. frisch) von der ⁓ weg reden* speak one's mind (frankly); → *Laus*; **⁓abszeß** ⚕ *m* hepatic abscess; **⁓blümchen** ⚘ *n* liverwort; **⁓entzündung** ⚕ *f* hepatitis; **⁓fleck** *m* liver-spot; (*Muttermal*) mole, n(a)evus; **⁓gegend** *f* hepatic region; **⁓haken** *m Boxen*: hook to the liver; **⁓krank**, **⁓leidend** *adj.* suffering from a liver disease; **⁓krankheit** *f*, **⁓leiden** *n* liver (*od.* hepatic) disease; **⁓krebs** ⚕ *m* liver cancer; **⁓pastete** *f* liver paste; **⁓punktion** *f* liver biopsy; **⁓schaden** *m* liver damage (*od.* lesion); **⁓schwellung** *f* enlargement of the liver; **⁓tran** *m* cod-liver oil; **⁓wurst** *f* liver-sausage, *Am.* liverwurst; **⁓zirrhose** ⚕ *f* liver (*od.* hepatic) cirrhosis.

Lebe...: **⁓welt** *f* fast set, Jet Set, playboys *pl.*; **⁓wesen** *n* living being, creature; *biol.* life-form, (*Klein⁓*) organism; **⁓wohl** *n* farewell; *j-m ⁓ sagen* say good-by(e) to a p.

lebhaft I. *adj. allg.* lively; vivacious, full of life; (*feurig*) ardent, fervent; (*schwungvoll*) animated, brisk, active (*alle a.* ⚚ *Börse*); (*munter*) sprightly, cheerful, buoyant; *Farbe*: bright, gay; *Gang*: brisk; *Gesichtsfarbe*: ruddy; *Interesse*: lively, keen; *Erinnerung*: vivid; *Nachfrage*: brisk, strong; *Straße*: busy, (much) frequented; *Wortstreit*: heated, lively; **II.** *adv.* vivaciously, animatedly, *etc.*; *⁓ bedauern* regret sincerely; *⁓ begrüßen* welcome warmly; *⁓ empfinden* be deeply sensible of; *das kann ich mir ⁓ vorstellen* I can just imagine; **⁓igkeit** *f* liveliness, vivacity, fire, animation, briskness; sprightliness.

Lebkuchen *m* gingerbread.

leb...: **⁓los** *adj.* lifeless, inanimate; (*langweilig*) dull (*a.* ⚚ = inactive, flat); **⁓losigkeit** *f* lifelessness; ⚚ dullness, stagnation; **⁓tag** *m*: *mein(e) ⁓(e)* all (*verneint*: never in) my life, (never) in all my born days; **⁓zeit** *f*: *bei (od. zu) meinen ⁓en* in my lifetime.

lechzen *v/i.* be parched with thirst, *Pflanzen*: languish, droop; *fig. ⁓ nach* languish (*od.* yearn, pant) for; *nach Blut ⁓* thirst for blood; *danach ⁓, zu inf.* ache to *inf.*

leck I. *adj.* leaking, leaky; *⁓ sein* → *lecken*[1]; *⁓e Stelle* leak; **II. ⁓** *n* leak; ⚓ *ein ⁓ bekommen (stopfen)* spring (stop) a leak; **⁓age** *f* leakage.

lecken[1] **I.** *v/i.* (*undicht sein*) leak, be leaky, run, *bsd.* ⚓ have (sprung) a leak; **II. ⁓** *n* leakage.

lecken[2] *v/t. u. v/i.* lick; *fig. ⁓de Flamme* leaping flame; *fig. sich die Finger nach et. ⁓* lick one's lips for a th.; *sie leckt sich alle Finger danach* she would give her eye-teeth for it; *wie geleckt* spick-and-span, neat.

lecker *adj.* dainty, delicious, tasty, savo(u)ry; appetizing (*a.* F *fig. girl, etc.*); **⁓bissen** *m* (*a.* **⁓ei** *f*) dainty (*od.* choice) morsel, delicacy; *a. fig.* titbit (*Am.* tidbit); **⁓haft**, **⁓ig** *adj.* lickerish, having a sweet tooth; **⁓maul** *n*, **⁓mäulchen** *n*: *ein ⁓ sein* have a sweet tooth.

Leck...: **⁓segel** *n* sail over the leak; **⁓sicher** *adj. Benzintank*: self-sealing; **⁓stelle** *f* leak; **⁓strom** ⚡ *m* leakage current; **⁓sucher** *m* leak detector; **⁓verlust** *m* leakage.

Leder *n* leather (*a.* F *Fußball*); (*Polier⁓*) chamois (leather); *in ⁓ gebunden* leather-bound; *vom ⁓ ziehen* draw one's sword, *fig.* open up, (really) let go, give it straight from the shoulder, not to pull one's punches; *fig.* *j-m das ~ gerben* tan a p.'s hide; **~apfel** ♀ *m* leathercoat; **~band** *m* leather-bound volume; **~dichtung** ⊕ *f* leather packing, leather washer; **≈farbig** *adj.* leather-colo(u)red, buff, tawny; **~fett** *n* dubbin; **~gamaschen** *f/pl.* leather gaiters (*od.* spats); **~handel** *m* leather trade; **~handschuh** *m* leather-glove; **~haut** *anat.* *f* corium, true skin; *Auge*: sclera; **~hose** *f* leather breeches *pl.*, *kurze*: leather shorts *pl.*; **~jacke** *f* leather jacket; **~manschette** ⊕ *f* leather seal.

ledern *adj.* (of) leather; (*fest, zäh*) leathern, leathery, tough; *fig.* (*langweilig*) dry, pedestrian.

Leder...: **~riemen** *m* leather strap (*od.* belt); **~sessel** *m* leather armchair; **~waren** *f/pl.* leather goods (*od.* articles); **~zeug** ⚔ *n* leathers *pl.*, straps and belts *pl.*; **~zurichtung** *f* leather-dressing.

ledig *adj.* (*unverheiratet*) single, unmarried, unattached; *Kind*: illegitimate; *Mutter*: *mother* of an illegitimate child, unmarried *mother*; (*unbesetzt*) empty, vacant; *e-r Sache ~ sein* be rid of a th.; **~lich** *adv.* merely, only, solely.

Lee ⚓ *f* lee(-side).

leer *adj.* *allg.* empty (*a. fig.*); (*unbesetzt*) *a.* unoccupied, vacant; (*geräumt*) *a.* evacuated; (*unbeschrieben*) blank, clean; (*ausdruckslos*) *a.* vacant, blank; (*eitel*) vain; (*unbegründet*) unfounded; *Drohung, Versprechen*: empty, idle; *~e Batterie* run-down battery; *~es Gerede* idle talk; *~e Worte machen* beat the air; *mit ~en Händen* empty-handed; → *ausgehen* 9; *adv.* ⊕ *~ laufen* (run) idle, be idling; **≈darm** *anat.* *m* jejunum.

Leere **1.** *n* vacant (*od.* blank) space; *ins ~ gehen Schlag*: miss; *ins ~ starren* stare into space; **2.** *f* emptiness, void (*a. fig.*); vacancy, vacuity, blankness; (*luftleerer Raum*) vacuum; **~gefühl** *n* feeling of emptiness; **≈n** *v/t.* empty (*a. sich ~*); (*ausschütten*) pour out; (*räumen*) clear out, evacuate; (*Briefkasten, Schüssel usw.*) clear.

Leer...: **~fracht** *f* dead freight; **~gang** ⊕ *m* idle (*od.* lost) motion; (*Schaltstellung*) neutral (gear), idle gear, *Kupplung, Schraube*: backlash; → *a. Leerlauf*; **~gewicht** *n* dead (*od.* empty) weight; **~gut** ✝ *n* empties *pl.*; **~hub** *mot.* *m* idle stroke; **~lauf** *m* **1.** ⊕ idling, idle motion; ⚡ no-load operation; (*Gang*) neutral (gear); *in Zssgn* idle, idling; no-load ...; *im ~ fahren* coast; **2.** *fig.* idle motion, ticking over; *weitS.* usless work, wastage; **≈laufen** *v/i.* *Gefäß*: drain dry; *j-n ~ lassen* sidestep a p. (*a. fig.*); **~laufspannung** ⚡ *f* no-load voltage; **~laufstellung** *f* idle (*od.* neutral) position; **~packung** ✝ *f* dummy; **≈pumpen** *v/t.* pump dry; **≈stehend** *adj.* *Wohnung usw.*: empty, vacant, unoccupied; **~takt** *mot.* *m* idle stroke; **~taste** *f* space-bar; **~ung** *f* emptying, evacuation; ✉ clearing, collection; **~weg** ⊕ *m* lost travel.

Lee...: **~segel** *n* studding-sail; **~seite** *f* lee(-side); **≈wärts** *adv.* leeward.

Lefzen *zo.* *f/pl.* flews, chaps.

legal *adj.* legal, lawful; **~isieren** *v/t.* legalize; **≈ität** *f* legality.

Legat[1] *R.C.* *m* legate.

Legat[2] ⚖ *n* legacy, *bsd. von Grundstücken*: devise.

Legatar ⚖ *m* legatee; devisee.

Legation *f* legation, embassy; **~srat** *m* legation council(l)or.

Legehenne *f* layer (hen).

legen **I.** *v/t.* **1.** lay (*sich* o.s.), put (o.s.), place (o.s.); (*hinstrecken*) lay down (flat), *beim Ringen*: defeat by fall, pin to the floor; *beim Fußball usw.*: cut *a p.* down; *e-e Decke über den Tisch ~* spread a cloth over the table; *ein Tuch um die Schultern ~* wrap (*od.* draw) round one's shoulders; *Eier ~* lay eggs; *~ an* put to (*od.* near), join to, (*die Luft*) expose to; *~ auf* lay *od.* put *od.* place (up)on; *den Kopf ~ an* rest one's head against; → *Asche, beiseite, Hand, Handwerk, Herz, Karte, Kette 1, Mittel 1, Mund, Nachdruck*[1], *Ohr, Weg, Wert*; *bereit-, bloß-, festlegen usw.*; **2.** (*Fußboden, Teppich usw.*) lay; (*Leitung*) lay, run; **II.** *v/refl.* **3.** *sich* (*nieder*) *~* lie down (*a. Kranker*), *zu Bett*: (= *sich schlafen ~*) go to bed; *sich ~ auf* lie down (up)on; *Krankheit*: settle on, affect; *fig. die Sache legte sich ihm aufs Gemüt* it began to prey on his mind; **4.** *fig. sich ~ Sturm, Streit usw.*: calm (down), abate, subside, blow over; (*aufhören*) cease, peter out; *Angst, Schmerz, Fieber usw.*: subside; **5.** *fig. sich ~ auf* (*e-e Tätigkeit*) apply (*od.* devote) o.s. to, go in for, take up, (*ein bestimmtes Fach*) specialize in; *in der Not*: have recourse to; **III.** *v/i.* *Huhn usw.*: lay (eggs).

legend|är *adj.* legendary; *fig. ~e Gestalt od. Sache* legend, myth; **≈e** *f* legend (*a. fig.*).

leger *adj.* (*zwanglos*) informal, casual.

Legezeit *f der Vögel*: laying-time.

legier|en *v/t. metall.* alloy; (*Benzin*) blend, compound; *Kochkunst*: thicken (*mit* with); **≈ung** *f metall.* alloy; **≈ungszusatz** *m* alloying addition (*od.* metal).

Legion *f* legion; *fig. ihre Zahl war* ~ their number was legion; **~är** *m* legionnaire.

Legisla|tive *pol. f* legislative power (*od. Körperschaft*: body); **≈torisch** *adj.* legislative; **~tur** *f* legislation; **~turperiode** *f* legislative period, session.

legitim *adj. allg., a. fig.* legitimate.

Legitimation *f allg.* legitimation; (*Identitätsnachweis*) *a.* proof of identity; credentials *pl.*; (*Berechtigung*) *a.* authority; **~skarte** *f* identity card; **~snachweis** *m* → *Legitimation.*

legitimier|en *v/t. allg., a.* ⚖ legitimate; (*berechtigen*) *a.* authorize; *sich* ~ prove one's identity, show one's papers; **≈ung** *f* legitimation.

Legitimität *f* legitimacy.

Lehen *hist. n* fief, fee, feudal tenure; *j-m Land zu* ~ *geben* invest a p. with land, enfeoff a p.

Lehens...: **~dienst** *m* feudal (*od.* liege) service; **~eid** *m* oath of fealty (*od.* allegiance); **~gut** *n* fee; **~herr** *m* feudal lord, liege (lord); **≈herrlich** *adj.* seignorial, feudal; **~mann** *m* vassal, liege man; **~pflicht** *f* feudal duty; **≈pflichtig** *adj.* feudatory; **~recht** *n* feudal law; *subjektives*: right of investiture; **~wesen** *n* feudal system.

Lehm *m* loam; (*Ton*) (lean) clay; (*Dreck*) mud; **≈artig** *adj.* loamy; **~boden** *m* loamy (*od.* clay) soil; **~grube** *f* loam pit; **~hütte** *f* mud cottage; **≈ig** *adj.* loamy; (*schmutzig*) muddy.

Lehne *f* (*Rücken≈*) back(-rest); (*Arm≈*) arm(-rest); **≈n I.** *v/i. u. v/refl.*: (*sich* ~) lean; (*sich*) ~ *an* lean against; *sich* ~ *auf* rest (*od.* support) o.s. (up)on; *sich aus dem Fenster* ~ lean out of; **II.** *v/t.* lean, prop, rest (*gegen* against).

Lehns...: → *Lehens...*

Lehn...: **~sessel** *m*, **~stuhl** *m* easy-chair, arm-chair; **~übersetzung** *ling. f* loan translation; **~wort** *n* loanword.

Lehr|amt *n* teachership, *höheres*: mastership, *univ.* lectureship; **~anstalt** *f* educational establishment; school, college; **~auftrag** *m* teaching assignment (*od.* post); *univ.* lectureship; **≈bar** *adj.* teachable; **~beruf** *m* teaching profession; **~betrieb** ⊕ *m* training shop; **~brief** *m* (apprentice's) indentures *pl.*; **~buch** *n* textbook; (education) manual; *für Grundbegriffe*: primer.

Lehre[1] *f* **1.** (*Richtschnur*) rule, precept; (*Wink, Warnung*) hint, lesson, warning; (*Schlußfolgerung*) conclusion; *e-r Fabel*: moral; *lasse dir dies zur* ~ *dienen* let this be a lesson (*od.* warning) to you; *e-e* ~ *ziehen aus* draw a lesson from, take warning from; **2.** *theoretische usw.*: teaching, doctrine; tenets *pl.*; (*System*) system; (*Wissenschaft*) science; (*Theorie*) theory; **3.** ✝ *des Lehrlings*: apprenticeship; *bei j-m in die* ~ *geben* apprentice (*od.* article) to (*od.* with) a p.; *in der* ~ *sein* serve an apprenticeship; *s-e* ~ *absolvieren* serve one's articles.

Lehre[2] ⊕ *f* ga(u)ge; (*Schablone*) pattern; (*Kaliber*) calib|re, *Am.* -er; (*Bohr≈*) jig; (*Form*) mo(u)ld.

lehren *v/t.* teach, instruct; (*dartun*) show; *j-n et.* ~ teach a p. a th., instruct a p. in a th., show a p. how to do a th.; *j-n lesen* ~ teach a p. to read; *die Zeit wird es* ~ time will tell.

Lehrer *m* teacher, *bsd.* ⚔, *mot.*, *Turn≈*: instructor; (*Grundschul≈*) primary teacher, schoolmaster; *e-r höheren Schule*: secondary teacher, master; (*Hochschul≈*) professor, lecturer; (*Privat≈*) tutor; **~beruf** *m* teaching profession; **~bildungsanstalt** *obs. f* teachers' training college; **~in** *f* (lady) teacher, schoolmistress; **~kollegium** *n* teaching staff; **~konferenz** *f* staff meeting; **~schaft** *f* body of teachers; *e-r einzigen Schule*: teaching staff; **~seminar** *n* → *Lehrerbildungsanstalt.*

Lehr...: **~fach** *n* subject, branch of study; *als Beruf*: teaching profession; **~film** *m* instructional (*od.* educational, teaching) film; **~freiheit** *f* freedom of instruction; **~gang** *m* course (of instruction); **~gangsleiter** *m* course supervisor, chief instructor; **~gedicht** *n* didactic poem; **~geld** *fig. n*: ~ *bezahlen* pay dearly for one's wisdom, learn it the hard way; **≈haft** *adj.* instructive; *contp.* didactic, schoolmasterly; **~herr** *m* master; **~jahre** *n/pl.* (years of) apprenticeship (*a. fig.*); **~junge** *m* apprentice; **~körper** *m* teaching staff; **~kraft** *f* (qualified) teacher; **~ling** *m* apprentice, trainee; **~mädchen** *n* girl apprentice; **~meinung** *f* teaching, doctrine;

~meister *m* master; *fig.* (*Person*) mentor; (*Sache*) lesson; **~methode** *f* teaching method; **~mittel** *n/pl.* teaching aids; **~personal** *n* teaching staff; **~plan** *m* course of instruction, curriculum, syllabus; **~probe** *f* demonstration lesson; **2reich** *adj.* instructive, informative; **~saal** *m* lecture-room, classroom; **~satz** *m* tenet, theorem, & *a.* proposition; **~schwester** ⚕ *f* sister tutor; **~stelle** *f* apprenticeship; **~stoff** *m* subject-matter, subject(s *pl.*); **~stück** *thea. n* didactic play; **~stuhl** *m* (professorial) chair, professorship; **~stunde** *f* lesson; **~tätigkeit** *f* instruction(al work), teaching; *e-e ~ ausüben* teach, work as a teacher, give instruction; **~vertrag** *m* articles *pl.* of apprenticeship, indenture(s *pl.*); **~weise** *f* teaching methods *pl.* (*od.* technique); **~werkstatt** *f* training workshop; **~zeit** *f* (term of) apprenticeship; *s-e ~ durchmachen* serve one's apprenticeship.

Leib *m* (*Körper*) body; (*Bauch*) belly, *anat.* abdomen; (*Eingeweide*) bowels *pl.*; (*Rumpf*) trunk; (*Taille*) waist; (*Mutter2*) womb; *eccl. ~ des Herrn* Body of Christ, *the* Bread; (*Gefahr für*) *~ und Leben* (danger to) life and limb; *~ und Seele* body and soul; *ein ~ und eine Seele werden* become one flesh; *mit ~ und Seele* (with) heart and soul; *lebendigen ~es* alive; ⚕ *offener ~* regular motions, open bowels; *e-n harten ~ haben* be constipated; *am ganzen ~e zittern* tremble all over; *auf dem bloßen ~e* next to one's skin; *kein Hemd auf dem ~e haben* have not a shirt to one's back; *j-m* (*hart*) *auf den ~ rücken* press a p. hard; *thea. die Rolle ist ihm auf den ~ geschrieben* tailored to fit him; *sich j-n vom ~e halten* keep a p. at arm's length, F keep a p. out of one's hair; *zu ~e gehen* (*j-m*) attack, (*a. e-r Sache*) tackle (*od.* grapple with); *bleib mir damit vom ~e* don't bother me with that.

Leib...: **~arzt** *m* physician in ordinary (*j-s* to); **~binde** *f* (*Schärpe*) sash; ⚕ abdominal bandage, support; **~chen** *n* bodice; *bsd. für Kinder*: waist; (*Unter2*) vest; **2eigen** *adj.* in bondage; **~eigene(r)** *m* bondman, serf; **~eigenschaft** *f* bondage, serfdom.

leiben *v/i.*: *das ist Georg, wie er leibt und lebt* that's George all over.

Leibes...: **~beschaffenheit** *f* constitution; (*Äußeres*) physique; **~erbe** *m* hair of one's body, legitimate heir; *ohne ~n sterben* die without issue; **~erziehung** *f* physical training; **~frucht** *f* f(o)etus; *poet.* fruit of the body (*od.* womb); ⚖ *Tötung der ~* (criminal) abortion, f(o)eticide; **~kraft** *f* bodily (*od.* physical) strength; *aus Leibeskräften* with all one's might, with might and main, *schreien*: at the top of one's voice; **~pflege** *f* care of the body; **~strafe** *f* corporal punishment; **~übung(en** *pl.*) *f* physical training (*od.* exercises *pl.*); (*Turnen*) gymnastics *pl.* (*mst sg. konstr.*); **~umfang** *m* waist(line); (*Fülle*) corpulence; **~visitation** *f* bodily search.

Leib...: **~garde** *f* life-guards *pl.*; *zu Pferde*: Life Guards *pl.*; **~gardist** *m* life-guardsman; **~gericht** *n* favo(u)rite dish; **~gurt** *m*, **~gürtel** *m* belt.

leibhaft(ig) **I.** *adj.* corporeal; (*wirklich*) real, true; (*personifiziert*) personified; (*verkörpert*) embodied; *Ebenbild*: living, very *image*; *der ~e Teufel, der 2e* the devil incarnate; **II.** *adv.* bodily, personally; in person, in the flesh.

Leibjäger *m* huntsman in ordinary.

leiblich *adj.* bodily (*a. adv.*), of the body, physical, corporal; (*irdisch*) earthly, wordly; (*materiell*) corporeal; (*Ggs. seelisch*) somatic; → *a. leibhaft(ig)*; *~e Genüsse* physical comforts; *~es Wohl(ergehen)* physical well-being; *weitS.* (*Genüsse*) creature comforts; *~er Bruder* full (*od.* blood) brother, brother-German; *~er Vetter* first cousin, cousin-German; *ihr ~er Sohn* her own son; → *Erbe* 1.

Leib...: **~regiment** *n* Sovereign's own regiment; **~rente** *f* life-annuity; **~schmerzen** *m/pl.*, **~schneiden** *n* stomach-ache, gripes; **2-seelisch** *adj.* psychosomatic; **~speise** *f* favo(u)rite dish; **~wache** *f*, **~wächter** *m* body-guard; **~wäsche** *f* underwear.

Leichdorn ⚕ *m* corn.

Leiche *f* (dead) body, corpse, *gewählt*: (mortal) remains *pl.*; (*Tier2*) carcass, cadaver; *typ.* omission, F out; *fig. wandelnde ~* walking corpse; *über ~n gehen* stick at nothing; F *nur über meine ~!* over my dead body!

Leichen...: **2artig** *adj.* cadaverous; **~ausgrabung** *f* exhumation; **~begängnis** *n* burial, funeral; (*Totenfeier*) obsequies *pl.*, *Am.* funeral service; **~beschauer** *m* coroner; **~bestatter** *m* undertaker; *Am. a.* mortician; **~bittermiene** *f* woebegone look (*od.* face);

~blaß *adj.* deadly pale, ashen; **~blässe** *f* deathlike pallor; **~feier** *f* → *Leichenbegängnis;* **~fledderer** *m* body-stripper; **~frau** *f* layer-out; **~geruch** *m* cadaverous smell; **~gift** *n* ptomaine; **~halle** *f*, **~haus** *n* mortuary; **~hemd** *n* shroud; **~öffnung** *f* post-mortem (examination), autopsy; **~predigt (~rede)** *f* funeral sermon (oration); **~raub** *m* body-snatching; **~räuber** *m* body-snatcher; **~schändung** *f* desecration of dead bodies, necrophilism; **~schau** ⚖ *f* (coroner's) inquest, post-mortem (examination); **~schauhaus** *n* morgue; **~schmaus** *m* funeral repast; **~starre** ⚕ *f* rigor mortis; **~stein** *m* tombstone; **~träger** *m* (pall) bearer; **~tuch** *n* shroud (*a. fig.*); **~verbrennung** *f* cremation; **~wagen** *m* hearse; *des Bestattungsunternehmens*: mortuary van; **~zug** *m* funeral procession.

Leichnam *m* → *Leiche.*

leicht I. *adj.* **1.** light (*a. fig. Essen, Kleidung, Krankheit, Literatur, Musik, Mahl, Metall, Hand, Schlaf, Schritt usw.*); *Tabak, Wein, Zigarre usw., a pharm.*: light, mild; ⊕ *a.* light-weight ..., light-duty ...; *~er Panzer (Bomber usw.)* light tank (bomber, *etc.*); *~e Kost* light fare; *~(er) machen* lighten, (*den Kopf*) clear; *~en Fußes* light-footedly, nimbly; *~en Herzens* with a light heart, light-heartedly; *jetzt ist mir ~er (ums Herz)!* now I feel better! **2.** (*sanft*) *Brise, Berührung usw.*: gentle, light; **3.** (*gering*) slight; (*unbedeutend*) trifling, *a.* ⚖ *Vergehen*: petty, minor; *~er Diebstahl* petty larceny; *~er Fehler* light (*od.* slight, minor) mistake; *~e Erkältung* slight cold; *gewogen und zu ~ befunden* weighed and found wanting; **4.** (*leichtfertig*) light-minded, easy-going, frivolous; *Mädchen*: easy, light, fast; **5.** (*nicht schwierig*) easy, *Aufgabe usw.*: *a.* light; (*mühelos*) effortless; *~es Spiel, ~er Sieg* walkover; *~en Kaufes davonkommen* get off cheaply; ☤ *~en Absatz finden* meet with a ready sale; *das ist ihm ein ~es* it's mere child's play to him, he takes that in his stride; *das war nicht ~* that was no easy job (*od.* F no picnic); *nichts ~er als das!* that's nothing!; *~er machen* render easy, facilitate; *du machst es dir zu ~!* it's not as simple as that!; et. *auf die ~e Schulter nehmen* make light of a th., pooh-pooh a th.; **II.** *adv.* **6.** light(ly), easily, without effort; *~er gesagt als getan* more easily said than done; *~ gewinnen* win hands down; *es ~ nehmen* take it easy; *es geht ganz ~* it's quite easy; **7.** *Neigung ausdrückend*: easily, soon; *er erkältet sich ~* he is liable (*od.* prone) to colds; *so etwas passiert ~* such things are apt to (*od.* can easily) happen; *das wird so ~ nicht wieder passieren* it is not likely to happen again; *es ist ~ möglich* it is quite possible, it may well be; *sie ist ~ gekränkt* she is easily offended; *~ entzündlich* highly inflammable; *~ löslich* readily soluble; *~ verdaulich* easy to digest; *~ zugänglich* easy of access; **8.** (*ein bißchen*) slightly, somewhat, a bit; *~ übertrieben* slightly (*od.* a bit) exaggerated; *~ verrückt* a bit crazy.

leicht...: **~athlet**(**in** *f*) *m* (track-and-field) athlete; **~athletik** *f* (track-and-field) athletics *pl.* (*oft sg. konstr.*); **~athletisch** *adj.* athletic, track-and-field ...; **~bauweise** *f* lightweight construction; **~benzin** *n* light petrol (*Am.* gasoline); **~beschädigt** *adj.* slightly damaged; **~beschwingt** *fig. adj.* jaunty, light-hearted; **~beton** *m* light concrete; **~bewaffnet** *adj.* lightly armed; **~beweglich** *adj.* easily movable; very mobile; **~blütig** *adj.* sanguine, cheerful; **~entzündlich** *adj.* highly inflammable.

Leichter ⚓ *m* lighter, barge.

leicht...: **~fallen** *fig. v/i.*: *es fällt ihm (nicht) leicht* it is (not) easy for him; **~faßlich** *adj.* easy to understand, plain; popular; **~fertig** *adj.* light(-minded), happy-go-lucky, loose; (*unbedachtsam*) careless, thoughtless; (*fahrlässig*) reckless, irresponsible, devil-may-care; (*mutwillig*) wanton; (*frivol*) frivolous; (*oberflächlich*) facile; *~es Gerede* loose talk, flippant words *pl.*; *adv.* et. *~ abtun* make light of a th., pooh-pooh a th.; **~fertigkeit** *f* levity; carelessness, thoughtlessness; wantonness; frivolity, flippancy; **~flüchtig** *adj.* highly volatile; **~flugzeug** *n* light (air)plane; **~flüssig** *adj.* easily fusible, mobile, thin; **~fuß** *m* happy-go-lucky fellow; F loose fish; **~füßig** *adj.* light-footed, nimble; **~gepanzert** ⚔ *adj.* lightly armo(u)red; **~gängig** ⊕ *adj.* free-moving, smooth; **~geschürzt** *adj.*: *~e Muse* light muse; **~gewicht**(**ler** *m*) *n Sport*: light-weight; **~gläubig** *adj.* credulous, *contp.* gullible; **~gläubigkeit** *f* credulity; gullibility; **~herzig**

adj. light-hearted; **~hin** *adv.* lightly, casually, airily.

Leichtigkeit *f* lightness; *fig. a.* easiness, ease, facility; *mit (größter)* ~ with (the greatest of) ease, effortlessly; *mit* ~ (quite) easily, *gewinnen: a.* win hands down; ~ *der Wartung* ease of maintenance.

leicht...: ≈lastwagen *m* light lorry (*Am.* truck); **~lebig** *adj.* easy-going; **~löslich** *adj.* easily soluble; **~machen** *fig. v/t.: es sich* ~ take it easy; **≈matrose** *m* ordinary seaman; **≈metall** *n* light metal; **≈metallbau** *m* light-metal (*od.* light) construction; **≈motorrad** *n* light motorcycle; **≈öl** *n* light oil; **~schmelzlich** *adj.* easily fusible; **≈sinn** *m* → *Leichtfertigkeit*; **~sinnig** *adj.* → *leichtfertig*; **~sinnigerweise** *adv.* thoughtlessly; **~tun** *v/refl.: sich* ~ have no difficulties (*mit* in *doing, etc., a th.*), find it easy (*to do, etc., a th.*); **~verdaulich** *adj.* easily digestible, easy to digest; **~verderblich(e Waren** *f/pl.)* *adj.* perishable(s *pl.*); **~verständlich** *adj.* easy to understand, easily understood; **≈verwundete(r)** *m* minor casualty, ambulant case; *pl.* walking wounded (*pl.*).

leid *adj.*: (es) *tut mir* ~*!* (I am) sorry!; (*ich kann es nicht ändern*) sorry, there is nothing I can do (about it)!; *es ist* (*od. tut*) *mir* ~ *um* I am sorry for, (*ich bereue*) I regret; *er tut mir* ~, *es ist mir* ~ *um ihn* I am sorry for him; *es wird dir* ~ *tun* you will regret it, you will be sorry for it; *ich bin es* ~ I am (sick and) tired of it.

Leid *n* (*Schaden*) injury, harm; (*Unrecht*) wrong, *stärker*: outrage; (*Unglück*) misfortune; (*Betrübnis, Schmerz*) sorrow, grief, pain; (*sich*) *ein* ~(*s*) *antun* hurt (*od.* harm) *a p.* (lay hands upon o.s.); → *a. zuleide*; *j-m sein* ~ *klagen* pour out one's troubles to a p.; *poet.* ~ *tragen* mourn (*um* for); *geteiltes* ~ *ist halbes* ~ a sorrow shared is but half a trouble.

Leideform *ling. f* passive (voice).

leiden I. *v/i. Person u. Sache*: suffer (*an, unter* from, *fig. a.* under, *durch* by); be afflicted (with), be subject (to), (*Schmerzen haben*) be in pain, be suffering; *er leidet an der Leber* he has liver trouble; *s-e Gesundheit litt* (*stark*) *darunter* it (seriously) impaired (*od.* told on) his health; *der Motor hat stark gelitten* the engine suffered severely; *lerne* ~, *ohne zu klagen* learn to suffer without complaining; **II.** *v/t.* (*dulden, zulassen*) suffer, tolerate, allow, permit; (*ertragen*) bear, stand, endure; *j-n od. et.* ~ *können* like, be fond of; *ich kann ihn* (*es*) *nicht* ~ I don't like him (it); *stärker*: I can't stand him (it); *er litt es nicht* he would not have it; *es litt mich nicht länger dort* I could not bear to stay there any longer; → *Aufschub*; **III. ≈** *n* suffering; (*Drangsal*) affliction, tribulation, trouble; (*Krankheit*) complaint (*a. fig. u. iro.*), disease, illness, ailment, malady; *das* ~ *Christi* the Passion; "*Werthers* ~" "The Sorrows of Werther"; **≈d** *adj.* suffering; (*kränklich*) ailing, sickly, ill.

Leidener Flasche ⊕ *f* Leyden jar.

Leidenschaft *f* passion (*für* for), (powerful) emotion; *in* ~ *geraten* become inflamed, *zornig: a.* fly into a passion, *in der Debatte*: become heated; *Angeln ist s-e* ~ fishing is a passion with him, he is a passionate angler; **≈lich** *adj.* passionate; *Rede: a.* impassioned; *Sehnsucht, Wunsch*: ardent, burning; (*begeistert*) enthusiastic, passionate; (*glühend*) glowing, fervent; (*heftig*) violent, vehement, hot-tempered; (*ungestüm*) impulsive, hot-headed; **~lichkeit** *f* passionateness; ardo(u)r; vehemence; impulsiveness; **≈slos** *adj.* dispassionate, impassive; cool, detached.

Leidens...: ~gefährte *m*, **~gefährtin** *f* fellow-sufferer; **~geschichte** *f* tale of woe; *eccl.* Christ's Passion; **~weg** *m eccl.* way of the Cross, road to Calvary; *fig.* (endless) suffering, thorny road; **~zeit** *f* ordeal.

leider *adv. allg.* unfortunately; *in der persönlichen Aussage: a.* I am (we are) sorry to say ..., (much) to my (our) regret ...; sorry ...; ~ (*Gottes*)*!* unfortunately so!, *a. iro.* alas!; ~ *Gottes muß ich* ... most unfortunately ..., F it's too bad ..., what a shame ...; ~ *muß ich gehen* I am afraid I have to go.

leiderfüllt *adj.* sorrowful, grief-stricken, *Gesicht: a.* woebegone.

leidig *adj.* tiresome, unpleasant, disagreeable; (*verwünscht*) confounded, accursed.

leidlich *adj.* bearable, tolerable; (*halbwegs gut*) passable, F middling (*a. adv.* = fairly well, so-so).

Leid...: ~tragende(r *m*) *f* mourner; *fig. er ist der* ~ *dabei* he is the one who suffers; **≈voll** *adj.* sorrowful, anguished, full of grief; **~wesen** *n*: *zu meinem* (*großen*) ~ to my (great) regret *od.* sorrow *od.* distress, unfortunately.

Leier *f* ♪ lyre; *ast.* Lyra; ⊕ (*Kurbel*) crank; *fig. die alte* ~ always the same old story (*od.* song); **~bohrer** ⊕ *m* brace drill; **~kasten** *m* barrel-organ, F hurdy-gurdy; **~(kasten)mann** *m* organ-grinder; **≈n** *v/i. u. v/t.* grind (on) a barrel-organ; (*kurbeln*) crank; *fig.* talk (*v/t.* say) monotonously, → *a. herunterleiern.*

Leih|amt *n*, **~anstalt** *f* loan-office; (*Pfandhaus*) pawnshop; **~bibliothek** *f*, **~bücherei** *f* lending (*od.* circulating) library, *Am. a.* rental library; **≈en** *v/t.* lend (out, *auf Zinsen* at interest), (*Geld*) *a.* loan, advance; (*Bild usw.*) loan (*e-m Museum* to); (*Bücher*) borrow (*von e-r Bücherei* from); *sich et. von j-m* ~ (*ent*~) borrow a th. of a p., (*mieten*) hire a th. from a p.; *j-m sein Ohr* ~ lend a p. one's ear, listen to a p., give a p. a hearing; *geliehenes Geld* borrowed money; **~gebinde** ✝ *n* returnable container; **~gebühr** *f* lending-fee(s *pl.*), rental fee; **~geld** ✝ *n* loans *pl.*; *langfristiges*: long-term (*od.* time) money; *kurzfristiges*: short-term loans *pl.*; **~geschäft** ✝ *n* money lending (*od.* loan) business; **~haus** *n* pawnshop, *Am. a.* loan-office; *ins* ~ *tragen* pawn, *Am. sl.* hock; **~schein** *m* pawn-ticket; **~-und Pachtgesetz** *n* Lend-Lease Act; **~vertrag** *m* loan contract; **~wagen** *m* hire car; **≈weise** *adv.* as a loan; ~ *überlassen* → *leihen.*

Leim *m* glue; *zum Steifen, Papierherstellung usw.*: size; *aus dem* ~ *gehen* (*a. fig.*) go (*od.* fall) to pieces, come apart; *fig. auf den* ~ *führen* trap, hoodwink; *auf den* ~ *gehen* fall for it (*od.* into the trap), take the bait; *j-m auf den* ~ *kriechen* walk into a p.'s trap, F be taken in by a p.

leimen *v/t.* glue (together), cement; (*steifen*) (*Papier, Stoff*) size; *hunt.* lime; F *fig. geleimt werden* be cheated, be taken in, *sl.* be had.

Leim...: ~farbe *f* distemper; **≈ig** *adj.* gluey, glutinous; **~kitt** *m* joiner's cement; **~rute** *f* lime-twig; **~topf** *m* glue-pot.

Lein ⚘ *m* flax.

Leine *f* line, cord, (thin) rope; (*Wäsche*≈) clothes-line; (*Hunde*≈) (dog-)lead, (*Koppel*) leash; *an der* ~ *führen* keep on the lead, F *fig.* (*Person*) keep in leading-strings; *an die* ~ *nehmen* put on the lead, F *fig.* take *a p.* in hand; F ~ *ziehen sl.* beat it.

leinen *adj.* (of) linen.

Leinen *n* linen (cloth); *in* ~ *gebunden Buch*: cloth-bound; **~band** *m* (*Buch*) cloth-bound volume; **~garn** *n* linen yarn (*od.* thread); **~papier** *n* linen-finish paper; **~schuh** *m* canvas shoe; **~zeug** *n* linen.

Lein...: ~firnis *m* linseed varnish; **~kuchen** *m* linseed cake; **~öl** *n* linseed oil; ~*farbe* linseed oil paint; **~pfad** ⚓ *m* tow-path; **~samen** *m* linseed; **~tuch** *n* linen (cloth); (*Bettuch*) (bed) sheet.

Leinwand *f* linen (cloth); *paint.* canvas; *Film*: screen; *auf die* ~ *bringen* (*verfilmen*) produce, screen, make a film of; *über die* ~ *gehen* be presented, go on the screen; *in* ~ *gebunden Buch*: cloth-bound.

Leinweber *m* linen-weaver.

leise I. *adj.* (*kaum hörbar*) low, soft, faint; *Person*: low-voiced; *fig.* (*sacht*) soft, gentle; (*zart*) delicate; (*kaum merkbar*) slight, light, imperceptible; *mit* ~*r Stimme* in a low voice, in an undertone; ~*r Schlaf* light sleep; *e-n* ~*n Schlaf haben* be a light sleeper; *ein* ~*s Gehör haben* have a sensitive (*od.* quick) ear; ~*st Ahnung, Verdacht, Zweifel usw.*: faintest, slightest, least; *seien Sie bitte* ~! please keep quiet; **II.** *adv.*: ~ *auftreten* tread softly *od.* noiselessly; ~ *berühren* touch lightly; ~ *erwähnen* suggest; ~*r sprechen* lower one's voice; **~stellen** *v/t.* (*Radio*) turn down; **≈treter(in** *f*) *m* sneak, *Am.* pussy-foot(er).

Leiste *f* ⊕ *Tischlerei*: ledge, border, strip; *dünne*: slat; ⚠ fillet, reglet; *Maschine usw.*: (guide) rail; *Buch*: border, edge; *typ.* (*Vignette*) head (*od.* tail) piece, flourish; *Weberei*: selvage, list; *anat.* inguen, groin; (*Knochen*≈) ledge, crest; ~ *mit Knöpfen an Kleidern*: button tape.

leisten I. *v/t. allg.* perform; (*ausführen*) carry out, execute; (*erfüllen*) fulfil, ✝ (*Vertrag*) *mst* perform; (*vollbringen*) achieve, accomplish, do; ⊕ perform, make; (*liefern*) supply, provide; (*Eid*) take; (*Dienst*) render; (*Zahlung usw.*) make, effect; (*Genugtuung*) give; (*Widerstand*) offer; *Großes* ~ achieve great things; → *Folge, Gesellschaft 2, Gewähr, Hilfe usw.*; *Tüchtiges* ~ do a splendid job, be very efficient, ⊕ *a.* give (*od.* render) good service; ✝ *Vorschuß* ~ *auf* advance money on; **II.** *v/refl.*: *sich et.* ~ treat o.s. to a th.; *sich e-n Fehler usw.* ~ commit, make; *a. fig. ich kann mir das (nicht)* ~ I can(not) afford it; *was hast du dir* *da wieder geleistet?* what (mischief) have you been up to this time?, what have you done now?

Leisten ⊕ *m* last; *zum Ausweiten, Füllen*: boot-tree, block; *fig. alles über e-n ~ schlagen* tar everything with the same brush; → *Schuster*.

Leisten...: ~bruch ⚕ *m* inguinal hernia; **~gegend** *f* groin, inguinal region; **~hoden** *anat. m* undescended testicle.

Leistung *f allg., a. e-s Künstlers, Sportlers, Studenten usw., a.* ⊕, ⚖ performance; (*Großtat*) feat, F stunt; (*Errungenschaft*) achievement (*a. ped., psych.*); accomplishment, attainment; (*geleistete Arbeit*) work (done); (*erreichte ~*) result(s *pl.* obtained); ⊕ (*Wirkungsgrad*) efficiency, performance; (*Arbeit, Kraft*) power; *e-r Arbeitsmaschine*: capacity; (*Ausstoß e-r Maschine, e-r Fabrik*) output, production capacity; ⚡ a) power; b) *als Einheit*: wattage; c) *abgegebene*: output; d) *aufgenommene*: input; *des Motors*: performance, *effektive*: brake horsepower; (*Gebrauchsgüte von Ölen usw.*) serviceableness; (*Haltbarkeit*) (service) life; *e-s Arbeiters*: a) *mengenmäßige*: output; b) *qualitätsmäßige*: workmanship; ⚖ (*Beitrag, Sozial*~) contribution; (*Dienst*~) service(s *pl.* rendered); (*Zahlung*) payment, *e-r Krankenkasse, Versicherung*: benefit; (*Lieferung*) delivery, ⚖ *unter e-m Vertrag*: performance; *höchste ~* peak (*od.* top) performance, record (performance); *e-e feine (od.* F *reife) ~* good work (*od.* F job)!, *Brit.* (jolly) good show!; *keine kleine ~ für j-n* no small achievement for.

Leistungs...: ~abfall *m* drop in efficiency (⊕ *a.* in output); ⚡ power drop; ⚕ decrease in vitality; **~abnahme** ⚡ *f* power take-off; **~alter** *n* physiological (*od.* achievement) age; **~angabe** ⊕ *f* power rating, *pl.* performance data; **~anreiz** *m* incentive; **~aufnahme** ⚡ *f* power input; **~bedarf** ⚡ *m* power requirement; **~bereich** ⊕ *m* range of capacity (*od.* performance, *etc.*); **~denken** *n* performance orientation, emphasis on efficiency; **~druck** *psych. m* stress (of performance); **~einheit** *phys. f* unit of power; **~fähig** *adj. allg.* efficient, productive; ⚖ *a.* high out-put, (*kapitalstark*) financially strong; ⊕ efficient, powerful; *von Ölen usw.*: serviceable; *physiol.* vigorous, physically fit; **~fähigkeit** *f* efficiency; ⊕ *a.* productive power, capacity, performance, output, serviceableness; *physiol.* vigo(u)r, fitness; **~faktor** ⊕ *m* power factor; **~gesellschaft** *f* performance-oriented society, Meritocracy; **~grenze** *f* limit (o capacity, output, *etc.*); **~knick** *m* sudden drop of efficiency (*od.* of one's mental and physical powers); **~kurve** ⊕ *f* performance curve (*od.* chart, graph); **~lohn** *m* merit pay, incentive wage(s *pl.*); **~messer** ⚡ *m* wattmeter; **~minderung** *f* → *Leistungsabfall*; **~niveau** *n* standard (of performance); *ped. a.* achievement level; **~norm** *f* standard of performance; **~pflicht** ⚖ *f* obligation to perform; **~pflichtig** *adj.* liable to perform (*od.* pay); **~prämie** *f* efficiency payment, merit bonus; **~prinzip** *n* performance principle; **~prüfung** *f* performance (*ped.* achievement) test; **~schau** *f* industrial fair; **~schild** ⊕ *n* rating plate; **~schwach** *adj.* low-performance ...; **~soll** *n* target; ⊕ target rating; **~sport** *m* high-performance sport(s *pl.*); **~sportler(in** *f*) *m* top-performance athlete; **~stand** *m* standard (of performance); **~stark** *adj.* powerful; **~steigernd** *adj.* efficiency-increasing; *pharm.* roborant, stimulating; **~steigerung** *f* increase in efficiency *etc.*; ⊕ *a.* increased output; **~system** *n* competitive system; (*Akkordarbeit*) piecework system; **~test** *m* → *Leistungsprüfung*; **~turnen** *n* competitive gymnastics *pl.*; **~vermögen** *n* → *Leistungsfähigkeit*; **~verweigerung** *f* rejection of the performance principle, F opting-out, cop-out; **~verzug** ⚖ *m* delay in performance (*od.* payment); **~wettbewerb** *m* efficiency contest; **~zentrum** *n* training cent|re (*Am.* -er) (for top athletes).

Leit|artikel *m* leading article, leader, editorial; **~artikelschreiber** *m* leader (*od.* editorial) writer; **~blech** ⊕ *n* deflector, baffle plate; **~bild** *n* model; **~bündel** *anat. n* vascular bundle.

leiten *v/t.* (*führen*) lead, guide, *a. phys.*, ⚡, ♪ conduct; *steuernd*: steer, pilot; ⊕ convey, pass, lead (*durch* through); (*Verkehr, tel.*) route (*über* over); *auf dem Dienstweg*: channel; *fig.* direct, lead, guide; (*anführen*) head, (*Staat*) *a.* govern, rule; (*Betrieb usw.*) manage, run, be in charge of; (*beaufsichtigen*) supervise; (*Versammlung usw.*) preside over, chair; ⚔ (*das*

Feuer) control, direct; *das Spiel* ~ *Sport*: (act as) referee *od.* umpire; *fig. sich* ~ *lassen von et.* be guided by; **~d** *adj.* leading; ☤ *Stellung*: managerial, executive, key ...; *~er Angestellter* (senior) officer, managerial employee, *bsd. Am.* executive; *~er Ingenieur* chief engineer; *phys.* (*nicht*) ~ (non-)conductive.

Leiter[1] *m* **1.** **~in** *f* leader, *a.* ♪ conductor; *e-r Behörde, Abteilung*: head, chief, *bsd. Am.* executive; *e-s Unternehmens*: manager(ess *f*), director (*f* directrix), *Am.* ☤ president; (*Betriebs*≈) works manager; (*Versammlungs*≈) chairman, president; (*Schul*≈) headmaster (*f* -mistress), *Am.* principal; *technischer* ~ technical director; ~ *sein von a.* be in charge of; **2.** *phys.*, ⚡ conductor.

Leiter[2] *f* ladder (*a. fig.*); (*Steh*≈) (pair of) steps *pl.*; ♪ gamut; *schwedische* ~ *Turnen*: wall bars *pl.*; **≈förmig** *adj.* ladder-shaped, 🕮 scalariform; **~sprosse** *f* rung (*od.* step) of a ladder; **~wagen** *m* rack-wag(g)on.

Leit...: **~faden** *m* (*Buch*) manual, textbook, guide; **≈fähig** *phys. adj.* conductive; **~fähigkeit** *f* conductance, conductivity; **~fossil** *geol. n* leading fossil; **~gedanke** *m* leading (*od.* basic) idea; **~hammel** *m* bell-wether (*a. fig.*); **~hund** *m* leader(-dog); **~karte** *f Kartei*: guide(-card); **~motiv** ♪ *n* leitmotif; *fig. a.* key-note; **~planke** *mot. f* crash barrier; **~rolle** ⊕ *f* guide pulley; **~satz** *m* guiding (*od.* governing) principle; **~schiene** *f* guide-rail; 🚂 live rail; **~sonde** ⚕ *f* introducer; **~spindel** ⊕ *f* lead-screw; **~spindelbank** *f* engine lathe; **~spruch** *m* motto; **~stand** *m* control post; ⚔ fire control cent|re, *Am.* -er; **~stange** ⊕ *f* conducting rod; *der Straßenbahn*: trolley(-pole); **~stelle** *f* head office; *Funk*: net control station; **~stern** *m* lode-star; *fig. a.* guiding star; **~strahl** *m* (localizer) beam; 𝔄 radius vector; **~studie** *f Marktforschung usw.*: pilot study; **~tier** *n* leader; **~ton** ♪ *m* leading tone (*od.* note).

Leitung *f* **1.** lead(ing), conducting, guidance; (*Beaufsichtigung, Verwaltung*) control, management, direction, administration, *Am. a.* operation; (*Vorsitz*) chairmanship, presidency; *als Einrichtung*: management, head office, *bei Veranstaltungen*: management (*od.* steering) committee; *die* ~ *haben von* be in charge (*od.* control) of, head; *unter s-r* ~ under his direction (*od.* auspices); ♪ *unter der* ~ *von X* Mr. X conducting, under the baton of Mr. X; **2.** ⊕ (*Übertragung*) transmission; *phys.* conduction; (*Draht, Kabel*) lead, wire, cable; (*Stromkreis*) circuit; *tel.* line, wire, wiring; (*Rohr*≈) conduit, line, piping, pipes *pl.*, (*Überland*≈) pipeline; (*Gas-, Wasser-, Elektrizitäts*≈) main(s *pl.*); (*Wasseranschluß*) (water-)tap; (*Leitkanal*) conduit, duct; *teleph. in der* ~ *bleiben* hold the line; *die* ~ *ist besetzt* the line is engaged (*Am.* busy); *fig.* F *e-e lange* (*kurze*) ~ *haben* be slow (quick) in the uptake; ⚡ *mit* ~*en versehen* wire.

Leitungs...: **~bau** *m* line construction; **~draht** *m* lead wire, conductor; **~hahn** *m* water-tap, *Am. a.* faucet; **~mast** *m* pole, (*Gittermast*) pylon; **~netz** *n* (supply) network, line-system; (*Stromkreis*) circuit; *öffentliches*: main system; **~rohr** *n*, **~röhre** *f* conduit(-pipe); *für Gas, Wasser*: gas-(water-)pipe, main; **~schnur** *f* cord, flex; **~störung** *f* line fault; **~vermögen** *phys. n* conductivity; **~wasser** *n* company's (*od.* tap) water.

Leit...: **~vermögen** *phys. n* conductivity; **~vorstellung** *f* basic idea; *psych.* ideal; **~währung** *f* (world's) leading currency; **~werk** ✈ *n* tail unit, control surfaces *pl.*; **~wert** ⚡ *m* conductance; **~zahl** *f* code number.

Lektion *f* lesson (*a. fig.*); *fig. j-m e-e* ~ *erteilen* (*ausschimpfen*) (give a) lecture (to) a p.

Lektor *m* lecturer; (*Verlags*≈) reader.

Lektüre *f* reading (matter); (*Bücher*) books *pl.*; *gute usw.* ~ good, *etc.*, reading.

Lende *anat. f* loin, lumbar region.

Lenden...: **~braten** *m* roast loin, *vom Rind*: sirloin; **~gegend** *f* lumbar region; **≈lahm** *adj.* hip-shot; *fig.* lame, weak; **~schnitte** *f* rumpsteak; **~schurz** *m* loincloth; **~stück** *n Kochkunst*: loin(-steak), undercut, *Am.* tenderloin; *vom Rind*: sirloin; **~wirbel** *m* lumbar vertebra.

Leninismus *m* Leninism.

Lenk|achse *f* steering axle; **≈bar** *adj. Person, Charakter*: manageable, tractable, pliable; ⊕ steerable, controllable, man(o)euvrable; ~ (*es Luftschiff*) dirigible; **~barkeit** *f* manageableness, tractability; ⊕ dirigibility, controllability, man(o)euvrability; **~bolzen** *m* pivot; **≈en** *v/t. u. v/i.* direct, conduct, guide; *fig. a.* channel; (*wenden*) turn (*nach* towards, to); (*Fahrzeug*) drive, steer (*a.* ⚓), *bsd.* ✈, ⚓ pilot; (*regieren*) govern, rule; *Aufmerksamkeit ~ auf* draw (*od.* call) to, *sich*: attract; *s-n Blick ~ auf* turn one's eyes towards; *das Gespräch ~ auf* steer the conversation (round) to; *s-e Schritte ~ nach* turn one's steps to(wards); → *Verdacht*; *gelenkte Wirtschaft* planned economy; **~er** *m* **1. ~erin** *f* (*Herrscher*) ruler, governor; *e-s Fahrzeuges*: driver; **2.** (*Lenkrad*) steering-wheel; *Motorrad, Fahrrad*: handle-bar; **~gehäuse** *mot. n* steering-gear case; **~getriebe** *n* steering gear; **~rad** *n* **1.** steering-wheel; **2.** → **~rolle** *f* caster (wheel); **~radschaltung** *f* steering-column change (*Am.* gearshift); **≈sam** *adj.* → *lenkbar*; **~säule** *mot. f* steering column; **~schloß** *mot. n* steering (-column) lock; **~seil** *n* guide-rope; **~spindel** *f* steering shaft; **~stange** *f am Fahrrad*: handle-bar; ⊕ connecting (*od.* steering) rod; **~stock** *m* steering column (assembly); **~ung** *f* guidance, management, control; planning; *mot.* steering assembly (*od.* gear); (*das Lenken*) steering, driving; **~ungsanschlag** *mot. m* steering lock; **~ungsausschuß** *m* steering committee; **~ungseinschlag** *m* angle of turn; **~waffe** *f* (guided) missile; **~welle** *f* steering shaft.

Lenz *poet. m* spring; *fig. des Lebens*: bloom, prime (of life); *er zählte 20 ~e* he was twenty (years old).

lenz|en ⚓ *v/t. u. v/i.* **1.** (*pumpen*) pump (the bilges); **2.** (*vor dem Wind segeln*) scud; **≈pumpe** *f* bilge pump.

Leopard *zo. m* leopard; **~enweibchen** *n* leopardess.

Lepra ⚕ *f* leprosy; **≈krank**, *a.* **leprös** *adj.* leprous; **~kranke(r** *m*) *f* leper.

leptosom *physiol. adj.* leptosome.

Lerche *f* lark.

Lern|begier(de) *f* desire to learn, studiousness; **≈begierig** *adj.* eager (*od.* avid) to learn, studious; **~eifer** *m* zest for learning, zeal; **≈en** *v/t. u. v/i.* learn; (*studieren*) study; (*üben*) practise; (*aufschnappen*) pick up; (*er ~, meistern*) acquire, master; F (*fälschlich für lehren*) teach, V learn; → *auswendig*; (*in der Lehre sein*) serve one's apprenticeship (*bei j-m* with); be apprenticed (to); *lesen ~* learn reading *od.* (how) to read; *j-n schätzen ~* come to esteem a p.; *er lernt gut* he is an apt scholar; *man lernt nie aus* we live and learn; *gelernt Arbeiter*: skilled, *Schneider usw.*: by trade, qualified; **~en** *n* learning, studying; *das ~ wird ihm schwer* he is a slow learner; **~maschine** *f* learning (*od.* teaching) machine; **~mittel** *n/pl.* learning aids; **~mittelfreiheit** *f* free means *pl.* of study; **~prozeß** *m* learning process; **~schwester** *f* student nurse, probationer; **~schwierigkeiten** *f/pl.* learning difficulties; **~ziel** *n* learning objective.

Les|art *f* reading, version; *verschiedene ~* variant (reading); **≈bar** *adj.* (*lesenswert u. leserlich*) readable; **~barkeit** *f* readability.

Lesbi|erin *f*, **≈sch** *adj.* Lesbian.

Lese *f* gathering; (*Ähren≈*) gleaning; (*Wein≈*) vintage.

Lese...: **~brille** *f* (pair of) reading-glasses *pl.*; **~buch** *n* reading-book, reader; **~drama** *thea. n* closet drama; **~früchte** *f/pl.* selections; **~halle** *f* (public) reading-room; **≈hungrig** *adj.* being an avid reader (*od.* a book-worm); starved for books; **~impuls** *m Computer usw.*: read pulse; **~kopf** *m Computer usw.*: reading head; **~kränzchen** *n*, **~kreis** *m* reading-circle; **~lampe** *f*, **~leuchte** *f* reading-lamp.

lesen I. *v/t. u. v/i.* **1.** read; *mühsam*: spell out; (*entziffern*) decipher; *univ.* give lectures; *~ über* lecture on; *die Messe ~* say Mass; *sich gut* (*od. leicht*) *~ Buch usw.*: read well, be readable; (*leserlich sein*) be legible *od.* readable; *sich großartig ~* make fascinating reading; *wie ~* (*deuten*) *Sie diesen Satz?* how do you read this sentence?; **2.** (*Ähren*) glean; (*aus ~*) sort, (*Erbsen*) pick, clean; **II.** **≈** *n* **3.** reading (*a. Computer usw.*); *univ.* lecturing; **4.** (*Ernten*) gathering; **≈swert** *adj.* readable, worth reading.

Lese...: **~probe** *f thea.* first rehearsal; *aus e-m Buch*: specimen; **~pult** *n* reading-desk.

Leser(in *f*) *m* **1.** reader; *e-r Zeitung a.* subscriber (*gen.* to); **2.** 🌿 gatherer, (*Ähren≈*) gleaner; (*Wein≈*) vintager.

Leseratte *fig f* bookworm.

Leser...: **~kreis** *m* (circle of) readers *pl.*; *e-n weiten ~ haben* be widely read; **≈lich** *adj.* legible, readable; **~lichkeit** *f* legibility; **~schaft** *f* reading public, readers *pl.*; **~stamm** *m* stock of readers; **~zuschrift** *f* letter to the editor.

Lese...: **~saal** *m* (public) reading-room; **~stoff** *m* reading (matter);

~übung *f* reading exercise; **~zeichen** *n* book-mark; **~zimmer** *n* reading-room; **~zirkel** *m* magazine rental service.

Lesung *f* reading; *parl. in zweiter ~* on second reading; *in zweiter ~ behandeln* give *a th.* a second reading; *zur dritten ~ kommen* come up for the third reading.

lethal ⚕ *adj.* lethal, fatal; *~er Ausgang* fatal outcome (*od.* issue).

Letharg|ie ⚕ *f* lethargy (*a. fig.*); **≗isch** *adj.* lethargic(al).

Lett|e *m*, **~in** *f* Latvian, Lett.

Letten *m* (potter's) clay.

Letter *f* letter, character, *typ. a.* type; **~nmetall** *n* type metal; **~nsetzmaschine** *f* monotype.

lettisch I. *adj.* Latvian, Lettish; **II. ≗(e)** *ling. n* Lett.

Letzt *f*: *zu guter ~* last but not least; finally, in the end.

letzt I. *adj.* last; (*endgültig*) final, ultimate; (*äußerst*) extreme; (*unterst*) lowest, bottom ...; *~er Ausweg* last resort; *~e Nachrichten* latest (*od.* stop-press) news; *~en Monats* of last month, last month's; (*am*) *~en Sonntag* last Sunday; *im ~en Sommer* last summer; *in den ~en Jahren* in recent years; *in ~er Zeit* of late, lately; *die ~en Stunden e-r Tagung, des Jahres usw.*: the closing hours; *Umstellungen im ~en Augenblick* last-minute (*od.* eleventh-hour) shift; *bis auf den ~en Mann* (down) to the last man, to a man; *bis auf den ~en Platz gefüllt* packed to capacity; *bis ins ~e* a) *prüfen*: to the last detail; b) *kennen*: intimately; *bis zum ~en* to the last, to the utmost; *bis zum ~en ausnützen* use *a p. od. th.* for all he (it) is worth; *~en Endes* in the last analysis, ultimately, after all; → *Ehre, Hand, Loch, Ölung, Schliff, Schrei, Wille, Wort usw.*; **II.** *su.*: *der, die, das ≗e* the last (one); *das ≗e* the last thing; (*das Äußerste*) the last extremity; *der ≗e* (*des Monats*) the last (day of the month); *sein ≗es hergeben* (*od. aus sich herausholen*) do one's utmost, make an all-out effort, extend o.s. to the last; → *a.* I; → *Hund* 2; **~ens, ~hin** *adv.* latterly, lately, of late; (*neulich*) the other day, recently; **~ere** *adj.*: *~(r), ~s, der, die, das ~* the latter; **~genannt** *adj.* last-named; **~jährig** *adj.* last year's, of last year; **~lich** *adv.* **1.** → *letztens*; **2.** (*letzten Endes*) ultimately, in the last analysis; **~willig I.** *adj.* testamentary; **II.** *adv.* by will.

Leu *poet. m* → *Löwe.*

Leucht|bake ⚓ *f* light beacon; **~boje** ⚓ *f* light buoy; **~bombe** ✈ *f* flare (bomb); **~draht** ⚡ *m* filament; **~drucktaste** *f* luminous push-button; **~e** *f* light, lamp; *fig.* (*Person*) luminary; *fig. er ist keine ~* he is no shining light; **≗en** *v/i.* (give *od.* emit) light, shine (forth); (*glühen*) glow; (*glänzen*) gleam; (*strahlen*) radiate; (*blinken*) flash; *~ auf* shine (up)on, illuminate; *j-m ~* light a p.; *sein Licht ~ lassen* let one's light shine (*vor* before); **~en** *n* shining, shine, *etc.*; *a. phys.* luminosity; *der Augen*: *a.* light, sparkle; **≗end** *adj.* shining, bright; luminous; (*glänzend*) lustrous, brilliant; *~es Beispiel* (*od. Vorbild*) shining example; *mit ~en Augen* with shining eyes; **~er** *m* candlestick; *mehrarmiger*: chandelier, (*Kron≗*) *a.* lustre; (*Wand≗, Klavier≗*) sconce; **~faden** ⚡ *m* filament; **~fallschirm** ✈ *m* parachute flare; **~farbe** *f* luminous paint; **~feuer** *n* ⚓ beacon (light); ✈ flare; **~gas** *n* town (*od.* lighting, coal) gas; **~geschoß** *n* → *Leuchtkugel*; **~käfer** *m* glow-worm, fire-fly; **~kompaß** *m* luminous(-dial) compass; **~körper** *m* lamp, light, luminary; **~kraft** *f* luminous power; **~kugel** ⚔ *f* Very light; flare; **~masse** *f* luminescent substance; **~öl** *n*, **~petroleum** *n* kerosene; **~patrone** *f* Very light, flare (*od.* signal) cartridge; **~pistole** *f* Very (*od.* signal) pistol; **~quarz** *m* luminous quartz; **~rakete** *f* signal rocket; **~reklame** *f* luminous advertising, neon signs *pl.*; *auf Hausdächern*: sky signs *pl.*; **~röhre** *f* fluorescent lamp (*od.* tube); **~schaltbild** ⚡ *n* luminous circuit diagram; **~schiff** ⚓ *n* lightship; **~schirm** *m* fluorescent screen (*a.* ⚕); **~schrift** *f* illuminated letters *pl.*; **~signal** *n* flare signal; **~skala** *f* luminous dial; **~spur** ⚔ *f* tracer path (*od.* stream); **~spurgeschoß** ⚔ *n* tracer bullet; **~spurmunition** ⚔ *f* tracer ammunition; **~stoff** *m* (il)luminant; **~stofflampe** *f*, **~stoffröhre** *f* fluorescent lamp (*od.* tube); **~turm** ⚓ *m* lighthouse; **~turmwärter** *m* lighthouseman; **~uhr** *f* luminous clock (*od.* watch); **~zifferblatt** *n* (**~ziffern** *f/pl.*) luminous dial (figures).

leugnen I. *v/t.* deny; *nicht zu ~* not to be denied, undeniable; **II. ≗** *n* denying; denial.

Leugner(**in** *f*) *m* denier.

Leukäm|ie ⚕ *f* leuk(a)emia; **⁀isch** *adj.* leuk(a)emic.
Leukom ⚕ *n* leucoma.
Leukoplast *n* adhesive tape.
Leukotomie ⚕ *f* psycho-surgery.
Leukozyten *pl.* leukocytes.
Leumund *m* reputation, repute, name; **~szeuge** *m* character witness; **~szeugnis** *n* certificate of good character; character reference, testimonial.
Leute *pl.* people, *einzelne*: *a.* persons; ⚔, *pol.* men; (*Dienst*⁀) domestics, servants; (*Arbeiter*) hands; *nicht genug ~ haben* be short-handed; *die ~* people, the world *sg.*, the (general) public *sg. u. pl.*; *meine ~* (*Familie*) my people, F my folks; *die ~ sagen* people (*od.* they) say; *iro. er kennt s-e ~* he knows his customers; *vor allen ~n* in public, before all the world; *unter die ~ bringen* spread abroad; *unter die ~ gehen* (*od. kommen*) mix with people; *dann sind wir geschiedene ~!* in that case I am through with you!; **~schinder** *m* slave-driver, martinet.
Leutnant *m* ⚔ second lieutenant; ✈ pilot officer; *~ zur See Brit.* acting sub-lieutenant, *Am.* ensign.
leutselig *adj.* affable; (*herablassend*) condescending; **⁀keit** *f* affability.
Levantin|er(in *f*) *m*, **⁀isch** *adj.* Levantine.
Levit(e) *m* Levite.
Leviten *pl.*: *j-m die ~ lesen* lecture a p., give a p. a good talking to.
Levkoje ⚘ *f* gillyflower.
lexi|graphisch *adj.* lexigraphic(al); **~kalisch** *adj.* lexical.
Lexiko|graph *m* lexicographer; **~graphie** *f* lexicography; **⁀graphisch** *adj.* lexicographic(al); **~loge** *m* lexicologist; **~logie** *m* lexicology.
Lexikon *n* lexicon; (*Wörterbuch*) *mst* dictionary; (*Konversations*⁀) encyclop(a)edia.
Lezithin *n* lecithin.
Liaison *f* liaison, (love-)affair.
Liane *f* liana.
Lias *geol. m* lias; **~formation** *f* liassic formation.
Libanes|e *m*, **⁀isch** *adj.* Lebanese.
Libelle *f* dragon-fly; ⊕ bubble (of spirit level).
liberal *adj.* liberal; (*freizügig, tolerant*) permissive; **~e(r** *m*) *f pol.* Liberal; **~isieren** *v/t.* liberalize; **⁀isierung** *f* liberalization; **⁀ismus** *m* liberalism; **⁀ität** *f* liberality.
Libid|o *f* libido; **⁀inös** *adj.* libidinous.
Librett|ist ♪ *m* librettist; **⁀o** *n* libretto, word-book.
Licht *n allg.* light; (*Helle*) brightness; (*Beleuchtung*) light(s *pl.*), illumination, lighting; (*Lampe*) lamp; (*Kerze*) candle; (*Verkehrs*⁀) light; (*Tages*⁀) daylight; *paint. ~er und Schatten* lights and shadows; *hunt. ~er* eyes; *~ machen* strike a light, ⚡ switch on the lights; *bei ~(e) arbeiten usw.* by lamp-light; *gegen das ~ halten* hold (up) to the light; *j-m im ~ stehen* stand in a p.'s light; *geh mir aus dem ~!* get out of the light!; *fig. ~ bringen in, ein ~ werfen auf* throw *od.* shed light (up)on; *ans ~ bringen* (*kommen*) bring (come) to light; *das ~ der Welt erblicken* see the light (of day), be born; *das ~ scheuen* shun the light; *ein schlechtes ~ werfen auf* reflect (*od.* cast reflections) on; *ein ungünstiges ~ werfen auf j-n* put a p. in an unfavo(u)rable light; *et. ins rechte ~ rücken* put a th. in its true light; *in ein schiefes ~ geraten* be placed in a bad light; *im ~e dieser Tatsachen* in the light of these facts; *et. bei ~ besehen* examine a th. closely; *bei ~e besehen* on closer inspection; (*strenggenommen*) strictly speaking; *im besten ~e zeigen* show to best advantage, show in the most favo(u)rable light; *j-n hinters ~ führen* deceive (*od.* dupe, hoodwink) a p.; *sich im wahren ~e zeigen* show one's true colo(u)rs; *sich in e-m neuen ~e zeigen* show o.s. in a new light; *es ging mir ein ~ auf* the truth began to dawn on me; *jetzt geht mir ein ~ auf!* now I see!; *er ist kein großes ~* he is no shining light (*od.* no great luminary); *bibl. es werde ~!* let there be light!; → *aufstecken 1, ewig* I, *grün* I, *leuchten, Scheffel usw.*
licht *adj.* (*hell*) light, bright; *Haar, Wald usw.*: sparse, thin; *~(er) werden* thin (off *od.* out); *~er Augenblick bei Geisteskranken usw.*: lucid interval; *bei ~em Tage* in broad daylight; ⊕ *~e Breite* (*Höhe*) clear breadth (height); *~er Durchmesser* inside diameter; *~er Raum* space in the clear, clearance; *~e Weite* inside width, *Durchfahrt*: clearance width; *fig. ~e Zukunft* bright future.
Licht...: **~anlage** *f* lighting system; light(ing) plant; **~anlasser** *mot. m* starter-dynamo; **~ausbeute** *f* luminous efficiency; **~bad** ⚕ *n* light bath, insolation; **~behandlung** ⚕ *f* phototherapy;

≈beständig *adj.* fast to light, light-fast; *Stoff*: non-fading; **~bild** *n* photo(graph); (*Diapositiv*) transparency, (lantern-)slide; **~bildervortrag** *m* lantern(-slide) lecture; **~bildner(in** *f*) *m* photographer; **≈blau** *adj.* light (*od.* pale) blue; **~blende** *phot. f* light stop; **~blick** *m* **1.** (*Hoffnung*) ray of hope; **2.** (*Trost*) comfort; **3.** (*lichter Augenblick*) lucid interval, bright moment; **~bogen** ⚡ *m* arc; **≈bogenbeständig** *adj.* arc-proof; **~bogenbildung** *f* arcing; **~bogenschweißung** ⊕ *f* arc welding; **≈brechend** *opt. adj.* refractive; **~brechung** *f* refraction of light; **~bündel** *n* light beam, pencil of rays; **≈dicht** *adj.* light-proof, impervious to light; **~druck** *m* **1.** *typ.* photoengraving; (*Bild*) phototype; **2.** *phys.* pressure of light; **≈durchlässig** *adj.* permeable to light, translucent; **≈echt** *adj. Farben*: fast (to light), *Stoff*: non-fading; **≈elektrisch** *adj.* photoelectric(ally *adv.*); **≈empfindlich** *adj.* sensitive to light; *phys.* photosensitive; *phot.* sensitive, sensitized *paper*; ~ *machen* sensitize; **~empfindlichkeit** *f* (light-)sensitivity; *phot.* speed.

lichten[1] *v/t.* (*Wald*) clear; (*Reihen, Haar usw.*) (*a. sich* ~) thin (off *od.* out); *sich* ~ (*heller werden*) clear up; **~**[2] ⚓ *v/t.*: *den Anker* ~ weigh anchor.

Lichter[1] *pl. von Licht*; **~**[2] ⚓ *m* lighter, barge; **≈loh** *adv.* blazing, in full blaze; ~ *brennen* be in a blaze, be all ablaze; *fig.* be madly in love; **~baum** *m* Christmas-tree; **~meer** *n* sea of lights.

Licht...: **~filter** *m* filter; **~geschwindigkeit** *f* speed of light; **≈grün** *adj.* chartreuse; **~heilverfahren** ⚕ *n* phototherapy; **~hof** *m* **1.** ⚠ patio; **2.** *phot.* halo; **~hofbildung** *phot. f* halation; **≈hoffrei** *phot. adj.* anti-halo ...; **~hupe** *mot. f* headlamp flasher, F flash; **~jahr** *n* light-year; **~kasten** ⚕ *m* electric cabinet (bath); *Röntgen*: viewing box; **~kegel** *m phys.* cone of rays; *e-s Scheinwerfers*: searchlight beam, spotlight; **~kreis** *m* circle of light; **~lehre** *phys. f* optics *pl.* (*sg. konstr.*); **~leitung** *f* lighting mains *pl.* (*od.* cable); (*Netz*) lighting circuit; **~magnetzünder** *mot. m* magneto-generator; **~maschine** *mot. f* dynamo, generator; **~meß** *eccl. f*: (*Mariä* ~) Candlemas; **~messer** *phys. m* photometer; **~messung** *f phys.* photometry; **~netz** *n* lighting circuit, electric mains *pl.*; **~pause** *f* photoprint; (*Blaupause*) blueprint; **~pausgerät** *n* blueprint (*od.* copying) apparatus; **~pauspapier** *n* blueprint paper; **~pausverfahren** *n* photoprinting; **~punkt** *m* light spot; *wandernder*: flying spot; **~punktabtaster** *m* flying-spot scanner; **~quant** *n* light quantum, photon; **~quelle** *f* source of light; **~reklame** *f* → *Leuchtreklame*; **~rufanlage** *f* light-signal call system; **~schacht** *m* light shaft; **~schalter** *m* light switch; **~schein** *m* (gleam of) light, shine; **≈scheu** *adj.* shunning the light (*a. fig.* = shady); ⚕ photophobic; **~schleuse** *f* light trap; **~schranke** *f* light barrier; **~seite** *fig. f* bright side; **~setzmaschine** *f* photocomposing machine; **~signal** *n* light (*mot.* flash) signal; **~spielhaus** *n*, **~spieltheater** *n* cinema, picture house; *Am.* motion picture theater; **≈stark** *adj.* of high (luminous) intensity, high-power ..., powerful; **~stärke** *f* luminous intensity; *Glühbirne*: candle-power; *phot.* speed; **~strahl** *m* ray (*od.* beam) of light (*a. fig.*); **~strom** *m* light(ing) (*od.* mains) current; *phys.* luminous flux; **~teilchen** *phys. n* photon; **~therapie** ⚕ *f* phototherapy; **~tonverfahren** *n* sound-on-film system; **≈undurchlässig** *adj.* opaque; **~ung** *f* clearing, glade; **≈voll** *fig. adj.* illuminating (*a. fig.*).

Lid *n* eyelid.

lidern ⊕ *v/t.* pack (with leather).

Lid...: **~schatten** *m* (*Schminke*) eye-shadow; **~spalt** *m* palpebral fissure.

lieb I. *adj.* dear; (*zärtlich geliebt*) (dearly) beloved; (*gütig*) kind, good; (*nett, freundlich*) nice; (*brav*) good, well-behaved; (*goldig*) sweet; *pred.* (*angenehm*) agreeable, pleasant; *der ~e Gott* the good God (*od.* Lord); *ein ~er Kerl* (*od. Mensch*), *ein ~es Ding* a dear, F a darling, an angel; *~er Herr N. im Brief*: Dear Mr. N.; *iro.* (*mein*) *~er Freund* my dear fellow; *~er Himmel!* good Heavens!, dear me!; *um des ~en Friedens willen* for the sake of peace and quiet; *den ~en langen Tag* the livelong day; ~ *sein zu* (*od. mit*) be nice (*od.* good) to; *es ist mir ~, daß* I am glad that; *es wäre mir ~, wenn* I should be glad if, I should appreciate it if; *sei ~!* be good!; *sei so ~!* be a dear!; *seien Sie so ~ und geben Sie mir das Buch* will you be so kind as to; *das ist ~ von dir!* that's nice (F sweet) of you!; → *Kind, Leben, Not*; → *lieber, liebst*; **II.** *su.*: *mein ≈er!* my dear fellow!, old man!, old chap!; *meine ≈e!* my dear (girl *od.* lady); *meine ≈en* my dear ones, F my folks; (*Freunde*) my friends; *als Anrede*: dear friends, F my dears; *j-m et. ≈es tun* do a p. a kindness (*od.* favo[u]r); *j-m viel ≈es erweisen* be very kind to a p.; → *Liebste(r)*; **III.** ≈ *obs. n* → *Liebchen*; **~äugeln** *v/i.*: *~ mit* ogle with; *fig.* flirt *od.* toy with *an idea*; **≈chen** *n* sweetheart, love, *my, etc.* loved one.

Liebe *f allg.* love (*zu, für* of, for); (*Zuneigung*) affection (for), fondness, liking (for), attachment (to); (*Vernarrtheit*) infatuation (with); (*sexuelle ~*) love(-making), sex; (*~sangelegenheit*) love(-affair); romance; *christliche ~* charity, Christian love; *~ zur Musik* love of music; *fig. seine alte ~* (*Person*) his old sweetheart (*od.* F flame); *aus ~* from love; *aus ~ zu* for the love of; *Heirat aus ~* love-match; *Kind der ~* love-child; *et. mit viel ~ tun* do a th. with loving care; *tu mir die ~* do me the favo(u)r; *eine ~ ist der andern wert* one good turn deserves another; *die ~ geht durch den Magen* the way to a man's heart is through his stomach; **≈bedürftig** *adj.* starved for affection, love-starved; **~diener** *m* time-server; **~dienerei** *f* time-serving, fawning, toadyism; **≈dienerisch** *adj.* time-serving, obsequious, fawning; **~lei** *f* flirtation, amour, dalliance; **≈ln** *v/i.* flirt *od.* dally *od.* philander (*mit* with), make love (to).

lieben *v/t. u. v/i.* love, be in love (*j-n* with); (*Zuneigung haben*) be attached (to), show affection (for); (*gern mögen, a. et.*) love, like, be fond of; (*vergöttern*) adore, idolize; (*vernarrt sein in*) dote on; *sexuell*: make love (to), love (*a. sich ~*); *ich liebe es nicht, wenn* I don't like it if; *j-n ~ lernen* come to love a p.; **~d I.** *adj.* loving, affectionate; *die beiden ≈en* the two lovers; *dein dich ~er Vater* your loving father; **II.** *adv.*: *~ gern* with the greatest pleasure, gladly; *ich würde ~ gern* I should love to; **~swert** *adj.* lovable, charming; **~swürdig** *adj.* (*zuvorkommend*) kind; (*gewandt u. höflich*) charming, amiable, affable; **~swürdigerweise** *adv.* kindly; **≈swürdigkeit** *f* kindness (*a. Handlung*); amiableness, charm(ing ways *pl.*); *der Rede*: kind words *pl.*, friendly remark; compliment.

lieber I. *adj.* **1.** (*comp. von* → *lieb* I) dearer; more agreeable, *etc.*; **II.** *adv.* **2.** more willingly; **3.** (*eher*) rather, sooner; *~ haben, ~ mögen* like better, prefer; *ich möchte ~ nicht* I would rather not; *ich bleibe ~ zu Hause* I prefer to stay at home; *du solltest ~ fortgehen* you had better leave.

Liebes...: **~abenteuer** *n*, **~affaire** *f* love-adventure, (love-)affair, romance; **~akt** *m* act of love, (sexual) act; **≈bedürftig** *adj.* → *liebebedürftig*; **~beweis** *m* proof of love; **~brief** *m* love-letter; **~dienst** *m* kind service, (act of) kindness, favo(u)r; *j-m e-n ~ erweisen a.* do a p. a good turn; **~erklärung** *f* declaration of love; *e-e ~ machen* declare (*od.* confess) one's love (*j-m* to); **~erlebnis** *n* romance; *intimes*: sex adventure; **~gabe** *f* (charitable) gift; *für Soldaten*: soldiers' comforts *pl.*; **~gabenpaket** *n* gift parcel; **~gedicht** *n* love-poem; **~genuß** *m* pleasures *pl.* of love; sexual enjoyment; **~geschichte** *f* love-story; **~geständnis** *n* confession of love; **~glück** *n* lover's bliss, happiness; **~glut** *f* fire of love, ardo(u)r, passion; **~gott** *m* (god of) Love, Cupid, Eros; **~göttin** *f* Goddess of Love, Venus; **~heirat** *f* love-match; **≈krank** *adj.* love-sick; **~kummer** *m* lover's grief, pangs *pl.* of love; **~künste** *f/pl.* arts of love, (love-making) technique *sg.*; **~leben** *n* love-life; sex life; **~lied** *n* love-song; **~mahl** *n* love-feast; ⚔ regimental dinner; **~mühe** *f*: *verlorene ~* Love's Labo(u)rs lost; *das ist verlorene ~* that is useless (*od.* in vain); **~paar** *n* (courting) couple, loving pair, lovers *pl.*; **~pfand** *n* love-token; *fig.* (*Kind*) pledge of love; **~pfeil** *fig. m* Cupid's dart; **~qualen** *f/pl.* pangs of love; **~rausch** *m* ecstasy of love; passion; **~roman** *m* love-story; romance; **~schwur** *m* lover's oath; **~szene** *thea. f* love-scene; **≈toll** *adj.* crazed with love; **~töter** *m/pl.* bloomers; **~trank** *m* love-potion, philt|re, *Am.* -er; **≈trunken** *adj.* intoxicated with love, rapturous; **~verhältnis** *n* (love-) affair, liaison; **~werben** *n* wooing, courtship; **~werk** *n* work of charity.

liebevoll *adj.* loving(ly *adv.*, *a. weitS.*), affectionate, kind(-hearted), tender.

lieb...: **≈frauenkirche** *f* St. Mary's

(Church); **~gewinnen** *v/t.* get (*od.* grow) fond of, come to love (*od.* like), take a fancy to; **~haben** *v/t.* love; be fond of, like.

Liebhaber *m* **1.** *e-s Mädchens*: lover, sweetheart, admirer, beau, *thea. erster ~* leading (gentle)man; *thea. jugendlicher ~* juvenile lead; **2. ~(in** *f*) *m* lover; (*Enthusiast*) amateur, F fan; (*Bastler usw.*) hobbyist; *~ der Kunst usw.* art *etc.* lover (*od.* fancier); ✝ *~ finden* find buyers; **~ausgabe** *f* édition de luxe; **~ei** *f* hobby; **~preis** *m* connoisseur's price; **~rolle** *thea. f* lover's part; → *Liebhaber* 1; **~theater** *n* amateur theat|re, *Am.* -er, amateur theatricals *pl.*; **~wert** *m* collector's value.

liebkos|en *v/t. u. v/i.* caress, fondle, cuddle; **≗ung** *f* caress, fondling.

lieblich *adj.* lovely, charming, *Mädchen, Gesicht*: *a.* sweet, winsome; (*entzückend*) delightful; *Wein*: mellow, smooth; **≗keit** *f* loveliness, sweetness.

Liebling *m* darling, sweetheart, love; *als Anrede*: *a.* F sweetie, honey; *bsd. Kind, Tier*: pet; (*Günstling*) favo(u)rite; *des Lehrers usw.*: darling, whiteheaded boy; **~sbeschäftigung** *f* favo(u)rite occupation, hobby; **~sgedanke** *m* pet idea; **~sspeise** *f* favo(u)rite dish.

lieb...: ~los *adj.* unloving, unkind, cold; *weitS.* careless; **≗losigkeit** *f* unkindness, coldness; **~reich** *adj.* loving, affectionate, tender; (*freundlich*) kind, amiable, benevolent; **≗reiz** *m* charm, attractiveness; winsomeness, sweetness, grace; **~reizend** *adj.* charming, graceful, sweet, winsome; **≗schaft** *f* (love-) affair, amour, liaison.

liebst I. *adj.* (*sup. von → lieb* I) dearest, *etc.*; *meine ~e Beschäftigung* my favo(u)rite occupation; **II.** *adv.*: *am ~en* preferably; *das habe ich am ~en* I like that best of all; *am ~en ginge ich heim* I should like best to go home; **≗e(r** *m*) *f* darling, sweetheart, love, *m a.* lover.

Lied *n* song; (*Weise*) tune, air, melody; *kirchliches ~* hymn, sacred song; (*Kunst≗*) lied; (*Gedicht*) poem, romance; ballad; *fig. es ist immer das alte ~* it's always the same old story; *er weiß ein ~ davon zu singen* he can tell you a thing or two about that; *das Ende vom ~* the end of the matter, the upshot.

Lieder...: ~abend *m* lieder recital; **~buch** *n* song-book; **~kranz** *m* choral society.

liederlich *adj.* (*nachlässig*) careless, negligent; (*unordentlich*) slovenly, sloppy; (*ausschweifend*) dissipated, loose, fast, *stärker*: debauched, dissolute; **≗keit** *f* carelessness; slovenliness; dissipation, looseness, dissoluteness.

Lieder...: ~sänger(in *f*) *m* lieder singer; **~tafel** *f* choral society; **~zyklus** *m* song-cycle.

Lieferant(in *f*) *m* supplier.

Liefer...: ~auftrag *m* order; **~auto** *n* → *Lieferwagen*; **≗bar** *adj.* (*vorrätig*) available, deliverable; (*bereit*) ready for delivery; (*marktfähig*) marketable, sal(e)able; *(un)beschränkt ~* in (un-) limited supply; *sofort ~e Waren* spot goods; **~barkeit** *f* availability; **~bedingungen** *f/pl.* terms of delivery; **≗bereit** *adj.* ready for delivery; **~firma** *f* supplier(s *pl.*), contractor(s *pl.*); (*Hersteller*) manufacturer(s *pl.*); **~frist** *f* term of delivery; **~hafen** *m* port of delivery; **~klausel** *f* delivery clause; **~menge** *f* quantity delivered, lot; **≗n** *v/t. u. v/i.* deliver (*et. an j-n, j-m et.* a th. to a p., *nach* to); (*beschaffen*) (*a. fig. Beweis, Grund usw.*) supply, furnish (*j-m et.* a p. with a th., a th. to a p.); (*gewähren*) afford; (*Ertrag*) yield; (*ein gutes Spiel usw.*) show; *e-e Schlacht ~* give battle; *er lieferte e-n harten Kampf* he put up a stiff fight; F *fig. j-n ~* F do for a p.; *ich bin geliefert* F I am done for, I am sunk; → *Messer*; **~ort** *m* place of delivery; **~preis** *m* delivery price, contract(ed) price; **~schein** *m* delivery note, bill of delivery; **~tag** *m* date of delivery; **~termin** *m* → *Lieferzeit*; **~umfang** *m* extent (*Am.* scope) of delivery.

Lieferung *f* delivery, *bsd. Am.* shipment; (*Be≗*) supply; (*Sendung*) consignment, shipment; (*Partie*) parcel, lot, supply; (*Waggon≗*) carload, *bsd. Am.* truckload; (*Schiffsladung*) cargo; *zahlbar bei ~* payable (*od.* cash) on delivery; *in ~en erscheinen Buchhandel*: appear in numbers *od.* (serial) parts; ✝ *auf ~ (ver)kaufen Börse*: (sell) buy forward; **~s...** *in Zssgn* → *Liefer....*

Liefer... ~vertrag *m* supply contract; **~wagen** *m* delivery van (*Am.* truck); *Am. a.* pickup (truck); **~werk** *n* suppliers *pl.*; **~zeit** *f* time of delivery, delivery-date; **~zustand** *m* condition as delivered.

Liege *f* couch, divan, bed; **~deck** ⚓ *n* lounge deck; **~geld** ⚓ *n* demurrage; **~hafen** ⚓ *m* base; **~kur** ⚕ *f* rest-cure.

liegen I. *v/i.* lie, be lying; repose, rest; *Stadt, Gebäude usw.*: lie, be (placed *od.* situated, located); ⚔ be stationed; ⚓ lie; *(mit der Front) ~ nach Haus*: face, *Zimmer*: *a.* look out (up)on, overlook; *an der Spitze usw. ~* be (*od.* lie) in front, *etc.*; *der Boden lag voller Zeitungen* the floor was covered (*od.* littered) with newspapers; *es lag viel Schnee* there was a lot of snow; *der Stoff liegt eine Elle breit* is one yard wide; *da liegt der Fehler* the mistake lies here; *wie die Sache jetzt liegt* as matters stand at present; *Sie sehen jetzt, wie die Dinge ~* you now see how things are; *er (das) liegt mir (nicht)* he (that) is just (is not) my cup of tea; *nichts liegt mir ferner* nothing is further from my mind; *mit prp.*: *~ an* lie at (*od.* near); *(e-m Fluß)* lie on; *(dicht an)* touch, adjoin; ⚡ connect to; *fig. Ursache*: be due to; *wir wissen, woran es liegt* we know the cause of it; *daran liegt es* that's where the cause lies; *es liegt daran, daß* the reason is that; *an wem liegt es? Schuld*: whose fault is it?; *es liegt mir daran zu inf., mir ist daran gelegen zu inf.* I am anxious to *inf.*, I am concerned to *inf.* (*od.* that); *was liegt daran?* what does it matter?; *es liegt mir sehr viel daran* it matters (*od.* means) a great deal to me; *es liegt (mir) nichts daran* it does not matter, it is of no consequence (to me); *soviel an mir liegt* as far as it lies in my power, as far as in me lies, as far as I am concerned; *es liegt an (od. bei) ihm zu inf.* it is for him to *inf.*, it rests (*od.* lies) with him to *inf.*; *~ auf* lie on, *Akzent usw.*: *a.* be on; → *Seele 1*; *mot. der Wagen liegt gut auf der Straße* holds the road well; *es liegt auf der Hand* it is obvious (*od.* plain); *der Gewinn liegt bei 5 Millionen* is of the order of 5 millions; *im (od. zu) Bett ~* lie *od.* be in bed; *krank*: be confined to bed, be bedridden, be laid up (*mit* with); *~ in Größe, Stärke, Vorteil, Wert usw.*: lie in; → *Blut 1, Magen*; *fig. mit e-r Sache richtig ~* be on the right track; **II.** **≈** *n* lying; *(Stellung)* lying position; *im ~* lying, → *a.* **~d** *adj.* lying, *(örtlich gelegen) a.* situated, placed; *(in ruhender Lage)* recumbent, reclining; *(niedergestreckt)* prone, *bäuchlings*: prostrate; *(waagerecht)* horizontal; ⚔ *~er Anschlag* prone position; *~er Motor* horizontal engine; **~bleiben** *v/i.* keep lying; *im Bett*: stay in bed; *unterwegs, a. mot. usw.*: break down; *Boxen*: stay down; ⚚ *Waren*: be left on hand, not to sell; *fig. Arbeit, Sache*: stand over (*bis* till), be unattended to; *(vernachlässigt werden)* be neglected; **~lassen** *v/t.* let lie (*od.* rest); *aus Vergeßlichkeit*: leave behind; *(in Ruhe lassen)* leave alone; *(Arbeit, Sache)* leave lying, let rest; *(vernachlässigen)* neglect; → *links*; **≈schaften** *f/pl.* immovables, real estate *sg.*, (landed) property *sg.*

Liege...: **~platz** *m* ⚓, 🚃 (sleeping) berth; **~sitz** *m mot. usw.* reclining seat; **~stuhl** *m* deck-chair; **~stütz** *m Turnen*: push-up, body press; *am Gerät*: front leaning (rest); **~wagen** 🚃 *m* couchette (*fr.*); **~wiese** *f* rest-cure meadow; **~zeit** *f* ⚓ lay-days *pl.*

Lift *m* lift, *Am.* elevator; **~boy** *m* lift-boy, *Am.* elevator operator.

Liga *f* league (*a. Sport*).

Ligatur *anat.*, ♪, *typ. f* ligature; ♪ *a.* tie.

Ligni|n *n* lignin; **~t** *m* lignite.

Liguster ⚘ *m* privet.

liieren *v/refl.*: *sich ~ mit* ally (*od.* join forces, F team up) with; *a. in der Liebe*: enter a liaison with.

Likör *m* liqueur.

Lila *n*, **≈farben** *adj.* lilac.

Lilie *f* ⚘ lily; *her.* fleur-de-lis; **≈nweiß** *adj.* lily-white.

Liliput *n* Lilliput; **~aner(in** *f*) *m* Lilliputian; *fig.* midget; **≈anisch** *adj.* Lilliputian (*a. fig.*); **~eisenbahn** *f* miniature railway.

Limit *n*, **≈ieren** *v/t.* limit.

Limonade *f* fruit-juice, *weitS.* soft drink; *(Zitronen≈)* lemonade.

Limone ⚘ *f* lemon.

Limousine *mot. f* limousine, saloon car, *Am.* sedan.

lind *adj.* gentle, soft, mild.

Linde *f*, **~nbaum** *m* lime(-tree), linden(-tree); **~nblütentee** *m* linden flowers (tea).

linder|n *v/t.* *(mildern)* soothe, soften, moderate; *(beruhigen)* soothe, appease; *(Armut)* relieve; *(Schmerzen)* soothe, allay, ease, assuage; *(Übel, Strafe)* mitigate; **≈ung** *f* soothing, alleviation; relief; mitigation; *~ verschaffen* bring relief (*j-m* to *a p.*), soothe (*a p.*); **≈ungsmittel** *n* palliative, anodyne.

Lindwurm *m* dragon.

Lineal *n* ruler.

linear *adj. u.* **≈...** *in Zssgn* linear.

Linguist *m* linguist; **~ik** *f* linguistics *pl.* (*sg. konstr.*); **≈isch** *adj.* linguistic(ally *adv.*).

Linie *f* **1.** *allg.* line (*a.* ⚘, ♪, ⚓, ✈, ⚔ *u. fig.*); *geogr. a*, equator; *typ.* (composing) rule; (*Strecke*) route; (*Tendenz*) trend; *pol.* line, course; *e-r Zeitung*: editorial policy; *~n ziehen* draw lines; *auf der ganzen ~* down (*od.* all along) the line; *auf gleicher ~ mit* on a level with; *e-e mittlere ~ einschlagen* follow a middle course; *in erster ~* in the first place, first of all, above all, primarily; *in e-e ~ bringen mit* align with; *auf die schlanke ~ achten* watch one's waistline (*od.* weight); **2.** (*Stamm, Geschlecht*) lineage, line; *in aufsteigender* (*absteigender, gerader*) *~* in the ascending (descending, direct) line.

Linien...: **~blatt** *n* (sheet of) lined paper; **≈förmig** *adj.* linear; **~führung** *f* lineation; *weitS. a.* shape, design; **~papier** *n* ruled (*od.* lined) paper; **~richter** *m Sport*: linesman; **~schiff** *n* liner; *hist.* ⚔ ship of the line; **~schreiber** *m* curve tracer; **≈treu** *pol. adj.* (following the) party-line; *≈er* party liner; **~truppen** ⚔ *f/pl.* (troops of the) line, regulars.

lin(i)ier|en *v/t.* rule, line; **≈ung** *f* ruling.

link *adj.* left; *her.* sinister; *pol.* Left(ist), left-wing; *~e Seite* left(-hand) side, left; *des Tuches*: under (*od.* wrong, reverse) side; *des Pferdes*: near side; *des Schiffes*: port; *mit dem ~en Fuß zuerst aufgestanden sein* have got out of bed on the wrong side; **≈e** *f* left (side *od.* hand); *pol. the* Left, *e-r Partei*: left wing; *Boxen*: left; *zu s-r ~n* on his left (side); **~erhand** *adv.* on the left; **~isch** *adj.* awkward, clumsy, gauche (*fr.*), gawky.

links I. *adv.* on the left (side); (*nach ~*) to the left; (*verkehrt*) on the wrong (*od.* reverse) side, inside out; *~ von* to the left of; *~ von ihm* on his left; *von ~ nach rechts Bild*: from left to right; *~ oben* (*unten*) top (bottom) left; *weder ~ noch rechts sehen* look neither left nor right; *sich ~ halten, ~ fahren* (*gehen*) keep to the left; *~ liegenlassen* by-pass, (*j-n*) ignore, cut, give *a p.* the cold shoulder; *pol. ~ stehen* be a leftist; *~ schwenkt, marsch!* change direction left-turn!, *Am.* column left, march!; *~ um!* left turn!, *Am.* left, face!; *pol. in Zssgn* left-wing ..., leftist ...; ... to the left; **II.** F *adj.* (*~händig*) left-handed.

links...: **≈abbieger** *mot. m* left-turning vehicle; **≈außen(stürmer)** *m Sport*: outside left; left-wing(er); **≈drall** *m* left-hand twist; *fig. pol.* leftist bias (*od.* tendency); **~drehend** *adj.* anticlockwise; *bsd.* ⚗ levorotatory; **≈drehung** *f* anticlockwise rotation; levorotation; **≈extremist(in** *f*) *m* left-wing extremist; **≈galopp** *m* left gallop; **~gängig** ⊕ *adj.* left-handed; **~gerichtet** *pol. adj.* leftist; **≈gewinde** ⊕ *n* left-hand(ed) thread; **≈händer(in** *f*) *m* lefthander, *Am.* F *a.* southpaw; **~händig** *adj.* left-handed; **~herum** *adv.* (round the) left; ⊕ anticlockwise; (*nach links*) (to the) left; **~intellektuelle(r** *m*) *f* leftist intellectual; **≈kurve** *f* left turn (✈ bank); **~läufig** ⊕ *adj.* anticlockwise; **≈partei** *f* left-wing (party), *the* Left; **~parteiler** *m* leftist; **~radikal** *adj.*, **≈radikale(r)** *m* left-wing extremist; **~ruck** *m*, **~rutsch** *pol. m* swing to the left; **~seitig** *adj.* left-side(d); **≈steuerung** *mot. f* left-hand drive; **≈stricken** *n* purl; **≈verkehr** *mot. m* left-hand traffic.

Linnen *poet. n* linen.

Linol|eum *n* linoleum; **~säure** *f* ⚗ *f* linoleic acid; **~schnitt** *m* linocut.

Linotype *typ. f* linotype.

Linse *f* ⚘ lentil; *opt.* lens; *anat. im Auge*: crystalline lens.

linsen F *v/i.* look, peek, F gawp.

Linsen...: **≈artig, ≈förmig** *adj.* lentiform, lenticular; **~gericht** *n bibl. u. fig. für ein ~* for a mess of pottage; **~suppe** *f* lentil-soup; **~weite** *opt. f* aperture of a lens.

Lipom ⚕ *n* lipoma.

Lippe *f* lip; *anat.* labium; ⚘ label (-lum); *den Finger auf die ~n legen* lay a finger to one's lips; *sich auf die ~n beißen* bite one's lips; *nicht über die ~n bringen* be unable to utter *a th.*, not to bring o.s. to say *a th.*; *von den ~n lesen Tauber*: lip-read; *fig. an j-s ~n hängen* hang upon a p.'s words; *e-e ~ riskieren* talk out of turn; *das soll nicht über meine ~n kommen* it shall not pass my lips, I won't breathe a word.

Lippen...: **~bekenntnis** *n*, **~dienst** *m* lip-service; **~blütler** ⚘ *m* labiate (plant); **~laut** *ling. m* labial; **~pomade** *f* lip-salve; **~stift** *m* lipstick.

liquid † *adj.* (*flüssig*) liquid *funds*; (*zahlungsfähig*) solvent.

Liquidation † *f e-r Firma*: liquidation, *bsd. Brit.* winding-up; *Börse*:

settlement; (*Honorarforderung*) charge, fee; *in* ~ in liquidation; *in* ~ *treten* go into liquidation; **~sbeschluß** ⚖ *m* winding-up order; **~sguthaben** *n* clearing balance; **~skasse** *f Börse*: clearing house; **~swert** *m* liquidation value.

Liquidator *m* liquidator.

liquidier|en *v/t. u. v/i.* (*Firma, fig. j-n beseitigen*) liquidate, (*Firma*) *a.* wind up; (*Honorar berechnen*) charge (a fee); **≗ung** *f allg.* liquidation.

Liquidität *f* liquidity; (*Zahlungsfähigkeit*) solvency.

lispeln I. *v/i. u. v/t.* (have a) lisp; (*flüstern*) whisper; **II.** ≗ *n* lisp(ing); whisper(ing).

List *f* (*Schlauheit*) cunning, craft (-iness), artfulness; (*Kunstgriff*) artifice, ruse, subterfuge, (underhand) trick; (*Kriegslist, a. fig.*) stratagem; e-e ~ *anwenden* resort to a ruse; F *mit* ~ *und Tücke* with patience and a snare.

Liste *f* list, *amtliche*: register; (*Steuer*≗) roll; (*Katalog*) catalog(ue); (*Verzeichnis*) schedule, *von Inventar*: inventory; (*detaillierte Aufstellung*) specification; (*Wahl*≗) ticket; (*Kandidaten*≗) *Am.* slate; *von Geschworenen, Kassenärzten*: panel; ⚔ roll, roster; e-e ~ *aufstellen* (*führen*) draw up (keep) a list; *in* e-e ~ *eintragen* enter in a list, *sich*: enrol(l *Am.*), register; *schwarze* ~ black list; *auf die schwarze* ~ *setzen* black-list; *von der* ~ *streichen* strike off the list.

Listen...: ≗mäßig *adv* : ~ *erfassen* list; **~preis** ✝ *m* list price, catalog(ue) price; **~wahl** *f* election by ticket.

listig *adj.* cunning, crafty, wily, foxy, artful, tricky; *a. Lächeln*: sly; **~erweise** *adv.* cunningly.

Litanei *eccl. f* litany; *fig.* (long) rigmarole.

Litau|er(in *f*) *m*, **≗isch** *adj.* Lithuanian.

Liter *n, m* lit|re, *Am.* -er; **≗weise** *adv.* by the litre.

literarisch *adj.* literary (*a.* ~ *gebildet*); ~*er Diebstahl Schriftsteller*: plagiarism, *Buchdrucker*: (literary) piracy; ~*es Eigentum* literary property, copyright.

Literat *m* man of letters, literary man; (*Schriftsteller*) writer; *pl. a.* literati.

Literatur *f* literature (*a. weitS.*); *einschlägige* ~ bibliography; relevant literature; **~angaben** *f/pl.* bibliographical data; **~beilage** *f e-r Zeitung*: literary supplement; **~geschichte** *f* literary history; **~historiker** *m* literary historian; **~kritik** *f* literary criticism; **~nachweis** *m*, **~verzeichnis** *n* bibliography, references *pl.*; **~papst** *iro. m* Pope of Literature; **~wissenschaft** *f* (science of) literature; **~zeitschrift** *f* literary magazine.

Litfaßsäule *f* advertising pillar.

Lithograph *m* lithographer; **~ie** *f* lithography; (*Bild*) lithograph; **≗ieren** *v/t.* lithograph; **≗isch** *adj.* lithographic(ally *adv.*).

Liturg|ie *eccl. f* liturgy; **≗isch** *adj.* liturgic(al).

Litze *f* **1.** lace, cord, braid; (*Tresse*) braid(ing), galoon; *mit goldenen* ~*n* goldbraided; **2.** ⚡ (*a.* **~ndraht** *m*) strand(ed wire); *mit Innenisolierung*: litz (wire).

Livländ|er(in *f*) *m*, **≗isch** *adj.* Livonian.

Liv|ree *f* livery; **≗riert** *adj.* liveried.

Lizenz *f* licen|ce, *Am.* -se; *in* ~ under licence; e-e ~ *erteilen* grant a licence (*für* for); **~bau** *m* manufacture under licence, licensed manufacture; **~geber** *m* licens|er, *Am.* -or; **~gebühr** *f* licence-fee, royalty; **~inhaber(in** *f*) *m*, **~nehmer(in** *f*) *m* licensee; **~vertrag** *m* licence contract.

Lob *n* praise; (*Beifall*) applause, approval; *Schule*: good mark; *j-m ein* ~ *erteilen* laud a p., give a p. a praise; *j-s* ~ *singen* sing a p.'s praises; *des* ~*es voll* having nothing but praise (*über* for), complimentary (about); *über alles* ~ *erhaben* beyond all praise; *zu seinem* ~e in his praise, to his credit; *es gereicht ihm zum* ~*e, daß* it does him credit that; ~ *gebührt Herrn* X *für* praise is due to Mr. X for.

Lobby *f* lobby; **~ist** *m* lobbyist.

lob|en *v/t* praise, commend, speak highly of; (*rühmen*) laud, eulogize, extol; *gute Ware lobt sich selbst* quality speaks for itself; *da lobe ich mir...* there is nothing like ..., give me ... any time!; → *Abend*; **~enswert** *adj.* praiseworthy, laudable, commendable; **≗eserhebung** *f* high praise, eulogy; *sich in* ~*en ergehen über* praise to the skies; **≗gesang** *m* hymn, song of praise; *fig.* e-n ~ *anstimmen auf* sing the praises of, extol; **≗hudelei** *f* fulsome praise, base flattery; **~hudeln** *v/t.* give *a p.* fulsome praise, overpraise.

löblich *adj.* laudable, commendable; **≗keit** *f* laudableness.

Lob...: ~lied *n* → *Lobgesang*;

∻preisen *v/t.* extol, glorify, sing the praises of; **~preisung** *f* praise, glorification; **~rede** *f* eulogy; **~redner** *m* eulogist.

Loch *n allg.* hole (*a. fig. elende Wohnung, Stadt*); (*Öffnung*) opening, aperture; (*Lücke*) gap; (*Bohr∻*) bore(-hole); (*Mauer∻*) breach; (*Höhlung, a. Zahn∻*) cavity; (*Grube, Narbe*) pit; *im Luftreifen*: puncture; *im Käse usw.*: eye; *Billard*: pocket; F *fig.* (*Gefängnis*) jail, *sl.* quod, clink; *auf dem letzten ~ pfeifen* be on one's last legs (*od.* gasps); *ein ~ stopfen* stop a gap; *ein ~ mit einem anderen stopfen* rob Peter to pay Paul; *ein ~ in die Luft schlagen* miss by a mile; *ein ~ reißen in* make a hole in (*a. fig.*); F *j-m ein ~ in den Bauch reden* talk a p. blind; F *er säuft wie ein ~* he drinks like a fish; **~beitel** ⊕ *m* mortise chisel; **~blende** *phot. f* diaphragm; **~bohrer** ⊕ *m* auger; **~eisen** ⊕ *n* (hollow) punch; **∻en** *v/t.* perforate, pierce (holes into), punch (*a. Fahrkarte usw.*); **~er** *m* punch(er); *für Lochkarten*: (automatic) punch; **~erin** *f* card-punch girl.

löch(e)rig *adj.* full of holes (*a. fig.* = shaky *argument*); perforated; (*porös*) porous; (*narbig*) pitted.

Loch...: **~fraß** *metall. m* pitting; **~kamera** *f* pinhole camera; **~karte** *f* punch(ed) card; **~kartenabteilung** *f* punched-card accounting department; **~kartenmaschine** *f* punch(ed) card machine; **~säge** *f* key-hole saw; **~stanze** *f* (lever) punch; **~stickerei** *f* eyelet embroidery; **~streifen** *m* punched tape; **~ung** *f* perforation; boring; punching; **~zange** *f* punch pliers *pl.*; 🚌 *usw.* ticket punch; **~ziegel** *m* air brick; **~zirkel** *m* internal (*Am.* inside) cal(l)ipers *pl.*

Lockartikel ✝ *m* (loss) leader.

Locke *f* curl, ringlet, lock; *~n drehen* → **∻n**[1] *v/t. u. v/refl.*: (*sich ~*) curl; *gelockt* curly.

locken[2] *v/t. u. v/i. hunt.* bait, decoy; (*Hund*) whistle to; *fig.* attract, allure, entice; (*reizen*) tempt; **~d** *fig. adj.* tempting.

Locken...: **~kopf** *m* curly head (*a. Person*); **~nadel** *f* curling pin; **~wickel** *m* (hair-)curler.

locker *adj. allg.* loose (*a. Körper, Lauf usw.*); (*nicht straff*) slack; (*nicht dicht, fest*) not compact (enough); (*porös*) porous; *Brot usw.*: spongy; *fig. moralisch*: loose; (*ungezwungen*) relaxed, easy; *~es Leben* loose life; *ein ~er Vogel* (*od. Zeisig*) a loose fish; *~ machen* (*werden*) → (*sich*) *lockern*; → *Schraube*; **∻heit** *f* looseness; slackness; sponginess; *fig.* laxity, looseness; **~lassen** *fig. v/i.* give in, yield; *nicht ~* not to let up, insist, F stick to one's guns; **~machen** F *v/t.* (*Geld*) F fork out; **~n** *v/t.* (*Fesseln, Schraube, Boden usw.*) loose(n); (*Seil usw.*) slacken; (*Griff, a. Disziplin usw.*) loosen, relax; *sich ~* loosen, (be)come *od.* work loose; *fig. allg.* loosen (up), relax; *Person*: *a.* unbend, *Sport*: limber (up); **∻ung** *f* loosening, relaxation, slackening (*alle a. fig.*); *Sport*: limbering-up; **∻ungsübung** *f Sport*: limbering-up exercise.

lockig *adj.* curly, curled.

Lock...: **~mittel** *n*, **~speise** *f* bait, lure, decoy; **~ruf** *zo. m* mating call; **~spitzel** *m* agent provocateur (*fr.*), *bsd. Am.* stool pigeon; **~ung** *f* lure, attraction, enticement; (*Versuchung*) temptation; **~vogel** *m* decoy(-bird); *fig.* decoy.

lodern *v/i.* blaze, flare, flame (up), *fig. a.* burn, glow; **~d** *adj. Augen, Zorn usw.*: flaming; *Begeisterung*: burning, glowing.

Löffel *m* spoon; (*Schöpf∻*) ladle; ⊕ scoop; (*Bagger∻*) bucket; *hunt.* ear; *fig. über den ~ barbieren* cheat, F do (in the eye), *sl.* bamboozle, take for a ride; F *den ~ weglegen* (*sterben*) F hand in one's dinner-pail; **~bagger** ⊕ *m* shovel excavator, power-shovel; **~bohrer** *m* spoon bit; **∻n** *v/t.* (eat with a) spoon; *mit der Kelle*: ladle (out); F *fig.* → *kapieren*; **~stiel** *m* spoon-handle; **~voll** *m* spoonful; **∻weise** *adv.* by spoonfuls (*od.* ladlefuls).

Log ⚓ *n* log.

Logarith|mentafel ⅍ *f* logarithmic table; **∻misch** *adj.* logarithmic(al); **~mus** *m* logarithm.

Logbuch *n* log(-book).

Loge *f thea.* box; (*Freimaurer∻*) lodge.

Logen...: **~bruder** *m* brother mason; *allg.* freemason; **~schließer** *thea. m* usher.

Logger ⚓ *m* lugger.

Loggia *f* loggia.

logier|en *v/i.* lodge, stay, *Am. a.* room (*bei* with, at); **∻zimmer** *n* guest-room.

Logik *f* logic; **~er** *m* logician.

Logis *n* lodging(s *pl.*); *in ~* as a lodger (*od.* paying guest); → *Kost.*

logisch *adj.* logical; **~erweise** *adv.* logically.

Logist|ik *phls. u.* ⚔ *f* logistics *pl.*

(⚔ *mst sg. konstr.*); **~isch** *adj.* logistic(ally *adv.*).

Loh|beize *f*, **~brühe** *f* tan ooze (*od.* liquor); **~e**[1] ⊕ *f* tan.

Lohe[2] *poet. f* blaze, flame.

lohen[1] ⊕ *v/t.* tan, steep.

lohen[2] *poet. v/i.* → *lodern.*

Loh...: ~gerber *m* tanner; **~gerberei** *f*, **~mühle** *f* tannery; **~grube** *f* tan-pit.

Lohn *m* (*Arbeits~*) wage(s *pl.*); (*Bezahlung*) pay(ment); (*Miet~*) hire; (*Gebühr*) fee; (*Vergütung*) remuneration; (*Entgelt*) compensation, consideration; (*Belohnung*) reward; (*Strafe*) deserts *pl.*, punishment; *zum ~ für* as a reward for, in return for; *iro. er hat s-n (gerechten) ~ empfangen* he has got his just deserts; → *Gott* 1.

Lohn...: ~abhängig *adj.* wage-dependent; **~abkommen** *n* wage agreement; **~abrechnung** *f* pay slip; (*Vorgang*) payroll work (*od.* accounting); **~abzug** *m* deduction from wages; **~angleichung** *f* cost-of-living (wage) adjustment; **~anteil** *m* wages *pl.*; **~arbeiter(in** *f*) *m* paid worker, *Am.* wage worker; jobber, journeyman; **~auftrag** *m* job order; *Lohnaufträge vergeben* farm out work to subcontractors; **~aufwand** *m* expenditure for wages; **~auszahlung** *f* payment of wages; **~buch** *n* wages-book; **~buchhalter** *m* wages clerk; **~büro** *n* pay-office; **~diener** *m* hired servant; **~druckerei** *f* job printers *pl.*; **~empfänger(in** *f*) *m* wage-earner; *Lohn- u. Gehaltsempfänger* salaried and wage-earning employees.

lohnen I. *v/t. u. v/i.* **1.** *j-m et. ~* reward (*od.* compensate, recompense) a p. for a th.; *j-m mit Undank ~* repay a p. with ingratitude; **2.** *Arbeit usw.*: → **II.** *v/refl.*: *sich ~* be profitable, pay; → *a. lohnend*; *es lohnt sich (zu inf.)* it is worth while (*ger.*), it pays (to *inf.*); *es lohnt sich kaum* it is hardly worthwhile, (*ist zwecklos*) it is no use; *~d* paying, profitable, remunerative; (*vorteilhaft*) advantageous, worthwhile, *pred.* worth-while; (*gewinnbringend*) lucrative, *bsd. fig.* rewarding.

löhnen *v/t.* pay wages to; ⚔ pay.

Lohn...: ~erhöhung *f* wage increase (*od.* rise, *Am. a.* raise); **~forderung** *f* wage claim; **~fonds** *m* wage fund; **~fortzahlung** *f* continued payment of wages (in case of sickness); **~gefälle** *n* wage differential; **~herr** *m* employer; **~intensiv** *adj.* wage-intensive; **~kampf** *m* dispute over wages, labo(u)r conflict; **~kellner** *m* day-waiter; **~klasse** *f* wage group (*od.* bracket); **~kosten** *pl.* labo(u)r cost *sg.*; **~kostenanteil** *m* wage factor in cost; wage-cost factor; **~kürzung** *f* pay cut; **~liste** *f* pay-roll; wages-sheet; **~pause** *f* pay pause; **~politik** *f* wage(s) policy; **~-Preis-Spirale** *f* wages-price spiral; **~satz** *m* wage rate; **~schreiber** *m* literary hack, penny-a-liner; **~skala** *f* wage scale; **~steuer** *f* tax on wages (*od.* on salary), *Brit.* pay-as-you-earn; **~stopp** *m* wage freeze; **~streifen** *m* pay slip; **~tarif** *m* wage rate; **~tüte** *f* pay envelope, pay packet.

Löhnung *f* payment (of wages); ⚔ pay; **~stag** *m* pay-day.

Lohn...: ~veredelung ⊕ *f* job processing; **~verhandlungen** *f/pl.* wage negotiations; **~wesen** *n* wage-costing; **~zahlung** *f* payment of wages; **~zettel** *m* pay slip.

Lokal I. *n* locality, place; (*Gaststätte*) restaurant, public house, F pub, *Am. a.* saloon (→ *a. Gasthaus*); (*Raum*) room, *großes*: hall; (*Geschäfts~*) business premises *pl.*, (*Laden*) shop; **II. ~** *adj.* local; **~anästhesie** ⚕ *f* local an(a)esthesia; **~bahn** *f* local railway; **~blatt** *n* local paper; **~e(s)** *n e-r Zeitung*: local news *pl.*; **~farbe** *f paint. u. fig.* local colo(u)r; **~isieren** *v/t.* localize; **~isierung** *f* localization; **~ität** *f* locality; **~kolorit** *n* local colo(u)r; **~nachrichten** *f/pl.* local news; **~patriotismus** *m* localism, sectional pride; **~politik** *f* local politics *pl.*; **~termin** ⚖ *m* on-the-spot investigation; **~verhältnisse** *pl.* local conditions; **~verkehr** *m* local traffic; **~zug** 🚂 *m* local train.

Lok *f* (*Lokomotive*) loco, engine.

Lokativ *ling. m* locative.

Lokführer *m* → *Lokomotivführer.*

loko ⚚ *prp.*: *~ Berlin* free Berlin; **~geschäft** *n* spot business; **~preis** *m* spot price; **~waren** *f/pl.* spot goods, spots.

Lokomobile ⊕ *f* locomobile.

Lokomotiv|e *f* (locomotive) engine; **~führer** *m* engine-driver, *Am.* engineer.

Lokus F *m Brit.* F loo, *Am.* F john.

Lombard|bank ⚚ *f* loan bank; **~darlehen** *n*, **~kredit** *m* loan on (collateral) security, collateral loan; **~fähig** *adj.* acceptable as collateral (security); **~geschäft** *n* (collateral) loan business; **~ieren** *v/t. u. v/i.*

take up a (collateral) loan (on); **~satz** *m* bank rate for loans, *Am.* lending rate.

Londoner I. *m*, **~in** *f* Londoner; **II.** *adj.* (of) London.

Long|e *f*, **≗ieren** *v/t. Reiten*: longe (*fr.*).

Lorbeer *m* laurel; *fig. auf s-n ~en ausruhen* rest on one's laurels; *fig. ~en ernten* win (*od.* reap) laurels; **~baum** *m* laurel, bay (-tree); **~blatt** *n* bay-leaf; **~kranz** *m* laurel-wreath (*a. fig.*).

Lore ⊕ *f* truck, lorry.

Lorgnette *f* lorgnette (*fr.*).

Los *n allg.* lot (*a.* ⚕ *Warenposten, Parzelle*); (*Lotterie≗*) lottery ticket; (*Anteil*) lot, share; *fig.* (*Geschick*) lot, fate; *das ~ werfen (ziehen)* cast (draw) lots; *das große ~ ziehen* draw the winner; *sl.* hit the jackpot (*a. fig.*); *durchs ~ entscheiden usw.* by lot; *das ~ fiel auf mich* the lot fell on me; *es war mein ~, zu inf., mir fiel das ~ zu, zu inf.* it was my lot to *inf.*, it fell to my lot to *inf.*

los I. *pred. adj. u. adv.* **1.** → *lose* **1**; **2.** (*nicht befestigt, frei*) loose; (*ab, weg*) off; *der Hund ist ~* the dog is loose; *der Knopf ist ~* the button is off; **3.** F *fig. er hat was ~* (*kann was*) he is good *od.* a wizard (*in* at), F he knows his stuff, *sl.* he's got something on the ball; *was ist ~?* what's the matter?, what's going on?, F what's up?; *was ist ~ mit ihm?* what's the matter (*od.* wrong) with him?; *es ist et. ~* (*im Gange*) there is something brewing (*od.* in the wind); (*in Unordnung*) there is something wrong (*od.* amiss); *da war (schwer) was ~ Ärger, Streit*: there was hell to pay, things were pretty lively (there), *Stimmung, Trubel usw.*: there was a lot of fun (and merrymaking), a great time was had by all; *dort ist immer was ~* there is always something doing there; *hier ist nichts ~* (*langweilig*) F (it's a) slow show!, *sl.* nothing gives!; *was ist ~ in Berlin? Veranstaltungen usw.*: what's on in Berlin, *politisch usw.*: what's going on in Berlin?; *mit ihm (damit) ist nicht viel ~* F he (it) isn't up to much, *sl.* he (it) is no great shakes; *a. iro. er weiß, was ~ ist!* F he knows the score!; → *Teufel, losgehen usw.*; **4.** F *j-n, et. ~ sein* be rid of; *mein Geld bin ich ~* my money is gone; *die Sorge wäre ich ~* that won't worry me any longer; *den sind (od. wären) wir ~!* (he is a) good riddance!; *ihn wären wir besser ~* we would be well rid of him; **II.** *int.*: *~!* go ahead!; (*sprich!*) F fire away!, *Am. sl.* shoot!; (*mach schnell*) let's go!, come on!, F make it snappy!; (*tu etwas*) do something!, F get cracking!; *also, ~!* well, here goes!; (*Achtung, fertig,*) *~! Sport*: (on your marks, ready,) go!; *beim Spiel usw.*: play!

losarbeiten *v/i.* (*darauf ~*) work away (*auf* at).

lösbar *adj. a. fig.* soluble, ⚗ *usw. a.* solvable.

los...: ~ballern *v/i.* bang away; **~bekommen** *v/t.* get off; **~binden** *v/t.* untie, unfasten; **~brechen I.** *v/t.* break off; **II.** *fig. v/i.* break (*od.* burst) out *od.* forth; *im Zorn*: explode; **~bröckeln** *v/t. u. v/i.* crumble off.

Lösch|anlage *f für Kalk*: lime-slaking plant; **~bar** *adj.* quenchable; *Tonband usw.*: erasable; **~blatt** *n* blotting-paper; **~boot** *n* fire-boat; **~e** ⊕ *f* (char)coal dust, slack; **~eimer** *m* fire-bucket; **≗en** *v/t.* (*Feuer, Licht*) put out, extinguish; (*Durst*) quench; (*Kohle usw.*) *a.* douse; ⚡ (*Funken*) quench; (*Kalk*) slake; (*Geschriebenes*) efface, blot out, (*a. Bandaufnahme usw.*) erase; (*streichen*) delete, strike off, cancel, strike off the register; (*Forderung*) cancel, liquidate, (*Hypothek*) *a.* clear; ⚓ (*entladen*) unload, discharge, (*Waren*) land; **~er** *m* (*Feuer≗*) (fire-)extinguisher; (*Tinten≗*) blotter; ⚓ unloader, discharger, (*Arbeiter*) docker, stevedore; **~fahrzeug** *n* fire engine; **~funke** ⚡ *m* quenched spark; **~geld** ⚓ *n* wharfage; **~gerät** *n coll.* fire-fighting equipment; *engS.* fire-extinguisher; **~hafen** *m* port of discharge; **~kalk** *m* quicklime; **~kopf** *m Tonbandgerät*: erase head; **~mannschaft** *f* fire-brigade; **~papier** *n* blotting-paper; **~platz** ⚓ *m* wharf; (*Hafen*) port of discharge; **~taste** *f Tonband*: erase button; **~trupp** ⚔ *m* fire-fighting detail.

Löschung *f Feuer*: extinguishing, putting out; (*Tilgung*) cancellation, deletion, *a. Tonband usw.*: erasure; ⚕ *e-r Forderung*: cancellation, *e-r Hypothek*: *a.* discharge, clearing; *e-r Firma*: striking off the register; ⚓ *von Schiffen*: unloading, discharging; *von Waren*: landing.

Löschzug *m* fire-brigade.

los...: ~drehen *v/t.* twist off; (*Schraube*) *a.* loosen; **~drücken** *v/i. Gewehr*: pull the trigger.

lose *adj.* **1.** (*locker, unbefestigt*) loose; (*nicht straff*) slack; (*be-*

weglich) movable, shifting; ⊕ unassembled; ⚕ (*unverpackt*) loose, unpackaged; ~ *Waren* bulk goods; ~ *Blätter* loose leaves; **2.** *fig. Verbindung, Zs.-hang usw.*: loose; **3.** *fig.* (*boshaft*) malicious; (*frech*) flippant, F cheeky; *Gerede usw.*: loose; (*liederlich*) loose *girl, life, etc.*; ~*s Maul*, ~ *Zunge* loose tongue; *iro. du* ~*r!* you bad boy!; **≈blattbuch** *n* loose-leaf book (⚕ ledger).

Löse|geld *n* ransom; **~mittel** *n* ⚕ expectorant; ⊕ solvent.

loseisen F *v/t.* winkle out.

losen I. *v/i.* draw (*od.* cast) lots (*um* for); *mit e-r Münze*: toss (for); **II.** ≈ *n* drawing (of) lots; toss(-up); *beim* ~ *gewinnen* (*verlieren*) win (lose) the toss.

lösen *v/t.* **1.** (*los-, aufbinden*) loosen, untie, undo; *sich* ~ come off (*od.* undone), *Knoten usw.*: open; **2.** (*lostrennen*) detach, loosen; **3.** (*lockern*) loosen (*a.* ⚕ *Auswurf*), (*Bremse, Griff*) *a.* release; (*Muskeln, fig. Spannung*) relax (*a. sich* ~); *j-m die Zunge* ~ loosen a p.'s tongue; *sich* ~ loosen, work itself loose; (*sich abschälen*) come (*od.* peel) off; *sich aus e-r Reihe usw.* ~ detach o.s. from, emerge from; *ein Schuß löste sich* a shot rang out; → *gelöst*; **4.** ⚗ *usw.* (*auf* ~) dissolve (*a. sich* ~); **5.** (*entwirren*) disentangle (*a. fig.*); → *Knoten*[2] I; **6.** *fig.* (*Aufgabe, Rätsel usw.*) solve; (*Frage*) *a.* answer, guess; (*Konflikt, Schwierigkeit*) resolve, settle, dispose of; *sich* ~ be solved *etc.*; **7.** *fig.* (*Ehe*) dissolve; (*Verlobung*) break off; (*Beziehung*) *a.* sever; (*Verbindlichkeit*) cancel, set aside; (*Vertrag*) *a.* terminate, rescind; *sich* ~ break (off), be broken off, be cancelled (*od.* terminated *etc.*); **8.** *sich* ~ *von* (*sich befreien von*) free (*od.* disengage) o.s. from, break away from (*a. Sport*); ⚔ *sich vom Feind* ~ disengage o.s. from the enemy; **9.** (*Eintrittskarte usw.*) take, buy.

los...: **~fahren** *v/i.* depart, drive off; ~ *auf* make (straight) for, *fig.* (*j-n*) set (*od.* pounce) upon, fly at; **~gehen** *v/i.* **1.** go (*od.* march) off; ~ *auf* (*j-n*) go (straight) up to, (*angreifen*) attack, F go for, fly at, (*et.*) tackle (*od.* attack) *a th.*; **2.** F (*beginnen*) begin, start; *jetzt geht's los!* F there it goes!, now the fun begins!; *nun kann's* ~! let's go!, I am ready (*od.* all set)!; *a.* F *fig. es geht* (*schon*) *wieder* ~! we are off again!; **3.** *Feuerwaffe*: go off; (*explodieren*) explode, go off; *nicht* ~ miss fire; → *Schuß*; **4.** → (*sich*) *lösen* 1 *u.* 3; **~gelassen** *adj.*: *wie* ~ like mad, with abandon; **~gelöst** *fig. adj.* detached, freed; **~haken** *v/t.* unhook; **~kaufen** *v/t.* buy (off), redeem; (*Gefangene*) ransom; *sich* ~ buy o.s. out, purchase one's liberty; **~ketten** *v/t.* unchain; **~knüpfen** *v/t.* untie; **~kommen** *v/i.* (*freikommen*) get free, *a. fig. u. beim Start*: get away; ✈ (*vom Boden* ~) get off the ground; *fig. von et. od. j-m* ~ free (*od.* rid) o.s. of, cast off; *ich komme nicht davon los von dem Gedanken*: I can't get it off my mind; I can't get over it; **~koppeln** *v/t.* uncouple; (*Hunde*) *a.* unleash; **~kriegen** F *v/t.* get *a th.* off; **~lachen** *v/i.* burst out laughing; **~lassen** *v/t.* **1.** let go, release (*beide a. freilassen*); (*Hund*) unleash, *auf j-n*: set (*od.* sick) on; *laß mich los!* let (me) go!; *nicht* ~! hold tight!, hang on!; **2.** *fig. co.* (*Brief, Rede, Spottschrift usw.*) launch; (*e-n Schlag*) let go with, F uncork; → *losgelassen*; **~legen** F *v/i.* start, F get cracking, let go (*mit* with); (*rasen*) whip up an enormous speed, *Am. sl.* step on the gas; (*reden*) let go (*mit* with), *böse*: open up, give it straight from the shoulder; *leg los!* F fire away!, *Am. sl.* shoot!; ~ *gegen* → *losziehen* 3.

löslich ⚗ *adj.* soluble; **≈keit** ⚗ *f* solubility.

los...: **~lösen** *v/t.* loosen, detach; (*trennen*) sever; *sich* ~ come off; (*sich abschälen*) peel off; *fig.* free o.s. (*von* of), break away (from); → *losgelöst*; **~löten** ⊕ *v/t.* unsolder; **~machen** *v/t.* undo, untie, unfasten; ⚓ *a.* unmoor; *sich* ~ disengage (o.s.) (*von* from), cut loose (from), free o.s. (of); **~marschieren** *v/i.* march off; ~ *auf* march (straight) towards (*od.* against), make (*od.* head) for; **~platzen** *v/i. lachend*: burst out laughing; *mit et.* ~ blurt out a th.; **~rasen** *v/i.* rush (*od.* whizz, *mot.* roar) off; **~reißen** *v/t.* tear away; (*Geklebtes, Genähtes usw.*) tear (*od.* rip) off, pull off; *sich* ~ break loose *od.* away, *fig.* tear o.s. away (*von* from); **~sagen** *v/refl.*: *sich* ~ *von* break with; (*et.*) *a.* abjure; **≈sagung** *f* break (*von* with); **~schießen** *v/t. u. v/i.* fire (off); (*ballern*) bang away; (*rennen usw.*) dash off; *auf j-n* ~ rush at; F *schieß los!* F fire away!, *Am. sl.* shoot!; **~schlagen I.** *v/t.* knock off; ⚕ (*Waren*) dispose of, sell off;

auf e-r Auktion: knock down; **II.** *v/i. im Kriege usw.*: strike, open the attack; ~ *auf j-n* attack, let fly at; **~schnallen** *v/t.* unbuckle, unstrap; ✈ *sich* ~ undo one's belt; **~schrauben** *v/t.* unscrew, screw off; **~sprechen** *v/t.* absolve (*a. eccl.*); ~ *von* acquit of; (*e-r Pflicht*) release from; **≈sprechung** *f* absolution; acquittal, release; **~sprengen I.** *v/t.* blast off; **II.** *v/i. Reiter*: gallop off; **~springen** *v/i.* jump off; *Dinge*: snap (*od.* burst) off; *auf j-n* ~ rush at, pounce upon; **~steuern** *v/i.*: ~ *auf* head *od.* make (straight) for; *fig. a.* F *im Gespräch*: be driving at, go right to; **~stürmen, ~stürzen** *v/i.* rush off; ~ *auf* rush (*od.* fly) at, pounce upon; **~trennen** *v/t.* → *abtrennen*.

Losung[1] ⚔ *f* watchword, password; *Kampfruf*: battle-cry (*a. fig.* = catchword, slogan); **~**[2] *hunt. f des Wildes*: droppings *pl.*, dung.

Lösung *f* (*das Lösen*) loosening; ⚗ dissolving, *a.* ⅍ *usw.* solution; (*Resultat*) ⚗, ⅍ solution, *e-r Frage, e-s Rätsels*: *a.* answer (*gen.* to); *Drama usw.*: unravelling, dénouement (*fr.*); *s-e* ~ *finden* be solved; **~sfähigkeit** ⚗ *f* solubility; **~smittel** *n* solvent; *für Lacke usw.*: thinner.

Losungswort *n* → *Losung*[1].

los...: ~werden *v/t.* get rid of; ✝ *a.* dispose of, sell; **~ziehen** *v/i.* **1.** (*fortgehen*) set out, take off, march off; **2.** (*et.*) pull (*od.* wrench) off *od.* away; **3.** *fig.* ~ *gegen, über* inveigh against, rail at, lash out against (*od.* at), F run down.

Lot *n* ⊕ (*Blei≈*) plumb(-bob); ⚓ (sounding) lead; (*Leine*) plumb-line; ⚓ sounding line; ⅍ perpendicular (line); (*Lötmetall*) solder; *aus dem* ~ out of plumb; *fig.* out of order; *im* ~ perpendicular; *fig.* in good (*od.* F apple-pie) order; *mit ihr ist et. nicht im* ~ there is something wrong with her; *ins* ~ *bringen* set to rights; *das* ~ *errichten* (*fällen*) raise (drop) a perpendicular (line); **≈en** *v/t.* plumb; ⚓ sound.

löten *v/t.* solder.

Lotion *f* lotion.

Löt...: ~kolben *m* soldering iron; **~lampe** *f* blowlamp, *Am.* blowtorch.

Lotleine ⚓ *f* sounding line.

Lotos *m*, **~blume** *f* lotus.

lotrecht *adj.*, **≈e** *f* perpendicular, vertical.

Lötrohr ⊕ *n* blowpipe.

Lotse *m* ⚓ pilot; → *a. Fluglotse*.

lotsen ⚓ *v/t.* pilot; F *fig.* (*schleppen*) drag, (*locken*) lure, coax; **≈boot** *n* pilot vessel; **≈dienst** *m a. mot.* pilotage service; **≈gebühr** *f*, **≈geld** *n* pilotage.

Lötstelle ⊕ *f* soldered joint.

Lotterie *f* lottery; **~einnehmer** *m* lottery agent; **~los** *n* lottery ticket; **~spiel** *n* lottery, *fig. a.* gamble.

Lotter...: ~leben *n* dissolute life; **~wirtschaft** *f* mess, hugger-mugger.

Lotto *n* numbers pool, lotto.

Lotung *f* plumbing, ⚓ sounding.

Lötung ⊕ *f* soldering.

Löt...: ~wasser ⊕ *n* soldering solution; **~zinn** *n* tin flux.

Löwe *m zo.* lion (*a. fig.* = hero); *ast.* Leo, Lion; → *Höhle*.

Löwen...: ~anteil *m* lion's share; **~bändiger** *m* lion-tamer; **~grube** *f* lion's den; **~haupt** *fig. n* leonine head; **~jagd** *f* lion hunt(ing); **~junge(s)** *n* lion's cub; **~maul** ⚘ *n* snapdragon; **~mut** *m* lion-hearted courage; **~zahn** ⚘ *m* dandelion.

Löwin *zo. f* lioness.

loyal *adj.* loyal; **≈ität** *f* loyalty.

Luch *geogr. f, n* bog.

Luchs *zo. m* lynx; *fig. Augen wie ein* ~ eyes like a hawk; *aufpassen wie ein* ~ watch like a hawk; **≈en** *v/i.* peer, keep a sharp look-out.

Lücke *f allg.* gap (*a. fig. Wissens≈ usw.*); 🕮 lacuna, interstice; (*Riß, Bruch*) breach, opening; (*leere Stelle*) blank, void; (*Auslassung*) omission; (*Mangel*) deficiency; ~ *im Gesetz* loophole; ⊕ *auf* ~ *stehend* staggered; *e-e* ~ *ausfüllen od. schließen* fill (*od.* stop) a gap; *fig. a.* supply a want; *Person*: *a.* step into the breach; *e-e* ~ *reißen* make (*od.* leave) a gap.

Lücken...: ~büßer *m* stopgap; **≈haft** *adj.* full of gaps, gappy; *fig. a.* incomplete, fragmentary, full of holes; **~haftigkeit** *f* gappiness, incompleteness, fragmentariness; **≈los** *adj.* without a gap; *fig.* unbroken, uninterrupted; (*vollständig*) complete; ~*er Beweis* close argument, watertight case.

Luder *n* **1.** (*Aas*) carrion; **2.** F *Schimpfwort*: beast; (*Hure*) hussy; *armes* ~ poor wretch; *dummes* ~ silly goose; *kleines* ~ F baggage; **~leben** *n* dissolute life.

Lues ⚕ *f* lues, syphilis.

Luft *f* air; (~*hülle*) atmosphere; (*Brise*) air, breeze; (*Atem*) breath; ⊕ (*Spiel*) play, clearance, *bei Paßteilen*: slackness; *falsche* ~

air leak; *Flugzeug leichter als* ~ lighter-than-air craft; *in freier* ~ in the open air; *frische* ~ *schöpfen, an die* ~ *gehen* get a breath of fresh air, take the air; F *in die* ~ *gehen* explode, F blow one's top, go up the wall; *tief* ~ *holen* draw a deep breath, *fig. vor Erstaunen*: catch one's breath, swallow hard; *keine* ~ *haben* be out of breath, be winded; *nach* ~ *schnappen* gasp for breath, pant; *wieder* ~ *bekommen* get one's breath again (*a. fig.*); *wieder* ~ *schöpfen* recover one's breath; *fig. jetzt hab ich wieder etwas* ~ now I can breathe again; *den Ball aus der* ~ *nehmen Sport*: volley; *in der* ~ (*über dem Boden*) *schwebend usw.* in mid-air; *in die* ~ *fliegen* blow up, be blown up, explode; *in die* ~ *sprengen* (*od. jagen*) blow up; *j-n an die* ~ *setzen* turn a p. out, *Am. sl.* give a p. the air; *j-n wie* ~ *behandeln* cut a p. dead, look right through a p.; F *von der* ~ *leben* live on air; *s-m Zorn* ~ *machen* give vent to one's rage, let off steam; *sich* (*od. s-n Gefühlen, s-m Herzen*) ~ *machen* vent (*od.* air) one's feelings, unburden o.s.; *sich* ~ *machen Gefühle*: find vent; *aus der* ~ *greifen* pull out of thin air; *aus der* ~ *gegriffen* (totally) unfounded, fantastic, *pred. a.* pure invention; *sich in* ~ *auflösen* vanish into thin air; *sich* ~ *schaffen* get breathing space, free o.s.; *das hängt alles* (*noch*) *in der* ~ that is all (quite) up in the air; *der Mannschaft ging die* ~ *aus* the team ran out of steam; *es liegt et. in der* ~ there is something in the air (*od.* wind); *es ist dicke* ~ there is trouble brewing; *die* ~ *ist rein* the coast is clear; *er ist* ~ *für mich* he just doesn't exist for me, I'm through with him; F *mir blieb die* ~ *weg* I was dumbfounded (*od.* F flabbergasted); → *ausgehen* 3; **~abkommen** *n* air pact; **~abschirmung** *f* air umbrella; **~abwehr** *f* air defen|ce, *Am.* -se; *in Zssgn* anti-aircraft ..., → *a. Fliegerabwehr...*; **~abzug** ⊕ *m* air-exhaust; **~akrobat(in** *f*) *m* aerialist; **~akrobatik** *f* air acrobatics *pl.*; **~alarm** *m* air alert; **~angriff** *m* air raid, aerial (*od.* air) attack; **~ansaugstutzen** ⊕ *f* air intake; **~ansicht** *f* aerial view; **~attaché** *m* air attaché; **~aufklärung** *f* aerial reconnaissance; **~aufnahme** *f* aerial photo(graph); **~auslaß** *m*, **~austritt** ⊕ *m* air outlet; **~bad** *n* air-bath; **~ballon** *m für Kinder*: (air-)balloon; **~basis** *f* air base; **~bereifung** *f* pneumatic tyres (*Am.* tires) *pl.*; **~bild** *n* aerial (*od.* air) photo(graph), aerial view; *fig.* vision, phantasm; **~bildkarte** *f* aerial map; **~blase** *f* (air-)bubble; **~bremse** ⊕ *f* air brake; **~brücke** ✈ *f* air-lift.

Lüftchen *n* gentle breeze.

Luft...: ≈dicht I. *adj.* airtight, airproof, hermetical; ~ *machen* airproof; **II.** *adv.*: ~ *verschließen* seal hermetically, airseal; ~ *verpackt* vacuum-packed; **~dichte** *phys. f* atmospheric density; **~druck** *m meteor.* atmospheric pressure; (*Explosionsdruck*) blast; ⊕ air pressure; *bei Reifen*: inflation pressure; **~druck...** ⊕ *in Zssgn* → *a. Druckluft*(*bremse usw.*); **~druckmesser** *m* barometer; **~druckschreiber** *m* barograph; **≈durchlässig** *adj.* permeable to air; porous; **~durchlässigkeit** *f* permeability to air; **~düse** *f* air nozzle, air jet; **~einlaß** ⊕ *m* air intake; **~elektrizität** *f* atmospheric electricity; **~elektronik** ⊕ *f* avionics *pl.*; **~embolie** ⚕ *f* aeroembolism.

lüft|en *v/t.* air, ventilate; (*be*~) aerate; *mot.* (*Bremsen, Batterie*) bleed; (*heben, a. sich* ~) lift; (*Hut*) *a.* raise; *fig.* (*Geheimnis*) unveil, reveal; *sich* ~ be revealed, come out; **≈er** ⊕ *m* fan, ventilator.

Luftfahrt *f* aviation, aeronautics *pl.* (*sg. konstr*), flying; **≈begeistert** *adj.* air-minded; **~gesellschaft** *f* airline (company); **~medizin** *f* aeromedicine; **~ministerium** *n* Ministry of Civil Aviation, *Am.* Civil Aeronautics Administration.

Luft...: ~fahrzeug *n* aircraft; **~federung** ⊕ *f* air cushioning (*mot.* suspension); **~feuchtigkeit** *f* (atmospheric) humidity; **~feuchtigkeitsmesser** *m* hygrometer; **~filter** *m* air filter; **~flotte** *f* air-force; *starke* ~ air armada; **~fracht** *f* airfreight; air cargo; **~frachtdienst** *m* airfreight service; **~frachter** *m* airfreighter; **≈gekühlt** ⊕ *adj.* air-cooled; **≈gesteuert** *adj.* air-operated; **~gewehr** *n* airgun; **~hafen** *m* airport; **~hauch** *m* breath of air; **~heizung** *f* hot-air heating; **~herrschaft** *f* air supremacy, control (*od.* mastery) of the air; **~hoheit** *f* air sovereignty; **~hülle** *f* atmosphere.

luftig *adj. allg.* airy (*a. fig.*).

Luftikus F *m* F harum-scarum.

Luft...: ~inspektion *f* aerial inspection; **~kabel** *n* aerial cable; **~kamera** *f* aerial camera; **~kammer** ⊕ *f* air chamber; **~kampf** *m* aerial combat; **~kampf-Flugkörper** *m* air-to-air missile; **~kanal** *m* air duct, vent; **~kissen** *n* air-cushion (*a.* ⊕); **~kissenfahrzeug** *n* air-cushion craft; **~klappe** *f* air flap; *mot. Vergaser*: choke; (*Ausstellfenster*) venti-pane; **~korridor** *m* air corridor; **°~krank** *adj.* air-sick; **~krankheit** *f* air-sickness; **~krieg** *m* aerial (*od.* air) warfare; **~kühlung** *f* air-cooling; **~kurort** *m* climatic (health) resort; **~landeeinheit** ⚔ *f* air-landed unit; (*Spezialtruppe*) airborne unit; **~landetruppen** *f/pl.* airborne troops; **~landeunternehmen** *n* airborne (*Am.* air-landed) operation; **°~leer** *adj.* void of air, vacuous; evacuated; *~er Raum* vacuum; **~linie** *f* air line; (*Entfernung*) air-line (*od.* linear) distance; *in der ~* as the crow flies; → *a. Luftverkehrslinie*; **~loch** *n* air-hole, vent; ✈ (*dünne Stelle der Luft*) air-pocket; **~macht** *f* air power; **~mangel** *m* want of air; **~mantel** *m* air-jacket; **~matratze** *f* air-mattress; **~mine** *f* aerial mine, *sl.* blockbuster; **~not** *f*: *Flugzeug in ~* aircraft in distress; **~offensive** *f* air offensive; **~parade** *f* aerial review, fly-past; **~pflanze** *f* aerophyte; **~pistole** *f* air-pistol; **~pirat** *m* hijacker, skyjacker; **~polster** *n* air-cushion; **~post** *f* air mail; *durch ~* by air mail; *mit ~ senden* air-mail; **~postbrief** *m* air-mail letter; **~postleichtbrief** *m* aerogram(me); **~postpaket** *n* air parcel; **~pumpe** *f* air (*od.* pneumatic) pump; tyre (*Am.* tire) pump; **~raum** *m* atmosphere; ✈ airspace; **~raumüberwachung** *f Flugverkehr*: air traffic control; **~reifen** *m* pneumatic tyre, *Am.* tire; **~reiniger** *m* air-purifier; **~reise** *f* air travel, flight; **~reisende(r** *m*) *f* air passenger, air travel(l)er; **~reklame** *f* aerial advertising; **~rettungsdienst** *m* air rescue service; **~röhre** *f* ⊕ air-tube; *anat.* windpipe, trachea; **~röhrenkatarrh** ⚕ *m* tracheitis; **~sack** ✈ *m* air sleeve (*od.* sock); **~schacht** *m* air shaft; **~schall** *m* airborne sound; **~schalter** ⚡ *m* air-break switch; **~schaukel** *f* swing-boat; **~schicht** *f* air (*od.* atmospheric) layer; **~schiff** *n* airship, dirigible, *kleines, unstarres*: blimp; **~schiffahrt** *f* aerial navigation, aviation; **~schlacht** *f* air battle; **~schlange** *f* streamer; **~schlauch** *m* air hose; *mot.* inner (*Am.* air) tube; **~schleuse** ⊕ *f* air lock; **~schlitz** *m* louv|re, *Am.* -er; **~schlösser** *n/pl.*: *~ bauen* build castles in the air (*od.* in Spain); **~schneise** *f* air lane; **~schraube** ✈ *f* airscrew, propeller; **~schutz** *m* air-raid protection (*abbr.* ARP); *ziviler*: civil air defen|ce, *Am.* -se; (*Maßnahmen*) air-raid precautions *pl.*; **~schutzbunker (-keller, -raum)** *m* air-raid shelter; **~schutzübung** *f* air-raid drill; **~schutzwart** *m* air-raid warden; **~sieg** *m* victory (in aerial combat); **~sog** *m* air suction, wake; *nach Explosion*: vacuum; **~spediteur** *m* air carrier; **~speicher** *mot. m* air cell; **~sperre** *f* air barrage; **~spiegelung** *f* mirage, fata morgana; **~sport** *m* aerial sport; **~sprünge** *m/pl.*: *~ machen* cut capers; gambol, dance (*vor Freude* with joy); **~stickstoff** *m* atmospheric nitrogen; **~stoß** *m* gust of air, *bsd. nach Explosion*: blast; **~strahl** *m* air jet; **~strahltriebwerk** *n* jet-propulsion unit; **~strecke** *f* air-route; **~streitkräfte** *f/pl.*, **~streitmacht** *f* air force; **~strom** *m*, **~strömung** *f* air stream (*od.* current, flow); **~stützpunkt** *m* air-base; **°~tanken** *v/t. u. v/i.* refuel during flight; **~taxi** *f* air-taxi; **~torpedo** *n* aerial torpedo; **~transport** *m* air transport(ation *Am.*); **°~trocken** ⊕ *adj.* air-dried; **°~trocknen** *v/t.* air-dry; **°~trocknend** *adj. Lack usw.*: air-drying; **°~tüchtig** ✈ *adj.* airworthy; **~tüchtigkeit** *f* airworthiness; **~überfall** *m* air-raid; **~überlegenheit** *f* air superiority; **~- und Raumfahrtindustrie** *f* aerospace industry.

Lüftung *f* airing, *künstliche*: ventilation; (*Be°~*) aeration; *mot. Batterie, Bremse*: bleeding; **~sanlage** *f* ventilating system; **~srohr** *n* vent pipe; **~sschacht** *m* air shaft; **~sventil** *n* vent valve.

Luft...: **~ventil** *n* air valve; **~veränderung** *f* change of air; **~verdichter** *m* (air) compressor; **~verkehr** *m* air traffic; **~verkehrsdienst** *m* air service; **~verkehrslinie** *f* airway, air-line, air-route; **~vermessung** *f* aerial survey; **~verschmutzung** *f*, **~verseuchung** *f*, **~verunreinigung** *f* air pollution; **~verteidigung** *f* air defen|ce, *Am.* -se; **~waffe** *f* Air Force; **~warndienst** *m* air-warning service; **~warnung** *f* air-raid warning; **~wechsel** *m* change of air; **~weg** *m* **1.** ✈ air-route, airline; *auf dem ~e* by air; **2.** *pl. anat.* respiratory tracts; **~widerstand** *m* air resistance; ✈ *a.* drag; **~wirbel** *m* (air) eddy, vortex; *pl.* turbulence *sg.*; **~wurzel** ⚘ *f* aerial root; **~ziegel** *m* air brick; **~zufuhr** *f* air supply; **~zug** *m* draught (*Am.* draft), current of air; ⊕ air duct, flue.

Lug *m*: *~ und Trug* falsehood and deceit.

Lüge *f* lie, falsehood, untruth; *j-n, et. ~n strafen* give the lie to, belie *a. p.'s* words; *~n haben kurze Beine* lies have short wings; → *fromm.*

lugen *v/i.* look out (*nach* for); *a. Sache*: peep, peer (*aus, von* from).

lügen I. *v/i.* lie, tell a lie (*od.* lies *pl.*); (*flunkern*) (tell a) fib, F tell stories; *du lügst!* you are a liar!; *das ist gelogen!* that's a lie!; → *gedruckt*; **II.** *v/t.* lie; **III.** ≈ *n* lying; **≈detektor** *m* lie detector; **≈geschichte** *f* F yarn, cock-and-bull story; **≈gespinst** *n*, **≈gewebe** *n* tissue of lies; **~haft** *adj. Person*: lying, deceitful, mendacious; *Sache*: untrue, invented, fabricated, false; **≈haftigkeit** *f* deceitfulness, mendacity; falsehood; **≈maul** F *n* impudent liar.

Lügner *m*, **~in** *f* liar; **≈isch** *adj.* lying, mendacious.

Luke *f* (*Dach≈*) dormer(-window); (*Einstiegs≈, Lade≈ usw.*) hatch (*a.* ⚓, ✈).

lukrativ *adj.* lucrative.

lukullisch *adj.* Lucull(i)an, sumptuous.

Lulatsch F *m*: *langer ~* tall streak.

lullen *v/t.*: *in (den) Schlaf ~* lull to sleep.

lumbal *anat. adj.* lumbar.

Lumen *phys. n* lumen.

Lümmel *m* lout, boor; (*Frechling*) insolent oaf; (*Rohling*) ruffian.

Lümmelei *f* loutishness, rudeness.

lümmel|haft *adj.* loutish, boorish, uncouth, rude, insolent; **~n** *v/i. u. v/refl.*: (*sich ~*) lounge, loll.

Lumineszenz *phys. f* luminescence.

Lump *m* ragamuffin, beggar, tramp; (*gemeiner Kerl*) cad, *Am. sl.* heel, rat; (*Schurke*) scoundrel, blackguard, *bsd. iro.* rascal.

Lumpen *m* rag; *pl.* rags (and tatters).

lumpen *v/refl.*: *sich nicht ~ lassen* come down handsomely, do o.s. proud.

Lumpen...: **~ball** *m* tacky party; **~gesindel** *n* rabble, riff-raff; (*Schurken*) scoundrels *pl.*; **~händler** *m* ragman, *Am.* junkman; **~hund** F *m*, **~kerl** F *m* → *Lump*; **~pack** *n* → *Lumpengesindel*; **~papier** *n* rag paper; **~sammler** (**-in** *f*) *m* rag-picker; **~wolf** ⊕ *m* rag-tearing machine.

Lumperei *f* dirty (*od.* shabby) trick.

lumpig *fig. adj.* (*gemein*) mean, dirty, shabby; F (*armselig*) shabby, paltry; *für ~e fünf Dollar* for a paltry five dollars.

lunar *adj.* lunar.

Lünette *f allg.* lunette.

Lunge *anat. f* (*~nflügel*) lung; (*als Organ*) lungs *pl.*; *von Schlachtvieh*: lights *pl.*; ⚕ *eiserne ~* iron lung; *e-e starke ~ haben* have good lungs; *aus voller ~ schreien* at the top of one's voice; (*auf*) *~ rauchen* inhale.

Lungen...: *in Zssgn* of the lungs, pulmonary; **~arterie** *f* pulmonary artery; **~bläschen** *n* pulmonary alveolus, air cell; **~embolie** *f* pulmonary embolism; **~entzündung** ⚕ *f* inflammation of the lungs, pneumonia; **~facharzt** *m* lung specialist; **~flügel** *m* lobe of the lung; **~heilanstalt** *f* sanatorium (*Am.* sanitarium); **≈krank** ⚕ *adj.* suffering from a lung disease; turberculous; **~kranke(r** *m*) *f* patient suffering from a lung disease, *Am. sl.* lunger; **~krankheit** *f* pulmonary (*od.* lung) disease; **~krebs** *m* lung cancer; **≈leidend** *adj.* → *lungenkrank*; **≈schädigend** *adj.* harmful to the lungs; **~schwindsucht** ⚕ *f* pulmonary phthisis; **≈schwindsüchtig** *adj.* consumptive; **~spitze** *f* apex of the lung; **~tuberkulose** ⚕ *f* tuberculosis of the lungs, (pulmonary) tuberculosis.

lungern *v/i.* loiter (*od.* loaf, hang) about.

Lunker *metall. m* shrinkhole.

Lunte *f* **1.** slow-match; *fig.* F *~ riechen* smell a rat; **2.** *zo. hunt.* brush.

Lupe *f* magnifying glass, magnifier; (*Taschen≈*) pocket-lens; *fig. unter die ~ nehmen* scrutinize (closely), take a good look at; *die muß man mit der ~ suchen* they are few and far between.

lupfen *dial.*, **lüpfen** *v/t.* lift.

Lupine ⚘ *f* lupine.

Luppe *metall. f* puddle ball.

Lurch *zo. m* amphibian; (*Frosch≈*) batrachian.

Lust *f* (*Vergnügen, Wohlgefühl*) pleasure, delight; (*Genuß*) enjoyment; (*Freude*) joy; (*Neigung*) inclination; (*Verlangen*) desire, appetite (*auf* for); *psych.* pleasure; (*sinnliche Begierde*) (carnal) desire *od.* appetite, lust; (*sinnliches* ~-*gefühl*) (sensual *od.* sexual) pleasure, lust; *je nach* ~ *und Laune* as you like it, (just) as the fancy takes you; *mit* ~ *und Liebe* with heart and soul, with a will; (*große*) ~ *haben zu inf.* have a (great) mind to *inf.*, feel (very much) like *ger.*, be (rather) in the mood for *ger.*; *beinahe* (*od. nicht übel*) ~ *haben zu inf.* have half a mind to *inf.*; *keine* (*rechte*) ~ *haben zu inf.* not to feel like *ger.*, not to be in the mood for *ger.*, not to care to *inf.*, not to be keen on *ger.*; *alle* ~ *an et. verlieren* lose all enthusiasm for (*od.* interest in) a th.; *j-m* ~ *machen zu* give a p. a taste for; *seine* ~ *an et. haben* take a delight in a th., F get a kick out of a th.; *seinen Lüsten frönen* gratify one's passions, indulge one's vices; *haben Sie* ~ *auszugehen?* would you like to go out?; F *ich hätte* ~ *auf ein Stück Kuchen* F I feel like (having) a piece of cake; *es ist eine* ~, *ihm zuzusehen* it is a real pleasure to watch him work, *etc.*; *er zeigte wenig* ~ he showed little enthusiasm; → *anwandeln*; **~barkeit** *f* diversion, amusement; *bsd. öffentliche*: entertainment; (*Fest*) festivity, fête; ~*en a.* revels; **~barkeitssteuer** *f* entertainment tax; **≗betont** *adj.* hedonistic(ally *adv.*); pleasure-seeking.

lüsten *v/impers.* → *gelüsten.*

Lüster[1] *m* (*Glanz, a. Gewebe.*) lust|re, *Am.* -er; **~**[2] *m* (*Kronleuchter*) lustre, chandelier.

lüstern *adj.* desirous (*nach* of), greedy (of, for); *sinnlich*: lewd, lascivious, lecherous, lustful; **≗heit** *f* greediness; lasciviousness, lewdness, concupiscence.

Lust...: **~empfindung** *f* pleasurable sensation; **≗erregend** *adj.* titillating; *physiol.* erogenic; **~fahrt** *f* pleasure-trip, *mot.* F joyride; **~garten** *m* pleasure-garden (*od.* -grounds), pleasance; **~gefühl** *n* → *Lustempfindung*; **~gewinn** *m* pleasure gain; **~haus** *n*, **~häuschen** *n* summer-house.

lustig *adj.* merry, gay, rollicking; *von Natur*: jolly, cheerful; (*belustigend*) amusing, funny, hilarious; (*drollig*) droll, comical; (*lächerlich*) ludicrous; ~*e Person* amusing (*od.* funny) person; ~ *sein* (*sich festlich vergnügen*) make merry; *sich* ~ *machen über* make fun of, poke fun at, *b.s.* scoff at; F *nun aber* ~! look sharp!, *sl.* step on it!; *iro. das kann ja* ~ *werden!* nice prospects!; *iro. ist ja* ~! F that's just dandy!; *adv.* ~ *drauflos* lustily, cheerfully; **≗keit** *f* gaiety, merriment, mirth; jollity, cheerfulness; fun, hilarity; drollness, comicality.

Lust...: **~jacht** *f* pleasure yacht; **~knabe** *m* catamite.

Lüstling *m* voluptuary, debauchee, libertine, lecher, rake.

Lust...: **≗los** *adj.* listless, spiritless, unenthusiastic(al); ⚚ *Börse*: lifeless, inactive, *Tendenz*: dull, flat; **~losigkeit** *f* listlessness; ⚚ dullness, slackness; **~molch** F *m* lecher; **~mord** *m* sex murder; **~mörder** *m* sex killer (*od.* murderer); **~objekt** *n* sex object; **~prinzip** *psych. n* pleasure principle; **~schloß** *n* pleasure seat; **~seuche** ⚕ *f* syphilis; **~spiel** *n* comedy; **~spieldichter** *m* comic playwright; **≗wandeln** *v/i.* stroll about, promenade.

Luther|aner *m*, **≗isch** *adj.* Lutheran.

lutsch|en *v/i. u. v/t.* suck (*et. od. an et.* a th.); **≗er** *m* (*Süßigkeit*) lollipop; → *a. Gummisauger* 2.

Luv ⚓ *f*, **≗en** *v/i.*, **~seite** *f* luff.

Lux *phys. n* lux.

Luxation ⚕ *f* dislocation, luxation.

luxuriös *adj.* luxurious.

Luxus *m* luxury (*a. fig.*); extravagance; *fig. sich den* ~ *gestatten, zu inf.* permit o.s. the luxury of *ger.*; **~artikel** *m* luxury article; *pl. a.* luxuries, luxury goods; **~ausführung** *f* de luxe model; **~ausgabe** *f* (*Buch*) de luxe edition, édition de luxe (*fr.*); ~*n für Luxusartikel*: luxury spending *sg.*; **~dampfer** *m* luxury liner; **~kabine** *f*, **~kajüte** ⚓ *f* state-room; **~steuer** *f* luxury tax; **~wagen** *mot. m* de luxe model; **~ware** *f* → *Luxusartikel.*

Luzerne ⚘ *f* lucerne.

Lymph|drüse *f* lymph(atic) gland; **~e** *f* lymph; (*Impfstoff*) vaccine (lymph); **~gefäß** *n* lymphatic vessel; **~knoten** *m* lymphatic node.

lynch|en *v/t.* lynch; **≗justiz** *f* lynch law.

Lyra *f* ♪ lyre; *ast.* Lyra.

Lyrik *f* lyric poetry; **~er** *m* lyric poet, lyricist, lyrist.

lyrisch *adj.* lyric(al).

Lyzeum *n* secondary school for girls.

M

M, m *n* M, m.
Maar *geol. n* maar.
Maat ⚓ *m* (ship's) mate.
Mach *phys. n* Mach.
Mach|art *f* make, style, design; **2bar** *adj.* practicable.
Mache F *f* make-believe, window-dressing, show, *sl.* eyewash; et. *in der ~ haben* have a th. in hand; et. *in die ~ nehmen* take a th. in hand; *j-n in die ~ nehmen* F put a p. through the wringer, work a p. over.
machen I. *v/t. allg.* make (*a. Ausflüchte, Betten, Feuer, Geschichte, Preise, Musik, ein Vermögen usw.*); (*tun, a. geistig*) do; (*herstellen*) make, produce, manufacture; (*zubereiten*) prepare, make; (*schaffen*) make, create; (*formen*) form; (*in e-n Zustand versetzen*) make, render *helpless, etc.*; (*errichten*) erect, construct; (*bewirken*) effect, produce; (*verursachen*) cause; *thea.* (*darstellen*) impersonate, F do; (*sich kümmern um*) deal with, attend to, handle; (*Appetit, Freude, Sorgen usw.*) give; (*Prüfung*) undergo, go in for, (*bestehen*) pass; → *Anspruch, Ausflug, Besuch, Ende usw.*; *Geschäfte ~* do business; *j-m (sich) das Haar ~* do a p.'s (one's) hair; *ein Komma ~* put a comma; *gesund ~* restore to health, cure; *es j-m recht ~* please a p.; *~ zu et.* (*verwandeln in*) change (*od.* turn, convert, render) into, (*werden lassen, befördern usw. zu*) make, *a.* render; *j-n glücklich ~* make (*od.* render) a p. happy; *j-n weinen ~* make a p. cry; *j-n zum General ~* make (*od.* appoint) a p. general; *j-n (sich) zum Herrn e-s Landes ~* make a p. (o.s.) (the) master of a country; *sich zum Märtyrer ~* make o.s. a martyr; *den Schiedsrichter ~* act as (*od.* be) the umpire *od.* referee; F *der Wagen macht 160 km/h* makes 96 mph; *20 Schilling(e) ~ ein Pfund* make (*od.* go to); *4 mal 5 macht 20* four times five is twenty; was (*od.* wieviel) *macht es* (*od. die Rechnung*)? how much is it?; *das macht drei Mark* that is (*od.* comes to) three marks; *das macht man* so that's how it is done; *was soll ich nur ~?* what can I do?; *das macht das Wetter!* it's the weather!; *so et. macht man nicht!* it isn't done!; *was macht das (aus)?* what does it matter?, what difference does it make?, F so what?; *das macht nichts!* never mind!, that's (quite) all right!; *es macht mir nichts (aus)* I don't mind, I don't care; *nichts zu ~!* nothing doing!, *Am. sl.* no soap!; *dagegen kann man nichts ~* it cannot be helped, you can't do a thing about it; F *er (es) wird's nicht mehr lange ~* he (it) is on his (its) last legs; → *schaffen* II 9; **II.** *v/refl.*: *sich ~* (*vorankommen*) make (good) progress; (*sich bessern*) be improving; (*gut aussehen*) look good; *er macht sich (jetzt recht gut)* F he is shaping up well; *die Sache macht sich (jetzt)* things are shaping (up) well, it's all plain sailing (now); *es wird sich schon ~* it will come right; *wie gehts?* F *es macht sich!* pretty well!, (*könnte besser sein*) so-so!; *das macht sich gut (schlecht)* that looks well (bad), *weitS.* that makes a good (bad) impression; *das läßt sich (schon) ~* that can be done, it can be arranged; *ich mache mir nichts daraus* I don't mind *od.* care (about it), (*bin nicht scharf darauf*) I don't care for it, F I am not keen on it; *mach dir nichts draus!* don't take it to heart!, don't lose any sleep over it!; *sich et. ~ lassen* have a th. made, order a th. (to be made); *sich an et. ~* go (*od.* set) about *od.* apply o.s. to *od.* tackle a th.; proceed to a th.; *sich an j-n ~* approach a p.; → *Weg*; **III.** *v/i.* (*tun*) do; *macht, daß ihr bald zurück seid!* see that you are back soon!; *mach, daß du da fortkommst!* off with you!, F get the hell out of here!, *bsd. Am. sl.* scram!, beat it!; *mach doch (zu)!* hurry up!, F get a move on!, *Am. sl.* make it snappy!; *mach's gut!* (*Lebewohl*) cheerio!, *Am.* take care of yourself!; F *auf vornehm ~* do the grand, give o.s. airs and graces; ☩ *~ in* deal in, sell; F *in Politik ~*

dabble in politics; *j-n* ~ *lassen* let a p. do as he pleases, give a p. a free hand; *laß mich nur* ~ leave it to me; **IV.** *p.p. u. adj.*: *gemacht* made (*aus* of); (*künstlich zurechtgemacht*) made; (*unecht*) artificial, false; *ein gemachter Mann* a made man; *das ist wie gemacht für mich* it fits me like a glove (*od.* to a T); *gut gemacht!* well done!, good work (*od. Brit.* F show)!; F *gemacht!* agreed!, F it's a deal!, OK!, okay!

Machenschaften *f/pl.* machinations, intrigues, doings.

Macher *fig. m* doer; *b.s.* wire-puller, mastermind; **~lohn** *m* cost of making, price.

machiavellistisch *adj.* Machiavellian (*a. fig.*).

Macht *f allg.* power; (*Kraft, Gewalt*) *a.* might; (*Gewalt*) power (*über* over), control (of), sway (over), grip (on); (*~befugnis*) power, authority; (*Kraft*) force, strength, power; (*Staat*) power; ⚔ (*Heer*) force(s *pl.*); *die ~ der Gewohnheit* the force of habit; *himmlische* (*böse*) *Mächte* heavenly (evil) powers; *pol. an der ~* in power; *die ~ übernehmen od. ergreifen* take over; *an die ~ kommen, zur ~ gelangen* come into (*od.* rise to) power; *~ geht vor Recht* might is (above) right; *aus eigener ~* by one's own authority, on one's own responsibility; *mit aller ~* with all one's might, with might and main; *keine ~ haben über* have no power over; *er tut alles, was in seiner ~ steht* all in his power, his utmost; *es steht nicht in s-r ~, zu inf.* it is not in his power to *inf.*; **~befugnis** *f* authority, power; **~bereich** *m* orbit (of power), sphere of influence; **~ergreifung** *f* → *Machtübernahme*; **~fülle** *f* fullness of power; **~gefüge** *n* power structure; **~gier** *f*, **~hunger** *m* lust (*od.* greed) of power **≈-gierig**, **≈hungrig** *adj.* power-hungry; **~gruppe** *pol. f* power(ful) group, *Am. sl.* powerhouse; **~-haber** *m* ruler; dictator; **≈haberisch** *adj.* despotic, dictatorial.

mächtig I. *adj.* powerful, mighty (*beide a. fig. Körper, Schlag, Stimme, Argument usw.*); (*gewaltig, riesig*) huge, enormous, F (*ungeheuer*) *a.* mighty, awful; *die ≈en* the powerful (*od.* mighty); *e-r Sprache ~ sein* have command of; *ich war meiner* (*Sinne*) *nicht mehr ~* I had lost control over myself; **II.** F *adv.* F mighty, awfully, terribly; *~ arbeiten* work hard (*od.* like a horse); *~ viel* an awful lot (of).

Mächtigkeitsspringen *n Reitsport*: puissance.

Macht...: kampf *m* power struggle; **≈los** *adj.* powerless, impotent, helpless; **~losigkeit** *f* powerlessness, impotence, weakness; **~mittel** *n* instrument of power; **~politik** *f* power politics (*sg. konstr.*); **~politiker** *m* power politician; **≈politisch** *adj.* power-political; **~probe** *f* trial of strength; **~stellung** *f* power(ful position), predominance; **~streben** *n* striving for power; **~übernahme** *f* takeover, assumption of power, coming into power; **≈voll** *adj.* powerful (*a. fig.*); **~vollkommenheit** *f* absolute power (*od.* control); *aus eigener ~* on one's own authority; **~wort** *n* command, peremptory order; *ein ~ sprechen* F put one's foot down.

Machwerk *n*: (*elendes ~*) (miserable) concoction (*od.* botch), F lousy job.

Machzahl ⊕ *f* mach (number).

Madam *f* madam.

Mädchen *n* girl (*a. weitS.* = sweetheart); (*Maid*) maid(en), lass; (*Dienst≈*) maid(servant), servant (-girl); *bsd. fig. ~ für alles* maid-of-all-work; **≈haft** *adj.* girlish; maidenly (*a. fig.*); **~haftigkeit** *f* girlishness, maidenliness; **~handel** *m* white slavery; **~händler** *m* white-slave agent; **~name** *m* girl's name; *e-r Frau:* maiden name; **~pensionat** *n* young ladies' boarding school; **~schule** *f* girls' school.

Made *f* maggot, grub; *fig. wie die ~ im Speck sitzen* be (*od.* live) in clover.

Mädel F *n* girl(ie), lass(ie), *sl.* doll(ie), *Am. a.* chick, baby.

Madenwurm *m* threadworm.

madig *adj.* maggoty; *Obst*: *a.* worm-eaten; F *fig. j-n od. et. ~ machen* run down, *sl.* knock.

Madonn|a *f* Madonna (*a.* = **~enbild** *n*); **≈enhaft** *adj.* Madonna-like.

Magazin *n* (*Lagerhaus*) warehouse, storehouse, magazine, depot; ⚔ stores *pl.*, storage depot, magazine; ⊕ magazine (*a. am Gewehr usw.*); (*Fülltrichter*) feed hopper; (*Zeitschrift*) magazine; **~gewehr** *n* magazine rifle.

Magd *f poet.* maiden; *fig.* handmaid; (*Bauern≈*) farm-girl; *obs.* (*Dienst≈*) maid (servant).

Mägdlein *n* (little) maiden *od.* girl.

Magen *m* stomach, F tummy; *der Vögel u. sl.*: gizzard; *mit leerem* ~, *auf den leeren* ~ on an empty stomach; *e-n guten* ~ *haben* have a good (*od.* cast-iron) digestion, *a. fig.* have a strong stomach; *sich den* ~ *verderben* (*od.* F *verrenken*) upset one's stomach; *j-m (schwer) im* ~ *liegen* sit heavy on a p.'s stomach, F worry a p. (terribly), prey on a p.'s mind; *in den* ~ *wandern* F go down the red lane; *dabei dreht es einem den* ~ *um* it makes you sick, it's sickening; → *knurren, Liebe*; **~arznei** *f* stomachic; **~ausgang** *anat. m* pylorus; **~beschwerden** *f/pl.* stomach trouble, gastric disorder; **~bitter** *m* bitter cordial, bitters *pl.*; **~blutung** *f* gastric h(a)emorrhage; **~brennen** *n* heartburn, pyrosis; **~-Darm...** gastro-enteric; **~drücken** *n* pressure on the stomach; **~drüse** *anat. f* gastric gland; **~eingang** *anat. m* cardia; **~erweiterung** *f* stomachic dilatation; **~gegend** *f* epigastric region; **~geschwür** ⚕ *n* gastric (*od.* peptic) ulcer; **~grube** *f* pit of the stomach, *Boxen*: mark; **~katarrh** *m* gastritis; **~knurren** *n* rumbling of the stomach; **~krampf** *m* gastric spasm; **≈krank** *adj.* suffering from a gastric disease; **~krebs** *m* stomach cancer; **~leiden** *n* gastric (*od.* stomach) complaint *od.* disease *od.* trouble; **≈leidend** *adj.* → *magenkrank*; **~saft** *m* gastric juice; **~säure** *f* gastric acid; (*~überschuß*) hyperacidity; **~schleimhaut** *f* gastric mucous membrane; **~schleimhautentzündung** *f* gastritis; **~schmerz** *m* pain in the stomach, stomachache; **≈stärkend(es Mittel** *n*) *adj.* stomachic, (gastric) tonic; **~übersäuerung** *f* hyperacidity; **~verstimmung** *f* indigestion; **~wand** *f* stomach wall; **~weh** *n* → *Magenschmerz*.

mager *adj.* meag|re, *Am.* -er (*a. fig.* = poor); lean (*a. Fleisch, Treibstoff usw., a. fig.*); (*dürr*) **spare, gaunt, thin, skinny,** *Am. a.* scrawny; *Kost*: slender *fare*; *Boden*: meagre, poor; *typ.* light-faced; *die sieben* ~*en Jahre* the seven lean years; **≈e(s)** *n the* lean (part); **≈fleisch** *n* lean (meat); **≈käse** *m* lean cheese, whey cheese; **≈keit** *f* meagreness, *Am.* meagerness (*a. fig.*); leanness; spareness, gauntness; **≈kohle** *f* lean coal; **≈milch** *f* skim milk.

Magie *f*: (*Schwarze* ~ black) magic; **~r** *m* magician.

magisch *adj.* magic(ally *adv.*); ~*es Auge* magic eye.

Magister *m* **1.** (school)master; **2.** *univ.* ~ *der Freien Künste* Master of Arts (*abbr.* M.A.); ~ *der Naturwissenschaften* Master of Science (*abbr.* M.Sc.); **3.** *östr.* → *Apotheker*.

Magistrat *m* municipal authority, town council.

Magma *geol. n* magma.

Magnat *m* magnate, *Am. a.* tycoon.

Magnesia ⚗ *f* magnesia.

Magnesium ⚗ *n* magnesium; **~pulver** *n* magnesium powder.

Magnet *m* magnet (*a. fig.*), *natürlicher*: lodestone; **~anker** ⚡ *m* magneto armature; **~band** *n* magnetic tape; **~bremse** *f* magnetic brake; **~eisenstein** *min. m* loadstone, magnet; **~feld** *n* magnetic field; **≈isch** *adj.* magnetic(ally *adv.*) (*a. fig.*).

Magne|tiseur *m* magnetizer; **≈tisieren** *v/t.* magnetize; (*j-n*) (*heil* ~) mesmerize; **~tismus** *m* magnetism (*a. fig.*); *tierischer*: mesmerism.

Magnet...: **~kissenbahn** *f* magnetic-field monorail, aerotrain; **~kompaß** *m* magnetic compass; **~kupplung** *f* electro-magnetic clutch; **~nadel** *f* magnetic (*od.* compass) needle; **~oinduktion** *f* magnetic induction; **~ophon** *n* magnetophone, magnetic tape recorder; **~regler** *m* field rheostat; **~schalter** *mot. m* solenoid switch; **~spule** *f*, **~wicklung** *f* magnetic coil; **~stahl** *m* magnet steel; **~tonband** *n* magnetic tape; **~tongerät** *n* magnetic recorder; **~zünder** *mot. m* (ignition) magneto; **~zündung** *f* magneto ignition.

Magnolie ⚘ *f* magnolia.

mäh! *int. von Schafen*: bah!

Mahagoni (*a.* **~holz**) *n* mahogany.

Maharadscha *m* maharajah.

Mahd ⚒ *f* mowing; (*Schwaden*) swath; (*Heuernte*) hay-harvest.

Mäh(d)er *m*, **~in** *f* mower.

Mähdrescher *m* combine harvester, harvester-thresher.

mähen[1] *v/t. u. v/i.* mow (*a. fig.*), cut, reap; **~**[2] *v/i. Schaf*: bleat.

Mahl *n* meal; *festliches*: feast, banquet.

mahlen *v/t. u. v/i.* grind, mill; *zu Pulver*: pulverize; (*zerquetschen*) crush, bruise; (*Papier*) beat; *mot. Räder im Schlamm*: spin; *gemahlener Kaffee* ground coffee.

Mahl...: **~zahn** *m* molar; **~zeit** *f* meal; F *prost* ~*!* F jolly good!; good night!

Mähmaschine *f* mower.

Mahnbrief *m* prompt note, reminder, dunning letter.
Mähne *f* mane (*a. fig.*).
mahn|en *v/t. u. v/i.* remind, (*er* ~) warn, admonish (*an* of); (*drängen*) urge; *j-n wegen e-r Schuld* ~ press a p. for payment, dun a p.; **~end** *adj.* admonishing, admonitory, warning; **˜er(in** *f*) *m* admonisher, warning voice; *um Zahlung*: dun (-ner); **˜mal** *n* memorial; **˜schreiben** *n* → *Mahnbrief*; **˜ung** *f* admonition, warning; ✝ → *Mahnbrief*; **˜verfahren** ⚖ *n* hortatory proceedings *pl.*; **˜zeichen** *n* memento; *the* hand on the wall; **˜zettel** *m* → *Mahnschreiben.*
Mähre *f* (old) mare, jade.
mährisch *adj.* Moravian.
Mai *m*: (*Monat* ~ month of) May; *der Erste* ~ the first of May, May Day; **~baum** *m* Maypole; **~blume** *f* lily of the valley.
Maid *f* maid(en).
Mai...: **~feier** *f*, **~fest** *n* (celebration of) May Day, May-Day demonstration *od.* parade; **~glöckchen** ⚘ *n* lily of the valley; **~käfer** *m* cockchafer, May bug (*od.* beetle); **~königin** *f* May queen.
Mailänd|er(in *f*) *m* Milanese; **˜isch** *adj.* Milanese, (of) Milan.
Mais *m* maize, Indian corn, *Am.* corn; **~birne** *f Boxen*: platform ball, pear-shaped punch(ing) ball.
Maisch|bottich *m* mash tub; **~e** *f*, **˜en** *v/t.* mash.
Mais...: **~flocken** *f/pl.* corn flakes; **~kolben** *m* (corn-)cob; **~mehl** *n* Indian meal, *Am.* corn meal.
Majestät *f* majesty (*a. fig.*); *Seine* (*Eure*) ~! His (Your) Majesty!; **˜isch** *adj.* majestic(ally *adv.*); **~sbeleidigung** *f* lèse-majesté (*fr.*); **~sverbrechen** *m* high treason; *fig.* enormous crime.
Majolika *f* majolica.
Major ⚔ *m* major; ✈ squadron leader.
Majoran ⚘ *m* marjoram.
Majorat *n* **1.** (right of) primogeniture; **2.** *a.* **~sgut** *n* entail(ed estate); **~sherr** *m* owner of an (entailed) estate.
majorenn *adj.* → *vollmündig.*
Majorität *f* majority; **~sbeschluß** *m* majority vote.
Majuskel *f* capital letter; *typ.* upper case letter.
Makadam *m* macadam; **˜isieren** *v/t.* macadamize; **~isierung** *f* macadamization.
Makel *m* stain, spot, blot, flaw (*alle a. fig.*); *fig.* blemish, taint; *ohne* ~ → *makellos.*
Mäkelei *f* fault-finding, carping (criticism), cavil.
mäkelig *adj.* carping; finicky, fussy; *im Essen usw.*: fastidious.
makellos *adj.* stainless, spotless, unblemished (*alle a. fig., Charakter usw.*); immaculate (*a. Schönheit*); *fig. a.* impeccable; **˜igkeit** *f* spotlessness, immaculateness.
mäkeln I. *v/i.*: ~ *an* find fault with, carp (*od.* cavil) at; **II.** ˜ *n* → *Mäkelei.*
Makkaroni *pl.* macaroni.
Makler ✝ *m* broker; *Börse*: stockbroker, jobber; (*amtlich zugelassener* ~) inside broker; (*Agent*) (commission-)agent, factor; *weitS.* (*Vermittler*) middleman; **~firma** *f* brokerage concern; **~gebühr** *f* broker's commission, brokerage (charges *pl.*); **~geschäft** *n* broker's business.
Makrele *ichth. f* mackerel.
Makrokosmos *m* macrocosm.
Makrone *f* macaroon.
Makulatur ⊕ *f* waste paper; *fig.* trash; **~bogen** *m* waste sheet.
Mal[1] *n* mark, sign; (*Grenz*˜) boundary mark; (*Ehren*˜) monument, memorial; *Spiel*: (*Ablauf*˜) start (-ing point), home, (*Ziel*) goal, base; (*Fleck*) spot, stain, *fig. a.* stigma; (*Mutter*˜) mole, birthmark; *blaues* ~ bruise.
Mal[2] *n* time; *für dieses* ~ this time, for once; *dieses eine* ~ this once; *ein paar* ~e a few times; *ein anderes* ~ some other time; *das nächste* ~ next time; *beim ersten* ~ the first time; (*beim ersten Versuch*) at the first try (*od.* F go); *mit einem* ~(e) all at once, all of a sudden; *von* ~ *zu* ~ each time, ever *better, etc.*; *zum ersten* ~(e) for the first time; *zum letzten* ~(e) for the last time, last; *zu wiederholten* ~en repeatedly, time after time, again and again.
mal I. *prp.* **1.** *beim Multiplizieren*: times, multiplied by; **II.** *adv.* **2.** → *allemal, diesmal, dreimal usw.*; **3.** F → *einmal.*
Malai|e *m*, **~in** *f* Malay; **˜isch** *adj.*, **~isch** *ling. n* Malay(an).
Malaria ⚕ *f* malaria; **~anfall** *m* attack of malaria.
Malbuch *n* painting-book.
malen *v/t. u. v/i.* paint, F do; (*porträtieren*) portray; (*zeichnen*) draw; (*skizzieren*) sketch, delineate; (*darstellen*) represent, depict; *fig.* paint, picture; *sich* ~ *lassen* sit for one's portrait, have one's likeness taken; *fig. et. zu schwarz* ~ paint too gloomy a picture of a th.; *auf s-m*

Gesicht malte sich Erstaunen he looked dazed, he could not have looked more surprised; F *mal dir was!* forget it!

Maler *m* painter (*a. Anstreicher*); *als Künstler*: *oft* artist; **~arbeit** *f* painting (job); **~atelier** *n* painter's (*od.* artist's) studio.

Malerei *f* painting.

Maler...: **~in** *f* paintress; **~isch** *adj.* pictorial, painting; *fig.* (*schön*) picturesque; *das* ~*e* the picturesque; **~leinwand** *f* canvas; **~meister** *m* master (house-)painter.

Malheur *n* misfortune, F mishap; F ~ *haben mit den Zähnen usw.* have tooth, *etc.*, trouble.

maliziös *adj.* malicious.

Malkasten *m* paint-box.

malnehmen ⅍ *v/t.* multiply.

Malstrom *m* maelstrom (*a. fig.*).

Malteserkreuz *n* Maltese cross.

Maltose ⚗ *f* maltose.

malträtieren *v/t.* manhandle, maltreat; (*quälen*) torment; (*Sache*) batter.

Malve ⚘ *f* mallow; **~nfarbig** *adj.* mauve.

Malz *n* malt; **~bier** *n* malt-beer; **~bonbon** *n* cough lozenge; **~darre** *f* malt-kiln.

Malzeichen ⅍ *n* multiplication sign.

Mälzer *m* maltster; **~ei** *f* **1.** malting; **2.** malting-house.

Malz...: **~extrakt** *m* malt extract; **~kaffee** *m* malt-coffee; **~zucker** *m* malt sugar, maltose.

Mama *f* mamma, F ma, mummy, *Am. a.* mom.

Mammon *m* mammon; *schnöder* ~ filthy lucre.

Mammut *zo. n* mammoth; **~baum** ⚘ *m* mammoth tree; **~unternehmen** *n* mammoth enterprise.

mampfen F *v/i.* munch.

Mamsell *f* miss, F damsel; (*Wirtschafterin*) housekeeper.

man[1] *indef. pron.* **1.** *sich selbst einbeziehend*: one, you, we; ~ *kann nie wissen* you never can tell; *wenn* ~ *ihn hört, sollte* ~ *glauben* to hear him one would think; ~ *kann nicht wissen* (*sagen*), *ob* there is no knowing (telling) whether; ~ *muß es tun* it must be done; **2.** (*andere Leute*) they, people, *oft passivisch übersetzt*: ~ *hat mir gesagt* I have been told (= they told me); ~ *sagt* people say; ~ *holte ihn* (*riet ihm*) he was fetched (advised); **3.** *in Vorschriften, imperativisch übersetzt*: ~ *nehme* take; ~ *dreht die Schraube nach rechts* turn screw clockwise.

man[2] *dial. adv.* (*Füllwort*) = *nur*; ~ *sachte!* take it easy!; *denn* ~ *los!* let's go (then)!, well, here goes!

Mänade *f* m(a)enad.

managen F *v/t.* manage, (*deichseln*) *a.* F wangle.

Manager *m* manager; **~krankheit** *f* stress disease; **~tum** *n* managerialism.

manch|(er, -e, -es) *adj. u. indef. pron.* many a; ~ *eine(r)*, ~ *ein Mensch* many a one (*od.* man); *manch liebes* (*od.* ~*es liebe*) *Mal* many a time; *in* ~*em hat er recht* in many things he is right; *so od. gar* ~*er* (~*es*) a good many people (things); **~e** *pl.* some, several, many; **~erlei** *adj.* diverse, various, many; all sorts of, of several sorts; *substantivisch*: many (*od.* various) things; *auf* ~ *Art* in various (*od.* sundry) ways; **~mal** *adv.* sometimes, at times.

Mandant(in *f*) ⚖ *m* client, mandator.

Mandarin *m* mandarin.

Mandarine ⚘ *f* tangerine.

Mandat *n* ⚖, *pol., parl.* mandate; *des Anwaltes*: *a.* brief; *parl. sein* ~ *niederlegen* resign (*od.* vacate) one's seat (in Parliament); **~ar** *m* **1.** mandatory; **2.** *östr.* → *Abgeordnete(r)*; **~arstaat** *m* mandatory (state); **~sgebiet** *n* mandate; **~smacht** *f* mandatory power.

Mandel *f* **1.** ⚘ almond; **2.** *anat.* tonsil; **3.** *obs.* (*Maß*) (set of) fifteen *od.* sixteen; **~baum** *m* almond(-tree); **~entfernung** ⚕ *f* tonsillectomy; **~entzündung** ⚕ *f* tonsillitis; **~förmig** *adj.* almond-shaped; **~kleie** *f* almond bran; **~schwellung** *f* enlarged tonsils *pl.*

Mandoline ♪ *f* mandolin.

mandschurisch *adj.* Manchu(rian).

Manege *f* manège (*fr.*), (circus) ring.

Mangan *n* manganese; **~at** *n* manganate; **~eisen** *n* ferromanganese; **~erz** *n* manganese ore; **~haltig** *adj.* manganic; **~it** *n* manganite; **~oxyd** ⚗ *n* manganic oxide; **~sauer** ⚗ *adj.* manganic; **~säure** *f* manganic acid; **~stahl** *m* manganese steel.

Mange *f*, **Mangel**[1] ⊕ *f* mangle; F *fig. j-n in die* ~ *nehmen* F put a p. through the wringer.

Mangel[2] *m* (*Fehler*) defect, fault, imperfection, flaw, shortcoming; (*Knappheit*) lack, want, absence, shortage, scarcity, dearth, famine; *a.* ⚕ deficiency (*alle*: *an* of); (*Armut*) penury; (*Entbehrung*) privation, want; (*Nachteil*) drawback; ~ *an Takt* want of tact, tactlessness; ⚖ ~ *im Recht* defect in title; ~ *der Zuständigkeit* want of jurisdiction (*für* over); *verborgener* ~ *des Kaufgegenstandes* redhibitory defect; *aus* ~ *an* → *mangels*; → *a. Not*; **~beruf** *m* critical occupation; **~erscheinung** ⚕ *f* deficiency symptom; **~güter** *n/pl.* critical supplies; **≗haft** *adj.* defective, faulty, deficient; (*unvollkommen*) imperfect; (*unbefriedigend*) unsatisfactory, inferior, *a. ped.* poor; (*unvollständig*) incomplete; (*unzulänglich*) inadequate; **~haftigkeit** *f* defectiveness, faultiness; imperfection; unsatisfactory *usw.* nature; inadequacy; incompleteness; **~krankheit** ⚕ *f* deficiency disease; (*Vitaminmangel*) avitaminosis.

mangeln[1] *v/t.* (*Wäsche*) mangle.

mangeln[2] *v/i.*: *es mangelt an* there is a lack (*od.* want, shortage) of; *es mangelt mir an* I lack (*od.* want), I am in need of, I am short of; I want; *es mangelt ihm an Mut* what he lacks (*od.* wants) is courage, he is lacking in courage; *sich an nichts* ~ *lassen* deny o.s. nothing; **~d** *adj.* lacking, wanting, a lack of ...; *wegen* ~*er Nachfrage* in absence of demand.

Mängelrüge ⚚ *f* complaint.

mangels *prp.* for lack (*od.* want) of, in the absence of; *bsd.* ⚖ in default of; ~ *Beweisen* for lack of evidence; ⚚ ~ *Zahlung zurück* returned for non-payment.

Mangelware *f* scarce commodity, article (*od.* goods *pl.*) in short supply, critical item *od.* material; ~ *sein* (*a.* F *fig.*) be scarce, be in short supply; ~ *werden* fall in short supply.

Mangold ⚘ *m* chard (*a. Gemüse*).

Manie *f* mania.

Manier *f* **1.** manner, fashion, style, way; *Kunst*: manner, style; *in glänzender* ~ in superior style, brilliantly; *mit guter* ~ with a good grace; **2.** *mst pl.* (*Benehmen*) manner(s *pl.*); *er hat keine* ~*en* he has bad (*od.* no) manners; ~*en lernen* learn (how) to behave; *j-m* ~*en beibringen* teach a p. manners; *das ist keine* ~ that's not good form.

manieriert *adj.* affected, mannered; *Stil*: *a.* stilted; **≗heit** *f* affectation; mannerism.

Manieris|mus *m Kunst*: mannerism; **~t** *m* mannerist.

manierlich I. *adj.* well-behaved, (*brav*) *a.* good; (*höflich*) civil, polite, mannerly; **II.** *adv.*: *sich* ~ *betragen* behave (o.s.), be good.

Manifest I. *n* manifesto; **II.** ≗ *adj.* manifest; **~ation** *f* manifestation; **≗ieren** *v/t.* manifest.

Maniküre *f* **1.** manicure; **2.** (*Person*) manicure, manicurist; **3.** (*Necessaire*) manicure set; **≗n** *v/t. u. v/i.* manicure.

Manila|hanf *m* Manila (hemp); **~zigarre** *f* Manila (cigar).

Manipul|ation *f allg.* manipulation; **≗ieren** *v/t.* manipulate (*a. pol.*).

manisch *adj.* manic(ally *adv.*); ~*-depressiv* manic-depressive.

Manko *n* ⚚ deficiency, shortage; shortweight; (*Fehlbetrag*) deficit; *fig.* → *Mangel*.

Mann *m* man (*pl.* men); ⚔ *a.* **soldier**; (*Ehe*≗) husband; *es kommen 10 Mark auf den* (*od. pro*) ~ a head; *feiner* ~ (perfect) gentleman; *ganzer* ~ quite (*od.* every inch) a man, *a* real man; *der rechte* ~ the right man; ~ *der Tat* (*Wissenschaft*) man of action (science); → *Welt*; *der* ~ *auf der Straße* the man in the street; *ein* ~ *des Todes* a dead man, *sl.* a goner; ~ *für* ~ man by man; ~ *gegen* ~ hand to hand (→ *a. Kampf*); *von* ~ *zu* ~ man to man; *wie ein* ~ (*geschlossen*) as one man, in a body; *bis auf den letzten* ~ to a man; *wie ein* ~ *ertragen usw.* like a man; *drei* ~ *hoch* three men deep; ~*s genug sein für* et. be man enough for a th.; *an den* ~ *bringen* (*Ware usw.*) dispose (*od.* get rid) of, place, F get across; (*Tochter*) find a husband for, F get ... married off; *seinen* ~ *finden* find (*od.* meet) one's match; *seinen* ~ *stehen* stand one's ground, stand the test; *seinen* ~ *stellen a.* do one's share, pull one's weight; *mit* ~ *und Maus untergehen* go down with every soul (*od.* all hands) on board; *den vierten* ~ *machen Kartenspiel*: take the fourth hand; ⚓ *alle* ~ *an Deck!* all hands on deck; *da* (*bei mir*) *sind sie an den rechten* ~ *gekommen, ich bin Ihr* ~ I am your man; *Sie sind mein* ~! you are my man!; *sei ein* ~! be a man!; *er ist nicht der* ~ *dafür* he is not the man to do it; *ein* ~, *ein Wort* a promise is a promise; F ~! man!, *sl.* golly!; ~ *Gottes!* man alive!; *mach schnell,* ~! hurry up, man!; → *Not*.

Manna *f u. n* manna.

mannbar *adj.* (sexually) mature, (of) marriageable (age), *bsd. Mädchen*: nubile; **≗keit** *f* (wo)manhood, marriageable age, nubility.

Männchen *n* little man, manikin; *co.* (*Gatte* = *dial.* **Männe**) hubby; *zo.* male (*a. iro. für Mann*); (*Bulle*) bull; *von Vögeln*: cock; ~ *machen* sit up (and beg), stand on its hind legs; F ⚔ snap to attention; F ~ *malen* doodle.

Manndeckung *f Sport*: close marking.

Mannequin *n* mannequin, model.

Männer *pl. von Mann*; *in Zssgn* men's ..., → *a. Herren...*; (*Für*) ~ *Abort*: Men, Gentlemen, **~chor** ♪ *m* men's choir; **~stimme** *f* man's (*od.* male) voice; **~welt** *f the* male sex, men(folk) *pl.*

Mannes|alter *n* manhood, virile age; *im besten* ~ in the prime of life; **~kraft** *f* manly vigo(u)r, *geschlechtliche*: virility; **~stamm** *m* spear side, male line; **~stolz** *m* manly pride; **~wort** *n* man's word.

mannhaft *adj.* manly, (*tapfer*) *a.* brave, stout, valiant, (*entschlossen*) resolute; **≗igkeit** *f* manliness, courage.

Mannheit *f* masculinity, manhood; (*Zeugungsfähigkeit*) virility.

mannig|fach, ~faltig *adj.* manifold, various, varied, diverse; **≗faltigkeit** *f* manifoldness, variety, diversity.

männlich *adj. biol.*, ⚘, ⊕ male (*a. Reim*); *a. ling.* masculine (*a. Reim, Stimme usw.*); (*dem Mann zukommend*) man's ...; *fig.* manly, masculine, virile; → *Glied*; **≗keit** *f* manliness, masculinity, virility.

Mann...: **~loch** *n* manhole; **~sbild** F *n* man, male.

Mannschaft *f* (body of) men, personnel; *von Arbeitern*: gang, team; ⚔, ✈, ⚓ (*Besatzung, Bedienungs≗*) crew; (*Kommando*) team, detail, party; (*Truppe*) troops *pl.*; *Sport*: team (*a. fig. pol. usw.*); (*Ruder≗*) crew; ⚔ ~*en* rank and file *sg.*, *the* ranks; ⚓ the lower deck.

Mannschafts...: **~aufstellung** *f Sport*: team composition; **≗dienlich** *adj.* selfless; **~dienstgrade** ⚔ *m/pl.* rank and file *sg.*, ratings; **~führer** *m*, **~kapitän** *m Sport*: (team) captain; **~geist** *m* team-spirit; **~kampf** *m* team event; **~lauf** *m*, **~rennen** *n* team race; **~leiter** *m* team manager; **~meisterschaft** *f* team championship; **~raum** ⚔ *m* troop room; **~sport** *m* team sport; **~wagen** ⚔ *m* troop-carrying vehicle, *Am.* personnel carrier; **~wertung** *f Sport*: team classification; **~wettbewerb** *m Sport*: team event.

Manns...: **≗hoch** *adj. u. adv.* (as) tall as a man; **~leute** *pl.* men(folk) (*pl.*); **~person** *f* male person, man; **≗toll** *adj.* man-crazy, nymphomaniac; **~tollheit** *f* nymphomania; **~volk** *n* men(folk) *pl.*

Mannweib *n biol.* gynander; *weitS.* masculine (type of) woman.

Manometer *n* manometer.

Manöver *n allg.* manœuvre, *Am.* maneuver (*a. fig.*); (*Truppenübung*) *a.* (field) exercise; **~gelände** *n* manœuvre area.

manövrier|en *v/i.* manœuvre, *Am.* maneuver (*a. mot. u. fig.*); **~fähig** *adj.* manœuvrable; **≗fähigkeit** *f* manœuvrability; **~unfähig** *adj.* disabled, out of control.

Mansarde *f* garret, attic.

Mansarden...: **~dach** *n* curb roof; **~fenster** *n* dormer-window; **~wohnung** *f* attics *pl.*; **~zimmer** *n* garret(-room), attic.

Mansch F *m* (*Essen*) hotchpotch, slush; *weitS.* mess, slush; → *a. Matsch*[2]; **≗en** F **I.** *v/t.* mix; **II.** *v/i.* F mess about; *im Wasser*: splash (about).

Manschette *f* cuff; ⊕ sleeve, collar; packing ring; *um Blumentöpfe usw.*: frill; F *fig.* ~*n haben vor* dread, F be scared stiff by; F ~*n bekommen sl.* get cold feet; **~nknopf** *m* stud; *doppelter*: sleeve-link, cuff-link.

Mantel *m* (*Männer≗*) (over)coat; (*Frauen≗*) coat; *weiter, ärmelloser*: cloak, *für Damen*: *a.* mantle (*a.* ⚒, ⚠, *zo.*); → *Bademantel, Frisiermantel usw.*; ⩘ lateral area; ⊕ case (*a.* ⚔), casing, jacket; *Gießerei*: cope; *mot., Fahrrad*: (outer) cover *od.* casing; *Kabel*: sheath(ing); (*Muffe*) sleeve; ⚖ (*Firmen≗*) legal title and registration (of a firm); *fig.* ~ *der Barmherzigkeit* (*od. Nächstenliebe*) cloak of charity; *den* ~ *nach dem Wind hängen* trim one's sails to the wind.

Mäntelchen *n* cape; *fig. ein* ~ *umhängen* (*e-r Sache*) palliate, gloss over; *sich das* ~ *gen. umhängen* affect (the air of), pose as.

Mantel...: **~elektrode** *f* covered electrode; **~geschoß** ⚔ *n* jacketed bullet; **~gesetz** *n* skeleton law; **~kleid** *n* coat-dress; **~sack** *m* portmanteau; **~tarif** *m* skeleton contract, *Am.* master agreement.

Mantille *f* mantilla.

Manual ♪ *n* (upper) manual *od.* key-board.

manuell *adj.* manual.

Manufaktur *f* manufacture; (*Fabrik*) (manu)factory; **~waren** *pl.*

manufactures, piece goods; *engS.* textiles, *Am.* dry goods.
Manuskript *n* manuscript; *Film*: scenario, script; *typ.* copy; *als* ~ *gedruckt* privately printed, *thea.* acting rights reserved.
Mappe *f* portfolio, (*Aken*≗) *a.* briefcase; (*Schul*≗) satchel; (*Sammel*≗) file; (*Schreib*≗) folder.
Mär(e) *f* tale; (*Kunde*) tidings *pl.*
Marabu *orn. m* marabou.
Marathon|lauf *m* marathon (race); **~läufer** *m* marathon runner.
Märchen *n* fairy-tale; *fig.* story, yarn; F *erzähl doch keine* ~! tell that to the marines!; *fig. wie im* ~ fantastic, as in a dream; **~buch** *n* book of fairy-tales; **≗haft** *adj.* fabulous, magic(al), fairy-tale ...; *fig. a.* (*toll*) fantastic, (~ *schön*) *a.* wonderful, gorgeous; *das* ≗*e* the fairy-story quality; **~land** *n*, **~welt** *f* fairyland; **~prinz** *m* Prince Charming (*a. fig.*).
Marder *zo. m* marten; **~fell** *n*, **~pelz** *m* marten(-skin).
Margarine *f* (oleo)margarine.
Marge ♆ *f* (profit) margin.
Margerite ⚘ *f* white ox-eye.
Marginalien *f/pl.* marginalia.
Marien|bild *n* Madonna; **~fäden** *m/pl.* gossamer; **~käfer** *m* ladybird, *Am. a.* ladybug; **~kult** *m* Mariolatry.
Marihuana *n* marijuana, *sl.* pot.
Marille *östr. f* apricot.
Marine *f* (*Handels*≗) (mercantile) marine; (*Kriegs*≗) navy, naval forces *pl.*; **~akademie** *f* naval academy; **~artillerie** *f* coast(al) artillery; **~attaché** *m* naval attaché; **~blau** *n*, **≗blau** *adj.* navy-blue; **~flieger** *m* naval aviator; **~flugzeug** *n* seaplane, naval aircraft; **~infanterie** *f* marines *pl.*; **~ingenieur** *m* naval architect; **~offizier** *m* naval officer; **~stützpunkt** *m* naval base; **~soldat** *m* marine; **~truppen** *f/pl.* marines.
marinieren *v/t.* marinade.
Marionette *f* marionette, puppet (*beide a. fig.*); **~nregierung** *f* puppet government; **~nspiel** *n*, **~ntheater** *n* puppet-play, puppet-show.
maritim *adj.* maritime.
Mark[1] *n* (*Knochen*≗) marrow, 🕮 medulla; (*Zahn*≗) pulpa; *im Holz*: pith, *von Früchten*: pulp; *fig.* (*Innerstes*) marrow, core; *bis ins* ~ to the marrow (*od.* core); *j-m durch* ~ *und Bein gehen* set a p.'s teeth on edge; *er hat* ~ *in den Knochen* he has guts.
Mark[2] *f* (*Grenze*, *Grenzgebiet*, *a. Gemeinde*≗) mark, *hist. a.* march; *die* ~ *Brandenburg* the March of Brandenburg.
Mark[3] *f* (*Münze*: *Deutsche* ~ German) mark; *zehn* ~ ten marks; F *jede* ~ *umdrehen* (*müssen* have to) count one's money carefully.
markant *adj.* marked; (*auffallend*) striking; characteristic; (*hervorspringend*) salient, prominent; *Gesicht*: strong(-featured); ~*e Gesichtszüge* chiselled features; ⚔ ~*er Geländepunkt* prominent landmark; ~*e Persönlichkeit* man of mark, outstanding personality; ~*er Stil* pithy style.
Marke *f* mark, sign; (*Kontroll*≗) check; (*Brief*≗, *Steuer*≗) stamp; (*Spiel*≗) counter, chip; (*Polizei*≗) badge, shield; (*Ablese*≗) index mark; (*Schutz*≗) trade-mark, brand; (*Fabrikat*) make, type, brand; (*Güte*, *Sorte*) mark, sort, grade, quality; *bsd. des Weines*: growth, vintage; *Sport*: (*Elfmeter*≗, *a. Bestleistung*) mark; (*Lebensmittel*≗) coupon; *auf* ~*n* couponed, rationed; *ohne* ~*n* → *markenfrei*; F *er ist eine* ~ he's a character.
Marken...: **~artikel** *m* proprietary (*od.* trade-marked, patent, branded) article; **~benzin** *n* branded (*od.* premium grade) petrol (*Am.* gasoline); **~butter** *f* standard butter; **≗frei I.** *adj.* non-rationed, coupon-free, off-ration ...; **II.** *adv.* off the ration; **~name** *m* trade (*od.* brand) name; **≗pflichtig** *adj.* rationed; **~sammler** *m* stamp collector; **~schutz** *m* trade-mark protection; **~tankstelle** *f* contract station, company-owned (*od.* -licensed) filling *etc.* station; → *Tankstelle*; **~treue** *f* brand loyalty; **~ware** *f* → *Markenartikel*.
markerschütternd *adj.* blood-curdling, piercing.
Marketender *m*, **~in** *f* sutler; **~ei** *f* canteen; army stores *pl.*; *Brit.* Navy Army Air Force Institute (*abbr.* NAAFI), *Am.* post exchange (*mst* PX); **~ware** *f Brit.* goods *pl.* bought on NAAFI licence, *Am.* sales article.
Marketing ♆ *n* marketing.
Mark...: **~graf** *m* margrave; **~gräfin** *f* margravine; **~grafschaft** *f* margrav(i)ate.
markier|en *v/t.* mark; (*Tiere*, *Waren*) brand; (*andeuten*) indicate (*a.* ⚔); (*bezeichnen*, *auswählen*) designate, earmark; *Sport*: (*decken*) mark; (*Rennbahn usw.*) flag, mark; *fig.* (*Wendepunkt*, *Höhepunkt usw.*) mark; (*hervortreten lassen*) accentuate (*sich geben als*, *spielen*) act (as),

pose as, do; F (*a. v/i.*) (*vortäuschen*) sham, simulate, F put on; ≈**ung** *f* marking, mark; ≈**ungsfähnchen** *n Sport*: (course) marker.

markig *fig. adj.* marrowy, solid; *a. Worte, Sprache*: pithy.

Markise *f* awning.

Markknochen *m* marrow-bone.

Markstein *m* boundary-stone; *fig.* landmark, milestone.

Markt ✝ *m allg.* (*Wochen*≈, *Vieh*≈, *Geld*≈, *Absatzgebiet, Warenverkehr, Wirtschaftslage; a.Börse*) market; (*Handelsplatz*) *a.* mart, emporium, trading-cent|re, *Am.* -er; (~*platz*) marketplace; (*Jahr*≈) fair; (*Handel, Geschäft*) trade, business; *freier* (*heimischer, schwarzer*) ~ free (home, black) market; *lebhafter* (*lustloser*) ~ *Börse*: active (dull) market; *am* ~, *auf dem* ~ in (*od.* on) the market; *auf den* ~ *bringen* (put *od.* place on the) market; *auf dem* ~ *handeln* market; *den* ~ *beherrschen* control (*od.* hold) the market; → *gemeinsam* I, *Haut usw.*; ~**abrede** *f* marketing arrangement; ~**analyse** *f* market analysis; ~**anteil** *m* share of the market; ~**bericht** *m* market report; ~**bude** *f* market stall; ≈**en** *v/i.* bargain (*um* for), haggle (over); ~**entwicklung** *f* trend of the market, market tendency; ≈**fähig** *adj.* marketable; ~**fähigkeit** *f* marketability; saleability; ~**flecken** *m* market-town; ~**forschung** *f* market research; ~**forscher** *m* market researcher; ≈**gängig** *adj.* marketable, saleable; *Preis*: current; ≈**gerecht** *adj.* in line with real market conditions, real market ...; ~**halle** *f* covered market; ~**kurs** *m* market quotation; ~**lage** *f* market conditions *pl.* (*od.* situation); ~**lücke** *f* opening; ~**netz** *n* string bag; ~**platz** *m* market-place; ~**preis** *m* market price (*od.* rate); ~**recht** *n* privilege of holding a market; ~**schreier** *m* barker; *fig. contp.* mountebank; ~**schreierei** *f* puffing, ballyhoo; ≈**schreierisch** *adj.* mountebank ...; *fig.* ostentatious, loud; ~**schwankungen** *f/pl.* market fluctuations; ~**studie** *f* market analysis; ~**tag** *m* market-day; ~**untersuchung** *f* market inquiry (*od.* investigation); ~**verband** *m* marketing association; ~**weib** *n* market woman; ~**wert** *m* market(able) value; ~**wirtschaft** *f* market economy; *freie* ~ *a.* free enterprise (economy), competitive profit system; *gebundene* ~ controlled economy; *soziale* ~ social economy; ~**wirtschaftler** *m* free-enterprise economist.

Markung *f* → *Mark*[2].

Marmelade *f* jam, *bsd. von Zitrusfrüchten*: marmalade.

Marmor *m* marble; ~**bild** *n* marble (statue); ~**bruch** *m* marble-quarry; ≈**ieren** *v/t.* marble; ≈**iert** *adj.* marbled; ~*er Buchschnitt* marble; ≈**n** *adj.* marble ... (*a. fig.*); ~**papier** *n* marble paper; ~**platte** *f*, ~**tafel** *f* marble slab; ~**säule** *f* marble column; ~**stein** *m* marble (stone).

marode F *adj.* (*erschöpft*) F dead-beat, all in; (*krank*) ill.

Marod|eur *m* marauder; ≈**ieren** *v/i.* maraud, pillage.

Marokkan|er(in *f*) *m*, ≈**isch** *adj.* Moroccan.

Marokkoleder *n* morocco.

Marone ⚘ *f* edible (*od.* sweet) chestnut.

Maroquin *m* morocco.

Marotte *f* caprice, whim, crotchet; (*Steckenpferd*) hobby, fad.

Marquis *m* marquis, marquess; ~**e** *f* marquise, marchioness.

Mars[1] ⚓ *m* top.

Mars[2] *ast. u. myth. m* Mars; ~**bewohner** *m* Martian.

marsch *int.*: ⚔ *vorwärts,* ~! forward, march!; ~, ~! double march!, *Am.* on the double; ~! (*mach schnell*) hurry up!, let's go!, F get a move on!; (*pack dich*) F clear off!, *Am. sl.* beat it!; ~ *hinaus!* out you go!

Marsch[1] *m* march (*a.* ♪); *auf dem* ~ on the march; *sich in* ~ *setzen* set out, march off; F *j-m den* ~ *blasen* give a p. a piece of one's mind.

Marsch[2] *f* marsh.

Marschall *m* marshal; ~**stab** *m* (marshal's) baton; *fig. den* ~ *im Tornister tragen* carry the baton in one's knapsack.

Marsch...: ~**befehl** ⚔ *m für Einheit*: marching-order(s *pl.*); *für den einzelnen Mann*: movement order, *Am.* travel orders *pl.*; ~ *haben* be under marching-orders; ≈**bereit,** ≈**fertig** *adj.* ready to move *od.* march; ~**gepäck** *n* field pack; ~**geschwindigkeit** *f* rate of marching; ⚓, ✈, *mot.* cruising speed; ~**gliederung** *f* march formation.

marschieren *v/i.* march (*a.* ~ *lassen*); (*schreiten*) stride; F *Sache*: be on the march.

marschig *adj.* marshy.

Marsch...: ~**kolonne** *f* route column; ~**kompanie** *f* trained replacement company; ~**kompaß** *m* prismatic compass; **≈krank** *adj.* footsore; **~land** *n* marshy land; **~lied** *n* marching-song; **~ordnung** *f* march formation; *exerziermäßig*: route column; **~pause** *f* halt, rest on the march; **~richtung** *f* direction of march, route; **~route** *f* route (*a. fig.*); **~tempo** *n* rate of marching; *exerziermäßiges*: *schnelles* ~ quick time, *langsames* ~ slow time; **~verpflegung** *f* haversack ration, *Am.* travel ration; **~ziel** *n* march objective.

Mars...: ⚓ **~rahe** *f* (main) topsail yard; **~segel** *n* (main) topsail.

Marstall *m* (royal) stables *pl.*

Marter *f* torment, torture; *fig. a.* ordeal, agony; → *a. Folter*; **~l** *n* memorial tablet (*od.* cross); **≈n** *v/t. a. fig.* torment, (*foltern*) torture, (put to the) rack; *fig. sein Gehirn* ~ rack one's brains; **~pfahl** *m* stake; **~tod** *m* death by torture; martyr's death; **~werkzeug** *n* instrument of torture.

martialisch *adj.* martial.

Martinofen *metall. m* open-hearth furnace.

Martins|fest *n*, **~tag** *m* Martinmas; **~gans** *f* Martinmas goose; **~horn** *n* police siren.

Märtyrer *m*, **~in** *f* martyr; *j-n* (*sich*) *zum* ~ *machen* make a martyr of a p. (of o.s.), martyr(ize) (o.s.); **~tod** *m* martyr's death; **~tum** *n* martyrdom.

Marxis|mus *m* Marxism; **~t(in** *f*) *m*, **≈tisch** *adj.* Marxist.

März *m*: (*Monat* ~ month of) March.

Marzipan *n* marzipan, marchpane.

Masche *f* **1.** mesh (*a.* ⚡); (*Strick*≈) stitch; (*Lauf*≈) *am Strumpf*: ladder; (*Schleife*) bow; *fig. die* ~*n des Gesetzes* the meshes of the law; **2.** F *fig.* trick, ploy, line, (*a. Geschäft*) racket; (*leichte, einträgliche Sache*) *a.* F soft thing; (*Mode*) *sl.* kick; *das ist seine neueste* ~ that's his latest; **~ndraht** *m* wire netting; *feiner*: screen wire; **≈nfest** *adj.* ladder-proof, *Am.* runproof, non-run ...

maschig *adj.* meshy, meshed.

Maschine *f* machine (*a. weitS. Auto, Flugzeug, Schreib*≈ *usw.*); (*Kolben*≈, *Motor*) engine; (*Gerät*) appliance; *coll.* ~*n* machinery; *auf der* ~ *schreiben* type; *fig. wie e-e* ~ *Person*: like a machine (*od.* robot); **≈geschrieben** *adj.* typewritten, typed.

maschinell *adj.* mechanical; ~*e Bearbeitung* machining; *adv.* ~ *hergestellt* machine-made.

Maschinen...: **~anlage** *f* plant, (*Aggregat*) machine unit; **~antrieb** *m* machine drive; *mit* ~ machine-driven; **~bau** *m* machine (*od.* engine) building; mechanical engineering; **~bauer** *m* machine-maker; engine builder; mechanical engineer; **~bauschule** *f* engineering school; **~element** *n* machine element; **~fabrik** *f* machine factory; **~garn** *n* machine twist; **~gewehr** *n* machine-gun; *mit* ~ *beschießen* machine-gun; ✈ (*Erdziele*) strafe; **≈gewehrgurt** *m* (machine-gun) belt; **~gewehrnest** *n* machine-gun nest; **~gewehrschütze** *m* (machine-)gunner; **~haus** *n* power house; **~kunde** *f*, **~lehre** *f* mechanics (*sg. konstr.*), mechanical engineering; **≈mäßig** *adj.* mechanical, *fig. a.* automatic; **~meister** *m* machinist (*a. thea.*); *typ.* pressman; **~mensch** *m* robot; **~öl** *n* machine oil; **~park** *m* mechanical equipment; machinery; **~pistole** *f* submachine-gun, tommy-gun; **~raum** *m*, **~saal** *m* machine-shop; engine-room (*a.* ⚓); *typ.* press-room; **~satz** *m* ⊕ machine unit; ⚡ generator set; *typ.* machine composition; **~schaden** *m* engine trouble (*od.* failure), breakdown; **~schlosser** *m* engine (*od.* machine) fitter, mechanic; **≈schreiben** *v/i.* typewrite; **~schreiben** *n* typewriting, typing; **~schreiber(in** *f*) *m* typist; **~schrift** *f* typescript; *in* ~ typewritten; **~setzer** *m* machine compositor; **~teil** *m* machine member; **~wärter** *m* machine attendant; *Am.* (engine) operator; **~werkstatt** *f* machine-shop; **~wesen** *n* (mechanical) engineering; **~zeitalter** *n* Machine Age.

Maschinerie *f* machinery (*a. fig.*).

Maschinist *m* machinist (*a. thea.*), engine-man, *Am.* operator; 🚂 engine-driver, *Am.* engineer.

Maser *f im Holz*: vein, streak, grain; (*Fleck*) spot, speck; **~holz** *n* veined wood; **≈ig** *adj.* veined, speckled, streaked; **≈n** ⊕ *v/t.* vein, grain.

Masern ⚕ *pl.* measles *sg.*

Maserung *f im Holz*: veining, veins *pl.*, grain(ing).

Maske *f* mask (*a. Schutz*≈, *Fecht*≈, *Gesichts*≈, *Sauerstoff*≈, *Toten*≈ *usw.*; *a TV*; *a. Maskierter, maskenhaftes Gesicht*); *thea.* make-up; ⚔ camouflage, screen; *mot.* (*Kühler*≈) grille; *fig.* mark, guise; *in der* ~ *gen.* under the guise (*od.* mask) of; *die* ~ *fallen lassen* (*od. ablegen*) throw off the mask; *j-m die* ~ *vom Gesicht reißen* unmask a p.

Masken...: ~**ball** *m* fancy-dress ball, masked ball; ~**bildner** *m Film*: make-up artist; ~**brille** ⚔ *f* anti-gas goggles; ~**haft** *adj.* mask-like; ~*es Gesicht* mask; ~**kleid** *n*, ~**kostüm** *n* fancy-dress, mask; ~**verleih** *m* costume rental shop.

Maskerade *f* masquerade, mummery.

maskier|en *v/t.* mask, disguise; ⊕ conceal, mask (*a.* ⚔); *sich* ~ put on a mask; (*sich verkleiden*) disguise o.s., dress o.s. up (*als* as); ~**ung** *f* mask(ing), masquerade; ⚔ camouflage.

Maskott|chen *n*, ~**e** *f* mascot.

maskulin *adj.*, ~**um** *ling. n* masculine.

Masochis|mus *m* masochism; ~**t(in** *f*) *m* masochist; ~**tisch** *adj.* masochistic(ally *adv.*).

Maß[1] *n allg.* measure; (~*einheit, Abmessung, Körper*~) *oft* measurement; (*Verhältnis*) proportion, rate; (*Ausdehnung*) extent, dimension; (*Größe*) size; (*Menge*) quantity; (*Raummenge*) volume; (*Eich*~) ga(u)ge; standard; (*Dosis*) dose; (*Grad*) degree; (*Aus*~) scale, measure; (~*band*) measuring tape; *fig.* (*Mäßigung*) moderation; ~*e und Gewichte* weights and measures; *der Mensch ist das* ~ *aller Dinge* Man is the measure of all things; *fig. mit zweierlei* ~ *messen* apply two (different) standards, weigh with two measures; *ein hohes* ~ *von* (*od. an*) a high measure of; *in großem* ~*e* on a large scale; *in hohem* ~*e* to (*od.* in) a high degree, highly; *in nicht geringem* ~*e* to (*od.* in) no small degree; *in vollem* ~*e* in full measure, fully; *in gleichem* ~*e* equally; *in reichem* ~*e* richly, abundantly; *in zunehmendem* ~*e* increasingly; *in dem* ~*e, daß* to such a degree (*od.* so far) as to *inf.*, so that; *in dem* ~*e wie* in the same measure as, (according) as; *mit* ~ *und Ziel* in reason, reasonably; *ohne* ~ *und Ziel* immoderately, boundlessly; *weder* ~ *noch Ziel kennen* know no bounds; *über alle* ~*en* excessively, exceedingly, enormously, beyond all measure; *nach* ~ *anfertigen* make to order (*od.* measure); *nach* ~ *angefertigt* made-to-measure, tailor-made, *Brit. a.* bespoke, *Am. a.* custom-made; *j-m* ~ *nehmen* (*zu*) take a p.'s measure (for), measure a p. (for); F *fig.* ~ *nehmen* (*zielen*) aim carefully; *das* ~ *vollmachen* fill the cup to the brim; *das* ~ *überschreiten* overshoot the mark, go too far; *das* ~ *ist voll!* that's the limit (*od.* the last straw)!; *dein* ~ *ist voll!* now you have gone too far!

Maß[2] *f Bier*: quart.

Maßabteilung *f* bespoke (*Am.* custom-made) department.

Massage *f* massage; ~**salon** *m* massage parlo(u)r.

Massak|er *n*, ~**rieren** *v/t.* massacre, slaughter.

Maß...: ~**analyse** *f* volumetric analysis; ~**anzug** *m* tailor-made suit, *Am.* custom(-made) suit; ~**arbeit** *f* a th. made to measure; *Kleid usw.*: bespoke (*Am.* custom-tailored) work; *fig.* precision (work); ~**band** *n* measuring tape.

Masse *f allg., a. phys.* mass; (*Haupt*~) bulk; (*Substanz*) substance; (*Paste*) paste; (*Klumpen*) lump; (*Teig*~) batter; ⚗ (*Mischung*) compound; ⚡ (*Erdung*) earth, *Am.* ground (*beide a. vb.* = *an* ~ *legen*); ⊕ *bei der Bearbeitung*: stock; (*Menge*) quantity, volume; ✝ (*Ggs. Zinsen*) principal; ⚖ (*Erbschafts*~, *Konkurs*~) estate, assets *pl.*; (*Volks*~) mass, multitude; *die (breiten)* ~*n* the masses; *in* ~*n* → ~*nweise*; F *e-e* ~ a mass (*od.* lot, F lots, heaps) of; *in* ~*n herstellen* mass-produce; F *nicht die* ~*!* not so good!; ~**...** ⚡ *in Zssgn* earth ..., *Am.* ground ...; ~**gläubiger** ⚖ *m* creditor of bankrupt's estate.

Maßeinheit *f* measuring unit, measure.

Masseleisen *n* pig-iron.

Massen...: ~**absatz** ✝ *m* bulk selling (*od.* sales *pl.*); ~**abwurf** ✈ *m* salvo bombing; ~**andrang** *m* rush; throng(ing crowds *pl.*); ~**angriff** ⚔ *m* mass(ed) attack; ~**anziehung** *phys. f* gravitation; ~**arbeitslosigkeit** *f* mass unemployment; ~**artikel** ✝ *m* mass-produced article; ~**aufgebot** *n* general levy; ~**auflage** *f* mass circulation; ~**aufmarsch** *m* mass rally; ~**aussperrung** *f* general lock-out; ~**beeinflussung** *f* propaganda; ~**beförderung** *f* transport in bulk; ~**beschleunigung** *phys. f* mass acceleration; ~**demonstration** *pol. f* mass demonstration; ~**einsatz** ⚔ *m* commitment of major forces; ~**entlassung** *f* mass dismissals *pl.*; ~**erhebung** *f* mass rising, levée-en-masse (*fr.*); ~**erkrankung(en** *pl.*) *f* epidemic; ~**erzeugung** *f*, ~**fabrikation** *f* → *Massenproduktion*; ~**flucht** *f* stampede; ~**geist** *m* crowd mind; ~**grab** *n* common grave; **~güter** *n/pl.* bulk goods; **≗haft** *adj. u. adv.* an abundance (*od.* multitude, mass) of, large quantities of, ... in coarse numbers, a lot (*od.* F lots) of, *sl.* ... galore; **~herstellung** *f* → *Massenproduktion*; **~kommunikation(smittel** *pl.*) *f* mass communication (media); **~kundgebung** *f* mass meeting (*od.* rally, demonstration); **~medium** *n* mass medium (*pl.* media); **~mensch** *m* mass man; **~mord** *m* mass (*od.* wholesale) murder; **~produktion** *f* mass production, ⊕ quantity (*od.* duplicate) production; **~psychologie** *f* mass psychology; **~psychose** *f* mass psychosis; **~quartier** *n* mass quarters *pl.*; **~schlägerei** *f* free-for-all, *Brit.* F punch-up; **~speisung** *f* mass feeding; **~sport** *m* sport for the masses; **~sterben** *n* wide-spread dying-off; **~streik** *m* general strike; **~suggestion** *f* mass suggestion; **~trägheit(smoment** *n*) *f* (moment of) inertia; **~tourismus** *m* mass tourism; **~verhaftungen** *f/pl.* wholesale arrests; **~vernichtung** *f* mass destruction; **~versammlung** *f* mass meeting (*od.* rally); **≗weise** *adj. u. adv.* in masses, in large numbers; in shoals; wholesale; **~zusammenstoß** *m* pile-up.

Masse...: **~schluß** ⚡ *m* earthing, *Am.* grounding; **~verwalter** ⚖ *m* trustee in bankruptcy.

Masseu|r *m* masseur; **~se** *f* masseuse.

Maß...: **~gabe** *f* measure, proportion; *nach ~ gen.* according to, *bsd.* ⚖ under (the terms *od.* provisions of), as provided in; *mit der ~, daß* provided, however, that; on the understanding that; *mit den folgenden ~n* subject to the following conditions (*od.* modifications); **≗gebend, ≗geblich** *adj.* authoritative, decisive; *Behörde*: competent; *Bestimmung*: relevant, governing; *Kreise*: influential, leading; *Text*: authentic; *Werk*: standard ..., authoritative; (*anwendbar*) applicable (*für* to); (*beträchtlich*) substantial; (*bedeutend*) important; ⚕ *~e Beteiligung* controlling interest, dominant participation; *der englische Text ist ~* the English text shall prevail (*od.* be the official text); *das ist nicht ~ für uns* that is no criterion for us; **~genauigkeit** ⊕ *f* dimensional accuracy; **≗gerecht** *adj.* true to size; *~es Modell* accurate-scale model; **~geschneidert** *adj.* made-to-measure, tailor-made (*a. fig.*); **~halteappell** *m* call for restraint; **≗halten** *v/i.* keep within bounds, observe moderation, be moderate; **~haltigkeit** ⊕ *f* dimensional stability.

massieren[1] *v/t. u. v/i.* massage, knead; **~**[2] *v/t.* (*a. sich ~*) mass, concentrate (*a. Truppen*).

massig *adj.* **1.** massy, bulky, big, voluminous; **2.** F (*a. adv.*) F lots (*od.* heaps) of.

mäßig *adj.* **1.** moderate (*in* in), *im Genuß*: *a.* frugal, *bsd. im Trinken*: temperate, sober; **2.** *Ansprüche, Preise, Tempo usw.*: moderate, reasonable; **3.** (*mittel ~*) mediocre; *Leistung, Gesundheit usw.*: F middling, so-so; (*dürftig*) poor; **~en** *v/t.* moderate, (*mildern*) soften, mitigate, temper; (*vermindern*) lessen, abate (*a.* ⚕); (*Tempo*) slacken; (*Zorn usw.*) check, control; (*Sprache*) moderate, tone down; *sich ~* moderate, abate; *Person*: restrain (*od.* control, check) o.s.; → *gemäßigt*; **≗keit** *f* moderation; frugality; temperance, sobriety; ⚕ reasonableness (*im Preis* of price); mitigation; restraint, self-control.

massiv I. *adj. allg.* massive (*a. fig. Einsatz, Forderung usw.*); *Gold usw., a.* ⊕: *mst* solid; F *~ werden* cut up rough; **II.** ≗ *geol. n* massif; **≗bau(weise** *f*) *m* ⊕ massive construction; **≗gold** *n* solid gold.

Maß...: **~krug** *m* beer mug, *Am. a.* stein; **~liebchen** ⚘ *n* daisy; **≗los I.** *adj.* immoderate (*a. Charakter*); boundless; (*übertrieben*) excessive; (*überspannt*) extravagant; *Wut usw.*: enormous, boiling; **II.** *adv.* beyond all bounds; immoderately; (*ungemein, schrecklich*) enormously, terribly, F awfully; *~ erregt* (*empört*) *a.* boiling with rage (indignation); **~losigkeit** *f* boundlessness; immoderateness; excess; extravagance; **~nahme** *f*, **~regel** *f* measure, step, action, arrangement; (*Vorkehrung*) provision, precaution; ⚖ *~ zur Besserung* correctional measure; *~n ergreifen od. treffen* take measures *od.* steps *od.* action (*gegen* against); **≗regeln** *v/t.* reprimand, take to task; (*strafen*) punish, discipline; *Sport*: penalize; **~regelung** *f* reprimand; (disciplinary) punishment; *Sport*: penalty; **~schneider** *m* bespoke tailor, *Am.* custom tailor; **~schuhe** *m/pl.* made-to-measure (*Am.* custom-made) shoes; **~stab** *m* measure, rule(r); *fig.* yardstick, standard, gauge, measure; *auf Karten usw.*: scale; *im* ~ *1:5* at a scale of 1 : 5; *verkleinerter* ~ reduced scale; *fig. in kleinem (großem, großartigem)* ~ on a small (large, grand) scale; *verkleinerter* ~ reduced scale; *e-n* ~ *abgeben für* set the standard for; *e-n (anderen)* ~ *anlegen an* apply a (different) standard to; **°~stabgerecht, °~stabgetreu** *adj.* (true to) scale; **°~stäblich** *adj.* scale(d); **°~voll** *adj.* moderate; (*vernünftig*) sensible, reasonable; **~werk** △ *n* tracery; **~zeichnung** *f* dimensional drawing.

Mast[1] *m* ⚓ (*a.* **~baum** *m*) mast; (*Stange, Flaggen°~*) pole; (*Gitter°~*) mast, *freitragender*: pylon.

Mast[2] ⚘ *f* fattening; (*Futter*) mast.

Mastdarm ⚕ *m* rectum.

mästen *v/t.* fatten; (*Gänse*) stuff; *sich* ~ fatten, batten (*an* on), (*fressen*) gorge (o.s.) (on).

Mast...: **~futter** *n* mast; **~hühnchen** *n* fattened chicken.

Mastix *m* mastic.

Mastkorb ⚓ *m* top, masthead, crow's nest.

Mast...: **~ochse** *m* fattened ox; **~schwein** *n* fattened pig.

Mästung *f* fattening.

Masturb|ation *f* masturbation; **°~ieren** *v/i.* masturbate.

Mastvieh *n* fat stock.

Masurka *f* mazurka.

Matador *m* matador.

Match *östr. n* match, game; **~ball** *m Tennis*: match point.

Mater *typ. f* matrix.

Material *n* material (*a. fig.*); *bei der Verarbeitung*: stock; (*Vorrat*) stock, stores *pl.*; *rollendes* ~ rolling stock; → *a. Beweismaterial, Kriegsmaterial*; *fig.* ~ *sammeln* collect material, gather information (*über* on, *gegen* against) **~ermüdung** *f* material fatigue; **~fehler** *m* fault (*od.* flaw) in the material; **~ien** *pl.* materials.

materia|lisieren *v/t.* materialize; **°~lismus** *m* materialism; **°~list** *m* materialist; **~listisch** *adj.* materialist(ic).

Material...: **~prüfung** *f* material test(ing); **~schaden** *m* damage in material; **~schlacht** ⚔ *f* battle of material; **~schwierigkeit** *f* difficulty in procuring materials; **~waren** *f/pl.* → *Kolonialwaren*.

Materie *f phys.* matter; ⚕ *a.* pus; *fig.* (subject-)matter, subject.

materiell *adj.* material (*a. fig.* ~ *gesinnt*); (*geldlich*) pecuniary, financial; ⚖ ~*es Recht* substantive law; ~*er Mensch* materialist.

Mathemat|ik *f* mathematics (*sg. konstr.*), F (= **Mathe** *f*) math; *reine (angewandte)* ~ pure (applied) mathematics; **~iker** *m* mathematician; **°~isch** *adj.* mathematical.

Matinee *thea. f* matinée.

Matjeshering *m* matie.

Matratze *f* mattress.

Mätresse *f* mistress, kept woman.

matriarcha|lisch *adj.* matriarchal; **°~t** *n* matriarchate.

Matrikel *f* register, roll.

Matrize ⊕ *f* matrix, *Gieß-, Schmiede-, Stanztechnik*: *a.* (lower) die; *Kunststoff*: cavity; (*Schablone und zum Maschinenschreiben*) stencil; *auf* ~ *schreiben* stencil.

Matrone *f* matron; **°~nhaft** *adj.* matronly.

Matrose *m* sailor, seaman; ⚔ *a.* bluejacket, (*Dienstgrad*) ordinary rating, *Am.* seaman recruit.

Matrosen...: **~anzug** *m* sailor suit; **~jacke** *f* pea-jacket; **~kragen** *m* sailor-collar; **~lied** *n* sailor's song.

Matsch[1] *m*, **°~** *adj. Spiel*: capot; ~ *machen* capot, sweep the board.

Matsch[2] *m* (*Brei*) pulp, squash; (*Schlamm*) slush, mud; **°~ig** *adj.* squashy, pulpy; (*schlammig*) slushy, muddy; **~-und-Schnee-Reifen** *mot. m* mud and snow tyre (*Am.* tire).

matt I. *adj.* **1.** (*glanzlos*) lustreless, *a. phot.* mat(t); dull; *Augen*: dim, *im Ausdruck*: dull; *Licht*: dim, subdued; *Metall*: tarnished; *Gold*: dead, dull; *Glas, Silber, Lampe*: frosted; **2.** (*schwach*) faint, feeble, weak; (*erschöpft*) exhausted, jaded; (*schlaff*) limp, flabby; *Stimme*: faint; ⚔ *Kugel*: spent; ☤ *Börse usw.*: dull, lifeless, slack; *Schachspiel*: (check)mate; *j-n* ~ *setzen* checkmate a p. (*a. fig.*); **3.** (*geistlos*) flat, dull; *Witz*: *a.* pointless, stale; **II.** **°~** *n Schach*: (check)mate; **~blau** *adj.* pale-blue.

Matte[1] *f* mat; (*Tür°~*) door-mat; *zur* ~! *Ringen*: on the mat!

Matte[2] *f* (*Wiese*) meadow; (*Weide*) pasture.

Matt...: **°~geschliffen** *adj.* ground, frosted; **~glanz** *m* dull finish; **~glas** *n* ground (*od.* frosted) glass; **~gold** *n* dead gold.

Matthäus *npr. m* (*bibl.* St) Matthew; F *mit ihm ist's Matthäi am letzten* it's all over with him; **~evangelium** *n* (Gospel according to) St Matthew.

Mattheit *f* (→ *matt*) **1.** dimness, dul(l)ness; **2.** exhaustion, weakness, faintness, tiredness, lassitude; **3.** ☤ lifelessness, dul(l)ness.

mattieren ⊕ *v/t.* dull, deaden, give

a mat finish to; (*Glas*) frost; (*Metall*) tarnish.

Mattigkeit *f* → *Mattheit* 2.

Matt...: **~scheibe** *phot. f* focus(s)ing screen, ground-glass screen; F *fig.* *~haben* be in a daze, have a blackout (*od.* brainstorm); **≈schleifen** ⊕ *v/t.* grind, frost; **~setzen** *n Schach*: checkmating; **~vergoldung** *f* dead-gilding; *in ~* dead-gilt.

Matur|(a *f östr.*) *n*, **~um** *n* → *Abitur*.

Matz F *m* toddler, tot.

Mätzchen F *n/pl.* **1.** tricks, *Am. sl.* shenanigans; *~ machen* play tricks, make trouble; *keine ~!* none of your tricks!, *Am. sl.* no monkey-business!; **2.** (*Zeug, technische usw. ~*) gimcrackery; (*überflüssiges Drum u. Dran*) frills.

Mauer *f* wall (*a. fig. u. Sport*); *die ~* (*von Berlin*) the Wall; **~blümchen** F *fig. n* wallflower; **≈n** *v/i.* make a wall, lay bricks; *Sport*: stone-wall; *Kartenspiel*: risk nothing; **~schwalbe** *f* (house) martin; **~stein** *m*, **~ziegel** *m* (building) brick; **~werk** *n* masonry, brickwork.

Mauke *vet. f* malanders *pl.*

Maul *n* **1.** mouth; (*Kiefer*) jaws *pl.*; (*Schnauze*) muzzle, snout; **2.** V *von Menschen*: *sl.* trap; *~ und Nase aufsperren* stand gaping, F be flabbergasted; *ein böses* (*od. loses*) *~ haben* have a malicious (*od.* loose) tongue *das ~ aufreißen* F talk big, brag; *das ~ halten* keep one's mouth shut; *halt's ~!* F shut up!, *sl.* shut your trap!; *j-m übers ~ fahren* cut a p. short; → *a. Wendungen mit Mund*; **~affen** F *m/pl.*: *~ feilhalten* stand (about) gaping; **~beerbaum** *m* mulberry tree.

Mäulchen *n* little mouth; *obs.* F (*Kuß*) kiss; *ein ~ machen* pout, (*schmollen*) sulk.

maulen F *v/i.* grumble.

Maul...: **~esel** *m* mule; **≈faul** F *adj.* too lazy to talk, taciturn; *~e Person sl.* oyster, *Am.* F clam; *er ist wirklich ~* he hasn't a word to throw at a dog; **~fäule** *f* stomatitis; **~held** *m* braggart, F show-off; **~korb** *m* muzzle (*a. fig.*; *a. vb. e-m Hund od. fig. j-m e-n ~ anlegen*); **~schelle** F *f* slap in the face, box on the ear; **~schlüssel** ⊕ *m* open-ended spanner; **~sperre** *f* lockjaw; **~tier** *n* mule; **~trommel** ♪ *f* jew's-harp; **~- und Klauenseuche** *f* foot-and-mouth disease; **~werk** F *n*: (*gutes ~* gift of the) gab; **~wurf** *m* mole; **~wurfsgrille** *f* mole cricket; **~wurfshügel** *m* mole-hill.

Maure *m* Moor.

Maurer *m* bricklayer, mason; **~arbeit** *f* bricklaying; brickwork; **~geselle** *m* journeyman mason; **~handwerk** *n* masonry, bricklaying; **~kelle** *f* trowel; **~meister** *m* master mason; **~polier** *m* bricklayer foreman.

maurisch *adj.* Moorish.

Maus *f* mouse, (*pl.* mice); *anat. am Daumen*: thenar; (*Gelenk≈*) joint-mouse; F *wie e-e gebadete ~* dripping wet; → *Katze*; → *a. Mäuschen 3*.

mauscheln *v/i.* talk Yiddish; *weitS.* jabber.

Mäuschen *n* **1.** little mouse, F mousie; **2.** *anat. am Ellenbogen*: funny-bone; **3.** F (*Mädel*) girlie, *Am.* chick; (*Liebling*) darling, pet; **≈still** *adj.* (as) quiet as a mouse, stockstill; *Zuhörer usw.*: quite hushed.

Mäuse *pl. von Maus*: mice; **~bussard** *m* common buzzard.

Mause|falle *f* mouse-trap; *fig.* death-trap; **~loch** *n* mouse-hole.

mausen I. *v/i.* catch mice; → *Katze*; **II.** *v/t.* (*stehlen*) *sl.* filch, swipe.

Mauser *f* moult; **≈n** *v/refl.*: *sich ~* moult; F *fig. sich ~ zu* develop into.

maus|etot *adj.* stone-dead, quite dead; (as) dead as mutton; **~grau** *adj.* mouse-grey; **~ig** *adj.*: *sich ~ machen sl.* get cheeky (*Am.* fresh); **≈loch** *n* mouse-hole.

Maut *dial. f* duty, toll.

maximal I. *adj.* maximal, maximum; **II.** *adv.* maximally, at (the) most; **≈...** *in Zssgn* maximum ..., maximal, → *a. Höchst...*; **≈betrag** *m* maximum (amount), ⚖ limit; **≈dosis** ⚕ *f* maximum dose.

Maxime *f* maxim.

maximieren *v/t.* maximize.

Maximum *n* maximum; **~thermometer** *m* maximum thermometer.

Mayonnaise *f* mayonnaise.

Mäzen *m* Maecenas; patron.

Mechan|ik *f phys.* mechanics *pl.* (*sg. konstr.*); ⊕ (*Triebwerk*) mechanism; (*Anlage*) mechanical system, mechanics *pl.* (*sg. konstr.*); **~iker** *m* mechanic(ian); **≈isch** *adj.* mechanical, automatic(ally *adv.*) (*beide a. fig.*); ⊕ *~e Bewegung* mechanically operated movement; *~e Werkstatt* engineering workshop.

mechanisier|en *v/t.* mechanize; **≈ung** *f* mechanization.

Mechanismus *m* mechanism (*a. fig., psych.*); *bsd. e-r Uhr*: *a.* works *pl.*
mechanistisch *adj.* mechanistic; ~**e** *Weltanschauung* mechanism.
Mecker|er *m* grumbler, *sl.* grouser, *Am.* F griper; ≈**n** *v/i.* bleat; F *fig.* grumble, carp (*über* at); *sl.* grouse, beef, *Am.* F gripe, crab; ~**n** *n* bleating; F *fig.* grumbling, *etc.*, *sl.* beef.
Medaille *f* medal; → *Kehrseite*; ~**nträger(in** *f*) *m* *Sport*: medallist, medal-winner.
Medaillon *n* medallion; *Schmuckstück*: locket.
Media *ling. f* media; ≈**l** *adj.* medial.
Medien *n/pl.* media; ~**forschung** *f* media research; ~**verbund** *m* multimedia system; ~**zeitschrift** *f* media magazine.
Medikament *n* medicament, medicine, drug; ≈**ös** *adj.* medicinal.
Medikation *f* medication; (*Verordnung*) prescription.
Medikus F *m* medical man, F medico.
medioker *adj.* mediocre.
Medit|ation *f* meditation; ≈**ieren** *v/i.* meditate (*über* on).
mediterran *adj.* mediterranean.
Medium *n allg.* medium; → *Medien*.
Medizin *f allg.* medicine; (*Arznei*) → *a. Medikament*; *Doktor der* ~ doctor of medicine (*abbr.* M.D.); ~**alrat** *m* senior officer of health.
Medizin...: ~**ball** *m* medicine ball; ~**er** *m* medical student; (*Arzt*) medical man, physician; ~**flasche** *f* medicine bottle; ~**glas** *n* medicine glass.
medizinisch *adj.* medical; (*arzneilich*) medicinal; *Seife, Wein usw.*: medicated.
Medizinmann *m* medicine man, witch doctor.
Medusenhaupt *n* head of the Gorgon Medusa.
Meer *n* sea, (*Welt*≈) ocean; *fig. ein* ~ *von* a sea of; *das offene* ~ the high seas *pl.*, *poet.* the main; *am* ~(e) on the seashore, at the seaside, *befindlich*: maritime; *auf dem* ~(e) at sea, on the high seas; *jenseits des* ~*es* a) *attr.* oversea(s) ..., transmarine, b) *adv.* overseas; ~**busen** *m* gulf, bay; ~**enge** *f* strait(s *pl.*), channel.
Meeres...: ~**arm** *m* arm (*od.* branch, inlet) of the sea; ~**boden** *m* → *Meeresgrund*; ~**brandung** *f* surf; ~**grund** *m* sea-bottom; ~**höhe** *f* (height above) sea level; *umgerechnet auf* ~ corrected to sea level; ~**kunde** *f* oceanography; ~**küste** *f* sea-coast, shore; ~**leuchten** *n* phosphorescence of the sea; ~**spiegel** *m*: (*über dem* ~ above) sea level; ~**stille** ⚓ *f* calm (at sea); ~**strand** *m*, ~**ufer** *n* (sea-)shore, beach; ~**strömung** *f* ocean-current, ⚓ drift.
Meer...: ~**gott** *m* sea-god, Neptune; ≈**grün** *adj.* sea-green; ~**jungfer** *f* mermaid; ~**katze** *zo. f* long-tailed (*od.* green) monkey; ~**rettich** ⚘ *m* horseradish; ~**salz** *n* sea salt; ~**schaum** *m* sea froth; *min.* meerschaum; ~**schaumpfeife** *f* meerschaum (pipe); ~**schwein** *zo. n* porpoise, sea-hog; ~**schweinchen** *zo. n* guinea-pig; ≈**umschlungen** *adj.* sea-girt; ~**ungeheuer** *n* sea-monster; ~**wasser** *n* sea-water; ~**weib** *n* mermaid.
Mega|ampere *n* megampere; ~**hertz** *n* megacycles per second (*abbr.* Mc/s); ~**phon** *n* megaphone.
Megäre *f myth.* Megaera, Fury; *fig.* fury, vixen, termagant.
Megatonne *f* megaton.
Megavolt ⚡ *n* megavolt.
Megohm ⚡ *n* megohm.
Mehl *n* flour, *gröberes*: meal; (*Staub*) dust, powder; ~**brei** *m* (meal-)pap; ≈**ig** *adj.* floury, mealy, farinaceous; ~**käfer** *m* meal beetle; ~**kloß** *m* (plain) dumpling; ~**sack** *m* flour bag; ~**sieb** *n* bolter; ~**speise** *f* farinaceous (*od.* paste) food; *süße* ~ sweet dish; pudding; ~**suppe** *f* gruel; ~**tau** ⚘ *m* mildew, blight; *vom* ~ *befallen* mildewy, blighted; ~**wurm** *m* meal worm; ~**zucker** *m* → *Staubzucker*.
mehr I. *adv.* more (*als* than), *bei Zahlen*: *a.* over, upwards of; → *a. über*; ~ *als ein gewisses Maß*: *a.* in excess of, exceeding; ~... *als* (*eher*) rather ... than; ~ *als genug* more than enough, enough and to spare; *Jugendliche im Alter von 14 Jahren und* ~ of the age of 14 plus; *nicht* ~ no more, *zeitlich*: *a.* no (*od.* not any) longer; *nicht* ~ *lange* not much longer; *und dergleichen* ~ and the like; *und andere* ~ and some others; ~ *und* ~ more and more, increasingly; *immer noch* ~ still more and more; ~ *oder weniger* more or less; *nicht* ~, *nicht minder* neither more nor less; ~ *oder minder* more or less; *um so* ~ so much the more; *um so* ~ *als* all the more than; ~ *denn je* more than ever; *ich habe niemand* (*nichts*) ~ I have no one (nothing) left; *du bist kein Kind* ~ you are no longer a child; *er ist* ~ *ein Techniker* he is more of an engineer;

ich kann nicht ~ I am all in, *weitS.* I am at the end of my tether; *kein Wort* ~ (*davon*) I won't hear another word about it; *was will er* ~? what more does he want?, what else did he expect?; **II.** ~ *n* (*Zuwachs*) increase; (*Überschuß*) plus, surplus, excess, over.

Mehr...: **~achsantrieb** *m* multiple-axle drive; **~arbeit** *f* added (*od.* extra) work; *im Betrieb*: surplus work, overtime; **~atomig** *adj.* polyatomic; **~aufwand** *m*, **~ausgaben** *f/pl.* additional expenditure; **~bändig** *adj.* in several volumes; **~basisch** ⚗ *adj.* polybasic; **~bedarf** *m* excess demand, additional requirements *pl.*; **~belastung** *f* additional (*od.* surplus) load; (*Überbelastung*) overload; *physiol.*, *psych.* additional stress; **~bestand** *m* surplus stock; **~betrag** *m* surplus; (*Zuschlag*) extra charge; **~deutig** *adj.* ambiguous; **~deutigkeit** *f* ambiguity; **~einkommen** *n* additional income; **~einnahme(n** *pl.*) *f* additional receipts *pl.*

mehren *v/t. u. v/refl.*: (*sich* ~) increase, multiply, augment; *sich* ~ *a.* grow; (*sich fortpflanzen*) propagate.

mehrere *adj. u. indef. pron.* several; (*einige*) some, a few; (*verschiedene*) divers, sundry; ~*s* various things (*od.* matters), sundries *pl.*

mehrerlei *adj.* various kinds of, various, divers, sundry.

Mehr...: **~erlös** *m* additional receipts *pl.*; **~ertrag** *m* increment, surplus; increased profits *pl.*; **~fach I.** *adj.* manifold, several; (*wiederholt*) repeated; multiple (*a.* ⊕); *in* ~*er Ausfertigung* in several copies; *in* ~*er Hinsicht* in several (*od.* various) respects; ~*er deutscher Meister* several times German champion; **II.** *adv.* repeatedly, several times; **~fache(s)** *n* multiple; **~fachbetrieb** *m* multiplex system; **~fachkondensator** *m* multiple-unit capacitor; **~fachschalter** *m* multiple *od.* gang(ed) switch; **~fachstecker** *m* multiple plug; **~fachtelegraphie** *f* multiplex telegraphy; **~familienhaus** *n* (block of) flats *pl.*, *Am.* apartment house; *amtlich*: multiple dwelling (unit); **~farbendruck** *m* polychrome print(ing); **~farbig** *adj.* multicolo(u)r, polychromatic; **~gängig** ⊕ *adj.*: ~*es Getriebe* multiple-speed gear(ing); ~*es Gewinde* multiple thread; ~*e Schraube* multiple-thread screw; **~gebot** *n* higher bid; **~gepäck** *n* excess luggage; **~geschossig** *adj.* multi-storied; **~gewicht** *n* excess weight; **~gitterröhre** ⚡ *f* multigrid valve (*Am.* tube); **~gleisig** *adj.* multiple-tracked.

Mehrheit *f* majority; *parl. mit absoluter* (*einfacher, knapper, großer*) ~ by an absolute (a simple, bare, vast) majority; *mit zehn Stimmen* ~ by a majority of ten; → *schweigend*; **~lich** *adj.* majority ...; **~sbeschluß** *m*, **~sentscheidung** *f* majority vote; *durch* ~ by a majority of votes, *Am.* by a plurality; **~swahlrecht** *n* plural voting, majority rule.

Mehr...: **~jährig** *adj.* several years old; several years' ...; **~kampf** *m Sport*: all-round competition; **~kanal...** ⚡, *TV* multi-channel; **~kosten** *pl.* additional (*od.* added) cost(s); (*Zuschlag*) extra charge(s); **~lader** *m* repeater gun, magazine rifle; **~leistung** *f* increased (*od.* added) performance, *etc.*, → *Leistung*; **~leiterantenne** *f* multiple-wire aerial (*Am.* antenna); **~leiterkabel** *n* multiple-core cable; **~malig** *adj.* repeated, → *a. mehrfach*; **~mals** *adv.* several times; **~motorig** *adj.* multi-engine(d); **~parteiensystem** *n* multi-party system; **~phasenstrom** *m* polyphase current; **~polig** ⚡ *adj.* multipolar; **~porto** *n* additional postage; **~preis** *m* extra charge; excess price; **~scheiben...** *mot.* multiple-disc *brake, clutch*; **~seitig** *adj.* polygonal; *pol. Abkommen*: multilateral, multipartite; **~silbig** *adj.* polysyllabic; **~sitzer** ✈ *m* multiseater; **~sprachig** *adj.* polyglot; in two or more languages; **~stellig** *adj. Zahl*: multidigit; **~stimmig** *adj.* (arranged) for several voices; ~*er Gesang* part singing; ~*es Lied* part song; **~stöckig** *adj.* multi-stor(e)y ...; **~stufig** *adj.* multi-stage *rocket*; **~stündig** (**~tägig**) *adj.* of several hours' (days') duration; **~teilig** *adj.* consisting of several parts; **~ung** *f* increase, multiplication; propagation; **~verbrauch** *m* excess consumption; **~weg...**, **~wegig** ⚡ *adj.* multipath ...; **~wert** *m* surplus value; (*Wertzuwachs*) increment value; **~wertig** ⚗ *adj.* polyvalent; **~wertsteuer** *f* value-added tax (*abbr.* VAT); **~zahl** *f ling.* plural (number); (*Mehrheit*) greater part, majority; *die überwiegende* ~ *von* the great majority of; the bulk of, most of; **~zweck...** *in Zssgn* multi-purpose ...

meiden *v/t.* avoid, shun, keep clear of.

Meier *m* **1.** → *Gutsverwalter*; **2.** (*Pächter*) leaseholder; **3.** (*Milchwirt*) dairy-farmer; **~ei** *f* **1.** estate; **2.** leasehold farm; **3.** dairy-farm.

Meile *f* mile; *englische* ~ British (*od.* statute) mile; → *Seemeile*; **~nstein** *m* milestone (*a. fig.*); **2nweit** *adj. u. adv.* (extending) for miles (and miles); miles and miles of; ~ *auseinander* miles apart; *fig. j-m* ~ *überlegen* heads and shoulders above *a p.*; ~ *davon entfernt, zu inf.* a far cry from *ger.*; **~nzahl** *f* mileage.

Meiler *m* charcoal pile; (*Atom*2) atomic pile.

mein I. *poet. pers. pron.* = ~er (*gen. von ich*): *gedenke* ~ remember me; **II.** *adj. u. poss. pron.* my; ~*e Damen und Herren!* Ladies and Gentlemen!; *es ist* ~ it is mine (*od.* belongs to me); ~*er* ~*e*, ~*es, der* (*die, das*) ~(*ig*)*e* mine; *die* ~(*ig*)*en* my family, F my people, my folks; *seine Arbeit und* (*die*) ~(*ig*)*e* his work and mine; *ich habe das* 2(*ig*)*e getan* I have done all I can (*od.* my bit, my best); **III.** 2 *n*: *das* ~ *und Dein* mine and thine.

Meineid *m* perjury; **2ig** *adj.* perjured; ~ *werden* perjure (*od.* forswear) o.s., ⚖ commit perjury; **~ige(r** *m*) *f* perjurer.

meinen *v/t. u. v/i.* (*denken, glauben*) think, believe, be of (the) opinion, *Am. a.* reckon, guess; (*vermuten*) suppose; (*äußern*) say; (*behaupten*) assert; (*anregen*) suggest; (*sagen wollen*) mean; (*beabsichtigen*) mean, intend, have in view; ~ *Sie?* do you think so?; *wie* ~ *Sie das?* what do you mean by that?; *das will ich* ~*!* I should think so!, *Am.* F you bet!; *wie* ~ *Sie?* I beg your pardon?; *was* ~ *Sie dazu?* what do you say to (*od.* think of) that?; ~ *Sie das ernst?* do you (really) mean it?; *wie du meinst!* if you say so!, as you like!; *damit sind wir gemeint* that's meant for us; *er meinte ihn* he was speaking of him; *man sollte* ~ one would think; *er meint es gut* he means well; *es war gut gemeint* it was well-meant; *er hat's nicht böse gemeint* he meant no harm; *so war es nicht gemeint* I didn't mean it that way.

meiner → *mein* I *u.* II; **~seits** *adv.* for (*od.* on) my part, as far as I am concerned; *ich* ~ I for one.

meines|gleichen *pron.* people like me, the like(s) of me, my equals, such as I; **~teils** *adv.* on my part.

meinet|halben, ~wegen, (um) ~willen *adv.* for my sake; on my behalf; (*wegen mir*) because of me, on my account; (*von mir aus*) for all (*od.* aught) I care; I don't mind (*od.* care)!, as you like!

meinige → *mein* II.

Meinung *f* opinion (*über, von* about, of), view, idea (of); (*Urteil*) judg(e)ment; (*Glaube*) belief; (*Absicht, Bedeutung*) meaning; *die öffentliche* ~ (the) public opinion, *Brit. a.* Mrs. Grundy; *vorgefaßte* ~ prejudice, preconceived idea; *meiner* ~ *nach* in my opinion, to my mind, as I see it; *der* ~ *sein, daß* be of opinion that, hold that; *anderer* ~ *sein als j-d* disagree with a p. (*über* about); *ich bin leider anderer* ~*!* I beg to differ!; *derselben* ~ *sein wie j-d* agree (*od.* see eye to eye) with a p., share a p.'s opinion; *ich bin ganz Ihrer* ~*!* I am entirely of your opinion, I fully agree with you, F same here!; *geteilter* ~ *sein* differ (in opinion), *einzelner*: be in two minds (*über* as to, on); *eine gute* (*od. hohe*) ~ *haben von* have a high opinion of, think highly of; *seine* ~ *ändern* revise one's opinion (*über* of), change one's mind (about); *j-m* (*gehörig*) *die* ~ *sagen* give a p. a piece of one's mind, tell a p. a thing or two; *sich e-e* ~ *bilden* form an opinion (*über* of); → *bleiben* 2.

Meinungs...: ~änderung *f* change of opinion (*od.* mind); **~äußerung** *f* expression of (one's) opinion, statement; **~austausch** *m* exchange of views (*über* on); **~befragung** *f* (opinion) poll; **~bildner** *m* opinion leader; **~bildung** *f* opinion-leading; *eigene, subjektive*: forming an opinion; **~forscher** *m* opinion researcher, *bsd. Am.* pollster; **~forschung** *f* opinion research; **~forschungsinstitut** *n* polling institute; **~freiheit** *f* freedom of opinion (*od.* thought); **~umfrage** *f* (opinion) poll; **~umschwung** *m* change of opinion; **~verschiedenheit** *f* difference (of opinion), disparity of views; (*Streit*) disagreement, argument (*über* about).

Meise *f orn.* titmouse (*pl.* titmice); F *du hast wohl 'ne* ~*? sl.* are you nuts?

Meißel *m* chisel; **2n** *v/t. u. v/i.* chisel; carve.

meist I. *adj.* most (of); (*größt*) greatest; *die* ~*en Leute* most (*od.*

the majority of) people; *s-e ~e Zeit* most of his time; *die ~en* most people, the greater number, the (great) majority; *die ~en von uns* most of us; *das ~e* the greater (*od.* best) part, most of it; **II.** *adv.*: *am ~en* most (of all); *am ~en bekannt* best known; *~(ens)*, *~enteils* mostly, in most cases, for the most part, (*gewöhnlich*) usually, generally, as a rule.

Meist...: **≈begünstigt** *adj.* most-favo(u)red; **~begünstigung** *f Zoll*: preference; most-favo(u)red nation treatment; **~begünstigungs...** preferential; most-favo(u)red nation *clause, etc.*; **≈bietend I.** *adj.* bidding highest; **II.** *adv.*: *~* (*od. an den ≈en*) *verkaufen* sell to the highest bidder; sell by auction.

meisten|s, ~teils *adv.* → *meist* II.

Meister I. *m* master; (*Handwerks≈*) (registered) master (craftsman), (*z. B. Bäcker≈* master baker); *im Betrieb*: foreman; *Sport*: champion; *fig.* (*Könner*) master; *ein wahrer ~* a past-master (*in* in); *ein ~ im Schachspiel* a first-class chess-player; *~ vom Stuhl Freimaurer*: Master of the Lodge; *fig. e-r Sache ~ werden* master *a th.*, *s-r Gefühle*: *a.* restrain, control; *s-n ~ finden* meet one's match; *Übung macht den ~* practice makes perfect; → *Himmel*; **II. ~...** master(ly), F crack ..., ace ...; **~brief** *m* master diploma; **≈haft** *adj.* masterly; *adv. a.* in a masterly manner, in perfect style, brilliantly; **~haftigkeit** *f* → *Meisterschaft* 1; **~hand** *f* master hand; **~in** *f* master (craftsman); forelady; mistress, master's wife; *Sport*: woman champion, championess; **≈lich** *adj.* → *meisterhaft*; **≈n** *v/t.* master (*a. fig. Erregung, Sprache usw.*); (*j-n*) *a.* get the better of; (*übertreffen*) surpass, outdo; (*schwierige Lage*) master, control, meet; *Sport*: (*Hindernis usw.*) master, negotiate, clear; **~prüfung** *f* examination for the title of master; **~schaft** *f* **1.** mastery, mastership, masterliness, masterly skill; *es (bis) zur ~ bringen in* attain a mastership in, gain the mastery in (*od.* of); **2.** *Sport*: (*Wettbewerb u. Titel*) championship, (*Titel*) *a.* title, crown; *~en* championships, championship competition *sg.*; *e-e ~ erringen* win a championship, gain a title, become a champion; **~schaftsanwärter** *m* aspirant to the title; **~schaftsspiel** *n* championship match; **~schuß** *m* excellent shot; **~schütze** *m* crack shot; *engS.* champion shot; **~singer** *hist. m* mastersinger; **~stück** *n*, **~werk** *n* masterpiece; **~titel** *m*, **~würde** *f* mastership; *Sport*: → *Meisterschaft* 2.

Meist...: **~gebot** *n* highest bid, best offer; **≈gekauft, ≈verkauft** † *adj.* best-selling; **≈gelesen** *adj.* most (widely) read; **≈genannt** *adj.* most frequently named.

Melanchol|ie *f* melancholy; **~iker(in** *f*) *m* melancholiac; **≈isch** *adj.* melancholy.

Melange *f* mixture, blend.

Melasse *f* molasses *pl.*, treacle.

Melde|amt *n* **1.** → *Einwohner≈*; **2.** *teleph.* record section; **~bogen** *m* registration form; **~fahrer** ⚔ *m* dispatch rider; **~gänger** ⚔ *m* (dispatch) runner, messenger; **~hund** ⚔ *m* messenger dog; **~kopf** ⚔ *m* (advance) message cent|re, *Am.* -er; **~liste** *f Sport*: list of entries.

melden I. *v/t. u. v/i.* (*ankündigen, verkünden*) announce (*dat.* to); (*anzeigen*) report (*der Polizei usw.* to); (*sagen*) tell, state; *Zeitung, usw.*: report; *Kartenspiel*: call; *Sport* (*v/t. u. sich ~*) enter (*zu* for); ⊕ signal; *j-m et. ~* inform (*od.* advise) a p. of a th.; *amtlich*: notify (*dienstlich*: report) a th. to a p.; *er ließ ihm ~, daß* he sent him word that; F *du hast hier nichts zu ~!* you have no say here!; **II.** *v/refl.*: *sich ~* announce o.s. (*bei* to), present o.s. (at), *dienstlich*: report (to; *zur Arbeit* for work), register (*bei* with *the police, etc.*); *teleph.* answer (the telephone); *freiwillig*: *a.* come forward; (*sich bemerkbar machen*) make o.s. heard, *Sache*: make itself felt, *Alter*: *a.* be telling (*bei j-m* on); *Winter usw.*: set in; *Magen*: demand food, be rattling; *sich auf ein Inserat ~* answer an ad(vertisement); *sich ~ zu* (*od. für*) apply for, *freiwillig*: volunteer for, ⚔ (*zur Truppe*) enlist with, (*zum Examen*) enter (one's name) for; *sich zu Wort ~* ask leave to speak, *Schule usw.*: put one's hand up; *sich ~ lassen* send in one's name; *er wird sich schon ~* he will make himself heard; → *krank, anmelden*.

Melde...: **~pflicht** *f* duty of registration (⚕ of notification); **≈pflichtig** *adj.* subject to registration; ⚕ notifiable; **~quadrat** *n Karte*: reference square; **~r** ⚔ *m* → *Meldefahrer, -gänger, -reiter*; **~reiter** ⚔ *m* mounted messenger; **~schluß** *m Sport*: closing date for entries; **~stelle** *f* registration office; ⚔ local reporting office.

Meldung *f* (*Mitteilung*) information, advice; announcement, notification, notice; *telegraphisch usw.*: message; *dienstlich*: report; (*Zeitungs*≈ *usw.*) report, news (*sg.*), (press) item; registration (*bei e-r Behörde* with); (*Bewerbung*) application; *Sport*: entry; ~ *machen* (*von*) → *melden*.

melieren *v/t.* mix, mottle, blend.

Melioration *f* (a)melioration.

Melisse ⚘ *f* balm(-mint); **~ngeist** *m* spirit of Carmelite.

melk *adj.* giving milk, milch; **~en** *v/t. u. v/i.* milk (*a. fig.*); *frisch gemolkene Milch* milk fresh from the cow; ~*de Kuh* (*a.* **≈kuh** *f*) milch cow (*a.* F *fig.*); **≈er(in** *f*) *m* milker; **≈maschine** *f* milking machine.

Melod|ie *f* melody; (*Weise*) *a.* tune, air; **~ik** *f* melodics *pl.* (*sg. konstr.*); **≈iös, ≈isch** *adj.* melodious.

Melodrama *n* melodrama (*a.* F *fig.*); **≈tisch** *adj.* melodramatic(ally *adv.*).

Melone *f* ⚘ melon; F (*Hut*) bowler (-hat), *Am.* derby.

Meltau ✐ *m* honey dew.

Membran(e) *f anat.* membrane; *a.* ⊕ diaphragm.

Memento *n* memento.

Memme *f* coward, poltroon.

Memoiren *pl.* memoirs.

Memorandum *n* memorandum (*als Notiz a. abbr.* memo).

memorieren *v/t.* commit to memory, memorize; learn by heart.

Menagerie *f* menagerie.

mendel|n *biol. v/i.* Mendelize; **≈sch** *adj.* Mendelian; ~*e Regeln* (*od.* *Gesetze*) Mendelism *sg.*, Mendel's laws.

Menge *f* quantity; amount; volume; ⅍ aggregate, set; (*Vielzahl*) multitude; (*Unzahl*) host, sea; (*Haufen*) heap, pile; ⊕ (*Schub*) batch; (*Schwarm*) swarm; (*Menschen*≈) multitude, crowd, throng, → *a. Masse*; *in großer* ~ in large quantities, in abundance, *von Menschen u. Tieren*: in large numbers, in crowds; F *in rauhen* ~*n* in coarse numbers, *sl.* ... galore; *e-e ganze* ~ quite a lot; *e-e* ~ *Geld* plenty (*od.* F lots *pl.*, heaps *pl.*) of money; *e-e* ~ *Bücher* a great many (*od.* a lot of) books; *e-e* ~ *Schwierigkeiten* a great deal of trouble; *e-e* ~ *Lügen* a pack of lies.

mengen *v/t.* mix, blend; *sich* ~ mix, mingle (*unter* with); *fig. sich* ~ *in* meddle (*od.* interfere) with, F poke one's nose into, butt in on; *menge dich nicht in diese Sache!* keep out of this!

Mengen...: **~anteil** *m* constituent amount; **~bestimmung** *f* quantitative determination; **~einheit** *f* unit of quantity; **~lehre** ⅍ *f* set theory; **~leistung** ⊕ *f* productive capacity, output; **≈mäßig** *adj.* quantitative; ~*er Umsatz* quantity turnover; **~nachlaß** *m*, **~rabatt** *m* quantity discount.

Meng...: **~futter** ✐ *n* mixed feed; **~sel** *n* medley, jumble.

Meniskus *m allg.* meniscus.

Mennige *f* minium, red lead.

Mensa *univ. f* (university) cafeteria.

Mensch **1.** *m* human being; man (*ohne art. u. pl. als Gattung*: *der* ~); *einzelner*: person, individual; F (*Kerl*) fellow, F bloke, guy; (*Sterblicher*) mortal; *die* ~*en* a) people, the world *sg.*, b) → *Menschheit*; *der innere* (*äußere*) ~ the inner (outer) man (*a.* F *fig.*); *jeder* ~ everybody, all the world; *kein* ~ nobody, not a (living) soul; *unter die* ~*en kommen* mix with people, go into society; *ich bin auch nur ein* ~ I am only human; F ~*! in der Anrede*: F man (alive)!, oh boy!, *Am. a.* brother!; F *wie der erste* ~ like a fool; → *denken* I; **2.** V *n* hussy, slut, baggage; **~, ärgere dich nicht** *n Spiel*: ludo.

Menschen...: **~affe** *m* anthropoid, (manlike) ape; **≈ähnlich** *adj.* manlike, 🕮 anthropoid; **~alter** *n* age; generation; (*Lebensspanne*) lifetime; **~blut** *n* human blood; **~feind(in** *f*) *m* misanthropist; **≈feindlich** *adj.* misanthropic(ally *adv.*); **~fleisch** *n* human flesh; **~fresser(in** *f*) *m* man-eater, cannibal; **~fresserei** *f* cannibalism; **~freund(in** *f*) *m* philanthropist, humanitarian; **≈freundlich** *adj.* philanthropic(ally *adv.*), humanitarian; **~freundlichkeit** *f* philanthropy; kindness; **~führung** *f* leadership; guidance; **~gedenken** *n*: *seit* ~ within living memory; from time immemorial; *das erstemal seit* ~ the first time in memory; **~geschlecht** *n* human race, mankind; **~gestalt** *f*: *in* ~ in human shape; *ein Teufel in* ~ a devil incarnate; **~gewühl** *n* throng, milling crowd; **~hand** *f* hand of man; **~handel** *m* slave-trade; **~haß** *m* misanthropy; **~hasser(in** *f*) *m* misanthrope; **~herz** *n* human heart; **~jagd** *f* manhunt; **~kenner(in** *f*) *m* judge of men (*od.* human nature); **~kenntnis** *f* knowledge of human nature; **~kind** *n* human being; *armes* ~ poor creature (*od.* dear); **~kraft** *f* man power; **~leben** *n* human life,

life of man; (*Lebenszeit*) lifetime; *verlorene* ~ casualties, persons killed; ~ *sind nicht zu beklagen* no one was killed; **°~leer** *adj.* deserted; **~liebe** *f* human kindness, charity, philanthropy; **~masse** *f*, **~menge** *f* crowd (of people), throng; (*Pöbel*) mob; **~material** *n* human stock; ⚔, ⚒ (*verfügbares* ~) manpower; **°~möglich** *adj.* within human power, humanly possible; *das* ~*e* all that is humanly possible, F every mortal thing; *das ist nicht* ~*!* that's impossible!; **~opfer** *n* human sacrifice; *pl. bei e-m Unfall*: casualties, persons killed, dealth toll *sg.*; **~potential** *n* manpower; **~raub** *m* kidnapping, ⚖ abduction; **~räuber** *m* kidnapper; **~rechte** *n/pl.* human rights, rights of man; **~scheu** *f* shyness, unsociableness; **°~scheu** *adj.* shy, unsociable; **~schinder** *m* slave-driver, ⚔ martinet; **~schinderei** *f* slave-driving; **~schlag** *m* race (of men); **~seele** *f* human soul; *keine* ~ not a living soul; **~skind!** *int.* F man alive!, damn!; **~sohn** *eccl. m* Son of Man; **~stimme** *f* human voice; **°~unwürdig** *adj.* degrading; **~verächter** *m* despiser of mankind, cynic; **~verstand** *m* human intellect; *gesunder* ~ common sense, F horse sense; **~werk** *n* work of man; **~würde** *f* dignity of man; **°~würdig** *adj.* human, befitting a human being.

Menschheit *f* mankind, humanity, human race; *die* ~ Man.

menschlich *adj.* human; *fig. a.* (*human*) humane; F (*erträglich*) tolerable; ~*e Natur* (*Komödie*) human nature (comedy); *nach* ~*er Voraussicht* as far as we can foresee, by all known odds; *sollte mir etwas* °~*es zustoßen* if anything should happen to me; *das* °~*e, allzu* °~*e* the human, all too human; *das ist alles* ~ it's all human nature; **°~keit** *f* human nature; (*Humanität*) humaneness, humanity; *Verbrechen gegen die* ~ crime against humanity.

Menschwerdung *f* anthropogenesis; *eccl.* incarnation.

Menstru|ation *f* menstruation; **°~ieren** *v/i.* menstruate.

Mensur *f* ♪ bore; ⚗ measuring glass; *fenc.* distance; (*Duell*) students' duel.

Mental|ität *f* mentality; **~reservation** ⚖ *f* mental reservation.

Menthol *n* menthol.

Mentor *m* mentor.

Menü *n* menu, fixed-price meal, set lunch; *fig. geistiges usw.*: diet, fare.

Menuett *n* minuet.

Menükarte *f* menu (card).

Mergel *geol. m* marl; **~boden** *m* marly soil; **~grube** *f* marl-pit; **°~n** ⚒ *v/t.* (manure with) marl.

Meridian *ast. m* meridian; **~kreis** *m* meridian circle.

meridional *adj.* meridional.

Meringe *f* meringue.

Merino *m* **1.** *zo.* (**~schaf** *n*) merino (sheep); **2.** (**~wolle** *f*) merino.

Meriten *pl.* merit(s).

merk|bar *adj.* **1.** *im Gedächtnis*: retainable, easy to remember; **2.** → *merklich*; **°~blatt** *n* leaflet, memorandum, instructional pamphlet; (*Beilage*) supplement; **°~buch** *n* note-book, memo(randum) book.

merken I. *v/i.*: ~ *auf* pay attention to, listen to; *merke wohl!*, *wohl zu* ~*!* mark my words!, mind you!; **II.** *v/t.* (*wahrnehmen*) notice, perceive; (*fühlen*) feel, sense; (*argwöhnen*) suspect; (*erkennen*) realize, see; (*sich e-r Sache bewußt sein*) be aware of, know; (*entdecken*) find out, discover; *es war zu* ~, *daß* it was noticeable (*od.* plain) that; *er hat etwas gemerkt* he smelled a rat; ~ *lassen* show, betray, *sl.* let on; *sich nichts* ~ *lassen* not to show (*od.* betray) one's feelings, *etc.*, act as if nothing had happened; *sich et.* ~ remember (*od.* retain) a th., make a mental note of a th.; ~ *Sie sich das!* remember (*od.* mind) that!; *das werde ich mir* ~ I will bear that in mind, *als e-e Lehre*: that shall be a lesson to me; *ihn werde ich mir* ~*! drohend*: I'll pay him back for that!; *ihn wird man sich* ~ *müssen* he is a man to watch.

merklich I. *adj.* perceptible, noticeable; (*beträchtlich*) considerable, appreciable; (*deutlich*) distinct, evident, visible; *Tendenz, Unterschied*: marked; *keine* ~*e Besserung* no appreciable improvement; **II.** *adv.* perceptibly *etc.*; ~ *schwanken* vary markedly; *die Produktion* ~ *herabsetzen* cut production measurably.

Merkmal *n* (*Zeichen*) mark, sign; (*Besonderheit*) characteristic, *a. Patentrecht*: feature; (*Kennzeichen*) distinctive mark, *biol.* character; (*Anzeichen*) symptom; (*Eigenschaft*) attribute, property; (*geistiges* ~; *Unterscheidungs*°~) criterion; (*Abzeichen*) sign, badge; ⚖ *e-r Straftat*: ingredient.

Merkur *myth. m* Mercury.

Merk...: **~wort** *thea. n* cue; **°~-**

würdig *adj.* (*seltsam*) strange, odd, curious, peculiar, funny; ≈**würdigerweise** *adv.* strange to say, strangely (*od.* oddly) enough; ~**würdigkeit** *f* peculiarity, strangeness, oddness; (*Sache*) odd (*od.* strange) thing; ~**zeichen** *n* mark.

merzerisieren ⊕ *v/t.* mercerize.

meschugge F *adj.* crazy, cracked, *sl.* off one's rocker, nuts.

Mesner *eccl. m* sexton, sacrist(an).

Meß|amt *R.C. n* mass; ~**band** *n* (measuring) tape, tape-measure; ≈**bar** *adj.* measurable; ~**becher** *m* beaker; ~**bereich** *m* measuring range; ~**bildverfahren** *n* photogrammetry; ~**brücke** ⚡ *f* bridge; ~**buch** *R. C. n* missal; ~**diener** *R. C. m* acolyte.

Messe[1] *R.C. f* mass; (die) ~ lesen say Mass.

Messe [2] *f* (*Offiziers*≈) mess(-room).

Messe[3] (*Ausstellung, Markt*) fair; die Frankfurter ~ the Frankfurt Fair; ~**amt** ⚚ *n* Fair central office; ~**besucher**(**in** *f*) *m* visitor at a fair, fair-goer; ~**gelände** *n* exhibition grounds *pl.*; ~**halle** *f* exhibition hall.

messen I. *v/t.* measure, take the measurement of; ⊕ *mit e-m Meßapparat*: *a.* meter; *mit e-r Lehre*: ga(u)ge, cal(l)iper; ⚓ (*loten*) sound; *fig. mit Blicken*: measure, eye, F size *a p.* up; Zeit ~ take time; *bsd. Sport*: *a.* clock; → Fieber; **II.** *v/refl.*: sich mit j-m ~ compete (*od.* grapple) with a p., *geistig*: match wits with a p.; *im Laufen*: race a p.; sich nicht ~ können mit (*j-m*) be no match for; (*e-r Sache*) not to stand comparison with; **III.** *v/i.* measure, be ... long *od.* high, (*groß od. hoch sein*) *a.* stand *six feet*; (*enthalten*) contain; → gemessen.

Messer *n* knife; (*Rasier*≈) razor; (*Dolch*) dagger; (*Klinge*) blade; ⚕ knife, scalpel; ⊕ *Werkzeugmaschine*: cutter; *fig.* Kampf bis aufs ~ war to the knife; auf (des) ~s Schneide on the razor's edge; mit dem ~ stechen (stab with a) knife; *fig.* j-n ans ~ liefern betray a p.; *fig.* ins offene ~ rennen F take it on the chin; unterm ~ des *Chirurgen*: under the knife; → Kehle 1; ~**bänkchen** *n* knife-rest; ~**flug** *m* vertical side-slip; ~**griff** *m*, ~**heft** *n* knife-handle; ~**held** *m* cutthroat; ~**klinge** *f* knife-blade; ~**kontakt** ⚡ *m* blade (contact); ~**kopf** ⊕ *m* cutter head, *Am.* milling cutter; ~**rücken** *m* back of a knife; ~**schalter** ⊕ *m* knife-switch; ≈**scharf** *adj.* razor-sharp (*a. fig. Logik usw.*); ~**schmied** *m* cutler; ~**schneide** *f* knife-edge; ~**schnitt** *m* razor cut; ~**spitze** *f* point of a knife; ~**stecher** *m* cut-throat; ~**stecherei** *f* knifing; ~**stich** *m* thrust (*od.* stab) with a knife.

Messestand *m* booth *od.* stall (at a fair).

Meß...: ~**fehler** *m* error in measurement; ~**funkenstrecke** ⚡ *f* measuring spark gap; ~**gefäß** *n* graduated measuring vessel; ~**gerät** *n* measuring instrument; (*Lehre*) ga(u)ge; (*Zähler*) meter; ~**gewand** *R.C. n* mass vestment(s *pl.*); ~**glas** *n* graduated measuring glass; ~**hemd** *R.C. n* alb.

messianisch *adj.* Messianic.

Messias *m* Messiah.

Messing *n* brass; ~**blech** *n* (*Erzeugnis*) brass sheet; (*Material*) sheet brass; ≈**en** *adj.* (of) brass, brazen; ~**gießerei** *f* brass-foundry; ~**ware** *f* brass ware.

Meß...: ~**instrument** *n* measuring instrument; ~**kelch** *R.C. m* chalice; ~**kolben** *m* (graduated) measuring flask; ~**latte** *f* stadia rod; ~**leine** *f* measuring tape; ~**opfer** *R.C. n* Sacrifice of the Mass; ~**schnur** *f* measuring cord; ~**sender** *m Radio*: signal generator; ~**stab** *m* yardstick; *mot.* dipstick; ~**technik** *f* (science of) measuring; (*Verfahren*) measuring technique; ~**tisch** *m* surveyor's (*od.* plane) table; ~**tischblatt** *n* ordnance (survey) map, plane table map; ~**uhr** *f* meter, dial ga(u)ge.

Messung *f* measurement; ga(u)ging; surveying; (*Ablesung*) reading; ⚓ (*Peilung*) sounding.

Meß...: ~**wein** *R. C. m* sacramental wine; ~**wert** *m* measured value; ~**ziffer** *f* index number; ~**zylinder** *m* graduated cylinder.

Mestiz|e *m*, ~**in** *f* mestizo.

Met *m* mead.

metabol|isch *adj.* metabolic; ≈**ismus** *m* metabolism.

Metall *n* metal; ~**arbeiter** *m* metal-worker; ~**baukasten** *m* metal construction (*Am.* erector) set; ~**bearbeitung** *f* metal-working; ~**beschläge** *m/pl.* metal fittings; ≈**en** *adj.* (of) metal, metallic; ~**folie** *f* metal foil; ⚔ *Radarstörung*: chaff; ~**geld** *n* specie, coins *pl.*; ~**gewebe** *n* wire cloth (*od.* gauze); ~**gießerei** *f* metal foundry; ≈**haltig** *adj.* metalliferous; ~**hütte** *f* nonferrous smelter; ~**industrie** *f* metal industry; ≈**isch** *adj.* metallic; ≈**isieren** *v/t.* metallize; ~**keramik**

f powder metallurgy; **~kunde** *f* metallography; **~oxyd** *n* metallic oxide; **~papier** *n* metallic paper; **~säge** *f* hacksaw; **~schlauch** *m* flexible metal tube; **~spritzen** *n*, **~spritzverfahren** *n* metal spraying; **~überzug** *m* metal coat; *galvanisch*: metal plate.
Metallurg|ie *f* metallurgy; **≗isch** *adj.* metallurgic(al).
Metall...: ≗verarbeitend *adj.*, **~verarbeitung** *f* metal-working; **~vorrat** *m* bullion reserve; **~währung** *f* metallic standard; **~waren** *f/pl.* metal wares, hardware *sg.*
Metamorphose *f* metamorphosis.
Metaph|er *f* metaphor; **≗orisch** *adj.* metaphoric(al).
Metaphys|ik *f* metaphysics *pl.* (*sg. konstr.*); **~iker** *m* metaphysician; **≗isch** *adj.* metaphysical.
Metastase ⚕ *f* metastasis.
Meteor *n*, *m* meteor; **~eisen** *n* meteoric iron; **≗haft** *fig. adj.* meteoric; **~it** *m* meteorite.
Meteorolog|e *m* meteorologist; **~ie** *f* meteorology; **≗isch** *adj.* meteorological.
Meteor...: ~schwarm *m* meteoric shower; **~stein** *m* meteorite.
Meter *n*, *m* met|re, *Am.* -er; *weitS.* yard; **~ampere** *n* metre-ampere; **≗lang** *fig. adj.* (very) long; **~maß** *n* metric measure(ment); *konkret*: pocket rule, (*Bandmaß*) tape-measure; **~sekunde** *f* met|re (*Am.* -er) per second; **~ware** *f* yard(ed) goods *pl.*; **≗weise** *adv.* by the met|re, *Am.* -er; **~welle** *f* metric wave.
Methan *n* methane.
Method|e *f* method (*a.* ⊕); **~ik** *f* methodics *pl.* (*sg. konstr.*); **≗isch** *adj.* methodical; **~ist(in** *f*) *m eccl.* Methodist; **~ologie** *f* methodology.
Methylalkohol *m* methyl alcohol.
Methylen *n* methylene.
Metier *n* profession, trade, job.
Metr|ik *f* metrics *pl.* (*sg. konstr.*); **≗isch** *adj.* metric(ally *adv.*).
Metronom ♪ *n* metronome.
Metropole *f* metropolis.
Metrum *n* metre, *Am.* meter.
Mette *eccl. f* → *Früh-, Nachtmette.*
Metteur *typ. m* make-up man.
Mettwurst *f* Bologna sausage.
Metze *f* harlot, strumpet.
Metzelei *f* slaughter, massacre.
metzeln *v/t.* butcher, slaughter.
Metzelsuppe *f* pudding broth.
Metzger *m* butcher; **~ei** *f* butcher's shop; **~gang** *m* useless errand.
Meuchel|mord *m* (foul) assassination; **~mörder(in** *f*) *m* assassin; **≗n** *v/t.* assassinate, slay.
meuch|lerisch *adj.* murderous; treacherous; **~lings** *adv.* treacherously, foully.
Meute *f* pack (of hounds); *fig.* mob.
Meuter|ei *f* mutiny; **~er** *m* mutineer; **≗n** *v/i.* mutiny, mutineer; F *fig.* rebel; **≗nd** *adj.* mutinous.
Mexikan|er(in *f*) *m*, **≗isch** *adj.* Mexican.
Mezzosopran ♪ *m* mezzo-soprano.
miauen *v/i.* meow, miaow.
mich *pers. pron.* (*acc. von ich*) me; (*~ selbst*) myself; *ich blickte hinter ~* behind me.
Michaeli(s) *n* Michaelmas.
Michel *m*: *der deutsche ~* Gullible Fritz.
mick(e)rig F *adj. Sache*: miserable, poor; *Person*: puny, (*kränklich*) poorly.
Mieder *n* bodice; ✝ corselette, foundation (garment); **~höschen** *n* roll-on panty; **~waren** *f/pl.* foundation garments, corsetry *sg.*
Mief F *m* fug, F stink.
Miene *f* air, countenance, mien; (*Gesicht*) face; (*Aussehen*) look; *überlegene* (*unschuldsvolle*) *~* superior (innocent) air *od.* face; *e-e ernste ~ aufsetzen* look stern; *e-e finstere ~ machen* scowl; *gute ~ zum bösen Spiel machen* put a good face upon it, grin and bear it; *~ machen et. zu tun* offer (*od.* threaten) to do a th.; be about to do a th.; *ohne e-e ~ zu verziehen* without flinching, without turning a hair; **~nspiel** *n* play of the features, facial expression(s *pl.*), face.
mies F *adj.* (*unwohl*) seedy, out of sorts; (*schlecht*) miserable, bad, *sl.* lousy; (*ekelhaft*) F awful, horrible; *~er Kerl a.* F drearie, pest; **≗epeter** F *m* cross-patch, sourpuss, *Am. a.* crab; **≗macher** F *m* alarmist, *sl.* croaker, *Am. a.* calamity howler; (*Meckerer*) *sl.* griper; **≗muschel** *zo. f* mussel.
Miet|ausfall *m* loss of rent; **~auto** *n* hired car; **~besitz** *m* tenancy, leasehold; **~betrag** *m* → *Mietpreis*; **~dauer** *f* period of lease; tenancy.
Miete[1] *f* lease; *von beweglichen Sachen*: *a.* hire; (*Zins*) rent, *für bewegliche Sachen*: rental (fee, *Am.* rate); (*Mietbesitz, Mietverhältnis*) tenancy, leasehold; *in ~ wohnen* live in lodgings, be a tenant; *thea. in ~ haben* have a season-ticket for.
Miete[2] *f* ⚘ (*Schober*) stack, rick,

shock; (*Erd*≈) clamp; (*Kartoffel*≈) pit.
Miete[3] *dial. f zo.* (*Milbe*) mite.
Mieteinnahme *f* rent.
mieten *v/t.* (take on) lease, (*Haus*) rent; (*Sachen*) hire, rent, lease; (*Schiff, Flugzeug*) charter.
Mieter(in *f*) *m* tenant, *einzelner Zimmer*: lodger, *Am.* roomer; ⚖ lessee; *von Sachen*: hirer, renter; *e-s Schiffs, Flugzeugs*: charterer.
Mieterhöhung *f* raising of rent.
Mieterschutz *m* (legal) protection of tenants.
Mietertrag *m* rent(s *pl.*) received.
Miet...: **~flugzeug** *n* charter-plane; **≈frei** *adj.* rent-free; **~gebühr** *f* → *Mietpreis*; **~ling** *contp. m* hireling, mercenary; **~preis** *m* rent; *für Sachen*: rental (fee, *Am.* rate), hiring charge; **~rückstände** *m/pl.* arrears of rent; **~shaus** *n* block of flats, *Am.* apartment house; **~skaserne** *f* block of tenements, barrackry; **~truppen** *f/pl.* mercenary troops; **~verhältnis** *n* tenancy; **~vertrag** *m* tenancy agreement, lease; *für Sachen*: hire contract; **~wagen** *mot. m* hire(d) car; **~wagenverleih** *m* car-hire service; **≈weise** *adv.* on lease; *Sachen*: on hire; **~wert** *m* rental value; **~wucher** *m* rents usury, exorbitant rent(s *pl.*); **~wohnung** *f* lodgings *pl.*, (rented) flat, *Am.* apartment; **~zins** *m* (house-)rent.
Miez(e) *f* pussy(-cat) (*a.* F *fig. Mädchen*), puss.
Migräne *f* migraine, sick headache.
Mikro F *n* F mike, → *Mikrophon*.
Mikroanalyse ⚗ *f* microanalysis.
Mikrobe *f* microbe.
Mikrobiologie *f* microbiology.
mikrobisch *adj.* microbial.
Mikro...: **~chemie** *f* microchemistry; **~film** *m* microfilm; **~gramm** *n* microgram(me *Brit.*); **~kokkus** *m* micrococcus; **~kosmos** *m* microcosm; **~meter** *m* micrometer; **~meterschraube** ⊕ *f* micrometric screw.
Mikron *n* micron.
Mikro...: **~organismus** *m* microorganism; **~phon** *n* microphone, F mike; **~photogramm** *n* microphotograph; **~photographie** *f* microphotography; **~schaltung** ⚡ *f* microcircuit; **~sekunde** *f* microsecond; **~skop** *n* microscope; **~skopie** *f* microscopy; **≈skopieren** *v/t.* (examine under the) microscope; **≈skopisch** *adj.* microscopic(al) (*a. fig.* ~ *klein*); **~waage** *f* microbalance; **~welle** *f* microwave.

Milb|e *f* mite; **≈ig** *adj.* mity.
Milch *f* **1.** milk; *dicke* (*od. saure*) ~ curdled (*od.* sour) milk; **2.** *fig.* ~ *und Honig* milk and honey; ~ *der frommen Denkungsart* milk of human kindness; *wie* ~ *und Blut* like lilies and roses; **3.** *der Fische*: milt, soft roe; **~bar** *f* milk bar, dairy lunch room; **~bart** *m fig.* milksop; **~brot** *n*, **~brötchen** *n* (French) roll; **~bruder** *m* foster-brother; **~drüse** *f* mammary gland; **≈en** *v/i.* give milk; **~erzeugnisse** *n/pl.* dairy products; **~fieber** *vet. n* milk fever; **~flasche** *f* milk bottle; **~gang** *anat. m* milk duct; **~gebiß** *n* milk teeth *pl.*; **~gefäße** *anat. n/pl.* lacteal vessels; **~glas** *n* milk-glass; ⊕ frosted glass; **~halle** *f* milk bar; **~händler** *m* dairyman, milkman; **~handlung** *f* dairy, creamery; **≈ig** *adj.* milky; **~kaffee** *m* coffee with milk, white coffee; **~kuh** *f* milcher, milker; **~kur** *f* milk-cure; **~laden** *m* dairy, creamery; **~mädchen** *n*, **~magd** *f* milkmaid, dairy-maid; **~mädchenrechnung** F *f* naive assessment (of the situation); **~mann** *m* milkman; **~messer** ⊕ *m* lactometer; **~(n)er** *ichth. m* milker; **~pan(t)scher** *m* adulterator of milk; **~pulver** *n* powdered milk; **~reis** *m* rice-pudding; **~saft** *m* ♀ milky juice; *physiol.* chyle; **~säure** ⚗ *f* lactic acid; **~schleuder** *f* (cream) separator; **~schorf** ⚕ *m* milk crust; **~speise** *f* milk-food; **~straße** *ast. f* Milky Way, Galaxy; **~vieh** *n* dairy cattle; **~waage** *f* (ga)lactometer; **~wagen** *m* milk-float; **~wirtschaft** *f* dairy-farm(ing); **~zahn** *m* milk-tooth; **~zentrifuge** *f* (cream) separator; **~zucker** ⚗ *m* milk-sugar, lactose.
mild(e) **I.** *adj. allg.* mild; *Luft, Regen, Worte*: soft; *Wein*: mellow, smooth; *Hauch, Verweis*: gentle; *nachsichtig*: indulgent (*a. Lächeln*), lenient; *Stiftung*: charitable; *Strafe*: mild, lenient; **II.** *adv.*: ~ *gesagt* to put it mildly; *et.* ~ *beurteilen* take a lenient view of.
Milde *f* → *mild*; mildness; softness; smoothness; gentleness; indulgence, leniency; charitableness, kindness; ~ *walten lassen* be lenient (*od.* merciful).
milder|n *v/t.* soften, mitigate; (*Schmerz*) soothe, alleviate; (*abschwächen*) temper, (*Ausdruck*) qualify; (*erleichtern*) relieve, (*Dienst, Zucht*) relax; (*mäßigen*) moderate; (*Strafe*) mitigate, commute; ⚗ correct; *sich* ~ grow mild(er),

soften; ⚖ ~*de Umstände* extenuating (*od.* mitigating) circumstances; *weitS.* ~*de Umstände zubilligen* make allowances (*wegen* for); ≈**ung** *f* mitigation (*a.* ⚖); softening; alleviation; qualification; relaxation; ≈**ungsgrund** ⚖ *m* extenuating cause.

mild...: ~**herzig,** ~**tätig** *adj.* charitable; ≈**herzigkeit** *f,* ≈**tätigkeit** *f* charity.

Milieu *n* environment, milieu, (social) surroundings *pl.*; (*soziale Schicht*) class, circles *pl.*; (*Umgang*) company; (*Lokalkolorit*) local colo(u)r; ⚗ environment; ≈**bedingt** *adj.* environmental; ≈**geschädigt** *adj.* environmentally deprived; ~**schilderung** *f* milieu portrayal.

militant *adj.* militant.

Militär 1. *n* military, armed forces *pl.*; (*Heer*) army; (*Soldaten*) military personnel, soldiers *pl.*; (~*dienst*) service; *zum* ~ *gehen* enter the service, join the army (*od.* up); **2.** *m* military man, soldier; ≈**ähnlich** *adj.* paramilitary; ~**anwärter** *m* soldier entitled to civil employment; ~**arzt** *m* military surgeon; ~**attaché** *m* military attaché; ~**bündnis** *n* military alliance; ~**dienst** *m* (military) service; ~**diktatur** *f* military dictatorship; ~**gefängnis** *n* military prison; ~**geistliche(r)** *m* (army, navy, *etc.*) chaplain; ~**gericht** *n* military court; *Internationales* ~ International Military Tribunal; ~**gerichtsbarkeit** *f* military jurisdiction; ≈**isch** *adj.* military; *Gebaren usw.*: soldierly, martial.

militarisier|en *v/t.* militarize; ≈**ung** *f* militarization.

Militaris|mus *m* militarism; ~**t** *m* militarist; ≈**tisch** *adj.* militaristic.

Militär...: ~**kapelle** *f* military band; ~**macht** *f* military power; ~**marsch** ♪ *m* military march; ~**mission** *f* military mission; ~**musik** *f* military music; (*Kapelle*) military band; ~**person** *f* military person, member of the armed forces; ~**personal** *n* military personnel; ~**pflicht** *f* → *Wehrpflicht*; ~**polizei** *f* military police (*abbr.* M.P.); ~**putsch** *m* military putsch; ~**regierung** *f* military government; ~**seelsorge** *f* (military) religious welfare; ~**strafanstalt** *f* detention (*Am.* disciplinary) barracks *pl.* (*sg. konstr.*); ~**zeit** *f* time of (military) service.

Military *f Reitsport*: three-day event; ~**reiter** *m* three-day-eventer.

Miliz *f* militia; ~**soldat** *m* militiaman.

Mille *n* thousand.

Millennium *n* millennium, millenary.

Milliampere ⚡ *n* milliampere.

Milliard|är(in *f*) *m* multi-millionaire; ~**e** *f* billion; *Brit. obs.* thousand millions.

Millibar *meteor. n* millibar.

Millimeter *n, m* millimet|re, *Am.* -er; ~**papier** *n* graph paper; ~**welle** *f* millimetric wave; *in Frequenzen ausgedrückt*: extremely high frequency (*abbr.* EHF).

Million *f* million; *5* ~*en Dollar* five million dollars; *zwei* ~*en Besucher* two million(s of) visitors; *in die* ~*en gehen* run into millions; ~**är(in** *f*) *m* millionaire(ss *f*); ≈**ste** *adj.*, ~**stel** *n* millionth.

Milz *anat. f* spleen, lien; ~**brand** *vet. m* anthrax; ≈**krank** *adj.* splenetic; ~**krankheit** *f* splenopathy.

Mim|e *thea. m* actor, mime; ≈**en** *v/t. thea.* act, personate, mime; (*nachäffen*) mimic; (*vorgeben*) pose as, assume the air of; ~**ik** *f* mimic art; → *a. Mienenspiel*; ~**ikry,** *zo. f* mimicry; ≈**isch** *adj.* mimic.

Mimose *f* ⚘ mimosa; *fig.* oversensitive person; ≈**nhaft** *fig. adj.* (over)sensitive

Minarett *n* minaret.

minder I. *adv.* less; *nicht* ~ no less, likewise; → *mehr*; **II.** *adj.* less(er); (*kleiner*) smaller; *an Ausmaß, Bedeutung*: *a.* minor; *an Güte*: inferior; ≈**ausgabe** *f* reduced expenditure; ⚕ *von Wertpapieren*: reduced issue; ≈**bedarf** *m* reduced demand; ~**begabt** *adj.* less gifted; ~**bemittelt** *adj.* of moderate means, rather poor; F *geistig* ~ stupid; ≈**betrag** *m* deficit, short(-age); ≈**bewertung** ⚕ *f* depreciation, undervaluation; ≈**einnahme** *f* shortfall in receipts; ≈**gebot** *n* lower bid; ≈**gewicht** *n* underweight, short weight; ≈**heit** *f* minority (*a. pol.*); *in der* ~ *sein* be in the minority; ≈**heitenfrage** *f* minorities question; ≈**heitenschutz** *m* protection of minorities; ≈**heitsregierung** *f* minority (-party) government; ~**jährig** *adj.* under age, minor; ≈**jährige(r** *m*) *f* minor, infant; ≈**jährigkeit** *f* minority; ≈**lieferung** *f* short delivery; ~**n** *v/t.* (*a. sich* ~) diminish, lessen, decrease; (*herabsetzen*) reduce, lower, abate; (*Geschwindigkeit*) slacken; (*Rechte*) impair; (*Wert*) depreciate; ≈**um-**

satz *m* decrease in turnover, falling-off in sales; **≈ung** *f* decrease, diminution; reduction, abatement; *des Wertes*: depreciation; ⚖ *e-r Gegenleistung*: voidance; *von Rechten*: impairment; **≈wert** *m* undervalue, reduced value; **~wertig** *adj.* inferior, of inferior value (*od.* quality); low-grade ..., substandard; (*billig*) cheap; ⚗ of lower valence; **≈wertigkeit** *f* inferiority; ✝ inferior quality; ⚗ lower valence; **≈wertigkeitsgefühl** *n* inferiority feeling; **≈wertigkeitskomplex** *m* inferiority complex; **≈zahl** *f* → Minderheit.

mindest *adj.* least; slightest; minimum ...; *nicht die ~e Aussicht* not the slightest chance; *nicht im ~en* not in the least, not at all, by no means; *zum ~en* at least, at the (very) least; **≈alter** *n* minimum age; **≈anforderungen** *f/pl.* minimum requirements; **≈arbeitszeit** *f* minimum working hours *pl.*; **≈betrag** *m* minimum amount; **≈einkommen** *n* minimum income; **~ens** *adv.* at least, at the (very) least; *vor Zahlen, bei Vorschrift*: *a.* no less than, not under; **≈gebot** *n* lowest bid; **≈gehalt** *n* minimum salary; **≈guthaben** *n* minimum balance; **≈lohn** *m* minimum wage; **≈maß** *n* minimum; *auf ein ~ herabsetzen* minimize; **≈preis** *m* minimum price, rock-bottom (*od.* floor) price; **≈strafe** *f* minimum penalty; **≈wert** *m* minimum value; **≈zahl** *f* minimum; *zur Beschlußfähigkeit*: quorum.

Mine *f* ⚒, ⚔, ⚓ mine; (*Bleistift≈*) lead; (*Kugelschreiber≈*) cartridge; (*Ersatz≈*) refill; *auf eine ~ laufen* hit a mine; *~n legen* lay mines; *~n suchen* locate (⚓ sweep for) mines; *e-e ~ springen lassen* spring a mine (*a. fig.*); *fig. alle ~n springen lassen* move heaven and earth.

Minen...: **~bombe** ✈ *f* high-explosive bomb, *sl.* blockbuster; **~falle** *f* booby-trap; **~feld** *n* mine field; **~flugzeug** *n* mine-laying aircraft; **~gasse** *f* minefield lane; **~leger** ⚓ *m* minelayer; **~räumboot** *n* minesweeper; **~räumen** *n* mine sweeping; **~sperre** *f* ⚓ mine barrier; (*Straßen≈*) mine road-block; **~suchboot** *n* minesweeper; **~suchgerät** *n* mine detector; **~suchstab** *m* mine probing rod; **≈verseucht** *adj.* mine-infested; **~werfer** *m* (trench-) mortar, minethrower.

Mineral *n* mineral; **~bad** *n* mineral bath; (*Kurort*) spa; **~bestandteil** *m* mineral constituent; **~brunnen** *m* mineral spring; **~ienkunde** *f* mineralogy; **≈isch** *adj.* mineral.

Mineralog|e *m* mineralogist; **~ie** *f* mineralogy; **≈isch** *adj.* mineralogical.

Mineral...: **~öl** *n* mineral oil; **~quelle** *f* mineral spring; **~wasser** *n* mineral water.

Miniatur *f* miniature; **~ausgabe** *f* miniature edition; **~gemälde** *n* miniature; **~maler(in** *f*) *m* miniaturist; **~malerei** *f* miniature painting.

Minibus *mot. m* minibus.

Minier|arbeit *f* ⚒ sapping; **≈en** ⚒, ⚔ *v/t.* sap, (under)mine.

Mini|golf *n* miniature golf; **~kleid** *n* mini-dress.

minimal *adj.* minimal, minimum ...; *fig.* insignificant, trifling; → *a.* Mindest...; **≈betrag** *m* lowest amount, minimum; **≈gehalt** *m* minimum content.

Minimum *n* minimum.

Mini|rock *m* mini-skirt; **~spion** *m* (*Abhörgerät*) *sl.* bug.

Minister *m* minister, *Brit.* Secretary of State (*gen.* for), *Am.* Secretary.

Ministerial|ausschuß *m* ministerial committee; **~beamte(r)** *m* official of a ministerial department; **~direktor** *m* ministerial director; **~dirigent** *m* assistant director in a ministry; **~erlaß** *m* ministerial order; **~rat** *m* superior counsellor in a ministerial department.

ministeriell *adj.* ministerial.

Ministerium *n* ministry, Government Department, *Brit. a.* Office, *Am.* Department.

Minister...: **~ präsident** *m* Prime Minister, Premier; *in Deutschland usw.*: Minister President (*pl.* Ministers President); **~rat** *m* Council of Ministers.

Ministrant *eccl. m* ministrant, acolyte, F altar boy.

Minna F *f*: *grüne ~ sl.* Black Maria; *j-n zur ~ machen* F give a p. hell.

Minne *poet. f* love; **≈n** *v/t.* love; (*werben um*) woo; **~sang** *m* minnesong; **~sänger** *m* minnesinger, minstrel.

Minorität *f* minority.

Minuend ⅍ *m* minuend.

minus I. *prp.* minus, less, deducting; 6 ~ 4 (6 − 4) six minus four; **II.** ≈ *n*, **≈betrag** *m* minus, deficiency; ✝ deficit, short(age).

Minuskel *f* minuscule.

Minus...: ~**pol** ⚡ *m* negative pole (*od.* element); ~**zeichen** *n* minus sign.

Minute *f* minute (*a. ast.*, ♈); *auf die* ~ to the minute; *es klappte auf die* ~ it was perfectly timed; ≈**nlang I.** *adj.* lasting a minute *od.* (for) several minutes; minutes of ...; **II.** *adv.* for (several) minutes; ≈**nweise** *adv.* by the minute, from minute to minute; ~**nzeiger** *m* minute-hand.

minuziös *adj.* minute, detailed.

Minze ⚘ *f* mint.

Miozän *n*, ≈ *geol. adj.* Miocene.

mir *pers. pron.* (*dat. von ich*) me, to me; (~ *selbst*) (to) myself; *er gab es* ~ he gave it (to) me; ~ *ist kalt* I feel cold; *ich wusch* ~ *die Hände* I washed my hands; *ein Freund von* ~ a friend of mine; *du bist* ~ *ein schöner Freund* a fine friend you are; *von* ~ *aus* → *meinetwegen*; ~ *nichts, dir nichts* without ado (*od.* ceremony), as cool as you please; *wie du* ~, *so ich dir* tit for tat.

Mirabelle *f* yellow plum.

Mirakel *n* miracle.

Misanthrop *m* misanthropist; ~**ie** *f* misanthropy; ≈**isch** *adj.* misanthropic(al).

Misch|apparat *m* mixing apparatus, mixer; ~**art** *f* cross-breed; ≈**bar** *adj.* miscible, mixable; ~**barkeit** *f* miscibility; ~**becher** *m* shaker; ~**behälter** *m* mixing tank; ~**blut** *n* half-caste; mixed blood; ~**ehe** *f* mixed marriage.

mischen *v/t.* mix, mingle; (*verschiedene Sorten*) blend (*alle a. sich* ~); *metall.* alloy; ⚗ combine; (*Bestandteile*) compound; (*kreuzen*) cross; (*verfälschen*) adulterate; (*Karten*) shuffle; *Radio, Film, TV*: mix; *sich* ~ *unter* mix (*od.* mingle) with *the crowd*; *sich* ~ *in* interfere in, meddle with, butt in on, (*ins Gespräch*) join in, (*dazwischenreden*) cut in on; → *gemischt*.

Misch...: ~**er** *m* mixer (*a. TV*); ~**farbe** *f* mixed colo(u)r; ~**futter** *n* mixed provender; ~**getränk** *n* shake; ~**ling** *m* hybrid (*a.* ⚘), mongrel, (*Kreuzung*) cross-breed; *von Menschen*: half-caste, half-breed; ~**masch** F *m* hodgepodge, medley, jumble, mix; ~**maschine** *f* mixing machine, mixer; ~**pult** *n* *Radio, TV*: mixer (unit), mixing console; ~**rasse** *f* cross-breed, mixed race; ~**röhre** ⚡ *f* mixer valve (*Am.* tube); ~**sprache** *f* mixed (*od.* hybrid) language.

Mischung *f* mixture, *verschiedener Sorten*: *a.* blend (*beide a. fig.*); ⚗ combination, composition; (*Legierung*) alloy; (*Verfälschung*) adulteration; *fig. mit einer* ~ *aus Liebe und Furcht* with mingled love and fear; ~**sverhältnis** *n* mixing ratio.

Misch...: ~**volk** *n* mixed race; ~**wald** *m* mixed forest; ~**wolle** *f* mixed wool; ~**wort** *n* blend-word.

miserabel *adj.* miserable, *sl.* rotten, F lousy.

Misere *f* calamity.

Mispel ⚘ *f* medlar(-tree).

miß|achten *v/t.* (*nicht beachten*) disregard, ignore, neglect; (*geringschätzen*) hold in contempt, disdain; despise; ≈**achtung** *f* disregard, neglect; (*Verachtung*) disdain; ⚖ ~ *des Gerichts* contempt of court; ~**arten** *v/i.* degenerate; ≈**artung** *f* degeneration; ~**behagen** *v/i.*: *j-m* ~ displease a p.; ≈**behagen** *n* uncomfortable feeling, uneasiness; (*Abneigung*) dislike; (*Unzufriedenheit*) displeasure; ~**bilden** *v/t.* misshape; ≈**bildung** *f* malformation; deformity, *stärker*: monstrosity; ~**billigen** *v/t.* disapprove (of), frown at *od.* upon; ~**billigend** *adj.* disapproving(ly *adv.*); ≈**billigung** *f* disapproval, disapprobation; rejection; ≈**brauch** *m* abuse; (*falsche Anwendung*) misuse, improper use; ~**brauchen** *v/t.* abuse (*a. mißhandeln, a. geschlechtlich*); take (unfair) advantage of; (*falsch gebrauchen*) misuse, misapply; ~**bräuchlich** *adj.* improper; ~**deuten** *v/t.* misinterpret, misconstrue; → *a. mißverstehen*; ≈**deutung** *f* misinterpretation, false construction.

missen *v/t.* miss; (*entbehren*) *a.* do without, dispense with, spare.

Miß...: ~**erfolg** *m* failure, fiasco; *völliger* ~ *sl.* washout; *e-s Buches, Theaterstückes u. allg.*: *sl.* flop; ~**ernte** *f* bad harvest, crop failure.

Misse|tat *f* misdeed, crime; ~**täter**(**in** *f*) *m* malefactor, evildoer, sinner; *a.* ⚖ offender, delinquent.

Miß...: ≈**fallen** *v/i.*: *j-m* ~ displease a p., *stärker*: disgust a p.; *das mißfiel ihm* he did not like that (at all); ~**fallen** *n* displeasure, dislike; (*Widerwillen*) disgust; *j-s* ~ *erregen* displease a p., meet with a p.'s disapproval; ≈**fällig I.** *adj.* displeasing, disagreeable; (*anstößig*) shocking; (*verächtlich*) disparaging, deprecatory; **II.** *adv.*: *sich* ~ *äußern über* speak ill of, disparage; ≈**farbig** *adj.* ugly (in colo[u]r); ≈**gebildet** *adj.* misshapen, deformed; ~**geburt** *f* monster, freak; *fig. a.* monstrosity, ill-conceived thing; ≈**gelaunt** *adj.*

ill-humo(u)red, F cross; **~geschick** *n* bad luck, misfortune; (*Unfall*) misadventure, mishap (*a. co.*); **~gestalt** *f* deformity; monstrosity; **≈gestalt(et)** *adj.* misshapen, deformed; **≈gestimmt** *adj.* ill-humo(u)red, in a bad humo(u)r; **≈glücken** *v/i.* fail, not to succeed, miscarry; **≈glückt** *adj.* unsuccessful, abortive; **≈gönnen** *v/t.*: *j-m* et. ~ envy (*od.* grudge) a p. a th.; **~griff** *m* mistake, blunder, wrong choice; **~gunst** *f* ill will; (*Neid*) envy, jealousy; **≈günstig** *adj.* envious, jealous (*auf* of); (*unfreundlich*) unfriendly, spiteful; **≈handeln** *v/t.* ill-treat, maltreat, abuse, brutalize; (*schlagen*) maul, beat (up), *Am. a.* manhandle, rough up; **~handlung** *f* ill-treatment, maltreatment, cruelty; ⚖ (*Tätlichkeit*) assault and battery; **~heirat** *f* mismarriage, misalliance; **≈hellig** *adj.* discordant, disunited; **~helligkeit** *f* discord, dissension, unpleasantness.

Mission *f allg. eccl., a. pol. u. fig.* mission; *Innere* (*Äußere*) ~ home (foreign) mission; **~ar** *m*, **≈arisch** *adj.* missionary; **≈ieren** *v/t. u. v/i.* mission(ize).

Missions...: **~anstalt** *f* mission (house); **~gesellschaft** *f* mission(ary society); **~wesen** *n* missionary work.

Miß...: **~jahr** *n* bad year, bad harvest; **~klang** *m a. fig.* dissonance, discord(ant note); **~kredit** *m* discredit; *in ~ bringen* discredit, bring discredit upon; *in ~ geraten* be (-come) discredited, get a bad name; **≈lich** *adj.* (*unbequem*) awkward, inconvenient; (*unerfreulich*) unpleasant; (*gefährlich*) dangerous; (*bedenklich*) critical, precarious; (*heikel*) delicate, ticklish; (*schwierig*) difficult, F tough; *~e Lage* critical position, predicament, F fix; **~lichkeit** *f* awkwardness, inconvenience; precariousness; difficulty; **≈liebig** *adj.* unpopular, not in favo(u)r, odious; *sich ~ machen bei* fall out of favo(u)r with, become unpopular with (*od.* among); **≈lingen** *v/i.* fail, miscarry, not to succeed, be unsuccessful (*od.* abortive); **~lingen** *n* failure; **~mut** *m* ill-humo(u)r; **≈mutig** *adj.* ill-humo(u)red; (*gereizt*) F cross, waspish; (*unzufrieden*) discontented; (*bedrückt*) morose, sullen; **≈raten I.** *v/i.* fail; turn out badly, go wrong; *das ist mir ~* I've bungled it; **II.** *adj. Kinder*: wayward, *bsd. co.* ill-begotten; **~stand** *m* (*Übelstand*) grievance, nuisance; (*Mißbrauch*) abuse; (*Mangel*) defect; (*schlimmer Zustand*) deplorable state of affairs; *Mißstände abschaffen* remedy abuses *od.* grievances; **~stimmung** *f* (*Uneinigkeit*) discord (-ance), dissonance; **~ton** *m a. fig.* discordant (*od.* jarring) note, dissonance; **≈tönend**, **≈tönig** *adj.* discordant, dissonant, jarring; **≈trauen** *v/i.*: *j-m, e-r Sache ~* distrust, mistrust, doubt; have no confidence in; **~trauen** *n* distrust (*gegen* of), mistrust, (*Verdacht*) suspicion (of); (*Zweifel*) doubt (in); **~trauensantrag** *m*, **~trauensvotum** *parl. n* vote of no confidence, vote of censure; **≈trauisch** *adj.* distrustful; (*argwöhnisch*) suspicious, wary; (*unsicher*) doubtful, diffident; **~vergnügen** *n* displeasure; (*Unzufriedenheit*) dissatisfaction, discontent; **≈vergnügt** *adj.* displeased, discontented (*mit, über* with); **~verhältnis** *n* disproportion, incongruity; *in e-m ~ stehen* be out of proportion (*zu* to); **≈verständlich** *adj.* misleading, unclear, ambiguous; **~verständnis** *n* misunderstanding; (*leichter Streit*) dissension, difference, F tiff; **≈verstehen** *v/t.* misunderstand; (*mißdeuten, a. j-n*) misread; (*j-s Absichten*) mistake, misconstrue, misread; *du hast mich mißverstanden* F you have got me (all) wrong; **~weisung** *f Kompaß*: magnetic declination; *Radar*: indication error; **~wirtschaft** *f* mismanagement, bad management.

Mist *m* **1.** dung, manure; (*Tierkot*) droppings *pl.*; (*Schmutz*) dirt, F muck; F *fig. das ist nicht auf seinem ~ gewachsen* F he didn't dream that up all by himself; **2.** F (*Plunder*) F rubbish, stuff; **3.** F (*Unsinn*) F rubbish, *sl.* rot, bilge, hooey, crap; *~ machen* (*od. bauen*) bungle it (all), *sl.* boob, goof; *~ verzapfen sl.* talk rot; (*so ein*) *~!* F blast!, what a drag!, V shit!; **~beet** *n* hotbed (frame); **~beetkasten** *m* forcing frame, hotbed window.

Mistel ⚘ *f* mistletoe; **~zweig** *m* mistletoe (bough).

misten *v/t.* (*Acker*) dung, manure; (*Stall*) clean; *fig.* clear.

Mist...: **~fink** F *m* pig, mudlark, *weitS.* filthy fellow; **~gabel** *f* dung-fork, pitch-fork; **~grube** *f* dung-pit; **~haufen** *m* dung-hill, manure heap; **~käfer** *zo. m* dung-beetle.

mit I. *prp.* with; (*in Begleitung von*) in

the company of; (*voll von*) (full) of; (*mit Hilfe von*) with, by means of; *der Bahn, Post usw.*: by; *zeitlich*: *mst* at; ~ *Bleistift schreiben* in pencil; ~ *dem Hut* (*Schwert*) *in der Hand* hat (sword) in hand; ~ *Gewalt* by force; ~ *Gold bezahlen* in gold; ~ *Lebensgefahr* at the risk of one's life; ~ *Muße* at leisure; *j-n* ~ *Namen nennen* by (his) name; ~ *lauter Stimme* in a loud voice; ~ *Verlust* at a loss; ~ *e-m Schlage* at a blow; ~ *einem Wort* in a word; ~ *8 zu 11 Stimmen beschließen* by 8 votes to 11; ~ *einer Mehrheit von* by a majority of; *was ist* ~ *ihm?* what is the matter with him?; ~ *20 Jahren* at (the age of) twenty; ~ *dem 3. September* by (*od.* as of) September 3rd; ~ *dem Glockenschlag* on the stroke; → *Zeit*; **II.** *adv.* also, too; ~ *dabeisein* be there too *od.* as well, be (one) of the party, participate; *das gehört* ~ *dazu* that belongs to it too; *er war* ~ *der beste* one of the best; → *mitgehen, -kommen usw.*

mit...: **\~angeklagte(r** *m*) *f* co-defendant; **\~ansehen** *v/t.* witness, watch; *fig.* (*dulden*) tolerate, suffer; **\~arbeit** *f* co-operation, collaboration, assistance (*bei* in); **\~arbeiten** *v/i.* collaborate, co-operate; ~ *an* assist (*od.* aid) in; take part in; (*beitragen*) contribute to (*a. Zeitung*); **\~arbeiter(in** *f*) *m* co-worker; *wissenschaftlicher*: collaborator; (*Kollege*) colleague; (*Arbeitskamerad*) work-fellow; *e-r Zeitung*: contributor (*gen. od. bei* to); (*Angestellter*) employee, staff member; *pl.* staff *sg.*; ~ *sein bei* be on the staff of; **\~arbeiterstab** *m* staff; **\~beklagte(r** *m*) *f* co-defendant; *Scheidung*: co-respondent; **\~bekommen** *v/t.* get (*od.* be given) (when leaving); *als Mitgift*: get as a dowry; F (*verstehen*) catch, get; **\~benutzen** *v/t.* use *a th.* jointly with other people; **\~benutzer** *m* joint user; **\~benutzungsrecht** *n* right of joint use; **\~besitz** *m* joint possession; **\~besitzer(in** *f*) *m* joint owner; **\~bestimmen** *v/i. Person*: (*bei e-r Sache*) ~ share in a decision, have a say (*od.* voice) in a matter; *Arbeiter*: participate in the management (of the firm); **\~bestimmung(srecht** *n*) *f* (right of) co-determination, joint control, participation; **\~beteiligt** *adj.* participating (*an* in), interested (in); **\~beteiligte(r** *m*) *f* party interested (*od.* concerned); **\~bewerben** *v/refl.*: *sich um et.* ~ compete for; **\~bewerber(in** *f*) *m* competitor; **\~bewohner(in** *f*) *m* fellow-lodger; **\~bringen** *v/t.* bring along (with one); (*Mitgift*) bring as a dowry; ⚖ (*Zeugen, Unterlagen*) produce; *fig.* (*Fähigkeiten*) have, be endowed with; **\~bringsel** *n* little present; **\~bruder** *m* brother (*pl.* brethren), fellow, comrade; **\~bürger(in** *f*) *m* fellow-citizen; **\~eigentümer (-in** *f*) *m* joint owner, co-owner; **\~einander** *adv.* with each other; (*zusammen*) together, jointly; (*gleichzeitig*) at the same time, simultaneously; *alle* ~ one and all; ~ *verbinden* join together; **\~einbegriffen** *adj.* included, inclusive; **\~empfinden I.** *v/t.* share *a p.'s trouble*; *j-s Kummer* ~ *a.* feel (*od.* sympathize) with a p. in his sorrow; **II.** *v/i.* feel (sympathy) for someone else; **\~empfinden** *n* sympathy; **\~erbe** *m*, **\~erbin** *f* coheir(ess *f*), joint heir(ess *f*); **\~erleben** *v/t.* experience *a th.* (together with others); → *a. erleben*; **\~essen** *v/i.* eat (*od.* dine) with me, *etc.*; partake of my, *etc.* meal; **\~esser** ⚕ *m* blackhead, comedo; **\~fahren** *v/i.* ride (*od.* drive, go) with me, *etc.*; *j-n* ~ *lassen* give a p. a lift; ~ *dürfen* get a lift; **\~fahrer(in** *f*) *m* (fellow-) passenger; → *a. Beifahrer*; **\~freuen** *v/refl.*: *sich* ~ *mit* share (in) the joy of, rejoice with; **\~fühlen** *v/t. u. v/i.* → *mitempfinden*; **\~fühlend** *adj.* sympathetic(ally *adv*); (*bedauernd*) *a.* commiserating(ly); *Herz*: feeling; **\~führen** *v/t.* carry along (with one); **\~geben** *v/t.* give (along); *als Mitgift*: give as a dowry; (*einen Begleiter usw.*) send along (*j-m* with); *fig.* (*Wissen usw.*) give, impart (to), bestow (upon); **\~gefangen** *adj.*: ~, *mitgehangen* caught together, hanged together; **\~gefangene(r)** *m* fellow-prisoner; **\~gefühl** *n* sympathy; *j-m sein* ~ *ausdrücken* offer one's sympathies to a p., sympathize with a p., condole with a p.; **\~gehen** *v/i.* go (*od.* come) along (*mit j-m* with a p.); *fig. Zuhörer*: respond (to), be carried away (by); ~ *mit a.* accompany *a p.*; F *et.* ~ *heißen* (*od. lassen*) pocket (*od.* lift, *sl.* swipe) a th.; **\~genommen** *adj.* → *mitnehmen*; **\~gift** *f* marriage portion, dowry; **\~giftjäger** *m* fortune-hunter.

Mitglied *n* member; *e-r gelehrten Gesellschaft*: fellow; ~*er* members, membership; ~ *auf Lebenszeit* life member; *ordentliches* (*zahlendes, förderndes*) ~ full (subscribing, supporting) member; ~ *sein von* be a member of, belong to; sit on *a committee*; **~ersammlung** *f* general meeting; **~erzahl** *f* membership; **~sbeitrag** *m* (membership) fee (*Am.* dues *pl.*); **~schaft** *f* membership; **~skarte** *f* membership card; **~snummer** *f* membership serial; **~staat** *m* member state (*od.* nation).

mit...: **≈haftung** *f* joint liability; **~halten** *v/i.* **1.** (*mitmachen*) be one of the party, go along; *ich halte mit* I'll join you, F I am on; **2.** (*wacker* ~) hold one's own; *da kann ich nicht* ~ that's too much for me; **~helfen** *v/i.* → *helfen*; **≈helfer(in** *f*) *m* helper, assistant, aid; **≈herausgeber** *m* co-editor; **≈herrschaft** *f* co-rule; *Völkerrecht*: condominium; **≈hilfe** *f* aid, assistance, co-operation; **~hin** *adv.* consequently, therefore; (*also*) thus, so, then; **≈hör...** monitoring ...; **~hören I.** *v/t.* listen in to (*od.* on); *zufällig*: overhear; *b.s.* eavesdrop on *a private conversation*; *teleph.* monitor; ⚔ *Funkverkehr*: intercept; **II.** *v/i.* listen; *b.s.* eavesdrop; *teleph.* tap the wire; **≈inhaber(in** *f*) *m* copartner; **~kämpfen** *v/i.* take part (*od.* join) in the combat *od.* struggle; **≈kämpfer** *m* (fellow-)combatant, comrade-in-arms; **≈kläger(in** *f*) *m* co-plaintiff; **~klingen** *v/i.* → *mitschwingen*; **~kommen** *v/i.* come along (*mit j-m* with a p.); *fig. a.* F *geistig, in der Schule usw.*: be able to follow; keep up *od.* pace (*mit* with); *mit dem Zug usw.* ~ catch, get; F *da komme ich (einfach) nicht mit!* I don't get it!, that's beyond me!; **~können** *v/i.* be able to come *od.* go along (*mit j-m* with a p.); F *fig. da kann ich nicht mit!* that's beyond me!, F that beats me!; **~kriegen** F *v/t.* → *mitbekommen*; **~lachen** *v/i.* join in the laugh; **~laufen** *v/i.* run (along) with me, *etc.*; *Wettläufer*: participate (in the race); F *fig.* (*nebenher erledigt werden*) be dealt with on the side; F ~ *lassen* (*stehlen*) pocket, lift; **≈läufer** *pol. m* nominal member, follower; *contp.* hanger-on, fellow-travel(l)er; **≈laut** *m* consonant.

Mitleid *n* compassion, pity; (*Mitgefühl*) sympathy; ~ *mit sich selbst* self-pity; *aus* ~ *für* out of pity for; *mit j-m* ~ *haben* have (*od.* take) compassion *od.* pity on a p., pity a p., be sorry for a p.; **~enschaft** *f*: *in* ~ *ziehen* affect, involve; (*schädigen*) damage, impair; **≈erregend** *adj.* piteous, deplorable; **≈ig** *adj.* compassionate, pitying, sympathetic(ally *adv.*); **≈(s)los** *adj.* pitiless, merciless; **≈(s)voll** *adj.* full of pity, compassionate.

mit...: **~lesen** *v/t. u. v/i.* read (with me, *etc.*); **~machen I.** *v/i.* participate, take part, make one of the party, go along; (*zs.-arbeiten*) co-operate; *Zuhörer*: join in the spirit, respond; (*dem Beispiel folgen*) follow suit; (*mithalten*) keep pace; *ich mache mit!* F I am in!, count me in!; **II.** *v/t.* take part in, participate in, join in, be a party to *a th.*; (*Veranstaltungen*) go to; (*die Mode*) follow, go with; (*erleben, erleiden*) go through; **≈mensch** *m* fellow(-man *od.* -being *od.* creature); (*Nächster*) neighbo(u)r; **~mischen** F *v/i.* take part (*od.* a hand) (*bei* in), have a finger in the pie, F be in on it; **~müssen** *v/i.* have to go *od.* come along (*mit* with); **~nehmen** *v/t.* **1.** take along (with one); (*Reisende*) pick up (*a. abholen*); *j-n (im Auto)* ~ give a p. a lift; *mitgenommen werden* get a lift; *auf der Reise e-n Ort* ~ call at (*od.* take in, have a look at) a place; **2.** *fig.* et. ~ (*zusätzlich tun usw.*) include, do (in addition), avail o.s. of; **3.** (*beeinträchtigen*) affect, impair, be rough on; (*erschöpfen*) exhaust, wear (out), punish; *mitgenommen sein Sache*: be worn(-out), be (*od.* look) the worse for wear, *Auto usw.*: be battered; *Person*: *a.*, be exhausted *od.* ravaged (*von* by); *das hat ihn sehr mitgenommen* that has hit him hard, it has taken its toll of him, it has taken a lot out of him; **≈nehmer** ⊕ *m* driver, dog, cam; **≈nehmerbolzen** ⊕ *m* driving pin, carrier bolt; **≈nehmerscheibe** ⊕ *f* driver disc; **~nichten** *adv.* by no means, not at all, in no way.

Mitra *eccl. f* mitre, *Am.* miter.

mit...: **~rechnen I.** *v/t.* include (in the account), count (as well); *nicht* ~ leave out of account, not to count; *nicht mitgerechnet* not counting; **II.** *v/i.* count too; **~reden I.** *v/i.* join in the conversation (*od.* discussion); put in a word or two; **II.** *v/t.*: *etwas (od. ein Wort) mitzureden haben* have a say (*bei* in); *da hast du nichts mitzureden* you have no say in this matter, this is no concern of yours; **~reisen** *v/i.* travel (along) with me, *etc.*; **≈reisende(r** *m*) *f* travel companion, fellow-passenger; **~reißen** *v/t.* drag (*od.* carry, sweep) along; *fig. a.* (*begeistern*) carry along (*od.* away), sweep along (with one), electrify; **~reißend** *fig. adj.* thrilling, breath-taking, electrifying, stirring; **~samt** *prp.* together with; **~schicken** *v/t.* send (along); *in Briefen usw.*: enclose; **~schleppen** *v/t.* drag along (with one); **~schneiden** *v/t. auf Tonband*: tape-record; **~schreiben** *v/t. u. v/i.* write (*od.* take, note) down (the lecture, *etc.*), take notes (of); **≈schuld** *f* complicity (*an* in); *a. Scheidung*: joint guilt; **~schuldig** *adj.* accessory (to the crime), implicated (*an* in); **≈schuldige(r** *m*) *f* accessory (*an* to), accomplice; *Ehebruch*: co-respondent; **≈schuldner(in** *f*) *m* joint debtor; **≈schüler(in** *f*) *m* school-mate, class-mate; **~schwingen** *v/i.* resonate; *fig. darin schwingt … mit* it has overtones of …; **~singen** *v/i.* join in the song; **~spielen** *v/i. u. v/t.* join (*od.* take a hand) in the game; play with me, *etc.*; *Sport*: play (*od.* participate) in the game, be on the team; *thea.* appear, take a part; *fig. Person*: go along with it, F play; *Sache*: be involved, play a part (*bei* in); *j-m arg* (*od. übel, bös*) ~ play a p. a nasty trick, *sl.* do a p. the dirty, *körperlich*: maltreat a p., rough a p. up; **≈spieler(in** *f*) *m* partner, player; *thea.* supporting player; **≈spracherecht** *n* (right of) co-determination; say (*bei* in *a matter*); **~sprechen I.** *v/t.* say (along with others); **II.** *v/i.* → *mitreden*; *fig. Grund, Umstand*: be important (*od.* a factor) (*bei* in); **≈streiter** *m* → *Mitkämpfer*.

Mittag *m* midday, noon; *obs.* (*Süden*) south; *dial.* (*Nach≈*) afternoon; *des ~s* at noon; *heute ≈* at noon today; *es ist ~* it is twelve o'clock; *zu ~ essen* (have) lunch; F *~ machen* have one's lunch-break; **~essen** *n* lunch, midday meal.

mittäglich *adj.* midday …, noonday …

mittags *adv.* at noon; at lunch-time.

Mittag(s)…: ~blatt *n* noon paper; **~gast** *m* lunch-guest; **~glut** *f*, **~hitze** *f* midday heat; **~kreis** *m*, **~linie** *f* meridian; **~mahl(zeit** *f*) *n* midday meal, lunch; **~pause** *f* lunch-break (*od.* -hour, -time); **~ruhe** *f* midday rest; **~schlaf** *m*, **~schläfchen** *n* after-dinner nap, siesta; **~sonne** *f* midday-sun; **~stunde** *f* noon; lunch hour; **~tisch** *m* dinner(-table); **~zeit** *f* noon(tide *od.* -time); (*Essenszeit*) lunch-hour; *in der* (*um die*) ~ at (about) noon.

mit…: ~tanzen *v/i.* join in the dance; **≈tänzer(in** *f*) *m* partner; **≈täter** ⚖ *m* accomplice, accessory (to the crime), principal in the second degree; **≈täterschaft** *f* complicity.

Mitte *f* middle; (*Mittelpunkt*) cent|re, *Am.* -er; *einer Menge*: midst; (*Taille*) waist; *fig. die goldene ~* the golden mean; *pol. die ~* the cent|re, *Am.* -er; *aus unserer ~* from among us, from our midst; *in unserer ~* among us, in our midst; *in der ~ zwischen zwei Punkten* half-way between; *in der ~ durch… …* midway through; *fig. in der ~ stehen* take the middle course; *~ Juli* in the middle of July, in mid-July; *in der ~ des Jahres* in midyear; *in der ~ des 18. Jahrhunderts* in the mid 18th century; *~ Dreißig* (*od. der Dreißiger*) in one's middle thirties; *in die ~ nehmen* take between us (them, you), *Fußball*: sandwich in; *in der ~ durchhauen* cut across; F *ab durch die ~!* off (you *od.* we go)!

mitteil|bar *adj.* communicable; **~en** *v/t.* communicate (*j-m* to a p.); (*Wissen*) impart (to a p.); *j-m et. ~* inform a p. of a th., tell a p. about a th., *schonend*: break a th. (gently) to a p.; *amtlich*: notify a p. of a th.; ⚕ advise a p. of a th.; *j-m seine Ansicht ~* give a p. one's opinion; *sich j-m ~* (*anvertrauen*) confide in a p., open one's heart to a p.; *fig. sich ~ Hitze, Erregung usw.*: communicate (*dat.* to), spread (to); *die Bewegung teilt sich den Rädern mit* the motion is imparted to the wheels; **~sam** *adj.* communicative, forthcoming; **≈samkeit** *f* communicativeness; **≈ung** *f* communication (*a. literarisch*); information; ⚕ advice; *amtliche*: notification, notice; *an die Öffentlichkeit*: communiqué, (official) bulletin; (*Nachricht*) message; (*Bericht*) report; *vertrauliche ~* confidential communication; ⚖ *~en* service *sg.* (of legal process); *~ machen* → *mitteilen*.

mittel I. *adj.* → *mittler*; **II.** F *adv.* (*mäßig*) middling, so-so.

Mittel *n* **1.** (*Hilfs≈*) means *sg. u. pl.*; medium (*pl.* media), agent, instrument(ality), tool; (*Vorrichtung*) device; (*Verfahren*) method; (*Ausweg*) expedient; (*Maßregel*) measure; (*Durchschnitt*) average, ⩓ mean; *phys.* medium; ⚗ agent; ⚕

(*Heil*≈) remedy (*gegen* for), medicine, drug; *im* ~ (*Durchschnitt*) on an average; *sich ins* ~ *legen* (*od. schlagen*) interpose, intervene, interfere, mediate, step in; *als letztes* ~ as a last resort; *ihm ist jedes* ~ *recht* he stops (F sticks) at nothing, he will go to any length; **2.** *pl.* (*Reserven*) *a. geistige*: resources; (*Vorrat*) supply *sg.*; (*Geld*≈) means, funds; capital *sg.*; *künstlerische* ~ artistic means; *aus öffentlichen* ~*n* from the public purse; *mit öffentlichen* ~*n unterstützen* (*od. finanzieren*) subsidize; *meine* ~ *erlauben es* (*mir*) *nicht* I cannot afford it; *er lebt über seine* ~ he lives beyond his means; ~ *und Wege finden, zu inf.* find ways and means to *inf.*, manage (*od.* contrive) to *inf.*; *die* ~ *besitzen, um et. auszuführen* be in a position to carry out a th.; → *Zweck*; **~alter** *n* Middle Ages *pl.*; **≈alterlich** *adj.* medi(a)eval; **≈bar** *adj.* indirect; ~*er Schaden* consequential damage; **~betrieb** *m* medium-size enterprise; **~decker** ✈ *m* mid-wing monoplane; **≈deutsch** *adj.* Central German; *pol.* East German; **~ding** *n* cross (*zwischen* between), F in-between; **≈europäisch** *adj.*: ~*e Zeit* (*MEZ*) Central European time; **≈fein** ⚕ *adj.* middling (fine), good medium ...; **~feld** *n* centre-field; *Fußball*: midfield; **~feldspieler** *m* midfield player; **~finger** *m* middle finger; **~frequenz** *f* mean frequency; **≈fristig** *adj. Kredit usw.*: medium-term ...; **~fuß** *anat. m* metatarsus; **~fußknochen** *anat. m* metatarsal bone; **~gang** *m* aisle; 🚃 corridor, gangway (*a.* ✈), *Am.* aisle; **~gebirge** *n* secondary chain of mountains; highlands *pl.*; **~gewicht**(**ler** *m*) *n Boxen*: middle-weight; **~gehirn** *anat. n* midbrain; **~glied** *n* middle joint; intermediate member; *anat.* middle phalanx; **≈groß** *adj.* middle-sized, medium-sized, of medium size; **~größe** *f* medium size; **~grund** *m paint., phot. usw.*: middle distance; **~hand** *anat. f* metacarpus; **≈hochdeutsch** *adj.*, **~hochdeutsch** *ling. n* Middle High German; **~klasse** *f* ⚕ medium quality; *mot.* middle class; **~lage** *f* central position, mid-position; ♪ middle voice; **≈ländisch** *adj.*: *das* ≈*e Meer* the Mediterranean (Sea); **~läufer** *m Sport*: cent|re (*Am.* -er) half; **~linie** *f* median line, *a. Sport*: cent|re (*Am.* -er) line; *Tennis*: centre service line; ⚕ midline; **≈los** *adj.* moneyless, without means, impecunious, destitute; **~losigkeit** *f* lack of means, destitution; **~mächte** *hist. f/pl.* Central Powers; **~maß** *n* medium size; average; *fig.* mediocrity; **≈mäßig** *adj.* middling, indifferent; *Begabung, Leistung, Person*: *mst* mediocre; (*durchschnittlich*) average ...; ⚕ medium, middling; **~mäßigkeit** *f* mediocrity; **≈meerisch** *adj.* Mediterranean; **~motor** *m* mid-engine; **~ohr** *n* middle ear, tympanum; **~ohrentzündung** *f* inflammation of the middle ear; **~partei** *pol. f* cent|re (*Am.* -er) party; **~punkt** *m* cent|re, *Am.* -er; central point; *e-r Stadt usw.*: *a.* heart; *fig.* centre (of interest); (*Brennpunkt*) focus; *der Welt*: hub; *im* ~ *des Interesses stehen* be in the centre of interest.

mittels(t) *prp.* by (means of), through, with (the help of).

Mittel...: **~scheitel** *m* centre parting; **~schiff** ⛪ *n* central nave; **~schule** *f* → *Realschule*; **~smann** *m*, **~sperson** *f* mediator, go-between, *a.* ⚕ middleman; **~stand** *m* middle classes *pl.*; **~stands...** middle-class ...; **~stimmen** ♪ *f/pl.* middle parts; **~strecke** *f Sport*: middle distance; **~streckenlauf** *m* middle-distance race; **~streckenläufer** *m* middle-distance runner; **~streckenrakete** ⚔ *f* intermediate-range missile; **~streifen** *m Autobahn*: median (*od.* dividing) strip, central reservation; **~stück** *n* centrepiece, *Am.* centerpiece; central part; ⊕ central section; *Kochkunst*: middle; **~stufe** *f* intermediate stages *pl.*; *Schule*: intermediate grade(s *pl.*); **~stürmer** *m Sport*: cent|re (*Am.* -er) forward; **~teil** *m* → *Mittelstück*; **~weg** *m fig.* middle course; *der goldene* ~ the golden (*od.* happy) mean; *e-n* ~ *einschlagen* steer a middle course, walk down the middle of the road, make a compromise; **~welle** *f Radio*: medium wave; **~wellenbereich** *m* medium-frequency band; **~wert** *m* mean (value), average (value); **~wort** *n* participle.

mitten *adv.*: ~ *in* (*an, auf, unter*) in the midst (*od.* middle, cent|re, *Am.* -er) of; (*im Gewühl*) in the thick of; ~ *unter uns* in our midst; ~ *am Tage* in broad daylight; ~ *auf der Straße* in the open street; ~ *aus* from the midst of, from amidst, (*e-r Menge*) *a.* from among; ~

entzwei right in two, clean through; ~ *hinein* into the midst of it, right into it; ~ *im Atlantik* in mid-Atlantic; ~ *im Sprechen* in the middle of speaking; ~ *im Winter* in the depth of winter; ~ *in der Luft* in mid-air; ~ *in der Nacht* in the middle (*od.* dead) of night; ~ *ins Herz* right into the heart; **~darin, ~darunter,** F **~drin** *adv.* right in the midst *od.* cent|re (*Am.* -er); **~(hin)durch** *adv.* through the midst; right through (*od.* across); ~ *schneiden* cut clean through.

Mitter|nacht *f* midnight; *obs.* (*Himmelsgegend*) North; **≈nächtig, ≈nächtlich** *adj.* midnight; **≈nachtsblau** *adj.* midnight blue; **~nachtssonne** *f* midnight sun.

mittig ⊕ *adj.* concentric.

mittler *adj.* middle, central; (*dazwischenliegend*) intermediate; (*durchschnittlich*) average, medium, middle; ⅍ *phys.*, ⊕ mean; (*mittelmäßig*) middling; *von* ~*em Alter* middle-aged; ~*er Beamter* lower-grade civil servant; ~*e Entfernung* medium range, mid-range, middle distance; *von* ~*er Größe* medium-sized, middling; ~*es Einkommen* medium (*od.* middle) income; ~*es Management* middle management; ~*er Osten* Middle East; ~*e Qualität* medium quality; → *Reife.*

Mittler *m*, **~in** *f* mediator (*f*-tress); **~amt** *n* mediatorship; **≈weile** *adv.* meanwhile, (in the) meantime; (*seitdem*) since.

mit...: ~tragen *v/t.* help to carry; *fig.* help to bear, share; **~trinken** *v/t. u. v/i.* drink with me, *etc.*; have one's share of the bottle, *etc.*

mittschiffs ⚓ *adv.* (a)midships.

Mittsommer *m* midsummer; **~nacht** *f* midsummer night.

mittun *v/i.* → *mitmachen* I.

Mittwoch *m* Wednesday; **≈s** *adv.* on Wednesday(s).

mit...: ~unter *adv.* now and then, sometimes, occasionally; **~unterschreiben, ~unterzeichnen** *v/t. u. v/i.* add one's signature (*v/t.* to); (*gegenzeichnen*) countersign; **≈unterschrift** *f* joint signature; **≈unterzeichner(in** *f*) *m* co-signatory; **≈ursache** *f* concurring (*od.* secondary) cause; **~verantwortlich** *adj.* jointly responsible; **≈verantwortung** *f* joint responsibility; **≈verfasser(in** *f*) *m* co-author; **≈verschulden** ⚖ *n*: *fahrlässiges* ~ contributory negligence; **≈verschworene(r)** *m* fellow-conspirator; **≈welt** *f* **1.** *die* ~ the present generation, our, *etc.*, contemporaries *pl.*; **2.** → *Umwelt.*

mitwirk|en *v/i.* co-operate (*bei* in), assist (in), be instrumental (in), *a. Sache*: contribute (to); (*teilnehmen*) take part (in), participate (in); *thea.* take (a) part (in), *Hauptdarsteller*: star (in); **~end** *adj.* co-operating, participating; *Ursache usw.*: concomitant; ⚖ *Verschulden*: contributory; **≈ende(r** *m*) *f thea.* performer, actor, player; *pl.* cast *sg.*; ~ *sind* the cast includes; → *a. Mitarbeiter*; **≈ung** *f* co-operation, participation, assistance; *unter* ~ *von* with the co-operation of, assisted by; *thea.* starring (*od.* featuring) ...

Mitwiss|en *n* (joint) knowledge, *b.s.* privity, connivance; *ohne mein* ~ without my knowledge, unknown to me; **~er(in** *f*) *m* person who is in the secret; (*Vertrauter*) confidant; ⚖ accessory.

mit...: ~zählen *v/t. u. v/i.* → *mitrechnen*; **~ziehen I.** *v/t.* drag *od.* pull along (with one); **II.** *v/i.* go *od.* march along (with others); F *fig.* follow suit, F play.

Mix|becher *m* shaker, mixer; **≈en** *v/t.* mix; **~er** *m* bartender, mixer; (*Küchenmaschine*) mixer.

Mixtur *f* mixture.

Mnemotechnik *f* mnemonics *pl.* (*sg. konstr.*).

Mob *m* mob.

Möbel *n* piece of furniture; *pl.* furniture *sg.*; **~geschäft** *n* furnishing house, furniture-shop; **~händler(in** *f*) *m* furniture-dealer; **~lack** *m* furniture varnish; **~politur** *f* furniture polish; **~rolle** *f* castor; **~spediteur** *m* furniture-remover; **~speicher** *m* furniture repository, *Am.* storage warehouse; **~stoff** *m* furniture fabric; **~stück** *n* → *Möbel*; **~tischler** *m* cabinet-maker; **~transportgeschäft** *n* (firm of) furniture-removers *pl.*, removal contractors *pl.*; **~wagen** *m* furniture(-removal) van, *Am.* furniture truck.

mobil *adj. allg.* mobile; ⚔ ~ *machen* mobilize; **≈e** *n* mobile.

Mobiliar *n* furniture; **~vermögen** *n* personal property, personality.

Mobilien *pl.* movables, effects, goods and chattels.

mobilisier|en *v/t. u. v/i.* ⚔ *u. fig.* mobilize; ✝ realize (*v/i.* assets *od.* property); **≈ung** *f* mobilization; ✝ realization.

Mobilmachung ⚔ *f* mobilization; **~sbefehl** *m* mobilization order;

~stag *m* mobilization day (*abbr.* M-day).
mobmäßig ⚔ *adj.* according to war establishment.
möblier|en *v/t.* furnish; *neu* ~ refurnish; **~t** *adj.* furnished; ~*es Zimmer* furnished room, bed-sitter; F ~*er Herr* lodger, *Am.* roomer; *adv.* F ~ *wohnen* live in lodgings.
Möchtegern... *in Zssgn* would-be *writer, etc.*
modal *adj.* modal; **≈ität** *f* modality; **≈satz** *ling. m* modal clause; **≈verb** *n* modal verb.
Mode *f* fashion, vogue, mode, style; (*Kleider≈*) fashion, look; *Königin* ~ Dame Fashion; *die neueste* ~ the latest fashion (*od.* craze); the new look; *contp. neue* ~*n* newfangled ideas; *in* ~ in fashion, in vogue, fashionable; (*die*) *große* ~ *sein* be (all) the fashion *od.* rage, be the (latest) craze *od.* fad; *aus der* ~ out (of fashion); *aus der* ~ *kommen* go out (of fashion), grow out of fashion; *in* ~ *bringen* (*kommen*) bring (come) into fashion *od.* vogue; *in* ~ *bleiben* continue in fashion; *mit der* ~ *gehen* go with (*od.* follow) the fashion; **~artikel** *m* fashionable article; *pl. a.* novelties; **~badeort** *m* fashionable spa, Lido; **~dame** *f* lady of fashion; **~dichter** *m* poet of the day; **~farbe** *f* fashionable colo(u)r; **~geschäft** *n*, **~haus** *n* fashion house; **~krankheit** *f* fashionable complaint; **~künstler(in** *f*) *m* → *Modeschöpfer*.
Modell *n* model (*a. paint., Person*); (*Mode≈*) (fashion) model, *Person*: *a.* mannequin; ⊕ (*Typ*) model, type; (*Ausführung*) design; (*Erstkonstruktion*) prototype (*a. fig.*); (*Form*) mo(u)ld; (*Muster*) pattern; (*Nachbildung*) mock-up; *fig.* (*Denk≈*) model, blueprint; ~ *stehen* (work *od.* act as a) model; (*j-m*) sit (*od.* pose) for, *a. fig.* (serve as a) model for; **~bau** *m* pattern making, model building; **~baukasten** *m* construction set; **~eisenbahn** *f* model (*od.* toy) railway; **~flugzeug** *n* model airplane.
modellier|en *v/t.* model, mo(u)ld, shape, fashion; **≈en** *n* model(l)ing; mo(u)lding; **≈er** *m* model(l)er; **≈ton** *m* model(l)ing clay.
Modell...: ~kleid *n* model (dress); **~macher** *m*, **~tischler** ⊕ *m* pattern-maker.
modeln *v/t.* → *modellieren.*
Modenarr *m* faddist.
Mode(n)...: ~geschäft *n* fashion house; **~schau** *f* fashion show; mannequin parade; **~zeitschrift** *f* fashion magazine.
Moder *m* mo(u)ld; (*Fäulnis*) putrefaction, decay.
Moder|ation *f* moderation; **~ator** *m phys., eccl., Am. TV* moderator; *Brit. TV* presenter; **≈ieren** *v/t. allg.* moderate; *Brit. TV* present.
mod|(e)rig *adj.* mo(u)ldy, musty; (*faulend*) decaying, putrid; **~ern**[1] *v/i.* mo(u)lder, rot, putrefy, decay.
modern[2] *adj.* modern; (*fortschrittlich*) progressive; *contp.* new-fangled; (*auf dem laufenden*) up-to-date, *pred.* up to date; (*modisch*) fashionable; ~*er Geschmack*, ~*e Zeitrichtung* modernism; *das ist* ~ (*trägt man heute*) F that's quite the go; **≈e** *f* modernity; **~isieren** *v/t.* modernize, bring up to date, F update; **≈isierung** *f* modernization.
Mode...: ~salon *m* fashion house; **~schmuck** *m* style (*od.* costume) jewelry; **~schöpfer(in** *f*) *m* couturier (*f* couturière) (*fr.*), stylist, dress designer; **~schöpfung** *f* latest creation; **~schriftsteller(in** *f*) *m* fashionable writer; **~stil** *m* fashion style, (new) look; **~torheit** *f* fashionable craze; **~waren** *f/pl.* fashionable articles, fancy-goods; fashionwear *sg.*; **~welt** *f* fashionable world; **~wort** *n* vogue word; **~zeichner(in** *f*) *m* fashion designer.
modifizier|en *v/t. allg.* modify; (*Ausdruck*) *a.* qualify; **≈ung** *f* modification; qualification.
modisch *adj.* fashionable, stylish; fashion ...; ~*e Neuheiten* novelties.
Modistin *f* milliner.
Modul *m allg.* module (*a.* ⚡, ⚠ *usw.*).
Modulation *f* modulation; *der Stimme*: *a.* inflection; **~sfrequenz** *f* modulating frequency.
Modulator *m* modulator.
modulieren *v/t.* modulate.
Modus *m* mode; method, manner; *ling.* mood.
Mofa *n* → *Motorfahrrad.*
Mogel|ei F *f* cheating, trickery; **≈n** F *v/i.* cheat.
mögen I. *v/i.* (*gewillt sein*) be willing; *ich mag nicht* I won't do, *etc.* that, I don't like to do, *etc.* that; **II.** *v/t.* (*wünschen*) want, desire, wish; (*gern* ~) like, be fond of, be partial to; *was möchten Sie?* what do you want?, *höflich*: what can I do for you?; *nicht* ~ dislike; (*Speise*) not to be keen on, not to care for; *lieber* ~ like better, prefer; *er mag mich nicht* he doesn't like me; **III.** *v/aux.* may,

might; *er mag gehen* let him go; *er möchte sofort kommen!* ask (*od.* tell) him to come at once!; *ich möchte wissen* I should like to know, I wonder; *möge es ihm gelingen* may he succeed, let us hope he will succeed; *ich möchte lieber gehen* I had (*od.* would) rather go; *das möchte ich doch einmal sehen!* well, I should like to see that!; *er mag nicht nach Hause gehen* he doesn't care to go home; *mag er sagen, was er will* let him say what he wants; *das mag (wohl) sein* that's (well) possible, that may be (true *od.* so); *was ich auch tun mag* whatever I may do, no matter what I do; *wo er auch sein mag* wherever he may be; *wo mag sie das gehört haben?* where can (*od.* may) she have heard that?; *was mag er dazu sagen?* I wonder what he will say to that; *sie mochte 30 Jahre alt sein* she would be (*od.* looked) thirty years old; *man möchte verrückt werden!* it's enough to drive you mad!

Mogler F *m* cheat.

möglich *adj. allg.* possible; (*durchführbar*) *a.* practicable, feasible; (*wahrscheinlich*) likely; (*eventuell*) prospective, potential *market, etc.*; *alle* ~*en* all sorts of; *alles* ~*e* all sorts of things; *alles* ≈*e tun* try everything, use all possible means; *sein* ~*stes tun* do one's best (*od.* utmost), do everything in one's power; *es möglich machen zu inf.* make it possible to *inf.*, manage to *inf.*, → *a. ermöglichen*; *nicht* ~*!* you don't say (so)!, impossible!, *Am.* F no kidding; *das ist (wohl)* ~ that may (well) be, that's (quite) possible; *das ist eher* ~ that's more likely; *es ist* ~, *daß er kommt* he may (possibly) come; *es war mir nicht* ~ I was unable *to do it*, I could not (see my way *to*) *do it*; *so bald usw. wie* ~ → *möglichst bald usw.*; **~enfalls, ~erweise** *adv.* possibly, if possible; (*vielleicht*) perhaps; it is possible that; **≈keit** *f* possibility; (*möglicher Fall*) *a.* eventuality; (*Ausführbarkeit*) practicability, feasibility; (*Gelegenheit, gute* ~) chance, opportunity; (*Entwicklungs*≈) potentiality; ~*en* (*Vorteile*) facilities; *nach* ~ as far as possible; *ich sehe keine* ~ *zu inf.* I cannot see any chance of *ger.*; *es besteht die* ~, *daß* it is possible that, there is a chance of *ger.*; **~st** *adv.*: ~ *bald usw.* as soon, *etc.* as (ever) possible; ☤ at your earliest convenience (*od.* opportunity); ~ *klein* as small as possible, *attr. the* smallest possible, *a* minimum of *losses, etc.*; ~ *wenig* the least possible, as little (...) as can be; *mit* ~ *geringer Verzögerung* with the least possible (*od.* a minimum of) delay; → *a. möglich.*

Mogul *m* mogul, ☤ *a.* tycoon.

Mohammedan|er(in *f*) *m*, **≈isch** *adj.* Mohammedan, Moslem.

Mohär *m* mohair.

Mohn ⚘ *m* poppy; **~kapsel** *f* poppyhead; **~öl** *n* poppy oil; **~samen** *m* poppy seed.

Mohr *m* Moor, blackamoor, negro.

Möhre ⚘ *f* carrot.

Mohren...: **~kopf** *m* (*Gebäck*) chocolate-iced round sponge cake; **~wäsche** F *fig. f* whitewashing.

Mohrrübe *f* carrot.

Moiré *m, n* moiré (*fr.*), watered silk.

moirieren *v/t.* water.

mokant *adj.* sarcastic, sardonic.

Mokassin *m* moccassin.

mokieren *v/refl.*: *sich* ~ *über* sneer (*od.* laugh) at.

Mokka *m* Mocha (coffee).

Molch *zo. m* salamander; (*Wasser*≈) newt.

Mole *f* mole, jetty, pier; dam; **~nkopf** *m* pierhead.

Molekül *n* molecule.

molekular *adj. u.* **≈...** (*in Zssgn*) molecular *weight, etc.*

Molke *f* whey.

Molkerei *f* dairy.

molkig *adj.* wheyish.

Moll ♪ *n* minor (key); *a-*~ A minor; **~akkord** *m* minor chord.

Molle *dial. f* (glass of) beer.

mollig F *adj.* (*gemütlich*) comfortable, snug, cosy; (*warm*) nice and warm; (*weich*) soft; *Person*: roly-poly, plump.

Mollton|art ♪ *f* minor key; **~leiter** *f* minor scale.

Molluske *zo. f* mollusc.

Moloch *fig. m* moloch.

Molton *n* molleton.

Molybdän ⚗ *n* molybdenum; **~säure** ⚗ *f* molybdic acid.

Moment[1] *m* moment; instant; → *Augenblick.*

Moment[2] *n* (*Beweggrund*) motive; (*Faktor*) factor, element; ⊕ *e-r Kraft*: momentum.

momentan **I.** *adj.* momentary; (*sofort*) instantaneous; (*gegenwärtig*) present, actual; **II.** *adv.* at the moment, for the present, for the time being.

Moment...: **~aufnahme** *f*, **~bild** *phot. n* snapshot, instantaneous photograph; (*Bewegungsaufnahme*) action shot; *e-e* ~ *machen* take a snapshot (*von* of); **~schalter** ⚡ *m* quick-action switch; **~um** *phys. n* momentum; **~verschluß** *phot. m* instantaneous shutter.

Monade *f* monad.

Monarch *m*, **~in** *f* monarch, sovereign; **~ie** *f* monarchy; **⁀isch** *adj.* monarchic(al); **~ist(in** *f*) *m* monarchist.

Monat *m* month; ~ *Januar* month of January; *im ~ verdienen usw.* a (*od.* per) month, monthly; **⁀elang I.** *adj.* lasting for months; months of; **II.** *adv.* for months; **⁀lich I.** *adj.* monthly; *Anstellung usw.*: on a month-by-month basis; **II.** *adv.* monthly, a month; *300 Dollar ~* a (*od.* per) month.

Monats...: **~abschluß** ⚕ *m* monthly balance; **~ausweis** *m* monthly return; **~bericht** *m* monthly report; **~binde** *f* sanitary towel *od.* napkin; **~blutung** *f* menstruation, (monthly) period, menses *pl.*; **~frist** *f* term of a month, one month's time; *binnen ~* within a month; **~gehalt** *n* monthly salary (*od.* pay); **~geld** *n* loans *pl.* for one month; **~heft** *n* → *Monatsschrift*; **~karte** *f* monthly season-ticket, *Am.* commutation ticket; **~lohn** *m* monthly wage(s *pl.*) *od.* pay; **~name** *m* name of month; **~schrift** *f* monthly (magazine *od.* publication); **~tampon** *m* sanitary tampon.

monatweise *adv.* by the month; month by month; *a. adj.* monthly.

Mönch *m* monk, friar; **⁀isch** *adj.* monkish, monastic (*a. fig.*).

Mönchs...: **~kloster** *n* monastery; **~kutte** *f* monk's frock; **~leben** *n* monastic life; **~orden** *m* monastic (*od.* religious) order; **~tum** *n* monkhood; monasticism; **~zelle** *f* monk's cell.

Mond *m* moon (*a. poet. Monat*); *ast.* (*Trabant*) *a.* satellite; *künstlicher ~* man-made moon; *Schuß zum ~* moonshot; *vom ~ beschienen* moonlit; *fig. hinter dem ~ leben* be behind the times; *du lebst wohl hinter dem ~!* where do you live?; F *in den ~ gucken* not to get a damn thing; F *da guckt er in den ~* he can whistle for it.

mondän *adj.* (very) elegant (*od.* fashionable, chic); *Hotel usw.*: *a. sl.* flash, posh, plushy.

Mond...: **~aufgang** *m* moonrise; **~auto** *n* lunar rover, mooncrawler; **~bahn** *f* moon's (*od.* lunar) orbit; **⁀beglänzt** *adj.* moonlit; **~fähre** *f* lunar module; **~finsternis** *f* lunar eclipse; **⁀förmig** *adj.* moonshaped, lunate; **~gebirge** *n* lunar mountains *pl.*; **~gestein** *n* moon rocks *pl.*; **⁀hell** *adj.* moonlit; **~jahr** *n* lunar year; **~kalb** *n* mooncalf, mole; **~landung** *f* landing on the moon; **~licht** *n* moonlight; **~nacht** *f* moonlit night; **~phase** *f* lunar phase; **~scheibe** *f* disk of the moon; **~schein** *m* moonlight; **~sichel** *f* crescent (of the moon); **~sonde** *f* moon probe; **~stein** *m* moonstone; **~sucht** *f* somnambulism; **⁀süchtig** *adj.* moonstruck, somnambulous; **~süchtige(r** *m*) *f* sleepwalker, somnambulist; **~wechsel** *m* change of the moon.

monetär *adj.* monetary, financial.

Moneten F *pl. sl.* dough *sg.*

Mongo|le *m*, **~lin** *f* Mongol(ian); **⁀lisch** *adj.* Mongol(ic); **~lismus** ⚕ *m* Mongolism; **⁀loid** *adj.* Mongoloid.

monieren *v/t.* censure, criticize; ⚕ demand payment *od.* delivery of.

Monitor *m TV usw.*: monitor.

mono F *adj. Schallplatte*: mono (*a. adv. ~ abspielbar*); **~gam** *adj.* monogamous; **⁀gamie** *f* monogamy; **⁀gramm** *n* monogram; **⁀graphie** *f* monograph.

Monokel *n* monocle.

Monokultur ⚒ *f* single-crop farming.

Monolith *m* monolith.

Monolog *m*: (*innerer ~* interior) monologue.

Monomanie *f* monomania.

Monopol *n*, **~stellung** *f* monopoly (*auf* of); **⁀isieren** *v/t.* monopolize; **~kapitalismus** *m* monopolism.

Monotheis|mus *m* monotheism; **~t(in** *f*) *m* monotheist; **⁀tisch** *adj.* monotheistic(al).

monoton *adj.* monotonous; **⁀ie** *f* monotony.

Mono|xyd *n* monoxide; **~zyt** *m* monocyte, leucocyte.

Monstranz *f* monstrance.

mon|strös *adj.* monstrous; **⁀strosität** *f* monstrosity; **⁀strum** *n* monster.

Monsun *m* monsoon.

Montag *m* Monday; → *blau* 1; **⁀s** *adv.* on Monday(s), every Monday.

Montage ⊕ *f* (*Anbringung, Einpassen*) mounting, fitting; (*Einrichten*) installation; (*Aufstellen*) setting up, *Am.* setup; (*Zs.-bau*) assembling, assembly; *phot., Film, TV*: montage; *auf ~ sein* be out on a field (construction) job; **~bahn** *f*, **~band** *n* assembly line; **⁀fertig** *adj.* ready for assembly; **~gestell** *n*, **~stand** *m* assembly stand; **~halle** *f* assembly room (*od.* shop); **~werk** *n* assembly plant;

~zeichnung *f* assembly drawing.
Montan|industrie *f* coal, iron, and steel industries *pl.*; **~union** *f* (European) Coal and Steel Community.
Monteur *m* ⊕ fitter, assembly man, assembler; *bsd. mot.*, ✈ mechanic; ⚡ electrician; **~anzug** *m* overalls *pl.*
montier|en ⊕ *v/t.* mount, fit; (*aufstellen*) set up; (*zs.-bauen*) assemble; (*einrichten*) instal(l); (*einstellen*) adjust; **⁂ung** *f* → Montage.
Montur *f* uniform; (*Arbeits*⁂) overalls *pl.*
Monument *n* monument (für to, of); **⁂al** *adj.* monumental; **~alfilm** *m* super-film.
Moor *n* fen, bog, swamp; moor (-land); **~bad** *n* mud-bath; **~boden** *m* marshy soil; **~huhn** *n* moor-hen; **⁂ig** *adj.* boggy, marshy; **~kultur** *f* cultivation of moorland; **~kur** *f* mud treatment; **~land** *n* moorland, marsh(land); **~packung** *f* mud-pack.
Moos *n* moss; *sl.* (*Geld*) *sl.* dough; **⁂bewachsen** *adj.* moss-grown; **⁂grün** *adj.* mossy green; **⁂ig** *adj.* mossy; **~rose** *f* moss rose.
Mop *m* mop.
Moped *n* autocycle, moped.
Mops *m* pug(-dog); **⁂en** F **I.** *v/t.* **1.** steal, *sl.* pinch, swipe; **II.** *v/refl.*: sich ~ **2.** mope o.s., be bored (stiff); **3.** be annoyed, fret.
Moral *f* (*Sittlichkeit*) morality, morals *pl.*; (*Sittenlehre*) morality, ethics *pl.* (*a. sg. konstr.*); (*Lehre, Nutzanwendung*) moral; (*Kampf*⁂, *Arbeits*⁂, *Stimmung*) morale; doppelbödige ~, ~ mit doppeltem Boden double standard of morals; ~ predigen moralize, sermonize; die ~ heben (senken) raise (lower) the morale; **⁂isch** *adj.* moral; ⚔ ~e Wirkung moral effect; F den ⁂en kriegen have a hangover (*od.* the blues); **⁂isieren** *v/i.* moralize; **~ist(in** *f*) *m* moralist; **~ität** *f* morality; **~prediger(in** *f*) *m* moralizer; **~predigt** *f* (moral) lecture, sermon, morality; **~philosophie** *f* moral philosophy (*od.* science); **~theologie** *f* moral theology.
Moräne *f* moraine; **~n...** *in Zssgn* morainic.
Morast *m* slough, morass; (*Schlamm*) mire, mud; *fig.* im ~ waten wallow in the mire; **⁂ig** *adj.* marshy; (*schmutzig*) muddy, miry; **~loch** *n* slough.
Moratorium *n* moratorium.
morbid *adj.* morbid; **⁂ität** *f* morbidity.

Morchel ♀ *f* morel.
Mord *m* murder (an of); ⚖ first-degree (*od.* felony) murder; ~ und Totschlag bloodshed; e-n ~ begehen commit murder; F *fig.* es war der reinste ~! it was murder!; **~anklage** *f*: unter ~ stehen be under a murder charge; **~anschlag** *m* attempted murder (*od.* assassination); attempt (auf j-n on a p.'s life); **~brenner** *m* murderer and incendiary; **~brennerei** *f* incendiarism and murder; **~bube** *m* assassin, cut-throat; **⁂en I.** *v/i.* commit murder(s) *od.* a murder, kill; **II.** *v/t.* murder; (*töten*) kill, slay; **~en** *n* murder, killing; (*Gemetzel*) massacre, slaughter.
Mörder *m*, **~in** *f* murderer (*f* murderess); slayer, killer, assassin; **~grube** *f*: er machte aus seinem Herzen keine ~ he was very outspoken, he made no bones about it; **⁂isch** *adj.* murderous, homicidal; *fig.* murderous, deadly, killing; *Hitze usw.*: *a.* grilling, cruel; *Geschwindigkeit*: murderous, breakneck; *Konkurrenz, Preise*: cut-throat; **⁂lich** F *adj.* terrible, F awful.
Mord...: **~gier** *f*, **~lust** *f* lust of murder, bloodthirstiness; **~io**: (Zeter und) ~ schreien cry (blue) murder; **~kommission** *f* murder (*Am.* homicide) squad; **⁂lustig** *adj.* bloodthirsty, murderous; **~sache** *f* murder case.
Mords...: F *in Zssgn* great, enormous, terrible, F terrific, fantastic; **~angst** *f*: e-e ~ haben F be in a blue funk, be scared stiff; **~ding** *n sl.* humdinger, real beaut(y), lulu; **~glück** *n* fantastic luck; **~kerl** *m* devil of a fellow, *sl.* crackajack; **~krach** *m*, **~lärm** *m* fearful din, terrific noise, awful racket, hullaballoo; **~lüge** *f* thumping lie; **⁂mäßig** *adj.* terrible, enormous, F awful, terrific; **~spaß** *m* great fun.
Mord...: **~tat** *f* murder(ous deed), slaying; **~verdacht** *m* suspicion of murder; **~versuch** *m* attempted murder; **~waffe** *f*, **~werkzeug** *n* murderous weapon.
Mores F *pl.*: j-n ~ lehren teach a p. manners, tell a p. what's what.
morganatisch *adj.* morganatic.
Morgen[1] **1.** *m* morning; *fig. a.* dawn; *obs.* (*Osten*) East; am ~ in the morning; guten ~! good morning!; j-m einen guten ~ wünschen wish (*od.* bid) a p. good morning; es wird ~ it's getting light, the day is breaking; **2.** *n the* (to)morrow, *the* future.

Morgen[2] *m* (*Landmaß*) acre.
morgen *adv.* tomorrow; ~ früh (abend) tomorrow morning (evening *od.* night); heute ~ this morning.
Morgen...: **~andacht** *f* morning prayer; **~ausgabe** *f* morning edition; **~blatt** *n* morning paper; **~dämmerung** *f* dawn, daybreak; **°dlich** *adj.* matutinal, morning ...; **~frost** *m* early frost; **~gabe** *hist. f* morning gift; **~gebet** *n* morning prayer; **~grauen** *n*: beim ~ at dawn, at daybreak; **~gymnastik** *f* morning exercises *pl.*, F daily dozen; **~kleid** *n* morning gown; **~land** *n* Orient, East; **~länder(in** *f*) *m* Oriental; **°ländisch** *adj.* Oriental, Eastern; **~luft** *f* morning air; *fig.* ~ wittern become hopeful, see a chance; **~post** *f* first mail; **~rock** *m* morning gown, peignoir (*fr.*), dressing-gown, wrapper; **~rot** *n*, **~röte** *f* (rosy) dawn, *poet.* aurora; *fig.* dawn.
morgens *adv.* in the morning; every morning; um vier Uhr ~ at four (o'clock) in the morning.
Morgen...: **~sonne** *f* morning sun; **~stern** *m* morning star, Venus; **~stunde** *f* morning hour; frühe ~n the small hours; ~ hat Gold im Munde the early bird catches the worm; **~wind** *m* morning breeze; **~zeitung** *f* morning paper; **~zug** 🚂 *m* morning train.
morgig *adj.* of tomorrow, tomorrow's; der ~e Tag tomorrow.
Moritat *f* bloodcurdling ballad.
Mormon|e *m*, **~in** *f* Mormon.
moros *adj.* morose.
Morphem *ling. n* morpheme.
Morphin *n* morphine; **~ismus** *m* morphinism; **~ist(in** *f*) *m* morphia-addict, morphinist.
Morphium *n* morphia, morphine; **~sucht** morphi(n)omania.
Morpholog|ie *f* morphology; **°isch** *adj.* morphological.
morsch *adj.* rotten, decayed; (*hinfällig*) frail, fragile; (*spröde*) brittle; *fig.* shaky; ~ werden decay, rot.
Morse|alphabet *n*, **~schrift** *f* Morse alphabet (*od.* code); **°n** *v/i. u. v/t.* morse, signal by Morse code.
Mörser *m* mortar (*a.* ⚔); **~keule** *f* pestle.
Morse...: **~schreiber** *m* morse printer; **~zeichen** *n* Morse signal.
Mörtel *m* mortar; mit ~ bewerfen rough-cast; **~kelle** *f* trowel; **~maschine** *f* mixer, pugging-mill; **~trog** *m* hod.
Mosaik *n* mosaic (*a. fig.*, *TV*, ✈ *usw.*); **~fußboden** *m* tesselated floor; **~spiel** *n* jigsaw puzzle.
mosaisch *adj.* Mosaic.
Moschee *f* mosque.
Moschus *m* musk; **~ochse** *m* musk-ox; **~tier** *n* musk-deer.
Moselwein *m* Moselle.
Moskito *m* (tropical) mosquito; **~netz** *n* mosquito net.
Moslem *m* Moslem, Muslim.
Most *m* must; (*Apfel°*) cider, (*Birnen°*) perry.
Mostrich *m* mustard; → Senf...
Motel *n* motel.
Motette *f* motet.
Motiv *n* motive (zu for); *paint.*, ♪, *Literatur*: motif (*fr.*), *Film usw.*: *a.* theme; aus welchem ~ heraus? from what motive?; **~forschung** *f* motivation(al) research; **°ieren** *v/t.* motivate, motive; **~ierung** *f* motivation.
Motor *m* engine, *bsd.* ⚡ motor (*a. fig.*); mit abgestelltem (arbeitendem) ~ power off (on); **~...** engine ..., *bsd.* ⚡ motor ...; **~barkasse** *f* motor launch; **~block** *m* enginge block; **~boot** *n* motor boat; **~bremse** *f* engine brake; **~drehzahl** *f* engine (⚡ motor) speed; **~enlärm** *m* noise (*od.* roar) of engines; **~enschlosser** *m* engine fitter; **~fahrrad** *n* motor-assisted bicycle, autocycle, moped; **~fahrzeug** *n* motor vehicle; **~haube** *f* (engine) bonnet, *Am.* hood; ✈ (engine) cowl.
Motor|ik *f* motoricity; **°isch** *physiol. adj.* motor(ial); ~er Nerv motor (nerve).
motorisier|en *v/t.* motorize, *bsd.* ⚔ mechanize; **~t** *adj.* motorized, mobile; ⚔ ~e Truppe mobile (*od.* mechanized) troops *pl.*; **°ung** *f* motorization; mechanization.
Motor...: **~leistung** *f* engine (*od.* motor) output (*od.* performance, power); **°los** *adj.* motorless; **~öl** *n* engine oil; **~pflug** *m* motor plough (*Am.* plow); **~pumpe** *f* power pump; **~rad** *n* motorcycle, F motorbike; ~ mit Beiwagen (sidecar) combination; **~radfahrer** *m* motorcyclist; **~rasenmäher** *m* power mower; **~raum** *m* engine compartment; **~roller** *m* (motor) scooter; **~säge** *f* power saw; **~schaden** *m* engine trouble (*od.* failure, breakdown); **~schiff** *n* motor ship; **~schlitten** *m* snowmobile; **~sport** *m* motoring; **~spritze** *f* motor fire engine; **~störung** *f* engine trouble; **~triebwagen** *m* rail motor car; **~wagen** *m* truck, powered unit.

Motte *f* moth; F *fig.* funny bird, character.

Motten...: **~fraß** *m*, **~schaden** *m* damage done by moths; **~kiste** *f*: *e-e alte Geschichte aus der ~ holen* dust off an old story; **~kugel** *f* mothball; **≈sicher** *adj.* mothproof (*a. v/t. ~ machen*); **~pulver** *n* insect-powder, insecticide; **≈zerfressen** *adj.* moth-eaten.

Motto *n* motto.

moussieren *v/i.* effervesce, sparkle, fizz.

Möwe *f* (sea-)gull.

Mucke F *f* whim, caprice; *fig. die Sache hat ihre ~n* there is a hitch to it, the matter has its snags; *er hat so s-e ~n* he has his little moods; *der Motor hat ~n sl.* the engine's got the bugs.

Mücke *f* gnat, mosquito; *aus e-r ~ einen Elefanten machen* make a mountain out of a molehill.

mucken *fig. v/i.* grumble, rebel; *nicht gemuckt!* not another word!; *ohne zu ~* without a murmur.

Mücken...: **~netz** *n* mosquito net; **~stich** *m* gnat-bite.

Mucker *m*, **~in** *f* (*Heuchler, Frömmler*) bigot, hypocrite; (*Duckmäuser*) cringer, F goodie; **~tum** *n* cant, hypocrisy, bigotry.

Mucks *m*: *keinen ~ tun* not to budge (*od.* move), be as silent as a mouse.

mucksen *v/i. u. v/refl.*: (*sich ~*) stir, move, budge; → *Mucks.*

müde *adj.* tired, fatigued, exhausted, weary; *fig.* lame, slow; *Wetter*: slack; *zum Umfallen ~* F fit to drop, dead-beat; *~ machen* tire out, fatigue, weary, be exhausting; *e-r Sache ~ werden* grow weary (*od.* F get tired) of a th.; *ich bin es jetzt ~* I have had enough of it.

Müdigkeit *f* tiredness, weariness, fatigue, exhaustion, lassitude.

Muff *m* muff; **~e** ⊕ *f* sleeve, socket; (*Kupplungs≈*) coupling-box.

Muffel[1] ⚗, ⊕ *f* muffle.

Muffel[2] F *m* (*Griesgram*) F sourpuss; (*Fadian*) wet blanket; (*Krawatten≈, Sex≈ usw.*) ...-hater; **≈n** F *v/t. u. v/i.* **1.** (*kauen*) munch; **2.** (*undeutlich reden*) mumble; **3.** (*mürrisch sein*) grumble, sulk, mope; **4.** smell stale (*od.* bad).

Muffen...: **~kupplung** ⊕ *f* sleeve coupling; **~verbindung** *f* socket joint.

muffig *adj.* musty, fusty; *fig.* sulky, sullen, huffy.

muh! *int. von Kühen*: moo!; **~en** *v/i.* low.

Mühe *f* trouble, pains *pl.*; (*Arbeit*) labo(u)r, toil; (*Anstrengung*) exertion, effort; (*Schwierigkeit*) difficulty; *verlorene ~* waste of time (*od.* energy); *mit ~ und Not* barely, with (great) difficulty; (*nicht*) *der ~ wert* (not) worth while, (not) worth the trouble *od.* candle; *j-m ~ machen* give (*od.* cause) a p. trouble; *sich ~ geben* take trouble, *mit et.*: *a.* take pains over (*od.* with) a th.; *sich große ~ machen, zu inf.* go to much trouble to *inf.*; *sich die ~ machen, zu inf.* bother to *inf.*, take it upon o.s. to *inf.*; *keine ~ scheuen* spare no effort (*od.* pains); *geben Sie sich keine ~!, diese ~ können Sie sich sparen!* save yourself the trouble!, don't bother!, *bsd. iro.* you are wasting your time!; **≈los I.** *adj.* effortless, easy, without trouble; **II.** *adv.* easily, with (effortless) ease; **~losigkeit** *f* ease, easiness, facility; **≈n** *v/refl.*: *sich ~* take pains, work hard, toil (and moil), exert o.s.; **≈voll** *adj.* troublesome, hard; laborious; **~waltung** *f* trouble, efforts *pl.*; (*Sorgfalt*) care; *besten Dank für Ihre ~* for all the trouble you have taken, for your friendly co-operation.

Mühl|e *f* **1.** mill; → *Kaffeemühle usw.*; → *Wasser*; **2.** *a.* **~espiel** *n* (German kind of) morris; (*Stellung*) single row; **~rad** *n* millwheel; **~stein** *m* millstone.

Muhme *obs. f* aunt.

Mühsal *f* trouble(someness), difficulty; (*Schufterei*) drudgery, toil; (*Ungemach*) hardship; (*Strapaze*) strain.

müh|sam, ~selig I. *adj.* toilsome, troublesome; laborious; (*ermüdend*) tiresome, irksome; (*schwierig*) difficult, hard, tough; **II.** *adv.* laboriously; with difficulty, with an effort; *sich ~ erheben* struggle to one's feet; **≈seligkeit** *f* → *Mühsal.*

Mulatt|e *m*, **~in** *f* mulatto.

Mulde *f* (*Bottich*) trough, tray; (*Vertiefung*) depression, hollow, *im Gelände*: *a.* gully; (*Tal*) trough, basin; **~nblei** *n* pig lead; **≈nförmig** *adj.* trough-shaped; **~nkipper** *mot. m* trough-tipping car, *Am.* dump truck.

Muli *dial. n* mule.

Mull *m* mull, gauze.

Müll *m* dust, rubbish, refuse, *Am.* garbage; **~abfuhr** *f* refuse (*Am.* garbage) disposal; **~abfuhrwagen** *m*, **~auto** *n* refuse lorry, *Am.* garbage (disposal) truck.

Mullbinde *f* mull (*od.* gauze) bandage.

Mülleimer *m* waste-bin, *Am.* garbage can (*od.* pail).

Müller *m* miller.

Müll...: **~fahrer** *m* dustman, *Am.* ashman, garbageman; **~grube** *f* dust-hole, ash-pit; **~haufen** *m* rubbish heap; **~kasten** *m* dustbin, *Am.* garbage can; **~kutscher** *m* → *Müllfahrer*; **~platz** *m* refuse pit, *Am.* (garbage) dump; **~schaufel** *f* dustpan, *Am.* garbage pan; **~schlucker** *m* waste-disposer; **~tonne** *f* dustbin, *Am.* garbage can; **~verbrennungsofen** *m* (refuse) incinerator; **~wagen** *m* → *Müllabfuhrwagen*.

mulmig *adj.* (*morsch*) mo(u)ldy, rotten; F *fig.* (*gefährlich*) ticklish; F (*unbehaglich*) uneasy, funny.

multi|lateral *adj.* multilateral; **≈millionär(in** *f*) *m* multimillionaire.

multipel *adj.* multiple; ⚕ *multiple Sklerose* multiple sclerosis.

Multipli|kand & *m* multiplicand; **~kation** *f* multiplication; **~kator** *m* multiplier; **≈zieren** *v/t.* multiply (*mit* by).

Mumie *f* mummy; **≈nhaft** *adj.* mummified.

mumifizieren *v/t.* mummify.

Mumm F *m*: (*~ in den Knochen*) F spunk, *sl.* guts *pl.*

Mummelgreis F *m* old fogey, *sl.* geezer.

Mummenschanz *m*, **Mummerei** *obs. f* mummery, masquerade.

Mumpitz F *m*, *f* → *Quatsch*.

Mumps ⚕ *m* mumps (*sg.*).

Mund *m* mouth; (*Öffnung*) *a.* opening, orifice; *anat.* stoma; *aus j-s ~e* from a p.'s mouth; *offenen ~es* open-mouthed, agape; *wie aus e-m ~e* as one man, in a body; *~ und Nase aufsperren* stand gaping, be dumbfounded (*od.* F flabbergasted); *aus dem ~ riechen* have a bad breath; *den ~ halten* hold one's tongue, keep one's mouth shut, F shut up, *sl.* dry up; *reinen ~ halten über* et. keep a th. (a) secret (*od.* under one's hat), keep mum about a th.; *den ~ voll nehmen* talk big; et. *ständig im ~e führen* talk constantly about a th.; *j-m* et. *in den ~ legen* prompt a th. to a p., *b.s.* put a th. (*words*) into a p.'s mouth; *j-m nach dem ~ reden* fawn upon (F butter up) a p.; *j-m über den ~ fahren* cut a p. short; *in aller ~e sein* be in everybody's mouth; *nicht auf den ~ gefallen sein* have a ready (*od.* glib) tongue; *fig. sich den ~ verbrennen* put one's foot in it; *Sie nehmen mir das Wort aus dem ~e!* that's just what I was going to say!; → *Blatt* 1, *Maul*, *stopfen* I 1, *wässerig usw.*; **~art** *f* dialect, vernacular; **≈artlich** *adj.* dialectal, vernacular; *~er Ausdruck* dialectism, vernacularism; **~atmung** *f* mouth-breathing.

Mündel *n* ward; **~gelder** *n/pl.* ward's monies (*od.* patrimony *sg.*); **≈sicher** *adj.* absolutely safe; *~e Anlage* trustee (*Am.* legal) investment; *~e Papiere* trustee (*od.* gilt-edged) securities, *Am.* trust (fund) investments.

munden *v/i.* taste good, be delicious, tickle the palate; *es mundet mir* I like it, it's delicious.

münden *v/i.*: *~ in* lead to, end in (*beide a. fig.*); *Fluß*: fall (*od.* flow, empty) into; *Straße*: run into.

Mund...: **≈faul** *adj.* too lazy to speak, taciturn; **~fäule** ⚕ *f* ulcerative stomatitis; **≈gerecht** *adj.* ready to eat; *fig. j-m* et. *~ machen* make a th. palatable for a p.; **~geruch** *m*: (*übler ~*) bad breath, ⚕ halitosis; **~harmonika** ♪ *f* mouth-organ; **~höhle** *f* oral cavity.

mündig ⚖ *adj.* of age, major; *fig.* responsible, mature; *~ werden* come of age, attain majority; **≈keit** *f* full age, majority; *fig.* maturity; **~sprechen** *v/t.* declare *a p.* of age.

mündlich **I.** *adj.* oral, verbal; personal; ⚖ *~e Verhandlung* oral hearing; *~er Vertrag* verbal (*od.* viva voce) agreement; **II.** *adv.* orally, *etc.*; by word of mouth.

Mund...: **~pflege** *f* oral hygiene; **~raub** *m* theft of food (for immediate consumption); **~schenk** *m* cupbearer; **~schutz** *m Boxen*: gumshield; **~sperre** ⚕ *f* lockjaw; **~stellung** *f* position of the mouth; **~stück** *n* mouthpiece; (*Düse*) nozzle; *e-r Zigarette*: tip; *mit* (*Gold*) *~* (gold-)tipped; **≈tot** *adj.*: *j-n ~ machen* (reduce to) silence; *pol.* gag, muzzle; **~tuch** *n* (table) napkin.

Mündung *f* (*Fluß≈*) mouth, *den Gezeiten unterworfene*: estuary; *e-r Röhre, a. anat.*: orifice, mouth; *e-r Feuerwaffe*: muzzle.

Mündungs...: **~bremse** ⚔ *f* muzzle brake; **~feuer** *n* muzzle flash; **~geschwindigkeit** *f* muzzle velocity.

Mund...: **~voll** *m* mouthful; **~vorrat** *m* provisions *pl.*, victuals *pl.*; **~wasser** *n* mouth-wash, gargle; **~werk** *n* mouth; *ein gutes ~ haben* have the gift of the gab, have a glib tongue; **~winkel** *m* corner of the mouth; **~-zu-Mund-Beatmung** ⚕ *f* mouth-to-mouth resuscitation.

Munition *f* ammunition (*a. fig.*).
Munitions...: **~fabrik** *f* ammunition factory; **~kasten** *m* ammunition box; **~kolonne** *f* ammunition column; **~lager** *n* ammunition depot; (*Stapelplatz*) ammunition dump; **~träger** *m* ammunition bearer; **~wagen** *m* ammunition car *od.* wag(g)on.
munkeln *v/i. u. v/t.* whisper, rumo(u)r; *man munkelt* it is rumo(u)red.
Münster *n u. m* cathedral, minster.
munter *adj.* (*wach*) awake; (*auf*) up (and doing), astir; *fig.* (*lebhaft*) lively, sprightly, brisk, frisky; (*vergnügt*) merry, gay, F jolly, *Am. a.* chipper; (*rüstig*) vigorous; *gesund und* ~ hale and hearty, (as) fit as a fiddle; ~ *!* F look alive!; **≈keit** *f* liveliness, sprightliness, briskness; gaiety, (high) spirits *pl.*; vigo(u)r.
Münz|anstalt *f* mint; **~delikt** ⚖ *n* coinage offen|ce, *Am.* -se; **~e** *f* coin; *kleine*: change; (*Denk≈*) medal; (*Münzstätte*) mint; *gangbare* ~ current coin; *klingende* ~ hard cash; *fig. et. für bare ~ nehmen* take a th. at its face value (*od.* for gospel truth); *j-m mit gleicher ~ heimzahlen* pay a p. back in his own coin; **~einheit** *f* unit, standard of currency; **~einwurf** *m* coin slot.
münz|en *v/t. u. v/i.* coin, mint; *fig. das ist auf ihn gemünzt* that is meant for him; **≈en** *n* coinage, mintage; **≈er** *m* coiner; **≈fernsprecher** *m* coin(-box) telephone, public call office, F pay phone; **≈fuß** *m* standard (of coinage); **≈gehalt** *m* standard of alloy; **≈gesetz** *n* Coinage Act; **≈kunde** *f* numismatics (*sg.*); **≈kundige(r** *m*) *f* numismatist; **≈meister** *m* mintmaster; **≈parität** *f* mint par of exchange; **≈recht** *n* right of coinage; **≈sammlung** *f* collection of coins, numismatic collection; **≈sorte(n** *pl.*) *f* species (*sg.*) of money; **≈stempel** *m* die, minting stamp; **≈system** *n*, **≈wesen** *n* coinage, monetary system; **≈verbrechen** *n* (major crime of) counterfeiting; **≈zeichen** *n* mint-mark.
mürb, ~e *adj.* (*sehr reif*) mellow; (*gut durchgekocht*) well-cooked; (*gut durchgebraten*) well-done, rare, (*zart*) tender; (*knusperig, bröckelig*) crisp, short, friable; (*brüchig*) brittle; *fig.* (*erschöpft*) worn-out, weary, ⚔ softened-up, demoralized; ~ *machen* wear *a p.* down, break *a p.'s* resistance, ⚔ soften up; *fig.* ~ *werden* get worn out, give in; **≈heit** *f* mellowness, *etc.*, → *mürb*; **≈teig** *m* short pastry.
Murks F *m*, **≈en** F *v/i.* botch.
Murmel *f* marble; **~laut** *m Phonetik*: neutral vowel; **≈n** *v/i. u. v/t.* murmur, mutter; **~n** *n* murmur; **~tier** *n* marmot, *Am.* woodchuck; *fig. schlafen wie ein* ~ sleep like a top (*od.* log).
murren I. *v/i.* grumble (*über* at); **II. ≈** *n* grumbling.
mürrisch *adj.* sullen, surly, morose, grumpy.
Mus ☧ *n* pap, mash; (*Frucht≈*) stewed fruit, fruit sauce; F *fig. zu ~ schlagen* beat to a pulp.
Muschel *f zo.* mussel; (*~schale*) shell, conch; *anat.* → *Ohrmuschel*; *teleph.* earpiece; **≈förmig** *adj.* mussel-shaped; **~kalk** *m* shell-lime(stone); **~schale** *f* shell, conch; **~tier** *n* shellfish.
Muse *f* Muse; *fig. leichte* ~ light entertainment, lightly draped Muse.
Muselmann *m* Mussulman.
Musensohn *m* son of the Muses; poet; student.
Museum *n* museum.
Musical *n* musical.
Musik *f* music; (*~kapelle*) band (of musicians), music; ~ *machen* make music, play; *in ~ setzen* set to music; *die ~ schreiben zu* compose the music to.
Musikal|ien *pl.* (pieces of) music *sg.*; **~ienhandlung** *f* music house; **~ität** *f* musicality.
musikalisch *adj.* musical; *~er Hintergrund* incidental music.
Musikant *m* musician; **~enknochen** F *m* funny-bone.
Musik...: **~automat** *m* musical slot machine, record-machine, *bsd. Am.* music (*od.* juke-)box; **~begleitung** *f* (musical) accompaniment; **~direktor** *m* chief conductor; **~drama** *n* music drama.
Musiker *m* musician; *e-r Kapelle*: *a.* bandsman.
Musik...: **~fest** *n* musical festival; **~film** *m* musical film; **~geschichte** *f* musical history; **~hochschule** *f* conservatoire, *Am.* conservatory; **~instrument** *n* musical instrument; **~kapelle** *f*, **~korps** *n* band; **~lehrer(in** *f*) *m* music teacher; **~pavillon** *m* bandstand, band-shell; **~schrank** *m* radiogram, *Am.* radio-phonograph (cabinet), music cabinet; **~stück** *n* piece of music; **~stunde** *f* music-lesson; **~therapie** *f* musicotherapy; **~truhe** *f* → *Musikschrank*; **~wissenschaft** *f* musicology; **~zug** *m* band.

Musikus *co. m* musician.
musisch *adj. Person*: fond of the fine arts, artistically inclined; *Sache*: concerned with the fine arts, Fine-Arts...
musizieren *v/i.* make music, play (the piano, *etc.*); *des Abends wurde musiziert* they (we, *etc.*) had music in the evening.
Muskat *m* nutmeg; **~blüte** *f* mace.
Muskateller(traube *f od.* **-wein** *m*) *m* muscat(el).
Muskatnuß *f* nutmeg.
Muskel *m* muscle; **~anstrengung** *f* muscular exertion; **~faser** *f* muscular fib|re, *Am.* -er; **~kater** *m* stiffness, sore muscles *pl.*; **~kraft** *f* muscular strength; **~mensch** *m*, **~protz** F *m* muscle man, F muscles (*sg.*); **~riß** *m* ruptured muscle; **~schwund** ⚕ *m* muscular atrophy; **~zerrung** *f* pulled muscle; *sich e-e ~ zuziehen* pull a muscle.
Musket|e ⚔ *f* musket; **~ier** *m* musketeer.
Musku|latur *f* muscular system, muscles *pl.*; **⁓lös** *adj.* muscular.
Muß *n*: *es ist ein ~* it is a must; **~bestimmung** *f* mandatory regulation.
Muße *f* leisure; (*Freizeit*) spare (*od.* leisure) time; *mit ~* at (one's) leisure; *in Zssgn ~...* spare (*od.* leisure) *hour, etc.*
Musselin *m* muslin.
müssen *v/i. u. v/aux.* have to; (*gezwungen sein*) be obliged (*od.* compelled, forced) to; *durch Umstände, Verpflichtung*: be bound to; *ich muß* I must, I have (*od.* F got) to; *ich mußte* I had to; *ich werde ~* I shall have to; *ich müßte (eigentlich)* I ought to; *ich muß (brauche) nicht hingehen* I need not (*od.* I don't have to) go; *ich muß Sie bitten* I must ask you; *er muß verrückt sein* he must be mad; *er muß es gewesen sein* it must have been he (*od.* him); *warum mußten Sie das sagen?* what made you say that?; *das müßte sogleich geschehen* that ought to be done at once; *er kommt noch, er müßte denn krank sein* unless he is ill; *sie ~ bald kommen* they are bound to come soon; *der Zug müßte längst hier sein* the train is (long) overdue; *ich mußte (einfach) lachen* I could not help laughing; *er hätte hier sein ~* he ought to have been here; *da muß ich ausgerechnet ein Bein brechen* what must I do but break a leg?; *da muß er mich mit seinen Sorgen belästigen* he must come worrying (me); *muß das (wirklich) sein?* is that really necessary?; *wenn es (unbedingt) sein muß* if it can't be helped.
Mußestunde *f* leisure hour, spare hour.
müßig *adj.* idle; (*überflüssig*) superfluous; (*zwecklos*) useless, futile, vain, idle; *~e Gedanken* idle thoughts; *~es Gerede* idle (*od.* useless) talk; *er war nicht ~* he let no grass grow under his feet; **⁓gang** *m* idleness, laziness; *~ ist aller Laster Anfang* idleness is the parent of vice; **⁓gänger(in** *f*) *m* idler, loafer; (*Faulpelz*) lazybones (*sg.*)
Muß|kaufmann ⚖ *m* statute merchant; **~vorschrift** *f* mandatory regulation.
Muster *n* model; ⊕ (*Bautype*) type; (*Vorlage*) pattern; (*Zeichnung von Stoff, Tapete usw.*) pattern, design; (*Probestück*) specimen, *a.* ⚕ pattern, sample; ⚖ (*Gebrauchs⁓*) registered design; (*Richtschnur*) standard; (*Vorbild*) model, example, paragon; (*Verhaltens⁓*) pattern; *~ ohne Wert* sample of no (commercial) value; *fig. ein ~ von e-r Hausfrau usw.*: a model (*od.* pattern) of; *nach dem ~ von* after the pattern of, on the line(s) of, model(l)ed after (*od.* on); *nach e-m ~ arbeiten* work from a pattern; **~beispiel** *n* (typical) example (*für* of); **~betrieb** *m* model plant; **~bild** *n* paragon, ideal; **~buch** ⚕ *n* pattern book; **~exemplar** *n* sample (*od.* specimen) copy; **~gatte** *m* model husband; **⁓gültig, ⁓haft I.** *adj.* exemplary, model ..., *a* model (*od.* pattern) of; ideal, perfect, excellent; **II.** *adv.*: *sich ~ benehmen* behave perfectly, be on one's best behavio(u)r; **~haftigkeit** *f* exemplariness, exemplary (*od.* model) behavio(u)r, *etc.*; **~gut** *n* model farm; **~karte** ⚕ *f* sample-card; **~knabe** *m* model boy, paragon, *contp.* prig; **~koffer** *m* sample case (*od.* trunk); **~kollektion** ⚕ *f* sample collection; **⁓n** *v/t.* **1.** examine (critically), study, inspect; (*Truppen*) inspect, review; *j-n ~ neugierig usw.*: eye a p.; *abschätzend*: size a p. up; **2.** (*Rekruten*) muster; **3.** (*Stoff*) figure, pattern; → *gemustert*; **~prozeß** ⚖ *m* test case; **~sammlung** *f* sample collection; **~schüler(in** *f*) *m* model pupil; (*Streber*) *sl.* swot; **~schutz** *m* trade-mark protection; registration (*od.* legal protection) of designs; design patent; **~schutzrecht** *n* copy-

right in a design; **~stück** *n* model, pattern, specimen.

Musterung *f* examination, inspection; scrutiny; *von Truppen*: review; *von Rekruten*: muster(ing); **~sbescheid** *m* order to report at recruiting station; **~skommission** *f* examination (*Am.* draft-)board.

Muster...: **~werk** *n* standard work; **~zeichner(in** *f*) *m* pattern-drawer, designer; **~zeichnung** *f* pattern, design.

Mut *m* courage; spirit, heart, F guts *pl.*; (*Schneid*) pluck; (*Verwegenheit*) daring; (*Tapferkeit*) gallantry, prowess, valo(u)r; (*Entschlossenheit*) resoluteness; (*Seelenstärke*) fortitude; *angetrunkener* ~ Dutch courage; ~ *fassen* summon (*od.* pluck) up courage, take heart, nerve o.s.; ~ *schöpfen* take courage; *j-m* ~ *machen* fill (*od.* inspire) a p. with courage, encourage a p.; *j-m neuen* ~ *einflößen* fill a p. with new courage, reassure a p.; *j-m den* ~ *nehmen* discourage (*od.* dishearten) a p.; *den* ~ *sinken lassen od. verlieren* lose courage (*od.* heart), be discouraged, despair; *den* ~ *nicht verlieren* bear up, keep up one's courage; *ihn verließ der* ~ his heart failed him; *guten* ~*es sein* be of good cheer; *nur* ~*!* cheer up!, pluck up!, never say die!; → *zumute*.

Mutation *biol. f* mutation.

Mütchen F *n*: *sein* ~ *kühlen an* vent one's anger (*od.* spite) on, take it out on.

mutieren *v/i.* mutate; *Stimme*: break.

mutig *adj.* courageous, F plucky, game; (*kühn*) bold; (*verwegen*) daring; (*tapfer*) gallant.

mutilieren *v/t.* mutilate.

Mut...: **≈los** *adj.* discouraged, disheartened; (*verzagt*) despondent; **~losigkeit** *f* discouragement; despondency; dejection; (*Verzweiflung*) despair; **≈maßen** *v/t.* guess, presume, surmise, speculate, conjecture; **≈maßlich** *adj.* (*wahrscheinlich*) probable, presumable; (*anzunehmend*) supposed, *bsd.* ⚖ putative; (*anscheinend*) apparent; → *Erbe* 1; **~maßung** *f* conjecture (*über* about), speculation, surmise; (*Verdacht*) suspicion; *bloße* ~*en* mere speculation *sg.*, mere guesswork *sg.*

Mutter *f* mother; *von Tieren*: dam; *anat.* (*Gebär*≈) uterus; ⊕ (*Schrauben*≈) nut; *eccl. die* ~ *Gottes* the Mother of God; *fig.* ~ *Erde* mother earth; *bei* ~ *Grün schlafen* sleep in the open (air); *sich* ~ *fühlen* feel o.s. with child; *werdende* ~ expectant mother; **~band** *anat. n* ligament of the uterus.

Mütterberatungsstelle *f* child welfare centre, *Am.* maternity center.

Mutter...: **~bindung** *psych. f* mother-tie; **~boden** *m* matrix (*a. physiol.*); **~brust** *f* mother's breast.

Mütterchen *n* little mother, F mummy; *altes* ~ good old woman, F granny.

Mutter...: **~erde** *f* matrix; *fig.* native soil; **~flugzeug** *n* carrier aircraft; **~freuden** *f/pl.*: ~ *entgegensehen* be expecting a child.

Mütterfürsorge *f* maternity welfare.

Mutter...: **~gesellschaft** ✝ *f* parent company; **~gestein** *n* parent rock, matrix; **~gewinde** ⊕ *n* female thread; **~gottesbild** *n* image of the Holy Virgin, Madonna.

Mütterheim *n* maternity home.

Mutter...: **~herz** mother's heart; **~instinkt** *m* maternal instinct; **~kalb** *n* heifer calf; **~kirche** *f* mother church; **~komplex** *m* mother fixation (*od.* complex); **~korn** ⚘ *n* ergot; **~kuchen** *m* placenta; **~lamm** *n* ewe-lamb; **~land** *n* mother country, motherland; **~lauge** *f* mother liquor; **~leib** *m* womb; *vom* ~*e an* from one's birth.

mütterlich *adj.* motherly; (*der Mutter eigen*) maternal; **~erseits** *adv.* on (*od.* from) the mother's side; maternal *uncle*; **≈keit** *f* motherliness.

Mutter...: **~liebe** *f* motherly love; **≈los** *adj.* motherless; **~mal** *n* birthmark, mole; **~milch** *f* mother's milk, breast-milk; *mit* ~ *genährt* breast-fed; *fig. mit der* ~ *einsaugen* imbibe from one's (earliest) infancy; **~mord** *m*, **~mörder(in** *f*) *m* matricide; **~mund** *anat. m* orifice of uterus, os uteri; **~pferd** *n* mare; **~pflicht** *f* maternal (*od.* mother's) duty; **~schaf** *n* ewe; **~schaft** *f* maternity, motherhood; **~schiff** *n* mother ship; *für Reparatur und Versorgung*: tender; **~schlüssel** ⊕ *m* (nut) spanner, *Am.* nut wrench; **~schmerz** ⚕ *m* hysteralgia; **~schoß** *m* mother's lap; **~schraube** *f* female screw, nut; **~schutz** *m* protection of motherhood; **~schwein** *n* sow; **≈seelenallein** *adj.* all (*od.* utterly) alone; **~söhnchen** *n* mother's boy (*od.* darling), molly(coddle); **~spiegel** ⚕ *m* uterine speculum; **~sprache** *f* mother tongue, native language; **~stelle** *f*: ~ *vertreten bei j-m* be like a (*od.* a second) mother to a p.; **~tag** *m* Mother's Day; **~teil** *m* maternal portion; **~tier** *n zo.* dam; **~trompete** *anat. f* Fallopian tube; **~witz** *m* mother-wit, nous, F gumption; **~zelle** *f* mother (*od.* parent) cell.

Mutti F *f* mummy, mom.

Mutung ⚒ *f* mining claim.

Mut...: ~wille *m* frolicsomeness, playfulness, *stärker*: devilry; (*Schelmerei*) waggishness, mischievousness; *b.s.* wantonness; (*Bosheit*) malice; **≈willig I.** *adj.* (*ausgelassen*) frolicsome, rollicking, playful, kittenish; (*Streiche machend*) mischievous; (*schelmisch*) waggish, roguish; (*frevlerisch*) wanton; (*böswillig*) malicious; (*vorsätzlich*) wilful; **II.** *adv.* playfully, *etc.*; ~ *ins Verderben rennen* rush blindly (*od.* headlong) into destruction.

Mütze *f* cap; **~nschirm** *m* peak, visor, vizor.

My *n* (*griechischer Buchstabe*) mu.

Mykologie *f* mycology.

Myokard *anat. n* myocardium; **~infarkt** ⚕ *m* myocardial infarction; **~itis** *f* myocarditis.

Myom ⚕ *n* myoma.

Myopie ⚕ *f* myopia.

Myriade *f* myriad.

Myrrhe *f* myrrh.

Myrte *f* myrtle.

mysteriös *adj.* mysterious.

Mysterium *n* mystery.

Mystifi|kation *f* mystification; **≈zieren** *v/t.* **1.** mystify, involve in mystery; **2.** (*täuschen*) mystify, bewilder, hoax.

Myst|ik *f* mysticism; **~iker(in *f*)** *m* mystic; **≈isch** *adj.* mystic(al); **~izismus** *m* mysticism.

Myth|e *f* myth, fable; **≈isch** *adj.* mythic(al); ~*e Gestalt* myth.

Mytholog|e *m* mythologist; **~ie** *f* mythology; **≈isch** *adj.* mythological; **≈isieren** *v/t.* mythologize.

Mythos *m*, **Mythus** *m* myth.

N

N, n *n* N, n.

na! *int.* well!; *überrascht, empört*: hey!; ~, ~! (*nur nicht so hitzig*) come, come!; gently!, (take it) easy!; ~ *also!*, ~ *bitte!* there you are, I told you so!; ~ *schön!* all right!; ~, *so (et)was!* think of that!, dear, dear!, *Am.* F what do you know!; ~ *und?* what of it?, F so what?; ~ *warte!* you just wait!; → *nanu.*

Nabe *f* hub; (*Rad*~, *Propeller*~, *Kolben*~) boss.

Nabel *m anat.* navel, 🕮 umbilicus; ⚘ hilum; *fig.* ~ *der Welt* hub of the world; **~binde** *f* umbilical bandage; **~bruch** ⚕ *m* umbilical hernia; **~orange** ⚘ *f* navel-orange; **~schau** F *f* navel inspection; **~schnur** *f*, **~strang** *m* navel-string, umbilical cord.

Naben...: **~bremse** *f* hub brake; **~haube** *f*, **~kappe** *mot. f* hub cap.

Nabob *m* nabob (*a. fig.*).

nach I. *prp.* **1.** *Richtung, Streben*: after; (*a.* ~ ... *hin od. zu*) to (-wards); (*bestimmt* ~) for, bound for; ~ *rechts* to the right; ~ *unten* downwards, *im Hause*: downstairs; ~ *oben* upwards, up, *im Hause*: upstairs; ~ *England reisen* go to England; ~ *England abreisen* leave for England; *der Zug* ~ *London* the train for London; *das Schiff fährt* ~ *Australien* is bound for Australia; ~ *Hause* home; ~ *jeder Richtung* in every direction; ~ *hinten (vorn) hinaus* back (front) *room*; ~ *der Straße hin* facing the street; ~ *Süden (Westen)* to the South (West), southward (westward); ~ *dem Arzt schicken* send for the doctor; **2.** *Zeit, Reihenfolge*: after, subsequent to, following; *Uhr*: past; at the end of; *fünf Minuten* ~ *eins* five minutes past one; *genau* ~ *10 Minuten* exactly ten minutes later; ~ *Ankunft (Erhalt)* on arrival (receipt); *einer* ~ *dem anderen* one by one; *der Reihe* ~ in turn, by turns; *der erste Mann* ~ *dem Präsidenten* next to the President; **3.** *von jetzt od. heute an*: ~ *20 Minuten* in twenty minutes; ~ *20 Jahren* twenty years from now; ~ *e-m halben Jahr* within six months; **4.** *Art u. Weise, Maß, Vorbild*: according to, in accordance (*od.* conformity) with, after; → *a. gemäß*; ~ *s-m Aussehen* to judge from his looks; ~ *Bedarf* as required; ~ *dem Englischen* from the English; ~ *deutschem Geld* in German money; ~ *m-m Geschmack* (to) my taste; ~ *den bestehenden Gesetzen* under existing laws; ~ *dem Gewicht* by the weight; *meiner Meinung* ~ in my opinion; ~ *Musik tanzen* to music; *dem Namen* ~ by name; ~ *der Natur* from nature; ~ *Noten* from music; *riechen (schmecken)* ~ smell (taste) of; ~ *seiner Weise* in his usual way; ~ *bestem Wissen* to the best of one's knowledge; **II.** *adv.* after, behind; *mir* ~! follow (*od.* after) me!; ~ *und* ~ gradually, by degrees, little by little; ~ *wie vor* now as before (*od.* ever), as usual, still.

nach|äffen *v/t.* ape, mimic, copy; **~ahmen** *v/t.* imitate, copy; (*fälschen*) forge, counterfeit; → *a. nachäffen, nacheifern*; **~ahmenswert** *adj.* exemplary; **˚ahmer(in** *f*) *m* imitator, copyist, *contp.* aper; **˚ahmung** *f* imitation, copy(ing); (*Fälschung*) counterfeit, fake; (*Nacheiferung*) emulation; **˚ahmungstrieb** *m* imitative instinct; **~arbeiten** *v/t.* (*nachbilden*) copy; (*nochmals bearbeiten*) rework, refinish; (*Versäumtes*) make up for; *versäumte Zeit* ~ make up for lost time; **~arten** *v/i.*: *j-m* ~ take after a p.

Nachbar *m*, **~in** *f* neighbo(u)r (*a. fig.*); *im Nebenhaus usw.*: next-door neighbo(u)r; *bibl. liebe deinen* ~*n wie dich selbst* love thy neighbour as thyself; **~dorf** *n* neighbo(u)ring village; **~haus** *n* neighbo(u)ring (*od.* adjoining) house; *im* ~ next door; **~land** *n* neighbo(u)ring country; **˚lich I.** *adj.*: (*gut* ~) neighbo(u)rly; (*benachbart*) neighbo(u)ring; **II.** *adv.*: ~ *verkehren mit* be *od.* live on neighbo(u)rly terms with; **~schaft** *f* neighbo(u)rhood (*a. fig. u. coll.* = neighbo[u]rs *pl.*); (*Nähe*) vicinity, proximity; *gute ~ halten* be on friendly terms with one's neighbo(u)rs; **~zimmer** *n* adjoining room.

Nach|bau ⊕ *m* copying, reproduction, duplication; *unter Lizenz*: construction under licen|ce, *Am.* -se; **~behandlung** *f* ⚕ *u.* ⊕ after-treatment; **≈bestellen** *v/t.* place a repeat order for, order some more (*od.* a fresh supply) of; **~bestellung** *f* repeat order (*gen.* for *a th.*).

nachbet|en F *v/t.* repeat mechanically, echo, parrot; **≈er**(**in** *f*) *m* parrot.

nachbewillig|en *v/t.* grant (*od.* vote) subsequently *od.* additionally; **≈ung** *f* subsequent grant, additional allowance.

nachbezahl|en *v/t. u. v/i.* pay afterwards; (*noch et.*) pay the rest (of); **≈ung** *f* subsequent payment.

Nachbild *opt. n* after-image; **≈en** *v/t.* copy, imitate, duplicate, reproduce; **~ung** *f* copy, imitation, reproduction; *genaue ~* facsimile, replica; ⊕ mock-up; (*Attrappe*) dummy.

nach|bleiben *v/i.* remain (*od.* lag) behind; *Schule*: be kept in; **~blicken** *v/i.* look after, follow *a p. od. th.* with one's eyes; **≈blutung** ⚕ *f* after-bleeding; **~bohren I.** ⊕ *v/t.* re-bore; **II.** F *fig. v/i.* probe (again), go into it again; **~bringen** *v/t.* bring; (*Fehlendes*) supply (subsequently), supplement; **≈bürge** *m* collateral surety; **~datieren** *v/t.* (= *zurückdatieren*) antedate; (= *vorausdatieren*) postdate.

nachdem I. *adv.* **1.** afterwards, after that, subsequently; **II.** *cj.* **2.** *zeitlich*: after, when; *~ sie das gesagt hatte* after she had said that, (after) having said that, after saying that; **3.** *Maß u. Grad*: (je) ~ according as, depending on, that depends on how *he will act*; *je ~* (*es sich trifft*) as the case may be, according to (the) circumstances; as it turns out, F it (all) depends.

nachdenk|en *v/i.* think (*über* over, about); reflect, muse, meditate (on); ponder, *Am.* mull (over); *scharf ~* do some hard thinking; *denk mal nach!* think (it over)!, try and think back!; **≈en** *n* reflection, meditation; (deep) thought; *beschauliches*: musing, contemplation; **~lich** *adj.* meditative, reflective, contemplative (*a. Buch usw.* = thought-provoking); (*gedankenvoll*) pensive, thoughtful; (*abwesend*) lost in thought; *j-n ~ machen* set a p. thinking, bemuse a p.

Nachdichtung *f* adaptation.

nachdrängen *v/i.* press (*od.* crowd, push) after; (*verfolgen*) pursue *a p. od. th.* closely, follow up *a p. od. th.*

Nachdruck[1] *m* (*Betonung*) stress, emphasis; (*Energie*) energy, vigo(u)r, force; *mit ~* emphatically, energetically; *~ legen auf*, *~ verleihen dat.* stress, emphasize.

Nachdruck[2] *typ. m* reprint, reproduction; (*Raubdruck*) piracy; pirated edition; *~ verboten* all rights reserved; **≈en** *v/t.* reprint; *unerlaubt*: pirate.

nachdrücklich I. *adj.* emphatic(ally *adv.*), energetic(ally *adv.*); (*eindringlich*) forcible; (*positiv*) positive, affirmative; **II.** *adv.*: et. *~ empfehlen* recommend a th. strongly, urge a th.; et. *~ verlangen* insist on a th., make a point of a th.; *er riet ~ davon ab* he strongly advised against it.

Nachdrucksrecht *n* copyright.

nachdrucksvoll *adj. u. adv.* → *nachdrücklich.*

nachdunkeln *v/i.* darken.

Nacheifer|er *m* emulator; **≈n** *v/i.* emulate *a p.*; **~ung** *f* emulation.

nacheil|en *v/i.* hasten (*od.* run) after; ⚡ lag; **≈ung** ⚡ *f* lag(ging).

nacheinander *adv.* one after another, successively; by (*od.* in) turns; *drei Tage ~* for three days running.

nachempfinden *v/t.* **1.** → *nachfühlen*; **2.** (*Dichtung usw.*) have (a) feeling for; *gestaltend*: interpret with a sensitive artistic understanding; *iro.* (*nachahmen*) copy.

Nachen *m* boat, skiff.

Nacherbe *m* reversionary heir.

Nachernte *f* aftermath.

nacherzähl|en *v/t.* (*wiederholen*) repeat; (*wiedererzählen*) re-narrate; *dem Englischen nacherzählt* adapted from the English; **≈ung** *f* repetition; *a. ped.* re-narration; adaptation.

nachexerzieren *v/i.* do extra drill (*od. fig.* work).

Nachfahr(e) *m* descendant.

nachfahren *v/i.* drive after; go after, follow *a p. od. th.* (in a car, by train, *etc.*).

nachfärben *v/t.* re-dye.

nach|fassen *v/t. u. v/i.* **1.** ⚔ *beim Essen*: get a second helping (of); **2.** ☤ *u. fig.* follow (it) up; **≈faßschreiben** ☤ *n* follow-up letter.

Nachfeier *f* after-celebration.

nachfeilen *v/t.* ⊕ file over; *fig.* retouch, polish.

Nachfolge *f* succession; *fig.* (*Nachstreben*) emulation; ~ *Christi* Imitation of Christ; *j-s* ~ *antreten* → **~n** *v/i.* follow (*j-m* a p.); succeed (*j-m im Amt* a p. in office); *fig.* emulate *a p.*, follow the example (*od.* in the steps) of; **~nd** *adj.* following; (*nachbenannt*) *a.* named below; *im* ~*en* in the following, ⚖ *a.* hereinafter; **~organisation** *f* successor organization; **~r(in** *f*) *m* follower; *im Amt usw.*: successor; → *Rechtsnachfolger*; *als* ~ *von* in succession to; **~rgesellschaft** ⚕ *f* successor company.

nachforder|n *v/t.* demand (*od.* claim, charge) subsequently, enter a subsequent claim of; **~ung** *f* subsequent claim (*od.* charge).

nachforsch|en *v/i.* investigate, inquire (*od.* look) into the matter; make inquiries, conduct an investigation; **~ung** *f* investigation, inquiry, search; ~*en anstellen* → *nachforschen.*

Nachfrage *f* (*Erkundigung*) inquiry; ⚕ demand, call, market (*nach* for); *Angebot u.* ~ supply and demand; *starke* ~ *a.* rush (*nach* for); *die* ~ *nach ... ist gering* (*groß*) ... is little (very much) in demand; **~belebung** ⚕ *f* growth of demand; **~n** *v/i.* inquire, ask.

Nachfrist *f* extension (of time), respite.

nachfühlen *v/t.*: *j-m et.* ~ feel (*od.* sympathize) with a p. in a th.; understand a p.'s feelings about a th.; *das kann ich dir* ~ I can feel with you.

nachfüllen *v/t.* fill (*od.* top) up, refill.

Nachgang ⚕ *m*: *im* ~ *zu unserem Schreiben vom* referring to our letter of.

nach...: **~geben** *v/i.* (*nicht standhalten*) give way (*dat.* to), *Sache*: give; ⚕ *Kurse, Preise*: give way, decline, sag; *fig.* give in (to), yield (to), comply (with), come round (to *a p.'s opinion, etc.*), cave in; *nachsichtig*: indulge *od.* humo(u)r (*a p.*); *j-m nichts* ~ be just as good as a p.; **~geboren** *adj.* posthumous; **~gebühr** ✉ *f* surcharge; **~geburt** ⚕ *f* afterbirth, placenta; **~gehen** *v/i.* **1.** *j-m* ~ follow (*od.* go after) a p.; **2.** (*e-m Beruf*) pursue; (*Geschäften*) attend to; (*s-n Neigungen*) indulge in; (*Vergnügen*) seek, pursue; *die Sache geht ihm nach* he can't get over it, it preys on his mind, *sl.* it bugs him; **3.** (*e-m Vorfall usw.*) investigate, look into, trace, check, follow *a th.* up; **4.** *Uhr*: be slow, lose; **~gelassen** *adj. Werke*: posthumous; **~gemacht** *adj.* (*gefälscht*) counterfeit; (*unecht*) false, fake, bogus, *sl.* phon(e)y; (*künstlich*) artificial, imitation ...; **~genannt** *adj.* undermentioned; **~geordnet** *adj.* subordinate; **~gerade** *adv.* by this time, by now; (*allmählich*) gradually; (*geradezu*) really, almost; **~geraten** *v/i.*: *j-m* ~ take after a p.; **~geschaltet** ⊕ *adj.* tandem-arranged *unit*; **~geschmack** *m* aftertaste (*a. fig.*); **~gewiesenermaßen** *adv.* as has been proved (*od.* shown).

nachgiebig *adj.* yielding; (*weich*) soft; (*elastisch*) elastic, flexible; *fig.* yielding, compliant, complaisant, soft; (*nachsichtig*) forbearing, indulgent (*gegen* to[wards]); ⚕ *Kurse usw.*: soft, declining; ~ *gegen sich selbst* self-indulgent; **~keit** *f* yieldingness, softness; yielding attitude, complaisance.

nach...: **~gießen I.** *v/t.* fill (*od.* top) up, refill *a cup, etc.*; pour out some more *tea, etc.*, add; **II.** *v/i.* add more; **~glühen I.** *v/i.* smolder, glow again; **II.** ⊕ *v/t.* temper, reanneal; **~graben** *v/i.* dig (*nach* for); **~grübeln** *v/i.* ponder *od.* brood (*über* over), muse (on); **~hall** *m* echo, reverberation; **~hallen** *v/i.* echo, reverberate; **~haltig** *adj.* lasting, enduring; (*wirkungsvoll*) effective, vigorous, strong; (*hartnäckig*) persistent; sustained *efforts*; **~hängen** *v/i.* **1.** give o.s. up to *a th.*, indulge in; *s-n Gedanken* ~ be lost in thought, be musing; **2.** F *örtlich*: hang back, lag behind; **~hausegehen** *n*: *beim* ~ on the way home; **~helfen** *v/i.* (*j-m*) help (on), assist, F give *a p.* a lift (*Am.* a leg-up); (*e-r Sache*) help (*od.* push) on.

nachher *adv.* after that, afterwards; then, subsequently; (*später*) later (on); *bis* ~*!* so long!, see you later!; **~ig** *adj.* subsequent; (*folgend*) following, ensuing.

Nachhilfe *f* help, assistance, aid; **~lehrer** *m* coach, private tutor; **~unterricht** *m* repetitional *od.* private lesson(s *pl.*), coaching.

nachhinken *v/i.* limp (*od.* hobble) after; *fig.* lag behind.

Nachhol|bedarf *m* backlog (*Am.* pent-up) demand; **~en** *v/t.* fetch afterwards, bring up; (*Versäumtes*) make good, make up for.

Nachhut *f* rearguard; *die* ~ *bilden* bring up the rear (*a. fig.*); **~gefecht** *n* rearguard action.

nachimpf|en ⚕ *v/t.* reinoculate; *Pocken*: revaccinate; **~ung** *f* re-

inoculation; re-vaccination, *Am. a.* booster injection.
nachjagen I. *v/i.* chase, pursue; **II.** *v/t.* (*j-m e-e Kugel, ein Telegramm usw.*) send after *a p.*
Nach|klang *m* lingering sound; *fig.* reminiscence; (*Wirkung*) after-effect; **⁀klingen** *v/i.* linger (in the ear), (re-)echo.
Nachkomme *m* descendant; *~n a.* offspring (*pl.*), *bsd.* ⚖ issue *sg. u. pl.*; *ohne ~n* without issue; **⁀n** *v/i.* **1.** follow *a p. od. th.*; (*einholen*) come up (*dat.* with), overtake *a p. od. th.*; (*sich später einstellen*) come (*od.* join *a p.*) later; (*Schritt halten*) keep up *od.* pace (*dat.* with); **2.** (*e-r Aufforderung*) comply with, follow, *stärker*: obey; (*e-m Wunsch usw.*) grant, comply with, accede to; (*Verbindlichkeiten*) meet; (*e-m Versprechen*) keep; (*Vorschriften*) observe, adhere to; **~nschaft** *f* descendants *pl.*, *bsd.* ⚖ issue *sg. u. pl.*
Nachkömmling *m* descendant; *weitS.* later child.
Nachkriegs... post-war ..., *Am.* postwar ...
Nachkur ⚕ *f* after-treatment.
nachladen *v/i.* recharge.
Nachlaß *m e-r Forderung, Strafe*: remission; (*Erbschaft*) estate (of a deceased), assets *pl.*, inheritance; *restlicher*: residue; *literarischer*: literary bequest, posthumous works *pl.*; ⚚ reduction, abatement, allowance; rebate, discount; *unter ~ von* allowing, deducting.
nachlassen I. *v/t.* **1.** leave behind, *testamentarisch*: devise, bequeath; **2.** (*lockern*) loosen; relax, slacken; let go; **3.** et. *im* (*od. vom*) *Preis ~* make a reduction in the price; *10 Dollar ~* allow (a discount of) $10; **II.** *v/i.* (*sich vermindern*) decrease, grow less; (*milder werden*) soften, relent; (*schwächer werden*) weaken; (*schlechter werden*) deteriorate; (*aufhören*) cease; *Spannung, Tätigkeit*: slacken, relax; *Tempo*: slacken, slow down; *Fieber, Schmerz, Regen usw.*: abate, subside, *Sturm, Wind*: *a.* calm (*od.* settle) down; *Gesundheit*: fail, give way; *Kräfte*: wane, ebb, fail; *Interesse*: wane, flag; *Preise*: give way, drop; *Produktion, Verkäufe, Besuch*(*erzahlen*) *usw.*: fall off, drop; *Bedrängnis*: ease off; *Person*: slacken, lose one's grip; *allg. a.* let up; *er hat sehr nachgelassen* he has gone off considerably; *nicht ~!* don't give up!, keep it up!; **III.** **⁀** *n* decrease; reduction; weakening; abatement, subsiding, waning; falling-off; slackening; (*Unterbrechung*) let-up.
Nachlaßgericht *n* probate court.
nachlässig *adj.* negligent, neglectful (*in* of); (*lässig*) careless, slack, lax; (*schlampig*) slovenly, sloppy, slipshod; **⁀keit** *f* negligence, neglect; carelessness, laxity, indolence; slovenliness; irregularity.
Nachlaß...: **~pfleger** *m*, **~verwalter** *m* administrator (of an estate); **~steuer** *f* → *Erbschaftssteuer.*
nach...: **⁀lauf** *mot. m* after-running; (*Rad*) castor, *Am.* caster; **~laufen** *v/i.* run after (*a. weitS. e-m Mädchen usw.*), follow; **~leben** *v/i.* live up to, emulate; **~legen** *v/t.* put on more *coal, etc.*
Nachlese *f* ⚘ gleaning; *konkret*: gleanings *pl.*; *fig.* epilogue (zu to); *kleine ~* subsequent jottings *pl.* (zu on), titbits (from); **⁀n** *v/t.* ⚘ glean; *im Buch*: read, look up.
nachliefer|n ⚚ *v/t.* deliver (*od.* supply) subsequently *od.* in addition; **⁀ung** *f* subsequent delivery.
nachlösen *v/t.* (*u. v/i. e-e Fahrkarte ~*) take (a supplementary ticket); buy (a ticket) en route.
nachmachen *v/t.* imitate (*j-m et.* a p. in a th.), copy; (*nachäffen*) mimic; (*fälschen*) counterfeit, forge; *das mach* (*mir*) *einer mal nach!* I'd like to see anyone do better!
Nachmahd *f* aftermath.
nachmalen *v/t.* copy.
nach|malig *adj.* subsequent; **~mals** *adv.* afterwards; later on.
nachmessen *v/t.* measure again, check.
Nachmittag *m* afternoon; *später ~* late afternoon, evening; *heute ⁀* this afternoon; **⁀s** *adv.* in the afternoon; *auf Fahrplänen usw.*: p.m. (= post meridiem); **~svorstellung** *thea. f* matinée.
Nachnahme *f* cash (*Am.* collect) on delivery (*abbr.* C.O.D.); *gegen* (*per*) *~* C.O.D.; to be paid for on delivery; *per ~ schicken* send C.O.D.; *unter ~ Ihrer Spesen* carrying your charges forward; **~gebühr** *f* collection-fee, C.O.D. fees *pl.*; **~sendung** *f* C.O.D. consignment (*od.* parcel).
Nachname *m* surname, last name.
nachnehmen ⚚ *v/t.* reimburse o.s. for; charge forward, collect on delivery.
nachplappern *v/t. u. v/i.* repeat mechanically, parrot.
Nachporto *n* surcharge.
nachprüf|bar *adj.* verifiable; **~en** *v/t.* check, verify; (*untersuchen*) investigate; inspect; ⚖ (*Urteil*) review; **⁀ung** *f* check(ing), verification; inspection; ⚖ review(al);

(*Wiederholungsprüfung*) re-examination.
nachrechnen *v/t.* check.
Nachrede *f* epilog(ue); *üble* ~ vile gossip; ⚖ defamation (of character), *mündlich*: slander, *schriftlich usw.*: libel; **2n** *v/t. u. v/i.* repeat; *b.s. j-m et.* ~ say a th. about a p.; *j-m Übles* ~ calumniate (*od.* slander) a p.
nach ...: **~reichen** *v/t.* (*Speisen*) serve second helpings of; (*Unterlagen usw.*) file (*od.* supply) subsequently; **~reifen** *v/i. Obst*: ripen in storage; **~reisen** *v/i.* travel after, follow; **~rennen** *v/i.* run after.
Nachricht *f* (*e-e* ~ a piece of) news *sg.*; (*Kunde*) tidings *sg.*; (*Botschaft*) message; (*Mitteilung*) information, communication, *kurze*: notice; ⚔ intelligence; (*Bericht*) report, account; *~en Radio, TV*: news *sg.*, newscast; *letzte ~en Zeitung*: stop-press *sg.*; *vermischte ~en* miscellanies; ~ *bekommen von* receive word (*od.* news) from, hear from; ~ *bringen* bring word *od.* news (*von* from); *j-m* ~ *geben* send a p. word, let a p. know, inform (*od.* advise) a p. (*von, über* of).
nachrichten ⊕ *v/t.* readjust, reset.
Nachrichten...: **~abteilung** ⚔ *f* signal battalion (*od.* section); **~agentur** *f* news (*od.* press) agency; **~blatt** *n* news magazine; information gazette, bulletin; **~büro** *n* → *Nachrichtenagentur*; **~dienst** *m* news service; ⚔ intelligence service; **~magazin** *n* news magazine; **~material** *n* information; ⚔ *ausgewertetes*: intelligence; **~netz** *n* communications network; **~offizier** *m* signal officer; intelligence officer; **~satellit** *m* communication satellite; **~sendung** *f* newscast; **~sperre** *f* news blackout; **~sprecher** *m* newscaster; **~stelle** *f* information (*od.* message) cent|re, *Am.* -er; **~technik** *f* communication(s) engineering; **~truppe** *f* (Corps of) Signals, *Am.* Signal Corps; **~übermittlung** *f* transmission of news; **~wesen** *n* communications *pl.*; **~zentrale** *f* → *Nachtrichtenstelle*.
nachrücken *v/i.* move after, follow; ⚔ move (*od.* follow) up; *im Rang*: move up.
Nachruf *m* obituary (notice); **2en** *v/i.* call (*od.* shout) after.
Nach|ruhm *m* posthumous fame; **2rühmen** *v/t.*: *j-m et.* ~ say a th. in praise of a p.; say a th. to a p.'s credit.
Nachrüstungsbeschluß *m* arm-and-negotiate decision.
nachsagen *v/t.* repeat; *j-m et.* ~ say a th. of a p.; → *a. nachreden*; *man sagt ihm nach, daß* he is said to *inf.*, he has a reputation for *ger.*; *das lasse ich mir nicht* ~! I won't have it said of me!; *das darfst du dir nicht* ~ *lassen* don't let that be said about you.
Nachsaison *f* after-season.
Nachsatz *m* supplement; *ling.* concluding sentence, final clause.
nachschauen *v/i.* (go and) see, have a look, check; (*j-m*) look after, follow *a p.* with one's eyes.
nachschicken *v/t.* → *nachsenden*.
nachschießen I. *v/i.* shoot after; **II.** *v/t.* (*Geld*) pay an additional sum of ... *dollars, etc.*, add.
Nachschlag *m* ♪ grace-note; ⚔ *beim Essen*: second helping; **~ebibliothek** *f* reference library; **~ebuch** *n*, **~ewerk** *n* reference-book, work of reference; **2en I.** *v/t. u. v/i.* (*e-e Stelle, ein Wort*) look up (in a book); ~ *in* consult *a book, etc.*; **II.** *v/i.*: *j-m* ~ take after a p.
nachschleichen *v/i.* (*j-m*) slink (*od.* creep) after; (*beschatten*) shadow, *Am. a.* tail.
nachschleifen ⊕ *v/t.* regrind; (*Ventil*) reface, reseat.
nachschleppen *v/t.* drag (after).
Nachschlüssel *m* false key; (*Dietrich*) skeleton-key.
nachschmieren ⊕ *v/t.* relubricate.
Nachschmerzen ⚕ *m/pl.* after-pains.
nachschreiben *v/t.* take down; (*abschreiben*) copy.
Nachschrift *f in Briefen*: postscript (*abbr.* P.S.).
Nachschub ⚔ *m* supply; **~basis** *f* supply base; **~kolonne** *f* supply column (*od.* train); **~lager** *n* supply depot; **~linie** *f*, **~weg** *m* line of communication.
Nachschuß *m* **1.** *Sport*: return; **2.** → *a.* **~zahlung** *f* fresh (*od.* additional) payment; *bei Darlehen, Effekten*: additional margin (*od.* cover); **2pflichtig** *adj.* contributory.
nachsehen I. *v/i.* **1.** look (*od.* gaze after); **2.** ~ *ob* (go and) see whether, make sure if; **II.** *v/t.* **3.** (*prüfen*) examine, inspect, look over; (*kontrollieren*) check; (*Schulhefte*) correct; (*Rechnungsbücher*) revise, audit; (*Maschine*) check, overhaul; **4.** *j-m et.* ~ (*hingehen lassen*) indulge a p. in a th.; *j-m s-e Fehler* ~ overlook (*od.* excuse, close one's eyes to) a p.'s mistakes; **III.** **2** *n*: *das* ~ *haben* have one's trouble for nothing, be the loser,

be left out in the cold; *j-m das ~ geben* beat a p. to it, give a p. the slip.

Nachsende|anschrift *f* forwarding address; **≈n** *v/t.* send after; (*weiterleiten*) send on (*dat.* to), forward, (*Briefe*) *a.* redirect; *bitte ~!* please forward!

nachsetzen I. *v/t.* put (*od.* place) behind; *fig.* (*hintansetzen*) put (*od.* consider) last; **II.** *v/i.* run (*od.* make) after, give chase (to), pursue.

Nachsicht *f* indulgence, forbearance; (*Geduld*) patience; (*Milde*) leniency; *~ üben* bear and forbear, stretch a point; *mit j-m ~ haben od. üben, j-n mit ~ behandeln* be indulgent towards a p., make allowances for a p., have patience (*od.* be lenient) with a p.; → *Vorsicht*; **≈ig, ≈svoll** *adj.* indulgent, forbearing; lenient; patient; **~wechsel** ⚕ *m* after sight bill.

nach...: **≈silbe** *ling. f* suffix; **~sinnen** *v/i.* muse, meditate, reflect (*dat. od. über* [up]on); *in ≈ versunken sein* be in a brown study, be lost in thought; **~sitzen** *v/i. Schule*: be kept in; *~ lassen* keep in, detain; **≈sommer** *m* late (*bsd. Am.* Indian) summer; **≈speise** *f* → *Nachtisch*; **≈spiel** *n thea.* afterpiece; ♪ postlude; *Geschlechtsverkehr*: afterplay; *fig.* sequel; *gerichtliches ~* sequel in court, law-suit; **~spionieren** *v/i.* spy on; **~sprechen** *v/i. u. v/t.* repeat (*j-m* a p.'s words); **~spülen** *v/t.* rinse, flush again; **~spüren** *v/i.* trace, track; *fig.* (*j-m*) spy on; (*e-r Sache*) investigate, inquire (*od.* look) into.

nächst I. *adj. Reihenfolge, Zeit*: next, following; *Entfernung, Beziehung*: nearest, (*kürzest*) *a.* shortest; *~en Sonntag* Sunday next; *~en Monat(s)* (of) next month; *am ~en Tag* the next (*od.* following) day; *aus ~er Entfernung* at close range; *bei ~er Gelegenheit* at the first opportunity; *im ~en Augenblick* the next moment; *im ~en Haus* next door; *in den ~en Tagen* in the next few days, one of these days; *in unserem ~en Schreiben od. Heft* in our next; *in ~er Zeit* in the near future; *das ~e Mal* (the) next time; *das ~e Mal als ich ihn wiedersah* when I next saw him; *die ~en Verwandten* the nearest relatives, *bsd.* ⚖ the next of kin; *er setzte sich auf den ~en Stuhl* (*neben ihr*) on the chair next to hers; *das ≈e* the next *od.* first thing; **II. ≈e(r)** *m* (*Mitmensch*) fellow (being *od.* creature), neighbo(u)r; *jeder ist sich selbst der ~* charity begins at home; **III.** *adv.*: *am ~en* nearest, next (*dat.* to); *fürs ~e* for the present (*od.* moment), for the time being; *j-m od. e-r Sache am ~en kommen* come nearest (*od.* closest) to; *j-m am ~en stehen* be nearest to a p.('s heart); **IV.** *prp.* next to, close to; next after; **~beste** *adj.* second-best; **≈beste(r** *m*, **-s** *n*) *f* (*irgendein, -er, -e*) *the* next best; **~dem** *adv.* (very) soon.

nachstehen *v/i.* come after; *fig.* (*j-m*) be second to, be inferior to; *j-m in nichts ~* be in no way inferior to a p., be a p.'s equal; *keinem ~* be second to none; *j-m ~ müssen* have to take second place after a p.; **~d I.** *adj.* following, (*~ verzeichnet*) *a.* mentioned (*od.* specified, listed) below; undermentioned; as hereinafter set forth; *im ~en* → **II.** *adv.* in the following, hereinafter.

nachsteigen F *v/i.* (*e-m Mädchen*) go after, be after *a girl*.

nachstell|bar ⊕ *adj.* adjustable; **~en I.** *v/t.* place behind *od.* after; (*Uhr*) put back; ⊕ (*Stellschraube usw.*) adjust; **II.** *v/i.*: *j-m ~* be after a p., chase (*od.* hound) a p.; (*auflauern*) waylay a p.; *hinterhältig*: lay snares (*od.* set traps) for a p.; (*schikanieren*) persecute a p.; **≈schraube** ⊕ *f* adjusting screw; **≈ung** *f* **1.** ⊕ adjustment; **2.** *fig. mst pl.* (*Verfolgung*) persecution.

Nächstenliebe *f* charity.

nächstens *adv.* shortly, (very) soon, before long, in the near future.

Nächste(r) *m* → *Nächst* II.

nächst...: **~folgend** *adj.* next (in order), (next) following; **~höher** *adj.* next higher; *fig.* next in rank; **~liegend** *adj.* nearest (at hand); *fig. das ≈e* the obvious thing.

nach...: **≈stoß** *fenc. m* riposte; **~stoßen** *v/i. fenc.* riposte, return; ⚔ follow up, pursue; **~streben** *v/i.* strive after, aspire to, *a.* (*j-m*) emulate; **~strömen** *fig. v/i.* crowd after, follow in masses; **~stürmen, ~stürzen** *v/i.* rush after; **~suchen I.** *v/t.* search (*od.* look) for; **II.** *v/i.*: *um et. ~* apply (*od.* petition) for, seek; **≈suchung** *f* search; (*Untersuchung*) inquiry; (*Antrag*) application, petition; request; **~synchronisieren** *v/t.* (*Film*) post-synchronize.

Nacht *f* night (*a. fig.* = darkness); *bei ~, des ~s* at night; *bei ~ und Nebel, im Schutze der ~* under cover of the night, *weitS.* (*heimlich*) secretly; *bis in die sinkende ~* till nightfall; *bis in die ~ arbeiten* work till late in the night, burn the midnight oil; *die ganze* ~ (*hindurch*) all night (long); *heute* ≈ tonight; *vergangene* ~ last night; *in e-r dunklen* ~ on a dark night; *in tief(st)er* ~ at dead of night; *mit einbrechender* ~ at nightfall; *über* ~ over night (*a. fig.*); *die* ~ *zum Tage machen* turn night into day; *häßlich wie die* ~ ugly as sin; *schwarz wie die* ~ black as coal; *e-e gute (schlechte)* ~ *haben* have a good (bad) night; *a. iro. gute* ~*!* good night!; *j-m gute* ~ *wünschen* wish (*od.* bid) a p. good night; F *sich die* ~ *um die Ohren schlagen* make a night of it; *zu* ~ *essen* have supper; *es wird* ~ it is growing (F getting) dark, night is coming on; *bei* ~ *sind alle Katzen grau* when candles are out, all cats are grey; **~angriff** ✈ *m* night attack.

nachtanken *v/i. u. v/t.* refuel.

Nacht...: **~arbeit** *f* night-work; **~asyl** *n* night-shelter; **~bekleidung** *f* nightwear; **≈blind** *adj.* night-blind; **~blindheit** *f* night-blindness; **~bomber** ✈ *m* night bomber; **~dienst** *m* night-duty; night service.

Nachteil *m* disadvantage, (*Mangel*) *a.* drawback, shortcoming; *Sport, a. fig.*: handicap; (*Schaden*) detriment, prejudice; (*Verlust*) loss; *im* ~ *sein* be at a disadvantage, be handicapped; *bsd.* ⚖ *ohne* ~ *für* without prejudice to; *zum* ~ *von* to *a p.*'s disadvantage, to the prejudice of; *zum* ~ *gereichen dat.* be detrimental to, prove a disadvantage (*od.* handicap) to; ⚕ *mit* ~ *verkaufen* sell at a disadvantage; **≈ig I.** *adj.* disadvantageous, detrimental, prejudicial (*für* to); (*ungünstig*) adverse, unfavo(u)rable; (*abträglich*) derogatory; *über ihn ist nichts* ≈*es bekannt* nothing is known to his detriment; **II.** *adv.*: ~ *behandeln* → *benachteiligen*; ~ *beeinflussen* affect adversely, prejudice.

Nachteinsatz ✈ *m* night mission *od.* operation.

nächtelang *adv.* for nights, night after night.

Nacht...: **~essen** *n* supper; **~eule** *f* night-owl (*a.* F *fig.*); **~falter** *m* moth; **~fernrohr** *n*, **~(fern)glas** *n* night-glass; **~frost** *m* night-frost; **~gebet** *n* evening-prayer; **~gebühr** *f* night rate; **~gefecht** ⚔ *n* night combat; **~geschirr** *n* chamber-pot; **~gewand** *n* night-dress; **~hemd** *n Männer*: night-shirt; *Frauen, Kinder*: night-dress, F nighty.

Nachtigall *f* nightingale.

nächtigen *v/i.* pass (*od.* spend) the night; → *a. übernachten.*

Nachtisch *m* dessert, F sweet, pudding.

Nacht...: **~jäger** ✈ *m* night fighter (*od.* interceptor); **~klub** *m* night-club; **~lager** *n* night's lodging; (*Bett*) bed; **~leben** *n* night life.

nächtlich *adj.* nightly, nocturnal; **~erweile** *adv.* at night-time.

Nacht...: **~lokal** *n* night-club, *Am. a.* nightspot; **~luft** *f* night-air; **~mahl** *n* supper; **~mahr** *m* nightmare; **~marsch** *m* night march; **~mette** *eccl. f* nocturn; **~musik** *f* serenade; **~portier** *m* night-porter; **~quartier** *n* night quarters *pl.*, overnight accommodation; **~ruf** *teleph. m* night call.

nachtönen[1] *v/i.* echo, linger (in the ear).

nachtönen[2] *v/t.* (*Haare*) retint, re-dye.

Nach...: **~trag** *m* supplement, addendum; (*Anhang*) appendix; *zu e-m Testament*: codicil; *Nachträge in e-m Buch*: addenda; **≈tragen** *v/t.* **1.** *j-m et.* ~ carry a th. after a p.; **2.** *fig. j-m et.* ~ bear a p. a grudge for a th., resent a th. towards a p.; *ich will es dir nicht* ~*!* I won't hold it against you!, no hard feelings!; **3.** *schriftlich*: add, append; ⚕ make a supplementary entry of; (*Bücher*) post up, bring up to date; (*Posten*) book; **≈tragend**, **≈trägerisch** *adj.* unforgiving, rancorous, resentful; **≈träglich I.** *adj.* (*ergänzend*) additional, supplementary; (*später*) subsequent; (*verspätet*) belated; **II.** *adv.* subsequently, later; by way of addition, further; (*nach gemachter Erfahrung*) with hindsight, after the event; **~trags...** *in Zssgn* additional, supplementary, subsequent.

Nacht...: **~ruhe** *f* night's rest; **≈s** *adv.* at (*od.* by, during the, in the) night; **~schatten** ⚘ *m* nightshade; **~schattengewächse** *n/pl.* solanaceae; **~schicht** *f* night-shift; **≈schlafend** *adj.*: *zu* ~*er Zeit* in the middle of the night; **~schwärmer** (**-in** *f*) *fig. m* fly-by-night, night-owl; **~schweiß** *m* night-sweat; **~schwester** *f* night nurse; **~sicht** *f* vision by night; **~sichtigkeit** *f* day-blindness, nyctalopia; **~sitzung** *f* all-night sitting; **~stuhl** *m* night-stool; **~tisch(chen** *n*) *m* bedside table, *Am. a.* nightstand; **~topf** *m* chamber-pot.

nachtun *v/t.*: *es j-m* ~ imitate a p.,

follow a p.'s example, emulate a p.

Nacht...: **~urlaub** ⚔ *m* night leave; **~vorstellung** *f* night performance; **~wache** *f* night-watch; **~wächter** *m* (night-)watchman; F *contp.* slowpoke; **≗wandeln** *v/i.* walk in one's sleep; **~wandeln** *n* sleep-walking, somnambulism; **~wandler(in** *f*) *m* sleep-walker, somnambulist; **≗wandlerisch** *adj.* somnambulistic; *mit ~er Sicherheit* with uncanny sureness, unerring(ly); **~zeug** *n* night-things *pl.*; **~zug** *m* night-train.

nach...: **≗untersuchung** *f* follow-up examination, check-up; **≗urlaub** *m* additional (*od.* extended) leave; **~verlangen** *v/t.* demand subsequently *od.* in addition; **~versichern** *v/t.* effect an additional insurance for; **≗versicherung** *f* additional insurance; **~vollziehen** *v/t.*: (*a. geistig ~*) duplicate; **~wachsen** *v/i.* grow again; (*aufwachsen*) grow up; **≗wahl** *parl. f* by-election, *Am.* special election; **≗wehen** *f/pl.* afterpains; *fig.* painful consequences, aftermath *sg.*; **~weinen** *v/i. u. v/t.*: *j-m od. e-r Sache (Tränen) ~* mourn (*od.* bewail) the loss of; *ich werde ihm keine Träne ~* I shan't be sorry to see him go.

Nachweis *m* proof, evidence; (*Beleg*) voucher; (*Unterlage*) record; (*Zeugnis*) certificate; (*Aufstellung*) list, inventory; → *Arbeitsnachweis*; *~ der Echtheit* proof of authenticity; *den ~ führen* (*od. erbringen*), *daß* prove (*od.* show, demonstrate, furnish proof) that; **≗bar I.** *adj.* provable, demonstrable; ⚗ detectable; (*offenkundig*) evident; **II.** *adv.* demonstrably, as can be shown (*od.* proved); **≗en** *v/t.* (*beweisen*) prove, show, establish; *j-m et. ~* prove a th. against a p., sheet a th. home to a p.; *j-m Irrtümer ~* demonstrate (*od.* show) a p.'s mistakes; *j-m et. Gewünschtes ~* inform a p. about a th.; **≗lich** *adj.* → *nachweisbar*; **~pflicht** *f* accountability; **~ung** *f* → *Nachweis*.

nach...: **≗welt** *f* posterity; future generations *pl.*; *auf die ~ gelangen* be handed down to posterity; **~wiegen** *v/t.* weigh (over) again, check; **≗winter** *m* late (*od.* second) winter; **~wirken** *v/i.* produce an after-effect; be felt afterwards, linger; **≗wirkung** *f* aftereffect; (*Folgen*) consequences *pl.*, hangover; *~en des Krieges* aftermath of war; **≗wuchs** *m the* rising generation; F junior set; young talent, new blood, recruits *pl.*; *Betrieb*: junior staff, trainees *pl.*; *in Zssgn mst* junior ...; **≗wuchskraft** *f* junior worker (*od.* employee, talent); **≗wuchssorgen** *f/pl.*: *~ haben* be troubled by a dearth of young talent; **~zahlen** *v/t. u. v/i.* pay in addition (*od.* extra *od.* later); ⚕ *auf Aktien ~* pay a further call on shares; **~zählen** *v/t.* count over (again), check; **≗zahlung** *f* additional (*od.* extra) payment; ⚕ fresh call; **~zeichnen** *v/t.* draw from a model, (*a. v/i.*) copy; (*pausen*) trace; **~ziehen I.** *v/t.* draw (*od.* pull) after one, pull along; (*Fuß*) drag; (*Strich*) trace; (*Schraube*) tighten (up); (*Augenbrauen*) pencil; (*züchten*) raise; *fig. nach sich ziehen* entail, involve, bring in its wake; **II.** *v/i.* follow (after), march after; *Schach*: move next; *fig.* follow suit; **~zotteln** F *v/i.* lag behind; trot after *a p.*; **≗zügler(in** *f*) *m* straggler; late comer; *co.* (*Kind*) Benjamin; **≗zugsaktie** ⚕ *f* deferred share; **≗zündung** *mot. f* retarded ignition.

Nackedei *m* naked child (*od.* girl).

Nacken *m* nape (of the neck), neck; 🕮 cervix; *den Kopf in den ~ werfen* throw back one's head; *fig. j-m den ~ steifen* stiffen a p.'s back; *j-n im ~ haben* have a p. hard on one's heels; *weitS.* be hard pressed (*od.* beset, F plagued) by a p.

nackend *adj.* → *nackt*.

Nacken...: **~haar** *n* back-hair; **~hebel** *m Ringen*: Nelson; **~muskel** *m* splenius; **~schlag** *m* blow behind the neck, rabbit-punch; *fig.* blow, adversity, setback.

nackt *adj.* naked, *a. paint.* nude; (*entblößt*) bare (*a. fig. u.* ⊕); *Wand usw.*: naked, bare; *Vogel*: unfledged; *fig. Wahrheit*: naked, plain; *~e Tatsachen* hard (*od.* blunt) facts; *das ~e Leben* one's bare life; → *Gewalt*; *sich ~ ausziehen* strip (to one's skin); *~ baden (malen)* swim (paint) in the nude (*Am.* F in the raw); **≗film** *m* F skin-flicks *pl.*; **≗frosch** F *m* naked child; **≗heit** *f* nakedness, bareness, nudity; **≗kultur** *f* nudism; *Anhänger der ~* nudist.

Nadel *f allg., a.* ⊕, ⚘ *usw.* needle (*a. Ätz≗, Kompaß≗, Tannen≗, Felsspitze usw.*); (*Steck≗, Haar≗, Hut≗ usw.*) pin; (*Brosche*) brooch; (*Abzeichen*) button; *mit ~n befestigen* pin (fast); ⚔ *mit ~n abstecken (auf der Karte)* pinpoint; *fig. wie auf ~n sitzen* be on pins and needles, be on tenterhooks;

~abweichung *f Kompaß*: magnetic declination; **~baum** *m* conifer(ous tree); **~düse** ⊕ *f* needle jet, pintle nozzle; **≈förmig** *adj.* needle-shaped, ⚘ acicular; **~geld** *n* pin-money; **~hölzer** *n/pl.* conifers; **~kissen** *n* pincushion; **~kopf** *m* pin-head; **~lager** *mot. n* needle bearing; **~öhr** *n* eye of a needle; **~stich** *m* pinprick (*a. fig.*); *Nähen*: stitch; **~wald** *m* coniferous (*od.* fir, pine) forest *od.* wood.

Nadir *ast. m* nadir.

Nagel *m anat. u.* ⊕ nail; *hölzerner*: peg; *langer*: spike; (*Stift*) tack; (*Zier≈*) stud; *fig. ein ~ zu j-s Sarg* a nail in a p.'s coffin; *an den Nägeln kauen* bite one's (finger-) nails; *sich die Nägel schneiden* (*reinigen*) cut (clean) one's nails; *fig. et an den ~ hängen* give a th. up; *den ~ auf den Kopf treffen* hit the nail on the head; *die Arbeit brennt mir auf den Nägeln* I am hard pressed (for time), it's a rush job; F *sich et. unter den ~ reißen* (*sich aneignen*) *sl.* nail a th.; **~bett** *n* nail bed; **~bettentzündung** *f* onychitis; **~bohrer** ⊕ *m* nail bit; **~bürste** *f* nail-brush; **~feile** *f* nail-file; **≈fest** *adj.* → *niet- und ~*; **~haut** *f* cuticle; **~hautentferner** *m* cuticle-remover; **~lack** *m* nail enamel (*od.* varnish, polish); **~lackentferner** *m* fingernail polish remover; **≈n** *v/t. u. v/i.* nail (*an, auf* to); *mit großen Nägeln*: spike; *mit Stiften*: tack; *mot.* (*nur v/i.*) knock; **≈neu** *adj.* brand-new; **~pflege** *f* care of the nails, manicure; **~probe** *f*: *die ~ machen* thumb one's glass; **~schere** *f* (e-e ~ a pair of) nail-scissors *pl.*; **~schuhe** *m/pl.* spiked shoes; **~wurzel** *anat. f* nail root (*od.* matrix); **~zange** *f*, **~zieher** *m* ⊕ nail puller; ⚕ nail extractor.

nagen *v/t. u. v/i.* gnaw, *knabbernd*: nibble (*an* at); *~ an ätzend, a. geol.*: eat into, corrode; *an e-m Knochen ~* pick (*od.* gnaw at) a bone; *fig. an j-m ~, j-m am Herzen ~* prey upon (*od.* rankle in) a p.'s mind; *an j-s Gesundheit ~* undermine a p.'s health; → *Hungertuch*; **~d** *adj.* gnawing (*a. fig.*).

Nager *m*, **Nagetier** *zo. n* rodent.

nah I. *adj.* near, close; (*~gelegen*) nearby; (*bevorstehend*) near (at hand), impending, forthcoming; *Gefahr*: imminent; *Verwandter, Freund usw.*: near; *von ~em* from close up, at close range; **II.** *adv.* near (at hand), close; nearby; *~ an* (*od. bei*) near, close to; *~ verwandt* closely related; *j-m zu nahe treten* offend a p., hurt a p.'s feelings; *von ~ und fern* from far and near; → *näher, nächst, daran, nahekommen, naheliegen usw.*; **III.** *prp.* near, close to (*a. fig.*); *der Vollendung ~e* near completion; *der Verzweiflung ~e* near (*od.* on the verge of) despair.

Nahangriff ⚔ *m* close-range attack.

Näharbeit *f* needlework, sewing.

Nah...: **~aufklärung** ⚔ *f* close reconnaissance; **~aufnahme** *f Film*: close-up.

nahe *adj.* → *nah.*

Nähe *f* nearness, proximity; (*Umgebung*) vicinity, surroundings *pl.*; neighbo(u)rhood (*a. fig.*); (*menschliche ~*) nearness; *aus der ~* from close up, at close range; (*ganz*) *in der ~* near at hand, close by; *et. aus der ~ betrachten* examine closely; *in seiner ~* near him; *in der ~ der Stadt* near the town; *hier in der ~* somewhere around here, hereabouts; *bleib in der ~!* F stick around!; *in greifbare ~ gerückt* near at hand.

nahebei *adv.* nearby, close by.

nahegehen *v/i.* (*j-m*) affect, grieve.

nahegelegen *adj.* near(by), neighbo(u)ring.

Naheinstellung *f phot.* shortrange focus; *Film*: close-up.

nahekommen *v/i.* come near *a th.*, approach *a th.*

nahelegen *v/t.*: *j-m et. ~* suggest (*od.* recommend) a th. to a p.; *j-m ~, et. zu tun* urge (*od.* advise) a p. to do a th.

naheliegen *fig. v/i.* suggest itself, be obvious; **~d** *adj.* near at hand, nearby; *fig.* obvious; *aus ~en Gründen* for obvious reasons.

Nahempfang *m Radio*: short-distance reception.

nahen I. *v/i.* approach; *bsd. zeitlich*: draw (*od.* be) near; **II.** *v/refl.*: *sich j-m ~* approach a p.; **~d** *adj.* approaching; (*bevorstehend*) *a.* coming, impending.

nähen *v/t. u. v/i.* sew, stitch (*a.* ⚕ = suture up); *nur v/i.* do sewing *od.* needlework.

näher *adj. u. adv.* nearer, closer; *Weg*: shorter; (*genauer*) (more) specific, more detailed *od.* precise, further; *~e Angabe* → *Nähere(s)*; *~ kennen* know fairly well, be closely acquainted with; *bei ~er Betrachtung* on closer inspection, *fig.* on further consideration; *~ erläutern* (*od. ausführen*) amplify *a th.*, explain *a th.* in detail; *sich ~ befassen mit* go into *a matter*, study *a th.* in detail; ~ *bringen* bring nearer; *fig.* → *näherbringen*; ~ *kommen* come nearer; *fig.* → *näherkommen*; ~ *treten* step nearer, (*eintreten*) come in; *fig.* → *nähertreten*; **~bringen** *fig. v/t.*: *j-m et.* ~ give a p. an understanding of (*od.* an insight into) a th., make a p. familiar with a th.; **≗e(s)** *n* (further) particulars *pl.*, details *pl.*, *the* circumstances *pl.*

Näherei *f* sewing; needlework.

Näherin *f* seamstress.

näher|kommen *fig. v/i.* be nearing; get closer (*dat.* to); *j-m* (*menschlich*) ~ get closer to a p.; *einander* (*od. sich*) ~ get closer, *Standpunkte, Verhandlungspartner usw.*: become more reconciled; *jetzt kommen wir der Sache* ~*!* now we are getting somewhere!; **~liegen** *fig. v/i.* be better, be more obvious, be the better policy.

nähern I. *v/t.* bring near(er) (*dat.* to), approach (to); ⩓ approximate; **II.** *v/refl.*: *sich* ~ approach (*dat. a th., a p.*; *a. fig.*); near, come (*od.* draw) near(er) (*alle a. zeitlich*); *bedrohlich*: close in; *belästigend*: molest (*dat. a girl, etc.*).

Näherung ⩓ *f* approximation; **~sformel** *f* approximation formula; **~swert** *m* approximate value.

nahestehend *adj.* closely connected (*dat.* with); associated with, near (*a p.*).

nahezu *adv.* nearly, almost, next to *impossible, etc.*

Näh|faden *m*, **~garn** *n* sewing cotton.

Nahgespräch *teleph. n* toll call.

Nahkampf *m* ⚔ close combat, hand-to-hand fight(ing); ✈ dogfight(ing); *Boxen, fenc.*: infight (-ing); F *fig. politischer* ~ political infighting; **~geschütz** *n* (**~waffe** *f*) close-range gun (weapon).

Näh...: **~kästchen** *n* (lady's) workbox; **~korb** *m* work-basket.

Näh...: **~maschine** *f* sewing-machine; **~nadel** *f* (sewing-)needle.

Nähr|boden *m* fertile soil, (nutrient) substratum; *für Bakterien*: culture medium; *fig. des Verbrechens usw.*: hotbed; **~brühe** *f* nutrient broth; **~einlauf** ⚕ *m* nutrient enema.

nähren I. *v/t.* nourish, feed; (*Kind*) nurse, breast-feed; *fig.* (*Verdacht usw.*) nourish, foster, harbo(u)r, entertain; (*Gedanken*) nurture; *sich* ~ *von* live (*od.* feed) on; *weitS.* earn one's (*od.* make a) living by; **II.** *v/i.* be nourishing.

Nähr|flüssigkeit *f* nutrient fluid; **~gehalt** *m* nutritive value.

nahrhaft *adj.* nutritious, nourishing, nutritive; *Speise*: *a.* substantial; F *fig.* lucrative; **≗igkeit** *f* nutritiousness.

Nähr...: **~hefe** *f* nutrient yeast; **~krem** *f* skin-feeding cream; **~kraft** *f* → *Nährwert*; **~mittel** *n* processed foodstuff; *weitS. pl.* (*Teigwaren*) farinaceous (*od.* paste) products, wheat-base food *sg.*; **~präparat** *n* nutrient (preparation), patent food; **~salz** *n* nutrient salt; **~schaden** ⚕ *m* nutritional disease; **~stoff** *m* nutritive substance, nutrient.

Nahrung *f* food, nourishment, nutriment; (*Kost*) diet; (*Futter*) feed; (*Unterhalt*) livelihood, subsistence; *fig. geistige* ~ mental food; *fig.* ~ *geben dat.* nurture, add to.

Nahrungs...: **~aufnahme** *f* food intake, ingestion; **~mangel** *m* lack of food, want of nourishment; food shortage; **~mittel** *n* food (product), foodstuff; *pl. a.* victuals, provisions, eatables; **~mittelchemie** *f* food chemistry; **~mittelchemiker** *m* food chemist; **~mittelfälschung** *f* adulteration of food; **~mittelvergiftung** *f* food poisoning; **~sorgen** *f/pl.* cares of subsistence; ~ *haben* have difficulties in making both ends meet; **~zufuhr** *f* food intake.

Nähr...: **~wert** *m* nutritive value; **~zucker** *m* nutritive sugar.

Nah...: **~schnellverkehrszug** *m* fast commuter train; **~schuß** *m* close-range shot.

Nähseide *f* sewing-silk.

Nah...: **~selektion** *TV f* adjacent channel selectivity; **~sender** *m* short-distance transmitter.

Naht *f* seam (*a.* ⊕ = joint, weld); *anat.*, ⚕, ⚘ suture; F *fig.* e-e ~ (*viel*) a lot; *aus den Nähten platzen* be bursting at the seams (*a.* F *fig.*).

Näh...: **~täschchen** *n* needle-case, housewife; **~tisch(chen** *n*) *m* sewing-table.

Naht...: **≗los** *adj.* seamless (*a. fig.*); **~schweißung** ⊕ *f* seam welding; **~stelle** *f* seam (*a. fig.*).

Nahverkehr *m* 🚃 local (*od.* suburban) traffic; *mot.* short-haul traffic; *teleph.* toll (*od.* short-distance) traffic; **~szug** *m* commuter train.

Nähzeug *n* sewing-kit.

Nahziel *n* immediate objective.

naiv *adj.* naïve, naive, ingenuous; ~*er Künstler* primitive; **≗e** *thea. f* ingénue (*fr.*); **≗ität** *f* naivity, naïveté (*fr.*).

Name(n) *m allg.* name; ⚓ *e-r Firma, e-s Wertpapiers*: title;

(*Bezeichnung*) designation; (*Ruf*) name, reputation; *voller* ~ full name; *des* ~*ns, mit* ~*n* → *namens*; *im* ~*n des Volkes usw.* in the name of; (*nur*) *dem* ~*n nach* nominal(ly *adv.* = in name only); *mit* ~*n od. dem* ~*n nach kennen* know by name; *s-n* ~*n nennen* give one's name; *das Kind* (*od. Ding*) *beim rechten* ~*n nennen* call a spade a spade; *mein guter* ~ my good name; *sich einen* ~*n machen* make a name for o.s.; *darf ich um Ihren* ~*n bitten?* may I ask your name?; *den* ~*n ... tragen* be known as ..., go by the name of ...; *s-n* ~*n hergeben für et.* lend one's name to; *auf* (*od. unter*) *j-s* ~*n laufen* go under a p.'s name; → *Hase, Schall.*

Namen...: **~gebung** *f* naming; **~gedächtnis** *n* memory for names; **~liste** *f* list of names, roll; *pol.* poll, *Am.* slate; *Ärzte, Geschworene usw.*: panel; **≗los I.** *adj.* nameless, anonymous; *fig.* nameless, unspeakable; ~*e Furcht* nameless fear; **II.** *fig. adv.* utterly, terribly.

namens I. *adv.* named, by the name of, called; **II.** *prp.* in the name of, on behalf of; ⚖ ~ *und auftrags gen.* in the name and on behalf of.

Namens...: **~aktie** *f* registered share; **~aufruf** *m* roll-call; **~papier** *n* registered certificate; *pl.* (*Wertpapiere*) registered securities (*od.* stock *sg.*); **~schild** *n* name-plate; **~schwester** *f* namesake; **~stempel** *m* facsimile stamp; **~tag** *m* name-day, fête-day; **~vetter** *m* namesake; **~zug** *m* signature; monogram; (*Schnörkel*) flourish.

namentlich *adj. u. adv.* nominal(ly), by (his, her) name, individual(ly); (*besonders*) especially, particularly, in particular; *parl.* ~*e Abstimmung* (voting by) call, roll-call vote.

Namenverzeichnis *n* register of names, name index.

namhaft *adj.* (*berühmt*) notable, noted, renowned; (*beträchtlich*) considerable, substantial; ~ *machen* name, *weitS.* identify.

nämlich I. *adj.*: *der* (*die*) ~*e* the same person; *das* ~*e* the same thing; **II.** *adv.* namely, that is (to say) (*abbr.* i.e. *od.* viz); *bsd.* ⚖ *u. iro.* to wit; *begründend*: *er war* ~ *krank* he was ill, you (must) know.

Nano... ⚡ *in Zssgn* nano ...

nanu F *int.* I say!, F hey!, what the hell!, what's this?

Napalm *n* napalm.

Napf *m* bowl, basin, cup; **~kuchen** *m* (tall) ring cake, deep-dish cake.

Naphtha *n* naphtha; **~lin** *n* naphtalene.

napoleonisch *adj.* Napoleonic.

Narbe *f* scar, 🕮 cicatrice; (*Pocken*≗) pit; ⚘ stigma; ⛏ top-soil; (*Leder*≗) grain; *fig.* ~*n hinterlassen* leave a scar; **≗n** *v/t.* (*Leder*) grain; **~nbildung** *f* scar formation; **≗nlos** *adj.* unscarred; **~nseite** *f Leder*: grain side.

narbig *adj.* scarred.

Narde ⚘ *f* nard.

Narko|analyse ⚕ *f* narco-analysis; **~lepsie** *f* narcolepsy; **~se** *f* an(a)esthesia, narcosis; *in* ~ under an(a)esthesia; **~sefacharzt** *m* an(a)esthetist; **~tikum** *n*, **≗tisch** *adj.* an(a)esthetic, (*bsd. Rauschgift*) narcotic; **≗tisieren** *v/t.* an(a)esthetize, narcotize; **~tiseur** *m* an(a)esthetist.

Narr *m* fool; (*Spaßmacher*) jester, clown; *e-n* ~*en gefressen haben an* F be wild (*od.* crazy, *sl.* nuts) about, (*j-m*) *a.* be infatuated with, dote (up)on; *zum* ~*en haben* (*od. halten*) → **≗en** *v/t.* make a fool of, fool; (*irreführen*) mystify, hoax.

Narren...: **~freiheit** *f* carnival licen|ce, *Am.* -se; **~haus** *n* madhouse; **~kappe** *f* fool's cap; **~(s)possen** *f/pl.* (tom)foolery *sg.*, buffoonery *sg.*, *Am. sl.* monkeyshines; **~seil** *n*: *j-n am* ~ *führen* play old Harry with; **≗sicher** ⊕ *adj.* foolproof; **~streich** *m* foolish trick, tomfoolery; stupid thing (to do).

Narretei *f* folly, tomfoolery.

Narrheit *f* folly.

Närrin *f* fool, foolish woman.

närrisch *adj.* foolish, silly; (*verrückt*) mad, crazy.

Narzisse ⚘ *f* narcissus; *gelbe* ~ daffodil.

Narziß|mus *m* narcis(sis)m; **~t** *m* narcissist; **≗tisch** *adj.* narcissistic.

nasal *adj.* nasal; ~*er Ton*, ~*e Sprechweise* (nasal) twang; **≗(laut)** *m* nasal (sound); **~ieren** *v/t.* nasalize.

naschen *v/i. u. v/t.* nibble (at); *verstohlen*: eat (sweets) on the sly; *gern* ~ have a sweet tooth.

Nascher(in *f*) *m* lover of dainties, sweet tooth.

Nascherei *f* **1.** eating (dainties) on the sly; **2.** → *Naschwerk.*

naschhaft *adj.* fond of dainties, sweet-toothed; **≗igkeit** *f* fondness for dainties.

Nasch...: **~katze** *f*, **~maul** *n* → *Nascher*; **~werk** *n* dainties *pl.*, sweets *pl.*, delicacies *pl.*

Nase *f* nose; (*Schnauze*) *a.* snout; *e-r Röhre, Kanne*: spout; ⊕ lug, nose; *e-s Flugzeugs usw.*: nose; (*Geruchsinn*) nose, scent; F *fig.* (*Rüge*) rebuke; *auf die ~ fallen* fall on one's face (*Am. a.* head) (*a.* F *fig.*); *durch die ~ sprechen* → *näseln*; *die ~ hochtragen* carry one's nose in the air; be stuck-up; *j-m e-e lange ~ machen* a) thumb one's nose at a p.; b) → *auslachen* I; *j-n an der ~ herumführen* fool a p., lead a p. up the garden-path; *e-e feine ~ haben* have a sharp nose (*od.* a keen sense of smell), *fig. für et.*: have a good nose for; F *fig. auf der ~ liegen* be ill, be laid low; *s-e ~ in alles (hinein)stecken* poke one's nose into everything; *j-m auf der ~ herumtanzen* play old Harry (*od.* fast and loose) with a p.; *j-m et. auf die ~ binden* tell a th. to a p.; *j-n mit der ~ auf et. stoßen* shove a th. under a p.'s nose; *j-m et. unter die ~ reiben* bring a th. home to a p.; F *es j-m unter die ~ reiben* F rub it in; *die ~ voll haben* be fed up (to the teeth) (*von* with); *immer der ~ nach!* just follow your nose!; *j-m (direkt) vor der ~* under a p.'s (very) nose; *es liegt vor deiner ~* it lies under your nose; *der Zug fuhr uns vor der ~ weg* we missed the train by an inch; *j-m die Tür vor der ~ zuwerfen* slam the door in a p.'s face; *man kann es ihm an der ~ ansehen* it's written all over his face; *faß dich an deiner eigenen ~!* you aren't a bit better!; *pro ~ einen Dollar* one dollar (for) each; → *abziehen* II 8, *bohren* 1, *rümpfen*.

näseln I. *v/i.* speak through the nose, nasalize; **II.** **≈** *n* nasal twang; **~d** *adj.* nasal.

Nasen...: **~bein** *n* nasal bone; **~bluten** *n* nose-bleeding; **~flügel** *m* side (*od.* wing) of the nose; **~höhle** *f* nasal cavity; **~keil** ⊕ *m* gib; **≈lang** F *adv.*: *alle ~* every moment, constantly; **~länge** *f*: *um e-e ~ gewinnen* win by a whisker, nose out one's opponent; **~laut** *m* nasal (sound); **~loch** *n* nostril; **~plastik** *f* rhinoplasty; **~rachengang** *m* nasopharyngeal canal; **~rücken** *m* bridge of the nose; **~scheidewand** *f* nasal septum; **~schleim** *m* nasal mucus; **~schleimhaut** *f* mucous membrane of the nose; **~spezialist** *m* rhinologist; **~spitze** *f* tip of the nose; **~stüber** *m sl.* noser (*a. fig.*); **~tropfen** *pharm. m/pl.* nose drops; **~wurzel** *f* root of the nose.

naseweis *adj.* (*vorlaut*) pert, F saucy; (*neugierig*) F nosy; **≈heit** *f* sauciness, pertness.

nasführen *v/t.* fool, dupe, hoax.

Nashorn *n* rhinoceros, F rhino.

naß I. *adj.* wet (*a. Wetter usw.*); *triefend ~* dripping (wet), soaked, drenched, wet through; (*sich*) *~ machen* wet (o.s.); *~ werden* become (F get) wet; *adv. sich ~ rasieren* shave with a blade; **II.** **≈** *n poet.* (*Wasser*) water; (*Getränk*) beverage, drink; *edles ~* noble (*od.* royal) drink.

Nassauer F *m* sponger, *sl.* scrounger; **≈n I.** *v/i.* sponge (*bei j-m* on), *sl.* scrounge; **II.** *v/t.* cadge, bum *cigarettes, etc.*

Nässe *f* wet(ness); damp(ness), moisture; ⚗ humidity; *vor ~ schützen!* keep dry!

Naßelement ⚡ *n* wet battery (*od.* cell).

nässen I. *v/t.* wet; (*anfeuchten*) moisten; **II.** *v/i. Wunde*: discharge, ooze.

Naß...: **~fäule** *f* wet rot; **≈forsch** F *adj.* brash, brazen; **≈kalt** *adj.* raw, damp and cold; clammy; **~schnee** *m* wet (*od.* cloggy) snow; **~wäsche** *f* wet wash.

Natalität *f* natality.

Nation *f* nation.

national *adj.* national; **≈bewußtsein** *n* nationalism; **≈charakter** *m* national character; **≈denkmal** *n* national monument; **≈farben** *f/pl.* national colo(u)rs; **≈flagge** *f* national flag; *englische*: Union Jack, *amerikanische*: Stars and Stripes; **≈held** *m* national hero; **≈hymne** *f* national anthem.

nationalisier|en *v/t. allg.* nationalize; **≈ung** *f* nationalization.

Nationa|lismus *m* nationalism; **~list** *m* nationalist; **≈listisch** *adj.* nationalist ..., nationalistic; **~lität** *f* nationality.

National...: **~mannschaft** *f Sport*: national team; **~ökonom** *m* (political) economist; **~ökonomie** *f* national (*od.* political) economy; **~park** *m* national park; **~rat** *pol. m Österreich, Schweiz*: **1.** Federal Parliament; **2.** Member of Parliament; **~sozialismus** *m* National Socialism; **~sozialist** *m* National Socialist, *contp.* Nazi; **≈sozialistisch** *adj.* National Socialist(ic); **~spieler** *m Sport*: international player, internationalist; **~staat** *m* nation state; **~stolz** *m* national pride; **~versammlung** *f* National Assembly.

Nativismus *phls. m* nativism.

Nativität *f* nativity.

Natrium ⚗ *n* sodium; **~superoxyd** *n* sodium peroxide.

Natron ⚗ *n* sodium; *kohlensaures*

~ sodium carbonate, soda, natron; *doppeltkohlensaures* ~ sodium bicarbonate; **~lauge** *f* sodium hydroxide, caustic soda (solution); **~salz** *n* sodium salt; **~seife** *f* soda soap.

Natter *zo. f* adder, viper; *fig.* serpent, snake in the grass.

Natur *f allg.* nature; (*Leibesbeschaffenheit*) *a.* constitution; (*Gemütsanlage*) temper(ament); disposition, nature; (*Charakter*) character, nature; (*Art, Beschaffenheit*) nature; *die Stimme der* ~ the call of nature; *die menschliche* ~ human nature; *freie* ~ open country; e-e *starke* ~ *haben* have a strong constitution; *die Sache ist ernster* ~ the matter is of a grave nature; *es liegt in ihrer* ~ it is in her nature; *es liegt in der* ~ *der Sache* it is in the nature of things, it is quite natural; *nach der* ~ *zeichnen* draw from nature *od.* life; *von* ~ (*aus*) constitutionally, by nature; *j-m zur zweiten* ~ *werden* become second nature with a p.; *wider die* ~ unnatural; *es geht mir wider die* ~ it goes against the grain; *zurück zur* ~*!* back to nature!; **≗a:** *in* ~ in kind.

Naturalbezüge *pl.* remuneration *sg.* in kind.

Naturalien *pl.* natural produce *sg.*; (*Naturalwert*) value *sg.* in kind; *biol.* natural-history specimens; **~kabinett** *n*, **~sammlung** *f* natural-history collection.

naturalisier|en *v/t.* naturalize; *sich* ~ *lassen* become naturalized; **≗ung** *f* naturalization.

Naturalis|mus *m* naturalism; **~t** *m* naturalist; **≗tisch** *adj.* naturalist (-ic).

Natural...: **~leistung** *f* payment in kind; **~lohn** *m* wage(s *pl.*) in kind; **~wert** *m* value in kind.

Natur...: **~anlage** *f* (natural) disposition, nature; **~arzt** *m* → *Naturheilkundiger*; **~aufnahme** *f Film*: nature-shot; **~beschreibung** *f* description of nature; **~bursche** *m* child of nature, nature-boy; **~denkmal** *n* natural monument; **~ei** *n* shell egg.

Naturell I. *n* nature, disposition, temper; **II.** ≗ *adj.* natural.

Natur...: **~ereignis** *n*, **~erscheinung** *f* (natural) phenomenon; **~erzeugnis**(se *pl.*) *n* natural produce; **≗farben** *adj.* natural-colo(u)red, natural; **~film** *m* nature film, scenic; **~forscher** *m* (natural) scientist, naturalist; **~forschung** *f* scientific research, (natural) science; **~freund** *m* nature-lover; **~gabe** *f* gift of nature, talent; **~gas** *n* natural gas; **≗gemäß** *adj.* natural(ly *adv.*); **~geschichte** *f* natural history; **≗geschichtlich** *adj.* of (*od.* relating to) natural history; **~gesetz** *n* law of nature, natural law; **≗getreu** *adj.* true to nature, natural; life-like; **~heilkunde** *f* naturopathy, treatment by natural remedies; **~heilkundige(r)** *m* naturopath, nature-cure practitioner; **~katastrophe** *f* natural disaster; **~kind** *n* child of nature; **~kraft** *f* natural force; **~kunde** *f*, **~lehre** *f* natural science; *ped.* nature study.

natürlich I. *adj. allg.* natural (*a. echt, angeboren, ungekünstelt usw.*); (*üblich*) *a.* normal; ~e *Größe* real (*od.* actual, full) size; ~es *Hindernis* natural (*od.* topographical) obstacle; ⚖ ~e *Person* natural person; ~es *Kind* natural (*od.* illegitimate) child; 𝔄 ~e *Zahl* natural number; e-s ~en *Todes sterben* die a natural death; *es ist ganz* ~, *daß* it is quite natural that, it stands to reason that; *das geht nicht mit* ~en *Dingen zu* F there is something fishy about it; **II.** *adv. u. int.* (*a.* **~erweise**) naturally, of course, to be sure; **≗keit** *f allg.* naturalness.

Natur...: **~mensch** *m* child of nature, *iro.* nature-boy; nature-lover; (*Angehöriger e-s Naturvolkes*) primitive man; **~notwendigkeit** *f* physical necessity; **~produkte** *n/pl.* natural products *od.* produce *sg.*; **~recht** *n* natural right; **~reich** *n* kingdom of nature; **≗rein** *adj.*: ~er *Wein* unsweetened wine; **~religion** *f* natural religion; **~schätze** *m/pl.* natural resources; **~schutz** *m* nature conservation; **~schützer** *m* conservationist; **~schutzgebiet** *n* national park, nature (*od.* wild-life) (p)reserve; **~stein** *m* stone; **~stoff** *m* natural substance; **~theater** *n* open-air theat|re, *Am.* -er; **~treue** *f* truth to nature, fidelity; **~trieb** *m* instinct; **~volk** *n* primitive race; **~wein** *m* unsweetened wine; **≗widrig** *adj.* contrary to nature, unnatural; **~wissenschaft** *f* (natural) science; **~wissenschaftler** *m* (natural) scientist; **≗wissenschaftlich** *adj.* scientific; **≗wüchsig** *adj.* natural, earthy; **~wunder** *n* prodigy of nature; **~zustand** *m* natural state, state of nature (*a.* F *Nacktheit*).

'nauf → *hinauf.*

'naus → *hinaus.*

Naut|ik *f* nautics (*sg. konstr.*), navigation; **⁀isch** *adj.* nautical.

Navigation *f* navigation; **~sgerät** *n* navigation system; **~skarte** *f* navigation chart; **~soffizier** *m* navigating officer; **~sradar** *n* navigational radar; **~sraum** *m* chart-room; **~sschule** *f* school of navigation, naval school.

navigieren *v/i.* navigate.

Nazi F *m* Nazi; **~smus** *m* Nazism, Nazidom; **⁀stisch** *adj.* Nazi ...

Neapolitan|er(in *f*) *m*, **⁀isch** *adj.* Neapolitan.

Nebel *m* mist, *dichter*: fog; (*Dunst*) haze; *ast.* nebula; (*Rauch*, ⚔ *Tarn*⁀) smoke; *fig.* mist, veil, cloud; *in dichten ~ gehüllt, vom ~ behindert* fog-bound; F *fällt aus wegen ~!* it's off!; **~bank** *f* fog-bank; **~bombe** *f* smoke-bomb; **~fleck** *ast. m* nebula; **~granate** *f* smoke shell; **⁀haft** *adj.* foggy, *fig. a.* nebulous, hazy, dim; **~horn** *n* fog-horn; **⁀ig** *adj.* misty, foggy, hazy; **~kammer** *phys. f* cloud chamber; **~kerze** *f* smoke candle; **~krähe** *f* hooded crow; **~lampe** *f*, **~leuchte** *f* → *Nebelscheinwerfer*; **⁀n** *v/i.* be foggy; ⚔ lay down smoke; spray (insecticides); **~regen** *m* drizzle; **~scheinwerfer** *mot. m* fog-lamp; **~schleier** *m* haze, misty veil; **~signal** *n* fog-signal; **~topf** ⚔ *m* smoke generator; **~vorhang** ⚔ *m*, **~wand** *f* smoke curtain, smoke-screen; **~werfer** ⚔ *m* (multiple) rocket launcher; **~wetter** *n* foggy weather.

neben *prp.* **1.** *örtlich*: by, by the side of, beside; alongside of, side by side with; (*unmittelbar ~*) next to; (*dicht ~*) close by, near to; **2.** (*verglichen mit*) against, compared with, beside; **3.** (*nebst*) apart (*Am. a.* aside) from, besides; in addition to; *~ anderen Dingen* amongst other things; **4.** (*gleichzeitig mit*) simultaneous with, beside.

Neben...: **~abrede** *f* collateral agreement; **~abschnitt** ⚔ *m* adjacent sector; **~absicht** *f* secondary object; (*Hintergedanke*) arrière pensée (*fr.*); **~akzent** *m* secondary stress (*od.* accent); **~amt** *n* subsidiary office; *teleph.* branch exchange; **⁀amtlich** *adj.* part-time *job, etc.*; **⁀an** *adv.*: (*im Haus ~*) next-door; (*im Zimmer ~*) in the next (*od.* adjacent) room; **~anschluß** *teleph. m* extension (line *od.* telephone); **~antrieb** ⊕ *m* auxiliary drive, power take-off; **~arbeit** *f* extra work; → *Nebenberuf*; **~ausgaben** *f/pl.* incidental expenses, extras; **~ausgang** *m* side-exit, side-door; **~bahn** 🚂 *f* branch (*od.* local) line; **~bedeutung** *ling. f* connotation; **⁀bei** *adv.* (*beiläufig*) by the way, incidentally (*beide a.* = *~ bemerkt*); casually; (*nebenher*) on the side; (*außerdem*) besides, moreover; **~beruf** *m*, **~beschäftigung** *f* side-line, additional occupation; *halbtags*: part-time job; *im Nebenberuf* → **⁀beruflich I.** *adj.* avocational; spare-time ..., side-line ...; **II.** *adv.* as an extra occupation, as a side-line; in one's spare-time; **~buhler** (**-in** *f*) *m* rival; **~buhlerschaft** *f* rivalry; **~bürge** *m*, **~bürgschaft** *f* collateral surety; **~ding** *n* secondary matter.

nebeneinander I. *adv.* side by side; *zeitlich*: simultaneously; concurrently, at the same time; *~ bestehen* co-exist; **II.** **⁀** *pol. n* (*friedliches ~* peaceful) co-existence; **~schalten** ⚡ *v/t.* connect in parallel; **⁀schaltung** ⚡ *f* parallel connection; **~stellen** *v/t.* put (*od.* place) side by side; arrange parallel (to each other); (*vergleichen*) compare; **⁀stellung** *fig. f* comparison, juxtaposition.

Neben...: **~eingang** *m* side-entrance; **~einkommen** *n*, **~einkünfte** *pl.*, **~einnahmen** *f/pl.* casual revenue *sg.*, extra income *sg.*, perquisites *pl.*, *sl.* perks *pl.*; **~erscheinung** *f* side- *od.* secondary effect; **~erzeugnis** *n* by-product; **~fach** *n* **1.** *ped.* subsidiary subject; *Am.* minor (subject); *als ~ studieren* take as a subsidiary subject, *Am.* minor in; **2.** ⊕ side compartment; **~figur** *f* → *Nebenperson*; **~fluß** *m* tributary (river), affluent; **~frage** *f* side-issue; **~frau** *f* concubine; **~gasse** *f* by-street, by-lane; **~gebäude** *n* adjoining building; (*Anbau*) out-building, annex(e); **~gebühren** *f/pl.* incidental charges; **~gedanke** *m* → *Nebenabsicht*; **~geräusch** *n Radio*: ambient noise; *teleph.* extraneous noise; ⚕ secondary murmur; **~gericht** *n* side-dish, entremets (*fr.*); **~geschmack** *m* smack; → *Beigeschmack*; **~gewinn** *m* incidental profit; **~gleis** *n* siding; *Am.* side-track (*a. v/t. fig. auf ein ~ schieben*); **~handlung** *thea. f* sub-plot, episode; **~haus** *n* adjoining (*od.* next-door, neighbo[u]ring) house; → *a. Nebengebäude*; **⁀her**, **⁀hin** *adv.* **1.** by his (her, *etc.*) side; **2.** → *nebenbei*; **⁀hergehend** *adj.* accessory, secondary, additional, extra, minor;

~hoden *anat. m* epididymis; **~höhle** *anat. f* sinus; **~höhlenkatarrh** *m* sinusitis; **~interesse** *n* private interest; **~klage** ⚖ *f* accessory charge; **~kläger(in** *f*) *m* accessory prosecutor; **~kosten** *pl.* extra (*unbedeutende*: petty) costs *od.* expenses; extras, incidentals; **~kriegsschauplatz** *m* secondary theat|re, *Am.* -er of war; **~leistung** ⚕ *f* supplement(ary payment *od.* delivery); **~linie** *f* parallel line; *Herkunft*: collateral line; 🚂 branch line; **~mann** *m* next man, person next to one; **~niere** *f* suprarenal gland; **~person** *thea. f* minor character (*od.* figure); **~produkt** *n* by-product; **~programm** *n* → *Beiprogramm*; **~punkt** *m* secondary matter, side-issue; **~raum** *m* adjoining room; (*Abstellraum*) small store-room, closet; *pl. coll. e-r Wohnung*: offices, service-rooms; **~rolle** *f* subordinate (*od.* minor) part (*a. thea.*); **~sache** *f* minor matter (*od.* affair); secondary consideration; *das ist ~!* that's a minor detail!, that's quite unimportant here!; **≈sächlich** *adj.* subordinate, incidental; (*unwesentlich*) unimportant; *pred.* not essential; of no consequence; (*abwegig*) irrelevant, immaterial; *e-e ~e Rolle spielen* be of secondary importance; **~sächlichkeit** *f* triviality; **~satz** *ling. m* subordinate clause; **~schluß** ⚡ *m* shunt; **~schlußmotor** *m* shunt(-wound) motor; **~sender** *m Radio*: relay (*od.* slave) station; *lokaler*: regional station; **~sicherheit** *f* collateral security; **~sonne** *ast. f* parhelion; **~sprechen** *teleph. n* crosstalk; **≈stehend** *adj. am Rande*: marginal, in the margin; *adv. ~* (*abgebildet*) opposite; **~stehende(r)** *m* by-stander; **~stelle** *f* branch-office; agency; *teleph.* extension; **~strafe** *f* secondary punishment; **~straße** *f* by-street; side-street; by-road; **~strecke** 🚂 *f* branch line; **~tisch** *m* next table; **~ton** *m teleph.* side-tone; *ling.* secondary accent; **~tür** *f* side-door; **~umstand** *m* accessory circumstance; **~ursache** *f* secondary cause; **~verbraucher** *m* secondary consumer; **~verdienst** *m* incidental (*od.* extra) earnings *pl.*; **~vertrag** *m* collateral agreement; **~weg** *m* by-road; **~winkel** ⩓ *m* adjacent angle; **~wirkung** *f* secondary effect (⚗ action), side-effect; **~zimmer** *n* adjoining room; **~zweck** *m* secondary object, subordinate purpose.

neblig *adj.* → *nebelig.*
nebst *prp.* together (*od.* along) with; (*einschließlich*) including; in addition to.
nebu|los, ~lös *fig. adj.* nebulous, hazy.
Necessaire *n* toilet case.
necken *v/t.* tease, chaff, *sl.* kid.
Neckerei *f* teasing, chaff, banter.
neckisch *adj.* (fond of) teasing, quizzical; (*mutwillig*) playful; (*verschmitzt*) roguish, arch; (*drollig*) droll; (*kokett*) coquettish.
ne(e) *dial. adv.* no, *bsd. Am. sl.* nope.
Neffe *m* nephew.
Negation *f* negation.
negativ *adj.*, **≈** *n* ⩓, *phys. phot.* negative.
Negatron *phys. n* negat(r)on.
Neger *m* negro; **~in** *f* negress.
negieren *v/t.* deny, negate.
Negligé *n* negligee, dishabille; (*Morgenrock*) negligee, morning-gown; *im ~ oft* in a state of undress.
negroid *adj.* negroid.
nehmen I. *v/t.* take (*j-m et.* from a p.); (*ergreifen*) take, seize, grasp; (*an ~*) accept; (*in Empfang ~*) receive; ⚔ take (*im Sturm* by storm), capture; (*Hindernis*) take, clear; *mot.* (*Kurve*) take, negotiate; (*sich beim Essen usw. bedienen*) help o.s. to (*a. co. stehlen*), (*nochmals ~*) take a second helping of *some pudding*; (*benützen*) use; (*Beförderungsmittel*) take; (*kaufen*) buy, take; (*als Zahlung fordern*) charge, take (*für* for); (*anstellen*) take, engage, hire; (*e-n Anwalt*) retain; (*Schmerzen, Hemmungen usw.*) take away, remove, free *a p.* from; (*rauben*) deprive of *hope, beauty, rights, etc.*; *e-e Droge* (*nicht mehr*) *~* be on (off) a drug; → *Angriff, Anspruch, Augenschein, Beispiel, Ende, ernst* II, *Herz, Mund, Partei, Wort usw.*; *et. an sich ~* take a th., *rechtswidrig*: *a.* misappropriate (*od.* purloin) a th.; *zu sich ~* have *a cup of tea, some pudding, etc.*; *man nehme Kochbuch*: take; *auf sich ~* undertake, take upon o.s.; (*Amt, Bürde*) assume; (*e-e Verantwortung*) accept, shoulder, take; *die Folgen auf sich ~* bear the consequences, F face the music; *~ wir den Fall* let us assume (*od.* suppose), suppose; *ich lasse es mir nicht ~* I insist (upon it), I won't be talked out of it; *er läßt es sich nicht ~ zu inf.* he insists (up)on *ger.*; *sich nichts von s-n Rechten ~ lassen* suffer no encroachments on one's rights; *er versteht es, die Kunden richtig zu ~* he has a way with the customers, he

knows how to take the customers; *den Gegner hart* ~ *Sport*: rough, cut down; *wie man's nimmt* that depends, according as you take it; *strenggenommen* strictly speaking; **II.** ≈ *n Boxen*: *er ist gut im* ~ he can take a lot (of punishment); → *Geben* V.

Nehmer(in *f*) *m* taker; (*Käufer*) *a.* buyer, purchaser.

Nehrung *f* spit of land.

Neid *m* envy (*auf*, *gegen j-n* of; *auf et.* at); (*Futter*≈, *Mißgunst*) jealousy; *blasser* (*od. gelber*) ~ sheer envy, (mere) jaundice; ~ *der Besitzlosen* envy of the have-nots; *aus* (*purem*) ~ out of (sheer) envy; *aus* ~ *gegen* from envy of; *bei j-m* ~ *erregen* excite a p.'s envy; *grün vor* ~ green with envy; *vor* ~ *vergehen* (*od.* F *platzen*) be eaten up with envy; *das muß ihm der* ~ *lassen* you have to hand it to him; ≈**en** *v/t.*: *j-m et.* ~ envy (*od.* grudge) a p. a th.; ~**er(in** *f*) *m* envier, grudger; ~**hammel** F *m* dog in the manger; ≈**isch** *adj.* envious, jealous (*auf* of); grudging, jaundiced; ≈**los** *adj.* free from envy, ungrudging.

Neige *f* (*Neigung*) slope; (*Abnahme*) decline; *im Faß*: dregs *pl.*; *im Glas*: heel-tap; *auf der* ~ on the slope, aslant; *am Umkippen*: atilt; *bis zur* ~ *leeren* drain to the dregs; *zur* ~ *gehen* decline, wane; *Vorrat*: run low, *a.* ☤ run short; *Tag, Leben usw.*: be drawing to an end; ≈**n I.** *v/t.* bend, incline; (*niederbeugen*) bow (down); (*kippen*) tilt; *sich* ~ bend, incline, lean; *Ebene*: slope, slant, dip; (*sich verbeugen*) bow; *sich* (*dem Ende zu*) ~ be drawing to an end (*od.* close); **II.** *fig. v/i.*: ~ *zu* incline to, tend to *a th., to do*; have a propensity for; *zu Krankheiten, Unfällen usw.*: be prone (*od.* liable, subject) to; *er neigt zu Übertreibungen* he is given to exaggeration; *ich neige zu der Ansicht* I am inclined to think, I rather think; *zum Sozialismus* ~ have Socialist leanings; → *geneigt*.

Neigung *f allg.* inclination; (*geneigte Fläche*) slope, incline; 🚂, *Straße*: gradient; ⚒ dip (*a. e-s Schiffs, e-r Straße, der Magnetnadel*); (*Kipplage*) tilt(ing); *fig.* (*Hang, Vorliebe*) inclination, propensity (*zu* to, for); bent, preference, liking, penchant (for); leaning (towards); (*Geschmack, Lust*) taste (for); *a.* ☤, *pol.* tendency, trend (towards); (*Veranlagung*) disposition (to), inclination (to); *b.s.* proclivity (to), *a.* ⚕ proneness (to); (*Zu*≈) affection (*für* for), love (of); *ein Mensch mit künstlerischen* ~*en* an artistically inclined person; (*e-e*) ~ *fassen für j-n* take (a fancy) to a p., set one's affections on a p.; *s-n* ~*en nachgeben od. leben* follow (*od.* indulge) one's inclinations; *er zeigt wenig* ~ *dazu* he shows little inclination for it.

Neigungs...: ~**ebene** *f* incline(d plane), slope; ~**ehe** *f* love-match; ~**messer** *m* clinometer; ~**verhältnis** *n* ratio of inclination; ~**winkel** *m* angle of inclination (*od.* tilt).

nein I. *adv.* no; ~, *so was!* well, I never!, I say!, what a thing to do (*od.* say)!; ~ *und abermals* ~! no! a thousand times no!; *aber* ~! but no!, I should say not!; *geht er?* — ~! *is he going?* — no, he is not (F isn't)!; *haben Sie gerufen?* — ~! *did you call?* — no, I did not (F didn't)!; F ~, *ist das schön!* dear me, that's beautiful!; **II** ≈ *n allg.* (*Ablehnung*) *a.* refusal; *mit e-m* ~ *antworten* answer in the negative, say no; (*ablehnen*) say no, refuse; ≈**sager** *m* (engrained) obstructionist; ≈**stimme** *parl. f* no (*pl.* noes), *Am.* nay.

Nekro|log *m* obituary notice, necrology; ~**mantie** *f* necromancy; ~**se** ⚕ *f* necrosis; ≈**tisch** *adj.* necrotic.

Nektar *m* nectar.

Nelke *f* pink, carnation; (*Gewürz*≈) clove; ~**nöl** *n* clove oil; ~**nwurz** *f* avens, pink-root.

Nelson *m Ringen*: nelson.

Nematode *f* nematode.

Nemesis *f* nemesis.

Nenn... *in Zssgn* nominal ..., ⊕ *mst* rated ...

nennbar *adj.* mentionable.

Nenn...: ~**belastung** ⊕ *f* nominal load; ~**betrag** *m* nominal amount; ~**drehzahl** *f* rated speed.

nennen *v/t.* name; (*be* ~) *a.* call, dub; (*bezeichnen*) term, designate; (*erwähnen*) mention; (*anführen*) quote; (*betiteln*) style; *spottend*: nickname, dub; (*Kandidaten*) nominate; *sich* ~ be named (*od.* called), go by the name of; *Sport*: (*sich melden*) enter (*für* for); *er nennt sich Doktor* he calls (*od.* styles) himself a doctor; *das nenne ich Erfolg* that's what I call success; → *genannt*; ~**swert** *adj.* worth mentioning, appreciable, considerable; *nicht* ~ negligible; *keine* ~*en Fortschritte* no appreciable progress; *keine* ~*e Leistung* F nothing to write home about.

Nenner ⅍ *m* denominator; *auf e-n (gemeinsamen) ~ bringen* reduce to a common denominator (*a. fig.*).
Nenn...: **~fall** *ling. m* nominative; **~form** *ling. f* infinitive; **~frequenz** *f* rated frequency; **~kurs**✝ *m* par value; **~leistung** ⊕ *f* rated power (*od.* output); **~spannung** ⚡ *f* rated voltage.
Nennung *f* naming; mention(ing); designation; *Sport*: entry; *von Kandidaten*: nomination; **~sliste** *f Sport*: (list of) entries *pl.*
Nenn...: **~wert** *m* nominal (*od.* face) value; ✝ *zum (über, unter) ~* at (above, below) par; **≈wertlos**✝ *adj.*: *~e Aktien* no-par shares (*Am.* stock *sg.*); **~wort** *ling. n* noun.
neo..., Neo... neo-...
Neofaschismus *m* Neo-Fascism.
Neolithikum *n* Neolithic Period.
Neon *n* Neon; **~lampe** *f* neon lamp.
Neoplasma *n* neoplasm.
Nepotismus *m* nepotism.
Nepp F *m* fleecing (racket), steep prices *pl.* and massive overcharging, *Am. sl.* gyp; **≈en** *v/t.* fleece, milk, *Am. sl.* gyp; **~lokal** *n sl.* clip (*Am. a.* gyp) joint.
Nerv *m anat.* nerve; ⚘ *a.* vein; *j-m auf die ~en fallen (od. gehen), j-m den ~ töten* get on a p.'s nerves; *er geht einem auf die ~en a.* he is a pain in the neck (*od.* a nuisance); *die ~en behalten* keep one's head (*od. sl.* one's cool); *die ~en verlieren* lose one's nerve (*od.* head), *im Zorn*: lose one's temper, F fly off the handle; F *j-m den ~ rauben* rob a p. of his spirit (*od.* nerve), unnerve a p.; *er ist (ganz) mit den ~en herunter* his nerves are all shot, he is a nervous wreck; *er hat eiserne ~en, er hat ~en wie Drahtseile* he has iron nerves, he has nerves of steel; F *der hat vielleicht ~en!* F he has got a nerve!
Nerven...: **~anfall** *m* nervous fit; **~arzt** *m* neurologist; **≈aufreibend** *adj.* nerve-racking, trying, *sl.* nervy; **~belastung** *f* nervous strain; **~bündel** *n anat.* nerve fascicle; F *fig.* bag (*od.* bundle) of nerves, nervous wreck; **~chirurgie** *f* neurosurgery; **~entzündung** *f* neuritis; **~faser** *f* nerve fib|re, *Am.* -er; **~fieber** *obs. n* → *Typhus*; **~gas** *n* nerve gas; **~gift** *n* neurotoxine; **~heilanstalt** *f*, **~klinik** *f* mental hospital (*od.* clinic); **~kitzel** *m* thrill, *sl.* kick; **~kostüm** F *n* nerves *pl.*; **≈krank** *adj.*, **≈leidend** *adj.* neuropathic(al); *psych.* neurotic; **~kranke(r** *m*) *f* neuropath; *psych.* neurotic; **~krankheit** *f*, **~leiden** *n* nervous disease, neuropathy; *psych.* neurosis; **~krieg** *m* war of nerves; **~mittel** *n* nervine, *anregend*: nerve tonic, *beruhigend*: sedative; **~probe** *f* ordeal, trying affair; **~reiz(ung** *f*) *m* nervous irritation; *anregende*: nerve stimulation; **~sache** *f* matter of nerves; **~säge** F *f* F (damn) nuisance *od.* bore; *er (es) ist e-e ~* he (it) will drive you crazy; **~schmerz** *m* neuralgia; **~schock** *m* nervous shock; **≈schwach** *adj.* nervous, neurasthenic; **~schwäche** *f* nervous debility, neurasthenia; **~spezialist** *m* neurologist; **~stamm** *anat. m* nerve trunk; **≈stärkend** *adj.*: *~(es Mittel)* tonic, nervine; **~störung** *f* nervous disturbance; **~strang** *m* nerve cord; **~system** *n* nervous system; **~wurzel** *f* nerve root; **~zentrum** *n* nerve centre, *Am.* -er (*a. fig.*); **≈zerfetzend** *adj.*, **≈zerrüttend** *adj.* nerve-shattering; **~zerrüttung** *f* shattered nerves; **~zs.-bruch** *m* nervous breakdown, F crack-up; *e-n ~ erleiden* have a nervous breakdown, F crack up.
nervig *adj.* (*sehnig*) sinewy; (*stark*) strong; pithy, vigorous; ⚘ nerved, veined, ribbed.
nervös *adj. allg.* nervous (*a. fig. ängstlich, unsicher*); (*erregbar*) *a.* excitable; (*angespannt*) tense(d up); (*reizbar*) irritable; (*zappelig*) fidgety, restless; (*aufgeregt, ängstlich*) nervous, *sl.* nervy, jumpy, jittery; (*überdreht*) keyed-up, on edge; *~ machen* make *a p.* nervous, *belästigend*: get on *a p.*'s nerves; *~ werden* become (F get) nervous.
Nervosität *f* nervousness; irritability; edginess.
Nerz *m* **1.** *zo.* mink; **2.** = **~mantel** *m* mink-coat.
Nessel ⚘ *f* nettle; *fig. sich in die ~n setzen* get o.s. into trouble (*od.* hot water); **~ausschlag** *m*, **~fieber** *n*, **~sucht** *f* nettle-rash; **~tuch** *n* nettle-cloth.
Nest *n* nest (*a. fig. Heim, Versteck, Brutstätte,* ⚔ *Widerstands≈*, *a. geol.*); (*Horst*) eyrie, aerie; (*Haarknoten*) chignon; F *fig.* (*Kaff, elendes ~*) hole-and-corner town, F awful hole; F (*Bett*) bed; F *ins ~ gehen* F turn in, hit the hay; *fig. das ~ leer finden* find the bird flown; *sein eigenes ~ beschmutzen* befoul one's own nest; **~beschmutzer** *fig. m* befouler of his own nest; **~ei** *n* nest egg.
Nestel *dial. f* lace; **≈n I.** *v/t.* lace;

II. *v/i.*: ~ (*herumfingern*) *an* fiddle with.

Nest...: **~häkchen** *n* nestling; *fig. a.* pet, youngest child; **~hocker** *m* insessorial bird; **~ling** *m* nestling; **~wärme** *fig. f* love and security.

Nestor *fig. m* Nestor.

nett *adj. allg.* nice (*a. iro.*); (*niedlich, hübsch*) *a.* sweet, pretty, *Am.* F cute; (*freundlich*) kind, nice; *das war nicht ~ von dir* that was not nice of you; *iro. das kann ja ~ werden!* that's going to be just nice!

netto† *adv.* net, clear; *rein ~* pure net; *~ Kasse* net cash; **≈einkommen** *n* net (*od.* disposable) income; **≈einnahmen** *f/pl.*, **≈ertrag** *m* net receipts *pl.*, net proceeds *pl.*; **≈gewicht** *n* net weight; **≈gewinn** *m* clear profit; **≈inhalt** *m* net contents *pl.*; **≈lohn** *m* take-home pay; **≈preis** *m* net price.

Netz *n allg.* net (*a.* ⚔ *u. fig.*); (*Geflecht*) netting, mesh; (*Gaze*) net, gauze; ⊕ retic(u)le; (*Gepäck≈*) rack; 🚂, *teleph.*, *usw.* network, system; ⚡ power system, (*Licht≈*) (public supply) mains *pl.*; *anat.* plexus, *Darm*: omentum; (*Kartengitter*) grid; *ins ~ schlagen Fußball, Tennis usw.*: (send *the ball* into the) net; *am ~ spielen Tennis usw.*: play at the net; *ins ~ gehen* go into the net, *fig.* walk into the trap; **~anschluß** ⚡ *m* mains connection, power-supply line; **~anschlußgerät** *n* all-mains set; **~antenne** *f* mains aerial (*Am.* antenna); light-line antenna; **≈artig** *adj.*, **≈förmig** *adj.* net-shaped, reticular; **~ätzung** *f* autotypy; **~aufschlag** *m* → *Netzball*; **~augen** *n/pl.* compound eyes; **~ball** *m Tennis*: net (ball); **~ballspiel** *n* lawn-tennis; **~empfänger** *m Radio*: mains receiver.

netzen *v/t.* wet, moisten; (*besprengen*) sprinkle.

Netz...: **~fehler** *m Volleyball*: net (contact); **~flügler** *m* neuropteran; **≈gespeist** *adj.* mains-operated; **~haut** *anat. f des Auges*: retina; **~hautentzündung** *f* retinitis; **~hemd** *n* cellular shirt; **~karte** 🚂 *f* area season ticket; **~spannung** ⚡ *f* mains voltage; **~spiel** *n Tennis usw.*: net-play; **~spieler(in** *f*) *m Volleyball*: net (*od.* front-line) player; **~stoff** *m* cellular cloth; netting; **~strom** ⚡ *m* line current; **~teil** ⚡ *n* power pack; **~werk** *n* network.

neu I. *adj. allg.* new; (*frisch*) *a.* fresh; (*~artig*) novel; (*kürzlich geschehen*) recent; (*~zeitlich*) modern; (*im Entstehen begriffen*) rising; (*erneut*) renewed; *ganz ~* brand-new; *~er Anfang* fresh start; *~e Beweise* fresh evidence; *~e Schwierigkeiten* more difficulties; *~ere Sprachen* modern languages; *~eren Datums* of recent date; *in ~erer Zeit* of late years, in recent times; *~este Nachrichten* latest news *sg.*; *~este Mode* latest fashion; *~e Kräfte gewinnen* recover one's strength, rally; *ein ~es Leben beginnen* turn over a new leaf; *mir ist die Sache ~* I am new *od.* unused to it; *das ist mir ~!* that's new(s) to me!, F that's a new one to me; *noch wie ~* as good as new; **II.** *adv.* newly; afresh, anew; *~ beleben* bring to life again; revive, revitalize; *~ entdeckt* newly discovered, new-found; *~ erbauen* rebuild, reconstruct; *thea. ~ besetzen* re-cast; *~ füllen* refill; *~ ordnen* reorganize; *~ überdenken* reconsider; *~ verteilen* redistribute; **III.** **≈e(s)** *n*: *das ~* the newness, (*neue Sache*) new thing, (*das Neueste*) the latest, *Mode usw.*: *a.* the last word *in fashion, etc.*; et. *~s* something new; *viel ~s* a lot of new things; *nichts ~s* nothing new; *das ~ an der Maschine* the novel feature in the machine; *etwas ganz ~s* the latest novelty; *das ist (mir) nichts ~s* that is nothing new to me; *was gibt es ~s?* what is the news?, *Am.* what's new?; *aufs ≈, von ≈m* afresh, anew; *von ≈m anfangen* start afresh (*od.* from scratch); **IV.** **≈e(r)** *m* new man; (*Ankömmling*) newcomer, new arrival; (*Neuling*) novice.

Neu...: **~ankömmling** *m* newcomer, new arrival; F (*Baby*) little stranger; **~anschaffung** *f* new acquisition; *pl. Bibliothek*: recent accessions; **≈artig** *adj.* novel, *a* novel type of; modern; **≈aufgelegt** *adj. Buch*: republished, reprinted; **≈aufgestellt** ⚔ *adj.*: *~e Einheit* re-activated unit; **~auflage** *f*, **~ausgabe** *f* new edition, republication; (*Neudruck*) reprint; F *fig.* repetition, repeat performance; **~bau** *m* new construction; (*Haus*) new building; **~bauwohnung** *f* new flat; **≈bearbeiten** *v/t.* revise; **~bearbeitung** *f* revised edition, revision; *thea. usw.* (re-)adaptation; **~bekehrte(r** *m*) *f* neophyte, (new) convert; **~belebung** *f* revival; **~besetzung** *f e-s Postens*: filling; *thea.* recast; **~bildung** *f physiol.*

regeneration; ⚕ *Geschwulst*: neoplasm; *fig.* new formation, reorganization; *ling.* (*Neuwort*) neologism; **~druck** *m* reprint; **~einstudierung** *f* → *Neuinszenierung*.

neuerdings *adv.* of late, lately, recently.

Neuerer *m* innovator.

neuerlich I. *adv.* lately, recently, of late; **II.** *adj.* renewed, fresh.

Neuerung *f* innovation; (*Änderung*) change; (*Besserung*) reform; **~ssucht** *f* mania for innovation(s); **≈ssüchtig** *adj.* bent on innovations.

Neu...: **~erscheinung** *f* new book (*od.* publication); **~erwerbung** *f* new acquisition.

neuestens *adv.* → *neuerdings*.

Neu...: **~fassung** *f* revised form *od.* text, revision; **~fundländer** *m* Newfoundlander; (*Hund*) Newfoundland (dog); **≈gebacken** *adj.* new(ly baked), fresh; *fig.* newfledged; **≈geboren** *adj.* newborn (*a. fig.*); *sich wie ~ fühlen* feel a new man; **≈gestalten** *v/t.* remodel, reform; reorganize, *a.* ⊕ redesign; **~gestaltung** *f* remodel(l)ing; reformation; redesign; *Film*: remake; **~gier(de)** *f* curiosity, inquisitiveness; *aus (reiner) ~* from (sheer) curiosity; **≈gierig** *adj.* curious (*auf* about, of); (*naseweis*) inquisitive, *sl.* nos(e)y; (*gespannt*) expectant; *j-n ~ machen* arouse a p.'s curiosity; *~ sein auf* be curious (*od.* eager) about; *ich bin ~, ob* I wonder whether *od.* if; **~gierige(r** *m*) *f* curious person; (*Gaffer*) gaper; **~gliederung** *f* reorganization; **~gotik** *f* Neo-Gothic style, Gothic revival; **≈griechisch** *adj.*, **~griechisch** *ling. n* Neo-Greek, modern Greek; **~gruppierung** *f* regrouping, *bsd. pol.* reshuffling; **~heidentum** *n* neopaganism.

Neuheit *f* newness, freshness; novelty (*a. e-r Erfindung*; *a. Gegenstand*); (*Ursprünglichkeit*) originality; *die ~ verliert rasch an Reiz* the novelty will soon wear off.

neuhochdeutsch *adj.*, **≈** *ling. n* Modern High German.

Neuigkeit *f* (*e-e ~* a piece of) news (*sg.*); (*Gegenstand*) novelty; **~skrämer(in** *f*) *m* newsmonger.

Neuinszenierung *thea. u. fig. f* reenactment, revival, new mise en scène (*fr.*).

Neujahr *n* (*a.* **~stag** *m*) New Year('s Day); *j-m ein gutes ~ wünschen* wish a p. a happy New Year; **~sabend** *m* New Year's Eve; **~swunsch** *m* good wishes *pl.* for the New Year, compliments *pl.* of the season.

Neu...: **~konstruktion** *f* novel design, new construction; **~land** *n* virgin soil, fresh country; *fig.* new territory (*od.* ground); *~ erschließen* break new ground (*a. fig.*), reclaim soil; *fig. das ist ~ für mich* that's new ground for me; **~landgewinnung** *f* reclamation (of land); **~latein** *ling. n*, **≈lateinisch** *adj.* Neo-Latin.

neulich *adv.* the other day, recently, lately; *~ abends* the other evening.

Neuling *m* novice, beginner, new hand, tiro; *contp.* greenhorn.

neumodisch *adj.* fashionable; *contp.* new-fangled.

Neumond *m* new moon.

neun I. *adj.* nine; *alle ~(e) werfen Kegeln*: throw all the ninepins; → *acht*; **II. ≈** *f* (number) nine; **≈eck** *n* nonagon.

neunerlei *adj.* of nine (different) sorts, nine (different) kinds of.

neun...: **~fach**, **~fältig** *adj.* ninefold; **~hundert** *adj.* nine hundred; **~jährig** *adj.* nine years old; *attr.* nine-year-old, of nine years; **~mal** *adv.* nine times; **~malklug** *iro. adj.* F smart-alecky; **≈malkluge(r)** *m* know-all, wiseacre, F smart aleck; **~schwänzig** *adj.*: *~e Katze* cat-o'-nine-tails; **~tägig** *adj.* nine days old; of nine days, nine-day ...; **~tausend** *adj.* nine thousand; **~te** *adj.* ninth (9th); → *achte*; **≈tel** *n* ninth (part); **~tens** *adv.* ninth(ly), in the ninth place.

neunzehn I. *adj.* nineteen; **II. ≈** *f* (number) nineteen; **~te** *adj.* nineteenth; **≈tel** *n* nineteenth (part).

neunzig I. *adj.* ninety; *in den ~er Jahren* in the nineties; **II. ≈** *f* (number) ninety; **≈er(in** *f*) *m* nonagenarian; **~jährig** *adj.* ninety years old; *attr.* ninety-year-old, of ninety years; **~ste** *adj.* ninetieth.

Neu...: **~ordnung** *f* reorganization, reform; **~orientierung** *f* reorientation; **~philologe** *m*, **~philologin** *f* student *od.* teacher of modern languages; **~philologie** *f* Modern Languages *pl.*

Neuplatoniker *m* Neoplatonist.

Neural|gie ⚕ *f* neuralgia; **≈gisch** *adj.* neuralgic; *fig. a.* (politically) sensitive *spot*.

Neurasthen|ie ⚕ *f* neurasthenia; **~iker(in** *f*) *m*, **≈isch** *adj.* neurasthenic.

Neu...: **~regelung** *f* reorganization, rearrangement, readjustment; **~reiche(r** *m*) *f* parvenu, new-rich, (wealthy) upstart.

Neuro|chirurgie *f* neurosurgery; **˜gen** *adj.* neurogenic; **~loge** *m* neurologist; **~logie** *f* neurology; **~n** *n* neurone; **˜pathisch** *adj.* neuropathic; **~pathologie** *f* neuropathology.

Neuro|se *f* neurosis; **~tiker(in** *f*) *m*, **˜tisch** *adj.* neurotic.

Neu...: **~schätzung** *f* revaluation; **~schnee** *m* new(-fallen) snow; **~schöpfung** *f* new creation; **~silber** *n* German silver, argentan; **~sprachler** *m* → *Neuphilologe*; **˜sprachlich** *adj.* relating to modern languages; Modern Languages *school*, *etc.*; **˜testamentlich** *adj.* of the New Testament.

neutral *adj. allg.* neutral (*a.* ⚗, ⚡); *~ bleiben* remain neutral; **˜e(r** *m*) *f pol.* neutral; **~isieren** *v/t. allg.* neutralize.

Neutralität *f* neutrality; **~serklärung** *f* declaration of neutrality; **~sverletzung** *f* violation of neutrality.

Neutrum *ling. n* neuter.

neu...: **˜veranlagung** *f* reassessment; **~vermählt** *adj.* newly married; *die ˜en* the newly-weds; **˜wahl** *f* new election; **˜wert** *m* value (when *od.* as) new; **~wertig** *adj.* as good as new, practically new; **˜wort** *ling. n* new(ly coined) word, neologism; **˜zeit** *f* modern times *pl.*; **~zeitlich** *adj.* of (*od.* in) modern times, modern.

Nibelungen|hort *m* hoard of the Nibelungs; **~lied** *n* Nibelungenlied.

nicht *adv.* **1.** not; *beim v/aux.*: *er darf nicht* he may not; *sonst mit* do: *er geht ~* he does not (*od.* doesn't) go; *gingst du ~?* did you not (F didn't you) go?; *nein, ich ging ~* no, I did not (F didn't); *er kam ~ a.* he failed to appear; *ich verstehe ~, warum* I fail to (*od.* can't) see why; *der Apparat wollte ~ funktionieren* refused to work; *gar ~* not at all; *ganz und gar ~*, *durchaus ~* not in the least, not at all, by no means; *~ doch!* (*laß doch*) don't!; *~ wenige* not a few; *~ einmal* not even, not so much as; *nur das ~!* anything but that!; *~ daß ich wüßte* not that I know of; *~ daß es mich überrascht hätte* not that it surprised me; *ich kenne ihn auch ~* I do not know him either; *sie sah es ~, und ich auch ~* she did not see it, nor (*od.* neither *od.* no more) did I; *du kennst ihn ~? Ich auch ~!* Nor do I!; *~ wahr?* is it not so?, F isn't that so?, isn't it?; *er ist krank, ~ wahr?* he is ill, isn't he?; *Sie tun es, ~ wahr?* you will do it, won't you?; *du kennst ihn ~, ~ wahr?* you don't know him, do you?; **2.** *vor comp.*: no, *z.B. ~ besser* no better; *~ mehr*, *~ länger* no more, no longer; **3.** *oft a.* in..., *z.B. ~ einlösbar* inconvertible; non-..., *z.B. ~ abtrennbar* non-detachable; un..., *z.B. ~ anziehend* unattractive.

Nicht...: **˜absorbierend** *adj.* nonabsorbing; **~achtung** *f* disregard, disrespect, slight; **˜amtlich** *adj.* unofficial; **~anerkennung** *f* nonacknowledgement, *e-r Schuld usw.*: repudiation; *pol.* non-recognition; **~angriffspakt** *m* non-aggression pact; **~annahme** *f* non-acceptance; **~arier(in** *f*) *m*, **˜arisch** *adj.* non-Aryan; **~ausführung** *f* nonperformance; **~beachtung** *f*, **~befolgung** *f* non-observance (*gen.* of), failure to comply (with); **~berechtigte(r** *m*) *f* unauthorized person; ineligible person; **~bezahlung** *f* non-payment; **~deutsche(r** *m*) *f*, **˜deutsch** *adj.* non-German.

Nichte *f* niece.

Nicht...: **~einhaltung** *f* non-compliance (*gen. od. von* with), failure to comply (with); **~einlösung** *f e-s Wechsels*: dishono(u)ring; **~einmischung** *f* non-intervention; **~eisenmetalle** *n/pl.* non-ferrous metals; **~erfüllung** *f* non-performance, default; **~erscheinen** *n* non-appearance, absence, failure to attend; *vor Gericht*: *a.* default; **~fachmann** *m* non-professional, layman, non-specialist, amateur; **~gebrauch** ⊕ *m*: *bei ~* when not in use; **~-Ich** *phls. n* non-ego.

nichtig *adj.* vain, idle, empty; futile; (*vergänglich*) transitory; *Vorwand*: flimsy; (*ungültig*) invalid; *null und ~* null and void; *für ~ erklären* declare null and void, annul, invalidate; **˜keit** *f* vanity, futility; nothingness; ⚖ nullity, voidness; **˜keitsbeschwerde** *f* plea of nullity; **˜keitserklärung** *f* annulment, nullification; **˜keitsklage** *f* nullity action.

Nicht...: **~kämpfer** *m*, **~kombatant** *m* non-combatant; **~kaufmann** *m* non-merchant, nontrader; **~konvertierbarkeit** *f* inconvertibility; **˜kriegführend** *adj* non-belligerent; **˜leitend** ⚡ *adj.* non-conducting, insulating; **~leiter** ⚡ *m* non-conductor; **~lieferung** *f* non-delivery; **˜metallisch** *adj.* non-metallic; **~mitglied** *n* non-member; **˜öffentlich** *adj.* private; ⚖ *in ~er Sitzung* in closed session, (the court sitting) in camera; **⁓oxydierend** *adj.* non-oxidizing; **~raucher** *m* non-smoker; **~raucherabteil** *n* non-smoking compartment, F non-smoker; **⁓rostend** *adj.* rust-proof, rustless, non-corroding; *Stahl*: stainless.

nichts I. *indef. pron.* nothing, naught, not ... anything; *~!* nothing!, zero!; *~ Neues* nothing new; *~ als* nothing but; *~ anderes* nothing else (*als* but); *~ dergleichen* no such thing, nothing of the kind; *~ mehr* no(thing) more, not any more; *fast gar ~* hardly anything; *für ~ und wieder ~* for no reason at all; *gar ~* nothing at all, nothing whatever; *mir ~, dir ~* without much ado, quite coolly, as cool as you please; *soviel wie ~* next to nothing; *um ~* for nothing; *um ~ spielen* play for love; *weiter ~?* is that all?; *wie ~* (*schnell*) F like nobody's business; *~ da!* nothing of the kind!, that's out!; *~ davon!* don't talk about it!; *das ist ~ für mich* that's of no use to me, that's not in my line; not for me!; *es ist ~ damit!* F it's no go!; *es macht ~!* it does not matter!, never mind!; *~ zu machen!* there is nothing to be done about it!, F nothing doing!, *Am. sl.* no soap!; *zu ~ werden* come to nothing (*od.* naught), fail; **II. ⁓** *n* nothing(ness); (*Leere*) void, vacancy; (*Geringfügiges*) trifle, (a mere) nothing; *aus dem ~* from (*od.* out of) nowhere; *et. aus dem ~ schaffen* create a th. out of nothing, conjure up a th.; *sich in ~ auflösen* vanish into thin air; *vor dem ~ stehen* be face to face with ruin; **~ahnend** *adj.* unsuspecting.

Nichtschwimmer(in *f*) *m* non-swimmer.

nichtsdestoweniger *adv.* nevertheless, none the less, just the same.

Nichtsein *n* non-existence; → *Sein*[1] II.

Nichts...: ~könner *m* incapable (*od.* incompetent) person, *sl.* wash-out, *Am. a.* zero; **~nutz** *m* good-for-nothing (person), ne'er-do-well, *sl.* rotter; **⁓nutzig** *adj.* good-for-nothing, worthless; (*unartig*) naughty; **~nutzigkeit** *f* wickedness; naughtiness; worthlessness; **⁓sagend** *adj.* insignificant, meaningless; (*inhaltlos*) empty (*a. Gesicht*); *Antwort*: non-committal, vague; *Redensart usw.*: trite, trivial, empty; *Vergnügung*: vain; (*farblos*) colo(u)rless, flat; (*fad*) insipid; **~tuer(in** *f*) *m* do-nothing, idler, loafer, F lazybones; **~tun** *n* idleness, inaction; *zum ~ verurteilt sein Arbeiter usw.*: be idled; *mit ~ verbringen* idle away *one's time, etc.*; **~wisser** *m* ignoramus; **⁓würdig** *adj.* infamous, base; (*verächtlich*) contemptible; **~würdigkeit** *f* worthlessness; infamy, villainy.

Nicht...: ⁓tropfend ⊕ *adj.* anti-drip ...; **⁓versichert** *adj.* uninsured; **~vorbestrafte(r** *m*) *f* person having no police record; (*Angeklagter*) first offender; **~vorhandensein** *n* absence, non-existence, lack; **~wissen** *n* ignorance, ⚖ *a.* absence of knowledge; **~wollen** *n* unwillingness; **~zahlung** *f* non-payment; *bei ~* in default of payment; **~zulassung** *f* non-admission; **~zutreffende(s)** *n*: *~s streichen!* delete which is inapplicable!

Nickel 1. ⚗ *n* nickel; **2.** *m* small coin, copper, *Am.* dime; **~chromstahl** *m* chrome-nickel steel; **~überzug** *m* nickel-plating.

nicken I. *v/i.* nod (one's head); *zustimmend ~* nod one's agreement; *als Gruß*: bow; *als Wink*: beckon; **II. ⁓** *n* nod(ding), *etc.*

Nickerchen F *n*: *ein ~ machen* take a nap, have one's forty winks.

nie *adv.* never, at no time; *fast ~* hardly ever; *~ und nimmer* never (in my life); *~ wieder* never again, no more; *jetzt oder ~* now or never.

nieder I. *adj.* low; *Wert, Rang*: inferior; *Beamte, Dienststelle usw.*: lower; (*gemein*) common, vulgar, *Gesinnung*: low, base, mean; *der ~e Adel* the gentry; *von ~er Geburt* of low birth; of humble origin, low-born; **II.** *adv.* low; (*herab*) down; *auf und ~* up and down; *~ mit den Verrätern!* down with the traitors!; **~beugen** *v/t.* (*a. sich ~*) bend down, bow; *fig.* depress, weigh down; **~brechen** *v/t. u. v/i.* break down; **~brennen** *v/t. u. v/i.* burn down (*od.* to the ground); **~brüllen** *v/t.* shout *a p.* down; **~deutsch** *adj.*, **⁓deutsche(r** *m*) *f* Low German; **~donnern** *v/i.* come down with a crash, crash down; **⁓druck** ⊕ *m* low pressure; **~drücken** *v/t.* press *od.* weigh down (*a. fig.*); (*Taste, Hebel*) depress; *fig.* depress, prey on *a p.'s* mind; (*unterdrücken*) oppress; **⁓druckmaschine** ⊕ *f* low-pressure engine; **~fahren** *v/i.* descend; **~fallen** *v/i.* fall (*od.* drop) down; *vor j-m ~* throw o.s. at a p.'s feet; **⁓frequenz**

⚡ *f* low frequency; (*Tonfrequenz*) audio frequency; *in Zssgn*: low-frequency ...; ≈**gang** *m* going down, descent; ⊕ down-stroke; *der Gestirne*: setting; *fig.* decline, decay; (down)fall; ~**gedrückt** *adj.* depressed, dejected, downcast; ~**gehen** *v/i.* go down, drop; ✈ descend, (*landen*) alight, touch down; *Gewitter*: burst, break; ~**geschlagen** *adj. Augen*: downcast; *fig.* downhearted, crestfallen; → *a. niedergedrückt*; ≈**geschlagenheit** *f* dejection, despondency, low spirits *pl.*; ~**gestreckt** *adj.* prostrate; ~**halten** *v/t.* hold (*od.* keep) down; *fig.* suppress; ⚔ (*Feind durch Feuer*) pin down; ~**hauen** *v/t.* cut down, fell (*a.* ⚔); ~**holen** *v/t.* (*Flagge*) haul down, lower; ≈**holz** *n* underwood; ≈**jagd** *f* small-game hunt(ing); ~**kämpfen** *v/t.* fight down, overcome (*a. fig.*); ⚔ overpower, put out of action, (*feindliches Feuer*) silence; ~**knallen** *v/t.* shoot (down), *sl.* bump off; ~**knien** *v/i.* kneel down; ~**knüppeln** *v/t.* bludgeon; ~**kommen** *v/i.* be confined, have a child; be delivered (*mit* of); ≈**kunft** *f* confinement, delivery, childbirth; ≈**lage**[1] ⚔ *u. fig. f* defeat, F beating, licking; *j-m e-e ~ beibringen* (*od. bereiten*) inflict a defeat (up)on, defeat; *e-e ~ erleiden* suffer a defeat, be defeated (*od.* beaten), F take a beating; ≈**lage**[2] ⚕ *f* (*Magazin*) warehouse, depot; (*Auslieferungslager*) branch office, supply depot; (*Filiale*) branch; ~**ländisch** *adj.* Dutch; ~**lassen** *v/t.* let down, lower, drop; *sich ~* settle (down) (*a. fig.*), *Vögel*: perch, alight; (*sich setzen*) sit down, take a seat; *geschäftlich*: establish o.s. (*als* as), set up in business; (*e-n Wohnsitz nehmen*) take up one's domicile, settle (*in* at); ≈**lassung** *f* establishment; (*Siedlung*) settlement, colony; ⚕ *gewerbliche*: place of business; *e-r Bank usw.*: branch, agency; ≈**lassungsfreiheit** *f* freedom of movement; ≈**lassungsrecht** *n* right of domicile; ~**legen** *v/t.* lay (*od.* put) down, (*a. weitS., Dokumente usw.*) deposit; (*Amt*) resign; (*Geschäft*) retire from, give up; (*Krone*) abdicate; (*Waffen, a. fig. Regeln*) lay down; *die Arbeit ~* (go on) strike, down tools, *Am. a.* walk out; *et. schriftlich ~* put down in (*od.* reduce to) writing; *in e-m Bericht niedergelegt sein* be embodied in, be set forth in; *sich ~* lie down, go to bed; ≈**legung** *f* laying down, depositing; resignation; abdication; ~**machen**, ~**metzeln** *v/t.* massacre, butcher, kill; ~**mähen** *v/t.* mow down (*a.* ⚔); ~**reißen** *v/t.* tear down; (*Gebäude usw.*) pull down, demolish; ~**rheinisch** *adj.* of the Lower Rhine; ~**ringen** *v/t.* overpower, get down; (*zermürben*) wear down; ~**schießen I.** *v/t.* shoot down; **II.** *v/i. vom Himmel*: shoot (*od.* swoop) down; ≈**schlag** *m* ⚗ precipitate; (*Bodensatz*) deposit, sediment; *atmosphärischer*: precipitation, rain(fall); *radioaktiver*: fall-out; *Boxen*: knock-down, *bis zehn*: knock-out; *fig. s-n ~ finden in* find expression in, be embodied (*od.* reflected) in; ~**schlagen** *v/t.* (*j-n*) fell, knock down; *Boxen*: *a.* floor, *bis zehn*: knock out, drop for the count; (*die Augen*) cast down; (*unterdrücken*) suppress; (*vertuschen*) hush up; (*Aufstand*) put down; ⚖ (*Verfahren*) quash; (*bekümmern*) cast down, depress; *sich ~* ⚗ precipitate, deposit, *fig. in et.*: be reflected in; ~**schlagsreich** *adj.* of heavy precipitation, wet, rainy; ≈**schlagung** *f* suppression; ⚖ quashing; ~**schmettern** *v/t.* dash to the ground, floor; *fig.* crush; ~**schmetternd** *adj.* dismal, appalling, crushing; ~**schreiben** *v/t.* write down, record; ~**schreien** *v/t.* shout down; ≈**schrift** *f* writing down; (*Geschriebenes*) writing, notes *pl.*, record; (*Protokoll*) minutes *pl.*; ⚖ *mündlich zur ~* orally to be recorded; ~**setzen** *v/t.* put (*od.* set) down; *sich ~* sit down, *Vögel*: perch, alight; ~**sinken** *v/i.* sink (down), go down, (*zs.-brechen*) *a.* drop down, collapse; ≈**spannung** ⚡ *f* low voltage; ≈**spannungs...** *in Zssgn* low-voltage ...; ~**stechen** *v/t.* stab (down); ~**steigen** *v/i.* step down, descend; ~**stimmen** *v/t.* vote down, outvote; ~**stoßen I.** *v/t.* knock (*od.* push) down; **II.** *v/i.*: *~ auf* swoop (*od.* pounce) down upon; ~**strecken** *v/t.* fell, floor, stretch (on the ground), knock down; ≈**tracht** *f* → *Niederträchtigkeit*; ~**trächtig** *adj.* base, mean, low, vile; (*heimtückisch*) insidious, perfidious; ≈**trächtigkeit** *f* baseness, meanness, vileness, perfidy, (*Handlung*) *a.* base act, F dirty trick; ~**trampeln**, ~**treten** *v/t.* trample down; *s-e Absätze niedertreten* run down one's heels.

Niederung *f* lowland; *im Gelände*: depression, low ground, valley; *fig.*

(*moralischer Sumpf*) morass; *die ~en des Lebens* the low points in life.

nieder...: **~wärts** *adv.* downward(s), down; **~werfen** *v/t.* throw (*od.* fling, cast) down; *fig.* overwhelm; (*Aufstand*) put down, crush; *von e-r Krankheit niedergeworfen werden* be prostrated by an illness, be laid by the heels; *sich vor j-m flehend ~* throw (*od.* hurl) o.s. at a p.'s feet; **≈werfung** *f* overthrow; *e-s Aufstandes*: suppression; **≈wild** *hunt. n* small game; **~zwingen** *v/t.* bring down, overpower, overcome.

niedlich *adj.* nice, sweet, *Am. a.* cute; (*hübsch*) *a.* pretty; (*drollig*) droll; (*zart*) dainty; **≈keit** *f* neatness, daintiness; prettiness.

Niednagel *m* agnail, hangnail.

niedrig *adj. allg.* low (*a. adv.*), *von Stand*: *a.* lowly, humble; (*gemein*) low, mean, base; *Qualität*: inferior, low; *Preise*: low, keen; (*mäßig*) moderate; *~ halten* keep down; *mot. ~es Fahrgestell* low-built chassis; *~er Gang* low gear; *fig. ~e Instinkte* low instincts; *~er machen* lower; *zu ~erem Preise* at a lower (*od.* reduced) price; *fig. et. ~er hängen* debunk, make less of; *zu ~ angeben* understate; *~st* lowest, bottom ..., minimum ...; **≈keit** *f* lowness; humbleness; baseness; *der Preise, Kurse*: low level; **~stehend** *fig. adj.* low(ly); **≈wasser** *n* low water.

niemals *adv.* never, at no time, → *a. nie.*

niemand I. *indef. pron.* nobody, no one, none, no man, not ... anybody, F not a soul; *~ als* none (*od.* no one) but; *~ anders* nobody (*od.* no one) else; *~ anders als* none other but; **II.** *≈ contp. m* (*unbedeutende Person*) *a* nobody; **≈sland** ⚔ *u. fig. n* no man's land.

Niere *f* kidney; *die ~n betreffend* renal; F *fig. das geht ihm an die ~n* that cuts him to the quick, that gets under his skin, that will hit him hard; → *Herz.*

Nieren...: **~becken** *n* renal pelvis; **~beckenentzündung** ⚕ *f* pyelitis; **~entzündung** ⚕ *f* nephritis; **≈förmig** *adj.* kidney-shaped; reniform; **~gegend** *f* renal region; **~krankheit** *f*, **~leiden** *n* disease of the kidneys, kidney trouble, nephropathy; **~reizung** *f* slight nephritis; **~schaden** *m* kidney damage; **~schlag** *m Boxen*: kidney-punch; **~schwund** ⚕ *m* renal atrophy; **~stein** *m* renal calculus; **~verpflanzung** *f* kidney transplant(ation).

niesel|n *v/i.*, **≈regen** *m* drizzle.

niesen *v/i.* sneeze.

Niespulver *n* sneezing powder.

Nieß|brauch *m* usufruct(uary right); **~braucher(in** *f*) *m*, **~nutzer(in** *f*) *m* usufructuary; **~nutzung** *f* → *Nießbrauch.*

Nieswurz ⚘ *f* hellebore.

Niet *m*, **Niete**[1] ⊕ *f* rivet.

Niete[2] *f Lotterie*: blank; *fig.* (*Person u. Sache*) failure, *sl.* flop, wash-out; *e-e ~ ziehen* draw a blank (*a. fig.*).

Niet...: **~eisen** *n* rivet steel; **≈en** *v/t.* rivet; **~er** *m* riveter; **~hammer** *m* riveting hammer; **~kopf** *m* rivet head; **~maschine** *f* riveter; **~verbindung** *f* rivet joint; **≈- und nagelfest** F *adj.*: *alles was nicht ~ war* everything that wasn't nailed down.

Nihilis|mus *m* nihilism; **~t** *m*, **~tin** *f* nihilist; **≈tisch** *adj.* nihilist(ic).

Nikotin *n* nicotine; *e-m Tabak das ~ entziehen* denicotinize; **≈arm** *adj.* denicotinized; **≈frei** *adj.* nicotine-free, non-nicotine; **~gehalt** *m* nicotine content; **≈haltig** *adj.* containing nicotine; **~säure** *f* nicotinic acid; **~vergiftung** *f* nicotinism.

Nil|delta *n* delta of the Nile; **~pferd** *n* hippopotamus.

Nimbus *m* nimbus, halo, aureole; *fig. a.* halo; aura; *s-n ~ einbüßen* lose one's halo; *s-s ~ entkleiden* debunk *a p. od. th.*; *~ der Unbesiegbarkeit* aura of invincibility.

nimmer *adv.* never, → *a. nie*; **≈leinstag** F *m*: *am* (*Sankt*) *~* never (in your life); **~mehr** *adv.* nevermore, never (again); (*keinesfalls*) by no means, on no account, never; **~müde** *adj.* untiring, indefatigable; **~satt** *adj.* insatiable; **≈satt** *m* glutton; **≈wiedersehen** *n*: *er verschwand auf ~* he left for good; *auf ~!* good riddance!

Nippel ⊕ *m* nipple.

nippen *v/i. u. v/t.* (take a) sip (of); sip (*an* at).

Nippes *pl.*, **Nippsachen** *f/pl.* (k)nick-(k)nacks.

nirgend(s), nirgendwo(hin) *adv.* nowhere, not ... anywhere.

Nirwana *n* Nirvana (*a. fig.*).

Nische *f* niche, recess.

Nisse *f* (*Lausei*) nit.

nisten *v/i.* (build a) nest; *fig. a.* nestle.

Nistplatz *m* breeding-place.

Nitr|at ⚗ *n* nitrate; **~it** ⚗ *n* nitrite.

nitrier|en *v/t.* nitrate; **≈härten** *n*

nitrogen-hardening; **≈stahl** *m* nitriding steel; **≈ung** *f* nitration; *metall.* nitridation.

Nitro|benzol *n* nitrobenzene; **~glyzerin** *n* nitroglycerine; **~lack** *m* nitro-enamel; **~lampe** *f* nitrogen-filled lamp; **~sprengstoff** *m* nitro-explosive; **~toluol** *n* nitrotoluene; **~zellulose** *f* nitrocellulose.

Niveau *n* level; *fig. a.* standard; *unter dem ~* not up to standard; *~ haben* have class, be of a high order (*od.* standard); (*ein hohes*) *~ haben* have a high standard, have (immense) style; *sich auf j-s ~ begeben* put o.s. on a p.'s level; *das ist unter meinem ~!* that is beneath me!; **~fläche** *f* equipotential (*od.* level) surface; **≈los** *fig. adj.* of a low standard, low-brow, lacking style; **~übergang** 🚂 *m* level (*Am.* grade) crossing.

nivellier|en *v/t.* level, grade; **≈gerät** *n*, **≈instrument** *n* (telescope) level; **≈latte** *f* stadia rod; **≈ung** *f* level(l)ing; **≈waage** *f* spirit-level.

Nix *m* water-sprite, nix, merman; **~e** *f* naiad (*a.* F *fig.*), water-nymph, mermaid.

nobel *adj.* noble, high-minded; (*großzügig, freigebig*) generous, liberal; (*fein*) elegant, *sl.* posh.

Nobelpreis *m* Nobel Prize; **~träger** *m* Nobel Prize winner.

noch I. *adv.* **1.** still, yet; *~ immer* still; *~ nicht* not yet; *~ nie* never (before); *~ besser* (*mehr*) even (*od.* still) better (more); *noch an demselben Tage* on the very same day; *~ gestern* only yesterday; *~ heute* this very day; *heute ~* (*immer*) still (*od.* even) today; *~ jetzt* even now; *~ im 11. Jahrhundert* as late as the 11th century; *er kommt ~* he will come yet (*od.* later); *~ nicht zehn* less than ten; *er hat nur ~ 10 Dollar* he has only 10 dollars left; *~ lange nicht* not by a long way; *das ist ~ zu regeln* (*abzuwarten*) it remains to be settled (seen); *wir haben ~ keine Nachricht erhalten* we have not received word as yet; F *~ und ~* (*sehr viel*) F mightily, tremendously; F *er hat ~ und ~ Geld* money to burn; → *fehlen* I 3, *gerade* II; **2.** (*mehr*) more, ... else; *~ dazu* over and above that, (and) what is more; *~ einer* one more, (still) another; *~ ein Stück* another (*od.* one more) piece; *~ einmal* once more (*od.* again); *~ einmal so alt wie er* double his age; *~ einmal so viel* as much again, twice as much; *~ eins*, *~ etwas* one more thing; *~ etwas?* anything else?; *was wollen Sie ~?* what more do you want?; *wer kommt ~?* who else is coming?; *~ schlauer als du* even smarter than you (are); *nur ~ verdächtiger* even (*od.* all the) more suspicious; (*nur*) *~ fünf Minuten* (only) five minutes more (*od.* to go); **3.** *einräumend*: *~ so* ever so; *sei es ~ so klein* be it ever so small, no matter how small it is; **II.** *cj.* → *weder*.

noch...: **≈geschäft** ✝ *n Börse*: put of more; **~mal** *adv.* once more, (once) again; **~malig** *adj.* repeated, renewed, second; *~e Durchsicht* second perusal (*od.* check), revision; *~e Prüfung* re-examination; *~e Verhandlung* re-hearing, new trial; *bei ~er Überlegung* on second thought; **~mals** *adv.* once more (*od.* again), again, a second time; (*wieder...*) re(-)..., *z.B. ~ anfangen* recommence.

Nöck *m* → *Nix*.

Nocke(**rl** *dial. n*) *f* (small) dumpling.

Nocken ⊕ *m* cam; **~antrieb** *m* cam drive; **~scheibe** *f* cam disc; **~steuerung** *f* cam control; **~welle** *f* camshaft.

nolens-volens *adv.* like it or not, willy-nilly; having no alternative.

Nomad|e *m* nomad; **~enleben** *n* nomadic life; **~entum** *n* nomadism; **≈isch** *adj.* nomadic.

Nomen *ling. n* noun; **~klatur** *f* nomenclature.

nominal *adj.* nominal; **≈wert** *m* nominal (*od.* face) value.

Nominativ *ling. m* nominative (case).

nominell *adj.* nominal.

nominieren *v/t.* nominate.

Nonchalan|ce *f* nonchalance; **≈t** *adj.* nonchalant.

None *f* ninth.

Nonius *m* vernier; **~teilung** *f* vernier scale.

nonkonformistisch *adj.* nonconformist ...

Nonne *f* **1.** nun; *~ werden* take the veil; **2.** *zo.* (*Falter*) nun-moth; **~nkloster** *n* nunnery, convent.

Noppe *f*, **≈n** *v/t.* nap.

Nord I. *adv.*: *München usw. ~* Munich, *etc.* North; **II.** *poet. m* → *Nordwind*; **~amerikaner(in** *f*) *m*, **≈amerikanisch** *adj.* North American; **~atlantikpakt** *pol. m* North Atlantic Treaty; **≈deutsch** *adj.* North German.

Nord|en *m* north, *oft* North; *gegen od. nach ~* to(wards) the north, in a northerly direction; *im ~ von od. gen.* (in *od.* to the) north of; **≈en**

v/t. (*Landkarte*) orient; **≈isch** *adj.* northern; *Rasse*: Nordic; (*skandinavisch*) Norse; ~e *Kombination Schisport*: Nordic combination; ~er *Mensch* Nordic; **~land** *n* northland; **~länder(in** *f*) *m* northerner; *hist.* Norseman.

nördlich I. *adj.* northern, northerly, north ...; ≈es *Eismeer* Arctic Ocean; **II.** *adv.* north(erly); ~ *liegen von* lie (to the) north of.

Nord...: **~licht** *n* northern lights *pl.*; **~nordost** *m* north-northeast; **~ost(en)** *m* (*NO*) north-east (*abbr.* N.E.); **≈östlich** *adj. u. adv.* north-east(erly); **~pol** *m* North Pole, Arctic Pole; **~polarkreis** *m* Arctic Circle; **~polfahrt** *f* arctic expedition; **~punkt** *m* north point; **~seite** *f* north side; **~staaten** *m/pl.* Northern States, *the* North *sg.*; **~stern** *m* North Star; **≈wärts** *adv.* northward(s), north; **~west(en)** *m* (*NW*) north-west (*abbr.* N.W.); **≈westlich** *adj. u. adv.* north-west(erly); **~wind** *m* north wind.

Nörg|elei *f*, **≈elig** *adj.* nagging, grumbling, faultfinding, carping; **≈eln** *v/i.* grumble, nag, carp (*an* at), find fault (with), F grouse, *Am.* gripe, crab (about); **~ler(in** *f*) *m* faultfinder, grumbler, malcontent.

Norm *f* norm, standard; (*Regel*) *a.* rule; (*Arbeitssoll*) norm, rate, quota; *typ.* signature; *als* ~ *gelten* serve as a standard.

normal *adj.* normal; *Abmessungen usw.*: standard ...; *unter* ~*en Verhältnissen* normally; *das* ≈e the normal (thing); **≈ausrüstung** *f* standard equipment; **≈befund** ⚕ *m* normal findings *pl.*; **≈belastung** *f* normal load; **≈e** ⟂ *f* perpendicular, normal; **≈fall** *m* normal case; *im* ~ normally; **≈film** *m* standard film; **≈geschwindigkeit** *f* normal speed; **≈gewicht** *n* standard weight; **≈größe** *f* normal (*od.* standard) size; **~isieren** *v/t.* normalize; *sich* ~ return to normal(cy); **≈isierung** *f* normalization; **≈ität** *f* normality, normalcy; **≈lehre** *f* standard ga(u)ge; **≈lösung** ⚗ *f* standard solution; **≈maß** *n* standard (measure); **≈null** *n* sea-level; **~sichtig** *adj.* normal sighted, emmetropic; **≈spur...**, **~spurig** *adj.* standard-gauge ...; **≈uhr** *f* master (*od.* standard) clock; **≈verbraucher** *m* average consumer; *co.* (*Otto*) ~ the ordinary man; *geistiger* ~ middlebrow; **≈wert** *m* standard value; **≈zeit** *f* mean time, standard time; **≈zustand** *m* normal condition, normality, normal(cy).

Normann|e *m*, **~in** *f*, **≈isch** *adj.* Norman.

normativ *adj.* normative.

Norm...: **~blatt** *n* standard sheet; **≈en** *v/t.* standardize; **≈enausschuß** *m* standards committee; **~enkontrollklage** ⚖ *f* action to test the constitutionality (of a th.); **≈entsprechend** *adj.* standard ...; **~envorschriften** *f/pl.* standard specifications; **≈gerecht** *adj.* complying with standards; **≈ieren** *v/t.* standardize; **~ierung** *f*, **~ung** *f* standardization; **~teil** *n* standard part.

Norweg|er(in *f*) *m*, **≈isch** *adj.*, **~isch** *ling. n* Norwegian.

Nostalg|ie *f* nostalgia; **≈isch** *adj.* nostalgic(ally *adv.*).

Not *f allg.* need; (*Mangel*) *a.* want, *von Lebensmitteln usw.*: famine; (~*lage*) emergency, predicament, plight; (*Armut*) need, indigence, destitution; (*Elend*) misery, calamity; (*Bedrängnis*) distress, trouble; (*Kummer*) affliction, distress; (*Qual*) anguish, agony; (*Zwang*) necessity; (*Dringlichkeit*) urgency, exigency; (*Sorge*) sorrow, care; (*Gefahr*) danger, emergency, *engS.* ⚓ distress; *im Falle der* ~ in case of need *od.* of an emergency; *wenn* ~ *am Mann ist* if need be, *stärker*: if the worst comes to the worst; *zur* ~ if need be, at a pinch; *für Zeiten der* ~ for a rainy day; *mit* ~ barely, with difficulty; → *a. knapp* I; ~ *leiden* suffer want *od.* (great) privation; *in* ~ *bringen* distress, get *a p.* in trouble, press *a p.* hard; *in* ~ *od. in* (*tausend*) *Nöten sein* be in (great) trouble (*od.* distress); *in* ~ *geraten* get into trouble, be hard pressed, *finanziell*: become destitute; *die* ~ *fernhalten* keep the wolf from the door; *s-e liebe* ~ *haben mit* have a hard time with, have no end of trouble with; *mir ist* (*od. tut*) ≈ I want; *es tut* ≈, *daß* it is necessary (*od.* imperative) that; *es hat keine* ~ a) it is not necessary; b) there is no hurry; *aus der* ~ *eine Tugend machen* make a virtue of necessity; ~ *macht erfinderisch* necessity is the mother of invention; ~ *kennt kein Gebot* necessity knows no law; *ein Freund in der* ~ a friend in need; *in der* ~ *frißt der Teufel Fliegen* beggars can't be choosers.

Nota ✝ *f* memo(randum), note; (*Rechnung*) invoice, bill.

notabene *adv.* **1.** (*wohlgemerkt*)

mark (*od.* mind) you!; **2.** (*übrigens*) by the way.

Not...: **~adresse** *f* emergency address; **~anker** *m* sheet-anchor (*a. fig.*).

Notar *m* notary; *öffentlicher* ~ notary public; *für Zessionsurkunden*: conveyancer.

Notariat *n* notary's office; **~sgebühren** *f/pl.* notarial fees.

notariell *adj.* (*a. adv.* ~ *beglaubigt*) notarial, certified (*od.* attested) by a notary, *Am. a.* notarized; ~*e Urkunde od. Verhandlung* notarial act.

Not...: **~arzt** *m* first-aid doctor; **~arztwagen** *m* clinomobile; **~ausgang** *m* emergency exit; **~ausstieg** *m* escape hatch; **~behelf** *m* makeshift, stopgap; (*Auskunftsmittel*) expedient; **~beleuchtung** *f* emergency lighting; **~bremse** *f* emergency brake; **~brücke** *f* temporary bridge; **~durft** *f* **1.** *obs.* necessity, pressing need; **2.** *physiol.* *s-e* ~ *verrichten* ease o.s., relieve nature, F spend a penny; **2dürftig** **I.** *adj.* (*knapp*) scanty; (*adv.* as a) makeshift; temporary, patch-up ...; **II.** *adv.*: ~ *herstellen* improvise (*aus* from); ~ *reparieren* patch *a th.* up.

Note *f* **1.** (*Anmerkung*) note; **2.** (*Geld*2) (bank-)note, *Am. a* bill; ✝ → *Nota*; **3.** *pol.* (diplomatic) note, memorandum; **4.** *Schule*: mark (*a. Sport*), report; *j-m* ~*n geben* give a p. *good, etc.* marks; → *a. benoten*; **5.** ♪ note; *ganze* ~ semibreve; *halbe* ~ minim; *in* ~*n setzen* set to music; *nach* ~*n singen* sing at sight (*od.* from music); F *fig. nach* ~*n* properly, thoroughly, for all one is worth; **6.** *fig.* (*Eigenart*) character, stamp, feature; (*Stil*) style; (*Ton, Stimmung*) tone, note; *die persönliche* ~ the personal touch, the distinctive style; *dies verlieh dem Fest eine besondere* ~ this lent to the celebration its special flavo(u)r.

Noten...: **~austausch** *pol. m* exchange of notes; **~balken** ♪ *m* note bar; **~bank** *f* bank of issue, issuing bank; **~blatt** *n* (sheet of) music; **~buch** *n*, **~heft** *n* music-book; **~linie** ♪ *f* staff line; **~papier** *n* music-paper; **~pult** *n* music-stand; **~schlüssel** ♪ *m* clef; **~schrank** *m* music cabinet; **~ständer** *m* music-stand; **~schrift** ♪ *f* notation; **~system** ♪ *n* staff; **~umlauf** *m* circulation of (bank)notes; **~wechsel** *pol. m* exchange of notes; **~wert** ♪ *m* time value of a note.

Not...: **~fall** *m* case of need (*od.* necessity), emergency; *im* ~ = **2falls** *adv.* → *nötigenfalls*; **~flagge** ⚓ *f* flag of distress; **~frist** ⚖ *f* peremptory period; **2gedrungen** **I.** *adj.* imperative, compulsory, forced; **II.** *adv.* of necessity, necessarily, needs; ~ *mußte er* he had no choice but, he found himself compelled to; **~geld** *n* token money; **~gemeinschaft** *f* emergency (*od.* co-operative-aid) association; **~gesetz** *n* emergency law; **~groschen** *m* → *Notpfennig*; **~hafen** ⚓ *m* harbo(u)r of refuge; **~helfer(in** *f*) *m* helper in need, rescuer; *R.C.* auxiliary saint; **~hilfe** *f* help in need; ⚕ first aid; *Technische* ~ Emergency Organization.

notier|en **I.** *v/t.* note (down), make a note of, put (F take) down, *flüchtig*: jot down; ✝ make a memorandum of, (*Bestellung*) book; (*Kurse, Preise*) quote (*zu* at); *Sport, wegen Foulspiels usw.*: book; *notierte Aktien* shares quoted on stock exchange, *Am.* listed stocks; *mit etwa* $4\frac{1}{2}\%$ *notiert* ruling about $4\frac{1}{2}$ percent; **II.** ✝ *v/i.* be quoted (*bei* at); **2ung** *f* noting; ✝ booking entry; *Börse*: quotation.

nötig *adj.* necessary, needed, required, requisite; (*angezeigt*) indicated; *das* 2*e* what (*od.* all that) is required, the necessary; (*Mittel*) *a.* the wherewithal; (*Maßnahmen*) *a.* the necessary measures; ~ *haben* want, need, stand in need of, require; *dringend* ~ *haben* want (*od.* need) badly; *es ist nicht* ~, *daß du kommst* there is no need for you to come; *fig. das habe ich nicht* ~! (*muß ich mir nicht bieten lassen*) I don't have to stand for that!; *das hast du* ~ *gehabt!* why did you have to do that?; *iro. du hast es* (*gerade*) ~! why, you of all people!; *mit dem* ~*en Respekt* with due respect; **~en** *v/t.* (*drängen*) urge, (*a. Gast*) press; (*einladen*) invite, ask (*herein* in); *j-n* ~, *et. zu tun* oblige (*od.* compel) a p. to do a th.; *sich* ~ *lassen* stand upon ceremony; *lassen Sie sich nicht* ~! don't wait to be asked!; help yourself!; *er läßt sich nicht lange* ~ he needs no pressing (*od.* little coaxing); *sich genötigt sehen zu inf.* feel (*od.* find o.s.) compelled to *inf.*; **~enfalls** *adv.* in case of need, in an emergency; if necessary, if need be; in the last resort; **2ung** *f* compulsion, constraint; (*freundliches Drängen*) pressing, urgent request; ⚖ intimidation, duress; **2ungsnot-**

stand ⚖ *m* necessity arising from intimidation.

Notiz *f* (*Vermerk*) note, memorandum, F memo; *Börse*: quotation; (*Zeitungs*≈) notice, (news *od.* press) item; *sich ~en machen* take (*od.* jot down) notes; *~ nehmen von* note, take notice of; pay attention to; *keine ~ nehmen von a.* ignore; **~block** *m* (note-)pad, scribbling block, *Am.* memo (*od.* scratch) pad; **~buch** *n* note-book, memo-book.

Not...: **~klausel** *f* escape clause; **~lage** *f* emergency, distress, predicament, plight; **~lager** *n* makeshift bed, shakedown, pallet; **≈landen** *v/i.* make a forced landing, (*a. ~ müssen*) be forced down; **~landung** *f* forced (*od.* emergency) landing; **≈leidend** *adj.* needy, indigent, destitute, distressed; ☤ *Wechsel*: dishono(u)red; *~e Obligationen* overdue stock; *Am.* defaulted bonds; *~e Gesellschaften* companies in default; **~leidende(r** *m*) *f* needy person, sufferer; *die ~n* the needy (*pl.*), the distressed (*pl.*); **~leine** *f* communication cord; **~lösung** *f* makeshift (*od.* patched-up) solution; expedient; **~lüge** *f* white lie; **~maßnahme** *f* emergency measure.

notorisch *adj.* notorious.

Not...: **~pfennig** *m* savings *pl.*, nest-egg; *einen ~ aufsparen* put money by (for a rainy day); **~ruf** ⚓ *m* distress call (*od.* signal); **~schlachtung** *f* forced slaughter; **~schrei** *m* cry for help (*a. fig.*); **~signal** *n* distress signal; **~sitz** *m* emergency seat, *mot. a.* dickey (*Am.* rumble) seat; **~stand** *m* **1.** → *Notlage*; **2.** ⚖ (privilege of) necessity; **3.** *pol.* (*nationaler*) *~* (state of national) emergency; **~standsarbeiten** *f/pl.* (unemployment) relief works; **~standsgebiet** *n* distressed area; **~standsgesetz** *n* emergency law, emergency powers act; **~standsmaßnahme** *f* emergency measure; **~stromanlage** ⚡ *f* emergency power plant; **~taufe** *f* emergency baptism; **~treppe** *f* fire escape; **~unterkunft** *f* shelter, billets *pl.*; **~verband** *m* emergency (*od.* first-aid) dressing; **~verkauf** ☤ *m* distress sale; **~verordnung** *f* emergency decree; **~wasserung** ✈ *f* emergency landing on water; **~wehr** *f*: (*aus*) *~* (in) self-defen|ce, *Am.* -se; **≈wendig I.** *adj.* necessary; (*erforderlich*) *a.* required, requisite; (*dringlich*) urgent; (*wesentlich*) essential; (*unerläßlich*) indispensable; *unbedingt ~* imperative; *~ machen* necessitate, call for; *es ist ~, daß er* it is necessary for him to *inf.*; → *a. nötig*; **II.** *adv.*, *a.* **≈wendigerweise** *adv.* necessarily, of necessity; **~wendigkeit** *f* necessity; (*Sache*) *a.* requirement; (*Dringlichkeit*) urgency; *e-e absolute ~* a must; **~zeichen** *n* distress signal; **~zucht** *f* rape; *~ begehen an* commit rape upon; **≈züchtigen** *v/t.* rape, violate.

Nougat *m, n* nougat.

Novell|e *f* **1.** novella, novellette; **2.** *parl.* amendment, amending law; **≈ieren** *parl. v/t.* amend; **~ist(in** *f*) *m* novelettist; **≈istisch** *adj.* novelettish.

November *m* November.

Novität *f* novelty; *thea.* new play; (*Buch*) new publication.

Noviz|e *m*, **~in** *f* *R.C. u. fig.* novice.

Novum *n* novelty, something quite new, unheard-of fact.

nu I. *int.* well!, now!, *Am. a.* hey!; **II.** ≈ *m*: *im ~* in no time, in the twinkling of an eye, in a trice (*od.* flash), F in a jiffy.

Nuanc|e *f* nuance, shade, *fig. a.* nicety; **≈ieren** *v/t.* nuance, shade.

nüchtern *adj. Magen*: empty; *Person*: with an empty stomach; (*Ggs. betrunken*) sober, (*mäßig*) temperate; *fig. Geist, Urteil, Tatsache, Diskussion usw.*: sober, *Person*: *a.* sober-minded; (*geschäftsmäßig*) matter-of-fact(ly *adv.*); (*leidenschaftslos*) dispassionate, cool, unemotional; (*unsentimental*) hard-headed; (*alltäglich, unromantisch*) prosaic; (*schlicht, schmucklos*) plain; (*langweilig*) pedestrian, jejune, dull, dry(-as-dust); *auf ~en Magen* on an empty stomach; (*wieder*) *~ machen* (*werden*) sober (down); *~ betrachtet* in sober fact, realistically speaking; **≈heit** *f* emptiness; sobriety, temperance; *fig.* soberness, matter-of-factness; dryness; prosiness.

Nudel *f* noodle; *pl.* (*Faden*≈*n*) vermicelli; F *fig. ulkige ~* F funny bird; **~holz** *n* rolling-pin; **≈n** *v/t.* stuff, fatten; *fig.* cram with food; **~suppe** *f* noodle soup.

Nud|ismus *m* nudism; **~ist(in** *f*) *m* nudist; **~ität** *f* nudity.

Nugat *m, n* nougat.

nukle|ar *adj.*, **≈ar...** *in Zssgn* nuclear; **≈in** *n* nuclein; **≈insäure** *f* nucleic acid; **≈on** *n* nucleon; **≈onik** *f* nucleonics *pl.* (*sg. konstr.*); **≈us** *m* nucleus.

null I. *adj.* zero (*a. phys.*, ⊕ *usw.*), null, nought; *bsd. bei Fehlanzeige*: nil; *Tennis*: love; *in Telefon-*

nummern: O (*Aussprache*: əu); ~ *u. nichtig* null and void, a nullity; *für* ~ *u. nichtig erklären* declare null and void, annul; *das Spiel steht zwei zu* ~ *Sport*: two to nought (*od.* nothing); **II.** ⁓ *f* (*Zahl u. Zeichen*) cipher, (*a.* ~*punkt*) zero; null, nought; *fig.* (mere) cipher, zero, null, nonentity; → *a. Niete*[2]; ⚔ *u. fig. die Stunde* ~ zero hour; *das Thermometer steht auf* (*über, unter*) ~ stands at (above, below) zero; *8 Grad unter* ~ 8 degrees below freezing; F *fig. gleich* ~ next to nothing, zero, nil; F *in* ~ *Komma nix* → (*im*) *Nu*; ⁓**abgleich** *m*, ⁓**einstellung** *f* zero adjustment; ⁓**achse** *f* zero axis; ~**en** *v/t.* (*Computer*) reset; ⚡ neutralize; ⁓**form** *ling. f* zero; ⁓**(l)eiter** ⚡ *m* zero (*od.* neutral) conductor; ⁓**(l)inie** *f* zero line; ⁓**punkt** *m* zero (point); (*Gefrierpunkt*) *a.* freezing-point; *auf dem* ~ at zero (*a. fig.*); ⁓**spannung** *f* zero voltage; ⁓**spannungs...** no-volt (-age) ...; ⁓**stelle** *f* null, zero; ⁓**stellung** *f* zero position; *Schalter*: off-position; *Steuerung*: neutral position; ⁓**strich** *m* zero mark; ⁓**strom** ⚡ *m* zero current; ⁓**tarif** *m* zero rate; *zum* ~ free.

Nulpe F *f sl.* drip, jerk.

numerier|en *v/t.* number; *thea. numerierter Platz* reserved seat; ⁓**ung** *f* numbering.

numerisch *adj.* numerical.

Numerus clausus *univ. m* quota score, numerus clausus.

Numismat|ik *f* numismatics *pl.* (*sg. konstr.*); ~**iker** *m* numismat(olog)ist; ⁓**isch** *adj.* numismatic.

Nummer *f* (*Zahl, Nr.*) number (*abbr.* No., *pl.* Nos.); *e-r Zeitung usw.*: number, copy, issue; ✝ (*Größe*) size, (*Artikel*) number; *Sport*: event; (*Programm*⁓, *Zirkus*⁓) number; *laufende* ~ serial number; F *fig. er ist e-e* (*tolle*) ~ he is quite a card (*od.* character); *auf* ~ *Sicher gehen* play it safe; *auf* ~ *Sicher sitzen* be behind bars; *bei j-m e-e gute* ~ *haben* be in a p.'s good books; be in high favo(u)r with a p.; ~**nfolge** *f* numerical order; ~**nscheibe** *teleph. f* dial; ~**nschild** *mot. n* number plate.

nun I. *adv.* (*jetzt*) now, at present; (*unter den Umständen*) then, as things now stand; *zur Fortsetzung der Rede*: well, well yes (*od.* now), why; *von* ~ *an* from now on, henceforth, (*seitdem*) from that time (onwards); ~ *ja* (*doch*)*!* yes, indeed; ~ *ja gleichmütig*: oh well; ~ *gut!* all right!; ~ *erst erkannte er sie* it was only then that he recognized her; *er mag* ~ *kommen oder nicht* whether he comes or not; *wenn er* ~ *käme?* what if he came?; ~*? fragend*: well?, well, how is it?; (*wie geht's*) well, how are things?; *was* ~*?* what next?; **II.** *int.* now then!; ~ *los!* now, go it!; ~, ~*!* gently!, come, come!; **III.** *cj.*: ~ (*da*) now that, since; ~**mehr** *adv.* now, by this time; at this stage; (*von nun an*) from now on; ~**mehrig** *adj.* present.

Nunti|atur *R.C. f* nunciature; ~**us** *m* nuncio.

nur I. *adv.* only, (*allein*) *a.* alone; (*lediglich*) *a.* solely; (*nichts als*) nothing but; (*bloß*) merely, just; (*ausgenommen*) except, but; (*einfach*) simply; ~*?* is that all?, only that?; ~ *ich* I alone, no one but me; *alle,* ~ *nicht er* all except him; ~ *einmal* just once, (never) but once; ~ *weil* just because; *fast* ~ (*noch*) hardly anything but; *nicht* ~, *sondern auch* not only, but also; *wenn* ~ if only; ~, *daß* only that, except (that); *er ist* ~ *klein* he is but small; *sie hat* ~ *eine Tochter* she has but one daughter; *in* ~ *zwei Jahren* in only (*od.* just, as little as) two years; *mit* ~ *zwei Stunden Schlaf* with a bare two hours' sleep; ~ *aus Anhänglichkeit* (*Bosheit, usw.*) out of sheer loyalty (spite *etc.*); *ohne auch* ~ *zu lächeln* without so much as a smile; ~ *zu!* go on!, go ahead!, at it!; *geh* (*du*) ~*!* go, by all means!; *na, warte* ~*!* you just wait!; *verkaufe es* ~ *ja nicht* don't sell it on any account; *wie kam er* ~ *hierher?* how on earth did he get here?; *was er* ~ *damit sagen will?* I wonder what he is driving at; *das weißt du* ~ *zu gut* you know that well enough; *warum* ~ why ... ever; *was* ~ whatever, what ... ever; *wer* ~ whoever, who ... ever; *wie* ~ how ... ever; *soviel ich* ~ *kann* as much as I ever (*od.* possibly) can; *so schwierig es* ~ *sein konnte* as difficult as could (possibly) be; **II.** *cj.*: ~ *habe ich vergessen* ... only that I forgot ...

Nurflügelflugzeug *n* tailless (*od.* all-wing) airplane, flying wing.

Nürnberger *adj.* (of) Nuremberg; ~ *Trichter* royal road to learning.

nuscheln *v/i.* slur, mumble.

Nuß *f* nut; *fig. harte* ~ hard nut (to crack), F tough job, toughie; *j-m e-e* (*harte*) ~ *zu knacken geben* give a hard nut to crack; ~**baum** *m* (wal)nut-tree; ~**baumholz** *n* walnut; **⁓braun** *adj.* nut-brown, hazel; **⁓kern** *m* kernel (of a nut); **⁓knacker** *m* nutcracker; **⁓kohle** *f* nut (coal); **⁓schale** *f* nutshell (*a. fig. Boot*).

Nüster *f*, *mst* **⁓n** *pl.* nostril(s).

Nut, **⁓e** ⊕ *f* groove; *kerbartige*: notch; *zur Aufnahme von Werkstück*: slot; *im Werkzeug*: (*Span-Nut*) flute; *zum Aufspannen*: T-slot; *zur Aufnahme von Keilen*: keyway; *e-s Wälzfräsers*: gash; ⁓ *und Feder in Holz*: tongue and groove, *in Metall*: slot and key; **⁓en** *v/t.* groove; slot; flute; keyway; gash; **⁓enfräser** *m* slot cutter.

Nutsche ⊕ *f* suction filter.

Nutte F *f sl.* tart.

nutz I. *adj.* (*nur pred.*) useful; *zu nichts ⁓ sein* be of no use, *a. Person*: be good for nothing, be useless (*od.* worthless); **II. ⁓** *m*: *zu j-s ⁓ und Frommen* for the good of a p., for a p.'s benefit; **⁓anwendung** *f* practical application; utilization; *aus et. e-e ⁓ ziehen* draw a moral from a th.

nutzbar *adj.* useful; utilizable, *bsd.* ⊕ effective; (*gewinnbringend*) profitable, productive; (*verfügbar*) available; *sich et. ⁓ machen* utilize, turn to account; take advantage of; (*Naturkräfte usw.*) harness; **⁓keit** *f* usefulness; profitableness; **⁓machung** *f* utilization; harnessing *of natural resources, etc.*

nutzbringend *adj.* profitable; *adv.* ⁓ *anwenden* turn to good account.

nutze, nütze *adj.* → *nutz.*

Nutzeffekt *m* useful effect, net efficiency, effective power.

Nutzen *m* use, utility; (*Gewinn*) profit, gain; (*Vorteil*) advantage, *a.* ⚖ benefit; (*Ertrag*) yield, returns *pl.*; *zum ⁓ von* for the benefit of; ⁓ *bringen* yield (*od.* show) a profit, bring grist to the mill; *von ⁓ sein* → *nutzen* I; ⁓ *ziehen aus* profit (*od.* benefit) from (*od.* by), *fig. a.* make capital out of, cash in on, exploit.

nutzen, nützen I. *v/i.* be of use *od.* useful (*zu et.* for; *j-m* a p.); serve (*j-m* a p.); (*vorteilhaft sein*) be of advantage (*od.* benefit) (to a p.); benefit (a p.); *nichts ⁓* be of no avail, be useless (*od.* wasted); *wenig ⁓* avail little, help not much, do little good; *was nützt es, daß?* what is the use (*od.* good) of *ger.* ?; *es nützt nichts!* it's no use!; **II.** *v/t.* use, make use of, utilize; turn to account; (*ausnützen*) exploit; (*Gelegenheit*) avail o.s. of, seize.

Nutz...: **⁓fahrzeug** *n* utility (*od.* commercial) vehicle; **⁓fläche** *f* useful (*od.* effective) area; ✝, ⛺ floor-space; ✓ agricultural acreage; **⁓garten** *m* fruit and vegetable garden; **⁓holz** *n* timber, *bsd. Am.* lumber; **⁓last** *f* payload, useful load; **⁓leistung** *f* useful (*od.* effective) power, (effective) output; *mot.* brake horsepower (*abbr.* BHP).

nützlich *adj.* useful, of use (*dat.* to); (*dienlich*) serviceable, helpful; (*vorteilhaft*) advantageous, of advantage, profitable; beneficial; (*fördernd*) conducive (*dat.* to); *⁓e Gespräche* useful talks; *sich ⁓ machen* make o.s. useful; *er (es) könnte dir ⁓ sein* he (it) might be of some use to you; **⁓keit** *f* use(fulness), utility; serviceableness; advantage; profitableness; **⁓keits...** *in Zssgn* utilitarian ...

Nutz...: **⁓los** *adj.* useless, (of) no use; unavailing, unprofitable; (*unnötig*) needless; (*verschwendet, pred.*) wasted (*bei* on); **⁓losigkeit** *f* uselessness; futility; **⁓nießer(in** *f*) *m* ⚖ usufructuary; *weitS.* person who profits (*gen.* by *a th.*), profiteer; *lebenslänglicher ⁓* life beneficiary; **⁓nießung** ⚖ *f* usufruct, user; **⁓pflanze** *f* useful plant; **⁓strom** ⚡ *m* useful current.

Nutzung *f* **1.** using; utilization; → *a. Nutzbarmachung, Nutznießung*; **2.** (*Ertrag*) yield, revenue, ⚖ *a.* fruits *pl.*, ✝ *a.* utility; **⁓srecht** *n* (right of) user *od.* usufruct, use.

Nylon|strümpfe *m/pl.* nylon stockings, nylons; **⁓verstärkt** *adj.* nylon-fortified.

Nymph|e *f* nymph; **⁓oman** *adj.*, **⁓omanin** *f* nymphomaniac; **⁓omanie** *f* nymphomania.

O

O, o[1] *n* O, o; → A.
o[2] *int.* oh!, ah!; ~ *ja!* oh yes!, yes, indeed!; ~ *nein!* oh no!, not at all!, far from it!; ~ *weh!* oh dear (me)!; ~ *daß er doch käme* if only ..., how I wish (that) ...
Oase *f* oasis (*a. fig.*); → *a. Steueroase.*
ob[1] *cj.* whether, if; *als* ~ as if, as though; *nicht als* ~ not that; ~ ... *oder nicht* whether ... or not; ~ *auch* although; (*na*) *und* ~! of course!, certainly! F rather!, and how!, *Am.* F you bet!; (*ich frage mich,*) ~ *er wohl kommt?* I wonder if he will come?; ~ *ich krank war?* you mean whether I was ill?; *so tun als* ~ ... make as if ..., pretend to *inf.*, make believe to *inf.*
ob[2] *obs. prp.* **1.** *gen.* (*wegen*) on account of; (*über*) about; **2.** *dat.* (*oberhalb*) above.
Obacht *f* attention; ~ *geben auf* pay attention to, heed, watch; ~! look (*Am.* watch) out!, careful!
Obdach *n* shelter; **≈los** *adj.* unsheltered, homeless; **~lose(r** *m*) *f* homeless person; *Asyl für* ~ casual ward; **~losigkeit** *f* homelessness.
Obdu|ktion ⚕, ⚖ *f* post-mortem (examination), autopsy; **≈zieren** *v/t.* perform an autopsy (*od.* a post-mortem) on.
O-Beine F *pl.* bandy legs, bow-legs; **O-beinig** *adj.* bandy-legged, bow-legged.
Obelisk *m* obelisk.
oben *adv.* above, overhead; (~ *auf*) on (the) top; (*an der Oberfläche*) on the surface; on top; (*auf der Spitze*) at the top (*am Berg* of the mountain); (*in der Höhe*) up; (*im Himmelsraum*) aloft, on high; *im Hause*: upstairs; ~! *auf Versandkisten*: this side up!; ~: *Bilderklärung*: above:, top:; ~ *links* (at) upper left; *Paragraph 24* ~ Section 24 above; ~ *auf* on top of, *Brief, Buch, Liste*: at the top of; ~ *am Tisch* at the top of the table; *da* ~ up there; *hier* ~ up here; *nach* ~ up(wards), *im Hause*: upstairs; ☤ *Tendenz nach* ~ upward tendency; *von* ~ from above; *fig. die Anordnung kommt von* ~ from above, from the top; *fig. von* ~ *herab* (*hochnäsig*) haughtily, condescendingly; *von* ~ *bis unten* from top to bottom, *j-n ansehen*: from top to toe, from head to foot; *wie* ~ (*angegeben*) (same) as above; F *fig. mir steht es bis hier* ~ I am sick and tired of it; "≈ *-ohne*"-*Kleid* topless (dress); **~an** *adv.* at the top; **~anstehen** *v/i. auf e-r Liste*: top the list; *fig.* hold the first place; **~auf** *adv.* on (the) top, uppermost; (*an der Oberfläche*) on the surface; *fig.* ~ *sein* be on top, be in great form; **~drein** *adv.* besides, in addition, over and above; *nachgestellt*: into the bargain, to boot, at that; **~erwähnt, ~genannt** *adj.* above(-mentioned), (afore)said; **~gesteuert** *adj.*: ~*er Motor* valve-in-head engine; ~*e Ventile* overhead valves; **~hin** *adv.* superficially, perfunctorily; ~ *bemerken* say casually; **~hinaus** *adv.* out above; *fig.* ~ *wollen* be very ambitious, be aiming high; **~stehend** *adj.* → *obenerwähnt.*
ober *adj.* upper; higher; *fig. a.* superior, senior, chief ...; *die* ~*en Zehntausend* the upper ten (*od.* crust); → *oberst.*
Ober *m* **1.** (head-)waiter; **2.** (*deutsche Spielkarte*) queen; **~arm** *m* upper arm; **~arzt** *m* assistant medical director; **~aufseher** *m* superintendent; **~aufsicht** *f* superintendence; **~bau** *m* superstructure (*a. fig.*); 🚂 permanent way; *Straße*: surface; **~bauch** *anat. m* epigastrium; **~befehl** *m* supreme (*od.* high) command; **~befehlshaber** *m* supreme commander, commander-in-chief; **~begriff** *m* generic term; (*Patenteinleitung*) preamble; *als* ~ generically; **~bekleidung** *f* outer garments *pl.*, outer wear; **~bett** *n* feather-bed, eiderdown; **~bewußtsein** *n* conscious self; **~bundesanwalt** *m* Federal Chief Attorney, Solicitor-general; **~bügermeister** *m* chief burgomaster; *Brit.* Lord Mayor, *Am.* Mayor; **~deck** ⚓ *n* upper deck; **≈e** *adj.* → *ober*; **≈faul** F *adj.*

very bad; (*verdächtig*) *sl.* fishy; **~feldwebel** ⚔ *m* staff sergeant; ✈ flight (*Am.* technical) sergeant.
Oberfläche *f* surface, ⊕ *a.* face; (*Flächeninhalt*) area, △ *a.* superficies; *an* (*unter*) *der* ~ on (below) the surface (*a. fig.*); *an die* ~ *kommen* come (*od.* rise) to the surface (*a. fig.*); *U-Boot*: *a.* surface.
Oberflächen...: **~aktiv** *adj.* surface-active; **~bearbeitung** *f* finish(ing); **~behandlung** *f* surface treatment; **~härtung** *f* (surface) hardening; **~spannung** *f* surface tension.
oberflächlich *adj. allg.* superficial; (*seicht*) shallow; (*flüchtig*) perfunctory, cursory; (*leichtfertig*) facile; (*ungefähr*) rough *estimate*; ~*e Bekanntschaft* casual (*od.* nodding) acquaintance; ~*e Kenntnisse haben* have a smattering (*od.* superficial) knowledge (*von* of); *adv. j-n* ~ *kennnen* be on speaking terms with; **~keit** *f* superficiality.
Ober...: **~förster** *m* head forester; **~gärig** *adj.* top(-fermenting); **~gefreite(r)** ⚔ *m Brit.* lance corporal, *Am.* private 1st cl. (= class); ✈ *Brit.* leading aircraftman, *Am.* airman 2nd cl. (= class); ⚓ able rating, *Am.* seaman; **~geschoß** *n* upper stor(e)y; **~gesenk** ⊕ *n* upper die; **~halb** *prp.* above; **~hand** *fig. f*: *die* ~ *gewinnen* get the upper hand (*über* of), carry the day, *über j-n*: get the better (*Am.* best) of; *die* ~ *haben* predominate, have the whiphand (*über* of), F be on top; **~haupt** *n* chief, head; *e-r Partei*: leader; **~haus** *parl. n* Upper House, *Brit. a.* House of Lords; **~haut** *f* epidermis; **~häutchen** *n* cuticle; **~hemd** *n* (day-) shirt; **~herrschaft** *f* supremacy; **~hoheit** *f* sovereignty; **~in** *f R.C.* Mother Superior; *e-r Schwesternschaft, im Krankenhaus*: matron; **~ingenieur** *m* chief engineer; **~irdisch** *adj.* overground ...; surface ..., *pred. u. adv.* above ground; ⚡ ~*e Leitung* overhead line; **~kante** *f* upper edge; **~kellner** *m* head-waiter; **~kiefer** *m* upper jaw; **~kirchenrat** *m* (*Person*: member of the) High Consistory; **~klasse** *f* upper class(es *pl.*); *ped.* senior class; **~kleidung** *f* → *Oberbekleidung*; **~kommandierende(r)** *m* → *Oberbefehlshaber*; **~kommando** *n* → *Oberbefehl*; **~körper** *m* upper part of the body; (*Brust*) chest; **~land** *n* upland; **~landesgericht** *n* (Regional) Court of Appeal; Supreme Court (*of a Land*); **~lastig** *adj.* top-heavy; **~lauf** *m e-s Flusses*: upper course; **~leder** *n* uppers *pl.*; **~leitung** *f* **1.** supervision; **2.** ⚡ overhead contact line; **~leitungsbus** *m* trolley bus; **~leutnant** *m* ⚔ (*Am.* first) lieutenant; ⚓ sublieutenant, *Am.* lieutenant (junior grade); ✈ flying officer, *Am.* first lieutenant; **~licht** *n* skylight; *über e-r Tür*: fanlight; **~lippe** *f* upper lip; **~postdirektion** *f* Post-Office Divisional Administration; **~priester** *m* high priest; **~prima** *f* top form, *Brit.* Upper VI; **~rheinisch** *adj.* of the Upper Rhine.
Obers *östr. n* cream.
Ober...: **~schenkel** *m* thigh; **~schenkelknochen** *m* thighbone, femur; **~schicht** *f* top layer; *der Bevölkerung*: upper class(es *pl.*); **~schule** *f* secondary school, *Am.* high school; **~schwester** *f* sister, head nurse; **~schwingung** *phys. f* harmonic; **~seite** *f* top (*od.* upper) side.
oberst I. *adj.* uppermost, topmost, highest; top ...; *fig.* chief ..., principal, highest, top ..., first; ⚔ ~*e Heeresleitung* General Headquarters *sg. u. pl.*; ~*es Gericht* Supreme Court (of Judicature); ~*er Grundsatz* leading principle; *das* ~*e zuunterst kehren* turn everything upside down; **II.** ~ ⚔ *m* colonel.
Ober...: **~staatsanwalt** *m* senior (public) prosecutor at the Landgericht; **~stabsarzt** *m* major (medical); **~stabsfeldwebel** ⚔ *m Brit.* warrant officer class I, *Am.* sergeant major; ✈ warrant officer, *Am.* chief master sergeant; **~steiger** ⚒ *m* foreman; **~stimme** *f* treble, soprano.
Oberstleutnant ⚔ *m* lieutenant colonel; ✈ *Brit.* Wing Commander.
Ober...: **~stübchen** *n* garret, attic; F *fig. er ist nicht ganz richtig im* ~ he is not quite right in the top stor(e)y; **~studiendirektor** *m* headmaster, *Am.* principal; **~studienrat** *m* senior assistant master; **~stufe** *f* higher grade, senior class(es *pl.*); **~tasse** *f* cup; **~teil** *n* upper part, top (*a.Kleidungsstück*); **~ton** ♪ *m* overtone; **~wasser** *n e-r Schleuse*: upper water; *Mühle*: overshot water; *fig.* ~ *haben* have the upper hand, *sl.* be top dog, *weitS.* be riding high; **~weite** *f* bust (measurement); **~welt** *f* upper world; **~zahn** *m* upper tooth.
obgleich *cj.* (al)though.

Obhut *f* care; (*Schutz*) protection; (*Verwahrung*) safe-keeping, custody; *in (seine)* ~ *nehmen* take care (*od.* charge) of, (*j-n*) *a.* take under one's wings.
obig *adj.* above(-mentioned).
Objekt *n* object (*a. ling., phls.*); (*Vorhaben*) project; ✝ *a.* transaction; (*Vermögensgegenstand*) property.
objektiv I. *adj.* objective; (*unparteiisch*) *a.* impartial, *Urteil usw.*: detached, unbiassed; (*tatächlich*) actual, practical; → *Tatbestand*; **II.** ≈ *n Mikroskop*: objective; *phot.* lens; **~ieren** *v/t.* objectify, objectivize; **≈ismus** *m* objectivism; **≈ität** *f* objectivity, objectiveness; impartiality.
Objekt...: **~sucher** *m* object-finder; **~träger** *m des Mikroskops*: (object) slide.
Oblate *f* wafer.
obliegen *v/i.* (*e-r Arbeit usw.*) apply o.s. to, attend to; *j-m* ~ *als Pflicht*: be incumbent on a p., devolve on a p., be a p.'s duty; **≈heit** *f* obligation, duty, function.
obligat *adj.* obligatory; (*unerläßlich*) indispensable; (*unvermeidlich*) inevitable; ♪ obligato.
Obligation ✝ *f* bond, debenture (bond); **~sgläubiger** *m* bond creditor; **~sschuld** *f* bond(ed) debt.
obligatorisch *adj.* obligatory (*für* on), compulsory, mandatory.
Obligo ✝ *n* liability; engagement; *ohne* ~ without guaranty (*od.* engagement); *Wechsel*: without recourse.
Obmann *m* (*Vorsitzender*) chairman; (*Interessenvertreter*) steward, (*Betriebs* ≈) spokesman; *e-s Schiedsgerichts*: umpire; *Sport*: president (of the jury).
Obo|e ♪ *f* hautboy, oboe; **~ist** *m* oboist.
Obolus *m*: *s-n* ~ *entrichten* pay (one's share).
Obrigkeit *f the* authorities *pl.*, *the* powers *pl.* (that be); (*Regierung*) government; **≈lich I.** *adj.* magisterial, official; **II.** *adv.* by authority; **~sdenken** *n* love of authority; **~sstaat** *m* authoritarian state.
Obrist *m* colonel.
obschon *cj.* (al)though.
Observatorium *ast. n* observatory.
obsiegen *v/i.* be victorious (*über* over), carry the day; ⚖ succeed in an action; win one's case; *über j-n* ~ triumph over; ⚖ *~de Partei* successful party.
obskur *adj.* obscure (*a. fig.*); **≈antismus** *m* obscurantism.
Obst *n* fruit; **~bau** *m* fruit-growing; **~baum** *m* fruit-tree; **~branntwein** *m* fruit schnapps; **~darre** *f* fruit-kiln; **~ernte** *f* fruit-gathering; (*Ertrag*) fruit-crop; **~garten** *m* orchard; **~handel** *m* fruit-trade; **~händler(in** *f*) *m* fruiterer, *Am.* fruit-seller; **~handlung** *f* fruiterer's (shop), *Am.* fruit-store.
obstinat *adj.* obstinate.
Obst...: **~kern** *m* kernel, stone, *kleinerer*: pip; **~konserven** *f/pl.* tinned (*Am.* canned) fruit *sg.*; **~kuchen** *m* fruit tart; **~markt** *m* fruit-market; **~messer** *n* fruit-knife.
Obstruktion *parl. f* obstruction; **~spolitik** *f* obstructionism.
Obst...: **~saft** *m* fruit juice; **~salat** *m* fruit salad; **~torte** *f* fruit flan, *Am.* fruit pie; **~verwertungsbetrieb** *m* fruit-processing plant; **~wein** *m* fruit-wine, (*Apfelwein*) cider; **~züchter** *m* fruit-farmer, fruit-grower, *Brit. a.* fruiter.
obszön *adj.* obscene; **≈ität** *f* obscenity.
O-Bus *m* trolley bus.
obwalten *v/i.* exist; (*vorherrschen*) prevail; *unter den ~den Umständen* under the (prevailing) circumstances, things being as they are.
obwohl *cj.* (al)though.
Ochs(e) *m* ox (*pl.* oxen); bullock, steer; F *fig.* oaf, lummox; *er stand da wie der* ~ *vorm Berg* he was completely out of his depth.
ochsen F *v/i. u. v/t.* F cram, grind, swot, *Am.* bone (up on).
Ochsen...: **~auge** *n* oxeye (*a.* ⚘ *u. Fenster*); *Kochkunst*: fried egg; **~fleisch** *n* beef; **~gespann** *n* team of oxen; **~haut** *f* ox-hide; **~maulsalat** *m* ox-muzzle salad; **~schwanzsuppe** *f* oxtail soup; **~ziemer** *m* (*Peitsche*) cowhide; **~zunge** *f* neat's tongue.
Ocker *m* och|re, *Am.* -er; **≈gelb** *adj.* ochre (yellow).
Odaliske *f* odalisque.
Ode *f* ode.
öde I. *adj.* (*pred. a. öd*) deserted, desolate, dreary; (*unbebaut*) waste; (*stumpfsinnig*) dull, tedious; (*freudlos*) bleak, dreary; **II.** ≈ *f* waste (-land); *fig.* dreariness, bleakness; tedium.
Odem *poet. m* breath.
Ödem ⚕ *n* (o)edema; **≈atös** *adj.* (o)edematous.
oder *cj.* or; → *entweder*; ~ (*aber*) otherwise, (or) else, *drohend*: or else!; ~ *auch* or rather.

Ödipuskomplex *m* Oedipus complex.
Odium *n* odium.
Ödland *n* wasteland.
Odontologie ⚕ *f* odontology.
Odyssee *fig. f* Odyssey.
Ofen *m* stove; (*Back*≈) oven; (*Brenn*≈, *Dörr*≈) kiln; (*Hoch*≈) furnace; (*Heizkörper*) heater; (*Koch*≈) cooking stove, cooker; ~ *mit Ölfeuerung* oil-burner; *mot. sl. heißer* ~ F (motor) bike; *fig. hinterm* ~ *hocken* be a stay-at-home; F *jetzt ist der* ~ *aus!* it's curtains (for us, *etc.*)!; → *Hund* 3; **~bank** *f* bench by the stove; **~einsatz** ⊕ *m* charge; **~gang** ⊕ *m* heat; **~heizung** *f* heating by stove; **~hocker** *fig. m* stay-at-home; **~kachel** *f* stove tile; **~klappe** *f* damper; **~lack** *m* stove enamel; **~rohr** *n* stove pipe; *sl.* ⚔ (*Raketenpanzerbüchse*) bazooka; **~röhre** *f* heating-oven; **~sau** ⊕ *f* furnace sow; **~schirm** *m* fire-screen; **~schwärze** *f* stove-polish; **~setzer** *m* stove-fitter; **≈trocken** ⊕ *adj.* kiln-dried; **~vorsetzer** *m* (stove-) fender.
offen I. *adj. allg.* open (*a. Brief,* ⚕ *Tuberkulose*; *a. ling.*); (*geöffnet*) *Laden usw.*: open(ed); ⊕ open (-type); (*öffentlich*) public; *Stelle*: open, vacant; (~*herzig, aufrichtig*) open(hearted), frank, candid, sincere, outspoken; (*entblößt, ungeschützt*) exposed, open; *Haß usw.*: open; *Feindseligkeit*: overt; (*unentschieden*) open, undecided; ✝ *Ausschreibung*: unlimited; ⚔ ~*e Flanke* exposed flank; ~*er Funkspruch* message in clear; ~*es Geheimnis* open (*od.* everybody's) secret; ~*es Gelände* open country; ~*er Leib* open bowels *pl.*; ⚔ ~*es Nachrichtenmaterial* unclassified information; ~*e See* open (sea); ~*e Stadt* open (*od.* unfortified) town; ✝ ~*es Giro* blank indorsement; ≈*e Handelsgesellschaft* general partnership; ~*er Kredit* blank credit; ~*e Police* floating policy; ~*e Rechnung* outstanding (*od.* unsettled) account, (*laufende Rechnung*) current account; ~*es Zahlungsziel* open terms *pl.*; ⚡ ~*er Stromkreis* open circuit; *auf* ~*er Straße* in the open street, in public; *auf* ~*er Strecke* on the open road, 🚂 between stations; *bei* ~*em Fenster* with the window open; *zu j-m* ~ *sein, adv.* ~ *mit j-m reden* be open with a p.; ~ *sein für e-n Vorschlag usw.* be open to; → *Tag*; **II.** *adv.* openly, *etc.*; ~ *gestanden* frankly speaking; → *offenlassen usw.*
offenbar I. *adj.* manifest, obvious, evident; (*klar*) clear; (*anscheinend*) apparent; (*bekannt*) public; ~ *werden* become known (*od.* public); **II.** *adv.* obviously, *etc.*; **~en** *v/t.* manifest; (*Geheimnis usw.*) reveal (*a. eccl.*), disclose, unveil; (*zeigen*) show (*alle*: *dat.* to); *sich* ~ reveal o.s., (*j-m*) *a.* open one's heart to; **≈ung** *f* manifestation, revelation; *bibl. die* ~ (*Johannis*) The Revelation of St. John, The Revelation(s *pl.*); *fig.* (*wie*) *e-e* ~ (like) a revelation; **≈ungseid** ⚖ *m* oath of manifestation (*od.* disclosure).
offen|halten *v/t.* keep open; *fig.* leave open; **≈heit** *f* openness, frankness, cando(u)r; **~herzig** *adj.* openhearted, frank, outspoken; (*aufrichtig*) candid, sincere; F *fig. Kleid*: low(-necked); *zu* ~ *sein* wear one's heart upon one's sleeve; **≈herzigkeit** *f* openheartedness, frankness, cando(u)r; **~kundig** *adj.* well-known, manifest, public; (*klar*) obvious, evident, clear; (*berüchtigt*) notorious; *Irrtum, Lüge usw.*: patent, blatant, flagrant; *Handlung, Feindseligkeit usw.*: overt; **≈kundigkeit** *f* publicity; obviousness, overtness; flagrancy, notoriety; **~lassen** *v/t.* leave open, *fig. a.* leave undecided (*od.* in abeyance); *die Möglichkeit* ~ not to discount the possibility (*gen.* of *a th.*); **~legen** *fig. v/t.* disclose; **≈marktpolitik** ✝ *f* open-market policy; **~sichtlich** *adj. u. adv.* → *offenbar.*
offensiv *adj.* offensive; **≈e** *f* offensive; *die* ~ *ergreifen* take the offensive.
offenstehen *v/i.* stand open; *fig.* (*j-m*) be open to; *es steht ihm offen, zu inf.* he is free (*od.* at liberty) to *inf.*; **~d** *adj.* open (*a. fig.*); ✝ *Rechnung*: open, unsettled, outstanding.
öffentlich I. *adj. allg.* public; ~*e Bekanntmachung* public announcement; ~*e (Vesorgungs)Betriebe* public utilities; ~*er Dienst* public service; *Angestellte des* ~*en Dienstes* public-sector workers; *in* ~*em Eigentum (befindlich)* publicly owned; ~*es Haus* disorderly house; ~*e Meinung* public opinion; ~*es Recht* public law; ~*e Schule* state school; *in* ~*er Sitzung* in open court; *auf* ~*er Straße* in the open street; → *Hand, Ordnung* 2 *usw.*; **II.** *adv.* publicly, in public; ~ *bekanntmachen* make public, publicize, publish; ~ *beglaubigt* certified by public notarial act; ~ *gefördert* supported by the public

authorities; **⁓keit** *f* publicity (*a.* ⚖ *e-s Verfahrens usw.*); (*die Bevölkerung*) the (general) public; (*öffentliche Meinung*) public opinion; *Groll der* ~ public resentment; *im Lichte der* ~ in the public eye, in the limelight; *in aller* ~ in public; *an die* ~ *treten* appear before the public, make a public appearance; appear publicly; *sich in die* ~ *flüchten* resort to publicity, rush into print; *vor* (*od. an*) *die* ~ *bringen* bring before the public, bring into the open; *der* ~ *übergeben* open to the public, dedicate; ⚖ *die* ~ *ausschließen* exclude the public; → *Ausschluß 3, dringen 3*; **~-rechtlich** *adj.* public, under public law.

offer|ieren *v/t.* offer; **⁓te** ⚕ *f* offer, *bsd. bei Ausschreibungen*: tender, bid.

Offizialverteidiger ⚖ *m* assigned counsel, *Brit.* duty solicitor.

offiziell *adj.* official(ly *adv.*).

Offizier *m* (commissioned) officer; *erster* ~ ⚓ second-in-command; *Handelsmarine*: first mate (*od.* officer); *hoher* ~ high-ranking officer, *sl.* brass hat; *zum* ~ *ernannt werden* be commissioned, receive one's commission; **~anwärter** *m* officer candidate (*od.* cadet); **~sbursche** *m* orderly, batman; **~schule** *f* officer candidate school (*abbr.* OCS); **~skasino** *n* officers' mess; **~skorps** *n* body of officers, *the* officers (of the Army, *etc.*); **~slaufbahn** *f* officers' career; **~smesse** *f* officers' mess; **~spatent** *n* commission; **~srang** *m* rank of officer.

Offizin *f* laboratory; (*Apotheke*) chemist's shop, pharmacy; (*Druckerei*) printing-office; **⁓al, ⁓ell** *pharm. adj.* officinal.

offiziös *adj.* semi-official.

öffnen I. *v/t. u. v/i.* (*a. sich* ~) open; (*Flasche*) *a.* uncork; (*Leiche*) open, dissect; *niemand öffnete* nobody answered the door; **II.** ⁓ *n* opening.

Öffner *m* opener.

Öffnung *f* (*das Öffnen*) opening; (*Ein- od. Auslaßstelle*) opening, aperture; (*Loch*) hole; (*Lücke*) gap; (*Schlitz*) slot; (*Mündung*) mouth, (*a. Körper* ⁓) orifice; (*Einlaß*) inlet; (*Auslaß*) outlet; (*Durchlaß*) passage; *Lüftung*: vent; **~szeiten** *f/pl.* business hours.

Offsetdruck *m* offset (printing).

oft *adv.* often, frequently, many times; (*wiederholt*) repeatedly, time and again; *ziemlich* ~ more often than not, not infrequently.

öfter *adv.* **1.** more often (*od.* frequently); *je* ~ *ich ihn sehe, desto mehr* the more I see of him, the more; **2.** F = *des* ~*en*, **~s** → *oft*.

oftmal|ig *adj.* frequent, repeated, reiterated; **~s** *adv.* → *oft*.

oh! *int.* oh!, o!; → o².

Oheim *m*, **Ohm**¹ *obs. m* uncle.

Ohm² ⚡ *n* ohm; **⁓isch, ⁓sch** *adj.* Ohmic; *Ohmsches Gesetz* Ohm's law.

ohne I. *prp.* without, F minus; (*ausschließlich*) *a.* not counting, excluding; (*ermangelnd*) devoid of, innocent of, lacking; → *a.* ...*los*, *z.B.* ~ *Arbeit* → *arbeitslos*, ~ *Gefühl* → *gefühllos usw.*; ~ *Frage* doubtless; ~ *seine Schuld* through no fault of his; ~ *mein Wissen* without my knowledge, unknown to me; ~ *mich!* count me out!, not me!; ⚔ ~ *Tritt, marsch!* route step, march!; ~ *weiteres* without further ado, at once, (*mühelos*) easily, readily, *et. sagen können*: offhand, *sl.* off the cuff; *was hätte ich* ~ *ihn nur getan?* what should I have done without (*od.* but for) him?; ~ *seine Verletzung hätte er gewonnen* had it not been for his injury; F *das ist nicht* ~ F that's not half bad; F (*gar*) *nicht* ~, *dieser Redner!* F some speaker, isn't he!; **II.** *cj.*: ~ *daß*, ~ *zu inf.* without *ger.*, but that, unless; ~ *ein Wort zu sagen* without saying a word; ~ *auch nur zu lächeln* without so much as a smile; **~dem, ~dies, ~hin** *adv.* anyhow, anyway; **~gleichen** *adj.* unequal(l)ed, matchless, peerless, unheard-of, unprecedented; *e-e Frechheit* ~ the height of impudence; **⁓haltfahrt** *f* non-stop trip.

Ohnmacht *f* **1.** (*Machtlosigkeit*) powerlessness, impotence, helplessness; (*Schwäche*) weakness; **2.** ⚕ (*Bewußtlosigkeit*) unconsciousness, faint(ing fit); (*Herzschwäche*) syncope; *in* ~ *fallen* (*od. sinken*) → *ohnmächtig* (*werden*).

ohnmächtig *adj.* **1.** powerless, helpless (*gegen* against); **2.** ⚕ unconscious; ~ *werden* faint, become unconscious, (fall into a) swoon, pass out, black out.

Ohr *n* ear (*a. fig.* = *Gehör* hearing); *äußeres* ~ external ear, auricle; *inneres* ~ internal ear; F *die* ~*en aufmachen* (*od. spitzen*) listen attentively, prick one's ears; *ans* ~ *schlagen* strike the ear; *ein* ~ *haben für* have an ear for; *ein williges* ~ *finden* find a willing ear; *j-m in den* ~*en liegen* pester a p.; *j-n hinter die* ~*en hauen* box a p.'s ear; *fig.*

j-n übers ~ *hauen* cheat a p., *sl.* do a p. (in the eye); *die* ~*en hängenlassen* be downcast (*od.* F down in the mouth), look crestfallen; *ganz* ~ *sein* be all ears; *sich aufs* ~ *legen* have a nap, *Am.* F have some shut-eye; *sich hinter dem* ~ *kratzen* scratch one's ear; *sich et. hinter die* ~*en schreiben* make a special note of a th., take a th. to heart; *schreib dir das hinter die* ~*en!* F put that in your pipe and smoke it!; *auf taube* ~*en stoßen Worte*: fall on deaf ears; *tauben* ~*en predigen* preach to deaf ears; *bis über die* ~*en* up to the ears *in debt, in love,* up to the eyes; *von einem* ~ *zum andern* from ear to ear; *mir klingen die* ~*en* my ears are burning; F *halt die* ~*en steif!* keep a stiff upper lip!; *es ist mir zu* ~*en gekommen* (*od. gelangt*) it has come to my ears (*od.* attention), I have been told; *ich traute meinen* ~*en nicht* I didn't believe my ears; *vor unseren* ~*en* in our hearing (*od.* presence); *zum einen* ~ *hinein, zum andern hinaus* in at one ear, out at the other; → *faustdick* II, *trocken* I.

Öhr *n* eye; eyelet.

Ohren...: **~arzt** *m* ear-specialist, otologist; **~beichte** *f* auricular confession; **~betäubend** *adj.* (ear-)deafening; **~entzündung** ⚕ *f* inflammation of the ear, otitis; **~klappe** *f* ear-flap; **~klingen** *n* ringing in the ears, tinnitus; **~krankheit** *f*, **~leiden** *n* ear disease; **~reißen** ⚕ *n* ear-ache; **~sausen** ⚕ *n* buzzing in the ear(s); **~schmalz** *n* ear-wax, cerumen; **~schmaus** *m* treat for the ears, musical treat; **~schmerz(en** *pl.*) *m*, **~weh** *n* ear-ache, otalgia; **~schützer** *m* ear-flap, ear-muff; **~sessel** *m* wing chair; **~spezialist** *m* → *Ohrenarzt*; **~spiegel** ⚕ *m* otoscope; **~spritze** ⚕ *f* ear-syringe; **~zerreißend** *adj.* ear-splitting; **~zeuge** *m* ear-witness, auricular witness.

Ohr...: **~feige** *f* slap in the face (*a. fig.*), box on the ear; **~feigen** *v/t.*: *j-n* ~ box a p.'s ears, slap a p.'s face; F *ich könnte mich* ~*!* I feel like kicking myself!; **~förmig** *adj.* ear-shaped, auriform; **~gehänge** *n* ear-drops *pl.*; **~kanal** *m* auditory canal; **~läppchen** *n* ear-lobe; **~muschel** *anat. f* external ear, ear conch, auricle; **~ring** *m* ear-ring; **~speicheldrüse** *anat. f* parotid (gland); **~trompete** *anat. f* Eustachian tube; **~wurm** *m zo.* earwig; F *fig.* haunting tune.

okkult *adj.* occult; **~ismus** *m* occultism; **~ist(in** *f*) *m*, **~istisch** *adj.* occultist.

Okku|pation *f* occupation; **~pieren** *v/t.* occupy.

Ökologie *biol. f* ecology; **~isch** *adj.* ecological.

Ökonom *m* (*Landwirt*) farmer, agriculturist; (*Verwalter*) steward, manager; **~ie** *f* economy; agriculture; **~isch** *adj.* economical, thrifty.

Oktaeder ⩓ *n* octahedron.

Oktant *m* octant.

Oktanzahl *mot. f* octane number (*od.* rating).

Oktav 1. ♪ *f* octave; **2.** *n* → **~format** *typ. n* octavo; **~band** *m* octavo (volume); **~e** ♪ *f* octave.

Oktober *m* October.

Oktode ⚡ *f* octode.

Okular *opt. n* eyepiece, ocular.

okulier|en ✓ *v/t.* graft; **~messer** *n* grafting-knife; **~ung** *f* grafting.

Ökumen|e *eccl. f* (o)ecumenicity; **~isch** *adj.* (o)ecumenical.

Okzident *m* occident.

Öl *n* oil; *auf* ~ *stoßen* strike oil; *in* ~ *malen* paint in oils; *fig.* ~ *ins Feuer gießen* pour oil on the fire; ~ *auf die Wogen gießen* pour oil on troubled waters; **~bad** *n* oil bath; **~baum** ⚘ *m* olive-tree; **~berg** *bibl. m* Mount of Olives.

Öldruck *m* (*Bild*) oleograph; (*Verfahren*) oleography; ⊕ oil pressure; **~anzeiger** *m* oil-pressure ga(u)ge; **~bremse** *f* hydraulic (*od.* oil) brake.

Oleander ⚘ *m* oleander.

Olein ⚗ *n* olein; **~säure** *f* oleic acid.

ölen *v/t.* oil, ⊕ *a.* lubricate; (*salben*) anoint (with oil); *fig. wie geölt* smooth(ly), without a hitch; → *Blitz.*

Öler ⊕ *m* (*Person u. Gerät*) oiler.

Öl...: **~farbe** *f* oil-paint; *mit* ~*n malen* paint in oils; **~farbendruck** *m* → *Öldruck*; **~feld** *n* oilfield; **~feuerung** *f* oil-burning; **~fläschchen** *n* oil-cruet; **~früchte** *f/pl.* oil (*od.* oleaginous) fruit *sg.*; **~gas** *n* oil gas; **~gemälde** *n* oil-painting, F oils *pl.*; **~getriebe** *n* oil hydraulic transmission; **~gewinnung** *f* oil production; **~götze** F *m*: *wie ein* ~ like a stuffed dummy; **~hahn** *m* oil tap; *den* ~ *zudrehen* turn off the oil tap, *fig.* *e-r Nation*: *a.* starve a nation of oil (for political reasons); **~haltig** *adj.* containing oil, ⚘ oleiferous; **~handel** *m* oil trade; **~haut** *f* oil-skin; **~heizung** *f* oil heating; **~ig** *adj.* oily; *fig. a.* unctuous.

Oligarchie *f* oligarchy.

Oliv|e ⚘ *f* olive; **~enbaum** *m* olive(-tree); **~enöl** *n* olive oil; **~grün** *n* olive (green *od.* drab); **&grün** *adj.* olive(-green *od.* -drab).

Öl...: **~kanister** *m*, **~kännchen** *n*, **~kanne** *f* oil-can, oiler; **~krise** *f* oil crisis; **~kuchen** *m* oil-cake; **~lack** *m* oil varnish; **~lampe** *f* oil-lamp; **~leder** ⊕ *n* chamois; **~leitung** ⊕ *f* oil-feed, oil-lead; *über Land*: pipeline; **~malerei** *f* oil painting; **~meßstab** *m* oil dipstick; **~mühle** *f* oil-mill; **~ofen** *m* oil stove; **~papier** *n* oil paper; **~presse** *f* oil-press; **~quelle** *f natürliche*: oil-spring, *Am. a.* gusher; *gebohrte*: oil-well; **~raffinerie** *f* oil refinery; **~saaten** *f/pl.* oil-bearing seeds; **~sardinen** *f/pl.* sardines in oil; **~säure** *f* oleic acid; ☤ olein; **~schalter** ⚡ *m* oil-switch; **~scheich** *m* oil sheik(h); **~schiefer** *geol. m* oil shale; **~schlich** *m* oil slick; **~schmierung** *f* oil lubrication; **~sperre** *f* oil-embargo; **~stand** *mot. m* oil level; **~standanzeiger** *m* oil level ga(u)ge; **~stoßdämpfer** *m* hydraulic shock absorber; **~tanker** *m*, **~tankschiff** *n* oil tanker, oiler; **~tuch** *n* oilcloth.

Ölung *f* oiling, ⊕ *a.* lubrication; (*Salbung*) anointment; *eccl.* *Letzte* ~ extreme unction.

Öl...: **~vorkommen** *n* oil pool; *weitS.* oil resources *pl.*; **~waage** *f* oleometer; **~wanne** *mot. f* oil pan (*Am.* sump); **~wechsel** *mot. m* oil change.

Olymp *m myth. u. fig.* Olympus; F *thea. the* Gods *pl.*, *Am. sl.* nigger heaven; **~iade** *f* (*Zeitraum*) Olympiad; (*Olympische Spiele*) *mst* Olympic Games *pl.*, Olympics *pl.*; **~iamannschaft** *f* Olympic team; **~iasieger(in** *f*) *m*, **~ionike** *m* Olympic champion; **&isch** *adj.* Olympian; *Sport*: Olympic; *&es Dorf* Olympic village; *&e Spiele* → *Olympiade.*

Öl...: **~zeug** *n* oilskin, oils *pl.*; **~zuführung** *f* oil feed; **~zweig** *m* olive-branch.

Oma F *f* grandma, granny.

Omelett *n*, **~e** *f* omelet.

Omen *n* omen.

ominös *adj.* ominous.

Omnibus *m* (omni)bus, (*bsd. Reise&*) (motor-)coach; *mit dem ~ fahren* go by (*od.* take a) bus; **~bahnhof** *m* bus station; **~fahrer** *m* bus driver; **~haltestelle** *f* bus stop; **~linie** *f* bus line.

Onanie *f* masturbation; **&ren** *v/i.* masturbate.

Ondit *n* (*Gerücht*) rumo(u)r.

ondulieren *v/t.* wave, marcel.

Onkel *m* uncle; **&haft** *adj.* avuncular.

onomato|poetisch *adj.* onomatopoetic; **&pöie** *f* onomatopoeia.

Ontologie *f* ontology.

Opa F *m* grandpa.

opak *adj.* opaque.

Opal *min. m* opal; **~glas** *n* opal glass; **&isieren** *v/i.* opalesce; *~d* opalescent.

Oper *f* (*Werk u. Gebäude*) opera; *große (komische, leichte) ~* grand (comic, light) opera.

operabel ⚕ *adj.* operable.

Operateur *m* operator; ⚕ *a.* operating surgeon.

Operation *f* ⚕, ⚔, ☤ operation (*gen. od. bei* on); *e-e ~ vornehmen* operate.

Operations...: **~assistent** *m* assisting surgeon, dresser; **~basis** ⚔ *f* base of operations; **&fähig** ⚕ *adj.*: (*nicht ~* in)operable; **~feld** ⚕ *n* area of operation; **~gebiet** ⚔ *n* theat|re (*Am.* -er) of operations; **~kittel** *m*, **~mantel** ⚕ *m* operation overall, gown; **~maske** *f* operating mask; **~messer** *n* operating knife; **~narbe** *f* post-operative scar; **~plan** *m* plan of operations; **~radius** ⚔ *m* operating radius, range; **~saal** ⚕ *m* operating theat|re, *Am.* -er; **~schwester** *f* theat|re (*Am.* -er) nurse; **~stuhl** *m* operating chair; **~tisch** *m* operating table; **~ziel** ⚔ *n* (tactical) objective.

operativ *adj.* ⚕ operative, surgical; ⚔ operational, strategic.

Operette *f* operetta, musical comedy; **&nhaft** *contp. adj.* comic-opera ...

operieren I. ⚕ *v/t.*: *j-n ~* operate on a p., perform an operation on a p.; *operiert werden* be operated on; *am Magen operiert werden* have a stomach operation; *sich ~ lassen* undergo an operation; **II.** ⚔ *u. fig. v/i.* operate; *vorsichtig ~* proceed carefully.

Opern...: **~dichter** *m* librettist; **~glas** *n*, **~gucker** F *m* (opera-)glass; **&haft** *adj.* operatic (*a. fig. contp.*); **~haus** *n* opera(-house); **~musik** *f* operatic music; **~sänger(in** *f*) *m* opera-singer, operatic singer; **~text** *m* libretto.

Opfer *n* sacrifice (*a. fig. u. Schach*); (*a. ~gabe*) offering; (*der, die, das Geopferte*) victim (*a. fig. Unfall&*, *e-s Betrugs usw.*); *~ bringen* make sacrifices (*a. fig.*); *ein ~ bringen* make a sacrifice (*dat.* to); *ein ~ werden gen., zum ~ fallen dat.* fall a victim to, (*e-m Schwindler usw.*) be victimized by; *ein ~ der Flammen werden* die in (*Sache*: be destroyed by) the flames; *das ~ s-s Leichtsinns* (*der Verhältnisse*) *sein* be a victim of one's recklessness (of circumstance); *zum ~ bringen* → *opfern*; **≈bereit** *adj.* → *opferwillig*; **~büchse** *f*, **~kasten** *m* alms box, poor-box; **≈freudig** *adj.* → *opferwillig*; **~gabe** *f*, **~geld** *n* offering, alms (*sg. u. pl.*); **~lamm** *n* sacrificial lamb; *eccl. the* Lamb; *fig.* innocent victim; **~messer** *n* sacrificial knife; **~mut** *m* spirit of sacrifice.

opfern *v/t. u. v/i.* sacrifice (*a. Schach usw.*); (*Tiere*) immolate; *sich ~ dat. od. für* sacrifice o.s. for; *sein Leben ~ für* give (*od.* sacrifice, lay down) one's life for, *das Vaterland*: *a.* make the supreme sacrifice.

Opfer...: **~schale** *f* sacrificial bowl; **~stein** *m* (sacrificial) altar, thymele; **~stock** *m* → *Opferbüchse*; **~tag** *m zugunsten e-r Spende*: flag-day; **~tier** *n* victim; **~tod** *m* sacrifice of one's life, supreme sacrifice; **~ung** *f* sacrificing, sacrifice; *e-s Tieres*: *a.* immolation; **≈willig** *adj.* willing to make sacrifices, self-sacrificing, devoted; **~willigkeit** *f* spirit of sacrifice, self-sacrificing devotion.

Ophthalm|ie ⚕ *f* ophthalmia; **~ologie** *f* ophthalmology.

Opiat *n* opiate.

Opium *n* opium; *fig. ~ fürs Volk* opiate for the people; **~esser** *m* opium eater; **≈haltig** *adj.* containing opium, opiated; **~handel** *m* opium traffic; **~höhle** *f* opium-den.

Oppon|ent *m* opponent; **≈ieren** *v/i.* offer opposition (*gegen* to), oppose, resist (*a p. od. th.*).

opportun *adj.* opportune.

Opportunis|mus *m* opportunism; **~t** *m* opportunist, time-server; **≈tisch** *adj.* opportunistic, time-serving.

Opposition *f* opposition (*a. pol.*); **≈ell** *adj.* oppositional; **~sführer** *m* opposition leader; **~spartei** *f* opposition (party).

optieren *v/i.* opt (*für* for).

Optik *f* optics *pl.* (*sg. konstr.*); *konkret*: *a.* optical (*phot.* lens) system; *fig.* optical impression, aspect; **~er** *m* optician.

optim|al *adj.* optimal; **~ieren** *v/t.* optimize.

Optimis|mus *m* optimism; *vorsichtiger ~* guarded optimism; **~t(in** *f*) *m* optimist; **≈tisch** *adj.* optimistic(ally *adv.*).

Optimum *n* optimum.

Option *f* option; **~sberechtigte(r** *m*) *f* grantee of the option; **~srecht** *n* (right of) option.

optisch *adj.* optic(al); *Signalmittel usw.*: visual; *fig.* outward, cosmetic; *~e Täuschung* optical illusion.

opulent *adj.* opulent, sumptuous.

Opus *n* work, production; ♪ *~ 12* opus 12 (*abbr.* op. 12).

Orakel *n*, **~spruch** *m* oracle; **≈haft** *adj.* oracular; **≈n** *v/i. u. v/t.* speak (*od.* say) oracularly, oracle.

oral *adj.* oral.

Orange *f* orange; **≈(farben)** *adj.* orange(-colo[u]red).

Orangeade *f* orangeade.

Orangen...: **~baum** *m* orange-tree; **~schale** *f* orange-peel; **~schaleneffekt** ⊕ *m* orange-peel effect.

Orangerie *f* orangery.

Orang-Utan *m* orang-outang.

oratorisch *adj.* oratorical.

Oratorium ♪ *n* oratorio.

Orchester *n* orchestra; *Jazz usw.*: *mst* band; **~begleitung** *f* orchestral accompaniment; **~pauke** *f* kettledrum; **~sessel** *thea. m* stall, *Am.* orchestra (seat).

orchestrieren ♪ *v/t.* orchestrate.

Orchidee *f* orchid.

Orden *m* **1.** *eccl. usw.*: order; **2.** (*Auszeichnung*) order, decoration, medal; **≈geschmückt** *adj.* bemedalled.

Ordens...: **~band** *n* ribbon (of an order); **~bruder** *m* member of an order, *eccl. a.* friar; **~burg** *f* castle of an order; **~geistliche(r)** *m* regular; **~geistlichkeit** *f* regular clergy; **~gelübde** *n* vow; **~kleid** *n* habit (of a religious order); **~ritter** *m* chevalier, knight of an Order; **~schleife** *f* → *Ordensband*; **~schmuck** *m* decorations *pl.*, medals *pl.*; **~schnalle** *f*, **~spange** *f* bar, clasp; **~schwester** *eccl. f* sister, nun; **~tracht** *f* → *Ordenskleid*; **~verleihung** *f* conferring (of) an order.

ordentlich I. *adj.* tidy, neat, *Sache*: *pred. a.* in good order, well kept; (*methodisch geordnet, zuchtvoll*) orderly; (*richtig, sorgfältig*) proper; (*regelrecht*) regular; (*achtbar*) respectable, steady, of orderly habits; (*anständig, a.* F *fig. Essen, Bezahlung usw.*) decent; F (*tüchtig*) good, sound, proper; *~er Professor* professor in ordinary, *Am.* full professor; *e-e ~e Tracht Prügel* a sound thrashing; *in ~em Zustand* in good order; e-e ~e *Leistung* a fine (*od.* creditable, F pretty decent) job; → *Gericht* 2; **II.** *adv.* properly; in good order; in an orderly manner; duly; F (*mächtig, tüchtig*) properly, soundly, F awfully; F (*sehr*) downright, F mighty; F *ich hab's ihm ~ gegeben!* I really let him have it!; **≈keit** *f* orderliness; good (*od.* proper) order; respectability, steadiness.

Order *f* order; ✝ *für mich an die ~ von* pay to the order of; *an X. oder (dessen) ~* to X or order (*od.* his assigns); *an eigene ~* to my own order; *an ~ lauten* be made out to order; *an ~ stellen* issue to order; **~papiere** *n/pl.* order instruments; **~scheck** *m* order cheque (*Am.* check); **~schuldverschreibung** *f* registered bond.

Ordinal|e *n*, *mst* **~zahl** ⩓ *f* ordinal (number).

ordinär *adj.* ordinary, common, *b.s. a.* vulgar, low.

Ordinar|iat *univ. n* (full) professorship, chair; **~ius** *m* professor in ordinary, *Am.* full professor.

Ordinate ⩓ *f* ordinate; **~nachse** *f* axis of ordinates.

Ordination *f* **1.** *eccl.* ordination; **2.** ⚕ consulting hours *pl.*; (*Verordnung*) prescription; *dial.* (*Sprechzimmer*) consulting room.

ordinieren *v/t.* **1.** *eccl.* ordain; **2.** ⚕ prescribe, order.

ordnen *v/t.* (put in) order; (*aufräumen, säubern*) tidy, straighten up; (*regeln, einrichten*) regulate, arrange, organize; *abschließend*: settle (*a.* ✝ *Verbindlichkeiten*); (*entwirren*) disentangle; (*sortieren*) sort; (*Akten usw.*) file; ⚔ (*Truppen*) marshal; *alphabetisch ~* arrange alphabetically (*od.* in alphabetical order); *nach Klassen ~* class(ify); → *geordnet.*

Ordner *m* **1.** *a.* **~in** *f* (*Fest≈*, *Versammlungs≈*) steward; (*Saal≈*) usher (*f* usherette); *Schule*: monitor; **2.** (*Brief≈ usw.*) file.

Ordnung *f* **1.** (*das Ordnen*) putting in order, *etc.*; → *ordnen*; **2.** *allg.* order (*a. Zustand, Grad, Kategorie, System, Regel, Größen≈, biol.*, ⩓ *usw.*); (*An≈*) *a.* arrangement; (*Disziplin, Ruhe*) order, discipline; *parl.* (*Geschäfts≈*) order, (*Vorschrift*) *a.* rules *pl.*; (*Reihenfolge*) order, succession; *göttliche ~* divine order; *öffentliche ~* public order, *weitS.* law and order; ⚔ *geöffnete (geschlossene) ~* extended (close) order; *Straße erster ~* primary road; *der ~ halber* → *ordnungshalber*; *~ halten* keep order; *für ~ sorgen, ~ schaffen* maintain order; *aus der ~ bringen* derange, disturb, upset; *aus der ~ kommen* get out of order, be upset; *in ~ bringen* put in order, put (*od.* set) right, *wieder*: repair, F fix up, *weitS. a.* straighten out; *in ~ halten* keep in order; *in ~ sein* be in good order, *fig.* be in order, be all right; F *er ist in ~* he is all right (*od.* F a decent sort, a good egg); (*das ist*) *in ~!* (that's) all right (*od.* F okay, O.K.)!; *in bester ~* in apple-pie order; *nicht in ~ sein* be out of order, *weitS. a.* be wrong (*od.* amiss); *gesundheitlich*: be out of sorts, not to be up to the mark; *parl. zur ~ rufen* call to order; *das finde ich nicht in ~* in my opinion that's not right (*od.* in order); *alles muß s-e ~ haben!* we must have order!

Ordnungs...: **~amt** *n* Municipal (Public Affairs) Office; **≈gemäß I.** *adj.* → *ordnungsmäßig* I; **II.** *adv.* duly; **≈halber** *adv.* for order's sake, ✝ *a.* for your information; **~liebe** *f* love of order, orderliness, tidiness; **≈liebend** *adj.* orderly, tidy; **≈mäßig I.** *adj.* orderly, regular, *pred.* in due order; (*gesetzlich*) lawful; **II.** *adv.* duly; **~polizei** *f* security police, constabulary; **~prinzip** *n* organizing principle; **~ruf** *parl. m* call to order; **~sinn** *m* orderliness; **~strafe** *f* disciplinary penalty; (*Geldstrafe*) fine; **≈widrig** *adj.* irregular; (*ungesetzlich*) illegal; **~widrigkeit** *f* irregularity; ⚖ summary offen|ce, *Am.* -se; **~zahl** *f* ordinal (number); *der Atome*: atomic number.

Ordonnanz ⚔ *f* orderly; **~offizier** *m* orderly officer.

Organ *n anat.* organ (*a. fig. Stimme, Zeitung usw., Körperschaft*); (*Behörde*) authority; ⊕ element; *pol. ausführendes ~* executive body; *fig. kein ~ haben für* have no organ for (*od.* appreciation of).

Organisation *f* organization; **~sfehler** *m* faulty organization; **~skomitee** *n* organizing committee; **~stalent** *n* organizing ability.

Organisator *m* organizer; **≈isch** *adj.* organizational, organizing ...

organisch *adj. a. fig.* organic(ally *adv.*); *~e Chemie* organic chemistry; *ein ~es Ganzes* an organic whole.

organisieren *v/t.* **1.** organize, set on foot, arrange; (*sich*) *gewerkschaftlich ~* unionize, organize; (*nicht*)*organisiert*(*er Arbeiter*) (non-)

unionist; *organisierte Arbeiterschaft* organized labo(u)r; **2.** F (*sich beschaffen*) F commandeer, *sl.* rustle up.

Organismus *m allg.* organism.

Organist(in *f*) *m* organist.

Orgas|mus *physiol. m* orgasm, climax; **≈tisch** *adj.* orgastic.

Orgel ♪ *f* organ; **~bauer** *m* organ-builder; **~chor** *m* organ-loft; **~konzert** *n* organ recital; **≈n** *v/i.* play (on) the organ; *Drehorgel*: turn (*od.* grind) a barrel-organ; (*dröhnen*) roar, boom; **~pfeife** *f* organ-pipe; **~register** *n*, **~zug** *m* organ-stop.

orgiastisch *adj.* orgiastic.

Orgie *f* orgy; *~n feiern* have orgies.

Oriental|e *m*, **~in** *f* Oriental; **≈isch** *adj.* Oriental, Eastern.

Orientalist *m* orientalist.

orientieren *v/t.* orient(ate); *fig.* (*informieren*) inform, instruct; (*einweisen*) brief; (*lenken, ausrichten*) orient(ate), guide (*nach* along); *a. fig. sich ~* orient o.s., take one's bearings (*über* about), find one's way; (*sich informieren*) inform o.s. (of, about), make inquiries (about), obtain information (about); *sich nicht mehr ~ können* have lost one's bearings, be all at sea; *fig. sich ~ an* (*zum Vorbild nehmen*) orient(ate) o.s. by; *gut orientiert sein über* be well informed about, be familiar with; *geistig orientiert* intellectually orient(at)ed.

Orientierung *f* orientation (*a. fig. u.* ⛰); *fig.* information, instruction; *zu Ihrer ~* for your guidance; *die ~ verlieren* lose one's bearings; **~sdaten** *n/pl.*, **~shilfe** *fig. f* guiding data *pl.*, guidance; **~slauf** *m* orienteering competition; **~spunkt** *m* landmark; (*Bezugspunkt*) reference point; **~ssinn** *m* sense of direction, bump of locality, *von Vögeln usw.*: homing instinct.

Original I. *n* **1.** (*Bild, Text usw.*) original; **2.** F (*Person*) original, F character; **II.** ≈ *adj.* original; **~ausgabe** *f* first edition; **~fassung** *f* original (version *od.* text); **≈getreu** *adj.* faithful, in accordance with the original.

Originalität *f* originality.

Original...: **~kopie** *f Film*: master copy; **~packung** *f* original packing; *in ~* factory-packed; **~sendung** *f Radio, TV*: live program(me); **~text** *m* original (text).

originell *adj.* original; (*spaßhaft*) *a.* funny, amusing.

Orkan *m* hurricane; **≈artig** *adj. Sturm*: violent; *Beifall*: thunderous, frenzied.

Ornament *n* ornament; **≈al** *adj.* ornamental; **~ik** *f* **1.** ornaments *pl.*, ornamentation; **2.** decorating art.

Ornat *m* robes *pl.*, vestments *pl.*; F *in vollem ~* in full array.

Ornitholog|e *m* ornithologist; **≈isch** *adj.* ornithological.

Ort 1. *m* (*Platz*) place; site; ⩘ (*geometrischer ~*) locus; (*Fleck, Punkt, Stelle*) spot, point; (*Örtlichkeit*) locality; (*~schaft*) place, (*Dorf*) village, (*Stadt*) town; *fig. ~ der Handlung* scene (of action), place; *~ und Stelle* position; *an ~ und Stelle* on the spot (*a. sofort*); *an ~ und Stelle bringen* bring to the spot, *engS.* put into position; put *a th.* where *it* belongs; *an ~ und Stelle gelangen* reach one's destination, arrive (at the spot); *Untersuchung an ~ und Stelle* on-the-spot investigation; *~ und Zeit* place and time; *am ~ wohnend* resident; *fig. am ~ sein* be appropriate (*od.* fitting); *dies ist nicht der ~ für ...* this is no place for ...; *an allen ~en* everywhere; *höheren ~(e)s* at higher quarters, at a higher level; *von ~ zu ~* from place to place; → *Platz*; **2.** ⚒ *n* coal (*od.* winning) face; *vor ~* at the pit-face; *fig.* on the scene (of action).

Örtchen F *n* (*Abort*) lavatory, loo.

orten *v/t.* locate, fix the position of; *mit Radio*: radiolocate.

Orter *m* ✈ navigator, radiolocator; *Radar*: observer.

orthochromatisch *adj.* orthochromatic.

orthodox *adj.* orthodox; **≈ie** *f* orthodoxy.

Orthograph|ie *f* orthography, correct spelling; **≈isch I.** *adj.* orthographic(al); **II.** *adv.*: *~ richtig schreiben* spell correctly.

Orthopäd|e *m* orthop(a)edist; **~ie** *f* orthop(a)edics (*mst sg. konstr.*); **≈isch** *adj.* orthop(a)edic.

örtlich *adj.* local; → *Betäubung, Zuständigkeit*; **≈keit** *f* locality, place; (*Schauplatz*) locale.

Orts...: **~amt** *teleph. n* local exchange; **~angabe** *f* statement of place, *auf Brief*: address; *Landkarte*: map reference; **≈ansässig** *adj.* resident, local; **~ansässige(r** *m*) *f*, **~bewohner(in** *f*) *m* resident; **~behörde** *f* local authorities *pl.* (*od.* government body); **~beschaffenheit** *f* topography; **~besichtigung** *f* local inspection; **~bestimmung** *f* location, position finding; **≈beweglich** *adj.* mobile, portable.

Ortschaft *f* place, locality; (*Dorf*) village.

Ortscheit ⊕ *n* swingle-tree.

Orts...: **~empfang** *m* local reception; **~fernsprechnetz** *n* local exchange area; **≈fest** *adj.* stationary, fixed; permanent; **≈fremd** *adj.* non-resident; ~ *sein* be a stranger (to a locality); **≈gebunden** *adj.* stationary, permanent; *Industrie*: resources-bound; **~gespräch** *teleph. n* local call; **~gruppe** *f* local branch, *Am.* local chapter; **~kenntnis** *f* knowledge of a place; ~*se besitzen* know a place; **~kommandant** *m* local commander; town major; **~kommandantur** *f* local headquarters *pl.*, army post; **~krankenkasse** *f*: *Allgemeine* ~ General Sick-Fund (for Workers); **≈kundig** *adj.* familiar with the locality; **~name** *m* place-name; **~netz** *teleph. n* local exchange network; **~polizei** *f* local police; **~sender** *m Radio*: local transmitter (*od.* station); **~sinn** *m* sense (*od.* bump) of locality; **~statut** *n* by(e)-law, *Am.* city ordinance; **~teilnehmer** *teleph. m* local subscriber; **≈üblich** *adj.* customary in a place; **~unterkunft** ⚔ *f* billets *pl.*, cantonment; **~veränderung** *f* change of place (*od.* scenery); **~verkehr** *m* local traffic (*a. teleph.*); **~zeit** *f* local time; **~zuschlag** *m* local bonus.

Ortung *f* location, position finding (*od.* fixing); *mittels Funk*: radiolocation; **~sgerät** *n* localizer, position finder; **~spunkt** *m* reference point.

Öse *f* eye, loop, lug; *Schuh*: eyelet; *Haken und* ~ hook and eye.

Oskar *m*: F *frech wie* ~ (as) cool as a cucumber.

osmanisch *adj.* Turkish, Ottoman.

Osmo|se *f* osmosis; **≈tisch** *adj.* osmotic.

Ost I. *adv.*: *München usw.* ~ Munich, *etc.* East; **II.** *poet. m* → *Ostwind*; **~block** *pol. m* East(ern) Bloc; **≈deutsch** *adj.* East German.

Osten *m* east; *geogr.* East (*a. pol.*), Orient; *der Nahe* (*Mittlere, Ferne*) ~ the Near (Middle, Far) East; *der* ~ *e-r Stadt* the East End (*Am.* Side); *im* ~ *von od. gen.* (to the) east of; → *a. östlich*.

ostentativ *adj.* ostentatious, explicit.

Osteologie ⚕ *f* osteology.

Oster|ei *n* Easter egg; **~fest** *n* Easter; **~glocke** ⚘ *f* narcissus; **~hase** *m* Easter bunny (*od.* rabbit); **~lamm** *n* paschal lamb.

österlich *adj.* (of) Easter.

Oster|monat *m* April; **~montag** *m* Easter Monday.

Ostern *n*: (*an* ~ at) Easter; *jüdisch*: Passover.

Österreich|er(in *f*) *m*, **≈isch** *adj.* Austrian.

Oster...: **~(sonn)tag** *m* Easter day; **~woche** *f* Easter week; **~zeit** *f* Eastertide.

Ost...: **≈europäisch** *adj.* Eastern European; **~flüchtling** *m* eastern refugee; **~front** ⚔ *f* eastern front; **~gote** *m* Ostrogoth; **≈indisch** *adj.* East Indian.

östlich *adj. u. adv.* eastern (*a.* = oriental), easterly; *in* ~*er Richtung* eastward(s), easterly; ~ *von* (to the) east of.

Ost...: **~mark**[1] *hist. f* Austria; **~mark**[2] F *f* (*DDR-Währung*) Eastern German mark; **~nordost** *m* east-northeast; **~politik** *f* ostpolitik; **≈preußisch** *adj.* East Prussian.

Östrogen *biol. n* (o)estrogen.

Ost...: **≈römisch** *adj.*: ≈*es Reich* Empire of the East, Byzantine Empire; **~verträge** *m/pl.* treaties with Eastern Bloc states; **~vertriebene(r** *m*) *f* eastern expellee; **≈wärts** *adv.* eastward; **~wind** *m* *m* east (wind); **~zone** *f* Eastern Zone.

Oszill|ation *f* oscillation; **~ator** *m* oscillator; **≈ieren** *v/i.* oscillate; **~ograph** *m* oscillograph.

Otter[1] *f* (common) viper *od.* adder.

Otter[2] *m* → *Fischotter*; **~ngezücht** *bibl. n* generation of vipers.

Ottomane *f* ottoman.

Ottomotor *m* spark-ignition engine, Otto-cycle engine.

Ouvertüre ♪ *f* overture (*a. fig.*).

oval *adj.*, **≈** *n* oval.

ovari|al *anat. adj.*, **≈al...** ovarian; **≈um** *anat. n* ovary.

Ovation *f* ovation; *j-m e-e* ~ *bereiten* give a p. an ovation.

Ovulation *physiol. f* ovulation; **~shemmer** *m* ovulation inhibitor.

Oxalat ⚗ *n* oxalate.

Oxalsäure ⚗ *f* oxalic acid.

Oxyd ⚗ *n* oxide.

Oxydation *f* oxidation; **≈sfest** *adj.* non-oxidizing; **≈shemmend** *adj.*: ~*es Mittel* anti-oxidant.

oxydier|bar *adj.* oxidizable; **~en** *v/i.* oxidize; **≈mittel** *n* oxidizer; **≈ung** *f* oxidization, oxygenation.

Oxygengas *n* oxygen gas.

Ozean *m* ocean; *der Atlantische* ~ the Atlantic; *der Große* (*od. Stille*) ~ the Pacific; **~dampfer** *m* ocean-going (*od.* transatlantic) steamer, (ocean) liner; **~flug** *m* transatlantic flight; **≗isch** *adj.* **1.** oceanic; **2.** (*von Ozeanien*), *a.* **~ier**(**in** *f*) *m* Oceanic; **~ographie** *f* oceanography; **~riese** *m* huge ocean liner.

Ozelot *zo. m* ocelot.

Ozon *n, m* ozone; **≗erzeugend** *adj.* ozoniferous; **≗haltig** *adj.* ozonic; **~schicht** *f* ozone layer.

P

P, p *n* P, p.

Päan *m* paean.

Paar I. *n allg.* pair; (*bsd. Ehe*≈, *Liebes*≈) *a.* couple; *iro.* twosome; *Rebhühner, Pistolen usw.*: brace; *ein ~ bilden mit* pair with; *ein ~ werden* become man and wife, marry, F pair off; *zu ~en treiben* rout, put to flight; **II.** ≗ *indef. pron.*: *ein ~* a few, some, F a couple of; *ein ~ hundert* some hundred; *ein ~ Zeilen schreiben* drop a line; *auf ein ~ Tage* for a day or two; *vor ein ~ Tagen* the other day; **III.** ≗ *adj.* paired; *~ oder un~* odd or even.

paaren *v/t.* pair, *Sport*: *a.* match; *zo.* pair, mate; *sich ~* (*sich begatten*) pair, mate, copulate; *fig.* (*sich vereinigen*) pair, unite (*mit* with), join, marry (*a p. od. th.*).

Paarhufer *m* → *Paarzeher*.

paarig *adj.* in pairs, paired.

Paar...: ~lauf(en *n*) *m Sport*: pair-skating; **~läufer(in** *f*) *m* pair-skater; **≗mal** *adv.*: *ein ~* several (*od.* a few) times; **~reim** *m* rhyme pair.

Paarung *f* pairing (*a. TV*), *Sport*: matching; *biol.* pairing, *zo.* (*Begattung*) *a.* mating, copulation; *fig.* union; **~strieb** *m* mating urge; **~szeit** *f* mating (*od.* pairing) season.

paarweise *adv.* in pairs, by twos, two and two; *~ (an)ordnen* pair (off); *~ weggehen* pair off.

Paarzeher *zo. m* artiodactyl, cloven-hoofed animal.

Pacht *f* lease(hold), tenancy; (*~geld*) rent, lease; *in ~ geben* (*nehmen*) let out (take) on lease; *in ~ haben* hold under a lease; **~besitz** *m* leasehold, tenancy; **~dauer** *f* term of lease, tenancy; **≗en** *v/t.* (take on) lease, rent; *fig.* et. *gepachtet haben* F have a corner on a th.; *er tut, als hätte er die Weisheit gepachtet* he acts as if he were the only big mind in the world.

Pächter *m* lessee, leaseholder, renter; ⚒ *a.* tenant farmer.

Pacht...: ~ertrag *m* rental; **≗frei** *adj.* rent-free; **~geld** *n* rent; **~grundstück** *n* leasehold property; **~-und-Leihgesetz** *n* Lend-Lease Act; **~ung** *f* taking on lease, renting; **~verhältnis** *n* tenancy; **~vertrag** *m* lease; **≗weise** *adv.* on lease; **~wert** *m* rental value; **~zeit** *f* term of lease; **~zins** *m* rent(al).

Pack 1. *m* pack; (*Paket*) package, parcel; (*Bündel*) bundle; (*Ballen*) bale; → *Sack*; **2.** *n* (*Lumpen*≈) rabble, pack.

Päckchen *n* small parcel, packet, package; *~ Zigaretten* pack(et) of cigarettes; F *fig.* F package, worries *pl.*

Packeis *n* pack-ice.

Packen *m* large packet (*od.* parcel, bundle); (*Haufen*) pile; (*Ballen*) bale.

packen I. *v/t.* **1.** pack (up), do up (in parcels), wrap up, package; (*verstauen*) stow away; **2.** (*derb fassen*) seize (roughly), lay hold of, grip, grasp, clutch; *am Kragen*: collar; F *fig.* (*fertigwerden mit*) F lick *an opponent, a problem*; F *ihn hat es tüchtig gepackt Krankheit usw.*: he's caught (*od.* got) it badly; **3.** *fig.* grip, thrill, hold (spellbound); **II.** F *v/refl.*: *sich ~* F clear off (*od.* out), beat it; **III.** *v/i.* pack (up); **~d** *fig. adj.* gripping, breath-taking, thrilling.

Packer *m*, **~in** *f* packer; **~ei** *f* packing-room; **~lohn** *m* packer's wages *pl.*

Pack...: ~esel *m* sumpter-mule; *fig.* drudge; **~kiste** *f* packing case; **~leinen** *n*, **~leinwand** *f* pack-cloth; **~liste** *f* packing list; **~material** *n* packing (materials *pl.*), wrappage; **~nadel** *f* packing-needle; **~papier** *n* packing (*od.* wrapping) paper; *als Papiersorte*: brown paper, *starkes*: kraft; **~pferd** *n* pack-horse; **~presse** *f* packing press; **~ratte** *zo. f* pack-rat; **~raum** *m* packing-room; **~sattel** *m* pack-saddle; **~schnur** *f* cord, twine; **~tier** *n* pack-animal.

Packung *f* **1.** (*Paket*) pack(age), packet; *~ Zigaretten* pack(et) of cigarettes; **2.** ⊕ packing, gasket; **3.** ⚕ (*heiße usw.* ~ hot *etc.*) pack; F *fig. e-e* ~ *bekommen* take an awful beating.

Pack...: **~wagen** *m* luggage-van, *Am.* baggage-car; **~zettel** *m* packing label, docket.

Pädagog|e *m*, **~in** *f* education(al)-ist; **~ik** *f* pedagogics *pl.* (*sg. konstr.*), education; **≈isch** *adj.* pedagogic(al), educational; ≈e *Hochschule* college of education, *Am.* teachers' college.

Paddel *n*, **~ruder** *n* paddle; **~boot** *n* canoe; **≈n** *v/i.* paddle.

Paddler(in *f*) *m* paddler, canoeist.

Päderast(ie *f*) *m* p(a)ederast(y).

Pädiatrie ⚕ *f* p(a)ediatry.

paff I. *int.* bang!, pop!; **II.** *adj.* → *baff*; **~en** *v/i. u. v/t.* puff away (*s-e Pfeife usw.* at one's pipe, *etc.*).

Page *m* page; **~nfrisur** *f*, **~nkopf** *m* page-boy (style).

paginieren *v/t.* page, paginate.

Pagode *f* pagoda.

Pak *f* (= *Panzerabwehrkanone*) anti-tank gun, *Am.* tank destroyer.

Paket *n* parcel, *Am.* package; ✝ (*Aktien*≈) parcel (of shares); ~ *Wertpapiere* block (of securities); *fig.* (*Vertragsprojekt usw.*) package; **~annahme** *f* parcel counter, receiving office; **~beförderung** *f* parcel delivery; **~boot** *n* mail-boat; **~karte** *f* parcel form; **~post** *f* parcel post; **~schalter** *m* parcel counter.

Pakistani *m u. pl.*, **≈sch** *adj.* Pakistani.

Pakt *m* pact; *e-n* ~ *schließen* → **≈ieren** *v/i.* make an agreement *od.* a deal (*mit* with), come to terms (with).

Paläo|graphie *f* pal(a)eography; **~lithikum** *n*, **≈lithisch** *adj.* pal(a)eolithic.

Paläontologie *f* pal(a)eontology.

Paläo|zoikum *n*, **≈zoisch** *adj.* Pal(a)eozoic.

Palais *n* palace.

Palast *m* palace; **≈artig** *adj.* palatial; **~revolution** *fig. f* palace revolution.

Palästin|enser *m*, **~ier(in** *f*) *m*, **≈(ens)isch** *adj.* Palestinian.

palatal *adj.*, **≈(laut)** *ling. m* palatal.

Palatschinke *f* pancake.

Palaver *n*, **≈n** *v/i.* palaver.

Paletot *m* overcoat, greatcoat.

Palette *f* **1.** *paint.* palette; *fig.* (*breite* ~ wide) range; **2.** ⊕ (*Laderost*) pallet.

Palisade *f* palisade.

Palisander *m*, **~holz** *n* palisander.

Palliativ *n*, **≈** *adj.* palliative.

Palm|baum *m* palm; **~butter** *f* palm butter; **~e** *f* palm; *fig. die* ~ *erringen* win the palm; F *fig. j-n auf die* ~ *bringen sl.* get a p.'s monkey up, get a rise out of a p.; **~fett** *n*, **~öl** *n* palm oil (*od.* butter); **~kätzchen** *n* catkin; **~sonntag** *m* Palm Sunday; **~wedel** *m* palm (leaf); **~wein** *m* palm wine.

Pampelmuse *f* grapefruit.

pampig F *adj.*: ~ *werden* F get cheeky (*Am.* fresh).

Pamphlet *n* pamphlet; **~ist** *m* pamphleteer.

pan..., Pan... *in Zssgn* pan..., *z.B.* Pan-American, panchromatic.

Panama(hut) *m* panama (hat).

panaschieren I. *v/t.* (*Gewebe*) variegate, mottle; **II.** *pol. v/i. Wahl*: split the ticket; **III.** **≈** *n* preferential (*Am.* split) voting.

Pandekten *pl.* pandects.

Pandora *f*: *die Büchse der* ~ Pandora's box.

Paneel *n* panel, wainscot(ing); **≈ieren** *v/t.* panel, wainscot.

päng! *int.* bang!, pow!

Panier *n* banner; *fig.* motto, word.

panieren *v/t.* bread(-crumb).

Panik *f* panic, scare; *von Vieh, Menschenmassen*: stampede; *in* ~ *versetzen* panic, strike with terror, stampede; *von* ~ *erfaßt werden* (be seized with) panic; **≈artig** *adj.* panicky; **~mache** *f* panic-mongering; **~macher** *m* panic-monger, alarmist.

panisch *adj.* panic; ~*er Schrecken* panic (fear); *von* ~*em Schrecken erfaßt* panic-stricken.

Pankreas *anat. n* pancreas.

Panne *f* breakdown, *mot. a.* engine trouble (*od.* failure); (*Reifen*≈) puncture, blowout, flat tyre (*Am.* tire); *fig.* (*Mißgeschick*) mishap; (*Fehler*) F slip-up, *sl.* booboo; *e-e* ~ *haben* have a breakdown, *etc.*; **~ndienst** *m* breakdown service (station); **≈nsicher** *adj.* failsafe, foolproof.

Panoptikum *n* waxworks *pl.*

Panorama *n* panorama; **~aufnahme** *phot. f* panoramic shot; **~bildwand** *f Film*: panoramic screen; **~windschutzscheibe** *mot. f* panoramic windscreen (*Am.* windshield).

panschen *v/i. u. v/t.* → *pantschen.*

Pansen *zo. m* rumen; F *fig.* belly, paunch.

Panslavismus *m* Panslavism.

Panthe|ismus *m* pantheism; **~ist** *m* pantheist; **≈istisch** *adj.* pantheist(ic).

Panther *m* panther.

Pantine *f* slipper; (*Holz*~) patten.

Pantoffel *m* slipper; F *fig.* *unter dem* ~ *stehen* be henpecked; *sie hat ihn unter dem* ~ she wears the pants in his house; ~**held** *m* henpecked husband; ~**kino** F *n* F goggle-box, telly; ~**tierchen** *biol.* *n* slipper animalcule.

Pantomim|e **1.** *f* (*stummes Spiel*) pantomime, dumb show; **2.** *m* (*Künstler*) pantomimist; ~**isch** *adj.* pantomimic; *adv.* ~ *darstellen* pantomime, act out in dumb show.

pantsch|en **I.** *v/i.* *im Wasser*: splash (about); **II.** *v/t.* (*Wein usw.*) water (down), adulterate; ~**er** *m* adulterator.

Panzer *m* **1.** *hist.* (*Rüstung*) (suit of) armo(u)r; (*Ketten*~) (chain) mail; (*Harnisch*) cuirass; **2.** ⚔ armo(u)r (*a.* ⊕ *u. fig.*), *bsd.* ⚓ armo(u)r-plating; (*Kampfwagen*) tank; **3.** *zo.* armo(u)r, shield; ~**abwehr** *f* anti-tank defen|ce, *Am.* -se; ~**abwehrkanone** *f* anti-tank gun, *Am.* tank destroyer; ~**angriff** *m* armo(u)red attack; ~**besatzung** *f* tank crew; ~**brechend** *adj.* armo(u)r-piercing; ~**brigade** *f* armo(u)red brigade; ~**büchse** *f* anti-tank rifle, bazooka; → *Panzerfaust*; ~**deckungsloch** *n* slit hole; ~**division** *f* armo(u)red division; ~**fahrzeug** *n* armo(u)red vehicle; ~**falle** *f* tank trap; ~**faust** *f* anti-tank grenade launcher; ~**flotte** ⚓ *f* fleet of ironclads; ~**führer** *m* tank commander; ~**gefecht** *n* tank battle; ~**geschoß** *n* armo(u)r-piercing projectile; ~**gewölbe** *n* *Bank*: strong-room; ~**glas** *n* bullet-proof glass; ~**graben** *m* anti-tank ditch; ~**granate** *f* armo(u)r-piercing shell; ~**grenadier** *m* armo(u)red infantry rifleman; ~**handschuh** *m* gauntlet; ~**hemd** *n* coat of mail; ~**hindernis** *n* anti-tank obstacle; ~**jäger** *m* anti-tank gunner; *pl.* tank destroyer troops; ~**kabel** ⚡ *n* armo(u)red cable; ~**kampfwagen** *m* tank, armo(u)red (combat) car; ~**kette** *f* (*Raupen*) tank track; ~**knacker** *m* tank buster; ~**korps** *n* armo(u)red corps; ~**kreuzer** ⚓ *m* armo(u)red cruiser; ~**mine** *f* anti-tank mine; ~**munition** *f* armo(u)r-piercing ammunition.

panzern *v/t. allg.*, *a.* ⊕ armo(u)r; *fig.* *sich* ~ arm o.s. (*gegen* against); → *gepanzert.*

Panzer...: ~**platte** *f* armo(u)r plate; ~**regiment** *n* armo(u)red regiment; ~**schiff** *n* armo(u)r-plated vessel, ironclad; ~**schlacht** *f* tank battle; ~**schrank** *m* safe; ~**schütze** *m* tank gunner; ~**spähwagen** *m* armo(u)red scout car; ~**sperre** *f* anti-tank obstacle; ~**spitze** *f* armo(u)red spearhead; ~**truppen** *f/pl.* armo(u)r(ed troops), tank corps *sg.*; ~**turm** *m* armo(u)red turret; tank turret.

Panzerung *f* **1.** (*Vorgang*) armo(u)ring; **2.** (*Schutz*) *allg.* armo(u)r.

Panzer...: ~**waffe** *f* tank force(s *pl.*), armo(u)r; ~**wagen** *m* armo(u)red car, tank; ~**weste** *f* body armo(u)r, bullet-proof jacket; ~**zug** 🚂 *m* armo(u)red train.

Papa F *m* papa, F pa, dad(dy), pop(s).

Papagei *m* parrot (*a. fig. contp.*); ~**enhaft** *adj.* parrot-like; ~**enkrankheit** ⚕ *f* psittacosis, parrot fever.

Papier *n* paper; (*Brief*~, *Schreib*~) *a.* stationery; ~*e* (*Urkunden*) papers, documents, instruments; ✝ (*Wert*~*e*) papers, securities, stocks; (*Ausweis*~*e*) (identity) papers; *zu* ~ *bringen* commit to paper, write down; ~ *ist geduldig* paper does not blush; *nur auf dem* ~ *stehen* exist on paper only; *nur auf dem* ~ *stehend* (*od.* *vorhanden*) paper ...; *s-e* ~*e bekommen bei Entlassung*: get one's papers; ~**abfälle** *m/pl.* waste-paper *sg.*; ~**bahn** *f* paper web; ~**beutel** *m* paper-bag; ~**blatt** *n*, ~**bogen** *m* sheet of paper; ~**blume** *f* artificial (paper) flower; ~**brei** *m* paper-pulp; ~**en** *adj.* (of) paper; *fig.* ~*er Stil* prosy (*od.* bookish) style; ~**fabrik** *f* paper-mill; ~**fetzen** *m* scrap of paper; ~**form** *f* *Sport*: paper form; ~**geld** *n* paper-money; bank-notes *pl.*, *Am.* bills *pl.*; ~**gewicht(ler** *m*) *n* *Boxen*: paper-weight; ~**händler** *m* stationer; ~**handlung** *f* stationer's (shop); ~**korb** *m* waste-paper basket, *Am.* waste-basket; ~**krieg** *m* F red tape, paper war(fare); ~**maché** *n* papier-mâché; ~**mühle** *f* paper-mill; ~**messer** *n* paper-knife; ~**rolle** *f* paper-roll; ~**schere** *f* paper-scissors *pl.*; ~**schlange** *f* paper-streamer; ~**schnitzel** *m/pl.* paper-shavings; ~**serviette** *f* paper-napkin; ~**taschentuch** *n* tissue handkerchief; ~**tüte** *f* paper-bag; ~**währung** *f* paper currency (*od.* basis); ~**waren** *f/pl.* stationery *sg.*; ~**wisch** *m* scrap of paper.

Papist *m*, **~in** *f* papist; **≈isch** *adj.* papistic(al), popish.
Papp F *m* (*Brei*) pap; (*Kleister*) paste, glue; **~band** *m* paperback; **~deckel** *m* → *Pappendeckel*.
Pappe *f* **1.** (*Papierwerkstoff*) pasteboard, *dünnere*: cardboard, *starke, geformte*: millboard; F *fig. das ist nicht von ~!* that's quite something!; *er ist nicht von ~* he is quite formidable, *sl.* he is no slouch; **2.** *dial.* → *Papp.*
Pappeinband *m* pasteboard cover; *Buch im ~* paperback.
Pappel *f* poplar.
päppeln *v/t.* feed (with loving care); *fig.* coddle, pamper.
pappen I. *v/t.* paste, stick; **II.** *v/i.* stick.
Pappendeckel *m* (paste)board, cardboard.
Pappenheimer F *m/pl.*: *ich kenne meine ~* I know my men.
Pappenstiel F *m*: *für* (*od. um*) *einen ~* for a mere song, dirt-cheap; *das ist kein ~!* that's quite a lot!
papperlapapp! *int.* nonsense!
pappig *adj.* sticky.
Papp...: **~kamerad** ⚔ *m* silhouette target; **~karton** *m*, **~schachtel** *f* cardboard box, carton; **~schnee** *m* sticky snow; **~teller** *m* paper-plate; **~waren** *f/pl.* pasteboard wares.
Paprika *n* paprika.
Papst *m* pope; **~krone** *f* tiara.
päpstlich *adj.* papal, pontifical; *≈er Stuhl* Holy See; *~es Amt* papacy, pontificate; *~er als der Papst sein* be more catholic than the Pope.
Papsttum *n* papacy, pontificate.
Papyrus *m*, **~rolle** *f* papyrus.
Parabel *f* ⩗ parabola; *fig.* parable; **~kurve** *f* parabolic curve.
parabolisch *adj.*, **Parabol...** parabolic(al).
Parade *f* ⚔ parade, review; ✈ fly-past; *fig.* parade, display; *fenc.*, *Boxen*: parry; *Reitsport*: halt; *Fußball usw.*: (brilliant) save; *die ~ abnehmen* hold a review, take the salute (at a drive-past, *etc.*); *fig. j-m in die ~ fahren* cut a p. short, *weitS.* spike a p.'s guns; **~anzug** *m* dress uniform, F full dress; **~bett** *n* bed of state.
Paradeiser *östr. m* tomato.
Parademarsch *m* march in review.
Paradentose ⚕ *f* paradentosis.
Parade...: **~pferd** *fig. n* show-horse, (*Sache*) show-piece; **~platz** *m* parade-ground; **~schritt** *m* drill-step, slow pace, F goose-step; **~stückchen** *fig. n* show-piece; **~uniform** *f* → *Paradeanzug.*
paradieren *v/i.* parade; *fig. ~ mit a.* make a parade of, show off (with).
Paradies *n* Paradise; *fig.* (*wie im ~* like) paradise; **~apfel** *m* **1.** paradise apple; **2.** tomato; **≈isch** *adj.* paradisiac(al), *fig. a.* heavenly; **~vogel** *m* bird of paradise.
Paradigma *n* paradigm.
paradox I. *adj.* paradoxical; **II.** *≈ n*, *a.* **≈on** *n* paradox; **~erweise** *adv.* paradoxically; **≈ie** *f* paradoxicality.
Paraffin *n*, **≈ieren** *v/t.* paraffin.
Paragraph *m* ⚖ section, article; (*Absatz*) paragraph; **~enreiter** *m* pedant, stickler; **~enzeichen** *n* section-mark.
Paral|laxe *phys. f* parallax; **≈laktisch** *adj.* parallactic.
parallel I. *adj.* parallel (*mit* to, with); **II.** *adv.* (in) parallel; ⚡ *~geschaltet* connected in parallel; **≈e** *f* parallel (*a. fig.*); *e-e ~ ziehen* draw a parallel (*zu* to, *zwischen* between); **≈fall** *m* parallel case; **≈ismus** *m*, **≈ität** *f* parallelism; **≈ogramm** *n* parallelogram; **≈schaltung** ⚡ *f* parallel connection; **≈straße** *f* parallel street; **≈tonart** ♪ *f* parallel key.
Paraly|se *f* paralysis; **≈sieren** *v/t.* paralyse; **~tiker(in** *f*) *m*, **≈tisch** *adj.* paralytic.
Parameter *m* parameter.
paramilitärisch *adj.* paramilitary.
Para|noia *psych. f* paranoia; **≈noid** *adj.* paranoid; **~noiker(in** *f*) *m*, **≈noisch** *adj.* paranoic.
Paranuß *f* Brazil-nut.
paraphieren *v/t.* initial, paraph.
Paraphras|e *f*, **≈ieren** *v/t.* paraphrase.
Parapsychologie *f* parapsychology, psychical research.
Parasit *m* parasite; **≈är** *adj.*, **≈isch** *adj.* parasitic(al).
parat *adj.* ready; *Kenntnisse stets ~ haben* have at one's fingers' ends; *er hatte die Antwort ~* he had his answer pat.
Paratyphus ⚕ *m* paratyphoid (fever).
Pärchen *n* (loving *od.* courting) couple; *iro.* twosome.
Parcours *m Reitsport*: course.
Pardon I. *m* pardon; *j-n um ~ bitten* beg a p.'s pardon; ⚔ *keinen ~ geben* give no quarter; **II.** **~!** *int.* sorry!, excuse me!
Parenthese *f* parenthesis; *in ~* by way of parenthesis.
Parforce|jagd *f* hunting (on horse-

back), coursing; **~ritt** *m* forced ride.

Parfüm *n* perfume, scent; **~erie** *f* (*Geschäft*) scent-shop, perfumery; *pl.* perfumes, scents; **~fläschchen** *n* (small) scent-bottle; **~händler** *m* perfumer; **~handlung** *f* scent-shop, perfumery; **2ieren** *v/t.* perfume, scent; **~zerstäuber** *m* scent spray, atomizer.

pari ✝ *adv. u.* **2** *n* par; *auf* (*od. al*) *pari* at par; *über* (*unter*) *pari* above (below) par.

Paria *m* pariah.

parieren I. *v/t. fenc. usw.* parry (*a. fig.*); (*Pferd*) pull up, rein in; *Kochkunst*: carve; **II.** *v/i.* (*gehorchen*) obey, knuckle under, *bsd. pol.* toe the line (*od.* mark).

Parikurs ✝ *m* parity price.

Pariser I. *m*, **~in** *f* Parisian; **II.** *adj.* Parisian, (of) Paris; *~ Mode* Paris(ian) fashions *pl.*; *typ. ~ Schrift* ruby, *Am.* agate.

Parität *f* parity (*a.* ✝); **2isch** *adj.* proportional, on a par, parity ...

Pariwert ✝ *m* par value.

Park *m* **1.** park; **2.** → *Fahrzeugpark, Maschinenpark, Wagenpark*; **~anlage** *f* (public) park; **~bremse** *f* parking brake; **2en** *v/t. u. v/i.* park; *2 verboten!* No Parking!

Parkett *n* **1.** parquet; *fig. sich auf dem diplomatischen ~ bewegen* move in diplomatic circles (*od.* on the diplomatic scene); **2.** *thea.* pit, *Am.* parquet; **~arbeit** *f* parquetry; **~(fuß)boden** *m* parquet floor; **2ieren** *v/t.* parquet.

Park...: **~gebühren** *f/pl.* parking taxes; **~(hoch)haus** *n* multistor(e)y car park, parking garage; **~leuchte** *f*, **~licht** *n* parking light; **~platz** *m* parking place; *öffentlicher*: car park, *Am.* parking lot; (*Parkraum*) parking space; **~scheibe** *f* parking disk; **~streifen** *m* lay-by; **~(zeit)uhr** *f* parking meter; **~verbot** *n* parking prohibition; (*Schild*) No Parking (sign).

Parlament *n* Parliament.

Parlamentär ⚔ *m* parlementaire (*fr.*).

Parlamentar|ier(in *f*) *m* parliamentarian; **2isch** *adj.* parliamentary; → *Staatssekretär*; **~ismus** *m* parliamentar(ian)ism.

Parlaments...: **~ausschuß** *m* parliamentary committee; **~ferien** *pl.* recess *sg.*; *in die ~ gehen* rise for the recess; **~gebäude** *n* Parliament (Building); **~mitglied** *n* Member of Parliament (*abbr.* M.P.), *Am.* Congressman; **~sitzung** *f* sitting of parliament.

parlieren *v/i.* parley.

Parmesankäse *m* Parmesan cheese.

Parochialkirche *f* parish-church.

Paro|die *f* parody (*auf* on); **2dieren** *v/t.* parody; **~dist(in** *f*) *m* parodist; **2distisch** *adj.* burlesque.

Parole *f* ⚔ watchword, password; *fig. e-r Partei usw.*: watchword; (*Schlagwort*) slogan, catch phrase.

Paroli *n*: *j-m ~ bieten* stand (*od.* F stick) up to a p., spike a p.'s guns.

Paroxysmus *m* paroxysm.

Part *m thea.*, ♪ part; (*Anteil*) *a.* share.

Partei *f* party (*a. pol.*); (*~sektion*) faction; ⚖ (*Prozeß2*, *Vertrags2* *usw.*) party; *Sport*: side; (*Miets2*) party, household, tenant(s (*pl.*); *gegnerische ~* opponent(s *pl.*); *Sport*: *a.* opposite side; *~ aus einem Vertrag* party to a contract; *vertragschließende ~en* contracting parties; ⚖ *Antrag einer ~* ex parte application; *j-s ~ ergreifen, ~ nehmen für j-n* take a p.'s part, side with a p.; *gegen j-n ~ ergreifen* take sides against a p.; *es mit keiner ~ halten* remain neutral, sit on the fence; *~ sein* be an interested party, be biassed.

Partei...: **~abzeichen** *n* party badge; **~apparat** *m* party machine; **~bonze** *m* party boss (*od.* big shot); **~buch** *n* membership book; **~chinesisch** F *n* (Communist) party lingo, newspeak; **~disziplin** *f* party discipline; *~ halten, sich der ~ beugen* follow the party line, toe the line; **~führer** *m* party leader; **~führung** *f* → *Parteileitung*; **~gänger(in** *f*) *m* partisan, *Am. a.* party liner; **~geist** *m* party spirit, factionalism; **~genosse** *m*, **~genossin** *f* party member; **2isch**, **2lich** *adj.* partial; biassed, prejudiced (*für* in favo[u]r of; *gegen* against); one-sided, unfair; **~leitung** *f* **1.** party leaders *pl.* (*od.* leadership); **2.** → *Parteizentrale*; **~lichkeit** *f* partiality, bias; **~linie** *f* party line; **2los** *adj.* impartial, neutral; *pol.* independent, non-party ...; **~lose(r** *m*) *f* non-party member; **~losigkeit** *f* neutrality; independence; **~mitglied** *n* party member; **~nahme** *f* partisanship (*für* for), support (of), siding (with); **~organ** *n* party organ; **~politik** *f* party politics *sg. u. pl.*; **~politiker** *m* party politician; **2politisch** *adj.* partypolitical; **~programm** *n* (party) platform; **~tag** *m* party congress (*Am.* convention); **~versammlung** *f* party meeting (*od.* rally); **~vorbringen** ⚖ *n* pleadings *pl.*; **~vorsitzende(r)** *m* chairman of the party; **~vorstand** *m* executive committee; **~zentrale** *f* party headquarters *sg. u. pl.*; **~zugehörigkeit** *f* party affiliation.

Parterre I. *n* ground floor, *Am.* first floor; *thea.* pit, orchestra (stalls *pl.*); (*Blumenbeet*) flower-bed; **II.** ∼ *adv.* on the ground floor, *etc.*; *thea.* in the pit, *etc.*

Partial... *in Zssgn* partial.

Partie *f* (*Gesellschaft*) party, company; (*Ausflug*) outing, excursion; (*Spiel*) game (*Schach usw.* of chess), *Sport*: *a.* match; ♪ part; *thea.* part, rôle; (*Bild* ∼, *Gesichts* ∼ *usw.*) part, *anat. a.* area, region; *Buch usw.*: passage; ☤ parcel, lot; (*Schub*) batch; (*Heirats* ∼) match; *in* ~*n von* in lots of; *eine gute* ~ a good match; *er macht e-e gute* ~ *a.* he marries a fortune; *mit von der* ~ *sein* make one of the party, take part, go along, be in on it; *ich bin mit von der* ~*!* count me in!, F I am on!

partiell *adj.* partial.

Partikel *f allg.* particle.

Partikularis|mus *m* particularism; **~t** *m*, **∼tisch** *adj.* particularist, separatist.

Partisan *m* partisan, guerilla; **~enkrieg** *m* partisan warfare.

partitiv *adj.* partitive.

Partitur ♪ *f* score.

Partizip *ling. n* participle; **∼ial** *adj.* participial.

Partizipationsgeschäft ☤ *n* business on joint account.

Partner *m*, **~in** *f allg.* partner; (*Gesprächs* ∼) interlocutor; *als* ~ *mit j-m spielen* be partnered with; **~schaft** *f* partnership; **~stadt** *f* twin town; **~tausch** *m* partner (*od.* wife) swapping; **~wahl** *f* choosing a partner (*od.* mate).

Party *f* party.

Parvenü *m* upstart, parvenu.

Parze *f* Fatal Sister; *die* ~*n* the Fates.

Parzell|e *f* parcel (of land), plot, allotment, *bsd. Am.* lot; **∼ieren** *v/t.* parcel (out), divide into lots, *Am. a.* plot.

Pascha *m* pasha.

pasch|en *v/t. u. v/i.* smuggle; **∼er** *m* smuggler.

Paspel ⚔ *f* piping, edging, braid; **∼ieren** *v/t.* pipe, braid.

Paß *m* **1.** (*Gebirgs* ∼) pass; **2.** *Sport*: pass; *flacher* (*steiler*) ~ low (running) pass; **3.** *Reitsport*: amble; **4.** (*Reise* ∼) passport.

passabel I. *adj.* passable, tolerable, fair; **II.** *adv.* passably, fairly well.

Passage *f* **1.** (*Durchgang*) passage (-way); **2.** *Reitsport*: passage; **3.** ♪ passage, run, *Koloratur*: roulade.

Passagier *m* passenger, *in Taxis*: fare; *blinder* ~ ⚓ stowaway, F deadhead; **~dampfer** *m* passenger steamer, liner; **~flugzeug** *n* passenger plane; **~gut** *n* luggage, *Am.* baggage; **~liste** *f* list of passengers.

Passah *n*, *mst* **~fest** *n* passover.

Paßamt *n* passport office.

Passant(in *f*) *m* passer-by (*pl.* passers-by).

Passat *m*, **~wind** *m* trade-wind.

Paßbild *n* passport photo(graph).

passé *adj.* passé(e) (*fr.*), out.

passen I. *v/i.* **1.** fit (*j-m* a p.; *auf, für, zu* et. a th.), *weitS. a.* fit in (*zu* with); (*kleidsam sein*) become (*j-m* a p.); (*zusagen, genehm sein*) suit (*j-m* a p.), be suitable *od.* convenient; tally, harmonize, agree (together); ~ *zu* (*e-m Kleid usw.*) go (well) with, *bsd. in den Farben*: match; *das Kleid paßt nicht* is a bad fit; *am Montag paßt es mir nicht* Monday is a bit awkward (for me); *paßt es dir heute abend?* would this evening be all right (with you)?; *das paßt mir großartig* that suits me fine (*od.* to a T); *er paßt nicht für diese Arbeit* he is not suited (*od.* cut out, the man) for this job; *fig. das paßt nicht zu ihm!* that's not like him!, that's not his style!; *sie* ~ *zueinander* they are well matched; *wenn es dir nicht paßt* if you don't like it; *nur wenn es ihnen* (*in den Kram*) *paßt* only when they felt like it; *das würde dir so* ~*!* what next?, F my eye!; **2.** F ~ *auf* (*j-n od. et.*) watch (*od.* wait) for; **3.** *Kartenspiel, a. Sport* (*abspielen*): pass; *ich passe!* pass (*a. fig.*)!, no bid!; **II.** *v/refl.*: *sich* ~ (*geziemen*) be fit (*od.* proper, seemly); *es paßt sich nicht* it is not done, that's not good form; it is out of place; *es paßt sich nicht für einen Staatsmann* it ill becomes (*od.* befits) a statesman; **III.** ⊕ *v/t.* fit (*in* into); **~d** *adj.* fit, suitable, suited; convenient (*für* to, for); *Kleid*: *gut* ~ well-fitting, form-fitting, (*kleidsam*) becoming; *Bemerkung*: apt, timely; *Wort*: right, fitting; *Zeit*: seasonable, opportune; (*entsprechend*) corresponding; (*geziemend*) becoming, seemly; *in der*

Farbe usw. dazu ~ gloves, etc. to match; *für ~ halten* think fit (*od.* proper); *kein ~es Thema für* no fit subject for.

Passepartout *n* **1.** (*Wechselrahmen*) passe partout, mount; **2.** (*Schlüssel*) passe partout, master-key.

Paß...: **~form** *f Kleid*: fit; **~gang** *m Reitsport*: amble.

passier|bar *adj.* passable, practicable; **~en I.** *v/t. u. v/i.* **1.** (*vorüber-, hindurchgehen, -fahren usw., überqueren*) pass (by *od.* through, over), go through; *et. od. j-n ~ lassen* let pass (*od.* through); **II.** *v/t.* **2.** (*e-n bestimmten Punkt usw.*) *a. Sport*, ⚓: clear; **3.** *Kochkunst*: pass, strain; **III.** *v/i.* (*sich ereignen*) happen, occur, take place, (come to) pass; *j-m ~* (*zustoßen*) happen to a p.; *ist es dir schon passiert, daß?* has it ever happened to you that?, did you ever happen to *inf.*?; *das kann jedem mal ~!* that can happen to anybody!; F *jetzt ist es passiert!* the fat is in the fire; **≈schein** *m* pass, permit; ☤ passport; **≈schlag** *m Tennis*: passing shot.

Passion *f* **1.** passion; (*Steckenpferd*) hobby; *Angeln ist s-e ~* fishing is his passion; **2.** *eccl., a. paint.,* ♪ *u. fig.* Passion; **≈iert** *adj.* passionate, enthusiastic; *~er Radiobastler usw. a.* radio, *etc.*, -fan; **~sspiel** *n* Passion play; **~swoche** *f* Passion Week.

passiv I. *adj. allg.* passive (*a. ling., Sport*, ⚕, ⚡, ☤); → *Bestechung*; *~e Bilanz* debit (*od.* passive) balance; *~er Widerstand* passive resistance; *~es Wahlrecht* eligibility; *~er Wortschatz* recognition vocabulary, reading knowledge; **II.** **≈** *n*, **≈um** *ling. n* passive (voice); **≈a** *pl.*, **≈en** ☤ *pl.* liabilities; **≈ahandel** *m* passive trade; **~ieren** ☤ *v/t.* enter on the liability side; *sich ~ Handelsbilanz*: become adverse; **~isch** *ling. adj.* passive; **≈ität** *f* passivity (*a. Sport*); inaction; **≈posten** ☤ *m* debit item; **≈saldo** *m* debit balance; **≈seite** *f* liability side, left side (of the ledger).

Paß...: **~kontrolle** *f* passport inspection; **~sitz** ⊕ *m* snug fit; **~stelle** *f* passport office; **~stück** *n*, **~teil** ⊕ *n* fitting (part); adapter.

Passung ⊕ *f* fit.

Passus *m* passage.

Paß...: **~wesen** *n* passport matters *pl.*; **~zwang** *m* obligation to carry a passport.

Pasta *f*, **Paste** *f* paste.

Pastell *n* (*Bild, Farbe, Malerei*) pastel; (*Stift*) crayon; **~maler(in** *f*) *m* pastel(l)ist; **~zeichnung** *f* pastel drawing.

Pastete *f* pie, *feine*: pâté (*fr.*).

pasteurisier|en *v/t.* pasteurize; **≈apparat** *m* pasteurizer.

Pastille *f* lozenge, pastil(l)e.

Pastor *m* pastor, vicar; **≈al** *adj. allg.* pastoral; **~ale** ♪ *f* pastorale.

pastos, pastös *adj.* pasty.

Pate *m* **1.** (*Taufzeuge*) sponsor (= *m* godfather, *f* godmother); *~ stehen* stand godfather (*f* godmother) (*bei* to), *a. fig.* stand sponsor (to); **2.** (*Täufling*) godchild; **~ngeschenk** *n* christening present; **~nkind** *n* godchild; **~onkel** *m* godfather; **~nschaft** *f*, **~nstelle** *f* sponsorship; *die Patenschaft für e-e Stadt übernehmen* adopt a town.

Patent I. *n* (*Erfindungsurkunde*) (letters *pl.*) patent (*auf* for), (*Bestallungsurkunde, a.* ⚔) *a.* commission; *Schweiz*: (*Konzession*) licen|ce, *Am.* -se; F *fig.* (*raffinierte Sache*) ingenious gadget, *Brit.* F patent; ⚖ *älteres ~* prior (*od.* senior) patent; *jüngeres ~* subsequent patent; *ein ~ anmelden* apply for a patent; *~ angemeldet* Patent pending, Patent Applied For; *ein ~ erteilen* grant (*od.* issue) a patent (*dat.* to); *ein ~ verwerten* exploit a patent; **II.** **≈** F *adj.* clever, ingenious; *~er Kerl* fine (*od.* splendid) fellow, F good scout; **~amt** *n* Patent Office; **~anmelder** *m* applicant for a patent; **~anmeldung** *f* (patent) application; **~anspruch** *m* (patent) claim; **~anwalt** *m* patent agent (*od.* attorney); **~berühmung** *f* patent advertising; **~beschreibung** *f* patent specification (and drawings); **~einspruch** *m* opposition; **~erteilung** *f* grant(ing) *od.* issue of a patent; **≈fähig** *adj.* patentable; **~geber** *m* patentor; **~gebühr** *f* patent fee; **~gegenstand** *m* object of a patent; **~gesetz** *n* Patent Act; **≈ierbar** *adj.* patentable; **≈ieren** *v/t.* **1.** patent; (*sich*) *et. ~ lassen* take out a patent for a th., patent a th.; *patentiert* patented; **2.** ⊕ (*glühen*) patent; **~inhaber** (**-in** *f*) *m* patentee; **~lösung** *fig. f* pat solution; **~prüfer** *m* patent examiner; **~recht** *n objektives*: patent law; *subjektives*: patent right(s *pl.*); **≈rechtlich** *adj. u. adv.* under patent law; *~ geschützt* patented, protected (by patent); ~**rolle** *f* patent register; ~**schrift** *f* patent specification; ~**schutz** *m* protection by patent; ~**schutzgesetz** *n* Patent Act; ~**urkunde** *f* letters *pl.* patent; ~**verletzung** *f* patent infringement; ~**verschluß** *m* patent stopper; ~**verwertung** *f* exploitation of a patent.

Pater *eccl. m* (*pl. Patres*) father.

Paternoster 1. *n eccl.* paternoster; **2.** *m* → ~**aufzug** *m* paternoster lift; ~**werk** ⊕ *n* chain-pump; (*Aufzug*) escalator.

pathetisch *adj.* lofty, solemn, elevated; *fig. contp.* pathetic; *das* ≈*e* the pathetic.

patho|gen *adj.* pathogenous; ≈**loge** *m*, ≈**login** *f* pathologist; ≈**logie** *f* pathology; ~**logisch** *adj.* pathological.

Pathos *n* elevated (*od.* emotional) style; *the* pathetic; *falsches* ~ bathos.

Patience *f Karten*: solitaire, *bsd. Brit.* patience.

Patient(in *f*) *m* patient; *ambulanter Patient* out-patient; *stationärer Patient* in-patient.

Patin *f* → *Pate.*

Patin|a *f* patina (*a. fig.*), verd-antique; ~ *ansetzen* (*a. fig.*) patinate; ≈**ieren** *v/t.* patinate.

Patriarch *m* patriarch; ≈**alisch** *adj.* patriarchal; ~**at** *n* patriarchate.

Patrimonium *n* patrimony.

Patriot *m*, ~**in** *f* patriot; ≈**isch** *adj.* patriotic(ally *adv.*); ~**ismus** *m* patriotism.

Patrize ⊕ *f* counter-die, punch.

Patriz|ier *m*, ~**ierin** *f*, ≈**isch** *adj.* patrician.

Patron *m*, ~**in** *f* patron(ess *f*) (*a. R.C.*), protector (*f* protectress); F (*Kerl*) fellow, F bloke, *Am.* F customer.

Patronat *n* patronage.

Patrone *f* **1.** ⚔ cartridge (*a. phot. usw.*); **2.** ⊕ (*Modell*) model, pattern; (*Schablone*) stencil; (*Gewinde*≈) mandrel; ~**nauswerfer** *m* ejector; ~**gurt** *m*, ~**ngürtel** *m* cartridge belt; ~**nhülse** *f* cartridge case; ~**nrahmen** *m* charger; ~**ntasche** *f* ammunition pocket; pouch; ~**nzuführung** *f* cartridge feed.

Patrouill|e *f* patrol; ~**enboot** *n* patrol-boat; ≈**ieren** *v/i.* patrol.

patsch! *int.* slap!, smack!, thump!

Patsche F *f* **1.** (*Hand*) F paw; **2.** *fig. in der* ~ *sitzen* be in a scrape (*od.* F jam, pickle), *sl.* be in the soup; *in die* ~ *geraten* get into a scrape (*od.* into hot water); *j-m aus der* ~ *helfen* get a p. out of a scrape; *j-n in der* ~ *lassen* leave a p. in the lurch; ≈**n** *v/i. u. v/t. Wasser*: splash; (*schlagen*) smack, slap; (*in die Hände*) ~ clap (one's hands).

Patsch|hand *f*, ~**händchen** F *n* F (little) paw; ≈**naß** *adj.* soaked to the skin, dripping (wet), drenched.

Patschuli *n* patchouli.

Patt *n*, ≈ *adj. Schach u. fig. pol.*: stalemate (*a.* = ≈ *setzen*); *fig. a.* deadlock.

Patte *f* pocket flap.

patz|en F *v/i. thea. sl.* fluff; *weitS.* bungle, *sl.* muff it, boob; ≈**er** F *m* blunder, *sl.* boob(oo), fluff.

patzig F *adj.* rude, snotty.

Pauke *f* ♩ bass drum, (*Kessel*≈) kettle-drum; *anat.* → *Paukenhöhle*; → *a. Standpauke*; F *fig. mit* ~*n und Trompeten* utterly, F gloriously; F (*tüchtig*) *auf die* ~ *hauen* paint the town red, *sl.* make whoopee *weitS.* (*mächtig rangehen*) F go to town.

pauken *v/i. u. v/t.* **1.** ♩ beat the (kettle-)drums; **2.** *univ.* (*sich*) *mit j-m* ~ (fight a) duel with a p.; **3.** *ped. sl.* (*lernen*) cram, grind, *sl.* swot, *Am.* bone (up on *a th.*); ≈**höhle** *anat. f* tympanic cavity; ≈**schlag** *m* beat of the (kettle-) drum; ≈**schläger** *m* → *Pauker* 1.

Pauker *m* **1.** ♩ (kettle-)drummer; (*Orchester*≈) timpanist; **2.** *ped. sl.* (*Lehrer*) crammer, schoolmaster.

Paukerei *ped. sl. f Schule*: cramming, grinding, *sl.* swot.

Paus|backen *f/pl.* chubby cheeks; ~**backengesicht** *n* chubby face; ≈**backig**, ≈**bäckig** *adj.* chubby.

pauschal *adj. u. adv.* lump-sum ..., global(ly), overall ...; *im Hotel usw.*: (with) all (cost) included, all-in(clusive); *fig.* in the lump; ≈**e** *f* lump sum, global amount; *im Hotel usw.*: all-inclusive price, *Am.* American plan; ≈**gebühr** *f* flat rate; ≈**kauf** *m* purchase in bulk; ≈**police** *f* open (*Am.* blanket) policy; ≈**reise** *f* package tour; ≈**satz** *m* flat rate; ≈**steuer** *f* comprehensive tax; ≈**summe** *f* lump sum, flat sum; ≈**urteil** *fig. n* sweeping statement; ≈**versicherung** *f* blanket insurance; ≈**zahlung** *f* (*Ablösung*) composition payment.

Pause[1] *f* pause, stop, interval; *Schule*: break, *Am.* recess; *thea.* interval, *Am.* intermission; ♩ rest; (*Nachlassen*) lull; *e-e* ~ *einlegen* (*od. machen*) → *pausieren.*

Pause[2] ⊕ *f* tracing; (*Blau*≈) blueprint; (*Kopie*) copy; ≈**n** *v/t.* trace; blueprint.

pausen|los I. *adj.* uninterrupted, incessant, ceaseless, non-stop ...; (*unerbittlich*) unrelenting; **II.** *adv.* incessantly, *etc.*; without pause (*od.* F let-up); **≈zeichen** *n Radio*: identification signal.

pausieren *v/i.* (make a) pause, *a. fig.* (take a) rest.

Paus|papier *n* tracing-paper; **~zeichnung** *f* tracing.

Pavian *m* baboon.

Pavillon *m* pavilion (*a.* ✝ *Messe≈*).

pazifisch *adj.* Pacific; *der ≈e Ozean* the Pacific.

Pazifismus *m* pacifism.

Pazifist *m*, **~in** *f* pacifist; **≈isch** *adj.* pacifistic(ally *adv.*).

Pech *n* pitch; F *fig.* bad luck, ill-luck, *Am. a.* tough break, hard luck (*od.* lines *pl.*); (*Mißgeschick*) mishap; *~ haben* have no luck (*bei* with), be down on one's luck; F *fig. wie ~ und Schwefel zs.-halten* stick together, be inseparable; **~blende** *min. f* pitchblende; **~draht** *m* pitched thread; **~fakkel** *f* (pitched) torch; **≈ig** *adj.* pitchy; **~kiefer** *f* pitch pine; **~kohle** *f* pitch coal; **≈schwarz** *adj.* pitch-black, jet-black; *Nacht*: pitch-dark; **~strähne** *f* run (*Am.* F streak) of bad luck; **~vogel** *m fig.* unlucky fellow.

Pedal *n* **1.** pedal (*a.* ♪); *in die ~e treten* work the pedals, pedal away; **2.** F *~e* (*Füße*) *sl.* trotters.

Pedant *m*, **~in** *f* pedant, stickler; **~erie** *f* pedantry; **≈isch** *adj.* pedantic(ally *adv.*).

Pedell *m univ.* proctor's man, *in Schulen*: janitor.

Pediküre *f*, **≈n** *v/t.* pedicure.

Pegel *m* ⊕ *u. fig.* level; (*Wasserstandsmesser*) water-ga(u)ge; **~stand** *m* water level.

Peil|anlage *f* direction finder (installation); **~antenne** *f* direction finder (*abbr.* DF) aerial (*Am.* antenna); **~boot** ⚓ *n* sounding boat; **~empfänger** *m* directional (*od.* DF) receiver; **≈en I.** *v/t.* take a bearing of; F *fig. die Lage ~* see how the land lies; **II.** *v/i.* take one's bearings; **~er** *m* direction finder; **~funk** *m* radio direction finding; **~funkgerät** *n* radio direction finder; **~funkstelle** *f* direction finder station; **~kompaß** *m* radio compass; **~station** *f* direction finder (*od.* DF) station; **~strahl** *m* beam; **~tisch** *m* plotting board; **~ung** *f* taking (one's) bearings; *Radio*, ✈ direction finding, radio bearing; (*Resultat*) bearing(s *pl.*).

Pein *f* pain; (*Qual*) *a.* torment, torture, agony, anguish; (*Leiden*) suffering(s *pl.*); **≈igen** *v/t.* torment, torture, *fig. a.* harass, tantalize, pester; **~iger(in** *f*) *m* tormentor; **~igung** *f* torment, torture.

peinlich I. *adj.* painful (*dat.* for), (*unangenehm*) *a.* embarassing, awkward, distressing; (*sehr genau*) particular, scrupulous, meticulous, painstaking; ⚖ capital, penal; **II.** *adv.*: *~ sauber* scrupulously clean; *j-n ~ berühren* distress a p.; *~ berührt a.* pained; **≈keit** *f* painfulness, awkwardness; scrupulousness.

Peitsche *f* whip; **≈n** *v/t. u. v/i.* whip, (*a. fig. Regen usw.*) lash; **~nantenne** *f* whip aerial (*Am.* antenna); **~nhieb** *m* cut (*od.* lash) with a whip; **~nknall** *m* crack of a whip; **~nschlagverletzung** ⚕ *f* whiplash injury; **~nschnur** *f* thong, lash; **~nstiel** *m* whip-stick.

Pekinese *m* (*Hund*) pekin(g)ese.

pektoral *anat. adj.* pectoral.

pekuniär *adj.* pecuniary, financial.

Pelerine *f* pelerine, cape.

Pelikan *m* pelican.

Pellagra ⚕ *n* pellagra.

Pell|e *f* peel, skin; F *fig. j-m auf die ~ rücken* get at a p.; *j-m nicht von der ~ gehen* stick to a p. like a leach; **≈en** *v/t.* peel, skin; **~kartoffeln** *f/pl.* potatoes in their jackets (*od.* skins).

Pelz *m* fur (*a. Kleidungsstück*); *weitS.* skin, hide; F *j-m eins auf den ~ brennen* put a bullet into a p.; *j-m auf den ~ rücken* get at a p.; **~besatz** *m* fur trimming; **~futter** *n* fur lining; **≈gefüttert** *adj.* fur-lined; **~geschäft** *n* fur-shop; **~handel** *m* fur-trade; **~händler** *m* furrier; **~handschuh** *m* furred glove; **≈ig** *adj.* furry; ⚕ *Zunge*: furred; *Gliedmaßen*: numb; *Rettich*: stringy; **~jacke** *f* fur jacket; **~kragen** *m* fur collar; *Damen*: fur tippet; **~mantel** *m* fur coat; **~mütze** *f* fur cap; **~stiefel** *m* fur-lined boot; **~tiere** *n/pl.* fur-bearing animals, *coll.* furs; **~tierjäger** *m* trapper; **~tierzucht** *f* fur farming; **~ware(n** *pl.*) *f*, **~werk** *n* furriery, furs *pl.*

Pendel *n* pendulum (*a. fig.*); **~achse** ⊕ *f* swing-axle; **~kugellager** ⊕ *n* self-aligning ball bearing; **≈n** *v/i.* oscillate, swing; *mit dem Körper*: sway, *Boxen*: (bob and) weave; 🚃 *usw.* commute, *Brit. a.* shuttle; **~säge** *f* pendulum saw; **~schlag** *m*,

~schwingung *f* swing of the pendulum (*a. fig. pol.*); *phys.* oscillation; **~staffel** *f Sport*: shuttle relay; **~tür** *f* swing door; **~uhr** *f* pendulum clock; **~verkehr** *m* shuttle service; (*Berufsverkehr*) commuter traffic; **~zug** 🚂 *m* commuter train.

Pendler 🚂 *m* commuter.

penetrant *adj. Geruch*: penetrating; F *Person usw.*: awful; ~*er Kerl* F pest.

penibel *adj.* particular, fussy, F pernickety.

Penis *anat. m* penis; **~neid** *psych. m* penis envy.

Penizillin *n* penicillin.

Pen|nal F *n* school; **≗näler** *m* (grammar-)schoolboy.

Penn|bruder F *m* tramp, *Am. sl.* hobo; **~e** F *f* **1.** (*Herberge*) *sl.* doss-house, *Am.* flop-house; **2.** school; **≗en** F *v/i.* sleep (*a. fig.*).

Pension *f* **1.** (*Ruhegehalt*) (old-age) pension; *in ~ gehen* retire; *in ~ sein* be retired, live in retirement; **2.** (*Fremdenheim*) boarding-house; **3.** (*Unterkunft u. Verköstigung*) (*volle*) ~ board and lodgings; *halbe* ~ lodging and breakfast plus one meal a day; **4.** → *Pensionat*; **~är(in** *f*) *m* **1.** pensionary, pensioner; **2.** (*Pensionsgast*) boarder; **~at** *n* boarding-school; **≗ieren** *v/t.* pension (off), superannuate; ⚔ put on the retired list (*od.* on half-pay); *sich ~ lassen* retire; **≗iert** *adj.* retired, in retirement; **~ierung** *f* pensioning (off); retirement.

Pensions...: **~alter** *n* pension (-able) age; **≗berechtigt** *adj.* pensionable; **~berechtigung** *f* right to a pension; **~fonds** *m* pension fund, superannuation fund; **~gast** *m* boarder; **~kasse** *f* → *Pensionsfonds*; **≗reif** *adj.* due for retirement.

Pensum *n* set task, amount of work (to be done), work-rate; *ein großes ~ leisten* do a great deal of work.

Penta|de *f* pentad; **~gon** *n* **1.** ⩓ pentagon; **2.** *Am.* (*Verteidigungsministerium*) Pentagon; **~gramm** *n* pentagram; **~meter** *m* pentameter.

Pentode ⚡ *f* pentode.

Pepsin *n* pepsin.

per *prp.* per, by; ~ *Adresse* care of (*abbr.* c/o); ~ *Bahn* by train, by rail; ~ *Kasse* for cash; ~ *pedes* on foot; ~ *Saldo* by balance.

perennierend ⚘ *adj.* perennial.

perfekt **I.** *adj.* perfect; *pred. Vertrag usw.*: settled, F in the bag; *e-e Sache ~ machen* settle, F clinch *a deal*; ~ *im Kochen* a perfect cook; **II.** ≗ *n, a.* **≗um** *ling. n* perfect (tense); **≗ion** *f* perfection; **~ionieren** *v/t.* (make) perfect; **≗ionismus** *m* perfectionism; **≗ionist** *m*, **~ionistisch** *adj.* perfectionist.

perfid *adj.* perfidious; **≗ie** *f* perfidy.

perforier|en *v/t.* perforate; **≗maschine** *f* perforating machine; **≗ung** *f* perforation.

Pergament *n* parchment (*a. ~urkunde*); (*Kalbs≗, Schreib≗*) vellum; **~band** *m* parchment (*od.* vellum) binding *od.* volume; **≗en** *adj.* (of) parchment; parchment-like; **~papier** *n* parchment paper, (vegetable) parchment; (*Einwickelpapier*) greaseproof paper.

Pergola *f* pergola.

Period|e *f allg.* period (*a.* ⩓, ⚡, *ast., geol., phys., ling.*); ⚡ (*einzelne Schwingung, a. ganze* ~ complete) cycle; ⚕ *der Frau*: (monthly) period; ~*n je Sekunde* cycles per second (*abbr.* cps), *mst* cycles; **~ensystem** ⚗ *n* periodic system; **~enumformer** ⚡ *m* frequency changer; **~enzahl** ⚡ *f* frequency, number of cycles; **≗isch** *adj.* periodic(al); ⩓ ~*er Dezimalbruch* recurring decimal; *adv.* ~ *erscheinende Zeitschrift* periodical; **~izität** *f* periodicity.

peripher *adj.* peripheral; **≗ie** *f* periphery, perimeter; *e-r Stadt*: *a.* outskirts *pl.*; **~isch** *adj.* peripheric.

Periphrase *f* periphrasis.

Periskop *n* periscope.

Perkussion *f allg.* percussion.

perkut|an *adj.* percutaneous; **~ieren** *v/t.* percuss(ion).

Perle *f* pearl (*a. fig. u. pharm.*); *aus Glas usw.*: bead; *fig.* (*Sache od. Person*) jewel, gem; ~*n vor die Säue werfen* cast pearls before swine.

perlen *v/i.* pearl, *Getränk*: *a.* sparkle; *Schweiß*: pearl, bead (*auf j-s Stirn* a p.'s forehead); *Töne*: pearl.

Perlen...: **~fischer** *m* pearl fisher (*od.* diver); **~kette** *f*, **~schnur** *f* string of pearls; (*Halsband*) pearl necklace; **~stickerei** *f* embroidery in pearls.

Perl...: **≗grau** *adj.* pearl-grey; **~graupen** *pl.* pearl-barley *sg.*; **~huhn** *n* guinea (fowl); **~korn** *n Gewehr*: bead sight; **~muschel** *f* pearl-oyster; **~mutt** *n*, **~mutter** *f* mother-of-pearl, nacre; **~schrift** *typ. f* pearl; **~weiß** *n* pearl-white.

permanen|t *adj.* permanent; **ˆz** *f* permanence.
Permanganat *n* permanganate.
permutieren *v/t.* permute.
perniziös ⚕ *adj.* pernicious.
peroral ⚕ *adj.* peroral.
Perpendikel *m, n* pendulum; ⊥ perpendicular.
perplex *adj.* perplexed, bewildered, dum(b)founded.
Persenning ⚓ *f* tarpaulin.
Perser *m* **1.** **~in** *f* Persian; **2.** *a.* **~teppich** *m* Persian carpet.
Persianer ✝ *m* Persian lamb(skin).
Persiflage *f* persiflage.
persiflieren *v/t.* satirize, burlesque.
persisch *adj.*, **ˆ** *ling. n* Persian.
Person *f* person (*a. ling. u. contp.*); (*Einzelˆ*) *a.* individual; *thea.* character, persona; *~en der Handlung* dramatis personae; ⚖ *dritte ~* third party; → *juristisch*; *ling. erste ~ Einzahl* first person singular; *co. alle(s) in einer ~* all rolled in one; *10 Mark pro ~* a head; *ich für meine ~* I for one (*od.* my part), as for me; *in (eigener) ~* in person, personally, himself (*f* herself); ⚖ *von ~ bekannt* of known identity; *er ist die Geduld in ~* he is patience himself.
Personal *n* personnel, staff, employees *pl.*; (*Bedienstete*) attendants *pl.*, servants *pl.*; ✈ *fliegendes ~* flying personnel, air crews *pl.*; *ständiges ~* permanent staff; *mit ~ versehen* staff; *unser ~ reicht nicht aus* we are understaffed (*od.* short-handed); **~abbau** *m* staff reduction; **~abteilung** *f* staff department, *Am.* personnel division; **~akte** *f* personnel file, personal dossier; **~angaben** *f/pl.* personal data; **~ausweis** *m* identity card; **~bestand** *m* (number of) personnel; **~büro** *n* personnel office; **~chef** *m* personnel manager; **~gesellschaft** *f* company with unlimited liability, personal partnership; **~ien** *pl.* particulars, personal data; *~ aufnehmen* obtain the particulars *of a p.*; **~kredit** *m* personal credit; **~mangel** *m* shortage of personnel; *an ~ leiden* be short of personnel, be understaffed; **~pronomen** *ling. n* personal pronoun; **~union** *f* personal union.
personell *adj.* **1.** personal; **2.** (concerning the) personnel.
Personen...: **~aufzug** *m* (passenger) lift, *Am.* elevator; **~beförderung** *f* conveyance of passengers, passenger transport; **~beschreibung** *f* physical description; **~dampfer** *m* passenger-boat; **~kraftwagen** *m* passenger (*od.* private) car, motor-car, *Am. a.* auto(mobile); **~kreis** *m* circle; *amtlich*: category of persons; **~kult** *pol. m* personality cult; **~schaden** *m* personal injury; **~stand** *m* (personal) status; **~standsregister** *n* register of births, deaths and marriages, *Am.* register of vital statistics; **~vereinigung** *f* association; **~verkehr** *m* passenger traffic; **~verzeichnis** *n* list of persons; *thea.* dramatis personae *pl.*; **~wagen** *m* 🚃 passenger coach (*Am.* car); *mot.* → *Personenkraftwagen*; **~zug** 🚃 *m* (*Ggs. Güterzug*) passenger train; (*Ggs. Schnellzug*) slow (*Am.* accommodation *od.* way) train.
Personifi|kation *f* personification; **ˆzieren** *v/t.* personify, embody.
persönlich **I.** *adj.* personal; *Meinung usw.*: private (*a. auf Briefen*); *~e Auslagen* out-of-pocket expenses; *~e Beleidigung* personal abuse; → *Habe*; *fig. ~ werden* become personal, take to personalities; **II.** *adv.* personally, in person; himself (*f* herself); *~ haften* be personally liable; et. *~ nehmen* take a th. personally; **ˆkeit** *f* personality; (*bedeutender Mensch*) *a.* personage; **ˆkeitsrecht** *n* right of privacy; **ˆkeitsspaltung** *f* dual (*od.* split) personality.
Perspektiv *opt. n* telescope, field-glass; **~e** *f* perspective, *fig. a.* (*Aussicht*) prospect, vista; **ˆisch** *adj.* perspective; *~e Verkürzung* foreshortening.
Peruan|er(in *f*) *m*, **ˆisch** *adj.* Peruvian.
Perücke *f* wig; *kleine*: toupee.
pervers *adj.* perverse; *~er Mensch* pervert; **ˆion** *f* perversion; **ˆität** *f* perverseness, perversity.
Pessar *m* pessary, *zur Empfängnisverhütung*: *a.* diaphragm.
Pessimismus *m* pessimism.
Pessimist *m*, **~in** *f* pessimist; **ˆisch** *adj.* pessimistic(ally *adv.*).
Pest *f* plague, pest(ilence); (*Seuche*) epidemic; *fig.* pest, nuisance; *ich hasse es wie die ~* I hate it like poison; *er haßt ihn wie die ~ a.* F he hates his guts; **ˆartig** *adj.* pestilential; **~beule** ⚕ *f* plague-boil, bubo; *fig.* pest(ilence); **~flecken** *m* plague-spot; **~hauch** *m* miasma; **~ilenz** *f* pestilence; **ˆkrank** *adj.* plague-infected; **~luft** *f* pestilential (*od.* foul) air.
Petent *m* petitioner.
Peter *m* → *schwarz* I.

Petersilie *f* parsley.

Peterskirche *f* St. Peter's (Church).

Petit(schrift) *typ. f* brevier.

Petition *f* petition; **≈ieren** *v/i.* petition (*um* for); **~sweg** *m*: *auf dem ~e* by way of petition.

Petri Heil! *int.* good fishing!

Petro|chemie *f* petro-chemistry; **~graphie** *f* petrography.

Petroleum *n* petroleum, crude (*od.* rock) oil, *Am. a.* (mineral) oil; *für Heiz- u. Leuchtzwecke*: paraffin, *bsd. Am.* kerosene; **~brenner** *m* petroleum burner; **~lampe** *f* oil (*od.* kerosene) lamp; **~quelle** *f* oil-well.

Petschaft *n* seal, signet.

petto: *et. in ~ haben* have a th. up one's sleeve.

Petunie ⚘ *f* petunia.

Petz *m*: *Meister ~* (Master) Bruin; **~e¹** *f* (*Hündin*) bitch; **~e²** *f* → *Petzer(in)*.

petzen F *v/i. sl.* peach (*gegen* on, against), sneak (on), *Schule*: *a.* tell teacher.

Petzer(in *f*) F *m sl.* sneak.

Pfad *m* path (*a. fig.*), track; *fig. unsere ~e kreuzten sich* our paths crossed.

Pfadfinder *m* boy scout; *bsd.* ✈ pathfinder, *fig. a.* pioneer; **~bewegung** *f* Boy Scout Movement; **~in** *f* girl guide, *Am.* girl scout.

pfadlos *adj.* pathless.

Pfaffe *contp. m* cleric, priest, F parson, *co.* sky-pilot; **~ntum** *n* priesthood, clericalism; *coll.* parsons *pl.*, priests *pl.*

pfäffisch *adj.* priestly, clerical.

Pfahl *m* stake, pale, pile; (*Pfosten*) post; (*Stütze*) prop; (*Stange*) pole; (*Pflock*) picket; (*Schand≈*) pillory; *fig. ~ im Fleisch* thorn in one's flesh; *in meinen vier Pfählen* within my four walls; **~bau** *m* pile work; *hist. ~ten* lake (*od.* lacustrine) dwellings; **~baubewohner** *m* lake-dweller; **~brücke** *f* pile bridge.

pfählen *v/t.* **1.** (*abstützen*) prop (with piles), pile; **2.** *hist.*, *als Todesstrafe*: impale.

Pfahl...: **~ramme** ⊕ *f* pile driver; **~rost** *m* pile grating; **~werk** *n* paling, pile work; ⚔ palisade; **~wurzel** *f* tap-root; **~zaun** *m* paling, palisade.

Pfalz *f hist.* palatinate; *geogr. die ~* the Palatinate; **~graf** *m* Count Palatine.

pfälzisch *adj.* Palatine, of the Palatinate.

Pfand *n* pledge, pawn, gage; ✝ pledge, mortgage, (*a. im Leihhaus*) pawn; (*Hinterlegung, Flaschen≈ usw.*) deposit; *Pfänderspiel*: forfeit; *als ~ für* in pledge of; *als ~ halten* hold in pledge; *als ~ geben* (give *od.* put in) pledge *od.* pawn; *als* (*od. in*) *~ nehmen* take in pledge (*od.* pawn); *ein ~ einlösen* redeem a pledge; *zum ~e setzen* pledge, stake.

pfändbar ⚖ *adj.* attachable, distrainable.

Pfandbrief ✝ *m* (*Hypotheksinstrument*) mortgage-deed; *Börse*: mortgage debenture (*Am.* bond).

pfänden ⚖ *v/t.* (*j-n od. et.*) distrain upon (*wegen* for); (*et., a. Forderung*) attach.

Pfänderspiel *n* forfeits *pl.*

Pfand...: **~geber(in** *f*) *m* → *Pfandschuldner*; **~gläubiger** *m* → *Pfandnehmer*; **~(leih)haus** *n*, **~leihe** *f* pawnshop, loan office; **~leiher** *m* pawnbroker; **~nehmer(in** *f*) *m* pledgee, pawnee, mortgagee; **~recht** *n objektives*: law of liens and pledges; *subjektives*: lien (*an* on); *vertragliches*: contractual lien, pledge; **~schein** *m* pawn-ticket; **~schuld** *f* mortgage debt; **~schuldner(in** *f*) *m* pledger, pawner, lienor.

Pfändung ⚖ *f* seizure (*gen.* of), distraint (upon), attachment, distress (of); **~sbefehl** ⚖ *m* warrant of distress; **~sbeschluß** *m* order of attachment; **~sverfahren** *n* attachment proceedings *pl.*

Pfanne *f allg.* (*Tiegel, Brat≈ usw.*) pan; (*Dach≈*) pantile; *hist.* ⚔ (*Zünd≈*) pan; *anat.* socket; *e-e ~voll* a panful; *fig. et. auf der ~ haben* have a th. cooking; F *j-n in die ~ hauen* F slam (*od.* clobber) a p., *durch Kritik*: *sl.* roast (*od.* slate) a p.; **~nstiel** *m* panhandle.

Pfannkuchen *m* pancake, *Am. a.* flapjack; *Berliner ~* doughnut.

Pfarr|amt *n allg.* rectory, vicarage; **~bezirk** *m* parish; **~e** *f*, **~ei** *f* → *Pfarramt, Pfarrbezirk, Pfarrhaus, Pfarrstelle*; **~er** *m* parson; *der engl. Staatskirche*: rector, vicar; *bsd. der Dissidenten od. Am.*: minister; **~gemeinde** *f* parish; **~haus** *n* parsonage; *engl. Staatskirche*: rectory, vicarage; **~kind** *n* parishioner; **~kirche** *f* parish church; **~sprengel** *m* parish; **~stelle** *f* vicarage, benefice, (church) living.

Pfau *m* peacock; *fig. eitel wie ein ~* (as) vain as a peacock.

Pfauen...: **~auge** *n* **1.** *der Feder*:

eye, ocellate spot; **2.** (*Schmetterling*) peacock-butterfly; **~feder** *f* peacock's feather; **~henne** *f* peahen.

Pfeffer *m* pepper (*a.* F *fig.*); *~ und Salz* (*Stoffmuster*) pepper and salt; *das ist starker ~* F that's a bit thick; *j-n dahin wünschen, wo der ~ wächst* wish a p. to Jericho; → *Hase*; **~büchse** *f* → *Pfefferstreuer*; **~fresser** *orn. m* toucan; **~gurke** *f* gherkin; **2ig** *adj.* peppery; **~korn** *n* peppercorn; **~kuchen** *m* gingerbread; **~minze** *f* peppermint; **~minzplätzchen** *n* peppermint (drop); **~mühle** *f* pepper mill; **2n** *v/t.* pepper (*a.* F *fig.*); *fig.* (*werfen*) chuck, fling; *~ auf* pepper (*od.* pelt) at; *fig. gepfeffert* peppery, sharp; *Preis usw.*: exorbitant, steep; *Witz usw.*: spicy; **~nuß** *f* gingernut; **~strauch** *m* pepper(-shrub); **~streuer** *m* pepperbox, pepper-caster.

Pfeife *f* **1.** (*Signal2*) whistle; (*Bootsmanns2*, *a.* ♪) pipe; ⚔ (*Quer2*) fife; (*Orgel2*) (organ-) pipe; *fig. nach j-s ~ tanzen* dance to a p.'s tune; **2.** (*Tabaks2*) pipe; **3.** F (*Idiot*) *sl.* nut.

pfeifen I. *v/i.* whistle (*dat.* to, for), blow a whistle; *Wind*, *Geschoß*: whistle, whiz; *thea. usw.* hiss, boo; (*piepsen*) pipe, squeak; *Radio*: howl; F *fig. ~ auf* not to give a damn for; **II.** *v/t.* (*ein Lied*) whistle; *fig. ich pfeife ihm was* he may whistle for it.

Pfeifen...: **~deckel** *m* bowl-lid; F *fig. ja ~!* F nothing doing!, my eye!; **~kopf** *m* pipe-bowl; **~reiniger** *m* pipe cleaner; **~stiel** *m* pipe-stem; **~spitze** *f* mouthpiece (of a pipe); **~ständer** *m* pipe-rack; **~stopfer** *m* pipe-stopper; **~ton** *m* pipe-clay.

Pfeifer *m* whistler; ♪ piper.

Pfeif|konzert F *n* (wild) catcalls *pl. od.* boos *pl.*; **~signal** *n* whistle signal.

Pfeil *m* arrow (*a. Richtungsweiser*), bolt; (*Wurf2*, *Blas2*) dart; *fig. ~e des Spotts* darts of sarcasm, shafts of satire.

Pfeiler *m* pillar (*a. fig.*); (*Säule*) *a.* column; (*Brücken2*) pier; (*Pfosten*) post; (*Stütze*) prop; *Maschinenbau*: standard; **~spiegel** *m* pier glass.

Pfeil...: **~flügel** ✈ *m* swept-back wing; **~form** *f* ⚔ arrow (*od.* wedge) formation; ✈ sweep (-back); **2förmig** *adj.* arrow-shaped; ⊕ arrow-type ..., ✈ *a.* swept-back; **2gerade I.** *adj.* (as) straight as an arrow; **II.** *adv.* straight; *er kam auf uns zu a.* he made a beeline for us; **~gift** *n* arrow poison, curare; **~höhe** *f* △ height of crown, rise; ⊕ *Werkstoffprüfung*: ratio of deflection to width between supports; (*Durchhang*) sag; **~motor** *m* V-type engine; **2schnell** *adj. u. adv.* (as) swift as an arrow, lightning-like; **~schuß** *m* arrow-shot; **~schütze** *m* archer; **~spitze** *f* arrow-head; **~verzahnung** ⊕ *f* herringbone gearing; **~werfen** *n*, **~wurfspiel** *n* (game of) darts *pl.*; **~wurz** *f* arrowroot; **~zeichen** *n* arrow; **~zeichnung** ⊕ *f* functional diagram(me).

Pfennig *m* penny; *er hat keinen ~* he hasn't a penny to his name; *jeden ~ umdrehen* (*müssen*) (have to) be extremely careful with one's money; **~absatz** *m* stiletto (*od.* spike) heel; **~fuchser**(**in** *f*) *m* F pinch-penny.

Pferch *m* fold, pen; **2en** *v/t.* pen, fold; *fig.* pen, cram; (*Sachen*) *a.* stuff.

Pferd *n* horse; *Schach*: knight; *Turnen*: (vaulting-)horse; *schlechtes* (*altes*) *~* jade (crock); *ein ~ besteigen* mount a horse, climb into saddle; *vom ~ steigen* dismount; *zu ~e* on horseback, *Truppen usw.*: mounted; *fig. aufs falsche ~ setzen* back the wrong horse; *das ~ beim Schwanz aufzäumen* put the cart before the horse; *sich aufs hohe ~ setzen* ride (*od.* mount) the high horse; *er arbeitet wie ein ~* he works like a horse; *keine zehn ~e bringen mich dahin* wild horses won't drag me there; *mit ihr kann man ~e stehlen* she is a good sport; *er ist unser bestes ~ im Stall* he is our best man; → *a. Gaul, Roß.*

Pferde...: **~äpfel** F *m/pl.* horse manure *sg.*; **2bespannt** *adj.* horse-drawn; **~decke** *f* horse-blanket; **~dieb** *m* horse-thief; **~fleisch** *n* horse-meat; **~fliege** *f* horse-fly; **~fuhrwerk** *n* horse-drawn vehicle; **~fuß** *m des Teufels*: cloven hoof; *fig.* drawback, snag; **~futter** *n* fodder, provender; **~geschirr** *n* harness; **~haar** *n* horse-hair; **~handel** *m* horse trade; **~händler** *m* horse-dealer (*Am.* trader); **~huf** *m* horse's hoof; **~knecht** *m* groom, ostler; **~koppel** *f* paddock, *Am. a.* corral; **~kraft** *f* → *Pferdestärke*; **~kur** F *f* drastic cure; **~länge** *f* horse-length; *um zwei ~n Sport*: by two lengths; **~liebhaber** *m* horse-fancier; **~markt** *m* horsefair; **~mist** *m* horse-dung; **~natur** *f*: *er hat e-e ~* he is as strong as a horse; **~rennbahn** *f* race-course, *Am.* race track; **~rennen** *n* horse-race; **~schwanz** *m* horse's tail; (*Frisur*) pony tail; **~schwemme** *f* horse-pond; **~springen** *n* *Turnen*: horse vaulting; **~stall** *m* stable; **~stärke** ⊕ *f* (PS) horsepower (*abbr.* h.p. *od.* H.P.); **~stärkestunde** *f* horsepower-hour; **~verstand** *fig. m* horse sense; **~wagen** *m* horse carriage; **~zucht** *f* horse-breeding; **~züchter** *m* horse-breeder.

Pfiff *m* whistle; F *fig.* trick; (*Schwung*) ginger, pepper; *der Sache den richtigen ~ geben* ginger it up, give it the right twist (*od.* final touch).

Pfifferling *m* ⚘ chanterelle; *fig. keinen ~ wert* not worth a rush.

pfiffig *adj.* sly, smart; **≈keit** *f* slyness, smartness.

Pfiffikus F *m* sly dog, smarty.

Pfingst|en *n*, **~fest** *n* Whitsun(tide); **~montag** *m* Whitmonday; **~ochse** F *m*: *geputzt wie ein ~* dressed up to the nines; **~rose** ⚘ *f* peony; **~sonntag** *m* Whitsunday; **~woche** *f* Whit-week; **~zeit** *f* Whitsuntide.

Pfirsich *m* peach; **~baum** *m* peach(-tree); **~blüte** *f* peach-blossom; **~kern** *m* peach-stone.

Pflanze *f* plant; F (*Type*) type; **≈n** *v/t.* plant (*a. fig.*), set; *in Töpfe ~* pot; → *an-, auf-, einpflanzen.*

Pflanzen...: **~anatomie** *f* phytotomy; **~beschreibung** *f* phytography; **~butter** *f* vegetable butter; **~chemie** *f* phytochemistry; **~eiweiß** *n* vegetable protein; **~erde** *f* vegetable mo(u)ld, humus; **~faser** *f* vegetable fib|re, *Am.* -er; **~fett** *n* vegetable fat (*od. Küche*: shortening); **≈fressend** *adj.* herbivorous; **~fresser** *m* herbivore; **~geographie** *f* phytogeography; **~kenner(in** *f*) *m* botanist; **~kost** *f* vegetable diet; **~krankheit** *f* plant disease; **~kunde** *f*, **~lehre** *f* botany; **~leben** *n* plant life; **~öl** *n* vegetable oil; **~pathologie** *f* phytopathology; **~physiologie** *f* plant physiology; **~reich** *n* → *Pflanzenwelt*; **~saft** *m* sap; **~sammlung** *f* herbarium; **~schleim** *m* mucilage; **~schutz** *m* plant protection; **~schutzmittel** *n* plant-protective agent; **~tier** *n* zoophyte; **~welt** *f* flora, vegetable kingdom.

Pflanzer(in *f*) *m* planter; (*Ansiedler*) settler, colonist.

Pflanzkartoffel *f* seed potato.

pflanzlich *adj.* vegetable; *~en Ursprungs* phytogenic.

Pflänzling *m* seedling.

Pflanz...: **~schule** *f* nursery; *fig.* → **~stätte** *fig. f* nursery, seminary, *bsd. b.s.* hotbed.

Pflanzung *f* plantation.

Pflaster *n* **1.** ⚕ plaster; *fig.* salve; (*Heft≈*) adhesive (plaster); *englisches ~* court-plaster; **2.** (*Straßen≈*) pavement; *fig. ein teures ~* an expensive place (to live in); *fig. ein heißes ~* a hot place; **~arbeit** *f* paving; **~bohrer** *m* road drill; **~er** *m* paviour, *bsd. Am.* paver; **≈n** *v/t.* (*Straße*) pave; ⚕ plaster (up); **~stein** *m* paving-stone; **~straße** *f* paved street; **~treter** F *m* loafer.

Pflaume *f* plum; *gedörrte*: prune; F (*Dummkopf*) *sl.* nut.

Pflaumen...: **~baum** *m* plum-tree; **~kuchen** *m* plum-tart; **~mus** *n* plum-jam; **≈weich** *adj.* (as) soft as a plum; *fig.* weak-kneed, having no backbone.

Pflege *f* care (*a. der Haut, Zähne usw.*); *des Äußeren*: *a.* grooming; *e-s Kranken*: nursing (care); *e-s Kindes*: (child-)care; *e-s Gartens, der Künste, von Beziehungen*: cultivation; ⊕ maintenance, service, care; *~ u. Wartung* service and maintenance; *Kind in ~ geben* put out to nurse (*größeres*: to board); *Kind in ~ nehmen* take charge of; *gute ~ angedeihen lassen dat.* take good care of, look well after; **≈bedürftig** *adj.* needing care; **~befohlene(r** *m*) *f* charge; (*Mündel*) ward; **~dienst** ⊕ *m* service; **~eltern** *pl.* foster-parents; **~heim** *n* nursing home; **~kind** *n* foster-child, nurs(e)ling; **≈leicht** *adj.* easy to clean; **~mittel** *n* preservative (agent); *Leder usw.*: dressing, polish; **~mutter** *f* foster-mother; **~plan** ⊕ *m* maintenance schedule.

pflegen I. *v/t.* **1.** attend to, care for; (*Kind, Kranke*) nurse; (*Kranke, Maschinen*) tend; (*Garten, Kunst, Freundschaft*) cultivate; → *Rat* 1, *Umgang* 4; (*sein Äußeres, a. Garten usw.*) groom; (*erhalten*) conserve, preserve; *sich ~* take care of o.s., *äußerlich*: groom o.s.; (*es sich gutgehen lassen*) take it easy, *stärker*: pamper o.s.; **2.** *zu tun ~* be accustomed (*od.* used) to doing, be wont to do, be in the habit of doing; *sie pflegte zu sagen* she used to say, she would say; *so pflegt es zu gehen* that's the way it goes; *das pflegt so zu* *sein* that is usually the case; *solche Streiche* ~ *schlecht auszugehen* such tricks will turn out badly; **II.** *v/i.* (*e-r Sache*) apply o.s. to, carry on, keep up; *der Ruhe* ~ (take a) rest.

Pfleger(**in** *f*) *m* **1.** ⚕ (*m* male) nurse; **2.** ⚖ curator, guardian; (*Denkmal*≈ *usw.*) conservator.

Pflege...: **~schwester** ⚕ *f* attending (*od.* visiting) nurse; **~sohn** *m* foster-son; **~tochter** *f* foster-daughter; **~vater** *m* foster-father.

pfleglich I. *adj.* careful; **II.** *adv.*: ~ *behandeln* take good care of, (*schonen*) be easy on.

Pflegling *m* charge, (*Mündel*) ward.

Pflegschaft *f* guardianship, *für Entmündigte*: curatorship; (*Vermögens*≈) trust(eeship).

Pflicht *f allg.* duty (*gegen[über]* to[wards]); (*Verpflichtung*) obligation, liability; (*Verantwortung*) responsibility; (*Amt*) office, function; *Sport*: compulsory exercise(s *pl.*); *eheliche* (*elterliche*) ~ marital (parental) duty; *verdammte* ~ *und Schuldigkeit* bounden duty, F damn duty; *s-e* ~ *tun* do one's duty (*an j-m* by a p.); F do one's bit; *j-m et. zur* ~ *machen* enjoin a th. on a p., enjoin a p. to do, *etc.*, a th.; *es sich zur* ~ *machen zu inf.* make it one's duty to *inf.*; *die* ~ *ruft!* duty calling!; **≈bewußt** *adj.* responsible, dutiful, conscientious; **~bewußtsein** *n* sense of duty; **~eifer** *m* zeal; **≈eifrig** *adj.* zealous; **~enkreis** *m* duties *pl.*, responsibilities *pl.*, functions *pl.*; **~erfüllung** *f* performance of one's duty; **~exemplar** *n* deposit copy; **~fach** *ped. n* compulsory subject; **~gefühl** *n* sense of duty; **≈gemäß I.** *adj.* due, incumbent, in conformity with one's duty; **II.** *adv.* duly, dutifully, (as) in duty bound; **≈getreu** *adj.* dutiful, conscientious, faithful; **~lektüre** *f* required reading, set books *pl.*; **≈schuldigst** *adv.* duly, (as) in duty bound; **~sprung** *m Turnen*: compulsory jump (*Schwimmen*: dive); **~teil** ⚖ *n* legitimate (*od.* minimum) portion; distributive share (under intestate law); **≈treu** *adj.* → *pflichtgetreu*; **~treue** *f* loyalty, conscientiousness, devotion; **~turnen** *n* compulsory exercises *pl.*, set work; **~übung** *f Sport*: compulsory (*od.* set) exercise; *fig.* obligatory act; **≈vergessen** *adj.* undutiful, derelict in (one's) duty; neglectful; disloyal; **~vergessenheit** *f* dereliction (of duty), disloyalty; **~verletzung** *f* breach of duty; **~versäumnis** *n a.* ⚖ neglect *od.* dereliction (of duty); *grobes* ~ gross neglect; **~versicherung** *f* compulsory insurance; **~verteidiger** ⚖ *m* assigned counsel, *Brit. a.* duty solicitor; **≈widrig** *adj.* contrary to (one's) duty, undutiful, disloyal; *~e Handlung* → **~widrigkeit** *f* violation (*od.* breach) of duty.

Pflock *m*, **pflöcken** *v/t.* peg, picket.

pflück|en *v/t.* pick, gather; **≈er** (**-in** *f*) *m*, **≈maschine** *f* picker.

Pflug *m*, **pflügen** *v/t. u. v/i.* plough, *Am.* plow.

Pflüger *m* ploughman, *Am.* plowman.

Pflug...: **~schar** *f* ploughshare, *Am.* plowshare; **~stellung** *f Schisport*: double stem position.

Pfortader *anat. f* portal vein.

Pförtchen *n* small door (*od.* gate).

Pforte *f* gate, door; *fig.* gate(way); ⚓ port; *anat.* orifice.

Pförtner *m* gate-keeper; (*Portier*) porter, door-keeper, *Am.* doorman; (*Hausmeister*) janitor; *anat.* pylorus; **~haus** *n* keeper's lodge; **~in** *f* portress, porter's wife; janitress.

Pfosten *m* post; (*Tür*≈, *Fenster*≈) jamb; ⊕ *Maschinenbau*: standard; (*Pfahl*) stake.

Pfote *f* paw (*a. co.* = hand); F *fig.* (*Handschrift*) fist, scrawl.

Pfriem ⊕ *m* awl.

Pfropf *m*, **~en** *m e-r Flasche*: stopper, (*Kork*≈) cork; (*Bausch*) plug, wad, ⚕ *a.* tampon; ⚕ (*Gefäß*≈) (blood) clot, embolus, thrombus; *im Furunkel*: core; *von Ohrenschmalz*: plug; **≈en** *v/t.* stopper, cork; (*hineinstopfen*) cram, stuff (*in* into); ↗ graft; *gepfropft voll* crammed (full); **~messer** ↗ *n* grafting-knife; **~reis** *n* graft, scion.

Pfründ|e *eccl. f* prebend; (*Pfarrstelle*) benefice, living; *fig.* sinecure; **~ner** *m* prebendary.

Pfuhl *m* pool, puddle; *fig.* sink, slough.

Pfühl *poet. m* (*Kissen*) pillow, cushion, (*Lager*) couch, bed.

pfui! *int.* fie!, phew!, (for) shame!; *Sport usw.*: boo!; *körperlich angeekelt*: ugh!; ~ *über ihn!* fie upon him!; *das ist* ~! *zu Kindern, Hunden*: that's nasty!; → *Teufel*; **≈ruf** *m* cry of shame; boo, catcall.

Pfund *n* **1.** (*Gewicht*) pound (*abbr.*

lb., *pl.* lbs.); 4 ~ *Butter* four pounds of butter; **2.** (*Geld*) ~ (*Sterling*) pound (sterling) (*abbr.* £); *Zahlung erfolgt in* ~ payment is in sterling; *fig. mit s-m* ~*e wuchern* use one's resources carefully, make the best of one's talents.

pfundig F *adj.* → *prima.*

Pfunds|kerl F *m* great fellow (*Am.* guy); **~sache** F *f* great thing, *sl.* smasher, humdinger, knockout.

Pfusch|arbeit *f* → *Pfuscherei*; **≗en** *v/i. u. v/t.* botch, bungle; **~er(in** *f*) *m* botcher, bungler; (*Kur*≗) quack; **~erei** *f* botch(-ing), bungling, bad job; **≗erhaft** *adj.* botching, botched.

Pfütze *f* puddle, pool.

Phalanx *f* phalanx, *fig. a.* array, battery.

phall|isch *adj.* phallic; **≗us** *m* phallus; **≗ussymbol** *n* phallic symbol.

Phänologie *f* phenology.

Phänomen *n* phenomenon (*a. fig.*); **≗al** *adj.* phenomenal (*a. fig.*); **~ologie** *f* phenomenology.

Phänotyp(us) *m* phenotype.

Phantasie *f* (*Vorstellungskraft*) imagination; (*Erfindungsgabe*) *a.* inventiveness, invention; (*Träumerei, Traumbild*) fantasy, *pl. a.* daydream *sg.*, reverie *sg.*; ♪ *u. Literatur*: fantasia; *schmutzige* ~ nasty (*od.* F one-track) mind; ~ *haben* have imagination; *in seiner* ~ in his imagination (*od.* mind); *s-e* ~ *hat ihm e-n Streich gespielt* his imagination has got the better of him (*od.* has run wild); **~gebilde** *n* fantasy; **≗los** *adj.* unimaginative; **~losigkeit** *f* lack of imagination; dullness; **~preis** *m* fancy price; **≗ren** *v/i. u. v/t.* (day-)dream, indulge in fantasies; ♪ improvise; ⚕ be delirious (*od.* raving); F (*Unsinn reden*) rave (*von* about); **≗voll** *adj.* imaginative; **~welt** *f* fantasy world.

Phantast *m*, **~in** *f* visionary, dreamer; **~erei** *f* fantasy, fantastic ideas *pl.*, imagination run wild; **≗isch** *adj. allg.* fantastic(ally *adv.*); (*verrückt*) *a.* wild *plan, idea*; F (*großartig*) *a.* F terrific, super, fab(ulous).

Phantom *n* phantom; ⚕ manikin, anatomical model.

Pharisä|er *fig. m* pharisee; **~ertum** *n* pharisaism; **≗isch** *adj.* pharisaic(al).

Pharmakolog|e *m*, **~in** *f* pharmacologist; **~ie** *f* pharmacology; **≗isch** *adj.* pharmacological.

Pharmakopöe *f* pharmacopoeia.

Pharmazeut *m*, **~in** *f* pharmaceutist, pharmacist; **~ik** *f* pharmaceutics *pl.* (*sg. konstr.*); **≗isch** *adj.* pharmaceutic(al).

Pharmazie *f* pharmaceutics *pl.* (*sg. konstr.*).

Phase *f allg.* phase (*a. ast., psych.,* ⚡); *fig. a.* stage; ⚡ *in* ~ in phase.

Phasen...: ~diagramm *n* phase plot; **≗frei** *adj.* non-reactive; **≗gleich** *adj.* in phase; **~messer** *m* phase meter; **~schieber** *m* phase advancer; **~umkehr** *f* phase reversal; **~verschiebung** *f* phase displacement; **~zahl** *f* number of phases.

Phenol *n* phenol; **~harz** *n* phenolic (resin), phenoplast.

Phenoplast *m* phenoplast, phenolic; **≗isch** *adj.* phenoplastic.

Phenyl *n* phenyl.

Philanthrop *m*, **~in** *f* philanthropist; **~ie** *f* philanthropy; **≗isch** *adj.* philanthropic(al).

Philatel|ie *f* philately; **~ist** *m* philatelist; **≗istisch** *adj.* philatelic, philatelist ...

Philharmon|ie *f* philharmonic orchestra (*od.* society); **≗isch** *adj.* philharmonic.

Philippika *fig. f* philippic.

philippinisch *adj.* Philippine.

Philister *m* Philistine (*a. fig.*); **≗haft** *adj.* philistine; **~tum** *n* philistinism.

Philolog|e *m*, **~in** *f* philologist; **~ie** *f* philology; **≗isch** *adj.* philological.

Philosoph *m*, **~in** *f* philosopher; **~ie** *f* philosophy; **≗ieren** *v/i.* philosophize (*über* on); **≗isch** *adj.* philosophic(al).

Phiole *f* phial, vial.

Phlegma *physiol. u. fig. n* phlegm; **~tiker(in** *f*) *m* phlegmatic person; **≗tisch** *adj.* phlegmatic(ally *adv.*).

Phobie *f* phobia.

Phon *phys. n* phon; **~em** *ling. n* phoneme.

Phonet|ik *f* phonetics *pl.* (*mst sg. konstr.*); **~iker(in** *f*) *m* phonetician; **≗isch I.** *adj.* phonetic; ~*e Schrift* phonetic transcription; **II.** *adv.* phonetically; ~ *darstellen* phoneticize, *Am. a.* transcribe.

Phönix *m*: *wie ein* ~ *aus der Asche* rising as a phoenix from its ashes.

Phöniz|ier(in *f*) *m*, **≗isch** *adj.* Phoenician.

Phono|gramm *n* phonogram; **~logie** *ling. f* phonology; **~metrie** *f* phonometry; **~super** *m Radio*: radiogram; **~typistin** *f* audio typist.

Phosgen ⚗ *n* phosgene.
Phosphat ⚗ *n* phosphate; **~isch** *adj.* phosphated.
Phosphid ⚗ *n* phosphide.
Phosphor ⚗ *m* phosphor(us); **~(brand)bombe** *f* phosphorous (incendiary) bomb; **~dampf** *m* phosphorous vapo(u)r; **~isieren** *v/t.* phosphorate.
Phosphores|zenz *f* phosphorescence; **~zieren** *v/i.* phosphoresce; ~d phosphorescent.
Phosphor...: **~haltig** *adj.*, **~ig** *adj.*, **~sauer** *adj.* phosphoric; **~säure** *f* phosphoric acid.
Phot *phys. n* phot.
Photo F *n* photo; **~album** *n* photo-album; **~apparat** *m* camera; **~chemie** *f* photochemistry; **~effekt** *m* photoelectric effect; **~elektrisch** *adj.* photoelectric; **~gen** ⚗ *n* photogen; **~gen** *adj.* photogenic; **~element** *n* photovoltaic cell; **~grammetrie** *f* photogrammetry.
Photograph *m*, **~in** *f* photographer; **~ie** *f* (*Bild*) photograph, F photo, picture; (*Kunst*) photography; **~ieren** *v/t. u. v/i.* photograph (*a. Film*); take a photo(graph) *od.* picture (of), F snap, shoot; *sich ~ lassen* have one's photo(graph) taken; *er läßt sich gut ~* he photographs well; **~iergesicht** *n* photogenic face; **~isch** *adj.* photographic (-ally *adv.*).
Photo...: **~gravüre** *typ. f* photoengraving, photogravure; **~kopie** *f* photostat(ic copy), photocopy; **~kopierapparat** *m* photostat(ic machine); **~kopieren** *v/t.* photostat; **~lyse** *f* photolysis; **~mechanisch** *adj.* photomechanical; **~meter** *phys. n* photometer; **~metrie** *f* photometry; **~modell** *n* (photo-)model; **~montage** *f* photomontage.
Photon *phys. n* photon.
Photo...: **~synthese** *f* photosynthesis; **~thek** *f* photographic archives *pl.*; **~typie** *f* phototype; **~zelle** *f* photoelectric cell, photocell.
Phrase *f* phrase (*a.* ♪); (*abgedroschene Redensart*) *a.* cliché, bromide; *bsd. pol.* catchphrase; *leere ~n* empty (*od.* mere) words, claptrap *sg.*; *~n dreschen* indulge in windy rhetoric; **~ndrescher** *m* phrasemonger; gas-bag; **~nhaft** *adj.* rhetorical, empty, windy; bombastic.
Phraseolog|ie *f* phraseology; **~isch** *adj.* phraseological.
phrasieren ♪ *v/t.* phrase.
phrenetisch *adj.* **1.** ⚕ phrenetic; **2.** *fig.* → *frenetisch.*
Phrenolog|e *m* phrenologist; **~ie** *f* phrenology; **~isch** *adj.* phrenologic(al).
Phthalsäure *f* phthalic acid.
Phthisis ⚕ *f* phthisis.
pH-Wert *phys. m* pH value.
Phylogenese *biol. f* phylogenesis.
Physik *f* physics *pl.* (*mst sg. konstr.*); **~alisch** *adj.* physical; **~ochemisch** *adj.* physico-chemical; **~er(in** *f*) *m* physicist; **~um** ⚕ *n* preliminary medical examination; **~unterricht** *m* instruction in physics; physics lesson(s *pl.*); **~us** *m* district medical officer.
Physiognomie *f* physiognomy.
Physiolog|e *m* physiologist; **~ie** *f* physiology; **~isch** *adj.* physiologic(al).
physisch *adj.* physical.
Phyto... *in Zssgn* phyto...
Piaffe *f Reitkunst*: piaffe.
Pianino *n* pianino.
Pianist(in *f*) *m* pianist.
Piano(forte) *n* piano(-forte).
picheln F *v/i.* tipple, F booze.
pichen *v/t.* pitch.
Picke *f* pick(axe).
Pickel[1] ⚕ *m* pimple.
Pickel[2] ⊕ *m* pick(axe); (*Eis~*) ice-axe; **~haube** *f* spiked helmet; **~hering** *m* bloater, pickled herring.
pick(e)lig *adj.* pimpled, pimply.
picken *v/i.* pick, peck.
Picknick *n*, **~en** *v/i.* picnic.
pieken *v/t. u. v/i.* prick, sting.
piekfein F *adj.* F posh.
piepe, piepegal F *adj.*: *das ist mir ~* I couldn't care less, I don't give a damn.
piepen *v/i.* cheep, chirp, pipe; *Mäuse, Kinder usw.*: squeak; *Funksignale*: bleep; F *fig. bei dir piept's wohl? sl.* are you dotty (*od.* nuts)?; *es (er) war zum ~* F it (he) was a (perfect) scream.
Piepmatz F *m* dick(e)y-bird.
Pieps F *m*: *er machte keinen ~* F he made no squeak; **~en** *v/i.* → *piepen*; **~ig** *adj.* squeaky.
Pier ⚓ *n* pier.
piesacken F *v/t.* torment, harass, badger, F plague.
Pietät *f* reverence, piety (*gegenüber* to); **~los** *adj.* irreverent; **~losigkeit** *f* irreverence; **~voll** *adj.* reverent.
Pietis|mus *m* pietism; **~t(in** *f*) *m* pietist; **~tisch** *adj.* pietistic.
piezoelektrisch *adj.* piezoelectric(al).
Pigment *n* pigment; **~ation** *f*

pigmentation; **~bildung** *f* pigment formation, chromogenesis; **~fleck** *m* pigmental mole; **²ieren** *v/t.* (*a.* sich ~) pigment; **~papier** *n* pigment paper.

Pik[1] *m* (*Berg*) peak.

Pik[2] *m* (*Groll*) grudge, ranco(u)r; e-n ~ auf j-n haben F have it in for a p.

Pik[3] *n Kartenspiel*: spade(s *pl.*).

pikant *adj. allg.* piquant, spicy, *Witz usw.*: *a.* suggestive, risqué; *fig.* das ²e the piquancy; **²erie** *f* **1.** piquancy; **2.** piquant (*od.* spicy) story, risqué remark.

Pik...: **~as** *n* (**~dame** *f*) ace (queen) of spades.

Pike *hist.* ⚔ *f* pike; *fig.* von der ~ auf dienen rise from the ranks.

Pikee *m* (*Stoff*) piqué.

pikfein *adj.* → piekfein.

pikier|en *v/t.* pique, nettle; **~t** *adj.* piqued (über about).

Pikkolo *m* **1.** boy waiter; **2.** ♪ (*Flöte*) piccolo (flute).

Pikrinsäure ⚗ *f* picric acid.

Piktogramm *n* ideogram.

Pilatus *m* → Pontius.

Pilger *m*, **~in** *f* pilgrim; **~fahrt** *f* pilgrimage; **²n** *v/i.* go on (*od.* make) a pilgrimage; F *weitS.* wander, march; **~schaft** *f* pilgrimage; **~stab** *m* pilgrim's staff.

Pille *f* pill; die (*Antibaby*)Pille nehmen be on the pill; *fig.* e-e bittere ~ a bitter pill (to swallow); verzuckerte ~ sugar-coated pill (*a. fig.*); um die bittere ~ zu versüßen to sweeten the pill, as a sort of sweetener; **~ndreher** *co. m* pill-driver; **~nschachtel** *f* pill-box.

Pilot *m*, **~in** *f* pilot; **~ballon** *m* pilot balloon; **~sendung** *f* pilot (programme).

Pilz *m* fungus (*a.* ⚕); *eßbarer*: mushroom, *nichteßbarer*: toadstool; *fig.* wie ~e aus der Erde (*od.* aus dem Boden) schießen shoot up like mushrooms, mushroom (up); **²förmig** *adj.* fungiform; mushroom-like; **~isolator** ⚡ *m* mushroom insulator; **~krankheit** *f* mycosis, fungus disease; **~kunde** *f* mycology; **²tötend** *adj.* fungicidal; **~vergiftung** *f* mushroom poisoning, mycetism.

pimpelig F *adj.* F sissy.

Pinakothek *f* picture-gallery.

Pinasse ⚓ *f* pinnace.

pingelig F *adj.* → kleinlich.

Pingpong *n* pingpong.

Pinguin *m* penguin.

Pinie *f* stone-pine.

Pinke F *f sl.* dough.

Pinkel F *m*: feiner ~ swell.

pinkeln F *v/i.* piss, pee.

Pinne *f* (*Zwecke*) peg; (*spitzer Stift*) tack; (*Zapfen*) tenon, pivot; *des Kompasses*: centre-pin; (*Ruder*²) tiller; (*Hammer*²) peen, pane.

Pinscher *m* pinscher; F *contp.* (*Person*) gnome.

Pinsel *m* **1.** (paint-)brush; **2.** F *contp.* (*Person*) F silly ass; **~führung** *f* touch, brush-work; **²n** *v/i. u. v/t.* paint (*a.* ⚕); **~strich** *m* stroke of the brush.

Pinzette *f* (e-e ~ a pair of) tweezers *pl.*; ⚕ forceps.

Pionier *m* ⚔ (combat-)engineer; *fig.* pioneer, *Am. a.* trailblazer; **~arbeit** *f*: ~ leisten do pioneer work, pioneer; blaze a trail; **~bataillon** ⚔ *n* engineer battalion; **~korps** *n* Corps of Engineers; **~truppe** *f* engineers *pl.*

Pipeline *f* pipeline.

Pipett|e *f*, **²ieren** *v/t.* pipette.

Pipi F *n* F wee-wee; ~ machen make wee-wee, pee.

Pirat *m* pirate; **~erie** *f* piracy.

Pirouett|e *f*, **²ieren** *v/i.* pirouette.

Pirsch *hunt. f* deer-stalking, *Am.* still hunt; auf die ~ gehen →**²en** *v/i.* go deer-stalking, hunt, stalk (the deer); **~jagd** *f* → Pirsch; **~jäger** *m* deer-stalker, *Am.* still-hunter.

Pisang ⚘ *m* plantain.

Pisse V *f*, **²n** *v/i.* piss.

Pissoir *n* lavatory.

Pistazie ⚘ *f* pistachio.

Piste *f Sport*: (racing) track, course, piste, *Schisport*: *a.* ski run; ✈ runway.

Pistole *f* pistol, *Am. a.* gun, *sl.* rod; mit vorgehaltener ~ at pistol-point; *fig.* j-m die ~ auf die Brust setzen hold a pistol (*od.* gun) to a p.'s head; wie aus der ~ geschossen F like a shot; **~ngriff** *m* pistol-grip; **~nschuß** *m*, **~nschütze** *m* pistol-shot; **~ntasche** *f* holster.

pittoresk *adj.* picturesque.

Pizza *f* pizza.

Pivotlager ⊕ *n* pivot bearing.

Plache *dial. f* tarpaulin; tilt.

placier|en *v/t.* place; ✝ (*Wechsel*) negotiate; (*Sicherheit*) realize; den Ball ~ *Sport*: place the ball; sich ~ a) place (*od.* plant, position) o.s.; b) *Sport*: be placed (als Dritter third); **~t** *adj. Schuß*: well-placed; **²te(r** *m*) *f Sport*: place winner; **²ung** *f Sport*: placement.

placken *v/refl.* → plagen II.

Plackerei *f* drudgery, F grind.

plädieren *v/i.* plead (auf, für for); mündlich ~ make oral arguments.

Plädoyer *n* Counsel's speech, pleading.
Plafond *m* ceiling.
Plage *f* (*Lästiges*) trouble, vexation, bother, nuisance; *a. bibl.* plague; (*Schinderei*) drudgery, F grind; hard (*od.* uphill) work; F *man hat seine ~ mit dir!* you are hopeless!; F *es ist e-e ~ mit ...!* it's no end of bother with ...!; *jeder Tag hat s-e ~* sufficient for the day is the evil thereof; **~geist** *m* F pest.
plagen I. *v/t.* torment, vex, bother, harass, F plague; *mit Bitten und Fragen*: *a.* pester; *Sorgen usw.*: worry, haunt, prey on *a p.'s* mind; *ihn plagt der Teufel* the devil rides him; *geplagt* harassed; *von der Gicht geplagt* troubled (*od.* afflicted) with; **II.** *v/refl.*: *sich ~* toil, drudge, slave; take trouble *od.* pains (*mit* about).
Plagi|at *n* plagiarism; *ein ~ begehen* plagiarize; **~ator** *m* plagiarist; **≈ieren** *v/t. u. v/i.* plagiarize.
Plaid *m, n* plaid, (*Reisedecke*) travelling-rug; **~hülle** *f* hold-all; **~riemen** *m* rug-strap.
Plakat *n* poster, placard, bill; **~anschlag** *m* (displayed) poster; **~farbe** *f* poster colo(u)r (*od.* paint); **≈ieren** *v/t.* placard, announce by posters, bill; **~maler** *m* poster artist (*od.* designer); **~malerei** *f* poster painting; **~säule** *f* advertisement (*od.* poster) pillar; **~schild** ✝ *n* show-card; **~träger** *m* sandwich-man; **~werbung** *f* poster publicity; **~zeichner** *m* → *Plakatmaler*.
Plakette *f* (*Reliefplatte*) plaquette; (*Abzeichen*) plaque, badge; (*Medaille*) medal.
Plan[1] *m* **1.** *allg.* plan; (*Absicht*) *a.* intention, design; (*Vorhaben*) *a.* project; scheme; *b.s.* (*Anschlag*) plot, scheme; *Pläne machen od. schmieden* make (*od.* hatch) plans, *b.s. a.* plot, scheme; **2.** (*Entwurf*) plan; (*Zeichnung*) *a.* drawing, draft, design; (*graphische Darstellung*) diagram; (*Blaupause*) blueprint (*a. weitS. Entwurf*); (*Karte*) map, (*Lage≈, Stadt≈*) *a.* plan; (*Anlage*) layout; (*Zeit≈, Zahlungs≈ usw.*) schedule, plan.
Plan[2] **I.** *m* **1.** (*Ebene*) plain, level ground; ⩘, ⊕ plane; **2.** (*Kampfplatz*) arena, battleground; *fig. auf den ~ rufen* call up; *auf den ~ treten* make an appearance; **II.** ≈ ⩘ *adj.* plane; **~drehbank** *f* facing lathe; **≈drehen** *v/t.* face.
Plane *f* awning, canvas cover, tarpaulin.
planen *v/t. u. v/i.* plan; (*entwerfen*) *a.* design, project, ⊕ *a.* blueprint; *zeitlich*: time, schedule, plan; (*vorhaben*) intend, propose, *Am. a.* plan; (*im Auge haben*) envisage.
Planer *m* planner.
Planet *m* planet; **≈arisch** *adj.* planetary; **~arium** *n* planetarium; **~enbahn** *f* orbit (of a planet); **~engetriebe** ⊕ *n* planetary gear(ing); **~oid** *m* planetoid.
Plan...: **~film** *m* sheet film; **~fräsen** *n* face milling; **~fräser** *m* face cutter; **≈gemäß** *adj.* → *planmäßig*.
planier|en *v/t.* planish, level, plane, (*Gelände*) *a.* grade; **≈raupe** *f* bulldozer, grader.
Planimet|rie *f* plane geometry; **≈risch** *adj.* planimetric(al).
Planke *f* plank, (thick) board.
Plänke|lei *f*, **≈ln** *v/i.* skirmish (*a. fig.*).
plan|konkav *adj.* plano-concave; **~konvex** *adj.* plano-convex.
Plankton *n* plankton.
Plan...: **≈los I.** *adj.* planless, aimless, random ..., haphazard ..., unsystematic(ally *adv.*); **II.** *adv. a.* at random, at haphazard; **~losigkeit** *f* aimlessness, lack of system, haphazard approach; **≈mäßig I.** (well) planned, systematic, methodical; *Zug usw.*: scheduled; (*etatsmäßig*) budgetary, authorized in the budget; *Beamtenstelle*: regular; *~er Rückzug* planned retreat; **II.** *adv.* systematically, *etc.*; *work, etc.* according to plan *od.* (*zeitlich*) schedule; as planned; *ankommen usw.*: on time; **~mäßigkeit** *f* method(icalness), system(atic approach *od.* arrangement); **~pause** *f* traced map (*od.* chart); (*Blaupause*) blueprint; **~quadrat** *n* grid square.
Plansch|becken *n* paddling pool; **≈en** *v/i.* splash, paddle.
Plan...: **~schießen** *n* map firing; **~schleifen** *n* face grinding; **~soll** *n* → *Planziel*; **~spiegel** *m* plane mirror; **~spiel** ⚔ *n* map manœuvre (*Am.* maneuver); **~stärke** ⚔ *f* authorized strength; **~stelle** *f* post authorized (in the budget).
Plantage *f* plantation.
plantschen *v/i.* → *planschen*.
Planung *f* **1.** planning, *etc.* → *planen*; *zeitliche*: *a.* timing, scheduling; **2.** → *Plan*[1] 2; **~samt** *n* planning board; **~sforschung** *f* operations research; **~singenieur** *m* planning engineer; **~sstadium**

n: *im* ~ *sein* be in the planning (*od.* blueprint) stage.

Plan...: **~voll** *adj.* systematic (-ally *adv.*), methodical; **~verdeck** *n* canvas top; **~wagen** *m* covered wag(g)on; **~wirtschaft** *f* planned economy; **~zeichnen** *v/t.* plan, plot; **~zeichnung** *f* plan (view); **~ziel** *n* target; *das* ~ *nicht erreichen* remain below plan.

Plapper|maul *n* chatterbox; **~n** *n*, **~n** *v/i.* chatter, prattle, babble.

plärren F **I.** *v/i. u. v/t. allg.* bawl; (*weinen*) *a.* blubber, cry; *Radio usw.*: blare; **II.** **~** *n* bawling, *etc.*; blare.

Plasma *n* plasm.

Plastik *f* **1.** plastic art; (*Bildwerk*) sculpture; *fig. des Stils usw.*: plasticity, graphic power; **2.** ⚕ graft(ing), plastic operation; **3.** ⊕ (*Kunststoff*) plastic; **~bombe** *f* plastic bomb; **~folie** *f* plastic foil.

Plastilin *n* plasticine.

plast|isch *adj.* plastic; *fig. Stil usw.*: *a.* graphic(ally *adv.*); ~*e Chirurgie* plastic surgery; **~izität** *f* plasticity.

Platane *f* plane.

Plateau *f* plateau (*a. fig. u.* ⊕).

Platin *n* platinum; **~blech** *n* platinum sheet; **~blonde** *f* platinum blonde; **~ieren** *v/t.* platinize.

Plato|niker *m* Platonist; **~nisch** *adj.* Platonic; ~*e Liebe* platonic love.

platsch! *int.* splash!; slap!; **~en** *v/i.* splash.

plätschern **I.** *v/i.* ripple, murmur, babble; *im Wasser* ~ paddle (*od.* splash about) in the water; F *fig. Rede usw.*: run on (meaninglessly); *fig.* (*an der Oberfläche*) ~ dish out banalities; **II.** **~** *n* splashing, murmur, babbling.

platt **I.** *adj.* **1.** (*flach*) flat; (*eben*) level, even; (*abgeplattet*) flattened (out); (*niedrig*) low; ~ *auf der Erde* flat on the ground; ~ *drücken usw.* flatten; F *mot.* e-n ~*en haben* have a flat; **2.** *fig.* (*nichtssagend*) trivial, trite, banal, insipid; **3.** F *vor Staunen*: dum(b)-founded, taken aback, flabbergasted, floored; *ich war einfach* ~ *a.* you could have knocked me down with a feather; **II.** **~** *ling. n* Low German.

Plätt...: **~anstalt** *f* → *Plätterei*; **~brett** *n* ironing-board; **~chen** *n* small plate; *a. anat.* lamina; ⊕, ⚘ lamella.

plattdeutsch *adj.*, **~** *ling. n* Low German.

Platte *f* plate; (*Schüssel*) dish; (*Präsentierteller*) tray; salver; (*Fleisch*~) platter; ⊕ (*Wandtafel usw.*) panel; (*Blatt, Blech*) plate (*a. phot., typ.*); (*Metall*~, *Glas*~) sheet; *dünne*: lamina; (*Stein*~) slab, flag; (*Kachel*) tile; (*Tisch*~) top, *zum Einlegen*: leaf; (*Plakette*) plaque; (*Felsen*~) ledge, slab; (*Plateau*) plateau, tableland; (*Schall*~) disk, record; F *fig.* (*Geschwätz*) *sl.* line; (*Fleck, Stelle*) patch; (*nackte Stelle*) bare spot; (*Glatze*) F bald pate, (*kahle Stelle*) bald patch; (*Gebiß*) dental plate; *kalte* ~ *Kochkunst*: (platter of) cold meat (and cheese); F *die* ~ *putzen* (*abhauen*) *sl.* beat it; *die pathetische* ~ *auflegen* pull the pathetic stop.

Plätt|eisen *n* flat-iron; **~en** *v/t.* flatten; (*Wäsche*) iron.

Platten...: **~druck** *typ. m* stereotype; **~kassette** *phot. f* plate holder; **~kondensator** *m* plate capacitor; **~leger** *m* floor tiler, paver; **~sendung** *f Radio*: album program(me); **~spieler** *m* record-player, gramophone, *Am.* phonograph; (*Anschluß*) pickup; *Radio mit eingebautem* ~ radiogram, *Am.* radiophonograph; **~teller** *m* turntable; **~wechsler** *m* record changer.

platterdings *adv.* absolutely, utterly, downright.

Plätter|ei *f* ironing (*od.* pressing) shop; **~in** *f* ironer.

Platt...: **~form** *f* platform (*a. fig. pol.*); **~formwagen** *m* platform car, *Am.* flatcar; **~fuß** *m* flat-foot; F *mot.* flat; **~fußeinlage** *f* arch-support, instep-raiser; **~füßig** *adj.* flat-footed; **~heit** *f* flatness; *geistige*: staleness, insipidity; (*nichtssagende Bemerkung*) triviality, trite remark, banality, bromide; **~ieren** ⊕ *v/t.* plate; **~nase** *f* flat nose; **~nasig** *adj.* flat-nosed; **~stickerei** *f* flat (*od.* plain) embroidery.

Plättwäsche *f* linen to be ironed.

Platz *m* place; (*Punkt, Ort*) *a.* spot, point; (*Raum*) room, space; (*Örtlichkeit*) place, locality; (*Lage, a. Bau*~, *Zelt*~ *usw.*) site; (*Sitz*~) seat, place; (*Stellung*) position, place; (*Arbeits*~, *Handels*~, *Studien*~) place; (*öffentlicher* ~) public place, *bsd. mit Anlagen*: square, *runder*: circus; ⚔ (*Übungs*~) training area, ground (*a. Sport*); (*Sportfeld*) field, pitch; (*Tennis*~) court; ⚔ *fester* ~ fortress, stronghold; ~ *behalten* keep one's place, stay seated; ~ *bieten für* accommodate, hold, seat; ~ *machen* (*dat.*), ~ *schaffen* (*für*) make way *od.* room *od.* place (for), *fig.* give place (to); ~ *nehmen* take (*Am.* have) a seat, sit down; *fig. am* ~*e sein* be in place *od.* order; *nicht* (*od. fehl*) *am* ~*e sein* be out of place, be uncalled for; *s-n* ~ *behaupten* hold one's own, stand one's ground; ~ *greifen* gain ground, spread; (*eintreten*) take place, arise; ~ *sparen* save space (*od.* room); *des* ~*es verweisen Sport*: order off the field, send off; ⚔ *auf dem* ~*e bleiben* be killed; ~ *da!* make way!, move on!; ~! *zum Hund*: down!; *ist hier noch* ~? is there any room (*od.* a seat free) here?; *es ist kein* ~ *mehr* there is no room left; *bis auf den letzten* ~ *gefüllt* packed to capacity; *auf eigenem* (*gegnerischem*) ~ *Sport*: at home (out-of-town); *den dritten* ~ *belegen* be placed third, come in third; *auf die Plätze!* get to your marks!; ⚕ *das beste Geschäft am* ~*e* here, in this town; *auf ausländischen Plätzen* on places abroad; *am dortigen* (*hiesigen*) ~ in your (this) town; → *einnehmen 5*; ~**angst** *f* agoraphobia; ~**anweiser(in** *f*) *m* usher(ette); ~**bedarf** *m* ⚕ local requirements *pl.*; ⊕ floor space required.

Plätzchen[1] *n* snug (little) place; spot; patch (*im Schatten* of shade).

Plätzchen[2] *n* (*Pastille*) drop, lozenge; (*Gebäck*) biscuit, *Am.* cookie.

platzen *v/i. allg.* burst, *Granate usw.*: *a.* explode; (*reißen*) *a.* crack, split, ⚕ rupture; *Luftreifen*: blow out, burst; *fig. ins Zimmer* ~ burst into the room; *vor Ungeduld, Neugier usw.* ~ burst with; F *Vorhaben*: not to come off, come to nothing, *sl.* bust; *Theorie usw.*: explode; F *Versammlung*: be dissolved; *fig.* ~ *lassen, zum* ≈ *bringen* explode, *sl.* bust up; ⚕ *der Wechsel ist geplatzt* was dishonoured, *sl.* bounced; *ihm ist e-e Ader geplatzt* he burst a blood vessel; *uns ist ein Reifen geplatzt* we had a puncture (*od.* blowout); → *Kragen.*

Platz...: ~**ersparnis** *f* space-saving; ~**feuer** ✈ *n* airfield light; ~**flug** ✈ *m* local flight; ~**gründe** *m/pl.*: *aus* ~*n* for reasons of space; ~**halter** *fig. m* fill-in, *sl.* plate-warmer; ~**händler** *m* local dealer; ~**herren** *m/pl. Sport*: home team; ~**karte** 🚂 *f* ticket for a reserved seat; ~**kommandant** ⚔ *m* commandant; ~**konzert** *n* promenade concert; ~**mangel** *m* lack of space (*od.* room); ~**meister** *m Sport*: groundsman; ~**patrone** *f* blank cartridge; *mit* ~*n schießen* fire blank; ≈**raubend** *adj.* taking up too much room, bulky; *weitS.* space-consuming; ~**regen** *m* cloudburst, downpour; ~**reisende(r)** ⚕ *m* town-traveller; ~**reservierung** *f* seat reservation; ~**runde** ✈ *f*: *e-e* ~ *fliegen* fly a circle over the airport; ≈**sparend** *adj.* space-saving; ~**vertreter** ⚕ *m* local agent; ~**verweis** *m Sport*: sending-off; ~**wart** *m Sport*: groundsman; ~**wechsel** *m* **1.** change of place (*Sport*: of ends); **2.** ⚕ local bill; ~**ziffer** *f Sport*: place number.

Plauderei *f* chat; *Radio*: talk.

Plauder|er *m*, ~**in** *f* conversationalist, (good) talker; *contp.* chatterbox.

plaudern *v/i.* (have a) chat (*mit* with), talk (to); chatter, prattle, gossip; *fig. aus der Schule* ~ tell tales out of school, blab.

Plauder...: ~**stündchen** *n* cosy chat; ~**tasche** F *f* chatterbox; ~**ton** *m* conversational tone.

Plausch *dial. m*, ≈**en** *v/i.* chat, *Brit.* F natter.

plausibel *adj.* plausible; *j-m et.* ~ *machen* make a th. plausible to a p.; ~ *sein* be plausible, make sense.

plauz! *int.* bang!

Plauze F *f*: *auf der* ~ *liegen* be laid up.

Play-back *n* playback.

Plazenta *anat.*, ⚘ *f* placenta.

Plazet *n* placet.

plazieren *v/t.* → *placieren.*

Plebej|er(in *f*) *m* plebeian; *fig. sl.* pleb, cad; ≈**isch** *adj.* plebeian, vulgar.

Plebiszit *n* plebiscite; ≈**är** *adj.* plebiscitary.

Plebs *f* rabble, populace.

Pleite F **I.** *f* ⚕ bankruptcy, F smash(-up); *fig.* failure, *sl.* flop, frost, washout; ~ *machen* go bankrupt, F go broke (*od.* smash, *sl.* bust); F *so 'ne* ~! what a frost!; **II.** ≈ *adj.* F (dead) broke, *sl.* bust; ~**geier** *m* impending ruin, *the* wolves *pl.* (at the door).

plemplem F *adj. sl.* nuts, crackers.

Plenar|saal *parl. m* plenary assembly hall; ~**sitzung** *f* plenary session (*od.* meeting); ~**versammlung** *f* plenary assembly (*od.* meeting).

Plenum *n parl.* plenum, plenary assembly; ⚖ full court.
Pleonas|mus *m* pleonasm; **⁓tisch** *adj.* pleonastic(ally *adv.*).
Pleuelstange ⊕ *f* connecting rod.
Pleuritis ⚕ *f* pleurisy.
Plinse *f* pancake.
Plissee *n* (permanent) pleating; **~rock** *m* pleated skirt.
plissieren *v/t.* pleat.
Plomb|e *f* ⊕ (lead) seal; (*Zahn*⁓) filling; **⁓ieren** *v/t.* ⊕ seal, lead; (*Zahn*) fill, stop.
Plötze *ichth. f* roach.
plötzlich I. *adj.* sudden; abrupt, unexpected; **II.** *adv.* suddenly, *etc.*; all of a sudden; F *aber etwas* ~! F make it snappy!; **⁓keit** *f* suddenness.
Pluderhosen *f/pl.* baggy breeches, pantaloons, F slops.
Plumeau *n* feather-bed.
plump *adj.* (*dicklich*) plump, podgy; (*unbeholfen, a. fig.*) clumsy, awkward, *fig. a.* heavy-handed; (*unfein*) coarse, crude; (*taktlos*) tactless, blunt; *Lüge, Schmeichelei*: gross; *~-vertraulich* F chummy; **⁓heit** *f* plumpness; clumsiness, *etc.*
Plumps *m*, ⁓ *int.* plop, thud; **⁓en** *v/i.* plop, flop, thud.
Plunder *m* lumber, stuff, junk; (*Lumpen*) rags *pl.*; *weitS.* trash, rubbish, junk; F *der ganze* ~ the whole lot (*od.* bag of tricks).
Plünderer *m* plunderer, pillager.
plünder|n *v/t. u. v/i.* plunder; (*Stadt*) pillage, sack, loot; (*Reisende*) rob, strip; *weitS.* (*ausräubern, stehlen*) rifle, plunder, ransack; **⁓ung** *f* plundering, pillage, sack(ing), looting.
Plural *m*, **~is** *ling. m* plural (number); *Pluralis majestatis* royal plural; *im* ~ *gebrauchen od. ausdrücken* pluralize; **⁓isch** *adj.* plural; **~ismus** *phls. m* pluralism; **⁓istisch** *adj.* pluralistic(ally *adv.*); **~ität** *f* plurality.
Plus I. *n* plus; (*Zuwachs*) *a.* increase; *fig.* plus, asset, advantage; **II.** ⁓ *prp.* plus.
Plüsch *m* plush; **⁓artig** *adj.* plushy; **~augen** F *n/pl.*: ~ *machen* make sheep's eyes.
Plus...: **~leitung** ⚡ *f* plus wire; **~pol** ⚡ *m* positive pole, *e-s Primärelementes*: positive element; **~punkt** *m* credit point; *fig.* plus; **~quamperfekt(um)** *ling. n* pluperfect (tense), past perfect.
plustern *v/t.* ruffle *one's feathers*; *sich* ~ ruffle one's feathers.
Pluszeichen *n* plus (sign).
Plutokratie *f* plutocracy.
Plutonium ⚗ *n* plutonium.
Pneumat|ik 1. *phys. f* pneumatics *pl.* (*sg. konstr*); **2.** *m* pneumatic tyre (*Am.* tire); **⁓isch** *adj.* pneumatic(ally *adv.*).
Po F *m* → *Popo.*
Pöbel *m* mob, rabble, populace; **⁓haft** *adj.* vulgar, low, plebeian; **~haufe** *m* mob; **~herrschaft** *f* mob rule.
pochen I. *v/i.* knock, rap, *leise*: tap; *Herz*: beat, throb, *laut*: thump; ⊕ pound, batter; *fig.* ~ *auf* a) (*sich rühmen*) boast *od.* brag of, b) (*bestehen auf*) insist on, c) (*sich anmaßen*) presume (up)on; *auf sein gutes Recht* ~ stand on one's rights; **II.** ⚒ *v/t.* (*zerstampfen*) stamp; **III.** ⁓ *n* knocking, knocks *pl.*; rapping, *etc.*
Pocherz *n* ore (as mined).
pochieren *v/t. Kochkunst*: poach.
Poch...: **~hammer** *m* ore-hammer; **~mühle** *f*, **~werk** *n* stamp mill; **~stempel** *m* stamp die.
Pocke ⚕ *f* pock(mark); ~*n* smallpox *sg.*; **~nerreger** *m*, **~ngift** *n* smallpox virus; **~nimpfung** *f* vaccination; **~nnarbe** *f* pockmark; **⁓nnarbig, pockig** *adj.* pockmarked.
Podagra ⚕ *n* podagra, gout.
Podest *n* **1.** → *Podium*; *fig. j-n auf ein* ~ *erheben* set a p. on a pedestal; *j-n von s-m* ~ *stoßen* debunk a p.; **2.** *e-r Treppe*: landing.
Podium *n* podium, platform, stage, dais; *a. Sport*: (*Sieger*⁓) rostrum; *fig.* (*Diskussionsteilnehmer*) panel(ists *pl.*); **~sdiskussion** *f*, **~sgespräch** *n* panel discussion.
Poesie *f* poetry (*a. fig.*); **⁓los** *fig. adj.* prosaic, prosy, pedestrian.
Poet *m* poet; **~ik** *f* poetics *pl.* (*sg. konstr.*); **~in** *f* poetess; **⁓isch** *adj.* poetic(al).
Pogrom *n* pogrom.
Point|e *f* point; punch line; **⁓iert** *adj.* pointed.
Pokal *m* cup, goblet; *Sport*: cup; ~ *der Pokalsieger Fußball*: Cup Winners' Cup; **~endspiel** *n* Cup Final; **~spiel** *n* Cup-tie.
Pökel *m* pickle, brine; **~fleisch** *n* salt (*od.* cured) meat; **~hering** *m* pickled (*od.* red) herring; **⁓n** *v/t.* pickle, salt, cure.
pokulieren F *v/i.* carouse, F booze.
Pol *m allg.* pole, ⚡ *a.* terminal; ⚡ *positiver* (*negativer*) ~ positive (negative) pole; *entgegengesetzte* ~*e* opposite poles; *fig. der ruhende* ~ the one constant factor.
polar *adj.* polar (*a.* ⚡, ⚗); *in* ~*em*

Gegensatz zu diametrically opposed to; **≈achse** ⚒ *f* polar axis; **≈eis** *n* polar ice; **≈expedition** *f* polar expedition; **≈forscher** *m* polar explorer; **≈front** *meteor. f* polar front; **≈fuchs** *m* arctic (*od.* polar) fox; **≈hund** *m* Eskimo dog, husky.

Polari|sation ⚒, *phys. f* polarization (*a. fig.*); **≈sieren** *v/t.* polarize; **~tät** *f* polarity (*a. fig.*).

Polar...: ~kreis *m* polar circle; *nördlicher* (*südlicher*) ~ Arctic (Antarctic) Circle; **~licht** *n* polar light; **~luft** *f* polar air; **~nacht** *f* polar night.

Polaroid *phot. n* polaroid.

Polarstern *m* polar star.

Polder *m* polder.

Pole *m* Pole.

Polem|ik *f* polemic, controversy; (*das Polemisieren*) polemics *pl.* (*sg. konstr.*) **~iker** *m* polemic(ist); **≈isch** *adj.* polemic(al); **≈isieren** *v/i.* polemize (*gegen* against), indulge in polemics.

polen ⚡ *v/t.* polarize; *richtig* ~ connect to the proper terminals.

Polente F *f sl. the* cops (*od.* bulls, fuzzes) *pl.*

Police *f* (insurance) policy; *offene* ~ open (*Am.* unvalued) policy; *e-e* ~ *ausstellen* (*nehmen*) issue (take out) a policy.

Polier ⊕ *m* (building trade) foreman; **≈en** *v/t.* polish (*a. fig.*), burnish; (*Blech*) planish; (*scheuern*) furbish; *mit Lederfeile*: buff; **~er(in** *f*) *m* polisher, burnisher; **~leder** *n* chamois *od.* shammy (leather); **~mittel** *n* polish(ing compound); abrasive; **~scheibe** *f* polishing wheel.

Poliklinik *f* outpatient department.

Polin *f* Pole.

Polio(myelitis) *f* poliomyelitis.

Polit... polit(ico)..., political *scientist, etc.*; **~büro** *n* politburo.

Politesse *f* (woman) traffic warden, *Am. sl.* meter-maid.

Politik *f* (*Staats-, Weltklugheit; Taktik, politische Linie, Lenkungsmaßnahmen*) policy; (*Wissenschaft, Staatsangelegenheiten, -kunst*) politics *sg. u. pl.*; ~ *der starken Hand* get-tough policy; *sich der* ~ *widmen* go into politics; *über* ~ *sprechen* talk politics; → *machen* III; **~er(in** *f*) *m* politician; *führender*: statesman; **~um** *n* political issue (*od.* factor); **~wissenschaft** *f* political science.

politisch *adj.* political; *fig.* (*klug*) politic, judicious; ~*e Wissenschaften* political science *sg.*; ~-*religiös* politico-religious; *adv.* *wie ist er* ~ *eingestellt?* what are his politics?

politisieren I. *v/i.* talk politics; **II.** *v/t.* politicise; (*j-n*) make politically conscious.

Politolog|e *m*, **~in** *f* political scientist; **~ie** *f* political science; **≈isch** *adj.* politico-scientific.

Politur *f* (*Glanz*) polish, lust|re, *Am.* -er, finish; (*Mittel*) polish(ing compound); (*Firnis*) varnish; *fig.* polish, *contp.* veneer.

Polizei *f* police (*als Einrichtung*: *sg.*, *als Mannschaften*: *pl. konstr.*); (~*truppe*) police force; **~aktion** *f* police operation; **~aufgebot** *n* police detachment; **~aufsicht** *f*: (*unter* ~ under) police supervision, (under) surveillance; **~beamte(r)** *m* police officer, → *a. Polizist*; **~behörde** *f* police (authorities *pl.*); **~dienst** *m* police (service); **~direktion** *f* (city) police department; **~direktor** *m* police superintendent; **~gefängnis** *n* police jail; **~gericht** *n* police court; **~gewahrsam** *n* police custody; **~gewalt** *f* police power; **~gürtel** *m* cordon (of police); **~hund** *m* police dog; **~knüppel** *m* truncheon, *Am.* club, F billy; **~kommissar** *m* (police) inspector; **≈lich** *adj.* (of *od.* by the) police; *unter* ~*er Aufsicht* → *Polizeiaufsicht*; *adv.* ~ *überwachen* police; **~macht** *f* police force; **~präsident** *m* Chief Constable, *Am.* Chief of Police; **~präsidium** *n* police headquarters *pl.*; **~revier** *n* (*Bezirk*) (police) precinct; (*Büro*) police station, *Am. a.* station house; **~richter** *m* (police) magistrate; **~schutz** *m*: *unter* ~ under police guard (*od.* protection); **~spitzel** *m* police spy (*od.* informer), *sl.* stool pigeon; **~staat** *m* Police State; **~streife** *f* police patrol; (*Trupp*) *a.* police squad; (*einzelner Beamter*) police patrolman; (*Razzia*) (police) raid; **~streifenwagen** *m* → *Streifenwagen*; **~stunde** *f* closing time; **~truppe** *f* police force; **~verordnung** *f* police regulation(s *pl.*); **~wache** *f* police station; **~wesen** *n* police system; **≈widrig** *adj.* contrary to police regulations; ~*er Zustand* public nuisance; *adv.* F *fig.* ~ *dumm* infernally stupid.

Polizist *m* policeman, (police) constable, (police) officer, *sl.* cop(per), bull, fuzz, *Brit.* F Bobby; *in Zivil*: detective, plain-clothes man, *sl.* dick; **~in** *f* policewoman.

Polka *f* polka.

Polklemme ⚡ *f* (pole) terminal.

Pollen ⚘ *m* pollen; **~sack** *m* pollen sac; **~schlauch** *m* pollen tube.
polnisch *adj.*, ≈ *ling. n* Polish.
Polo *n* polo; **~feld** *n* polo ground; **~hemd** *n* polo shirt; **~spieler(in** *f*) *m* poloist.
Polschuh ⚡ *m* pole shoe.
Polster *n* pad; (*Kissen*) cushion, bolster (*a. fig.*); ⊕ pad(ding); (*Füllhaar*) stuffing; (*Wattierung*) padding; **~er** *m* upholsterer; **~-möbel** *n/pl.* upholstery *sg.*; **≈n** *v/t.* upholster, stuff; (*wattieren*) wad, *a.* ⊕ pad; **~sessel** *m*, **~-stuhl** *m* (highbacked) armchair, easy chair; **~sitz** *m* upholstered seat; **~tür** *f* padded door; **~ung** *f* upholstery; padding; **~waren** *f/pl.* upholstered goods, upholstery *sg.*
Polter|abend *m* eve-of-the-wedding party; **~er** *m* noisy fellow; (*Schimpfer*) blusterer; **~geist** *m* poltergeist, hobgoblin; **≈n** *v/i.* make a row (*od.* racket); rumble, rattle; (*schimpfen*) bluster, storm; **~n** *n* rumbling, *etc.*
Pol...: **~wechsler** ⚡ *m* pole changer; **~wender** *m* reversing switch.
Poly|amid ⚗ *n* polyamid(e); **≈andrisch** *adj. allg.* polyandrous; **~äthylen** *n* polyethylene, polythene; **≈chrom** *adj.*, **≈chromieren** *v/t.* polychrome; **~eder** *n* polyhedron; **≈gam** *adj.* polygamous; **~gamie** *f* polygamy; **≈glott** *adj.*, **~glotte(r** *m*) *f* polyglot; **~mere** *n* polymer; **~-merisation** *f* polymerization; **≈-merisieren** *v/t.* polymerize.
Polynes|ier(in *f*) *m*, **≈isch** *adj.*, **~isch** *ling. n* Polynesian.
Polyp *m zo.* polyp(e); ⚕ *a.* polypus, (*Nasen*≈*n*) adenoids *pl.*; F *fig.* (*Polizist*) *sl.* cop(per), bull, fuzz.
Poly...: **≈phon** *adj.* polyphonic; **~phonie** *f* polyphony; **~styrol** *n* polystyrene; **~synthese** *ling. f* polysynthesis; **~technikum** *n* polytechnic (school); **≈trop(isch)** *adj.* polytropic; **~theismus** *m* polytheism; **~vinyl** *n* polyvinyl.
Pomad|e *f* pomade; **≈ig** *fig. adj.* phlegmatic, slow, lazy; *Tempo*: slack *pace.*
Pomeranze *f* bitter orange.
Pommes frites *pl.* French fried potatoes, F French fries, chips.
Pomp *m* pomp; **≈haft** *adj.*, **≈ös** *adj.* pompous, gorgeous.
Pönitent *R.C. m* penitent.
Pontifik|alamt *n*, **~almesse** *R.C. f* Pontifical Mass; **~at** *n* pontificate.
Pontius *m*: *von ~ zu Pilatus* from pillar to post; *von ~ zu Pilatus schicken (geschickt werden) a.* F give (get) the grand runaround.
Ponton *m* pontoon; **~brücke** *f* pontoon bridge; **~karosserie** *mot. f* pontoon(-type) body.
Pony *n* pony; **~frisur** *f* fringe, bangs *pl.*
Popanz *m* **1.** (*Schreckgespenst*) bugbear, bog(e)y; **2.** (*Willenloser*) puppet.
Pope *m* pope.
Popel F *m* clot (*od.* stick) of snot; **≈ig** F *adj.* F piffling.
Popelin(e *f*) *m* poplin.
popeln F *v/i.* pick one's nose; *fig.* fumble.
Popmusik *f* pop music.
Popo F *m* bottom, F bum, *Am. a.* fanny.
populär *adj.* popular; *~ machen* make popular, (*Fachwissen usw.*) popularize; *~-wissenschaftlich* popularized, popular-science *journal, etc.*
populari|sieren *v/t.* popularize; **≈tät** *f* popularity.
Por|e *f* pore; **≈ig** *adj.* porous.
Porno *m*, **~...** F porn(o); **~graphie** *f* pornography; **≈graphisch** *adj.* pornographic(ally *adv.*).
por|ös *adj.* porous; **≈osität** *f* porosity.
Porphyr *m* porphyry; **~gestein** *n* porphyritic rock.
Porree ⚘ *m* leek.
Portal *n* portal; **~kran** ⊕ *m* portal crane.
Porte|feuille *n* portfolio (*a. parl. u.* ✝); **~monnaie** *n* purse.
Portepee ⚔ *n* sword-knot.
Portier *m* porter, doorkeeper, *Am.* doorman; (*Hausmeister*) janitor.
Portiere *f* (door-)curtain.
Portion *f* (*Anteil*) portion, share, allowance; *bei Tisch*: (*Gericht*) dish, (*ausgeteilte ~*) helping, serving, plate; *Tee, Kaffee*: pot; *zwei ~en Kaffee* coffee for two; *fig.* F *contp. halbe ~ sl.* shrimp, *Am.* punk, half pint; *eine gehörige ~ Frechheit usw.* a good deal (*od.* dose) of impudence, *etc.*
Porto *n* postage, *für Pakete*: carriage; **~auslagen** *f/pl.* postage (expenses) *sg.*; **~buch** *n* postage book; **≈frei** *adj.* postage-free; (*im voraus bezahlt*) prepaid, *bsd. Am.* postpaid, *auf Paketen*: carriage paid; **~gebühr(en** *pl.*) *f* postage; **~kasse** *f* petty cash; **≈pflichtig** *adj.* liable to postage; **~zuschlag** *m* surcharge.
Portrait *n* portrait; **≈ieren** *v/t.* portray, paint (*od.* take) a portrait of; **~ist(in** *f*) *m*, **~maler(in** *f*) *m*

portrait-painter, portraitist; **~malerei** *f*, **~photographie** *f* portraiture.

Portugies|e *m*, **~in** *f*, **≈isch** *adj.*, **~isch** *ling. n* Portuguese.

Portwein *m* port (wine).

Porzellan *n* porcelain, china; *unechtes*: earthenware, common china; *dünnes, durchsichtiges*: egg-shell china; *fig.* unnötig ~ zerschlagen do a lot of unnecessary damage; **≈artig** *adj.* vitreous; **~emaille** *f* porcelain enamel; **~erde** *f* China clay, kaolin(e); **~geschirr** *n* chinaware, crockery; **~kiste** F *f* → Vorsicht; **~laden** *m* china-shop; *fig.* wie der Elefant im ~ like a bull in a china-shop; **~malerei** *f* china-painting; **~masse** *f* porcelain body; **~service** *n* set of china; **~teller** *m* china plate; **~ware** *f* chinaware; **~zahn** *m* porcelain tooth.

Posament|en *n/pl.*, **~ierware** *f* trimmings *pl.*

Posaune *f* trombone; *fig.* trumpet; die ~ des Jüngsten Gerichts the trump of doom; **≈n I.** *v/i.* play (on) the trombone; **II.** *fig. v/t.* trumpet (forth); → *a.* ausposaunen; **~nbläser** *m* trombonist.

Pose *f* (*Haltung*) pose, attitude; *fig. a.* air, *sl.* act.

Poseur *m* poseur, attitudinizer.

posieren *v/i.* pose (*a. fig.* als as); strike an attitude; *fig.* attitudinize, put on airs.

Position *f allg.* position (*a. ast.*, ⚓, ✈ *u. fig.*); (*berufliche Stellung*) *a.* post; (*sozialer Rang*) *a.* social standing, status; *in e-r Aufstellung usw.*: item; ~ beziehen take one's stand; **~sanzeiger** *m* position indicator; **~sleuchte** *mot. f* side lamp; **~slichter** *n/pl.* ✈ recognition (⚓ navigation) lights.

positiv I. *adj.* **1.** *allg.* positive (*a.* ⚡, ⚕, ⚗, *phot., phys.*); (*bejahend*) *a.* affirmative; F *fig.* (*gewiß*) positive, definitive; ~e Einstellung positive outlook; ~es Recht positive law; ~es Wissen solid knowledge; *adv. phys.* ~ (geladen) positive(ly charged); **II.** ≈ **2.** *ling. m* positive (degree); **3.** *phot. n* positive; **≈e(s)** *n* positive; **~elektrisch** *adj.* positively electric(al); **≈ismus** *phls. m* positivism; **~istisch** *adj.* positivist(ic).

Positron *phys. n* positron.

Positur *f* posture; sich in ~ setzen strike an attitude, attitudinize, pose; *fenc.* take one's guard; *Boxen*: square up.

Posse *thea. u. fig. f* farce, burlesque.

Possen *m* (*Streich, Schabernack*) trick, prank; practical joke; (*Spaß*) fun, F lark, *pl. a.* antics; (*Kaspern*) clowning, buffoonery; ~ reißen clown about, cut capers; j-m e-n ~ spielen play a p. a trick; j-m et. zum ~ tun do a th. to spite a p.; **≈haft** *adj.* farcical, clownish, burlesque; **~reißer** *m* joker, wag; **~spiel** *thea. n* farce, burlesque.

possessiv *ling.* **I.** *adj.* possessive; **II.** ≈ *n, a.* **≈um** *n*, **≈pronomen** *n* possessive pronoun.

possierlich *adj.* droll, funny.

Post *f* post, *bsd. Am.* mail; (~*sachen*) mail, letters *pl.*; (~*dienst*) postal service, *Am. a. the* mails *pl.*; (~*amt*) post office; (*Nachricht*) news (*sg.*); mit der (*od.* durch die) ~ by post, *Am.* by mail; mit heutiger ~ by today's mail; mit gewöhnlicher ~ by surface mail; mit gleicher (*od.* getrennter) ~ under separate cover; mit umgehender ~ by return (of post), *Am.* by return mail; zur (*od.* auf die) ~ geben, mit der ~ schicken post, *Am.* mail; ist ~ für mich da? are there any letters for me?

postalisch *adj.* postal.

Postament *n* pedestal, base.

Post...: **~amt** *n* post office; **~angestellte(r** *m*) *f* postal employee; **~anschrift** *f* postal (*Am.* mailing) address; **~antwortschein** *m* reply coupon; **~anweisung** *f* money (*od.* postal) order; **~beamte(r)** *m*, **~beamtin** *f* post-office (*Am.* postal) clerk; **~bezirk** *m* postal district; **~bezug** *m* postal subscription; ✝ mail order(ing); **~bezugspreis** *m* postal subscription price; **~bote** *m* postman, *Am.* mailman; **~dampfer** *m* mail-boat; **~diebstahl** *m* mail theft; **~dienst** *m* postal service; **~direktion** *f* general post office.

Posten *m* (*Platz*) post, place, station; (*Anstellung*) post, situation, position, job; ⚔ (*Wache*) sentry, sentinel; *vorgeschobener*: outpost; (*Streik*≈) picket; ✝ (*Partie Waren*) lot, parcel; (*Schub*) batch; (*Betrag*) amount, sum; (*Aufstellungs*≈, *Rechnungs*≈ *usw.*) item; (*Eintrag*) entry; ⚔ ~ stehen be on sentry-go, stand sentry, be on guard; auf ~ ziehen mount guard; *fig.* auf dem ~ sein be on the alert (*od.* on one's toes), *gesundheitlich*: be in good form, feel well; nicht recht auf dem ~ sein be not quite up to the mark; → schlau I, verloren; **~dienst** *m*, **~stehen** *n* sentry duty; **~jäger** *m* office-hunter, place-hunter; **~kette** *f*, **~linie** *f* line of sentries, *bsd.* der

Polizei: cordon; ²**weise** ⚕ *adv.* in parcels *od.* lots; by items; ~ *aufführen* itemize.

Post...: ~**fach** *n* post-office box (*abbr.* P.O.B.); ~**fachnummer** *f* box-number; ~**flugzeug** *n* mail-plane; ²**frei** *adj.* prepaid, post-paid; ~**gebühr** *f* postage; ~*en a.* postal rates (*od.* charges); ~**geheimnis** *n* secrecy of the post (*Am.* mail); ~**horn** *n* post horn.

posthum *adj.* posthumous.

posthypnotisch *adj.* posthypnotic(ally *adv.*).

postieren *v/t.* post (*sich* o.s.), station (o.s.), place (o.s.); *sich* ~ *a.* (take one's) stand, plant o.s.

Postille *f* devotional book.

Postillion *m* postilion.

Post...: ~**karte** *f* postcard, *Am. mit Markenaufdruck*: postal card; (*Ansichts*²) picture postcard; (*Antwort*²) reply paid postcard; ~**kasten** *m* → *Briefkasten* 1; ~**kutsche** *f* stage-coach, mail-coach; ²**lagernd** *adv.* to be called for, poste restante (*fr.*), *Am.* (in care of) general delivery; ~**leitzahl** *f* postcode, *Am.* zip code; ~**leitzone** *f* postal zone, *Am.* zip area; ~**minister** *m* Postmaster General; ~**ministerium** *n* Post Office Department.

postnumerando *adv.*: ~ *bezahlen* pay on receipt, *am Monatsende*: settle at the end of month.

Post...: ~**paket** *n* postal packet (*Am.* parcel); ~**raub** *m* mail robbery; ~**sache** *f* postal matter, post, mail; ~**sack** *m* mail-bag; ~**schalter** *m* post-office counter (*od.* window); ~**scheck** *m* postal cheque (*Am.* check); ~**scheckamt** *n* postal cheque (*Am.* check) office; ~**scheckdienst** *m* postal check service, *Brit.* Giro; ~**scheckkonto** *n* postal cheque (*Am.* check) account; ~**schiff** *n* mail-boat; ~**schließfach** *n* post-office box (*abbr.* P.O.B.); ~**sekretär** *m* post-office clerk; ~**sparbuch** *n* post-office savings book; ~**sparguthaben** *n* postal savings *pl.*; ~**sparkasse** *f Brit.* post-office savings bank, *Am.* postal savings office.

Postskript(um) *n* postscript.

Post...: ~**stempel** *m* postmark, *Am.* mail stamp; "*Datum des* ~*s*" date as per postmark; ~**tarif** *m* postal rates *pl.*

Postul|at *phls. n*, ²**ieren** *v/t.* postulate.

postum *adj.* posthumous.

Post...: ~**verein** *m* Postal Union; ~**verkehr** *m* postal service (*od.* communication); ~**versandhaus** ⚕ *n* mail-order house; ~**verwaltung** *f* postal administration (*od.* authorities *pl.*); ~**wagen** 🚃 *m* mail van, *Am.* postal car; ²**wendend** *adv.* by return (of post), *Am.* by return mail; F *fig.* directly, right away; ~**wertzeichen** *n* (postage) stamp; ~**wesen** *n* postal system; ~**wurfsendung** *f* direct mail(ing as printed matter and mixed consignment); mail circular; ~**zahlschein** *m* postal order; ~**zug** *m* mail-train; ~**zustellung** *f* postal delivery.

potent *adj. allg.* potent.

Potentat *m* potentate.

Potential *n allg.* potential; (*Menschen*²) *a.* manpower; ~**abfall** ⚡ *m* potential drop; ~**gleichung** ⩓ *f* potential equation; ~**is** *ling. m* potential.

potentiell *adj. allg.* potential.

Potenz *f* **1.** ⩓ power; *zweite* ~ square, second power; *dritte* ~ cube, third power; *vierte* ~ fourth power; **2.** *physiol. u. fig.* potency; *sexuelle*: *a.* virility; ²**ieren** *v/t.* raise to a higher power; *fig.* magnify, multiply (enormously); ~**reihe** ⩓ *f* power; ~**schwäche** ⚕ *f* impaired potency; ~**störung** *f* disturbance of potency.

Potpourri ♪ *u. fig. n* potpourri, medley.

Pott *dial. m* pot; ~**asche** ⚗ *f* potash; ~**wal** *m* sperm-whale.

Poularde *f* poulard.

poussieren F **I.** *v/i.* flirt, F spoon (*mit* with); **II.** *fig. v/t.* F butter up, soft-soap *a p.*

Präambel *f* preamble.

Pracht *f* splendo(u)r, magnificence; *verschwenderische*: luxury; *feierliche*: pomp, state; *auffällige*: display, rich array; (*Glanz*) glitter; F *kalte* ~ cold splendo(u)r; ~ *entfalten* display splendo(u)r; *fig.* F *es war e-e wahre* ~ F it was just great; ~**aufwand** *m* gorgeous display, sumptuousness; → *a. Pracht*; ~**ausgabe** *f* (*Buch*) édition de luxe (*fr.*); ~**bau** *m* magnificent (*od.* palatial) building; ~**exemplar** *n* splendid specimen; F (*Person*) *a.* → *Prachtkerl*.

prächtig *adj.* splendid, magnificent, gorgeous, sumptuous, pompous; *bsd. Wetter*: glorious; F *fig.* (*großartig*) grand, splendid, F great, super; *adv. das hat er* ~ *gemacht!* good work (*od.* F show, job)!

Pracht...: ~**kerl** F *m* splendid (*od.* F great) fellow, *Am.* F great guy; ~**liebe** *f* love of splendo(u)r;

~mädel F *n* splendid girl, F brick of a girl; **~straße** *f* boulevard; **~stück** *n* fine specimen, F *a* beauty; **~voll** *adj.* → *prächtig*; **~zimmer** *n* state-room.

Prädestin|ation *f* predestination; **~ieren** *v/t.* predestinate (*für, zu* to *a th.*, to *do*), predestine (to).

Prädikat *n ling.* predicate; (*Titel*) title; (*Wertung*) attribute; (*Schulnote*) mark; **~iv** *adj.*, **~s...** predicate ..., predicative; **~snomen** *n* predicate noun.

prädisponieren *v/t.* predispose (*für* to).

Präge|anstalt *f* mint; **~druck** *typ. m* relief print(ing); **~form** *f* matrix; **~n** *v/t.* stamp; (*Geld*) mint; (*Münzen, fig. Wort*) coin; (*Leder, Metall usw.*) emboss; *fig.* (*j-n, j-s Charakter*) imprint, form, stamp; (*Sache*) set the tone of, determine *a th.*; *in das Gedächtnis* ~ engrave (up)on (*od.* in); **~stanze** ⊕ *f* (stamping) die; **~stempel** *m* coining die, coin (*od.* mint) stamp; *für Leder usw.*: embossing die; *auf Urkunden*: raised (*od.* embossed) seal.

Pragmat|ik *f* pragmatism; **~iker** *m* pragmatist; **~isch** *adj.* pragmatic(al).

prägnan|t *adj.* (*knapp, treffend*) pithy, terse, poignant, to the point; (*genau*) exact, precise; **~z** *f* pithiness, terseness.

Prägung *f* stamping, minting; embossing; coinage (*a. e-s Ausdruckes*); *fig.* stamp, character, characteristic features *pl.*

prähistorisch *adj.* prehistoric.

prahlen *v/i.* boast, brag (*mit* of); talk big, bluster, swagger; (*angeben*) show off (*mit et.* [with] a th.).

Prahler *m*, **~in** *f* boaster, braggart, swaggerer; **~ei** *f* (*Prahlen*) boasting, bragging, swaggering; (*prahlende Äußerung*) boast, brag; **~isch** *adj.* boastful, boasting, bragging, (*ruhmredig*) vainglorious; (*prunkend*) ostentatious, showy.

Prahlhans *m* braggart, F show-off.

Prahm ⚓ *m* barge, lighter.

Präjudiz ⚖ *n* precedent; **~ieren** *v/t.* set a precedent for; **~recht** ⚖ *n* case law.

Praktik *f* practice; *b.s.* ~*en* (sharp) practices, machinations, tricks, dodges; **~abel** *adj.* practicable; **~ant(in** *f*) *m* probationer, pupil, assistant; **~er** *m* practical man, expert; (*Arzt*) general practitioner; F *alter* ~ → *Praktikus*; **~um** *univ. n* practical studies *pl.* (*od.* work); **~us** F *m*: *alter* ~ old hand (*od.* campaigner).

praktisch I. *adj. allg.* practical; (~ *veranlagt*) *a.* practical-minded; (*geübt*) practised; (*geschickt*) clever, handy; (*nützlich*) useful, serviceable; *Gerät*: handy, easy-to-use; (*tatsächlich*) practical, virtual; ~*er Arzt* general practitioner; ~*e Ausbildung* practical (*od.* on-the-job) training; ~*es Beispiel* practical (*od.* working) example; ~*er Sinn* practical-mindedness; ⊕ ~*e Gebrauchseigenschaften* behavio(u)r under practical service conditions; ~*er Unterricht* applicatory system, object lessions *pl.*; ⊕ ~*er Versuch* field test; **II.** *adv.* practically; (*so gut wie*) *a.* virtually, to all practical purposes; as good as; ~ *durchführbar* practicable; ~ *nichts* practically nothing; *er ist* ~ *ein Atheist a.* he is a practical atheist.

praktizieren *v/t. u. v/i. allg.* practise (*a. als Arzt od. Anwalt*); F (*wohin tun*) manœuvre (*Am.* maneuver), coax (*in* into); ~*der Katholik* practising Catholic.

Prälat *eccl. m* prelate.

Präliminarien *pl.* preliminaries.

Pralin|e *f*, **~é** *n* chocolate-cream; *mst pl.* chocolates.

prall I. *adj.* (*straff*) tight, taut; *Segel*: filled-out; (*voll u. rund*) well-rounded, bursting, full, plump; *Figur, Mädchen usw.*: *a.* F bouncing; *Backen*: chubby; *Sonne*: blazing; **II.** **~** *m* shock, impact; bounce; (*Rückschlag*) rebound; **~en** *v/i.* bounce *od.* bound (*auf* against); (*rennen*) run, crash (against, into); *Sonne*: beat down (*auf* on); **~voll** F *adj.* chockful.

präludieren ♪ *v/i.*, **~ium** *n* prelude.

Prämie *f* (*Preis*) award, *a. Schule*: prize; (*Belohnung*) premium, reward; † (*Aufgeld, Versicherungs*~) premium; (*Dividende, Gratifikation, Leistungs*~) bonus (*a. Sport*); *Börse*: premium, *Brit. a.* option (money); (*Ausfuhr*~, *Förderungs*~) bounty; **~nbegünstigt** *adj.* eligible for a (Government) bonus; ~*es Sparen* → *Prämiensparen*; **~ngeschäfte** *n/pl.* option bargains; **~nsatz** *m* premium (*od.* option) rate; **~nschein** *m* premium bond; **~nsparen** *n* saving under the (Federal) bonus scheme; **~nsystem** *n* bonus (*od.* premium) system, incentive pay system.

prämi(i)er|en *v/t.* award a price to; **~ung** *f* (awarding of a) prize, award.

Prämisse *f* premise.

pränatal *adj.* prenatal.
prangen *v/i.* be resplendent; (*glänzen, leuchten*) shine, glitter; (*hängen*) hang, be displayed; *mit et.* ~ (*zur Schau tragen*) parade (*od.* show off) a th.
Pranger *m* pillory; *an den* ~ *stellen* (put in the) pillory, *fig. a.* expose (publicly).
Pranke *f* (big) paw (*a.* F *fig. Hand*).
pränumerando *adv.* in advance.
Präpar|at *n pharm. usw.* preparation, compound; *Mikroskop*: slide preparation, *bsd. anat.* specimen; **²ieren** *v/t.* (*a. sich* ~) prepare (*auf* for); (*sezieren*) dissect; **~iersaal** ⚕ *m* dissecting room.
Präposition *ling. f* preposition; **²al** *adj.* prepositional.
Prärie *f* prairie.
Präsens *ling. n* present (tense).
Präsent *n* (*Geschenk*) present.
präsent *adj.* (*gegenwärtig*) present.
präsentier|en *v/t. allg.* present; ⚔ *Präsentiert das Gewehr!* present arms!; **²teller** *m* tray, salver; *fig. wie auf dem* ~ as on a tray, in full view.
Präsenz *f* presence; **~bibliothek** *f* reading library; **~liste** *f* list of persons present; **~stärke** ⚔ *f* effectives *pl.*
Präservativ *n*, **~mittel** *n* preservative; *zur Empfängnisverhütung*: condom.
Präses *eccl. m* president.
Präsident *m allg.* president; (*Vorsitzender*) *a.* chairman; *des Parlaments*: Speaker; ⚖ presiding judge; **~enstuhl** *m* presidential chair; *den* ~ *besteigen* take the chair; **~enwahl** *f* presidential election; **~schaft** *f* presidency; **~schaftskandidat** *m* candidate for the presidency, presidential candidate.
Präsid|ial... *in Zssgn* presidential; **²ieren** *v/i.* preside (*über* over), (be in the) chair; **~ium** *n* **1.** presidency, chair(manship); *das* ~ *übernehmen* take the chair; **2.** → *Polizeipräsidium usw.*
prasseln I. *v/i. Feuer*: crackle; *Regen*: patter, beat down; *Hagel, Gewehrfeuer usw.*: rattle; *Geschosse*: hail, rain; ~ *der Beifall* thunderous applause; **II.** ² *n* crackling, crackle, *etc.*
prass|en *v/i.* feast, carouse, (*fressen*) gorge; *weitS.* live high, F splurge, *sl.* live it up; **²er(in** *f*) *m* reveller, spendthrift; (*Fresser*) glutton; **²erei** *f* feasting, carousing, revelry; gluttony, gorging; high living.
Prätendent(in *f*) *m* claimant (*auf* to); (*Thron*²) pretender (to).
prätentiös *adj.* pretentious.
Präteritum *ling. n* preterite, past tense.
Pratze *f* (big) paw (*a.* F *Hand*).
präventiv *adj.*, **²...** *in Zssgn* preventive, ⚕ *a.* prophylactic; **²krieg** *m* preventive war; **²maßnahme** *f* preventive measure.
Praxis *f* **1.** *allg.* practice; (*Erfahrung*) *a.* experience; (*Brauch*) *a.* usage; *in der* ~ in practice; ⊕ in action, in practical operation; *in der* ~ *bestehen können* stand the test; *in die* ~ *umsetzen* put into practice; **2.** *e-s Arztes usw.*: practice; (*Raum*) *a.* consulting room, *Brit.* surgery; *er hat e-e große* ~ he has a large practice; F *heute ist keine* ~! no consultation hours today!
Präzedenzfall *m* precedent; ⚖ *a.* leading case; *e-n* ~ *schaffen* set a precedent.
präzis|(e) *adj.* precise, exact; **~ieren** *v/t.* define, specify.
Präzision *f* precision, accuracy; **~sarbeit** ⊕ *u. fig. f* precision-work; **~sinstrument** *n* precision instrument; **~sschießen** ⚔ *n* precision fire; **~swaage** *f* precision balance.
predig|en *v/i. u. v/t.* preach (*a. fig.*); *fig. contp. a.* sermonize; *Nächstenliebe* ~ preach charity; **²er(in** *f*) *m* preacher; **²t** *f* sermon (*a.* F *fig.*); *e-e* ~ *halten* preach (a sermon); *fig. j-m e-e* ~ *halten* sermonize a p., read a p. a lecture.
Preis *m* **1.** *allg.* price; (*Kosten*) cost; (*Fahr*²) fare; (*Kurs, Satz*) rate; (*Gebühr*) fee, charge; ✝ *abgemachter* (*angebotener, gegenwärtiger*) ~ agreed (offered, ruling) price; *äußerster* ~ lowest possible (*od.* keenest) price, F rock-bottom price; *fig. um jeden* ~ at any price (*od.* cost); *um keinen* ~ not at any price, not for all in the world; *fig. um e-n hohen* ~ at a heavy price; *zum* ~*e von* at the price of; *im* ~ *steigen* (*fallen*) rise (fall) in price, go up (drop); *e-n guten* ~ *erzielen* secure (*od.* get) a good price; **2.** *im Wettbewerb*: prize (*a. fig.*); *Film usw.*: award; *Großer* ~ *Rennsport*: Grand Prix (*fr.*); ~ *der Nationen Reitsport*: Prix des Nations (*fr.*); *den* ~ *erringen* win (*od.* take) the prize; *e-n* ~ *erzielen Buch, Film usw.*: fetch a prize; **3.** (*Belohnung, Lohn*) reward, prize; **4.** (*Lob*) praise; **~absprache** *f* price agreement; **~änderung** *f* change in price(s); ~*en vorbehalten* subject to change; **~angabe** *f* quotation (of prices); *mit* ~

priced; *ohne* ~ not priced (*od.* marked); **~anstieg** *m* rise in prices; **~aufgabe** *f* (subject set for a) competition; prize question; **~aufschlag** *m* rise in prices, (price) mark-up; (*Zuschlag*) extra charge; **~auftrieb** *m* upward trend of prices; **~ausschreiben** *n* (prize-)competition; **≗bestimmend** *adj.* price-determining; ~e *Faktoren* price-determinants; **~bewegung** *f* movement of prices; **~bildung** *f* price fixing, pricing; **~bindung** *f*: (~ *der zweiten Hand* resale) price maintenance; **~boxer** *m* prize-fighter; **~druck** *m* downward pressure of prices; **~drücker** *m* price-cutter; **~drückerei** *f* price cutting; **~einbruch** *m* → *Preissturz.*

Preiselbeere ⚘ *f* red whortleberry, cranberry.

preisen *v/t.* praise, laud, extol; → *glücklich* I.

Preis...: ~entwicklung *f* trend of prices, price development; **~erhöhung** *f* → *Preisaufschlag*; **~ermäßigung** *f* price cut (*od.* reduction), abatement; **~festsetzung** *f* price fixing, pricing; **~frage** *f* prize question; *fig. Am.* 64-dollar question; **~gabe** *f*, **~gebung** *f* abandonment; (*Herausgabe*) surrender; *e-s Geheimnisses*: revelation, give-away; **≗geben** *v/t.* abandon, give up; (*herausgeben*) surrender, relinquish; (*opfern*) sacrifice; (*Geheimnis*) reveal, give away, betray; (*sich*) *dem Gelächter usw.* ~ expose (o.s.) to; (*hilflos*) *preisgegeben dat.* at the mercy of; a prey of; exposed to; **≗gebunden** *adj.* price-control(l)ed, price-maintained; **~gefälle** *n* price gap, difference in prices; **≗gefüge** *n* price structure; **≗gekrönt** *adj.* prize-winning, prize *novel, etc.*; **~gericht** *n* jury; **~gestaltung** *f* → *Preisfestsetzung, -gefüge, -politik*; **~gleitklausel** *f* price variation (*Am.* escalator) clause; **~grenze** *f* price limit; *obere* ~ *a.* ceiling; *untere* ~ minimum (price); **≗günstig** *adj.* → *preiswert*; **~herabsetzung** *f* price reduction, (price) cut; **~index**(**ziffer** *f*) *m* price index (number); **~kartell** *n* price cartel; **~kontrolle** *f* price control; **~lage** *f* price range; *in jeder* ~ at all prices; *in mittlerer* ~ medium-priced; F *fig. in dieser* ~ of this sort; **~lawine** *f* price avalanche; **~liste** *f* price-list; **~nachlaß** *m* reduction in price, abatement; discount; **~niveau** *n* price level; **~notierung** *f* quotation; **~politik** *f* price policy; **~rätsel** *n* competition puzzle; → *a. Preisfrage*; **~richter** *m* judge; **~rückgang** *m* fall (*od.* decline) in prices, drop; **~schere** *f* price scissors *pl.*; **~schießen** *n* rifle competition; **~schild** *n* price tag (*od.* ticket); **~schleuderei** *f* price cutting (*od.* slashing); **~schraube** *f* price spiral; **~schrift** *f* prize-essay; **~schwankungen** *f/pl.* price fluctuations; **≗senkend** *adj.* price-reducing; **~senkung** *f* → *Preisherabsetzung*; **~skala** *f* price range; *gleitende* ~ sliding scale (of prices); **~spanne** *f* price margin, *Am. a.* spread; **~stabilität** *f* price stability; **~steigerung** *f* rise in prices, price increase; *pl. a.* rising prices; **~stellung** *f* quotation; **~stopp** *m* price stop (*od.* freeze); *e-n* ~ *durchführen* freeze prices; **~sturz** *m* sudden fall in prices, slump, *Am. a.* break (in prices); **~stützung** *f* price supports *pl.*; **~träger**(**in** *f*) *m* prize-winner, prize-holder, *bsd. univ.* prizeman; **~treiberei** *f* forcing up the prices (*od.* market); **~überhöhung** *f* excessive prices *pl.*; **~überwachung**(**sstelle**) *f* price control (board); **~unterbietung** *f* underselling, *am Auslandsmarkt*: dumping; **~unterschied** *m* difference in price(s); **~verband** *m* price combination; **~vereinbarung** *f* price agreement; **~verteilung** *f* distribution of prizes; **~verzeichnis** *n* price-list; **≗wert, ≗würdig** *adj.* worth the money; (*billig*) low-priced, budget-priced, economy-priced; ~ *sein* be good value; ~*es Angebot* bargain; **~würdigkeit** *f* good value; moderate price, cheapness; **~zettel** *m* price label; **~zuschlag** *m* additional charge.

prekär *adj.* precarious.

Prell|bock 🚂 *m* buffer-stop; *fig.* buffer; **≗en I.** *v/t.* **1.** (*abprallen lassen*) bounce; *in e-r Decke*: toss (in a blanket); **2.** *fig.* (*betrügen*) cheat, swindle, trick, *sl.* bamboozle, con (*um* out of); **3.** ⚕ bruise, contuse; **II.** *v/i.* ⚡ *Kontakte*: chatter; **~schuß** *m* ricochet; **~stein** *m* kerbstone, *Am.* curbstone; **~ung** ⚕ *f* contusion, bruise.

Premiere *f* first (*od.* opening) night, première; **~nbesucher**(**in** *f*) *m* first-nighter; **~nkino** *n* first-run cinema.

Premier(minister) *m* prime minister, premier.

pressant *adj. Sache*: urgent; ~ *sein, es* ~ *haben usw.* → *pressieren.*

Presse *f* **1.** ⊕, *typ.* press; (*Saft*≗)

squeezer, juicer; 2. (*Zeitungswesen, die Zeitungen od. die Presseleute*) the Press; *er hatte e-e gute (schlechte) ~* he had a good (bad) press; 3. F (*Privatschule*) F crammer establishment; **~agentur** *f*, **~büro** *n* press agency; **~amt** *n* public relations office; **~bericht** *m* press report (*od.* item); **~chef** *m* chief press officer; **~dienst** *m* news service; **~feldzug** *m* press campaign; **~freiheit** *f* freedom of the press; **~gesetz** *n* Press Law; **~kommentar** *m* press commentary; **~konferenz** *f* press conference; **~meldung** *f* news item.

pressen *v/t. allg., a.* ⊕ press; (*quetschen*) squeeze; (*zs.-drücken*) compress; (*zwängen*) force; (*seihen*) strain; ⊕ (*strang ~*) extrude; (*Hut*) block; (*Leder*) emboss; *fig.* (*drängen*) urge, press; (*bedrücken*) oppress; (*Soldaten usw. zum Dienst ~*) press, ⚓ *sl.* shanghai; *heiß ~* (*Tuch*) hot-press; *gepreßt voll* crammed (full), jammed; *gepreßtes Lachen* forced laugh; *mit gepreßter Stimme* in a choked voice.

Presse...: **~photograph** *m* press photographer; **~referent** *m* press officer; **~stelle** *f* public relations office; **~stimmen** *f/pl.* commentaries of the Press; **~tribüne** *f* Press box (*od.* gallery); **~vergehen** *n* offen|ce (*Am.* -se) against the Press Laws; **~verlautbarung** *f* press release; **~vertreter** *m* reporter, pressman.

Preß...: **~filter** *m* press filter; **~form** ⊕ *f* matrix; **~gas** *n* compressed gas; **~glas** *n* (compression-)mo(u)lded glass; **~guß(teil** *n*) *m* press-casting; **~hefe** *f* press-yeast; **~holz** *n* laminated wood; **~holzplatte** *f* wood fibre (*Am.* fiber) board, pulp board.

pressieren *v/i.* be urgent; *Person*: be in a hurry; *es pressiert mir (ihm usw.)* I am (he is, *etc.*) in a hurry; *es pressiert nicht* there is no hurry; *das pressiert nicht!* there is no hurrying about it!, take your time!, F it'll keep!

Pression *f* pressure, coercive measure.

Preß...: **~kohle** *f* briquette, compressed (*od.* patent) fuel; **~ling** *m* pressing, mo(u)lding.

Preßluft *f* compressed air; → *a. Druckluft(...)*; **2betätigt** *adj.* air-operated; **~bohrer** *m* pneumatic (*od.* air) drill; **~flasche** *f* compressed air cylinder (*od.* bottle); **~hammer** *m* pneumatic hammer; **~ventil** *n* air valve.

Preß...: **~masse** *f* (compression) mo(u)lding compound; → *a. Preßstoff*; **~öl** ⊕ *n* hydraulic oil; **~öler** *m* pressure lubricator; **~ölschmierung** *f* forced-feed lubrication; **~span** *m* press-board; **~stahl** *m* pressed steel; **~stange** *f* extruded bar; **~stoff** *m* plastic material, plastic mo(u)lding compound; **~stroh** *n* baled straw; **~teil** *n* die-pressed part, stamping; *Kunststoff*: mo(u)lded part.

Pressung *f* pressing; compression.

Preßwehen ⚕ *f/pl.* bearing-down pains.

Prestige *n* prestige; *gesellschaftliches*: *a.* status; **~denken** *n* status thinking; **~frage** *f* matter of prestige; **~verlust** *m* loss of prestige.

Preuß|e *m*, **~in** *f*, **2isch** *adj.* Prussian.

preziös *adj.* highflown, stilted.

prickeln I. *v/i.* prick(le), tickle (*auf der Zunge* the palate); (*jucken*) itch; *Glieder*: tingle; **II. 2** *n* prickling; tickling, tickle; itch(ing); *in den Gliedern*: tingling sensation, pins and needles *pl.*; *fig.* thrill; **~d** *adj.* prickly; tickling; (*pikant*) pungent, sharp; *fig.* (*spannend*) thrilling; (*sinnlich erregend*) *a.* titillating; (*pikant*) piquant.

Priel *m* tidal inlet.

Priem *m* quid, plug; **2en** *v/i.* chew tobacco.

Priester *m* priest; **~amt** *n* priesthood; **~in** *f* priestess; **2lich** *adj.* priestly, sacerdotal, clerical; **~rock** *m* cassock; **~schaft** *f* priests *pl.*, priesthood; **~tum** *n* priesthood; **~weihe** *f* ordination; *die ~ empfangen* take (holy) orders.

Prim ♪ *f* prime, unison.

prima I. *adj.* first-rate; † *a.* prime; F *fig.* F swell, A1, smashing, marvellous, super, fab(ulous), groovy; → *a. Pfunds...*; **II. 2** *ped. f* top form, one of the two highest classes; **2ballerina** *f* ballerina; **2donna** *f* prima donna (*a. fig.*); **~donnenhaft** *adj.* F primadonna-ish.

Primaner(in *f*) *m* top-form boy (girl).

primär I. *adj.* primary; **II.** *adv.* primarily.

Primar(arzt) *östr. m* → *Oberarzt.*

Primär...: **~farbe** *f* primary colo(u)r; **~gestein** *n* primary rocks *pl.*; **~herd** ⚕ *m* primary focus; **~spannung** ⚡ *f* primary voltage; **~strahlung** *f* primary radiation; **~wicklung** ⚡ *f* primary winding.

Primas *eccl. m* primate.

Primat *m, n* primacy.

Primaten *zo. m/pl.* primates.
prima vista *adv.* at sight.
Primawechsel ✝ *m* first of exchange, prime bill.
Primel *f* primrose; F *fig. eingehen wie e-e* ~ go under, die on the vine.
Primfaktor ⅍ *m* prime.
primitiv *adj. allg.* primitive, *fig. a.* crude; **≈ität** *f* primitive nature; **≈ling** F *m* primitive.
Primus *m* head (*od.* top) boy.
Primzahl ⅍ *f* prime (number).
Prinz *m* prince; **~essin** *f* princess; **~eßkleid** *n Mode*: princess dress; **~gemahl** *m* prince consort.
Prinzip *n* principle; *aus* ~ on principle; *im* ~ in principle, basically; *im* ~ *einig sein* agree in principle; → *a. Grundsatz.*
Prinzipal 1. *m* principal, *ped. a.* headmaster; ⚖ master; **2.** ♩ *n der Orgel*: principal (stop).
prinzipiell *adj. u. adv.* on principle; → *a. grundsätzlich.*
Prinzipien...: **~frage** *f* question of principle; **~reiter** F *m* stickler (for principles), dogmatist; **~streit** *m* dispute about principles.
prinzlich *adj.* princely.
Prior *R.C. m* prior; **~at** *n* priorate; **~in** *f* prioress.
Priorität *f* priority (*über, vor* over, to) (*a.* ✝ *u. Patentrecht*); → *Prioritätsobligation*; ~ *einräumen dat.* give priority to; ~*en (fest)setzen* establish priorities; **~saktie** ✝ *f* preference *od.* priority (*Am.* preferred) share; **~sanspruch** *m* priority claim; **~sgläubiger(in** *f*) *m* creditor by priority; **~sobligation** *f* priority bond.
Prise *f* **1.** ⚓ prize; **2.** e-e ~ *Salz (Tabak)* a pinch of salt (snuff); **~ngelder** ⚓ *n/pl.* prize money *sg.*; **~ngericht** *n* prize court; **~nkommando** *n* prize crew; **~nrecht** *n* law of prize.
Prism|a *n* prism; **≈atisch** *adj.* prismatic(ally *adv.*); **~atoid** ⅍ *n* prismatoid; **~enfernrohr** *n* prism telescope; **~englas** *n* prism binoculars *pl.*
Pritsche *f* **1.** bat; (*Narren* ≈) fool's wand; **2.** (*Liegestätte*) plank-bed; **3.** *mot.* platform; **4.** ⚠ ramp; **≈n** *v/t.* beat, bat, lash; **~nwagen** *m* platform truck.
privat I. *adj. allg.* private; (*vertraulich*) *a.* confidential; (*persönlich*) *a.* personal; (*in Privatbesitz*) *a.* privately owned; ~*es Leben*, ~*e Sphäre* privacy; **II.** *adv.* privately, in private; **≈adresse** *f* home address; **≈angelegenheit** *f* private affair (*od.* concern, matter); **≈arzt** *m* physician in private practice; **≈audienz** *f* private audience; **≈bank** *f* private bank; **≈besitz** *m*, **≈eigentum** *n* private property; *in* ~ privately owned; *in* ~ *gelangen* pass into private hands; **≈detektiv** *m* private investigator (*od.* detective, *sl.* eye); **≈dozent** *m* (unsalaried) university lecturer, *Am.* instructor; **≈einkommen** *n* personal income; **≈fahrer** *m Rennsport*: private entrant; **≈gebrauch** *m* private use; **≈gelehrte(r)** *m* independent scholar; **≈gespräch** *n* private conversation, *teleph.* private call; **≈ier** *m* private gentleman.
privatim *adv.* privately, confidentially.
Privat...: **~industrie** private industry; **~initiative** *f* private initiative (*od.* venture); **~interesse** *n* private interest; **≈isieren** *v/i.* live on one's (private) means; **~klage** ⚖ *f* private (criminal) action; **~kläger(in** *f*) *m* private (criminal) complainant; **~klinik** *f* private clinic, nursing home; **~korrespondenz** *f* personal correspondence; **~leben** *n* private life; **~lehrer(in** *f*) *m* private tutor; **~mann** *m* private gentleman (*od.* citizen); **~patient** ⚕ *m* private patient; **~person** *f* private person; *als* ~ *a.* privately, in one's private capacity; **~recht** *n* private law; **≈rechtlich** *adj.* under private law, private-law ...; **~sache** *f* private matter; **~schule** *f* private school; **~sekretär** *m* private secretary; **~sphäre** *f* privacy; **~station** ⚕ *f* private ward; **~stunde** *f* private lesson; **~unternehmen** *n* private enterprise; **~unterricht** *m* private tuition (*od.* lessons *pl.*); **~vermögen** *n* private capital; **~versicherung** *f* private insurance; **~weg** *m* private road; **~wirtschaft** *f* private business (*od.* industry); **≈wirtschaftlich** *adj.*: ~*er Sektor* private sector (of the economy); **~wohnung** *f* private residence.
Privileg *n*, **≈ieren** *v/t.* privilege.
pro I. *prp.* per; ~ *Jahr* per annum, a year; ~ *Kopf* per head; *Einkommen* ~ *Kopf* per capita income; ~ *Stück* a piece; ~ *Stunde* per hour; *5 Personen* ~ *Quadratmeile* to the square mile; **II.** ≈ *n*: ~ *und Kontra* *the* pros and cons *pl.*
Proband *m* probationer.
probat *adj.* proved, well-tried.
Probe *f* (*Versuch*) experiment; (*Erprobung*) trial, test, try-out; (*Beweis*, ⅍) proof; (*Eignungs* ≈, *Bewährungs* ≈) probation; (*Über-*

prüfung) check; *thea.* rehearsal; (*Sprech*≗, *Gesang*≗) audition; *iro.* (*Kost*≗) taste; (*Muster*) sample, pattern; (*Prüfstück, Gesteins*≗, *Gewebs*≗ *usw.*) specimen; *metall.* assay; *auf* ~ on probation (*od.* trial), *Warensendung*: on approval (*od.* trial); Angestellter *auf* ~ probationer; *auf die* ~ *stellen* (put to the) test; *auf* e-e *harte* ~ *stellen* put to a severe test, (*Geduld usw.*) *a.* tax, try; *die* ~ *bestehen* stand (*od.* pass) the test; e-e ~ *s-s Könnens, Mutes usw. ablegen* give a sample (*iro.* taste) of, give proof of, prove; *thea.* ~*n* (*ab*)*halten* have rehearsals, rehearse; ⊕ ~*n nehmen* take samples; ⚗ *die* ~ *machen* check; → *Exempel*; **~abdruck** *m*, **~abzug** *m typ., phot.* proof; **~alarm** *m* practice alarm; **~arbeit** *f* trial work; **~aufnahme** *f Film*: screen test; *von j-m* ~*n machen* screen-test a p.; **~auftrag** *m*, **~bestellung** *f* trial order; **~belastung** ⊕ *f* test load; **~bild** *TV n* test chart, *Am.* resolution pattern; **~bogen** *typ. m* proof(-sheet); **~entnahme** ⊕ *f* sampling; **~exemplar** *n* specimen copy, sample (copy); **~fahrt** *f* test (*od.* trial) run, *mot. a.* test drive, road rest, ⚓ trial trip; **~fall** *m* test case; **~flug** *m* test (*od.* proving) flight; **~jahr** *n* year of probation; **~lauf** *m* → *Probefahrt*; **~muster** ⊕ *n* experimental model; **≗n** *a. fig. v/t.* rehearse; **~nahme** *f* sampling; **~nummer** *f* specimen number; **~schuß** *m* trial shot; *zur Visierkontrolle*: sighting shot; **~seite** *typ. f* specimen page; **~sendung** *f* goods *pl.* sent on approval (*od.* trial), *Am.* trial shipment; **~stück** *n* specimen, sample, pattern; ⊕ (test) specimen; **≗weise** *adv.* on (*od.* by way of) trial, *Person*: *a.* on probation; *Warensendung*: on approval; **~zeit** *f* time of probation, qualifying period, trial (*od.* try-out) period; *nach einer* ~ *von 3 Monaten* at the end of a three months' probation.

probier|en *v/t.* (*prüfen*) test; (*Speisen, Wein usw.*) taste, try, sample; et. (*zu tun*) ~ try (to do *od.* doing) a th.; es ~ *mit* try *a th. od. p.*, have a a try at *a th.*; F es ~ *bei j-m sl.* try it on with a p.; *probier's doch!* just try!; *probier's noch mal!* try again!; → *anprobieren*; **≗en** *n* trying, *etc.*; (*empirisches Verfahren*) trial and error method; ~ *geht über Studieren* the proof of the pudding is in the eating, an ounce of practice is worth a pound of theory; **≗glas** ⚗ *n* test-tube; **≗stein** *m* touchstone.

Problem *n* problem (*a.* ⚗, *phls., Schach usw.*); *das stellt mich vor ein* ~ that poses a problem for me; *kein* ~! no problem!; **≗atisch** *adj.* problematic(al); **~atik** *f* problematic nature, problems *pl.*; **~drama** *n*, **~stück** *thea. n* problem drama, thesis play; **~roman** *m* thesis novel.

Produkt *n* product (*a.* ⚗); (*Natur*≗) produce; (*Ergebnis*) result, outcome; *fig. das* ~ *seiner Phantasie* (*seiner Zeit*) the product of his imagination (of his time); **~enbörse** *f* produce exchange; **~enhandel** *m* trade in agricultural produce; **~enmarkt** *m* produce market.

Produktion *f* production (~*smenge*) output; (*Ertrag*) yield; *die* ~ *aufnehmen* go into production; *in* ~ *nehmen* put (*od.* take) into production.

Produktions...: → *a. Herstellungs...*; **~anlage** *f* manufacturing plant(s *pl.*); **~anstieg** *m* increase in production; **~assistent** *m Film*: assistant executive producer; **~ausfall** *m* loss of production; **~beschränkung** *f* output restriction; **~betrieb** *m* producing firm; **~gang** *m* course of manufacture; **~genossenschaft** *f* production cooperative; **~güter** *n/pl.* producer goods; **~kapazität** *f* production capacity; **~kosten** *pl.* production cost(s); **~kraft** *f* productive power; **~leistung** *f* output capacity; **~leiter** *m Film*: executive producer; **~leitung** *f Film*: production; **≗mäßig** *adj.* (in terms of) production; **~menge** *f* output; **~mittel** *n/pl.* means of production, production equipment *sg.*; **~rückgang** *m* falling off in production, production drop; **~stand** *m* level of production; **~stätte** *f* (manufacturing) plant(s *pl.*); **~technik** *f* production engineering; **~umfang** *m* volume of production; **~wirtschaft** *f* producing industries *pl.*; **~ziel** *n* production target; **~ziffer** *f* production figure; **~zweig** *m* branch of production, industry.

produktiv *adj.* productive; *Schriftsteller usw.*: *a.* prolific; **≗ität** *f* productivity.

Produz|ent *m* producer (*a. Film*), manufacturer, maker; ⚒ producer, grower; **≗ieren** *v/t. allg.* produce (*a. Beweise usw.*); *sich* ~ *künstlerisch*: show o.s., perform; *contp.*

show off, make an exhibition of o.s.

profan *adj.* profane; **≈bau** ⚠ *m* profane building; **~ieren** *v/t.* profane; **≈ierung** *f* profanation; **≈ität** *f* profanity.

Profession *f* trade, vocation; (*höherer Beruf*) profession; **~alismus** *m Sport*: professionalism; **≈ell** *adj.* professional.

Professor *m*, **~in** *f* professor; **≈al** *adj.*, **≈enhaft** *adj.* professorial; **~enschaft** *f* professorate.

Professur *f* professorship, (professorial) chair.

Profi F *m Sport*: F pro.

Profil *n* profile; ⊕ *a.* section, shape; ✈ wing section (*od.* profile); *mot.* (*Reifen*≈) tread (pattern); *im* ~ in profile; **~draht** *m* profiled wire; **~eisen** *n* sectional iron; *pl.* sections; **~fräser** *m* profile cutter; **≈ieren** *v/t.* (draw in) profile; ⊕ profile, shape; *weitS.* streamline; *fig.* present in clear outline; *sich* ~ *Politiker usw.*: distinguish o.s., acquire status *od.* a strong image; **≈iert** *adj.* profiled; *fig.* clearly defined, clear-cut; (*markant*) salient; *Persönlichkeit*: outstanding, having a strong image; **~neurose** F *pol. f* image neurosis; **~stahl** ⊕ *m* section(al) steel; **~träger** *m* H-beam.

Profit *m* profit; → *Gewinn*; **≈abel** *adj.* profitable, lucrative; **≈gierig** *adj.*, **≈lich** *adj.* profit-seeking, predatory; **≈ieren** *v/i.* profit (*von* by); *er kann dabei nur* ~ he only stands to gain; **~jäger** *m*, **~macher** *m* profiteer; **~macherei** *f* profiteering.

pro forma *adv.* pro forma.

Proforma|rechnung ⚕ *f* pro forma invoice; **~wechsel** *m* accommodation (*od.* pro forma) bill.

profund *adj.* profound.

profus *adj.* profuse.

Prognos|e *f* forecast, *bsd.* ⚕ prognosis; **≈tizieren** *v/t.* prognosticate, forecast.

Programm *n allg.* program(me) (*a. Computer*); *thea. a.* playbill; (*Zeitplan*) *a.* schedule; *pol.* (political) program(me), platform; ⊕ *e-r Waschmaschine usw.*: cycle; *TV* (*Kanal*) channel; *auf das* ~ *setzen* program(me); F *was steht heute auf dem* ~? what's the program(me) today?; **≈atisch** *adj.* programmatic(ally *adv.*); **~direktor** *m TV* program(me) director; **≈gemäß** *adv.* according to plan (*od.* schedule), as planned; **~gestaltung** *f* programming; **≈gesteuert** *adj. Computer*: program(me)-controlled; **≈ieren** *v/t.* (*Computer*) program(me); **~ierer** (**-in** *f*) *m* programmer; **≈iert** *adj.* programmed; **~ierung** *f* programming; **~musik** *f* program(me) music; **~punkt** *m* item, number; *pol. e-r Partei*: plank; **~schritt** *m Computer*: program(me) step; **~steuerung** *f* program(me) control; **~taste** *f TV* channel selector; *Waschmaschine usw.*: cycle setting button; **~vorschau** *f* program(me) round-up; *Film*: trailers *pl.*; **~wahl** *f TV* channel selection; *Waschmaschine usw.*: cycle selection.

Progress|ion *f allg.* progression; **≈iv** *adj. allg.*, **~ive**(**r** *m*) *f* progressive; **~ivsteuer** *f* progressive tax.

Prohibition *f* prohibition.

prohibitiv *adj.*, **≈...** prohibitive.

Projekt *n* project; **~gruppe** *f* task force; **≈ieren** *v/t.* project; **~ingenieur** *m* project engineer.

Projektil *n* projectile.

Projektion *f allg.* projection (*a.* ⊿, *psych.*); **~sapparat** *m* projector; **~sbild** *n* projected image; → *a. Diapositiv*; **~sebene** ⊿ *f* projective plane; **~sfläche** *f* projection area (*od.* screen); **~slampe** *f* projector lamp; **~sröhre** *TV f* projection tube; **~sschirm** *m* (projection) screen; **~stest** *psych. m* projective test.

Projektor *m* projector.

projizieren *v/t.* project.

Proklam|ation *f* proclamation; **≈ieren** *v/t.* proclaim.

proklitisch *ling. adj.* proclitic (*a. su.* ~*es Wort*).

Prokrustesbett *n* Procrustean bed.

Prokur|a ⚕ *f* power to act and sign on behalf of the firm; **~ist**(**in** *f*) *m* officer authorized to act and sign on behalf of the firm; *etwa*: confidential (*od.* managing) clerk, *Am.* executive secretary.

Prolet *contp. m* plebejan, cad.

Proletar|iat *n* proletariat(e); *geistiges* ~ white-collar proletariat; **~ier**(**in** *f*) *m*, **≈isch** *adj.* proletarian; **≈isieren** *v/t.* proletarianize.

Prolog *m* prologue.

Prolongation ⚕ *f* prolongation, extension; **~sgebühr** *f* contango rate; **~sgeschäft** *n* carrying-over (business), contango business.

prolongieren ⚕ *v/t.* renew, extend, prolong; *Börse*: carry over; (*Film*) hold over.

Promenade *f allg.* promenade; **~ndeck** ⚓ *n* promenade deck; **~nkonzert** *n* promenade concert; **~nmischung** F *f* mongrel; **~nweg** *m* promenade.

promenieren *v/i.* promenade.
Promesse *f* promissory note.
Promille *n* per mille; F ~ (*Blutalkohol*) blood alcohol standard (*od.* concentration); 2 ~ 2 parts by weight of alcohol to each 1,000 parts of blood.
prominen|t *adj.* prominent; **≈te(r** *m*) *f* prominent person, public figure, notable, celebrity; *gesellschaftlich*: *Am.* socialite; **≈z** *f* prominent personages *pl.*, notables *pl.*, civic heads *pl.*; high society.
Promotion *univ. f* **1.** graduation; **2.** *a.* **~stag** *m* degree-day.
promovieren I. *v/t.* graduate, confer a (doctor's) degree (up)on; **II.** *v/i.* graduate (*an* at, *Am.* from *a university*), take one's (doctor's) degree.
prompt *adj.* prompt; **≈heit** *f* promptness, promptitude.
Pronom|en *ling. n* pronoun; **≈inal** *adj.*, **~inal...** pronominal.
prononciert *adj.* pronounced, clear.
Propädeutik *f* propaedeutics *pl.* (*sg. konstr.*).
Propaganda *f* propaganda; ~ *machen für* → *propagieren*; **~feldzug** *m* propaganda campaign; **~ministerium** *n* ministry of information; **~rummel** *m sl.* propaganda binge, ballyhoo.
Propagandist *m*, **≈isch** *adj.* propagandist.
propagieren *v/t.* make propaganda for, propagandize, propagate, spread.
Propan ⚗ *n* propane.
Propeller *m* airscrew, propeller, *sl.* prop; **~blatt** *n*, **~flügel** *m* airscrew (*od.* propeller) blade; **~nabe** *f* airscrew boss; **~turbine** *f*, **~turbinenwerk** *n* turbo-prop; **~wind** *m* slipstream.
proper *adj.* neat, clean.
Prophet *m* prophet; *der ~ gilt nichts in s-m Vaterlande* a prophet is never accepted in his own country; **≈isch** *adj.* prophetic(ally *adv.*).
prophezei|en *v/t.* prophesy; *weitS. a.* predict, foretell; **≈ung** *f* prophecy; prediction.
prophy|laktisch *adj.* prophylactic, preventive; **≈laxe** *f* prophylaxis.
Proportion *f* proportion; **≈al** *adj.* proportional; *umgekehrt ~* inversely proportional (*zu* to); **~ale** ℞ *f* proportional; **~alzahl** *f* proportional number; **~alität** proportionality; **≈iert** *adj.*: (*wohl ~* well-)proportioned.
Proporz *m* proportional representation.
proppenvoll F *adj.* cram-full.
Propst *eccl. m* provost.
Prorektor *univ. m* Vice Rector.
Prosa *f* prose; **~dichtung** *f* prose (poem); **~iker** *m*, **~ist** *m* prose writer, prosaist; **≈isch** *adj.* prosaic, *fig. a.* prosy.
Proselyt *m* proselyte; **~enmacher** *m* proselytizer.
Proseminar *univ. n* proseminar.
prosit I. *int.* your health!, F here is to luck!, cheers!, *sl.* mud in your eye!; ~ *Neujahr!* a happy New Year (to you); *iro.* ~ *Mahlzeit!* good night!, a fine mess!; **II.** ≈ *n*: *ein ~ ausbringen auf* toast *a p.*
Prospekt *m* (*Aussicht*) prospect; (*Werbeschrift*) prospectus; (*Handels*≈) *a.* brochure, leaflet, folder, pamphlet; **~material** *n* advertising literature.
Prosperität *f* prosperity.
prost → *prosit.*
Prostata *anat. f* prostate gland.
prostituier|en *v/t.* prostitute (*sich* o.s.); **≈te** *f* prostitute.
Prostitution *f* prostitution.
Proszenium *thea. n* proscenium; **~sloge** *f* proscenium box.
Proteg|é *m* protégé(e *f*); **≈ieren** *v/t.* patronize, sponsor, take *a. p.* under one's wings.
Prote|id *n* proteid(e); **~in** *n* protein.
Protektion *f* protection, patronage; **~ismus** *m* protectionism.
Protektor *m* protector; **~at** *n* protectorate, protected territory; (*Schirmherrschaft*) patronage; *unter dem ~ von* under the auspices of.
Protest *m* protest; ⚕ ~ *mangels Annahme* protest for non-acceptance; *unter ~* under protest; ~ *gegen et. einlegen od. erheben* (enter a) protest against a th., *Am. a.* protest a th.; *Wechsel zu ~ gehen lassen* have *a bill* protested; **~anzeige** ⚕ *f* notice of dishono(u)r.
Protestant *m*, **~in** *eccl. f*, **≈isch** *adj.* Protestant; **~ismus** *m* Protestantism.
protestieren I. *v./i.* protest (*gegen* against *a th.*, *Am. a. a th.*); **II.** *v/t.* ⚕ (*Wechsel*) protest; *Handspiel usw. ~ Sport*: claim for hands, *etc.*
Protest...: **~marsch** *m* protest march; **~sturm** *m* storm of protest, outcry; **~urkunde** ⚕ *f* protest certificate; **~versammlung** *f* protest (*od.* indignation) meeting.
Prothese *f* artificial limb, prosthesis; (*Gebiß*) denture.
Protokoll *n* **1.** (*Verhandlungs*≈, *Sitzungs*≈) record, minutes *pl.*, proceedings *pl.*, protocol; *das ~ aufnehmen*, (*das*) *~ führen* → *protokollieren* II; *~ führen über* → *pro-*

tokollieren I; ⚖ *zu ~ geben* depose, state (in evidence), place on record; *zu ~ nehmen* take down, record (in protocol); **2.** (*diplomatisches ~*) protocol; *Chef des ~s* Chef de Protocol (*fr.*); **≈arisch I.** *adj.* recorded, entered in the minutes, *pol.* protocol ...; **II.** *adv.* by (entry in) the minutes, by a record; **~aufnahme** *f* recording (of the proceedings), entry in the minutes; **~buch** ☤ *n* minute-book; **~chef** *pol. m* Chef de Protocol (*fr.*); **~führer** *m* secretary; ⚖ Clerk of the Court; **≈ieren I.** *v/t.* record, (make and) keep a record of, enter in the minutes, keep the minutes of; take down (on record); **II.** *v/i.* keep the minutes, keep a record (of the proceedings); draw up the minutes.

Proton *phys. n* proton.

Proto|plasma *n* protoplasm; **~plast** *m* protoplast; **~typ** *m allg.* prototype; **≈typisch** *adj.* prototyp(ic)al; **~zoen** *n/pl.* protozoa.

Protuberanz *f* protuberance.

Protz *m* ostentatious fellow, swell, snob, F show-off.

Protze ⚔ *f* limber.

protz|en *v/i.* show off (*mit* [with] *a th.*), make a show (of), parade (*a th.*), *sl.* swank it; → *a. prahlen*; **≈entum** *n* snobbism; **≈erei** *f* showing off; **~ig** *adj. Person*: ostentatious, snobbish; *Sache*: ostentatious, F showy, *sl.* swank(y).

Provenienz *f* origin, provenance.

Proviant *m* provisions, victuals, ⚔ rations, supplies (*alle pl.*); *mit ~ versehen* provision, victual; **~lager** *n* supply depot; **~zug** *m* supply train.

Provinz *f* province; (*Ggs. Hauptstadt*) *the* provinces *pl.*; **~blatt** *n* provincial paper; **≈ial** *adj.*, **≈iell** *adj.* provincial; **~ialismus** *m allg.* provincialism; **~ler(in** *f*) *m*, **≈lerisch** *adj.* provincial.

Provision ☤ *f* commission; *e-s Maklers*: brokerage; *mit e-r ~ von* 20% on a 20 per cent commission; **≈sfrei** *adj.* free of commission; **≈spflichtig** *adj.* subject to a commission; **~sreisende(r** *m*) *f* travel(l)er on commission; **~ssatz** *m* commission rate; **≈sweise** *adv.* on commission.

Provisor *m* chemist's assistant.

provisor|isch *adj.* provisional, temporary; makeshift ...; *~e Regierung* caretaker government; **≈ium** *n* provisional (*od.* temporary) arrangement; makeshift.

Provo|kateur *m* troublemaker, agent provocateur (*fr.*); **~kation** *f* provocation; **≈katorisch** *adj.* provocative; **≈zieren** *v/t.* provoke; *~d* provocative.

Prozedur *f* procedure, process; *umständliche, ewig gleiche*: *a.* ritual.

Prozent *n* per cent; *~e* percentage *sg.*; *zu 5 ~* at five per cent; *zu hohen ~en Zins*: at a high rate of interest; **...≈ig** *in Zssgn* ... per cent; **~rechnung** *f* percentages *pl.*; **~satz** *m allg.* percentage; **≈ual** *adj.* percental; proportional; *~er Anteil* percentage.

Prozeß *m* **1.** (*Vorgang, Verfahren*) *allg.* process; → *Entwicklungsablauf, Lernprozeß usw.*; **2.** ⚖ (*Klage*) action, (*Rechtsstreit*) lawsuit, litigation; (*Strafverfahren*) trial; (*Rechtsgang*) (legal) proceedings *pl.*; *e-n ~ gewinnen* (*verlieren*) win (lose) one's case; *gegen j-n e-n ~ anstrengen* institute legal proceedings against a p., bring an action against a p., sue a p.; *in e-n ~ mit j-m verwickelt sein* be involved in a lawsuit with a p.; *j-m den ~ machen* try a p., put a p. on trial; *fig. kurzen ~ machen* make short work of it, *mit*: of *a p. od. th.*; **~akten** *f/pl.* minutes *od.* record(s) (of a case), proceedings; **~bevollmächtigte(r** *m*) *f* authorized proxy (*od.* agent, attorney); **≈fähig** *adj.* having capacity to sue; **~führung** *f* conduct of a case; **~gegner(in** *f*) *m* opposing party; **≈hindernd** *adj.*: *~e Einrede* plea in bar (of action); **~hindernis** *n* bar to action.

prozessieren *v/i.* carry on a lawsuit, litigate; *~ gegen j-n* bring an action against, go to law with.

Prozession *f* procession; **~s...** *in Zssgn* processional.

Prozeß...: **~kosten** *pl.* costs (of the proceedings); **~ordnung** *f* rules *pl.* of procedure; (*Buch*) Code of (Civil *od.* Criminal) Procedure; **~partei** *f* party to an action; **~rechner** ⊕ *m* process computer; **~recht** *n* adjective (*od.* procedural) law; **≈rechtlich** *adj.* procedural; **~unfähigkeit** *f* incapacity to sue; **~vollmacht** *f* power of attorney.

prüde *adj.* prudish; *ich bin (ja) nicht ~* I am no prude; **≈rie** *f* prudishness, prudery.

Prüf|apparat *m* tester; **~befund** *m* test result; **≈en** *v/t. ped., univ. usw.* examine, test; *mit Testfragen*: quiz; (*untersuchen, genau betrachten*) examine, study, (*a.* ⊕ *abnehmen*) inspect, *stärker*: scrutinize, (*e-n Vorfall usw.*) *a.* investigate, look into; (*Erz*) assay; (*nach ~, über ~*) check; ☤ (*Bücher*) audit;

⚖ (*Entscheidung*) review; *auf politische Zuverlässigkeit usw.*: screen, F vet; (*erproben*) try, (put to the) test; (*erwägen*) consider; (*heimsuchen*) afflict, try; (*auf Richtigkeit* ~) verify, check; *sich* ~ examine o.s., search one's heart; *der Antrag wird geprüft* is under consideration; *geprüft bei Berufsbezeichnung*: diplomaed, certificated, *Am.* certified; *schwergeprüfter Vater* sorely afflicted father; **≈end** *adj. Blick*: searching, speculative.

Prüfer(in *f*) *m* examiner (*a. Patent*≈); ⊕ *usw.* tester, checker; *zur Abnahme*: inspector; *metall.* assayer; ✝ (*Wirtschafts*≈) auditor, → *a. Buchprüfer*; *von Tee usw.*: taster.

Prüf...: **~feld** ⊕ *n* testing ground (*od.* department, room), test bay; **~(feld)ingenieur** *m* testing engineer; **~gerät** *n* testing apparatus (*od.* equipment); **~lampe** *f* test lamp; **~lehre** *f* master ga(u)ge; **~ling** *m* **1.** *ped.* examinee; **2.** ⊕ (test) specimen; **~schein** *m* test certificate; **~spannung** ⚡ *f* test voltage; **~stand** ⊕ *m* test stand (*od.* bench), *mot. a.* test block; **~standkontrolle** *f* test-floor inspection; **~standversuch** *mot. m* bench (*od.* block) test; **~stein** *fig. m* test, touchstone; **~stück** ⊕ *n* (test) specimen; **~taste** *f* test key.

Prüfung *f* **1.** *ped., univ. usw.* (*mündliche* oral, *schriftliche* written) examination, F exam; test (*a. fig.*); *mit Testfragen*: quiz; → *ablegen 2, abnehmen 3, bestehen 2 usw.*; **2.** (*genaue Untersuchung*) scrutiny; examination; investigation; analysis; consideration, studies *pl.*; (*Nach*≈, *Über*≈) verification, check(ing), checkup; ⊕ inspection, checkup; (*Betriebs*≈) test; ✝ (*Buch*≈) audit; ⚖ review; **3.** (*Erprobung*) trial, test; (*Heimsuchung*) visitation, affliction, ordeal; *Sport*: event.

Prüfungs...: **~angst** *f* examination anxiety; **~anstalt** *f* testing laboratory; **~arbeit** *f*, **~aufgabe** *f* examination paper; **~ausschuß** *m* examining board, board of examiners; *bei Sachen*: review board; **~bericht** *m* statement of results, test report; ✝ audit(or's) report; **~ergebnis** *n* examination results *pl.*; ⊕ test result; **~kandidat** *m* examinee; **~kommission** *f* → *Prüfungsausschuß*; **~ordnung** *f* regulations *pl.* for the conduct of an examination; **~zeugnis** *n* certificate, diploma.

Prügel *m* **1.** stick, cudgel; **2.** *fig. pl.* (*a. Tracht* ~) (F awful) beating *od.* hiding *sg.*, (sound) thrashing *sg.*; *j-m e-e Tracht* ~ *verabreichen a.* F beat the daylights out of a p.; **~ei** *f* fight, brawl, F scrap, free-for-all; **~knabe** *m* whipping-boy, scapegoat; **≈n** *v/t. mit Knüttel usw.*: clobber, beat, *ped.* flog, cane; *allg.* (*ver*~) beat (up), thrash, give a thrashing; *sich* ~ (have a) fight; **~strafe** *f* corporal punishment, flogging.

Prünelle *f* prunelle.

Prunk *m* splendo(u)r, magnificence; luxury; *bsd. b.s.* pomp, gorgeous display, show; **≈en** *v/i.* be resplendent; ~ *mit* make a show of, parade, flaunt, show off (with); *prahlend*: boast of; ~*d* → *prunkhaft*; **~gemach** *n* state-room; **≈haft** *adj.* ostentatious, showy; **≈los** *adj.* unostentatious, unadorned, plain; **~stück** F *n* show-piece; **~sucht** *f* love of splendo(u)r, ostentatiousness, pomposity; **≈süchtig** *adj.* ostentatious, pompous; **≈voll** *adj.* splendid, gorgeous.

prusten *v/i.* snort; *vor Lachen* ~ burst out laughing.

Psalm *m* psalm; **~ist** *m* psalmist; **~odie** *f* psalmody.

Psalter *m* psalter.

Pseudo..., **pseudo...** *in Zssgn* pseudo...

Pseudonym I. *n* pseudonym, assumed name; *e-s Schriftstellers*: *a.* pen name, nom de plume (*fr.*); **II.** ≈ *adj.* pseudonymous; **~ität** *f* pseudonymity.

PS-Leistung *f* horsepower output.

pst! *int.* (*horch!*) psst!; (*still!*) hush!

Psychagog|e *m*, **~in** *f* educational psychologist.

Psyche *f* psyche; **≈delisch** *adj.* psychedelic.

Psychia|ter *m* psychiatrist; **~trie** *f* psychiatry; **≈trisch** *adj.* psychiatric(al).

psychisch *adj.* psychic(al).

Psycho|analyse *f* psychoanalysis; **~analytiker** *m* psychoanalyst, F analyst; **≈analytisch** *adj.* psychoanalytic(al); *adv.* ~ *behandeln od. untersuchen* psychoanalyze; **~chirurgie** *f* psychosurgery; **~drama** *n* psychodrama; **≈gen** *adj.* psychogenic(ally *adv.*); **~gramm** *n* psychograph; **~loge** *m*, **~login** *f* psychologist; **~logie** *f* psychology; **≈logisch** *adj.* psychological; **~path(in** *f*) *m* psychopath; **≈pathisch** *adj.* psychopathic; **~pharmakon** *n* psychopharmacological (*od.* psychotropic, psychoactive) drug; **~se** *f* psychosis (*a. fig.*); **~sekranke(r** *m*) *f* psychotic; **≈somatisch** *adj.* psychosomatic(ally *adv.*); **~therapeut** *m* psychotherapist; **~therapeutik** *f* psychotherapeutics *pl.* (*sg. konstr.*); **≈therapeutisch** *adj.* psychotherapeutic; **~therapie** *f* psychotherapy; **≈tisch** *adj.* psychotic(ally *adv.*).

Psychrometer *n* psychrometer.

Puber|tät *f* puberty; *in die ~ kommen* reach puberty; **~täts-alter** *n*, **~tätsjahre** *n/pl.* (age of) puberty; **≈tieren** *v/i.* go through puberty.

publik *adj.* public; *~ machen* make public, publicize; **≈ation** *f* publication.

Publikum *n* **1.** (*Öffentlichkeit*) *the* public; **2.** *allg.* (*Zuhörer, Zuschauer usw., a. Film, TV*) audience; (*Zuschauer, Sport usw.*) spectators *pl.*; (*Menge*) crowd; (*Leser*) readers *pl.*, audience; **~serfolg** *m* great success *od.* hit (with the audience, *etc.*); → *a. Kassenschlager*; **≈s-wirksam** *adj.* → *zugkräftig*.

publizieren *v/t.* publish.

Publizist *m* publicist, journalist; **~ik** *f* journalism; **≈isch** *adj.* journalistic(ally *adv.*).

Publizität *f* publicity.

Puck *m Eishockey*: puck.

Puddel|eisen *n* puddle iron; **≈n** *v/i.* puddle; **~ofen** *m* puddling furnace; **~stahl** *m* puddle(d) steel.

Pudding *m* blancmange; pudding.

Pudel *m* poodle; *des ~s Kern* the gist of the matter, *b.s.* the rub; *wie ein begossener ~ dastehen* stand aghast, look crestfallen; **≈nackt** *adj.* mother-naked; **≈naß** *adj.* dripping wet, drenched; **≈wohl** F *adj.*: *sich ~ fühlen* F feel great, *Am.* feel like a million dollars.

Puder *m* powder; **~dose** *f* powder-box; *für die Handtasche*: compact; **≈ig** *adj.* powdery; **≈n** *v/t.* powder (*sich* o.s. *od.* one's face); **~quaste** *f* powder-puff; **~zucker** *m* icing (*Am.* confectioner's) sugar.

pueril *adj.* puerile.

puff! *int.* puff!, bang!

Puff[1] *m* (*Stoß*) cuff, thump; *in die Rippen*: poke, F dig (in the ribs); *leichter, vertraulicher*: nudge; (*Knall*) bang, pop, report; *er kann e-n ~ vertragen* he can take a lot, he is thick-skinned.

Puff[2] *m* (*Bausch*) puff.

Puff[3] *n* (*Spiel*) backgammon.

Puff[4] *m* (*Bordell*) brothel.

Puff...: **~ärmel** *m* puffed sleeve; **≈en I.** *v/t.* (*j-n*) cuff, thump, jostle; *vertraulich*: poke in the ribs, nudge; **II.** *v/i.* 🚂 puff, chug; (*knallen*) pop, puff.

Puffer *m* **1.** 🚂 *usw.* buffer, bumper; **2.** → *Kartoffelpuffer*; **~batterie** *f* buffer battery; **~lösung** ⚗ *f* buffer solution; **~staat** *m* buffer state; **~ung** *f allg.* buffering; **~wirkung** ⚗ *f* buffer action; **~zone** *pol. f* buffer zone.

Puffmais *m* popcorn.

Puffspiel *n* backgammon.

puh! *int. voll Abscheu*: ugh!; *verächtlich*: pooh!; *erleichtert*: phew!

Pulk ⚔ *m* formation, group.

Pulle F *f* bottle; *fig. volle ~ fahren*: at top speed; *et. tun*: all out, hell for leather.

pullen *v/i.* (*rudern*) pull, row.

Pulli *m*, **Pullover** *m* sweater.

Pulmonal... ⚕ *in Zssgn* pulmonary.

Puls *m* **1.** *physiol.* pulse; *j-m den ~ fühlen* feel a p.'s pulse (*a. fig.*); **2.** ⚡ (im)pulse (group); **~ader** *f* artery; **~amplitude** ⚡ *f* pulse amplitude; **~anstieg** ⚕ *m* rise in the pulse rate, quickened pulse; **≈en** *v/i.*, **≈ieren** *v/i.* pulsate, pulse, throb; *fig. a.* be vibrant (*von* with); **~schlag** *m* pulsation, pulse beat; **~wärmer** *m* wristlet; **~zahl** *f* pulse rate.

Pult *n* desk (*a.* ⊕).

Pulver *n allg.* powder; (*Schieß≈*) (gun-)powder; F *fig.* (*Geld*) cash, F brass, *sl.* dough; *in ~ verwandeln* pulverize; *fig. er ist keinen Schuß ~ wert* he is not worth powder and shot; *das ist keinen Schuß ~ wert* it isn't worth a rap, it's no good; *er hat das ~ nicht erfunden* he is no great light, he will not set the Thames on fire; *sein ~ verschossen haben* have shot one's bolt; **≈-artig**, **≈förmig** *adj.* powdery; **~dampf** *m* powder-smoke; **~faß** *n* powder-keg; *fig.* volcano; (*wie*) *auf e-m ~ sitzen* sit on the top of a volcano; **≈isierbar** *adj.* pulverizable; **≈isieren** *v/t.* pulverize; **~ladung** *f* powder charge; **~-schnee** *m* powdery snow.

Puma *zo. m* puma.

pummelig F *adj.* plump, roly-poly, chubby.

Pump F *m*: *auf ~ kaufen* F buy on tick (*od.* on the never-never).

Pumpe *f* pump; **≈n** *v/t. u. v/i.* **1.** pump; **2.** F (*leihen*) lend, *bsd. Am.* loan; *sich et. von j-m ~* borrow a th. from a p.; *sich von j-m Geld ~ a.* F touch a p. for money; **~nhaus** *n* pump room; **~nhub** *m* pump lift; **~nkolben** *m* pump piston; **~n-schwengel** *m* pump-handle; **≈rn** F *v/i.* throb.

Pumpernickel *m* pumpernickel.

Pumphose(n *pl.*) *f* knickerbockers *pl.*, plus fours *pl.*

Pumps *m* (*Schuh*) pump.

Punkt *m allg.* point (*a.* ⚔, *Börse, Bewertungs*≈, *Rationierungs*≈); (*Tüpfelchen*) dot (*a. Morse*); *typ.*, *ling.* full stop, *Am.* period; (*Stelle*) spot, place, point; (*Einzelheit, der Tagesordnung*) item, point; (*Gesprächsthema*) subject, topic, point; ⚖ *der Anklage*: count, charge; *e-s Vertrags*: article, clause; *TV* dot, spot; *Sport*: point; *Boxen* (*Kinnspitze*) point, F button; *fig. dunkler* ~ shady point, *in e-r Familie*: skeleton in the cupboard, blot on the family scutcheon; *höchster* ~ highest pitch, climax; *der springende* ~ the point; *wunder* ~ sore spot; ~ *für* ~ point by point, in detail, F blow by blow; ~ *zehn Uhr* on the stroke of ten; (*bis*) *auf den* ~ exactly, to a T; *bis zu e-m gewissen* ~ up to a point; *in vielen* ~*en* on many points, in many respects; *Sport*: *Sieg nach* ~*en* points win; *nach* ~*en siegen* win on points, win a decision; *nach* ~*en verlieren* lose on points, be outpointed; *nach* ~*en führen* lead by points; ~*e sammeln* pile up points, score; F *nun mach aber e-n* ~*!* now, that will do!, F come off it!; → *strittig, tot*; ~**ball** *m Boxen*: punch ball; ≈**en I.** *v/t.* dot; **II.** *v/i. Sport*: pile up points, score; ~**feuer** ⚔ *n* converging fire; precision fire; *Maschinengewehr*: single rounds *pl.*; ≈**förmig** *adj.* punctate, punctiform; ~**gleichheit** *f Sport*: tie (on points), draw; ~**haus** *n* tower block.

punktier|en *v/t.* dot; ⚕ puncture; *punktierte Linie* dotted line; ≈**nadel** ⚕ *f* puncture needle; ≈**ung** *f* dotting; ⚕ (*a.* **Punktion** *f*) puncture.

pünktlich I. *adj.* punctual, prompt; (*gewissenhaft, genau*) accurate, exact, precise, conscientious; ~ (*da*) *sein* be on time; **II.** *adv.* punctually, *etc.*; ~ *um 10 Uhr* at ten o'clock sharp, on the stroke of ten; ≈**keit** *f* punctuality; (*Sorgfalt*) diligence, conscientiousness; precision.

Punkt...: ~**linie** *f* dotted line; ~**muster** *n* polka dot(s *pl.*); ~**niederlage** *f* defeat on points; ~**richter** *m Sport*: judge; *Boxen*: scoring judge; ~**schrift** *f für Blinde*: point system; ≈**schweißen** ⊕ *v/t. u. v/i.* spot-weld; ~**sieg** *m* winning on points, points win; ~**sieger** *m* winner on points; ~**streik** *m* strike at selected sites; ~**system** *n* point system; ≈**uell** *adj. u. adv.* in points; ~**um!** *int.* period!; *und damit* ~*!* and that's that!, that's flat!; ~**ur** ⚕ *f* puncture; ~**wertung** *f* **1.** awarding of points; **2.** → ~**zahl** *f* score; ~**ziel** ⚔ *n* (pin-)point target.

Punsch *m* punch; ~**bowle** *f* punch-bowl; ~**löffel** *m* punch-ladle.

Punze ⊕ *f*, ≈**n** *v/t.* punch.

Pup *m*, ≈**en** F *v/i.* fart.

Pupill|arreflex *m* pupillary reflex; ~**e** *f* pupil; ~**enabstand** *m* pupillary distance; ~**enerweiterung** *f* (~**enverengung** *f*) dilatation (contraction) of the pupil.

Püppchen *n* little doll; (*hübsches Mädchen*) doll; *als Kosewort*: *a.* poppet, popsy(-wopsy), pet.

Puppe *f* doll (*a.* F *fig. Mädchen*); (*Draht*≈, *a. fig.*) puppet, marionette; (*Schneider*≈, ⚔ *Übungs*≈; *fig. Strohmann*) dummy; *zo.* pupa, chrysalis; *des Seidenspinners*: cocoon.

Puppen...: ~**gesicht** *n* doll's face; ~**haus** *n*, ~**stube** *f* doll's house; ~**spiel** *n*, ~**theater** *n* puppet show (*od.* play); ~**wagen** *m* doll's pram.

pur *adj.* pure; (*bloß*) *a.* sheer; ~*er Unsinn* pure nonsense; *aus* ~*er Neugierde* from sheer curiosity; *s-n Whisky* ~ *trinken* drink one's whisk(e)y neat (*Am.* straight).

Püree *n* purée (*fr.*), mash; (*Kartoffel*≈) *a.* cream potatoes *pl.*

purg|ativ ⚕ *adj.*, ≈**ativ** *n* purgative; ≈**atorium** *eccl. n* purgatory; ~**ieren** ⚕ *v/t. u. v/i.* purge; ≈**iermittel** *n* purgative.

Puritan|er(in *f*) *m* Puritan; ≈**isch** *adj.* Puritan; *fig.* puritanical; ~**ismus** *m* Puritanism.

Purpur *m* **1.** purple; **2.** (*a.* ~**kleid** *n*) purple (gown *od.* robe); (*a.* ~**mantel** *m*) purple (cloak); ≈**n**, ≈**rot** *adj.* purple.

Purzel|baum *m* roll, flip-flap; (*e-n* ~ *schlagen* turn a) somersault; ≈**n** *v/i.* tumble, topple (*a. fig.*); ~ *über* trip over.

pusselig F *adj.* fussy, finicky.

Puste F *f* breath; → *ausgehen 3.*

Pustel ⚕ *f* pustule, pimple.

pust|en F *v/i.* (*keuchen*) puff, pant; (*blasen*) blow; ≈**erohr** *n* blow-pipe, peashooter.

Putativ... ⚖ putative.

Pute *f* turkey (hen); *fig. dumme* ~ silly goose.

Puter *m* turkey (cock); ~**braten** *m* roast turkey; ≈**rot** *adj.* (as) red as a lobster, scarlet.

Putsch *pol. m* putsch, coup (d'état)

(*fr.*); **⁀en** *v/i.* start a putsch; **~ist** *m* insurgent.

putten *v/t. u. v/i. Golf*: putt.

Putz *m* (*~waren*) millinery, articles *pl.* of dress, apparel; (*feine Kleidung*) finery, (elegant) toilet; (*Schmuck*) ornaments *pl.*; (*Besatz*) trimming(s *pl.*); ⊕ (*Mauer*⁀) plaster(ing); ⚡ *unter ~* (*verlegt*) concealed; F *fig. auf den ~ hauen* F let fly, go to town; **⁀en** *v/t. u. v/i.* clean, cleanse; (*scheuern*) scour, scrub; (*polieren*) polish; (*wischen*) wipe; (*schmücken*) adorn, decorate; (*Schuhe*) polish, *Am.* shine; *sich ~* smarten (*od.* dress) o.s. up; *sich die Nase ~* blow (*od.* wipe) one's nose; *sich die Zähne ~* brush one's teeth; **~er** *m* cleaner; ⚔ batman; **~frau** *f* charwoman, cleaner; **⁀ig** F *adj.* droll, funny; **~lappen** *m* cleaning rag; **~leder** *n* chamois, shammy; **~macherin** *f* milliner; **~mittel** *n* cleanser, detergent; polish(ing material); **⁀munter** F *adj.* (*wach*) wide-awake; (*vergnügt*) quite cheerful, perky, *Am.* F chipper; **~sucht** *f* dressiness; **⁀süchtig** *adj.* dressy; **~teufel** F *m* demon for cleanliness; **~tuch** *n* polishing cloth; **~waren** *f/pl.* millinery *sg.*, articles of dress; **~wolle** *f* cotton waste; **~zeug** *n* cleaning utensils *pl.*

Puzzlespiel *n* puzzle (*a. fig.*).

Pygmäe *m* pygmy.

Pyjama *m* (suit of) pyjamas *pl.*, *Am.* pajamas *pl.*

Pyramide *f* pyramid (*a.* ⩕ *u. fig.*); (*Gewehr*⁀) stack; *Gewehre in ~n setzen* pile arms; **⁀nförmig** *adj.* pyramidal.

pyrenäisch *adj.* Pyrenean.

pyro|gen ⚕ *adj.* pyrogenic; **⁀lyse** ⚗ *f* pyrolysis; **⁀mane** *m*, **⁀manin** *f* pyromaniac; **⁀technik** *f* pyrotechnics *pl.* (*sg. konstr.*); **⁀techniker** *m* pyrotechnist.

Pyrrhussieg *m* Pyrrhic victory.

pythagoreisch *adj.* Pythagorean; *~er Lehrsatz* Pythagorean theorem.

Pythonschlange *f* python.

Q

Q, q *n* Q, q.
quabbel|ig *adj.* wobbling; **~n** *v/i.* wobble.
Quackelei F *f* foolish talk, blabbing.
Quack|salber *m* quack (doctor); **~salberei** *f* quackery; **~salbermittel** *n* quack medicine; **≈salbern** *v/i.* quack (*an j-m* a p.).
Quader *m*, **~stein** *m* square stone, freestone, ashlar.
Quadrant *m allg.* quadrant.
Quadrat *n* square; *typ.* quad(rat); ⚒ *in Zssgn* square *foot, mile, etc.*; *2 Fuß im ~* 2 feet square; *ins ~ erheben* square; **≈isch** *adj.* square; ⚒ quadratic; **~meter** *m* square met|re, *Am.* -er; **~rätsel** *n* word square; **~ur** *f* quadrature (*fig. des Kreises* of the circle); squaring; **~wurzel** *f* square root; **~zahl** *f* square number; **~zentimeter** *m* square centimet|re, *Am.* -er.
quadrieren ⚒ *v/t.* square.
Quadriga *f* quadriga.
Quadrille ♪ *f* quadrille.
Quadrillion *f* quadrillion; *Am.* septillion.
Quadro|phonie *f* quadrophonics *pl.* (*sg. konstr.*); **≈phon(isch)** *adj.* quadrophonic.
quak! *int.* croak!, quack!; **~en** *v/i. Frosch*: croak; *Ente*: quack (*a.* F *fig.*).
quäken *v/i. u. v/t.* squeak, whine.
Quäker *m*, **~in** *f* Quaker(ess *f*); *die ~ coll.* the Quakers, the Society *sg.* of Friends; **~tum** *n* Quakerism.
Qual *f* (excruciating) pain, torment, torture, agony; *seelische*: *a.* (mental) anguish (*od.* agony, suffering), martyrdom (*alle a. ~en*); (*hartes Los, Nervenprobe*) ordeal; (*Sorge*) tribulation, worry; (*Mühsal*) drudgery; *unter ~en* in (great) pain, *fig.* with great difficulty; → *Wahl.*
quäl|en *v/t.* torment (*a. fig.*); (*foltern*) *a. fig.* torture, rack; *Schmerzen*: *a.* agonize; *seelisch*: harrow, distress, agonize, (*bedrücken*) haunt, prey on *a p.'s* mind; *fig.* (*plagen*) harass, torment; *mit Bitten, Fragen usw.*: *a.* pester, F bother, plague; (*necken*) tease; *sich ~* (*sich abmühen*) drudge, struggle, sweat and strain; *mit e-r Arbeit*: labo(u)r, slave (*mit* at), struggle (with); *mit Gedanken*: torture o.s. (with); *sich umsonst ~* labo(u)r in vain; *sich zu Tode ~* worry o.s. to death; *fig. gequält* tormented; *Lächeln*: *a.* forced, wry; **~end** *adj. Schmerz:* excruciating, racking; *fig.* tormenting, harrowing, agonizing; **≈er(in** *f*) *m* tormentor (*f* tormentress); → *a. Quälgeist*; **≈erei** *f* torment(ing), torture; *fig.* vexation, worrying; *mit Bitten usw.*: pestering, molestation; (*Necken*) teasing; (*Mühsal, Arbeit*) drudgery; **≈geist** *m* tormentor, F pest.
Qualifikation *f* qualification (*a. Sport*) (*für, zu* for); (*Eignung*) *a.* eligibility (for); *~ zum Richteramt* qualification to hold judicial office; **~skampf** *m Sport*: qualifying contest, tie; **~swettbewerb** *m* qualifying event.
qualifizier|en *v/t.* qualify (*zu* for) (*a. sich ~*); (*charakterisieren*) characterize, qualify (*als* as); (*einschränken*) qualify; **~t** *adj. allg.* qualified (*a. = bedingt*); (*geeignet*) *a.* eligible; *Fachmann usw.*: qualified, highly trained; *pol. ~e Mehrheit* qualified majority.
Qualität *f allg., a. ling. usw.* quality; ✝ *a.* (*~sstufe*) grade; (*Sorte*) *a.* sort, type; (*Art*) kind; *erster ~* of prime quality, first-rate, high-grade ...; *mittlere ~en* medium grades; *schlechte ~* poor quality (*od.* workmanship); *~ des Lebens* quality of life.
qualitativ *adj.* qualitative; *adv. a.* in quality.
Qualitäts...: **~arbeit** *f* high-quality work, superior workmanship; **~erzeugnis** *n* high-quality product; **~fehler** *m*, **~mangel** *m* defect as to quality, flaw; **~kontrolle** *f* quality control; **~muster** *n* representative sample; **~prüfung** *f* quality test; **~stahl** *m* high-grade steel; **~ware** *f* high-quality product(s *pl.*), quality goods *pl.*; good value; **~zeichen** *n* mark of quality.
Qualle *f* jelly-fish.

Qualm *m* (dense) smoke; (*Dämpfe*) fumes *pl.*, *über e-r Stadt usw.*: *a.* smog; F *fig. mach nicht so viel* ~! don't make such a fuss!; ≗**en** *v/i. u. v/t.* smoke, emit vapo(u)r *od.* fumes; F *Raucher*: smoke (*e-e Zigarre* a cigar), puff (at a cigar); F *sonst qualmt's drohend*: or else!; ~**er** F *m* inveterate smoker; ≗**ig** *adj.* smoky.

qualvoll *adj.* very painful; *Schmerzen*: excruciating, racking, *seelisch*: agonizing, harrowing; *es war* ~, *zu inf.* it was torture (*od.* an ordeal) to *inf.*

Quant *phys. n* quantum; ≗**eln** *v/i. u. v/t.* quantize; ~**elung** *f* quantization.

Quanten *phys. n/pl.* quanta; ~**mechanik** *f* quantum mechanics *pl.* (*sg. konstr.*); ~**theorie** *f* quantum theory.

quantisieren *v/t.* quantize.

Quantität *f allg.* quantity (*a. ling. usw.*).

quantitativ *adj.* quantitative(ly *adv.*); *adv. a.* in quantity.

Quantum *n* quantum, quantity, amount; (*Anteil*) share, portion.

Quappe *f* eel-pout; (*Kaul*≗) tadpole.

Quarantäne *f* quarantine; *unter* ~ *stellen, in* ~ *legen* (put under) quarantine; ~**flagge** *f* yellow flag; ~**station** ⚕ *f* quarantine ward.

Quark *m* **1.** curd(s *pl.*); **2.** F → *Quatsch*; *das geht dich e-n* ~ *an!* that's none of your business!; ~**käse** *m* cottage cheese.

quarren F *v/i.* squall.

Quart 1. *n* quart; *typ.* quarto; **2.** *f fenc. u. Kartenspiel*: quart; ♪ fourth.

Quarta *f* third form.

Quartal *n* quarter (of a year); (*Schul*≗) term; (*Zahltag des* ~*s*) quarter-day; ~**s...** *in Zssgn* quarterly; ~**ssäufer** *m* periodic alcoholic, dipsomaniac; ~**(s)tag** *m* quarter-day; ≗**(s)weise** *adj. u. adv.* quarterly; ~**zahlung** *f* quarterly payment; *von Dividenden, Zinsen*: quarterly disbursement.

Quartaner(in *f*) *m* third-form boy (girl).

Quartär *n* Quaternary (Period).

Quartband *m* quarto volume.

Quarte ♪ *f* fourth.

Quartett *n* ♪ quartet(te); *Karten*: four; *fig.* foursome, quartet(te).

Quartformat *typ. n* quarto.

Quartier *n* (*Unterkunft*) quarters *pl.*, accommodation; ⚔ quarters *pl.*, billets *pl.*; ⚓ watch; (*Stadtviertel*) quarter, district; ~ *beziehen* take up quarters; ~ *machen* prepare quarters; *in* ~ *legen bei* billet (up)on; *in* ~ *liegen bei* be quartered *od.* billeted (up)on *od.* with; ~**amt** *n* billeting office; ~**macher** *m* billeting officer; ~**meister** *m* quartermaster (*abbr.* QM); ~**schein** *m* billeting slip.

Quartsextakkord ♪ *m* six-four chord.

Quarz *m* quartz; *Funk*: (quartz) crystal; ≗**gesteuert** *adj.* crystal-control(l)ed; ~**glas** *n* quartz glass; ≗**ig** *adj.* quartzy; ~**lampe** *f* quartz lamp; ~**uhr** *f* quartz (*od.* crystal) clock.

quasi I. *adv.* quasi, as it were, in a way; **II.** ≗**...** *in Zssgn* quasi-...

Quassel|bude F *pol. f* talking shop; ≗**n** F *v/i.* → *quatschen* 1.

Quast *m*, ~**e** *f* tuft, knot; (*Troddel*) tassel; (*Maler*≗) brush; (*Puder*≗)-puff.

Quatsch F *m* nonsense, *sl.* rot, rubbish, fudge, hooey, balderdash, bilge, bull(shit), crap, balls *pl.*, *Am. a.* baloney; ~ *machen* a) fool around, clown about; b) do something mad (*od.* stupid), be silly (*od.* idiotic); *laß den* ~! stop it!, *sl.* cut it out!; *red keinen* ~! don't talk rubbish!; *weitS.* good Lord, is that true?; ≗**en** *v/i.* **1.** (*dumm reden*) twaddle, blether (*beide a. v/t.*), *sl.* talk rot (*od.* rubbish); (*plaudern*) (have a) chat, waffle; **2.** *Wasser, Schuhe*: squelch, slosh; ~**kopf** *m* (*Schwätzer*) blatherskite, twaddler; (*Blödian*) fool, F silly ass, idiot.

Quecke ⚘ *f* couch-grass.

Quecksilber *n* mercury, quicksilver; *fig.* (*Person*) live wire, *contp.* flibbertygibbet; *wie* ~ → *quecksilberig*; ~**barometer** *n* mercury barometer; ~**dampf** *m* mercury vapo(u)r; ~**gleichrichter** *m* mercury converter; ≗**haltig** *adj.* mercurial; ≗**ig** *fig. adj.* mercurial, live, buoyant; ~**jodid** ⚗ *n* mercuric iodide; ≗**n** *adj.* mercurial; ~**salbe** *f* mercurial ointment; ~**säule** *f* mercury column; ~**stand** *m* mercury level; ~**vergiftung** *f* mercurial poisoning.

Quell *poet. m* → ~**e** *f* spring, (*Ursprungs*≗, *a. fig. Licht*≗ *usw.*) source; (*Brunnen*) well (*a. Öl*≗); (*Spring*≗) fountain(-head); *fig. allg.* source; *literarische*: *a.* authority; (*Gewährsmann*) *a.* informant; ~ *des Lebens usw.* fount(ain) of life, *etc.*; *e-e* ~ *des Vergnügens* a source of amusement; *aus guter* (*od. sicherer*) ~ on good authority, from a reliable source; F *fig. an der* ~ *sitzen* F be on the inside; ≗**en I.**

v/i. gush (forth), well; (*fließen*) flow; (*anschwellen*) swell; *aus den Höhlen ~ Augen*: bulge from their sockets; *fig. ~ aus* (*s-n Ursprung haben in*) arise (*od.* originate, emanate, flow) from; **II.** *v/t.* (cause to) swell; (*einweichen*) soak; (*Gerste usw.*) steep.

Quellen...: ~angaben *f/pl.* (list of) references; acknowledgements, publications consulted, bibliography *sg.*; **~forschung** *f* → *Quellenstudium*; **~material** *n* source material; **~nachweis** *m* → *Quellenangaben*; **~studium** *n* sources (*od.* basic) research.

Quell...: ~fluß *m* source; **~gebiet** *n e-s Flusses*: headwaters *pl.*; **~salz** *n* salt from a mineral spring; **~ung** *f* swelling; (*Einweichen*) soaking; **~wasser** *n* spring water; **~widerstand** ⚡ *m* source impedance.

Queng|elei F *f* grumbling, whining, *sl.* grousing, beefing; (*Kritteln*) fault-finding, carping, nagging; **2eln** F *v/i.* grumble, whine, *sl.* grouse, *Am.* crab; *er quengelte so lange, bis ich nachgab* he pestered me until I finally gave in; **~ler**(**in** *f*) *m* grumbler; nagger.

Quentchen *n* dram; *fig. a.* grain.

quer *adv.* crossways, crosswise, athwart; diagonally; *~ über, ~ hinüber; ~ herüber, ~ durch* across; *~ über die Straße gehen* go across the street, cross the street; *~ durchsägen* saw directly across; *~ übereinander legen* put crossways, cross; *~ zu* at right angles to; F *fig. ~ gehen* go wrong; *~ durch die Parteien* right across (*od.* through) the parties; → *kreuz* II.

Quer...: ~achse *f* lateral axis, transverse (axis); **~balken** *m* cross-beam; *Tür*: transom; *Heraldik*: bar; **~bewegung** *f* transverse motion; **2durch** *adv.* right (*od.* straight) across; **~e** *f* transverse (*od.* cross) direction; (*Breite*) breadth; *in die ~, der ~ nach* crossways, across; *j-m in die ~ kommen* cross a p.'s path, *fig. a.* cross a p.'s plans, get in a p.'s way, ba(u)lk a p., queer a p.'s pitch; *es ist ihm etwas in die ~ gekommen* something has gone wrong with him.

Querelen *f/pl.* quarrel(s), squabbling *sg.*

queren *v/t.* traverse, cross.

Quer...: ~faser *f* transverse fib|re, *Am.* -er; **2feldein** *adv.* across country; **~feldeinlauf** *m* cross-country (run); **~flöte** ♪ *f* (German *od.* transverse) flute; **~format** *typ. n* oblong format; **~frage** *f* cross-question; **~gasse** *f* cross-lane; **~gefälle** *n Fahrbahn*: cross-fall; **2gestreift** *adj.* cross-striped; ⚘ cross-striate; **~kopf** *m* wrong-headed fellow, crank; **2köpfig** *adj.* wrong-headed, pigheaded, F bloody-minded; **~lage** *f Geburt*: transverse presentation; ✈ bank; **~lager** ⊕ *n* radial bearing; **~latte** *f Fußball*: cross-bar; **2laufend** *adj.* transversal; **2legen** F *v/refl.*: *sich ~* practise obstructionism, offer a determined opposition; **~leiste** ⊕ *f* cross-piece; **~lenker** *mot. m* transverse control arm, wishbone; **~linie** *f* cross (*od.* diagonal) line; **~paß** *m Fußball*: cross pass; **~pfeife** *f* fife; **~profil** ⊕ *n* transverse section; **~richtung** *f* cross-direction; **~riegel** ⊕ *m* cross-bar; **~ruder** ✈ *n* aileron; **~schaltung** ⚡ *f* cross connection; **2schießen** F *v/i.* make trouble; *bei et. ~* sabotage a th.; **~schläger** ⚔ *m* ricochet; **~schnitt** *m* cross-section (*a. fig. durch* of); (*Ansicht*) *a.* sectional view; (*Fläche*) *a.* sectional area; **~schnittansicht** ⊕ *f* (cross-)sectional view; **~schnittslähmung** ⚕ *f* paraplegia (through transverse lesion of the cord); **~schnittzeichnung** *f* sectional drawing; **~straße** *f* cross-street, cross-road; *zweite ~ rechts* second turning to the right; *zwei ~n von hier* (*entfernt*) two blocks from here; **~streifen** *m* cross (*od.* horizontal) stripe; **~strich** *m* cross-line, bar; (*Gedankenstrich*) dash; *fig. e-n ~ durch et. machen* thwart a th.; **~summe** *f* total of the digits (of a number); **~support** ⊕ *m* cross slide rest; **~träger** *m* △ transverse (girder); ⊕ cross-member, cross-beam; **~treiber**(**in** *f*) *m* intriguer; obstructionist; **~treiberei** *f* intriguing; obstructionism; **2über** *adv.* right across; diagonally (opposite).

Querul|ant(**in** *f*) *m* querulous person, troublemaker, *Am. sl.* grouch; **2ieren** *v/i.* be querulous, grumble, *sl.* beef, gripe.

Quer...: ~verbindung *f* ⊕ cross connection; ⚔ lateral communication; *fig.* (lateral) connection(s *pl.*); **~versteifung** ⊕ *f* transverse bracing; cross-bar; **~verstrebung** *f* cross bracing; **~wand** *f* partition (wall); **~weg** *m* cross-road.

Quetsch|e *f* **1.** *Küche*: masher; **2.** F → *Kaff*; **3.** F (*kleiner Betrieb*) small shop; **4.** *dial.* → *Zwetsch(g)e*; **5.** F (*Akkordeon*) F squeeze-box; **2en** *v/t.* squeeze; (*kneifen*) pinch; (*zer ~*)

crush, mash, squash; ⚕ bruise, contuse; ⚕ *sich* ~ get a bruise; *sich den Finger* ~ jam one's finger; *sich in e-n Wagen usw.* ~ squeeze o.s. into; **~falte** *f* box pleat; **~hahn** ⊕ *m* tube clip; **~kartoffeln** *f/pl.* mashed potatoes; **~kommode** F *f* → *Quetsche 5*; **~ung** *f*, **~wunde** ⚕ *f* bruise, contusion.

Queue *n Billard*: cue.

quick *adj.* lively, brisk, alert; **⁀born** *m* fountain of youth; **~en** ⊕ *v/t.* amalgamate; **~lebendig** *adj.* vivacious, spirited, buoyant; **⁀sand** *m* quicksand.

quiek(s)en *v/i.* squeak, squeal.

quietsch|en *v/i.* squeak, squeal; *Bremse*: *a.* screech; *sie quietschte vor Vergnügen* she squealed with delight; **~vergnügt** F *adj.* (quite) cheerful(ly *adv.*).

Quinta *f* second form.

Quintaner(in *f*) *m* second-form boy (girl).

Quint(e) *f* fifth; *fenc. u. Kartenspiel*: quinte.

Quintessenz *f* quintessence, gist.

Quintett *n* quintet(te).

Quirl *m* twirling-stick; (*Schlagbesen*) whisk, beater; ⚘ whorl, verticil; *fig.* (*Person*) quicksilver; **⁀en** *v/t.* twirl (round); (*Eier*) whisk, beat; **⁀ig** F *adj.* → *quecksilberig*.

quitt *pred. adj.*: ~ *sein mit j-m* be quits (*od.* even) with a p.; *mit j-m* ~ *werden* get quits with a p.; *jetzt sind wir* ~ now we are quits, that leaves us even (*alle a. fig.*).

Quitte ⚘ *f* quince; **~nbaum** *m* quince-tree; **⁀ngelb** *adj.* (as) yellow as a quince.

quittieren *v/t.* **1.** receipt, give a receipt for, discharge; *doppelt für einfach* ~ receipt in duplicate; *quittierte Rechnung* receipted bill; *fig. e-e Beleidigung usw. mit e-m Lächeln usw.* ~ answer (*od.* take, meet) with a smile, *etc.*; **2.** (*aufgeben*) quit, abandon; (*Eigentum*) sign away; *den Dienst* ~ tender one's resignation, resign, retire.

Quittung *f* receipt, acquittance, discharge; (*Beleg*) voucher; *fig.* answer (*für* to); *e-e* ~ *ausstellen* give a receipt; *gegen* ~ against receipt; *fig. das ist die* ~ *für s-n Leichtsinn usw.* that's what he got for ...

Quiz *n* quiz; **~master** *m* quiz master; **~sendung** *f* quiz program(me) *od.* show.

Quote *f* quota; (*Anteil*) share, (proportion; (*Verhältnisziffer*) rate; *in Konkursverfahren*: quota, dividend; (*Gewinn* ⁀) *Lotto, Toto*: dividend; **~naktie** *f* no-par share.

Quotient ⅌ *m* quotient.

quotieren ⚕ *v/t.* quote.

R

R, r *n* R, r.

Rabatt ☨ *m* discount, rebate (*auf* on); *10% ~ bei Barzahlung geben* allow a 10 per cent discount for cash; *mit 4% ~* at a reduction of 4 per cent.

Rabatte ✐ *f* border, bed.

Rabattmarke ☨ *f* discount ticket, *Am.* trading stamp.

Rabatz F *m* (*Krach*) F row, racket; (*wilde Sache*) F hot thing; *~ machen* raise hell.

Rabauke F *m* rowdy, hooligan.

Rabbi *m*, **~ner** *m* rabbi; **≈nisch** *adj.* rabbinic(al).

Rabe *m* raven; *fig. weißer ~* white crow, rare bird; *stehlen wie ein ~* steal like a magpie; **~naas** F *n* rascal, beast; **~neltern** *pl.* unnatural parents; **≈nschwarz** *adj.* raven, jet-black, pitch-dark.

rabiat *adj.* rabid, raving, furious; *~er Bursche* desperate fellow, F dangerous customer.

Rabulist *m* pettifogger; **≈isch** *adj.* pettifogging.

Rache *f* revenge, (*bsd. Strafe*) vengeance; (*Heimzahlung*) *a.* retribution, retaliation; *des Schicksals*: nemesis; *Tag der ~* day of reckoning; *~ brüten* brood vengeance; (*blutige*) *~ nehmen od.* (*aus*)*üben* take (bloody) revenge (*an* [up]on), take (*od.* visit) vengeance ([up]on), have (*od.* get) one's revenge; *~ schnauben, nach ~ dürsten* breathe vengeance; **~akt** *m* act of revenge; **~durst** *m* → *Rachgier*; **~engel** *m* avenging angel; **~göttin** *f* Fury.

Rachen *m anat.* throat, pharynx; (*Mundhöhle*) cavity of the mouth; *Tier*: mouth, jaws *pl.*; *fig.* (*Abgrund*) (yawning) abyss; *~ der Hölle* (*des Todes*) jaws of hell (death); *j-m et. in den ~ werfen* cast a th. into the hungry maw of; *j-m den ~ stopfen* stop a p.'s mouth.

rächen I. *v/t.* (*j-n, et.*) revenge, avenge; (*et.*) *a.* take revenge for; **II.** *v/refl.*: *sich ~* have (*od.* get) one's revenge, (*sich revanchieren*) get one's own back, *an j-m*: get quits with a p.; *sich wegen et. an j-m ~* revenge o.s. *od.* be revenged (up)on a p. for a th., take vengeance *od.* one's revenge (up)on a p. for a th.; *es rächte sich an ihm* he suffered for it, he had to pay (the penalty) for it; *es wird sich bitter ~, daß* we, *etc.* shall pay dearly for *ger.*

Rachen...: **~abstrich** ⚕ *m* throat swab; **~blütler** ♀ *m/pl.* scrophulariaceae; **~bräune** ⚕ *f* quinsy; **~höhle** *f* pharynx; **~katarrh** ⚕ *m* cold in the throat, pharyngitis; **~mandel** *anat. f* pharyngeal tonsil; **~pinsel** ⚕ *m* throat brush.

Rächer(**in** *f*) *m* avenger.

racheschnaubend *adj.* vengeful, *a. adv.* breathing revenge.

Rach...: **~gier** *f*, **~sucht** *f* thirst for revenge, revengefulness, vindictiveness; **≈gierig**, **≈süchtig** *adj.* revengeful, vindictive.

Rachit|is ⚕ *f* rickets *pl. u. sg.*, rachitis; **≈isch** *adj.* rickety, rachitic.

Racker *m* (little) rascal, young scamp; (*Mädchen*) brat, minx.

rackern *v/i.* toil and moil.

Rad *n* wheel (*a. fig.*); (*Zahn≈*) gear; (*Rolle*) trundle; (*Treib≈*) impeller; (*Fahr≈*) bicycle, F bike; *auf Rädern* on wheels; "*Essen auf Rädern*" "meals on wheels"; (*ein*) *~ schlagen Pfau*: spread its tail; *Turnen*: turn (cart)wheels (*Am.* handsprings); *fig. das fünfte ~ am Wagen sein* be the fifth wheel; *unter die Räder kommen* go to the dogs; **~antrieb** *m* wheel drive.

Radar *m, n* radar (*abbr.* = radio detecting and ranging); *mit ~ ausgerüstet* radar-equipped; **~anlage** *f* radar (unit); **~blindlandung** *f* radar-control(l)ed blind landing; **~gerät** *n* radar (set *od.* equipment); **≈gesteuert** *adj.* radar-guided; **~gürtel** *m* radar curtain; **~kontrolle** *f* radar speed check; **~landegerät** *n* approach control radar; **~schirm** *m* radar screen; **~schirmbild** *n* radar display; **~station** *f* radar station; **~steuerung** *f* radar control; **~störsender** *m* radar jammer;

~warnnetz *n* radar warning network; **~zeichnung** *f* radar plotting.

Radau F *m* F row, racket, *a. fig.* rumpus; *~ machen* F kick up a row; **~bruder** *m*, **~macher** *m* rowdy, ruffian, F tough; **~komödie** *thea. f* slapstick comedy.

Rad...: **~aufhängung** *f* wheel suspension; **~bremse** *f* wheel brake.

Rädchen *n* small wheel; *an Möbeln*: castor, caster; *an Sporen*: rowel; *Schneiderei*: dot-wheel; *fig.* (*Person*) cog.

Raddampfer *m* paddle-steamer, *Am.* side-wheeler.

Rade ⚘ *f* (corn-)cockle.

radebrechen *v/t.*: *e-e Sprache ~* speak a language badly; *englisch ~* speak broken English, F fumble around in English.

radeln F *v/i.* cycle, pedal, F bike.

Rädelsführer *m* ringleader.

Räder...: **~fahrzeug** *n* wheeled vehicle; **~getriebe** *n* gearing; **~kasten** ⊕ *m* gear-box; *Werkzeugmaschine*: apron; **~kettenfahrzeug** *n* half-track vehicle.

rädern *v/t.* break on the wheel; *fig. wie gerädert sein* F be quite knocked up, be dead-beat.

Räder...: **~tierchen** *biol. n* wheel animalcule; **~übersetzung** *f* gear ratio; **~untersetzung** *f* gear reduction; **~vorgelege** ⊕ *n* back gears *pl.*; **~werk** *n* wheelwork, *a. fig.* wheels *pl.*; (*Getriebe*) gearing; *Uhr*: clockwork.

radfahr|en *v/i.* cycle, ride (on) a bicycle, pedal, F bike; **≈er(in** *f*) *m* cyclist; F *fig.* toady, lackey; **≈weg** *m* → *Radweg.*

Rad...: **~felge** *f* wheel rim; **~fenster** △ *n* wheel window; **≈förmig** *adj.* wheel-shaped; radial; **~gabel** *f* wheel fork; **~gestell** ⊕ *n* wheel-frame; 🚃 bogie, *Am.* truck.

radial *adj.* radial; **≈bohrmaschine** ⊕ *f* radial drill(ing machine); **≈fräser** ⊕ *m* radial-milling cutter; **≈nerv** *anat. m* radial nerve.

radier|en *v/t. u. v/i.* **1.** erase; **2.** *Kunst*: etch; **≈er** *m* **1.** *Kunst*: etcher; **2.** → **≈gummi** *m* (india-) rubber, eraser; **≈kunst** *f* (art of) etching; **≈messer** *n* eraser; **≈nadel** *f* etching-needle; **≈ung** *f* **1.** *im Geschriebenen*: erasure; **2.** (*Bild*) etching.

Radieschen *n* (red) radish; *sl. sich die ~ von unten ansehen* be pushing up daisies.

radikal I. *adj.* radical (*a. pol.*); **II.** ≈ ⚗ *n* radical; **≈e(r** *m*) *f pol.* radical, extremist; **~isieren** *v/t.* radicalize; **≈ismus** *m* radicalism; **≈kette** ⚗ *f* radical chain (reaction); **≈kur** *f* radical (*od.* drastic) cure.

Radio *n* radio, *Brit. a.* wireless; (*Rundfunk*) broadcasting; *~ Moskau* the Moscow Radio; *durchs ~ übertragen* broadcast; *~ hören* listen to the radio, listen in (on a broadcast); *im ~* on the radio; *im ~ sprechen* speak over the radio, go on the air; → *a. Rundfunk(...)*; **≈aktiv** *phys. adj.* radioactive; *~er Niederschlag* fall-out; *~e Strahlung* radioactive radiation; *~e Verseuchung* radioactive contamination; *~e Zerfallsreihe* radioactive series; *~ machen* (radio)activate; **~aktivität** *f* radioactivity; *haftende ~* residual radioactivity; **~ansager** *m* radio announcer; **~apparat** *m* radio (set), *Brit. a.* wireless (set); **~astronomie** *f* radio astronomy; **~bastler** *m* radio amateur (*od.* fan); **~biologie** *f* radiobiology; **~chemie** *f* radiochemistry; **~durchsage** *f* special announcement, flash; **~empfänger** *m* radio (receiver), *Brit. a.* wireless (set); **~frequenz** *f* radio frequency; **~gehäuse** *n* receiver cabinet; **~geschäft** *n* radio shop; **~gramm** *n* radiograph; **~händler** *m* radio dealer; **~kanal** *m* radio channel; **~kompaß** *m* radio compass; **~loge** *m* radiologist; **~logie** *f* radiology; **≈logisch** *adj.* radiological; **~mechaniker** *m* radio mechanic (*od.* technician); **~metrie** *f* radiometry; **~nachrichten** *f/pl.* radio news; newscast *sg.*; **~navigation** *f* radio-navigation; **~peilgerät** *n* radio direction finder; **~peilung** *f* radio-bearing, beam approach; **~röhre** *f* radio valve (*Am.* tube); **~sender** *m* radio transmitter; (*Station*) broadcasting station; **~sendung** *f* radio transmission; (*Programm*) broadcast, (radio) program(me); **~skop** *n* radioscope; **~sonde** *f* radiosonde; **~station** *f* radio (*od.* broadcasting) station; **~technik** *f* radio engineering; **~techniker** *m* radio engineer (*od.* technician); (*Funkingenieur*) radioman; **~telegramm** *n* radio(tele)gram; **~telegraphie** *f* radiotelegraphy; **~telephon** *n* radiotelephone; **~telephonie** *f* radio(tele)phony; **~übertragung** *f* → *Radiosendung*; **~wecker** *m* clock radio; **~welle** *f* radio wave; **~zeitung** *f* radio magazine.

Radium *n* radium; **~behälter** *m* radiode; **~heilverfahren** *n*, **~-**

therapie *f* radium therapy; **~strahlen** *m/pl.* radium rays, radium radiation *sg.*

Radius ⚹ *u. fig. m* radius.

Radizieren ⚹ *n* → *Wurzelziehen.*

Rad...: **~kappe** *f* hub cap; **~kasten** *m* wheel-house; *Dampfer*: paddle-box; **~körper** *m* wheel body; **~kranz** *m* rim; **~kreuz** *n* wheel spider.

Radler(in *f*) F *m* cyclist.

Rad...: **~melder** ⚔ *m* bicycle messenger; **~mutter** *f* wheel nut; **~nabe** ⊕ *f* (wheel) hub.

Radon ⚗ *n* radon.

Rad...: **~reifen** *m* tyre, *Am.* tire; **~rennbahn** *f* cycling track; **~rennen** *n* cycle race; **~schaufel** *f* paddle-board; **~schlagen** *v/i.* → *Rad*; **~schlepper** *m* wheeled tractor; **~schlüssel** *m* ratchet wrench; **~speiche** *f* spoke; **~sport** *m* cycling; **~spur** *f* rut, *mot.* wheel track; **~stand** *mot. m* wheel base; **~stern** *m* wheel spider; **~sturz** *mot. m* camber; **~tour** *f*, **~wanderung** *f* bicycle tour; **~weg** *m* cycle track, bicycle path; **~zierkappe** *f* ornamental hub cap.

raffen *v/t.* snatch up; (*Kleid*) gather up; *Näherei*: take up, let in; *fig.* (*an sich* ~) grab.

Raffgier *f* greed, rapacity; **~ig** *adj.* greedy, grasping, rapacious.

Raffin|ade *f* refined sugar; **~ement** *n* → *Raffinesse*; **~erie** ⊕ *f* refinery; **~esse** *f* cleverness; (*Schlauheit*) subtlety, finesse; *künstlerische usw.*: subtlety; *des Geschmacks, Luxus usw.*: *a.* refinement, exquisiteness; exquisite taste *od.* style, *etc.*; **~ieren** ⊕ *v/t.* refine; **~iert** *adj.* refined; *fig.* (*geschickt*) clever, ingenious; (*schlau*) subtle, artful; *künstlerisch usw.*: subtle, *a. Geschmack, Aufmachung*: exquisite, sophisticated; **~iertheit** *f* → *Raffinesse.*

Raffke F *m* grabber; *engS.* profiteer.

Rage *f* → *Wut.*

ragen *v/i.* tower, loom, rise (high); (*vorspringen*) project.

Raglan *m* raglan.

Ragout *n* ragout; *fig.* hotchpotch.

Rah(e) *f* yard; *große* ~ main yard.

Rahm *m* cream; *den* ~ *abschöpfen* skim the cream off (*a. fig.*); **~bonbon** *m, n* toffee, *Am.* toffy; **~butter** *f* cream butter.

Rahmen I. *m allg.* frame (*a.* ⊕, *mot.*); *von Schuhen*: welt; (*Rand*) edge, border; *fig.* frame, background, setting; (*Gefüge*) framework, structure; (*Bereich*) scope *of a law, etc.*; (*Grenzen*) limits *pl.*; *in engem* ~ within a close compass; *im* ~ *von* within the scope (*od.* framework) of, ⚖ *a.* within the limits of, for the purposes of, under *a contract, regulation*; *im* ~ *des Festes* in the course of the festival; *im* ~ *der Ausstellung finden ... statt* the exhibition will include ...; *im* ~ *des üblichen Geschäftsverkehrs* in the ordinary course of business; *in bescheidenem* (*größerem*) ~ on a modest (larger) scale; *aus dem* ~ *fallen* a) (*ungewöhnlich sein*) be out of the ordinary, be off the beaten track; b) (*sich schlecht benehmen*) misbehave; c) = *nicht in den* ~ *passen* be out of place; *den* ~ *e-r Sache sprengen* be beyond the scope of; *e-n schönen* ~ *abgeben für* be a fine background (*od.* setting) for; **II.** **~** *v/t.* (*Bild*) frame; **~abkommen** *n* skeleton agreement; **~antenne** *f* frame aerial (*Am.* antenna); *mit e-r Windung*: loop (aerial), *Am.* loop antenna; **~empfänger** *m Radio*: loop receiver; **~erzählung** *f* frame, 'link and frame' story; **~gesetz** *n* skeleton law; **~gestell** *mot. n* chassis; **~kampf** *m Boxen*: supporting bout; **~los** *mot. adj.* frameless, chassis-less; **~personal** ⚔ *n* cadre personnel; **~stickerei** *f* frame-embroidery; **~sucher** *phot. m* frame finder; **~vertrag** *m* skeleton agreement; **~vorschrift** *f* general regulation(s *pl.*).

rahmig *adj.* creamy.

Rahmkäse *m* cream-cheese.

Rahsegel ⚓ *n* square-sail.

Rain *m* (boundary) balk.

Rakel *typ. m* squeegee; **~messer** *n* doctor (blade).

räkeln *v/refl.*: *sich* ~ → *rekeln.*

Rakete *f* rocket; ~ *für Erdzielbeschuß* air-to-ground rocket; ~ *für Luftkampf* air-to-air rocket; ~ *mit flüssigem Treibstoff* liquid fuel rocket; *e-e* ~ *abfeuern* launch a rocket; *zweistufige* ~ two-stage rocket; *mit* ~*n beschießen od. befördern* rocket; *fig. wie e-e* ~ like a flash.

Raketen...: **~(abschuß)basis** *f* rocket base (*od.* launching site); **~abschußrampe** *f* (rocket) launching platform (*od.* pad); **~abwehrrakete** *f* anti-missile missile; **~antrieb** *m* rocket propulsion; *mit* ~ rocket-propelled (*od.* powered); **~beschuß** *m*: (*unter* ~ *liegen* be under) rocket fire; **~bombe** *f* rocket bomb, guided missile; **~brennkammer** *f* rocket combustion chamber; **~fachmann** *m*, **~forscher** *m* rocketeer; **~flugzeug** *n* rocket(-propelled) plane;

~forschung *f* rocket research, rocketry; **~geschoß** *n* rocket projectile; **~geschütz** *n* rocket gun; **~kopf** *m*, **~spitze** *f* rocket head; **~start** *m* lift-off, take-off (of a rocket); *engS. e-s Flugzeugs*: rocket-assisted take-off; **~stufe** *f* rocket stage; **~technik** *f* rocketry; **~treibstoff** *m* rocket propellant (*od.* fuel); **~triebwerk** *n* rocket engine (*od.* jet); **~werfer** *m* rocket launcher (*od.* projector); **~wagen** *m* rocket car; **~wesen** *n* rocketry.

Rakett *n Tennis*: racket.

Rallye *mot. f, n* (motor) rally.

Ramie *f*, **~faser** *f* ramie.

Ramm|bär *m*, **~block** *m* ram(mer); **≗dösig** F *adj. sl.* woozy; **~e** ⊕ *f* ram(mer); (*Pfahl≗*) pile-driver; **≗eln** *v/t. u. v/i.* **1.** *zo.* buck, rut; **2.** (*stoßen*) jostle, shove; **3.** (*stopfen*) (c)ram; **≗en** *v/t.* **1.** (*zusammenstoßen mit*) ram; **2.** (*in die Erde stoßen*) ram, drive in; **3.** (*Beton, Boden feststampfen*) tamp; **~ler** *m* buck, male hare *od.* rabbit; (*Kater*) tomcat; **~pfahlfundament** △ *n* piled foundation.

Rampe *f* ramp, platform; (*Verlade≗*) *a.* loading ramp (⚓ wharf); *thea.* forestage, apron; **~nlicht** *n* footlights *pl.*; *fig.* (~ *der Öffentlichkeit*) limelight.

ramponier|en *v/t.* damage, batter; **~t** *adj.* damaged, battered; (*verschandelt*) marred, spoilt; (*zerknüllt*) crumpled; *co. Person*: slightly damaged in transit; ~ *aussehen* be (*od.* look) the worse for wear (*a. co. Person*).

Ramsch *m* junk, trash; ✝ *im* ~ *verkaufen* sell as a job lot; **~händler(in** *f*) *m* junk-dealer; **~laden** *m* junk-shop; **~verkauf** *m* jumble-sale; **~ware** *f* job goods *pl.* (*od.* lot), cheap stuff.

ran! F *int. sl.* go it!; (*gib's ihm*) let him have it!; (*los*) let's go!; *in Zssgn* → *heran...*; → *a. rangehen, ranhalten, ranlassen, rannehmen.*

Rand *m* edge, border, brink, *e-s Tellers, e-r Brille usw.*: rim; *des Hutes*: brim; *e-s Buches usw.*: margin; *e-r Wunde*: lip; (*Saum, Grenze*) border; (*Umkreis*) periphery, fringe; ⚔ perimeter; *Ränder unter den Augen* (dark) rings, circles; *am* ~*e des Waldes* on the edge of the wood; *am* ~*e der Stadt* on the outskirts of the town; *fig. am* ~*e des Verderbens* (*der Verzweiflung usw.*) on the verge (*od.* brink, edge) of ruin (despair, *etc.*); *am* ~*e des Krieges* on the brink of war; *am* ~*e des guten Geschmacks* on the margin of good taste; (*nur*) *am* ~*e erleben, interessieren* (only) marginally; *Verbesserungen am* ~*e* marginal improvements; *am* ~ *bemerken* remark in passing; *am* ~*e bemerkt* by the way; *am* ~*e* (*vermerkt*) *in e-m Buch usw.*: in the margin; *das versteht sich am* ~*e* that goes without saying, that is understood; *außer* ~ *und Band* out of all bounds, completely out of hand; *außer* ~ *und Band geraten* be beside o.s. (*vor Freude* with joy), go wild (*wegen* over *a th.*); *er kommt nicht damit zu* ~*e* he can't manage (*od.* F make a go of) it; F *halt den* ~! shut up!; *voll bis zum* ~ → *randvoll.*

randalier|en *v/i.* riot, F roister, kick up a row; **≗er** *m* rowdy, brawler.

Rand...: **~auslösung** *f Schreibmaschine*: marginal release; **~bemerkung** *f* marginal note; *fig.* gloss, comment; **~bevölkerung** *f* fringe population.

rändel|n ⊕ *v/t.* knurl; (*Münzen*) mill; **≗rad** *n* knurl.

rändern *v/t.* border, rim.

Rand...: **~gebiet** *n e-s Staates*: borderland (*a. fig.*); *e-r Stadt*: outskirts *pl.*, fringe (area); *fig. e-s Fachgebiets*: fringe; **≗genäht** *adj. Schuh*: welted; **~glosse** *f* (marginal) gloss, marginal note; *gehässige*: snide remark; *fig.* ~*n machen zu* comment (up)on, gloss; **~gruppe** *f soziale*: fringe (group); **≗los** *adj. Brille*: rimless; **~meer** *n* marginal sea; **~schärfe** *phot. f* marginal definition; **~siedlung** *f* housing estate on the outskirts of a town, *Am.* suburban settlement; **~staat** *m* border state; **~stein** *m* kerbstone, *Am.* curbstone; **~steller** *m Schreibmaschine*: margin stop; **~stellung** ⚔ *f* perimeter position; **~verzierung** *f* marginal adornment; **≗voll** *adj.* brimful, full to the brim; **~zone** *f* fringe, marginal zone.

Ranft F *m* crust (of bread).

Rang *m* **1.** *allg.* rank; ⚔ (*Dienstgrad*) rank, *Am. besoldungsmäßig*: grade, rating (*a.* ⚓); *fig.* (*Stellung*) rank, standing, status; (*Güte*) quality, class; *Lotto, Toto*: (dividend) class; *fig. ersten* ~*es* of the first order, first-class, first-rate; *e-n hohen* (*den ersten, den gleichen*) ~ *einnehmen* rank high (first, equally); *j-m den* ~ *ablaufen* get the start (*od.* better) of a p., F steal a march on a p.; *j-m od. e-r Sache den* ~ *streitig machen* compete with, try to excel; *j-m unmittelbar im* ~ *folgen* rank next to a p.; **2.**

thea. erster ~ dress circle, *Am.* balcony; *zweiter* ~ upper circle, *Am.* amphitheater; *dritter* ~ gallery; *die Zuschauer auf den Rängen Sport*: F the terraces; **~abzeichen** *n* badge of rank; *pl.* insignia of rank; **~älteste(r)** *m* senior officer.
Range *f* young scamp; urchin; (*Mädchen*) tomboy, romp.
rangehen F *v/i. sl.* go it; *mächtig* ~ put one's back into it; *beim Verhandeln*: drive a hard bargain; ~ *an* tackle, sail into.
rangeln F *v/i.* (*sich balgen*) tussle; *sich* ~ → *rekeln.*
Rangfolge *f* (order of) precedence, order (of rank); priority.
Rangier|bahnhof 🚂 *m* marshalling yard; **≈en I.** *v/t.* 🚂 shunt, *Am.* switch; *mot. usw.* manœuvre, *Am.* maneuver; *fig.* (ar)range; **II.** *fig. v/i.*: ~ *vor* rank before (*od.* above); ~ *unter* rank (*od.* range) among; **~er** 🚂 *m* shunter, *Am.* switchman; **~gleis** *n* siding, scissor crossing, *Am.* switching track; **~maschine** *f* shunting-engine, *Am.* switcher (engine).
Rang...: **~liste** *f Sport usw.*: ranking list; ⚔ Army (⚓ Navy, ✈ Air Force) List; **~ordnung** *f* order of precedence, ranking, priority; **~stufe** *f* rank; (*Vorrang*) priority.
ranhalten F *v/refl.*: *sich* ~ put one's back into it; (*schnell sein*) work fast.
rank *adj.* slim, slender, lissom.
Ranke ⚘ *f* tendril; (*~ngewächs*) climber.
Ränke *m/pl.* intrigues, schemes, machinations; *~schmieden* intrigue, plot and scheme; hatch (sinister) plots.
ranken *v/refl.*: *sich* ~ *um* creep (*od.* wind, curl) (a)round *od.* about; **≈gewächs** *n* climber, creeper; **≈werk** ⚠ *n* scroll(work).
Ränke...: **~schmied** *m* intriguer, schemer; **~spiel** *n* intrigue(s *pl.*); **≈voll** *adj.* scheming.
rankig *adj.* creeping; with tendrils.
Ranküne *f* ranco(u)r.
ran|lassen F *v/t.*: *j-n an et.* ~ let a p. at a th.; *laß mich mal ran!* F let me have a go!; *sie ließ ihn nicht ran* she kept him at arm's length; **~nehmen** F *v/t.*: *j-n* ~ put a p. through his paces, *b.s.* let a p. have it.
Ranunkel ⚘ *f* ranunculus.
Ränzel *n*, **Ranzen** *m* knapsack; (*Schul≈*) satchel; F → *Wanst.*
Ranzidität *f* rancidity.
ranzig *adj.* rancid, rank.
rapid(e) *adj.* rapid.
Rapier *fenc. n* rapier.
Rappe *m* black horse; *fig. auf Schusters ~n reiten* go on shank(s)'s mare, F foot it.
Rappel F *m* (fit of) madness; *e-n* ~ *haben* F be crackers; *seinen* ~ *haben* be in one's tantrums; *e-n* ~ *bekommen sl.* flip (one's lid); **~kopf** *m* crackpot; **≈köpfisch** *adj.* hot-headed; (*verrückt*) crazy, F nutty; **≈n** F *v/i.* (*klappern*) rattle; *fig. bei ihm rappelt's wohl?* he must be mad!
Rapport ⚔ *m* (formal) report.
Raps ⚘ *m* rape.
Rapunzel ⚘ *m* lamb's-lettuce.
rar *adj.* rare, scarce; (*vorzüglich*) rare; *sich* ~ *machen* make o.s. scarce.
Rarität *f* rarity, rare bird; (*Sammlerstück*) curio(sity); **~enhändler** *m* dealer in curios; **~enkabinett** *n* cabinet of curiosities, raree-show.
rasan|t I. *adj.* **1.** *Geschoßbahn*: flat; *~e Waffe* flat trajectory weapon; **2.** *fig.* fast, rapid; **3.** F (*toll*) racy, F terrific; **II.** *adv.* on a flat trajectory; **≈z** *f* **1.** flatness (of trajectory); **2.** F *fig.* (fantastic) speed, tempo.
rasch I. *adj.* quick, rapid, swift, fast, brisk; *Aktion usw.*: *a.* speedy; (*sofortig*) prompt; (*vorschnell*) rash; (*hitzig*) hasty; **II.** *adv.* quickly, *etc.*; *~machen* be quick (*mit et.* about a th.); *~!* hurry up!, quick!, *sl.* make it snappy!
rascheln I. *v/i.* rustle; **II.** ≈ *n* rustling, rustle.
Raschheit *f* quickness, swiftness; speed, promptness; (*Eile*) haste.
rasen *v/i.* **1.** *vor Zorn*: rage, storm, foam; *im Fieber, Wahnsinn*: be raving, rave; *vor Begeisterung* ~ *Menge*: roar with enthusiasm, be in a frenzy; **2.** (*sehr schnell fahren od. laufen*) race (madly), speed, tear, dash; *mot. a.* scorch; **~d I.** *adj.* **1.** raving, frantic; *Hunger*: ravenous; *Schmerzen*: agonizing; *Kopfschmerzen*: splitting; *~e Wut* frenzied (*od.* towering) rage, wild fury; *j-n* ~ *machen* drive a p. mad (*od.* wild); ~ *werden* go mad, (*wütend*) see red, fly into a rage, get wild; *es ist zum ≈werden!* it's enough to drive you mad!, it's maddening!; **2.** *Geschwindigkeit*: scorching, tearing, break-neck ..., mad, F terrific; **II.** F *adv.*: ~ *verliebt* madly in love; *et.* ~ *gern tun* just love to do a th.
Rasen *m* lawn; (*a.* = **~decke** *f*) turf, sod; *fig. unter dem* (*grünen*) ~ (*tot*) under the sod; **~mähmaschine** *f* lawn-mower; **~platz** *m* lawn, grass-plot; **~spiele** *n/pl.*

field games; **~sport** *m* field sport(s *pl.*); **~sprenger** *m* lawn-sprinkler; **~stecher** *m* turf-cutter; **~stück** *n* sod, turf; **~walze** *f* lawn-roller.

Raser F *mot. m* F speed(st)er, speed demon; **~ei** *f* **1.** (*Wut*) towering (*od.* frenzied) rage, fury; (*Wahnsinn*) frenzy, madness; *in ~ geraten* fly into a rage, see red; *vor Spannung usw.*: F be frantic (*od.* frenzied); *zur ~ bringen* drive *a p.* mad (*od.* wild, to frenzy); **2.** *mot.* scorching, reckless driving.

Rasier|apparat *m* safety-razor; *elektrischer ~* (electric *od.* dry-) shaver; **~creme** *f* shaving-cream; **≗en** *v/t.* (*a. sich ~*) shave; *sich ~ lassen* get a shave; **~klinge** *f* razor-blade; **~messer** *n* (straight) razor; **~napf** *m*, **~schale** *f* shaving-mug; **~pinsel** *m* shaving-brush; **~seife** *f* shaving-soap (*od.* -stick); **~wasser** *n* aftershave lotion; **~zeug** *n* shaving things *pl.*

Räson *f* → *Einsicht 2, Vernunft*; **≗ieren** *v/i.* argue.

Raspel *f* rasp; *Küchenmaschine usw.*: grater; **≗n** *v/t.* rasp; (*schaben*) grate; → *Süßholz.*

Rasse *f allg.* race (*a. fig.*); *Tierzucht*: *a.* breed, stock; *fig.* raciness; **~hund** *m* pedigree dog.

Rassel *f* rattle; **~bande** F *f* (gang of) hellions *pl.*; **~geräusche** ⚕ *n/pl.* rattling *sg.*, râle *sg.* (*fr.*); **≗n** *v/i.* rattle; *ped.* F → *durchfallen 2*; **~n** *n* rattle, rattling.

Rassen...: **~diskriminierung** *f* racial discrimination; **~fanatiker** *m* racialist; **~fanatismus** *m*, **~kult** *m* racialism, racism; **~forschung** *f* racial research; **~frage** *f* racial issue; **~haß** *m* race hatred, racism; **~hygiene** *f* eugenics *pl.* (*sg. konstr.*); **≗hygienisch** *adj.* eugenic(ally *adv.*); **~kampf** *m* racial conflict; **~krawall** *m* race riot; **~kreuzung** *f von Tieren*: cross-breed(ing); **~merkmal** *n* racial characteristic; **~mischung** *f* interbreeding of races; **~politik** *f* racial policy; racism; **~schranke** *f* colo(u)r bar; **~trennung** *f* racial segregation; **~vorurteil** *n* racial prejudice, racialism.

Rasse...: **~pferd** *n* thoroughbred (horse); **≗rein** *adj.* thoroughbred, pure-bred, of pure breed; **~vieh** *n* pedigree (*od.* registered) cattle.

rass|ig *adj.* racy (*a. fig.*), thoroughbred; **~isch** *adj.* racial.

Rast[1] *f* rest; (*Pause*) *a.* break, pause, *a.* ⚔ halt; *~ machen* take a rest, (*anhalten*) (make a) halt; *ohne ~ und Ruh* restlessly.

Rast[2] ⊕ *f* **1.** *Hochofen*: bosh; **2.** → *Raste 1*; **~e** *f* **1.** ⊕ notch, catch, stop; **2.** (*Fuß≗*) foot rest.

rasten *v/i.* (take a) rest, repose, *a.* ⚔ (make a) halt.

Raster *m phot.*, *typ.* screen; *opt.*, *TV* raster; **~bild** *TV n* frame, *Am.* field; **~druck** *typ. m* autotypy; **≗n** *v/t. phot.* print by screen-process; *TV* scan; **~punkt** *m typ.* screen dot; *TV* scanning element; **~schirm** *TV m* mosaic screen.

Rast...: **~haus** *n* road house **≗los** *adj.* restless; (*unermüdlich*) indefatigable; **~losigkeit** *f* restlessness; indefatigable industry (*od.* work); **~ort** *m* halting-place (*a.* ⚔), station, stage; **~platz** *m* resting place; **~stätte** *f* road house; **~tag** *m* day of rest.

Rasur *f* shave.

Rat *m* **1.** advice, counsel; (*Vorschlag*) suggestion; (*Empfehlung*) recommendation; (*Beratung*) consultation, deliberation; (*Ausweg*) means, way (out), expedient; *schlechter ~* bad (piece of) advice; *auf s-n ~ hin* at (*od.* on) his advice; *~ halten* (*od. pflegen*) take counsel, deliberate, *Am. sl.* go into a huddle (*mit* with); *~ schaffen* find ways and means; *~ wissen* know what to do; *keinen ~ mehr wissen* be at a loss (what to do), be at one's wits' end; *j-m e-n ~ erteilen* give a p. a piece of advice; *j-s ~ befolgen* take a p.'s advice; *mit sich zu ~e gehen* think things over, debate with o. s., *Am. sl.* go into a huddle with o. s.; *~ suchen* seek advice, *bei*: (*a. zu ~e ziehen*) consult *a doctor, lawyer, dictionary, etc.*, (*hinzuziehen*) call *a p.* in; *j-n um ~ fragen* ask a p.'s advice, consult a p.; *mit ~ und Tat* by word and deed; *da ist guter ~ teuer!* what are we to do now?, F what a mess!; → *Zeit*; **2.** (*Kollegium, Behörde*) council, board; **3.** (*Ratsmitglied*) council(l)or; → *Gemeinderat usw.*

Rate *f* **1.** ✝ instal(l)ment; *in ~n* by instal(l)ments; **2.** (*Quote, Verhältnisziffer*) rate; → *Wachstumsrate usw.*

raten[1] *v/t. u. v/i.* (*empfehlen*) give advice; advise, counsel (*zu et.* a th.; *j-m et. zu tun* a p. to do a th. *od.* a p.'s doing a th.); *zu et. ~ a.* recommend a th.; *wozu ~ Sie mir?* what do you advise me to do?; *sich ~ lassen* take advice, listen to reason; *es ist nicht geraten, zu inf.* it is not advisable to *inf.*; *hör auf, das rate ich dir!* if you know what's good for you!

raten[2] *v/t.* (*erraten*) guess; divine;

raten Sie mal! have a guess!; *falsch geraten!* guessed wrong!; *gut geraten!* good guess!; *das ist alles nur geraten* it's all guesswork.

Raten...: **~kauf** *m* hire-purchase; **≈weise** *adj.* by instal(l)ments; **~zahlung** *f* payment by instal(l)ments; *auf ~* on the hire-purchase system, on the instal(l)ment plan.

Räteregierung *pol. f* Soviet government.

Ratespiel *n* guessing game.

Rat...: **~geber(in** *f*) *m* adviser, counsel(l)or; **~haus** *n* town hall, *Am. a.* city hall.

Ratifi|kation *f*, **~zierung** *f* ratification; **≈zieren** *v/t.* ratify.

Ration *f* ration; (*Anteil*) portion, allowance, share; ⚔ *eiserne ~* emergency (*od.* iron) ration.

rational *adj.* rational (*a.* ✗).

rationalisier|en *v/t.* ⚕ rationalize; **≈ung** *f* rationalization; **≈ungsfachmann** *m* efficiency expert, (time and) methods study man.

Rationalis|mus *m* rationalism; **~t** *m* rationalist; **≈tisch** *adj.* rationalist(ic); *adv. ~ denken* rationalize.

rationell *adj.* rational, reasonable; (*wirtschaftlich, produktiv*) efficient; (*sparsam*) thrifty, economical; *adv. ~ verfahren* rationalize.

rationier|en *v/t.* ration; ⚕ (*Effekten*) allot; **≈ung** *f* rationing; *die ~ von et. aufheben* deration.

rätlich *adj.* → *ratsam.*

ratlos *adj.* helpless, perplexed, *pred.* at a loss; **≈igkeit** *f* helplessness, perplexity.

ratsam *adj.* advisable; (*klug*) wise, prudent, *pred.* good policy; (*zu empfehlen*) commendable; (*förderlich*) expedient; (*angezeigt*) indicated; *für ~ halten* think advisable (*od.* fit); **≈keit** *f* advisability.

ratsch! *int.* rip!

Rat...: **~schlag** *m* (piece of) advice, counsel; **≈schlagen** *v/i.* deliberate, take counsel; **~schluß** *m* resolution, decision; *Gottes ~* decree (*od.* ordination) of God.

Rätsel *n* riddle, puzzle (*a. fig.*), (*Geheimnis*) enigma, mystery; (*Problem*) problem; *fig. er ist ein ~* he is an enigma; *er ist mir ein ~* he puzzles me, I can't make him out; *es ist mir ein ~, ich stehe vor e-m ~* it is a complete mystery to me, it puzzles (*od.* F beats) me; *die Polizei steht vor e-m ~* the police are baffled; *das ist des ~s Lösung!* that's the answer (to the problem)!; so that's it!; *fig. j-m ~ aufgeben* baffle a p.; *in ~n sprechen* speak in riddles; **~aufgabe** *f* problem, quiz; **≈haft** *adj.* puzzling; (*geheimnisvoll*) enigmatic(al), mysterious, cryptic; *es ist mir völlig ~, weshalb* it is a complete mystery to me why; **≈n** *v/i.* puzzle (*an ... herum* over), speculate; **~raten** *n* solving riddles; (*Ratespiel*) guessing game, *im Radio usw.*: quiz game; *fig.* (*a. allgemeines ~*) (wild) speculation.

Rats...: **~herr** *m* (town-)council(l)or, alderman; **~keller** *m* townhall-cellar restaurant, *Am.* rathskeller; **~schreiber** *m* town-clerk; **~sitzung** *f* council meeting; **~versammlung** *f* **1.** council, assembly; **2.** → *Ratssitzung.*

Ratte *f* rat; *fig. wie e-e ~ schlafen* sleep like a top; *die ~n verlassen das sinkende Schiff* rats desert a sinking ship; **~nfalle** *f* rat-trap; **~nfänger** *m* ratcatcher; (*Hund*) ratter; *fig. contp.* pied piper; *der ~ von Hameln* the Pied Piper of Hamelin; **~ngift** *n* rat-poison, ratsbane; **~nkönig** *m* pack rat; *fig.* tangle; **~nschwanz** *m* rat's tail; *fig. ein ganzer ~ von* a whole string of, no end of; **~nvertilgungsmittel** *n* raticide.

rattern *v/i.*, **≈** *n* rattle, clatter; *Motoren usw.*: roar, *a. Gewehrfeuer usw.*: rat-tat(-tat).

ratzekahl F *adv.* clean, totally.

Raub *m* **1.** robbery (*a.* ⚖); (*Plünderung*) pillaging; (*Entführung*) kidnap(p)ing, ⚖ abduction; *geistigen Eigentums*: piracy; **2.** (*Beute*) booty, loot, *des Siegers*: spoils *pl.*; *zo. u. fig.* prey; *auf ~ ausgehen allg.* go on the prowl; *ein ~ der Flammen werden* be destroyed by fire; **~bau** *m* wasteful (*od.* ruinous) exploitation; *~ treiben* carry on a (*mit et.*: ruin by) ruthless exploitation; ↗ *a.* exhaust the land; ⚒ rob a mine; *mit s-r Gesundheit ~ treiben* undermine one's health, burn the candle at both ends; **~druck** *m* pirated edition, piracy.

rauben I. *v/i.* rob, commit robberies, *plündernd*: go pillaging, plunder; **II.** *v/t.* rob, take by force, carry off; (*stehlen*) steal; (*entführen*) kidnap; *a. fig. j-m et. ~* rob a p. of a th.; *der Schock raubte ihm die Sprache* the shock robbed him of his speech.

Räuber *m* robber, *Am. a.* holdup man; (*Straßen≈*) highwayman, brigand, *Am. sl.* hijacker; *geistigen Eigentums*: pirate; *zo.* predatory animal; *~ und Gendarm spielen* play cop-and-robber; *a. fig.* F *unter die ~ geraten* fall among thieves; **~bande** *f* gang of robbers (*od.* brigands), *Am. a.* holdup gang.

Räuberei *f* robbery.

Räuber...: **~geschichte** *f* tale of robbers; F *fig.* F cock-and-bull story; (*Schundroman*) F penny dreadful; **~hauptmann** *m* captain of brigands, robber-chief; **~höhle** *f* den of robbers; **~isch** *adj.* rapacious, predatory; → *Diebstahl*; **~n** F *fig.* *v/i.* rob, plunder; **~pistole** *f* → *Räubergeschichte.*

Raub...: **~fisch** *m* predatory fish; **~gier** *f* rapacity; **~gierig** *adj.* rapacious; **~krieg** *m* predatory war; **~mord** *m* murder attended with robbery, robbery slaying, *Am. a.* holdup murder; **~mörder** *m* murderer and robber; **~ritter** *m* robber-baron; **~schiff** *n* pirate (-ship), corsair; **~tier** *n* beast of prey, predaceous animal, wild animal; *fig. wie ein ~* like a tiger (*od.* animal); **~tierkäfig** *m* wild-animal cage; **~überfall** *m*: (*bewaffneter ~* armed) robbery, *Am. a.* holdup; **~vogel** *m* bird of prey, predatory bird; **~zeug** *hunt. n* vermin; **~zug** *m* raid, predatory excursion.

Rauch *m* smoke; (*Dampf*) steam, vapo(u)r; (*Dunst, von Säuren usw.*) fume; (*Ruß*) soot; *in ~ aufgehen* go up in smoke, *fig. a.* end in smoke; **~abzug** *m* flue; **~bombe** *f* smoke-bomb

rauchen I. *v/i. u. v/t.* smoke, *bsd. Gase, Dämpfe*: fume; *Person*: (have a) smoke; smoke (a cigarette, *etc.*); F *fig. wir arbeiteten, daß es nur so rauchte* with a vengeance, *Am.* F to beat the band; *mir rauchte der Kopf* my head nearly split; F *sonst raucht's!* or else!; **II.** **~** *n* smoking; *~ verboten!* No smoking!

Raucher *m* **1.** *a.* **~in** *f* smoker; **2.** (*a.* **~abteil** *n*) smoking compartment (*od.* car), F smoker.

Räucher...: **~aal** *m* smoked eel; **~essenz** *f* aromatic essence; **~hering** *m* red (*od.* smoked) herring, kipper.

Raucher...: **~herz** ⚕ *n* smoker's (*od.* tobacco) heart; **~husten** *m* smoker's cough.

Räucher...: **~kammer** *f* smoking chamber; **~kerze** *f* fumigating candle; **~mittel** *n* fumigant.

räuchern I. *v/t.* (*Fleisch, Fisch usw.*) smoke, cure; *desinfizierend*: fumigate; (*wohlriechend machen*) perfume; ⊕ (*Eichenmöbel*) fume; *geräucherter Hering* → *Räucherhering*; **II.** *v/i.* burn incense; **III.** **~** *n* smoking; fumigation.

Räucher...: **~pulver** *n* fumigating powder; **~schinken** *m* smoked ham; **~stäbchen** *n* fumigating stick; **~waren** *f/pl.* smoked meat *od.* fish *sg.*

Rauch...: **~fahne** *f* trail of smoke; **~fang** *m* chimney(-hood), flue; **~farben** *adj.* smoky; **~fleisch** *n* smoked meat; **~frei** *adj.* smokeless; **~gas** *n* fumes *pl.*, flue gas; **~geschmack** *m* smoky taste; **~geschwärzt** *adj.* smoke-stained; **~glas** *n* smoked glass; **~helm** *m* smoke-helmet; **~ig** *adj.* smoky (*a. Stimme*); **~los** *adj.* smokeless; **~opfer** *n* incense offering; **~pilz** *m* cloud mushroom; **~plage** *f* smoke nuisance; **~quarz** *m* smoke quartz; **~säule** *f* column of smoke; **~schrift** *f* *Reklame*: sky-writing; *in ~ schreiben* sky-write; **~schwach** *adj. Pulver*: smokeless; **~schwalbe** *f* barn-swallow; **~spurgeschoß** *n* smoke tracer; **~ständer** *m* smoking stand; **~tabak** *m* (smoking) tobacco; **~tischchen** *n* smoking-table; **~verbot** *n* ban on smoking; **~vergiftung** *f* smoke poisoning; **~verzehrer** *m* smoke-consumer; **~vorhang** ⚔ *m* smoke screen; **~waren**[1] *f/pl.* tobacco products, tobaccos; **~waren**[2] *f/pl.* (*a.* **~werk** *n*) (*Pelze*) furs, peltry *sg.*; **~wolke** *f* cloud of smoke; **~zeichen** *n* smoke signal; **~zimmer** *n* smoking-room.

Räud|e *vet. f* mange, scab(ies); **~ig** *adj.* mangy, scabby; *fig.* *~es Schaf* black sheep.

rauf F *adv.* **1.** → *herauf(...)*; **2.** → *hinauf(...)*.

Raufbold *m* brawler, rowdy, ruffian, bully, *Am. sl.* tough.

Raufe *f* (hay) rack.

rauf|en I. *v/t.* pluck, pull; → *Haar*; **II.** *v/i. u. v/refl.*: (*sich ~*) (*sich balgen*) have a romp; (*sich*) *mit j-m ~* fight (*od.* wrestle, tussle) with a p.; *sich um et. ~* fight (*od.* scramble, *fig. a.* wrangle) for a th.; **~erei** *f*, **~handel** *m* fight, brawl, scuffle, *allgemeine*: F free-for-all; **~lust** *f* pugnacity, rowdiness; **~lustig** *adj.* pugnacious, spoiling for a fight.

rauh *adj. allg.* rough (*a. Haut, Rede usw.*); rugged; *Wetter*: *a.* inclement, raw; *Kälte*: biting, bitter; *Winter*: rough, severe; *Fell usw.*: rough, coarse; *Hals*: sore, (*heiser*) hoarse; *Stimme*: rough, *krächzend*: rusty, *angenehm od. erregt*: husky; *fig.* (*streng*) harsh; (*grob*) rough, coarse, rude; *~e Behandlung* rough handling, harsh treatment; *~es Leben* rough (*od.*

rugged) life; *~e Tatsachen* hard facts; *~er Ton* rough tone; *~e Wirklichkeit* harsh reality; F *in ~en Mengen* in coarse numbers, in enormous quantities, galore; *ein ~es Willkommen* a rough welcome; *~ aber herzlich* F pretty rough; **≈bautz** F *m*, **≈bein** *n* rough diamond, hedgehog, *Am. sl.* roughneck; **~bautzig** F *adj.*, **~beinig** *adj.* rough, gruff; **≈eit** *f* → *rauh*; roughness; ruggedness; inclemency; severity; soreness; harshness; coarseness; **~en** *v/t.* rough (-en); (*Tuch*) tease, nap; **≈futter** *n* roughage; **≈gewicht** *n* full weight; **~haarig** *adj.* rough-haired, shaggy; *Hund*: (*a.* **Rauhhaar...** *in Zssgn*) wire-haired; **≈reif** *m* hoarfrost, rime.

Raum *m* room, (*Ggs. Zeit*; *Welt≈*; *Zwischen≈*; *Fläche*) space; → *a. Platz*; (*~inhalt*) volume, capacity; (*Ausdehnung*) expanse; (*Gebiet*) area, district, zone; (*Breite, Weite*) width; (*Räumlichkeit*) locality, (*Räumlichkeiten*) *a.* premises *pl.*; (*Zimmer*) room; (*Saal*) hall; (*Kammer*) chamber; (*Abteil, Koffer≈*) compartment; (*Unterbringung*) accommodation; ⊕ (*Spiel*) play, clearance; *fig.* scope, opportunity; (*Spiel≈*) room (*für* for); (*Schauplatz*) scene; *~ und Zeit* space and time; *im ~ München* in the (greater) area of Munich; *Fußball*: a) *freier ~* open space; b) *Spiel in den freien ~* running passes *pl.*; *~ bieten dat. od. für* admit, accommodate, hold; *~ geben od. gewähren* (*e-m Gedanken*) give way to; (*e-r Hoffnung*) indulge in; (*e-r Bitte*) grant; (*ermöglichen*) make possible, permit; *fig. im ~ stehen* be on hand, exist, be still undecided; *viel ~ beanspruchen* (*einnehmen*) require (take up) much space; **~akustik** *f* room acoustics *pl.*; **~analyse** *f* volumetric analysis; **~anordnung** *f* layout of rooms, floor plan; **~anzug** *m* space suit; **~bedarf** *m* space required; **~begriff** *m* conception of space; **~bild** *n* space diagram; *opt.* stereoscopic picture; **~bombe** *f* space bomb; **~deckung** *f Sport*: zone defence; **~dichte** *f* volumetric density; **~einheit** *f*, **~element** *n* spatial unit.

Räumboot *n* minesweeper.

räumen I. *v/t.* **1.** (*fortschaffen*) remove, clear away; ⚓ (*Minen*) sweep; **2.** (*säubern*) (*Hafen, Fluß*) clear (*von* of), sweep (for *mines*), dredge; **3.** (*leer machen*) (*Wohnung, usw.*) vacate, clear; ⚔ (*Gebiet, Stellung*) evacuate (*a. von Bevölkerung*); (*aufgeben*) *a.* leave, give up; † (*Lager*) clear (off), sell off; *von Schutt ~* clear away the rubble from; *den Saal ~ (lassen)* leave (clear) the hall; *s-n Platz ~* vacate one's seat; *fig.* quit one's place; → *Feld, Weg*; **4.** ⊕ broach; **II.** **≈** *n* → *Räumung*; ⊕ broaching.

Raum...: **~erhitzer** *m* space-heater; **~ersparnis** *f* saving in space; *der ~ wegen* in order to save space; **~fahrer** *m* astronaut, spaceman; **~fahrt** *f* **1.** (*Wissenschaft*) astronautics *pl.* (*sg. konstr.*); **2.** → **~flug** *m* space-flight, space-travel; **~fahrzeug** *n* spacecraft, space-ship; **~forschung** *f* (aero-) space research; **~gehalt** *m* volumetric content; **~gestalter** *m* interior decorator; **~gestaltung** *f* interior decoration; **~gewicht** *n* volumetric weight; **~inhalt** *m* volume, capacity, cubic content; **~kapsel** *f* space capsule; **~krümmung** *f* space curvature; **~kunst** *f* → *Raumgestaltung*; **~labor** *n* → *Raumstation*; **~ladegitter** *n* space-charge grid; **~lehre** *f* geometry.

räumlich *adj.* spatial, (of) space; three-dimensional; *opt.* stereoscopic; *Akustik*: stereophonic; ⩘ volumetric; ⩓ solid; *~er Winkel* solid angle; *adv. ~ sehr beengt* cramped (for space *od.* room); *~ sehr schön* beautifully laid out; **≈keit** *f* spatiality; (*Raum*) locality, room; *~en a.* premises, accommodation *sg.*

Raum...: **≈los** *adj.* spaceless; **~mangel** *m* lack of room *od.* space; restricted space; **~maß** *n* solid measure; **~medizin** *f* space medicine; **~messung** *f* stereometry; **~meter** *m* cubic met|re (*Am.* -er) of stacked wood; **~not** *f* dearth of space; **~ordnung** *f* regional planning; **~pflegerin** *f* cleaning lady.

Räumpflug *m* bulldozer.

Raum...: **~schiff** *n* space-ship; **~schiffahrt** *f* → *Raumfahrt, -flug*; **~sonde** *f* space probe; **≈sparend** *adj.* space-saving; **~station** *f* space station (*od.* platform), *Am. a.* skylab; **~strahler** *m* (*Ofen*) space-heater; **~teil** *m* part by volume; **~temperatur** *f* room (*od.* ambient) temperature; **~ton** *m* stereophonic sound; **~tonwirkung** *f* stereophonic effect; **~winkel** *m* solid angle; **~-Zeit...** *in Zssgn* space-time ...

Räumung *f* **1.** (*Wegschaffen*) removal; **2.** (*Leermachen*) clearing, *bsd.* ✝ clearance; *e-r Wohnung usw.*: vacating, quitting, *zwangsweise*: eviction; ⚔ evacuation.

Räumungs...: **~ausverkauf** ✝ *m* clearance sale; **~befehl** ⚖ *m* eviction notice; **~klage** *f* action for eviction (*Am.* of ejectment); **~urteil** *n* eviction order.

Raum...: **~welle** *f Radio*: space wave; **~winkel** *m* solid angle; **~zelle** *f* module.

raunen *v/i. u. v/t.* whisper, murmur (*a. fig. Bach usw.*); *fig. man raunt, daß* rumo(u)r has it that.

raunzen F *v/i. u. v/t.* grumble.

Raupe *f* caterpillar; ⊕ → *Raupenfahrzeug, -kette, Planierraupe*; *fig.* *~n im Kopf haben* have maggots in one's head.

Raupen...: **~antrieb** *mot. m* track-laying drive; **~fahrzeug** *n* track-laying vehicle, crawler-type vehicle; **~fraß** *m* damage done by caterpillars; **~kette** *f* track (chain); **~schlepper** *m* crawler tractor.

raus F *adv.* **1.** → *heraus(...)*; **2.** → *hinaus(...)*; *~!* (get) out!, *sl.* beat it!, scram!

Rausch *m* intoxication, drunkenness; *fig.* ecstasy, transport, intoxication; *sich e-n ~ antrinken* go and get drunk; *e-n ~ haben* be drunk; *s-n ~ ausschlafen* sleep it off; *im ~* in one's cups.

rauschen I. *v/i. Wasser, Wind*: rush; *Brandung, Sturm*: roar; *Blätter, Seide usw.*: rustle, *Radio*: *a.* be noisy; *Beifall*: ring, thunder; *fig.* (*schwungvoll gehen*) sweep, sail (*aus dem Zimmer* out of the room); F *daß es nur so rauscht* F like blazes; **II.** ≗ *n* rush(ing); roar; rustle; *Radio*: noise; *Mikrophon*: hissing; **~d** *adj.* rustling, *etc.*; *Beifall*: thundering, ringing; *Fest*: F gorgeous; *Musik*: swelling.

Rauschfaktor *m Radio*: noise factor.

Rauschgift *n* narcotic (drug), drug, *sl.* dope, junk; *von ~ betäubt* drugged, doped; **~handel** *m* drug traffic; **~händler** *m*, **~schmuggler** *m* dope pedlar (*od.* smuggler, trafficker); **~sucht** *f* drug addiction (*od.* habit); **≗süchtig** *adj.* drug-addicted; **~süchtige(r** *m*) *f* drug addict, dope fiend, *sl.* junkie.

Rausch...: **~gold** *n* tinsel; **≗haft** *fig. adj.* ecstatic; **~narkose** *f* short ether an(a)esthesia; **~pegel** *m* noise level.

räuspern *v/refl.*: *sich ~* clear one's throat, *co.* harumph.

rausreißen F *v/t.* → *herausreißen*.

rausschmeiß|en F *v/t.* kick *a p.* out, *Am. sl.* give *a p.* the bounce *od.* bum's rush; (*entlassen*) *a.* F give *a p.* the push (*od.* heave-ho), fire *a p.*; **≗er** F *m sl.* chucker-out, *Am. sl.* bouncer; (*Tanz*) last dance.

Rausschmiß F *m* F push, heave-ho.

Raute *f* ⚘ rue; rhomb(us), *a. her.* lozenge; **~nfläche** *f* facet; **≗nförmig** *adj.* rhombic.

Ravioli *pl.* ravioli.

Razzia *f* (police) raid, *Am. a.* police round-up, *sl.* crackdown; *e-e ~ machen* make a raid (*auf* on), raid.

Reagens ⚗ *n* reagent.

Reagenz|glas *n* test-tube; **~lösung** *f* test solution; **~papier** *n* test-paper.

reagieren *v/i.* react (*auf* on); *fig. u.* ⊕ *a.* respond (to).

Reaktanz ⚡ *f* reactance.

Reaktion *f allg., a. pol.* reaction (*auf* to); ⚕ *a.* reflex (response); *fig. a.* response (to).

reaktionär *adj.*, ≗(**in** *f*) *m* reactionary, reactionist.

Reaktions...: **~fähigkeit** *f* reaction ability, responsiveness, *a.* ⚗ reactivity; **~geschwindigkeit** *f* reaction speed; **~kette** *f* series of reactions; **≗los** *adj.* without reaction (*a. adv.*), reactionless; **~mittel** *n* reagent; **~motor** *m* reaction engine; **≗schnell** *adj.* quick as a lightning, fast; *~e Abwehr Sport*: reflex save; **~verlauf** *m* course of a reaction; **~wärme** *f* heat of reaction; **~zeit** *f* reaction time.

reaktivieren *v/t. allg.* reactivate.

Reaktor *m* (*Atombrenner*) reactor; **~brutmantel** *m* reactor blanket.

real *adj.* (*wirklich*) real, actual; (*konkret*) concrete; (*gegenständlich*) substantial, material, corporeal; **≗einkommen** *n* real income; **≗gymnasium** *n* secondary school with scientific bias; **≗ien** *pl.* real facts, realities; *ped.* science and modern languages; **≗injurie** ⚖ *f* assault and battery.

realisier|bar *adj. allg.* realizable; ✝ *sofort (nicht) ~e Aktiven* liquid (frozen) assets; **~en** *v/t. allg., a.* ✝ realize; ✝ convert into money, (*Effekten*) dispose of; **≗ung** *f* realization.

Realis|mus *m allg.* realism; **~t(in** *f*) *m* realist; **~tik** *f* realism; **≗tisch** *adj.* realistic(ally *adv.*); *adv. et. ~ gestalten* lend realism to.

Realität *f* reality; (*Tatsache*) *a.* fact.

Real...: **~konkurrenz** ⚖ *f* commission of several independent punishable acts; **~kredit** *m* credit on real estate; **~last** *f* charge on land consisting in recurrent performance; **~lexikon** *n* lexicon, manual; **~lohn** *m* real wage; **~politik** *f* Realpolitik; **~schule** *f* six-form (O-levels) high school, middle school; **~wert** *m* real value; **~wissenschaften** *f/pl.* science and modern languages.

Rebbach F *m* profit; *s-n ~ machen* make a packet.

Rebe *f* (vine) tendril, shoot; (*Weinstock*) vine.

Rebell *m*, **~in** *f* rebel (*a. fig.*); **˚ieren** *v/i.* rebel (*a. fig. Jugend, Magen usw.*); **~ion** *f* rebellion; **˚isch** *adj.* rebellious (*a. fig.*); *~ werden* rebel; *~ machen* anger, infuriate.

Reben...: **~blatt** *n* vine-leaf; **~blut** *n*, **~saft** *m* wine.

Reb...: **~huhn** *n* partridge; **~laus** *f* vine-louse, phylloxera; **~stock** *m* vine.

Rebus *m*, *n* rebus.

Rechen *m* rake; *für Abwässer usw.*: grid.

Rechen|anlage *f* computer; **~aufgabe** *f*, **~exempel** *n* (arithmetical) problem; **~buch** *n* arithmetic book; **~fehler** *m* (arithmetical) error, mistake, miscalculation; **~kunst** *f* arithmetic; **~künstler(in** *f*) *m* brilliant arithmetician, wizard (at figures); **~maschine** *f* calculating machine, calculator, computer.

Rechenschaft *f* account; *~ ablegen* give *od.* render (an) account (*über* of), *über*: *a.* account (*od.* answer) for; *j-m ~ schuldig sein* be accountable (*od.* answerable) to; *zur ~ ziehen* call to account (*wegen* for); **~sbericht** *m* statement (of accounts); report (of activities); ✝ *Generalversammlung usw.*: report; **˚spflichtig** *adj.* accountable.

Rechen...: **~schieber** *m*, **~stab** *m* slide rule, *Am. a.* slipstick; **~tabelle** *f* ready reckoner; **~zentrum** *n* computer cent|re, *Am.* -er.

Recherch|e *f* investigation, inquiry; **~eur** *m* investigator, *Presse*: *a.* investigative reporter; **˚ieren** *v/i.* investigate.

rechnen I. *v/t. u. v/i.* reckon, calculate, compute, work out; (*nur v/i.*) do sums; (*zählen*) count; (*veranschlagen*) assess, estimate; (*belasten, be~*) charge; *fig. ~ auf od. mit* (*sich verlassen auf*) reckon (*od.* count, rely) on; (*erwarten*) reckon with, expect; *mit et.* (*Unangenehmem*) *~ müssen* face a th., be in for a th.; *wir müssen damit ~, daß* it may be (*od.* happen) that; *mit mir kannst du nicht ~!* count me out!; *ich rechne fest damit, daß du kommst!* I count on your coming!; *~ unter od. zu* (*v/t.*) reckon *a p. od. th.* among (*od.* with), count among, class with; (*v/i.*) rank with (*od.* among); *die Kinder nicht gerechnet* not counting the children; *knapp gerechnet 1 Stunde* a good hour; *vom 1. April an gerechnet* as from April 1st; *alles in allem gerechnet* taking all in all, on the whole; *hoch gerechnet* at the most; *er kann gut ~* he is good (*od.* quick) at figures; *er kann nicht ~* (*sparen*) he doesn't know how to economize; **II.** **˚** *n* reckoning, *etc.*; calculation; *ped.* arithmetic.

Rechner *m* **1.** *a.* **~in** *f* arithmetician, calculator; *kühler ~* cool reckoner, calculating mind; *er ist ein guter ~* he is good (*od.* quick) at figures; **2.** ⊕ computer; **˚isch** *adj. u. adv.* mathematical(ly), arithmetical(ly), by way of calculation.

Rechnung *f* **1.** (*Be˚*) calculation, reckoning; (*Aufgabe*) problem; *die ~ ging nicht auf* it did not work out; **2.** ✝ account, bill; (*Waren˚*) invoice; *im Gasthaus*: bill, *Am.* check; *auf ~* on account; *auf Ihre ~ und Gefahr* for your account and risk; *auf ~ meines Vaters* for the account of my father; *für eigene ~* for own account; *für fremde ~* for the account of another; *in ~ bringen* place to account; *j-m in ~ stellen* pass (*od.* place, charge) *a th.* to a p.'s account, charge a p. with; *für gemeinschaftliche ~* for (*od.* on) joint account; *laufende ~* account current; *laut ~* as per invoice; *e-e ~ aus- od. begleichen* balance (*od.* settle) an account, pay (*od.* settle) a bill; *a. fig. e-e alte ~ zu begleichen haben* have to settle an account (*mit* with); *~ führen* keep accounts; *auf ~ kaufen* buy on credit; *~ legen* render an account (*über* of); *fig. e-r Sache ~ tragen, e-e Sache in ~ ziehen* make allowance for a th., take a th. into account, consider a th.; *~ ablegen* render account (*über* of); *auf s-e ~ kommen* find one's account (*bei* in); *die ~ ohne den Wirt gemacht haben* not to have reckoned with one's host; *es geht auf m-e ~ im Gasthaus*: it is my treat, *Am.* F this is on me; *fig. das geht auf seine ~* that's his doing (*od.* fault); → *Strich, ausstellen 3 usw.*

Rechnungs...: **~amt** *n* audit

office; **~abgrenzung** *f* **1.** demarcation of separate accounts; **2.** → **~abgrenzungsposten** *m* deferred item; **~abschluß** *m* closing of accounts; *vollzogener*: accounts *pl.*; *anerkannter*: account settled; → *Jahresabschluß*; **~art** *f* method of calculation; *die vier ~en* the four rules (of arithmetic); **~ausschuß** *m* audit committee; **~auszug** *m* statement of account; *einzelner Posten*: extract of account; **~beleg** *m* voucher; **~betrag** *m* amount invoiced; **~buch** *n* account-book; **~defizit** *n* accounting deficit; **~führer** *m* accountant; ⚔ pay sergeant; **~führung** *f* accountancy, accounting; **~hof** *m*, **~kammer** *f* audit office; **~jahr** *n* financial (*od.* fiscal) year; **~legung** *f* rendering of accounts; **~posten** *m* item of account; **~preis** *m* invoice price; **~prüfer** *m*, **~revisor** *m* auditor, accountant; **~prüfung** *f* audit; *bei der ~* when examining the accounts; **~stelle** *f* → *Rechnungskammer*; **~wesen** *n* accounting, accountancy.

recht I. *adj.* (*Ggs. link*) right; *der Regel, den Wünschen gemäß*: right; (*richtig*) right, correct; (*gerecht*) just; (*gebührend, angemessen*) due; (*gesetzmäßig*) lawful, legitimate; (*geeignet, schicklich*) proper, fitting, right; (*wirklich*) true, real; (*gehörig, tüchtig*) thorough, sound; *pol.* right(ist); *~e Hand* right hand (*a. fig.* = right-hand man); *der ~e Mann* the right man; *am ~en Ort* in the right place; *ein ~er Narr* a regular fool; *~er Winkel* right angle; *zur ~en Zeit* in due time, at the right moment, in the nick of time; *das ~e Wort finden* say the right thing; *das ist ~* that is right (*od.* good); *so ist's ~* that's all right, *sl.* that's the stuff; *mir ist's ~* I don't mind, that's all right with me, (it) suits me; *mir ist alles ~* I am pleased with everything; *gleichgültig*: I don't care; *ihm ist jedes Mittel ~* he stops (*od.* F sticks) at nothing; *das ist nur ~ und billig* it is only fair (*od.* right); *das war nicht ~ von dir!* that was not right of you!; *alles was ~ ist!* (let's) be sensible!; F come, come!; *was dem einen ~ ist, ist dem andern billig* what is sauce for the goose is sauce for the gander; → *Recht, Rechte, richtig, Ding 2, Fleck, Licht, Lust, schlecht* II; **II.** *adv.* right(ly), well; (*sehr*) very; (*ziemlich*) rather; (*wirklich*) really, quite, downright; (*richtig*) correctly, the right way; (*gehörig*) properly, thoroughly, soundly; *~ haben* be (in the) right; *~ behalten* be right in the end; *j-m ~ geben* agree with a p.; *die Resultate gaben mir ~* I was borne out by the results; *~ daran tun, zu inf.* do right to *inf.*; *~ gern* gladly, with pleasure; *~ geschickt* rather (*od.* very) clever; *~ gut* quite good (*od.* well), not (at all) bad; *ganz ~!* quite (so)!, exactly!, right you are!; *schon ~!* never mind!; *erst ~* all the more (so); *jetzt erst ~* now more than ever, now with a vengeance; *nun erst ~ nicht!* now less than ever!; *~ schade* a great pity; *es geschieht ihr (ganz) ~* it serves her right; *das kommt mir gerade ~* that comes in handy; *ich weiß nicht ~* I wonder, I am not so sure; *ich kann es ihr nicht ~ machen* I can't do anything right for her; *man kann es nicht allen ~ machen* you cannot please everybody; *wenn ich es ~ bedenke, wenn ich es mir ~ überlege* on second thoughts, now that I think of it; *wenn ich Sie ~ verstehe* if I understand you rightly; F *du kommst mir gerade ~!* that's (*od.* you are) all I wanted!; → *gescheit.*

Recht *n* (*subjektives ~, Berechtigung*) right; (*Vorrecht*) privilege, *staatliches*: prerogative; (*Anspruch, Eigentums*≈) title (*auf* to), right (to), claim (to); (*Anteil*) interest (in); (*Vollmacht, Befugnis*) power, authority; (*objektives ~, Gesetz*) law; (*~swissenschaft, ~skunde*) *oft die ~e* law (*sg.*); (*Gerechtigkeit*) justice; (*rechtliches Gehör*) due process of law; → *bürgerlich, formell, materiell usw.*; *~ und Ordnung* law and order; *angestammtes ~* birthright; *Doktor der ~e* Doctor of Laws (*abbr.* LL.D. = doctor legum); *die ~e studieren* read (*od.* study) law; *~e und Pflichten aus e-m Vertrag* rights and obligations arising from a contract; *alle ~e vorbehalten* all rights reserved; *aus eigenem ~* in one's own right; *nach geltendem ~* under law in force; *nach deutschem ~* under German law; *mit ~* justly, rightly, with good reasons; *von ~s wegen* by rights, ⚖ by (operation of) law, de jure; *~ sprechen* administer (*od.* dispense) justice; *das ~ haben, zu inf.* have the right (*od.* be entitled) to *inf.*, *Bevollmächtigter*: have power to *inf.*; *ein ~ ausüben* exercise a right (*od.* power); *für ~ befinden* find, hold; *im ~ sein, das ~ auf seiner Seite haben* be within one's rights (*od.* in the right); have justice on one's side; *sich selbst ~ verschaffen* take the law into one's own hands; *auf s-m ~ bestehen* stand on one's right(s); *zu ~ bestehen* be valid *od.* justified; *j-m sein ~ geben od. lassen* give a p. his rights; (*wieder*) *zu seinem ~ kommen* come into one's own (again); *wer gibt dir das ~ zu inf.* who gives you the right to *inf.*?; *ich nehme mir das ~ dazu* I take it upon myself to do it; → *erkennen* II.

Rechte **1.** *f* right (hand), *Boxen*: right; *pol. die ~* the right; *zur ~n* on the right (hand); *zu s-r ~n* on (*od.* to) his right; **2.** **~(r** *m*) *f* right person, right *od.* very (wo-)man; *an den ~n kommen* meet one's match; *iro. da bist du bei mir an den ~n gekommen!* you picked the wrong man!; *iro. du bist mir der ~!* you are a nice one!, a fine fellow you are!; **3.** **~(s)** *n*: *das ~* the right thing; *nichts ~s* F not the real thing; *contp. das ist was ~s!* it's nothing to be proud of!, it's not so wonderful!; *er dünkt sich was ~s (zu sein)* he thinks he is somebody; *nach dem ~n sehen* look after things.

Rechteck *n* rectangle; **≈ig** *adj.* rectangular.

rechten *v/i.* argue; **~s I.** *pred. adj.* lawful; **II.** *adv.* lawfully, legally, by law.

recht...: **~fertigen** *v/t.* justify, warrant; (*verteidigen*) defend, vindicate; *sich ~* vindicate (*od.* clear, exculpate) o.s.; give an account of o.s.; *zu ~(d)* justifiable, warrantable; **≈fertigung** *f* justification; vindication, defen|ce, *Am.* -se; exoneration; *zu meiner ~* in my defence, in justice to myself; **≈fertigungsgrund** *m* excuse; ⚖ (legal) justification, defen|ce, *Am.* -se; **~gläubig** *adj.* orthodox; **≈gläubigkeit** *f* orthodoxy; **≈haber**(**in** *f*) *m* disputatious person, dogmatist, know-all; **≈haberei** *f* mania for always being in the right; dogmatism; **~haberisch** *adj.* self-opinionated, dogmatic(ally *adv.*), disputatious, know-all ...; (*stur*) pig-headed.

rechtlich I. *adj.* **1.** legal; (*rechtmäßig*) *a.* lawful, legitimate; (*gültig*) valid; *~es Gehör* due process of law; *im ~en Sinne* in the legal sense; **2.** (*redlich*) honest, righteous; **II.** *adv.* legally, *etc.*; *~ (un)erheblich* (ir)relevant (in law *od.* to the issue); *~ und tatsächlich* in law and in fact; *~ verpflichtet* bound by law; **≈keit** *f* legality, lawfulness; (*Gültigkeit*) validity; (*Redlichkeit*) honesty, probity.

recht...: **~linig** *adj.* rectilinear; **~los** *adj.* having no rights; (*vogelfrei*) outlawed; (*gesetzlos*) lawless; **≈losigkeit** *f* (total) absence of rights; (*Ächtung*) outlawry; (*Gesetzlosigkeit*) lawlessness; **~mäßig** *adj.* lawful, legal; *Anspruch, Besitzer, Erbe*: legitimate, rightful; (*billig, angemessen*) fair (and just); *für ~ erklären* legitimate; **≈mäßigkeit** *f* lawfulness, legality, legitimacy; (*Gültigkeit*) validity.

rechts *adv.* on the right (hand); (*nach ~*) to the right; *~ von ihm* on (*od.* to) his right; *~ u. links* right and left (*a. fig.*); *erste Querstraße ~* first turning to the right; *~ abbiegen* turn right; *sich ~ halten* keep to the right; *pol. ~ stehen* be a rightist, belong to the right (wing); *~ überholen* overtake on the right; → *rechtsum.*

Rechts...: **~abbieger** *mot. m* right-turning vehicle; *pl.* traffic *sg.* turning right; **~abteilung** *f* legal branch; **~angelegenheit** *f* legal matter; **~anspruch** *m* legal claim (*auf* on *od.* to), title (to).

Rechtsanwalt *m*, **Rechtsanwältin** *f* lawyer, solicitor; *vor Gericht plädierender*: *Brit.* barrister-at-law, *Am.* attorney-at-law; *~ für den Kläger (Beklagten)* counsel for the plaintiff (defendant); **~sbüro** *n* law office (*od.* firm); **~schaft** *f* *the* bar; **~skammer** *f* Bar Association.

Rechts...: **~auffassung** *f* legal conception; **~ausdruck** *m* legal term; **~ausführungen** *f/pl.* legal arguments, pleadings; **~auslage** *f* *Boxen*: southpaw stance; **~ausleger** *m* *Boxen*: southpaw; **~außen** *m* *Fußball*: outside right, right wing; **~befugnis** *f* competence; **~begehren** *n* relief sought; statement of claim, petition, prayer; **≈begründend** *adj.* *Tatsache*: investitive; *Wort*: operative; **~behelf** *m* (legal) remedy; **~beistand** *m* **1.** → *Rechtsanwalt*; **2.** *weitS.* → *Beistand 3*; **~belehrung** ⚖ *f* **1.** → *Rechtsmittelbelehrung*; **2.** *der Geschworenen*: directions *pl.*, *Am.* instruction (of the jury); **3.** *weitS.* legal information; **~berater** *m* legal adviser; **~beratungsstelle** *f* legal advisory board; legal aid office; **~beschwerde** *f* appeal; **~beugung** *f* perversion of justice; **~boxer** *m* southpaw; **~brecher**(**in** *f*) *m* lawbreaker; **~bruch** *m* breach of law, infringement.

rechtschaffen I. *adj.* honest,

righteous, upright; **II.** *adv.* righteously, *etc.*; F (*gehörig*) thoroughly, downright, F awfully, mighty; ~ *leben* live straight; **≈heit** *f* honesty, probity, uprightness.

Rechtschreibung *f* orthography, spelling.

Rechts...: **~drall** *m* right-hand twist; F *pol.* rightist bias (*od.* tendency); **~drehung** *f* clockwise rotation; **~einwand** *m* objection, demurrer.

rechtseitig *adj.* right-sided.

Rechts...: **~empfinden** *n* sense of justice; **≈erheblich** *adj.* relevant (in law); **≈fähig** *adj.* having legal capacity; *~er Verein* incorporated society; **~fähigkeit** *f* legal capacity (*od.* status); **~fall** *m* (law) case, cause; *analoger ~* (case in) precedent; **~findung** *f* finding of justice; *für die ~ bezüglich* ... in determining the applicability of the law as to ...; **~folge** *f* legal effect; operation *of a law, contract*; *als ~ tritt Haftung ein* liability attaches; **~folgerung** *f* conclusion of law; **~form** *f* legal form; **~frage** *f* question of law; **~galopp** *m* canter right; **~gang**[1] *m* course of law, legal procedure; **~gang**[2] ⊕ *m Schraube*: right-handed action; **≈gängig** ⊕ *adj.* right-handed; **~gebiet** *n* branch of law; **~gefühl** *n* sense of justice; **~gelehrsamkeit** *f* jurisprudence; **~gelehrte(r)** *m* jurist, lawyer; **~geschäft** *n* legal transaction (*od.* act); **~geschichte** *f* history of law; **~gewinde** ⊕ *n* right-hand thread; **~grund** *m* legal ground (*od. vorgebrachter*: argument); **~grundlage** *f* legal basis; **~grundsatz** *m* principle of law; **≈gültig I.** *adj.* good (*od.* valid) in law, entitled to full faith and credit; *~ machen* validate; → *rechtskräftig*; **II.** *adv.*: *~ ausfertigen* execute *a deed*; **~gültigkeit** *f* legality, validity; **~gut** ⚖ *n*: (*geschütztes ~* protected) interest; *veräußerliches ~* alienable property; **~gutachten** *n* (legal) opinion, counsel's opinion; **~handel** *m* lawsuit, litigation; **~händer** *m* right-hander; **≈händig** *adj. Person*: right-handed; *Schlag usw.*: right-hand(ed); **~handlung** *f* legal act; **≈hängig** *adj.* pending, sub judice; **~hängigkeit** *f* pendency, litispendence; **≈herum** *adv.* (*nach rechts*) to the right; (*von rechts*) from the right; **~hilfe** *f* legal assistance; **~hilfeersuchen** *n* letters *pl.* rogatory; **~irrtum** *m* mistake in law; **~konsulent** *m* legal (lay) adviser; **~kraft** *f* legal force, validity, legal effect(iveness); (*materielle ~*) res judicata; *~ erlangen* become effective (*od.* final), enter into effect; *~ haben für* be conclusive for; **≈kräftig** *adj.* legal(ly binding), valid; *Urteil*: final, non-appealable; *~es Scheidungsurteil* decree final; **≈kundig** *adj.* legally trained; **~kurve** *f* right-hand bend; **~lage** *f* legal position (*od.* status); **~lenker** *mot. m* car with right-hand steering; **~mangel** *m* defect of title; **~mittel** *n* legal remedy, relief; (right of) appeal; *~ einlegen* lodge (*od.* take) an appeal (*gegen* from); **~mittelbelehrung** *f* instructions *pl.* on a p.'s right of appeal; **~mittelgericht** *m* appellate court; **~nachfolge** *f* legal succession; **~nachfolger(in** *f*) *m* legal successor, successor in interest, assign; **~norm** *f* legal norm, (established) law; **~ordnung** *f* legal order, established law; **~partei** *pol. f* right-wing party; **~parteiler** *pol. m* rightist; **~persönlichkeit** *f* legal personality (*od.* status); **~pflege** *f* administration of justice, judicature; **~pfleger** *m* judicial officer.

Rechtsprechung *f* jurisdiction, administration of justice.

Rechts...: **≈radikal** *pol. adj.*, **~radikale(r)** *m* right-wing extremist, ultra; **~radikalismus** *m* right-wing radicalism; **~reform** *f* law reform; **~sache** *f* (legal) case *od.* matter; **~schutz** *m* legal protection; **~sicherheit** *f* unequivocal administration of the law; (*Einheitlichkeit*) legal unity; **~sprache** *f* legal terminology; **~spruch** *m* legal decision; *in Zivilsachen*: judg(e)ment, *in Strafsachen*: sentence; *von Geschworenen*: verdict; **~staat** *m* constitutional state; **≈staatlich** *adj. u. adv.* constitutional(ly), in conformity with (*od.* in terms of) the rule of law; **~staatlichkeit** *f* rule (*od.* reign) of law; **~stellung** *f* legal status (*od.* position); **~steuerung** *mot. f* right-hand drive; **~streit** *m* lawsuit, action, litigation; **~titel** *m* legal title; **~träger** *m* legal entity; **≈um!** ⚔ *int.* right face!, *im Marsch*: by the right flank, march!; **≈unfähig** *adj.* having no legal status; **~unfähigkeit** *f* legal incapacity; **≈ungültig** *adj.* illegal, invalid; **≈unwirksam** *adj.* (legally) ineffective, of no legal force; **~unwirksamkeit** *f* (legal) ineffectiveness; **≈verbindlich** *adj.* legally binding (*für* [up]on); **~-**

verdreher *m* pettifogging lawyer; **~verfahren** *n* legal procedure; (*Prozeß*) (legal) action *od.* proceedings *pl.*; **~verfassung** *f* judicial system, judiciary; **~vergleichung** *f* comparative law; **~verhältnis** *n* legal relationship; *pl.* legal position *sg.*; **~verkehr** *mot. m* right-hand traffic; **~verletzung** *f* infringement (of a right *od.* law); **~vermutung** *f* presumption of law; **~verordnung** *f* (legal) regulation; **~vertreter** *m* legal representative; (*Bevollmächtigter*) (authorized) agent, attorney-in-fact; → *a. Rechtsanwalt, Beistand*; **~weg** *m* course of law; *den ~ beschreiten* take legal action, go to law; *auf dem ~e* by legal process, legally; *s-n Anspruch auf dem ordentlichen ~e verfolgen* prosecute one's claim before the ordinary civil courts; *unter Ausschluß des ~es* eliminating legal proceedings; **≈widrig** *adj.* illegal, unlawful, wrongful, illicit, contrary to law; **~widrigkeit** *f* illegality; **≈wirksam** *adj.* → *rechtskräftig*; **~wissenschaft** *f* jurisprudence, law; **~wissenschaftler** *m* jurist; **~wohltat** *f* benefit of the law; *die ~ e-s Anwalts* the benefit of counsel; **~zug** *m*: *Gericht des ersten ~es* court of the first instance; **~zustand** *m* legal status.

recht...: **~wink(e)lig** *adj.* right-angled, rectangular; **~zeitig I.** *adj.* timely, seasonable, opportune; **II.** *adv.* in time; (*pünktlich*) on time, punctually; (*genau ~*) in the nick of time; **≈zeitigkeit** *f* timeliness; punctuality.

Reck *n Turnen*: horizontal bar.

Recke *m* hero, warrior.

recken *v/t.* stretch, draw out, extend; *mit Geräten*: rack; *sich ~* stretch o.s.; *den Hals nach et. ~* crane one's neck to see a th.

reckenhaft *adj.* valiant; *a. Gestalt*: powerful, doughty.

Redakteur(in *f*) *m* editor, *f* editress; (*Fach≈*) sub-editor; *TV* producer; *~ des lokalen Teils e-r Zeitung* local (news) editor, *Am.* city editor; *~ des Handelsblatts e-r Zeitung* city (*Am.* financial) editor.

Redaktion *f* (*Tätigkeit*) editing, editorial work; (*Stab, Personal*) editorial staff, editors *pl.*; (*Büro*) editor's (*od.* editorial) office; **≈ell** *adj.* editorial; *adv. ~ bearbeiten* edit; **~smitglied** *n* (editorial) staff member, sub-editor; **~sschluß** *m* copy dead-line; *nach ~ eingelaufene Meldungen* stop-press *sg.*

Rede *f* speech; (*Ansprache*) *a.* address, *feierliche*: *a.* oration; (*~weise*) language; (*Äußerung*) utterance; (*Gespräch*) talk, conversation, *ausführliche*: discourse; *ling.* (*in*)*direkte ~* (in)direct speech; *e-e ~ halten* make a speech, deliver an address; *große ~n halten* F talk big; *~n od. e-e ~ schwingen* orate, speechify, hold forth; *die ~ bringen auf* mention (the subject of), bring up *a th.*; *in ~ stehen* be under discussion; *die in ~ stehende Person* the person in question; *~ (und Anwort) stehen* give an account (*über* of), answer (for), *über*: *a.* account for; *j-m in die ~ fallen* interrupt a p., cut a p. short; *zur ~ stellen* call to account (*wegen* for), take to task; *der langen ~ kurzer Sinn* the long and the short of it; *davon kann keine ~ sein* that's out of the question, F nothing of the sort!; *davon ist nicht die ~* that is not the point; *es geht die ~, daß* it is rumo(u)red that, they say that; *es ist nicht der ~ wert* it is not worth speaking of, it's nothing; (*macht nichts*) never mind(!), that's all right(!); *die ~ kam auf* the conversation turned upon; *wenn die ~ darauf kommen sollte* if the subject should be mentioned; *nach seinen ~n* according to what he says; F (*aber*) *keine ~!* by no means!, nothing of the kind!; *wovon ist die ~?* what are you (*od.* are they) talking about?; **~figur** *f* figure of speech; **~fluß** *m* flow (of speech), volubility; **~freiheit** *f* freedom of speech; **~gabe** *f* eloquence, F gift of the gab; **≈gewandt** *adj.* eloquent, *bsd. b.s.* glib; *~ sein a.* be a good (*od.* fluent) talker; **~kunst** *f* rhetoric.

reden I. *v/i. u. v/t.* speak (*mit* to); (*sich unterhalten*) talk (to), converse *od.* (*plaudern*) chat (with); *ausführlich*: discourse (*über* [up]on); *~ über* talk about, (*erörtern*) discuss; *mit sich ~ lassen* be open to reason; *sie läßt nicht mit sich ~* she won't listen to reason; *über Politik ~* talk politics; *sich heiser* (*in Wut*) *~* talk o.s. hoarse (into a rage); *laß ihn doch ~!* (just) let him talk!; *du hast gut ~* it is easy for you to talk; *viel von sich ~ machen* cause a stir, give rise to much comment; *darüber läßt sich ~* that sounds reasonable, that could be done; *ich habe mit dir zu ~* I have something to say to you; → *Gewissen, Mund, Wort*; **II.** *≈ n* speaking, *etc.*; *~ ist Silber, Schweigen ist Gold* speech is silver but silence is golden; **≈sart**

f phrase, expression; (*Spracheigenheit*) idiom; (*Höflichkeit*) compliment; (*nichtssagende* ~) banality; *allgemeine* ~ common saying; *bloße* ~*en* empty phrases, mere words; *stehende* ~ stock phrase.

Rederei *f* endless talk(ing); → *a. Gerede, Geschwätz.*

Rede...: ~schwall *m*, **~strom** *m* flood (*od.* torrent) of words, verbosity; **~schwulst** *m* bombast; **~teil** *ling. m* part of speech; **~weise** *f* (manner of) speech, way of talking, language; **~wendung** *f* figure of speech, expression; phrase; (*Spracheigentümlichkeit*) idiom.

redigieren *v/t.* edit; (*Text abfassen*) *a.* redact.

Rediskont *m*, **⁓ieren** ✝ *v/t. u. v/i.* rediscount; **⁓ierfähig** *adj.* eligible for rediscount.

redlich I. *adj.* upright, honest, F square; (*aufrichtig*) sincere, candid; **II.** *adv.*: *sich* ~ *bemühen* take great pains, give one's best; *sich* ~ *plagen müssen* have to struggle (*od.* work) hard; **⁓keit** *f* uprightness; honesty, probity, integrity; sincerity.

Redner *m*, **~in** *f* speaker, orator; **~bühne** *f* platform, speaker's stand, rostrum; *die* ~ *besteigen* take the floor; **~gabe** *f* oratorical gift, rhetoric; **⁓isch** *adj.* oratorical, rhetorical; **~liste** *f*: *auf der* ~ *stehen* be inscribed as speaker(s); **~pult** *n* speaker's desk, rostrum.

Redoute *f* **1.** ⚔ redoubt; **2.** (*Maskenball*) fancy-dress ball.

redselig *adj.* talkative, garrulous, loquacious, chatty; **⁓keit** *f* talkativeness, loquacity, volubility.

Reduktion *f* reduction; **~sgetriebe** ⊕ *n* reduction gear; **~skraft** ⚗ *f* reducing power; **~smittel** ⚗ *n* reducing agent; **~sofen** *m* smelting furnace.

Redundanz *f* redundancy.

reduzier|bar *adj.* reducible; **~en** *v/t.* reduce (*auf* to); *sich* ~ be reduced (*auf* to), decrease; **⁓ung** *f* reduction.

Reede ⚓ *f* roadstead, roads *pl.*; **~r** *m* shipowner; **~rei** *f* shipping-company.

reell I. *adj.* (*zuverlässig, ehrlich*) respectable, reliable, honest; *Firma*: solid, sound; *Gewinn*: solid; *Preis, Bedienung*: fair; *Ware*: good; *Angebot*: real; F *das ist doch was* ⁓*es* F that's the genuine article; **II.** *adv.*: ~ *bedient werden* get good value for one's money.

Reep ⚓ *n* rope.

REFA-Mann *m* time-and-methods study man.

Refektorium *n* refectory.

Referat *n* **1.** report (*a. mündlich*); (*Vortrag*) *a.* lecture; *ped., univ.* paper, essay; *ein* ~ *halten* → *referieren*; **2.** (*Dienststelle*) (departmental) section.

Referendar(in *f*) *m* **1.** → *Gerichtsreferendar*; **2.** → *Studienreferendar*.

Referendum *n* referendum.

Referent *m* **1.** (*Sprecher*) speaker, (*Berichterstatter*) *a.* reporter, ⚖, *parl.* referee; **2.** (*Sachbearbeiter*) official in charge (*für* of); (*Ressortchef*) departmental chief.

Referenz *f* reference.

referieren *v/i.* report (*über* on); *in e-m Vortrag*: (give a) lecture (on); *bsd. univ.* read a paper (on).

Reff ⚓ *n*, **⁓en** *v/t.* reef.

refinanzieren ✝ *v/t.* refinance; *weitS.* obtain (*od.* provide) finance to cover *financing*; rediscount.

Reflekt|ant ✝ *m* intending purchaser, willing (*od.* prospective) buyer; **⁓ieren I.** *phys. v/t.* reflect; **II.** *v/i.* (*nachdenken*) reflect (*über* [up]on); ✝ *u. fig.* ~ *auf* think of buying, *weitS.* be interested in, have one's eye on; **~or** ⊕ *m* reflector.

Reflex *m phys.* reflection; *physiol., psych.* reflex; *bedingter* ~ conditioned reflex; **⁓artig** *adj.* reflex-like, reflex ...; **~bewegung** *f* reflex movement (*od.* action).

Reflexion *f phys., physiol.* reflection, reflex; *fig.* reflection (*über* [up]on); **~swinkel** *m* angle of reflection.

reflexiv *ling.* **I.** *adj.* **1.** reflexive; **II.** ⁓ *n* (*a.* ⁓*um n*) **2.** = **⁓pronomen** *n* reflexive (pronoun); **3.** reflexive (verb).

Reflex...: ~kamera *f* reflex camera; **~schaltung** ⚡ *f* reflex circuit.

Reform *f* reform.

Reformation *eccl. f* Reformation.

Reformator *m* reformer; **⁓isch** *adj.* reformatory.

Reform...: ⁓bedürftig *adj.* in need of reform; **~bestrebungen** *f/pl.* reform(ative) efforts; **~er** *m* reformer; **⁓freudig** *adj.* reform-conscious; **~haus** *n* health food shop.

reformier|en *v/t.* reform; **⁓te(r** *m*) *f eccl.* reformist.

Refrain *m* refrain, burden.

Refrakt|ion *phys. f* refraction; **~or** *m* (*Teleskop*) refractor.

Regal *n* **1.** (*Gestell*) shelf; **2.** ♪ (*Orgel*) regal; **3.** *typ.* (case-)stand.

Regatta *f* regatta, boat-race.

rege *adj.* (*lebhaft*) brisk, lively, animated; (*geschäftig*) busy, bustling, active; (*fleißig*) industrious; (*tätig*) active; (*munter*) alert, astir; (*flink*) nimble; *Beteiligung usw.*: strong, active; *Briefwechsel usw.*: lively, busy; *Geist*: active; *Interesse*: lively, keen, active; *Phantasie*: lively; ~ machen stir up, rouse; *fig.* ~ werden *Gefühle, Zweifel usw.*: arise, be stirred up.

Regel *f* **1.** *allg.* rule (*a. Spiel*≈, *Ordens*≈, *Vorschrift*, *a.* ♘); praktische ~ rule of thumb; allen ~n widersprechend unorthodox; gegen die ~ against the rules; in der ~ as a rule; nach allen ~n der Kunst besiegen on every point, in superior style; zur ~ werden become the rule; es sich zur ~ machen, zu *inf.* make it a rule to *inf.*; → Ausnahme; **2.** *physiol.* period, menstruation, menses *pl.*; **~anlasser** ⚡ *m* rheostatic starter; **~ausführung** ⊕ *f* standard design; **≈bar** *adj.* controllable, adjustable; ⚡ *Drehzahl*: adjustable; *Motorgeschwindigkeit*: variable; **~belastung** *f* normal load; **~bereich** *m* range (of regulation); **~blutung** *physiol.* *f* → Regel 2; **~detri** ♘ *f* rule of three; **~fall** *m* normal case; **~gerät** *n* controller; **~getriebe** ⊕ *n* adjustable-speed gear drive; stufenloses ~ infinitely variable speed transmission; **~kreis** ⚡ *m* automatic control system; *geschlossener*: closed control loop; **≈los** *adj.* irregular; (*unordentlich*) disorderly; ~e Flucht rout; **~losigkeit** *f* irregularity; disorderliness; **≈mäßig I.** *adj.* regular (*a. Gesichtszüge, a. ling.*); *zeitlich*: *a.* periodical; (*normal*) normal; (*geordnet*) regulated, orderly; ~e Überprüfung routine check; ~es Muster geometrical pattern; **II.** *adv.* regularly; routinely; (*stets*) always, every time; ~ wiederkehrende Zahlungen recurrent payments; **~mäßigkeit** *f* regularity; **~motor** ⚡ *m* variable-speed motor; **≈n** *v/t.* *allg.* regulate, *a.* ⊕ control, govern; (*einstellen, anpassen*) adjust; (*bestimmen*) arrange, settle, direct; (*ordnen*) put in order; sich ~ nach be regulated (*od.* governed) by; das wird sich schon ~ it will come right; → geregelt; **≈recht I.** *adj.* regular, proper; F (*ausgesprochen*) real, downright, regular; **II.** F *adv.* downright; **~schalter** ⚡ *m* regulating switch; **~spannung** ⚡ *f* avc (= automatic volume control) voltage; **~technik** *f* control engineering; **~ung** *f allg.* regulation, *a.* ⊕ control; (*Einstellung, Anpassung*) adjustment; (*Bestimmung*) arrangement, settlement; *im Gesetz, Vertrag*: provision; (*Richtlinie*) rule; **~ventil** *n* control valve; **~vorrichtung** *f* control device; **≈widrig** *adj.* irregular; *Sport*: against the rules, foul; **~widrigkeit** *f* irregularity; *Sport*: rule infringement, foul.

regen *v/t.* stir, move (*a.* sich ~); sich ~ (*geschäftig sein*) bestir o.s., be active *od.* alive; *fig.* make itself felt, arise; *Gefühl*: *a.* be stirred up, be roused; → *a.* rühren.

Regen *m* rain; *fig.* rain, hail; feiner ~ drizzle; starker ~ heavy rain, (*Platz*≈) downpour; auf ~ folgt Sonnenschein every cloud has a silver lining; vom ~ in die Traufe kommen leap out of the frying-pan into the fire; **≈arm** *adj.* rainless, dry; **~bö** *f* gust of rain; **~bogen** *m* rainbow; **~bogenfarben** *f/pl.* colo(u)rs of the rainbow; **≈bogenfarbig** *adj.* rainbow-colo(u)red, iridescent; **~bogenhaut** *anat.* *f* iris; **~bogenpresse** F *f* rainbow press; **~dach** *n* tarpaulin; F (*Schirm*) umbrella; **≈dicht** *adj.* rain-proof, waterproof.

Regener|ation *f* regeneration; **≈ieren** *v/t.* (*a.* sich ~) regenerate (*a. fig.*); **~ierung** *f* regeneration.

Regen...: **~fall** *m* rainfall, precipitation, rains *pl.*; **≈frei** *adj.* rainless, dry; **~guß** *m* heavy shower, downpour, F drencher; **~haut** *f* plastic coat cover, oilskin coat, pocket mac; **~jahr** *n* rainy year; **~kleidung** *f* rainwear; **≈los** *adj.* rainless; **~mantel** *m* raincoat, waterproof, mackintosh, trenchcoat; **~messer** *m* rain-ga(u)ge, pluviometer; **~periode** *f* rainy spell; **~pfeifer** *orn.* *m* plover; **≈reich** *adj.* rainy, wet; **~schauer** *m* shower (of rain); **~schirm** *m* umbrella; F gespannt wie ein ~ all agog; **~schirmständer** *m* umbrella-stand; **~sturm** *m* rainstorm.

Regent(in *f*) *m* sovereign, ruler; *stellvertretender*: regent.

Regen...: **~tag** *m* rainy day; **~tropfen** *m* raindrop.

Regentschaft *f* regency.

Regen...: **~versicherung** *f* rain insurance; **~wald** *m* rain forest; **~wasser** *n* rainwater; **~wetter** *n* rainy weather; **~wolke** *f* raincloud; **~wurm** *m* earthworm; **~zeit** *f* rainy season; *in den Tropen*: *the* Rains *pl.*; **~zone** ⚓ *f the* Rains *pl.*

Regie *f* (*Leitung*) management,

administration; (*Staatsmonopol*) state monopoly, régie (*fr.*); *thea.* stage management; *Film*: direction; ~ *führen* direct (*bei* et. a th.); *unter der* ~ *von* directed by; *fig. in eigener* ~ on one's own account, under one's own power; **~anweisung** *f* stage direction; **~assistent** *m Film*: assistant director; **~fehler** *fig. m* mistake in the arrangements, bad management; **~kosten** ☤ *pl.* overhead *sg.* (expenses); **~pult** *TV n* control desk.

regier|en I. *v/t.* govern (*a. ling.*), (*beherrschen*) reign over, rule (over); (*lenken, leiten*) direct, conduct, control; (*Pferd*) manage; **II.** *v/i.* rule, govern; *Fürst*: rule, reign; *fig.* reign, prevail; **⁀ung** *f* government; (*a. Amtszeit des Kabinetts, Präsidenten usw.*) administration; (*~szeit*) term of office, *e-s Fürsten*: reign; *unter der* ~ *von od. gen.* under, *e-s Fürsten*: *a.* in the reign of; *an der* ~ in power, at the helm; *e-e* ~ *bilden* form a government; *zur* ~ *gelangen* come into power, take over, *Fürst*: come to the throne.

Regierungs...: **~antritt** *m* accession to power (*e-s Fürsten*: to the throne); **~beamte(r)** *m* Government official, Civil Servant; **~bezirk** *m* administrative district; **~bildung** *f* forming (of) a government; **~blatt** *n* Government paper, official gazette; **⁀feindlich** *adj.* oppositional; **~form** *f* government, regime; **⁀freundlich** *adj.* governmental; **~gewalt** *f* governmental power; **~kreise** *m/pl.* governmental circles *pl.*; **~partei** *f* party in power, *the* ins *pl.*; **~präsident** *m* district president; **~rat** *m* senior administrative officer; **~sitz** *m* seat of government; **~sprecher** *m* (official) government spokesman, chief press officer; **~stelle** *f* government agency; **~umbildung** *f* government reshuffle; **~vorlage** *f* Government bill; **~wechsel** *m* change of government; **~zeit** *f* → *Regierung*.

Regime *n* regime; political system.

Regiment *n* **1.** (*Herrschaft*) government, rule, reign; *das* ~ *führen* rule (the roost), command; *Frau*: wear the breeches (*Am.* pants); *ein strenges* ~ *führen* rule with a rod of iron, be very strict; **2.** ⚔ regiment.

Regiments...: **~abschnitt** *m* regimental sector; **~arzt** *m* regimental medical officer; **~kommandeur** *m* regimental commander; **~stab** *m* regimental headquarters *sg. u. pl.*

Region *f* region; *fig. in höheren* ~*en schweben* live in the clouds; **⁀al** *adj.*, **~al...** regional.

Regisseur *m thea.* stage manager (*od.* director); *Film*: director; *Radio, TV*: producer.

Register *n allg.* register (*a.* ⚓, ♪, *typ.*); *in Büchern*: *a.* index; → *a. Daumenregister*; ♪ *e-r Orgel*: (organ-)stop; *ein* ~ *ziehen* pull a stop; *fig. alle* ~ *ziehen* pull all the stops, *sl.* go it strong; **~arie** ♪ *f* catalogue aria; **~tonne** ⚓ *f* register ton.

Registrat|or *m* registrar, recorder; **~ur** *f* registry (office); *für Urkunden*: record office; (*Akten*) records and files *pl.*

Registrier|apparat *m*, **~gerät** *n* recording instrument, recorder; **~ballon** *m* sounding balloon; **⁀en** *v/t.* register (*a. fig.*); *a. Apparate*: record; (*eintragen*) enter; **~kasse** *f* cash-register; **~kurve** *f* recording curve; **~papier** *n* recording chart; **~trommel** *f* recording drum; **~ung** *f* registration; entry; *an Geräten*: recording, reading(s *pl.*).

Reglement *n* regulations *pl.*; **⁀arisch** *adj. u. adv.* according to (the) regulations; **⁀ieren** *v/t.* regiment; **~ierung** *f* regimentation.

Regler *m* ⊕ governor, regulator; ⚡ control(l)er; (*Knopf*) control (knob); (*Drehzahl*⁀) speed regulator; (*Feld*⁀) field regulator, rheostat; (*Klang*⁀) tone control; (*Fliehkraft*⁀) centrifugal governor.

Reglette *typ. f* reglet.

reglos *adj.* → *regungslos*.

Reglung *f* → *Regelung*.

regne|n *v/impers.* rain, *fein*: drizzle; *fig.* rain, hail; *es regnet stark* it is pouring (with rain); *es regnete Geschenke* it rained gifts; **~risch** *adj.* rainy.

Regreß ⚖, ☤ *m* recourse; *gegen j-n* ~ *nehmen* have recourse to a p.; (*für mich*) *ohne* ~ without recourse (to me); **⁀pflichtig** *adj.* liable to recourse; *j-n* ~ *machen* have recourse to a p.; **~recht** *n* right of recourse; **~schuldner(in** *f*) *m* person liable to recourse.

regsam *adj.* active (*a. Geist*), live, quick; → *a. rege*; **⁀keit** *f* activity, alertness, quickness.

regulär *adj.* regular.

regulativ *adj.*, ⁀ *n* regulative.

Regulator *m* regulator (*a. der Uhr*); → *a. Regler*.

regulier|bar *adj.* controllable, adjustable; **~en** *v/t. allg.* regulate; (*einstellen*) adjust, set; (*steuern*) control, govern; ⚖ (*Ansprüche usw.*) settle; **≈schraube** ⊕ *f* adjusting screw; **≈ung** *f* regulation; ⊕ *a.* control, adjustment; ⚖ settlement; **≈ventil** *n* regulating valve.

Regulus *metall. m* regulus.

Regung *f* movement, motion, stirring; (*Gefühls≈*) emotion; feeling; (*Anwandlung*) impulse; **≈slos** *adj.* motionless, still.

Reh *n allg.* (roe) deer, roe; *männliches*: roebuck; *weibliches*: roe, doe; *junges*: fawn.

Rehabilit|ation *f*, **~ierung** *f allg.* rehabilitation (*a.* ⚕ *u. sozial*); **≈ieren** *v/t.* rehabilitate.

Reh...: **~bock** *m* roebuck; **~braten** *m* roast venison; **≈braun**, **≈farben** *adj.* fawn-colo(u)red; **~geiß** *f* doe; **~kalb** *n*, **~kitz** *n* young roe, fawn; **~keule** *f* leg of venison; **~leder** *n* buckskin; **~lendenbraten** *m* loin of venison; **~posten** *m* buckshot; **~rücken** *m Kochkunst*: saddle of venison; **~wild** *n* roe deer.

Reibach F *m* → *Rebbach.*

Reib|ahle *f* reamer; **~e** *f*, **~eisen** *n* rasp, grater; *Stimme wie ein ~* like a woodrasp; **≈echt** *adj.* fast to rubbing; **~elaut** *ling. m* fricative; **≈en** *v/t. u. v/i.* rub, give a rub; (*Glieder*) *a.* massage; (*abwischen*) wipe; (*zer ~*) grate, (*Farben*) grind; *zu Pulver ~* pulverize; *sich wund ~* chafe (*od.* gall) o.s.; *sich die Augen ~* rub one's eyes; *fig. sich an j-m ~* quarrel with (*od.* provoke) a p.; *sich vergnügt die Hände ~* rub one's hands in glee; → *gerieben, Nase*; **~erei** *fig. f* (constant) friction, tiff, squabbling; **~festigkeit** *f* chafing resistance; **~fläche** *f* rubbing surface; **~kupplung** *f* friction clutch; **~ung** *f* rubbing; friction; *fig.* friction, clash, tiff.

Reibungs...: **~antrieb** ⊕ *m* friction drive; **~elektrizität** *f* frictional electricity; **~fläche** *f* friction surface; *fig.* → *Reibungspunkt*; **~koeffizient** *m* coefficient of friction; **~kupplung** *f* friction clutch; **≈los I.** *adj.* frictionless; *fig.* smooth; **II.** *fig. adv.* smoothly, swimmingly, without a hitch; **~punkt** *fig. m* point of friction; **~wärme** *f* frictional heat; **~widerstand** *m* frictional resistance (*od.* force).

reich I. *adj. allg.* rich (*a. Ernte, Farbe, Bodenschätze usw.*); (*wohlhabend*) *a.* wealthy, moneyed, well-to-do, affluent; (*prächtig, üppig*) rich, *a. Mahl*: sumptuous; (*reichlich*) ample, copious, abundant; *~ an* rich (*od.* abounding) in; *~e Auswahl* wide selection; *mot. ~es Gemisch* rich mixture; *in ~em Maße* amply, copiously, richly; *~ an interessanten Einzelheiten* containing a wealth of information; *um e-e Erfahrung ~er* having learned something new; *ein Sport für ~e Leute* a rich man's sport; **II.** *adv.* richly; amply, copiously; *~ beschenkt* loaded with gifts; *~ illustriert* richly illustrated.

Reich *n* empire (*a. fig. e-s Industriemagnaten usw.*), realm (*a. fig.*); (*König≈, Natur≈, Tier≈*) kingdom; *hist. das Deutsche ~* the (German) Reich; *das Dritte ~* the Third Reich; *das ~ Gottes* the Kingdom of Heaven; *das ~ der Musik* the realm of music.

reich...: **~bebildert** *adj.* richly illustrated; **~begütert** *adj.* propertied, (very) wealthy, affluent.

Reiche(r) *m* rich man; *die ~n* the rich (*pl*).

reichen I. *v/i.* **1.** *~ bis* reach, extend to, *hinauf*: go *od.* come up to, *hinab*: go down to; (*berühren*) touch; *fig.* → *heranreichen, herankommen*; **2.** (*aus~, genügen*) suffice, do, last (out), hold out; *das reicht!* that will do!; *a. rügend*: that's enough (of that)!; F *contp. mir reicht's!* F I am fed up to here; F *jetzt reicht's mir aber!* that's the last straw; *das Brot reicht nicht* there isn't enough bread; *es reicht für alle!* there is enough of it to go round!; *damit ~ wir bis Mai* it will last us till May; → *a. auskommen* 1, *ausreichen*; **II.** *v/t.* (*darbieten*) offer, present; (*j-m die Hand*) give, hold out to; (*Speise*) serve; *j-m et. ~* hand (*od.* pass) a th. to a p.; *fig.* → *Wasser.*

reich...: **haltig** *adj.* rich, (*überreich*) copious, abundant, plentiful; *Buch*: rich, very informative, containing a wealth of information; **≈haltigkeit** *f* richness; abundance, copiousness; (*Vielfalt*) (great) variety; **~lich I.** *adj.* ample, copious, plentiful; plenty of *time, etc.*; *Mahlzeit*: substantial, square; *Angebot, Lieferung usw.*: liberal; *pred.* enough and to spare; **II.** *adv.* amply, *etc.*; (*ziemlich*) rather, fairly, F awfully, pretty, plenty; *~ langweilig* rather (*od.* pretty) boring; *seit ~ einer Stunde* for a good hour; *~ die Hälfte davon* a good half of it; *~ versehen sein mit* be amply supplied with, have plenty of.

Reichs... *in Zssgn* Imperial, *hist. das deutsche Reich seit 1871 betreffend*: *mst* (of the) Reich; **~adel** *m* nobility of the Empire; **~adler**

m imperial eagle; **~apfel** *m* orb; **~autobahn** *f* autobahn; **~bahn** *f* German Railways *pl.*; **~deutsche(r** *m*) *f* citizen of the (German) Reich, German national; **~farben** *f/pl.*, **~flagge** *f* national colo(u)rs *od.* flag; **~gericht** *n* Supreme Court of the Reich; **~hauptstadt** *f* German capital; **~kanzlei** *f* (**~kanzler** *m*) Chancellery (Chancellor) of the Reich; **~kleinodien** *n/pl.* Imperial crown-jewels; **~mark** *f* reichsmark; **~präsident** *m* President of the Reich; **~stadt** *f*: *freie ~* Imperial City; **~tag** *m* Reichstag, *im Mittelalter*: Imperial Diet; **≗unmittelbar** *adj.* subject to the Emperor alone, immediate.

Reichtum *m* riches *pl.*, wealth (*a. fig.*), opulence, affluence; (*Vermögen*) fortune; (*Fülle, Überfluß*) richness, abundance (*an* of); (*Vielfalt*) (great) variety; *Reichtümer erwerben* gather wealth, make a fortune.

Reichweite *f* reach; ⚔, *Funk usw.*: range; (*Bereich*) radius (of action); *mittlere ~* medium range; *in ~* within reach (*od.* range), near at hand; *außer ~* out of reach (*od.* range); *an ~ übertreffen* outrange.

reif *adj. allg.* ripe (*a. fig. Alter, Erfahrung, Plan, Schönheit, Urteil usw.*; *a.* ⚕); *geistig und körperlich*: *a.* mature (*a. fig.*); (*mürbe*) mellow (*a. Charakter*); (*voll entwickelt*) fully developed, ripe; *~ werden* → *reifen*[1]; *fig. ~ sein für* be ripe for; *die Zeit ist ~* time is ripe; F *er ist ~!* he is ripe!; his number is up!; *die ~eren Jahre* the riper age *sg.*, the years of discretion; *Mann von ~eren Jahren* middle-aged man; *e-e ~e Schönheit* a ripe beauty.

Reif[1] *m* → *Reifen.*

Reif[2] *m* white (*od.* hoar-)frost, rime.

Reife *f* ripeness, *fig. a.* maturity; *ped.* (*höhere ~*) matriculation standard, *Brit. etwa* A-levels (GCE) standard; → *a. Reifezeugnis*; *mittlere ~* intermediate high school certificate, *Brit. etwa* O-levels (GCE) standard; *zur ~ bringen od. kommen* ripen, mature; **~grad** *m* degree of ripeness (*od.* maturity).

reifen[1] *v/i.* ripen, mature (*zu* into), grow ripe; ⚕ *Geschwür*: come to a head, gather; (*mannbar werden*) reach manhood; *in ihm reifte der Plan, zu inf.* the plan matured (*od.* ripened) within him to *inf.*; *~ lassen* ripen, mature, bring to maturity (*alle a. fig.*).

reifen[2] *v/impers.*: *es hat gereift* there is a hoar-frost.

Reifen *m* ring; (*Faß≗, Kinder≗, Zirkus≗*) hoop; (*Rad≗*) tyre, *bsd. Am.* tire; (*Schmuck*) circlet, → *a. Armreif(en)*; *mot. ~ wechseln* change tyres; **~decke** *f* outer (tyre) cover *od.* casing; **~defekt** *m* (tyre) puncture, blowout, flat (tyre); *e-n ~ haben* have a puncture, *etc.*; **~druck** *m* tyre pressure; **~druckmesser** *mot. m* tyre ga(u)ge; **~heber** *mot. m* tyre lever; **~mantel** *m* → *Reifendecke*; **~panne** *f*, **~schaden** *m* → *Reifendefekt*; **~profil** *n* (tyre) tread pattern; **~wechsel** *m* tyre-change; **~wulst** *mot. m* bead (of a tyre).

Reife...: **~prüfung** *f* → *Abitur*; **~teilung** *biol. f* maturation division; **~zeit** *f* ripening period; *des Menschen*: (age of) puberty, *weitS.* formative years *pl.*; **~zeugnis** *n* (school) leaving certificate, *Brit.* A-level GCE (= General Certificate of Education), *Am.* graduation diploma (of Senior High School).

Reifglätte *mot. f* slippery frost (on road).

reiflich I. *adj.* mature, careful; *nach ~er Überlegung* upon mature reflection, after careful consideration; **II.** *adv.* maturely, carefully; *~ erwogen* mature; *das würde ich mir ~ überlegen* I'd give that careful consideration, I would think twice about it.

Reifrock *m* crinoline.

Reifung *f* ripening, maturing; *bsd. biol. u.* ⚕ maturation.

Reigen *m* (round) dance; *den ~ eröffnen* open the ball, lead off (*a. fig.*).

Reihe *f allg.* row; *hintereinander*: file; *nebeneinander*: rank; (*Linie*) line; (*Sitz≗*) row (of seats), tier (*a. Schicht, Lage*); (*Anzahl, Folge*) series (*sg.*); (*Aufeinanderfolge*) succession; (*Gruppe*) set; (*Zug*) train; *von Hügeln*: range; *von Zimmern*: suite; (*Menschenschlange*) queue, line; ⅌ progression, series (*sg.*); *biol.* order; → *bunt*; *e-e ~ von Häusern* a row of houses; *e-e ~ von Tagen* several days, a round of days; F *e-e ganze ~ (von)* a great number of, a long line of, F a row (*od.* string) of; *der ~ nach* one after the other, in (*od.* by) turns, alternately; *immer der ~ nach(!)* one after the other!; *bei e-m Bericht usw.*: one thing after the other; *außer der ~* out of (one's) turn; *aus den ~en der Abgeordneten usw.* from among; *in Reih und Glied* in rank and file; *in der vordersten ~* in the first row, in the forefront; *die ~n schließen* close (*od.* serry) the ranks; F *fig. aus der ~ tanzen* have it one's own way; *an die ~*

kommen have one's turn; *warten, bis man an die* ~ *kommt* wait one's turn; *wer ist an der* ~? whose turn is it?; F *aus der* ~ *kommen* be upset; *wieder in die* ~ *bringen* (*kommen*) put (come) right again; ⚡ *in* ~ *schalten* connect in series; *in* ~ *geschaltet* series-connected.

reihen *v/t.* put in a row (*od.* line), range; ⊕ arrange in series; (*heften*) stitch, baste; *Perlen auf e-e Schnur* ~ string; *sich* ~ form a row; rank, file; *eins reiht sich ans andere* one thing follows the other.

Reihen *dial. m* → *Rist.*

Reihen...: **~(ab)wurf** ✈ *m* stick (*od.* salvo) bombing; **~anordnung** ⊕ *f* tandem arrangement; **~arbeit** ⊕ *f* repetition work; **~bau** *m* **1.** ⊕ quantity production; **2.** → **~bauweise** *f* △ ribbon building; **~bild** *n* serial photograph; **~fertigung** *f*, **~herstellung** *f* series production; **~folge** *f* succession, sequence; *alphabetische* (*zeitliche*) ~ alphabetical (chronological) order; *in bestimmter* ~ in a fixed order; *der* ~ *nach* in succession; **~häuser** *n/pl.* terrace houses; **~häuserbau** *m* ribbon building; **~maschine** *f* in-line (*od.* tandem) engine; **~motor** *m* in-line engine; ⚡ series motor; **~schaltung** ⚡ *f* series connection; **~schlußmotor** ⚡ *m* series-wound motor; **~untersuchung** ⚕ *f* mass examination (*od.* survey); **≈weise** *adv.* in rows; ⚡ in series; *fig.* in great number.

Reiher *orn. m* heron; **~feder** *f* heron's feather.

Reim *m* rhyme; → *männlich usw.*; ~*e schmieden* rhyme, write poetry; *ich kann keinen* ~ *darauf finden* it doesn't make sense (to me); *kannst du dir darauf e-n* ~ *machen?* does it make sense to you?; **≈en** *v/t., v/i.* (*a. sich* ~) rhyme (*auf* to; *mit* with); *fig. sich* ~ (*übereinstimmen*) agree *od.* tally (*mit* with); *wie reimt sich das?* how would you reconcile that?; **~er(in** *f*) *m*, **~schmied** *m* rhymester, poetaster; **≈los** *adj.* blank, rhymeless; **~vers** *m* rhymed verse; **~paar** *n* rhyming couplet; **~wörterbuch** *n* rhyming dictionary.

rein[1] **I.** *adj. allg.* pure (*a.* ⚗, *biol., ling., Seide, Wein, Ton u. fig. sündlos, keusch*); (*sauber*) *a.* clean, neat, tidy; (*klar*) *a. Gewissen*: clear; (*unvermischt*) pure, *Alkohol*: *a.* absolute; *metall.* unalloyed; (*unverdünnt*) undiluted; (*unverfälscht*) unadulterated (*a. fig.*); *Gewinn*: net, clear; *Haut*: clear; *Papierbogen*: blank; (*bloß*) pure, mere, *stärker*: sheer *nonsense, etc.*; *aus* ~*em Mitleid* out of sheer pity; ~*es Deutsch* pure (*od.* correct) German; e-e ~*e Formalität* a mere formality; ~*e Freude* unadulterated pleasure; *der* ~*e Hohn* pure mockery; ~*e Lüge* downright lie; ~*e Mathematik* pure mathematics; F *der* ~*ste Roman* F quite a story; ~*er Wahnsinn* sheer madness; *die* ~*e Wahrheit* the plain (*od.* unvarnished) truth; ⚖ the truth, the whole truth, and nothing but the truth; ~*e Wissenschaft* pure science; ~*e Wolle* pure wool; *der* ~*ste Zauberer* a regular magician; ~*er Zufall* pure accident, (*Glück*) sheer luck; *fig.* → *Luft, Mund, Tisch, Wasser, Wein, Weste*; **II.** *adv.* purely; F (*gänzlich*) quite, downright, absolutely, perfectly; ~ *gar nichts* nothing at all, a mere nothing; ~ *unmöglich* utterly (*od.* quite) impossible; *et.* ~ *abschlagen* refuse flatly; F *er war* ~ *weg* F he was flabbergasted; ~ *pflanzlich* all vegetable; ~ *verrückt* totally mad; ~ *zufällig* by pure accident, *attr.* purely accidental; *vom* ~ *juristischen Standpunkt aus* from a purely legal point of view; **III.** *substantivisch*: *ins* ~*e bringen* clear up, settle; *mit j-m ins* ~*e kommen* come to terms (*od.* to an understanding) with a p.; *mit sich ins* ~*e kommen* make up one's mind (*über* about); *ins* ~*e schreiben* make a fair copy of.

rein[2] F *adv.* **1.** → *herein*(...); **2.** → *hinein*(...).

Reindruck *m* fair proof.

Reineclaude ♀ *f* greengage.

Reinemachen *n* → *Reinmachen.*

Rein...: **≈erbig** *biol. adj.* pure; **~erlös** *m*, **~ertrag** *m* net proceeds *pl.*, net yield, net (*od.* clear) profit; **~fall** F *m* F let-down, *sl.* frost, sell, flop, washout; **≈fallen** F *v/i.* → *hereinfallen*; **~gewicht** *n* net weight; **~gewinn** *m* net (*od.* clear) profit.

reinhängen F *v/t.* → *hineinhängen.*

Reinheit *f* → *rein*[1]; purity, pureness; cleanness; clearness; neatness, tidiness; **~sgrad** *m* degree of purity.

reinig|en *v/t.* clean, cleanse (*a. Wunde*); (*putzen*) clean, tidy; (*waschen*) wash; (*spülen*) rinse; (*desinfizieren*) disinfect; (⚗, ⊕, *Blut, Luft usw.*) purify; (*Darm*) purge; (*Flüssigkeit*) clarify; (*scheuern*) scrub, (*a. Wolle*) scour; *metall.* refine; *fig.* (*Seele*) purify, purge, cleanse; *chemisch* ~ dry-clean; *die Atmosphäre* ~ clear the air; *sich von e-m Verdacht* ~ clear o.s. of; *sich von e-r Schuld* ~ purge o.s. of; **~end** *adj.* cleansing, detergent; ⚕ (*abführend*) purging, purgative; *fig.* → *Gewitter*; **2ung** *f* clean(s)ing, *etc.*, → *reinigen*; purification, purge; *metall.* refining; ⚗ rectification; (*Firma*) (dry) cleaners *pl.*; *chemische* ~ dry cleaning; ~ *und Färberei* cleaners and dyers *pl.*; *in der* ~ *Kleider*: at the cleaners.

Reinigungs...: **~anstalt** *f* (dry) cleaners *pl.*; **~benzin** *n* benzine; **~creme** *f* cleanser, cleansing cream; **~lappen** *m* cleaning rag; **~mittel** *n* detergent, cleaning agent; ⚗ purifier; *für Flecken*: stain-remover; (*Abführmittel*) purge, purgative, aperient.

Reinkultur *f* pure culture; F *fig. Kitsch in* ~ unadulterated trash.

reinlegen F *v/t.* → *hereinlegen.*

reinlich *adj.* clean; *als Eigenschaft*: cleanly; (*schmuck*) neat, tidy; **2keit** *f* cleanliness; neatness, tidiness.

Rein...: **~machefrau** *f* charwoman, cleaning woman; **~machen** *n* (house-)cleaning; *fig. großes* ~ purge; **2mischen** F *v/refl.*: *sich* ~ → *einmischen* II; **2rassig** *adj.* pure-blood(ed), pure(bred), pedigree(d), *Pferd*: *oft* thoroughbred; ~*es Tier* purebred; **2reißen** F *v/t.* → *hineinreißen*; **2reiten** F *v/t.* → *hineinreiten*; **~schrift** *f* fair copy; **2seiden** ✝ *adj.* (of) pure silk, all-silk; **2waschen** *fig. v/t.* whitewash, clear; **2weg** F *adv.* absolutely, altogether, totally; **2wollen** ✝ *adj.* pure wool, all-wool.

Reis[1] *m* rice.

Reis[2] ⚘ *n* twig, sprig; → *Pfropfreis.*

Reis...: **~auflauf** *m* rice pudding; **~brei** *m* rice-milk.

Reise *f* journey; ⚓ voyage; (*längere, bsd. Auslands*2) travel; (*Rund*2) tour (*in* of); *kürzere*: trip; (*Expedition*) expedition; (*Überfahrt*) passage; → *Flugreise*; *sl.* (*LSD-Rausch*) *sl.* trip; ~ *um die Welt* trip (a)round the world; *glückliche* ~! a pleasant journey!, bon voyage!; *e-e* ~ *machen* go on a journey, take a trip; *auf* ~*n sein* be travel(l)ing; F *auf die* ~ *schicken Sport*: start; *auf der* ~ on one's journey (*nach* to); *wohin geht die* ~? where are you going (*od.* bound for, off to)?; **~andenken** *n* (travel[l]ing) souvenir; **~apotheke** *f* (travel[l]ing) first-aid medicine-chest; **~(auto)bus** *m* tourist coach, touring bus; **~bedarf** *m* travel(l)ing necessaries *pl.*; **~begleiter(in** *f*) *m* travel companion; **~bekanntschaft** *f* travel(l)ing acquaintance; **~bescheinigung** *f* travel document; **~beschreibung** *f* book of travels; (*Artikel, Film, Vortrag*) travelogue; **~büro** *n* travel agency, tourist office (*od.* bureau, agency); **~decke** *f* travel(l)ing rug; **~eindrücke** *m/pl.*, **~erinnerungen** *f/pl.* travel(l)ing impressions *od.* reminiscences; **2fertig** *adj.* ready to start; **~fieber** *n* travel(l)ing fever; **~flug** ✈ *m* cruise; **~führer** *m* (*Buch*) (travel) guide(-book); **~gefährte** *m*, **~gefährtin** *f* travel companion; (*Mitreisender*) fellow passenger; **~genehmigung** *f* travel permit; **~gepäck** *n* luggage, *Am.* baggage; **~geschwindigkeit** *mot.*, ✈, ⚓ *f* cruising speed; **~gesellschaft** *f* tourist party; **~handbuch** *n* → *Reiseführer*; **~koffer** *m* trunk, *kleiner*: travel case; **~kosten** *pl.* travel expenses; **~krankheit** *f* motion sickness; **~land** *n* tourist country; **~leiter** *m* courier, (tourists') guide; **~lektüre** *f* reading matter for one's journey; **2lustig** *adj.* fond of travel(l)ing.

reisen I. *v/i.* travel, (make a) journey, make a trip; be (*od.* go) touring; (*ab*~) start, depart, leave (*nach* for); ~ *nach* go (*od.* travel) to, make a journey (*od.* ⚓ voyage) to; be bound for; ~ *über* go (*od.* travel) by (way of) *od.* via; *ins Ausland* ~ go abroad; *geschäftlich* ~ travel on business; ✝ ~ *in e-r Ware* travel in; F *fig.* ~ *auf* trade (*od. sl.* coast) on; *er ist viel gereist* he has travel(l)ed a great deal; **II.** 2 *n* travel(l)ing; **~d** *adj.* travel(l)ing, *Händler usw.*: *a.* itinerant; **2de(r)** *m* **1.** (✈ air) travel(l)er, ⚓ voyager; (*Vergnügungs*2) tourist; (*Fahrgast*) passenger; **2.** → *Handlungsreisende(r).*

Reise...: **~necessaire** *n* travel necessaire; **~omnibus** *m* → *Reise(auto)bus*; **~paß** *m* passport; **~prospekt** *m* (travel) folder; **~route** *f* route, itinerary; **~schach** *n* pocket travel(l)ing chess set; **~scheck** *m* traveller's cheque, *Am.* traveler's check; **~schreibmaschine** *f* portable typewriter; **~spesen** *pl.* travel expenses; **~tasche** *f* travel(l)ing bag, holdall, *Am. a.* grip(sack); **~verkehr** *m* tourist traffic, tourism; **~wecker** *m* travel(l)ing alarm; **~weg** *m* itinerary, route; **~zeit** *f* tourist season; **~ziel** *n* destination; *mein* ~ *ist B.* I am bound for B.

Reisig *n* brushwood; **~besen** *m* birch-broom; **~bündel** *n* fag(g)ot.

Reisige(r) *hist.* *m* horseman; (*Ritter*) knight; (*Landsknecht*) lansquenet.

Reis...: **~körper** *anat.* *m* rice body; **~mehl** *n* rice meal (*od.* flour); **~papier** *n* rice paper; **~puder** *m* rice powder; **~wein** *m* rice wine.

Reiß|ahle ⊕ *f* marking awl; **~aus** F *m*: ~ *nehmen* take to one's heels, run for it; **~blei** *n* black lead; **~brett** *n* drawing board.

reißen I. *v/t.* **1.** tear; (*ziehen*) pull, tug, *ruckartig*: jerk, *Am.* F yank; (*wegschnappen*) snatch (*a. Gewichtheben*); (*fort* ~) tear off, drag (along), *Wellen usw.*: sweep off; ⚕ rupture; (*zer* ~) tear (up), rend (in two), rip up; *an sich* ~ seize (upon), snatch, grab, lay hold of; *liebevoll, schützend*: clasp to one's breast; (*Macht*) seize, usurp; ⚚, *fig.* (*Unterhaltung usw.*) monopolize; *aus dem Schlaf* ~ wake up roughly; *aus e-r Stimmung, den Gedanken* ~ tear out of, bring out of *one's thoughts* with a shock; *die Führung an sich* ~ *Sport usw.*: take the lead, *weitS.* take over, take the command; *zu Boden* ~ pull down, floor; *die Latte* ~ *Sport*: dislodge (*od.* knock down) the crossbar; → *Loch, Strang, Witz, Zote usw.*; **2.** *Löwe usw.*: (*ein Tier*) kill; **II.** *v/i.* **3.** (*brechen*) break, snap; (*bersten*) burst, ⚕ rupture; (*klaffen*) split, crack; *Stoff*: tear, get torn; ~ *an* tear (*od.* tug) at; *ins Geld* ~ run into money; *die Geduld riß mir* I lost (all) patience; → *gerissen*; **III.** *v/refl.* **4.** *sich* ~ (*sich ritzen*) scratch o.s. (*an* with); **5.** *fig. sich* ~ *um* scramble for; *ich reiße mich nicht darum* F I am not so keen on it; **IV.** *v/impers.* **6.** *es reißt mich in allen Gliedern* I have racking pains in all limbs; **V.** ᴥ *n* **7.** bursting, rending; **8.** *in den Gliedern*: racking pains *pl.*, rheumatic pains *pl.*, rheumatism; **9.** *beidarmiges* ~ *Sport*: two-hands snatch; **~d** *adj.* (*schnell*) rapid (*a.* ⚚ *Absatz*); (*ungestüm*) impetuous; *Fluß*: torrential; *Schmerz*: acute, racking; *Tier*: rapacious; ~*en Absatz finden* F sell like hot cakes.

Reißer *m* (*Buch usw.*) thriller; *thea. a.* (*Erfolgsstück*) box-office success (*od.* hit); **ᴥisch** *adj.* *Werbung*: loud; ~*e Werbung a. sl.* ballyhoo.

Reiß...: **~feder** *f* drawing-pen; **~festigkeit** ⊕ *f* tensile strength; **~kohle** *f* charcoal crayon; **~leine** ✈ *f* rip-cord; **~nagel** *m* drawing-pin, *Am.* thumbtack; **~schiene** *f* T-square; **~verschluß** *m* zip-fastener, zipper; *mit* ~ (*versehen*) zippered; *den* ~ *e-s Kleides usw. öffnen* (*schließen*) unzip (zipper); **~verschlußtasche** *f* zipper bag; *am Kleid usw.*: zip pocket; **~wolf** *m* shredder; **~wolle** *f* reprocessed wool; **~zahn** *zo. m* fang; **~zeug** *n* drawing instruments *pl. od.* set; geometry set; **~zirkel** *m* drawing-compass(es *pl.*); **~zwecke** *f* → *Reißnagel*.

Reit|anzug *m* riding-habit; **~bahn** *f* ring, manège (*fr.*).

reiten I. *v/i.* ride, go on horseback; *gut* (*schlecht*) ~ be a good (bad) rider; *spazieren* ~ go for (*od.* take) a ride; *geritten kommen* come riding along (*od.* up); **II.** *v/t.* (*Pferd*) ride; *j-n über den Haufen* ~ ride a p. down; ⚚ *Wechsel* ~ F fly a kite; → *Steckenpferd, Teufel usw.*; **III.** ᴥ *n* riding, equitation; **~d** *adj.* on horseback; *Polizei usw.*: mounted; ~*e Artillerie* horse artillery.

Reiter *m* **1.** rider, horseman; *Polizei,* ⚔: trooper; **2.** ⊕ *allg.* rider; (*Kartothek* ᴥ) *a.* tab; **~ei** *f* cavalry, horse *pl.*, mounted troops *pl.*; **~in** *f* horsewoman; **~regiment** *n* cavalry regiment; **~smann** *m* horseman, rider; **~spiele** *f/pl.* mounted games; **~standbild** *n* equestrian statue.

Reit...: **~gerte** *f* riding-whip; **~halle** *f* indoor (riding) school; **~hose** *f* (riding-)breeches *pl.*; **~kleid** *n* riding-habit; **~knecht** *m* groom; **~kunst** *f* horsemanship; **~peitsche** *f* horse-whip; **~pferd** *n* saddle (*od.* riding) horse; **~schule** *f* riding school; **~sport** *m* equestrian sport, riding; **~stall** *m* riding-stable; **~stiefel** *m* riding-boot; **~stock** ⊕ *m* tailstock; **~turnier** *n* riding competition; **~unterricht** *m* riding lessons *pl.*; **~verein** *m* riding club; **~wechsel** ⚚ *m* accommodation bill, F kite; **~weg** *m* bridle-path; **~zeug** *n* riding equipment, riding things *pl.*

Reiz *m* (*Zauber, Lieb* ᴥ) charm; (*Anziehung*) appeal, attraction, fascination; (*Lockung*) lure; (*Versuchung*) temptation; (*erregender Kitzel*) thrill, tickle; (*Spaß*) fun; (*Aufreizendes, a.* ⚕ *Juck* ᴥ *usw.*) irritation; *physiol., psych. u. fig.* (*An* ᴥ, *Antrieb*) stimulus, *pl.* stimuli; *fig. a.* stimulant, incentive, impulse; *weibliche* ~*e* feminine charms; *der* ~ *der Neuheit* the charm of novelty; *der* ~ *des Verbotenen* the lure of forbidden fruit; *s-n* ~ *verlieren* pall (*für j-n* on a p.); *sie ließ ihre* ~*e spielen* she displayed her charms; *es (er) hat so seine* ~*e* it (he) has his points; *der* ~ (*an der Sache*) *liegt in* the attraction lies in; *darin liegt gerade der* ~ that's the fun of it; *ich kann der Sache keinen* ~ *abgewinnen* it does not appeal to me, it holds no fascination for me; F *das hat wenig* ~ (*für mich*) it's not worth (my) while; **2bar** *adj.* irritable, excitable; (*jähzornig*) irascible; (*empfindlich*) (over)sensitive (*a.* ⚕), touchy; (*nervös*) testy, F edgy; **~barkeit** *f* irritability; irascibility; (over-) sensitiveness; testiness; **2en** *v/t. u. v/i.* (*aufbringen, stören*) irritate (*a.* ⚕ *entzünden*); (*auf*~) provoke; (*ärgern*) anger, nettle; (*hänseln*) tease; (*sticheln*) F needle; (*anregen*) stimulate, (*a. Begierde, Neugier usw.*) (a)rouse; (*Appetit*) whet; (*Gaumen*) tickle; (*locken*) entice, lure, tempt; (*anziehen, begeistern*) attract, fascinate, thrill; *Kartenspiel*: bid; *fig. zu hoch* ~ overplay one's hand; *die Aufgabe reizte ihn* the task was a challenge to him, F he was itching to do the job; *es würde mich* ~, *zu inf.* I feel tempted to *inf.*, it would be interesting to *inf.*; F *das kann mich nicht* ~ F that's not my cup of tea; *die Gefahr reizte ihn* the danger (of it) lured him; *es reizt mich, ihn kennenzulernen* I am eager to meet him; *das reizte zum Widerspruch* it provoked contradiction; → *gereizt*; **2end** *adj.* charming, enchanting, delightful, lovely, F sweet; ⚕ irritating; *wie* ~ (*von Ihnen*)! how charming *od.* F sweet (of you)!; *iro. das kann ja* ~ *werden!* that's going to be just nice!, what a mess!; **~gas** *n* irritant gas; **~gift** *n* irritant (poison); **~husten** *m* dry cough; **~kampfstoff** *m* irritant (agent); **~klima** *n* stimulating *od.* irritant climate; **~körpertherapie** *f* stimulation therapy; **2los** *adj.* unattractive, charmless; *Mädchen*: *a.* plain, uncomely; F (*uninteressant*) not interesting, not worth (one's) while; (*langweilig*) boring; **~mittel** *n* ⚕ *anregendes*: stimulant; *erregendes*: excitant; *äußerliches*: irritant; *fig.* stimulant, incentive; **~schwelle** *f* stimulus threshold, limen; **~überflutung** *f* (exposure to an) incessant flood of stimuli; **~ung** *f* irritation (*a.* ⚕); (*Auf*2) provocation; (*Anregung*) stimulation; (*Lockung*) enticement; **2voll** *adj.* charming, attractive; (*interessant*) fascinating; (*begeisternd*) thrilling, exciting; (*verlockend*) tempting; (*verführerisch*) seductive; *das* 2*e an der Sache* the fascinating part of it, F the fun of it; ~*e Aufgabe* fascinating (*od.* rewarding, interesting) task, challenge; **~wäsche** *f* sexy underwear, F flimsies *pl.*, *mit Spitzen u. Rüschen*: F frillies *pl.*; **~wort** *n* emotive (*psych.* test) word.

rekeln *v/refl.*: *sich* ~ (*sich strecken*) stretch one's limbs (*a. v/t. seine Glieder* ~); (*faul herumliegen*) loll about, lounge, sprawl.

Reklamation *f* complaint; *Sport usw.*: (*Einspruch*) protest.

Reklame *f* advertising; (*Propaganda*) *mst unbezahlte*: (*a.* **~wirkung** *f*) publicity; (*Verkaufsförderung*) (sales) promotion; *laute, prahlerische*: (*a.* **~rummel** *m*) F puff(ing), *sl.* ballyhoo; (*Anzeige*) advertisement, F ad, *Brit. a.* advert; ~ *machen* advertise (*für* et. a th.), make propaganda (for a th.); *in Zssgn* → *Werbe...*

reklamier|en I. *v/t.* (*beanstanden*) make a complaint about, object to, reject; (*fordern*) claim; *Abseits* ~ *Sport*: claim offside; **II.** *v/i.* (*Einspruch erheben*) complain (*wegen* about); protest (*gegen* against), object (to); **2te(r)** ⚔ *m* indispensable person.

rekognoszier|en *v/t.* reconnoit|re, *Am.* -er; **2ung** *f* reconnaissance.

rekonstru|ieren *v/t.* reconstruct (*a.* ⚖ *e-e Tat*); **2ktion** *f* reconstruction.

rekonvales|zent *adj.*, **2zent(in** *f*) *m* convalescent; **2zenz** *f* convalescence; **~zieren** *v/i.* convalesce, recover.

Rekord *m* record; *weitS. Am. a.* all-time high; *e-n* ~ *aufstellen* establish (*od.* set up) a record; *e-n* ~ *brechen* break (*od.* beat, F smash) a record; *e-n* ~ *einstellen* tie (*od.* equalize) a record; *e-n* ~ *halten* hold a record; *e-n* ~ *verbessern* improve (*od.* better) a record; *auf* ~ *laufen* attack (*od.* attempt) a record; **~besuch** *m* record attendance; **~brecher** *m* record breaker (*od.* F smasher); **~ernte** *f* bumper crop; **~halter(in** *f*) *m*, **~inhaber(in** *f*) *m*, F **~ler(in** *f*) *m* record holder; **~lauf** *m* record run; **~preise** ✝ *m/pl.* record prices; **~versuch** *m* attempt on a record; **~zeit** *f* record time.

Rekrut ⚔ *m* recruit (*a. fig.*);

~enausbildung *f* initial (*Am.* basic) training.

rekrutier|en I. *v/t.* recruit; **II.** *fig. v/refl.*: sich ~ aus be recruited from; **≗ung** *f allg.* recruitment; **≗ungsstelle** *f* recruiting centre, *Am.* draft board.

Rekta|indossement ⚕ *n* restrictive endorsement (*od.* indorsement); **~klausel** *f Wechsel*: restrictive clause.

rektal *adj.*, **≗...** rectal.

Rekta...: **~papiere** ⚕ *n/pl.* not negotiable instruments; *Effekten*: registered securities; **~wechsel** *m* not negotiable bill of exchange.

Rektifi|kation *f allg.* rectification; **~zierapparat** ⚗ *m* rectifier; **≗zieren** *v/t.* rectify; **~ziersäule** *f* rectifying column.

Rektion *ling. f* government, rection; case governed (*od.* required) by a verb.

Rektor *m ped.* headmaster, *Am.* principal; *univ.* rector, *geschäftsführender*: *Brit.* vice-chancellor; *Am.* president; **~at** *n* headmastership; *univ.* rectorship, *Am.* presidency; (*Büro*) office of headmaster, *etc.*

Rektum *anat. n* rectum.

Rekurs ⚖ *m* appeal; → *a. Berufung.*

Relais ⚡ *n* relay; das ~ zieht an (fällt ab) the relay pulls up (drops out); **~kettenschaltung** *f* relay chain circuit; **~röhre** *f* trigger tube; **~sender** *m* relay transmitter, (*Station*) repeater station; **~steuerung** *f* relay control; **~wähler** *m* relay selector.

Relation *f* relation; proportion, ratio.

relativ *adj. allg.* relative; *adv. a.* comparatively; **~ieren** *v/t.* relativize; (*einschränken*) qualify; **≗ismus** *m* relativism; **~istisch** *adj.* relativist; **≗ität** *f* relativity; **≗itätstheorie** *f* theory of relativity; **≗pronomen** *n* relative pronoun; **≗satz** *m* relative clause; **≗um** *n* relative (pronoun); **≗zahl** *f* relative number.

Releg|ation *f* expulsion (from [a] school); *univ. zeitweilige*: rustication; **≗ieren** *v/t.* expel, send down (from [a] school); *univ. vorübergehend*: rusticate.

relevan|t *adj.* relevant (*für* to); **≗z** *f* relevance.

Relief *n* relief; **~druck** *typ. m* relief (printing); **~karte** *f* relief map.

Religion *f* religion (*a. fig. u. iro.*); (*Bekenntnis*) confession, creed; (*Glaube*) faith.

Religions...: **~ausübung** *f*: freie ~ free exercise of religion; **~bekenntnis** *n* (religious) profession; **~eifer** *m* religious zeal; **~freiheit** *f* freedom of worship, religious liberty; **~gemeinschaft** *f* religious body; *weitS.* sect; **~geschichte** *f* history of religion; **~krieg** *m* war of religion; **≗los** *adj.* religionless, irreligious; **~losigkeit** *f* irreligion; **~streit** *m* religious controversy; **~unterricht** *ped. m* religious knowledge lesson(s *pl.*), scripture; **~wissenschaft** *f* divinity, theology.

religiös *adj.* religious; (*fromm*) *a.* pious, devout; ~er Wahnsinn religious mania.

Religiosität *f* religiousness, religion, piety.

Relikt *n* relic (*a. contp.*); *biol.* relict.

Reling ⚓ *f* rail.

Reliquie *f* relic; **~nschrein** *m* reliquary.

Remanenz *phys. f* remanence.

Rembours ⚕ *m* reimbursement.

remilitarisier|en *v/t.* remilitarize, rearm; **≗ung** *f* remilitarization.

Reminiszenz *f* reminiscence.

Remis *n Schach*: drawn game, *a.* draw.

Remise *f* coach-house, remise.

Remitt|enden *f/pl. Buchhandel*: returns; **~ent** ⚕ *m* payee; **≗ieren I.** *v/t.* ⚕ (*Waren*) return, send back; (*Geld*) remit; **II.** *v/i.* ⚕ (*nachlassen*) remit.

Remmidemmi F *n* (noisy) merriment, *sl.* gas; *weitS.* hullaballoo.

Remonte ⚔ *f* remount.

Remontoiruhr *f* keyless watch.

Remoulade *f* remoulade.

rempeln *v/t.* jostle, bump (*od.* F barge) into, *Sport*: *a.* charge.

Ren *zo. n* reindeer.

Renaissance *f* renaissance, revival; *hist.* Renaissance; **~mensch** *m* Renaissance man.

renal *anat. adj.* renal.

Rendement ⚕ *n* yield.

Rendezvous *n* **1.** rendezvous, tryst, *mst* F date; (*Vereinbarung*) appointment; ein ~ verabreden arrange a rendezvous, make an appointment, make a date (*mit* with), *mit*: F date *a girl*; ein ~ haben mit have an appointment (F date) with; **2.** ⚔, ⚓, ✈ rendezvous; *Raumfahrt*: (*a.* **~manöver** *n*) docking, rendezvous manœuvre (*Am.* maneuver).

Rendite ⚕ *f* yield, profit.

Renegat(in *f*) *m* renegate.

Reneklode ⚘ *f* greengage.

Renette ⚘ *f* rennet.

reniten|t *adj.* refractory; **≈z** *f* refractoriness.
Renkontre *n* encounter.
Renn|arbeit *metall. f* direct-process (of iron extraction); **~bahn** *f* racecourse, *Am.* race track; (*Pferde≈*) *a.* turf; *mot.* circuit, speedway; *Laufsport*: track; **~boot** *n* raceboat, speedboat.
rennen I. *v/i.* run; (*wett ~*) (make a) race; (*rasen*) race, dash, rush, tear; ~ *gegen* dash against, bump against (*od.* into), crash into, collide with; *in e-n Schlag* ~ run into a blow; *mit dem Kopf gegen die Wand* ~ run one's head against the wall; *in sein Verderben* ~ rush headlong into destruction; **II.** *v/t.*: *zu Boden od. über den Haufen* ~ run down; *sich außer Atem* ~ run o.s. out of breath; *j-m s-n Degen durch den Leib* ~ run one's sword through a p.'s body; **III.** ≈ *n* run(ning); (*Wett≈*) race; (*Pferde≈*) *a.* race meeting, *pl.* races; (*Einzel≈*) heat; *totes* ~ dead heat; *aus dem* ~ *fallen* be out of the running; *aus dem* ~ *werfen* put out of the running; *das* ~ *machen* win the race, come in first, *bsd. fig.* make the running; *a. fig. das* ~ *aufgeben* give up; *fig. noch gut im* ~ *liegen* be still going strong; *fig. das* ~ *ist gelaufen!* it's all over!; *erfolgreich*: F it's all in the bag!
Renner *m* **1.** → *Rennpferd*; **2.** ⚕ F (*Schlager*) moneymaker.
Renn...: **~fahrer** *m mot.* racing driver, racer; *Fahrrad*: racing cyclist; *Schisport*: ski racer; **~formel** *f* racing formula; **~jacht** *f* racing yacht; **~leiter** *mot. m* racing chief; **~mannschaft** *f* race-crew; **~maschine** *f* racing machine, racer; **~pferd** *n* racehorse, racer, runner; **~platz** *m Pferde*: racecourse, *the* turf; **~platzbesucher** *m* race-goer; **~rad** *n* racing bicycle, racer; **~rodel** *m* (racing) luge; **~sattel** *m* racing saddle; **~schi** *m* racing ski; **~schlittschuh** *m* racing skate; **~schuh** *m* track shoe; **~sport** *m* racing; (*Pferde≈*) *a. the* turf; **~stahl** *metall. m* direct-process steel; **~stall** *m allg.* stable; **~strecke** *f* → *Rennbahn*; **~wagen** *m* racing-car, racer.
Renomm|ee *n* reputation; (*Ruhm*) fame, renown; *er hat ein gutes* ~ he has a good name; **≈ieren** *v/i.* brag, boast (*mit* of), show off ([with] *a th.*); **≈iert** *adj.* famous, renowned, noted (*wegen* for); **~ist** *m* boaster, braggart, F show-off.
renovier|en *v/t.* renovate, do up; (*Innenraum*) redecorate; **≈ung** *f* renovation; redecoration.
rentabel *adj.* profitable, paying.
Rentabilität *f* profitability, productiveness; **~sgrenze** *f* break-even point, limit of profitability; **~srechnung** *f* calculation of profit.
Rentamt *n* accounts office.
Rente *f* (*Einkünfte*) income, revenue; (*Alters≈, Witwen≈, Kriegs≈ usw.*) pension; (*Sozial≈*) social insurance pension; *Versicherung u. Börse*: annuity; (*Zins≈, Pacht≈*) rent; (*Zins*) interest; ~*n* (*Staatsanleihen*) bonds.
Renten...: **~anleihe** *f* perpetual bond(s *pl.*); **~bank** *f* annuity bank; **~basis** *f* annuity basis; **~brief** *m* annuity (bond); **~empfänger(in** *f*) *m* → *Rentner*; **~markt** ⚕ *m* bond market; **~papiere** *n/pl.* fixed interest bearing bonds; **~schuld** *f* annuity charge; **~versicherung** *f* annuity insurance.
Rentier[1] *m* **1.** man of private means; **2.** → *Rentner*.
Rentier[2] *zo. n* reindeer.
rentieren *v/refl.*: *sich* ~ → *lohnen* II.
Rentner(in *f*) *m* **1.** (*Alters≈ usw.*) pensioner, recipient of a pension; **2.** *auf Grund e-r Versicherung usw.*: annuitant.
reorganisier|en *v/t.* reorganize; **≈ung** *f* reorganization.
reparabel *adj.* reparable.
Reparation *f* reparation; ~*en leisten* make reparations; **~sausschuß** *m* Reparations Committee; **~sforderung** *f* reparation claim; **~szahlung** *f* reparation payment.
Reparatur *f* repair(s *pl.*); *in* ~ under repair, repairing; *in* ~ *geben* have *a th.* repaired; ~*en vornehmen* make repairs; **≈bedürftig** *adj.* in need of repair, defective; **≈fähig** *adj.* repairable; **~kasten** *m* repair kit, tool box; **~kosten** *pl.* (cost *sg.* of) repairs; **~werkstatt** *f* repair-shop, *mot.* (*mit Tankstelle*) *a.* garage, service station.
reparieren *v/t.* repair, mend, F fix.
repatriier|en *v/t.*, **≈te(r** *m*) *f* repatriate; **≈ung** *f* repatriation.
Repertoire *thea. n* repertoire (*a. fig.*), repertory, stock of plays; **~stück** *n* stock play; **~theater** *n* repertory (theat|re, *Am.* -er).
repetier|en *v/t.* repeat; **≈gewehr** *n* magazine rifle, repeater; **≈uhr** *f* repeater.
Repetit|ion *f* repetition; **~or** *univ. m* coach.

Replik *f* **1.** ⚖ reply; **2.** *Kunst*: (*Originalkopie*) replica.

Report *m* **1.** (*Bericht*) report; **2.** ⚚ *Börse*: contango; **~age** *f* reporting, reportage, *Am. a.* coverage; (*Bericht*) report, (running) commentary; (*Direkt*≗) live report, on-the-spot account; **~er(in** *f*) *m* reporter; **~geschäft** ⚚ *n* contango (business).

Repräsentant *m*, **~in** *f* representative; *weitS. a.* exponent; **~enhaus** *Am. parl. n* House of Representatives.

Repräsentation *f* representation; **~sfigur** *fig. f*: (*reine* ~) figurehead; **~skosten** *pl.* cost *sg.* of representation.

repräsentativ *adj. allg., a. pol.* representative (*für* of); (*imposant*) imposing, stately; *~e Auswahl, ~er Querschnitt* representative selection; **≗system** *pol. n* representative government.

repräsentieren I. *v/t. allg.* represent; **II.** *v/i.* represent; act in a representative capacity; *(gut) ~ können Gastgeberin usw.*: have a good presence; *weitS.* be a good ambassador.

Repressalie *f* reprisal; (*Vergeltung*) *a.* retaliation; *~n ergreifen gegen* make reprisals on.

repressiv *adj.* repressive.

Reprise *f* ♪ reprise; *thea.* reenactment, re-staging; *Film*: reissue.

Reprivatisierung *f* denationalization.

Reproduktion *f allg., a. ped.* reproduction; **~skamera** *phot. f* process (*od.* copying) camera.

reproduktiv *adj.* reproductive.

reproduzier|bar *adj.* reproducible; **~en** *v/t.* reproduce.

Reptil *zo. n* reptile; **~ienfonds** *pol. m* secret funds *pl.*

Republik *f* republic; **~aner(in** *f*) *m*, **≗anisch** *adj.* republican; **~flucht** *f DDR*: absconding from the German Democratic Republic.

Repulsionsmotor ⚡ *m* repulsion motor.

Requiem *n* requiem.

requirieren ⚔ *v/t.* requisition, seize, commandeer.

Requisit *n* requisite; *thea.* *~en* (stage) properties, *sl.* props; **~eur** *thea. m* property man, *sl.* props (*sg.*).

Requisition ⚔ *f* requisition.

resch *dial. adj.* (*knusprig*) crisp.

Reseda ⚘ *f* mignonette.

Reservat *n*, **~ion** *f* (*Vorbehaltsrecht; Schutzbezirk*) reservation.

Reserve *f* reserve (*a.* ⚚, *Sport, fig.*); ⚔ reserves *pl.*; ⚚ *stille ~n* hidden reserves; *auf die ~n zurückgreifen* fall back (*od.* draw) on one's reserves; *in ~ halten* (keep in) reserve; *fig.* et. *in ~ haben* have a th. in reserve (*od.* up one's sleeve); *j-n aus s-r ~ hervorlocken* draw a p. out of his reserve; *sich (keine) ~ auferlegen* exercise (no) reserve; **~anlage** ⊕ *f* stand-by plant; **~batterie** ⚡ *f* spare battery; **~fonds** ⚚ *m* reserve-fund; **~kapital** *n* reserve capital; **~offizier** ⚔ *m* reserve officer; **~rad** *n* spare wheel; **~spieler** *m Sport*: reserve, substitute; **~tank** *m* reserve tank; **~teile** *n/pl.* spare parts, spares; **~truppen** *f/pl.* reserves, (*Verstärkungen*) replacements.

reservier|en *v/t. allg.* (*a. ~ lassen*) reserve; (*vorbestellen*) *a.* book (in advance); **~t** *adj.* reserved (*a. fig. zurückhaltend*); *sich ~ verhalten* be reserved; **≗ung** *f* reservation.

Reservist ⚔ *m* reservist.

Reservoir *n* reservoir (*a. fig.*).

Residenz *f* **1.** residency, residence; **2.** → **~stadt** *f* residential town, capital.

residieren *v/i.* reside.

Residualurin ⚕ *m* residual urine.

Residuum ⚗, ⚛ *n* residue.

Resign|ation *f* resignation; **≗ieren** *v/i.* give up; resign (o.s.) to one's fate, become resigned; **≗iert** *adj.* resigned(ly *adv.*).

resisten|t *adj.* resistent (*gegen* to); **≗z** *f* resistance.

resolut *adj.* resolute, determined.

Resolution *f* resolution; → *a. Beschluß.*

Resonanz *f* resonance (*a. fig.*); → *a. Anklang* 2, *Widerhall*; **~boden** *m* sounding-board; **~frequenz** *f* resonance frequency; **~kreis** *m* resonant circuit.

resorbieren *v/t.* reabsorb, resorb; **~d** *adj.* resorbent.

Resorption *f* reabsorption, resorption.

resozialisier|en *v/t.* rehabilitate; **≗ung** *f* rehabilitation.

Respekt *m* respect, awe; (*Achtung*) regard; *~ haben vor* have respect for, stand in awe of; *j-m ~ einflößen* command *a p.*'s respect, (inspire with) awe; *sich ~ verschaffen* make o.s. respected; *mit ~ (zu sagen)* with (all due) respect; → *a. Achtung*; **≗abel** *adj.* respectable (*a. weitS. Leistung, Summe usw.*); **≗ieren** *v/t.* respect *a p., the law, etc.*; have respect for *a p.*; **≗ive** *adv. nachgestellt*: respectively; **≗los** *adj.* irreverent, disrespectful, without respect; **~losigkeit** *f* irreverence, disrespect; **~sperson** *f* person held in *od.*

commanding respect, respectability; **~tage** ⚕ *m/pl.* days of grace; **²voll** *adj.* respectful (*a. iro. Entfernung*); **²widrig** *adj.* disrespectful.

Respiration *f* respiration.

Ressentiment *n* resentment.

Ressort *n* department; *e-s Ministers*: *a.* portfolio; (*Zuständigkeit*) *a.* province, purview, competence; (*Verantwortlichkeit*) responsibility; *das fällt nicht in mein ~* that is not within my province; **²mäßig** *adj.* departmental; **~minister** *m* → *Fachminister*.

Rest *m allg.* rest; (*~bestand, ~betrag, a.* ⚕ *u.* ⩚) remainder; ⚗, ⊕, ⩚, ⚖ residue; (*Zahlungs²*, *Saldo, Lieferrückstand*) balance; (*Über²*, *a.* ⚕ *Stoff²* *oft* -er) remnant(s *pl.*); (*Spur, Überbleibsel*) vestige; (*Speise²*) leftover; *sterbliche ~e* (mortal) remains; *den ~ des Tages* (*m-s Lebens*) the rest of the day (of my life); *gegen den ~ der Welt* *Sport*: against the rest of the world; *trauriger* (*od. schäbiger*) *~* sad (*od.* sorry) remnants *pl.*; F *fig. das gab ihm den ~* that finished him (off), that did it for him.

Restant *m* **1.** (*Schuldner*) defaulter; **2.** *mst pl.* (*Restware*) remainders; *~en Buchhaltung*: suspense items; *Effekten*: bonds drawn (for redemption) but not yet presented.

Restauflage *f* remainder.

Restaur|ant *n* restaurant; **~ateur** *m* restaurant-keeper, gastronomer; **~ation** *f* **1.** *pol.* restoration; *hist. the* Restoration; **2.** *obs.* restaurant; **²ieren I.** *v/t.* restore; **II.** *v/refl.*: *sich ~* restore (*od.* refresh) o.s., take some refreshment.

Rest...: **~bestand** *m*, **~betrag** *m* remainder, balance, residue, residual amount; **~er** *m/pl.* odds and ends; ⚕ (*Stoff²*) remnants; **~forderung** *f* residual claim.

Restitution *f* restitution; **~sklage** *f* action for restitution.

Rest...: **²lich** *adj.* remaining, left over, *a.* ⚗, ⩚, ⚖ residual; *~er Betrag* → *Restbetrag*; *~er Nachlaß* → *Restnachlaß*; **²los I.** *adj.* complete, total, radical; **II.** *adv.* completely, *etc.*; entirely, thoroughly altogether; *~ glücklich* perfectly happy; F *~ erledigt* F all in; **~nachlaß** ⚖ *m* residuary estate, residue; **~posten** ⚕ *m* remainders *pl.*

Restrikt|ion *f* restriction; **²iv** *adj.* restrictive.

Rest...: **~spannung** ⚡ *f* residual voltage; **~stickstoff** *m* rest-nitrogen; **~summe** *f* → *Rest*; **~zahlung** *f* payment of balance; final payment.

Resul|tante ⩚ *f* resultant; **~tat** *n* result, outcome; *Sport*: score, result(s *pl.*); **²tatlos** *adj.* without result, fruitless; **²tieren** *v/i.*: *~ aus* result from; *~d aus* resulting *od.* resultant from; **~tierende** ⩚ *f* resultant.

Resüm|ee *n* summary, résumé (*fr.*); **²ieren** *v/t. u. v/i.* sum up, recapitulate.

retardieren *v/t.* retard.

Retention ⚖, ⚕, *psych. f* retention; **~srecht** ⚖ *n* right of retention, lien.

retikulär *adj.* reticular.

retirieren *v/i.* retreat.

Retorte *f* retort.

retour *adv.* back; **²kutsche** F *f* silly tit for tat; **~nieren** *v/t.* return.

rett|en I. *v/t.* save (*a. eccl.*), rescue (*aus, vor* from); (*befreien*) rescue, deliver, (set) free; (*Güter usw.*) recover, rescue, *bsd.* ⚓ salvage (*a. fig.*); *s-e Ehre ~* vindicate one's hono(u)r; *j-m das Leben ~* save a p.'s life; *die Situation ~* save the situation; *sich ~* save o.s., (*entkommen*) escape; *sich vor Arbeit usw. nicht mehr ~ können* be swamped with; *rette sich, wer kann!* every man for himself!; *~de Idee* saving idea; → *Engel*; **II.** *v/i. Sport*: save; **²er(in** *f*) *m* rescuer, deliverer; (*Heiland*) Savio(u)r.

Rettich *m* radish.

Rettung *f* rescue; (*Befreiung*) *a.* deliverance; (*Entkommen*) escape; ⚓ (*Bergung*) salvage; *von Gütern usw.*: *a.* recovery; *eccl.* salvation; (*Hilfe*) help, succo(u)r; *das war seine* (*letzte*) *~* that (alone) saved him; *er ist meine einzige ~* he is my only resource; *es gab keine ~ für ihn* he was lost (*od.* past help).

Rettungs...: **~aktion** *f* rescue operation (*a. fig.*); **~anker** *m* sheet-anchor (*a. fig.*); **~arbeiten** *f/pl.* rescue operation(s) *sg.*; **~boje** *f* lifebuoy; **~boot** *n* lifeboat; **~dienst** *m* life-saving (*od.* rescue) service; **~floß** *n* life raft; **~gerät(e** *pl.*) *n* life-saving equipment; **~gürtel** *m* life-belt, *Am.* life-preserver; **~leine** *f* life-line; **²los** *adj.* irrecoverable, irretrievably lost, past help (*od.* hope), beyond recovery (*alle a. adv.* *~ verloren*); *fig. a.* hopeless(ly *adv.*); **~mannschaft** *f* rescue party; **~medaille** *f* life-saving medal; **~ring** *m* life-belt, *Am.* life-preserver; **~schiff** *n* rescue ship;

~**schwimmen** *n* life-saving swimming; ~**schwimmer** *m* life-saver, *Am.* lifeguard; ~**station** *f* first-aid station; ~**trupp** *m* rescue party; ~**versuch** *m* rescue attempt; ~**wagen** *m* ambulance (car); *Flugplatz*: crash car; ~**werk** *n* rescue work (*od.* operation).

Retusch|e *phot. f,* ≈**ieren** *v/t.* retouch.

Reue *f* repentance (*über* of), remorse (at); (*Zerknirschung*) contrition; (*Bedauern*) regret (at); ⚖ *tätige* ~ voluntarily averting the effect of one's own wrongful act; ~**gefühl** *n* remorse; ≈**n** *v/impers. u. v/t.*: *es reut mich* I am sorry about it, I regret it; *das Geld* (*die Zeit*) *reut mich* I regret the money (time); ≈**voll** *adj.* → *reuig.*

Reu...: ~**geld** ⚕ *n* forfeit (money); ≈**ig,** ≈**mütig** *adj.* repentant, penitent; (*zerknirscht*) remorseful, contrite.

Reuse *f* weir-basket, eel-buck; ~**n-antenne** *f* cage aerial (*Am.* antenna).

reüssieren *v/i.* be successful.

Revalorisierung *f* revalorization.

Revanche *f* revenge; *j-m* ~ *geben* give a p. his revenge; ~**kampf** *m,* ~**spiel** *n* return match (*od.* bout).

revanchieren *v/refl.*: *sich* ~ take (*od.* have, get) one's revenge (*an* [up]on), F get one's own back, *für*: return, reciprocate (for) *a good service, etc.*

Revanchis|mus *pol. m* revanchism; ~**t** *m,* ≈**tisch** *adj.* revanchist.

Reverenz *f* reverence.

Revers[1] *m* acknowledgement.

Revers[2] **1.** *m e-r Münze*: reverse; **2.** *n, m* (*Rockaufschlag*) lapel, revers (*fr.*); ≈**ibel** *adj.* reversible.

revidieren *v/t. allg.* revise; (*überprüfen*) *a.* examine, check; *fig. s-e Meinung* ~ revise one's opinion (*über* of).

Revier *n* district, quarter; (*Polizei*≈) precinct; (*Wache*) police station; *Runde des Polizisten*: beat; *des Briefträgers*: round; → *Jagdgebiet*; ⚔ dispensary, → *a. Revierstube*; ~**dienst** ⚔ *m* light duty; ~**förster** *m* quarter-ranger; ~**stube** *f* sick-room; ⚓ sick bay.

Revirement *pol. n* reshuffle.

Revision *f* revision; ⚕ audit; *e-s Vertrags, a. typ.*: revisal; ⚖ appeal (on a question of law); (*Wiederaufnahme*) review (on a question of law); ~ *einlegen* lodge an appeal on a question of law; → *a. Berufung(s...)*; → *Zollkontrolle*; ~**ismus** *m* revisionism; ~**ist** *m,* ≈**istisch** *adj.* revisionist; ~**sbeklagte(r** *m*) *f* respondent; ~**sbogen** *typ. m* revise (proof).

Revisor *m* **1.** *typ.* reviser; **2.** ⚕ → *Buchprüfer.*

Revolt|e *f* revolt; ≈**ieren** *v/i.* revolt (*a. fig. Magen*).

Revolution *f* revolution; ≈**är** *adj.,* ~**är(in** *f*) *m* revolutionary (*a. fig.*); ≈**ieren** *bsd. fig. v/t.* revolutionize; ~*d* revolutionary.

Revoluzzer *contp. m* anarchist, radical.

Revolver *m* revolver, F *a.* gun; ~**blatt** F *n* scandal-sheet, (gutter-) rag; ~**drehbank** ⊕ *f* turret (*od.* capstan) lathe; ~**held** *m* gunman; ~**kopf(schlitten)** ⊕ *m* turret slide; ~**presse** F *f* gutter-press; ~**schnauze** F *f* (gift of the) gab; (*Person*) fast talker.

Revue *f* review; *thea.* revue, musical show; ~ *passieren lassen* (pass in) review; ~**film** *m* revue (*od.* musical) film.

Rezen|sent *m* reviewer, critic; ≈**sieren** *v/t.* review; ~**sion** *f* review, critique; ~**sionsexemplar** *n* reviewer's copy.

Rezept *n* ⚕ prescription; (*Koch*≈) recipe, formula (*a. fig.*); *iro. fig. a.* magic formula; ~**block** *m* prescription pad; ≈**ieren** *v/t. u. v/i.* prescribe.

Rezeption *f* reception.

rezeptiv *adj.* receptive; (*empfänglich*) *a.* susceptive, susceptible.

rezeptpflichtig *adj.* requiring a doctor's prescription.

Rezess|ion ⚕ *f* recession; ≈**iv** *biol. adj.* recessive.

reziprok *adj.* reciprocal; ≈**wert** *m* reciprocal value.

Rezita|tion *f* recitation; ~**tiv** ♩ *n* recitative; ~**tor** *m* reciter.

rezitieren *v/t.* recite.

R-Gespräch *teleph. n* reversed charges call, *Am. a.* collect call.

Rhabarber *m* rhubarb.

Rhapsodie *f* rhapsody.

rhein|fränkisch *adj.* Rheno-Franconian; ~**isch,** ~**ländisch** *adj.* Rhenish, of the Rhineland; ≈**länder(in** *f*) *m* Rhinelander; ≈**pfalz** *f the* Palatinate; ≈**wein** *m* Rhine wine; *weißer*: *mst* hock.

Rheostat ⚡ *n* rheostat.

Rhesus|affe *m* rhesus (monkey); ~**faktor** ⚕ *m* rhesus factor, Rh factor.

Rhetor|ik *f* rhetoric; ~**iker** *m* rhetorician; ≈**isch** *adj.* rhetorical.

Rheuma F *n* → *Rheumatismus*; ~**tiker(in** *f*) *m* rheumatic (person); ≈**tisch** *adj.* rheumatic(ally *adv.*); ~**tismus** *m* rheumatism, F rheumatics *pl.*

Rhinozeros *n* rhinoceros, F rhino.
Rhodes|ier(in *f) m*, **≗isch** *adj.* Rhodesian.
Rhododendron *n, m* rhododendron.
rhom|bisch *adj.* rhombic; **≗boeder** *n* rhombohedron; **≗boid** *n* rhomboid; **≗bus** *m* rhombus, rhomb.
Rhönrad *n* gyro-wheel.
Rhyth|mik *f allg.* rhythmics *pl.* (*sg. konstr.*); **≗misch** *adj.* rhythmic(al); **~mus** *m allg.* rhythm; **~musgruppe** ♪ *f* rhythm section.
Ribisel *östr. f* currant.
Riboflavin *n* riboflavin.
Richt|antenne *f* directional aerial (*Am.* antenna); **~aufsatz** ⚔ *m* gun-sight; **~bake** *f* directional radio beacon; **~beil** *n* executioner's axe; **~blei** *n* plummet; **~block** *m* (executioner's) block; **~empfang** *m* directional (*od.* beam) reception.
richten I. *v/t.* **1.** (*zurechtmachen*) set right, arrange, F fix; (*Bett*) make; (*Zimmer*) put in order, tidy; (*einstellen*) adjust; (*Uhr*) set (*nach* by); (*vorbereiten, zubereiten*) prepare; (*ausbessern*) repair, F fix; (*renovieren*) renovate; (*schmücken*) decorate; (*aus* ~) align; (*zu* ~, *a.* ⚔) dress; (*geradebiegen*) straighten; (*Bleche*) level; *sich* ~ (*sich zurechtmachen*) dress, make one's toilet; *sich das Haar* ~ do (*od.* arrange) one's hair; ⚔ *Richt euch!* right dress!, *Am.* dress right, dress!; *fig. das läßt sich* ~ it can be arranged; **2.** (*lenken, wenden*) direct (*nach* to[wards]; *gegen* at), turn (to[wards]; against); ~ *auf* (*Waffe usw.*) level (*od.* point, aim) at, (*Geschütz*) train on; (*Augen, Blick, Aufmerksamkeit, Bemühungen*) direct (*od.* turn) to, concentrate (*od.* focus, fix) on; ~ *an* (*Bitte, Brief, Rede usw.*) address (*sich* o.s.) to; (*Frage*) put *a question* to; ~ *gegen* (*Angriff*) direct at; (*Anklage, Kritik, Rede*) level at; *sich* ~ *gegen* be directed (*od.* level[l]ed) at; *das war gegen* (*od. an*) *dich gerichtet* that was meant for you; *sich* ~ *nach* conform to, act according to; (*abhängen von*) depend on, be conditional on; (*sich bestimmen nach*) be determined (*od.* governed) by; (*sich orientieren an*) orient(ate) o.s. by, (*nach e-m Vorbild*) follow *a p.'s* example; *Sache*: be model(l)ed after (*od.* on); ~ *Sie sich danach!* act accordingly!, *warnend*: don't (you) forget it!, keep that in mind!; *ich richte mich* (*ganz*) *nach Ihnen!* I leave it to you!; **3.** *als Richter u. fig.*: judge, (*verurteilen*) pass (*od.* pronounce) sentence on, *bsd. fig.* condemn; (*hin* ~) execute; *er ist gerichtet!* he is condemned!; **II.** *v/i.* judge; ~ *über a.* sit in judgement on; *bibl. richtet nicht, auf daß ihr nicht gerichtet werdet* judge not, lest ye be judged.
Richter *m*, **~in** *f* judge (*a. fig. über* of); (*Polizei*≗) magistrate; *bibl.* judge; (*Buch der*) ~ Judges; *hoher* ~ *a.* justice; *Oberster* ~ supreme judge; *Herr* ~! *Anrede*: Your Lordship!, *Am.* Your Honor!; *zum* ~ *ernannt werden* be called to the Bench; *vor den* ~ *bringen* bring to justice; **~amt** *n* judicial office, judgeship; → *Befähigung*; **~kollegium** *n the* (body of) judges *pl.*, *the* Bench; **≗lich** *adj. allg. Amt, Ermessen, Entscheidung usw.*: judicial; ~*e Gewalt* judicial power, judiciary; **~spruch** *m* → *Urteil* 2; **~stand** *m* judiciary, *the* judges *pl.*; **~stuhl** *m* judge's seat, tribunal (*a. fig.*).
Richt...: **~fehler** ⚔ *m* aiming error; **~fernrohr** *n* telescopic sight; (*Zielgeber*) tracking telescope; **~fest** *n* topping-out ceremony; **~funk** *m* directional radio, radio relay (system); **~funkbake** *f* directional radio beacon.
richtig I. *adj. allg.* right; (*zutreffend, fehlerfrei*) *a.* correct; (*genau*) exact, accurate; (*echt, wirklich*) real, genuine; (*wahr*) true; (*gehörig, vorschriftsmäßig*) proper, due; (*angemessen*) appropriate; (*geeignet*) suitable; (*gerecht*) just, fair, right; ~*e Adresse* (*Zeit*) right *od.* proper address (time); ~*e Aussprache* correct pronunciation; ~*er Engländer* true-born (*weitS.* true, typical, real) Englishman; *ein* ~*er Kerl* (*Sportler usw.*) a regular *od.* real fellow (sportsman, *etc.*); *seine* ~*e Mutter* his real mother; *sein* ~*er Name* his real (*od.* true) name; *der* ~*e Mann* (*am* ~*en Platz*) the right man (in the right place); *es war* ~ *von dir, daß du* you have done right to *inf.*; *es für* ~ *halten, zu inf.* think it right to *inf.*, think (*od.* see) fit to *inf.*; (*sehr*) ~! right (you are)!, exactly!, just so!, quite (so)!; F *so ist's* ~! F that's the stuff!; F *der ist* ~! he is good (*od.* in order)!; F *mit der Sache ist etwas nicht* ~! there is something queer (*od.* wrong, F fishy) about it!; **II.** *adv.* right(ly), correctly, *etc.*; the right way; (*gehörig, vorschriftsmäßig*) duly, properly; (*tüchtig, mächtig*)

properly, thoroughly, soundly; ~ *verlegen* all (*od.* F real) embarrassed; ~ *nett* (*gut, schlecht usw.*) really (*od.* F real) nice (good, bad, *etc.*); ~ *gehen Uhr*: go right, keep good time; *geht deine Uhr* ~? is your watch right?; ~ *rechnen* (*schreiben*) calculate (spell) correctly; ~*er gesagt* rather, properly speaking; *fig. du hast es* ~ *gemacht* you have done right; *du kommst gerade* ~! you came at the right moment, *mir*: you are the very man I need, *iro.* you were all I wanted!; *nun habe ich es* ~ *wieder vergessen!* how stupid, now I've forgotten it again; *und* ~, *da kam er auch schon herein!* and sure enough, he came walking right in!; **III.** *substantivisch*: *das* ~*e* the right thing; *er ist der* ≈*e* he is the right man; *an den* ≈*en geraten* come to the right (*iro.* wrong) man; *das* ≈*e treffen* hit upon the right thing; *das ist das* ~*e!* that's it!, that's the real thing (*od.* F the stuff, the real McCoy)!; *das ist nicht ganz das* ~*e!* F that's not quite the ticket!; → *einzig* **II**; ≈**befund** *m* verification; ☤ *nach* ~ if found correct; ~**gehend** *adj.* **1.** *Uhr*: accurate, keeping good time; **2.** F regular, real, *Am.* F honest-to-goodness; *adv.* ~ *böse* real angry; ≈**keit** *f* rightness, correctness; exactness, accuracy; justness, fairness; soundness; *die* ~ *e-r Sache nachweisen od. feststellen* verify a th.; *damit hat es s-e* ~ that is quite true, that is a fact; ~**stellen** *v/t.* put (*od.* set) right, correct, rectify; ≈**stellung** *f* rectification, correction.

Richt...: ~**kanonier** ⚔ *m* gun pointer; *für Höhe*: (gun) layer; *für Seite*: (gun) trainer; ~**linie** *f* guideline; ~*n* (*Anweisungen*) (general) directions, instructions; ~**maß** *n* standard, ga(u)ge; ~**platte** *f* level(l)ing plate; ~**platz** *m* place of execution; ~**preis** *m* guiding price; ~**röhre** ⚡ *f* diode; ~**satz** *m* guiding (*od.* standard) rate; ~**scheit** ⊕ *n* level, rule(r), straight-edge; ~**schnur** *f* → *Richtlinie*; *zur* ~ *nehmen* be guided by, follow; ~**schütze** ⚔ *m* (first) gunner; ~**schwert** *n* executioner's sword; ~**sender** *m* beam (*od.* directional) transmitter; ~**sendung** *f Radio*: directional transmission; ~**statt** *f*, ~**stätte** *f* place of execution; ~**strahl** *m* (radio) beam; ~**strahler** *m* **1.** (*Antenne*) directional (*od.* beam) aerial (*Am.* antenna); **2.** → *Richtsender*.

Richtung *f* direction; (*Weg*) way, route; (*Kurs*) ⚓ course, bearing, tack, *fig.* course, direction, line, drift; (*Entwicklung*) trend, tendency; (*geistige* ~) school of thought; (*Bewegung*) movement; (*Einstellung*) orientation, *political, extreme, etc.* views *pl.*; (*Politik*) policy; *neue(re)* ~ new school (*od.* direction), modern movement, modern lines *pl.* (of thought); *aus* (*nach*) *allen* ~*en* from (in) all directions; *in* ~ *auf* in the direction of; *in dieser* ~ this way, *a. fig.* in this direction; *in gerader* ~ in a straight line, straight on (*od.* ahead); *e-e* ~ *einschlagen* go in a direction; *fig.* take a course; *in derselben* ~ *weitergehen* continue in the same direction, pursue the same course.

Richtungs...: ~**änderung** *f* change in direction (*od. a. fig.* of course); ~**anzeiger** *mot. m* direction indicator, trafficator; ~**bestimmung** *f Radio*: direction finding; directional reception; ~**pfeil** *m* directional marker, arrow; ~**weiser** *m* signpost.

richtungweisend *adj.* directive, guiding; *fig. a.* signpost ..., landmark ...

Richt...: ~**waage** ⊕ *f* level; ~**wert** *m* approximate value.

Ricke *hunt. f* doe, young roe.

riechen I. *v/i.* smell (*nach* of; *an* at); *fig.* ~ *nach* smell (*od.* smack) of; *gut* ~ smell good, have a pleasant smell; *übel* ~ (have an unpleasant) smell; *er riecht aus dem Mund* his breath smells, he has a bad breath; *zu* ~ *beginnen* (*schlecht werden*) get high; **II.** *v/t.* smell; (*schnüffeln*) sniff; (*wittern*) scent; F *fig. ich kann ihn nicht* ~ I can't stand him; F *er hatte es gerochen* F he had rumbled it; F *das konnte ich doch nicht* ~! how was I to know?; → *Braten, Lunte* **1**; ~**d** *adj.* smelling, odorous, redolent; → *a. duftend.*

Riecher F *m* nose; *e-n guten* ~ *haben für* have a good nose for.

Riech...: ~**fläschchen** *n* smelling-bottle; ~**kolben** F *m sl.* smeller; ~**nerv** *anat. m* olfactory nerve; ~**salz** *n* smelling salts *pl.*; ~**werkzeug** *anat. n* olfactory organ; (*Nase*) nose.

Ried *n* **1.** reed; **2.** (*Moor*) marsh(-land).

Riefe *f*, ≈**ln** ⊕ *v/t.* flute (*a. an Säulen*), channel.

Riege *f Turnen*: section, squad.

Riegel *m* bar, bolt; *am Schloß*: key-bolt; (*Quer* ≈) (cross-)bar; △

tie-beam; *Seife*: bar, cake; *Schokolade*: bar, *Am.* strip; (*Kleider*∼) rack; *Schneiderei*: patch; *den* ∼ *vorschieben* shoot the bolt; *fig. e-r Sache e-n* ∼ *vorschieben* put a stop to a th.; → *Schloß*[1]; ∼**n** *v/t.* bar, bolt.

Riemen[1] ⚓ *m* oar; *fig. sich in die* ∼ *legen* put one's back into it.

Riemen[2] *m* strap; (*Leib*∼, ⊕ *Treib*∼) belt; (*Gewehr*∼) sling; (*Schnür*∼) lace; (*Streich*∼) strop; *fig. den* ∼ *enger schnallen* tighten one's belt; *sich am* ∼ *reißen* pull o.s. together; ∼**antrieb** ⊕ *m* belt-drive; ∼**scheibe** *f* (belt) pulley, *bei Seilantrieb*: sheave.

Ries *n*: ∼ *Papier* ream of paper.

Riese[1] *m* giant (*a. fig.*); *im Märchen*: *a.* ogre.

Riese[2] *f* (timber-)slide.

Riesel|feld *n* sewage farm; ∼**n** *v/i.* ripple, purl; (*tröpfeln*) trickle, *Schweiß, Tränen*: *a.* run, roll; *Regen*: drizzle; *ein Schauder rieselte ihr über den Rücken* ran down her spine; *es rieselt* it is drizzling.

Riesen... *in Zssgn* gigantic, giant ..., mammoth ..., colossal, monstrous, oversize ...; *weitS. Anstrengung, Dummheit usw.*: colossal, enormous, huge, terrible; ∼**arbeit** *f* gigantic (*od.* Herculean) task; ∼**ballonreifen** *m* super-balloon tyre (*Am.* tire); ∼**erfolg** *m* enormous (*od.* huge) success, *thea.* F smash (hit); ∼**fehler** *m* colossal mistake; ∼**felge** *f Turnen*: forward grand circle; ∼**flugzeug** *n* giant plane; ∼**groß**, ∼**haft** *adj.* → *riesig*; ∼**haftigkeit** *f* gigantic size (*od.* proportions *pl.*); ∼**konzern** *m* mammoth concern; ∼**kraft** *f* gigantic (*od.* Herculean) strength; ∼**rad** *n* (*Luftschaukel*) Ferris (*od.* giant) wheel; ∼**schlange** *f* boa constrictor; python; ∼**schritt** *m* giant stride (*od.* step); *mit* ∼*en* at a tremendous pace; ∼**schwung** *m Turnen*: grand circle; ∼**slalom** *m* grand slalom; ∼**stärke** *f* → *Riesenkraft*; ∼**wuchs** ⚕ *m* gigantism, macrosomia.

riesig *adj.* (*a. adv.*) **1.** gigantic(ally), colossal, enormous, huge (*alle a. fig.*); **2.** F *fig.* (*mst adv.*) (*ungemein*) immense(ly), F awful(ly), tremendous(ly); *das amüsierte ihn* ∼ he was hugely amused.

Riesin *f* giantess.

Riesling *m* (*Wein*) riesling.

Riester ⊕ *m* patch.

Riff *n* reef.

riffel|n ⊕ *v/t.* flute, channel, corrugate; (*Flachs*) ripple; ∼**ung** *f* corrugation, fluting.

rigolen ⚒ *v/t.* trench(-plough).

rigoros *adj.* rigorous, rigid, drastic; ∼**um** *univ. n* viva voce.

Rikscha *f* ricksha(w).

Rille *f* groove; ⊕ *a.* flute, chamfer; ⚒ (small) furrow; (*Saat*∼) drill; ∼**n** ⊕ *v/t.* groove, flute; ⚒ drill.

Rimessa *fenc. f* remise.

Rimesse ⚕ *f* remittance; (*Wechsel*) drawn bill of exchange.

Rind *n* neat; (*Ochse*) ox, *junger*: bullock; (*Kuh*) cow; ∼*er* (horned) cattle (*pl.*); *als Gattung*: bovine race *sg.*; *nach Zahlen*: head (*pl.*) of cattle.

Rinde *f* (*Baum*∼) bark; (*Brot*∼) crust; *Frucht, Käse*: rind; *anat.* (*Gehirn*∼) cortex.

Rinder...: ∼**braten** *m* roast beef; ∼**brust** *f Kochkunst*: brisket (of beef); ∼**filet** *n* fillet of beef; ∼**herde** *f* herd of cattle; ∼**hirt** *m* cowherd, *Am.* cowboy; ∼**n** *v/i. Kuh*: be in heat; ∼**pest** *f*, ∼**seuche** *f* cattle-plague; ∼**talg** *m* tallow; ∼**tuberkulose** *f* bovine tuberculosis; ∼**zucht** *f* cattle breeding; ∼**zunge** *f* neat's tongue.

Rind...: ∼**fleisch** *n* beef; ∼**fleischbrühe** *f* beef-tea; ∼**skeule** *f* round of beef; ∼**(s)leder** *n* neat's leather, cow-hide; ∼**(s)ledern** *adj.* cow-hide; ∼**sroulade** *f* collared beef; ∼**vieh** *n* (horned) cattle, neat; F (*Idiot*) blockhead, idiot, oaf.

Ring *m allg.* ring (*a.* ⚗, ⚘, ⊕, *Turnen, Boxen, Stadtverkehr, Zirkus usw.*); (*Kreis*) circle, *um die Augen*: *a.* (dark) ring; *um Gestirne*: halo, *des Saturn*: ring; *orn.* (*Hals*∼) ruff; ⚠ collar; (*Reifen, Öse*) hoop, loop; ⊕ (*Dichtungs*∼) washer; (*Kettenglied*) link; (*Zwinge*) ferrule; (*Stadion*) arena; *Schießsport*: scoring zone, ring, *erzielter*: point; ⚕ ring, pool, trust, combine; (*Spionage*∼, *Verbrecher*∼) ring; ∼ *frei! Boxen*: clear the ring!; *fig. der* ∼ *schließt sich* the wheel comes full circle; ♪ (∼ *des Nibelungen*) Ring (cycle); ∼**bahn** *f* circular railway; ∼**buch** *n* ring binder.

Ringel *m*, ∼**chen** *n* ringlet (*a.* = *Locke* curl), circlet; ∼**blume** *f* marigold; ∼**haar** *n* curly hair; ∼**locke** *f* ringlet, (corkscrew) curl; ∼**n I.** *v/t.* (*Baum, Zwiebeln usw.*) ring; (*Haare usw.*) curl; **II.** *v/i. u. v/refl.*: (*sich* ∼) curl, coil; *sich schlängelnd* ∼ wind, meander; *zukkend*: wriggle; ∼**natter** *f* ring-snake; ∼**reihen** *m* round dance;

~spiel *östr. n* roundabout, merry-go-round; **~taube** *f* ring-dove.

ringen I. *v/t.* wring (*die Hände* one's hands); **II.** *v/i.* wrestle (*mit* with); *fig. a.* struggle, grapple (with); *~ um* wrestle (*od.* struggle, fight) for; *mit sich* (*od. s-m Entschluß*) *~* wrestle with o.s. (*od.* one's decision); *mit e-m Problem* (*e-r Versuchung*) *~* wrestle with a problem (temptation); *mit dem Tode ~* be in the throes (*od.* grip) of death; *nach Atem ~* gasp for breath, be panting; *nach Fassung ~* try to regain one's composure; *nach Worten ~* struggle for words; **III.** *≈ n* wrestling; *fig.* (hard) struggle, wrestle.

Ringer *m* wrestler; **~lösung** ⚗ *f* Ringer's solution.

Ring...: **~erfahrung** *f Boxen*: ring routine; **~feder** ⊕ *f* annular spring; **~finger** *m* ring-finger; **≈-förmig** *adj.* annular, ring-shaped; **~kampf** *m* wrestling(-match); **~kämpfer** *m* wrestler; **~mauer** *f* ring-wall; **~platz** *m Boxen*: ring-side (seat); **~richter** *m Boxen*: referee.

rings *adv.* (all) around.

Ring...: **~scheibe** *f* rifle (ring) target; **~schmierung** ⊕ *f* ring lubrication; **~schraube** *f* eye-bolt; **~sendung** *f Radio*: hook-up.

rings...: **~(her)um, ~umher** *adv.* round about, all (a)round; (*überall*) everywhere, on all sides.

Ring...: **~straße** *f* ring (road), circular road; **~tausch** *m* ring barter; **~tennis** *n* deck-tennis; **~verbindung** ⚗ *f* ring compound; **~wall** *m* ring-wall; **~zyklus** ♪ *m Richard Wagner*: Ring cycle.

Rinne *f* (*Rille*) groove, channel; △ (*Säulen≈*) flute; (*Dach≈*) gutter; (*Wasserabzugs≈*) gully, gutter; (*Leitungs≈*) conduit, duct; (*Rutsche*) chute; (*Kanal*) canal; (*Furche*) furrow; *anat., bot.* groove; **≈n** *v/i.* run, flow; *Tränen, Schweiß*: *a.* roll; *Regen*: fall; *Schauder, Zeit*: run; (*tröpfeln*) drip, trickle; (*lecken*) leak.

Rinnsal *n* streamlet, rill, *Am. a.* run; *von Blut, Schweiß, Farbe usw.*: trickle.

Rinnstein *m* gutter; *fig.* → *Gosse*.

Ripp F *n*: *altes ~* old hag, hellcat.

Rippchen *n* cutlet, rib.

Rippe *f anat.*, ⚘, ⊕, ⚓, ✈, *e-s Berges, von Stoff*: rib; △ *a.* groin; (*Schokolade≈*) bar, *Am.* strip; (*Kühl≈, Heiz≈*) fin; *mot. a.* gill; **≈n** *v/t.* rib; △ groin; → *gerippt*.

Rippen...: **~bogen** *m* costal arch; **~bruch** *m* rib fracture; **~fell** *n* pleura; **~fellentzündung** ⚕ *f* pleurisy; **~fellgegend** *f* pleural region; **~knorpel** *m* costal cartilage; **~kühler** *m* fin-tube (*od.* gilled) radiator; **~stoß** *m* dig in the ribs, *heimlicher*: nudge; *j-m e-n ~ versetzen* dig a p. in the ribs, nudge a p.; **~stück** *n Schlächterei*: rib.

Ripp|e(n)speer *m* (spare)rib; **~-samt** *m* cord(uroy).

Rips † *m* (*Stoff*) rep.

Risiko *n* risk (*a.* †); *auf eigenes ~* at one's own risk; *ein ~ eingehen* take (*od.* run) a risk; † *das ~ übernehmen* undertake the risk; *mit e-m ~ verbunden sein* involve a risk; **≈los** *adj.* riskless; **~streuung** *f* distribution of risk; **~-summe** *f* (amount at) risk.

riskant *adj.* risky, precarious.

riskieren *v/t.* risk.

Rispe ⚘ *f* panicle.

Riß *m* **1.** *in Gewebe*: rent, tear; (*Spalt*) crevice, fissure (*a.* ⊕); cleft, chink; (*Lücke*) gap; (*Sprung*) crack; ⊕ (*Brennfehler, Sprung*) flaw; (*Ritz, Schramme*) scratch; (*Wunde*) tear, laceration; *fig. in der Freundschaft usw.*: rift, rupture; (*Spaltung*) split, schism; *Risse in der Haut*: chaps; F *das gab ihm e-n ~* it shocked (*od.* jarred) him; **2.** → *Aufriß, Grundriß*.

Rissebildung ⊕ *f*: (*netzartige ~*) (alligator) cracking.

rissig *adj.* full of rents, *etc.*; cracked, fissured; *Haut, trockener Boden*: chappy; *~ werden* tear; crack, get brittle; *Haut*: chap; **≈werden** *n* cracking; *der Hände*: chapping.

Rißwunde ⚕ *f* laceration, lacerated wound.

Rist *m des Fußes*: instep; *der Hand*: back of the hand; **~griff** *m Turnen*: ordinary grip.

ristorn|ieren † *v/t.* (*u. v/i.*) reverse (an entry); **≈o** *n* reversal, reversing entry.

Riten *m/pl.* → *Ritus*.

Ritt *m* ride; *e-n ~ machen* take (*od.* go for) a ride.

Ritter *m* **1.** knight (*a. Inhaber e-s Ordens*); cavalier (*a. fig. Begleiter e-r Dame*); *fahrender ~* knight-errant; *zum ~ schlagen* dub *a p.* a knight, knight *a p.*; **2.** *arme ~ Kochkunst*: fritters; **~burg** *f* knight's castle; **~dienst** *m* chivalrous service; *fig. a.* gallantry; **~gut** *n* manor; **~-gutsbesitzer** *m* owner of a manorial estate, lord of the manor; **~kreuz** ⚔ *n* Knight's Cross; **~kreuzträger** ⚔ *m* knight of the Iron Cross; **≈lich** *adj.* knightly;

fig. chivalrous, gentlemanly, gallant; ~*es Benehmen* chivalry; **~lichkeit** *f* chivalry, gallantry; **~orden** *m* order of knighthood; **~roman** *m* romance of chivalry; **~schaft** *f* **1.** chivalry, *the* knights *pl.*; **2.** (*Eigenschaft*) knighthood; **~schlag** *m* knighting, dubbing; *den ~ empfangen* be knighted; **~sporn** ⚘ *m* larkspur; **~stand** *m*, **~tum** *n* → *Ritterschaft*; **~zeit** *f* age of chivalry.

rittlings *adv.* astride (*auf* of), astraddle.

Rittmeister ⚔ *m* captain of horse, (cavalry) captain.

Ritual *n*, ⁓ *adj.* ritual; **~mord** *m* ritual murder.

rituell *adj.* ritual.

Ritus *m* rite.

Ritz *m* (*Kratzer*) scratch (*a.* ⊕); (*Sprung, Spalt*) crack, fissure, crevice, chink, rift; **~e** *f* crack, chink; **~el** ⊕ *m* pinion; **⁓en** *v/t.* (*kratzen*) scratch; (*abschürfen*) graze; (*schneiden*) cut (*a. Glas*), carve; → *geritzt*; **⁓ig** ⊕ *adj.* crannied, flawed.

Rival|e *m*, **~in** *f* rival; **⁓isieren** *v/i.* rival (*mit j-m* a p.); compete, vie (with); **~ität** *f* rivalry.

Rizinusöl *n* castor oil.

Robbe *zo. f* seal; **⁓n** ⚔ *v/i.* crawl, creep; **~nfang** *m* sealing.

Robe *f* gown, robe; F *in großer ~* in great gala.

Robinie ⚘ *f* robinia.

Robinsonade *f Fußball*: full-length save.

roboten F *v/i.* work like a robot, robotize.

Roboter *m* robot; **~tum** *n* robotry, robotism.

robust *adj.* robust, sturdy, rugged; **⁓heit** *f* robustness; ruggedness.

Rochade *f Schach*: castling; *Sport*: switch(ing) of positions.

röcheln I. *v/i.* rattle (in one's throat); **II.** *v/t.* gasp (out); **III.** ⁓ *n* rattling, rattle; *Todesröcheln* death-rattle.

Rochen *zo. m* ray.

rochieren *v/i. u. v/t.* castle; *Sport*: switch positions.

Rock *m* **1.** (*Frauen*⁓) skirt; **2.** *obs.* (*Jacke*) coat, jacket; (*Anzug*) habit, suit; (*Geh*⁓) frock; **~aufschlag** *m* lapel.

Röckchen *n* little (*od.* short) skirt.

Rocken *m* distaff.

Rocker *m* rocker.

Rock...: **~schoß** *m* coat-tail; **~zipfel** *m* lappet; F *fig. an j-s ~ hängen* be tied to a p.'s apron-strings.

Rodel *m* toboggan; (*Renn*⁓) luge; **~bahn** *f* toboggan-run; *Sport*: luge run; **⁓n** *v/i.* toboggan, *bsd. Sport*: luge; **~n** *n* tobogganing; *Sport*: luge event; **~schlitten** *m* → *Rodel*.

Rode|land *n* cleared land; **~maschine** *f* stump grubber, uprooting machine; **⁓n** *v/t.* **1.** (*Land*) clear, cultivate; **2.** (*Bäume usw.*) root out, stub (up).

Rodler(**in** *f*) *m* tobogganist, luge racer.

Rodung *f* cleared woodland; (*Lichtung*) clearing.

Rogen *m* (hard) roe.

Rog(e)ner *m* spawner.

Roggen *m* rye; **~brot** *n* rye-bread.

roh I. *adj.* **1.** (*unverarbeitet*) raw, crude, rough; → *a.* (*im*) *Rohzustand*; *Nahrungsmittel*: raw; *Diamant, Entwurf usw.*: rough; *Haut, Leder*: raw, untanned; *Stein, Holz*: unhewn; (*primitiv verarbeitet, z. B. Tisch*) crude; *statistische Daten usw.*: raw, crude; *fig.* (*unreif, unfertig*) crude; → *Ei* 1; **2.** (*derb, grob*) rough (*a. Sport*), coarse, rude; (*grausam*) brutal, brutish, cruel; *Volk*: barbarous; → *Gewalt*; **3.** ☤ (*brutto*) gross; **II.** *adv.* rough, raw; crudely, *etc.*; (*ungefähr*) roughly; → *a.* (*im*) *Rohzustand*; **⁓analyse** *f* rough analysis; **⁓bau** △ *m* carcass; **⁓baumwolle** *f* raw cotton; **⁓bilanz** ☤ *f* trial balance; **⁓block** *metall. m* ingot; **⁓diamant** *m* rough (*od.* uncut) diamond; **⁓einnahme** ☤ *f* gross receipts *pl.*; **⁓eisen** *n* pig-iron.

Roheit *f* **1.** (*Rohzustand*) raw (*od.* crude) state, rawness, crudeness; **2.** (*Grobheit*) roughness, rudeness; brutality; (*rohe Handlung*) brutal act, brutality.

Roh...: **~entwurf** *m* rough draft; **~ertrag** *m* gross yield, gross proceeds *pl.*; **~erz** *n* crude ore; **~erzeugnis** *n* raw product; **~faser** *f* raw fib|re, *Am.* -er; **~film** *m* raw (*od.* blank) film, *a. pl.* raw stock; **~gewicht** *n* gross weight; **~gewinn** *m* gross profit; **⁓gezimmert** *adj.* rough-hewn, crude; **~gummi** *m* crude rubber; **~guß** *m* pig-iron casting; **~haut** *f* rawhide; **~kost** *f* uncooked (vegetarian) food, raw diet (*od.* vegetables *pl.*); **~köstler** *m* vegetarian, fruitarian; **~leder** *n* untanned (*od.* raw) leather, rawhide; **~ling** *m* **1.** brutal fellow, brute; **2.** *metall.* slug; *Gießerei*: blank (piece); **~maß** ⊕ *n* crude size; **~material** *n* raw material; **~metall** *n* crude metal; **~öl** *n* crude (*od.* raw) oil; **~öl-**

motor *m* crude oil engine; **~produkt** *n* raw product.

Rohr *n* **1.** ♀ (*Schilf*≈) reed; (*spanisches* ~, *~stock*) cane; *fig. schwankendes* ~ broken reed; **2.** ⊕ (*Röhre*) tube, pipe; *bsd. als Materialbezeichnung*: tubing, piping; (*Leitungs*≈, *Ofen*≈) pipe; (*Hochdruck*≈) tube; (*Abzugs*≈) flue; (*Kanal*) duct, canal; ⚔ (*Geschütz*≈) (gun-)barrel, (*Torpedo*≈) tube; *aus allen ~en feuern* let go with all one has; **~anschluß** *m* pipe connection; **~blatt** ♪ *n* reed; **~blattinstrument** ♪ *n* reed (instrument); *die ~e im Orchester*: the reeds; **~bruch** *m* pipe burst; **~brunnen** artesian well.

Röhrchen *n* small tube, tubule; ⚗ test tube.

Rohr...: **~dach** *n* reed-thatch(ed roof); **~dommel** *orn. f* bittern.

Röhre *f* tube; (*Leitungs*≈) pipe; (*Leitung, Kanal*) duct, conduit; (*Gas*≈, *Wasser*≈ *usw.*) *a.* main; (*Schacht*) shaft; (*Tunnel*) tunnel; *anat.* duct, canal, (*Luft*≈, *Speise*≈) pipe; (*Kanüle*) cannula; ⚗ test tube; *Radio, TV usw.*: valve, *bsd. Am.* tube; (*Leucht*≈) vacuum tube lamp, neon tube; (*Brat*≈) oven; F *in die ~ gucken* (*leer ausgehen*) F not to get a damn thing; *co. TV*: sit before the (goggle-)box.

röhren *v/i. Hirsch*: bell.

Röhren...: **~detektor** *m Radio*: thermionic (*od.* valve) detector; **~empfänger** *m* valve (*Am.* tube) receiver; **≈förmig** *adj.* tubular; **~gleichrichter** *m* valve (*Am.* vacuum-tube) rectifier; **~hose**(*n pl.*) F *f* drainpipe trousers *pl.*; **~knochen** *m* hollow (*od.* long, tubular) bone; **~lampe** *f* tubular lamp, tube lamp; **~leitung** *f* → *Rohrleitung*; **~pilz** *m*, **~schwamm** ♀ *m* boletus; **~rauschen** *n Radio*: valve (*Am.* tube) noise; **~sender** *m* valve (*Am.* vacuum-tube) transmitter; **~sockel** *m* valve (*Am.* tube) base; **~walzwerk** *n* tube rolling mill.

Rohr...: **~flansch** *m* pipe flange; **~flöte** *f* reed-pipe; **≈förmig** *adj.* tubular; **~geflecht** *n* canework.

Röhricht *n* reed.

Rohr...: **~kolben** ♀ *m* reed mace; **~krepierer** ⚔ *m* barrel burst; **~krümmer** *m* pipe bend, elbow; **~leger** *m* pipe fitter, plumber; **~leitung** *f* pipe, tubing, piping; *für Kabel usw.*: conduit; (*Fernleitung*) pipeline; (*Versorgungsnetz*) mains *pl.*; *~en im Haus*: plumbing *sg.*; **~mantel** *m* jacket; **~mast** *m* tubular mast; **~möbel** *n/pl.* wicker furniture *sg.*; → *Stahlrohrmöbel*; **~muffe** *f* pipe union; **~netz** *n* piping; *Wasser, Gas usw.*: mains *pl.*; **~post** *f* pneumatic dispatch (*od.* tube); **~rücklauf** ⚔ *m* recoil; **~schelle** *f* pipe clamp; **~schilf** *n* reed; **~schlange** *f* coil, spiral tube; **~schlosser** *m* pipe fitter; **~spatz** *m* reed-bunting; *fig. schimpfen wie ein Rohrspatz* swear and fume; **~stiefel** *m* high boot, Wellington (boot); **~stock** *m* cane; **~stuhl** *m* cane(-bottomed) chair, wicker-chair; **~verbindungsstück** *n* pipe-connection, pipe union; **~walzwerk** *n* tube rolling mill; **~zange** *f* pipe wrench; **~zucker** *m* cane-sugar.

Roh...: **~seide** *f* raw silk; **~stahl** *m* crude (*od.* natural) steel; **~stoff** *m* raw material; **~stoffmangel** *m* raw material shortage; **~stoffpreise** *m/pl.* raw material prices; **~wolle** *f* raw wool; **~zucker** *m* raw (*od.* crude) sugar; **~zustand** *m*: (*im ~* in a) rough *od.* raw *od.* crude state; *im ~ a.* in the rough (*od.* raw).

Rokoko *n* rococo.

Rolladen *m* sliding shutter, blind, *Am. a.* shade.

Roll|bahn *f* ✈ taxiway; *zum Starten*: runway; *zum Landen*: landing-track; ⚔ main track; **~bahre** *f* wheeled stretcher; **~bandmaß** *n* roller tape measure; **~binde** ⚕ roller (bandage); **~dach** *mot. n* slide-back (*od.* sunshine, roller) roof.

Rolle[1] *f* **1.** *allg.* roll (*a. Geld*≈, *Papier*≈, *Haar*≈, *Tabak*≈ *usw.*); (*Draht*≈, *Tau*≈) coil; (*Spule*) reel, spool; ~ *Garn* reel of cotton, *Am.* spool of thread; ~ *Stoff* bolt of cloth; **2.** (*Walze*) roller, cylinder; *unter Möbeln*: castor, caster, roller; *am Flaschenzug*: pulley; *für Tuchstoffe*: calender; (*Mangel*) mangle; **3.** (*Register*) roll, register, list; *hist.* (*Schrift*≈) (sc)roll; **4.** ✈, *Turnen*: roll.

Rolle[2] *f thea. u. fig.* rôle, role, part; *führende ~ thea.* (*a. Schauspieler*) lead, *a. fig.* leading rôle; *die ~n besetzen* cast the parts (*mit* with); *thea. s-e ~ beherrschen* be word-perfect; *e-e ~ spielen* play a part *od.* rôle (*a. fig. bei, in* in), *fig. a.* figure (in), be a factor *od.* of importance (in); *fig. e-e große ~ spielen* play an important part (*bei* in), figure large (in), be instrumental (in); *Person*: *a.* make a brilliant figure; *e-e klägliche ~ spielen* cut a poor figure; *er spielt e-e große ~ in der Firma a.* he is one of the top men of that firm; *das (es) spielt keine* ~ it doesn't matter, it makes no difference (*daß* that); *es hat auch* e-e ~ *gespielt, daß* another reason (*od.* factor) was that; *Geld spielt keine* ~ money is no consideration; *er fiel aus der* ~ he misbehaved (*od.* forgot himself, F dropped a brick); *fig. die* ~*n (ver)tauschen* reverse the rôles.

rollen I. *v/i. allg.* roll; *Donner*: *a.* roar, rumble; ✈ taxi; ⚓ *die See*: roll; *Schiff*: *a.* lurch; F *fig. die Sache rollt!* it's under way!; ⚔ ~*der Angriff* relay attack, attack in waves; *in* ~*dem Einsatz* in waves; 🚂 ~*des Material* rolling stock; **II.** *v/t.* roll; *auf Rädern*: *a.* wheel; (*Tuch*) calender; *die Augen* ~ roll one's eyes; *das R* ~ roll one's r's; *sich* ~ roll; *Haar, Papier usw.*: roll up, curl; **III.** ≈ *n* rolling; ⚓ *der See*: *a.* heavy swell; *e-s Schiffes*: roll(ing); *fig. et. ins* ~ *bringen* start a th., get a th. under way; *die Sache (od. den Stein) ins* ~ *bringen* set (*od.* start) the ball rolling; *ins* ~ *kommen* get under way.

Rollen...: ~**besetzung** *thea. f* **1.** casting of the parts; **2.** (*die Darsteller*) *the* cast; ~**fach** *thea. n* character (part); ≈**förmig** *adj.* cylindrical; ≈**gelagert** ⊕ *adj.* mounted on roller bearings; ~**lager** ⊕ *n* roller bearing; ~**papier** *n* continuous paper; ≈**sicher** *thea. adj.* word-perfect; ~**verteilung** *f* **1.** → *Rollenbesetzung*; **2.** *fig. the* respective rôles *pl.*, division of labo(u)r.

Roller *m* **1.** (*Kinder*≈) scooter; *mot.* (motor-)scooter; **2.** ⚓ (*Woge*) roller; **3.** *Fußball*: F daisycutter; **4.** *orn. Harzer* ~ roller.

Roll...: ~**feld** *n* → *Rollbahn*; ~**film** *m* roll film; ~**fuhrmann** *m* carter, carrier, *Am.* teamster; ~**geld** *n* cartage, carriage; ~**gut** *n* carted goods *pl.*; ~**handtuch** *n* roller-towel; ~**holz** *n* rolling-pin; ~**jalousie** *f* roller blind; ~**kommando** *n* "flying squad"; ~**kragen(pullover)** *m* polo-neck (sweater), turtle-neck; ~**(l)aden** *m* → *Rolladen*; ~**mops** *m* collared herring; ~**pult** *n* roll-top desk; ~**schinken** *m* rolled ham; ~**schrank** *m* roll-front cabinet; ~**schuh** *m* roller-skate (*a. v/i.* ~ *laufen*); ~**schuhbahn** *f* roller-skating rink; ~**schuhläufer(in** *f*) *m* roller-skater; ~**sitz** *m im Boot*: sliding seat; ~**splitt** *m* loose chippings *pl.*; ~**steig** *m für Fußgänger*: speedwalk, pedestrian conveyor; ~**stuhl** *m* wheel chair, Bath chair; ~**treppe** *f* moving staircase, escalator; ~**verdeck** *n* → *Rolldach*; ~**wagen** *m* truck, lorry; trolley.

Rom *n*: *fig.* ~ *wurde auch nicht an einem Tage erbaut* Rome was not built in a day; *viele Wege führen nach* ~ there are many ways to do a thing.

Roman *m* novel; *fig.* (*Liebeserlebnis*) romance; (*ein ganzer* ~ quite a) story.

Romancier *m* novelist.

Romanen *pl.*: *die* ~ the Romance peoples.

roman|haft *adj.* romantic(ally *adv.*); ≈**held** *m* hero of a novel.

Roman|ik △ *f* Romanesque; ≈**isch** *adj.* Romance, neo-Latin, *bsd.* △ Romanesque; *die* ~*en Sprachen* the Romance languages; ~*er Bogen* Roman arch; ~**ist(in** *f*) *m* Romance philologist.

Roman...: ~**leser(in** *f*) *m* novel reader; ~**literatur** *f* fiction; ~**schriftsteller(in** *f*) *m* novel-writer, novelist.

Roman|tik *f* **1.** *Kunst usw.*: romanticism, *the* romantic movement; **2.** *fig.* (*Veranlagung*) romanticism, romantic nature; *e-s Bildes, e-r Landschaft usw.*: romance, *the* romantic; ~**tiker(in** *f*) *m Kunst u. weitS.*: romantic, romanticist; ≈**tisch** *adj. allg.* romantic(ally *adv.*); ~**ze** *f poet.*, ♪ *u. fig.* romance.

Römer *m* **1.** *a.* ~**in** *f* Roman; **2.** (*Weinglas*) rummer.

römisch *adj.* Roman, of Rome; ~*e Ziffer* Roman numeral; ~*es Bad* hot-air bath; ~**-katholisch** *adj.* Roman Catholic.

Rommé *n* (*Kartenspiel*) rummy.

Ronde *f* round.

röntgen I. *v/t.* **1.** (*bestrahlen*) treat with X-rays, X-ray, roentgenize; **2.** (*photographieren*) X-ray, radio(-graph), take an X-ray photograph of; **II.** ≈ *n* (*Einheit*) roentgen; ≈**apparat** *m* X-ray apparatus; ≈**assistent(in** *f*) *m* X-ray assistant; ≈**aufnahme** *f* X-ray photograph (*od.* picture), radiograph; ≈**befund** *m* X-ray findings *pl.*; ≈**behandlung** *f*, ≈**bestrahlung** *f* X-ray-treatment, radiotherapy; ≈**bild** *n* → *Röntgenaufnahme*; ≈**diagnose** *f* radiodiagnosis; ≈**durchleuchtung** *f* radioscopy, X-ray examination; ≈**ographie** *f* radiography; ≈**ologe** *m*, ≈**ologin** *f* radiologist; ≈**ologie** *f* radiology; ~**ologisch** *adj.* radiological; ≈**photographie** *f* (*Verfahren*) radiography; ≈**schirm** *m* fluorescent screen; ≈**strahlen** *m/pl.* X-rays; *mit* ~ *durchleuchten od. behandeln* X-ray; ≈**therapie** *f*

→ *Röntgenbehandlung*; **~tiefenbestrahlung** *f* deep X-ray therapy; **~untersuchung** *f* X-ray examination, X-ray test.

rören *v/i.* → *röhren.*

Rosa I. *n* pink, rose red; **II.** ~ (*a.* **~farben, ~rot**) *adj.* pink, rosy, rose-colo(u)red, rose(-red), roseate; *die Dinge durch e-e rosa(rote) Brille sehen* see things through rose-colo(u)red spectacles.

rösch *dial. adj. Gebäck*: crisp.

Rose *f* ⚘ rose; *wilde* ~ briar, dog rose; ⚠ rose(-window); ⚕ erysipelas; (*Kompaß~, Wind~*) (compass) rose; (*Edelstein[schliff]*) rose; *zo.* (*Geweihansatz*) rose; *fig. die ~ von* (*das schönste Mädchen von*) the rose of; *er ist auch nicht auf ~n gebettet* his life is no bed of roses either; *keine ~ ohne Dornen* no rose without thorns.

Rosen...: **~beet** *n* bed of roses, rosary; **~farben, ~farbig** *adj.* → *rosa*; **~garten** *m* rosary; **~holz** *n* rosewood; **~käfer** *m* rose chafer; **~kohl** *m* Brussels sprouts *pl.*; **~kranz** *m* garland (*od.* wreath) of roses; *eccl.* rosary; *den ~ beten* tell over the rosary, tell one's beads; **~monat** *m* month of roses, June; **~montag** *m* monday before Lent; **~öl** *n* attar of roses; **~rot** *n* rosy red, rose-colo(u)r; **~rot** *adj.* → *rosa*; **~stock** *m*, **~strauch** *m* rose-tree, rose-bush; **~strauß** *m* bunch of roses; **~wasser** *n* rose-water; **~zucht** *f* growing of roses; **~züchter** *m* rosegrower.

Rosette *f allg.* rosette; (*Fenster*) *a.* rose-window; ⊕ *a.* rose.

rosig *adj.* rosy (*a.* F *fig. Lage, Zukunft usw.*); → *a. rosa.*

Rosine *f* raisin; *im Gebäck*: *mst* plum; *kleine*: currant; F *fig.* (*das Beste*) plum; F *große ~n im Kopf haben* have high-flown (*od.* big) ideas; **~nkuchen** *m* plum cake.

Röslein *n* little rose.

Rosmarin ⚘ *m* rosemary.

Roß *n* horse, *rhet.* steed; *hoch zu ~* mounted on horseback; *fig. sich aufs hohe ~ setzen* mount the high horse; F *komm runter von deinem hohen ~* come down off your high horse!

Rossebändiger *m* horse-tamer.

Rösselsprung *m Schach*: knight's move; (*Rätsel*) problem on the knight's moves.

Roß...: **~haar** *n* horsehair; **~haarmatratze** *f* hair-mattress; **~kastanie** *f* horse-chestnut; **~kur** *f* drastic treatment (*od.* cure); **~schlächter** *m* horse-butcher.

Rost[1] *m* **1.** *auf Eisen usw.*: rust (*a. fig.*); ~ *ansetzen* (gather) rust, get rusty (*a. fig.*); *von ~ zerfressen* rust-eaten; **2.** ⚘ rust, smut, mildew.

Rost[2] ⊕ *m* (*Feuer~, Kessel~*) grate; (*Lauf~, Gitter~, Unterlage*) grating; (*Brat~*) grid(iron), grill, roaster; *auf dem ~ braten* grill, roast.

Rost...: **~beständig** *adj.* rust-proof, rustless, non-corroding; **~bildung** *f* rust formation; **~braten** *m* roast joint; **~braun** *adj.* rusty (brown).

Röstbrot *n* toast(ed bread).

Röste ⊕ *f* roaster; (*Flachs~*) a) retting; b) (*Platz*) rettery.

rosten I. *v/i.* rust, get rusty (*a. fig.*); *nicht ~d Stahl usw.*: → *rostfrei*; **II.** ~ *n* rusting.

rösten *v/t.* (*Fleisch*) roast, grill; (*Kaffee*) roast; (*Brot*) toast; (*Kartoffeln*) fry; *metall.* roast; (*trocknen, dörren*) torrefy (*a.* ⚗); (*Flachs*) steep, ret.

Rostentfernungsmittel *n* rust remover.

Röster *m* roaster; *Brot*: toaster; **~ei** *f* → *Kaffeerösterei.*

Rost...: **~farben** *adj.* rust-colo(u)red, rusty; **~fleck** *m* rust (-stain); **~fleckig** *adj.* rust-stained; *Wäsche*: iron-mo(u)ldy; **~fraß** *m* pitting, corrosion; **~frei** *adj.* rustless, rustproof; *Stahl*: (*korrosionsfest*) stainless; **~ig** *adj.* rusty (*a. fig.*).

Röst...: **~kartoffeln** *f/pl.* fried potatoes; **~ofen** *metall. m* roasting furnace; **~pfanne** *f* frying-pan.

Rostpilz ⚘ *m* rust (fungus).

Rostschutz *m* rust prevention; **~farbe** *f* anti-corrosive paint; **~mittel** *n* rust preventive, corrosion inhibitor.

rostsicher *adj.* rustproof.

rot I. *adj. allg.* red; *pol.* Red; *Gesichtsfarbe*: red, *gesunde*: ruddy; (*purpur~*) purple, crimson, scarlet; *~e Armee the* Red Army; *~es Kreuz the* Red Cross; *~es Haar haben* be red-haired; *~ vor Zorn* red with anger; *~ werden* turn red, redden, *im Gesicht*: *a.* flush, turn crimson (*od.* scarlet), mantle (over), *vor Verlegenheit*: *a.* blush; *fig. in den ~en Zahlen stehen* be in the red; *sich et. ~ anstreichen* make a special note of a th.; *e-n Tag ~ im Kalender anstreichen* mark a day in red on the calendar; → *rotsehen, Faden, Tuch*; **II.** ~ *n* red (colo[u]r); *bei Spielen*: red; (*Schminke*) rouge; *Verkehrsampel*: red (light), magenta; *bei ~ fahren* when the lights are at red; **⁀algen** *f/pl.* red algae.

Rotarier *m* Rotarian.

Rotation *f* rotation; **~s...** rotary, rotating; **~sachse** *f* axis of rotation; **~sdruck** *m* rotary press printing; **~smaschine** *typ.* *f* rotary machine.

rot...: **⁀auge** *ichth.* *n* roach; **~bäckig** *adj.* red-cheeked, rosy-cheeked, ruddy; **⁀bart** *m* red beard; Kaiser ~ Barbarossa; **~blond** *adj.* sandy, ginger; **~braun** *adj.* reddish brown; *Pferd*: sorrel, bay; **~brüchig** *metall.* *adj.* red-short; **⁀buche** *f* copper-beech; **⁀dorn** ⚘ *m* pink hawthorn; **⁀e(r)** *pol.* *m* Red.

Röte *f* redness, red (colo[u]r); *der Scham, Verlegenheit*: blush; *die ~ stieg ihr ins Gesicht* she colo(u)red up.

Rote-Kreuz... Red Cross ...

Rötel *m* red chalk, ruddle; **~n** ⚕ *pl.* German measles (*sg. konstr.*), rubella *sg.*

röten I. *v/t.* redden; (*färben*) paint (*od.* dye) in red, colo(u)r red; **II.** *v/refl.*: *sich ~* turn red, redden, *Gesicht*: *a.* flush.

rot...: **⁀fuchs** *m* red fox; (*Pferd*) bay (*od.* sorrel) horse, chestnut; **~gelb** *adj.* reddish yellow, orange (-colo[u]red); **~gerändert** *adj.* red-rimmed; **⁀gerber** *m* tanner; **~glühend** *adj.* red-hot; **⁀glut** *f* red heat; **⁀guß** *metall.* *m* red brass; **~haarig** *adj.* red-haired; **⁀haut** *f* (*Indianer*) redskin; **⁀hirsch** *m* red deer, stag.

rotieren *v/i.* rotate; **~d** *adj.* rotary, rotating.

rot...: **⁀käppchen** *n* (Little) Red Riding Hood; F (*Stationsvorsteher usw.*) redcap; **⁀kehlchen** *n* robin (redbreast); **⁀kohl** *m*, **⁀kraut** *n* red cabbage; **⁀kreuz...** Red Cross ...; **⁀lauf** *m* ⚕ erysipelas; *vet.* red murrain.

rötlich *adj.* reddish; *Gesicht*: ruddy; F *pol.* pink.

Rot...: **~licht** *n* *Verkehr*: red (light), magenta; → *a.* rot II; **⁀nasig** *adj.* red-nosed.

Rotor *m*, **~...** rotor.

rot...: **⁀schimmel** *m* roan; **⁀schwänzchen** *orn.* *n* redstart; **~sehen** *v/i.* see red; **⁀spon** *m* red wine; **⁀stift** *m* red pencil; *fig.* *den ~ ansetzen* make cuts (*bei* in); **⁀tanne** *f* red fir, spruce.

Rotte *f* troop, band; *von Arbeitern*: gang; *b.s.* gang, horde, lot; (*Pöbel*) mob; ⚔ file, (*Trupp*) squad; ✈ two-ship formation; *hunt.* pack; *eccl.* *die ~ Korah* the company of Korah; **⁀n** *v/refl.*: *sich ~* → *zs.-rotten*; **~nfeuer** *n* volley; **~nführer** *m von Arbeitern*: ganger, (gang) foreman.

Rotunde *f* rotunda.

Rötung *f* reddening.

rot...: **~wangig** *adj.* → *rotbäckig*; **⁀wein** *m* red wine; *französischer*: claret; **⁀welsch** *n* thieves' cant; **⁀wild** *n* (red) deer.

Rotz *m* **1.** V (*Nasenschleim*) V snot; *~ und Wasser heulen* weep barrels, sob like a child; **2.** *vet.* (*a.* **~krankheit** *f*) glanders *pl.*; **~bengel** *m*, **~junge** *m*, **~nase** V *f* snot(-nose), *sl.* snotty fellow; **⁀ig** *adj.* **1.** V (*a.* **⁀näsig**) *sl.* snotty (*a. fig. frech*); **2.** *vet.* glandered.

Roué *m* roué (*fr.*).

Rouge *n* rouge (*a. vb.* *~ auflegen*).

Roulade *f* **1.** *Kochkunst*: (meat) roll, collared meat; **2.** ♪ roulade.

Rouleau *n* roller-blind, *Am.* shade.

Roulette *n* roulette.

Route *f* route.

Routin|e *f allg.* routine (*a.* **~esache** *f*); (*Erfahrung, Übung*) practice, experience; (*Geschicklichkeit*) *a.* skill; **⁀emäßig** *adj.* routine(ly *adv.*); *~e Überprüfung* routine check; **~ier** *m* F old hand (*od.* stager); **⁀iert** *adj.* experienced, seasoned; *er ist ein ~er Boxer usw.* he is an old hand at boxing, *etc.*

Rowdy *m* rowdy, hooligan; **~tum** *n* rowdyism, hooliganism.

Rübe *f* **1.** rape; *weiße*: *a.* turnip, white beet; *rote ~* red beet; *gelbe ~* carrot; **2.** F (*Kopf*) F pate, cabbage; (*Kerl*) F type, joker; *freche ~* cheeky fellow.

Rubel *m* rouble; F *der ~ rollt!* pots of gold!

Rübenzucker *m* beet-sugar.

rüber F *adv.* **1.** → *herüber(...)*; **2.** → *hinüber(...)*.

Rubikon *m*: *den ~ überschreiten* cross the Rubicon, *weitS.* *a.* take the plunge.

Rubin *m*, **⁀rot** *adj.* ruby.

Rüböl *n* rape-oil.

Rubr|ik *f* rubric; (*Titel*) *a.* heading; (*Spalte*) column; (*Klasse*) class, category; **⁀izieren** *v/t.* rubricate; **~um** *n* heading, title.

Rübsame(n) *m* rape-seed.

ruch|bar *adj.*: *~ werden* become known, get abroad, leak out; **~los** *adj.* wicked, foul, infamous, profligate; **⁀losigkeit** *f* wickedness, infamy, profligacy.

Ruck *m* jerk, *Am.* F yank; (*Stoß*) shock, jolt (*a. fig.*); *pol.* *~ nach links* swing to the left; *auf e-n ~* at one go; *fig. sich e-n ~ geben* pull o.s. together.

Rück|ansicht *f* back (*od.* rear) view; **~antwort** *f* reply; *Postkarte mit ~* reply postcard; *Telegramm mit bezahlter ~* reply-paid.

ruckartig I. *adj.* jerky; **II.** *adv.* jerkily; with a jerk; by jerks; *fig.* (*plötzlich*) abruptly.

Rück...: ~äußerung *f* reply; **~berufung** *f* recall; **~bewegung** ⊕ *f* return stroke; **≈bezüglich** *ling. adj.* reflexive; **~bildung** *f* involution, retrogression, degeneration, metamorphosis; *ling.* back-formation; **~blende** *f Film*: flashback, throwback; **≈blenden** *v/i. Film u. fig.*: cut back (*auf* to); **~blick** *m* retrospect(ive view), glance backward (*auf* at); (*Erinnerungen*) reminiscences *pl.* (of); (*Bericht*) survey (of, on); *e-n ~ werfen auf* cast a retrospective glance at, pass *a th.* in review; **~blickspiegel** *m* rear-view mirror; **~buchung** *f* reverse transfer of accounts; **~bürge** *m* countersecurity; **≈datieren** *v/t.* antedate.

rücken I. *v/t. allg.* move (*a.* ⊕); (*schieben*) *a.* shift; (*weg~*) push (away), (re)move; **II.** *v/i.* move; (*Platz machen, a. ein Stückchen ~*) move over; *an od. mit et. ~* (re)move a th.; *näher ~* draw near, approach (*a. zeitlich u. fig. näherrücken*); *an j-s Stelle ~* take a p.'s place; *höher ~* move up, rise (in rank); ⚔ *ins Feld ~* take the field; *nicht von der Stelle ~* not to budge (an inch); → *Leib, Pelz.*

Rücken *m allg.* back (*a. Buch≈, Hand≈, Messer≈, Stuhl≈ usw.*); *anat., zo.* back, dorsum; (*Berg≈*) ridge; (*Nasen≈*) bridge; ⚔ rear; *~ an ~* back to back; *auf dem ~ liegen, schwimmen* on one's back; *fig. mit dem ~ an der Wand* with one's back to the wall; *den ~ kehren dat.* turn one's back on; *auf den ~ fallen* fall on one's back; F *fig.* be dum(b)founded (*od.* F floored, flabbergasted); *j-m den ~ decken* back a p. up, shield a p., run interference for a p.; *j-m den ~ stärken* stiffen a p.'s back; *j-m in den ~ fallen* attack a p. from (*od.* in) the rear; *fig.* stab a p. in the back; *fig. sich den ~ freihalten* secure one's (line of) retreat, play it safe; *hinter j-s ~* behind a p.'s back; *er hat e-n breiten ~* he has a broad back, he can stand a lot; *es* (*od. ein Schauer*) *lief ihr kalt über den ~* a shiver ran down her spine; **~deckung** ⚔ *f* rear cover; *fig.* backing, support; **~flosse** *f* dorsal fin; **~flug** ✈ *m* inverted flight; **≈frei** *adj. Kleid*: with low neckline in back; sunback *dress*; **~kraul** *m* back crawl; **~lage** *f* supine position; **~lehne** *f Stuhl*: back(-rest); **~mark** *anat. n* spinal cord; **~marksnerv** *m* spinal nerve; **~marksverletzung** ⚕ *f* spinal cord injury; **~muskel** *m* muscle of the back, dorsal muscle; **~schmerzen** *m/pl.* back-ache *sg.*; **~schwimmen** *n* backstroke (swimming); **~schwimmer(in** *f*) *m* backstroke swimmer; **~stärkung** *fig. f* backing, support; **~stoß** *m* blow in the back; **~wind** *m* following (*od.* tail) wind; **~wirbel** *anat. m* dorsal vertebra.

Rück...: ~erinnerung *f* reminiscence; **≈erstatten** *v/t.* → *zurückerstatten*; **~erstattung** *f* → *Zurückerstattung*; **~fahrkarte** *f*, **~fahrschein** *m* return-ticket, *Am.* round-trip ticket; **~fahrscheinwerfer** *m* back-up lamp; **~fahrt** *f* return journey (*od.* trip); *auf der ~* on the way back; **~fall** *m* ⚖ (*Heimfall*) reversion; *e-s Verbrechers*: recidivism, *a.* ⚕ *u. fig.* relapse; *Diebstahl im zweiten ~* third conviction for larceny; **~fallfieber** ⚕ *n* relapsing fever; **≈fällig** *adj.* ⚖ *Sache*: revertible; *Verbrecher*: recidivous; *Kranker*: relapsing; *~ werden allg.* (have a) relapse; **~fällige(r** *m*) *f* backslider; ⚖ recidivist, second and subsequent offender; **~fenster** *mot. n* rear window; **~flug** *m* return flight; **~fluß** *m* return flow, backflow; *a.* † *von Gold, Kapital*: reflux; **~forderung** *f* reclamation; **~fracht** *f* return (*od.* inward) freight; **~frage** *f* further inquiry, query, *Am.* checkback; *bei j-m ~ halten* → **≈fragen** *v/i.* inquire (further) (*bei j-m* of a p.), check (with a p.), ask (a p.) for further information; **~führung** *f* return; *in die Heimat*: repatriation; *Regeltechnik*: feedback; **~gabe** *f* return, restitution, restoration; *Fußball*: pass back; **~gang** *m* **1.** (*Rückweg*) return; ⊕ backstroke; **2.** *fig.* decline; retrogression; † recession, downward movement, decline; *der Produktion*: falling-off, decrease; **≈gängig** *adj.* **1.** → *rückläufig*; **2.** *~ machen* undo; (*Auftrag usw.*) cancel, (*Vertrag*) *a.* annul, rescind; (*absagen*) call off, cancel; **≈gebildet** *adj.* degenerate; **~gewinnung** *f* recovery; ⚒ *usw.* reclamation; *von Öl usw.*: *a.* regeneration; **~gliederung** *f* re-integration; **~grat** *anat.* *n* spine, vertebral column, backbone; *fig.* das ~ der *Wirtschaft usw.* the backbone (*gen.* of); j-m das ~ brechen break a p.'s back (*a. fig.*); *fig.* er hat kein ~ he has no backbone, he is a spineless creature; **≈gratlos** *adj.* spineless; **~grat(ver)krümmung** *f* spinal curvature; **~griff** *m* recourse (gegen against; auf to); **~griffsrecht** *n* right of recourse; **~halt** *m allg.* backing, support; finanzieller ~ financial backing (*od. weitS.* reserve, resources *pl.*); *fig.* an j-m e-n ~ haben be backed (up) by a p.; ohne ~ a) without backing, *etc.*; b) *fig.* → *a.* **≈haltlos** *adj. u. adv.* (*bedenkenlos*) without reserve; *Rede, sagen usw.*: frank(ly), plain(ly), point-blank; **~hand (-schlag** *m*) *f Tennis*: backhand (stroke); **~holfeder** ⊕ *f* return spring; **~holtaste** *f Tonband*: back-spacing control; **~kampf** *m Sport*: return match; *Boxen*: return bout; → *a.* Rückspiel; **~kauf** *m* repurchase; (*Einlösung*) redemption; **≈käuflich** ⚕ *adj.* redeemable; **~kaufsrecht** *n* right of repurchase (*od. von Effekten*: redemption); **~kaufswert** *m* repurchase (*od. von Effekten*: redemption, *e-r Police*: surrender) value; **~kehr** *f* return (*a. fig.*; zu to); *fig.* F comeback; ♈ *e-r Kurve*: regression; bei meiner ~ on my return; **≈koppeln** *v/i. Radio usw.*: couple (*od.* feed) back; **~kopp(e)lung** *f* feedback (*a. fig.*); **~kopp(e)lungs...** feedback ...; **~kunft** *f* → Rückkehr; **~ladung** *f* return cargo; **~lage** *f* reserve(s *pl.*); gesetzliche ~ legal reserve; (*Ersparnisse*) savings *pl.*; **~lauf** *m* ⊕ return stroke; *von Treibstoff usw.*: return; *Film*: reverse action; ⚔ recoil; *TV usw.* retrace, flyback; **~laufbremse** *f* recoil brake; **≈läufig** *fig. adj.* declining, downward, regressive, *a. ast., biol.,* ⚘ retrograde; ⚕ ~e Tendenz downward movement; **~lehne** *f* backrest; **~licht** *n* rear (*od.* tail) light; (*Reflektor*) rear reflector; **~lieferung** *f* redelivery; **≈lings** *adv.* backwards; (*von hinten*) from behind, *a. fig.* from the back; **~marsch** *m* march back (*od.* home); (*Rückzug*) retreat; **~meldung** *f* ⚔ reporting back; *Funk*: reply; *Elektronik*: feedback (information); **~nahme** *f* taking back; *e-r Behauptung*: retraction; ⚖ withdrawal; **~porto** *n* return-postage; **~prall** *m* rebound; **~prämie** *f Börse*: put, seller's option; **~reise** *f* return (journey), journey back *od.* home; **~ruf** *teleph. m* ring back.

Rucksack *m* (loose) knapsack, rucksack.

Rück...: **~schau** *f* → Rückblick; **~schlag** *m* back-stroke, rebound; *e-r Schußwaffe*: recoil, kick; *mot.,* ⚡ back-fire, *mot. a.* kickback; *fig.* reverse, setback, reaction, F throwback; *biol.* (*Rückentwicklung*) atavism, throwback; **~schlagventil** ⊕ *n* check valve; **~schluß** *m* conclusion, inference; Rückschlüsse ziehen aus draw conclusions from; aus e-r Tatsache den ~ ziehen, daß infer (*od.* gather) from a fact that; **~schreiben** *n* reply (letter), answer; **~schritt** *m* step back; *fig.* re(tro)gression, setback; *pol.* reaction; **~schrittler** *m*, **≈schrittlich** *adj.* reactionary; **~seite** *f* back, rear; *e-s Blattes, e-s Stoffes usw.*: reverse; *e-r Münze*: *a.* tail; *e-r Schallplatte*: flip side; siehe ~! please turn over (*abbr.* p.t.o.)!, see over-leaf!; **≈seitig** *adj.* (*adv.* at the) rear *od.* back; → *a.* umseitig; **≈senden** *v/t.* send back, return; **~sendung** *f* redelivery, return.

Rücksicht *f* regard, consideration (*auf* of *od.* for); respect (of *od.* for); aus (*od.* mit) ~ auf out of regard for; (*hinsichtlich*) with regard to, in consideration of, considering, with an eye to; ohne ~ auf irrespective (*od.* regardless) of, notwithstanding; F ohne ~ auf Verluste recklessly, F regardless; ~ nehmen auf have regard for, show consideration for, consider the feelings of *a p.*; (*in Betracht ziehen*) make allowance for, allow for, consider *a th.*; keine ~ nehmen auf *a.* pay no heed to, be regardless of; darauf kann ich keine ~ nehmen I can give no consideration to that; **~nahme** *f* considerateness, consideration (auf for); ~ im Verkehr road courtesy; **≈slos I.** *adj.* inconsiderate (gegen of), without consideration (for), regardless (of), thoughtless; (*unbekümmert*) reckless; (*gefühllos*) unfeeling, callous; (*unbarmherzig*) ruthless; *mot.* ~er Fahrer F road-hog; ~es Fahren reckless driving; **II.** *adv.* inconsiderately, *etc.*; j-n *od.* et. ~ ausnutzen exploit ruthlessly; ~ einschreiten *a.* resort to drastic measures; **~slosigkeit** *f* lack of consideration, inconsiderateness, thoughtlessness; recklessness; ruthlessness; das ist e-e ~ von ihm! that's very inconsiderate of him!; **≈svoll** *adj.* regardful (gegen of, for); considerate (of), thoughtful;

(*freundlich*) kind; (*sanft*) gentle; ~*es Verhalten* thoughtfulness.

Rück...: **~sitz** *m* back seat; (*Sozius*) pillion; **~spiegel** *mot. m* rear-view mirror; **~spiel** *n Sport*: return-match, replay, F second leg; **~sprache** *f* consultation; *nach ~ mit* on consultation with; *mit j-m ~ nehmen* confer (*od.* consult) with a p. (*wegen, über* about), *wegen* (*od. über*): talk *a th.* over with a p.; **~stand** *m* **1.** remainder; ⚗ residue, (*Bodensatz*) sediment; **2.** (*Schuld*) arrears *pl.*; *Rückstände* outstanding debts, F outstandings; (*Liefer*~, *Arbeits*~) backlog; *im ~ sein* be behind (hand), be in arrears (*mit* with); *mit e-m Tor im ~ sein Fußball*: be down one goal; **3.** *fig. kultureller usw. ~* cultural, *etc.* lag; **~ständig** *adj.* **1.** ⚗ residual; **2.** *Person, mit Zahlung, Leistung*: in arrears, behind(hand) (*mit* with); *Geld*: outstanding, due; ~*e Miete* arrears *pl.* of rent; **3.** *fig.* old-fashioned, antiquated, behind the time, backward; *Land*: backward, underdeveloped; *~ sein a.* F be a back number; **~ständigkeit** *f* backwardness; **~stau** *m a. im Verkehr*: hold-up, bank-up; **~stellen** ⊕ *v/t.* reset; **~stellknopf** *m* return (*od.* reset) button; **~stellung** *f* ⊕ reset(ting); ✝ reserve; **~stoß** *m* repulsion; *e-r Schußwaffe*: recoil (*a. Kernphysik*), kick; *fig.* backlash; **~strahler** *m* rear reflector; (*Katzenauge*) cat's eye; **~strahlung** *f* reflection; **~strom** ⚡ *m* reverse current; **~taste** *f Schreibmaschine*: back-spacer; **~tritt** *m vom Amt*: resignation, retirement; *vom Vertrag*: withdrawal (*von* from), rescission, repudiation (of); (*Abdankung*) abdication; ⚖ *~ von der Anklage* motion to dismiss the indictment; *~ vom Versuch* desisting from the attempt; *s-n ~ erklären* tender one's resignation; **~trittbremse** *f* back pedal brake, *Am.* coaster brake; **~trittsgesuch** *n* resignation; *sein ~ einreichen* tender one's resignation; **~trittsrecht** *n* right to rescind (*vom Vertrag* the contract); **~übersetzung** *f* retranslation, retroversion; **~vergüten** *v/t.* refund, reimburse, repay; **~vergütung** *f* refund, reimbursement, repayment; **~versichern** *v/t.* (*a. sich ~*) reinsure; **~versicherer** *pol. m* time-server, *Am.* F (fence-)straddler; **~versicherung** *f* reinsurance; **~wand** *f* back (*od.* rear) wall; *vom Lastwagen*: tail gate; **~wanderer** *m* returning emigrant; **~wärtig** *adj.* rear(ward), at the back; ⚔ behind the lines; ~*es Gebiet* rear (*od.* service) area; ~*e Verbindungen* lines of communication; **~wärts** *adv.* back, backward(s); *mot. ~ fahren* back (up), reverse; *~ aus der Garage fahren* back (the car) out of the garage; **~wärtsbewegung** *f* backward (*od.* retrograde) movement; **~wärtsgang** *mot. m*: (*im ~* in) reverse (gear); *a. fig. den ~ einschalten* throw the levers into reverse; **~wärtsgehen** *fig. v/i.* fall off, go down, deteriorate; **~wechsel** ✝ *m* redraft, re-exchange; **~weg** *m* way back (*od.* home), return (route); *den ~ antreten* set out for (*od.* return) home.

ruckweise *adv.* by jerks, jerkily; by fits and starts.

Rück...: **~wirkend** *adj.* reacting; *Gesetz usw.*: retroactive, retrospective, having retroactive effect; *mit ~er Kraft* retroactively; *adv.* ⚖ *Rechte ~ wiederherstellen a.* reinstate nunc pro tunc; **~wirkung** *f* reaction, *unangenehme*: repercussion, backlash; *e-s Gesetzes usw.*: retroaction, retrospective effect; *mit ~ vom* with retroactive effect from; **~zahlbar** *adj.* repayable; *Darlehen*: redeemable; **~zahlung** *f* repayment; *e-r Anleihe, von Effekten*: redemption; (*Amortisierung*) amortization; **~zieher** *m* **1.** *Fußball*: overhead kick; **2.** *fig.* backdown; *e-n ~ machen* draw in one's horns, back down; **~zoll** *m* drawback; **~zollgüter** *n/pl.* debenture goods; **~zug** *m* retreat, withdrawal; (*eilig*) *den ~ antreten* beat a (hasty) retreat; *zum ~ blasen* sound the retreat; **~zugsgefecht** ⚔ *n* running fight, rearguard action (*a. fig.*); **~zugslinie** ⚔ *f* line of retreat.

Rüde *zo. m* male dog (*od.* fox, wolf).

rüde *adj.* rude, coarse, brutal.

Rudel *n zo. von Hirschen usw.*: herd; *von Wölfen, a. von U-Booten*: pack; *fig.* swarm, bunch, pack.

Ruder *n* oar, *kurzes*: scull; (*Steuer*~) rudder, helm; ✈ rudder, control surface; *pol. am ~ sein* be at the helm (*od.* in power); *ans ~ kommen* take the helm, come into power; **~bank** *f* (oarsman's) seat, thwart; **~blatt** *n* oar blade; **~boot** *n* rowing-boat, sculler; (*Beiboot*) dinghy; **~er** *m* rower, oarsman; **~gänger** *m*, **~gast** ⚓ *m* helmsman; **~klub** *m* rowing-club; **~n** *v/t. u. v/i.* row, (pull an) oar, pull; (*nur v/i.*) go for a row; *fig.*

mit den Armen usw. ~ flail *od.* thrash (with); **~n** *n* rowing; **~pinne** *f* tiller; **~regatta** *f* boat race, regatta; **~schlag** *m* stroke of the oar; **~sport** *m* rowing; **~stange** *f* oar.

Rudiment *n* rudiment; **2är** *adj.* rudimentary **~ärorgan** *biol. n* vestigial (*od.* rudimentary) organ.

Rud(r)erin *f* rower, oarswoman.

Ruf *m* **1.** call (*a. orn., teleph., fig.*); (*Schrei*) cry, shout; *fig. der ~ zu den Waffen* the call to arms; *e-n ~ nach od. an erhalten* receive a call to, be offered an appointment (*univ.* a chair) at; **2.** (*Leumund*) reputation, repute, name; ⚕ standing, credit; (*Ruhm*) fame, renown; *dem ~e nach* by repute; *ein Künstler usw. von ~* of high repute (*od.* standing), noted *artist*; *von schlechtem ~e* of ill repute; *im ~ e-s Gelehrten stehen* be reputed to be, enjoy the reputation of, have a reputation for being; *in gutem ~ stehen* be in high repute, have a good name; *sich e-n ~ erwerben* acquire fame, make a name for o.s.; **3.** (*Telefonnummer*) call number; **~anlage** *f* staff locator (system).

rufen I. *v/i.* call (*a. Vogel, Trompete, fig. Pflicht usw.*); cry (out), shout; *~ nach* call for; *fig. a.* clamo(u)r for; *um Hilfe ~* cry (*od.* call) for help; **II.** *v/t.* (*j-n*) call (*a. thea.*); (*Arzt usw.*) call, summon; (*an ~*) call to, hail; (*nennen*) call; *~ lassen* send for; *ins Gedächtnis ~* call to mind; *ins Leben ~* call into being; *du kommst (mir) wie gerufen!* you are the very person I need; *es kommt wie gerufen* it comes in the nick of time; *das kommt mir wie gerufen* that comes in handy; **III.** **2** *n* shouting, calling, shouts *pl.*, calls *pl.*

Rufer *m* caller, shouter; *fig. ~ in der Wüste* voice (*od.* one) crying in the wilderness.

Rüffel F *m* reprimand, rebuke, dressing-down; **2n** F *v/t.* reprimand, rebuke, upbraid, F blow up.

Ruf...: **~mord** *m* character assassination; **~name** *m* name by which (a p. is) called, Christian name; **~nummer** *teleph. f* call number; **~weite** *f*: *in ~* within call (*od.* earshot); **~zeichen** *n* call-sign(al).

Rüge *f* reproof; rebuke, reprimand; (*Tadel*) reproach; (*Warnung*) admonition, *Sport*: caution; *öffentliche*: censure; (*Beschwerde*) complaint; **2n** *v/t.* reprimand, reprove, rebuke (*wegen* for); (*kritisieren*) criticize, object to, find fault with; *öffentlich*: censure, denounce, *Am. a.* rap; (*sich beschweren über*) complain about.

Ruhe *f* rest, repose; (*Schlaf*) *a.* sleep; (*Erholung*) rest, recreation; (*Stille*) quiet, silence, stillness; (*Friede*) peace, tranquil(l)ity, *innere*: *a.* peace of mind, tranquil mind; (*Beruhigung, Wetter usw., a. fig.*) calm, lull; (*Gelassenheit*) calm, composure, imperturbability, coolness; (*Geduld*) patience; (*Gemächlichkeit*) leisureliness; ⊕, *phys.* (*~lage*) rest; *~ und Ordnung* public peace, law and order; *~ vor dem Sturm* lull before the storm; *ewige ~* eternal rest; *j-n zur letzten ~ betten* lay a p. to rest; *in ~* a) in repose, *a. phys. usw.* (*untätig*) at rest; b) *a. in aller ~* (*still*) quietly, (*ungestört*) at peace, (*gelassen*) calmly, (*gemütlich*) at one's leisure, leisurely; *überlege es dir in aller ~* take your time about it; *~ bewahren* (*sich nicht aufregen*) keep cool, keep one's temper; (*still sein*) keep quiet; *~ haben vor* be unmolested by, be no longer bothered by; *sich ~ gönnen* take a rest, take it easy; *j-m keine ~ gönnen* give a p. no rest, F keep a p. on the go; *sich zur ~ begeben* retire to rest, go to bed; *sich zur ~ setzen* retire (from business); *zur ~ bringen* calm, still, silence, hush; *~!* silence!, be quiet!, *parl.* order!; *er war die ~ selbst*, F *er hatte die ~ weg* he was calm as could be, F he was as cool as a cucumber; *gib doch endlich ~!* now keep quiet, will you?; *laß mich in ~!* let (*od.* leave) me alone!; *laß mich damit in ~!* don't bother me with that!; *es ließ ihm keine ~* it haunted him, it was preying on his mind; F *nur die ~ kann es machen!, immer mit der ~!* take it easy!, (*keine Sorge*) don't panic!, *warnend*: cool it!, easy does it; → *pflegen II usw.*; **2bedürftig** *adj.* in need of (a) rest; **~bett** *n* couch, lounge; **~energie** *phys. f* rest energy; **~gehalt** *n*, **~geld** *n*, **~genuß** *östr. m* (retirement) pension; **~gehaltsempfänger(in** *f*) *m* pensioner; **~kissen** *n* pillow; **~kontakt** ⚡ *m* rest contact; **~lage** *f* → *Ruhestellung*; **2los** *adj.* restless; (*zappelig*) fidgety; **~losigkeit** *f* restlessness; **~masse** *phys. f* rest mass.

ruhen I. *v/i.* rest, repose; (*schlafen*) *a.* sleep; *Toter*: rest; (*nichts tun*) rest, idle; *Arbeit, Verkehr, Verhandlungen usw.*: be at a standstill, be suspended; ⚖ *Vertrag usw.*: be suspended (*od.* in abeyance); ~

auf rest on (*a. Blick, Last, Verantwortung, Schatten usw.*); *fig.* (*beruhen auf*) rest on, be based (*od.* founded) on; ~ *lassen* give *a p. od. th.* a rest, (*Vertrag usw.*) suspend; *hier ruht* here lies; *er ruhe in Frieden* may he rest in peace; (*ich*) *wünsche wohl zu* ~ I wish you a good night('s rest); *laß das Vergangene* ~! let by-gones be bygones!; *er ruhte* (*u. rastete*) *nicht, bis* he never rested until; ~*d* resting, *a. her., paint.* in repose; ⊕ idle, non-operative; ⚡ ~*der Anker* stationary armature; **II.** ≈ *n* rest(ing), repose; (*Erholung*) rest (-ing), recreation; *der Arbeit, des Verkehrs usw.*: standstill; ⚖ suspension, abeyance.

Ruhe...: **~pause** *f* pause, rest, *kurze*: F breather; (*ruhige Zeit*) lull; *e-e* ~ *einlegen* take a rest; **~platz** *m* place of rest, resting-place, rest; **~posten** *m* F soft job, *einträglicher*: sinecure; **~punkt** *m* place of rest, refuge; ⊕ centre of gravity, fulcrum; **~stand** *m* retirement; *im* ~ (*i. R.*) retired; *in den* ~ *treten* retire; *in den* ~ *versetzen* retire, superannuate, pension off; **~stätte** *f* place of rest, resting-place; (*Zufluchtsort*) retreat; *fig. letzte* ~ last resting-place; **~stellung** *f* normal position; ⊕ *a.* inoperative (*od.* idle, rest, neutral) position; *in* ~ *a.* at rest; *in die* ~ *zurückkehren* return to normal; **~stifter(in** *f*) *m* peacemaker, *Am. a.* trouble-shooter; **~störer(in** *f*) *m* disturber of the peace, peacebreaker, rioter; **~störung** *f* disturbance, noise; (*öffentliche* ~) breach of the peace, disorderly conduct; **~strom** ⚡ *m* closed-circuit current; **~strombetrieb** ⚡ *m* closed-circuit working; **~tag** *m* day of rest, rest day; (*dienstfreier Tag*) off day, day off; **≈voll** *adj.* peaceful, quiet, restful; **~zeit** *f* time of rest; (*stille Saison*) off season; **~zustand** *m* state of rest; *im* ~ at rest; *Maschine*: *a.* at standstill.

ruhig I. *adj.* (*still*) quiet (*a. Farbe, Gegend usw.*, ✝ *Markt*), still; (*bewegungslos*) motionless, still; (*geräuschlos, schweigsam*) silent; *See*: calm, smooth; (*leidenschaftslos*) calm, even-tempered; (*friedlich*) peaceful, peaceable, tranquil; (*nervenstark*) imperturbable; *Nerven, Hand*: steady; (*unerschüttert*) unruffled; (*gelassen*) calm, cool(-headed), composed, placid; (*beruhigt*) reassured; (*heiter*) serene; (*gemächlich*) leisurely (*a. adv.*); (*gemütlich, erholsam*) restful; ~ *und gefaßt* calm and collected; F ~*e Sache* (*leichte, einträgliche Arbeit*) F soft job; ⊕ ~*er Gang* smooth running; ~ *werden* calm down; ~ *bleiben* keep one's temper, keep cool; *seien Sie deshalb* ~! don't let it worry you!; ~! quiet!, silence!, hush!; **II.** *adv.* quietly, *etc.*; (*ohne weiteres*) easily, safely; (*ohne Bedenken*) without hesitation, well; (*von mir aus*) I don't mind *if you smoke*; *gleichgültig*: for all I care; ~ *schlafen* sleep soundly; *sich* ~ *verhalten* keep quiet, hold one's peace; ~ *verlaufen* be uneventful; *man kann* ~ *behaupten, daß* it is safe to say that; *du kannst* ~ *dableiben* it's all right for you to stay; *das können Sie* ~ *tun!* you are welcome (*od.* perfectly free) to do that!, go right ahead!; *du könntest dir* ~ *mal die Haare schneiden lassen* you could do worse than get a haircut; **~stellen** ⚕ *v/t.* immobilize.

Ruhm *m* fame, *rhet.* renown, glory; *zum* ~*e Gottes* to the glory of God; *j-s* ~*es voll sein* be full of praise for, extol (to the skies); → *bedecken* II *usw.*; **≈bedeckt** *adj.* covered with glory; **~begier(de)** *f* thirst for glory, love of fame.

rühmen I. *v/t.* praise, laud, commend, *stärker*: extol, glorify, sing the praises of; *sich e-r Sache* ~ boast of, pride o.s. on; *sich e-r Sache* ~ *können* boast a th.; have a th. to one's credit; ~*d hervorheben* laud, commend; *ohne mich* ~ *zu wollen* without boasting, F though I say it myself; *ich rühme mich, sagen zu können* I am proud to say; **II.** ≈ *n* praise(s *pl.*); *viel* ~*s machen von* sing the praises of; *er macht nicht viel* ~*s davon* he doesn't make much fuss about it; **~swert** *adj.* praiseworthy, laudable, commendable, creditable.

Ruhmes...: **~blatt** *fig. n* glorious page (*der deutschen Geschichte* in German history); *es ist kein* ~ *für ihn* it does not do him credit; **~halle** *f* pantheon, *Am.* hall of fame; **~tag** *m* day of glory, memorable day.

rühmlich *adj.* glorious, hono(u)rable; (*löblich*) laudable, creditable; *adv. sich* ~ *hervortun* bring credit to o.s.

Ruhm...: **≈los** *adj.* inglorious; obscure; **≈redig** *adj.* vainglorious, boastful; **≈reich** *adj.* glorious; **~sucht** *f* thirst for glory.

Ruhr ⚕ *f* dysentery.

Rühr|apparat *m* stirring apparatus, agitator, mixer; **~besen** *m* whisk; **~ei** *n* scrambled eggs *pl.*

rühren I. *v/i.* **1.** ~ *an* touch (*a. fig.*); ~ *von* come from, be due to; *rühre nicht daran!* don't touch it!; *fig. a.* leave well alone!; **II.** *v/t.* **2.** (*bewegen*) stir, move; *Kochkunst usw.*: stir, (*Eier*) beat; → *Finger, Trommel*; **3.** *fig. innerlich*: touch; (*ergreifen*) move, affect; *zu Tränen gerührt* moved to tears; *das rührte ihn wenig* it left him cold; → *gerührt*; **4.** *der Schlag hat ihn gerührt* he has had a stroke; *vom Schlag gerührt* struck with apoplexy; F *ich dachte, mich rührt der Schlag!* you could have knocked me down with a feather!; → *Donner*; **III.** *v/refl.*: *sich* ~ (*sich bewegen*) stir, move; *fig.* a) (*tätig sein*) be active, hustle, bustle, bestir o.s., do something; b) (*sich bemerkbar machen, sich melden*) *Person*: make o.s. heard, speak up, say something; *Gefühl*: make itself felt, speak; *sich nicht* ~ *a.* not to budge (*vom Fleck* an inch), make no move; (*stillsitzen*) *a.* sit tight; *fig.* (*nicht schreiben usw.*) fail to write, *etc.*; ⚔ *Rührt euch!* (*Brit.* stand) at ease!; **IV.** **≗** *n*: *ein menschliches* ~ *verspüren* be touched; *co.* (*Notdurft*) feel the call of Nature; **~d I.** *adj.* touching, moving; (*liebevoll*) very kind (*zu* towards); **II.** *adv.* touchingly; ~ *besorgt* (very) solicitous; ~ *komisch* very funny, pathetic.

rührig *adj.* active, busy; (*tüchtig, munter*) brisk, energetic, bustling, alert; (*unternehmend*) enterprising, F go-ahead ...; (*flink*) nimble; **≗keit** *f* activity; enterprise; alertness; nimbleness.

Rühr...: **~löffel** *m* stirring spoon; **~michnichtan** *n* ⚘ (*u.* F *fig. Blümchen od. Fräulein* ~) touch-me-not; **≗selig** *adj.* sentimental, lachrymose, mawkish; ~*es Zeug Am. sl.* sob-stuff; ~*es Lied Am. sl.* tear-jerker; **~stück** *thea. n* melodrama, *Am. sl.* tear-jerker; **~ung** *f* emotion; *vor* ~ *nicht sprechen können* be too deeply moved to speak, be choked with emotion; **~werk** *n* → *Rührapparat.*

Ruin *m* ruin; (*Sturz*) *a.* (down)fall; *das ist noch sein* ~ that will be his undoing yet; **~e** *f* ruin (*a. fig.*), ruins *pl.*; *fig.* (*Person*) wreck, ruin; **≗enhaft** *adj.* ruined, in ruins, decayed, tumble-down ...; **≗ieren** *v/t. allg.* ruin (*sich* o.s.); (*kaputtmachen*) *a.* destroy, wreck; (*Kleider usw.*) ruin, spoil; **≗iert** *adj.* ruined, *etc.*; **≗ös** *adj.* ruinous.

Rülps *m*, **~er** *m*, **≗en** F *v/i.* belch.

rum F *adv.* → *herum*(...).

Rum *m* rum.

Rumän|e *m*, **~in** *f*, **≗isch** *adj.* R(o)umanian.

Rummel F *m* **1.** (*Getöse, Tumult*) hurly-burly, racket, row; (*Geschäftigkeit*) (hustle and) bustle; (*Reklame* ≗) ballyhoo; (*Aufheben*) fuss, F to-do; **2.** (*Plunder*) trash, junk; *fig. der ganze* ~ the whole bag of tricks, the whole business; ✝ *im* ~ in the lump; F *den* (*ganzen*) ~ *kennen* know what's what, know the ropes; **3.** (*Jahrmarkt*) (fun-)fair; → *a.* **~platz** *m* fun-fair ground, amusement park.

rumoren *v/i.* rumble, make a noise; *geschäftig*: potter (about); *fig. es rumorte im Volke* there was a growing unrest among the people.

Rumpel|kammer *f* lumber-room; *a. fig.* junk-room; **~kasten** *fig. m* rattletrap; **~n** *n*, **≗n** *v/i.* rumble.

Rumpf *m* trunk, body; *e-r Statue*: torso; *Schlächterei*: carcass, *e-s Schiffes, Flugboots*: hull; ✈ fuselage, body; *fig.* rump, torso; **~beuge** *f* trunk bending (*vorwärts* forwards).

rümpfen *v/t.*: *die Nase* ~ turn up one's nose (*über* at), *über*: *a.* sniff at.

rund I. *adj. allg.* round (*a. fig. Summe, Vokal, Zahl*); (*kreis* ~) *a.* circular; (*kugelförmig*) *a.* spherical; (*zylindrisch*) cylindrical; (*dicklich*) plump, podgy, round; ~ *machen* round (off); *fig. e-e* ~*e Absage* a flat refusal; *die* ~*e Summe von* a round sum of; *Besprechungen am* ~*en Tisch* round table conference; **II.** *adv.* round; (*ungefähr*) about, roundly, in round figures; ~ *um die Uhr* (a)round the clock; ~ *um die Welt* (a)round the world; → *rundheraus, rundweg*; **III.** ≗*n* round; **~bäckig** *adj.* chubby(-cheeked); **≗bau** *m* circular building, rotunda; **≗bleche** ⊕ *n/pl.* circles; **≗blick** *m* panorama, view all (a)round; **≗blickaufnahme** *f* panoramic view; **≗blickfernrohr** *n* panoramic telescope; **≗bogen** △ *m* round arch.

Runde *f* round; (*Kreis*) circle; (*Rundgang*) round; *des Polizisten*: beat; (*Gesellschaft*) party, company, table, circle; *Lauf-, Renn-, Luftsport*: lap; *Boxen, Ringen usw.*: round; *in der* (*od. die*) ~ (a)round; *die* ~ *machen* do the (*od.* go one's) round; *Becher usw.*: be passed round, circle; *Nachricht usw.*: go the round; F *e-e* ~ *spendieren* (*od. ausgeben*) stand a round of drinks;

über die ~n kommen Sport: go the distance, *Boxen usw.*: *a.* remain on one's feet; *fig.* make it (*gerade noch* barely), stay the course.

Rundeisen ⊕ *n* round iron, rod.

runden *v/t.* round (off *od.* out, *a. fig.*); *sich ~* (grow) round; *fig. das Bild rundet sich* the picture rounds itself out, things are beginning to take shape.

Rund...: **~erlaß** *m* circular (notice); **²erneuern** *mot. v/t.* (*Reifen*) re-tread; **~fahrt** *f* drive round a town, *etc.*, round; → *a. Rundreise*; **~fahrtwagen** *m* sight-seeing car; **~feile** *f* round file; **~flug** *m* round flight; **~frage** *f* (general) inquiry (by circular *od.* questionnaire), poll.

Rundfunk *m* (*Hör²* sound) broadcasting *od.* radio, *Brit. a.* wireless; *weitS.* broadcasting system, radio network; *im od. durch ~* on the radio (*od.* air); *im ~ auftreten od. sprechen* speak over the radio, go on the air; *durch ~ übertragen* broadcast; *in Zssgn* → *a. Funk..., Radio...*; **~ansager** *m* (radio) announcer; **~ansprache** *f* radio address; **~empfänger** *m*, **~gerät** *n* radio (set *od.* receiver), *Brit. a.* wireless (set); **~gesellschaft** *f* broadcasting company; **~hörer** *m* listener, *pl. a.* (radio) audience *sg.*; **~netz** *n* radio network; **~programm** *n* radio program(me *Brit.*); **~sender** *m* broadcast (*od.* radio) transmitter; (*Station*) radio (*od.* broadcasting) station; **~sendung** *f* radio transmission, broadcasting; *einzelne*: broadcast, (radio) program(me *Brit.*); **~sprecher** *m* broadcaster, (radio) announcer; **~station** *f* broadcasting (*od.* radio) station; **~technik** *f* radio engineering; **~teilnehmer** *m* listener, subscriber; **~übertragung** *f* → *Rundfunksendung*; **~welle** *f* broadcast wave; **~werbung** *f* radio advertising.

Rund...: **~gang** *m allg.* round (*a.* ⚔, *der Polizei usw.*), tour; **~gesang** *m* round(elay); **~heit** *f* roundness; **²heraus** *adv.* roundly, in plain terms, plainly (and bluntly), flatly, point-blank, in so many words; **²herum** *adv.* round about, all (a)round, round and round; **~holz** *n* round timber, log; **~kopfschraube** ⊕ *f* round-head(ed) screw; **~lauf** *m Turnen*: giant stride; ⊕ true running; **²lich** *adj.* round, rotund; (*dicklich*) *a.* plump, podgy, F roly-poly; **~reise** *f* circular tour, round trip; **~reisekarte** *f* round-trip (*od.* circular, tourist) ticket; **²schädelig** *adj.* round-headed; **~schau** *f* panorama; (*Zeitung*) review; **~schleifen** ⊕ *n* cylindrical (*od.* plain) grinding; **~schreiben** *n* circular (letter); *j-n durch ~ benachrichtigen, et. durch ~ mitteilen* circularize; **~sicht** *f* → *Rundblick*; **~sichtscheibe** *mot. f* panoramic (*od.* wraparound) window; **~skala** *f* circular dial; **~spruch** *m Schweiz*: → *Rundfunk*; **~stab** ⊕ *m* round bar, rod, post; **~stahl** ⊕ *m* round steel; **~strahlantenne** *f* omnidirectional aerial (*Am.* antenna); **~strecke** *f* circuit; **~strickmaschine** *f* circular knitting machine; **~tanz** *m* round dance; **²um** *adv.* round about, all (a-) round; on all sides; **~um...** ⊕ panoramic, all-round ...; **~ung** *f* roundness; swelling; curve (*a. co. bei Frauen*); **~verkehr** *m* roundabout (traffic); **²weg** *adv.* roundly, plainly, flatly, point-blank; **~zange** *f*: (e-e ~ a pair of) round-nose(d) pliers *pl.* (*a. sg. konstr.*).

Rune *f* rune, runic letter; **~ndichtung** *f* runes *pl.*; **~nschrift** *f* runic characters *pl.* (*od.* writing), runes *pl.*; *typ.* runic; **~nstab** *m* rune-staff; **~nstein** *m* rune-stone.

Runge *f* stake, stanchion; **~nwagen** 🚂 *m* platform car, *Am.* flatcar.

Runkelrübe *f* (fodder) beet.

runter F *adv.* **1.** → *herunter(...)*; **2.** → *hinunter(...)*.

Runz|el *f* wrinkle; *~n bekommen* wrinkle, get wrinkles; **²(e)lig** *adj.* wrinkled; (*eingeschrumpft*) shrivel(l)ed; **²eln** *v/t.* (*a. sich ~*) wrinkle, crease; (*zs.-schrumpeln*) shrivel; *die Stirne ~* knit one's brows, frown.

Rüpel *m* boor, lout; **²haft** *adj.* loutish, boorish, rude.

Rupfen † *m* burlap, sack-cloth.

rupfen *v/t.* (*aus ~*) pull out, (*a. Huhn usw.*) pluck; F *fig. j-n ~* F pluck (*od.* fleece) a p.; → *Hühnchen*.

Rupie *f* rupee.

ruppig *adj.* (*grob*) rough, rude; *dial.* (*schäbig, ärmlich*) shabby.

Rüsche *f* ruche, frill, ruffle.

Ruß *m* **1.** soot; (*Lampen²*) lampblack; **2.** (*Pflanzenkrankheit*) smut.

Russe *m* Russian.

Rüssel *m* (*Elefanten²*) trunk, proboscis; (*Schweins²*) snout; (*Insekten²*) sucking tube, proboscis; V (*Nase*) *sl.* conk; **~tier** *n* proboscidian.

rußen I. *v/i. Lampe*: smoke; **II.** *v/t.* soot, blacken.

Ruß...: **~fleck** *m* smut; **~flocke** *f*

soot flake; ²ig *adj.* **1.** sooty; **2.** ⚘ smutty.

Russin *f* Russian (woman).

russisch *adj.*, ² *ling. n* Russian; **~-deutsch** *adj.* Russo-German.

rüsten I. *v/t.* **1.** prepare (*auf, zu* for); *fig. gerüstet* armed, prepared, ready (for); → *a. ausrüsten*; **2.** ⚠ (*ein Haus*) scaffold; **II.** *v/i. u. v/refl.*: (*sich* ~) prepare, get ready (*zu* for); (*sich wappnen*) arm o.s.; ⚔ arm, prepare for war; **III.** ² *n* → *Rüstung* 1.

Rüster(holz *n*) ⚘ *f* elm.

rüstig *adj.* vigorous, well-preserved; (*tätig*) active; (*munter*) alert, spry; (*hurtig*) brisk; *er ist (für sein Alter) noch* ~ he bears his years well; **²keit** *f* vigo(u)r.

Rüst...: ~material ⚠ *n* scaffolding; **~stange** *f* scaffolding-pole.

Rüstung *f* **1.** preparations *pl.*; ⚔ arming, armament; **2.** → *Ausrüstung*; **3.** *hist.* (*Panzer*) armo(u)r; **4.** ⚠ scaffold(ing).

Rüstungs...: ~amt *n* defen|ce (*Am.* -se) production office; **~-auftrag** *m* armament order, defence contract; **~betrieb** *m* armament (*od.* war) plant; **~-fabrik** *f* armaments factory; **~industrie** *f* armaments (*od.* war) industry; **~kontrolle** *f* arms control; **~material** *n* war material; **~produktion** *f* defence (*od.* war) production; **~werk** *n* → *Rüstungsbetrieb*; **~wettlauf** *m* armament race.

Rüstzeug *n* (*Werkzeuge*) tools *pl.*, equipment (*a. fig.*); *geistiges* ~ mental equipment.

Rute *f* rod; (*Gerte*) *a.* switch; (*Zucht*², *a. fig.*) rod; *zo.* penis; *hunt.* (*Schwanz*) tail, *bsd. des Fuchses*: brush; (*altes Maß*) perch, pole; → *Wünschelrute*; *sich unter die* ~ *beugen* kiss the rod; *sich die* ~ *selber flechten* make a rod for one's own back; **~nbündel** *hist. n/pl. der Liktoren*: fasces; **~ngänger** *m* dowser, (water-)diviner.

Rutsch *m* slide, glide; (*Erd*²) landslip, *Am.* landslide; *co.* (*kurze Reise*) (short) trip; **~bahn** *f* chute, slide, shoot; *Vergnügungspark*: chute, *Am.* chute-the-chutes; **~e** ⊕ *f* chute, shoot; **²en** *v/i.* slide, glide, (*a. aus* ~, *a. mot. Kupplung usw.*) slip; *Fahrzeug*: skid; ✈ *in der Kurve*: sideslip; **²ig** *adj.* slippery; **~partie** *f* (downhill) slide; F (*Ausflug*) trip, jaunt; **²sicher** *adj.* non-skid(ding); **~test** *m* skid test.

rütteln I. *v/t. u. v/i.* shake, jog; *Wagen*: jolt; ⊕ vibrate; *an der Tür* ~ rattle at the door; *aus dem Schlaf* ~ shake *a p.* up; *fig.* ~ *an* assail, shake, undermine; *ein gerüttelt(es) Maß* a full (*od.* good) measure; *daran ist nicht zu* ~ that's a fact, you will not change that; **II.** ² *n* shaking, *etc.*; vibrations *pl.*; jolts *pl.*

Rüttler ⊕ *m* vibrator.

S

S, s *n* S, s.

Saal *m* hall; (*Fabrik*~) *a.* shop; → *Operationssaal usw.*

Saat ⚘ *f* (*Säen*) sowing; (*Same*) seed (*a. fig.*); (*sprossende Pflanzen*) standing (*od.* growing) crops *pl.*; **~bestellung** *f* sowing; **~fläche** *f* seeded land; **~getreide** *n* cereal seed; **~gut** *n* seeds *pl.*; seed(lings *pl.*); **~kartoffel** *f* seed-potato; **~korn** *n* seed(-corn); **~krähe** *f* rook.

Sabbat *m* Sabbath; *den ~ (ent-)heiligen* keep (break) the Sabbath; **~jahr** *n* Sabbatical (year); **~schänder(in** *f*) *m* Sabbath-breaker; **~schändung** *f* Sabbath-breaking.

sabbern F *v/i.* **1.** dribble, slaver, drool; **2.** (*schwatzen*) drivel, F twaddle.

Säbel *m* sab|re (*Am.* -er), sword; *fig. mit dem ~ rasseln* rattle the sabre; **~beine** *n/pl.* bandy-legs, bow-legs; **~beinig** *adj.* bandy-legged, bow-legged; **~fechten** *n* sabre fencing; **~hieb** *m* sabre-cut; **~n** *v/t. u. v/i.* (cut with a) sabre; *weitS.* cut, hack; **~rasseln** *n* sabre-rattling; **~raßler** *m* sabre-rattler, chauvinist; **~scheide** *f* scabbard, sheath.

Sabo|tage *f* sabotage (*a. v/i. ~ treiben*); **~tageakt** *m* act of sabotage; **~teur** *m* saboteur; **~tieren** *v/t.* sabotage, *fig. a.* torpedo, thwart.

Sacharin *n* saccharin(e).

Sach|anlagevermögen ☤ *n* tangible assets *pl.*; **~bearbeiter** *m* (*Beamter*) official in charge; ☤ clerk (in charge); *Sozialpflege*: case worker; **~beschädigung** *f* damage to property; **~bezogen** *adj.* factual; **~bezüge** *m/pl.* remuneration *sg.* in kind; **~buch** *n* specialized book; *pl.* (*Ggs. Romane usw.*) non-fiction *sg.*; **~darstellung** ⚖ *f* statement of facts, stated case; **~dienlich** *adj.* relevant, pertinent; (*nützlich*) useful, helpful.

Sache *f* (*Gegenstand*) thing (*a.* ⚖), object; (*Angelegenheit*) affair, matter, business, concern; (*Umstand*) circumstance; (*Tat*~) fact; (*Punkt*) point; (*Streitfrage*) issue; (*Fall*) case; ⚖ case, *a. weitS.* cause; (*Ereignis*) event; F *~n allg.* things; (*Habseligkeiten*) things, effects, belongings; *engS.* (*Gepäck*) luggage *sg.*, *Am.* baggage *sg.*; (*Kleider*) clothes; (*Möbel*) furniture *sg.*; F *gute ~n* goodies; *beschlossene ~* foregone conclusion; *e-e ~ für sich* a matter apart; *e-e große ~* a big affair; ⚖ *in ~n A. gegen B.* in the matter of A. versus B.; *in eigener ~ speaking* in one's own behalf; *bei der ~ bleiben* stick to the point; *bei der ~ sein* be attentive, *weitS. ganz*: be heart and soul in it, F be on the job; *er war nicht bei der ~* he was absentminded (*od.* inattentive); *engS.* his mind was not on his work; *für e-e gute ~ kämpfen* fight for a good cause; *gemeinsame ~ machen mit* make common cause with; *s-e ~ gut (schlecht) machen* acquit o.s. well (ill), do one's job well (badly), do a good (bad) job; *s-r ~ sicher sein* be sure of one's ground; *s-e ~ vorbringen* state one's case; *(nicht) zur ~ gehörig* (ir)relevant, *pred. a.* to (off) the point; ⚖ *sich zur ~ äußern* refer to the merits (of the case); *zur ~ kommen* come (*od.* get) to the point; *weitS.* get down to business (*od. sl.* brass-tacks); *zur ~!* come to the point!; *parl.* question!; *das ist nicht jedermanns ~* that's not in everybody's line; *das tut nichts zur ~* that makes no difference; *der Name tut nichts zur ~* the name does not matter (*od.* is unimportant); *es ist s-e ~* it is his business (*zu inf.* to *inf.*), it is his look-out; *das ist nicht deine ~* that's no business of yours; *es ist ~ des Gerichts zu entscheiden, ob* it is for the court to decide whether; *es ist ~ der Erziehung (des Vertrauens usw.)* it is a matter of education (confidence, *etc.*); *die ~ ist die, daß* the point is that; *so steht die ~* that's how matters stand; F *mach keine ~n! erstaunt*: you don't say so!; *warnend*: no funny business!; *mot.* F *mit 100 ~n in die Kurve* with 60 miles per hour; F (*das ist*) ~! F that's great (stuff)!; → *laufen* 7.

Sach...: ~einlage ⚜ *f* contribution in kind; **~enrecht** ⚖ *n* law of things; **~entscheidung** ⚖ *f* decision on the merits; **~frage** *f* factual issue; **~gebiet** *n* subject, field; **2gemäß** *adj.* appropriate; (*kunstgerecht*) proper(ly *adv.*); **~katalog** *m* subject catalog(ue); **~kenner** *m*, **~kundige(r** *m*) *f* expert; **~kenntnis** *f* expert (*od.* special) knowledge, expertise, experience; **~konto** ⚜ *n* real account; **~kunde** *f* **1.** → *Sachkenntnis*; **2.** *ped. als Fach*: Elementary Science; **2kundig** *adj.* (*u. adv.*) expert(ly), competent(ly), knowledgeable; (*erfahren*) skilled; ~ *in od. auf e-m Gebiet a.* versed in, conversant with; **~lage** *f* state of affairs, position, facts *pl.*; *bei dieser* ~ under these circumstances, as matters stand; **~leistung** *f* performance (*od.* payment) in kind.

sachlich I. *adj.* real; (*einschlägig*) relevant, pertinent, material, *pred. a.* to the point; (*nüchtern*) matter-of-fact, businesslike, realistic; (*praktisch denkend*) practical(-minded); (*wesentlich*) essential; (*gegenständlich, sachbezogen*) factual, technical; (*unparteiisch*) unbiassed, impartial, detached; (*Ggs. subjektiv*) objective; (*zweckbetont*, ⊕) functional *design*; *aus ~en Gründen* for technical reasons; on material grounds; → *Zuständigkeit*; **II.** *adv.* factually, technically, *etc.*; matter-of-factly, in a businesslike manner; to the point; ~ *einwandfrei od. richtig* factually correct, correct in essentials.

sächlich *ling. adj.* neuter.

Sachlichkeit *f* relevance; matter-of-factness, realism; impartiality; objectivity; *bsd.* △ (*die neue* ~ the new) functionalism.

Sach...: ~register *n* (subject) index; **~schaden** *m* damage (to property), material damage.

Sachse *m* Saxon.

Sächs|in *f*, **2isch** *adj.* Saxon.

Sachspende *f* gift in kind.

sacht I. *adj.* soft, gentle; **II.** *adv.* (*a.* **~e**) softly, gently; (*vorsichtig*) gingerly, cautiously; (*allmählich*) gradually; (*langsam*) slowly; ~*e!* gently!, easy does it!; F *immer ~e!* come, come!, take it easy!

Sach...: ~verhalt *m* facts *pl.* (of the case); circumstances *pl.*; *den ~ darlegen* state the facts; → *a. Sachlage*; **~vermögen** *n* tangible property (*od.* assets *pl.*); **~versicherung** *f* property insurance; **~verstand** *m* expertise; **2verständig** *adj.* (*u. adv.*) expert(ly), competent(ly); **~verständige(r)** *m* expert, specialist, authority (*in, für* on); ⚖ expert witness; **~verständigengutachten** *n* expert opinion; **~walter** *m* (*Anwalt*) solicitor, counsel; (*Verwalter*) administrator; (*Treuhänder*) trustee; (*Vertreter*) agent, attorney; *fig.* advocate; **~wert** *m* real value; **~e** *konkret*: material (*od.* tangible) assets; **~wörterbuch** *n* encyclop(a)edia.

Sack *m* sack, bag; *dial.* → *Säckel*; *anat., zo.* (*a. Tinten*2) sac; V (*Hoden*) V balls *pl.*; F *fauler* ~ lazy fellow; *mit ~ und Pack* with bag and baggage; *in ~ und Asche gehen* repent in sackcloth and ashes; F *schlafen wie ein* ~ sleep like a log; → *Katze 1*.

Säckel *m* (*Geld*2) purse; *tief in den ~ greifen müssen* (have to) pay through the nose.

sacken[1] **I.** *v/t.* put into sacks, sack, bag; **II.** *v/refl.*: *sich ~ Kleider usw.*: bag.

sacken[2] *v/i.* (*ab~*) sag, sink, give way.

Sack...: 2förmig *adj.* baggy, bag-shaped, sacciform; **~garn** *n* sack-thread; **~gasse** *f* blind alley, cul-de-sac (*fr.*), impasse, *Am. a.* dead end (road) (*alle a. fig.*); *fig. in e-e ~ geraten* reach an impasse (*od.* deadlock); **2grob** *adj.* very rude; **~hüpfen** *n* sack-race; **~kleid** *n* sack dress; **~leinen** *n*, **~leinwand** *f* sacking, sackcloth; **~pfeife** *f* bagpipe; **~tuch** *n* **1.** → *Sackleinen*; **2.** *dial.* (pocket-)handkerchief; **~voll** *m* sackfull; F *fig.* bagful.

Sadis|mus *m* sadism; **~t** *m*, **~tin** *f* sadist; **2tisch** *adj.* sadistic(ally *adv.*).

sadomasochistisch *adj.* sadomasochistic(ally *adv.*).

säen *v/t. u. v/i.* sow (*a. fig.*), seed; *fig. dünn gesät* sparse, scarce; *was man sät, das erntet man* you must reap what you have sown; → *Wind, Zwietracht*.

Sä|mann *m*, *a.* **~maschine** *f* sower, seeder.

Safari *f*: (*auf* ~ on) safari.

Safe *m* safe; (*Banktresor*) *a.* safe-deposit box; **~knacker** F *m* safe-cracker.

Saffian(leder *n*) *m* morocco (leather), saffian.

Safran *m*, **2gelb** *adj.* saffron.

Saft *m von Bäumen usw.*: sap; (*Obst*2, *Fleisch*2, *a. physiol.*

Darm~, *Magen*~) juice; (*Braten*~) gravy; F ⚡ (*Strom*) *sl.* juice; *Säfte des Körpers* body juices, *hist.* humo(u)rs of the body; *fig.* ~ *und Kraft* vim, juice; *ohne* ~ *und Kraft* → *saftlos 2*; F *er soll in seinem eigenen* ~ *schmoren!* F let him stew in his own juice!; **~grün** *n* sap-green; **~ig** *adj. Baum, Pflanze*: sappy; *Obst, Fleisch usw.*: juicy, succulent; *fig.* (*kraftvoll*) sappy, F bouncing; *Witz usw.*: juicy, spicy; *Preise, Rechnung*: F salted, steep; ~*e Niederlage* crushing defeat; ~*e Ohrfeige* resounding slap; **~igkeit** *f* juiciness, succulence; **~laden** F *m* F lousy outfit; **~los** *adj.* **1.** sapless; juiceless, dry; **2.** *fig. mst saft- u. kraftlos* sapless, juiceless, weak, wishy-washy; **~presse** *f* juicer.

Saga *f* saga.

Sage *f* legend, myth (*a. fig.*); (*Überlieferung*) tradition; *fig. die* ~ *geht* the story goes.

Säge *f* saw; **~blatt** *n* saw-blade; **~bock** *m* saw-horse, *Am. a.* sawbuck; **~fisch** *m* sawfish; **~förmig** *adj.* sawlike, serrate(d); **~mehl** *n* sawdust; **~mühle** *f* sawmill.

sagen I. *v/t. u. v/i.* say; *j-m et.* ~ tell a p. a th., say a th. to a p.; → *Dank, Meinung, Wahrheit usw.*; *j-m et.* ~ *lassen* send a p. word about a th., let a p. know a th.; *sich* ~, *daß* tell o.s. that; *etwas* (*nichts*) *zu* ~ *haben bei* have a (have no) say in; *du hast mir nichts zu* ~ I won't be ordered about by you; ~ *Sie ihm, er soll kommen* tell him to come; *er sagt nur so* he doesn't mean it; *was sagst du zu ...?* what do you say to ...?; (*wie wäre es mit?*) how about ...?; *was willst du damit* ~? what do you mean by that?; *sagt dir das etwas?* does that mean anything to you?; *das Buch, Bild usw. sagt mir nichts* doesn't mean a thing to me; *das möchte* (*od. würde*) *ich nicht* ~ I wouldn't say so; *ich kann dir* (*nur*) ~ I (can) tell you; *das muß man schon* ~ you have to grant that; *wie sagt man ... auf Englisch?* what is the English for ...?; *das hat nichts zu* ~ it doesn't matter, it makes no difference, never mind; *das will* (*nicht*) ~ that is (not) to say; *das will viel* ~ that is saying a lot; (*das ist*) *schwer zu* ~ that's hard to say (*od.* difficult to tell); *das kann man vorher nie* ~! you never can tell (beforehand)!; *das sagt man nicht* that's not the proper thing to say; *das kann man wohl* ~ you may well say so, *Am.* you can say that again; *ich habe mir* ~ *lassen* I have been told *that*; *ich hab's* (*dir*) *ja gleich gesagt!* I told you so!; *ich will nichts gesagt haben!* I didn't mean to say anything!; *er läßt sich nichts* ~ he won't listen to reason; *laß dir das gesagt sein* let it be a warning to you, F put that in your pipe and smoke it; *laß dir von mir* ~ take it from me; *man sagt, er sei tot* they say he is dead, he is said to be dead; *was Sie nicht* ~! you don't say!; *wenn ich so* ~ *darf* if I may say so; *ich muß schon* ~!, ~ *Sie mal!* I say!; F *wem* ~ *Sie das? sl.* you are telling me!; *es ist nicht zu* ~ it is incredible, it is fantastic; *wie man so* (*schön*) *sagt* as the saying (*od.* phrase) goes; ~ *wir zehn Stück* (let's) say, suppose; (*das*) *sagst du!* that's what you say!, F says you!; *sage und schreibe* no less than, as much as, to the tune of; *sage und schreibe e-e Stunde lang* for a solid hour; *es ist* (*od. damit ist*) *nicht gesagt, daß* that does not (necessarily) mean that; *unter uns gesagt* between you and me (and the bed-post); *wie gesagt* as I said; *gesagt, getan* no sooner said than done; **II.** ~ *n*: *das* ~ *haben* have the (final) say (*bei od. in* in).

sägen *v/t. u. v/i.* saw.

Sagen...: **~haft** *adj.* legendary, mythical; F *fig.* fantastic, fabulous, F terrific; (*a. adv.* ~ *schön*) marvellous; **~kreis** *m* cycle of legends; **~schatz** *m* legend(s *pl.*), myth; **~umwoben** *adj.* legendary, storied; **~welt** *f* realm of myth.

Säger *m* sawyer.

Säge...: **~späne** *m/pl.* sawdust *sg.*; **~werk** *n* sawmill; **~zahn** *m* saw-tooth (*a.* ⚡, *TV*); **~zahnstrom** ⚡ *m* saw-tooth current.

Sago *m* sago.

Sahne *f* cream; **~bonbon** *m, n* (cream) toffee, *Am.* taffy; **~butter** *f* creamery butter; **~eis** *n* ice-cream; **~käse** *m* cream cheese; **~torte** *f* layer cake.

sahnig *adj.* creamy.

Saison *f allg.* season; ✝ *stille* ~ dull season, off season; **~arbeit(er** *m*) *f* seasonal work(er); **~ausverkauf** *m*, **~schlußverkauf** *m* seasonal (closing-out) sale; **~bedingt, ~mäßig** *adj.* seasonal; **~schwankungen** *f/pl.* seasonal fluctuations.

Saite *f* string, chord (*a. fig.*); *mit* ~*n beziehen* string; *die richtige* ~ *anschlagen* strike the right chord (*fig. bei j-m* with a p.); → *aufziehen 13*; **~nhalter** *m* tailpiece; **~ninstrument** *n* string(ed) instrument; *pl. im Orchester*: *the*

strings; **~nspiel** *n* **1.** string-music; **2.** (*Leier*) lyre.
Sakko *m*, *n* sports (*od.* lounge) jacket, *Am. a.* sack coat; **~anzug** *m* lounge suit, *Am.* business suit.
sakral *anat. u. eccl.* sacral; **²bau** *eccl. m* sacred building; **²gegend** *anat. f* sacral region.
Sakrament I. *eccl. n* sacrament; *ein ~ austeilen (empfangen)* administer (receive) a sacrament; **II. ~!** *int.* damn!; **²al** *adj.* sacramental.
Sakri|leg *n* sacrilege; **~stan** *m* sexton, verger; **~stei** *f* vestry.
säkular *adj.* secular (*a. ast.*); **²feier** *f* centenary; **~isieren** *v/t.* secularize.
Säkulum *n* century; *weitS.* epoch, era.
Salamander *m* salamander.
Salami *f* salami; **~taktik** *fig. f* salami (*od.* piecemeal) tactics *pl.* (*sg. konstr.*).
Salär *n* salary, pay.
Salat *m* salad (*a.* F *fig. Wirrwarr*); (*Pflanze*) *a.* lettuce; F *fig. da haben wir den ~!* there we are!; **~besteck** *n* salad-servers *pl.*; **~kopf** *m* head of lettuce; **~öl** *n* salad-oil; **~schüssel** *f* salad bowl.
salbadern *v/i.* twaddle, prate; *frömmlerisch*: cant.
Salband *n* **1.** *Weberei*: selvedge, selvage; **2.** *geol.* wall (of a lode).
Salbe *f* ointment, *mst fig. u. in Zssgn* salve; (*Einreibemittel*) liniment; (*Haar²*) pomade.
Salbei *m*, *f* sage.
salben *v/t.* rub with ointment, apply salve to; (*fetten*) grease; *j-n zum König ~* anoint a p. king; **²basis** *f* ointment base.
Salbung *f* anointing, *a. fig.* unction; **²svoll** *adj.* unctious.
saldier|en *v/t.* balance, settle; *im Clearingverkehr*: clear; *~ mit* set off *a th.* against; **²ung** *f* balancing, settlement; clearance.
Saldo ✝ *m* balance; *per ~* on balance (*a. fig.*); *den ~ aufstellen* strike the balance; *e-n ~ ausweisen* show a balance; **~übertrag** *m*, **~vortrag** *m* balance carried forward; **~wechsel** *m* draft for the balance.
Saline *f* saltern.
Salizyl ⚗ *n* salicyl; **~säure** *f* salicylic acid.
Sal|kante *f*, **~leiste** *f* → *Salband* 1.
Salm *m* **1.** *ichth.* salmon; **2.** F *fig. langer ~* long rigmarole (*od.* yarn).
Salmiak *m* ammonium chloride, household ammonia; **~geist** *m* ammonia solution, liquid ammonia.
Salmonellen *f/pl.* salmonellae; **~erkrankung** *f* salmonellosis.
Salomo|(n) *bibl. u. fig. m* Solomon; *das Hohelied ~nis* the Song of Solomon (*od.* of Songs); **²nisch** *fig. adj.* Solomonic.
Salon *m* drawing-room, *Am.* parlor; *im Hotel*, ⚓, ✈ (*a. Friseur²*) saloon; (*Kosmetik² usw.*) parlo(u)r; *schöngeistiger*: salon (*a. Kunstausstellung*); *~ für Schönheitspflege* beauty-parlo(u)r; **~bolschewist** *m* drawing-room Bolshevist, *Am.* parlor Red, pink; **²fähig** *adj.* presentable, fit for good society (*a. Witz usw.*); *nicht ~ Witz*: blue, *Am.* off-color; **~löwe** *m* carpet-knight; **~stück** *thea.* drawing-room play; **~wagen** *m* saloon (car *od.* carriage), *Am.* Pullman (*od.* parlor-)car.
salopp *adj.* **1.** (*ungezwungen*) nonchalant, casual; *Stil usw.*: *a.* off-hand; **2.** (*schlampig*) F sloppy.
Salpeter ⚗ *m* saltpetre, nitre, *Am.* saltpeter, niter; **~erde** *f* nitrous earth; **~grube** *f* saltpetre mine; **²haltig** *adj.* nitrous, nitric; **²ig** (*mst* **salpetrig**) *adj.* nitrous; **²sauer** *adj.* nitric, nitrate of ...; **~säure** *f* nitric acid.
Salto *m* somersault; *~ mortale* breakneck leap.
Salut *m* salute (*von 7 Schuß* of seven guns); *~ schießen* fire salutes; **²ieren** *v/i.* salute (*vor j-m* a p.).
Salve *f* volley (*a. fig.*); *Artillerie*: round (*a. fig. of applause*), (*Lauf²*, *a.* ⚓ *u. fig.*) salvo; ⚓ broadside; (*Ehren²*) salute; *e-e ~ abgeben* fire a volley, *etc.*; **~nfeuer** *n* volley fire, ⚓ salvo fire.
Salweide ♀ *f* sallow.
Salz *n allg., a. fig.* salt; *das ~ der Erde* the salt of the earth; *in ~ legen* salt away (*od.* down); *mit ~ bestreuen od. behandeln usw.* salt; **²arm** ⚕ *adj.*: *~e Kost* low-salt diet; **~bad** *n* brine bath; **~bergwerk** *n* salt mine; **²bildend** *adj.* saliferous; **~bildner** *m* halogen; **~brühe** *f* brine, pickle; **²en** *v/t.* salt; (*würzen*) season; (*pökeln*) salt, pickle; *fig.* salt, season; *gesalzen* salted; *fig. Bemerkung usw.*: salty; *Preise*: F salted, steep; **~fäßchen** *n* salt-cellar (*a.* F *anat.*), salt-shaker; **~fleisch** *n* salt meat; **²frei** *adj.* salt-free; **~garten** *m* saltern; **~gehalt** *m* salt content, salinity; **~geschmack** *m* salty taste; **~grube** *f* salt-pit; **~gurke** *f* pickled gherkin; **²haltig** *adj.* saline, saliferous; **~hering** *m* salt(ed) herring; **²ig** *adj.* salty; → *a. salzhaltig*; **~igkeit** *f* salt(i)ness;

salty taste; **~korn** *n* grain of salt; **~lake** *f*, **~lauge** *f* brine, pickle; **~lecke** *f* salt lick; **≗los** *adj.* saltless, salt-free *diet*; **~lösung** *f* salt solution, saline (solution); **~napf** *m* → Salzfäßchen; **~quelle** *f* saline spring; **~säule** *f*: zur ~ erstarren *bibl.* become a pillar of salt; F *fig.* be petrified; **~säure** *f* hydrochloric (*od.* muriatic) acid; **~see** *m* salt lake; **~sieder** *m* salter; **~sole** *f* brine; **~streuer** *m* salt-shaker; **~waage** *f* salinometer; **~wasser** *n* salt-water, brine; **~werk** *n* salt-works *pl.* (*mst sg. konstr.*).

Sämann *m* sower.

Samariter *m*: (barmherziger ~ good) Samaritan; **~dienst** *m* Samaritarian help; (*erste Hilfe*) first aid.

Sämaschine *f* sower, seeder, sowing drill.

Same(n) *m* seed; *physiol.* sperm, seed, *vom Menschen*: *a.* semen; *fig.* seed (*a. bibl. Nachkommen*), germ; in ~n schießen (run to) seed.

Samen...: **~beet** *n* seedbed; **~behälter** ⚘ *m* seed-case, seed vessel; **~bildung** *f* seeding; *physiol.* spermatogenesis; **~blase** *f* seminal vesicle; **~drüse** *f* testicle; **~erguß** *m* (seminal) emission, (spermatic) ejaculation; nächtlicher ~ nocturnal emission; **~faden** *m* seminal filament; → *a.* Samentierchen; **~flüssigkeit** *f* seminal fluid; **~gang** *m* seminal duct, vas deferens; **~gefäß** *anat.* *n* seminal vessel; **~gehäuse** *n* → Samenbehälter; **~händler** *m* seedsman; **~handlung** *f* seed-shop; **~kapsel** *f* → Samenbehälter; **~leiter** *m* → Samengang; **~pflanze** *f* seed plant, spermatophyte; **~strang** *m* spermatic cord; **~strangunterbindung** *f* vasoligature; **~tierchen** *n* spermato|zoon (*pl.* -zoa), *pl. a.* sperm *sg.*; **~tragend** ⚘ *adj.* seed-bearing; seedy; **~zelle** *f* sperm cell.

Sämereien *f/pl.* seeds.

sämig *adj.* thick, viscid, creamy.

Sämischleder *n* chamois(-leather).

Sämling ⚘ *m* seedling.

Sammel|aktion *f* fund-raising drive; *für Material*: salvage campaign; **~album** *n* file, scrapbook; **~anschluß** *teleph.* *m* collective number, party line; **~auftrag** *m* *Geldüberweisung*: collective order for remittance; **~band** *m* omnibus volume (*od.* book); **~becken** *n* reservoir, (collecting *od.* storage) tank; *geogr.* catchment basin; *fig.* (*Partei usw.*) reservoir; **~begriff** *m* generic (*od.* collective) term; **~behälter** *m*, **~büchse** *f* collecting-box; **~bestellung** *f* collective order; **~bezeichnung** *f* collective name; **~depot** ⚕ *n* collective deposit (of securities); **~elektrode** ⚡ *f* collector; **~fahrschein** 🚃 *m* group (*od.* collective) ticket; **~frucht** *f* aggregate fruit; **~gespräch** *teleph.* *n* conference call; **~gut** *n*, **güter** *n/pl.*, **~ladung** ⚕ *f* collective consignment; **~konnossement** ⚕ *n* collective bill of lading; **~konto** *n* general account; **~lager** *n* collecting point; *für Flüchtlinge usw.*: assembly camp; **~leitung** *f* distributing main; *mot.* manifold; *teleph.* collecting line; **~linse** *f* converging (*od.* convex) lens; **~liste** *f* collecting list; **~mappe** *f* folder, file.

sammeln I. *v/t.* **1.** *allg.* (*Briefmarken, Geld usw.*) *a.* ⊕ collect; (*auf~*) gather, (*Ähren*) glean; (*Blumen*) *a.* pick; (*anhäufen*) heap (*od.* pile) up, accumulate; *in Massen*: amass; (*vereinigen*) concentrate (*a.* ⚔ = mass); *opt.* (*Strahlen*) focus; (*Kunden, Stimmen*) canvass for; **2.** (*ver~*) assemble, *wieder*: rally; **3.** *fig.* (*Erfahrungen, Kräfte, Material, Stoff*) gather; (*Informationen*) *a.* collect; (*Kenntnisse*) accumulate; gesammelt collected (*a. fig*); *fig. a.* concentrated; (*vereint*) full, joint; gesammelte Werke collected work(s *pl.*) *od.* edition *sg.*; **II.** *v/refl.*: sich ~ **4.** (*sich an ~*) gather, accumulate, *a.* ⊕ collect; *opt.* focus; **5.** (*sich ver~*) assemble, meet, rally, flock together; **6.** *fig.* (*sich konzentrieren*) collect o.s., concentrate (*a.* s-e Gedanken ~); (*sich fassen*) compose o.s.; **III.** *v/i.* **7.** (*Geld sammeln*) collect money, raise a subscription (für for), F pass the hat (a)round; **8.** ⚔ ~! assemble!

Sammel...: **~name** *m* collective name; **~nummer** *teleph.* *f* collective number; **~paß** *m* collective passport; **~platz** *m*, **~punkt** *m* meeting-place, place of assembly (*od.* appointment); ⚔, ⚓ rendezvous; (*Lager*) collecting point, depot, dump; **~posten** ⚕ *m* aggregate item; **~rohr** ⊕ *n* header, manifold; **~schiene** ⚡ *f* collecting bar, bus bar; **~sendung** ⚕ *f* collective consignment; **~stelle** *f* collecting point, (central) depot; **~surium** *n* omnium-gatherum, medley, jumble; **~transport** *m* collective transport; **~werk** *n* collected edition; **~wort** *ling.* *n* collective (noun); **~wut** *f* collector's mania.

Sammet *m* → *Samt.*

Sammler *m* **1.** *a.* **~in** *f* collector; **2.** ⊕ (*~rohr*) header; ⚡ (*a.* **~batterie** *f*) accumulator, storage battery; **~stück** *n* collector's item; **~zelle** ⚡ *f* storage-cell.

Sammlung *f* **1.** (*das Sammeln*) gathering, collecting, collection, *etc.*, → *sammeln*; *~ zu wohltätigen Zwecken* collection for; **2.** (*Gesammeltes*) collection; (*Zs.-stellung, von Wörtern usw.*) *a.* compilation; (*Blütenlese*) selection, *von Gedichten*: anthology; *von Gesetzen*: digest, collection; **3.** *fig.* (*innerliche ~*) collection; (*Fassung, Ruhe*) collectedness, composure; (*Aufmerksamkeit*) concentration; **4.** *pol.* (*a.* **~sbewegung** *f*) merger movement.

Samowar *m* samovar, tea-urn.

Samstag *m* Saturday; *des ~s, ≈s* on Saturdays.

samt I. *adv.*: *~ und sonders* each and all, all of them (*od.* you), F the (whole) lot; **II.** *prp.* together with, along with, including.

Samt *m* velvet; (*Baumwoll≈, Rippen≈*) velveteen; *in ~ und Seide* in silk(s) and satin(s); **≈artig** *adj.* velvety; **~band** *n* velvet ribbon; **≈en** *adj.* velvety; **~handschuh** *m* velvet-glove; *fig. j-n mit ~en anfassen* handle a p. with kid-gloves; **~kleid** *n* velvet dress.

sämtlich I. *adj.* all (together); (*vollständig*) complete; (*ganz*) whole; (*gesamt*) entire; *~e Werke* the complete work(s); **II.** *adv.* all (together *od.* of them); in a body, to a man.

Samt...: **~pfötchen** *fig. n* velvet paw; *~ machen* draw in the claws; **≈schwarz** *adj.* ivory-black; **~stoff** *m* pile fabric, velvet; **≈weich** *adj.* (soft as) velvet, velvety.

Sanatorium *n* sanatorium, *Am.* sanitarium.

Sand *m* sand; *grober*: grit, (*Kies*) *a.* ⚕ *Galle, Blase*: gravel; *mit ~ bestreuen* (strew with) sand; *mit ~ scheuern usw.* sand; ⊕ *in ~ gießen* sand-cast; ⚓ *auf ~ laufen* strike the sands; *fig. auf ~ bauen* build on sand; *j-m ~ in die Augen streuen* throw dust in a p.'s eyes, hoodwink a p.; *fig. ~ im Getriebe* snag; *j-m ~ ins Getriebe streuen* put a spoke in a p.'s wheel; *im ~e verlaufen* come to nothing, peter (*od.* fizzle) out; *wie ~ am Meer* (*zahllos*) numberless as the sand(s).

Sandal|e *f*, **~ette** *f* sandal.

Sand...: **~bahn** *f Rennsport*: dirt-track; **~bank** *f* sand-bank, sands *pl.*; **~blatt** *n Zigarre*: (lower) shrub-leaf; **~boden** *m* sandy soil; **~burg** *f am Strand*: sand castle; **~dorn** *m* sallow thorn.

Sandel|baum *m*, **~holz** *n* sandal(wood).

Sand...: **≈farben** *adj.* sandy; **~fliege** *f* sand-fly; **~floh** *m* sand-flea; **~form** *f* sand-mo(u)ld; **~glas** *n* sand-glass; **~gras** *n* sand grass; **~grube** *f* sand-pit; **~guß** ⊕ *m* sand-casting; **~haufen** *m* heap of sand; **~hose** *f* sand spout; **≈ig** *adj.* full of sand, sandy, gritty; **~kasten** *m* sand-box; *für Kinder*: sand-pit; ⚔ sand-table; **~kastenspiel** ⚔ *n* sand-table exercise; **~korn** *n* grain of sand; **~mann** *fig. m* sandman; **~papier** *n* sandpaper (*a. mit ~ abschmirgeln*); **~platz** *m* sandlot; **~sack** *m* sandbag; *Boxen*: heavy bag; **~stein** *m* sandstone; *brauner ~ Am.* brownstone; **~strahl(gebläse** *n*) *m* ⊕ sandblast (unit); **~streuer** *m*, **~streufahrzeug** *n* sander; **~sturm** *m* sandstorm, duststorm; **~torte** *f* Madeira cake; **~uhr** *f* sand-glass, hour-glass; **~wüste** *f* sandy desert, sands *pl.*

sanforisieren ⊕ *v/t.* sanforize.

sanft I. *adj. allg.* gentle, soft; (*leicht*) *a.* light; (*mild*) *a.* mild; (*freundlich*) gentle; (*weich, zärtlich*) soft; (*~mütig*) meek, good-natured; (*lieblich*) lovely; *Charakter*: gentle, mild, sweet; *Farbe*: soft; *Druck, Steigung, Hügel*: gentle; *Tod*: easy; *mit ~er Stimme* softly, gently; → *Gewalt*; **II.** *adv.*: *~ entschlafen* pass away peacefully; *ruhe ~* rest in peace.

Sänfte *f* sedan(-chair).

Sanft...: **~heit** *f* softness; gentleness; mildness; **~mut** *f* gentleness, sweetness, sweet temper; (*Demut*) meekness; **≈mütig** *adj.* gentle, mild; meek; *bibl. die ≈en* the meek.

Sang *m* singing, chant, song; *mit ~ und Klang* with singing and bands playing; *sang- und klanglos* unhono(u)red (*od.* unheralded) and unsung, unceremoniously.

Sänger *m* **1.** *a.* **~in** *f* singer, vocalist; **2.** (*Vogel*) songster, warbler; **3.** (*Dichter*) bard, poet; F *fig. darüber schweigt des ~s Höflichkeit!* that's better left unmentioned!; **~bund** *m* choral society; **~fest** *n* singing festival.

sanglos *adv.* → *Sang.*

Sanguin|iker(in *f*) *m* sanguine person; **≈isch** *adj.* sanguine.

sanier|en *v/t.* (*heilen*) cure; *gegen*

Geschlechtskrankheiten: give prophylactic treatment to; *weitS.* (*Stadtteil*, ✝ *Wirtschaft*, *Betrieb*) rehabilitate, reconstruct, stabilize; (*Elendsviertel usw.*) rehabilitate, renew, sanitate; (*räumen*) clear; F *fig.* *sich* ~ F make one's pile; **~ung** *f* rehabilitation; clearing, sanitation; reorganization, reconstruction; stabilization; **~ungsmittel** ⚕ *n gegen Geschlechtskrankheiten*: prophylactic; **~ungsstation** ⚕ *f* prophylactic station.

sanitär *adj.* sanitary; hygienic; ~e *Einrichtungen* sanitary facilities, sanitation *sg.*, plumbing *sg.*

Sanitäter *m* ambulance man, first-aid man; ⚔ *a.* stretcher-bearer.

Sanitäts|artikel *m/pl.*, **~bedarf** *m* medical supplies *pl.*; **~behörde** *f* Board of Health; **~dienst** *m* medical service; **~flugzeug** *n* air ambulance; **~hund** *m* ambulance dog; **~kasten** *m* first-aid kit; **~kolonne** *f* ambulance column; **~korps** *n*, **~truppe** *f* (*Brit.* Royal) Army Medical Corps; **~offizier** *m* medical officer; **~wache** *f* first-aid post; **~wagen** *m* ambulance (-car); **~wesen** *n* public hygiene (*od.* health); medical service; **~zug** *m* hospital train.

Sankt *adj.* (*St.*) Saint (*abbr.* St., St); → *Nimmerleinstag*.

Sanktion *f* (*Billigung*) sanction (*a. pol. Zwangsmaßnahme*); **~ieren** *v/t.* sanction.

Sanskrit *n* Sanskrit; **~forscher** *m*, **~ist** *m* Sanskritist.

Saphir *m* sapphire (*a. am Plattenspieler*).

Sappe ⚔ *f* sap.

sapper|lot!, **~ment!** F *int. zornig*: damn!, *Am. a.* doggone!; *überrascht*: F gosh!, gee!, wow!

sapphisch *adj.* Sapphic.

Sarazen|e *m*, **~isch** *adj.* Saracen.

Sardelle *f* anchovy; **~npaste** *f* anchovy-paste.

Sardine *f* sardine.

sardonisch *adj.* sardonic(ally *adv.*).

Sarg *m* coffin, *Am. a.* casket; **~deckel** *m* coffin-lid; **~tuch** *n* pall.

Sarkas|mus *m* sarcasm; **~tisch** *adj.* sarcastic(ally *adv.*).

Sarkom ⚕ *n* sarcoma; **~atös** *adj.* sarcomatous.

Sarkophag *m* sarcophagus.

Satan *m* Satan; *fig.* satan, devil; *fig.* (*Frau*) *a.* hellcat; **~isch** *adj.* satanic, diabolic(al); **~sbraten** F *m* limb (of Satan), rascal.

Satellit *ast. u. pol. m* satellite; **~enstaat** *m* satellite (state); **~enstadt** *f* satellite town.

Satin *m* satin; (*Baumwoll*~) sateen; **~ieren** *v/t.* satin; (*Papier*) glaze, calender; **~iermaschine** *f*, **~ierpresse** *f* calender; **~papier** *n* satin (*od.* glazed) paper.

Sati|re *f* satire (*auf* on); **~riker(in** *f*) *m* satirist; **~risch** *adj.* satiric(al).

Satisfaktion *f* satisfaction; → *a. Genugtuung 1*; **~sfähig** *adj.* qualified to give satisfaction.

satt *adj. u. adv.* satisfied (*a. fig. zufrieden*); (*voll*) full; *weitS.* (*wohlgenährt*) well-fed; (*übersättigt*) satiate(d); ⚗ saturated; *Farbton*: *a.* deep, rich; *fig. Lächeln*: complacent; *Schuß*, *Schlag*: powerful; *sich ~ essen* eat one's fill; *das macht ~!* that's very filling; *fig. et. od. j-n (gründlich) ~ bekommen od. kriegen* get sick and tired of, F get fed up with; *et. od. j-n (gründlich) ~ haben* be sick and tired of, be fed up with; *das Leben ~ haben* be disgusted with life; ⊕ *~ aufliegen auf* rest fully (*od.* perfectly flat) on; *er konnte sich nicht ~ daran sehen* he couldn't take his eyes off it; **~dampf** *m* saturated steam.

Sattel *m* (*Reit*~, *a. mot. u. am Turnpferd*) saddle; *geol.* anticline, fold; (*Berg*~) saddle(back); *der Nase*: bridge; ⊕, ⚓ cross-beam; (*Brems*~) caliper; ♪ nut; *Schneiderei*: yoke; *j-n aus dem ~ heben* unhorse (*fig. a.* unseat, oust) a p.; *fest im ~ sitzen* have a firm seat; *fig.* be in the saddle, be firmly established; *fig. j-n in den ~ heben* heave a p. into power; *er ist in allen Sätteln gerecht* he can turn his hand to anything, he is an all-round man; **~anhänger** *m*, **~auflieger** *mot. m* semi-trailer; **~dach** *n* saddleback (roof); **~decke** *f* saddle-cloth; **~fest** *adj.* firm in the saddle, saddle-fast; *fig. in et. ~ sein* be quite firm *od.* well up in, have *a th.* at one's fingers' ends; **~gurt** *m* (saddle-)girth; **~knopf** *m* pommel; **~n** *v/t.* saddle; *fig. sich ~ für* get ready for; **~nase** *f* saddle-nose; **~pferd** *n* saddle-horse, nearsider; **~platz** *m* paddock; **~schlepper** *mot. m* road tractor, *Am.* truck-tractor; **~schlepperanhänger** *m* semi-trailer; **~(schlepper)zug** *m* semi-trailer unit, truck-tractor train; **~tasche** *f* saddle-bag; **~zeug** *n* saddle and harness, saddlery.

Sattheit *f* satiety, fullness; *von Farben*: richness, intensity.

sättig|en *v/t. u. v/i.* satisfy, satiate, sate; *Essen*: be substantial (*od.* filling); ⚗, *phys.*, *a.* ✝ (*den Markt*) saturate; *j-n* (*sich*) ~ appease a p.'s (one's) hunger; **~end** *adj.* satisfying, nourishing, substantial, filling; **≈ung** *f* satiation, appeasing a p.'s hunger; ⚗, *a. fig.* saturation; **≈ungspunkt** ⚗ *u. fig. m* saturation-point.

Sattler *m* saddler; (*Geschirrmacher*) harness-maker; (*Polsterer*) upholsterer; **~ei** *f* saddlery.

sattsam *adv.* sufficiently, amply, abundantly, enough.

saturieren *v/t.* saturate.

Saturn *ast. m* Saturn; **~alien** *pl.* Saturnalia.

Satyr *m* satyr; **~iasis** ⚕ *f* satyriasis; **~spiel** *n* satyric drama.

Satz *m* **1.** sentence; *ling. a.* clause, (*langer, zs.-gesetzter* ~) period, compound sentence, (*verkürzter* ~, *Wendung*) phrase; **2.** 𝔄, *phls.* (*Lehr*≈, *Grund*≈) theorem, tenet; 𝔄 *a.* proposition; (*Leit*≈) maxim, principle; (*Glaubens*≈) dogma, doctrine; (*Gesetz*) law; **3.** *typ.* (*das Setzen*) (type)setting; (*gesetzter Text*) matter, composition; *in* ~ *geben* (*gehen*) give (go) to the typesetters; **4.** (~ *Briefmarken, Dokumente, Werkzeuge, Maschinen*≈ *usw.*) set *of stamps, documents, etc.*; (~ *ineinanderpassender Schüsseln usw.*) nest; *von Waren*: lot, assortment; ⊕ (*Schub*) batch; **5.** (*Boden*≈) sediment, dregs *pl.*; (*Kaffee*≈) grounds *pl.*; **6.** *Tennis*: set; **7.** (*Preis, Tarif*≈) rate; *zum* ~*e von* at a rate of; **8.** (*Sprung*) leap, bound, jump; *e-n* ~ *machen* (take a) leap *od.* jump, (make a) bound; **~akzent** *m* sentence stress; **~aussage** *f* predicate; **~ball** *m Tennis*: set point; **~bau** *m* syntax, construction (of sentences); **~ergänzung** *f* object; **~fehler** *typ. m* misprint; **≈fertig** *typ. adj.* ready for composition; **~gefüge** *n* period, compound sentence; **~gegenstand** *m* subject; **~glied** *n* → *Satzteil*; **~lehre** *f* syntax; **~spiegel** *typ. m* type area; **~teil** *m* part of a sentence.

Satzung *f* statute, by-law; (*feste Regel*) standing rule; ~*en e-r Gesellschaft, e-s Vereins usw.*: articles of association, statutes and articles; *von Körperschaften*: *a.* by-laws; *Börse*: rules; **≈smäßig** *adj.* statutory, (*a. adv.*) in accordance with the statutes; **≈swidrig** *adj.* unconstitutional, (*a. adv.*) in violation of the statutes.

Satz...: **≈weise** *ling. adv.* sentence by sentence; **~zeichen** *n* punctuation mark; **~zusammenhang** *m* context.

Sau *f* **1.** sow (*a. metall.*); *hunt.* wild sow; **2.** F *fig. contp.* swine, (dirty) pig, (*Frau*) F slut; (*Tintenklecks*) blot; *das ist unter aller* ~ *sl.* it's lousy (*od.* awful), it stinks; *sl. zur* ~ *machen* (et.) F blast (*od.* wreck) a th.; (*j-n*) let a p. have it, *sl.* give a p. the works; *wie eine gesengte* ~ at a mad speed; **~arbeit** F *f* dirty work; (*schwere Arbeit*) hellish (*od.* fiendish) job.

sauber *adj.* clean; (*reinlich, Person*) cleanly; (*ordentlich*) neat (*a. Äußeres, Arbeit, Gedanken, Handschrift,* ♪ *Anschlag usw.*); *charakterlich, moralisch*: clean; (*sorgfältig*) careful; *Zimmer usw.*: tidy; (*hübsch*) pretty *girl usw.*; *iro.* (*miserabel*) fine, nice, F dandy; *Atombombe*: clean (*a. sl. waffenlos, ohne Schmuggelware usw.*); (*geschickt*) F slick; *Sport*: *Schlag usw.*: clean; F *nicht ganz* ~ (*leicht verrückt*) not quite right (in the head); *Aktion* "≈*e Leinwand*" "Clean up Movies" scheme; **~halten** *v/t.* keep clean; **≈keit** *f* clean(li)ness, tidiness; neatness; *fig. des Charakters*: cleanness, pureness, integrity.

säuberlich *adj.* → *sauber.*

sauber...: **~machen** *v/t. u. v/i.* tidy *od.* clean (up); **≈mann** F *fig. m*: *Herr und Frau* ~ "Mr. and Mrs. Clean" (*bsd. Am.* Wowser, The Wowsers).

säuber|n *v/t.* clean, cleanse; (*Zimmer*) tidy, clean (up); (*freimachen*) clear (*von* of), ⚔ *von Feindresten*: mop up; *fig., a. pol.* purge; **≈ung** *f* **1.** clean(s)ing; clearing; **2.** → **≈ungsaktion** *f pol.* purge, F clean-up; ⚔ mopping-up operation.

Sau...: **≈blöd** F *adj.* → *saudumm*; **~bohne** *f* broad bean.

Sauc|e *f* → *Soße*; **~iere** *f* sauce-boat.

saudumm F *adj. Person*: F awfully stupid; *Sache*: (very) stupid, idiotic, V bloody.

sauer *adj.* **I.** *allg.* sour (*a. Boden, Geruch, Milch*); ⚗ acid; (*herb*) tart, acrid; *Heilwasser*: acidulous; *Gurke*: pickled; *Drops*: acid; *fig. Arbeit usw.*: hard, F tough, hellish; (*mürrisch*) sour, morose, cross; ~ *werden* a) turn sour *od.* acid, *Milch*: turn (sour), curdle; b) F *Person*: become cross (*od.* sour), *Am.* F get mad (*auf* at); c) F *Motor usw.*: go sour; *fig. ein saures Gesicht machen* make a sour face, look cross, *zu et.*: pull a long face over a th.; *sich et.* ~ *werden lassen* take great pains about a th.; ~ *machen* (make) sour, ⚗ acidify; *fig. j-m das*

Leben ~ machen make life miserable for a p.; **II.** *adv.* sour(ly); *fig.* (*mühsam*) hard; *~ reagieren auf et.* take a th. in bad part, react harshly to a th.; *es kam ihn ~ an* he found it trying, *seelisch*: it went hard with him (*od.* against his grain); *das wird ihm noch ~ aufstoßen* he will pay for this yet.

Sauer...: ~ampfer ⚘ *m* sorrel; **~braten** *m* oven-roasted (*od.* pot-roasted) pickled beef, *Am.* sauerbraten; **~brunnen** *m* acidulous mineral water.

Sauerei V *f* → *Schweinerei.*

Sauer...: ~kirsche *f* morello, sour cherry; **~kohl** *m*, **~kraut** *n* sauerkraut.

säuer|lich *adj.* sourish; ⚗ acidulous, sub-acid; *fig. Lächeln*: wintry, sour; **≈ling** *m* **1.** → *Sauerbrunnen*; **2.** → *Sauerampfer*; **3.** F (*Wein*) sour wine.

Sauermilch *f* curdled milk.

säuern *v/t.* (make) sour, ⚗ acidify, acidulate, (*oxydieren*) oxidize; (*Brot, Teig*) leaven.

Sauerstoff ⚗ *m* oxygen; *mit ~ verbinden* oxygenize; oxidize; **~apparat** *m* oxygen apparatus; **≈arm** *adj.* poor in oxygen; *Luft*: *a.* rarified; **~aufnahme** *f* oxygen absorption; **~bad** ⚕ *n* oxygen bath; **~behälter** *m* oxygen container (*od.* tank); **~entzug** *m* deoxygenation; **~flasche** *f* oxygen bottle; **~gerät** *n* oxygen apparatus; **≈haltig** *adj.* oxygenous; **~mangel** *m* oxygen starvation, ⚕ *a.* anox(a)emia; **~maske** *f* oxygen mask; **~zelt** ⚕ *n* oxygen tent; **~zufuhr** *f* oxygen supply.

sauer...: ~süß *adj.* sour-sweet; *fig. Lächeln usw.*: wintry, sour; **≈teig** *m* leaven; **≈topf** F *m* grumpy fellow, *sl.* sourpuss; **~töpfisch** *adj.* surly, peevish, morose, sour.

Säuerung *f von Brot, Teig*: leavening; ⚗ acidification, acidulation; **~sgrad** *m* degree of acidity.

Sauerwasser *n* acidulous (mineral) water.

Sauf|bruder F *m* **1.** → *Säufer*; **2.** boon-companion, crony; **≈en** *v/t. u. v/i. allg.* drink; V *Person* (*v/i.*): drink hard, F booze, tipple, hit the bottle; be a drunkard; (*v/t.*) pour down, guzzle; *~ wie ein Loch* drink like a fish; *dem Pferd zu ~ geben* water the horse; → *vollsaufen.*

Säufer(in *f*) *m* drunkard, alcoholic, dipsomaniac, F boozer, guzzler.

Sauferei V *f* F boozing; → *a. Saufgelage.*

Säufer...: ~leber *f* hobnail liver; **~nase** *f* brandy nose; **~wahnsinn** *m* delirium tremens, F *the* horrors *pl.*

Saufgelage *n* drinking-bout, carousal, F booze-up, binge, soak.

Saufraß V *m sl.* awful grub.

Saug|anode ⚡ *f* first anode; **~apparat** *m* suction apparatus; **~bagger** *m* suction dredge; **≈en I.** *v/t. u. v/i.* suck (*an* a th.); (*auf~*) suck up, absorb; *in sich ~* suck in, imbibe; (*mit dem Staubsauger ~*) vacuum; *mit der Pipette ~* siphon; → *Finger*; **II.** *≈ n* sucking; ⊕ suction; *mit Staubsauger*: vacuum-cleaning.

säugen I. *v/t.* (*Kind*) suckle, nurse, give the breast (to), breastfeed; **II.** *≈ n* suckling, *etc.*

Sauger *m des Babys*: dummy, comforter, *an der Flasche*: teat; ⊕ suction apparatus; → *Staubsauger.*

Säuger *m*, **Säugetier** *n* mammal.

Saug...: ≈fähig *adj.* absorbent; **~fähigkeit** *f* absorptive capacity; **~flasche** *f* feeding-bottle; **~heber** *m* siphon; **~hub** *mot. m* suction stroke; **~kreis** ⚡ *m* series-tuned wave trap; **~leistung** *f* suction (capacity); **~leitung** *f* suction pipe; *mot.* intake duct.

Säugling *m* baby, infant.

Säuglings...: ~ausstattung *f* (*Wäsche*) layette; **~fürsorge** *f* infant welfare; **~heim** *n* baby nursery, crèche; **~pflege** *f* baby care; **~schwester** *f* baby nurse; **~sterblichkeit** *f* infant mortality.

Saug...: ~luft *f* intake air; *in Zssgn*: vacuum; **≈luftbetätigt** *adj.* vacuum-operated; **~luftbremse** *mot. f* vacuum servo brake; **~massage** *f* suction massage; **~napf** *m* ⊕ suction cup; *zo.* sucker (disk); **~papier** *n*, **~post** *f* absorbent paper; **~platte** *f Zahnprothese*: suction plate; **~pumpe** *f* suction pump; **~rohr** *n* suction tube; (*Pipette*) siphon; **~rüssel** *m des Insekts*: proboscis, sucker; **~stutzen** ⊕ *m* intake connection; **~ventil** *n* suction valve; **~wirkung** *f* suction (effect).

Sau|hatz *hunt. f* boar-hunt; **~hirt** *m* swine-herd; **~igel** V *m* filthy (*od.* smutty) fellow; **≈igeln** V *v/i.* talk smut.

säuisch *adj.* swinish, filthy, vile; → *a. saumäßig* I.

sau|kalt F *adj.* F awfully cold; **≈kerl** V *m* swine, *sl.* bastard, heel.

Säule *f* column (*a. Quecksilber≈ usw., Rauch≈, Heeres≈, Wirbel≈*); (*Pfeiler*) pillar (*a. fig. der Gesellschaft, Wissenschaft usw.*); (*Pfosten*) post; *mot.* (*Zapf≈*) pump; ⚡ pile; *galvanische ~* voltaic pile.

Säulen...: **°~artig, °~förmig** *adj.* columnar; **~bohrmaschine** ⊕ *f* upright drill; **~fuß** *m* column base; **~gang** *m* colonnade, arcade; **~halle** *f* pillared hall; (*Vorbau*) portico; **~heilige(r)** *m* stylite; **~knauf** *m*, **~k(n)opf** *m* capital; **~ordnung** *f* order (of columns); **~platte** *f* plinth; **~schaft** *m* column shaft; **~ständer** ⊕ *m* upright, post; **~stativ** *n* pillar stand.

Saum *m Näherei*: hem; (*Naht*) seam; (*Rand*) *a. fig.* border, edge.

saumäßig F **I.** *adj.* F beastly, filthy, vile; (*a. miserabel*) F awful, *sl.* lousy; **II.** *adv.* F beastly, awfully.

säumen[1] *v/t. Näherei*: hem; (*umranden*) *a. weitS.* edge, border, skirt; *mit Fransen*: fringe; *die Straßen ~* line (*od.* skirt) the streets.

säumen[2] **I.** *v/i.* (*verweilen, zögern*) tarry, linger; (*zaudern*) hesitate; (*trödeln*) dawdle, dally; **II.** °~ *n* tarrying; delay; hesitation; dawdling.

säumig *adj.* **1.** → *saumselig*; **2.** *Gäste usw.*: belated; *Zahler*: slow, dilatory; *pred.* behind-handed.

Säumnis *f* dilatoriness; (*Verzug*) delay, (*Nichterfüllung*) default.

Saum...: **~pfad** *m* mule-track, *Am. a.* mountain-trail; **~pferd** *n* sumpter-horse, pack-horse; **~sattel** *m* pack-saddle.

saumselig *adj.* tardy, slow, sluggish; (*trödelnd*) dawdling; (*hinausschiebend*) dilatory; (*nachlässig*) negligent; (*lässig*) slack, lazy; **°~keit** *f* tardiness, dilatoriness; negligence; slackness.

Saumtier *n* sumpter.

Sauna *f* sauna.

Säure *f* sourness, *a.* ⚕ *im Magen*: acidity; ⚗ acid; *fig.* acrimony; **~bad** *n* acid bath; **°~beständig, °~fest** *adj.* acid-proof, acid-resisting; **°~bildend** *adj.* acidic; **~bildung** *f* acidification; **°~empfindlich** *adj.* sensitive to acids; **°~frei** *adj.* non-acid; **~gehalt** *m* acidity; **~grad** *m* (degree of) acidity.

Sauregurkenzeit *f* silly season.

Säure...: **°~haltig** *adj.* acid(ic); **°~löslich** *adj.* acid-soluble; **~messer** *m* acidimeter; **~rest** *m* acid residue; (*Radikal*) acid radical.

Saures *n*: F *gib ihm ~!* let him have it!

Säure...: **~schutzfett** *n* acid-proof grease; **°~widrig** *adj.* anti(-)acid.

Saurier *m* saurian.

Saus *m*: *in ~ und Braus leben* live high (*od.* on the fat of the land).

säuseln I. *v/i. Blätter, Wind*: rustle, whisper; **II.** *v/t. iro. Person*: purr; **III.** °~ *n* whispering, susurration; (*Wind*) gentle waft.

sausen I. *v/i.* **1.** *Wasser usw.*: rush; *Wind*: whistle, sough; *Geschoß usw.*: whiz, whistle, buzz; **2.** (*sich schnell bewegen*) rush, whiz, flit, dash; F *et. od. j-n ~ lassen* pass up; **II.** °~ *n* rush(ing); sough(ing); buzz(ing); singing (in the ears).

Sau...: **~stall** *m* pigsty; F *fig. a.* F awful mess; **~wetter** F *n* filthy weather; **~wirtschaft** F *f* complete chaos, topsyturvydom, F awful mess; **°~wohl** F *adv.*: *mir ist ~* I couldn't feel better, *Am.* F I feel like a million dollars.

Savanne *f* savanna(h).

Saxophon ♪ *n* saxophone.

Schabe[1] *zo. f* **1.** (*Küchen°~*) cockroach; **2.** (*Motte*) moth.

Schab|e[2] *f* → **~eisen** *n* scraper, shaving-tool; **~emesser** *n* scraping-knife; **°~en** *v/t.* scrape (*a.* ⊕); *auf Reibeisen usw.*: grate, rasp; (*kratzen*) scratch; (*ab ~*) abrade, rub; (*Felle*) shave; **~er** *m* scraper.

Schabernack *m* practical joke, hoax, trick, prank(s *pl.*), F leg-pull, lark(s *pl.*); *j-m e-n ~ spielen* play a prank (*od.* practical joke) on a p., play a p. a trick.

schäbig *adj.* shabby, threadbare, F seedy, *Am.* tacky; (*heruntergekommen*) shabby, sleazy; *fig.* (*geizig, gemein*) shabby, mean; **°~keit** *f* shabbiness; *fig. a.* meanness.

Schablone *f* (*Modell, Muster*) model, pattern; (*Mal°~*) stencil; (*Bohr°~*) jig; (*Guß°~, Schneide°~*) template; *Gesenkfräsen*: master plate; *fig.* (*mechanische Arbeit*) routine; *in Rede, Kunst usw.*: stereotype, cliché; *nach der ~* by the routine, according to pattern.

Schablonen...: **~denken** *fig. n* stereotyped thinking; **~drehbank** ⊕ *f* copying-lathe; **°~haft, °~mäßig** *adj.* stereotyped; (*mechanisch*) mechanical; *nur attr.* routine(ly *adv.*); **~zeichnung** *f* stencil drawing.

schablonieren *v/t.* (*malen*) stencil; (*bearbeiten*) work in a jig, *etc.*

Schabmesser *n* scraping-knife.

Schabracke *f* saddle-cloth.

Schabsel *n* scrapings *pl.*, shavings *pl.*

Schach *n* **1.** chess; *~ spielen* play (at) chess; **2.** (*~stellung*) check (position); *ewiges ~* perpetual check; *im ~* (*stehend*) in check; *~!* check!; *~ und matt!* checkmate!; *~ bieten* give check, *fig. j-m*: defy (*od.* make head against) a p.; *in* (*od. im*) *~ halten* hold in check (*a. fig.*); *fig.*

mit der Pistole usw.: *a.* cover; **3.** → *Schachspiel*; **~aufgabe** *f* chess problem; **~brett** *n* chess-board; **≈brettartig** *adj.* checkered, *a.* ⊕ chess-board ...

Schacher *m*, **~ei** *f* haggling; *bsd. pol.* jobbery; → *a. Kuhhandel*.

Schächer *m bibl.* thief; (*Mörder*) murderer, bloodhound; *fig. armer* ~ poor wretch.

Schacherer *m* haggler.

schachern *v/i.* haggle (*um* about, over); ~ *mit et.* trade (away *od.* off).

Schach...: **~feld** *n* (chessboard) square; **~figur** *f* chessman, piece; *fig.* pawn; **≈matt** *adj.* (check-) mate; *fig.* (*erschöpft*) tired out, F dead-beat; ~ *setzen* checkmate; **~meisterschaft** *f* chess championship; **~partie** *f* game of chess; **~spiel** *n* **1.** (game of) chess; **2.** (*Brett u. Figuren*) chess-set; **~spieler** *m* chess-player.

Schacht *m allg.* shaft (*a.* ⚒ = pit); ⚠ (*Licht≈ usw.*) *a.* well; (*Mannloch*) manhole; **~arbeiter** *m* pitman.

Schachtel *f* box; (*Papp≈*) *a.* carton; *für Hüte, Putz usw.*: bandbox; F *fig. alte* ~ F old frump; **~halm** ⚘ *m* horse-tail; **~satz** *ling. m* involved period.

schächten *v/t.* slaughter according to Jewish rites.

Schacht...: **~ofen** *m* cupola (furnace); **~stoß** *m* face of a shaft; **~turm** *m* shaft derrick.

Schach...: **~turnier** *n* chess tournament; **~zug** *m* move; *geschickter* ~ clever move (*a. fig.*).

schade *pred. adj.*: (*es ist sehr* ~) it is a (great) pity (*, daß* that), F (it's) too bad *he couldn't come*; *wie* ~ what a pity, how unfortunate; *es ist ewig* ~*, daß* it is a thousand pities that, F it's a (damn) shame that; *es ist* ~ *um ihn* it is a great pity (*od.* shame) about him; *dafür ist es* (*er*) *zu* ~ it (he) is too good for that; *um das* (*den*) *ist's nicht* ~ it (he) isn't much of a loss.

Schade *m* → *Schaden*.

Schädel *m* skull (*a.* F *Hirn, Kopf*); 🕮 cranium; *j-m den* ~ *einschlagen* bash a p.'s skull in; → *a. Kopf*; **~basis**(**bruch** *m*) *f* (fracture of) base of the skull; **~bohrer** ⚕ *m* trephine; **~bruch** ⚕ *m* fracture of the skull; *e-n* ~ *erleiden* suffer a fractured skull; **~dach** *n*, **~decke** *f* skullcap, 🕮 cranium; **~haut** *f* pericranium; **~knochen** *m* cranial bone; **~lehre** *f* craniology, phrenology; **~messung** *f* craniometry; **~naht** *f* cranial suture.

schaden *v/i. u. v/t.* **1.** do damage, do harm (*dat.* to); (*j-m, e-r Sache*) *a.* damage *the furniture, etc.*, injure, be injurious to, harm, hurt, impair *a p.'s health, etc.*; (*nachteilig sein*) prejudice, be prejudicial *od.* detrimental to *a good cause, etc.*; *das schadet nichts* there is no harm in doing that; *es schadet mehr als daß es nützt* it does more harm than good; *e-e Aussprache kann nicht* ~ a discussion might not be amiss; *das schadet ihm nichts* (*geschieht ihm recht*) that serves him right, that's good for him; **2.** (*ausmachen*) matter, be of consequence; *was schadet es?* what does it matter? *was schadet es* (*schon*)*, wenn* what if?; *das schadet nichts* it does not matter, never mind.

Schaden *m allg.* damage (*an* to); (*bsd. körperliche Beschädigung*) injury, harm; (*Gebrechen*) defect (*a.* ⊕); (*Verheerung*) ravages *pl.*, havoc; (*Nachteil*) detriment, prejudice (*für* to); (*Verlust*) loss; (*Unheil*) wrong; harm, mischief; ~ *erleiden* (*od. nehmen*)*, zu* ~ *kommen* suffer *od.* sustain injury, come to harm, be damaged *od.* injured; ~ *nehmen an* suffer harm to; ~ *zufügen* do *a p.* harm, harm *a p.*, → *a. schaden*; *mit* ~ *verkaufen* sell at a loss; *zu meinem* ~ to my damage (*od.* cost); *es soll dein* ~ *nicht sein* you won't regret it; *durch* ~ *wird man klug* once bitten twice shy; *wer den* ~ *hat, braucht für den Spott nicht zu sorgen* the laugh is always on the losers; **~abschätzung** *f* appraisal of damages; **~aufstellung** *f* statement of damages.

Schadenersatz *m* indemnification, indemnity, compensation; (*festgesetzte Geldsumme*) damages *pl.*; ~ *beanspruchen* (*leisten, erhalten*) claim (pay, recover) damages; *auf* ~ (*ver*)*klagen* sue for damages; **~anspruch** *m*, **~forderung** *f* claim for damages; **~klage** *f* action for damages; **~pflicht** *f* liability for damages; **≈pflichtig** *adj.* liable for damages.

Schaden...: **~feststellung** *f* damage assessment; **~feuer** *n* destructive fire; **~freude** *f* malicious joy (*od.* glee), gloating; *voller* ~ gloatingly; *voll* ~ *betrachten usw.* gloat over; **≈froh** *adj.* malicious, gloating(ly *adv.*); **~regulierung** *f* adjustment of damages; **~sfall** *m* case of damage; **~versicherung** *f* indemnity insurance.

schadhaft *adj.* damaged; (*mangelhaft*) defective, faulty; *Gebäude*:

dilapidated, out of repair; *Rohre, Leitungen*: leaking; *Zähne*: decayed, carious; **⁀igkeit** *f* damaged condition, defectiveness.

schädig|en *v/t.* damage, impair (*a. Rechte, Ruf*); (*j-n*) wrong, harm; (*verletzen*) hurt, injure; (*in Mitleidenschaft ziehen*) affect (adversely); (*benachteiligen*) prejudice; → *a. schaden*; **⁀ung** *f* damage (*gen.* to), impairment (of), injury (to); prejudice, detriment (to).

schädlich *adj. allg.* harmful, injurious (*dat., für* to); (*gesundheits* ~) noxious, unwholesome; (*giftig*) toxic, poisonous; (*verderblich*) pernicious; (*nachteilig*) detrimental, prejudicial (*dat., für* to); (*schlecht*) bad (for); *das ist mir nicht* ~ that does me no harm; **⁀keit** *f* harmfulness, injuriousness; noxiousness, unwholesomeness; perniciousness.

Schädling *m zo.* pest, destructive insect, parasite; ⚒ *a.* vermin; ⚘ destructive weed; *fig.* parasite, anti-social person; **~sbekämpfung** *f* pest control; **~sbekämpfungsmittel** *n* pesticide, insecticide.

schadlos *adj.*: *j-n* ~ *halten* indemnify a p. (*für* for); ⚖, *im Vertrag*: *a.* hold a p. harmless; *sich* ~ *halten* indemnify (*od.* recoup) o.s. (*für* for), *an*: recover one's loss(es) from *a p.*; **⁀haltung** *f* indemnification.

Schadstoff *m* pollutant, toxic agent.

Schaf *n* sheep (*a. pl.*); *fig.* F stupid, silly goose, ninny; *fig. schwarzes* (*od. räudiges*) ~ black sheep; **~bock** *m* ram; (*Hammel*) wether.

Schäfchen *n* little sheep, lamb (-kin); F *fig.* stupid; *pl.* (*a.* **~wolken** *f/pl.*) fleecy clouds, mackerel sky *sg.*, cirro-cumulus clouds; *fig. sein* ~ *ins trockene bringen* feather one's nest, *sl.* make one's pile.

Schäfer *m* shepherd; **~gedicht** *n* pastoral (poem); **~hund** *m* shepherd's dog, sheep-dog; *Deutscher* ~ Alsatian, German police-dog; **~in** *f* shepherdess; **~spiel** *n* pastoral play; **~stündchen** *n* amorous tête-à-tête.

Schaffell *n* sheepskin, fleece.

schaffen I. *v/t.* **1.** (*er*~, *schöpferisch gestalten*) create, produce; *fig.* (*bewirken, hervorrufen*) *a.* call forth, bring about, cause; (*entwerfen*) design; (*machen, herstellen*) make; (*gründen, ins Leben rufen*) call into being, organize, (*Kommission usw.*) set up; (*ver*~) provide, procure, afford; (*Ärger, Verdruß usw. bereiten*) cause, give; *Linderung* ~ bring relief; *Ordnung* ~ establish order; *Rat* ~ find a way (out), know what to do; *Vergnügen* ~ afford pleasure (*j-m* a p.); *viel* ~ get a great deal done; *Gott schuf den Menschen* God created man; *er ist zum Lehrer wie geschaffen* he has all the makings of a good teacher, he is a born teacher; *er ist für den Posten wie geschaffen* he is cut out (*od.* the very man) for this post; **2.** (*tun*) do; *etwas zu* ~ *haben mit* have something to do with; *ich habe damit nichts zu* ~ that's no business of mine, *iro.* I wash my hands of it; *mit ihm will ich nichts zu* ~ *haben* I want no truck with him; **3.** (*her*~) bring; ~ *in* (*nach, zu usw.*) (*befördern*) carry *od.* move *od.* put in(to, *etc.*); (*weg*~) take in(to, *etc.*); *an e-e bestimmte Stelle, a. ins Gefängnis usw.* ~ *a.* put to (in, *etc.*); *j-n ins Krankenhaus* ~ take a p. to the hospital, hospitalize a p.; → *Hals, Seite, Weg, Welt*; **4.** (*zuwege bringen, bewältigen*) manage, F make; (*Hindernis usw.*) manage, clear, negotiate; F *es* ~ F make it, get there, (*Erfolg haben*) *a.* succeed, F make the grade; (*das hätten wir*) *geschafft!* we did (*od.* F made) it!; *es bis zum Ufer* ~ make the shore; *er schaffte e-e Meile in Rekordzeit* he did a mile in record time; ~ *wir es in 3 Stunden?* can we make it in three hours?; **5.** F *j-n* ~ (*fertigmachen, erschöpfen*) get a p. down, finish a p.; *er* (*es*) *schafft mich! a.* he (it) will kill me yet!; **II.** *v/i.* **6.** (*schöpferisch sein*) create, produce; (*tätig sein*) be active, work (hard); **7.** *bsd. dial.* (*arbeiten*) work; **8.** *sich zu* ~ *machen im Haus usw.*: potter about, *an e-r Sache*: busy o.s. with, *unbefugt*: tamper (*od.* F monkey) with; **9.** *j-m* (*viel*) *zu* ~ *machen* give *od.* cause a p. (no end of) trouble; *das Herz, die Zähne usw.*: trouble a p., cause a p. a lot of anguish; **III.** **⁀** *n* work(s *pl.*); (*Tätigsein*) activity; *künstlerisches* ~ artistic work (*od.* creativeness); **~d** *adj.* (*schöpferisch*) creative; (*produktiv*) productive; (*arbeitend*) working; **⁀sdrang** *m*, **⁀slust** *f* creative urge; (*Arbeitslust*) zest for (one's) work; **⁀skraft** *f* creative (*od.* productive) power.

Schaffer F *m* indefatigable worker, F demon for work.

Schaffner *m* **1.** (*Bus*⁀, *Zug*⁀) conductor, (*Zug*⁀) *Brit. mst* guard; **2.** *obs.* (*Verwalter*) steward; **~in** *f* **1.** conductress; **2.** *obs.* housekeeper.

Schaffung *f* creation; production;

provision; organization, establishment, setting-up; → *schaffen* 1.

Schaf...: ~garbe ⚘ *f* yarrow; **~herde** *f* flock of sheep; **~hirt** *m* shepherd; **~hürde** *f* sheep-fold, pen; **~leder** *n* sheepskin; **⁀ledern** *adj.* (of) sheepskin.

Schäflein *n* **1.** → *Schäfchen*; **2.** *pl. fig. e-s Pastors*: sheep (*pl. konstr.*), flock *sg.*

Schafmilch *f* ewe's milk.

Schafott *n* scaffold (*a. weitS. Tod auf dem* ~).

Schaf...: ~pocken *f/pl.* sheep-pox *sg.*; **~schur** *f* sheep-shearing; **~skopf** F *fig. m* F blockhead, numskull, clod; **~(s)pelz** *m* sheepskin, fleece; *fig. Wolf im* ~ wolf in sheep's clothing; **~stall** *m* (sheep-) fold.

Schaft *m allg. e-r Feder, Lanze, Säule, e-s Werkzeugs usw.*: shaft; (*Griff*) *a.* handle; *e-s Gewehrs*: stock; *e-s Schlüssels, Ankers*: shank; *e-s Stiefels*: leg; *e-r Blume*: stalk, peduncle.

schäften *v/t.* provide with a shaft (*od.* handle); (*Gewehr*) stock, mount; (*Stiefel*) leg.

Schaftstiefel *m* high boot; *pl. a.* Wellingtons.

Schaf...: ~weide *f* sheep-run, sheep-walk; **~wolle** *f* sheep's wool; **~zucht** *f* sheep-breeding, *Brit.* sheep-farming; **~züchter** *m* sheep-breeder (*od. Brit.* -farmer), wool grower.

Schah *m* Shah.

Schakal *m* jackal.

Schäker *m*, **~in** *f* (*Schalk*) rogue, wag; (*Hofmacher*) flirt, philanderer; **~ei** *f* badinage; (*Hofmacherei*) flirtation, dalliance; **⁀n** *v/i.* joke, make fun; (*tändeln*) dally; (*kokettieren*) flirt.

schal *adj. a. fig.* stale, flat.

Schal *m* scarf; *wollener*: comforter, muffler; (*bsd. Schultertuch e-r Frau*) shawl.

Schalbrett *n* slab; *für Beton*: form-board.

Schale[1] *f allg. von Eiern, Nüssen usw.*: shell; *von Früchten*: peel, skin; (*Hülse*) husk, hull; (*Schote*) pod; *abgeschälte*: paring, (*bsd. Kartoffel*⁀) peeling; (*Muschel*⁀) shell; (*Rinde*) bark, rind; *zo. der Schildkröte usw.*: shell, crust, carapace; *fig.* shell, (*Äußeres*) *a.* outside, (*Oberfläche*) surface; (*Messer*⁀) scale, plate; ✈, ⚓ shell; F *sich in* ~ *werfen* dress up, spruce o.s. up; *fig. er hat e-e rauhe* ~ he is a rough diamond.

Schale[2] *f* (*Gefäß*) bowl; basin, vessel, *flache*: tray, pan, (*Napf*) dish (*alle a.* ⊕); (*Untertasse*) saucer; ⊕ (*Waag*⁀) scale; (*Lager*⁀) bush(ing); *Wecker*: dome; (*Elektronen*⁀) shell; *fig. die* ~ *des Zorns ausgießen* pour out the vials of wrath; → *Kaltschale.*

schälen I. *v/t.* remove the shell (*od.* skin) from; (*Hülsenfrüchte*) shell, husk; (*Obst, Kartoffeln*) peel, pare; (*Bäume*) bark; **II.** *v/refl.*: *sich* ~ cast one's shell (*od.* skin); *Bäume*: shed the bark, exfoliate; *Haut, Lackierung usw.*: peel (*od.* scale, come) off; *sich aus den Kleidern* ~ slip out of one's clothes, strip.

Schalen...: ~bau(weise *f*) *m* monocoque (*od.* shell) construction; **~frucht** *f* caryopsis, indehiscent fruit; **~guß** ⊕ *m* chill casting; **~gußform** *f* chill; **~kupplung** ⊕ *f* clamp coupling.

Schalheit *fig. f* staleness, flatness; (*Seichtheit*) shallowness.

Schälhengst *m* stallion.

Schalholz *n* form boards *pl.*

Schalk *m* rogue, wag; *er hat den* ~ *im Nacken* he is a real wag; **⁀haft** *adj.* roguish, arch, waggish; **~haftigkeit** *f*, **~heit** *f* roguishness, archness, waggishness; **~snarr** *m* buffoon.

Schall *m* sound; (*Klang, Klingen*) *a.* resonance; *von Glocken usw.*: ring, *dröhnend*: peal; (*Lärm*) noise; (*Widerhall*) echo, reverberation; *schneller als der* ~ supersonic; *fig.* ~ *und Rauch* sound and fury; *Name ist* ~ *und Rauch!* what's in a name?; **~brett** *n* sound-board; **~dämmung** *f* sound insulation; **⁀dämpfend** *adj.* sound-absorbing, sound-deadening; **~dämpfer** *m* sound absorber; *mot. u. an Schußwaffen*: silencer, *Am.* muffler; **~dämpfung** *f* sound absorption (*od.* attenuation); *mot.* silencing, *Am.* muffling; *mit* ~ sound-proofed; **⁀dicht** *adj.* soundproof (*a. v/t.* ~ *machen*); **~dichte** *f* sound (energy) density; **~dose** *f* pickup; **~druck** *m* sound pressure.

schallen *v/i.* (re)sound; (*laut klingen*) ring, *dröhnen*: peal, boom; **~d** *adj.* resounding, resonant; *~es Gelächter a.* ringing laugh, peal of laughter, guffaw(s *pl.*); *~er Beifall* ringing applause; *~e Ohrfeige* resounding slap; *mit ~er Stimme* loudly, on the top of one's voice.

Schall...: ~erzeuger *m* sound generator; **~fortpflanzung** *f* propagation of sound; **~geschwindigkeit** *f* speed of sound, sonic (*od.* sound) velocity; **~grenze** *f* →

Schallmauer; **~(l)ehre** *f* acoustics *pl.* (*mst sg. konstr.*); **~(l)eiter** *m* sound conductor; **~(l)och** *n* louv|re, *Am.* -er; ♪ sound hole; **~mauer** *f*: (*die ~ durchbrechen* break the) sound (*od.* sonic) barrier; **~meßgerät** *n* sound ranger (*od.* locator); **~meßortung** *f* sound-ranging location; **~messung** *f* ⚔ sound ranging; *Akustik*: sound level measurement.

Schallplatte *f* (gramophone, *Am.* phonograph) record, disc.

Schallplatten...: **~album** *n* record album; **~aufnahme** *f* disc recording; **~musik** *f* recorded (F canned) music; *~ senden Radio*: broadcast records; **~sendung** *f* record round-up, album program(me); **~wiedergabegerät** *n* record-player.

Schall...: **~quelle** *f* sound source; **°schluckend** *adj.* sound-absorbing, sound-deadening; **~stärke** *f* sound intensity; **~technik** *f* acoustics *pl.* (*mst sg. konstr.*); **~trichter** *m am Lautsprecher*: horn, trumpet; ♪ bell; **~wand** *f* acoustic baffle; **~welle** *f* sound wave.

Schalmei ♪ *f* shawm.

Schalotte ⚘ *f* shallot.

Schalt|ader ⚡ *f* cross-connecting wire; **~anlage** *f* switchgear (installation); control system; **~automatik** *mot. f* automatic control; **~bild** *n* ⚡ wiring (*od.* circuit) diagram; *mot.* gear-changing (*Am.* gearshifting) diagram; **~brett** *n* ⚡ switchboard, (electrical) control panel; *mot.*, ✈ instrument panel, dashboard, F dash; **~dose** *f* switch box; **~element** *n* control element.

schalten I. *v/i.* **1.** *~ (und walten)* (*herrschen*) rule, command, be in charge; (*wirtschaften*) manage; (*arbeiten*) work, be active; (*hantieren*) potter about; *~ und walten mit et.* manage, run; *j-n ~ und walten lassen* let a p. do as (s)he pleases, give a p. a free hand; **2.** ⊕, ⚡ (actuate the) switch, actuate the controls; *mit e-m Hebel*: shift the lever(s); *mot.* change (*Am.* shift) gears; *in den dritten Gang ~* change (*od.* shift) into third (gear); *hart ~* clash gears; **3.** F *fig.* (*rasch umdenken*) do some quick thinking; (*begreifen*) get it; (*reagieren*) react quickly; F *da hab ich falsch geschaltet!* I got that wrong!; *schaltest du immer so langsam?* are you always that slow (in the uptake)?; **II.** *v/t.* **4.** ⊕ (*auslösen*) actuate; (*bedienen*) operate; (*steuern*) control; *mot.* (*Gang*) change, *Am.* shift; (*anlassen*) start; (*Drehzahl*) vary; (*Hebel*) move, shift; (*Kupplung*) engage, (*aus ~*) disengage; (*Ventil*) reverse, change over; (*Revolverkopf*) index; (*Support*) feed; ⚡ a) (*um ~*) switch, *durch Kabelführung*: wire; b) (*Verbindung herstellen*) connect; → *anschalten, ausschalten, Reihe*; **III.** **°** *n* **5.** *~ (und Walten)* work(ing); managing; activity; pottering, *etc.* → 1; **6.** ⊕, ⚡ actuating the switch, switching, *etc.* → 2 *u.* 4; *mot.* changing (*Am.* shifting) the gears, gear-changing, gear-shifting; **7.** F *fig. schnelles ~* quick thinking.

Schalter[1] *m* ⚡, ⊕, *mot.* switch; ⊕ *a.* control element; (*Hebel*) lever; (*Bedienungsknopf*) (control) button; ⚡ (*Aus°*) circuit-breaker, cut-out.

Schalter[2] *m Post, Bank usw.*: counter, window, desk; 🚂 *usw.*: ticket (*od.* booking) office; **~beamte(r)** *m* 🚂 *usw.* (booking-) clerk; **~dienst** *m* counter service; **~halle** *f* service (🚂 station) hall.

Schalt...: **~getriebe** *n* control gear; *mot.* gear-box, change-speed gear, *Am.* transmission, gearshift (system); **~hebel** *m mot.* gear-change (*bsd. Am.* gearshift) lever; ⊕, ✈ control lever; ⚡ switch (*od.* contact) lever; *fig. an den ~n der Macht sitzen* be at the controls.

Schaltier *zo. n* crustacean, crustaceous animal, mollusc.

Schalt...: **~jahr** *n* leap-year; **~kasten** *m* switchbox; **~klinke** ⊕ *f* pawl; **~knopf** *m* control button; **~kulisse** *f* gear-shifting gate; **~kupplung** *f* clutch (coupling); **°los** *adj.* gearless; *~es Getriebe* no-shift drive; **~nocke** ⊕ *f* trip cam; **~plan** ⚡ *m* wiring diagram; **~pult** *n* control desk; **~rad** ⊕ *n* control gear; *Werkzeugmaschine*: indexing gear; **~raum** *m* control room; **~schema** *n* → *Schaltplan*; **~schrank** ⚡ *m* switch cabinet (*od.* console); **~station** *f* control station; *fig. Fußball*: pivot; **~stellung** *f* switch position; **~tafel** *f* → *Schaltbrett*; **~tag** *m* intercalary day; **~taste** *f* switching key; **~uhr** *f* time switch, timer.

Schaltung *f* ⊕ (*Bedienung, Steuerung*) control; *mot.* a) *als Bauteil*: gearshift assembly; b) *als Vorgang*: (gear) changing, gear change, *bsd. Am.* (gear) shifting; ⚡ a) (*~saufbau*) circuit (arrangement), circuitry; b) (*Verbindung*) connection(s *pl.*); c) (*Verdrahtung*) wiring; d) (*Umschalten*) switching; *gedruckte ~* printed circuit; F *fig.*

e-e *schnelle* (*langsame*) ~ *haben* be quick (slow) on the uptake.

Schalt...: **~ventil** *n* pilot valve; **~werk** *n* control mechanism; *mot.* gear mechanism; ⚡ switch gear.

Schalung ⚠ *f* form(-boards *pl.*); *coll.* formwork.

Schaluppe *f* sloop.

Scham *f* **1.** *allg.* shame; (~*haftigkeit*) bashfulness, *körperliche*: modesty; *aus falscher* ~ from false modesty; *bar aller* ~ shameless(ly *adv.*), past shame; *vor* ~ *erröten* (*vergehen*) blush for (die with) shame; **2.** *anat.* → *Schamteile*; *bibl.* nakedness; (*weibliche* ~) pudenda *pl.*; **~bein** *anat. n* pubic bone; **~beinfuge** *f* symphysis pubis; **~berg** *m* mons pubis; **~bogen** *m* pubic arch.

schämen *v/refl.*: *sich* ~ be *od.* feel ashamed (of o.s.) (*gen., wegen, über* of); *du solltest dich* ~! you ought to be ashamed of yourself!; *ich würde mich zu Tode* ~ I should die for shame; *schäme dich! schämt euch!* for shame!, shame on you!

Scham...: **~gefühl** *n* shame; *körperliches*: modesty; **~haare** *n/pl.* pubic hair *sg.*; **≈haft** *adj.* bashful; *körperlich*: modest, chaste; (*verschämt*) shamefaced, blushing; (*spröde*) coy, prim; (*prüde*) prudish; **~haftigkeit** *f* bashfulness, modesty, chasteness; shamefacedness; coyness; **~lippe** *anat. f* labium (*pl.* labia) *od.* lip of the vulva; **≈los** *adj.* shameless (*a. fig. unverschämt*); *fig.* ~*e Lüge* shameless (*od.* barefaced) lie; **~losigkeit** *f* shamelessness.

Schamotte ⊕ *f* fire-clay; **~stein** *m* fire-brick.

Schampun *n*, **≈ieren** *v/t.* shampoo.

Scham...: **~ritze** *f*, **~spalte** *f* pudendal cleft; **≈rot** *adj.* red with shame, blushing; ~ *machen* put to the blush; ~ *werden* blush (with shame), colo(u)r up; **~röte** *f* blush; **~teile** *m/pl.* genitals, privy (*od.* private) parts.

schand|bar *adj.* → *schändlich*; **≈bube** *m* scoundrel, villain.

Schande *f allg.* shame; (*Unehre*) *a.* disgrace, discredit; (*Schmach*) ignominy, infamy, disgracefulness; *j-m od. e-r Sache* ~ *machen od. bereiten* bring discredit (*od.* shame) upon, be a disgrace to, disgrace; *es ist e-e* ~, *daß* it is a shame (*od.* disgrace) that; *zu m-r* ~ *muß ich gestehen* I am ashamed to admit; F ~! (for) shame!; ~ *über dich!* shame on you!; *zu* ~*n* → *zuschanden*; → *bedecken* II.

schänd|en *v/t.* dishono(u)r, disgrace; (*besudeln*) soil, sully; (*entweihen*) desecrate; (*verunstalten*) disfigure; (*verwüsten*) vandalize; (*vergewaltigen*) rape, violate, ravish, abuse; **≈er** *m* desecrater, profaner; *e-r Frau*: violator, ravisher.

Schand...: **~fleck** *m* blemish, stain, blot; (*Schande*) disgrace (*gen.* for); (*scheußlicher Anblick*) eyesore; **~geld** *n* scandalous (*od.* ridiculous) price; *für ein* ~ for a mere song, dirt-cheap.

schändlich **I.** *adj.* shameful, infamous, disgraceful; (*schmachvoll*) ignominious; *Verbrechen usw., a.* F *Wetter usw.*: foul, vile, base, abominable; *Lüge usw.*: shameless, scandalous; **II.** *adv.* shamefully, *etc.*; F (*ungemein*) infernally, F awfully; **≈keit** *f* shamefulness, disgrace(fulness); infamy, baseness.

Schand...: **~mal** *n* stigma, brand (of infamy); **~maul** *n* **1.** malicious tongue; **2.** (*Person*) slanderer, backbiter, scandalmonger; **~pfahl** *m* pillory; **~preis** *m* scandalous price; **~tat** *f* infamous act(ion), foul deed (*od.* crime); F *er ist zu jeder* ~ *bereit* he is ready for anything, he is a good sport.

Schändung *f* → *schänden*; disgrace (*gen.* to); desecration (of); disfigurement (of); rape, violation (of).

Schankbier *n* beer on draught (*od.* tap).

Schanker ⚕ *m* chancre.

Schank...: **~erlaubnis** *f*, **~gerechtigkeit** *f* licen|ce (*Am.* -se) (for sale of alcoholic drinks); **~stube** *f* tap-room, bar; **~tisch** *m* bar; **~wirt** *m* publican, *Am.* saloon-keeper; **~wirtschaft** *f* public house, *Am. a.* saloon, *Brit.* F pub.

Schanz|arbeiten *f/pl.*, **~bau** ⚔ *m* construction (*sg.*) of field-works, entrenchments (*pl.*); **~e** *f* ⚔ entrenchment, field-work; ⚓ quarter-deck; *Schisport*: a) (*Sprung*≈) ski-jump; b) → *Schanzentisch*; *fig. in die* ~ *schlagen* risk, put at stake; **≈en** *v/i.* throw up entrenchments; F *fig.* (*schwer arbeiten*) work hard, drudge; → *zuschanzen*; **~enrekord** *m Schisport*: (jumping-)hill record; **~entisch** *m* ski-jumping (*od.* take-off) platform; **~werk** *n* entrenchment; **~zeug** *n* entrenching tools *pl. od.* equipment.

Schar[1] *f* troop, band; (*Gruppe*) group, party, *sl.* bunch, *a. b.s.* gang; (*Haufe*) posse, *b.s.* horde; (*Menge*) crowd; *von Gänsen usw.*:

flock; *von Vögeln*: flight, *Rebhühner*: covey; *von Damen, Rehen, Lerchen*: bevy; in ~en → scharenweise.

Schar² ✓ *f* (*Pflug*≈) ploughshare, *Am.* plowshare.

Scharade *f* charade.

scharen I. *v/t.*: um sich ~ rally (round o.s.); **II.** *v/refl.*: sich ~ assemble, rally, crowd, flock together; sich ~ um rally round (*od.* to); **~weise** *adv.* in crowds, *etc.* → Schar¹.

scharf I. *adj. allg.* sharp (*a. fig.*); *Schneide*: *a.* keen, sharp-edged; (*spitz*) sharp, pointed, acute; *fig.* (*rauh, herb*) sharp, harsh, *Geruch, Geschmack*: *a.* acrid, pungent; (*gewürzt*) hot; *Essig*: strong; *Schnaps usw.*: sharp, strong; (*ätzend*) caustic, mordant, sharp, *fig. a.* biting; (*durchdringend, schrill*) sharp, piercing, shrill; (*jäh, abrupt*) abrupt, sharp; (*genau*) sharp, precise, exact; (*deutlich*) sharp, clear, *opt.*, *phot. a.* sharply defined; (*betont, ausgesprochen*) pronounced, marked; (*streng, zurechtweisend*) sharp, severe, (*hart, drastisch*) *a.* strict, hard, rigorous; (*heftig, grimmig*) sharp, hard, tough; V (*geil*) hot; *Munition*: live; *Bombe, Mine usw.*: armed; ~es Auge, ~er Blick sharp (*od.* keen) eye; ~e Brille strong glasses; ~er Beobachter keen observer; ~es Bremsen abrupt (*od.* sharp) braking; ~es Gehör, ~e Ohren sharp (*od.* quick) ears; ~e Gesichtszüge sharp(-cut) features; ~er Gegensatz sharp contrast; ~er Gegner von severe (*od.* declared, sworn) enemy of; ~er Hund a dog that bites; F *fig.* (*a.* ein ganz ≈er) F a tough one; ~er Kampf hard (*od.* grim) fight; ~e Konkurrenz stiff competition; ~e Kritik sharp (*od.* trenchant) criticism; ~e Kurve sharp bend; ~e Maßnahmen stringent (*od.* drastic) measures; ~er Protest sharp protest; ~er Ritt fast ride; mit ~er Stimme in a sharp voice, sharply; ~er Tadel severe reprimand; ~es Tempo sharp (*od.* hard) pace; ~e Umrisse sharp(ly defined) outlines; ~er Verstand keen (*od.* penetrating) mind, sharp intelligence; ~er Widerstand stiff opposition, grim resistance; ~er Wind sharp (*od.* biting, cutting) wind; ~e Zucht rigid (*od.* iron) discipline; ~e Zucht halten *a.* be very strict, rule with an iron hand; ~e Zunge sharp tongue; ~ *od.* schärfer machen sharpen; F ~ sein auf j-n *od.* et. be keen (*od.* F hellbent, *sl.* nuts, hot) on, be wild (*od.* crazy) about; **II.** *adv.* sharply, *etc.*; sharp; (*jäh*) sharp, abruptly; ~ablehnen reject flatly; ~ansehen look sharply at; ~ bremsen brake abruptly; j-n ~ anfassen be very strict (*od.* sharp) with; ~ aufpassen pay close attention, prick one's ears, *beobachtend*: watch closely, *vorsichtig*: watch out; ~abgestimmt *Radio*: sharply tuned; ~ laden (schießen) load (shoot) with live ammunition; ~ nachdenken think hard; ~ reiten ride hard; ~umrissen sharply defined, *fig.* clear-cut; ~ verurteilen condemn severely; → schärfen, scharfmachen; **≈abstimmung** *f Radio*: sharp tuning, *selbsttätige*: automatic tuning control; **≈blick** *m* sharp (*od.* keen) eye; *fig. a.* perspicacity; **~blickend** → scharfsichtig.

Schärfe *f* → scharf; *allg.* sharpness; *fig.* keenness, acuteness; pungency; severity, rigo(u)r, harshness; strictness, severeness; stringency; exactness; abruptness; *opt.* sharp definition; *fig.* in aller ~ very severely; ohne jede ~ without any animosity; *e-r Maßnahme, Rede usw.* ~ verleihen put an edge to; e-r Rede *usw.* die ~ nehmen take the edge off a speech, *etc.*

scharf...: ~eckig *adj.* sharp-cornered; **≈einstellung** *f* focus(s)ing.

schärfen *v/t.* sharpen, put an edge to (*a. fig.*); (*wetzen*) whet; (*schleifen*) grind; (*spitzen*) point, (*Bleistift*) *a.* cut; (*Sprengkörper*) arm; *fig.* (*ver*~) aggravate, intensify, heighten; (*Blick, Ohr, Verstand*) sharpen; (*Gedächtnis*) strengthen; **≈tiefe** *phot. f* depth of focus.

scharf...: ~gängig *adj. Schraube*: V-threaded; (*Gewinde*) (tri)angular; **~kantig** *adj.* sharp-edged, edgy; *phot. usw.* sharply defined; **~machen** F *fig. v/t.* (*aufhetzen*) instigate, F ginger up; *sexuell*: *sl.* turn on; ~ gegen set *a p.* against; **≈macher** *pol. m* firebrand, agitator, F ginger man; Gruppe von ~n F ginger group; **≈macherei** *f* agitation, F gingerism; **~randig** *adj.* → scharfkantig; **≈richter** *m* executioner; **≈schießen** ⚔ *n* live firing, live shooting; **≈schütze** *m* sharpshooter, marksman, crack shot; ⚔ sniper; **≈sicht** *f* → Scharfblick; **~sichtig** *adj.* sharp-sighted, keen-sighted; *fig.* perspicacious, penetrating, clear-sighted; **≈sinn** *m* perspicacity, acumen, penetration, penetrating mind, sharpness, razor-sharp intelligence; **~sinnig** *adj.*

sharp(-witted), perspicacious, penetrating, shrewd; **&sinnigkeit** *f* → *Scharfsinn*; **~umrissen** *adj.* clear-cut; **~winkelig** *adj.* acute-angled.

Scharlach *m* **1.** (*a.* **~farbe** *f*) scarlet; **2.** ⚕ (*a.* **~fieber** *n*) scarlet fever; **&artig** ⚕ *adj.* scarlatinoid; **~ausschlag** ⚕ *m* scarlet fever rash; **&rot** *adj.* scarlet(-red).

Scharlatan *m* charlatan, mountebank, F fraud; (*Quacksalber*) *a.* quack (doctor); **~erie** *f* charlatanism; quackery.

Scharm *m usw.* → *Charme usw.*

Scharmützel *n*, **&n** *v/i.* skirmish.

Scharnier *n* hinge; *mit* ~(*en*) *versehen* hinged; **~deckel** *m* hinged lid; **~gelenk** *n* hinge(d) joint; **~stift** *m* hinge bolt; **~ventil** *n* flap valve.

Schärpe *f* sash.

Scharpie *f* lint.

Scharre ⊕ *f* scraper.

scharren *v/t. u. v/i.* scrape (*mit den Füßen* one's feet); scratch (*a. vom Huhn*); *Pferd*: paw; → *a. verscharren.*

Scharte *f* (*Kerbe*) notch, nick, dent; (*Riß*) crack, fissure; (*Lücke*) gap; → *Schießscharte, Hasenscharte*; *fig. e-e* ~ *auswetzen* wipe out a disgrace; repair a fault.

Scharteke *f* old volume, trashy book; F (*Frau*) old frump (*od.* crone).

schartig *adj.* jagged, dented.

scharwenzeln *v/i.* bow and scrape; *um j-n* ~ fawn (*od.* dance attendance) (up)on.

Schaschlik *n* shashlik.

schassen F *v/t.* F fire.

Schatten *m* (~*bild*) shadow (*a. TV, paint., Röntgenbild*); *fig.* (*Makel, Schemen; myth. Totenseele; ständiger Begleiter; kühlender* ~, *Dunkel*) shade; *Licht und* ~ light and shade; *der* ~ *des Todes* the shadow of death; *nicht der* ~ *e-s Verdachts* not the shadow of (*od.* not the slightest) suspicion; *a. fig. e-n* ~ *werfen* cast a shadow (*auf* upon), *fig. auf den Charakter usw.*: *a.* reflect on; *kommende Ereignisse werfen ihre* ~ *voraus* coming events cast their shadows before them; *fig. im* ~ *stehen* be in the shade; *in den* ~ *stellen* put into the shade; *fig. a.* throw (*od.* cast) into the shade, eclipse, (*Erwartungen*) exceed; *über s-n* ~ *springen* overcome one's own nature; *j-m wie ein* ~ *folgen* follow a p. like a shadow; ~ *nachjagen* grasp at shadows; *er ist nur noch ein* ~ (*seiner selbst*) he is but a shadow (of his former self); **~bild** *n* silhouette, shadow; **~boxen** *n* shadow-boxing; **~dasein** *n* shadowy existence; *ein* ~ *führen* live in the shadow; **&haft** *adj.* shadowy; **~kabinett** *pol. n* shadow cabinet; **~könig** *m* mock king; **&los** *adj.* shadowless, shadeless; **~morelle** *f* morello; **&reich** *adj.* shady, umbrageous; **~reich** *n* (realm of) shades *pl.*, Hades; **~riß** *m* silhouette; **~seite** *f* shady side; *fig. a.* dark (*od.* seamy) side; (*Nachteil*) drawback; **&spendend** *adj.* shadowy, shady; **~spiel** *n* shadow-play; *paint.* (play of) lights and shades *pl.*

schattier|en *v/t.* shade (off); (*schraffieren*) *a.* hatch; **&ung** *f* shading; (*Farbton*) shade, tint, hue; *fig. aller* ~*en* of all shades.

schattig *adj.* shadowy; shaded; ~*es Plätzchen a.* shade.

Schatulle *f* casket, (*Geld*&) *a.* cash, box; *e-s Fürsten*: privy purse.

Schatz *m* **1.** treasure; *fig. a.* rich store, wealth (*an* of), *a.* ⚖ treasure-trove; (*Fund*) find; (*Fundgrube*) rich source, bonanza; → *Bodenschätze*; **2.** F (*Geliebte*[*r*]) sweetheart, love; *als Kosewort*: *a. my* treasure, darling, F sweetie, love, *Am.* F honey; F *du bist ein* ~! you are a darling (*od.* angel, love); **~amt** *n Brit.* Exchequer, Treasury, *Am.* Treasury (Department); **~anweisung** *f Brit.* treasury warrant, *langfristige*: exchequer bond, *Am.* treasury certificate, *langfristige*: bond.

schätzbar *adj.* estimable.

Schätzchen F *n* → *Schatz* 2.

schätzen *v/t.* **1.** *allg.* estimate; *durch Berechnung*: *a.* value; *zur Steuer*: assess; (*Schaden*) appraise, assess (*alle auf* at); *zu hoch* ~ overestimate; *wie alt* ~ *Sie ihn?* how old do you think he is?; → *geschätzt* 1; **2.** (*vermuten, annehmen*) reckon, suppose, *Am.* F guess; **3.** (*hoch* ~) esteem (highly), hold in estimation, think highly (*od.* much) of, like; (*würdigen, a. zu* ~ *wissen*) appreciate; *wenig* ~ esteem little, think little (*od.* not much) of, not to like (very much); *er schätzt das gar nicht* he doesn't like that at all; → *glücklich* I, *geschätzt* 2; **~swert** *adj.* estimable, commendable.

Schätzer *m* valuer; *Versicherung*: appraiser.

Schatz...: **~fund** ⚖ *u. fig. m* treasure-trove; **~gräber** *m* treasure-seeker, digger for treasures; **~kammer** *f* treasury (*a. als Amt*), treasure-vault; **~kanzler** *m Brit.* Chancellor of the Exchequer, *Am.*

Treasury Secretary; **~kästlein** *fig. n* treasury; **~meister** *m e-s Vereins*: treasurer; **~schein** *m* → *Schatzwechsel.*

Schätzung *f* **1.** estimate; *zur Steuer*: assessment, *Am.* assessed valuation; *Versicherung*: appraisal; **2.** (*Würdigung*) appreciation, estimation; **3.** (*Hochachtung*) estimation, esteem, high opinion; **≈sweise** *adv.* approximately, roughly; *er hat ~ 200 Abnehmer* he is estimated to have; *~ 7 Millionen Amerikaner* an estimated seven million Americans; **~swert** *m* estimated (*Steuer*: assessed, *Versicherung*: appraised) value.

Schatzwechsel *m* treasury note (*kurzfristiger*: bill, *Am.* certificate).

Schau *f* (*Besichtigung*) inspection; (*Ausstellung*) show, exhibition; (*~spiel*) show, spectacle; ⚔ review; (*bildhafte Erkenntnis, innere ~*) vision; (*Blickwinkel, Ansicht*) (point of) view; (*Überblick*) survey, view; *dichterische* (*religiöse*) *~* poetic (religious) vision; *aus der ~ e-s Dichters usw.* from a poet's, *etc.*, point of view, as seen by a poet, *etc.*; *nur zur ~* only for show; *zur ~ stehen* be on display; *zur ~ stellen* a) (put on) display, exhibit; b) = *zur ~ tragen* display, parade, sport; *fig.* show, assume an air of; (*Lächeln, Miene*) wear; F *e-e ~ abziehen* F put on a show; *mach keine ~!* F come off it; (*j-m*) *die ~ stehlen* steal (a p.) the show; F *das ist eine ~!* F (that's) super (*od.* groovey)!; **~bild** ⊕ *n* (*Übersicht*) chart, graph; (*Diagramm*) diagram; (*Kurve*) curve; **~bude** *f* show-booth; **~budenbesitzer** *m* show-booth operator, showman; **~bühne** *f* stage.

Schauder *m* → *Schauer*[1] 2; **≈erregend** *adj.* hair-raising, blood-curdling, weird; **≈haft** *adj.* horrible, dreadful; F *fig. a.* F awful; *Verbrechen*: *a.* atrocious, heinous; **≈n** *v/i.* shudder, shiver (*vor* at); *es schaudert mich, mir* (*od. mich*) *schaudert* I shudder, my flesh creeps; *es macht mich ~* it makes me shudder, F it gives me the creeps; *mich schaudert bei dem Gedanken* I shudder at the thought.

schauen I. *v/t.* see, *rhet.* behold; (*betrachten*) view, behold; **II.** *v/i.* look; *~ auf* look (*od.* gaze) at; *fig. als Vorbild*: look upon, take as a model; F *schau, daß du fertig wirst* see to it that, take care that; *schau, schau!* well, well!, what do you know!

Schauer[1] *m* **1.** (*Regen≈, Hagel≈ usw., a. fig.*) shower; **2.** (*Schauder*) shudder, shiver; *frommer ~* tremor of awe; *wohliger ~* thrill.

Schauer[2] *dial. m od. n* (*Schuppen*) shed.

Schauer...: **≈artig** *adj.* showery; **~drama** *thea. n* (blood-curdling) thriller; **≈lich** *adj.* horrible, ghastly (*a.* F *fig. schlecht*); gruesome, blood-curdling, hair-raising; **~mann** ⚓ *m* stevedore, docker, *Am.* longshoreman; **≈n** *v/i.* → *schaudern*; **~roman** *m* penny-dreadful, shocker; **≈voll** *adj.* → *schauerlich.*

Schaufel *f* shovel; *zum Schöpfen*: scoop; (*Rad≈*) paddle; (*Anker≈, Geweih≈*) palm; ⊕ (*Turbinen≈*) blade, bucket; *Gebläse, Pumpe*: impeller; (*Flügel*) vane; *zwei ~n Kohlen* two shovelfuls of coal; → *Schaufelzahn*; **~bagger** *m* shovel dredger, *Am.* dredging shovel; **~geweih** *hunt. n* palmate(d) antlers *pl.*; **≈n** *v/t. u. v/i.* shovel; (*Grab usw.*) dig; **~rad** *n* paddle-wheel; *e-r Turbine*: bladed wheel; **~zahn** *m* (broad) incisor.

Schaufenster *n* shop-window, (store) window, *bsd. Am. u. fig.* show window; *fig. a.* show-case; *im ~ ausstellen* display in the window; *~ ansehen* (*gehen*) go window-shopping; **~auslage** *f* window display; **~bummel** *m*: *e-n ~ machen* go window-shopping; **~dekorateur** *m* window-dresser; **~dekoration** *f*, **~gestaltung** *f* window-dressing; **~einbruch** *m* smash-and-grab raid; **~reklame** *f* window-display advertising; **~wettbewerb** *m* window-display competition.

Schaufler *hunt. m* stag with shovel antlers (*od.* a palmed head).

Schau...: **~fliegen** *n*, **~flug** ✈ *m* air display; **~gerüst** *n* stand; **~geschäft** *n* show business, F showbiz; **~glas** ⊕ *n* sight-glass; **~haus** *n* (*Leichen≈*) mortuary, morgue (*fr.*); **~kampf** *m Boxen*: exhibition (bout); **~kasten** *m* show-case.

Schaukel *f* swing; (*Wipp≈, a.* **~brett** *n*) seesaw; **~bewegung** *f* rocking motion; **≈ig** *adj.* rocking, teetering; (*wacklig*) wobbly; **≈n I.** *v/i.* swing (*a. sich ~*); *Wiege, Schiff*: rock; (*wippen*) seesaw; (*wackeln*) wobble; (*schwanken*) sway; ⚓ (*schlingern*) roll; **II.** *v/t.* swing; (*wiegen*) rock; F (*e-e Sache zuwege bringen*) F swing, *sl.* wangle; → *Kind*; **~pferd** *n* rocking-horse; **~politik** *f* seesaw policy; **~reck** *n*

Turnen: trapeze; **~stuhl** *m* rocking-chair, rocker.

Schau...: ~laufen *n Eislauf*: exhibition (skating); **~loch** ⊕ *n* inspection hole; **~lust** *f* curiosity; **²lustig** *adj.* curious; **~lustige(r** *m*) *f auf der Straße*: onlooker, curious bystander, *contp.* gaper; *pl. the* curious (*pl.*).

Schaum *m* foam (*a.* ⊕, *Kunststoff*); (*Gischt*) spray; *auf Bier usw.*: froth, head; (*Blasen*) froth, bubbles *pl.*; *physiol., a. Kochkunst*: froth; (*Seifen*²) lather; (*Ab*²) scum; *fig.* illusion, bubble; *zu ~ schlagen* whip; (*Ei*) *a.* beat (to a froth); *fig. ~ schlagen* talk big, *sl.* gas; *fig. zu ~ werden* vanish, come to nothing, dissolve; *ihm stand der ~ vor dem Munde* he foamed at the mouth; **~bad** *n* bubble bath; **²bedeckt** *adj.* covered with foam, foamy; **~blase** *f* bubble (*a. fig.*), *pl. a.* froth *sg.*

schäumen *v/i.* foam, froth; *Getränke*: fizz, effervesce; *Bier*: foam; *Wein*: sparkle; *fig. vor Wut ~* foam, boil (with rage); **~d** *adj.* foaming (*a. fig. wut~*); foamy, frothy; *Getränke*: effervescent; *Wein*: sparkling.

Schaum...: ~(feuer)löscher *m* foam extinguisher; **~gebäck** *n* meringue(s *pl.*); **~gold** *n* Dutch gold, tinsel; **~gummi** *m* sponge (*od.* foam) rubber; **~gummimatte** *f* foam-rubber mat; **²ig** *adj.* foaming, frothy; **~kelle** *f*, **~löffel** *m* skimming-ladle; **²los** *adj.* foamless; *Bier*: flat; **~schläger** *m* whisk, egg-beater; *fig.* (*Prahler*) F gas-bag, show-off, (*Blender*) bluff, humbug, fraud; **~schlägerei** *fig. f* froth, empty talk, humbug; **~stoffe** ⊕ *m/pl.* foam(ed) plastics; **~wäsche** *mot. f* foam shampoo.

Schaumünze *f* medal.

Schaumwein *m* sparkling wine.

Schau...: ~packung *f* dummy; **~platz** *m* scene (of action); → *Kriegsschauplatz*; **~prozeß** ⚖ *m* show trial.

schaurig *adj.* horrible, horrid; (*unheimlich*) weird, hair-raising, F creepy.

Schauspiel *n thea.* (stage-)play; drama; *fig.* spectacle, sight; *fig. es war ein trauriges ~* it was a sorry sight; **~dichter(in** *f*) *m* playwright, dramatist; **~dichtung** *f* drama(tic poetry); **~er** *m* actor, player; *für komische* (*tragische*) *Rollen*: comedian (tragedian); *fig. contp.* play-actor; *pl.* (*Besetzung*) *the* cast *sg.*; *~ sein* (*werden*) be (go) on the stage; **~erei** *fig. f* play-acting; (*Pose*) F act; **~erin** *f* actress; comedienne; tragedienne; **²erisch** *adj.* theatrical, histrionic; acting *talent, etc.*; **²ern** *v/i. u. v/t. fig.* play-act, sham, feign; F put on an act; **~haus** *n* playhouse, theat|re (*Am.* -er); **~kunst** *f* dramatic art, the drama.

Schau...: ~steller *m* exhibitor; *auf Jahrmärkten usw.*: showman; **~stellung** *f* exhibition, display, show; **~stück** *n* show-piece, exhibit; **~tafel** *f* → *Schaubild*; **~turnen** *n* gymnastic display; **~zeichen** ⊕ *n* visual signal.

Scheck † *m* cheque, *Am.* check (*über* for); → *ausstellen* I 3 *usw.*; **~abrechnung** *f* clearing of cheques; **~buch** *n* cheque-book, *Am.* checkbook.

Schecke *f* piebald (*od.* dappled horse).

Scheck...: ~fähigkeit *f* capacity to draw (*od. passive*: to be the drawee of) cheques; **~fälscher** *m* cheque (*Am.* check) forger; **~fälschung** *f* forgery of a cheque (*Am.* check); **~formular** *n* cheque (*Am.* check) form; **~heft** *n* → *Scheckbuch*.

scheckig *adj.* spotted, speckled; *bsd. Pferd*: piebald, dappled.

Scheck...: ~inhaber(in *f*) *m* bearer *od.* holder (of a cheque, *Am.* check); **~konto** *n* cheque account, *Am.* checking account; **~verkehr** *m* cheque (*Am.* check) transactions *pl.*

scheel I. *adj.* (*a.* **~äugig**) squint-eyed, cross-eyed; *fig.* (*a.* **~süchtig**) jealous, envious; **II.** *adv.*: *j-n ~ ansehen* look askance at a p.

Scheffel *m* bushel; *fig. sein Licht unter den ~ stellen* hide one's light under a bushel; **²n** *v/t.*: *Geld ~* rake in (*od.* make a lot of) money; **²weise** *fig. adv.* in large quantities (*od.* amounts), a lot of ...

Scheibe *f* disk (*a. anat.*; *a. der Sonne usw.*), *bsd.* ⊕ disc; *Brot, Wurst usw.*: slice; (*Wachs*²) cake; (*Honig*²) honeycomb; (*Fenster*², *Glas*²) pane; (*Schieß*²) target; (*Hockey*²) puck, disk; (*Wurf*², *Diskus*) disk; (*Wähl*², *Rundskala*) dial, disk; ⊕ disk, disc, plate; (*Blättchen*) lamella; (*Schleif*², *Töpfer*²) wheel; (*Dichtungs*²) gasket; (*Unterlags*²) washer; (*Ronde*) circular shape; (*Riemen*²) pulley; (*Seil*²) sheave; → *Windschutzscheibe*; *fig.* F *da* (*bei ihm*) *kannst du dir noch eine ~ abschneiden* you can learn a lot from him, you can take a leaf out of his book; F ~! F damn!, shucks!; F *ja*, ~! F my foot!

Scheiben...: **~blüte** ⚘ *f* disc flower; **~bremse** *f* disc brake; **~dichtung** ⊕ *f* sheet gasket; **~egge** *f* disc harrow; **~förmig** *adj.* disc-shaped; **~gardinen** *f/pl.* casement curtains; **~glas** *n* plate-glass; **~honig** *m* honey in the comb; F ~! F damn!; *ja*, ~! F my foot!; **~kupplung** *f* disc clutch; **~pistole** *f* target pistol; **~rad** *mot. n* disc wheel; **~schießen** *n* target practice; **~stand** *m* butts *pl.*; shooting-range; **~walze** ⊕ *f* web roll, cent|re (*Am.* -er) disc roll; **~weise** *adv.* in slices; **~waschanlage** *f*, **~wascher** *mot. m* windscreen (*Am.* windshield) washer; **~wischer** *mot. m* windscreen (*Am.* windshield) wiper.

Scheich *m* sheik(h) (*a.* F *fig. Freund*); F(*Kerl*) V bugger.

Scheide *f* **1.** (*Grenze*) border(line); **2.** (*Futteral*) sheath (*a.* ⚘); (*Säbel*~) *a.* scabbard; *anat.* vagina; ⚘ (leaf) sheath; *das Schwert aus der* ~ *ziehen* unsheathe *od.* draw one's sword; **~anstalt** ⊕ *f* refinery; **~bad** *n* separating bath; **~brief** *m* farewell letter; **~erz** *metall. n* picked ore; **~linie** *f* separating line; **~mauer** *f* partition(-wall); **~münze** *f* small (*od.* divisional) coin.

scheiden I. *v/i.* (*sich trennen*) separate (*von* from), part; (*voneinander gehen*) part, take leave of one another; (*weggehen*) depart (*von* from), leave (*a p. od. th.*); *aus dem Dienst* ~ retire from service; resign; *aus dem Leben* ~ depart this life, pass away (*od.* on); *aus e-r Firma* ~ leave a firm; **II.** *v/t.* separate, part (*a.* ⊕ *usw.*); *gewaltsam*: sever; *teilend*: divide; analyse, refine; (*zerlegen*) decompose; (*Erz*) pick; (*Zucker*) clarify; ⚖ (*Eheleute*) divorce; (*e-e Ehe*) dissolve; *sich* ~ *lassen* seek a divorce, divorce one's wife *od.* husband, *von*: (*klagen*) *a.* sue *one's wife od. husband* for a divorce; *geschieden werden* be granted (*od.* obtain, get) a divorce, be divorced; **III.** *v/refl.*: *sich* ~ separate; *fig. hier* ~ *sich die Geister* (*od. Meinungen*) there can be no agreement on this point, here opinions are divided; *hier* ~ *sich die Wege* here the roads part; → *Spreu*; **IV.** ~ *n* parting (*a.* ⊕); *vor s-m* ~ before he left, previous to his departure; ~ *tut weh!* it is sad to have to part (*od.* go)!; **~d** *adj.* parting, leaving; *Jahr*: closing.

Scheiden...: **~ausfluß** ⚕ *m* vaginal discharge; **~spekulum** *n*, **~spiegel** ⚕ *m* vaginal speculum.

Scheide...: **~wand** *f* partition (-wall); *anat.*, ⚘ *usw.* septum; *fig.* barrier; **~wasser** *n* aqua fortis; **~weg** *m* cross-road; *fig. am* ~e at a crossroads, at the parting of the ways.

Scheidung *f* **1.** separation, parting; analysis; *metall.* refining; *von Erzen*: picking; **2.** ⚖ *e-s Ehepaares*: divorce (*von* from); *e-r Ehe*: dissolution *of a marriage*; *auf* ~ *klagen* sue for divorce; *die* ~ *beantragen* (*od. einreichen*) file a petition for divorce; *er lebt in* ~ he is being divorced.

Scheidungs...: **~begehren** *n* petition for divorce; **~grund** *m* ground for a divorce; **~klage** *f* divorce-suit; *die* ~ *einreichen* file a petition for divorce; **~prozeß** *m* divorce-suit; **~urteil** *n* (judicial) decree of divorce, (divorce) decree.

Schein[1] *m* **1.** (*Licht*) shine; *der Sonne, Lampe usw.*: light; (*Schimmer*) gleam; (*Lichtstrahl*) flash; (*Feuer*~) blaze; → *a. Glanz*.

Schein[2] *m* (*Bescheinigung*) certificate; (*Formular*) form; (*Papier*) paper; (*Rechnung usw.*) bill; (*Geld*~) (bank-)note, *Am. a.* bill; (*Quittung*) receipt; (*Zettel*) slip; (*Fahr*~, *Flug*~) ticket.

Schein[3] *fig. m* (*An*~) appearance, semblance; (*Aussehen*) air, look; (*äußerer* ~) outward appearance (*od.* show, look); *schöner* (*falscher*) ~ mere illusion; (*nur*) *zum* ~ feignedly, as a make-belief; *den* ~ *wahren* keep up appearances; *nach dem* ~ *urteilen* judge by (outward) appearances; *dem* ~ *nach zu urteilen* on the face of it, judging by outward appearances; *der* ~ *spricht gegen ihn* appearances are against him; *der* ~ *trügt* appearances are deceptive; → *a. Anschein*.

Schein... *oft* apparent, mock...; sham...; *a.* ⚖ fictitious; *a.* ⚕ pseudo; **~angriff** *m* feint (attack); **~argument** *n* specious argument; **~bar I.** *adj.* **1.** seeming; (*vorgeblich*) false, feigned, fictitious; **2.** (*fälschlich für*: *anscheinend*) apparent, seeming; **3.** ⊕, *phys.* apparent; (*praktisch zutreffend*) virtual; **II.** *adv.* seemingly, *etc.*; on the face of it, on its face; → *a. anscheinend*; **~befestigung** *f* dummy fortification; **~bild** *n* delusion, illusion; phantom; **~blüte** ✝ *f* specious prosperity, sham boom; **~ehe** *f* fictitious marriage.

scheinen[1] *v/i.* shine, give light; (*glänzen*) shine, gleam; *der Mond scheint* the moon is shining.

scheinen[2] *v/i.* (*den Anschein haben*) seem, appear, look; *es scheint mir* it seems (*od.* appears) to me; *er scheint nicht zu wollen, mir scheint, er will nicht,* F *er will scheint's nicht* it seems (to me) he doesn't want to, he seems to be averse to it; *sie ~ reich zu sein* they seem to be rich; *wie es scheint* as it seems.

Schein...: ~firma *f* dummy concern; **~flugplatz** ⚔ *m* dummy airfield; **~friede** *m* hollow peace; **~gefecht** *n* sham fight; **~geschäft** *n* fictitious (*od.* dummy) transaction; **~grund** *m* apparent reason; (*Vorwand*) pretext; **≈heilig** *adj.* canting; (*heuchlerisch*) hypocritical; *Lächeln usw.*: *a.* false; **~heilige(r** *m*) *f* hypocrite; **~heiligkeit** *f* hypocrisy; falseness; **~kauf** *m* fictitious purchase; **~könig** *m* mock king; **~manöver** *n* ⚔ feint, diversion; *fig.* deceptive manoeuvre (*Am.* maneuver); **~schwangerschaft** ⚕ *f* false (*od.* pseudo-)pregnancy; **~stellung** ⚔ *f* dummy position; **~strom** ⚡ *m* apparent current; **~tod** ⚕ *m* suspended animation, apparent death; **≈tot** *adj.* in a state of suspended animation, seemingly dead; **~vertrag** *m* fictitious contract.

Scheinwerfer *m* (searchlight) projector; (*Such≈*) ⚔, ⚓, ✈ searchlight; *Flughafen usw.* (*Flutlicht*): floodlight; *mot.* headlight, headlamp; *thea.* (*a.* **~licht** *n*) spotlight; *Film*: klieg light; **~kegel** *m* searchlight beam, flare.

Scheinwiderstand ⚡ *m* impedance.

Scheinwohnsitz *m* fraudulent domicile.

Scheiß... *in Zssgn* V damn, bloody, fucking, shit(ty); (*miserabel*) *sl.* rotten, lousy; **~(dreck)** V *m* → *Scheiße* 2; **~e** V *f* **1.** (*Kot*) shit; **2.** *fig.* (*Mist*) (horse *od.* bull-) shit, rot, crap; (*unangenehme Lage*) F (awful) mess, V bloody thing; *in der ~ sitzen sl.* be in the soup; *~!* damn!, shit!; **≈egal** V *pred. adj.*: *das ist* (*mir*) *~!* who cares!, V I don't give a shit!; **≈en** V *v/i.* shit; *fig. ~ auf* shit on, not to give a damn for *od.* about; *ach, scheiß drauf!* to hell with it!; **~er** V *m* → *Scheißkerl*; *kleiner ~* little bugger; **~erei** V *f* V shits *pl.*; **≈freundlich** F *adj.* honeyed; **~haus** V *n* shithouse, *Am. sl. a.* john; **~kerl** V *m sl.* heel, louse, V (bloody) bastard (*od.* bugger), *Am.* son-of-a-bitch.

Scheit *n*: *~ Holz* piece of wood; *großes*: log.

Scheitel *m* crown (*od.* top) of the head; (*Haar≈*) parting; (*höchster Punkt*) summit, peak, apex; ⩓ vertex, apex; *e-n ~ ziehen* → *scheiteln*; *vom ~ bis zur Sohle* from top to toe, every inch *a gentleman*; **~bein** *anat. n* parietal bone; **~faktor** ⊕ *m* peak (*od.* crest) factor; **~kreis** *m* vertical circle; **≈n** *v/t.*: *das Haar ~* part the hair, make a parting; **~naht** *anat. f* parietal suture; **~punkt** *m* ⩓ vertex, apex; *ast.* zenith; *Ballistik*: summit (of trajectory), apex; *fig.* peak, apex; **~spannung** ⚡ *f* peak voltage; **~wert** *m* peak (value); **~winkel** ⩓ *m* vertically opposed angle.

Scheiterhaufen *m* funeral pile, pyre; *für Lebende*: (*auf dem ~* at the) stake.

scheitern I. *v/i.* **1.** ⚓ run aground, be (ship)wrecked; (*untergehen*) founder, be lost; **2.** *fig.* fail, founder; be frustrated *od.* thwarted (*an* by), *Sport usw.*: *a.* be stopped (by); *Verhandlungen*: *a.* break down; *daran ist er gescheitert* that was his undoing; **II. ≈** *n* shipwreck (*a. fig.*); foundering; *fig.* failure, miscarriage; *a. fig. zum ~ bringen* (ship)wreck; *fig. a.* frustrate, thwart; *zum ~ verurteilt* doomed to failure.

Schelf *geol. m od. n* (continental) shelf.

Schellack *m* shellac.

Schelle *f* **1.** (*Glöckchen*) (little) bell; **2.** (*Fessel*) manacle, handcuff; **3.** ⊕ (*Rohr≈, Kabel≈*) clamp, clip; **4.** F (*Maul≈*) slap, box on the ear; **5.** *~n Kartenspiel*: diamonds; **≈n** *v/i.* ring (the bell).

Schellen...: ~baum ♪ *m* crescent; **~bube** *m Kartenspiel*: knave of diamonds; **~geläut** *n* **1.** jingle of bells; **2.** (*Glöckchen*) bells *pl.*; *am Schlitten*: sleigh-bells *pl.*; **~kappe** *f* fool's cap, cap and bells; **~könig** *m Kartenspiel*: king of diamonds; F *fig. über den ~ loben* praise to the skies.

Schellfisch *m* haddock.

Schelm *m* (*Schurke*) rogue, knave; (*Schalk*) rogue, wag; *armer ~* poor wretch; → *a. Schalk*; **~engesicht** *n* roguish face; **~enroman** *m* picaresque novel; **~enstreich** *m*, **~enstück** *n*, **~erei** *f* roguish trick; (*Gemeinheit*) knavery, villainy; **≈isch** *adj.* roguish, arch, impish.

Schelt|e *f* scolding; ~ *bekommen* get a scolding, be scolded; **˜en** *v/t. u. v/i.* scold, chide (*wegen* for); *j-n e-n Dummkopf* ~ call a p. a blockhead; **~wort** *n* abusive word, invective.

Schema *n* (*Plan*) scheme, *a. phls.* schema, pattern, model; (*Anordnung*) pattern, arrangement, system; (*Regel*) rule; (*übliche Prozedur*) routine; ⊕ (*Zeichnung*) diagram; *nach e-m* ~ on a pattern, schematically; *nach* „~ F" routinely, by rote, without discrimination; **˜tisch** *adj.* schematic(ally *adv.*), systematic, ⊕ diagrammatic; (*mechanisch*) mechanical; (*routinemäßig*) routine(ly *adv.*); (*schablonenhaft*) stereotyped; ~*e Darstellung* schematic (representation), (skeleton) diagram; **˜tisieren** *v/t.* schematize, standardize; **~tismus** *phls. m* schematism.

Schemel *m* (foot)stool.

Schemen *n* phantom, shadow; (*Gespenst*) ghost, spectre; **˜haft** *adj.* unreal, shadowy; ghostly.

Schenk *m* → *Mundschenk, Schankwirt*; *in Zssgn* → *Schank...*

Schenke *f* public house, inn, tavern.

Schenkel *m* (*Ober*˜) thigh, 📖 femur; (*Unter*˜) shank, leg; *e-s Dreiecks, e-r Röhre, des Winkelmaßes, e-s Zirkels*: leg; ⩓ *e-s Winkels*: side; *sich auf die* ~ *schlagen* slap one's thigh; **~bruch** ⚕ *m* fracture of the thigh(-bone), fractured thigh; (*Hernie*) femoral hernia; **~druck** *m Reitsport*: pressure of the leg; **~hals** *anat. m* neck of the femur; **~hilfe** *f Reitsport*: leg aid; **~knochen** *anat. m* thighbone; **~rohr** ⊕ *n* elbow pipe, V-tube.

schenken[1] *v/t.* **1.** give (for a present); ⚖ donate; *fig.* (*Blick usw.*) give; *j-m et.* ~ give a p. a th., present a p. with a th., make a p. a present of a th.; *fig. j-m e-e Schuld, Strafe usw.* ~ acquit a p. of, release (*od.* absolve) a p. from, let a p. off from; *sich et.* ~ (*weglassen*) omit, drop, forget; *das kannst du dir* ~ F you can skip that; F *den Film kannst du dir* ~! no need to see that film; *et. geschenkt bekommen* get a th. (for a gift *od.* present), be given a th.; *es ist (fast) geschenkt* it is given away, F it's dirt cheap; *ich möchte es nicht (einmal) geschenkt haben* I would not have it as a gift; F *geschenkt!* forget it!, save it!; → *Aufmerksamkeit, Freiheit, Gehör, Glauben, Leben, Vertrauen* III *usw.*

schenken[2] *v/t.* (*Getränk*) pour; (*verkaufen*) sell; → *ausschenken.*

Schenker(in *f*) *m* giver, donor.

Schenkung *f* gift, ⚖ *mst* donation; **~sbrief** *m*, **~surkunde** *f* deed of donation; **~ssteuer** *f* donation tax; **˜sweise** *adv.* by way of donation; as a gift.

scheppern F *v/i.* rattle, clatter.

Scherbe *f* fragment; (*Topf*˜) potsherd; (*Blumentopf*) flowerpot; *co.* (*Einglas*) monocle; *pl.* broken pieces (*od.* bits); *in* ~*n gehen* go to pieces.

Scherbeanspruchung ⊕ *f* shear stress.

Scherbengericht *n* ostracism.

Schere *f*: (*eine* ~ a pair of) scissors *pl.*; *große*: shears *pl.*; (*Draht*˜) wire-cutters *pl.*; (*Blech*˜) plate-shears *pl.*; *zo.* (*Krebs*˜) claw; *Ringen, Turnen*: scissors *pl.* (*a. fig. Preis*˜ *usw.*); **˜n**[1] *v/t.* shear (*a. Schafe*), clip; (*stutzen*) trim; (*Haare*) *a.* cut; (*Hecke*) clip, prune; ⊕ (*Fäden, Seile*) warp; (*Samt*) cut; → *Kamm.*

scheren[2] **I.** *v/t.* **1.** *das schert mich nicht* I don't care; *was schert mich das?* what's that to me?, F so what?; **II.** *v/refl.* **2.** *sich nicht um et.* ~ not to care (*od.* trouble) about a th.; V *ich schere mich e-n Dreck darum* V I don't give a damn; **3.** *sich (weg)* ~ F clear off, *sl.* beat it; F *er soll sich zum Teufel* ~ he can go to hell.

Scheren...: **~bewegung** *f Volkswirtschaft*: scissor-movement; **~fernrohr** ⚔ *n* scissor telescope; **~schlag** *m Fußball, Schwimmen*: scissors kick; **~schleifer** *m* scissors-grinder; **~schnitt** *m* silhouette.

Schererei *f* trouble; *j-m viel* ~*en machen* give a p. no end of trouble.

Scherfestigkeit ⊕ *f* shearing strength.

Scherflein *n*: (*sein* ~ *beisteuern* give one's) mite.

Scherge *m obs.* (*Häscher*) catchpole; (*Henkersknecht*) hangman('s assistant); *weitS.* myrmidon, bloodhound.

Schermaschine *f* shearing machine.

Schermaus *dial. f* mole.

Scher...: **~messer** *n* shearing knife (*od. Klinge*: blade); **~versuch** ⊕ *m* shear(ing) test.

scherwenzeln *v/i.* → *scharwenzeln.*

Scherwolle *f* → *Schurwolle.*

Scherz *m* joke, jest; (*Rede*˜) pleasantry, banter; (*Spaß*) fun, F lark; (*Getändel*) badinage; (*Geistreichelei*) witticism, wisecrack, F crack;

grober ~ practical joke; *schlechter* (*od. übler*) ~ bad joke, dirty trick; ~ *beiseite* joking apart; *aus* ~, *im* ~, *zum* ~ in (*od.* for) fun; (*s-n*) ~ *treiben mit* make fun of, make merry with; *er versteht keinen* ~ he doesn't see a joke; F *und ähnliche* ~e and similar things (*od.* tricks); **~artikel** *m* novelty; **≈en** *v/i.* jest, joke (*über* at), make fun (of), make merry (with); (*Witze machen*) crack jokes, *geistreich*: quip; *mit j-m* ~ have fun with; *gutmütig, tändelnd*: banter with; *leichtfertig*: trifle with; *Sie* ~! you are only joking!, you don't mean it!; *mit ihm ist nicht zu* ~ he is not to be trifled with; *nicht zum* ≈ *aufgelegt* in no joking mood; **~frage** *f* jocular question, quiz; **~gedicht** *n* comic poem; **≈haft** *adj.* joking, facetious, playful; (*komisch*) comical, funny, droll; (*humorvoll*) humorous, jocular, jocose; (*schalkhaft*) waggish; (*heiter*) pleasant; **~haftigkeit** *f* facetiousness, jocularity, waggishness; **~name** *m* nickname; **≈weise** *adj.* in jest, in (*od.* for) fun, jestingly; **~wort** *n* jesting (*od.* facetious) word, witticism.

scheu I. *adj. allg.* shy; (*schüchtern*) bashful; (*zaghaft*) timid, nervous; (*ungesellig*) unsociable; (*zurückhaltend*) reserved; *Pferd*: skittish; ~ *machen* startle, frighten; ~ *werden Wild*: take fright, *Pferd*: shy (*durch* at); **II.** ≈ *f* shyness; timidity, nervousness; reserve; (*Abneigung*) aversion (*vor* to); (*Ehrfurcht, Angst*) awe (of); *ohne jede* ~ without the least fear; *e-e heilige* ~ *tragen vor* have a wholesome dread of, stand in awe of.

Scheuche *f* scarecrow (*a. fig.*); **≈n** *v/t.* scare, frighten (away); (*wegjagen*) chase away, (*Vögel usw.*) shoo away.

scheuen I. *v/i.* shy, take fright, balk (*vor* at); **II.** *v/refl.*: *sich* ~ be shy (*od.* timid), *vor*: → I, *zu inf.*: be afraid (*od.* reluctant) to *inf.*, be shy of *ger.*, shrink from *ger.*; *sich nicht* ~ *zu inf.* be not afraid to *inf.*, *b.s.* dare (to) *inf.*, F have the nerve to *inf.*; **III.** *v/t.* shun, avoid, fight shy of; (*fürchten*) dread, be afraid of, fear; *keine Kosten* (*Mühe*) ~ spare no expense (pains).

Scheuer *f* → *Scheune.*

Scheuer...: **~bürste** *f* scrubbing brush; **~festigkeit** ⊕ *f* abrasion resistance; **~frau** *f* charwoman, *Am.* scrubwoman; **~lappen** *m* → *Scheuertuch*; **~leiste** ⚠ *f* skirting (-board); **~mittel** *n* scouring agent; **≈n I.** *v/t.* scour, scrub; (*sich auf* ≈) chafe, rub; **II.** *v/i.* *Tau, Kragen usw.*: chafe; **~pulver** *n* scouring powder; **~tuch** *n* scouring cloth, floor-cloth; *für Geschirr*: dish-cloth.

Scheu...: **~klappe** *f*, **~leder** *n* *a. fig.* blinker, *bsd. Am.* blinder.

Scheune *f* barn, shed; **~ndrescher** F *fig. m*: *essen wie ein* ~ eat like a wolf; **~ntor** *n* barn-door (*a. fig.*).

Scheusal *n* monster; (*ekelhafte Person*) *a.* F beast, holy terror, pest; (*häßliche Person*) F fright.

scheußlich I. *adj.* dreadful, horrid, horrible, frightful; vile (*alle a.* F *fig.*); *Aussehen*: *a.* hideous; (*abstoßend*) revolting, loathsome; *Verbrechen usw.*: heinous, foul, atrocious; F *Wetter usw.*: abominable, F awful, beastly, filthy; **II.** *adv.*: ~ *kalt, unangenehm usw.* F awfully, frightfully; **≈keit** *f* dreadfulness, hideousness; *konkret*: abomination, horror; (*Tat*) atrocity, heinous deed.

Schi *m* ski; → *Ski*(...).

Schicht *f* **1.** *allg.* layer; *geol., min.* stratum (*pl.* strata); ⚒ bed; *Farbe*: coat(ing), layer; (*dünne* ~, *Häutchen*) film; *Holz*: pile, stack; ⚠ *Steine*: course; (*Reihe*) tier; ⊕ (*Schub*) batch, *Hochofen*: charge; (*Bodensatz*) sediment; *phot.* emulsion; *fig.* (*Volks*≈) class, layer, *pl. a.* social strata; *breite* ~*en der Bevölkerung* wide sections; *aus allen* ~*en* from all walks of life; **2.** (*Arbeits*≈, *Zeit od. Arbeiter*) shift; *in* ~*en arbeiten* work in shifts; **3.** (*Pause*) break, rest; ~ *machen* knock off (work); **~arbeit** *f* shift(-work); **~arbeiter** *m* shift-worker; **≈en I.** *v/t.* arrange (*od.* put) in layers, pile up; (*Holz usw.*) stack; ⚓ (*Ladung*) stow; *metall.* charge *the furnace*; *geol.* stratify; **II.** F *v/i.* work in shifts, be on shift; **~gestein** *n* stratified rock; **~glas** *n* laminated glass; **~holz** *n* stacked wood; *als Fabrikat*: laminated wood, ply-wood; **≈ig** *adj.* lamellar; *bei Holz in Zssgn.*: (*drei*~ three-) ply; **~linie** *f* *Landkarte*: contour line; **~meister** *m* overseer; **~seite** *phot. f* emulsion side; **~stoff** *m* laminated plastic; **~torte** *f* layer cake; **~ung** *f* (arrangement in) layers *pl.*; *geol.* (*a. fig.*) stratification; *soziale* ~ social strata *pl.*; **~wechsel** *m* change of shift; **≈weise** *adv.* **1.** in layers, *etc.*; **2.** *bei der Arbeit*: in shifts; **~wolke** *f* stratus (*od.* sheet) cloud.

Schick I. *m* chic, stylishness, elegance, style; **II.** ≈ *adj.* chic, stylish, smart, *sl.* posh, flash, swanky, ritzy; (*modern*) F trendy; F (*prima*) *sl.* great, groovy, super, yummy, *Person*: *a.* dishy.

schicken I. *v/t.* **1.** *allg.* send (*nach, zu* to); (*versenden*) dispatch, forward; (*übermitteln*) communicate, transmit; (*Geld*) remit; *nach j-m* ~ send for a p.; → *April*; **II.** *v/refl.* **2.** *sich* ~ (*sich ereignen*) happen; *es schickte sich, daß* luck would have it that; **3.** *sich* ~ (*geziemen*) *für j-n* be becoming to, befit, behove, *bsd. Am.* behoove; *das schickt sich nicht* that's not the proper thing to do, it isn't done (*od.* good form); **4.** *sich in et.* ~ put up with, resign o.s. to, be reconciled with; (*sich anpassen*) conform to, adapt o.s. to; *sich in die Zeit* ~ go with the times.

Schickeria F *f* smart set.

schicklich *adj.* becoming, proper, seemly; (*anständig*) decent; (*geeignet*) suitable; **≗keit** *f* propriety, decorum; decency; **≗keitsgefühl** *n* sense of propriety, tact.

Schicksal *n* (*als Macht ohne art.*) fate, destiny; (*Los*) *a.* lot, fortune; *das* ~ *herausfordern* tempt providence, court disaster; *das gleiche* ~ *erfahren* suffer the same fate, fare alike; *sein* ~ *ist besiegelt* his fate is sealed; *das* ~ *ereilte ihn* he met his fate; *es war sein* ~, *zu inf.* he was fated to *inf.*; *j-n s-m* ~ *überlassen* leave a p. to his fate; *das müssen wir dem* ~ *überlassen* we must leave that to fate; *das ist eben* ~*!* that's Fate!; → *a. Geschick* 1; **≗haft** *adj.* fateful.

Schicksals...: **~frage** *f* vital (*od.* fateful) question; **~fügung** *f* fate(ful event), divine ordinance; **~gefährte** *m*, **~genosse** *m* companion in misfortune, fellow (sufferer); **~gemeinschaft** *f* community of fate; **~glaube** *m* fatalism; **~göttinnen** *f/pl.* Fatal Sisters, *the* Fates; **~linie** *f in der Hand*: line of fate; **~macht** *f* (*ohne art.*) fate; **~prüfung** *f* (sore) trial, ordeal, visitation; **~schlag** *m* blow, reverse, buffet of fate; **~tag** *m* fateful day; **≗verbunden** *adj.* united by a common fate.

Schickung *f* → *Fügung* 1.

Schiebe|blende *phot.* *f* sliding diaphragm; **~dach** *mot.* *n* sliding roof (*od.* top); **~fenster** *n* sliding window; *nach oben verschiebbar*: sash-window.

schieben I. *v/t.* **1.** push, shove; (*rücken, bewegen*) move; *stoßend, a.* ⚓ thrust; (*gleiten lassen*) slip; (*Fahrrad, Karren usw.*) push, wheel; F *fig.* (*j-n fördern*) (help *a p.* by) push; *in den Mund* (*in die Tasche*) ~ slip *od.* push into one's mouth (pocket); *sich an e-n Platz usw.* ~ *a. Sport*: move to; *e-e Arbeit von einem Tag auf den andern* ~ put off from one day to the next; *fig. er hat es auf mich geschoben* he put the blame on me; → *Bank*[1] 1, *Kegel*, *Schuld* 1, *Verdacht*, *Wache usw.*; **II.** *v/i.* **2.** push, shove; **3.** F (*gehen*) move; → *abschieben* II; **4.** F (*unredlich verfahren*) manipulate, arrange, *sl.* wangle, rig; (*unlautere Profite machen*) profiteer, racketeer, carry on an illicit trade (*mit* with); *mit Waren* ~ *sl.* push, (*schmuggeln*) smuggle, *auf dem Schwarzmarkt*: sell on the black market.

Schieber *m* **1.** ⊕ *allg.* slide (*a. Gleitstück am Rechenschieber, Reißverschluß usw.*); (*Riegel*) bolt, bar; (*Eßgerät für Kinder*) pusher; **2.** F (*Geschäftemacher*) profiteer, racketeer; (*Schwarzmarkthändler*) black marketeer; **3.** (*Tanz*) one-step.

Schieberad ⊕ *n* sliding gear.

Schieber...: **~geschäft** *n* profiteering (job), racket; ~*e machen* profiteer, racketeer; **~motor** *m* slide valve engine; **~tum** *n* profiteering, racketeering; **~ventil** ⊕ *n* slide-valve.

Schiebe...: **~schalter** *m* slide switch; **~sitz** *m* sliding seat; **~tür** *f* sliding door; **~vorrichtung** *f* slide, shifter; **~wind** ✈ *m* tail wind.

Schieb|karren *m* wheelbarrow, *Am. mst* pushcart; **~lehre** ⊕ *f* vernier calipers *pl.*

Schiebung *fig.* *f* manipulation, swindle, *sl.* wangle, engineering; (*geheime Absprache*) underhand dealings *pl.*, *a. Sport*: put-up job, rig(ged affair), *Am. a.* set-up; (*Bereicherung*) profiteering (job), racket(eering) deal.

Schiedsgericht *n* court of arbitration, arbitration court, arbitral body; *Sport usw.*: jury, *the* judges *pl.*; *e-e Sache dem* ~ *unterbreiten* refer a matter to arbitration; *sich e-m* ~ *unterwerfen* submit to arbitration; **≗lich** *adj.* arbitral; *adv. mst* by arbitration; **~sbarkeit** *f* arbitral jurisdiction; **~shof** *m*: *Internationaler* ~ International Court of Arbitration; **~sklausel** *f* arbitration clause; **~sverfahren** *n* → *Schiedsverfahren.*

Schieds|instanz *f* arbitral authority; **~kommission** *f* arbitral committee; **~parteien** *f/pl.* parties to arbitration.

Schiedsrichter *m* ☤ ⚖ arbitrator; *bei Wettbewerben, Sport*: judge, *pl. a.* jury; *Tennis*: umpire; *Boxen, Fußball*: *mst* referee; **~ball** *m* throwdown; **≈lich I.** *adj.* ☤ ⚖ arbitral, arbitration ..., arbitrator's ...; *Sport usw.*: of the umpire, *etc.*; *~e Entscheidung* arbitral award, arbitration; *Sport usw.*: decision by the judges *od.* referee, *etc.*; **II.** *adv.* ☤ ⚖ by arbitration; **≈n** *v/i.* arbitrate; *Sport*: umpire, referee.

Schieds|sache *f* arbitral case; **~spruch** *m* (arbitral) award, arbitration; *e-n ~ fällen* make an award; *sich e-m ~ unterwerfen* submit to an award; **~stelle** *f* arbitration board; **~verfahren** *n* arbitration (procedure, *konkret*: proceedings *pl.*); **~vertrag** *m* arbitration agreement; *e-n ~ schließen a.* agree to submit to arbitration.

schief I. *adj.* (*schräg*) oblique (*a.* ∢), slanting, skew(ed); (*geneigt, abfallend*) sloping, inclined; (*nach e-r Seite hängend*) lop-sided, *sl.* cock-eyed; (*krumm*) crooked; (*Mund, Gesicht*) wry; *fig.* (*falsch*) false, wrong; (*schlecht*) bad; (*verdreht*) distorted, *sl.* (all) cock-eyed; *Urteil*: warped; *fig. ~es Bild* false (*od.* distorted) picture, wrong idea; *~e Lage* false (*od.* awkward) position; → *Bahn* 1, *Ebene, Licht*; **II.** *adv.* obliquely; aslant, at an angle; awry; *j-n ~ ansehen* look askance at; *den Hut ~ aufsetzen* tilt, cock, wear at an angle; → *a. schiefgehen, schiefgewickelt*; **≈e** *f* obliqueness, obliquity, slant, skewness, slope, incline(d plane); crookedness, wryness; *fig.* falseness, perversity.

Schiefer *m* **1.** slate; *geol. a.* schist; **2.** *dial.* (*Splitter*) splinter; **≈blau** *adj.* slate-blue; **~boden** *m* slaty soil; **~bruch** *m* slate-quarry; **~dach** *n* slate(d) roof; **~decker** *m* slater; **≈farben, ≈farbig, ≈grau** *adj.* slate-colo(u)red, slate-grey; **≈haltig** *adj.* containing slate, schistous; **≈ig** *adj.* slaty; **≈n** *v/i.* scale off, exfoliate; **~öl** *n* schist oil; **~platte** *f* slab (*od.* leaf) of slate; **~stein** *m* slate (stone); **~tafel** *f* slate; **~ung** *f* scaling off, exfoliation.

schief...: **~gehen** F *v/i.* go wrong, go haywire; *co. es wird schon ~!* don't worry, it will be all right!; **~gewickelt** F *adj.* very much mistaken, on the wrong track; **≈heit** *f* → *Schiefe*; **~lachen** F *v/refl.*: *sich ~* laugh one's head off, F be tickled pink; **~liegen** F *v/i.* be wrong; **~mäulig** *adj.* wry-mouthed; **~treten** *v/t.* (*Absätze*) tread down at the heels; **~wink(e)lig** *adj.* oblique(-angled).

Schiel|auge *n* squinting eye; **≈äugig** *adj.* → *schielend*; **~brille** *f* strabismus spectacles *pl.*

schielen I. *v/i.* squint (*auf e-m Auge* in one eye), be cross-eyed; *fig. ~ auf od. nach* squint at, *b.s.* leer at, *heimlich*: steal a (sidelong) glance at, *weitS.* (*begehren*) have an eye to, ogle at; **II.** *≈ n* squint(-ing), cast in the eye, ⚕ strabismus; **~d** *adj.* squinting, cross-eyed, squint-eyed.

Schienbein *n* shin(-bone), 📖 tibia; **~schützer** *m Sport*: shin-guard, (shin-)pad.

Schiene *f am Rad*: iron hoop (*od.* band); ⊕ bar, (*Führungs≈*) guide rail; *bsd.* 🚃 rail, *pl. a. the* metals, (*~nstrang*) track *sg.*; (*Stromabnehmer≈*) bus bar; (*dünne Holzlatte*) slat; ⚕ splint; 🚃 *aus den ~n springen* run off (*Am.* jump) the rails, be derailed; ⚕ *in ~n liegen* be in splints; **≈n** *v/t.* ⚕ splint, put in splints; ⊕ (*Rad*) shoe, tire; *metall.* (*Stahl*) draw out and flatten.

Schienen...: **~bahn** *f* track railway; **~fahrzeug** *n* rail(-borne) vehicle; *pl.* rolling stock *sg.*; **≈gleich** 🚃 *adj.*: *~er Übergang* level (*Am.* grade) crossing; **~gleis** *n* track; **~netz** *n* railway (*Am.* railroad) system; **~(omni)bus** *m* rail bus, rail (diesel) car; **~räumer** *m* rail (*od.* obstruction) guard; **~strang** *m* track, railway-line; **~verkehr** *m* rail traffic; **~walzwerk** *n* rail rolling mill.

schier[1] *adv.* (*fast*) nearly, almost; *bei Verneinung*: *a.* next to.

schier[2] *adj.* (*rein*) sheer, pure.

Schierling ⚘ *m* hemlock; **~sbecher** *m* cup of poison.

Schieß|ausbildung ⚔ *f* rifle training; *Artillerie*: gunnery drill; **~auszeichnung** *f* shooting badge; **~bahn** *f* rifle-range; *des einzelnen Schützen*: firing lane; **~baumwolle** *f* gun-cotton; **~becher** ⚔ *m* (rifle) grenade launcher; **~befehl** *m* firing order; **~bude** *f* shooting gallery; **~budenfigur** *f* (shooting gallery) target; F *fig.* comic figure; clown, comedian; **~eisen** F *n* gun, *sl.* rod, shooting iron.

schießen I. *v/i.* **1.** (*feuern*) shoot (*a. Sport*), fire; (*das Feuer eröffnen*) open fire; *auf j-n ~* shoot (*od.* fire) at, take a shot at; *gut ~* be a good shot; *fig.* F ~ *Sie los!* fire away!, *Am.* F shoot!; → *Pistole, scharf* II; **2.** ~ *durch usw.* (*sausen, flitzen*) shoot (*od.* rush, dash) through; *fig. Licht, Schmerz, Gedanke usw.*: flash through; *der Gedanke schoß mir durch den Kopf* the thought (*od.* it) flashed through my mind; ~ *aus usw. Blut, Wasser*: shoot (*od.* gush) from *od.* out of, *etc.*; *das Blut schoß ihr ins Gesicht a.* blood rushed to her face; *in die Höhe* ~ *Pflanze, Kind usw.*: shoot up; → *Boden, Kraut, Pilz, Same(n)*; **3.** ~ *lassen* let fly, *a.* F *fig.* let go; → *Zügel*; **4.** *sl.* (*Rauschgift spritzen*) *sl.* shoot, mainline; **II.** *v/t. allg.* shoot (*a. Sport u. phot.*); (*sprengen*) blast; (*Brot*) *in den Ofen usw.*: shoot, shove; *fig. Blicke auf j-n* ~ look daggers at a p.; *sich mit j-m* ~ fight a pistol duel with a p.; → *Bock* 2; **III.** ≈ *n* shooting, firing; (*Schüsse*) shots *pl.*, gun-fire; (*Wett*≈) shooting match; ⚔ *gefechtsmäßiges* ~ combat practice firing; F *es* (*er usw.*) *ist zum* ~ *sl.* it (he, *etc.*) is a (perfect) scream.

Schießer *sl. m* (*Drogensüchtiger*) *sl.* junkie, mainliner; **~ei** *f* gunfight; *contp.* (incessant) shooting.

Schieß...: **≈freudig** F *adj.* trigger-happy; **~gewehr** F *n* rifle, gun; **~hund** F *fig. m*: *aufpassen wie ein* ~ watch like a lynx; **~krieg** *m* shooting war; **~kunst** *f* marksmanship; **~lehre** *f* ballistics (*sg.*); **~meister** *m* blaster; **~platz** ⚔ *m* shooting-ground(s *pl.*),(rifle-)range; **~prügel** F *m* gun; **~pulver** *n* gunpowder; **~scharte** *f* loophole, embrasure; (*Zinne*) crenel; *am Kampfwagen*: port; **~scheibe** *f* target; **~sport** *m* shooting; **~stand** *m* **1.** shooting-stand; **2.** → *Schießbahn*; **~übung** *f* shooting (*od.* target) practice; **~vorschrift** *f* shooting regulations *pl.*

Schifahren *usw.* → *Skifahren usw.*

Schiff *n* **1.** ship, vessel; *kleineres*: boat, *a. pl. u. coll.* craft; *auf dem* ~ on board (of the) ship; *das* ~ *verlassen* abandon ship; ~ *der Wüste* (*Kamel*) ship of the desert; → *Dampf-, Luft-, Raum-, Segelschiff usw.*; → *Ratte*; **2.** ⛪ (*Kirchen*≈) nave; **3.** *typ.* (*Setz*≈) galley.

Schiffahrt *f* navigation; shipping; **~saktien** ✝ *f/pl.* shipping shares (*Am.* stocks); **~sgesellschaft** *f* shipping company; **~skanal** *m* ship-canal; **~skunde** *f* navigation; **~slinie** *f* steamship line; **~sstraße** *f* navigable waterway, sea-route, lane (route); **~sweg** *m* shipping route (*od.* lane); **≈treibend** *adj.* seafaring.

schiffbar *adj.* navigable; ~ *machen* canalize; **≈keit** *f* navigability; **≈machung** *f* canalization.

Schiff...: **~bau** *m* shipbuilding; **~bauer** *m* shipbuilder; **~bruch** *m* shipwreck (*a. fig.*); ~ *erleiden* be shipwrecked; *fig. a.* founder, be wrecked, fail; **≈brüchig** *adj.* shipwrecked, *Person*: *a.* castaway; **~brüchige(r** *m*) *f* shipwrecked person, castaway; **~brücke** *f* pontoon-bridge; → *a. Schiffsbrücke*.

Schiffchen *n* **1.** small ship (*od.* boat); **2.** ⊕ shuttle; **3.** *typ.* galley; **4.** ⚘ carina; **5.** ⚔ (*Mütze*) forage cap.

schiffen I. *v/i.* **1.** navigate, sail; **2.** V (*harnen*) piss; (*regnen*) rain; **II.** *v/t.* (convey by) ship.

Schiffer *m* mariner, sailor; (*Schiffsführer*) navigator; (*Handelsschiffskapitän*) skipper, master; (*Fluß*≈) boatman; **~klavier** ♪ *n* accordion; **~knoten** *m* sailor's knot; **~patent** *n für große Fahrt*: master's certificate; *für kleine Fahrt*: mate's certificate.

Schiffs...: **~artillerie** *f* naval artillery; **~arzt** *m* ship's doctor; **~bau** *m* → *Schiffbau*; **~bedarf** *m* ship's stores *pl.*; **~befrachter** *m* freighter, shipper; **~besatzung** *f* (ship's) crew; **~brücke** *f* bridge; **~eigentümer** *m*, **~eigner** *m* shipowner; **~fracht** *f* ship's freight; **~frachtbrief** *m* bill of lading; **~geschütz** *n* ship's gun, *pl. a.* armament *sg.*; **~hebewerk** *n* ship lift; **~journal** *n* log-book; **~junge** *m* shipboy; **~klasse** *f* (ship's) rating; **~koch** *m* ship's cook; **~kreisel** *m* (gyro-)stabilizer; **~küche** *f* caboose, galley; **~ladung** *f* shipload; (*Fracht*) cargo, freight; **~lazarett** *n* ship's hospital, sick-bay; **~makler** *m* shipbroker; **~mannschaft** *f* (ship's) crew; **~papiere** *n/pl.* ship's papers; **~raum** *m* hold; (*verfügbarer* ~) shipping space; (*Rauminhalt*) tonnage; **~reeder** *m* shipowner; **~route** *f* sea route; **~rumpf** *m* hull; **~schaukel** *f* swing-boat; **~schraube** *f* (ship's) screw; **~spediteur** *m* shipping agent; **~tagebuch** *n* log-book; **~taufe** *f* christening of a ship; **~verkehr** *m* shipping traffic; **~wache** *f* (ship's) watch; **~werft** *f* shipbuilding yard, shipyard; ⚔ dock-yard, *Am.* navy yard; **~zimmermann** *m* ship's carpenter; **~zwieback** *m* ship(')s) biscuit.

Schihaserl *n usw.* → *Ski...*

Schikan|e *f* ⚖ chicane(ry); (*böswillige Maßnahme*) nasty trick; *pl. a.* oppressive measures, persecution *sg.*; *Rennsport*: chicane; F *fig. mit allen* ~*n ausgestattet* with all the trimmings; **⁓ieren** *v/t.* persecute, ride, torment; **⁓ös** *adj.* vexatious, spiteful.

Schild 1. *m* ⚔ shield (*a.* ⊕, ⚘, *zo. u. fig.*); (*Wappen*⁓) (e)scutcheon, coat-of-arms, shield; *zo. a.* carapace; *fig. etwas im* ~*e führen* be up to something, have (sinister) designs (*gegen* against, upon); *j-n auf den* ~ *erheben* raise a p. on the shield; **2.** *n* (*Aushänge*⁓) sign(board), facia; (*Namens*⁓, *Firmen*⁓, *Tür*⁓) name-plate; (*Ausweis*⁓) badge; (*Warn*⁓ *usw.*) sign; (*Wegweiser, Straßen*⁓, *Verkehrs*⁓) signpost; (*Etikett*) label, (*Anhänger*) tag; (*Mützen*⁓) peak, shade; **~bürger** *m* Gothamite, *weitS.* simpleton; **~bürgerstreich** *m* folly, imbecility; **~chen** *n* small sign, *etc.*, → *Schild* 2; **~drüse** *anat. f* thyroid gland; **~drüsenhormon** *n* thyroid hormone; **~drüsenüberfunktion** *f* hyperthyroidism; **~erhaus** ⚔ *n* sentry-box; **~ermaler** *m* signpainter; **~erwald** F *m* jungle of signposts.

schilder|n *v/t. allg.* describe; (*genau darstellen*) delineate, *anschaulich, a. im Film usw.*: depict, portray; *in kurzen Zügen*: outline, sketch; *im einzelnen*: give an account of; *nicht* (*od. kaum*) *zu* ~ *sein* defy description; *in düsteren Farben* ~ paint in gloomy colo(u)rs, paint a gloomy picture of; **⁓ung** *f* description, delineation; sketch, picture, portrayal; recital *of facts*, account.

Schild...: **~farn** *n* shield-fern; **⁓förmig** *adj. a.* ⚘, *zo.* scutiform; **~knappe** *m* shield-bearer; **~knorpel** *m* thyroid cartilage; **~kraut** *n* alyssum, sweet alison; **~kröte** *f* (*Land*⁓) tortoise; (*See*⁓) turtle; **~krötensuppe** *f* (real) turtle soup; **~laus** *f* scale insect; **~patt** *n* tortoise-shell; **~pattknopf** *m* shell-button; **~streitkräfte** ⚔ *f/pl.* shield forces; **~wache** ⚔ *obs. f* sentinel, sentry; (*Wachdienst*) sentry-go; ~ *stehen* stand sentry.

Schilf ⚘ *n* (*a.* **~gras** *n*) reed, (*a. Werkstoff*) rush; *am Wasser*: reeds *pl.*; → *a. Schilfrohr*; **⁓ern** *v/i.* peel off, exfoliate; **⁓ig** *adj.* reedy, sedgy; **~matte** *f* rush-mat; **~rohr** *n* reed (mace), bulrush.

Schilift *m usw.* → *Ski...*

Schiller *m* **1.** *min.* (*a.* **~glanz** *m*) schiller; **2.** (*a.* **~wein** *m*) rosé (*fr.*).

schillern I. *v/i.* **1.** play in colo(u)rs, opalesce; *in Regenbogenfarben*: iridesce; *ins Rötliche* ~ have a reddish tinge; **2.** *fig.* scintillate, be dazzling; **II.** ⁓ *n* **3.** play of colo(u)rs, iridescence, opalescence; iridescent lust|re, *Am.* -er; **4.** *fig.* dazzle, dazzling; **~d** *adj.* **1.** iridescent, opalescent; *von Stoffen*: shot; *in tausend Farben* ~ playing in a thousand colo(u)rs; **2.** *fig.* dazzling (and dubious).

Schilling *m* shilling.

Schimär|e *f* chimera; **⁓isch** *adj.* chimerical.

Schimmel[1] *m* white horse.

Schimmel[2] ⚘ *m* mo(u)ld, mildew, mustiness; **⁓ig** *adj.* mo(u)ldy, musty, mildewy; **⁓n** *v/i.* mo(u)ld, grow (*od.* get) mo(u)ldy *od.* musty; **~pilz** *m* mo(u)ld (fungus), mildew.

Schimmer *m* **1.** glimmer, gleam, glitter; *winziger*: glint; **2.** *fig. ein* ~ *Hoffnung* a gleam (*od.* flicker) of hope; ~ *e-s Lächelns* flicker of a smile; F *keinen* (*blassen*) ~ *haben von et.* not to have the foggiest idea of, not to know the first thing about; **⁓n** *v/i.* gleam, glimmer, glisten, shine; glint.

Schimpanse *m* chimpanzee.

Schimpf *m* insult, affront, *stärker*: outrage; (*Schande*) disgrace; *j-m e-n* ~ *antun* insult a p.; *mit* ~ *und Schande* ignominiously; **⁓en I.** *v/i.* scold, rail; (*keifen*) nag; (*murren*) grumble; (*fluchen*) swear (*alle über* at); **II.** *v/t.* scold, F tell *a p.* off; (*be*~) abuse, revile; call *a p.* names; *er schimpfte ihn e-n Lügner* he called him a liar; **~en** *n* (*a.* **~erei** *f*) scolding, grumbling; nagging; swearing; name-calling; **⁓lich** *adj.* insulting, abusive; (*ehrlos, schmachvoll*) disgraceful (*für* to), dishono(u)rable; *stärker*: ignominious, outrageous; **~name** *m* abusive name; *j-m* ~*n geben* call a p. names; **~wort** *n* abusive word, invective; (*Fluch*) swear-word, *Am. a.* cuss-word.

Schind|aas *n* carrion; **~anger** *m* knacker's yard.

Schindel *f*, **⁓n** *v/t.* shingle; **~dach** *n* shingle roof.

schind|en 1. *v/t.* flay, skin; *fig.* (*bedrücken*) oppress, ill-treat; (*Arbeiter*) sweat; *sich* ~ (*und plagen*) drudge, slave, sweat and strain, toil and moil; **2.** F (*heraus*~) *sl.* wangle; (*Essen usw.*) *sl.* scrounge; → *Eindruck, Zeit*; **⁓er** *m* knacker; *fig.* oppressor, *bsd.* ⚔ martinet; *von Arbeitern*: sweater, slave-driver; **⁓erei** *f* oppression; sweating;

(*schwere Arbeit*) drudgery, F grind, hell of a job; **≈erkarren** *m* knacker's cart; **≈luder** *fig. n*: ~ *treiben mit* play old Harry with, play fast and loose with; **≈mähre** *f* jade, *Brit. a.* crock.

Schinken *m* **1.** ham; (*Hinterteil*) fat rump; ~ *mit Ei* ham and eggs; **2.** F *co.* (*riesiges Gemälde*) outsized daub; (*Schmöker*) fat book; **~brötchen** *n* ham-roll; **~klopfen** F *n* hot cockles; **~wurst** *f* ham-sausage.

Schippe *f* shovel; (*Spaten*) spade; *Kartenspiel*: spades *pl.*; F *j-n auf die ~ nehmen* F put a p. on, kid (*od.* rib) a p.; **≈n** *v/t.* shovel.

Schirm *m* (*Regen≈*) umbrella; (*Sonnen≈*) parasol, sunshade; (*Lampen≈*) shade; (*Mützen≈*) peak, visor; (*Wand≈*, *Wind≈*, *Projektions≈*, *Fernseh≈*, *Röntgen≈ usw.*) screen; (*Schutzvorrichtung*) shield, screen; ♀ *Pilz*: pileus; *fig.* (*Schutz*) shield, protection, shelter; **~antenne** *f Radio*: umbrella aerial (*Am.* antenna); **~bild** *n* (⚕ fluoroscopic) image; *Radar*: display; **≈en** *v/t. a. fig.* shield, guard, protect (*vor* from, against); (*beschatten*) shade; **≈förmig** *adj.* umbrella-shaped; **~futteral** *n* umbrella case; **~gitter** *n Radio*: screen (grid); **~gitterröhre** *f* tetrode; **~gitterspannung** *f* screen-grid voltage; **~herr(in** *f*) *m* protector, *f* protectress, patron(ess); **~herrschaft** *f* protectorate, patronage; *unter der ~ von Veranstaltungen*: under the auspices of; **~mütze** *f* peaked cap; **~pilz** *m* mushroom; **~ständer** *m* umbrella-stand; **~wand** *f* screen.

Schirokko *m* sirocco.

schirren *v/t.* → *ab-, anschirren.*

Schisma *n* schism; **~tiker** *m* schismatic; **≈tisch** *adj.* schismatic(al).

Schispringen *n usw.* → *Ski...*

Schiß V *m* **1.** shit(ting); **2.** *fig.* (*Angst*) *sl.* (blue) funk; ~ *haben* be in a blue funk (*vor* of), be scared stiff; ~ *bekommen* get cold feet, *Am. sl.* (get) chicken.

schizo|gen *adj.* schizogenic; **~id** *adj.* schizoid (*a. su.* ~*er Mensch*); **≈myzeten** ♀ *m/pl.* schizomycetes; **~phren** *adj.*, **≈phrene(r** *m*) *f* schizophrenic; **≈phrenie** *f* schizophrenia; **≈thymie** *f* schizothymia.

schlabber|ig *adj.* → *labberig*; **~n** F *v/i. u. v/t.* **1.** (*geifern*) slobber; **2.** (*schlecken*) lap (up); **3.** (*schwätzen*) F twaddle, babble; **≈rohr** *n* overflow pipe.

Schlacht *f a. fig.* battle (*bei* of *Hastings, etc., zur See*: off *Trafalgar, etc.*); *e-e ~ liefern od. schlagen* fight a battle, give battle (*dat.* to); *die ~ gewinnen* have (*od.* win) the battle, carry the day; *a. fig. in die ~ ziehen* move into battle, go into action; *es kam zur ~* a battle was fought; **~bank** *f* shambles *pl.* (*mst sg. konstr.*); *fig. zur ~ führen* lead like lambs to the slaughter; **~beil** *n* meat ax(e); *hist.* pole-ax(e); **≈en** *v/t. u. v/i.* kill, (*bsd. größere Tiere*) slaughter; *als Opfer*: immolate; *fig.* (*metzeln*) butcher, massacre, slaughter; **~en** *n* killing, slaughtering; *fig.* massacre, slaughter; **~enbummler** *m* camp-follower; *Sport*: *a.* F fan; **~enlenker** *m* (*Gott*) God of Hosts; ⚔ strategist; general.

Schlächter *m* butcher (*a. fig.*); **~ei** *f* butcher's shop (*od.* trade); *fig.* (*Metzelei*) butchery, slaughter, massacre.

Schlacht...: **~feld** *n* battle-field; *fig. der Platz glich e-m ~* the place was a shambles; **~fest** *n* killing-day; **~fleisch** *n* butcher's meat; **~flieger** *m*, **~flugzeug** *n* battle-plane, fighter-bomber; **~flotte** *f* battle-fleet; **~geschrei** *n* battle-cry; **~geschwader** ⚓ *n* battle squadron; **~getümmel** *n*, **~gewühl** *n* mêlée (*fr.*); *mitten im ~* in the thick of the fight; **~gewicht** *n* dead weight; **~haus** *n*, **~hof** *m* slaughter-house, abattoir; **~kreuzer** *m* battle-cruiser; **~linie** *f* line of battle; **~messer** *n* butcher's knife; **~opfer** *n* victim; **~ordnung** *f* battle order (*od.* array); *in ~ aufstellen* draw up in battle array, array for battle; **~plan** *m* plan of action (*a. fig.*), campaign plan; **≈reif** *adj.* ready for killing, in (prime of) grease; **~reihe** *f* line of battle; **~roß** *n* war-horse, charger; **~ruf** *m* war-cry, battle-cry; *der Indianer, a. co.*: war-whoop; **~schiff** *n* battle-ship; **~ung** *f* kill(ing); **~vieh** *n* slaughter cattle, *weitS.* meat (*od.* fat) stock, *Am. a.* killers *pl.*

Schlacke *f metall.* dross (*a. fig.*), slag; (*Asche*) cinders *pl.*; *pl.* ⚕ waste products, *Diät*: roughage.

schlacken *v/i.* (form) slag, be drossy; **≈bahn** *f Sport*: cinder track; **≈bildung** *f* slag formation; **≈diät** *f*, **≈kost** ⚕ *f* bulk foods diet; **≈eisen** *n* cinder iron; **~frei** *adj.* slagless, drossless; **≈stein** *m*, **≈ziegel** *m* slag brick; **≈wolle** *f* slag wool.

schlackern *v/i.* wobble, flap; F *fig.*

mit den Ohren ~ F be flabbergasted; *mit* ~ *den Knien* (with) wobbling (knees).

schlackig *adj.* drossy, slaggy; F *Wetter usw.*: slushy.

Schlaf *m* sleep (*a. fig.*); *fester* ~ sound (*od.* heavy) sleep; ~ *vor Mitternacht* beauty sleep; *der* ~ *des Gerechten* the sleep of the just; *fig. der ewige* ~ the last sleep; ~ *haben* be sleepy; *e-n leichten* (*festen*) ~ *haben* be a light (sound) sleeper; *in tiefem* ~*e liegen* be fast asleep; *in* ~ *sinken* fall asleep, drop off; *in* ~ *versetzen* put to sleep; *in* ~ *singen* (*wiegen*) lull (rock) to sleep; *im* ~*e* in one's sleep; *fig. et. im* ~*e tun können* be able to do a th. blindfold (*od.* on one's head); *vom* ~ *übermannt* overcome by sleep; F (*das*) *fällt mir nicht im* ~ *ein!* I don't dream of doing that!, F I won't do anything of the sort!; *den Seinen gibt's der Herr im* ~ fortune favo(u)rs fools; ~**abteil** *n* sleeping-berth, *Am.* sleeper section; ~**anzug** *m* pyjamas, *Am.* pajamas *pl.*; (*bsd. Kinder* °~) sleeping suit, *Am.* sleeper; ~**couch** *f* bed-couch, daybed.

Schläfchen *n* doze, nap, F snooze; (*Nickerchen*) catnap; *ein* ~ *machen* (take a) nap, have forty winks, F snooze, *Am. sl.* have some shut-eye.

Schlafdecke *f* blanket.

Schläfe *f* temple.

schlafen *v/i.* sleep (*a. mit j-m* with a p.); *leise*: slumber, doze; *fig. allg.* sleep; *Angelegenheit usw.*: lie dormant (*a. Fähigkeiten*); (*unaufmerksam sein*) be napping, sleep; *fest* ~ be fast asleep, F sleep like a top *od.* log; *gut* (*schlecht*) ~ sleep well (badly), be a sound (poor) sleeper; *länger* ~ sleep late; *zu lange* ~ oversleep; ~ *gehen, sich* ~ *legen* go to bed, retire to rest, F turn in; *j-n* ~ *legen* put to bed; *fig. e-e Sache* ~ *lassen* let a matter rest; ~ *Sie wohl!* good night!, sleep well!; ~ *Sie darüber!* sleep on it; *das ließ ihn nicht* ~ it gave him no rest, it was preying on his mind; F *schlaf nicht!* don't sleep!, wake up!; ~**d** *adj.* sleeping, *pred.* asleep; *fig. Fähigkeiten usw.*: dormant.

Schläfen... temporal ...

Schlafen|gehen *n*: *vor dem* ~ before going to bed; ~**szeit** *f* bedtime; sleeping hour; *es ist* ~ it is time to go to bed.

Schläfer(**in** *f*) *m* sleeper.

schläfern *v/impers.*: *es schläfert mich* I am (*od.* feel) sleepy *od.* drowsy.

schlaferzeugend *adj.* inducing sleep, soporific.

schlaff *adj.* slack, loose; *Fleisch, Haut usw.*: flabby, flaccid; *Glieder, Tuch usw.*: limp; *fig. Grundsätze, Moral*: lax, loose; (*kraftlos*) limp, flabby (*a. Stil*); (*nachlässig*) slack (*a. Artikulation,* ☤ *Börse*); (*träge*) sluggish; ~ *machen od. werden* slacken, relax; ~ *werden a. Person*: go limp; *äußerlich*: get flabby; °~**heit** *f* slackness; flabbiness; limpness; *fig. a.* laxity; indolence.

Schlaf...: ~**gast** *m* overnight guest; ~**gefährte** *m*, ~**gefährtin** *f*, ~**genosse** *m*, ~**genossin** *f* bedfellow, bedmate; ~**gelegenheit** *f* sleeping accommodation; ~ *bieten für od. dat. Zimmer usw.*: accommodate (*od.* sleep) *three persons*; ~**gemach** *n* bedroom, bedchamber.

Schlafittchen F *n*: *j-n beim* ~ *nehmen* (seize by the) collar; *fig.* take *a p.* to task.

Schlaf...: ~**kabine** *f* sleeping cabin; ~**kamerad** *m* → *Schlafgefährte*; ~**koje** *f* (sleeping) berth (*a.* 🚂, ✈); *für Matrosen*: bunk; ~**krankheit** *f* sleeping sickness; ~**kur** ⚕ *f* sleeping cure; hypnotherapy; ~**lied** *n* lullaby; °~**los** *adj.* sleepless; ~**losigkeit** *f* sleeplessness, ⚕ insomnia; ~**lust** *f* sleepiness; ~**mangel** *m* lack of sleep; ~**mittel** *n* soporific, sleeping pill (*od.* tablet); narcotic; ~**mütze** *f* night-cap; *fig.* slowcoach, *bsd. als Anrede*: sleepyhead; °~**mützig** *adj.* sleepy, F sleepy-headed, *weitS. a.* slow, dull; ~**pulver** *n* sleeping powder.

schläfrig *adj.* sleepy, drowsy, somnolent (*a.* = *einschläfernd*); *fig.* → *schlafmützig*; (*träge*) indolent; °~**keit** *f* sleepiness, drowsiness; *fig.* dullness, indolence.

Schlaf...: ~**rock** *m* dressing-gown, morning-gown, robe; → *Apfel*; ~**saal** *m* dormitory; ~**sack** *m* sleeping-bag; ~**sofa** *n* sofa-bed; ~**stadt** *f* dormitory town; ~**stätte** *f*, ~**stelle** *f* (over-night) accommodation, night's lodging, bed; ~**störung** *f* troubled sleep, 🕮 somnipathy; ~**stube** *f* → *Schlafzimmer*; ~**sucht** *f* somnolence, sleepy sickness, ⚕ *a.* lethargy; *weitS. a.* (constant) sleepiness; °~**süchtig** *adj.* somnolent; ~**tablette** *f* sleeping tablet (*od.* pill); ~**trunk** *m* sleeping-draught; F (*Schnäpschen*) F night-cap; °~**trunken** *adj.* (very) drowsy, somnolent, drugged with sleep; **~wagen** 🚃 *m* sleeping-carriage, *Am.* sleeping car, sleeper; **~wagenabteil** *n* → *Schlafabteil*; **~wandeln** *v/i. usw.* → *nachtwandeln*; **~zimmer** *n* bedroom, *Am. a.* sleeping-room; **~zimmeraugen** F *n/pl.* F bedroom eyes, come-to-bed eyes.

Schlag *m* **1.** (*Hieb*) blow (*a. fig.*), stroke, knock; (*Aufprall*) *a. phys.* impact; (*Treffer*) hit; *mit der flachen Hand*: slap; *mit der Faust*: blow, punch, cuff, jab, *sl.* sock, biff; *mit der Peitsche*: cut, lash; *mit dem Stock*: whack; *mit dem Fuß od. Pferdehuf*: kick; *klatschender*: smack; *leichter*: tap, pat; *dumpfer*: thud, thump; (*Krach*) crash; (*Knall*) bang; (*Stoß*) shock, jolt; ⚡ (electric) shock; (*Flügel*~, *Ruder*~, *Schwimm*~) beat, stroke; *Fußball*: kick, shot; *Golf, Tennis usw.*: shot, stroke; (*Glocken*~) stroke; (~ *des Herzens, Puls*~, *Trommel*~, *Hammer*~) beat; (*Donner*~) clap (of thunder); ⚔ (*Atom*~, *Angriff*) strike; (*Pendel*~) swing; ⊕ beat; *Schallplatte usw.*: wobble; (*Holz*~) felling, cut; *fig.* (*Schicksals*~, *Unglück*) blow, (*Schock*) *a.* shock, jolt; ~ *ins Gesicht* slap in the face; *fig. a.* blow (*für* to); ~ *ins Wasser* flash in the pan, *sl.* flop; *ein schwerer* (*od. vernichtender*) ~ a crushing blow (*a. fig. für* to); ~ *auf* ~ blow upon blow, in rapid succession; *dann ging es* ~ *auf* ~ then things were happening fast; *auf einen* (*od. mit einem*) ~ (*auf einmal*) at one blow (*od.* F go); (*plötzlich*) → *schlagartig* II; *mit e-m* ~ (*Krach*) with a crash (*od.* bang); ~ *sechs Uhr* on the stroke of six, at six o'clock sharp; *e-n* ~ *anbringen* get in (*od.* home) a blow; *Schläge bekommen* get a beating (*a. fig.*); *j-m e-n* ~ *versetzen* deal a p. a blow, F land a p. one; *e-n* ~ *führen gegen* strike a blow at (*a. fig.*); *zum entscheidenden* ~ *ausholen* get ready for the finishing blow, move in for the kill (*a. fig.*); *er hat keinen* ~ *Boxen*: he has no punch; → *Fliege* 1, *Kontor*; **2.** ⚕ stroke, apoplexy; → *rühren* II 3; **3.** *Segeln*: tack; *e-s Taus*: turn, coil; **4.** (*Kutschen*~) (carriage-)door; **5.** (*Vogelsang*) warbling, song; **6.** → *Hühnerschlag, Taubenschlag*; **7.** *fig.* (*Art*) race, stock, breed (*alle a. zo.*), kind, type, sort; *Leute seines* ~*es* men of his stamp (*od.* sort); *Männer vom gleichen* ~*e* men of the same stamp, *contp.* birds of a feather; *vom alten* ~*e* of the old school; *er ist vom richtigen* ~ he is of the right kidney; **8.** F (*Portion Essen*) helping; **~abtausch** *m* **1.** *Boxen*: exchange of blows; **2.** *fig.* clash, tussle, *a.* crossing of swords; **~ader** *anat. f* artery; **~anfall** *m* stroke, apoplexy; *e-n* ~ *bekommen* have a stroke; **~artig** **I.** *adj.* sudden, abrupt, prompt; ~*er Angriff* surprise attack; **II.** *adv.* all of a sudden, abruptly, from one second (*od.* minute, day) to the other, at a blow, with a bang; **~ball(spiel** *n*) *m* rounders *pl.* (*sg. konstr.*); **~baum** *m* turnpike, toll-bar; **~biegefestigkeit** ⊕ *f* impact bending strength; **~bohrer** *m* percussion drill; **~bolzen** *m* *Gewehr*: firing-pin, striker; *Mine*: firing bolt; **~bolzenfeder** *f* striker spring.

schlagen **I.** *v/t.* strike, (*a. wiederholt, a. verprügeln*) beat, (*a. treffen*) hit; *mit der Faust*: *a.* punch, knock, cuff, *sl.* slog, *Am.* slug; *trommelnd*: pommel; *mit der flachen Hand*: slap; *hart und klatschend*: smack; *mit dem Fuß*: kick; (*Kinder*) *auf den Hosenboden*: spank; *mit der Peitsche*: whip, lash; *mit dem Stock*: cane; *hart*: whack, thwack; *leicht*: tap, pat; *fig.* (*übertreffen*) beat; (*besiegen*) beat, defeat, *sl.* lick; (*strafen*) punish; *Gott*: smite; (*Eier*) whip, whisk, beat *the whites of eggs*; (*Geld*) coin; (*Holz*) fell, cut; (*Schlacht*) fight; (*die Laute usw.*) play on; (*Saiten*) touch, strike; *an die Wand, auf den Boden usw.* ~ smash (*od.* bang, slam, dash) at (*od.* against, on); ⚔ *auf den Preis* ~ charge (*od.* F clap) on; *zu Boden* ~ knock down, floor; *die Augen zu Boden* ~ cast down one's eyes; *Nagel* ~ *in* drive into; *in Papier* (*ein*)~ wrap up in paper; *durch ein Sieb* ~ pass through a sieve; *den Kopf* ~ *an* knock (*od.* bump) one's head against; *e-n Schal um die Schultern* ~ throw a shawl about one's shoulders; *sich* ~ hit (*od.* beat) one another; (*kämpfen*) (have a) fight, come to blows; (*sich duellieren*) fight a duel; *sich um et.* ~ fight over a th.; *sich geschlagen geben* admit (one's) defeat, give up, throw in the sponge, *j-m*: bow to a p.; *überlegen* ~ *Sport*: F whip, trounce; *sich an die Brust* ~ beat one's breast; *sich an die Stirn* ~ smite (*od.* clutch) one's brow; *sich et. aus dem Kopf* (*od. Sinn*) ~ put a th. out of one's mind; *ein geschlagener Mann* a broken man; *e-e geschlagene Stunde* a full (F solid) hour; *zwei geschlagene*

Stunden (lang) F for two mortal hours; *fig. ich war völlig geschlagen (erschöpft)* F I was all in; *(überrascht)* I was dumbfounded, you could have knocked me down with a feather; *(entmutigt)* I was absolutely down; → *Alarm, Blindheit, Brücke, Flucht* 1, *Glocke, Kapital* I, *Kreuz* I, *Schaum, Seite, Waffe*; **II.** *v/i.* strike, beat; *dumpf*: thump, thud; *krachend*: crash; *Herz, Puls*: beat, *heftig*: throb; *Herz*: *a.* palpitate; *Uhr*: strike; *Tür usw.*: bang, slam; *Pferd*: kick, lash out; *Vogel*: warble, sing, trill, carol; ⊕ *(wackeln)* wobble; ~ *an od. gegen* strike against; *Regen*: beat (*od.* patter) against; *Wellen*: beat (*od.* dash) against; *mit dem Kopf an od. gegen et.* ~ strike (*od.* slam, F bang, bump) one's head against a th.; *j-m auf die Finger* ~ rap a p.'s knuckles; ~ *aus Flammen*: blaze from; *der Blitz schlägt in e-n Baum* strikes a tree; *mit den Flügeln* ~ flap (*od.* beat) one's wings; *nach j-m* ~ a) strike (*od.* swing) at; b) *(arten nach)* take after *the mother, etc.*; *um sich* ~ lay about one; → *Fach* 2, *Ohr*; **III.** *v/refl.*: *sich gut* ~ stand one's ground, hold one's own, give a good account of o.s.; *sich zu e-r Partei usw.* ~ take sides with, side with, *weitS.* join, go over to; *die Erkältung schlug auf den Magen* settled on the stomach; **IV.** ≈ *n* beating, *etc.*; *e-r Brücke*: construction; *e-s Waldes*: felling; *des Pulses, Herzens*: beat(ing), pulsation; *des Herzens*: *a.* palpitation; **~d** *fig. adj.* *(treffend)* striking; *(wirkungsvoll)* effective; *(eindrucksvoll)* impressive; *(überzeugend)* convincing; *Gründe*: cogent; *(unwiderlegbar)* irrefutable; ~*er Beweis a.* conclusive evidence, clinching proof; ~*e Antwort* effective (*od.* telling) retort, F squelcher; *univ.* ~*e Verbindung* duelling students' society (*Am.* fraternity); ⚒ ~*e Wetter* firedamp *sg.*

Schlager *m* ♪ hit-song, hit(-tune), *weitS.* pop song; *thea.* draw, smash hit, box-office success; *(Verkaufs*≈*)* drawcard, (sales) hit, F money-maker; *(Buch*≈*)* best-seller; *weitS.* *(tolle Sache)* (big *od.* great) hit, sensation, *sl.* wow, humdinger.

Schläger *m* **1.** *(Raufbold)* brawler, rowdy, F tough, *sl.* bruiser; *Boxen*: F slugger; **2.** *Kricket usw.*: batsman; **3.** *(Pferd)* kicker; **4.** *(Gerät)* beater, *Kochkunst*: (egg-)beater, whisk; *(Kricket*≈ *usw.)* bat; *(Tennis*≈*)* racket; *(Federball*≈*)* battledore; *(Golf*≈*)* club, *zum Einlochen*: putter; *(Hockey*≈*)* stick; *fenc.* rapier, sword.

Schlägerei *f* fight(ing), scuffle, brawl, F scrap, *Brit.* F *a.* punch-up; *allgemeine*: *a.* free fight, free-for-all, *Am. sl.* rough-house; *Boxen*: slugging, *sl.* slug-feast.

Schlager...: **~komponist** *m* song writer; **~melodie** *f* hit (*od.* pop) tune *od.* song, song hit; **~parade** *f* hit parade; **~preis** *m* record (*od.* rock-bottom) price; **~sänger(in** *f)* *m* pop singer.

Schlag...: **≈fertig** *fig. adj.* ready-witted, quick at repartee, *Am.* F quick on the trigger; ~*e Antwort* repartee, *Am. sl.* snappy come-back; **~fertigkeit** *fig. f* ready wit, quickness of repartee; *(Anwort[en])* quick repartee(s *pl.*); **~festigkeit** ⊕ *f* impact strength; **~flügler** ✈ *m* ornithopter; **~fluß** *m* → *Schlaganfall*; **~instrument** ♪ *n* percussion instrument; **~kombination** *f Boxen*: combination (of blows); **~kraft** *f Boxen*: punch; ⚔ combat effectiveness, (fighting) strength; *fig.* punch, drive, force (-fulness); **≈kräftig** *adj.* striking, efficient, powerful; *Beweis*: → *schlagend*; **~licht** *n paint.* highlight; *fig. a.* glaring light, glare; **~loch** *n* road hole, pot-hole; **~lot** ⊕ *n* hard solder; **~mann** *m* batsman; *Rudern*: stroke; **~matrize** ⊕ *f* stamping die; **~mühle** ⊕ *f* crushing mill; **~nietmaschine** ⊕ *f* percussion riveting machine; **~obers** *östr. n*, **~rahm** *m*, **~sahne** *f* whipped cream; **~ring** *m* **1.** *(Waffe)* brass knuckles *pl.*, F knuckleduster; **2.** ♪ *Zither*: plectrum, quill; **~schatten** *m* (cast) shadow; **~schraube** ⊕ *f* drive screw; **~schweißen** ⊕ *n* percussion welding; **~seite** *f* ⚓ list; *fig. pol.* tendency; ⚓ ~ *haben* list; F *fig.* F be half-seas over; ~ *bekommen* heel over; **~serie** *f Boxen*: series of blows; **~sieb** ⊕ *n* vibrating screen; **≈stark** *adj. Boxen*: hard-hitting; *(sehr)* ~ *sein a.* pack a powerful punch; **~stock** *m Polizei*: riot stick, truncheon; **~uhr** *f* striking clock; **~wechsel** *m Boxen*: exchange of blows; **~werk** *n Uhr*: striking mechanism; **~wetter** ⚒ *n* firedamp; **≈wettergeschützt** *adj.* firedamp-proof; **~wort** *n* catch-word, *weitS.* slogan, catchphrase, *pl. contp. a.* claptrap *sg.*; **~wortkatalog** *m* subject catalog(ue); **~zahl** *f Rudern*: rate of strokes; **~zeile** *f*: *(große ~ banner)* headline; ∼*n machen* make the headlines; **∼zeug** ♪ *n* percussion (instruments *pl.*); drums *pl.*; **∼zeuger** ♪ *m* percussionist; drummer; **∼zünder** *m* percussion fuse.

Schlaks F *m* gangling fellow; **∼̊ig** *adj.* gangling, lanky.

Schlamassel F *m* mess.

Schlamm *m* mud, mire (*a. fig.*); *schleimiger*: slime, sludge, ooze; *sandiger*: silt; *Keramik*: slip; *im Motor usw.*: sludge; ⚕ (*Heil*∼̊) fango, mud; **∼bad** ⚕ *n* mud bath; **∼boden** *m* muddy soil.

schlämmen ⊕ *v/t.* (*Hafen, See*) dredge, clear (of mud); *metall.* buddle; (*Erz, Kreide*) wash; ⚗ elutriate.

schlammig *adj.* muddy, miry; slushy.

Schlämm...: **∼kohle** *f* washed coal; **∼kreide** *f* whiting.

Schlammpackung ⚕ *f* mud pack.

Schlamp|e F *f* slut, slattern; **∼̊en** F *v/i.* **1.** (*unordentlich sein*) be slovenly (*od.* F sloppy); (*schlampig arbeiten*) *a.* work slovenly, scamp one's work, do a sloppy job; **2.** (*schlampig herumgehen*) slouch (around); **∼er** F *m* sloven, F sloppy fellow, slouch; *weitS.* (*Mistkerl*) *sl.* sod, *Am.* slob, louse; **∼erei** F *f* slovenliness, F sloppiness; (*Nachlässigkeit*) slackness; *konkret*: mess, muddle; sloppy job, slopwork; **∼̊ig I.** *adj.* slovenly, F sloppy; *Arbeit*: *a.* slipshod; (*äußerlich* ∼) *a.* untidy, slouchy, unkempt; *Frau*: *a.* slatternly, frowzy; **II.** *adv.* slovenly, F sloppily; untidily; (*schnell*) slapdash.

Schlange *f* **1.** snake, *bsd. große*: serpent; *fig.* (*falsche*) ∼ serpent, viper, snake in the grass; *e-e* ∼ *am Busen nähren* cherish a snake in one's bosom; **2.** *ast. u. bibl.* serpent; **3.** *fig.* (*Menschen*∼̊, *Auto*∼̊) queue, *Am.* line; ∼ *stehen* stand in queue, queue up, *Am.* stand in line, line up (*alle um, nach* for); *mot.* ∼ *fahren* drive in queue (*Am.* line); **4.** ⊕ coil; → *Papierschlange*.

schlängeln *v/refl.*: *sich* ∼ wind; *zuckend, hin u. her*: w(r)iggle, snake; *Ader, Fluß, Weg usw.*: meander, wind, twist; *sich* ∼ *in* (*durch e-e Menge usw.*) worm (one's way *od.* o.s.) into (through), *aus*: → *a. durchschlängeln*; *sich* ∼*d* meandering, winding, snaky, *Linie usw.*: *a.* sinuous, serpentine.

Schlangen...: **∼̊artig** *adj.*, **∼̊förmig** *adj.* snake-like, snaky, serpentine; **∼beschwörer(in** *f*) *m* snake-charmer; **∼biß** *m* snakebite; **∼bohrer** ⊕ *m* auger bit; **∼brut** *f fig.* generation of vipers; **∼fraß** F *m* F awful grub; **∼gift** *n* snake venom (*od.* poison); **∼grube** *f* snake pit (*a. fig.*); **∼haut** *f* snake skin; **∼kühler** ⊕ *m* spiral condenser; **∼leder** *n* snake leather; **∼lederschuh** *m* reptile shoe; **∼linie** *f* sinuous line, serpentine, wiggle; **∼mensch** *m* (*Artist*) contortionist; **∼rohr** *n*, **∼röhre** *f* spiral pipe (*od.* tube), coil, worm; **∼stab** *m* caduceus.

schlank *adj.* slender, slim; *von* ∼*er Figur* slender(waisted), slim, svelte; F ∼ *wie e-e Tanne* (slim and) willowy; ∼(*er*) *machen* a) (*a.* ∼*er werden*) slim, slenderize; b) *Kleid usw.*: make *a p.* look slim; *fig. in* ∼*em Trabe* at a fast trot; → *Linie* 1; **∼̊heit** *f* slenderness, slimness; **∼̊heitskur** *f* slimming (cure); *e-e* ∼ *durchmachen* slim, be slimming; **∼machend** *adj.* slimming; **∼weg** F *adv.* → *rundweg*.

schlapp *adj.* (*schlaff, energielos*) flabby; (*charakterschwach*) weak (-kneed), F soft; (*feige*) cowardly, *sl.* yellow; ∼*e Leistung* F bad show, slack performance; → *a. schlappmachen*.

Schlappe *f* (*Niederlage*) defeat, beating; (*Mißerfolg*) fiasco, *sl.* flop.

schlappen I. *v/i.* (*wedeln, schlagen*) flap; (*latschen*) slouch; **II.** *v/t.* (*schlürfen*) lap (up) (noisily); **III.** ∼̊ F *m* (*Pantoffel*) (old) slipper.

Schlapp...: **∼hut** *m* slouch-hat; **∼̊machen** F *v/i.* break down, wilt; (*aufgeben*) give in (*od.* up); *nur nicht* ∼*!* keep your tail up!, never say die!; **∼macher** F *m* slacker, *sl.* sissy, *Am. a.* softy, quitter; **∼ohr** *n* flap-ear; *pl.* lob ears; **∼schuh** *m* (old) slipper; **∼schwanz** F *m* **1.** → *Schlappmacher*; **2.** (*charakterschwacher Kerl*) spineless (*od.* weak-kneed) fellow, F jellyfish; (*Feigling*) coward, *sl.* yellow.

Schlaraffen|land *n* Cockaigne (*a. fig.*); **∼leben** *n* life of idleness and luxury, *sl.* cushy life.

schlau I. *adj.* sly, cunning, smart; (*verschlagen*) wily, foxy; (*raffiniert*) crafty, clever, artful, F slick; F ∼*er Posten*, ∼*e Kugel* F soft (*od.* cushy) job; *daraus* (*aus ihm*) *werde ich nicht* ∼ I can't make it (him) out, I can't make head or tail of it; *er wird nie* ∼ he will never learn; *contp. ein ganz* ∼̊*er* → *Schlauberger*; **II.** *adv.*: *et.* ∼ *anfangen* go about (*od.* contrive) a th. cleverly; *das hat er sich* ∼ *ausgedacht!* very clever (of him)!; **∼̊berger** F *m* F slyboots (*sg.*), sly dog; *iro.*, *contp. sl.* smart aleck, *Am. a.* smartie.

Schlauch *m* **1.** tube, pipe; *biegsamer*: hose, flexible pipe; *zum Spritzen*: hose; (*Wein*≈, *Öl*≈) skin; (*Fahrrad*≈, *Auto*≈) inner tube; **2.** F (*Strapaze*) strain, gruelling (thing), F fag, tough thing (*od.* job); *das war ein* ~*!* it was gruelling (*od.* F tough); **3.** *ped. sl.* (*Eselsbrücke*) F crib, *Am.* pony; ≈**artig**, ≈**förmig** *adj.* hose-shaped; *Zimmer usw.*: tunnel-like; ~**boot** *n* air (life) raft; rubber dinghy, *Am.* pneumatic boat; ≈**en** *v/t. u. v/i.* **1.** hose, fill by means of a hose; **2.** F *fig.* (*anstrengen*) punish, take its toll (*od.* it out) of *a p.*, tell on *a p.*, *seelisch*: *a.* go hard with *a p.*; ⚔ *sl.* give *a p.* hell (*Am. sl.* chicken); ~**kupplung** *f*, ~**verbindung** *f* hose coupling, (flexible pipe) union; ~**leitung** *f* hose line; ≈**los** *mot. adj.* tubeless; ~**trommel** *f* hose reel; ~**ventil** *mot. n* tyre (*Am.* tire) valve.

Schläue *f* → *Schlauheit*.

schlauerweise *adv.* cleverly (enough); (*klüglich*) prudently, wisely; *iro.* ingeniously; ~ *tat ich usw.* I was so clever (*od.* smart) as to *inf.*

Schlaufe *f* loop.

Schlau...: ~**heit** *f* slyness, cunning; craftiness, artfulness; cleverness, smartness; ~**kopf** *m*, ~**meier** F *m* → *Schlauberger*.

Schlawiner F *m* rascal.

schlecht I. *adj. allg.* bad (*comp.* ~er worse, *sup.* ~est worst); (*boshaft, verworfen*) *a.* wicked; (*böse*) evil; (*gemein*) base, vile, low; (*armselig, wertlos*) poor; (*erbärmlich*) wretched, miserable; *Augen, Gesundheit, Qualität, Leistung usw.*: bad, poor; *Luft*: bad, foul; (*verdorben*) spoiled, bad; *Geld*: base, bad; ☤ ~*er Absatz* heavy (*od.* poor) sale; ☤ ~*e Papiere* dubious (*od.* worthless) stocks; ☤ ~*e Schuld* bad debt; ~*er Tag leistungsmäßig*: off day; ~*e Aussichten* poor prospects; ~*e Behandlung* bad treatment, ill-treatment; ~*e Führung* bad conduct, misconduct; ~*e Laune* ill humo(u)r, bad temper *od.* mood; ~*er Ruf* bad reputation, ill fame; ~*e Verwaltung* mismanagement; ~*e Zeiten* bad (*od.* hard) times; ~ *sein in et.* be poor at a th.; ~ *werden* go bad; ~ *aussehen allg.* look bad; *gesundheitlich*: look ill (*od.* poorly); ~*er werden* get worse, worsen, deteriorate; ~ *daran sein* be badly off; *j-m e-n* ~*en Dienst erweisen* do an ill turn to a p.; *im* ~*en Sinne* in a bad sense; *mir ist* ~ I am (*od.* feel) sick; *ihm wurde* ~ he turned sick; *es kann e-m* ~ *dabei werden* it's sickening; *nicht* ~*!* not (at all) bad!; **II.** *adv.* bad(ly), ill; ~ *und recht* after a fashion, somehow; ~ *beraten sein* be ill-advised; ~ *machen* do (*od.* make) badly, bungle, → *a. schlechtmachen*; ~ *reden von* speak ill of; ~ *riechen* smell bad; ~ *zu sprechen sein auf* be ill-disposed to(wards), F have it in for a p.; *immer* ~*er* from bad to worse; *es geht ihm* ~, *es steht* ~ *um ihn* he is badly off, he is in a bad way; *es bekam ihm* ~ it did him no good (*a. fig.*); *das soll ihm* ~ *bekommen!* he'll pay for this!; *er kann es sich* ~ *leisten, zu inf.* he can ill afford to *inf.*; *es steht e-m Beamten* ~ *an, zu inf.* it ill becomes a civil servant to *inf.*; *er staunte nicht* ~ he was greatly (*sl.* not half) surprised; *heute geht es* ~ (*paßt nicht*) F it's a bit awkward today; *ich kann es* ~ *ablehnen* I can hardly (*od.* not very well) refuse it; ≈**e(s)** *n* bad thing(s *pl.*), something bad; evil (things *pl.*); *das* ~ *daran* the bad side of it; ~**erdings** *adv.* absolutely, positively, downright, by all means; ~ *unmöglich* quite impossible; ≈**erstellung** *f* discrimination; ~**gelaunt** *adj.* ill-humo(u)red, in a bad temper *od.* mood, cross; ≈**heit** *f* badness, poorness, inferior quality, worthlessness; *fig.* badness, wickedness; ~**hin** *adv.* plainly, simply, absolutely, downright; *nachgestellt*: ... pure and simple; (*überhaupt*) in general; ≈**igkeit** *f allg.* badness; (*Bosheit, Verworfenheit*) wickedness; (*Verderbtheit*) depravity; (*Niedrigkeit*) baseness; *konkret*: base act, mean trick; ~**machen** *v/t.* F run down, knock; (*verleumden*) backbite, malign; ~**riechend** *adj.* (ill-)smelling, malodorous, F smelly; ~**sitzend** *adj. Anzug usw.*: badly fitting; ~**weg** *adv.* → *schlechthin*.

Schlechtwetter|flugbetrieb *m* all-weather operation; ~**front** *f* bad weather front; ~**periode** *f* spell of bad weather.

schleck|en *v/t. u. v/i.* **1.** lick (*an* at); (*auf*~) lap up; **2.** → *naschen*; ≈**er** F *m* **1.** → *Leckermaul*; **2.** *fig.* (*Genießer*) connoisseur; ≈**erei** *f* → *Leckerei*.

Schlegel *m* (*Trommel*≈) drumstick; ⊕ beater; (*Holzhammer*) mallet, wooden hammer, *schwerer*: beetle, *a.* ⚒ sledge; *Kochkunst*: leg; ≈**n**

v/i. wield the mallet, *etc.*; F *mit den Armen*: flail; *mit den Beinen*: thrash.

Schlehdorn ♀ *m* sloe(-tree).

Schlehe ♀ *f* sloe.

schleich|en *v/i.* (*kriechen, a. Zeit*) creep, crawl; *heimlich*: slink, sneak, F catfoot; (auf den Zehenspitzen ~) tiptoe; im Dunkeln ~ prowl in the dark; in das Haus ~ sneak (*od.* steal, slip) into the house; *fig.* (*v/refl.*) sich in j-s Vertrauen ~ worm o.s. into a p.'s confidence; **~d** *adj.* creeping, sneaking; (*verstohlen*) furtive; *Gift*: slow; *Fieber, Krankheit*: a) lingering; b) (*tückisch*) insidious; c) (*chronisch*) chronic; *fig. contp.* sneaking; ~e Inflation creeping inflation; **2er** (**-in** *f*) *m* creeper; *im Dunkeln*: prowler; *fig. contp.* sneak, F pussyfoot(er); (*Intrigant*) intriguer; (*Heuchler*) hypocrite; **2handel** *m* traffic, illicit (*od.* clandestine) trade; (*Schmuggel*) smuggling; (*Schwarzhandel*) black market(eering); **2-händler** *m* smuggler, trafficker; black marketeer; **2weg** *m* hidden (*od.* secret) path; *fig.* secret way (*od.* means), dodge; auf ~en surreptitiously; **2werbung** ✝ *f* masked advertising.

Schlei(e *f*) *ichth. m* tench.

Schleier *m* (*Gesichts2, Nonnen2 usw.*) veil; (*Nebel2, Dunst2*) *a.* haze, mist (*a. auf Glas*); *vor den Augen*: film; *phot.* veil, fog; ⚔ screen; *eccl.* den ~ nehmen take the veil; *fig.* ~ der Vergessenheit veil of oblivion; unter dem ~ der Nächstenliebe under the veil of charity; e-n ~ über et. ziehen draw a veil over a th.; **~eule** *f* barn-owl; **2-haft** *adj.* (*verschwommen*) hazy; (*rätselhaft*) mysterious; (*unbegreiflich*) incomprehensible; das ist mir einfach ~ that's a (complete) mystery to me, F that beats me; **~tanz** *m* veil-dance.

Schleif|arbeit ⊕ *f* grinding operation; **~automat** *m* automatic grinder; **~bahn** *f* slide; **~bank** *f* grinding-lathe; **~druck** ⊕ *m* feeding pressure.

Schleife[1] *f* loop (*a.* ⚡), *gebundene*: slip-knot; (*Schlinge*) noose; (*Band2*) bow; *unerwünschte, in e-m Kabel usw.*: kink; (*Kranz2*) streamer; (*Kurve*) loop, horse-shoe bend; ✈ loop(ing).

Schleife[2] *f* **1.** (*Rutschbahn*) slide; **2.** (*schlittenartiges Gestell*) sledge.

schleifen[1] *v/t.* (*schärfen*) grind, sharpen; (*wetzen*) *a.* whet; ⊕ (*glätten, abschmirgeln*) grind, abrade, *feiner*: smooth, polish (*a. fig.*); *bei Lackfehlern*: rub (down), sand (*a. Holz*); (*Edelsteine, Glas*) cut; (*Rasiermesser*) set; *sl.* ⚔ drill hard, give *a p.* hell (*Am sl.* chicken); geschliffen Sprache, Manieren usw.: polished, refined.

schleifen[2] *v/t. u. v/i.* drag (along) (*a. fig. j-n*); (*Rock, Schleppe usw.*) trail, *durch den Schmutz*: *a.* draggle; (*rutschen*) slide, skid; (*reiben*) rub (an along); (*Bauten*) demolish, ⚔ (*Festung, Anlagen*) raze, dismantle; ♪, *ling.* slur; ⚡ (*Leitung*) loop; ~lassen drag, die Füße: *a.* shuffle (one's feet); *mot.* die Kupplung ~ lassen let the clutch slip.

Schleifen...: **~flug** ✈ *m* loop, U-turn; **2förmig** *adj.* loop-shaped; **~kurve** *f* loop (curve), horse-shoe bend; **~schaltung** ⚡ *f* loop connection; **~wicklung** ⚡ *f* lap winding.

Schleifer *m* ⊕ grinder, polisher; *von Edelsteinen*: cutter; *sl.* ⚔ martinet, F nigger-driver; ⊕ slip ring; ⚡ slider, wiper; (*Tanz*) shuffle; **~ei** ⊕ *f* grindery.

Schleif...: **~knoten** *m* slip-knot; ⚓ running knot; **~kontakt** ⚡ *m* sliding contact; **~lack** *m* polishing (*od.* body) varnish; (*~ausführung*) egg-shell finish; **~maschine** *f* grinding machine, grinder; **~-mittel** *n* abrasive; **~papier** *n* abrasive(-coated) paper, sand (*od.* emery) paper; **~paste** *f* rubbing paste; **~pulver** *n* grinding (*od.* polishing) powder, abrasive; **~rad** *n* grinding (*od.* polishing) wheel; **~ring** ⚡ *m* slip ring; **~ringläufer-motor** ⚡ *m* slip-ring (induction) motor; **~sand** *m* grinding sand; **~-scheibe** *f* abrasive wheel, polishing disk; **~schritt** *m Tanz*: shuffle, sliding step; **~stein** *m* whetstone, hone; *drehbarer*: grindstone, grinder; **~stoff** ⊕ *m* paper pulp; **~ung** *f von Bauten*: demolition; ⚔ dismantling, razing; **~werkzeug** *n* grinding tool.

Schleim *m* slime; *physiol.*, ⚕, mucus, *bsd. in der Brust*: phlegm; ♀ mucilage; (*~suppe usw.*) gruel; **2absondernd** *adj.* mucigenous; **~absonderung** *f* mucous secretion; **~auswurf** ⚕ *m* expectoration (of phlegm); **~beutel** *anat. m* bursa; **~beutelentzündung** ⚕ *f* bursitis; **2bildend** *adj.* slime-forming, 🕮 muciparous; **~drüse** *anat. f* mucous gland; **2en** *v/i.* form a mucilage, secrete mucus (*od.* slime); ⚕ *a.* secrete (*od.* produce) phlegm; **~er** F *contp. m* slimy (*öliger*: unctious) fellow; (*Dreckskerl*) swine, *sl.* heel; **~fluß**

⚕ *m* blennorrh(o)ea; **~gewebe** *n* mucous tissue; **~haut** *anat. f* mucous membrane; **~husten** *m* productive cough; **~ig** *adj.* slimy (*a. fig. contp.*), mucous; (*zähflüssig*) viscous; **~lösend** *adj.* expectorant; **~scheißer** V *m* → *Schleimer*; **~suppe** *f* gruel.

Schlemihl F *m* **1.** → *Pechvogel*; **2.** *contp.* V bugger.

schlemm|en *v/i.* feast, gormandize, gorge, revel; (*üppig leben*) live high (*od.* on the fat of the land); **~er(in** *f*) *m* (*Genüßling*) reveller, high liver; (*Feinschmecker*) gourmet; (*Fresser*) gormandizer, glutton; **~erei** *f* gormandizing, gluttony; (*Gelage*) feast, carousal, revelry; **~erhaft** *adj.* gormandizing; *Mahl usw.*: opulent, sumptuous; (*köstlich*) delicious.

Schlendrian *m* **1.** (*alter Trott*) (old) routine *od.* jog-trot, beaten track, old humdrum way; **2.** (*Bummelei*) dawdling, muddling on; (*Lässigkeit*) slackness; (*Schlamperei*) slop-work.

schlenkern *v/t.* dangle; swing (*a. v/i.*: *mit den Armen usw.* one's arms, *etc.*); (*schleudern*) fling, jerk.

schlenzen *v/t. Hockey, Fußball*: scoop.

Schlepp|achse *mot. f* trailing axle; **~antenne** *f* trailing aerial, *Am.* drag antenna; **~dampfer** *m* tug (-boat), towboat; **~e** *f e-s Kleides*: train; *weitS.* trail; *hunt.* drag; **~en I.** *v/t.* drag (*a. weitS. j-n vor den Richter, ins Kino usw.*), lug, haul; (*hinter sich her* ~, *Kleid, Schweif usw.*) trail, drag, *durch den Schmutz*: *a.* draggle; (*schwer tragen an*) lug, carry, F tote; ⚓, ✈, *mot.* tow, haul, ⚓ tug, (*den Anker*) drag; F ✝ *Kunden* ~ F tout (for); **II.** *v/refl.*: *sich* ~ *Sache*: drag along; *Person*: drag o.s. along; (*mühsam gehen*) *a.* trudge, labo(u)r *od.* plod along; *sich mit et.* ~ be burdened with, struggle with (*od.* under); F *sich mit e-r Erkältung usw.* ~ labo(u)r under; **III.** *v/i. am Boden usw.*: trail, drag (along); **~end** *adj.* (*träge, langsam*) dragging, sluggish, slow (*a.* ✝); (*mühsam*) labo(u)red; *Sprache*: slow, drawling; *Gang*: shuffling; *Stil*: dragging, heavy; (*ermüdend*) wearisome, tedious; **~enkleid** *n* dress with train; **~enträger(in** *f*) *m* train-bearer.

Schlepper *m mot.* tractor; ⚓ tug (-boat), towboat; (*Lastkahn*) lighter; *Person*: ⚒ hauler; F (*Kundenwerber*) F tout.

Schlepp...: **~flug** ✈ *m* aero-tow-flight, towed flight, glider towing; **~flugzeug** *n* towing airplane, glider tug; **~jagd** *f* drag (hunt); **~kahn** *m* barge (in tow), lighter; **~leine** *f* drag line; **~lift** *m* drag-lift, ski tow; **~lohn** *m* towage; **~netz** *n* drag(-net); (*Hochsee*~) trawl(-net); *mit e-m* ~ (*ab*)*suchen* drag (*nach* for); **~netzfischer** (**-boot** *n*) *m* trawler; **~netzfischerei** *f* trawling; **~säbel** ⚔ *m* cavalry sab|re, *Am.* -er; F dangler; **~scheibe** ✈ *f* towed target; **~schiff** *n* tug(boat); **~seil** *n* tow-line, tow-rope, ✈ *a.* drag-line; **~start** ✈ *m* (aircraft-)towed take-off; **~tau** *n* → *Schleppseil*; *ins* ~ *nehmen* (*im* ~ *haben*) take (have) in tow; *sich ins* ~ *nehmen lassen* be taken in tow (*a. fig.*); **~wagen** *m* tractor, tow car; **~ziel** ✈ *n* towed target; **~zug** *m* ⚓ train of barges; *mot.* tractor-trailer train, semi-trailer unit; ✈ air train.

Schles|ier(in *f*) *m*, **~isch** *adj.* Silesian.

Schleuder *f* **1.** catapult (*a.* ✈), *bsd. Am.* sling, slingshot; **2.** ⊕ → *Schleudermaschine*; (*Wäsche*~) spin-drier; **~artikel** *m* catch-penny (article); **~ausfuhr** *f*, **~export** *m* dumping; **~ball** *m* hurling (*od.* sling) ball; **~flug** ✈ *m* catapult flight; **~flugzeug** *n* catapult airplane; **~gebläse** ⊕ *n* centrifugal blower; **~guß** ⊕ *m* centrifugal casting (*a. Produkt*); **~honig** *m* strained (*od.* extracted) honey; **~kraft** *f* centrifugal force; **~maschine** *f* centrifuge; *für Honig usw.*: *a.* extractor, separator; **~n I.** *v/t.* **1.** fling, hurl, throw; *mit e-r Schleuder*: sling; ✈ catapult; **2.** ⊕ *mit e-r Schleudermaschine*: centrifuge; (*Honig*) strain, extract; (*Wäsche*) spin-dry; **II.** *v/i.* swing; *mot.* skid, side-slip; **~n** *n mot. usw.* skidding; *ins* ~ *kommen* skid, side-slip; F *fig. sl.* flip; **~preis** *m* underprice, give-away price; *zu* ~*en verkaufen* sell dirt-cheap *od.* at a sacrifice, F fling away, *ins Ausland*: dump; **~pumpe** *f* centrifugal pump; **~sitz** ✈ *m* ejector seat, *sl.* hot seat (*a.* F *fig.*); **~spur** *mot. f* skid mark(s *pl.*); **~start** ✈ *m* catapult take-off; **~verkauf** ✝ *m* underselling; *im Ausland*: dumping; **~ware** ✝ *f* catchpenny article(s *pl.*).

schleunig I. *adj.* prompt, speedy, quick; (*hastig*) hasty; **II.** *adv.* in all haste; (*überstürzt*) posthaste, precipitately, helter-skelter; (*sofort*) immediately, forthwith, right away;

~st, *aufs* ~ste *a.* with the utmost speed (*od.* dispatch, expedition).

Schleuse *f* sluice, floodgate (*a. fig.*); (*Kanal*~) lock; *fig. die* ~n *der Beredsamkeit, des Himmels usw.* the sluices; **~n** *v/t.* (*Kanal, Schiff*) lock; *fig.* (*et.*) channel; (*j-n*) *a.* steer, *über die Grenze*: smuggle; **~ngeld** *n* lock-dues *pl.*; **~nkammer** *f* lock chamber; **~nmeister** *m* lock-keeper; **~ntor** *n* floodgate; **~ntreppe** *f* flight of locks.

Schliche *m/pl.* tricks, dodges, ruses; *j-m auf die* ~ *kommen* find a p. out, *sl.* rumble a p.; *ich kenne deine* ~ I am up to your tricks.

schlicht *adj.* **1.** (*einfach*) plain, simple; (*anspruchslos*) modest, unassuming, unpretentious, undemanding; (*offen*) straightforward; *Abschied usw.*: unceremonious; *Mahl*: frugal; ~*er Mensch* simple man; *die* ~*e Wahrheit* the plain (*od.* unvarnished) truth; **2.** (*glatt*) sleek, smooth; **~e** ⊕ *f Weberei*: size, dressing; *Gußtechnik*: facing; **~en** *v/t.* **1.** *fig.* (*Streit*) settle, adjust, arrange; *durch Schiedsspruch*: settle by arbitration; (*v/i.*) *zwischen zwei Parteien zu* ~ *versuchen* mediate between; **2.** ⊕ (*eben machen*) level, plane; (*glätten*) smooth, sleek, finish; *metall.* blackwash; (*Tuch, Leder*) dress; **3.** (*ordnen*) arrange; **~er(in** *f*) *fig. m* mediator, *Am. a.* troubleshooter; *durch Schiedsspruch*: arbitrator; **~feile** ⊕ smooth (*od.* flat) file; **~hammer** *m* planishing (*od.* set) hammer; **~heit** *f* plainness, simpleness, simplicity; modesty, unpretentiousness; **~hobel** ⊕ *m* smoothing plane; **~leim** *m* sizing; **~maschine** *f* sizing machine; **~stahl** *m* flat tool.

Schlichtung *f e-s Streits*: settlement; (*Vermittlung*) mediation; **~sausschuß** *m* mediation committee; **~sverfahren** *n* mediation; **~sversuch** *m* mediation attempt.

Schlick *m* mud, slime, ooze; (*Ölfläche*) slick.

Schliere *f* streak, glass bubble; *bsd.* ⚡ stria (*pl.* striae).

schließbar *adj.* lockable.

Schließe *f* fastening; (*Schnappschloß*) catch, latch; *am Buch, Kleid, an der Handtasche usw.*: clasp.

schließen I. *v/t.* **1.** *allg.* close, shut; *mit Schlüssel*: lock; *mit Riegel*: bolt; (*Betrieb, Laden, Geschäft, Schule usw.*) close, *für immer od. langfristig: a.* shut (*od.* close) down; (*Klammer, Stromkreis*) close; *fig.* (*Bündnis*) form, enter into; (*Frieden*) make; (*Handel*) strike *od.* close *a bargain*, conclude *od.* make *a transaction*, make *a deal*; (*Vergleich*) reach, come to; (*Vertrag*) conclude, make, enter into; → *Arm, Auge 1, Herz, Kreis, Lücke, Reihe usw.*; *an et.* ~ (*ketten*) chain to; *fig.* add to, follow *a th.* up with; *daran schloß er die Bemerkung* (to this) he added the remark; *an den Vortrag schloß sich ein Dokumentarfilm* the lecture was followed by a documentary; *in sich* ~ comprise, include, *sinngemäß*: imply; *sich* ~ (*lassen*) close, shut; *sich* ~ *Wunde*: close, heal up; *sich* ~ *um Hand, Kreis usw.*: close upon (*od.* around); → *geschlossen* I; **2.** (*beenden*) close, conclude, finish, end, terminate; (*Brief, Rede*) close, conclude, wind up (*mit den Worten* with the words, by saying); *parl.* (*Debatte*) close, *Brit. auf Antrag*: closure; (*Beweisaufnahme, Sitzung*) close; (*Versammlung*) close; *gewaltsam*: *a.* break up, dissolve; **II.** *v/i.* **3.** shut, close; *der Schlüssel schließt nicht* the key doesn't fit; *gut* ~ shut well; **4.** (*enden*) (come to a) close; *bei e-r Rede usw.*: close, *etc.* → 2; ~ *mit Börse*: close at; **5.** ~ *aus* (*folgern aus*) draw a conclusion *od.* conclusions from, conclude from; *auf et.* ~ *aus* infer (*od.* conclude, deduct, gather) a th. from; *von sich auf andere* ~ judge others by o.s.; *auf et.* ~ *lassen* suggest (*od.* point to) a th.; **III.** **~** *n* closing, *etc.*; → *a. Schließung.*

Schließer *m* doorkeeper; *im Gefängnis*: jailer, turnkey; (*Schnappschloß*) latch.

Schließ...: **~fach** *n* post-office box (*abbr.* **P.O.** Box); *Bank*: safe deposit box; → *Kofferschließfach*; **~korb** *m* hamper.

schließlich I. *adj.* ultimate, eventual, final; **II.** *adv.* finally, eventually, ultimately, in the end; (*endlich*) at last; (*genaugenommen*) after all; (*auf die Dauer*) in the long run; ~ *und endlich* after all, when all is said and done.

Schließmuskel *anat. m* sphincter.

Schließung *f* closing, shutting; *fig. e-s Betriebes usw.*: closing; (*Stillegung*) *a.* closure, shut-down; (*Ladenschluß*) closing(-time); *parl. e-r Debatte*: closure, *Am.* cloture; *e-r Versammlung usw.*: closing; ⚡ *des Stromkreises*: closing; *e-s Kontakts*: closure.

Schliff *m* ⊕ (*Schleifen*) grinding; (*Schärfen*) *a.* sharpening; (*geschliffene Fläche*) ground surface (*od.* section), *zum Ätzen*: face; *Edelstein, Glas*; *für metallographische*

Zwecke: cut; (*Glätte*) polish, smoothness, smooth surface; (*Holz*≈) wood pulp; *fig.* (*Lebensart*) polish; *sl.* ⚔ hard drill, *Am.* chicken; *der letzte* ~ the final touch; *e-r Sache den letzten* ~ *geben* put the finishing touch(es) to a th.

schlimm *adj. allg.* bad (*adv. a.* badly); → *schlecht*; *nur pred.* ill; (*böse, verworfen*) evil, wicked; (*unartig*) naughty; (*garstig*) nasty; (*wund*) sore; (*bedenklich*) serious, grave; (*unangenehm*) unpleasant; *Erkältung usw.*: bad, severe; *Wunde*: ugly, nasty; ~*er Finger* (*Hals*) sore finger (throat); *e-e* ~*e Sache* (*od. Geschichte*) a bad thing (F job); ~*e Zeit* hard times *pl.*; ~ *daran sein* be badly off, be in a bad way; *ein* ~*es Ende nehmen* come to a bad end; *mit ihm wird es noch ein* ~*es Ende nehmen* he will come to a bad end; *das ist* ~ that's bad; *es sieht* ~ *aus* it looks bad; *das ist nicht* (*od. halb*) *so* ~! it's not as bad as that!; *verzeihend*: that doesn't matter!, never mind!; F *ist es* ~, *wenn ich nicht komme*? would you mind terribly if?; *das war* ~ *für ihn* it was hard on him; F *du* ≈*er!* naughty, naughty!; ~*er* worse; ~*er machen, werden* → *verschlimmern*; *es wird immer* ~*er* things are going from bad to worse; *um so* ~*er* all the worse; *es hätte ihm noch* ~*er ergehen können* he might have fared worse; *es gibt* ≈*eres* there are worse things; *am* ~*sten* (the) worst, worst of all; *auf das* ≈*ste gefaßt sein* be prepared for the worst; *im* ~*sten Falle* → **~stenfalls** *adv.* at the worst, if the worst comes to the worst.

Schlinge *f* loop; *sich zs.-ziehende*: noose, slipknot; (*Trag*≈, *a.* ⚕) sling; *hunt.* snare; *fig.* (*Falle*) snare, trap; ~*n legen* set snares; *den Arm in der* ~ *tragen* wear one's arm in a sling; *fig. den Kopf in die* ~ *stecken* put one's head into the noose; *sich aus der* ~ *ziehen* get (*od.* wriggle) out of it; *j-m in die* ~ *gehen* walk into a p.'s trap.

Schlingel *m* rascal, F scalawag; (*Junge*) *a.* imp, brat.

schlingen[1] *v/t.* (*winden*) sling, wind, twist; (*flechten*) plait; (*binden*) tie; *die Arme* ~ *um* twine (*od.* fling) one's arms round; *sich um et.* ~ wind (*od.* twine, coil) round; ♀ *a.* creep (*od.* climb) round; → *verschlingen 2.*

schlingen[2] *v/t. u. v/i.* swallow greedily, gulp (down); gobble, bolt one's food; → *hinunter-, verschlingen 1.*

Schlinger|bewegung *f* rolling (motion); **~kiel** *m* bilge keel; **≈n** *v/i.* roll, lurch; ⊕ shimmy; **~tank** *m* stabilizing tank; **~wand** *f im Kraftstoffbehälter*: baffle (plate).

Schling|gewächs *n*, **~pflanze** ♀ *f* climbing plant, creeper, climber.

Schlips *m* (neck-)tie; F *fig. j-m auf den* ~ *treten* tread on a p.'s toes; *sich auf den* ~ *getreten fühlen* feel insulted, be huffed.

Schlitten *m* sledge, *Am.* sled; (*bsd. Pferde*≈) sleigh; (*Rodel*) toboggan, luge; ⊕ sliding carriage, saddle; cradle (*a.* ⚓, *zum Stapellauf*); *der Schreibmaschine*: carriage; (*Säge*≈) chariot; F (*Auto*) car, *sl.* pile; ~ *fahren* sledge, sleigh, *Am.* sled; (*rodeln*) toboggan; *fig. mit j-m* ~ *fahren* ride roughshod over a p., *sl.* mop the floor with a p., take a p. for a ride; *unter den* ~ *kommen* go to the bad; **~bahn** *f* coasting slide (*od.* run), toboggan slope; **~fahrt** *f* sledging, coasting, tobogganing; *im Pferdeschlitten*: sleigh-ride; **~kufe** *f* runner, ✈ skid.

schlittern *v/i.* slide (*in* into, *a. fig.*), *a. Wagen*: skid (in[to]); *fig. in e-n Krieg* ~ stumble into a war.

Schlittschuh *m* (ice-)skate; ~ *laufen* (*od. fahren*) skate; **~bahn** *f* ice-rink; **~laufen** *n* skating; **~läufer(in** *f*) *m* skater; **~segeln** *n* ice-sailing.

Schlitz *m* slit, *im Kleid*: slash; (*Spalt*) rift, cleft; (*Riß*) crack, fissure; (*Öffnung*) aperture; (*Einwurf*≈) slot; ⊕ slotted hole; *mot.* port; *Kühlerhaube*: louvre, *bsd. Am.* louver; (*Kolben*≈) groove; **~auge** *n* slitted eye; **≈äugig** *adj.* slit-eyed; **~blende** *phot. f* slit diaphragm; **≈en** *v/t. u. v/i.* slit, slash; ⊕ slot; → *a. aufschlitzen*; **~flügel** ✈ *m* slotted wing; **~messer** *n* slitting knife; **~ohr** F *n* F sly dog; **≈ohrig** F *adj.* wily, crafty; **~verschluß** *phot. m* focal-plane shutter.

schlohweiß *adj.* snow-white.

Schloß[1] *n* (*Tür*≈, *Gewehr*≈) lock; *an e-m Buch, e-r Handtasche usw.*: clasp; *am Halsband*: *a.* snap; (*Gürtel*≈, *Koppel*≈) (belt) buckle; *ins* ~ *fallen* slam shut (*od.* to); *fig. hinter* ~ *und Riegel* behind bars; *unter* ~ *und Riegel* under lock and key.

Schloß[2] *n* castle, (*Residenz, Palast*) palace, (*Herrenhaus*) manor-house, *auf dem Kontinent*: *a.* château (*fr.*); *Schlösser im Mond* castles in the air (*od.* in Spain), *Am.* F pie in the sky.

Schlößchen *n* small castle (*od.*

palace); (*Lustschloß*) pleasure seat; (*Land*~, *auf dem Kontinent*) château (*fr.*).

Schloße *f* sleet (*a. pl.*), hailstone; **~n** *v/impers.* hail, sleet.

Schlosser *m* locksmith; (*Auto*~) motor (*Am.* car-)mechanic; (*Maschinen*~) mechanic, fitter; **~ei** *f* **1.** locksmith's shop; **2.** (*a.* **~handwerk** *n*) locksmith's, *etc.*, trade; **~meister** *m* master locksmith; **~n** *v/i.* tinker, work (*an* at); **~werkstatt** *f* → *Schlosserei* 1.

Schloß...: **~garten** *m* palace gardens *pl.*; **~halter** *m Gewehr*: bolt support; **~herr(in** *f*) *m* lord (lady) of the castle; **~hof** *m* castle court(yard); **~hund** *m*: F *heulen wie ein* ~ wail and blubber, weep barrels; **~park** *m* palace gardens *pl.*; **~vogt** *m* castellan; **~wache** *f* palace guard.

Schlot *m* chimney; (*Abzugsröhre*) flue; ⚓, 🚂 funnel, smoke-stack; *fig.* dirty fellow, (*Flegel*) lout, *sl.* bounder; F *rauchen wie ein* ~ smoke like a chimney; **~baron** *m* business baron, magnate, *Am.* F tycoon; **~feger** *m* (chimney-) sweep.

schlott(e)rig *adj.* (*wacklig, zitternd*) shaky, wobbling; *Schritte*: *a.* tottery; *vor Alter, Schwäche*: doddering; (*schlaff*) flabby; (*lose*) loose, flapping; (*hängend*) dangling; (*schlampig*) slovenly, F sloppy.

schlottern *v/i.* hang loose(ly), flap, dangle; (*wackeln*) wobble, totter; (*zittern*) shake, tremble, *vor Kälte*: *a.* shiver *with cold, vor Alter, Schwäche*: dodder; *vor Angst* ~ tremble with fear, shake in every limb; *mit* ~ *den Knien* with shaking knees, fearfully.

Schlucht *f* glen, *bsd.* (*Wasser*~) gorge, gully, *Am. große*: canyon; (*Hohlweg*) ravine, *Am. a.* gulch; (*Abgrund*) chasm, abyss.

schluch|zen *v/i. u. v/t.* sob, blubber; **~zen** *n* sobbing, sobs *pl.*; **~zer** *m* sob.

Schluck *m* draught, gulp, swallow; (*Mundvoll*) mouthful; *kleiner*: sip; *tüchtiger, von Schnaps usw.*: *sl.* swig; F *e-n* ~ *trinken* F have a drop; **~auf** *m* hiccup(s *pl.*), hiccough(s *pl.*); *den* ~ *haben* have the hiccups, hiccup; **~beschwerden** *f/pl.* difficulty *sg.* in swallowing.

Schlückchen *n* sip, F drop.

schlucken I. *v/t. u. v/i.* swallow, *gierig, hastig*: gorge, gulp (down), bolt; *vor Überraschung, Verlegenheit usw.*: swallow (*a.* F *glauben*); *fig.* (*aufsaugen*) suck up, absorb; (*Geld, Gebiet*) swallow; (*Tadel usw.*) swallow, F pocket; **II.** ~ *m* → *Schluckauf*.

Schlucker *m*: *armer* ~ poor wretch (*od.* devil).

Schluckimpfung *f* oral vaccination.

schlud|ern *v/i.* → *schlampen* 1; **~(e)rig** *adj.* slipshod, F sloppy.

Schlummer *m* slumber; → *a. Schläfchen*; **~lied** *n* lullaby; **~n** *v/i.* slumber, sleep; *fig. a.* lie dormant; **~nd** *fig. adj.* dormant, latent; ~*e Kräfte a.* potentialities; **~rolle** *f* couch roll, bolster.

Schlump|e F *f* → *Schlampe*; **~en** *v/i.* → *schlampen*.

Schlund *m anat.* throat, gorge, gullet, 📖 pharynx; (*Speiseröhre*) (o)esophagus; *fig. e-r Kanone usw.*: mouth; *der Hölle*: jaws *pl. of hell*; (*Abgrund*) chasm, gulf.

Schlunze F *f* → *Schlampe*.

Schlupf *m* ⊕ slip(page); (*Spiel*) backlash; ⚡, ⚓ slip.

schlüpf|en *v/i.* slip; (*gleiten*) *a.* slide, glide; ~ *in* slip into *one's coat, etc.*, slip on *a garment*; **~er** *m* (*Unterhöschen*) (*ein* ~ a pair of) knickers *pl.*, briefs *pl.*, panties *pl.*, *Am. a.* step-ins *pl.*; (*längere, gebauschte*) bloomers *pl.*

Schlupf...: **~hose** *f* → *Schlüpfer*; **~jacke** *f* sweater; **~loch** *n* loophole; (*Versteck*) hiding-place, F hide-out; **~motor** ⚡ *m* cumulative compound motor.

schlüpfrig *adj.* slippery (*a. fig.*), F slippy; *fig. Witz usw.*: risqué (*fr.*), *Brit.* F blue, *Am.* off-color; **~keit** *f* slipperiness; *fig.* looseness; risqué, *etc.* joke.

Schlupf...: **~schuh** *m* slip-on casual; **~wespe** *f* ichneumon (fly); **~winkel** *m* hiding-place, F hide-out; *weitS.* haunt; (*verborgener Winkel*) secret nook.

schlurfen *v/i.* shuffle, drag one's feet; *weitS.* slouch.

schlürfen[1] *v/t. u. v/i.* drink noisily, sip; (*schlappern*) lap.

schlürfen[2] *v/i.* → *schlurfen*.

Schluß *m* **1.** close, end; (*Abschluß*) conclusion; *e-s Buches, Films usw.*: ending; *parl. e-r Debatte*: closing, *auf Antrag*: closure, *Am.* cloture; *am Ende e-r Artikelserie*: concluded; ~ *folgt* to be concluded; ~! finished!, done!, that's all!, *parl.* time!; ~ *damit!* stop it!, that will do!, *sl.* cut it out!; *am* ~ at the end *od.* close (*gen.* of); *nach* ~ *der Vorstellung* after the performance (had ended *od.* was over); F ~ *machen* (*die Arbeit beenden*) knock off, call it a day;

(*Selbstmord verüben*) put an end to o.s.; ~ *machen mit* (*et.*) put an end to; (*j-m*) break with; *den* ~ *e-r Veranstaltung bilden* conclude (*od.* wind up) an event; *den* ~ *e-r Marschkolonne usw. bilden* bring up the rear; *zum* ~ finally, in the end; *zum* ~ *kommen* close, (reach an) end; → *a. Ende*; **2.** (*Ergebnis*) result, upshot, end; **3.** (*Folgerung*) conclusion, inference, deduction; *phls.* syllogism; *e-n* ~ *ziehen* draw a conclusion, conclude (*aus* from); *zu dem* ~ *kommen* (*od. gelangen*), *daß* arrive at the conclusion that, decide that; *voreilige Schlüsse ziehen* jump at conclusions; → *Weisheit*; **4.** → *Börsenschluß*; **5.** ⚡ (*Strom*≈) contact; **6.** ⊕ (*Paßform*) flush (*od.* snug) fit; **~akkord** ♪ *m* final chord; **~akt** *m thea.* last act (*a. fig.*); *e-r Veranstaltung*: closing ceremony; **~ansprache** *f* closing address; **~antrag** ⚖ *m* closing argument; **~bemerkung** *f* final remark; **~bilanz** *f* annual balance-sheet; **~effekt** *m* upshot.

Schlüssel *m* key (*zu* of; *fig.* to); *falscher* ~ skeleton-key, picklock; ♪ clef; (*Chiffrier*≈) key (to a cypher *od.* code); *Computer*: key; (*Verteilungs*≈) ratio formula; ⊕ spanner, wrench, key; **~bart** *m* key-bit; **~bein** *anat. n* collar-bone, 🕮 clavicle; **~blume** *f* cowslip, *gelbe*: primrose; **~bund** *m, n* bunch of keys; **~erlebnis** *n* crucial experience; **≈fertig** *adj. Gebäude*: ready for (immediate) occupancy; *~er Bau* turn-key building job; **~figur** *fig. f* key figure (*od.* man); **~gerät** *n Funk usw.*: crypto-equipment; **~gewalt** *f R.C.* power of the keys; ⚖ *der Ehefrau*: wife's agency (in domestic matters); **~industrie** *f* key industry; **~kind** F *n* latch-key child; **~kraft** *fig. f* key man; **~loch** *n* keyhole; **~maschine** *f Funk*: code converter, cipher machine; **≈n** *v/t.* → *verschlüsseln*; **~position** *f* → *Schlüsselstellung*; **~ring** *m* key-ring; **~roman** *m* roman à clef (*fr.*); **~stellung** *f* key position (*a.* ⚔); *Beamter (Mann) in e-r* ~ key official (man); **~szene** *f* key scene; **~tasche** *f* key-case; **~text** *m* cryptotext, code text; **~wort** *n* key (*od.* code) word; **~zahl** *f* index(-number); *Funk usw.*: code number.

Schluß...: ergebnis *n* final result (*od.* outcome), upshot; **~feier** *f* closing ceremony; *ped.* speechday; *Am.* commencement; **≈folgern** *v/t.*: ~ *aus* conclude (*od.* infer, deduct) from; (*daraus*) ~, *daß a.* draw the conclusion that; **~folge(rung)** *f* (line of) reasoning, argument(ation); (*Schluß*) conclusion, inference; **~formel** *f Brief*: complimentary close.

schlüssig *adj.* **1.** (*folgerichtig*) logical; *~er Beweis* conclusive evidence; **2.** *sich* ~ *werden* make up one's mind (*über* about); *sich* (*noch nicht*) ~ *sein* be (not yet) decided, have (not yet) made up one's mind.

Schluß...: ~kurs *m Börse*: closing price; **~läufer(in** *f*) *m e-r Staffel*: anchor (man); *als* ~ *laufen* run the last leg; **~licht** *n* tail-light, tail lamp; *fig. Sport*: F tail ender; F *das* ~ *bilden* bring up the rear; **~mann** *m* **1.** → *Schlußläufer*; **2.** *Fußball usw.*: goalkeeper, F goalie; **~note** ⚕ *f* contract note; **~notierung** *f des Kurses*: closing quotation; **~pfiff** *m Sport*: final whistle; **~prüfung** *f* final examination; **~punkt** *fig. m*: *e-n* ~ *unter die Sache setzen* end (*od.* settle) the matter; **~rechnung** *f* **1.** ⚕ final account; **2.** 𝔄 rule of three; **~rede** *f* closing speech; **~runde** *f Sport*: → *Endrunde*; **~satz** *m* concluding (*od.* closing) sentence; ♪ finale; *Tennis*: final set; **~schein** ⚕ *m* contract note; **~stand** *m Sport*: final score; **~stein** △ *m* keystone (*a. fig.*); **~strich** *m* final stroke; *fig. e-n* ~ *ziehen* put an end to it; **~szene** *thea. f* drop-scene, finale; **~verkauf** *m* (seasonal) sale; **~wort** *n* closing words *pl.* (*od.* speech); (*Nachwort*) epilogue; (*Zs.-fassung*) summary; **~zeugnis** *n* leaving certificate, diploma; *für das Schuljahr*: end-of-term report.

Schmach *f* (*Unehre*) disgrace, shame; (*Schandfleck*) blemish; (*Beleidigung*) insult, affront, *stärker*: outrage; (*Demütigung*) humiliation; ~ *und Schande über dich!* shame on you!

schmacht|en *v/i.* **1.** languish (*vor* with); *vor Durst* ~ be parched with thirst; *im Kerker* ~ be languishing in the dungeon; **2.** (*sich sehnen*) languish, pine, yearn (*nach* for); ~ *lassen* tantalize; **~end** *adj.* languishing; *Blick usw.*: *a.* melting; **≈fetzen** F *m* sentimental song *od.* film, *etc.*, *Am. sl.* tear-jerker.

schmächtig *adj.* small and thin, slender, slight, F weedy; *ein ~er Junge* (*~es Mädchen*) a slip of a boy (girl).

Schmacht...: ~lappen F *m* mawkish fellow; (*Liebhaber*) love-sick swain; **~locke** *f* lovelock; **~riemen** F *m* belt; *fig. den ~ anziehen* tighten one's belt.

schmachvoll *adj.* disgraceful, ignominious, shameful.

schmackhaft *adj.* savo(u)ry, palatable, tasty; (*appetitanregend*) *a.* appetizing; *~ machen* flavo(u)r; *fig. j-m et. ~ machen* make a th. palatable to a p.; **≈igkeit** *f* savo(u)riness, fine taste, delicious flavo(u)r.

Schmähbrief *m* insulting letter.

schmäh|en *v/t. u. v/i.* (*beschimpfen*) abuse, revile; (*verächtlich machen*) decry, disparage, F run down; (*verleumden*) defame, calumniate; (*lästern*) blaspheme; **~end** *adj.* abusive, vituperative; disparaging; defamatory; **~lich I.** *adj.* → *schmachvoll*; **II.** *fig. adv.* (*ungeheuerlich*) outrageously, badly, sadly, F awfully; **≈rede** *f* abuse, invective, diatribe; **≈schrift** *f* libel(lous pamphlet), lampoon; **~süchtig** *adj.* abusive, foul-mouthed, calumnious, slanderous; **≈ung** *f* abuse, invective, vituperation; (*Lästerung*) blasphemy; (*Verleumdung*) calumny; **≈wort** *n* invective, abusive word.

schmal *adj.* narrow; (*dünn*) thin, slender; *Gesicht*: thin, (*spitz, kränklich*) peaked, (*edel*) sharp, fine; *fig.* (*gering*) small, scant(y), meag|re (*Am.* -er); (*ungenügend*) poor; *~er Band* (*~es Einkommen*) slender book (income); *~e Kost* slender fare; *j-n auf ~e Kost setzen* put a p. on short commons; *schmaler* (*od. schmäler*) *werden* narrow; **~brüstig** *adj.* narrow-chested.

schmälen *v/t. u. v/i.* (*schelten*) scold, chide; (*keifen*) nag; (*nörgeln*) carp; → *a. schmähen.*

schmäler|n *v/t.* narrow; (*einschränken, kürzen*) curtail; (*beeinträchtigen*) impair (*a. Rechte*), detract from; **≈ung** *f* curtailment; impairment.

Schmal...: **~bandmagnetophon** *n* narrow-tape recorder; **~film** *phot. m* substandard (cine-)film; **~filmkamera** *f* cine-camera, narrow-film camera; **~hans** *m*: *bei uns ist ~ Küchenmeister* we are on short commons; **≈lippig** *adj.* thin-lipped; **~reh** *n* doe, (red) deer; **~seite** *f* narrow side; **~spur** *f* narrow ga(u)ge; F *fig. in Zssgn* small-time ..., half-baked *scientist, etc.*; **~spurbahn** *f* narrow-ga(u)ge railway; **≈spurig** *adj.* narrow-ga(u)ge(d); *Schisport*: narrow-track ...; **~tier** *zo. n* (red) deer.

Schmalz *n* **1.** grease, fat; (*Schweine≈*) lard; **2.** *mst m* F *fig.* (*rührseliges Zeug*) sentimental (*od.* F sloppy) stuff, F sobstuff, schmaltz (*a.* ♪); *in der Stimme*: unction; **≈en** *v/t.* butter, lard, put dripping into (*od.* over); cook with fat; **≈ig** *adj.* greasy, lardy; F *fig.* sentimental, maudlin, F sloppy; schmaltzy (*a.* ♪); (*salbungsvoll*) unctious.

schmarotzen *v/i.* live (*od.* F sponge) on others, parasite; *~ bei* F sponge on.

Schmarotzer *m zo.*, ⚘ parasite, *fig.* (*Person*) *a.* sponge(r); **≈haft, ≈isch** *adj.* parasitic(al), *fig. a.* sponging; **~pflanze** *f* parasitic plant, parasite; **~tier** *n* animal parasite; **~tum** *n* parasitism (*a. fig.*).

Schmarre *f* slash, gash, cut; (*Narbe*) scar; **~n** *dial. m* scrambled pancake; F *fig.* F rubbish, hokum.

Schmatz F *m* smack(er), hearty kiss; **≈en 1.** *v/i.* smack (*mit den Lippen* one's lips); eat noisily; **II.** F *v/t.* (*küssen*) kiss heartily *od.* noisily.

schmauchen *v/t. u. v/i.* smoke (leisurely); puff away at (a pipe *od.* cigar).

Schmaus *m* feast, banquet; sumptuous meal; *fig.* treat; **≈en** *v/i.* feast, banquet; eat heartily.

schmecken I. *v/t.* (*kosten*) taste, sample; **II.** *v/i.*: *~ nach* taste of, *bsd. contp.* smack of, savo(u)r of (*alle a. fig.*); *bitter ~* taste bitter, have a bitter taste; *gut ~* taste good, be good (*od.* delicious); *sich et. ~ lassen* eat with a good appetite, (eat with) relish, enjoy; *es sich ~ lassen* eat with a good appetite (*od.* with relish), enjoy one's meal, *etc.*; *schmeckt es (dir)?* do you like it?; *es schmeckt nach nichts* it has no taste; *co. es schmeckt nach mehr* it tastes like more, it is moreish; *es schmeckt ihm nicht(s)* he has no appetite, he does not like his food; F *fig. das (die Arbeit) schmeckt ihm nicht* he doesn't like it (this job).

Schmeichel|ei *f* flattery, (flattering) compliment; *kriecherische*: adulation, fawning, wheedling; *bittende, zärtlich drängende*: cajoling, coaxing; *contp.* F soft soap; **≈haft** *adj.* flattering (*a. weitS. für* to); **~kätzchen** *n*, **~katze** *f* little cajoler; **≈n** *v/i.* (*j-m*) flatter, *lobend*: compliment, *bittend*: coax, *zärtlich*: cajole; (*lobhudeln*) adulate, fawn upon; (*einwickeln*) play up to, F soft-soap; (*kosen*) caress, *fig. Wind usw.*: *a.* flatter; *sich geschmeichelt fühlen* feel flattered (*durch* by); *ich schmeichle mir, zu* *inf.* I flatter myself to *inf.*, I trust to *inf.*; *das Bild ist sehr geschmeichelt* the picture is very flattering, the picture flatters him, *etc.*, a lot; **~rede** *f* flattering words *pl.*, F soft soap; **~wort** *n* flattering (*od.* honeyed) word.

Schmeichler *m*, **~in** *f* flatterer; (*Kriecher*) *a.* adulator, toady, sycophant; **&isch** *adj.* flattering; (*kriecherisch*) fawning, wheedling, adulatory; (*bittend*) coaxing, cajoling.

schmeißen F **I.** *v/t.* throw, fling, hurl, dash, F chuck; (*hinknallen*) slam, bang; *fig.* *e-e Runde ~* stand a round of drinks; *den Laden ~* run the show; *die Sache ~* F swing it, put it across, bring it off; *thea.* *die Vorstellung ~* *sl.* muff it, turn the performance into a flop; **II.** *v/i.*: *mit dem Geld um sich ~* squander (*od.* be lavish of) one's money.

Schmeißfliege *f* blowfly, bluebottle, meatfly.

Schmelz *m* enamel (*a. Zahn&*); (*Glasur*) glaze; *fig. der Jugend*: bloom, flush, glow; ♪ (melting) sweetness, *der Stimme*: *a.* mellowness; **~arbeit** ⊕ *f* enamel(l)ing; *metall.* smelting(-process); **&bar** *adj.* fusible, meltable; **~barkeit** *f* fusibility; **~draht** *m* fuse wire; **~e** *f* **1.** (*Schnee&*) melting; ⊕ smelting, fusion; **2.** → *Schmelzgut*; **3.** → *Schmelzhütte*; **~einsatz** ⚡ *m* fuse (cartridge); **&en I.** *v/i.* **1.** melt; *in Flüssigkeiten*: *a.* dissolve; (*flüssig werden*) *a.* liquefy; *Sicherung*: fuse; *fig.* (*weich werden*) melt, soften; **2.** (*schwinden*) melt away, dwindle; **II.** *v/t.* melt, (*bsd. Metalle*) smelt, fuse; (*flüssig machen*) liquefy; **&end** *adj.* melting; *fig.* (*schmachtend*) melting, languishing; (*rührend*) soul-stirring; ♪, *Stimme*: melting, sweet, mellow, *a. iro.* dulcet; **~er** ⊕ *m* (s)melter, founder; **~erei** *f* → *Schmelzhütte*; **~farbe** *f* enamel colo(u)r; **&flüssig** *adj.* molten; **~gut** *n* melting charge; **~hütte** *f* smeltery, (iron) foundry; **~käse** *m* cheese spread, soft cheese; **~koks** *m* foundry coke; **~mittel** *n* flux; **~ofen** *m* (s)melting furnace; **~-~punkt** *m* (s)melting (*od.* fusing) point; **~schweißung** *f* fusion welding; **~sicherung** ⚡ *f* (safety) fuse, fusible cut-out; **~stahl** *m* natural steel; **~temperatur** *f* melting temperature; **~tiegel** *m* melting-pot (*a. fig.*), melting crucible; **~wasser** *n* melted snow and ice.

Schmer *m* fat, grease; **~bauch** *m* paunch, big (*od.* pot-)belly.

Schmerle *ichth. f* loach.

Schmerz *m* (physical) pain, ache; *kolikartiger*: gripe(s *pl.*); *stechender*: shooting pain, twinge; *unerträglicher*: *oft ~en* agony *sg.*; anguish *sg.*; *seelischer*: pain, (mental) suffering; (*Kummer*) grief, sorrow; (*Jammer, Weh*) woe; (*Qual*) agony, anguish; (*Liebes&*) pangs *pl.* of love; (*beträchtliche*) *~en haben* be in (considerable) pain; (*j-m*) *~ verursachen* cause *od.* give (a p.) pain; *von ~en gepeinigt* racked with pain; *vor ~ aufschreien* yell with pain; *fig.* *mit ~en* anxiously, impatiently; *iro.* *haben Sie sonst noch ~en?* anything else?; **~ausstrahlung** *f* radiation of pain; **&betäubend** *adj.* pain-deadening, analgesic; **&empfindlich** *adj.* sensitive to pain; **&en** *v/i. u. v/t.* pain, hurt, smart; *körperlich*: *a.* ache; *seelisch*: (*a. bekümmern*) grieve, afflict; *das schmerzt* that hurts (*a. fig.*); *mir ~ alle Glieder* all my limbs ache; **&end** *adj.* aching, smarting, sore.

Schmerzens...: **~geld** *n* compensation for personal suffering, *Am.* smart money; **~lager** *n* bed of suffering, sickbed; **~mann** *m* (*Christus*) Man of Sorrows; **~schrei** *m* cry (*od.* wail) of pain.

Schmerz...: **&erfüllt** *adj.* grieved, deeply afflicted; **&erregend** *adj.* causing pain; **&frei** *adj.* free from pain, without pain; **~gefühl** *n* sensation of pain; **&haft** *adj.* painful; → *a. schmerzend*; *fig.* grievous, distressing, agonizing; *~e Stelle* sore place, sensitive (*od.* tender) spot; **~haftigkeit** *f* painfulness, *fig. a.* grievousness; **&lich** *fig.* **I.** *adj.* aching, smarting, painful, grievous, bitter; *Erinnerung, Lächeln, Pflicht, Verlust*: sad; *~es Verlangen* (bitter) yearning; **II.** *adv.* (*sehr*) sadly, badly; *~ berührt* pained; **&lindernd** *adj.* soothing, lenitive, (*a. ~es Mittel*) anodyne, analgesic; **~linderung** *f* relief (from pain), alleviation (of pain); **&los** *adj.* painless; *adv.* F *kurz u. ~* quickly, smoothly; **~losigkeit** *f* painlessness; **&stillend** *adj.* pain-deadening, pain-killing, (*a. ~es Mittel*) anodyne, analgesic; *~es Mittel a.* pain-killer; **&verzerrt** *adj.* *Gesicht*: distorted by pain, tormented; **&voll** *adj.* painful; grievous, *rhet.* dolorous.

Schmetterball *m* *Tennis*: smash.

Schmetterling *m* butterfly; **~sblütler** ⚘ *m* papilionaceous plant; **~sstil** *m* *Schwimmen*: butterfly (stroke).

schmetter|n I. *v/t.* dash, smash (*zu Boden* to the ground; *in Stücke* to pieces), slam, bang; *Tennis*: smash; F (*ein Lied*) sing lustily, let go with; F *einen* ~ (*trinken*) F raise the elbow, hoist one; **II.** *v/i.* (*krachen*) crash, slam, bang; *Tennis*: smash; (*erklingen*) resound; *Stimme*: ring (out); *Lerche*: warble; *Trompete*: blare (out); **≈schlag** *m Tennis*: smash.

Schmied *m* smith; (*Grob*≈) blacksmith; *fig.* author, founder; → *Glück*; **≈bar** ⊕ *adj.* malleable, forgeable; **~barkeit** *f* malleability, forgeability.

Schmiede *f* smithy, forge; (black-) smith's shop; *fig. vor die rechte ~ kommen* get hold of the right person; **~arbeit** *f* forging (operation), metal work; **~eisen** *n* forging (-grade) *od.* low-carbon steel; **≈eisern** *adj.* wrought-iron ...; **~esse** *f* forge; **~gesenk** *n* forging die, swage; **~hammer** *m* forge hammer, *schwerer*: sledge hammer; **≈n** *v/t.* **1.** forge; *Gefangenen in Ketten* ~ put in chains; **2.** *fig.* (*ersinnen*) hammer out, frame, *contp.* concoct; (*Pläne*) make, devise, *bsd. b.s.* hatch; → *Eisen, Plan*[1], *Ränke, Vers*; **~presse** *f* forging press; **~stahl** *m* forged steel; **~stück** *n* forging; **~werkstatt** *f* → *Schmiede*.

schmiegen I. *v/t.* ⊕ bevel; ~ *an* press to; **II.** *v/refl.*: *sich an die Haut, um den Körper* ~ *Kleid usw.*: fit *a. th.* snugly, cling to; *sich ~ an Person*: press o.s. close to, *zärtlich*: nestle to, snuggle up to; *sich ~ in* cuddle in *a p.'s arms*, *a. Sache*: nestle in, ⊕ fit snugly in(to).

schmiegsam *adj.* pliant, flexible; (*geschmeidig*) supple, lithe; *fig.* supple, flexible, pliant; **≈keit** *f* pliancy, flexibility; suppleness.

Schmier|anlage ⊕ *f* lubricating system; **~behälter** *m*, **~büchse** ⊕ *f* grease (*od.* oil) cup, lubricator; **~dienst** *m* lubrication service; **~e** *f* **1.** smear, F goo; ⊕ grease, lubricant; (*Salbe*) ointment, salve; (*klebriger Schmutz*) slime, ooze; F (*Marmelade*) F squish; F *fig.* (*Prügel*) thrashing; **2.** F *thea.* (*Truppe*) F barnstormers *pl.*; (*schlechtes Theater*) *Brit.* F penny gaff; (*schlechtes Schauspielern*) *sl.* ham-acting, *Am.* hamming (it up); **3.** F ~ *stehen* be look-out man, *sl.* keep cave; **≈en** *v/t.* **1.** smear; ⊕ *mit Fett*: grease, *mit Öl*: oil, lubricate; (*Brot*) smear, butter; (*Butter usw.*) spread; (*a. v/i.*) (*schlecht schreiben, kritzeln*) scribble, scrawl; *Maler*: daub; F *j-m e-e* ~ paste a p. one; *sich die Kehle* ~ wet one's whistle; *wie geschmiert* smoothly, without a hitch, like clock-work; → *Brot*; **2.** F *j-n* ~ (*bestechen*) F grease a p.'s palm; **~enkomödiant(in** *f*) *m* F barnstormer, *contp. sl.* ham-actor, ham; **~er** *m* ⊕ greaser; *contp.* (*Sudler*) scribbler, scrawler; (*schlechter Maler*) dauber; **~erei** *f* smearing, *weitS.* mess; (*Sudelei*) scrawl; (*schlechte Malerei*) daub; **~esteher** *m* look-out man; **~fähigkeit** *f* lubricity; **~fett** *n* (lubricating) grease; **~fink** *m* (*Kritzler*) scrawler; (*Maler*) daub(st)er; (*Schmutzkerl*) dirty fellow, pig; **~geld(er** *pl.*) *n* bribemoney, F palm-oil, *Am. pol.* slush money; **≈ig** *adj.* greasy; (*ölig*) oily; (*klebrig*) sticky, grimy; (*schmutzig*) smudgy, dirty, messy; *fig.* (*gemein*) sordid, mean; (*unanständig*) filthy, smutty; (*ölig, schmeichlerisch*) F smarmy; **~kanne** *f* oil-can, oiler; **~käse** *m* soft (*od.* spread) cheese; **~loch** *n* oil hole (*od.* run); **~masse** *f* lubricating paste; **~maxe** *sl.* ✈ *m sl.* grease monkey; **~mittel** *n* lubricant; **~nippel** *m* grease (*od.* oil) nipple; **~öl** *n* lubricating oil; **~papier** *n* scribbling paper; **~pistole** *f*, **~presse** *f* grease gun; **~plan** *m* lubrication chart; **~pumpe** *f* grease gun; **~salbe** *f* liniment, salve; **~seife** *f* yellow (*od.* green, soft) soap; **~stelle** ⊕ *f* lubrication point; **~stoff** ⊕ *m* lubricant; **~stoffbehälter** *m* grease sump, oil tank; **~ung** *f* lubrication, oiling, greasing; **~vorrichtung** *f* lubricator.

Schmink|dose *f* rouge-pot; **~e** *f* (grease-)paint, *rote*: rouge, *weiße*: ceruse; *weitS.* (*a. thea.*) make-up; **≈en** *v/t.* (*a. sich* ~) paint (one's face), make up; *rot*: rouge (o.s.); (*Lippen*) put on lipstick; *fig.* (*Bericht*) colo(u)r; **~stift** *m* paint-stick; lipstick; **~tisch** *m* make-up table; **~topf** *m* rouge-pot.

Schmirgel *m* emery; **~apparat** *m* sander; **~leinwand** *f* emery cloth; **≈n** *v/t.* rub (*od.* grind, polish) with emery; sand; **~papier** *n* emery paper; **~paste** *f* emery paste; **~scheibe** *f* emery wheel; **~tuch** *n* emery cloth.

Schmiß *m* **1.** (*Hiebwunde*) gash, cut; (*Narbe*) (duelling) scar; **2.** F *fig.* (*Schwung*) F vim, go, *sl.* pep, zip, snap.

schmissig F *adj.* racy, F full of go (*od.* vim, *sl.* pep), *sl.* peppy, zippy, snazzy.

Schmitz *typ. m*, **≈en** *v/i.* mackle.

Schmöker *m* old book (*od.* volume); (*Schundroman*) trashy novel; **≈n** *v/i.* browse; read.

schmoll|en *v/i.* sulk (*mit* with), be sulky; **≈winkel** *m* sulking-corner; *im ~ sitzen* be sulking.

Schmonzes F *m sl.* hooey.

Schmor|braten *m* braised meat, *z. B. Rinder≈* braised beef; **≈en** *v/t. u. v/i.* stew; (*dünsten*) braise; (*verkohlen*) char; ⚡ *Kontakt*: scorch; F *fig. in der Hitze*: stew, roast; F *j-n ~ lassen* let a p. stew (in his own juice); **~pfanne** *f* stew-pan; **~topf** *m* stew-pot.

Schmu F *m* (*Schwindel*) swindle, cheat; (*abgekartete Sache*) put-up job; *~ machen* cheat.

schmuck *adj.* neat, trim, fine; (*hübsch*) pretty; *Person*: (*gepflegt*) *a.* spruce, smart, natty; (*wie aus dem Ei gepellt*) spick and span.

Schmuck *m* (*Verzierung*) decoration, adornment, ornament(s *pl.*); (*Putz*) finery, adornment; (*~sachen*) jewel(le)ry, jewels *pl.*; *unechter ~* imitation jewel(le)ry, trinkets *pl.*; **~blattelegramm** *n* de luxe telegram(me *Brit.*).

schmücken *v/t.* adorn, decorate; (*verzieren*) *a.* ornament, trick (*od.* deck) out; (*verschönern*) embellish; (*Speisetafel usw., a. fig. Rede, Schrift*) embellish, garnish; *sich ~* (*kleiden*) smarten (*od.* spruce) o.s. up, dress up; *~des Beiwerk* garnish, trimmings *pl.*

Schmuck...: **~feder** *f* plume; **~händler(in** *f*) *m* jewel(l)er; **~kästchen** *n* jewel-case, casket; *fig.* (*Haus*) gem, jewel of a house; **≈los** *adj.* unadorned, plain; (*von strenger Sachlichkeit*) austere; **~losigkeit** *f* plainness; austerity; **~nadel** *f* breast-pin; **~sachen** *f/pl.* jewel(le)ry *sg.*, jewels; *billige*: trinkets; → *a. Bijouterie*; **~stück** *n* piece of jewel(le)ry; *fig.* gem; **~ware(n** *pl.*) *f* jewel(le)ry (*sg.*).

schmuddel|ig F *adj.* dingy, grimy, smudgy; **~n** *v/i.* mess about.

Schmuggel *m* (*a.* **Schmuggelei** *f*) smuggling; *~ treiben* → **≈n** *v/t. u. v/i. allg.* smuggle; **~ware** *f* smuggled goods *pl.*, contraband.

Schmuggler *m*, **~in** *f* smuggler; **~bande** *f* gang (*od.* ring) of smugglers; **~schiff** *n* smuggler.

schmunzeln I. *v/i.* smile (amusedly, *zufrieden*: contentedly), grin; **II.** *≈ n* (broad) smile, grin.

Schmus F *m* F soft sawder (*od.* soap), *Am. a.* taffy, *sl.* banana oil; **≈en** F *v/i.* **1.** (*schmeicheln*) F soft-soap, butter (up) (*mit j-m* a p.); **2.** (*kosen*) *sl.* spoon, pet, smooch, *Am. a.* neck; **~er** F *m* **1.** (*Schönredner*) flatterer; **2.** (*Poussierstengel*) F flirt, *sl.* smoocher.

Schmutz *m* dirt, filth (*a. fig.*); *fig.* (*Obszönes*) smut; (*Kot, Schlamm*) mud, muck; *fig. in den ~ ziehen* drag through the mud; *j-n mit ~ bewerfen* sling mud at a p.; → *a. Schund*; **~blatt** *n* → *Schmutztitelblatt*; **~blech** *n am Rad*: mudguard; **~bürste** *f* cleaning brush; **≈en** *v/i.* get dirty, (*leicht ~*) soil (easily); **~erei** *fig. f* filth, smut; **~farbe** *f* drab colo(u)r; **~fink** *m* dirty fellow, pig, mudlark; **~fleck** *m* smudge, stain, blotch; **≈ig** *adj.* dirty (*a. fig. bomb, floating, etc.*); (*verdreckt*) filthy; (*schlammig, kotig*) muddy; (*beschmutzt*) soiled; (*klebrig-~*) grimy; *Wetter*: slushy; *fig.* (*unanständig*) dirty, filthy, smutty; (*gemein*) dirty, sordid, low; (*geizig*) mean, stingy; (*schäbig*) shabby; *~e Bombe Kernphysik*: dirty bomb; *fig. ~es Geschäft* (*Handwerk*) dirty business (trade); *e-e ~e Phantasie haben* have a dirty mind; *sich ~ machen* dirty o.s., get dirty; → *Wäsche*; **~igkeit** *f* dirtiness, *etc.*; **~kittel** *m* smock; **~konkurrenz** ⚖ *f* unfair competition; **~literatur** *f* pornography, smut; **~presse** *f* gutter press; **~stoff** *m* pollutant; **~titel** *typ. m* half title, bastard title; **~titelblatt** *typ. n* half-title page; **~wasser** *n* dirty water; **~zulage** *f* extra payment for dirty work.

Schnabel *m orn.* bill, *bsd. e-s Raubvogels*: beak; ⊕ (*Mundstück*) snout, nozzle; *e-r Kanne*: spout; *am Werkzeug*: nose; ♪ mouthpiece; (*Schiffs≈*) prow; F (*Mund*) mouth, *sl.* trap; F *halt den ~* shut up!; *sie spricht, wie ihr der ~ gewachsen ist* she talks (unashamedly) the way she learned it, *weitS.* she doesn't mince matters, she calls a spade a spade; **≈förmig** *adj.* beak-shaped, beaked.

schnäbeln *v/i.* bill; *fig.* bill and coo.

Schnabel...: **~schuh** *m* pointed shoe; **~tasse** *f* feeding cup; **~tier** *zo. n* duckbill, platypus; **~zange** *f*: (*eine ~* a pair of) long-nose pliers *pl.* (*a. sg. konstr.*).

schnacken *dial. v/i. u. v/t.* (have a) chat; *contp.* gabble, babble.

Schnadahüpfl *n* Alpine ditty.

Schnake *f* gnat, mosquito.

Schnalle *f* **1.** buckle, clasp; **2.** *dial.* (*Türklinke*) door-handle; **3.** V (*Weibsbild*) → *Nutte*; **≈n** *v/t.* buckle; *mit Riemen usw.*: strap; *enger ~* tighten; → *Gürtel*;

~ndorn *m* tongue (of a buckle); **~nschuh** *m* buckled shoe.

schnalzen *v/i.*: *mit den Fingern ~* snap one's fingers; *mit der Zunge ~* click one's tongue; *mit der Peitsche ~* crack one's whip.

schnapp! *int.* snap!

schnappen I. *v/t.* F (*fangen, erwischen*) catch, (*Verbrecher*) *a. sl.* nab; (*sich*) et. ~ (*packen, weitS. ergattern*) grab; **II.** *v/i. Deckel, Feder, Messer usw.*: snap; *Schloß*: catch; (*einrasten*) engage, click; *in die Höhe ~* tip up; *nach et. ~* snap (*od.* snatch, grab) at, *Hund*: snap at; → *Luft.*

Schnäpper *m* ⊕ (snap) catch; (*Tür*≈) latch; ⚕ blood lancet.

Schnapp...: ~feder *f* catch-spring; **~messer** *n* → *Klappmesser*; **~ring** ⊕ *m* snap ring; **~sack** *m* knapsack; **~schalter** *m* snap switch; **~schloß** *n* spring (*od.* snap) lock; *an Halsketten usw.*: spring-catch; **~schuß** *phot. m* snapshot, snap; *e-n ~ machen* take a snapshot (*von* of), snap (*a p. od. th.*); **~verschluß** *m* snap (catch); ... *mit ~* snap-on ...

Schnaps *m* strong (*Am.* hard) liquor; brandy, spirits *pl.*; (*klarer ~*) schnapps, schnaps; (*Wacholder*≈) gin; (*ein Glas ~*) dram; **~brenner(ei** *f*) *m* distiller(y); **~bruder** *m* boozer.

Schnäpschen F *n* F snifter, quick one, *Am. a.* quickie.

Schnaps...: ≈en F *v/i.* F booze, hit the bottle; **~flasche** *f* bottle of brandy, *etc.*; *leere*: brandy-bottle; **~glas** *n* gin-glass; **~idee** F *f* crazy idea; **~laden** *m* gin-shop; **~nase** *f sl.* copper-nose.

schnarchen I. *v/i.* snore; **II.** ≈ *n* snoring, snore(s *pl.*).

Schnarcher(in *f*) *m* snorer.

Schnarr|e *f* rattle; **≈en** *v/i.* rattle; (*~d sprechen, a. v/t.*) rumble (out), growl; *das R ~* roll one's r's; **~saite** *f* snare; **~trommel** *f* snare-drum.

Schnattergans F *f* chatterbox.

schnattern I. *v/i.* cackle, *a. fig.* (*schwätzen*) chatter; *nur fig.* gabble; *vor Kälte ~* chatter with cold; **II.** ≈ *n* cackle, cackling; chatter(ing).

schnauben *v/i. u. v/t. Tiere*: snort (*a. Person verächtlich ~*); *Person*: (*keuchen*) pant, puff (and blow); *sich die Nase ~* blow one's nose; *vor Wut ~* foam with rage; → *Rache.*

schnauf|en *v/i.* (*keuchen*) breathe hard, pant, blow; F (*atmen*) breathe; F *Auto usw.*: pant, puff; **≈er** F *m* breath; *ihm ist der ~ ausgegangen* he has lost his wind, he is winded; *den letzen ~ tun* breathe one's last.

Schnauzbart *m* walrus moustache.

Schnauz|e *f Tier*: snout; *Hund*: muzzle, nose; ⊕ nozzle; *an Gefäßen*: spout, snout; V (*Mund*) F snout, trap; *die ~ voll haben* be fed up (to here) (*von* with); *halt die ~!* hold your jaw!, shut up!; F *frei nach ~* freely, F off the cuff; **≈en** F *v/i.* snap, F jaw; **~er** *m* (*Hund*) schnauzer.

Schnecke *f*: (*eßbare ~* edible) snail; (*Nackt*≈) slug; *anat. im Ohr*: cochlea; *Frisur*: earphone; ♪ *am Instrument*: scroll; ⚠ *e-r Säule*: volute, helix, scroll; ⊕ worm; (*Förder*≈) screw conveyer; *e-r Uhr*: fusee; (*~nlinie*) spiral; (*Gebäck*) Chelsea bun; F *j-n zur ~ machen* F give a p. hell, settle a p.'s hash.

Schnecken...: ~antrieb ⊕ *m* worm drive; **~bohrer** *m* (screw) auger, spiral drill; **~feder** *f* coiled spring; **~förderer** ⊕ *m* screw (*od.* worm) conveyer; **≈förmig** *adj.* helical, spiral, winding; **~gang** *m* winding alley, spiral walk; ⊕ auger; *fig.* → *Schneckentempo*; **~getriebe** *n* worm gear (unit); **~gewinde** *n* worm thread, helix; **~haus** *n* snail-shell; **~linie** *f* spiral, helix; **~post** *f*: *mit der ~* at a snail's pace; **~rad** ⊕ *n* worm gear (*od.* wheel); **~tempo** *n*: *im ~* at a snail's pace, at a crawl.

Schnee *m* **1.** snow; *ewiger ~* perpetual (*od.* everlasting) snow; *im ~ begraben* snowed up; *vom ~ eingeschlossen* (*od.* *lahmgelegt*) snow-bound; *es liegt viel ~* there is much snow; F *und wenn der ganze ~ verbrennt* no matter what happens; **2.** *Kochkunst*: whipped whites *pl.* of eggs, froth, snow; **3.** ⚗, *TV*, *a. sl.* (*Kokain*) snow; **~ball** *m* snowball (*a.* ⚘); **≈ballen** *v/i. u. v/t.*: (*sich ~*) snowball (one another); **~ballschlacht** *f* snowball fight; **~ballsystem** *n* snowball system; **≈bedeckt** *adj.* snow-covered, snowy; *Berge*: *a.* snow-capped; **~besen** *m Kochkunst*: whisk, egg-beater; **≈blind** *adj.* snow-blind; **~brille** *f*: (*eine ~* a pair of) snow-goggles *pl.*; **~decke** *f* snow cover, blanket of snow; **~fall** *m* snowfall; *pl. a.* snows; **~feld** *n* snow-field; **~flocke** *f* snow-flake; **~fräse** *f* snow-blowing machine; **≈frei** *adj.* free of snow; **~gestöber** *n* snow flurry; **~glöckchen** ⚘ *n* snowdrop; **~glätte** *f* white ice, snowy roads *pl.*;

~grenze *f* snow-line; **~hemd** *n* parka; **~höhe** *f* depth of snow; **~huhn** *n* snow grouse; **~hütte** *f* igloo; **˚ig** *adj.* snowy; → *schneebedeckt*; **~kette** *f* snow (*od.* non-skid) chain; **~könig** *m*: *sich freuen wie ein ~* be as pleased as Punch; **~kuppe** *f* snowy peak; **~lawine** *f* avalanche; **~luft** *f* snowy air; **~mann** *m* snowman; **~matsch** *m* slush; **~pflug** *m* snow-plough, *Am.* snowplow; **~regen** *m* sleety rain; **~region** *f* snow region; **~schaufel** *f* snow-shovel; **~schipper** F *m* snow-sweeper; **~schläger** *m* → *Schneebesen*; **~schleuder** *f* rotary snow-plough (*Am.* snowplow); **~schmelze** *f* melting of snow, snow-break; **~schuh** *m* snow-shoe; → *a. Ski(...)*; **~schuhlauf** *m* skiing; **~sturm** *m* snow-storm, blizzard; **~treiben** *n* → *Schneegestöber*; **~verhältnisse** *n/pl.* snow conditions; **~verwehung** *f* snow-drift; **~wächte** *f* snow-cornice; **~wasser** *n* snow-water; **~wehe** *f* snow-drift; **˚weiß** *adj.* snow-white, snowy; *im Gesicht, vor Angst*: deathly pale, as white as a sheet; **~wetter** *n* snowy weather; **~wittchen** *n* Snow-white; **~wolke** *f* snow-cloud.

Schneid *m, f* (*Forschheit*) dash, F go; (*Mut*) F pluck, *sl.* guts *pl.*; *j-m den* (*od. die*) *~ abkaufen* rob a p. of his nerve, unnerve a p.

Schneidbrenner ⊕ *m* cutting torch, blowpipe.

Schneide *f* edge; ⊕ cutting edge, cutter; (*Fräsmesser*) cutting blade; (*Bohrerspitze*) bit; *fig.* → *Messer*; **~brett** *n* carving board; **~maschine** *f* cutting machine, cutter; **~mühle** *f* sawmill.

schneiden *v/t. u. v/i. allg.* cut; (*hacken*) chop; *ganz klein, bsd. Kochkunst*: mince; (*schnitzeln*) shred; (*schnipfeln*) snip; (*Braten*) carve; (*Fingernägel*) pare, clip; (*Ball*) *Tennis*: (under-)cut; (*Kurve*) cut *a corner*; *mot. beim Überholen*: cut in sharply (in front of the overtaken car); (*Wein*) adulterate; (*mähen*) mow, cut; (*spalten*) cleave, split; (*Film usw.*) edit, cut; ⚕ cut, section, (*Abszeß*) lance; (*auf Tonband ~*) tape, record; *in Holz Stahl, Stein ~* carve (*od.* engrave) in; *in Stücke ~* cut up; *das Messer schneidet nicht* has no edge, does not cut; F *fig. j-n ~* (*nicht grüßen*) cut a p. (*völlig* dead); *sich ~* cut o.s.; *fig. Linien*: intersect, cut each other; → *Finger*; *fig. da schneidet er sich aber* (*gewaltig*) he is jolly much mistaken there, *Am.* that's where he makes his big mistake; *das schnitt ihm ins Herz* it cut him to the quick; F *e-e Luft zum ˚* F a terrible fug (*od.* frowst); → *Gesicht, Grimasse, Haar*; **~d** *adj. allg.* cutting, sharp; *Kälte, Wind, Bemerkung, Hohn*: *a.* biting; *Stimme, Ton*: strident, sharp.

Schneider *m* **1.** tailor; *für Damen*: ladies' tailor, dressmaker; *vom ~ gefertigt* tailor-made; *frieren wie ein ~* shiver with cold; F *aus dem ~ sein* a) be out of the woods; b) be on the wrong side of thirty; **2.** ⊕ cutter (*a. Person*); **3.** F *zo.* (*Spinne*) daddy-long-legs; **~ei** *f* **1.** tailoring, tailor's trade; *für Damen*: dressmaking; **2.** tailor's shop; **~geselle** *m* journeyman tailor; **~handwerk** *n* tailor's trade, tailoring; **~in** *f* ladies' tailor, dressmaker; **~kleid** *n* tailor-made dress; **~kostüm** *n* tailor-made (suit), tailored suit; **~meister** *m* master tailor; **˚n I.** *v/i.* tailor (*für j-n* a p.); do tailoring *od.* dressmaking; **II.** *v/t.* make, tailor; **~puppe** *f* dress form, dummy; **~sitz** *m* tailor's seat; **~werkstatt** *f* tailor's shop.

Schneide...: **~stahl** *m*, **~werkzeug** *n* cutting tool; **~tisch** *m Film*: editing table; **~zahn** *m* incisor.

schneidig *fig. adj.* (*mutig*) plucky, spirited; (*forsch*) F dashing, keen, alert; (*entschlossen*) resolute, energetic; (*stramm, flott*) *sl.* snappy; (*fesch*) smart, dashing, *sl.* snappy; *Rede usw.*: terse.

schneien *v/impers. u. v/i.*: *es schneit* it snows, it is snowing; F *fig. ins Haus ~* drop in unexpectedly, F blow (*od.* snow) in.

Schneise *f* (*Wald˚*) (forest-)aisle, straight glade; ✈ flying lane; (*Feuer˚*) firebreak.

schnell I. *adj. allg.* fast, quick; (*rasend ~*) *a. Strömung, Wuchs,* ⚔ *Feuer*: rapid; (*~füßig*) *a. Pferd, Vogel, Flug*: swift; *Pferd*: *poet.* fleet; (*schleunig*) speedy, expeditious; (*sofortig*) *Erwiderung, Maßnahme*: prompt; ⚚ *Verkauf*: brisk, quick; (*plötzlich*) sudden, abrupt; (*hastig*) hasty; (*rasch u. flüchtig*) quick; *Rennbahn, Tennisplatz usw.*: fast; (*geistig ~, fix*) quick, fast; *~e Auffassung* quick apprehension; *~e Bedienung* quick (*od.* prompt) service; *~er Blick* quick glance; *~e Erledigung* speedy action; *~e Fortschritte* rapid progress *sg.*; *~e Rennbahn* fast course; *~e Truppe* mobile troops *pl.*; *~er Umsatz* quick returns *pl.*, fast turnover; *~er Wagen* fast car; *~er als der*

Schall faster than sound; *in ~er Folge* in rapid succession; *der Boxer ist sehr ~* is very fast; *(mach) ~!* be quick!, hurry up!, make haste!, look sharp!, *sl.* make it snappy!, step on it!; *nicht so ~!* gently!, easy!, F hold (*od.* slow down) your horses!; **II.** *adv.* fast, quick(ly); rapidly; speedily, *etc.*; *~ fahren* drive fast; *~ denken* do some quick thinking; *~ gehen* go fast, walk at a brisk pace; *~ handeln* act fast (*od.* promptly, without delay); *das ist ~ gegangen!* that was quick!; *~ leben* live fast; *~er ging es nicht* I (we) could not do it any faster; *so ~ wie möglich, schnellstens* as quickly as possible; → *a. bald*; *er mußte ~ noch etwas erledigen* he had to attend to some small matter first.

Schnell...: **~amt** *teleph. n* toll exchange, *Am.* multi-office exchange; **~bahn** *f* high-speed railway; **~betrieb** *m* speed service; **~bleiche** *f* chemical bleaching; F (*Schule, Kursus*) pressure-pack course; **~boot** *n* speedboat; ⚔ high-speed launch, motor torpedo boat; **~dienst** *m* express (*od.* instant) service; **~drehstahl** ⊕ *m* high-speed (tool) steel.

Schnelle[1] *f* **1.** → *Schnelligkeit*; **2.** F *auf die ~* F p.d.q. (= pretty damn quick); (*schlampig*) slapdash; *auf die ~ gemachte Sache* F quickie.

Schnelle[2] *f* (*Strom~*) rapid.

schnellen **I.** *v/t.* jerk, toss, snap; *mit dem Finger*: flick; **II.** *v/i.* jerk, whip, snap, flip, bound, bounce; → *a. hochschnellen.*

Schnellfeuer ⚔ *n* rapid (*od.* quick) fire; **~geschütz** *n* rapid-fire gun; **~pistole** *f* rapid-fire pistol; **~waffe** *f* automatic weapon.

Schnell...: **~flugzeug** *n* high-speed aircraft; **~flüssig** *adj.* easily fusible; **~füßig** *adj.* swift(-footed); **~gang** *m mot.* overdrive; ⊕ rapid power traverse; **~gaststätte** *f* cafeteria, snack bar, quick service (*od.* help yourself) restaurant; **~gefrierverfahren** *n* quick-freeze (method); **~gericht**[1] *n* ⚖ summary court; **~gericht**[2] *n Kochkunst*: quick lunch, (*Fertiggericht*) instant meal; **~gespräch** *teleph. n* no-delay (*Am.* toll) call; **~hefter** *m* folder, ring binder.

Schnelligkeit *f* quickness (*a. des Pulses*); fastness; swiftness, rapidity; promptness, dispatch; suddenness; (*Tempo*) speed, rate, pace; *phys.* velocity; → *a. Geschwindigkeit*; **~srekord** *m* speed record.

Schnell...: **~imbiß** *m* **1.** snack; **2.** →**~imbißstube** *f* snack bar; **~kocher** *m* pressure-cooker; **~kraft** *f* elasticity, resilience; **~kurs** *m* crash course; **~(l)aster** *mot. m* express *od.* high-speed lorry (*Am.* truck); **~(l)auf** *m* run, (foot-)race, sprint; (*Eis~*) speed skating; *im ~* at full speed; **~(l)aufend** ⊕ *adj.* high-speed; **~(l)äufer(in** *f*) *m* runner, sprinter; (*Eis~*) speed skater; **~(l)ebig** *adj. Zeit*: giddy-paced, fast-moving; **~photographie** *f* instantaneous photography; (*Bild*) snapshot; **~presse** *typ. f* (two-revolution) high-speed press; **~rechner** *m* (*Gerät*) high-speed computer; **~reinigung** *f* express dry-cleaning; **~richter** ⚖ *m* magistrate (sitting in summary proceedings); **~schalter** ⚡ *m* quick-break switch; **~schrift** *f* shorthand, stenography; **~stahl** *m* high-speed steel; **~stopp(taste** *f*) *m Tonband*: temporary stop (button); **~straße** *f* → *Schnellverkehrsstraße*; **~telegraphie** *f* high-speed telegraphy; **~triebwagen** 🚃 *m* rapid (interurban) coach; **~trocknend** *adj.* quick-drying; **~verband** ⚕ *m* first-aid bandage; **~verfahren** *n* ⚖ summary procedure (*konkret*: proceedings *pl.*); ⊕ rapid method, short cut; **~verkehr** *m* express traffic; *teleph.* no-delay service, *Am.* toll traffic; **~verkehrsflugzeug** *n* express air liner; **~verkehrsstraße** *f* motor highway, *Am.* expressway, speedway; **~verkehrswagen** 🚃 *m* rapid interurban coach; **~waage** *f* dial (*od.* quick) balance; **~zeichner** *m* lightning artist; **~zug** 🚃 *m* fast train, express (train).

Schnepfe *f* **1.** *orn.* snipe, stilt (plover); **2.** F (*Nutte*) *sl.* tart.

Schneppe *f* spout, snout; **~r** *m* → *Schnäpper.*

schneuzen *v/refl.*: *sich ~* blow one's nose.

Schnickschnack *m* tittle-tattle.

schniefen F *v/i.* sniff(le), snuffle.

schniegeln *v/t.* (*a. sich ~*) dress *od.* smarten *od.* spruce (*sich a.* o.s.) up; → *geschniegelt.*

Schnipfel *m usw.* → *Schnipsel.*

Schnippchen *n*: *j-m ein ~ schlagen* outwit, outfox, fool *a p.*; (*der Polizei usw.*) *a.* F give the slip to.

Schnippel *m usw.* → *Schnipsel.*

schnippisch *adj.* pert, F sniffy, snooty.

Schnippschnapp *n* (*Spiel*) snipsnap-snorum.

Schnipsel F *m, n* bit, chip, shred;

von Papier: scrap; **⁓n** *v/t. u. v/i.* snip.

schnipsen *v/t. u. v/i.* snip; mit den Fingern ~ snap one's fingers; (*weg* ~) flick (away).

Schnitt *m* **1.** (*Schneiden*) cutting; *Film*: cutting and editing; ✓ mowing, cutting; **2.** (*Ein*⁓) cut; (*Kerbe*) notch; (*Wunde*) cut, *großer*: gash, slash; ⚕ cut, incision, section; *typ.* cut; **3.** (*Fasson, Form*) cut (*a. Edelstein, weitS. Augen, Gesicht*); *e-s Kleides usw.*: *a.* style, fashion, make; **4.** (~*muster*) pattern; **5.** ⩘ *allg.* intersection; → *a.* Schnittfläche, Schnittlinie, Schnittpunkt; (*Längs*⁓) longitudinal section, cut; (*Quer*⁓) cross-section; → golden 2; **6.** (*Durch*⁓) average (*a. vb.* = im ~ erreichen *usw.*); im ~ on an average; **7.** ⊕ (*Zeichnung*) sectional drawing, section(al view); **8.** *Kunst*: (*Holz*⁓) (wood)cut *od.* engraving; **9.** F (*Gläschen Bier*) small beer; **10.** F (*Gewinn*) profit, pickings *pl.*; seinen ~ machen F make a packet (*od.* one's pile); **~ansicht** ⊕ *f* section(al view); **~blumen** *f/pl.* cut flowers; **~bohnen** *f/pl.* sliced French beans; **~breite** ⊕ *f* cutting width; **~e** *f* (*Brot*⁓ *usw.*) slice, (*bsd. Fleisch*⁓) cut; belegte ~ sandwich; **~er(in** *f*) *m* reaper, mower, harvester; *fig.* der ~ Tod the Grim Reaper; **~fläche** *f* **1.** ⩘ (surface of) intersection; **2.** ⊕ (surface of) cut; **⁓haltig** ⊕ *adj.* true to dimensions; **~holz** *n* sawed (*od.* trimmed) timber; **⁓ig** *adj.* racy, stylish, of elegant design, *Auto usw.*: *a.* streamlined; **~kante** ⊕ *f* cutting edge; **~kurve** ⩘ *f* intersecting curve; **~lauch** ⚘ *m* chives *pl.*; **~linie** ⩘ *f* (line of) intersection; *am Kreis*: secant; **~modell** ⊕ *n* cut-away model; **~muster** *n* pattern; **~musterbogen** *m* pattern sheet; **~punkt** ⩘ *m* (point of) intersection; **~waren** *f/pl.* drapery *sg.*, mercery *sg.*, *Am.* dry goods; **~warengeschäft** *n* mercer's (shop), *Am.* dry goods store; **~warenhändler** *m* mercer; **~winkel** *m* ⩘ angle of intersection; ⊕ cutting angle; **~wunde** *f* cut, *große*: gash; **~zeichnung** ⊕ *f* sectional drawing.

Schnitz *m* cut, slice; **~arbeit** *f* (wood-)carving; **~bank** *f* carver's bench.

Schnitzel *n* chip; (*Papier*⁓) scrap; *pl.* ⊕ (*Abfälle*) parings, shavings, *von Papier*: scrap *sg.*, clippings; *Kochkunst*: (Wiener ~ breaded) veal cutlet, *Am. a.* (Wiener) schnitzel; **~jagd** *f* paper-chase, hare and hounds; **~maschine** *f* shredding-machine, shredder; **⁓n** *v/t. u. v/i.* chip, shred (*a. Kochkunst*); whittle.

schnitz|en *v/t. u. v/i.* carve, cut (in wood); whittle; → Holz; **⁓er** *m* **1.** (wood-)carver; **2.** F *fig.* blunder, slip(-up); grober ~ F howler, *Am. sl.* boner, boo-boo; **⁓erei** *f* (wood-)carving, carved work; **⁓kunst** *f* (wood-)carving, woodcraft; **⁓messer** *n* drawknife; **⁓werk** *n* → Schnitzerei.

schnobern *v/i.* sniff, snuffle.

schnodd(e)rig F *adj.* (*patzig*) pert, F saucy, *sl.* snotty; (*naßforsch*) brash; (*leichtfertig, a. Sprache*) flippant; (*salopp*) F sloppy; **⁓keit** *f* pertness, snottiness, insolence; flippancy.

schnöde I. *adj.* (*verächtlich*) contemptuous, disdainful; (*rücksichtslos*) inconsiderate; (*schändlich*) disgraceful, shameless; (*gemein*) base, vile, mean; (*schäbig*) shabby; ~r Gewinn vile profit; ~r Mammon, ~s Geld filthy lucre; ~r Undank black ingratitude; **II.** *adv.*: j-n ~ behandeln use a p. badly, snub a p.

Schnorchel *m* **1.** ⚓ snort, *bsd. Am.* snorkel; **2.** *Sporttauchen*: snorkel (mask); breathing tube.

Schnörkel *m* △ *usw.* scroll, spiral ornament; *beim Schreiben, a. stilistisch*: flourish, (*Krakel*) squiggle; (*verschlungener Namenszug*) *a.* paraph; *fig.* (*unnötiger Zierat*) F frills *pl.*; **⁓haft, ⁓ig** *adj.* flourishy, ornate; **⁓n I.** *v/i.* make flourishes; **II.** *v/t.* △ adorn with scrolls.

schnorr|en F *v/i. u. v/t.* F cadge, scrounge, sponge, *Am. sl.* bum; **⁓er** F *m* F cadger, scrounger, sponge.

Schnösel F *m* F snot(-nose).

Schnuckel|chen F *n* F sweetie; **⁓ig** F *adj.* cuddlesome, cuddly.

Schnüff|elei F *f* F snooping; **⁓eln** *v/i.* sniff (an at), snuffle, nose; F *fig.* (*herumspionieren*) sniff (*od.* F snoop) around; ~d F snoopy; **~ler(in** *f*) *m* snuffler; *fig.* spy, F snoop(er); (*Detektiv*) *a.* sleuth.

schnullen *v/t. u. v/i.* suck (an at).

Schnuller *m* comforter, dummy, *Am.* pacifier.

Schnulze F *f* F tearjerker, sobstuff, heart-tugger, weepie.

Schnupfen *m* cold (in the head), F *the* sniffles; den ~ haben have (*od.* suffer from) a cold; den ~ bekommen, F sich e-n ~ holen catch (a) cold.

schnupfen I. *v/i.* take snuff; **II.** *v/t.* snuff; **III.** ⁓ *n* snuff-taking.

Schnupfer(**in** *f*) *m* snuff-taker, snuffer.
Schnupf...: **~tabak** *m* snuff; **~tabak(s)dose** *f* snuff-box; **~tuch** *n* (pocket-)handkerchief, F hanky.
Schnuppe *f am Licht*: snuff; (*Stern*≈) shooting (*od.* falling) star.
schnuppe F *pred. adj.*: das ist mir (*völlig*) ~ I don't care (F a damn), I couldn't care less.
schnuppern *v/i.* → schnüffeln.
Schnur *f* cord; *Bindfaden*: string, twine; (*Leine*) line; (*Nestel*) lace; (*Band*) tape; (*Litze*) braid, piping; ⚡ (flexible) cord, flex; *fig.* über die ~ hauen overdo it, kick over the traces.
Schnürband *n* (*Korsett*: stay-)lace.
Schnurbesatz *m* braid(ing), piping.
Schnür...: **~boden** *m* ⛵ drawing floor; ⚓ shipbuilding hangar; *thea.* grid; **~chen** *n* little string; *fig.* et. wie am ~ können have a th. at one's fingertips; et. wie am ~ hersagen rattle a th. off like nothing; es geht wie am ~ it goes like clockwork, there is no hitch to it.
schnüren *v/t.* lace; (*zubinden*) (tie with) cord, tie up, strap; sich ~ wear stays; → Bündel.
schnurgerade *adj. u. adv.* dead straight; ~ zugehen auf *a.* make a beeline for.
Schnurkeramik *f* corded ware.
Schnür...: **~leib**(**chen** *n*) *m*: (ein ~ a pair of) stays *pl.*, corset.
schnurlos *adj.*: ~es Telefon cordless telephone.
Schnürlsamt *dial. m* corduroy.
Schnurr|bart *m* moustache; **≈bärtig** *adj.* moustached.
Schnurre *f* (*lustige Geschichte*) funny tale, drollery; (*Posse*) burlesque; (*Witz*) joke.
schnurren I. *v/i. Katze, Stimme, Motor usw.*: purr; (*summen*) buzz, hum; *Rad*: whir(r); **II.** ≈ *n* purr(ing), *etc.*
Schnurrhaare *n/pl.* whiskers.
Schnürriemen *m* strap; → *a.* Schnürsenkel.
schnurrig *adj.* droll, funny; (*wunderlich*) queer, odd.
Schnür...: **~schuh** *m* laced shoe; **~senkel** *m* shoe-lace, boot-lace, *bsd. Am. a.* shoestring; **~stiefel** *m* laced boot.
schnurstracks *adv.* (*direkt*) direct, (dead) straight; (*sofort*) on the spot, immediately, straight (*od.* right) away; ~ zugehen auf make a beeline for.
schnurz F *pred. adj.* → schnuppe.
Schnute *f* mouth, *Am.* F snoot; e-e ~ ziehen pout, make a face.
Schober *m* stack, rick; *überdachter*: field barn; **≈n** *v/t.* rick.
Schock[1] *n* (*60 Stück*) threescore.
Schock[2] *m* ⚕ (*Elektro*≈ *u. Nerven*≈) *a. fig.* shock; e-n ~ bekommen have a shock; e-n ~ haben be in a state of shock; **~behandlung** *f*, **~therapie** *f* shock treatment (*a. fig.*), (electro-)shock therapy; **≈en** ⚕ *u.* F *fig.*, **≈ieren** *fig. v/t.* shock; **≈ierend** *adj.* shocking; **~reaktion** *f*, **~wirkung** *f* shock (effect); **~truppen** ⚔ *f/pl.* shock troops; **~welle** ⚔ *f* shock wave.
schofel F *adj.* (*geizig, gemein*) shabby, mean; (*gering*) paltry, F piddling.
Schöffe ⚖ *m* lay assessor; **~ngericht** *n* court of lay assessors.
Schokolade *f* chocolate (*a. Getränk*).
schokoladen *adj.* (of) chocolate; **≈eis** *n* chocolate ice(cream); **≈farbe** *f*, **~farben** *adj.* chocolate; **≈seite** F *f one's* better profile; *fig.* sunny side; **≈tafel** *f* chocolate bar; *in der Herstellung*: cake (*od.* slab) of chocolate.
Scholar *m* scholar, student.
Scholast|ik *phls. f* scholasticism; **~iker** *m* scholastic, Schoolman; **≈isch** *adj.* scholastic(ally *adv.*).
Scholle[1] *f* (*Erd*≈) clod, lump; (*Rasen*≈) sod; (*Eis*≈) floe; *fig.* soil; an der ~ hängen cling (*od.* be bound) to one's native soil.
Scholle[2] *ichtht. f* plaice (*a. pl.*).
Schollenbrecher *m* clod crusher.
schon *adv.* **1.** (*bereits*) already; (~ *einmal, zuvor*) before; (*bis jetzt*) by this time, so far; *in Fragen*: yet, (*jemals*) ever; (*sogar*) even; ~ damals (jetzt) even then (now); ~ früh(zeitig) early on; ~ früher before (this); ~ ganz quite; ~ immer always, all along; ~ längst all along, long (ago); ~ oft often (enough); ~ wieder again; ~ von Anfang an from the very beginning; es ist ~ 12 Uhr it is already twelve; es ist ~ zu spät it is already too late; ich habe ~ eins I have one already; ~ zweimal already twice; ~ zehnmal as often as ten times; wenn du ~ (mal) da bist now that you are here; ~ am nächsten Tage the very next day; ~ um 8 Uhr as early as (*od.* already at) 8 o'clock; ~ im 16. Jahrhundert as early (*od.* as far back) as the 16th century; ~ seit 5 Jahren as long as five years, these five years; wie lange sind Sie ~ hier? how long have you been here?; hast du ~ (einmal) ...? have you ever ...?; ich habe ihn ~ (einmal) gesehen I have seen him before; sind Sie ~ (einmal) in

England gewesen? have you ever been to England?, *aber*: *hast du ~ mit ihm gesprochen* (*jetzt*)? have you talked to him yet?; *hast du das Buch ~ ausgelesen?* have you finished the book yet?; *ist er ~ da?* has he come yet?, *aber*: *was,* (*du bist*) *~ zurück?* what, back already?; *ich komme* (*ja*) *~!* (I'm) coming!; *da sind wir* (*ja*) *~!* here we are!; *was gibt es denn ~ wieder!* what is it now!; *das kennen wir ~!* that's an old story!; *ich verstehe ~!* I see!; *er wollte ~ gehen* he was about (*od.* all set) to go; *warum willst du ~ gehen?* why are you leaving so early?; **2.** (*sicherlich*) no doubt, indeed, surely, sure enough, I dare say; (*leicht*) easily; (*ziemlich*) rather, F pretty; *~, aber ...!* (that's) true enough, but ...!; *er wird ~ kommen* he is sure to come; *beruhigend*: don't you worry (*od.* not to worry, no fear) he will come; *ich werde ihn ~ bezahlen* I'll pay him, sure enough (*Am. a.* sure thing); *er wird es ~ machen* he'll do it all right, leave it to him; *es wird ~ gehen* it will be all right; I, *etc.*, shall manage (somehow); *das ist ~ möglich* that's quite possible; *das läßt sich ~ machen* it can be done (, I'm sure); *wir können ~ hier bleiben* we don't mind staying here; *du wirst es ~ noch früh genug erfahren!* you'll know that early enough, believe me!; *ich kann mir ~ denken, was ...* I can (easily) imagine what ...; *er ist ~ ein komischer Kauz* he is a funny bird all right; *das ist ~ eine große Frechheit!* F some cheek!; *es ist ~ so* that's how it is (and there is nothing you can do about it); *~ gut!* (that's) all right, okay!, never mind!, that will do!; **3.** *einräumend od. bedingend*: *ich gebe ~ zu, daß* I do admit that; *sie müßte sich ~ etwas mehr anstrengen* of course, she would have to work harder; *das ist ~ wahr, aber* that's true enough (*od.* all very well) but; **4.** (*ohnehin*) anyhow, already; *es ist so ~ teuer genug* it's too expensive as it is (*od.* even now, anyhow); *~ gar nicht* least of all; **5.** (*endlich*) *wenn er doch ~ käme* if he only would come!; **6.** *einschränkend*: *~ der Name* (*Anblick*) the bare *od.* very *od.* mere name (sight); *~ der Gedanke* the very idea, the mere thought; *~ der Höflichkeit wegen* out of mere courtesy; *~ deswegen* for that reason alone, if only for that reason; *~ dich zu sehen* even to see you, the mere sight of you; *~ wegen* if only because of; *~ weil* if only because; *wenn ~* although; F *na, wenn ~!* what of it! so what!; *wenn ~, dann richtig!* if we do it at all, let's do it properly; *wenn ~, denn ~! a.* I, *etc.*, may as well be hanged for a sheep as for a lamb.

schön I. *adj. allg.* beautiful; *Frauen*: *a.* fair; (*hübsch, nett*) pretty, nice; (*gutaussehend, bsd. a. Mann*) handsome, good-looking; (*entzückend*) lovely; (*prächtig*) splendid; (*gut, fein*) good, fine; (*ausgezeichnet*) excellent; (*erlesen*) exquisite, choice; (*angenehm*) pleasant; (*edel*) noble; (*großzügig, ansehnlich*) handsome, generous; *~e Gelegenheit* splendid opportunity; *das ~e Geschlecht* the fair sex; *die ~en Künste* the fine arts; *~e Literatur* polite literature, belles-lettres *pl.*; *e-e ~e Summe* a nice (*od.* handsome) sum; *~er Tod* easy death; *~es Wetter* fine (*od.* fair) weather; *~e Worte* fair words; *in ~ster Ordnung* in apple-pie order; *e-s ~en Morgens* one fine morning; *e-s ~en Tages* one day, *zukünftig*: one of these days; *~en Dank!* many thanks!; *das ist ~ von ihm* that's (very) kind *od.* nice of him; *das ist nicht ~ von dir* that's not nice of you; *das ist alles recht ~, aber* that's all very fine (*od.* very well), but; *es war sehr ~ auf dem Fest* we had a good time, it was very nice; F *iro. e-e ~e Bescherung* a nice mess, a fine business; F *ein ~er Trottel* quite a fool; *das sind mir ~e Sachen* pretty doings, indeed; *du bist mir ein ~er Freund* a fine friend you are; *das wäre ja noch ~er!* certainly not!; F *~! als Zustimmung*: all right!, okay!; **II.** *adv.* beautifully, *etc.*; F (*sehr*) very, rather, F pretty; *aufs ~ste* most beautifully; → *schönmachen, schöntun*; *~ schreiben* write a nice hand; F *iro. da wärst du ~ dumm* you would be a fool (*od.* very stupid) (*wenn du kämest* if you came); *er ließ es ~ bleiben* he did nothing of the sort; *das werde ich ~ bleibenlassen* catch me doing that; *bleibe du ~ sitzen* don't you budge from your seat; *du hast mich ~ erschreckt* you gave me quite a start; *ich habe mich ~ gelangweilt* F I was bored stiff; *er hat sich ~ gewundert* he had the surprise of his life; *sei ~ brav!* be a good boy (*od.* girl)!; **2e(s)** *n*: *das ~* the beautiful; *Sie werden etwas ~s von mir denken!* you will have a nice opinion of me!; *da hast du* (*et*)*was*

~s angerichtet! a nice mess that!; *das Schönste dabei war* the beauty of it was; **⁓e** *f* beautiful woman, beauty, belle *(fr.)*.

Schonbezug *m* seat cover; cover (-ing).

Schön|druck *typ. m* primer; **⁓en** *v/t.* *(färben)* colo(u)r, treat with colo(u)ring additives; *(Wein usw.)* fine, sugar.

schonen *v/t.* *(ver~)* spare *(j-n* a p.; *j-s Leben* a p.'s life); *(pfleglich behandeln)* take care of, treat gently, save; *(erhalten)* preserve; *(Augen)* save; *(Kräfte, Vorrat)* save, husband; *(j-n nachsichtig behandeln)* treat with indulgence; *(Rechte, Eigentum usw.)* respect; *j-s Gefühle ~* spare a p.'s feelings; *sich ~ (s-e Gesundheit ~)* take care of o.s., look after o.s. *(od.* one's health), *(sich Ruhe gönnen) a. weitS.* take a rest, take it easy; *(Kräfte sparen)* spare energy, save one's strength; *sich nicht ~* exert o.s., burn the candle at both ends; ⊕, ✝ *die Maschine usw. schont die Finger* is kind to fingers; *schont die Möbel usw.* is easy on the furniture; → *schonend*.

schonend I. *adj.* careful, gentle; *(rücksichtsvoll)* considerate; *(nachsichtig)* indulgent; **II.** *adv.*: *j-m et. ~ beibringen* break a th. gently to a p.; *~ umgehen mit* save, go easy on, *(sparsam)* use sparingly.

Schoner[1] *m* cover(ing), protector.

Schoner[2] ⚓ *m* schooner.

schönfärb|en *fig. v/t.* gloss over, palliate; **⁓er** *fig. m* palliator; **⁓erei** *fig. f* palliation.

Schon|frist *f* (period of) grace; **~gang** *mot. m* overdrive.

schön...: ~gebaut *adj.* well-made; **⁓geist** *m* (a)esthete, bel esprit *(fr.)*, belletrist; **⁓geisterei** *f* (a)estheticism; **~geistig** *adj.* (a)esthetic(al), literary; *Literatur*: belletristic.

Schönheit *f* beauty; *der Frau*: *a.* pulchritude; *(Frau)* beautiful woman, beauty, belle *(fr.)*; *~en der Natur*: beauty-spots, beauties; *von großer ~* of great beauty, very beautiful.

Schönheits...: ~chirurgie *f* cosmetic surgery; **~fehler** *m* disfigurement, *a. e-s Gegenstandes usw.*: flaw, (minor) blemish *(a. fig.)*; *(störender Anblick)* eyesore; **~fleck** *m*, **~pflästerchen** *n* beauty-spot; **~ideal** *n* reigning beauty, beau ideal *(fr.)*; **~königin** *f* beauty queen; Miss *America, etc.*; **~konkurrenz** *f*, **~wettbewerb** *m* beauty contest; **~mittel** *n* beauty aid, cosmetic; **~operation** *f* cosmetic (plastic) operation *od.* surgery; **~pflege** *f* cosmetics *pl.*, cosmetology, beauty culture; **~pflegerin** *f* cosmetician, *bsd. Am.* cosmetologist, beautician; **~salon** *m* beauty parlo(u)r *od.* salon; **~sinn** *m* sense of beauty, (a)estheticism; **~tänzerin** *f* exotic dancer; *weitS.* F stripteaser.

Schon|klima *n* relaxing climate; **~kost** ⚕ *f* mild diet.

schön...: ~machen I. *v/i. Hund*: sit up (and beg); **II.** *v/refl.*: *sich ~* smarten *(od.* spruce) o.s. up; **⁓redner(in** *f)* *contp. m* rhetorician; *(Schmeichler)* flatterer; **~rednerisch** *contp. adj.* rhetorical; flattering; **⁓schreibekunst** *f*, **⁓schrift** *f* calligraphy; **⁓schreiber(in** *f)* *m* calligraphist; **⁓tuer(in** *f)* *m* flatterer; **⁓tuerei** *f* flattery; **~tun** *v/i.* *(schmeicheln)* flatter, *bittend, drängend*: coax, cajole *(j-m* a p.); *(schäkern)* flirt (with a p.); *j-m ~ a.* F play up to a p.

Schonung *f* **1.** *(Gnade)* mercy; *(Nachsicht)* indulgence, forbearance; *(pflegliche Behandlung)* careful treatment, good care; *(Erhaltung)* protection, preservation; ⚕ *(Ruhe)* rest, *(Entspannung)* relaxation; *~ der Gesundheit* preservation of one's health; *sich ~ auferlegen* take a rest, relax, take it easy; *mit ~ behandeln* → *schonen(d)*; *ohne ~* → *schonungslos*; *zur ~ der Augen* to save one's eyes, to preserve one's eyesight; *zur ~ des Fußbodenbelages* (in order) to preserve the floor-covering; **2.** *(Baumschule)* tree nursery; *(Jagdgehege)* preserve; **⁓sbedürftig** *adj.* convalescent; in want of rest; **⁓slos** *adj.* unsparing *(gegen* to, of); *(erbarmungslos)* merciless, pitiless; *weitS. a.* brutal, blunt; *mit ~er Offenheit* bluntly.

Schönwetter|freund *m* fair-weather friend; **~wolke** *f* fair-weather cloud, cumulus.

Schonzeit *hunt. f* close season.

Schopf *m* *(Scheitel)* crown, top (of the head); *(Haar⁓)* tuft, bob; *wirrer, voller*: shock *od.* mop (of hair); *der Vögel*: tuft, crest; *fig. die Gelegenheit beim ~(e) nehmen od. packen* take time *(od.* occasion) by the forelock, seize the opportunity, F jump at the chance.

Schöpf|becherwerk *n* bucket elevator; **~brunnen** *m* draw-well; **~bütte** *f Papierherstellung*: pulp vat; **~eimer** *m* bucket; ⊕ *a.* scoop.

schöpfen *v/t. u. v/i.* scoop, *mit e-m*

Löffel: ladle; (*Wasser*) *am Brunnen*: draw, *aus dem Boot*: bail; *fig.* (*Erfahrungen usw.*) gain, derive, obtain; → *Atem, Hoffnung* 1, *Kraft, Luft, Mut, Verdacht, Vertrauen* III, *voll* I.

Schöpfer[1] *m* → *Schöpfgefäß*.

Schöpfer[2] *m* creator, maker, originator, author, framer; (*Gott*, ~ *aller Dinge*) *the* Creator, God, *the* (*od. your, etc.*) Maker; **~geist** *m* creative genius, creativeness; **~hand** *f* hand of the creator, creative touch; **~in** *f* creatress; authoress; **≈isch** *adj.* creative; productive; *e-e* ~*e Pause einlegen* pause for inspiration; **~kraft** *f* creative power, genius.

Schöpf...: **~gefäß** *n*, **~kelle** *f* scoop, dipper; (*Löffel*) ladle; (*Eimer*) bucket; **~löffel** *m* ladle; ⊕ *a.* scoop; **~papier** *n* hand-made paper; **~rad** *n* bucket-wheel.

Schöpfung *f bibl. the* Creation; (*die Welt*) *the* universe, creation; (*Werk*) creation, product(ion), work; (*Geistesprodukt*) F brainchild; *iro. die Herren der* ~ the lords of creation; → *Krone* 2; **~sgeschichte** *f* history of creation; *bibl.* Genesis.

Schöpfwerk *n* bucket elevator.

Schoppen *m Wein* (¼ *Liter*): half a pint; *süddeutsch* (½ *Liter Milch usw.*): pint.

Schöps *m* wether; (*Fleisch*) mutton.

Schorf ⚕ *m* scurf; (*Wund*≈) scab, crust; **≈ig** *adj.* scurfy, scabby.

Schornstein *m* chimney; ⚓, 🚂 funnel; ⚓ *a.* smoke-stack; (*Abzugsrohr*) flue; *fig.* → *Kamin*; **~aufsatz** *m*, **~kappe** *f* chimney-pot; **~feger** *m* chimney-sweep.

Schoß[1] ⚘ *m* shoot, spring, sprout.

Schoß[2] *m* lap; (*Mutterleib*) womb; *fig. der Kirche, Familie, Partei*: fold; → *Rockschoß*; *auf j-s* ~ *sitzen* sit on a p.'s lap; *fig. die Hände in den* ~ *legen* rest on one's oars; (*Daumen drehen*) twiddle one's thumbs; (*sicher wie*) *in Abrahams* ~ *sein* be in the bosom of Abraham, be perfectly safe; *im* ~*e der Erde* in the bowels of the earth; *im* ~*e der Familie* in the bosom (*od.* midst) of the family; *im* ~*e des Glücks* in Fortune's lap; *im* ~*e der Kirche* within the pale of the church; *in den* ~ *der Kirche usw. zurückkehren* return to the fold; *im* ~*e der Zukunft* in the womb of time; *das liegt noch im* ~ *der Zukunft* only time will tell; *es ist ihm in den* ~ *gefallen* it fell right into his lap; **~hund** *m* lap-dog, pet; **~kind** *n* pet, darling.

Schößling ⚘ *m* (off)shoot, sprout.

Schote[1] *f* ⚘ pod, husk, shell; ~*n Kochkunst*: green peas.

Schote[2] ⚓ *f* sheet rope.

Schoten...: **≈förmig** *adj.* pod-shaped; **~frucht** *f* two-suture legume.

Schott ⚓ *n*, **~e**[1] *f* bulkhead; ~*en dicht!* close the bulkheads!

Schotte[2] *m* Scot, Scotsman, Scotchman; *die* ~*n* the Scotch (*pl.*), the Scots.

Schotter *m* ⊕ gravel; (*Straßen*≈) *a.* (road-)metal; 🚂 ballast; (*Geröll*) rubble; **~decke** *f* road-metal surface; **≈n** *v/t.* gravel; *Straßenbau*: *a.* metal; 🚂 ballast; **~straße** *f* metal(l)ed *od.* gravel road.

Schott|in *f* Scotchwoman; **≈isch** *adj.* Scotch, Scottish; *die* ~*e Sprache, das* ≈*e*, ≈ the Scottish language, Scotch.

schraffier|en *v/t.*: (*kreuzweise* ~ cross-)hatch; **≈ung** *f* hatching; *auf Karten, zur Darstellung von Höhenunterschieden*: hachure.

schräg *adj.* oblique, slanting; (~ *abfallend*) sloping, inclined, slanted; (~ *verlaufend*) diagonal; (*quer hindurchgehend*) transversal; ⊕ bevel, chamfered; *adv.* ~ *gegenüber* diagonally across (*von* from), nearly opposite (*a th.*); F ~*e Musik* hot music; F ~*er Vogel sl.* creep, weirdo; **≈ansicht** *f* oblique view; **≈e** *f* obliquity, slant; (*Gefälle, Fläche*) slope, incline; ⊕ bevel; **~en** ⊕ *v/t.* bevel; **≈fläche** *f* slope, incline; **≈heit** *f* → *Schräge*; **≈kante** ⊕ *f* bevel, chamfer; **≈lage** *f* sloping (*od.* inclined) position; ✈ bank(ing); ⚕ *des Kindes*: oblique presentation; **~laufend** *adj.* oblique, diagonal; **≈paß** *m Fußball*: cross; **≈schrift** *f* sloping hand(writing); *typ.* italics *pl.*; **≈schuß** *m Fußball*: cross shot; **~stellen** *v/t.* incline, tilt; **≈strich** *m* diagonal stroke; **~über** *adv.* (diagonally) across; **≈verstellung** *f* angular adjustment; **~winkelig** *adv.* at an oblique angle.

Schramme *f* scratch (*a. der Haut*); (*Schürfung*) abrasion; (*Narbe*) scar.

Schrammelmusik *f* popular music of violins, guitars, and concertina.

schramm|en *v/t.* scratch; (*Haut*) *a.* graze, skin, abrade; (*verunstalten*) scar, mar; (*streifen, a. Auto usw.*) graze; **~ig** *adj.* full of scratches, scarred, marred.

Schrank *m* cupboard, *bsd. Am.* closet; (*Bücher*≈) book-case; (*Kleider*≈) wardrobe; (*Spind*) locker; (*Wäsche*≈) (linen-)press; (*Vitrine*,

Kommode, Musik~) cabinet; (*Geld*~) safe; ⊕ cabinet, console; F (*großer Kerl*) hulking fellow, F big boy; **~bett** *n* foldaway bed.

Schranke *f* barrier; 🚂 *a.* (railway-) gate; (*Zoll*~) turnpike, toll-gate; (*Gitter*) rail(ing), grating; ⚖ bar; *fig.* (*soziale, kulturelle* ~; *Handels*~ *usw.*) barrier; (*Grenze*) bounds *pl.*, limits *pl.*; *hist.* ~*n* (*Turnierplatz*) lists; *fig. in die* ~*n treten* enter the lists; *in die* ~*n fordern* challenge, throw down the gauntlet to; ~*n setzen dat.* set bounds to, put a check on; (*sich*) *in* ~*n halten* keep within bounds, restrain (o.s.); *j-n in s-e* ~*n weisen* put a p. in his place, cut a p. down to size.

schränken *v/t.* put crosswise; cross (*a. Beine*); (*Arme*) fold; ⊕ (*Säge*) set; → *geschränkt.*

Schranken...: **~los** *adj.* boundless, unlimited; *b.s.* unbounded, unbridled; (*sittenlos*) licentious; **~losigkeit** *f* boundlessness; *fig. a.* (*Sittenlosigkeit*) licentiousness; **~wärter** 🚂 *m* gatekeeper.

Schrank...: **~fach** *n* compartment, partition; *Bank*: safe deposit box; *für Briefe*: pigeon-hole; **~fertig** *adj. Wäsche*: fluffy-dry; **~koffer** *m* wardrobe-trunk; **~wand** *f* wall-to-wall cupboard.

Schranze *f*, *m* → *Hofschranze.*

Schrapnell ⚔ *n* shrapnel.

Schrapper ⊕ *m* scraper.

Schraubdeckel *m* screw cap.

Schraube *f* screw; *mit Mutter*: bolt; (*Holz*~) wood screw; ⚓ (*Schiffs*~) screw (propeller); ✈ air-screw, *Am.* propeller; *Sport* a) twist; b) (~*nsprung*) twist (*od.* spiral) dive; ~ *und Mutter* bolt and nut; F *fig. alte* ~ old frump; ~ *ohne Ende* endless screw; *fig.* vicious circle; *e-e* ~ *anziehen* tighten a screw; *fig. die* ~ *anziehen* put on the screw; F *fig. bei ihm ist e-e* ~ *los* (*od. locker*) he has a screw loose; **~n** *v/t. u. v/i.* screw; (*drehen*) twist, wind, spiral; *fester* (*loser*) ~ tighten (loosen) the screw(s) of; *in die Höhe* ~ → *hochschrauben*; *fig. niedriger* ~ lower, scale down; → *geschraubt.*

Schrauben...: **~antenne** *f* helical aerial, *Am.* corkscrew antenna; **~bakterie** *f* spirillum; **~bohrer** ⊕ *m* twist drill, auger; **~bolzen** *m* (screw) bolt; **~dampfer** ⚓ *m* screw steamer; **~drehbank** *f* screw-cutting lathe; **~eisen** *n* screw steel, *Am.* bolt stock; **~feder** *f* coil spring; **~förderer** *m* screw conveyer; **~förmig** *adj.* screw-shaped, spiral, helical; **~gang** *m* screw thread; **~getriebe** *n* worm gear; **~gewinde** *n* screw thread, worm; **~kopf** *m* screwhead, bolthead; **~lehre** *f* micrometer; **~material** *n* → *Schraubeneisen*; **~mutter** *f* (bolt) nut, female screw; **~salto** *m Sport*: somersault with twist; **~schlüssel** *m* wrench, spanner; *englischer, verstellbarer*: adjustable spanner; monkey-wrench; **~schneidemaschine** *f* screw-cutting machine, bolt cutter; **~spindel** *f* male screw, spindle; **~sprung** *m Sport*: twist dive; **~verbindung** *f* screw joint; **~welle** *f* propeller-shaft; **~winde** *f* jack-screw (wind); **~windung** *f* turn of a screw; spiral turn; **~zieher** *m* screw-driver.

Schraub...: **~kappe** *f* screw(ed) cap; **~lehre** *f* micrometer; **~stock** *m* vice, *Am.* vise; *weitS. am* ~ at the workman's bench; *wie ein* ~ *Griff*: like a vice; **~verschluß** *m* screw cap.

Schrebergarten *m* allotment (garden).

Schreck *m* fright, shock, terror; (*Aufregung*) alarm; (*Panik*) panic; (*Bestürzung*) consternation; (*Entsetzen*) dismay; (*Furcht*) fear; (*Grausen*) horror; *die* ~*en des Krieges usw.* the horrors of; *e-n* ~ *bekommen* have a shock, get a fright, be scared, panic; *von* ~ *ergriffen* terrified, terror-stricken, paralysed with fear; ~*en verbreiten über* bring terror to, terrorize; *in* ~*en (ver)setzen* strike with terror; *weitS.* frighten, alarm, scare, terrify, dismay; → *a. einjagen*; *mit dem* ~*en davonkommen* get off with the fright; *zu meinem* ~*en* to my dismay; F *ach, du* ~*!* good heavens!, dear me!; **~bild** *n* ghastly sight; (*Person*) fright; *fig.* (*Alptraum*) nightmare, spectre; (*Buhmann*) bogeyman.

schrecken I. *v/t.* **1.** frighten, scare, *stärker*: terrify; *jäh*: dismay; (*auf*~) alarm, startle; (*abhalten*) deter; **2.** ⊕ (*abkühlen*) chill; **II.** **~** *m* → *Schreck.*

Schreckens...: **~bleich** *adj.* pale with fear; **~botschaft** *f*, **~nachricht** *f* alarming (*od.* terrible, dire) news (*sg.*); **~herrschaft** *f* reign of terror; **~nacht** *f* night of horrors, dreadful night; **~schrei** *m* cry of dismay, shriek of terror; **~tat** *f* atrocious (*od.* heinous) deed, atrocity.

Schreck...: **~erregend** *adj.* horrible; → *a. schrecklich*; *Nachricht usw.*: alarming, dire; **~gespenst** *fig. n* spectre, nightmare; (*Buh-*

mann, Popanz) bogeyman, bugbear, bugaboo; **≈haft** *adj.* easily frightened, fearful, timid, nervous, panicky; **~ladung** ⚔ *f* booby trap.

schrecklich I. *adj.* terrible, frightful, fearful, dreadful, horrible, horrid, awful, ghastly (*alle a.* F *fig.*); (*schlimm*) dire, grim; (*katastrophal*) disastrous; *Verbrechen usw.*: atrocious, heinous; **II.** F *fig. adv.* (*ungemein*) terribly, *etc.*, → I; F awfully; **≈keit** *f* terribleness, frightfulness, *etc.*; horror, atrocity.

Schreck...: **~mittel** *n* scarecrow; **~nis** *n* horror; **~pistole** *f* booby pistol; **~schuß** *m* shot fired in the air, warning shot; *fig.* false alarm; **~sekunde** *f mot.* (one second allowance for) reaction time; *weit S.* moment of panic.

Schrei *m* cry; *lauter*: shout; *gellender*: yell; *jammervoller*: wail; *der Angst*: scream; *spitzer*: shriek; (*Brüll≈*; *der Menge*) roar; *fig.* ~ der Entrüstung outcry; der letzte ~ (*Modeneuheit*) the latest rage, the dernier cri (*fr.*).

Schreib...: **~arbeit** *f* clerical (*od.* desk) work, *bsd. unerwünschte*: paperwork; **~art** *f* style; *e-s Wortes*: spelling; **~bedarf** *m* writing materials *pl.*, stationery; **~block** *m* writing-pad; **~(e)buch** *n* copybook.

schreiben I. *v/t. u. v/i.* write (über ein Thema on; für e-e Zeitung for); ⊕ *Instrument*: record; (*Kurven usw.*) *a.* plot, trace; (*verfassen*) write, compose; ✝ (*Rechnung*) write out; j-m ~ write to a p. (✝, F a p.); j-m et. ~ inform a p. of a th., write to a p. about a th.; sich (*od.* einander) ~ correspond, be in correspondence; noch einmal ~ rewrite; gut ~ *Handschrift*: write a good hand, *Stil*: be a good writer; (Bücher) ~ (*schriftstellern*) write, be a writer *od.* author; (richtig) ~ (*Wort*) spell (correctly); falsch ~ misspell; an et. ~ be writing a th., be working on a th.; ins reine ~ make a fair copy of, write out fair; mit Bleistift *usw.* ~ write in pencil, *etc.*; mit der Maschine ~ type; man schreibt uns aus N. we hear from N.; wie *unser Gewährsmann, die Zeitung usw.* schreibt according to; er kann nicht richtig ~ he is a bad speller; wie schreibt er sich? how does he spell his name?; damals schrieb man das Jahr 1840 it was in (the year of) 1840; die Feder schreibt gut the pen writes well (*od.* is good); ~ Sie! *beim Diktat*: take the dictation!, take a letter!; → *Kamin, Leib, Ohr, Zeile usw.*; **II.** ≈ *n* writing; (*Brief*) letter, *kurzes, a. diplomatisches*: note; Ihr ~ vom your letter of, *im Briefkopf*: Your Ref. (= reference).

Schreiber *m* **1.** **~in** *f* writer; (*Angestellter*) clerk; (*Sekretär, Protokollführer*) secretary; (*Ab≈*) copyist; *hist.* scribe; der ~ (*Verfasser* = ich) the writer, *in e-r Zeitung*: this correspondent; der ~ dieses Briefes the undersigned; **2.** ⊕ recorder; (*Stift*) (recording) stylus; **~ei** *f* (endless) writing; paperwork; (*Geschmier*) scribbling; **~ling** *m*, **~seele** *f* scribbler, quill-driver, pen-pusher.

Schreib...: **≈faul** *adj.* lazy about writing; being a bad correspondent; **~feder** *f* pen; (*Gänsefeder*) quill; **~fehler** *m* mistake in writing *od.* spelling, slip of the pen; clerical mistake; **~fertigkeit** *f* penmanship; **~gebühr** *f* copying fee; **~gerät** *n* writing utensil; ⊕ recording instrument, recorder; **~heft** *n* copybook, exercise-book; **~hilfe** *f* (*Person*) secretarial help; **~kopf** ⊕ *m* recording head; **~kraft** *f* (steno)typist; *pl. a.* clerical staff *sg.*; **~krampf** *m* writer's cramp; **~kunst** *f* art of writing; **~mappe** *f* writing-case, blotting-case; portfolio; **~maschine** *f* typewriter; mit der ~ schreiben type; mit der ~ geschrieben in typescript, typewritten, typed; **~maschinenpapier** *n* typewriting paper; **~maschinenschreiber**(**in** *f*) *m* typist; **~maschinenschrift** *f* typescript; **~material**(**ien** *pl.*) *n* writing materials (*pl.*), stationery (*sg.*); **~papier** *n* writing paper; **~pult** *n* (writing-)desk; **~schrift** *f* handwriting; *typ.* script, *German, etc.* handwriting; **~stift** *m* stylus (*a.* ⊕); pencil; **~stube** *f* office; ⚔ orderly-room; **~tafel** *f* (writing-) tablet; (*Schiefertafel*) slate; **~tinte** *f* writing ink; **~tisch** *m* writing-table, desk; **~tischlampe** *f* desk lamp; **~tischsessel** *m* desk chair; **~tischtäter** *fig. m* armchair culprit; **~trommel** ⊕ *f* recording drum; **~ung** *f* spelling; falsche ~ misspelling; **≈unkundig** *adj.* ignorant of writing; **~unterlage** *f* blotting-pad; **~verbot** *n* ban on writing; **~waren** *f/pl.* writing materials, stationery *sg.*; **~warenhändler**(**in** *f*) *m* stationer; **~warenhandlung** *f* stationer's (shop); **~weise** *f* style; *e-s Wortes*: spelling; *Computer*: notation; **~werk** ⊕ *n* recording mechanism;

~zeug *n* writing utensil(s *pl.*); **~zimmer** *n* writing room.

schreien I. *v/i. u. v/t.* cry (out), *lauter*: shout (*vor Schmerz* with pain); *gellend*: yell; *kreischend*: scream, shriek, screech; *quietschend*: squeal; *jammernd*: wail; (*brüllen*) roar (*vor Lachen* with laughter), bawl, vociferate; *kleines Kind*: squall; *Eule*: hoot, screech; *Hahn*: crow; *Esel*: bray; *Hirsch*: bell; ~ *nach* cry for; *Menge, das Volk*: clamo(u)r for; *j-m in die Ohren* ~ din into a p.'s ears; → *Hilfe, Himmel*; **II.** ♀ *n* crying, cries *pl., etc.*; F *es (er) ist zum* ~ F it (he) is a scream; **~d** *adj.* crying, *etc.*; clamorous; *fig.* shrill; *Farben*: glaring, gaudy, loud; (*himmel* ~) crying *shame*; ~*es Unrecht* flagrant injustice; ~*er Gegensatz* glaring contrast.

Schrei|er(in *f*) *m*, **~hals** F *m* bawler; (*Krakeeler*) brawler; *kleiner* ~ cry-baby, squaller; **~krampf** *m* screaming fit.

Schrein *m* chest; (*Reliquien*♀, *a. fig. des Herzens usw.*) shrine; (*Sarg*) coffin, casket; → *a. Schrank.*

Schreiner *m* joiner; (*Kunst*♀) cabinet-maker; **~ei** *f* joiner's workshop; (*a.* **~handwerk** *n*) joinery.

Schreiner...: **~geselle** *m* journeyman joiner; **~meister** *m* master joiner; **♀n I.** *v/i.* work as a joiner; **II.** *v/t.* make.

schreiten *v/i.* step, stride (*über* across); *stolz*: stalk, strut; *im Zimmer auf und ab* ~ pace the room *od.* floor; *fig. zu et.* ~ proceed to a th.; *zur Abstimmung* ~ (come to the) vote; *zum Äußersten* ~ take extreme measures; *zu Werke* ~ set to work.

Schrieb F *m* writing; letter.

Schrift *f* writing; (*Hand*♀) handwriting, hand; (~*zeichen*) character, letter; *typ.* script, type, → *a. Schreibschrift*; (~*bild*) face; (~*stück*) document, (*a. Abhandlung*) paper; (*Veröffentlichung*) publication; (*Werk*) work; (*Bitt*♀) petition; (*In*♀) text, legend (*a. e-r Münze*); *in lateinischer* ~ in Roman character(s); *sämtliche* ~*en Kants* complete edition *sg.* of Kant('s works); → *heilig, Broschüre, Pamphlet, Traktat*; **~art** *f* type, script; **~auslegung** *eccl. f* exegesis; **~bild** *n* (type) face; **♀deutsch** *adj.* literary (*od.* standard) German; **~form** ⚖ *f* writing; **~führer(in** *f*) *m* secretary; **~gelehrte(r)** *bibl. m* scribe; **~gießer** ⊕ *m* type-founder; **~gießerei** *f* type-foundry; **~grad** *m* degree of type; **~guß** *m* type-casting; **♀hoch** *typ. adj. u. adv.* type-high; **~kasten** *m* (composing) frame; **~leiter(in** *f*) *m* editor (*f* editress); **~leitung** *f* → *Redaktion*; **♀lich I.** *adj.* written, *nachgestellt*: in writing; (*brieflich*) by letter; ~*e Prüfung* written examination; ~*e Prüfungsarbeit* examination paper, script; *etwas* ♀*es zu erledigen haben* have some writing (*od.* paperwork) to do; *darüber habe ich nichts* ♀*es in Händen* I have no proof in writing on that; **II.** *adv.* in writing; in black and white; ~ *niederlegen* reduce to writing, record; *jetzt haben wir es* ~ now we have it in black and white; F *das kann ich dir* ~ *geben!* F I promise you!, you can bet your life on that!; **~metall** ⊕ *n* type metal; **~probe** *f* specimen of (a p.'s) handwriting; *typ.* specimen of type; **~rolle** *f* scroll; **~sachverständige(r)** *m* handwriting expert; **~satz** *m typ.* composition; ⚖ (set of) documents *pl.*, file; (*Erklärung*) (written) statement; **~setzer** *typ. m* type-setter, compositor; **~sprache** *f* literary (*od.* standard) language.

Schriftsteller *m* author, writer; **~ei** *f* writing, literary career; authorship; **~in** *f* author(ess), writer; **♀isch I.** *adj.* literary; **II.** *adv.* as an author; **♀n** *v/i.* write, do literary work, be a writer (*od.* an author); **~name** *m* pen-name, nom de plume (*fr.*).

Schrift...: **~stück** *n* writing, paper, document, deed; (*Akte*) file; **~tum** *n* literature; **~verkehr** *m*, **~wechsel** *m* correspondence, exchange of letters (*pol.* of notes); **~wart** *m* secretary; **~zeichen** *n* character, letter; **~zug** *m* character; (*Schnörkel*) flourish.

schrill *adj.* shrill (*a. fig.*); **~en** *v/i. u. v/t.* shrill.

Schrippe F *f* baton roll.

Schritt *m* **1.** step (*a. Tanz*♀, ⊕ *Schalt*♀, *a.* ♪); pace (*a. als Maß*: *5* ~ *usw.*); *langer*: stride; *hörbarer*: (foot-)step, footfall; *mit schnellen* ~*en* at a brisk pace, with vigorous strides; *s-e* ~*e wenden* (*od. lenken*) *nach od. zu* turn one's steps towards; ~ *wechseln* change step; *aus dem* ~ *kommen* break (*od.* get out of) step; *im gleichen* ~ *und Tritt* (firmly) in step; ~ *halten mit* keep pace (*od.* step, up) with; *fig. a.* keep abreast of; ~ *für* ~ step by step (*a. fig.*); *auf* ~ *und Tritt* (*ständig*) constantly; (*überall*) at every turn, everywhere; *j-m auf ~ und Tritt folgen* dog a p.'s footsteps; *heimlich*: shadow a p.; *drei ~ vom Leibe!* keep your distance!, don't come near me!; *es sind nur ein paar ~e* it is but a step (*bis zu* to); **2.** *Reiten usw.*: walk; *im ~ gehen od. reiten* (go at a) walk; *mot. im ~ fahren* drive at a walking speed; (*im*) *~ fahren!* dead slow!; **3.** *Hose, a.* F *anat.*: crotch; **4.** *fig.* step; (*Maßnahme*) step, measure; *pol.* (*diplomatischer ~*) démarche (*fr.*); *Politik der kleinen ~e* policy of graduation; *der erste ~ zur Besserung* a first step towards improvement; *mit großen ~en* with giant strides (*od.* steps); *ein großer* (*erster*) *~* a long (first) step (*zu* towards); *~e tun* (*od. unternehmen*) take steps; *den ersten ~ tun* take the initiative; *den entscheidenden ~ tun* take the (final) plunge; *den zweiten ~ vor dem ersten tun* put the cart before the horse; *ich ging noch einen ~ weiter* I went one step further; *wir sind noch keinen ~ weitergekommen* we haven't made the slightest progress (*od.* headway) yet.

Schrittmacher *m Sport*: pacemaker (*a.* ⚕), pacer; *fig.* pacemaker, pioneer; *in der Mode*: *a.* trendsetter; *~ sein* (*für*) → **~dienste** *m/pl.* pace-setting *sg.*; *~ leisten* (set the) pace, act as a pacemaker (*dat. od. für* for; *a. fig.*); *fig. a.* pave the way (for); **~maschine** *f* pace-maker's machine; **~motor** ⚡ *m* stepping motor.

Schritt...: **~messer** *m* passometer; **~schaltwähler** *m* step-by-step selector; **~wechsel** *m* change of step; **≈weise I.** *fig. adj.* gradual, progressive, step-by-step ...; **II.** *adv.* step by step, by steps, *fig. a.* gradually, progressively; **~zähler** *m* pedometer.

schroff *adj. Felsen, Berge*: rugged, jagged; (*steil, jäh*) steep, precipitous; *fig.* (*rauh, barsch*) gruff, rough, harsh; (*kurz angebunden*) abrupt, brusque; (*unvermittelt*) abrupt; *~e Ablehnung* flat refusal, *weitS.* harsh rejection; *~er Gegensatz* (*Widerspruch*) glaring contrast (contradiction); **≈heit** *f* ruggedness; steepness, precipitousness; *fig.* gruffness, *etc.*

schröpf|en *v/t.* ⚕ cup, bleed, scarify; *fig.* (*j-n*) fleece, milk; **≈kopf** ⚕ *m* cup(ping glass).

Schrot *m, n* **1.** (*grobgemahlenes Getreide*) bruised grain, grist; **2.** *zum Schießen*: small shot, (*Rehposten*) buckshot; **3.** ⊕ (*Klotz*) log (*od.* block) of wood; **4.** *Münze*: due weight; *fig. von altem ~ und Korn* of the old stamp; *ein Mann von echtem ~ und Korn* a real man; **~brot** *n* whole-meal bread; **~büchse** *f* shotgun; **≈en** *v/t.* **1.** (*Getreide*) rough-grind, crush; bruise (*a. Malz*); **2.** (*Lasten*) roll (along), (*Fässer*) shoot, lower; ⚓ parbuckle; **~effekt** *TV m* shot effect; **~feile** *f* rough(-cut) file; **~flinte** *f* shotgun.

Schrothkur ⚕ *f* Schroth's treatment, dry diet.

Schrot...: **~korn** *n*, **~kugel** *f* (grain of) shot; **~ladung** *f* small-shot charge; **~leiter** *f* dray ladder; **~mehl** *n* coarse (*od.* whole) meal, grist; **~meißel** ⊕ *m* cross chisel; **~mühle** *f* malt mill; **~säge** *f* crosscut saw.

Schrott *m* scrap (iron), scrap material; **~händler** *m* scrap dealer; **~haufen** *m* scrap heap (*a. fig.*); **~platz** *m* scrap (*od.* junk) yard; **≈reif** *adj.* ripe for the scrap heap; *Auto ~ fahren* smash up; **~wert** *m* scrap value.

schrubb|en *v/t.* scrub, scour; (*Schiff*) swab; **≈er** *m* scrubbing-brush, scrubber; ⚓ swab.

Schrull|e *f* **1.** whim, crotchet, fad, spleen, F kink; **2.** F (*Frau*) old crone; **≈enhaft, ≈ig** *adj.* crotchety, cranky.

schrumpel|ig *adj.* (*zerknittert*) crumpled, creased; (*runzelig*) wrinkled; (*eingeschrumpft u. faltig*) shrivelled; **~n** *v/i.* → *schrumpfen.*

schrumpf|en *v/i.* shrink (*a.* ⊕, ⚕); (*sich zs.-ziehen*) *a.* contract; (*schrumpeln*) shrivel; *fig.* shrink, dwindle; **≈kopf** *m* shrunken head; **≈lack** *m* wrinkle finish; **≈leber** *f* (**≈niere** *f*) ⚕ cirrhosis of the liver (kidney); **≈sitz** ⊕ *m* shrink fit; **≈ung** *f* shrinking; *a.* ⚕, ⊕ shrinkage; contraction; shrivelling; ⚕ atrophy; *biol.* involution.

Schrund *m*, **~e** *f* crack, crevice; *~n in Haut, Lippen*: chaps; **≈ig** *adj.* cracked; *Haut*: chapped.

schrupp|en *v/t.* **1.** ⊕ rough; **2.** → *schrubben*; **≈feile** *f* rough(-cut) file; **≈hobel** *m* jack plane.

Schub *m* **1.** push, shove; *phys.*, ⊕ (*Schiebekraft*) thrust; (*Quer≈*) shear(ing force); **2.** *von Brot usw.*, *fig. von Briefen, Ernennungen, Menschen*: batch; **3.** *polizeilich*: compulsory conveyance (of tramps, *etc.*); **4.** *Kegeln*: throw; **5.** ⚕ episode, (*Anfall*) attack; ⚕ *in Schüben verlaufend* intermittent; **~düse** *f* thrust nozzle; **~fach** *n* drawer;

~fenster *n* sash (*mot.* slide) window; **~festigkeit** *f* shearing strength; **~karre(n** *m*) *f* wheelbarrow, *Am. mst* push cart; **~kasten** *m*, **~lade** *f* drawer; **~kraft** *f* thrust; (*Querschub*) shear(ing force); **~lehre** *f* slide caliper; **~leistung** *f* thrust (performance); *Luftschraube*: thrust (horse)power; **~riegel** *m* sliding bolt; **~s** F *m*, **~ser** F *m*, **≗sen** *v/t*. push, shove; → *a. Rippenstoß*; **~stange** *f* push rod; **≗weise** *adv*. in batches; (*nach und nach*) by degrees.

schüchtern *adj*. shy; (*verschämt*) bashful, blushing; (*zaghaft*) timid; (*unsicher*) diffident; *~er Versuch* feeble attempt; **≗heit** *f* shyness; bashfulness; timidity.

Schuft *m* scoundrel, blackguard, rascal, *a. thea*. villain, V bastard.

schuft|en *v/i*. drudge, slave, sweat (away), work like a horse; **≗erei** *f* drudgery, slavery, F grind, sweat.

schuftig *adj*. rascally, mean, low, treacherous; **≗keit** *f* perfidy, lowness, meanness, treachery.

Schuh *m* shoe (*a.* ⊕); (*Tanz≗*, *Turn≗*) pump; → *a. Hufeisen*; *fig. j-m et. in die ~e schieben* put the blame (for a th.) on a p., lay a th. at a p.'s door, saddle a th. on a p.; *ich möchte nicht in seinen ~en stecken* I should not like to be in his shoes; *wo drückt (dich) der ~?* what's the trouble?, where does the shoe pinch?; *umgekehrt wird ein ~ daraus!* quite the contrary is true!; **~absatz** *m* heel; **~anzieher** *m* shoehorn, shoe-lift; **~band** *n* shoelace, *Am. a.* shoestring; **~bürste** *f* shoe-brush; **~creme** *f* shoe-cream, shoe-polish, *Am. a.* shoeshine; **~fabrik** *f* shoe-factory; **~geschäft** *n*, **~laden** *m* shoe-shop; **~größe** *f* shoe size; **~leder** *n* shoe leather; **~löffel** *m* shoehorn; **~macher** *m* shoemaker, bootmaker; **~plattler** *m* "Schuhplattler" (folk dance); **~putzer** *m* shoeblack, *Am.* shoeshine (boy); F *fig. wie e-n ~ behandeln* treat like dirt (*od.* a doormat); **~putzmittel** *n* → *Schuhcreme*; **~riemen** *m* → *Schuhband*; **~sohle** *f* sole (of a shoe); **~spanner** *m* shoe-tree, shoe-stretcher; **~waren** *f/pl.*, **~werk** *n* footwear (*sg.*), footgear (*sg.*); boots and shoes (*pl.*); **~wichse** *f* → *Schuhcreme*; **~zeug** *n* → *Schuhwaren*.

Schuko|steckdose ⚡ *f* earthing-contact type socket; **~stecker** *m* shrouded contact plug.

Schul|alter *n* school age; **~amt** *n* (*Behörde*) supervisory school authority; **~arbeit** *f*, **~aufgabe** *f* homework; lesson, task; **~arzt** *m* school medical officer; **~(aufsichts)-behörde** *f* → *Schulamt*; **~ausflug** *m* school outing; **~ausgabe** *f* school edition; **~bank** *f* form, school-bench; *die ~ drücken* go to school; **~beispiel** *n* typical example (*für* of), test-case, case in point; **~besuch** *m* school attendance; **~bildung** *f* education; *höhere ~* secondary education; **~buch** *n* school-book, class-book; (*Leitfaden*) textbook; **~bus** *m* school bus.

Schuld *f* **1.** (*Verantwortung für Böses usw.*) guilt; (*Fehler, Verursachung*) fault; (*Missetat*) wrong, *stärker*: crime; (*Sünde*) sin, *bibl. a.* debt; (*Ursache*) cause; ⚖ *strafrechtlich, scheidungsrechtlich*, guilt, *zivilrechtlich*: *mst* fault: responsibility; ⚖ *≗ haben* be guilty (*an et.* of); *zivilrechtlich*: be at fault, be responsible (for); *an e-r Sache ≗ sein* be to blame for, be responsible for; *er hat ≗ daran od. ihn trifft die ~ dafür(, daß)* it is his fault *od.* doing (that); *wer ist ≗ daran?* whose fault is it?, who is to blame for it?; *die schlechten Zeiten sind ≗ daran* the bad times are to blame for it; *ihn trifft kaum ~, wenn* small blame to him if; *ohne meine ~* through no fault of mine; *die ~ auf sich nehmen* take *od.* bear the blame; *e-e ~ auf sich laden* make o.s. guilty (of a wrong *od.* crime); *j-m od. e-r Sache die ~ geben* blame a p. *od.* th. (for it), blame it on a p. *od.* th.; *die ~ (an e-r Sache) auf j-n schieben, j-m die ~ (an e-r Sache) zuschieben* put *od.* lay the blame (for a th.) on a p.; *ich bin mir keiner ~ bewußt* I feel quite innocent; *bibl. vergib uns unsere ~* forgive us our trespasses; **2.** (*Geld≗*) debt (*a. fig.*); (*Verbindlichkeit*) liability; (*Verpflichtung*) obligation; *~en haben, in ~en stecken* be in debt, be in the red; → *a. Ohr*; *in ~en geraten* run (*od.* fall, get) into debt; *in j-s ~ sein* (*od. stehen*) be indebted to a p., be in a p.'s debt; *fig. a.* owe a p. a debt of gratitude; **~anerkenntnis** *f* recognizance, acknowledgement of debt; **~bekenntnis** *n* confession of one's guilt; ⚖ plea of guilty; **≗beladen** *adj*. laden with guilt (*od.* crime); **~beweis** *m* proof of (a p.'s) guilt; **≗bewußt** *adj*. conscious of one's guilt; *Miene usw.*: guilty; **~bewußtsein** *n* consciousness of guilt; guilty conscience; **~buch** *n* account-book, ledger; *staatliches*: register of debts; *fig.* old scores *pl.*; **~buchforderung** ⚚ *f* book-entry securities *pl.*

schulden *v/t.*: *j-m et.* ~ owe a p. a th. (*a. fig. e-e Erklärung, das Leben, Respekt usw.*); → *Dank.*

Schulden...: **~abkommen** *pol. n* Debt Agreement; **≗frei** *adj.* free from debt; *Grundbesitz*: unencumbered; **~haftung** *f* liability for debts; **≗halber** *adv.* owing to debts; **~last** *f* burden of debt, liabilities *pl.*; *auf Grundbesitz*: encumbrance; **~macher(in** *f*) *m* contractor of debts; **~masse** ⚚ *f* (aggregate) liabilities *pl.*; **~recht** ⚖ *n* law of obligation; **~tilgung** *f* liquidation of debts; **~tilgungsfonds** *m* sinking fund.

Schuld...: **~erlaß** *m* remission of debt; **~forderung** *f* (debt-)claim; **~frage** *f* question of guilt; **~gefängnis** *obs. n* debtors' prison; **~klage** *f* action for debt; **~gefühl(e** *pl.*) *n* sense of guilt, guilty conscience; **~geständnis** *n* → *Schuldbekenntnis*; **≗haft** *adj.* culpable.

Schuldienst *m* Education, school (system).

schuldig *adj.* **1.** guilty (*adv.* guiltily) (*gen. od. an* of), culpable; *Zivilrecht*: *mst* at fault, responsible (for); ~ *sein* → *Schuld* 1; ⚖ *für* ~ *befinden* find (*od.* rule) *a p.* guilty (*e-s Verbrechens* of a crime; *e-r Anklage* on a charge); *j-n* ~ *sprechen* pronounce a p. guilty; *zivilrechtlich*: *a.* pronounce judgment against a p.; *sich* ~ *bekennen* plead guilty; *sich* ~ *machen an* make o.s. guilty towards; *der* ~*e Teil* → *Schuldige(r)*; ~ *geschieden* divorced as the guilty party; **2.** *Geld*: owing, due; *fig.* (*gebührend*) due *respect, etc.*; *j-m et.* ~ *sein* → *schulden*; *j-m e-e Erklärung* ~ *sein* owe a p. an explanation; *das bist du ihm* ~ you owe it to him; *das ist man ihm* ~ that is due to him; *das bist du dir* ~ you owe that to yourself; (*j-m*) *die Antwort* ~ *bleiben* give (a p.) no answer; (*j-m*) *die Antwort nicht* ~ *bleiben* reply (a p.) smartly, hit back (at a p.); *sie blieb ihm nichts* ~ she gave him tit for tat; *was bin ich (Ihnen)* ~? how much do I owe you?; **≗e(r** *m*) *f* culprit; ⚖ guilty party, offender, perpetrator; **≗er** *bibl. m*: *wie wir vergeben unseren* ~*n* as we forgive them that trespass against us; **≗keit** *f* duty, obligation; → *Pflicht*; **≗sprechung** *f* conviction, condemnation; verdict of guilty.

Schuldirektor(in *f*) *m* headmaster (*f* headmistress), *Am.* principal.

Schuld...: **~klage** *f* action for debt; **~komplex** *m* guilt complex; **≗los** *adj.* guiltless, innocent; *a. adv.* without guilt; **~losigkeit** *f* innocence, guiltlessness.

Schuldner *m*, **~in** *f* debtor; **~land** *pol. n* debtor nation.

Schuld...: **~posten** ⚚ *m* debt item; **~recht** ⚖ *n* law of obligation; **~schein** *m* promissory note, IOU (= I owe you); *öffentlicher, mit Verzinsung ausgestatteter*: bond; *hypothekarisch gesicherter*: mortgage bond, *Brit.* debenture stock; **~spruch** ⚖ *m* verdict of guilty, conviction; **~titel** *m* instrument of indebtedness; **~übernahme** *f* assumption of debt; **~verhältnis** *n* obligation; **~verschreibung** *f* → *Schuldschein.*

Schule *f allg.* (*Schulanstalt*; *a. Lehrbuch*; *weitS. wissenschaftliche, künstlerische Richtung*) school; (*Schulgebäude*) school(-house); (*Unterricht*) lessons *pl.*, class(es *pl.*), school; *höhere* ~ secondary (*od.* senior high) school; *phls. die Hegelianische* ~ the Hegelian school; *Hohe* ~ *Reitsport*: manege, haute école (*fr.*); *Hohe* ~ *reiten* put a horse through its paces; *auf* (*od. in*) *der* ~ at school; *e-e* ~ *besuchen* go to (*od.* attend) a school; *in die* (*od. zur*) ~ *gehen* go to school; *fig. er ist bei den Klassikern in die* ~ *gegangen* he is a classicist; *durch e-e harte* ~ *gehen* pass through a severe school (*od.* test), learn it the hard way; ~ *machen* find adherents, be imitated, spread; *heute ist keine* ~ there is no school today; → *Kavalier, plaudern, schwänzen*; **≗n** *v/t.* train (*a. Auge, Gedächtnis*), school, teach, instruct; *pol.* indoctrinate; (*Pferd*) train, (*zureiten*) break in; *sich* ~ undergo (a course of) training; *geschulte Stimme* trained voice.

Schul...: **~entlassene(r** *m*) *f* school-leaver; **~entlassungsfeier** *f* speechday, *Am.* commencement; **≗entwachsen** *adj.* too old for school, over school age.

Schüler *m*, **~in** *f* schoolboy (*f* schoolgirl), pupil; *höherer*: student; (*Jünger*) disciple (*a. phls. usw.*); *fig.* (*Anfänger*) novice, tyro; **~austausch** *m* exchange of (high school) students; **≗haft** *adj.* (school)boyish; *fig.* unripe, green; **~lotsendienst** *m* school crossing patrol; **~schaft** *f the* pupils *pl.*

od. students *pl.*, *the* student body; **~sprache** *f* school(boy) slang; **~-zeitung** *f* school magazine.

Schul...: **~erziehung** *f* school education; **~fach** *n* subject; **~fall** *m* → *Schulbeispiel*; **~feier** *f* school festival; **~ferien** *pl.* (school) holidays, vacation(s *pl.*) *sg.*; **~fernsehen** *n* school television; **~film** *m* educational film; **~flugzeug** *n* training airplane, trainer; **⁀frei** *adj.*: *~ haben* have a holiday; *~er Nachmittag* half-holiday; *heute ist ~* there is no school today; **~freund(in** *f*) *m* schoolfellow, schoolmate; **~fuchs** *m* pedant; **~funk** *m* school broadcasts *pl.* (*od.* radio program[me]); **~gebäude** *n* school(-house), school building; **~gebrauch** *m*: *für den ~* for educational purposes, school ..., collegiate ...; **~gelände** *n* school-grounds *pl.*, *Am.* campus; **~geld** *n* school-fee(s *pl.*), tuition, schooling; **~gelehrsamkeit** *f* book learning; **⁀gerecht** *adj.* according to rule, in due style; methodical; **~haus** *n* school(-house), school-premises *pl.*; **~heft** *n* exercise-book; **~hof** *m* playground (of a school), *Am.* schoolyard; **⁀isch** *adj.* school ..., educational; **~jahr** *n* school year; *~e* school-days; **~jugend** *f* school-children *pl.*; (high school) students *pl.*; **~junge** *m* schoolboy; **~kamerad** *m* → *Schulfreund*; **~kenntnisse** *pl.* school knowledge *sg.*; **~kind** *n* school-age child; *pl.* school-children; **~klasse** *f* class, *Brit. a.* form; *Am. a.* grade; **~landheim** *n* school camp; **~lehrer** *m* schoolmaster, teacher; **~lehrerin** *f* schoolmistress, (lady) teacher; **~-leiter(in** *f*) *m* → *Schuldirektor*; **~mädchen** *n* schoolgirl; **~mann** *m* schoolman, education(al)ist; **~-mappe** *f* school-bag; **⁀mäßig** *adj.* orthodox; → *a. schulgerecht*; **~medizin** *f* orthodox (*od.* recognized) medicine; **~meister** *m* schoolmaster (*a. contp. fig.*); **⁀meisterlich** *adj.* schoolmasterly; **⁀-meistern** *contp. fig. v/i. u. v/t.* schoolmaster; *nur v/t.* censure; **~ordnung** *f* school regulations *pl.*; **~pferd** *n* trained horse; **~pflicht** *f* compulsory education (*od.* school attendance); **⁀-pflichtig** *adj.* of school age, school-age ...; **~ranzen** *m* satchel; **~rat** *m* supervisor, *Am.* school superintendent; **~reiten** *n* schooling; **~reiter(in** *f*) *m* manege rider; **~schießen** ⚔ *n* classification firing, *Am.* target (*od.* practice) fire; *Artillerie*: service practice; **~schiff** *n* school (*od.* training) ship; **~schluß** *m* break-up; **~-schwänzer** *m* truant; **~sparkasse** *f* school savings bank; **~speisung** *f* school lunch; **~stunde** *f* school-hour, period; (*Unterricht*) lesson, class; **~tafel** *f* blackboard; **~tag** *m* school-day; **~tasche** *f* school-bag.

Schulter *f* shoulder (*a.* ⊕); *~ an ~* shoulder to shoulder (*a. fig.*); *beim Rennen*: neck and neck; *breite ~n haben* be broad-shouldered; *mit den ~n zucken* shrug one's shoulders; *fig. j-n über die ~ ansehen* look down one's nose at a p.; *den Sieger usw. auf den ~n (davon)tragen* chair the winner, *etc.* off; → *kalt, leicht, klopfen* **I**, *Wasser*; **~blatt** *n* shoulder-blade; **~breite** *f* width of shoulders; **⁀-frei** *adj. Kleid*: off-the-shoulder, (*trägerlos*) strapless; **~gegend** ⚕ *f* scapular region; **~gelenk** *n* shoulder joint; **~gurt** *m* shoulder strap; **~höhe** *f*: (*in ~* at) shoulder height; **~klappe** ⚔ *f* shoulder strap, epaulet(te); **~muskel** *m* humeral muscle; **⁀n** *v/t.* shoulder; **~riemen** *m* shoulder strap; **~-schwung** *m Ringen*: shoulder throw; **~sieg** *m Ringen*: win by fall; **~stand** *m Turnen*: shoulder stand; **~stück** ⚔ *n Uniform*: shoulder strap; *Maschinengewehr*: shoulder piece; **~wehr** ⚔ *f* traverse.

Schultheiß *m* (village) mayor.

Schulung *f* training, schooling, instruction; (*Übung*) practice; (*Erziehung*) education; *pol.* indoctrination; **~skurs(us)** *m* training course; **~slager** *n* training camp.

Schul...: **~unterricht** *m* school(-ing), school instruction, lessons *pl.*, classes *pl.*; **~versäumnis** *n* absence from school, non-attendance; **~verwaltung** *f* school administration; **~vorstand** *m* **1.** school committee; **2.** → **~vorsteher(in** *f*) *m* headmaster (*f* headmistress), *Am.* principal; **~weg** *m* way to school; **~weisheit** *f* (*einzelne*: piece of) book learning; **~wesen** *n* education(al system); **~wörterbuch** *n* school (*od.* collegiate) dictionary; **~zeit** *f* school-time; *rückblickend*: school-days *pl.*; **~zeugnis** *n* (school-)report; (*Benotung*) marks *pl.*; **~zimmer** *n* school-room, class-room; **~-zwang** *m* compulsory education; **~zweck** *m* → *Schulgebrauch*.

schummeln F *v/i.* cheat.

Schummer *m* twilight; **⁀ig** *adj.*

dusky, dim; **⁀n I.** *v/i.* grow dusky (*od.* dim); **II.** *v/t.* (*Landkarten*) hatch.

Schund *m* trash, rubbish (*beide a. fig.*); ~ *und Schmutz* trash and smut; ⚖ harmful publications; **~blatt** *n* rag; **~literatur** *f* trashy literature; **~roman** *m* penny dreadful, shilling shocker, *Am.* dime novel; **~- und Schmutzgesetz** *n* Harmful Publications Act; **~waren** *f/pl.* shoddy goods.

schunkeln *v/i.* rock, sway; *zur Musik*: rock (arms linked).

Schupo 1. *f* → *Schutzpolizei*; **2.** F *m* (*Schutzpolizist*) police officer, constable, *Brit.* F bobby; *sl.* cop.

Schuppe *f* scale, 🕮 squama; *pl.* (*Kopf⁀n*) dandruff *sg.*; *fig. es fiel mir wie ~n von den Augen* the scales fell from my eyes.

Schuppen *m* shed; *Am. a.* shack; (*Scheune*) barn; F (*Bude*) shop, shack, *Am. sl.* joint.

schuppen *v/t.* (un)scale; *sich* ~ scale (off).

Schuppen...: **~eidechse** *f* scaly lizard; **~fisch** *m* scaly fish; **~flechte** ⚕ *f* psoriasis; **⁀förmig** *adj.* scaly, squamous; **~panzer** *m* scale armo(u)r; **~tier** *n* scaly animal.

schuppig *adj.* scaly, squamous.

Schur *f* shearing; *e-r Hecke*: clipping; (*Wolle*) fleece.

Schüreisen *n* poker.

schüren *v/t.* stir, poke, rake; *durch Heizmittel*: add fuel to (*a. fig.*); *fig.* stir up, fan, stoke, foment.

schürf|en I. *v/i.* ⚒ prospect, explore, search, dig (*alle*: *nach* for); *fig. tief* ~ go to the bottom of it; *tiefer* ~ dig below the surface; **II.** *v/t.* (*Haut*) scratch, skin, graze; **⁀er** *m* prospector; **⁀stelle** *f* prospect; **⁀ung** *f* **1.** ⚒ prospecting, exploration, digging; **2.** ⚕ (*a.* **Schürfwunde** *f*) abrasion.

Schürhaken *m* poker.

schurigeln F *v/t.* → *piesacken*.

Schurk|e *m* rascal, scoundrel, knave, blackguard, *a. thea.* villain; **~enstreich** *m*, **~erei** *f* knavery, villainous (*od.* low) trick; **⁀isch** *adj.* rascally, knavish, villainous.

Schürloch *n* stoke-hole.

Schurz *m* apron.

Schürze *f* apron; *für Kinder*: pinafore; F *hinter jeder ~ her sein* run after every skirt.

schürzen *v/t.* tie up; (*Kleid*) tuck (*od.* pin) up; (*Knoten*) tie; *die Lippen ~* purse one's lips; *sich ~* tuck up one's dress; → *Knoten*[2] I; **⁀band** *n* apron-string; **⁀jäger** *m* philanderer, F womanizer, *Am.* F (girl-)chaser, wolf; **⁀kleid** *n* overall, tunic; **⁀zipfel** F *m*: *der Mutter am ~ hängen* be tied to one's mother's apron-strings.

Schurzfell *n* leather apron.

Schuß *m* shot (*a. Sport u. phot.*); (*Munition*: *5 ~ usw.*) round; (*Knall*) report, shot; ⚒ (*Sprengsatz u. Sprengung*) shot; ⊕ *Brot*: batch; *Weberei*: weft, woof; (*rasende Bewegung*) rapid movement, rush, dash; *Schisport*: schuss; (*Emporschießen*) shooting; ⚘ *Trieb*: shoot; *ein ~ Wein usw.* a dash of (*a. fig.*); *~ ins Schwarze* bull's-eye (*a. fig.*); *~ vor den Bug* warning shot (*a. fig.*); *~ zum Mond* moonshot; *e-n ~ abgeben* fire (a shot), shoot; *Fußball*: deliver a shot, shoot; F *fig. in ~ bringen* get *a th.* into working order; *Am. a.* fix; (*in Gang setzen*) get *a th.* going; (*j-n*) bring *a p.* up to the mark; *in ~ halten* (*Sache*) keep *a th.* in good repair (*od.* condition), (*Organisation*) keep the wheels of *an organization* well oiled; *sich gut in ~ halten Person*: keep in good trim; *in ~ kommen* get under way, *a. Person*: get into one's stride; *gut in* (*od. im*) *~ sein Sache*: be in good order, be running smoothly; *Person*: be in good shape (*od.* trim, form); *vor den ~ kommen* come within shot; *zum ~ kommen* get a shooting chance; *weit vom ~* well out of harm's way; F *fig. der ~ ging nach hinten los* the plan backfired; → *Blau* II, *Pulver*, *Schußwunde*; **~bahn** *f* (*Schußrichtung*) line of fire; (*Flugbahn*) trajectory; **~bereich** *m* (effective) range; (*Feuerzone*) zone of fire; *im ~* within range; **⁀bereit** *adj.* ready to fire (*od.* shoot, *a.* F *phot.*); *Waffe*: *a.* at the ready; **~bruch** *m* gunshot fracture.

Schussel F *m* (*Zappler*) fidget; (*Tolpatsch*) clumsy idiot.

Schüssel *f* bowl, basin; (*Speisen⁀*) dish (*a. Gericht*); (*Suppen⁀*) tureen; (*Soßen⁀*) sauce-boat.

schusselig F *adj.* fidgety; (*ungeschickt*) clumsy.

Schuß...: **~entfernung** *f* (firing) range; **~faden** *m Weberei*: weft, woof; **~fahrt** *f Schisport*: schuss (*a. im Schuß fahren*); **~feld** *n* field of fire; (*Feuerbereich*) (*im ~* within) range; → *a. Schußlinie*; **⁀fertig** *adj.* ready to fire (*od.* for action); *Pistole, Gewehr*: *a.* cocked; **⁀fest** *adj.* shot-proof, bullet-proof; *vor Granateinwirkung*: shell-proof; **~folge** *f* rate of fire; **~garbe** *f* sheaf (*od.* cone) of fire; **⁀gerecht** *adj. hunt.* within shot;

~kanal ✈ *m* track of bullet; ~kreis *m* *Sport*: striking-circle; ~leistung *f* firing efficiency; ~linie *f* line of fire; F *fig.* *in die* ~ *geraten* come under fire; ~loch *n* bullet hole; ~richtung *f* (firing) direction; ~schweißung ⊕ *f* shot welding; ~sicher *adj.* → *schußfest*; ~tafel *f* firing table; ~waffe *f* fire-arm; *pl.* (*Handfeuerwaffen*) small arms; ~weite *f* (effective) range; *außer* (*in*) ~ out of (within) range *od.* shot; ~werte *m/pl.* firing data; ~wunde *f* gunshot wound, bullet wound; ~zahl *f* number of rounds; ~zeit *hunt.* *f* open season.

Schuster *m* shoemaker; (*Flick*~) cobbler; F *contp.* (*Pfuscher*) botcher, bungler; ~, *bleib bei deinem Leisten!* stick to your last!; → *Rappen*; ~ahle *f* awl; ~n *v/i.* make shoes; (*flicken*) cobble; F *fig.* (*a. v/t.*) (*pfuschen*) botch; ~pech *n* cobbler's wax.

Schute **1.** *f* ⚓ barge, lighter; **2.** → ~nhut *m* poke bonnet.

Schutt *m* rubbish, refuse, trash; (*Stein*~) rubble; (*Trümmer*) *a.* debris, ruins *pl.*; *in* ~ *und Asche legen* lay in ruins, raze (to the ground); ~abladeplatz *m* refuse pit, *Am.* (garbage) dump; ~ablagerung *geol.* *f* detritus.

Schüttbeton *m* poured concrete.

Schüttel|becher *m* shaker; ~frost *m* shivering (*od.* cold) fit, *the* shivers *pl.*, chill; ~lähmung *f* shaking palsy, Parkinson's disease; ~n *v/t.* shake; ⊕ *a.* agitate, vibrate; *Wagen*: jolt; *den Kopf* ~ shake one's head; *j-m die Hand* ~ shake a p.'s hand, shake hands with a p.; *es schüttelte ihn vor Ekel* (*Lachen*) he shuddered with disgust (he shook with laughter); *von Angst geschüttelt* shaking with fear, panic-stricken; *vom Fieber geschüttelt* fever-ridden; → *Ärmel*; ~reim *m* spoonerism; ~rinne *f*, ~rutsche ⊕ *f* shaking trough; ~rost *m* rocker-grating; ~sieb *n* vibrating screen; ~tisch ⊕ *m* vibrating table.

schütten **I.** *v/t.* (*gießen*) pour (*a.* ⊕); (*Korn usw.*) shoot; (*ver*~) spill (*auf* on); *auf e-n Haufen* ~ heap up; **II.** *v/impers.*: *es schüttet* (*regnet*) it is pouring (with rain).

schütter *adj.* *Haar*: thin, sparse.

schüttern *v/i.* shake, quake, tremble; → *a. donnern*.

Schüttgut *n* bulk goods *pl.*

Schutt...: ~halde *f* dump; *geol.* scree, talus, detritus; ~haufen *m* rubbish heap; *aus Steinen*: rubble heap; *fig. in e-n* ~ *verwandeln* turn into a heap of rubble, raze (to the ground), lay in ruins.

Schüttwurf ✈ *m* salvo bombing.

Schutz *m* *allg.* protection (*gegen, vor* against, from); (*Abwehr, Verteidigung*) defen|ce, *Am.* -se; (*Geleit*) safeguard, escort; (*Obdach, Zuflucht*) shelter, refuge; (*Fürsorge*) care; (*Obhut*) custody; (*Abschirmung*) screen, shield; (*Deckung*) cover; (*Wärme*~) insulation; (*rechtliche usw. Sicherung*) safeguard; *rechtlicher* ~ legal protection; ~ *suchen* seek *od.* take shelter (*vor* from), take refuge (*bei* with); *in* ~ *nehmen* protect, (*eintreten für*) defend, come to *a p.'s* defence, second, back *a p.* up; *im* ~*e der Nacht* under cover of night; *unter j-s* ~ *stehen* be under a p.'s wings.

Schütz[1] *m* → *Schütze*[1].

Schütz[2] *n* ⚡ contactor; *e-r Schleuse*: sluice gate; *Weberei*: shuttle.

Schutz...: ~anstrich *m* ⊕ protective coat(ing); ⚔ camouflage paint (-ing), ⚓ dazzle-paint; ~anzug *m* protective clothes *pl.*, overall; ~aufsicht ⚖ *f* supervision (of juveniles); ~bedürftig *adj.* needing (*od.* in want of) protection; (*in Not*) distressed, in distress; ~befohlene(r *m*) *f* charge; (*Mündel*) ward; ~behauptung ⚖ *f* evasive defen|ce (*Am.* -se), trumped-up allegation; ~belag *m* protective covering; ~blattern *pl.* cowpox *sg.*; ~blech *n* guard (plate); *mot.* mudguard, *Am.* fender; ~brille *f* (safety) goggles *pl.*; ~bund *m*, ~bündnis *n* defensive alliance; ~dach *n* protective roof, shelter; ⊕ canopy; (*Markise*) awning.

Schütze[1] *m* **1.** (*guter* ~ good) shot, marksman; (*Jäger*) huntsman; ⚔ rifleman, *beim Angriff*: skirmisher; *als Dienstgrad*: private; *am Maschinengewehr*: gunner; *im Schießstand*: firer; *Sport*: scorer; **2.** *ast.* Sagittarius, Archer.

Schütze[2] *f* → *Schütz*[2].

schützen *v/t.* protect, guard, (*verteidigen*) defend (*gegen* against, *vor* from); (*sichern*) secure, guard (against); (*bewahren*) keep (from); *gegen Wetter*: shelter (from), *Kleidung usw.*: protect (from); (*decken*) cover, *weitS.* shield; (*abschirmen*) screen, shield; (*geleiten*) escort; (*erhalten*) preserve; (*bewachen*) watch over; ✝ (*Tratte*) hono(u)r; *sich* ~ protect o.s. (*vor* from), guard (against); *rechtlich* ~ protect (legally); *patentrechtlich* ~ patent; *urheberrechtlich* ~ copyright; *vor Nässe* ~! keep dry!; *Gott schütze dich!* God keep you!; ~d protective, protecting; *s-e* ~ *de Hand über j-n halten* protect a p., take a p. under one's wings.

Schützen...: **~abzeichen** *n* marksmanship badge; **~bataillon** *n* rifle battalion; **~fest** *n* riflemen's meeting, *a. fig.* shooting-match; **~feuer** ⚔ *n* rifle fire, (*selbständiges Schießen*) independent fire.

Schutzengel *m* guardian angel.

Schützen...: **~gilde** *f* rifle club; **~graben** ⚔ *m* trench; **~grabenkrieg** *m* trench warfare; **~gruppe** *f* rifle section (*Am.* squad); **~hilfe** *fig. f*: *j-m* ~ *leisten* back a p. up, *Am. a.* run interference for a p.; **~kette** *f* riflemen *pl.* extended, skirmish line; **~könig** *m* champion shot; F *Fußball*: top scorer; **~linie** *f* firing line, *ausgeschwärmt*: → *Schützenkette*; **~loch** *n* rifle-pit, foxhole; **~mine** *f* (anti-) personnel mine; **~nest** *n* nest of riflemen; **~panzerwagen** *m* armo(u)red personnel carrier; **~reihe** *f* file of riflemen; **~schleier** *m* infantry screen; **~stand** *m* firing position; ✈ turret; **~steuerung** ⚡ *f* contactor control(l)er; **~zug** ⚔ *m* rifle platoon.

Schutz...: **~erdung** ⚡ *f* non-fused earthing, *Am.* protector ground; **≈fähig** *adj.* (*patentfähig*) patentable; (*handels*~) eligible to be trade-marked; *Buch*: capable of being copyrighted; **~farbe** *f* protective colo(u)r *od.* ⊕ paint; ⚔ → *Schutzanstrich*; **~färbung** *zo. f* protective colo(u)ring; **~frist** *f* *Urheberrecht*: term of protection; **~gebiet** *n* **1.** *pol.* protectorate; **2.** → *Naturschutzgebiet*; **~geist** *m* tutelary spirit, genius loci; **~geländer** *n* guard rail(ing); **~geleit** *n* safe-conduct, *a.* ✈ escort; ⚓ convoy; **~gitter** *n* (barrier-)guard; ⚡ screen (grid); *mot.* radiator grille; **~gott** *m* (**~göttin** *f*) tutelary god(dess *f*); **~gürtel** ⚔ *m* defen|ce (*Am.* -se) belt; **~hafen** *m* harbo(u)r of refuge; **~haft** *f* protective custody; **~handschuh** *m* protective glove; **~haube** ⊕ *f* cover, hood; **~heilige(r** *m*) *f* patron saint; **~helm** *m* (protective) helmet; **~herr(in** *f*) *m* patron(ess *f*), protector (*f* protectress); **~herrschaft** *f* protectorate; **~hülle** *f* protective cover(ing); *Ausweis, a.* ⊕: sheath; *Buch*: dust cover (*od.* jacket); **~hütte** *f* (shelter) hut, refuge; **~impfstoff** ⚕ *m* vaccine; **~impfung** *f* protective inoculation, immunization; *gegen Pocken*: vaccination; **~insel** *f* *im Verkehr*: island, refuge; **~kappe** *f* protecting cap, cover; **~körper** ⚕ *m* antibody; **~lack** *m* protecting varnish; **~leiste** *f* guard strip.

Schützling *m* charge, protégé(e *f*) (*fr.*).

Schutz...: **≈los** *adj.* unprotected, defenceless; **~macht** *pol. f* protecting power; protector; **~mann** *m* policeman, constable, *a. in der Anrede*: officer; *Brit.* F bobby; *sl.* cop; **~marke** *f*: (*eingetragene* ~ registered) trade-mark, brand; *mit* ~ *versehene Waren* trade-marked *od.* branded goods; **~maske** *f* protective mask; **~maßnahme** *f* protective (*od.* safety) measure; precaution(ary measure); **~mauer** *f* protecting (*od.* screen) wall; ⚔ rampart, bulwark (*a. fig.*); **~mittel** *n* preservative (*gegen* against, from); ⚕ *a. vorbeugendes*: prophylactic; **~patron(in** *f*) *m* patron saint; **~pocken** ⚕ *f/pl.* cowpox *sg.*; **~pockenimpfung** *f* vaccination; **~polizei** *f* (municipal) police, constabulary; **~polizist** *m* → *Schutzmann*; **~raum** *m* (*Luft*≈ air-raid) shelter; **~rechte** *n/pl.* protective rights; patent rights; trade-mark rights; **~salbe** *f* protective ointment; **~scheibe** *mot. f* windscreen, *Am.* windshield; **~schicht** *f* protective layer (*od.* coating); **~schild** *m* (protective) shield; **~schirm** *m* (protective) screen; **~staat** *m* protectorate; **~stoff** ⚕ *m* antibody, immunizing substance, vaccine; **~truppe** *f* colonial force; **~überzug** *m* protective cover(ing); (*Anstrich*) protective coat(ing); **~umschlag** *m* *Buch*: dust cover, (dust) jacket, wrapper; **~- und Trutzbündnis** *n* defensive and offensive alliance; **~verband** *m* **1.** ⚕ protective bandage; **2.** → **~vereinigung** *f* protective association; **~vorrichtung** *f* safety device, guard; **~wache** *f* guard, escort; **~waffen** *f/pl.* defensive arms; **~wall** *m* → *Schutzmauer*; **~wand** *f* protective wall, screen; **~wehr** *f* defen|ce, *Am.* -se; (*Damm*) dike; ⚔ rampart, bulwark (*a. fig.*); **~zoll** *m* protective duty; **~zöllner** *m*, **~zollpolitiker** *m*, **≈zöllnerisch** *adj.* protectionist; **~zollsystem** *n* protective system, protection(ism).

schwabbel|ig *adj.* wobbly, flabby, F puddingy; **~n I.** *v/i.* wobble; *Wasser usw.*: swash, splash, (*überschwappen*) slop, spill; **II.** ⊕ *v/t.* (*polieren*) buff; **≈scheibe** ⊕ *f* buff(ing wheel).

Schwabe[1] *zo. f* cockroach.

Schwabe[2] *m* Swabian; **~nstreich**

m tomfoolery.

schwäbeln *v/i.* talk Swabian.

Schwäb|in *f*, **∻isch** *adj.* Swabian.

schwach *adj. allg.* weak (*a. Argument, Augen, Charakter, Konstitution, Magen, Mannschaft, Nerven*; ⚚ *Markt*; ⚗ *Lösung usw.*; *Getränk*; *ling. Deklination, Zeitwort usw.*); (*kraftlos*) feeble; (*gebrechlich*) frail; (*zart*) delicate; (*hinfällig*) decrepit; (*dünn, leicht*) thin, light, flimsy; (*sanft*) gentle; (*matt*) limp, flabby; (*der Ohnmacht nahe*) faint; (*machtlos*) powerless, impotent; (*mäßig*) moderate; (*schlecht*) poor; (*gering*) meag|re, *Am.* -er; *Ähnlichkeit*: remote; *Besuch*: poor *attendance*; *Bevölkerung*: sparse; *Erinnerung*: dim; *Gedächtnis*: weak; *Gehör*: bad, poor; *Stimme*: weak, faint, small; *Hoffnung*: faint; *Lächeln*: faint, feeble; ⊕ *Motor*: low-powered; *Batterie*: low; *Puls*: low; *Ton, Licht*: faint, dim; *das* ∼*e Geschlecht* the weaker (*od.* softer) sex; ∼*e Leistung* poor (*od.* weak) performance; ∼*e Seite* → *Schwäche* 2; *e-e* ∼*e Stunde* a scant hour; *fig.* a moment of weakness; ∼*er Versuch* feeble attempt; ∼*e Vorstellung* faint idea; *mit* ∼*er Stimme* faintly, feebly; ⚚ ∼ *liegen* rule low; ∼ *werden* weaken (*a. fig.*); *schwächer werden* weaken, grow weak, lose in strength (*od.* intensity), fall off, lessen; *Patient*: sink; *Sehkraft*: fail; *Ton, Licht*: fade; → *abflauen, nachlassen*; *mir wird* ∼ I am feeling faint; F *das macht mich noch* ∼*!* F that get's me (down)!; F *mach mich nicht* ∼*!* F have a heart!; F *nur nicht* ∼ *werden!* stick to your guns!

Schwäche *f* **1.** weakness; feebleness; frailty; (∼*zustand*) faintness; (*Erschöpfung*) exhaustion; (*Hinfälligkeit*) infirmity, ⚕ debility; (*Kraftlosigkeit*) powerlessness, (*a.* ⚕ *männliche* ∼) impotence; *von Ton, Licht*: faintness; **2.** (*schwache Seite*) weak point (*od.* side), *des Charakters*: *a.* weakness, foible, failing; (*Vorliebe*) weakness (*für* for); (*Mangel*) shortcoming; *menschliche* ∼ *a.* frailty of human nature; *e-e* ∼ *haben für* have a weakness (*od.* F soft spot) for; **3.** *e-r Leistung, Mannschaft usw.*: weakness, poorness, poor quality; **∼anfall** *m*, **∼gefühl** *n* sinking feeling, faintness; **∻n** *v/t. allg.* weaken (*a. fig.*); (*entkräften*) enfeeble, debilitate; (*vermindern*) lessen, diminish; (*Farben*) tone down; (*Gesundheit*) undermine, sap, (*a. Sehkraft usw.*) impair; **∼zustand** *m* feeble condition, debility, asthenia.

Schwach|heit *f* weakness (*a. fig.*); F *fig. bilde dir nur keine* ∼*en ein!* don't fool yourself!, the very idea!; **∼kopf** *m* imbecile, idiot, nincompoop, F stupid, softy, *Am.* sap (-head); **∻köpfig** *adj.* weak-headed, brainless, stupid.

schwächlich *adj.* weakly; (*zart*) delicate, frail; (*kränklich*) sickly, infirm; *fig.* weak(-kneed); **∻keit** *f* weakly condition; delicacy, frailty; sickliness, infirmity.

Schwächling *m*, **Schwachmatikus** F *m* weakling (*a. fig.*), F softy, *sl.* sissy.

schwach...: **∼sichtig** *adj.* weak-sighted; **∻sichtigkeit** *f* weak-sightedness; **∻sinn** *m* feeble-mindedness, mental deficiency; **∼sinnig** *adj.* feeble-minded, imbecile, half-witted; **∻sinnige(r** *m*) *f* feeble-minded person, *a. contp.* imbecile, half-wit, moron; **∻strom** ⚡ *m* weak (*od.* low-voltage) current; **∻stromkabel** *n* cable for communication circuits; **∻stromtechnik** *f* light current (*Am.* signal) engineering.

Schwächung *f* weakening; → *a. Abschwächung*.

Schwaden[1] ⚘ *m* swath.

Schwaden[2] *m* (*qualmiger Dunst*) vapo(u)r; (*Nebel*∻) billow(y fog); (*Gas*∻) gas cloud; ⚒ fire-damp.

Schwadron *f* squadron; **∼eur** *contp. m* swaggerer, blusterer; **∻ieren** *v/i.* swagger, brag, F gas.

schwafeln F *v/i. u. v/t.* twaddle, babble, drivel (on).

Schwager *m* brother-in-law.

Schwäger|in *f* sister-in-law; **∼schaft** *f* affinity by marriage; *konkret*: relations *pl.* by marriage, in-laws *pl.*

Schwalbe *f* swallow; *fig. e-e* ∼ *macht noch keinen Sommer* one swallow does not make a summer; **∼nnest** *n* swallow's nest (*a. Speise*); **∼nschwanz** *m* **1.** (*Schmetterling*; *a.* F *Frackschoß*) swallow-tail; **2.** ⊕ dovetail; **∻nschwanzförmig** *adj.* dovetailed; **∼nsprung** *m Sport*: swallow dive.

Schwall *m* swell, surge, flood; (*Guß*) splash; *fig. von Menschen*: throng, surge; *von Fragen, Worten usw.*: spate, deluge, flood, torrent; **∼blech** *n* baffle; **∼wasserschutz** ⊕ *m* hose-proof enclosure.

Schwamm *m zo. u. weitS.* sponge; ⚘ (*Pilz*) fungus; → *a. Pilz*; (*Haus*∻) dry rot; ⚕ (*Blut*∻) angioma; *mit e-m* ∼ *abwaschen* sponge; *fig.* ∼ *d(a)rüber!* let bygones be bygones!, (let's) forget it!; **~erl** *dial. n* → *Pilz*; **~fischerei** *f* sponge-fishery; **~gummi** *m* sponge rubber, foamed latex; **≈ig** *adj.* spongy (*a. fig.*), fungous; (*porös*) porous; (*aufgedunsen*) bloated, (*dick u. schlaff*) flabby; **~igkeit** *f* sponginess, *etc.*

Schwan *m* swan; *ast.* Swan; **≈en** F *v/impers.*: *mir schwant, es schwant mir* I have a presentiment (*od.* feeling), something tells me, I suspect (*daß* that); *ihm schwante nichts Gutes* he had misgivings (*od.* dark forebodings), he feared the worst; **~engesang** *fig. m* swan song; **~(en)jungfrau** *f* swan-maiden; **~enhals** *m a.* ⊕ swan-neck; **~enteich** *m* swannery.

Schwang *m*: *im ~(e) sein* be customary (*od.* usual, a tradition); (*in Mode sein*) be in vogue, be the fashion; *in ~ kommen* become the fashion.

schwanger *adj.* pregnant, with child, *feiner*: expectant, enceinte (*fr.*), in interesting circumstances, F in the family way; *fig.* pregnant, inpregnate(d) (*von* with), full (of); *~ gehen mit Plänen usw.* be full of, *grübelnd*: be turning *a th.* over in one's mind; **≈e** *f* pregnant woman, expectant mother; **≈enberatungsstelle** *f* maternity cent|re, *Am.* -er; **≈enfürsorge** *f* maternity (*od.* prenatal) care.

schwängern *v/t.* make pregnant, get with child, *a. fig.* impregnate, V *sl.* knock up; ⚗ saturate.

Schwangerschaft *f* pregnancy.

Schwangerschafts...: **~psychose** *f* gestational psychosis; **~test** *m* pregnancy test; **~unterbrechung** *f* interruption of pregnancy; induced abortion; **≈verhütend** *adj.* contraceptive (*a. ~es Mittel*); **~verhütung** *f* contraception.

Schwängerung *f* getting with child, *a. fig.* impregnation; (*Empfängnis*) conception; ⚗ saturation.

schwank *adj.* thin, slender; (*wackelig*) shaky, unsteady; *Schritte*: faltering; *Seil*: loose.

Schwank *m* merry tale, droll story, anecdote; (*Streich*) prank; *thea.* farce, burlesque.

schwanken I. *v/i.* (*sich wiegen*) wave (*od.* swing) to and fro, rock; *im Stehen*: sway; (*wanken*) stagger, totter; (*taumeln*) reel; (*erbeben*) shake, rock; (*wackeln*) wobble; *Magnetnadel usw.*: oscillate; (*zaudern*) falter, waver; *unentschlossen*: *a.* vacillate, shilly-shally, *Am. a.* back and fill; (*sich ändern*) vary; *abwechselnd*: alternate; ✝ *Kurse, Preise, a.* ⊕ *Meßwerte usw.*: fluctuate, vary; *der Käufer schwankte zwischen e-r Limousine und e-m Kabriolett* wavered between; *die Temperatur schwankte zwischen 20 und 40 Grad* varied (*od.* ranged) from 20 to 40 degrees; *ich schwanke noch, ob* I am still undecided whether; *die Meinungen über ihn ~* opinion on him is divided; → *a. wanken*; **II. ≈** *n* waving, rocking; staggering, *etc.*; oscillation; *fig.* vacillation, wavering, shilly-shally; variation; fluctuation; **~d** *adj.* waving, rocking, staggering, *etc.*; *fig.* (*unentschlossen*) vacillating, wavering, faltering, undecided; (*unsicher*) unsteady, unsettled, unstable; (*unzuverlässig*) fickle, unreliable; *Gesundheit*: precarious; *Puls*: intermittent.

Schwankung *f* → *Schwanken*; (*Abweichung*) deviation; *der Erdachse*: nutation; *seelische ~en* ups and downs; **~sbereich** *m* range.

Schwanz *m zo.* tail (*a.* ✈ *usw.*; *a. ast.*), 📖 cauda; *hunt.* (*Fuchs≈*) brush; ⚔ *e-r Lafette*: trail; (*Gefolge*) train; (*Schnörkel*) flourish; F *fig.* (*Schluß*) (tail) end; V (*männliches Glied*) penis, V cock, prick; F *fig.* (*Folge, Nachspiel*) sequel; *fig. den ~ zwischen die Beine nehmen* slink away, *sl.* make tracks; F *den ~ einziehen* quail, show the white feather, knuckle under; F *j-n auf den ~ treten* tread on a p.'s toes (*od.* corns); *sl. univ.* *e-n ~ machen* fail in one subject; F *kein ~* nobody, not a living soul; **~bein** *anat. n* coccyx.

schwänzeln *v/i.* wag one's tail; *Person*: (*beim Gehen*) mince one's steps; *fig. um j-n ~* fawn upon, dance attendance upon, wheedle *a p.*

schwänzen *v/t. u. v/i.*: (*die Schule ~*) play truant (*Am. a.* hooky); (*Schulstunde*) miss (out), shirk, cut; *geschwänzt* tailed, caudate.

Schwanz...: **~ende** *n* tip of the tail; *fig. a.* ✈ tail end; **~feder** *f* tail-feather; **~fläche** ✈ *f* tail surface; **~flosse** *f* tail fin; **≈lastig** ✈ *adj.* tail-heavy; **~rad** ✈ *n* tail wheel; **~riemen** *m* crupper; **~säge** *f* whip-saw; **~sporn** *m* ✈ tail-skid; ⚔ trail spade; **~steuer** ✈ *n* tail rudder; **~stück** *n* tail piece (*a. vom Fisch*); (*Ochsen≈*) rump; **~wirbel** *m* coccygeal vertebra.

schwapp! *int.* splash!, slap!,; **~(e)lig** *adj.* wobbly; (*schlaff*) flabby, F puddingy; **~eln** *v/i.* **1.** wobble; **2.** → **~en** *v/i. Flüssigkeit*: swash, splash; (*über* ~) slop, spill; (*wippen*) flop.

Schwäre ⚕ *f* abscess, boil, ulcer; festering wound; **≈n** *v/i.* fester, suppurate, ulcerate; *fig.* fester, rankle.

Schwarm *m* **1.** *Bienen usw.*: swarm; *Vögel*: *a.* flight, *auffliegender*: flush; *Rebhühner*: covey; *Fische*: shoal, school; *andere Tiere*: flock, herd; (*Rudel*) pack; *Personen*: throng, crowd, swarm, *sl.* bunch; *von Damen, Mädchen*: bevy; ✈ *im Verbandsflug*: flight; *Schwärme von* swarms of *stars, people, children, etc.*; **2.** F ideal, fancy, F craze; (*Person*) idol, hero; (*Angebetete*) flame; *sie ist sein* ~ he adores (*od.* worships) her, F he is gone on her; → *a. schwärmen.*

schwärmen *v/i.* **1.** *Bienen, Menschen usw.*: swarm; ⚔ skirmish, *a.* ~ *lassen* extend; *es schwärmte von Menschen auf der Straße* the street was swarming (*od.* thronged) with people; **2.** (*sich herumtreiben*) make a night of it, revel (and riot); **3.** (*begeistert sein*) be enthusiastic, F enthuse (*für, von* about, over), *in Worten*: *a.* rave, gush (about); *träumerisch*: dream (of); *für et.* ~ *a.* be wild (*od.* crazy) about, *weitS. a.* be a ...-fan, be an aficionado of; *für j-n* ~ adore (*od.* worship) a p.; *verliebt*: *a.* be smitten with (*od.* F gone on) a p., be crazy about a p., *sl.* have a crush on a p.; *für die Bühne* ~ be stage-struck.

Schwärm|en *n* swarming; ⚔ skirmishing; *begeistertes*: raving, F enthusing; enthusiasm; *ins* ~ *geraten* start to rave; **~er** *m* **1.** **~in** *f* (*Begeisterter*) enthusiast, *überschwenglicher*: gusher; *bsd. eccl.* fanatic; (*Träumer*) visionary, dreamer; → *a. Nachtschwärmer*; **2.** (*Abendfalter*) hawk-moth; **3.** (*Feuerwerk*) (fire-)cracker, squib; **~erei** *f* enthusiasm (*für* for), *mit Worten*: raving (F gushing, enthusing) (about); (*Vergötterung*) idolization, worship (of); (*Verliebtheit*) *sl.* crush (on); (*Verzückung*) ecstasy; (*Träumerei*) daydreaming, *weitS.* visionary idea(s *pl.*); *bsd. eccl.* fanaticism; **≈erisch** *adj.* enthusiastic(ally *adv.*); (*überschwenglich*) gushing, raving; (*anbetend*) adoring; (*verzückt*) entranced, enraptured; (*überspannt*) fanciful, eccentric; (*traumtänzerisch*) visionary; *eccl. a.* fanatic(al); **~zeit** *f* swarming-time.

Schwart|e *f* rind, *a. zo.* skin; (*Speck≈*) rind of bacon, *gebratene*: crackling; ⊕ (*Schalbrett*) slab, plank; F *alte* ~ (*Buch*) F old volume; F *fig. daß die* ~ *kracht sl.* to beat the band, like blazes; **~enmagen** *m* collared pork; **≈ig** *adj.* thick-skinned.

schwarz I. *adj. allg.* black (*a. Kaffee, Tee, Hände usw.*; *a. beim Karten- od. Brettspiel*); (*geschwärzt*) blackened; (*rußig*) sooty, smutty; *durch Tinte*: inky; *Teint*: swarthy; (*sonnverbrannt*) deeply tanned; *fig.* (*düster*) black, dark, gloomy; (*hoffnungslos*) dismal; (*ungesetzlich*) illicit, surreptitious; F *pol.* (*klerikal*) Black, (*katholisch*) Catholic; ~*es Brot* brown bread; ≈*es Brett für Anschläge*: notice-board, *Am.* bulletin board; ~*e Diamanten* (*Kohle*) black diamonds; ≈*er Erdteil* Black Continent; ~*e Gedanken* black (*od.* dark) thoughts; ~*er Humor* black humo(u)r, *thea.* Black Comedy; ~*er Kaffee* (*Tee*) black coffee (tea); ≈*e Kunst* a) *typ.* (art of) printing; b) *a.* ≈*e Magie* Black Art (*od.* Magic); ~*e Liste* black list; *j-n auf die* ~*e Liste setzen* black-list; ~*er Mann* (*Schreckgespenst*) bog(e)yman, bog(e)y; ~*er Markt* black market; ≈*es Meer* Black Sea; F *fig. j-m den* ≈*en Peter zuspielen* F leave a p. holding the baby, *sl.* give a p. a bumsteer; ~*e Seele* black soul; ⚕ ~*er Star* amaurausis; ~*er Tag* black day; ≈*er Tod* Black Death; ~*e Ware* smuggled goods *pl.*; ~*e Wäsche* laundry, dirty linen; ~ *machen* blacken (*a. fig.*); *fig. et.* ~ *ausmalen* paint a gloomy picture of a th.; F *et.* ~ *kaufen* buy a th. on the black market; *sich* ~ *ärgern* fret and fume; *sich* ~ *kleiden* dress in (*od.* wear) black; ~ *auf weiß* in black and white, in cold print; *mir wurde* ~ *vor den Augen* everything went black, I blacked out; *da kann er warten, bis er* ~ *wird* till he is blue in the face; ~ *von Menschen Straße usw.*: swarming with people; → *Brille* 1, *Schaf usw.*; → *a. schwarzfahren, -sehen usw.*; **II.** **≈** *n* black (*Farbe, Kleidung, a. beim Spiel*); *in* ~ *gekleidet* (dressed) in black, in mourning; *ins* ~*e treffen* (hit the) bull's eye (*a. fig.*); **≈amsel** *f* blackbird; **≈arbeit** *f* illicit work; **~äugig** *adj.* black- (*od.* dark-)eyed; **≈beere** *f* elderberry; **≈beize** ⊕ *f* black liquor; **~blau** *adj.* bluish black, very dark blue; **≈blech** *n* black sheet-iron, black plate; **~braun** *adj.* brownish black, very dark brown; **≈brenner** *m* illicit distiller; **≈brot** *n* brown bread; **≈decke** *f Straße*: blacktop, asphalt surface; **≈dorn** *m* blackthorn; **≈drossel** *f* blackbird.

Schwärze *f* blackness (*a. fig.*); *Teint*: swarthiness; ⊕ blacking; *Gießerei*: black wash; *typ.* printer's ink; (*Dunkelheit*) darkness; **≈n** *v/t. u. v/i.* (make) black, *a. fig.* blacken; *typ.* ink; *Gießerei*: blackwash; ⚕ smuggle (in).

Schwarze(r *m*) *f* black (man), negro (*f* negress); F *pol.* (*Klerikaler*) Black, (*Katholik*) Catholic; *contp.* (*Pfaffe*) parson; (*Schwarzhaarige[r]*) F blackie.

schwarz...: ~fahren *v/i. im Bus, Zug usw.*: steal a ride, go without paying (one's fare); *mot.* drive without a licen|ce (*Am.* -se), *weitS.* take a joy ride; **≈fahrer** *m mot.* joy-rider; *im Bus usw.*: fare dodger, *Am. sl.* deadhead; **≈fahrt** *f* joy-ride; **≈fäule** *f* black rot; **≈filter** *m* black filter; **~gelb** *adj.* blackish yellow; **~gestreift** *adj.* with black stripes; **~grau** *adj.* greyish black, dark grey (*Am.* gray); **≈guß** ⊕ *m* all-black malleable cast iron; **~haarig** *adj.* black-haired; **≈handel** *m* black-market(eering), illicit trade; *im* ~ on the black market; ~ *treiben* be a black marketoperator, black-marketeer; **≈händler** *m* black marketeer; **≈hörer(in** *f*) *m* radio pirate, pirate listener.

schwärzlich *adj.* blackish, darkish; *Hautfarbe*: swarthy.

Schwarz...: ~markt *m* black market; **~markthändler** *m* black marketeer; **~meise** *f* black titmouse; **~pulver** *n* black (*od.* gun-) powder; **~rock** F *m* (*Pfaffe*) parson; **≈rot** *adj.* reddish black; **≈rotgold(en)** *adj.* black, red, and gold; **≈schlachten** *v/t. u. v/i.* kill (*od.* slaughter) illicitly; **≈sehen** *fig. v/i.* be pessimistic (*für* about), take a dim view of things; *immer*: *a.* always see the dark side of things; *ich sehe schwarz* (*für dich*) things look black *od.* bad (for you); **~seher(in** *f*) *m* **1.** *fig.* pessimist, alarmist, Cassandra, prophet of doom; *Am. a.* calamity-howler; **2.** *TV* pirate viewer, owner of an unlicensed television set; **≈seherisch** *adj.* pessimistic(ally *adv.*), alarmist, gloomy; **~sender** *m Radio*: pirate (radio station); **~specht** *m* black woodpecker; **~wald...** *in Zssgn* Black Forest ...; **~wälderuhr** *f* cuckoo clock; **~wasserfieber** ⚕ *n* blackwater fever; **≈weiß** *adj.* black and white; **~weißfilm** *m* black-and-white film; **~wild** *n* wild boar(s *pl.*); **~wurz** *f* comfrey; **~wurzel** *f* black salsify.

Schwatz *m* chat; **~base** F *f* → Schwätzer(in); **≈en, schwätzen** *v/i. u. v/t.* (*plaudern*) talk, chat, *Am.* F chin; (*schnattern, seicht daherreden*) chatter, twaddle, blather, waffle; (*plappern*) prattle, *Am.* F flap; (*ausplaudern*) blab.

Schwätzer(in *f*) *m* chatterbox, prattler, babbler; (*Klatschtante*) gossip, (*dummer* ~) blatherskite; (*eitler* ~) ranter, F gas-bag.

Schwätzerei *f* babbling, prattle, gabble; (*Klatsch*) gossip, tittle-tattle, wagging of tongues.

schwatzhaft *adj.* talkative, garrulous, chatty; **≈igkeit** *f* talkativeness, garrulousness, loquacity.

Schwebe *f*: *in der ~ sein* be undecided (*od.* in suspense, unsettled); ⚖ *Verfahren*: be pending; *gesetzliche Regelung usw.*: be in abeyance; *in der ~ lassen* leave undecided (*od.* open); **~bahn** *f* suspension (cable) railway, (aerial) cableway; **~balken** *m*, **~baum** *m Turnen*: balance beam; **~fähre** *f* transporter bridge; **~flug** ✈ *m Hubschrauber*: hovering (flight); *Segelflug*: soaring (flight); **~hang** *m Turnen*: half lever hang.

schweben *v/i.* be suspended, be poised, hang (in the air *od.* in mid-air); *durch die Luft, in e-r Flüssigkeit*: float; *langsam, über e-r Stelle*: hover (*a. Ton*); (*hoch dahin* ~) soar; (*gleitend schreiten*; *a. Wolken Mond*) glide, sail; *fig.* (*unentschieden sein*) be undecided; → *a.* Schwebe; *fig. j-m vor Augen ~* →vorschweben; *in Angst ~* be in a state of anxiety, F be all of a sweat; *in Gefahr ~* be in danger; *in Ungewißheit ~* be (kept) in suspense; *zwischen Furcht und Hoffnung* (*Leben und Tod*) ~ hover between fear and hope (life and death); *fig. über den Wolken ~* live in the clouds; *es schwebt mir auf der Zunge* it is on the tip of my tongue; **~d** *adj.* floating; hovering, suspended in mid-air; ⌂ suspended; *Frage*, ⚖ *Verfahren usw.*: pending; *Schritt*: floating, swinging; *~e Betonung Phonetik*: level stress; *~er Akzent Metrik*: hovering accent; ⚕ *~e Schuld* floating debt.

Schwebe...: ~reck *n Turnen*: trapeze; **~teilchen** *n* suspended (*od.* floating) particle.

Schwebung *f Radio*: beat; **~sfrequenz** *f* beat frequency.

Schwed|e *m*, **~in** *f* Swede; *co.*

alter Schwede! old man!; ≈**isch** *adj.* Swedish (*a.* ~*e Sprache*); of Sweden; *co. hinter* ~*en Gardinen* behind (prison) bars.

Schwefel *m* sulphur, *Am.* sulfur; brimstone; ≈**artig** *adj.* sulphur(e)ous; ~**äther** *m* sulphuric ether; ~**bad** *n* **1.** ⚗ sulphur bath; **2.** ⚕ (*Kurort*) sulphur springs *pl.*; ~**blumen** *f/pl.*, ~**blüte** *f* flowers *pl.* of sulphur; ~**dampf** *m* sulphur vapo(u)r; ~**eisen** *n* ferrous sulphide; ≈**gelb** *adj.* sulphureous; ≈**haltig** *adj.* sulphur(e)ous; ~**hölzchen** *n* (lucifer) match; ≈**ig** *adj.* → *schweflig*; ~**kammer** *f* sulphur chamber; ~**kies** *m* pyrite; ~**kohlenstoff** *m* carbon disulphide; ≈**n** *v/t.* ⚗ sulphurate, *a.* ⊕ sulphurize; (*ausräuchern*) fumigate with sulphur; ~**quelle** *f* sulphur spring; ≈**sauer** *adj.* sulphuric, sulphate of; ~*es Ammoniak* ammonium sulphate; ~**säure** *f* sulphuric acid; ~**verbindung** *f* sulphur compound; ~**wasserstoff** *m* sulphuret(t)ed hydrogen, hydrogen sulphide.

schweflig *adj.* sulphurous, *Am.* sulfurous.

Schweif *m* tail (*a. ast.*); *fig.* train; ≈**en I.** *v/i.* **1.** ramble, stray, wander; *in die Weite*: roam, rove; *fig. den Blick* ~ *lassen* let the eye wander (*od.* rove); *sein Blick schweifte durchs Zimmer* his eye ranged the room; *seine Gedanken schweiften in die Vergangenheit* his thoughts ranged the past; **II.** *v/t.* **2.** ⊕ curve; (*bogenförmig aussägen*) scallop; **3.** (*spülen*) rinse; ~**säge** *f* frame saw; ~**stern** *m* comet; ~**ung** *f* curve, bend(ing), sweep (-ing); ≈**wedeln** *v/i.* → *schwänzeln.*

Schweige|geld *n* hush-money; ~**kegel** *m Funk, Radar*: cone of silence; ~**marsch** *m* silent protest march; ~**minute** *f one* minute's silence (*zu Ehren gen.* in memory of).

schweigen I. *v/i.* be silent (*a. fig. über* on); keep silence (F mum), say nothing, hold one's tongue (*od.* peace); (*aufhören*) *Lärm usw.*: cease, die; *zu et.* ~ make no reply to, offer no comment on, pass *a th.* over (in silence); *ganz zu* ~ *von* to say nothing of, let alone; ~ *Sie!* be quiet!, silence!; *darüber schweigt die Geschichte* history is silent on (*od.* as to) that; *wer schweigt, stimmt zu* silence is consent; **II.** ≈ *n* silence; ~ *bewahren* (*auferlegen*) keep (impose) silence; *das* ~ *brechen* break the silence (*a. fig.*); *a. weitS.* ~ *gebieten* command silence; *zum* ~ *bringen* reduce to silence, *a.* ⚔ silence; (*Kinder usw.*) hush, shush; ~ *ist Gold* silence is golden; → *hüllen*; ~**d** *adj. u. adv.* silent(ly *adv.*); *pol.* ~*e Mehrheit* silent majority; ~ *zuhören* listen in silence; *sich* ~ *verhalten* keep silent, hold one's peace; *er ging* ~ *darüber hinweg* he passed it over in silence.

Schweige|pflicht *f* (professional) secrecy; ~**r** *m* taciturn person, silent man, man of few words.

schweigsam *adj. allg.* silent, quiet; (*wortkarg*) *a.* taciturn; (*verschwiegen*) discreet; ≈**keit** *f* silence; taciturnity; discretion.

Schwein *n* swine (*a. pl. coll.*), pig, *bsd. Am.* hog; (*Sau*) sow; (*Wild*≈) wild boar; (~*efleisch*) pork; F *contp.* (*schmutziger od. unanständiger Kerl*) (filthy) pig, (*Lump*) swine, *sl.* louse, rat; F (*Glück*) (good) luck, stroke of luck, fluke, *Am. sl.* lucky break; ~ *haben* be lucky (*od.* in luck), be a lucky dog; F *kein* ~ nobody.

Schweine...: ~**braten** *m* roast pork; ~**fett** *n* lard; ~**filet** *n* fillet of pork; ~**fleisch** *n* pork; ~**fraß** *m*, ~**futter** *n* food for pigs (*a. fig.*); ~**hirt** *m* swineherd; ~**hund** F *m* (filthy) swine, *sl.* louse, rat; *innerer* ~ one's baser instincts, *bsd.* (*Feigheit*) cowardice; ~**kotelett** *n* pork loin (*od.* chop); ~**pest** *vet. f* swine-fever, swine plague; ~**rei** F *f* (*Unordnung*) (F awful) mess; (*Schmutz*) dirt(iness); (*Gemeinheit*) dirty trick; (*Zote*) smut(ty joke), obscenity; (*Schande*) crying shame; ~**rotlauf** *vet. m* swine erysipelas; ~**schlächter** *m* pork-butcher; ~**schmalz** *n* lard; ~**stall** *m* pigsty (*a. fig.*), pigpen, *Am.* hogpen; ~**zucht** *f* pig-breeding, *Am.* hog-raising; ~**züchter** *m* pig-breeder, *Am.* hog-raiser.

Schweinigel F *m* dirty pig, filthy (*od.* smutty) fellow, obscene talker; ~**ei** *f* smutty joke, obscenity; ≈**n** *v/i.* talk smut.

schweinisch *adj.* swinish, piggish; (*zotig*) smutty.

Schweins...: → *a. Schweine...*; ~**blase** *f* pig's bladder; ~**fuß** *m*, ~**haxe** *f* trotter; ~**galopp** *m*: *im* ~ at a lope, posthaste; ~**kopf** *m* pig's head; ~**leder** *n* pigskin; ≈**ledern** *adj.* (of) pigskin; ~**rüssel** *m* pig's snout.

Schweiß *m* **1.** sweat, perspiration; *kalter* ~ cold sweat; *in* ~ *geraten* get into a sweat; *in* ~ *gebadet* → *schweißgebadet*; *das hat viel* ~

gekostet that was hard work; *bibl. im ~e deines Angesichtes* in the sweat of thy brow; **2.** *hunt.* blood; **3.** *Wolle*: yolk, suint; *Wolle im ~* in the greasy state; **~aggregat** *n*, **~apparat** ⊕ *m* welder, welding set; **~ausbruch** *m* profuse perspiration, sweat; **~band** *n im Hut*: sweatband; **2bar** ⊕ *adj.* weldable; **2bedeckt** *adj.* → *schweißgebadet*; **~blatt** *n im Kleid*: dress-shield; **~bogen** ⊕ *m* welding arc; **~brenner** *m* welding torch, blowlamp; **~drüse** *f* perspiratory (*od.* sweat) gland; **2echt** *adj.* fast to perspiration; **~eisen** *n* wrought iron; **~elektrode** *f* welding electrode.

schweißen I. ⊕ *v/t.* **1.** weld; **II.** *v/i.* **2.** *metall.* (begin to) weld; **3.** *hunt.* bleed; **III. 2** *n* welding.

Schweißer ⊕ *m* welder; **~ei** *f* welding shop.

Schweiß...: ~füße *m/pl.* perspiring (*od.* sweaty, F smelly) feet; **2gebadet** *adj.* bathed in perspiration, dripping with sweat, perspiring profusely; **~geruch** *m* smell of perspiration, body odo(u)r; **2härten** ⊕ *v/t.* weld-harden; **~hund** *m* bloodhound; **2ig** *adj.* **1.** sweaty, wet (*od.* damp) with perspiration; **2.** *hunt.* bloody; **~leder** *n im Hut*: sweatband; **~löten** ⊕ *n* braze-welding; **~mittel** *n* ⚕ sudorific; ⊕ welding flux; **~naht** *f* weld(ed joint), (welding) seam; **~perle** *f* bead of perspiration; **~pore** *f* sweat pore; **~stahl** *m* weld(ed) steel; wrought iron; **~stelle** ⊕ *f* weld(ed joint); **~technik** *f* welding engineering; (*Verfahren*) welding practice; **2treibend** ⚕ *adj.* sudorific; **2triefend** *adj.* → *schweißgebadet*; **~tropfen** *m* drop of sweat; bead of perspiration; **~ung** *f* welding; (*Ergebnis*) weld; **~wolle** *f* unscoured wool.

Schweizer I. *m* **1.** Swiss; *die ~* the Swiss (*pl.*); **2.** (*Milch2*) dairyman; **II.** *adj.* Swiss; *~ Käse* Swiss (cheese); **~deutsch** *ling. n*, **2deutsch** *adj.* Swiss German; **~franken** *m* Swiss franc; **~haus** *n* Swiss cottage, chalet; **~in** *f* Swiss (woman *od.* girl); **2isch** *adj.* Swiss, of Switzerland.

Schwel|anlage ⊕ *f* (low-temperature) carbonizing plant; **2en I.** *v/i.* smoulder (*a. fig.*); *fig. Haß, Problem usw.*: *a.* rankle; **II.** *v/t.* burn slowly *od.* by a slow fire; (*Braunkohle*) carbonize at low temperature; (*Teer*) distil(l).

schwelg|en *v/i.* lead a luxurious life, live on the fat of the land; (*prassen*) revel, feast, carouse; *fig. ~ in* revel in, luxuriate in; *gröber*: wallow in; **2er(in** *f*) *m* revel(l)er; (*Genießer*) epicure; (*Feinschmecker*) gourmet; (*Fresser*) gormandizer, glutton; **2erei** *f* luxury, high living; (*Prasserei*) revel(ry), gluttony, feasting; (*Ausschweifung*) debauch(ery); **~erisch** *adj.* luxurious; revel(l)ing, gluttonous; (*ausschweifend*) debauched; (*sinnlich, genießerisch*) luxurious, voluptuous.

Schwelle *f* (*Tür2*) threshold (*a. fig.*), doorstep; (*Balken*) beam, (ground-)joist; 🚂 sleeper, *bsd. Am.* tie; *fig. ~ des Bewußtseins* threshold of consciousness; *an der ~ e-r neuen Zeit* on the threshold of a new time; *an der ~ des Grabes* on the brink of the grave; *j-s ~ überschreiten* (*od. betreten*) cross a p.'s threshold.

schwellen I. *v/i.* swell (*a. fig.*); *Wasser, a. Ton, Musik*: swell, surge, rise; → *a. anschwellen, geschwollen*; **II.** *v/t.* swell; (*Segel*) *a.* fill, belly out; *fig.* (*die Brust*) fill; **~d** *adj.* swelling.

Schwellen...: ~energie *phys. f* threshold energy; **~reiz** *m* threshold stimulus; **~wert** *m* threshold value.

Schweller ♪ *m* swell.

Schwell...: ~gewebe *n* (**~körper** *anat. m*) cavernous (*od.* erectile) tissue (body, organ); **~ton** ♪ *m* crescendo, swell; **~ung** *f* swelling; ⚕ *a.* tumefaction; *des Bodens*: swell.

Schwel...: ~teer *m* low-temperature tar; **~ung** *f* low-temperature carbonization.

Schwemm|e *f* **1.** watering-place; *für Pferde*: horse-pond; **2.** (*Bierlokal*) tavern, (*Bierstube*) taproom; **3.** ✝ (*Überangebot*) glut (*an* of); **2en** *v/t.* (*Vieh*) water; (*fort ~*) sweep, wash (off); (*Holz*) float; (*Häute*) soak; **~land** *n* (**~sand** *m*) alluvial land (sand).

Schwengel *m* (*Wagen2*) swing-bar; (*Glocken2*) clapper; (*Pumpen2*) handle.

Schwenk *m Film*: pan (shot); *e-n ~ machen* pan; **~achse** ⊕ *f* swivel axis; **~antrieb** *m* pivot drive; **~arm** ⊕ *m* swivel arm; **2bar** ⊕ *adj.* swivel(ling), pivoted, hinged, rotatable; (*~ gelagert*) swivel-mounted (*a.* ⚔ *MG*); *Kran usw.*: slewing, sluable; ⚔ *Geschütz*: traversable; *~e Rolle* castor, caster; *adv. ~ lagern* swivel-mount, pivot; **2en I.** *v/t.* **1.** (*schwingen*) swing (*a. beim Tanz usw.*); (*schütteln*) shake, toss (about); (*Hut, Tuch usw.*) wave; (*Stock* *usw.*) *drohend*: brandish, flourish; (*Filmkamera*) pan; ⊕ swing, swivel, pivot; (*umdrehen*) turn; *sich* ~ turn (a)round, swivel, swing (round); **2.** (*ausspülen*) rinse; **II.** *v/i.* turn, swing (about, round); ⚔ wheel (about); ⊕ swing, swivel, rotate, slew (*od.* slue) round; *Filmkamera*: pan; *pol.* change sides; ⚔ *rechts schwenkt, marsch!* right wheel — march!; *Am.* column right — march!

Schwenk...: **~fenster** *mot. n* ventipane; **~gelenk** ⊕ *n* swivel hinge; **~glas** *n für Kognak*: brandy balloon, *Am.* snifter; **~hebel** *m* swivelling (*od.* pivoted) lever; **~kran** *m* slewing crane; **~lager** *n* pivot bearing; **~rad** *n* swivel wheel; **~ung** *f* turn(ing movement), swivel(l)ing, rotation; *Kran*: slewing; ⚔ wheeling, *taktische*: wheeling manœuvre (*Am.* maneuver); *der Filmkamera*: pan (-ning); *fig.* change of mind (*od.* heart); *pol.* change of front (*od.* sides); (*völlige Umkehr*) about-face.

schwer I. *adj. nach Gewicht*: heavy (*a. fig. Schlaf, Schritt, Unwetter, Verluste, Wolken usw.*; *a.* ⚔ *Angriff, Feuer, Waffe, Kreuzer usw.*); (*gewichtig*) weighty; (*~fällig*) ponderous, heavy(-handed), clumsy (*alle a. fig.*); (*drückend*) burdensome, oppressive; *Amt, Pflicht*: onerous; (*schwierig*) hard, difficult, F tough; → *a. schwierig*; (*schlimm*) bad, grievous; → *a. schlimm*; *Arbeit, Entscheidung, Kampf*: hard; *Krankheit, Unfall, Wunde*: serious, bad; *Fehler, Irrtum*: bad, gross; *See, Sturm*: heavy; *Verbrechen*: grave, grievous; *Speise*: rich, (*~ verdaulich*) heavy, stodgy; *Wein, Zigarre*: strong; *~er Atem* short breath; *~er Boden* heavy ground; *~er Gegner* formidable opponent; ⚖ *~er Diebstahl* aggravated larceny; F *~er Junge* (*Verbrecher*) gangster, thug, *Am. sl.* heavy; *~er Kopf* heavy head; F *~e Menge* F *a* lot, *a* heap; *~es Schicksal* hard lot; *~e Stunde* grave hour; *~er Tag* hard day; ⚗ *~es Wasser* heavy water; *~e Zeit(en)* hard times (*pl.*); *~e Zunge* heavy tongue; *~en Herzens* with a heavy heart, reluctantly; *~ von Begriff* slow (-witted), slow in (*od.* on) the uptake; *2 Pfund ~* weighing two pounds, two pounds in weight; F *ein ~es Geld kosten* cost a lot of money (*od.* a tidy penny); *~es Geld verdienen* make big money; *er hat es ~* he has a hard time; *wie ~ bist du?* what's your weight?; → *Geschütz usw.*; **II.** *adv.* heavily, *etc.*; (*sehr*) very much, F awfully; (*schlimm*) badly; *~ arbeiten* work hard; F *~ aufpassen* watch like a lynx, be very careful; *~ beleidigen* offend deeply; outrage; *~ bestrafen* punish severely; *~ hören* be hard of hearing; *~ im Magen liegen* lie heavily in the stomach, *fig. j-m*: lie heavy on a p., prey on a p.'s mind, oppress a p.; *~ zu erlangen usw.* hard to get, *etc.*; *~ zu sagen* hard to say; *~ zu verstehen* difficult to understand, hard to grasp; *~ betrunken* dead drunk; *~ enttäuscht* cruelly (*od.* badly, sadly) disappointed; *~ verwundet* dangerously wounded; *da hat er sich aber ~ getäuscht* he is jolly much mistaken there, *Am.* that's where he makes his big mistake; *das ist ~ getan* that takes some doing; → *schwerfallen usw.*

schwer...: **≈arbeit** *f* heavy labo(u)r (*od.* work); **≈arbeiter** *m* heavy worker; **≈athlet** *m* heavy athlete; **≈athletik** *f* heavy athletics *pl.* (*sg. konstr.*); **~beladen** *adj.* heavily laden; **≈benzin** *n* heavy benzene; **~beschädigt** *adj.* heavily damaged; ⚕ severely disabled; **≈beschädigte(r)** *m* severely disabled (⚔ ex-service)man; **~bewaffnet** *adj.* heavily armed; **~blütig** *adj.* thickblooded, heavy, grave.

Schwere *f* heaviness, weight; *phys.* gravity; *fig.* (*Ernst*) seriousness, *a. e-s Verbrechens*: gravity; *e-r Strafe, e-s Unwetters usw.*: severity; (*Gewichtigkeit*) weight (-iness), (*Einwirkung*) impact; *des Stils*: ponderousness, heaviness; **~feld** *phys. n* gravitational field; **≈los** *adj.* weightless; **~losigkeit** *f* weightlessness; **~nöter** *m* philanderer, gay Lothario.

schwer...: **~errungen** *adj.* hard-won; **~erziehbar** *adj.* difficult, recalcitrant; *~es Kind mst* problem child; **~fallen** *v/i.* be difficult (*dat.* to, for); *es fällt ihm schwer a.* he finds it hard, it goes hard with him, *seelisch*: it is hard on him, it is painful for him; **~fällig** *adj.* heavy, ponderous (*a. Person, Stil, Theaterstück usw.*); *Stil, Humor*: *a.* heavy-handed; *geistig*: *a.* slow; (*unbeholfen*) awkward, clumsy; (*langsam, träge*) sluggish; (*unhandlich*) unwieldy, cumbersome; **≈fälligkeit** *f* heaviness, ponderousness, *etc.*; **~flüssig** *adj.* viscous, viscid; **≈gewicht** *n Boxen usw.*: heavy-weight; *fig.*

chief stress, emphasis, chief importance; **~gewichtler** *m Sport*: heavy-weight (*a.* F *schwere Person od. Sache*); **~gewichtsmeister** *m* heavy-weight champion; **~gut** ⚓ *n* heavy cargo; **~halten** *v/i.*: es wird ~ it will be difficult (*od.* hard, not easy); **~hörig** *adj.* hard of hearing; **~hörigengerät** *n* hearing aid; **~hörigkeit** *f* hardness of hearing, deafness; **~industrie** *f* heavy industry; ☤ Aktien der ~ heavy industrials; **~kraft** *phys. f* (force of) gravity, gravitation; **~kraftbeschleunigung** *f* gravity acceleration; **~krank** *adj.* seriously (*od.* dangerously) ill; **~kriegsbeschädigte(r)** *m* seriously disabled ex-serviceman; **~lastwagen** *m* heavy-duty truck; **~lich** *adv.* hardly, scarcely; **~löslich** ⚗ *adj.* of low solubility; **~metall** *n* heavy metal; **~mut** *f* melancholia; **~mütig** *adj.* melancholy; depressed; (*traurig*) sad, mournful; **~nehmen** *v/t.*: et. ~ take a th. to heart; **~öl** *n* heavy oil (*od.* fuel); **~ölmotor** *m* heavy oil engine; **~punkt** *m phys.* cent|re (*Am.* -er) of gravity; *fig.* crucial (*od.* focal) point; (*Nachdruck*) emphasis, (chief) stress; *a.* ⚔ point of main effort; (*Vorrangigkeit*) priority; (neue) ~e bilden set up (new) priorities, concentrate on (new) points of emphasis; **~punktverlagerung** *f* displacement of the centre of gravity; *Sport usw.*: weight transfer; *fig.* shift of emphasis; **~spat** *min. m* heavy spar, barite.

Schwert *n* sword (*a. fig.*); *Segelboot*: centreboard; *a. fig.* das ~ ergreifen (in die Scheide stecken) draw (sheathe) the sword; → zweischneidig; **~ertanz** *m* sword dance; **~fisch** *m* sword-fish; **~förmig** *adj.* sword-shaped; 🕮 ensiform; **~fortsatz** *anat. m* ensiform process; **~lilie** ⚘ *f* (yellow) iris, sword-flag; **~schlucker** *m* sword-swallower; **~streich** *m* sword-stroke; ohne ~ without striking a blow.

schwer...: **~tun** *v/refl.*: sich ~ have (a lot of) difficulties (*mit* in *doing, etc., a th.*), find it difficult *od.* hard (*to do, etc., a th.*); **~verbrecher** *m* dangerous criminal, ⚖ felon; *weitS.* gangster; **~verdaulich** *adj.* indigestible, heavy, stodgy (*a. fig.*); **~verdient** *adj.* hard-earned; **~verletzte(r** *m*) *f* seriously injured person, stretcher-case; **~verständlich** *adj.* difficult (*od.* hard) to understand; difficult; **~verwundet** *adj.* seriously wounded; **~verwundete(r)** *m* major casualty; **~wiegend** *fig. adj.* weighty, grave, momentous; *Vorwürfe usw.*: grave, aggravating.

Schwester *f* sister (*a. fig.*); (*Krankenꝛ*) (hospital) nurse, F sister; (*Ordensꝛ*) sister; (*Klosterꝛ*) nun; ☤ → Schwesterfirma; Barmherzige ~ Sister of Mercy; **~chen** *n* little sister; **~firma** *f* sister (company); **~kind** *n* sister's child; **~lich** *adj.* sisterly; **~liebe** *f* sisterly love; **~nanwärterin** *f* probationer; **~nberuf** *m* nursing profession; **~ndiplom** *n* Diploma of Nursing; **~npaar** *n* two sisters *pl.*; **~nschaft** *f* sisterhood; *coll. the* sisters *pl.*; **~ntracht** *f* (nurse's) uniform; **~schiff** *n* sister ship; **~stadt** *f* twin town; **~unternehmen** *n* associated company.

Schwibbogen △ *m* flying buttress.

Schwieger|eltern *pl.* parents-in-law; **~mutter** *f* mother-in-law; **~sohn** *m* son-in-law; **~tochter** *f* daughter-in-law; **~vater** *m* father-in-law.

Schwiel|e *f* horny skin, callus, callosity; (*Strieme*) welt, weal, wale; **~ig** *adj.* callous, horny; full of welts *od.* wales.

schwierig *adj.* difficult, hard, F tough; (*verwickelt*) complicated, intricate; (*heikel*) delicate, ticklish; (*problematisch*) problematic; (*kritisch*) critical; (*lästig, beschwerlich*) troublesome, irksome, onerous; (*unangenehm*) awkward; *Person*: (*schwer zu behandeln*) difficult, (*eigen*) particular, (*anspruchsvoll*) fastidious, exacting; ~e Aufgabe *a.* difficult (*od.* arduous) task, uphill work; ~e Frage difficult (*od.* vexed) question, poser; ~es Gelände difficult ground; ~es Kind difficult child, problem child; ~e Lage critical (*od.* difficult, awkward) position, predicament, F fix; ~er Punkt, ~e Sache knotty (*od.* thorny) point, hard nut to crack, (difficult) problem; ~e Verhältnisse trying circumstances; ~ machen make (*od.* render) difficult, complicate; (*hemmen*) impede; das ꝛste haben wir hinter uns the worst is over, we have broken the back of it, we are out of the woods; **~keit** *f* difficulty; intricacy; delicacy; awkwardness; precariousness; crisis; (*Hindernis*) obstacle, snag, hitch; stumbling-block; (*Problem*) problem, crux; *plötzliche, große*: F facer; (*schwierige Lage*) difficult (*od.* awkward) position, predicament, dilemma, F fix; *~en* difficulties, trouble *sg.*; *finanzielle ~en* financial difficulties; *~en machen od. bereiten Sache*: raise (*od.* present) difficulties, be (*od.* raise) a problem, *j-m*: give a p. trouble; *Person*: make trouble (*j-m* for a p.), *j-m*: *a.* put obstacles in a p.'s way; (*Einwände machen*) raise objections, argue; *das bereitete ihm keinerlei ~en* he found it quite easy, he took it in his stride; *auf ~en stoßen* encounter (*od.* meet with) difficulties, run into a snag; *in ~en geraten, sich in ~en bringen* get into trouble (*od.* F hot water); *sich in ~en befinden* be in trouble; *nicht ohne ~en* not without some difficulty; **≈keitsgrad** *m a. Sport*: degree of difficulty.

Schwimm|anstalt *f*, **~bad** *n* swimming-bath, *Am.* swimming pool; → *a. Schwimmbecken*; **~anzug** *m* swimsuit; **~bagger** ⊕ *m* floating dredger; **~bahn** *f Sport*: (swimmer's) lane; **~bassin** *n*, **~becken** *n* (swimming-)pool; **~blase** *f Fisch*: swim-bladder, sound; *für Nichtschwimmer*: water-wings *pl.*; **~dock** ⚓ *n* floating (dry) dock.

schwimmen I. *v/i.* swim (*a. v/t. e-e Strecke, e-n Rekord*); (*baden*) have a swim; *Sachen*: float, drift, swim; (*sehr naß sein*) swim (*von* with), be flooded; *fig.* (*unsicher sein*) flounder, be at sea, *sl.* be rattled; *~ gehen* go for a swim; *in s-m Blute ~* swim (*od.* welter) in one's blood; *im Gelde ~* be rolling (*od.* swimming) in money; *im Glück ~* swim in delight, be riding on air; *in Tränen ~* be bathed in tears, *Augen*: be swimming with tears; *über den Kanal ~* swim the Channel; *alles schwamm vor seinen Augen* everything swam before his eyes; → *Strom* 1; **II.** *≈ n* swimming; *fig. ins ~ kommen* flounder, *sl.* get rattled; **~d** *adj.* swimming; *a.* ⊕, ⚓ floating; *~e Insel* floating island.

Schwimmer *m* **1.** **~in** *f* swimmer; **2.** *Angel*, ⊕, ✈, *mot.* float; **~flugzeug** *n* float plane; **~nadel** *mot. f* float needle; **~schalter** ⚡ *m* float switch; **~ventil** *n* float valve.

Schwimm...: **≈fähig** *adj.* buoyant, floatable; **~fahrzeug** *n* amphibian (vehicle); **~fest** *n* swimming gala, aqua show; **~flosse** *f* fin; *Sport*: flipper; **~fuß** *zo. m* web-foot; **~gürtel** *m* swimming-belt; (*Rettungsgürtel*) life-belt; **~halle** *f* indoor (swimming-)pool; **~haut** *f* web; **~hose** *f*: (*e-e ~* a pair of) (bathing-)trunks *pl.*; **~kissen** *n* water-wings *pl.*; **~körper** *m* float; **~kraft** *f* buoyancy; **~kran** *m* floating crane; **~lehrer** *m* swimming instructor; **~sport** *m* swimming; **~stadion** *n* swimming stadium; **~stil** *m* swimming style, stroke; **~stoß** *m* stroke; **~verein** *m* swimming club; **~vermögen** *n* floating power; **~vogel** *m* swimming-bird; **~werk** ✈ *n* water landing gear; **~weste** *f* life-jacket, air-jacket, *Am.* life preserver (vest); **~wettkampf** *m* swimming competition.

Schwindel *m* **1.** ⚕ vertigo; giddiness, (fit of) dizziness, dizzy spell, swimming of the head; **2.** *fig.* (*Betrug*) swindle, cheat, fraud, F take-in, skulduggery; (*Vortäuschung*) humbug, hoax, *sl.* eyewash, flimflam; *den ~ kenne ich* I know that trick (*od.* dodge); F *der ganze ~* the whole lot (*od.* business, F bag of tricks), *Am. sl.* the whole shebang; **~anfall** ⚕ *m* → *Schwindel* 1.

Schwindelei *f* **1.** → *Schwindel* 2; **2.** (*das Betrügen*) cheating; (*das Lügen*) (constant) lying *od.* fibbing; (*Lüge*) fib, lie(s *pl.*).

Schwindel...: **≈erregend** *adj.* dizzy, giddy, vertiginous (*a. fig.*); *fig. a.* staggering; **~firma** *f* → *Schwindelgesellschaft*; **≈frei** *adj.* free from giddiness; *nicht ~* high-shy; **~gefühl** *n* → *Schwindel* 1; **~gesellschaft** *f* bogus (*od.* bubble-)company, *Am.* wildcat company; **≈haft** *adj.* **1.** (*betrügerisch*) swindling, fraudulent, bogus, cheating; **2.** → **≈ig** *adj.* giddy, dizzy, vertiginous (*a. fig.*); *fig. Preise, Kosten usw.*: staggering; *ihr wurde ~* she felt giddy, her head swam, everything swam before her eyes; *das macht mich ~* it makes me giddy; **≈n** *v/i.* **1.** *mir schwindelt* I feel giddy (*od.* dizzy), my head swims; *ihm schwindelte (der Kopf) bei dem Gedanken* his mind reeled at the thought; **2.** (*a. v/t.*) (*lügen*) fib, tell fibs (*od.* a white lie); (*betrügen*) cheat, swindle; *das ist geschwindelt!* that's a lie!; **≈nd** *adj.* → *schwindelerregend*; *in ~er Höhe* at a giddy (*od.* dizzy) height; **~preis** *m* fraudulent (*od.* scandalous) price; **~unternehmen** *n* → *Schwindelgesellschaft*.

schwinden I. *v/i.* (*abnehmen*) dwindle, wane, ebb, run low; grow less, fall off; (*schrumpfen*) shrink; (*welken*) wilt, wither; *Ton, Farbe, Licht*: fade (away); (*ver~*) *a.* disappear, vanish (*aus den Augen* from sight); *~de Hoffnung* dwindling hope; *~de Kräfte* dwindling (*od.* waning) strength *sg.*; *ihm schwand der Mut* he lost courage, his heart sank; *ihr schwanden die Sinne* she fainted; **II.** *≈ n* dwindling, waning, shrinking, *etc.*; disappearance; ⊕ shrinkage; contraction.

Schwindler *m*, **~in** *f* swindler, sharper, *sl.* crook, con man; (*Lügner*) liar; (*Mogler*) cheat; (*Hochstapler*) impostor, confidence-man, *weitS.* fraud; **≈haft** *adj.* swindling, fraudulent, bogus, *sl.* crooked.

schwindlig *adj.* → *schwindelig.*

Schwind...: ~sucht ⚕ *f* consumption, 📖 phthisis, tuberculosis; **≈süchtig** *adj.* consumptive, 📖 phthisic; **~süchtige(r** *m*) *f* consumptive.

Schwing|achse *mot. f* independent (*od.* floating) axle; **~e** *f* (*Flügel*) wing, *poet.* pinion; ↗ (*Getreide≈*) winnow, fan; (*Flachs≈*) swingle; ⊕ rocker arm; **≈en I.** *v/t.* swing; (*Fahne, Tuch usw.*) wave; (*Waffe usw.*) *drohend*: brandish, flourish; (*die Feder, den Pinsel, das Skalpell usw. handhaben*) wield; ⊕ (*schleudern*) centrifuge; (*Getreide*) winnow; (*Flachs*) swingle; *sich ~* swing o.s. (*hinauf* up); *sich in die Luft ~* soar (*a. Turm usw.*); *sich in den Sattel* (*über die Mauer*) *~* vault into saddle (over the wall); *sich auf den Thron ~* usurp the throne; *die Küste schwingt sich nach Norden* sweeps northward; *die Brücke schwingt sich über den Fluß* spans the river; → *Rede, Tanzbein*; **II.** *v/i.* (*pendeln*) swing (*a. Turnen, Schisport usw.*); ⊕ oscillate; *Saite, Ton usw.*: vibrate; (*schwanken*) sway; → *geschwungen*; **~er** *m* **1.** *Boxen*: swing; *wilder ~* haymaker; **2.** ⚡ resonator; **~hebel** ⊕ *m* rocker arm; **~kreis** *m Radio*: resonant circuit; **~metall** *n* shock absorber, rubber-bonded metal; **~quarz** ⚡ *m* quartz resonator; **~spule** *f* moving coil; **~ung** *f* ⊕ *u. Akustik*: vibration; *a.* ⚡ oscillation; *fig. ~en* vibrations; *in ~ versetzen* set vibrating (*a. fig.*).

Schwingungs...: ~dämpfer *m* vibration damper; **~dauer** *f* period (of oscillation); **~festigkeit** ⊕ *f* vibratory fatigue limit; **≈frei** *adj.* vibration-free; non-oscillating; **~knoten** *m* nodal point of vibration; **~kreis** *m* oscillating circuit; **~weite** *f* amplitude; **~zahl** *f* vibration (*od.* oscillation) frequency.

Schwippschwager *m* brother of the brother-in-law (*od.* sister-in-law); husband of the sister-in-law.

Schwips F *m* tipsiness; *e-n ~ haben* be tipsy, F be a little on.

schwirren I. *v/i.* whir(r); *Pfeil usw.*: *a.* F (*sausen*) whiz(z); *Insekten*: buzz, hum; *fig. Gerüchte*: run, be rife; *Gedanke durch den Kopf*: flash; *mir schwirrte der Kopf* my head was in a whirl; **II.** *≈ n* whirr; whizzing (sound); buzz.

Schwitz|bad *n* sweating (*od.* Turkish) bath; (*Dampfbad*) steam-bath; **≈en I.** *v/i.* sweat, perspire; *Wände usw.*: be damp; *~ lassen* make sweat, *a.* ⊕ sweat; *am ganzen Leibe ~* be in a bath of perspiration, F be all of a sweat; **II.** *v/t.* *fig. Blut ~* sweat blood; **~en** *n* sweating, perspiration; **≈ig** *adj.* sweaty; **~kasten** *m* ⊕ sweatbox (*a.* F *beim Ringen*); **~kur** *f* sweating-cure; **~mittel** *n* sudorific; **~packung** ⚕ *f* hot pack; **~wasser** ⊕ *n* condensed moisture.

Schwof F *m* F hop, shindig; **≈en** F *v/i.* dance, F shake a leg, hop, do the light shoe-shuffle.

schwören *v/i. u. v/t.* swear (*bei Gott* by God), take an oath (*auf* upon); *vor Gericht*: take the oath; (*Rache, Treue usw.*) swear, vow; *fig. auf et. od. j-n ~* (*vertrauen auf, viel halten von*) have absolute confidence in, F swear by, *Am. a.* be sold on; F *ich hätte geschworen, daß* I could have sworn that; → *geschworen.*

schwul F *adj.* F gay, queer; **≈e(r)** F *m* F homo, pansy, queer.

schwül *adj.* sultry, close, muggy, stifling, oppressive; (*heiß*) sweltering; (*feucht*) damp; *fig.* (*dumpf sinnlich*) sultry (*a. Buch, Traum usw.*), languorous; (*unbehaglich*) uneasy; *ihm wurde ~ zumute* he began to sweat (*od.* feel ill at ease); **≈e** *f* sultriness, closeness, stifling heat, muggy weather; *fig.* sultriness, languor.

Schwulität F *f* F fix, scrape; *in ~en kommen* get into trouble (*od.* F hot water).

Schwulst *m Rede, Stil*: bombast.

schwülstig *adj.* bombastic(ally *adv.*), pompous, inflated; **≈keit** *f* bombastic style, grandiloquence.

schwumm(e)rig F *adj.* → *schwindelig.*

Schwund *m* dwindling; (*Verlust*) loss; *durch Schrumpfen, Eingehen*: shrinkage; *durch Aussickern*: leakage; *Radio*: fading (*a. mot. Bremse, Kupplung*); ⚕ atrophy; *des Haares*: falling off; **~ausgleich** *m*, **~rege-**

lung *f Radio*: automatic gain control; **≈mindernd** *adj. Radio*: anti-fading.

Schwung *m* **1.** swing (*a. Turnen, Schisport, Metrik,* ♪); (*Geschwindigkeit*) speed, pace; *phys. a.* momentum; *fig.* (*Auf* ≈) rise; (*Antrieb*) impetus; (*geistiger* ~) buoyancy; (*Energie, Wucht*) energy, vitality; drive, F vim, *sl.* punch; (*Schmiß*) verve, dash, snap, F go, pep, zip; (*Lebhaftigkeit*) life, vivacity, animation; *edler ~ der Sprache* lofty strain; *in ~ bringen* get *a p. od. th.* going, *j-n*: *a. sl.* turn a p. on, et.: *a.* get a th. into full swing; *~ bekommen* gather speed (*od.* momentum, *a. fig.*); (*richtig*) *in ~ kommen* get into one's stride; get going, *Sache*: *a.* click into gear; *im ~ sein Sache*: be in full swing; *Person*: be going it strong, → *a. Fahrt* 2; *j-n auf ~ bringen* make a p. find his legs, goad a p. to activity; **2.** (*Menge, Schub*) batch, F go, bunch; (*Welle*) wave *of immigrants, etc.*; **~feder** *orn. f* pinion; **≈haft** *adj. Handel*: brisk, roaring, flourishing; → *a. schwungvoll*; **~kraft** *phys. f* momentum (*a. fig.*), (*Fliehkraft*) centrifugal force; (*Wucht*) inertial power; *fig.* buoyancy, vivacity; **~kraftanlasser** *mot. m* inertia starter; **≈los** *fig. adj.* spiritless, slow, sluggish; **~rad** ⊕ *n* flywheel; **≈voll** *adj.* full of verve (*od.* F go, pep), spirited (*a. Angriff, Darbietung, Übersetzung usw.*); *Entwurf usw.*: *a.* bold; *Melodie*: racy, F snappy; (*unternehmungslustig*) enterprising; (*geistreich*) sparkling; *adv.* with a swing.

schwupp! *int.* wop!

Schwur *m* oath; (*Gelübde*) vow; *e-n ~ leisten* take an oath, make a vow; → *a. Eid*; **~gericht** *n* jury court; *obs.* (court of) assizes *pl.*; **~gerichtsverfahren** *n* trial by jury.

Séance *f* séance (*fr.*).

sechs I. *adj.* six; → *a. acht*; **II.** ≈ *f* (number *od.* figure) six; **≈achteltakt** ♪ *m* six-eight time; **~atomig** *adj.* hexatomic; **≈eck** *n* hexagon; **~eckig** *adj.* hexagonal; **≈ender** *hunt. m* stag with six points; **≈er** F *m the* six; **~erlei** *adj.* of six (different) kinds *od.* sorts, six kinds of; **~fach** *adj.* sixfold, sextuple; **≈flach** *n*, **≈flächner** ⩓ *m* hexahedron; **~jährig** *adj. Person*: six-year-old ...; *Zeitraum*: six-year ..., sexennial; **≈jährige(r** *m*) *f* six-year-old; **≈kant** *m* hexagon; **≈kant...**, **~kantig** *adj.* hexagonal; **~mal** *adv.* six times; **~malig** *adj.* repeated (*od.* recurring) six times; **~monatig** *adj.* lasting (*od.* of) six months, six-month ...; **~monatlich I.** *adj.* six-monthly, half-yearly; **II.** *adv.* every six months, every sixth month; **~motorig** ✈ *adj.* six-engined; **≈phasenstrom** ⚡ *m* six-phase current; **≈polröhre** *f* six-electrode valve, hexode; **~schüssig** *adj.* six-chamber ...; *~er Revolver* six-shooter; **~seitig** *adj.* hexagonal; **~spännig** *adj.* with six horses; **~stellig** *adj. Zahl*: six-digit ...; **~stöckig** *adj.* six-storied; **~stündig** *adj.* lasting (*od.* of) six hours, six-hour ...; **≈tagerennen** *n* six-day race; **~tägig** *adj.* lasting (*od.* of) six days, six-day ...

sechste *adj.* sixth; → *a. achte*; **≈l** *n*, **~l** *adj.* sixth (part); **~ns** *adv.* sixth(ly), in the sixth place.

sechs...: **≈undsechzig** *n* (*Kartenspiel*) sixty-six; **≈vierteltakt** *m* six-four time; **~wertig** ⚗ *adj.* hexavalent; **~wöchentlich I.** *adj.* six-weekly; **II.** *adv.* every six weeks, every sixth week; **~wöchig** *adj.* of six weeks, six-week ...; **≈zylindermotor** *m* six-cylinder engine.

sechzehn *adj.* sixteen; **≈ender** *hunt. m* stag with sixteen points; **~te** *adj.* sixteenth; **≈tel** *n* sixteenth (part); **≈telnote** ♪ *f* semiquaver, *Am. a.* sixteenth note; **~tens** *adv.* (in the) sixteenth (place).

sechzig *adj.* sixty; → *a. achtzig*; *die ~er Jahre e-s Jahrhunderts, die ≈er(jahre) des Menschen*: the sixties; **≈er(in** *f*) *m* sexagenarian; **~jährig** *adj. Person*: sixty years old, sexagenarian; *Zeitraum*: of sixty years, sixty-year ...; **~ste** *adj.* sixtieth; **≈stel** *n* sixtieth (part).

Sedez(format) *typ. n* sedecimo, 16mo.

Sediment *n* sediment; **≈är** *adj.* sedimentary; **~ation** *f* sedimentation; **~ationsgeschwindigkeit** ⚕ *f* sedimentation rate; **~gestein** *geol. n* sedimentary rocks *pl.*; **≈ieren** *v/i.* sediment.

See 1. *f* (*Meer*) sea, ocean; (*~gang, Woge*) wave, sea; *die offene ~* the open sea, the offing; *an der ~* by the sea (side); *an die ~ gehen* go to the seaside (*Am.* seashore, beach); *auf ~* at sea; *auf hoher ~* on the main, in the open sea, on the high seas; *in ~ gehen od. stechen* put to sea, *Segler*: *a.* set sail; *zur ~ gehen* go to sea; *zur ~ fahren* follow the sea; e-e *schwere* ~ a heavy sea; e-e ~ *übernehmen* ship a sea; **2.** *m* (*Binnen*≈) lake; (*Teich*) pond; (*Pfütze*) pool, puddle; **~aal** *m* sea-eel; *großer*: conger; **~adler** *m* sea-eagle; **~amt** *n* court of inquiry; **~anemone** *zo. f* sea-anemone; **~bad** *n* seaside resort; **~bär** *m* sea-bear; F *fig. alter* ~ F old salt; **~beben** *n* seaquake; **~brief** *m* sea letter (*od.* pass); **~dienst** ⚓ *m* naval service; **~Elefant** *m* sea-elephant; **≈fahrend** *adj.* seafaring, maritime; **~fahrer** *m* → *Seemann*; **~fahrt** *f* seafaring, navigation (at sea); (*Seereise*) voyage, cruise; (*Überfahrt*) passage; **~fahrtschule** *f* merchant marine school; **≈fest** *adj.* seaworthy; *Person*: not subject to sea-sickness; (*nicht*) ~ *sein* F be a good (bad) sailor; ~ *werden* find (*od.* get) one's sea-legs; **~fisch** *m* salt-water fish; **~fischerei** *f* deep-sea fishing; **~flieger** ⚓ *m* naval aviator; **~flughafen** *m* seaplane base; *schwimmender*: seadrome; **~flugzeug** *n* seaplane; **~fracht** ✝ *f* sea freight, *Am.* ocean freight; **~frachtbrief** ✝ *m* (ocean) bill of lading (*abbr.* B/L); **~funkdienst** *m* maritime radio service; **~gang** *m* (motion of the) sea; *hoher* ~ rough sea, high waves *pl.*; **~gebiet** *n* waters *pl.*; **~gefahr** ✝ sea risk; *Versicherung gegen* ~ marine insurance; **~gefecht** *n* naval action; **~geltung** *pol. f* naval prestige; **~gemälde** *n* → *Seestück*; **~gras** *n* seaweed; **~hafen** *m* seaport; **~handel** *m* maritime (*od.* oversea) trade; **~handelsgüter** *n/pl.* seaborne goods; **~held** *m* naval hero; **~herrschaft** *f* naval supremacy, command (*od.* control) of the sea; **~hund** *zo. m* seal; **~hundsfell** *n* sealskin; **~igel** *zo. m* sea-urchin; **~jungfer** *f* mermaid; *zo.* dragonfly; **~kabel** *n* submarine cable; **~kadett** *m* naval cadet; **~kalb** *n* sea-calf; **~karte** *f* (sea-)chart; **≈klar** *adj.* ready for sea, ready to sail; **≈krank** *adj.* sea-sick; *leicht* ~ *werden* be a bad sailor; **~krankheit** *f* sea-sickness; **~krebs** *m* lobster; **~krieg(führung** *f*) *m* naval war(fare); **~kriegsrecht** *n* law of naval warfare; **~kuh** *zo. f* sea-cow; **~küste** *f* sea-coast, seashore, seaboard; **~lachs** *m* coalfish.

Seele *f* **1.** (*Gemüt*) *a. eccl.*, *phls.* soul (*a. fig. Lebenskraft*; *Kern*; *menschliches Wesen*; *Einwohner*; *treibende Kraft*, *Mittelpunkt*); (*Geistesverfassung*, *Intellekt*) mind; (*Herz*) heart; e-e *gute* (*schöne*, *treue*) ~ a good (beautiful, faithful) soul; e-e ~ *von e-m Menschen* a love of a man, a good soul; *keine* ~ not a (living) soul; *zwei* ~*n und ein Gedanke* two minds and but a single thought; *mit* (*od. von*) *ganzer* ~, *aus tiefster* ~ with all one's heart, *danken*: from the bottom of one's heart; *er ist mit ganzer* ~ *bei der Arbeit* he is heart and soul in his work; *er ist die* ~ *des Ganzen* he is the life and soul of it all; *er ist die* ~ *der Firma* he is the soul of the enterprise; *j-m et. auf die* ~ *binden* enjoin a th. on a p.; *j-m auf der* ~ *knien* press a p. hard, work on a p.; *j-m auf der* ~ *liegen* lie heavily on a p., prey on a p.'s mind; *sich die* ~ *aus dem Leib reden* talk o.s. hoarse; *er* (*es*) *ist mir in tiefster* ~ *verhaßt* I hate him (it) like poison; *es tat ihm in der* ~ *weh* it cut him to the quick; *du sprichst mir aus der* ~ you have guessed my (inmost) thoughts, you express my sentiments exactly; → *Leib usw.*; **2.** *e-r Schußwaffe*: bore; *e-s Kabels*, *Drahtseils*: core; *e-s Spiralbohrers*: stem; *e-r Geige*: sounding-post.

Seelen...: **~achse** ⊕ *f* axis of the bore; **~adel** *m* nobleness of mind; **~amt** *R.C. n* office for the dead, requiem; **~arzt** *m* mind-doctor, psychiatrist; *weitS.* curer of souls; **~forscher(in** *f*) *m* psychologist; **~freund(in** *f*) *m* soul-mate; **~friede(n)** *m* peace of mind; **≈froh** *adj.* very happy (*od.* glad; *erleichtert*: relieved); **~größe** *f* nobleness of mind; magnanimity; **≈gut** *adj.* (very) kind-hearted, *pred.* a good soul; **~heil** *n* salvation; **~heilkunde** *f* psychiatry; **~hirt** *m* pastor; **~kampf** *m* inner conflict (*od.* struggle); **≈krank** *adj.* mentally ill; **~kunde** *f* psychology; **~lage** *f* → *Seelenzustand*; **~leben** *n* inner (*od.* psychic, spiritual) life; **~lehre** *f* psychology; **~leiden** *n* mental suffering; **≈los** *adj.* soulless (*a. allg. fig.*); **~massage** F *f* treatment; (*Zuspruch*) *sl.* pep-talk; **~messe** *f* mass for the dead, requiem; **~not** *f*, **~pein** *f*, **~qual** *f* anguish of mind, (mental) agony; **~ruhe** *f* peace of mind; *weitS.* placidity, coolness; → *a. Gemütsruhe*; **≈ruhig** *adv.* placidly, as cool as you please; **~stärke** *f* strength of mind, fortitude; **≈tötend** *adj.* soul-destroying; **~tröster** F *m* (*Schnäpschen*) pick-me-up; **≈vergnügt** *adj.* (very) cheerful, blithe; **~verkäufer** F *m* (*schlechtes Schiff*) F cockle-shell; **ˆverwandt** *adj.* congenial (*mit* with), kindred; ~ *sein* be kindred souls; **~verwandtschaft** *f* congeniality (of souls), spiritual kinship; **ˆvoll** *adj.* soulful (*a. fig. u. iro.*); **~wanderung** *f* transmigration of souls, re-incarnation, metempsychosis; **~wärmer** F *m* comforter, woolly; **~wäscher** *co. m sl.* headshrinker, shrink; **~zustand** *m* frame of mind, emotional state, psychic condition.

See...: **~leopard** *m* sea leopard; **~leute** *pl.* seamen, mariners, sailors; **~lilie** *zo. f* sea lily.

seelisch *adj.* psychic(al), mental; (*Gemüts...*) spiritual; emotional; ~*es Gleichgewicht* mental equilibrium; ⚖ ~*e Grausamkeit* mental cruelty; → *a. seelenkrank, -verwandt, Seelenzustand.*

Seelöwe *zo. m* sea-lion.

Seelsorge *f* cure of souls, pastoral care, religious welfare; *die* ~ *ausüben für* provide for the spiritual needs of *the population, etc.*; **~r** *m* pastor, minister, spiritual adviser; **ˆrisch** *adj.* pastoral; ~*e Betreuung* → *Seelsorge.*

See...: **~luft** *f* sea-air; **~luftstreitkräfte** *f/pl.* navy air-force *sg.*; **~macht** *pol. f* naval (*od.* sea) power; **~mann** *m* seaman, sailor, mariner; **ˆmännisch** *adj. u. adv.* seamanly, seamanlike; *Fertigkeiten usw.*: nautical; **~mannsausdruck** *m* sea-term; **~mannsgarn** F *n*: *ein* ~ *spinnen* F spin a yarn; **ˆmäßig** *adj. Verpackung*: seaworthy, sea-proof; **~meile** *f* nautical mile, sea mile (= *1853 m*); ~ *pro Stunde* (= *Knoten*) knot; **~mine** *f* sea-mine; **~möwe** *f* sea-gull; **~muschel** *f* sea-shell; **~not** *f* distress (at sea); *Schiffe in* ~ distressed ships; **~notdienst** *m* sea rescue service; **~notflugzeug** *n* sea rescue airplane; **~offizier** *m* naval officer; **~otter** *m* sea-otter; **~pferd** *myth. n*, **~pferdchen** *zo. n* sea-horse; **~pflanze** *f* submarine plant; **~räuber** *m* pirate; *hist. a.* corsair, buccaneer; **~räuberei** *f* piracy; **ˆräuberisch** *adj.* piratic(al); **~räuberschiff** *n* pirate, corsair; **~räumte** *f* sea room; **~recht** *n* law of the sea, sea law; **~reise** *f* voyage, cruise; *kürzere*: sea-trip; **~rose** ⚘ *f* water lily; **~route** *f* sea-route; **~sack** *m* sea-bag; **~schaden** *m* sea-damage; (*Havarie*) average; **~schiff** *n* sea-going vessel, sea-boat; **~schifffahrt** *f* (sea-)navigation, merchant shipping; **~schlacht** *f* naval battle, sea fight; **~schlange** *zo. u. myth. f* sea-serpent; **~schwalbe** *zo. f* sea-swallow, tern; (*Zeitungsente*) mare's nest; **~sieg** *m* naval victory; **~soldat** *m* marine; **~stadt** *f* seaside town; (*Seehafen*) seaport; **~stern** *zo. m* starfish; **~strand** *m* seaside, seashore; *flacher*: beach; **~streitkräfte** *f/pl.* naval forces; **~stück** *paint. n* seapiece, seascape; **~stützpunkt** *m* naval base; **~sturm** *m* storm at sea; **~tang** *m* seaweed; **~tier** *n* marine animal; **~transport** *m* sea-transport; ⚚ carriage by sea, oversea shipment; **ˆtüchtig** *adj. Schiff*: seaworthy, sea-going; **~tüchtigkeit** *f* seaworthiness; **~ungeheuer** *n* sea-monster; **ˆuntüchtig** *adj. Schiff*: unseaworthy; **~verbindung** *f* sea-route, shipping line; **~verkehr** *m* maritime (*od.* ocean-)traffic; **~versicherung** *f* marine insurance; **~vogel** *m* sea-bird; **~volk** *n* maritime nation, seafaring people; **~warte** *f* naval observatory; **ˆwärts** *adv.* seaward(s); **~wasser** *n* sea-water, salt-water; **~weg** *m* sea-route; *auf dem* ~ by sea; **~wind** *m* sea-breeze; **~wolf** *zo. u. fig. m* sea wolf; **~zeichen** *n* sea-mark; **~zunge** *ichth. f* sole.

Segel *n* **1.** ⚓ sail; *mit vollen* ~*n* under full sail; *fig.* full tilt; ~ *heißen od. hissen od.* (*bei*)*setzen* make sail; *unter* ~ *gehen* set sail; *die* ~ *streichen* strike sail; *fig. a.* give in, throw up the sponge; → *Wind*; **2.** *anat., zo.,* ⚘ velum; **~boot** *n* sailing-boat, *Am.* sailboat; *Sport*: yacht; **ˆfertig** *adj.* ready to sail; **~fliegen** *n* gliding, glider flying, sailplaning, soaring; **~flieger(in** *f*) *m* glider (pilot); **~fliegerschein** *m* soaring certificate.

Segelflug *m* **1.** *einzelner*: gliding flight; **2.** → *Segelfliegen*; **~dauerrekord** *m* gliding duration record; **~gelände** *n* gliding site (*od.* field); **~lehrer** *m* soaring (*od.* flying) instructor; **~modell** *n* model glider, model; **~schüler(in** *f*) *m* glider-pilot pupil; **~sport** *m* → *Segelfliegen*; **~zeug** *n* glider, *Am. a.* sailplane.

Segel...: **ˆklar** *adj.* ready to sail; **~klasse** *f von Rennbooten*: rating; **~klub** *m* yachting club; **~kunst** *f* yachtsmanship; **~macher** *m* sail-maker; **ˆn** *v/i. u. v/t.* sail (*a. fig. Vögel, Wolken*); *Sport*: *a.* yacht; ✈ soar; F (*sausen*) sail, dash, rush; F *durchs Examen* ~ F get ploughed, *Am.* flunk; *um ein Kap* ~ double a cape; **~n** *n* sailing; *Sport*: *a.* yachting; **~regatta** *f* (sailing) regatta; **~schiff** *n* sailing-ship, sailing-vessel; **~schlitten** *m* iceyacht; **~sport** *m* yachting, sailing; **~stange** *f* (sail) yard; **~tuch** *n* canvas (*a.* ✝), sail-cloth, duck; **~tuchhose** *f* canvas trousers *pl.*, F ducks *pl.*; **~tuchplane** *f* canvas; *geteerte*: tarpaulin; **~tuchschuhe** *m/pl.* canvas shoes; **~werk** *n* sails *pl.*

Segen *m* blessing, benediction; (*Gebet*) prayer(s *pl.*); (*Tischgebet*) grace; (*Bekreuzigung*) sign of the cross; *fig.* (*Glück, Wohltat*) blessing, boon; (*Gedeihen*) prosperity; (*Ertrag*) (rich) yield; (*Fülle*) abundance; F *der ganze ~* F the lot; *j-m s-n ~ geben* give a p. one's blessing; F *fig. s-n ~ geben zu* give one's blessing to; *ein wahrer ~* a great blessing (*od.* boon), a perfect godsend; *iro. es war ein wahrer ~, daß sie nicht kam* it was quite a mercy that she did not come; *im Grunde war es ein ~* it was a blessing in disguise; *das bringt keinen ~* no good will come of it; *zum ~ der Menschheit* for the benefit of mankind; *meinen ~ hast du* you have my blessing; **≈bringend** *adj.*, **≈sreich** *adj.* beneficial, *pred.* a blessing; **~spendung** *f*, **~sspruch** *m*, **~swunsch** *m* blessing, benediction; *weitS. pl.* good wishes.

Segge ⚘ *f* sedge.

Segler *m* **1. ~in** *f* yachts(wo)man; **2.** → a) *Segelschiff, -boot*; b) *Segelflugzeug*; **3.** *orn.* swift, black martin.

Segment *n allg.* segment; **≈al** *adj.*, **≈är** *adj.* segmental; **≈ieren** *v/t.* segment.

segn|en *v/t.* bless; (*das Kreuzeszeichen machen über*) cross (*sich* o.s.), make the sign of the cross over; (*weihen*) consecrate; *fig. das Zeitliche ~* depart this life; *Gott segne dich* God bless you; *gesegnet* blessed; *fig. gesegnet mit* blessed (*od.* blest) with, endowed with; *in gesegneten Umständen, gesegneten Leibes* with child, pregnant, expectant; *mit vielen Kindern gesegnet* blessed with a large offspring; F *gesegneter Appetit* enormous appetite; *gesegnetes Alter* old age; *gesegnete Ernte* rich harvest; **≈ung** *f* blessing, benediction; *fig. ~en der Zivilisation* blessings of civilization.

Segregation *f* segregation.

Sehachse *f* visual axis.

sehen I. *v/i.* see; (*hin~, blicken*) look; *gut* (*schlecht*) *~* have good (bad, weak) eyes; *wieder ~d werden* regain one's sight; *~ auf* look at; *das Fenster sieht auf den Park* looks out on (*od.* opens on, faces) the park; (*Wert legen auf*) be particular about, set great store by; *darauf ~, daß* mind (*od.* take care, see to it) that; *daraus ist zu ~, daß* this shows that, hence it appears that; *~ nach* look for; (*sorgen für*) look (*od.* see) after; *nach der Uhr ~* look at one's watch *od.* at the clock; *sieh nur!* (just) look!; *~ Sie mal!* look here!; *siehe oben* (*unten*) see above (below); *siehe Seite 15* see page 15; *siehe auch Seite 2* see also page 2; *sieh*(*e*) *da!* behold!, lo!; F *sieh mal e-r an!* I say!, F what do you know!; F *haste nicht gesehn* like a shot (*od.* streak), F in a jiffy; F *na, siehst du!* there you are!, didn't I tell you!, see?; *wie ich sehe, ist er nicht hier* I see he is not here; *wie Sie ~, habe ich recht behalten* you see I am right; *~ Sie, die Sache war so* you see, the matter was as follows; *ich will ~, daß ich es dir verschaffe* I will see if I can (*od.* I'll try to) get it for you; *sieh* (*zu*), *daß es erledigt wird* see (to it) that it is done; *wir werden* (*schon*) *~* we shall see, wait and see; *sehe ich recht?* do my eyes deceive me?; F *iro. a.* am I seeing things?; *lassen Sie mich ~* let me see (*a. fig.*); → *ähnlich, klarsehen*; **II.** *v/t.* see (*a. fig. erleben*), *poet.* behold; (*betrachten*) look at; (*bemerken*) notice; (*beobachten*) watch, observe; (*erspähen*) spy, F spot; *einander od. sich ~* (*treffen*) see each other, meet; *flüchtig ~* glimpse, catch a glimpse of; *gern ~* like (to see); *er sieht es gern, wenn man ihn bedient* he likes being waited on; *zu ~ sein* be visible, to be seen, show o.s.; (*hervorlugen*) show, peep out; (*ausgestellt sein*) be on show *od.* exhibition; *gern gesehen sein bei* be welcome at *a p.'s* house, be well liked by; be popular with; *niemand war zu ~* nobody was in sight; *die Sonne aufgehen ~* see the sun rise; *ich sah ihn fallen* I saw him fall; *ich habe es kommen ~* I knew it would happen, I have seen it come; *~ lassen* (*zeigen*) show; (*zur Schau halten*) display, exhibit; *sich ~ lassen* show o.s., appear, put in an appearance; (*ankommen, auftauchen*) turn up; *du hast dich lange nicht ~ lassen* you are quite a stranger; *laß dich nie mehr hier ~!*

don't you dare to show your face again!; *sie kann sich ~ lassen* she is a good-looking girl; *damit kannst du dich ~ lassen* that's not bad at all; *sie sah sich bereits als Filmstar* she saw (*od.* pictured) herself as a film-star; *sich e-m Problem gegenüber ~* be faced with a problem; *sich gezwungen ~, zu inf.* find o.s. compelled to *inf.*; *ich sehe die Sache anders* I see it differently; *ich sehe darin keine böse Absicht* I don't see any bad intention in that; *wie ich die Dinge sehe* as I see it; *ich sehe keine Möglichkeit zu inf.* I see no way to *inf.*; *hat man so etwas schon gesehen!* did you ever see the like of it!, well, I never!, *Am.* can you beat it!; *sie kann ihn nicht ~* (*leiden*) she can't bear the sight of him, she can't stand him; **III.** ≈ *n* seeing; (*Sicht*) vision; (*Sehkraft*) *a.* eyesight; (*nur*) *vom ~* (only) by sight; *~ heißt glauben* seeing is believing.

sehens|wert, ~würdig *adj.* worth seeing, remarkable; (*lohnend*) worthwhile; **≈würdigkeit** *f* place (*od.* thing) worth seeing, object (*od.* building) of interest, *bsd. iro.* curiosity; *~en e-r Stadt*: sights; *die ~en besichtigen* go sightseeing, see the sights, *e-r Stadt* (*e-s Museums usw.*): F do a town (*od.* museum, *etc.*); *Besucher von ~en* sightseer.

Seher *m*, **~in** *f* seer, prophet(ess *f*); **~blick** *m*, **~gabe** *f* prophetic eye (*od.* gift), vision(ary power); **≈isch** *adj.* prophetic(ally *adv.*).

Seh...: ~fehler *m* visual defect; **~feld** *n* field of vision; **~hügel** *anat. m* thalamus; **~kraft** *f* vision, visual acuity; (eye)sight; *eingeschränkte ~* defective vision; **~kreis** *m* circle of vision; **~linie** *f* line of vision; **~loch** *anat. n* pupil.

Sehne *f anat.* sinew, tendon; *e-s Bogens*: string; ⩘ chord.

sehnen I. *v/refl.*: *sich ~ nach* long for, *stärker*: yearn for, hanker after; *sehr stark*: crave for; *schmachtend*: pine for; *er sehnte sich danach, zu inf.* he was longing to *inf.*; **II.** ≈ *n* → *Sehnsucht*.

Sehnen...: ~band *anat. n* (tendinous) ligament; **~entzündung** ⚕ *f* tenonitis; **~faser** *anat. f* tendinous fib|re, *Am.* -er; **~riß** ⚕ *m* rupture of a tendon; **~scheide** *anat. f* tendon sheath; **~scheidenentzündung** ⚕ *f* tenosynovitis, thecitis; **~verkürzung** *f* shortening of tendon; **~zerrung** *f* strained (*od.* pulled) tendon.

Sehnerv *anat. m* optic nerve.

sehnig *adj.* sinewy (*a. Arm*); *Fleisch*: stringy; *Person*: wiry, brawny, sinewy.

sehnlich I. *adj.* longing; (*glühend*) ardent, fervent; (*leidenschaftlich*) passionate; (*stark*) keen; *sein ~ster Wunsch* his fondest wish; **II.** *adv.* ardently, fervently, longingly, *etc.*; *~ erwarten* await anxiously.

Sehnsucht *f* longing, yearning (*nach* for, after), ardent desire (for); *nach Vergangenem, Verlorenem*: nostalgia; *mit ~ erwarten* long (*od.* yearn) for, await anxiously; **≈svoll, sehnsüchtig** *adj.* longing, yearning; pining; *Blick, Stimme usw.*: *a.* wistful; → *a. sehnlich.*

Seh...: ~organ *n* organ of sight; **~probe** *f*, **~prüfung** *f* vision test; **~probentafel** *f* sight-testing chart; **~purpur** *anat. m* visual purple.

sehr *adv.* **1.** *vor adj. u. adv.*: very, *vor mehrsilbigen*: *a.* most; *~ gern* most willingly; *ich würde es ~ gern tun* I should be happy to do so; *~ oft* very often, more often than not; *~ viel* much, F a lot *better, worse, etc.*; **2.** *mit su.*: a good (*od.* great) deal of, plenty of, F a lot of; *~ viele* a great many, F a lot of; **3.** *mit vb.*: (very) much, greatly, highly, F mighty, awfully; *~ vermissen* miss badly; *~ vermissen lassen* be sadly lacking in; *so ~, daß* so much (*od.* to such a degree) that; *wie ~ auch* however much, much as.

Seh...: ~rohr *n* periscope; **~schärfe** *f* visual acuity (*od.* power), vision, (eye)sight; *auf ~ einstellen* (bring into) focus; **~schlitz** ⚔ *m* observation slit; **~schwäche** ⚕ *f* weakness of vision, 📖 amblyopia; **~störung** ⚕ *f* impaired (*od.* defective) vision; **~test** *m* visual screening test; **~vermögen** *n* visual faculty, vision, sight; **~weite** *f* visual range; *in* (*außer*) *~* (with)in (out of) sight *od.* eyeshot; **~werkzeug** *n* organ of sight; **~winkel** *m* visual angle; **~zentrum** *n* visual cent|re, *Am.* -er.

seicht *adj.* shallow, low; *fig.* (*oberflächlich*) shallow, superficial, trivial; *Unterhaltung usw.*: *a.* insipid; *~e Stelle im Wasser*: shallow (place); *~e Redensarten* banalities, platitudes; **≈igkeit** *f* shallowness; *fig. a.* superficiality, insipidity.

Seide *f* silk; *künstliche ~* artificial silk, rayon; *mit ~ umsponnen* silk-covered.

Seidel *n* (*Maß*) pint (= $\frac{1}{2}$ *Liter*);

(*Trinkgefäß*) mug; (*Bier*≈) *Am.* stein; ~**bast** ⚘ *m* spurge-laurel.

seiden *adj.* (of) silk, (*a.* ~*artig*) silken.

Seiden...: ≈**artig** *adj.* silky, silken; ~**asbest** *m* silky asbestos; ~**atlas** *m* silk-satin; ~**band** *n* silk ribbon; ~**bau** *m* silk-culture, sericulture; ~**draht** *m* silk-covered wire; ~**fabrik** *f* silk mill (*od.* factory); ~**faden** *m* silk thread; ~**garn** *n* silk yarn, spun silk; ~**gespinst** *n* cocoon (of a silkworm); ~**gewebe** *n* silk fabric (*od.* tissue), silk; ~**glanz** *m* silky lust|re (*Am.* -er), silky sheen; *mit* ~ *von Webwaren*: silk-finished; ~**haar** *n* silken (*od.* silky) hair; ≈**haarig** *adj.* silken-haired; ~**handel** *m* silk trade; ~**händler** *m* silk-merchant, (silk-) mercer; ~**holz** *n* satinwood; ~**kleid** *n* silk (dress); ~**papier** *n* tissue paper; ~**raupe** *f* silkworm; ~**raupenzucht** *f* rearing of silkworms, sericulture; ~**siebdruck** *typ. m* silk-screen printing; ~**spinner** *m* (*Person*) silk-spinner; *zo.* silk-moth; ~**spinnerei** *f* silk (-spinning) mill; ~**stickerei** *f* silk embroidery; ~**stoff** *m* silk (cloth); ~**strumpf** *m* silk stocking; ≈**umsponnen** *adj.* silk-covered; ~**ware** *f* silk goods *pl.*, silks *pl.*; ~**weber** *m* silk-weaver; ≈**weich** *adj.* (as) soft as silk, silken, silky; ~**wurm** *m* silkworm; ~**zucht** *f* → *Seidenbau*.

seidig *adj.* silky, silken (*a. fig.*).

Seife *f* soap (*a.* ⛰); ≈**n** *v/t.* soap, *schaumig*: lather; ⚒ wash.

Seifen...: ≈**artig** *adj.* → *seifig*; ~**bad** *n* soap-bath; ~**becken** *n* soap-dish; ~**blase** *f* soap-bubble (*a. fig.*); ~*n machen* blow bubbles; ~**brühe** *f* soap-suds *pl.*; ~**büchse** *f* soap-box; ~**fabrik** *f* soap-works *pl.* (*mst sg. konstr.*); ~**flocken** *f/pl.* soap-flakes; ~**kiste** *f* soap-box (*a.* F *als Rednerbühne*); ~**kistenrennen** *n* soap-box derby; ~**lauge** *f* soap-suds *pl.*; ~**napf** *m* soap-dish; *zum Rasieren*: shaving mug; ~**pulver** *n* soap powder; ~**schale** *f* soap-dish; ~**schaum** *m* lather; ~**sieder** *m* soap-boiler; F *fig. ihm ging ein* ~ *auf* it dawned on him, the scales fell from his eyes; ~**siederei** *f* soap-works *pl.* (*mst sg. konstr.*); ~**wasser** *n* soap-suds *pl.*; ~**zäpfchen** ⚕ *n* soap suppository.

seifig *adj.* soapy, saponaceous.

seiger|n *v/t. metall.* liquate, refine; (*Stahl*) segregate; ≈**schacht** ⚒ *m* perpendicular shaft.

Seih|e *f* **1.** (*Rückstand*) dregs *pl.*; **2.** → *Seiher*; ≈**en** *v/t.* strain, filter; ~**er** *m* strainer, filter; ~**tuch** *n* straining-cloth, cloth-filter.

Seil *n allg.* (*a. Artisten*≈, *Kletter*≈ *usw.*) rope; (*Tau*) cable; *mit dem* ~ *springen* skip; *auf dem* ~ *tanzen* dance on the tight-rope; *in den* ~*en hängen Boxer*: be on the ropes; ~**bahn** *f* cable railway, cableway, ropeway; ~**bohrung** *f* cable drilling; ~**bremse** *f* cable brake; ~**er** *m* ropemaker; ~**erbahn** *f* ropewalk; ~**erei** ropery; ~**erware** *f* cordage; ~**fähre** *f* rope (*od.* cable) ferry; ~**hüpfen** *n* (rope-)skipping; ~**schaft** *mount. f* rope (team); ~**scheibe** ⊕ *f* cable pulley, sheave; ~**schwebebahn** *f* suspension railway, (aerial) cableway; ~**springen** *n* → *Seilhüpfen*; ~**start** ✈ *m* towed take-off; ~**steuerung** *f beim Aufzug*: rope control; ~**tanzen** *n* tightrope walking; ~**tänzer**(**in** *f*) *m* tightrope walker (*od.* dancer), rope-dancer; ~**trieb** *m* rope drive; ~**trommel** *f* cable drum; ~**winde** *f* cable winch; ~**ziehen** *n* *Sport*: tug-of-war (*a. fig.*).

Seim *m* mucilage; (*Honig*≈) liquid honey; ≈**ig** *adj.* glutinous, viscous, 🕮 mucilaginous.

sein[1] **I.** *v/i. allg.* be; (*bestehen, vorhanden sein*) exist, be there; (*leben*) live; (*stattfinden*) take place, occur, happen; (*sich erweisen als*) be, prove (to be); (*sich fühlen*) be, feel; *als v/aux.*: *a.* have; *sind Sie es?* is it you?; *ich bin's* it is I, F it's me; *ich denke, also bin ich* I think, therefore I am; *sei(d) nicht dumm!* don't be silly!; *ich bin ihm begegnet* I have met him; *die Sonne ist untergegangen* the sun is set; *er ist nicht zu sprechen* he cannot be seen, he is engaged; *er ist beim Lesen* he is reading; *im Bau* ~ be being built, be building; *die Waren sind zu senden an* are to be sent to; *es ist ein Jahr* (*her*), *seit* it is now a year since; *ich bin für e-e Reform* I am for a reform; *was ist Ihnen?* what is the matter with you?; *mir ist nicht nach Arbeiten* I don't feel like working, I am not in the mood for work; *mir ist kalt* I am (*od.* feel) cold; *mir ist, als höre ich ihn* I think I hear him now; *wenn er nicht gewesen wäre* if it had not been for him, but for him; *wenn dem so ist* if that be (*od.* is) so, if that be (*od.* is) the case, in that case; *er ist aus Mexiko* he comes from Mexico; *er ist nach Berlin* (*gegangen*) he has gone to Berlin;

ich bin bei meinem Anwalt gewesen I have seen my lawyer; et. ∼ *lassen* leave (*od.* let) a th. alone; *laß das* ∼*!* stop that; *muß das* ∼*?* is that necessary?; *es ist nun an dir, zu inf.* it is now for you to *inf.*; *was soll das* ∼*?* what does that mean?; (*das*) *mag* (*od. kann*) ∼ that may be, that's possible, F could be; *es sei!* be it so!, so be it!; *sei dem, wie ihm wolle* be that as it may; *es sei denn, daß* unless; *sei es, daß ... oder daß* ... whether ... or ...; *nun, wie ist's?* well, what about it?; *und das wäre?* and what might that be?; *wie wäre es mit?* how about *a game of tennis*?; 𝒜 *5 und 2 ist sieben* five and two are (*od.* is) seven; *3 mal 7 ist 21* three times seven is (*od.* equals) twenty-one; *x sei* let x be; **II.** ≈ *n allg.* being; (*Da*≈) *a.* existence; (*Wesenheit*) *a.* entity; ∼ *oder Nichtsein* to be or not to be, life or death; ∼ *und Schein* fact and fiction; *mit allen Fasern s-s* ∼*s* with his whole being.

sein[2] **I.** *pers. pron.* (*gen. von* er) his; *er war* ∼*er nicht mehr mächtig* he had completely lost control of himself; **II.** *poss. adj.*: ∼(e) his; *e-s Mädchens*: her; *e-r Sache*: its; *von Ländern, Schiffen*: *oft* her; *unbestimmt*: one's; *mein und* ∼ *Vater* my father and his; ∼ *Glück machen* make one's fortune; *all* ∼ (*bißchen*) *Geld* what (little) money he had, his little all; ≈*e Majestät* His Majesty; *es kostet* (*gut*) ∼*e hundert Dollar* it will cost at least (*od.* easily) a hundred dollars; **III.** *poss. pron.*: ∼*er m*, ∼*e f*, ∼*es n*, *der* (*die, das*) ∼(*ig*)*e* his (own); his property; *er und die* ≈(*ig*)*en* he and his family (*od.* people, *Am. a.* folks); *es ist* ∼ it is his, it belongs to him; *jedem das* ≈(*ig*)*e* a) give everyone his due; b) to each his own (thing); *das* ≈*ige tun* do one's duty (*od.* part, share, best, F bit).

seiner|seits *adv.* on his part, as far as he is concerned; **∼zeit** *adv.* **1.** (*damals*) then, at that time; in those days; (*einmal*) at one time; **2.** (*zur gegebenen Zeit*) in due time (*od.* course); **∼zeitig** *adj.* → *damalig.*

seinesgleichen *pron.* (of) his *od.* its own kind; his equals *od.* peers *pl.*, his like, people *pl.* like him, F the likes *pl.* of him; *j-n wie* ∼ *behandeln* treat a p. as one's equal; *nicht* ∼ *haben* have no equal (*od.* parallel), stand alone; *er* (*es*) *hat nicht* ∼ there is no one (nothing) like him (it).

seinet|halben, ∼wegen, ∼willen *adv.* **1.** (*ihm zuliebe*) for his sake; **2.** (*in s-r Sache*) on his behalf; **3.** (*durch seine Schuld usw.*) because of him, on his account; **4.** (*was ihn betrifft*) for all he cares.

seinige → *sein*[2] III.

seismisch *adj.* seismic.

Seismo|gramm *n* seismogram; **∼graph** *m* seismograph; **∼loge** *m* seismologist; **∼logie** *f* seismology.

seit I. *prp.* (*von ... an*) since; (*während*) for; ∼ *1945* since 1945; ∼ *drei Wochen* for (the last) three weeks; ∼ *einigen Tagen* for some days (past); ∼ *damals,* ∼ *jener Zeit* → *seitdem*; ∼ *langem* for a long time *od.* while; ∼ *wann* (*welchem Zeitpunkt*)? since when?; ∼ *wann* (*wie lange schon*) *sind Sie hier?* how long have you been here?; *zum ersten Mal* ∼ *Jahren* for the first time for (*Am.* in) years; **II.** *cj.* since; *es ist ein Jahr her, seit* it is a year now since (*od.* that).

seitdem I. *adv.* since, since then, since (*od.* from) that time, ever since; **II.** *cj.* since.

Seite *f allg.* side; (*Flanke, a.* ⚔ *u.* △) flank; 𝒜 *e-s Körpers*, ⊕ (*Stirn*≈) face; (*Buch*≈ *usw.*) page; 𝒜 *e-r Gleichung*: member, side; *e-s Dreiecks*: leg; (*Partei*) side (*a.* ⚖ *u. Sport*), party, camp; (*Spielfeldhälfte*) side; (*Abstammungslinie*) side; *fig. e-r Angelegenheit*: side, aspect; *e-r Persönlichkeit usw.*: side, feature, facet; *schwache* (*starke*) ∼ → *Schwäche* (*Stärke*); *vordere* ∼ front, face; *vorderste* ∼ *e-r Zeitung*: front-page; *hintere* ∼ back; *rechte* (*linke*) ∼ *e-s Stoffes*: right (wrong) side; *an j-s* ∼ at (*od.* by) a p.'s side, *sitting* next to a p.; ∼ *an* ∼ side by side; *e-r Sache die beste* ∼ *abgewinnen* make the best of; *e-r Sache et.* (*vergleichend*) *an die* ∼ *stellen* compare a th. with a thing; *an od. auf die* ∼ *gehen* step aside; *auf der e-n* ∼ on the one side (*fig. mst* hand); *auf j-s* ∼ *sein* side with a p.; *j-n auf seine* ∼ *bringen* (*od. ziehen*) win a p. over to one's side; *sich auf j-s* ∼ *schlagen* go over to a p.'s side, take sides with a p.; *et. auf die* ∼ *bringen* (*od. schaffen*) get *a th.* out of the way, remove; *heimlich*: put aside, make away with, (*verbergen*) hide; (*unterschlagen*) embezzle; *j-n auf die* ∼ *bringen* (*töten*) remove (*od.* do away with) a p.; *j-n auf die* ∼ *nehmen* take a p. aside; *die Arme in die* ∼ *gestemmt* arms akimbo; *nach allen* ∼*n* in all directions; *von allen* ∼*n* on all sides (*od.*

hands), from every quarter (*a. fig.*); *von j-s* ~ at a p.'s hands, on the part of a p.; *von gutunterrichteter* ~ from well-informed quarters, from a reliable source; *Blick von der* ~ sidelong glance; *fig. von der* ~ *(mißgünstig) ansehen* look askance at; *von der* ~ *angreifen* attack in the flank; *j-m nicht von der* ~ *gehen* not to leave a p.'s side, F stick to a p. (like a leech); *von dieser* ~ *betrachtet* from this point of view, seen from that angle (*od.* in that light); *das Leben von der heiteren* ~ *nehmen* see the brighter sides of life; *sich von der besten* ~ *zeigen* show o.s. at one's best; *absichtlich*: put one's best foot forward; *sich vor Lachen die* ~*n halten* shake one's sides; *zur* ~ apart, *a. thea.* aside; *zur* ~ *legen* put aside; (*sparen*) put by, save (for a rainy day); *j-m zur* ~ *stehen* stand by a p.('s side); *zur* ~ *treten* step aside, make room; *j-m zur* ~ *treten* help (*od.* assist) a p., come to a p.'s aid; *alle* ~*n e-r Frage erwägen* study all sides of a question; *sein Charakter hat viele* ~*n* he has many sides to his character; *man sollte beide* ~*n anhören* we ought to hear both sides; *alles* (*od. jedes Ding*) *hat zwei* ~*n* there are two sides to everything.

seiten *prp.*: *auf* ~ on the side (*od.* part) of; *von* ~ → *seitens*.

Seiten...: **~abstand** *m* (lateral) interval; **~abweichung** *f* lateral deviation (*od.* deflection); **~angriff** ⚔ *m* flank attack; **~ansicht** *f* side view (*od.* face), profile; **~ausgang** *m* side-door; **~band** (**-frequenz** *f*) *n* side band (frequency); **~begrenzer** *m* traversing stop; **~begrenzungsleuchte** *f* side(-marker) lamp; **~blick** *m* sidelong glance, side-glance; **~bordmotor** *m* outboard motor; **~deckung** ⚔ *f* flank guard; **~druck** *m* lateral pressure; **~eingang** *m* side-entrance; **~erbe** *m*, **~erbin** *f* collateral heir(ess *f*); **~fenster** *n* side window; **~fläche** *f* lateral (sur)face; **~flosse** ✈ *f* vertical stabilizer; **~flügel** △ *m* (side-)wing; **~gasse** *f* by-street; **~gebäude** *n* wing (of a building); **⁀gesteuert** *adj.*: ~*er Motor* side-valve engine; **~gewehr** *n* bayonet; *pl. a.* side-arms; **~gleis** 🚂 *n* siding, sidetrack; **~hieb** *m* side-blow; *fig.* side-swipe (*gegen, auf* at); **~kante** *f* lateral edge; **~kette** ⚗ *f* lateral chain; **~kipper** *mot. m* side tipper; **~kulisse** *thea. f* (side-)wing; **~lage** *f* lateral position; **~lähmung** ⚕ *f* hemiplegia; **⁀lang** *adj.* filling (whole) pages; *attr. a.* pages (and pages) of; **~länge** *f* lateral length; **~lehne** *f* arm-rest; **~leitwerk** ✈ *n* rudder(-assembly), fin; **~linie** *f* 🚂 branch-line; *e-r Familie*: collateral line; *Sport*: side-line; **~loge** *thea. f* side-box; **~pfad** *m* bypath; **~rand** *m* margin; **~riß** ⊕ *m* profile view, side elevation; **~ruder** ✈ *n* rudder.

seitens *prp.* on *od.* from the side of, on the part of, from; (*von*) by.

Seiten...: **~scheitel** *m* side parting; **~schiff** △ *n* (side-)aisle; **~schlupf** *mot. m* (lateral) slip; **~schritt** *m* side-step; **~schwimmen** *n* side-stroke; **~sicherung** ⚔ *f* flank protection; **~sprung** *m* side-leap; *fig.* escapade, extra-marital adventure; **~stechen** *n* stitches *pl.* in the side, 📖 pleuralgia; **~steuer** ✈ *n* rudder control; ~ *geben* put on rudder; **~straße** *f* side-street, by-road; **~streuung** ⚔ *f* lateral dispersion; **~stück** *n* side-piece; *fig.* → *Gegenstück*; **~tasche** *f* side-pocket; **~teil** *m* side (part); *e-s Gebäudes*: (side-)wing; **~tür** *f* side-door; **⁀verkehrt** *adj.* side-inverted; **~verwandte(r** *m*) *f* collateral relation; **~vorhalt** ⚔ *m* lateral lead; **~wagen** *mot. m* sidecar; **~wagenmaschine** *f* sidecar (*od.* motorcycle) combination; **~wahl** *f* *Sport*: choice of ends; **~wand** *f* side-wall; **~wechsel** *m* *Sport*: change of ends (*od.* sides); **~weg** *m* by-path; *fig.* ~*e gehen* follow devious paths; **~wind** *m* side-wind, cross wind; **~winkel** *m* lateral angle; *topographisch*: horizontal angle; **~zahl** *f* number of the page, page-number; *gesamte*: number of pages; *mit* ~*en versehen* paginate.

seither *adv.* since (then *od.* that time); till (*od.* up to) now; *ich habe ihn* ~ *nicht gesehen* I have not seen him since; **~ig** *adj.* subsequent; until now, so far; (*früher*) former; (*jetzig*) present, current.

seitlich I. *adj.* lateral, side(-)...; → *a. Seiten...*; **II.** *adv.* at the side; ~ *abrutschen* sideslip (*a.* ✈).

seitwärts *adv.* sideways, sideward(s), aside; ~ *befindlich* lateral.

Seit|halte *f*, **~heben** *n* *Turnen*: arms(-raising) sideways.

Sekante ⩚ *f* secant.

sekkieren *dial. v/t.* F badger, pester.

Sekret *physiol. n* secretion.

Sekretär *m* **1. ~in** *f* secretary; **2.** (*Schreibtisch*) secretary, bureau; **3.** *orn.* secretary bird.

Sekretariat *n* secretariat(e).

Sekretion *physiol. f* secretion.

Sekt *m* champagne, sparkling wine, F fizz.

Sekte *f* sect; **~nwesen** *n* sectarianism.

Sektglas *n* champagne glass.

Sektierer *m*, **~in** *f*, **≗isch** *adj.* sectarian.

Sektion *f* (*Abteilung*) section, division; ⚕ (*Schnitt*) section; *Anatomie*: dissection; (*Obduktion*) autopsy, post-mortem (examination); **~sbefund** ⚕ *m* post-mortem findings *pl.*; **~schef** *m* department head; **~ssaal** *m* autopsy room; *Anatomie*: dissection room.

Sekt|kübel *m*, **~kühler** *m* champagne bucket (*od.* cooler).

Sektor *m allg.* sector (*a.* ⚔, ⚔, *pol.*); *fig. a.* field, branch.

Sektschale *f* shallow-bowled champagne glass.

Sekund ♪ *f* second.

Sekunda *ped. f* second (highest) class; *in England*: fifth form.

Sekundant *m* second.

sekundär *adj.*, **≗...** *allg.* secondary; *von ~er Bedeutung od.* (*pred.*) ~ of secondary importance, secondary; **≗ableitung** *ling. f* secondary derivative; **≗element** ⚡ *n* secondary battery (*od.* cell); **≗infektion** ⚕ *f* secondary infection; **≗literatur** *f* secondary literature.

Sekundawechsel ✝ *m* second of exchange.

Sekunde *f* second (*a.* ⚔ *u.* ♪); *auf die ~* (*pünktlich*) on the stroke of time; F (*eine*) ~! just a second (*od.* moment)!; **~nbruchteil** *m* split second; **≗nlang I.** *adj.* (lasting) for seconds; brief; **II.** *adv.* for seconds, for a second; **~nzeiger** *m* second hand.

sekundieren *v/i.* second (*j-m* a p.; *a. fig.*), act as second (to a p.).

sekündlich *adv.* every (*od. unbestimmt*: any) second.

selb *adj.* same; *zur ~en Stunde a.* at that very hour; **~dritt** *adv.* the three of us (*od.* them); **~er** *pron.* → *selbst* I; **~ig** *adj. the* same, selfsame.

selbst I. *pron.* self; in person, personally; (*ohne fremde Hilfe*) by oneself, alone, unaided, without assistance; *ich ~* I myself; *er ~* he himself; *sie ~* she herself; *pl.* they themselves; *er möchte ~ sprechen* he wants to do his own talking; *mit sich ~ sprechen* talk to o.s.; *von ~ Person*: of one's own accord, voluntarily; *Sache*: of itself, automatically, spontaneously; *das geht ja wie von ~* it goes like clockwork; *das versteht sich von ~* that goes without saying; *er war die Höflichkeit ~* politeness itself; *er ist die Gesundheit ~* he is the picture of health; *~ ist der Mann!* do it yourself!; *Mitleid mit sich ~* self-pity; *Zweifel an sich ~* self-doubt; *ich komme kaum mehr zu mir ~ vor Arbeit* I have hardly a minute of peace; **II.** *adv.* even; *~ er* even he; *~ wenn* even if, even though; **III.** ≗ *n* (one's own) self; ego; *sein ganzes ~* his whole being; *mein anderes* (*od. zweites*) ~ my second self; *sie ist wieder ihr altes, ruhiges ~* her own, poised self again; → *besser*.

selbst...: **~abdichtend** ⊕ *adj.* self-sealing; **≗achtung** *f* self-esteem, self-respect; **≗analyse** *f* self-analysis.

selbständig I. *adj.* (*unabhängig*) independent (*a. Charakter, Mensch* = self-reliant); *wirtschaftlich*: self-supporting; *Staat*: autonomous; *Beruf*: independent; *beruflich, Person*: independent, self-employed, *Journalist, Graphiker usw.*: free-lance ...; (*getrennt*) separate, independent; *Maschine*: self-contained *unit*; (*ohne Beistand*) unaided, without assistance; (*verantwortlich*) responsible; *an ~es Arbeiten gewöhnt* used to responsible work; *zu ~em Denken erziehen* train to do one's own thinking; *sich ~ machen im Beruf*: set up for o.s.; *weitS.* go it alone; F (*verlorengehen*) get lost; (*abhauen*) run away; *Fahrzeug usw.*: *a.* get out of control; *Fahrzeug, das sich ~ gemacht hat* runaway vehicle; **II.** *adv.* independently; (*ohne fremde Hilfe*) of oneself, unaided, without assistance; *~ handeln* act independently (*od.* on one's own initiative); **≗keit** *f* independence (*a. im Verhalten*), *pol. a.* sovereignty; autonomy; self-employment.

Selbst...: **≗angetrieben** *adj.* self-propelled; **~anklage** *f* self-accusation, self-incrimination; **~anlasser** *mot. m* self-starter; **~anschluß** *teleph. m* automatic telephone; **~anschlußamt** *n* automatic (telephone) exchange; **~ansteckung** ⚕ *f* self-infection; **~antrieb** *m* self-propulsion, automatic drive; **~anzeige** *f* information against one's own person; **≗anzeigend** ⊕ *adj.* self-registering; **~aufopferung** *f* self-sacrifice; **~auslöser** *phot. m* automatic release, self-timer; **~ausschaltung** ⚡ *f* automatic cut-out; **~bedarf** *m* personal requirement; **~bedienung** *f* self-service; *Restaurant mit ~* self-service restaurant, cafeteria; *Aufzug usw. mit ~* self-operated; **~bedienungsladen** *m* self-service store, supermarket; **~beeinflussung** *f* self-suggestion; **~befriedigung** *f* masturbation; *contp.* self-pollution, self-abuse; **~befruchtung** *f* self-fertilization; **≈beherrscht** *adj.* self-controlled; **~beherrschung** *f* self-control, self-command, self-possession, self-restraint; *die ~ verlieren a.* lose one's temper; **~bekenntnis** *n* → *Geständnis*; **~beköstigung** *f* boarding oneself; **~bemitleidung** *f* self-pity; **~beobachtung** *f* self-observation, introspection; **~besinnung** *f* stocktaking of o.s.; **~bespiegelung** *f* narcissism; egotism; **~bestätigung** *f* ego-boost; *zu seiner ~* to prove himself; **~bestäubung** ⚘ *f* self-pollination; **~bestimmung** *f* self-determination; **~bestimmungsrecht** *n* (right of) self-determination; **~beteiligung** *f* own participation; **~betrug** *m* self-deception, self-deceit; **~beweihräucherung** *f* self-glorification; **~bewunderung** *f* self-admiration; **≈bewußt** *adj.* self-confident, self-assured; **~bewußtsein** *n* self-confidence, self-assurance; *psych.* self-consciousness; **~bezichtigung** *f* → *Selbstanklage*; **~bildnis** *n* self-portrait; **~binder** *m* **1.** (*Krawatte*) open-end tie; **2.** reaper-binder; **~biographie** *f* autobiography; **~darstellung** *f* (public) image promoted of o.s.; *contp.* showmanship; **≈dichtend** ⊕ *adj.* self-sealing; **~disziplin** *f* (self-) discipline, self-control; **~einschätzung** *f* self-assessment; **~entladung** ⚡ *f* self-discharge; **~entzündung** *f* spontaneous ignition; **~erhaltung** *f* self-preservation; **~erhaltungstrieb** *m* instinct of self-preservation; **~erkenntnis** *f* self-knowledge; knowledge of one's limitations; **≈ernannt** *iro. adj.* self-appointed, self-styled; **~erniedrigung** *f* self-abasement; **~erregung** *physiol. u.* ⚡ *f* self-excitation; **~erziehung** *f* self-education; **~fahrer** *m* **1.** (*Rollstuhl*) self-propelling chair; **2.** *mot.* (*Person*) owner-driver; **~fahrerdienst** *m* drive-yourself (*od.* car-hire, *Am.* car rental) service; **~fahrerwagen** *m* self-drive (*od.* hire, *Am.* rental) car; **~fahrlafette** ⚔ *f* self-propelled mount; *Geschütz auf ~* self-propelled gun; **~finanzierung** *f* self-financing; **≈gebacken** *adj.* home-made; **~gebrauch** *m*: *zum ~* for one's own use; **≈gefällig** *adj.* (self-) complacent, self-satisfied, smug; **~gefälligkeit** *f* (self-)complacency, smugness; **~gefühl** *n* self-assurance, ego; (*Eigenliebe*) amour-propre (*fr.*); (*Überheblichkeit*) self-conceit; **≈gekühlt** *adj.* self-cooled; **≈gemacht** *adj.* self-made, home-made; **≈genügsam** *adj.* self-sufficient; **~genügsamkeit** *f* self-sufficiency; **≈gerecht** *adj.* self-righteous; **~gespräch** *n* monologue, soliloquy; *~e führen* soliloquize, talk to o.s.; **≈gezogen** ⚘ *adj.* home-grown; **≈haftend** *adj.* **1.** ⚖ individually liable; **2.** → *selbstklebend*; **≈heilend** ⚕ *u.* ⊕ *adj.* self-healing; **≈herrlich** *adj.* high-handed, arbitrary; **~herrschaft** *f* autocracy; **~herrscher** *m* autocrat; **~hilfe** *f* self-help; (*Notwehr*) self-defen|ce, *Am.* -se; *weitS.* ⊕ do-it-your-self (system); **~hilfevereinigung** *f* self-help association; **~hypnose** *f* self-hypnosis; **~induktion** ⚡ *f* self-induction; **≈isch** *adj.* selfish, self-seeking; **≈klebend** *adj.* (self-)adhesive, gummed; **~kontrolle** *f* self-control; *engS. u.* ⊕ self-check(ing); **~kosten(preis** *m*) *pl.*: (*zum ~* at) prime cost, cost-price; **~kritik** *f* self-criticism; **≈kritisch** *adj.* self-critical; **~ladegewehr** ⚔ *n* (semi-)automatic rifle; **~ladepistole** *f* automatic (pistol); **~lader** *m* **1.** ⚔ automatic weapon; **2.** ⊕ → **~ladevorrichtung** *f* automatic loader; **~laut** *ling. m* vowel; **≈lautend** *adj.* vocalic, vowel ...; **~lob** *n* self-praise; **≈los** *adj.* unselfish, disinterested; self-sacrificing; **~losigkeit** *f* unselfishness, disinterestedness; self-sacrifice; **~mitleid** *n* self-pity; **~mord** *m* suicide; *~ begehen* commit suicide; **~mörder(in** *f*) *m* suicide; **≈mörderisch** *adj.* suicidal; *weitS. a.* breakneck *speed, etc.*; *~e Absichten haben* contemplate suicide, be suicidal; **~mordneigung** *f* suicidal tendency; **~mordversuch** *m* attempted suicide; suicidal attempt; **~portrait** *n* self-portrait; **~prüfung** *f* self-examination; **~quälerei** *f* self-torture; **≈quälerisch** *adj.* self-tormenting; **≈redend** *adv.* → *selbstverständlich* II; **≈regelnd** *adj.* self-regulating; **~regierung** *f* self-government, autonomy; **~regler**

⚡ *m* automatic regulator; **~-schalter** ⚡ *m* circuit-breaker; **≈schmierend** ⊕ *adj.* self-lubricating; **~schreiber** ⊕ *m* self-recording instrument; **~schuldner** *m* debtor on one's own account; **~schuß** *m* spring-gun; **~schutz** *m* self-protection; **≈-sicher** *adj.* self-confident, self-assured, sure of o.s.; **~sicherheit** *f* self-confidence, self-assurance, aplomb; **≈sperrend** ⊕ *adj.* self-locking; **~steuerung** *f* automatic control; **~studium** *n* self-instruction, private studies *pl.*; **~sucht** *f* selfishness, ego(t)ism; **≈süchtig** *adj.* selfish, self-seeking, ego(t)istic(al); **≈tätig** *adj.* automatic(ally *adv.*); ⊕ *a.* self-acting; **~täuschung** *f* self-deception, self-delusion; **~tor** *m Sport*: own goal; **≈-tragend** *adj.* self-supporting; *Karosserie*: *a.* chassisless, integral; **~überhebung** *f* conceit, presumption; **~überschätzung** *f* overestimation of one's own capacities; **~überwindung** *f* self-conquest; *es kostete ihn viel ~* it cost him quite an effort; **~unterricht** *m* self-instruction; **~verachtung** *f* self-contempt; **≈vergessen** *adj.* self-forgetful, self-forgetting; **~verherrlichung** *f* self-aggrandizement; **~verlag** *m*: *im ~* published by the author, author's edition; **~verleugnung** *f* self-denial, self-abnegation; **~vernichtung** *f* self-destruction; **~verschluß** *m*: *mit ~* self-locking; **≈verschuldet** *adj.*: *~er Verlust* loss arising through one's own fault; **~versicherung** *f* self-insurance; **~-versorger** *m* self-supporter, self-supplier; **~versorgerland** *n* self-contained country; **~versorgung** *f* self-supply, self-sufficiency; **≈-verständlich I.** *adj.* self-evident, obvious, natural, matter-of-course ...; *pred.* a matter of course; *das ist ~ a.* that goes without saying; *es ist ~, daß a.* it stands to reason that; **II.** *adv.* (as a matter) of course, naturally; *~!* of course!, by all means!; et. *für ~ halten*, et. *als (ganz) ~ hinnehmen* take a th. for granted; **~verständlichkeit** *f* obviousness; matter of course, foregone conclusion; (*Binsenwahrheit*) truism; *im Verhalten e-r Person*: matter-of-factness; **~verständnis** *n* the way *a party etc.* sees itself, what *a party etc.* stands for; **~verstümmelung** *f* self-mutilation, self-inflicted wound(s *pl.*); **~versuch** ⚕ *m* experiment on one's own body; **~verteidigung** *f* self-defen|ce, *Am.* -se; → *Kunst*; **~vertrauen** *n* self-confidence, self-assurance; *Mangel an ~ a.* self-distrust, diffidence; **~verwaltung** *f* self-government; **~verwaltungskörper** *m* self-governing body; **~-verwirklichung** *f* self-realization; **~vorwurf** *m* self-reproach; **~-wählbetrieb** *teleph. m* fully automatic working dial system; **~-wählfernverkehr** *teleph. m* long-distance dial(l)ing; **~wertgefühl** *n* ego; **~zerfleischung** *fig. f* self-laceration; **~zeugung** *f* spontaneous generation; **~zucht** *f* self-discipline; **≈zufrieden** *adj.* self-satisfied, complacent, smug; **~zufriedenheit** *f* self-satisfaction, self-content; **≈zündend** *adj.* self-igniting; **~zündung** *mot. f* self-ignition; **~zweck** *m* end in itself; *als ~ a.* for its own sake.

selch|en *v/t.* smoke, cure *meat, etc.*; **≈fleisch** *n* smoked meat.

selektiv *adj.* selective; **≈ität** *f Radio*: selectivity.

Selen ⚗ *n* selenium; **~it** *min. n* selenite; **~säure** *f* selenious acid.

selig *adj.* blessed; *fig.* (*überglücklich*) (over)happy, overjoyed, blissful, radiant (with joy); *pred. a.* in ecstasies, in the seventh heaven of delight; F (*beschwipst*) tipsy, F happy; *die ≈en* the blessed, the departed; *~en Angedenkens* of blessed memory; *mein ~er Vater, mein Vater ~* my late father; *~ werden* go to Heaven, *bsd. fig. co.* find salvation; **≈keit** *f* supreme happiness, bliss, ecstasy; *a. eccl.* blessedness; *ewige ~* salvation; **~machend** *adj.* beatific; **≈preisung** *f* glorification; *bibl. pl. the* Beatitudes; **~sprechen** *v/t. R.C.* beatify; **≈sprechung** *f R.C.* beatification.

Sellerie ⚘ *m, f* celeriac, *Am.* celery.

selten I. *adj.* rare; (*knapp, spärlich*) scarce; *weitS.* (*außergewöhnlich*) rare, exceptional, singular; *~e Erden* rare earths; F *~er Vogel* rare bird; *von ~er Schönheit* of rare beauty; **II.** *adv.* rarely, seldom; *nicht eben ~* not infrequently, F pretty often; *höchst ~* very rarely, once in a blue moon; *es kommt ~ vor, daß er* it is rare for him to *inf.*, it is rarely that he; **≈heit** *f* **1.** rareness, scarcity; **2.** (*Sache*) rarity, rare thing, curiosity; **≈heitswert** *m* rarity value.

Selterswasser *n* seltzer(-water), soda-water.

seltsam *adj.* strange, odd, curious, queer, peculiar, singular; **~er-**

weise *adv.* strange to say, oddly enough, paradoxically; **~keit** *f* **1.** strangeness, oddness, peculiarity; **2.** (*Sache*) oddity, curiosity.

Seman|tik *ling. f* semantics *pl.* (*sg. konstr.*); **~tiker** *m* semanticist; **~tisch** *adj.* semantic(ally *adv.*).

Semaphor *n* semaphore.

Semester *n univ.* term; F *älteres ~ univ.* ageing undergraduate; *weitS.* senior citizen, mossy head; **~-prüfung** *f* end-of-term examination; **~schluß** *m* end of term.

Semifinale *n* → *Halbfinale.*

Semikolon *n* semicolon.

Seminar *n univ.* seminar; (*Lehrer~*) training-college; (*Priester~*) seminary; **~ist(in** *f*) *m* student of a training-college; *eccl.* seminarist.

Semit *m*, **~in** *f* Semite; **~isch** *adj.*, **~isch** *ling. n* Semitic.

Semmel *f* (Vienna) roll; F *fig. wie warme ~n weggehen* be selling like hot cakes; **~blond** *adj.* flaxen-haired, sandy; **~brösel** *n/pl.* breadcrumbs.

Senat *m pol., univ.* senate; ⚖ panel, division; **~or** *m* senator; **~orisch** *adj.* senatorial; **~sausschuß** *m* senate committee.

Send|bote *m* emissary; **~brief** *m* epistle, (open *od.* circular) letter.

Sende|anlage *f* transmitter, transmitting station; **~antenne** *f* transmitting aerial (*Am.* antenna); **~bereich** *m* transmission range; *Radio*: service area; **~bereit** *adj.*: *~ sein* stand by; **~-Empfangsgerät** *n* transceiver; **~folge** *f* program(me); **~leistung** *f* transmitting power; **~leiter** *m* production director, producer; **~n** *v/t. u. v/i.* send (*nach j-m* for); (*übermitteln*) send, forward; *Funk*: transmit; *Radio*: *a.* broadcast, go on the air with, present; *TV a.* telecast; **~pause** *f* silent period, interval; **~plan** *m* **1.** schedule (of transmission); **2.** → **~programm** *n* broadcasting program(me).

Sender *m* **1. ~in** *f* sender; **2.** *Funk, Radio*: transmitter; (*Rundfunk-, Fernsehstation*) (broadcasting *od.* television, TV) station.

Senderaum *m* (broadcasting) studio.

Sender...: **~empfänger** *m* transceiver; **~gruppe** *f* (program[me]) network.

Sende...: **~reihe** *f* series (*sg.*); **~röhre** *f* transmitter valve (*Am.* tube); **~saal** *m* studio; **~schluß** *f* closing-down, *bsd. TV* sign-off; **~spiel** *n* radio play; **~stärke** *f* transmitting power; **~station** *f*, **~stelle** *f* transmitting station, *Am. a.* outlet (station); **~turm** *m* radio tower; **~zeichen** *n* call sign; **~zeit** *f* transmission time; *beste od. günstigste ~* prime time; **~zentrale** *f* transmission cent|re, *Am.* -er.

Sendschreiben *n* → *Sendbrief.*

Sendung *f* sending; ✝ consignment, *bsd. Am.* shipment; (*Paket*) parcel; *Radio, TV*: transmission; (*Programmteil*) broadcast, program(me); *TV a.* telecast; *fig.* (*göttlicher Auftrag, weitS. wichtige Aufgabe*) mission.

Senf *m* mustard (*a.* ⚘); F *s-n ~ dazugeben* have one's (idiotic) say; **~gas** *n* mustard gas; **~gurke** *f* gherkin; **~korn** *bsd. bibl. n* grain of mustard seed; **~packung** ⚕ *f* mustard fomentation; **~pflaster** ⚕ *n* mustard plaster; **~same(n)** *m* mustard seed; **~topf** *m* mustard-pot.

Senge *dial. pl.*: *~ beziehen* get a (sound) thrashing *od.* beating.

sengen I. *v/t.* singe, scorch; (*Schwein*) scald; **II.** *v/i.* parch, scorch; *~de Hitze* parching heat; *~ und brennen* burn and pillage.

senil *adj.* senile; **~ität** *f* senility.

Senior I. *m* senior (*a. Sport*); (*Vorsitzender*) chairman; **II. ~** *adj.* (*sen.*) senior (*abbr.* sen., *Am.* Sr.); **~chef** *m* senior partner; **~enmannschaft** *f* senior team.

Senk|blei *n* plummet, ⚓ *a.* sounding lead; **~brunnen** *m* (sunk) well; **~e** *geol. f* depression, hollow; valley; **~eisen** ⊕ *n* bottom swage.

Senkel *m* lace.

senken I. *v/t.* sink (*a.* ⚒, *Brunnen*); (*sinken lassen*) *allg.* lower; (*neigen*) dip; (*die Augen*) cast down, lower; (*den Kopf*) bow; (*die Stimme*) lower, drop; (*Preise usw.*) lower, reduce, cut; ⊕ → *versenken*; **II.** *v/refl.*: *sich ~ allg.* sink, drop, go down; *Preise*: *a.* fall; *Boden, Gebäude, Mauer usw.*: sag, give way, subside; *Fundament*: settle; *Decke*: sag; *Straße*: dip, fall; *Kurve*: slope; *Nacht*: descend (*über, auf* over).

Senker *m* **1.** ⊕ counterbore; (*Spiral~*) core drill; (*Anschneid~*) spot facer; **2.** ⚘ → *Ableger.*

Senk...: **~fuß** *m* flat foot, fallen arches *pl.*; **~fußeinlage** *f* arch support, instep raiser; **~grube** *f* cesspool; **~kasten** *m* caisson; **~kopfschraube** ⊕ *f* countersunk screw; **~lot** *n* → *Senkblei*; **~niet** ⊕ *m* countersunk (*od.* flush) rivet; **~recht** *adj.* vertical; ⩘ *a.* perpendicular; ⩘ *~ aufeinanderstehen* be perpendicular to each other; F *fig.* ~ *bleiben* a) stay on one's feet; b) keep a stiff upper lip; **~rechte** ⚹ *f* perpendicular (line), vertical; → *a.* Lot; **~rechtstarter** *m* ✈ vertical take-off plane; F *fig.* (*Politiker usw. mit Blitzkarriere*) fast-rising politician, *etc.*; **~reis** *n* layer; **~schnur** *f* plumb-line; **~schraube** ⊕ *f* countersunk screw.

Senkung *f* sinking; lowering; *Preise*: lowering, reduction, cut; (*Vertiefung*) depression, hollow; (*Neigung*) incline, slope, dip; ⚠ *Fundament usw.*: set; *Mauer, Decke usw.*: sag; ⚕ (*Blut*~) sedimentation; *von Organen*: descent; *Metrik*: thesis; **~sgeschwindigkeit** ⚕ *f* sedimentation rate; **~sreaktion** ⚕ *f* sedimentation test.

Senkwaage *f* aerometer.

Senn *m*, **~e**[1] *m* Alpine herdsman; **~e**[2] *f* mountain pasture; **~erei** *f*, **~hütte** *f* Alpine dairy, chalet; **~erin** *f* dairymaid.

Sennesblätter *n/pl.* senna (*pl.*).

Sensation *f allg.* sensation; (*Kunststück*) F stunt; ~ *machen*, *e-e* ~ *verursachen* create (*od.* make) a sensation; *er war die* ~ *des Tages* he was the sensation of the day; **²ell** *adj.* sensational.

Sensations...: **~blatt** *n* sensational newspaper (*od.* rag), yellow journal; **~hascherei** *f*, **~lust** *f*, **~mache** *f* sensationalism, sensation mongering; **²lüstern** *adj.* sensation-seeking, sensationalist, F sensation-happy; **~meldung** *f* sensational report, *sl.* scoop; **~presse** *f* sensational (*od.* yellow) press; **~prozeß** *m* sensational trial; **~schreiber** *m*, **~schriftsteller** *m* sensational writer, sensationalist; **~sucht** *f* → *Sensationslust.*

Sense *f* scythe; F ~! that'll do!; F *damit ist es jetzt* ~! that's out!; F *da war es* ~ *für ihn sl.* it was curtains for him!; **~nmann** *fig. m* Death, *the* Grim Reaper.

sensib|el *adj.* sensitive; **~ilisieren** *v/t.* sensitize (*a. phot.*); **²ilität** *f* sensibility; (*Feinfühligkeit*) sensitiveness, sensitivity.

Sensor ⚡ *m* sensor; **²isch** *adj.* sensory, sensorial; **~ium** *n* sensorium.

Sensual|ismus *phls. m* sensualism; **~ität** *f* sensuality.

Sentenz *f* sentence, maxim, aphorism; **²iös** *adj.* sententious.

sentimental *adj.* sentimental; *contp.* mawkish, F slushy, soppy; **²ität** *f* sentimentality; *contp.* F slush.

separat *adj.*, **²...** separate; **²ismus** *pol. m* separatism; **²ist** *m*, **~istisch** *adj.* separatist.

separieren *v/t.* separate.

Sepia *zo. u. paint. f* sepia; **~zeichnung** *f* sepia (drawing).

Sepsis ⚕ *f* sepsis.

Septakkord ♪ *m* chord of seventh.

September *m* September.

Sept|ett *n* septet(te); **~(ime)** *f* seventh.

septisch ⚕ *adj.* septic(ally *adv.*).

Sequenz *f allg.* sequence.

Seques|ter ⚖ *n* sequestration; **²trieren** *v/t.* sequestrate.

Serail *n* seraglio.

Serb|e *m*, **~in** *f*, **²isch** *adj.* Serbian; **²okroatisch** *adj.* Serbo-Croatian.

Serenade ♪ *f* serenade.

Serge ✝ *f* serge.

Sergeant *m* sergeant.

Serie *f allg.* series (*sg.*); *Radio, TV usw.*: *a.* serial; (*Satz*) set; *Billard*: break; ✝ issue; *e-e* ~ *von Waren* a range *od.* line of; ⊕ *in* ~ *herstellen* → *serienmäßig* II; ⚡ *in* ~ *schalten* connect in series; *in* ~ *geschaltet* series-connected.

Serien...: **~arbeit** *f* serial work; **~artikel** *m* mass-produced article; **~bau** *m*, **~fertigung** *f*, **~herstellung** *f* series (*od.* multiple, quantity) production; **~gerät** *n* standard set; **~haus** *n* prefabricated house; F prefab; **²mäßig I.** *adj.* standard(-type) ..., production-line ...; **II.** *adv.* in series (*od.* quantity); (*genormt*) as standard; ~ *herstellen* produce in quantity; ~ *hergestellt werden a.* be in production; **~rechner** *m* serial digital computer; **~reife** *f* production stage; **~schalter** ⚡ *m* multi-circuit switch; **~schaltung** ⚡ *f* series connection; **~wagen** *mot. m* production(-line) car, stock car; **²weise** *adv.* in series.

seriös *adj. allg.* serious; (*gediegen*) respectable; ✝ *a.* reliable, sound.

Seriosität *f* seriousness; respectability; ✝ *a.* reliability.

Sermon *contp. m* sermon, diatribe.

Serolog|e *m* serologist; **~ie** *f* serology; **²isch** *adj.* serologic(al).

Serpentin *min. m* serpentine; **~e** *f* (*Straße*) serpentine (road), winding road; (*Straßenkehre*) double bend.

serös ⚕ *adj.* serous.

Serum *n* serum.

Service 1. *n* (*Tafelgerät*) service, set; **2.** *m, n* (*Bedienung, a. Trinkgeld*) service; **3.** ⊕ *m, n* (*Kundendienst*) service.

Servier|brett *n* tray; **≈en I.** *v/t.* serve; F *fig. sl.* dish out (*dat.* to); *es ist serviert!* dinner is served!; **II.** *v/i.* serve; (*aufwarten*) *a.* wait (at table); **~erin** *f*, **~mädchen** *n* waitress; **~tisch** *m* sideboard, dumb waiter; **~wagen** *m* dinner-wag(g)on.

Serviette *f* (table-)napkin; **~nring** *m* napkin-ring.

servil *adj.* servile; **≈ität** *f* servility.

Servitut ⚖ *n* easement, servitude.

Servo|bremse *f* servo-brake, power brake; **≈gesteuert** *adj.* servo-control(l)ed; **~lenkung** *mot. f* power steering, servo-steering; **~motor** *m* servo-motor.

Servus! F *int.* hello!, *beim Abschied*: so long!, cheerio!

Sesam *m* ⚘ sesame; *fig.* ~, *öffne dich* open sesame; **~bein** *anat. n* sesamoid bone.

Sessel *m* (easy-)chair, arm-chair; seat; **~lift** *m* chair-lift.

seßhaft *adj.* settled, established, stationary; (*irgendwo ansässig*) resident; F *Gast*: long-staying; ~ *werden* settle (down); **≈igkeit** *f* settledness; stationariness.

Setzei *n* fried egg.

setzen I. *v/t.* **1.** (*hin~, hintun*) *allg.* set, place, put; (*j-n*) *a.* sit; (*stapeln*) stack; (*pflanzen*) plant, set; (*Blutegel*) apply (*an* to); (*Denkmal*) erect, raise (*j-m* to a p.); (*Ofen*) put in, fix; (*Segel*) set *sail*; (*Satzzeichen*) put, make; (*Sportler beim Turnier*) seed; *bei Wetten usw.*: stake (*auf* on), lay (upon); *zo. Junge* ~ bring forth young, breed, *Fische*: spawn; ~ *an* place against (*od.* to, near); *j-n an e-e Arbeit* ~ set a p. to do a th.; *Werkzeug an et.* ~ apply to; *an Land* ~ put ashore, disembark, land; *an die Lippen* ~ raise (*od.* set) to one's lips; *auf e-e Liste* ~ place on a list, put *a p.'s* name on a list; *sein Leben an et.* ~ set one's life on a th.; risk one's life for a th.; *auf j-s Rechnung* ~ charge to a p.'s account; *den Punkt über das ‚i'* ~ dot the 'i'; *j-n über andere* ~ set a p. over; *unter Wasser* ~ flood, submerge; *s-e Unterschrift* ~ *unter* put (*od.* affix) one's signature to, set one's hand (and seal) to; → *Druck* 2, *Erstaunen*, *Fall*[1] 3, *Freiheit*, *Frist*, *Fuß*, *Gang* 4, *Gebrauch*, *Gefecht*, *Hoffnung* 1, *Karte*, *Kopf* 5, *Kraft* 2, *Luft usw.*; → *a. gesetzt*; **2.** *typ.* set (up in type); **3.** ♪ (*in Musik* ~) set (to music); **II.** *v/refl.* **4.** *sich* ~ sit down, take a seat; *Vogel*: perch, sit (down); *fig.* (*sich senken*) sink, subside, (*zs.-sacken*) sag; *Haus*: settle; *Bodensatz*: settle, precipitate, *Flüssigkeit*: clarify, settle; *Staub*, *Geruch*, *in Kleidern usw.*: settle (*in* in), cling (to); *sich an die Arbeit* ~ sit down to work; *sich zu j-m* ~ sit down beside a p., sit near a p.; *sich zu Tisch* ~ sit down to dinner; *sich aufs Pferd* ~ mount (*od.* get on) a horse; ~ *Sie sich!* sit down!, take (*Am.* have) a seat!; **III.** *v/i.* **5.** ~ *über* leap over, clear *a hurdle*, take *a ditch*; → *übersetzen* II; **6.** *bei Wetten*: place one's bet; ~ *auf* bet on, back; **IV.** F *v/impers.*: es *wird etwas* ~ we are in for it; es *wird Schläge* ~ we are in for a fight *od.* beating.

Setzer *typ. m* (hand-)compositor, typesetter.

Setzerei *f*, **Setzersaal** *m* composing room, case-room.

Setz...: **~fehler** *m* typographical error, misprint; **~kasten** *m* **1.** *typ.* letter-case; **2.** ⚒ seedling box; **~ling** *m* ⚒ slip, layer, seedling; ~e (*Fische*) fry *sg.*; **~linie** *typ. f* setting rule; **~maschine** *f* typesetting (*od.* monotype composing) machine; **~reis** ⚘ *n* slip, layer; **~schiff** *typ. n* galley; **~waage** *f* (mason's) level.

Seuche *f* epidemic (*a. fig.*); (*Pest*) plague, pestilence.

Seuchen...: **≈artig** *adj.* epidemic; **~bekämpfung** *f* control of epidemics; **≈fest** *adj.* immune; **~gebiet** *n* infested area; **~herd** *m* cent|re (*Am.* -er) of an epidemic; **~krankenhaus** *n*, **~lazarett** *n* isolation hospital.

seufzen *v/i.* sigh (*über* at; *vor* with); (*stöhnen*) groan, moan; *fig.* ~ *unter* moan under; **~d** *adv.* with a sigh.

Seufzer *m* sigh; (*Stöhnen*) groan, moan; *e-n* ~ (*der Erleichterung*) *ausstoßen* heave a sigh (of relief); **~brücke** *f* Bridge of Sighs.

Sex *m* sex; **~-Appeal** *m* sex appeal; **~bombe** F *f* F sex-pot; *auf Bildern*: *sl.* cheese cake.

Sexolog|e *m*, **~in** *f* sexologist; **~ie** *f* sexology.

Sext ♪ *f* sixth.

Sexta *ped. f* first form.

Sextakkord ♪ *m* sixth chord.

Sextant *m* sextant.

Sexte ♪ *f* sixth; **~tt** *n* sextet(te).

sexual *adj.*, **≈...** sexual, sex ...; **≈forscher** *m* sexologist; **≈forschung** *f* sexology; **≈hormon** *n* sex hormone; **≈isieren** *v/t.* sexualize, F sex up; **≈ität** *f* sexuality; **≈pädagogik** *f* sex education; **≈verbrechen** *n* sex crime;

≗verbrecher *m* sex offender; **≗wissenschaft** *f* sexology.
sexuell *adj.* sexual; ~e Aufklärung *od.* Erziehung sex education.
Sexus *m* sex.
sexy F *adj.* F sexy.
Sezession *f* secession; **~skrieg** *m* war of secession.
Sezier|besteck ⚕ *n* dissecting case; **≗en** *v/t.* dissect (*a. fig.*); **~messer** *n* scalpel; **~saal** *m* dissecting room; **~ung** *f* dissection.
shakespearisch *adj.* Shak(e)spe(a)rian.
Siames|e *m,* **~in** *f,* **≗isch** *adj.* Siamese; ~e Zwillinge Siamese twins.
Sibir|ier(in *f*) *m,* **≗isch** *adj.* Siberian.
sich *pron. allg.* oneself; *3. p. sg.* himself, herself, itself; *pl.* themselves; *nach prp.* him, her, it, *pl.* them; (*einander*) each other, one another; an (und für) ~ in itself, as such; (*genaugenommen*) strictly speaking; das Ding an ~ the thing in itself; es hat nichts auf ~ it is of no consequence, it does not matter; sie haben kein Geld bei ~ about (*od.* with, on) them; er kämpfte ~ durch die Menge he fought his way through the crowd; für ~ by itself, independently; das ist e-e Sache für ~ that is something else (*od.* another story); sie blickte um ~ she looked about her; sie kennen ~ gut genug they know each other well enough; er lud sie zu ~ ein he invited them to his house; ~ et. zum Muster nehmen take a th. for one's model; ~ die Hände waschen wash one's hands.
Sichel *f* sickle; (*Mond*≗) *a.* crescent; **≗förmig** *adj.* sickle-shaped; **≗n** *v/t.* cut with a sickle.
sicher I. *adj.* **1.** (*gesichert, geschützt, geborgen*) secure, safe (vor from); (*gefahrlos, heil*) safe (*a.* ⊕); (*gefeit*) immune (vor from), proof (against); (*fest*) firm; *Einkommen, Existenz, Grundlage usw.*: secure; *Ort, Versteck usw.*: *mst* safe; ~ ist ~! let's keep on the safe side!, *Am.* F let's play this safe!; → Geleit; **2.** (*geweiß*) certain, sure; (*bestimmt*) *a.* definitive, positive; (*zuverlässig*) reliable; ~er Beweis sure (*od.* positive) proof; ~e Methode sure (*od.* safe) method; ~e Sache sure thing, *Am.* F cinch; ~er Tod certain death; ~es Zeichen sure sign; → Amen, Nummer, Quelle *usw.*; **3.** (*geübt, fest u. ruhig*) sure, certain (*unfehlbar*) *a.* unfailing; (*könnerhaft*) competent, efficient; (*zuverlässig*) reliable; (*selbst* ~) sure of o.s., (self-)assured; *Handlungsweise, Methode usw.*: sure(-footed), F sure-fire; *Schritt, Instinkt usw.*: sure; ~es Auftreten aplomb, poise, self-assurance; ~er Fahrer safe (*od.* good) driver; ~er Schütze sure (*od.* dead) shot; ~e Hand sure (*od.* *nicht zitternd*: steady) hand; ~es Urteil sure (*od.* unfailing) judgement; **4.** (*überzeugt, wissend*) sure, certain, assured; (*zuversichtlich*) positive, confident; e-r Sache ~ sein be sure of a th., be positive about a th.; s-r Sache ~ sein be sure of one's ground (*od.* one's facts); sind Sie (sich dessen) ~? are you sure (of that)?; du kannst ~ sein, daß be (*od.* rest) assured that, you can be sure that; **II.** *adv.* **5.** securely, safely, *etc.*; ~ fahren be a safe driver; → *a.* sichergehen, -stellen; **6.** (*gewiß, bestimmt, wahrscheinlich*), *a. int.*: (aber) ~!, (ganz) ~! → sicherlich; **~gehen** *fig. v/i.* make sure; um sicherzugehen to be on the safe side, to make sure.
Sicherheit *f* **1.** (*Sichersein, Geborgenheit, Schutz*) security (*a. pol.*, ⚔); *bsd. körperliche*: safety (*a.* ⊕); öffentliche (soziale) ~ public (social) security; ⊕ ~ im Betrieb safety (of operation); ~ des Verkehrs traffic safety; ~ im Flugverkehr safety in flying; in ~ bringen get out of harm's way, save, secure, place in safety; sich in ~ bringen get out of harm's way, F save one's bacon, durch e-n Sprung: jump to safety; in ~ sein be in safety, be safe; (sich) in ~ wiegen lull (o.s.) into a false sense of security; → Arbeitsplatz; **2.** (~smaßregel, *Schutz*) safeguard, security, protection; als ~ gegen as a safeguard (*od.* security) against; **3.** (*objektive u. subjektive Gewißheit*) certainty, surety; mit ~ of (*od.* to, for) a certainty, safely; → *a.* sicherlich; mit einiger ~ with a degree of certainty; man kann mit ~ annehmen (behaupten) it is safe to assume (to say); **4.** (~ *im Auftreten, Selbst*≗) (self-)assurance, (self-)confidence, aplomb; in der *Behauptung*: positiveness; **5.** (*sicheres Können*) (sure-footed) competence, efficiency; (*Zuverlässigkeit*) reliability; (*sicheres Anpacken*) sure-footed approach; seine ~ im Autofahren his accomplished (*od.* competent) driving; **6.** (~*sleistung, Bürgschaft, Pfand*) se-

curity, surety; ✝ *durch Deckung*: cover; ⚖ (*Kaution*) bail, *Am. a.* bond; ~ *leisten* stand surety, give (*od.* put up) security; *bei Kredit, Anleihe*: furnish security, *für*: secure *a loan*; ⚖ ~ (*Kaution*) *stellen* give *od.* offer bail, *Am. a.* post bond; *e-m Gläubiger* ~ *bieten* secure a creditor.

Sicherheits... *in Zssgn körperlich u.* ⊕ safety ...; *pol.*, ⚔, ✝, ⚖ security ...; **~beamte(r)** *m* security agent; **~bestimmungen** *f/pl.* safety regulations; **~bindung** *f Schisport*: safety binding; **~dienst** *m* Secret Service; **~faktor** *m*, **~koeffizient** *m* safety factor; **~fonds** ✝ *m* safety fund; **~glas** *n* safety glass; **~gurt** *m* safety (*od.* seat) belt; **⁂halber** *adv.* as a precaution; (*auf alle Fälle*) to be on the safe side; **~kette** *f* safety chain; **~klausel** *f* safeguard; **~konferenz** *f* security conference; **~lampe** ⚒ *f* safety lamp; **~leistung 1.** ✝ (*Vorgang*) furnishing of (a) security, standing surety (*od.* ⚖ bail); **2.** (*Sicherheit*) security (deposit), surety, ⚖ bail, *Am. a.* bond; (*Deckung*) cover; **~maßnahme** *f*, **~maßregel** *f* safety measure, precaution; safeguard; **~nadel** *f* safety-pin; **~pakt** *pol. m* security pact; **~polizei** *f* security police; **~rat** *m*: (~ *der Vereinten Nationen* United Nations) Security Council; **~risiko** *pol.*, ⚔ *n* (*mst Person*) security risk; **~schloß** *n* safety-lock; **~schlüssel** *m* safety key; **~spanne** *f* safety margin; **~system** *pol. n*: *kollektives* ~ collective security system; **~ventil** ⊕ *n* safety valve; **~vorrichtung** *f* safety device; **~vorschrift** *f* safety rule (*pl. mst* regulations); **~wechsel** ✝ *m* bill (of exchange) deposited as collateral security; **~zone** *f* safety zone; **~zündholz** *n* safety match.

sicherlich *adv. u. int.* surely, certainly, *Am.* F sure; for certain, assuredly; (*zweifellos*) undoubtedly, no doubt, doubtless; ~ *hat er recht* I am sure he is right; *er wird* ~ *kommen* he is sure to come; *er wird* ~ *gewinnen a.* he is safe to win; ~*!* to be sure!, F rather!, *Am.* F sure (thing)!, you bet!

sichern I. *v/t. allg.* secure, safeguard (*vor, gegen* against); (*schützen*) *a.* protect (from); (*in Sicherheit bringen*) secure, put in safety, get out of harm's way; ⚔ *taktisch*: cover, protect; (*Beweise, Spuren usw.*) secure, ⚖ *a.* perpetuate; (*befestigen, a.* ⊕) secure; (*verschließen, sperren*) *a.* lock; (*Schußwaffe*) put at safe (*od.* on safety); (*gewährleisten*) guarantee (*a.* ✝), *durch Hinterlegung*: secure (*a. e-n Gläubiger*), give security for, *durch Deckung*: cover; *weitS.* ensure; *sich* ~ *vor od. gegen* secure o.s. against, protect o.s. from, *im voraus*: guard (*od.* provide) against; *sich e-n Platz, Anteil usw.* ~ secure; → *gesichert*; **II.** *v/i. hunt.* scent.

sicherstell|en *v/t. allg.* secure; (*beschlagnahmen*) seize; (*in Gewahrsam nehmen od. geben*) put in safe-keeping; (*garantieren*) guarantee; *weitS. a.* ensure, assure; **⁂ung** *f* securing; (*Gewährleistung*) *a.* ensuring; ✝, ⚖ → *Sicherheitsleistung.*

Sicherung *f* (*Sichern*) securing (*a.* ⊕), protection; (~*smaßregel*) safeguard(ing); ⊕ (*Vorrichtung*) safety (device); ⚡ fuse; *Schußwaffe*: safety(-catch); ✝, ⚖ → *Sicherheitsleistung.*

Sicherungs...: **~bolzen** *m* locking (*od.* safety) bolt; **~draht** ⚡ *m* fuse wire; **~flügel** *m e-r Schußwaffe*: safety(-catch); **~fonds** *m* secured fund; **~gruppe** *pol. f* Security Department; **~hypothek** *f* cautionary mortgage; **~kasten** ⚡ *m* fuse box; **~mutter** ⊕ *f* locknut; **~patrone** ⚡ *f* fuse cartridge; **~stöpsel** *m* fuse plug; **~tafel** ⚡ *f* fuse panel; **~truppen** ⚔ *f/pl.* security forces; **~übereignung** ⚖ *f* protective conveyance; **~verwahrung** ⚖ *f* preventive detention.

Sicht *f* **1.** sight; (*Aus*⁂) view (*a. fig.*); (~*verhältnisse*) visibility; → *a. Sichtweite*; *gute* (*schlechte*) ~ high (low, poor) visibility; *außer* ~ out of sight (*od.* view); *in* ~ in sight *od.* view (*a. fig.*); *fig. a.* in the offing; *in* ~ *kommen* come (*bsd.* ⚓ heave) in sight; *die* ~ *nehmen* obstruct the view; *fig. auf lange* (*od. weite*) ~ on a long-term basis; (*auf die Dauer*) in the long run (*od.* term, view); *fig. auf kurze* ~ over the short term; → *a.* 2; *fig. aus seiner* ~ from his (point of) view, as he sees it; **2.** ✝ (*fällig*) *bei* ~ (due) at sight; (*zahlbar*) *60 Tage nach* ~ (payable) at sixty days' sight; *auf kurze* (*lange*) ~ at short (long) sight; *Wechsel*: short- (long-) dated; *Wechsel mit* ~ *versehen* sight *a bill*; **~anzeige** ⊕ *f* visual indication; **⁂bar** *adj. allg.* visible; (*wahrnehmbar*) noticeable, perceptible; (*deutlich*) marked; (*auffällig*) conspicuous; (*offenbar, sicht-*

lich) obvious, evident, clear; *ohne ~en Erfolg a.* without appreciable success; *~ machen* make visible, *etc.*, show (*a. fig.*); *~ werden* become visible, *etc.*, appear, show; *fig. a.* become manifest; **~barkeit** *f* visibleness, *etc.*; **~bereich** *m* visual range; **~beton** ⚠ *m* fair-faced concrete; **~einlage** *f Bank*: sight deposit; **≈en** *v/t.* **1.** (*sehen*) sight; **2.** ⊕ (*sieben*) sift; *fig.* (*prüfen*) examine; (*aus~, aussuchen*) sift, screen, presort; (*ordnen*) sort out (*od.* over); **~feld** *n* field of vision; **~fenster** ⊕ *n* inspection window; **~flug** ✈ *m* visual flight; **~geschäft** *n Börse*: forward transaction; *~e* futures; **~igkeit** *f* high visibility; **~kartei** *f* referenced card-index; **~kontrolle** *f* visual check; **~kurs** ✝ *m* sight rate; **≈lich I.** *adj.* visible, obvious, evident; **II.** *adv.* visibly, *etc.*; **~tage** ✝ *m/pl.* days of grace (*od.* respite); **~tratte** ✝ *f* sight draft; **~ung** *f* **1.** sighting; **2.** (*Überprüfung*) examination; (*Aussonderung*) sifting, screening; **~verhältnisse** *n/pl.*: (*gute, schlechte ~*high, low) visibility *sg.*; **~vermerk** *m* endorsement, indorsement; *im Paß*: visé, visa; ✝ *Wechsel mit ~ versehen* sight; **~wechsel** *m* sight bill, sight draft; **~weite** *f* range (of sight *od.* vision), visual range, optical distance; *in (außer) ~* (with)in (out of) sight; **~werbung** *f* display (*od.* visual) advertising.

Sicke ⊕ *f* crimp.

Sicker|grube *f*, **~loch** *n* drainage pit; **≈n** *v/i.* trickle, drip, *Schlamm usw.*: ooze; (*aus~, a. fig.*) seep, leak (out); → *a. aus-, durch-, einsickern*; **~ung** *f* leakage, seepage; **~wasser** *n* seepage water; (*Grundwasser*) ground-water.

siderisch *ast. adj.* sidereal.

Siderit *min. m* siderite.

sie I. *pers. pron.* **1.** *3. p. f/sg.* she, *acc.* her; *Sache*: it; *pl.* they, *acc.* them; **2.** *3. p. pl.* they, *acc.* them; **3.** ≈ *Anrede*: you (*a. acc.*); *≈ da!* hello, there!; *kommen ≈!* come!; **II.** ≈ *f* she, female.

Sieb *n* sieve; *grobes, für Sand usw.*: riddle, screen; *für Flüssiges*: strainer, filter; *für Mehl*: bolter; (*Filter, a.* ⚡) filter; *fig. wie ein ~ durchlöchern* riddle with holes; *sein Gedächtnis ist* (wie) *ein ~* like a sieve; **≈artig** *adj.* sieve-like, 🕮 cribriform; **~bein** *anat. n* ethmoid bone; **~druckverfahren** *typ. n* silk-screen process.

sieben[1] *v/t.* (pass through a) sieve, sift; (*Sand, Kies usw.*) riddle, screen; (*Mehl*) bolt; ⚡ filter; *fig.* sift, screen.

sieben[2] **I.** *adj.* seven; → *a. acht*; **II.** ≈ *f* (figure *od.* number) seven; F *böse ~* shrew, termagant; **≈eck** ⩓ *n* heptagon; **~eckig** *adj.* heptagonal; **~erlei** *adj.* of seven (different) kinds, seven sorts of; **~fach, ~fältig** *adj.* sevenfold; **~flächig** ⩓ *adj.* heptahedral; **≈flächner** ⩓ *m* heptahedron; **~gescheit** F *adj.* over-smart, F too clever by half; **≈gestirn** *ast. n* Pleiades *pl.*; **≈hügelstadt** *f* (*Rom*) City of the Seven Hills; **~hundert** *adj.* seven hundred; **~jährig** *adj. Person*: seven-year-old ...; *Zeitraum*: of (*od.* lasting) seven years, seven-year ...; *der ≈e Krieg* the Seven Years' War; **~mal** *adv.* seven times; **~malig** *adj.* seven times repeated; **≈meilenstiefel** *m/pl.* seven-league boots; **≈monatskind** *n* seven-month child; **≈sachen** *n/pl.* things, goods and chattels, belongings; *s-e ~ packen* pack up (one's traps); **≈schläfer** *m* **1.** *zo.* dormouse; *fig.* lie-abed; **2.** *die ~* the Seven Sleepers; **~tägig** *adj.* of (*od.* lasting) seven days, seven-day ...; **~tausend** *adj.* seven thousand.

sieb(en)te *adj.* seventh; → *a. achte*; **~l** *adj.*, **≈l** *n* seventh (part); **~ns** *adv.* seventh(ly), in the seventh place.

siebenwertig ⚗ *adj.* heptavalent.

Sieb...: **≈förmig** *adj.* sieve-shaped; **~kette** ⚡ *f* filter (network); **~kreis** ⚡ *m* filter (circuit); **~maschine** *f* sifting (*od.* screening) machine.

siebzehn *adj.* seventeen; **~te** *adj.* seventeenth; **~tel** *adj.*, **≈tel** *n* seventeenth (part); **~tens** *adv.* (in the) seventeenth (place).

siebzig *adj.* seventy; *die ~er Jahre e-s Jahrhunderts, die ≈er (-jahre) e-s Menschen* the seventies; *er ist in den ≈ern* he is in his seventies; **≈er(in** *f*) *m* septuagenarian; **~jährig** *adj. Person*: seventy-year-old ...; *Zeitraum*: of (*od.* lasting) seventy years; **~ste** *adj.* seventieth; **~stel** *adj.*, **≈stel** *n* seventieth (part).

siech *adj.* invalid, ailing; **~en** *v/i.* waste away; **≈tum** *n* invalidism, lingering illness; *a. fig.* languishing (state).

Siede|grad *m* boiling point (*a. fig.*); **~hitze** *f* boiling heat (*a. fig.*); **~kessel** *m* boiler.

siedeln *v/i.* settle.

Siedelung(s...) → *Siedlung(s...)*.

sieden I. *v/i.* boil (*a. fig.*); *gelinde*: simmer; *nur fig.* seethe; **II.** *v/t.* boil, allow to simmer; (*Zucker*) refine; **~d** *adj.* boiling (*vor* with); *fig. a.* seething (with); *adv.* ~ *heiß* boiling (*od.* piping) hot; *fig. da fiel mir ~ heiß ein* I remembered with a shock.

Siedepunkt *m* boiling point (*a. fig.*).

Sieder *m* boiler.

Siedler *m*, **~in** *f* settler; *in Übersee*: *a.* colonist; (*Arbeiter*~) homecrofter, *Am.* homesteader; **~stelle** *f* homecroft, *Am.* homestead.

Siedlung *f* settlement; *in Übersee*: *a.* colony; *am Stadtrand usw.*: housing-estate, settlement; **~sbau** *m* housing development; **~sgelände** *n* development area; **~sgesellschaft** *f* land-settlement society; **~shaus** *n* development house.

Sieg *m* victory, triumph (*über* over); conquest (of); *Sport*: win (over); *glatter* ~ straight win, (clean) sweep; *leichter* ~ walkover; *den* ~ *davontragen* (*od.* *erringen*) → *siegen*.

Siegel *n* seal (*a. fig.*); (*privates, Unterschrifts*~) signet; *Brief und* ~ *geben* promise by writ (*od.* solemnly); *fig. ein Buch mit sieben* ~*n* a sealed book, a complete mystery; *unter dem* ~ *der Verschwiegenheit* under the seal of secrecy; **~lack** *m*, **~wachs** *n* sealing-wax; **~lackstange** *f* stick of sealing-wax; **~n** *v/t.* seal (*a.* ⊕); **~ring** *m* signet-ring.

siegen *v/i.* be victorious (*über* over), conquer (*a p.*); gain the victory (over), carry (*od.* win) the day; *Sport*: win (over); *fig. über s-e Leidenschaften usw.* ~ conquer (*od.* overcome) one's passions, *etc.*; ~ *oder sterben* do or die.

Sieger *m*, **~in** *f* conqueror, *rhet.* victor; *Sport usw.*: winner; *zweiter* ~ runner-up, second; ~ *bleiben* remain triumphant, hold the field, be victorious; **~ehrung** *f Sport*: victory ceremony; **~kranz** *m hist.* (conqueror's) crown; *Sport*: winner's wreath; **~podest** *n Sport*: (victory) rostrum; **~staat** *m* victor nation; **~urkunde** *f* (winner's) diploma.

Sieges...: **~bewußt**, **~gewiß** *adj.* sure of victory; *fig.* sure of one's success, self-assured; **~denkmal** *n* victory monument; **~göttin** *f* Victory; **~lauf** *fig. m* triumphant march (*od.* advance); **~palme** *f*: *die* ~ *erringen* bear (*od.* win) the palm; **~pokal** *m Sport*: challenge-cup; **~preis** *m* prize; **~rausch** *m*, **~taumel** *m* flush of victory; **~säule** *f* triumphal column; **~trunken** *adj.* flushed with victory, triumphant, drunk with success; **~wagen** *hist. m* triumphal car; **~wille(n)** *m* will to win; **~zeichen** *n* trophy; **~zug** *m* triumphal procession; *fig.* triumphant march (*od.* advance).

Sieg...: **~gekrönt** *adj.* crowned with victory, triumphant; **~gewohnt** *adj.* accustomed to victory; **~haft** *adj.* triumphant; **~reich** *adj.* victorious (*über* over), triumphant; successful.

Siel *n* (*Deichschleuse*) sluice(way); (*Abwasserleitung*) culvert, sewer.

Siele *f e-s Pferdes*: breast-harness; *fig. in den* ~*n sterben* die in harness.

Siemens-Martin|-Ofen *metall. m* open-hearth furnace; **~-Stahl** *m* open-hearth steel.

siezen F *v/t.* use the formal form of address to *a p.*

Sigel *n* grammalogue.

Sigma *n* sigma.

Signal *n allg.* signal; (*Zeichen*) sign; *ein* ~ *geben* (give a) signal; *mot.* ~ *geben* sound (*od.* honk) one's horn; **~anlage** *f* signal(l)ing system; **~buch** *n* code book; **~ement** *n* personal description; **~flagge** *f* signal-flag; **~gast** ⚓ *m* signalman; **~horn** *n* bugle; *mot.* horn; **~isieren** *v/t. allg.* signal; ⚓ *mit Flaggen*: *a.* wigwag; *mit Semaphoren*: semaphore; *fig.* signalize; **~lampe** *f*, **~leuchte** *f* signal lamp; **~mast** *m* signal-mast, semaphore; **~pfeife** *f* signal(l)ing whistle; **~rakete** *f* signal rocket; **~scheibe** 🚂 *f* signal-disk; **~stange** 🚂 *f* semaphore; **~tuch** ✈ *n* signal panel.

Signatar(**macht** *f*) *m* signatory (*e-s Vertrages* to a treaty).

Signatur *f* (*Unterschrift*; *a.* ♪) signature; *typ.* signature (mark), *e-r Letter*: nick; *Bücherei*: call number, shelfmark; *Landkarte*: conventional sign.

Signet *n* (*Petschaft*) signet; (*Drukkerzeichen*) printer's mark; (*Verlagszeichen*) publisher's imprint.

signieren *v/t.* sign; *mit Anfangsbuchstaben*: initial; (*Buch*) *als Autor*: autograph.

Sikkativ ⊕ *n* siccative.

Silbe *f* syllable; *fig. keine* ~ not a word, nothing; *er versteht keine* ~ *davon* it's all Greek to him; **~nrätsel** *n* charade; **~nstecher** *m* hairsplitter, quibbler; **~ntrennung**

f syllable division, syllabification; **⁓nweise** *adv.* by syllables.

Silber *n* **1.** silver; *aus* ~ (of) silver; → Reden II; **2.** F (*~gerät*) silver; **~bad** *phot. n* silver bath; **~barren** *m* bar (*od.* ingot) of silver; **⁓beschlagen** *adj.* silver-mounted; **~blick** F *m* squint; **~brokat** *m* silver brocade; **~buche** *f* white beech; **~chlorid** *n* silver chloride; **~distel** ⚘ *f* carline thistle; **~draht** *m* silver wire; **~erz** *n* silver-ore; **⁓farben, ⁓farbig** *adj.* silver(y); **~fisch** *m* silverfish; **~folie** *f* silver foil; **~fuchs** *m* silver-fox; **~geld** *n* silver coins *pl.*, silver money; **~geschirr** *n* silver (plate), plate, *Am.* silverware; **~glanz** *m* **1.** lust|re (*Am.* -er) of silver; **2.** *min.* silver glance, argentite; **⁓grau** *adj.* silver-grey (*bsd. Am.* -gray); **⁓haltig** *adj.* containing silver, argentiferous; **⁓hell** *adj. a. Klang*: silvery; **~hochzeit** *f* silver wedding; **⁓ig** *adj.* → silbrig; **~ling** *m* silverling; **~medaille** *f* silver medal; **~medaillenträger(in** *f*) *m* silver-medal(l)ist; **⁓n** *adj.* (of) silver; *Stimme usw.*: silvery; ~e Hochzeit silver wedding; **~nitrat** *n* silver nitrate; **~papier** *n* silver paper, tin-foil; **~pappel** ⚘ *f* white poplar; **⁓plattiert** *adj.* silver-plated; **~schmied** *m* silversmith; **~stahl** *m* silver steel, *Am.* Stub's steel; **~stickerei** *f* embroidery in silver; **~stift(zeichnung** *f*) *m paint.* silver point; **~stoff** *m* silver cloth; **~streifen** *fig. m*: ~ am Horizont silver lining, glimmer of hope; **~tanne** *f* silver-fir; **~währung** *f* silver standard; **~waren** *f/pl.* silver goods (*od.* plate *sg.*), *Am.* silverware *sg.*; **⁓weiß** *adj.* silver(y); **~zeug** *n* → Silbergeschirr.

silbrig *adj.* silvery, silver.

Silentium! *int.* silence, please!

Silhouette *f* silhouette; *e-r Stadt*: *a.* skyline.

Sili|kat ⚗ *n* silicate; **~kose** ⚕ *f* silicosis; **~zium** ⚗ *n* silicon.

Silo *m* silo; (*Getreide⁓*) *Am. a.* grain elevator; *mot.* dry-bulk tank, hopper; in e-m ~ einlagern ensilage; **~futter** ⚒ *n* silage.

Silvester(abend *m*) *n* New Year's Eve.

Simili(stein) *m* paste stone.

Simmerring ⊕ *m* oil seal ring.

simpel I. *adj.* simple; **II.** F ⁓ *m* simpleton, ninny; **⁓fransen** *f/pl.* fringe *sg.*, bangs.

Simplex *ling. n* simplex; **~...** ⚡ *in Zssgn* simplex ...

Simplifi|kation *f* simplification; **⁓zieren** *v/t.* simplify.

Sims *m, n* ledge; ⚠ mo(u)lding cornice; (*Fenster⁓*) sill; (*Kamin⁓*) mantelpiece; (*Wandbrett*) shelf.

Simu|lant(in *f*) *m* malingerer; **~lator** ⊕ *m* simulator; **⁓lieren** *v/i. u. v/t.* sham, feign (illness); *nur v/i.*: malinger; *nur v/t.*: simulate (*a.* ⊕, ⚔).

simultan *adj.* simultaneous; **⁓betrieb** *m* simultaneous working; **⁓dolmetschen** *n* simultaneous interpreting; **⁓schaltung** ⚡ *f* bunched circuit; **⁓schule** *f* non-denominational school.

Sinekure *f* sinecure.

Sinfon|ie ♪ *f* symphony; **~ieorchester** *n* symphony orchestra; **⁓isch** *adj.* symphonic(ally *adv.*); ~e Dichtung symphonic poem.

Singdrossel *f* song-thrush.

singen I. *v/i. u. v/t.* sing; *fröhlich, a. Vogel*: carol; *feierlich*: chant; *leise*: croon; *Künstler*: sing, vocalize, *poet.* (*dichten*) sing (*von* of); vom Blatt ~ sing at sight; nach Noten ~ sing from music; falsch ~ sing out of tune; mehrstimmig ~ sing in parts; ~der Tonfall singing voice; → Lied, Lob; **II.** ⁓ *n* singing, chant(ing); → *a.* Gesang.

Sing...: **~sang** *m* singsong; **~spiel** *n* musical comedy (*od.* play); **~stimme** *f* singing voice; **~stunde** *f* singing-lesson.

Singu|lar *ling. m* singular (number); **⁓lär** *adj. bsd.* ⚖, *phls.* singular; **⁓larisch** *ling. adj.* singular.

Singvogel *m* singing bird, songbird, songster.

sinken I. *v/i. allg.* sink; *Schiff*: *a.* go down, founder; *Boden*: subside, give way; (*zs.-sacken, herunterhängen*) sag; *Sonne*: sink, set; *Dunkelheit*: sink, fall, descend; *Aktien, Kurs, Preise, Temperatur usw.*: fall, drop, go down; (*sich vermindern*) decrease, abate, diminish; (*verfallen*) decay, decline; *Stimmung usw.*: sink, wane; j-m in die Arme ~ fall into a p.'s arms; zu Boden ~ sink (*od.* drop) to the ground; ins Grab ~ sink into the grave; auf die Knie ~ drop to one's knees; in e-n Sessel ~ sink into a chair; *fig.* er ist tief gesunken he has sunk very low; ~ lassen lower, drop (*a. Stimme*); den Kopf ~ lassen hang one's head; bis in die ~de Nacht till nightfall; mit ~dem Herzen with a sinking heart; → Mut, Ohnmacht 2, Wert *usw.*; **II.** ⁓ *n* sinking; *des Bodens*: *a.* subsidence; *der Preise usw.*: fall, drop; (*Verminderung*) decrease, abatement; (*Verfall*) decline, decay; *des Niveaus usw.*: lowering.

Sinn *m physiol.* sense; (*Bewußtsein, Denken, Gemüt*) mind; (*Verständnis, Empfänglichkeit*) sense (für of); (*Vorliebe*) taste, liking (for); (*Feingefühl, Instinkt*) flair, instinct (for); (*Bedeutung*) sense, meaning; (*Auslegung*) interpretation, construction; (*Grundgedanke, eigentlicher* ∼) (basic) idea; (*Zweck*) purpose; (*das Wesentliche*) gist; (*Dreh* ♀, *Richtung*) sense, direction; ∼e (*sexuelle Begierde*) lust *sg.*, sex *sg.*; *fig.* *sechster* ∼ sixth sense; *der* ∼ *des Satzes* the meaning *od.* sense of the sentence; ∼ *und Zweck* sense and purpose; *ohne* ∼ *und Zweck* (*od. Verstand*) without rhyme or reason; *leichten* ∼*es* light-heartedly; ∼ *haben für* have a taste for; ∼ *für Musik an* ear for music; ∼ *für das Schöne an* eye for beauty; ∼ *für höhere Dinge* appreciation of higher things; *er hat* ∼ *für Humor* he has a sense of humo(u)r, he can see a joke; *sein wacher* ∼ *für das Schöne usw.* his keen sense of beauty, *etc.*; *dafür habe ich keinen* ∼ F that's not my cup of tea; *sein* ∼ *steht nach Höherem* he aims at higher things; *bei* (*von*) ∼*en sein* be in (out of) one's senses; *bist du von* ∼*en?* are you out of your mind?; *anderen* ∼*es werden, s-n* ∼ *ändern* change one's mind; *im* ∼*e haben* have in mind, *zu inf.*: intend *od.* mean to *inf.*; *im wahrsten* ∼*e des Wortes* in the true sense of the word; *im engeren* (*weiteren*) ∼*e* in a narrow (broad) sense; *im* ∼*e des Gesetzes, Paragraphen usw.* within the meaning of, for the purposes of, as defined by; *in diesem* ∼*e* in this sense, along these lines; *in gewissem* ∼*e* in a sense; *er äußerte sich im gleichen* ∼*e* he spoke to the same effect; *ganz in meinem* ∼*e* just to my liking; *ganz in seinem* ∼*e a.* just as he would have done; *es kam mir in den* ∼ it occurred to me (*zu inf.* to *inf.*); *es kam mir nie in den* ∼ *a.* it never entered my head; *ganz wie es ihm in den* ∼ *kam* as the fancy took him; *es will mir nicht aus dem* ∼ I cannot get it out of my head; *das will mir nicht in den* ∼ I just cannot understand it, that's beyond me; *mit j-m e-s* ∼*es sein* be of a mind with a p., see eye to eye with a p.; *s-e fünf* ∼*e beisammenhaben* have one's wits about one; *nimm deine fünf* ∼*e zusammen!* pull yourself together!; *das gibt keinen* ∼ that makes no sense; *das hat keinen* ∼ (*ist zwecklos*) *a.* there is no point to it, it is (of) no use; *was hat es für e-n* ∼, *zu inf.* what is the sense (*od.* point) of *ger.*; *das ist der* ∼ *der Sache* that's the point (*od.* idea); *er führte den Befehl dem* ∼*e nach* (*und nicht dem Buchstaben nach*) *aus* he carried out the spirit rather than the letter of the order; *wenn es nach m-m* ∼*e ginge* if I had my way; F *damit habe ich nichts im* ∼*!* F I don't want any (of that)!; → *schlagen* I, *schwinden* I.

Sinnbetonung *ling. f* value stress.

Sinnbild *n* symbol; *Kunst*: allegory; **♀lich** *adj.* symbolic(ally *adv.*); → *a. symbolisch.*

sinnen I. *v/i. u.* (*poet.*) *v/t.* meditate, reflect (*über* [up]on), think (about); *in Muße*: muse (upon); (*grübeln*) ponder (*a th.*), brood (over); ∼ *auf* meditate, contemplate, plan; *b.s.* plot, scheme; *auf Mittel und Wege* ∼ devise ways and means; *Böses* ∼ harbo(u)r ill designs; (*auf*) *Rache* ∼ meditate revenge; → *gesinnt, gesonnen*; **II.** ♀ *n* thinking, meditating; brooding; planning; *in* ∼ *versunken* lost in thought; *all sein* ∼ *und Trachten* his every thought and wish, all his aspirations; ∼**d** *adj.* musing, pensive, thoughtful.

Sinnen...: ∼**freude** *f*, ∼**lust** *f* sensual enjoyment (*od.* pleasure), sensuality; ♀**freudig** *adj.*, ♀**froh** *adj.* sensuous; ∼**mensch** *m* sensualist; ∼**rausch** *m*, ∼**taumel** *m* intoxication of the senses, sensual orgy; ∼**reiz** *m* sensual charm.

sinnentstellend *adj.* distorting (the meaning), garbling.

Sinnenwelt *f* material (*od.* external) world.

Sinnes...: ∼**änderung** *f* change of mind; ∼**art** *f* disposition, mentality; way of thinking; ∼**eindruck** *m* sensation; *psych.* sense datum; ∼**haar** *n* sensory hair; ∼**nerv** *m* sensory nerve; ∼**organ** *n* sense organ; ∼**schärfe** *f* acuteness of the senses; ∼**täuschung** *f* illusion, hallucination, trick of the senses; ∼**wahrnehmung** *f* sensory perception; ∼**werkzeug** *n* sense organ; ∼**zentrum** *n* sense-cen|tre, *Am.* -er.

Sinn...: ♀**fällig** *adj.* obvious, striking; ∼**gebung** *f* interpretation; ∼**gedicht** *n* epigram; ♀**gemäß I.** *adj.* analogous, corresponding, equivalent; **II.** *adv.* analogously, accordingly; § *107* *findet* ~ *Anwendung* shall apply analogously (*od.* mutatis mutandis); **≈getreu** *adj.* faithful.

sinnieren *v/i.* ponder, brood, ruminate.

sinnig *adj.* (*durchdacht*) ingenious, clever; (*zart gedacht, nett*) thoughtful, nice; (*passend*) apt, appropriate; **≈keit** *f* ingenuity; thoughtfulness.

sinnlich *adj. phls.* sensuous; (*Ggs. geistig*) material; (*wahrnehmbar*) perceptible; (*Sinnengenuß betreffend, ihm ergeben*) sensual, F sexy; *Gedanken, Lippen usw.*: *a.* voluptuous; (*sinnenfreudig*) sensuous; (*fleischlich*) carnal; ~*e Liebe* sensual love; ~*er Mensch* sensualist; → *Wahrnehmung* 1; **≈keit** *f* sensuousness; sensuality, voluptuousness.

Sinn...: **≈los** *adj.* senseless; (*bedeutungslos*) meaningless; (*unsinnig*) absurd, foolish; crazy; (*zwecklos*) pointless, futile, useless; *pred. a.* no use; *adv.* ~ *betrunken* dead (*od.* blind) drunk; *das ist völlig* ~ (*es gibt keinen Sinn*) it makes no sense at all; *es ist* ~, *zu inf.* it makes no sense to *inf.*, it is pointless to *inf.*, there is no point in *ger.*; **~losigkeit** *f* senselessness; meaninglessness, absence of meaning; absurdity, foolishness; futility (*a. des Lebens usw.*); **≈reich** *adj.* (*zweckvoll, wohlersonnen*) ingenious, clever, highly functional, efficient; **~spruch** *m* device, motto, maxim; **≈verwandt** *adj.* synonymous; ~*es Wort* synonym; **≈verwirrend** *adj.* bewildering, mind-staggering; **≈voll** *adj.* fraught with meaning, pithy, suggestive; (*zweckdienlich*) *Gespräche usw.*: meaningful; (*klug*) wise, *pred.* good policy; (*vernünftig*) sensible; *Konstruktion usw.*: → *sinnreich*; *es ist wenig* ~, *zu inf.* there is no point in *ger.*, it's rather pointless to *inf.*; **≈widrig** *adj.* absurd, preposterous.

Sinolog|e *m* sinologist; **~ie** *f* sinology.

sintemal *obs. cj.* since, as.

Sinter *m geol.* sinter; *metall. a.* (*Hammerschlag*) (anvil) dross; **~anlage** *f* sintering plant; **~kohle** *f* sinter(ing) coal; **~metallurgie** *f* powder metallurgy; **≈n** *v/t.* sinter; **~ofen** *m* sintering furnace; **~ung** *f* sintering.

Sintflut *f bibl. the* Flood, *the* Deluge; *fig.* deluge, flood; F *nach uns die* ~! après nous le déluge! (*fr.*).

Sinus *m* ⩓ sine; *anat.* sinus; **≈förmig** *adj.* sinusoidal; **~itis** ⚕ *f* sinusitis; **~-Kosinus...** ⩓ sine-cosine ...; **~kurve** ⩓ *f* sine curve; **~satz** ⩓ *m* sine theorem; **~strom** ⚡ *m* sinusoidal current; **~welle** *phys. f* sine wave.

Siphon *m* siphon.

Sippe *f* (*Familie*) family, clan; (*Stamm*) tribe; (*Verwandtschaft*) relations *pl.*; *fig. iro.* clan, clique, gang; *die ganze* ~ the whole lot; **~nforschung** *f* genealogical research.

Sirene *f* **1.** *myth. u.* ⊕ siren; **2.** *zo.* sirenian.

Sirenen...: **~geheul** *n* hooting (*od.* wail) of sirens; **~gesang** *m* siren song (*a. fig.*); **≈haft** *adj.* siren(-like), seductive, bewitching.

Sirup *m* treacle, molasses (*sg.*); (*bsd. Frucht*≈) syrup, sirup.

Sisal(hanf) *m* sisal.

sistier|en *v/t.* **1.** inhibit, stop; ⚖ (*Verfahren*) stay, suspend; **2.** (*verhaften*) arrest, take into custody; **≈ung** *f* **1.** inhibition, interruption; ⚖ stay (of proceedings), nolle prosequi; **2.** arrest, detention.

Sisyphusarbeit *f* Sisyphean task.

Sitte *f* **1.** (*Brauch*) custom, tradition; (*Gewohnheit*) habit; (*Übung*) custom, usage, practice, way; (*Mode*) fashion; (*Sittlichkeit*), *mst* ~*n* morals, mores (*pl.*), morality *sg.*, ethics *pl.* (*sg. konstr.*); (*Benehmen*) manners *pl.*; *lockere* ~*n* loose morals; ~*n und Gebräuche* manners and customs; *das ist bei uns nicht* ~ that's not the custom with us; *es ist* ~, *daß* it is customary to *inf.*; *gegen die guten* ~*n* → *sittenwidrig*; **2.** *sl.* → *Sittenpolizei*.

Sitten...: **~bild** *n*, **~gemälde** *n* genre-picture, portrayal of the customs and morals of a period; **~gesetz** *n* moral law; **~kodex** *m* moral code; **~lehre** *f* ethics *pl.*, morals *pl.* (*beide sg. konstr.*), moral philosophy; **~lehrer** *m* moralist; **≈los** *adj.* immoral, licentious; **~losigkeit** *f* immorality, profligacy, licen|ce, *Am.* -se; **~polizei** *f* vice squad; **~prediger** *m* moralizer; **~richter** *m* censor, moralizer; **≈streng** *adj.* austere, puritanical; **~strenge** *f* austerity; **~verderbnis** *f*, **~verfall** *m* corruption (of morals), demoralization; **≈widrig** ⚖ *adj.* immoral, conflicting with national policy and public morals, *lateinisch*: contra bonos mores.

Sittich *orn. m* parakeet.

sittig *adj.* → *sittsam*.

sittlich *adj.* moral, ethical; (*anständig*) decent, respectable; *~es Empfinden* moral sense; *iro. ~e Entrüstung* moral indignation.

Sittlichkeit *f* morality, morals *pl.*; **~sgefühl** *n* moral sense; **~sverbrechen** *n* sex crime, sex offen|ce, *Am.* -se; **~sverbrecher** *m* sex offender.

sittsam *adj.* (*züchtig*) modest, demure; (*keusch*) chaste, virtuous; (*brav*) well-behaved; (*anständig*) decent; **≈keit** *f* modesty; chastity; good manners *pl.*; decency.

Situation *f* situation, position; → *a. Lage*; *die ~ retten* save the situation; *sich der ~ gewachsen zeigen* rise to (*od.* be equal to, master) the occasion; **~skomik** *f* comedy of situation, slapstick; **~splan** *m* site (*od.* layout) plan.

situiert *adj.*: *gut ~* well off, well-to-do ..., *pred.* well to do.

Sitz *m* **1.** (*~gelegenheit*) seat (*a. fig. Amts≈, Bischofs≈, Familien≈ usw.*; *a. parl. u.* ⚕ *e-r Krankheit*); (*Sessel, Stuhl*) seat, chair; (*Wohn≈*) (place of) residence, domicile, seat; (*Geschäfts≈*) (registered) seat (*od.* place of business), headquarters *sg. u. pl.*; *Industrie*: site, seat; *Kleid usw., a.* ⊕ (*Passung*): fit; *e-s Ventils*: seat; *~ und Stimme haben* have seat and vote; *e-n guten ~ haben Kleidung*: fit well, sit well *on a p.*; *Reitsport*: sit (the horse) well; *Zuschauer von den ~en reißen* electrify; **2.** *fig. auf e-n ~* at one sitting (*od.* F go); **~arbeit** *f* sedentary work; **~bad** *n* hip-bath, sitz bath; **~bank** *f* bench; *gepolstert*: settee; **~bein** *anat. n* ischium.

sitzen I. *v/i.* sit, be seated; (*hocken*) squat; *Henne*: (*brüten*) sit; (*e-e Sitzung abhalten*) be in conference; *Kleid usw.*: fit; *Hieb, a. fig. Bemerkung*: tell, hit home; F *im Gefängnis*: F do time, *Am. a.* do a stretch; *~ in* (*ansässig sein od. leben in*) live (*od.* be) in *od.* at; *Firma usw.*: be *od.* have its seat (*od.* place of business) in *od.* at; ⚕ *Krankheitsherd usw.*: be seated (*od.* located) in; (*hoch oben*) *~ auf Vogel u. allg.*: be perched on; *~ bleiben* remain (*od.* stay) seated; → *sitzenbleiben*; *j-n ~ lassen* tell a p. to sit down, *im Bus usw.*: offer a p. one's seat; → *sitzenlassen*; *bei Tisch ~* sit at table; *bei j-m ~* sit beside (*od.* next to) a p.; *e-m Maler ~* sit for one's portrait, *Modell u. phot.*: pose; *im Parlament ~* sit (*od.* have a seat) in Parliament, be an M.P. (Member of Parliament); *im Gefängnis ~* be in jail; F *er saß 6 Monate wegen Diebstahl(s)* F he did six months for theft; *in e-m Ausschuß ~* sit on a committee; *sehr viel ~* lead a sedentary life; *über e-r Arbeit ~* be sitting over a task; *über den Büchern ~* be poring over one's books; F *e-n ~ haben* be drunk, *Am. sl.* have a load on; F *das hat gesessen!* that hit home!; F *die Vokabeln ~* (*bei ihm*) he has got the words pat; → *Patsche, Tinte usw.*; **II.** ≈ *n* sitting; **~bleiben** *v/i. beim Tanz*: be left without partners, F be a wallflower; *Mädchen* (*nicht geheiratet werden*): be left on the shelf; *in der Schule*: stay down, have to repeat the year; **~d** *adj.* sitting, seated; *~e Lebensweise* sedentary life; **~lassen** *fig. v/t.* leave, desert, abandon; throw *a p.* over, *Am. a.* walk out on *a p.*; (*im Stich lassen*) let *a p.* down, leave *a p.* in the lurch; (*den Liebhaber*) jilt, leave high and dry; (*nicht abholen*) stand up; *e-n Schimpf auf sich ~* pocket (*od.* put up with) an affront; *das lasse ich nicht auf mir ~* I won't stand for that.

...sitzer *m* ...-seater.

Sitz...: **~fläche** *f* seat; **~ fleisch** *n* (*Ausdauer*) perseverance, steadiness; *er hat kein ~* he has got the fidgets ; *weitS.* he cannot stick at a job **~gelegenheit** *f* seat(ing); *pl.* seating (accommodation) *sg.*, seats; *~ bieten für* seat *a hundred persons, etc.*; **~kissen** *n* (seat-) cushion; **~krieg** *m* sitzkrieg; **~ordnung** *f* seating arrangement(s *pl.*); **~platz** *m* seat (*a. v/t. Sitzplätze bieten für*); **~polster** *n* seat pad; **~redakteur** *m* prison editor; **~reihe** *f* row (of seats); *thea.* tier; **~stange** *f für Vögel*: perch; **~streik** *m* sit-down strike.

Sitzung *f* session, sitting (*a. parl., paint.*); (*Konferenz*) meeting, conference; *spiritistische*: séance; ⚖ sitting, hearing; *öffentliche ~* hearing in public; *in öffentlicher ~* in open court; *e-e ~ abhalten* sit, hold a meeting (*od.* ⚖ hearing), be in session.

Sitzungs...: **~bericht** *m* report (*od.* minutes *pl.*) of proceedings; **~periode** *f* session, term; **~saal** *m*, **~zimmer** *n* session *od.* conference hall (*od.* room); *parl.* chamber.

Sitz...: **~versteller** *m* seat adjuster; **~welle** *f Turnen*: double knee circle.

Sizil|i(an)er(in *f*) *m*, **≈(ian)isch** *adj*. Sicilian.

Skala *f* scale (*a*. ♪, *a. Tarif* ≈ *usw*.; *a. fig. Stufenleiter*); *in Kreisform*: dial (plate); ✝ *gleitende* ~ sliding scale; *fig. die ganze* ~ *der Gefühle* the whole gamut of emotions.

skalar ⚹, *phys. adj*.: ~e *Größe* (*a*. ≈ *m*) scalar quantity.

Skalde *m* scald.

Skalen|ablesung *f* scale (*od*. direct) reading; **~einteilung** *f* graduation; **~meßgerät** *n* direct-reading instrument; **~scheibe** *f* dial (plate), graduated scale disk.

Skalp *m* scalp.

Skalpell ⚕ *n* scalpel.

skalpieren *v/t*. scalp.

Skandal *m* scandal; (*Schande*) *a*. disgrace, shame; **~blatt** *n* scandal-sheet; **~geschichte** *f* (piece of) scandal, scandalous story; **~nudel** F *f* scandal-seeking woman; **≈ös** *adj*. scandalous; (*empörend*) *a*. shocking, disgraceful; **~presse** *f* gutter (*od*. yellow) press; **≈süchtig** *adj*. scandal-loving.

skandieren *v/t*. (*Verse*) scan.

Skandinav|ier(in *f*) *m*, **≈isch** *adj*. Scandinavian.

Skat *m* skat; F *e-n* ~ *dreschen* play skat.

Skeet(schießen) *n* skeet (shooting).

Skeleton *m* (*Schlitten*) skeleton.

Skelett *n* skeleton (*a*. ⚘, ⚠); **~bauweise** *f* skeleton construction; **≈ieren** *v/t*. skeletonize.

Skep|sis *f* scepticism, *Am*. skepticism; doubt; **~tiker(in** *f*) *m* sceptic, *Am*. skeptic; **≈tisch** *adj*. sceptical, *Am*. skeptical; **~tizismus** *m* scepticism, *Am*. skepticism.

Sketch *thea. m* sketch.

Ski *m* ski; ~ *laufen* ski (*pret. u. pp*. ski'd, *Am*. skied); ~ *Heil!* good skiing!; **~anzug** *m* ski(ing) suit, ski-dress; **~ausrüstung** *f* skiing outfit; **~bindung** *f* ski-binding; **~bob** *m* ski-bob; **~brille** *f* ski(-ing) goggles *pl*.; **~fahrer(in** *f*) *m* skier; **~fliegen** *n* ski-flying, long-distance ski-jump; **~gelände** *n* skiing grounds *pl*.; **~haserl** *n* snow bunny; **~hose** *f*: (*e-e* ~ a pair of) skiing trousers *pl*.; **~hütte** *f* ski hut; **~jöring** *n* ski-joring; **~klub** *m* skiing club; **~kurs** *m* ski(-ing) course; **~lack** *m* ski-lacquer; **~lauf(en)** *m* skiing; **~lehrer** *m* ski-instructor; **~lift** *m* ski-lift; **~mütze** *f* skiing cap; **~sport** *m* skiing; **~springen** *n* ski-jumping; **~springer** *m* ski-jumper; **~sprung** *m* ski-jump; **~spur** *f* ski-track; **~stiefel** *m* ski-boot; **~stock** *m* ski-stick, ski-pole; **~wachs** *n* ski-wax; **~wettkampf** *m* skiing competition (*od*. event), ski-race.

Skizze *f* sketch (*a*. ♪ *u. literarisch*); (*Rohentwurf*) *a*. rough draft; **~nblock** *m* sketch block; **~nbuch** *n* sketchbook; **≈nhaft** *adj*. (*u. adv*.) sketchy (sketchily), in rough outlines.

skizzieren *v/t*. sketch, outline (*a. fig*.); *flüchtig* ~ dash off.

Sklav|e *m*, **~in** *f* slave (*a. fig*.); *fig. ein* ~ *sein gen*. be a slave to *one's desires, etc*.; *wie ein* ~ *arbeiten* slave, drudge; *zum* ~*n machen* enslave.

Sklaven...: **~arbeit** *f* slave-labo(u)r, *a. fig*. slavery; **~aufseher** *m* slave-driver; **~befreiung** *f* emancipation of slaves; **~dienst** *m* slavery; **~handel** *m* slave-trade; **~händler** *m* slave-trader, slaver; **~markt** *m* slave-market; **~schiff** *n* slave-ship, slaver; **~seele** *f* slavish (*od*. servile) mind; (*Person*) flunkey.

Sklaverei *f* slavery; *fig. a*. servitude, thraldom.

sklavisch *adj*. slavish; (*unterwürfig*) *a*. servile; ~*e Nachahmung* slavish imitation.

Sklero|se ⚕ *f* sclerosis; → *multipel*; **≈tisch** *adj*. sclerotic.

skontieren ✝ *v/t*. allow discount for.

Skonto ✝ *n, m* discount.

skontrieren ✝ *v/t*. clear.

Skooter *m* scooter.

Skorbut ⚕ *m* scurvy; **≈isch** *adj*., **~...** scorbutic.

Skorpion *m* **1.** *zo*. scorpion; **2.** *ast*. Scorpio.

Skribent *contp. m* scribbler.

Skript *n* (manu)script, paper; *Film*: script; **~girl** *n* script girl.

Skrof|eln ⚕ *f/pl*., **~ulose** *f* scrofula (*sg*.); **≈ulös** *adj*. scrofulous.

skrot|al *anat. adj*. scrotal; **≈um** *n* scrotum.

Skrupel *m* **1.** scruple; ~ *haben zu tun* scruple (*od*. have scruples) about doing; **2.** (*Apothekergewicht*) scruple (*1,296 g*); **≈los** *adj*. unscrupulous; **~losigkeit** *f* unscrupulousness.

skrupulös *adj*. scrupulous.

Skull|boot *n*, **≈en** *v/i*. scull.

Skulptur *f* sculpture (*a*. ⚘, *zo*.); **≈ieren** *v/t*. sculpture.

skurril *adj*. burlesque, grotesque.

S-Kurve *f* S-bend; double hairpin bend.

Slalom *m* slalom.

Slaw|e *m*, **~in** *f* Slav; **≈isch** *adj.* Slav, *a.* **~isch** *ling. n* Slavic; **~ist(in** *f*) *m* slavist, slavicist; **~istik** *f* Slavic languages and literature; **≈istisch** *adj.* Slavicist, Slavist.

Slowak|e *m*, **~in** *f*, **≈isch** *adj.*, **~isch** *ling. n* Slovakian, Slovak.

Slowen|e *m*, **~in** *f*, **≈isch** *adj.*, **~isch** *ling. n* Slovene.

Slip *m* (*Unterhöschen*): (ein ~ a pair of) briefs *pl.*

Slipper *m* (*leichter Schuh*) slipper.

Slums *m/pl.* slums.

Smaragd *m*, **≈en** *adj.* emerald; **≈grün** *adj.* emerald (green).

Smoking *m* dinner-suit, *Am.* tuxedo; **~jackett** *n* dinner-jacket.

Snob *m* snob; **~ismus** *m* snobbism, snobbery; **≈istisch** *adj.* snobbish.

so I. *adv.* (*in dieser Weise*) so, thus; in this way, (in) that way; in this (*od.* that) manner; like this *od.* that; (*dermaßen*) so, thus, in such a way, to such a degree; *vergleichend*: as; *abschließend*: *~!* that's that!; *~?* indeed?, is that so?, really?; *~, ~!* really!, you don't say so!, well, well!; *er ist gekommen! ~!* is he?; *er braucht Geld! ~!* does he?; *~ ein* such a; *~ ein Dummkopf!* what a fool!; *ein ~ großer Mann* so great a man; *~ etwas* such a thing; F *nein, ~ (et)was!* well, I never!, the (very) idea!, *sl.* gosh!; *~ ... auch* however ...; *~ ... denn* so ...; *~ ... wie od. als* as ... as; *nicht ~ ... wie* not so ... as; *~ viele* so (*od.* F that) many; *~ weit* so (*od.* F that) far; *noch einmal ~ viel* twice as much; *um ~ besser* all (*od.* so much) the better; *um ~ mehr* all the more; *ach ~!* oh, I see!; *~ manche(r)* many a; *~ ist es* it is so, that's how it is; *~ ist das Leben* such is life; *~ oder ~* one way or another, by hook or (by) crook; *~ geht das nicht* that won't do; *er meint es nicht ~* he doesn't mean it; *~ alle acht Tage* every week or so; *~ und ~ oft* ever so often, time and again; *~ gut wie nichts* next to nothing; *er ist ~ klug!* he is so (very) clever!; *~ geht's!* there you are!, that's what will happen (*wenn* when)!; *ich habe ~ das Gefühl, daß* I have a feeling that; *er hat ~ seine Stimmungen* he has his little moods; *mag er auch noch ~ reich sein* may he be ever so rich, however rich he may be; *~ (sprach) Churchill* so Churchill; **II.** *cj.* (*folglich*) so, therefore, consequently; *obs.* (*falls*) if; *~ daß* so that, so as to *inf.*; *~ sehr, daß* so much (so) that, to such a degree that; *es war nötig, und ~ taten wir es* (*denn*) so we did it; *im Nachsatz nicht zu übersetzen, z. B. wenn du Zeit hast, ~ schreibe mir* if you have time, write to me.

sobald *cj.*: *~ (als)* as soon as, the moment *he arrived, etc.*; *~ es Ihnen möglich ist* as soon as possible, *a.* ⚕ at your earliest convenience.

Söckchen *n* anklet.

Socke *f* sock; ⚕ *~n a.* half hose *sg.*; F *fig. sich auf die ~n machen* make (*od.* F buzz) off.

Sockel *m* △ socle, base, pedestal; *e-s Sicherungskörpers, e-r Lampe*: socket; *e-r Röhre*: base, cap; ⚕ *Lohntarif*: basic rate; **~betrag** *m* flat cash supplement; *ein ~ von £2* a £2 increase on the basic rate; **~leiste** *f* skirting.

Sockenhalter *m/pl.* (sock-)suspenders, *bsd. Am.* garters.

Soda *f*, *n* soda; ⚗ *a.* sodium carbonate.

sodann *adv.* then, after that.

so daß *cj.* so that; so as to (*inf.*).

Sodawasser *n* soda-water.

Sodbrennen ⚕ *n* heartburn.

Sodom|ie *f* buggery, bestiality; **~it** *m* sodomite.

soeben *adv.* just (now); a minute ago; *~ erschienen Buch*: just published, F just out.

Sofa *n* sofa; **~ecke** *f* sofa-corner; **~kissen** *n* sofa-cushion.

sofern *cj.* if, in case, (in) so far as, inasmuch as; (*wenn nur*) provided that; *~ nicht* unless.

Soffitte *thea. f* flies *pl.*, border; → *a. Soffittenlampe*; **~nbeleuchtung** ⚡ *f* tubular-lamp (*od.* festoon, strip-) lighting; **~nlampe** *f* tubular lamp.

sofort *adv.* at once, immediately, directly, instantly, forthwith; on the spot; straight away, *bsd. Am.* right away; *~ wirkend* instantaneous; *~!* coming!; *er war ~ tot* death was instantaneous; *~ lieferbar od. zahlbar* spot ...; **≈hilfe** *f* immediate aid; **~ig** *adj.* immediate, prompt; instantaneous; *~e Kasse* ready cash, spot(-cash); *mit ~er Wirkung become* effective immediately (*od.* as of now); **≈maßnahme** *f* prompt (*od.* urgent) measure, immediate steps *pl.*; **≈sache** ⚖ *f* immediate matter; **≈verkehr** *m* no-delay service.

Sog *m* suction; ⚓ (*Kielwasser*), ✈ (*Luftwirbel*) wake; *fig.* wake;

(*Anziehungskraft*) pull, attraction; (*Strudel*) maelstrom, vortex; (*Abzug*) drain.
sogar *adv.* even; *ja,* ~ nay; and what is more.
sogenannt *adj.* so-called; (*angeblich*) *a.* would-be, self-styled, soi-disant (*fr.*).
sogleich *adv.* → *sofort.*
Sohle *f* sole; (*Tal*~, *Fluß*~, *Graben*~ *usw.*) bottom, *a.* ⚒ floor; *auf leisen* ~*n* on tiptoe; ~**n** *v/t.* sole; ~**ngänger** *zo. m* plantigrade.
Sohlleder *n* sole-leather.
Sohn *m* son (*a. fig. der Wüste usw.*); *in Zssgn* filial *duty, etc.*; *ganz der* ~ *s-s Vaters* a chip of the old block; → *verloren.*
Söhnchen *n* little son; F sonnie, sonny.
Soiree *f* soirée.
Soja|bohne *f* soybean, soya (bean); ~**mehl** *n* soya-meal.
sokratisch *adj.* Socratic(ally *adv.*).
solang(e) *cj.*: ~ (*als*) as long as; while, whilst.
solar *adj.* solar; ~**isation** *phot. f* solarization; ~**ium** *n* solarium; ~**konstante** *phys. f* solar constant; ~**plexus** *anat. m* solar plexus.
Solawechsel ⚕ *m* sole bill (of exchange), promissory note.
Solbad *n* **1.** brine bath; **2.** (*Ort*) saltwater springs *pl.*
solch *pron. u. adj.* such; ~ *einer* such a one, a man like that; *als* ~*er* as such, in that capacity; ~*e Leute* such people, people such as these; ~**erart** *adv.* of such a kind, of this sort; along these lines; ~**ergestalt** *adv.* in such a manner, to such a degree; ~**erlei** *adj.* of such a kind, such, suchlike; ~**ermaßen,** ~**erweise** *adv.* in such a way *od.* manner.
Sold ⚔ *m* pay; *fig.* wages *pl.*; *in j-s* ~ *stehen* be in a p.'s pay; *contp.* be one of a p.'s hirelings.
Soldat *m* soldier (*a. weitS. Offizier, Feldherr; a. zo. Ameise*); *engS. a.* serviceman; *gedienter* ~ exserviceman, *Am.* veteran; *der Unbekannte* ~ the Unknown Warrior; ~ *werden* enter the army, enlist, F join up; ~*en spielen* play at soldiers; → *aktiv, einfach 3.*
Soldaten...: ~**bund** *m* servicemen's (*Am.* veterans') organization; ~**eid** *m* military oath; ~**friedhof** *m* war cemetery; ~**grab** *n* war grave; ~**heim** *n* *Brit.* leave centre, *Am.* recreation center; ~**leben** *n* military life; ~**lied** *n* soldier's song; ~**sprache** *f* soldier's slang; ~**tum** *n* soldiership; military tradition.
Soldateska *f* soldiery.
soldatisch *adj.* soldier-like, soldierly, military.
Soldbuch *n* pay-book.
Söldling *m* → *Söldner.*
Söldner *m* mercenary; ~**truppen** *f/pl.* mercenary troops.
Sol|e *f* saltwater, brine; ~**ei** *n* egg boiled in brine.
solid *adj. Person, Lebensweise*: steady, respectable, solid; ⚕ *Firma*: *a.* sound, reliable; *Preise*: reasonable, fair; *Grundlage, Verhältnisse*: sound; *Kenntnisse, Arbeit*: solid, sound; *Material, Gerät usw.*: solid, robust, rugged, (*haltbar*) durable, wear-resistant; ~ *werden Person*: steady down; *adv.* ~ *leben* lead a steady life.
Solidar|bürgschaft ⚖ *f* joint surety; ~**isch I.** *adj.* solid(ly united); ⚖ joint (and several); *sich* ~ *erklären mit* → *solidarisieren*; **II.** *adv.* (*geschlossen*) in a body, solidly; ⚖ jointly and severally; ~ *haften* be jointly and severally liable; ~**isieren** *v/refl.*: *sich* ~ *mit* declare one's solidarity with, be solidly behind *a p.*, identify o.s. with; ~**ität(sgefühl** *n*) *f* (feeling of) solidarity; ~**schuldner** *m* joint debtor.
solide → *solid.*
Solidität *f* solidity; ⚕ soundness, trustworthiness; (*Achtbarkeit*) respectability, steadiness.
Solist(in *f*) *m* soloist, solo singer, solo player.
Solitär *m* (*Spiel u. Diamant*) solitaire.
Soll *n* ⚕ debit, debit-side; (*Liefer*~) (fixed) quota; (*Produktions*~) production quota; (*Liefer-, Produktionsziel*) target; ~ *und Haben* debit and credit, assets and liabilities *pl.*; ~**bestand** *m* ⚕ calculated assets *pl.*; ⚔ required strength; *an Ausrüstung usw.*: authorized allowance of supplies; ~**durchmesser** ⊕ *m* nominal diameter; ~**einnahme** *f* estimated receipts *pl.*
sollen *v/i. Gebot, Pflicht*: shall; *sittliche Verpflichtung*: ought to (*a. eigentlich* ~); *a. auf Anweisung Dritter*: be to; *Möglichkeit*: should; *Vermutung, Wahrscheinlichkeit*: would; *angeblich*: be said to, be supposed (*od.* believed) to, be reported to; *schicksalhaft*: be to, be destined (*od.* fated) to; *soll ich kommen?* shall I come?; *ich soll dir ausrichten, daß* I am to tell you that; *ich soll erst die*

Prüfung bestehen I am (supposed) to pass the examination first; *du sollst nicht töten* thou shalt not kill; *du sollst recht haben* have it your way; *er soll kommen* tell him to come; *der soll nur kommen!* just let him come!; *er hätte hingehen* ~ he ought to have gone; *wo soll ich hingehen?* where am I to go?; *was soll ich tun?* what am I to do?; *was* ~ *ich damit?* what (on earth) am I to do with it?, F what's the good of it?; *ihr sollt still sein!* be quiet, will you?; *niemand soll sagen, daß* let it never be said that; *es soll nicht wieder vorkommen* it won't happen again; *du sollst sehen!* you shall (*od.* will) see!; *das soll uns nicht stören* that won't bother us; *er soll reich sein* he is said to be rich, they say he is rich; *er soll morgen eintreffen* he is expected to arrive tomorrow; *ich weiß nicht, ob ich sollte* I don't know if I should; *weshalb sollte ich (auch)?* why should I?; *man sollte annehmen* one should think; *ich hätte (es) wissen* ~ I should have known; *falls er kommen sollte* in case he should come; *er sollte lieber heimgehen* he had better go home; *soll das wahr sein?* can that be true?; *sollte er es gewesen sein?* could it have been him?; *er wußte nicht, ob er lachen oder weinen sollte* whether to laugh or to cry; *es sollte ein Scherz sein* it was meant for a joke; *er soll Arzt werden* he is meant (*od.* intended) to be a doctor, he is meant for a doctor; *es hat nicht* ~ *sein* it was not to be; *ein Jahr sollte verstreichen, bis* one year was to pass before; *was soll das?* (*was bedeutet das?*) what's the meaning of this?, what's the idea?, (*wozu soll es nützen?*) what use is that?, F what's the good of that?; (*na und?*) F so what?; **~d** *adj.*: *sein* ~ would-be; *witzig sein* ~*e Bemerkung* would-be witty remark.

Söller *m* balcony; (*Speicher*) loft, garret.

Soll...: **~frequenz** *f* nominal frequency; **~(l)eistung** *f* nominal (*od.* rated) output; **~maß** ⊕ *n* specified size; **~posten** ✝ *m* debit item (*od.* entry); **~seite** *f* debit-side; **~stärke** *f* authorized strength, *Brit.* establishment; *über* ~ overstrength ...; **~wert** *m* nominal (*od.* rated, desired) value; *Regeltechnik*: set point.

Solmisation ♪ *f* solmisation; **~ssilben** *f/pl.* sol-fa (syllables).

Solo I. *n allg.* solo; **II.** **≈** *adv.* ♪ solo; F *weitS. a.* alone; **~geiger** (**-in** *f*) *m* solo violinist; **~lauf** *m* solo (run); **~maschine** *mot. f* solo (machine); **~partie** ♪ *f* solo; **~sänger(in** *f*) *m* solo singer; **~spieler(in** *f*) *m* soloist; **~stimme** ♪ *f* solo part; **~stück** *n* solo (*a.* ♪); **~tanz** *m* solo (dance); **~tänzer(in** *f*) *m* principal (*od.* first solo) dancer.

Sol|quelle *f* salt spring; **~salz** *n* brine salt.

solven|t *adj.* solvent; (financially) sound; **≈z** *f* solvency.

Soma *eccl. m, biol. n* soma; **≈tisch** *adj.* somatic(ally *adv.*); **≈togen** *adj.* somatogenic; **~tologie** *f* somatology.

somit *adv.* so, thus, consequently.

Sommer *m* summer; *im* ~, *des* ~*s* in (the) summer, during the summer; *in der Mitte des* ~*s* in midsummer; → *Schwalbe*; **~abend** *m* summer evening; **~aufenthalt** *m* summer stay; **~fäden** *pl.* gossamer *sg.*; **~fahrplan** *m* summer time-table; **~ferien** *pl.* summer holidays (*Am.* vacation *sg.*); **~frische** *f* summer-resort; *in die* ~ *gehen* go on holidays, *Am.* go vacationing; **~frischler(in** *f*) *m* holiday-maker, summer visitor, *Am.* vacationer; **~gast** *m* summer visitor; **~gerste** *f* spring barley; **~getreide** *n* summer grain; **~haus** *n* summer-house, weekend cottage; **~katarrh** *m* vernal catarrh; **~kleidung** *f* summer-dress, ✝ summer-wear; **≈lich** *adj.* summer(like), summer(l)y; **≈n I.** *v/impers.*: *es sommert* summer is coming; **II.** *v/t.* (*a.* **sömmern**) sun, air; ⚒ (*Vieh*) turn out, summer; *mot.* (*Reifen*) re-tread; **~nachtstraum** *thea. m* Midsummer Night's Dream; **~olympiade** *f* → *Sommerspiele*; **≈s** *adv.* in (the) summer; **~sachen** *pl.* summer clothes; **~schlaf** *zo. m* (a)estivation; **~schlußverkauf** ✝ *m* sommer (closing) sale; **~seite** *f* sunny side; **~semester** *n* summer term; **~sitz** *m* summer residence; **~sonnenwende** *f* summer solstice; **~spiele** *n/pl.*: *Olympische* ~ Summer Olympic Games; **~sprosse** *f* freckle; **≈sprossig** *adj.* freckled; **~tag** *m* summer day; **~weg** *m* summer road; *e-r Straße*: soft shoulder; **~weizen** *m* spring (-sown) wheat; **~zeit** *f* **1.** summer-time; **2.** *zur Lichtersparnis*: summer time, daylight saving time.

somnambul *adj.*, **⁀e(r** *m*) *f* somnambulist.
sonach *adv.* consequently, accordingly, thus, so.
Sonat|e ♪ *f* sonata; **~ine** *f* sonatina.
Sonde *f* ⚕ probe, sound (*a. fig.*); ⚓ plummet; (*Radio*⁀), *Radar, meteor.*: sonde; *Raumforschung*: *moon, etc.* probe; ⚡ (*Tastkopf*) probe; (*Ballon*) sounding balloon; **~nernährung** ⚕ *f* (stomach-) tube feeding; **~nröhre** *TV f* image dissector.
sonder *prp.* without.
Sonder... special, separate, extraordinary, extra; **~abdruck** *typ. m* separate print, off-print; **~anfertigung** *f* special design, custom-made car, *etc.*; **~angebot** ✝ *n* (special) bargain, *Am.* special; **~ansprüche** *m/pl.* special demands (*od.* wishes); **~auftrag** *m* special mission; **~ausbildung** *f* special training; **~ausführung** *f* → *Sonderanfertigung*; **~ausgabe** *f* **1.** *Zeitung*: special (edition); **2.** *finanziell*: special expenditure; **~ausstattung** ⊕ *f* extra equipment; **~ausschuß** *parl. m* select committee; **⁀bar** *adj.* strange, odd, queer, peculiar, funny; (*ungewöhnlich*) extraordinary; **⁀barerweise** *adv.* strange to say, oddly enough; **~barkeit** *f* strangeness, oddness, oddity, peculiarity; **~beauftragte(r)** *m* special representative (*od.* commissioner); **~beilage** *f e-r Zeitung usw.*: (special) supplement; **~berechnung** *f*: *gegen* ~ at extra cost; **~bericht** *m* special report; **~berichterstatter(in** *f*) *m* special correspondent; **~bestimmung** *f* special rule, exceptional provision; **~bestrebung** *f* separatism, particularism; **~bevollmächtigte(r)** *m* special agent; *pol.* plenipotentiary; **~botschafter** *m* ambassador extraordinary, ambassador-at-large; **~briefmarke** *f* → *Sondermarke*; **~bündler** *m* separatist; **~druck** *m* → *Sonderabdruck*; **~einnahmen** *f/pl.* extraordinary receipts; *im Staatshaushalt*: special revenue *sg.*; **~ermäßigung** *f* special price reduction; **~fach** *n* special subject, *bsd. Am.* specialty; **~fahrzeug** *n* special-purpose vehicle; **~fall** *m* special case, exception(al case); **~flug** *m* extra flight; **~friede(n)** *m* separate peace; **~genehmigung** *f* special permit (*od.* authorization); **~gericht** ⚖ *n* special court; **~gesetz** *n* special law; **⁀gleichen** *adv.* → *ohnegleichen*; **~interesse** *n* private interest; **~klasse** *f* special class; *Segelsport*: sonderclass; **~konto** *n* special account; **~leistung** *f* extra service; *soziale* ~*en* fringe benefits; **⁀lich I.** *adj.* special; *kein* ~*es Vergnügen* not much of an amusement; → *a. sonderbar*; **II.** *adv.* particularly; *nicht* ~ not particularly, not much (*od.* very); **~ling** *m* queer (*od.* eccentric) fellow, crank, F queer fish, rum customer; **~marke** *f* special issue; (*Wohlfahrtsmarke*) charity stamp; **~meldung** *f* special announcement; **~minister** *m* minister without portfolio.
sondern[1] *cj.* but; *nicht nur,* ~ *auch* not only, but (also).
sondern[2] *v/t.* separate, sever, segregate; set asunder; → *aussondern* 1, *Spreu*.
Sonder...: ~nummer *f e-r Zeitung*: special (edition); **~preis** *m* special (*od.* preferential) price; **~rabatt** *m* special discount; **~recht** *n* privilege; **~referat** *n* special branch; **~regelung** *f* separate treatment *od.* settlement.
sonders *adv.* → *samt* I.
Sonder...: ~schule *f* school for educationally subnormal children; **~sitzung** *f* special session; **~stahl** *m* special steel; **~stellung** *f* exceptional position; *fig. e-e* ~ *einnehmen* occupy a special position; **~steuer** *f* special tax; **~typ** *m* special type; **~ung** *f* separation; **~urlaub** *m* special leave; ⚔ *a. aus Familiengründen*: emergency (*Brit.* compassionate) leave; **~verband** ⚔ *m* special unit; *mit bes. Kampfauftrag*: task force; **~vollmacht** *f* special power; **~zug** *m* special (train); **~zulage** *f* special bonus.
Sondier|ballon *m Wetterkunde*: sounding balloon; **⁀en** *v/t. u. v/i.* ⚕ probe, *a.* ⚓ sound (*beide a. fig.*); *fig.* (*v/i.*) take a sounding, explore the ground, put out feelers; **~ung** *f* probing, sounding(s *pl.*), probe; **~ungsgespräche** *n/pl.* exploratory talks.
Sone *phys. n* sone.
Sonett *n* sonnet.
Sonnabend *m* Saturday; ⁀s on Saturdays, on a Saturday.
Sonne *f* sun (*a. weitS. u. fig.*); *an der* ~ in the sun; *an der* ~ *getrocknet* sun-dried; *von der* ~ *beschienen* sunlit; *fig. Platz an der* ~ place in the sun; *fig. unter der* ~ under the sun, on earth; **⁀n** *v/t.* (expose to the sun, air; *sich* ~ bask (in the sun);

sun o.s.; *fig. sich ~ an od. in* bask (*od.* revel) in.

Sonnen...: ~anbeter *m* sun-worshipper; **~aufgang** *m*: (*bei ~* at) sunrise (*Am. a.* sunup); **~bad** *n* sun-bath; *ein ~ nehmen* sunbathe, bask in the sun; **~bahn** *f* orbit of the sun, *scheinbare*: ecliptic; **~batterie** *f* solar battery; **≈beschienen** *adj.* sunlit; **~bestrahlung** *f* exposure to sunlight; ⚕ insolation; **~blende** *phot. f* lens hood; **~blendscheibe** *mot. f* sun-screen, *Am.* sun vizor; **~blume** *f* sun-flower; **~brand** ⚕ *m* sunburn; **~bräune** *f* (sun-)tan; **~brille** *f*: (*e-e ~* a pair of) sun-glasses *pl.*, dark glasses *pl.*; **~dach** *n vor Ladenfenstern usw.*: sun-blind, *a.* ⚓ awning; *mot.* sliding (*od.* sunshine) roof; **~deck** ⚓ *n* sun deck; **~energie** *f* solar energy, sun power; **~ferne** *ast. f* aphelion; **~finsternis** *f* solar eclipse; **~fleck** *m* sun-spot; **≈gebräunt** *adj.* (sun-)tanned; **~glut** *f*, **~hitze** *f* blazing sun; *phys.* solar heat; **~gott** *m* sun-god; **~hut** *m* sun-hat; **~jahr** *n* solar year; **≈klar** *fig. adj.* (as) clear as daylight, (quite) obvious; **~licht** *n*: (*bei ~* in) sunlight; **~monat** *m* solar month; **~nähe** *ast. f* perihelion; **~öl** *n* sun(-tan) lotion *od.* oil; **~scheibe** *f* disk of the sun; **~schein** *m* sunshine (*a. fig. Kind usw.*); **~schirm** *m* sunshade; *für Damen*: parasol; **~segel** *n* awning; **~(schutz)creme** *f* sun(-tan) cream, sun-ray filter cream; **~seite** *f* sunny side (*a. fig.*); **~spektrum** *n* solar spectrum; **~stich** ⚕ *m* sunstroke; **~strahl** *m* ray of sunshine, sunbeam (*od.* ray); **~strahlung** *f* solar radiation; **~system** *n* solar system; **~tag** *m* sunny day; *ast.* solar day; **~tierchen** *n* sun animalcule; **≈überflutet** *adj.* sun-splashed; **~uhr** *f* sundial; **~untergang** *m*: (*bei ~* at) sunset (*Am. a.* sundown); **≈verbrannt** *adj.* sunburnt, (sun-)tanned; **~wende** *f* solstice; **~zeit** *ast. f* solar time; **~zelle** *f* solar battery; **~zelt** *n* awning.

sonnig *adj.* sunny (*a. fig.*); *fig. das ≈e* the sunniness.

Sonntag *m* Sunday; *≈s* on Sundays, on (a) Sunday.

sonntäglich I. *adj.* Sunday ...; **II.** *adv.* as on a Sunday; (*jeden Sonntag*) every Sunday; *~ gekleidet* dressed in one's Sunday best.

Sonntags...: ~anzug *m* Sunday suit, F Sunday best; **~ausflügler(in** *f*) *m* F week-ender; **~ausgabe** *f*, **~beilage** *f e-r Zeitung*: Sunday supplement; **~christ(in** *f*) *contp. m* Sunday saint; **~fahrer** *mot. contp. m* Sunday driver; **~fahrkarte** *f* week-end ticket; **~jäger** *m* would-be sportsman; **~kind** *n* Sunday-child, person born on a Sunday; *fig.* lucky fellow (*od.* girl); *ein ~ sein a.* be born under a lucky star; **~kleid** *n* Sunday-dress, F Sunday best; **~maler** *m* Sunday painter; **~ruhe** *f* Sunday rest; **~schule** *f* Sunday school; **~staat** *m* → *Sonntagsanzug.*

Sonn...: ≈verbrannt *adj.* sunburnt, (sun-)tanned; **~wende** *f* solstice; **~wendfeier** *f* midsummer festival.

sonor *adj.* sonorous.

sonst *adv.* (*anders*) otherwise; *mit pron.* else; (*andernfalls, a. drohend*) otherwise, or else, or; (*außerdem*) besides; (*im übrigen*) in other respects, for the rest, otherwise; (*für gewöhnlich*) as a rule, usually, normally; (*zu e-r andern Zeit*) (at) any other time; (*ehemals*) formerly; *~ etwas* something else; *wer ~?* who else?; *~ wer?* anybody else?; *wie ~* as usual; *wie ~?* how else?; *~ einmal* some other day; *~ nirgends* nowhere else; *wenn es ~ nichts ist* if it is nothing else, if that's all; (*wünschen Sie*) *~ noch etwas?* anything else?, what else can I do for you?; *dieses ~ so ausgezeichnete Wörterbuch* this otherwise excellent dictionary; *dumm, aber ~ harmlos* stupid but otherwise harmless; *~ komme ich* (*noch*) *zu spät!* or I'll be late!; *... und was ~ noch alles!* ... and what-have-you!; **~ig** *adj.* other; (*ehemalig*) former; *s-e ~e Grobheit* his otherwise rudeness; **~jemand** F *pron.* somebody else; (*egal wer*) anybody; **~was** F *pron.* something else; (*egal was*) anything; **~wie** F *adv.* in some other way; **~wo(hin)** F *adv.* elsewhere, somewhere else.

sooft *cj.* whenever; *~ Sie wollen* as often as you like.

Sophist *m*, **~in** *f* sophist; **~erei** *f* sophistry; **≈isch** *adj.* sophistic(al).

Sopran ♪ *m* soprano; **~ist(in** *f*) *m* soprano (singer), sopranist; **~partie** *f* **1.** *im mehrstimmigen Satz*: soprano, treble; **2.** *in der Oper usw.*: soprano part; **~stimme** *f* soprano.

Sorge *f* care; (*Kummer*) sorrow; (*Unruhe*) uneasiness, anxiety, concern; (*Befürchtung*) apprehension;

(*Angst*) alarm, fear; (*Ärger*) trouble, vexation; ~*n a.* worries, trouble(s *pl.*), tribulation *sg.*; (*Sorgfalt, Für*≈) care; *liebevolle*: solicitude; ⚖ care (and custody) (*für* of); (*Verantwortlichkeit*) responsibility; ~ *tragen für* take care of, attend to, see to; (*gewährleisten*) ensure; *dafür* ~ *tragen, daß* see (to it) that, take care that, *et. getan wird*: *a.* see a th. done; *dafür haben die Zweigstellen* ~ *zu tragen* this shall be the responsibility of; *außer* ~ *sein* be at ease; *in* ~ *sein* be worried (*od.* concerned); *j-m* ~*n machen* cause (*od.* give) a p. trouble, worry a p.; *sich* ~*n machen um* be worried (*od.* concerned) about; *sich* ~*n machen, daß* be concerned that; *das ist s-e* ~ that's his problem (*od.* look-out, F headache); *laß das m-e* ~ *sein* leave that to me; *seien Sie ohne* ~ don't worry (*od.* be alarmed); *iro. keine* ~! don't you worry!, not to worry!, never fear!; *ich habe andere* ~*n* I have other fish to fry; **~berechtigte(r** *m*) ⚖ *f* person having the care and custody (*gen.* to the person of).

sorgen I. *v/refl.*: *sich* ~ be anxious (*od.* worried *od.* concerned) (*um, wegen* about); (*sich fürchten*) be apprehensive, be alarmed (at); (*sich quälen*) worry (about); **II.** *v/i.*: ~ *für* (*j-n*) care for, provide for; (*pflegen, betreuen*) care for, look after; (*et. beschaffen*) provide, procure; (*Lebensmittel, Unterhaltung usw.*) *a.* cater for; (*Ruhe und Ordnung*) establish; (*Sorge tragen für*) take care of, attend to, see to; (*sicherstellen*) ensure; *für sich selbst* ~ provide (*od.* fend) for o.s.; *dafür* ~, *daß* take care that, see to it that, *et. getan wird*: *a.* see a th. done; *dafür werde ich* ~ I'll see to that; *für ihn ist gesorgt* he is provided for.

Sorgen...: **~brecher** F *m* care-expeller; **~falten** *f/pl.* worried lines; **≈frei, ≈los** *adj.* free from care(s), carefree; light-hearted; **~kind** *n* problem-child, F handful; *fig.* (*Sache*) problem; **≈voll** *adj.* full of cares *od.* trouble(s); (*beunruhigt*) uneasy, anxious; (*vergrämt*) care-worn; *Miene*: worried, troubled.

Sorgerecht ⚖ *n* care and custody (*für* to the person of), care (of).

Sorg|falt *f* care(fulness); *liebevolle*: solicitude; (*Aufmerksamkeit*) attention; (*Genauigkeit*) exactness, accuracy; (*Gewissenhaftigkeit*) conscientiousness, scrupulousness; (*Umsicht*) circumspection; ⚖ (*angemessene, verkehrsübliche* ~) (reasonable, ordinary) care; *mit der* ~ *e-s ordentlichen Kaufmanns* exercising the due diligence of a businessman; *große* ~ *verwenden auf* bestow great care (up)on, take great pains with; **≈fältig I.** *adj.* careful; attentive; exact, accurate; conscientious, scrupulous, painstaking; (*vorsichtig*) cautious; **II.** *adv.* carefully, *etc.*; with care; **≈lich** *adj.* careful, solicitous; **≈los** *adj.* (*sorgenfrei*) carefree; (*gedankenlos*) thoughtless; (*gleichgültig*) unconcerned; (*unachtsam*) careless; (*nachlässig*) negligent; (*leichtfertig*) lighthearted, nonchalant, *stärker*: happy-go-lucky, devil-may-care; **~losigkeit** *f* unconcern; carelessness; negligence; lightheartedness; **≈sam** *adj.* → *sorgfältig, sorglich.*

Sorte *f* sort, kind, species, description; (*Abart*) variety; (*Typ*) type; ⚚ (*Qualität*) quality, grade; (*Marke*) brand; ~*n* (*Geld*) foreign notes and coins; *beste* (*od. erste*) ~ prime quality; *ein Schwindler übelster* ~ of the worst type (*od.* sort); F *die* ~ (*Menschen*) the sort (of people); → *a. Art.*

Sorten...: **~abteilung** ⚚ *f* foreign-money department; **~geschäft** *n* *Börse*: transactions *pl.* in foreign notes and coins; **~zettel** *m* bill of specie.

sortier|en *v/t.* (as)sort; (*aus*~) sort out; (*sichten*) sift; (*ordnen*) arrange; *nach Größe*: size; *nach Qualität*: grade; *nach Klassen*: classify; (*Wolle*) break; **≈er** *m* **1.** **≈erin** *f* sorter; **2.** → **≈maschine** *f* sorting machine, sorter; **≈ung** *f* sorting, assortment; sizing; grading; classification.

Sortiment *n* assortment, collection; (*Satz*) set; **~er** *m*, **~sbuchhändler** *m* retail bookseller.

sosehr *cj.*: ~ (*auch*) however much, no matter how much (*od.* strongly, deeply, *etc.*).

soso F *adv.* F middling, so-so.

Soße *f* sauce; (*Braten*≈) gravy; (*Salat*≈) dressing; F (*Brühe*) juice.

Soubrette *thea. f* soubrette.

Soufflé *n Kochkunst*: soufflé (*fr.*).

Souffl|eur *m*, **~euse** *f* prompter; **~eurkasten** *m* prompt-box; **≈ieren** *v/i. u. v/t.* prompt (*j-m* a p.).

soundso *adv.*: ~ *viel* so much, a certain amount; ~ *viele sl.* umpteen; ~ *oft* over and over again; *Herr* ≈ Mr. What's-his-name; **~vielte** *adj.* such and such, *sl.* umpteenth, umptieth.

Soup|er *m* dinner; **~ieren** *v/i.* have dinner.
Soutane *eccl. f* cassock, soutane.
Souterrain *n* basement.
Souvenir *n* souvenir.
souverän I. *adj.* sovereign; *fig.* (*überlegen*) superior, brilliant, *a. adv.* in superior style; **II. ~** *m* sovereign; **~ität** *f* sovereignty.
so...: **~viel I.** *cj.*: ~ *ich weiß* as far as I know; ~ *ich gehört habe* from what I have heard, I understand; **II.** *adj. u. adv.* so much; ~ *als od. wie* as much as; *doppelt* ~(e) twice as much (many); *fünfmal* ~ *a.* five times the number ~ *ist gewiß* one thing is certain; *iß,* ~ *du kannst* eat as much as you can; **~weit I.** *cj.* as (*od.* so) far as; ~ *nicht* unless; ~ *ich unterrichtet bin* for aught I know; ~ *ich es beurteilen kann* as far as I can say; ~ *er beteiligt ist* insofar as he is involved; **II.** *adv.* so far; ~ *ganz gut* quite good as far as it goes, not (so) bad; *wir sind* ~ we are ready; *es ist* ~ *fertig* it's as good as finished; **~wenig** *adv.* just as little (*wie* as), no more (than); ~ *wie möglich* as little as possible; **~wie** *cj.* as soon as, just as, the moment *he arrived, etc.*; (*auch*) as well as; **~wieso** *adv.* in any case, anyhow, anyway; ... ~ *nicht* not ... anyhow; F *das* ~*!* that goes without saying; F *Herr* ~ Mr. What's-his-name.
Sowjet *m* Soviet; *Oberster* ~ Supreme Soviet; F *die* ~*s* (*Russen*) the Soviets; **~isch** *adj.* Soviet; **~isieren** *v/t.* sovietize; **~ologe** *m* sovietologist; **~regierung** *f* Soviet government; **~russe** *m* Soviet(-Russian); **~system** *n* sovietism, *The* Soviet.
sowohl *cj.*: ~ ... *als auch* both ... and; as well ... as; not only ... but also.
sozial *adj. allg.* social; ~*e Biene* social bee; ~*e Distanz* social distance; ~*e Fürsorge* social (welfare) work; ~*e Stellung,* ~*er Rang* social rank, (social) status; ~*er Wohnungsbau* publicly assisted house-building; *adv.* ~ *denken* be social-minded; → *Marktwirtschaft*; **~abgaben** *f/pl.* social contributions; **~amt** *n* social welfare office; **~arbeit** *f* social work; **~arbeiter(in** *f*) *m* social worker; **~beitrag** *m* social insurance contribution; **~demokrat** *m* social democrat; **~demokratie** *f* social democracy; **~demokratisch** *adj.* social democratic; **~denkend** *adj.* social-minded, public-spirited; **~einrichtungen** *f/pl.* social services; **~fürsorge** *f* social (welfare) work; **~hilfe** *f* public assistance; **~hygiene** *f* social hygiene.
sozialisier|en *v/t.* socialize; **~ung** *f* socialization.
Sozialismus *m* socialism.
Sozialist *m,* **~in** *f* socialist; **~isch** *adj.* socialist(ic).
Sozial...; **~kritik** *f* social criticism; **~kritisch** *adj.* sociocritical; **~lasten** *f/pl.* social charges; **~leistung** *f* social contribution; **~lohn** *m* social wages *pl.*; **~medizin** *f* social medicine; **~ökonomie** *f* social economy; **~partner** *m/pl.* employers and employed; **~politik** *f* social policy; **~politiker** *m* social thinker; **~politisch** *adj.* sociopolitical, social; **~prestige** *n* social prestige, status; **~produkt** *n* gross national product, total product; **~psychologie** *f* sociopsychology; **~rentner(in** *f*) *m* social insurance pensioner, annuitant; **~unterstützung** *f* public relief; **~versicherung** *f* social insurance, *Am.* Social Security; **~versicherungsbeiträge** *m/pl.* social insurance contributions; **~versicherungsleistungen** *f/pl.* social insurance benefits; **~wissenschaft** *f* social science, sociology; *angewandte* ~ social engineering; **~wissenschaftler(in** *f*) *m* social scientist, sociologist; **~wissenschaftlich** *adj.* sociological; **~zulage** *f* social allowance, family bonus.
Sozietät ✝ *f* society, company.
Sozio|gramm *n* sociogram; **~graphie** *f* sociography.
Soziolog|e *m,* **~in** *f* sociologist; **~ie** *f* sociology; **~isch** *adj.* sociological.
Sozius *m* **1.** ✝ partner; **2.** *a.* **~fahrer(in** *f*) *mot. m* pillion-rider; **~sitz** *m* pillion seat; *auf dem* ~ *mitfahren* ride pillion.
sozusagen *adv.* so to speak, as it were, in a way.
Spachtel *m* **1.** spatula; (*Maler*~) scraper; (*Schmierkelle*) smoother; **2.** (*a.* **~masse** *f*) surfacer; (*Füller*) filler; (*Haftgrund*) primer; **3.** (*a.* **~messer** *n*) putty knife; **~n I.** *v/t.* ⊕ smooth; (*Lackschäden*) surface; **II.** F *v/i.* (*tüchtig essen*) F dig (*od.* tuck) in.
Spagat *m, n* split(s *pl.*); ~ *machen* do the splits.
Spaghetti *pl.* spaghetti.
späh|en *v/i.* peer; (*Ausschau halten*) look out (*nach* for); (*beobachten*)

watch (*auf* for); (*spionieren*) spy; ⚔ scout; **~er** *m* spy; ⚔ scout; (*Ausguckposten*) look-out; **~trupp** ⚔ *m* (reconnaissance) patrol, scouting party (*od.* patrol); **~truppführer** *m* patrol leader; **~trupptätigkeit** *f* patrol activity; **~wagen** *m* reconnaissance car, scout car.

Spalier *n* ⚘ espalier; *fig.* (*Ehrengasse*) lane; (*Absperreihe*) cordon; ~ *bilden* form a lane; *Absperrmannschaften*: form a cordon; *weitS. a.* line the street; **~baum** *m* espalier (tree); *engS.* wall tree; **~obst** *n* espalier fruit; *engS.* wall fruit.

Spalt *m* crack, cleft, rift, split; *bsd.* ⊕ fissure, crevice; (*Öffnung*) aperture; (*Lücke*) gap; (*Ritze*) chink; (*Schlitz*) slit, ⊕ *a.* slot; (*Gletscher*~) crevasse; *anat.* cleft, cleavage; (*Tür*~) crack; *fig.* rift; **~bar** *adj.* cleavable; *Atomphysik*: fissionable.

Spalte *f* **1.** → *Spalt*; **2.** *typ.* (*Satz*~, *Zeitungs*~ *usw.*) column.

spalten *v/t.* split (*a. Atom*); (*Holz usw.*) cleave, (*hacken*) chop; (*reißen*) rend, rift; (*schlitzen*) slit; (*teilen*) divide ⚗ (*zersetzen*) decompose; (*Leder*) skive; *fig. allg.* split (up), divide; → *a. Haar*; *sich* ~ split, cleave; (*rissig werden*) crack, *Haut*: *a.* chap; *fig.* split up, break up, divide, be divided; *gespalten allg.* split (*a. fig.*); *psych. gespaltene Persönlichkeit* split personality.

spalten...: **~lang** *adj.* covering several columns; **~schreiber(in** *f*) *m* columnist; **~steller** *m* *Schreibmaschine*: tabulator; **~weise** *adv.* in columns.

Spalt...: **~flügel** ✈ *m* slotted wing; **~frucht** ⚘ *f* schizocarp; **~fuß** ⚕ *m* cleft foot; **~glimmer** *m* muscovite; **~lampe** *f* slit lamp; **~leder** *n* skiver; **~pflanze** *f* schizophyte; **~phase** ⚡ *f* split phase; **~pilz** *m* fission fungus, schizomycete; **~pilzerkrankung** *f* schizomycosis; **~produkt** *n* cleavage product; *Atomphysik*: fission product.

Spaltung *f* splitting, cleavage; ⚗ separation, (*Zersetzung*) decomposition; *biol.* cleavage; fission; (*Atom*~) splitting, fission; *fig.* split(-up), (*Riß*) rift, (*Bruch*) rupture; *der Meinungen, e-s Landes*: division; *e-r Partei*: split(-up); *bsd. eccl.* schism; ~ *der Persönlichkeit* schizothymia, split personality; **~sprodukt** *n* *Atomphysik*: fission product.

Span *m* chip; (*Splitter*) splinter; ⊕ *Späne* chippings, shavings; (*Metallspäne*) cuttings; (*Frässpäne*) facings; (*Bohrspäne*) borings; *fig. wo gehobelt wird, fallen Späne* you cannot make an omelette without breaking eggs; **~abhebend** ⊕ *adj.* (metal-)cutting; → *Formung*.

spänen[1] *v/t.* ⊕ (*absaugen*) suck off shavings from; (*Boden*) scour (with steel wool).

spänen[2] *v/t.* (*entwöhnen*) wean.

Spanferkel *n* sucking pig, porkling.

Spange *f* clasp; (*Schnalle*) buckle; (*Brosche*) clip; (*Arm*~) bracelet; (*Ordens*~) bar; (*Haar*~) slide; (*Schuh*~) strap; **~nschuh** *m* strap-shoe.

Spanholzplatte *f* chipboard.

Span|ier(in *f*) *m* Spaniard; **~isch** *adj.* Spanish; *die ~e Sprache* the Spanish language, Spanish; *~er Pfeffer* red pepper, cayenne; ⚔ *~er Reiter* cheval-de-frise (*fr.*), knife rest; *~e Wand* folding screen; *fig. das kommt mir ~ vor* that's all Greek to me; (*verdächtig*) *sl.* there is something fishy about it.

Span...: **~korb** *m* chip basket; **~los** ⊕ *adj.* non-cutting.

Spann *anat. m* instep.

Spann|arbeit ⊕ *f* chucking work; **~backe** *f* chuck jaw; **~beton** *m* pre-stressed concrete; **~draht** *m* tension (*od.* guy) wire.

Spanne *f allg.* span; *räumlich*: span, short distance; *zeitlich*: span, short space of time; ~ *des Lebens* span of life; *fig.* (*Gewinn*~) margin, *Am. a.* spread.

spannen I. *v/t.* stretch; (*Bogen usw.*) bend; (*straff* ~) tighten; (*Muskeln*) flex; ⊕ (*Werkstück*) grip, clamp, chuck; (*beanspruchen*) stress; (*Feder*) tighten, tension, (*Riemen, Saite, Schraube*) tighten, (*Seil*) stretch; (*Schi*) put in the (ski-)press; (*Gewehr*) cock; *phot.* set the shutter of; ⚕ (*Gesicht*) lift; *fig.* (*Nerven*) strain; (*Neugier*) excite; *Pferde vor den Wagen* ~ put to the carriage; *Erwartungen hoch* ~ raise to a high pitch; *s-e Forderungen zu hoch* ~ be exorbitant in one's demands, pitch one's demands too high; *sich* ~ stretch; *sich über e-n Fluß* ~ span a river; → *gespannt, Folter*; **II.** *v/i.* *Kleider*: be (too) tight; *Schuhe*: *a.* pinch; F *fig.* ~ *auf* (*beobachten*) watch closely; (*erwarten*) wait for *a p. or th.* anxiously; **~d** *adj. fig.* exciting, thrilling, gripping, breathtaking, dramatic; *bsd. Buch, Film usw.*: full of suspense, suspensepacked; (*fesselnd*) absorbing, fascinating.

Spanner[1] ⊕ *m* stretcher; *für Ketten, Riemen*: tightener, tensioner; (*Schuh*≗) boot-tree; *für Hosen, Tennisschläger usw.*: press.

Spanner[2] *m* (*Schmetterling*) bordered white moth, pine moth.

Spann...: **~feder** ⊕ *f* tension spring; **~futter** ⊕ *n* chuck; **~hebel** *m* tensioning lever; **~hülse** *f* clamping sleeve; **~kraft** *f* elasticity, elastic force; *Werkzeugmaschine*: clamping power; *phys.* tension; *fig.* energy, buoyancy; ⚕ tonicity; **≗kräftig** *adj.* vigorous, full of energy; **~muskel** *anat. m* tensor (muscle); **~mutter** *f* locknut; **~patrone** ⊕ *f* collet; **~rahmen** ⊕ *m* tenter(-frame); **~ring** *m* adaptor ring; **~säge** *f* frame-saw; **~schieber** *m Maschinengewehr*: cocking slide; **~schloß** ⊕ *n* turnbuckle; **~seil** *n* guy rope, tether; **~stoß** *m Fußball*: instep-kick.

Spannung *f* **1.** ⊕ *mechanische*: tension; *elastische*: stress; *verformende*: strain; (*Druck, Gas*≗) pressure; ⚠ span, *im Material*: stress; ⚡ voltage, (electric) tension potential; ⚕ (*Gesichts*≗) face-lift; *effektive* ~ root mean square voltage (*abbr.* R.M.S. voltage); *innere* ~ *Generator*: electromotive force (*abbr.* e.m.f.); ⚡ *unter* ~ (*stehend*) live, energized; **2.** *fig.* (*Aufmerksamkeit*) close attention; *nervliche*: tension, tenseness, stress; (*Ungewißheit, erregende* ~) suspense; (*Erwartung*) eager (*od.* anxious) expectation; (*gespanntes Verhältnis, a. pol.*) tension, strained relations *pl.*; (*Gegensatz*) discrepancy; *mit* (*od.* *voll*) ~ *erwarten, usw.*: eagerly, anxiously, with bated breath, intently, all agog; *voll* ~ *Buch usw.*: full of suspense, gripping; *in* ~ *versetzen* thrill, excite; *in* ~ *halten* keep in suspense.

Spannungs...: **~abfall** ⚡ *m* voltage drop; **~ausgleich** ⚡ *m* compensation of voltage; **~feld** ⚡ *n* electric field; **≗führend** ⚡ *adj.* live; **≗geladen** *adj.* → *spannend*; **≗los** ⚡ *adj.* dead; **~messer** *m*, **~prüfer** ⚡ *m* voltmeter; **~regler** ⚡ *m* voltage regulator; **~wandler** ⚡ *m* voltage transformer.

Spann...: **~vorrichtung** ⊕ *f* clamping (*od.* tensioning) device; → *a. Spanner*[1]; **~weite** *f Flügel*: spread, span; ✈ (wing) span; ⚠, ⚠ span; *fig.* range, span; **~werkzeug** ⊕ *n* chucking tool; **~wirbel** ⊕ *m* turnbuckle.

Spanplatte ⊕ *f* chipboard.

Spant *m* ✈ rib; ⚠ vertical frame; *mot.* web.

Spar|anleihe *f* savings bonds *pl.*; **~bank** *m* savings bank; **~beton** ⚠ *m* lean concrete; **~buch** *n* savings bank (deposit) book; **~büchse** *f* money-box; **~einlagen** *f/pl.* savings (bank) deposits.

sparen **I.** *v/t.* (*Geld, Kosten, Kräfte, Mühe, Platz, Zeit*) save; (*Mühe*) *a.* spare; (*Geld zurücklegen*) put by (for a rainy day); *spare dir deine Worte!* save your breath!; ~ *Sie sich solche Bemerkungen* you had better keep such remarks to yourself; *das hättest du dir* ~ *können* that was unnecessary; **II.** *v/i.* (*sich einschränken*) cut down expenses, economize; (*knausern*) stinge, skimp (*mit* on); ~ *mit* be sparing of; *fig. mit Lob usw.*: *a.* be chary of; **III.** ≗ *n* saving; economizing, economy.

Sparer(**in** *f*) *m* saver; (*Einleger*) depositor.

Sparflamme *f* pilot flame (*od.* burner); F *fig. auf* ~ by a back-burner operation.

Spargel ⚘ *m* asparagus; **~kopf** *m*, **~spitze** *f* asparagus tip.

Spar...: **~ganggetriebe** *mot. n* overdrive; **~gelder** *n/pl.* savings (deposits); **~gemisch** *mot. n* lean mixture; **~groschen** *m* → *Sparpfennig*; **~guthaben** *n* savings balance; (*Konto*) savings (bank) account; **~kasse** *f* savings bank; **~kassenbuch** *n* → *Sparbuch*; **~kocher** *m* thrift cooker; **~konto** *n* savings account.

spärlich **I.** *adj.* scant(y) (*a. Kleidung*); (*selten*) scarce; (*dünn gesät, zerstreut*) sparse; (*dürftig, schlecht*) poor; *Kenntnisse usw.*: meag|re, *Am.* -er; ⚕ *Nachfrage*: slack; *Haupthaar*: thin, sparse; **II.** *adv.*: ~ *bekleidet* scantily dressed; ~ *bevölkert* sparsely (*od.* thinly) populated; **≗keit** *f* scantiness; scarcity; sparseness; poorness.

Spar...: **~maßnahme** *f* economy measure; (*Kürzung*) cut; ~*n* economies; **~pfennig** *m* savings *pl.*, nest-egg, money put by for a rainy day; **~prämie** *f* savings premium.

Sparren **I.** *m* rafter, spar; F *fig.* *e-n* ~ (*zuviel*) *haben* have a kink, have a screw loose; **II.** ≗ *v/i.* *Boxen*: spar.

Sparring(**spartner** *m*) *n Boxen*: sparring (partner).

sparsam I. *adj.* saving, thrifty, economical (*mit* of); (*knauserig*) parsimonious; *Lack, Waschmittel usw.*: thrifty; *mit ~en Mitteln Kunst*: with economy; **II.** *adv.*: *~ leben* lead a frugal life, economize; *~ umgehen mit* use sparingly; *fig. mit Lob usw.*: *a.* be chary of; *mit s-n Kräften*: save, go easy on; **≈keit** *f* economy, thrift(iness); *übertriebene*: parsimony; (*Einfachheit*) frugality, *strengste*: austerity.

Spar...: ~schwein(chen) *n* piggy bank; **~sinn** *m* thrift.

spartanisch *adj.* Spartan; *fig. a.* austere, rugged; *adv. ~ leben* lead a Spartan (*od.* austere) life.

Sparte *f* branch, field, line; (*Gegenstand*) subject.

Spar...: ~trieb *m* saving instinct; **~- und Darlehenskasse** *f* savings and loan bank; **~verein** *m* savings club; **~verkehr** *m* savings system; savings activity; **~vertrag** *m* savings agreement.

spasmisch ⚕ *adj.*, **spasmodisch** *adj.* spasmodic(ally *adv.*).

Spaß *m* (*Scherz*) joke, jest; (*Vergnügen, Gaudi*) fun; (*Ulk*) lark, horseplay; (*Belustigung, Kurzweil*) amusement, diversion, pastime, sport; *Späße a.* (*Streiche*) pranks, antics; *handgreiflicher ~* practical joke; *rauher ~* rough horseplay; *schlechter ~* bad joke; *~ machen Person*: → *spaßen*; *Sache*: be (great) fun; *er hat nur ~ gemacht* he was only joking; *es macht ihm (großen) ~, er hat seinen ~ daran* it amuses him (hugely), he likes it (a lot), F he gets a (big) kick out of it; *es macht keinen ~* it's no fun (*zu inf.* to *inf.*), it's a dreary business; *s-n ~ treiben mit j-m* make fun (*od.* sport) of, play tricks on; *sich e-n ~ daraus machen, zu inf.* amuse o.s. by *ger.*; *er versteht keinen ~* he cannot see (*od.* take) a joke; *weitS.* he is not to be trifled with; *~ beiseite!* joking apart!, F no kidding!; *viel ~!* have a good time!; *aus od. im od. zum ~* for (*od.* in) fun, in jest; *nur zum ~* just for the fun of it; F *was kostet der ~?* what does it cost?; **≈en** *v/i.* joke, jest, make fun; *damit ist nicht zu ~* that is no joking matter, it's no joke; *er läßt nicht mit sich ~* he is not to be trifled with; **≈haft, ≈ig** *adj. allg.* funny; **~macher(in** *f*) *m* **1.** *a.* **~vogel** *m* jester, wag, *a. iro.* joker; **2.** → *Hanswurst, Hofnarr*; **~verderber(in** *f*) *m* spoilsport, kill-joy, F wet blanket.

spastisch ⚕ *adj.* spastic.

Spat *m* **1.** *min.* spar; **2.** *vet.* spavin.

spät I. *adj.* late; (*verspätet, ~ eintretend*) belated, tardy; (*vorgerückt*) advanced; (*e-r fernen Zeit angehörend*) remote; *~e Badegäste* belated bathers; F *~es Mädchen* old maid; *am ~en Nachmittag* late in the afternoon; *bis in die ~en Nachtstunden* till late at night; *im ~en Sommer* in the late summer; *es ist (wird) ~* it is (getting) late; → *später* I; **II.** *adv.* late; (*zu ~er Stunde, a. fig.*) at a late hour; *zu ~* too late; *zu ~ kommen* be late (*zu* for); *er kam 5 Minuten zu ~* he was five minutes late; *~ in der Nacht* late at night; *von früh bis ~* from morning till night; *wie ~ ist es?* what time is it?, what is the time?; *~ aufstehen* get up late; (*gewöhnlich*) be a late riser; *~ dran sein* be late; *besser ~ als nie* better late than never; → *später* II, *spätestens*.

Spateisenstein *m* siderite.

Spatel *m* spatula.

Spaten *m* spade; **~stich** *m* cut with a spade; *den ersten ~ tun* dig the first spade; *fig.* break the ground.

Spätentwickler *m* (*Person*) late starter.

später I. *adj.* later (*als* than), posterior (to); (*nachfolgend*) subsequent; *~e Geschlechter* later (*od.* future) generations; **II.** *adv.* later; (*a.* **~hin**) later on; at a later date; (*anschließend*) subsequently, after(wards); *früher oder ~* sooner or later; *~ als* later than; *bis ~!* see you later!

spätestens *adv.* at the latest (*nachgestellt*); not later than.

Spät...: ~frucht *f* late fruit; **~geburt** *f* retarded birth; **~gotik** ⚠ *f* late Gothic (style); *in England*: perpendicular style; **~heimkehrer** *m* late-returning prisoner of war; **~herbst** *m* late autumn (*bsd. Am.* fall); **~jahr** *n* autumn, *bsd. Am.* fall; **~kapitalismus** *m* Late Capitalism; **~latein** *n* Late Latin; **~lese** *f* wine made from late-gathered grapes; **~ling** *m* **1.** later child; **2.** (*Obst*) late fruit; **~nachmittag** *m*: (*am ~* in the) late afternoon; **~obst** *n* late fruit; **≈reif** *adj.* late, tardy; **~reife** *f e-r Person*: late development; **~sommer** *m* late (*od.* Indian) summer.

Spatz *m* sparrow; *fig.* F (*Kosewort*)

poppet, sweetie; *das pfeifen die ~en von den Dächern* it is all over the town, it is everybody's secret; *ein ~ in der Hand ist besser als eine Taube auf dem Dach* a bird in hand is worth two in the bush; *mit Kanonen nach ~en schießen* break a butterfly on the wheel; **~enhirn** F *n* chicken-brain.

Spät...: **~zeit** *f* late period, end, close; **~zünder** F *m* **1.** (*Begriffsstutziger*) person who is slow in the uptake; **2.** → *Spätentwickler*; **~zündung** *mot. f* retarded ignition.

spazieren *v/i.* walk (about), stroll; (*schlendern*) amble, saunter; **~fahren I.** *v/i.* go for a drive (F spin), cruise about; **II.** *v/t.* drive *a p.* out; **~führen** *v/t.* take *a p.* out for a walk; *den Hund ~ a.* walk the dog; **~gehen** *v/i.* take (*od.* go for) a walk, (take a) stroll, promenade.

Spazier...: **~fahrt** *f* drive, ride, F spin; *zu Wasser*: sail, row; **~gang** *m* walk, stroll, promenade; (*Gesundheits*≈) constitutional; F *fig.* (*leichter Sieg*) F walkover, *weit S. sl.* waltz; **~gänger(in** *f*) *m* stroller; **~ritt** *m* ride(-out); **~stock** *m* walking-stick, cane; **~weg** *m* walk, promenade.

Specht *m* woodpecker.

Speck *m* (*Schweine*≈) bacon; (*Wal*≈) blubber; *weitS.* fat; *~ ansetzen* grow fat, put on weight; *mit ~ fängt man Mäuse* good bait catches fine fish; F *ran an den ~!* let's go!; → *Made*; **≈ig** *adj.* (*fett*) fatty; (*schmierig*) greasy; **~scheibe** *f*, **~schnitte** *f* rasher (of bacon); **~schwarte** *f* bacon-rind, sward; **~seite** *f* flitch of bacon; *fig. mit der Wurst nach der ~ werfen* throw a sprat to catch a herring; **~stein** *geol. m* soapstone, steatite.

spedieren ⚚ *v/t.* forward, dispatch, send (off), *bsd.* ⚓ *u. Am.* ship; F *fig.* bundle (off).

Spediteur *m* forwarding (⚓ shipping) agent, carrier, *Am. a.* haulage contractor; (*Möbel*≈) (furniture) remover.

Spedition *f* **1.** forwarding; ⚓ *u. Am.* shipping, carrying, haulage; **2.** (*Firma*) forwarding (*od.* shipping) agency, carriers *pl.*; **~sgebühren** *f/pl.* forwarding (*Am.* shipping) charges; **~sgeschäft** *n* → *Spedition* 2.

Speer *m* spear; (*Lanze*) lance; (*Wurf*≈) *a. Sport*: javelin; **~werfen** *n*, **~wurf** *m* javelin-throw(ing); **~werfer(in** *f*) *m* javelin-thrower.

Speiche *f* spoke; *anat.* radius; *fig. dem Schicksal in die ~n greifen* (try to) put a spoke in the wheels of fate.

Speichel *m* spittle, saliva; (*Geifer*) slaver; **~bildung** *f* salivation; **~drüse** *f* salivary gland; **~fluß** ⚕ *m*: (*übermäßiger ~* hyper)salivation; **≈fördernd** *adj.* promoting the flow of saliva; **~lecker(in** *f*) *m fig.* toady, lickspittle, sycophant; **~leckerei** *f* toadyism; **≈n** *v/i.* salivate.

Speichenrad *n* spoke-wheel.

Speicher *m* (*Korn*≈) granary, (corn-)loft, silo, *bsd. Am.* (grain) elevator; (*Lagerhaus*) warehouse, store-room; (*Wasser*≈) reservoir; (*Dachboden*) loft, garret, attic; *Computer*: store; **~batterie** ⚡ *f* storage battery; **~becken** *n* storage basin; **~kamera** *f* storage camera; **~kraftwerk** *n* storage power station; **≈n** *v/t.* store (up); ⚚ *a.* warehouse, stockpile; (*ansammeln*) accumulate; (*horten*) hoard (up); ⚡, *Computer*: store; **~röhre** *f Computer*: storage tube; **~ung** *f* storing (up), storage, accumulation; ⚡, *Computer*: storage.

speien I. *v/t.* spit; (*Auswurf*) *a.* expectorate, bring up; *Feuer ~* belch fire; **II.** *v/i.* (*sich erbrechen*) vomit, throw up, puke, be sick; F *fig. zum ~* F (bloody) awful.

Speigatt ⚓ *n* scupper.

Speis △ *m* mortar.

Speise *f* **1.** food; (*Kost*) *a.* fare; (*Gericht*) dish; → *Süßspeise*; *~ und Trank* meat and drink; **2.** △ (*Mörtel*) mortar; ⚒ speiss; (*Glocken*≈) (bell) metal; **~aufzug** *m* dinner-lift, *Am.* dumb-waiter; **~brei** *physiol. m* chyme; **~eis** *n* ice-cream; **~fett** *n* edible (*od.* cooking) fat; **~haus** *n* eating house; **~kammer** *f* larder, pantry; **~karte** *f* menu, bill of fare; **~kessel** ⊕ *m* feed boiler; **~leitung** *f* feeder (line); ⚡ *a.* power line; (*Rohr*) feed pipe.

speisen I. *v/i.* eat, have a meal; *auswärts ~* dine out; *zu Mittag ~* (have) lunch; *zu Abend ~* have supper *od.* (late) dinner, dine, sup; (*ich*) *wünsche wohl zu ~* I hope you will enjoy your dinner (*im Englischen ungewöhnlich!*); **II.** *v/t.* (*beköstigen*) feed, board; (*ernähren*) keep; (*bewirten*) entertain; ⊕, ⚡ feed, supply; **≈folge** *f* menu.

Speise...: **~öl** *n* edible (*od.* salad) oil; **~pumpe** ⊕ *f* feed pump;

~reste *m/pl.* leftovers, remnants; *im Zahn usw.*: food particles; **~rohr** ⊕ *n* feed pipe; **~röhre** *anat. f* gullet, (o)esophagus; **~röhren...** (o)esophageal; **~saal** *m* dining-room (*od.* hall, ⚓ saloon); **~saft** *physiol. m* chyle; **~schrank** *m* (meat-)safe; **~strom** ⚡ *m* feed current; **~tisch** *m* dining-table; **~ventil** *n* feed valve; **~wagen** 🚃 *m* dining-car, *bsd. Am.* diner; **~wärmer** *m* meat-warmer; **~wasser** ⊕ *n* feed water; **~zettel** *m* → *Speisekarte*; **~zimmer** *n* dining-room.

Speisung *f* feeding (*a. bibl. der Fünftausend* of the five thousand); boarding, maintenance; ⚡ supply, feed.

Spektakel **1.** *obs. n* (*Schauspiel*) spectacle; **2.** F *m* (*Lärm*) noise, racket; (*wilder Auftritt*) uproar, row; **⁀n** *v/i.* kick up a row; *fig. a.* make a fuss.

Spektral|analyse *f* spectrum analysis; **~farbe** *f* spectral colo(u)r; **~linie** *f* spectral line.

Spektro|gramm *n* spectrogram; **~graph** *m* spectrograph; **~metrie** *f* spectrometry; **~skop** *n* spectroscope.

Spektrum *n* spectrum (*a. fig.*).

Spekulant(in *f*) *m* speculator; *Börse*: *a.* operator.

Spekulation *f phls.*, ✝ speculation (*a. fig. Vermutung*); ✝ *a.* venture, gamble.

Spekulations...: **~geld(er** *pl.*) *n* speculative money (*sg.*); **~geschäft** *n* speculative operation; *riskantes*: gamble; ~ *auf Baisse* (*Hausse*) bear (bull) operation; **~gewinn** *m* speculative profit; **~käufe** *m/pl.* speculative buying *sg.*; **~lust** *f Börse*: speculative spirit; **~papiere** *n/pl.* speculative securities (*od.* stocks).

spekulativ *adj.* speculative.

spekulieren *v/i.* speculate (*über* on); ✝ speculate, gamble (*in* in); ~ *auf* a) ✝ speculate on, operate for; → *Baisse, Hausse*; b) F (*haben wollen*) have one's eye on, (*warten auf*) wait for.

Speläologie *f* speleology.

Spelt ⚘ *m* spelt.

Spelunke *f* F dive.

Spelz ⚘ *m* spelt; **~e** ⚘ *f* beard, awn.

spendabel F *adj.* open-handed, generous, liberal.

Spende *f* gift; (*Beitrag*) contribution; (*Wohltätigkeits*⁀) charity, donation (*a. Stiftung*), *a. an ein Museum usw., von Kunstgegenständen usw.*: benefaction; (*Almosen*) alms *pl. u. sg.*; **⁀n** *v/t. u. v/i.* give (*reichlich* freely *od.* generously); (*bsd. Blut*) donate; (*ausgeben, verteilen*) distribute, dispense (*a. Automat*), deal out; *eccl.* (*Sakramente*) administer; (*Lob*) bestow (*dat.* on); ~ *zu od. für* contribute to; → *Beifall*.

Spender *m* **1.** **~in** *f* giver; contributor; (*Stifter, Blut*⁀ *usw.*) donor; (*Verteiler*) distributor, dispenser; (*Wohltäter*) benefactor (*f* benefactress); **2.** (*Automat*) dispenser.

spendier|en F *v/t.* give (freely *od.* lavishly); *j-m et.* ~ treat a p. to a th., stand a p. a th.; **⁀hosen** F *f/pl.*: *die* ~ *anhaben* be in a generous mood.

Spendung *f* → *Spende*; *Sakrament*: administration.

Spengler *m* → *Klempner*.

Sperber *m* sparrow-hawk.

Sperenzchen F *pl.*: ~ *machen* make trouble, (*od. Umstände*: a fuss); (*sich sträuben*) F kick.

Sperling *m* sparrow.

Sperm|a *biol. n* sperm; **~atozoon** *n*, **~ie** *f* spermatozoon.

sperrangelweit *adv.*: ~ *offen* wide open, gaping.

Sperr|ballon ⚔ *m* barrage balloon; **~baum** *m* bar(rier); (*Schlagbaum*) turnpike; *e-s Hafens*: boom; **~depot** ✝ *n* blocked deposits *pl.*; **~druck** *typ. m* spaced type.

Sperre *f* **1.** (*Schranke*) barrier; 🚃 barrier, *Am.* gate; (*Schlagbaum*) toll-bar, toll-gate; ⊕ lock(ing device), stop, detent; (*Hindernis*) obstacle; ⚔ *Artillerie, Ballon*: barrage; ✈ fighter patrol; (*Straßen*⁀) barricade, road block; *im Hafen*: boom; **2.** (*Maßnahme*) ✝, ⚓ embargo; (*Blockade*) blockade; ⚕ (*Gesundheits*⁀) quarantine; (*Strom*⁀) power interruption; (*Verbot*) prohibition (*gen.* of), ban (on); *Sport*: (*Spielverbot, Startverbot*) suspension; *Rugby*: ~ *laufen* run interference (*für* for); *e-e* ~ *verhängen über* impose a ban *etc.* on, ban; → *Nachrichtensperre*; **3.** (*Vorgang*) → *Sperrung*.

sperren **I.** *v/t.* (*ver*~) bar; (*Straße usw.*) block, obstruct, barricade, *amtlich*: close (*für den Verkehr* to the public *od.* to traffic), *durch Absperrmannschaften*: cordon off; ⚔, ⚓ (*Hafen*) lock, (*blockieren*) blockade; (*Warenverkehr*) embargo; (*Gas, Telefon, Licht*) cut off (*j-m das Gas* a p.'s gas); (*Konto, Löhne, Zahlungen*) stop, freeze; (*Konto*) *a.* block; *Sport*: block, *unfair*: obstruct; *durch Spiel- od. Startverbot*: suspend, disqualify; (*schließen*) shut, close (*a. Grenze usw.*); *mit Schloß*: lock; (*verriegeln*) bolt; ⊕ lock, stop, arrest; *typ.* (*Wort*) space (out); *fig.* (*verbieten*) prohibit, stop, ban; *ins Gefängnis* ~ put in prison, lock up; *aus dem Haus* ~ lock out; *Straße gesperrt!* road closed!; † *e-n Scheck* ~ stop (payment on) a cheque (*Am.* check); *gesperrt gedruckt* set in spaced type, spaced out; **II.** *v/i.* (*klemmen*) jam, be stuck; not to shut; **III.** *fig. v/refl.*: *sich* ~ balk (*gegen et.* at a th.), oppose *od.* resist (a th.), struggle (against a th.).

Sperr...: **~feder** ⊕ *f* locking spring; **~feuer** ⚔ *n* barrage, curtain-fire; ~ *legen* lay down a barrage; **~flug** ✈ *m* interception flight; **~fort** ⚔ *n* outer fort; **~frist** *f* blocking period; **~gebiet** *n* prohibited area, barred zone; neutral zone; blockaded zone; **~getriebe** ⊕ *n* trip gear; **~gürtel** *m* fortified lines *pl.*; → *a. Sperrfeuer*; **~gut** *n*, **~güter** *n/pl.* bulky goods *pl.*; **~guthaben** *n* blocked account; **~hahn** ⊕ *m* stopcock; **~haken** *m* latch, pawl; (*Dietrich*) skeleton-key; **~holz** *n* plywood; **²ig** *adj.* bulky, unwieldy, cumbersome; ~*e Güter* → *Sperrgut*; **~klinke** *f* (stop) pawl, ratchet; **~konto** *n* blocked account; **~kreis** *m Radio*: rejector circuit, wave trap; **~mark** *f* blocked mark; **~minorität** *f* obstructive minority; **~(r)ad** *n* ratchet wheel; **~(r)aste** ⊕ *f* stop notch; **~(r)iegel** *m* safety-bolt; ⚔ barrage; **~schicht** *f* (retaining) film, ⚡ barrier layer; **~sitz** *thea. m* stall, *Am.* orchestra (seat); **~stange** *f* locking bar; **~stellung** *f* ⊕ locking (⚔ barrier) position; **²synchronisiert** *mot. adj.* lock-synchronized; **~taste** *f* locking button.

Sperrung *f* **1.** barring, stoppage, obstruction; blocking (*a. Verkehr, Konto, Radar*); *e-r Straße, amtlich*: closing; ⊕ locking; *Auftrag zur* ~ *von Zahlungen*: stop (payment) order; **2.** → *Sperre* 2.

Sperr...: **~ventil** *n* check valve; **~vermerk** † *m* non-negotiability notice, note of blocking; **~vorrichtung** ⊕ *f* locking device, catch, stop; **~zoll** *m* prohibitive duty; **~zone** *f* → *Sperrgebiet*.

Spesen † *pl.* charges, (petty) expenses; (*Kosten*) costs; (*Auslagen*) outlays; → *a. Gebühr*; **²frei** *adj.* free of charge(s); **~konto** *n* expense account; **~rechnung** *f* bill of expenses (incurred), expense account; **~reiterei** F *f* expense-account fiddling.

Spezerei *f* spice; **~waren** *f/pl.* groceries.

Spezi *dial. m* bosom-friend, crony, *Am.* F buddy.

spezial *adj.* special.

Spezial...: **~arzt** *m* specialist; **~ausbildung** *f* specialized training; **~ausführung** *f* special design; **~erfahrung** *f* specialized experience; **~fach** *n* speciality, *bsd. Am.* specialty; special subject (*od.* line); *als* ~ *betreiben* specialize in; **~fahrzeug** *n* special-purpose vehicle; **~fall** *m* special case; **~gebiet** *n* → *Spezialfach*; **~geschäft** † *n* → *Fachgeschäft*; **~gütermesse** *f* specialized trade fair.

spezialisier|en *v/t.* specialize; *sich auf et.* ~ specialize in (*od.* on) a th.; **²ung** *f* specialization.

Spezialist *m*, **~in** *f* specialist; ~ *sein in* specialize in; **~entum** *n* specialism.

Spezialität *f allg. u.* † speciality, special line, *bsd. Am.* specialty; (*Tages*², *im Gasthaus*) special.

Spezial...: **~kräfte** *f/pl.* specialists; **~sprunglauf** *m* ski-jumping proper; **~stahl** *m* special steel.

speziell **I.** *adj.* specific, special, particular; **II.** *adv.* specifically, *etc.*; ~ *anführen* → *spezifizieren*; ~ *angefertigt* made-to-order, *bsd. Am.* custom-made.

Spezies *f* species.

Spezifikation *f* specification.

spezifisch *adj.* specific(ally *adv.*) (*a.* ⚕); ~*es Gewicht* specific gravity, *mit Wertangabe*: specific weight.

spezifizier|en *v/t.* specify, particularize, itemize; **²ung** *f* specification.

Sphär|e *f* sphere (*a. fig. u. poet.*); **~enmusik** *f* music of the spheres; **²isch** *adj. allg.* spheric(al); **~oid** *n*, **²oid** *adj.* spheroid.

Sphinx *f* sphinx (*a. fig.*).

Spick|aal *m* smoked eel; **²en** **I.** *v/t. Kochkunst*: lard; (*räuchern*) smoke; *fig.* (*Rede usw.*) interlard (*mit* with); (*Geldbeutel*) fill; F (*j-n bestechen*) F grease; *gut gespickte Börse* well-lined purse; *mit Pfeilen, Fehlern usw. gespickt* bristling with; **II.** F *v/i.* (*abschreiben*) crib; **~gans** *f* smoked goose(breast); **~nadel** *f* larding-pin; **~zettel** *m sl.* crib note.

Spiegel *m* mirror (*a. fig.*), (*bsd. Wand*²) (looking-)glass; (*Pfeiler-*

≈) pier-glass; *phys.*, ⚕ speculum; *opt.*, ⊕ reflector; *mot.* (*Rück*≈) mirror; *fig. e-r Flüssigkeit, a. physiol.* (*Blutzucker*≈ *usw.*): level; (*Wasser*≈) surface; (*Meeres*≈) level; *hunt.* escutcheon, (*Hinterteil*) rump; (*Rockaufschlag*) lapel; *Scheibenschießen*: bull's-eye; ⚠ (*Gewölbe*≈) cavetto; (*Türfüllung, Dekkenfeld*) panel; ⚓ (*Heck*) lower stern; →*Kragenspiegel, Satzspiegel*; *fig. im* ~ *gen.* in the mirror of, as reflected in; *j-m e-n* ~ *vorhalten* hold up a mirror to a p.; F *sich et. hinter den* ~ *stecken* make a note of, bear in mind; **~belag** *m* mirror foil; **~bild** *n* mirror image; *fig.* reflection; (*Fata Morgana*) mirage; **≈blank** *adj.* mirror-like, highly polished; *weitS.* (*sauber*) spick and span; **~ei** *n* fried egg; **~fechterei** *fig. f* (*Blendwerk*) dissimulation, jugglery; (*Vortäuschung*) humbug, *sl.* eyewash; **~fernrohr** *n* reflector telescope; **~frequenz** *f* image frequency; **~glas** *n* plate-glass; **≈glatt** *adj.* mirror-like; **≈gleich, ≈ig** ⚗ *adj.* symmetrical; **~gleichheit** ⚗ *f* mirror symmetry; **~mikroskop** *n* reflecting microscope.

spiegeln I. *v/i.* shine, dazzle, glitter; **II.** *v/t.* mirror, reflect (*a. fig.*); *sich* ~ be reflected (*od.* mirrored), reflect; (*sich besehen*) look at o.s. in a glass, mirror o.s.

Spiegel...: ~pfeiler ⚠ *m* pier; **~reflexkamera** *f* reflex camera; **~saal** *m* hall of mirrors; **~schrank** *m* wardrobe with a mirror; **~schrift** *f* mirror-writing; *typ.* reflected face; **~teleskop** *n* reflector telescope; **~tisch** *m* pier-table, dressing-table; **~ung** *f* reflection; (*Luft*≈) mirage; **~zimmer** *n* mirror room.

Spiel *n* **1.** (*unterhaltende Beschäftigung*) play; (*Gesellschafts*≈, *Ball*≈ *usw.*) game (*a. Gerät*); (*Glücks*≈) gamble, game of chance; (*Wett*≈) game, play, match; (*Einzel*≈, *Partie*) game; (*Schau*≈) play; (~*weise*) *thea.*, ♪, *Sport*: play; *thea. a.* acting, performance; ♪ *a.* (*Anschlag*) touch, (*Technik*) execution; ♪ *e-s Instrumentes*: play; (*Farben*≈ *usw.*) play *of colo[u]rs, etc.*; *fig.* (*geheimer Plan, gefährliches Treiben*) game; *ein* ~ *Karten* a pack (*Am.* deck) of cards; ~ *der Muskeln* (*des Lichts*) play of muscles (of light); ~ *der Natur* (*des Zufalls*) freak *od.* trick of nature (chance); ~ *der Phantasie* play of fancy; ~ *mit Worten* play of words; *gefährliches* ~ *Fußball*: dangerous play; *fig.* (*a. gewagtes* ~) gamble; *freies* ~ *der Kräfte* free interplay of forces; *auf dem* ~ *stehen* be at stake; *aufs* ~ *setzen* risk, stake; *j-n od. et. aus dem* ~ *lassen* leave a p. *od.* th. out of it; *das* ~ *machen* have the game in one's hands; *ein doppeltes* (*od. falsches*) ~ *treiben* play a double game, *mit j-m*: *a.* practise upon a p., F be double-crossing a p.; *sein* ~ *mit j-m treiben* make game of a p.; *j-m od. e-r Sache freies* ~ *lassen* give full play to, *j-m*: *a.* give a p. a free hand; *gewonnenes* ~ *haben* have the game in one's hand, have won, *weitS.* have broken the back of it; *im* ~ *sein Ball*: be in play; *fig.* be involved (*bei* in); *fig. ins* ~ *kommen* (*bringen*) bring (come) into play; *die Hand im* ~ *haben* have a finger in the pie; *leichtes* ~ *haben* win hands down, *fig.* have little trouble; *fig. j-m das* ~ *verderben* spike a p.'s guns; *das* ~ *verloren geben* give (*od.* throw) up the game; *fig. a.* throw up the sponge; *das* ~ *ist aus!* the game is up!; *ich durchschaue dein* ~*!* I see through your little game; *das ist für mich ein* ~*!* that's child's play (to me)!, *Am. a.* that's a cinch (for me); *du bist am* ~ it's your play!; *genug des grausamen* ~*s!* enough of that!; *wie steht das* ~*?* what is the score?; → *abkarten, klingend, Miene, olympisch usw.*; **2.** ⊕ play; *erwünschtes*: clearance; *zulässiges*: allowance; (~*raum*) free space; (*Flanken*≈ *von Getrieberädern*) backlash; *e-s Lagers*: slackness; *von Paßteilen*: amount of looseness; *e-r Nadel*: throw; (*Arbeitszyklus*) cycle; **~anzug** *m* rompers *pl.*, playsuit; **~art** *f biol. u. fig.* variety; **~automat** *m* slot machine, F one-armed bandit; **~ball** *m* ball; *Tennis*: game ball; *fig.* plaything, sport; *ein* ~ *der Wellen sein* be at the mercy of the waves; **~bank** *f* (gambling) casino; **≈berechtigt** *adj. Sport*: eligible; **~brett** *n* (playing-)board; **~dauer** *f* time of play; *Film*: run; **~dose** *f* musical (*Am. a.* music) box; **~einsatz** *m* stake.

spielen *v/i. u. v/t.* **1.** *allg.* play (*a. weitS. Muskeln, Lächeln, Licht usw.*); *Muskeln*: *a.* ripple; *Wasser, Wellen*: *a.* ripple, lap; **2.** *Glücksspieler*: gamble; *Karten usw.* ~ play (at) cards, *etc.*; *hoch* (*niedrig*) ~ play for high (low) stakes; *falsch* ~ cheat (at cards, *etc.*); **3.**

A spielte gegen B Sport: A played B; *(den Ball)* ~ *zu* pass (the ball) to; **4.** *thea.* play, act, perform; *(e-e Rolle) a.* take the part of, impersonate, F do; → *a. Rolle*[2]; *in der Hauptrolle* ~ *Film:* feature, star; *mit j-m* ~ be partnered with; *das Stück spielt in* the scene is laid in; *gespielt werden Programm:* be on; *fig. die Sache spielt schon lange* that has been going on for a long time; F *was wird hier gespielt?* what's going on (*od.* behind all this)?, what's your game?; **5.** ♪ *ein Instrument* ~ *(können)* play an instrument; *auf e-m Instrument* ~ play on an instrument; *falsch* ~ *(nicht gestimmt sein)* play out of tune; *(e-n Fehler machen)* play a wrong note, F make a boner; **6.** *(vortäuschen)* feign, pretend, simulate; *den Höflichen* ~ do the polite; *mit gespielter Gleichgültigkeit* with studied (*od.* feigned) unconcern; **7.** *Farben:* glitter, sparkle; *ins Blaue* ~ have a bluish tint, incline to blue; **8.** ~ *mit (fingern mit)* toy with, finger; *fig. mit j-m* ~ play (*od.* dally) with; *mit j-s Gefühlen* ~ *a.* trifle with; *mit dem Gedanken* ~, *zu inf.* flirt (*od.* toy, trifle) with the idea of *ger.*; *mit dem Feuer* ~ play with fire; *mit Worten* ~ play with words; **9.** *fig.* ~ *lassen* bring into play; *s-e Beziehungen* ~ *lassen* pull one's strings; *s-n Witz* ~ *lassen* display one's wit, be sparkling; *er läßt nicht mit sich* ~ he is not to be trifled with; **10.** *j-m et. in die Hände* ~ slip (*fig.* play) a th. into a p.'s hands; → *Geige, Theater, Vorsehung, Wand usw.*; **~d** *fig. adv.*: (~ *leicht*) (quite) easily, effortlessly, F just like that; ~ *gewinnen* win hands down; *es ist* ~ *leicht* it's mere child's play, *Am. a.* it's a cinch.

Spieler *m*, **~in** *f allg.* player; *(Glücks*≈*)* gambler; **~ei** *f* play(-ing), sport, pastime; *fig. (Kinderei)* triviality; *(Spaß)* (harmless) fun; *(Leichtigkeit)* child's play; *(Kinkerlitzchen)* gewgaw(s *pl.*); *(unnötige Apparatur)* F gadget(s *pl.*).

Spiel...: **~ergebnis** *n Sport:* score; **≗erisch** *adj.* **1.** *Sport:* playing, as a player; **2.** *(verspielt)* playful; **≗fähig** *adj.* fit (to play); **~feld** *n Sport:* field, pitch; *Tennis:* court; **~film** *m* feature (film); **~fläche** *f thea.* stage floor; *Sport:* pitch, ground, *(Rasen)* lawn; **~folge** *f* program(me); **~freiheit** ⊕ *f* absence of play; **~führer** *m* (team) captain; **~gefährt|e** *m*, **~in** *f* playmate; **~geld** *n* **1.** *(Einsatz)* stake, pool; **2.** → *Spielmarke*; **~geschehen** *n* course (*od.* trend) of the game; **~hahn** *orn. m* heath cock; **~hälfte** *f Sport:* half; **~hölle** *f* gambling house (*od.* den); **~höschen** *n* playsuit; **~kamerad(in** *f) m* playmate; **~karte** *f* playing-card; **~kasino** *n* (gambling) casino; **~kind** *n* small child (under school age), toddler; **~klasse** *f Sport:* division; **~klub** *m* card-club; **~leidenschaft** *f* gambling fever; **~leiter** *m* **1.** → *Regisseur*; **2.** *Sport:* → *Schiedsrichter*; **~leitung** *f* direction, production; **~macher** *m Sport:* mastermind, strategist; **~mann** *m* musician, street-player; *im Mittelalter:* minstrel; ⚔ bandsman; *pl. (Spielleute)* ⚔ bandsmen, drums and fifes; **~mannsdichtung** *f* minstrelsy; **~mannszug** *m* band; **~marke** *f* counter, chip; **~material** *n Spionage: sl.* chickenfeed; **~oper** *f* comic opera; **~plan** *m thea. usw.* program(me); *(Repertoire)* repertory; **~platz** *m* playground; *Sport:* → *Spielfeld*; **~raum** *m* room (to move [about]); *fig.* (free) play, room, *a. in der Auslegung:* latitude; *(Spanne)* margin; *(Bewegungsfreiheit)* elbow-room; *(Frist, Spanne)* margin; ⊕ play, clearance; *freien* ~ *haben* have full scope, have elbow-room; **~regel** *f* rule (of the game); *fig.* ~*n* rules; *a. fig. sich an die* ~*n halten* play the game; **~sachen** *f/pl.* toys, playthings; **~schuld** *f* gambling-debt; **~schule** *f* infant school; **~sitz** ⊕ *m* clearance fit; **~stunde** *f* playtime; **~sucht** *f*, **~teufel** *m* gambling bug (*od.* fever); **~tisch** *m* card-table, gambling-table; **~trieb** *m* playfulness; **~uhr** *f* musical clock; **~verbot** *n Sport:* suspension; **~verderber(in** *f) m* spoilsport, killjoy, F wet blanket; **~vereinigung** *f* ball club; **~verlängerung** *f* extra time; **~verlauf** *m* → *Spielgeschehen*; **~waren** *f/pl.* toys, playthings; **~warenhändler(in** *f) m* toy dealer, F toyman; **~warenhandlung** *f* toy-shop; **~werk** ⊕ *n* action; *e-r Uhr:* chime; **~wiese** *f* playing field; F *fig.* playground, stomping ground; **~zeit** *f* playtime; *thea., Sport:* season, *e-s Kampfes usw.:* time of play; *Film: (Laufzeit)* run; **~zeug** *n* toy(s *pl.*), plaything(s *pl.*) *(beide a.*

fig.); **~zeugeisenbahn** *f* model railway, toy train; **~zeugschachtel** *f* playbox; **~zimmer** *n* card-room, gambling room; *für Kinder*: play-room, (day-)nursery.

Spiere ⚓ *f* spar, boom.

Spieß *m* spear, pike; (*Wurfspeer*) javelin; (*Brat*≈) spit; (*Lanze*) lance; *typ*. work-up; *hunt*. spike; ⚔ *sl*. (*Hauptfeldwebel*) *Brit*. RSM (= regimental sergeant major), *Am*. top sergeant, *sl*. topkick; *fig*. den ~ umkehren (*od*. umdrehen) turn the tables (gegen on); schreien wie am ~ scream piercingly (*od*. pitifully); → braten I.

Spießbürger *m* Philistine, sobersides (*sg*.), F square; **≈lich** *adj*. Philistine, F square; **~tum** *n* philistinism, narrow-mindedness.

spießen *v/t*. *allg*. spear; → aufspießen.

Spießer *m* **1.** → Spießbürger; **2.** *hunt*. (*Hirsch*) brocket; (*Rehbock*) pricket.

Spieß...: **~gesell(e)** *m* companion; (*Komplize*) accomplice; **≈ig** F *adj*. Philistine, F square, *sl*. uptight; **~ruten** *f/pl*.: ~ laufen run the gauntlet (*a*. *fig*.).

Spill ⚓ *n* capstan; *mit horizontaler Achse*: (*a*. *Ankerwinde*) windlass.

spinal *anat*. *adj*. spinal; ~e Kinderlähmung infantile spinal paralysis, polio(myelitis).

Spinat *m* spinach.

Spind *m*, *n* press, wardrobe, cupboard; ⚔, *Sport*: locker.

Spindel *f* spindle (*a*. *biol*., ⚘); (*Spinnrocken*) distaff (*a*. *fig*.); *Spinnerei*: spindle; ⊕ (*Welle*) spindle; *Presse*: screw; (*Wellenbaum*) arbor; (*Dorn*) mandril; (*Leit*≈) lead screw; (*Treppen*≈) newel; *Uhr*: verge; (*Spule*) bobbin; ⚗ (*Hydrometer*) hydrometer, spindle; **~beine** *n/pl*. spindle-legs; **≈beinig** *adj*. spindle-legged; **~drehbank** *f* chuck lathe; **≈dürr** *adj*. lean as a rake, spindly; **≈förmig** *adj*. spindle-shaped, fusiform; **~kasten** ⊕ *m* headstock; **~presse** ⊕ *f* screw press; **~treppe** *f* → Wendeltreppe.

Spinett *n* spinet.

Spinne *f* spider; **≈feind** *adj*.: j-m ~ sein hate a p. like poison.

spinnen **I.** *v/t*. spin (*a*. *fig*. *Geschichte*, *Netz usw*.); *fig*. (*Verrat*, *Ränke*) hatch; **II.** *v/i*. (*kreiseln*) spin (round); *Katze*: purr; F (*faseln*) rave; (*verrückt sein*) be mad (*od*. *sl*. crackers, nuts, potty); du spinnst wohl? you must be mad!, *sl*. are you nuts?; **≈gewebe** *n*, **≈netz** *n* cobweb, spider web (*a*. *fig*.).

Spinner *m* **1.** **~in** *f* spinner; **2.** F (*Narr*) crank, *sl*. nut, *Am*. *sl*. screwball; **3.** (*Insekt*) bombyx; **~ei** *f* **1.** spinning; (*Fabrik*) spinning-mill; **2.** F *fig*. crazy idea; *modische*: fad, craze.

Spinn...: **~faden** *m* spider thread; **~faser** ⊕ *f* spinning fib|re, *Am*. -er; **~gewebe** *n* cobweb; **~maschine** *f* spinning-frame *od*. machine; **~rad** *n* spinning-wheel; **~rocken** *m* distaff; **~stoff** *m* spinning material; textile fib|re, *Am*. -er; **~stoffwaren** *f/pl*. textile fabrics, textiles; **~stube** *f* spinning-room; **~webe** *f* cobweb, spider web.

spintisieren *v/i*. brood, ruminate.

Spion *m* **1.** **~in** *f* spy; **2.** (*Spiegel*) window-mirror.

Spionage *f* espionage, spying; ~ treiben engage in espionage, be spying; **~abwehr** *f* counter-espionage, *Am*. counter-intelligence; **~abwehrdienst** *m* counter-espionage service, *Am*. counter-intelligence corps (*abbr*. C.I.C.); **~dienst** *m* intelligence service; **~ring** *m* spy ring.

spionieren *v/i*. spy; → ausspionieren.

Spiral|bohrer ⊕ *m* twist drill; **~e** *f* spiral (line), helix; ⩓ volute; ⊕ worm, helix; (*Draht*≈) coil; ✝ (*Preis*≈ *usw*.) spiral; **~feder** *f* spiral (*od*. helical) spring; *Uhr*: mainspring; **≈förmig** *adj*. spiral, helical; **~linie** *f* spiral line; **~nebel** *ast*. *m* spiral nebula; **~welle** *f* spirally wound shaft.

Spiritis|mus *m* spiritualism, spiritism; **~t(in** *f*) *m* spiritist; **≈tisch** *adj*. spiritist(ic); ~e Sitzung séance (*fr*.).

Spirituosen *pl*. spirits, spirituous (*od*. alcoholic) liquors.

Spiritus *m* spirit; **~kocher** *m* spirit stove; **~lack** *m* spirit varnish; **~lampe** *f* spirit lamp.

Spirochäte *biol*. *f* spiroch(a)ete.

Spital *n* hospital.

spitz *adj*. pointed, peaked; ⩓ *Winkel*: acute; *fig*. (*kränklich aussehend*) thin, F peaky; *fig*. (*boshaft*, *bissig*) *Rede*: pointed, biting, *Person*: sarcastic; ~e Zunge sharp tongue; *adv*. ~ zusammenlaufen taper off; → *a*. spitzkriegen.

Spitz *m* **1.** *zo*. Pomeranian (dog); **2.** F → Schwips.

Spitz...: **~bart** *m* pointed beard, *kleiner*: goatee; **~bauch** *m* paunch;

~blattern ⚕ *f/pl.* chicken-pox *sg.*; **~bogen** △ *m* pointed arch, ogive; **~bogenfenster** *n* lancet (window); **~bube** *m*, **~bübin** *f* scoundrel, rascal, rogue (*alle a. co.*); **~bubengesicht** *n* roguish face; **~bubenstreich** *m*, **~büberei** *f* roguish trick, roguery, rascality; **≈bübisch** *adj.* knavish, rascally, *a. co.* roguish; *von Kindern*: *a.* impish; **~dach** △ *n* peaked roof.

Spitze[1] **I.** *f* **1.** *allg.* point; (*Berg*≈) peak, top, summit; (*Baum*≈) top; (*Zinken*) spike, prong; (*spitzes Ende, a. e-s Körperteils*) tip; (*Kinn*≈, *Schuh*≈) point; *e-r Feder*: point; (*Turm*≈) spire; ⊿ (*Dreiecks*≈) vertex; *e-r Pyramide*: apex (*a. anat. Herz*≈ *usw.*); (*Zigaretten*≈) (cigarette-)holder; (*Pfeifen*≈) mouthpiece; ⊕ *e-r Werkzeugmaschine*: cent|re, *Am.* -er; *Zahnrad*: crest; *e-r Kolonne, e-s Unternehmens usw.*: head; ⚔ (*Angriffs*≈) (spear)head; *Sport*: leading group, (*Führung*) lead; *Fußball*: (*Angriffsspieler*) striker; (*Höchstwert, a.* ⚡, *a. Verkehrs*≈ *usw.*) peak; *mot. usw.* (*~ngeschwindigkeit*) top (speed); (*oberster Gang*) top (gear); *fig.* (*~nposition*) top (position), lead; (*~ngruppe*) top (flight *od.* bracket); (*Überschuß*) surplus; *die ~n der Gesellschaft* the cream *sg.* (*od.* leaders) of society; *a. fig. die ~ des Eisbergs* the tip of the iceberg; *an der ~ der Tabelle* at the top of the table; *an der ~ liegen Sport*: be in (*od.* have) the lead; *sich an die ~ setzen* take the lead; *an der ~ e-r Sache stehen* be at the head of a th.; *auf die ~ treiben* carry to extremes, carry too far, *engS.* bring to the last push; *e-r Sache die ~ nehmen* (*od. abbrechen*) take the edge off a th.; *j-m die ~ bieten* make head against, defy, brave; *~ spielen Fußball*: play as (*od.* be) striker; *mot. ~ fahren* drive in top (gear); **2.** (*bissige Bemerkung*) pointed remark, cut, sarcasm; **II.** F *pred. adj. u. int.* (*große Klasse*) F tops, super.

Spitze[2] *f* (*Gewebe*) lace.

Spitzel *m* police spy, informer, *sl.* nark, (*Lock*≈) stool pigeon; *im Betrieb*: company spy; (*Schnüffler*) snooper; **≈n** *v/i.* spy, snoop about; play the informer.

spitzen *v/t.* point, (*Bleistift*) sharpen; *den Mund ~* purse up one's lips; *die Ohren ~* prick up one's ears; *weitS.* (*hellhörig werden*) F sit up and take notice; F *fig. sich ~ auf* look forward to, be keen on.

Spitzen...: **~abstand** ⊕ *m* distance between cent|res (*Am.* -ers); **~arbeit** *f* lace-work; **~belastung** ⚡ *f* peak load; **~besatz** *m* lace-trimming; **~bluse** *f* lace blouse; **~drehbank** ⊕ *f* cent|re (*Am.* -er) lathe; *mit Leitspindel*: engine lathe; **~erzeugnis** *n*, **~fabrikat** *n* top-quality product (*od.* make), leader; **~film** *m* top-ranking film; **~form** *f Sport*: top form, peak; **~geschwindigkeit** *f* top speed; **~gruppe** *f* top flight, top bracket; *Sport*: leading group; **~kandidat** *m* top candidate, front-runner; **~klasse** *f* top class; **~kleid** *n* dress trimmed with lace; **~klöppler(in** *f*) *m* lace-maker; **~kraft** *f* (*Person*) highly qualified person; *thea. usw.* star performer; **~kragen** *m* lace collar; **~leistung** *f* top performance; masterpiece; *Sport*: record; ⊕ *Maschine, Fabrik*: peak output, maximum capacity; ⚡ peak power; **~lohn** *m* peak wage(s *pl.*), top pay; **≈los** ⊕ *adj.* centreless, *Am.* centerless; **~organisation** *f* top (*od.* central) organization; **~reiter** *m Sport u. fig.*: front-runner, leader; **~spiel** ⊕ *n* crest clearance; **~spieler(in** *f*) *m*, **~sportler(in** *f*) *m Sport*: top-ranking player (*od.* athlete), F top-flighter; **~stoff** *m* lace fabric; **~strom** ⚡ *m* peak current; **~tänzer(in** *f*) *m* toe-dancer; **~verband** *m* top (*od.* central) organization; ⚔ advance element, spearhead; **~verkehr** *m* peak traffic; **~wein** *m* vintage (*od.* choice) wine; **~wert** *m* peak value.

Spitzer *m* (*Bleistift*≈) pencil-sharpener.

spitz...: **~findig** *adj.* subtle; (*kleinlich*) captious, hair-splitting, sophistical; *Kleinigkeiten*: nice; *adv. ~ argumentieren* subtilize; **≈findigkeit** *f* subtlety, subtleness; captiousness, sophistry, (piece of) hairsplitting; **≈hacke** *f* pick-ax(e), pick; **~ig** *adj.* → *spitz*; **≈kehre** *f mot.* hairpin turn; *Schisport*: kick-turn; **≈kopf** *m* pointed head; **~kriegen** F *v/t.* find out, F rumble; **≈kühler** *m mot.* V-shape radiator; F (*Bauch*) potbelly; **≈licht** *n Film*: back and tangential lighting; *pl. im Bild*: highlights; **≈marke** *typ. f* head (-ing); **≈maus** *f* shrew(-mouse); F (*Person*): weasel-face; **≈name** *m* nickname; **≈säule** *f* obelisk; **≈turm** *m* spire; **≈wegerich** ⚘ *m* ribwort; **~wink(e)lig** ⩓ *adj.* acute-angled.

Spleen *m* crotchet, F kink; crazy idea; *e-n kleinen ~ haben* F be a bit touched; **≗ig** *adj.* cranky, crotchety, eccentric.

spleißen *v/t.* split, cleave; (*Tau, Kabel*) splice.

splendid(e) F *adj.* (*freigebig*) open-handed, generous; (*prächtig*) splendid, magnificent; *typ.* wide(ly spaced).

Splint *m* **1.** ⚘ sapwood; **2.** ⊕ cotter (pin); **~bolzen** *m* cotter bolt; **~holz** *n* sapwood.

Splitt *m* crushed stone; (*Straßenbewurf*) (loose) gravel, grit.

splitten ⚚ *v/i.* split (the income).

Splitter *m* splinter, shiver, sliver; (*Bruchstück, a. Granat≗*) fragment; (*Span*) chip; *bibl.* mote *in another's eye*; **~bombe** ⚔ *f* fragmentation bomb; **~bruch** *m*, **~fraktur** ⚕ *f* chip-fracture; **≗frei** *adj.* splinter-proof, *Glas*: shatter-proof, safety *glass*; **~graben** ⚔ *m* slit trench; **~gruppe** *pol. f* splinter group; **≗ig** *adj.* splintered, splintery; **≗n** *v/t. u. v/i.* splinter, shiver (to pieces); (*spalten*) split; **≗nackt** *adj.* stark naked, *Am.* F mother-naked; **~partei** *pol. f* splinter-party; **≗sicher** *adj.* → *splitterfrei*; **~wirkung** ⚔ *f* fragmentation effect.

Splitting ⚚ *n* splitting.

spontan *adj.* spontaneous; **≗eität** *f* spontaneity.

sporadisch *adj.* sporadic(ally *adv.*).

Spore ⚘ *f* spore.

Sporen *pl. von Sporn.*

Sporn *m* spur (*a. zo. u. fig.*); ⚓ ram; ✈ tail skid; *Geschütz*: trail spade; *fig.* goad, incentive, stimulus; *e-m Pferd die Sporen geben* → *spornen*; *fig. sich die Sporen verdienen* win one's spurs; **≗en** *v/t.* spur, set (*od.* put) spurs to; **~rad** ✈ *n* tail wheel; **~rädchen** *n* rowel; **≗streichs** *adv.* post-haste, directly, F straight away.

Sport *m allg.* sport (*a. fig.*); *coll.* sports *pl.*; (*Leicht-, Schwerathletik*) athletics *pl.* (*a. sg. konstr.*); *ped.* (*Fach*) physical education; *fig.* (*Steckenpferd*) hobby; *~ treiben* go in for (*od.* practise) sports; F (*nur*) *zum ~* (just) for the fun of it; **~abzeichen** *n* sports badge; **~angler** *m* rod (*od.* line) fisher, angler; **~anlage** *f* athletic ground(s *pl.*), sports facilities *pl.*; → *a. Sportfeld*; **~anzug** *m* golfing outfit; sports suit; **~art** *f* sport, branch of athletics, event; **~artikel** *m/pl.* sports goods; **~arzt** *m* sports physician; **~ausrüstung** *f* sports equipment; **≗begeistert** *adj.* sports-minded, sporting; **~bekleidung** *f* sportswear; **~bericht** *m* sporting report (*od.* news); **~berichterstatter** *m* sports reporter.

Sporteln *f/pl.* fees.

sporteln F *v/i.* go in for sports.

Sport...: **~ereignis** *n* (sporting) event; **~feld** *n* sports field, athletic ground(s *pl.*); stadium; **~fest** *n* sports meeting; **~flieger** *m* sports pilot; **~flugzeug** *n* sports (air)plane, two-seater; **~freund(in** *f*) *m* sports enthusiast (*od.* F fan); sports-goer; **~geist** *m* sportsmanship; **~gelände** *n* sports grounds *pl.*; **~gerät** *n* athletic implement(s *pl.*), sports kit; **~geschäft** *n* sports outfitters *pl.*; **~größe** *f* → *Sportskanone*; **~halle** *f* gymnasium; **~hemd** *n* sports shirt; **~herz** ⚕ *n* athlete's heart; **~hochschule** *f* sports college; **~jacke** *f* sports jacket; **~journalist** *m* sportswriter; **~kabriolett** *n* convertible coupé; *zweisitziges*: sport roadster; **~kleid** *n* coat-dress; **~kleidung** *f* sportswear; **~klub** *m* sports club; **~lehrer(in** *f*) *m* P.T. (= Physical Training) instructor, (sports) coach; **~ler(in** *f*) *m* sports(wo)man, (woman) athlete; *~ des Jahres* Sports(wo)man of the year; **≗lich** *adj.* sporting, athletic; (*~ aussehend*) athletic (-looking); (*fair*) sportsmanlike; (*a. sportbegeistert, weitS. kühn*) sporting, sporty; *mot. ~e Fahrweise* sporty driving; *~e Note* sporty (*od.* sporting, F sportsy) look; *~er Typ* athletic type; *~e Veranstaltung* sporting event, fixture; *~e Tüchtigkeit* sporting prowess; **~lichkeit** *f* athleticism; sportsmanship; **~mantel** *m* sports coat; **~medizin** *f* sports medicine; **~mütze** *f* sports cap; **~nachrichten** *f/pl.* sporting news; **~platz** *m* → *Sportfeld*; **~redakteur** *m* sports editor; **~sakko** *m* sports jacket; **~schau** *TV f* sportsview; **~schlitten** *m* luge; **~schuh** *m* sports shoe; **~schule** *f* sports college; **~sendung** *f* sportscast; **~skanone** F *f* star-athlete, top-ranking athlete, F (sports) ace, crack, top-notcher; **~smann** *m* sportsman; **~taucher(in** *f*) *m* skin (*mit Atemgerät*: scuba) diver; **≗treibend** *adj.* sporting; **~veranstaltung** *f* sport(ing) event, sports meeting, fixture;

~verband *m* sport association; **~verein** *m* athletic club, sports club; **~wagen** *m mot.* sports car; → *Sportkabriolett*; (*Kinderwagen*) folding pram, go-cart; **~warenhändler** *m* sports outfitter; **~welt** *f* world of sports, sporting world; **~wissenschaft** *f* (science of) sports *pl.*; **~zeitung** *f* sports magazine, sporting paper.

Spott *m* mockery, scoff(ing); *lächerlich machend*: derision, ridicule; *verhüllter*: irony; *gutmütiger*: banter, raillery; *beißender*: sarcasm; *verächtlicher*: scorn; (*Gegenstand des ~es*) laughing-stock; *~ und Hohn ernten* reap mockery and derision; *s-n ~ treiben mit* make fun of, make a mockery of, scoff at, turn to ridicule; → *Zielscheibe*; **~bild** *n* caricature; **~billig** *adj.* dirt-cheap; *adv. a.* for a song; **~drossel** *orn. f* mockingbird.

Spöttel|ei *f* raillery, sarcasm; chaff, gibe(s *pl.*), jibe(s *pl.*); **~n** *v/i.* scoff, sneer, jeer, gibe (*über* at); pass sarcastic remarks (about).

spotten *v/i.* **1.** mock, scoff, laugh (*über* at); (*sticheln*) chaff (about); *~ über* (*lächerlich machen*) ridicule, deride, sneer at, jeer (at); (*höhnen*) taunt; (*geringachten*) snap one's fingers at; (*sich lustig machen über*) make game (*od.* fun) of; **2.** *j-m ~* (*trotzen*) defy a p.; *fig. jeder Beschreibung ~* defy (*od.* beggar) description.

Spötter *m*, **~in** *f* mocker, scoffer, sarcastic person; cynic; **~ei** *f* → *Spott.*

Spott...: **~gedicht** *n* satirical poem, squib; **~gelächter** *n* derisive laugh(ter); **~geld** *n* ridiculously small sum, trifling sum; *für ein ~* dirt-cheap, for a song.

spöttisch *adj.* mocking; (*höhnisch*) scoffing, sneering; (*herausfordernd*) taunting; (*verächtlich*) derisive, scornful; (*beißend*) sarcastic; ironical; (*satirisch*) satirical.

Spott...: **~lied** *n* satirical song; **~lust** *f* (love of) sarcasm; **~lustig** *adj.* fond of chaff; *stärker*: sarcastic; **~name** *m* nickname; **~preis** *m* ridiculous price, trifling sum; *für e-n ~* for a mere song, dirt-cheap; **~schrift** *f* satire, lampoon; **~vogel** *m orn.* mockingbird; *fig.* mocker, wag.

Sprach|atlas *m* linguistic atlas; **~begabung** *f* → *Sprachtalent*; **~barriere** *f* language barrier.

Sprache *f* (*Sprechfähigkeit*) speech; (*~ e-s Volkes*) language, *gewählter*: tongue; (*Landes~*) vernacular; (*Mundart*) idiom, *engS.* dialect; (*Berufs~, Jargon*) jargon, cant; (*Ausdrucksweise*) language, speech; (*Worte*) words *pl.*; (*Stimme*) voice; (*Aus~*) articulation; (*Stil*) diction, style; (*Vortrag*) elocution, delivery; *alte ~n* ancient languages; *die ~ der Vernunft* the language of common sense; *zur ~ bringen* bring *a th.* up, broach (*od.* raise) *a subject*; *zur ~ kommen* come up (for discussion), be mentioned; *die ~ verlieren* be struck dumb, be (rendered) speechless; *dieselbe ~ sprechen* speak the same language (*a. fig.*); *e-e derbe ~ führen* use strong language; *die ~ wiedergewinnen* recover one's speech; *das redet e-e deutliche ~* that speaks for itself; *heraus mit der ~!* out with it!, speak out (*od.* up)!; → *beherrschen* 3, *herausrücken* II, *verschlagen* 2 *usw.*

Sprach...: **~eigenheit** *f*, **~eigentümlichkeit** *f* idiom(atic expression); *deutsche ~* Germanism; *englische* (*amerikanische, französische*) *~* Anglicism (Americanism, Gallicism); **~engewirr** *n* confusion of languages; **~engruppe** *f* language group, stock; **~enkarte** *f* speech map; **~enschule** *f* school of languages; **~familie** *f* (linguistic) stock; **~fehler** *m* **1.** ⚕ speech impediment (*od.* defect); **2.** *ling.* grammatical mistake, solecism; **~forscher(in** *f*) *m* philologist; linguist; **~forschung** *f* philology; linguistics *pl.* (*oft sg. konstr.*); **~führer** *m* colloquial guide (to a language), phrase-book; **~gebiet** *n* speech area; *deutsches ~* (all) German-speaking countries *pl.*; *englisches ~* English-speaking world; **~gebrauch** *m* (linguistic) usage; *im gewöhnlichen ~* in colloquial (*od.* everyday) usage; **~gefühl** *n* feeling for a language, linguistic instinct; **~genie** *n* linguistic genius; **~geographie** *f* linguistic geography; **~gewaltig** *adj.* of powerful expression; **~gewandt** *adj.* proficient in languages, languaged; *weitS.* fluent, glib; **~gut** *n* words and phrases *pl.*, vocabulary; **~insel** *f* speech island; **~kenner** *m* linguist; **~kenntnisse** *f/pl.* knowledge *sg.* of languages *od.* of a language; proficiency in a foreign language; **~klinik** *f* speech clinic; **~korrektur** *f* speech correction; **~kundig** *adj.* versed (*od.* proficient) in languages, languaged; *pred. a. he is* a linguist; (*vielsprachig*) polyglot; **~labor** *n* language laboratory; **~lähmung** ⚕ *f* paralysis of the speech organs, laloplegia; **~laut** *m* speech sound; **~lehre** *f* grammar; (*Buch*) grammar(-book), language primer; **~lehrer(in** *f*) *m* teacher of languages; *Brit. ped.* language-master; **≈lich I.** *adj.* of languages, linguistic; grammatical; stylistic; **II.** *adv.* linguistically, *etc.*; in (*od.* as to) style; **≈los** *adj.* speechless; *da war er* ~ that left him speechless, he was dumbfounded (*od.* struck dumb); *ich bin einfach* ~ well I never!, *sl.* I'll be damned!; **~losigkeit** *f* speechlessness; **~melodie** *f* speech melody; **~mittler** *m* interpreter; linguist; **≈moduliert** *tel. adj.* voice-modulated; **~neuerer** *m* language reformer; **~organ** *n* organ of speech; **~raum** *m* → *Sprachgebiet*; **~regel** *f* rule of grammar; **~regelung** *iro. f* (prescribed) phraseology; **~reinheit** *f* purity of language; **~reiniger** *m* purist; **~rohr** *n* speaking-tube, megaphone; *fig.* mouthpiece; organ *of public opinion, etc.*; **~schatz** *m* vocabulary; **~schnitzer** F *m* grammatical blunder; F howler; **≈schöpferisch** *adj.* linguistically creative, coining new words or phrases; **~schranke** *f* language barrier; **~schule** *f* school of languages; **~stamm** *m* (linguistic) stock; **~störung** *f* speech disorder (*od.* impediment); **~studium** *n* study of languages; **~sünde** *f* solecism; **~talent** *n* talent (*od.* F head) for languages; (*Person*) (good) linguist; **~unterricht** *m* instruction in a language; *ped.* language, *Am.* arts *pl.*; *englischer* ~ English lessons *pl.*; **~verderber** *m* corrupter of a language; **~vergleichung** *f* comparative philology; **~vermögen** *n* faculty of speech; **~verstärker** *m* speech amplifier; **~verstoß** *m* grammatical mistake, solecism; **~werkzeug** *n* organ of speech; **~wissenschaft** *f* philology; linguistic science, linguistics *pl.* (*oft sg. konstr.*); **~wissenschaftler(in** *f*) *m* philologist; linguist; **≈wissenschaftlich** *adj.* philological; linguistic(ally *adv.*); **~zentrum** *anat. n* speech cent|re, *Am.* -er.

Sprech|anlage *f* intercom, interphone, talk-back; **~art** *f* manner of speaking, diction; **~band** *n Film*: dialogue track; **~blase** *f in Comics*: balloon; **~chor** *m* speaking choir, chorus; *im* ~ *rufen* (cry in) chorus.

sprechen I. *v/t. u. v/i.* speak (*mit, zu* to; *über, von* of, about); (*reden, sich unterhalten*) talk (to; of, about); (*sagen*) say, utter; (*e-e Rede halten*) speak, hold a speech, give a talk (*über* on); (*konsultieren*) see; *vor Gericht*: plead; (*e-e* [*Fremd*]*Sprache*) speak, talk; (*ein Gebet, Wort*) say; (*ein Gedicht*) say (over), recite; (*die Wahrheit*) speak, say; ~ *für als Vertreter*: speak for (*od.* in behalf of); *vermittelnd*: speak (up) for, put in a good word for; *befürwortend*: plead (*od.* speak) for, argue in favo(u)r of, advocate; (*zeugen für*) speak for, testify to; *das spricht für ihn* that speaks well for him, that tells in his favo(u)r; *das spricht für s-e Nerven* that speaks (well) for his nerves; *alle Anzeichen* ~ *dafür, daß* there is every reason to believe that, everything points to *ger.*; *das spricht für sich selbst* that speaks for itself; *vieles spricht dafür* there is much to be said for it; *dagegen* ~ argue against it; *Gründe*: *a.* tell against it; *man spricht davon, daß er bankrott sei* there is talk of his being bankrupt; *j-n zu* ~ *wünschen* wish to see a p.; *ich muß erst mit m-m Anwalt* ~ I must see my lawyer first; *kann ich Sie kurz* (*geschäftlich*) ~ can I see you for a moment (on business); *er ist nicht zu* ~ he is engaged (*od.* busy), he cannot see you now; *für ihn bin ich nicht zu* ~ I have no time for him; (*nicht*) *mit sich* ~ *lassen* (not) to listen to reason; *nicht gut zu* ~ *sein auf* be ill disposed towards, F have it in for a p.; *das Urteil* ~ pronounce judgment; ~ *über* (*be* ~) talk *a th.* over; *eingehend*: discuss (at some length); *gelehrt usw.*: discourse on; *über Politik* (*Geschäfte*) ~ talk politics (business); *von etwas anderem* ~ change the subject; *zu* ~ *kommen auf* come to speak of, bring up; *man spricht viel von ihm* he is much spoken of (*od.* talked about); *wir* ~ *uns noch!* I'll be seeing you!; ~ *wir nicht davon* don't talk about it, the less said about it the better; *sie* ~ *nicht mehr miteinander* they are no longer on speaking terms; *es spricht ihr aus dem Gesicht* it is written in her face; *aus s-n Worten spricht Begeisterung* his words express enthusiasm; *unter uns gesprochen* between ourselves (*od.* you and me); *da wir gerade von ...* ~ talking of ...; *allgemein gesprochen* generally speaking; *laßt Blumen* ~ say it with flowers; *sprich!* speak out (*od.* up)!; → *Band*[2], *Recht*, *schuldig usw.*; **II.** ≈ *n* speaking, talking; *j-n zum* ~ *bringen* make a p. talk; **~d** *adj.* *fig.* *Augen, Gesten*: eloquent; (*ausdrucksvoll*) expressive; *Ähnlichkeit*: speaking *likeness*, striking *resemblance*; (*überzeugend*) convincing, telling; *adv.* ~ *ähnlich sein* be a speaking likeness (*dat.* of).

Sprecher(**in** *f*) *m* speaker, talker; (*Redner*) speaker; (*Ansager*) announcer; (*Wortführer, Vertreter*) spokesman (*gen.* for); *parl.* Speaker.

Sprech...: **~erziehung** *f* speech training; **~fehler** *m* **1.** → *Sprachfehler* 1; **2.** (*Versehen*) slip of the tongue; **~film** *m* → *Tonfilm*; **~frequenz** *f* voice frequency; **~funk** *m* radiotelephony (*abbr.* R/T), voice radio; **~funkgerät** *n* → *Funksprechgerät*; **~gerät** *n* → *Sprechanlage*; **~gesang** ♪ *m* recitative; **~platte** *f* speech record; **~probe** *f thea.* audition; *teleph.* voice test; **~rhythmus** *ling.* *m* speech rhythm; **~rolle** *thea. f* speaking part; **~stelle** *teleph. f* telephone set; *öffentliche*: public call office; **~stimme** *f* speaking voice; **~strom** ⚡ *m* speaking current; **~stunde** *f* office hour; *des Arztes*: consultation hour; **~stundenhilfe** ⚕ *f* (doctor's) assistant, receptionist, nurse-secretary; **~taste** *f* press-to-talk button, speaking key; **~übung** *f* speech practice, speaking exercise; **~verkehr** *m* telephone traffic; **~weise** *f* manner of speaking, diction; **~werkzeuge** *n/pl.* organs of speech; **~zimmer** *n* parlo(u)r, office; *des Arztes*: consulting-room, surgery, *Am. a.* office.

Spreiz|e *f* ⊕ prop, stay, strut; *Turnen*: straddle; **≈en I.** *v/t.* **1.** spread (out *od.* asunder), open out; (*Beine*) *a.* straddle; **II.** *v/refl.*: *sich* ~ **2.** spread; *weitS.* (*sich ausdehnen*) *a.* sprawl; **3.** *fig.* (*großtun*) swagger, strut, bluster; *sich* ~ (*angeben*) *mit et.* boast of, plume o.s. on; *sich gegen et.* ~ balk at, struggle (*od.* strive) against; → *gespreizt*; **~fuß** *m* ⚕ splayfoot; **~ring** ⊕ *m* expander (ring); **~schritt** *mount. m* straddle.

Spreng|arbeit *f* blasting (operation); **~bombe** ⚔ *f* high-explosive (*abbr.* H.E.) bomb, demolition bomb; **~el** *m* district; *eccl.* diocese; *e-s Pfarrers*: parish; **≈en**[1] *v/t.* **1.** (*bespritzen*) sprinkle, spray; (*Garten, Pflanzen*) water; **2.** (*auf* ~) burst (*od.* force) open; (*Tür*) force; (*Fesseln, Griff usw.*) break; *mit Dynamit usw.*: blast; (*in die Luft* ~) *a.* blow up; (*Versammlung*) break up; (*Menschenmenge*) disperse, scatter; (*Spielbank*) break; *fig.* → *Rahmen* I; **≈en**[2] *v/i.* gallop, ride (fast *od.* hard); **~er** *m* blaster; (*Rasen* ≈) sprinkler; **~flüssigkeit** *f* explosive liquid; **~gelatine** *f* blasting gelatine; **~geschoß** *n* explosive projectile; **~granate** *f* high-explosive (*abbr.* H.E.) shell; **~kammer** *f* demolition chamber; **~kapsel** *f* detonator, blasting cap; **~kommando** *n* demolition party; *zur Bombenentschärfung*: bomb disposal unit; **~kopf** *m* warhead; **~körper** *m* explosive; **~kraft** *f* explosive force; **~ladung** *f* explosive (*od.* demolition) charge; **~laut** *ling. m* plosive; **~loch** *n* blasthole; **~mittel** *n* explosive; **~niet** *m* explosive rivet; **~öl** *n* blasting oil, nitroglycerine; **~patrone** *f* blasting cartridge; **~punkt** *m* blasting point; (*Luft* ≈) air burst; **~ring** ⊕ *m* snap (*od.* retaining, lock) ring; **~satz** *m* blasting composition; **~schuß** *m* blast, shot; **~stoff** *m* blasting agent, explosive; **~stück** *n* splinter, fragment; **~trichter** *m* crater; **~trupp** *m* → *Sprengkommando*; **~ung** *f* blast(-ing), blowing up; *e-r Versammlung*: breaking-up, dispersion; **~wagen** *m* watering lorry, *Am.* sprinkling truck, street sprinkler; **~wedel** *eccl. m* sprinkler; **~werk** ⟁ *n* strut frame; **~wirkung** *f* explosive effect; **~wolke** *f* burst cloud; **~zünder** *m* → *Sprengkapsel*.

Sprenkel *m* (*Fleck*) speck(le), spot; **≈n** *v/t.* speckle, spot, mottle; (*marmorieren*) marble; → *gesprenkelt*.

sprenzen *dial. v/t.* spray, sprinkle.

Spreu *f* chaff; *a. fig. die* ~ *vom Weizen sondern od. trennen* separate the chaff from the wheat.

Sprich|wort *n* proverb, adage, (proverbial) saying; *wie es im* ~ *heißt* as the saying is; **≈wörtlich** *adj.* proverbial (*a. fig.*); *ihre Gastfreundschaft ist* ~ *a.* they are a proverb *od.* byword for hospitality.

Spriegel *m für Schlachtfleisch*: gambrel; *für Wagenverdeck*: hoop.
sprießen *v/i.* sprout, shoot (up); (*keimen*) germinate.
Spriet ⚓ *n* sprit.
Spring|bein *zo. n* saltatorial leg; **~brett** *n* → Sprungbrett; **~brunnen** *m* fountain.
springen I. *v/i.* jump (*a. Reitsport, Skisport usw.*); *weit*: leap; *bsd. mit Aufstützen, mit e-m Stab usw.*: vault; *hüpfend*: hop, skip; *rhet., a. von Dingen, bsd. Wasser, Blut*: spring; *elastisch, z.B. Ball*: bound, bounce; F (*rennen*) run, dash; (*eilfertig zu Diensten sein*) run, fetch and carry; *Brettspiel*: jump; (*zer~*) burst, crack, break; ins Wasser ~ jump into the water, (take a) plunge; *Schwimmsport, kopfwärts*: dive; ~ über jump, leap, clear, take; (*über ~, weglassen*) skip; F *Geld* ~ lassen F fork out, cough up; etwas ~ lassen spend money freely; (*etwas ausgeben*) stand treat; → Auge 1, Klinge, Mine, Punkt, Stück; **II.** ≈ *n* jumping; (*a. Stabhochsprung*) vaulting; *Schwimmsport*: diving; *Reitsport*: jumping test.
Springer *m* **1.** *a.* **~in** *f Sport*: jumper; *Schwimmsport*: diver; **2.** *Schach*: knight.
Spring...: **~feder** *f* elastic spring; **~flut** *f* spring tide; **~hengst** *m* stallion; **~insfeld** *m* harum-scarum, (young) whipper-snapper; (*wildes Mädchen*) romp, madcap; **~konkurrenz** *f*, **~prüfung** *f Reitsport*: jumping test; **~kraft** *f* elasticity, springiness; **≈lebendig** *adj.* full of beans; **~maus** *f* jerboa; **~pferd** *n* jumping horse, show jumper; **~quell**(**e** *f*) *m* spring, geyser; (*Brunnen, a. fig.*) fountain; **~reiter** *m* show jumper; **~seil** *n* skipping rope; **~wettkampf** *m Schwimmsport*: diving competition.
Sprint *m*, **≈en** *v/i. Sport*: sprint; **~er** *m* sprinter.
Sprit *m* spirit(s *pl.*), alcohol; F *mot.* (*Kraftstoff*) petrol, fuel, *sl.* juice; *Am.* gas(oline).
Spritz|apparat *m* spray (gun); **~blech** *mot. n*, **~brett** *n* splash-board; **~düse** *f* spray nozzle; *mot.* injection nozzle; *Kunststoff*: injection mo(u)lding nozzle.
Spritze *f* (*Hand≈*) syringe (*a.* ⚕), squirt; ⚕ (*Einspritzung*) injection, F shot; (*Klistier*) enema; F *fig.* (*wirtschaftliche Hilfe*) shot in the arm, injection (of money); ⊕ spray (gun), sprayer; (*Feuer≈*) (fire-)engine; *sl.* ⚔ (machine-)gun; F *fig.* an der ~ sein be at the controls, be in command; zur ~ greifen *Süchtiger*: apply the needle.
spritzen I. *v/t.* **1.** (*e-e Flüssigkeit*) squirt; *mit Handspritze*: *a.* syringe; ⚕ inject; (*Lack, Parfum, Pflanzenmittel*) spray; (*Wasser*) *a.* sprinkle (*auf* on); (*Rauschgift*) *sl.* mainline; **2.** (*e-n Gegenstand bespritzen*) spray, sprinkle (*mit* with); (*Garten, Pflanzen gießen*) water, *mit dem Schlauch*: hose; ⚕ (*e-n Kranken*) inject, F give a shot; **3.** (*Getränk verdünnen*) mix with (soda-)water; **4.** ⊕ *Thermoplastik*: injection-mo(u)ld; **II.** *v/i.* **5.** *allg.* squirt; (*heraus~*) spurt, spout; (*planschen*) *mit Wasser, Schlamm*: *a.* splash; *Feuerspritze usw.*: play; **6.** *Feder*: splutter; **7.** F (*Rauschgift ~*) *sl.* mainline; **8.** F (*leicht regnen*) drizzle; **9.** F (*eilen*) hop, flit; **≈haus** *n* (fire-)engine house, fire-station; **≈mann** *m* fireman.
Spritzer *m* **1.** splash; **2.** F (*Rauschgiftsüchtiger*) *sl.* mainliner, junkie.
Spritz...: **~fahrt** F *f* F hop, jump; (short) excursion *od.* trip; *mot. a.* F spin; **~farbe** *f* paint spray; **~flakon** *m* spray flacon; **~flasche** *f* spray bottle; ⚗ wash bottle; **~guß** ⊕ *m Metall*: die-casting; *Kunststoff*: injection mo(u)lding; **~gußform** *f*, **~gußmatrize** *f* die-casting die; *Kunststoff*: injection mo(u)ld; **~gußmasse** *f* injection mo(u)lding compound; **≈ig** *adj.* (*behend*) agile, quick; *Wein*: sparkling, fizzy; *fig.* (*munter*) sprightly, lively, spirited, racy; (*geistreich*) sparkling, witty; **~lack** *m* spraying varnish; **≈lackieren** *v/t.* (paint-)spray; **~mittel** 🖌 *n* spray, insecticide; **~pistole** *f* spray gun; **~schmierung** *mot. f* splash lubrication; **~tour** F *f* → Spritzfahrt; **~vergaser** *mot. m* atomizing carburettor; **≈wassergeschützt** ⊕ *adj.* hose-proof, splash-proof.
spröd|e *adj.* brittle (*a. Stimme*); *metall. a.* short; friable; (*unbiegsam*) unyielding, inflexible; (*hart*) hard; *Haar*: rough; *Haut*: chapped; *fig.* (*abweisend*) reserved, cool, *bsd. Mädchen*: coy, prim, prudish; **≈heit** *f*, **≈igkeit** *f* brittleness; *metall. a.* shortness; unyieldingness; *fig.* reserve; coyness, prudishness.
Sproß *m* ⚘ shoot, sprout, sprig; (*Keim*) germ; *fig.* (*Nachkomme*) scion, offspring, descendant.
Spross|e *f e-r Leiter*: rung (*a. fig.*

Stufe), round, step; *am Rad*: stave; *Geweih*: tine, point; **≗en** *v/i.* → *sprießen*; **~enleiter** *f* ladder; **~enwand** *f Turnen*: wall bars *pl.*

Sprößling *m* **1.** → *Sproß*; **2.** *co.* (*Sohn*) son, F junior.

Sprotte *ichth. f* sprat.

Spruch *m* (*Aus≈*) saying, word(s *pl.*); (*Lehr≈*), *autoritativer*: dictum; (*Rede*) talk; (*Weisheits≈*) aphorism, maxim; (*Sinn≈*) epigram; (*Bibel≈*) (Scripture-)text, verse; (*Funk≈*) message; (*Entscheid*) decision; (*Schieds≈*) award; ⚖ (*Urteils≈*) judgment, ruling, *in Strafsachen*: sentence, *der Geschworenen*: verdict; *bibl. die Sprüche Salomonis* the Proverbs (of Solomon); F (*große*) *Sprüche machen* talk big, brag; F *alte Sprüche* (*Witze usw.*) old gags; **~band** *n* banner; △ banderole, scroll; **~dichtung** *f* epigrammatic poetry; **~kammer** *hist. pol. f* (denazification) trial tribunal; **≗reif** *adj.* ripe for decision; *die Sache ist noch nicht ~* no decision can yet be reached, the matter is still open.

Sprudel *m* (*Mineralwasser*) mineral water; (*Heilquelle*) mineral spring; **~getränk** *n* carbonated beverage; **≗n** *v/i.* gush (*od.* bubble) forth; *Wasser*: bubble (up); *Getränke*: effervesce; *fig.* (*hastig reden*) sputter; *~ vor Begeisterung usw.* bubble (*od.* brim) over with; *in ~der Laune* sparkling with humo(u)r; *~der Witz* sparkling wit; **~wasser** *n* mineral water.

Sprüh|dose *f* spray (bottle *od.* tin); **≗en I.** *v/t.* **1.** send forth, shower; (*Funken*) *a.* emit, spray; (*Wasser, a.* ⊕ *Lack usw.*) spray; **2.** (*besprengen*) sprinkle; *fig. ihre Augen sprühten Feuer* her eyes flashed fire; **II.** *v/i.* **3.** *allg.* spray, squirt; *zischend*: fizzle; *Funken*: scintillate, fly; *fig. Augen*: flash (*vor* with); **4.** (*geistreich sein*) sparkle (with wit), scintillate; *~der Geist* sparkling wit; *~der Laune sein* be brimming over (*od.* sparkling) with good humo(u)r; **5.** (*fein regnen*) drizzle; **~entladung** ⚡ *f* brush (*od.* corona) discharge; **~nebel** *m* (mist) spray; **~regen** *m* drizzle.

Sprung *m* **1.** leap; (*Satz*) bound, *a. Sport*: (*Fallschirm≈ usw.*) jump; *Turnen*: vault; (*Wasser≈*) dive; ⚔ *e-r vorgehenden Gruppe*: dash; *zo.* (*Begattung*) covering; *fig.* (*Fortschritt*) leap, stride; (*plötzlicher Übergang*; *Weglassen, Überspringen*; *a. Spritztour*) jump; *fig. ~ ins Ungewisse* leap in the dark; *großer ~ vorwärts* great leap forward; *e-n ~ machen* make a jump (*a. fig.*), take a leap; *auf dem ~(e)* → *sprungbereit*; *auf dem ~(e) sein, zu inf.* be on the point of *ger.*; *auf e-n ~ vorbeikommen* drop in (for a minute; *bei* on); *im ~(e)* leaping, in mid-air; *es ist nur ein ~ bis dorthin* it is only a stone's throw from here; *j-m auf die Sprünge kommen* find a p. out, be up to a p.'s tricks; *j-m auf die Sprünge helfen* give a p. a leg-up, *a. durch Hinweis*: help a p. out; *durch Vorsagen*: prompt a p.; *er kann keine großen Sprünge machen* he can't go far, he has no money to waste; → *ansetzen* 9; **2.** (*Riß*) crack, fissure; (*Materialfehler, a. im Edelstein*) flaw; **3.** *hunt.* (*Rudel*) herd *of deer*; **~balken** *m Sport*: take-off board; **~becken** *n* diving pool; **~bein** *n anat.* ankle-bone; *Sport*: take-off leg; **≗bereit** *adj. u. adv.* ready to jump; *zum Angriff*: ready to leap and strike; F (*ausgeh-, reisefertig*) all set to go; (*wachsam*) on the alert; **~brett** *n Turnen, Schwimmen*: spring-board; *Schwimmen*: *a.* diving-board; *fig.* spring-board, stepping-stone; (*Ausgangspunkt*) jumping-off place; **~feder** *f* elastic spring; **~federmatratze** *f* spring-mattress; **~gelenk** *n* ankle-joint; *Pferd usw.*: hock; **~grube** *f* landing area, (landing) pit; **≗haft I.** *adj.* desultory, erratic, flighty; ☤ *Markt usw.*: jerky, spasmodic; **II.** *adv.*: *~ steigen* rise by leaps and bounds; → *a. sprungweise*; **~hügel** *m* **1.** → *Sprungschanze* 1; **2.** *Stabhochsprung*: landing area; **~kraft** *f Sport*: take-off power; **~lauf** *m* ski-jumping; **~matte** *f* (gym) mat; **~netz** *n Feuerwehr usw.*: life net; **~revision** ⚖ *f* direct appeal to the Supreme Court; **~schalter** ⚡ *m* quick-break switch; **~schanze** *f* **1.** ski-jump; **2.** (*Schanzentisch*) ski-jumping platform; **~seil** *n* → *Springseil*; **~tisch** *m* (vaulting) table; **~tuch** *n Feuerwehr*: jumping sheet; **~turm** *m Schwimmsport*: highboard, high-diving tower; **≗weise** *adv.* by bounds; *fig.* by leaps and bounds; (*unregelmäßig*) by fits and starts; **~weite** *f* (width of) jump.

Spuck|e *f* spittle, saliva; F *da blieb mir die ~ weg* F I was simply flabbergasted; **≗en** *v/i. u. v/t.* spit (out); (*aushusten*) expectorate; ([*sich*] *erbrechen*) vomit, be sick, puke, throw up; *Motor*: splutter; F *es ist zum ≈en!* it makes you puke!; **~napf** *m* spittoon, *Am. a* cuspidor.

Spuk *m* (*Geistererscheinung*) apparition, spectre, ghost, spook; *fig.* (*Alptraum*) nightmare; F (*Lärm*) F racket, hubbub; F (*Aufhebens*) fuss; **˜en** *v/i.*: *es spukt* (*in dem Hause usw.*) the house, *etc.* is haunted; *fig. die Idee spukt bei ihm im Kopfe* the idea is haunting him, he is obsessed with the idea; *der Gedanke spukt noch immer in den Köpfen* the thought still haunts people's minds; **~geschichte** *f* ghost-story; **˜haft** *adj.* ghostly, spooky, weird.

Spülbecken *n* rinsing sink; *des Klosetts*: flushing-pan.

Spule *f* ⊕ spool, reel; (*Trommel*) drum; (*Spinn*˜) bobbin; ⚡ coil.

Spüleimer *m* slop-pail.

spulen *v/t.* reel, spool.

spülen I. *v/t.* wash; (*Gläser, Mund usw.*) rinse; ⊕, *mot.* (*Getriebekasten*) flush; *mot.* (*Zylinder*) scavenge; *an Land* ~ wash ashore; → *Geschirr* 1; **II.** *v/i. Abort*: flush the pan; ~ *an* (*od. gegen*) wash against.

Spulen...: **~kern** ⚡ *m* core of a coil; **~wicklung** ⚡ *f* coil winding.

Spül...: **~icht** *n* dishwater, slops *pl.*, swill; **~klosett** *n* flush toilet, water-closet, W.C.; **~küche** *f* scullery; **~lappen** *m* dish-cloth; **~maschine** *f* dish-washer; **~mittel** *n* rinse, rinsing agent (*od.* liquid); ⚕ *a.* wash, *zum Desinfizieren*: disinfectant; **~stein** *m* sink; **~ung** *f* rinsing (*a. des Mundes*); ⚕ *Magen, Blase*: wash, lavage; *Darm, Nase, Ohr, Wunde*: irrigation; ⊕, *mot.* flushing, scavenging; (*Abort*˜) (water) flush; **~wasser** *n* water for rinsing; *schmutziges*: dishwater, slops *pl.*; *fig. a.* hogwash.

Spulwurm *m* mawworm.

Spund *m* **1.** ⊕ bung, plug, spigot; *Tischlerei*: feather, tongue; **2.** F *junger* ~ F (young) whippersnapper; **˜en** *v/t.* bung; *Tischlerei*: tongue and groove; **~loch** *n* bung-hole.

Spur *f* trace (*a.* ⚗, *Leucht*˜, *Radar u. fig.*); (*Fährte, a. fig.*) trail, track, *hunt. a.* scent; (*Fleck, Narbe, Brems*˜; *fig. Merkmal*) mark; (*Schi*˜, *Ton*˜) track; (*Wagen*˜) track, *tiefe*: rut; (*Fahrbahn*) lane; (*Abdruck*) print; (*Fuß*˜) footprint, footstep, (*Reihe von Fußspuren*) track; ⚓ *e-s Schiffes*: wake; 🚂 (~*weite*) ga(u)ge; (*Rille*) groove; (*Überbleibsel*) vestige; *e-e* ~ *Salz usw.*: a touch of salt, *etc.*; *fig. keine* ~ *von* not a trace (*od.* sign, vestige, bit) of; F *keine* ~! not a bit!, not in the least!, by no means!; *auf die richtige* ~ *bringen od. helfen* put on the scent; *fig. a.* give *a p.* a clue; *auf die* ~ *kommen* (*e-r Sache*) get on the track of, trace, find out; *fig.* (*j-m*) find *a p.* out; *j-m* (*scharf*) *auf der* ~ *sein* be on a p.'s track, be (hot) on the trail of a p.; *auf der falschen* ~ *sein* be on the wrong scent (*od.* track), be off the track, be barking up the wrong tree; *s-e* ~*en verwischen* cover one's tracks; *fig. bei j-m s-e* ~*en hinterlassen* leave its mark on a p.; *von der* ~ *abbringen* put off the scent; ⊕ ~ *halten* (keep) track.

spürbar *adj.* perceptible; (*deutlich*) distinct, marked; (*beträchtlich*) considerable; ~ *sein* be felt, be much in evidence; ~*werden* make itself felt; *ein* (*längst*) ~*er Mangel* a (long-)felt want.

spuren *v/i.* **1.** *Schisport*: lay the course; **2.** (*die Spur halten*) keep on the track; *mot.* keep track; F *pol. u. weitS.* toe the line; (*mitmachen*) F play ball; *er spurt nicht* F he is a slacker.

spüren I. *v/t.* feel; *geistig, instinktiv*: sense, be conscious of; (*wahrnehmen*) perceive, notice; (*wittern*) scent (*a. fig.*); (*Gas*) detect; *sein Alter* ~ feel one's age; *zu* ~ *bekommen* (*Kälte usw.*) feel; (*Peitsche usw.*) get a taste of; *fig.* (*die Folgen s-s Handelns usw.*) have to pay for; *fig. davon war nichts zu* ~ there was nothing of the kind; **II.** *v/i.* (*e-e Spur verfolgen*) trace, track, follow the track; *fig.* ~ *nach* search for; *mit der Hand*: feel for; *hunt.* track.

Spurenelement *n* trace element.

Spurhaltigkeit *mot. f* steering stability, track-holding, tracking.

Spürhund *m* tracker dog, bloodhound (*a. fig.*); *fig.* (*Schnüffler*) sleuth.

spurlos I. *adj.* trackless, traceless; **II.** *adv.* without leaving a trace; ~ *verschwinden* vanish (into thin air), drop out of sight; *fig. nicht* ~ *an j-m vorübergehen* leave its mark on a p., tell on a p., take its toll of a p.

Spür...: **~nase** *f* good nose, scent (*a. fig.*); *fig.* (*Person*) snooper; **~sinn** *m* scent, nose, flair (*für* for).

Spurt *m*, **˜en** *v/i.* spurt.

Spur|treue *mot. f* → *Spurhaltigkeit*; **~wechsel** *mot. m* **1.** *Reifen*: change of tread; **2.** *im Verkehr*: changing the lane; **~weite** *f* 🚂 ga(u)ge; *e-s Wagens*: wheel track; *Reifen*: tread.

sputen *v/refl.*: *sich* ~ make haste, hurry (up).

Sputnik *m* sputnik.

Sputum ⚕ *n* sputum.

st! *int.* pst!, (*still!*) *a.* hush!

Staat[1] *m* state, *oft* State; (*Land, Nation*) *a.* country, nation; (*Regierung*) Government; *zo.* colony; *die ~en* (*U.S.A.*) the States; *von ~s wegen* for reason of state; *beim ~ angestellt sein* be a Government employee; *fig.* *~ im ~e* state within the state.

Staat[2] *m* (*Aufwand, Pracht*) state, pomp, splendo(u)r, show; (*beste Kleidung*) gala, F rig-out; *in vollem ~* in full dress (*a.* F *fig.*); *großen ~ machen* make a (grand) display, cut a dash; *mit et. ~ machen* make a show (*od.* parade) of a th., parade a th.; *damit kannst du keinen ~ machen* F that's nothing to write home about.

Staaten|bund *m* confederacy, confederation (of states); *Brit.* commonwealth; **≗los** *adj.* stateless; **~lose(r** *m*) *f* stateless person.

staatlich I. *adj.* State(-) ..., Government ..., governmental, national, public; *~e Beihilfe* Government grant; *~er Betrieb usw.* → *Staatsbetrieb usw.*; *in ~em Eigentum* → *Staatseigentum*; **II.** *adv.*: *~ anerkannt* officially recognized, certified; *~gelenkt od. geleitet* state-control(l)ed, state-run; *~ geprüft* registered.

Staats...: **~akt** *m* act of state; state occasion (*od.* ceremony); **~affäre** *f*, **~aktion** *fig.* *f* great fuss; **~amateur** *m iro. Sport*: state-sponsored amateur; **~amt** *n* public office; **~angehörige(r** *m*) *f* national, *bsd. Brit.* subject, *Am.* citizen; *fremder ~* foreign national; **~angehörigkeit** *f* nationality, *Am. a.* citizenship; *die ~ erwerben* be naturalized; **~angelegenheit** *f* state affair, public concern; **~angestellte(r** *m*) *f* Government employee; **~anleihe** *f* Government loan; (*Wertpapier*) Government bond (*pl. a.* securities, stocks); **~anstellung** *f* public appointment, Government post; **~anwalt** ⚖ *m* public prosecutor, *Am. mst* district attorney (*abbr.* D.A.); **~anwaltschaft** *f* Department of Public Prosecution; *Brit.* Director of Public Prosecutions (*abbr.* D.P.P.), *Am.* Office of the District Attorney; **~anzeiger** *m* Government gazette; **~apparat** *m* state machinery; **~archiv** *n* Public Record Office; **~aufsicht** *f* Government (*od.* state) control; *unter ~* Government- (*od.* state-)control(l)ed; **~auftrag** *m* Government contract; **~ausgaben** *f/pl.* public expenditures, *Brit.* Government spending *sg.*; **~bank** *f* national bank; **~bankrott** *m* national bankruptcy; **~beamte(r)** *m* civil servant; Government (*od.* State) official, *Am. a.* office-holder; **~begräbnis** *n* state funeral; **~behörde** *f* public authorities *pl.*, Government; **~besitz** *m* → *Staatseigentum*; **~besuch** *m* state visit; **~betrieb** *m* Government (*od.* state-owned, state-run, public, national) enterprise; **~bürger(in** *f*) *m* national, citizen; **~bürgerkunde** *f* civics (*sg.*); **≗bürgerlich** *adj.* civic; **~bürgerrecht** *n* citizenship; *weitS. pl.* civic rights; **~bürgerschaft** *f*: (*doppelte ~* dual) nationality, national status, *Am. a.* citizenship; **~chef** *m* head (*od.* chief) of state; **~dienst** *m* civil (*Am.* public) service; **≗eigen** *adj.* state-owned; **~eigentum** *n* Government (*od.* State) property; *als Recht*: public (*od.* national, *Am.* state-)ownership; *im ~ befindlich* state-owned; → *a. Staatsbetrieb*; **~einkünfte** *pl.* Government revenue *sg.*; **~examen** *n* State examination; **~feind** *m* public enemy; **≗feindlich** *adj.* subversive; **~flagge** *f* national flag; **~form** *f* form of government; *demokratische ~* democratic government; **~gebäude** *n* public building; **~gebiet** *n* (national) territory; **≗gefährdend** *adj.* subversive, seditious; **~gefährdung** *f* subversion, subversive activities *pl.*, sedition; **~gefangene(r** *m*) *f* prisoner of State, state prisoner; **~gefängnis** *n* state prison; **~geheimnis** *n* state secret; F *fig.* (top) secret; **~gelder** *n/pl.* public funds; **~geschäfte** *n/pl.* state affairs; **~gewalt** *f* executive (power), public authority; **~grenze** *f* → *Landesgrenze*; **~haushalt** *m* national budget (*od.* finances *pl.*); **~hoheit** *f* sovereignty; **~interesse** *n* public interest; **~kapitalismus** *m* state capitalism; **~kasse** *f* (public) treasury, *Brit.* Exchequer; **~kirche** *f* state church; *Englische ~* Established Church, Church of England; **≗klug** *adj.* politic(ally *adv.*), diplomatic(ally *adv.*); **~klugheit** *f* → *Staatskunst*; **~kommissar** *m* state commissioner; **~körper** *m* body politic; **~kosten** *pl.*: *auf ~* at (the) public expense; **~kunde** *f* political science; **~kunst** *f* statesmanship, statecraft; **~mann** *m* statesman; **≗männisch** *adj.* statesmanlike; **~minister** *m* minister of state, *Brit.* Secretary of State; **~ministerium** *n* Ministry of State; **~mittel** *n/pl.* public funds; **~monopol** *n* state monopoly; **~notstand** *m* national emergency; **~oberhaupt** *n* head of (the) state, *Am.* (*Präsident*) Chief Executive; *gekröntes*: sovereign; **~organ** *n* Government agency (*od.* body); **~papiere** *n/pl.* Government stocks (*od.* bonds, securities, papers); **~polizei** *f*: (*Geheime ~* secret) state police; **²politisch** *adj.* relating to national policy, national; **~präsident** *m* President of the State; **~prozeß** *m* state trial; **~prüfung** *f* State examination; *für Beamte*: civil-service examination; **~räson** *f* reason of state, raison d'état (*fr.*); **~rat** *m* **1.** Privy Council; **2.** (*Person*) Privy Council(l)or; **~recht** *n* constitutional (*od.* public) law; **²rechtlich** *adj. u. adv.* under (*od.* relating to) constitutional law; **~regierung** *f* government; **~rente** *f* government annuity; **~ruder** *fig. n* helm of State; *das ~ ergreifen* take the helm; *das ~ in der Hand haben* be at the helm; **~säckel** *m*, **~schatz** *m* → *Staatskasse*; **~schiff** *fig. n* ship of state; **~schuld** *f* national (*Am.* public) debt; ⚚ *fundierte*: consols *pl.*; **~schuldschein** *m* national bond; **~sekretär** *m*: (*parlamentarischer ~* Parliamentary) Permanent Under-Secretary; **~sicherheitsdienst** *m* state security service; **~siegel** *n* Great Seal; **~sozialismus** *m* state socialism; **~streich** *m* coup (d'état) (*fr.*); **~theater** *n* state theat|re (*Am.* -er); **~verbrechen** *n* political crime; **~verbrecher** *m* political offender, state criminal; **~verfassung** *f* (political) constitution; **~vertrag** *m* (international) treaty, convention; **~verwaltung** *f* (public) administration; **~wesen** *n* political system, polity; state, commonwealth; state affairs *pl.*; **~wirtschaft** *f* political economy; **~wissenschaft(en** *pl.*) *f* political science; **~wohl** *n* public weal; **~zimmer** *n* stateroom; **~zuschuß** *m* Government grant, subsidy; *durch ~ unterstützt* subsidized, state-aided.

Stab *m* **1.** staff; (*Stock*) stick; (*Stange*) rod; (*Gitter²*, *Metall²*) bar; (*Probestück*) post; *e-s Schirms*: rib; *e-r Jalousie*: slat; (*Leiste*) fillet; (*Bischofs²*) crosier; (*Zauber²*) wand; *Sport*: (*Staffel²*) baton (*a.* ♪ *Dirigenten²*, ⚔ *Marschall²*); *Stabhochsprung*: pole; ♪ *den ~ führen* (*bei*) conduct; *fig. den ~ brechen über j-n* condemn a p.; **2.** *fig.* (*Mitarbeiter²*) staff; ⚔ (*Hauptquartier*) headquarters *pl. u. sg.*; (*Offiziere*) staff-officers *pl.*; *dem ~ gen. angehören* be on the staff of; **~antenne** *f* rod aerial, *Am.* rod (*od.* whip) antenna; **~bakterie** *f* (rod-shaped) bacillus; **~batterie** ⚡ *f* tubular (*od.* torch) battery; **~brandbombe** ⚔ *f* stick-type incendiary bomb.

Stäbchen *n* small rod, *etc.*; *anat.* (*Retina²*) rod; F (*Zigarette*) *sl.* fag; **~bakterie** *f* (rod-shaped) bacillus; **²förmig** *adj.* rod-shaped; **~zelle** *biol. f* rod (*od.* stab) cell.

Stab...: **~eisen** *metall. n* bar iron; **~führung** ♪ *f* conducting; *unter der ~ von* conducted by; **~hochspringer** *m Sport*: pole-jumper, pole-vaulter; **~hochsprung** pole-vault(ing).

stabil *adj. allg.* stable (*a.* ⚕, *pol.*, *a.* ⚚ *Preise, Währung usw.*); (*gleichbleibend*) steady; (*fest, robust*) solid, sturdy; ⊕ *a.* rugged.

Stabilis|ator *m allg.* stabilizer; **²ieren** *v/t.* stabilize; *sich ~* become stabilized; **~ierung** *f allg.* stabilization; **~ierungsfläche** ✈ *f*, **~ierungsflosse** ✈, ⚓ *f*, **~ierungsmittel** ⚗ *n* stabilizer.

Stabilität *f allg.* stability; *der Bauart usw.*: *a.* sturdiness, rugged design, ruggedness; **~spolitik** ⚚ *f* policy of stability.

Stab...: **~lampe** *f* electric torch, flashlight; **~magnet** *m* bar magnet; **~reim** *m* stave rhyme, *weitS.* alliteration; **~sarzt** ⚔ *m* surgeon-major, *Am.* captain (Medical Corps); ⚓ staff-surgeon; **~schef** ⚔ *m* chief of staff; **~sfeldwebel** ⚔ *m Brit.* Warrant Officer Class II; *Am.* master sergeant; ✈ *Am.* Senior Master Sergeant; **~sgefreiter** *m* lance-corporal; **~skompanie** *f* headquarters company; **~soffizier** *m* (*Major bis Oberst*) field-officer; (*Offizier beim Stab*) staff-officer; **~sprung** *m* → *Stabhochsprung*; **~squartier** ⚔ *n* headquarters *pl. u. sg.*; **~sunteroffizier** ⚔ *m Brit.* lance sergeant; *Am.* corporal; ✈ *Am.* airman 1st class; **~wechsel** *m Sport*: baton changing; **~wechselraum** *m Sport*: baton-exchange area.

Stachel *m* prick; *der Insekten*: sting; ⚘, *zo.* spine; (*Dorn*) thorn; (*Metallspitze*) *a. am Rennschuh usw.*: spike; *am Sporn*: point; *e-r Schnalle*: tongue; (*Zinken*) prong; *zum Viehtreiben*: goad; *fig.* (*Verletzendes*) sting; (*Ansporn*) goad, spur; *der ~ des Ehrgeizes* the goad of ambition; *fig. e-r Sache den ~ nehmen* take the edge off; *der Vorwurf ließ e-n ~ zurück* ... rankled; *bibl. wider den ~ löcken* kick against the pricks; **~beere** *f* gooseberry; **~beerstrauch** *m* gooseberry-bush; **~draht** *m* barbed wire; **~drahthindernis** ⚔ *n* barbed wire obstacle, wire entanglement; **~flosse** *f* spinous dorsal fin; **~halsband** *n* spiked collar; **~häuter** *zo. m* echinoderm; **~ig** *adj.* prickly (*a. Bart*); ⚘, *zo.* spinous, spinose; (*borstig*) bristly (*a. fig. kratzbürstig*); *fig. Rede usw.*: caustic, biting; **~n** *v/t. u. v/i.* sting, prick; (*antreiben*) *a. fig.* goad, prod, spur on; **~rochen** *ichth. m* thorn-back; **~schwein** *n* porcupine.

Stadel *m* barn, shed.

Stadion *n Sport*: stadium.

Stadium *n* stage, phase.

Stadt *f* town; (*Groß~*), *Am. amtlich*: city; (*~verwaltung, ~gemeinde*) municipality; *in der ~ aufgewachsen* town-bred, city-reared; *in die (nahe) ~ gehen* go to town; *in der (hiesigen) ~ sein* be in town; → *ewig* I; **~bahn** *f* city-railway; *in London*: metropolitan (railway); **~baumeister** *m* municipal architect; **~behörde** *f* municipal authorities *pl.*; **~bekannt** *adj.* (known) all over the town; notorious; **~bewohner** *m* → *Städter*; **~bezirk** *m* urban district; **~bibliothek** *f* public library; **~bild** *n* townscape; **~bummel** *m* stroll through the town.

Städtchen *n* small town.

Stadtdirektor *m* town clerk, *Am.* city manager.

Städte|bau *m*, **~planung** *f* town (*Am.* city) planning; **~ordnung** *f* municipal statutes *pl.*, *Brit.* Municipal Corporation Act; **~r(in** *f*) *m* towns(wo)man, city-dweller; *pl. a.* townspeople; **~sanierung** *f* urban renewal; **~tag** *m* Federation of Cities; **~zug** 🚂 *m* interurban express train.

Stadt...: **~gas** *n* city gas; **~gebiet** *n* urban area; **~gemeinde** *f* township, municipality, *Am. a.* municipal corporation; **~gespräch** *n* **1.** *teleph.* local call; **2.** *fig. zum ~ werden* become the talk of the town; **~graben** *m* town-moat; **~grenze** *f* city boundary; → *a. Stadtrand*; **~halle** *f* municipal hall.

städtisch *adj.* urban, town(-)..., city(-)...; *bsd. verwaltungsmäßig*: municipal; (*groß~*) metropolitan; *~e Beamte* municipal officers; *~e Bevölkerung* urban population; *~e Werke* municipal public works.

Stadt...: **~kämmerer** *m* city treasurer; **~kasse** *f* city treasury; **~kern** *m* town cent|re (*Am.* -er), city, heart of the town; **~kind** *n* town-bred child (*od.* person); *weitS.* townsman, confirmed city-dweller; **~kirche** *f* town parish church; **~koffer** *m* attaché case; **~kommandant** ⚔ *m* town-major; **~kreis** *m* (urban) district; **~leben** *n* town life, city life; **~leute** *pl.* townspeople, city-dwellers; **~licht** *mot. n* town light; **~mauer** *f* city-wall; **~mitte** *f* town cent|re (*Am.* -er), city, central area, *Am. a.* downtown; **~musikant** *m* town-musician; **~park** *m* municipal park; **~parlament** *n* city parliament; **~plan** *m* town plan, city map; **~planung** *f* → *Städteplanung*; **~rand** *m* outskirts *pl.* (*od.* fringe) of the town *od.* city; **~randsiedlung** *f* suburban settlement (*od.* housing estate); **~rat** *m* **1.** town (*od.* municipal) council; **2.** (*Person*) town (*Am.* city) council(l)or, alderman; **~recht** *n* freedom of the city; (*Ordnung*) municipal law(s *pl.*); **~schreiber** *m* municipal clerk; **~staat** *m* city-state; **~teil** *m* (municipal) district (*od.* quarter, ward); **~theater** *n* municipal theat|re, *Am.* -er; **~tor** *n* town-gate, city-gate; **~väter** *m/pl.* city fathers; **~verkehr** *m* city traffic; **~verordnete(r)** *m* → *Stadtrat* 2; **~verwaltung** *f* municipality, *Brit.* municipal corporation; **~viertel** *n* → *Stadtteil*; **~wappen** *n* city-arms *pl.*; **~zentrum** *n* → *Stadtmitte*.

Stafette *f* courier; **~nlauf** *m* relay race.

Staffage *f* accessories *pl.*, accessory figures *pl.*; *fig.* decoration, trimmings *pl.*, F frills *pl.*; (*hohler Schein*) mere show.

Staffel *f* **1.** step; *e-r Leiter*: *a.* rung; **2.** *fig.* (*Gehaltsstufe*) bracket; **3.** *Sport*: relay; **4.** ⚔, ✈ squadron; **~aufstellung** *f* echelon (formation); **~auszug** ⚕ *m* equated abstract of account.

Staffelei *paint. f* easel.

Staffel...: **~förmig** *adj.* staggered, *bsd.* ⚔ echelon(ed), in echelons; **~kapitän** ✈ *m* squadron commander; **~lauf** *m Sport*: relay race; **~n** *v/t.* step; (*Steuern, Löhne usw.*) grade, graduate; ⊕, *Sport*, ✈, (*Arbeitszeit usw.*) stagger; ⚔ echelon; *gestaffelt Anordung usw.*: staggered, *bsd.* ⚔ echelon(ed); *Preis, Steuern, Zinsen* *usw.*: graduated, equated; **~rechnung** *f* equated account; **~schwimmen** *n Sport*: relay swimming; **~stab** *m Sport*: (relay) baton; **~tarif** *m* graduated tariff; **~ung** *f* ⚔ echelon formation; ✈, *Sport usw.*: staggering; *von Steuern, Zinsen usw.*: graduation, progressive rates *pl.*; (*Gefälle*) differential(s *pl.*); **~zinsen** *m/pl.* equated (*od.* graduated) interest *sg.*; **~zinsrechnung** *f* equated calculation of interest.

staffieren *v/t.* → *ausstaffieren.*

Stag ⚓ *n* stay; *großes* ~ mainstay.

Stagflation ✝ *f* stagflation.

Stagnation *f* stagnation; **≈ieren** *v/i.* stagnate; **≈ierend** *adj.* stagnant.

Stagsegel *n* gib.

Stahl *m* steel; ⊕ (*Dreh*≈) tool; *fig.* (*kalter od. blanker* ~) (cold) steel; *aus* ~ → *stählern*; *aus gezogenem* ~ steel-drawn; *Eisen in* ~ *verwandeln* steelify; **~aktien** *f/pl.* steels; **~bad** *n* chalybeate bath *od. Ort*: spa; **~band** *n* steel tape; **~bandmaß** *n* steel measuring tape; **~bau** *m* steel(-girder) construction; **~beton** *m* reinforced concrete, ferro-concrete; **≈blau** *adj.* steel-blue; **~blech** *n* sheet steel; **~brunnen** *m* chalybeate spring; **~bürste** *f* (steel-)wire brush; **~draht** *m* steel wire; **~eisen** *n* open hearth pig iron.

stähl|en *v/t.* (*Eisen*) steel, harden, temper; *fig.* (*abhärten, wappnen*) steel (*sich* o.s.); **~ern** *adj.* (of) steel, steely; *fig.* steely (*a. Blick*); *Griff, Herz, Muskeln*: of steel.

Stahl...: **~fach** *n* safe deposit box, strong box; **~feder** *f* steel spring; *zum Schreiben*: steel nib; **≈gepanzert** *adj.* steel-clad; **~gerüst** *n* girder construction; **≈grau** *adj.* steel-grey, *Am.* -gray; **~guß** *m Werkstoff*: cast steel; *als Fertigerzeugnis*: cast steel product, steel casting(s *pl.*); **≈haltig** *adj. Wasser*: chalybeate; **≈hart** *adj.* (as) hard as steel; → *a. stählern*; **~helm** *m* steel helmet, *sl.* tin hat; **~kammer** *f e-r Bank*: strong room, *Am.* steel vault; **~kerngeschoß** ⚔ *n* steel-core projectile; **~konstruktion** *f* → *Stahlbau*; **~mantelgeschoß** ⚔ *n* steel jacket bullet; **~möbel** *n/pl.* steel furniture *sg.*; **~platte** *f* steel plate; **~quelle** *f* chalybeate spring; **~rohr** *n* steel tube; **~rohrmast** *m* tubular steel mast; **~rohrmöbel** *n/pl.* tubular (steel) furniture *sg.*; **~roß** *co. n* (*Lokomotive*) iron horse; (*Fahrrad*) bike; **~seil** *n* steel cable; **~sorte** *f* steel grade; **~späne** *m/pl.* steel chips; steel wool *sg.*; **~stich** *m* steel engraving; **~träger** *m* steel girder; **~waren** *f/pl.* steel goods, *Am.* hardware *sg.*; **~werk** *n* steel-works *pl.* (*oft sg. konstr.*), steel mill; **~wolle** *f* steel wool.

Staken I. *m* (*Stange*) pole; **II.** ≈ *v/i. u. v/t.* pole, punt.

Staket *n* palisade, paling, fence; **~enzaun** *m* picket fence.

stakkato *adj. u. adv.*, ≈ ♪ *n* staccato.

staksen F *v/i.* strut.

Stala|gmit *geol. m* stalagmite; **~ktit** *m* stalactite.

Stalinis|mus *m* Stalinism; **~t(in** *f*) *m*, **≈tisch** *adj.* Stalinist.

Stalinorgel ⚔ *f* multiple rocket launcher.

Stall *m* (*Pferde*≈) stable (*a. fig. Renn*≈, *mot.*); (*Einzel*≈) stall; (*Kuh*≈) cowshed, stable; (*Schweine*≈) pigsty, piggery; → *a. Hühnerstall, Laufstall usw.*; (*Chorherrensitz*) stall; F (*elendes Zimmer*) F hole; F *fig. aus einem guten* ~ (*Familie*) from a good stable; **~dienst** ⚔ *m* stable duty; **~dünger** *m* stable manure; **≈en**[1] *v/t. u. v/i.* stall, stable; **≈en**[2] *v/i.* (*harnen*) stale; **~fütterung** *f* stall-feeding; **~gefährte** *m Sport*: stable mate; **~geld** *n* stable money, stallage; **~hase** *m* domestic rabbit; **~knecht** *m* stableman, groom, ostler; **~(l)aterne** *f* stablelantern; **~meister** *m* equerry; **~mist** *m* stable manure; **~ung** *f* stabling; *pl. a.* stables; **~wache** *f* stable guard.

Stamm *m* **1.** ✿ stem; (*Stengel*) stalk; (*Baum*≈) trunk (*a. anat. Gefäß*≈, *Nerv*≈); (*Hirn*≈) stem, stalk; **2.** (*Volk*) race; (*Eingeborenen*≈) tribe; (*Geschlecht*) stock; (*Familie, Haus*) family, house; *in Schottland*: clan; *biol.* phylum; (*Bakterien*≈) strain; *Vieh*: breed; *ling.* (*Wort*≈) root, stem, (*Sprach*≈) stock; *männlicher* (*weiblicher*) ~ male (female) line; ⚖ *Erbfolge nach Stämmen* succession per stirpes; **3.** (*Mitarbeiter*≈ *usw.*) cadre (personnel, *a.* ⚔), core (group), nucleus, permanent (*od.* skeleton) staff *od.* personnel; (*Kunden*≈) regular clientele, (stock of) regular customers *pl.*; **~aktie** ✝ *f* original (*od.* ordinary) share *od.* stock, *Am. a.* common stock; **~baum** *m* genealogical (*od.* family) tree; *zo.* pedigree; *biol.* phylogenetic tree; ⊕ (*Materialbegleitschein*) flowsheet; **~bedeutung** *ling. f* lexical meaning; **~buch** *n* **1.** album; F *fig. j-m et. ins ~ schreiben* drive a th. home to a p.; **2.** ✓ herdbook; **~burg** *f* ancestral castle, family seat; **~einheit** ⚔ *f* parent unit; (*Kadereinheit*) cadre unit; **~einlage** ⚕ *f* original investment, *partner's* capital share.

stammeln I. *v/i. u. v/t.* stammer, stutter; **II.** ≈ *n* stammer(ing).

Stammeltern *pl.* progenitors.

stammen *v/i.*: *~ von od. aus* (*Nachkomme sein von*) be descended from; (*s-n Ursprung haben in, herrühren von*) originate (*Am. a.* stem) from, spring (*od.* proceed, come) from; (*e-r Stadt usw.*) come (*od.* hail) from; *zeitlich*: date from, go back to; *ling. usw.* (*sich ableiten von*) be derived from; *der Ausspruch stammt von ihm* the word is from (*od.* was coined by) him; *weitS.* the remark was made by him; *er stammt aus gutem Hause* he is of (*od.* comes from) a good family.

Stammes...: **~genosse** *m* clansman, tribesman; **~geschichte** *f* racial history; *biol.* phylogeny; **≈geschichtlich** *adj.* phylogen(et)ic; **~häuptling** *m* chieftain.

Stamm...: **~form** *ling. f* principal form; **~gast** *m* regular guest (*od.* customer), habitué (*fr.*), F regular; **~gericht** *n im Gasthaus*: (low-priced) basic dish; **~halter** *m* son and heir, first-born male descendant; **~haus** ⚕ *n* parent firm (*od.* house); **~holz** *n* log(s *pl.*).

stämmig *adj.* burly; (*stark*) brawny, sturdy, stalwart, *Am. a.* husky, hefty; (*untersetzt*) stocky, thickset; **≈keit** *f* burliness, *etc.*

Stamm...: **~kapital** ⚕ *n* original capital; (*Aktien≈*) share capital, *Am.* capital stock; (*Effekten≈*) ordinary share capital, *Am.* common capital stock; **~kneipe** *f*, **~lokal** *n* *one's* favo(u)rite pub (*od.* restaurant, place), habitual haunt; **~kunde** ⚕ *m* regular customer, patron, F regular; **~land** *n* home(land), motherland; **~lösung** ⚗ *f* standard solution; **~(m)annschaft** *f* *Sport*: first(-string) team; **~(m)utter** *f* progenitress, ancestress; **~patent** *n* parent patent; **~personal** *n* permanent staff; (*Mindest≈*) skeleton staff; (*Kader*) cadre personnel; **~platz** *m* habitual place (*od.* seat); *fig. ~ in e-r Mannschaft usw.* firm place in a team, *etc.*; **~rolle** ⚔ *f* muster-roll, personnel roster; **~schloß** *n* ancestral castle; **~silbe** *ling. f* radical (*od.* root) syllable; **~sitz** *m* ancestral seat; → *a. Stammplatz*; **~spieler** *m Sport*: first-string player; **~tafel** *f* genealogical table; ⊕ flowsheet; ⚗ volumetric table; **~tisch** *m* table reserved for a round of regular guests; (*Personen*) round (of boon companions), drinking company; **~tisch...** *co.* crackerbarrel *politician*, arm-chair *strategist*; **~vater** *m* progenitor; ancestor; **≈verwandt** *adj.* kindred, cognate (*a ling.*); *pred.* of the same race; **~volk** *n* aborigines *pl.*; **~werk** ⊕ *n* parent plant; **~wort** *ling. n* root-word, stem.

Stampf|beton *m* tamped concrete; **~e** *f* ⊕ tamper, (*Ramme*) ram(mer); (*Schlegel*) beater, beetle; (*Stößel*) pestle; (*Stanze*) punch; **≈en I.** *v/i.* **1.** (*schwer auftreten*) stamp, trample; (*~d gehen*) *a.* stomp; *mit dem Fuß ~* stamp one's foot; **2.** ⚓ pitch, heave and set; **II.** *v/t.* ⊕ (*fest ~*) tamp (*a. Asphalt*); (*rammen*) ram; (*Erze usw.*) stamp, crush; (*Korn*) bruise; (*Kartoffeln*) mash; (*Trauben*) crush; *im Mörser*: bray; → *kleinstampfen*; *fig. aus dem Boden ~* conjure (*od.* F whistle) up; **~er** ⊕ *m* → *Stampfe.*

Stand *m* **1.** (*Stehen*) stand(ing), upright (*od.* standing) position; (*Still≈*) stand(still); (*~ort*) stand, *a.* ⚓, *ast.* position; (*Halt für den Fuß*) footing, foothold; *aus dem ~* from a standing position, *a. mot.* from standstill; *Sprung aus dem ~* standing jump; *keinen (festen) ~ haben Person*: have no secure foothold; *Sache*: not to be stable, wobble; *fig. e-n schweren ~ haben* have a hard time of it, *bei j-m*: have a great deal of trouble with a p.; **2.** (*Zu≈*) state; (*Beschaffenheit*) condition; (*Lage*) situation, position; (*Niveau*) level, standard; (*Flüssigkeits≈*) level, height; *e-s Anzeigegeräts*: reading; ⚕ *von Kursen, Preisen, des Marktes*: level, rate; *e-s Wettkampfes*: score; *den höchsten ~ erreichen* reach the peak (*od.* highest level); *auf den neuesten ~ bringen* bring up to date, update; *gut im ~ sein* be in good condition; *j-n in den ~ setzen, zu inf.* enable a p. to *inf.*; → *außerstande, imstande, instand, zustande*; *~ der Dinge* state of affairs; *nach dem ~ der Dinge* as matters stand; *Vorrat usw. nach dem ~ vom 1. April* as at (*od.* of) April 1st; (*neuester*) *~ der Technik* (latest) state of engineering, *Patentrecht*: prior art (*a. Vorwegnahmen*); **3.** (*gesellschaftliche Stellung*) (social) position *od.*

standing, station, rank, (*a. Rechts*≈, *Familien*≈) status; (*Klasse*) class; (*Kaste*) caste; (*Beruf*) profession; (*Gewerbe*) trade; *pol.* (*Reichs*≈) estate (of the realm); *die Stände* (*Volksvertretung*) the Diet *sg.*; *geistlicher* ~ *the* clergy; ~ *der Ehe* married state; *die höheren Stände* the upper classes; *aus allen Ständen* from all walks of life; *Mann von* ~ man of rank (*od.* quality); **4.** (*Verkaufs*≈, *Messe*≈) stand, booth, stall; *für Pferd, Auto*: stall, box; **5.** ⚒ *vom Getreide*: stand.

Standanzeiger ⊕ *m* level ga(u)ge.

Standard *m allg.* standard; **≈isieren** *v/t.* standardize; **~isierung** *f* standardization; **~lösung** ⚗ *f* standard solution; **~modell** *n*, **~typ** *m* standard type (*od.* design); **~werk** *n* standard (*od.* authoritative) work; **~wert** *m* standard value.

Standarte *f* standard, banner; *kleine*: guidon.

Stand...: **~bein** *n* standing leg; **~bild** *n* statue; (*Photo*) still.

Ständchen *n* serenade; *j-m ein* ~ *bringen* serenade a p.

Stander *m* pennant.

Ständer *m* (*Gestell*) stand; (*Gewehr*≈, *Pfeifen*≈) rack; (*Pfosten*) post, pillar; ⊕ support, mount; ⚡ stator; V (*Erektion*) hard-on, *the* horn; → *Bücherständer usw.*; **~lampe** *f* standard (lamp), floor lamp.

Standes...: **~amt** *n* registry office, *Am.* marriage license bureau; *weitS.* Bureau of Vital Statistics; **≈amtlich** *adj. u. adv.* by the registrar; ~*e Trauung* civil marriage; **~beamte(r)** *m* registrar; **~bewußtsein** *n* caste-feeling, class-consciousness; **~dünkel** *m* pride of place; **≈gemäß, ≈mäßig** *adj. u. adv.* in a style befitting one's state (*od.* rank), suitable to one's station; **~genosse** *m* one's equal (in rank), compeer; **~person** *f* person of rank (*od.* quality); **~unterschied** *m* social difference, class-distinction; **~vorurteil** *n* class-prejudice; **≈widrig** *adj.* unethical.

Stand...: **≈fest** *adj.* stable; (*starr*) rigid; F *fig. nicht mehr ganz* ~ a bit groggy; **~festigkeit** *f* stability; rigidity; **~geld** *n* stall money; **~gericht** ⚔ *n* drumhead court martial; **~glas** *n* glass (cylinder); (*Anzeigeglas*) level ga(u)ge.

standhaft I. *adj.* steadfast, steady; (*unerschütterlich*) firm, unswerving; (*unerschrocken*) undaunted; (*entschlossen*) resolute; (*treu*) sta(u)nch; (*beharrlich*) persevering, constant; ~ *bleiben* stand pat, resist temptation; **II.** *adv.*: ~ *ablehnen* refuse stoutly; **≈igkeit** *f* steadfastness, *etc.*; perseverance, constancy.

standhalten *v/i.* hold one's ground (*od.* own), stand firm, hold out; (*e-m Angriff, Stoß usw.*) withstand; (*e-r Kritik usw.*) bear; *j-m od. e-r Sache* ~ *a.* resist a p. *od.* a th.; *der Prüfung* ~ stand the test; *es wird e-r näheren Prüfung nicht* ~ it will not bear closer examination; → *Vergleich* 1.

ständig I. *adj. Adresse, Amt, Personal usw.*: permanent; (*fortwährend*) constant; (*laufend*) continuous; *Einkommen, Wohnsitz*: fixed, regular; *Regel, Praxis*: established; ~*er Ausschuß* standing committee; ~*er Begleiter* constant companion; ~*er Korrespondent e-r Zeitung*: resident correspondent; **II.** *adv.* permanently; constantly, forever; et. ~ *sagen* (*tun*) keep saying (doing) a th.

Stand...: **~licht** *mot. n* parking light; **~motor** *m* stationary engine.

Standort *m* position (*a.* ⚓ *usw.*), location; *e-r Industrie usw.*: site; (*Ort*) place, station; ⚔ (*Garnison*) garrison, *Am.* post; ⚘, *zo.* habitat; *fig. pol.* position; *den* ~ *bestimmen von* determine the position of, locate; **~bereich** ⚔ *m* garrison (*Am.* post) command; **~bestimmung** *f* position finding; *Radar*: *a.* fixing; **~kommandant** *m* garrison (*Am.* post) commander; **~meldung** ⚓ *f* position report.

Stand...: **~pauke** F *f* dressing-down, lecture; *j-m e-e* ~ *halten* lecture a p. severely; **~platz** *m* stand, station; *für Taxis*: (cab) rank; **~punkt** *fig. m* point of view, standpoint, viewpoint; *überwundener* ~ discarded idea; *den* ~ *vertreten* (*od. auf dem* ~ *stehen*), *daß* take the view that, hold that; *j-m* (*energisch*) *den* ~ *klarmachen* give a p. a piece of one's mind; *von seinem* ~ *aus* from his point of view; **~quartier** ⚔ *n* fixed quarters *pl.*; *für Feldtruppen*: cantonment; **~recht** ⚔ *n* martial law; *das* ~ *verhängen* impose martial law; **≈rechtlich** *adj. u. adv.* according to martial law; by order of a court martial; **~rohr** *n* gully; **~seilbahn** *f* funicular; **≈sicher** *adj.* stable; **~uhr** *f* grandfather (*od.* hall) clock; **~visier** ⚔ *n* fixed sight; **~vogel** *m* resident bird;

~waage *f* horizontal balance; **~wild** *hunt. n* sedentary game.

Stange *f* pole; (*Metall*≈) rod, bar; (*Pfosten*) post; (*Fahnen*≈) staff, pole; (*Vogel*≈) perch, *für Hühner*: *a.* roost; (*Geweih*≈) beam; *von Rasierseife, Siegellack*: stick; F (*lange Person*) F tall streak, bean-pole; *Anzug von der ~ (fertiggekauft)* F reach- (*Am.* hand-)me-down; F *e-e ~ Geld* F a tidy penny, (quite) a packet; F *fig. bei der ~ bleiben* stick to one's guns; (*nicht abschweifen*) stick to the point; *j-m die ~ halten als Freund*: back (*od.* stand by) a p., F stick up for a p.; *j-n bei der ~ halten* keep a p. up to (the) scratch.

Stangen...: ~bohne *f* runner (*Am.* string) bean; **~eisen** *n* bar-iron; **~gebiß** *n* bar-bit; **~gold** *n* ingot gold, ingots *pl.*; **~pferd** *n* wheel horse; **~spargel** *m* asparagus served whole; **~zirkel** *m* beam compasses *pl.*

Stänker *m*, **~in** *f* F *fig.* cantankerous person, squabbler, trouble-maker; **~ei** F *f* squabbling, venom; **≈n** F *fig. v/i.* vituperate, be cantankerous.

Stanniol *n* tin foil; **~papier** *n* tin-foil paper; **~streifen** *m Radar*: chaff, window.

Stanz|blech ⊕ *n* sheet material for punching; **~e**[1] ⊕ *f* punch(ing tool), punching machine; **~e**[2] *f* (*Strophe*) stanza; **≈en** ⊕ *v/t.* punch; stamp; **~maschine** *f* punching machine; **~matrize** *f* punching die; **~presse** *f* stamping press; **~stahl** *m* punching tool steel.

Stapel *m* pile, stack; ⚓ stocks *pl.*, slips *pl.*; (*Vorrat*) stock(pile); (*Faser*) staple; ⚚ (*Handelsplatz*) emporium, staple, mart; ⚓ *auf ~ legen* lay down; *vom ~ lassen* launch (*a. fig. Rede, Kritik, Protest, Werbungsaktion usw.*); (*Rede usw.*) *a.* deliver, let go with; (*e-n Schlag*) *a.* release, F uncork; *vom ~ laufen* be launched (*a. fig.*); **~faser** *f* short-fibred rayon, staple fib|re (*Am.* -er); **~lauf** *m* launching (*a. fig.*); **≈n** *v/t.* stack, (*a. sich ~*) pile up; (*lagern*) store, warehouse; *als Vorrat*; stockpile; **~platz** *m* stockyard, *a.* ⚔ dump; ⚚ (*Handelsplatz*) emporium, mart; **~waren** *f/pl.* staple commodities.

Stapfe *f* footprint; **≈n** *v/i.* stamp, stomp, trudge.

Stapler *m* stacker truck; → *a. Gabelstapler.*

Star[1] *orn. m* starling.

Star[2] *m Film, Sport u. allg.* star; *kleiner od. zukünftiger ~* starlet; *als ~ auftreten (od. vorstellen)* star.

Star[3] ⚕ *m*: (*grauer ~* grey, *Am.* gray) cataract; *grüner ~* glaucoma; *schwarzer ~* black cataract, amaurosis; *j-m den ~ stechen* couch a p. (for cataract); *fig.* open a p.'s eyes.

Star...: ~allüren *pl.* primadonnaish airs; **~besetzung** *thea. f* star cast; **≈blind** *adj.* blind from cataract; **~brille** *f* cataract lenses *pl.*

stark I. *adj. allg.* strong, powerful (*beide a. Ähnlichkeit, Argument, Brille, Fernglas, Gefühl, Gegner, Gift, Kandidat, Licht, Motor, Muskeln, Stellung usw.*); *Geruch, Geschmack, Getränk, Glaube, Nerven, Parfüm, Verdacht, Vorurteil, Zigarre, ling. Verbum usw.*: strong; (*kräftig, a. Sache*) robust, sturdy; (*beleibt*) stout, corpulent; (*dick*) thick; (*mächtig*) mighty, powerful; (*intensiv*) intense; (*heftig*) violent; (*schlimm*) bad; (*laut*) loud; *~e Auflage e-s Buches*: large edition; *~er Band* big volume; *~e Erkältung* bad cold; *~er Esser* hearty eater; *~er Appetit* hearty (*od.* strong) appetite; *~e Familie* numerous (*od.* big) family; *~es Fieber* high temperature; *~er Frost* hard frost; *a. pol. ~er Mann* strong man; *~e Meile (Stunde)* good mile (hour); ⚕ *~es Mittel* potent (*od.* powerful, strong) remedy; *~e Nachfrage* great (*od.* keen) demand; *~er Regen* heavy shower, hard rain; *fig. ~e Seite* strong point, forte; *sich ~ fühlen* feel strong; F *sich ~ machen für* make a stand for; *~er Trinker* heavy (*od.* hard) drinker; *~er Raucher* heavy smoker; *~er Verkehr* heavy traffic; *e-e 200 Mann ~e Kompanie* a company 200 strong (*od.* numbering 200); *das Buch ist 400 Seiten ~* comprises (*od.* has) 400 pages; *~ sein in e-m Fach* be strong in; F *das ist (doch) zu ~!, das ist ein ~es Stück!* that's a bit thick!; **II.** *adv.* (*sehr*) strongly, very much, greatly, highly, hard; *~ behaart* very hairy, hirsute; *~ benachteiligt* badly handicapped; *~ erkältet sein* have a bad cold; *~ gefragt* in great demand; *~ vermissen* miss badly; *~ rauchen* be a heavy smoker; *~ übertrieben* grossly exaggerated; *~ besetzt* well-attended, crowded, packed.

Stärke[1] *f* → *a. stark* I; strength, power (*a.* ⊕ *Leistung*), force; stoutness, corpulence; ⊕ thickness, (*Durchmesser*) diameter;

Draht: ga(u)ge; *Holz*: heaviness; ⚗ strength, concentration; (*Intensität*) intensity; (*Heftigkeit*) violence; ⚕ potency, strength; *zahlenmäßige*: strength; *fig.* (*starke Seite*) strong point, forte.

Stärke[2] ⚗ *f* starch.

Stärke...: **⁀haltig** *adj.* containing starch, starchy; **~mehl** *n* starch-flour; **~meldung** ⚔ *f* strength-return.

stärken[1] **I.** *v/t.* strengthen (*a. fig.*); (*beleben*) invigorate, brace; (*Gesundheit*) *a.* fortify; (*Mut*) brace (up); **II.** *v/refl.*: *sich* ~ take some refreshment, *mit e-m Imbiß*: F have a bite, *mit Alkohol*: brace o.s. (with a drink).

stärken[2] *v/t.* (*Wäsche*) starch.

stärkend *adj.* strengthening, invigorating, bracing; ⚕ (*a.* ~*es Mittel*) tonic, restorative.

Stärkezucker *m* starch-sugar.

starkknochig *adj.* strong-limbed, big-boned.

Starkstrom ⚡ *m* power (*od.* high-voltage, heavy) current; **~anlage** *f* power plant; **~kabel** *n* power cable; **~netz** *n* power supply system; **~technik** *f* heavy-current engineering.

Stärkung *f allg.* strengthening; (*Belebung*) invigoration; (*Trost*) comfort; (*Erfrischung*) refreshment; F (*Schnaps usw.*) F bracer, pick-me-up; **~smittel** *n* restorative, tonic.

starkwirkend ⚕ *adj.* strong, powerful, potent, drastic.

starr I. *adj.* rigid (*a. fig.*); (*steif*) stiff; *Blick*: staring, fixed; (*bewegungslos*) motionless; ⊕ rigid (*a. Luftschiff*), (~ *angebracht*) fixed; (*unbeugsam*) rigid, inflexible, F hard-shell ...; ~*er Blick a.* stare; *im Tode*: (glassy) stare; ~ *vor Entsetzen* paralysed with terror, transfixed; ~ *vor Staunen* thunderstruck, dum(b)founded; ~ *vor Kälte* numb (with cold); **II.** *adv.* rigidly, *etc.*; *j-n* ~ *ansehen* stare at a p., look at a p. fixedly.

starren[1] *v/i.* stare (*auf* at); → *Leere* 1.

starren[2] *v/i.*: *von Waffen usw.* ~ bristle with; *vor Kälte* ~ be numb with cold; *vor Schmutz* ~ be covered (*od.* begrimed) with dirt.

Starr...: **~heit** *f* → *starr*; rigidity; stiffness; fixedness; numbness; inflexibility, stubbornness; **~kopf** *m* stubborn fellow, headstrong person; **⁀köpfig** *adj.* stubborn, obstinate, headstrong, bullheaded; (*stur*) mulish; **~köpfigkeit** *f* stubbornness, obstinacy; **~krampf** ⚕ *m* tetanus; **~krampfserum** *n* antitetanic serum; **~schmiere** ⊕ *f* grease; **~sinn** *m* → *Starrköpfigkeit*; **~sucht** ⚕ *f* catalepsy.

Start *m* start (*a. fig.*); ✈ *a.* take-off; (*Katapult*⁀) launch(ing); (*Raketen*⁀) launching, blast-off, lift-off; *fliegender* (*stehender*) ~ *Sport*: flying (standing) start; ~ *und Ziel* start and finish; *e-n guten* ~ *haben* have a good start (*a. fig.*); ✈ *den* ~ *freigeben* clear for take-off; **~automatik** *mot. f* automatic choke control; **~bahn** ✈ *f* runway; **⁀berechtigt** *adj. Sport*: eligible; *nicht* ~ disqualified; **⁀bereit** *adj. a.* F *fig.* ready to start (*od.* take off); **~block** *m Lauf-, Schwimmsport*: starting-block; **⁀en I.** *v/i.* start; *Sport*: *a.* (*teilnehmen*) take part (*bei* in *a competition*), participate (in); ✈ start, take off; *zu früh* ~ *Sport*: jump the gun; **II.** *v/t.* start; F *fig.* (*Unternehmen usw.*) *a.* launch; **~er** *m mot. u. Sport*: starter; **~erklappe** *mot. f* choke; **~erlaubnis** *f* ✈ clearance for take-off; *Sport*: permit (to take part), licence; **~geld** *n Sport*: entry fee; **~glocke** *f* (starter's) bell; **~hilfe** *f* ✈ assisted take-off (*a. Abflug mit* ~); *fig.* start; ~ *durch Raketen* rocket-assisted take-off; *j-m* ~ *geben* give a p. a start (in life); **⁀klar** *adj.* ✈ ready for take-off; *Maschine*: in flying condition; **~kommando** *n Sport*: starter's order; **~linie** *f* starting line; **~loch** *n* starting hole; **~nummer** *f* number; **~ordnung** *f* order of starting; **~pistole** *f* starter's pistol; **~platz** *m* start(ing-place); ✈ take-off point, airfield; **~rakete** *f* launching rocket; **~schleuder** *f* catapult; **~schuß** *m Sport*: starting shot; *da ist der* ~ there is the gun; *mit dem* ~ from the gun; **~signal** *n* starting (✈ take-off) signal; *fig.* F go-ahead; **~strecke** ✈ *f* take-off run; **~verbot** *n Sport*: suspension; ✈ take-off restriction; *mit* ~ *belegen* suspend; ✈ ground; **~zeichen** *n* → *Startsignal*.

Statampere ⚡ *n* statampere.

Statik *phys.*, ⚡, ⛫ *f* statics *pl.* (*sg. konstr.*); **~er** ⛫ *m* static calculations engineer, stress analyst.

Station *f* 🚂, ⚓, *Radio*, *meteor. usw.*: station; (*Haltestelle*) halting-place, stop; (*Teilstrecke*) stage; (*Kranken*⁀) ward; (*gegen*) *freie* ~ board and lodging (found); ~ *machen* make a halt, break one's journey.

stationär *adj.* stationary (*a.* ⊕); (*gleichbleibend*) steady, constant; ⚕

in-patient ... (*a.* ~ *behandelter Patient*); ~*e Behandlung* in-patient treatment.
stationier|en *v/t.* station; **≀ung** *f* stationing; **≀ungskosten** *pl.* stationing costs; **≀ungsstreitkräfte** ⚔ *f/pl.* stationed forces.
Stations...: **~arzt** *m* ward physician; **~schwester** *f* ward sister, floor nurse; **~skala** *f Radio*: station dial; **~vorsteher** 🚂 *m* stationmaster, *Am.* station agent.
statisch *adj.* static(ally *adv.*).
Statist *m*, **~in** *f thea.* supernumerary, F super; *Film*: *a.* extra; **~ik** *f* statistics *pl.* (*als Wissenschaft od. Methode sg. konstr.*); **~iker** *m* statistician; **≀isch** *adj.* statistic(al); ~*e Aufstellung* (statistical) returns *pl.*; ~*e Erhebung* survey.
Stat|iv *n* stand, support; *phot. usw.* tripod; **~or** ⚡ *m* stator.
Statt *f* place, stead; ⚖ *an meiner* ~ *Vollmacht*: in my place and stead; *an Kindes* ~ *annehmen* adopt; → *Eid, von-, zustatten, anstatt* I.
statt *prp.* instead of, in lieu of; ~ *dessen* instead of this; instead (*nachgestellt*); ~ *seiner* in his place; ~ *zu arbeiten* instead of working.
Stätte *f* place; *e-s Ereignisses*: scene; (*Wohnung*) abode; *keine bleibende* ~ *haben* have no home.
statt...: **~finden**, **~haben** *v/i.* take place, happen; come off; (*abgehalten werden*) be held, be staged; ⚖ *Berufung usw.*: lie (*gegen* from); **~geben** *v/i.* (*e-r Bitte usw.*) grant, allow; **~haft** *adj.* admissible, permissible, (*gesetzlich* ~) legal; *nicht* ~ not allowed.
Statthalter *m* governor; *rhet. b.s.* satrap; (*Vizekönig*) viceroy; **~schaft** *f* governorship.
stattlich *adj.* (*imposant, prächtig, würdevoll*) stately; (*eindrucksvoll*) *a.* imposing, impressive, commanding; (*groß u. kräftig*) portly, *Dame*: *a.* full-figured; (*beträchtlich*) considerable; *Summe*: *a.* important, handsome; *Familie*: large, numerous; **≀keit** *f* stateliness, *etc.*
Statu|e *f* statue; **≀enhaft** *adj.* statuesque; **~ette** *f* statuette.
statuieren *v/t.* establish, ordain; *ein Exempel* ~ make an example (*an j-m* of a p.).
Statur *f* stature (*a. fig.*), figure, build.
Status *m* state, (*a. Rechtslage, -stellung, a. Sozialprestige*) status; ✝ (*Finanzaufstellung*) statement (of condition); (*finanzielle Lage*) financial condition; *der* ~ *quo* the status quo; **~symbol** *n* status symbol.
Statut *n* statute, regulation; ~*en e-r Körperschaft usw.* by(e)-laws, articles of association; **≀enmäßig** *adj.* → *satzungsgemäß*.
Stau *m* **1.** → *Stauung*; **2.** *psych.* (*Gefühls*≀) pent-up emotions *pl.*
Staub *m* dust; (*Pulver*) powder; ⚘ pollen; *in* ~ *zerfallen* crumble into dust; *fig. im* ~(e) (cast) in the dust; *im* ~*e kriechen* lick the dust; *sich aus dem* ~(e) *machen* decamp, make off, *sl.* make tracks; *in den* ~ *ziehen* drag through the mud; → *aufwirbeln*; **≀bedeckt** *adj.* covered with dust; **~besen** *m* (feather-)duster; **~beutel** ⚘ *m*, **~blatt** *n* anther, stamen; **~blüte** *f* male flower.
Stäubchen *n* dust particle.
staubdicht *adj.* dust-proof.
Staubecken *n* reservoir.
stauben *v/i.* give off dust, raise (clouds of) dust; *es staubt* it is dusty.
stäuben **I.** *v/t.* (*ab*~, *be*~, *zer*~) dust (*a.* ✓ *Pflanzen usw.*); (*sprühen*) spray; **II.** *v/i.* → *stauben*.
Staub...: **~fänger** *m* dust-catcher; ⊕ dust arrester; **~flocke** *f* fluff; **≀frei** *adj.* dust-free; **~gefäß** ⚘ *n* anther, stamen; **≀haltig** *adj.* dust-laden; **≀ig** *adj.* dusty; **~kamm** *m* fine-tooth comb; **~korn** *n* dust particle; **~lappen** *m* duster; **~luft** *f* dust-laden air; **~lunge** ⚕ *f* pneumoconiosis; **~mantel** *m* dust-coat; **~plage** *f* dust nuisance; **~regen** *m* drizzling rain; **~sack** *m*, **~sammler** *m* dust collector; **≀saugen** *v/i.* vacuum, *Brit. mst* F Hoover; **~sauger** *m* vacuum cleaner; *mit dem* ~ *reinigen* vacuum(-clean), *Brit.* F Hoover; **~schicht** *f* layer of dust; **≀trocken** *adj.* bone-dry; **~tuch** *n* duster; **~wedel** *m* feather-duster; **~wolke** *f* dustcloud, cloud of dust; **~zucker** *m* powdered (*od.* icing) sugar.
stauchen *v/t.* **1.** ram; *mit dem Fuß*: kick; **2.** ⊕ compress, upset; (*Bolzenköpfe*) head, clinch; **3.** *fig.* → *zs.-stauchen*.
Staudamm *m* (roller) dam.
Staude ⚘ *f* shrub, bush; perennial (plant).
Stau...: **~druck** *m phys.*, ✈ impact (*od.* dynamic) pressure; ⊕, ⚕ back pressure; *Meßtechnik*: kinetic energy head; **~druckmesser** *m* pressure-head (*od.* air-speed) indicator; **~düsenantrieb** ✈ *m* ram-jet propulsion.
stauen *v/t.* (*Waren*) stow (away);

(*Wasser*) dam (*od.* pen, bank) up; *weitS.*, *a.* ⚕ congest; *sich* ~ *Wasser*: bank up, rise, be dammed up; *weitS.* pile up, accumulate; *Verkehr usw.*: be jammed, be congested (*a.* ⚕); *vor dem Eingang stauten sich die Menschen* a growing mass of people blocked the entrance.

Stauer ⚓ *m* stevedore.

Stauffer|büchse ⊕ *f* grease cup; **~fett** *n* cup grease.

staunen I. *v/i.* be astonished (*od.* surprised) (*über* at); *stärker*: be amazed (at); *bewundernd*: marvel (at); (*starren*) gape, make big eyes; *da staunst du, was?* surprised, aren't you?; **II.** F *v/t.* → *Bauklotz*; **III.** **≈** *n* astonishment, amazement; *stärker*: stupefaction; (*Bewunderung*) admiration, awe; *voll* ~ lost in amazement (*od.* wonder), open-mouthed, agape; *in* ~ *versetzen* amaze, astound, dazzle, take away *a p.'s* breath; **~swert** *adj.* amazing, astounding, marvellous, stupendous.

Staupe[1] *hist. f* (*Züchtigung*) (public) flogging.

Staupe[2] *vet. f* distemper.

stäupen *hist. v/t.* flog (in public).

Stau...: **~see** *m* (storage) reservoir, storage lake; **~strahlflugzeug** *n* ram-jet airplane; **~stufe** *f* roller, barrier; **~ung** *f* ⚓ stowage; *von Wasser*: damming-up, (*gestautes Wasser*) → *Stauwasser*; (*Ansammlung*) accumulation, piling up; (*Hemmnis*) stoppage, obstruction, blocking; *Verkehr*, ⚕ congestion, *Verkehr*: *a.* jam, bank-up; **~ungsniere** ⚕ *f* congestion kidney; **~wasser** *n* backwater, banked-up water, head; **~wehr** *n* (roller) weir; **~werk** *n* dam, barrage.

Stearin *n* stearin; **~kerze** *f* stearin-candle; **~säure** ⚗ *f* stearic acid.

Stech|apfel *m* thorn-apple; **~becken** *n* bed-pan; **~eisen** *n* chisel; (*Locheisen*) punch.

stechen I. *v/t. u. v/i.* **1.** prick; *Insekt*: sting; *Floh, Mücke*: bite; (*durch* ~) pierce, *bsd.* ⚕ puncture; *mit e-m Messer, a. fig. Lichtstrahl usw.*: stab; (*Rasen, Spargel, Torf*) cut; (*Schwein*) stick; (*Faß*) tap; *Näherei*: stitch; *Kartenspiel*: trump, take (a card); *in Kupfer*: cut, engrave; *Kontrolluhr*: punch; *Sonne*: burn; *Sport*: (*Entscheidung herbeiführen*) jump (*od.* throw, *etc.*) off; *sich in den Finger* ~ prick one's finger; *in die Augen* ~ catch the eye, *j-m*: catch a p.'s eye; *weitS.* take a p.'s fancy; *es sticht mich in der Seite* I have stitches (*od.* a shooting pain) in my side; *ins Rote* ~ incline to red; *wie gestochen schreiben* write like copperplate; → *Hafer, See* 1, *Star*[3] *usw.*; **II.** **≈** *n* **2.** (*Schmerz*) shooting (*od.* stabbing) pain; (*Seiten≈*) stitches *pl.*; **3.** *Sport*: → *Stichkampf*; **~d** *adj. Blick*: piercing; *Geruch*: stinging, pungent; *Schmerz*: shooting, stabbing.

Stecher *m* **1.** (*Kupfer≈ usw.*) engraver; **2.** ⊕ *am Jagdgewehr*: hair-trigger; *für Käse usw.*: scoop.

Stech...: **~fliege** *f* biting house-fly; stable fly; **~ginster** ♀ *m* furze, gorse; **~heber** *m* siphon, pipette; **~mücke** *f* gnat, mosquito; **~palme** *f* holly; **~rüssel** *zo. m* proboscis; **~schritt** *m* goose-step; **~uhr** *f* check clock; **~zirkel** *m* dividers *pl.*

Steck|brief *m* warrant of apprehension, "wanted" circular; (*Beschreibung*) description (*a. fig.*); *fig.* fact file (*gen.* on); **≈brieflich** *adv.*: *j-n* ~ *verfolgen* take out a warrant against a p.; ~ *verfolgt werden* be under a warrant of arrest, be wanted by the police; **~dose** ⚡ *f* (plug *od.* wall) socket, (wall) outlet.

Stecken *m* stick; F *fig. Dreck am* ~ *haben* not to be entirely innocent, be a sinner.

stecken I. *v/t.* stick; ⚘ set, plant; (*wohin tun*) put; (*schieben*) push, slide; (*fest* ~) fix, *mit Nadeln*: pin; *bsd.* ⊕ ~ *in* insert into; (*Kabel usw.*) plug into; *den Kopf aus dem Fenster* ~ put (*schnell*: pop) one's head out of the window; *Geld in ein Geschäft* ~ put into, invest in; *j-n ins Gefängnis* (*in e-e Schule*) ~ put a p. in prison (in a school); F *fig. sich hinter j-n* ~ make a tool of a p., *a.* work on a p.; F *wer hat ihm das gesteckt?* who told him (*od.* tipped him off)?; F *er hat es ihm ordentlich gesteckt sl.* he ticked him off properly; → *hineinstecken, Brand* 1, *Grenze, Nase, Tasche, Ziel*; **II.** *v/i.* (*festsitzen*) be stuck; ~ *in usw. a. Gewehrkugel, Splitter usw.*: be lodged (*od.* embedded) in, stick in; (*sich befinden in*) be in *od.* at, *etc.*; (*verborgen sein in*) be hidden (away) in *od.* at, *etc.*; *in Schulden usw.* ~ be involved in; *tief in Schulden* ~ be over the ears in debt; *da steckt er!* there he is!; *wo steckst du denn (so lange)?* where have you been (all the time)?; *wo er wohl* ~ *mag?* I wonder what has become of him!; *dahinter steckt etwas* there is something behind all this, there is more to it than meets the eye; *da steckt er dahinter* he is at the bottom of it; *in ihm steckt etwas* he has something, he will go a long way yet; *es steckt mir in allen Gliedern* I am aching all over; *darin steckt viel Arbeit* a lot of work has gone into this; *gesteckt voll* crammed, jammed; → *Anfang, Decke, Haut usw.*; **~bleiben** *v/i.* stick (fast); get (*od.* be) stuck; *mot. a. im Schlamm*: bog down (*a. fig. Verhandlungen usw.*); *fig. a.* come to a standstill (*od.* dead stop); *in der Rede*: break down, F get stuck; → *Hals*; **~lassen** *v/t.* leave; *den Schlüssel* ~ leave the key (in the lock); **2pferd** *n* hobby-horse, *fig. mst* hobby; *sein* ~ *reiten* ride one's hobby-horse (*a. fig.*).

Stecker ⚡ *m* plug; ~ *mit Schalter* switch plug; *zweipoliger* ~ two-pin plug; **~anschluß** ⚡ *m* plug connection; **~buchse** *f* plug; (*Paßstück*) adapter; **~schnur** *f* (patch) cord.

Steck...: **~kartoffeln** *f/pl.* seed potatoes; **~kontakt** ⚡ *m* plug; **~ling** ⚘ *m* layer, slip, cutting; **~nadel** *f* pin; *fig. j-n wie e-e* ~ *suchen* hunt for a p. high and low; *e-e* ~ *fallen hören* hear a pin drop; **~nadelkopf** *m* pinhead; **~patrone** *f* plug cartridge; **~reis** ⚘ *n* → *Steckling*; **~rübe** *f* turnip, swede, *bsd. Am.* rutabaga; **~schlüssel** ⊕ *m* box-spanner, socket wrench; **~schuß** *m* retained missile; **~zwiebel** ⚘ *f* bulb for planting.

Steg *m* (*Weg*) (foot)path; (*Brücke*) footbridge; *an Maschinen*: catwalk; ⚓ landing-stage; (*Brillen*2), ♪ *Saiteninstrumente*: bridge; (*Hosen*2) strap; *typ.* stick, *pl.* furniture *sg.*; ⊕ cross-piece, bar; flange; *Kurbelmechanismus*: fixed link; *e-r Kette*: side bar; △ fillet.

Stegreif *m*: *aus dem* ~ extempore, impromptu, *Am.* F ad lib; (*sofort, ohne weiteres*) offhand; *aus dem* ~ *sprechen* extemporize, *Am.* F ad-lib; *aus dem* ~ *dichten od. komponieren usw. a.* improvise; **~dichter** *m* improvisator; **~gedicht** *n* impromptu.

Steh|auf *m*, **~aufmännchen** *n* skipjack (*a.* F *fig.*), tumbler; **~bild** *phot. n* still (picture).

stehen I. *v/i.* **1.** stand; (*still* ~) stand still, *a. Uhr usw.*: have stopped; (*nicht weichen*) stand one's ground, not to budge; ~ *in usw.* (*sein, sich befinden in*) be in, *etc.*; (*geschrieben* ~ *in*) be written in, *etc.*; *aufrecht* ~ stand upright; *j-n* ~ *lassen* make a p. stand, (*keinen Platz anbieten*) not to offer a p. a seat (*aber*: → *stehenlassen*); *fig.* ~ *für* stand (*od.* answer) for; *gut* (*schlecht*) *mit j-m* ~ be on good (bad) terms with a p.; *auf e-r Liste* ~ figure (*od.* appear) in a list; *auf j-s Seite* ~ be on a p.'s side, side with a p., stand by a p.; *bei j-m in Arbeit* ~ be in a p.'s employ; *im Rang vor* (*hinter*) *j-m* ~ rank before (after) a p.; *in e-m Gesetz* ~ be embodied (*od.* laid down) in a law; *Geld bei j-m* ~ *haben* have money standing with a p.; *über* (*unter*) *j-m* ~ be above (below) a p.; *unter j-s Leitung* ~ be under the direction of, be directed by; *vor et. Unangenehmem* ~ be faced with, be in for; *zu j-m* ~ *hilfreich*: stand by a p.; *wie stehst du zu ihm? beurteilend*: what do you think of him?; *Verhältnis*: what is he to you?; *wie stehst du zu diesem Vorschlag?* what do you think of (*od.* what is your opinion about) the proposal?; *wo steht er politisch?* what are his politics?; *pol. er steht links* he belongs to the Left; *zu e-m Versprechen usw.* ~ stand by, F stick to; *zur Debatte* ~ be at issue; *sich im Einkommen* ~ *auf* have an income of, make; *auf dem Hügel standen einige Bäume* (*Häuser*) stood (*od.* were) a few trees (houses); *die Aktien* ~ *auf 75* are at 75; *das Barometer steht auf* points to; *das Thermometer steht auf* stands at; *ling. auf ... steht der Akkusativ ...* answers (*od.* is followed by) the accusative; *auf dem Scheck steht kein Datum* (*keine Unterschrift*) bears no date (no signature); *es steht nicht bei mir, zu inf.* it is not in my power (*od.* for me) to *inf.*; *es steht schlecht um ihn* he is in a bad way; *es steht zu erwarten* (*zu befürchten*), *daß* it is to be expected (to be feared) that; *es* ~ *schwere Strafen darauf* it is severely punished; *auf Diebstahl steht e-e Freiheitsstrafe* theft is punishable by imprisonment; *die Sache steht so* the matter stands thus; *die Sache steht gut* matters are in a fair way; *der Film usw. steht und fällt mit ...* stands and falls with ...; *so steht es also!* so that's how it is!; *sie* ~ *sich nicht schlecht dabei* they are no losers by it, they aren't doing so badly at it; *was in meinen Kräften steht* everything within my power, all I can, my utmost; *in der Bibel* (*in dem Brief*) *steht ...* the Bible (the letter) says ...; *was steht in den Zeitungen?*

what do the papers say?; *wie steht es mit ...?* what about ...?; (*und*) *wie steht es mit dir?* how about you?; *wie steht das Spiel? Sport*: what is the score?; → *Einfluß, Garnison, Sinn usw.*; **2.** (*j-n kleiden*) suit, become, be becoming to; *der Hut steht dir gut* suits you, is very becoming to you; **3.** *sl. auf j-n od. et.* ~ (*gern haben*) *sl.* dig; **II.** *v/t.* → *Bein, Mann, Modell, Posten, Wache*; **III.** ♀ *n* standing; *im* ~ *eingenommene Mahlzeit* stand-up meal; *zum* ~ *bringen* bring to a stop (*od.* standstill); *fig. a.* stay, halt; (*Blut*) sta(u)nch; *zum* ~ *kommen* come to a stop (*od.* halt).

stehen...: **~bleiben** *v/i.* remain standing (*od.* on one's feet); (*halten*) stand (still), stop (*a. Uhr, Maschine*), come to a standstill (*a. fig.*); *plötzlich*: stop short; *Motor*: *a.* stall, die, F conk out; † *Kurse*: remain stationary; *Fehler usw.*: remain, be left (*od.* overlooked); *der Passus muß* ~ the passage must stand; *wo waren wir stehengeblieben? beim Lesen usw.*: where did we leave off?; *nicht* ~*!* move on!; **~d** *adj.* standing; *Wasser*: *a.* stagnant; (*aufrecht*) upright, erect; (*senkrecht*) vertical (*a. Motor*); (*ortsfest*) stationary, fixed; (*ständig*) permanent; ~*es Heer* standing (*od.* regular) army; ~*er Ausdruck,* ~*e Redensart* standing phrase, stock-phrase; ~*e Regel* standing rule; ~*en Fußes* on the spot, straight (*bsd. Am.* right) away; ~ *k.o. Boxen*: out on one's feet; **~lassen** *v/t.* (*j-m den Rücken zuwenden*) turn one's back on; (*j-n schneiden*) ignore, cut, leave unnoticed; *Kochkunst*, ⚗: allow to stand (*od.* settle, cool); (*Speise nicht anrühren*) leave untouched; (*Passus nicht streichen*) let stand, leave; (*Fehler usw.*) leave (uncorrected), overlook; (*vergessen*) leave, forget; *alles stehen- und liegenlassen* drop everything; *sich e-n Bart* ~ grow a beard; F *den Gegner* (*glatt*) ~ *Sport*: run away from, F give *a p.* the slip.

Steher *m Sport*: stayer; **~rennen** *n* staying race.

Steh...: **~imbiß** *m* stand-up lunch; **~kragen** *m* stand-up collar; **~lampe** *f* standard (lamp); *auf dem Fußboden stehend*: floor lamp; **~leiter** *f* step-ladder.

stehlen I. *v/i.* steal, thieve; ⚖ commit larceny (*od.* a theft); **II.** *v/t.* steal (*j-m Geld* a p.'s money; *fig. j-s Herz* a p.'s heart); (*entwenden*) purloin, misappropriate; (*Kinder usw.*) kidnap; (*unterschlagen*) embezzle; (*plagiieren*) steal (*dat.* from); *fig. j-m die Zeit* ~ waste (*od.* steal) a p.'s time; *gestohlenes Gut* stolen goods *pl.*; F *er kann mir gestohlen bleiben!* to hell with him!; *das kann mir gestohlen werden!* to hell with it!; **III.** *v/refl.*: *sich in das* (*aus dem*) *Haus* ~ steal into (out of) the house; **IV.** ♀ *n* stealing; thieving; theft.

Stehler *m* thief.

Stehlsucht *f* kleptomania.

Steh...: **~platz** *m* standing-room; **~platzinhaber** *m Am.* F standee; 🚌 *usw.* F straphanger; **~pult** *n* high desk; **~satz** *typ. m* standing (*od.* live) matter; **~vermögen** *n* staying power, stamina.

steif I. *adj.* stiff (*vor* with); *bsd. phys.* rigid; (*unbiegsam*) inflexible; (*fest*) fixed, firm; (*dickflüssig*) thick; *Glieder*: numb (*vor Kälte* with cold); *Sportler, durch Verhärtung der Muskeln*: muscle-bound; *Wäsche*: stiff, starched; *fig. allg.* stiff; (*förmlich*) *a.* formal; (*linkisch*) *a.* awkward, clumsy; ~*e Brise* stiff breeze; ~*er Grog* stiff (glass of) grog; ~*er Hals* stiff neck; ~*er Hut* bowler hat, *Am.* derby (hat); ~ *wie ein Stock* stiff as a poker; ~ *werden* grow stiff (*od.* rigid), *a. Muskeln u. fig.*: stiffen; **II.** *adv.* stiffly, *etc.*; ~ *und fest behaupten* maintain stubbornly, insist; swear; *die Ohren* ~ *halten* keep a stiff upper lip; **♀e** *f* **1.** → *Steifheit*; **2.** (*Stärkemittel*) dressing, starch; **3.** ⊕ (*Strebe*) strut; (*Stütze*) prop, stay; **~en** *v/t.* stiffen; (*Wäsche*) *a.* starch, dress; ⊕ (*ab* ~) prop, stay; *fig.* → *Nacken*; **♀heit** *f* stiffness; ⊕ stability; *fig.* stiffness; formality; awkwardness; **♀igkeit** ⊕ *f* rigidity; **♀leinen** *n* buckram.

Steig *m* (foot)path; **~bö** ✈ *f* bump; **~bügel** *m* stirrup (*a. anat. im Ohr*); **~e** *f* **1.** → *Steig*; **2.** *dial.* → *Stiege*; **~eisen** *n* climbing-iron; *mount.* crampon.

steigen I. *v/i.* (*hinauf* ~) go up, ascend, mount, (*klimmen*) climb (up); *in die Luft*: rise, soar; ✈ climb, *steil*: zoom; *Nebel*: lift; *Pferd*: rise (on its hindlegs), prance; *fig. allg., a. Fieber, Spannung, Stimmung, Thermometer, Teig, Ungeduld, Wasserspiegel, Zahl usw.*: rise; (*zunehmen*) *a.* increase; grow; *bedrohlich*: escalate; † *Preise, Kurse usw.*: rise (*bis zu* to), go up, advance, move upward, improve; ♪ rise; F (*sich begeben*) go, climb; F (*stattfinden*) come off, be staged;

an Land ~ go ashore, land; *auf e-n Baum* ~ climb (up) a tree; *auf ein Pferd (vom Pferde)* ~ (dis)mount (from) a horse; *auf den Thron* ~ ascend the throne; ~ *aus* → *aussteigen*; F *ins (aus dem) Bett* ~ climb into (get out of) bed; ~ *in* → *einsteigen*; *im Rang* ~ rise (in rank); F *ins Examen* ~ go in for an examination; ~ *lassen (Drachen)* fly; (*Ballon*) send up; F (*j-n*) → *hänseln*; *die Stimmung stieg* spirits rose; *Tränen stiegen ihr in die Augen* tears rose to her eyes; → *Achtung 2, Dach, Kopf 5, Wert*; **II.** ≈ *n* rise, ascent; *a.* ✈ climb(ing); *fig.* (*Zunahme*) rise, increase; ☤ ~ *der Preise* rise (*od.* advance) in prices, *bsd. Börse*: upward movement; *auf das* ~ *der Kurse spekulieren* buy for a rise; *im* ~ *begriffen* on the rise; **≈d** *adj. fig.* rising, increasing; (*wachsend*) growing; ~*e Tendenz Börse*: upward tendency.

Steiger ⚒ *m* pit-foreman, overman.

steiger|n I. *v/t.* **1.** *allg.* (*erhöhen*) raise; (*verstärken, a. Eindruck, Spannung, Wirkung usw.*) *a.* enhance, heighten, intensify, F boost; (*vermehren, vergrößern*) increase; (*verbessern*) improve; (*verschlimmern*) aggravate; *bedrohlich*: escalate; (*Produktion*) step up, raise, F up; (*das Tempo*) step up, force *the pace*; (*Angebot, Wetteinsatz*) raise; **2.** *ling.* compare; **II.** *v/refl.*: *sich* ~ *Sache*: rise, increase, be enhanced; (*wachsen*) *a. Gefühle*: grow, mount; *Preise*: rise, go up; *Spannung*: rise, heighten; *Person, Mannschaft usw.*: become better and better, get stronger; (*sich verbessern*) improve (*wissensmäßig*: one's knowledge, *im Können*: one's skill, *spielerisch*: one's style, *etc.*); *im Wettkampf usw.*: step up the pace, go it stronger; *er kann sich noch* ~ there is more in him yet, he is not yet at his peak; → *a. hineinsteigern*; **III.** *v/i. auf Auktionen usw.*: bid; (*erhöhen*) raise (the amount) (*auf* to); **≈ung** *f* raising, rise, increase; aggravation, enhancement, intensification, heightening; augmentation, boost; *ling.* comparison; *rhet.* gradation, climax; ☤ → *Steigen*; **≈ungsstufe** *ling. f* degree of comparison.

Steig...: **~fähigkeit** *f* ✈ climbing power; *mot.* hill-climbing ability, *Am. a.* gradability; **~flug** ✈ *m* climb (to altitude), ascent; *steiler*: zoom; **~geschwindigkeit** ✈ *f* rate of climb; **~höhe** *f* ✈ ceiling; *Geschoß*: altitude range; ⊕ *Gewinde*: pitch; **~leitung** *f* **1.** ⚡ rising mains *pl.*, *Am.* riser; **2.** ⊕ → **~rohr** *n* standpipe; **~ung** *f* rise, ascent; 🚗, *Straße*: *a.* gradient, *Am. a.* (up)grade; (*Hang*) slope; ⊕ *Gewinde*: (*achsparalleler Abstand*) pitch (*a. Luftschraube*), *in axialer Richtung bei e-r vollen Umdrehung*: lead; **~ungswinkel** *m* ⚓ gradient angle; ✈ angle of climb.

steil I. *adj.* steep (*a. fig.*); (*abschüssig*) precipitous; → *a. Steilhang, Zahn 3*; *Klippe*: *a.* sheer; **II.** *adv.*: ~ *bergab* steeply downhill (*a. fig.*); ~ *nach unten (in die Höhe) schießen* swoop down (zoom up); **≈e** *f* → *Steilheit*; **≈feuer** ⚔ *n* high-angle fire; **≈feuergeschütz** ⚔ *n* high-trajectory gun; **≈flug** ✈ *m* vertical flight; **≈hang** *m* steep (slope), precipice; **≈heit** *f* steepness, precipitousness; ⚡, *Funk*: mutual conductance; *phot.* contrast; **≈kurve** ✈ *f* steep turn; **≈küste** *f* steep (*od.* high) coast; **≈paß** *m Fußball*: upright (*od.* running) pass.

Stein *m* stone, *Am. a.* rock; (*Bau*≈, *Ziegel*≈) brick; (*Felsen*) rock; (*Edel*≈) (precious) stone, gem; *e-r Uhr*: jewel; *im Feuerzeug*: flint; (*Grab*≈, *Denkmals*≈) stone; *Domino, Damespiel usw.*: stone, piece; ♀ stone, kernel; ⚕ stone, calculus; *kleiner*: *a.* pebble; *zu* ~ *machen od. werden* petrify; ~ *des Anstoßes* stumbling-block; ~ *der Weisen* philosophers' stone; *fig.* ideal solution (of the problem); *ein Herz von* ~ a heart of stone; ~ *und Bein frieren* freeze hard; ~ *und Bein schwören* swear by all that's holy; ~*e geben statt Brot* give a stone for bread; *den* ~ *ins Rollen bringen* set the ball rolling; *den ersten* ~ *werfen* cast the first stone (*nach* at); *mit* ~*en werfen nach* throw stones at (*a. fig.*); *e-n* ~ *im Brett haben bei j-m* be in a p.'s good books, be in with a p.; *j-m* ~*e in den Weg legen* put obstacles in a p.'s way; *keinen* ~ *auf dem andern lassen* make a shambles of it; *zu* ~ *werden Gesicht, Person*: become stony, *vor Schreck*: be petrified; *ein* ~ *fällt mir vom Herzen* that takes a load off my mind; → *Tropfen*; **~adler** *m* golden eagle; **≈alt** *adj.* (as) old as the hills (*od.* as Methuselah); **~bau** *m* stone structure; **~bild** *n* statue; **~block** *m* block of stone; *geol.* boulder; **~bock** *m zo.* ibex; *ast.* Capricorn; **~boden** *m* stony soil (*od.* ground); △ stone-floor; **~bohrer** *m* rock-drill; △ masonry drill, wall chisel; **~brech** ⚘ *m* saxifrage; **~brecher** *m* quarryman; *Maschine*: stone-crusher; **~bruch** *m* quarry; **~brucharbeiter** *m* quarryman; **~butt** *ichth. m* turbot; **~druck** *typ. m* **1.** lithography; **2.** (*Bild*) lithograph; **~drucker** *m* lithographer; **~druckfarbe** *f* lithographic ink; **~eiche** *f* holm (*od.* evergreen) oak; **⁀ern** *adj.* (of) stone, stone ...; *fig.* stony; *~es Herz* heart of stone; **~erweichen** *fig. n*: *zum ~* to melt a heart of stone, pitifully; **~fliese** *f* → *Steinplatte*; **~frucht** ⚘ *f* stone-fruit; **~garten** *m* rock-garden, rockery; **~geröll** *n* rubble, shingle; **~gut** *n* earthenware, stoneware; **~hagel** *m* hail of stones; **⁀hart** *adj.* (as) hard as stone, stony; **~hauer** *m* stone-cutter; **~holz** *n* xylolith; **~huhn** *n* rock partridge; **⁀ig** *adj.* stony, full of stones; (*felsig*) rocky; **⁀igen** *v/t.* stone; **~igung** *f* stoning; **~kitt** *m* mastic cement; **~kohle** *f* hard (*od.* mineral) coal, pit-coal, bituminous coal; **~kohlenbergwerk** *n* (bituminous) coal-mine, colliery; → *a. Kohlen...*; **~kohlenteer** *m* coal-tar; **~krankheit** *f*, **~leiden** *n* calculosis, lithiasis; **~krug** *m* stone jug; **⁀los** *adj. Obst*: stoneless; **~marder** *zo. m* beech marten; **~meißel** *m* stone chisel; (*Bohrspitze*) rock bit; **~metz** *m* stone-cutter; **~obst** *n* stone-fruit; **~öl** *n* petroleum; **~pilz** *m* yellow boletus; **~platte** *f* stone slab; (*Fliese*) flagstone; **⁀reich** F *adj.* immensely rich, *pred.* rolling in riches; **~salz** *n* rock-salt; **~schlag** *m* falling stones *pl.*; rockfall, *Am.* rock slide; (*Schotter*) broken stone, metal; **~schleuder** *f* catapult, *Am.* slingshot; **~schloß** *n* flint-lock; **~schneider** *m* lapidary, gem-cutter; **~schnitt** ⚕ *m* lithotomy; **~schotter** *m* macadam; *mit ~ belegen* macadamize; **~schrift** *typ. f* grotesque; **~setzer** *m* pavio(u)r; **~stoßen** *n Sport*: putting the stone; **~wurf** *m* stone's throw; **~zeichnung** *f* lithographic design; **~zeit** *f* Stone Age; *ältere (jüngere) ~* pal(a)eolithic (neolithic) period; **⁀zeitlich** *adj.* (of the) Stone Age, eolithic.

Steiß *m* buttocks *pl.*, rump; **~bein** *anat. n* coccyx; **~(bein)wirbel** *m* coccygeal vertebra; **~geburt** ⚕ *f* breech delivery; **~lage** ⚕ *f* pelvic presentation.

Stellage *f* **1.** (*Gestell*) frame, rack; **2.** ⚚ *Börse*: put and call (*abbr.* pac), (*~geschäft*) dealing in futures, *Am.* spread.

stellbar *adj.* adjustable.

Stelldichein *n* meeting, appointment; (*Liebes⁀ u. weitS.*) rendezvous, tryst, F date; *Sport*: meet; *j-m ein ~ geben* arrange to meet a p., F make a date with a p.; *sich ein ~ geben* meet (*a. fig.*), (have a) rendezvous, F have a date.

Stelle *f* place; (*Fleck*) spot; (*Punkt*) point; (*Standort*) stand, position; (*Bau⁀*) site; (*Arbeits⁀*) employment, position, job, place, post; (*Behörde*) agency, office, authority; (*Buch⁀*) passage; ⅍ *e-r Zahl*: figure, digit, (*Dezimal⁀*) place; *freie* (*od. offene, unbesetzte*) *~* vacancy, opening; *schadhafte ~* flaw, defect; *fig. schwache* (*verwundbare*) *~* weak (vulnerable) spot; *an anderer ~ in e-m Buch usw.*: elsewhere; *an dieser ~* here; *an erster ~* in the first place; *an erster ~ stehen* come first; take precedence (*vor* of); *an ~ von od. gen.* in place of, instead of, *bsd.* ⚖ in lieu of; (*ich*) *an deiner ~* in your place, if I were you; *B an die ~ von A setzen* replace A by B, substitute B for A; *an die ~ treten von, an j-s ~ treten* take the place of, *a. Gesetz usw.*: supersede; *ersatzweise*: replace, F stand in for; *auf der ~* on the spot, immediately, then and there, forthwith; *er war auf der ~ tot* death was instantaneous; ⚔ *u. fig. auf der ~ treten* mark time; *nicht von der ~ kommen* make no progress, not to get ahead; *Verhandlungen*: *a.* be deadlocked; (*bummeln*) dawdle along; *sich nicht von der ~ rühren* not to stir (*od.* budge); *zur ~ schaffen* produce, bring (to the spot); *zur ~ sein* be present (*od.* at hand, on call), be on the spot, be there; *sich zur ~ melden* report o.s. present, report (*bei j-m* to a p.).

stellen I. *v/t.* **1.** *et. wohin usw. ~* put (*od.* place, set, stand) a th. somewhere, *etc.*; *fig. sich et. vor Augen ~* imagine a th.; **2.** (*anordnen*) (ar)range; **3.** ⊕ (*ein~*) set; (*regulieren*) regulate, adjust; (*Zünder*) time; **4.** (*Forderungen usw.*) make, raise, (*Thema*) set; **5.** (*aufhalten*) stop (*od.* block, bar) *a p.'s* way; (*abfangen*) intercept; (*einschwätzen auf*) buttonhole; (*herausfordern*) challenge; (*den Feind*) engage; (*in die Enge treiben*) corner; (*Verbrecher, Wild*) bring to (*od.* hold at) bay, hunt down; **6.** (*liefern, verfügbar machen*) furnish (*a. Truppen*), supply, make available, (*a. Stellvertreter*) provide; (*beisteuern*) contribute; (*zuweisen*) assign; ⚖ (*Zeugen*) produce; **II.** *v/refl.*: **7.** *sich wohin usw.* ~ (take one's) stand (*od.* place) somewhere, *etc.*; station (*Sport*: *a.* position) o.s. somewhere, *etc.*; ~ *Sie sich hierher!* stand here!; **8.** *sich* ~ (*sich einfinden*) present o.s., appear; *sich e-r Person od. Sache* ~ face a p. *od.* th.; *sich der Polizei* ~ give o.s. up to the police; *sich dem Gericht* ~ surrender to the court; *sich e-m Gegner* ~ face (*od.* take on) an opponent; *sich dem Verfolger* ~ turn to (*od.* stand at) bay (*a. fig.*); *sich zum Kampf(e)* ~ accept battle, enter the lists; *sich (zum Waffendienst)* ~ join up, enlist; *fig. die Probleme, die sich uns* ~ the problems confronting us (*od.* we are up against); **9.** (*sich verhalten*) *wie stellt er sich dazu?* what does he say (to it)?; *wie stellen Sie sich zu ...?* what do you think of ...?; *sich* ~ *gegen* oppose, set one's face against, *j-n*: *a.* take up a hostile attitude to(wards) a p.; *sich gut mit j-m* ~ keep on the right side of a p., F get in good with a p.; *sich hinter j-n* ~ back a p. (up), support a p.; *sich (schützend) vor j-n* ~ shield (*od.* protect) a p.; **10.** (*simulieren*) *sich krank* ~ feign (*od.* pretend) to be ill, sham ill; *sich dumm* ~ play the fool; *sich* ~, *als ob man et. täte* feign (*od.* pretend) to do a th., make as if (*od.* as though) one did a th.; **11.** *sich (im Preis)* ~ *auf* be priced at, amount (*od.* come to), work out at, cost; *der Preis stellt sich auf a.* the price is; **III.** *p.p. gestellt* **12.** *Bild usw.*: posed; *weitS.* (*unnatürlich*) artificial, unnatural; **13.** *gut (schlecht) gestellt sein* be well (badly) off; *auf sich selbst gestellt sein* be on one's own; → *Abrede* 2, *Aussicht* 2, *Antrag* 1, *Bedingung*, *Bein*, *Dienst* 1, 5, *Falle*, *Forderung*, *Frage*, *Kopf* 5, *Rechnung* 2 *usw.*: → *a. bereitstellen*, *gleichstellen*, *richtigstellen usw.*

Stellen...: **~angebot** *n* position offered, vacancy; ~*e in der Zeitung*: wanteds, *Am.* F want ads; **~bewerber(in** *f*) *m* applicant; **~gesuch** *n* application for a post; ~*e in der Zeitung*: situations wanted; **~inhaber(in** *f*) *m* incumbent; **~jäger** *m* place-hunter; **²los** *adj.* out of work, unemployed, *Am. a.* jobless; **~markt** *m* employment market; *Zeitung*: wanteds *pl.*, *Am.* F want ads *pl.*; **~nachweis** *m* employment agency (*Am.* bureau); **~suche** *f* looking for a job, job-hunting; **~vermittlung** *f* **1.** placement; **2.** → **~vermittlungsbüro** *n* employment agency (*Am.* bureau); **²weise** *adv.* here and there, in places (*od.* spots); sporadically; **~wert** *m* 𝔄 place value; *fig.* rank, rating, (relative) importance.

Stell...: **~geld** ⚕ *n* premium for a put and call (*Am.* spread); **~geschäft** *n* → *Stellage* 2; **~glied** ⊕ *n* positioning element; regulating unit.

...stellig ...-digit; *einstellige Zahl* one-digit number.

Stell...: **~macher** *m* cartwright; **~marke** ⊕ *f* index; **~motor** *m* servomotor; **~mutter** ⊕ *f* adjusting nut; **~ring** *m* adjusting ring, set collar; **~schraube** ⊕ *f* set screw.

Stellung *f allg.* position; (*Körper*²) *a.* posture; (*Berufs*²) position (*als* of), situation, employment, job, place, post; (*Rang*) (social) position, status, rank; (*Ansehen*) standing; (*Eigenschaft*) capacity (*als* of); (*Rechts*²) (legal) status, legal position; (*Anordnung*) arrangement (*a. ling.*); *fig.* (*Ein*²) position, attitude; ⚔ *allg. u. taktisch*: position; (*Front*) line(s *pl.*), (*Befestigungen*) field fortifications *pl.*; *e-s Geschützes*: emplacement; *ausgebaute, befestigte* ~ organized position; *a. weitS. taktisch günstige* ~ point of vantage; ~ *beziehen* ⚔ move into position; *fig.* take one's stand, declare o.s.; *die* ~ *halten* ⚔ hold the position; *fig.* hold the fort; *beruflich*: hang on to (*od.* hold down) a job; *in* ~ *bringen* bring into position; (*Geschütz*) emplace; *fig.* ~ *nehmen zu et.* comment (up)on, give one's opinion on; (*beantworten*) answer, (*erklären*) explain; ~ *nehmen für* stand up for, back; F *die* ~ *verraten* give the show away; **~nahme** *f* (*Meinung, Gutachten*) opinion (*zu* on); (*Erklärung*) comment (on), statement; (*Bericht*) report; (*Beantwortung*) answer; (*Entscheid*) decision; (*Haltung, Standpunkt*) position (*zu* as to), view (of); *sich e-e* ~ *vorbehalten* reserve judgment, not to commit o.s., be noncommittal.

Stellungs...: **~bau** ⚔ *m* construction of field fortifications; **~befehl** ⚔ *m* induction order; **~krieg** *m* stabilized (*od.* static, positional) warfare; (*Grabenkrieg*) trench warfare; **²los** *adj.* → *stellenlos*; **²pflichtig** ⚔ *adj.* liable to enlistment; **~suche** *f* → *Stellensuche*;

~suchende(r *m*) *f* person looking for a post, applicant; **~spiel** *n* *Sport*: positional play; **~wechsel** *m* change of position.

Stell...: **≗vertretend** *adj.* vicarious; *amtlich*: acting (*für* for), deputy ...; *~er Geschäftsführer* assistant general manager; *~er Vorsitzender* vice-chairman; **~vertreter(in** *f*) *m* representative, delegate, *bsd. e-s Arztes od. Geistlichen*: locum tenens; *amtlich*: deputy; (*Ersatzmann*) substitute; (*Bevollmächtigter*) proxy; **~vertretung** *f* representation, deputyship; substitution; agency; *in ~* by deputy; ☩, ⚖ by proxy; **~vorrichtung** ⊕ *f* adjusting device, regulator; **~wagen** *m* coach, (motor) bus; **~werk** *n* 🚂 signal box, *Am.* switch tower; ⚒ control point; *thea.* control room.

Stelz|bein *n* wooden leg; **≗beinig** *fig. adj.* stiff, affected; **~e** *f* stilt; *auf ~n gehen* walk on stilts; *fig.* be stilted (*od.* affected); **≗en** *v/i.* stalk.

Stemm|bogen *m* *Schisport*: stem turn; **~eisen** ⊕ crowbar; (*Meißel*) chisel; **≗en I.** *v/t.* **1.** (*drücken*) press, stem; (*stützen*) prop; (*hochwuchten*) heave (*od.* press, *mit Hebel*: lever) up; (*Gewicht heben*) lift; *die Füße usw. gegen et. ~* plant (*od.* press) against a th.; *die Arme in die Seite gestemmt* arms akimbo; **2.** ⊕ (*Löcher*) chisel (out), *in Holz*: mortise; **II.** *v/refl.*: *sich gegen et. ~* press against a th.; *fig.* resist (*od.* oppose, stem) a th., make head against a th.; **III.** *v/i.* *Schisport*: stem; **~en** *n* *Sport*: weight-lifting.

Stempel *m* (*Gummi≗*) (rubber-)stamp; (*~apparat*) stamp; (*~abdruck*) seal, stamp; (*Post≗*) postmark; (*Münz≗*) die; (*Präge≗, Stanze*) stamp, punch; *e-r Pumpe*: piston; (*Stößel*) pestle, pounder, ⊕ plunger; ⚠ prop; ⚒ *a.* stemple; ⚘ pistil; *metall.* (*Echtheitszeichen*) hallmark; ☩ *auf Waren*: brand (*a. Vieh≗*), trade-mark; (*Zeichen, a. fig.*) stamp, mark; *fig. e-r Sache s-n ~ aufdrücken* put one's (*od.* its) stamp on a th., stamp (*od.* mark) a th.; *den ~ des Genies usw. tragen* bear the stamp of genius, *etc.*; **~bogen** *m* stamped sheet; **~farbe** *f* stamping-ink; **≗frei** *adj.* exempt from stamp-duty; **~gebühr** *f*, **~geld** *n* stamp-duty; **~kissen** *n* ink-pad; **~marke** *f* (duty-)stamp; **~maschine** *f* stamp cancelling machine; **≗n I.** *v/t.* mark; (*Brief, Urkunde, Quittung usw.*) stamp; (*Silber usw.*) hallmark; *fig. zu et. ~* stamp (*od.* label) as; (*brandmarken*) brand (as); **II.** *v/i.*: *bei Arbeitsantritt* (*Arbeitsende*) *~* clock in (out *od.* off); F *~ gehen Arbeitslose*: be on the dole; **≗pflichtig** *adj.* subject to stamp-duty; **~presse** ⊕ *f* hand press; **~schneider** *m* stamp-cutter; ⊕ die-sinker, punch cutter; **~steuer** *f* stamp-duty; **~uhr** *f* check-clock.

Stengel ⚘ *m* stalk, stem; F *fall nicht vom ~!* keep upright!

Steno F *n* → *Stenographie*; **~gramm** *n* shorthand report *od.* notes *pl.*, stenograph; **~(gramm)block** *m* shorthand note-book; **~graph(in** *f*) *m* stenographer, shorthand writer; **~graphie** *f* stenography, shorthand; **≗graphieren** *v/t. u. v/i.* write (in) shorthand, take down in shorthand, F steno; **~graphiermaschine** *f* stenograph, stenotype; **≗graphisch I.** *adj.* shorthand, stenographic; **II.** *adv.* in shorthand, stenographically; **~typist(in** *f*) *m* shorthand typist, stenotypist; **~typie** *f* stenotypy.

Stentorstimme *f* stentorian voice.

Steppdecke *f* quilt, *Am. a.* comforter.

Steppe *f* steppe.

steppen[1] *v/t.* quilt, stitch.

steppen[2] *v/i.* (*tanzen*) tap(-dance).

Steppenwolf *zo. m* prairie-wolf.

Stepp...: **~naht** *f* quilting seam; **~stich** *m* backstitch, lockstitch; **~tanz** *m* tap-dancing; **~tänzer(in** *f*) *m* tap-dancer.

Sterbe|alter *n* age of death; **~bett** *n*: (*auf dem ~* on one's) deathbed; **~fall** *m* (case of) death, decease; **~geld** *n* death benefit; **~glocke** *f* funeral (*od.* death) bell, *a. fig.* knell; **~hilfe 1.** → *Sterbegeld*; **2.** (*Euthanasie*) euthanasia, mercy killing; **~kasse** *f* burial-fund; **~lager** *n* deathbed.

sterben I. *v/i.* die (*a. fig.*); *bsd.* ⚖ decease; (*dahinscheiden*) pass away, expire, depart (this life); (*umkommen*) lose one's life, be killed (*bei e-m Unfall usw.* in an accident, *etc.*); F *Szene, Programm usw.*: be out (*od.* dead); *e-s natürlichen Todes ~* die a natural death; *als Christ ~* die a Christian; *jung ~* die young; *schwer ~* die hard; *~ an* die of *an illness*, from *a wound*, *etc.*; *~ durch* die by *the sword*, through *neglect*, *etc.*; *durch j-n od. j-s Hand ~* die at the hands of a p., be killed by a p.; *~ für* die for, give one's life for; *für das Vaterland* ~ *a.* make the great *od.* supreme sacrifice; *vor Kummer, Lachen usw.* ~ die with; *vor Langeweile* ~ die of boredom, be bored to death; *gestorben* dead, *bsd.* ⚖ deceased; F *Szene, Programm usw.*: dead, out; **II.** ≈ *n* dying, death; (*Sterblichkeit*) mortality, death rate; (*Seuche*) plague, epidemic; *im* ~ *liegen* be dying; *fig. es war zum* ~ *langweilig* F it was a terrible drag, I was bored stiff; *zum* ~ *zuviel, zum Leben zuwenig* just enough to keep the wolf from the door; **~d** *adj. u. adv.* dying, moribund (*a. fig.*); on one's deathbed.

Sterbens...: **~angst** *f* mortal fear, terror; **≈krank** *adj.* dangerously ill, sick to death; **≈langweilig** *adj.* deadly dull; **≈müde** *adj.* tired to death, ready to drop; **~wort** *n*, **~wörtchen** *n*: *kein* ~ not a single word, not a syllable; *kein* ~ *sagen* not to breathe a word.

Sterbe...: **~sakramente** *n/pl.* last sacraments; **~stunde** *f* hour of death; **~tag** *m* day of death; **~urkunde** *f* death certificate; **~zimmer** *n* death-room.

sterblich I. *adj.* mortal; *gewöhnliche* ≈*e* ordinary mortals; **II.** *adv.*: ~ *verliebt sein* be desperately in love (*in* with); **≈keit** *f* mortality; **≈keitsziffer** *f* death rate, mortality.

Stereo F *n* **1.** → *Stereotypie*; **2.** *Radio usw.*: stereo; **~anlage** *f* stereo set; **~aufnahme** *f* **1.** *phot.* stereoscopic picture; **2.** *Schallplatte*: stereo record(ing); **~chemie** *f* stereochemistry; **~gerät** *n* (*Plattenspieler*) stereo apparatus; **~graphie** *f* stereography; **~kamera** *phot. f* stereoscopic camera; **~metrie** *f* stereometry; **~phonie** *f* stereophony; **~skop** *n* stereoscope; **≈skopisch** *adj.* stereoscopic(ally *adv.*); **~ton** *m* stereo sound; **≈typ** *adj. typ.* stereotype ...; *fig.* stereotyped; (*abgedroschen*) *a.* hackneyed; (*unvermeidlich*) inevitable; ~*e Redensart* cliché (*fr.*); **~typie** *f* stereotypy; **≈typieren** *v/t.* stereotype.

steril *adj. allg., a. fig.* sterile; **≈isation** *f* sterilization; **≈isator** *m* sterilizer; **~isieren** *v/t.* sterilize; **≈ität** *f* sterility (*a. fig.*).

Stern *m* star (*a. fig., Orden, zo. Stirnfleck, berühmte Person usw.*); *typ.* asterisk; (*Straßen*≈) multiple crossing, circus; ⊕ (*Griff*) star; *Nabe, Rad*: spider; ⚓ stern; *mit* ~*en besät Himmel*: star-spangled, starry; *fig. aufgehender* ~ (*Person*) rising star; *ein* ~ *am literarischen Himmel* a literary star; *sein* ~ *ist im Aufgehen* (*ist untergegangen*) his star is in the ascendant (is *od.* has set); *nach den* ~*en greifen* reach for the stars; *unter e-m (un)glücklichen* ~ *stehen* (*geboren sein*) be (born) under a(n) (un)lucky star; F ~*e sehen* see stars; ⚡ *im* ~ *geschaltet* star-connected; **≈besät** *adj.* star-spangled, starry; **~bild** *ast. n* constellation; *des Tierkreises*: sign of the zodiac; **~blume** ⚘ *f* stellate flower; **~chen** *n* little star, (*a.* F *Film*≈) starlet; *typ.* asterisk; **~deuter** *m* astrologer; **~deutung** *f* astrology; **~dreieckanlasser** ⊕ ⚡ *m* star-delta starter.

Sternen...: **~banner** *n der USA*: star-spangled banner, Stars and Stripes *pl.*, *Am.* F Old Glory; **~himmel** *m* starry sky; **≈klar** *adj.* starlit, starry; **~system** *n* stellar system; **~zelt** *n* firmament, starry sky.

Stern...: **~fahrt** *mot. f* (motor) rally; **≈förmig** *adj.* star-shaped, stellar, ⚘ stellate; (*strahlig*), *a.* ⊕ radial; **≈geschaltet** ⚡ *adj.* star-connected, Y-connected; **~gucker** *co. m* star-gazer; **≈hagelvoll** F *adj.* dead (*od.* rolling) drunk; **~haufen** *m* cluster of stars; **≈hell** *adj.* starlit, starry; **~himmel** *m* firmament, starry sky; **~jahr** *n* sidereal year; **~karte** *f* star map, celestial chart; **≈klar** *adj.* → *sternhell*; **~kreuzung** *f* multiple crossing; **~kunde** *f* astronomy; **≈los** *adj.* starless; **~motor** *m* radial engine; **~nebel** *m* star cloud; **~schaltung** ⚡ *f* star connection (*od.* circuit), Y-connection; **~schnuppe** *f* shooting (*od.* falling) star; **~schreiber** *m Radar*: plan position indicator; **~stunde** *f* sidereal hour; *fig.* great moment; **~tag** *m* sidereal day; **~warte** *f* observatory; **~zeit** *f* sidereal time.

Sterz *m* **1.** *zo.* tail; **2.** (*Pflug*≈) tail-pole.

stet *adj.* → *stetig*; → *Tropfen.*

Stethoskop ⚕ *n* stethoscope.

stetig *adj.* continual, constant; (*gleichmäßig, unerschütterlich*) steady; **≈keit** *f* constancy, continuity; steadiness.

stets *adv.* (*immer*) always, at all times, (for) ever; (*ständig*) constantly, continually.

Steuer[1] *n* ⚓ helm, rudder; *mot.* (steering-)wheel; ✈ control surface; (*Seiten*≈) rudder; *am* ~ at the helm; *mot.* at the wheel; *a. fig.*

das ~ führen be at the helm; *das ~ übernehmen* take the helm.

Steuer[2] *f staatliche*: tax (*auf* on); (*Kommunal*≈) *Brit*. rate, *Am*. local tax; *indirekte*: duty; *veranlagte*: assessment; → *erheben* I 3 *usw*.

Steuer...: **~abzug** *m* deduction of tax (*an der Quelle* at source); **~abwehr** *f* tax avoidance; **~anlage** ⊕ *f* steering mechanism, control gear; **~aufkommen** *n* inland (*Am*. internal) revenue; tax yield (*od*. receipts *pl*.); **~aufschlag** *m* additional tax, surtax; **~ausfall** *m* shortfall in tax revenue; **~ausgleich** *m* equation of taxes; **≈bar** *adj*. **1.** ⊕, ⚡, *allg*. control(l)able; (*lenkbar*) steerable, manœuvrable, *Am*. maneuverable; **2.** → *steuerpflichtig*; **~beamte(r)** *m* revenue officer; **~befreiung** *f* tax exemption, exemption from taxes; **≈begünstigt** *adj*. carrying tax privileges; **~behörde** *f* Revenue authorities *pl*.; **~belastung** *f* burden of taxation; **~berater** *m* tax consultant; **~bescheid** *m* notice of assessment; **~betrag** *m* amount of taxation; **~bilanz** *f* tax balance-sheet **~bord** ⚓ *n*, **≈bord(s)** *adv*. starboard; **~delikt** *n* tax offen|ce (*Am*. -se); **~druck** *m* pressure (*od*. burden) of taxation; **~einnahmen** *f/pl*. → *Steueraufkommen*; **~erhebung** *f* levy (*od*. imposition) of taxes; **~erhöhung** *f* increase in taxation; **~erklärung** *f* tax return (*od*. declaration); *e-e ~ abgeben* make (*od*. file) a return; **~erlaß** *n* remission of taxes; tax exemption; **~erleichterung** *f*, **~ermäßigung** *f* tax abatement (*od*. relief); tax allowance; **~ersparnis** *f* saving of taxes; **~ertrag** *m* → *Steueraufkommen*; **~fahndung** *f* (bureau of) investigation of tax offen|ces (*Am*. -ses); **~fläche** ✈ *f* control surface; **~flosse** ✈ *f* fin; **~flucht** *f* flight from taxation; **~formel** *mot*. *f* rating formula; **≈frei** *adj*. tax-free, tax-exempt; *von Waren*: duty-free; **~freibetrag** *m* tax(free) allowance, *Am*. *a*. tax credit; **~freiheit** *f* exemption (*od*. immunity) from taxation (*od*. taxes); **~gerät** ⊕ *n* control gear, control(l)er; **~gesetz** *n* tax (*od*. *Am*. revenue) law; **~gesetzgebung** *f* tax laws *pl*., tax legislation; **~gitter** *n Radio*: control grid; **~gruppe** *f* tax bracket; **~hebel** *m* control-lever; **~hinterzieher** *m* tax dodger; **~hinterziehung** *f* tax evasion; **~hoheit** *f* tax sovereignty; **~jahr** *n* year of assessment, *Am*. *a*. taxable year; **~karte** *f*: (*Lohn*≈ wage) tax card; **~klasse** *f* tax bracket; **~knüppel** ✈ *m* (control) stick, control-lever, *sl*. joystick; **~kraft** *f* taxable capacity; **~kurs** *m* compass (course), heading; **~kurve** ⊕ *f* cam; **~last** *f* burden of taxation, tax load; **~leistung** *mot*. *f* rated horsepower; **≈lich I.** *adj*. (of) taxation, tax ..., revenue ...; **II.** *adv*.: *~ begünstigt* carrying tax privileges; *~ günstig* with low tax liability; *~ veranlagen* assess for taxation; **~mann** ⚓ *m* helmsman, steersman, *Am*. *a*. wheelman; (*Boots*≈) coxswain; (*Titel*) mate; *ohne ~ Bootsrennen*: coxswainless; **~mannsmaat** *m* second mate; **~marke** *f* revenue stamp; duty-stamp; **~meßzahl** *f* percentage yielding unit for tax rate application; **~mittel** *pl*. tax money *sg*.; **~moral** *f* tax morality.

steuern *v/t*. *u*. *v/i*. **1.** ⚓ steer, navigate; *als Lotse*, *a*. ✈: pilot; *mot*. drive, be at the wheel (of); ⊕ control; *nur v/i*. *Schiff*: stand, head (*nach Süden* southward); *~ nach* be bound for; **2.** *fig*. (*leiten*) direct, control; **3.** *e-r Sache ~* check, curb, *vorbeugend*: obviate, ward off, *abhelfend*: remedy; *der Not ~* meet need.

Steuer...: **~nachlaß** *m* → *Steuerermäßigung*; **~nocken** ⊕ *m* cam; **~oase** *f*, **~paradies** *n* tax haven; **~organ** ⊕ *n* control element; **~pferdestärke** *mot*. *f* rated horsepower; **≈pflichtig** *adj*. liable to taxation *od*. duty, taxable, assessable; *Ware*: dutiable; **~pflichtige(r** *m*) *f* contributable; → *Steuerzahler*; **~politik** *f* fiscal policy; **~programm** *n Computer*: executive routine; **~prüfer** *m* tax auditor; **~prüfung** *f* tax audit; **~pult** ⚡ *n* control desk; **~rad** *n* ⚓ *u*. *mot*. (steering-)wheel; *mit Nokken*: timing gear; ✈ control wheel; **~recht** *n* law of taxation; **≈rechtlich** *adj*. fiscal; **~reform** *f* tax reform; **~röhre** *f* control valve (*Am*. tube); **~rückerstattung** *f* tax refund; **~rückstände** *m/pl*. tax arrears; **~ruder** *n* ⚓ helm, *unter Wasser*: rudder; ✈ control surface; **~sachen** *f/pl*. tax matters; *Helfer in ~* tax adviser; **~satz** *m* tax rate (*od*. scale); **~säule** *f* → *Lenksäule*; **~schalter** ⚡ *m* control(l)er; **~schraube** *f*: *die ~ anziehen* increase taxation; **~schuld** *f* tax(es *pl*.) due; *Bilanz*: tax accrued; **~schuldner** *m* tax debtor; **≈schwach** *adj*. of low revenue; **~senkung** *f* tax abatement (*od.* reduction); **~speicher** *m Computer*: program(me) register; **~strom** ⚡ *m* control current; **~tabelle** *f* tax table (*od.* scale).

Steuerung *f* (*Tätigkeit*) steering, ✈ piloting; ⊕, ⚡, *allg.* control; (*Vorrichtung*) control system, *als Elemente*: control gear; ⚡ (*Verstärker*) drive; (*Aus*~) modulation; *mot.* (*Lenkung*) steering (mechanism); (*Ventil*~) valvegear; ✈ controls *pl.*; *fig.* direction, (*a. Bekämpfung*) control; (*Verhinderung*) prevention; (*Abhilfe*) redress; *der Not*: relief; ⊕, ⚡ (*automatische* ~ automatic) control.

Steuer...: **~veranlagung** *f* assessment (of taxes); **~vergehen** *n* tax offen|ce, *Am.* -se; **~vergünstigung** *f* tax allowance (*od.* privilege); **~verwaltung** *f* administration of taxes; (*Behörde*) Revenue Department; **~welle** ⊕ *f* control shaft, camshaft; **~wert** *m* taxable value; **~wesen** *n* fiscal matters *pl.*, taxation; **~zahler(in** *f*) *m Brit. staatlich*: taxpayer, *kommunal*: rate-payer; *Am. allg.* taxpayer; **~zettel** *m* taxpaper; **~zurückzahlung** *f* tax refund; **~zuschlag** *m* surtax.

Steven ⚓ *m* (*Vorder*~) stem; (*Achter*~) stern(-post).

Steward *m* steward; **~eß** *f* stewardess; ✈ (air-)hostess.

stibitzen F *v/t.* steal; *sl.* filch, *Am.* snitch.

Stich *m* (*Nadel*~ *usw.*) prick; (*Näh*~) stitch; *e-s Insekts*: sting; (*Floh*~, *Mücken*~) bite; (*Dolch*~, *Messer*~) stab; (*Stoß*) thrust; *mit dem Spaten*: cut; (*Kupfer*~) engraving; *Walzwesen*: pass; ⚓ (*Knoten*) knot; ⚕ (*Schmerz*) shooting pain, twinge, stitch(es *pl.*); *fig.* thrust, *spöttischer*: gibe, sarcasm, (*Seitenhieb*) sideswipe; *ein* ~ *ins Blaue* a tinge of blue; *ein* ~ *ins Geniale* a streak of genius; ~ *halten* hold good, hold water; *im* ~ *lassen* abandon, desert, (*Gefährten*) forsake, let down, leave in the lurch, fail, F walk out on, go back on; *sein Gedächtnis ließ ihn im* ~ failed him; *e-n* ~ *haben Milch usw.*: be off, *Fleisch*: *a.* be (a bit) high; F *Person*: be a bit touched; *e-n* ~ *machen Kartenspiel u.* F *Sport*: make a trick; *er ließ seinem Gegner keinen* ~ F *Sport*: he never left his opponent a chance; *es gab ihm e-n* ~ it cut him to the quick, it jarred (*od.* stung, jolted) him; **~bahn** 🚂 *f* switch-line.

Stichel *m* style; ⊕ cutter, graver; (*Holz*~) grooving tool.

Stichelei taunt, gibe; F needling; (*Neckerei*) teasing.

sticheln *v/t. u. v/i.* stitch; ⚕ scarify; *fig.* taunt, tease, gibe, F needle.

Stich...: **~entscheid** *m* (decision by) second ballot; **≈fest** *adj.* proof; *fig.* → *hieb- und stichfest*; **~flamme** *f* jet of flame, flash, blast flame; ⊕ (fine) jet; **≈haltig** *adj.* valid, sound, solid; ~ *sein* hold good; *seine Theorie ist nicht* ~ F doesn't hold water; **~haltigkeit** *f* soundness, validity; **~kampf** *m Sport*, *beim Spiel*: play-off, run-off, *im Springen*: jump-off, *im Schießen*: shoot-off, *etc.*; *durch* ~ *entscheiden* play, *etc.* off; **~ler(in** *f*) *m* taunter, mocker, tease; **~ling** *ichth. m* stickleback; **~probe** *f* spot-check, spot-test, *bsd.* ⚘, ⊕ random test (*od.* sample); *Rechnungsprüfung*: sample audit; **~säge** *f* compass (*od.* pad) saw; **~tag** *m* fixed day, date set, target date; (*letzter Termin*) deadline; **~waffe** *f* thrusting (*od.* stabbing) weapon; **~wahl** *f* second ballot; **~wort** *n* catchword (*a. typ.*); *im Lexikon usw.*: *a.* headword; *thea. u. fig.* cue; (*Schlüsselwort*) key-word; ~ „*Umwelt*"! *beim Sprechen*: à propos (*od.* speaking of) "Environment"!; **~wortverzeichnis** *n* index; **~wunde** *f* stab (wound), puncture; **~zahl** *f* test number.

Stick|arbeit *f* embroidery; **≈en** *v/t. u. v/i.* embroider; **~en** *n* embroidery; **~er(in** *f*) *m* embroiderer; **~erei** *f* embroidery; **~husten** ⚕ *m* (w)hooping-cough; **≈ig** *adj.* suffocating, stifling; *Luft, Zimmer*: *a.* stuffy, close; **~muster** *n* embroidery-pattern; **~nadel** *f* stitching needle; **~oxyd** ⚗ *n* nitric oxide; **~oxydul** ⚗ *n* nitrous oxide; **~rahmen** *m* tambour (frame); **~seide** *f* stitching silk.

Stickstoff ⚗ *m* nitrogen; *mit* ~ *verbinden* nitrogenize; **~dioxyd** *n* nitrogen dioxide; **~dünger** *m* nitrogenous fertilizer; **≈frei** *adj.* nitrogen-free, non-nitrogenous; **≈haltig** *adj.* nitrogenous; **~wasserstoff** *m* hydrogen nitride.

stieben *v/i.* fly (about) (*a. Funken*); *Flüssigkeit*: spray; *in alle Richtungen* ~ *Menge*: scatter in all directions.

Stiefbruder *m* stepbrother.

Stiefel *m* boot; *hohe* ~ high (*od.* top) boots; *geogr. der italienische* ~ the "boot of Italy"; F *fig. im alten* ~ in the old jog-trot (*od.*

groove); F e-n ~ *zs.-reden* talk through one's hat, blather; F *er kann e-n ~ vertragen* he holds his liquor well; **~absatz** *m* boot-heel; **~ette** *f* elastic-sided (*Am.* congress) boot; **~hose** *f*: (e-e ~ a pair of) breeches *pl.*; **~knecht** *m* boot-jack; **≈n** F *v/i.* march, F leg it; → *gestiefelt*; **~putzer** *m* → *Schuhputzer*; **~strippe** *f* bootstrap.

Stief|eltern *pl.* stepparents; **~geschwister** *pl.* stepbrother(s) and stepsister(s); **~kind** *n* stepchild (*a. fig. Sache*); **~mutter** *f* stepmother (*a. fig.*); **~mütterchen** ⚘ *n* pansy; **≈mütterlich I.** *adj.* stepmotherly; **II.** *adv.* like a stepmother; *fig.* ~ *behandeln* neglect (badly), treat like a stepchild; **~schwester** *f* stepsister; **~sohn** *m* stepson; **~tochter** *f* stepdaughter; **~vater** *m* stepfather.

Stieg *m* → *Steig*; **~e** *f* **1.** staircase, stairs *pl.*; *am Zaun*: stile; **2.** (*Lattenkiste*) crate.

Stieglitz *orn. m* goldfinch.

Stiel *m* handle; *Axt usw.*: *a.* helve; *Dolch usw.*: *a.* haft; (*Besen≈*) stick; ⚠ (*Strebe*) strut; ⚘ stalk, peduncle; (*Pfeifen≈*, *Trinkglas≈*) stem; F *fig. den ~ umkehren* turn the tables on him, *etc.*; → *Stumpf*; **~augen** *n/pl.* stalked eyes; F *fig.* F pop-eyes; ~ *machen* F be pop-eyed; **≈äugig** *adj.* stalk-eyed; F *fig.* F pop-eyed; **~brille** *f*, **~glas** *n* lorgnette (*fr.*); **≈en** *v/t.* furnish with a handle; → *gestielt*; **~handgranate** *f* stick-grenade.

stier *adj.* staring, fixed, glassy; *~er Blick* (wild *od.* fixed) stare.

Stier *m* **1.** *zo.* bull; *junger ~* bullock; *fig. wie ein wilder ~* like a mad bull; *den ~ bei den Hörnern packen* take the bull by the horns; **2.** *ast.* Taurus.

stieren *v/i.* stare, goggle (*auf* at); *wütend*: glare (at).

Stier...: **~kampf** *m* bull-fight; **~kämpfer** *m* bull-fighter; **~nacken** *m* bull neck; **≈nackig** *adj.* bull-necked.

Stift[1] *m* **1.** pin; (*Holz≈*) peg; (*Zier≈*) stud; (*Bolzen*) bolt; (*Zwecke*) tack; (*Zapfen*) pivot; (*Blei≈*) pencil, (*Bunt≈*) crayon; (*Zahn≈*) dowel; **2.** F (*Lehrling*) apprentice, youngster; (*Kerlchen*) → *Knirps*.

Stift[2] *n* charitable foundation; (*Kloster*) convent; (*Lehranstalt, Seminar*) seminary; (*Altersheim*) home for the aged.

stiften *v/t.* **1.** (*gründen*) found; (*einrichten*) establish, institute; (*schenken*) endow, give, *Am.* donate; *gestiftet von ...* courtesy of ...; **2.** (*verursachen*) cause, produce; (*Unruhe usw.*) excite; *Frieden ~* make peace; *Unfrieden ~* sow discord, make trouble; *Unheil ~* cause mischief; → *a. anstiften*; **~gehen** F *v/i.* bolt.

Stifter(in *f*) *m* founder; (*Schenker*) donor, *Am. a.* sponsor.

Stifts...: **~dame** *f*, **~fräulein** *n* canoness; **~herr** *m* canon; **~hütte** *eccl. f* Tabernacle; **~kirche** *f* collegiate church; (*Hauptkirche e-s Bistums*) cathedral.

Stiftung *f* (*Gründung*) foundation (*a. Anstalt*); (*Schenkung*) (charitable) endowment, donation, grant; *an ein Museum usw.*: benefaction; **~sfeier** *f*, **~sfest** *n* commemoration (*od.* founder's) day; **~surkunde** *f* deed of foundation.

Stiftzahn *m* pivot tooth.

Stigma *n* stigma; **≈tisieren** *v/t.* stigmatize.

Stil *m allg.* style (*a. Schreib≈*, *Kunst≈*, *Lebens≈*, *a. Sport usw.*); *im ~ von od. gen.* in the style of; *Kostüme usw. ganz im ~ der* (*damaligen*) *Zeit* admirably in period; *im großen ~* in great style; (*im Großen*) on a large scale; *Betrügereien großen ~s* large-scale (*od.* wholesale) frauds; **~blüte** *f* F howler; **~bruch** *m* stylistic excrescence; *e-n ~ darstellen a.* be stylistically off; **≈echt** *adj.* in proper style; (*historisch ~*) in period.

Stilett *n* stiletto.

Stil...: **~fehler** *m* stylistic flaw; **~gefühl** *n* stylistic sense; **≈gerecht** *adj.* → *stilecht*.

stilisieren *v/t.* stylize; (*verfassen, formen usw.*) *a.* style.

Stilist *m*, **~in** *f allg.* stylist (*a. Sport*); ⊕ (*Formgeber*) *a.* styler; **~ik** *f* stylistics *pl.* (*mst sg. konstr.*); **≈isch** *adj.* stylistic; *in ~er Hinsicht* stylistically.

Stil...: **~kleid** *n* period costume; **~kunde** *f* stylistics *pl.* (*mst sg. konstr.*), style, composition; **~kunst** *f* stylistic art, (art of) composition.

still *adj. allg.* still, quiet, silent; (*verstummt*) hushed; (*friedlich*) peaceful, tranquil, still, quiet; *Feier usw.*: quiet; *Luft, See, Gefühle*: calm; (*unbeweglich*) motionless; (*leblos*) lifeless, inanimate; (*leise*) soft; (*heimlich*) secret; ✝ (*flau*) dull, slack; *eccl. Messe*: low; *die ≈en im Lande* the silent majority; *≈er Freitag* Good Friday; *~es Gebet* silent prayer; ✝ *~er Gesellschafter od. Teilhaber* sleeping (*Am.* silent) partner; *~es*

Glück quiet bliss; ~*e Hoffnung* secret hope; ✝ ~*e Jahreszeit* dull (*od.* dead) season; ~*e Liebe* secret (*od.* unavowed) love; ~*e Nacht* silent night; F ~*es Örtchen* → *Klo*; ≈ *er Ozean* Pacific (Ocean); ✝ ~*e Reserven* secret (*od.* hidden) reserves; ~*e Übereinkunft* tacit understanding; ~*er Vorbehalt* mental reservation; ~*e Wasser sind tief* still waters run deep; F *er ist ein* ~*es Wasser* F he is a deep one; ~ *sein* be quiet; ~*!* silence!, quiet!, hush!; *sich* ~ *verhalten* keep still (*od.* quiet), not to stir; *fig. a.* bide one's time, *sl.* lie low; ~ *davon!* no more of that!, don't say anything (about it)!; *im* ~*en* silently, quietly; (*heimlich*) secretly; *b.s.* underhand; (*im Herzen*) privately, inwardly, at heart; ~ *werden* grow silent, *Wind usw.*: calm down, subside; *fig. um ihn* (*um diese Sache*) *ist es* ~ *geworden* nobody talks of him (of this matter) any more; **~bleiben** *v/i.* be still, remain quiet; *Person*: *a.* keep silence.

Stille *f* stillness, silence, quiet(ness); peace, tranquil(l)ity, calm; *plötzliche*: hush, *des Windes*: lull (*fig. vor dem Sturm* before the storm); ✝ dullness, slackness; *tiefe* ~ profound (*od.* dead) silence; *in der* ~, *in aller* ~ quietly (*a. heiraten, beisetzen*), silently; (*heimlich*) secretly, privately; *b.s. a.* on the quiet, *sl.* on the q t.

stille F *adj.* → *still*.

Stilleben *paint. n* still life.

stilleg|en *v/t.* (*Betrieb*) shut down; (*Fahrzeug*) lay up; (*Maschine usw.*) put out of operation; (*Schiff*) put out of commission; (*Verkehr usw.*) stop; (*Geld*) freeze; ⚕ immobilize; (*lähmen*), *durch Krieg, Streik usw.*: paralyze; *stillgelegte Anlage* inactive installation; **≈ung** *f* shutdown, closure; stoppage.

Stillehre *f* → *Stilkunde*.

stillen *v/t.* (*e-n Säugling*) nurse, suckle; (*beruhigen*) quiet, calm, silence; (*Blut*) stop, sta(u)nch; (*Durst*) quench; (*Hunger*) appease, stay; (*Schmerz*) still, soothe; (*Sehnsucht*) still, satisfy; (*Begierde*) gratify; **~d** *adj.*: ~*e Mütter* nursing mothers.

Still...: **~geld** *n* nursing benefit; **~halteabkommen** *n* standstill agreement; **≈halten** *v/i.* keep still (*od.* quiet); (*einhalten*) stop, pause; *Gewerkschaft usw.*: observe restraint, keep quiet.

stilliegen *v/i.* lie quiet (*od.* still); *fig.* lie dormant; *Geschäfte, Handel*: be at a standstill; *Betrieb*: be shut down, lie idle; *Verkehr*: be suspended (*od.* paralyzed).

Stil...: **≈los** *adj. u. adv.* in bad style (*od.* taste), tasteless(ly); **~mittel** *n u. pl.* stylistic means (*sg. u. pl.*).

still...: **~schweigen** *v/i.* be silent, observe (*od.* keep) silence; hold one's peace; **≈schweigen** *n* silence (*a.* ⚖); (*Geheimhaltung*) secrecy; ~ *bewahren od. beobachten* a) → *stillschweigen*; b) observe secrecy; *j-m* ~ *auferlegen* enjoin secrecy on a p.; *mit* ~ *übergehen* pass *a th.* over in silence; **~schweigend I.** *adj.* silent; *fig.* tacit, implied, implicit *agreement*; *mit der* ~*en Voraussetzung* on the tacit understanding; **II.** *adv.* silently, in silence; wordlessly; without comment; *fig.* tacitly, by implication; **~sitzen** *v/i.* sit still (*od.* quietly); *weitS.* remain inactive, *iro.* twiddle one's thumbs; **≈stand** *m* standstill, stop(page); *fig. a.* stagnation (*a.* ✝); *von Verhandlungen usw.*: deadlock; (*Aussetzung, vorübergehender* ~) suspension; (*Untätigkeit*) inaction; *zum* ~ *bringen* bring to a standstill, stop, halt, arrest; *zum* ~ *kommen* come to a standstill, be stopped; *fig. a.* reach a deadlock; **~stehen** *v/i.* stand still; (*halten*) *a.* stop, halt; ⚔ stand at attention; *fig.* be at a standstill, *Handel*: *a.* be stagnant; *Betrieb, Maschinen*: lie idle, be idled; *der Verstand stand ihm still* his mind reeled (*bei* at), it staggered him; ⚔ *stillgestanden!* attention!; **~stehend** *adj.* at a standstill; (*bewegungslos*) motionless; (*ortsfest*) stationary; *von Wasser u. fig.*: stagnant; *Betrieb usw.*: idle; **≈ung** *f* → *stillen*; nursing, breast-feeding; sta(u)nching; quenching; appeasing, stilling; gratification; **~vergnügt** *adj. a. iro.* cheerful, placid, serene; **≈wein** *m* still wine; **≈zeit** *f der Mutter*: lactation period.

Stil...: **~möbel** *n/pl.* period furniture *sg.*; **~übung** *f* stylistic exercise, exercise in style; **≈voll** *adj. u. adv.* stylish(ly), in good style.

Stimm|abgabe *f* voting, vote, casting of votes, polling; **~aufwand** *m* vocal effort; **~band** *anat. n* vocal chord; **≈berechtigt** *adj.* entitled (*od.* eligible) to vote; *nicht* ~ non-voting; **~berechtigung** *f* right to vote; → *a. Stimmrecht*; **~bruch** *m* breaking of the voice, change of voice, puberty vocal change.

Stimme *f* **1.** *allg.* voice (*a. Sing*≈ *u. fig.*); *mit lauter* ~ in a loud voice; (*nicht*) *bei* ~ (not) in voice; *fig. die* ~ *des Gewissens* the voice of conscience, the still small voice; *fig. mit einer* ~ *sprechen* speak in one voice; *s-n Gefühlen* ~ *verleihen* voice one's feelings; **2.** ♩ *in e-r Komposition, im Satz*: voice (part); (*einzelne Instrumental*≈) *violin, etc.* part; **3.** *e-r Partei, der Öffentlichkeit usw.*: *a.* organ; (*Sprecher*) voice, speaker; (*Presse*≈) comment; **4.** (*Wahl*≈) vote; *abgegebene* ~*n* votes cast, ballots; *entscheidende* ~ casting vote; *s-e* ~ *abgeben* (cast one's) vote, poll; *j-m s-e* ~ *geben* give a p. one's vote, vote for a p.; ~*n werben* canvass (votes), electioneer; *sich der* ~ *enthalten* abstain (from voting); *er hat dabei keine* ~ he has no voice (*od.* say) in this matter; → *Sitz* 1.

stimmen I. *v/t.* **1.** (*Instrument*) tune (*nach* to); *höher* (*niedriger*) ~ raise (lower) the pitch of; *fig. j-n für et.* ~ dispose a p. to (*od.* to do) a th.; *j-n günstig* ~ put a p. in a favo(u)rable mood; *j-n gegen et.* ~ prejudice a p. against a th.; *glücklich* ~ make (feel) happy; *traurig* ~ make sad, sadden, depress; *schlecht gestimmt* ill-humo(u)red, in a bad mood; **II.** *v/i.* **2.** ♩, *Farben usw.*: be in tune, harmonize; (*zs.-passen*) *a.* go together; (*zutreffen*) be true (*od.* right, correct, in order); *Summe usw.*: be correct; (*überein*~) agree, tally; *das stimmt!* that's right!, that's true!, that's correct!; *da stimmt etwas nicht* there is something wrong here; **3.** ~ *für* vote (*od.* poll) for.

Stimmen...: ~**einheit** *f* unanimity; *mit* ~ unanimously; ~**fang** *m* vote-catching; ~**gewirr** *n* babel (*od.* din) of voices, babble; ~**gleichheit** *f* equality (*od.* parity) of votes; *parl.* tie; ~**mehrheit** *f* majority of votes; *einfache* ~ bare (*od.* simple) majority; ~**teilung** *f* splitting (of votes).

Stimmenthaltung *f* abstention (from voting).

Stimm...: ~**er** ♩ *m* tuner; ≈**fähig** *adj.* entitled to vote; ~**gabel** ♩ *f* tuning fork; ≈**gewaltig** *adj.* loud-voiced; ≈**haft** *ling. adj.* voiced, vocal; ~**hammer** ♩ *m* tuning-hammer; ~**lage** *f* pitch (of the voice), register; ≈**lich** *adj.* vocal; ~**liste** *f* voting list; ≈**los** *ling. adj.* voiceless, unvoiced; ~**pfeife** ♩ *f* pitch pipe; ~**recht** *n* (right to) vote; *nur pol.* franchise; *allgemeines* ~ universal suffrage; *das* ~ *ausüben* (exercise one's right to) vote; ~**rechtlerin** *f* suffragist, *contp.* suffragette; ~**ritze** *anat. f* glottis, vocal chink; ~**ritzendeckel** *m* epiglottis; ~**ritzenkrampf** ⚕ *m* laryngospasm; ~**ton** ♩ *m* **1.** voice (quality); **2.** → *Kammerton*; ~**umfang** *m* range, register.

Stimmung *f* **1.** ♩ tuning; (*Tonhöhe*) pitch; (*Tonart e-s Instruments*) key; **2.** *fig.* (*Atmosphäre*) atmosphere, (*Abend*≈, *Herbst*≈, ~ *im Volke usw., a. paint. usw.*) mood; *des Gemüts*: mood, frame of mind, humo(u)r, disposition, spirit; *von Arbeitern usw.*, ⚔ *der Truppe*: morale; *der Öffentlichkeit*: general feeling (*od.* sentiment); ☤ *Börse*: tone, tendency; (*Ausgelassenheit*) high spirits *pl.*; *deutschfeindliche* ~ anti-German sentiment; *feindselige* ~ animosity, resentment; *guter* ~ in good humo(u)r, in a good mood, in high spirits, cheerful; (*nicht*) *in der* ~ *sein zu inf.* (not to) be in the mood for *ger. od.* to *inf.*, (not to) feel like *ger.*; ~ *machen für* make propaganda for, boom, F plug; *für* ~ *sorgen*, ~ *machen* liven (*od. sl.* pep) up the party, *etc.*; *die* ~ *war glänzend* spirits were high; → *gedrückt*.

Stimmungs...: ~**barometer** *n* barometer (of opinion); ~**bild** *n paint, phot. u. fig.* mood; ~**kanone** *co. f* great joker, life of the party; ~**kapelle** *f* cheery band; ~**mache** *f* propaganda, boom (-ing); ~**mensch** *m* moody creature; ~**musik** *f* mood music; ~**umschwung** *m* change of mood (☤ of tone); ≈**voll** *adj.* moodladen, atmospheric; (*fröhlich*) merry, jolly.

Stimm...: ~**vieh** *contp. n* herd of voters; ~**wechsel** *m* → *Stimmbruch*; ~**zettel** *m* voting paper, ballot (paper); *Wahl durch* ~ (voting by) ballot.

Stimul|ans ⚕ *n* stimulant; *fig. a.* tonic; ≈**ieren** *v/t.* stimulate; ~**us** *m* stimulus.

Stinkadores F **1.** *f* (*Zigarre*) F stinker; **2.** *m* (*Käse*) F stinker.

Stink|bombe *f* stink-bomb; ≈**en** *v/i.* **1.** stink (*nach* of), *feiner*: smell bad (*od.* foul), have a bad smell, be fetid; **2.** F *fig. allg.* stink; (*verdächtig sein*) *a. sl.* be fishy; *das stinkt zum Himmel* it stinks to high heaven, it's a crying shame; *vor Geld* ~ F be stinking rich, be lousy with money; *der Roman stinkt* the novel stinks; *das (er) stinkt mir* I'm sick of it (him); *mir stinkt's!* I'm fed up to here!; **~end, ~ig** *adj.* stinking, foul (*a. fig.*), ill-smelling, fetid; (*faulig*) putrid; **~faul** F *adj.* bone-lazy; **~reich** F *adj.* F stinking rich; **~tier** *zo. n* skunk; **~vornehm** F *adj.* F posh, flash, swanky; **~wut** F *f*: *e-e ~ haben* be in a (blind) rage, *Am.* F be hopping mad, be sore like hell.

Stint *ichth. m* smelt.

Stipen|diat *univ. m* scholar(ship holder), *Brit. a.* exhibitioner; **~dium** *n* scholarship.

stipp|en *v/t.*: *~ in* dip in(to); **~visite** F *f* flying visit, F pop-visit.

stipulieren *v/t.* stipulate.

Stirn *f* forehead, brow; *fig.* (*Frechheit*) impudence, face; *die ~ haben zu inf. a.* F have the cheek to *inf.*; *sich verzweifelt an die ~ greifen* clutch one's brow; *fig. die ~ bieten dat.* make head against, oppose, face (squarely), defy; *es steht ihm auf der ~ geschrieben* it is written on his face; → *Stirnseite*; → *eisern, runzeln*; **~ader** *anat. f* frontal vein (*od.* artery); **~ansicht** *f* front view; **~band** *n* headband, frontlet; *an Gasmasken usw.*: forehead strap; **~bein** *anat. n* frontal bone; **~binde** *f* → *Stirnband*; **~falte** *f* wrinkle (on the forehead), *tiefe*: furrow; **~fläche** *f* face.

Stirnhöhle *anat. f* (frontal) sinus; **~nentzündung** *f*, **~nkatarrh** *m* (frontal) sinusitis; **~nvereiterung** ⚕ *f* (chronic) suppurative frontal sinusitis.

Stirn...: **~holz** *n* end-grained wood; **~lage** *f des Fötus*: frontal presentation; **~locke** *f* forelock; **~rad** ⊕ *n* spur gear; **~riemen** *m* frontlet; **~runzeln** *n* frown(ing); **~seite** *f* front (side *od.* end), face; **~spiegel** ⚕ *m* head mirror; **~wand** *f* front (*od.* end) wall, front plate; **~wunde** *f* wound on the forehead.

stöbern I. *v/i.* **1.** *~ in* (*suchen in*) rummage (about) in (*nach* for); *Hund*: hunt about in (for); **2.** (*Hausputz machen*) do one's house-cleaning; **II.** *v/impers.*: *es stöbert* there is a flurry of snow.

stochern *v/i.*: *~ in* poke, (*Feuer*) *a.* stir *od.* stoke (up), rake; (*sich*) *in den Zähnen ~* pick one's teeth; *in s-m Essen ~* pick at one's food.

Stock *m* **1.** stick (*a. Spazier~, Ski~, Hockeyschläger usw.*); (*Rohr~*) cane; (*Billard~*) cue; (*Takt~*) baton, stick; (*Gewehr~*) (cleaning) rod; (*Zeige~*) stick, pointer; *am ~ gehen* walk on a stick; F *fig.* be down and out; (*verblüfft sein*) be floored; **2.** ⚘ (*Wein~*) vine; (*Strunk, Wurzel~*) stock; *über ~ und Stein* over hedge and ditch; **3.** (*Hut~*) block; (*Gebirgs~*) massif; *hist.* (*Straf~*) stocks *pl.*; **4.** (*~werk*) stor(e)y, floor; *im ersten ~ wohnen* live on the first (*Am.* second) floor; *das Haus ist vier ~ hoch* is four stories high; **5.** *dial.* (*Fadian*) stick, stock; → *Druckstock, Grundstock*; **~amerikaner** *m* thorough American, F regular Yankee; **~blind** *adj.* stone-blind; **~degen** *m* sword-cane; **~dumm** *adj.* utterly stupid, blockheaded; **~dunkel** *adj.* pitch-dark.

Stöckelschuhe *m/pl.* high-heeled shoes.

stocken I. *v/i.* stop (short), come to (*od.* be at) a standstill; (*langsamer werden*) slacken; *fig. a.* make no progress, hang fire; *Gewässer,* ⚕ *Kreislauf u. fig.*: stagnate; *Herz*: cease to act; (*gerinnen*) *Blut*: coagulate, clot, *Farbe*: *a.* cake, *Milch*: curdle; (*Stockflecke bekommen*) turn mo(u)ldy; *mot.* stall; *Gespräch*: flag; ✝ *Geschäfte*: be slack (*od.* stagnant); *Verhandlungen usw.*: reach a deadlock; *Verkehr*: be blocked (*od.* held up); (*zögern*) hesitate, halt; *Stimme*: falter; *fig. ihm stockte der Herzschlag* (*od. Atem*) his heart stood still *od.* missed a beat (*bei dem Anblick* at the sight); *im Reden ~* break down, F get stuck; *~d sprechen* speak haltingly; **II.** *~ n* → *a. Stockung*; *ins ~ geraten* come to a standstill, → *a.* I; *ohne ~ lesen usw.* fluently.

Stock...: **~engländer** *m* thorough (*od.* true-born) Englishman, Englishman to the core; **~ente** *f* mallard, stock duck; **~fehler** *m Hockey*: sticks *pl.*; **~finster** *adj.* pitch-dark; **~fisch** *m* stockfish, dried cod; F *fig.* (*Fadian*) stock, stick; **~fleck** *m* mo(u)ld stain; **~fleckig, ~ig** *adj.* mo(u)ldy, *Papier*: *a.* foxed, foxy; **~flinte** *f* cane-gun; **~heiser** *adj.* very hoarse, rasping.

...stöckig ...-storied, ...-floor.

Stock...: **~konservativ** *adj.* ultra-conservative; **~presse** *f Buchbinderei*: standing press; **~punkt** *m Öl*: solidifying point; **~rose** *f* hollyhock; **~schaltung** *mot. f* stick shift; **~schirm** *m* walking-stick umbrella; **~schläge** *m/pl.* caning, flogging, thrashing (*alle sg.*); **~schnupfen** ⚕ *m* chronic cold in the head, thick cold; **≈steif** *adj.* (as) stiff as a poker; **≈still** *adj.* stock-still; **≈taub** *adj.* (as) deaf as a post, stone-deaf.

Stockung *f* standstill, stop(page); *kleine*: hitch; *völlige*: breakdown, cessation, *fig.* deadlock; (*Unterbrechung*) interruption; (*Verlangsamung*) slowing down, hold-up; (*Zeitverlust*) loss of time, delay; (*Pause*) pause; (*Zögern, a. im Sprechen*) hesitation; *von Gewässern u. fig.*: stagnation; *des Verkehrs*: block, jam, congestion, hold-up; ⚕ stasis, *des Bluts*: *a.* congestion.

Stock...: **~werk** *n* stor(e)y, floor; *geol.* section; *im ersten* ~ on the first (*Am.* second) floor; *im oberen* ~ upstairs; **~werksgarage** *mot. f* multi-story car-park; **~zahn** *m* molar; **~zwinge** *f* ferrule.

Stoff *m allg.* stuff (*a.* F *Alkohol, Rauschgift usw.*); (*Materie*) matter; (*Substanz*) substance; (*Material, Zeug*) material; (*Wirk*≈) agent; (*chemische Verbindung*) compound; (*Textil*≈) material, fabric, textile; (*Tuch*) cloth; (*Wollzeug*) stuff; *pl.* ✝ *coll.* yard goods; (*Betriebs*≈) fuel; (*Papierbrei*) pulp; *fig.* (*Gegenstand*) subject(-matter); *zu e-m Roman usw.*: material *od.* matter (*zu, für* for), *zu e-m Film*: *a.* story; *zur Unterhaltung*: food (for conversation), topic; ~ *zum Nachdenken* food for thought, something to think about; ~ *liefern für* furnish matter for; **~bahn** *f* web of cloth; **~ballen** *m* bale (*od.* roll) of cloth; **≈bespannt** *adj.* fabric-covered.

Stoffel F *m* boor, churlish fellow; **≈ig** *adj.* uncouth, churlish.

Stoff...: **~handschuh** *m* fabric glove; **≈lich** *adj. u. adv.* material(ly *adv.*); with regard to the subject-matter *od.* substance; **~lichkeit** *f* materiality; **~muster** *n* (cloth) pattern; (*Warenprobe*) mst sample; **~patent** *n* product patent; **~puppe** *f* stuffed doll; **~waren** ✝ *f/pl.* yard goods; **~wechsel** *m* metabolism; *in Zssgn* metabolic.

stöhnen I. *v/i.* groan, moan (*über* at, *unter* under, with); **II.** ≈ *n* groaning, groans *pl.*

Sto|iker *m* Stoic; *fig.* stoic; **≈isch** *adj.* stoic(al).

Stola *f eccl. u. Mode*: stole.

Stolle *f* currant (*od.* fruit)cake.

Stollen *m* **1.** (*Pfosten*) post, (*Stütze*) support; **2.** (*unterirdischer Gang*) ⚒ tunnel, adit, *a.* ⚔ gallery; (*Unterstand*) dug-out; **3.** *am Hufeisen*: calkin, *Am.* calk; *am Fußballstiefel usw.*: stud, cleat; **4.** → *Stolle*.

Stolper|draht ⚔ *m* trip wire; **≈n** *v/i.* stumble, trip (*über* over; *a. fig.*).

stolz I. *adj. allg.* proud (*auf* of); (*eitel*) vain (of); (*eingebildet*) conceited; (*hochmütig*) haughty; (*anmaßend*) arrogant; *fig. Anblick, Schiff, Tag usw.*: proud; ~ *sein auf* be proud of, take pride in, pride o.s. on; **II.** ≈ *m* pride (*auf* in); *b.s. a.* haughtiness; arrogance; (*Einbildung*) conceit; *falscher* ~ false pride; *s-n* ~ *dareinsetzen zu inf.* make it a point of hono(u)r to *inf.*; *er ist der* ~ *seiner Mutter* he is his mother's pride; **~ieren** *v/i.* strut, parade, swagger; *Pferde*: prance.

Stoma *biol. n* stoma; **~titis** ⚕ *f* stomatitis; **~tologie** *f* stomatology.

Stopf|büchse ⊕ *f* stuffing box; **~ei** *n* darning-ball, darner.

stopfen I. *v/t.* **1.** (*Gegenstand verschließen verstöpseln, füllen usw.*) plug; (*Geflügel, Polsterung*) stuff; (*Loch, Pfeife*) fill, stuff; (*Leck*) stop; (*Wurst*) make; (*flicken*) patch up; (*Strümpfe*) darn, mend; ⚕ (*ver*~) constipate; (*den Durchfall*) stop; ♪ mute; ⚔ (*das Feuer*) ~ cease firing; *fig. j-m den Mund* ~ stop a p.'s mouth; *gestopft voll* crammed full; ♪ *gestopfte Trompete* muted trumpet; → *Loch*; **2.** *et.* ~ *in* cram (*od.* stuff) into; **II.** *v/i.* **3.** (*sättigen*) be filling; **4.** ⚕ cause constipation; **III.** ≈ *n* stuffing, *etc.*

Stopfen ⊕ *m* stopper, plug.

Stopf...: **~garn** *n* darning-cotton; **~mittel** ⚕ *n* emplastic; **~nadel** *f* darning-needle.

Stopp I. *m* stop; (*Verbot*) *a.* prohibition, ban; (*Preis*≈, *Lohn*≈) freeze, stop; **II.** *int.*: ≈! stop!

Stoppel *f* ⸙ stubble (*a. Haar*≈, *Bart*≈); **~bart** *m* stubbly beard; **~feld** *n* stubble-field; **≈ig** *adj.* stubbly; **≈n** *v/t. u. v/i.* ⸙ glean; *fig.* → *zs.-stoppeln*; **~werk** *n* patchwork; **~zieher** *östr. m* corkscrew.

stoppen *v/t. u. v/i.* stop; *mit der Stoppuhr*: time, clock.

Stopper *m Fußball*: centre-back.

Stopp...: **~licht** *mot. n* stoplight; **~preis** *m* ceiling price; **~schild** *mot. n* halt (*od.* stop) sign; **~signal** *n* stop signal; **~straße** *f* stop street; **~uhr** *f* stop-watch.

Stöpsel *m* stopper, (*Kork*≈) cork; (*Pflock*, ⚡ *Stecker*) plug; (*Holzstift*) peg; F *fig.* (*kleiner Kerl*) manikin, little runt, *Am.* F shortie; **⁓n** *v/t. u. v/i.* stopper, cork; *bsd.* ⚡ plug; **~schnur** ⚡ *f* patch cord.

Stör *ichth. m* sturgeon.

Stör|anfälligkeit *f* → *Störungsanfälligkeit*; **~angriff** ⚔ *m* harassing (*od.* nuisance) raid.

Storch *m* stork; F *da brat mir e-r 'nen ~!* well, I'll be hanged!, *Am.* can you beat it?; **⁓beinig** *adj.* spindle-legged; **~ennest** *n* stork's nest; **~schnabel** *m* stork's bill; ⊕ pantograph; ⚘ *u.* ⚕ crane's-bill.

Störchin *f* female stork.

Store *m* (window-)curtain.

stören I. *v/t. allg.* disturb (*a.* ⚖ = interfere with), trouble; (*belästigen*) bother, annoy, be a nuisance to; (*ärgern*) irritate, vex; (*durcheinanderbringen*) upset, disarrange; (*beeinträchtigen*) impair; (*behindern*) obstruct; (*unterbrechen*) interrupt; (*sich einmengen in*) interfere with; (*Radiosender*) jam; ⚔ harass, *a. Sport*: tackle; (*e-e Versammlung, den Unterricht*) disturb, disrupt; *j-s Pläne ~* upset (*od.* interfere with) a p.'s plans; *das (Gesamt-)Bild ~* mar the picture, spoil the effect; *lassen Sie sich nicht ~!* don't let me disturb you!; *darf ich Sie kurz ~?* may I trouble you for a minute?; *stört es Sie, wenn ich rauche?* do you mind my smoking?; *es stört mich* it bothers me, I do mind (it); *das stört mich nicht* I don't mind (that); *er stört mich nicht* I don't mind him; *was stört dich das?* why should that bother you?; *er ließ sich nicht ~* he was unperturbed, he did not care; *teleph. gestörte Leitung* faulty line; *gestörter Schlaf* broken sleep; *geistig gestört* mentally deranged; *gestörtes Sexualleben* disordered sex life; *a. iro. ein gestörtes Verhältnis haben zu* have a disturbed relationship to, be at odds with; **II.** *v/i. Person*: (*sich aufdrängen*) be intruding; (*sich einmischen*) meddle, interfere; (*im Wege sein*) be in the way, interfere; (*lästig sein*) be a nuisance; *in e-r Versammlung usw.*: create a disturbance; (*e-e Unzierde sein*) mar the picture, spoil the effect, be an eyesore; (*unangenehm sein*) be inconvenient (*od.* awkward); **~d** *adj.* disturbing, *etc.*; → *stören*; (*unangenehm*) troublesome, inconvenient; (*peinlich*) awkward; (*aufdringlich*) intrusive, *a. Sache*: obtrusive; **⁓fried** *m* marplot, mischief-maker, troublemaker; (*Eindringling*) intruder, obtruder.

Störer *m* **1. ~in** *f* disturber; → *Störenfried*; **2.** → *Störsender*.

Stör...: **~faktor** *m* interference factor; **~feuer** ⚔ *n* harassing fire; **~fleck(e** *pl.*) *m Radar*: clutter; **~flug** ✈ *m* nuisance raid; **⁓frei** *adj.* → *störungsfrei*; **~frequenz** *f* interference frequency; **~funk** *m* jamming; **~geräusch** *n Radio*: background noise; *atmosphärisches*: statics *pl.*; interference, *beabsichtigtes*: *a.* jamming.

storn|ieren ⚕ *v/t.* reverse *an entry*; (*Auftrag*) cancel; **⁓ierung** *f*, **⁓o** *n* reversal, contra-entry; (*Auftrags*⁓) cancellation.

störrig, störrisch *adj.* (*halsstarrig*) stubborn, headstrong, obstinate; (*stur*) mulish, pigheaded; (*unlenksam*) unmanageable, refractory; *Pferd*: restive.

Störrigkeit *f* stubbornness, obstinacy; pigheadedness; refractoriness; restiveness.

Stör...: **~schutz** *m* (radio) noise suppressor, interference elimination; **~sender** *m* interfering transmitter; *absichtlich*: jamming station; **~sendung** *f* jamming.

Störung *f* (*das Stören*) disturbing, *etc.*, → *stören*; (*Störendes*) disturbance, trouble (*a.* ⚕ = disorder); (*Beeinträchtigung*) impairment; (*Unannehmlichkeit*) inconvenience; *plötzliche*: upset; (*Ärgernis*) annoyance, nuisance, irritation; (*Eindringen*) intrusion; (*Einmischung*) interference; (*Unterbrechung*) interruption; (*Stockung*) hitch; (*Behinderung*) obstruction; (*Unordnung*) disarrangement, disorder; ⊕ fault, trouble, defect, malfunction; (*Betriebs*⁓) failure, breakdown; *atmosphärische ~ Radio*: statics *pl.*, atmospherics *pl.*, *durch Sender*: jamming, interference; *geistige ~* mental disorder; *verzeihen Sie die ~!* sorry to disturb you!, pardon the intrusion!

Störungs...: **⁓anfällig** ⊕ *adj.* susceptible to trouble; **~anfälligkeit** *f* proneness to trouble (*od.* malfunction); **~dienst** *m* fault-clearing service; **~feuer** ⚔ *n* harassing fire; **⁓frei** *adj.* undisturbed; *Radio*: *a.* interference-free; ⊕ trouble-free; **⁓sicher** ⊕ *adj.* failsafe; **~stelle** *f* → *Störungsdienst*; **~sucher** *teleph. m* faultsman; troubleman; **~trupp** *teleph. m* repair gang.

Stoß *m* **1.** push, shove; (⚔ *Vor*⁓; *phys. Schub*) *a. fenc.* thrust; (*Schlag*) blow, knock; *mit der Faust*: *a.* cuff; *mit dem Fuß*: kick; *mit dem Kopf, den Hörnern*:

butt; *mit e-m Stock usw.*: poke; (*Rippen*≈) dig (in the ribs), nudge; (*Schwimm*≈) stroke; *Kugelstoßen*: put; *Billard*: stroke; (*Ruck*) jerk; (*Anprall*) bump, *a. phys. u. fig.* impact; (*Explosions*≈, *Wind*≈, *Trompeten*≈) blast; (*Strahlen*≈, *a. TV, a.* ⚔ *Feuer*≈) burst; (*Erschütterung*) shock, concussion; (*Zusammen*≈) collision, crash; *des Wagens*: jolt; *des Gewehres*: recoil, kick; *des Herzens*: throb, ⚕ apex beat; ⚡ (*Strom*≈) surge, (*Impuls*) impulse; ⚕, *pharm.* (*Vitamin*≈ *usw.*) massive dose; *e-n* ~ *versetzen* give *a p.* a push; *fig.* be (*od.* come as) a blow to; (*j-s Gesundheit*) damage, hit hard, take its toll of *a p.'s strength*; (*j-s Glauben*) shake; *sich* (*od. s-m Herzen*) *e-n* ~ *geben* overcome one's scruples, F have a heart; *gib deinem Herzen e-n* ~! be a sport!, F have a heart!; **2.** ⊕ (*Fuge*) joint, *winkelrechter*: butt joint; 🚂 junction; ⚒ stope, face of work; **3.** (*Stapel Holz, Papier usw.*) pile, stack; *von Banknoten*: sheaf, *Am. sl.* wad; (~ *Briefe*) batch; **4.** *Schneiderei*: seam, hem; **~arbeiter** *m* shock worker; **≈artig** *adj.* intermittent (*a.* ⊕, ⚡), sporadic (-ally *adv.*); abrupt; **~brigade** *f* shock brigade; **~dämpfer** ⊕ *m* antishock pad; *mot.*, ✈ shock-absorber; **~degen** *m* épé (*fr.*).

Stößel *m im Mörser*: pestle; (*Rammer*) tamping tool; (*Kolben*) plunger; *mot. Nockenwelle, Pumpe, Ventil*: tappet.

stoßempfindlich *adj.* sensitive to shock.

stoßen I. *v/t.* push, shove; *stärker*: (*a. e-e Waffe*) thrust; *mit dem Fuß*: kick; *mit der Faust*: punch, knock, strike; (*puffen*) nudge, jostle; *mit e-m Stock usw.*: *a.* poke; (*rammen*) ram; (*treiben*) drive; (*die Stoßkugel*) put; *im Mörser*: pound; (*zu Pulver* ~) powder, pulverize; ⊕ (*stanzen*) slot; ~ *aus* (*dem Haus, e-m Verein usw.*) expel from, turn out of, oust from; *j-n in die Rippen* ~ nudge a p., prod a p.'s ribs; *j-m das Messer in die Brust* ~ plunge a knife into a p.'s breast; *von sich* ~ push away, *a. fig.* reject; *sich* ~ (*sich weh tun*) hurt o.s.; *sich* ~ *an* strike (*od.* knock, run, bump) against; *fig.* take offen|ce (*Am.* -se) at, take exception to, be shocked by; object to, stick at; *s-e Zehen* ~ *an* stub one's toes at; → *Bescheid, Kopf* 5, *Nase*; **II.** *v/i.* push; thrust; kick; butt (*alle*: *nach* at); *Bock*: butt; *Gewehr*: kick, recoil; *Wagen*: jolt, bump; *an et.* ~ a) *a. gegen et.* ~ run (*od.* bump) against (*od.* into), knock (*od.* strike) against, *anrempelnd*: jostle against; b) *fig.* (*grenzen an*) border (*od.* abut) on, adjoin; (*berühren*) touch; ⊕ butt against; ~ *auf Raubvogel usw.*: pounce on, swoop down on; *fig.* (*zufällig begegnen*) (happen to) meet, come across, run (*od.* bump) into; (*entdecken*) come across, stumble on, discover; (*Ablehnung, Hindernisse, Widerstand usw.*) meet with, encounter; *zu j-m, e-r Partei usw.* ~ join (up with); → *Horn* 2; **III.** ≈ *n* pushing, *etc.*; (*Kugel*≈) shotput(ting); *Gewichtheben*: clean and jerk.

Stoß...: **~fänger** *mot. m* fender, *Am.* bumper; → *a. Stoßdämpfer*; **~feder** *f* buffer spring; **≈fest** *adj.* shock-proof, shock-resistant; **~festigkeit** *f* resistance to shock; **≈frei** *adj.* smooth, joltless; **~fuge** *f* (butt) joint; **~gebet** *n* fast and fervent prayer; **~kante** *f* hem, edge, lining; **~keil** ⚔ *m* spearhead; **~kraft** *f* ⊕ impact (force), percussive power; *weitS.* impetus, drive, force; **~kreis** *m* *Sport*: throwing (*od.* shot) circle; **~kugel** *f Sport*: shot; **~maschine** *f* slotting machine; **~richtung** ⚔ *u. fig. f* thrust; **~seufzer** *m* deep heartfelt sigh, groan; **≈sicher** *adj.* shock-proof; **~stange** *f mot.* bumper bar; → *a. Stoßfänger*; (*Ventil*≈) push-rod; **~taktik** *f* shock tactics *pl.* (*sg. konstr.*); **~trupp** ⚔ *m* raiding patrol, assault-party; **~truppen** *f/pl.* shock troops; **~truppunternehmen** *n* raid; **~verbindung** ⊕ *f* butt joint; **~verkehr** *m* rush-hour traffic; **~waffe** ⚔ *f* thrusting weapon; **≈weise** *adj. u. adv.* intermittent(ly), sporadic(ally), by jerks, by fits and starts; in waves; **~welle** *f* shock wave; **~wind** *m* squall, gust (of wind); **~zahn** *m* tusk; **~zeit** *f* peak (traffic) hour(s *pl.*), rush hour(s *pl.*).

Stott|erer *m*, **~erin** *f* stutterer, stammerer.

stottern I. *v/i. u. v/t.* stutter, stammer; *mot.* splutter; **II.** ≈ *n* stuttering, stammer(ing); F *auf* ~ *kaufen* buy on the instal(l)ment plan (*od.* F on the never-never).

stracks *adv.* direct, straight; (*sofort*) directly, on the spot, right away.

Straf|änderung ⚖ *f* commutation of sentence; **~androhung** *f* penalty provided by law; *unter* ~ under a penalty; **~anstalt** *f* prison, penal institution, *Am. a.* penitentiary; ⚔ detention (*Am.*

disciplinary) barracks *pl.*; **~antrag** *m* application (by the injured party); *des Staatsanwaltes*: sentence demanded (by the public prosecutor); **~antritt** *m* commencement of imprisonment (*od.* the sentence); **~anzeige** *f* information; ~ *erstatten gegen* lay an information against, prefer a criminal charge against; **~arbeit** *f* *Schule*: imposition, extra-work; F lines *pl.*; **~aufschub** *m* reprieve; *j-m ~ gewähren* reprieve a p.; ~ *gegen Bewährungsfrist gewähren* grant suspension of sentence on probation; **~ausschließungsgrund** *m* legal reason for exemption from punishment; **~aussetzung** *f*: (~ *zur Bewährung*, *bedingte* ~) suspension of *od.* suspended sentence, (release on) probation, conditional discharge; **°bar** *adj. Person*: liable to punishment; *Handlung*: punishable, *stärker*: criminal, penal, triable; (*schuldig*) culpable; ~*e Handlung* punishable act, (criminal) offen|ce (*Am.* -se); ~ *sein* be an offen|ce (*Am.* -se), be punishable (*nach* under); *sich ~ machen* incur punishment (*od.* a penalty), be liable to prosecution; **~barkeit** *f* punishability, criminal nature; **~bataillon** ⚔ *n* delinquent battalion; **~befehl** *m* order (of summary punishment); **~befugnis** *f* penal authority; power of sentence; **~bescheid** *m* order (inflicting punishment); **~bestimmung** *f* penal provision; **~dienst** ⚔ *m* extra duty, (*Arbeits*°) fatigue duty.

Strafe *f alig., a.* ⚖ *u. fig.* punishment (*für* for); ⚖, ⚕, *Sport u. fig.*: penalty; (*Geld*°) fine; (*Züchtigung*) chastisement, correction; (*Vergeltung*) retribution; (*Strafurteil*) sentence; *bei ~ von* on pain (*od.* penalty) of; *zur* ~ as a punishment; *unter ~ stellen* punish, make punishable (*od.* liable to a penalty); ~ *zahlen* pay a fine; *er hat seine* ~ he has got his deserts; *das ist die ~ dafür, daß du mir nicht folgtest* that's for disobeying me; *fig. es ist e-e ~ (für mich), zu inf.* it's an ordeal (for me) to *inf.*; → *abbüßen, antreten* 4; **°n** *v/t.* punish (*mit* with); *bsd. Sport, a. fig.*: penalize; (*züchtigen*) chastise, correct; *mit e-m Bußgeld*: fine; F *Boxen usw.*: punish; (*tadeln*) censure, reprove; *mit Verachtung* ~ turn one's back on, ignore; F *mit dieser Frau ist er gestraft genug* his life is miserable enough through his wife; → *Lüge*; **°nd** *adj.* punishing, punitive, corrective; ⚖ penal; (*rächend*) avenging; *Blick*: censorious, *stärker*: withering.

Straf...: **~ecke** *f Hockey*: penalty corner; **~entlassene(r** *m*) *f* ex-convict; **~entlassung** *f*: *bedingte* ~ conditional discharge; **~erkenntnis** *n* sentence (passed on a p.); **~erlaß** *m* remission of punishment; *teilweiser* ~ remission of part of the sentence; *allgemeiner* ~ amnesty; *bedingter* ~ conditional pardon; **~exerzieren** ⚔ *n* punishment drill; **~expedition** *f* punitive expedition.

straff I. *adj.* (*eng, gespannt*) tight; *Seil, Sehne, Muskel*: taut; *Büste*: firm; *Haltung*: straight, erect; *fig. Artikulation*: tense; *Stil*: concise; *Filmhandlung usw.*: tight; *Disziplin, Zucht*: strict, rigid, austere; **II.** *adv.*: ~ *anliegen* fit tightly, sit close; ~ *anziehen* (*Schraube usw.*) tighten; (*Seil usw.*) *a.* tauten, stretch.

Straf|fall *m* criminal case; → *a. Straftat*; **°fällig** *adj.* → *strafbar*.

straff|en *v/t.* (*a. sich* ~) tighten; (*Seil usw.*) *a.* tauten, stretch; (*Büste*) strengthen; (*Gesicht*) *durch Operation*: lift; *fig.* (*Handlung usw.*) tighten up; *s-e Haltung straffte sich* he drew himself up; **°heit** *f* tightness; tautness; tenseness; *fig. des Stils*: conciseness; *e-r Handlung*: tightness; *der Disziplin usw.*: strictness, severity, rigidity.

straffrei I. *adj.* exempt from punishment; **II.** *adv. a.* with impunity; → *ausgehen* 9; **°heit** *f* impunity; immunity (from criminal prosecution).

Straffung *f* → *straffen*; tightening (up *fig.*); strengthening; (face-)lift.

Straf...: **~gebühr** *f* surcharge; (*Geldstrafe*) fine; **~gefangene(r** *m*) *f* prisoner, convict; **~geld** *n* fine, penalty; **~gericht** *n* criminal court, tribunal; *fig.* punishment, chastisement; (*Vergeltung*) vengeance; *göttliches*: judgement (of God); **~gerichtsbarkeit** *f* criminal (*od.* penal) jurisdiction; **~gesetz** *n* penal statute (*od.* law); **~gesetzbuch** *n* penal code; **~gesetzgebung** *f* penal legislation; **~gewalt** *f* disciplinary power; ⚖ power of sentence; *die ~ haben über* have corrective control over; **~justiz** *f* criminal justice; **~kammer** *f* criminal division; **~klausel** ⚕ *f* penal(ty) clause; **~kolonie** *f* penal colony; **~lager** *n* concentration camp.

sträflich I. *adj.* punishable, criminal (*a. weitS.*); (*schuldhaft*) culpable; (*tadelnswert*) reprehensible; (*unverzeihlich*) inexcusable, unpardonable; **II.** *adv.* (*unerhört*) incredibly, badly, F awfully; ~ *vernachlässigen* neglect badly.

Sträfling *m* prisoner, convict; **~sjacke** *f*, **~skleidung** *f* convict's garb, prison clothes *pl.*

Straf...: **≈los** *adj. usw.* → *straffrei*; **~mandat** *n* ticket; **~maß** *n* degree of punishment, sentence; *höchstes* ~ maximum penalty; **~maßnahme** *f* sanction, punitive measure; **≈mildernd** *adj.* mitigating, extenuating *circumstance*; *adv.* ~ *wirken* be considered in mitigation; **~milderung** *f*, **~minderung** *f* mitigation of punishment; **≈mündig** *adj.* having criminal discretion, of a responsible age; **~mündigkeit** *f* criminal discretion; **~porto** *n* additional (*od.* excess) postage, postage due, surcharge; **~predigt** *f* severe lecture; *j-m e-e* ~ *halten* lecture a p., take a p. to task; **~prozeß** *m* (criminal) trial, criminal case; **~prozeßordnung** *f* Code of Criminal Procedure; **~punkt** *m* *Sport*: penalty (*od.* bad) point, penalty; **~raum** *m* *Fußball*: penalty area; **~recht** *n* criminal law; **~rechtler** *m*, **~rechtslehrer** *m* criminal lawyer, penologist; **≈rechtlich** *adj.* penal, criminal, under criminal law; *~e Verfolgung* criminal prosecution; *adv.* ~ *verfolgen* prosecute; **~rechtspflege** *f* criminal justice; **~rechtsreform** *f* penal reform; **~register** *n* penal register, criminal records *pl.*; *e-s Täters*: criminal record; F → *Sündenregister*; **~richter** *m* criminal judge; **~sache** *f* criminal case (*od.* matter); *Zuständigkeit in ~n* criminal jurisdiction; **~senat** *m* criminal panel; **~stoß** *m* *Fußball*: penalty kick; **~tat** *f* punishable act, (criminal) offen|ce (*Am.* -se); *schwere*: crime; **~umwandlung** *f* commutation of sentence; **~urteil** *n* sentence; **~verfahren** *n* criminal procedure (*konkret*: proceedings *pl.*); → *a. Strafprozeß*; **~verfolgung** *f* (criminal) prosecution; **≈verschärfend** *adj.* aggravating; **~verschärfung** *f* increase of penalty; **≈versetzen** *v/t.*, **~versetzung** *f* transfer for disciplinary reasons; **~verteidiger** *m* trial lawyer; **~vollstreckung** *f*, **~vollzug** *m* execution of (a) sentence; *weitS.* imprisonment; **~vollzugsanstalt** *f* penal institution; **≈weise** *adv.* as a punishment; for disciplinary reasons; **≈würdig** *adj.* → *sträflich* I; **~zeit** *f* term of confinement; **~zettel** *m* ticket; **~zoll** *m* penalty duty; **~zumessung** *f* award of punishment; **~zuschlag** *m* surcharge.

Strahl *m allg., a. phys. u. fig.* ray; (*Licht≈*, *gebündelter* ~) beam; (*Blitz≈*, *Feuer≈*) flash; *von Wasser, Luft, Gas*: stream, *dünner, scharfer*: jet (*a. Spritz≈*); half line; radius; *vet. am Pferdehuf*: frog; *kosmische ~en* cosmic rays; *~ der Hoffnung* ray of hope; **~antrieb** *m* jet propulsion; **~düse** *f* blast nozzle; **~einspritzung** *mot. f* solid injection.

strahlen **I.** *v/i.* emit rays, radiate; (*glänzen*) shine, flash, sparkle; *fig. Gesicht, Person*: be radiant, beam, shine (*vor* with); *Sender*: beam (*nach* at); *vor Gesundheit* ~ radiate health; *~d* radiating, *a. fig.* radiant, beaming, shining; *~de Energie* (*Wärme*) radiant energy (heat); *~der* (*od. adv. ~d schöner*) *Tag* glorious day; **II.** *v/t.* radiate (forth).

Strahlen...: **~behandlung** *f* radiotherapy, ray-treatment; **≈brechend** *phys. adj.* refractive; **~brechung** *f* refraction (of rays); **~bündel** *n*, **~büschel** *n* pencil (*od.* beam) of rays, beam; **~dosis** *f* radiation dosage; **~einfall** *m* incidence of rays; **≈förmig** *adj.* radial; **~forscher(in** *f*) *m* radiologist; **~forschung** *f* radiology; **~geschädigte(r** *m*) *f* radiation victim; **~heilkunde** *f* radiotherapeutics *pl.* (*mst sg. konstr.*); **~kegel** *m* cone of rays; **~krankheit** *f* radiation syndrome; **~kranz** *m* halo, nimbus; *fig.* glory; **~messer** *m* actinometer; **~pilz** *m* ray fungus; **~pilzkrankheit** *f* actinomycosis; **~schädigung** *f* radiation injury; **~schutz** *m* radiation protection, anti-radiation precautions *pl.*; **≈sicher** *adj.* radiation-proof; **~therapie** *f* radiotherapy.

Strahler *m phys.* emitter; (*elektrischer Wärme≈*) radiator; (*Kathoden≈*) heater; (*Zukunftswaffe*) ray-gun, blaster; → *a. Antenne, Richtstrahler.*

strahlig *adj.* radial, radiate(d).

Strahl...: **~ofen** *m* radiator; **~rohr** *n* jet tube (*od.* pipe); **~sender** *m* unidirectional (*od.* beam) transmitter; **~triebwerk** *n* jet engine; **~turbine** *f* turbo-jet.

Strahlung *f* radiation, rays *pl.*

Strahlungs...: **≈aktiv** *adj.* radioactive; **~chemie** *f* radiochemistry; **~druck** *m* radiation pressure; **~energie** *f* radiant energy; **~intensität** *f* radiation intensity; **~menge** *f* quantity of radiation; **~messer** *m* radiometer; **~schäden** ⚕ *m/pl.* radiation damage *sg.*; **~vermögen** *n* radiating power; **~wärme** *f* radiant heat.

Strähn|e *f* strand; *Garn*: skein, hank; **≗ig** *adj. Haar*: stringy; in strands.

Stramin *m* canvas.

stramm I. *adj.* **1.** (*straff, festsitzend*) tight; *Seil*: *a.* taut; **2.** *Soldat, Ehrenbezeigung usw.*: smart, F snappy; *Haltung*: erect, rigid; (*streng, scharf*) severe, stiff; *Disziplin*: *a.* strict; *Tempo*: brisk; F *~er Sozialist* staunch socialist; *~e Haltung annehmen* snap to attention; **3.** (*kräftig*) robust, sturdy, stalwart, *bsd. Kind, Mädchen*: *a.* bouncing, strapping; **II.** *adv.* tight(ly); smartly, *etc.*; *Schraube ~ anziehen* tighten (fast); *~ sitzen Schuhe usw.*: fit tightly, be tight; *~ arbeiten* work hard; *~ gehen* walk at a brisk pace; **~stehen** ⚔ *v/i.* stand at attention; **~ziehen** *v/t.*: *j-m die Hosen ~* give a p. a spanking.

strampel|n *v/i.* kick; *nervös*: fidget; *sich wehrend*: struggle; F (*radfahren*) pedal (away); **≗höschen** *n* (baby's) rompers *pl.*

Strand *m* (*Meeres≗*) (sea-)shore; *flacher, sandiger*: beach (*a. Bade≗*); ⚓ *auf ~ laufen* run ashore (*a. auf ~ setzen*), be stranded; **~anzug** *m* beach suit; **~bad** *n* bathing beach, lido; (*Freibad*) open-air swimming bath (*Am.* pool); **~batterie** ⚔ *f* shore-battery; **≗en** *v/i.* be stranded, be beached (*od.* wrecked), run ashore, strand, beach (*a. ~ lassen*); *fig.* strand, be stranded (*od.* shipwrecked); *Mädchen*: go to the bad; *gestrandet* stranded, *etc.*; **~fischerei** *f* shore-fishing; **~gut** *n* stranded goods *pl.*; flotsam and jetsam; *fig. ~ des Lebens* flotsam, derelict(s *pl.*); **~hose** *f* beach-trousers *pl.*; **~hotel** *n* seaside (*od.* beach) hotel; **~kleidung** *f* beachwear; **~korb** *m* (canopied) beach-chair; **~läufer** *orn. m* sandpiper; **~promenade** *f* promenade, *Am.* boardwalk; **~raub** *m* wrecking; **~räuber** *m* wrecker, beach-comber; **~recht** *n* right of salvage; **~schuhe** *m/pl.* sandshoes; **~segler** *m* sand-yacht; **~ung** *f* stranding, shipwreck; **~wache** *f*, **~wächter** *m* lifeguard; **~weg** *m* promenade.

Strang *m* cord (*a. anat.*); (*Seil*) rope; *zum Erhängen*: *a.* halter; *zum Anschirren*: trace; (*Garn≗*) skein, hank; (*Schienen≗*) track; *an einem ~ ziehen* pull together; *wir ziehen alle am selben ~* we are all in the same boat; *über die Stränge schlagen* kick over the traces; *wenn alle Stränge reißen* as a last resort, if all else fails; ⚖ *zum Tode durch den ~ verurteilen* sentence to be hanged; **≗gepreßt** ⊕ *adj.* extruded; **~presse** ⊕ *f* extrusion press.

strangulier|en *v/t.* strangle; **≗ung** *f* strangulation.

Strapaz|e *f* strain, exertion; (*Härte*) hardship; (*Schufterei*) drudgery, F fag; **≗ieren** *v/t.* strain (*a. Augen, fig. Recht, Sinn, Freundschaft usw.*), put a great strain on (*a. fig.*); (*ermüden*) fatigue, exhaust; (*abnutzen*) wear out (*a. fig.*); (*Stoff usw.*) wear hard, F punish; *fig.* do to death; *sich ~* exert o.s., wear o.s. out; **≗ierfähig** *adj.* (for) hard wear, hard-wearing, rugged; **≗iös** *adj.* exhausting, fatiguing, trying, rough; *pred.* a great strain.

Straps *m* strap.

Straße *f* **1.** road; *e-r Stadt*: *mst* street; *enge*: lane; (*breite Allee, Am. allg. Pracht≗*) boulevard, avenue; (*Verkehrs≗, Überland≗*) highway, *Am. a.* route; (*Durchgangs≗*) thoroughfare; *contp.* (*Gosse*) gutter; (*Meerenge*) strait(s *pl.*); *~ von Messina the* Strait of Messina; *fig. die ~ des Erfolgs* the road to success; *an der ~* by the roadside; *fig. der Mann auf der ~* the man in the street; *auf der ~* on the road, *in Städten usw.*: in the (*Am.* on the) street; *weitS. von Prostituierten*: on the streets; *auf offener ~* in a public thoroughfare; *weitS.* in broad daylight; *fig. auf der ~ liegen* (*od. sitzen*) *Person*: be high and dry; *das Geld liegt auf der ~* there is easy money everywhere; *Filmstoffe usw. liegen auf der ~* are there and all around us; *auf die ~ setzen* turn out, F (give the) sack; **2.** ⊕ (*Fertigungs≗*) (production) line; *im Walzwerk*: rolling train.

Straßen...: **~anzug** *m* lounge suit, *Am.* business suit; **~arbeit** *f* road work; *~en!* road up!; **~arbeiter** *m* roadman, road mender.

Straßenbahn *f* **1.** tram(way), *Am.* traction (*od.* trolley) line; **2.** (*Wagen*) tram(-car), *Am.* streetcar, trolley (car); **~anhänger** *m*, **~beiwagen** *m* tram trailer; **~depot** *n* tram depot; **~er** *m* tramway man; **~fahrer** *m* tram driver,

Am. motorman; **~haltestelle** *f* tram stop, *Am.* streetcar stop; **~linie** *f* → *Straßenbahn* 1; **~schaffner** *m* (tram-)conductor; **~verkehr** *m* tramway traffic; **~wagen** *m* → *Straßenbahn* 2.

Straßen...: ~bau *m* road building (*od.* construction, engineering); *~ten* road-building projects; **~baumaschine** *f* road(-making) machine; **~befestigung** *f*, **~belag** *m* road surface; **~beleuchtung** *f* street lighting; **~benutzungsgebühr** *f* road toll; **~beschaffenheit** *f* road conditions *pl.*; **~bettung** *f* roadbed; **~biegung** *f* road bend; **~bild** *n* streetscape; **~brücke** *f* highway bridge; **~damm** *m* road embankment; (*Fahrdamm*) roadway; **~decke** *f* road surface, pavement; **~dirne** *f* streetwalker; **~dreieck** *n* triangular road junction; **~ecke** *f*: (*an e-r ~* at a) street-corner; **~einmündung** *f* road junction; **~feger** *m* → *Straßenkehrer*; **~front** *f* street front; **~glätte** *f* slippery road(s *pl.*); **~graben** *m* (road) ditch; **~handel** *m* street-hawking, (trade of) street-vendors *pl.*; **~händler(in** *f*) *m* street-vendor, street-hawker; **~hobel** *m* (road) grader; **~instandsetzung** *f* road repair (*od.* maintenance); **~junge** *m* street Arab, street-urchin, gutter-snipe; **~kampf** ⚔ *m* street-fighting; **~karte** *f* road map; **~kehrer** *m*, *a.* **~kehrmaschine** *f* street-sweeper, *Am.* street-cleaner; **~kehricht** *m* street-sweepings *pl.*; **~kind** *n* → *Straßenjunge*; **~kleid** *n* outdoor dress; **~kot** *m* mud (in the road); **~kran** *m* mobile crane; **~kreuzer** F *m* road cruiser, *Am. sl.* heap; **~kreuzung** *f* (street) crossing, crossroads (*sg.*); **~lage** *mot. f* road holding (qualities *pl.*); *der Wagen hat e-e gute ~ a.* holds the road well, F sticks to the road; **~laterne** *f* street-lamp; **~mädchen** *n* (*Dirne*) streetwalker; **~markierung** *f* traffic-line marking; **~musikant** *m* street musician; *pl. a.* streetband; **~name** *m* street name; **~netz** *n* road net(-work); **~pflaster** *n* pavement; **~rand** *m*: (*am ~* by the) roadside, (at the) kerb (*Am.* curb); **~raub** *m* highway robbery; **~räuber** *m* highwayman; **~reinigung** *f* street-cleaning; **~rennen** *n* road-race; **~rinne** *f* drain, sewer; **~sammlung** *f* street collection; **~schild** *n* road-sign; street-sign; **~schotter** *m* road metal; **~schuh** *m* walking shoe, Oxford (shoe); **~schwein** F *n* F scorcher, speed demon, road hog; **~sperre** *f* road block; **~spinne** *f* multiple road junction; **~transport** *m* road haulage; **~tunnel** *m* vehicular tunnel; **~überführung** *f* overpass; **~übergang** *m* pedestrian crossing; **~umleitung** *f* detour; **~unfall** *m* street (*od.* road) accident; **~unterführung** *f* subway, underpass; **~verengung** *f* defile; **~verhältnisse** *pl.* road conditions; **~verkauf** *m* street sale; **~verkäufer(in** *f*) *m* street-vendor; **~verkehr** *m* road traffic; *in der Stadt*: street-traffic; *Vorsicht im ~* road care; **~verkehrsamt** *n* Road Traffic Licensing Board; **~verkehrsordnung** *f* road traffic regulations *pl.*, Highway Code, rules *pl.* of the road; **~verstopfung** *f* traffic jam (*od.* congestion); **~wacht** *f* road patrol; **~walze** *f* road roller; **~zoll** *m* road toll; **~zug** *m* (long) street, street block; **~zustand** *m* road condition(s *pl.*).

Strateg|e *m* strategist; **~ie** *f* strategy (*a. fig.*); **≈isch** *adj.* strategic(ally *adv.*).

Stratosphäre *f* stratosphere; **~nflugzeug** *n*, **~nkreuzer** *m* stratocruiser, stratoliner.

stratosphärisch *adj.* stratospheric.

Stratus(wolke *f*) *m* stratus.

sträuben I. *v/t.* **1.** (*Haare, Federn*) ruffle up; **II.** *v/refl.*: *sich ~* **2.** *Haare*: stand on end, *wie Borsten*: bristle (up); **3.** *fig.* struggle, refuse, balk, *mit Worten*: argue; *sich ~ gegen* strive (*od.* struggle, kick) against, resist *a th.*; *sich ~, et. zu tun* refuse to do a th.; *die Feder sträubt sich bei dieser Schilderung* the pen boggles at; → *Haar*; **III.** **≈** *n* struggle, struggling, resistance, opposition.

Strauch *m* shrub, bush; **≈artig** *adj.* shrublike, shrubby; **~dieb** *m* footpad; F *fig.* tramp; **≈eln** *v/i. a. fig.* stumble, trip (*über* over); make (*fig.* take) a false step; (*wanken*) stagger; *fig.* (*auf schiefe Bahn geraten*) go to the bad, go astray; *im Leben*: be stranded (*od.* shipwrecked); *an e-m Gegner, Hindernis usw. ~* founder at, be stopped by; *daran strauchelte er* this was his undoing; **≈ig** *adj.* shrubby; **~ritter** *m* → *Strauchdieb*; **~werk** *n* shrubbery, copse; (*Unterholz*) brushwood.

Strauß[1] *m*: (*Vogel ~*) ostrich.

Strauß[2] *m* (*Kampf*) fight, struggle, battle; (*Zweikampf*) duel; (*Fehde*) feud; *harter ~* hot fight; *e-n ~*

ausfechten mit tussle (*od.* do battle) with; *fig. a.* lock horns with.

Strauß[3] ⚘ *m* nosegay, bunch (of flowers), bouquet.

Sträußchen *n* small bouquet.

Straußen|ei *n* ostrich-egg; **~feder** *f* ostrich-feather.

Strazze † *f* waste-book, *Am.* blotter.

Strebe *f* △ prop, stay, shore, support; (*Quer*≈) crossbeam, traverse; (*Verband*) brace; ⊕, ✈ *usw.* (△ *a.* **~balken** *m*) strut; **~bogen** *m* flying buttress; **~mauer** *f* retaining wall.

streben I. *v/i.* **1.** (*sich anstrengen*) endeavo(u)r, exert o.s.; **2.** F *Schule*: *sl.* be a swot; **3.** ~ *nach* strive after, struggle for; (*trachten nach*) aspire to (*od.* after), aim at, pursue, seek; (*hin*)~ *zu, nach e-r Richtung* ~ make (*od.* head) for, tend (*od.* gravitate) to(wards) (*alle a. fig.*); **II.** ≈ *n* striving (*nach* for, after); aspiration (to); (*Anstrengung*) endeavo(u)r, effort; (*Ehrgeiz*) ambition.

Strebepfeiler *m* buttress.

Streber *m* careerist, F pusher; (*übereifrige Person*) *Am.* F eager beaver; *gesellschaftlicher*: F (social) climber, tuft-hunter; *in der Schule*: *sl.* swot; **~tum** *n* pushing, careerism, ambition; tuft-hunting; *ped. sl.* swotting.

strebsam *adj.* striving; (*fleißig*) assiduous, active, hard-working; (*eifrig*) zealous, eager; (*hochzielend*) aspiring; (*ehrgeizig*) ambitious; ≈**keit** *f* assiduity; zeal; ambition, hard work.

Streck|apparat ⚕ *m* extension apparatus; ≈**bar** *adj.* extensible; *metall.* (*dehnbar*) ductile, (*hämmerbar*) malleable; **~barkeit** *f* extensibility, *etc.*; **~bett** *n* orthop(a)edic bed.

Strecke *f* **1.** stretch; (*Verkehrs*≈, *Reise*≈) route; (*Teil*≈) *a.* stage, *Am.* leg; (*Entfernung*) distance; (*Spanne*) span; (*Raum*) space, reach; *Sport*: distance; (*Rennbahn*) course, *mot. a.* circuit; Ꭿ (given) straight line; ⚓, ✈, *teleph.* line (*a.* 🚂), section; ⚒ roadway; *durchlaufene* (*od. zurückgelegte*) ~ distance covered; *auf freier* ~ on the open track; (*auf der Straße*) on the road; *auf der* ~ *bleiben* break down (*a. mot. usw.*), collapse, succumb; *fig. a.* fail, come to grief; (*sterben*) perish, lick the dust; **2.** *hunt.* bag; *zur* ~ *bringen* kill, shoot down, bag; *fig.* (*Verbrecher usw.*) hunt down, lay by the heels; *weitS.* (*Gegner*) defeat.

strecken *v/t.* stretch, extend; (*spreizen, breiten*) spread; (*verdünnen*) dilute; (*Speise, Vorrat*) eke out, spin out; (*Farbe usw.*) extend, fill; *metall.* roll, laminate; *fig.* (*Arbeit*) stretch out, spread; (*ziehen*) draw; (*geradebiegen, aufrichten*) straighten; *s-e Beine* (*Glieder, Arme*) ~ stretch one's legs (limbs, arms); *die Hand* (*od. a. den Finger*) ~ put up one's hand; *sich* ~ stretch (o.s.); *sich ins Gras* ~ lie down (*od.* stretch out) on the grass; *die Waffen* ~ lay down arms, surrender; *fig. a.* give in; *j-n zu Boden* ~ stretch on the ground, fell, floor; *gestreckt* stretched, *etc.*; ⚔ *gestreckte Ladung* elongated (*od.* pole) charge; *in gestrecktem Galopp* in full career, (at) full tilt; → *Decke, vier* I.

Strecken...: **~arbeiter** *m* platelayer, navvy, *Am.* section-hand; **~bau** *m* railway construction; **~feuer** ✈ *n* airway beacon; **~flug** ✈ *m* long-distance flight; **~führung** *f* routing; **~karte** *f* route map; **~posten** *m*, **~schiedsrichter** *m* *Sport*: course judge; **~rekord** *m* *Sport*: course record; **~signal** *n* block signal; **~tauchen** *n* underwater swimming; **~wärter** *m* linesman, *Am. a.* trackman; ≈**weise** *adv.* in parts, here and there.

Strecker *anat. m* extensor.

Streck...: **~grenze** ⊕ *f* yield point; **~hang** *m* *Turnen*: straight-cross hang; **~mittel** *n* extender, thinner; *Ölfarbe*: filler; **~muskel** *anat. m* extensor; **~stahl** *m* rolled steel; **~ung** *f* stretching, extension; (*Gerade*≈) straightening; *von Vorräten*: lengthening, spinning out; *metall.* rolling; **~verband** ⚕ *m* extension (*od.* traction) bandage; *ein Bein im* ~ one leg in high traction.

Streich *m* **1.** stroke, *bsd. mit der Faust*: blow; *mit der Peitsche*: lash; *j-m e-n* ~ *versetzen* deal a p. a blow; *fig. auf einen* ~ at a blow (*od.* stroke); *er arbeitete keinen* ~ he did not do a stroke of work; **2.** (*Abenteuer*) escapade; (*gelungener* ~) coup, stroke; (*lustiger* ~) prank, trick, joke; (*dummer* ~) folly, stupid thing to do; (*schlechter* ~) mean (*od.* shabby) trick; *j-m e-n* (*bösen*) ~ *spielen* play a p. a (nasty) trick.

streicheln *v/t.* stroke; (*liebkosen*) *a.* caress, fondle; (*tätscheln*) pat.

streichen I. *v/t.* **1.** *mit Farbe usw.*: paint, (*a.* ⊕ *Papier*) coat; (*Butter* *usw.*) spread, smear; (*Salbe*) *a.* rub; (*Brot*) *mit Butter usw.*: spread (*mit* with); es *läßt* sich ~ wie Butter it spreads like cheese; → gestrichen, frisch II; **2.** (*mit der Hand* ~) stroke, rub (gently); sich den Bart ~ stroke one's beard; (sich) das Haar aus der Stirn ~ push one's hair back; **3.** ♪ (*e-e Geige usw.*) play, bow; **4.** ⊕ (*glätten*) sleek; (*Messer*) whet; (*Rasiermesser*) strop; (*Garn, Wolle*) card; (*Ziegel*) make; **5.** (*aus* ~) strike out (*od.* off), cross out, *a. fig.* cancel; *Sport*: scratch; von der Liste ~ strike off the roll; **6.** (*Flagge, Segel*) strike, haul down; **II.** *v/i.* **7.** ~ über (*gleiten über*) glide (*bsd. über das Wasser*: skim) over; *Vogel*: sweep over; *Wind*: waft over; *fig.* mit der Hand ~ über pass one's hand over; → *a.* streicheln; **8.** an et. ~ touch (gently), *im Vorbeigehen usw.*: brush against; → *a.* streifen[2] I; **9.** ~ durch (*wandern durch*) roam, range *the fields, etc.*; *b.s.* prowl, slink through; ums Haus ~ prowl around the house; nach Süden *usw.* ~ *Vögel*: migrate southward, *etc.*; → streifen[2] II.

Streicher ♪ *m/pl. the* strings; Musik für ~ music for strings.

Streich...: **~fähigkeit** *f Lacke*: ease of brushing; **⁀fertig** *adj. Farbe*: (ready) for instant application; **~fläche** *f* striking surface; **~garn** *n* carded yarn; **~holz** *n* match, *Am.* F matchstick; **~holzschachtel** *f* match-box; **~instrument** ♪ *n* string(ed) instrument; ~e *in e-m Orchester*: *the* strings; **~käse** *m* spread cheese; **~lack** *m* brushing lacquer; **~massage** ⚕ *f* effleurage (*fr.*); **~masse** *f* coating (compound); **~musik** *f* string-music; **~orchester** *n* string orchestra; **~papier** *n* coated paper; **~quartett** ♪ *n* string quartet; **~riemen** *m* (razor-)strop; **~ung** *f* cancellation (*a. fig.*); *typ.* deletion; *konkret*: deletion, deleted passage; (*Kürzung, a. im Budget usw.*) cut; **~wolle** *f* carded wool.

Streif *m* → Streifen; **~band** *n* (postal) wrapper, cover; unter ~ in wrappers; ✝ *Wertpapiere*: (held) in safe custody deposit; **~blick** *m* (short) glance.

Streife *f* patrol (*a. Mannschaft, a.* ⚔); *als einzelner*: patrolman; (*Razzia*) raid; (*Kontrollgang des Polizisten*) beat.

Streifen *m* stripe (*a.* ⚔ *Uniform*⁀, *a. Fahrbahn*⁀ *usw.*); *dünner, unregelmäßiger*: streak; 🕮, *anat.*, ⚘, *zo., geol., TV* stria; (*Ader*) vein; (*kurzes, schmales Stück*) strip (*a.* ⚡); (*Gelände*⁀) strip (of land), tract, *a.* ⚔ sector; (*Band*) ribbon; (*Papier*⁀) strip; *Computer, Telegraphie usw.*: tape; (*Film*⁀) strip, *weitS.* film, picture; (*Litze*) braid, list; △ fillet; (*Schnipsel*) shred; in ~ schneiden shred, cut to ribbons.

streifen[1] *v/t.* (*a.* sich ~) stripe, streak, striate; △ channel, flute.

streifen[2] **I.** *v/t. u. v/i.* **1.** (*berühren*) touch; *fig.* (*Thema*) touch (upon), skirt; (leicht) ~ (an) graze (*a. Auto, Kugel*), brush (against); über et. ~ *hingleitend*: glide (*od.* skim) over; **2.** *den Ring vom Finger* ~, *Kleider vom Leibe* ~ slip off; et. auf *od.* über et. ~ slip a th. on *od.* over *a th.*; **II.** *nur v/i.*: ~ (*wandern*) durch *usw.* ramble *od.* stroll (through, *etc.*); *a. Tiere, a. fig. Blick*: roam, range *the fields, etc.*; *drohend, bei Nacht usw.*: prowl; ⚔ reconnoitre, patrol *an area, etc.*; **⁀bildung** *f* striation; **⁀dienst** *m* patrol duty; **⁀drucker** *m*, **⁀schreiber** *m* tape printer; **⁀polizist** *m* patrolman; **⁀wagen** *m* (police) patrol car, *Am. a.* prowl car.

streifig *adj.* striped, streaky, 🕮 striate.

Streif...: **~jagd** *f* coursing; **~licht** *n* (passing) ray of light; *fig.* sidelight; **~schuß** ⚔ *m* grazing shot, graze; e-n ~ bekommen be grazed (by a bullet); **~ung** *f* striping, 🕮 striation; **~wunde** *f* skin-wound, (mere) scratch; **~zug** *m* (roving) expedition; ⚔ raid, foray, incursion; *fig.* excursion.

Streik *m* strike, F walkout; wilder ~ unauthorized (*od.* F wildcat) strike; e-n ~ ausrufen call a strike; in den ~ treten go on strike, F walk out; sich im ~ befinden be on strike; vom ~ betroffen strike-bound, struck; **~arbeit** *f* F scab work; **~aufruf** *m* strike call; **~ausschuß** *m* strike committee; **~brecher** *m* strike-breaker, F blackleg, scab; **⁀en** *v/i.* strike, go (*od.* be) on strike, F walk out; F *fig.* (*nicht mitmachen*) rebel, refuse (to go along, *etc.*), F buck; F *Motor usw.*: refuse to work, stall, *sl.* conk out; **~ende(r)** *m* striker; **~geld(er** *pl.*) *n*, **~lohn** *m* strike benefit(s), strike pay; **~kasse** *f* strike-fund; **~posten** *m* picket, *Am. a.* picketer; mit ~ besetzen *usw.*, *a.* ~ stehen picket; **~postenkette** *f* picket line; **~recht** *n* freedom of strike; **~welle** *f* wave (*od.* series) of strikes.

Streit *m* quarrel (*über* about); (*Unstimmigkeit*) difference, *leichter*: tiff; (*Wort*~) dispute, argument; *gelehrter, politischer*: controversy; *heftiger*: altercation; (*Gezänk*) squabble; (*Streiterei*) wrangling; *lärmender, handgreiflicher*: brawl, row; (*Reibung, Kampf*) conflict, strife, struggle; (*Schlacht*) battle, combat; (*Fehde*) feud; (*Zs.-prall*) clash; (*Bruch*) rupture; (*Rechts*~) litigation, lawsuit; (*Wett*~) contest; *in ~ geraten mit* have a quarrel (*od.* words) with, fall out with, clash with; *mit j-m in ~ liegen* quarrel with, be at variance (*od.* at loggerheads) with; → *a. streiten*; **~axt** *f* battle-ax(e); *fig. die ~ begraben* bury the hatchet; **~bar** *adj.* (*kriegerisch*) warlike, martial; (*tapfer*) valiant; (*kämpferisch*) combative, fighting; *geistig*: militant; (*streitlustig*) pugnacious, belligerent.

streiten *v/i.* contend (*um* for); (*kämpfen*) fight, struggle (for); combat; (*zanken, a. miteinander od. sich ~*) quarrel, be at loggerheads, *contp.* squabble, bicker, wrangle; *mit Worten*: *a.* argue, have an argument, *heftig*: altercate, be at high words together; *handgreiflich*: have a fight (*mit* with); (*aufeinanderprallen*) clash (with); *vor Gericht*: litigate; *~ mit od. gegen Sachliches*: be at variance with, clash with, be contrary to; *sie ~ sich fortwährend a.* they live like cat and dog; *darüber läßt sich ~* that's open to question, that's a moot (*od.* an arguable) point; **~d** *adj.*: *die ~e Kirche* the Church Militant; ⚖ *die ~en Parteien* the litigants, the parties.

Streiter *m*, **~in** *f* fighter, warrior, combatant; (*Vorkämpfer*) champion (*für* of), fighter (for), crusader, campaigner; **~ei** *f* quarrel(l)ing, *etc.*; → *streiten*.

Streit...: **~fall** *m*, **~frage** *f* (question at) issue, (point of) controversy; (*Streit*) dispute, difference, conflict; ⚖ case, litigation; *im ~* in case of litigation; **~gegenstand** ⚖ *m* matter in dispute; **~gespräch** *n* dispute; **~hahn** *m*, **~hammel** F *m* squabbler; **~handel** *m* quarrel, dispute.

streitig *adj.* (*bestreitbar*) contestable, debatable, arguable, controversial; ⚖ litigious; (*umstritten*) contested, *pred.* in dispute, at issue; *j-m et. ~ machen* dispute a p.'s right to a th., contend with a p. for a th.; → *Rang* 1, *strittig*; **~keit** *f* → *Streit*.

Streit...: **~kräfte** ⚔ *f/pl.* (military *od.* armed) forces; services; troops; **~lust** *f* quarrelsomeness, belligerence, pugnacity, aggressiveness; **~lustig** *adj.* pugnacious, belligerent, aggressive; *pred.* F spoiling for a fight; **~macht** *f* force; → *a. Streitkräfte*; **~objekt** *n* ⚖ matter in dispute; (*Zankapfel*) bone of contention; **~punkt** *m* (point at) issue, point of controversy, controversial subject; **~roß** *n* warhorse, charger; **~sache** *f* **1.** ⚖ (*Prozeß*) litigation, lawsuit; **2.** → *Streitpunkt*; **~schrift** *f* polemic pamphlet (*od.* treatise); **~sucht** *f* quarrelsomeness; **~süchtig** *adj.* quarrelsome, cantankerous; → *a. streitlustig*; **~wagen** *hist. m* chariot; **~wert** ⚖ *m* value in dispute, matter in controversy.

streng I. *adj. allg.* severe (*a. Blick, Kälte, Kritik, Maßnahme, Strafe, Richter usw.*), rigorous (*a. Maßnahme, Winter usw.*); (*unnachsichtig*) stern (*a. Blick, Gesicht*); (*hart*) harsh, hard; (*unnachgiebig*) rigid; *Lebensführung, Charakter, Stil*: austere; (*scharf, bestimmt, genau*) *z.B. Person, Diät, Disziplin, Vorschrift*: strict; *Maßnahme, Regel*: stringent; *Geschmack*: tart, *a. Geruch*: acrid; ⚔ *~er Arrest* close confinement; *~e Prüfung* stiff examination; *~e Sitten* strict morals; *~es Stillschweigen* strict secrecy; *~ sein gegen j-n* be strict with (*od.* hard on) a p.; → *Regiment* 1; **II.** *adv.* severely, *etc.*; *~ geheim* top secret; *~ wissenschaftlich* strictly scientific; *~ vertraulich* in strict confidence, *a. amtlich*: strictly confidential; *~ befolgen, sich ~ an et. halten* adhere strictly to; *~ verboten* strictly forbidden; *Parken ~stens verboten* positively no parking; → *Vorschrift*; **~e** *f* severity, rigo(u)r, sternness, inclemency; harshness; strictness; stringency; sharpness; **~genommen** *adv.* strictly speaking, in the strict sense; **~gläubig** *adj.* orthodox; **~gläubigkeit** *f* orthodoxy.

Strepto|kokkus *m* streptococcus; **~mycin** *n* streptomycine.

Streß ⚕ *m* stress; **~krankheit** *f* stress disease.

Streu *f* litter; **~büchse** *f für Gewürz*: castor, box, sprinkler; *für Mehl*: dredger; **~en I.** *v/t.* strew, (*ver~*) scatter; *säend*: sow; *fig.* (*Gelder, Werbung usw.*) distribute, spread; *wahllos*: scatter; (*Mist*) spread; *Pfeffer (Zucker) auf et.* ~ pepper (sugar) a th.; **II.** *v/i. Gewehr*: spread (the shot), ⚔ scatter, *absichtlich*: sweep, *der Länge nach*: search; ⚡ stray; ⚒ *dem Vieh* ~ litter the cattle; **~er** *m* → *Streubüchse*; **~feuer** ⚔ *n* scattered fire; (*Flächen*~) area fire; (*Seiten*~) sweeping fire; **~gut** *n* grit, spreadings *pl.*

streunen *v/i.* roam about, stray; ~ *der Hund* stray dog; ~ *des Kind* stray child.

Streu...: **~neutron** *phys. n* stray neutron; **~pulver** *n* sprinkling-powder; **~salz** *n* thawing salt; **~sand** *m* dry sand, grit; *für Tinte*: writing-sand; **~strahlung** *phys. f* stray radiation, scattered rays *pl.*; **~ung** *f* strewing, *etc.*; (*Abweichung*) deviation; ⚔, *a. Statistik usw.*: dispersion, spread; *phys.* scatter(ing), dispersion; **~verlust** *m* ⚡ leakage; *Akustik*: scattering loss; **~zucker** *m* powdered sugar, castor-sugar.

Strich *m* stroke; (*Linie*) line; (*Gedanken*~, *Morse*~) dash; (*Skalen*~) mark; (*Kompaß*~) point; (*Streif*) stripe, streak; (*Pinsel*~) stroke (of the brush), *feiner*: touch, *beim Lackieren, Spritzen*: pass; ♪ a) bar; b) (*Bogen*~) stroke; c) (*Bogenführung*) bowing technique; *der Vögel*: migration, passage; (*Schwarm*) flight; *von Rebhühnern*: covey; (*Land*~) region, tract, district, *schmaler*: strip (of land); *des Holzes usw.*: grain; *gegen den* ~ *rasieren* shave up; *mit wenigen* ~*en paint.* with a few strokes; *fig. a.* in brief outlines; *e-n* ~ *durch et. machen* cross a th. out; *j-m e-n* ~ *durch die Rechnung machen* thwart a p.'s plans, F queer a p.'s pitch; *e-n* ~ *unter et. machen* underline a th.; *fig. e-n (dicken)* ~ *unter et. machen* make a clean break with a th., bury (and forget) a th.; *e-n* ~ *unter die eigene Vergangenheit machen a.* turn over a new leaf; F *fig. j-n auf dem* ~ *haben* have it in for a p.; F *keinen* ~ *arbeiten* not to do a stroke of work; *sl. auf den* ~ *gehen Dirne*: walk (*od.* go on) the streets; F *das ging mir gegen den* ~ it rubbed me the wrong way; *nach* ~ *und Faden* thoroughly, properly; *nach* ~ *und Faden besiegen* inflict a crushing defeat on, *sl.* mop the floor with, clobber; *unter dem* ~ *Zeitung*: in the feuilleton (section); (*insgesamt*) in total; (*tatsächlich*) in actual fact; **~ätzung** *f* line etching; line-plate; **~einteilung** *f* graduation; **≗eln** *v/t.* mark with little lines; (*tüpfeln*) dot; (*schraffieren*) hatch, shade; *gestrichelte Linie* dotted line; **~junge** *m* male prostitute; **~kultur** ⚕ *f* streak culture; **≗lieren** *dial. v/t.* → *stricheln*; **~liste** *f* check list; **~mädchen** *n* streetwalker; **~platte** *f* graduated dial, graticule; **~punkt** *m* semicolon; **~regen** *m* local shower; **~vogel** *m* visitant; **≗weise** *adv.* **1.** by strokes (*od.* lines); **2.** (*da und dort*) in parts, here and there; ~ *Regen* scattered rain-showers; **~zeichnung** *f* line drawing.

Strick *m* **1.** cord, line; *dicker*: rope; → *Strang*; *fig. j-m aus et. e-n* ~ *drehen (wollen)* (try to) trip a p. up with a th.; *wenn alle* ~*e reißen* if all else fails, as a last resort; F *zum* ~ *greifen* hang o.s.; **2.** F → *Schlingel*; **~arbeit** *f* knitting; **~beutel** *m* knitting-bag; **≗en** *v/t. u. v/i.* knit; **~er(in** *f*) *m* knitter; **~erei** *f* **1.** knitting; **2.** (*Fabrik*) knitting mill; **~garn** *n* knitting yarn; **~jacke** *f* cardigan (jacket), jersey; **~kleidung** *f* knitwear; **~leiter** *f* rope-ladder; **~maschine** *f* knitting machine; **~muster** *n* knitting pattern; **~nadel** *f* knitting needle; **~strumpf** *m* stocking which is being knitted; F knitting; **~waren** *f/pl.* knitwear *sg.*; **~weste** *f* → *Strickjacke*; **~wolle** *f* knitting-wool; **~zeug** *n* knitting (things *pl.*).

Striegel *m* curry-comb; **≗n** *v/t.* (*Pferde*) curry; (*bürsten*) brush; F *gestriegelt und gebügelt* spick and span.

Striem|e *f*, **~en** *m* wale, weal; **≗ig** *adj.* covered with wales.

striezen F *v/t.* → *piesacken*.

strikt *adj.* strict; **~e** *adv.* strictly.

Strippe F *f* cord, string; F *j-n fest an der* ~ *haben* keep a tight rein on a p.; *co. (dauernd) an der* ~ *hängen* be on the phone (all day long).

Stripperin F *f*, **Stripteuse** *f* F stripper, strip-teaser.

strittig *adj.* → *a. streitig*; ~*er Punkt* ⚖ *usw.* (point at) issue; *weitS. a.* moot point.

Stroh *n* straw; (*Dach*~) thatch; *fig. leeres* ~ *dreschen* flog a dead horse; *mit Reden*: platitudinize, F dish out old bromides; ~ *im Kopf(e) haben* be empty-headed.

Stroh...: **≗blond** *adj.* flaxen-haired; **~blume** *f* strawflower, immortelle; **~bund** *n* truss of straw; **~dach** *n* thatch(ed roof); **≗ern** *adj.* (of) straw; *fig.* dry (as dust), jejune; **≗farben** *adj.* straw-colo(u)red; **~feuer** *n* straw fire; *fig.* short-lived passion (*od.* enthusiasm), flash in the pan; **⁓gelb** *adj.* → *strohfarben*; **⁓halm** *m* (blade of) straw; *⁓e ziehen als Los*: draw straws; *fig. nach e-m ⁓ greifen, sich an e-n ⁓ klammern* catch (*od.* clutch, grasp) at a straw; **⁓hut** *m* straw hat; **⁓kopf** F *m* blockhead, numskull; **⁓lager** *n* layer of straw; shakedown; **⁓mann** *m* straw man, scarecrow; *fig.* man of straw, dummy, front; **⁓matte** *f* straw mat; **⁓sack** *m* straw mattress, paliasse; **⁓wisch** *m* wisp (*od.* whisk) of straw; **⁓witwe(r** *m*) *co. f* grass-widow(er).

Strolch *m* tramp, *Am. sl.* bum; (*Lump*) *a.* scamp, scalawag (*a. co. Schlingel*), blackguard; **⁓en** *v/i.* roam about, tramp, stray.

Strom *m* **1.** (large) river; (*reißender ⁓, Berg⁓*) torrent; *weitS.* flood; (*Strömung*) stream, current (*a. fig.*); *fig.* (*Blut⁓, Gas⁓ usw.*) stream; (*Menschen⁓*) stream (*od.* flood) of people, throng; (*Verkehrs⁓*) stream (*od.* flow) of traffic; *⁓ von Tränen* flood of tears; *⁓ von Worten* torrent (*od.* flood) of words; *der ⁓ der Zeit* the current of time; *Ströme Blutes* streams of blood; *der in Strömen fließende Wodka* the flowing wodka; *mit dem ⁓ schwimmen* (*gegen den ⁓* [*an*]*schwimmen*) swim with (against) the current (*fig. a.* tide); *es gießt in Strömen* it is pouring (with rain); **2.** ⚡ (electric) current, *weitS.* (*Elektrizität, Kraft⁓*) electricity, power; *unter ⁓ stehend* live *wire*; **⁓abnehmer** ⚡ *m* **1.** (current) collector; **2.** → *Stromverbraucher*; **⁓ab(wärts)** *adv.* downstream, down the river; **⁓art** ⚡ *f* type of current; **⁓auf(wärts)** *adv.* upstream, up the river; **⁓ausfall** *m* (power) failure, outage; **⁓bett** *n* river-bed; **⁓dichte** ⚡ *f* current density; **⁓durchflossen** ⚡ *adj.* (a)live; **⁓einheit** ⚡ *f* unit of current.

strömen *v/i.* stream, flow, run; (*quellen, schießen*) gush; *Blut*: *a.* rush (*in den Kopf* to a p.'s head); *Regen*: pour; *Personen*: stream, throng, pour (*aus* out of; *in* into).

Stromer F *m* → *Strolch*; **⁓n** *v/i.* → *strolchen*.

Strom...: **⁓erzeuger** *m* generator; **⁓erzeugung** *f* generation of current; **⁓führend** ⚡ *adj.* live, current-carrying; **⁓gebiet** *n* (river-)basin; **⁓kreis** ⚡ *m* circuit; **⁓leiter** *m* conductor; **⁓leitung** *f* circuit line; **⁓lieferung** *f* supply of power; **⁓linie(nform)** *f* streamline(d design); **⁓linienförmig** *adj.* streamline(d); *⁓ gestalten* streamline; **⁓los** ⚡ *adj.* dead; **⁓messer** ⚡ *m* ammeter; **⁓netz** *n* mains supply, power supply system; **⁓polizei** *f* river-police; **⁓quelle** ⚡ *f* power source; **⁓richter** ⚡ *m* (static) converter; **⁓sammler** ⚡ *m* accumulator, storage battery; **⁓schiene** ⚡ *f* contact rail; (*Sammel⁓*) bus bar; **⁓schnelle** *f* rapid; **⁓schwankungen** ⚡ *f/pl.* current variations; **⁓spannung** ⚡ *f* voltage; **⁓sperre** ⚡ *f* power interruption (*od.* cut); **⁓stärke** ⚡ *f* current; *in Ampere gemessen*: amperage; **⁓stoß** ⚡ *m* current impulse; *nachteiliger*: current surge.

Strömung *f* (*Fluß⁓ u. weitS.*) current; *phys.* flow, flux; *fig.* current, drift, trend, movement; **⁓sbild** *n* flow characteristics *pl.*; **⁓sgeschwindigkeit** ⊕ *f* velocity of flow; **⁓sgetriebe** ⊕ *n* hydraulic gear, fluid drive; **⁓slehre** *f* hydrodynamics *pl.*, aerodynamics *pl.* (*beide sg. konstr.*).

Strom...: **⁓unterbrecher** ⚡ *m* circuit-breaker, interrupter; **⁓verbrauch** *m* current (*od.* power) consumption; **⁓verbraucher** *m* current (*od. bsd. Maschine*: power) consumer; **⁓versorgung** *f* power supply; **⁓wandler** *m* current transformer; **⁓wender** *m* commutator; **⁓zähler** *m* electricity meter.

Strontium ⚗ *n* strontium.

Strophe *f* stanza, strophe.

strotzen *v/i.*: *⁓ von od. vor* abound in, (*wimmeln von*) be teeming with *people, lice, mistakes, etc.*, be brimming with, be full of, F be crawling (*od.* lousy) with; (*starren von*) bristle with *arms, errors, etc.*; be covered with *dirt*; (*platzen vor*) be bursting with *health, strength, pride*; **⁓d** *adj.* abundant *etc.* → *strotzen*; *Gesundheit*: exuberant, rude *health*.

strubbel|ig *adj.* dishevel(l)ed, tousled; shock(-headed); **⁓kopf** *m* tousled hair; (*Person*) shock-headed person.

Strudel *m* **1.** swirl, whirlpool, eddy, *großer*: maelstrom; *bsd. phys.* vortex, turbulence; (*Stromschnelle*) rapids *pl.*; *fig.* whirl, *des Lebens, Vergnügens*: *a.* maelstrom; *⁓ der Gesellschaft* vortex of society; **2.** (*Gebäck*) strudel; **⁓n** *v/i.* whirl, swirl, eddy, boil.

Struktur *f allg.* structure; **⁓alismus** *m* structuralism; **⁓alistisch** *adj.* structuralist(ic); **⁓ell** *adj.* structural (*a. Arbeitslosigkeit usw.*); **⁓formel** ⚗ *f* structural formula;

∼ieren *v/t.* **1.** *allg.* structure; **2.** (*Stoff usw.*) texture; **∼politik** *f* structural policy; **∼psychologie** *f* structural psychology; **∼wandel** *m*, **∼wandlung** *f* structural change.

Strumpf *m* **1.** stocking; ⚕ (*langer* ∼) hose; *pl. coll.* hose *pl.*; F *fig. sich auf die Strümpfe machen* make off, *sl.* beat it; **2.** ⚡ (*Glüh*∼) mantle; **∼band** *n* garter; **∼bandorden** *m* Order of the Garter; **∼fabrik** *f* hosiery factory; **∼halter(gürtel)** *m* (stocking) suspender, *Am.* garter (belt); **∼hose** *f* tights *pl.*, *bsd. Am.* panty hose; **∼maske** *f* stocking mask; **∼waren** *f/pl.* hosiery *sg.*; **∼warenhändler** (**-in** *f*) *m* hosier; **∼wirker** *m* stocking-weaver.

Strunk ♀ *m* stock.

struppig *adj. Haar*: rough, (*wirr*) dishevel(l)ed, unkempt; *Hund*: shaggy; *Bart*: bristly.

Struwwel|kopf *m* **1.** tousled hair; **2.** → **∼peter** *m* shock-headed Peter.

Strychnin ⚗ *n* strychnine.

Stübchen *n* little room, cubby-hole.

Stube *f* room, apartment; *gute* ∼ parlo(u)r.

Stuben...: **∼älteste(r)** ⚔ *m* (squad-)room leader; **∼appell** ⚔ *m* bunk inspection; **∼arrest** *m* confinement to one's room (⚔ to quarters); ∼ *haben* be confined to one's room (⚔ to quarters); **∼fliege** *f* (common) house-fly; **∼gelehrsamkeit** *f* book-learning, bookishness; **∼gelehrte(r)** *m* bookish fellow, bookman; **∼hocker** *m* stay-at-home; **∼kamerad** *m* room-mate; **∼mädchen** *n* parlo(u)r maid, house-maid; **∼rein** *adj.* **1.** house-trained, *Am.* housebroke(n); **2.** F *fig. nicht ganz* ∼ *Witz*: a little off colo(u)r, risqué (*fr.*).

Stubsnase *f* → *Stupsnase*.

Stuck *m* stucco.

Stück *n allg.* piece (*a. als Maß nach Zahlen*; *Gemälde*, *Münze*, *Kunstwerk*, *Sammler*∼, *Geschütz*); (*ein bißchen*) a bit; (*Bissen*) morsel; (*geschnittenes Stück*) cut, slice, *großes*: hunk; (*Teil*∼) part, portion; (*Bruch*∼) fragment; (*Probe*∼) specimen; (*Schnitzel*) shred; (∼ *Brot*) slice; (∼ *Zucker*) lump; ⊕ (*einzelnes Gerät*) unit; (∼ *Weg*) stretch, distance; ♪ piece (of music); *thea.* piece, play; (*Buchexemplar*, *Durchschlag*) copy; (∼ *Vieh od. Wild*) head; (*Abschnitt*, *Auszug aus e-m Buch usw.*) piece, passage, patch; (*Handlung*) act, piece; (*Kunst*∼, *a. weitS.*) stunt; F (*Kerl*) fellow, *sl.* bugger; (*Weibs*∼) F piece, baggage; ⚕ ∼e stocks, securities; *e-r Anleihe*: individual bonds; *in* ∼*en zu 100 Dollar* (issued) in denominations of; ∼ *Arbeit* piece of work; *ein schweres* ∼ *Arbeit* hard work, F a tough job; *ein gutes* ∼ (*Weges*) quite a distance; *ein* ∼ *Leben* a slice of life; ∼ *Land* piece of land, plot, lot, *kleines*: patch; *ein hübsches* ∼ *Geld* a nice little sum, a tidy penny; F *freches* ∼ (*Person*) saucy one; *das ist doch ein starkes* ∼! that's a bit thick; *50 Cent das* ∼ 50 cents apiece (*od.* each); F ∼*er 10* about ten; *aus e-m* ∼ all of a piece, (made) in one piece; *fig. aus freien* ∼*en* of one's own free will, voluntarily; *in allen* ∼*en* in every respect; *in vielen* ∼*en* in many points (*od.* ways); ∼ *für* ∼ piece by piece, bit by bit; ⚕ *dem* ∼ *nach verkaufen* sell by the piece, retail; *in* ∼*e gehen od. springen* go (*od.* break) to pieces; *in* ∼*e schlagen* knock to pieces, smash (to bits); *fig. große* ∼*e halten auf* think highly (*od.* the world) of, make much of; *sich in* ∼*e reißen lassen für* let o.s. (be) cut to pieces for *a friend*; *wir* (*die Verhandlungen*) *sind ein* (*gutes*) ∼ *weitergekommen* have made some (considerable) headway.

Stuckarbeit *f* stucco(work).

Stück...: **∼arbeit** *f* piecework; **∼arbeiter**(**in** *f*) *m* pieceworker.

Stückchen *n* small piece (*od.* morsel, bit); (*Holz*∼) chip; (*Papier*∼) scrap; (*Schnitzel*) shred; ♪ air, tune, *aufgeschnapptes*: snatch; *fig. co.* (*Streich*) piece, trick; (*Kunst*∼, *a. weitS.*) stunt; (*Begebenheit*) anecdote.

stückel|n *v/t.* **1.** (*zerteilen*) cut in(to) pieces *od.* bits; ⚕ *Börse*: divide into shares; **2.** (*zs.-setzen*, *a.* **stücken**) piece (together), patch up; **∼ung** *f von Aktien*: denomination.

Stück...: **∼faß** *n* butt, large cask; **∼gut** ⚕ *n* **1.** piece-goods *pl.*; **2.** (*Paket*) parcel(s *pl.*); *pl.* → *a.* **∼gutladung** *f* mixed cargo (*sg.*), part loads *pl.*, *Am. a.* less-than-carload(s *pl.*); **∼kohle** *f* lump coal; **∼leistung** ⊕ *f* capacity; **∼liste** *f* parts list; inventory; specification; **∼lohn** *m* piece-wage(s *pl.*); **∼preis** *m* price by the piece, price per unit; **∼weise** *adv.* piece by piece, piecemeal; ⚕ by the piece, (by) retail; **∼werk** *contp. n* imperfect (*od.* scrappy) thing *od.* work, patchwork; *sein Wissen ist* ~ his knowledge is scrappy; **~zahl** *f* number of pieces; **~zeit** *f* piece rate (*od.* time), individual production time; machining time; **~zinsen** ✝ *m/pl.* accrued interest *sg.* (on shares); (*zusätzliche Zinsen*) additional interest *sg.*; **~zoll** *m* specific duty.

Student *m*, **~in** *f* (*f* woman) student, (*f* girl) undergraduate; ~ *der Medizin* medical student; ~ *der Philosophie* student of philosophy; ~ *der Rechte* student of law, law student.

Studenten...: **~austausch** *m* exchange of students; **~heim** *n* students' hostel; **~leben** *n* student life, college life; **~schaft** *f* (body of) students *pl.*; **~verbindung** *f* student's club, *Am.* fraternity; **~wohnheim** *n* → *Studentenheim.*

Student|in *f* → *Student*; **≗isch** *adj.* student ...; academic, *Am. a.* collegiate.

Studie *f* **1.** *allg., a. Kunst, Literatur*: study; **2.** *pl.* → *Studium.*

Studien...: **~assessor(in** *f*) *m* secondary school teacher as Civil Service probationer (having passed his second State Examination); **~aufenthalt** *m* educational stay; **~berater** *m* academic (*od.* student) adviser; **~direktor(in** *f*) *m* (assistant) headmaster (*f* headmistress) of a secondary school, *Am.* high-school principal; **~fach** *n* subject, study; **~fahrt** *f* study trip; **~gang** *m* course of studies; **~genosse** *m* fellow-student; **≗halber** *adv.* for the purpose of studying, for studies; **~jahr** *n* academic year; *pl.* → *Studienzeit*; **~kommission** *f* research commission, study group; **~plan** *m* degree course scheme; (*Lehrplan*) curriculum, syllabus; **~rat** *m*, **~rätin** *f* master (*f* mistress) at a secondary school; **~referendar** *m* secondary school teacher as Civil Service probationer (having passed his first State Examination); **~reise** *f* study (*od.* educational) trip; **~zeit** *f* years *pl.* of study, college days *pl.*; *seit s-r* ~ *a.* from a student.

studieren I. *v/t. u. v/i.* study (*a. weitS. durchlesen, prüfen,* F *überlegen*; *Sport*: *e-n Gegner*); (*e-e Hochschule besuchen*) go to the university, go to college; *Philosophie* ~ study philosophy; *die Rechte* ~ study law, be a law student, read for the bar; ~ *lassen* send to the university (*od.* to a college); *er hat studiert* he has (had) academic training, he is a university man; *wo hat er studiert?* which university has he been to?; **II.** ≗ *n* studying, studies *pl.*

studiert *adj.* university-bred; ~*er Mann* (*a.* **≗er**) university man, academic.

Studierzimmer *n* study.

Studio *n allg.* studio; **~sendung** *f* studio broadcast.

Studium *n* study (*a. weitS. Untersuchung usw.*); (*Fach*≗) studies *pl.*, reading; (*Forschung*) research; *Studien* studies.

Stufe *f e-r Treppe*: step; *e-r Leiter*: rung (*a. fig.*); *geol.* stage; (*Gelände*≗) terrace; (*Ton*≗) interval; (*Farb*≗) shade, hue; *ling.* degree (of comparison); (*Entwicklungs*≗; ⊕ *Antriebs*≗ *e-r Rakete usw.*) stage; (*Schalt*≗) *a.* step; (*Phase*) phase; (*Grad*) degree, grade; (*Niveau*) level, standard; (*Rang*) rank; *ped.* level, class(es *pl.*); *auf gleicher* ~ *mit* on a level (*od.* par) with; *auf einer hohen* ~ *stehen* be on a high level, have a high standard; *auf eine* ~ *stellen mit* place on a level with; *die höchste* ~ the height (*od.* summit) (*des Erfolgs, Glücks usw.* of), the top(most rung) (of); → *a. Oberstufe, Unterstufe*; **≗n** *v/t.* step; *fig.* → *abstufen.*

Stufen...: **~anordnung** ⊕ *f* stepped arrangement; **≗artig** *adj.* stepped, steplike; *fig. a.* graduated, graded; **~barren** *m* asymmetrical bars *pl.*; **~boot** *n* stepped (racing-)boat; **~folge** *fig. f* graduation, succession, sequence of stages; **≗förmig** *adj. u. adv.* in the form of steps, by steps; → *a. stufenartig*; **~härtung** ⊕ *f* hot tempering; **~leiter** *f* step-ladder; ♪ scale, *a. fig. der Gefühle*: gamut; *weitS.* (progressive) scale, graduation; *fig.* ladder (*des Ruhms usw.* of fame, *etc.*); *gesellschaftliche* ~ social ladder; **≗los** ⊕ *adj.*: ~*es Getriebe* infinitely variable speed transmission; (*a. adv.*) ~ (*regelbar*) infinitely variable; **~rakete** *f* multistage rocket; **~schalter** ⚡ *m* step switch; **~transformator** ⚡ *m* step-up (*od.* step-down) transformer; **≗weise** *adv.* by steps (*od.* degrees), gradually; in stages, *bsd.* ⊕ stepwise.

Stuhl *m* **1.** chair, seat; (*Hocker, Klavier*≗ *usw.*) stool; (*Kirchen*≗) pew; (*Web*≗) loom; *fig.* (*Lehr*≗) chair; *eccl. der Heilige* ~ the Holy See; ⚖ *elektrischer* ~ electric chair; *auf dem elektrischen* ~ *hinrichten Am.* electrocute; *j-m* den ~ vor die Tür setzen turn a p. out; durch Entlassung: a. give a p. the sack; sich zwischen zwei Stühle setzen fall between two stools; **2.** ⚕ a) (Kot) stool; b) → Stuhlgang; **~abgang** ⚕ m defecation; **~bein** n leg of a chair; **~drang** ⚕ m urge to relieve the bowels; **~entleerung** ⚕ f defecation, motion; **⌒fördernd** ⚕ adj. aperient, laxative; **~gang** ⚕ m evacuation of the bowels, bowel movement, motion; ~ haben have a motion (od. bowel movement); **~lehne** f back of a chair; **~sitz** m bottom of a chair; **~verhaltung** f obstipation; **~verhärtung** ⚕ f f(a)ecal impaction; **~verstopfung** ⚕ f constipation; **~zäpfchen** ⚕ n rectal suppository; **~zwang** ⚕ m tenesmus.

Stuka m → Sturzkampfbomber.

Stukka|teur m stuccoworker; **~tur** f stucco(work).

Stulle f slice of bread (and butter); belegte: sandwich.

Stulpe f (Stiefel⌒) top; (Manschette) cuff.

stülpen v/t. (um ~) turn up(side down); nach außen ~ turn inside out; auf od. über et. ~ put over od. (up)on; (Hut) a. stick (od. clap, schief: cock) on od. over.

Stulpenstiefel m top-boot, bucket-topped boot.

Stulphandschuh m gauntlet glove; fenc. fencing-glove.

Stülpnase f turn(ed)-up nose.

stumm adj. dumb, mute (a. fig.); (still) silent; ling. silent, mute; fig. ~ vor Erstaunen usw.: struck dumb with, speechless with; ~es Flehen mute appeal; ~e Geschöpfe dumb animals; thea. ~es Spiel dumb show, pantomime; ~e Rolle figurant part; ~er Zorn speechless anger, dumb rage; ~ wie ein Fisch (as) mute as a fish; → Diener 3.

Stummel m (Arm⌒, Baum⌒ usw.) stump; e-r Zigarre usw.: fag(-end), Am. butt, stub; **~pfeife** f short-stemmed pipe.

Stumme(r m) f mute (person).

Stummfilm m silent film; **~zeit** f silent era.

Stummheit f dumbness, muteness; (Schweigen) silence.

Stumpen m (Zigarre) cheroot.

Stümper m, **~in** f botcher, bungler, sl. wash-out, bum; **~ei** f bungling, botching, incompetence; (schlechte Arbeit) botch, bad job; (Fehler) blunder; **⌒haft** adj. bungling, botching, clumsy, incompetent; **⌒n** v/i. u. v/t. bungle, botch, sl. foozle; auf dem Klavier usw. ~ strum on.

stumpf adj. blunt, dull; ⩘ Winkel: obtuse; Kegel: truncate(d); fig. (glanzlos) dull; Reim: masculine; geistig: blunt, obtuse, dull; (teilnahmslos) stolid, apathetic, a. Blick: dull; ⩘ ~e Pyramide frustum; fig. ~ gegen alles Schöne usw. insensitive to; a. fig. ~ machen, ~ werden blunt, dull; adv. j-n ~ anblicken look at a p. dully; ~e Nase → Stumpfnase.

Stumpf m stump, stub; ⩘ frustum; fig. mit ~ und Stiel root and branch, completely; Dorf usw. mit ~ und Stiel ausrotten a. wipe off the map.

Stumpf...: **~heit** f bluntness, dul(l)ness; fig. a. obtuseness; (Teilnahmslosigkeit) apathy; **~kegel** ⩘ m truncated cone; **~nahtschweißung** ⊕ f butt-seam welding; **~näschen** n, **~nase** f snub-nose; **⌒nasig** adj. snub-nosed; **⌒schweißen** ⊕ v/i. butt-weld; **~sinn** m dul(l)ness, stupidity, stupor, apathy, mindlessness; F (langwierige Tätigkeit) dul(l)ness, monotony, sl. drag; **⌒sinnig** adj. dull(-witted), stupid; (teilnahmslos) dull, apathetic, mindless; F (langweilig) dull, tedious, soul-destroying; ~er Kerl dullard, dolt; **⌒winkelig** adj. obtuse-angled.

Stunde f hour (a. fig.); (Unterrichts⌒) lesson, Am. (Schul⌒) period; fig. hour, moment (der Entscheidung usw. of decision, etc.); e-e halbe ~ half an hour, a half-hour; ~n geben give lessons; ~ nehmen bei take (od. have) lessons from; fig. ~ der Wahrheit the moment of truth; schwache ~ bare hour; fig. moment of weakness; in letzter ~ at the eleventh hour; mot. 50 Meilen in der ~ 50 miles per hour; von drei ~n (Dauer) of (od. lasting) three hours, three-hour speech, etc.; von Stund an from that (very) hour, ever since (then); von ~ zu ~ from hour to hour; zur ~ at this hour; bis zur ~ up to this hour, as yet; seine ~ ist gekommen zu siegen usw.: his time has come; (er ist erledigt) his time is up; zu sterben: his (last) hour has come (od. struck); s-e ~n sind gezählt his sands are running out, his days are numbered.

stunden ⚖ v/t. grant (od. allow) a respite od. delay for a th.; (j-m) die Zahlung ~ grant (a p.) a respite in payment, extend the term of payment (to a p.).

Stunden...: **~buch** eccl. n hours

pl.; **~durchschnitt** *m*, **~geschwindigkeit** *f* (average) speed per hour; ~ *von 40 Meilen* an average of 40 miles per hour (*abbr.* m.p.h.); **~geld** *n* fee for lessons; **~glas** *n* hour-glass; **~kilometer** *m/pl.* kilomet|res (*Am.* -ers) per hour; **~kreis** *ast. m* hour circle; **≈lang I.** *adj.* lasting (for) hours; **II.** *adv.* for hours (and hours); **~leistung** *f* hourly performance (*od.* output); **~lohn** *m* wage(s *pl.*) per hour; **~plan** *m* time-table, curriculum, *Am.* schedule; **~satz** *m* hourly rate; **~schlag** *m* striking of the hour; *mit dem* ~ on the stroke; **≈weise I.** *adj.*: ~ *Beschäftigung* part-time employment; **II.** *adv.* by the hour; **~zeiger** *m* hour-hand.

Stünd|lein *n* little (*od.* short) hour; *sein letztes* ~ *hat geschlagen* his last hour has come; **≈lich I.** *adj.* hourly; **II.** *adv.* every hour; per hour; hour by hour; *ich warte* ~ *auf ihn* I am expecting him every hour.

Stundung ☨ *f* respite, delay, extension of time; **~sfrist** *f* time (*od.* grace) allowed for payment; **~sgesuch** *n* request for (a) respite.

Stunk F *m* F row, *sl.* stink; ~ *machen* kick up a row, *sl.* raise a stink; *es wird* ~ *geben* there will be trouble.

stupfen *dial. v/t.* poke, nudge.

stupid(e) *adj.* stupid, idiotic.

Stups F *m*, **≈en** *v/t.* prod (*a. fig.*), nudge; **~nase** *f* snub nose; **≈nasig** *adj.* snub-nosed.

stur *adj. Blick*: staring, fixed; (*starrsinnig*) pigheaded, mulish; (*stumpf*) stolid; (*geisttötend*) dull; **≈heit** *f* stubbornness, pigheadedness.

Sturm *m* storm, tempest (*a. fig.*), gale; (*Orkan*) hurricane, tornado, cyclone; (*Windstoß*) gust; *fig.* ⚔ (*An≈*) storm, assault, onset, charge; *Fußball usw.*: (*Stürmerreihe*) forward line, forwards *pl.*; (*Tumult*) tumult, turmoil (*a. seelisch*); (*Wüten*) rage, fury; ~ *der Entrüstung* (public) outcry; ~ *im Wasserglas* storm in a teacup; *hist.* ~ *und Drang* Storm and Stress; ☨ ~ *auf* rush for *goods*, run on *a bank*; ~ *laufen gegen* assault, assail, attack (*a. fig.*); ~ *läuten* ring the alarm-bell; *im* ~ *erobern* (*od. nehmen*) take by storm (*a. fig.*); **~abzeichen** ⚔ *n* assault badge; **~angriff** ⚔ *m* assault; **~artillerie** ⚔ *f* assault artillery; **~bataillon** ⚔ *n* assault (*od.* shock) battalion; **~bö** *f* white squall; **~bock** *hist. m* battering-ram; **~boot** ⚔ *n* assault boat.

stürmen I. *v/t.* ⚔ storm (*a. weitS. e-e Bank usw.*); assault; *mit* ~ *der Hand erobern* take by assault; **II.** *v/i.* ⚔ make an assault, charge, *a. Fußball usw.*: attack; *Fußball usw.*: (*als Stürmer spielen*) be a forward; *Wind*: rage; *fig.* (*zürnen*) storm, rage; (*rennen*) rush, dash, tear, storm; **III.** *v/impers.*: *es stürmt* it is stormy weather.

Stürmer *m* (*Hitzkopf*) hotspur; *Fußball usw.*: forward; **~reihe** *f* forward line, forwards *pl.*

Sturm...: **≈fest** *adj.* storm-proof; **~flut** *f* tidal wave; **≈frei** *adj.* ⚔ unassailable; F ~*e Bude* freely accessible digs *pl.*; **~gepäck** ⚔ *n* combat pack; **≈gepeitscht** *adj.* gale-lashed; **~geschütz** ⚔ *n* (self-propelled) assault gun; (*Panzerwagen*) assault tank; **~gewehr** ⚔ *n* automatic rifle; **~glocke** *f* alarm-bell, tocsin; **~haube** *hist. f* helmet, morison.

stürmisch I. *adj. allg.*, *Wetter*: stormy, tempestuous, squally; (*sturmgepeitscht*) storm-swept; *See, Überfahrt*: rough; *fig. Debatte, Leben usw.*: stormy, tempestuous; (*ungestüm*) impetuous; (*lärmend, tosend*) tumultuous, uproarious; *Beifall*: *a.* frantic; (*leidenschaftlich*) tempestuous, passionate, violent; *Entwicklung, Fortschritt usw.*: rapid; **II.** *adv.*: *et.* ~ *verlangen* clamour for; *nicht so* ~! gently, gently!, easy does it!

Sturm...: **~lauf** ⚔ *m* assault, attack; *fig. a.* run (*auf e-e Bank usw.* on); **~leiter** *hist. f* scaling-ladder; **≈reif** *adj.* ready to be assaulted; ~ *machen* soften up; **~riemen** ⚔ *m* chin-strap; **~schaden** *m* damage caused by storm; **~schritt** ⚔ *m* double-quick step; *a. weitS. im* ~ at the double; **~schwalbe** *f* petrel; **~segel** *n* lug-sail; **~signal** ⚓ *n* storm signal; **~trupp** ⚔ *m* assault (*od.* storming-)party; **~vogel** *m* (stormy) petrel; **~warnung** *f* gale warning; **~welle** ⚔ *f* assault wave; **~wetter** *n* stormy weather; **~wind** *m* storm(y wind), heavy gale; **~wolke** *f* storm cloud; **~zeichen** *n* storm signal (*a. fig.*).

Sturz[1] *m* (sudden) fall, tumble, *sl.* cropper; *lauter*: crash; *ins Wasser*: plunge (*a. fig.*); ✈ *zum Angriff*: dive; (*Abhang*) precipice; *fig. der Temperatur usw.*: (sudden) drop; ☨ *der Kurse, Preise*: slump, collapse; (*Untergang, Ruin*) (down-)fall, ruin, ☨ crash, smash, collapse;

e-r Regierung: overthrow; (*Ungnade*) disgrace; *e-n (schweren)* ~ *tun* have a (bad) fall.

Sturz[2] *m* ⊕ (*Rad*≈) camber; △ (*Fenster*≈, *Tür*≈) lintel.

Sturz...: **~acker** *m* new-ploughed field, *Am.* plowed field; **~angriff** ✈ *m* diving attack; **~bach** *m* torrent; **~bad** *n* shower; **~bomber** ✈ *m* dive bomber.

Stürze *f* **1.** ♪ bell; **2.** *dial.* (dish-) cover, lid.

stürzen I. *v/i.* **1.** (have a) fall, tumble; *krachend*: crash (*in* into); ✈ *zum Angriff*: dive; *fig. u.* † *Kurse, Preise*: plunge, plummet; *vom Pferd* ~ fall off one's horse, F come a cropper (*a. fig. u. allg.*); **2.** *Gelände*: fall abruptly; *Abgrund*: descend precipitously; **3.** (*rennen*) rush, dash; *ins Zimmer* ~ *a.* burst into the room; **II.** *v/t.* **4.** (*um*~) upset, overturn; *absichtlich*: *a.* turn up, tilt, dump; *fig.* (*Regierung*) overthrow; *Nicht* ~! *Kistenaufschrift*: this side up!; *ins Elend* ~ ruin, plunge into misery; *in e-n Krieg* ~ plunge into a war; → *Verderben*; **5.** ⚒ (*Feld*) plough; **III.** *v/refl.* **6.** *sich ins Wasser* ~ plunge into the water; (*sich ertränken*) drown o.s.; **7.** *sich* ~ *auf* (*j-n*) rush at, (*a. et.*) pounce (up)on; (*e-e Tätigkeit*) plunge into, throw o.s. into *work*; **8.** *sich in Schulden* ~ plunge into debt; *sich in Unkosten* ~ go to expense, spend a lot of money; **IV.** ≈ *n* (heavy) fall, tumble; † *der Kurse, Preise*: collapse, slump.

Sturz...: **~flug** ✈ *m* (nose-)dive; *e-n* ~ *machen* dive; **~flugbremse** *f* diving brake; **~geburt** ⚕ *f* precipitate labo(u)r; **~güter** † *n/pl.* bulk goods *pl.*; **~helm** *m* crash helmet; **~kampfbomber** ✈ *m* dive bomber; **~regen** *m* (heavy) downpour; **~see** ⚓ *f* heavy sea; *e-e* ~ *bekommen* ship a sea; **~welle** *f* breaker.

Stuß F *m* → *Quatsch*.

Stute *f* mare; **~nfohlen** *n*, **~nfüllen** *n* filly; **~rei** *f* stud.

Stütz *m Turnen*: support; **~balken** *m* supporting beam, brace, shore.

Stutzbart *m* trimmed beard.

Stütze *f* support, prop, stay; △ shore, post; (*Pfeiler*) pillar; (*Strebe*) strut; *Maschine*: standard; *fig.* support, prop; (*Hilfe*) help; (*Rückendeckung, Unterstützung*) support, backing; (*Person*) help(er), mainstay, pillar; ~ *der Hausfrau* lady help; *du bist die* ~ *seines Alters* you are the staff (*od.* mainstay) of his old age.

stutzen[1] *v/t.* (*beschneiden*) cut (short), curtail (*a. fig. kürzen*); (*Bart, Haar*) trim, crop; (*Baum*) prune, lop; (*Flügel, Hecke*) clip; (*Ohren*) crop; (*Schwanz*) dock; → *a. zurechtstutzen*.

stutzen[2] *v/i.* (*plötzlich stehenbleiben*) stop short; *aufgeschreckt, verblüfft*: be startled; *erstaunt, verwirrt*: be puzzled, wonder; *argwöhnisch*: become suspicious; (*zögern*) boggle (*alle bei* at); ~ *bei a.* be taken aback by.

Stutzen *m* **1.** short rifle, carbine; **2.** ⊕ (*Rohrverbindung*) connecting piece, union; (*Düse*) nozzle; *mot. Auspuff*: pipe socket; *zum Einfüllen*: neck; **3.** (*Fußballstrumpf*) (football) sock.

stützen *v/t. allg.* support; (*ab*~) prop, stay; △ shore up; *mit Strebepfeilern*: buttress; *fig.* support, uphold, back (up); † (*Kurse*) support, (*Preise*) *a.* peg; ~ *auf* base (*od.* found) on (*a. fig.*); *s-e Ellenbogen* ~ *auf* rest one's elbows on; *auf s-e Ellenbogen gestützt* propped on his elbows; *sich* ~ *auf* rest (*od.* lean) (up)on; *fig. a.* rely on *a th.*; *Argument, Urteil usw.*: be based on.

Stutzer *m* dandy, fop, *Am. a.* dude; **≈haft** *adj.* foppish, dandified.

Stutzflügel ♪ *m* baby grand.

Stütz...: **~gewebe** *anat. n* supporting tissue; **~hebel** ⊕ *m* supporting lever.

stutzig *adj.* startled, taken aback; (*erstaunt*) surprised; (*verwirrt*) perplexed, nonplussed, puzzled; ~ *machen* surprise, perplex, puzzle; (*Argwohn wecken*) make suspicious; ~ *werden* → *stutzen*[2].

Stütz...: **~lager** ⊕ *n* single-thrust bearing; **~mauer** *f* retaining wall; **~pfeiler** *m* supporting pillar, buttress, abutment; **~pfosten** *m* supporting post; **~punkt** *m* point of support; (*Hebelpunkt*) fulcrum; *fig.* foothold; ⚔ *u. weitS.* base; (*Gefechts*≈) strong point; **~rad** *m* supporting wheel; **~ung** *f* support(ing), *etc.*, → *stützen*; † support, pegging; **~ungspreis** † *m* support(ed) price; **~verband** ⚕ *m* fixed dressing; **~waage** *f Turnen*: support lever; **~wort** *ling. n* prop-word.

subaltern *adj.*, **≈e(r)** *m* subordinate; *bsd.* ⚔ subaltern; *su. contp. a.* underling.

Subdominante ♪ *f* subdominant.

Subjekt *n ling. u. phls.* subject;

contp. (*Person*) fellow, individual; *übles* ~ blackguard, *sl.* bad egg.

subjektiv *adj.* subjective; ⚖ → *Tatbestand*; **⁓ität** *f* subjectivity.

Subkontinent *m* subcontinent.

Subkultur *f* subculture.

subkutan ⚕ *adj.* subcutaneous.

sublim *adj.* sublime.

Subli|mat ⚗ *n* sublimate; **⁓mieren** ⚗ *u. psych. v/t.* sublimate; **~mierung** *f* sublimation.

Submission ✝ *f* call for tenders, invitation to bid; (*Vertrag*) contract by tender; *in ~ geben* put out by contract; **~sangebot** *n* tender; **~spreis** *m* contract price.

subordinieren *v/t.* subordinate.

Subsidien *n/pl.* subsidies.

subskribieren *v/t.* (*a. v/i.*: ~ *auf*) subscribe for.

Subskription *f* subscription; **~sanzeige** ✝ *f* prospectus; **~sliste** *f* subscription-list; **~spreis** *m* (price of) subscription.

substantiell *adj.* substantial.

Substan|tiv *ling. n* noun, substantive; **⁓tivieren** *v/t.* use as a noun; **⁓tivisch** *adj.* substantival(ly *adv.*), *adv. a.* substantively, as a noun.

Substanz *f* substance (*a. fig.*); ✝ (actual) capital; ⚖ (*Ggs. Zinsen, Einkünfte*) principal; *von der ~ leben* live on one's capital; **~verlust** *m* loss of substance (*od.* ✝ of real assets).

substituieren *v/t.* substitute (*A durch B* B for A).

Substrat *biol.*, *ling. n* substratum.

subsumieren *v/t.* subsume.

subtil *adj.* subtle; *adv.* subtly; *~e Art, das ⁓e* subtlety.

Subtra|hend 𝔄 *m* subtrahend; **⁓hieren** *v/t.* subtract.

Subtraktion *f* subtraction.

Subtrop|en *pl.* subtropical regions, subtropics; **⁓isch** *adj.* subtropical.

Subvention *f* subvention, *staatliche*: subsidy; (*Prämie*) bounty.

subventionier|en *v/t.* subsidize; **⁓ung** *f* subsidies *pl.*, subvention.

subversiv *pol. adj.* subversive.

Such|aktion *f* search, dragnet operation; **~anzeige** *f* want ad(vertisement); **~apparat** *m* detector; **~büro** *n für Flüchtlinge usw.*: tracing bureau; **~dienst** *m* tracing service.

Suche *f* search, *stärker*: hunt (*nach* for); *hunt.* tracking; *auf der ~ nach* in search (*od.* quest) of; *auf der ~ sein nach* be looking (*od.* on the lookout) for, search (*od.* hunt) for; ✝ *u.* F *fig.* be in the market for.

suchen *v/t. u. v/i.* seek (*bsd. weitS. Glück, Rat, Wahrheit usw.*); (*Fehler, Vermißte usw.*) trace; (*haben wollen, wünschen*) seek, want, desire; ~ *nach* look for, search (*od.* seek) for (*alle a. weitS.*); *eilig, aufgeregt*: hunt for; *kramend, wühlend*: rummage for; *tastend*: grope for (*a. fig. nach e-m Ausdruck usw.*); (*nachschlagen*) look up *a word in the dictionary*; ~ *zu inf.* (*sich bemühen, zu*) seek to, try (*od.* attempt) to, endeavo(u)r to; *Abenteuer* ~ go in quest of (*od.* seek) adventures; *seinesgleichen* ~ stand alone, be unrivalled; *Streit mit j-m* ~ pick a quarrel with a p.; *das Weite* ~ run away, beat a hasty retreat; *nach Worten* ~ be at a loss for words; *bibl. suchet, so werdet ihr finden* seek and you shall find; *das hätte ich nie in ihm gesucht* I never thought he had it in him; *was ~ Sie hier?* what are you doing here?; *Sie haben hier nichts zu ~* you have no business to be here; → *gesucht.*

Sucher *m* **1.** **~in** *f* searcher, *a. weitS.* seeker *of God, truth, etc.*; *pl.* → *a. Suchmannschaft*; **2.** *phot.* view-finder; (*Scheinwerfer*) spotlight; *Detektor*: cat whisker.

Such...: **~gerät** *n* detector, locator; **~kartei** *f* tracing file; **~licht** *n* searchlight; **~mannschaft** *f* search-party; **~radar(gerät)** *n* search radar; **~stelle** *f* → *Suchbüro.*

Sucht *f* (*Krankheit*) sickness, disease; (*krankhafte Begier*) mania, craving, rage (*nach* for), (*a. Rauschgift⁓ usw.*) addiction (to); *fallende ~* falling sickness; *das ist bei ihm zur ~ geworden* he has become addicted to (*od. sl.* hooked on) it; *fig. a.* it has become a mania (*od.* an obsession) with him; **⁓erzeugend** *adj.* addictive, habit-forming.

süchtig *adj.* (*e-m Rauschgift usw. verfallen*) addicted (*z.B. morphium ~* addicted to morphia, being a morphia-addict, *sl.* [being] hooked on morphia); (*gierend*) craving; (*besessen*) having a mania (*nach* for), maniac(al); (*krank*) sickly, diseased; *~machend* → *suchterzeugend*; **⁓e(r** *m*) *f* addict.

suckeln *dial. v/i.* suckle (*an* at).

Sud *m* decoction; brew.

Süd **I.** *adv.*: *München usw.* ~ Munich, *etc.*, South; **II.** *poet. m* → *Südwind.*

Süd...: **~afrikaner(in** *f*) *m*, **⁓afrikanisch** *adj.* South African; *⁓e Union* Union of South Africa; **~amerikaner(in** *f*) *m*, **⁓amerikanisch** *adj.* South American.

Sudanes|e *m*, **~in** *f*, **≗isch** *adj.* Sudanese.

Süd...: **≗deutsch** *adj.*, **~deutsche(r** *m*) *f* South German.

Sud|elei *f e-s Malers*: daub; (*unsittliche Zeichnung*) obscene (*od.* filthy) picture(s *pl.*); *von Geschriebenem*: scrawl(ing), scribble; (*Gepantsche, Schmutz*) mess(y work); **≗elig** *adj.* F messy; **≗eln** *v/i. u. v/t.* (*manschen*) mess about; (*pfuschen*) botch; *malend*: daub; (*kritzeln*) scribble, scrawl; (*schlampen*) work sloppily; → *besudeln*; **~elwetter** *n* wet weather.

Süden *m* south; (*südlicher Landesteil, südliches Land*) South; *im* ~ in the south, *der Stadt usw.*: to the south (*gen.* of), south (of); *nach* ~ (towards the) south, southward; *ast. Kreuz des* ~*s* the Southern Cross.

Sudetendeutsche(r *m*) *f* Sudeten-German.

Süd...: **~früchte** *f/pl.* southern fruits; **~küste** *f* south(ern) coast; **~lage** *f* southern exposure; **~länder(in** *f*) *m* inhabitant of the south, southerner; **≗ländisch** *adj.* southern; *in Europa*: *a.* meridional; (*dunkel*) dark(-complexioned).

Sudler(in *f*) *m* (*Pfuscher*) botcher; (*Maler*) dauber; *beim Schreiben*: scribbler; (*Manscher*) messy person.

südlich I. *adj.* south(ern), southerly, South ...; ~ *von* (to the) south of; ~*e Breite* south latitude; ~*e Halbkugel* southern hemisphere; *in* ~*er Richtung* (towards the) south, southward(s); **II.** *adv.* south (*von* of); **~st** *adj.* southmost.

Süd...: **~licht** *n* southern lights *pl.*, Aurora Australis; **~ost(en)** *m* (*SO*) south-east (*abbr.* S.E.); (*Wind*) southeaster; **≗östlich** *adj.* south-east(ern); **~pol** *m* South Pole, Antarctic pole; **~polargebiet** *n* Antarctic region; **~seite** *f* south (*od.* sunny) side; **~südost(en)** *m* south-southeast (*a. nach od. aus* ~); **~staaten** *m/pl.* Southern States, South *sg.*; **≗wärts** *adv.* southward(s), (to the) south; **~wein** *m* sweet wine; **~west(en)** *m* (*SW*) south-west (*abbr.* S.W.); (*Wind*) southwester; **~wester** *m* (*Hut*) southwester; **≗westlich** *adj.* southwest(ern); **~westwind** *m* southwester; **~wind** *m* south(er).

Suff F *m* F boozing, booze; *sich dem* ~ *ergeben* take to drinking, *sl.* hit the booze.

Süff|el F *m* tippler, F boozer; **≗eln** *v/i. u. v/t.* tipple, F booze; **≗ig** *adj.* mellow, tasty.

süffisant *adj.* smug, blasé (*fr.*).

Suffix *ling. n* suffix.

Suffragette *f* suffragette.

suggerieren *v/t.* suggest (*j-m et.* a th. to a p.).

Suggestion *f* suggestion.

suggestiv *adj.* suggestive; **≗frage** *f* leading question.

Suhle *f*, **≗n** *hunt. v/i. u. v/refl.*: (*sich* ~) wallow.

sühnbar *adj.* expiable.

Sühne *f* expiation, atonement; (*Strafe*) penance; ⚖ *u. weitS.* punishment, penalty; **~maßnahme** *f* sanction; **≗n** *v/t.* expiate, atone for; **≗nd** *adj.* expiatory; **~richter** ⚖ *m* conciliation judge; **~termin** *m* conciliation hearing; *a.* → **~versuch** *m* attempt at reconciliation.

Sühnopfer *n* sin offering.

Sühnung *f* → *Sühne*.

Suite *f* suite (*a.* ♪ *u. Zimmerflucht*); (*Gefolge*) *a.* retinue, train.

Sujet *n* sujet (*fr.*).

sukzessiv *adj.* successive; **~e** *adv.* gradually, little by little, hand over fist.

Sulfat ⚗ *n* sulphate.

Sulfid ⚗ *n* sulphide.

Sulfonamid *pharm. n* sulphonamide; *pl. a.* sulpha drugs.

Sultan *m* sultan; **~at** *n* sultanate; **~in** *f* sultana.

Sultanine *f* (*Rosine*) sultana.

Sülze *f* (*Speise*) aspic, jellied meat; (*Lake*) brine; **≗n** *v/t.* jelly.

Summa *f* → *Summe*; *in* ≗, ≗ *summarum* in short, taking all in all, in a nutshell.

Summand ⨁ *m* term of a sum.

summarisch I. *adj.* summary (*a.* ⚖); **II.** *adv.* summarily.

Sümmchen *n* small sum; *nettes* ~ F tidy little sum (of money), nice little pile.

Summe *f* sum (*a. fig. der Erfahrungen usw.*); (*Gesamt*≗) *a.* (sum) total; (*Betrag*) amount; *fehlende* ~ deficit.

summen I. *v/i. Insekt usw.*: buzz; *weicher*: hum (*a. v/t. ein Liedchen*); *eintönig*: drone; **II.** ≗ *n* buzz(ing), hum(ming), drone.

Summer ⚡ *m* buzzer; **~ton** *m*, **~zeichen** *n* buzzer signal; *teleph. a.* dial(l)ing tone.

summier|en I. *v/t.* sum (*od.* add) up, cast up, totalize; **II.** *v/refl.*: *sich* ~ accumulate, run (*od.* add) up; ≈**ung** *f* summation, summing up; addition; accumulation.

Sumpf *m* swamp, bog; (~*land*) marsh(y country), fen; *mot.*, ⚒ sump; *fig.* morass, slough, mire, sink (of iniquity); ~ *der Verweiflung* Slough of Despond; *a. fig. im* ~ *steckenbleiben* be bogged down, mire; ~**boden** *m* marshy ground; ~**dotterblume** *f* marsh marigold; ≈**en** F *v/i.* lead a fast life, *sl.* go on a binge, be out on the tiles; ~**fieber** ⚕ *n* marsh-fever, malaria; ~**gas** ⚗ *n* marsh-gas, methane; ~**huhn** *zo. n* moorhen; F *co.* rake, debauchee; (*Säufer*) boozer; ≈**ig** *adj.* marshy, swampy, boggy; ~**land** *n* marshland, fen; ~**loch** *n* mud hole, slough; ~**otter** *zo. m* mink; ~**pflanze** *f* marsh plant; ~**wiese** *f* swampy meadow.

Sums F *m*: *e-n großen* ~ *machen* make a great fuss (*über* about).

Sund *m* sound, strait.

Sünde *f* sin; (*Übertretung*) transgression, trespass; (*Vergehen*) offen|ce, *Am.* -se; *kleine* ~ trifling offence, peccadillo; *fig.* ~ *gegen den guten Geschmack* sin against good taste.

Sünden...: ~**babel** *n* sink of iniquity, hotbed of vice; ~**bekenntnis** *n* confession of sins; ~**bock** *m* scapegoat, whipping boy; ~**erlaß** *m* remission of sins, absolution; ~**fall** *m the* Fall of man; ~**geld** *n* illgotten money; F (*Riesensumme*) enormous sum; ~**konto** *n* → *Sündenregister*; ~**last** *f* burden of one's sins; ~**lohn** *m* wages *pl.* of sin; ~**maß** *n*: *sein* ~ *war voll* the measure of his iniquities was full; ~**pfuhl** *m* sink of iniquity; ~**register** F *n* (long list of) sins *pl.*, measure of one's iniquties.

Sünder(in *f*) *m* sinner (*a. fig. co.*); *armer* ~ poor wretch.

Sündflut *f* → *Sintflut*.

sündhaft I. *adj.* sinful, wicked; **II.** *adv.*: ~ *teuer* F awfully expensive; ≈**igkeit** *f* sinfulness, wickedness.

sündig *adj.* sinful; (*schuldig*) guilty; ~**en** *v/i.* sin (*gegen* against); *fig. co.* (*zuviel essen usw.*) indulge o.s., exceed; *an j-m* ~ wrong a p.

sündlos *adj.* sinless; innocent.

Super I. *m* **1.** *Radio*: superhet; **2.** (*Benzin*) super; **II.** ≈ F *adj. u. int.* F super; ~**dividende** ✝ *f* extra-dividend, (cash-)bonus; ≈**fein** ✝ *adj.* superfine; ~**het(erodynempfänger)** *m Radio*: superhet(erodyne receiver); ~**intendent** *m* superintendent; ~**kargo** ⚓ *m* supercargo; ≈**klug** F *adj.* overwise, too clever by half; ~**kluge(r** *m*) *f* wiseacre, smart alec(k).

Superlativ *m ling.* superlative (degree); *fig.* superlative; *in* ~*en reden* talk in superlatives; ≈**isch** *adj.* superlative ...

Super...: ~**macht** *pol. f* superpower; ~**mann** F *m* superman; ~**markt** ✝ *m* supermarket; *großer*: *a.* hypermarket; ~**oxyd** ⚗ *n* peroxide; ~**phosphat** *n* superphosphate.

Süppchen *n* (nice little) soup; F *fig. sein* ~ (*am Feuer anderer*) *kochen* feather one's nest (at the expense of others), have an axe to grind.

Suppe *f* soup; *s-e* ~ *essen* drink one's soup; *fig. die* ~ *auslöffeln müssen(, die man sich eingebrockt hat)* F have to face the music; *j-m (sich) e-e schöne* ~ *einbrocken* F get a p. (o.s.) into a nice mess; *j-m die* ~ *versalzen* spoil a p.'s fun, F give a p. what for, spike a p.'s guns.

Suppen...: ~**fleisch** *n* boiling meat; ~**grün** *n* greens *pl.*; ~**kelle** *f*, ~**schöpflöffel** *m* soup ladle; ~**kraut** *n* pot-herb; ~**löffel** *m* soup ladle; *zum Essen*: table spoon; ~**schüssel** *f*, ~**terrine** *f* soup tureen; ~**teller** *m* soup plate; ~**würfel** *m* soup cube; ~**würze** *f* soup seasoning.

Supplement *n* supplement; ≈**är** *adj.* supplementary; ~**band** *m* supplement(ary volume); ~**winkel** ⊿ *m* supplementary angle.

Support ⊕ *m der Werkzeugmaschine*: rest, (*Schlitten*) carriage (*a. der Schleifmaschine*), saddle; (*Quer*≈) *zur Führung*: cross slide, *als Aufbau*: cross slide rest; (*Kreuz*≈) compound slide rest; (*Stahlhalter*; *e-r Bohrbank*) tool post; (~*drehteil*) tool rest; (*Seiten*≈; *e-r Karusselldrehbank*) tool arm; *e-s Shapers*: head; (*Unterbau*) base; *schwenkbarer* ~ swing rest.

Supraleiter ⚡ *m* supraconductor.

Supremat *m*, *n* supremacy.

Surrealis|mus *m* surrealism; ~**t(in** *f*) *m* surrealist; ≈**tisch** *adj.* surrealistic(ally *adv.*), surrealist ...

surren I. *v/i.* whir(r); *Insekt usw.*: buzz, *weicher*: hum; **II.** ≈ *n* whirring, buzz(ing), hum(ming).

Surrogat *n* substitute, ersatz.

suspekt *adj.* suspect (*a. fig.*).

suspen|dieren *v/t. allg.* suspend; ≈**sion** *f* suspension; ~**siv** *adj.* suspensive; ≈**sorium** ⚕ *n* suspensory, suspensor (bandage).

süß *adj. allg.* sweet; F (*goldig*) *a.* lovely; ~ *schmecken* taste sweet; **≈e** *f* **1.** sweetness; **2.** F (*Kosewort*) F sweetie; **~en** *v/t.* sweeten; **≈e(r)** F *m* **1.** F sweetie, darling; **2.** (*Homo*) F queer, pansy; **≈holz** *n* liquorice; F ~ *raspeln* flirt, F turn on the old charm, dish out sweet nothings; **≈holzraspler** F *m* flirt; **≈igkeit** *f* **1.** sweetness; **2.** (*Bonbon usw.*) sweet; ~*en* sweetmeats, sweets, *Am.* candy *sg.*; *gern* ~*en essen* have a sweet tooth; **≈kirsche** *f* sweet cherry; **~lich** *adj.* sweetish; *fig. Lächeln, Rede*: honeyed, sugared; (*sentimental*) mawkish, syrupy, treacly; **≈lichkeit** *f* sweetishness; *fig.* mawkishness, treacle; **≈rahm** *m* sweet cream; **~sauer** *adj.* sour-sweet; **≈speise** *f* sweet, *Am.* dessert; **≈stoff** *m* saccharin(e), sweetener; **≈waren** *f/pl.* sweetmeats, sweets, *Am.* candy *sg.*; **≈warengeschäft** *n* sweet-shop, *Am.* candy-store; **≈wasser** *n* sweet (*od.* fresh) water; **≈wasserfisch** *m* fresh-water fish; **≈wein** *m* sweet (*od.* dessert) wine.

Sybarit *m*, **≈isch** *adj.* sybarite.

syllab|isch *ling. adj.* syllabic(ally *adv.*); **~isieren** *v/t.* syllabicate.

Syllogismus *m* syllogism.

Sylph|e *f*, **~ide** *f* sylph.

Sylvester *n* → *Silvester*.

Symbio|se *f* symbiosis; **≈tisch** *adj.* symbiotic(al).

Symbol *n allg.* symbol; (*Zeichen*) *a.* sign; *auf Landkarten*: *a.* conventional sign; *heraldisches usw.*: emblem; **≈haft** *adj.*, **≈isch** *adj.* symbolic(al) (*für* of); **~ik** *f* symbolism; **≈isieren** *v/t.* symbolize; **~isierung** *f* symbolization; **~ismus** *m Kunst*: symbolism; **~kraft** *f*, **~wert** *m* symbolism.

Symmet|rie *f* symmetry (*a. fig.*); **~rieachse** ⩓ *f* symmetric axis; **~rieebene** ⩓ *f* plane of symmetry; **≈risch** *adj.* symmetric(al).

sympathetisch *adj.* sympathetic.

Sympathie *f* sympathy (*a. biol., psych.*); **~streik** *m* sympathetic (*od.* sympathy) strike; *in ~ treten für* come out in sympathy with.

Sympathikus *physiol. m* sympathetic (nerve).

Sympathisant(in *f*) *m* sympathizer.

sympathisch *adj. a. physiol.* (*ansprechend, passend*) sympathetic(ally *adv.*) (*j-m* to a p.); (*gewinnend*) *mst* engaging, likable, nice; ~*es Nervensystem* sympathetic (nervous system); *er* (*es*) *ist mir* (*nicht*) ~ I (don't) like him (it); **~erweise** *adv.* amiably.

sympathisieren *v/i.*: ~ *mit* sympathize with; *mit den Kommunisten usw.* ~ *a.* be a Communist-sympathizer.

Symphon|ie(...) ♪ *f* → *Sinfonie(...)*; **≈isch** *adj.* → *sinfonisch*.

Symposi|um *n*, **~on** *n* symposium.

Symptom *n* symptom; **~atik** *f*, **~atologie** ⚕ *f* symptomatology; **≈atisch** *adj.* symptomatic (*für* of).

Synagoge *f* synagogue.

synchron *adj.* synchronous; *adv.* ~ *laufen* (*od. gehen, geschaltet sein*) (be) synchronize(d); **≈blitz** *phot. m* synchroflash; **≈getriebe** *mot. n* synchromesh (gear); **≈isation** *f* synchronization; *Film*: *a.* dubbing; **~isieren** *v/t.* synchronize; (*Film*) *a.* dub; **≈isiergerät** *n* synchronizer; **≈ismus** *m* synchronism; **≈motor** *m* synchronous motor; **≈rechner** *m* synchronous computer; **≈schaltung** *mot. f* synchronized gear-change.

Synchrotron *n Kernphysik*: synchrotron.

Syndikalismus *pol. m* syndicalism.

Syndikat *n* syndicate (*a. v/t. zu e-m ~ zs.-schließen*).

Syndikus *m* syndic, *Am.* corporation counsel.

Syndrom ⚕ *n* syndrome.

Synkop|e ♪, ⚕, *ling. f* syncope; **≈ieren** *v/t.* syncopate; **~isch** *adj.* syncopic(ally *adv.*).

Synod|ale *m* synodalist; **~e** *f* synod; **≈isch** *adj.* synodic(al).

Synonym I. *ling. n* synonym; **II.** **≈** *adj.* (*a.* **≈isch**) synonymous; **~ie** *f*, **~ik** *f* synonymy.

Synop|se *f*, **~sis** *f* synopsis; **≈tisch** *adj.* synoptic(al).

syn|taktisch *ling. adj.* syntactic(al); **≈tax** *f* syntax.

Synthe|se *f* synthesis; **≈tisch** *adj. allg.* synthetic(al); *adv.* ~ *herstellen* synthesize.

Syphil|is ⚕ *f* syphilis; **~itiker(in** *f*) *m* syphilitic; **≈itisch** *adj.* syphilitic(ally *adv.*).

Syr(i)er(in *f*) *m*, **syrisch** *adj.* Syrian.

System *n allg.* system; (*Methode*) *a.* method; (*Eisenbahn*≈ *usw.*) *a.* network; *Sport*: formation; *in ein ~ bringen* systematize; ~ *in der Arbeit haben* have system in one's work; *da ist ~ drin* there is method in that; **~analytiker** *m Computer*: systems analyst.

Systemat|ik *f* systematics *pl.* (*sg. konstr.*); systematic manner (*od.* representation); **~iker** *m* systematist; *weitS. a.* systematic person; **ᵒ̲isch** *adj.* systematic(al), methodical; **ᵒ̲isieren** *v/t.* systematize.

System...: **ᵒ̲los** *adj.* unsystematic(al), unmethodical; **~überwindung** *pol. f* overcoming the established system.

Szenar|io *n*, **~ium** *thea. n* scenario.

Szene *f allg.* scene (*a. thea.*, *a. Anblick*, *Schauplatz*, *Vorgang*, *Streit*); *Film*: *a.* sequence, (*~naufnahme*) shot, take; *thea. u. fig. hinter der ~* behind the scenes, *Am. a.* backstage; *thea. auf offener ~* during the act; *thea. u. fig. in ~ setzen* stage, enact; *fig. sich in ~ setzen* put o.s. into the limelight, F put on a show, show off; (*j-m*) *e-e ~ machen* make (a p.) a scene; **~naufnahme** *f Film*: shot, take; **~nwechsel** *m* shifting of scenes; *fig.* change of scene.

Szenerie *f* scenery.

szenisch *adj.* scenic(ally *adv.*).

Szepter *n* scept|re, *Am.* -er.

T

T, t *n* T, t.

Tabak *m* tobacco; F *fig. das ist aber starker* ~ that's a bit thick; → *a. Kautabak, Schnupftabak*; **~bau** *m* cultivation of tobacco; **~händler** (**-in** *f*) *m* tobacconist; **~laden** *m* tobacconist's (shop), *Am.* cigar-store; **~pflanze** *f* tobacco(-plant); **~pflanzung** *f* tobacco plantation; **~qualm** *m* tobacco smoke; **~regie** *f* government monopoly of the tobacco trade; **~sbeutel** *m* tobacco-pouch; **~sdose** *f* tobacco box; *für Schnupftabak*: snuff-box; **~spfeife** *f* (tobacco-)pipe; **~steuer** *f* (excise) duty on tobacco; **~waren** *f/pl.* tobacco (products).

Tabatiere *f* snuff-box.

tabellarisch *adj.* tabular.

tabellarisieren *v/t.* tabulate.

Tabelle *f allg. a. Sport*: table; (*bsd. Inhaltsverzeichnis*) index; (*Liste, bsd. als Anhang*) schedule; *graphische*: chart; (*Zs.-stellung*) tabulation; *an der Spitze* (*am Ende*) *der* ~ *Sport*: at the top (bottom) of the table; **≈nförmig** *adj.* tabular; **~nführer** *m Sport*: leader.

Tabellier|er *m*, **~maschine** *f* tabulator.

Tabernakel *n* tabernacle.

Tabe|s ⚕ *f* tabes; **~tiker**(**in** *f*) *m*, **≈tisch** *adj.* tabetic.

Tablett *n* tray; *aus Metall*: salver.

Tablette *pharm. f* tablet; *weitS. a.* pill.

tabu *adj. u.* ≈ *n* taboo; *ein* ≈ *durchbrechen* break a taboo; **~ieren** *v/t.* (put under a) taboo.

Tabula rasa *f*: ~ *machen mit* make tabula rasa of.

Tabulator *m* tabulator.

Taburett *n* stool, tabouret.

Tacheles F *n*: *mit j-m* ~ *reden* F talk turkey with a p.

Tacho|graph *mot. m* tachograph; **~meter** *m, n* tachometer; *mot. a.* speedometer, F speedo.

Tadel *m* (*Rüge*) censure, reprimand, rebuke, reproof; (*Vorwurf*) reproach; (*Kritik*) criticism; *ped.* bad mark; (*Makel*) blemish, fault, flaw; *ohne* ~ → *tadellos*; *über jeden* ~ *erhaben* above reproach; *ihn trifft kein* ~ no blame attaches to him; **≈frei, ≈los** *adj.* irreproachable, blameless, above reproach; (*ohne Fehl*) faultless, flawless; (*vollkommen*) perfect; (*ausgezeichnet, a.* F *fig.*) excellent, splendid, first-class; F *fig.* → *a. prima* I; **~losigkeit** *f* blamelessness, faultlessness; **≈n** *v/t.* blame (*wegen* for); (*rügen*) censure, rebuke, reprove; (*schelten*) reprimand, scold; (*ermahnen*) admonish; (*kritisieren*) criticize; (*bekritteln*) find fault with, carp at; (*mißbilligen*) disapprove of; *an allem etwas zu* ~ *finden* find fault with everything; **≈nd** *adj.* reproving, censorious; **≈nswert** *adj.* blameworthy, blamable, censurable, objectionable, reprehensible; bad, faulty; **~sucht** *f* censoriousness; **≈süchtig** *adj.* censorious, fault-finding, carping.

Tadler(**in** *f*) *m* faultfinder, censurer, critic.

Tafel *f* table; *für Anzeigen usw.*: board; *ped. usw.*: blackboard; *zur Wandverkleidung usw.*: panel; (*Platte, a. Bild* ≈ *im Buch*) plate; (*Stein* ≈) slab; (*Schiefer* ≈) slate; (*Schmuck* ≈) plaque, (*Gedenk* ≈, *Wand* ≈) *a.* tablet; (*Blech* ≈) sheet; (*graphische Darstellung*) chart; *von Schokolade usw.*: slab, cake, *kleine*: bar; (*Eßtisch*) (dinner-) table; (*das Speisen*) dinner; *große* ~ gala dinner; *die* ~ *aufheben* rise from table; → *Anzeigetafel*; **~berg** *geol. m* mesa; **~besteck** *n* (fine) cutlery, table plate; **~brötchen** *n* dinner-roll; **~butter** *f* best fresh butter; **≈fertig** *adj.* ready-to-eat, instant ...; **≈förmig** *adj.* tabular; **~freuden** *f/pl.* pleasures of the table; **~geschirr** *n* dinner-service, table-ware; **~glas** *n* sheet-glass; (*Spiegelglas*) plate-glass; **~land** *n* tableland.

tafeln *v/i.* dine; (*schmausen*) feast, banquet.

täfeln *v/t.* (*Fußboden*) inlay, (*a. Decke*) panel; (*Wand*) wainscot, panel.

Tafel...: **~obst** *n* dessert fruit (*sg.*); **~öl** *n* salad-oil; **~runde** *f* (company at) table; *Sage*: Round Table; **~salz** *n* table salt; **~silber** *n* table (*od.* silver) plate, *Am.* silverware; **~tuch** *n* table-cloth.

Täfelung *f Fußboden*: inlaying, boarding; *Wand*: wainscot(ing), *a. Decke*: panelling.

Tafel...: ~waage *f* platform scales *pl.*; **~wasser** *n* table-water; **~wein** *m* table wine.

Taft *m* taffeta.

Tag *m* day; *amtlich*: *a.* (*Datum*) date; *denkwürdiger od. freudiger ~* red-letter day; *großer ~* field day; *~ der offenen Tür* Open Day; *am ~e* by day; *am ~e nach* the day after; *bei ~e* by day, in the daytime, during the day; (*bei ~eslicht*) by daylight; *alle ~e* every day; *auf s-e alten ~e* in his old age (*od.* days); *dieser ~e* (*demnächst*) one of these days; (*kürzlich*) lately, the other day; *e-s ~es* one day; *zukünftig*: some day (or other); *früh am ~e* early in the day; *den ganzen ~* all day long, (a)round the clock; *den lieben langen ~* the livelong day; *~ für ~* day by day; *~ und Nacht* day and night; *e-n ~ um den andern, jeden zweiten ~* every other day, day about; ⚒ *unter ~e* underground; *über ~* aboveground; *von ~ zu ~* from day to day; *vor acht ~en* a week ago; *in acht ~en* this day week; *in vierzehn ~en* in a fortnight, in two weeks; *freier ~* day off; *guten ~! allg.* how do you do!, *engS.* good morning!, *nachmittags*: good afternoon!, F Hullo!, *Am.* Hello!, hi!, *bei Verabschiedung*: good day!, F so long!; *heller ~* broad daylight; *am hell(icht)en ~e* in broad daylight; *es wird ~* it dawns; *fig. nun wird's ~!* (*so etwas!*) F what a go!, good night!; (*ach so!*) now I see (daylight)!; *an den ~ kommen* come to light; *an den ~ bringen* bring to light, unearth; *an den ~ legen* exhibit, display, show; (*genau*) *auf den ~* to a day; *bis auf den heutigen ~* to this day; *in den ~ hinein leben, reden* at random; *sich e-n guten ~ machen* make a day of it; *er hatte e-n guten ~* he was in good form; → *Abend, jüngst* **I**, *zutage usw.*; **≈aus** *adv.*: *~, tagein* day in, day out; **~bau** ⚒ *m* → *Tagebau*; **~blatt** *n* daily (paper); **~blindheit** *f* day-blindness.

Tage...: ~bau ⚒ *m* opencast working, surface mining; **~buch** *n* diary, journal; ☤ *a.* daybook; ⚓ logbook; **~buchbriefe** *m/pl.* journal letters; **~dieb**(**in** *f*) *m* idler, loafer, lazybones; **~geld**(**er** *pl.*) *n* daily (*od.* per diem) allowance.

tagein *adv.* → *tagaus.*

Tage...: ≈lang I. *adj.* of (*od.* lasting for) days; **II.** *adv.* for days (and days); day after day; **~lohn** *m* day's (*od.* daily) wages *pl. od.* pay; *im ~ arbeiten* work by the day; **~löhner** *m* day-labo(u)rer; **~marsch** *m* day's march.

tagen *v/i.* **1.** dawn; *es tagt* it is dawning, the day is breaking; *fig.* F *es tagte bei ihm* he was beginning to see the light; **2.** (*e-e Tagung abhalten*) hold a meeting, meet, sit (in conference); ⚖ be in session; (*beraten*) deliberate.

Tagereise *f* day's journey.

Tages...: ~ablauf *m* (run of the) day; *gewöhnlicher ~* (daily) routine; **~anbruch** *m* daybreak; *bei ~* at daybreak (*od.* dawn); **~angriff** ⚔ *m* daylight attack (✈ raid); **~arbeit** *f* day's work; *regelmäßig wiederkehrende*: (daily) routine; **~ausflug** *m* day trip; **~befehl** ⚔ *m* order of the day; **~bericht** *m* daily report, bulletin; **~creme** *f* day cream; **~einnahme** *f* day's takings *pl.*; **~ereignis** *n* event of the day; *pl. a.* current events; **~gebühr** *f* day rate; **~geld** ☤ *n* day-to-day money (*od.* loan), call money; **~gespräch** *n* topic (*od.* talk) of the day; *das ~ bilden a.* be in the news; **~grauen** *n* → *Tagesanbruch*; **~helle** *f* light of day; **~karte** *f* day-ticket; → *a. Speisekarte*; **~kasse** *f thea.* advance booking-office; ☤ cash register, (*Schalter*) pay desk; ☤ *für kleine Ausgaben*: petty cash; (*Einnahmen*) receipts (*od.* takings) *pl.* of the day; **~kurs** *m* **1.** *Devisen*: current rate; *Effekten*: quotation of the day, current price; **2.** *ped.* day course; **~leistung** *f* daily output; *e-r Maschine*: *a.* capacity per day; **~leuchtfarbe** *typ. f* daylight-luminous ink; **~licht** *n* daylight; *fig. ans ~ kommen* come to light, become known, *Am. a.* develop; *ans ~ bringen* bring to light, expose, unearth; *das ~ scheuen* shun daylight; **~lichtaufnahme** *phot. f* daylight shot; **~mädchen** *n* part-time maid, *Brit.* F daily; **~marsch** *m* day's march; **~meldung** *f* daily report; **~nachrichten, ~neuigkeiten** *f/pl.* news *sg.* of the day; **~ordnung** *f* order of the day (*od.* of business); *e-r Versammlung usw.*: agenda; *fig. an der ~ sein* be the order of the day; *auf die ~ setzen* put on the agenda; *auf der ~ stehen* be on the agenda; *a. fig.*

Punkt der ~ item (of the agenda); *zur* ~ *übergehen* pass to the order of the day; **~preis** ⚕ *m* (to)day's (*od.* current, ruling) price; → *a. Tageskurs*; **~presse** *f* daily press; **~raum** *m* common room; **~satz** *m* day rate; *Börse*: current rate; (*Verpflegungssatz*) daily ration, one day's supply; **~schau** *TV f* News (*sg.*); **~schicht** *f* day shift; **~stempel** *m* date-stamp; **~umsatz** ⚕ *m* daily turnover; **~verdienst** *m* daily earnings *pl.*; **~verpflegung** *f* daily ration(s *pl.*); **~zeit** *f* time of the day; (*heller Tag*) daytime; *zu jeder* ~ at any hour, at any time of the day; **~zeitung** *f* daily (paper); **~ziel** ⚔ *n* day's objective; **~zinsen** ⚕ *m/pl.* interest on daily balances.

Tage...: **≈weise** *adv.* by the day, on a day-to-day basis; **~werk** *n* day's work, daily task.

Tag...: **~falter** *m* butterfly; **≈hell** *adj.* (as) light as day.

...tägig *adj. in Zssgn* of ... days, ...-day.

täglich I. *adj.* daily, *weitS.* everyday ...; ⚕ quotidian; ⚕ ~*es Geld* → *Tagesgeld*; *auf* ~*e Kündigung* at call; **II.** *adv.* every day, daily, ⚕ *a.* per diem; *zweimal* ~ twice a day.

tags *adv.*: ~ *darauf* the following day, the day after; ~ *zuvor* (on) the previous day, the day before.

Tagschicht *f* day shift.

tagsüber *adv.* during the day, in the daytime.

tagtäglich *adv.* every day; day in, day out.

Tagundnacht|gleiche *f* equinox; **~betrieb** ⊕ *m* round-the-clock service.

Tagung *f* meeting, conference, congress, *Am. a.* convention; **~sort** *m* place of conference; **~steilnehmer(in** *f*) *m* conference member, delegate.

tagweise *adv.* by the day.

Taifun *m* typhoon.

Taill|e *f* waist; (*a.* **~enumfang** *m*) waist-line; *enge* ~ slim (*od.* wasp-) waist; **≈iert** *adj.* waist-fitting, waisted, tapered *shirt*.

Takel|age ⚓ *f* rigging, tackle; **≈n** *v/t.* rig; **~ung** *f*, **~werk** *n* → *Takelage*.

Takt *m* **1.** ♩ time, measure, beat; (~*strich u.* ~*einheit*) bar; (*Rhythmus*) rhythm, *a. tel.* cadence; *mot.* cycle, (*Hub*) stroke; *am Fließband*: cycle; ¾-~ three-four time; *den* ~ *schlagen* beat time; *den* ~ *halten, im* ~ *bleiben* keep time, *beim Rudern*: keep stroke; *aus dem* ~ out of beat, off the beat; *aus dem* ~ *kommen, den* ~ *verlieren* lose the beat; *fig.* be put off one's stroke, get out of step; *fig. aus dem* ~ *bringen* put out, disconcert; *im* ~ *marschieren* march in time; *er spielte die ersten* ~*e des Liedes* he played the first few bars of the song; **2.** → *Taktgefühl*; **~art** *f* time, measure; **≈fest** *adj.* steady in keeping time; *fig.* firm, sound; **~gefühl** *n* tact(fulness), delicacy; **≈ieren** ♪ *v/i.* beat time.

Takt|ik *f* tactics *pl.* (*a. sg., fig. nur pl. konstr.*); *die* ~ *ändern* change tactics; **~iker** *m* tactitian; **≈isch** *adj.* tactical (*a. fig.*).

Takt...: **≈los** *adj.* tactless, indiscreet, indelicate; **~losigkeit** *f* tactlessness, want of tact; indiscretion; *e-e* ~ *begehen* commit an indiscretion, make a faux pas; **≈mäßig** *adj.* well-timed, rhythmical; **~stock** *m* baton; **~strich** *m* bar; **≈voll** *adj.* tactful, discreet.

Tal *n* valley, *poet. u. fig.* vale; *kleines*: dale, *schluchtartiges*: glen; *zu* ~(e) → **≈abwärts** *adv.* down the valley, downhill.

Talar *m* ⚖ robe; *eccl., univ.* gown.

Tal...: **≈aufwärts** *adv.* up the valley, uphill; **~enge** *f* narrow (part of a) valley, ravine, glen.

Talent *n* **1.** talent (*für et.* for a th. *od.* for doing a th.); (natural) gift, aptitude, ability; **2.** (*≈voller Mensch*) talent(ed person), *pl.* talent *sg.*; **≈iert, ≈voll** *adj.* talented, gifted; **≈los** *adj.* untalented; **~schuppen** F *TV m* talent show; **~sucher** *m* talent scout.

Talfahrt *f* descent; *mot.* downhill driving (*od.* drive).

Talg *m roher*: suet; *ausgelassener*: tallow; *physiol.* sebum; **~drüse** *anat. f* sebaceous gland; **~fett** *n* stearine; **≈ig** *adj.* suety, *a. Gesichtsfarbe*: tallowy; *physiol.* sebaceous; **~licht** *n* tallow-candle.

Talisman *m* talisman, mascot, good-luck charm.

Talje ⚓ *f* tackle.

Talk *m* talc(um).

Talkessel *m* basin (of a valley), hollow.

Talkpuder *m* talcum powder.

Talmi *n*, **~gold** *n* talmi gold, pinchbeck (*a. fig.*).

Talmud *m* Talmud; **≈isch** *adj.* Talmudic(al); **~ist** *m* Talmudist.

Talmulde *f* → *Talkessel*.

Talon ⚕ *m* talon.

Tal...: **~schlucht** *f* glen; **~senke** *f* → *Talkessel*; **~ski** *m* lower ski;

~sohle *f* bottom of a valley; *fig.* ✝ low, time of depression; **~sperre** *f* barrage, (storage) dam; **≈wärts** *adv.* downhill; (*flußabwärts*) down-stream; **~weg** *m* road through (*od.* along) a valley.

Tama|rinde ⚘ *f* tamarind; **~riske** *f* tamarisk.

Tambour *obs. m* drummer; **~major** *m* drum-major; **~majorin** *f* drum-majorette; **~stock** *m* baton.

Tamburin ♩ *n* tambourine.

Tampon ⚕ *m* tampon, plug; **~ade** *f* tamponade; **≈ieren** *v/t.* plug, tampon.

Tamtam *n* ♩ tomtom; *fig.* noise, fuss, to-do, brouhaha, (*Reklame*) ballyhoo.

Tand *m* trumpery, worthless trash; (*Flitterkram*) tinsel, finery; (*billiger Schmuck*) trinkets *pl.*, bauble(s *pl.*); (*Spielerei*) gewgaw(s *pl.*), gimcrack(ery).

Tänd|elei *f* dallying, (*Liebelei*) *a.* flirtation, philandering; **≈eln** *v/i.* dally; (*liebeln*) *a.* philander, flirt (*mit* with); (*trödeln*) dawdle; **~ler** *dial. m* → *Trödler.*

Tandem ⊕ *n* tandem; **~...** *in Zssgn* tandem ...

Tang ⚘ *m* seaweed.

Tang|ens ⩑ *m*, **~ente** *f* tangent; **~ential...** *in Zssgn* tangential ...; **≈ieren** *v/t.* be tangent to; *fig.* (*berühren, betreffen*) affect, (*a. streifen*) touch upon.

Tango *m* tango (*a. v/i.* ~ *tanzen*).

Tank *m* tank, container; ⚔ → *Panzer*; **~anhänger** *m* tank trailer; **≈en I.** *v/t.* tank, take in *petrol*; F *fig.* supply o.s. with; **II.** *v/i.* (re)fuel, fill up; F (*saufen*) *sl.* tank up; **~en** *n* refuel(l)ing; **~er** ⚓ *m* tanker; **~fahrzeug** *mot. n* → *Tankwagen* 1; **~flugzeug** *n* tanker (airplane); **~löschfahrzeug** *n* fire-tank wag(g)on; **~säule** *f* petrol (*Am.* gasoline) pump; **~schiff** ⚓ *n* tanker; **~stelle** *f* filling (*od.* petrol, service) station, *Am. a.* gasoline (service) station; *freie* ~ independent (*od.* free, private-contract) filling, *etc.* station; **~(stellen)-wart** *m* filling station attendant; **~verschluß** *mot. m* tank (*od.* filler) cap; **~wagen** *m* **1.** *mot.* tank lorry (*Am.* truck), tanker; **2.** 🚃 tank car.

Tanne *f* fir(-tree); **≈n** *adj.* (of) fir.

Tannen...: **~baum** *m* fir(-tree); **~holz** *n* fir-wood; **~nadel** *f* fir-needle; **~wald** *m* fir-wood; **~zapfen** *m* fir-cone.

Tannin ⚗ *n* tannin.

tantalsauer ⚗ *adj.* tantalic.

Tantalusqualen *pl.* torments of Tantalus; *j-m* ~ *bereiten* tantalize a p.; *er litt* ~ he suffered hell (*od.* a martyrdom).

Tante *f* aunt; F *fig.* (*komische* ~) funny bird.

Tantieme *f* percentage, bonus, share in profits; *von Autoren usw.*: royalty; *Aufsichtsratstantieme* directors' fees.

Tanz *m* dance (*a.* ♩ *u. fig.*); F *fig.* (*Streit*) F row, *sl.* shindy; *fig. jetzt geht der* ~ *los!* now the fun begins!, *b.s.* the fat is in the fire!; **~abend** *m* dance, dancing party; **~bär** *m* dancing bear; **~bein** *n*: *das* ~ *schwingen* dance, F do the light fantastic, do the light shoe-shuffle; **~boden** *m*, **~diele** *f* dance hall; (*Tanzfläche*) dance floor.

tänzeln *v/i.* dance, frisk, skip.

tanzen I. *v/i.* dance (*a. fig. Blätter usw.*; *vor Freude usw.* with); *fig. auf den Wellen* ~ *Schiff*: rock on the waves; *es wurde getanzt* there was dancing; → *Pfeife* 1; **II.** *v/t.* dance (*e-n Walzer* a waltz); *sich müde* ~ tire o.s. with dancing; **III.** ≈ *n* dancing.

Tänzer *m*, **~in** *f* dancer; *thea.* (ballet-)dancer, *f a.* danseuse (*fr.*); (*Mit*≈) partner; **≈isch** *adj.* dancing; *fig.* light-footed.

Tanz...: **~fläche** *f* dance floor; **~gesellschaft** *f* dancing-party; **~kapelle** *f* dance band; **~kunst** *f* art of dancing; **~lehrer(in** *f*) *m* dancing-master; **~lokal** *n* dance hall; **≈lustig** *adj.* fond of dancing; **~meister** *m* dancing-master; **~musik** *f* dance music; **~paar** *n* pair of dancers; **~partner** *m* partner; **~party** *f* dancing-party; **~platz** *m* dancing-ground; (*Tanzfläche*) dance floor; **~saal** *m* dancing-room, dance hall; **~schritt** *m* (dancing-)step; **~schuh** *m* dancing-shoe; **~schule** *f* dancing-school; **~stunde** *f* dancing-lesson; **~tee** *m* tea dance; **~turnier** *n* dancing contest; **~unterricht** *m* dancing lessons *pl.*; **~vergnügen** *n* dance, ball, *sl.* shindig; **~wut** *f* dancing mania.

Tapet *fig. n*: *aufs* ~ *bringen* bring up; *auf dem* ~ *sein* be on the carpet.

Tapete *f* wallpaper; *gewirkte*: tapestry; **~nmuster** *n* (wallpaper) design; **~ntür** *f* jib door; **~nwechsel** *m* change (of scene).

tapezier|en *v/t.* (hang with) paper; *neu* ~ repaper; **≈er** *m* paper-hanger; (*Polsterer*) upholsterer; **≈nagel** *m* tack.

tapfer *adj. allg.* brave; (*heldenhaft*)

valiant, gallant, heroic(ally *adv.*); (*mutig*) courageous, manful, F plucky; (*furchtlos*) intrepid, dauntless, fearless; **≈keit** *f* bravery, valo(u)r, gallantry; heroism; courage, pluck; ~ *vor dem Feind* gallantry in the field; **≈keitsmedaille** *f* medal (awarded) for bravery.

Tapisseriewaren *f/pl.* tapestry goods, tapestries.

tappen *v/i.* **1.** (*gehen*) pad, plod; **2.** (*tasten*) grope about, fumble; *im dunkeln* ~ grope in the dark (*a. fig.*).

täppisch *adj.* clumsy, awkward, gawky.

Taps F *m* clumsy fellow, gawk; (*junger* ~) F hobbledehoy; **≈en** *v/i.* → *tappen*; **≈ig** F *adj.* → *täppisch*.

Tara † *f* tare.

Tarantel *zo. f* tarantula; *fig. wie von der* ~ *gestochen* as if stung by an adder, wildly.

tarieren *v/t.* tare.

Tarif *m* tariff, (table of) rates *pl*; (*Einzelgebühr*) rate; (*Zoll*≈) tariff; 🚂 (*Personen*≈) table of fares, (*Fracht*≈) (railway) rates *pl.*; (*Post*≈) postal rates *pl.*; (*Lohn*≈) wage scale, (~*satz*) wage rate; **~abkommen** *n* → *Tarifvertrag*; **~autonomie** *f* free wage determination by employers and employed; **≈lich I.** *adj.* tariff ..., in accordance with the tariff; *Lohn*: standard ..., wage-scale ..., contractual; ~*e Arbeitszeit* contractual hours; **II.** *adv.* according to (*od.* by) the tariff; *Löhne*: according to scale; **~kündigung** *f* wage reopening; **~lohn** *m* standard wage(s *pl.*); **≈mäßig** *adj. u. adv.* → *tariflich*; **~ordnung** *f* wage scale, wages regulations *pl.*; **~partner** *m* party to a wage agreement; *die* ~ employers and employed; **~satz** *m* tariff rate; *Lohn*: (standard) wage rate; **~verhandlungen** *f/pl.* collective bargaining; **~vertrag** *m* wage (*od.* collective) agreement.

Tarn|anstrich *m* camouflage paint (-ing); **~anzug** *m* camouflage suit; **~bezeichnung** *f* code word; **≈en** *v/t.* camouflage (*a. fig.*), mask, screen; *fig. a.* cloak, disguise, conceal; **~farbe** *f* camouflage paint; **~kappe** *f* magic hood; **~mantel** *m* camouflage mac; **~netz** *n* camouflage net; **~ung** *f* camouflage (*a. fig.*).

Tartan 1. *m* (*Stoff*) tartan; **2.** *n Sport*: (*Bahnbelag*) tartan.

Ta(r)tar *n Kochkunst*: tartar.

Tartar *m* → *Tatar*.

Tasche *f in der Kleidung*: pocket; (*Beutel*) pouch (*a. anat., zo.*); (*Hand*≈, *Reise*≈ *usw.*) bag, *kleine*: purse, *große*: grip; (*Umhänge*≈) shoulder bag, *bsd.* (*Schul*≈) satchel; (*Etui*) case; → *Aktentasche usw.*; *in der* ~ *haben* (*a.* F *fig. j-n*) have in one's pocket, F *fig.* (*et.*) have *a th.* all wrapped up; *in die* ~ *stecken* (put into one's) pocket; F *fig. j-n in die* ~ *stecken* be more than a match for a p., be head and shoulders above a p.; *j-m auf der* ~ *liegen* live at a p.'s expense, F live on a p.; *in die eigene* ~ *arbeiten, sich die* ~*n füllen* line one's pocket, feather one's nest; *tief in die* ~ *greifen müssen* have to pay dearly *od.* excessively, have to pay through the nose; *e-e Stadt, e-e Branche usw. wie seine* ~ *kennen* know like the back of one's hand; F *ich habe es in der* ~ it's in the bag; F *steig mir in die* ~! F go to blazes!, *Am. sl.* nuts to you!

Taschen...: **~apotheke** *f* pocket first-aid kit; **~ausgabe** *f* pocket-book edition; **~buch** *n* pocket-book; **~dieb(in** *f*) *m* pickpocket; **~diebstahl** *m* pocket-picking; **~feuerzeug** *n* pocket lighter; **~format** *n* pocket size; *im* ~ pocket-size(d); **~geld** *n* pocket-money, *monatliches*: allowance; **~kalender** *m* pocket almanac; **~krebs** *zo. m* common crab; **~lampe** *f* pocket lamp; (*Stab*≈) (electric) torch, *bsd. Am.* flashlight; **~messer** *n* pocket-knife, clasp-knife, *Am. u.* jack-knife; **~rechner** *m* pocket calculator; **~sender** *m* pocket transmitter; **~spiegel** *m* pocket mirror; **~spieler** *m* juggler; **~spielerei** *f* jugglery, sleight of hand, legerdemain; **~tuch** *n* (pocket) handkerchief, F hanky; **~uhr** *f* (pocket) watch; **~wörterbuch** *n* pocket dictionary.

Tasse *f* cup; *e-e* ~ *Tee* a cup of tea; F *trübe* ~ *sl.* sod, drearie; F *er hat nicht alle* ~*n im Schrank* F he is off his rocker.

Tastatur *f*, **Tastbrett** *n* keyboard, keys *pl.*

tastbar *adj.* palpable.

Taste *f allg.* key; ⊕ (*Druck*≈) *a.* push-button.

tasten I. *v/i.* touch, feel; (*tappen*) grope, feel, fumble (*nach* for); **II.** *v/refl.*: *sich* ~ (*s-n Weg suchen*) grope one's way; **III.** *v/t.* feel by touch; ⚕ palpate; *Funk usw.*: key; *TV usw.* (*ab* ~) scan; **~d** *adj. u. adv.* groping(ly); *fig. a.* tentative(ly); **≈instrument** *n* keyed instrument;

~telephon *n*, **~(wahl)fernsprecher** *m* push-button telephone.

Taster *m zo.* feeler, antenna; *typ.* keyboard; ⊕ (*Taste*) key; (*Fühler*) probe, scanner, sensor; → *Tasterzirkel*; **~lehre** ⊕ *f* snap ga(u)ge; **~zirkel** *m* cal(l)ipers *pl.*

Tast...: **~haar** *zo. n* tactile hair; **~organ** *n*, **~werkzeug** *n* organ of touch; **~sinn** *m* sense of touch.

Tat *f* (*Handlung*) action; *einzelne*: act, deed; (*Groß~, Leistung*) exploit, feat, great deed; (*Straf~*) punishable (*stärker*: criminal) act *od.* offence, crime; *gute ~* good deed; *Männer der ~* men of action; *auf frischer ~ ertappen* catch red-handed (*od.* in the very act); *durch die ~ beweisen* make good by one's actions; *zur ~ schreiten* proceed to action, act; *in der ~* indeed, in (point of) fact; *in Wort und ~* in word and deed; → *umsetzen.*

Tatar *m*, **~in** *f*, **~isch** *adj.* Tatar, Tartar; **~ennachricht** *f* (*Lügenmeldung*) canard.

Tat...: **~bericht** ⚖ *m* delinquency report, charge sheet; **~bestand** *m* (*Sachlage*) state of affairs; ⚖ facts *pl.* of the case, constituent facts *pl.*, factual findings *pl.*; *objektiver* (*subjektiver*) *~* physical (mental) element of an offen|ce, *Am.* -se; *den ~ e-s Deliktes erfüllen* constitute (*od.* amount to) an offence; **~bestandsaufnahme** *f* factual statement; **~bestandsmerkmal** *n* element of an offen|ce, *Am.* -se; **~einheit** ⚖ *f*: *in ~ mit* in coincidence with; **~endrang** *m*, **~endurst** *m* thirst (*od.* zest) for action; enterprise; **~endurstig** *adj.* burning for action; (*unternehmungslustig*) enterprising, F full of go; **~enlos** *adj.* inactive, idle; **~enreich**, **~envoll** *adj.* active, full of action.

Täter *m*, **~in** *f* perpetrator (*a.* ⚖ = committer, delinquent), culprit; (*Urheber*) author; **~schaft** *f* guilt; *die ~ ableugnen* plead not guilty.

tätig *adj.* active (*a. ling.*); F (*geschäftig*) busy, hard at work; ✝ *~er Gesellschafter* active partner; *~ sein als* act as; *als Arzt ~ sein* practise medicine; *~ sein bei* (*e-r Firma*) be employed with, work for; work at *an institute, etc.*; *~ sein für* work for; *~ werden* act; → *Reue*; **~en** *v/t.* ✝ (*Geschäfte*) effect, transact, do *business*, conclude *a deal*; (*Einkauf*) make.

Tätigkeit *f* activity; *anat.*, ⊕ *usw.* action; (*Funktion*) function; (*Beschäftigung*) occupation, business, job, (*Beruf*) *a.* profession, vocation; *in ~* in action; *in voller ~* in full action (*od.* swing); *in ~ setzen* put in action (*od.* operation, motion), set going, start, *anat.* activate; *außer ~ setzen* stop, ⊕ *a.* throw out of gear; **~sbereich** *m* field of activity; **~sbericht** *m* progress report; **~sform** *ling. f* active voice; **~sgebiet** *n* field of activity; **~swort** *ling. n* verb.

Tätigung ✝ *f* effecting, transaction, conclusion.

Tat...: **~kraft** *f* energy; (*Unternehmungsgeist*) enterprise; **~kräftig** *adj.* energetic(ally *adv.*), active; *~er Mensch a.* man of action, F live wire.

tätlich *adj.* violent; ⚖ *~e Beleidigung, ~er Angriff* assault (and battery); *~ beleidigen* assault; *~ werden* resort to violence, *miteinander*: come to blows, *gegen* (*j-n*): assault, attack; **~keit** *f* (act of) violence, *a. pl.* (physical) violence; ⚖ assault (and battery).

Tatort *m* scene (*od.* site) of a crime.

tätowier|en *v/t.*, **~ung** *f* tattoo.

Tatsache *f* (matter of) fact; *pl.* (established) facts, (*Unterlagen*) data; *nackte ~n* hard facts; *verbürgte ~* matter of record; *als ~ hinstellen* aver; *sich auf den Boden der ~n stellen* face the facts, be realistic; *vollendete ~* fait accompli (*fr.*); *j-n vor vollendete ~n stellen* confront a p. with a fait accompli; *~ ist, daß* the fact (of the matter) is that; *das ändert nichts an der ~, daß* it doesn't alter the fact that; **~nbericht** *m* factual (*od.* documentary) report, matter-of-fact account, fact story; **~nfilm** *m* documentary; **~nirrtum** ⚖ *m* error of fact; **~nmaterial** *n* factual material; **~nsinn** *m* factual sense.

tatsächlich **I.** *adj.* actual, real, factual; based on fact; **II.** *adv.* in fact, as a matter of fact, actually, really, in reality, *einleitend*: *a.* believe it or not; the fact is that, all right *nachgestellt*; *amtlich*: de facto; ⚖ *rechtlich und ~* in fact and in law; *~?* really?, is that really so?; *es regnet ~* it's raining all right.

tätscheln *v/t.* pat.

Tatter|ich F *m*: *den ~ haben* be doddering; *vor Schreck*: be all of a dither, *sl.* have the jitters; **~ig** *adj.* doddering; *sl.* jittery.

Tat...: **~umstände** *m/pl.* circumstances surrounding the case; **~verdacht** *m* suspicion.

Tatze *f* paw (*a.* F *Hand*).

Tau[1] *m* dew.

Tau[2] *n* (*Strick*) rope.

taub *adj.* deaf (*fig. gegen, für* to); (*schwerhörig*) hard of hearing; *Glieder*: numb; (*unfruchtbar*) (sterile, barren; *Ähre, Nuß*: empty; *Ei*: addled; *Gestein*: dead; *Same*: unfruitful; *auf e-m Ohr* ~ deaf of (*od.* in) one ear; ~ *machen* make deaf, deafen; ~ *werden* grow deaf, *Glieder*: numb; ~ *sein gegen* (*od. für*) be deaf to; ~*en Ohren predigen* talk to the winds; *der od. die* ≈*e* the deaf man *od.* woman; *die* ≈*en* the deaf (*pl.*).

Taube *orn. f* pigeon, *rhet., eccl.*: dove; *pol.* (*Ggs. Falke*) dove; *sanft wie e-e* ~ (as) gentle as a dove, dove-like; **~nei** *n* pigeon's egg; **≈ngrau** *adj.* dove-colo(u)red; **~nschießen** *n* pigeon-shooting; *Sport*: (*Ton*≈) trap-shooting, skeet (shooting); **~nschlag** *m* pigeonry, dovecot; F *fig. wie in e-m* ~ as in a beehive.

Tauber *m*, **Täuber** *m*, **Täuberich** *m* cock pigeon.

Taubheit *f* deafness; (*Erstarrung*) numbness; (*Unfruchtbarkeit*) barrenness; emptiness.

Taubnessel ⚘ *f* deadnettle.

taubstumm *adj.* deaf and dumb; **≈e(r** *m*) *f* deaf-mute, deaf and dumb person; **≈enalphabet** *n* deaf-and-dumb alphabet; **≈enanstalt** *f* institute for the deaf and dumb; **≈heit** *f* deaf-mutism.

Tauch|bad *n* ⚕ plunge bath; ⊕ dip; **~batterie** *f* plunge battery; **~boot** ⚓ *n* submersible (boat), submarine; **~brille** *f* diving goggles *pl.*; **≈en I.** *v/i.* dive (*bsd. Schwimmer, a. weitS.*; *nach* for); (*ein*~) *a.* plunge, *a. Sonne, Vögel*: dip; *schwimmend*: swim under water; *U-Boot*: submerge, dive; *Boxen*: duck, dive; **II.** *v/t.* dip (in), duck; ⊕ immerse, dip, (*schwemmen*) steep; *die Hand* ~ *in* dip one's hand into; *fig. in Licht usw. getaucht* plunged (*od.* bathed) in; **~en** *n* diving *etc.*; underwater swimming; **~ente** *f* diving duck.

Taucher *m* diver (*a. orn.*); **~anzug** *m* diving-suit; **~glocke** *f* diving-bell; **~helm** *m* diver's helmet; **~lunge** *f* aqualung.

Tauch...: **≈fähig** *adj.* submersible; **~fahrt** *f* dive; **~flosse** *f Sport*: (diving) flipper; **≈klar** *adj. U-Boot*: ready to submerge; **~kolben** ⊕ *m* plunger (piston); **~lack** *m* dipping varnish; **~löten** *n* dip soldering; **~maske** *f Sport*: snorkel mask; **~schmierung** *f* splash lubrication; **~sieder** *m* immersion heater; **~station** *f U-Boot*: diving station; **~verfahren** *n*, **~veredelung** *metall. f* hot dipping process.

tauen[1] *v/i. Eis, Schnee*: thaw, melt; *es taut* it is thawing; *der Schnee ist von den Dächern getaut* the snow has melted off the roofs.

tauen[2] *v/impers.*: *es taut* (*es fällt Tau*) dew is falling.

tauen[3] ⚓ *v/t.* (*schleppen*) tow.

Tauende *n* rope's end.

Tauf|akt *m* christening ceremony, baptism; **~becken** *n* baptismal font; **~buch** *n* parish register; **~e** *f* baptism, *a. fig.* christening; *die* ~ *empfangen* be baptized (*od.* christened); *aus der* ~ *heben* stand godfather (*od.* godmother) to, stand sponsor to, *fig.* call into being, initiate, launch, (*einweihen*) inaugurate; **≈en** *v/t.* baptize, christen (*a. fig. Schiff usw.*); F *fig.* (*Wein*) water; (*mit dem Bei- od. Spottnamen* ... ~) nickname (*od.* call, dub ...); *getaufter Jude* converted Jew.

Täufer *m*: *Johannes der* ~ John the Baptist.

taufeucht *adj.* bedewed, dewy.

Täufling *m* child (*od.* person) to be baptized.

taufrisch *adj.* dewy (*a.* F *fig.*).

Tauf...: **name** *m* Christian (*Am. a.* given) name; **~pate** *m*, **~patin** *f* → *Pate*; **~schein** *m* certificate of baptism; **~stein** *m* baptismal font; **~wasser** *n* baptismal water; **~zeuge** *m* sponsor.

taugen *v/i.* be good (*od.* fit, of use, suitable) (*zu* for); (*zu*) *nichts* ~ be good for nothing, be no good, be of no use; *taugt es etwas?* is it any good?; *sie* ~ *nicht viel* they are not worth (*od.* F up to) much; *er taugt nicht zum Lehrer* he is not suited to be (*od.* F not cut out for) a teacher.

Taugenichts *m* good-for-nothing, never-do-well, scamp, *Am. sl.* deadbeat.

tauglich *adj.* good, fit, useful, suitable (*für, zu* for, to *do*); *Person*: *a.* (*geeignet*) qualified, (*fähig*) (capable; ⚔ fit (for service), *a.* ⚓ able-bodied; ⊕ serviceable, suitable, *Fahrzeug*: roadworthy, *Schiff*: seaworthy; **≈keit** *f* usefulness; *a.* ⚔ fitness; (*Eignung*) qualification; **≈keitsgrad** *m* medical classification.

tauig *adj.* dewy, wet with dew.

Taumel *m* reeling; (*Schwindel*) giddiness; *fig.* whirl; (*Verzückung*) rapture, ecstasy, delirium, frenzy; **≈ig** *adj.* reeling, staggering, (*schwindlig*) giddy; **≈n** *v/i.* reel, stagger, totter; (*schwindlig sein*) be giddy; **~scheibe** ⊕ *f* wobble plate.

Taupunkt *phys. m* dew-point.

Tausch *m* exchange, barter, F swap (-ping); *im ~ gegen* in exchange for; *in ~ geben* give in exchange, barter (away), F swap, (*in Zahlung geben*) trade in (*für* for); **2en** *v/t. u. v/i.* exchange, barter, trade, F swap, swop (*alle*: *gegen* for); *fig.* (*Blicke, Worte, Schläge*) exchange, trade; *die Rollen ~* reverse the roles; *ich möchte nicht mit ihm ~* I should not like to be in his place (*od.* shoes).

täuschen I. *v/t. allg.* deceive; (*betrügen*) deceive, cheat; ⚖ deceive, defraud; (*hinters Licht führen*) fool, hoodwink, dupe, F take in, *sl.* con; (*irreführen*) mislead, lead astray, delude, *zum Spaß*: hoax; *Augen, Gedächtnis*: deceive *a p.*; (*überlisten*) outwit, trick; *Sport:* deceive, outwit; *Erwartungen usw.*: disappoint, deceive; *in Hoffnungen usw. getäuscht werden* be disappointed in; **II.** *v/i. allg.* deceive (*a. Sport*), *Sache*: *a.* be deceptive; *Sport a.* feint, fake a blow, *etc.*; *das täuscht!* that's rather deceptive!; **III.** *v/refl.*: *sich ~* be deceived, (*sich irren*) be mistaken (*in* in), be wrong, (*sich et. vormachen*) deceive (*od.* delude) o.s.; *sich in j-m ~* be deceived in a p.; *sich ~ lassen* (let o.s.) be deceived (*durch* by), F be taken in (by); *da täuscht er sich aber!* he is very much mistaken there!; **~d** *adj.* deceptive; *Ähnlichkeit*: striking, bewildering; *adv. ~ ähnlich* practically identical; *~ nachahmen* copy to perfection.

Tausch...: ~geschäft *n*, **~handel** *m* **1.** (*Transaktion*) barter (*a. fig.*), ☤ barter *od.* exchange (transaction *od.* deal), F swap; **2.** bartering, exchange trade; *Tauschhandel treiben* barter, truck; **~mittel** *n* medium of exchange; **~objekt** *n* barter(ing object); *fig. pol.* bargaining counter.

Täuschung *f allg.* deception; (*a. Selbst2*) delusion; (*Irreführung*) *a.* mystification, F take-in; (*Trick*) trick, sleight of hand; (*Irrtum*) error; (*Trugschluß*) fallacy; ⚖ deceit, fraud; *arglistige ~* wil(l)ful deceit; *optische ~* optical delusion; *sich e-r ~ hingeben* deceive o.s. (*über* as to); *sie gaben sich hinsichtlich ... keiner ~ hin* they were under no illusions about ...; **~sabsicht** ⚖ *f* intent to defraud; **~sangriff** ⚔ *m* feint attack; **~smanöver** ⚔ *n* feint (*a. fig.*), diversion; **~sversuch** *m* attempt to deceive (*od.* ⚖ *a.* defraud).

Tausch...: ~verkehr *m* barter(ing), exchange (of goods); **2weise** *adv.* by way of exchange; **~wert** *m* exchangeable value.

tausend I. *adj.* thousand; (*zahllose*) a thousand (and one); *~ und aber ~* thousands upon thousands of; (*nicht*) *einer unter ~* (not) one in a thousand; *2undeine Nacht* The Thousand and One Nights *pl.*; *~ Dank!* a thousand thanks!; **II. 2** *n* thousand; (*2 Stück*) a thousand; *zu ~en* by the thousands; *in die ~e gehen* run into thousands; **2er** *m* (figure) thousand; (*Geldschein*) thousand mark note; **~erlei** *adj.* of a thousand different kinds, a thousand (kinds of); (*su.*) a thousand things; **~fach, ~fältig I.** *adj.* thousandfold; **II.** *adv.* in a thousand ways; **2fuß** *m*, **2füß(l)er** *zo. m* millepede, centipede; **~jährig** *adj.* a thousand years old; of a thousand years, millenial; *~es Reich* millenium; **2künstler** *m* wizard, F whiz; **~mal** *adv.* a thousand times; **2sasa** *m* devil of a fellow; → *Tausendkünstler*; **2schön(chen)** ⚘ *n* daisy; **~st** *adj.*, **2ste(r** *m*, **~s** *n*) *f* thousandth; **2stel** *n* thousandth (part); **~stel** *adj.* thousandth.

Tauto|logie *f* tautology; **2logisch** *adj.* tautologic(al).

Tau...: ~tropfen *m* dew-drop; **~werk** *n* ropes *pl.*, cordage, ⚓ rigging; **~wetter** *n* thaw (*a. fig. pol.*); **~ziehen** *n* tug-of-war (*a. fig.*).

Taxameter *m* (*a.* **~uhr** *f*) taximeter, clock; *a.* → **~droschke** *f* taxicab, taxi, cab.

Taxator *m* valuer, appraiser.

Taxe *f* **1.** (*festgesetzter Preis*) rate; (*Gebühr*) fee; (*Steuer*) tax; (*Schätzung*) estimate, appraisal, *für steuerliche Zwecke*: assessment; **2.** F → *Taxi*.

Taxi *n* taxi(cab), cab.

taxier|en *v/t.* rate, estimate; *amtlich*: value, appraise; *zur Steuer*: assess (*alle auf* at); **2er** *m* → *Taxator*; **2ung** *f* estimate; valuation, appraisal; assessment.

Taxi|fahrer *m* taxi-driver, cab-driver, F cabby; **~stand** *m* taxi rank (*od.* stand).

Taxus ⚘ *m* yew.

Taxwert *m* appraised (*zur Steuer*: assessed) value.

Technik *f* engineering; (*Wissenschaft*) technology, technical sciences *pl.*, technics *pl.* (*sg. konstr.*); (*Verfahren*) technique (*a. weitS. Kunst, Sport usw.*), practice; (*Fer-*

tigkeit) (technical) skill, workmanship; **~er** *m* (technical) engineer; (*Spezialist*, *a. weitS. Künstler*, *Sportler*) technician; (*Wissenschaftler*) technologist; **~um** *n* technical school.

technisch *adj.* ⊕ *allg.* engineering *department*, *fair*, *journal*, *process*, *etc.*; (*bsd. betriebs~ u. weitS.*, *Kunst*, *Sport usw.*) technical; (*~-wissenschaftlich*) technologic(al); (*mechanisch*) mechanical; (*industriell*) industrial; *fig.* (*sachlich*, *rein formal*, *theoretisch*) technical; *~er Chemiker* chemical engineer; *~e Einzelheiten* technicalities; *~er Direktor*, *~er Leiter* technical director; *~e Disziplin Sport*: field event; *~e Hochschule* technical college; *~er Kaufmann* technically trained merchant (*od.* business employee); *~er K.o.* technical knockout; *~er Offizier* specialist officer; *~es Personal* technical staff; *~e Schwierigkeiten* technical difficulties; *~e Wunder* engineering marvels; *aus* (*verfahrens*)*~en Gründen* on technical grounds.

Technisierung *f* engineering progress; mechanization.

Technokrat *m* technocrat; **~ie** *f* technocracy.

Techno|loge *m* technologist; **~logie** *f* technology; **⁓logisch** *adj.* technological.

Techtelmechtel F *n* (love) affair, flirtation, entanglement.

Teckel *m* dachshund.

Teddybär *m* teddy bear.

Tee *m* tea; (*Aufguß*) infusion (of herbs); (*Gesellschaft*) tea(-party); *~ trinken* have (*od.* take, drink) tea; *fig. abwarten und ~ trinken!* (just) wait and see!; **~beutel** *m* tea-bag; **~blatt** *n* tea-leaf; **~brett** *n* tea-tray; **~büchse** *f* tea-caddy; **~-Ei** *n* tea-infuser; **~gebäck** *n* tea-cake(s *pl.*), biscuit(s *pl.*), *Am.* cookies *pl.*; **~geschirr** *n* tea-service; **~gesellschaft** *f* tea-party; **~haube** *f* tea-cosy; **~kanne** *f* teapot; **~kessel** *m* tea-kettle; **~kräuter** *n/pl.* herbs (for infusion); **~löffel** *m* **1.** tea-spoon; **2.** → **~löffelvoll** *m* teaspoonful; **~maschine** *f* tea-urn; **~mischung** *f* blend of tea.

Teenager *m* teen-ager; **~...** *in Zssgn* teen-age ...

Teer *m* tar; **~asphalt** *m* coal-tar, tar asphalt; **⁓en** *v/t.* tar; **~farbstoffe** *m/pl.* coal-tar (*od.* aniline) dyes.

Teerose *f* tea-rose.

Teer...: **~pappe** *f* tarboard; **~straße** *f* tarred street; **~ung** *f* tarring.

Tee...: **~service** *n* tea-service, tea set; **~sieb** *n* tea-strainer; **~strauch** *m* tea-shrub; **~stunde** *f* tea-time; **~tasse** *f* **1.** teacup; **2.** → **~tassevoll** *f* teacup(ful); **~wagen** *m* tea-wagon, tea-cart; **~wärmer** *m* tea-cosy.

TEE-Zug 🚂 *m* TEE, Trans-European Express (train).

Teich *m* pond; *fig. der große ~* (*Ozean*) the Big Pond.

Teig *m* dough; (*~masse*, *Eier⁓*) batter, paste; **⁓ig** *adj.* doughy, pasty (*a. fig.*); (*Obst*) mellow; **~mulde** *f* kneading-trough; **~rolle** *f* rolling pin; **~waren** *f/pl.* farinaceous food *sg.* (*od.* products), paste foods.

Teil *m, n allg.* part (*a.* ⊕; *e-s Buches usw.*); (*Stück*) piece; (*Anteil*) portion, share, *sl.* cut, *großer*: whack; (*Abschnitt*) section; (*Bestand⁓*, *a.* ⊕) element, component; (*Glied*, *a.* ⊕) member; ⚖ (*Partei*) party; *drei ~e Wasser* three parts of water; *dieser ~ Englands* this part of England; *edle ~e des Körpers* vital parts; *ein ~ davon* part of it; *ein gut ~ von* a good deal of; *beide ~e* (*Parteien*) both parties *od.* sides; *für beide ~e vorteilhaft* of mutual advantage; *beide ~e anhören* hear both sides; *der größte ~ von od. gen.* the greater part of, the bulk of; *der größte ~ der Menschen a.* the majority of mankind, most people; *aus allen ~en der Welt* from all parts (*od.* all over) the world; *sein ~ beitragen* do one's share (*od.* part, F bit); *sich sein ~ denken* have one's own thoughts about it; *in zwei ~e zerbrechen* break in two; *er hat sein ~* he has got his share *od.* due; *fig.* F he has got his; *ich für mein ~* I for my part, as for me; *zum ~* partly, in part, to some extent; *zum großen ~* largely, to a great extent; *zum größten ~* for the most part, mostly; *zu gleichen ~en* in equal shares, ⚖ *a.* share and share alike; **~akzept** † *n* partial acceptance; **~ansicht** *f* partial view; **⁓bar** *adj.* divisible; **~barkeit** *f* divisibility; **~beschäftigte(r** *m*) *f* part-time worker; **~beschäftigung** *f* part-time employment; **~betrag** *m* partial amount; (*Rate*) instal(l)ment; **~bild** *TV n* frame, *Am.* field; **~chen** *n* particle (*a. phys.*); **~chenbeschleuniger** *phys. m* particle accelerator.

teilen *v/t.* divide; (*auf ~*) *a.* split; (*zerstückeln*) dismember; (*aus ~*, *ver*~) distribute, share (*od.* portion) out; (*absondern*) separate, partition off; (*teilhaben lassen*) share (mit with), go shares (with); *fig.* (*teilhaben an*) share (in); (*j-s Ansicht, Bett, Gefühle, Schicksal usw.*) share; (*e-e Partei, ein Land usw. spalten*) divide, split; *sich* ~ divide, *Partei usw.*: *a.* split, *Straße*: branch out, fork; *sich in et.* ~ share (*od.* split) a th., *von zweien*: *a.* go halves in a th.; *sich* ~ *lassen durch Zahl*: be divisible by; *er würde sein letztes Stück Brot* ~ he would share his last crust; *teile und herrsche* divide and rule; → *geteilt*.

Teiler *m* **1.** *a.* **~in** *f* divider, sharer; **2.** ⩓ divisor.

Teil...: **~erfolg** *m* partial success; **~gebiet** *n* section, branch; **~habe** *f* sharing (*an* in), participation (in); ~ *an der Macht* power sharing; **≗haben** *v/i.* participate, take part (*an* in), share (*a th. od.* in); **~haber(in** *f*) *m* participator; ⚕ partner, associate; *beschränkt haftender* ~ limited partner; *persönlich haftender* ~ responsible partner; *stiller* ~ sleeping (*Am.* silent) partner; **~haberschaft** *f* **1.** → *Teilhabe*; **2.** ⚕ partnership; **≗haftig** *adj.* partaking of, sharing; ~ *werden gen.* a) → *teilhaben*; b) (*gewinnen*) gain, win, receive; (*e-s Glücks usw.*) experience, be granted; **~haftung** ⚕ *f* partial commitment.

...teilig *in Zssgn z. B. zwei* ~ in two parts, *Anzug, Gerät usw.*: two-piece ...

Teil...: **~kaskoversicherung** *mot. f* partial coverage insurance; **~kreis** *m* ⩓ limb; *von Zahnrädern*: pitch circle; *Meßtechnik*: graduated circle (*opt.* scale); **~lieferung** *f* part delivery, instal(l)ment; **≗möbliert** *adj.* partly furnished; **~montage** ⊕ *f* subassembly; **≗motorisiert** ⚔ *adj.* semimobile; **~nahme** *f* participation (*an* in, *a.* ⚖); (*Mitarbeit*) co-operation (in); *an e-r Versammlung*: attendance (at); *fig.* (*Interesse*) interest (in); (*Mitgefühl*) sympathy (with), *stärker*: compassion (for); (*Beleid*) condolences *pl.*; *j-m seine* ~ *ausdrücken* condole with, express one's sympathy with; **≗nahmslos** *adj.* (*apathisch*) apathetic(ally *adv.*); (*gleichgültig*) indifferent, unconcerned; (*gefühllos*) impassible, unfeeling; (*untätig*) passive; **~nahmslosigkeit** *f* apathy, indifference; impassibility; passiveness; **≗nahmsvoll** *adj.* sympathetic(ally *adv.*); **≗nehmen** *v/i.* participate (*an* in), take part (in); *gemeinsam mit anderen*: join (in), share (*a th. od.* in); (*anwesend sein*) be present (at), attend (*a th.*); (*mitwirken*) collaborate, co-operate (in), take an active part (in); (*beitragen*) contribute (to); *an e-r Mahlzeit*: partake (of); *fig.* take an interest (in); *mitfühlend*: sympathize (with); **≗nehmend** *adj.* → *teilnahmsvoll*; (*mitfühlend*) sympathetic(ally *adv.*); (*besorgt*) solicitous; **~nehmer(in** *f*) *m* participant, participator; (*Teilhaber*) partner; (*Mitglied*) member; (*Lehrgangs*≗) student; (*Wettkampf*≗) competitor, entrant, participant; ⚖ participant (*an e-r Tat* in), accessory (to); *teleph.* subscriber, party; *die* ~ (*Anwesenden*) those present; ~ *an der Schlußrunde Sport*: finalist; *teleph.* ~ *antwortet nicht!* there is no reply; **~nehmeranschluß** *teleph. m* subscriber's telephone; **~nehmerverzeichnis** *n* telephone directory.

teils *adv.* partly, in part; ~ ..., ~ ... part(ly) ..., part(ly) ...; some ..., some ...; F ~, ~ (*wechselnd, leidlich*) F so-so.

Teil...: **~schaden** *m* partial damage; **~scheibe** ⊕ *f* graduated plate; **~schnittzeichnung** ⊕ *f* part-sectioned drawing; **~sendung** ⚕ *f* consignment in part; **~staat** *m* constituent state; **~strecke** *f* 🚃 section, *Bus usw.*: zone; (~*ngrenze*) fare stage; *weitS.* stage, *a. Sport*: leg; **~streitkraft** ⚔ *f* (*Heer, Marine usw.*) arm (of the Forces); **~strich** *m* ⊕ graduation mark; ⚔ mil; **~stück** *n* fragment; *einer Strecke usw.*: section.

Teilung *f* division (*a. biol.*, ⩓, *pol.*), (*Trennung, Auf*≗) *a.* partition (*a. pol.*); (*Erb*≗, *Nachlaß*≗) partition, distribution; (*Ver*≗) distribution; *in Anteilen*: sharing; *e-r Straße*: parting, bifurcation; (*Gradein*≗) graduation; *Gewinde*: pitch; **~sartikel** *ling. m* partitive article; **~smasse** ⚖ *f* residuary assets *pl.*; **~szahl** ⩓ *f* dividend; **~szeichen** ⩓ *n* division sign.

Teil...: **≗weise I.** *adj.* partial; **II.** *adv.* partially, partly, in part(s); to some extent, in some cases; *ganz oder* ~ wholly or in part; **~zahl** ⩓ *f* quotient; **~zahlung** *f* part payment, (payment by) instal(l)ment; (e-e) ~ *leisten* make a part payment; *auf* ~ *kaufen* buy on the instal(l)ment plan (*od.* on hire purchase); **~zahlungskredit**

m instal(l)ment sales credit; **~zahlungssystem** *n* instal(l)ment plan, hire‑purchase system; **~zeichnung** ⊕ *f* detail drawing; **~zeitbeschäftigung** *f* part-time employment; **~zirkel** *m* dividers *pl.*

Teint *m* complexion.

T-Eisen ⊕ *n* T-iron.

Tekton|ik *f* tectonics *pl.* (*sg. konstr.*); **²isch** *adj.* tectonic(ally *adv.*).

Telautograph *m* telautograph.

telegen *TV adj.* telegenic.

Telefon *n* → *Telephon usw.*

Telegramm *n* telegram, wire; cable(gram); **~adresse** *f*, **~anschrift** *f* telegraphic address; **~formular** *n* telegraph form (*Am.* blank); **~schalter** *m* telegram-office; **~stil** *m* telegraphic style, telegraphese; *fig.* *im ~* telegraphic(ally).

Telegraph *m* telegraph.

Telegraphen...: **~amt** *n* telegraph office; **~arbeiter** *m* linesman; **~bote** *m* telegraph messenger; **~leitung** *f* telegraph line; **~mast** *m*, **~stange** *f* telegraph pole; **~netz** *n* telegraph system; **~schlüssel** *m* telegraph code.

Telegraphie *f* telegraphy; *drahtlose ~* wireless (*od.* radio)telegraphy; **²ren** *v/t. u. v/i.* telegraph (*a. sl. Boxen*), wire; (*kabeln*) cable.

telegraphisch *adj.* telegraphic(ally *adv.*); *adv. mst* by telegraph, by wire; *gekabelt*: by cable; *~e Überweisung* telegraphic (*od.* cable) transfer.

Telegraphist(**in** *f*) *m* telegraphist, *Am.* telegrapher.

Telekine|se *f* telekinesis; **²tisch** *adj.* telekinetic.

Teleobjektiv *n* telephoto lens.

Teleolog|ie *f* teleology; **²isch** *adj.* teleologic(al).

Tele|pathie *f* telepathy; **²pathisch** *adj.* telepathic(ally *adv.*).

Telephon *n* telephone, F phone; *am ~* on the (tele)phone; *ans ~ gehen* (*wenn es klingelt*) answer the (tele)phone; *~ haben* be on the (tele)phone; *in Zssgn* → *a. Fernsprech...*; **~anruf** *m* (tele)phone call; **~anschluß** *m* telephone connection (*od. als Nebenanschluß*: extension); *~ haben* be on the (tele)phone; **~apparat** *m* telephone set; **~at** *n*, **~gespräch** *n* telephone conversation; (*Anruf*) (tele)phone call; **~buch** *n* telephone directory; **~dienst** *m* telephone service; **~hörer** *m* (telephone) receiver; **~ie** *f*: (*drahtlose ~* wireless *od.* radio)telephony; **²ieren** *v/t. u. v/i.* telephone, F phone; ring (*od.* call) up; *mit j-m ~ a.* talk to a p. over the (tele)phone; **²isch** *adj.* telephonic(ally *adv.*); *adv. mst* by (tele)phone, over the (tele)phone; *~e Mitteilung* telephone message; *~ (nicht) erreichbar* (not) on the (tele)phone; **~ist**(**in** *f*) *m* (telephone) operator, *bsd.* ⚔ telephonist; **~leitung** *f* telephone line; **~nummer** *f* telephone (*od.* call, F phone) number; **~verbindung** *f* telephone connection; telephone communication; *e-e ~ herstellen* put through a call; **~zelle** *f* telephone *od.* call box (*Am. a.* booth); **~zentrale** *f* (telephone) exchange; *Am.* telephone central office.

Telephotographie *f* telephotography; (*Aufnahme*) telephoto.

Teleskop *n* telescope; **~gabel** *mot. f* telescopic fork; **²isch** *adj.* telescopic(ally *adv.*).

Telex *n* telex (*a. v/t. per ~ mitteilen*); **~schreiben** *n* telex (message).

Teller *m* plate; (*Holz²*) trencher; (*Tablett*) tray; ⊕ plate, disc; *e-s Ventils*: seat; *am Schistock*: snow ring, disc; (*Hand²*) palm; **~feder** ⊕ *f* plate spring; **²förmig** *adj.* plate-shaped; **~gericht** *n* plate of food; **~mine** ⚔ *f* Teller mine; **~mütze** *f* flat cap; (*Baskenmütze*) beret; **~rad** *mot. n* crown wheel, *Am.* ring gear; **~schrank** *m* cupboard; **~tuch** *n* dish-cloth; **~ventil** ⊕ *n* poppet valve; **~voll** *m* plateful; **~wärmer** *m* plate-warmer; **~wäscher** *m* dishwasher.

Tellur ⚗ *n* tellurium; **~...**, **²isch** *adj.* telluric.

Tempel *m* temple (*a. fig.*); F *j-n zum ~ hinauswerfen* turn a p. out (on his ear); **~herr** *m*, **~ritter** *hist. m* (Knight) Templar; **~raub** *m*, **~schändung** *f* sacrilege.

Tempera(**farbe** *f*, **~malerei** *f*) *f* tempera, distemper.

Temperament *n* temper(ament); (*Leidenschaftlichkeit*) temperament, fire, passion, mettle, spirits *pl.*; (*Lebhaftigkeit*) vivacity; (*Schwung*) verve, F vim, *sl.* pep; *hitziges ~* hot temper; *sie hat kein ~ a.* there is no life in her; **²los** *adj.* spiritless, slow; **²voll** *adj.* full of spirits, ebullient, spirited, mettlesome, vivacious; (*ungestüm*) impetuous; (*glühend*) glowing; (*leidenschaftlich*) passionate.

Temperatur *f*: (*bei e-r ~* at a) temperature; ⚕ *~ haben* have (*od.* run) a temperature; *j-s ~ messen* take a p.'s temperature; **~abfall** *m* temperature drop; **~anstieg** *m* rise in temperature; **~ausgleich** *m* temperature balance; **~einfluß** *m* influence of temperature; temperature factors *pl.*; **~regler** ⊕ *m* thermostat; **~schwankung** *f* variation (*od.* change) in temperature; **~sturz** *m* sudden drop in temperature; **~unterschied** *m* difference in temperature.

Temperenzler *m* teetotal(l)er.

Temperguß *metall. m* malleable cast iron.

temperieren *v/t.* temper (*a.* ♪); *metall. a.* anneal; *temperiertes Wasser* lukewarm water.

Templer *m* (Knight) Templar.

Tempo *n allg., a.* ♪ tempo; (*Gangart*) *a.* pace; (*Geschwindigkeit*) *a.* speed, rate; *fig. e-r Geschichte, Handlung usw.*: tempo, pace; *in rasendem ~* at a breakneck speed; *in langsamem ~* at a slow pace (*od.* rate, F clip); *das ~ angeben* set the pace; *ein scharfes ~ anschlagen* go (*od.* hit) the pace; *das ~ steigern, auf das ~ drücken* force (*od.* increase) the pace; *~!* hurry up!, *sl.* step on it!; **~ralsatz** *ling. m* temporal clause; **≈rär** *adj.* temporary; **~schwung** *m Schisport*: speed turn.

Tempus *ling. n* tense.

Tendenz *f* tendency; (*Entwicklungs≈*) *mst* trend (*beide a.* ⚕); **≈iös** *adj.* tendentious; **~roman** *m* novel with a purpose, purpose-novel; **~stück** *thea. n* play with a purpose, purpose-play; **~wende** *f* change of wind.

Tender 🚂, ⚓ *m* tender.

tendieren *v/i.* tend, trend, incline (*nach, zu* to, towards).

Tenne *f* threshing-floor, barn-floor.

Tennis *n* tennis; *~ spielen* play tennis, have a tennis match; **~ball** *m* tennis-ball; **~halle** *f* covered court; **~platz** *m* tennis-court; **~schläger** *m* tennis-racket; **~schuhe** *m/pl.* tennis (*od.* gym) shoes, plimsols; **~spiel** *n* tennis match; **~spieler(in** *f*) *m* tennis player; **~turnier** *n* tennis tournament.

'Tenor[1] *m* (*wesentlicher Inhalt, a.* ⚖) tenor, substance.

Te'nor[2] ♪ *m* **1.** (*a.* **~stimme** *f*, **~partie** *f*) tenor (voice, part); **2.** (*a.* **~ist** *m*) tenor (singer *od.* player).

Teppich *m* carpet; *kleiner*: rug; (*Wand≈*) tapestry; *mit e-m ~ belegen* carpet; *unter den ~ kehren* sweep under the carpet (*a.* F *fig.*); F *fig. auf dem ~ bleiben* be reasonable; **~besen** *m*, **~bürste** *f* carpet brush; **~boden** *m* carpeted floor, carpeting; **~händler** *m* carpet-dealer; **~kehrmaschine** *f* carpet-sweeper; **~klopfer** *m* carpet-beater.

Termin *m* appointed day (*od.* time), (set *od.* fixed) date *od.* term, target date; closing date; *äußerster ~* final date, *bsd. Am.* deadline; (*Fertigstellungs≈*) date of completion; (*Frist*) term, time-limit; (*Verabredung, vereinbarte Zs.-kunft*) appointment; ⚖ (*Verhandlung*) hearing, (*Vorladung*) summons (to appear in court); *e-n ~ anberaumen* set *od.* fix a date (*od.* deadline, *etc.*) (*für* for); *zum festgelegten ~* at term, at the set date; **~druck** *m* pressure of time (*od.* business); **≈gemäß, ≈gerecht** *adv.* in due time, at the due date, to schedule, at term; **~geschäft** *n*, **~handel** ⚕ *m* time-bargain, forward transaction; *pl. a.* futures; **~kalender** *m* appointment book (*od.* pad); ⚖ cause-list, *Am.* calendar; **~lieferung** ⚕ *f* forward (*od.* future) delivery; **~liste** ⚖ *f* cause-list, *Am.* calendar; **~markt** *m* forward market.

Terminologie *f* terminology.

Termin...: **~schwierigkeiten** *f/pl.*: *in ~ sein* be hard pressed for time, have difficulties in meeting a deadline; **~verkauf** *m* forward (*od.* future) sale; **~verfolgungsplan** *m* follow-up chart; **~verlängerung** *f* extension; **~zahlung** *f* payment by instal(l)ments; *eine*: instal(l)ment.

Termite *f* termite.

ternär *adj.* ternary.

Terpentin *n* turpentine; **~öl** *n* (oil of) turpentine, F turps.

Terrain *n* (*Boden*) ground; (*Gelände*) terrain; (*Gebiet*) area, tract; (*Grundstück*) plot of land; (*Bau≈*) building-site; *fig. ~ aufholen* make up leeway; *das ~ sondieren* F see how the land lies.

Terrakotta *f* terra-cotta.

Terrasse *f* terrace (*a. geol.*); *geschützte*: *a.* patio; **≈nförmig** *adj.* terraced, in terraces; *adv. ~ anlegen* terrace; **~nhaus** *n* stepped (*od.* terraced) house.

Terrier *zo. m* terrier.

Terrine *f* tureen.

territorial *adj.* territorial; **≈truppen** *f/pl.* Territorials.

Territorium *n* territory.

Terror *m* terror; **~akt** *m* act of terrorism, outrage; **~angriff** *m* terror attack; **~bande** *f* terror gang; **≈isieren** *v/t.* terrorize;

~ismus *m* terrorism; ~ist *m*, ~istisch *adj.* terrorist.
Tertia *f* 1. *ped.* fourth form; 2. *typ.* Columbian.
tertiär *adj.* tertiary; *geol.* (*a.* ~ *n*) Tertiary.
Terz *f* ♪ third; *eccl.*, *fenc.*, *Kartenspiel*: tierce; *fenc. a.* high third.
Terzerol *n* pocket-pistol.
Terzett ♪ *n* trio; *vokales*: *a.* terzetto.
Tesching *n* subcalibre rifle.
Test *m* test.
Testament *n* (last) will, ⚖ last will and testament; *bibl.* *Altes (Neues)* ~ Old (New) Testament; *ein* ~ *machen* make a will; *j-n im* ~ *bedenken* remember (*od.* include) a p. in one's will; *ohne Hinterlassung e-s* ~*s sterben* die intestate; ~**arisch** I. *adj.* testamentary; II. *adv.* by will; ~ *verfügen* dispose by will; ~ *Bedachter* beneficiary under a will.
Testaments...: ~**eröffnung** *f* opening of the will; ~**vollstrecker(in** *f*) *m* executor (*f* executrix); (*Nachlaßverwalter*) administrator.
Testator ⚖ *m* testator.
Test|bild *TV* *n* test pattern; ~**bogen** *m* test sheet (*od.* paper); ~**en** *v/t.* test.
testier|en I. *v/i.* make a will; II. *v/t.* (*letztwillig verfügen*) (dispose by) will; (*vermachen*) bequeath; (*bezeugen*) testify; (*bescheinigen*) certify, attest; ~**fähig** ⚖ *adj.* capable of making a will.
Test...: ~**lösung** ⚗ *f* test solution; ~**pilot** ✈ *m* test pilot.
Tetanusserum ⚕ *n* antitetanic serum, tetanus antitoxin.
Tête-à-tête *n* tête-à-tête (*fr.*).
Tetrachlorkohlenstoff ⚗ *m* carbon tetrachloride.
Tetraeder ⩓ *n* tetrahedron.
Tetrode ⚡ *f* tetrode.
teuer I. *adj.* dear, costly, expensive, high-cost ...; (*wertvoll*) valuable; *fig.* dear (*j-m* to a p.), precious, cherished, beloved; ~*es Geld* dear (*od.* close) money; ~*e Preise* high prices; *wie* ~ *ist es?* how much is it?, what does it cost?; *das Hotel ist sehr* ~ is very expensive, F has steep prices; *das Fleisch ist teurer geworden* meat prices have gone up; → *Pflaster* 2, *Rat* 1; II. *adv.* dearly, *etc.*; at a high price; ~ *verkaufen* sell (*a. fig. one's life*) dearly; ~ *zu stehen kommen* cost dearly; *das wird ihm* ~ *zu stehen kommen* he will have to pay dearly for that (*a. fig.*); → *bezahlen*, *erkaufen*.

Teu(e)rung *f* high (*od.* rising) prices *pl.*, general price increase; ~**swelle** *f* wave of price increases; ~**szulage** *f* cost-of-living bonus; ~**szuschlag** *m* extra charge due to increased cost; ~**szuwachs** *m* price increment.
Teufe ⚒ *f* depth.
Teufel *m* devil, fiend (*beide a. fig.*); *der* ~ the Devil, Satan, the Fiend, the Evil One, F Old Nick; *fig. der* ~ *Alkohol* the devil of drink; *armer* ~ poor devil (*od.* wretch); F ~ (*auch*)! the devil!, hell!; *pfui* ~! ugh!, how nasty!, *entrüstet*: (for) shame!, disgusting!; *ihn (es) soll der* ~ *holen!* the devil take him (it)!, to hell with him (it)!; *hol dich der* ~!, *scher dich zum* ~! go to hell (*od.* blazes)!; *zum* ~! damn it!, hell!; *wer (wo, was) zum* ~? who (where, what) the devil *od.* hell?; *zum* ~ *gehen* go to the devil (*od.* hell), *Sache*: *a.* go phut (*od.* to pot); *das Geld usw. ist beim* ~ is gone; *wie der* ~, *auf* ~*-komm-raus arbeiten usw.* like the devil, like blazes; *in des* ~*s Küche kommen* get into the devil of a mess; *der* ~ *ist los* there is hell to pay, the fat is in the fire; *bist du des* ~*s?* are you mad?; *den* ~ *werd' ich tun!* I'll do nothing of the kind; *er fragt den* ~ *danach* he doesn't care a rap about it; *ihn reitet der* ~ the devil rides him; *er hat den* ~ *im Leib* he is a devil (of a fellow); *wenn man vom* ~ *spricht(, dann kommt er), nur nicht den* ~ *an die Wand malen!* talk of the devil (and he will appear)!; *der* ~ *steckt im Detail* the devil is in the "nuts and bolts"; → *abschwatzen*, *Beelzebub*, *jagen* I.
Teufe|lei *f* devilry, *Am.* deviltry; ~**lin** *f* → *Teufelsweib*.
Teufels...: ~**anwalt** *m* devil's advocate; ~**beschwörung** *f* exorcism; ~**dienst** *m* devil worship; ~**brut** *f* hellish crew; ~**kerl** *m* devil of a fellow; ~**kreis** *fig. m* vicious circle; ~**weib** *n* she-devil, hellcat; ~**werk** *n* piece of devilry.
teuflisch *adj.* devilish, diabolical, satanic, fiendish.
Teuton|e *m* Teuton; ~**isch** *adj.* Teuton(ic).
Text 1. *m* text (*a. Bibel*~); (*Wortlaut*) wording; (*Zs.-hang*) context; (*Lied*~) words *pl.*, lyrics *pl.*; (*Opern*~) book, libretto; *Film*: (*Untertitel*) captions *pl.*; *typ.* (*a. Ggs. Illustrationen usw.*) text, letterpress (→ *a.* 2); *fig. aus dem* ~ *bringen* fluster, F put out; *aus dem* ~ *kommen* lose the thread, F be put out; *j-m den* ~ *lesen* lecture

a p., F blow a p. up; F *weiter im* ~! go on!; **2.** *typ. f* (*Schriftgrad*) text; **~buch** *thea. n* book, libretto; **~dichter** *thea. m* librettist; **~er** *m* (*Werbe*~) copywriter, ad-writer; (*Schlager*~) song-writer.

Textil|arbeiter(in *f*) *m* textile worker; **~fabrik** *f* textile mill; **~ien** *pl.*, **~waren** *f/pl.* textile goods, textiles; **~industrie** *f* textile industry.

textlich I. *adj.* textual; **II.** *adv.* as regards the text, textually.

Text...: **~kritik** *f* textual criticism; **~schreiber** *m* → *Texter.*

Textur *f* texture.

Theater *n* theatre, *Am.* (regular) theater; (*Schauspielhaus*) *a.* playhouse; (*Bühne, a. weitS.*) stage; (*Vorstellung*) performance; (*Schauspiel*) (stage-)play; *fig. contp.* farce, (*Verstellung*) play-acting, (*theatralisches Getue*) histrionics *pl.*, (*Aufregung*) fuss, to-do; *am u. im* ~ at the theatre; *ins* ~ *gehen* go to the theatre; *zum* ~ *gehen* go on the stage; *fig.* ~ *spielen* play-act, *sl.* put on an act; *mach kein* ~! don't make a fuss!; *es ist immer das gleiche* ~ it's always the same old story; **~agentur** *f* theatrical agency; **~besuch** *m* theatregoing; **~besucher(in** *f*) *m* theatregoer; playgoer; **~dichter(in** *f*) *m* playwright, dramatist; **~kasse** *f* box-office; **~probe** *f* (stage) rehearsal; **~stück** *n* (stage-)play; **~wissenschaft** *f* dramatics *pl.* (*sg. konstr.*); **~zettel** *m* play-bill.

Theatral|ik *f* theatricality; **~isch** *adj.* theatrical.

Theis|mus *m* theism; **~t(in** *f*) *m* theist; **~tisch** *adj.* theist(ic).

Theke *f* bar, *Am. a.* counter.

Thema *n allg., a.* ♪, *Kunst usw.*: theme, subject; (*Gesprächs*~) *a.* topic; *ein* ~ *stellen* set a theme; *beim* ~ *bleiben* stick to the point; *das* ~ *wechseln* change the subject; *zum* ~ *haben* have for (a) theme *od.* subject; **~tik** *f the* thematic, theme, (range *od.* selection of) themes *pl.*; **~tisch** *adj.* thematic(ally *adv.*), theme ..., subject ...; **~wechsel** *m* change of subject; ~! let's change the subject!

Theokratie *f* theocracy.

Theolog|e *m*, **~in** *f* theologian, divine; (*Student*) student of Divinity; **~ie** *f* theology, divinity; *Doktor der* ~ Doctor of Divinity (*abbr.* D.D.); **~isch** *adj.* theological.

Theorem *n* theorem.

Theoret|iker *m* theorist; **~isch** *adj.* theoretical(ly *adv.*, *a.* in theory); *contp.* academic.

Theorie *f* theory; e-e ~ *aufstellen* evolve a theory.

Therapeut *m*, **~in** *f* therapist; **~ik** *f* therapeutics *pl.* (*sg. konstr.*).

Therapie *f* therapy.

Thermal|bad *n* hot springs *pl.*, thermal spa; **~quelle** *f* thermal spring.

Therm|e *f* thermal (*od.* hot) spring; **~ik** *f* thermals *pl.*; **~isch** *adj.* thermal, thermic.

thermion|isch *phys. adj.* thermionic; **~ik** *f* thermionics *pl.* (*a.* [*sg. konstr.*).]

Thermit *n* thermite.

thermo|chemisch *adj.* thermochemical; **~dynamik** *f* thermodynamics *pl.* (*sg. konstr.*); **~elektrisch** *adj.* thermoelectric; **~element** *n* thermocouple.

Thermometer *n* thermometer; **~kugel** *f* thermometer bulb; **~säule** *f* thermometer column; **~stand** *m* thermometer reading.

thermo...: **~metrisch** *adj.* thermometric(al); **~nuklear** *adj.* thermonuclear; **~plastisch** *adj.* thermoplastic(ally *adv.*); **~sflasche** *f* Thermos (bottle); vacuum flask; **~stat** *m* thermostat; **~statisch** *adj.* thermostatic(ally *adv.*).

thesaur|ieren ☤ *v/t.* hoard; **~us** [*m* thesaurus.]

These *f* thesis.

Thomas *m*: *fig. ungläubiger* ~ doubting Thomas; **~schlacke** ⊕ *f* Thomas (*od.* basic) slag; **~stahl** *m* Thomas steel, basic converter steel.

Thrombose ⚕ *f* thrombosis.

Thron *m* throne (*a. fig.*); *auf den* ~ *erheben* enthrone, make *a p.* king; **~anwärter** *m* heir apparent; **~besteigung** *f* accession to the throne; **~bewerber(in** *f*) *m* pretender (*od.* aspirant) to the throne; **~en** *v/i.* be enthroned (*a. fig.*); **~erbe** *m*, **~erbin** *f* heir(ess *f*) to the throne, heir apparent; **~folge** *f* succession to the throne; **~folger(in** *f*) *m* successor to the throne; **~himmel** *m* canopy; **~räuber** *m* usurper; **~rede** *f* speech from the throne; *Brit. parl.* Queen's Speech.

Thunfisch *m* tunny, *in Dosen*: tuna [(fish).]

Thüring|er(in *f*) *m*, **~isch** *adj.* [Thuringian.]

Thymian ♀ *m* thyme.

Tiara *f* tiara.

Tibet(an)|er(in *f*) *m*, **~isch** *adj.* [Tibetan.]

tick! *int* tick!; ~ *tack!* tick-tock!

Tick *m* **1.** ⚕ (*Zucken*) tic; **2.** *fig.* (*Schrulle*) crotchet, F kink; **3.** F e-n ~ *haben auf j-n* have it in for a p.; **~en** *v/i.* tick.

tief I. *adj. allg.* deep (*a. fig. Farbe,*

Gedanke, Schrank, Wald usw.); *Erkenntnis, Wissen, Geheimnis usw.*: profound; (*niedrig*) *z.B. Tal*: low; *Stimme*: deep, bass, *Ton*: *a.* low-pitched; *aus ~stem Herzen* from the bottom of one's heart; *im ~sten Elend* in utter (*od.* extreme) misery; *im ~sten Frieden* in the lap of peace; *im ~sten Winter* in the depth (*od.* dead) of winter; *~e Nacht* deep night; *in ~ster Nacht* in the dead of night; *bis ~ in die Nacht* far into the night; *in ~er Trauer* in deep mourning, deeply afflicted; *~ in Gedanken* deep in thought; *~ in j-s Schuld* deeply indebted to a p.; *fig. ~ liegen* range (*Preise*: *a.* rule) low; ♪ (*ein Instrument*) *~er stimmen* lower the pitch (of an instrument); **II.** *adv.* deep; (*niedrig*) low; *fig.* deeply, profoundly; *~ enttäuscht* badly disappointed; *~ atmen* take a deep breath; *~ seufzen* draw a deep sigh; *sich ~ verbeugen* make a low bow; → *blicken usw.*; **III.** *≈ n meteor.* low.

Tief...: **~angriff** ⚔ *m* low-level attack; *mit Bordwaffenbeschuß*: strafing; **~atmen** *n* deep breathing; **~aufschlag** *m Tennis*: underhand service; **~bau** *m* civil engineering, *engS.* underground engineering; **≈beleidigt** *adj.* deeply hurt, stung to the soul; **≈betrübt** *adj.* deeply grieved, very sad; **~bettfelge** ⊕ *f* drop-base rim; **≈bewegt** *adj.* deeply moved; **≈blau** *adj.* deep blue; **~blick** *fig. m* keen insight, penetration; **≈blickend** *adj.* penetrating; **~bohrer** ⊕ *m* auger; **~bunker** ⚔ *m* deep (*od.* underground) shelter; **~decker** ✈ *m* low-wing monoplane; **~druck** *m* **1.** *typ.* rotogravure, intaglio printing; **2.** *meteor.* low pressure, depression; **~druckgebiet** *n* low pressure (area), low, cyclone.

Tiefe *f* depth (*a. fig. des Denkens, e-r Farbe, der Nacht, e-r Kolonne usw.*); *Stimme usw.*: deepness; ♪ *pl.* bass notes; *fig.* profoundness, profundity, depth (of thought); (*Abgrund*) deep, abyss; *in der ~ ihres Herzens* deep in her heart, in the innermost recesses of her heart.

Tiefebene *f* lowland(s *pl.*).

tiefempfunden *adj.* deep-felt, heartfelt.

Tiefen...: **~bestrahlung** ⚕ *f* deep X-ray treatment; **~feuer** ⚔ *n* searching fire; **~interview** *n* depth interview; **~psychologe** *m* psychoanalist; **~psychologie** *f* depth psychology; **~rausch** *m* rapture of the deep; **~ruder** ⚓ *n* (after)hydroplane; **~schärfe** *phot. f* depth of focus; **~staffelung** ⚔ *f* echelonment in depth; **~wahrnehmung** *f* depth perception; **~wirkung** *f* depth effect; *Bild*: plastic effect.

tief...: **~ernst** *adj.* (very) grave; **≈flieger** ✈ *m* low-flying plane, strafer; **≈fliegerangriff** *m* → *Tiefangriff*; **≈fliegerbeschuß** *m* strafing; **≈flug** *m* low-level flight; **≈gang** ⚓ *m* draught; **~gebeugt** *adj.* deeply afflicted, bowed down; **~gefühlt** *adj.* heartfelt; **~gegliedert** *adj.* distributed in depth; **~gehend** *adj.* ⚓ *Schiff*: deep-drawing; *fig.* (*stark fühlbar*) profound, intense; → *a. tiefgreifend*; **~gekühlt** *adj.* deep-freeze, quick-frozen; **~greifend** *adj.* far-reaching, thorough-going, fundamental, radical; **~gründig** *adj.* deep, profound; **~kühlen** *v/t.* deep-freeze, quick-freeze; **≈kühlfach** *n* freezing (*od.* deep-freeze) compartment, freezer; **≈kühlhandel** *m* frozen food business; **≈kühlkost** *f* frozen foods *pl.*; **≈kühltruhe** *f* deep-freeze (cabinet *od.* chest); freezer; **≈ladeanhänger** *mot. m* flat-bed trailer; **≈land** *n* lowland(s *pl.*); **~liegend** *adj.* low(-lying); *Augen*: deep-set, *a.* ⊕ sunken; *fig.* deep(-seated); **≈lot** *n* deep-sea lead; **≈punkt** *fig. m* low (mark), bottom; **~schlag** *m Boxen*: deep hit, hit below the belt; *fig. a.* body blow; **~schürfend** *adj.* profound, searching; **~schwarz** *adj.* deep black, jet-black; **≈see** *f* deep sea; **≈seeforschung** *f* deep-sea research; **≈seekabel** *n* deep-sea cable; **≈sinn** *m* profoundness; (*Schwermut*) melancholy; **~sinnig** *adj.* profound, deep; (*nachdenklich*) meditative; (*schwermütig*) melancholy, pensive; **~sitzend** *fig. adj.* deep-seated, deep-rooted; **≈stand** *m* low level; lowness; *fig.* low (level); e-*n neuen ~ erreichen* hit a new low; **≈start** *m Sport*: crouch start; **≈strahler** *m* narrow angle lights *pl.*; *Boxen*: ring lamp; **~stehend** *adj. Sonne*: low; *fig.* low, inferior; **~wurzelnd** *adj.* deep-rooted; **~ziehen** ⊕ *v/t.* deep-draw.

Tiegel *m Küche*: saucepan, stewpan; ⊕ (*Schmelz≈*) crucible, melting-pot; *typ.* platen; **~druck** *typ. m* platen printing; **~ofen** *metall. m* crucible furnace; **~stahl** *m* crucible steel.

Tiekholz *n* teak(-wood).

Tier *n* animal; (*Kreatur*) creature;

großes, wildes: beast; (*Pferd*) mount; *fig. b.s.* beast, brute, animal; F *großes* (*od. hohes*) ~ bigwig, F big bug, big shot; ⚔ *sl.* brass-hat; *fig. das* ~ *in uns* the animal within us; *das* ~ *in j-m wecken* rouse the beast in a p.; *contp. wie ein* ~ like an animal; **~art** *f* species of animal; **~arzt** *m* veterinary (surgeon), *bsd. Am.* veterinarian, F vet; **≈ärztlich** *adj.* veterinary; **~bändiger(in** *f*) *m* tamer, animal trainer; **~beschreibung** *f* zoography; **~fabel** *f* animal fable; **~fett** *n* animal fat; **~freund** *m* lover of animals; **~garten** *m* zoological gardens *pl.*, F zoo; *weitS.* (game) park, deer park; (*Gehege*) preserve; **~handlung** *f* pet shop; **~halter(in** *f*) *m* keeper of animals; **~heilkunde** *f* veterinary science; **≈isch** *adj.* animal ...; *fig. a.* bestial, brutish; ~*e Elektrizität* organic electricity; ~*e Instinkte* animal instincts; F *fig.* ~*er Ernst* awful seriousness; **~kohle** *f* animal charcoal; **~kreis** *ast. m* zodiac; **~kreiszeichen** *n* sign of the zodiac, zodiacal sign; **~kunde** *f* zoology; **~leben** *n* animal life; **~leim** *m* animal glue; **~maler(in** *f*) *m* animal-painter; **~medizin** *f* veterinary medicine; **~park** *m* → *Tiergarten*; **~psychologie** *f* animal psychology; **~quäler** *m* tormentor of animals; **~quälerei** *f* cruelty to animals; **~reich** *n* animal kingdom; **≈reich** *adj.* rich in animals; **~schau** *f* menagerie; **~schutzgebiet** *n* game reserve; **~schutzverein** *m* Society for Prevention of Cruelty to Animals; **~versuch** *m* animal experiment (*od.* test); **~wärter** *m* keeper; **~welt** *f* animal world; **~zucht** *f* animal husbandry, livestock breeding.

Tiger *m* tiger; **~fell** *n* tiger skin; **~in** *f*, **~weibchen** *n* tigress; **~katze** *f* tiger-cat; **≈n** *v/t.* speckle, spot.

Tilde *ling. f* tilde, swung dash.

tilg|bar *adj.* extinguishable; ✝ *Anleihe, Staatsschuld usw.*: redeemable; (*abzahlbar*) amortizable; **~en** *v/t.* extinguish; (*streichen*) strike out, expunge, cancel, *typ.* delete; (*löschen*) *a.* erase (*a. im Computer*), wipe (*od.* blot) out (*a. fig.* = eradicate); (*verwischen*) efface, obliterate; (*aufheben*) cancel, annul; (*vernichten*) destroy; ✝ (*Schuld*) discharge, pay (*od.* clear) off; (*Anleihe, Staatsschuld*) redeem; (*amortisieren*) amortize; (*abschreiben*) write off; *fig.* (*sühnen*) expiate, wipe out *a disgrace*; ⚖ *im Strafregister* ~ erase in the penal register.

Tilgung *f* (→ *tilgen*) extinction; cancel(l)ation; deletion; effacement, obliteration; annulment; destruction; erasure; ✝ discharge, (re)payment, settlement; redemption; amortization; write-off; *fig.* (*Sühne*) expiation; **~sanleihe** ✝ *f* amortization loan; **~sbetrag** *m* amortization instal(l)ment; **~sfonds** *m für Banknoten usw.*: redemption fund; *für Effekten*: sinking fund; **~splan** *m* redemption scheme (*od.* table); **~szeichen** *typ. n* delete (δ).

timen *v/t.* time.

Tingeltangel *m, n* (low) music-hall, *Am. sl.* honkytonk.

Tinktur *f* tincture.

Tinnef F *m* (*Plunder*) trash; (*Unsinn*) *sl.* rot, rubbish.

Tinte *f* ink; F *fig. in der* ~ *sitzen* F be in a scrape (*od.* spot), *sl.* be in the soup; F *das ist klar wie dicke* ~ that's as clear as daylight.

Tinten...: **~faß** *n* inkstand; *im Tisch als Schreibzeug eingelassen*: inkwell; **~fisch** *m* cuttlefish, squid; **~fleck** *m*, **~klecks** *m* inkstain, ink-spot, (ink-)blot; **~kleckser** F *m* scribbler, F inkslinger; **~kuli** *m* stylograph, F stylo; **~stift** *m* indelible pencil.

Tip *m Sport u. fig.*: tip; (*Wink*) *a.* hint; (*Warnung*) F tip-off; *der richtige* ~ the straight tip; *j-m e-n* ~ *geben* (*warnen*) F tip a p. off.

Tippel|bruder *m* tramp, *Am.* hobo; **≈n** *v/i.* tramp, hike.

tippen I. *v/i.* **1.** ~ *an* (*leicht berühren*) touch with the finger, tip; *mot.* (*am Vergaser*) flood, tickle; F *fig. daran* (*an ihm*) *ist nicht zu* ~ F no flies on that (him); **2.** F (*wetten*) F tip (*im Fußballtoto* in the football pools); ~ *auf* tip; **II.** F *v/t.* (*maschineschreiben*) type (*a. v/i.*).

Tipp...: **~fehler** *m* typing error; **~fräulein** F *n* typist; **~mamsell** *f*, **~se** F *f* typist.

tipptopp F *adj.* F tiptop, first class.

Tippzettel *m* → *Totozettel*.

Tirol|er(in *f*) *m*, **~er...**, **≈erisch** *adj.* Tyrolese.

Tisch *m* (*Eß*≈, *Spiel*≈ *usw.*) table; (*Schreib*≈) desk; ⊕ bench; (*Kost*) board; (~*gesellschaft*) table; *bei* ~ at table; *fig. am grünen* ~ at the conference table; *Entscheidung vom grünen* ~ *aus* armchair decision; *getrennt von* ~ *und Bett* separated from bed and board; *parl. auf den* ~ (*des Hauses*) *legen* (lay on the) table, *weitS. a.* put forward; *reinen*

~ *machen* make tabula rasa (*od.* a clean sweep) (*mit* of); *sich zu ~ setzen* sit down to table; *fig. unter den ~ fallen* fall flat; *unter den ~ fallen lassen* drop, cast to one side; *unter den ~ trinken* drink under the table; *fig. vom ~ fegen* sweep aside; *die Sache muß vom ~* must be settled (*od.* disposed of); *zu ~ bitten* ask to table (*weitS.* to dinner); *eccl. zum ~e des Herrn gehen* partake of the Lord's Supper; **~apparat** *m* desk telephone (set); **~bein** *n* table-leg; **~besen** *m* crumb-brush; **~dame** *f* partner at table; **~decke** *f* table-cloth; **~empfänger** *m*, **~gerät** *n Radio, TV*: table set; **~ende** *n*: *am oberen (unteren) ~* at the head (foot) of the table; **≈fertig** *adj. Speise*: ready-to-serve; **~gast** *m* guest (at table), dinner-guest; **~gebet** *n* grace; *das ~ sprechen* say grace; **~gesellschaft** *f* (company at) table; **~gespräch** *n* table-talk; **~glocke** *f* dinner-bell; *auf dem Tisch*: hand-bell; **~herr** *m* partner at table; **~karte** *f zur Sitzordnung*: place-card; **~kasten** *m*, **~lade** *f* table-drawer; **~klopfen** *n* table rapping; **~lampe** *f* table lamp; **~läufer** *m* table runner; **~leindeckdich** *n* magic table.

Tischler *m* joiner; (*Kunst*≈) cabinet-maker; **~arbeit** *f* joiner's work, joinery.

Tischlerei *f* (*Handwerk*) joinery; (*Werkstatt*) joiner's workshop.

Tischler...: **~geselle** *m* journeyman joiner; **~leim** *m* solid (*od.* bone) glue; **~meister** *m* master joiner; **≈n I.** *v/i.* do joiner's work; **II.** *v/t.* make.

Tisch...: **~messer** *n* table-knife; **~nachbar(in** *f*) *m* neighbo(u)r at table; **~platte** *f* table-top; *zum Ausziehen*: leaf; **~rede** *f* after-dinner speech, toast; **~rücken** *n* table-turning; **~telephon** *n* desk telephone; **~tennis** *n* table tennis; **~tennisschläger** *m* table tennis bat; **~tuch** *n* table-cloth; **~wein** *m* table wine; **~zeit** *f*: (*zur ~* at) mealtime, (at) lunchtime.

Titan 1. *m* Titan; **2.** ⚗ *n* titanium; **≈enhaft** *adj.*, **≈isch** *adj.* titanic; **~säure** ⚗ *f* titanic acid.

Titel *m* (*Buch*≈, *Amts*≈, *Ehren*≈, *Meister*≈ *usw.*) title; (*Überschrift*) *a.* heading; ⚖ (*Rechtsanspruch*) title (*auf* to), *als Urkunde*: *a.* title-deed; ⚕ *pl.* (*Wertpapiere*) securities; *das Buch trägt den ~* the book is entitled; *e-n ~ innehaben Sport*: hold a title; **~anwärter(in** *f*) *m Sport*: title expectant; **~bewerber(in** *f*) *m Sport*: aspirant to the title; **~bild** *n* frontispiece; *e-s Magazins, Buchumschlags*: cover (picture); **~blatt** *n* title-page, title; **~geschichte** *f* title story; **~halter** *m Sport*: title-holder; **~kampf** *m Sport*: title bout; **~rolle** *thea. f* title-rôle (*od.* part), name-part; **~seite** *f* title- (*od.* front-)page; **~verteidiger** *m* title-holder.

Titrier|analyse ⚗ *f* volumetric analysis; **≈en** *v/t.* titrate; **~methode** *f* titration method.

Titte F *f* F tit.

titul|ar *adj.*, **≈** *m* titular; **≈atur** *f* titles *pl.*; **~ieren** *v/t.* (*Buch*) (en)title; (*j-n*) address under the title of, F (*nennen*) call, style, address as.

Toast *m* **1.** (*Trinkspruch*) toast; *e-n ~ ausbringen* propose a toast; *auf j-n e-n ~ ausbringen* propose the toast of (*od.* toast) a p.; **2.** (*Röstbrot*) toast; **≈en I.** *v/t.* (*Brot*) toast; **II.** *v/i.* toast (*auf j-n* a p.); drink toasts; **~er** *m* (*Brot*≈) toaster.

Tobak *m* → *Tabak.*

Tobel *m* glen.

toben *v/i. Person*: rage, rave, storm, bluster, foam; *Kinder*: romp; *Wind, See usw.*: rage, roar; *Schlacht*: rage; **~d** *adj. allg.* raging (*a. See, Sturm, Kampf*); (*rasend*) frantic, frenzied (*beide a. fig. Beifall*), ⚕ *a.* raving.

Tob...: **~sucht** ⚕ *f* raving madness, frenzy; **≈süchtig** *adj.* raving mad, frantic, maniacal; **~suchtsanfall** *m* fit of raving madness; *fig. e-n ~ bekommen* fly into a tantrum, F blow one's top.

Tochter *f* **1.** daughter; *~ des Hauses* young lady of the house; **2.** ⚕ → **~firma** *f*, **~gesellschaft** *f* subsidiary (company); **~kind** *n* daughter's child; **~kirche** *f* filial church; **~sprache** *f* derivative language.

Tod *m* death; *feierlich, a.* ⚖ decease; *der ~* (*Sensenmann*) Death, the Grim Reaper; *den ~ finden* meet one's death, be killed, perish; *mit dem ~ kämpfen* struggle with death, be in the throes of death; (*ein Kind*) *des ~es sein* be doomed, be a dead man (*od. sl.* a goner); *e-s natürlichen ~es sterben* die a natural death; *für den ~ nicht leiden können* hate like poison; *sich den ~ holen* (*sich erkälten*) catch one's death (of cold); *sich zu ~e arbeiten* slave o.s. to death; *zu ~e bringen* kill, put to death; *zu ~e* erschrecken (langweilen) scare (bore) to death od. F stiff; fig. zu ~e hetzen (od. reiten) do a th. to death; zum ~e verurteilen sentence to death; zu ~e betrübt mortally grieved, heartbroken; des e-n ~ ist des andern Brot one man's meat is another man's poison; das wird noch mein ~ sein it will be the death of me yet; nach j-s ~ veröffentlichte Werke usw. posthumous; über den ~ hinaus beyond the grave; bis daß der ~ euch scheide until death doth you part; → Leben; **⁓bringend** adj. deadly, fatal; **⁓ernst I.** adj. deadly serious; **II.** adv. in dead earnest.

Todes...: **~ahnung** f presentiment of death; **~angst** f fear of death; fig. mortal fear; Todesängste ausstehen be scared to death, be frightened out of one's wits; **~anzeige** f obituary (notice); **~art** f (manner of) death; **~blässe** f deadly pallor; **~engel** m angel of death; **~erklärung** ⚖ f (official) declaration of death; **~fall** m (case of) death; Todesfälle deaths, ⚔ casualties; **~falle** f (Ort) death-trap; **~furcht** f fear of death; **~gefahr** f danger of death, danger of (one's) life, deadly peril; in ~ schweben a. be in mortal danger; **~kampf** m death-struggle, (last od. death) agony, throes pl. of death; **~kandidat** m doomed man, sl. goner; **~keim** m seeds pl. of death; **~marsch** m death march; **⁓mutig** adj. death-defying; **~nachricht** f news of a p.'s death; **~opfer** n death; Zahl der ~ (death) toll; **~qualen** f/pl. pangs of death; **~röcheln** n death-rattle; **~stoß** m death-blow (a. fig.); den ~ versetzen deliver the death-blow (dat. to); **~strafe** f capital punishment, death penalty; bei ~ on pain (od. penalty) of death; **~strahlen** m/pl. death rays; **~streich** m death-blow; **~stunde** f hour of death, last hour; **~sturz** m fatal plunge, fall to one's death; **~tag** m day (weitS. anniversary) of a p.'s death; **~ursache** f cause of death; **~urteil** n sentence of death; fig. death warrant (für to); **~verachtung** f defiance of death, fearlessness; mit ~ recklessly, F fig. shudderingly; **~wunde** f mortal wound; **~wunsch** m death wish; **~zelle** ⚖ f death cell; **~ziffer** f death rate.

Tod...: **~feind(in** f) m deadly (od. mortal) enemy; **~feindschaft** f deadly hatred; **⁓geweiht** adj. doomed; **⁓krank** adj. fatally (od. hopelessly) ill.

tödlich I. adj. allg., a. fig. u. F deadly; (~ wirkend) a. lethal poison, weapon; (mit ~em Ausgang) Schlag, Unfall usw.: a. fatal; Wunde: a. mortal; mit ~er Sicherheit with deadly accuracy; das ⁓e the deadliness; **II.** adv.: ~ treffen strike a mortal blow to (a. fig.); ~ verlaufen prove fatal; ~ verunglücken be killed in an accident; fig. sich ~ langweilen be bored to death, F be bored stiff; F ~ beleidigt → tiefbeleidigt.

tod...: **~müde** adj. tired to death, dead tired, F dead-beat, ready to drop; **~schick** F adj. F fab(ulous), fantastic, super, sl. flash, snazzy, groovy; **~sicher I.** adj. dead sure, (as) sure as death (od. as fate), Am. sl. sure-fire method, etc.; Urteil, Ziel: unerring; Person: cocksure; ~er Schütze dead shot; ~e Sache sure thing, Am. sl. cinch; das ist ~ a. it is a dead certainty; **II.** adv. (zweifellos) undoubtedly; er kommt ~ he is sure to come; **⁓sünde** f deadly (od. mortal) sin; **~unglücklich** adj. dreadfully unhappy, sick at heart; **~wund** adj. mortally wounded.

Tohuwabohu n (Durcheinander) confusion, topsy-turvy(dom); (Lärm) hubbub, uproar, hurly-burly.

toi-toi-toi! F int. touch wood!

Toilette f **1.** (Ankleiden, Kleidung) toilet; in großer ~ in full dress; ~ machen make one's toilet, dress; **2.** (Ankleideraum) toilet (room); **3.** (Frisiertisch) toilet(-table), Am. dresser; **4.** (Abort) lavatory, gentlemen's (ladies') room, toilet; öffentliche: public convenience.

Toiletten...: **~artikel** m toilet article; mst pl. a. toiletry; **~garnitur** f toilet-set; **~papier** n toilet-paper; **~seife** f toilet soap; **~spiegel** m toilet-glass; **~tisch** m → Toilette 3.

toleran|t adj. tolerant (gegen of); (großzügig) broad-minded; **⁓z** f tolerance (a. ⚕, ⊕) (gegen for, of); **⁓zdosis** f tolerance dosis; **⁓schwelle** f threshold of tolerance.

tolerieren v/t. tolerate.

toll I. adj. (rasend) raving mad, frantic; (verrückt, wild) mad, crazy, wild (alle a. fig.); (verwegen) dare-devil ...; (halsbrecherisch) breakneck ...; (unglaublich) incredible, fantastic; (schrecklich) frightful noise, etc., infernal, F awful; (spaß-

haft) hilarious, rollicking, too funny for words; F (*großartig*) F terrific, fantastic, great, fab(ulous), super, far-out, a hell of a ...; (*atemberaubend*) breathtaking; F *er (es) ist nicht so* ~ *sl.* he (it) is not so hot; ~*er Hund* mad dog, F (*Person* = ~*er Kerl*) devil of a fellow, *sl.* crackerjack, wow; ~*e Gerüchte* wild rumo(u)rs; F *e-e* ~*e Sache, ein* ~*es Ding* a wild affair, a crazy thing, *bewundernd*: *sl.* a wow, a lulu, a riot, a humdinger, (*et. zum Totlachen*) *sl.* a gas, a perfect scream; **II.** *adv.*: *wie* ~ like mad; *es kommt noch* ~*er* that was just the beginning; *er treibt es zu* ~ he goes too far, he is overdoing it; F *es ging* ~ *her* (*od. zu*) it was a wild affair, things were at sixes and sevens.

Tolle F *f* quiff, bang.

tollen *v/i. Kinder usw.*: romp, frolic.

Toll...: **~haus** *obs. u. fig. n* madhouse, bedlam; **~häusler(in** *f*) *obs. u. fig. m* mad(wo)man, maniac; **~heit** *f* madness; (*toller Streich*) mad trick, (piece of) folly; **~kirsche** ⚘ *f* deadly nightshade, belladonna; **~kopf** *m* mad fellow; (*Hitzkopf*) hotspur; (*Wildfang*) madcap; **≈kühn** *adj.* foolhardy, dare-devil ..., reckless; **~kühnheit** *f* foolhardiness; **~wut** *f* hydrophobia, rabies; **≈wütig** *adj.* rabid.

Tolpatsch *m* → *Tölpel* 1.

Tölp|el *m* **1.** awkward (*od.* clumsy) fellow, gawk, F butterfingers (*sg.*); (*Dummkopf*) clumsy oaf, *sl.* clod; **2.** *orn.* gannet; **~elei** *f* awkwardness, clumsiness; **≈elhaft** *adj.* awkward, clumsy; doltish, oafish; **~elhaftigkeit** *f* awkwardness, clumsiness; oafish behavio(u)r.

Tomate *f* tomato; F *fig. treulose* ~ unfaithful one; **~nmark** *n* tomato-pulp.

Tombak *m* tombac, pinchbeck.

Tombola *f* raffle, tombola.

Ton[1] *geol. m* clay; *feuerfester*: fireclay; (*Töpfer*≈) potter's earth (*od.* clay).

Ton[2] *m* ♩ tone, note; (*Geräusch*) sound; (*Betonung, a. fig.*) tone, accent, stress; (*Sprechweise*) tone; (*Farb*≈) tone (*a. phot.*), *heller*: tint, *dunkler*: shade; *fig. guter* ~ good form; *zum guten* ~ *gehören* be good form, *weitS.* be the fashion; *den* ~ *angeben* a) ♩ *a. den* ~ *anschlagen* intonate, give the keynote; b) *fig.* → *tonangebend* (*sein*); *fig. e-n anderen* ~ *anschlagen* change one's tune (*od.* note); *den richtigen* ~ *treffen* strike the right note; *den* ~ *legen auf* put the stress on; *der* ~ *liegt auf* ... the accent is on ...; *in höchsten Tönen reden von od. loben od. schildern* praise to the skies, speak in superlatives of, *contp.* gush (*od.* rave) about; F *große Töne reden* (*od. spucken*) talk big, boast, *sl.* sound off; *keinen* ~ *sagen* not to breathe (*od.* say) a word; *keinen* ~ *von sich geben* not to utter a sound; *was ist das für ein* ~?, *dein* ~ *gefällt mir nicht!* I don't like your tone!; F *keinen* ~ *mehr!* not another word!; F *hast du* (*od. hat man*) *Töne?* well, I never!, *Am.* F can you beat that?; *der* ~ *macht die Musik* it's the tone that makes the music; **~abnehmer** *m* (phono) pickup.

tonal ♩ *adj.* tonal; **≈ität** *f* tonality.

Ton...: **≈angebend** *adj.* leading, dominant; ~ *sein a.* set the tone (*bei* of), *in der Mode*: set the fashion, be the trendsetter(s); **~arm** *m* tone arm; **~art** *f* ♩ key; *fig.* tone; *in allen* ~*en* in all shades and varieties; *e-e andere* ~ *anschlagen* change one's tune (*od.* note); **~assistent** *m Film*: assistant sound engineer; **~atelier** *n* sound studio; **~aufnahme** *f* sound recording; *für Bandsendung*: transcription; **~ausfall** *TV m* loss of sound; **~bad** *phot. n* toning bath; **~band** *n* (recording) tape; *auf* ~ *aufnehmen* (record on) tape, tape-record; **~bandaufnahme** *f* tape recording; **~bandgerät** *n* tape recorder; **~-Bild-Band-gerät** *n* sound/image tape recorder; **~blende** *f* tone control; **~dichter** *m* (musical) composer; **~dichtung** *f* tone (*od.* symphonic) poem.

tönen[1] *v/i.* (*schallen*) sound, ring; (*widerhallen*) resound; F *fig.* (*Reden schwingen*) hold forth, *sl.* sound off.

tönen[2] *v/t.* (*färben*) tone; tinge; *heller*: tint; *dunkler*: tone down, shade; *sich das Haar rot* ~ *lassen* have one's hair rinsed (*od.* tinged) red.

Tonerde *f* argillaceous earth; ⚗ alumina; *essigsaure* ~ (basic) alumin(i)um acetate.

tönern *adj.* (of) clay, earthen, clayey; *Klang*: hollow; *fig. auf* ~*en Füßen stehen* stand on feet of clay.

Ton...: **~fall** *m* ♩ cadence, modulation; *beim Sprechen*: intonation, tone, accent; **~farbe** *f* tone colo(u)r, timbre; **~film** *m* sound film, F talkie; **~folge** *f* sequence of notes; *weitS.* strains *pl.*, melody; **~frequenz** *f* audio frequency; **~fülle** *f* sonority; volume (of sound); **~gefäß** *n* earthen(ware) vessel; **~gemälde** ♪ *n* tone picture; **~geschirr** *n*, **~gut** *n* pottery, earthenware; **~geschlecht** ♪ *n* key; **~halle** *f* concert hall; **⁀haltig** *adj.* clayey; **~höhe** *phys.*, ♪ *f* (tone) pitch.

Tonika ♪ *f* tonic; **~-Do-System** *n* tonic sol-fa.

Toningenieur *m* sound (*od.* audio) engineer.

Toni|kum ⚕ *n*, **⁀sch** *adj.* tonic.

Ton...: **~kabine** *f* *Film*: sound booth; **~kamera** *f* *Film*: sound camera; **~kopf** *m* *Tonbandgerät*: recording head; **~kunst** *f* musical art, music; **~künstler(in** *f*) *m* musician; composer; **~lage** ♪ *f* pitch; **~lager** *min.* *n* clay-bed; **~leiter** ♪ *f* scale; **⁀los** *adj.* soundless; *ling.* unstressed; *fig.* *Stimme usw.*: toneless(ly *adv.*); **~meister** *m* sound engineer (*od.* mixer); **~mischpult** *n* sound mixing desk; **⁀moduliert** *adj.* sound-modulated.

Tonnage ⚓ *f* tonnage.

Tonne *f* tun, *kleinere*: cask, barrel; ⚓ (*Boje*) buoy; (*Gewichtseinheit*) (metric) ton.

Tonnen...: **~dach** △ *n* barrel roof; **⁀förmig** *adj.* barrel-shaped; **~-gehalt** ⚓ *m* tonnage; **~geld** *n* tonnage; **~gewölbe** △ *n* barrel vault; **⁀weise** *adj.* by (*od.* in) barrels.

Ton...: **~pfeife** *f* clay pipe; **~regler** *m* tone control; **~-Rundfunk** *m* sound radio (*od.* broadcasting); **~säule** *f* public address pillar; **~schreiber** *m* sound recorder; **~schwund** *m* *Radio*: fading; **~setzer** ♪ *m* (musical) composer; **~silbe** *ling.* *f* tone syllable; **~spur** *f*, **~streifen** *m* *Film*: sound track; **~stück** *n* piece of music; **~stufe** ♪ *f* pitch.

Tonsur *f* tonsure.

Ton...: **~taube** *f* clay pigeon; **~taubenschießen** *n* trap shooting, skeet (shooting); **~technik** *f* audio (*od.* acoustic) engineering; **~techniker** *m* sound engineer (*od.* man); **~träger** *m* sound carrier.

Tönung *f* *paint. usw.* tinge, tone (*a. phot.*), shading, shade (*alle a. fig.*); **~smittel** *n* (*Haar⁀*) rinse.

Tonus ⚕ *m* tonus.

Ton...: **~verstärker** *m* sound amplifier; **~wagen** *m* sound van (*Am.* truck); **~waren** *f/pl.* pottery *sg.*, earthenware *sg.*; **~-wiedergabe** *f* sound reproduction; (*Klangtreue*) fidelity; **~zeichen** *n* ♪ note; *ling.* accent; **~zelle** *f* sound booth.

Topas *m* topaz.

Topf *m* *allg.* pot; → *a.* Töpfchen; in e-n ~ (*od.* in Töpfe) tun pot; *fig.* in e-n ~ werfen lump together.

Töpfchen *n* small pot; *pharm.* gallipot, (*Salben⁀*) jar; (*Nacht⁀*) pot (*a. vb.* aufs ~ setzen); F aufs ~ gehen F go pottie.

Topfen *m* curd(s *pl.*).

Töpfer *m* potter; (*Ofensetzer*) stove-fitter; **~arbeit** *f* pottery.

Töpferei *f* pottery; (*Werkstatt*) *a.* potter's workshop.

Töpfer...: **~erde** *f* potter's earth (*od.* clay); **~scheibe** *f* potter's wheel; **~ware** *f* pottery, earthenware, crockery.

Topf...: **~pflanze** ⚘ *f* potted plant, pot-plant; **~scherbe** *f* potsherd.

Topograph|ie *f* topography; **⁀isch** *adj.* topographical.

topp! *int.* done!, agreed!

Topp ⚓ *m* top(mast); über die ~en flaggen dress with mast-head flags; **~mast** *m* topmast; **~segel** *n* topsail.

Tor[1] *m* (*Narr*) fool.

Tor[2] *n* gate (*a. Stadt⁀ u. fig.*), door; (*Portal*) portal; (*Einfahrt*) gateway (*a. fig.*); *Fußball usw.* (*a. erzieltes* ~) goal; *Skisport usw.*: gate; ein ~ schießen *od.* erzielen shoot a goal, score (a goal); **~bogen** *m* archway; **~chance** *f* *Fußball*: scoring chance; **~einfahrt** *f* gateway.

Torf *m* peat; ~ stechen cut peat; **~boden** *m* peat soil; **~erde** *f* peaty mo(u)ld; **⁀ig** *adj.* peaty; **~kohle** *f* peat coal; **~moor** *n* peat-bog; **~mull** *m* peat dust.

Tor...: **~halle** △ *f* porch; **~heit** *f* foolishness, folly; silliness; **~-hüter** *m* gate-keeper; *Sport*: → Torwart.

töricht **I.** *adj.* foolish, silly, unwise; **II.** *adv.*: sich ~ benehmen act like a fool, make a fool of o.s.; **~erweise** *adv.* like a fool, foolishly enough.

Törin *f* fool(ish woman).

Torjäger *m* *Sport*: goal-getter.

torkeln *v/i.* stagger, reel, totter.

Tor...: **~latte** *f* *Sport*: cross-bar; **~lauf** *m* slalom; **~linie** *f* *Sport*: goal-line; **⁀los** *adj.* goalless, scoreless; **~mann** *m* → Torwart.

Tornado *m* tornado.

Tornister *m* knapsack, ⚔ *a.* (field) pack; **~empfänger** *m* portable receiver.

torpedieren ⚓ *u. fig.* *v/t.* torpedo.

Torpedo *n* torpedo; **~boot** *n* torpedo boat; **~flugzeug** *n* torpedo plane (*od.* bomber); **~rohr** *n* torpedo tube.

Tor...: **~pfosten** *m* door-post;

Sport: goal-post; **~raum** *m Fußball*: goalmouth, F box; **~schluß** *m* closing-time; *fig. kurz vor ~* at the eleventh hour; **~schlußpanik** F *f* last-minute panic; **~schuß** *m Sport*: shot at goal; **~schütze** *m Sport*: scorer; **~schützenkönig** *m Sport*: top-scorer.

Torsion ⊕ *f* torsion, twist; **~s-beanspruchung** *f* torsional stress; **~sfeder** *f* torsion spring; **~s-festigkeit** *f* torsional strength; **~sstab** *m* torsion bar.

Torso *m* torso (*a. fig.*).

Torsteher *m* → *Torwart*.

Tort *m* wrong, injury; *j-m zum ~* to spite a p.; *j-m e-n ~ antun* serve a p. a nasty trick.

Törtchen *n* tartlet, small tart.

Torte *f* (fancy-)cake; (*Obst*~) tart, *Am.* pie; **~nheber** *m* cake shovel; **~nplatte** *f* cake plate.

Tortur *f* torture; *fig. a.* ordeal.

Tor...: ~verhältnis *n Sport*: goal average; **~wart** *m Sport*: (goal-) keeper, F goalie; **~weg** *m* gateway.

tosen *v/i.* roar, rage; *~der Beifall* frantic (*od.* thundering) applause.

tot *adj. allg.* dead (*a. Baum*, ⊕ *Achse*, ⚡ *Leitung*, ✝ *Inventar*, *Kapital*, *Konto*, *Saison*); *bsd.* ⚖ deceased; (*leblos*) lifeless, inanimate, dead (*alle a. fig.*); (*öde*) dead, desolate; (*verlassen*) dead, deserted; (*glanzlos*, *a. fig. geistlos*) dead, dull; (*langweilig*) dead(-alive); *~er Ball Sport*: dead ball; *fig. ~er Buchstabe* dead letter; ⚕ *~es Fleisch* proud flesh; ⊕ *~er Gang* dead travel, *e-s Übertragungsorgans*: lost motion, *e-s Gewindes*: backlash; ⚒ *~es Gebirge* exhausted mines *pl.*; ⚖ *~e Hand* mortmain; *~e Last* dead load; *~er Punkt* ⊕ dead cent|re, *Am.* -er; *fig.* impasse, deadlock; (*Erschöpfung*) fatigue; *fig. auf dem ~en Punkt ankommen* a) reach a deadlock; b) be exhausted; *den ~en Punkt überwinden* a) break the deadlock; b) get one's second wind; *~er Raum Akustik*: dead room; ⚔ (*a. ~er Winkel*) dead area, shielded angle; *~es Rennen Sport*: dead heat; *~e Sprache* dead language; *~es Wissen* useless knowledge; *~e Zeit* dead (*od.* dull) season; *~e Zone Funk*: blind spot (*od.* area); *~ und begraben* dead and gone (*a. fig.*); *er ist ein ~er Mann* he is a dead man (*od. sl.* a goner); *~ umfallen* drop dead; *für ~ erklären* declare dead; → *Geleise*.

total I. *adj.* total, complete; (*umfassend*) all-out ...; *~er Krieg* total (*od.* all-out) war(fare); **II.** *adv. a.* altogether, utterly; clean *gone*, *mad*, *wrong*, *etc.*; *~ verrückt* stark staring mad, clean mad; **~ausfall** *m* total (*od.* dead) loss; **~ausverkauf** *m* clearance sale; **~e** *f Film*: long shot; **~finsternis** *ast. f* total eclipse.

Totalisator *m Rennsport*: totalizer, F tote.

totalitär *adj.* totalitarian.

Totalitarismus *m* totalitarianism.

Totalität *f* totality.

Totalschaden *mot. m* total wreckage; *e-n ~ verursachen* wreck a car completely, F smash (*Am. a.* total) a car.

Totalverlust *m* total (*od.* dead) loss.

tot...: ~arbeiten *v/refl.*: *sich ~* kill o.s. with work, slave o.s. to death, F work o.s. to a frazzle; **~ärgern** *v/t.* drive *a p.* to despair; *sich ~* fret and fume, *Am.* F be hopping mad.

Tote(r *m*) *f* dead (wo)man; (*Leiche*) (dead) body, corpse; *der* (*die*) *~*, *die ~n pl.* the dead (*pl.*), the deceased *od.* departed (*pl.*); ⚔ *pl.* casualties; *bei dem Unfall gab es fünf Tote* five people were killed (*od.* dead); → *erwecken*.

töten *v/t.* kill, slay, put to death; (*vernichten*) destroy; (*morden*) murder; (*hinrichten*) execute; ⚕ (*Nerv*) deaden; *fig.* kill, destroy; *sich ~* kill o.s., take one's own life, commit suicide.

Toten...: ~amt *eccl. n* mass for the dead; **~bahre** *f* bier; **~bett** *n* deathbed; **~blaß, ~bleich** *adj.* deathly pale, (as) white as a sheet; **~blässe** *f* deathly pallor; **~feier** *f* obsequies *pl.*; **~geläut(e)** *n* knell, passing-bell; **~glocke** *f* knell; **~gräber** *m* gravedigger; *zo.* burying beetle; **~gruft** *f* (funeral) vault; **~hemd** *n* shroud; **~klage** *f* bewailing of the dead; (*bsd. Gesang*) dirge; **~kopf** *m* death's-head (*a. zo. u. Symbol*), skull; (*Giftzeichen usw.*) skull and crossbones; **~kranz** *m* funeral wreath; **~liste** *f* list of casualties, *bsd.* ⚔ death-roll; **~maske** *f* death-mask; **~messe** *eccl. f* mass for the dead, requiem; **~reich** *n* realm of the dead, Hades; **~schädel** *m* → *Totenkopf*; **~schau** ⚖ *f* coroner's inquest; **~schein** *m* death certificate; **~sonntag** *m* Memorial Day; **~starre** ⚕ *f* rigor mortis; **~still** *adj.* (as) silent as the grave, deathly silent; **~stille** *f* dead silence; **~tanz** *m Kunst*: danse macabre (*fr.*); **~uhr** *f* (*Käfer*) death-watch; **~urne** *f* funeral urn; **~wache** *f* wake, death-watch.

tot...: ~fahren *v/t.* kill (by running

over); **~geboren** *adj.*: *~es Kind* stillborn child; *fig.* abortive thing (*od.* effort, *etc.*); **≈geburt** *f* stillbirth; stillborn child; **~lachen** *v/refl.*: *sich ~* nearly die with laughter, split one's sides with laughter; *es ist zum ≈* it's too funny for words, *sl.* it's a (perfect) scream; *ich könnte mich ~* F I am tickled to death (*a. iro.*); **≈lage** *f* → *Totpunkt*; **≈last** *f* dead load; **≈lauf** ⊕ *m* dead travel; **~laufen** *fig. v/refl.*: *sich ~* peter (*od.* fizzle) out; **~machen** F *v/t.* → *töten*.

Toto *m* **1.** (*Totalisator*) F tote; **2.** (*Fußball≈*) football pool; *im ~ spielen* bet on the pools; *im ~ gewinnen* win the pools; **~gewinn** *m* pools win; **~gewinner** *m* pools winner; **~zettel** *m* pools ticket.

tot...: **≈punkt** ⊕ *m* dead cent|re, *Am.* -er; **~reden** *v/t.* do *a th.* to death; **~sagen** *v/t.* declare dead (*a. fig.*); **~schießen** *v/t.* shoot dead, kill, *sl.* bump off; **≈schlag** ⚖ *m* manslaughter, *bsd. Am.* second-degree murder; **~schlagen** *v/t.* kill, slay; *fig. die Zeit ~* kill time; *er läßt sich eher ~, als* he would rather cut off his arm than; F *du kannst mich ~, ich weiß nicht* I'll be shot if I know; **≈schläger** *m* **1.** homicide, manslayer; **2.** (*Schlagstock*) life-preserver, *Am.* blackjack, *sl.* cosh, *Am.* sap; **~schweigen** *v/t.* hush up, pass over in silence; **~stechen** *v/t.* stab to death, kill with a knife; **~stellen** *v/refl.*: *sich ~* feign death; *a.* F *fig.* play dead (*od.* F possum).

Tötung *f* killing, slaying; ⚖ homicide; *fahrlässige ~* manslaughter; *~ der Leibesfrucht* prolicide.

Toupet *n* wig(let); (*Haarteil*) hairpiece.

Tour *f* tour; (*Ausflug*) *a.* excursion, trip, *zu Fuß*: F hike; ⊕ (*Umdrehung*) revolution, turn; *beim Tanz*: figure, set; *beim Stricken*: round; F (*Trick*) trick, dodge, *sl.* ploy, line; F *auf die sanfte ~* the sweet way; *auf ~* on the road; *auf ~ gehen* take the road; ⊕ *auf ~en* on speed; *auf ~en bringen mot.* rev up, *fig. a.* get *a p. od. th.* going, turn *a p.* on; *auf ~en kommen mot.* pick (*od.* rev) up, *fig.* get into one's stride, go into higher gear; *fig. auf vollen ~en laufen* go full blast, be in full swing; *in e-r ~* at a stretch, (*fortwährend*) incessantly; F *j-m die ~ vermasseln* queer a p.'s pitch.

Touren...: **~fahrt** *mot. f Sport*: touring competition; **~rad** *n* touring bicycle, roadster; **~ski** *m* touring ski; **~wagen** *mot. m* touring car; **~zahl** *f* → *Drehzahl*; **~zähler** *m* revolution (*od.* speed) counter.

Touris|mus *m*, **~tik** *f* tourism; **~t(in** *f*) *m* tourist; **~tenklasse** *f* tourist class; **~tenverkehr** *m* tourist traffic, tourism.

Tournee *thea. f* tour; *auf ~ gehen* go on tour, *mit e-m Stück*: tour a play.

Toxin ⚕ *n* toxin.

Trab *m* trot; *gestrecker (verkürzter) ~* extended (collected) trot; *im ~* at a trot, F *fig.* (*schnell*) quickly; *fig. j-n auf ~ bringen* F make a p. get a move on; *j-n in ~ halten* keep a p. on the trot (*od.* jump).

Trabant *ast. m* satellite; **~enstaat** *pol. m* satellite (state); **~enstadt** *f* satellite town.

traben *v/i.* trot.

Traber *m*, **~pferd** *n* trotter; **~rennen** *n* trotting race; **~wagen** *m* sulky.

Trabrennen *n* trotting race.

Tracht *f* **1.** (*Kleidung*) dress, attire; (traditional *od.* national) costume; (*Schwestern≈ usw.*) uniform; (*Haar≈ usw.*) style, (*Mode*) *a.* fashion; **2.** (*Last*) load; (*Anteil, Portion*) portion, quantity, share; → *Prügel* 2; **3.** *zo.* (*~ Junge*) litter; (*~ Honig*) yield.

trachten I. *v/i.*: *~ nach* strive for *od.* after, aspire to, seek, endeavo(u)r (after); *begehrlich*: covet, have an eye on; (*danach*) *~, zu inf.* endeavo(u)r (*od.* strive, seek, try) to *inf.*; *j-m nach dem Leben ~* seek a p.'s life; **II.** **≈** *n* striving, aspiration; endeavo(u)rs *pl.*; → *Sinnen* II.

Trachtenfest *n* show of national costumes.

trächtig *adj.* gravid, (big) with young; **≈keit** *f* gravidity, gestation.

tradieren *v/t.* hand down.

Tradition *f* tradition; *nach der ~* by tradition; *zur ~ machen* make *it* a tradition, traditionalize; **~alismus** *m* traditionalism; **≈ell** *adj.* traditional; **≈sbewußt** *adj.* tradition-conscious.

Trafik *östr. f* tobacco-shop; **~ant** *m* tobacconist.

Trafo ⚡ *m* transformer.

Trag|bahre *f* stretcher, litter; **~(e)balken** *m* → *Träger* 2; **~band** *n* (shoulder-)strap; ⚕ brace; **≈bar** *adj.* ⊕ portable; *Kleid*: wearable; *fig.* bearable supportable; (*annehmbar*) acceptable; (*zumutbar*) reasonable; *im Rahmen des* °∼*en* within reason.

Trage *f* hand-barrow; → *a. Tragbahre, Tragkorb.*

träge *adj.* lazy, sluggish (*a. weitS. u.* ⚘); (*faul*) idle, slothful; (*leblos, a. phys.*) inert.

tragen I. *v/t.* carry; (*mitnehmen*) take; (*befördern*) convey, transport; (*heben*) lift; (*stützen*) carry, support, (up)hold; (*hervorbringen*) bear, yield, produce; (*am Körper* ∼, *a. Brille, Bart*) wear; (*Kleider*) *a.* have on; (*Ton*) sustain; (*Früchte, fig. Folgen, Kosten, Namen, Verantwortung, Verlust usw.*) bear; *fig.* (*ertragen*) bear, endure, suffer; → *Bedenken* III, *Herz, Rechnung* 2, *Schau, Sorge, Trauer, Verlangen* III, *Zins usw.*; *bei sich* ∼ have about one (*od.* on one's person); *sich* ∼ *Person*: dress; *sich gut* ∼ *Stoff*: wear well; *fig.* ⚘ *sich selbst* ∼ pay its way; *sich mit der Absicht* (*od. dem Gedanken*) ∼ *zu inf.* have in mind to *inf.*, intend to *inf.*, toy with the idea of *ger.*, be thinking of *ger.*; → *tragend, getragen* 1; **II.** *v/i.* carry loads; *Baum*: bear fruit; *zo.* be with young; *Stimme*: carry (*weit* far); *Schußwaffe*: carry; *das Gewehr trägt...* has a range of ...; *schwer* ∼ *an* be weighed down by; *schwer zu* ∼ *haben* be heavily burdened, *a. fig.* be weighed down (*an* by); **III.** °∼ *n* carrying, *etc.*; *fig. zum* ∼ *kommen* be effective, take effect; *nicht zum* ∼ *kommen a.* fail, fall flat; **∼d** *adj. Idee, Motiv usw.*: dominant, reigning; *Stimme*: carrying, powerful; *thea.* ∼*e Rolle* lead(ing part).

Träger *m* **1.** (*a.* **∼in** *f*) carrier (*a.* ⚕ *Krankheits*°∼), bearer (*a. e-s Namens, Titels*); (*Gepäck*°∼) porter; (*Inhaber*) holder, bearer; (*Kleider*°∼) wearer; *fig. e-r Idee*: sustainer, representative, champion; (*Institut*) body responsible *for a th.*; supporter; ∼ *der Staatsgewalt* executive (body); → *Bau-, Preisträger*; **2.** *am Damenhemd usw.*: (shoulder) strap; ⊕ support; △ supporting beam; (*Quer*°∼) transom; (*Pfeiler*) pillar; (*Eisenlängs*°∼) girder; ⚡ carrier; 🚗 vehicle; → *Flugzeugträger, Hosenträger*; **∼frequenz** ⚡ *f* carrier frequency; **∼kleid** *n* dress with shoulder-straps; **∼lohn** *m* porterage; **°∼los** *adj. Kleid*: strapless; **∼rakete** *f* carrier rocket; **∼schürze** *f* pinafore; **∼strom** ⚡ *m* carrier current; **∼welle** ⚡ *f* carrier wave.

Trag...: **°∼fähig** *adj.* able to support load, strong; (*ertragreich*) productive; *fig.* sound; **∼fähigkeit** *f* load(-carrying) capacity; *Brücke*: safe load; *Kran*, ✈ lifting capacity; ⚓ tonnage; (*Schwimmkraft*) buoyancy; *fig.* soundness; **∼fläche** *f*, **∼flügel** ✈ *m* wing, airfoil; **∼flügelboot** *n* hydrofoil (craft); **∼gurt** *m* carrying- (*od.* shoulder-) strap; △ suspension band.

Trägheit *f* laziness, indolence; (*Langsamkeit*) sluggishness; *phys.* inertia (*a. fig.*); 🚗 inactivity; **∼sgesetz** *n* law of inertia; **∼smoment** *n* moment of inertia.

Tragik *f* tragedy; *fig. a.* tragicalness, tragic nature; **∼er** *m* tragic poet, tragedian.

Tragiko|mik *f* tragicomedy; **°∼misch** *adj.* tragicomic(ally *adv.*).

Tragikomödie *f* tragicomedy.

tragisch I. *adj.* tragic(al *fig.*); **II.** *adv.* tragically; *et.* ∼ *nehmen* take a th. tragically (*od.* to heart); **∼erweise** *adv.* tragically (enough).

Trag...: **∼korb** *m* pannier, hamper; (*Rücken*°∼) back-basket; **∼kraft** *f* → *Tragfähigkeit*; **∼last** *f* load, burden; (*Handgepäck*) portable luggage; (*Tragkraft*) (load) capacity; **∼lufthalle** *f* airhouse.

Tragöd|e *m* tragic actor, tragedian; **∼ie** *f* tragedy; **∼in** *f* tragic actress, tragedienne.

Trag...: **∼pfeiler** *m* pillar; **∼riemen** *m* (carrying- *od.* shoulder-) strap; *am Gewehr*: sling; **∼sattel** *m* pack-saddle; **∼schrauber** ✈ *m* gyroplane, autogiro; **∼sessel** *m* sedan(-chair); **∼tasche** *f* shoulder-strap (*Am.* tote) bag; **∼tier** *n* pack animal; **∼tüte** *f* carrier bag; **∼weite** *f* range; *fig.* reach, import(ance), consequences *pl.*; *von großer* ∼ of great moment; **∼werk** ✈ *n* wing unit.

Train ⚔ *m* train.

Trainer *m* trainer, coach.

trainieren *v/t. u. v/i.* train (*für, zu* for); *nur v/t.* coach.

Training *n* training; **∼sanzug** *m* track-suit; **∼sfahrt** *mot. f* practice run; **∼slager** *n* training camp; **∼szeit** *mot. f* practice time.

Trajekt *n* train-ferry.

Trakt *m* (*Fläche, Gebiet*) tract (*a. anat.*); (*Gebäudeteil*) part, wing; (*Straßen*°∼) stretch of road.

Trak|tat *n* (*Schrift*) treatise, *eccl.* tract; (*Vertrag*) treaty; **°∼tieren** *v/t.* treat (*mit* to); *mit Vorwürfen, Schlägen usw.*: belabo(u)r; *mit Fußtritten* ∼ kick.

Traktor *m* tractor.

trällern *v/t. u. v/i.* sing, hum.

Trampel F *m u. n* cow; **~n** *v/i.* trample, stamp; **~pfad** *m* beaten track, trail; **~tier** *zo. n* Bactrian camel.

trampen *v/i.* hitchhike.

Tramper *m* hitchhiker.

Trampolin *n* trampolin(e).

Tran *m* train-oil; F *im ~* a) sleep-drugged; b) in one's cups.

Trance *f* trance; *in ~ fallen* go off into a trance; *in ~ versetzen* put into a trance, mediumize.

Tranche ✝ *f* slice (of a loan).

Tranchier|besteck *n*: (*ein ~* a pair of) carvers *pl.*; **~en** *v/t.* carve, cut up; **~messer** *n* carving-knife.

Träne *f* tear (*a.* ⊕ *Tropfen*); *den ~n nahe* on the verge of tears; *in ~n aufgelöst be* all tears; *unter ~n* amid tears; *in ~n ausbrechen* burst into tears; → *rühren* II 3 *usw.*

tränen *v/i.* run with tears, water; **~drüse** *f* lachrymal gland; F *auf die ~ drücken* F dish out (*od.* be) regular sob-stuff; **~erstickt** *adj.* choked with tears; **~gas** *n* tear-gas, lachrymatory gas; **~kanal** *m* tear duct; **~leer** *adj.* tearless; **~reich** *adj.* tearful, lachrymose; **~sack** *m* lachrymal sac; **~strom** *m* flood of tears; **~überströmt** *adj.* bathed in tears.

tranig *adj.* smelling (*od.* tasting) of train-oil; *weitS.* oily; F *fig.* (*langsam*) slow, sluggish; (*fad*) dull.

Trank *m* drink, beverage; ⚕ draught, potion; (*Aufguß*) infusion; (*Abkochung*) decoction.

Tränke *f* watering-place; (*Becken*) watering tank; **~n** *v/t.* (*j-n*) give *a p.* to drink, still *a p.'s* thirst; (*Vieh, Pflanze*) water; (*durch ~*) soak, steep, ⊕ *a.* impregnate.

Trankopfer *n* drink-offering.

Transaktion *f* transaction.

transatlantisch *adj.* transatlantic.

Transduktor ⚡ *m* transductor.

Transfer ✝ *m* transfer; **~ierbar** *adj.* transferable; **~ieren** *v/t.* transfer (*an od. auf* to *od.* on); **~straße** ⊕ *f* fully automated assembly line.

Transform|ation *f* transformation; **~ator** ⚡ *m* transformer; **~atorenhaus** *n* transformer house; **~ieren** *v/t. a.* ⚡, ⩘, *psych.* transform; ⚡ *abwärts ~* (*hinauf ~*) step down (up).

Transfusion ⚕ *f* transfusion.

Transistor *m* transistor; **~bestückt, ~gesteuert, ~(is)iert** *adj.* transistorized; **~empfänger** *m* transistor(ized) receiver; **~(i-s)ieren** *v/t.* transistorize.

Transit *m* transit; **~güter** ✝ *n/pl.* transit goods; **~handel** *m* transit trade.

transitiv *ling. adj.*, **~** *n* transitive.

transitorisch *adj.* transitory, transient; *Buchung, Konto usw.*: suspense ...; *Kredit*: transmitted *loan.*

Transitverkehr ✝ *m* transit trade (*od.* traffic).

Transkription *f* transcription.

Transmission ⊕ *f* transmission; **~swelle** *f* transmission shaft.

transozeanisch *adj.* transoceanic.

transparen|t I. *adj.* transparent (*a. fig.*); **II. ~** *n* transparency; *bei Demonstrationen usw.*: banner; **~z** *f* transparency.

Transpi|ration *f* perspiration; **~rieren** *v/i.* perspire.

Transplan|tat ⚕ *n* transplant; **~tation** *f* transplantation, grafting; **~tieren** *v/t.* transplant, graft.

transponieren ♪, ⩘ *v/t. u. v/i.* transpose.

Transport *m* transport(ation *Am.*), conveyance, carriage; ⚓, *Am. a. allg.* shipment; (*Straßen~*) haulage; ✝ *Buchführung*: → *Übertrag*; *während des ~es* in transit; **~abel** *adj.* transportable; (*tragbar*) portable; (*beweglich*) mobile; **~arbeiter** *m* transport worker; **~band** *n* conveyor belt; **~er** *m* → *Transportfahrzeug, -flugzeug, -schiff*; **~eur** *m* **1.** carrier; **2.** ⩘ protractor; **~fähig** *adj.* transportable; **~fahrzeug** *mot. n* transporter, (goods) carrier; **~firma** *f* → *Transportunternehmen*; **~flugzeug** *n* transport aircraft *od.* plane, cargo (⚔ troop) carrier aircraft; **~gefährdung** ⚖ *f* endangering public traffic; **~gelegenheit** *f* transport (facility), conveyance; **~geschäft** *n* carrying trade, forwarding-business; **~ieren** *v/t.* transport, carry, convey; move; *mit Lastwagen*: *a.* haul; ⚓, *Am. a. allg.* ship; ✝ *Buchführung*: carry forward; **~kolonne** *f* motor convoy; **~kosten** *pl.* transport(ation) charges, carriage *sg.*; ⚓ freight (charges); (*Rollgeld*) cartage *sg.*; **~mittel** *n* (means of) transport(ation *Am.*) *od.* conveyance; **~schiff** *n* transport (ship), ⚔ troopship, *Brit. a.* trooper; **~schnecke** ⊕ *f* screw-conveyor; **~schwimmen** *n* rescuing, carry swimming; **~unternehmen** *n* carriers *pl.*, haulage contracting firm; **~unternehmer** *m* carrier, hauler, *Brit.* haulier, *Am. a.* teamster; **~versicherung** *f* transport insurance; (*See~*) marine insurance; **~wesen** *n* transportation (system).

Transvestit *m* transvestite.

transzenden|t, ~tal *adj.* transcendental; **≈z** *f* transcendence.

Trapez *n* ⩓ trapezium, *Am.* trapezoid; *Turnen*: trapeze; **~effekt** *TV m* keystone effect; **≈förmig** *adj.* trapeziform, trapezoid(al); **~gewinde** ⊕ *n* acme thread; **~künstler(in** *f*) *m* aerial acrobat; **~oid** *n* trapezoid.

trappeln *v/i. Pferd usw.*: clatter; *Kind usw.*: patter.

trappen, trapsen *v/i.* trot, plod.

Trara F *n* fuss, noise, hullabaloo.

Tras|sant ⚕ *m* drawer; **~sat** *m* drawee.

Trass|e ⊕ *f* line (of construction); **≈ieren** *v/t. u. v/i.* **1.** ⚕ ~ *auf* draw on; **2.** ⊕ lay out, trace (out).

Tratsch F *m* (*Klatsch*) gossip, (tittle-)tattle; (*Geschwätz*) twaddle; **≈en** *v/i.* gossip, tattle, twaddle, gabble.

Tratte ⚕ *f* draft.

Traube *f* bunch of grapes; (*~nbeere*) grape; *weitS.* cluster.

Trauben...: **~beere** *f* grape; **≈förmig** *adj.* grape-like; **~kur** *f* grape-cure; **~lese** *f* vintage; **~presse** *f* wine-press; **~saft** *m* grape juice; **~säure** *f* racemic acid; **~stock** *m* vine; **~zucker** *m* grape sugar, glucose, dextrose.

trauen[1] *v/t.* marry, join in marriage (*od.* wedlock); *sich ~ lassen* get married, marry, *sl.* ankle up the aisle.

trauen[2] **I.** *v/i.* (*j-m od. e-r Sache*) trust *a p.*, confide in, have (*od.* put one's) confidence in; (*sich verlassen auf*) rely on; *trau, schau, wem!* never trust anybody!; *ich traute m-n Ohren nicht* I could not believe my ears; → *Weg*; **II.** *v/refl.*: *sich ~* → *getrauen.*

Trauer *f* sorrow, affliction, grief (*um, wegen* at, *um j-n* for); *um e-n Toten*: mourning (for); (*~kleidung, ~zeit*) mourning; *tiefe ~* deep mourning; *~ anlegen* (*ablegen*) go into (out of) mourning; *~ haben, ~ tragen* be in mourning; **~anzeige** *f* obituary (notice); **~band** *n*, **~binde** *f* → *Trauerflor*; **~botschaft** *f* sad (*od.* mournful) news (*sg.*); **~fahne** *f* black (*od.* half-mast) flag; **~fall** *m* death; **~feier** *f* funeral service, obsequies *pl.*; **~flor** *m* (black) crape, mourning band; **~gottesdienst** *m* → *Trauerfeier*; **~jahr** *n* year of mourning; **~kleidung** *f* mourning; **~kloß** F *m* F wet blanket, *Am. sl.* crapehanger, sad sack; **~marsch** *m* funeral (*od.* dead) march.

trauern I. *v/i.* mourn (*um* for); *weitS. a.* grieve (for, over); *äußerlich*: be in mourning; *~ um a.* lament; **II.** **≈** *n* mourning; **~d** *adj.* afflicted, grief-stricken; **≈de(r** *m*) *f* mourner.

Trauer...: **~nachricht** *f* sad (*od.* mournful) news (*sg.*); **~rand** *m am Briefpapier*: mourning border (*pl. a. co.* = dirty fingernails); *Briefpapier mit ~* mourning-paper; **~rede** *f* funeral oration; **~schleier** *m* black veil; **~spiel** *n* tragedy; *fig.* sorry affair; **≈voll** *adj.* mournful, sad; **~weide** ⚘ *f* weeping willow; **~zeit** *f* time of mourning; **~zug** *m* funeral procession.

Traufe *f* eaves *pl.*; (*Traufrinne*) gutter; → *Regen.*

träufeln I. *v/t.* drip; **II.** *v/i.* drop, drip, trickle, fall in drops.

traulich *adj.* intimate; (*gemütlich*) *a.* cosy, snug; **≈keit** *f* intimacy; cosiness.

Traum *m* dream (*a. fig. Ideal usw.*); (*Tag≈*) (day)dream, reverie, fantasy; (*~gesicht*) vision; *böser od. quälender ~* nightmare, bad dream; *im ~* in one's dream; *wie im ~* as in a dream; *das fällt mir nicht im ~ ein* I would not dream of (doing) it; *all seine Träume erfüllten sich* all his dreams came true; *nicht in meinen kühnsten Träumen* not in my fondest dreams.

Trauma ⚕ *u. psych. n* trauma; **≈tisch** *adj.* traumatical; **≈tisieren** *v/t.* traumatize.

Traum...: **~beruf** *m* dream job; **~bild** *n* vision, phantom; **~buch** *n* dream-book; **~deuter(in** *f*) *m* dream-reader; **~deutung** *f* dream interpretation.

träumen I. *v/i. u. v/t.* dream (*von* of, about; *a. fig.*); *wachend*: *a.* daydream, be in a reverie; *schwer ~* have heavy dreams; *ich* (*od. mir*) *träumte* I dreamt *od.* dreamed; *fig. das hätte ich mir nie ~ lassen* I never dreamed of such a thing; *träume schön* (*od. süß*)*!* pleasant dreams!; **II.** **≈** *n* dreaming; dreams *pl.*

Träumer *m*, **~in** *f* dreamer; *fig.* (*Phantast*) *a.* visionary; **~ei** *f* dreaming; *fig. a.* reverie (*a.* ♪), daydream, musing; **≈isch** *adj.* dreamy, dreaming; (*sinnend*) musing, bemused.

Traum...: **~fabrik** F *f* dream factory; **~gesicht** *n*, **~gestalt** *f* → *Traumbild*; **≈haft** *adj.* dreamlike, dreamy; *adv. ~ schön a.* a dream of *a dress*; *sie sah ~ schön aus* she looked a perfect dream; **~land** *n* dreamland; **≈los** *adj.* dreamless;

~tänzer F *m* → *Träumer*; **²verloren**, **²versunken** *adj.* lost in dreams; **~welt** *f* dream world, *weitS. a.* world of fantasy; **~zustand** *m* (*hypnotischer* ~) trance.

Traurede *f* marriage sermon.

traurig *adj.* sad (*über* at); grieved, sorrowful; mournful, broken-hearted; (*schwermütig*) melancholy; (*unglücklich*) unhappy, miserable; (*niedergeschlagen*) depressed, crestfallen, *Am.* F blue; (*düster*) gloomy; (*elend*) wretched; (*beklagenswert, z.B. Anblick, Zustand*) deplorable, sad, sorry; *Pflicht, Rest usw.*: sad; ~ *stimmen* sadden; *contp. es ist ~ genug, daß* it is bad enough that; **²keit** *f* sadness.

Trau...: ~ring *m* wedding-ring; **~schein** *m* marriage certificate (*od.* lines *pl.*).

traut *adj.* **1.** beloved, dear; **2.** → *traulich.*

Trau...: ~ung *f* marriage-ceremony; (*Hochzeit*) (*kirchliche* ~ church) wedding; *standesamtliche* ~ civil marriage; **~zeuge** *m*, **~zeugin** *f* witness to a marriage.

Travellerscheck *m* traveller's cheque, *Am.* traveler's check.

Traverse *f* △ traverse; ⊕ *a.* cross-member.

Travestie *f*, **²ren** *v/t.* travesty.

Treber *pl.* draff *sg.*

Treck *m* trek; **²en** *v/i.* trek; ⚓ tow, haul; **~er** *m* tractor.

Treff[1] *n Karten*: club(s *pl.*).

Treff[2] F *m* **1.** rendezvous, F date; **2.** → *Treffpunkt.*

treffen I. *v/t.* **1.** hit, strike; *nicht* ~ miss; *der Schlag traf ihn am Kinn* the blow caught him on the chin; *fig. es* (*od. das Richtige*) ~ hit the mark; *fig. du hast's getroffen!* you have hit the nail on the head!; F *es gut* ~ come at the right time, *weitS.* be lucky, strike gold, strike it rich; *paint., phot. du bist gut getroffen* this is a good likeness of you; **2.** (*befallen*) befall; (*betreffen*) concern, touch, *nachteilig*: affect; *empfindlich*: cut to the quick, hit hard; *sich getroffen fühlen* feel hurt; *du brauchst dich nicht getroffen zu fühlen* that was not meant for you; *das Los traf ihn* the lot fell on him; *wen trifft die Schuld?* who is to blame?, who is responsible for this?; *dieser Vorwurf trifft mich nicht* this reproach does not apply to me; **3.** (*Vereinbarung usw.*) make, reach; → *Anstalt* 2, *Blitz, Entscheidung, Maßnahme, Ton*[2], *Vorkehrung usw.*; **4.** (*j-m begegnen*) meet; *zu Hause* ~ find *a p.* at home; *sich* ~ meet, (*sich versammeln*) *a.* gather, assemble; *sich mit j-m* ~ meet a p., have an appointment (*od.* a rendezvous, F a date) with a p.; **II.** *v/i.* **5.** hit, find its (*od.* their) mark, go home (*alle a. fig.*); *Boxen*: *a.* land, connect; *nicht* ~ miss (the mark); *getroffen!* hit!, *fenc.* touché! (*fr.*); **6.** ~ *auf* meet with, *zufällig*: light on, come across *a th.*, stumble on; (*den Feind*) encounter, fall in with; **III.** *v/refl. u. impers.*: *sich* ~ (*geschehen*) happen; *es traf sich, daß* it so happened that; *das trifft sich gut!* that's lucky!, how fortunate!, *Am.* F *a.* what a break!; *wie es sich* (*gerade*) *traf* as luck would have it; **IV.** **²** *n* (*Zusammen²*) meeting, assembly, *a. weitS.* rendezvous; *pol. usw. a.* rally; *zwangloses*: gathering; *Sport*: meet, contest, bout; ⚔ encounter; *fig. Gründe ins* ~ *führen* put forward, advance; **~d** *adj.* (*auffallend*) striking; (*passend*) apt, appropriate, *Bemerkung*: *a.* (*pred.*) to the point.

Treffer *m* hit (*a. fenc., Boxen*); (*Voll²*) direct hit; *Fußball*: goal; *fig.* (*Glücks²*) (lucky) hit, lucky strike; (*Gewinnlos*) prize; (*Buch usw.*) great hit (*od.* success); ~ *erzielen* score (hits, *Fußball*: goals), *Boxen*: *a.* land (punches); **~bild** *n Schießen*: group.

trefflich *adj.* excellent; (*erlesen*) exquisite, choice; **²keit** *f* excellence, choiceness.

Treff...: ~punkt *m* meeting-place, rendezvous; **²sicher** *adj.* sure-hitting, unerring; *fig. Urteil*: unerring, sound; **~sicherheit** *f* accuracy of aim, unfailing aim; *fig.* accuracy.

Treib|anker ⚓ *m* drag anchor; **~eis** *n* drift-ice, floating ice.

treiben I. *v/t.* **1.** *allg.* drive (*a. Vieh, Räder, Ball usw.*); (*Maschine usw.*) drive, work, operate; (*in Bewegung setzen*) propel; (*Rauch, Schnee*) drift; *fig.* (*an*~) impel, move, (*a. Arbeiter*) drive; *e-n Nagel in die Wand* ~ drive a nail into the wall; *den Feind aus dem Land* ~ drive the enemy from the country; *Eis* ~ *Fluß*: carry ice; *j-n* ~ (*drängen, a. weitS. veranlassen*) *zu inf.* induce (*od.* bring, prompt) a p. to *inf.*, *stärker*: drive (*od.* urge, force) a p. to *inf.*; *zur Verzweiflung* ~ drive *a p.* mad; **2.** (*Blätter usw.*) put forth; (*Pflanzen*) force; ⚕ (*Schweiß, Urin*) produce, promote; (*Teig*) raise; **3.** ⊕ (*Metall*) (en-)chase, emboss, raise; (*läutern*) refine, cupel; **4.** (*tun*) do; (*betreiben*) practise, carry on; (*Künste, Wissenschaften*) cultivate; (*Sport usw.*) go in for; (*Beruf*) pursue, follow; (*Geschäfte, Handel*) carry on; ⚖ (*Ehebruch, Unzucht usw.*) commit, practise; *was treibst du?* what are you doing (there)?; *Sprachen* ~ study languages; *e-e Politik* ~ pursue a policy; *Preise in die Höhe* ~ force up; *er trieb e-n schwunghaften Handel mit* he drove a roaring trade with; *fig. es toll* ~ carry on like mad; go too far; *wenn er es weiterhin so treibt* if he carries (*od.* goes) on like this; → *Aufwand, Enge, Spitze*[1] I 1, *Unfug usw.*; **II.** *v/i.* **5.** drive; *im Wasser*: float, *a. Schnee, Rauch*: drift; *in e-n Krieg* ~ drift into a war; *die Dinge* ~ *lassen* let things drift; *sich* ~ *lassen* float, *fig.* let o.s. drift; **6.** (*keimen*) shoot forth, germinate; ⚕ (*Urin* ~) be a (*od.* act as a) diuretic; (*gären*) ferment, work; → *Kraft* 1; **III.** ≈ *n* driving, *etc.*; (*Tun*) doings *pl.*, activities *pl.*; (*Vorgänge*) *a.* goings-on *pl.*; (*geschäftiges* ~) bustle, activity; *buntes* ~ medley, colo(u)rful scene.

Treiber *m* driver; (*Vieh*≈) drover; *hunt.* beater; (*Bedrücker*) oppressor, F slave-driver; ⊕ propeller; *am Webstuhl*: picker.

Treib...: **~gas** *n* fuel (*od.* propellent) gas; **~haus** *n* hothouse; **~hauspflanze** *f* hothouse plant; **~holz** *n* driftwood; **~jagd** *f* battue; *fig.* (dragnet) hunt, *pol.* witch-hunt; **~kraft** *f* propelling (*od.* motive) power, driving power *od.* force; **~ladung** ⚔ *f* propelling charge; **~mine** *f* floating mine; **~mittel** ⊕ *n* propellent (*a. fig.*); ⚕ purgative, evacuant; **~öl** *n* fuel oil; **~rad** *n* driving wheel; ⚔ *Panzer*: sprocket wheel; **~riemen** *m* driving belt; **~sand** *m* quicksand; **~satz** *m Rakete usw.*: propelling charge; **~stoff** *mot. u.* ✈ *m* (power) fuel, *bsd. Rakete*: propellent; → *a. Kraftstoff(...), Benzin(...)*; **~stofflager** *n* fuel dump.

treidel|n ⚓ *v/i.* tow; **≈pfad** *m* tow(ing)-path.

Trema *ling. n* di(a)eresis.

Tremo|lo ♪ *n* tremolo; **≈lieren** *v/i.* quaver, shake; sing with a tremolo.

Trend *m* trend.

trennbar *adj.* separable; (*ab*~) detachable; **≈keit** *f* separability.

trennen *v/t.* separate (*a.* ⊕, ⚒), sever, put asunder; (*teilen, a. Silben, fig. zu Gegnern machen*) divide; (*ab*~, *loslösen*) detach; (*Zs.-gehöriges*) disjoin; (*isolieren*) isolate, segregate; (*entzweien*) disunite; (*Eheleute*) separate; (*auflösen*) dissolve, break up; (*Naht*) rip up, undo; *teleph.* break, cut off, disconnect; *sich* ~ separate (*von* from); part (*von e-r Person*: with, *von e-r Sache*: from, with); *Eheleute*: separate; *sich in Zwietracht usw.* ~ *von* break with, sever one's connection with; *sich in zwei Lager usw.* ~ split into two camps *etc.*; *j-m den Kopf vom Rumpfe* ~ sever a p.'s head (from his body); ~! *Boxen*: break!; *getrennt leben* be separated; ✉ *mit getrennter Post* under separate cover.

Trenn...: **~punkte** *ling. m/pl.* di(a)eresis *sg.*; **~schalter** ⚡ *m* isolating switch; **≈scharf** *adj. Radio*: selective; **~schärfe** *f Radio*: selectivity; **~schärferegelung** *f* selectivity control.

Trennung *f* separation (*a.* ⊕, ⚒), severance; disconnection (*a.* ⚡); (*Absonderung, Rassen*≈) segregation; (*Teilung, Silben*≈) division; ⚖ *eheliche* ~ judicial separation; *fig.* separation, division, divorce; **~slinie** *f* dividing (*od.* parting) line; **~sschmerz** *m* wrench; **~sstrich** *m* dash; **~sstunde** *f* parting hour; **~swand** *f* → *Trennwand*; **~szeichen** *n ling., typ.* hyphen; (*Trema*) di(a)eresis; *teleph.* cut-off signal; **~szulage** *f* (family) separation allowance.

Trennwand *f* partition (wall).

Trense *f* snaffle (bit).

trepanieren ⚕ *v/t.* trepan.

treppauf *adv.*: ~, *treppab* upstairs, downstairs.

Treppe *f* staircase, (*eine* ~ a flight *od.* pair of) stairs *pl.*; *Am. a.* stairway; *vor dem Hause usw.*: steps *pl.*; *zwei* ~*n hoch* on the second floor; *die* ~ *hinab* (*hinauf*) downstairs (upstairs).

Treppen...: **~absatz** *m* landing; **~flucht** *f* flight of steps; **≈förmig** *adj.* stepped, terraced; **~geländer** *n* banisters *pl.*; **~haus** *n* staircase; **~stufe** *f* stair, step; **~witz** *m* silly joke; ~ *der Weltgeschichte* paradox of history.

Tresen *m* bar, counter.

Tresor *m* (*Panzergewölbe*) strongroom, *bsd. Am.* vault; (*Panzerschrank*) safe; **~abteilung** *f* safe deposit department; **~fach** *n* safe deposit box.

Tresse *f* galloon, lace; ⚔ stripe.

Trester *m* draff.

Tret|anlasser *mot. m* kickstarter; **~auto** *n* pedal scooter.

treten I. *v/i.* tread; (*gehen*) step,

walk; (*schreiten*) stride; *Radfahrer*: treadle, pedal; *ins Haus* ~ enter the house; *fig. in ein Amt* ~ enter upon an office; *j-m in den Weg* ~ block (*od.* stand in) a p.'s way; *j-m unter die Augen* ~ appear before (*od.* face) a p.; *zu j-m* ~ step (*od.* walk) up to a p.; *nach j-m* ~ (take a) kick at a p.; *über die Ufer* ~ *Fluß*: overflow its banks; → *nah, näher*; ~ *Sie näher!* step nearer!, step this way!, come in!; → *Dasein* 2, *Dienst* 6, *Hühnerauge, Kraft* 2, *Seite, Stelle, zutage usw.*; **II.** *v/t.* tread; (*Nähmaschine, Pedal usw.*) tread(le), work; (*e-n Fußtritt geben*) kick; *orn.* (*begatten*) tread; *fig.* (*j-n schikanieren*), *a. et. mit Füßen* ~ trample upon; *sein Glück mit Füßen* ~ spurn one's fortune; (*in*) *die Pedale* ~ pedal (away); *in den Staub* ~ crush under foot; *den Takt* ~ beat the time with one's foot; *sich e-n Dorn in den Fuß* ~ run a thorn into one's foot; *Wasser* ~ *beim Schwimmen*: tread water.

Tret...: **~hebel** *m*, **~kurbel** *f* treadle; *mot.* (pedal) crank; **~kontakt** ⚡ *m* floor contact; **~mine** ⚔ *f* contact mine; **~mühle** *f* treadmill (*a. fig.*); **~schalter** *m* foot switch.

treu I. *adj.* faithful, true (*dat.* to); (~*gesinnt*) loyal (to); (*ergeben*) devoted (to); (*unerschütterlich*) sta(u)nch; (*zuverlässig*) trusty; *Gedächtnis*: faithful; (*genau*) faithful, accurate, true *copy*; *zu* ~*en Händen* in trust, for safe-keeping; ~ *wie Gold* true as steel; *sich* (*s-n Grundsätzen*) ~ *bleiben* remain true (*od.* F stick) to o.s. (one's principles); *s-m Vorsatz* ~ *bleiben* stick to one's purpose; *das Glück blieb ihm* ~ his luck held; **II.** *adv.* faithfully *etc.*; ~ *ergeben* devoted (*dat.* to); ~ *und brav* faithfully; **III.** ≈ *f* → *Treue*; *auf* ~ *und Glauben* in good faith, in trust.

Treu...: **~bruch** *m* breach of faith (*od.* trust); (*Untreue*) disloyalty; (*Verrat*) perfidy; **≈brüchig** *adj.* faithless, disloyal, perfidious; **~e** *f* faithfulness, loyalty; *im Halten e-r Zusage*: faith; (*Genauigkeit*) faithfulness; (*Klang*≈) fidelity; *die* ~ *brechen* break one's faith (*dat.* with), *j-m*: (*verraten*) betray; *j-m die* ~ *halten* remain loyal to; **~eid** *m* oath of allegiance; **≈ergeben, ≈gesinnt** *adj.* loyal (*dat.* to); **~hand** *f* trust; **~händer** *m* trustee, fiduciary; *gerichtlicher* (*od. öffentlicher*) ~ judicial (*od.* public) trustee, *bsd. für Nachlaß, Konkursmasse*: (official) receiver; **≈händerisch I.** *adj.* fiduciary; **II.** *adv.* in trust; ~ *verwalten* hold in trust; **~händerschaft** *f* trusteeship; **~handgesellschaft** *f* trust company; **~handverhältnis** *n* trust; **~handvermögen** *n* trust funds *pl.* (*od.* property); **~handvertrag** *m* trust-deed; **≈herzig** *adj.* (*ohne Falsch*) guileless; (*offen*) candid, frank; (*naiv*) simple-minded, ingenuous, naive; **~herzigkeit** *f* guilelessness; frankness; ingenuousness; **≈lich** *adv.* faithfully; (*wahrhaft, aufrichtig*) truly; **≈los** *adj.* faithless (*gegen* to); disloyal (to); *a. ehelich*: untrue (to); (*verräterisch*) perfidious, treacherous; **~losigkeit** *f* faithlessness; *e-s Ehegatten*: infidelity; (*Verrat*) perfidy, treachery; **~pflicht** *f* (duty of) loyalty, trust; *Verletzung der* ~ breach of trust.

Triade *f* triad.

Triangel ⚒, ♪ *m* triangle.

Trias(formation) *f* trias.

Tribun *m* tribune.

Tribunal *n* tribunal.

Tribüne *f* (*Redner*≈) platform, rostrum; (*Zuschauer*≈) (grand-) stand; *im Stadion*: *a.* terraces *pl.*

Tribut *m* tribute; *fig. j-m od. e-r Sache s-n* ~ *zollen* pay tribute to; **≈pflichtig** *adj.* tributary.

Trichin|e *f* trichina; **≈ös** *adj.* trichinous; **~ose** ⚕ *f* trichinosis.

Trichter *m* funnel; ⊕ (*Aufgabe*≈) feeding hopper; *metall.* (down-) gate; (*Granat*≈) crater; (*Lautsprecher*≈) horn; (*Sprach*≈) megaphone; *anat.* infundibulum; **~feld** *n* shell-pitted area; **≈förmig** *adj.* funnel-shaped; **~lautsprecher** *m* horn(-type) loudspeaker; **≈n** *v/t.* (pour through a) funnel; **~wagen** 🚂 *m* hopper car.

Trick *m* trick; (*Kunststück*) *a.* stunt; (*List*) *a.* artifice, dodge, sleight of hand; *Film*: trick, special effect; **~aufnahme** *f Film*: trick shot; **~film** *m* trick film, stunt film; (*Zeichen*≈) (animated) cartoon; **~filmzeichner** *m* animator; **≈reich** *adj.* tricky, full of tricks, artful; **≈sen** F *v/i.* use tricks, dodge; **~taste** *f Tonband*: trick button.

Trieb *m* **1.** ⚘ sprout, young shoot; **2.** (*Keimkraft*) germinating power; **3.** (*treibende Kraft*) driving force; (*Antrieb*) impulse; **4.** (*natürlicher* ~) instinct; (*Drang*) urge; (*Verlangen*) desire; (*Neigung*) inclination, bent; *nur b.s.* propensity; (*Geschlechts*≈) sexual urge (*od.* drive); **5.** ⊕ drive; (*Getriebe*) transmission, gear drive; **~achse**

⊕ *f* driving (*od.* live) axle; **~feder** *f* mainspring; *fig. a.* motive power; *die ~ e-r Sache sein a.* be at the bottom of a th.; **≈haft** *adj.* instinctive, *stärker*: animal(-like), *pred. a.* a slave to one's instincts; (*fleischlich*) carnal, highly (*od.* over)sexed; **~haftigkeit** *f* animal instincts *pl.*; sexuality; **~kraft** *f* propelling (*a. fig.* motive) power, driving force; **~leben** *n* instinctual (*engS.* sex) life; **~ling** ⊕ *m* pinion; **~rad** *n* driving wheel; **~sand** *m* quicksand; **~stahl** *m* pinion steel; **~täter** *m*, **~verbrecher** *m* sex maniac, sex criminal; **~wagen** *m* 🚃 (motor) railcar, autorail; (*Straßenbahn*) prime mover, motor carriage; **~wagenzug** *m* motorcoach train; **~welle** ⊕ *f* drive shaft; **~werk** ⊕ *n* (driving) mechanism, transmission (system); (*Motor*) engine, power plant (*od.* unit).

Trief|auge *n* blear-eye; **≈äugig** *adj.* blear-eyed; **≈en** *v/i.* drip (*von* with); *Auge, Nase*: run; *fig. ~ von* ooze *sweat etc.*; **≈nasig** *adj.* snivel(l)ing; **≈naß** *adj.* dripping wet.

triezen F *v/t.* (*plagen*) torment; (*necken*) tease, *sl.* rib.

Trift *f* pasturage; (*Weide*) pasture, *poet. a.* meadow; (*Herde*) drove, herd; (*Viehweg*) cattle-track; (*Holz≈*) floating; *geogr.*, ✈, ⚓ drift.

triftig *adj.* valid, sound, strong; (*gewichtig*) weighty; (*zwingend*) cogent; (*überzeugend*) convincing, conclusive; (*einleuchtend*) plausible; *~er Grund a.* good reason; **≈keit** *f* validity; weight(iness); cogency; plausibility.

Trigonomet|rie *f* trigonometry; **≈risch** *adj.* trigonometrical; *~er Punkt* triangulation point.

Trikolore *f* tricolo(u)r.

Trikot 1. *m* (*~stoff*) stockinet, (*a. Kleiderstück*) tricot; **2.** *n im Zirkus*: tights *pl.*; *fleischfarbenes*: fleshings *pl.*; (*Sport≈*) vest, (*Mannschafts≈*) shirt; **~agen** *pl.* hosiery *sg.*, knitted goods; **~wäsche** *f* tricot lingerie.

Triller ♪ *m* trill, quaver; **≈n** *v/i. u. v/t.* trill, quaver; *Vogel*: warble; **~pfeife** *f* (signalling) whistle.

Trillion *f* trillion, *Am.* quintillion.

Trilogie *f* trilogy.

Trimester *n* trimester.

Trimm ⚓, ✈ *m* trim; **~-dich-Aktion** *f* Keep Fit Drive; **≈en** *v/t. allg.* (*stutzen*; ⚓, ✈ *in die richtige Lage bringen*; ⚡ *abgleichen*) trim; F (*trainieren*) train; *sich ~* keep o.s. in good trim; **~er** *m* trimmer (*a.* ⚡); **~lage** ⚓, ✈ *f* trim.

Trinitrotoluol ⚗ *n* trinitrotoluene (*abbr.* T.N.T.).

trink|bar *adj.* drinkable, potable; **≈becher** *m* drinking-cup; **≈branntwein** *m* potable spirit(s *pl.*); **~en** *v/t. u. v/i.* drink (*a. b.s.*); (*Tee usw.*) take, have; (*zechen*) carouse, tipple; *vorsichtig, in kleinen Schlucken*: sip; *fig.* (*in sich aufnehmen*) imbibe, drink in; *~ auf* (*j-n od. et.*) drink to, toast; *gern eins ~* be fond of a drop, like one's bottle; *der Wein läßt sich ~* is drinkable; *was ~ Sie?* what do you have (to drink)?, F what's your poison?; *sich das ≈ angewöhnen* take to drinking (*od.* to the bottle); **≈er(in** *f*) *m* drinker; *b.s. a.* drunkard, alcoholic; **≈erheilanstalt** *f* institution for the cure of alcoholics; **~fest** *adj.* hard-drinking; *er ist ~ a.* he holds his liquor well; **≈gefäß** *n* drinking-vessel; **≈gelage** *n* drinking-bout, carousal, F booze; **≈geld** *n* gratuity, F tip; *fig. contp.* pittance; *j-m (ein) ~ geben* F tip a p.; **≈glas** *n* drinking-glass; tumbler; **≈halle** *f im Kurort*: pump-room; *auf der Straße*: refreshment kiosk; **≈halm** *m* drinking-straw; **≈lied** *n* drinking-song; **≈milch** *f* certified milk; **≈spruch** *m* toast; **≈stube** *f* tap-room; **≈wasser** *n* drinking-water; **≈wasseraufbereitungsanlage** *f* water purification unit.

Trinom ⅍, *biol. n*, **≈isch** *adj.* trinomial.

Trio *n* trio (*a.* F *fig.*).

Triode ⚡ *f* triode.

Triole ♪ *f* triplet.

Triphthong *ling. m* triphthong.

Triplik ⚖ *f* surrejoinder; **~at** *n* triplicate.

trippeln *v/i.* trip.

Tripper ⚕ *m* gonorrh(o)ea, F clap.

Triptychon *n* triptych.

Triptyk *mot. n* triptique.

Tritt *m* tread, step; (*Schritt*) pace; (*~spur*) footprint, footstep; (*Geräusch des ~es*) footfall; (*Fuß≈*) kick; (*Möbel*) stepstool; ⊕ treadle; *mount.* foothold; → *a. Trittbrett, Trittleiter*; *im ~* in step; *im falschen ~* out of step; *~ fassen* fall in step; *~ halten* keep step; *aus dem ~ geraten* break (*od.* fall out of) step; *j-m e-n ~ versetzen* give a p. a kick; F *j-m den ~ geben* give a p. the push; ⚔ *ohne ~ marsch!* route step, march!; **~brett** *n* footboard; *mot.* running-board; **~leiter** *f* step-ladder, (*eine* ~ a pair of) steps *pl.*

Triumph *m* triumph (*a. fig. über* over); *im* ~ triumphantly; *fig.* (*große*) ~*e feiern* achieve great triumphs, be triumphant, *weitS. iro.* be rampant; **⁀al** *adj.* triumphant, glorious; **~bogen** *m* triumphal arch; **~geheul** *n* howl of triumph; **⁀ieren** *v/i.* (*frohlocken*) triumph, exult (*über* over); *schadenfroh*: gloat (over); (*siegen*) triumph (*über* over), have the last laugh (on *a p.*); *zu früh* ~ count unhatched chickens; **~zug** *m hist.* triumph; *fig.* triumphal process (*od.* march).

trivial *adj.* trivial; **⁀ität** *f* triviality; **⁀literatur** *f* trivial literature.

trocken I. *adj. allg.* dry (*a. weitS. Brot, Husten, Kuh, Wein, a. fig. Bemerkung, Humor, Person*); (*dürr*) dry, arid; *Holz*: seasoned; (*langweilig*) dry, jejune, dull, *stärker*: dry-as-dust; ~*er Kerl* prosy (fellow), F dry stick; ~*es Land* (*mit Alkoholverbot*) dry country; ⚕ ~*er Wechsel* promissory note; *im Trockenen* under cover; *fig. im trocknen* in safety, out of the woods; *fig. auf dem trocknen sitzen* be stranded (*od.* left high and dry, in low water); *noch nicht* ~ *hinter den Ohren* not yet dry behind the ears; ~ *bleiben* (*halten*) remain (keep) dry; → *Schäfchen*; **II.** *adv.*: *sich* ~ *rasieren* dry-shave; *fig.* ..., *sagte er* ~ ..., he said drily (*od.* dryly).

Trocken...: **~anlage** *f* drier installation; **~apparat** *m* drier; desiccator; **~bagger** *m* excavator; **~batterie** ⚡ *f* dry battery; **~boden** *m* drying loft; **~dampf** *m* dry steam; **~darre** *f* drying kiln; **~dock** ⚓ *n* dry dock; *ins* ~ *bringen* dry-dock *a ship*; **~ei** *n* dried (whole) eggs *pl.*; **~eis** *n* dry ice; **~element** ⚡ *n* dry cell; **~farbe** *f* powder paint; **~fäule** *f* dry rot; **~futter** *n* dry feed, provender; **~gehalt** *m* dry content; **~gemüse** *n* dried (*od.* dehydrated) vegetables *pl.*; **~gestell** *n* drying-rack; *für Wäsche*: clothes-horse; **~gewicht** *n* dry weight; **~haube** *f* (hair-)drier; **~hefe** *f* dry yeast; **~heit** *f* dryness; (*Dürre*) *a.* aridity; *des Wetters*: drought; *fig.* dryness, dul(l)ness, tediousness; **~kartoffeln** *f/pl.* dehydrated potatoes; **~kost** ⚕ *f* Schroth treatment; **⁀legen** *v/t.* dry up; (*Land*, ⚒ *Schacht*) drain; (*Säugling*) change *a baby* (*od. a baby's* napkins); **~legung** *f* drainage; **~maß** *n* dry measure; **~milch** *f* dried (*od.* powdered) milk; **~mittel** *n* drying agent, drier, (de)siccative; **~obst** *n* dried fruit; **~ofen** *m* drying kiln; **~periode** *f* dry spell; **~rasierer** *m* electric razor; **~reiben** *v/t.* rub dry; **~reinigung** *f* dry cleaning; **~schleuder** *f* centrifugal drier; **~schliff** ⊕ *m* dry grinding; **~skilauf** *m* dry skiing; **~ständer** *m* drying rack; **~substanz** *f* dry substance; → *a. Trockenmittel*; **~training** *n* dry practice; **~verfahren** *n* dry process; **~wäsche** *f* dry wash; **~zeit** *f* drying time; *des Wetters*: drought; **~zelle** ⚡ *f* dry cell.

trockn|en I. *v/t.* dry (up), (*trockenreiben*) wipe (*od. bsd. j-n* rub) dry; ⊕ (*aus*~) desiccate; (*Holz*) *durch Lagerung*: season; (*Obst usw.*) dry, *durch Wasserentzug*: dehydrate; (*Land usw.*) drain; (*Wäsche*) air, hang up to dry; **II.** *v/i.* dry (up); **⁀er** *m* drier; desiccator; **⁀ung** *f* drying; desiccating; seasoning; dehydration.

Troddel *f* tassel.

Trödel *m* second-hand articles *pl.*; (*Gerümpel*) lumber, junk; (*Schund*) junk, rubbish, trash; **~ei** *f* dawdling; **~fritze** F *m* → *Trödler* 2; **~kram** *m* → *Trödel*; **~laden** *m* second-hand (goods) shop; **~markt** *m* rag-fair, flea-market; **⁀n** *v/i.* deal in second-hand goods; *fig.* dawdle, loiter.

Trödler *m* **1.** second-hand dealer, *Am.* junk-dealer; **2.** F *fig.* dawdler, slowcoach.

Trog *m* trough; (*Bottich*) vat; ⚠ (mason's) hod.

T-Rohr ⊕ *n* T-pipe, T-tube.

Trojan|er(in *f*) *m*, **⁀isch** *adj.* Trojan; *Trojanisches Pferd* Trojan horse.

trollen *v/refl.*: *sich* ~ toddle off.

Trolleybus *m* trolley bus.

Trommel *f* drum; ⊕ *a.* cylinder, barrel; *die* ~ *rühren* play the drum; *fig.* make propaganda (*für* for), *für et.*: *a.* advertise, *sl.* plug; **~bremse** ⊕ *f* drum brake; **~fell** *n* drumhead; *anat.* eardrum, tympanic membrane; **⁀fellerschütternd** *adj.* ear-splitting, deafening; **~feuer** ⚔ *n* barrage (*a. fig. von Fragen usw.*); **⁀n** *v/t. u. v/i.* drum; (*trommelnd schlagen*) pummel; *nervös mit den Fingern* ~ drum with one's fingers; beat the devil's tattoo; **~revolver** *m* revolver, *Am. a.* six-shooter; **~schlag** *m* beat of the drum; *bei gedämpftem* ~ with muffled drums; **~schlegel** *m*, **~stock** *m* drumstick; **~wirbel** *m* drum roll; *gedämpfter*: ruffle.

Trommler *m* drummer.

Trompete *f* trumpet; *anat.* tube; **~n** *v/t. u. v/i.* trumpet (*a.* F *laut sagen*); (*nur v/i.*) blow (*od.* sound) the trumpet; **~ngeschmetter** *n* blare of trumpets; **~nstoß** *m* trumpet-blast; (*Tusch*) flourish of trumpets; **~r** *m* trumpeter.

Trope *ling. f* trope.

Tropen *pl.* tropics; **~ausführung** ⊕ *f* tropical design; **~ausrüstung** *f* tropical equipment; **~beständig, ~fest** *adj.* tropicalized, withstanding tropical conditions, tropical; ~ *machen* tropicalize; **~fieber** ⚕ *n* tropical fever; **~helm** *m* sun helmet, pith-helmet; **~kleidung** *f* tropicals *pl.*; **~koller** ⚕ *m* tropical frenzy; **~krankheit** *f* tropical disease; **~medizin** *f* tropical medicine; **~ruhr** ⚕ *f* am(o)ebic dysentery; **~verpackung** ✝ *f* tropicalized packing.

Tropf *m* (*Dummkopf*) simpleton, dunce; (*Schelm*) rogue, rascal; *armer* ~ poor wretch; **~bar** *adj.* liquid.

Tröpfchen *n* droplet, small drop; **~weise** *adv.* → *tropfenweise.*

tröpfeln I. *v/i.* drop, drip, trickle, fall in drops; *Wasserhahn*: drip, leak; *es tröpfelt Regen*: a few drops are falling; **II.** *v/t.* drop, drip.

tropfen *v/t. u. v/i.* → *tröpfeln*; (*nur v/i.*) *Kerze*: gutter.

Tropfen *m* drop; (*Schweiß*~) bead; *pl.* ⚕ drops; *fig. guter* ~ splendid wine; *ein* ~ *auf den heißen Stein* a drop in the bucket; *steter* ~ *höhlt den Stein* little strokes fell big oaks; **~fänger** *m* dripcatcher; **~form** ⊕ *f* drop shape; **~förmig** *adj.* drop-shaped; **~glas** *n* dropping-tube, pipette; **~weise** *adv.* drop by drop, by drops, dropwise.

Tropf...: **~flasche** *f* dropping-bottle; **~flüssig** *adj.* liquid; **~leiste** ⊕ *f* drip-mo(u)lding; **~naß** *adj.* dripping wet; **~öler** ⊕ *m* sight-feed oiler; **~ölung** *mot. f* drip-feed lubrication.

Tropfstein *m hängender*: stalactite; *stehender*: stalagmite; **~höhle** *f* stalactite cavern.

tropfwassergeschützt *adj.*: ~*er Motor* drip-proof engine.

Trophäe *f* trophy.

tropisch *adj.* tropical.

Troposphäre *f* troposphere.

Troß ⚔ *m* baggage(-train); *fig.* (*Gefolge*) train, retinue, followers *pl.*

Trosse *f* cable, ⚓ hawser.

Trost *m* comfort, consolation, solace; *schlechter* ~ cold comfort; ~ *schöpfen aus* take comfort from, find solace in; ~ *zusprechen* → *trösten*; F *du bist wohl nicht recht bei* ~! you must be out of your mind!; → *finden* I; **~bedürftig** *adj.* in need of consolation, desolate; **~bringend** *adj.* comforting.

trösten *v/t.* console, comfort, solace; (*beschwichtigen*) soothe; (*aufheitern*) cheer (up); (*stärken, versichern*) reassure; *sich* ~ take comfort (*mit* from), find solace (in), console o.s. (with); ~ *Sie sich!* take comfort!, cheer up!; ~*d* consoling(ly).

Tröster(in *f*) *m* comforter, consoler.

tröstlich *adj.* comforting, consoling; cheering.

Trost...: **~los** *adj.* disconsolate, *stärker*: inconsolable (*über* at), desolate; *fig.* (*freudlos*) cheerless; (*öde, reizlos*) bleak, dreary, desolate; (*jämmerlich*) wretched, miserable; *von Dingen*: *a.* hopeless, desperate; **~losigkeit** *f* desolation, despair, prostration; *fig.* bleakness, dreariness; wretchedness; hopelessness; **~preis** *m* consolation (*od.* F booby) prize; **~reich** *adj.* consolatory; comforting; **~runde** *f Sport*: consolation contest.

Tröstung *f* consolation, comfort; soothing (*od.* cheering) words *pl.*

Trott *m* trot; *fig.* (*täglicher* ~ daily) routine; *der alte* ~ the old jog-trot.

Trottel *m* halfwit; F *fig. a.* fool, dunce, ninny, *Am. sl.* sap, dope; **~haft** *adj.*, **~ig** *adj.* halfwitted, *sl.* dopey.

trotten *v/i.* trot (along), jog along.

Trottoir *n* pavement, footpath, *Am.* sidewalk.

trotz *prp.* in spite of, despite, notwithstanding; in the face (*stärker*: teeth) of; ~ *alledem* for all that; ~ *all s-r Bemühungen* for all his efforts.

Trotz *m* defiance; (*Störrigkeit*) obstinacy, pig-headedness; *aus* ~ from spite; *j-m zum* ~ to spite a p.; *j-m* ~ *bieten* defy a p., → *a. trotzen.*

trotzdem I. *adv.* nevertheless, all the same, still, in spite of it, *nachgestellt*: though; **II.** *cj.* although, even though, notwithstanding that.

trotz|en *v/i.* defy (*dat. a p., a th.*), dare, brave *dangers, etc.*, (*Widerstand leisten*) resist; (*störrisch sein*) be obstinate; (*schmollen*) sulk, be sulky (*dat.* with); **~haltung** *f* defiant attitude; **~ig, ~köpfig** *adj.* defiant; (*eigensinnig*) obstinate, pigheaded; (*schmollend*) sulky; **~kopf** *m* sulky child; *weitS.* stubborn (*od.*

pig-headed) person; ≈**reaktion** *psych. f* act of defiance.

trüb(e) *adj. Flüssigkeit*: cloudy (*a. Urin*), turbid, muddy, thick; (*glanzlos, unklar*) dull, dim *eyes, window, etc.*; *Wetter*: dull, cloudy, *a. fig.* dreary, cheerless, bleak, murky; *Erfahrung, Gedanken*: sad; *Zeit*: dismal; F (*mies*) F awful, dreary; F *~er Kerl, ~e Tasse* F drearie; *im ~en fischen* fish in troubled waters; *es sieht ~e aus!* things are looking black!, bad prospects!

Troubadour *m* troubadour.

Trubel *m* turbulence, bustle, fuss; (*Menschenmenge*) milling crowd.

trüben *v/t.* (*Flüssigkeit*) make (*sich ~* become) thick *od.* muddy *od.* turbid; cloud; (*glanzlos, unklar machen*) dim (*a. Licht*), dull; (*Silber, Spiegel usw.*) tarnish; (*dunkel machen*) darken; (*Sicht, Sinn*) blur; (*alle a. sich ~*); (*Freude usw.*) spoil, mar, cast a gloom over; (*Verstand*) dull, becloud; (*Bewußtsein*) cloud; (*Beziehungen*) cloud, poison, cast a shadow on; *sich ~ Beziehungen*: become strained; *der Himmel trübt sich* the sky is getting overcast; *fig. sein Urteil ist getrübt* his judgment is clouded; → *Wässerchen.*

Trüb...: *~***glas** *n* opal glass; *~***heit** *f* → *trüb*; muddiness, turbidness, turbidity; dimness; dul(l)ness; cloudiness; *fig.* gloom, dreariness; *~***sal** *f* affliction; (*Elend*) misery; (*Not*) distress; (*Leid*) grief, sorrow; *~ blasen* mope, F be in the dumps; ≈**selig** *adj. Person u. Sache*: sad, gloomy, melancholy; (*elend*) wretched, miserable; *nur Person*: dejected, woeful, forlorn; (*öde, mies*) dreary, bleak; *~***seligkeit** *f* sadness, gloominess, *etc.*; *~***sinn** *m* melancholy, gloom, dejection, low spirits *pl.*; ≈**sinnig** *adj.* melancholy, gloomy, dejected, sad; *~***ung** *f* **1.** → *trüben*; making muddy, rendering turbid; dimming, clouding, *etc.*; **2.** *Zustand*: → *Trübheit*; *Röntgen*: opacity; ⚕ *Urin*: cloudiness.

trudeln ✈ **I.** *v/i.* spin; **II.** ≈ *n* (tail)spin; *ins ~ kommen* get into a spin.

Trüffel *f* ♀ *u. Konfekt*: truffle.

Trug *m* deceit, fraud; *der Sinne*: delusion, illusion, deception; (*Falschheit, Lüge*) falsehood; *~***bild** *n* phantom, vision; illusion, hallucination, mirage.

trüg|en I. *v/t.* deceive; *wenn m-e Augen mich nicht ~* if my eyes do not deceive me; *wenn mich mein Gedächtnis nicht trügt* if my memory serves me right; **II.** *v/i.* be deceptive; *der Schein trügt* appearances are deceptive; ≈**erisch** *adj.* deceitful, guileful; *fig.* deceptive; (*falsch*) false; (*irreführend*) misleading; (*imaginär*) delusive, illusory; (*unzuverlässig*) *a. Eis, Wetter*: treacherous; *Schluß, Urteil*: fallacious.

Trug|schluß *m* fallacy, false conclusion; *~***werk** *n* → *Trug.*

Truhe *f* chest; (*Radio≈ usw.*) cabinet, console; → *Tiefkühltruhe.*

Trümmer *pl.* ruins; (*Schutt*) rubble *sg.*, debris; (*Schiffs≈*) wreckage *sg.*; (*Stücke*) fragments; (*Überreste*) remnants; *in ~ legen* lay in ruins; *in ~ gehen* go to pieces, be shattered; *in ~ schlagen* wreck, smash to pieces; *~***feld** *n* expanse of ruins; *fig. a.* shambles; *~***grundstück** *n* bombed site; *~***haufen** *m* heap of ruins (*od.* rubble).

Trumpf *m* trump(-card) (*a. fig.*); *was ist ~?* what are trumps?; *alle Trümpfe in der Hand haben* hold all the trumps (*a. fig.*); *e-n ~ ausspielen* (lead off a) trump, *fig.* play one's trump-card; *~ sein* be trumps (*bei* in) (*a. fig.*); *Höflichkeit ist ~* courtesy is the word; ≈**en** *v/i. u. v/t.* trump; *~***karte** *f* trump-card (*a. fig.*).

Trunk *m* drink; (*Arznei, Gift*) potion; (*Schluck*) draught, gulp; (*das Trinken*) drinking; *dem ~ ergeben* given to drink, addicted to the bottle; *im ~* when drunk (*od.* intoxicated).

trunken *adj.* drunken, *pred.* drunk (*a. fig. von* with); intoxicated, inebriated (*beide a. fig.*); ≈**bold** *m* drunkard, sot; ≈**heit** *f* drunkenness (*a. fig.*); intoxication; ⚖ *~ am Steuer* drunken driving, driving while under the influence of alcohol.

Trunksucht *f* drunkenness, alcoholism, dipsomania.

trunksüchtig *adj.*, ≈**e(r** *m*) *f* dipsomaniac, alcoholic.

Trupp *m* troop (*a. von Tieren*), band, gang; ⚔ detachment, detail, party; (*Arbeits≈*) gang, team, crew.

Truppe *f* **1.** ⚔ troop, body; (*Einheit*) unit; *die ~* the services *pl.*, the armed forces *pl.*; → *a. Truppengattung*; *kämpfende ~* fighting forces *pl.*, combat element; **2.** *thea.* company, troupe; *Sport*: team.

Truppen *f/pl.* troops, forces; *~***ansammlung** *f* concentration of forces; *~***arzt** *m* medical officer; *~***aushebung** *f* levy (of troops); *~***betreuung** *f Brit.* Army Welfare Services *pl.*, *Am.* Special Services *pl.*; **~bewegungen** *f/pl.* troop movements; **~führer** *m* military leader, commander; **~gattung** *f* arm, branch (of the service); **~offizier** *m* line officer; **~schau** *f* military review; **~teil** *m* unit, formation; **~transport** *m* troop transport(ation) *od.* movement; **~transporter** *m* ⚓ transport, troopship, *Brit. a.* trooper; ✈ troop carrying aircraft, troop-carrier; **~übung** *f* field exercise, manœuvre, *Am.* maneuver; **~übungsplatz** *m*: (*großer* ~ major) training area; **~verbandplatz** *m* advanced field dressing station; (*Hauptverbandplatz*) clearing station; **~verschiebung** *f* dislocation of troops.

Trupp...: **~führer** *m* squad leader; **≈weise** *adv.* in troops.

Trust ✝ *m* trust, *Am. a.* combine.

Trut|hahn *m* turkey(-cock); **~henne** *f* turkey-hen.

Trutz *usw. poet. m* = Trotz *usw.*

Tschako *m* shako, helmet.

Tschech|e *m*, **~in** *f*, **≈isch** *adj.*, **~isch** *ling. n* Czech.

Tsetsefliege *zo. f* tsetse-fly.

T-Träger ⚠ *m* T-girder.

Tuba *f* **1.** ♪ tuba; **2.** → Tube 2.

Tube *f* **1.** (collapsible) tube; F *mot. u. weitS.* auf die ~ drücken F step on it, step on the gas; **2.** *anat.* (Fallopian) tube.

Tuber *anat.*, ⚘ *m* tuber.

Tuberkel *f* tubercle; **~bazillus** *m* tubercle bacillus.

tuberkul|ös *adj.* tuberculous, tubercular; **≈ose** *f* tuberculosis; **~oseverdächtig** *adj.* suspected of tuberculosis.

Tubus *opt. m* tubus; *Mikroskop*: body tube.

Tuch *n allg.* cloth; (*Gewebe*) fabric; (*Kopf*≈) kerchief; (*Umhänge*≈) shawl; (*Hals*≈) scarf, neckerchief, *wollenes*: muffler; (*Staub*≈) duster; (*Wisch*≈) rag, cloth; das wirkt auf ihn wie ein rotes ~ that's a red rag to him; **~ballen** *m* bale of cloth; **≈en** *adj.* (of) cloth; **~fabrik** *f* cloth factory; **~fühlung** ⚔ *f* close interval; in ~ shoulder to shoulder; *fig.* ~ haben mit be in close touch with; **~handel** *m* cloth-trade, drapery; **~händler** *m* (wool[l]en) draper; **~handlung** *f*, **~laden** *m* clothier's (*od.* draper's) shop; **~macher** *m* clothier.

tüchtig I. *adj.* (cap)able, efficient, competent, qualified; (*geschickt, gewitzt*) clever, skil(l)ful; (*geübt, erfahren*) proficient, experienced; (*vortrefflich*) excellent; (*beträchtlich*) good, considerable; (*mächtig*) powerful, strong; (*gründlich*) thorough; ~ in good at, proficient (*od.* well versed) in; ~er Esser hearty eater; **II.** *adv.* (*mit Macht*) vigorously, with a vengeance, *sl.* like blazes; (*gründlich*) thoroughly, well; (*schlimm*) F awfully; ~ arbeiten work hard; ~ essen eat heartily; ~ verprügeln give a sound thrashing; **≈keit** *f* ability, efficiency; cleverness; proficiency; excellency; sportliche (soldatische) ~ sporting (military) prowess.

Tück|e *f* malice, spite; (*Hinterlist*) perfidy, insidiousness; (*Streich*) trick; ~n des Schicksals (des Gedächtnisses) tricks of fortune (of the memory); **≈isch** *adj.* malicious, spiteful; insidious (*a. Krankheit* = malignant); (*böse, gefährlich*) vicious (*a. Tier, Schlag*); (*verräterisch*) *a. weitS. Eis, Straße usw.*: treacherous.

tuckern *v/i.* F put-put.

Tuff *m*, **~stein** *m* tuff.

tüft|elig *adj.* **1.** *Person*: (*genau*) meticulous, (over)precise; (*pedantisch*) fussy; (*erfinderisch*) inventive, fond of puzzling things out; **2.** *Sache*: tricky, pernickety; **~eln** *v/i.* work meticulously; an et. ~ (*basteln*) tinker at; (*knobeln*) puzzle over; **≈ler** *m* (*genauer Arbeiter*) meticulous worker, precisionist; (*Pedant*) fuss-pot, stickler; (*schlauer Kopf*) demon for puzzling things out; (*Bastler, Erfinder*) (ingenious) tinkerer, inventive mind.

Tugend *f allg.* virtue; es sich zur ~ machen, zu *inf.* make a virtue of *ger.*; → Not; **~bold** *m*, **~held** *m* paragon of virtue; **≈haft** *adj.*, **≈reich** *adj.* virtuous; **~richter(in** *f*) *m* moralist, censor; **≈sam** *adj.* virtuous; (*keusch*) chaste.

Tülle ⊕ *f* socket; (*Gießröhre*) spout.

Tüllspitze(n *pl.*) *f* net-lace.

Tulpe ⚘ *f* tulip; **~nzwiebel** *f* tulip bulb.

tummel|n I. *v/t.* (*Pferd*) work; **II.** *v/refl.*: sich ~ disport o.s., bustle about; *Kinder*: romp, frisk about; (*sich beeilen*) hurry (up); (*sich rühren, arbeiten*) bestir o.s., *Am. a.* hustle; tummelt euch! hurry up!; **≈platz** *m* playground (*a. fig.*); *fig.* stomping ground (*a. zo.*); *b.s. a.* hotbed.

Tümmler *m orn.* tumbler; *ichth.* porpoise.

Tumor ⚕ *m* tumo(u)r; **≈ig** *adj.* tumorous.

Tümpel *m* pool.

Tumult *m* tumult, riot; *weitS. a.* turmoil, uproar; **~uant** *m* rioter;

~uarisch *adj.* tumultuous, riotous, uproarious.

tun I. *v/t. allg.* do, → *a. machen*; (*hin ~*) put (*in* to *school*, into *the bag, etc.*); (*Äußerung, Bitte*) make; (*Schrei, Seufzer*) utter; (*Schluck, Schritt, Sprung, Eid*) take; *b.s.* (*an ~*) do (*j-m* to a p.); *nichts ~* do nothing; *so ~, als ob* make (*od.* act) as if, pretend to *inf.*; *würdig usw. ~* assume an air of (*od.* affect) dignity, *etc.*; *~ Sie ganz, als ob Sie zu Hause wären* make yourself quite at home; *was hat er dir getan?* what has he done to you?; *er wird dir schon nichts ~!* he won't bite you!; *das will getan sein* that wants doing; *damit ist es nicht getan* that's not enough; *es tut nichts* it doesn't matter, never mind; *es tut sich (et)was* something is going on (*od.* is in the wind *od.* is brewing); *es tut nichts zur Sache, daß* it is of no significance, it does not matter; *das tut nichts zur Sache a.* F that is neither here nor there; *das tut man nicht!* it is not done!; *gut daran ~, zu inf.* do well to *inf.*; *du tätest gut daran zu gehen* you had better go; *er tut nur so!* F he is putting it on!, *sl.* it's just an act!; *tu doch nicht so!* don't make a fuss!, be yourself!; *was ist zu ~?* what is to be done?; *dazu ~* (*beitragen*) contribute, (*bewirken*) do in the matter; *ich kann nichts dazu ~* I cannot help it; *es ist mir darum zu ~* I am anxious about it, it is of great consequence to me; *ihm ist nur um das Geld zu ~* he is only interested in the money; *was man zu ~ und zu lassen hat* the do's and dont's; *zu ~ haben* (*beschäftigt sein*) be busy; *zu ~ haben mit* have to do with, (*betreffen*) concern, deal with; *viel zu ~ haben* have one's hands full, be very busy; (*nichts*) *mit j-m zu ~ haben* have (no) business *od.* dealings with a p.; *es zu ~ haben mit* be dealing with, find o.s. up against; *nichts zu ~ haben mit et.* have no part in (*od.* concern with); *das hat damit nichts zu ~* that has nothing to do with it; *mit ihm will ich nichts zu ~ haben* I want no truck with him; *damit (mit ihm) will ich nichts mehr zu ~ haben* I wash my hands of it (him), I have done with it (him), *Am. a.* I am through with it (him); *du wirst es mit ihm zu ~ bekommen* you will have trouble with him, you will have him down on you; *und was habe ich damit zu ~?* and where do I come in?; *j-m zu wissen ~* let a p. know; → *daran, guttun, leid, schöntun, weh I usw.*; **II.** *~ n*: (*a. ~ und Treiben, ~ und Lassen*) doings *pl.*, activities *pl.*, action(s *pl.*); (*Verhalten*) conduct.

Tünche *f* whitewash; *fig.* varnish, veneer; **~n** *v/t.* whitewash; **~r** *m* whitewasher.

tunen *mot. v/t.* tune (up).

Tunichtgut *m* never-do-well, good-for-nothing.

Tunke *f* sauce; (*Braten~*) gravy; **~n** *v/t.* dip, steep.

tunlich *adj.* (*ausführbar*) practicable, feasible; (*zweckmäßig*) expedient; **~st** *adv.* if possible; whenever practicable.

Tunnel *m* tunnel (*a. mot. Getriebe~*); ⊕ *a.* duct; ⚒ gallery; **~bau** *m* tunnel(l)ing; **~effekt** *phys. m* tunnel effect.

Tüpfel *m, n* dot, spot; **~chen** *n* (small) dot; *fig. bis aufs ~* to a T; → *T*; **~n** *v/t.* dot, spot; stipple.

tupfen I. *v/t.* touch lightly, dab (*a.* ⚕ *Wunde*); → *tüpfeln*; **II.** *~ m* dot, spot.

Tupfer *m* **1.** ⚕ swab, sponge; **2.** (*Tüpfel*) dot, spot; **3.** *mot. Vergaser*: tickler.

Tür *f* door; *in der ~* in the doorway; *vor j-s ~* at (*od.* on) a p.'s doorstep; *Politik der offenen ~* open-door policy; *fig. e-r Sache ~ und Tor öffnen* throw the door open to (*od.* for), open a door to; *fig. mit der ~ ins Haus fallen* blunder out, blurt out the news; *fig. j-n vor die ~ setzen* turn a p. out (of doors); *fig. vor der ~ stehen* be near at hand, be forthcoming, F be just (a)round the corner; *fig. zwischen ~ und Angel* on the point of leaving; *fig.* offhand; → *einrennen, kehren*[1], *Tag*; **~angel** *f* (door-)hinge.

Turban *m* turban.

Turbine *f* turbine.

Turbinen...: **~flugzeug** *n* turbine aircraft; **~läufer** *m* turbine rotor; **~motor** *m* turbine engine; **~rad** *n* turbine impeller; **~schaufel** *f* turbine blade; **~strahltriebwerk** *n* jet turbine engine.

Turbo|gebläse *n* turbo-blower; **~lader** *m* turbo-charger; **~prop** *m* turboprop; **~strahltriebwerk** *n* turbojet.

turbulen|t *adj.* turbulent, *sl.* hectic; **~z** *f* turbulence (*a. phys.*).

Tür...: **~eingang** *m* doorway; **~flügel** *m* leaf (*od.* wing) of a door; **~füllung** *f* door-panel; **~griff** *m* door-handle; **~hüter** *m* doorkeeper, porter.

Türk|e *m* **1.** Turk; **2.** *sl. Presse*: fake, phoney picture *od.* news item; **~in** *f* Turk(ish woman).

Tür|kis *min.* *m* turquoise.

türkisch *adj.* Turkish; ~*er Honig* Turkish delight; ~*er Weizen* Indian corn.

Tür...: **~klinke** *f* door-handle, latch; **~klopfer** *m* knocker.

Turm *m* tower (*a. fig.*); (*Kirch*~) *a.* steeple; (*Verlies*) dungeon; ⚔ (*Geschütz*~) turret; *Schwimmsport*: diving stage; *Schach*: castle, rook.

Türmchen *n* turret.

türmen I. *v/t.* pile up; *sich* ~ tower (up), rise high, pile up; **II.** *v/i.* F (*ausreißen*) bolt, F skedaddle, *sl.* beat (*od.* hook) it, vamoose.

Türmer *m* (tower) guard.

Turm...: **~falke** *m* kestrel; **~geschütz** ⚔ *n* turret-gun; **~hoch I.** *adj.* (as) high as a tower, towering; *fig.* towering, enormous; **II.** *adv.*: *j-m* ~ *überlegen sein* tower above, be head and shoulders above, be vastly superior to (*a. Sache*); **~schwalbe** *f* swift; **~spitze** *f* spire; **~springen** *n* *Schwimmsport*: high diving; **~uhr** *f* church-clock.

Turn|anzug *m* gym-dress; **~en** *v/i.* do gymnastics, *iro. weitS.* do acrobatics, clamber; *an e-m Gerät* ~ work (*od.* do exercises) on; **~en** *n* gymnastics *pl.* (*sg. konstr.*); gymnastic exercise(s *pl.*); *Schule*: physical training (*abbr.* P.T.); **~er(in** *f*) *m* gymnast; **~erei** *f* → *Turnen*; **~erisch** *adj.* gymnastic; **~erschaft** *f* gymnasts *pl.*; gymnastic club; **~fest** *n* gymnastic display; **~gerät** *n* gymnastic apparatus; **~halle** *f* gymnasium, F gym; **~hemd** *n* gym vest; **~hose** *f* gym trousers *pl.*, *kurze*: P.T. (= physical training) shorts *pl.*

Turnier *n* tournament; *nur hist.* tourney, joust(ing); **~bahn** *f*, **~platz** *hist.* *m* tilt-yard, *the* lists *pl.*; **~reiter(in** *f*) *m* tournament rider.

Turn...: **~lehrer(in** *f*) *m* gym(-nastic) instructor; **~riege** *f* gym(-nastic) team; **~schuh** *m* gym shoe; **~spiele** *n/pl.* athletics; *engS.* indoor games; **~stunde** *f* gym(nastic) lesson, P.T. (= physical training) lesson; **~übung** *f* gymnastic exercise; **~unterricht** *m* instruction in gymnastics, P.T. (= physical training) lesson(s *pl.*).

Turnus *m* turn, rotation, (*Dienst*~) rota; *im* ~ → *turnusmäßig* II; **~mäßig I.** *adj.* rotational; **II.** *adv.* in (*od.* by) rotation, by turns; *Personal* ~ *auswechseln* rotate.

Turn...: **~verein** *m* gymnastic (*od.* athletic) club; **~wart** *m* gym instructor.

Tür...: **~öffner** *m* door opener; **~pfosten** *m* door-post; **~rahmen** *m* door-frame; **~schild** *n* door-plate; **~schließer** *m* (*Vorrichtung*) door closer; (*Person*) door-keeper; **~schloß** *n* (door-)lock; **~schwelle** *f* threshold; **~steher** *m* door-keeper; **~sturz** ⚠ *m* lintel.

Turteltaube *f* turtle-dove (*a.* F *fig.*).

Tusch *m* flourish (of trumpets); *e-n* ~ *blasen* sound a flourish; *Tanzkapelle usw.*: strike up the band, break into a "chord on".

Tusche *f* → *Tuschfarbe*.

tuscheln I. *v/i. u. v/t.* whisper; **II.** ~ *n* whisper(ing).

tuschen *v/t. u. v/i.* wash, ink; *mit schwarzer Tusche*: draw in Indian ink.

Tusch...: **~farbe** *f* wash, ink; *schwarze*: Indian ink; **~pinsel** *m* ink-brush; **~zeichnung** *f* Indian ink drawing.

Tüte *f* paper bag; *für Speiseeis*: (icecream-)cone; F *kommt nicht in die* ~! nothing doing!, F no soap!, *Am. sl.* no dice!; *mot.* F *in die* ~ *blasen müssen* have to take a breath test.

tuten *v/i.* hoot, toot(le); *mot.* honk, blow one's horn; → *Ahnung*.

Tüttel *m*, **~chen** *n* dot; *fig.* jot.

Twen *m* person in his (her) twenties; *pl.* under-thirties.

Twist *m* twist.

Typ *m* **1.** *allg.* type; ⊕ *a.* model; **2.** F (*Kerl*) type, *sl.* bird; *dufter* ~ groovy type, cool cat; *irrer* ~ freak, weirdo.

Type *f* **1.** *typ.* type; **2.** F (*Kauz*) F character; → *a. Typ* 2. **~nbezeichnung** ⊕ *f* type designation; **~ndruck** *typ.* *m* type-printing; **~ndrucker** *m* type printer; **~nhebel** *m* *Schreibmaschine*: type-bar; **~nlehre** *biol.* *f* typology; **~nnummer** ⊕ *f* model number; **~nschild** ⊕ *n* type (*od.* name)plate.

typhös ⚕ *adj.* typhoid.

Typhus ⚕ *m* typhoid (fever); **~bekämpfung** *f* anti-typhoid measures *pl.*; **~erreger** *m* typhoid bacillus; **~(schutz)impfung** *f* anti-typhoid vaccination; **~kranke(r** *m*) *f* typhoid patient (*od.* case); **~verdächtig** *adj.* suspected of typhoid fever.

typisch *adj.* typical (*für* of); ~ *sein*

für a. typify; *das* ⁓e the typical feature (*od.* character); F *das ist* ⁓ *Georg* that's George all over.

typisieren *v/t.* typify; ⊕ standardize.

Typo|graph *m* typographer; **⁓graphie** *f* typography; **⁓graphisch** *adj.* typographic(al); **⁓logie** *f* typology.

Typus *m* type.

Tyrann *m*, **⁓in** *f* tyrant (*a. fig.*), despot; **⁓ei** *f* tyranny, despotism; **⁓enmord** *m*, **⁓enmörder(in** *f*) *m* tyrannicide; **⁓isch** *adj.* tyrannical, despotic; (*herrschsüchtig*) domineering; **⁓isieren** *v/t.* tyrannize (over), oppress; *weitS. a.* bully *a p.*

U

U, u *n* U, u.

U-Bahn *f* → *Untergrundbahn*.

übel I. *adj. allg.* evil, bad; (*scheußlich*) vile, loathsome, nasty, ugly; (*katastrophal*) disastrous, dire, calamitous; (*stinkend*) foul (*a. Mundgeruch*, F *Wetter*); *nicht* ~ not (half) bad, pretty good (*od.* well); *kein übler Gedanke* not a bad idea; *ein übler Kerl* a bad lot (*od.* F egg), F an ugly customer; *er ist kein übler Kerl* F not a bad sort; *ein übler Streich* a nasty trick; *mir ist* ~ I feel sick; *mir wird* ~ I am feeling sick; *dabei kann einem* ~ *werden* it is enough to make one sick; *sich in e-r üblen Lage befinden* be in a bad predicament, F be in a fix (*od.* a bad mess); → *Lust*; *Übles von j-m reden* talk badly (*od.* ill) of a p., slander (*od.* calumniate) a p.; **II.** *adv.* ill, badly, *comp.* worse; *et.* ~ *aufnehmen* take in bad part; ~ *aufgenommen werden* be ill received; ~ *beraten sein* be ill-advised; ~ *gelaunt sein* be in a bad (*od.* foul) mood, F be cross; ~ *riechen* smell (badly), have an unpleasant (*od.* offensive, a foul) smell; *es gefällt mir nicht* ~ I rather like it; *es ist ihm* ~ *bekommen* he had to pay for it (dearly); *gesundheitlich*: it did not agree with him; *das klingt nicht* ~ it sounds good; → *mitspielen, wohl*; **III.** ≈ *n allg.* evil; (*Unglück*) *a.* calamity; (*Krankheit*) complaint, malady; (*Mißstand*) evil, grievance, abuse; (*Heimsuchung*) trial, visitation; (*Plage*) nuisance, pest; ⚖ (*empfindliches* ~ grievous) harm; *notwendiges* ~ necessary evil; *das kleinere* ~ the lesser evil; *von zwei* ~*n wähle das kleinere* of two evils choose the lesser; *vom* ~ no good, harmful.

Übel...: **~befinden** *n* indisposition; **≈gelaunt** *adj.* ill-humo(u)red, cross; **≈gesinnt** *adj.* ill-disposed (*dat.* towards); *j-m* ~ *sein* → *a. übelwollen*; **~keit** *f* sickness, nausea; ~ *erregend* sickening, nauseating; **≈launig** *adj.* ill-tempered, *Am. a.* ugly; **≈nehmen** *v/t.* take *a th.* ill *od.* amiss *od.* in bad part, take offen|ce (*Am.* -se) *od.* be offended at, resent *a th.*; *es j-m* ~ take it ill of a p.; **≈nehmend, ≈nehmerisch** *adj.* easily offended, touchy, huffy; **≈riechend** *adj.* evil-smelling, ill-smelling, malodorous, smelly; *Atem*: foul; **~stand** *m* nuisance, bad thing; (*Mißstand*) grievance, abuse; (*Nachteil, Mangel*) drawback, defect; **~tat** *f* misdeed, crime; **~täter(in** *f*) *m* evil-doer, wrongdoer, malefactor, culprit, sinner; **≈wollen** *v/i.*: *j-m* ~ wish a p. ill, bear a p. ill will (*od.* a grudge), F have it in for a p.; **≈wollend** *adj.* malevolent, spiteful, hostile.

üben *v/t. u. v/i.* exercise, *bsd.* ♪, ⊕, *Sport usw.*: practise; ⚔ drill, *a. Sport*: train; (*Künste*) cultivate; *fig.* practise, exercise, use, show; *sich* ~ *in* practise *a th.*; *Geduld* ~ exercise (*od.* have) patience; *Gerechtigkeit* ~ do justice (*gegen* to); → *Nachsicht, Rache usw., geübt*.

über I. *prp.* over; above; (*höher als*) *a.* higher than; (*mehr als*) *a.* more than; *amtlich*: exceeding; (~ *hinaus*) beyond, past; (*quer* ~) across; (*wegen*) on account of, over; (*betreffend*) concerning, relating to, as to; (*während*) during, while; *reisen, gehen usw.* ~ across *a river, the sea*; by way of, via *a town*; ~ *eine Dienststelle usw.* through, by the agency of; *sprechen usw.* ~ about, of; *Abhandlung, Werk, Vortrag* ~ on; ~ *dem Tisch* over the table, *hängend, mit Abstand*: above the table; ~ *e-n Graben springen* leap (over) *od.* clear a ditch; ~ *die Straße gehen* go across the street, cross the street; ~ *Geschäfte (den Beruf, Politik) reden* talk business (shop, politics); *nachdenken* ~ think about *od.* over, reflect (up)on; ~ *hundert* more than (*od.* over, above) a hundred; *Fehler* ~ *Fehler* fault upon fault; ~*s Jahr* next year, in a year; ~ *meine Kräfte (hinaus)* beyond my strength; ~ *meinen Verstand* above my understanding, beyond me, over my head; ~ *Nacht* over night; (*nicht*) ~ *e-e bestimmte Höhe, das hohe C usw. hinauskommen* (not to) get above; *zehn Minuten* ~ *zwölf* 10 minutes past twelve; *er ist* ~ *70 Jahre alt* past (*od.* over) seventy; *es ist* ~ *e-e Woche her* over (*od.* more than) a week; *einer* ~ *den andern* one upon the other, one on top of the other; ~ *das Wochenende* over the weekend; ~ *einige Jahre verteilt* spread over several years; ~ *kurz oder lang* sooner or later; ~ *der Arbeit sein* be at work; ~ *den Büchern sitzen* sit (*od.* pore) over one's books; ~ *der Arbeit einschlafen* go to sleep over one's work; *fig.* ~ *j-m stehen* be superior to a p.; *das geht mir* ~ *alles* I put it above everything else; *e-e Wandlung kam* ~ *ihn* a change came over him; *es geht nichts* ~ ... there is nothing like (*od.* better) than ..., ... beats everything; ~ *den Erfolgen dürfen wir nicht die Nachteile vergessen* the success must not blind us to the drawbacks; **II.** *adv.*: ~ *und* ~ over and over, all over; ⚔ *Das Gewehr* ~*!* slope arms!; *die ganze Zeit* ~ all along; *j-m in et.* ~ *sein* surpass (*od.* outdo) a p. in a th., → *überlegen* III; F *mir ist die Sache* ~ I am tired (*od.* sick) of it; F → *übrig, vorüber, überhaben, übersein*; **III.** *in Zssgn mst* over-..., hyper...

überall *adv.* everywhere, all over; (*gründlich*; ~ *in*) throughout; *fig.* (*auf allen Gebieten*) in all fields, in everything; ~ *wo* wherever; **~her** *adv.* from all sides (*od.* quarters); **~hin** *adv.* everywhere, in all directions.

überalter|t *adj.* superannuated; *fig. a.* (out)dated; **≈ung** *f* superannuation; *e-s Volkes*: rise in the ratio of old people to total population.

Überangebot *n* oversupply.

überängstlich *adj.* over-anxious.

überanstreng|en *v/t.* (*a. sich* ~) over-exert, overstrain; **≈ung** *f* over-exertion, overstrain; overwork.

überantworten *v/t.* deliver up, give over, surrender (*dat.* to).

überarbeit|en I. *v/t.* (*Buch usw.*) revise; go over *a th.* again; (*redigieren*) edit; (*verbessern*) touch up, *bsd.* ⊕ retouch; **II.** *v/refl.*: *sich* ~ overwork o.s.; **~et** *adj.* overworked, overwrought; **≈ung** *f* **1.** revision, touching up; **2.** (*zuviel Arbeit*) overwork.

Überärmel *m* oversleeve.

überaus *adv.* exceedingly, extremely.

Überbau *m* superstructure (*a. fig.*); **≈en** *v/t.* build over.

überbeanspruch|en *v/t.* ⊕ overload, *a.* ⚠ overstress; *fig.* overtax, (over)strain; *durch Arbeit*: *a.* overwork; **≈ung** *f* **1.** overexertion, excessive strain (*od.* stress); **2.** ⊕ overload (*a.* ⚡), excessive stress.

Überbein ⚕ *n* node, exostosis.

überbelast|en *v/t.* overload; **≈ung** *f* overload(ing); → *a. Überbeanspruchung*.

überbelegt *adj.* overcrowded.

überbelicht|en *phot. v/t.* overexpose; **≈ung** *f* over-exposure.

überbesetzt *adj. Amt usw.*: overstaffed.

überbeton|en *v/t.* overemphasize; **≈ung** *f* overemphasis.

Überbett *n* coverlet, quilt.

überbewerten *v/t.* overvalue; → *a. überschätzen*.

überbieten *v/t. bsd. Auktion*: outbid; *fig.* surpass, outdo, beat, better; *sich gegenseitig* ~ *in et.* vie with one another in a th.; *fig. kaum zu* ~ next to unrival(l)ed, unique.

Überbleibsel *n* remnant, *pl. a.* remains (*beide a. fig.*); *e-r Mahlzeit*: *a.* leavings *pl.*, left-overs *pl.*; (*Rückstand*) residue; *geschichtliches*: survival, *Am.* F hangover.

überblend|en *v/t. u. v/i. Film, Radio*: (cross-)fade, dissolve; **≈ung** *f* fading, dissolve.

Überblick *m a. fig.* (general) view, *bsd. fig.* survey (*beide*: *auf, über* of); (*Abriß, Zs.-fassung*) summary, review, synopsis; *e-n* ~ *über die Lage geben* survey the situation; *e-n* ~ *gewinnen* obtain a general view (*über* of); *den* ~ *verlieren* lose control over things, be confused; *es fehlt ihm an* ~ he lacks perspective.

über...: **~blicken** *v/t.* glance (*od.* run the eye) over; overlook, survey; *fig.* survey, view; (*einschätzen*) assess; *die Lage* ~ see the situation clearly, have things under control; *er überblickt die Sache fast nicht mehr* he can hardly keep track of things; **~braten** F *v/t.*: *j-m eins* ~ land on (*od. sl.* slam) a p.; **~bringen** *v/t.*: *j-m et.* ~ deliver (*od.* take, bring, present) a th. to a p.; **≈bringer**(**in** *f*) *m* bearer; **≈bringung** *f* delivery; **~brücken** *v/t.* bridge, span; ⚡ (*Pole*) bridge, (*Widerstand usw.*) by-pass; *fig.* bridge over *a th.*; *a.* tide over *a crisis, etc.*; **≈brückungsgelder** *n/pl.* tide-over *sg.*; **≈brückungs-**

hilfe *f* bridging grant, stopgap relief; **~brückungskredit** *m* bridging (*od.* stopgap) loan; **~bürden** *v/t.* overburden; **~bürdung** *f* overburdening; overwork; **~chlorsäure** *f* perchloric acid; **~dachen** *v/t.* roof (over *od.* in); **~dauern** *v/t.* outlast, outlive, survive; **~decken** *v/t.* cover (over); (*überlappen*) overlap; (*verbergen*) conceal, mask (*beide a.* ⊕), *weitS. a.* veil, shroud; **~dehnen** *v/t.* overstretch; **~denken** *v/t.* think *a th.* over, reflect (up)on *a th.*, consider; **~deutlich** *fig. adv.* loud and clear; **~dies** *adv.* besides, moreover, what is more; **~dimensioniert** *adj.* oversized; **~dosieren** *v/t.*, **~dosis** *f* overdose; **~drehen** *v/t.* (*Uhr*) overwind; (*Motor*) overspeed; (*Gewinde*) strip; *fig.* überdreht strung-up, overexcited.

Überdruck *m* (*Umdruck*) transfer; ✉ surcharge, overprint; ⊕ overpressure, plus pressure; unter ~ halten pressurize; **~anzug** *m* high-pressure suit; **~en** *v/t.* overprint; **~kabine** *f* pressurized cabin; **~ventil** *n* (overpressure) relief valve.

Über|druß *m* weariness; (*Ekel*) disgust; (*Übersättigung*) surfeit, satiety; bis zum ~ to satiety, to (a) surfeit, ad nauseam; **~drüssig** *adj.*: e-r Sache ~ disgusted with a th., tired (*od.* sick, weary) of a th.

überdurchschnittlich *adj.* above(-) average, outstanding.

übereck *adv.* across, diagonally.

Übereif|er *m* over-zeal; **~rig** *adj.* over-zealous.

übereign|en *v/t.* make *a th.* over (*dat.* to), assign, transfer, (*Grundeigentum*) *a.* convey (to); **~ung** *f* assignment, transfer, conveyance.

übereil|en *v/t.* precipitate *od.* rush (die Sache matters); sich ~ hurry too much, act precipitately (*od.* rashly); übereilt over-hasty, precipitate, *a. fig.* rash; **~ung** *f* precipitance, rashness, over-haste; nur keine ~! take your time!

übereinander *adv.* one upon (*od.* on top of) the other; *fig. sprechen usw.*: of one another; **~greifen** *v/i.* overlap; **~schlagen** *v/t.* (*Arme*) fold; (*Beine*) cross.

überein|kommen *v/i.* agree (über about, on); reach an agreement, come to terms (about); man kam überein, daß it was agreed that; **~kommen** *n*, **~kunft** *f* agreement, arrangement, understanding; (*Vergleich*) settlement, compromise; eine ~ treffen reach (*od.* come to, make) an agreement; laut ~ as agreed (upon); **~stimmen** *v/i.* *Sache(n)*: correspond, harmonize; be in agreement (*od.* keeping), be on all fours, tally, coincide, square, *Am. a.* check (mit with); mit j-m ~ see eye to eye with a p.; agree with a p. (über, in on), concur with a p. (in), share a p.'s opinion (of); alle stimmten darin überein, daß all were agreed that, the consensus was that; **~stimmend I.** *adj.* corresponding, conformable; concurring *opinion*; (*folgerichtig*) consistent; (*einstimmig*) unanimous; (*identisch*) identical; **II.** *adv.*: ~ mit in accordance (*od.* conformity) with; in keeping with; **~stimmung** *f* agreement; correspondence, conformity, concurrence; harmony, accord; unison; in ~ mit in agreement (*od.* accordance, conformity) with, in keeping (*od.* harmony, line) with; in ~ bringen make agree, reconcile, synchronize (mit with).

überempfindlich *adj.* hyper- *od.* oversensitive, ⚕ *a.* allergic; **~keit** *f* hypersensitiveness, ⚕ *a.* allergy.

überentwickelt *adj.* overdeveloped.

übererfüllen *v/t.* (*Soll*) overfulfill.

überernähr|en *v/t.* overfeed; **~ung** *f* supernutrition, overfeeding.

übererregbar *adj.* over-excitable, high-strung.

über'essen *v/refl.*: sich ~ overeat (o.s.).

'überessen *v/t.*: sich et. ~ sicken o.s. of a th.

'überfahren *v/i.* pass over, cross.

über'fahren *v/t.* (*Fluß usw.*) traverse, cross; (*Person, Hund usw.*) run over, knock down; (*Signal*) overrun, F crash (through); *fig.* (*j-n*) ride roughshod over, F bulldoze, walk all over *a p.*; *Sport*: *a.* trounce, *sl.* slam.

Überfahrt *f* passage; crossing (über e-n Fluß *usw.* a river, *etc.*).

Überfall *m* sudden attack, surprise (attack); (*Raub~*) hold-up; *gewalttätiger*: assault; (*Einfall*) inroad; raid (*a.* ✈); F (*Besuch*) surprise (visit); **~en** *v/t.* fall upon, attack suddenly, surprise; (*einfallen in*) invade, raid; (*Bank, j-n*) *räuberisch*: hold up; *gewalttätig*: assault, (*niederschlagen u. ausrauben*) *sl.* mug; *fig. Nacht, Krankheit*: overtake; *Schlaf*: steal upon; *Schrecken, Müdigkeit usw.*: seize, come over *a p.*; F (*besuchen*) drop in on; er überfiel mich mit der Frage he pounced on me with the question; *plötzlich überfiel es ihn* it came to him suddenly.

überfällig *adj.* overdue.

Überfall|kommando *n der Polizei*: flying (*od.* riot) squad; *das ~ anrufen* send in a riot (*od.* emergency) call.

überfein *adj.* superfine; *fig.* over-refined; *Geschmack*: *a.* fastidious.

überfeiner|n *v/t.* over-refine; **2ung** *f* over-refinement.

überfliegen *v/t.* **1.** fly over (*od.* across); (*Territorium*) overfly; *den Ozean ~* fly the ocean; **2.** *fig. mit den Augen*: glance over, run over, skim.

überfließen *v/i.* flow over, overflow (*a. fig. von* with).

überflügeln *v/t.* ⚔ outflank; *fig.* surpass, outstrip.

Überfluß *m* abundance, plenty, profusion; (*unnötiger ~*) superfluity; excess; *bsd. an Worten*: redundancy; (*Reichtum, Fülle*) wealth (*alle*: *an* of); (*Überangebot*) glut; (*Überschuß*) surplus; *~ haben an, et. im ~ haben* abound in, have plenty of, F have oodles of; *im ~ vorhanden sein* be (super)abundant *od.* plentiful; *zum ~* needlessly, unnecessarily; **~gesellschaft** *f* society of super-abundance, affluent society.

überflüssig *adj.* (*unnötig*) superfluous, unnecessary, useless; (*unerwünscht*) undesired, uncalled-for; (*überschüssig*) surplus ..., excess ...; *bsd. Arbeiter*: redundant; *~ machen* render superfluous, *etc.*; *er ist hier ~* we can certainly do without him; **~erweise** *adv.* unnecessarily.

überfluten *v/t. a. fig., a. Licht usw.*: flood, overflow, inundate.

überforder|n *v/t.* overcharge; *fig.* overtax, ask too much of *a p.*; **2ung** *f* overcharge; *fig.* overstrain, overwork.

Überfracht *f* overfreight, excess freight; *vom Gepäck*: excess luggage.

überfragen *v/t.*: *da bin ich überfragt* I am afraid I don't know that, F there you have got me stumped.

Überfremdung *f* foreign infiltration (*od.* control).

'überführen *v/t.* take, transport.

über'führ|en *v/t.* **1.** (*befördern*) convey, take, *a.* (*Tote*) transport; (*Geldmittel usw.*) transfer; **2.** ⚖ (*als schuldig erweisen*) find guilty (*gen.* of), convict (of), prove *a p.'s* guilt; **2ung** *f* **1.** conveyance, transport; transfer; **2.** 🚂 roadbridge, viaduct; *Straße*: overpass, fly-over; **3.** ⚖ conviction (*gen.* of).

Überfüll|e *f* superabundance, profusion; **2en** *v/t.* overfill; (*vollstopfen*) cram; (*überladen, a. den Magen*) overload; *mit Menschen*: overcrowd, cram, jam, pack; *mit Verkehr, Autos*: congest, jam; (*den Markt*) overstock, glut; **2ung** *f* overfilling, *etc.*; *des Magens*: glut, surfeit; *des Marktes*: glut, overstock(ing); (*Verkehrsverstopfung*) congestion.

Überfunktion ⚕ *f* hyperfunction.

überfüttern *v/t.* overfeed.

Übergabe *f* delivery; *a. e-s Amtes usw.*: handing-over; (*Vorlage*) submittal; ⚔ surrender (*a.* ⚖ *Herausgabe*).

Übergang *m* passage, crossing (*über die Grenze* the border); 🚂 *Straße*: crossing; *fig.* (*Wechsel, Überleitung*) transition, change (-over) (*zu* to); *zum Gegner*: going over, desertion (to); ⚖ *von Rechten*: devolution (*auf* on), *durch Übereignung*: assignment (to); *fig. ohne ~* → *übergangslos*.

Übergangs...: **~bestimmungen** *f/pl.* provisional regulations; **~farbe** *f* transition colo(u)r; **~kleidung** *f* interseasonal wear; **2los** *adv.* without a transition, directly; **~lösung** *f* transitional (*od.* provisional) solution; **~stadium** *n* transition(al stage); **~stelle** *f* place of crossing; **~zeit** *f* transition(al period).

übergeben **I.** *v/t.* deliver up, give up; (*einhändigen*) hand over, present (*j-m et.* a th. to a p.); ⚔ surrender (*a. sich ~*); *fig. j-m et. ~* (*anvertrauen*) entrust to a p., place into the hands of a p.; *den Flammen ~* consign to the flames; *e-e Sache dem Gericht ~* take a matter to court, submit a matter to the court; *dem Verkehr ~* open to the traffic; **II.** *v/refl.*: *sich ~* (*erbrechen*) vomit, be sick.

Übergebot † *n* higher bid.

'übergehen *v/i.* pass over (*zu* to); *~ auf* (*e-n Nachfolger, Stellvertreter*) *Amt usw.*: devolve upon; *~ in* pass into, *sich wandelnd*: turn (*od.* change) into, *sich entwickelnd*: develop into; *Farbe*: merge (*od.* fade) into *another colour*; *ineinander ~ Farben*: blend; *in j-s Besitz ~* pass to a p.'s possession; *in andere Hände ~* change hands; *zu et. ~* switch (over) to, proceed (*od.* start) to; *zu e-m anderen Punkt ~* go (*od.* pass) on to; *zum Angriff ~* take the offensive; *zum Feind, zu e-r anderen Partei ~* go over to, defect to; *zur Gegenpartei* ~ change sides, *pol. a.* rat; *die Augen gingen ihm über* a) his eyes filled with tears; b) *iro.* he was stunned.

über'gehen *v/t.* (*übersehen*) pass over (*mit Stillschweigen* in silence), overlook, ignore; *et. a.* omit, skip; (*j-n*) leave out, ignore, neglect.

übergenug *adj.* more than enough, ample; ~ *haben* have enough and to spare.

übergeordnet *adj. Amt, Beamter usw.*: higher, superior; → *a. vorrangig.*

übergeschnappt *adj.* → *überschnappen.*

Übergewicht *n* overweight; *fig. a.* preponderance, superiority (*über* over); ~ *haben* have (*od.* be) overweight, *Sport usw.*: *a.* exceed the weight-limit; *fig. das* ~ *haben* predominate, preponderate; → *zahlenmäßig* II; *das* ~ *bekommen* lose one's balance; *fig.* get the upper hand, prevail.

'übergießen *v/t.* (*verschütten*) spill.

über'gießen *v/t.* pour water, *etc.* over; douse (*mit* with), cover (with); (*Braten*) baste; *fig.* suffuse (with); *mit Licht* ~ bathe in light; *mit Schamröte od. wie mit Blut übergossen* blushing all over (with shame).

überglasen *v/t.* glaze.

überglücklich *adj.* overhappy, overjoyed, delirious with joy.

übergreifen *v/i.* overlap; ♪, *Turnen*: shift; *fig.* ~ *auf od. in* encroach on; *Epidemie, Feuer, Panik usw.*: spread to, *weitS. a.* affect.

Übergriff *m* encroachment, infringement, inroad (*auf* on); (*Mißbrauch*) abuse, malpractice.

über|groß *adj.* outsize(d), oversize(d); (*riesenhaft*) immense, huge, colossal; **≈größe** ✝ *f* oversize.

überhaben F *v/t.* **1.** (*Mantel usw.*) have on; **2.** (*übrig haben*) have left (over); *fig. e-e Sache* ~ be (sick and) tired of a th., F be fed up with a th.

überhandnehmen *v/i.*, ≈ *n* increase, spread.

Überhang *m* overhang (*a.* ⊕, ✈, ⚓); ⚠ *a.* projection; (*Vorhang*) curtain; *fig.* (*Geld*≈) surplus, excess; (*Rest*) residue; (*Auftrags*≈) backlog.

überhängen **I.** *v/i.* hang over, overhang; ⚠ project, jut forth; **II.** *v/t.* hang *a th.* over; (*Mantel*) throw round one's shoulders; (*Gewehr*) sling over one's shoulder.

überhasten *v/t.* → *übereilen.*

überhäufen *v/t.* (*den Markt*) overstock, glut; ~ *mit* overwhelm with (*a. mit Vorwürfen usw.*); (*Arbeit, Aufträgen, Briefen usw.*) swamp with; (*Ehren, Wohltaten, Vorwürfen usw.*) heap *honours, etc.* on *a p.*

überhaupt *adv.* generally (speaking), on the whole; (*eigentlich, tatsächlich*) actually, really; (*völlig*) altogether; (*schließlich*) after all; (*überdies, außerdem*) besides; ~ *nicht* not at all, (*kein bißchen*) not a bit, (*niemals*) never; ~ *nichts* nothing (whatsoever); ~ *kein* ... no ... whatever; *wenn* ~ if at all; *du hättest es* ~ *nicht tun sollen* you shouldn't have done so in the first place; *gibt es* ~ *eine Möglichkeit?* is there any chance (whatever)?; *was willst du* ~ ? what are you driving at, anyhow?; *und* ~, ... and, come to that, ...

überheb|en **I.** *v/t.*: *e-r Sache* ~ exempt (*od.* excuse) *a p.* from a th.; *e-r Mühe usw.* ~ spare *a p.* a trouble, *etc.*; **II.** *v/refl.*: *sich* ~ overstrain o.s. (by lifting); *fig.* be overbearing, presume too much; **~lich** *adj.* overbearing, arrogant; **≈lichkeit** *f* arrogance.

über|heizen, ~hitzen *v/t.* overheat (*a. fig.*, ✝); ⊕ superheat.

überhöh|en *v/t.* (*Straßenkurve usw.*) superelevate, bank; (*Preise*) raise excessively, send up; **~t** *adj. Kurve*: superelevated, banked; *Fieber, Preise usw.*: excessive; **≈ung** *f* superelevation, bank; *der Preise*: excessive increase, excessive prices *pl.*

'überholen *v/t.* fetch *a p.* over, ferry over; *hol über!* ferryman ahoy!

über'hol|en *v/t.* **1.** (*vorbeigehen, -fahren an, a. mot.*) pass, overtake; *fig.* outstrip; ≈ *verboten!* passing prohibited; **2.** ⊕ (*nachsehen und ausbessern*) overhaul; **≈fahrbahn** *f*, **≈spur** *f* passing lane; **≈manöver** *mot. n* overtaking manœuvre (*Am.* maneuver); **~t** *adj.* (*veraltet*) antiquated, (out)dated, outmoded, F *be* old hat; ~ *durch* superseded by; **≈ung** ⊕ *f* overhaul, reconditioning; **≈verbot** *n* "No Passing" (rule *od.* sign).

überhören *v/t.* not to hear; (*Worte*) miss, not to catch; *absichtlich*: ignore; *das will ich überhört haben!* don't say that again!

Über-Ich *psych. n* super-ego.

überirdisch *adj.* supernatural; (*himmlisch*) celestial, heavenly; (*göttlich*) divine; (*geistig*) spiritual; *fig. von* ~*er Schönheit* of unearthly (*od.* divine) beauty.

überkandidelt F *adj.* eccentric, F kinky.

Überkapitalisierung *f* overcapitalization.

überkippen *v/i.* → *umkippen* II.
überkleben *v/t.* paste over.
Überkleid *n* upper garment, outer dress; *halblanges*: tunic; (*Schutzanzug*) overall; **≈en** *v/t.* cover; **~ung** *f* (*Ggs. Unterkleidung*) outer wear.
überklug *adj.* overwise, F smart-alecky, too clever by half; *ein ~er Mensch* a wiseacre *od.* know-all.
überkochen *v/i.* boil over; *fig. a.* (*vor Wut ~*) boil with rage.
überkommen I. *v/t. Gefühl usw.*: come over, seize; *Furcht usw. überkam ihn* he was overcome by fear, *etc.*; **II.** *v/i.*: *diese Sitte ist uns ~* this custom has been handed down (*od.* has come down) to us; **III.** *adj.* traditional, conventional.
überkompensieren *psych. v/t.* over-compensate.
überkonfessionell *adj.* interdenominational.
Überkonjunktur ⚕ *f* super-boom.
überkriegen F *v/t.* F get fed up with.
überkritisch *adj.* overcritical, hypercritical.
überkrusten *v/t.* overcrust.
überlad|en I. *v/t.* overload (*a. den Magen*), ⚓ overfreight; (⊕, *Schußwaffe*) overcharge; *fig.* (*Bild, Beschreibung*) (over)charge, F cram (*mit* with); *mit Arbeit ~* overburden with work, overwork *a p.*; *fig. sich den Geist ~* stuff one's brain (*mit* with); **II.** *adj.* overladen; *fig.* (*geschmacklos verziert*), *a. Stil*: florid, ornate, too profuse; **≈ung** *f* overload(ing).
überlager|n *v/t.* super(im)pose; *teilweise*: overlap; *geol.* overlie; *Radio*: heterodyne; (*Sender*) jam; **≈ung** *f* super(im)position; heterodyning; jamming; **≈ungsempfänger** *m Radio*: superhet(erodyne receiver).
Überland|fahrt *mot. f* long-distance (*od.* cross-country) drive *od.* trip; **~leitung** ⚡ *f* transmission line; **~omnibus** *m* long-distance (*od.* intercity) bus; **~straße** *f* highway; **~transport** *m* overland transport, long-distance haulage; **~verkehr** *m* interurban (*od.* long-distance) traffic; **~zentrale** ⚡ *f* long-distance power station.
über|lappen ⊕ *v/t.* (*a. sich ~*) overlap (*a. fig.*); ⊕ *überlappt schweißen* lap-weld.
überlass|en *v/t.* (*abtreten*) cede, leave (*dat.* to); *zur Miete*: let out (to); (*preisgeben*) abandon, relinquish (to); *j-m et. ~* let a p. have a th., leave a th. to a p.; *käuflich*: sell a p. a th., leave a th. to a p.; (*anheimstellen*) leave a th. to a p.('s discretion); (*anvertrauen*) entrust a th. to a p.; *sich e-m Gefühl usw. ~* give o.s. over to, give way to; *j-n sich selbst* (*s-m Schicksal*) *~* leave a p. to himself (to his fate); *sich selbst ~ sein* be left to one's own resources, be on one's own; *~ Sie das mir* leave that to me; *es bleibt ihm ~, was er tun will* he is at liberty to do as he pleases; **≈ung** *f* leaving; abandonment; relinquishment; ⚖ cession.
Überlast *f* overweight; overload (*a.* ⚡, ⊕); **≈en** *v/t.* overload (*a.* ⚡, ⊕), overcharge; *fig.* overburden, overtax, (over)strain; **~ung** *f* overload (*a.* ⚡, ⊕), overcharge; *fig.* overstrain, excessive stress, overwork; pressure of business.
'überlaufen *v/i.* **1.** run (*od.* flow) over, *Kochendes*: boil over; *ineinander ~ Farben*: run(into one another); *zum ≈ voll* full to overflowing, brimful; **2.** ⚔ desert, *weitS. a.* go over, defect (*zu* to).
über'laufen I. *v/t.* **1.** overrun; (*sich verbreiten in*) spread over; (*belästigen*) pester, annoy; (*belagern*) besiege; **2.** *fig. Gefühl*: come over, seize *a p.*; *es überlief mich kalt* a cold shudder seized me; **II.** *adj. Beruf, Gegend usw.*: overcrowded; *Arzt usw.*: overrun by patients, *etc.*
Überläufer *m* deserter; *pol. a.* defector, turncoat.
Überlaufventil *n* overflow valve.
überlaut *adj.* too loud (*od.* noisy), overloud, deafening.
überleb|en *v/t. u. v/i.* survive (*a. weitS. überstehen*); F *das überlebe ich nicht a.* that will be the death of me; F *du wirst's wohl ~!* it won't kill you; *fig. das hat sich überlebt* that has had its day; *~de Ehefrau* surviving wife; **≈ende**(**r** *m*) *f* survivor; **≈ensausrüstung** ⚔ *f* survival kit; **≈enschance** *f* chance of survival; **~ensgroß** *adj.* larger(-) than(-)life; **≈enszeit** *f* survival time; **~t** *adj.* antiquated, (out-) dated.
über'legen *v/t. u. v/i.* consider, reflect (*et.* on), think (*a th.* over); *ich will es mir ~* I will think it over; *noch einmal ~* reconsider; *es sich wieder* (*od. anders*) *~* (*s-e Meinung ändern*) change one's mind; *wenn ich es mir recht überlege* on second thoughts; *das will wohl überlegt sein* that requires careful consideration; *das würde ich mir zweimal ~* I should think twice before doing it; *ohne zu ~* without reflection, (*übereilt, blind-*

lings) rashly, blindly, (*sofort*) F like a shot.

'**überlegen** *v/t.* lay *a th.* over *a p.*, cover *a p.* with *a th.*; F (*Kind*) spank *a child's* bottom.

über'leg|en I. *adj. allg.* (*a. weitS. überheblich*) superior (*dat.* to; *an* in); *j-m* ~ *sein a.* be more than a match for, *weit*: be head and shoulders above; ~*es Lächeln* (~*e Miene*) superior smile (air); → *a. überragend*; → *zahlenmäßig*; **II.** *adv.* superiorly; (*souverän*) in superior style; (*mit Abstand*) by a wide margin; ~ *besiegen a.* trounce, outclass, F demolish, *sl.* whip, clobber, mop the floor with *an opponent*; **≈enheit** *f* superiority; **~t** *adj. Entschluß usw.*: considered; (*durchdacht*) well thought out, well planned; (*bedächtig od. absichtlich*) deliberate; (*umsichtig*) circumspect; (*klug, vorsichtig*) prudent; **≈theit** *f* deliberation; circumspection; **≈ung** *f* consideration, reflection, thought, deliberation; *mit* ~ deliberately; *ohne* ~ without reflection, rashly, blindly, on the spur of the moment; *bei näherer* ~ on second thoughts; *nach reiflicher* ~ upon mature consideration.

überleit|en I. *v/t.* lead over (*zu* to; *a. fig.*); (*Blut*) transfuse; **II.** *v/i.* lead over (*zu* to), form a transition; **≈ung** *f* leading over (*zu* to), transition, connection; *ohne* ~ → *übergangslos*.

überlesen *v/t.* **1.** read (*od.* run) *a th.* over; **2.** (*übersehen*) overlook.

überliefer|n *v/t.* deliver, hand over (*dat.* to); *der Nachwelt*: hand down, pass on (to); **~t** *adj.* traditional; **≈ung** *f* delivery; *fig.* tradition.

Überliege|geld ⚓ *n* demurrage; **~zeit** *f* (days *pl.* of) demurrage.

überlisten *v/t.* outfox, outwit, dupe, fool, *Am. a.* outsmart.

überm F = *über dem* → *über*.

übermachen *v/t.* make over (*dat.* to).

Über|macht *f* superiority (*über* to, over); superior strength (*bsd.* ⚔ force); *fig.* predominance; *der* ~ *weichen* yield to superior force; **≈mächtig** *adj.* superior (in strength), too powerful; *fig.* predominant; *Gefühl usw.*: overpowering, overstrong.

übermalen *v/t.* paint over.

übermangansauer ⚗ *adj.* permanganic; *übermangansaures Kali* permanganate of potash.

übermannen *v/t.* overpower, overwhelm, overcome (*alle a. fig.*); *vom Schlaf übermannt werden* be overcome by sleep, fall asleep.

Über|maß *n* excess (*an* of); surfeit (of); (*Überfluß*) (super)abundance, profusion; ⊕ oversize; *im* ~ in excess, excessively; *bis zum* ~ to excess; **≈mäßig I.** *adj.* excessive; (*unmäßig*) *a.* immoderate; (*unnötig*) undue; (*überreichlich*) overabundant; **II.** *adv.* excessively, overmuch, *Am.* F overly; ~ *empfindlich* over-sensitive; hypersensitive; ~ *arbeiten* work too hard; ~ *rauchen* over-indulge in tobacco, smoke too much (*od.* excessively).

Übermensch *m* superman; **≈lich** *adj.* superhuman.

übermitt|eln *v/t.* transmit, convey (*dat.* to); **≈(e)lung** *f* transmission.

übermodern *adj.* ultramodern.

übermorgen *adv.* the day after tomorrow.

übermüd|et *adj.* overtired; **≈ung** *f* overfatigue.

Über|mut *m* (*Mutwille*) wantonness; (*Ausgelassenheit*) high spirits *pl.*, gaiety, frolicsomeness; (*Anmaßung*) insolence, arrogance, F cockiness; **≈mütig** *adj.* (very) gay, wanton, frolicsome, rollicking, playful, *pred.*, *a. adv.* in high spirits; (*anmaßend*) insolent, F cocky; *ein* ~*er Film usw.* a rollicking film, *etc.*

übernächst *adj. the* next but one; ~*e Woche* the week after next.

übernachten *v/i.* pass (*od.* spend) the night, stay overnight.

übernächtig *adj.* tired *od.* haggard (from lack of sleep), worn (out), blear-eyed.

Übernachtung *f* passing the night, overnight stay; *a.* **~smöglichkeit** *f* overnight lodgings *pl.* (*od.* accommodation); **~skoffer** *m* overnight case; **~sgeld** *n* night-lodging allowance.

Übernahme *f* (→ *über'nehmen* 1) taking over, *bsd. der Macht*, ⚓ *e-r Firma*: take-over; acceptance; undertaking; assumption; adoption; taking charge of; taking possession of; *e-s Amtes, e-r Erbschaft*: entering upon, succession to.

übernational *adj.* supranational.

übernatürlich *adj.* supernatural.

über'nehm|en I. *v/t.* **1.** take over (*a. v/i. von j-m* from); (*in Empfang nehmen*) receive; (*Arbeit, Verantwortung usw.*) undertake, take on; (*Pflicht, Verantwortung*) take upon o.s.; (*Befehl, Führung, Risiko*) take;

(*Macht*, ✝ *Firma*) take over; (*Anvertrautes*) take charge of; (*Pflicht*, *Ware*) accept (*a. Erbschaft* = enter upon); (*Schulden*, *Verantwortung*) assume; (*in Besitz nehmen*) take possession of; (*Verfahrensweise*, *Wörter*, *Begriffe usw.*) adopt; (*Amt*) enter upon, succeed to, take over; → *Bürgschaft*; **II.** *v/refl.*: *sich* ~ *körperlich*: overstrain o.s., *a. finanziell usw.*: overextend o.s.; *fig.* overreach o.s.; *mit Arbeit usw.*: undertake too much, take on more than one can handle, *beim Sport usw.*: overdo it, *beim Essen*: overeat (o.s.); *sich bei et.* ~ overdo a th.

¹übernehmen *v/t.* shoulder; (*Gewehr*) slope (*Am.* shoulder) *arms*.

Übernehmer *m* one who takes (over *od.* upon himself); (*Empfänger*) receiver; (*Unternehmer*) contractor; *e-s Wechsels*: acceptor, (*Bezogener*) drawee; ⚖ (*Rechtsnachfolger*) assign, transferee.

überordnen *v/t.*: *j-n* (*et.*) *j-m* (*e-r Sache*) ~ place *od.* set a p. (a th.) over a p. (a th.); → *übergeordnet*.

überorganisiert *adj.* overorganized.

überparteilich *adj.* all-party ..., supra-partisan.

überpinseln *v/t.* paint *a th.* over.

überpflanzen *v/t.* → *verpflanzen*.

Überpreis *m* excessive price.

Überproduktion *f* overproduction.

überprüf|en *v/t.* (re)consider, study; (*untersuchen*) examine, investigate; *genau*: scrutinize; (*j-n*) *politisch usw.*: screen, F vet; (*überarbeiten*) review; (*nachprüfen*) check; *auf Echtheit*: verify; *auf Brauchbarkeit*: test; (*besichtigen*) inspect; **≈ung** *f* examination, investigation; scrutiny; checking; audit; review; verification; test (-ing); inspection.

überquellen *v/i. a. fig.* overflow, brim over (*von* with), spill over (*in* into).

überquer *adv.* across, crossways; **~en** *v/t. allg.* cross; **≈ung** *f* crossing.

überragen *v/t.* rise (*od.* tower) above, overtop (*od.* overlook) *a th.*; (*j-n*) be taller than; tower above *a p.*; *fig.* tower above, surpass (*an* in), (*a. v/i.*) excel (*durch* by); **~d** *fig. adj.* outstanding, brilliant, superior, excellent.

überrasch|en *v/t.* (*überrumpeln*) (take by) surprise; take unawares, come upon; (*ertappen*) surprise, catch (*bei* at); (*erstaunen*) surprise; *vom Regen überrascht werden* be caught in the rain; *es überrascht, daß* it is a surprise that; **~end** *adj.* surprising; (*erstaunlich*) *a.* amazing, startling; (*unerwartet*) unexpected; ~ *kommen* come as a surprise (*dat.* to); **~enderweise** *adv.* surprisingly; **≈ung** *f*: (*zu m-r* ~ to my) surprise; *ich habe e-e* ~ *für dich* I have a surprise for you; **≈ungsangriff** *m* surprise attack; **≈ungsmoment** *n* element of surprise; **≈ungssieg** *m Sport*: upset victory; **≈ungssieger** *m* surprise winner.

überrechnen *v/t.* count (*od.* reckon) *a th.* over; check.

überred|en *v/t.* persuade (*zu* [in-] to), talk *a p.* over (*od.* round); *zu et.* ~ talk *a p.* into (doing) a th.; *j-n zu* ~ *suchen a.* reason with a p.; *sich* ~ *lassen* allow o.s. to be persuaded, F come round, *zu et.*: let o.s. be talked into a th.; **≈ung** *f* persuasion; **≈ungsgabe** *f*, **≈ungskunst** *f* (gift *od.* art of) persuasion, persuasiveness.

überregional *adj.* supra-regional.

überreich *adj.* **1.** → *überreichlich*; **2.** ~ *an* abounding in; overflowing with.

überreichen *v/t.* hand *a th.* (over), present *a th.* (*j-m* to a p.); *schriftlich*: submit; *anliegend*: enclose, attach.

überreichlich *adj.* superabundant (-ly *adv.*); *adv. a.* in profusion, amply.

Überreichung *f* presentation.

überreif *adj.* overripe.

überreiz|en **I.** *v/t.* over-excite; (*Nerven*) *a.* overstrain; **II.** *v/i. u. v/refl.*: (*sich* ~) *Kartenspiel*: overcall; **~t** *adj.* overwrought, on edge; **≈theit** *f*, **≈ung** *f* overexcitement, overwrought state.

überrennen *v/t.* run (*od.* knock) down; *bsd.* ⚔ overrun; *fig.* F bulldoze.

Überrest *m* remainder, *a. fig.* remnant; ⚗, ⚖ residue; (*a.* ~e) remnants *pl.*, remains *pl.*; *weitS.* ruins *pl.*, relics *pl.*; *sterbliche* ~e mortal remains.

überrieseln *v/t.* → *über¹laufen* 2.

Überrock *m* overcoat, topcoat.

überrollen ⚔ *v/t.* overrun.

überrumpel|n *v/t.* surprise, take unawares; *mit e-r Frage usw.*: *a.* catch between wind and water; ⚔ take by surprise; *sich* ~ *lassen* be caught napping; **≈ung** *f* surprise (attack ⚔); **≈ungstaktik** *f* rush tactics *pl.*

überrund|en *v/t. Sport*: lap; *fig.* outstrip; **≈ung** *f* lapping.

übers F = *über das* → *über*.

übersät *adj.* strewn, littered (*mit*

with); *fig.* dotted, studded; *mit Sternen* ~ bespangled with stars.

über|satt *adj.* surfeited (*von* with); **~sättigen** *v/t.* surfeit (*a. fig.*); ⚗ supersaturate; ⊕ (*Dampf*) overheat; *fig. übersättigt von* surfeited of (*od.* with), (sick and) tired of; **~sättigung** *f* surfeit (*a. fig.*); ⚗ supersaturation.

übersäuer|n *v/t.* overacidify (*a.* ⚕); **~ung** *f* (⚕ gastric) hyperacidity.

Überschall *m* ultrasound; *in Zssgn* supersonic, faster-than-sound; **~geschwindigkeit** *f* supersonic speed.

überschatten *v/t. allg.* overshadow; *fig.* (*in den Schatten stellen*) *a.* throw into the shade; (*Ereignisse usw.*) *a.* cast a shadow (*od.* cloud) over.

überschätz|en *v/t.* overrate, overestimate; **~ung** *f* overestimation.

Überschau *f* → *Überblick*; **~bar** *adj.* clear, easy to survey; *Zukunft*: foreseeable; **~en** *v/t.* overlook, survey.

überschäumen *v/i.* foam (*od.* froth) over; *fig.* brim (*od.* bubble) over (*vor Freude usw.* with); **~d** *fig. adj.* exuberant.

Überschicht *f* extra shift.

'überschießen *v/i.* fall forward; (*überschüssig sein*) be in excess.

über'schießen *v/t.* (*das Ziel*) overshoot; *die eigene Truppe* ~ deliver overhead fire.

überschlächtig ⊕ *adj.* overshot.

überschlafen *v/t.* sleep on *a th.*

Überschlag *m* **1.** *Turnen*: handspring; ✈ looping; **2.** *Schneiderei*: facing; **3.** *beim Rechnen*: (rough) calculation, estimate; **4.** ⚡ flashover.

über'schlagen I. *v/t.* **1.** (*beim Lesen auslassen*) omit, skip, miss *a page*; **2.** *rechnend*: calculate roughly, (make an) estimate; **3.** (*wärmen*) take the chill off *the water, etc.*; **II.** *v/refl.*: *sich* ~ turn a somersault, *unfreiwillig*: *a.* tumble over, go head over heels; *Auto usw.*: overturn; ⚓ capsize, upset; ✈ loop the loop, *beim Landen*: nose over; *Geschoß*: tumble; *Stimme*: crack, break; *fig. Ereignisse*: follow hot on the heels of one another; *sich vor Liebenswürdigkeit fast* ~ fall over o.s. to be nice.

'überschlagen I. *v/t.* (*Bein*) cross; **II.** *v/i.* ⚡ flash (*od.* spark) over; *fig.* ~ *in* turn abruptly into.

über'schlagen *dial. adj.* lukewarm, tepid.

überschlägig *adj.* rough.

überschnappen *v/i. Stimme*: crack, squeak; F (*verrückt werden*) go mad (*od.* crazy), *sl.* flip (one's top), blow one's mind; *übergeschnappt* mad, crazy, F cracked, *sl.* nuts.

überschneid|en *v/t.*: *sich* (*gegenseitig*) ~ overlap (*a. fig.*); *zwei Linien*: intersect; *sich* (*zeitlich*) ~ (*zs.-fallen*) coincide; **~ung** *f* overlapping; (point of) intersection.

überschreiben *v/t.* **1.** (*Aufsatz usw.*) superscribe, head, entitle; (*Brief*) address; (*bezeichnen*) label, designate; **2.** (*übertragen*) transfer, (*Besitz*) *a.* make *a th.* over (*dat.* to), (*Rechte*) sign over (to); ✝ (*Übertrag*) carry over; *auf ein Konto* ~ pass to; (*Auftrag*) give.

überschreien *v/t.* shout down; *sich* ~ overstrain one's voice.

überschreit|en *v/t.* cross, pass over *a th.*, go across *a th.*; *a. fig.* (*Grenze usw.*) overstep; *fig.* (*Gesetz*) violate, infringe; (*Maß, Befugnisse usw.*) exceed, overstep, go beyond; (*j-s Kräfte*) be too much for *a p.*; (*Termin*) exceed, fail to meet; (*Kredit*) surpass, *durch Überziehen des Kontos*: overdraw; *sein Einkommen* ~ overspend; *die zulässige Geschwindigkeit* ~ exceed (the speed limit); **~ung** *f* crossing; *fig.* violation, infringement; exceeding; (*Geschwindigkeits~*) speeding.

Überschrift *f* heading, title; (*Schlag-, Kopfzeile*) headline.

Überschuh *m* overshoe; (*Gummi~*) galosh; ~e *Am.* rubbers.

überschuld|et *adj.* heavily indebted; *Grundstück usw.*: heavily encumbered; **~ung** *f* heavy indebtedness (*od.* encumbrance).

Über|schuß *m* surplus; ✝ *a.* surplusage, (*Saldo*) balance; (*Differenz*) margin; (*Gewinn*) profit; (*Rest*) balance, remainder; ~ *an Kraft* excessive (*od.* unused) strength; *e-n* ~ *abwerfen* yield a profit; **~schußgebiet** *n* surplus area; **~schüssig** *adj.* surplus ..., excess ...; (*a. adv.*) in excess; ~e *Erzeugnisse* excess products, surplus goods; ~e *Kaufkraft* surplus purchasing power; ~e *Kräfte od. Energie* unused strength, spare energy.

überschütten *v/t.* cover; *fig.* overwhelm (*mit* with); *mit Geschenken, Ehren usw.* ~ shower with, heap ... on *a p.*

Überschwang *m* exuberance, ecstasy; *im* ~ *der Gefühle usw. a.* carried away by one's feelings, *etc.*

überschwemm|en *v/t.* flood, inundate (*beide a. fig.*), overflow; *bsd. weitS.* (*den Tisch, Fußboden usw.*) swamp; ✝ (*den Markt*) flood, overstock, glut; *fig. mit Briefen, An-*

trägen usw. ~ deluge (*od.* flood, swamp) with; **≈ung** *f* inundation, flooding; (*Hochwasser*) flood; ✝ flooding, glutting; **≈ungskatastrophe** *f* flood disaster.

überschwenglich *adj.* effusive, gushing; **≈keit** *f* effusiveness.

Übersee oversea(s *pl.*); *nach* ~ *gehen* go overseas; **~dampfer** *m* transoceanic steamer, ocean liner; **~handel** *m* oversea(s) trade; **≈isch** *adj.* oversea(s); transoceanic *communication, steamer*; transmarine *cable*; foreign *market*; *~e Route* overseas route; **~streitkräfte** ⚔ *f/pl.* overseas forces; **~telegramm** *n* cablegram; **~verkehr** *m* oversea (*od.* transoceanic) traffic.

überseh|bar *adj.* surveyable, visible at a glance, in full view; *fig.* recognizable; *fig. nicht* ~ → *unübersehbar*; **~en** *v/t.* **1.** → *überblicken*; **2.** (*erkennen*) realize, see; **3.** (*nicht bemerken*) overlook, miss, fail to notice; (*nicht beachten*) disregard, ignore, (*Mangel usw.*) shut one's eyes to, wink at; *von j-m ~ werden* escape a p.'s notice.

übersein F *v/i.*: *j-m in e-r Sache* ~ be better than (*od.* superior to) a p. in a th.

übersend|en *v/t.* send, forward, transmit; ✝ (*Ware*) consign, *bsd. Am.* ship; (*Geld*) remit; **≈er(in** *f*) *m* sender; ✝ consigner; *von Geld*: remitter; **≈ung** *f* sending; transmittal; consignment; remittance.

übersetzbar *adj.* translatable.

ˈübersetzen I. *v/t.* ferry (*od.* take) over (*ans andere Ufer* to); **II.** *v/i.* cross the river, *etc.*

überˈsetz|en *v/t. u. v/i.* **1.** *sprachlich*: translate (*in* into *English*, *aus* from *the English*); (*verdolmetschen*) interpret; ~ *in a.* render into *English*; *falsch* ~ mistranslate; **2.** *Computer*: translate; **3.** ⊕ gear; **≈er(in** *f*) *m* translator; **≈ung** *f* **1.** translation (*aus* from *the English*; *in* into *English*); (*Art der* ~) rendering; (*Version*) version; **2.** *Computer*: conversion; **3.** ⊕ gear (*od.* speed) ratio; **≈ungsfehler** *m* error of translation, misrendering; **≈ungsgetriebe** ⊕ *n* transmission gearing; **≈ungsverhältnis** ⊕ *n* gear ratio.

Übersicht *f* survey, view; *fig.* survey, review; *kurzgefaßte*: summary, outline, 📖 synopsis; (*Tabelle*) table, chart; *e-e ~ bekommen* obtain a general view (*über* of); *die ~ verlieren* lose control (over things); *man verlor jede ~ a.* the matter got completely out of hand; **≈lich** *adj.* easy to survey; (*klar dargestellt*) clear(ly arranged); *in der Fassung*: lucid; *Gelände*: open; *Straße, Kurve*: clear; *adv.* ~ *dargestellt* clearly arranged (*od.* represented); **~lichkeit** *f* clearness; lucidity; **~skarte** *f* outline map; **~splan** *m* general plan; **~stabelle** *f* synoptical table.

übersiedel|n *v/i.* (re)move (*nach* to); (*auswandern*) emigrate (to); **≈ung** *f* removal; emigration.

übersinnlich *adj.* pretersensual, supernatural; *phls.* transcendental; *parapsychologische Kräfte*: psychic(al).

überspann|en *v/t.* **1.** *mit et.* ~ cover *a th.* with a th.; **2.** (*zu stark spannen*) overstretch, overstrain; *fig.* (*Forderungen*) exaggerate, push too far; (*Phantasie*) overexcite, overheat; → *Bogen*; **~t** *adj.* (*übertrieben, toll*) extravagant, fantastic, outré (*fr.*); *Idee, Plan*: highflown; (*verschroben*) eccentric; **≈theit** *f* extravagance, eccentricity; **≈ung** *f* overstraining; ⚡ excess voltage; *fig.* exaggeration.

überspielen *v/t.* **1.** *Sport*: (*den Gegner*) pass, dribble round; **2.** *thea.* (*übertreiben, a. v/i.*) overact, *Am. sl.* ham (up); **3.** *fig.* (*nicht merken lassen*) conceal, disguise; (*Situation*) tide over; **4.** (*Tonband*) re-record; *TV* (*Sendung*) transfer (*nach* to).

überspinnen *v/t.* cover; *übersponnener Draht* covered wire.

überspitz|en *v/t.* overdo, exaggerate; (*zu weit treiben*) *a.* carry *a th.* too far; *in der Formulierung*: oversubtilize; **~t** *adj.* oversubtle; (*übertrieben*) exaggerated.

ˈüberspringen *v/i.* leap over; ⚡ flash; ~ *auf Epidemie*: spread to; *fig.* ~ *von ... zu im Gespräch usw.*: flit from ... to.

überˈspringen *v/t.* jump, clear, leap (over); *a. fig.* overleap; (*auslassen, übergehen*) skip; *bei der Beförderung*: be promoted over the head of.

übersprudeln *v/i.* bubble (*od.* gush) over (*fig. vor* with); **~d** *fig. adj. Laune usw.*: bubbling, exuberant; *~er Witz* sparkling wit.

überstaatlich *adj.* supra-national.

überständig *fig. adj.* decrepit, superannuated.

ˈüberstehen *v/i.* jut out, project.

überˈstehen *v/t.* (with)stand; (*ertragen*) endure; (*Krankheit, Not usw.*) get over; (*überleben, a. weitS. Anstrengung usw.*) survive; (*Sturm, Krise*) weather, ride out; *er hat es überstanden* (*ist tot*) he is at rest; *er hat es gut überstanden* he has stood it well; *das wäre überstanden!* that's that!

übersteigen *v/t.* cross, climb over; *fig.* go beyond, exceed, transcend; (*Erwartungen, Verständnis usw.*) exceed, pass; *j-s Kräfte* ~ be too much for a p.

übersteiger|n *v/t.* (*Preise*) force up; *fig.* overdo, exaggerate; **~t** *adj.* excessive, exaggerated; *~er Nationalismus* ultra-nationalism.

übersteuern *v/t. mot.* oversteer, ⚡ overdrive; (*Radio usw.*) overmodulate.

überstimmen *v/t.* outvote, vote down.

überstrahlen *v/t.* shine upon, irradiate; *fig.* (*verdunkeln, a. fig.*) outshine, eclipse.

überstreichen *v/t. mit Farbe*: paint *a th.* (over), coat; *mit Firnis* ~ varnish.

überstreifen *v/t.* slip *a th.* over.

'überströmen *v/i.* overflow (*fig. vor* with), run over; *vor Freude* ~ be delirious with joy; **~d** *fig. adj.* overflowing.

über'strömen *v/t.* flood, deluge.

überstülpen *v/t.* put on, tilt (*od.* slip) over.

Überstunde *f*, **~n** *pl.* overtime; *~n machen* work (*od.* do) overtime; **~nlohn** *m* overtime (pay).

überstürz|en *v/t.* hurry, rush, precipitate; *sich* ~ *Person*: act rashly (*od.* overhastily), *Ereignisse usw.*: follow in rapid succession (*od.* hot on the heels of one another); **~t** *adj.* precipitate, overhasty, rash; **≈ung** *f* precipitancy, hurry, rush; *nur keine* ~*!* there is no hurry!, take your time!

überteuer|n *v/t.* force up prices for; **≈ung** *f* excessive prices *pl.*

übertölpeln *v/t.* dupe, take in.

übertönen *v/t.* drown (out).

Übertrag ⚕ *m auf die andere Seite*: carrying over; (*Posten*) sum carried over (*od.* forward), carry-over; (*Saldo*) balance; (*Umbuchung*) transfer; *Computer*: carry.

übertrag|bar *adj.* **1.** transferable (*auf* to); ⚕ (*begebbar*) negotiable; *nicht* ~ non-transferable, ⚕ non-negotiable; **2.** ⚕ communicable, infectious, catching, *durch Berührung*: contagious *diseases*; **3.** → *übersetzbar*; **≈barkeit** *f* transferability; ⚕ negotiability; ⚕ infectiousness, contagiousness; **~en I.** *v/t.* **1.** ⊕, *phys.*, ⚡, *Radio*, *TV*: transmit; **2.** ⚕ carry over, bring forward; (*umbuchen*) transfer; **3.** (*Besitz*) make over (*auf j-n* to), transfer (to); (*Grundeigentum*) convey (to); (*Amt, Titel*) confer ([up]on); (*Vollmachten*) delegate (to); (*zedieren*) assign *a patent, right, etc.* (to); *Rechte usw. auf j-n* ~ *a.* vest a p. with rights, *etc.*; *et. auf j-s Namen* ~ register a th. in a p.'s name; **4.** *j-m die Ausführung usw. von et.* ~ charge (*od.* commission, entrust) a p. with, assign a p. to; **5.** (*übersetzen*) translate; *ins Englische usw.* ~ *a.* render (F do) into English, *etc.*; **6.** (*Stenogramm*) transcribe; *Computer*: transfer, translate; **7.** *Radio*, *TV*: (*Sendung*) *a.* broadcast, *bsd. TV a.* telecast, televise; **8.** ⚕ (*Blut*) transfuse; (*Krankheit*) communicate (*auf* to); *plastische Chirurgie*: transplant, graft; *die Krankheit übertrug sich auf mich* I caught the disease; **II.** *v/refl.*: *sich* ~ *Krankheit*, *fig. Stimmung, Panik usw.*: communicate itself (*auf* to), be infectious *od.* catching; **III.** *adj.*: *~e Bedeutung* figurative sense; **≈ung** *f* (*alle*: *auf* to) transfer (*a.* ⚕); assignment *of rights, patents, etc.*, cession; delegation *of powers*; *blood* transfusion; conferring *of an office*; conveyance *of real estate*; ⊕, *phys.*, ⚕, *Radio*: transmission; (*Radio* ≈) broadcast, program(me), *TV a.* telecast; ⚕ *e-r Krankheit*: communication, spreading, (*Ansteckung*) infection; *psych.* transference; (*Übersetzung*) translation; (*Kurzschrift* ≈, *a. vom Tonband*) transcription; **≈ungsurkunde** *f* deed of conveyance; *für Effekten*: transfer deed; **≈ungswagen** *m Radio*, *TV*: O.B. (= outside broadcast) van, mobile unit.

übertrainieren *v/t.* overtrain.

übertreffen *v/t.* (*Person*) excel, outdo (*sich selbst* o.s.), outstrip; (*a. Sache*) surpass, beat (*alle an, in* in); *im Laufen* (*Boxen, in der Leistung usw.*) ~ outrun (outbox, outperform, *etc.*); *alle Erwartungen* ~ exceed (*od.* pass) all expectations; *j-n noch* ~ go one better than a p.

übertreib|en *v/t. u. v/i.* (*Tätigkeit*) overdo; (*zu weit gehen mit*) *a.* carry *a th.* too far; *mit Worten*: exaggerate, overstate; (*nur v/i.*) draw the long bow; *thea.* overact, overdo, *Am. sl.* ham it up; *stark* ~ *a.* lay it on thick; → *übertrieben*; **≈ung** *f* overdoing; exaggeration, overstatement; overacting; *zu sagen, daß ..., wäre eine* ~ to say that ..., would be to exaggerate.

'übertreten *v/i.* pass (*od.* step) over; *fig.* go over (*zu* to); ~ *zu a.* join *a* *church, etc.*; *zu e-r andern Partei (Religion)* ~ change sides (one's religion); *zum Katholizimus* ~ turn Roman Catholic, convert (to Roman Catholicism).

über'tret|en *v/t. Sport*: overstep; *fig.* (*zuwiderhandeln, Gesetz usw.*) violate, offend against, infract; *sich den Fuß* ~ sprain one's ankle; **≈er(in** *f*) *m* transgressor, trespasser, *bsd.* ⚖ offender; **≈ung** *f* transgression, trespass, ⚖ infraction, violation, *engS.* petty offen|ce, *Am.* -se.

übertrieben I. *adj. Bericht, Wünsche usw.*: exaggerated; (*unmäßig*) excessive *price, demands, etc.*; (*Ansichten*) extravagant, extreme; (*unzumutbar*) unreasonable; *leicht* ~ slightly (*od.* mildly) exaggerated; *in* ~*em Maße* excessively; **II.** *adv.* excessively, *etc.*; ~ *kritisch usw.* over- (*od.* hyper-) critical, *etc.*

Übertritt *m* going over (*zu* to), joining; *b.s.* defection (to); *eccl.* conversion (to), change of religion.

übertrumpfen *v/t.* overtrump; *fig. a.* outdo, go one better than.

übertünchen *v/t.* whitewash (*a. fig.*), brush over; *fig.* gloss over, varnish.

überversichern *v/t.* overinsure.

übervölker|n *v/t.* overpopulate; **≈ung** *f* overpopulation.

übervoll *adj. Gefäß*: *a. fig.* brimful; *Raum*: overcrowded; ~ *von* brimming (*od.* bursting) with.

übervorteil|en *v/t. beim Kauf*: overcharge, overreach, F do (down); (*betrügen*) cheat; **≈ung** *f* overreaching, *etc.*

überwach|en *v/t.* watch (over); (*beaufsichtigen*) supervise, control; (*kontrollieren*) inspect; *polizeilich*: keep under surveillance, (*beschatten*) shadow, *durch Abhöranlage* (*a. Radio, Fernsehen, Funk*) monitor; **≈ung** *f* watching over; supervision, control, inspection; surveillance; monitoring; **≈ungsausschuß** *m* watch committee.

überwachsen *v/t.* overgrow.

überwallen *v/i.* boil over (*a. fig.*).

überwältigen *v/t.* overcome, overpower, *stärker*: overwhelm (*alle a. fig.*); (*unterwerfen*) subdue; (*besiegen*) defeat; **~d** *fig. adj.* overwhelming (*a. pol. Mehrheit*); (*großartig*) *a.* magnificent, fabulous, fantastic; *Schönheit*: *a.* breathtaking; *iro. nicht* ~! nothing to write home about!, *sl.* not so hot!

überweis|en *v/t.* assign, transfer, *zur Entscheidung*: (*a.* ⚕ *Patienten*) refer (*alle*: *dat. od. an* to); (*Geld*) remit (to); (*transferieren*) transfer (to); **≈ung** *f* assignment, *bsd. von Besitz*: transfer; *zur Entscheidung*: reference (*an* to); *durch den Arzt*: referral (to); (*Geld* ≈) remittance; **≈ungsauftrag** *m* remittance order; **≈ungsformular** *n* transfer form; **≈ungsscheck** *m* transfer-cheque, *Am.* transfer check; **≈ungsverkehr** *m* bank transfer business, giro mechanism.

überweltlich *adj.* ultramundane.

überwendlich *adj. u. adv.*: ~ *nähen* oversew; whip; ~*e Naht* overhand seam.

'überwerfen *v/t.* throw over; (*Kleidungsstück*) slip on.

über'werfen *v/refl.*: *sich mit j-m* ~ fall out (*od.* quarrel) with a p.

überwiegen I. *v/t.* outweigh; **II.** *v/i.* have overweight; *fig.* preponderate, prevail; (*vorherrschen*) predominate; **III.** ≈ *n* preponderance; **~d I.** *adj.* preponderant, prevailing, predominant, *Mehrheit*: vast, overwhelming; ~*er Teil* majority, bulk; **II.** *adv.* predominantly; chiefly, mainly; ~ *schuldig* predominantly guilty.

überwind|bar *adj.* surmountable; **~en** *v/t.* overpower; (*a. fig. Hemmungen usw.*) overcome; (*besiegen*) conquer (*a. fig. Leidenschaft usw.*), subdue (*a. fig.*); (*Schwierigkeiten*) surmount, overcome, get over; *sich selbst* ~ carry a victory over o.s., overcome one's scruples (inhibitions, weakness, *etc.*); *sich* ~ *können zu et.* bring o.s. to do a th.; *ein überwundener Standpunkt* an antiquated view, an exploded idea; **≈er(in** *f*) *m* conqueror; **≈ung** *f* conquest; overcoming; surmounting; → *Selbstüberwindung*; *es kostete mich* ~ it cost me an effort; *er tat es nur mit* ~ he did it with reluctance.

überwinter|n *v/i.* pass the winter; *bsd. Tiere, Pflanzen*: hibernate, winter; **≈ung** *f* hibernation.

überwölben *v/t.* overarch, vault.

überwuchern *v/t.* overgrow.

Überwurf *m* **1.** wrap(per), shawl; **2.** *Ringen*: sit-back; **~mutter** ⊕ *f* cap nut.

Überzahl *f* superior number(s) *od.* (*nur* ⚔) forces *pl.*, numerical superiority, odds *pl.*; *in der* ~ *sein* be superior in numbers, outnumber the others.

überzählen *v/t.* count over.

überzählig *adj.* supernumerary, odd; (*übrig*) left over, surplus ..., spare ...

überzeichn|en ✝ *v/t.* over-subscribe; **≈ung** *f* over-subscription.

überzeug|en *v/t. u. v/i.* convince (*von* of); (*überreden*) persuade; *bsd.* ⚖ satisfy (as to); *weitS. durch Leistung*: be convincing (*a. Vortrag, Spiel usw.*); *j-n zu ~ suchen* argue (*od.* reason) with; *sich ~* satisfy o.s. (*von* as to), make sure (of); *~ Sie sich selbst!* go and see for yourself!; → *überzeugt*; **~end** *adj.* convincing (*a. Leistung, Spieler usw.*); (*zwingend*) compelling (*a. Sprecher*), *Argument, Beweis*: *a.* conclusive, *a. Sieg*: telling; *~ klingen* (*od. wirken*) carry conviction; *das ist nicht sehr ~* (there is) not much force in that; **~t** *adj.* convinced, assured (*von* of), positive (about); *Sozialist usw.*: ardent, strong; *~ sein von* be convinced of, *Am. sl. a.* be sold on, (*fest glauben an*) *a.* believe in; *~ sein, daß* be convinced (*od.* sure, positive) that; *von sich selbst (sehr) ~ sein* be very self-assured, have a high opinion of o.s.; *Sie dürfen ~ sein, daß* you may rest assured that; **≈ung** *f* conviction; (*Überredung, a. fester Glaube*) persuasion; *politische usw.*: creed; (*Gewißheit*) certainty, assurance; *gegen s-e ~* contrary to one's convictions; *der festen ~ sein* be thoroughly convinced; *zu der ~ gelangen, daß* come to the conclusion that, decide that; **≈ungskraft** *f* (power of) persuasion; *bsd. fig.* logic; **≈ungstäter** ⚖ *m* conscientious offender.

über'ziehen *v/t.* cover; (*bestreichen*) coat; (*plattieren*) plate; (*verkleiden*) line; (*Bett*) put fresh linen on; ✝ (*Konto*) overdraw; ✈ stall; *fig.* (*a. v/i. übertreiben*) overdo, exaggerate; *zeitlich*: exceed (*v/i.* the time limit); *sich ~ Himmel*: become overcast; *mit Zucker (Gips) ~* ice (plaster); *ein Land mit Krieg ~* invade a country.

'überzieh|en *v/t.* pull (*od.* draw, slip) *a th.* over; F *j-m eins ~* give a p. a cut with a stick; **≈er** *m* overcoat, topcoat; V (*Kondom*) French letter, rubber.

Überziehung *f* covering, *etc.*, → *über'ziehen*; ✝ overdraft.

überzuckern *v/t.* sugar (over); (*kandieren*) candy.

Überzug *m* cover; (*Bett≈*) case, tick; (*Kissen≈*) slip; ⊕ (*Farb≈ usw.*) coat(ing), *hauchdünner*: film; (*Plattierung*) plating; (*Verkleidung*) (protective) lining; ⚒ crust.

überzwerch F *adv.* across, crosswise.

üble(r) *adj.* → *übel*.

üblich *adj.* usual, customary; (*herkömmlich*) conventional (*a.* ⊕); (*gewöhnlich*) common, ordinary; (*normal*) normal, *bsd.* ⊕ standard; *nicht mehr ~* (gone) out of use, antiquated, no longer practised, out; *es ist allgemein ~* it is a common practice; *es ist bei uns (so) ~, daß* it is a custom with us that; *wie es ~ war* as was the custom.

U-Boot ⚓ *n* → *Unterseeboot(...)*.

übrig *adj.* left over, remaining; ⚖, ⚗ residual; (*überschüssig*) odd; (*überflüssig*) superfluous; *mein ~es Geld* the rest of my money; *im ~en Deutschland* in the rest of Germany; *die ~en* the others, the rest; *im ~en* a) → *übrigens*; b) (*ansonsten*) (as) for the rest, otherwise; *~ behalten* (*od. haben*) have *a th.* left; *keine Zeit ~ haben* have no time to spare; *etwas ~ haben für* care for, have a soft spot for; *nichts* (*od. nicht viel*) *~ haben für* care little for, have no use for, think little of; *ein ~es tun* do more than one's due, go out of one's way *to do a th., for a p.*; **~bleiben** *v/i.* be left (*j-m* to), remain (to; *j-m zu tun* for a p. to do); *fig. es blieb mir nichts anderes ~ (als)* I had no (other) alternative *od.* choice (but); **~ens** *adv.* (*beiläufig*) by the way, F come to that; (*außerdem*) besides; (*schließlich*) after all; **~lassen** *v/t.* leave (*j-m et.* a p. a th., a th. to a p.); *viel (wenig) zu wünschen ~* leave much (little) to be desired.

Übung *f allg.* practice, (*a. Einzel≈, ~saufgabe, ~sstück*) exercise (*a.* ♪, *eccl., Turnen usw.*); (*erworbene Geschicklichkeit*) practice; (*Gewohnheit, Sitte*) use, practice; ⚔ (*Feld≈*) (field) exercise; *aus der (in) ~ sein* be out of (in) practice; *aus der ~ kommen* get out of practice, get rusty; *in (der) ~ bleiben* keep in training, keep one's hand in.

Übungs...: **~arbeit** *f*, **~aufgabe** *f* exercise; **~buch** *n* book of exercises; **~flug** *m* practice flight; **~flugzeug** *n* training (air)plane, trainer; **~gelände** *n* training ground; **~handgranate** *f* practice grenade; **~hang** *m Skisport*: practice (*od.* nursery) slope; **~heft** *n* exercise-book, copybook; **~lager** *n* training camp; **~marsch** ⚔ *m* route-march; **~munition** ⚔ *f* practice ammunition; **~platz** ⚔ *m* drill ground, (*Truppen≈*) training area; **~schießen** ⚔ *n* practice firing, target practice; **~stück** *ped.*, ♪ *n* exercise.

Ufer *n* (*Meer≈, See≈*) shore; (*Strand*) beach; *e-s Binnensees*: lakeside; (*Fluß≈*) bank; *am od. ans ~* ashore; *an den ~n der*

Themse on the banks of the Thames; *über die ~ treten* overflow (its banks); **~damm** *m e-s Flusses*: embankment, *Am. a.* levee; **~los** *fig. adj.* boundless; *Pläne*: extravagant, wild; *ins ~e führen* lead nowhere; **~mauer** *f* quay; → *a. Uferdamm*; **~staat** *m* riparian state.

Uhr *f* (*Turm~, Wand~, Stand~*) clock; (*Taschen~, Armband~*) watch; (*Stutz~*) timepiece, mantle-clock; (*Stunde, Zeit*) hour, time (of the day); *wieviel ~ ist es?* what time is it?; *es ist halb drei ~* it is half past two; *nach meiner ~ ist es vier* by my watch it is four o'clock (*Am. a.* four hours); *um vier ~* at four o'clock; *um wieviel ~?* at what time?; *rund um die ~* around the clock; *fig. wie nach der ~* like clockwork; → *ablaufen* I *usw.*; **~armband** *n* (wrist)watch band *od.* strap, watch bracelet; **~engeschäft** *n* watch-maker's shop; **~enhandel** *m* trade in clocks and watches; **~feder** *f* watch (*od.* clock) spring; **~gehäuse** *n* watch (*od.* clock) case; **~glas** *n* watch glass; **~kette** *f* watch-chain; **~macher** *m* watch-maker, clock-maker; **~stempel** *m* time stamp; **~werk** *n* clockwork, clock mechanism; **~zeiger** *m* (clock *od.* watch) hand; **~zeigersinn** *m*: *im ~* clockwise; *entgegen dem ~* counter-clockwise; anti-clockwise; **~zeit** *f* time.

Uhu *m* eagle-owl, long-eared owl.

Ukas *hist. u fig. m* ukase.

Ukrain|er(in *f*) *m*, **~isch** *adj.* Ukrainian.

Ulk *m* fun, (practical) joke, hoax, F lark; → *a. Spaß*; **~en** *v/i.* (sky)lark; *mit Worten*: joke, quip; **~ig** *adj.* funny (*a. weitS. seltsam*), droll, comical.

Ulme ⚘ *f* elm.

Ultimatum *n* ultimatum; *j-m ein ~ stellen* deliver an ultimatum to a p.

Ultimo ⚚ *m* last day (*od.* end) of the month; *per ~* for the monthly settlement; **~abrechnung** *f* monthly settlement; **~effekten** *f/pl.*, **~papiere** *n/pl. Börse*: forward securities; **~geld** *n* monthly loans *pl.*

Ultra *pol. m* ultra; **~dynempfänger** *m* ultradyne receiver; **~kurzwelle** *phys. f* (UKW) ultra-short wave; *in Frequenzen*: very high frequency (*abbr.* VHF); **~kurzwellensender** *m* ultra-short wave (*od.* VHF) transmitter; **~linke(r** *m*) *f pol.* ultra-leftist; **~marin** *n*, **~marin** *adj.* ultramarine; **~montan** *adj.* ultramontane; **~rot** *adj.* ultrared, infrared; **~schall** *phys. m* ultrasound; (*~lehre*) ultrasonics *pl.* (*sg. konstr.*); **~schallfrequenz** *f* supersonic frequency; **~schallwelle** *f* ultrasonic (*od.* supersonic) wave; **~strahlen** *m/pl.* cosmic rays; **~violett** *adj.* ultraviolet.

um I. *prp.* about; → *a. ungefähr*; *zeitlich*: about, near, towards, *genau*: at; (*~ ... herum*) (a)round, round about; *Lohn, Preis*: for *three dollars, etc.*; *Maß*: by *two inches, etc.*; *~ die Hälfte größer usw.* by a half; *~ die Zeit (herum)* about the time; → *Tag*; *einer ~ den andern* one by one; (*abwechselnd*) alternately, by turns; *~ so besser* all (*od.* so much) the better; *~ so mehr* (*weniger*) all the more (less); (so much) the more (*als* as; *weil* because); *~ so weniger darf er es tun* all the more reason why he should not do it; *je länger ich darüber nachdenke, ~ so weniger gefällt mir die Sache* the less I like it; *~ ein bedeutendes (Stück)* by a great deal, considerably; *~ e-r Sache od. j-s willen* for the sake (*od.* on behalf) of; → *drehen* III 12, 14, *handeln* I 3, *stehen* I 1 *usw.*; **II.** *cj.*: *~ zu inf.* (in order) to *inf.*; *~ Fehler zu vermeiden* (in order) to avoid errors; **III.** *adv.* about; *~ und ~* round about, (*überall*) from (*od.* on) all sides; *~ (vorüber) sein* be over, be past, be gone, be up.

umackern *v/t.* plough (*Am.* plow).

umadressieren *v/t.* redirect.

umändern *v/t.* change, alter, modify; rearrange.

umarbeit|en *v/t.* work over; (*ändern*) change, alter, modify; *gänzlich*: remodel, redesign, (*Kleid*) *a. Am.* make over; (*verbessern*) improve; (*Buch usw.*) revise; (*Schriftstück*) rewrite, recast; *für den Film usw.*: (re)adapt (*für* for); *fig. ~ zu et.* make (*od.* turn) into; **~ung** *f* working over; remodel(l)ing; changing, change, alteration; revision; adaptation.

umarm|en *v/t.* embrace (*a. einander od. sich ~*), hug; **~ung** *f* embrace, hug.

Umbau *m* reconstruction; rebuilding; (*Änderungen*) alteration(s *pl.*), remodel(l)ing; *e-s Geräts, verbessernd*: modification, *zu e-m neuen Zweck*: conversion (*in* into); *fig.* reorganization, recasting.

ˈumbauen I. *v/t.* reconstruct, rebuild; remodel, redesign, change, *teilweise*: alter; ⊕ *verbessernd*: modify; *zu e-m neuen Zweck* (*a. Wohnung usw.*) convert (*in* into); *fig.* reorganize; **II.** *v/i. thea., Film*: change the setting.

um'bauen *v/t.* build round; *umbauter Raum* enclosed area, interior (*od.* air-)space.
umbehalten *v/t.* keep on.
umbenennen *v/t.* rename.
umbesetz|en *v/t. u. v/i.* change; *thea.* recast; *pol.* reshuffle; **≈ung** *f* change(s *pl.*); recast(ing); reshuffle.
umbetten *v/t.* put into another bed (*od. Leiche*: grave).
umbiegen *v/t.* bend; *abwärts od. aufwärts*: turn down *od.* up.
umbild|en *v/t.* reshape, remodel, recast, transform, ⊕ redesign; reorganize, *bessernd*: reform; (*Regierung*) reshuffle; **≈ung** *f* reshaping, *etc.*; transformation; reorganization; reform; *pol.* reshuffle.
umbinden *v/t.* tie round; (*Schürze usw.*) put on.
umblasen *v/t.* blow down (*od.* over).
umblättern *v/t. u. v/i.* turn over (the leaf).
Umblick *m* panorama, view round; **≈en** *v/refl.*: *sich* ~ look (a)round; → *a. umsehen.*
'umbrechen *v/t.* break down (*od.* up; *a.* ⚒).
um'brechen *typ. v/t.* make up (into pages).
umbringen *v/t.* kill, make away with, murder, slay; *sich* ~ kill o.s. (*a.* F *fig. bei* over); commit suicide; F *sich (fast)* ~ lean over backward (*zu tun* to do); *iro.* F *bring dich bloß nicht um!* don't sprain something!; F *fig. nicht umzubringen Person u. Sache*: indestructible.
Umbruch *m* **1.** *typ.* making up (into pages); (*Seitenkorrektur*) page-proofs *pl.*; **2.** *fig.* radical change; *bsd. pol.* revolution, upheaval.
umbuch|en ✝ *v/t.* transfer (to another account); **≈ung** *f* (book) transfer.
umdenken *v/i.* change one's view (*od.* approach); ~ *müssen* have to do some rethinking.
umdeuten *v/t.* give a new interpretation (to).
umdichten *v/t.* (*Gedicht*) recast.
umdisponieren **I.** *v/t.* rearrange, make new arrangements for; **II.** *v/i.* make new arrangements, change one's plans.
umdrängen *v/t.* throng round.
umdrehen *v/t.* (*a. sich* ~) turn (round), *schnell*: whirl (*od.* spin) round; F (*e-n Agenten*) turn round; *fig.* twist; → *drehen* III 12, 14, *Hals, Magen, Spieß, Wort.*
Umdrehung *f* turn (*a.* ⊕ *der Schraube usw.*); ⊕, *phys.* revolution, rotation; ~*en pro Minute (U/Min.)* revolutions per minute (*abbr.* r.p.m.); **~sachse** *f* axis of rotation; **~sbewegung** *f* rotatory motion; **~sgeschwindigkeit** *f*, **~szahl** *f* speed, number of revolutions; **~szähler** *m* revolution counter, tachometer.
Umdruck *typ. m* transfer (process), reprint; **≈en** *v/t.* transfer.
umeinander *adv.* (a)round each other; *fig.* for each other.
umerzieh|en *v/t.* re-educate; **≈ung** *f* re-education.
um'fahren *v/t.* drive (*od.* ⚓ sail) round; (*Kap*) double.
'umfahr|en *v/t.* run (*od.* knock) down; **≈t** *f* → *Rundfahrt.*
Umfall F *fig. m* (sudden) change of mind (*od.* opinion); (*Nachgeben*) F caving in; **≈en** *v/i.* fall (down *od.* over), topple over; (*zs.-brechen*) collapse; *Fahrzeug*: (be) overturn(ed), (be) upset; *fig.* (*nachgeben*) capitulate, F cave in; (*s-e Meinung ändern*) change one's mind; *zum* ≈ *müde sein* feel ready to drop.
Umfang *m* circumference; (*Umkreis*) periphery; *körperlicher*: bulk, girth; *Schneiderei*: width; (*Ausdehnung*) extent (*a. fig.*), size (*a. wissenschaftlicher Arbeiten*); (*Reichweite, Bereich*) radius, range (*a. fig.* = scope); (*Masse, Rauminhalt, Tonfülle; a. des Verkehrs, Verkaufs usw.*) volume; *zehn Zoll im* ~ ten inches round; *in vollem* ~*e* in its entirety, fully; *in großem* ~*e* on a large scale, large-scale ..., wholesale ...; **≈en** *v/t.* encircle; (*umarmen*) embrace; *fig.* surround.
um|fänglich, ~fangreich *adj.* extensive; *körperlich*: voluminous; (*geräumig*) spacious, wide.
umfärben *v/t.* redye.
umfass|en *v/t.* (*packen*) grasp, grip, clasp; (*umsäumen*) enclose, surround; (*umarmen, umschlingen*) embrace, clasp (round); ⚔ envelop, outflank, encircle; *fig.* (*in sich schließen*) embrace, comprise, cover, include; **~end** *adj.* comprehensive, extensive; (*vollständig*) complete, full, overall ...; *mit größter Stärke*: all-out ...; (*durchgreifend*) sweeping, drastic; *Geständnis*: full; **≈ung** *f* embracing, encompassing; (*Einfriedung*) enclosure; ⚔ envelopment, encirclement, outflanking; **≈ungsbewegung** ⚔ *f* outflanking movement.
umflattern *v/t.* flutter (a)round.
umflechten *v/t.* braid.
um'fliegen *v/t.* fly round *a th.*
'umfliegen F *v/i.* → *umfallen.*

umfließen *v/t.* flow (a)round (*a. fig.*).
umflort *adj. Blick*: mournful.
umfluten *v/t.* → *umfließen.*
umform|en *v/t.* remodel, recast, transform; (*Konstruktion usw.*) redesign; ⚡ transform, convert; ≗**er** ⚡ *m* converter, transformer; (*Phasen*≗) inverter; ≗**ung** *f* remodel(l)ing, *etc.*; transformation.
Umfrage *f* inquiry (all round); *öffentliche*: (opinion) poll, survey; ∼ *halten* make general inquiries; ∼**forschung** *f* → *Meinungsforschung.*
umfried(ig)|en *v/t.* enclose, fence in; ≗**ung** *f* enclosure.
umfüllen *v/t.* pour into another vessel, *etc.*, decant.
umfunktionieren *v/t.* convert (*zu* into).
Umgang *m* **1.** (going) round; (*Umzug*) procession; **2.** (*Drehung*) rotation, turn; ⚡ *e-r Wicklung*: convolution; **3.** △ gallery; **4.** (*Verkehr*) social intercourse, relations *pl.*, consorting (*mit* with); (*Bekanntenkreis*) company, acquaintances *pl.*, (circle of) friends *pl.*; ∼ *haben od. pflegen mit* associate (*od.* keep company, consort) with, see a great deal of *a p.*; *guten* (*schlechten*) ∼ *pflegen* keep good (bad) company; *wenig* ∼ *haben* have few acquaintances, not to see many people; *sein* ∼ *mit* his consorting with; **5.** (*Art mit j-m umzugehen*) ∼ *mit* approach to, way how to deal with.
umgänglich *adj.* sociable, companionable, affable; easy to get along with; ≗**keit** *f* sociability; affability.
Umgangs...: ∼**formen** *f/pl.* (social) manners, deportment *sg.*; ∼**sprache** *f* colloquial language; *die englische* ∼ colloquial English; *Wendung der* ∼ colloquialism; ≗**sprachlich** *adj.* colloquial.
umgarnen *fig. v/t.* ensnare.
umgeb|en *v/t.* surround (*sich* o.s.; *mit* with); *mit Mauern* (*e-m Zaun*) ∼ wall (fence) in; ≗**ung** *f e-r Stadt usw.*: environs *pl.*, *a. e-r Person*: surroundings *pl.*; *j-s*: environment (*a. Milieu*); (*Nachbarschaft*) neighbo(u)rhood, *weitS. a.* vicinity; (*Hintergrund*) background; (*Gesellschaft*) company, set; *e-s Ministers usw.*: entourage; ≗**ungstemperatur** ⊕ *f* ambient temperature.
Umgegend *f* environs *pl.*, surroundings *pl.*, vicinity.
ˈ**umgehen** *v/i.* **1.** go round; (*die Runde machen*) *Gerücht usw.*: go the round, circulate; *Gespenst*: walk, *an od. in e-m Ort*: haunt a place; **2.** *mit j-m* ∼ associate (*od.* keep company, consort) with; (*behandeln*) deal with; manage, handle; *er kann mit den Leuten* ∼ he knows how to deal with (*od.* handle) people; *er weiß mit Frauen* (*Pferden usw.*) *umzugehen* he has a way with women (horses, *etc.*); *kann er mit der Maschine* ∼? does he know how to use (*od.* handle, operate) the machine?; *mit j-m hart* ∼ treat a p. harshly; → *schonend* II, *sparsam* II; **3.** *mit et.* ∼ (*vorhaben*) intend, plan, contemplate; (*beschäftigt sein*) be occupied with; *mit dem Gedanken* (*od. Plan*) ∼, *zu* be thinking of, have in mind to.
umˈ**gehen** *v/t.* go round; (*Verkehr*, *a.* ⚡) by-pass; *fig.* (*vermeiden*) avoid, evade (*a. Gesetz usw.* = circumvent, F dodge); *geschickt*: elude, F by-pass; ⚔ outflank, envelop, (*vorbeistoßen an*) by-pass.
umgehend *adj. u. adv. allg.* immediate(ly); ⚚ at your earliest convenience; *mit* ∼*er Post*, ∼ by return of post.
Umgehung *f* ⚔ outflanking; bypassing; *Verkehr*: detouring, bypassing; *fig.* avoidance, circumvention, elusion, *a.* ⚖ evasion; ≗**sstraße** *f* by-pass; (*Ringstraße*) perimeter (*od.* ring) road; (*Umleitung*) detour.
umgekehrt **I.** *adj.* reverse, inverted; (*entgegengesetzt*) opposite, contrary; *im* ∼*en Verhältnis zu* in inverse proportion to; ∼! just the other way (round)!, quite the contrary!; ∼*e Reihenfolge* reverse order; *das* ≗*e* the reverse (*od.* opposite, contrary); **II.** *adv.* reversely, *etc.*; (*dasselbe* ∼) vice versa, conversely; (*genau so, mit gleichem Recht usw.*) by the same token; ∼ *vorgehen* reverse the procedure.
umgestalten *v/t.* → *umbilden.*
umgießen *v/t.* **1.** (*umfüllen*) decant; **2.** *metall.* refound, recast.
umgliedern *v/t.* reorganize, regroup.
umgraben *v/t.* (*Acker*) dig (*od.* turn) up; (*Boden*) break up.
umgrenzen *v/t.* bound; (*umschließen*) encircle; (*einfrieden*) enclose; *fig.* circumscribe, define.
umgründen ⚚ *v/t.* convert (*in* into), reorganize.
umgruppier|en *v/t.* regroup (*a. Sport*); ≗**ung** *f* regrouping.
ˈ**umgürten** *v/t.* gird; (*Schwert*) buckle on.
umˈ**gürten** *v/t.* gird (*sich* o.s.; *mit* with).
umhaben F *v/t.* have on.

umhacken *v/t.* hoe (up); (*fällen*) *a.* F *Sport*: cut down, fell.
umhalsen *v/t.* hug, embrace.
Umhang *m* wrap; shawl.
umhäng|en *v/t.* **1.** (*Schal usw.*) put on, wrap about one; (*Gewehr*) sling; (*Tornister usw.*) take up; **2.** (*Bild*) re-hang; **2etasche** *f* shoulder bag, *Am. a.* tote bag; **~etuch** *n* shawl, wrap.
umhauen *v/t.* fell, cut down; F *fig.* bowl over, floor.
umher *adv.* about, round, *bsd. Am.* around; → herum(...); **~blicken** *v/i.* look about (one), look around; **~bummeln** *v/i.* stroll about, have a stroll; **~irren, ~schweifen** *v/i.* wander (*od.* roam) about, rove; **~schleichen** *v/i.* sneak about (*od.* around); **~streifen, ~ziehen** *v/i.* rove, gad about.
umhin *adv.*: ich kann nicht ~, zu *tun* I cannot help doing; I have no choice but do.
umhüll|en *v/t.* wrap up (mit in); cover, envelop (with); (*verschleiern*) veil; ⊕ cover, sheathe; **2ung** *f* wrapping, wrap(per), cover(ing); envelope; ⊕ casing, sheathing.
Umkehr *f* turning back, return (zu to; *a. fig.*); *fig.* (*Änderung*) change; *pol.* about-face; (*Bekehrung*) conversion; fresh start (in life); ⊕ reversal; **2bar** *adj.* reversible; **2en I.** *v/i.* turn back, return; retrace one's steps; *fig.* turn over a new leaf, make a fresh start; change one's ways; **II.** *v/t.* (*a.* sich ~) turn round (*od.* about); (*umstoßen*) overturn, upset; (*das Unterste zuoberst kehren*) turn upside down; (*Tasche usw.*) turn *a th.* (inside) out; ⊕, ⚡, *fig.* (*Reihenfolge, Verfahren usw.*) reverse; ♪, ℞, *ling.* invert; → umgekehrt; **~kopie** *phot. f* reversal print; **~motor** ⊕ *m* reversible motor; **~taste** *f* reversing key; **~ung** *f* turning; reversal; inversion.
umkippen I. *v/t.* tip over, upset; **II.** *v/i.* tilt over, (be) upset; *Fahrzeug*: *a.* overturn, ⚓ capsize; *a.* F *Person*: topple over, *ohnmächtig*: *a.* black (*od. sl.* conk) out.
umklammer|n *v/t.* clasp, cling to, embrace; *Ringen*: lock, tie up; *Boxen*: clinch; ⚔ encircle; **2ung** *f*: (tödliche ~ deadly) embrace; *Boxen*: clinch; ⚔ pincer-movement, envelopment.
umklapp|bar *adj.* collapsible, folding; **~en I.** *v/t.* turn down, fold (back); **II.** *v/i.* collapse.
Umkleidekabine *f* bathing cabin (*od.* cubicle).
'umkleiden *v/t.* change *a p.'s* clothes (*od.* dress); sich ~ change (one's clothes *od.* dress).
um'kleiden *v/t.* clothe, cover.
Umkleide|raum *m* dressing-room; *Sport*: *a.* locker-room; **~schrank** *m* locker.
umknicken I. *v/t.* bend, snap; (*Papier*) fold (down); **II.** *v/i.*: (mit dem Fuß ~) sprain (*od.* twist) one's foot.
umkommen *v/i.* perish, die, be killed; *Lebensmittel*: spoil, go to waste; vor *Hitze usw.* (fast) ~ (nearly) die with; zum ≈ heiß F awfully hot.
Umkreis *m* circumference, circuit; ℞ periphery; (*Nähe*) vicinity; im ~ von within a radius of, for *three miles* round.
umkreisen *v/t.* circle (*od. bsd. ast.* revolve) round *a th.*
umkrempeln *v/t.* turn (*od.* tuck) up; *völlig*: turn *a th.* inside out; *fig.* turn *a th.* upside down, change radically; F (*j-n*) change (in into).
umlad|en *v/t.* reload, shift; ⚓ transship; **2ung** *f* reloading, transshipment.
Umlage *f* apportionment (*od.* distribution) of cost; share (in the costs).
um'lagern *v/t.* lie (a)round; (*umringen*) throng (a)round; (*belagern, a. fig.*) beleaguer, besiege.
'umlagern *v/t.* (*Waren*) restore, shift; *fig.* (*Kredite usw.*) re-direct.
Umlauf *m phys.*, ⊕ rotation, revolution; (*Zyklus*) cycle; *des Geldes*: circulation, currency; (*Rundschreiben*) circular (letter); in ~ bringen (*od.* setzen) put in circulation, circulate, issue, (*Gerücht*) circulate, spread, start; im ~ sein circulate, *Gerücht*: *a.* be abroad; außer ~ setzen withdraw from circulation, call in; im ~ (befindlich) in circulation; **~bahn** *f* orbit; in s-e ~ bringen (gelangen) put (get) into orbit.
'umlaufen *v/i.* revolve, rotate; *Blut, Geld, Bericht, Gerücht*: circulate; **~d** ⊕ *adj.* rotary, rotating.
um'laufen *v/t.* run (*od.* move) round *a th.*
Umlauf...: **~getriebe** ⊕ *n* planetary gear(ing); **~motor** *m* rotary engine; **~schmierung** ⊕ *f* circulation-system lubrication; **~skapital** *n* floating capital; **~(s)schreiben** *n* circular (letter); **~szeit** *f* period (of revolution, *etc.*); *Satellit*: orbital period.
Umlaut *ling. m* vowel-mutation; (*Laut*) umlaut, mutated vowel; **2en** *v/t.* umlaut, mutate.

Umleg|(e)kragen *m* turn-down collar; **≈en** *v/t.* (*Kragen usw.*) put on; (*Verband*) apply; (*umkniffen, umdrehen*) turn down; (*Saum*) tuck; ⊕ (*Hebel*) throw; (*zum Liegen bringen*) lay (down); (*Getreide usw.*) *durch Hagel usw.*: beat down; (*kippen*) tilt; (*senken*) lower; (*anders legen*) place differently, shift; (*Schienen*) re-lay; (*Verkehr*) divert; *teleph.* transfer; *fig.* (*Kosten, Steuer*) apportion *od.* distribute (the cost of); (*Land*) redistribute; (*Termin*) change, shift (*auf* to); F (*niederstrecken*) lay out (cold), floor, *Fußball usw.*: cut down; V (*töten*) *sl.* bump off; V (*Mädchen*) (*verführen*) *sl.* lay; *sich* ~ tilt over, *Schiff*: carreen (over); *Wind*: veer (round); **~ung** *f* shifting; transfer; diversion; apportionment; (re-) distribution.

umleit|en *v/t.* (*Verkehr*) divert, detour, reroute; **≈ung** *f* detour, diversion, by-pass.

umlenk|en *v/t.* turn round *od.* back; divert, deflect; **≈rolle** ⊕ *f* guide pulley; **≈welle** *f* return shaft.

umlernen *v/i.* relearn; *fig.* ~ *müssen* have to change one's views (*od.* relearn one's lesson).

umliegend *adj.* surrounding, neighbo(u)ring; ~*e Gegend a.* environs *pl.*

ummantel|n *v/t.* ⊕ cover, case, jacket, sheathe; **≈ung** *f* jacket, casing; *Zündkerze*: screen.

ummauern *v/t.* wall in.

ummodeln *v/t.* remodel, revamp, change.

ummontieren *v/t.* remount.

ummünzen *fig. v/t.* turn (*in* into).

umnacht|et *fig. adj.* (mentally) deranged, *weitS. contp.* benighted; **≈ung** *f*: (*geistige* ~) mental derangement.

umnebeln *fig. v/t.* (be)fog, cloud, obfuscate.

umnehmen F *v/t.* put on, wrap o.s. up in.

umordnen *v/t.* rearrange.

umorganisieren *v/t.* reorganize.

umpacken *v/t.* repack.

ˈumpflanzen *v/t.* transplant.

umˈpflanzen *v/t.*: ~ *mit* plant *a th.* round with.

umpflügen *v/t.* plough (*Am.* plow) up.

umpol|en *v/t.* ⚡ reverse (the polarity of); F *fig.* change; **≈ung** *f* pole reversal, pole-changing.

umprägen *v/t.* recoin.

umprogrammieren *v/t.* re-program(me *Brit.*).

umquartieren *v/t.* remove to other quarters, rebillet; (*Bevölkerung*) evacuate; F (*e-n Kranken usw.*) shift.

umrahmen *v/t.* frame; *fig. a.* surround, serve as setting to, form the framework of; *musikalisch usw.*: form the background of.

umrand|en *v/t.*, **≈ung** *f* border, edge.

umranken *v/t.* twine (itself) round *a th.*, cling to; ~ *mit et.* entwine with.

umräumen *v/t.* **1.** (re)move *a th.*; **2.** (*Zimmer usw.*) rearrange.

umrechn|en *v/t.* convert (*in* into); *umgerechnet auf* converted into, expressed in terms of; **≈ung** *f* conversion; **≈ungsfaktor** *m* conversion factor; **≈ungskurs** *m Börse, Devisen*: rate of exchange; **≈ungstabelle** *f* conversion table; **≈ungswert** *m* exchange value.

umreisen *v/t.* travel round.

ˈumreißen *v/t.* pull down; (*umstoßen*) knock down.

umˈreißen *v/t.* outline; *scharf umrissen* sharply defined, clear-cut.

ˈumreiten *v/t.* ride down.

umˈreiten *v/t.* ride round *a th.*

umrennen *v/t.* run (*od.* knock) down.

Umrichter ⚡ *m* static frequency changer.

umringen *v/t.* ring (*od.* throng) round; surround (*a. fig.*).

Umriß *m* outline (*a. fig.*), contour; *in kräftigen* (*groben*) *Umrissen* in bold (rough) outline; *in Umrissen schildern* outline; **~fräsen** ⊕ *n* contour milling; **~karte** *f* outline (*od.* skeleton) map; **~zeichnung** *f* outline drawing, sketch.

umrühren *v/t.* stir (up).

ums F = *um das* → *um.*

umsägen *v/t.* saw down.

umsatteln *v/t. u. v/i.* resaddle; *fig.* change one's profession *od.* studies; *pol.* change sides; ~ *auf et.* switch to.

Umsatz *m* **1.** ⚚ turnover; (*Absatz*) *a.* sales *pl.*; (*Einnahmen*) returns *pl.*; *schneller* ~ quick returns; **2.** *physiol.* → *Grundumsatzz* 2; **≈los** *adj.* without turnover; *Guthaben*: dormant; *Konto*: inactive; **~steuer** *f* turnover (*od.* sales) tax; **~ziffer** *f* turnover rate.

umsäumen *v/t.* hem (round); *fig.* surround, (*Straßen usw.*) line.

umschaffen *v/t.* → *umbilden.*

umschalt|en *v/t. u. v/i.* switch (*od.* change) over; shift; F *fig.* switch over (*auf* to); **≈er** *m* ⚡ change-over switch, commutator; *an der Schreibmaschine*: shift-key; **≈hebel** *m* ⚡ switch lever; ⊕ change lever; **~stöpsel** ⚡ *m* switch plug; **~ung** *f* switch-over.

Umschau *f* look(ing) round; *fig.* survey, (*a. Zeitschrift*) review; ~ *halten* → *umschauen* 2; **~en** *v/refl.*: *sich* ~ **1.** (*zurückblicken*) look (*od.* glance) back; **2.** look round; *sich nach et.* ~ be on the lookout for.

umschicht|en *v/t.* rearrange; *fig. a.* shift, regroup, reshuffle; **~ig** *adv.* by (*od.* in) turns, alternately; **~ung** *f* regrouping, shifting; *gesellschaftliche* ~ social upheaval.

umschießen *v/t.* shoot down.

'umschiffen ⚓ *v/t.* (*Kargo*) transship; (*Passagiere*) transfer.

um'schiff|en *v/t.* circumnavigate, sail round; (*Kap*) double; *fig. e-e Klippe* ~ take a hurdle; **~ung** *f* circumnavigation.

Umschlag *m* **1.** (*Brief*~) envelope; (*Hülle*) cover, wrapper, *bsd. e-s Buches od. Heftes*: jacket; *am Ärmel*: cuff; *an der Hose*: turn-up; ⚕ (*feuchter* ~) compress, fomentation; (*Brei*~) poultice, cataplasm; **2.** *fig.* → *Umschwung* 2; **~bild** *n* cover picture; **~en I.** *v/i.* **1.** turn over, overturn, fall down, topple over; ⚓ capsize; **2.** (*sich ändern*) turn, change (abruptly) (*beide*: *in* into); *Wind*: shift, veer (round); *Stimme*: break, crack; **II.** *v/t.* **3.** knock down; **4.** (*Blatt usw.*) turn over; (*Saum*) turn up; (*Kragen*) turn down; (*Ärmel*) tuck up; **5.** (*Tuch*) put on, wrap round; **~(e)tuch** *n* shawl, wrap; **~hafen** *m* port of transshipment; **~platz** *m* emporium.

umschleichen *v/t.* sneak (*od.* creep, prowl) round.

umschließen *v/t.* surround, enclose; clasp (round); ⚔ (*Festung*) invest; *fig.* encompass, embrace, comprise.

umschling|en *v/t.* entwine; (*umarmen*) embrace, clasp; *Ringen*: lock, encircle; **~ung** *f* embrace, hug.

umschmeißen F *v/t.* → *umwerfen.*

umschmeicheln *v/t.* → *schmeicheln.*

umschmelzen *v/t.* remelt; (*umgießen*) recast (*a. fig.*).

umschnallen *v/t.* buckle (*od.* strap) on.

'umschreiben *v/t.* **1.** (*nochmals schreiben*) rewrite; (*abschreiben, übertragen*) transcribe; **2.** (*Besitz*) transfer, convey, make over (*auf* to); re-indorse.

um'schreiben *v/t. a.* ⩓ circumscribe, *durch Worte*: *a.* paraphrase; (*definieren*) define.

'Umschreibung *f* rewriting; transcription; transfer.

Um'schreibung *f* circumscription; paraphrase; definition.

Umschrift *f e-r Münze*: (marginal) inscription, legend; *ling.* (phonetic) transcription.

umschulden *v/t.* convert.

umschul|en *v/t.* retrain; **~ung** *f* retraining; *auf e-n Zivilberuf*: vocational rehabilitation; **~ungskurs** *m* retraining course; *Teilnehmer e-s* **~***es* retrainee.

umschütteln *v/t.* shake (up).

umschütten *v/t.* **1.** → *umgießen* 1; **2.** (*umstoßen*) spill, upset.

umschwärmen *v/t.* swarm (*od.* buzz) round; *fig.* (*j-n*) idolize, F gush over.

Umschweif|e *m/pl.* circumlocution(s); (*Abschweifung*) digression(s); ~ *machen* beat about the bush, make roundabout remarks, digress; *ohne* ~ without further ado, straight away; (*klar heraus*) point-blank, plainly; *er machte keine* ~ he wasted no time in beating about the bush; he made no bones about it; **~ig** *adj.* roundabout ...

umschwenken *v/i.* wheel round; *fig.* veer round, change one's mind, *weitS. a.* change sides.

umschwirren *v/t.* buzz round.

Umschwung *m* **1.** *Turnen*: circle; **2.** *fig.* (sudden) change, shift; *der Meinung usw.*: *a.* reversal *of opinion, etc.*, revulsion; *bsd. pol.* swing; (*Umwälzung*) upheaval; *des Glücks*: turn of the tide.

umsegeln *v/t.* → *um'schiffen.*

umsehen *v/refl.*: *sich* ~ **1.** (*zurückblicken*) look (*od.* glance) back; **2.** look round (*nach* at), have a look around (*a. fig. nachsehen, sich erkundigen*), look about one; *fig. suchend*: look out (*nach* for), be on the look-out (for); *sich an od. in e-m Ort usw.* ~ take a view of, have a look around; *im* ~ in a trice (*od.* F jiffy).

umsein F *v/i.* be over; *m-e Zeit ist um* my time is up.

umseitig *adv.* overleaf, on the reverse (*od.* next page).

umsetz|bar ⚚ *adj. in Geld*: realizable; (*marktfähig*) sal(e)able, marketable; (*begebbar*) negotiable; **~en** *v/t.* shift, transfer; 🌱 transplant; ⊕ change over; *phys.*, ⚡ transform, convert (*in* into); *typ.* reset; *Gewichtheben*: clean; ⚚ (*zu Geld machen*) realize; (*Ware*) sell, dispose of; (*Geld*[*eswert*]) turn over; *in die Tat* (*Musik usw.*) ~ translate into action (music, *etc.*); ⛏ *sich in*

Eiweiß usw. ~ change into, be converted into; ♆ *in bares Geld* ~ *a.* turn (*od.* convert) into cash; *es wurde wenig umgesetzt* there was a small turnover; **≈ung** *f* shift(ing); transposition; transformation; conversion; realization; sale.

Umsichgreifen *n* spread(ing).

Umsicht *f* circumspection; **≈ig** *adj.* circumspect.

umsied|eln I. *v/t.* resettle; **II.** *v/i.* (re)move to (*od.* settle at) another place; **≈ler** *m* resettler; (*Zwangs* ≈) evacuee; **≈lung** *f* resettlement; family relocation; *zwangsweise*: evacuation.

umsinken *v/i.* sink down, collapse; (*ohnmächtig werden*) faint; *ich könnte vor Müdigkeit* ~ F I am ready to drop.

umsonst *adv.* for nothing, gratis, gratuitously, free (of charge); (*vergebens*) in vain; (*zwecklos*) to no purpose, useless, *pred. a.* a waste of time; *nicht* ~ (*aus gutem Grund*) not for nothing.

umsorgen *v/t.* look after *a p.* solicitously.

um'spannen *v/t.* span, encompass; *fig. a.* comprise, embrace, cover; *mit der Hand*: clasp.

'umspann|en I. ⚡ *v/t.* transform; **II.** *v/i.* (*die Pferde wechseln*) change horses; **≈er** ⚡ *m* transformer; **≈werk** ⚡ *n* transformer station.

um'spielen *v/t. Fußball usw.*: dribble round; *fig. Lächeln, Wellen usw.*: play (a)round.

'umspielen *v/t.* (*Aufnahme*) re-record.

umspinnen *v/t.* spin round; ⊕ braid, (*Draht*) *a.* cover.

umspringen *v/i. Wind*: change, veer; *Skisport*: jump-turn; *fig.* (*grob*) ~ *mit* treat *a p.* (roughly *od.* badly); *frei* ~ *mit* take liberties with.

umspulen *v/t.* rewind.

umspülen *v/t.* wash (a)round.

Umstand *m* circumstance; (*Tatsache*) fact; (*Einzelheit*) detail; *pl. Umstände* (*Lage*) conditions, position *sg.*, state (of affairs) *sg.*; *äußere Umstände* outward circumstances; *günstige Umstände* favo(u)rable factors; ⚖ *mildernde Umstände* mitigating circumstances; *nähere Umstände* (further) particulars; *unter Umständen* (*möglicherweise*) possibly, it is possible that, perhaps; (*notfalls*) if need be; *unter allen Umständen* in any case, at all events, by all means, (*gewaltsam*) by hook or by crook; *unter keinen Umständen* under no circumstances, on no (*od.* not on any) account; *unter diesen Umständen* in these circumstances, as matters stand; F *in andern* (*od. gesegneten*) *Umständen* in the family way, F expecting; *der* ~, *daß er nicht daheim war* the circumstance (*od.* fact) that he was not in, his being away from home; *Umstände machen Sache*: cause inconvenience (*od.* trouble), *Person*: be formal (*od.* ceremonious), *Besuchern gegenüber*: make a fuss; *machen Sie* (*sich*) *meinetwegen keine Umstände!* don't put yourself out on my account!; *ohne viel Umstände* without much ado, without circumstance, (rather) unceremoniously; *nicht viel Umstände machen mit* make short work of.

umständehalber *adv.* owing to circumstances.

umständlich I. *adj. allg.* circumstantial; (*langatmig*) long-winded; (*sehr genau*) minute, detailed; (*pedantisch*) pedantic(ally *adv.*); (*förmlich*) ceremonious; (*unnötig* ~) fussy; (*verwickelt*) complicated, involved; (*unbequem*) troublesome; *das ist mir viel zu* ~ that is far too much trouble (for me); **II.** *adv.* circumstantially, *etc.*; ~ *erzählen* narrate at great detail (*od.* length); **≈keit** *f* circumstantiality; formality (*a. pl.*); fussiness; complicatedness; troublesomeness.

Umstands...: **~bestimmung** *ling. f* adverbial phrase; **~kleid** *n* maternity dress; **~krämer(in** *f*) *m* fussy person, F fuss-pot; **~wort** *ling n* adverb; ~ *der Art u. Weise* adverb of manner.

umstehen *v/t.* stand round; **~d I.** *adj. Seite*: next; *Text*: overleaf; *die* ≈*en* the bystanders; **II.** *adv.* overleaf.

Umsteige|fahrschein *m*, **~karte** *f* correspondence ticket, *Am.* transfer (ticket); **≈n** *v/i.* change (*nach* to); F *fig.* switch (over) (*auf* to).

um'stellen *v/t.* surround.

'umstell|en *v/t.* shift, (re)move; (*Möbel usw.*) *a.* rearrange; *a. ling.* transpose; (*anpassen*) adapt, readjust; ⊕ reverse; *teleph.* switch; (*Währung*) convert, shift (*auf* to); (*Maschine, Betrieb*) change over *od.* switch (*auf andere Produktion* to); *Sport*: (*Mannschaft*) regroup (*v/i.* the team); *auf Computerbetrieb* (*Container*) ~ *a.* computerize (containerize); *sich* ~ adapt *od.* accommodate *od.* readjust o.s. (*auf* to); adapt o.s. to new conditions, change one's attitude; **≈hebel** ⊕ *m* reversing lever; **≈ung** *f* shift

(-ing); change (of position); *Sport*: regrouping; ✝, ⊕ conversion (*auf* to), *e-s Betriebs, der Produktion usw.*: change-over, switch (to); *fig.* (*Veränderung*) change, switch, (*Anpassung*) adaptation, readjustment, reorientation (*auf* to).

umsteuern ⊕ *v/t.* reverse.

umstimmen *v/t.* ♪ retune, tune to another pitch; *fig. j-n* ~ change a p.'s mind (*a. Sache*), bring a p. round, talk a p. over.

umstoßen *v/t.* knock down, overthrow; *fig.* annul; overrule; (*Urteil, Entscheidung*) reverse, set aside; (*Plan usw.*) upset, change; (*Testament*) change.

umstrahlen *v/t.* bathe in light, irradiate.

umstricken *fig. v/t.* ensnare.

umstritten *adj.* disputed, (*a. Sport,* ⚔) contested; (*zweifelhaft*) doubtful; (*strittig*) controversial.

umstrukturieren *v/t.* change the structure of.

umstülpen *v/t.* turn upside down; (*Hut., Tasche usw.*) turn inside out; F *fig.* (*Zimmer*) ransack; (*Tatsachen usw.*) stand *facts* on the head.

Umsturz *m* revolution, upheaval, overthrow.

umstürz|en I. *v/t.* upset (*a. fig.*), topple over, *a. pol.* overthrow; **II.** *v/i.* fall down (*od.* over), overturn; **⁀ler**(**in** *f*) *m* revolutionist; **~lerisch** *adj.* subversive, revolutionary.

umtaufen *v/t. a. fig.* rename, rechristen.

Umtausch *m* exchange; (*Tauschhandel*) barter; *in e-e andere Währung*: conversion (*in* into); **⁀bar** *adj. Geld*: convertible; **⁀en** *v/t.* exchange (*gegen* for); convert (*in* into).

umtreiben *fig. v/t.* worry, be on *a p.'s* mind.

Umtrieb *m* **1.** *Forstwirtschaft*: cycle of cultivation; **2.** *fig.* ~e machinations, intrigues, (*staatsfeindliche* ~ subversive) activities.

umtun F **I.** *v/t.* (*Tuch usw.*) put on; **II.** *v/refl.*: *sich* ~ (*sich regen*) bestir o.s.; (*sich erkundigen*) make inquiries (*nach* after); (*suchen*) look (a)round (for).

Umwallung *f* circumvallation.

umwälz|en *v/t.* roll round; ⊕ circulate; *fig.* revolutionize; **~end** *adj. Erfindung usw.*: revolutionary; **⁀pumpe** ⊕ *f* circulating pump; **⁀ung** *f* ⊕ circulation; *pol., fig.* revolution, upheaval.

umwand|elbar *adj. a. phys.* transformable; ✝ convertible; ⚖ commutable; **~eln** *v/t.* change, transform (*in, zu* into); *phys.*, ⚡ transform, convert (*a. Computer*); ✝ (*Zinsfuß*) convert; ⚖ (*Strafe*) commute (*zu, in* into); *sich* ~ transform (*od.* be transformed *od.* converted) (*in* into); *er ist wie umgewandelt* he is a changed man; **⁀ler** ⚡ *m* transformer, converter; **⁀lung** *f* change; transformation; metamorphosis; ✝ conversion; *physiol.* metabolism; ⚖ commutation; **⁀lungstemperatur** ⊕ *f* equilibrium temperature.

umwechseln *v/t.* (*Geld*) change.

Umweg *m a. fig.* roundabout way, detour; *e-n* ~ *machen* go a roundabout way, take a circuitous route, make a detour; *fig. auf* ~*en* indirectly, in a roundabout way, *b.s.* by devious means, underhand, stealthily; *ohne* ~*e* straight away (*od.* to the point), point-blank, plainly.

'umwehen *v/t.* blow down.

um'wehen *v/t.* blow round, *sanft*: waft round, fan.

Umwelt *f* environment; *the* world around us (*od.* a p.); **~amt** *n* Department of the Environment; **⁀bedingt** *adj.* environmental; **⁀feindlich** *adj.* → *umweltschädlich*; **⁀freundlich** *adj.* non-polluting, ecologically beneficial; **~katastrophe** *f* eco-catastrophe, eco-doom; **⁀politisch** *adj.* eco-political; **⁀schädlich** *adj.* polluting, degrading the environment; **~schutz** *m* pollution control, conservation; **~schützer** *m* environmentalist, conservationist, eco-activist; **~verschmutzer** *m* polluter; **~verschmutzung** *f* pollution (of the environment); **~wissenschaft** *f* environmental science, ecology; **~zerstörung** *f* destruction of the environment.

umwenden *v/t.* turn over; (*Wagen usw.*) turn round; *sich* ~ turn round.

umwerben *v/t.* court, woo; *umworben a.* sought after.

umwerfen *v/t.* **1.** overthrow, overturn, upset, knock down; *fig.* (*Plan usw.*) upset; F (*j-n aus der Fassung bringen*) F bowl over, throw; **2.** (*e-n Mantel usw.*) throw round (one's shoulders); **~d** *fig. adj.* fabulous, fantastic; *adv.* ~ *komisch* too funny (for words).

umwert|en *v/t.* revalue, convert; **⁀ung** *f* revaluation, conversion; *phls.* ~ *aller Werte* transvaluation (*weitS.* reappraisal) of all values.

umwickeln *v/t.* wind round (*mit* with), lap (round); *mit Band*: tape; ⊕ cover; (*einwickeln*) wrap up (*mit* in).
umwinden *v/t.* wind (round), entwine (*mit* with).
umwittern *fig. v/t.* surround; *umwittert von* surrounded with, shrouded in.
umwohn|end *adj.* neighbo(u)ring; **≈er** *m* inhabitant of the neighbo(u)ring district, neighbo(u)r.
umwölken *v/t.* (*a. sich* ~) cloud (over), darken (*beide a. fig.*).
umwühlen *v/t.* (*Zimmer usw.*) ransack; → *a. zerwühlen.*
umzäun|en *v/t.* fence in, enclose; **≈ung** *f* enclosure, fence.
ˈ**umziehen I.** *v/t.* (*Kleider wechseln*) change *a p.'s* clothes; *sich* ~ change (one's clothes); **II.** *v/i.* (*die Wohnung wechseln*) (re)move (*nach* to).
umˈziehen *v/t.* surround; *sich* ~ *Himmel*: become overcast.
umzingel|n *v/t.* surround, encircle; **≈ung** *f* encirclement.
Umzug *m* **1.** procession; *prächtiger*: pageant; (*Protest* ≈) demonstration march; **2.** (*Wohnungswechsel*) move, removal, change of residence; *Umzüge besorgen Spediteur*: remove furniture; **~swagen** *m* **1.** (*Festwagen*) float; **2.** removal (*od.* furniture) van.
unab|änderlich *adj.* unalterable, irrevocable, definite; *sich ins* ≈*e fügen* resign o.s. to what cannot be changed, bow to inevitability; **~dingbar** *adj.* unalterable; *Rechte*: inalienable; (*unverzichtbar*) absolutely necessary; **~hängig** *adj. allg., a.* ⊕ independent (*von* of); ⊕ *Aggregat*: self-contained *unit*; *Schriftsteller usw.*: free-lance ...; ~ *von* (*ohne Rücksicht auf*) irrespective of; ~ *davon, ob* regardless whether; **≈hängige(r)** *pol. m* independent, *Am. a. sl.* mugwump; **≈hängigkeit** *f* independence; **≈hängigkeitskrieg** *m* war of independence; **~kömmlich** *adj.* indispensable; ⚔ in reserved occupation; (*momentan* ~) busy, unable to get away; **~lässig** *adj.* incessant, unremitting; *Anstrengungen*: unrelenting; → *a. unaufhörlich*; **~lösbar, ~löslich** *adj. fig. u.* ☤ irredeemable; *Anleihe*: consolidated; *Rente*: perpetual; **~sehbar** *fig. adj.* not to be foreseen, incalculable; (*ungeheuer*) immense, vast, immeasurable; *auf* ~*e Zeit* for an unforeseeable time; *in* ~*er Ferne* in a distant future, *it is* a far cry; **~setzbar** *adj.* irremovable; **~sichtlich** *adj.* unintentional, involuntary; (*zufällig*) accidental; (*versehentlich*) inadvertent; **~weisbar, ~weislich** *adj.* not to be refused; (*dringend, zwingend*) imperative, peremptory, absolute(ly) necessary; (*unvermeidlich*) inevitable; **~wendbar** *adj.* inevitable, inescapable.
unachtsam *adj.* inattentive; (*zerstreut*) absent-minded; (*nachlässig*) careless, negligent; **≈keit** *f* carelessness, negligence; (*Versehen*) inadvertence.
unähnlich *adj.* unlike, dissimilar (*dat.* to); **≈keit** *f* unlikeness, dissimilarity.
unan|fechtbar *adj.* unchallengeable, incontestable; *Urteil*: nonappealable; **~gebaut** *adj.* uncultivated; **~gebracht** *adj.* out of place, inappropriate, *Bemerkung*: *a.* out(-)of(-)turn; (*ungelegen*) inopportune; **~gefochten** *adj. u. adv.* (*unbestritten*) undisputed(ly); *Meister e-s Sports usw.*: unchallenged; (*unbehindert*) unhindered, without a challenge, unchecked; (*unbelästigt*) unmolested; **~gemeldet I.** *adj.* unannounced; **II.** *adv.* without being (previously) announced; ☤ without previous notice; **~gemessen** *adj.* unsuitable; (*unschicklich*) improper; (*unzulänglich*) inadequate; (*aus der Proportion*) incongruous; (*unzumutbar*) unreasonable; **~genehm** *adj.* disagreeable (*dat.* to), unpleasant (*beide a. Person, Charakter*); (*zuwider*) distasteful, hateful; (*unwillkommen*) unwelcome; (*mißlich*) awkward; (*verdrießlich*) annoying, troublesome, irksome; *das* ≈*e dabei ist* the trouble with it is; **~getastet** *adj.* untouched; **~greifbar** *adj. a. fig.* unassailable, impregnable; **~nehmbar** *adj.* unacceptable; **≈nehmlichkeit** *f* trouble, unpleasantness, difficulty; ~*en* trouble *sg.*; ~*en bereiten* cause *a p.* trouble; ~*en bekommen, sich* ~*en zuziehen* get into trouble; **~sehnlich** *adj.* (*unschön*) unsightly, *Person*: *a.* ungainly, plain; (*unbedeutend*) *Summe usw.*: insignificant, trifling; **≈sehnlichkeit** *f* unsightliness; plainness; insignificance, paltriness; **~ständig** *adj.* indecent (*a. weitS.*); (*zotig*) obscene, F blue, *Am. a.* off-color; (*unmanierlich*) unmannerly; (*verletzend*) shocking; ~*es Wort a.* four-letter word; **≈ständigkeit** *f* indecency; obscenity; unmannerliness; **~tastbar** *adj.* unimpeachable; sacrosanct, taboo; *Rechte*:

inviolable; **~wendbar** *adj.* inapplicable
unappetitlich *adj.* unsavo(u)ry (*a. fig.*).
Unart *f* bad habit (*od.* trick); (*Grobheit*) rudeness, incivility; *e-s Kindes*: naughtiness (*a. weitS.*); **≗ig** *adj. bsd. Kind*: naughty.
unartikuliert *adj.* inarticulate.
unästhetisch *adj.* un(a)esthetical; nasty, offensive; ~er Anblick eyesore.
unauf|dringlich *adj.* unobtrusive; **~fällig** *adj.* inconspicuous, unobtrusive; **~findbar** *adj.* not to be found, undiscoverable, untraceable; **~gefordert I.** *adj.* unasked, unbidden; **II.** *adv.* of one's own accord, spontaneously; **~geschlossen** *adj. Person*: narrow (-minded); (*zurückhaltend*) reserved; **~geklärt** *adj.* unexplained, unaccounted for, mysterious; *Verbrechen*: unsolved; *Person*: unenlightened; **~haltsam** *adj.* irresistible (*adv.* irresistibly), unstoppable, unchecked; **~hörlich I.** *adj.* incessant, continuous; (*endlos*) endless, interminable; **II.** *adv.* incessantly, *etc.*; without letup; for ever; es regnete ~ it kept on raining; **~lösbar, ~löslich** *adj.* indissoluble; *a.* ⚗, ⚗ insoluble; **~merksam** *adj.* inattentive; (*zerstreut*) distracted, absent-minded; (*nachlässig*) careless; (*rücksichtslos*) thoughtless; **≗merksamkeit** *f* inattention; thoughtlessness; **~richtig** *adj.* insincere; **≗richtigkeit** *f* insincerity; **~schiebbar** *adj.* not to be delayed; urgent, imperative; *die Sache ist ~ a.* brooks no delay.
unaus|bleiblich *adj.* inevitable; das war ~ *a.* that was bound to happen; **~denkbar** *adj.* unimaginable, unthinkable; **~führbar** *adj.* impracticable, not feasible, impossible; **~gebildet** *adj.* not (fully) formed *od.* developed; ⚘, *zo.* rudimentary; ⚕, ⚔ untrained; **~gefüllt** *adj. Formular usw.*: blank; *fig. Tag, Leben*: empty; **~geglichen** *adj.* unbalanced; **≗geglichenheit** *f* unbalance; **~gesetzt** *adj.* uninterrupted, incessant; **~gesprochen** *adj.* unsaid, unspoken, silent; **~löschlich I.** *adj.* inextinguishable; *Schrift usw.*: indelible; *fig.* lasting; **II.** *adv.*: ~ eingeprägt deeply engraved; **~rottbar** *fig. adj.* ineradicable; **~sprechbar** *adj.* unpronounceable; ~es Wort *a.* F tongue-twister, jaw-breaker; **~sprechlich** *adj.* inexpressible, ineffable; (*unsagbar*) unspeakable; (*unbeschreiblich*) indescribable; F die ≗en (*Hosen*) the unmentionables; **~stehlich** *adj.* insufferable, intolerable; (*widerlich*) detestable, loathsome; er ist ihr ~ she cannot stand the sight of him; **~weichlich** *adj.* inevitable, unavoidable, inescapable.
unbändig *adj.* **1.** (*ungeheuer*) boundless; F tremendous; *Wut*: *a.* towering; *adv.* sich ~ freuen be overjoyed, F be tickled pink; **2.** *Kinder*: unruly, wild.
unbarmherzig *adj.* unmerciful, uncharitable; *weitS.* (*erbarmungslos*) merciless, pitiless, relentless; **≗keit** *f* unmercifulness, *etc.*
unbe|absichtigt *adj.* unintentional, undesigned; inadvertent, unwitting; **~achtet** *adj.* unnoticed; ~ lassen leave unnoticed, disregard; not to take into account; **~anstandet** *adj.* unobjected, not objected to, unopposed, uncontested; **~antwortet** *adj.* unanswered; **~arbeitet** *adj.* crude, raw; ⊕ unfinished, unmachined; **~aufsichtigt** *adj.* uncontrolled, without supervision; not looked after; **~baut** *adj.* ⚒ untilled, idle; *Gelände*: undeveloped; *Grundstück*: vacant; **~dacht(sam)** *adj.* inconsiderate, thoughtless; (*unklug*) imprudent; (*voreilig*) rash; **~darft** F *adj.* simple-minded; **~deckt** *adj.* uncovered; (*bloß*) bare; ~en Hauptes bare-headed; **~denklich I.** *adj. Sache*: unobjectionable; harmless; *Person*: unhesitating, having no scruples; **II.** *adv.* without hesitation; **≗denklichkeitsbescheinigung** *f pol. usw.* clearance certificate; clean bill of health; ⚕ import certificate, certificate of non-objection; **≗denklichkeitsüberprüfung** *f* security clearance; **~deutend** *adj. allg.* insignificant; (*geringfügig*) *a.* slight, negligible, trifling, minor; **~dingt I.** *adj.* unconditional;(*vorbehaltlos*) wholehearted; (*völlig*) absolute; (*bestimmt*) positive; *Gehorsam, Vertrauen*: implicit; **II.** *adv.* absolutely, definitely; in any case, under any circumstances; without fail; by all means; nicht ~ not necessarily; **~eidigt** *adj.* unsworn; **~einflußt** *adj.* uninfluenced, unbias(s)ed, unaffected (von by); **~einträchtigt** *adj.* unimpaired, unprejudiced, unaffected (durch by); **~fähigt** *adj.* unqualified, incompetent; **~fahrbar** *adj.* impracticable, impassable; **~fangen** *adj.* (*unpar-*

teiisch) impartial, *a.* ⚖ unbias(s)ed; (*nicht verlegen*) unselfconscious, uninhibited, unembarrassed; (*natürlich*) natural, free; **≈fangenheit** *f* impartiality; freedom from bias; ease, openness; **~festigt** *adj.* ⚔ unfortified; *Straße*: unsurfaced; **~fleckt** *adj.* unsullied, spotless (*beide a. fig.*); *fig.* undefiled, *a. R.C.* immaculate; **~friedigend** *adj.* unsatisfactory; **~friedigt** *adj.* unsatisfied, dissatisfied; (*enttäuscht*) disappointed; **~fristet I.** *adj.* unlimited; **II.** *adv.* for an unlimited period; **~fugt** *adj.* unauthorized; **≈fugte(r)** *m* unauthorized person; trespasser; *Unbefugten ist der Eintritt verboten!* trespassing prohibited!, no admittance except on business!; **~fugterweise** *adv.* without authority (*od.* permission); **~gabt** *adj.* untalented, not gifted; **≈gabtheit** *f* lack of talent; **~glichen** *adj.* unsettled, unpaid, outstanding; **~greiflich** *adj.* inconceivable, incomprehensible; (*unerklärlich*) inexplicable, mysterious; *das ist mir völlig ~ a.* that is beyond me; **≈greiflichkeit** *f* inconceivability; **~grenzt** *adj.* unlimited, boundless; *adv. a.* indefinitely; **~gründet** *adj.* unfounded, unbased, groundless; ⚖ *als ~ zurückweisen* dismiss *a case, a petition, etc.*, on the merits; **~haart** *adj.* hairless; (*kahl*) bald; ⚘, *zo.* smooth; **≈hagen** *n* uneasiness, discomfort, (*a. politisches usw. ~*) unease; **~haglich** *adj.* uncomfortable; *fig. mst* uneasy, *pred. a.* ill at ease; **~hauen** *adj.* unhewn, uncut; *Bauholz*: unsquared; **~helligt** *adj.* unmolested; **~herrscht** *fig. adj.* lacking self-control, unrestrained; **≈herrschtheit** *f* lack of self-control; **~hindert** *adj.* unhindered, unimpeded; **~holfen** *adj.* clumsy, awkward, fumbling; (*schwerfällig*) heavy, *fig. a.* heavy-handed *humour, etc.*; **≈holfenheit** *f* clumsiness; awkwardness; heaviness; **~irrbar** *adj.* imperturbable, unwavering; **~irrt** *adj.* unperturbed, unswerving, unflustered; *im Glauben usw.*: sta(u)nch; **~kannt** *adj.* unknown; (*nicht vertraut*) unfamiliar; *~ mit* unacquainted with, (*et.*) *a.* unfamiliar with; (*unberühmt*) obscure; ⚹ *die ≈e* the unknown (*a. fig.*); *~e Größe* unknown quantity; ✈ *~e Flugobjekte* unidentified flying objects; *das war mir ~* I did not know that, I was not aware of that; *es wird Ihnen nicht ~ sein, daß* you are aware, I suppose, that; *ich bin hier ~* I am a stranger here; **≈kannt** ⚖ *n*: *gegen ~* versus a person or persons unknown; **~kehrbar** *adj.* hardened, callous; **~kleidet** *adj.* unclothed, undressed, with nothing on; **~kümmert** *adj.* unconcerned, careless (*von* of); (*sorglos*) carefree; (*frisch, flott*) brisk; (*wagemutig*) reckless; **~lastet** *adj.* unladen; ⚡ non-loaded, no-load ...; *fig. Grundstück*: unencumbered; *Person*: carefree, light-hearted; *~ von et.* free of, without having to worry about; *pol.* with a clean record; ⚖ unincriminated; **~laubt** *adj.* leafless, bare; **~lebt** *adj.* inanimate; *Straße*: unfrequented, quiet; *Börse*: dull, slack; **~leckt** *fig. adj.*: *von der Kultur ~* without a trace of culture, uncivilized; **~lehrbar** *adj.* unconvincable; *~ sein* take no advice, not to listen to reason, be hopeless; **~lesen** *adj.* unlettered; **≈lesenheit** *f* lack of reading (*od.* learning); **~lichtet** *phot. adj.* unexposed; **~liebt** *adj.* disliked; *bei der Masse, e-r Gruppe usw.*: unpopular (*bei* with); **≈liebtheit** *f* unpopularity; **~lohnt** *adj.* unrewarded; **~mannt** *adj.* *Raumfahrt, Boot usw.*: unmanned; ✈ pilotless; ⊕ unattended; **~merkbar** *adj.* imperceptible; **~merkt** *adj. u. adv.* unnoticed, unseen; **~mittelt** *adj.* without means, impecunious; **~nannt** *adj.* unnamed; ⚹ abstract; **~nommen** *adj.*: *es ist* (*od. bleibt*) *Ihnen ~ zu* you are at liberty to; **~nutzt** *adj.* unused, unemployed; *Geld*: idle; *Gebäude*: unoccupied; **~obachtet** *adj.* unobserved; **~quem** *adj.* inconvenient, uncomfortable; (*unhandlich*) unwieldy; (*lästig*) troublesome, irksome; *Person*: difficult; *Frage usw.*: embarrassing; **≈quemlichkeit** *f* lack of comfort; *weitS.* inconvenience; *j-m ~en bereiten* put a p. to trouble; **~rechenbar** *adj.* incalculable (*a. Person*); (*gefährlich*) dangerous; *Verhalten usw.*: unpredictable; *~e Umstände* imponderables; **≈rechenbarkeit** *f* unpredictability; **~rechtigt** *adj.* unauthorized, *a. adv.* without authority; (*unbegründet*) unfounded; (*unbillig*) unfair (*a. Vorwurf*), unreasonable; (*nicht befähigt*) unqualified; **~rechtigterweise** *adv.* without authority; without good (*od.* valid) reason; unfairly; **~rücksichtigt** *adj.* unconsidered, not taken into account; *~ lassen* leave out of account, make no allowance for; (*übergehen*) not to consider, neglect; **~rufen I.** *adj.* uncalled for, unbidden; → *a.* unbefugt; **II.** *int.*: ~! touch wood!; **~rührt** *adj.* untouched; *Boden, Wald*: virgin; *von e-m Gesetz usw.* ~ bleiben not to be affected by, not to fall within the scope of; ~ lassen (*Essen usw.*) leave untouched, *fig.* (*j-n*) leave *a p.* cold; **~schadet** *prp.* without prejudice to; (*ungeachtet*) irrespective of, notwithstanding; **~schädigt** *adj.* uninjured, intact; ✝ undamaged, in good condition; **~schäftigt** *adj.* unemployed, non-employed; (*stillgelegt*) idled; (*frei*) free, not busy; **~scheiden** *adj.* immodest; (*anspruchsvoll*) presumptuous; *Preis usw.*: unreasonable; **≈scheidenheit** *f* immodesty; presumption; **~schnitten** *adj. Person*: uncircumcised; *Buch*: deckle-edged; *fig.* uncurtailed; **~scholten** *adj.* blameless, of good reputation, of stainless character; **≈scholtenheit** *f* blamelessness, integrity, good name; **~schrankt** *adj. Bahnübergang*: without gates; **~schränkt** *adj.* unrestricted, full; *a. Macht*, ⚖ *Eigentum*: absolute; (*unkontrolliert*) uncontrolled; **~schreiblich** *adj.* indescribable, past all (*od.* beggaring) description; unspeakable; **~schrieben** *adj. Papier*: blank; *fig.* ~es Blatt unknown quantity, dark horse; **~schwert** *fig. adj.* unencumbered, unburdened, free and easy, carefree; *Gewissen*: light, easy; *Gemütsart*: light-hearted, sunny; **≈schwertheit** *f* carefree nature, light-heartedness; **~seelt** *adj.* inanimate; **~sehen** *adv.* unseen; ~ kaufen buy sight unseen; **~setzt** *adj.* unoccupied, free; *Amt usw.*: vacant; *teleph.* clear; **~siegbar** *adj.* invincible; **≈siegbarkeit** *f* invincibility; **~siegt** *adj.* undefeated; **~soldet** *adj.* unsalaried, unpaid; (*ehrenamtlich*) honorary; **~sonnen** *adj.* thoughtless, imprudent; (*überstürzt*) rash; (*wagehalsig*) reckless; **≈sonnenheit** *f* thoughtlessness; rashness; **~sorgt I.** *adj.* unconcerned, without a care; seien Sie deswegen ~ don't let it worry you; **II.** *adv.* (*getrost*) safely, easily; **~ständig** *adj.* inconstant, unsteady, unstable; *Wetter*, ✝ *Markt*: unsettled; (*veränderlich*) changeable; (*schwankend*) fluctuating; *Person*: inconstant, erratic, fickle; **≈ständigkeit** *f* inconstancy, instability; fickleness; **~stätigt** *adj.* unconfirmed; **~stechlich** *adj.* incorruptible, unbribable; *fig.* keen, unerring; **≈stechlichkeit** *f* incorruptibility, integrity; **~steigbar** *adj.* inaccessible, unscaleable; **~steuert** *adj.* untaxed; **~stimmbar** *adj.* indeterminable; undefinable; **~stimmt** *adj.* (*undeutlich*) indeterminate, *a. Äußerung, Haltung, Vorstellung*: vague; *a. ling.* indefinite; (*unklar*) unclear; (*unsicher*) uncertain; (*unentschieden*) undecided; auf ~e Zeit for an indefinite time, sine die; **≈stimmtheit** *f* indefiniteness; vagueness; uncertainty; **~straft** *adj.* unpunished; → straffrei; **~streitbar** *adj.* incontestable, indisputable, unquestionable; **~stritten I.** *adj.* uncontested, undisputed, undoubted; **II.** *adv.* indisputably, without doubt; **~teiligt** *adj.* not concerned *od.* interested; (*nicht verwickelt*) not involved (*alle*: an in); (*gleichgültig*) indifferent (to); (*distanziert*) detached; **≈teiligte(r** *m*) *f* disinterested party, outsider; **~tont** *adj.* unaccented, unstressed; **~trächtlich** *adj.* inconsiderable, insignificant, trifling.

unbeugsam *fig. adj.* inflexible, unshakable, uncompromising, adamant.

unbe|wacht *adj.* unwatched, *a. fig.* unguarded; **~waffnet** *adj.* unarmed, defenceless; *Auge*: naked, unaided; **~waldet** *adj.* unwooded, bare; **~wältigt** *adj. Aufgabe usw.*: unfinished; *Erlebnis, Vergangenheit usw.*: undigested, still haunting *a p.*; **~wandert** *adj.* inexperienced (in in), not versed (in), unskilled (in); **~weglich** *adj.* immovable; (*bewegungslos*) motionless; ⊕ (*fest*) fixed, (*starr*) rigid, (*ortsfest*) stationary; *fig.* rigid; ~ machen immobilize; ⚖ ~e Güter immovables; ~es Eigentum immovable property, realty; → *a.* unbeugsam; **≈weglichkeit** *f* immovableness; **~wegt** *fig. adj. Gesicht*: expressionless; *Gemüt*: unmoved (*a. adv.*); **~weibt** *adj.* unmarried; **~weint** *adj.* unwept(-for), unlamented; **~weisbar** *adj.* unprovable, undemonstrable; **~wiesen** *adj.* unproven, *pred.* not proved; **~wirtschaftet** ✝ *adj.* not subject to control; non-rationed; **~wohnbar** *adj.* uninhabitable; **~wohnt** *adj.* uninhabited; *Gebäude*: *a.* unoccupied, vacant; (*verödet*) deserted; **~wölkt** *adj.* cloudless; **~wußt** *adj.* unconscious (*gen.* of); (*unwillkürlich, instinktiv*) involuntary, instinctive, mechanical; mir ~ without my knowledge; **~zahlbar** *adj.* *a. fig.* invaluable, priceless; F (*großartig*) F terrific; (*komisch*) priceless, too funny for words; F *Witz usw.*: *a.* capital; **~zahlt** *adj.* unpaid, unsettled; *Forderung*: outstanding; **~zähmbar** *fig. adj.* indomitable; *Lust usw.*: *a.* irresistible; **~zweifelbar** *adj.* → *unzweifelhaft*; **~zwingbar** *adj.* invincible; *Festung usw.*: impregnable; **~zwungen** *adj.* unconquered (*a. Berg*).

un|biegsam *adj.* inflexible; **≈bilden** *pl.*: ~ *der Witterung* inclemency *sg.* of the weather; **≈bildung** *f* lack of education, want of culture; **≈bill** *f* injury, wrong; **~billig** *adj.* unfair, unreasonable; ⚖ *a.* inequitable; ~*e Härte* undue hardship; **≈billigkeit** *f* unfairness; inequity; **~blutig I.** *adj.* bloodless; ⚕ non-operative; **II.** *adv.* without bloodshed.

unbotmäßig *adj.* insubordinate; *weitS.* rebellious, refractory; **≈keit** *f* insubordination; unruliness.

unbrauchbar *adj.* useless, of no use; ⊕ unserviceable, unfit for use; *Material*: *a.* waste ...; *Plan usw.*: impracticable, unworkable; **≈keit** *f* uselessness; **≈machung** *f* rendering *a th.* useless *od.* unserviceable.

unbußfertig *adj.* impenitent, unrepenting; **≈keit** *f* impenitence.

unchristlich *adj.* unchristian.

und *cj.* and; ~? and after that?, what then?; F *na* ~? what of it?, F so what?; ~ *so fort od. weiter* (*usf., usw.*) and so on *od.* forth (*abbr.* etc., &a, a.s.o.); *iro. er* ~ *Angst haben!* he afraid!; *ich* ~ *Tennisspielen!* F playing tennis, my foot!; ~ *wenn (auch)* even if; ~ *er auch nicht* nor he either; *er schreibt nicht,* ~ *ich auch nicht* he does not write, neither (*od.* nor) do I; *er kam* ~ *strahlte über das ganze Gesicht* he came along beaming.

Undank *m* ingratitude, ungratefulness; ~ *ernten* get small thanks for it; ~ *ist der Welt Lohn!* that's all the thanks you get (for it)!; **≈bar** *adj.* ungrateful (*gegen* to); *Aufgabe usw.*: thankless; **~barkeit** *f* ingratitude; thanklessness.

un|datiert *adj.* undated; **~definierbar** *adj.* indefinable; **~dehnbar** *adj.* inextensible, inelastic; **~deklinierbar** *adj.* indeclinable; **~denkbar** *adj.* unthinkable; (*unbegreiflich*) inconceivable; **~denklich** *adj.*: *seit* ~*en Zeiten* from times immemorial, *weitS. a.* for ages; **~deutlich** *adj.* indistinct, not clear; (*unbestimmt*) *a. Äußerung, Eindruck*: vague; (*nebelhaft*) hazy (*a. fig.*); (*verwischt*) *Bild usw.*: blurred; *Laut*: inarticulate; *Schrift*: illegible; **≈deutlichkeit** *f* indistinctness; vagueness; haziness; **~deutsch** *adj.* un-German; **~dicht** *adj.* leaky, leaking, not tight; (*wasserdurchlässig*) not waterproof (*od.* watertight); (*luftdurchlässig*) not airtight; (*porös*) porous; ~ *sein a.* leak; ~*e Stelle* leak (*a. fig. pol.*); **≈ding** *n* absurdity; *es wäre ein* ~, *zu behaupten* it would be absurd to maintain *that*; **~diszipliniert** *adj.* undisciplined; **≈disziplinierteit** *f* indiscipline, lack of discipline; **~dramatisch** *adj.* undramatic.

unduldsam *adj.* intolerant; **≈keit** *f* intolerance.

undurchdringlich *adj.* impenetrable (*für* to); *weitS.* impervious (to); *Gesicht*: inscrutable; ~*es Gesicht a.* pokerface; **≈keit** *f* impenetrability; imperviousness.

undurchführbar *adj.* impracticable, *Am.* impractical; unworkable.

undurchlässig *adj.* impervious; impermeable (*für* to); (*wasser*~) waterproof, watertight.

undurchsichtig *adj.* non-transparent, opaque; *fig.* impenetrable; mysterious, unfathomable; **≈keit** *f* opacity.

uneben *adj.* uneven; *Weg usw.*: rough, rugged, bumpy; F *nicht* ~ not (so) bad; **~bürtig** *adj.* of inferior birth; *fig.* inferior (*dat.* to).

unecht *adj.* not genuine; spurious, false (*a. fig.*); (*gefälscht*) counterfeit(ed), fake(d), *sl.* phon(e)y; (*nachgemacht*) imitation ..., artificial (*a. Zähne usw.*; *a. fig.*); *Farbe*: fading, not fast; ⅍ improper; → *a. falsch*.

unedel *adj.* ignoble, *a. Metall*: base.

unehelich *adj.* illegitimate; *Mutter*: *a.* unmarried; **≈keit** *f* illegitimacy.

Unehr|e *f* dishono(u)r; *j-m* ~ *machen* discredit (*od.* disgrace) a p.; **≈enhaft** *adj.* dishono(u)rable; **≈erbietig** *adj.* disrespectful, irreverent; **~erbietigkeit** *f* disrespect(fulness), irreverence; **≈lich** *adj.* dishonest, *weitS. a.* insincere; **~lichkeit** *f* dishonesty; insincerity; duplicity.

un|eigennützig *adj.* unselfish, disinterested; **~eigentlich** F *adv.* not really; **~einbringlich** ✝ *adj.* irrecoverable, bad *debt*; **≈einbringlichkeit** *f*: *im Falle der* ~ in default of payment; **~eingedenk** *adj.* unmindful (*gen.* of); **~einge-**

laden *adj.* uninvited, unasked; ~**eingelöst** ✝ *u. fig. adj.* unredeemed; ~**eingeschränkt** *adj.* unrestricted, unlimited, uncontrolled; full, unqualified; ~**eingeweiht** *adj.* uninitiated; *für* ≈e for the uninitiated; ≈**eingeweihte(r** *m) f* outsider; *pl. a. the* uninitiated (*pl.*); ~**einheitlich** *adj.* non-uniform; irregular; ~**einig** *adj.* disunited, divided, disagreeing; (*sich*) ~ *sein a.* be at variance (*od.* issue, odds); ~ *werden* quarrel, fall out (*mit* with); *ich bin mit mir selbst noch* ~ I have not yet made up my mind; ≈**einigkeit** *f* disagreement; *stärker*: dissension, discord, disharmony; ~**einnehmbar** *adj.* impregnable; ~**elegant** *adj.* inelegant (*a. fig.*); ~**eins** *adj.*: ~ *sein* → *uneinig*; ~**empfänglich** *adj.* insusceptible, unreceptive, impervious, insensible, indifferent (*alle*: *für* to); unimpressionable; ~**empfindlich** *adj. allg.* insensitive (*für, gegen* to); (*abgehärtet*) inured (to); *fig.* (*gleichgültig*) indifferent (to); ≈**empfindlichkeit** *f* insensitiveness; ~**endlich I.** *adj. phys.*, ⩕, ♪ infinite (*a. fig. Sorgfalt, Vergnügen usw.*); *fig. a.* boundless; (*endlos*) endless; ⩕ ~e *Größe od. Zahl* infinite; *das* ≈e infinity (*a.* ⩕), the infinite; *der* ≈e (*Gott*) the Infinite (Being); *phot. auf* ~ *einstellen* set the focus at infinity; *ins* ~e to infinity, ad infinitum; *das geht ins* ≈e there is no end to it; **II.** *adv.* infinitely, *etc.*; *fig.* (*sehr*) *a.* vastly, hugely, F tremendously; ~ *klein* infinitesimal; ~ *lang* endless; ~ *viel*(e) an infinity of; ~ *viel Sorgen usw. a.* no end of trouble, *etc.*; ≈**endlichkeit** *f* infinity; ~**englisch** *adj.* un-English; ~**entbehrlich** *adj.* indispensable (*dat. od. für* to); *er (es) ist mir* ~ *a.* I cannot do without him (it); ≈**entbehrlichkeit** *f* indispensableness; ~**entgeltlich** *adj.* gratuitous, (*a. adv.*) free (of charge), gratis.

unenthaltsam *adj.* intemperate; *bsd. geschlechtlich*: incontinent; ≈**keit** *f* intemperance; incontinence.

unentrinnbar *adj.* inescapable.

unentschieden I. *adj. u. adv.* undecided (*a. Person*); *Frage*: open, unsettled; (*noch schwebend*) pending; *Sport*: drawn; ~*es Spiel a.* tie; ~*es Rennen* dead heat, tie; ~ *enden* finish in a draw, be a tie; ~ *spielen* draw; *es* (*od. das Spiel, der Kampf*) *steht* ~ the score is drawn (*od.* a tie); **II.** ≈ *n Sport*: draw, tie; ≈**heit** *f* undecidedness; *des Geistes*: indecision.

unentschlossen *adj.* irresolute, undecided; ~ *sein a.* waver, hesitate; ≈**heit** *f* irresolution, indecision, hesitancy.

unentschuld|bar *adj.* inexcusable, unpardonable; *es ist* ~ it allows of no excuse; ~**igt** *adj.*: ~*es Fehlen* absence without valid excuse.

unentwegt *adj.* unswerving, unflinching, steadfast, stalwart; (*geduldig*) patient; ≈**e(r)** *pol. m* die-hard, stalwart, *Am. a.* standpatter; ≈**heit** *f* steadfastness; *pol.* die-hardism.

unent|wickelt *adj.* undeveloped (*a. phot.*); ~**wirrbar** *adj.* inextricable; ~**zifferbar** *adj.* undecipherable; ~**zündbar** *adj.* non-inflammable; *Munition*: inert.

uner|bittlich *adj.* inexorable, pitiless; *die* ~*en Tatsachen* the inexorable (*od.* stubborn) facts; ≈**bittlichkeit** *f* inexorability, pitilessness; ~**fahren** *adj.* inexperienced (*in* in), new (to), F green; (*jugendlich* ~) callow; ~**findlich** *adj.* incomprehensible; *aus* ~*en Gründen* for obscure reasons, F for reasons best known to himself (herself, *etc.*); *es ist mir* ~ it is a (complete) mystery to me; ~**forschlich** *adj.* impenetrable; *fig.* unfathomable, inscrutable; ~**forscht** *adj.* unexplored, uncharted; *fig. a.* unaccounted-for; ~**freulich** *adj.* unpleasant; ~**füllbar** *adj.* unrealizable, that cannot be fulfilled (*od.* met); (*unmöglich, unzumutbar*) impossible, unreasonable; ~**füllt** *adj.* unfulfilled; ~**giebig** *adj.* unproductive; *weitS. a.*unprofitable; ~**gründlich** *adj.* unfathomable, bottomless; *fig. a.* inscrutable; ~**heblich** *adj.* inconsiderable, insignificant, unimportant, trivial; *bsd.* ⚖ irrelevant (*für* to), immaterial; ≈**heblichkeit** *f* inconsiderableness, insignificance, slightness; irrelevance; ~**hört** *adj.* **1.** not granted, unheard; **2.** (*noch nie dagewesen*) unheard-of, unprecedented; (*empörend*) outrageous, scandalous; F (*großartig, toll*) F fantastic, tremendous, terrific; ~! what impudence (*od.* F cheek)!, shame!; ~**kannt** *adj.* unrecognized, unidentified; ~**kennbar** *adj.* unrecognizable; ~**klärlich** *adj.* inexplicable, unaccountable, mysterious; ~**läßlich** *adj.* indispensable, essential, imperative; *diese Maßnahme ist völlig* ~ *a.* this measure is a must; ~**laubt** *adj.* unauthorized, prohibited, not allowed (*od.* permitted); (*ungesetzlich*) illegal, illicit; *Sport*: foul; ⚖ ~e *Handlung* civil wrong, tort(ious act); ⚔ ~e *Entfernung von der Truppe* absence without leave (*abbr.* AWOL); **~laubterweise** *adv.* without permission; **~ledigt** *adj.* unsettled, not disposed of; (*noch schwebend*) pending; **~löst** *adj.* unredeemed; **~meßlich** *adj.* immeasurable, infinite, immense, vast; **≈meßlichkeit** *f* immeasurableness, immensity, infinity, vastness; **~müdlich** *adj.* *Person*: indefatigable; *Bemühen*: *a.* untiring, unflagging, unremitting(ly *adv.*); **≈müdlichkeit** *f* indefatigableness.

un|ernst *adj.* not serious, light (-minded); **~erotisch** *adj.* unerotic(al).

uner|örtert *adj.* undiscussed; **~probt** *adj.* untried, not tested; **~quicklich** *adj.* unpleasant, unedifying; **~reichbar** *adj.* inaccessible; *bsd. fig.* unattainable; *pred.* out of (*od.* beyond *a p.'s*) reach; **~reicht** *fig. adj.* unequal(l)ed, unrival(l)ed; record *performance*; ~ *sein a.* stand alone; **~sättlich** *adj.* insatiable (*a. fig.*); **≈sättlichkeit** *f* insatiability; **~schlossen** *adj. Gelände, Markt usw.*: undeveloped; † *a.* untapped *market, resources*; **~schöpflich** *adj.* inexhaustible; **~schrocken** *adj.* intrepid, undaunted, fearless; **≈schrockenheit** *f* intrepidity, fearlessness; **~schütterlich** *adj.* unshakable; *Sinn*: imperturbable, stolid, F unflappable; *pred.* (as) firm as a rock; → *a. unentwegt*; **~schwinglich** *adj.* unattainable, *pred.* beyond one's means; *Preis*: exorbitant, prohibitive; *das ist mir* ~ I (simply) cannot afford it; **~setzlich** *adj.* irreplaceable; *nur Sache, Verlust*: *a.* irreparable, irrecoverable; **~sprießlich** *adj.* unprofitable; *Bemühen*: fruitless; (*unerfreulich*) unpleasant; **~träglich** *adj.* intolerable, unbearable, insufferable (*alle a. fig. Person*); **~wähnt** *adj.* unmentioned; ~ *lassen a.* fail to mention, make no mention of, pass *a th.* over (in silence); **~wartet I.** *adj.* unexpected; (*unvorhergesehen*) unforeseen; surprise *visitors, attack, etc.*; **II.** *adv.* unexpectedly, all of a sudden; **~widert** *adj. Brief usw.*: unanswered; *Liebe*: unrequited; **~wünscht** *adj.* undesirable, unwelcome; ~*er Ausländer* undesirable alien; **~zogen** *adj.* ill-bred.

unfähig *adj.* (*außerstande*) unable (*zu inf.* to *inf.*), incapable (of *ger.*); (*untüchtig*) incapable, incompetent; (*leistungsschwach*) inefficient; (*untauglich*) unfit (*zu et.* for); ~ *für* (*od. zu*) *e-m Amt usw.* unqualified for; **≈keit** *f* incapacity (*zu inf.* to *inf.*); inability (to *inf.*); incompetence, unfitness; inefficiency.

unfair *adj. allg.* unfair; *Sport*: *a.* foul; *weitS. attr.* below the belt.

Unfall *m* accident; *großer*: disaster; (*Mißgeschick*) mishap; *Tod durch* ~ accidental death; *e-n* ~ *haben* meet with (*od.* have) an accident; *zu Unfällen neigend* accident-prone; **~arzt** *m* specialist for accident injuries; **~chirurgie** *f* accident surgery; **~entschädigung** *f* accident benefit; **≈frei** *adj.* accident-free *car, driving*; *Person*: not involved in an accident; **~flucht** *f* absconding after an accident; **~gefahr** *f* danger of accident, hazard; **~kommando** *n* traffic patrol (car) and ambulance; **~rente** *f* accident annuity; **~station** *f* first-aid station; *im Krankenhaus*: casualty department; **~stelle** *f* scene of accident; **~tod** *m* accidental death; **~verhütung** *f* prevention of accidents; *Erziehung zur* ~ safety education; **~verhütungsvorschrift** *f* safety rule(s *pl.*); **~verluste** *m/pl.* casualties; **~versicherung** *f* accident insurance; **~versuch** *mot. m* crash test; **~wagen** *m* ambulance; ✈ crash tender; (*beschädigter Wagen*) car damaged in an accident; **~ziffer** *f* accident rate; *im Straßenverkehr*: *a.* toll of the road.

unfaß|bar, ~lich *adj.* incomprehensible, inconceivable (*dat.* to); *das ist mir* ~ that is beyond me, F that beats me.

unfehlbar I. *adj.* (*nie irrend*) infallible (*a. R.C.*); *a. Schütze, Schuß*: unerring; (*nie versagend*) unfailing; **II.** *adv.* infallibly; (*bestimmt*) (as) sure as death; without fail; (*unvermeidlich*) inevitably; **≈keit** *f* infallibility.

unfein *adj.* indelicate; unmannerly, ungentlemanly, not gentlemanlike (*od.* ladylike); (*grob*) coarse; *pred.* bad form, not nice.

unfern I. *adv.* not far off, near (at hand); **II.** *prp.* not far from, near (*gen. od. von a th.*).

unfertig *adj.* unfinished, incomplete; *fig.* (*unreif*) immature, half-baked.

Un|flat *m* dirt, filth (*a. fig.*); **≈flätig** *adj.* dirty, filthy; *adv.* ~ *schimpfen* swear like a fishwife.

unfolgsam *adj.* disobedient; **⁓keit** *f* disobedience.

unförm|ig *adj.* misshapen, deformed; shapeless; monstrous; (*unhandlich*) unwieldy; (*massig, sperrig*) bulky; (*plump*) clumsy; (*unproportioniert*) disproportionate; **⁓igkeit** *f* shapelessness; deformity; monstrosity; clumsiness; **⁓lich** *adj.* informal, unceremonious.

unfrankiert *adj. u. adv.* not prepaid, carriage forward; *Brief*: unstamped.

unfrei *adj.* **1.** unfree, not free; *fig.* constrained, self-conscious; **2.** → *unfrankiert*; **⁓heit** *f* bondage, serfdom; *fig.* constraint; **⁓willig** *adj.* involuntary; (*gezwungen*) compulsory; ✈ *Landung*: forced; *Humor*: unconscious.

unfreundlich *adj.* unfriendly, unkind (*zu, gegen* to); (*ungefällig*) unobliging; (*barsch*) gruff; *Klima, Wetter*: inclement; *Zimmer usw.*: cheerless; **⁓keit** *f* unfriendliness; ill-feeling; inclemency.

Unfriede(n) *m* discord; (*Zwist*) *a.* quarrel(ling), strife; *⁓n stiften* sow the seeds of discord.

unfroh *adj.* unhappy, cheerless.

unfruchtbar *adj.* unfruitful (*a. fig.*); *Erde, a. Frau*: barren; (*steril*) sterile; *fig. a.* fruitless; *auf ⁓en Boden fallen* fall upon stony ground, *bei j-m*: be lost on a p.; **⁓keit** *f* unfruitfulness; barrenness, sterility.

Unfug *m* mischief, nuisance, (mischievous) tricks *pl.*, *Am. sl.* monkeyshines *pl.*, shenanigans *pl.*; (*Unsinn*) nonsense; ⚖ *grober ⁓* disorderly conduct, disturbing the peace, public nuisance; *⁓ treiben* be up to mischief; play (mischievous) tricks, monkey (*mit* with); *⁓!* nonsense!

un|fügsam *adj.* unmanageable, intractable; **⁓fühlbar** *adj.* imperceptible; impalpable; **⁓fundiert** ✝ *adj.* unfunded; **⁓galant** *adj.* ungallant; **⁓gangbar** *adj.* impassable.

Ungar *m*, **⁓in** *f*, **⁓isch** *adj.*, **⁓isch** *ling. n* Hungarian.

ungastlich *adj.* inhospitable.

unge|achtet I. *adj.* not esteemed, despised; **II.** *prp.* regardless of, irrespective of, notwithstanding (*gen. a th.*); (*trotz*) despite; **⁓ahndet** *adj.* unpunished; *adv. a.* with impunity; **⁓ahnt** *adj.* undreamt-of, unthought-of; (*unerwartet*) unexpected; (*unerhofft*) unhoped-for; **⁓bahnt** *adj.* unbeaten, untrodden; **⁓bärdig** *adj.* unruly, wild; **⁓beten** *adj.* uninvited, unasked; *⁓er Gast* intruder, *sl.* gate-crasher; **⁓bildet** *adj.* uneducated, uncultured; (*von schlechten Manieren*) ill-bred, uncivilized; *Benehmen*: unpolished; **⁓bleicht** *adj.* unbleached; **⁓boren** *adj.* unborn; **⁓bräuchlich** *adj.* unusual; **⁓braucht** *adj.* unused, quite new.

Ungebühr *f* impropriety; (*Unanständigkeit*) indecency; (*Unrecht*) wrong; (*Überschreitung*) excess, abuse; ⚖ *⁓ vor Gericht* contempt of court; **⁓lich I.** *adj.* improper, indecent, unseemly, unbecoming; (*unzulässig*) undue, unwarrantable; ⚖ *⁓e Beeinflussung* undue influence; **II.** *adv.* (*mehr als recht ist*) unduly; **⁓lichkeit** *f* → *Ungebühr*.

ungebunden *adj.* unbound; *Buch*: in sheets; *fig.* free, unrestrained; *b.s.* licentious, loose; *⁓e Rede* prose; **⁓heit** *fig. f* freedom, unrestraint; licence.

unge|dämpft *phys. adj. Schwingung*: undamped; *Welle*: *a.* continuous; **⁓deckt** *adj.* uncovered; *Tisch*: empty; *Sport*: unmarked; (*ohne Schutz*) unsheltered, unprotected, exposed; *Scheck*: uncovered; *Kredit*: unsecured.

Ungeduld *f* impatience; *mit ⁓* impatiently; **⁓ig** *adj.* impatient.

unge|eignet *adj.* unfit, unsuitable (*zu* for); *Person*: *a.* unqualified (for); *Moment*: inopportune; **⁓erdet** ⚡ *adj.* not earthed, *Am.* ungrounded.

ungefähr I. *adj.* approximate, rough; **II.** *adv.* about, approximately, in the neighbo(u)rhood (*od.* region) of, *Am. a.* around; (*in Umrissen*) sketchily; *⁓ hundert a.* a hundred or so (*od.* thereabouts); F *so ⁓!* something like that; *wo ⁓?* whereabouts?; *⁓ wie* much as; *von ⁓* by chance; (*plötzlich*) out of a clear sky; *wenn ich ⁓ wüßte, was er will* if I had some idea of what he wants.

ungefähr|det *adj.* unendangered, safe(ly *adv.*); *nur pred.* out of danger (*od.* harm's way); **⁓lich** *adj.* harmless, not dangerous.

ungefällig *adj. Person*: unobliging; *Sache*: unpleasant, disagreeable; **⁓keit** *f* unkindness.

unge|färbt *adj.* undyed, *a. Lebensmittel*: uncolo(u)red; *Seide*: raw; *fig.* unvarnished; ungarbled *report*; **⁓fragt** *adv.* without being asked; **⁓frühstückt** F *adv.* without a breakfast, on an empty stomach; **⁓füge** *adj.* clumsy, bulky, hulking; **⁓fügig** *adj.* unpliant, unwieldy, clumsy; **~goren** *adj.* unfermented; **~halten** *adj.* (*unwillig*) annoyed, indignant (*über* at); **~haltenheit** *f* annoyance; **~härtet** ⊕ *adj.* unhardened; **~heilt** *adj.* uncured; **~heißen** *adj.* unbidden; *adv. a.* of one's own accord; **~heizt** *adj.* unheated, unfired; (*kalt*) cold; **~hemmt I.** *adj.* uninhibited, free; (*ungehindert*) unchecked; **II.** *adv.* without restraint, freely; **~heuchelt** *adj.* unfeigned, sincere.

ungeheuer I. *adj.* enormous, immense, huge, colossal, vast; (*toll*) fabulous, F tremendous, terrific; *~e Freude* immense joy, huge pleasure; *~er Fehler* colossal mistake; **II.** *adv.* enormously, *etc.*; F *a.* awfully.

Ungeheuer *n allg.* monster; **~lich** *adj.* monstrous; (*empörend*) scandalous, terrible, awful; **~lichkeit** *f* monstrosity; atrocity.

unge|hindert *adj.* unhindered, unchecked; *adv. a.* without let or hindrance; **~hobelt** *adj.* not planed; *fig.* uncouth, rude, churlish.

ungehörig *adj.* (*unschicklich*) improper, unseemly; (*frech*) impertinent; **~keit** *f* impropriety; impertinence.

ungehorsam I. *adj.* disobedient; ⚔ insubordinate; **II. ~** *m* disobedience; insubordination.

unge|hört *adj. u. adv.* unheard; **~kämmt** *adj.* uncombed; *Wolle*: not carded; **~klärt** *adj.* unsettled, (still) open; **~kocht** *adj.* unboiled, uncooked; **~künstelt** *adj.* unaffected, unstudied; **~kündigt** *adj.*: *in ~er Stellung* regularly employed; without notice having been given; **~kürzt** *adj. Buch usw.*: unabridged; *Recht*: *a.* uncurtailed; **~laden** *adj.* **1.** *Gast*: uninvited; **2.** *Waffe*: unloaded; ⚡ uncharged.

ungelegen *adj.* inopportune, inconvenient, awkward; untimely; *j-m ~ kommen* be inconvenient to a p.; *das kommt mir sehr ~!* how awkward!; *komme ich ~?* am I disturbing you?; **~heit** *f* inconvenience; *einzelne*: trouble; *j-m ~en machen* put a p. to inconvenience, cause a p. trouble.

unge|lehrig *adj.* indocile; **~lenk** *adj.* clumsy, awkward; (*steif*) stiff; **~lernt** *adj. Arbeit(er)*: unskilled; **~logen** *adv.* and that's no lie (*zwischen Kommas*); **~löscht** *adj.* unquenched; *Kalk*: unslaked; **~mach** *n* hardship, trouble, adversity; **~mein I.** *adj.* enormous, uncommon, extraordinary; **II.** *adv.* exceedingly, profoundly, acutely, very much; *~ viel* an abundance of; **~mischt** *adj.* unmixed (*a. fig. Freude*); **~mütlich** *adj.* uncomfortable, cheerless, bleak; *fig. Gefühl*: uncomfortable, uneasy; F (*gefährlich*) ticklish, ⚔ *sl.* unhealthy; F *~ werden Person*: be unpleasant, get nasty; **~nannt** *adj.* unnamed; *Person*: *a.* anonymous; **~nau** *adj.* inaccurate, inexact; *Vorstellung usw.*: vague; **~nauigkeit** *f* inaccuracy.

ungeniert I. *adj.* free (and easy); (*ungehemmt*) uninhibited, unrestrained; (*kühl*) nonchalant; (*ungestört*) undisturbed; **II.** *adv.* freely, *etc.*; (*frei heraus*) openly; (*ohne Furcht*) without fear; (*ungestört*) undisturbed; without let or hindrance; *völlig ~* (*selbstsicher*) with the greatest aplomb; **~heit** *f* free and easy ways *pl.*; uninhibited style; nonchalance.

ungenießbar *adj.* not fit to eat *od.* drink; *Speisen*: *a.* uneatable; *Getränk*: *a.* undrinkable; (*unschmackhaft*; *a. fig.*) unpalatable; F *Person*: in a bad mood, unbearable.

ungenüg|end I. *adj.* insufficient, inadequate; (*schlecht*) *a. Zeugnisnote*: poor; **II.** *adv.*: ⚓ *~ bemannt* undermanned; *~ bezahlt* underpaid; **~sam** *adj.* insatiable, greedy; **~samkeit** *f* insatiability, greediness.

ungenutzt, ungenützt *adj.* → *unbenutzt*; *e-e Gelegenheit nicht ~ lassen* (not to fail to) make good use of.

unge|ordnet *adj.* disordered, disorderly, untidy; *~e Verhältnisse* disorder *sg.*; **~pflastert** *adj.* unpaved; **~pflegt** *adj.* uncared-for, neglected; *a. Person*: unkempt; **~rächt** *adj.* unavenged; **~rade** *adj.* uneven, out of line, not straight; *Zahl*: odd; **~geradzahlig** *adj.* odd-numbered; **~raten** *adj. Kind*: spoilt, undutiful; **~rechnet I.** *adj.* uncounted; (*nicht eingerechnet*) not included; **II.** *adv., prp.* not counting, apart from.

ungerecht *adj.* unjust, unfair; **~fertigt** *adj.* unjustified, unwarranted; **~igkeit** *f* injustice (*gegen* to).

ungeregelt *adj.* not regulated; (*regellos*) irregular; *b.s.* disorderly.

ungereimt *adj.* unrhymed; *fig.* absurd; *~e Verse* blank verse; *~es Zeug reden* talk nonsense (*od. sl.* rot); **~heit** *f* absurdity.

ungerichtet ⚡ *adj.* non-directional.

ungern *adv.* unwillingly, grudgingly; (*widerstrebend*) reluctantly; *~ tun a.* hate to do.

unge|rührt *fig. adj.* unmoved, untouched, cool; **~rupft** *fig. adj.*: ~ *davonkommen* get off lightly; get away without being fleeced; **~sagt** *adj.* unsaid; **~salzen** *adj.* unsalted; **~sättigt** *adj.* not satisfied; ⚗ unsaturated; **~säuert** *adj. Brot*: unleavened; **~säumt I.** *adj.* **1.** *Stoff*: seamless; **2.** (*sofortig*) prompt, immediate; **II.** *adv. a.* without delay, forthwith; **~schehen** *adj.* undone; ~ *machen* undo; *das kann man nicht* ~ *machen* that cannot be undone; **~schichtlich** *adj.* unhistorical.

Ungeschick *n*, **~lichkeit** *f* awkwardness, clumsiness; unskil(l)fulness; (*Pfuscherei*) bungling, fumbling; **≈t** *adj.* awkward, clumsy, maladroit, unskil(l)ful; bungling, fumbling, thumb-fingered.

unge|schlacht *adj.* bulky, hulking; **~schlagen** *adj.* undefeated, unbeaten; **~schlechtig, ~schlechtlich** *biol. adj.* asexual; **~schliffen** *adj.* unpolished; *Edelstein*: uncut, rough; *fig.* unpolished, crude; (*grob*) rude, uncouth, uncivil; **~schmälert** *adj. u. adv.* undiminished, unimpaired, in full; **~schminkt** *adj.* unpainted, not made up; *fig.* unvarnished, unadorned, plain *truth*; **~schoren** *adj.* unshorn; *fig.* unmolested; ~ *davonkommen* get off lightly (*od. ungestraft*: scot-free); ~ *lassen* leave (*od.* let) alone; **~schrieben** *adj.*: ~*es Gesetz* unwritten law; **~schult** *adj.* untrained, unschooled; **~schützt** *adj.* unprotected, unsheltered; exposed; **~schwächt** *adj.* unweakened; ~*e Tatkraft* unimpaired energy; **~sehen** *adj.* unseen, unnoticed; **~sellig** *adj.* unsociable.

ungesetzlich *adj.* illegal, unlawful, illicit; *für* ~ *erklären a.* outlaw; **≈keit** *f* illegality, unlawfulness.

unge|sichert *adj. a.* ✝ unsecured; **~sittet** *adj.* uncivilized; (*unmanierlich*) unmannerly; **~stalt** *adj.* misshapen; **~stellt** *adj.*: ~*e Aufnahme* candid shot; **~stillt** *adj. Schmerz, Verlangen*: unstilled; *Hunger*: unappeased; *Durst*: unquenched; **~stört** *adj.* undisturbed (*a. adv.*), uninterrupted, peaceful; *adv. a.* in peace; **~straft I.** *adj.* unpunished; ~ *davonkommen* go unpunished (*od.* scot-free); **II.** *adv.* with impunity.

ungestüm I. *adj.* impetuous; (*heftig, schnell*) vehement; *Entwicklung usw.*: rapid; (*tobend*) tumultous; **II.** ≈ *n* impetuosity; vehemence.

unge|sucht *fig. adj.* unstudied; **~sühnt** *adj.* unpunished, unavenged; **~gesund** *adj. Person*: unhealthy; *Sache*: *a.* unhealthful, unwholesome, injurious (to health); *fig.* unsound; F (*gefährlich*) F unhealthy; **~süßt** *adj.* unsweetened; **~tan** *adj.*: et. ~ *lassen* leave a th. undone; **~teilt** *adj.* undivided (*a. fig. Aufmerksamkeit usw.*); **~treu** *adj.* → *untreu*; **~trübt** *adj.* unclouded, clear; *fig.* untroubled, serene; *Freude*: unmixed; **≈tüm** *n* monster; *fig. a.* behemoth, juggernaut; **~übt** *adj.* untrained, unpractised; (*unerfahren*) inexperienced; **~wandt** *adj.* awkward, clumsy, maladroit; **~waschen** *adj.* unwashed; *fig.* ~*er Mund* foul (*od.* filthy) tongue.

ungewiß *adj.* uncertain; doubtful; undecided; *j-n im ungewissen lassen* keep a p. in suspense (*od.* on tenterhooks); *Sprung ins Ungewisse* leap in the dark; **≈heit** *f* uncertainty; (*Zweifel*) doubt(s *pl.*); (*Spannung*) suspense; (*Schwanken*) wavering.

Ungewitter *n* thunderstorm; *fig.* storm, explosion.

unge|wöhnlich *adj.* unusual, uncommon; extraordinary, out of the ordinary; **~wohnt** *adj. Umgebung usw*: strange; (*neu*) new (*für* to); (*unüblich*) unusual, unwonted; **~wollt** *adj.* unintentional, involuntary; *das war* ~! I didn't mean to do (*od.* say) that!; **~zählt** *adj.* numberless, innumerable, countless, untold; **~zähmt** *adj.* untamed, wild; *fig. Leidenschaft*: unbridled; *Geist*: uncurbed.

Ungeziefer *n* vermin (*a. fig.*); *voll* ~ vermin-infested *od.* -ridden; **~bekämpfung** *f* vermin control; **~vernichtungsmittel** *n* verminkiller.

unge|ziemend *adj.* improper, unseemly; **~ziert** *adj.* unaffected.

ungezogen *adj. Kind u.* F *weitS.*: naughty; (*flegelhaft*) rude, loutish; **≈heit** *f* rudeness, naughtiness.

ungezügelt *fig.* **I.** *adj.* unbridled; **II.** *adv.* without restraint.

ungezwungen *adj.* unconstrained, free (and easy), natural; *adv. a.* without constraint; → *a. zwanglos*; **≈heit** *f* unconstraint, ease.

ungiftig *adj.* non-toxic, harmless.

Unglaub|e *m* unbelief; **≈haft** *adj.* implausible.

ungläubig *adj.* incredulous, *a. eccl.* unbelieving; (*heidnisch*) infidel; **≈e(r** *m*) *f* unbeliever, infidel; **≈keit** *f* incredulity; infidelity.

unglaub|lich *adj.* incredible, unbelievable; *fig.* incredible, (*em-*

pörend) *a.* scandalous; *weitS.* F unconscionable; **~würdig** *adj.* untrustworthy, not worthy of credit; *Aussage, Sache*: *a.* implausible, incredible; *Partei, Politiker usw.*: not credible.

ungleich I. *adj.* unequal, different; (*uneben*) uneven; (*unähnlich*) unlike, dissimilar; (*schwankend*) varying; *Zahl*: odd; **II.** *adv. vor Komparativ*: (by) far, a great deal, much, F a lot *better, etc.*; **~artig** *adj.* heterogeneous, different, diverse; **~förmig** *adj.* unequal, non-uniform; (*unregelmäßig*) irregular; **~heit** *f* inequality; dissimilarity; difference; irregularity; (*Abweichung*) variation; **~mäßig** *adj.* irregular; **~namig** ⚡ *adj.* of opposite sign.

Unglimpf *m* (*Schimpf*) insult, affront; (*Schande*) disgrace; (*Unrecht*) wrong; **~lich** *adj.* harsh; *adv.* ~ behandeln deal harshly with.

Unglück *n* misfortune; (*Pech*) bad (*od.* ill) luck; *schweres*: calamity; disaster; (*Unfall*) accident; (*Mißgeschick*) misadventure, mishap; (*Elend*) distress, misery; es ist kein ~, daß it is no tragedy that; ~ in der Liebe haben be crossed (*od.* unlucky) in love; ein ~ kommt selten allein it never rains but it pours; zum ~ unfortunately, as (ill) luck would have it; zu allem ~ noch to make things even worse; → *a.* Unheil; **~lich** *adj. allg.* unfortunate, unhappy (*a. Wortwahl usw.*); tragic; (*vom Pech verfolgt*) unlucky, hapless; ill-fated; (*verhängnisvoll*) fatal; (*traurig*) unhappy, sad; (*elend*) wretched, miserable; *Gesicht, Gestalt*: *a.* woebegone; ~e Liebe unrequited love, disappointment in love; *adv.* ~ enden turn out badly, end in disaster; **~licherweise** *adv.* unfortunately, unluckily, as (ill) luck would have it; **~sbote** *m* bringer of bad tidings; **~sbringer** *m* Jonah, *Am. sl.* jinx; **~selig** *adj.* unfortunate, tragic; miserable, lamentable; *Sache*: *a.* calamitous, disastrous; ill-starred, ill-fated.

Unglücks...: **~fall** *m* (*Unfall*) accident; *weitS. a.* misadventure; **~gefährte** *m* fellow-sufferer; **~rabe** *m*, **~vogel** *m*, **~wurm** F *m* unlucky (*od.* poor) fellow; → *a.* Unglücksbringer; **~tag** *m* fatal (*od.* black) day.

Un|gnade *f* disgrace, disfavo(u)r; in ~ fallen fall out of favo(u)r *od.* into disgrace, bei j-m: incur the displeasure of a p., get into a p.'s bad books; **~gnädig** *adj.* ungracious, unkind; (*übellaunig*) ill-humo(u)red, cross; **~graziös** *adj.* ungraceful, clumsy.

ungültig *adj.* invalid (null and) void; *Gesetz*: inoperative; *Münze*: not current; *Sport*: foul *blow, etc.*; ~e Stimme bei *Wahlen*: spoilt vote; für ~ erklären invalidate, declare null and void, nullify, (render) void, annul; (*Urteil*) set aside, quash; (*Gesetz*) repeal; *ein Tor* für ~ erklären *Fußball*: disallow; ~ machen (*entwerten*) *a.* cancel; **~keit** *f* invalidity, voidness; nullity (*a. e-r Ehe*); **~keitserklärung** *f* invalidation, nullification.

Un|gunst *f* disfavo(u)r, ill-will; *des Wetters*: inclemency; zu j-s ~en to a p.'s disadvantage, against a p.; das spricht zu seinen ~en that tells against him; **~günstig** *adj.* unfavo(u)rable; disadvantageous, adverse, untoward.

ungut *adj.* bad; ~es Gefühl bad feelings *pl.*, misgivings *pl.*; nichts für ~! no offen|ce, *Am.* -se!, no harm meant!, no hard feelings!

unhaltbar *adj.* untenable, indefensible; *Versprechen*: that cannot be kept; *Fußball usw.*: unstoppable *shot*; **~keit** *f* untenability.

un|handlich *adj.* unwieldy; clumsy, bulky; **~harmonisch** *adj. a. fig.* inharmonious, *stärker*: discordant.

Unheil *n* mischief, harm; (*Katastrophe*) disaster, calamity; ~ anrichten cause mischief, *Sturm usw.*: wreak (*od.* cause) havoc; ~ über j-n bringen bring disaster on a p.; das ~ war geschehen the harm was done; **~bar** *adj.* incurable; *fig.* irreparable; *adv.* ~ zerrüttet *Ehe*: irretrievably broken down; **~bringend** *adj.* unlucky, fatal, baneful; **~schwanger** *adj.* portentuous, fraught with danger; **~stifter(in** *f*) *m* mischief-maker; **~verkündend** *adj.* ominous, portentuous; **~voll** *adj.* disastrous, calamitous, fatal.

unheimlich I. *adj.* uncanny, weird (*a. fig.*), unearthly; (*unheilvoll*) sinister; F *fig.* F tremendous, terrific, fantastic; **II.** F *fig. adv.* F terribly, awfully; ~ viel F heaps of, an awful lot of.

unhöflich *adj.* uncivil, impolite; (*unverschämt*) rude; **~keit** *f* incivility, impoliteness; rudeness (*alle*: *a. Bemerkung, Handlung usw.*).

Unhold *m* monster, fiend.

un|hörbar *adj.* inaudible; **~hygienisch** *adj.* insanitary, unhygienic(ally *adv.*).

Uni F *f Brit.* F varsity.
uni ✝ *adj.* uni-colo(u)red.
Uniform I. *f* uniform; **II.** ≈ *adj.* uniform; **≈iert** *adj.* uniformed, in uniform; (*einheitlich*) uniform; **~ität** *f* uniformity.
Unikum *n* unique (thing); (*Person*) original, F character.
uninteress|ant *adj.* uninteresting, not interesting; (*alltäglich*) humdrum; **~iert** *adj.* uninterested (an in); **≈iertheit** *f* lack of interest, indifference.
unilateral *adj.* unilateral.
Union *f* union; **~spriorität** *f Patentrecht*: convention agreement.
unipolar ⚡ *adj.* unipolar.
unisono *adv.* in unison.
universal *adj.* universal; **≈erbe** *m*, **≈erbin** *f m* sole (*od.* universal) heir; **≈gelenk** ⊕ *n* universal (*od.* cardan) joint; **≈genie** *n* universal genius, F all-round man; **≈küchenmaschine** *f* universal kitchen machine; **≈mittel** ⚕ *u. fig. n* universal remedy, panacea, cure-all; **≈motor** ⚡ *m* universal motor; **≈schraubenschlüssel** *m* monkey wrench; **≈werkzeug** *n* all-purpose tool.
universell *adj.* universal, all-round, ⊕ *a.* all-purpose ...
Universität *f* university; auf der ~ sein study at a university; **~sprofessor** *m* university professor; **~sstudium** *n* university (*od.* academic) studies *pl.*; **~szeit** *f* college years *pl.*
Universum *n* universe.
unkameradschaftlich *adj.* not comradely, shabby.
Unke *f zo.* toad; F *fig.* croaker, Jeremiah; **≈n** F *fig. v/i.* croak; **~nrufe** *fig. m/pl.* Cassandra cries, croaking *sg.*
unkennt|lich *adj.* unrecognizable, *pred.* (*entstellt*) past recognition; ~ machen render unrecognizable, (*verwischen*) deface, obliterate; (*verkleiden*) disguise; **≈lichkeit** *f* unrecognizable condition; bis zur ~ past recognition; **≈nis** *f* ignorance, unawareness; in ~ *gen.* unaware of, not knowing *a th. od.* about *a th.*; in ~ sein über be unaware of; j-n in ~ lassen über keep a p. in the dark about; ~ schützt vor Strafe nicht ignorance of the law is no excuse.
unkeusch *adj.* unchaste; **≈heit** *f* unchastity.
un|kindlich *adj.* unchildlike; *gegen Eltern*: unfilial; (*altklug*) precocious; **~kirchlich** *adj.* unclerical; (*weltlich*) secular, worldly.
unklar *adj.* unclear, not clear; (*trüb*) muddy; (*nebelig*) misty; (*undeutlich*) indistinct; *fig.* unclear, vague, obscure; (*verworren*) muddled; *Gedanken, Vorstellung*: *a.* F woolly, fuzzy; im ~en sein be in the dark (über about); j-n im ~en lassen über leave a p. in the dark about (*od.* guessing at) *a th.*; **≈heit** *f* want of clearness, unclearness; vagueness, obscurity; (*offene Frage*) open point; es herrscht ~ darüber, ob it is not clear whether.
unkleidsam *adj.* unbecoming.
unklug *adj.* unwise, imprudent, ill-advised; **≈heit** *f* imprudence.
unkompliziert *adj.* uncomplicated (*a. fig. Charakter, Person*).
unkontrollier|bar *adj.* uncontrollable; **~t** *adj.* uncontrolled, unchecked.
un|kollegial *adj.* uncooperative, shabby; **~konvertierbar** *adj.* inconvertible; **~körperlich** *adj.* incorporeal, immaterial; disembodied, spiritual.
unkorrekt *adj.* incorrect (*a. fig.*); **≈heit** *f* incorrectness; irregularity.
Unkosten *pl.* costs, expense(s), charges; auf meine ~ at my expense; allgemeine ~ general (*od.* overhead) expense(s), ✝ overhead(s); kleine ~ petty expenses, F out-of-pocket expenses; → stürzen III 8; **~beteiligung** *f* sharing of expenses; **~berechnung** *f* accounting; **~konto** *n* expense account; **~verteilung** *f* allocation of expense.
Unkraut *n* weed(s *pl.*); *fig.* ~ vergeht nicht ill weeds grow apace.
un|kritisch *adj.* uncritical; **~kultiviert** *adj.* uncultivated; *Person*: uncultured; **~kündbar** *adj.* irrevocable, binding; *Staatspapier*: irredeemable; *Rente*: perpetual; *Stellung*: permanent; *Kapital*: noncallable; *Schuld*: permanent, funded; **~kundig** *adj.* ignorant (*gen.* of), unacquainted (with), not knowing (*a th. od. how to do a th.*); des Englischen ~ sein have no (command of) English; **~künstlerisch** *adj.* inartistic(ally *adv.*); *Person*: unartistic; **~längst** *adv.* lately, recently, not long ago; **~lauter** *fig. adj.* dishonest, dubious, F shady; ✝ *Wettbewerb*: unfair; **~legiert** *adj.* unalloyed; **~leidlich** *adj.* intolerable, insufferable; **~lenksam** *adj.* unmanageable, intractable, unruly; **~leserlich** *adj.* illegible; **≈leserlichkeit** *f* illegibility; **~leugbar** *adj.* undeniable; **~lieb** *adj.* unwelcome; (*ungelegen*) awkward (*dat.* for); es war ihr nicht ~ she was

rather glad (about it); **~liebenswürdig** *adj.* unfriendly, unkind, surly; **~liebsam** *adj.* disagreeable, unpleasant; **~liniiert** *adj.* unruled; **~logisch** *adj.* illogical; **~lösbar** *adj.* **1.** *Problem usw.*: unsolvable; (*untrennbar*) inseparable; **2.** → **~löslich** ⚗ *adj.* insoluble.

Unlust *f* listlessness; (*Abneigung*) dislike (gegenüber of), aversion (to, for, from); **≈ig** *adj.* listless; (*grämlich*) morose; (*widerstrebend*) reluctant (zu *inf.* to *inf.*).

unmanierlich *adj.* unmannerly, ill-behaved.

unmännlich *adj.* unmanly, effeminate; **≈keit** *f* unmanliness.

Unmaß *n* → Unmasse; im ~ to excess.

Unmasse F *f* enormous (*od.* vast) quantity *od.* number; e-e ~ *gen. od.* von *a.* a host (*od.* sea) of, F heaps (*od.* lots, *sl.* oodles) of *money, etc.*

unmaßgeblich *adj.* not authoritative; nach m-r ~en Meinung in my humble opinion, in my opinion for what it may be worth.

unmäßig I. *adj.* immoderate, excessive, inordinate; *bsd. im Trinken*: intemperate; *geschlechtlich*: incontinent; **II.** *adv.* excessively, to excess; ~ stolz *usw.* inordinately proud, *etc.*; **≈keit** *f* immoderateness, excess; intemperance; incontinence.

Unmenge *f* → Unmasse.

Unmensch *m* monster, brute; *co.* sei kein ~! F have a heart!; **≈lich** *adj.* inhuman, cruel, brutish, brutal; (*menschenunwürdig*) degrading; (*übermenschlich*) superhuman; F (*toll*) F tremendous, awful; **~lichkeit** *f* inhumanity, cruelty, brutality.

un|merklich *adj.* imperceptible; **~meßbar** *adj.* immeasurable; **~methodisch** *adj.* unmethodical; **~militärisch** *adj.* unmilitary; **~mißverständlich I.** *adj.* unmistakable, unequivocable; **II.** *adv.* unmistakably; (*deutlich*) plainly, bluntly; **~mittelbar I.** *adj.* immediate, direct; ~e Kenntnis(se) first-hand knowledge; **II.** *adv.* immediately, directly; ~ zu direct to; ~ vor right before; ~ bevorstehend imminent; ~ darauf immediately afterwards; **≈mittelbarkeit** *f* immediateness; *fig.* immediacy, directness; **~möbliert** *adj.* unfurnished; **~modern** *adj.* dated, antiquated, outmoded, unfashionable; ~ werden *a.* go out (of fashion); **~modisch** *adj.* unfashionable, unchic.

unmöglich I. *adj.* impossible (*a.* F *fig. Kleid, Mensch usw.*); es ist ~, mit ihr zu leben *a.* there is no living with her; zu e-r ~en Stunde at an ungodly hour; ≈ es leisten, F das ≈e möglich machen do the impossible; ≈es verlangen ask the impossible; *fig.* sich ~ machen compromise o.s., make a nuisance of o.s., be socially disgraced; **II.** *adv.* not possibly; **≈keit** *f* impossibility (*a. Sache*); impracticability; → Ding 1.

un|moralisch *adj.* immoral; **~motiviert** *adj.* unmotivated.

unmündig *adj.* under age, not of age, minor; *fig.* (politisch usw. ~) (politically, *etc.*) immature; **≈e(r** *m*) *f* minor; **≈keit** *f* minority.

unmusikalisch *adj.* unmusical.

Unmut *m* ill humo(u)r, displeasure, annoyance (über at); **≈ig** *adj.* annoyed, cross.

un|nachahmlich *adj.* inimitable, matchless; **~nachgiebig** *adj.* unyielding, inflexible, *fig. a.* uncompromising, *pred.* adamant; **~nachsichtig** *adj.* strict, severe.

unnahbar *adj.* inaccessible; unapproachable, exclusive; **≈keit** *f* inaccessibility, haughty reserve.

Un|natur *f* unnaturalness, abnormity; **≈natürlich** *adj.* unnatural (*a. fig.*); abnormal; (*geziert*) affected; (*gezwungen*) forced.

un|nennbar *adj.* unspeakable, nameless; **~notiert** *adj. Börse*: unquoted; **~nötig** *adj.* unnecessary, needless; (*überflüssig*) superfluous; (es ist) ~ zu sagen, daß it goes without saying that ...; **~nötigerweise** *adv.* unnecessarily, needlessly; **~nütz** *adj.* useless (*a. Person*), unprofitable, *pred.* to no purpose (*od.* point); (*überflüssig*) superfluous; ~es Gerede idle talk; sich ~ machen make a nuisance of o.s.; *adv. Geld, Zeit* ~ vertun waste; → Esser(in); **~operierbar** ⚕ *adj.* inoperable.

unordentlich *adj.* disorderly, *Person*: *a.* careless; (*schlampig*) slovenly, slipshod; (*ungepflegt*) unkempt; *Kleidung, Zimmer usw., a. Person*: untidy; **≈keit** *f* disorderliness; untidiness.

Un|ordnung *f* disorder, confusion, disarray, F mess; in ~ in a mess; in ~ bringen throw into disorder (*od.* confusion), disarrange, disorganize, F mess up; in ~ sein be out of order; **≈organisch** *adj.* inorganic; **≈paar(ig)** *adj.* uneven, unpaired; **≈pädagogisch** *adj.* unpedagogical; **≈parlamentarisch** *adj.* unparliamentary.

unpartei|isch *adj.* impartial, unbias(s)ed; **≈ische(r)** *m Sport*: umpire, referee; **≈lichkeit** *f* impartiality.

un|passend *adj*. unsuitable; (*unangebracht*) inappropriate, *pred*. out of place; (*unschicklich*) improper; (*zur Unzeit*) unseasonable, untimely; **~passierbar** *adj*. impassable.

unpäßlich *adj*. indisposed, unwell; *pred*. poorly, F out of sorts; **≈keit** *f* indisposition.

un|patriotisch *adj*. unpatriotic(ally *adv*.); **~persönlich** *adj*. impersonal (*a. ling*.); **~pfändbar** *adj*. unseizable, exempt from execution; **~poetisch** *adj*. unpoetical, prosy; **~politisch** *adj*. unpolitical (*a. Person*); *fig*. impolitic; **~praktisch** *adj*. unpractical, *Am*. impractical; **~produktiv** *adj*. unproductive; ✝ non-productive; **~proportioniert** *adj*. unproportionate, disproportionate; *pred*. out of proportion; **~provoziert** *adj*. unprovoked.

unpünktlich *adj*. unpunctual; **≈keit** *f* unpunctuality.

un|qualifizierbar *adj*. unqualifiable; **~qualifiziert** *adj*. unqualified; **~quittiert** *adj*. unreceipted; **~rasiert** *adj*. unshaven; **≈rast** *f* restlessness; **≈rat** *m* rubbish; (*Schmutz, a. fig*.) filth; *fig*. ~ *wittern* F smell a rat; **~rationell** *adj*. inefficient, wasteful; **~rätlich, ~ratsam** *adj*. inadvisable.

unrecht I. *adj*. (*falsch*) wrong; (*ungerecht*) *a*. unjust, unfair; (*ungeeignet*) improper; (*ungelegen*) inopportune; ~ *haben* → II; *am ~en Platze sein* be at the wrong place, *a. weitS*. be misplaced, be out of place; *an den ≈en kommen* come to the wrong man, catch a Tartar; *et. ≈es tun* do something wrong; *in ~e Hände fallen* fall into the wrong hands; *zur ~en Zeit* at the wrong time; → *Gut* 1, *Kehle* 1; **II.** ≈ *n* wrong; injustice; *j-m ein ~ tun, an j-m ein ~ begehen* do a p. injustice, do a p. wrong, wrong a p.; *im ~ sein, ≈ haben* be (in the) wrong, (*sich irren*) *a*. be mistaken; *er hat nicht so ganz ≈* there is something in what he says, he is not so far out; *j-m ≈ geben* disagree with a p.; *fig. Tatsache, Folgen usw*.: show a p. in the wrong; *es ist ihm ~ geschehen* he has been wronged; *mit* (*od. zu*) ~ wrong(ful)ly, unjustly, (*irrtümlich*) erroneously; *j-n ins ~ setzen* put a p. in the wrong.

unrechtmäßig *adj*. wrongful, unlawful; **≈keit** *f* wrongfulness, unlawfulness.

unredlich *adj*. dishonest, underhand; **≈keit** *f* dishonesty.

unreell *adj*. (*unredlich*) dishonest; (*unlauter*) unfair; (*unzuverlässig*) unreliable, unsound.

unregelmäßig *adj*. irregular (*a. Puls usw*.), erratic(ally *adv*.) (*beide a*. ⊕); *adv*. ~ *leben* lead an irregular life; **≈keit** *f* irregularity (*a. Verfehlung*).

unreif *adj*. unripe, *Früchte*: *a*. green; *fig*. immature; **≈e** *f* unripeness; immaturity.

unrein *adj*. impure (*a. fig. Gedanken, Haut usw*.), unclean; *Luft, Wasser*: *a*. polluted; *Edelstein*: flawy; ♪ out of tune (*a. adv*.), *Ton*: impure; *ins ~e schreiben* make a rough copy of; **≈heit** *f* impurity; uncleanness; **~lich** *adj*. uncleanly; **≈lichkeit** *f* uncleanliness.

unrentabel *adj*. unprofitable, *pred. a*. not paying (its way).

unrettbar I. *adj*. irrecoverable, *pred*. past recovery; **II.** *adv*.: ~ *verloren* irretrievably lost; *Person*: beyond help, ruined.

unrichtig *adj*. incorrect, wrong; erroneous; *bsd*. ⚖ *~e Angaben* misrepresentation *sg*.; **≈keit** *f* incorrectness, inaccuracy; error, mistake.

unritterlich *adj*. unchivalrous.

Unruh *f der Uhr*: balance.

Unruh|e *f* **1.** restlessness, *a. fig. im Volk*: unrest; *fig*. uneasiness; (*Störung*) trouble, *Am*. F worriment; (*Bewegung*) commotion, *stärker*: tumult; (*Besorgnis*) alarm, anxiety, agitation; *~n* (*Aufruhr*) riots, public disturbances; *in ~ versetzen* alarm, disturb, worry; *in großer ~ sein* be very anxious; **2.** → *Unruh*; **~eherd** *m* storm cen|tre, *Am*. -er, trouble spot; **~(e)stifter** *m* trouble-maker; **≈ig** *adj*. restless; (*zappelig*) fidgety, nervous; *Schlaf*: broken, fitful; *Pferd*: restive; *See*: rough, choppy; *fig*. uneasy (*über* about); (*besorgt*) anxious, alarmed, worried (at); (*lärmend*) turbulent, noisy; *Zeiten*: troubled.

unrühmlich *adj*. inglorious.

unrund ⊕ *adj*. out-of-round.

uns *pers. pron*. us; *nur dat*.: to us; *refl*. (to) ourselves, *nach prp*.: us; *ein Freund von ~* a friend of ours; *unter ~* between ourselves; *wir sehen ~* (*einander*) *nie* we never see each other; *wir blickten hinter ~* we looked behind us (*od*. back).

unsachgemäß *adj*. improper, inappropriate.

unsachlich *adj.* unfactual, not matter-of-fact; unbusinesslike; unrealistic(ally *adv.*); (*nicht objektiv*) unobjective; (*anzüglich*) personal; (*nicht zur Sache gehörig*) irrelevant, not pertinent; *pred. od. adv.* off (*od.* not to) the point; **~keit** *f* unbusinesslike (*od.* irrelevant, *etc.*) attitude *od.* approach; irrelevance.

un|sagbar, ~säglich I. *adj.* unspeakable, unutterable, nameless; (*unermeßlich*) untold; **II.** *adv.* unspeakably, *etc.*; immensely; infernally; beyond words; **~sanft** *adj.* ungentle, harsh, rough; *ziemlich ~* none too gently; **~sauber** *adj.* unclean, dirty; (*unlauter*) unfair, underhand, *Geschäft, Methode*: *a.* dubious, shady; *Sport*: unfair; **~schädlich** *adj.* innocuous, harmless; *~ machen* render harmless; (*Gift*) neutralize; (*ausschalten*) eliminate; (*Minen*) disarm; (*Ungeziefer usw.*) destroy, kill; (*Verbrecher*) hunt down, lay by the heels; **~scharf** *adj.* unsharp, blunt; *Bild*: blurred, unsharp, poorly defined; ⚔ unarmed; *adv. ~ eingestellt opt.* out of focus; *Radio*: not properly tuned; **~schätzbar** *adj.* inestimable, invaluable; **~scheinbar** *adj.* insignificant; (*unauffällig*) inconspicuous; *Person, Äußeres*: plain, F mousy.

unschicklich *adj.* unseemly, improper; (*unanständig*) indecent; **~keit** *f* impropriety, unseemliness; indecency.

unschlagbar *adj.* unbeatable.

Unschlitt *n* tallow.

unschlüssig *adj.* irresolute; undecided, wavering; **~keit** *f* irresolution, indecision.

unschmackhaft *adj.* unpalatable (*a. fig.*); (*schal*) tasteless, insipid.

unschön *adj.* unlovely, unsightly; *fig.* unfair, unkind, *pred.* not nice; *~er Anblick* eye-sore.

Unschuld *f allg.* innocence; (*Reinheit*) purity (of heart *od.* mind); (*Jungfernschaft*) virginity, maidenhood; F *~ vom Lande* F country cousin; *in aller ~* quite innocently; *ich wasche m-e Hände in ~* I wash my hands of it; **~ig** *adj.* innocent (*an* of); (*keusch*) *a.* chaste; (*jungfräulich*) untouched, virgin; (*harmlos*) harmless; ⚖ *für ~ erklären* declare innocent, acquit; *sich für ~ erklären* plead not guilty; *den ~en spielen* do the innocent; **~sengel** *m* little innocent; **~smiene** *f* air of innocence **~svoll** *adj.* innocent.

unschwer I. *adj.* not difficult, easy; **II.** *adv.* without difficulty.

Unsegen *m* curse.

unselbständig *adj.* dependent (on others); (*unbeholfen*) helpless, resourceless; *~e Erwerbsperson* employed person, wage or salary earner; *Einkommen aus ~er Arbeit* wage and salary incomes; **~keit** *f* (lack of in)dependence; helplessness, resourcelessness.

unselig *adj.* unfortunate, wretched; *Ereignis*: fatal; *Hang*: accursed.

unser I. *pers. pron. gen. von wir*: of us; *es waren ~ vier* there were four of us; *erinnern sie sich ~?* do you remember us?; *erbarme dich ~!* (have) mercy on us!; **II.** *adj. u. poss. pron.* our, *pred.* ours; *der (die, das) ~e od. uns(e)rige* ours; *die Unsrigen* our people *od.* men; **~eins** *indef. pron.* **1.** (such as) we; **2.** (*a.* **~esgleichen**) the likes of us, our equals; **~thalben, ~twegen** *adv.* for our sake; (*wegen uns*) on account (*od.* because) of us.

unsicher *adj. allg.* unsure; (*gefährdet*) *a.* insecure; (*gefährlich*) unsafe, precarious; (*ungewiß*) uncertain, doubtful, unsure; (*unstet*) unsteady (*a. Hand*); *Person*: uncertain, insecure, unsure of o.s.; *Torwart usw.*: uncertain; *die Gegend ~ machen* haunt, *viele Personen*: infest; *j-n mit Fragen ~ machen sl.* rattle a p. with questions; *~ auf den Beinen* shaky, wobbly; **~heit** *f* insecurity; unsteadiness; precariousness; uncertainty.

unsichtbar *adj.* invisible; F *sich ~ machen* vanish, make o.s. scarce; **~keit** *f* invisibility.

Unsinn *m* nonsense; *~ machen* play the fool, clown about, fool about; *~ reden* (*od.* F *verzapfen*) talk nonsense (*od. sl.* rot); → *a. Quatsch*; **~ig I.** *adj.* nonsensical; (*närrisch*) foolish, unreasonable; absurd; (*sinnlos, maßlos*) insensate, insane, mad; **II.** *adv.* (*über die Maßen*) madly, awfully, insanely, enormously; *~ teuer* terribly expensive.

Unsitt|e *f* bad habit; (*Mißbrauch*) abuse; **~lich** *adj.* immoral, indecent; **~lichkeit** *f* immorality.

un|soldatisch *adj.* unsoldierly; **~solid(e)** *adj.* unstable, not solid; *fig. Person, Charakter, Lebensweise*: loose, dissipated; (*nicht zuverlässig, a.* ✝) unreliable, unsound; **~sozial** *adj.* unsocial, antisocial; **~sportlich** *adj.* unathletic; *weitS.* (*unfair*) unsportsmanlike, unfair.

uns(e)rige → *unser* II.

un|starr ✈ *adj.* non-rigid; **~statthaft** *adj*; inadmissible, *pred.*

not allowed; (*verboten*) illicit; *Sport*: contrary to the rules, foul.

unsterblich I. *adj.* immortal; *Liebe*: *a.* undying; ~ *machen* immortalize; **II.** *adv.* immortally (*a. fig.*); F (*sehr*) F awfully, dreadfully, ; *sich* ~ *blamieren* make an ass of o.s.; **≈e**(**r** *m*) *f* immortal; **≈keit** *f* immortality.

Unstern *m* unlucky star, misfortune, ill luck; *ein* ~ *waltet über dem Unternehmen* the enterprise is under an unlucky star.

unstet *adj.* unsteady; (*wankelmütig*) inconstant, changeable; (*ruhelos*) restless; (*nicht seßhaft*) vagrant, unsettled, wandering; **≈igkeit** *f* unsteadiness; inconstancy; restlessness; vagrancy.

unstillbar *adj. Durst*: unquenchable; *fig.* unappeasable, overpowering.

Unstimmigkeit *f* discrepancy, inconsistency; (*Meinungsverschiedenheit*) disagreement, dissension; friction.

un|sträflich *adj.* blameless; **~streitig** *adj.* indisputable, doubtless.

Unsumme *f* enormous sum.

un|symmetrisch *adj.* unsymmetrical, asymmetrical; **~sympathisch** *adj.* unpleasant, disagreeable, unappealing; *er* (*es*) *ist mir* ~ I don't like him (it).

untadel|haft, ~ig *adj.* blameless, irreproachable; *Material, Leistung*: flawless; *Kleidung*: immaculate.

Untat *f* (monstrous) crime, outrage.

untätig *adj.* inactive; (*müßig, träge*) idle; **≈keit** *f* inaction, inactivity; idleness.

untauglich *adj.* unfit (*a.* ⚔); (*nicht verwendungsfähig*) unsuitable, ⊕ unserviceable; *Schiff*: unseaworthy; (*nutzlos*) useless; (*unfähig*) *Person*: incapable, incompetent; ⚖ ~*er Versuch* impossible attempt; *mit* ~*en Mitteln* by unsuitable means; ~ *machen* disqualify, (make) unfit, ⚔ disable; **≈keit** *f* unfitness; uselessness; disqualification.

unteilbar *adj.* indivisible; **≈keit** *f* indivisibility.

unten *adv.* below, beneath; *im Hause*: downstairs; *nach* ~ down (-wards), *im Hause*: downstairs; ~ *am Berge* at the foot of the hill; (*dort*) ~ *am See* down by the lake; ~ *im Wasser* (*Faß*) at the bottom of the water (barrel); ~ *an der Seite* at the bottom (*od.* foot) of the page; *da* ~ down there; *tief* ~ far below; *von* ~ *an* from the bottom, right up from below; *von* ~ *auf dienen* serve (*od.* rise) from the ranks; *von oben bis* ~ from top to bottom; *siehe* ~ see below; ~ *näher bezeichnet* hereinafter mentioned, as (set forth) below; *er ist bei mir* ~ *durch* I am through with him; **~erwähnt, ~genannt, ~stehend** *adj.* undermentioned, below, as (mentioned) below.

unter *prp.* under, below; beneath, underneath; (*zwischen*) among; (*während*) during; ~ ... *hervor* from under ...; ~ *Alkohol* under alcohol; *mitten* ~ amid(st), in the midst of; ~ *Null* below zero; ~ *pari* below par; ~ *21* (*Jahren*) under 21 (years of age); ~ *uns* among (*od.* between) ourselves; (*ganz*) ~ *uns* (*gesagt*) between you and me (and the bedpost); *nur ein Buch* ~ *hundert* only one book out of a hundred; *nicht einer* ~ *hundert* not one in a hundred; ~ *anderem* (*u.a.*) among other things, among others, ⚖ *a.* including but not limited to; ~ *zehn Mark* under (*od.* for less than) ten marks; ~ *aller Kritik* beneath contempt; ~ *diesem Gesichtspunkt* from this point of view; ~ *großem Gelächter* amid(st) roars of laughter; ~ *seiner Regierung* under (*od.* in) his reign; *unter der Regierung Heinrichs V* under (*od.* in) the reign of, under *Henry V*; ~ *meiner Würde* beneath my dignity; ~ *dem* (*Datum vom*) ... under the date of ...; ~ *dem heutigen Datum* under today's date; ~ *sich haben* be in charge of; *was versteht man* ~? what is meant by?

Unter *m Karten*: knave.

Unter|absatz *m* subparagraph; **~abschnitt** *m* subsection; ⚔ subsector; **~abteilung** *f* subdivision; **~arm** *m* forearm; **~ärmel** *m* undersleeve; **~art** *f* subspecies, subvariety; **~ausschuß** *m* subcommittee; **~bau** *m* substructure; (*a.* 🚂), foundation (*alle a. fig.*); *fig. a.* base, *bsd. wirtschaftlich*: infrastructure; (*Bettung*) base; **~bauch** *anat. m* hypogastrium; **≈bauen** *v/t.* support; **~beamte(r)** *m* subordinate official; **~befehlshaber** *m* second in command; **≈belichten** *phot. v/t.* underexpose; **~belichtung** *f* underexposure; **≈besetzt** *adj.* understaffed, shorthanded; **≈bevölkert** *adj.* underpopulated; **~bevollmächtigte(r)** *m* subagent; **≈bewerten** *v/t.* undervalue, rate too low; (*unterschätzen*) underrate, underestimate; **≈bewußt** *adj.* subconscious; **~bewußtsein** *n the* subconscious; *im* ~ subconsciously, at the back of one's mind; **~bieten** *v/t.* underbid; ⚕ (*Preis*) undercut; (*Konkurrenz*) undersell; (*Rekord*) lower; **~bilanz** *f* adverse balance, deficit; **~binden** *v/t.* ⚕ tie up, ligature; *fig.* stop, call a halt to; (*verhindern*) forestall, obviate; **~bleiben** *v/i.* (*nicht getan werden*) remain (*od.* be left) undone; (*nicht geschehen*) not to happen (*od.* take place), not to be forthcoming; (*aufhören*) be discontinued, cease; *das muß ~* that must be stopped.

unterbrech|en *v/t. allg.* interrupt, break; (*j-n, Gespräch*) interrupt, cut short; ⚡ interrupt, break; *teleph.* disconnect; ⚔ (*Feuer, a. Verkehr*) stop, suspend; (*Spiel*) hold up, suspend; ⚖ (*Strafverhandlung*) adjourn; (*Zivilprozeß*) stay, stop; 🚂 *die Fahrt* (*od. Reise*) *~* break one's journey, stop over; *sich ~* stop short, pause; **~er** ⚡ *m* interrupter, contact-breaker; **~ung** *f* interruption, break; suspension; ⚡ interruption, disconnection; *~ der Fahrt* (*od. Reise*) stop-over; *ohne ~* uninterruptedly, without a pause, non-stop; *mit ~en* intermittently, interruptedly.

'unterbreiten *v/t.* lay (*od.* spread) under.

unter'breit|en *v/t.* submit (*j-m, e-r Behörde usw.* to); (*zur Entscheidung weiterleiten*) refer (to); (*Vorschlag*) *a.* make; **~ung** *f* submission, submittal.

unterbring|en *v/t.* (*beherbergen*) accommodate, lodge, (*a. weitS., Gerät*), *a. Museum*: house; ⚔ quarter, billet; (*lagern*) store; ⚕ (*verkaufen*) sell, dispose of; (*Aufträge, Darlehen, Kapital usw.*) place; (*Wechsel*) (have) discount(ed); (*Buch*) have accepted (*bei e-m Verlag* by), sell (to); ⊕ instal (*in* into), (*anbringen*) fix, attach (to); ⊕ *et. ~ in a.* build (*od.* fit) a th. into; *et. in e-m Koffer ~* put (*od.* get) a th. into; *darin* (*in dem Koffer, Gehäuse, Haus usw.*) *können … untergebracht werden* it accommodates (*od.* houses, holds, *mit Sitzplätzen*: seats) …; *j-n ~* place a p. (*bei e-r Firma, e-r Familie* with); *j-n ~ in* (*e-r Schule*) put a p. into, (*e-r Anstalt*) commit a p. to; *fig. e-n Gedanken ~ in* get (*od.* fit) into; F *fig. ich kann ihn nirgends ~* I can't place him; **~ung** *f* lodgings *pl.*, accommodation; housing; placing, placement; storage; disposal; ⚖ committal (*in e-r Anstalt* to); **~ungsmöglichkeit**(**en** *pl.*) *f* accommodation.

unterchlorig *adj.* underchlorous.

Unterdeck ⚓ *n* lower deck.

unterderhand *adv.* secretly, on the quiet; ⚕ privately.

unterdes(sen) *adv.* (*inzwischen*) in the meantime, meanwhile; (*bis dahin*) by that time.

Unterdominante ♪ *f* subdominant.

Unterdosierung *f* underdosage.

Unterdruck I. *m phys.* underpressure, low (*od.* negative) pressure; ⚕ hypotension, low blood pressure; **II.** *in Zssgn* ⊕ vacuum …, suction …; **~kammer** ✈ *f* low-pressure chamber; **~messer** *m* suction (*od.* vacuum) ga(u)ge.

unterdrück|en *v/t. allg.* suppress (*a. Veröffentlichung*); (*Fluch, Lachen, Seufzer usw.*) *a.* stifle, repress; (*bedrücken*) oppress, (*Volk*) *a.* subjugate, (*Aufstand*) suppress, crush, put down, quell; *unterdrückt Gähnen, Gelächter*: suppressed, stifled; **~er** *m* oppressor; **~ung** *f* suppression; oppression.

unterdurchschnittlich *adj.* sub-average, substandard, below normal.

untere *adj.* low(er), inferior, under; *~ Beamtenlaufbahn* minor civil service.

'untereinander *adv.* one beneath the other.

unterein'ander *adv.* one (with) another, among one another, mutually; *~ heiraten* intermarry; *~ verbinden* interconnect; → *a. durcheinander.*

Untereinheit *f* subunit.

unterentwick|eln *phot. v/t.* underdevelop; **~elt** *adj. allg.* underdeveloped; *Kind, Land, Wirtschaft*: *a.* backward; *psych.* subnormal; **~lung** *f* underdevelopment, backwardness.

unterernähr|t *adj.* underfed, undernourished; **~ung** *f* underfeeding, undernourishment, malnutrition.

Unterfamilie *zo. f* subfamily.

unterfangen I. *v/refl.*: *sich e-r Sache ~* attempt (*od.* venture) a th., (dare to) undertake a th.; *sich ~ zu inf.* presume (*od.* dare) to *inf.*; **II. ~n** (bold) attempt *od.* venture, risky enterprise, undertaking.

unterfassen *v/t.* take *a p.'s* arm; *sich ~* link arms with each other; *untergefaßt gehen* go arms linked.

unterfertig|en *v/t.* sign, execute; **~te**(**r** *m*) *f the* undersigned.

Unter|flurmotor *m* underfloor engine; **~führer** ⚔ *m* non-commissioned officer (*abbr.* NCO); **~führung** *f Verkehr*: subway (crossing), *Am.* underpass; **~funktion** ⚕ *f* hypofunction, subnormal functioning; **~futter** *n* (inner) lining; **≈füttern** *v/t.* line underneath.

Unter|gang *m ast.* setting; *fig.* (*Sturz*) (down)fall, ruin; (*Vernichtung*) destruction; (*Tod*) death; *der Welt*: end; ⚓ sinking, shipwreck; *dem ~ geweiht* doomed; *a.* F *fig. das ist noch sein ~* that will be the ruin of him; **~gattung** *f* subspecies.

untergeben *adj.*: *j-m ~ sein* be subordinate to a p.; **≈e(r)** *m* subordinate, inferior (*gen.* to); *contp.* underling.

unter|gehakt *adv.*: *~ gehen* go arms linked; **~gehen** *v/i.* ⚓ go down (*od.* under), sink, founder; *ast.* set; *fig.* go under, perish, be ruined; *Volk usw.*: perish, die; *im Lärm*: be drowned out by, *a. Bemerkung im Gespräch usw.*: be lost in; *mit fliegenden Fahnen ~* go down with one's colo(u)rs flying.

untergeordnet *adj.* subordinate (*dat.* to); *fig. a.* ancillary (to); *Bedeutung*: secondary, *a. Rolle*: minor; **≈e(r)** *m* subordinate.

Unter|geschoß *n* (*Erdgeschoß*) ground-floor, *Am.* first floor; **~gesenk** ⊕ *n* lower die; **~gestell** *n* underframe (*a. mot.*), trestle; (*Sockel*) base; **~gewicht** *n* underweight; **≈gliedern** *v/t.* subdivide, break up; **≈graben** *v/t.* undermine (*a. fig. Ansehen, Stellung usw.*), (*Gesundheit*) *a.* sap; **~griff** *m Turnen usw.*: reverse grip; *Ringen*: body lock.

Untergrund *m* subsoil; (*Fundament*) foundation; bed-rock, *Am. a.* hardpan; *paint.* ground(ing), undercoat; *pol., Kunst usw.*: underground; *pol. in den ~ gehen* go underground; **~bahn** *f* underground (railway), *in London mst* tube, *Am.* subway; **~bewegung** *f* underground (movement).

Untergruppe *f* subgroup.

unterhalb **I.** *prp.* below, under (-neath) (*gen. od. von a place*); **II.** *adv.* underneath; *an e-m Fluß*: downstream.

Unterhalt *m* support, maintenance, upkeep; (*Lebensunterhalt*) subsistence, livelihood, living; ⚖ maintenance, (*~szahlung*) alimony, maintenance allowance; *s-n ~ (selbst) verdienen* earn one's (own) living, make a living (*durch* by); *s-n ~ bestreiten aus* provide for one's maintenance from; **≈en** *v/t.* **1.** (*Familie usw.*) support, maintain; (*Institution usw.*) maintain, keep up; (*in Betrieb haben*) operate; (*Briefwechsel, Beziehungen*) keep up, maintain; (*Feuer*) keep on, feed; (*Konto*) keep, have; (*Geschäft*) run; (*Gebäude*) keep in repair; **2.** (*j-n*) (*j-m die Zeit vertreiben*) entertain, (*belustigen*) *a.* amuse, (*sprechen mit*) talk to, converse with; *sich ~* (*ein Gespräch führen*) converse, talk (*mit j-m über et.* with a p. on *od.* about a th.); (*sich vergnügen*) amuse (*od.* enjoy) o.s., have a good time; **≈end, ≈sam** *adj.* entertaining, amusing, diverting; **~er** *m* conversationalist; *beruflicher*: entertainer.

Unterhalts...: **~anspruch** *m* claim (*od.* right) to maintenance; **~beihilfe** *f* subsistence allowance; **≈berechtigt** *adj.* entitled to maintenance; **~berechtigte(r** *m*) *f* dependent (entitled to maintenance); **~klage** *f* maintenance action; **~kosten** *pl.* cost *sg.* of maintenance, alimony *sg.*; **~pflicht** *f* obligation to provide maintenance; **≈pflichtig** *adj.* liable to provide maintenance; **~verfahren** *n* maintenance proceedings *pl.*

Unterhaltung *f* **1.** (*Vergnügen, a. öffentliche ~*) entertainment; (*Zerstreuung*) *a.* diversion; **2.** (*Gespräch*) conversation, talk; **3.** → *Unterhalt*; **~sbeilage** *f* features supplement, magazine (section); **~sfilm** *m* entertainment film; **~sindustrie** *f* entertainment industry, show business, F show biz; **~skosten** *pl.* (cost of) upkeep, maintenance (cost), operating cost (*alle sg.*); **~slektüre** *f*, **~sliteratur** *f* light reading (*od.* fiction); **~smusik** *f* light music; **~sprogramm** *n Radio, TV*: light program(me); **~ston** *m* conversational tone.

unter|handeln *v/i.* negotiate, treat (*mit* with); ⚔ *a.* parley; **≈händler** *m* negotiator; ⚕ agent; ⚔ parlementaire (*fr.*); **≈handlung** *f* negotiation, talks *pl.*; ⚔ *a.* parley; *in ~ stehen mit* be negotiating with, carry on negotiations with; *in ~ treten* enter into negotiations; **≈haus** *pol. n Brit.* House of Commons; **≈hemd** *n* vest, *Am.* undershirt; **~höhlen** *v/t.* undermine (*a. fig.*), hollow out (from below); **≈holz** *n* underwood, brushwood, copse; **≈hose** *f*: (*eine ~* a pair of) drawers *pl.*; (*Männer≈*) pants *pl.*, *Am.* underdrawers; (*kurze ~*) short pants *pl.*, (men's) briefs *pl.*; (*Frauen≈*) knickers *pl.*, F panties *pl.*; **~irdisch** *adj.* subterranean, underground (*beide a. fig.*); **≈jacke** *f* (under)vest, *Am.* undershirt.

unterjoch|en *v/t.* subjugate, subdue; enslave; **≈ung** *f* subjugation.

Unter|kapitalisierung *f* undercapitalization; **²kellern** *v/t.* provide with a cellar; **~kiefer** *m* lower jaw; **~klasse** *ped. f* lower class (*od.* form); **~kleid** *n* undergarment; (*modernes Damen*²) slip; **~kleidung** *f* underwear, underclothing; **²kommen** *v/i.* find accommodation (*od.* lodgings); ~ *bei* (*e-r Firma*) find employment with; be employed (*od.* taken on) by, (*e-r Partei usw.*) find one's home in; F *j-m* ~ (*vorkommen*) happen to a p.; F *so etwas ist mir noch nicht untergekommen a.* I have never before come across a thing like that; **~kommen** *n* **1.** → *Unterkunft*; **2.** (*Anstellung*) place, situation, berth; **²kopieren** *v/t. phot.* underprint; **~körper** *m* lower part of the body; **²kriegen** F *v/t.* get *a p.* down, bring *a p.* to heel, get the better of *a p.*; *sich nicht ~ lassen* hold one's ground, not to give in (*od.* knuckle under); *laß dich nicht ~!* bear up!, never say die!, don't let it get you (down)!; **²kühlen** *v/t.* undercool; **~kühlung** ⚕ *f* hypothermia; **~kunft** *f* accommodation, lodgings *pl.*; quarters *pl.*; ⚔ quarter, billet; (*Obdach*) shelter; ~ *und Verpflegung* board and lodging; **~kunftshaus** *n* hostel; **~kunftshütte** *f* refuge-hut; **~lage** *f* **1.** pad(ding); ⊕ base (plate), support, bed, rest; 🏗 groundwork; *geol.*, *physiol.* substratum; *für Kleinkinder*: waterproof sheet; *Ringen*: underneath position; **2.** (*Beleg*) voucher, (supporting) document; ~*n* (*Akten*) (supporting) documents, records, material *sg.*, (*Angaben*) data, (*Quellen*) sources, references, literature *sg.*; **~land** *n* lowland, low country; **~laß** *m*: *ohne* ~ without intermission (*od.* letup), incessantly.

unterlass|en *v/t.* omit; *schuldhaft*: neglect, (*versäumen*) *a.* fail (*zu inf.* to *inf.*); (*sich enthalten*) abstain (*od.* refrain) from (*zu inf. ger.*); *bsd. aus Schonung*: forbear (*ger.*, from *ger.*, to *inf.*); (*aufhören mit*) leave off *doing a th.*, stop, discontinue; (*Bemerkung, Witz usw.*) leave unsaid, drop, F cut out; *nichts* ~ leave nothing undone; **²ung** *f* omission; neglect, failure; ⚖ *a.* default; *auf* ~ *klagen* apply for an injunction; **²ungsklage** *f* action for injunction; **²ungssünde** *f* sin (*od.* error) of omission, lapse, neglect; **²ungsurteil** *n* injunction, *Am.* restraining order.

Unterlauf *m* lower course; **²en I.** *v/t. bsd. Fußball*: run under *a p.*; *fig.* dodge; **II.** *v/i. Fehler usw.*: slip (*od.* creep) in; *mir ist ein Fehler* ~ I made a mistake; **III.** *adj.* suffused; *mit Blut* ~ bloodshot.

Unterleder *n* sole leather.

'unterlegen *v/t.* lay (*od.* put) under; *j-m böse Absichten usw.* ~ attribute to; *e-m Text usw. e-n anderen Sinn* ~ give another meaning to, put another construction upon.

unter'legen I. *v/t.* underlay, line (*mit* with); **II.** *adj.* inferior (*dat.* to); **²e(r** *m*) *f* loser, F underdog; **²heit** *f* inferiority.

Unterlegscheibe ⊕ *f* washer.

Unterleib *m* abdomen, belly; **~s...** abdominal; **~skrebs** *m* cancer of the uterus, abdominal cancer.

Unterlieferant *m* subcontractor.

unterliegen *v/i.* **1.** *im Kampf usw.*: be defeated (*od.* beaten) (*dat.* by), *Sport*: *a.* lose (to); get worsted (by), (*a. e-m Trieb usw.*) succumb (to); ⚖ ~*de Partei* unsuccessful party; **2.** *fig.* (*Gesetzen usw.*) be subject to, (*e-r Bestimmung usw.*) *a.* be governed by; (*verpflichtet sein*) be liable to; (*zugrunde liegen*) underlie, be at the bottom of; *Zweifel* ~ be open to doubt; *es unterliegt keinem Zweifel* there is no doubt about it; *dem Zoll* ~ *a.* be dutiable.

Unter|lippe *f* lower lip; **~lizenz** *f* sublicen|ce, *Am.* -se.

untermal|en *v/t.* prime, ground; *fig. mit Musik*: accompany, supply the (musical) background for; **²ung** *f musikalische*: incidental music.

untermauer|n *v/t.* underpin; *fig.* bolster, support, corroborate; **²ung** *f* groundwork; *fig.* support (-ing arguments *pl.*), corroboration.

unter|mengen, ~mischen *v/t.* mix in.

Untermensch *m* subhuman creature, subman; *weitS.* brute.

Untermiete *f* sublease; *in* ~ *wohnen* be a subtenant (*od.* lodger, *Am.* a roomer); **~r(in** *f*) *m* subtenant, lodger, *Am.* roomer.

unterminieren *v/t. a. fig.* undermine, sap.

unternehm|en *v/t.* undertake, do; (*versuchen*) attempt, venture upon; *es* ~ *zu inf.* take it upon o.s. to *inf.*; *er unternahm nichts* he did nothing, he took no action; *dagegen muß man etwas* ~ something must be done about it; **²en** *n* **1.** (*Geschäft*) firm, (business) enterprise, business, concern, company; **2.** ⚔ operation; **3.** → *Unternehmung*; **~end** *adj.* enterprising; **²ensberater(in** *f*) *m* management consultant; **²er** *m* entrepreneur (*fr.*), *vertraglicher*: contractor; (*Arbeitgeber*) employer; (*Industrieller*) industrialist; **~erisch** ✝ *adj.* entrepreneurial; **≈ertum** *n* **1.** entrepreneurship; **2.** (*die Unternehmer*) *the* industrialists *pl.*, *the* employers *pl.*; *freies* ~ free enterprise; ~ *und Arbeiter* industry and labo(u)r; **≈erverband** *m* employers' association; **≈ung** *f* enterprise, undertaking; (*Vorhaben*) project; (*Wagnis, Spekulation*) venture; (*Transaktion*) transaction; ⚔ operation; **≈ungsgeist** *m* (spirit of) enterprise, initiative, *Am.* F get-up, go-ahead(ativeness); **~ungslustig** *adj.* enterprising, F go-ahead; (*verwegen*) adventurous; (*schwungvoll*) energetic, *pred.* F full of go (*od. sl.* pep).

unternormal *adj.* subnormal.

Unteroffizier *m* non-commissioned officer (*abbr.* NCO); *Dienstgrad*: corporal; ✈ *Am.* airman 1st class; ~*e und Mannschaften Brit.* other ranks, *Am.* enlisted men; **~s-anwärter** *m* aspirant NCO.

unter|ordnen *v/t.* subordinate (*dat.* to); *sich* ~ submit (*dat.* to); → *untergeordnet*; **≈ordnung** *f* **1.** subordination; **2.** *biol.* suborder; **≈organisation** *f* subsidiary; **≈-pacht** *f* sublease; **≈pächter** *m* subtenant; **≈pfand** *n* pledge; **≈pflasterbahn** *f* underground (tramway); **~pflügen** *v/t.* plough (*Am.* plow) under (*a. fig.*); **≈prima** *ped. f* eighth form (*od.* class); **~privilegiert** *adj.* underprivileged; **≈produktion** *f* underproduction.

Unterputz|leitung ⚡ *f* concealed wiring; **~schalter** *m* flush switch.

unterred|en *v/refl.*: *sich* ~ confer (*mit* with); **≈ung** *f* conversation, conference, talk; *bsd. mit Pressevertretern*: interview; *j-m e-e* ~ *gewähren* grant a p. an interview.

Unterricht *m* instruction, training; (*Stunden*) lessons *pl.*; *Schule*: classes *pl.*; (*Einzel*≈) tuition; ~ *geben* teach, give lessons; hold classes; **≈en** *v/t.* instruct, teach, train; give lessons (*dat.* to; *über* on); *fig.* inform (*von, über* of); acquaint (with), advise (of); (*einweisen*) brief (about); *j-n laufend* ~ keep a p. informed; *falsch* ~ misinform; *sich* ~ *über* inform o.s. about, obtain information about; acquaint o.s. with; *unterrichtet sein* be (well) informed, be conversant (*über* with); *unterrichtete Kreise* informed quarters.

Unterrichts...: **~briefe** *m/pl.* correspondence lessons; *Lehrgang in* ~*n* correspondence course; **~fach** *n*, **~gegenstand** *m* subject; **~film** *m* → *Lehrfilm*; **~raum** *m* class (*od.* lecture) room; **~stoff** *m* → *Lehrstoff*; **~stunde** *f* lesson, (*Schul*≈) *a.* class, period; **~wesen** *n* public instruction, education(al affairs *pl.*).

Unter|richtung *f* instruction; information; **~rock** *m* slip; *bsd. obs. u. co.* petticoat.

untersag|en *v/t.* forbid (et. a th.; *j-m et.* a p. to do a th.); *amtlich*: prohibit (a th.; a p. from doing a th.); *j-m et.* ~ tell a p. not to do a th.; ⚖ *a.* restrain a p. from doing a th.; **≈ung** *f* prohibition, interdiction.

Untersatz[1] *m* support; (*Gestell*) stand; △ socle; *für Töpfe*: saucer; F *fahrbarer* ~ *sl.* wheels.

Untersatz[2] *m Logik*: minor (proposition).

Unterschall... *in Zssgn* subsonic.

unterschätz|en *v/t.* underestimate, *fig. a.* underrate; **≈ung** *f* underestimate, underestimation, underrating.

unterscheid|bar *adj.* distinguishable, discernible; **~en** *v/t. u. v/i.* distinguish (*zwischen* between); make a distinction (between); *scharfsinnig, wählerisch*: discriminate; (*deutlich wahrnehmen*) discern; (*differenzieren*) differentiate; *et.* ~ *von* ... tell (*od.* discriminate) a th. from ...; *das unterscheidet ihn von* ... that distinguishes him (*od.* sets him apart) from ...; *sich* ~ differ (*von* from; *dadurch, daß* in *ger.*); **~end** *adj.* distinctive, characteristic; **≈ung** *f* distinction, discrimination, differentiation; (*Unterschied*) difference; **≈ungsfähigkeit** *f e-s Warenzeichens*: distinctiveness; **≈ungsmerkmal** *n* distinctive mark (*od.* feature), *a.* ⊕ characteristic; criterion; **≈ungsvermögen** *n* power of distinction.

Unter|schenkel *m* shank, lower leg; **~schicht** *f* lower stratum; *geol.* substratum; *der Bevölkerung*: lower class(es *pl.*).

unterschieb|en *v/t.* push under; *als Ersatz*: substitute; *fig.* attribute (falsely) (*dat.* to), impute (to), father (on); *Worten e-n falschen Sinn* ~ put a wrong construction on; **≈ung** *f* substitution.

Unterschied *m* difference, (*feiner* ~ nice) distinction; *e-n* ~ *machen* make a distinction, distinguish, (*a. unterschiedlich behandeln*) discriminate (*zwischen* between); *zum* ~ *von* unlike *a th. od. p.*, as distinguished (*od.* distinct) from, as opposed to; *ohne* ~ indiscriminately; *ohne* ~ *der Nationalität* irrespective of nationality; *das ist ein großer* ~*!* that makes a great (F all the) difference!; *das macht keinen* ~*!* that makes no difference!; *mit* ~*!* up to a point!; **⁓lich** *adj.* different; (*schwankend*) differing, variable, varied; *adv.* ~ *behandeln* (*schlechter stellen*) discriminate; **⁓slos** *adj.* indiscriminate(ly *adv.*); *adv. a.* without exception.

ˈunterschlagen *v/t.* (*Beine*) fold; (*Arme*) cross.

unterˈschlag|en *v/t.* (*Geld*) embezzle; (*Brief*) intercept; (*Beweisstück, Testament*) suppress; *fig.* (*verheimlichen*) hold back, keep silent about; **⁓ung** *f* embezzlement; suppression.

Unterschleif *m* embezzlement, defraudation, ⚖ *a.* peculation.

Unter|schlupf *m* (*Schlupfwinkel*) hiding-place, *sl.* hide-out; (*Obdach*) shelter, refuge; **⁓schlupfen, ⁓schlüpfen** *v/i.* find (*od.* seek) shelter; (*sich verbergen*) hide.

unter|schreiben *v/t. u. v/i.* sign, subscribe; (*Urkunde*) *a.* affix (*od.* set) one's signature to, set one's hand (and seal) to, execute; *fig.* subscribe to; **~schreiten** *fig. v/t.* remain under, fall short of.

Unterschrift *f* signature; *mit* (*s*)*einer* ~ *versehen* → *unterschreiben*; **~enmappe** *f* signature blotting-book; **~sbeglaubigung** *f* attestation, confirmation of signature; ⚖ formal witnessing of a signature; **⁓sberechtigt** *adj.* authorized to sign; ~ *sein a.* have power to sign, have signatory power; **~sprobe** *f* specimen of signature; **~stempel** *m* signature (*od.* facsimile) stamp.

unterschwellig *psych. adj.* subliminal.

Unterseeboot *n* submarine (boat), *deutsches*: U-boat; **~abwehr** *f* anti-submarine defen|ce, *Am.* -se; **~bunker** *m* submarine pen; **~falle** *f* decoy (ship), Q-ship; **~jäger** *m* submarine chaser; **~krieg** *m* submarine warfare.

untersee|isch *adj.* submarine, undersea; **⁓kabel** *n* submarine cable.

Unterseite *f* underside, bottom (side).

ˈuntersetzen *v/t.* set (*od.* place) under(neath).

unter|ˈsetzen *v/t.* ⊕ reduce; **~setzt** *adj. Person*: stocky, square-built, thick-set, squat.

Untersetzung ⊕ *f* (gear) reduction; **~sgetriebe** *n* reduction gear; **~sverhältnis** *n* reduction ratio.

untersinken *v/i.* sink (under), go down (*od.* under).

Unterspannung ⚡ *f* undervoltage.

unter|spielen *thea. v/t. u. v/i.* underact; **~spülen** *v/t.* wash away, hollow (from below).

unterst *adj.* lowest, undermost, lowermost, bottom(most); (*letzte*) last; *das* ⁓*e zuoberst kehren* turn everything upside down (*od.* topsyturvy).

Unter|staatssekretär *m* Under-Secretary (of State); **~stand** ⚔ *m* shelter, *ausgehobener*: dug-out.

ˈunterstehen *v/i.* take (*od.* find) shelter.

unterˈstehen I. *v/i.*: *j-m* (*od. j-s Aufsicht*) ~ be subordinate to a p., be under a p.('s supervision), *Am.* ✝ *u. amtlich*: report to a p.; *e-m Gesetz, e-r Gerichtsbarkeit* ~ come under, be subject to; **II.** *v/refl.*: *sich* ~ *zu inf.* dare *inf.*, venture to *inf.*; have the impudence (*od.* F cheek) to *inf.*; ~ *Sie sich!* don't you dare!; *was* ~ *Sie sich?* how dare you?

ˈunterstellen *v/t.* place (*od.* put) under(neath); (*Auto*) garage, park; *sich* ~ *zum Schutz*: take shelter (*vor* from).

unterˈstell|en *v/t.* (*zuschreiben*) impute (*dat.* to); (*behaupten*) allege (*daß* that); (*vorläufig annehmen*) suppose, assume; *wenn man dies unterstellt* granting this to be so; *j-m Truppen usw.* ~ put under a p.'s command, assign to a p., attach to a p.; **⁓ung** *f* imputation; allegation; supposition; assignment, attachment.

unterstreichen *v/t.* underline, underscore (*beide a. fig.*); *fig.* (*betonen*) *a.* emphasize; *s-e Worte mit Gesten* ~ punctuate one's words with gestures.

Unter|strömung *f* undercurrent (*a. fig.*); **~stufe** *ped. f* lower grades *pl.*

unterstütz|en *v/t.* prop, support; *fig.* support, back up; (*helfen*) assist, aid (*bei* in); *beistimmend, befürwortend*: support, back up, second, endorse, advocate; (*Mittellose*) relieve, assist, aid; (*fördern*) *a.* promote; (*Antrag*) second; (*Beweise*) support, corroborate; **⁓ung** *f* support (*a.* ⚔); *fig. a.* assistance, aid (*a. finanzielle* ~); (*Beihilfe für Notleidende, durch Geld usw.*) relief; (*staatliche Geld*⁓) subsidy, (government) aid *od.* grant; *aus e-r Versicherung*: benefit; *zur* ~ (*e-r Klage usw.*) in support of; (*e-s Beweises*) *a.* in corroboration of; *zu Ihrer* ~ (*als Unterlage*) for your guidance; *auf staatliche* ~ *angewiesen sein* be a public charge; *von* ~ *leben* be on relief; **~ungsberechtigt** *adj.* indigent; entitled to insurance benefit; **°~ungsempfänger(in** *f*) *m* recipient of public relief, reliefer; **°~ungsfonds** *m*, **°~ungskasse** *f* relief fund; **°~ungssumme** *f* (relief) allowance.

untersuchen *v/t.* (*prüfen*) examine (*a.* ⚕), inspect, *genau*: scrutinize; (*e-n Fall usw.*) inquire (*od.* look) into, investigate (*a.* ⚖ *u. wissenschaftlich*); (*erforschen*) explore; ⚗ *u. weitS.* analy|se, *Am.* -ze; *im Labor*: lab-examine; (*testen*) test (*auf* for); ⊕ (*Maschine*) go over, overhaul.

Untersuchung *f* examination (*a.* ⚕ = medical check-up); *genaue*: scrutiny; inquiry, investigation (*a.* ⚖); (*Probe*) test; ⚗ *u. weitS.* analysis; (*Studie*) study; (*Übersicht*) survey; (*Forschung*) research (*gen.* into); (*Erforschung*) exploration; **~sausschuß** *m* committee of inquiry, fact-finding committee; **~sbefund** ⚕ *m* (examination) findings *pl.* (*od.* report); **~sgefangene(r** *m*) *f* prisoner on remand (*od. vor Gericht*: *a.* at the bar, on trial); **~sgefängnis** *n* remand prison; **~sgericht** *n* court of inquiry; **~shaft** *f* detention (pending trial), imprisonment (*od.* period) on remand; *in* ~ *nehmen* commit for trial (*wegen* on a charge of); *in* ~ *sein* be on remand; *in die* ~ *zurücksenden* remand (in custody); → *Anrechnung*; **~srichter** *m* examining magistrate, investigating judge.

Untertag|bau *m* underground mining; **~earbeiter** *m* workman underground.

Untertan I. *m* subject; **II.** °~ *pred. adj.* subject (*dat.* to); ~ *machen* subject *a p.* (*dat.* to).

untertänig *adj.* subject; *fig.* submissive, subservient (*alle*: *dat.* to); humble; **°~keit** *fig. f* submissiveness, subservience; humility.

Untertasse *f*: (*fliegende* ~ flying) saucer.

untertauchen *v/i.* dive; *U-Boot*: submerge; (*a. v/t.*) duck, dip, *a.* ⊕ immerse; *fig.* disappear; *Verbrecher usw.*: go underground, go into hiding.

Unterteil *m*, *n* lower part, base; **°~en** *v/t.* subdivide; *statistisch*: *a.* break down; classify; **~ung** *f* subdivision; breakdown; classification; partition.

Unter|temperatur ⚕ *f* temperature below normal; **~titel** *m* subhead(-ing); subtitle (*a. Film* = caption); **~ton** *m* undertone (*a. fig.*); **°~treiben** *v/t. u. v/i.* understate; **~treibung** *f* understatement; **°~treten** *v/i.* take shelter; **°~tunneln** *v/t.* tunnel; **~verkauf** *m* subsale; **°~vermieten** *v/t.* sublet; **~vermieter(in** *f*) *m* sublessor; **°~verpachten** *v/t.* sublease; **°~versichern** *v/t.* under-insure.

unterwander|n *pol. v/t.* infiltrate; **°~ung** *f* infiltration.

unterwärts *adv.* downward(s).

Unterwäsche *f* underwear, underclothes *pl.*, (*Damen*°~) *a.* F undies *pl.*

Unterwasser|bombe ⚓ *f* depth-charge; **~gymnastik** ⚕ *f* underwater exercises *pl.*; **~kamera** *f* underwater camera; **~massage** *f* underwater massage; **~ortung** *f* underwater (sound) ranging; **~ortungsgerät** *n* SONAR (*abbr. von* sound navigation and ranging); **~wende** *f Schwimmen*: underwater turn.

unterwegs *adv.* on the (*od.* one's) way; (*während der Fahrt*) *a.* en route (*fr.*); ✈ in transit; *fig.* under way; *immer* ~ always on the move.

unterweis|en *v/t.* instruct; **°~ung** *f* instruction.

Unterwelt *f* underworld (*a. fig. Verbrecherwelt*, *a.* = *Am.* gangland), nether world, Hades.

unterwerf|en *v/t.* subdue, subjugate; *e-r Herrschaft*, *e-m Verhör usw.*: subject (*dat.* to); (*Streitfrage*) *e-m Schiedsgericht*: submit (to); *sich* ~ submit (*a. weitS. e-r Entscheidung* to), *weitS. a.* acquiesce (in), accept (*a th.*); *e-r Sache unterworfen sein* be subject to a th.; **°~ung** *f* subjugation, conquest; subjection; *fig.* submission (*unter* to), acquiescence (in).

unterwühlen *v/t.* undermine.

unterwürfig *adj.* submissive; subservient, obsequious; **°~keit** *f* submissiveness; subservience.

unterzeichn|en *v/t. u. v/i.* sign; → *a. unterschreiben*; **°~er** *m* **1.** *a.* **~ete(r** *m*) *f* signer, *the* undersigned; **2.** *e-r Anleihe*, *Resolution*, *Spendenliste*: subscriber (*gen.* to); *e-s Staatsvertrags*: signatory (of); **°~erstaat** *m* signatory state; **°~ung** *f* signing; signature.

Unterzeug *n* → *Unterwäsche*.

ˈunterziehen *v/t.* pull (*od.* draw) under; (*Kleider*) put on underneath.

unterˈziehen *v/t.* subject to; *sich e-r Operation usw.* ~ undergo; *sich* *e-r Prüfung* ~ sit (*od.* go in) for, take; *sich der Mühe* ~, *zu inf.* take the trouble to *inf.*, take it upon o.s. to *inf.*

Unterziehhöschen *n* panties *pl.*, briefs *pl.*

untief *adj.* shallow; **⁀e** *f* (*seichte Stelle*) shallow, shoal; (*große Tiefe*) (bottomless) abyss.

Untier *n* monster (*a. fig.*).

un|tilgbar *adj. Anleihe*: irredeemable; *fig.* indelible; **~tragbar** *adj.* unbearable, intolerable; *pred. a.* past endurance; *Kosten, Preise*: prohibitive; **~trennbar** *adj.* inseparable.

untreu *adj.* unfaithful, *bsd. in der Ehe*: untrue; disloyal; *fig.* ~ *werden dat.* betray *a th.*, desert *a cause*, *s-n Grundsätzen, e-r Politik usw.*: deviate from, give up; **⁀e** *f* unfaithfulness, disloyalty; *bsd. eheliche*: infidelity; ⚖ breach of trust; *Strafrecht*: fraudulent conversion, peculation.

untröstlich *adj.* inconsolable, disconsolate; *weitS. a.* very sad.

untrüglich *adj.* infallible, unfailing, unerring; (*unverkennbar*) unmistakable; *ein* ~*es Zeichen für* a sure sign of; **⁀keit** *f* infallibility.

untüchtig *adj.* incapable, incompetent; (*leistungsschwach*) inefficient; ⚓ unseaworthy; **⁀keit** *f* incapacity, inefficiency, incompetence.

Untugend *f* vice, bad habit, failing.

untypisch *adj.* atypical, out of character.

unüber|brückbar *fig. adj.* unbridgeable, insurmountable; **~hörbar** *adj.* loud and clear (*a. adv.*), that cannot be missed; **~legt** *adj.* inconsiderate, thoughtless; ill-considered, unwise; (*übereilt*) rash; **~sehbar** *adj.* immense, vast; incalculable; *e-e* ~*e Zahl von a.* a host (*od.* sea) of; **~setzbar** *adj.* untranslatable; **~sichtlich** *adj. Gelände*: broken, difficult to survey; *in der Anordnung*: badly arranged, unmethodical; (*verwikkelt*) complex, involved, tangled; ~*e Fahrbahn od. Kurve* blind corner; **~steigbar** *adj.* insurmountable; **~tragbar** *adj.* not transferable; *Wertpapiere*: non-negotiable; **~trefflich** *adj.* unsurpassable, matchless, peerless; **~troffen** *adj.* unsurpassed, unmatched, unexcelled; **~windlich** *adj.* invincible; *Festung usw.*: impregnable; *Schwierigkeit*: insurmountable, *a. Abneigung*: insuperable.

unum|gänglich *adj.* unavoidable; (*notwendig*) indispensible, absolutely necessary; **~schränkt** *adj.* unlimited; *pol.* absolute, autocratic(ally *adv.*); **~stößlich** *adj.* (*unwiderlegbar*) irrefutable; (*unbestreitbar*) incontestable; (*unwiderruflich*) irrevocable; **~stritten** *adj.* undisputed; **~wunden** *adj.* (*u. adv.*) (*offen*) frank(ly); (*schonungslos*) plain(ly), flat(ly), blunt(ly), *nur adv.* point-blank, without reserve, in so many words.

ununterbrochen *adj.* uninterrupted, unbroken; (*ständig*) continuous; (*unaufhörlich*) incessant.

unver|änderlich unchangeable, *a. ling.* invariable; (*beständig*) constant, stable; *phys.*, 𝔄 ~*e Größe*, **⁀e** *f* invariable, constant; **~ändert** *adj.* unchanged, *pred. a.* (just) as it was, the same as before; **~antwortlich** *adj.* irresponsible; (*unentschuldbar*) inexcusable, unwarrantable; **⁀antwortlichkeit** *f* irresponsibility; **~arbeitet** ⊕ *adj.* unfinished, unprocessed; (*roh*) raw; *fig.* undigested; **~ausgabt** ✝ *adj.* unexpended; **~äußerlich** *adj.* inalienable; **~besserlich** *adj.* incorrigible, inveterate, F hopeless; **~bildet** *adj. Geist*: unsophisticated; **~bindlich I.** *adj.* ✝ *usw.* not binding, non-obligatory; (*zwanglos*) informal; *Stellungnahme usw.*: non-committal; (*unfreundlich*) curt, disobliging; **II.** *adv.* ✝ without obligation (*od.* engagement), freely; *Preise* ~ *a.* prices subject to change; **⁀bindlichkeit** *f* non-obligation; informality; non-committal (way); curtness, disobliging manner; **~blümt** *adj.* plain, direct, blunt, flat; **~braucht** *adj.* unused; *Lebenskraft*: unspent; (*frisch*) fresh; **~brennbar** *adj.* incombustible; **~brieft** ✝ *adj. Kredit usw.*: unsecured, non-bonded; **~brüchlich** *adj. Glaube, Treue usw.*: steadfast, unswerving, staunch; **~bürgt** *adj. Nachricht usw.*: unconfirmed; **~dächtig** *adj.* unsuspicious; (*nicht unter Verdacht*) unsuspected; **~daulich** *adj.* indigestible (*a. fig.*); **⁀daulichkeit** *f* indigestibility; **~daut** *adj.* undigested (*a. fig.*); **~derblich** *adj.* non-perishable; **~derbt, ~dorben** *adj.* unspoilt, *fig. a.* uncorrupted; (*rein, unschuldig*) pure, clean; **~dient(ermaßen** *adv.*) *adj.* undeserved(ly *adv.*); **~drossen** *adj.* indefatigable, unflagging, unwearied; (*zäh*) persevering; (*geduldig*) patient; **~dünnt** *adj.* undiluted; *Whisky usw.*: neat, *Am.* straight; **~ehelicht** *adj.* unmarried, single; **~eidigt** *adj.* unsworn; **~einbar** *adj.* incompatible, inconsistent, irreconcilable (*alle: mit* with); **≈einbarkeit** *f* incompatibility; **~fälscht** *adj.* unadulterated, pure (*beide a. fig.*); *fig.* genuine; **≈fälschtheit** *f* genuineness; **~fänglich** *adj.* harmless, *pred. a.* F on the level; **~formbar** ⊕ *adj.* non-workable; **~froren** *adj.* brazen(ly *adv.*), impudent; **≈frorenheit** *f* brazenness, impertinence, impudence, F cheek; **~gänglich** *adj.* imperishable, everlasting; (*unsterblich*) immortal, deathless; *Ruhm*: *a.* unfading; **~gessen** *adj.* unforgotten; **~geßlich** *adj.* unforgettable, not to be forgotten, ever memorable; *das wird mir ~ bleiben* I shall never forget that; **~gleichlich** *adj.* incomparable, peerless, unrival(l)ed; (*einzig*) unique; *adv. ~ besser* infinitely better; *~ sein a.* stand alone; **~hältnismäßig** *adj.* disproportionate; (*unmäßig, ~ hoch*) excessive, unreasonable; **~heiratet** *adj.* unmarried, single; **~hofft** *adj.* unhoped-for, (*unerwartet*) unexpected, unforeseen; (*plötzlich*) sudden; **~hohlen** *adj.* undisguised, unconcealed, open; **~hüllt** *adj.* unveiled (*a. fig.*); (*bloß*) bare; *fig.* undisguised, open; **~jährbar** ⚖ *adj.* imprescriptible; *Strafrecht*: not subject to the statute of limitation; **~käuflich** *adj.* unsal(e)able; (*nicht feil*) not for sale; *~e Ware* dead stock; drug on the market; **~kauft** *adj.* unsold; *pred. a.* on hand; **~kennbar** *adj.* unmistakable; obvious; **~kürzt** *adj.* uncurtailed; *Text*: unabridged; **~langt** *adj.* unsolicited, not asked for.

unverletz|bar, ~lich *adj.* invulnerable, *a. fig.* inviolable *rights*; *fig.* (*heilig*) sacred; **≈barkeit** *f* invulnerability; *Exterritorialrecht*: immunity; **~t** *adj.* uninjured, unhurt, unharmed; safe (and sound); *weitS.* intact.

unver|lierbar *adj.* that cannot be lost, never lost; **~mählt** *adj.* unmarried; **~meidlich** *adj.* inevitable (*a. iro.*), unavoidable; *adv. a.* without fail; *sich ins ≈e fügen* bow to the inevitable; **~mindert** *adj.* undiminished; **~mischt** *adj.* unmixed; *Tee usw.*: unblended; *metall.* unalloyed; **~mittelt** *adj.* abrupt, sudden.

Unvermögen *n* inability, incapability; (*Kraftlosigkeit*) impotence; ☤ (*~ zu zahlen*) insolvency; **≈d** *adj.* **1.** unable (*zu inf.* to *inf.*), incapable (of *ger.*); (*kraftlos*) impotent, powerless; **2.** (*arm*) impecunious, without means.

unvermutet *adj.* (*u. adv.*) unexpected(ly), unforeseen.

Unver|nunft *f* unreasonableness; (*Torheit*) folly; foolishness; **≈nünftig** *adj.* irrational; (*töricht*) unreasonable, absurd, foolish; **≈öffentlicht** *adj.* unpublished; **≈packt** *adj.* unpacked, loose; **≈pfändet** *adj.* unpledged; **≈richtet** *adj.* → *unerledigt*; *~erdinge*, *~ersache* unsuccessfully, empty-handed, without having achieved one's object; **≈rückbar** *adj.* unremovable; *fig.* steadfast, unshakable.

unverschämt *adj.* impudent, impertinent, insolent, saucy, F cheeky; *Lüge*: bare-faced; (*adv.*) *lie* shamelessly; F *Preis, Forderung*: unconscionable; **≈heit** *f* impudence, impertinence, insolence, effrontery, sauciness; *die ~ haben zu* have the face (*od.* cheek) to.

unver|schlossen *adj.* unlocked; *Brief*: unsealed; **~schuldet** *adj.* **1.** undeserved; arising through no fault of ours, *etc.*; **2.** (*schuldenfrei*) not in debt; *Grundstück*: unencumbered; **~sehens** *adv.* unexpectedly, all of a sudden, suddenly; **~sehrt** *adj.* uninjured; whole, *Sache*: *a.* intact; **~sichert** *adj.* uninsured; **~siegbar, ~sieglich** *adj.* inexhaustible, everflowing; **~siegelt** *adj.* unsealed.

unversöhnlich *adj.* implacable, irreconcilable; *pol.* intransigent; **≈keit** *f* implacability; intransigence.

unversorgt *adj.* unprovided for, without means; *Wunde*: unattended.

Unverstand *m* lack of judgement, injudiciousness; unreasonableness; (*Torheit*) folly, stupidity.

unver|standen *adj.* misunderstood, *pred.* not understood; **~ständig** *adj.* unreasonable, injudicious, foolish.

unverständlich *adj.* unintelligible; *weitS.* incomprehensible, inconceivable (*dat.* to); *Grund*: obscure; *das ist mir völlig ~ a.* I cannot make head or tail of it, *weitS.* that's beyond me; **≈keit** *f* unintelligibility; inconceivableness.

unver|stellbar ⊕ *adj.* non-adjustable, fixed; **~stellt** *adj.* undisguised, unfeigned; **~steuert** *adj.* for which no taxes have been paid; (*noch ~*) pre-tax *profits*; **~sucht** *adj.*: *nichts ~ lassen* try everything, leave no stone unturned (*um zu* to); **~teidigt** *adj.* undefended, unprotected.

unverträglich *adj.* **1.** (*zänkisch*) quarrelsome, F cantankerous; *fig.* ~ *mit* incompatible with; **2.** *Speise*: indigestible; ⚕ incompatible; **≈keit** *f* quarrelsomeness; incompatibility.

unver|wandt *adj. Blick*: fixed(ly *adv.*); *Bemühungen*: steadfast, unswerving; *adv. s-n Blick* ~ *richten auf* rivet (*od.* fix) one's eyes on; **~wechselbar** *adj.* unmistakable; ⊕ non-interchangeable; **~wehrt** *adj.*: *es ist Ihnen* ~ *zu inf.* you are (quite) at liberty to *inf.*; **~weilt** *adv.* without delay, immediately; **~welklich** *fig. adj.* unfading, immortal; **~wendbar** *adj.* unusable, unemployable; → *a. ungeeignet*; **~weslich** *adj.* imputrescible, not decaying; **~wundbar** *adj.* invulnerable; **~wüstlich** *adj.* indestructible (*a. fig. Person usw.*); ⊕ *a.* (very) robust, of unlimited service life; *fig. Humor usw.*: irrepressible, inexhaustible; **~zagt** *adj.* intrepid, undaunted, fearless; **~zeihlich** *adj.* unpardonable; **~zerrt** *adj.* undistorted (*a. Radio, TV*); **~zinslich** *adj.* bearing no interest; ~*e Papiere* non-interest-bearing securities; ~*es Darlehen* free loan; **~zollt** *adj.* duty unpaid; (*unter Zollverschluß*) in bond; **~züglich** *adj.* (*u. adv.*) immediate(ly), instant(-ly), prompt(ly); *nur adv.* forthwith, without delay, on the spot, at once.

unvollendet *adj.* unfinished; ♪ *die* ≈*e* the Unfinished (Symphony).

unvollkommen *adj.* imperfect; **≈heit** *f* imperfection.

unvollständig *adj.* incomplete; **≈keit** *f* incompleteness.

unvollzählig *adj.* incomplete.

unvor|bereitet *adj.* unprepared; *adj. u. adv. Rede usw.*: extempore; ~ *sprechen a.* extemporize, *Am.* F ad-lib; **~denklich** *adj.*: *seit* ~*en Zeiten* from time immemorial; **~eingenommen** *adj.* unbias(s)ed, unprejudiced; objective; **~hergesehen** *adj.* unforeseen; ~*e Ausgaben* contingencies, incidentals; **~sätzlich** *adj.* unintentional, undesigned, ⚖ unpremeditated; **~schriftsmäßig** *adj.* improper (*a.* ⊕ *unsachgemäß*), irregular; *pred. u. adv.* contrary to regulations.

unvorsichtig *adj.* incautious; (*unklug*) imprudent, unwise; (*übereilt*) rash; (*sorglos*) careless; **≈keit** *f* incautiousness; imprudence; carelessness; *aus* ~ through negligence.

unvor|stellbar *adj.* unimaginable; (*unglaublich*) incredible; *pred. a.* beyond thought; **~teilhaft** *adj.* unprofitable; (*ungünstig*) unfavo(u)rable, disadvantageous; *Kleid usw.*: unbecoming.

unwägbar *adj.* imponderable; ~*e Dinge* imponderables; **≈keit** *f* imponderableness.

unwahr *adj.* untrue, false; **~haftig** *adj.* untruthful, insincere; **≈heit** *f* untruth, falsehood; **~scheinlich** *adj.* improbable, unlikely; F *fig.* incredible, fantastic; **≈scheinlichkeit** *f* improbability.

unwandelbar *adj.* unchangeable; *Treue usw.*: unshakable, staunch.

unwegsam *adj.* impassable, pathless, trackless.

unweiblich *adj.* unwomanly.

unweigerlich I. *adj.* inevitable, sure; **II.** *adv.* without fail, inevitably; *ich muß es* ~ *tun* I cannot help doing it.

unweise *adj.* unwise, imprudent.

unweit *prp.* not far from, close to, near (*gen. a th.*).

Unwesen *n* nuisance, pest; (*schlimmes Treiben*) sinister doings *pl.* (*od.* activities *pl.*); (*Ausschreitungen*) excesses *pl.*; *sein* ~ *treiben* do one's foul work, F be up to one's tricks, *an e-m Ort*: haunt (*od.* infest) a place; **≈tlich** *adj.* unessential, irrelevant, immaterial (*für* to), unimportant (*a. geringfügig* = negligible); *pred. a.* of no consequence; beside the point.

Unwetter *n* (thunder)storm.

unwichtig *adj.* unimportant, insignificant; **≈keit** *f* unimportance, insignificance; ~*en konkret*: trivialities.

unwiderleg|bar, ~lich *adj.* irrefutable, conclusive; **≈barkeit** *f* irrefutability.

unwiderruflich *adj.* irrevocable (*a.* ✝), beyond recall; (*ganz bestimmt*) definite(ly), positive(ly *adv.*); **≈keit** *f* irrevocability.

unwidersprochen *adj.* uncontradicted, unchallenged.

unwiderstehlich *adj.* irresistible (*a. fig.*); *Verlangen*: *a.* overpowering; **≈keit** *f* irresistibility.

unwiederbringlich *adj.* irretrievable.

Unwill|e *m* indignation, displeasure, anger, annoyance; **≈ig** *adj.* (*ungehalten*) indignant, displeased; (*ärgerlich*) annoyed, angry (*alle*: *über* at); (*widerstrebend*) unwilling, reluctant; **≈kommen** *adj.* unwelcome; **≈kürlich** *adj.* involuntary; instinctive, automatic(ally *adv.*);

adv. ~ *mußte ich an ihn denken* I could not help thinking of him.

unwirklich *adj.* unreal.

unwirksam *adj.* ineffective, inoperative (*beide a.* ⚖ = void), ineffectual; ⚗ inactive; **⁓keit** *f* inefficiency, inoperativeness; ⚗ inactivity; (*Vergeblichkeit*) futility.

unwirsch *adj.* disgruntled, cross, testy.

unwirt|lich *adj.* inhospitable, desolate; **~schaftlich** *adj.* uneconomic(al), unthrifty; (*unrationell*) inefficient.

unwissen|d *adj.* ignorant; **⁓heit** *f* ignorance; **~schaftlich** *adj.* unscientific(ally *adv*).; **~tlich** *adj.* (*u. adv.*) unwitting(ly), unknowing(ly), unconscious(ly).

unwohl *adj.* unwell (*a. Frau*), indisposed, F out of sorts, seedy; **⁓sein** *n* indisposition; *der Frau*: monthly period(s *pl.*).

unwohnlich *adj.* uncomfortable, cheerless.

Unwucht ⊕ *f* unbalance.

unwürdig *adj.* unworthy (*gen.* of); (*schändlich*) disgraceful; (*entwürdigend*) degrading; *das ist seiner* ~ that is beneath him; **⁓keit** *f* unworthiness.

Unzahl *f* immense number; *e-e* ~ *von* a host (*od.* sea) of, F no end of.

unzähl|bar, ~ig *adj.* innumerable, numberless, countless.

unzart *adj.* indelicate; (*grob*) rough; **⁓heit** *f* indelicacy; roughness.

Unze *f* ounce (*abbr.* oz. = *28,35 g*).

Unzeit *f*: *zur* ~ at the wrong time, inopportunely; (*vorzeitig*) prematurely; **⁓gemäß** *adj.* (*altmodisch*) old-fashioned, dated, *pred.* behind the times; (*unpassend*) unseasonable, inopportune; **⁓ig** *adj.* untimely (*a. adv.*); (*vorzeitig*) premature; (*bei schlecht gewähltem Zeitpunkt*) ill-timed; (*unpassend*) unseasonable, inopportune.

unzer|brechlich *adj.* unbreakable; **~legbar** *adj.* undecomposable, indivisible; **~reißbar** *adj.* untearable; **~störbar** *adj.* indestructible; **~trennlich** *adj.* inseparable.

Unzial|e *f*, **~schrift** *f* uncial.

unziem|end, ~lich *adj.* unseemly.

Unzier(de) *f* blemish; eye-sore; *zur* ~ *gereichen dat.* reflect badly on.

unzivilisiert *adj.* uncivilized.

Un|zucht *f* lewdness, vice; ⚖ sexual offen|ce, *Am.* -se, (act of) indecency; *gewerbsmäßige*: prostitution; *widernatürliche*: sodomy; *außereheliche*: fornication; **⁓züchtig** *adj.* lewd, lascivious; obscene *gesture, word, literature, etc.*; ~*e Handlung* act of indecency.

unzufrieden *adj.* dissatisfied, *bsd. dauernd*: discontented; *pol.* malcontent (*a. su.* **⁓e[r *m*] *f***); **⁓heit** *f* dissatisfaction, discontent.

unzugänglich *adj.* inaccessible (*a.* ⊕), unapproachable, un-get-at-able, (*unnahbar*) *a.* reserved, standoffish; ~*er Geist* closed mind; ~ *für* impervious to, deaf to.

unzulänglich *adj.* insufficient, inadequate; **⁓keit** *f* insufficiency, inadequacy; (*Mangel*) deficiency, *a. menschliche*: shortcoming, failing.

unzulässig *adj.* inadmissible; undue (*a.* ⚖ *Beeinflussung*); *für* ~ *erklären* rule out, ⚖ *a.* outlaw.

unzumutbar *adj.* unreasonable; (*für j-n*) unacceptable (to), that cannot be expected (of).

unzurechnungsfähig *adj.* irresponsible, not responsible for one's actions; (*wahnsinnig*) insane, ⚖ *a.* non compos (mentis), of unsound mind, *Am. a.* incompetent; **⁓keit** *f* irresponsibility; imbecility; ⚖ diminished responsibility, (*zeitweilige* ~ temporary) insanity.

unzureichend *adj.* insufficient.

unzusammenhängend *adj.* disconnected; *Rede usw.*: incoherent.

unzuständig *adj.* incompetent (*für* for); ⚖ *mst sachlich u. örtlich*: having no jurisdiction (over); **⁓keit** *f* incompetence, lack of jurisdiction.

unzuträglich *adj.* prejudicial (*dat.* to), not good (for); (*ungesund*) *a.* unwholesome, unhealthy (*a. weitS.*); **⁓keit** *f* unwholesomeness.

unzutreffend *adj.* incorrect; (*unbegründet*) unfounded; (*nicht anwendbar*) inapplicable; *das ist gänzlich* ~ nothing could be further from the truth; *⁓es bitte streichen!* strike out which does not apply!

unzuverlässig *adj.* unreliable, untrustworthy; (*unsicher*) uncertain; *Eis, Gedächtnis, Wetter*: treacherous; ~*e Freunde a.* fair-weather friends; **⁓keit** *f* untrustworthiness; uncertainty; treacherousness.

unzweckmäßig *adj.* inexpedient, unsuitable; **⁓keit** *f* inexpediency, unsuitableness.

unzweideutig *adj.* unequivocal, unambiguous; plain, clear; *Witz*: blue, *Am.* off-color.

unzweifelhaft I. *adj.* undoubted, indubitable; ~*e Tatsache* established fact; **II.** *adv.* doubtless, without doubt, undoubtedly.

üppig *adj.* luxurious; ♀, *Sprache, Gesundheit, Phantasie, Vegetation usw.*: luxuriant; *Gras*: lush; *Mahl*: opulent, sumptuous; (*sinnlich*) *a. Figur*: luscious, voluptuous, *Am. a.* lush; *Figur*: *a.* full; F (*übermütig, anmaßend*) highty and mighty, cocky, *Am.* chesty; (*großzügig*) generous; *adv.* ~ *leben* live high (*od.* on the fat of the land); F *er wird zu* ~ F he is getting too big for his breeches; **2keit** *f* luxury; luxuriance, luxuriant growth, exuberance; opulence; lusciousness, voluptuousness.

Ur *zo. m* aurochs.

Ur...: (*ursprünglich*) original; primitive, prime; (*Kern...*) thorough; *als adv. bei adj.* extremely, very; **~abstimmung** *f* strike ballot; **~ahn(e)** *m* great-grandfather; *weitS.* ancestor; **~ahne** *f* great-grandmother; **2alt** *adj.* very old, very ancient, F (as) old as the hills (*od.* Methuselah); age-long *problem*; *seit* ~*en Zeiten* from time immemorial.

Uran ⚗ *n* uranium; **~brenner** *m*, **~meiler** *m* uranium pile.

Ur...: **~anfang** *m* first beginning; prime origin; **2anfänglich** *adj.* original, primeval.

Uran...: **2haltig** *adj.* uraniferous, uranium-bearing; **~pechblende** *f*, **~pecherz** *n* uranite; **~vorkommen** *n* uranium deposit.

Ur...: **2aufführen** *v/t.* play for the first time, (*a. Film*) première; **~aufführung** *f* first night (*od.* performance); *Film*: première.

urban *adj.* (*weltmännisch*) urbane; **~isieren** *v/t.* urbanize; **2ität** *f* urbaneness.

urbar *adj.* arable, cultivated; ~ *machen* cultivate; clear, reclaim; **2machung** *f* cultivation; reclamation.

Ur...: **~bedeutung** *f* original (*od.* primary) meaning; **~beginn** *m* → *Uranfang*; **~bestandteil** *m* primary (*od.* elementary) constituent; **~bevölkerung** *f*, **~bewohner** *m/pl.* original inhabitants, aborigines, natives; **~bild** *n* original; **2deutsch** *adj.* thoroughly German, German to the core; **2eigen** *adj.* one's very own; *in Ihrem* ~*sten Interesse* in your very own interest; **~einwohner** *m/pl.* → *Urbewohner*; **~eltern** *pl.* ancestors; **~enkel** *m* great-grandson; **~enkelin** *f* great-granddaughter.

Ure|ter *anat. m* ureter; **~thra** *f* urethra.

Ur...: **~fehde** *hist. f* oath of truce; **~form** *f* original form; *biol., phls.* archetype; **~gebirge** *n* primitive mountains *od.* rocks *pl.*; **2gemütlich** *adj.* very comfortable, *etc.*, → *gemütlich*; **2germanisch** *adj.* Primitive Germanic; **~geschichte** *f* early (*od.* primeval) history; **2geschichtlich** *adj.* prehistoric(ally *adv.*); **~gestalt** *f* → *Urform*; **~gestein** *n* primary rocks *pl.*; **~gewalt** *f* elemental force; **~großeltern** *pl.* great-grandparents; **~großmutter** *f* great-grandmother; **~großvater** *m* great-grandfather.

Urheber *m*, **~in** *f* author (*a. b.s.*), originator; creator; **~recht** *n* copyright (*für, von* in); *Inhaber des* ~*s* copyright owner; **2rechtlich** *adj. u. adv.* under the Copyright Act, copyright ...; ~ *schützen u. geschützt* copyright; **~schaft** *f* authorship; **~schutz** *m* copyright protection.

Urheimat *f* original home(land).

urig *adj.* → *urwüchsig*.

Urin *m* urine; **~becken** *n*, **~flasche** *f* urinal; **2ieren** *v/i.* urinate; **~probe** *f* urine specimen; **2treibend** *adj.* diuretic (*a. su.* ~*es Mittel*); **~untersuchung** *f* urinalysis.

Ur...: **~knall** *m* Big Bang; **2komisch** *adj.* extremely (*od.* screamingly) funny; **~kraft** *f* primitive strength.

Urkunde *f* document, deed, legal instrument; (*Protokoll*2, *Akte*) record; (*Eigentumsrecht verbriefende* ~) title(-deed); (*Freibrief*) charter; (*Zeugnis, a. Sieger*2) diploma; *zu Urkund dessen* in witness whereof; **~nbeweis** *m* documentary evidence; **~ndolmetscher** *m* sworn interpreter for the translation of documents; **~nfälschung** *f* forgery of documents; **~nrolle** *f* document register.

urkund|lich **I.** *adj.* documentary; (*verbürgt*) authentic(ally *adv.*); **II.** *adv.*: ~ *belegt* documented; **III.** *prp.*: ~ *dessen* in witness whereof; **2sbeamte(r)** *m* Clerk of the Court, registrar.

Urlaub *m* leave (of absence); (*Ferien*) holidays *pl.*, *bsd. Am.* vacation; ⚔ leave, furlough; ~ *auf Ehrenwort* leave on parole; ~ *bis zum Wecken* night leave; *auf* ~ on leave (*a.* ⚔), *bsd. Am.* on vacation; *auf* ~ *gehen* go on leave; ~ *nehmen* take a holiday; ~ *machen a.* be on holiday, *Am.* be vacationing; **~er**

m **1.** ⚔ man on leave, *pl.* leave personnel; **2.** (*Zivilist*) person on leave; *weitS.* tourist, holiday-maker, *Am.* vacationist; **~sanspruch** *m* vacation privilege; **~sgeld** *n* holiday (*bsd. Am.* leave) pay; **~sgesuch** *n* application for a leave; **~sreise** *f* holiday trip; **~sreisende(r** *m*) *f* → *Urlauber* 2; **~szeit** *f* holiday-time.

Ur|maß *n* standard gauge; **~mensch** *m* primitive man.

Urne *f* urn; (*Wahl*2) *a.* ballot-box.

uro|genital *adj.* urogenital; **2loge** *m* urologist; **2logie** *f* urology.

Ur...: **2plötzlich I.** *adj.* very sudden, abrupt, totally unexpected; **II.** *adv.* all of a sudden, abruptly; **~quell** *m* primary source; **~sache** *f allg.* cause; (*Grund*) reason; (*Anlaß*) occasion; (*Beweggrund*) motive; *j-m ~ geben zu* (*dat. od. inf.*) give a p. occasion *od.* cause (for *a th.*; to *inf.*); *ich habe (alle) ~ zu inf.* I have (every) reason to *inf.*; *er hat keine ~ zu inf.* there is no reason for him to *inf.*, there is no reason why he should *inf.*; *das scheint die eigentliche ~ zu sein a.* this appears to be at the bottom of it; *keine ~!* don't mention it!, (you are) welcome!; → *Wirkung*; **~sachenzusammenhang** ⚖ *m* causal connection (*od.* nexus), causality, chain of causation; **2sächlich** *adj.* causal, *a. ling.* causative; **~sächlichkeit** *f* causality; **~schrift** *f* original (text *od.* copy); **2schriftlich I.** *adj.* original, autographic; **II.** *adv.* in the original; **~sprache** *f* primitive language; *e-r Übersetzung*: source language; **~sprung** *m* source; *fig.* origin; *s-n ~ haben in* originate in (*od.* from), take its rise from; → *a. herrühren, stammen*; *deutschen ~s* of German origin (*Person*: *a.* extraction); ⚕ made in Germany; **2sprünglich I.** *adj.* original (*a. fig.*); primitive; (*anfänglich*) initial; **II.** *adv.* originally, in the beginning, at first; **~sprünglichkeit** *f* originality; **~sprungsland** ⚕ *n* country of origin; **~sprungszeugnis** ⚕ *n* certificate of origin; **~ständ** F *f*: *fröhliche ~ feiern* be happily revived; **~stoff** *m* primary matter; ⚗ element.

Urteil *n* **1.** *allg.* judg(e)ment (*a. ~svermögen*); (*Meinung*) *a.* opinion; (*Entscheidung*) decision; *darüber habe ich kein ~* I am no judge; *sich ein ~ bilden über* form a judgement (*od.* an opinion) on; *meinem ~ nach* in my opinion; **2.** ⚖ judgment, ruling, (judicial) decision; (*Straf*2, *Strafmaß*) sentence; (*Scheidungs*2) decree; *über die Schuldfrage*: finding; *der Geschworenen*: verdict; *e-s Schiedsgerichts*: award; → *ergehen* I 1, *fällen usw.*, → *a. urteilen*; **2en** *v/i.* judge (*über j-n* a p.; *über et.* of a th.; *nach* by *od.* from); *über et. ~ a.* give one's opinion on; *er urteilte anders darüber* he took a different view of it; *darüber kann er nicht ~* he is no judge; *~ Sie selbst!* judge for yourself!; *nach seinem Aussehen zu ~* judging (*od.* to judge) by his looks.

Urteils...: **~aufhebung** *f* reversal of judgment; **~begründung** *f* opinion; **~eröffnung** *f* publication of a judgment; **2fähig** *adj.* discerning, discriminating; **~fällung** *f* passing of judgment (*od.* sentence); **~forderung** *f* judgment claim; **~gläubiger** *m* judgment creditor; **~kraft** *f* (power of) judgment, discernment; **~schuldner** *m* judgment debtor; **~spruch** *m* sentence, judgment; **~verkündung** *f* pronouncing of judgment; **~vollstreckung** *f* execution of judgment (*od.* sentence).

Ur...: **~text** *m* original (text); **~tierchen** *n* protozoon, *pl.* protozoa; **~trieb** *m* primitive instinct; **2tümlich** *adj.* → *urwüchsig*; **~typ(us)** *m* archetype; **~urgroßvater** *m* great-great-grandfather; **~vater** *m* ancestor, progenitor; **~väterzeit** *f* olden times *pl.*, days *pl.* of yore; **2verwandt** *adj.* of same origin; cognate; **~volk** *n* primitive race; (*Ureinwohner*) aborigines *pl.*; **~wahl** *f* preliminary election; **~wald** *m* primeval (*od.* virgin) forest, jungle; **~welt** *f* primeval world; **2weltlich** *adj.* primeval, antediluvian; **2wüchsig** *adj.* (*bodenständig*) original, native, racy of the soil; *fig.* original, natural; (*derb, kernig*) robust, earthy (*a. Humor usw.*); **~zeit** *f* primeval (*od.* prehistoric) time(s *pl.*), dawn of history; *fig. vor ~en* a long, long time ago; *seit ~en* for ages; **~zelle** *f* primitive cell; **~zeugung** *biol. f* spontaneous generation; **~zustand** *m* original state.

Usance ⚕ *f* usage, practice, custom.

Uso ⚕ *m* (*Wechselzeit*) usance; **~wechsel** *m* bill at usance.

usuell *adj.* usual; *nicht ~ a.* not the practice (*od.* custom).

Usur|pation *f* usurpation; **~pator** *m* usurper; **2patorisch** *adj.* usurping; **~pieren** *v/t.* usurp; *weitS. a.* appropriate *a th.*

Usus *m* usage, custom, practice, rule.

Utensilien *pl.* utensils, implements, paraphernalia.

Uterus *anat. m* uterus, *in Zssgn mst* uterine ...

Utilitar|ier *m*, **~istisch** *adj.* utilitarian; **~ismus** *m* utilitarianism.

Utop|ia *n*, **~ien** *n* Utopia; **~ie** *f* utopia(n idea); **~isch** *adj.*, **~ist** (**-in** *f*) *m* utopian; **~ismus** *m* utopianism.

uzen *v/t.* tease, chaff, *sl.* kid.

V

V, v *n* V, v.
Vabanquespiel *fig. n* gamble.
vag(e) *adj.* vague.
Vagabund *m* vagabond, vagrant, tramp, *Am.* F bum, hobo; **2ieren** *v/i.* tramp about, lead a vagabond life, vagabondize; ⚡ stray; *wegen ∼s angeklagt usw.* on a vagrancy charge; ⚡ *∼der Strom* stray current.
Vagina *anat. f* vagina; **2l** *adj.* vaginal.
vakan|t *adj.* vacant; **2z** *f* **1.** vacancy; **2.** → *Ferien.*
Vaku-Blitz *phot. m* photoflash.
Vakuum *n* vacuum (*a. fig.*); **∼bremse** *f* vacuum brake; **2-dicht** *adj.* vacuum-sealed; **∼röhre** *f* vacuum valve (*Am.* tube); **∼schalter** ⚡ *m* vacuum switch; **2verpackt** *adj.* vacuum-packed.
Vakzin|ation ⚕ *f* vaccination; **∼e** *f* vaccine.
Valenz ⚗ *f* valence; **∼zahl** *f* equivalent number.
validieren *v/t.* (*Wertpapiere*) validate.
Valuta *f* (*Wert*) value; (*Währung*) currency, (*als beständiger Wert*) standard; (*Gelder*) monies *pl.*; **∼klausel** *f* exchange clause; **∼-kurs** *m* rate of exchange; **∼-notierung** *f* quotation of foreign exchange; **2schwach, (2stark)** *adj.* having a low (high) rate of exchange.
valutieren *v/t.* value.
Vampir *m* vampire.
Vandal|e *m*, **2isch** *fig. adj.* vandal; **∼ismus** *m* vandalism.
Vanille *f* vanilla.
variab|el *adj.*, **2le** ⅌ *f* variable.
Variante *f* variant.
Variation *f allg.* variation.
Varietät *f* variety.
Varieté, ∼theater *n* variety theatre, music-hall, *Am.* vaudeville theater; **∼künstler(in** *f*) *m* music-hall entertainer, *Am.* vaudeville performer; **∼vorstellung** *f* variety show, *Am.* vaudeville.
variieren *v/i. u. v/t.* vary.
varikös ⚕ *adj.* varicose.
Variometer *n* variometer.
Vasall *m* vassal; **∼enstaat** *m* satellite state.
Vase *f* vase.
Vaselin(e *f*) *n* vaseline.
vasomotorisch *anat. adj.* vasomotor ...
Vater *m* father (*a. allg. fig.*); *eccl.* Father; *von Tieren*: sire; *die Väter der Stadt* the town fathers; *∼ Rhein* Father Rhine; → *Wunsch*; **∼figur** *psych. f* father-figure; **∼freuden** *f/pl.* parental joys; *∼ entgegensehen* be an expectant father; **∼haus** *n* parental home; **∼land** *n* one's (native) country; (*bsd. iro. Deutschland*) fatherland; **2ländisch** *adj.* national; (*∼ gesinnt*) patriotic(ally *adv.*); **∼-landsliebe** *f* patriotism; **2lands-los** *adj.* having no homeland; *contp.* unpatriotic, treacherous; **∼landsverräter** *m* traitor to one's country.
väterlich I. *adj.* fatherly, paternal; *∼es Erbteil* patrimony; **II.** *adv.* like a father, paternally; **∼erseits** *adv.* on one's father's side; *Großvater ∼* paternal grandfather.
Vater...: ∼liebe *f* paternal love; **2los** *adj.* fatherless; **∼mord** *m* parricide; **∼mörder** *m* **1.** parricide (*a.* **∼mörderin** *f*); **2.** F (*hoher Kragen*) stand-up collar; **∼schaft** *f* paternity, fatherhood; ⚖ *Feststellung der ∼* affiliation (order); *j-s ∼ zu e-m Kinde feststellen* affiliate a child to a p.; *j-m die ∼ für j-n* (*fig. an et.*) *zuschreiben* father a p. (*fig.* a th.) on a p.; **∼schaftsklage** *f* affiliation case, *Am.* paternity suit.
Vater(s)name *m* surname.
Vater...: ∼stadt *f* hometown; **∼stelle** *f*: *∼ vertreten bei* father *a child*, be a father to; **∼unser** *n* Lord's Prayer.
Vati F *m* dad(dy).
Vatikan *m*, **2isch** *adj.* Vatican; *Vatikanisches Konzil* Vatican Council; **∼stadt** *f* Vatican City.
Vegetabil|ien *pl.* vegetables; **2(isch)** *adj.* vegetable.
Vegetar|ier *m* vegetarian; **2isch**

adj. vegetarian; *~e Lebensweise* vegetarianism.
Vegeta|tion *f* vegetation; **≈tiv** *adj.* vegetative; *physiol. ~es Nervensystem* autonomic (*od.* vegetative) nervous system.
vegetieren *v/i.* vegetate (*a. fig.*).
vehemen|t *adj.* vehement; **≈z** *f* vehemence.
Vehikel *n* vehicle (*a.* 🚗 *u. fig.*).
Veilchen *n* violet; **≈blau** *adj.* violet.
Veitstanz ⚕ *m* St. Vitus's dance.
Vektor 𝔄, ✈ *m* vector.
velar *adj.*, **≈(laut)** *m* velar; **~isieren** *ling. v/t.* velarize.
Velin *n*, **~papier** *n* vellum(-paper).
Velo(ziped) *n* → *Fahrrad.*
Velours *m* velours.
Vene *f* vein; **~nentzündung** *f* phlebitis.
venerisch *adj.* venereal.
Venezian|er(in *f*) *m*, **≈isch** *adj.* Venetian.
Vene|zolaner(in *f*) *m*, **~zueler(in** *f*) *m*, **≈zuelisch** *adj.* Venezuelan.
venös *physiol. adj.* venous.
Ventil *n* valve (*a.* ♪); *fig.* vent, outlet, *a.* safety-valve; **~ation** *f* ventilation; **~ator** *m* ventilator, (electric) fan; ⊕ *a.* blower; **≈ieren** *v/t.* ventilate, air (*beide a. fig.*); **~klappe** *f* valve flap; **~kolben** *m* valve piston; **~sitz** *m* valve seat(ing); **~steuerung** *f* valve timing; **~stößel** *m* tappet; **~teller** *m* valve face (*od.* disc).
verabfolg|en *v/t.* deliver, hand over (*dat.* to); give (*a. co. e-e Tracht Prügel* a thrashing); (*Speisen, Getränke*) provide, serve; ⚕ administer (*dat.* to); *j-m et. ~ lassen* let a p. have a th.; **≈ung** *f* delivery; provision; ⚕ administration.
verabred|en *v/t.* (*et.*) agree upon, arrange; (*Zeit, Termin, Ort*) appoint, fix; *sich ~* make an appointment, *als Stelldichein*: F (have a) date; *schon anderweitig verabredet sein* have a previous engagement; *ich bin für morgen mit ihm verabredet* I have an appointment with him for tomorrow, I am to meet him tomorrow; *verabredete Sache bsd. Sport*: *contp.* prearranged affair, F put-up job; *wie verabredet* → **~etermaßen** *adv.* as arranged, as agreed (upon); **≈ung** *f* agreement; arrangement; appointment, F date; ⚖ conspiracy *to commit a criminal act*; *nach ~* by appointment; *e-e ~ haben* → *verabreden.*
verabreichen *v/t.* → *verabfolgen.*
verabsäumen *v/t.* → *versäumen.*
verabscheuen *v/t.* abhor, detest, loathe; **~swert** *adj.* detestable, loathsome, horrid.
verabschied|en *v/t.* dismiss, discharge; (*Offiziere*) retire, put on the retired list; (*Gesetz*) pass; *sich ~* take (one's) leave (*von* of), say good-bye (to); **≈ung** *f* dismissal, discharge; *parl.* passing; → *a. Abschied.*
verachten *v/t.* despise, (hold in) disdain; (*verächtlich abtun, verschmähen*) *a.* scorn; (*Gefahr, Tod*) defy, brave; F *nicht zu ~* not to be despised (*od.* F sneezed at); **~swert** *adj.* contemptible, despicable.
Verächt|er *m*, **~erin** *f* despiser; **≈lich** *adj.* **1.** contemptuous, disdainful, scornful; *~ machen* deride, bring to contempt; **2.** → *verachtenswert*; **~lichmachung** *f*: *~ des Gerichts* contempt of court.
Verachtung *f* contempt, disdain, scorn; *mit ~ strafen* ignore, treat *a p.* with contempt.
veralbern F *v/t.* pull *a p.'s* leg, *sl.* kid; (*narren*) fool.
verallgemeiner|n *v/t.* generalize; **≈ung** *f* generalization.
veralte|n *v/i.* become obsolete (*od.* antiquated), go out (of date *od.* fashion); **~t** *adj.* antiquated, obsolete, out(-)of(-)date, (out-)dated; (*altmodisch*) old-fashioned, outmoded; *~er Ausdruck* obsoletism, archaism.
Veranda *f* veranda(h), *Am.* porch.
veränder|lich *adj.* changeable (*a. meteor.*), 𝔄, *ling.* variable; (*schwankend*) fluctuating; *~e Drehzahl* variable speed; **≈lichkeit** *f* changeableness; variability; **~n** *v/t.* (*a. sich ~*) change, (*wechseln*) vary; *sich ~* (*s-e Stelle wechseln*) change one's position (*od.* job); *er hat sich sehr verändert* he has changed a lot; → *a. ändern*; **≈ung** *f allg.* change; (*Abänderung*) alteration (*in* in; *an* to); variation; fluctuation.
verängstigt *adj.* frightened, intimidated, scared, fearful.
veranker|n *v/t.* ⚓, ⊕ anchor (*a. fig.*), *a.* ✈ moor; ⚡ stay, guy; *fig. in e-m Gesetz verankert* embodied in a law; **≈ung** *f* anchoring; *fig. a.* embodiment.
veranlag|en *v/t. steuerlich*: assess; **~t** *adj.* disposed (*für, zu* to), (naturally) inclined (to); (*begabt*) talented (for); *künstlerisch ~* artistically gifted; *~ sein für od. zu a.* have an aptitude (*od.* bent) for, be cut out for; *bsd.* ⚕ be predisposed to; *methodisch ~ sein* have a methodical turn of mind, be

methodical; **≈ung** *f steuerliche*: assessment; *fig.* disposition, turn of mind, tendency; (*Neigung*) bent, inclination; (*Begabung*) talent(s *pl.*), gift, aptitude, turn (*für* for); ⚕ predisposition (*zu* to); *s-r ganzen* ~ *nach* temperamentally.

veranlass|en *v/t.* (*verursachen*) occasion, cause, call forth; (*anordnen*) arrange for, order; *j-n zu et.* ~ induce (*od.* F get) a p. to do a th.; prevail (up)on a p. to do a th., make a p. do a th.; *das Nötige* ~ take the necessary steps; *sich veranlaßt fühlen zu inf.* feel obliged (*od.* urged, bound) to *inf.*; **≈ung** *f* occasion; (*Ursache*) cause, reason; (*Beweggrund*) motive; *von Maßnahmen usw.*: initiation, ordering; *auf* ~ *von od. gen.* at the instance of, *als Vorschlag*: at *a p.'s* suggestion (*od.* recommendation), *als Ersuchen*: at *a p.'s* request; *als treibende Kraft*: at *a p.'s* initiative; *zu et.* ~ *geben* give rise to, occasion; *zur weiteren* ~ *amtlich*: for further action; *ohne jede* ~ without any provocation; *er hat keine* ~ *zu inf.* there is no occasion for him to *inf.*, there is no reason why he should *inf.*

veranschaulich|en *v/t.* illustrate, be illustrative of; *sich et.* ~ visualize a th., picture a th.; **≈ung** *f* illustration.

veranschlag|en *v/t.* (*schätzen*) rate, value, estimate, assess (*auf* at); *zu hoch* (*niedrig*) ~ overestimate (underestimate); **≈ung** *f* valuation, estimate, assessment.

veranstalt|en *v/t.* arrange, organize; stage (*a. fig. co.*); (*Ball, Konzert usw.*) give; **≈er** *m* organizer; *Sport*: *a.* promoter; **≈ung** *f* arrangement, organization; *konkret*: event, *Sport*: *a.* meeting, *Am. bsd. Leichtathletik*: meet; (*Vorstellung*) show; **≈ungskalender** *m* calendar of events.

verantwort|en *v/t.* answer (*od.* account) for; *sich* ~ justify o.s. (*vor* before); *das können Sie nicht* ~ you can't answer for that, that's irresponsible (of you); **~lich** *adj.* responsible, (*haftbar, schuld*) *a.* answerable (*für* for); *~e Stellung* responsible post; *j-n* ~ *machen* hold a p. responsible, *weitS.* blame a p. (*für* for), lay the blame (for *a th.*) on a p.; *adv.* ~ *zeichnen für* be responsible for, be the author of; **≈lichkeit** *f* responsibility; accountability.

Verantwortung *f* responsibility; (*Rechtfertigung*) justification; *auf seine* ~ on his own responsibility, at his own risk; *auf eigene* ~ at one's own risk; ~ *übernehmen* take (*od.* accept) responsibility; *zur* ~ *ziehen* call to account, hold responsible; → *a. abwälzen, zuschieben* 2; **≈sbewußt** *adj.* responsible; **~sbewußtsein** *n* sense of responsibility; **≈sfreudig** *adj.* ready to take responsibility; **≈slos** *adj.* irresponsible; **≈svoll** *adj.* responsible.

veräppeln F *v/t.* → *veralbern.*

verarbeitbar *adj.* workable, machinable; **≈keit** *f* workability, machinability.

verarbeit|en *v/t.* work up, consume; ⊕ put into work; manufacture, process, convert (*zu* into); (*behandeln*) treat, *maschinell*: machine; (*Speise, a. fig. Eindrücke usw.*) digest; *~de Industrie* manufacturing (*od.* finishing) industry; *verarbeitetes Metall* wrought metal; *verarbeitete Hände* hard-worked hands; **≈ung** *f* working up; manufacture, processing; (mechanical, chemical, *etc.*) treatment; digestion; (*Ausführung, Güte*) workmanship.

verargen *v/t.*: *j-m et.* ~ blame a p. for a th.; *ich kann es ihm nicht* ~ I can't blame him (for it; *daß* for *ger.*, *wenn* if), I won't hold it against him.

verärger|n *v/t.* annoy, vex, anger; **~t** *adj.* disgruntled, huffed; **≈ung** *f* annoyance, irritation, vexation.

verarm|en *v/i.* become poor (*od.* impoverished), be reduced to poverty; ~ *lassen* impoverish; **~t** *adj.* impoverished; **≈ung** *f* impoverishment (*a. fig.*), pauperization.

verarschen V *v/t.* F take *a p.* for a ride, have *a p.* on.

verarzten F *v/t.* doctor, physic, treat; *fig.* take care of.

verästel|n *v/refl.*: *sich* ~ ramify; **≈ung** *f* ramification.

verauktionieren *v/t.* → *versteigern.*

verausgaben *v/t.* spend, expend; *sich* ~ overspend, run short of money; *fig.* spend o.s. (*od.* all one's energy), extend o.s. to the last.

verauslagen *v/t.* lay out, disburse; (*vorschießen*) advance.

veräußer|lich *adj.* alienable; *Wertpapiere*: negotiable; **≈er** *m* alienator, transferor, seller; **~n** *v/t.* alienate; (*übermachen*) transfer (*an* to); (*verkaufen*) dispose of, sell; **≈ung** *f* alienation; disposal, sale; **≈ungsrecht** *n* right of disposal.

Verb *n* verb.

verbal *adj.* verbal; **⁓adjektiv** *ling. n* verbal adjective; **⁓injurie** ⚖ *f* insult(ing words *pl.*).
verballhornen *v/t.* F transmogrify.
Verbal...: ⁓note *pol. f* verbal note; **⁓substantiv** *ling. n* verbal (noun).
Verband *m* **1.** △ binding; *Eisenkonstruktion*: bracing; **2.** ⚕ dressing, bandage; **3.** (*Vereinigung*) association, federation, union; ⚔ formation (*a.* ⚓, ✈), unit; (*Kampf⁓, Sonder⁓*) task force; *fliegender ⁓* flying unit, *im Verbandsflug*: flight formation; **⁓kasten** *m* first-aid box (*od.* kit); **⁓mull** *m* surgical gauze; **⁓päckchen** *n* first-aid packet; **⁓platz** ⚔ *m* field-dressing station; **⁓schere** *f* bandage scissors *pl.*; **⁓schiene** *f* splint; **⁓sflug** ✈ *m* formation flying; **⁓spreis** † *m* combine price; **⁓sstelle** *f* first-aid post; **⁓stoff** *m* bandaging material; **⁓tasche** *f* first-aid bag; **⁓watte** *f* surgical wool; **⁓zeug** *n* dressing (material); → *a. Verbandkasten.*
verbann|en *v/t.* banish (*a. fig.*), exile; (*ächten*) outlaw; (*ausweisen*) deport; **⁓te(r** *m*) *f* exile; outlaw; **⁓ung** *f* banishment, (*a. Ort*) exile; deportment; *in ⁓ leben* live in exile.
verbarrikadieren *v/t.* barricade (*sich* o.s.); (*Zugang usw.*) *a.* block.
verbauen *v/t.* (*zubauen*) build up, (*versperren*) obstruct, block up; (*falsch bauen*) build badly; (*Geld*) spend *od.* (*Material*) use up (in building); *fig. sich den Weg ⁓* bar one's way (*zu et.* to), cut o.s. off (from); *sich die Zukunft ⁓* wreck one's chances (in life).
verbauern *v/i.* become countrified.
verbeißen *v/t.* (*Schmerz, Lächeln usw.*) suppress; *sich das Lachen ⁓* stifle one's laughter, bite one's lips; *ich konnte mir das Lachen nicht ⁓* I could not help laughing; *fig. sich in et. ⁓* keep grimly at a th., F be dead stuck on a th.
verbergen *v/t.* conceal, hide (*vor* from); → *a. verborgen.*
Verbesser|er *m* improver; reformer; *von Fehlern*: corrector; **⁓n** *v/t.* improve (*a.* ⊕), (a)meliorate, better, (*berichtigen*) correct, rectify; (*Buchausgabe*) revise; *sich ⁓* improve (*a. Sache*); *beim Sprechen*: correct o.s.; *finanziell*: better o.s.; **⁓ung** *f* improvement; correction; rectification; **⁓ungsbedürftig** *adj.*: (*sehr ⁓* badly) in need of improvement; **⁓ungsfähig** *adj.* capable of improvement; **⁓ungspatent** *n* patent of improvement.
verbeten *v/t.* → *verbitten.*
verbeug|en *v/refl.*: *sich ⁓* bow (*vor* to); **⁓ung** *f* bow.
verbeulen *v/t.* dent, batter.
verbiegen *v/t.* bend, twist, distort; *fig.* (*Charakter*) twist, warp; *sich ⁓* twist; *Holz*: warp.
verbiestert F *adj.* distraught, dismayed, shocked.
verbieten *v/t.* forbid (*j-m et.* [*zu tun*] a p. [to do] a th.); *amtlich*: prohibit (*et.* a th.; *j-m et.* a p. from doing a th.); *öffentlich*: ban; (*für unzulässig erklären*) rule out, *stärker*: outlaw; → *a. verboten.*
verbild|en *v/t.* shape wrongly, *a.* ⚕ deform; (*falsch erziehen*) miseducate, spoil; **⁓et** *adj. Person*: over-sophisticated.
verbillig|en *v/t.* bring down the price of, reduce (*od.* lower) in price, cheapen; *sich ⁓* cheapen, go down (in price); **⁓ung** *f* reduction in price, cheapening.
verbinden *v/t.* **1.** tie (together), bind (up); link (*mit* to); (*Getrenntes*) connect (with, to; *a.* ⊕; *a. Ideen usw.*); ⊕ *a.* couple, link; (*vereinigen, a. sich ⁓*) join, unite, *a.* ⚗ combine (with); *sich ⁓* associate, go into partnership, *Gesellschaften*: amalgamate, merge, *zum Kampf, zu e-m Zweck*: join forces (*mit* with); *sich* (*ehelich*) *⁓ mit* marry; *teleph. j-n ⁓* put a p. through (*mit* to, *Am.* with); *j-m die Augen ⁓* blindfold a p.; *mit verbundenen Augen* blindfolded; *fig. eng verbunden sein mit* be bound up with; *ich bin Ihnen sehr verbunden* I am greatly obliged to you; *teleph. falsch verbunden!* wrong number!; *mit Gefahr verbunden* attended with danger, involving a risk; *das ist mit Gefahr verbunden* that's not without danger, it is dangerous; *die damit verbundenen Unkosten* the cost incident to it (*od.* thereto); *die damit verbundenen Bedingungen* the conditions attaching thereto; *⁓de Worte* (*⁓der Text*) connecting words (text); **2.** ⚕ dress, bandage; *j-n ⁓* dress a p.'s wounds.
verbindlich *adj.* **1.** (*verpflichtend*) binding, obligatory, compulsory (*für* upon); *für ⁓ erklären* make *a th.* compulsory; **2.** (*höflich*) polite, courteous; (*gefällig*) obliging; *j-m ⁓en Dank sagen* express a p. one's sincere thanks; *⁓(st)en Dank!* my best thanks!; **⁓keit** *f* **1.** obligation, liability, commitment; *e-s Vertrags usw.*: binding force; † *⁓en* (*Passiva*) liabilities; *s-n ⁓en nachkommen* meet one's engagements; **2.** (*Höflichkeit*) politeness; (*Gefälligkeit*) obligingness, readiness

to oblige; (*Schmeichelei*) compliment.

Verbindung *f* union (*a. Ehe*), bond; (*Zs.-schluß, Vereinigung mehrerer Eigenschaften*) combination; *von Farben*: blending; (*Ideen*≈) association; (*Zs.-hang*) connection (*a.* ⊕, *teleph.*); *im Text*: context; ⚗ compound; ⊕ (*Fuge, Gelenk*) joint, junction, union; (*Beziehung, a.* ⚚) *geschäftliche*: relations *pl.*, contacts *pl.*; (*Verkehrs*≈; *a. teleph.*) communication; (*Personenvereinigung*) association, (*Studenten*≈) students' club, *Am.* fraternity; ⚔ liaison, *taktische*: contact, communication; *in* ~ *mit* combined with; in connection with, in conjunction with; ~*en anknüpfen* make contacts; ~ *herstellen mit, sich in* ~ *setzen mit* contact (*a.* ⚔), establish contacts with, get into touch with; establish communication with (*a. Funk*), *teleph.* establish a connection with; *in* ~ *bleiben* keep in touch (*mit* with); *fig. in* ~ *bringen mit* connect (*od.* associate) with, link up with; *in* ~ *stehen mit* communicate with, be in communication (*od.* touch) with, *brieflich*: *a.* correspond with; *fig.* be connected with; *die* ~ *verlieren* lose touch (*mit* with); *teleph.* ~ *bekommen* (*haben*) get (be) through; ⚔ *rückwärtige* ~*en* lines of communication.

Verbindungs...: **~bahn** *f* junction line; **~gang** *m* connecting passage; **~kabel** *n* connecting cable; **~klemme** ⚡ *f* terminal, connector; **~linie** *f* connecting line; ⚔ line of communication; **~mann** *m* contact (*a. Agent*), liaison man; go-between; **~offizier** *m* liaison officer; **~punkt** *m* connection (*od.* junction) point; **~rohr** *n* connecting tube; **~schnur** ⚡ *f* flex(ible cord), patch cord; **~stange** ⊕ *f* connecting rod; **~stecker** ⚡ *m* connecting plug; **~steg** *m* walkway; **~stelle** *f* junction, ⊕ *a.* joint; (*Amt*) liaison office; **~straße** *f* communication road, feeder road; **~stück** *n* connecting piece, tie, coupling; *e-s Rohrs*: union coupling; ⚡ connector; (*Paßstück*) adaptor; **~tür** *f* communication door; **~wärme** *f* heat of combination; **~weg** *m* ⚔ line of communication; *Funk*: transmission path.

verbissen *adj.* (*zäh, eisern*) dogged, grim; (*wütend*) grim, furious; ~ *sein in et.* keep grimly at; **≈heit** *f* doggedness, grimness.

verbitten *v/t.*: *sich et.* ~ reject, refuse to tolerate, F not to stand for; *das verbitte ich mir!, das möchte ich mir verbeten haben!* I won't have that!, would you please stop that!; *Beileidsbesuche verbeten* no visitors will be received.

verbitter|n 1. *v/t.* embitter, fill with bitterness; *j-m das Leben* ~ make life miserable for a p.; **2.** *v/i.* grow bitter, be embittered; **~t** *adj.* embittered, bitter; **≈ung** *f* bitterness (of heart).

verblassen *v/i.* (grow) pale; *Stoff usw., a. fig.*: fade; *fig.* ~ *gegenüber od. vor* pale (into insignificance) beside *od.* before.

Verbleib *m* whereabouts *pl.* (*a. sg. konstr.*); **≈en** *v/i.* remain (*a. übrigbleiben*); *bei s-r Meinung usw.* ~ persist in, F stick to; *wir sind so verblieben, daß* it was (finally) agreed that; ~ *wir hochachtungsvoll* (we remain,) Yours faithfully.

verbleichen *v/i.* → *verblassen.*

verbleit ⊕ *adj.* leaded.

verblend|en *v/t.* **1.** *fig.* blind, delude; **2.** ⚠ face; (*kaschieren, tarnen*) mask, screen, conceal; **≈stein** *m* face brick; **≈ung** *f* (*Wahn*) blindness, delusion, mania; ⚠ facing; masking.

verbleuen *v/t.* → *verprügeln.*

verblichen *adj. Farbe usw.*: faded; **≈e(r** *m*) *f* deceased.

verblöd|en *v/i.* turn imbecile, *sl.* go gaga; F (*stumpfsinnig werden*) F go daft (*bei* with); **≈ung** *f* imbecility; *im Alter*: senile decay.

verblüff|en *v/t.* amaze, astound; (*verwirren*) perplex, bewilder, nonplus; (*sprachlos machen*) dum(b)found, stupefy, stagger, flabbergast, stun; ~*d* amazing(ly *adv.*), bewildering, *etc.*, *adv. schnell usw.*: *a.* incredibly, fantastically; **~t** *adj.* perplexed, dum(b)founded, *etc.*; F *pred.* taken aback; **≈ung** *f* perplexity, stupefaction; (*zu meiner* ~ to my) amazement.

verblühen *v/i.* fade, wither; *fig. verblühte Schönheit* faded beauty.

verblümt *adj.* veiled, allusive.

verbluten *v/i. u. v/refl.*: (*sich* ~) bleed to death; *weitS.* ⚔ die (like flies).

verbocken F *v/t.* bungle, F goof.

verbohr|en *v/refl.*: *sich* ~ *in* F get dead stuck on, stick doggedly to; **~t** *adj.* (*stur*) pigheaded, stubborn; (*töricht*) foolish, cranky.

verbolzen *v/t.* bolt (together).

verborgen[1] *v/t.* lend (out).

verborgen[2] *adj.* hidden, concealed; (*geheim*) secret; (*latent*) latent; *im* ~*en* (*heimlich*) secretly, in secret; (*im Dunkeln, unbemerkt*) in obscurity; *et.* ~ *halten* conceal (*od.* hide) a th., keep a th. secret (*vor* from); *sich ~ halten* hide o.s.; **≈heit** *f* concealment, secrecy; obscurity; (*Zurückgezogenheit, Einsamkeit*) seclusion.

Verbot *n* prohibition (*gen.* of); (*Einfuhr≈; e-r Partei, Zeitung usw.*) *a.* ban (*für od. gen.* on); **≈en** *adj.* forbidden, prohibited, *pred.* not allowed (*od.* permitted); (*unerlaubt*) illicit; *Sport*: foul; *Rauchen (streng) ~* (positively) no smoking; F *ich sah ~ aus* F I did look a sight; F *das sieht ja ~ aus!* that looks just awful!; → *Betreten* II *usw.*; **≈enerweise** *adv.* unallowedly; **~sschild** *n*, **~stafel** *f*, **~szeichen** *n* prohibition sign.

verbrämen *v/t.* border, edge, trim; *mit Pelz*: fur; *fig.* garnish, gloss over.

Verbrauch *m* consumption (*an* of); **≈en** *v/t.* consume; use up; (*ausgeben*) spend; (*abnutzen*) wear out; (*erschöpfen*) exhaust; (*vergeuden*) waste; *verbraucht Material*: used (-)up, *Luft*: stale, *Batterie*: spent, dead, run(-)down; *Person*: worn(-) out, spent; **~er** *m* consumer; (*Benutzer*) user; **~erbewegung** *f* consumerism; **~erforschung** *f* consumer research; **~ergenossenschaft** *f* consumer cooperative, cooperative (society); **~ergruppe** *f* consumer group; **~erkreis** ⚡ *m* output load circuit; **~erleitung** ⚡ *f* service cable; **~erwaren** *f/pl.*, **~sgüter** *n/pl.* consumer goods, commodities, articles of consumption; **~sgüterindustrie** *f* consumer industry; **~ssatz** *m* consumption rate; **~ssteuer** *f* excise duty.

verbrechen I. *v/t.* commit, *a. co.* (*ein Buch, e-n Witz usw.*) perpetrate; *was hat er verbrochen?* what is his offen|ce, *Am.* -se?, what has he done?; *ich habe nichts verbrochen* I have done no wrong; **II** ≈ *n* crime (*a. weitS. Kriminalität; a. fig.*); ⚖ *a.* felony, major offen|ce, *Am.* -se; *~ gegen die Menschlichkeit* crime against humanity; F *das ist kein ~!* that's no crime; **≈sbekämpfung** *f* fight against crime.

Verbrecher *m* criminal, ⚖ *a.* felon, delinquent (*a.* **~in** *f*); *allg. a.* crook, *bsd. organisierter*: gangster; **~album** *n* rogues gallery; **~bande** *f* gang; *Angehöriger e-r ~* gangster; **~film** *m* gangster film; **≈isch** *adj.* criminal (*a. fig.*), ⚖ *a.* felonious; *das ≈e e-r Handlung* the criminality; **~kolonie** *f* convict colony; **~nest** *n* nest of criminals; **~tum** *n* **1.** criminality, crime; **2.** → **~welt** *f* underworld, *the* criminals *pl.*, *Am. a.* gangland.

verbreiten *v/t. allg.* (*a. sich ~*) spread (*über* over); (*Nachricht*) *a.* circulate; (*Lehre usw.*) *a.* propagate, disseminate; (*ausposaunen*) noise abroad; *sich ~* spread (*über* over); *sich über ein Thema ~* enlarge (*od.* expatiate) on, hold forth on; (*weit-*) *verbreitet* wide-spread, common, *Ansicht*: *a.* widely held, (*volkstümlich*) popular.

verbreiter|n *v/t.* (*a. sich ~*) widen, broaden; **≈ung** *f* widening.

Verbreitung *f* → *verbreiten*; spread(ing); dissemination, propagation; (*Verteilung*) distribution.

verbrenn|bar *adj.* combustible; **~en** I. *v/t.* burn; (*durch Feuer beseitigen*) burn up; (*Leiche*) cremate; (*versengen*) scorch; (*verbrühen*) scald; *von der Sonne verbrannt* sunburnt, tanned; ⚔ *Strategie der verbrannten Erde* scorched earth strategy; → *Finger, Mund*; **II.** *v/i.* burn; be consumed by fire; *lebend*: be burnt to death; **≈ung** *f* burning; ⚗, ⊕ *mst* combustion; *von Pulver*: deflagration; (*Leichen≈*) cremation; (*Todesstrafe*) death by fire; (*Brandwunde*) burn (*an* to); → *Grad*.

Verbrennungs...: ~halle *f* crematorium; **~kammer** *mot. f* combustion chamber; **~(kraft)maschine** *f*, **~motor** *m* internal combustion engine; **~ofen** *m* combustion furnace; *für Abfälle*: incinerator; **~vorgang** *m* process of combustion; **~wärme** *f* heat of combustion.

verbriefen *v/t.* confirm by documents; (secure by) charter; *verbriefte Forderung (Schuld)* bonded claim (debt); *verbrieftes Recht* vested right.

verbringen *v/t.* (*Zeit usw.*) spend, pass.

verbrüder|n *v/refl.*: *sich ~* fraternize, make close friends (*mit* with); **≈ung** *f* fraternization.

verbrüh|en *v/t.* scald; *sich die Hand ~* scald one's hand; **≈ung** *f* scald.

verbuchen *v/t.* **1.** book; → *a. buchen*; **2.** *fig.* (*erzielen*) register, have, show.

Verbum *ling. n* verb.

verbummel|n F **I.** *v/t.* (*Geld*) squander, *sl.* blue; (*Zeit*) idle away; (*Auftrag, Verabredung*) neglect, forget (completely); (*verlieren*) lose; **II.** *v/i.* F go to seed; **~t** *adj.* idling, loafing, *stärker*: dissolute; *~er Kerl* loafer; *~es Genie* genius gone to seed.

Verbund *m* compound (structure *od.* system); → *Medienverbund.*
verbünden *v/refl.*: *sich* ~ form an alliance (*mit* with), *a. weitS.* ally (o.s.) (to, with), *weitS. a.* F team up (with).
Verbundenheit *f* community spirit, solidarity; (*Bande*) bonds *pl.*, ties *pl.*; *herzliche*: affection.
Verbündete(r *m*) *f* ally (*a. fig.*), confederate; *die* ~*n pl.* the Allies, the Allied Powers (*od.* ⚔ Forces).
Verbund...: **~folie** *f* laminated foil; **~glas** *n* laminated glass; **~karte** *f Computer*: dual (punch or purpose) card; **~maschine** *f* compound engine; **~motor** ⚡ *m* compound motor; **~netz** ⚡ *n* interconnection (network); **~röhre** ⚡ *f* multiple valve (*Am.* tube); **~stahl** *m* compound steel; **~werbung** *f* cooperative advertising; **~wirtschaft** ✝ *f* co-ordinate industrial system, collective economy.
verbürgen *v/t.* guarantee, warrant; *sich* ~ *für* vouch (*od.* answer) for, (*et.*) *a.* guarantee *a th.*; *verbürgte Tatsache* authentic (*od.* established) fact, matter of record.
verbürgerlicht *adj.* embourgeoisé (*fr.*).
verbüß|en *v/t.*: *s-e Strafe* ~ complete one's sentence, serve one's time; **≈ung** *f* completing (of) one's sentence.
verchromen *v/t.* chromium-plate.
Verdacht *m* suspicion; ⚖ *auf dringenden* (*hinreichenden*) ~ (up)on strong (reasonable) suspicion; ~ *erregen* arouse suspicion; *den* ~ *lenken* (*od. schieben*) *auf* cast (*od.* draw) the suspicion on; *in* ~ *haben* suspect; *in* ~ *kommen* be suspected; *im* ~ *gen. stehen* be suspected of; ~ *schöpfen* become suspicious, *sl.* smell a rat; *auf den* ~ *gen. hin* on the suspicion of; *unter dem* ~ *gen.* under suspicion of.
verdächtig *adj. Person*: suspected, *pred.* suspect (*gen.* of); *Person u. Sache*: suspicious, *sl.* fishy; *sich* ~ *machen* arouse suspicion; **~en** *v/t.* suspect (*gen.* of); cast (the) suspicion on; *j-n e-r Sache* ~ (*unterstellen*) *a.* impute a th. to a p.; **≈ung** *f* suspicion; insinuation.
Verdachts...: **~grund** *m* cause (*od.* ground) of suspicion; **~moment** *n* suspicious fact; **~person** *f* suspect.
verdamm|en *v/t.* condemn; (*verfluchen*) damn, curse; *eccl.* damn, anathemize; **~enswert, ~lich** *adj.* damnable; **≈nis** *eccl. f* damnation, perdition; **~t I.** *adj.* **1.** damned; *dazu* ~, *et. zu tun* doomed (*od.* condemned) to do a th.; **2.** F *fluchend*: F blasted, V bloody; *feiner*: blessed, *Am.* darned; ~! damn (it)!, blast (it), (bloody) hell!, *a.* darned!, doggone!; → *Pflicht*; **II.** *adv.* damnably, F awfully, damn(ed), V goddam; ~ *gut* damn good; ~ *kalt* beastly cold; **≈ung** *f* condemnation; *eccl.* damnation.
verdampf|en *v/t. u. v/i.* evaporate, vaporize; **≈er** *m* evaporator; **≈ung** *f* evaporation.
verdanken *v/t.*: *j-m et.* ~ owe a th. to a p. (*od.* a p. a th.); be indebted to a p. for a th.; *ich verdanke ihm mein Leben* I owe him my life; *er hat ihr viel zu* ~ he owes a lot to her; *das hast du dir selbst zu* ~! you have to thank yourself for that!, it's your own doing!; *es ist diesem Umstand* (*s-r Vorsicht*) *zu* ~ it is owing to *od.* due to this circumstance (his prudence).
verdattert F *adj.* (*u. adv.*) dazed(ly).
verdau|en *v/t.* digest (*a. fig.*); **~lich** *adj.* digestible; *leicht* ~ easy to digest, light; *schwer* ~ hard to digest, heavy, rich; **≈lichkeit** *f* digestibility; **≈ung** *f* digestion.
Verdauungs...: **~apparat** *m* digestive system; **~beschwerden** *pl.* indigestion *sg.*; **~kanal** *m* alimentary canal, digestive tract; **~organ** *n* digestive organ; **~schwäche** *f* weak digestion, dyspepsia; **~spaziergang** *m* constitutional; **~störung** *f* indigestion; **~werkzeug** *n* digestive organ.
Verdeck *n* covering; (*Plane*) awning, tarpaulin; ⚓ deck; ✈ canopy; *mot.* roof, top; **≈en** *v/t.* cover (up); (*verbergen*) hide, *a.* ⊕ conceal; ⊕, ⚔ mask, screen; (*verschleiern*) veil; (*ummänteln*) cloak; ⚔ *verdeckte Feuerstellung* defiladed position; *mit verdeckten Karten spielen* not to show one's hand.
verdenken *v/t.* → *verargen.*
Verderb *m von Lebensmitteln usw.*: waste, spoilage; (*Untergang*) ruin, destruction; *dem* ~ *ausgesetzt Ware*: of a perishable nature; **≈en I.** *v/i. Obst usw.*: spoil, get spoiled, (*schlecht werden*) go bad, deteriorate; (*faulen*) rot; (*zugrunde gehen*) perish; **II.** *v/t.* spoil; *sittlich*: corrupt, deprave; (*zugrunde richten*) ruin, destroy; (*verpfuschen*) F make a hash of, botch; *sich die Augen* ~ ruin one's eyes; *sich den Magen* ~ upset one's stomach; *j-m die Freude* ~ spoil (*od.* mar) a p.'s pleasure; *j-s Laune* ~ put a p. out of temper; *es mit j-m* ~ fall out

with a p., lose a p.'s favo(u)r, get into a p.'s bad book; *ich will es mit ihm nicht* ~ I want to keep in with him; *er will es mit niemandem* ~ he tries to please everybody; **~en** *n* (*Untergang*) ruin, destruction; doom; *j-n ins* ~ *stürzen* ruin a p., bring disaster on a p.; *ins* ~ *rennen* rush (headlong) into destruction; *das wird noch sein* ~ *sein* that will be his undoing yet; *der Alkohol war sein* ~ was his ruin; **≈enbringend** *adj.* fatal, ruinous, pernicious (*für* to); **≈lich** *adj.* **1.** *Ware*: perishable; **2.** → *verderbenbringend*; **~lichkeit** *f von Ware*: perishableness; **~nis** *f* corruption, depravity; vice; **≈t** *adj.* depraved, corrupt; **~theit** *f* corruptedness, depravity.

verdeutlichen *v/t.* make plain (*od.* clear) (*dat.* to), elucidate; *durch Beispiele*: illustrate; **~d** *adj.* illustrative.

verdeutschen *v/t.* translate (into German); (*eindeutschen*) Germanize.

verdicht|en *v/t.* (*a. sich* ~) *phys.* condense, thicken, (*Gase*) solidify; (*komprimieren*) compress; *fig.* concentrate; *sich* ~ *Nebel usw.*: grow thicker (*od.* denser), thicken (*a. fig. Handlung, Atmosphäre*), *Verdacht*: grow (stronger), *Gefühl, Eindruck*: *a.* take shape; **≈er** *m Dampf*: condenser; *mot.* compressor; **≈ung** *f* condensation; *a. mot.* compression; thickening; *fig.* concentration.

verdicken *v/t.* (*a. sich* ~) thicken; (*Milch*) curdle; ⚗ inspissate.

verdienen *v/t.* (*Lob, Strafe, Tadel, Vertrauen usw.*) deserve, be deserving of, merit; (*erhalten*) earn; (*Geld*) earn, make; *etwas* ~ *an* (*od. bei*) make money out of; *gut* ~ make a lot of money, be doing well; *ein Vermögen* ~ make a fortune; *sich sein Studium* (*selbst*) ~ earn the money for one's studies (oneself); *sich um j-n od. et. verdient machen* deserve well of; *daran ist nichts zu* ~ there is no money in it; *das hat er verdient* he deserves it; *das habe ich nicht um Sie verdient* I haven't deserved that from you; *das hatte er längst verdient* F he had it coming to him; → *verdient, Brot usw.*

Verdienst **1.** *m allg.* earnings *pl.*; (*Lohn*) wages *pl.*; (*Gehalt*) salary; (*Gewinn*) gain, profit; **2.** *fig. n* merit; *sich* ~*e erwerben* gain merit, *um et.*: deserve well of; *nach* ~ according to one's merits, *weitS.* deservedly, duly; *es ist* (*allein*) *sein* ~, *daß* it is (entirely) owing *od.* due to him that; **~ausfall** *m* loss of earnings; **~kreuz** *n* Distinguished Service Cross; **≈lich, ≈voll** *adj.* meritorious, of (great) merit, deserving; **~möglichkeit** *f* money-making opportunity; **~spanne** ⚕ *f* (profit) margin.

verdient *adj.* **1.** *Person*: deserving, *man* of merit; *Sache*: well-earned, (well-)deserved; merited; **2.** → *verdienen*; **~ermaßen** *adv.* deservedly, meritedly.

Verdikt *n* verdict.

verdingen *v/t.* (*Sache*) hire out; (*Person*) put to service (*bei* with); *sich* ~ *bei* go into service with.

verdolmetschen *v/t.* interpret; (*übersetzen*) translate.

verdonner|n F *v/t.* → *verurteilen*; **~t** F *adj.* bewildered, thunderstruck.

verdoppel|n *v/t.* double (*a. fig.*); *s-e Schritte* ~ quicken one's steps; **≈ung** *f* doubling.

verdorben *adj. allg.* spoilt, spoiled; *Luft*: foul; *Magen*: disordered, upset; *sittlich*: depraved, corrupt; **≈heit** *f* corruption, depravity.

verdorren *v/i.* dry up, wither.

verdraht|en *v/t.* wire; **≈ung** *f* wiring.

verdräng|en *v/t.* push away, thrust aside; *phys. u. fig.* displace; *fig. a.* supersede; *aus e-r Stellung, e-m Amt usw.*: oust (*aus* from), *bsd. durch List*: supplant; (*wegjagen*) drive away, dislodge; *psych.* repress; *pol. hist. verdrängte Personen* displaced persons; **≈ung** *f* displacement; *fig.* supersession; ouster; *psych.* repression.

verdreck|en *v/t.* cover with mud, soil, muck; **~t** *adj.* filthy, covered with dirt.

verdreh|en *v/t. allg.* distort, wrench, twist; ⊕ *a.* subject to torsional stress; (*Augen*) roll; *fig.* (*Sinn, Wort usw.*) distort, twist; (*Recht*) pervert, wrest; *die Tatsachen* ~ distort (*od.* misrepresent) the facts; *j-s Worte* ~ twist a p.'s words; *j-m den Kopf* ~ turn a p.'s head; **~t** *adj.* distorted; (*leicht verrückt*) (a bit) cracked *od. sl.* screwy; (*verschroben*) cranky; **≈theit** *f* craziness, *sl.* screwiness; crankiness; **≈ung** *f* twist(ing), distortion; ⊕ *a.* torsion; **≈festigkeit** *f* torsional strength.

verdreifachen *v/t.* treble.

verdreschen F *v/t.* → *verprügeln.*

verdrieß|en *v/t.* vex, annoy, gall; *laß dich's nicht* ~! don't let it discourage you!; *sich keine Mühe* ~ *lassen* grudge no pains; **~lich**

adj. Person: vexed, annoyed; (*schlecht gelaunt*) ill-humo(u)red, morose, peevish, glum; *Sache*: annoying, irksome, tiresome; **≈lichkeit** *f* moroseness, peevishness, sulkiness; *konkret*: vexation, annoyance.

verdrossen *adj.* peevish, cross, sulky; (*unlustig*) listless; **≈heit** *f* peevishness, crossness; listlessness; *weitS. pol. usw.* weariness.

verdrucken *typ. v/t.* misprint.

verdrücken F *v/t.* (*essen*) stow away, polish off; *sich heimlich* ~ sidle off, slip away.

Verdruß *m* displeasure, vexation; (*Plage*) annoyance, vexation, trouble; ~ *bereiten dat.* give *a p.* trouble, vex, annoy; *j-m et. zum* ~ *tun* do a th. to spite a p.

verdübeln ⊕ *v/t.* dowel.

verduften F *v/i. sl.* beat it.

verdumm|en I. *v/t.* make stupid, stultify; F soften *a p.'s* mind; (*bsd. das Volk*) F brainwash; *weitS. sl.* play *a p.* for a sucker; **II.** *v/i.* become stupid; **≈ung** *f* stultification, stupefaction; (*bsd. Volks*≈) brainwashing.

verdunkel|n *v/t.* darken, obscure; *durch Wolken, a. fig.*: cloud; (*Farben*) deepen (*alle a. sich* ~); (*Zimmer usw.*) make dark, plunge into darkness; *Luftschutz*: black out (*a. v/i.*); *ast.* eclipse (*a. fig.* = throw into the shade); ⚖ (*Tatbestand*) camouflage; **≈ung** *f* darkening; *Luftschutz*: blackout; *ast.* eclipse; ⚖ collusion, obstruction of justice; **≈ungsgefahr** ⚖ *f* danger of collusion.

verdünn|en *v/t.* thin (*a. Farben, Lacke* = reduce); (*Gas*) rarefy; (*Flüssiges*) dilute; *pol.*, ⚔ *verdünnte Zone* thinned-out zone; **≈ung** *f* thinning; rarefaction; dilution; **≈ungsmittel** *n* thinner, diluent.

verdunst|en *v/t. u. v/i.* evaporate, volatilize; **≈ung** *f* evaporation; **≈ungskälte** *f* cold due to evaporation.

verdursten *v/i.* die with thirst.

verdüstern *v/t.* → *verdunkeln.*

verdutz|en *v/t.* disconcert, nonplus, startle; **~t** *adj.* startled, bewildered, F *pred.* taken aback.

verebben *fig. v/i.* ebb (away), subside.

veredel|n *v/t.* ennoble; (*verfeinern*) refine; (*läutern*) purify; ⊕ (*Güter*) finish; (*Rohstoffe*) process, finish; (*Stahl*) refine; *durch Zusatzmittel usw.*: treat; (*Boden, Pflanze, Tier*) improve; *durch Aufpfropfen*: graft; (*anreichern*) enrich; **≈ung** *f* refinement; improvement; processing, finishing; **≈ungsindustrie** *f* finishing industry; **≈ungsverkehr** *m* job-processing.

verehelich|en *v/refl.*: *sich* ~ (*mit*) marry; **≈ung** *f* marriage.

verehr|en *v/t.* revere, venerate, look up to; (*anbeten*) worship, *fig.* admire, adore; *j-m et.* ~ make a p. a present of a th., present a p. with a th.; *Verehrte Anwesende!* Ladies and Gentlemen!; *Verehrtester!* my dear sir!; **≈er(in** *f*) *m* (*Bewunderer, a.* F *Liebhaber*) admirer; *e-s Stars*: F fan; **≈erpost** *f* fan mail; **~t** *adj.* hono(u)red, venerable; → *a. verehren*; **≈ung** *f* reverence, veneration; (*Anbetung*) worship, *a. fig.* adoration; (*Bewunderung*) admiration; **~ungswürdig** *adj.* venerable.

vereidig|en *v/t.* swear *a p.* (in *bei Amtsantritt*; *auf* on); administer an oath to *a p.*, put *a p.* under an oath; **~t** *adj.* sworn (in); ~*er Übersetzer* sworn translator; **≈ung** *f* swearing-in.

Verein *m* **1.** society, association; *geselliger*: club; F *contp.* outfit, tribe, gang, *sl.* bunch; **2.** *im* ~ *mit* together with, combined with, in conjunction with.

vereinbar *adj.* compatible, consistent (*mit* with); *nicht* ~ → *unvereinbar*; **~en** *v/t.* agree upon, arrange; ⚖ *a.* covenant; *im voraus* ~ pre-arrange; *sich* (*nicht*) ~ *lassen mit* be (in)consistent *od.* (in)compatible with; **≈keit** *f* compatibility; **~t** *adj.* agreed, stipulated; ~*es Vorgehen* concerted action; *es gilt als* ~, *daß* it is understood that; **≈ung** *f* agreement (*a. völkerrechtlich* = convention); arrangement; (*Klausel*) clause, provision; *durch Anmeldung*: appointment; *laut* ~ as agreed (upon); *nach* ~ by appointment; *e-e* ~ *treffen* make (*od.* reach) an agreement; **~ungsgemäß** *adv.* as agreed.

vereinen *v/t.* → *vereinigen*; *Vereinte Nationen* United Nations (*abbr.* UN); *mit vereinten Kräften* with one's united strength (*od.* combined effort), jointly.

vereinfach|en *v/t.* simplify; *A* reduce; **~end** *fig. adj.* simplistic(ally *adv.*); **≈ung** *f* simplification; *zur* ~ to simplify matters.

vereinheitlich|en *v/t.* make uniform; (*normen*) standardize; **≈ung** *f* standardization.

vereinig|en *v/t.* (*a. sich* ~) unite, join; (*verbinden*) combine (*a. in sich* ~); (*Kräfte, Kapital usw.*) *a.* pool; (*gleichschalten*) coordinate; ⚔

(*Feuer*) combine; (*zs.-schließen*) integrate (*in* within); (*vergesellschaften*) associate; ⚕ (*fusionieren*) amalgamate, consolidate, merge (*zu* into); (*versammeln*) assemble, gather, *bsd. pol.*, ⚔ rally; (*in Einklang bringen*) reconcile; sich ~ *Flüsse usw.*: meet, merge; Vereinigte Staaten (von Nordamerika) United States (of North America) (*abbr.* U.S.[A.]); **≈ung** *f* (*Vorgang*) uniting, unification, combining, combination, *etc.*, → vereinigen; (*Zs.-schluß*) union (*a.* ♂); combination; concentration; coordination; integration; *von Flüssen*: confluence; (*Personen* ≈) association, union; → *a.* Verein; (*Bündnis*) alliance, coalition; ⚕ (*Verschmelzung*) amalgamation, merger; (*Treffen*) assembly, gathering; **≈ungspunkt** *m* junction, meeting point; ⚔ rallying point, rendezvous.

vereinnahmen *v/t.* collect; F *fig.* pocket.

vereinsam|en *v/i.* become isolated, grow lonely; **≈ung** *f* isolation.

Vereins...: **~bruder** *m*, **~kamerad** *m* club mate; **~freiheit** *f* freedom of association; **~haus** *n*, **~lokal** *n* club house; **~kampf** *m* inter-club competition; **~kasse** *f* club treasury; **~meier** F *m* excessively clubby fellow, *Am. a.* joiner; **~meierei** F *f* F awful clubbiness; **~mitglied** *n* club member; **~wesen** *n* (matters *pl.* relating to) clubs and societies; club activities *pl.*

vereint *adj.* → vereinen.

vereinzel|n *v/t.* isolate; **~t** *adj.* (~ *auftretend*) isolated; (*verstreut*) sporadic(ally *adv.* = here and there, now and then), scattered (*a. Regenschauer*).

vereis|en *v/t. u. v/i.* freeze (*a.* ⚕); *Straße*: be covered with ice; *mot.*, ✈ ice up; **~t** *adj.* ice-coated, iced (-over); *geol.* glaciated; **≈ung** *f* freezing, ⚕ *a.* ice an(a)esthesia; icing(-up); *geol.* glaciation; **≈ungsgefahr** *f* danger of icing.

vereitel|n *v/t.* thwart, frustrate, foil; (*Plan*) *a.* defeat; (*Hoffnung*) shatter; **≈ung** *f* thwarting, frustration.

vereiter|n *v/i.* suppurate, fester; **≈ung** *f* suppuration.

verekeln *v/t.*: *j-m et.* ~ disgust a p. with a th., spoil a th. for a p.

verelend|en *v/i.* be reduced to misery, sink into poverty; **≈ung** *f* (reduction to) misery, pauperization.

verenden *v/i.* perish, die.

vereng|e(r)n *v/t.* (*a.* sich ~) narrow; ([*sich*] *zs.-ziehen*) contract; **≈(er)ung** *f* narrowing; contraction.

vererb|en *v/t.* leave, bequeath, (transfer by) will (*dat.* to); *co.* (*schenken*) give *a p. a th.*, *a th. to a p.*; *physiol.*, ⚕ transmit (to); (*Brauch usw.*) hand down (to); sich ~ *Eigenschaft usw.*: be hereditary, run in the family, be transmitted (*auf* to); sich ~ *auf Nachlaß*: descend *od.* devolve (up)on, fall to; **~lich** *adj.* (in)heritable; *physiol.* hereditary (*a.* **~t** *adj.*); **≈ung** *f* leaving, *etc.*; ⚕ transmission; *physiol.* heredity; **≈ungsforscher** *m* geneticist; **≈ungsforschung** *f*, **≈ungslehre** *f* genetics *pl.* (*sg. konstr.*); **≈ungsgesetz** *n* Mendelian law, hereditism.

verewig|en *v/t.* perpetuate; (*unsterblich machen*) immortalize; F sich ~ perpetuate one's memory (*in, an* in, on), *schreibend*: inscribe one's name (in, on); sich ~ in *schneidend, kratzend*: carve (*od.* scratch) one's name in(to); **~t** *adj.* (*verstorben*) late, departed.

verfahren I. *v/i.* **1.** proceed, act (*nach* on); ~ *mit j-m od. et.* deal with, handle; **II.** *v/t.* **2.** (*Geld*) spend on (*Zeit*: waste by) travelling about; **3.** (*verpfuschen*) bungle, muddle (up); **III.** *v/refl.*: sich ~ miss the way, take the wrong road; *fig.* blunder, get into a muddle; **IV.** *adj.* (*verpfuscht*) bungled, muddled; e-e ~e Geschichte a muddle, a bungled job; ~ sein be in a bad tangle.

Verfahren *n* **1.** (~*sweise*) procedure; (*Methode*) method; (*Art*) practice; (*Richtlinie, Schema*) policy, system; **2.** ⚖ procedure; (*Prozeß*) proceedings *pl.*, (law)suit; ⚖ das ~ einleiten gegen take (*od.* institute) proceedings against; → *a.* Gerichtsverfahren; **3.** ⊕ process, method; practice, system; (*Arbeitsvorgang*) operation; (*Behandlung*) treatment; **~s...** *in Zssgn* procedural; **≈srechtlich** *adj.* procedural; **~stechnik(er** *m*) *f* process engineering (engineer); **~svorschrift** *f* procedural rule; **~sweise** *f* → Verfahren 1.

Verfall *m* decay, ruin, *a.* ⚕ decline; *e-s Gebäudes*: dilapidation; (*Entartung*) degeneracy; *sittlicher*: corruption (of morals); ⚖ forfeiture (*an den Staat* to the public authority); (*Fristablauf*) expiration, (*a. Anspruchs* ≈) lapse; *e-s Pfands, e-r Hypothek*: foreclosure; *e-s Wechsels*: maturity; bei ~ upon expiration, *Wechsel*: when due, at maturity; *in* ~ *geraten* → *verfallen*; **~datum** *n* expiry date; *Wechsel*: date of maturity, due date; **~en I.** *v/i.* (fall into) decay, go to ruin; *Haus*: *a.* dilapidate; (*ablaufen*) expire, lapse; *Pfand*: become forfeited; *Recht*: lapse; *Wechsel*: fall due, mature; *Kranker*: waste away; *e-m Laster* ~ become addicted to, take to; *j-m* ~ become the property of, *fig. Person*: become a p.'s slave; *Karte* ~ *lassen* let go to waste; ~ *auf* hit upon *an idea, etc.*, think of *a th. od. doing a th.*; *iro. darauf* ~, *zu inf.* take it into one's head to *inf.*; ~ *in* fall (*od.* lapse) into, *wieder*: slip back into, relapse into, (*Strafe*) incur; *wie ist er nur darauf* ~? what made him do that?; **II.** *adj.* decayed; *Gebäude*: *a.* dilapidated, tumble-down ...; *Gesichtszüge*: wasted, worn; ⚖ forfeited, lapsed; (*beschlagnahmt*) confiscated; *Fahrschein usw.*: expired; *Patent*: void; *e-m Rauschgift usw.* ~ addicted to; *für* ~ *erklären* forfeit; (*Hypothek*, *Pfand*) foreclose; **~erklärung** *f* foreclosure; **~serscheinung** *f* symptom of decline; **~tag** *m*, **~zeit** *f* day of payment; due date; expiry date; *bis zur Verfallzeit* until maturity, till due.

verfälsch|en *v/t.* falsify, ⚖ *a.* fraudulently alter; (*Text usw.*) garble; (*Lebensmittel*) adulterate; → *a. fälschen*; **~ung** *f* falsification; adulteration; garbling; **~ungsmittel** *n* adulterant.

verfangen I. *v/i.* (*Erfolg haben, wirken*) work, be effective; (*helfen*) help; go down (*bei j-m* with), tell (on); *nicht* ~ avail nothing, *sl.* cut no ice, *bei j-m*: *a.* be lost on; *das verfängt bei mir nicht* that won't take with me, *sl.* that cuts no ice with me; **II.** *v/refl.*: *sich* ~ *a. fig. in Widersprüche*: be caught, become entangled; *fig.* (*sich widersprechen od. verraten*) contradict (*od.* betray) o.s.

verfänglich *adj. Frage*: captious, insidious; *Lage*: risky, (*unangenehm*) embarrassing; *Witz*: risqué (*fr.*).

verfärb|en *v/t.* discolo(u)r; *sich* ~ become discolo(u)red, *a. Person*: change colo(u)r, (*erbleichen*) (turn) pale; **~ung** *f* discolo(u)ration.

verfass|en *v/t.* compose, write, pen; (*entwerfen*) draft; (*Gedicht*) make, compose; **~er(in** *f*) *m* author (*f a.* authoress), writer; **~erschaft** *f* authorship.

Verfassung *f* (*Zustand*, *a. körperliche* ~) state, condition; *seelische*: *a.* disposition, state (*od.* frame) of mind; (*Aufbau*) system; (*Staats~*) constitution; *in bester* (*körperlicher od. seelischer*) ~ in great (*od.* top) form, in excellent shape; *ich bin nicht in der* ~ *dazu* I don't feel up to (doing) it; **~gebend** *adj.*: ~*e Versammlung* constituent assembly.

Verfassungs...: **~änderung** *f* constitutional amendment; **~bruch** *m* breach of the constitution; **~gericht** *n* Constitutional Court; **~mäßig** *adj.* constitutional; **~mäßigkeit** *f* constitutionality; **~recht** *n* constitutional law; **~rechtlich** *adj.* under constitutional law, constitutional; **~reform** *f* constitutional reform; **~schutz** *m*: *Amt für* ~ Office for the Protection of the Constitution; **~staat** *m* constitutional state; **~urkunde** *f* constitutional charter; **~widrig** *adj.* unconstitutional.

verfaulen *v/i.* rot, mo(u)lder, decay, putrefy.

verfecht|en *v/t.* stand up (*od.* fight) for, advocate; (*Ansicht*) *a.* argue, maintain; (*verteidigen*) defend; (*Recht*) *a.* assert; **~er(in** *f*) *m* advocate, champion; defender.

verfehl|en *v/t.* (*Ziel*, *Zug*, *Beruf*) miss; (*Beruf*) *a.* mistake *one's vocation*; *sich* (*od. einander*) ~ miss each other, fail to meet; *nicht* ~, *zu inf.* not to fail to *inf.*; ~ *Sie nicht*, *zu* be sure to; *s-e Wirkung* ~ miss fire; → *Zweck*; **~t** *adj.* (*falsch*) wrong, misguided; *Plan*, *Idee*: *a.* ill-conceived, misbegotten, abortive; *Leben*: *a.* misspent; ~*e Sache* failure, miss; **~ung** *f* offen|ce, *Am.* -se, lapse.

verfeind|en *v/t.* make enemies of, antagonize; *j-n mit j-m* ~ set a p. against a p.; *sich* ~ become enemies, fall out with each other, quarrel, *mit j-m*: fall out (*od.* quarrel) with; **~et** *adj.* hostile; *pred.* at enmity, on bad terms, at daggers drawn (*mit* with).

verfeiner|n *v/t.* (*a. sich* ~) refine; ⊕ *a.* improve; **~ung** *f* refinement.

verfemen *v/t.* outlaw; *gesellschaftlich*: ostracize, send to Coventry.

verfertig|en *v/t.* make, manufacture, fabricate, prepare; (*Gedicht usw.*) compose, write, make; **~er(in** *f*) *m* maker; **~ung** *f* making, manufacture, fabrication, preparation.

verfestigen *v/t.* → *festigen.*

Verfettung ⚕ *f* fatty degeneration, adiposis; obesity.

verfeuern *v/t.* (*Holz*, *Munition usw.*) use up.

verfilm|en *v/t.* film, picturize,

(adapt for the) screen; **≈ung** *f* filming, screening; picturization, *konkret*: *a.* film version, screen adaptation.

verfilzen *v/i.* felt; *Haare*: mat; *sich* ~ get matted; F *fig.* get tangled.

verfinstern *v/t.* → *verdunkeln.*

verflachen I. *v/t.* flatten; **II.** *v/i. u. v/refl.*: (*sich* ~) flatten, level off; *a. fig.* (become) shallow, *a. Wettspiel usw.*: degenerate (*zu* into).

verflecht|en *v/t.* plait, interlace, entwine, *a. fig.* interweave, *a.* ✝ interlock; *fig. verflochten in* involved in; **≈ung** *f* interlacing, *etc.*; *fig.* interweaving, *a.* ✝ interlocking; *b.s.* entanglement, complexity; ~ *von Umständen* (strange) coincidence.

verfliegen I. *v/i.* fly away; *fig.* vanish, blow over, pass off; *Zeit*: fly; (*sich verflüchtigen, a. fig.*) evaporate; **II.** *v/refl.*: *sich* ~ *Vogel*: stray; ✈ lose one's bearings, get lost.

verfließen *v/i. Zeit*: elapse, slip by.

verflixt F *adj.* F blasted, darned; ~! blast (it)!, damn!

Verflochtenheit *f* interwoven character (*od.* state), ✝ *a.* interlocking.

verflossen *adj.* **1.** *Zeit*: past; *im* ~*en Jahr* last year; **2.** F *Freund usw.*: late, ex-...

verfluch|en *v/t.* curse; **~t** *adj. u. int.* → *verdammt.*

verflüchtigen *v/t.* volatilize; *sich* ~ evaporate (*a. fig.*); F *fig.* make o.s. scarce, *sl.* beat it, *a. Sache*: vanish.

verflüssig|en *v/t.* (*a. sich* ~) liquefy; *metall.* fuse; **≈ung** *f* liquefaction; ✝ increasing liquidity; **≈ungsmittel** *n* liquefacient.

Verfolg *m*: *im* ~ *gen.* in pursuance of, following up *a th.*; (*im Verlauf*) in the course of; ✝ *im* ~ *unseres Schreibens* reverting to our letter; **≈en** *v/t.* pursue (*a.* ⚔; *fig. Laufbahn, Politik, Idee usw., a.* ⚖ *e-n Anspruch*), (*Spur u. fig.*) *a.* follow; *ungerecht, grausam*: persecute; *strafrechtlich*: prosecute *a p. od. a charge*; (*Wild, Verbrecher*) track; (*beschatten*) trail, shadow; *fig.* follow up (*a.* ⚔ *nachstoßen*); *Gedanken usw.*: haunt, be on *a p.'s* mind; (*e-n Vorgang*) follow, observe; (*bedrängen, plagen*) pester, F plague; *s-n Weg* ~ go one's way; **~er**(**in** *f*) *m* pursuer; *grausamer*: persecutor; **~te**(**r** *m*) *f*: *politisch* ~ persecutee; **~ung** *f* → *verfolgen*: pursuit; persecution; (*Fortführung*) pursuance; *strafrechtliche* ~ prosecution; *wilde* ~ hot pursuit, wild chase; **~ungswahn** *m* persecution mania (*od.* complex).

verform|bar ⊕ *adj.* workable, deformable; *warm* ~ thermoplastic; **~en** *v/t.* (de)form, work, shape; **≈ung** *f* deformation; ⊕ working; (*spanlose* ~ noncutting) shaping, *unerwünschte*: deformation, distortion.

verfracht|en *v/t.* (*Schiff*) charter; (*Ware usw.*) freight, *bsd.* ⚓ *od. Am.* ship; F (*j-n*) bundle off, put *in a train, etc.*; **≈er** *m* freighter, shipper.

verfranzen *sl.* ✈ *v/refl.*: *sich* ~ get lost.

verfremd|en *v/t.* alienate; **≈ung** *f* alienation; **≈ungseffekt** *m* alienation effect.

verfressen F *adj.*: ~ *sein* be a glutton (*od.* F a pig).

verfroren *adj.* sensitive to cold; (*durchkältet*) chilled through.

verfrüht *adj.* premature.

verfügbar *adj.* available; (*frei* ~) (freely) disposable; ~*es Geld* (*Kapital*) free assets *pl.*, funds *pl.* available, (*Bargeld*) cash in hand; ⊕ ~*e Pferdestärke* actual horsepower; ~ *haben* have (available *od.* at one's disposal), dispose of; ~ *machen* make available (*dat.* to); *j-m et.* ~ *machen a.* place a th. at a p.'s disposal; **≈keit** *f* availability.

verfugen △ *v/t.* point up.

verfügen I. *v/t.* decree, order; *Gesetz usw.*: provide; **II.** *v/i.*: ~ *über* dispose of, have (available *od.* at one's disposal), control; (*ausgestattet sein mit*) have, be provided (*od.* equipped) with; (*frei* ~, *disponieren über*) dispose of *funds, etc.*; ~ *Sie über mich* (I am) at your service; **III.** *v/refl.*: *sich* ~ *nach usw.* proceed (*od.* go, betake o.s.) to.

Verfügung *f* (*Erlaß*) decree, order; (*Anweisung*) instruction; *besitzrechtliche*: disposition; (~*srecht*, ~*sgewalt*) (free) disposal, disposition; *freie* ~ *über a.* power freely to dispose of; *zur* ~ *stehen* be available (*dat.* to), *j-m*: *a.* be at a p.'s disposal (*od.* command); *es steht zu Ihrer* ~ *a.* you are welcome to it; *j-m et. zur* ~ *stellen* make a th. available to a p., place a th. at a p.'s disposal; *sein Amt zur* ~ *stellen* tender one's resignation; *sich zur* ~ *stellen* volunteer (*für* for), *j-m*: place o.s. at a p.'s disposal; *sich zur* ~ *halten* keep ready; ⚔ *zur besonderen* ~ seconded for special duty; *zu Ihrer* ~ at your disposition (*od.* service); ⚖ *einstweilige* ~ injunction; **≈sberechtigt** *adj.* authorized to dispose; **~sbeschränkung** *f* restraint on disposal; **~sfreiheit** *f* discretion, (free) disposition; **~sgewalt** *f* (*freie* ~ discretionary) power of disposition, (free) disposition; control; **~srecht** *n* right of disposal.

verführ|en *v/t.* (*verlocken*) seduce (*a. sexuell*), entice, tempt (*zu* to; *et. zu tun* into doing); **≈er(in** *f*) *m* seducer (*f* seductress); **~erisch** *adj.* seductive, bewitching; (*verlockend*) enticing, tempting; *das* ≈ *e* the seduction, the seductiveness (*od.* lure); **≈ung** *f allg.* seduction; **≈ungskunst** *f* art of seduction.

verfünffachen *v/t.* quintuple.

verfüttern *v/t.* feed.

Vergabe *f* giving away; ✝ *von Aufträgen*: placing; *von öffentlichen Mitteln*: allocation.

vergaffen F *v/refl.*: *sich* ~ *in* F fall for, get a crush on, be smitten with.

vergällen *v/t.* (*Spiritus*) methylate, denature; *fig.* spoil, sour, mar.

vergaloppieren *v/refl.*: *sich* ~ make a (bad) blunder; overshoot the mark.

vergammeln F *v/i.* rot, *fig. a.* go to seed.

vergangen *adj.* (by)gone, past; *im* ~*en Jahre* last year; **≈heit** *f* past; *ling.* past tense; (*Vorleben*) past, antecedents *pl.*; *politische* ~ political background; *e-e* ~ *haben Person:* have a past, *Sache*: have a history; *laßt die* ~ *ruhen* let bygones be bygones; *der* ~ *angehören* be a thing of the past; **≈heitsbewältigung** *pol. f* coming to terms with the past.

vergänglich *adj.* passing, transitory, transient; (*flüchtig*) fugitive, fleeting; **≈keit** *f* transitoriness.

vergären *v/i.* ferment.

vergas|en *v/t.* gasify; *mot.* carburet; (*durch Gas töten od. vergiften*) gas; **≈er** *mot. m* carburettor, *Am.* carburetor; **≈erklappe** *mot. f* (carburet[t]or) choke; **≈ermotor** *m* carburet(t)or engine; **≈ung** *f* gasification; *mot.* carburetion; ⚔ gassing; F *bis zur* ~ *sl.* like blazes.

vergatter|n ⚔ *v/t.* sound the guard mount; F *fig.* swear *a p.*; (*warnen*) warn; **≈ung** ⚔ *f* guard mount; F *fig.* warning.

vergeb|en *v/t.* **1.** give away (*an j-n* to); ✝ (*Auftrag*) place (with); (*verkaufen*) sell; (*übertragen*) confer, bestow (on); (*verteilen*) give out, distribute; *ein Amt an j-n* ~ appoint a p. to; *noch nicht* ~ *Stelle:* still vacant; *es tut mir leid, ich bin schon* ~ sorry I have a previous engagement; **2.** (*Chance*) miss (out on), let slip; *Fußball usw.*: give away (the chance *v/i.*); *Kartenspiel*: misdeal; *sich etwas* ~ compromise o.s.; **3.** (*verzeihen*) forgive (*j-m* a p.); **~ens** *adv.* in vain, vainly; (*nutzlos*) *a.* to no purpose, of no avail; **~lich I.** *adj.* vain, fruitless, futile, useless, wasted; *pred.* of no avail (*od.* use); (*unnötig*) needless; **II.** *adv.* → *vergebens*; **≈lichkeit** *f* futility; **≈ung** *f* **1.** (*Verzeihung*) forgiveness, pardon(ing); ~ *der Sünden* remission of sins; *j-n um* ~ *bitten* ask a p.'s forgiveness; **2.** → *Vergabe*.

vergegenwärtig|en *v/t.* represent, bring to mind, bring home (*dat.* to); *sich et.* ~ visualize (*od.* picture) a th.; **≈ung** *f* realization.

vergehen I. *v/i. Zeit, Gefühl usw.*: pass (away); *allmählich*: fade (away); (*verschwinden*) disappear, vanish; *Schmerzen usw.*: pass off, blow over; *fig. vor Ungeduld usw.* ~ be dying with impatience, *etc.*; *vor Angst schier* ~ be scared to death; *vor Gram* ~ pine away; *der Appetit ist mir vergangen!* I have lost my appetite!, *weitS.* how disgusting!; *die Lust ist mir vergangen* F it has put me off; → *Hören* II; **II.** *v/refl.*: *sich* ~ commit an offen|ce, *Am.* -se; *sich* ~ *an j-m tätlich*: assault, *unsittlich*: commit an indecent assault on, violate; *sich* ~ *gegen ein Gesetz usw.*: offend against, violate, infract; **III.** ≈ *n* offen|ce, *Am.* -se; delict.

vergeistig|en *v/t.* spiritualize; *vergeistigtes Gesicht* spiritual face; **≈ung** *f* spiritualization.

vergelt|en *v/t.* repay (*dat.* to), requite, return; (*belohnen*) reward (*j-m et.* a p. for a th.); (*heimzahlen*) retaliate, pay back; → *gleich* I; **≈ung** *f* requital, return; (*Belohnung*) reward; *b.s.* retribution, retaliation, reprisal; ~ *üben* retaliate (*an* on); **≈ungsangriff** ⚔ *m* retaliation attack; **≈ungsmaßnahme** *f* retaliatory measure, reprisal; **≈ungswaffe** *f* retaliatory weapon.

vergesellschaft|en *v/t.* (*verstaatlichen*) socialize, nationalize; ✝ convert into a company (*Am.* corporation); *sich mit j-m* ~ associate with; **~et** ✝ *adj.* associated; **≈ung** *f* socialization; ✝ association.

vergessen *v/t.* forget; (*liegenlassen*) leave (behind); (*übersehen*) overlook; (*auslassen*) omit; (*versäumen*) neglect; ~ *haben a.* be forgetful (*od.* oblivious) of; *nicht* ~ *zu inf.* be careful to *inf.*; *sich* ~ forget o.s., lose one's head; *ich habe es* ~ *a.* it slipped my mind; *ich habe ganz* ~, *wie* I forget how; *das werde ich dir nicht* ~ I won't forget that; *das* *vergißt sich leicht* that is easily forgotten; **~heit** *f* oblivion; *in ~ geraten* fall into oblivion; *der ~ überlassen* consign to oblivion.

vergeßlich *adj.* forgetful; *~ sein a.* forget things; **~keit** *f* forgetfulness.

vergeud|en *v/t.* (*Geld, Kräfte, Zeit usw.*) waste, dissipate, squander; **~er(in** *f*) *m* squanderer; waster; **~ung** *f* waste; squandering, dissipation.

vergewaltig|en *v/t.* violate, do violence to, use force on; (*Frau*) violate, rape, ravish; *fig.* (*Wahrheit*) twist; **~ung** *f* violation; ⚖ rape; *fig.* outrage (*gen.* upon).

vergewissern *v/refl.*: *sich ~* make sure (*e-r Sache* of a th.); check, ascertain (a th.).

vergießen *v/t.* (*Blut, Tränen*) shed; (*verschütten*) spill; *metall.* cast.

vergift|en *v/t.* poison (*a. fig. Atmosphäre, Phantasie usw.*); (*verseuchen*) contaminate; (*Umwelt*) pollute; *sich ~* take poison, poison o.s.; **~ung** *f* poisoning; **~ungserscheinung** *f* symptom of poisoning.

vergilbt *adj.* yellowed.

vergipsen *v/t.* plaster.

Vergißmeinnicht ⚘ *n* forget-me-not(s *pl.*).

vergittern *v/t.* (furnish with a) grate, lattice; *mit Draht*: wire in; *mit Stangen*: bar.

verglasen *v/t. u. v/i.* glaze; (*in Glas verwandeln*) vitrify; (*Raum*) glass in; *verglaste Augen* glazed eyes.

Vergleich *m* **1.** comparison; (*Wort~*) simile; *im ~ zu* compared to, in comparison with; *den ~ aushalten, dem ~ standhalten* bear (*od.* stand) comparison; *e-n ~ anstellen* make a comparison, draw a parallel; *das ist nichts im ~ zu, kein ~ mit* it does not compare to; → *hinken* I; **2.** ⚖ (*gütlicher ~* amicable) agreement; arrangement, settlement; *mit Gläubigern*: composition; → *eingehen* II *usw.*; **~bar** *adj.* comparable (*mit* to); **~en I.** *v/t.* compare (*mit* with; *gleichstellend*: to); *anschaulich*: liken (to); (*Konto usw.*) check; (*Texte*) collate; (*Uhren*) compare, synchronize; *verglichen mit* compared to, as against; *es ist nicht zu ~ mit* it does not compare to, it's nothing to; *vergleiche Seite 2* compare (*abbr.* cf.) page 2; **II.** *v/refl.*: *sich ~* come to an agreement (*od.* to terms), settle (*mit* with), (*mit Gläubigern*) compound (with creditors); **~end** *adj.* comparative *study, history, etc.*; **~kampf** *m Sport*: test; **~sjahr** *n* base year; **~smaßstab** *m* standard of comparison; **~ssumme** *f* composition (amount); **~sunterlage** *f* basis of comparison; **~sverfahren** *n* composition proceedings *pl.*; **~sverwalter** *m* trustee in composition proceedings; **~sweise** *adv.* comparatively, in comparison; **~swert** *m* relative value; **~szahlen** *f/pl.* comparative figures; **~ung** *f* → *Vergleich*.

vergletscher|n *v/i.* glaciate; **~ung** *f* glaciation.

verglimmen *v/i.* die away.

vergnügen I. *v/t.* amuse; *sich ~* amuse (*od.* enjoy *od.* divert) o.s. (*mit* with); **II. ~** *n* pleasure, enjoyment; (*Spaß*) fun; (*Unterhaltung, Veranstaltung*) entertainment, (*Kurzweil*) sport, pastime; *~ an e-r Sache finden* find pleasure in, take to, delight in; *j-m (großes) ~ bereiten* afford a p. (great) pleasure, amuse a p. (immensely); *es war mir ein ~* it was a pleasure; *viel ~!* have a good time!, *iro.* I wish you joy!; *es war kein ~* F it was no picnic; *mit ~* gladly; *mit größtem ~* with the greatest pleasure; (*nur*) *aus od. zum ~* (just) for fun (*od.* F kicks).

vergnüg|lich *adj.* pleasant, amusing, enjoyable; **~t** *adj.* pleased (*über* with), delighted (at), happy (at); (*fröhlich*) cheerful, merry, gay; (*ausgelassen*) rollicking, in high spirits.

Vergnügung *f* pleasure, amusement, diversion; (*a. Veranstaltung*) entertainment.

Vergnügungs...: **~dampfer** *m* pleasure-boat; **~park** *m* amusement park; **~reise** *f* pleasure-trip; **~reisende(r** *m*) *f* tourist; **~stätte** *f* place of entertainment; **~steuer** *f* entertainment tax; **~sucht** *f* (inordinate) love of pleasure; **~süchtig** *adj.* pleasure-seeking; *~er Mensch* pleasure-seeker (*od.* -hunter).

vergold|en *v/t.* gild; gold-plate; *fig.* shed a golden light over; **~er** *m* gilder; **~ung** *f* gilding.

vergönnen *v/t.* grant; *es war mir vergönnt, zu inf.* I had the privilege to *inf.*; *es war ihm nicht vergönnt, zu inf.* it was not granted to him to *inf.*

vergötter|n *fig. v/t.* idolize, worship, adore; **~ung** *f* idolizing, worship, adoration.

vergraben *v/t.* hide in the ground, *a. fig.* bury; *fig. sich in s-n Büchern ~* bury o.s. in one's books.

vergräm|en *v/t.* (*j-n*) offend; *hunt.*

frighten away, start; **~t** *adj.* careworn, woebegone, grievous.

vergraulen F *v/t.* drive away, *weitS.* sour.

vergreifen *v/refl.*: *sich ~* make a mistake (*a. fig.*); ♪ touch the wrong note; *sich ~ an (j-m)* lay (violent) hands on, attack, assault, *a. geschlechtlich*: violate; (*fremdem Eigentum*) misappropriate, steal; *sich an Geld ~* embezzle money; *sich an der Kasse ~* dip into the till; *sich im Ausdruck ~* confuse one's terms, *b.s.* talk out of turn.

vergreis|en *v/i.* become senile; **&ung** *f* senescence, senile decay.

vergriffen *adj. Buch*: out-of-print, *pred.* out of print.

vergröbern *v/t.* (*a. sich ~*) coarsen.

vergrößer|n *v/t.* enlarge (*a. phot.*); *Lupe*: magnify (*a. fig.*); (*ausdehnen*) expand, (*a.* ⊕ *Werkanlage*) extend; (*verbreitern*) widen (*a. fig. Einfluß*); (*vermehren*) increase, augment (*alle a. sich ~*), add to; *fig. a.* aggrandize; (*verschlimmern*) aggravate; *in vergrößertem Maßstab* on a larger scale; **&ung** *f* enlargement (*a. phot.*); *opt.* magnification; increase, augmentation; expansion, extension; aggravation; **&ungsapparat** *phot. m* enlarger; **&ungsglas** *n* magnifying-glass, magnifier.

Vergünstigung *f* privilege, favo(u)r; (*Zuwendung*) benefit, allowance (*a.* ⚕ *Rabatt*); (*bevorzugte Behandlung*) preferential treatment.

vergüt|bar *adj.* remunerable; ⊕ heat-treatable; **~en** *v/t.* **1.** compensate (*j-m et.* a p. for a th.); (*Auslagen*) reimburse, refund; (*Diskont*) allow; (*Zinsen, Schaden*) indemnify for (*j-m* a p.); (*Verlust*) compensate for, make good; **2.** ⊕ improve, (re)fine; (*Stahl*) *bei Abschreckung in Wasser*: quench and temper, *in Luft*: air harden, *in Öl*: oil harden and temper; (*Aluminiumlegierungen*) harden; **&ung** *f* **1.** compensation, allowance; reimbursement; indemnification; *für geleistete Dienste*: consideration; (*Honorar*) fee; **2.** ⊕ improvement; *von Stahl*: heat-treatment, hardening, *etc.*, → vergüten 2.

verhaft|en *v/t.* arrest, apprehend, take into custody (*wegen* on a charge of); *Sie sind verhaftet!* you are under arrest!; **~et** *adj.*: *~ mit od. dat.* bound up with; rooted in; **&ung** *f* arrest, apprehension.

verhageln *v/i.* be damaged by hail.

verhallen *v/i.* die away.

verhalten I. *v/t.* **1.** hold back, retain (*a. Urin usw.*); (*Atem*) hold in; (*Pferd*) rope; (*unterdrücken*) suppress, restrain, check; **II.** *v/refl.*: *sich ~ Sache*: be, *Person*: behave, conduct o.s., act, be; *sich abwartend ~* bide one's time, temporize; *sich brav ~* behave o.s., be good; *sich ruhig ~* keep quiet, hold one's peace; *ich weiß nicht, wie ich mich ~ soll* what to do (*od.* how to act); *sich anders (umgekehrt) ~ Sache*: be different (be just the reverse); *wissen Sie, wie sich die Sache verhält?* do you know the facts of the case?; *wenn es sich so verhält* if that is the case; ⩘ *A verhält sich zu B wie C zu D* A is to B as C is to D; *sich umgekehrt ~ zu* be in inverse ratio to; **III.** *adj.* restrained; *Atem*: bated; *Stimme*: subdued; *Lachen*: suppressed; **IV.** *adv.*: *~ spielen Sport*: play a waiting game, play with plenty in reserve; *thea.* underact; **V.** **&** *n* behavio(u)r (*a. zo., etc.*), conduct, demeano(u)r; (*Haltung*) attitude; (*~sweise*) way of acting, *weitS.* policy; ⊕ characteristics *pl.*; ⚗ reaction.

Verhaltens...: **~forscher(in** *f*) *m* ethologist; **~forschung** *f* ethology; **&gestört** *adj.* unbalanced, disturbed, maladjusted; **~muster** *n* behavio(u)r pattern; **~wissenschaft** *f* behavio(u)ral science.

Verhältnis *n* **1.** proportion, rate; (*zahlenmäßiges ~*) ratio; (*Maßstäbe*) standards *pl.*; *im ~ zu* in proportion to, compared with; *im ~ von 1:2* in the ratio (*od.* at the rate) of one to two; *im umgekehrten ~ zu* at an inverse ratio to, inversely as; *im entsprechenden ~* proportionately; *außer ~ zu* disproportionate (*od.* out of proportion) to; *außer jedem ~ stehen* be out of all proportion; **2.** (*Beziehung*) relation(s *pl.*) (*zu* with); *in freundlichem ~ mit* on friendly terms with; *er hat kein inneres ~ zu s-r Arbeit* his heart is not in his work; *iro. er hat ein gestörtes ~ zur Demokratie* he has an odd idea of democracy; **3.** (*Liebes&*) liaison, (love-)affair; (*Geliebte*) mistress; **4.** *~se* (*Umstände*) conditions, circumstances; *unter den (gegebenen) ~sen* under the circumstances; *aus kleinen ~sen* of humble origin, lower-class ...; *in angenehmen ~sen leben* in easy circumstances; **5.** *~se* (*Mittel*) means; *a. finanzielle*: circumstances, ⚕ financial status *sg.*; *über s-e ~se leben* live beyond one's means; *das geht über m-e ~se* I can't afford it;

~anteil *m* proportionate share, quota; **≈mäßig I.** *adj.* proportional, comparative, rateable, pro rata ...; **II.** *adv.* in proportion; comparatively (speaking); relatively *well, etc.*; **~wahl(system** *n*) *parl. f* proportional representation; **≈widrig** *adj.* disproportionate; **~wort** *ling. n* preposition; **~zahl** *f* proportionality factor, ratio, coefficient.

Verhaltung ⚕ *f* retention; **~smaßregeln** *f/pl.* instructions.

verhandeln I. *v/i.* **1.** negotiate, treat (über, wegen for); ⚔ parley; (*beraten*) deliberate, confer; **2.** ⚖ hold a hearing *od.* proceedings (*Strafrecht*: a trial); ~ über et. (gegen j-n) try a th. (a p.); **II.** *v/t.* **3.** (*verkaufen*) sell; **4.** (*erörtern*) discuss, debate; **5.** ⚖ hear (and decide), dispose of; try *a case*.

Verhandlung *f* negotiation; ⚔ parley; (*Beratung*) discussion, deliberation; (*Gespräche*) conference, talks *pl.*; ⚖ hearing, *Strafrecht*: trial, (*Verfahren*) proceedings *pl.*; (*Urkunde, Protokoll*) deed, record; ⚖ zur ~ kommen come up (for hearing *od.* trial); in ~en eintreten enter into negotiations; **~sbasis** *f* basis of negotiation; (*Preisforderung*) asking price; **~sbericht** *m* minutes *pl.*; **~sfriede** *m* negotiated peace; **~sgegenstand** *m* issue, business item; **~spartner** *m* party to a deal; die ~ the negotiating parties; **~sposition** *f* bargaining position; **~ssaal** ⚖ *m* court-room; **~stag** ⚖ *m* day fixed for trial; **~stisch** *m* bargaining table; **~sweg** *m*: auf dem ~e by negotiation.

verhäng|en *v/t.* **1.** cover, hang *od.* drape (mit with); (*verschleiern*) veil; **2.** (*Strafe*) impose, inflict (über on), *a. Sport*: award (to); **3.** mit verhängtem Zügel with a loose rein; **≈nis** *n* doom, (dire) fate; (*Unheil*) disaster, calamity; j-m zum ~ werden be a p.'s doom (*od.* undoing); **~nisvoll** *adj.* fateful, fatal; (*katastrophal*) disastrous.

verharmlosen *v/t.* minimize, F play down.

verhärmt *adj.* careworn, haggard.

verharren *v/i.* persevere, hold out; persist (auf, bei, in in), abide (by), F stick (to).

verharschen *v/i.* *Schnee*: crust; *Wunde*: *a.* close.

verhärt|en *v/t.* (*a.* sich ~) harden; ⚕ den Leib ~ constipate the bowels; *fig.* sich ~ *Herz, Person*: harden; *Fronten usw.*: stiffen; **≈ung** *f* hardening; *fig. a.* stiffening; ⚕ induration; (*Schwiele*) callosity.

verharzen *v/t. u. v/i.* resinify.

verhaspeln F *fig. v/refl.*: sich ~ get muddled.

verhaßt *adj.* hated, detested; *Sache*: *a.* hateful, odious (*dat.* to); sich ~ machen make o.s. unpopular (bei with); es ist mir ~ I hate (*od.* loathe) it.

verhätscheln *v/t.* coddle, pamper.

Verhau ⚔ *m* abatis, entanglement; **≈en** F *v/t.* **1.** thrash, beat (up), F flog, (*Kinder*) *a.* spank; **2.** *fig.* make a hash of; (*Prüfung, Sport*) F bungle, muff; sich im Reden *usw.* ~ bungle, *sl.* goof it, boob.

verheben *v/refl.*: sich ~ injure o.s. (*od.* sprain something) by lifting (a heavy weight).

verhedder|n F *v/refl.*: sich ~ get entangled (*a. fig.*); *fig.* beim *Sprechen*: *a.* get muddled (*od. sl.* balled up).

verheer|en *v/t.* devastate, lay waste, ravage; **~end** *fig. adj.* disastrous; F awful; **≈ung** *f* devastation, ravages *pl.*, havoc; ~en anrichten cause havoc (unter among).

verhehl|en, verheimlich|en *v/t.* hide, conceal (*dat.* from); (*vertuschen*) hush up; (*unterdrücken*) suppress, hold back; j-m et. ~ *a.* keep a th. secret from a p., keep a p. in the dark about a th.; **≈ung** *f* concealment, dissimulation; suppression.

verheilen *v/i.* heal (up).

verheirat|en *v/t.* marry (mit, an to), give in marriage, wed; sich ~ marry, get married; sich untereinander ~ intermarry; sich wieder ~ marry again, remarry; sich gut ~ make a good match; F *fig.* ich bin ja nicht mir dir verheiratet I am not wedded to you; **≈ung** *f* marriage.

verheiß|en *v/t.* promise; **≈ung** *f* promise; Land der ~ Land of Promise; **~ungsvoll** *adj.*: (wenig ~ un)promising, (in)auspicious.

verheizen *v/t.* use up, fire; F *fig.* (*Truppen*) send to the slaughter; *weitS.* wear *a p.* out.

verhelfen *v/i.*: j-m ~ zu et. help a p. to.

verherrlich|en *v/t.* glorify, exalt; **≈ung** *f* glorification.

verhetz|en *v/t.* incite, fill with hatred; **≈ung** *f* inciting.

verhex|en *v/t.* bewitch, F hoodoo, *Am. sl.* jinx; F wie verhext (as if) jinxed, *it is* enough to drive you mad; **≈ung** *f* bewitchment.

verhimmel|n *v/t.* worship, glorify, praise to the skies; **≈ung** *f* glorification, worship.

verhinder|n *v/t.* prevent (et. a th.; *j-n an* a p. from); (*aufhalten*) hinder, stop; *wir können es nicht* ~ we cannot help it; *verhindert sein* be prevented (from coming); *verhinderter Maler* would-be artist, artist manqué (*fr.*); ≈**ung** *f* prevention; *im Falle seiner* ~ in the case of his disability.

verhohlen *adj.* hidden, secret, surreptitious.

verhöhn|en *v/t.* deride; jeer, mock, jibe (at), taunt; ≈**ung** *f* derision; mockery; scoffing; jeer(s *pl.*), jibe(s *pl.*).

verhökern *v/t.* → *verschachern.*

verholen ⚓ *v/t.* haul, tow.

Verhör ⚖ *n* examination; *von Zeugen*: *a.* interrogation; *weitS.* trial, hearing; *ins* ~ *nehmen* (cross-) examine, question closely, *scharf*: *sl.* grill; ≈**en I.** *v/t.* examine, interrogate, question; **II.** *v/refl.*: *sich* ~ hear wrong.

verhudeln F *v/t.* bungle, botch.

verhüll|en *v/t.* cover, veil (*a. fig.* = disguise, cloak), wrap up (*a. fig. in darkness*); (*drapieren*) drape; *in verhüllten Worten* in veiled language; ≈**ung** *f* cover, veil; disguise.

verhundertfachen *v/t.* (*a. sich* ~) multiply a hundredfold, centuple.

verhungern *v/i.* die of hunger, starve; ~ *lassen* starve to death; *verhungert aussehen* look (half-) starved *od.* famished.

verhunzen *v/t.* ruin, make a hash of, *sl.* muck (*od.* louse) up, foozle; (*Sprache*) murder, ruin.

verhüt|en *v/t.* prevent, avert, obviate, ward off; ~**end** *adj.* preventive; ⚕ *a.* prophylactic; ≈**ung** *f* prevention, ⚕ *a.* prophylaxis; ≈**ungsmaßregel** *f* preventive measure; ≈**ungsmittel** ⚕ *n* preventive, prophylactic; (*Empfängnis*≈) contraceptive.

verhütt|en *metall. v/t.* (*Erz*) work (off), smelt; ≈**ung** *f* smelting.

verhutzelt *adj.* shrivel(l)ed; *Person, Gesicht usw.*: *a.* wizened.

verifizieren *v/t.* verify.

verinnerlich|en *v/t.* spiritualize; ≈**ung** *f* spiritualization.

verirr|en *v/refl.*: *sich* ~ get lost, go astray, lose one's way; *verirrtes Schaf* stray sheep; *verirrte Kugel* stray bullet; ≈**ung** *fig. f* aberration; (*Irrtum*) error, mistake.

verjagen *v/t.* drive away, chase away; *fig.* (*Sorgen usw.*) *a.* banish.

verjähr|bar ⚖ *adj.* subject to the statute of limitations, *Besitzrecht*: *a.* prescriptible; ~**en** *v/i.* come under (*od.* be barred by) the statute of limitations; ~**t** ⚖ *adj.* barred by the statute of limitations (*Besitzrecht*: *a.* by prescription), statute-barred; ≈**ung** *f* limitation, prescription; ≈**ungsfrist** *f* statutory period of limitation.

verjubeln F *v/t.* F blue.

verjüng|en *v/t.* **1.** make (*sich* ~ grow) young again *od.* younger; restore to youth, (*a. sich* ~) rejuvenate; **2.** (*Maßstab*) reduce; *in verjüngtem Maßstab* on a reduced scale, scaled down; *sich* ~ (*spitz zulaufen*) taper (off); ≈**ung** *f* **1.** rejuvenation, *a. biol.* rejuvenescence; **2.** taper(ing); reduction; ≈**ungskur** *f* rejuvenating cure; ≈**ungsmaßstab** *m* scale of reduction; ≈**ungsmittel** *n* rejuvenator.

verjuxen F *v/t.* F blue.

verkalk|en *v/i. physiol.* calcify; F ossify, become senile; ⚗ calcine; ~**t** *adj.* ⚕ sclerotic; F fossilated, ossified, senile; ≈**ung** *f* calcification, *klinisch*: (arterio)sclerosis; calcination.

verkalkulieren *v/refl.*: *sich* ~ miscalculate, make a mistake (*a. fig.*).

verkanten *v/t.* cant; (*kippen*) tilt.

verkapp|en *v/t.* disguise, mask; ~**t** *adj. nachgestellt*: in disguise.

verkapseln *v/refl.*: *sich* ~ encapsulate; ⚕ encyst; *fig.* → *abkapseln.*

verkarstet *adj.* karstic.

verkatert *adj.* F morning-afterish.

Verkauf *m* **1.** sale; selling; realization; *zum* ~ for (*od.* on) sale; **2.** F → *Verkaufsabteilung*; ≈**en** *v/t.* **1.** sell (*a. sich* ~); dispose of, realize; *sich leicht* ~ sell readily, have a ready sale; *sich nicht* ~ *lassen* find no sale, be unsal(e)able; *zu* ~ for sale; *sein Leben teuer* ~ sell one's life dearly; **2.** F *fig.* (*e-e Idee usw.*) sell; (*j-n*) (*verraten*) sell *a p.* (down the river *Am.*); *verkauft* (*erledigt*) *sl.* sunk; (*verraten und*) *verkauft* sold (down the river *Am.*).

Verkäufer(in *f*) *m allg.* seller (*a. fig. von Ideen usw.*); (*Einzelhändler*) dealer, retailer; (*bsd. Vertreter*) salesman, salesperson, ⚖ vendor (*a. Straßen*≈, *Zeitungs*≈); (*Ladengehilfe*) shop-assistant, *Am.* (sales-) clerk (*m u. f*), *f* saleswoman, shopgirl, *Am.* salesgirl.

verkäuflich *adj.* for sale; (*zum Verkauf geeignet, gut* ~) sal(e)able, vendible; (*marktfähig*) marketable; (*begebbar*) negotiable; *leicht* ~ easy to sell; *schwer* ~ hard to sell, unsal(e)able; ≈**keit** *f* sal(e)ableness.

Verkaufs...: ~**abteilung** *f* sales department; ~**auftrag** *m* selling order; **~automat** *m* (automatic) vending machine, vendomat; **~bedingungen** *f/pl.* conditions (*od.* terms) of sale; **~berater** *m* sales consultant; **~büro** *n* sales office, distribution cent|re, *Am.* -er; **~erlös** *m* proceeds *pl.*; **~förderung** *f* sales promotion; **~gespräch** *n* sales-talk; **~ingenieur** *m* sales engineer; **~kanone** F *f* high-pressure salesman; **~kontrolle** *f* sales control; **~lehrling** *m* sales apprentice; **~leiter** *m* sales manager; **~organisation** *f* sales organization; **~personal** *n* sales staff *od.* people *pl.*; **~plan** *m* selling plan; **~preis** *m* selling-price; **~raum** *m* sale-room, *bsd. Am.* salesroom; **~rechnung** *f* sale invoice; **~recht** *n* right to sell; **~schlager** *m* best seller, draw-card, money-maker; **~stand** *m* stand, stall, booth; **~stelle** *f* outlet, retail shop; **~- und Einkaufsgenossenschaft** *f* marketing and purchasing cooperative; **~vertretung** *f* selling agency; **~werbung** *f* sales publicity (*od.* promotion); **~wert** *m* market value; **~ziffer** *f* sales figure.

Verkehr *m* traffic (*a. Straßen*≈); (*Beförderung v. Gütern u. Personen*) transport(ation *Am.*); (*Verbindung*) communication; ⚓, ✈ (*~sdienst*) service; (*Handel*) commerce, trade; (*persönlicher ~, Umgang*) consorting (*mit* with); *bsd. geschlechtlicher*: (sexual) intercourse; (*seelisch-geistiger ~*) communion, communing, communication; (*brieflicher ~*) correspondence; *bargeldloser ~* transfer business, clearing system; *aus dem ~ ziehen* withdraw from service (*Geld*: from circulation); *in ~ bringen* issue, (*Effekten*) *a.* offer for sale, *Am.* market; *dem ~ übergeben* open to traffic; **≈en I.** *v/t.* turn the wrong way (*od.* upside down); invert, reverse; (*umwandeln*) turn (*od.* change, convert) (*in* into); *fig.* (*verdrehen*) *a.* pervert, stand *a th.* on the head; *sich ~ in* be changed (*od.* turn) into; → *verkehrt*; **II.** *v/i. Fahrzeug*: run, be operated; (*regelmäßig hin- und zurückfahren*) ply *od.* run (*zwischen* between); (*Handel treiben*) traffic, trade; *~ bei j-m* visit (*od.* go to) a p.'s house, *häufig*: *a.* frequent a p.'s house; *~ in* (*e-m Lokal usw.*) frequent; (*e-r Gegend*) *Verkehrsmittel*: serve *an area*; *~ mit* (*j-m*) associate (*od.* consort, mix) with, (*Hochgestellten*) hobnob with; *geschlechtlich*: have (sexual) intercourse with; *mit j-m freundschaftlich ~* be very close with; *viel mit j-m ~* see a great deal of a p.

Verkehrs...: **~abwicklung** *f* traffic handling; **~ader** *f* arterial road; **~ampel** *f* traffic light(s *pl.*), stop-go light; **~amt** *n*, **~büro** *n* tourist office; **~andrang** *m* rush (of traffic); **~anlagen** *f/pl.* transport installations, traffic facilities; **~chaos** *n* traffic chaos; **~dichte** *f* traffic density; **~disziplin** *f* traffic discipline, courtesy on the road; **~einrichtungen** *f/pl.* traffic facilities; **~erziehung** *f* road safety campaign, kerb drill; **~flugzeug** *n* airliner, commercial aircraft; **~fluß** *m* traffic flow; **≈frei** *adj.*: *~e Zone* vehicle-free zone; **~gesellschaft** *f* transportation company, *Am. a.* common carrier; **≈günstig** *adj.*: *~ gelegen* favo(u)rably situated as regards transport facilities; **~hindernis** *n* traffic block; obstruction to general street traffic; **~insel** *f* (street-)refuge, traffic island; **~knotenpunkt** *m* junction; **~luftfahrt** *f* commercial (*od.* civil) aviation; **~minister** *m* Minister of Transport; **~mittel** *n*: (*öffentliches ~* public) conveyance, (means of) transport(ation *Am.*); (*Fahrzeug*) vehicle; **~netz** *n* network of communications; **~ordnung** *f* traffic regulations *pl.*; **~polizist** *m* traffic constable (*od.* officer), point-policeman, *Brit. a.* pointsman; **~polizei** *f* traffic police; **~regelung** *f* traffic control; **≈reich** *adj.* busy, congested; → *a. verkehrsstark*; **~schild** *n* traffic sign; **~schlange** *f* slow-moving traffic column; **≈schwach** *adj.*: *~e Zeit* slack period, *Am.* light hours *pl.*; **~schutzmann** *m* → *Verkehrspolizist*; **≈sicher** *adj. Fahrzeug*: safe, *bsd. Auto*: roadworthy; **~sicherheit** *f* safety in traffic (*od.* on the road); **~sitte** ⚖ *f* public policy; **~spitze** *f* traffic peak, rush-hour traffic; **~sprache** *f* lingua franca, interlanguage; **≈stark** *adj.*: *~e Zeit* rush hours *pl.*; **~stärke** *f* traffic load; **~stauung** *f*, **~stockung** *f* traffic jam (*od.* block, congestion, hold-up); **~steuer** *f* property transfer tax; **~straße** *f* thoroughfare; **~streife** *f* traffic patrol; **~sünder** *m* traffic offender; **~tafel** *f* traffic sign; **~teilnehmer** *m* road user; **~unfall** *m* traffic accident; **~unternehmen** *n* → *Verkehrsgesellschaft*; **~verein** *m* tourist office; **~verhältnisse** *pl.* traffic conditions; **~vorschrift** *f* traffic regulation; **~wacht** *f* road patrol; **~wert** *m* market value; **~wesen** *n* traffic (system); (system of) communications *pl.*, transport(ation *Am.*); **⁓widrig** *adj.* violating the (*adv.* in violation of) traffic regulations; **~widrigkeit** *f* traffic violation; **~zählung** *f* traffic census; **~zeichen** *n* traffic sign(al); *am Pfahl*: sign-post.

verkehrt *adj.* inverted, reversed; (*auf dem Kopf*) upside down; (*nach außen gestülpt*) inside out; *fig.* (*falsch*) wrong; (*absurd*) perverse, absurd; *Person*: wrongheaded; Kaffee ~ white coffee, F coffee dash; ~e Welt crazy world; F das ist gar nicht ~! that's not at all bad!, there is no harm in (doing) that!; *adv.* et. ~ anfangen put the cart before the horse, F do things hind end to; **⁓heit** *f* wrongness, perversity, absurdity; wrongheadedness; (*Narrheit*) folly.

verkeilen *v/t.* **1.** wedge (tight), quoin; **2.** F → verprügeln.

verkenn|en *v/t.* (*j-n*) mistake; (*et.*) misunderstand, misread; (*falsch einschätzen*) misjudge; (*unterschätzen*) underestimate; (*nicht recht würdigen*) fail to appreciate; nicht zu ~ unmistakable; verkanntes Genie unappreciated genius; *e-e* Sache nicht ~ be fully alive to; wir ~ die *Schwierigkeit* nicht we are (not un)aware of; es ist nicht zu ~, daß it meets the eye that.

verkett|en *v/t.* chain up; ⚡ (inter-)link; *fig.* link together, interlock, concatenate; **⁓ung** *f* ⚡ (inter)linkage; *fig.* enchainment, concatenation, chain.

verketzern *v/t.* brand as a heretic.

verkitten *v/t.* cement (*a. fig.*), seal; (*Fenster*) putty.

verklagen *v/t.* accuse; (*verpetzen*) *sl.* squeal on; ⚖ sue (auf, wegen for), take legal proceedings (*od.* bring action) against, go to law with.

verklär|en *eccl. u. fig. v/t.* transfigure; *fig.* (*et.*) illumine; sich ~ be(come) transfigured; verklärt *Person*, *Gesicht usw.*: radiant; **⁓ung** *f* transfiguration; *fig. a.* radiance, ecstasy.

Verklarung ⚓ *f* (ship's) protest.

verklatschen F *v/t. sl.* squeal on; (*die Zeit*) gossip away.

verklausulieren *v/t.* safeguard (*od.* hedge in) by clauses; *fig.* express in a roundabout way.

verkleben *v/t.* paste *a th.* over (*od.* up); ⚕ plaster over; (*kitten*) stick together, cement, *mit Leim*: glue.

verklecksen *v/t.* cover with blots (*od.* smudges), blot, smudge.

verkleid|en *v/t.* **1.** disguise (sich o.s.); *thea.* (*a.* sich ~) make up (als as), *a. weitS.* dress up (as); **2.** ⊕ (*abdecken*) cover, mask; *innen*: line; *außen*: (en)case; (*ummanteln*) jacket; (*umhüllen*) sheathe; (*verschalen*) board; ⚠ face; ⚔(*tarnen*) camouflage, screen; ✈, *stromlinienförmig*: fair; (*täfeln*) panel, *nur Holz*: wainscot; **⁓ung** *f* disguise; *thea.* make-up; ⊕ covering, lining; facing; panel(l)ing, wainscoting.

verkleiner|n *v/t.* make smaller, reduce (in size); (*Maßstab*, ⚗) reduce; (*Zeichnung*) scale down; (*vermindern*) diminish, lessen; (*Wert*) *a.* depreciate; *fig.* minimize, F play down; (*schlechtmachen*) belittle, derogate, detract from, disparage; sich ~ grow smaller, be reduced, *Betrieb usw.*: *a.* work on a smaller scale, cut back; **⁓ung** *f* reduction, diminution; *fig.* belittling, derogation; detraction (*gen.* from); disparagement; **⁓ungsmaßstab** *m Zeichnen*: scale of reduction; **⁓ungssilbe** *f* diminutive ending; **⁓ungswort** *n* diminutive.

verkleistern *v/t.* glue, paste up; (*a. fig. Zwist*) patch up.

verklemmt *psych. adj.* repressed.

verklingen *v/i.* die away (*a. fig.*).

verklopfen F *v/t.* thrash.

verknacken F *v/t.* → verurteilen.

verknacksen F *v/t.*: sich den Fuß ~ sprain one's foot.

verknallen F *v/refl.*: sich ~ fall violently in love (*in* with); verknallt sein in *j-n* F be smitten with (*od.* gone on), *sl.* have a crush on.

verknapp|en *v/i.* run short, become scarce; **⁓ung** *f* shortage, scarcity.

verkneifen F *v/t.*: sich et. ~ deny o.s. a th.; er konnte sich nicht ~, zu sagen he could not help saying; verkniffen *Gesicht*, *Mund*: pinched.

verknöcher|n *v/t. u. v/i.* ossify; *fig. a.* fossilize; verknöcherter Kerl old fossil; **⁓ung** *f* ossification, fossilization.

verknorpeln *v/t.* become cartilaginous.

verknoten *v/t.* fasten with knots, tie up.

verknüpf|en *v/t.* knot *od.* tie (together); *fig.* connect, tie up (mit with); **~t** *adj. fig.*: ~ mit *Kosten*, *Schwierigkeiten* involving, entailing, attended with; eng ~ mit closely associated with, bound up with; **⁓ung** *f* knotting (together); connection, nexus, concurrence.

verknusen F *v/t.*: ich kann ihn nicht ~ I cannot stand (*od.* stomach, F stick) him.

verkochen *v/t. u. v/i.* boil away.
verkohlen *v/t.* **1.** carbonize, (*a. v/i.*) char; **2.** F (*zum besten haben*) hoax, pull *a p.'s* leg, *sl.* have *a p.* on.
verkok|en *v/t.* coke, carbonize; **≈ung** *f* carbonization, coking.
verkommen I. *v/i.* decay, go to wreck and ruin, F go to seed; *Person*: come down in the world, go to the dogs; → *a. verwahrlosen*; **II.** *adj.* decayed; *sittlich*: depraved, corrupt; **≈heit** *f* depravity, immorality.
verkonsumieren F *v/t.* (*essen, trinken*) put down.
verkoppeln *v/t.* couple, join.
verkorken *v/t.* cork (up).
verkorksen F *v/t.* F make a hash of, bungle, louse (*od.* muck) up; *sich den Magen* ~ upset one's stomach; *verkorkster Kerl* kink(y fellow).
verkörper|n *v/t.* personify, embody; (*vertreten*) represent; *bsd. thea.* impersonate; *als Typ*: typify; **≈ung** *f* personification, embodiment; incarnation; impersonation.
verköstig|en *v/t.* board, feed; **≈ung** *f* board, food.
verkrachen F *v/i.* go bankrupt (*od.* F over the cliff), *sl.* go bust; F *sich* ~ fall out (*mit* with), quarrel (with); *verkrachte Existenz* failure; *verkrachter Künstler* failed artist.
verkraften *v/t.* (*ertragen*) bear, stand; (*bewältigen*) cope (*od.* deal) with, handle.
verkramen *v/t.* mislay.
verkrampf|en *v/refl.*: *sich* ~ cramp; *Hand, Kiefer usw.*: clench; *fig. Person*: be all tensed up; **~t** *adj.* clenched, *a. fig.* cramped; *geistig*: tense(d-up).
verkriechen *v/refl.*: *sich* ~ hide; *fig. sich* ~ *müssen vor* be a fool to.
verkrümeln *v/t.* crumble; F *sich* ~ (*sich davonschleichen*) slink away, sidle off, *a. weitS. sl.* beat it.
verkrümm|en *v/t.* crook, curve, bend, twist, ⊕ buckle; *sich* ~ become crooked, *etc.*; ⊕ buckle, *Holz*: warp; **≈ung** *f* distortion; ~ *der Wirbelsäule* curvature of the spine.
verkrüppeln I. *v/t.* cripple; (*verunstalten*) deform; (*verkümmern lassen*) stunt; **II.** *v/i.* become crippled; be stunted (*od.* deformed).
verkrusten *v/i. u. v/refl.* (*sich* ~) become incrusted; *Schmutz*: cake; *von Schmutz verkrustet* mud-caked.
verkühl|en *v/refl.*: *sich* ~ catch (a) cold; **≈ung** *f* cold.
verkümmer|n *v/i.* become stunted, atrophy (*a. fig.*); F *fig.* turn sour, get all weary; **~t** *adj.* stunted, dwarfed; atrophied (*a. fig.*); *zo.* rudimentary, vestigial; **≈ung** *f* stunted growth; atrophy (*a. fig.*).
verkünd(ig)|en *v/t.* announce (*a.* F *fig. sagen*), make known; *öffentlich*: publish, proclaim; (*Gesetz*) promulgate; (*Urteil*) pronounce; (*Evangelium*) preach (*od.* spread) *the gospel*; (*weissagen*) predict, prophesy; *fig.* herald *a new epoch, etc.*; **≈er** *m* announcer; *eccl.* evangelist; **≈ung** *f* announcement; proclamation; pronouncement; promulgation; preaching, spreading, evangelism; prediction, prophecy; *Mariä* ~ Annunciation, Lady Day.
verkünstel|n F *v/refl.*: *sich* ~ F tie o.s. into knots (*mit doing a th.*); **~t** *adj.* over-elaborate.
verkupfern *v/t.* copper(plate).
verkuppeln *v/t.* **1.** ⊕ couple; **2.** *fig.* (*Mädchen*) procure; F (*verheiraten*) engineer the marriage of *a p.* (*an, mit* with).
verkürz|en *v/t.* shorten; *paint.* foreshorten; (*beschneiden*) clip; (*abkürzen*) abridge; (*beschränken*) curtail, cut; *sich* ~ become shorter, shorten; ~ *auf Sport*: shorten to; *verkürzte Arbeitszeit* short time; → *Zeit*; **≈ung** *f* shortening; *paint.* foreshortening; abridgement; curtailment, cut.
verlachen *v/t.* laugh at, deride, snap one's fingers at.
Verlade|bahnhof *m* loading station; **~brücke** *f* loading bridge; **~hafen** *m* loading port, port of embarkation; **≈n** *v/t.* load, ship; 🚂 entrain, ⚓ (*verfrachten*) consign, forward, ship; ⚔ entrain, *in Schiffe*: embark, *in Flugzeuge*: emplane, *in Lastwagen*: entruck; F *fig.* → *verschaukeln*; **~papiere** *n/pl.* shipping documents; **~r** ⚓ *m* shipping agent, carrier; 🚂 consignor; *weitS.* exporter; **~rampe** *f* loading platform; **~schein** *m* certificate of receipt; **~stelle** *f* loading point; point of embarkation *od.* shipment.
Verladung *f* loading, shipping, shipment; entraining, *etc.*, → *verladen*.
Verlag *m* publishing house, *the* publishers *pl.*; (*erschienen*) *im* ~ *von* published by; *in* ~ *nehmen* undertake the publication of, publish.
verlager|n *v/t.* *allg.* (*a. sich* ~) shift (*a. phys., geol.,* ⚖ *Beweislast*), displace; (*verlegen*) transfer, remove (*nach* to); *aus Sicherheitsgründen*: evacuate; (*Interesse, Schwerpunkt usw.*) (*a. sich* ~) shift (*von ... zu* from ... to); **≈ung**

f shift(ing); displacement; transfer, removal; evacuation; *fig.* shift, basic change.

Verlags...: **~anstalt** *f* publishing house; **~artikel** *m* publication; **~buchhandel** *m* publishing trade (*od.* business); **~buchhändler** *m* publisher; **~buchhandlung** *f*, **~firma** *f* publishing house; **~katalog** *m* publisher's catalog(ue); **~vertrag** *m* publishing agreement; **~werk** *n* publication.

verlangen I. *v/t.* (*fordern*) demand; (*Anspruch erheben auf*) claim; (*wünschen*) desire, wish, want; (*berechnen*) charge, want to have; (*bestehen auf*) insist on, *lärmend, stürmisch*: clamo(u)r for; (*erfordern*) require, call for; *viel ~ an Leistungen*: set a high standard; *es verlangt mich zu erfahren* I am anxious to know; *ihn verlangt nach Betätigung* he wants to do things, he is keen on some activity; *das verlangt Konzentration* that requires (*od.* calls for) concentration; *das ist zuviel verlangt* that is asking too much; *mehr kann man nicht ~* one cannot wish for more; *Sie werden am Telephon verlangt* you are wanted on the phone; **II.** *v/i.*: *~ nach* ask for, (*j-m*) *a.* wish to see; (*sich sehnen nach*) long for, hanker after, crave; (*fordern*) demand; **III.** *≈ n* desire; *heftiges*: craving, (*Sehnsucht*) longing, *Am.* F yen (*alle*: *nach* for); (*Forderung*) demand, request; *auf ~* by request, ⚕ on demand; *auf ~ von* at the request of; *zahlbar auf ~* payable at call; *~ tragen nach* have a longing for; *kein ~ haben zu inf.* feel no desire to *inf.*, be not keen on *ger.*, have no ambition to *inf.*; **~d** *adj.* desirous, longing.

verlänger|n *v/t.* lengthen, make longer, elongate; ⚒ produce; (*Frist usw.*) prolong, (*a. Kredit, Patent, Spielzeit*) extend; (*Wechsel, Vertrag*) renew; (*Film*) (*die Laufzeit ~*) hold over; (*Soße usw.*) lengthen; (*den Ball*) *~ Sport*: help the ball on (zu to); *fig. verlängerter Arm* instrument(ality); **≈ung** *f* lengthening, elongation; ⚒ production; prolongation, extension; renewal; *Sport*: (*Spiel≈*) extra time; (*Ball≈*) pass; (*Vorsprung*) projection; **≈ungsschnur** ⚡ *f* extension flex (*Am.* cord); **≈ungsstück** *n* ⊕ extension piece; ⚕ *Wechsel*: allonge.

verlangsam|en *v/t.* (*a. sich ~*) slow down, slacken (down), decelerate; (*verzögern*) slow down, retard, delay; **≈ung** *f* slowing down, slowdown, deceleration.

verläppern F *v/t.* trifle (*od.* fritter) away.

Verlaß *m*: *es ist kein ~ auf ihn* he is not reliable, he cannot be trusted.

verlaschen ⊕ *v/t.* fish.

verlassen I. *v/t.* leave, *gänzlich*: *a.* quit; (*im Stich lassen*) forsake, abandon, leave in the lurch; *böswillig, treulos*: desert; *s-e Kräfte verließen ihn* his strength failed him; **II.** *v/refl.*: *sich ~ auf* rely (*od.* depend, count, bank) on; *Sie können sich darauf ~, daß* you may rely on it that, you may rest assured that; *auf ihn* (*sein Wort*) *kann man sich ~* he is as good as his word; F *verlaß dich drauf!* take it from me!, *sl.* you bet!; **III.** *adj.* forsaken, abandoned; deserted (*a. öde* = desolate); (*allein, hilflos*) forlorn; (*vereinsamt*) *Person, Ort*: isolated, lonely; **IV.** *≈ n* leaving, *etc.*; ⚖ *~ in hilfloser Lage* exposure; *böswilliges ~* wil(l)ful desertion; **≈heit** *f* loneliness; forlornness; isolation.

verläßlich *adj.* reliable, dependable; **≈keit** *f* reliability.

verlast|en ⚔ *v/t.* pack (*od.* load) on vehicles; **~et** *adj. Truppen*: lorry-borne, *Am.* trucked.

verlästern *v/t.* malign, slander, defame.

Verlaub *m*: *mit ~* by your permission (*od.* leave); *mit ~* (*zu sagen*) with respect.

Verlauf *m der Zeit*: course, passage; *e-s Vorgangs, e-r Krankheit usw.*: progress, course, development, run; (*Tendenz*) trend; *im ~ gen. od. von* in the course of; *im weiteren ~* in the sequel, later on; *im weiteren ~ der Debatte usw.* as the debate went on, later in the discussion, *etc.*; *nach ~ von* after (a lapse of); *e-n schlimmen ~ nehmen* take a bad turn; **≈en I.** *v/i. Zeit*: pass, elapse; *Vorgang*: take a ... course, proceed, develop; go, run, come off; *Grenze, Weg usw.*: run, extend; *Farben*: run, bleed, blend; **II.** *v/refl.*: *sich ~* (*sich verirren*) go astray, lose one's way, get lost; *Gewässer*: flow off, disperse; *Menge*: scatter, disperse, drift away; → *Sand*; **III.** *adj. Kind, Tier*: stray.

verlaust *adj.* full of lice, lousy.

verlaut|baren *v/t.* disclose, make known, announce; *~, daß* issue a statement to the effect that; **≈barung** *f* announcement, report, statement, disclosure, bulletin; (*Presse≈*) (press) release; **~en** *v/i.* be reported, be disclosed, transpire;

~ *lassen* give to understand, (be heard to) say, (*andeuten*) hint; *nichts davon* ~ *lassen* not to say a word about it; *wie verlautet* as reported.

verleb|en *v/t.* spend, pass; *schöne Tage* ~ *a.* have nice days (*od.* a good time); **~t** *adj.* worn-out *od.* ravaged (by a fast life).

verlegen[1] **I.** *v/t.* **1.** *räumlich*: transfer (*a.* ⚔ *Truppen*); *a.* ⚔ (*Feuer*), *phys.* (*Schwerpunkt*) shift, (*a. Wohnsitz*) remove; *aus Sicherheitsgründen*: evacuate (*nach* to); (*Straße*, 🚂) relocate; *fig. den Schauplatz e-r Erzählung usw. in od. nach* ~ lay (*od.* site) the scene in; **2.** *zeitlich*: put off (*auf* to), defer (to), postpone, adjourn (until); **3.** ⊕ (*Kabel usw.*) lay; **4.** (*versperren*) (*Weg*) bar, cut off, block; **5.** (*Buch*) publish, bring out; **6.** *fig.* (*et.*) mislay; **II.** *v/refl.*: *sich* ~ *auf* (*e-e Tätigkeit*) apply (*od.* devote) o.s. to, take up; *als Hobby usw.*: take to *gardening*, *etc.*; (*aufs Bitten, Leugnen usw.*) resort to.

verlegen[2] *adj. u. adv.* (*verwirrt*) embarrassed, confused; (*unsicher*) self-conscious, ill at ease; (*errötend*) blushing; (*nie*) ~ *um* (*e-e Antwort, Ausrede*) (never) at a loss for; *um Geld* ~ short of money; ~ *machen* embarrass, make embarrassed; **≈heit** *f* embarrassment (*a. weitS. Geld*≈ *usw.*); (*Klemme*) difficulty; (*mißliche Lage*) predicament; *j-m aus der* ~ *helfen* help a p. out; *in* ~ *sein* be in a predicament (*od.* F scrape, fix), *geldlich*: be financially embarrassed, be in financial straits, be short of money, *um et.*: be at a loss for *an answer*, *etc.*; *in* ~ *bringen* embarrass; *in* ~ *kommen* get embarrassed, *weitS.* F get o.s. into a scrape; *in die* ~ *kommen, et. tun zu müssen* find o.s. compelled to do a th.; *sich aus der* ~ *ziehen* get out of it, wriggle out.

Verleger *m* publisher; **≈isch** *adj.* publisher's ..., publishing.

Verlegung *f* → *verlegen*[1]; transfer, removal; evacuation; shift(ing); *von Kabeln*: laying *of cables*, wiring; *zeitlich*: postponement, adjournment; *von Büchern*: publishing, publication.

verleiden *v/t.*: *j-m et.* ~ disgust a p. with a th., spoil (*od.* mar) a p.'s pleasure in a th.; *es war ihm verleidet* he was weary (*od.* sick and tired) of it; *mir ist alles verleidet* I am sick of everything.

Verleih *m* hire service; rental shop; *Film*: distribution, (*Gesellschaft*) distributors *pl.*; **≈en** *v/t.* lend (out), *Am.* loan (*j-m et.* a p. a th., a th. to a p.); *gegen Miete*: hire out; (*gewähren*) (*Titel, Recht usw.*) bestow, confer (*dat.* on *a p.*); (*Befugnis, Recht*) *a.* vest (in), (*Gnade, Gunst, a. Lizenz*) grant; (*Auszeichnung, Preis*) award; *fig.* (*e-n Reiz, e-e Eigenschaft*) give, impart (*dat.* to); *j-m Offiziersrang* ~ commission; *j-m ein Amt* ~ appoint a p. to an office; *e-m Gesetz Rechtskraft* ~ render effective; → *Ausdruck* 1, *Kraft* 1; **~er(in** *f*) *m* lender; bestower; ⚖ grantor; *Film*: distributor; **~ung** *f* lending(-out); bestowal; conferment; grant; award.

verleimen *v/t.* glue *od.* cement (together).

verleit|en *v/t.* lead astray; tempt (*zu* into *crime*, *etc.*); seduce, induce (*zu tun* to do), inveigle (into doing); *j-n zu et.* ~ *a.* make a p. do a th., talk a p. into doing a th.; *sich* ~ *lassen* (allow o.s. to) be seduced, *etc.* (*et. zu tun* to do a th.), *von e-m Gefühl usw.*: be carried away (into doing a th.); *dies verleitete mich zu der Annahme* this led me to believe; **≈ung** *f* seduction; inducement.

verlernen *v/t.* unlearn, forget.

verlesen I. *v/t.* **1.** read out; (*Namen usw.*) call over; **2.** (*Gemüse usw.*) pick; **II.** *v/refl.*: *sich* ~ read wrong, make a slip (in reading).

verletz|bar *adj.* vulnerable; (*ungeschützt*) exposed; (*leicht gekränkt*) (over-)sensitive, touchy; **~en** *v/t.* hurt, injure; (*verwunden*) wound (*alle a. fig. j-n, j-s Gefühle*); *fig.* (*kränken*) *a.* offend *a p.*; (*beschädigen*) damage; (*Gesetz, Eid, Recht*) violate, (*Patent usw.*) infringe, (*Gesetz*) *a.* infract; (*Anstand, Vorschrift*) offend against; *s-e Pflicht* ~ neglect (*od.* fail in) one's duty; **~end** *adj.* offensive; cutting *remark*; **~lich** *adj.* → *verletzbar*; **≈te(r** *m*) *f* person injured, injured party, victim; *die* ~*n* the injured (*pl.*); **≈ung** *f* hurt, (*a. Wunde*) injury; (*Beschädigung*) damage; *e-s Rechts usw.*: violation; *e-s Gesetzes*: *a.* infraction, (*a. Patent*≈) infringement; *der Pflicht, e-s Vertrags usw.*: breach; ~ *der Sorgfaltspflicht* lack of proper care, neglect.

verleugn|en *v/t.* deny; (*Freund, Kind*) disown, disavow; (*Grundsatz*) renounce, disclaim; (*zuwiderhandeln*) act contrary to; *sich* ~ *lassen* have o.s. denied, not to be at home (*vor j-m* to); *fig. sich nicht* ~ reveal (*od.* show) itself;

≈ung *f* denial, disavowal; renunciation.

verleumd|en *v/t.* calumniate, backbite, defame; ⚖ defame, *mündlich*: slander, *schriftlich usw.*: libel; **≈er(in** *f*) *m* calumniator, defamer; slanderer, libeller; **~erisch** *adj.* slanderous, calumnious; *a.* ⚖ defamatory; ⚖ slanderous, libellous; *~e Beleidigung* → *Verleumdung* 2; **≈ung** *f* **1.** calumny, backbiting, defamation; **2.** ⚖ *allg.* defamation; *mündliche*: slander (*gen.* of), *schriftliche usw.*: libel (on); **≈ungsklage** *f* action for slander (*od.* libel).

verlieb|en *v/refl.*: *sich ~* fall in love (*in* with); *sich ~ in weitS. a.* take a fancy to, be infatuated with; **~t** *adj.* loving (*in a p.*), in love (with), enamo(u)red (of), F smitten (with), gone (on); *Blicke usw.*: amorous; (*liebeskrank*) love-sick, madly in love; **≈theit** *f* amorousness.

verlier|en I. *v/t. allg.* lose (*an* to); (*Blätter, Haar*) *a.* shed; (*Gewohnheit*) *a.* outgrow; *kein Wort darüber ~* not to say a word about it; → *Auge* 1, *Geduld, Mut, Nerv usw.*; → *a. verloren*; **II.** *v/refl.*: *sich ~ Pfad, Spur usw.*: lose itself, *Person*: (*in Gedanken usw.*) lose o.s. (in thoughts, *etc.*); (*vergehen, verschwinden*) disappear, go; *Volksmenge*: disperse; *Farbe*: fade; *Töne usw.*: die (*od.* fade) away, *Schmerz a.* subside; *Wirkung*: wear off; *Angst, Befangenheit usw.*: dissolve; **III.** *v/i.* lose (*gegen* to; *an Gewicht usw.* in); *fig.* (*an Schönheit usw. ~*) F go off, (*bei näherer Betrachtung usw.*) ~ lose (on closer inspection, *etc.*); *der Roman verliert sehr in der Übersetzung* loses a lot in translation; **≈er(in** *f*) *m* loser; *guter* (*schlechter*) *~* good (bad) loser; **≈erstraße** F *f*: *auf der ~ sein Sport*: be fighting a losing battle, be playing a losing game.

Verlies *n* dungeon, keep.

verlitzen ⚡ *v/t.* strand.

verloben *v/t.* engage (*mit* to); *sich ~* become engaged (*od. bsd. poet.* betrothed); *verlobt sein* be engaged (to be married).

Verlöbnis *n* engagement, *poet.* betrothal; **~bruch** *m* breach of promise.

Verlobte(r *m*) *f*: *ihr ~r* her fiancé (*fr.*), F her intended; *s-e ~* his fiancée (*fr.*), F his intended; *die ~n* the engaged couple *sg.*, the betrothed (*pl.*).

Verlobung *f* engagement, betrothal; *e-e ~ aufheben* break off an engagement; **~sanzeige** *f* announcement of an engagement; **~sring** *m* engagement-ring.

verlock|en *v/t.* allure, entice, (*verführen*) seduce (*zu tun* to do); tempt (*zu et.* into); **~end** *adj.* tempting, enticing; **≈ung** *f* allurement, lure, enticement; temptation; seduction.

verlogen *adj.* (given to) lying, untruthful, mendacious; *weitS.* F phon(e)y; *~er Kerl* (damned) liar; **≈heit** *f* constant lying; untruthfulness, mendacity; F phoniness.

verlohnen *v/impers.*: *es verlohnt sich der Mühe* it is worth the trouble, it is worth while.

verloren *adj.* lost (*a. fig.*); (*einsam, hilflos*) forlorn; *~e Eier* poached eggs; *~e Hoffnung* vain hope; *~e Partie, ~es Spiel* losing game; *~er Haufen od. Posten* forlorn hope; *auf ~em Posten stehen* (*od. kämpfen*) fight a losing battle, *fig. a.* fight for a lost cause; *bibl. der ~e Sohn* the prodigal son; *~ geben* give up for lost, F write off; *das Spiel ~ geben* throw up the game (for lost); *fig.* throw in the towel, give in; *sich ~ geben* give up; *p.p.* F *was hast du hier ~?* what (the hell) are you doing here?; F *du hast hier nichts ~!* you have no business to be here!; **~gehen** *v/i.* be (*od.* get) lost; *Briefe*: *a.* miscarry; *an ihm ist ein Schauspieler verlorengegangen* he would have made a splendid actor.

verlöschen *v/i.* → *erlöschen.*

verlos|en *v/t.* (dispose of by) lot; draw (*od.* cast) lots for; *in e-r Tombola*: raffle (off); **≈ung** *f* casting of lots; lottery, raffle.

verlöten *v/t.* solder up; *hart ~* braze; F *einen ~* (*trinken*) *sl.* hoist one.

verlotter|n *v/i. Sache*: go to rack and ruin, *a. Person*: F go to seed; **~t** *adj.* → *verwahrlost.*

Verlust *m* loss (*an* of); (*Todesfall*) *a.* bereavement; (*Schaden*) damage; (*Abgang*) waste; *~e* ⚔ casualties, losses; *im Spiel*: losings; *fig. ein großer ~* a great loss (*für* to); *in ~ geraten* get lost; *mit ~ verkaufen usw.* at a loss, at a sacrifice; *mit ~ arbeiten Betrieb*: run at a loss; → *erleiden, Rücksicht usw.*; **~anzeige** *f* notice of (a) loss; **≈bringend** *adj.* involving (a) loss, losing *business*; **≈frei** *adj.* free from losses; **~geschäft** *n* losing business.

verlustieren *v/refl.*: *sich ~* amuse o.s.

verlust|ig *adv.*: *e-r Sache ~ gehen*

forfeit a th., be deprived of a th.; lose a th.; *j-n e-r Sache für ~ erklären* declare a p. to have forfeited a th.; **~konto** *n* loss account; **~liste** ⚔ *f* (list of) casualties *pl.*; **~meldung** *f* report of loss; *Person*: casualty report; **~rechnung** *f* → *Verlustkonto*; **~reich** *adj.* involving heavy losses, bloody.

vermachen *v/t.* ⚖ (*bewegliche Sachen*) bequeath, (*Grundeigentum*) devise (*dat.* to); *j-m et. ~* leave (*od.* will) a th. to a p.

Vermächtnis *n* (*Testament*) will; (*das Vermachte*) bequest; *von Geld*: legacy; *von Grundeigentum*: devise; *fig.* legacy; **~geber** *m* legator; **~nehmer** *m* legatee; devisee.

vermähl|en *v/t.* (*a. sich ~*) wed, marry (*j-n mit* to); *fig.* unite; *die Vermählten* the bridal pair *sg.*, the newly-married couple *sg.*; **~ung** *f* wedding, marriage.

vermahnen *v/t.* → *ermahnen.*

vermaledeit *adj.* → *verdammt.*

vermännlich|en *v/t.* masculinize; **~ung** *f* masculinization.

vermanschen F *v/t.* mess up.

vermarkten *v/t.* commercialize.

vermasseln *v/t.* bungle, *bsd. Sport*: muff, *sl.* foozle, goof; → *Tour.*

Vermassung *f* depersonalization.

vermauern *v/t.* wall up (*od.* in).

vermehr|en *v/t.* (*a. sich ~*) increase (*um* by), augment; *an Zahl*: *a.* multiply; ([*sich*] *fortpflanzen*) propagate, procreate, reproduce, *bsd. zo.* breed; (*beitragen zu*) add to; *vermehrte Auflage e-s Buches* enlarged edition; **~ung** *f* increase; addition (*gen.* to); propagation, procreation.

vermeid|bar *adj.* avoidable; **~en** *v/t.* avoid; *schlau*: evade, dodge, steer clear of; *ängstlich*: shun; *es läßt sich nicht ~* it is unavoidable, it cannot be helped; *tun Sie es nicht, wenn Sie es ~ können* if you can help it; **~lich** *adj.* avoidable; **~ung** *f* avoidance.

vermein|en *v/t.* think, believe, suppose; **~tlich** *adj.* supposed; (*angeblich*) pretended, putative; (*eingebildet*) imaginary.

vermelden *v/t.* announce, report; *j-m et. ~* notify (*od.* inform) a p. of a th.

vermengen *v/t.* mix (up), mingle, blend; *sich ~ mit* mix (*od.* blend) with; *in e-e Sache vermengt werden* be involved in, be mixed up in (*od.* with).

vermenschlich|en *v/t. allg.* humanize; **~ung** *f* humanization.

Vermerk *m* note; (*Anmerkung*) annotation; (*Eintragung*) entry; *auf Urkunden*: *a.* endorsement; **~en** *v/t.* note (down), make a note of, record; (*eintragen*) enter; *geistig*: note, make a (mental) note of; *übel ~* take *a th.* amiss, take offen|ce (*Am.* -se) at, resent *a th.*

vermess|en I. *v/t.* measure; (*Land*) survey; **II.** *v/refl.*: *sich ~ zu* (*sich erdreisten*) dare, presume, have the temerity (*od.* impudence) to; **III.** *adj.* (*anmaßend*) presumptuous; (*allzu kühn*) (over)bold; **~enheit** *f* presumption; **~er** *m* surveyor; **~ung** *f* measuring; (*Land~*) survey(ing); (*Erd~*) geodesy.

Vermessungs...: **~amt** *n* surveyor's office; **~beamte(r)** *m* surveyor; **~ingenieur** *m* surveyor, geodesist; **~kunde** *f* surveying; (*Erd~*) geodesy; **~punkt** *m* survey point.

vermiesen F *v/t.* F ruin, *sl.* louse up; *j-m et. ~* ruin (*od.* spoil) a th. for a p.

vermiet|en *v/t.* let (out), lease out, *bsd. Am.* rent (*alle*: *an* to); (*Sachen*) *a.* hire out (to); *Haus zu ~* house to (be) let; *Möbel usw. zu ~* furniture, *etc.* on (*od.* for) hire; **~er(in** *f*) *m* letter; (*Hauswirt*) landlord (*f* landlady); *von Sachen*: hirer(-out); ⚖ lessor; **~ung** *f* letting; leasing; hiring (out).

verminder|n *v/t.* (*a. sich ~*) diminish, decrease, lessen; (*beeinträchtigen*) impair; (*beschränken*) reduce, curtail, cut (down, *Am. a.* back); *sich ~ a.* decline, fall off; **~ung** *f* diminution, decrease, lessening; impairment; reduction, cut.

verminen *v/t.* mine.

vermisch|en *v/t.* mix (up), mingle; (*Farben, Tabake, Tee usw.*) blend; (*Rassen*) interbreed, cross; (*verfälschen*) adulterate; (*legieren*) alloy; *sich ~* mix, blend; interbreed; **~t** *adj.* mixed; *Nachrichten usw.*: miscellaneous; *~e Schriften* miscellany *sg.*; **~ung** *f* mixing, mixture; blend(ing); interbreeding, crossing; *durch Heirat*: intermarriage; (*Wirrwarr*) medley, jumble.

vermissen *v/t.* miss; (*nicht sehen*) *a.* fail to see; (*beklagen*) regret; *~ lassen* lack, want, not to have; *vermißt* missing (⚔ in action).

Vermißte(r *m*) *f* missing person; *pl. the* missing (*pl.*), ⚔ missing personnel *sg.*

vermitt|eln I. *v/t.* (*beschaffen*) procure, obtain, get (*j-m* for a p.); (*arrangieren*) arrange; (*Bild, Ein-*

druck, *Vorstellung*) give, convey, offer, *a.* (*Wissen*) impart (*j-m* to a p.); **II.** *v/i.* mediate, act as a mediator (*bei* in); (*~d eingreifen*) intercede, interpose, intervene (*zwischen* between); **~elnd** *adj.* mediatory, conciliatory; **~els(t)** *prp.* by means (*od.* dint) of, through (*gen. a th.*); **≈ler(in** *f*) *m* **1.** (*Schlichter*) mediator (*f a.* mediatrix); **2.** (*Mittelsmann*) intermediary, middleman, go-between, † *a.* agent; *von Aufträgen usw.*: procurer, negotiator; **≈leramt** *n* mediatorship.

Vermittlung *f* **1.** *bei Streit*: mediation; (*Eingreifen*) intercession; (*Beilegung*) settlement; (*Vermittleramt*) mediatorship; **2.** (*Beschaffung*) procurement, supply (-ing), negotiation; (*Einrichten*) arrangement; (*Funktion*) intermediary, agency; *durch ~ gen. od. von* through (the intermediary of); *durch freundliche ~ des Herrn X.* by the good offices of Mr. X.; **3.** (*Amt*, *Stelle*) agency, office; → *Stellen≈*; **4.** *teleph.* → **~samt** *teleph. n* (telephone) exchange, *Am.* central office; **~sausschuß** *m* mediation committee; **~sgebühr** *f*, **~sprovision** *f* commission; *e-s Maklers*: *a.* brokerage; **~svorschlag** *m* proposal for settlement, mediatory proposal.

vermöbeln F *v/t.* → *verprügeln*.

vermodern *v/i.* mo(u)lder, decay, rot.

vermöge *prp.* by (means of), through (*gen. a th.*); (*dank*) owing (*od.* thanks) to; *a. amtlich*: by virtue of, on the strength of.

vermögen *v/t.*: *~ zu inf.* be able to *inf.*; be capable of *ger.*; be in a position to *inf.*, have the power to *inf.*; *er usw. vermag (nicht) a.* he can(not); *wir werden sehen, was er vermag* what he can do; *etwas ~ bei j-m* have influence with a p.; *es über sich ~* bring o.s. to do it.

Vermögen *n* **1.** (*Können*) ability; power, capacity; *nach bestem ~* to the best of one's ability; *das geht über mein ~* that's beyond my power; **2.** (*Besitz*) property; (*Geldbesitz*) means *pl.*, *großes*: fortune; † capital; (*Aktiva*) assets *pl.*; *ein ~ verdienen (kosten)* make (cost) a fortune; **≈d** *adj.* wealthy, rich, well-to-do; *pred.* well to do, well off.

Vermögens...: **~abgabe** *f* capital levy; **~anlage** *f* (productive) investment; **~aufsicht** *f* property control; **~aufstellung** *f* inventory of property; **~bestand** *m* (aggregate property) assets *pl.*; **~bilanz** *f* statement of resources and liabilities, *Am.* statement of condition; **~bildung** *f* (subsidized) creation of private means for the general public (through fiscal grants and tax privileges); **~gegenstand** *m* (property) asset, property; **~masse** *f* estate, assets *pl.*; (*Ggs. Zinsen*) principal; **≈rechtlich** *adj.* under the law of property; *~e Ansprüche* pecuniary claims; **~steuer** *f* property tax; **~verhältnisse** *pl.* pecuniary circumstances; *in angenehmen ~n* in easy circumstances; **~verwaltung** *f* administration of property; **~verzeichnis** *n* schedule (*od.* inventory) of property; **~werte** *m/pl.* (property) assets; **≈wirksam** *adj.* capital-creating (through fiscal grants and tax privileges); **~zuwachssteuer** *f* tax on the increment value of property.

vermumm|en *v/t.* (*einhüllen*) muffle up; (*verkleiden*) disguise, mask; **≈ung** *f* disguise, mummery, masquerade.

vermut|en *v/t.* (*annehmen*) suppose, assume, F guess; (*schließen*) conjecture, gather; (*erwarten*) expect; (*sich einbilden*) imagine; (*argwöhnen*) suspect, surmise; *ich vermutete, daß a.* I had an idea (*od.* F a hunch) that; **~lich I.** *adj.* presumable, supposed; (*wahrscheinlich*) probable, likely; **II.** *adv.* presumably, *etc.*; I suppose; **≈ung** *f* presumption (*a.* ⚖); supposition, F guess; (*Gedanke*) idea, F hunch; (*Schluß*) conjecture; (*Erwartung*) expectation; (*Theorie*, *Mutmaßung*) speculation (*a. pl.*); (*bloße ~* mere) surmise *od.* guesswork; *~en anstellen* speculate (*über* upon).

vernachlässig|en *v/t.* neglect; *s-e Pflicht ~* fail (*od.* be neglectful, *Am.* be derelict) in one's duty; **≈ung** *f* neglect(ing).

vernagel|n *v/t.* nail (up); (*Deckel*) nail down; *mit Brettern ~* board up; **~t** F *adj.* dense, blockheaded; *ich war wie ~* my mind was a blank.

vernähen *v/t.* sew up.

vernarben *v/i. u. v/refl.*: (*sich ~*) cicatrice, scar over; (*zuheilen*) heal up.

vernarr|en *v/refl.*: *sich ~ in* become infatuated with, *sl.* go nuts about; **~t** *adj.*: *~ in* infatuated with, madly in love with, F wild (*od.* crazy) about, *sl.* nuts (*od.* gone) on; *bsd. in ein Kind ~ sein* dote on a child.

vernaschen *v/t.* spend on sweets; F *(j-n) sl.* love up.

vernebel|n *v/t.* ⚔ (cover by a smoke-)screen; ⊕ atomize; *fig.* obscure; **≈ung** *f* (smoke-) screen; atomizing; *fig.* obscuring.

vernehm|bar *adj.* audible, perceptible; **~en** *v/t.* **1.** perceive, hear, become aware of; *(erfahren)* learn, hear, understand; ~ *lassen* declare, say, intimate; *sich* ~ *lassen* make o.s. *(od.* be) heard; **2.** *(verhören)* interrogate, question, ⚖ *a.* examine; *als Zeuge vernommen werden* be called into the witness-box *(Am.* witness-stand); **≈en** *n* **1.** *dem* ~ *nach* according to reports, reportedly, reputedly, from what I *(od.* we) hear *od.* understand; rumo(u)r has it that; *sicherem* ~ *nach* according to reliable reports, we have it on good authority that; **2.** *(Ein* ≈) understanding, terms *pl.*; *im* ~ *mit* in agreement with; **~lich** *adj.* audible, distinct; *(laut)* loud, resounding; **≈ung** *f* interrogation, questioning, ⚖ *a.* examination, inspection; **≈ungsbeamte(r)** *m* interrogator; **~ungsfähig** *adj.* fit to be interrogated.

verneig|en *v/refl.*: *sich* ~, **≈ung** *f* bow; *von Damen*: curtsey *(vor* to).

verneln|en *v/t. u. v/i.* say no, answer in the negative *(e-e Frage* to a question); *(leugnen)* deny; *fig.* negate, say no (to); *er verneinte a.* the answer was no, his answer was in the negative; **~end** *adj.* negative; **≈ung** *f* negation; denial; *ling.* negative; **≈ungssatz** *m* negative clause; **≈ungswort** *n* negative.

vernichten *v/t.* annihilate; *(zerstören)* destroy *(a. Urkunden)*; *(ausrotten)* exterminate; *(auslöschen)* wipe out, eradicate; *(Hoffnung)* dash, shatter, destroy; **~d** *adj.* devastating *(a. fig.)*; *(zerstörerisch)* destructive; *fig. Antwort, Schlag, Niederlage*: crushing; *Blick*: withering, *a. Kritik*: scathing; *~e Antwort od. Bemerkung* F squelcher; *adv.* ~ *schlagen* inflict a crushing defeat on, F beat hollow, demolish.

Vernichtung *f* annihilation; destruction; extermination.

Vernichtungs...: **~feuer** ⚔ *n* annihilating fire; **~krieg** *m* war of extermination; **~lager** *n* extermination camp; **~mittel** *n für Unkraut usw.*: killer; **~schlacht** *f* battle of annihilation; **~waffe** *f* destructive weapon.

vernickel|n *v/t.* nickel(-plate); **≈ung** *f* nickel-plating.

verniedlichen *v/t.* minimize, F play *a th.* down.

vernieten *v/t.* rivet, clinch.

Vernunft *f* reason; *(vernünftige Art)* reasonableness; *die gesunde* ~ common sense, good sense; ~ *annehmen* be(come) reasonable, listen to reason; *j-n zur* ~ *bringen* bring a p. to reason *(od.* to his senses); *j-m* ~ *einbleuen* knock some sense into a p.; *j-m* ~ *predigen* plead with a p. to be reasonable; *wieder zur* ~ *kommen* come back to one's senses; *nimm doch* ~ *an!* be reasonable!; **≈begabt** *adj.* rational; **~ehe** *f* marriage of convenience.

Vernünftel|ei *f* subtlety, sophistry, hair-splitting; **≈n** *v/i.* subtilize, split hairs.

Vernunft...: **≈gemäß** *adj.* rational, reasonable, logical; **~glaube** *m* rational belief, rationalism; **~grund** *m* rational argument.

vernünftig *adj.* *(vernunftbegabt)* rational; *(verständig, vernunftgemäß, angemessen)* reasonable; *(verständig)* sensible, level-headed; judicious, wise; *adv.* ~ *reden* talk sense; **~erweise** *adv.* reasonably; *~ging er nicht hin* he had the good sense not to go there.

vernunft...: **~los** *adj.* senseless, unreasonable; **~mäßig** *adj.* rational; **~widrig** *adj.* contrary to reason, unreasonable, irrational.

vernuten ⊕ *v/t.* groove.

veröd|en **I.** *v/t.* make desolate; *(verheeren)* devastate; *(entvölkern)* depopulate; ⚕ atrophy, obliterate; **II.** *v/i.* become deserted *(od.* desolate); **≈ung** *f* desolation; devastation; depopulation; obliteration.

veröffentlich|en *v/t.* publish *(a. Bücher usw.)*; make public, announce; *(Gesetz)* promulgate; **≈ung** *f* *(Vorgang)* publishing, publication; *(Buch, Schrift usw.)* publication; *(Bekanntgabe)* (public) announcement; promulgation.

verordn|en *v/t. gesetzlich*: ordain, decree; *(festsetzen)* establish, *a.* ⚕ order; ⚕ prescribe *(j-m* for a p.); **≈ung** *f* decree, ordinance, regulation, order; ⚕ prescription; **≈ungsblatt** *n* official gazette; **≈ungsweg** *m*: *auf dem ~e* by decree.

verpacht|en *v/t.* lease *(j-m* to); **≈ung** *f* leasing, lease.

Verpächter(in *f*) *m* lessor.

verpack|en *v/t.* pack (up), *bsd. Einzelverpackung u. maschinell*: package; *(einwickeln)* wrap up; **≈ung** *f* packing; (*Einzel*≈, *Innen*≈) packaging; (*Packmaterial*) packing material; (*Papier*≈) wrapping; † *einschließlich* ~ packing included; ≈**ungsgewicht** *n* tare, dead weight; ≈**ungsmaschine** *f* packaging machine.

verpassen *v/t.* **1.** (*Gelegenheit usw.*) let slip, miss; (*Zug usw.*) miss; **2.** ⚔ (*Bekleidung*) fit (on); *sl.* (*verabfolgen*) give; *j-m e-n Schlag od. eins* ~ land on a p., paste a p. one; F *fig. j-m ein Ding* ~ F let a p. have it.

verpatzen F *v/t.* → *vermasseln.*

verpest|en *v/t.* pollute, contaminate, F stink up; *die Luft* ~ raise a stench; ≈**ung** *f* pollution; stench.

verpetzen F *v/t.* F peach (*od.* squeal) on.

verpfänd|en *v/t.* pledge (*a. fig. sein Wort* one's word); *hypothekarisch*: mortgage; *in der Pfandleihe*: pawn, *Am. sl.* hock; ≈**ung** *f* pledging; mortgaging; pawning.

verpfeifen F *v/t. sl.* squeal on.

verpflanz|en *v/t.* transplant; ≈**ung** *f* transplanting, *bsd.* ⚕ transplant(ation).

verpfleg|en *v/t.* (*beköstigen*) board; (*mit Lebensmitteln beliefern*) cater to, supply with food (⚔ with rations), (*Heer usw.*) provision, victual; → *a. pflegen*; ≈**ung** *f* catering, victual(l)ing, food supply; *konkret*: board, food; ⚔ provisions *pl.*, rations *pl.*

Verpflegungs...: ~**amt** *n* food office; ⚔ commissariat; ~**geld** *n* basic allowance for subsistence; *statt Naturalien*: ration allowance; ~**lager** *n* ration depot; ~**offizier** *m* mess (*Brit.* catering) officer; ~**satz** *m* ration scale; *täglicher*: daily ration quantity; ~**stärke** *f* ration strength.

verpflicht|en *v/t.* oblige, *bsd. vertraglich usw.*: obligate, engage; *unterschriftlich*: sign (up); *sich* ~ bind o.s.; *zu Arbeitsleistungen usw.*: *a.* sign on; ⚔ enrol(l), enlist; *sich* ~, *et. zu tun* bind (*od.* engage, commit) o.s. to do a th.; ⚖ undertake (*od.* covenant) to do a th.; *der Verkäufer verpflichtet sich, zu inf. Vertrag*: seller agrees (and engages) to *inf.*; *zu Dank* ~ lay *a p.* under an obligation; *j-m (sehr) zu Dank verpflichtet sein* be (greatly) obliged *od.* indebted to a p., owe a p. a debt of gratitude; *gesetzlich verpflichtet sein* be liable, be bound by law; *sich verpflichtet fühlen, zu inf.* feel bound to *inf.*; ~**end** *adj.* binding, obligatory; ≈**ung** *f* obligation; *gesetzliche*: liability (*a.* † *Verbindlichkeit*); pledge (*zu* of); (*Pflicht*) duty; *übernommene*: engagement, commitment; *e-e* ~ *eingehen* undertake an obligation, enter into an engagement, assume (*od.* incur) a liability; ~*en gegen j-n haben* be under an obligation to a p.

verpfusch|en *v/t.* bungle, botch, ruin, wreck, F make a mess (*od.* hash) of; ~**t** *adj. Leben*: ruined, wrecked.

verpichen *v/t.* (coat *od.* stop with) pitch.

verplanen *v/t.* **1.** budget for, plan; **2.** (*falsch planen*) misplan, (*Geld*) misspend.

verplappern, verplaudern *v/t.* (*die Zeit usw.*) prattle away; *sich* ~ blab it out, F let the cat out of the bag; give o.s. away.

verplempern F *v/t.* waste (foolishly), fritter away; *sich* ~ F make a mess of one's life.

verpönt *adj.* taboo, proscribed, (*verachtet*) despised.

verprassen *v/t.* dissipate (in luxury), get through *one's money.*

verproviantieren *v/t.* victual, provision; supply with food (*od.* rations).

verprügeln *v/t.* thrash (soundly), give *a p.* a thrashing (*od.* hiding), F beat *a p.* up.

verpuffen *v/i.* deflagrate, detonate; *fig.* fizzle out, go up in smoke, fall flat.

verpulvern F *v/t. sl.* blue.

verpumpen F *v/t.* lend (out).

verpupp|en *v/refl.*: *sich* ~ change into a chrysalis, pupate; ≈**ung** *f* pupation.

verpusten F *v/refl.*: *sich* ~ (pause to) recover one's breath *od.* get one's wind back.

Verputz ⌂ *m* roughcast, plaster; ≈**en** *v/t.* roughcast, plaster; F (*Geld*) *sl.* blue; F (*aufessen*) polish off; F *ich kann ihn (das) nicht* ~ I can't stand *od.* stomach him (that).

verqualmt *adj.* filled (*od.* thick) with smoke.

verquicken *v/t.* amalgamate, fuse; *fig.* mix up (*mit* with).

verquollen *adj. Holz*: warped; *Gesicht*: bloated, *a. Augen*: swollen.

verramme(l)n *v/t.* bar(ricade), block up.

verramschen F *v/t.* sell below cost-price (*od.* at a loss); sell dirt-cheap.

verrannt *fig. adj.*: ~ *sein in* be stuck fast in; be blindly enamo(u)red to *an idea*; ≈**heit** *f* wrongheadedness, stubbornness.

Verrat *m* betrayal (*an* of); ⚖ treason (to *one's country, etc.*); (*Treulosigkeit*) treachery (to); *von*

Geschäftsgeheimnissen usw.: (unauthorized) divulging *od.* disclosure; ~ *an j-m begehen* (*od. üben*) betray a p.; **⁓en** *v/t.* betray (*sich* o.s.); (*Geheimnis*) *a.* divulge, disclose; F give *a p., o.s., a secret* away, (*j-n*) *sl. a.* sell; (*ausplaudern*) blab out, *sl.* let on, spill; *fig.* (*offenbaren*) betray, show, reveal, bespeak; F *kannst du mir* ~, *warum?* can you tell me why?; *nicht* ~*!* mum's the word!

Verrät|er *m* (*Hoch* ⁓) traitor (*an* to); *weitS.* betrayer, *sl.* rat; *an j-m zum* ~ *werden* betray a p.; **~erin** *f* traitress; **⁓erisch** *adj.* treacherous, traitorous, ⚖ treasonable; (*gemein*) perfidious; *fig.* revealing; *Blick, Spur usw.*: telltale ..., give-away ...

verrauchen I. *v/i.* go off in smoke; *Zorn*: blow over; **II.** *v/t.* (*Geld*) spend on smoking.

verräucher|n *v/t.* fill with smoke; **~t** *adj.* smoky, thick with smoke.

verrauschen *v/i. Beifall*: die away; *fig. Leidenschaft usw.*: peter out.

verrechnen I. *v/t.* (*berechnen, belasten mit*) charge; (*verbuchen*) pass to account; (*ausgleichen*) balance; (*aufrechnen*) set off, compensate, *bsd. Am.* offset (*mit* against); *im Verrechnungsverkehr*: clear; **II.** *v/refl.*: *sich* ~ miscalculate; *a. fig.* make a mistake; *sich verrechnet haben* be out in one's reckoning, *fig.* be (very much) mistaken; *sich um 10 Dollar verrechnet haben* be $10 out.

Verrechnung *f* charging; (*Abrechnung*) settling, settlement (of an account); *im Verrechnungsverkehr*: clearing; (*Rechenfehler*) miscalculation; *nur zur* ~ *Scheck*: not negotiable, only for account.

Verrechnungs...: **~abkommen** *n* clearing agreement; **~bank** *f* clearing bank; **~konto** *n* offset account; **~land** *n* agreement country; **~posten** *m* offset item; **~scheck** *m* collection-only (*od.* not negotiable) cheque (*Am.* check); **~stelle** *f* clearing-house; **~verkehr** *m* clearing system, clearings *pl.*; **~währung** *f* agreement currency.

verrecken *v/i. Tier*: perish, die; V *von Menschen*: turn up one's toes, *sl.* croak, kick the bucket; V *verrecke!* to hell with you (*od.* it)!

verregne|n *v/t.* spoil by rain(ing); **~t** *adj.* rainy, rain-spoilt.

verreiben *v/t.* grind down; *pharm.* triturate; (*Salbe usw.*) spread, (*auf der Haut*) rub in(to).

verreis|en *v/i.* go on a journey, go away; ~ *nach* go to, (*abreisen*) start (*od.* leave, set out) for; **~t** *adj.* away (*geschäftlich* on business), on a journey, out of town.

verreißen F *v/t.* (*scharf kritisieren*) pull to pieces (*od.* shreds), *sl.* pan, slam, slate.

verrenk|en *v/t.* contort; ⚕ wrench, sprain, (*ausrenken*) dislocate, luxate; *sich den Arm* ~ dislocate (*od.* wrench) one's arm; F *sich neugierig den Hals* ~ crane one's neck (*nach* for); → *Magen*; **⁓ung** *f* contortion; dislocation, luxation.

verrennen *fig. v/refl.*: *sich* ~ *in e-e Sache* get stuck in; → *verrannt*.

verricht|en *v/t.* do, perform, execute, carry out; *s-e Andacht* ~ perform one's devotions, be at prayer; *sein Gebet* ~ say one's prayers; → *Notdurft* 2; **⁓ung** *f* performance, execution, (*Geschäft*) business; (*Arbeit*) work; *tägliche* ~*en* daily work (*od.* routine) *sg.*

verriegeln *v/t.* bolt, bar.

verringer|n *v/t.* diminish, decrease, lessen (*alle a. sich* ~), reduce, lower, cut (down, *Am. a.* back); *das Tempo* ~ slacken off, slow down; **⁓ung** *f* decrease, reduction, lessening, lowering, diminution.

verrinnen *v/i.* trickle off; *Zeit*: pass, elapse, fly.

Verriß F *m sl.* slating.

verröcheln *v/i.* breathe one's last.

verroh|en *v/i.* become brutalized (*od.* brutish); ~ *lassen* brutalize; **⁓ung** *f* brutalization.

verrosten *v/i.* get rusty, rust (*a. fig.*); corrode.

verrotte|n *v/i.* rot; *weitS. u. fig.* → *verkommen*; **~t** *adj.* rotten (*a. fig.* = corrupt).

verrucht *adj.* wicked, villainous, foul; *Verbrechen*: *a.* heinous; → *a. verdammt*; **⁓heit** *f* wickedness, villainy, infamy.

verrück|en *v/t.* displace, (re)move, (*a. Kupplung*) shift; (*in Unordnung bringen*) disarrange; **~t** *adj.* mad, crazy, insane, F crack-brained, cracked, *sl.* batty, balmy, nuts, loony, potty; *pred.* out of one's mind, *sl.* off one's onion (*od.* rocker); F *fig. Mode usw.*: crazy, mad; *Plan usw.*: *a.* insane, wild; *fig.* ~ *nach od. auf* crazy (*od.* wild) about, *sl.* nuts on (*od.* about); ~*e Idee* crazy idea; *j-n* ~ *machen* drive a p. mad, *etc.*; *sich* ~ *machen* get (o.s.) all worked up; F ~ *spielen* F act up (*a. Sache*); *wie* ~ like mad; *ich werd'* ~*! sl.* I'll be damned!; *es ist zum* ~*werden* it's enough to drive you mad; ~**te(r** *m*) *f* lunatic; madman, *f* madwoman; crackpot, *sl.* nut(-case), loon; ~**theit** *f* madness; (*Handlung*) *a.* folly; (*Modenarrheit*) craze.

Verruf *m*: *in* ~ *bringen* (*kommen*) bring (get) into discredit, bring (fall) into disrepute; *in* ~ *sein* be notorious, *weitS.* be under a cloud, be taboo; *in* ~ *tun* taboo; ~**en** *adj.* ill-reputed, ill-famed, notorious.

verrühren *v/t.* stir, mix.

verrußen I. *v/t.* soot; **II.** *v/i.* become sooted (*od.* sooty).

verrutschen *v/i.* slip, get out of place.

Vers *m* verse (*a. Bibel*~ *u.* ~*maß*), line; (*Strophe*) stanza; *in* ~*e bringen* put into verse; ~*e machen* (*od. schmieden*) poetize, versify; *fig. er kann sich keinen* ~ *darauf machen* he cannot make head or tail of it.

versachlichen *v/t.* de-emotionalize, make realistic.

versacken *v/i.* ⚓ sink; F *fig.* get bogged down.

versag|en I. *v/t.* refuse, deny; *sich et.* ~ deny o.s. a th., forgo a th.; *versagt* (*verpflichtet*) *sein* be engaged; *es war ihm versagt, zu inf.* it was denied to him to *inf.*; *den Dienst* ~ fail (*j-m* a p.); **II.** *v/i.* fail (*a. Person, Stimme usw.*), ⊕ *a.* break down, refuse to work; *Motor*: stall; *Gewehr*: miss fire, misfire; ~**en** *n* failure; ~**er** *m beim Schießen*: misfire, *e-r automatischen Waffe*: stoppage; (*Blindgänger*) dud; *fig.* (*a. Person*) failure, *sl.* flop, washout; ~**ung** *f* refusal, denial.

Versal(buchstabe) *m* (roman) capital letter, majuscule, cap.

versalzen *v/t.* oversalt; F *fig.* spoil; → *Suppe.*

versamm|eln *v/t.* assemble (*a.* ⚔); (*einberufen*) convoke, convene; (*Pferd*) collect; *sich* ~ assemble, meet, gather; hold a meeting; flock together; *um sich* ~ rally round one; ~**lung** *f* assembly (*a.* ⚔), meeting, gathering (*alle a.* = *die Versammelten*); *gesetzgebende* ~ legislative assembly; ~**lungsort** *m*, ~**lungsplatz** *m* meeting-place; ⚔ rallying-point, rendezvous; ~**lungsraum** *m* assembly room; ~**lungsrecht** *n* right of assembly.

Versand *m* **1.** dispatch; (*Auslieferung*) delivery, *auf dem Wasserwege, Am. a. auf dem Landwege*: shipment; *durch Post*: mailing; ~ *ins Ausland a.*export(ation); **2.** → ~**abteilung** *f* forwarding department; ~**anweisung** *f* shipping instruction; ~**anzeige** *f* dispatch note, forwarding (*od.* shipping) advice; ~**bereit** *adj.* ready for delivery.

versanden *v/i.* silt up; *fig.* bog down.

Versand...: ~**fertig** *adj.* ready for delivery; ~**geschäft** *n*, ~**handel** *m* mail-order business; ~**haus** *n* mail-order house; ~**kosten** *pl.* forwarding expenses; ~**papiere** *n/pl.* shipping documents; ~**schein** *m* shipping note; ~**wechsel** *m* out-of-town (*od.* foreign) bill.

versauen F *v/t.* F muck (*od.* mess) up; *fig.* ruin, wreck, make a mess of, F louse up.

versauern F *v/i.* go stale (*od.* sour); (*öde dahinleben*) rot, vegetate.

versaufen V *v/t.* waste on drink.

versäumen *v/t.* (*Pflicht*) neglect; (*Gelegenheit*) miss, let slip; (*Schule, Zug usw.*) miss; ~ *zu tun* fail (*od.* omit) to do; ~ *Sie nicht, zu inf.* be sure to *inf.*; *iro. da hast du nichts versäumt!* you didn't miss much!; *Versäumtes nachholen* make up leeway; *versäumte Gelegenheit* missed opportunity.

Versäumnis *n* neglect, (sin of) omission, failure; ~**urteil** *n* judgment by default.

Versbau *m* versification, metrical structure.

verschachern F *v/t.* barter away, sell (*od.* job) off.

verschachtel|n *v/t.* interlock; *ling. verschachtelter Satz* involved period; ~**ung** *f* interlocking.

verschaffen *v/t.* procure, get (*j-m et.* a th. for a p.; a p. a th.), provide, furnish, supply (a p. with a th.); *sich et.* ~ obtain (*od.* secure, get, gain) a th.; *sich Geld* ~ raise money; *sich Respekt* ~ make o.s. respected; *sich Recht* ~ obtain justice, take the law into one's own hands; *sich e-n Vorteil* ~ gain an advantage.

verschal|en *v/t.* board; ⚠ (*Beton usw.*) shutter, instal(l) the forms for; *mit e-m Gehäuse*: encase; ✈ fair; ~**ung** *f* boarding; casing; ✈ fairing; ⚠ form(s *pl.*).

verschämt *adj.* bashful, embarrassed; *die* ~*en Armen* the deserving poor; ~ *tun* put on a bashful air; ~**heit** *f* bashfulness.

verschandeln *v/t.* disfigure; spoil, ruin; (*Sprache*) murder, ruin.

verschanz|en *v/t.* fortify, entrench (*sich* o.s.; *a. fig.*); *fig. sich* ~ *hinter* (take) shelter behind, use *a th.* as a pretext; **≈ung** *f* entrenchment.

verschärf|en *v/t.* add to, (*a. sich* ~) intensify, heighten; (*verschlimmern, a. sich* ~) aggravate; (*Widerstand, Wettbewerb usw.*) stiffen (*a. sich* ~); *das Tempo* ~ increase the pace, F step on the gas; **≈ung** *f* intensification, heightening, aggravation; stiffening.

verscharren *v/t.* bury (hurriedly).

verschätzen *v/refl.*: *sich* ~ be out in one's reckoning; *fig.* make a mistake.

verschaukeln F *v/t. sl.* take *a p.* for a ride, have *a p.* (for a sucker).

verscheiden I. *v/i.* pass away (*od.* on), die; **II.** ≈ *n* decease, death.

verschenken *v/t.* give away; *fig. den Sieg* ~ give away (*od.* make a present of) the victory (*od.* the race, the game, *etc.*).

verscherbeln F *v/t.* sell off.

verscherzen *v/t.* forfeit, throw away; (*Gelegenheit*) let slip; *sein Glück* ~ spurn one's fortune.

verscheuchen *v/t.* scare away; (*wegjagen*) chase off, (*Vögel*) shoo away; *fig.* banish, chase away.

verscheuern F *v/t.* sell off.

verschick|en *v/t.* send away, dispatch, forward; (*Kinder usw.*) evacuate, send (into the country); (*Sträfling*) deport; **≈ung** *f* dispatch(ing); evacuation; deportation.

verschiebbar *adj.* sliding, movable; (*einstellbar*) adjustable.

Verschiebe|bahnhof *m* marshalling (*Am.* switching) yard; **≈n** *v/t.* shift, (re)move; displace; 🚂 shunt; (*in Unordnung bringen*) disarrange; *zeitlich*: defer, put off, postpone; (*vertagen*) adjourn; ⚕ sell underhand, job away; *sich* ~ shift, get out of place.

Verschiebung *f* shift(ing); displacement (*a.* ⊕; ⚔ *v. Truppen*); postponement; adjournment; *geol.* dislocation; ⚕ illicit sale.

verschieden *adj.* different, distinct (*von* from); (*unähnlich*) dissimilar (to), unlike (*a th.*); (*wechselnd*) varied; ~*e* various, several, diverse; ≈*es* various things *pl.*, *bsd.* ⚕ sundries *pl.*, (*Vermischtes*) miscellaneous things *pl.*; *in den* ~*sten Ausführungen* of all (possible) designs, a great variety of *models*; *das ist* ~ that depends; *darüber kann man* ~*er Auffassung sein* opinions may differ as to that, that is a moot question; F *da hört doch* ~*es auf!* that's really too much!; **~artig** *adj.* of a different kind, different, dissimilar, heterogeneous; (*mannigfaltig*) varied, diversified; **≈artigkeit** *f* difference; heterogeneity; variety; **~erlei** *adj.* of various kinds, divers, sundry; **~farbig** *adj.* of different colo(u)rs, varicolo(u)red; **~geschlechtlich** *adj.* heterosexual; **≈heit** *f* difference; (*Unähnlichkeit*) dissimilarity; (*Mannigfaltigkeit*) diversity, variety; **~tlich I.** *adj.* several, repeated; **II.** *adv.* repeatedly; at times, now and then, here and there.

verschießen I. *v/t.* (*verbrauchen*) use up, shoot; *s-e Munition* (*od. sich*) ~ run out of ammunition; → *Pulver, verschossen*; **II.** *v/i. Farbe, Stoff*: fade.

verschiff|en *v/t.* ship; **≈ung** *f* shipment; **≈ungshafen** *m* port of shipment (⚔ of embarkation).

verschimmeln *v/i.* get mo(u)ldy.

Verschiß F *m*: *in* ~ F in the doghouse.

verschlacken *v/i.* slag.

verschlafen I. *v/t.* sleep away (*a. Zeit*), miss (*od.* lose) by sleeping; *fig.* forget, neglect; (*Katzenjammer usw.*) sleep off; **II.** *v/i.* oversleep (o.s.); **III.** *adj.* sleepy (*a. fig.*), drowsy; **≈heit** *f* sleepiness, drowsiness.

Verschlag *m* partition; (*Bretterbude*) shed, box; (*Lattenkiste*) crate; **≈en I.** *v/t.* **1.** *mit Brettern*: board (up); (*vernageln*) nail up; **2.** *e-n Ball* ~ lose a ball; *die Buchseite* ~ lose one's place; ⚓ ~ *werden* be driven out of one's course; *in e-e Stadt usw.* ~ *werden* be driven to, find o.s. in; *der Sturm verschlug sie nach Neuseeland* drove them to New Zealand; *j-m den Atem* ~ take a p.'s breath away; *es verschlug ihm die Sprache* it dum(b)founded him, he was struck dumb; *es verschlägt nichts* it does not matter, there is no harm in it; **II.** *adj.* **3.** (*arglistig*) cunning, crafty, wily, sly; *Augen*: *a.* shifty; **4.** (*lauwarm*) lukewarm, tepid; **~enheit** *f* cunning, craftiness, slyness.

verschlammen *v/i.* silt up; get choked with mud; ⊕ sludge.

verschlamp|en F **I.** *v/t.* lose (by sheer negligence); (*vergessen*) forget; (*versäumen*) neglect; **II.** *v/i.* neglect o.s., get slovenly; **~t** *adj.* slovenly, sloppy.

verschlechter|n *v/t.* deteriorate, make worse, impair, aggravate, *in der Qualität*: debase; *sich* ~ deteriorate, get worse, worsen, change for the worse, *in der Leistung, Qualität*: fall off in; **≈ung** *f* deterioration; worsening; change for the worse.

verschleier|n *v/t.* veil (*a. fig.* = mask, cloak, disguise); ⚔, ⚓ screen; ⚕ *b.s.* F cook, doctor, fake *the balance*; **~t** *adj.* veiled (*a. Blick*); *von Nebel*: hazy; *Stimme*: husky; **≈ung** *f* veiling; disguising; screening; F doctoring, faking, *in der Bilanz*: window-dressing.

verschleifen *v/t.* (*Silben*) slur.

verschleim|en *v/t.* obstruct with phlegm (*od.* mucus); *verschleimt sein Person*: suffer from phlegm; **≈ung** *f* (mucous) obstruction; mucous catarrh.

Verschleiß *m* **1.** (*Abnutzung*) wear (and tear; *a. fig.*); (*mechanischer Abrieb*) abrasion, attrition; *durch Flüssigkeit*: erosion; (*Anfressung*) corrosion; (*Verlust*) wastage; *e-n großen ~ haben an* use up a lot of; **2.** *dial.* (*Verkauf*) retail trade; **≈en** *v/t.* **1.** (*abnutzen, a. sich ~*) wear out; **2.** *dial.* ⚕ retail; **≈fest** *adj.* wear-resistant; **~festigkeit** *f* resistance to wear; **~teil** *n* wearing (*od. weitS.* expendable) part.

verschlepp|en *v/t.* (*Menschen*) carry off, *pol.* displace; (*entführen*) abduct, kidnap; (*verlegen*) misplace; (*in die Länge ziehen*) protract, delay; *parl.* obstruct; ⚕ (*Ansteckungsstoff*) carry, spread; (*Krankheit*) neglect, protract; *sich ~* be delayed (*od.* protracted, dragged out); *verschleppte Lungenentzündung* neglected case of pneumonia; **≈te(r** *m*) *hist. f* displaced person (*abbr.* DP); **≈ung** *f* carrying off; displacement; abduction; procrastination, delay (-ing); *parl.* obstruction; **≈ungstaktik** *f* delaying tactics *pl.*, *parl.* obstructionism, *Am. a.* filibustering.

verschleuder|n *v/t.* squander, dissipate, waste; (*Ware*) sell at a loss (*od.* dirt-cheap), *im Ausland*: dump; **≈ung** *f* dissipation; ⚕ underselling, *im Ausland*: dumping.

verschließ|bar *adj.* (fitted) with lock and key, lockable; **~en** *v/t.* shut, close; *mit e-m Schlüssel*: lock (up), (*einschließen*) *a.* put under lock and key; *mit e-m Riegel*: bolt; (*blockieren*) block (up); (*Brief*) seal; *j-m die Tür ~* lock the door against a p.; *fig. sich e-r Sache ~* close one's mind to, refuse to have anything to do with; *sich j-m ~* hide one's feelings from a p., shut o.s. off from a p.; *die Augen ~ vor et.* shut one's eyes to, wink at.

verschlimmer|n *v/t.* make worse, add to; aggravate (*a. sich ~*); *sich ~* get (*od.* grow) worse, worsen, change for the worse, go from bad to worse; **≈ung** *f* change for the worse; aggravation.

verschlingen *v/t.* **1.** devour, swallow; *gierig*: gobble up, gulp down, bolt, wolf; *Dunkelheit usw.*: engulf, devour, swallow; (*Geld*) swallow (up); *viel Geld ~ a.* run away with a lot of money; *die Ausgaben ~ seinen ganzen Verdienst* swallow up all his earnings, *ein Buch ~* devour a book; *j-n mit den Augen ~* devour with one's eyes, stare hungrily at; **2.** (*ineinander ~*) intertwine, entwine, interlace, entangle (*alle a. sich ~*); → *verschlungen.*

verschlissen *adj.* threadbare.

verschlossen *adj.* closed, shut; locked (up); *fig.* taciturn, reserved, silent; *hinter ~en Türen* behind closed doors; **≈heit** *f* taciturnity.

verschlucken *v/t.* swallow up (*a. fig.*); (*Silbe*) slur over; *sich ~* swallow the wrong way.

verschlungen *adj.* entwined; (en-) tangled (*a. fig.*); *fig.* intricate, complex; *Pfad*: tortuous, winding.

Verschluß *m* (*~mittel*) fastener, fastening, closure; (*Schloß*) lock; (*Schnapp≈*) catch; *an Büchern, Kleidern, Handtaschen usw.*: clasp; (*Stöpsel*) plug; (*Zollplombe*; ⊕ *Dichtung*) seal; ⊕ closure; (*Kappe, Deckel*) cap; *phot.* shutter; (*Geschütz≈*) breech (mechanism); ⚕ occlusion; (*Darm≈*) ileus; ⚕ *Ware in ~ legen* bond; *unter ~ halten* keep under lock and key (*Zoll*: in bond); **~auslösung** *phot. f* shutter release; **~kappe** *f* (closing) cap; **~laut** *ling. m* (ex-) plosive; **~mutter** *f* lock nut; **~sache** *pol. f* classified matter; **~schraube** *f* locking screw.

verschlüssel|n *v/t.* encode, cipher; **~t** *adj.*: *~e Meldung* code(d) message; *~er Text* code text, cipher (text), cryptogram; **≈ung** *f* encoding.

verschmachten *v/i.* languish, pine away; *vor Durst*: be dying (*od.* parched) with thirst.

verschmähen *v/t.* disdain, scorn; *verschmähte Liebe* unrequited love.

verschmelz|en *v/t. u. v/i.* melt into one another, *a. fig.* fuse; ⚗ amalgamate (*a. fig.* = merge); (*Farben, Töne*) blend (into one another); **≈ung** *f* fusion, amalgamation, ⚕ *a.* merger.

verschmerzen *v/t.* get over *a th.*; *längst verschmerzt* long past and forgotten.

verschmieren *v/t.* smear (over); (*verwischen*) blur; (*verstopfen*) stop up.
verschmitzt *adj.* sly; (*schalkhaft*) *a.* roguish, arch(ly *adv.*); **≈heit** *f* slyness; roguishness.
verschmoren *v/t. u. v/i.* scorch, char, burn; ⚡ *Sicherung*: *a.* fuse.
verschmutz|en I. *v/t.* soil, dirty; (*Wasser usw.*) pollute; (*Gewehr, Zündkerze*) foul; **II.** *v/i.* (get) dirty *od.* soiled; *mot.* get fouled; **≈ung** *f* soiling; (*Luft≈, Wasser≈*) pollution; **≈ungsstoff** *m* pollutant.
verschnappen F *v/refl.*: *sich* ~ blurt it out, let the cat out of the bag, F give the show away, *sl.* spill the beans.
verschnauf|en *v/refl.*: *sich* ~ pause for breath; *a. fig.* have a breather; **≈pause** *f* F breather.
verschneiden *v/t.* **1.** (*beschneiden*) trim, clip; (*zerschneiden*) cut up; (*verderben*) cut wrong (*od.* badly), spoil; (*kastrieren*) geld, castrate; **2.** (*Branntwein usw.*) blend.
verschneit *adj.* snowed up; *Berggipfel*: *a.* snow-capped.
Verschnitt *m* blend; **≈en** ⚘ *adj.* blended; **~ene(r)** *m* eunuch.
verschnörkel|n *v/t.* adorn with flourishes; **~t** *adj.* ornate (*a. fig. Stil*), F squiggly.
verschnupf|en *fig. v/t.* pique, huff; **~t** *adj.*: ~ *sein* have a cold; *fig.* be piqued (*od.* huffy), huff.
verschnüren *v/t.* tie up, cord (up); (*a. mit Schnüren verzieren*) lace.
verschollen *adj.* not heard of again; (*vermißt*) *a. Schiff*: missing, ⚖ *a.* presumed dead; **≈e(r** *m*) *f* missing person, ⚖ *a.* absentee.
verschonen *v/t.* spare; *j-n mit et.* ~ spare a p. a th.; *von Steuern usw. verschont* exempt(ed) from; *verschont bleiben* (*von*) be spared (*a th.*), be unaffected (by); *verschone mich mit ...!* spare me your ...!, don't bother me with ...!
verschöner|n *v/t.* embellish, beautify; (*verbessern*) improve (*a. sich* ~); (*lichter machen*) brighten (*a. sich* ~); *sich* ~ grow beautiful; **≈ung** *f* embellishment; improvement, F facelift(ing); **≈ungsverein** *m* society for the improvement of local amenities.
verschorfen *v/i.* scab.
verschossen *adj. Farbe*: faded; *bsd. schwarzer Stoff*: rusty; *fig.* F ~ *sein in* be madly in love with, F be smitten with (*od.* gone on, stuck on), have a crush on.
verschränken *v/t.* (*Arme, Beine*) cross, fold; ⊕ stagger; (*Balken*) joggle; (*Säge*) set (the teeth of).
verschraub|bar *adj.* screwable; **~en** *v/t.* screw (on; *miteinander* together); **≈ung** *f* screwing; (*Stelle*) screwed joint.
verschreib|en *v/t.* (*Papier usw.*) use up (in writing); (*Zeit*) spend in writing; ⚕ prescribe (*j-m* for a p.); ⚖ assign, make over (*j-m* to a p.); (*falsch schreiben*) write incorrectly, miswrite; *sich* ~ make a slip of the pen; make a mistake in writing; *fig. sich e-r Sache* ~ devote (*b.s.* sell) o.s. to a th., espouse a th.; **≈ung** *f* prescription; assignment; (*Urkunde*) bond.
ver|schreien *v/t.* decry, slander; **~schrien** *adj.* ill-famed, of ill repute, having a bad name; ~ *sein als* be notorious as, be branded as.
verschroben *adj.* eccentric, queer, odd, cranky; ~*er Mensch* eccentric, crank; **≈heit** *f* eccentricity.
verschroten *v/t.* → *schroten* 1.
verschrott|en *v/t.* scrap; **≈ung** *f* scrapping.
verschrumpeln F *v/i.* shrivel (up).
verschüchtern *v/t.* intimidate.
verschuld|en *v/t.* encumber with debts; (*schuld sein an*) be guilty of, be to blame for; (*verursachen*) be the cause of, cause (culpably ⚖), bring on; **≈en** *n* fault; (*Schuld*) guilt; (*Verantwortung*) responsibility; (*Ursache*) cause; (*Tat*) wrong; *ohne mein* ~ through no fault of mine; **~et** *adj.* indebted, (involved) in debt; *Sachen*: encumbered; **≈ung** *f* indebtedness; encumbrance; debt(s *pl.*).
verschütt|en *v/t.* (*Flüssigkeit*) spill; (*auffüllen*) fill up; (*versperren*) block (up); (*begraben*) bury (alive *Person*); **~gehen** F *v/i.* F go west.
verschwäger|t *adj.* related by marriage; *fig.* affiliated (*mit* with); **≈ung** *f* relationship by marriage; *bsd.* ⚖ *u. fig.* affinity.
verschwatzen *v/t.* → *verplappern*.
verschweig|en *v/t.* conceal (*j-m* from a p.; *a.* ⚖); keep secret, withhold, hold back, hide (from); **≈en** *n*, **≈ung** *f* concealment.
verschweißen ⊕ *v/t.* weld together.
verschwend|en *v/t.* waste, squander (*an* on; *beide a. fig.*); *mit vollen Händen*: lavish (on); **≈er** *m* spendthrift, squanderer; **~erisch** *adj.* prodigal, lavish (*mit* of); wasteful, extravagant; (*reich*) profuse; (*prachtvoll, prachtliebend*) sumptuous; *adv.* ~ *mit et. umgehen* be lavish of a th., lavish a th.; **≈ung** *f* waste; extravagance; **≈ungssucht** *f* waste(fulness), extravagance, prodigality; squandermania;

~ungssüchtig *adj.* wasteful, extravagant.

verschwiegen *adj.* discreet, reticent, close; *fig. Ort*: secret, (*abgeschieden*) secluded; ~ *wie das Grab* silent as the grave; **≈heit** *f* discretion; secrecy; *zur ~ verpflichtet* sworn to secrecy; *unter dem Siegel der ~* under the seal of secrecy.

verschwimmen *v/i.* become blurred (*a. vor den Augen ~*); (*sich auflösen*) dissolve; (*ineinander ~*) melt into one another, blend; *fig.* fade (away); → *verschwommen.*

verschwinden I. *v/i.* **1.** disappear, vanish; (*sich auflösen*) dissolve, fade away; *j-n (et.) spurlos ~ lassen* spirit a p. (a th.) away; *fig. ~ neben* sink into insignificance beside; *~d klein* infinitely small; infinitesimal; **2.** F (*abhauen*) F make o.s. scarce, *sl.* beat it; *verschwinde!* beat it!, get lost!; **II.** ≈ *n* disappearance.

verschwister|n *v/refl.*: *sich ~* associate o.s. closely (*mit* with); **~t** *adj.* (being) brother and sister; *fig.* closely united; *Seelen*: congenial, kindred.

verschwitzen *v/t.* **1.** soak with sweat; **2.** F *fig.* forget; *ich hatte es ganz verschwitzt* it had completely slipped my mind.

verschwollen *adj.* swollen.

verschwommen *adj.* vague, indistinct, hazy, *fig. a.* foggy; *phot. Bild*: blurred; *paint. u. fig.* woolly; **≈heit** *f* vagueness, haziness.

verschwör|en I. *v/t.* (*abschwören*) forswear; **II.** *v/refl.*: *sich ~* conspire (*mit* with; *gegen* against), plot; *sich zu et. ~* plot a th.; *verschworene Gemeinschaft* blood brotherhood; *fig. es hat sich alles gegen mich verschworen* everything is against me; **≈er** *m* conspirator, plotter; **≈erin** *f* conspiratress; **≈ung** *f* conspiracy, plot.

Versdrama *n* verse drama.

versehen I. *v/t.* **1.** (*Pflichten*) perform, discharge; (*Amt*) *a.* hold, administer; (*Stellung*) fill; (*Geschäfte, Haushalt*) look after; *j-s Amt od. Dienst ~* fill (*od.* take) a p.'s place, do the work of a p.; *das Amt des Bürgermeisters usw. ~ a.* act as; *die Küche ~ a.* do the cooking; **2.** *~ mit* furnish (*od.* supply) with, *a.* ⊕ provide (*od.* equip) with; ⚕ *mit Akzept ~* accept; *mit Giro ~* endorse; *mit Unterschrift ~* affix one's signature to, sign; *mit Vollmacht ~* invest with full power(s), authorize; *reichlich ~ sein mit* have plenty of, be well supplied with, have ample (supplies of); **II.** *v/refl.*: *sich ~* **3.** make a mistake (*od.* slip); **4.** *sich e-r Sache ~* expect a th., be aware of (*od.* prepared for) a th.; *ehe man sich's versieht* all of a sudden, before you know it; **III.** ≈ *n* oversight, mistake, slip, blunder; inadvertence; *aus ~* → **~tlich** *adv.* by (a) mistake, through oversight, erroneously; (*ohne Absicht*) inadvertently.

versehr|en *v/t.* hurt, injure; (*untauglich machen*) disable; (*beschädigen*) damage; **~t** *adj.* (war-)disabled; **≈te(r)** *m* disabled person; **≈tenrente** *f* disability allowance; **≈tenstufe** *f* degree of disablement.

verseifen *v/t.* saponify.

verseilen ⚡ *v/t.* twist, strand.

verselbständigen *v/refl.*: *sich ~* make o.s. independent.

versend|en *v/t.* send, dispatch, forward; *auf dem Wasser-, Am. a. Landwege*: ship; *ins Ausland ~ a.* export; **≈ung** *f* dispatch, shipment, forwarding.

versengen *v/t.* singe, scorch.

versenkbar ⊕ *adj.* folding, disappearing; *~e Nähmaschine* table (sewing) machine; ... *ist ~* ... slides down; **~en** *v/t.* sink; (*Schiff*) *a.* send to the bottom; ⊕ (*Schraubenkopf usw.*) countersink, *bei Erweiterung des Bohrloches*: counterbore; *sich ~ in* immerse o.s. in, *fig. a.* become absorbed in; **~t** ⊕ *adj.* sunk; *oberflächengleich*: flush (-fitted); **≈ung** *f* sinking; *thea.* trapdoor; *fig. spurlos in der ~ verschwinden* drop completely out of sight.

Verseschmied F *m* versifier, versemonger.

versessen *adj.*: *~ auf* bent on, mad after, *sl.* nuts on; **≈heit** *f* craze, mania, obsession.

versetz|en I. *v/t.* ⚔ (*verschieben*) shift, displace, (*a. Schüler*) remove, *bsd. Am.* (*Schüler*) promote; (*staffeln; a.* ⊕ *auf Lücke setzen, versetzt anordnen*) stagger; (*Baum*) transplant; (*mit-ea. vertauschen*) transpose; (*Beamte usw.*) transfer (*nach* to); (*verpfänden*) pawn, pledge, *Am. a.* hock; F (*Liebhaber usw.*) stand *a p.* up; (*vermischen*) mix; *metall.* alloy; *das versetzte ihm den Atem* it took his breath away; *j-m e-n Schlag ~* give (*od.* deal) a p. a blow, land a p. one; *in e-e Lage, e-n Zustand ~* put (*od.* place) into; *Bühnenstück usw. ~ in* (*od. nach*) set in; *sich in j-s Lage usw.* (*hinein*) *~* put o.s. in a p.'s position, *etc.*; *sich in j-n, j-s Gedanken ~* try to understand; *in Schwin-*

gungen ~ set vibrating; ~ Sie sich in meine Lage put (od. place, imagine) yourself in my position; → Angst I, Ruhestand usw.; **II.** v/i. (antworten) reply, retort; **≈ung** f shift(ing); removal; transplanting; transposition; transfer; Schule: remove, bsd. Am. promotion; (Verpfändung) pledging, pawning; metall. alloy; ⊕ staggered arrangement; **≈ungsprüfung** f examination for promotion; **≈ungszeichen** ♪ n accidental.

verseuch|en v/t. infect (a. ⚔ mit Minen with); (vergiften) poison (a. fig.); ⚗ contaminate; verseuchtes Gelände contaminated area; **≈ung** f infection; contamination.

Versfuß m (metrical) foot.

versicher|bar adj. insurable; **≈er** m insurer, bei Lebensversicherung: assurer, a. Seeversicherung: underwriter; **~n** v/t. **1.** (behaupten) assure; (beteuern) protest, a. ⚖ affirm; ich versichere Ihnen I assure you; j-n e-r Sache ~ assure (od. convince) a p. of; seien Sie dessen versichert you may rely on it, you may rest assured of it; sich e-r Sache ~ make sure of, ascertain; sich j-s ~ make sure of a p., (j-n gewinnen) secure a p.; get a p. under one's control; **2.** (Eigentum) insure (gegen against; bei with); (Leben) assure, Am. insure; sich ~ lassen take out an insurance policy (mit for); zu hoch (niedrig) ~ overinsure (underinsure); **≈te(r** m) f → Versicherungsnehmer.

Versicherung f **1.** assurance, a. ⚖ affirmation; protestation; guarantee; **2.** (Eigentums≈) insurance; (Lebens≈) assurance, Am. life insurance; → a. Versicherungsgesellschaft; e-e ~ abschließen effect an insurance, take out an insurance policy.

Versicherungs...: **~agent** m insurance agent; **~anspruch** m insurance claim; **~anstalt** f insurance company; **~beitrag** m (insurance) premium; **~betrag** m amount insured; **~betrug** m insurance fraud; **~dauer** f period of insurance; **≈fähig** adj. insurable; **~fall** m occurrence of the event insured; Regelung des ~es claim settlement; **~fonds** m benefit (od. insurance) fund; **~gesellschaft** f insurance company; **~höhe** f amount of insurance (policy); **~leistung** f insurance benefit; **~mathematik** f actuarial theory; **~mathematiker** m actuary; **~nehmer** m insured, insuree, Am. a. insurant; policy holder; bei Lebensversicherungen: Brit. assured; **≈pflichtig** adj. subject to compulsory insurance; **~police** f, **~schein** m (insurance) policy; **~prämie** f (insurance) premium, Am. a. insurance rate; **~schutz** m insurance cover(age); **~statistiker** m actuary; **≈statistisch** adj. actuarial; **~summe** f sum insured; **~träger** m underwriter; **~vertrag** m contract of insurance, insurance policy; **~wert** m value insured; **~wesen** n insurance (business); **~zwang** m liability to insure.

versickern v/i. ooze away.

versieben F v/t. → vermasseln.

versiegel|n v/t. seal (a. ⊕); ⚖ put under seal; **~t** adj. sealed; under seal; **≈ung** f sealing.

versiegen v/i. dry up, run dry; fig. be exhausted; nie ~d inexhaustible.

versiert adj. experienced, versed (in in); ~er Fachmann great expert, F old hand.

versilber|n v/t. **1.** silver (a. fig.); ⊕ silver-plate; **2.** F fig. (zu Geld machen) realize, convert to cash; **≈ung** f silvering; silver-plating; realization.

versinken v/i. sink (down); go under, Schiff: a. founder; fig. lapse (od. sink) (in into); → versunken.

versinnbildlich|en v/t. symbolize, represent; **≈ung** f symbolization.

versintern v/i. sinter.

Version f version.

versippt adj. closely related.

versittlichen v/t. civilize.

versklaven v/t. enslave.

Vers...: **~kunst** f versification, (ohne art.) verse, poetry; **~(e)macher** m versifier; **~maß** n metre, Am. meter; jambisches ~ iambic verse.

versnobt adj. snobbish.

versoffen V adj. F boozy.

versohlen F fig. v/t. thrash (soundly), give a p. a good hiding; bsd. Kinder: spank.

versöhn|en v/t. reconcile (mit j-m to, with; mit e-m Schicksal usw. to); (beruhigen) appease, placate; sich (wieder) ~ be(come) reconciled, make it up, bury the hatchet; **~lich** adj. conciliatory, forgiving, placable; ~ stimmen conciliate, placate; **≈lichkeit** f placability; forgivingness; **≈ung** f reconciliation; **≈ungstag** m Day of Atonement.

versonnen adj. thoughtful, meditative; dreamy, pensive; lost in thought.

versorg|en v/t. provide, supply, furnish (mit with); (Familie, Kind) provide for, (*unterhalten*) *a.* support, maintain, keep (up); (*Sorge tragen für*) take care of, look after; → *versehen*; (*Vieh*) tend; (*Wunde*) tend, dress; *sie ist gut versorgt* she is well looked after (*od. mit Mitteln*: provided for); **~er**(**in** *f*) *m* provider, supporter, breadwinner; **~t** *adj.* provided for; *Gesicht*: careworn; **~ung** *f* providing, supplying (*mit* with); providing (*gen.* for); supply, provision; (*Unterhalt*) support, maintenance; (*Existenz*) subsistence, living; (*staatliche* ~) public assistance; (*Brotstelle*) situation; (*Betreuung*) care; ⚔ (*Oberbegriff*: *Personal u. Material*) logistics *pl.* (*sg. konstr.*); (*Material u. Nachschub*) supply; (*Dienstleistung*) servicing; *ärztliche* ~ medical care (*od.* attention); ~ *aus der Luft* aerial (*od.* air[borne]) supply; ~ *mit Energie* power supply.

Versorgungs..: **~amt** *n* pension office; **~anspruch** *m* claim for maintenance; *Pension*: claim to a pension; **~basis** ⚔ *f* supply base; **~berechtigt** *adj.* entitled to maintenance; **~betrieb** *m* public utility (company); ~e public utilities (*a.* † *Börsenwerte*); **~empfänger**(**in** *f*) *m* old-age beneficiary; pensioner; **~gebiet** *n* service area; **~lage** *f* supply position; *mit Lebensmitteln*: food situation; **~netz** *n* supply network, mains *pl.*; **~truppen** *f/pl.* supply services; **~weg** *m* supply line; **~wirtschaft** *f* public utilities *pl.*

verspann|en ⊕ *v/t.* brace, stay, guy; **~ung** *f* bracing, stays *pl.*

verspät|en *v/refl.*: *sich* ~ be *od.* come (too) late; be behind time; **~et** *adj.* belated; too late; **~ung** *f* lateness; (*Verzögerung*) delay; (*Säumen*) tardiness; (*2 Minuten*) ~ *haben Zug usw.*: be (2 minutes) late *od.* overdue; *mit 2 Stunden* ~ two hours behind schedule; ~ *aufholen* make up for lost time.

verspeisen *v/t.* eat up, consume.

verspekulieren *v/refl.*: *sich* ~ make a bad speculation; ruin o.s. by speculation; *fig.* make a mistake, be out in one's reckoning.

versperren *v/t.* bar, block (up), obstruct; barricade; (*schließen*) lock (up), shut, close; *j-m die Aussicht* ~ obstruct a p.'s view.

verspiel|en I. *v/t.* lose (at play *od.* at cards *od.* in gambling); gamble away (*a. Zeit*); **II.** *v/i.* lose (the game); *fig. bei j-m* ~ get into a p.'s bad books; *er hat bei mir verspielt* I am through with him; **~t** *adj.* playful.

verspleißen ⊕ *v/t.* splice.

versponnen *adj.* meditative; ~ *in* wrapt up in.

verspott|en *v/t.* scoff (*od.* sneer) at, mock; (*verhöhnen*) jeer at, *herausfordernd*: taunt; (*lächerlich machen*) deride, ridicule; *neckend*: chaff, tease; **~ung** *f* derision, ridicule; jeers *pl.*; chaff.

versprech|en I. *v/t.* **1.** *a. fig.* promise; *sich etwas* ~ *von* expect much of; *sich nicht viel* ~ *von a.* set no great hopes on, have no great hopes of; *er verspricht, ein guter Schauspieler zu werden* he promises to be a good actor; **II.** *v/refl.*: *sich* (*beim Reden*) ~ make a mistake (in speaking), slip; *ich habe mich* (*er hat sich usw.*) *versprochen* it was a slip of the tongue; **~en** *n* promise; *j-m ein* ~ *abnehmen* exact a promise from a p., make a p. promise; **~er** F *m* slip (of the tongue); **~ung** *f* promise; *j-m große* ~*en machen* hold out great hopes to a p., promise a p. the earth.

versprеng|en *v/t.* disperse, scatter (*a.* ⚔); **~te(r)** ⚔ *m* straggler.

versprochenermaßen *adv.* as promised.

verspritzen *v/t. in e-m Strahl*: squirt (away); (*versprühen*) spray; *platschend*: spatter, splash; (*verschütten*) spill; (*sein Blut*) shed; ⊕ *Spritzguß*: die-cast.

versprühen *v/t.* spray.

verspunden *v/t.* bung up.

verspüren *v/t.* feel (*a. Lust usw.*); perceive, sense, be conscious of.

verstaatlich|en *v/t.* nationalize; **~ung** *f* nationalization.

verstädter|n I. *v/t.* urbanize, *Am.* F citify; **II.** *v/i.* be(come) urbanized; **~ung** *f* urbanization.

verstadtlichen *v/t.* municipalize.

verstählen ⊕ *v/t.* steel.

Verstand *m* (*Denkkraft*) intelligence, intellect, brains *pl.*; (*Geist*) mind, wits *pl.*; (*Vernunft*) reason; (*Urteilsfähigkeit*) judg(e)ment; (*praktischer* ~) sense; *gesunder* ~ common (*od.* good) sense; *klarer* (*kühler*) ~ clear (cool) head; *scharfer* ~ keen mind (*od.* intellect); *den* ~ *verlieren* lose one's mind, go mad (*od. sl.* crackers, nuts); *j-n um den* ~ *bringen* drive a p. out of his senses (*od.* wits), drive a p. crazy; *s-n* ~ *zs.-nehmen* keep one's wits about one; *wieder zu* ~ *kommen* come to one's senses; ⚕ *bei* ~ *bleiben* retain one's mental faculties; *da steht mir der* ~

still, *das geht über meinen* ~ that's beyond me, that's over my head; *da steht einem der* ~ *still* the mind boggles at it, that leaves one gasping, *sl.* it blows one's mind; *er ist nicht recht bei* ~ he is not in his right mind, *sl.* he isn't all there; *mit* ~ sensibly; *et. mit* ~ *genießen* (really) savo(u)r a th.

Verstandes...: ~kraft *f* intellectual faculty (*od.* power); **⁓mäßig** *adj.* rational; intellectual; **~mensch** *m* matter-of-fact person; **~schärfe** *f* sagacity, acumen; **~wesen** *n* rational being.

verständig *adj.* intelligent; (*vernünftig*) reasonable, sensible, level-headed; (*richtig urteilend*) judicious; **~en** *v/t.* inform, notify, advise (*von* of); *sich mit j-m* ~ a) *in e-r fremden Sprache usw.* make o.s. understood to a p., talk to a p.; b) (*übereinkommen*) come to an understanding (*od.* to terms) with a p.; arrange with a p.; **⁓keit** *f* sensibleness, good sense; prudence.

Verständigung *f* information, notification; (*Übereinkunft*) understanding, agreement; (*geistige* ~, *a. teleph. usw.*) communication, *Funk*: *a.* readability; (*Grad der Hörbarkeit*) audibility; (*Empfang*) (quality of) reception; **~sfriede** *m* negotiated peace; **~spolitik** *f* rapprochement policy; **~sschwierigkeiten** *f/pl.* communication problems; *sprachliche*: difficulties in making o.s. understood, *fremdsprachliche*: *a.* language barrier *sg.*

verständlich *adj.* intelligible; (*deutlich*) distinct; (*klar*) clear; *fig.* understandable; *allgemein* ~ within everybody's grasp, popular *science, etc.*; *schwer* ~ difficult to understand (*od.* grasp); *j-m et.* ~ *machen* make a th. clear to a p.; *sich* ~ *machen* make o.s. understood (*j-m* by a p.), *im Lärm*: make o.s. heard; *es ist* ~, *daß er nicht will* it is obvious why, I quite understand that; **~erweise** *adv.* understandably.

Verständnis *n* (*Verstehen*) understanding; comprehension; (*Einsicht*) insight, understanding; (*Würdigung*) appreciation (*für* of); (*Mitgefühl*) sympathy (for); ~ *haben für* understand, appreciate; *j-m* ~ *entgegenbringen* show understanding for a p.; *für solche Leute habe ich kein* ~ I have no patience with; *dafür fehlt mir jedes* ~ that is beyond me; **⁓innig** *adj.* knowing, meaningful; **⁓los** *adj.* uncomprehending; *Blick, Gesicht*: blank; (*nicht würdigend*) unappreciative (*gegenüber* of); (*nicht mitfühlend*) unsympathetic(ally *adv.*); *e-r Sache* ~ *gegenüberstehen* have no understanding for, be unable to appreciate; **~losigkeit** *f* lack of comprehension (*fig.* of appreciation, sympathy); **⁓voll** *adj.* understanding; (*würdigend*) appreciative; (*mitfühlend*) sympathetic; *Blick*: knowing.

verstänkern F *v/t.* F stink up.

verstärk|en *v/t.* strengthen, *a.* ⊕, ⚔ reinforce; ⚡ boost; *Funk, Radio*: amplify; (*steigern*) intensify, increase, add to, F boost; *sich* ~ grow stronger, strengthen (*a. fig. Verdacht usw.*), increase, intensify; *mit Nylon verstärkt* nylon fortified; *verstärkte Anstrengungen machen* increase (*od.* strengthen) one's efforts; *verstärkt auf et. hinwirken usw.* more strongly, with added force; **⁓er** *m* ⚡, *Radio*: amplifier, (*a. mot. Brems*⁓) booster; *opt., phot.* intensifier; **⁓erröhre** *f* amplifier valve (*Am.* tube); **⁓erstufe** *f* amplifier stage; **⁓ung** *f* strengthening, *a.* ⊕ reinforcement; ⚡, *Radio*: amplification; (*Steigerung*) intensification; ⚔ *taktisch*: support; ⚔ ~*en* reinforcements.

verstauben *v/i.* get dusty.

verstäub|en I. *v/t.* dust; **II.** *v/i.* fly off as dust; **⁓er** *m* atomizer.

verstaubt *fig. adj.* dusty, antiquated, moth-eaten.

verstauch|en *v/t.* sprain; *sich den Fuß* ~ sprain one's foot; **⁓ung** *f* sprain(ing).

verstauen *v/t.* stow away.

Versteck *n* hiding-place; *von Verbrechern*: *a.* hideout; (*Hinterhalt*) ambush; ~ *spielen* play at hide-and-seek; **⁓en** *v/t.* hide, conceal; *sich* ~ hide (o.s.) (*a. fig. hinter* behind), conceal o.s.; *sich versteckt halten* be in hiding, hide, lie low; F *fig. sich* ~ *müssen vor* (*od. neben*) be a fool to, *Sache*: be nothing compared with; **~en** *n*, **~spiel** *n* hide-and-seek (*a. fig.*); **⁓t** *adj.* hidden (*a. fig. Absicht, Bosheit usw.*); *TV* ~*e Kamera* candid camera.

verstehen *v/t. u. v/i.* understand, F get; (*erkennen, einsehen*) see, realize; (*begreifen*) comprehend, grasp, catch; (*Sprache*) know; (*auslegen*) interpret, read; (*hören*) hear; *falsch* ~ misunderstand, get *a th.* wrong; *fig. a.* take *a th.* in bad part; *es* ~, *zu inf.* know (how) to, manage to *inf.*; *sich* (*od. einander*) ~ understand one another; *sich* ~ *auf* know well, be an expert at, be at home in, be a judge of; *sich* *mit j-m gut* ~ get on well with a p.; *sich* ~ *zu tun* (*sich entschließen*) bring o.s. to do, (*einwilligen*) agree (*od.* consent) to do; *Spaß* ~ take (*od.* see) a joke; *zu* ~ *geben* give *a p.* to understand, intimate *to a p.*; *ich weiß, er wird mich* (*od. mein Tun*) ~ I know he will understand; *ich verstehe!* I see (*od.* understand)!; *Sie* ~ *mich nicht* (*recht*)! you don't take my meaning!, F you don't get me!; ~ *Sie?* (do you) see?; *verstanden?* (do you) understand?, F (do you) get me?; (*das*) *versteht sich!* that's understood!, of course!; *es versteht sich von selbst* it goes without saying; ☤ *die Preise* ~ *sich ab Fabrik* prices are ex works; *was* ~ *Sie unter?* what do you mean (*od.* understand) by?; *wie* ~ *Sie diesen Satz?* how do you read this sentence?; *wie* ~ *Sie es?* what do you make of it?, how do you read it (*this letter, etc.*)?; *er versteht etwas davon* he knows a thing or two about it; *er versteht gar nichts davon* he doesn't know the first thing about it; *er versteht es, mit Kindern umzugehen* he has a way with children; *ich verstehe die Sache nicht* I cannot make it out, F I don't get it; *wohl verstanden* let it be understood, mind you, to be sure; *wenn ich recht verstanden habe, fällt die Vorstellung heute aus* I take it that; **~d** *adj.* → *verständnisvoll.*

versteifen *v/t.* ⊕ strut, prop, brace; *sich* ~ stiffen, harden (*a. fig. Fronten, Haltung usw.*; ☤ *Kurse usw.*); *fig. sich* ~ *auf* make a point of, insist on, stick doggedly to.

versteigen *v/refl.*: *sich* ~ lose one's way (in the mountains); *fig. sich* ~ *zu inf.* go so far as to *inf.*; *er verstieg sich zu der Behauptung* he went so far as to claim *that.*

Versteiger|er *m* auctioneer; **≈n** *v/t.* sell by (*Am.* at) auction, put up for public sale; **~ung** *f* (sale by) auction, public sale.

versteiner|n *v/t. u. v/i.* turn (in)to stone, *a. fig.* petrify; **~t** *adj.* petrified (*a. fig.*); *wie* ~ petrified, thunderstruck; **≈ung** *f* petrifaction, (*Versteinertes*) *a.* fossil.

verstell|bar *adj.* adjustable; **≈barkeit** *f* adjustability; **~en** *v/t.* (*Hebel usw.*) shift; (*einstellen*) adjust; (*falsch stellen*) misplace; (*in Unordnung bringen*) disarrange; (*versperren*) bar, block, obstruct; (*Handschrift*) disguise, (*a. Stimme*) change, dissemble; *fig. sich* ~ play a part, pretend, *sl.* put on an act; (*heucheln*) dissemble, feign; *er kann sich gut* ~ he is a good play-actor; ⊕ *sich* ~ *lassen* be adjustable; **≈hebel** *m* adjusting (*od.* control) lever; **≈ung** *f* dissimulation, disguise; make-believe, play-acting, preten|ce, *Am.* -se; ⊕ adjustment; **≈ungskunst** *f* play-acting.

versteuer|bar *adj.* taxable, dutiable; **~n** *v/t.* pay duty (*od.* tax) on; *zu versteuernde Einkünfte* taxable income *sg.*; *voll zu* ~ subject to full taxation; **~t** *adj.* tax-paid, duty-paid; ~*e Gewinne a.* profits after taxes; **≈ung** *f* payment of tax (*e-r Sache* on); taxation; **≈ungswert** *m* taxable value.

verstiegen *fig. adj.* eccentric(ally *adv.*); extravagant, high-flown *ideas, plans, etc.*; **≈heit** *f* eccentricity; extravagance.

verstimm|en *v/t.* put out of tune; ⊕ detune; *fig.* put out (of humo[u]r); (*verärgern*) annoy, irritate, huff; **~t** *adj.* out of tune; *fig.* cross (*über* with), put out (*od.* annoyed, disgruntled, irritated) (at), huffed; *Magen*: upset; **≈ung** *f* ill-humo(u)r; irritation; *zwischen zweien*: disagreement, tiff; ill-feeling, resentment.

verstockt *adj.* hardened, callous, obdurate; impenitent; **≈heit** *f* obduracy, *a. eccl.* impenitence.

verstofflichen *v/t.* materialize.

verstohlen I. *adj.* furtive, stealthy; surreptitious, clandestine; **II.** *adv.* stealthily, *etc.*; by stealth, F on the sly; ~ *lachen* laugh in (*od.* up) one's sleeve; ~ *anblicken* steal a glance at.

verstopf|en *v/t.* stop (up), plug; (*versperren*) clog, obstruct; (*Straße*) jam, congest, choke up; (*Bohrlöcher*) tamp; ⚕ constipate; **≈ung** *f* stopping; clogging, obstruction; jam, congestion; ⚕ constipation; *an* ~ *leiden* be constipated.

verstorben *adj.* late, deceased; **≈e(r** *m*) *f the* deceased; *die* ~*en* the dead (*pl.*), the departed (*pl.*).

verstört *adj.* distracted, distraught; (*erschreckt*) dismayed; (*verwirrt*) bewildered; (*überrascht*) consternated, startled; *Gesicht*: *a.* stricken, haggard; *Blick*: *a.* wild; **≈heit** *f* distraction; bewilderment; consternation.

Verstoß *m* offen|ce, *Am.* -se (*gegen* against); (*Zuwiderhandlung*) *a.* contravention, violation, infraction (of); (*Übergriff*) infringement (of); (*Fehler*) mistake, fault; (*Schnitzer*) blunder; **≈en I.** *v/t.* (*austreiben*) expel (*aus* from), cast (*od.* throw) out; (*Sohn, Frau*) *a.* repudiate, (*Kind*) *a.* reject, disown; **II.** *v/i.*: ~ *gegen* offend against; violate, contravene; infringe; **~ene(r** *m*) *f der Gesellschaft*: outcast; **~ung** *f* expulsion; repudiation.

verstreb|en ⊕ *v/t.* strut, brace; **≈ung** *f* strut(ting), brace.

verstreichen I. *v/i. Zeit*: pass (away), slip by, elapse; *Frist*: expire; **II.** *v/t.* (*Butter, Salbe usw.*) spread; (*Fugen*) point (*od.* stop) up.

verstreuen *v/t.* scatter, *fig. a.* disperse; *über ein Land usw. verstreut sein* be scattered over, dot *a country, etc.*

verstricken *v/t.* **1.** use up (*Zeit*: spend) in knitting; **2.** *fig.* entangle, ensnare; *in e-e Sache verstrickt sein* be involved (*od.* mixed up) in.

verstümmel|n *v/t.* mutilate; *fig.* (*Bericht, Funkspruch usw.*) garble; **≈ung** *f* mutilation.

verstummen *v/i.* become silent; *vor Erstaunen*: be struck dumb with; *Geräusch*: stop, cease, *langsam*: die away; *Gerüchte*: cease to be heard; ~ *machen* silence.

Versuch *m* attempt (*a.* ⚖), trial, F try; *phys.*, ⚗ experiment; (*Probe, a.* ⊕) test, try-out; (*Bemühung*) endeavour; (*Anstrengung*) effort; *den* (*od. einen*) ~ *machen, zu inf.* → *versuchen* 1; *e-n* ~ *machen mit* give *a p. od. a th.* a trial, try *a p. od. a th.*, try one's hand at *a th.*, F have a go (*od.* shot, crack) at *a th.*; *phys. e-n* ~ *anstellen mit* (make an) experiment on; *das käme auf e-n* ~ *an, es gilt einen* ~ we might as well try; → *a. Versuchsabteilung*; **≈en** *v/t.* **1.** attempt (*a.* ⚖), try; (*sich bemühen*) endeavour, make an effort; *alles* ~ try everything; *es* ~ *mit* → *Versuch* (*machen mit*); *sich* ~ *an* try one's hand at; *sein Glück* ~ try one's luck; *versuch's noch mal!* try again!; ⚖ *versuchter Diebstahl* attempted larceny; **2.** (*kosten*) taste, try; **3.** *j-n* ~ (*verlocken*) tempt a p.; → *Gott* 1; **~er(in** *f*) *m* tempter, *f a.* temptress; *eccl. der* ~ the Tempter.

Versuchs...: ~abteilung *f* experimental department, research (department); **~anlage** *f* testing (*für Modelle*: pilot) plant; **~anstalt** *f* experimental station, research institute; **~ballon** *m* trial balloon; *fig. a.* ballon d'essai (*fr.*), F kite; *e-n* ~ *steigen lassen* fly a kite; **~bohrung** *f* test drilling; **~fahrt** *f* trial run; **~feld** *n*, **~gelände** *n* proving ground; **~ingenieur** *m* research (*od.* test) engineer; **~kaninchen** *n*, **~karnickel** *fig. n* guinea-pig; **~laboratorium** *n* research laboratory; **~lauf** *mot. m* trial run; **~modell** *n* test model; **~person** *f* test person; **~raum** *m* testing room; **~reihe** *f* series of experiments, test series; **~schießen** *n* test firing; **~stadium** *n* experimental stage; **~stand** *m* test-bed, test stand; **~station** *f* experimental station; **~strecke** *f* test track; **~tier** *n* laboratory (*od.* test) animal; **≈weise** *adv.* by way of trial *od.* (an) experiment; on trial; tentatively; **~zweck** *m*: *zu* ~*en* for experimental purposes.

Versuchung *f* temptation; *in* ~ *führen* lead into temptation, tempt; *in* ~ *kommen* be tempted.

versumpfen *v/i.* become marshy; F *fig.* get bogged down.

versündig|en *v/refl.*: *sich* ~ sin (*an* against); *sich* ~ *an a.* wrong *a p.*; **≈ung** *f* sin.

versunken *adj.* sunk, submerged; *fig.* ~ *in* absorbed (*od.* engrossed *od.* lost) in; → *Gedanke*; **≈heit** *fig. f* absorption; *träumerische*: reverie.

versüßen *v/t.* sweeten (*a. fig.*); *um (ihm usw.) die Sache zu* ~ as a sweetener.

vertäfeln *v/t.* → *täfeln*.

vertag|en *v/t.* (*a. sich* ~) adjourn; **≈ung** *f* adjournment.

vertändeln *v/t.* trifle away.

vertäuen ⚓ *v/t.* moor.

vertausch|bar *adj.* exchangeable, interchangeable; **~en** *v/t.* exchange (*gegen, für, mit, um* for), ⊕ *usw. a.* interchange; (*Plätze*) change; ⚕ substitute; (*Rolle*) reverse; → *a. verwechseln*; **≈ung** *f* exchange.

vertausendfachen *v/t.* (*a. sich* ~) increase a thousandfold.

vertebral *adj.* vertebral.

verteidig|en *v/t.* defend (*a. v/i. Sport*), ⚖ *a.* plead on behalf of, appear for; (*unterstützen*) uphold, support, stand up for; (*Meinung, These*) *a.* maintain; *sich* ~ defend o.s., (*rechtfertigen*) *a.* justify (*od.* vindicate) o.s.; *e-n Titel* ~ *Sport*: defend a title; **≈er(in** *f*) *m* defender; *fig. a.* advocate, champion; *Sport*: defender, *Fußball*: *a.* full-back; ⚖ ~ *des Angeklagten* counsel for the defence, defending counsel, *Am. a.* defense counsel; **≈ung** *f* defen|ce, *Am.* -se (*a.* ⚖, *Sport u. fig.*); *Sport*: (*Abwehrspieler*) *a.* defenders *pl.*; ⚔ *taktische*: defensive; *zur* ~ *gen. od. von* in defen|ce (*Am.* -se) of; *zu s-r* ~ in one's (own) defen|ce, *Am.* -se.

Verteidigungs...: ~beitrag *m* defence contribution; **~bündnis**

n defensive alliance; **~fall** *m* case of defen|ce, *Am.*-se; **~gemeinschaft** *f* defence community; **~krieg** *m* defensive war(fare); **~minister** *m* Minister of Defence, *Am.* Secretary of Defense; **~ministerium** *n* Ministry of Defence, *Am.* Department of Defense, *the* Pentagon; **~rede** *f* speech for the defence, plea; *weitS.* apology; **~schlacht** *f* defensive battle; **~schrift** *f* (written) defence, apology; **~stellung** *f* defensive position; **~system** *n* defensive system; (*Befestigungen*) system of defences; **~waffe** *f* defensive weapon.

verteil|bar *adj.* distributable; ☤ *~er Gewinn* profit available for distribution; **~en** *v/t.* distribute (*auf, unter* among; *a.* ☤); (*zuteilen*) apportion, allot, allocate; (*unter sich teilen*) share; (*aufteilen*) divide; (*Nachrichten*) disseminate; *thea.* (*Rollen*) cast; *paint.* (*Farbe*) spread (*a. fig. über e-n Zeitraum* over); *steuerlich ~* (*Einkommen*) spread out; (*Geschwulst, Nebel*) (*a. sich ~*) disperse; *sich ~ Sache*: be distributed (*unter* among); ⚔ *im Gelände*: spread out, deploy; *mit verteilten Rollen lesen* playread (with distributed parts).

Verteiler *m* distributor (*a.* ☤; *a.* ⚡, ⊕, *mot.*); (*Einzelhändler*) retailer; *Funk*: distribution frame; (*Liste*) distribution list; **~dose** ⚡ *f* junction box; **~feld** ⚡ *n* distribution panel; **~finger** *mot. m* distributor arm; **~getriebe** *mot. n* transfer case, *Am.* auxiliary gearbox; **~kasten** *m* distribution box; **~organisation** ☤ *f* distributing organization.

Verteilung *f* distribution (*a.* ☤); apportionment, allotment, dissemination; dispersion; *thea.* casting; ⚔ deployment; *~ der Geschäftsunkosten* overhead allocation; **~sschlüssel** *m* ratio of distribution.

verteuer|n *v/t.* make dearer, raise (*od.* increase) the price of; **°~ung** *f* increase in price(s) *od.* costs; → *Teuerung*.

verteufel|n *v/t.* demonise; **~t** F **I.** *adj.* devilish, fiendish, deuced, awful; **II.** *adv.* fiendishly, awfully; F devilish.

vertief|en *v/t.* deepen (*a. sich ~*); (*aushöhlen*) hollow out; *fig.* deepen, (*Eindruck usw.*) *a.* heighten (*beide a. sich ~*); *sich ~ in* (*Gedanken, e-e Lektüre*) become absorbed (*od.* engrossed) in, (*ein Problem usw.*) go more deeply into, search; *sein Wissen ~* increase one's knowledge; → *Gedanke*; **°~ung** *f* deepening (*a. fig.*); (*Höhlung*) hollow, cavity; (*Nische*) recess; *fig.* absorption.

vertiert *adj.* brutish.

vertikal *adj.* vertical; **°~e** *f* vertical (line); **°~bohrmaschine** *f* vertical drill; **°~ebene** △ *f* vertical plane; **°~verflechtung** ☤ *f* vertical combination.

vertilg|en *v/t.* exterminate; (*vernichten*) *a.* annihilate, wipe out; (*Vorrat,* F *Speise*) consume; **°~ung** *f* extermination.

vertippen *v/t.* type wrong; *sich ~* make a typing error.

verton|en *v/t.* set to music; **°~ung** *f* setting to music, composition.

vertrackt F *adj.* confounded.

Vertrag *m* agreement, contract; *pol.* treaty, (*Abkommen*) convention, agreement, (*Pakt*) pact; *mündlicher ~* verbal agreement, parol contract; *auf Grund e-s ~es* under an agreement; *Anspruch aus e-m ~* claim under a contract; *e-n ~ schließen* make (*od.* enter into) an agreement *etc.*; → *erfüllen 2 usw.*; **°~en I.** *v/t.* (*aushalten*) endure, bear, (*a. j-n, Widerspruch, Alkohol usw.*) stand; (*dulden, zulassen*) bear (*a. von Sachen*), tolerate (*a.* ⚕); *diese Speise kann ich nicht ~* this food does not agree with me; F *etwas ~ können* (*Alkohol*) be able to take it, hold one's liquor well; F *er kann viel* (*od. e-n Puff*) *~* he can take a lot; **II.** *v/refl.*: *sich ~ Sachen*: be compatible; *Farben usw.*: go well together, agree, harmonize; *sich* (*gut, schlecht*) *miteinander ~ Personen*: get on *od.* along (well, ill) together; *sich wieder ~* be reconciled (*mit j-m* with), make it up (with); *die Farben ~ sich nicht a.* the colo(u)rs clash; **°~lich I.** *adj.* contractual; **II.** *adv.* by contract; under a (*od.* this) agreement; *~ (vereinbart)* as contracted; *~ verpflichtet sein* be bound by contract, be (liable) under contract; *sich ~ verpflichten* contract (*zu et.* for a th., to do a th.); *Haftung usw. ~ ausschließen* contract out.

verträglich *adj.* peaceable, conciliatory; (*gutmütig*) good-natured; *Sache*: compatible, consistent (*dat.* with); ⚕ *Arznei*: well tolerated; **°~keit** *f* peaceableness; compatibility; ⚕ tolerance.

Vertrags...: **~abschluß** *m* conclusion of an agreement *etc.*, → *Vertrag*; **°~ähnlich** *adj.* quasi-contractual; **~bedingung** *f* contractual term; **~bruch** *m* breach of contract; **≈brüchig** *adj.* defaulting; ~ *werden* commit a breach of contract.

vertragschließend *adj.*: ~e *Parteien* contracting parties.

Vertrags...: **~dauer** *f* life (*od.* term) of a contract; **~entwurf** *m* draft agreement; **≈fähig** *adj.* having contractual capacity, capable of contracting; **~fähigkeit** *f* contractual capacity; **≈gemäß** *adv.* according to agreement (*od.* contract); **~gegenstand** *m* object of agreement; **~grundlage** *f* basis of an agreement; **~hafen** *m* treaty port; **~händler** *m* appointed dealer; **~hilfe** ⚖ *f* judicial assistance; **~macht** *f* treaty power; **≈mäßig** *adj.* → *vertraglich*; **~nehmer** *m* contractor; **~partei** *f*, **~partner** *m* party to a contract; **~pflicht** *f* obligation under a contract, contractual commitment; **~preis** *m* contract price; **~recht** *n objektives*: law of contract; *aus e-m Vertrag*: contractual right; **~schuld** *f* contract(ual) debt; **~spieler** *m Fußball*: player under a contract; **~strafe** *f* (contractual) penalty; **~treue** *f* contractual fidelity; **~verhältnis** *n* contractual relationship; **~werk** *n* (set of) agreements *pl.*; **≈widrig** *adj.* contrary to (the terms of) the agreement (*od.* contract, treaty).

vertrauen I. *v/t.* → *anvertrauen*; **II.** *v/i.* trust (*j-m* a p.); ~ *auf* trust in, place (*od.* have) confidence in, rely (*od.* bank) on; **III.** ≈ *n* confidence, trust (*auf* in); *im* ~ privately, confidentially; *ganz im* ~ between you and me; *j-m (ganz) im* ~ *sagen* tell in (strict) confidence; *im* ~ *auf* trusting in, relying on; ~ *haben zu* have confidence (*od.* faith) in, trust; *j-m sein* ~ *schenken, sein* ~ *in j-n setzen* place confidence in a p.; ~ *schöpfen* gain confidence (*zu* in), lose one's distrust (of); *j-n ins* ~ *ziehen* take a p. into one's confidence, confide in a p.; *das* ~ *verlieren zu* lose faith in; → *aussprechen* 3, *genießen, schleichen*; **~erweckend** *adj.* reliable-looking, solid, inspiring confidence; *fig.* promising; *wenig* ~ *a.* suspicious, dubious.

Vertrauens...: **~arzt** *m* (health insurance) medical examiner; **~beweis** *m* mark of confidence; **~bruch** *m* breach (*od.* betrayal) of trust; indiscretion; **~frage** *f*: *die* ~ *stellen* propose a vote of confidence; **~mann** *m*, **~person** *f* confidential person; (*rechte Hand*) right-hand man; (*Vertraute*[*r*]) confidant(e *f*); (*Sprecher*) spokesman; *im Betrieb*: shop steward; (*Gewährsmann*) informant; **~posten** *m* position of trust; **~sache** *f* confidential matter; *weitS. das ist* ~ that's a matter of confidence; **~schüler**(**in** *f*) *m* prefect; **≈selig** *adj.* (too) confiding; (*leichtgläubig*) gullible; **~seligkeit** *f* blind confidence, gullibility; **~stellung** *f* position of trust; **~verhältnis** *n*: *persönliches* ~ personal confidence; **≈voll** *adj.* trustful, trusting; **~votum** *n* vote of confidence; **≈würdig** *adj.* trustworthy.

vertrauern *v/t.* pass in mourning.

vertraulich *adj.* confidential; (*intim*) intimate, familar, F (*a. plump* ~) chummy; *adv. et.* ~ *behandeln* treat a th. confidentially; *streng* ~*!* strictly confidential!; **≈keit** *f* confidence; intimacy, familiarity; *sich* ~*en herausnehmen* take liberties (*mit* with).

verträum|en *v/t.* dream away; **~t** *adj.* dreamy; *Dörfchen*: *a.* sleepy.

vertraut *adj.* intimate, familiar; ~ *mit et.* familiar with, well acquainted with, (well) versed in, (fully) conversant with, at home in; *sich mit et.* ~ *machen* make o.s. familiar with, acquaint (*od.* familiarize) o.s. with; *sich mit dem Gedanken* ~ *machen* get used to the idea; *der Name ist mir völlig* ~ is quite familiar to me; **≈e**(**r** *m*) *f* intimate friend, confidant(e *f*); **≈heit** *f* familiarity; ~ *mit et.* intimate knowledge of, familiarity with.

vertreib|en *v/t.* **1.** drive away; (*ausstoßen*) expel (*aus* from); *aus dem Haus*: turn out; (*verbannen*) banish, exile; (*Sorgen usw.*) banish; (*Krankheit*) remove, cure; *aus et.* ~ drive out of; (*sich*) *die Zeit* ~ pass (*od.* while) away one's time, kill time; **2.** ☤ (*Ware*) sell, distribute; *Hausierer*: peddle; **≈ung** *f* expulsion.

vertret|bar *adj.* justifiable, warrantable; *Standpunkt*: defendable; ⚖ *Sachen*: fungible; **~en** *v/t.* **1.** *sich den Fuß* ~ sprain one's foot; *sich die Beine* ~ stretch one's legs; *j-m den Weg* ~ bar (*od.* stand in) a p.'s way, stop a p.; **2.** (*j-n, Firma usw.*) represent, act on behalf of; (*ersetzen*) replace; *im Amt*: act (*od.* substitute, deputize) for; (*für j-n auftreten, a.* ⚖) appear *od.* plead for; *parl.* (*e-n Bezirk*) sit for, represent; (*j-s Interesse*) attend to, safeguard, look after; (*einstehen* *für*) answer for; ⚖ *j-s Sache* ~ plead a p.'s cause, hold a brief for a p.; *die Ansicht* ~, *daß* take the view that, hold that; **²er(in** *f*) *m* representative, ✝ *a.* agent; (*Verkaufs* ²) sales representative; (*Bevollmächtigter*) proxy, agent, attorney(-in-fact); *im Amt*: substitute, deputy; assistant; *e-s Arztes usw.*: locum (tenens); (*Fürsprecher*) advocate; (*Verfechter*) champion; (*hervorragender, typischer* ~) exponent; **²erprovision** *f* agent's commission; **²ervertrag** *m* contract of agency.

Vertretung *f* representation; ✝ agency; *pol.*, ⚔ *im Ausland*: mission; *im Amt*: substitution; *in* ~ by proxy; acting for, *unterschriftlich*: (signed) for; *j-s* ~ *übernehmen* take the functions (*od.* place) of a p., act as a substitute for a p.; **~svollmacht** *f* power of attorney; **²sweise** *adv.* as a substitute (*od.* deputy), by proxy.

Vertrieb *m* sale, marketing; (*Verteilung*) distribution.

Vertriebene(r *m*) *f* expellee.

Vertriebs...: **~abkommen** *n* marketing agreement; **~abteilung** *f* sales department; **~gemeinschaft** *f* joint marketing organization, sales combine; **~gesellschaft** *f* trading company, marketing corporation; **~kosten** *pl.* distribution cost(s), sales expense *sg.*; **~leiter** *m* sales manager; **~recht** *n* right of sale; (*Konzession*) licen|ce, *Am.* -se; (*Allein* ²) monopoly; *von Büchern usw.*: copyright.

vertrimmen F *v/t.* → *verprügeln.*

vertrinken *v/t.* spend on drink.

vertrocknen *v/i.* dry up.

vertrödeln *v/t.* dawdle away, waste.

vertröst|en *v/t.* feed with hopes (*auf* on); console; (*hinhalten*) put off (*auf zeitlich*: till; *von e-m Tag zum andern* from day to day); **²ung** *f* empty promise(s *pl.*), fair words *pl.*

vertrotteln F *v/i.* F go gaga.

vertrusten ✝ *v/t.* pool.

vertun *v/t.* waste; (*Chance*) give away; *Zeit* ~ *mit et.* waste time on; F *sich* ~ make a mistake.

vertusch|en *v/t.* hush up, suppress, cover up; (*beschönigen*) gloss over; **²ung** *f* hushing-up, cover-up, suppression.

verübeln *v/t.* take *a th.* amiss, resent *a th.*; *j-m et.* ~ blame a p. for a th., bear a p. a grudge for a th.; *ich hoffe, Sie werden mir die Frage nicht* ~ I hope you won't mind the question; *ich kann es ihm nicht* ~ I can't blame him.

verüb|en *v/t.* commit, perpetrate; (*Streiche*) play; **²ung** *f* committing, perpetration.

verulken *v/t.* make fun of, tease, F pull *a p.*'s leg, kid, chaff.

veruneinig|en *v/t.* disunite, set at variance; *sich* ~ fall out, quarrel; **²ung** *f* disunion, discord.

verunglimpf|en *v/t.* revile, blacken, calumniate, slander; **²ung** *f* revilement, defamation, calumny; ⚖ ~ *Verstorbener* blackening the memory of the deceased.

verunglück|en *v/i.* meet with an accident; *tödlich*: be killed in an accident, perish; *Sache*: fail, miscarry, go wrong; **²te(r** *m*) *f* victim, casualty.

verunreinig|en *v/t.* soil, (*a. Wunde*) dirty; (*Luft, Wasser usw.*) pollute; *fig.* dirty; **²ung** *f* soiling; pollution; (*Fremdstoff*[*e*]) impurity, impurities *pl.*

verunsicher|n *v/t.* make *a p.* feel insecure, shake, *sl.* rattle.

verunstalt|en *v/t.* deform, disfigure, deface; *verunstaltet a.* misshapen; **²ung** *f* disfigurement.

veruntreu|en *v/t.* embezzle; **²ung** *f* embezzlement; misappropriation.

verunzieren *v/t.* disfigure, mar.

verursachen *v/t.* cause, bring about, occasion, produce, create; give rise to; (*nach sich ziehen*) entail; *j-m Kosten* (*Umstände*) ~ put a p. to expense (inconvenience).

verurteil|en *v/t.* condemn (*a. fig.*), sentence (*zu* to), convict; → *Geldstrafe, Kosten*; *zum Nichtstun verurteilt* condemned to idleness; *zum Scheitern verurteilt* doomed to failure; **²te(r** *m*) *f* convict, person under sentence; **²ung** *f* condemnation (*a. fig.*), conviction; (*Urteil*) sentence; *im Falle der* ~ upon conviction.

Verve *f* verve.

vervielfältigen *v/t.* (*a. sich* ~) multiply; (*Schriftsatz*) manifold, duplicate, (*hektographieren*) mimeograph; (*nachbilden*) reproduce, duplicate.

Vervielfältigung *f* multiplication; *Schriftsatz* (*Vorgang*): duplication, mimeographing; (*Abzug*) duplicate, mimeographed sheet; **~sapparat** *m* duplicating apparatus, duplicator, mimeograph; **~spapier** *n* duplicating paper; **~srecht** *n* right of reproduction; **~sverfahren** *n* copying process, duplication.

vervierfachen *v/t.* (*a. sich* ~) quadruple.

vervollkommn|en *v/t.* perfect, improve (upon); **²ung** *f* perfection, improvement.

vervollständig|en *v/t.* complete; ⚓ *sein Lager wieder* ~ replenish one's stock; ²**ung** *f* completion.

verwachs|en I. *v/i.* grow together; ⚕ *Knochen*: unite; *Wunde*: heal up; *fig.* (*zu e-r Einheit* ~) form a union, become a unit, ~ *mit*: become intimately bound up with (*od.* attached to); **II.** *adj.* **1.** (*fehlerhaft gewachsen*) deformed, crippled; (*bucklig*) hunch-backed; **2.** *Wald usw.*: (*dicht* ~) dense, thick; *fig.* ~ *mit* intimately bound up with, attached to, deeply rooted in; ²**ung** *f* deformity; ⚕ fusion.

verwackel|n *phot.* **I.** *v/t.* jump; **II.** *v/i.* be blurred; ~**t** *adj.* blurred.

verwahr|en I. *v/t.* keep, guard (*vor* from); (*Geld, Urkunden usw.*) have in safe-keeping; *treuhänderisch*: hold in trust; *j-m zu* ~ *geben* entrust to a p.'s care; *gut* ~*!* keep in safe place!; **II.** *fig. v/refl.*: *sich* ~ protest (*gegen* against); ²**er** *m* keeper; *von Vermögenswerten*: custodian, depository.

verwahrlos|en *v/i.* be neglected, F go to seed, *Person*: be demoralized, go to the bad (*od.* F to seed); *Kinder*: run wild; ~**t** *adj.* uncared-for, neglected, unkempt; *Person*: (*äußerlich* ~) down-at-heels, seedy, (*zerlumpt*) ragged; *sittlich*: demoralized, (*zuchtlos*) wild, wayward, *Kinder*: *a.* dead-end *kids*; (*vernächlässigt*) derelict; ²**ung** *f* neglect; demoralization; waywardness; dereliction.

Verwahrung *f* **1.** (safe-)keeping, guard; (*Obhut*) charge, custody; *bei gleichzeitiger Verwaltung*: custodianship, safe custody; *fig.* (*Bewahrung, Erhaltung*) preservation (*vor* from); (*j-m et.*) *in* ~ *geben* deposit (with a p.), give into (a p.'s) charge; *in* ~ *haben* → *verwahren* I; *in* ~ *nehmen* take charge of, take into custody (*a. j-n*) *od.* deposit; **2.** protest; *gegen et.* ~ *einlegen* enter a protest against, protest against; ~**sort** *m* depository; ~**svertrag** *m* safe-deposit contract.

verwais|en *v/i.* become an orphan, be orphaned, lose one's parents; *fig.* be deserted; ~**t** *adj.* orphan(ed *a. fig.*); *fig. Straße usw.*: deserted.

verwalken F *v/t.* thrash soundly.

verwalt|en *v/t.* administer (*a. Konkursmasse, Nachlaß*), manage; (*führen*) conduct; (*überwachen*) control, supervise; (*Treuhandgut*) hold in trust, act as a trustee to *a p.'s property*; (*Amt*) hold; ²**er** *m* administrator, manager; (*Treuhänder*) trustee, custodian; (*Guts*²) steward; (*Hausmeister*) caretaker, *ped.* janitor; ²**erin** *f* administratrix, manageress.

Verwaltung *f* administration (*a. Staats*², *Konkurs*², *Nachlaß*²); management; *durch e-e Militärregierung usw.*: caretaker control; (*Staatsdienst*) Civil Service; (~*sbehörde*) administrative authority, governing body; department, agency; *städtische* ~ municipal administration (*od.* authorities *pl.*).

Verwaltungs...: ~**abteilung** *f* administrative branch; ~**akt** *m* act of administration; ~**apparat** *m* administrative machinery; ~**ausschuß** *m* managing committee; ~**beamte(r)** *m* administrative officer; ~**behörde** *f* → *Verwaltung*; ~**bezirk** *m* administrative district; ~**dienst** *m* Civil Service; ~**gebäude** *n* administration building, offices *pl.*; ~**gebühr** *f* administrative fee; management charge; ~**gericht** *n* administrative tribunal; ~**kosten** *pl.* administrative expenses; ~**offizier** *m* administrative officer; ~**organ** *n* administrative body (*od.* organ); ~**rat** *m* governing board; ~**weg** *m*: *auf dem* ~*e* through administrative channels, administratively; ~**wesen** *n* (public) administration.

verwandel|bar *adj.* transformable, *a.* ⊕ convertible; ~**n** *v/t.* change; (*umwandeln*) turn, convert; (*umformen*) transform (*alle in* into); (*Strafe*) commute (into); *Fußball*: convert, *nur v/i.* (*od. den Strafstoß usw.* ~) score; *in e-n Aschenhaufen* ~ reduce to (a heap of) ashes; *in Staub* ~ turn to dust, pulverize; *sich* ~ change; *sich* ~ *in* change into, be transformed (*od.* converted, *etc.*) into.

Verwandlung *f* change; conversion; transformation; transmutation; metamorphosis; ⚖ commutation; *thea.* change of scene; *eccl.* transsubstantiation; *Sport*: conversion; *mit ihm ist eine* ~ *vorgegangen* he has changed (very much); ~**skünstler**(**in** *f*) *m* quick-change artist; ~**sszene** *thea.* *f* transformation scene.

verwandt *adj.* related (*mit* to), *fig. a.* kindred; *bsd. Wörter*: cognate (to, with); (*entsprechend*) analogous (to); (*ähnlich*) similar; ~*e Gebiete* related (*od.* allied) subjects; ~*e Seelen* congenial (*od.* kindred) souls; *er ist mit mir* ~ he is a relative (*od.* relation) of mine; ²**e**(**r** *m*) *f* relative, relation; ⚖ *der nächste* ~ the next of kin; ²**schaft** *f* relationship (*a. fig.*); kinship;

(*Bluts*≈) consanguinity; (*die Verwandten*) relations *pl.*; *fig. seelische*: congeniality; (*Beziehung*) connection; *bsd. durch Heirat u.* ⚖ affinity; **~schaftlich** *adj.* as regards relation(s); kinsmanlike; ~e *Beziehung(en)* relation(s); **≈schaftsgrad** *m* degree of relationship (*od.* affinity).

verwanzt *adj.* bug-ridden.

verwarn|en *v/t.* warn (off), admonish; *strafend*: caution (*a. Sport* = warn); **≈ung** *f* warning, admonition; caution.

verwaschen *adj.* washed out, faded (*beide a. fig.*); pale; *fig.* (*verschwommen*) vapid, F wishy-washy.

verwässer|n *v/t.* water (*a.* † *Aktien*), dilute; *fig.* water down; **~t** *fig. adj.* watered-down, F wishy-washy,

verweben *v/t.* (*a. sich* ~) interweave; *fig. a.* mingle (*mit* with).

verwechs|eln *v/t.* (ex)change by mistake; (*miteinander* ~, *durcheinanderbringen*) confound (*mit* with); confuse (with), mix up (with), mistake (for); *j-n mit e-m andern* ~ (mis)take a p. for another; *den Hut usw.* ~ take the wrong hat, *etc.*; *sie sehen sich zum* ≈ *ähnlich* they are as like as two peas; **≈lung** *f* mistake; mistaken identity; confusion; F mix-up; **≈lungskomödie** *f* Comedy of Errors.

verwegen *adj.* daring, bold, (*a. frech*) audacious; *Kleidung usw.*: rakish; **≈heit** *f* boldness, audacity, daredevilry, temerity.

verweh|en I. *v/t.* blow away; (*zerstreuen*) scatter; (*zuwehen*) cover with snow *etc.*; **II.** *v/i.* drift away (*od.* off); *Stimme usw.*: trail away; **≈ung** *f* (snow- *od.* sand-)drift.

verwehren *v/t.*: *j-m et.* ~ forbid a p. a th., keep (*od.* hinder) a p. from (doing) a th.; *et.* ~ bar a th.; *j-m Zutritt* ~ refuse a p. admittance (*zu* to).

verweichlich|en I. *v/t.* render effeminate (*od.* soft), coddle; **II.** *v/i.* grow effeminate (*od.* soft); **~t** *adj.* effeminate, soft, coddled; **≈ung** *f* effeminacy, softness.

verweiger|n *v/t.* deny, refuse (*j-m et.* a p. a th.); † *Auslieferung* ~ withhold delivery; *e-n Befehl* ~ disobey (*od.* flout) an order; *j-m den Gehorsam* ~ disobey a p.; (*das Hindernis* ~) *Reitsport*: balk (at the obstacle); *den Wehrdienst* ~ refuse military service on moral or religious grounds, be a conscientious objector; **≈ung** *f* denial, refusal; *Reitsport*: balking; *des Leistungsprinzips usw.*: rejection, *sl.* cop-out; † ~ *der Annahme* non-acceptance; **≈ungsfall** *m*: *im* ~ in case of refusal.

verweilen *v/i.* stay, linger; *fig.* ~ *bei et.* dwell (*od.* enlarge) on.

verweint *adj.* tear-stained *face*; *eyes* red with tears.

Verweis *m* **1.** (*Rüge*) reprimand, reproof, censure; *j-m e-n* ~ *erteilen* reprimand (*od.* rebuke, censure) a p. (*wegen* for), rap the knuckles of a p.; **2.** (*Hinweis*) reference (*auf* to); **≈en** *v/t.* **1.** (*des Landes* ~) banish, exile; (*Schüler*) expel; *Sport*: order (*od.* send) off the field (*od.* track); *j-m et.* ~ reprimand a p. for; **2.** ~ *auf od. an* refer to; **~ung** *f* **1.** (*Landes*≈) banishment; expulsion, deportation; **2.** reference (*auf, an* to); **~ungszeichen** *n* mark of reference.

verwelken *v/i.* fade, wither; *fig. verwelkte Schönheit* faded beauty.

verweltlich|en *v/t.* secularize; **≈ung** *f* secularization.

verwend|bar *adj.* applicable, available; usable, suitable; serviceable; **≈barkeit** *f* availability; usability, suitability, applicability; serviceableness; **~en** *v/t.* **1.** apply (*auf, für* to), employ, use (in, for); (*nützlich* ~) utilize; (*aufwenden*) spend, expend; ~ *auf* (*Mühe, Sorgfalt*) bestow on, (*a. Zeit*) devote to; *sich bei j-m* ~ *für* intercede with a p. for, use one's influence on a p. on behalf of, *empfehlend*: recommend *a p.* to a p.; **2.** *er verwandte kein Auge von ihr* he never turned his eyes from her; **≈ung** *f* application, use, employment; utilization; expenditure; (*Fürsprache*) intercession; *vielseitige* ~ versatility; ⚖ *widerrechtliche* ~ (wrongful) conversion; *keine* ~ *haben für* have no use for; ⚔ *zur besonderen* ~ (seconded) for special duty; **≈ungszweck** *m* use, intended purpose.

verwerf|en I. *v/t.* **1.** (*Ball usw.*) lose; **2.** (*zurückweisen*) reject, repudiate, turn down; *verächtlich*: spurn; ⚖ (*Klage*) dismiss (*a. weitS.*); (*Urteil usw.*) quash; (*Antrag usw.*) overrule; → *Berufung* **5**; **II.** *v/refl.*: *sich* ~ *Holz*: warp; *geol.* dislocate; **~lich** *adj.* objectionable, reprehensible; (*schlecht, gemein*) bad, abject, abominable; **≈lichkeit** *f* reprehensibleness; badness, abjectness; **≈ung** *f* rejection; ⚖ dismissal;

quashing; *von Holz*: warping; *geol.* dislocation.

verwert|bar *adj.* usable; ⚕ realizable; *Aktien, Papiergeld* (*einlösbar*): convertible, (*begebbar*) negotiable; **~en** *v/t.* turn to account, make use of, utilize, use; (*auswerten*) evaluate; (*zu Geld machen*) realize; *geschäftlich*: commercialize; (*Patent*) exploit; *sich gut ~ lassen* be most useful, F come in handy; ⚕ find a ready sale (*od.* market), fetch a good price; **≈ung** *f* utilization, use; realization; commercialization; exploitation.

verwes|en I. *v/i.* decay, decompose, putrefy, rot; *halb verwest* putrefying, half rotten; **II.** *obs. v/t.* (*verwalten*) administer; **≈er** *m* administrator; (*Reichs≈*) viceregent; **~lich** *adj.* corruptible, putrefiable; **≈ung** *f* decay, putrefaction; decomposition; *in ~ übergehen* begin to putrefy; **≈ungsprozeß** *m* process of decomposition, putrefaction.

verwetten *v/t.* bet, wager, stake (*für* on); (*verlieren*) lose by betting, gamble away.

verwick|eln *v/t.* entangle (*in* in); *fig. a.* involve, embroil, engage (in), drag *a p.* into; (*Angelegenheit*) complicate; ⚔ *in Kämpfe*: engage; *j-n in ein Streitgespräch ~* engage a p. in an argument; *in et. verwickelt werden* be(come) involved in *a lawsuit, etc.*, F get mixed up in (*od.* with); *sich ~ in* get entangled in; **~elt** *fig. adj.* complicated, involved, intricate, tangled; **≈lung** *f* entanglement, involvement; (*Kompliziertheit*) *a.* complexity, *konkret*: complication; (*Durcheinander*) confusion, tangle, imbroglio.

verwilder|n *v/i. Garten usw.*: run to seed; ⚘ *u. fig.* run wild; *Sitten*: degenerate; **~t** *adj.* uncultivated, weed-grown; *fig.* wild, unruly, *Sitten*: degenerate.

verwind|en *v/t.* **1.** (*Schmerz usw.*) get over *a th.*; **2.** ⊕ distort, twist; **≈ung** *f* ⊕ torsion, twist.

verwirken *v/t.* forfeit; (*Strafe*) incur, be liable to.

verwirklich|en *v/i.* realize; translate into reality (*od.* action); *sich ~* be realized, *bsd. Am.* materialize; (*sich erfüllen*) come true; **≈ung** *f* realization.

Verwirkung *f* forfeiture.

verwirr|en *v/t.* entangle, snarl; *fig.* (*j-n*) confuse, confound, bewilder, perplex; (*verlegen machen*) confuse, embarrass; (*et.*) make involved (*od.* tangled), confuse; (*Gedanken*) confuse, F muddle; *sich ~* get entangled; **~t** *adj.* confused, bewildered, *etc.*; *geistig*: *a.* F muddled, in a muddle; (*benommen*) dazed; **≈ung** *f* entanglement, snarl; *fig. j-s*: confusion, perplexity, bewilderment; embarrassment; *e-r Sache*: confusion, disorder; (*Verwicklung*) entanglement, snarl, F mix-up, muddle, topsy-turvydom; (*Aufruhr*) tumult; *in ~ geraten* (*sein*) get into (be in) confusion; *in ~ bringen* throw into confusion, (*j-n*) confuse, *sl.* rattle; *~ stiften* cause confusion.

verwirtschaften *v/t.* squander away.

verwischen *v/t.* wipe (*od.* blot) out; *a. fig.* efface; (*undeutlich machen*) blur, obscure; (*verschmieren*) smear; *sich ~* become effaced *od.* blurred, *fig. a.* vanish, become indistinct; → *Spur.*

verwitter|n *v/i.* weather (*a. v/t.*); disintegrate, decay; ⚗ effloresce; **~t** *adj.* weather-beaten, weather-worn; **≈ung** *f* weathering; decomposition; efflorescence.

verwitwet *adj.* widowed.

verwöhn|en *v/t.* spoil; (*verhätscheln*) coddle, pamper; *sich ~ a.* over-indulge o.s. (*mit* in); **~t** *adj.* pampered; *Kind*: *a.* spoilt; *Gaumen, Geschmack*: fastidious; **≈ung** *f* spoiling; pampering.

verworfen *adj.* depraved; (*niederträchtig, gemein*) base, abject, vile; **≈heit** *f* depravity; abjectness.

verworren *adj. Gedanken, Zustand usw.*: confused, F muddled; **≈heit** *f.* confusion, muddle(d state), tangle.

verwund|bar *adj.* vulnerable (*a. fig.*); **~en** *v/t.* wound (*a. fig.*); → *Verwundete(r).*

verwunder|lich *adj.* astonishing, surprising; (*seltsam*) odd, strange; *es ist nicht ~, daß* it is small wonder that; **~n** *v/t.* astonish, amaze; **~t** *adj. u. adv.* astonished, amazed, taken aback; **≈ung** *f*: (*zu m-r ~* to my) astonishment, surprise, amazement.

Verwundete|(r) ⚔ *m* wounded (soldier), casualty; **~nabzeichen** *n Brit.* Gold Stripe; *Am.* Purple Heart.

Verwundung *f* wound, injury.

verwunschen *adj.* enchanted *prince, island*; *Haus*: haunted.

verwünsch|en *v/t.* curse, execrate; (*verzaubern*) enchant, bewitch; **~t** *adj.* accursed, confounded, blessed; *~!* confound it!; **≈ung** *f* curse,

imprecation; ~*en ausstoßen gegen j-n* hurl imprecations at a p.
verwursteln F *v/t.* make a muddle of.
verwurzelt *adj.* (deeply) rooted (*in* in); *fest* ~ firmly rooted.
verwüst|en *v/t.* lay waste, devastate, *a. fig.* (*Gesichtszüge*) ravage; **2ung** *f* devastation, ravages *pl.*
verzag|en *v/i.* despair (*an* of), lose heart, give up hope; *nur nicht* ~! never say die!; **~t** *adj.* disheartened, despondent; (*kleinmütig*) pusillanimous, faint-hearted; **2theit** *f* despondency, hopelessness; faint-heartedness.
verzählen *v/refl.*: *sich* ~ miscount, make a mistake (in counting).
verzahn|en *v/t.* (*Rad*) tooth, gear, cog; *Balken usw. ineinander od. miteinander* ~ dovetail (*a. fig.*); *fig. a.* interlock; **2ung** *f* ⊕ tooth (*od.* gear) system; dovetailing, *fig. a.* interlocking.
verzapfen *v/t.* (*Bier usw.*) sell on draught; ⊕ tenon, mortise; F *fig.* tell, *sl.* dish out; *Unsinn* ~ talk nonsense (*od. sl.* rot).
verzanken *v/refl.*: *sich* ~ quarrel, fall out (*mit* with).
verzärtel|n *v/t.* coddle, pamper; *verzärtelte Person* F mollycoddle, softie; **2ung** *f* pampering, coddling.
verzauber|n *v/t.* bewitch, charm, enchant; ~ *in* transform into; **~t** *adj. Prinz, Insel usw.*: enchanted.
verzehnfachen *v/t.* (*a. sich* ~) increase tenfold, decuple.
Verzehr *m* consumption, eating; **2en** *v/t.* consume (*a. fig.*), eat (up); *fig. sich* ~ eat one's heart out; *sich* ~ *nach* yearn for; *sich* ~ *vor Gram usw.* pine away with, be consumed with; **2end** *fig. adj. Blick, Leidenschaft*: burning; **~zwang** *m* obligation to order.
verzeich|nen *v/t.* **1.** note (*od.* write) down; *amtlich, geschichtlich*: record, register; *in e-r Liste*: list, *mit genauen Angaben*: specify; ✝ (*Kurse*) quote; **2.** (*erzielen*) register, secure; *Erfolg, Gewinn, Siege* ~ *können* (*od. zu* ~ *haben*) have, score; *auf e-r Liste verzeichnet sein* figure in (*od.* on); **3.** (*falsch zeichnen*) draw incorrectly; *fig.* misrepresent, draw a distorted picture of, *a. opt.* distort; **2nis** *n* list, catalogue; *amtliches*: register; (*Aufstellung*) statement, *beschreibend*: specification; (*Inventar*) inventory; (*Steuer2, Namens2*) roll; *im Buch*: index; (*Tabelle*) table, schedule; **2nung** *f opt. u. fig.* distortion.
verzeih|en *v/t. u. v/i.* pardon, forgive (*beide*: *j-m* [et.] a p. [a th.]); excuse; *bsd.* ⚖ *Eherecht*: condone; ~ *Sie!* I beg your pardon!, excuse me!, *mst* F (so) sorry!; *nicht zu* ~ inexcusable, impardonable; **~lich** *adj.* pardonable, excusable; *Sünde*: venial; **2ung** *f* pardon; *j-n um* ~ *bitten* beg a p.'s pardon; ~! I beg your pardon!, excuse me!, *mst* F (so) sorry!
verzerr|en *v/t.* distort, twist; *fig. a.* caricature; *sich* ~ become (*od.* get) distorted, get out of shape; *sich den Knöchel* ~ sprain one's ankle; *das Gesicht* ~ (make a) grimace, make faces; **2ung** *f* distortion (*a. Funk usw.*); contortion, grimace; **~ungsfrei** *adj.* free from distortion.
verzetteln *v/t.* **1.** (*vertun*) fritter away; *sich* ~ dissipate one's energies, squander one's strength; **2.** *Kartei*: card-index.
Verzicht *m* (*a.* **~leistung** *f*) renunciation (*auf* of); (*Opfer*) sacrifice; (*Abtretung*) abandonment; ⚖ *auf Ansprüche, Rechte*: waiver, disclaimer; ~ *leisten* → **2en** *v/i.* renounce, resign; ⚖ waive, disclaim (*alle*: *auf a th.*); ⚖ *a.* deliver a waiver; ~ *auf a.* relinquish; (*ohne et. auskommen*) dispense with, do without; (*Vergnügen usw.*) for(e)go; **~erklärung** *f* waiver, disclaimer.
verziehen **I.** *v/i.* **1.** (re)move (*nach* to); *falls verzogen* in case of change of address, if moved; **II.** *v/t.* **2.** (*verzerren*) distort; (*Mund*) draw, screw up; *das Gesicht* ~ make a (wry) face, (make a) grimace; *keine Miene* ~ not to move a muscle, F not to bat an eyelash; **3.** (*Kind*) (*verwöhnen*) spoil; **III.** *v/refl.*: *sich* ~ **4.** *Holz*: warp; *Kleid*: hang badly (*od.* askew); **5.** (*verschwinden, sich entfernen*) disappear, vanish; F (*sich davonmachen*) F make off, decamp, *sl.* beat it, make tracks; *Dampf, Nebel*: dissolve; *Volksmengen, Wolken*: disperse; *Sturm, Gewitter, Schmerzen*: blow over.
verzier|en *v/t.* adorn, decorate; *durch Besatz*: trim; (*verschönern*) embellish; **2ung** *f* decoration; (*Schmuck*) ornament; ♪ flourish, grace-note; F (*unnötiges Zeug od. Getue*) frill(s *pl.*); F *brich dir keine* ~*en ab!* don't sprain anything!
verzinken *v/t.* galvanize.
verzinnen *v/t.* tin.
verzins|en *v/t.* pay interest on; *e-n*

Betrag zu 3% ~ pay 3 per cent interest on a sum; *mit 5% verzinst* bearing 5 per cent interest; *sich* ~ (*mit*) yield *od.* bear (*5 per cent, etc.*) interest; **~lich** *adj.* bearing interest; *Papiere*: interest-bearing; *~es Darlehen* loan on interest; *fest* ~ *Wertpapier*: bearing a fixed rate of interest; *niedrig* ~ low-interest ...; ~ *mit 4%* bearing interest at 4 per cent; ~ *vom 1. Januar an* interest payable from; *adv.* ~ *anlegen* put out at interest; **≈ung** *f* (payment of) interest; (*Zinssatz*) interest rate; (*Zinsertrag*) interest return.

verzogen *adj. Kind*: spoiled; → *a. verziehen* 1.

verzöger|n *v/t.* delay, retard; (*verlangsamen*) slow down (*a. sich* ~); (*in die Länge ziehen*) protract; *sich* ~ be delayed; (*auf sich warten lassen*) be long in coming; **≈ung** *f* delay; *e-e* ~ *erleiden* be delayed; **≈ungstaktik** *f* delaying tactics *pl.*

verzoll|bar *adj.* subject to duty, dutiable; **~en** *v/t.* pay duty on; ⚓ clear; *haben Sie etwas zu* ~? have you anything to declare?; **~t** *adj.* duty-paid; **≈ung** *f* payment of duty; ⚓ clearance.

verzück|en *v/t.* ecstasize, enrapture; **~t** *adj.* ecstatic(ally *adv.*), enraptured; in raptures, rapt; **≈ung** *f* ecstasy, rapture; *in* ~ *geraten* go into ecstasies (*wegen* over).

verzuckern *v/t.* sugar (over); (*Früchte*) candy; (*Kuchen*) ice; *fig. die Pille* ~ sugar the pill.

Verzug *m* delay; *ohne* ~ without delay, forthwith; ⚖ *in* ~ *geraten* come in default; *in* ~ *sein* be in default (*mit* of); *es ist Gefahr im* ~ there is danger ahead; **~saktien** *f/pl.* deferred shares; **~sstrafe** *f* penalty for delay; **~stage** *m/pl.* days of grace; **~szinsen** *m/pl.* interest *sg.* for delay (*od.* on arrears).

verzweif|eln *v/i.* despair (*an* of); be in despair, abandon hope; *es ist zum* ≈ it is enough to drive one mad (*od.* to despair); *nur nicht* ~! never say die!; **~elt I.** *adj.* despairing; (*aussichtslos, rücksichtslos*) desperate; **II.** F *adv.* (*äußerst*) dreadfully; ~ *ähnlich* dismally alike; **≈lung** *f* despair; *in* ~ *geraten* (sink into) despair; *zur* ~ *bringen* (*od. treiben*) drive to despair; *Mut der* ~ courage of despair.

verzweig|en *v/refl.*: *sich* ~ branch out, ramify; **≈ung** *f* ramification(s *pl.*).

verzwickt *adj.* complicated, ticklish, tricky.

Vesper 1. *eccl. f* vespers *pl.*; **2.** *n, f a.* **~brot** *n* snack; **≈n** *v/i.* have a snack.

Vestalin *f* Vestal (virgin).

Vestibül *n* vestibule, hall.

Veteran *m Brit.* ex-serviceman, *Am.* veteran; *fig.* veteran.

Veterinär *m* veterinary surgeon, veterinarian; **~medizin** *f* veterinary medicine.

Veto *n* veto; *ein* ~ *einlegen* interpose one's veto, *gegen*: put a veto upon, veto *a th.*; **~recht** *n* power of veto.

Vettel *f*: *alte* ~ old hag (*od.* slut).

Vetter *m* cousin; **~nwirtschaft** *f* nepotism, F cronyism.

Vexier|bild *n* picture-puzzle; **≈en** *v/t.* vex, tease; **~schloß** *n* puzzle-lock; **~spiegel** *m* distorting mirror; **~spiel** *n* (Chinese) puzzle.

V-förmig *adj.* V-shaped.

Viadukt *m* viaduct.

Vibraphon ♪ *n* vibraphone.

Vibration *f* vibration; **~smassage** ⚕ *f* vibro-massage.

vibrier|en *v/i.* vibrate; **≈tisch** ⊕ *m* vibrating table.

Video... *in Zssgn* video *disc, cassette, recorder, etc.*; **~aufzeichnung** *f* video recording; **~frequenz** *f* video frequency; **~magnetband** *n* video tape.

Vieh *n* cattle, livestock; *weitS., a. fig.* brute, beast; **~ausstellung** *f* cattle-show; **~bestand** *m* livestock; **~futter** *n* fodder, provender; **~händler** *m* cattle-dealer; **~hof** *m* stockyard; **≈isch** *adj.* bestial, brutal, beastly; **~magd** *f* milkmaid; **~markt** *m* cattle-market; **~salz** *n* cattle-salt; **~seuche** *f* cattle-plague, rinderpest; **~stand** *m auf e-m Gut*: stock of cattle, livestock; **~treiber** *m* (cattle-)drover; **~wagen** *m* livestock wag(g)on, *Am.* stock car; **~weide** *f* pasture; **~zählung** *f* livestock census; **~zeug** F *n* animals *pl.*; **~zucht** *f* stock-farming, cattle-breeding; **~züchter** *m* stock-farmer, cattle-breeder, *Am. a.* rancher.

viel *adj. u. adv.* much; ~e many; *sg. u. pl.*: F a lot (of), lots of; (*reichlich*) plenty of *cake, money, room, etc.*; *sehr* ~ a great deal (of); *sehr* ~e a great many; *noch einmal so* ~ as much again; ~ *besser* much better; *ziemlich* ~ a good deal (of); *ziemlich* ~e a good many; *einer zu* ~ one too many; *ein bißchen* ~ a little too much; ~ *zu* ~ far too much; *das* ~e *Geld* all that money;

seine *~en Geschäfte* his numerous affairs; *in ~em* in many respects; *um ~es besser* far (*od.* much, a great deal) better; *das will ~ sagen* that is saying a great deal; *es hätte nicht ~ gefehlt, so hätte er* a little more and he would have.

viel...: ~adrig *adj. Kabel*: multi-core ...; **~bändig** *adj.* of many volumes; **~begehrt** *adj.* much sought after, prized; **~beschäftigt** *adj.* very busy; *Anwalt, Arzt*: *a.* sought after, in large practice; **~deutig** *adj.* ambiguous; **²deutigkeit** *f* ambiguity; **²eck** *n* polygon; **~eckig** *adj.* polygonal; **²ehe** *f* polygamy; **~erlei** *adj.* of many kinds, many kinds of, a great variety of; multifarious; **~erorts** *adv.* in many places; **~fach I.** *adj.* multiple; **II.** *adv.* in many cases, frequently, widely; **²fache(s)** *n* multiple; *um ein ~s* many times *better, etc.*; **²fachschalter** ⚡ *m* multiple switch; **²fachschaltung** ⚡ *f* multiple connection; **~fältig** *adj.* manifold, multifarious; **²fältigkeit** *f* multiplicity; diversity, variety; **~farbig** *adj.* many-colo(u)red, variegated, ⊕ multi-colo(u)red, polychromatic; **²fraß** *m* glutton (*a. zo.* = wolverine); **~gebraucht** *adj.* much used; **~geliebt** *adj.* dearly (*od.* well-)beloved; **~genannt** *adj.* often-mentioned; (*berühmt*) noted, distinguished; **~geprüft** *adj.* much tried; **~gereist** *adj.* (widely) travel(l)ed; **~geschmäht** *adj.* much abused; **~gestaltig** *adj.* multiform, polymorphic; *fig.* multifarious; **~gliedrig** *adj.* many-membered; ⩘ polynomial; **²götterei** *f* polytheism; **²heit** *f* multiplicity, variety, plurality; (*Menge*) multitude, great number; **~jährig** *adj.* of many years, many years old; **~köpfig** *adj.* many-headed, 🕮 polycephalous; *fig. Menschenmenge*: large; *Familie*: *a.* numerous.

vielleicht *adv.* perhaps, *bsd. Am.* maybe; possibly, it is possible that; *Sie haben ~ recht* you may be right; *~ kommt er* perhaps he will come, he may come; *es ist ~ besser, wenn* it might be better if, *you* had better *go, etc.*; *weißt du ~ einen Rat? a. iro., ärgerlich*: have you an idea, by any chance?; *contp. ist er ~ der Chef?* he isn't the boss, is he?; F *das war ~ ein Durcheinander!* some (*od.* what a) mess!; *ich war ~ aufgeregt!* oh dear, I was in a flap!

viel...: ~malig *adj.* often-repeated; frequent; **~mal(s)** *adv.* many times, frequently, often(times); *ich danke Ihnen ~* thank you very much, many thanks; *sie läßt (dich) ~ grüßen* she sends you her best regards; *ich bitte ~ um Entschuldigung* I am very sorry; **²männerei** *f* polyandry; **~mehr** *adv.* rather; on the contrary; **~motorig** *adj.* multi-engined; **~phasig** ⚡ *adj.* polyphase; **~polig** ⚡ *adj.* multipolar; **~sagend** *adj. Blick*: eloquent; **~schichtig** *adj.* multi-layered, stratified; *fig. Problem*: complex, intricate; **²schreiber** *m* prolific writer; *contp.* scribbler; **~seitig I.** *adj.* many-sided, *Person*: *a.* versatile, all-round ...; ⩘ polygonal; *Vertrag*: multilateral; *Bildung*: wide-ranging; *auf ~en Wunsch* by popular request; **II.** *adv.*: *~ interessiert* having many interests; *~ verwendbar* multi-purpose ..., versatile; **²seitigkeit** *fig. f* many-sidedness, versatility; **²seitigkeitsprüfung** *f Reitsport*: combined test; **~silbig** *adj.* polysyllabic; **~sprachig** *adj.* polyglot (*a. su. ~er Mensch*); **~stellig** ⩘ *adj.* of many places (*od.* digits); **~stimmig** *adj.* many-voiced, polyphonic; **~umstritten** *adj.* (very) controversial; **~verheißend, ~versprechend** *adj.* (very) promising, of great promise; *nicht ~* unpromising; **²weiberei** *f* polygamy; **~wertig** *adj.* ⩘ multivalued; ⚗ multivalent; **²wisser** *m co.* pundit; *contp.* walking dictionary, sciolist; **²zahl** *f* multitude; **~zweck...** multipurpose ...

vier I. *adj.* four; *~ und ~, zu ~en* by fours; *zu ~t* four of us (*od.* them, you); *auf allen ~en* on all fours; *unter ~ Augen* confidentially, privately; *um halb ~* at half past three; *alle ~e von sich strecken* stretch o.s. out; (*sterben*) give up the ghost, F turn up one's toes; → *Buchstabe usw.*; **II. ²** *f* (number *od.* figure) four.

vier...: ~basisch ⚗ *adj.* tetrabasic; **²beiner** F *m* quadruped, four-legged animal; **~beinig** *adj.* four-legged; **~blätt(e)rig** *adj.* four-leaved; **~dimensional** *adj.* four-dimensional; **²eck** *n* square, quadrangle; **~eckig** *adj.* square, quadrangular.

Vierer *m* **1.** (number) four; **2.** *Rudern*: four; *~ mit Steuermann* coxed four; **3.** ⚡ (*a.* **~seil** *n*) quad, four-wire unit; **~bob** *m* four-seater bob; **²lei** *adj.* of four different kinds, four kinds of;

~kreis ⚡ *m* phantom circuit; **~spiel** *n Golf*: foursome.

vier...: ~fach, ~fältig *adj.* fourfold; *in vierfacher Ausfertigung* in quadruplicate, in four copies; **≗farbendruck** *m* four-colo(u)r print(ing); **≗felderwirtschaft** *f* four-strip cultivation; **≗flach** *n*, **≗flächner** 𝔄 *m* tetrahedron; **~flächig** *adj.* tetrahedral; **~füßig** *adj.* four-footed; *zo.* quadruped; **≗füß(l)er** *m* quadruped; **≗ganggetriebe** *mot. n* four-speed transmission; **~gängig** *adj.* ⊕ *Schraube*: quadruple threaded; *Schnecke*: four-start ...; *mot.* four-speed ...; **≗gespann** *n* carriage-and-four, four-in-hand; *hist.* quadriga; *co.* foursome ; **~händig** *zo.*, ♪ *adj.* four-handed; *adv.* ~ *spielen a.* play a duet; **~hundert** *adj.* four hundred; **≗jahresplan** *m* four-year plan; **~jährig** *adj.* four years old, four-year-old ...; *Dauer*: quadrennial, four-year; **≗kant** ⊕ *m* square; **≗kantholz** *n* squared timber; **~kantig** *adj.* square, tetragonal; **≗kantschlüssel** *m* square box wrench; **≗kantschraube** *f* square-head(ed) bolt; **≗kantstahl** *m* square steel (bar); **≗leiterkabel** ⚡ *n* four-core cable; **≗ling** ⚔ *m* four-barel(l)ed gun; **≗linge** *pl.* quadruplets, quads; **≗lingsflak** ⚔ *f* four-barrel(l)ed AA gun; **≗mächtebesprechung** *f* four-power talk; **~mal** *adv.* four times; **~malig** *adj.* four times repeated, four ...; **~motorig** *adj.* four-engined; **≗pol** ⚡ *m* four-terminal network; **~polig** ⚡ *adj.* four-pole ..., quadripolar; **≗polröhre** *f* tetrode; **≗radantrieb** *mot. m* four-wheel drive; **≗radbremse** *mot. f* four-wheel brake; **≗radlenkung** *f* four-wheel steering; **~räd(e)rig** *adj.* four-wheeled; **~schrötig** *adj.* square-built, thick-set, hulking; **~seitig** *adj.* four-sided; 𝔄 quadrilateral; **~silbig** *adj.* of four syllables, tetrasyllabic; **≗sitzer** *m*, **~sitzig** *adj.* four-seater; **≗spänner** *m* carriage-and-four, (*a.* **~spännig** *adj.*) four-in-hand; **~spurig** *adj. Straße*: four-lane ...; *Tonband*: four-track ...; **~stellig** *adj.* four-digit ...; **~stimmig** ♪ *adj.* for (*od.* in) four voices; **~stöckig** *adj.* four-storied; **~stufig** ⊕ *adj.* four-stage ...; **~tägig** *adj.* of four days, four-day ...; four days old; **≗takt** *mot. m* four-stroke cycle; **≗taktmotor** *m* four-cycle (*od.* -stroke) engine; **~tausend** *adj.* four thousand; **~te(r)** *adj.* fourth; → *a. achte(r)*; **~teilen** *v/t.* divide into four parts, *a. hist.* quarter.

Viertel *n* fourth (part); (*Maß≗, Stadt≗, Mond≗, ~stunde, ~pfund usw.*) quarter; *ein ~ fünf* (*od. ein ~ nach vier*) a quarter past four; *drei ~* (*od. ein ~ auf*) *vier* a quarter to four; *zum ≗ Preis* for a quarter (of) the price; **~drehung** *f* quarter-turn; **~finale** *n Sport*: quarter-final; *Teilnehmer am ~* quarter-finalist; **~jahr** *n* three months *pl.*, quarter (of a year); **~jahresbericht** *m* quarterly report; **~jahres(steuer)erklärung** *f* quarterly return; **~jahresschrift** *f* quarterly (journal); **≗jährig** *adj.* of three months, three-month ...; three months old; **≗jährlich** *adj.* quarterly (*a. adv.* = every three months); *~e Kündigung* three months' notice; **~kreis** *m* quadrant; **≗n** *v/t.* → *vierteilen*; **~note** ♪ *f* crotchet, quarter note; **~pause** ♪ *f* crotchet-rest; **~pfund** *n* quarter of a pound; **~stunde** *f* quarter of an hour, quarter hour; **≗stündig** *adj.* of a quarter of an hour, lasting fifteen minutes; **≗stündlich** *adv.* every quarter of an hour; **~takt** ♪ *m* fourth of a bar; **~ton** *m* quarter tone.

viertens *adv.* fourthly, in the fourth place.

Vier...: ~vierteltakt ♪ *m* four-four (time), common time; **≗wöchentlich** *adv.* every four weeks, monthly; **≗wöchig** *adj.* four-week ...; **≗zehn** *adj.* fourteen; *~ Tage* a fortnight *sg.*, two weeks; **≗zehntägig** *adj.* fortnightly, two-week ...; **≗zehnte** *adj.* fourteenth; **~zehntel** *n* fourteenth (part); **~zeiler** *m* quatrain, four-lined stanza.

vierzig *adj.* forty; → *a. achtzig*; **≗er** *m*, **≗erin** *f* man (*f* woman) in his *od.* her forties, quadragenarian; *in den vierziger Jahren e-s Jahrhunderts*: in the forties; *in den Vierzigerjahren, in den Vierzige(r)n* in one's forties, F on the wrong (*od.* shady) side of forty; **~ste(r)** *adj.* fortieth; **≗stundenwoche** *f* 40-hour week.

Vignette *f* vignette.

Vikar *m* curate, assistant.

Viktualien *pl.* victuals, provisions, eatables.

Vill|a *f* villa; **~enkolonie** *f* garden suburb; **~enviertel** *n* high-class suburban district.

vinkuliert *adj.*: *~e Aktien* registered shares (*Am.* stock *sg.*) not transferable without the consent of the board.

Viola *f* viola.

violett *adj.* violet.

Violin|e *f* violin; **~ist(in** *f*) *m* violinist; **~schlüssel** *m* treble clef.

Violoncello *n* violoncello.

Viper *f* viper.

Virilität *f* virility.

Virologie ⚕ *f* virology.

virtuos *adj.* masterly, *a. adv.* virtuoso; **≈e** *m*, **≈in** *f* virtuoso; **≈entum** *n*, **≈ität** *f* virtuosity.

virulen|t ⚕ *adj.* virulent; **≈z** *f* virulence.

Virus ⚕ *n*, *m* virus; **~forschung** *f* virus research; **~krankheit** *f* virus disease.

Visage *contp. f sl.* mug, map.

vis-à-vis *adv. u. prep.* vis-a-vis, opposite.

Visavis *n* vis-a-vis.

Visier *n am Helm*: visor; *am Gewehr*: sight; *das ~ stellen* set the sight; *fig. mit offenem ~* quite openly; **~einrichtung** *f* sighting mechanism; **≈en I.** *v/t.* **1.** ⊕ adjust; (*eichen*) gauge; **2.** (*Paß*) visa, endorse; **II.** *v/i.* (take) aim *od.* sight; **~fernrohr** *n* rifle telescope; **~kimme** *f* rear sight notch; **~korn** *n* fore sight; **~linie** *f* line of sighting.

Vision *f* vision; **~är** *m*, **≈är** *adj.* visionary.

Visitation *f* (*Durchsuchung*) search; (*Besichtigung*) inspection.

Visit|e *f* visit (*a.* ⚕), social call; **~enkarte** *f* visiting-card, *Am.* calling card; **≈ieren** *v/t.* search; (*besichtigen*) inspect.

vis|kos, ~kös *adj.* viscous; **≈kose** *f* viscose; **≈ko(si)meter** *n* visco(si)meter; **≈kosität** *f* viscosity.

visuell *adj.* visual.

Visum *n* visé, visa; *ein ~ eintragen in e-n Paß* visa.

vital *adj.* vital (*a. fig. Interessen usw.*), vigorous; **≈ität** *f* vitality, vigo(u)r.

Vitamin *n* vitamin(e); *mit ~en anreichern* vitaminize; **≈arm** *adj.* poor in vitamins; **≈haltig** *adj.* vitamin-containing; **≈(is)ieren** *v/t.* vitaminize; **~mangel** *m* vitamin deficiency; **≈reich** *adj.* rich in vitamins.

Vitrine *f* glass case (*od.* cupboard); show-case, † *a.* display case.

Vitriol *n* vitriol; **≈artig** *adj.* vitriolic; **~flasche** *f* carboy.

Vivisektion *f* vivisection.

Vize|admiral *m* vice admiral; **~kanzler** *m* vice-chancellor; **~könig** *m* viceroy; **~konsul** *m* vice-consul; **~meister** *m Sport*: second, runner-up; **~präsident** *m* vice-president; deputy chairman.

Vlies *n* fleece.

V-Mann *m* agent.

Vogel *m* bird; *~ Strauß* ostrich; F *lustiger ~* gay bird (*od.* dog); *komischer ~* queer bird; *bibl. die Vögel unter dem Himmel* the fowls of the air; F *fig. e-n ~ haben* F have a bee in one's bonnet, have bats in the belfry, have a kink, *sl.* be nuts; *fig. den ~ abschießen* steal the show, *Am. sl.* take the cake; *friß, ~, oder stirb!* root, hog or die!; → *locker, selten* I, *ausfliegen*; **≈artig** *adj.* birdlike; **~bauer** *n* bird-cage; **~beerbaum** *m* rowan(-tree); **~beere** *f* rowanberry; **~dunst** *m* bird shot; **~fang** *m* bird-catching; **~fänger** *m* bird-catcher; **~flinte** *f* fowling-piece; **≈frei** *adj.* outlawed; *für ~ erklären* outlaw; **~futter** *n* bird-seed; **~gehege** *n*, **~haus** *n* aviary; **~händler** *m* bird-seller; **~hecke** *f* breeding-cage; **~herd** *m* fowling-floor; **~kirsche** *f* rowanberry; **~kunde** *f* ornithology; **~leim** *m* bird-lime; **~liebhaber(in** *f*) *m* bird-fancier; **~mist** *m* bird-dung.

vögeln V *v/t. u v/i.* fuck, screw, bang.

Vogel...: **~nest** *n a. eßbares*: bird's-nest; **~perspektive** *f*, **~schau** *f*: *Berlin aus der ~* a bird's-eye view of; **~scheuche** *f* scarecrow (*a.fig.*); **~schutzgebiet** *n* bird sanctuary; **~stange** *f* perch; **~steller** *m* bird-catcher; **~-Strauß-Politik** *f* ostrich policy; *~ treiben* hide one's head in the sand; **~warte** *f* ornithological station; **~zug** *m* passage (*od.* migration) of birds.

Vöglein *n* little bird, F birdie.

Vogt *m* overseer; (*Amtsmann*) bailiff; (*Statthalter*) governor; *e-s Gutes*: steward.

Vokab|el *f* word; **~ular** *n* vocabulary.

Vokal I. *m* vowel; **II.** ≈ *adj.* ♪ vocal; **≈isch** *adj.* vocalic; vowel *sound, ending*; **≈isieren** *v/t.* vocalize; **~musik** *f* vocal music; **~partie** ♪ *f* vocal part.

Volant *m* **1.** *Schneiderei*: flounce; **2.** *mot.* steering-wheel.

Volk *n* (*Einwohner pl.*) people *pl.*; (*Nation*) people, nation; (*Rasse, Schlag*) race; (*Masse*) populace, *the* (common) people *pl.*, *contp. a. the* common herd; (*Pöbel*) mob, rabble; *co.* (*lustiges usw. ~*) folk, crowd; (*Bienen*≈) swarm; *hunt.* (*Rebhühner*≈) covey; *das arbeitende* ~ the working classes *pl.*; *der Mann aus dem* ~e the man in the street; *er war ein* ~ *aus dem Volke* a man of the people; *viel* ~(s) a large crowd, swarms of people; *ein Gerücht usw. unters* ~ *bringen* spread (among the people); *im ganzen* ~e *Widerhall finden* find a nation-wide response.

volkarm *adj.* thinly peopled (*od.* populated).

Völkchen *n*: *lustiges* ~ jolly crowd.

Völker...: **~bund** *hist. m* League of Nations; **~friede** *f* international peace; **~gemeinschaft** *f* community of nations; **~kunde** *f* ethnology; **≈kundlich** *f* ethnological; **~mord** *m* genocide; **~recht** *n* law of nations, (public) international law; **~rechtler** *m* publicist; **≈rechtlich I.** *adj.* relating to the law of nations, international; **II.** *adv.* under international law; **~schaft** *f* people; (*Stamm*) tribe; **~schlacht** *f* Battle of (the) Nations; **~verständigung** *f* agreement between nations, international understanding; **~wanderung** *f* migration of nations.

völkisch *adj.* national, racial; *b.s.* nationalist-racist.

volkreich *adj.* populous.

Volks...: **~abstimmung** *f* plebiscite; **~aktie** *f* people's share; **~armee** *f DDR*: People's Army; **~aufklärung** *f* education of the people; **~aufstand** *m* national uprising, insurrection; **~ausgabe** *f* popular edition; **~bank** *f* co-operative bank; **~befragung** *f*, **~begehren** *n* referendum; **~belustigung** *f* popular amusement; **~bibliothek** *f*, **~bücherei** *f* public library; **~bildung** *f* national education; **~bühne** *f* people's theatre organization; **~charakter** *m* national character; **~demokratie** *f* people's democracy; **≈deutsch** *adj.*, **~deutsche(r** *m*) *f* Ethnic German; **~dichter** *m* popular poet; **≈eigen** *adj.* nationalized, publicly owned; **~eigentum** *n* public property; *im* ~ publicly owned; *ins* ~ *überführen* nationalize; **~einkommen** *n* national income; **~empfinden** *n*: *das gesunde* ~ sound popular instinct; **~entscheid** *m* referendum; plebiscite; **~erhebung** *f* → *Volksaufstand*; **~etymologie** *f* popular (*od.* folk) etymology; **≈etymologisch** *adj.* folk-etymological; **~feind** *m* public enemy; **≈feindlich** *adj.* subversive, unpatriotic; **~fest** *n* public festival, fun-fair; **~freund** *m* friend of the people; **~front** *pol. f* popular front; **~glaube** *m* superstitious belief; **~gruppe** *f* ethnic group; **~gunst** *f* popularity; **~haufe(n)** *m* crowd; (*die große Masse*) populace, mob; **~held** *m* folk hero; **~herrschaft** *f* popular government, democracy; **~hochschule** *f* University Extension; *in Deutschland*: adult education (classes *pl.*); **~justiz** *f* lynch law, mob-justice; **~kammer** *pol. f DDR*: People's Chamber, Lower House; **~küche** *f* (public) soup-kitchen; **~kunde** *f* folklore; **~kundler(in** *f*) *m* folklorist; **≈kundlich** *adj.* (relating to) folklore; **~kunst** *f* folk art; **~lied** *n* folk-song; **~märchen** *n* fairy-tale (of folk origin); **~meinung** *f* public opinion; **~menge** *f* crowd (of people), multitude, *b.s.* mob; **~mund** *m* vernacular, *weitS.* popular speech; *im* ~ popularly; **~musik** *f* folk (*od.* popular) music; **~partei** *f* people's party; **~polizei** *f DDR*: People's Police; **~polizist** *m DDR*: member of the People's Police; **~redner** *m* popular speaker; (*Wahlagitator*) stump orator; **~republik** *f* People's Republic; **~sage** *f* folk-tale; **~schicht** *f* social class (*od.* stratum); **~schlag** *m* race; **~schule** *f* elementary (*od.* primary, *Am. a.* grade) school; **~schullehrer(in** *f*) *m* elementary (*od.* primary, *Am.* grade) teacher; **~schulwesen** *n* elementary education; **~seele** *f* public opinion (*od.* feeling); **~sprache** *f* popular (*od.* vulgar) tongue; colloquial speech; (*Landessprache*) vernacular (language); **~staat** *m* people's state; **~stamm** *m* tribe, race; **~stimme** *f* voice of the people; **~stimmung** *f* public feeling; **~stück** *n* folk-play; **~tanz** *m* folk-dance; **~tracht** *f* national costume; **~trauertag** *m* Memorial Day; **~tribun** *m* tribune, popular leader; **~tum** *n* nationality, national characteristics *pl.*; (*Gebräuche, Sagen usw.*) folklore; **≈tümlich** *adj.* national; (*beliebt; einfach*) popular (*a. Buch, Person, Preise usw.*); folkloristic; **~tümlichkeit** *f* popularity; **~verbundenheit** *f* solidarity with the people; **~verführer** *m* demagogue; **~vermögen** *n* national wealth; **~versammlung** *f* public meeting; **~vertreter** *m* representative of the people; deputy, Member of Parliament; **~vertretung** *f* representation of the people; Parliament; **~wirt(schaftler)** *m* (political) economist; **~wirtschaft** *f*, **~wirtschaftslehre** *f* political economics *pl.* (*mst sg. konstr.*), political economy; **≈wirtschaftlich** *adj.* (politico-) economic(ally *adv.*); **~wohlfahrt** *f* public welfare; **~zählung** *f* census.

voll I. *adj. allg., a. fig.* full; (*~besetzt*) full up; (*gefüllt*) *a.* filled; F (*betrunken*) F full, *sl.* tight, stoned, pissed; F (*satt*) full; ⊕ (*massiv*) solid; (*füllig, prall*) full, round, *Figur*: *a.* well-developed, buxom, corpulent; *Betrag*: full, whole, complete, entire; *Börse*: well-filled; *voll(er) Knospen, Ideen, Hoffnung usw.* = *~ von* full of; *er war ~ von seinen Plänen* full of his plans; *e-e ~e Stunde* a full (*od. iro.* solid) hour; *6 ~e Tage* six clear days; *ein ~es Jahr* a whole year; *~e 40 Jahre alt* quite forty years old; *~e Beschäftigung* full (*ganztägige*: full-time) employment; *die ~e Wahrheit* the whole truth; *~e Einzelheiten* full details; ✝ *~er Satz Verschiffungspapiere* complete set of shipping documents; *aus ~er Brust* heartily, lustily; *aus ~em Halse* at the top of one's voice; *aus ~em Herzen* from the bottom of one's heart; *bei ~er Besinnung* fully conscious; *im ~en Sinne des Wortes* in the full(est) sense of the word; *im ~en leben* live in the lap of luxury; *in ~em Ernst* quite seriously, in dead earnest; *in ~er Fahrt* at full speed; *aus dem ~en schöpfen* draw on plentiful resources, F have plenty; *mit ~en Händen* lavishly, liberally; *mit ~em Recht* with perfect right; *das Theater war ganz ~* the theatre was crowded (*od.* full); *~ schlagen Uhr*: strike the full hour; *j-n nicht für ~ ansehen* not to take a p. seriously; **II.** *adv.* fully, in full; ✝ *~ eingezahlt* fully paid-up; *~ und ganz* fully, entirely; *et. ~ ausnützen* use to full advantage; → *vollmachen usw.*; **≈aktie** ✝ *f* fully paid-up share (*Am.* stock); **~auf** *adv.* fully, abundantly, amply, F plenty; perfectly.

Voll...: ~automatik *f* fully automatic system; **≈automatisch** *adj.* fully automatic; **~bad** *n* full bath; **~bart** *m* full beard; **≈berechtigt** *adj.* fully entitled (*od.* qualified); **≈beschäftigt** *adj.* fully employed; full-time *worker*; **~beschäftigung** *f* full employment; **~besitz** *m* full possession; **~bier** *n* entire beer; **~bild** *n* full-page illustration; *TV* picture, *Am.* frame; **~blut(pferd)** *n*, **~blüter** *m* thoroughbred (horse); **≈blütig** *adj.* thoroughbred, *a. fig.* full-blooded *socialist, etc.*; ⚕ plethoric; **~blütigkeit** *f* full-bloodedness; ⚕ plethora; **~blutpolitiker** *m* full-blooded politician; **~bremsung** *mot. f* full braking; **≈bringen** *v/t.* accomplish, achieve; do, perform; **~bringung** *f* accomplishment, achievement; **≈bürtig** *adj.* of the same parents, whole-blood ...; **≈busig** *adj.* full-bosomed; **~dampf** *m*: (*mit ~* at) full steam; *fig. mit ~* at full blast; *~ voraus* full steam ahead; **~draht** *m* solid wire.

Völle(gefühl *n*) *f* (sensation of) fullness *od.* repletion.

Voll...: ~eigentümer ⚖ *m* lawful owner in one's own right; **~einzahlung** *f* payment in full; **≈elektrisch** *adj.* all-electric.

vollend|en *v/t.* (*beenden*) finish; *zeitlich*: *a.* bring to a close, terminate; (*vervollständigen, fertigmachen, zu Ende bringen*) *a.* complete (*a. Studien, Lebensjahr,* ⚖ *Delikt*), (*abrunden*) round off; (*vervollkommnen*) perfect; **~et** *adj.* perfect (*a. iro.*), accomplished, consummate, (*a. adv.*) masterly; *iro.* utter, downright; *~e Schönheit* perfect (*od.* immaculate) beauty; → *Tatsache.*

vollends *adv.* entirely, fully; wholly, quite; the rest of it; F (*zu allem Überfluß*) on top of that; *~ da* especially since; *j-n ~ zugrunde richten* finish a p. off.

Vollendung *f* finishing, completion; (*Vollkommenheit*) perfection; *nach ~ des 21. Lebensjahres* upon completion of.

voller *adj.* **1.** *comp. von voll*: fuller; **2.** → *voll* I.

Völlerei *f* gluttony.

Volleyball(spiel *n*) *m* volleyball.

voll...: ~führen *v/t.* do, execute; (*Lärm usw.*) make; **~füllen** *v/t.* fill (up); **≈gas** *mot. n* full throttle; *mit ~* at full throttle; *~ geben* open the throttle, F step on it; **≈gefühl** *n*: *im ~ gen.* fully conscious of; **≈genuß** *m* full enjoyment; **~gepackt, ~gepfropft, ~gestopft** *adj.* crammed (full), jammed, F packed; **≈gewicht** *n* full weight; **~gießen** *v/t.* fill (up); **~gültig** *adj.* (fully) valid; **≈gummi** *n, m* solid rubber; **≈gummireifen** *m* solid tyre (*Am.*

tire); **~hauen** F *v/t.*: *j-m die Jacke ~* give a p. a sound thrashing.

völlig I. *adj.* (*ganz*) full, entire; (*vollständig*) complete, total; (*gründlich*) thorough; (*vollkommen*) perfect; *Gewißheit*: full, dead, absolute; *Narr*: downright, out-and-out; **II.** *adv.* fully, entirely, thoroughly, perfectly, *etc.*; quite, F clean *gone*, *through*, *wrong*, *etc.*; *~ richtig* perfectly (*od.* quite) right; *~ unmöglich* absolutely (*od.* quite) impossible; *~ verrückt* absolutely crazy, F clean (*od.* stark staring) mad; *das genügt ~* that will do all right.

Voll...: ⁓inhaltlich *adj.* complete (-ly *adv.* = in all points); **⁓jährig** *adj.* of (full) age; major *person*; *~ werden* come of age, attain one's majority; **~jährigkeit** *f* full age, majority; **~jährigkeitserklärung** *f* declaration of majority; **~jurist** *m* trained (*od.* fully qualified) lawyer; **~kasko(versicherung** *f*) *n* full-comprehensive insurance; **~kettenfahrzeug** ⚔ *n* full-track vehicle; **⁓kommen I.** *adj.* perfect; (*meisterhaft*) *a.* accomplished, consummate; *Macht*, *Recht usw.*: absolute; **II.** *adv.* F → *völlig* II; **~kommenheit** *f* perfection; **~kornbrot** *n* wholemeal bread; **⁓körnig** *adj.* full-grained; **~kraft** *f* full vigo(u)r; *in der ~ seiner Jahre* in the prime of (his) life; **~(l)ast** *f*, **~(l)ast...** ⚡ full load; **⁓(l)aufen** *v/i.* fill, run to overflowing; F *sich ~ lassen* get drunk (*od. sl.* tight), *Am. sl.* tie one on; **⁓(l)ügen** *v/t.*: *j-m die Hucke* (*od. den Buckel*) *~* tell a p. a pack of lies; **⁓machen** *v/t.* fill (up); *fig.* complete; F (*die Hose*) V shit *one's pants*; *um das Unglück vollzumachen* to crown it all.

Vollmacht *f* full power(s *pl.*), authority; ⚖ power of attorney; (*Prozeß⁓*) mandate; *gesetzliche ~* legal power; *unbeschränkte ~en* plenary powers; *j-m ~ erteilen* give a p. authority; authorize (*od.* empower) a p.; **~geber** *m* mandatory (*a. Prozeß⁓*), constituent.

Voll...: ~matrose *m* able-bodied seaman; **~milch** *f* whole (*od.* unskimmed) milk; **~mond** *m* full moon; *es ist ~* the moon is full; **~mondgesicht** F *n* moon-face(d person); **⁓motorisiert** *adj.* fully motorized, mobile; **⁓mundig** *adj.* full-bodied; **⁓mündig** *adj.* of (full) age; **⁓nehmen** *v/t.*: *den Mund ~* brag, boast, F talk big; **⁓packen, ⁓pfropfen** *v/t.* → *vollstopfen*; **~pension** *f* (full) board and lodging, *Am. a.* American plan; **~rohr** *n* solid tube; **⁓saftig** *adj.* very juicy, succulent; **⁓saufen** F *v/refl.*: *sich ~* get drunk (*od. sl.* stinko, loaded), *Am. sl.* tie one on; **⁓saugen** *v/refl.*: *sich ~* suck o.s. full; **⁓schenken** *v/t.* fill (up); **~schiff** *n* full-rigged ship; **⁓schlank** *adj.* full-figured, *Frau*: *a.* matronly; **⁓schreiben** *v/t.* (*Blatt*) cover (fully), *a.* (*Notizbuch usw.*) fill; **~sicht...** full-vision ..., *Scheibe*: *a.* panoramic, wrap-around ...; **~sitzung** *f* plenary session; **⁓spurig** *adj.*, **~spur...** 🚂 standard-gauge ..., broad-gauge ...; **⁓ständig I.** *adj.* complete; (*ganz*) whole, entire, full, total; *~ machen* complete; **II.** *adv.* fully, quite, wholly, utterly, absolutely, perfectly; altogether; → *a. völlig* II; **~ständigkeit** *f* completeness; *der ~ halber* for the sake of completeness; **⁓stopfen** *v/t.* stuff, cram; *sich ~* stuff o.s.; **⁓streckbar** ⚖ *adj.* executable, enforceable; *~er Titel* executory title; *~e Forderung* judgment-debt; **⁓strecken** *v/t.* ⚖ execute, enforce; (*Befehl*, *Willen*) execute, carry out; *Sport*: convert, (*nur v/i.*) score; **~strecker(in** *f*) *m* ⚖ executor, *f a.* executrix; *Sport*: striker, scorer; **~streckung** *f* execution; **~streckungsaufschub** *m* stay of execution; **~streckungsbeamte(r)** *m* executory officer; **~streckungsbefehl** *m* writ of execution; **⁓synchron** *adj.* fully synchronized; **⁓synthetisch** *adj.*: *~e Chemiefaser* synthetic fib|re, *Am.* -er; **⁓tönend** *adj.* full-toned, sonorous, rich; **~treffer** *m* direct hit; *Scheibenschießen u. fig.*: bull's-eye; *beim Lotto usw. e-n ~ erzielen* F hit the jackpot; **~trunkenheit** *f* (state of) complete intoxication; **~unterricht** *m* whole-time lessons *pl.*; **~versammlung** *f* plenary meeting (*od.* assembly); **~waise** *f* orphan who has lost both parents; **⁓wertig** *adj.* full; **⁓zählig** *adj.* complete, full; *~ machen* complete; **~zähligkeit** *f* completeness; **⁓ziehen** *v/t.* execute; (*ausführen*) effect, perform, carry out; (*Ehe*) consummate; (*kirchliche Handlung*) solemnize; *die ~de Gewalt* the executive; *sich ~* take place, (come to) pass; **~ziehung** *f*, **~zug** *m* execution; **~zugsanstalt** ⚖ *f* penal institution (where a sentence is carried out); **~zugsgewalt** *f* executive power; **~zugsmeldung** *f* report of execution.

Volontär ⚚ *m* improver, unpaid trainee, unsalaried clerk.

Volt ⚡ *n* volt; **≈aisch** *adj.* voltaic; **~ameter** *n* voltameter; **~ampere** *n* volt-ampere.

Volte *f* volt.

Volt...: **~meter** *n* voltmeter; **~sekunde** *f* volt-second.

Volumen *n allg.* volume; (*Größe*) *a.* size; (*Inhalt*) *a.* capacity; **~einheit** *f* volume unit.

volumetrisch *adj.* volumetric.

Volumgewicht *n* volume weight.

voluminös *adj.* voluminous.

Volumverhältnis *n* volume ratio.

Volute *f* volute.

vom = *von dem*; → *von*.

von *prp.* **1.** *räumlich*: from; ~ *wo(her)?* from where?, whence?; **2.** *zeitlich*: from; ~ *morgen an* from tomorrow (on), *amtlich*: as of (*od.* beginning, commencing) tomorrow; → *an* II; ~ *Kindheit auf* from earliest childhood, from a child; **3.** *für den* (*partitiven*) *Genitiv*, *Teil*: of; *die Einfuhr* ~ *Weizen* the import of wheat; *zwei* ~ *uns* two of us; *9* ~ *10 Leuten* nine in (*od.* out of) ten people; *ein Freund* ~ *mir* a friend of mine; ~ *dem Apfel essen* eat (some) of the apple; **4.** *Ursache*, *Ausgang(spunkt)*, *Urheber*: of; *beim Passiv*: by; *ein Gedicht* ~ *Schiller* a poem by Schiller; *Kinder haben* ~ have children by; ~ *seiten gen.* from, on the part of; ~ *selbst*, ~ *sich aus* by oneself; *was wollen Sie* ~ *mir?* what do you want of me?; *das ist nett* ~ *ihm* that is nice of him; ~ *mir aus* I don't mind, *bsd. nachgestellt*: as far as I am concerned, *gleichgültig*: for all I care; → *selbst* I; **5.** *Maß*, *Qualität*, *Stoff*: ~ *3 Ellen Länge* three yards long; *ein Betrag* ~ *300 Dollar* an amount of $300; *ein Aufenthalt* ~ *3 Wochen* a stay of three weeks; *ein Kind* ~ *3 Jahren* a child three years old; *ein Mann* ~ *Bildung* a man of culture; *ein Teufel* ~ *einem Weib* a devil of a woman; ~ *Vorteil* of advantage; ~ *Holz* (made) of wood; **6.** *Thema* (*über*): of, about; *wissenschaftlich usw.*: on; *ich habe* ~ *ihm gehört* I have heard of him; *er weiß* ~ *der Sache* he knows about it; **7.** *bei Titel vor Eigennamen*: of; *der Herzog* ~ *Edinburgh* the Duke of Edinburgh.

voneinander *adv.* of (*od.* from) each other; → *auseinander*.

vonnöten *adj.* necessary.

vonstatten *adv.*: ~ *gehen* take place; *zügig usw.*: proceed, come off, pass (off), go; *gut od. glücklich* ~ *gehen* go well (*od.* swimmingly), prove a success.

Vopo *m* → *Volkspolizist*.

vor *prp.* **1.** *räumlich*: in front of; before; (*gegenüber*) opposite (to); (*in Gegenwart von*) in the presence of *witnesses*, *God*, *etc.*; ~ *der Tür* at the door; *fig. a.* close at hand; ~ *e-m Hintergrund* against a background; *et. od. j-n* ~ *sich haben* be face to face with, be looking at; *das Subjekt steht* ~ *dem Verb(um)* comes before (*od.* precedes) the verb; (*dicht*) ~ *dem Untergang stehen* be on the brink (*od.* verge) of ruin; ~ *sich hin murmeln* (*lächeln usw.*) mutter (smile, *etc.*) to o.s.; ~ *sich gehen* take place, pass off, proceed; **2.** *zeitlich*: before; *Zeitpunkt in der Vergangenheit*: ... ago; (*früher als*) prior to, previous to; in advance of; preparatory to; (*vorweg*) ahead of; *am Tage* ~ (on) the day before, on the eve of; ~ *einigen Tagen* a few days ago, the other day; ~ *der Zeit* prematurely, too early; (*heute*) ~ *acht Tagen* a week ago (today); *5 Minuten* ~ *12* five minutes to (*Am. a.* of) twelve; *fig.* at the eleventh hour; et. ~ *sich haben* be in for (*od.* face) a th.; **3.** *Vorzug*: before, in preference to; ~ *allem*, ~ *allen Dingen* above all; *sich* ~ *j-m auszeichnen* distinguish o.s. above a p.; **4.** *Ursache* (*wegen*): on account of, because of; *zittern* ~ *Freude*, *Kälte usw.* tremble with; ~ *Hunger sterben* die of hunger; *sich fürchten* ~ be afraid of, fear, dread; **5.** (*gegen*) *schützen*, *verstecken*, *warnen usw.* ~ from, against.

vorab *adv.* in advance, beforehand.

Vorabdruck *m* preprint, prepublication.

Vorabend *m* eve; *am* ~ on the eve (*gen* of).

Vorahnung *f* presentiment.

Voralarm ⚔ *m* early warning.

Voralpen *pl. the* Lower Alps.

voran *adv.* before, at the head (*dat.* of), in front (of); (*vorwärts*) ahead, on; (*nur*) ~! go ahead!, let's go!; *geh* ~! lead on!; *Kopf* ~ head first (*od.* foremost); **~eilen** *v/i.* hurry ahead (*dat.* of), run in front (of); **~gehen** *v/i. räumlich*: lead the way, walk in front (*dat.* of), go at the head (of), take the lead; *zeitlich u. räumlich*, *a. im Rang*: precede (*j-m usw.* a p., *etc.*); *gut* ~ *Arbeit*: make progress (*od.* head-

way), get ahead; *~d* preceding; **~kommen** *v/i.* make headway (*od.* progress), advance, get ahead.
Voran|kündigung *f* → *Voranzeige*; **~meldung** *teleph. f*: *Gespräch mit ~* person-to-person (*od.* personal) call; **~schlag** *m* (rough) estimate (of cost).
voran...: **~schreiten** *v/i.* → *vorangehen*; **~stellen** *v/t.* place in front (*dat.* of); **~treiben** *v/t.* press forward with, push *a th.* (ahead), hasten, advance.
Voranzeige *f* advance (*od.* previous) notice; preliminary announcement; *Film*: trailer.
Vorarbeit *f* preparatory work, (general) preparations *pl.*; preliminary studies *pl.*; (*Kleinarbeit*) spade work; *gute ~ leisten* prepare the ground well; **≈en I.** *v/t.* prepare, do *a th.* in advance; *sich ~* work one's way forward (*od.* up), forge ahead; **II.** *v/i.* work in advance; *fig. j-m ~* pave the way for a p.; **~er** *m* foreman; **~erin** *f* forewoman.
vorauf *adv.* → *voran.*
voraus *adv.* in front, ahead (*dat.* of); → *a. voran*; *im ~, zum ~* in advance, beforehand, *danken*: in anticipation; *Kopf ~* head first (*od.* foremost); *s-m Alter ~ sein* be forward (for one's age); *s-r Zeit ~ sein* be ahead of one's time; *s-m Rivalen ~ sein* → *voraushaben*; *geh ~!* lead on!; **≈abteilung** *f* advance detachment; **~ahnen** *v/t.* have a presentiment of, see *a th.* come.
Vorausbildung *f* preparatory training.
voraus...: **~bedenken** *v/t.* **1.** take *a th.* into consideration; **2.** think of *a th.* beforehand; **~berechnen** *v/t.* precalculate; **≈berechnung** *f* precalculation, forecast; **~bestellen** *v/t.* → *vorbestellen*; **~bestimmen** *v/t.* predetermine; **~bezahlen** *v/t.* pay in advance, prepay; **≈bezahlung** *f* advance payment, prepayment; **~datieren** *v/t.* → *vordatieren*; **~denken** *v/i.* think (*od.* look) ahead; **~eilen** *v/i.* → *voraneilen*; **≈exemplar** *n* advance copy; **~fahren** *v/i.* drive (on) ahead (*dat.* of); **~gehen** *v/i.* → *vorangehen*; **~haben** *v/t.*: *j-m etwas ~* have an advantage over a p., be superior to a p. (*in e-r Sache* in), have the edge on a p.; **≈kasse** ✝ *f* cash in advance; **≈klage** *f* preliminary proceedings *pl.*; **~nehmen** *v/t.* → *vorwegnehmen*; **~planen** *v/t. u. v/i.* plan ahead; **≈planung** *f* forward planning; **≈sage** *f*, **≈sagung** *f* prediction; (*Prophezeiung*) prophecy; (*Wetter≈*) forecast (*a. fig.*, *in der Marktforschung usw.*); (*Tip*) tip; **~sagen** *v/t.* foretell, predict; forecast; prophesy; **≈schau** *f* forecast; **~schauen** *v/i.* look ahead; **~schauend** *adj.* looking ahead; (*weitblickend*) far-sighted, long-range ...; **~schicken** *v/t.* send on in advance; *fig.* mention before, say in advance; **~sehen** *v/t.* foresee; **~setzen** *v/t.* (*annehmen*) assume, presume; (*erfordern*) presuppose, require; (*erwarten*) expect (*bei j-m* of a p.); *als gegeben ~* take for granted; *vorausgesetzt* (*, daß*) provided (that); **≈setzung** *f* (*Annahme*) (pre-)supposition, assumption; (*Vorbedingung*) prerequisite, precondition, (basic) requirement, first essential (*für et.* of); *die ~en erfüllen* meet the requirements, ful(l)fil (*od.* have) the qualifications; *unter der ~, daß* on the understanding that, on condition that; *zur ~ haben* presuppose; → *ausgehen* 7; **≈sicht** *f* foresight; *aller ~ nach* in all probability, by all known odds; *in weiser ~* foresightedly, prudently; **~sichtlich I.** *adj.* prospective, probable, presumable; expected; **II.** *adv.* probably; *er trifft ~ morgen ein a.* he is expected to arrive tomorrow; **≈vermächtnis** ⚖ *n* advancement; **~wirkend** *adj.* anticipatory; **~wissen** *v/t.* know (in advance), foreknow; **~zahlen** *v/t.* pay in advance, prepay; **≈zahlung** *f* advance payment (*od. Rate*: instalment), payment in advance.
Vorbau *m* front building; (*Vorhalle*) porch; (*vorragender Gebäudeteil*) projecting structure; **≈en I.** *v/t.* build in front (*dat.* of); (*vorspringend bauen*) build out; **II.** *v/i.* → *vorbeugen* I.
Vorbearbeitung ⊕ *f* preliminary working.
Vorbedacht I. *m* forethought, premeditation; *mit ~* deliberately, on purpose, advisedly; **II. ≈** *adj.* premeditated, *nachgestellt*: aforethought.
Vorbedeutung *f* omen.
Vorbedingung *f* precondition, prerequisite, basic requirement.
Vorbehalt *m* reservation, reserve, proviso; *innerer* (*od. stiller*) *~* mental reservation; *ohne ~* → *vorbehaltlos* II; *unter dem ~, daß* with the proviso that, provided (that); *unter ~ aller Rechte* all rights reserved; **≈en** *v/t.* reserve

(*dat.* to); *sich (das Recht)* ~, *zu inf.* reserve (the right) to *inf.*; *j-m* ~ *sein od. bleiben* be reserved to (*od.* for) a p.; *Änderungen* ~ subject to change (without notice); *Irrtümer* ~ errors excepted; *alle Rechte* ~ all rights reserved; *es bleibt der Zukunft* ~ it remains for the future *to show, etc.*; **≈lich** *prp.* subject to, with reservation as to; ~ *§ 23* subject to (the provisions of) Section 23, except as provided in Section 23; ~ *abweichender Vorschriften* unless otherwise provided; **≈los I.** *adj.* unreserved, unconditional; **II.** *adv.* without reservation (*od.* reserve), unreservedly; **~sklausel** *f* proviso clause.

vorbehand|eln *v/t.* pre-treat; **≈lung** *f* preliminary treatment.

vorbei *adv. örtlich*: along, by, past (*alle a.* ~ *an*); *zeitlich*: over, past, gone; ~! (*gefehlt*!) missed!; *es ist* ~ *mit ihm* it is all over with him; ~ *ist* ~ gone is gone, that's all water under the bridge; *3 Uhr* ~ past three (o'clock); **~benehmen** F *v/refl.*: *sich* ~ misbehave; **~fahren** *v/i.* drive past (*an* et. a th.), pass (by) (a th.); **~flitzen** *v/i.* flit (*od.* shoot) by; **~gehen** *v/i.* **1.** pass (by) (*an j-m* a p.); *fig.* ~ *an* fail to see, *wissentlich*: steer clear of, avoid, side-step; pass over *a th.* in silence; *im* ≈ in passing; **2.** *Schuß usw.*: miss (the mark), be wide (of the mark); **3.** (*aufhören*) pass; *Gewitter, Schmerz, Zorn usw.*: *a.* blow over; **~kommen** *v/i.* **1.** pass (by); *an e-m Hindernis, Gegner* ~ get past (*od.* round), pass; **2.** (*besuchen*) drop in (*bei* on); **~lassen** *v/t.* let pass; **~leben** *v/i.*: *aneinander* ~ have nothing in common any more; **≈marsch** *m* march-past; **~marschieren** *v/i.* march past (*an j-m* a p.); file by; **~müssen** *v/i.* have to pass (*an j-m* [by] a p.); **~reden** *v/i.*: *aneinander* ~ talk at cross-purposes; *an e-m Thema* ~ talk round the subject, miss the point; **~schießen** *v/i.* **1.** (*verfehlen*) miss the mark, shoot wide; (*an et.*) ~ miss (a th.); **2.** → *vorbeiflitzen*; **~schlagen** *v/i.*, **~treffen** *v/i.* miss; **~tragen** *v/t.* carry past; **~ziehen** *v/i.* march past; pass (*an j-m* a p.), *Sport*: *a.* overtake (a p.).

vorbelastet *adj.* **1.** ⊕, ⚡ pre-loaded; **2.** (*erblich* ~) afflicted with a hereditary taint; *da ist er* ~ that runs in the family; *fig. geistig*: (*nicht* ~ un)encumbered; **3.** ⚖ a) incriminated, b) → *vorbestraft*.

Vorbemerkung *f* preliminary remark (*od.* note); *zu e-m Gesetz, Vertrag usw.*: preamble.

vorbenannt *adj.* (afore)said.

Vorbenutzung *f Patentrecht*: prior use.

vorbereit|en *v/t. allg. a. seelisch*: prepare (*für, auf* for); *sich* ~ *auf* prepare (o.s.) for, get ready for; *sich für den Unterricht* (*auf e-e Prüfung*) ~ prepare one's lessons ([for] an examination); *e-e vorbereitete Rede* a set speech; *auf et. vorbereitet sein* be prepared for a th.; **~end** *adj.* preparatory; preliminary; **≈ung** *f* preparation (*für, auf, zu* for); *als* ~ *zu* in preparation for, preparatory to; ~*en treffen* make preparations, *zu et.*: *a.* prepare (for); *in* ~ being prepared, in preparation, *thea. Stück*: in rehearsal; **≈ungs...** preparatory.

Vorberge *m/pl.* foothills.

Vorbericht *m* preliminary report.

vorberuflich *adj.* prevocational.

Vorbescheid *m* preliminary decision; *Patentrecht*: interim action.

Vorbesprechung *f* preliminary discussion (*od.* talk).

vorbestell|en *v/t.* order in advance; (*Veröffentlichung*) subscribe to (*ein Buch*: for); (*Platz, Zimmer usw.*) book, *Am. a.* make reservation for; **≈ung** *f* advance order; booking, *Am. a.* reservation; ✝ *umfangreiche* ~*en* heavy booking *sg.*

vorbestraft *adj.* previously convicted, having a (criminal) record; *nicht* ~ *sein* have had no previous record; be a first offender; *nicht* ≈*er* first offender.

vorbeten *v/t.* recite *a prayer, etc.* (*j-m* to a p.); F *fig. j-m et.* ~ repeat (*od.* explain) a th. endlessly to a p.

vorbeug|en I. *v/i.* prevent, obviate (*dat. a th.*); guard against, take precautions against; **II.** *v/t.* (*a. sich* ~) bend forward; **~end** *adj.* preventive, *bsd.* ⚕ *a.* prophylactic; **≈ung** *f* prevention; *bsd.* ⚕ *a.* prophylaxis; **≈ungsmaßregel** *f* preventive (*od.* ⚕ prophylactic) measure; **≈ungsmedizin** *f* preventive medicine; **≈ungsmittel** *n* preventive, *bsd.* ⚕ *a.* prophylactic.

Vorbilanz *f* trial balance.

Vorbild *n* model; (*Muster*) *a.* pattern; (*Maßstab*) standard; (*Beispiel*) example; *leuchtendes* ~ shining example; *nach dem* ~ *gen.* after (*od.* on) the model of, *geschaffen usw.*: model(l)ed on (*od.*

after); ≈**en** *v/t.* (*formen*) preform; (*ausbilden*) (pre)train; ≈**lich** *adj.* exemplary; *attr. a.* model *husband, plant, etc.*; (*vollkommen*) ideal; (*kennzeichnend*) representative, typical (*für* of); ~**ung** *f* preparatory training; *weitS.* (previous) training, educational background.

vorbinden *v/t.* tie (*od.* put) *a th.* on.

vorbohr|en *v/t. u. v/i.* pre-drill; ≈**er** *m* gimlet, auger.

Vorbote *m* forerunner; *fig. a.* harbinger, precursor; ⚕ early sign (*od.* symptom), forerunner.

vorbringen I. *v/t.* bring forward, *a.* ⚖ (*Beweis*) produce; (*Gründe, Meinung, Entschuldigung usw.*) advance; (*Plan*) propose; (*Protest*) enter; (*Wunsch*) utter, express; ⚖ (*Klage*) prefer *a charge against a p.*; *als Einwand*: plead; (*behaupten*) allege; (*aussprechen*) utter, say, state; **II.** ≈ *n* statement; ⚖ *e-r Partei*: pleading.

vorbuchstabieren *v/t.* spell out (*j-m* to a p.).

Vorbühne *thea. f* proscenium, forestage, apron.

vorchristlich *adj.* pre-Christian.

Vordach *n* canopy.

vordatieren *v/t.* (*zurückdatieren*) antedate; (*vorausdatieren*) postdate.

vordem *adv.* formerly.

vorder *adj.* front ..., fore ..., anterior, forward; *die ~en Reihen* the front rows.

Vorder...: ~**achse** *f* front axle; ~**ansicht** *f* front view; ⩓ front elevation; ~**antrieb** *mot. m* front (wheel) drive; ~**arm** *m* forearm; ≈**asiatisch** *adj.* of the Near East; ~**bein** *n* foreleg; ~**deck** *n* forecastle; ~**fuß** *m* forefoot; ~**gebäude** *n* front building; ~**grund** *m* foreground; *fig. in den ~ stellen* (*od. rücken*) place into the foreground; *in den ~ treten* (*od. rücken*) come to the fore; *im ~ stehen* be well to the fore, be in the limelight, be in the foreground *of discussions*; *sich in den ~ drängen* thrust o.s. forward; ≈**gründig** *adj.* ostensible, (*adv.* on the) surface, outward(ly *adv.*), (*adv.* in the) foreground; ~**hand** *f des Pferdes*: forehand ≈**hand** *adv.* for the time being, for the present; just now; ~**haus** *n* front building; ~**hirn** *n* forebrain; ~**lader** *m* muzzle-loader; ≈**lastig** ✈ *adj.* nose-heavy; ~**lauf** *hunt. m* foreleg; ~**mann** *m* man in front (of a p.), ⚔ *a.* front rank man; *fig.* (*Vorgesetzter*) superior; ✝ *bei Wechsel, Scheck usw.*: prior (*od.* previous) endorser *od.* indorser; *bei Wertpapieren*: previous holder; ⚔ *auf ~ stehen* be covered in file; *~!* cover off!; F *j-n auf ~ bringen* make a p. toe the line; ~**mast** *m* foremast; ~**rad** *n* front wheel; ~**radantrieb** *mot. m* front (wheel) drive; ~**reihe** *f* front row (*od.* rank); ~**satz** *m ling.* anterior clause; *phls.* premise; ~**seite** *f* front (side), ⩓, ⊕ *a.* face; *Münze*: obverse, face; ≈**seitig** *adj.* front ...; ~**sitz** *m* front seat.

vorderst *adj.* foremost, first; ⚔ *~e Linie* front line.

Vorder...: ~**steven** ⚓ *m* stem; ~**teil** *m, n* front (part), ⚓ prow; ~**tür** *f* front door; ~**zahn** *m* front tooth; ~**zimmer** *n* front room.

vordrängen *v/t.* (*a. sich ~*) press (*od.* push) forward; *fig. sich ~* thrust o.s. forward, push o.s. to the head of the queue.

vordringen I. *v/i.* advance, press forward, make headway, forge ahead, gain ground; **II.** ≈ *n* advance.

vordringlich *adj.* urgent, most important, (claiming) priority; *~e Aufgabe* priority task; *adv. ~ behandelt werden* be given priority; ≈**keit** *f* urgent nature, priority; ≈**keitsliste** *f* priority list.

Vordruck *m amtlicher*: form, *Am.* blank; *typ.* first impression.

vorehelich *adj.* prenuptial, premarital.

voreilig *adj.* rash, hasty, precipitate; *~e Schlüsse ziehen* rush (*od.* jump) to conclusions; ≈**keit** *f* rashness, overhaste; precipitancy.

voreingenommen *adj.* prepossessed, prejudiced, biassed (*für* in favo[u]r of; *gegen* against); ≈**heit** *f* prepossession, prejudice, bias.

Voreltern *pl.* forefathers, ancestors, progenitors.

vorenthalt|en *v/t.* hold back, withhold (*j-m* from a p.) (*beide a. verschweigen*); deny (*a th.* to a p.); ≈**ung** *f* withholding, retention; denial; ⚖ detention.

Vorentscheidung *f* preliminary decision; ⚖ precedent.

Vorentwicklungsstufe ⊕ *f* predesign stage.

Vorerbe *m* heir in tail.

vorerst *adv.* first of all; (*zunächst*) for the present, for the time being.

vorerwähnt *adj.* before- (*od.* afore-)mentioned, (afore)said, above.

Vorerzeugnis *n* primary product.

Vorexamen *n* → *Vorprüfung*.

Vorfahr *m* ancestor.

vorfahr|en *v/i.* drive up (*vor*

before); (*weiter* ~) drive on (*od.* ahead); (*überholen*) pass; *den Wagen* ~ *lassen* order; ~**t** *f*, ~**trecht** *n* right of way, priority; *Vorfahrt beachten!* give way!; ~**tstraße** *f* priority road; *in der Stadt*: *a.* through street; ~**tzeichen** *n* priority sign.

Vorfall *m* **1.** (*Begebenheit*) incident, occurrence; **2.** ⚕ prolapsus, prolapse; ~**en** *v/i.* **1.** happen, occur; **2.** ⚕ prolapse.

Vor...: ~**feier** *f* preliminary celebration; ~**feld** ⚔ *n* forefield, approaches *pl.*; ✈ apron; ~**fertigung** ⊕ *f* prefabrication; ~**fenster** *n* outer window; ~**film** *m* program(m)e picture; ~**finanzierung** *f* prefinancing; ~**finden** *v/t.* find; ~**frage** *f* preliminary question; ~**freude** *f* (pleasant) anticipation, anticipated joy; ~**frühling** *m* early spring; ~**fühlen** *fig.* *v/i.* put out one's feelers; *bei j-m* ~ sound (out).

Vorführ|dame *f* mannequin, model; ~**en** *v/t.* bring forward; *dem Richter*: bring before, (*Zeugen*) produce; *zur Schau*: show, display, exhibit; (*Arbeitsweise e-s Geräts usw.*) demonstrate; (*Film*) show, present, *engS.* project; ~**er** *m* demonstrator; *Kino*: projectionist, operator; ~**raum** *m* projection room; ~**ung** *f* presentation, showing, *Film*: *a.* (*engS.*) projection; †, ⊕ demonstration; ⚖ *e-s Zeugen, Häftlings*: production; (*Aufführung*) performance; ~**wagen** *m* demonstration car.

Vorgabe *f* *Sport*: handicap, start, *Staffellauf*: stagger; *Spiel*: points (*od.* odds) *pl.* given; ~**rennen** *n*, ~**spiel** *n* handicap.

Vorgang *m* (*Hergang*) proceedings *pl.*; (*Umstände*) facts *pl.*; (*Akte*) file; previous correspondence; ⊕ process, operation.

Vorgänger(in *f*) *m* predecessor.

Vorgarten *m* front garden.

vorgaukeln *v/t.*: *j-m etwas* ~ mislead a p. with blandishments, deceive a p. with fair words, buoy a p. up with false hopes (*alle*: *über* about).

vorgeben *v/t.* **1.** *Sport*: give, owe; **2.** (*behaupten*) allege, assert, pretend.

vorgebildet *adj.*: *juristisch* ~ legally trained.

Vorgebirge *n* promontory, cape; (*Vorberge*) foothills *pl.*

vorgeblich **I.** *adj.* pretended, ostensible, alleged; so-called, would-be; **II.** *adv.* ostensibly.

vorgefaßt *adj.* → *Meinung.*

Vorgefühl *n* presentiment; *banges* ~ foreboding, misgivings *pl.*; *freudiges* ~ pleasant anticipation.

vorgehen **I.** *v/i.* go forward, *a.* ⚔ advance; F (*vorangehen*) go before (*od.* first), lead the way, take the lead; *Uhr*: be fast, gain (*fünf Minuten* five minutes); *im Rang*: take precedence (*dat.* over *od.* of), *Sache a.*: have priority (over), be more important (than); (*handeln*) take action, act (*gegen* against; *rücksichtslos* ruthlessly); (*verfahren*) proceed (*a.* ⚖ *gegen* against); (*sich ereignen*) go on, happen, occur; *was geht hier vor?* what's going on here?; *was ging wohl in ihm vor?* I wonder what he was thinking (*od.* what came over him); **II.** ~ *n* advance; (*Handlungsweise, a. Einschreiten*) action; (*Verfahren*) procedure; *gemeinschaftliches* ~ concerted action.

Vor...: ~**gelagert** *adj.*: ~*e Inseln* offshore islands; ~**gelege** *mot.* *n* **1.** (*Räder*~) back gears *pl.*; **2.** *a.* ~**gelegewelle** *f* countershaft; ~**genannt** *adj.* → *vorerwähnt*; ~**genuß** *m* foretaste of pleasure; ~**gericht** *n* → *Vorspeise*; ~**gerückt** *adj.* → *vorrücken*; ~**geschichte** *f* prehistory, early history; *e-r Sache*: (previous *od.* past) history; *e-r Person*: antecedents *pl.*; ⚕ case history, anamnesis; ~**geschichtlich** *adj.* prehistoric(ally *adv.*); ~**geschmack** *m* foretaste; ~**geschoben** ⚔ *adj.* advanced, forward; ~**gesetzte(r)** *m* superior, senior; ~**gespräche** *n/pl.* preparatory talks; ~**gestern** *adv.* the day before yesterday; F *fig.* *Ansichten usw. von* ~ of yesteryear, antiquated *views, etc.*; ~**gestrig** *adj.* of the day before yesterday, (of) two days ago; ~**glühkerze** *mot.* *f* electric heater plug; ~**greifen** *v/i.* anticipate (*j-m, e-r Sache* a p., a th.); ~**griff** *m* anticipation; *im* ~ *auf* in anticipation of, anticipating *things to come.*

vorhaben **I.** *v/t.* **1.** (*beabsichtigen*) intend, mean, have in mind, propose, *bsd. Am.* plan; (*beschäftigt sein mit*) be busy (*od.* occupied) with; *was haben Sie heute vor?* what are your plans for today?; *haben Sie heute abend etwas vor?* have you anything on tonight?; *was hat er jetzt wieder vor?* F what is he up to now?; *was hast du mit ihm vor?* what are you going to do with him? **2.** (*ausfragen*) question; (*schelten*) have *a p.* on the carpet, call *a p.* to account; **3.** F (*Schürze usw.*) have *a th.* on; **II.** ~ *n* intention, purpose;

(*Plan*) scheme, plan; (*Projekt*, *a. Bau* ≈) project.

Vorhafen *m* outer habo(u)r.

Vorhalle *f* vestibule, (entrance-) hall; *parl.* lobby, *thea.*, *Hotel*: *a.* lounge.

Vorhalt *m* ⚔ lead; ♪ suspension, retard; ⚖ query; **~e** *f* *Turnen*: *Arme in* ~ arms at front horizontal; *Hang mit den Beinen in* ~ half-lever hang; **≈en I.** *v/t.* **1.** *j-m et.* ~ hold a th. before a p.; *mit vorgehaltener Pistole* at pistol-point; *mit vorgehaltener Hand gähnen usw.* (hiding one's face) behind one's hand; **2.** *fig. j-m et.* ~ reproach a p. with a th.; **II.** *v/i.* **3.** *Vorrat usw.*: last, hold out; **4.** ⚔ take (*od.* apply) a lead; **~ewinkel** ⚔ *m* lead angle; (*Seiten* ≈) lateral deflection; *Bombenwurf*: dropping angle; **~ung** *f* remonstrance, representation; *j-m* ~*en machen* remonstrate with a p. (*über* on), make representations to a p.

Vorhand *f* *Kartenspiel*: lead (*a. fig.*); *Tennis*: forehand; ⚕ first claim; *beim Kauf*: first option.

vorhanden *adj.* (*verfügbar*) available, ⚕ *a.* on hand, in stock; (*bestehend*) extant, existing; ~ *sein* be at hand, *etc.*, exist; *davon ist nichts mehr* ~ there is no more of it left; **≈sein** *n* presence, availability; existence.

Vor...: **~handschlag** *m* *Tennis*: forehand (stroke); **~hang** *m* curtain, *Am. a.* shade; *thea.* curtain, *für Zwischenakte*: drop(-curtain); *thea. eiserner* ~ fire-proof curtain; *pol. der Eiserne* ~ the Iron Curtain; *fig. thea. zehn Vorhänge haben* have ten curtains, *Am.* have ten curtain calls; **~hängeschloß** *n* padlock; **~hangstoff** *m* casement cloth, drapery fabric; **~haut** *anat. f* foreskin, prepuce.

vorher *adv.* before, previously; (*voraus*) in advance, before(hand); *am Abend* ~ on the evening before, on the previous evening; *kurz* ~ a short while before.

vorher...: **~bestellen** *v/t.* → *vorbestellen*; **~bestimmen** *v/t.* determine beforehand, predetermine; (*Schicksal usw.*) preordain; *eccl.* predestine; **≈bestimmung** *f* predetermination; *eccl.* predestination; **~gehen** *v/i.* precede (*dat. a th.*); **~gehend** *adj.* preceding, foregoing; *aus dem* ≈*en* from what has already been said, from the foregoing; **~ig** *adj.* preceding, previous, foregoing; (*ehemalig*) former.

Vorherr|schaft *f* predominance; (*Überlegenheit*) superiority; **≈schen** *v/i.* predominate, prevail; **≈schend** *adj.* predominant, prevalent, prevailing.

Vorher|sage *f*, **~sagung** *f usw.* → *Voraussage*; **≈sehen** *v/t.* foresee; **≈wissen** *v/t.* foreknow.

vorheucheln *v/t.*: *j-m etwas* ~ humbug a p.

vorhin *adv.* a little while ago, just now; **~ein** *adv.*: *im* ~ in advance.

Vor...: **~hof** *m* vestibule, front court, outer court; *anat. des Herzens*: atrium, auricle; **~hölle** *f* purgatory, limbo; **~hut** ⚔ *f* vanguard.

vorig *adj.* former, previous; (*letztvergangen*) last; ~*en Monats* of last month.

Vor...: **~instanz** *f* lower court; **~jahr** *n* preceding (*od.* previous, last) year; **≈jährig** *adj.* of last year, last year's ...; **≈jammern** *v/t.*: *j-m etwas* ~ pour forth a tale of woe to; **~kalkulation** *f* preliminary calculation; **~kammer** *f anat. des Herzens*: auricle; *mot.* antechamber; **~kampf** *m* qualifying match; *Boxen*: preliminary bout; **~kämpfer(in** *f*) *m* champion, protagonist, pioneer; **≈kauen** *v/t.*: *j-m et.* ~ chew a th. for; *fig.* thrash out a th. to, spoon-feed a th. to; **~kauf** *m* pre-emption; **~käufer** *m* pre-emptor; *Börse*: dealer in futures; **~kaufsrecht** *n* (right of) pre-emption, option right; *das* ~ *haben a.* have the (first) refusal (*für* of); **~kehrung** *f* (*Maßnahme*) measure; (*Vorsichtsmaßregel*) precaution; ~*en treffen* take measures *od.* precautions (*gegen* against); make arrangements, *für*: arrange (*od.* provide) for.

Vorkenntnis *f* previous knowledge, foreknowledge; *mst* ~*se pl.* previous *od.* basic knowledge *sg.* (*von* of); previous experience *sg.*; *er hat gute* ~*se in* he is well grounded in (the elements of).

vorklinisch *adj.* preclinical.

vorknöpfen F *v/t.*: *sich j-n* ~ call a p. on the carpet, take a p. to task.

Vorkommando *n* advance party.

vorkomm|en *v/i.* (*nach vorn kommen*) move up; (*zum Vorschein kommen*) appear; (*sich finden*, *vorhanden sein*) be found, be met (with), occur; (*leben*) live, exist; (*sich ereignen*) happen, occur; (*vorgelassen werden*) be admitted; *es kommt mir vor* it seems (*od.* appears) to me; *es kommt mir merkwürdig vor* I think it rather strange, it strikes me as (being) strange, F that's funny (to me); *sich dumm usw.* ~ feel silly, *etc.*; *sich klug (wichtig usw.)* ~ fancy o.s. (*od.* believe o.s. to be, feel) clever (important, *etc.*); *das kommt dir nur so vor* you are just imagining that; *so etwas ist mir noch nicht vorgekommen!* I have never heard of such a th.!, F well, I never!; F *wie kommst du dir vor?* who do you think you are?; *dieses Wort kommt bei Goethe vor* occurs in Goethe; **≈en** *n* occurrence; (*Auftreten*) incidence; *min.* occurrence, deposit; **~endenfalls** *adv.* should the case arise; **≈nis** *n* incident, occurrence; ⚔ *keine besonderen ~se* no unusual occurrence.

Vor...: **~konnossement** ⚕ *n* initial bill of lading; **~kosten** ⚕ *pl.* initial cost *sg.*; **≈kragen** *v/i.* jut out, project.

Vorkriegs... *in Zssgn* pre-war.

Vor...: **~kühlung** *f* pre-cooling; **≈laden** *v/t.* summon, serve a summons on, cite; *bei Strafandrohung*: subpoena; **~ladung** *f* (writ of) summons *sg.*, citation; subpoena; **~lage** *f* **1.** (*Schreib≈*, *Zeichen≈*) copy; (*Muster*) pattern; **2.** (*Unterbreitung*) presentation, submission, submittal (*bei* to), (*Einreichung*) *a.* filing (with); *von Urkunden*: production; *parl.* (*Gesetzes≈*) bill; ⚕ *zahlbar bei ~* payable on presentation (*od.* demand), payable at sight; **3.** *Fußball usw.*: pass; *Skisport*: forward lean, vorlage; **4.** *Destillation*: condenser; **5.** → *Vorleger*; **~land** *n* foreland; **≈lassen** *v/t.* let *a p.* pass in front *od.* before, allow *a p.* to pass; (*zulassen*) admit; *vorgelassen werden a.* be shown in; **~lassung** *f* admission, admittance; **~lauf** *m* **1.** *Sport*: eliminating heat; **2.** ⊕ caster, *e-s Kolbens*: forward stroke; *für Wasser*: flow pipe; **~läufer(in** *f*) *m* forerunner, precursor; **≈läufig** **I.** *adj.* preliminary; provisional, temporary; interim ...; (*versuchsweise*) tentative; **II.** *adv.* provisionally, temporarily; (*fürs erste*) for the present, for the time being; **≈laut** *adj.* forward, pert; *~es Wesen* pertness; **≈leben** *v/t.*: *j-m et.* ~ set an example of a th. to a p.; **~leben** *n* former life, past (life), antecedents *pl.*

Vorlege|besteck *n*: (*ein* ~ a set of) carvers *pl.*; **~frist** ⚕ *f* time of presentation; **~gabel** *f* carving-fork; **~löffel** *m* soup-ladle; **~messer** *n* carving-knife.

vorlegen *v/t.* (*et.*) lay *od.* put forward (*od.* before); (*Schloß*) put on; (*Dokumente*) produce; (*unterbreiten*) submit (*dat.* to), (*einreichen*) file (with); (*Plan usw.*) propose (to); (*Rechnung*, *Scheck*, *Wechsel*) present; *zur Annahme (Zahlung)* ~ present for acceptance (payment); *j-m et.* ~ lay (*od.* place, put) a th. before a p.; (*zeigen*) show (*od.* exhibit) a th. to a p.; *bei Tisch*: help a p. to a th.; *zur Prüfung usw.*: submit (*od.* refer) a th. to a p.; *fig. j-m e-e Frage* ~ put a question to a p.; F *ein rasendes Tempo* ~ go at a breakneck pace; *sich* ~ lean forward; (*v/i.*) *j-m* ~ *Fußball*: pass the ball in front of a p.

Vorlege|r *m* (*Bett≈ usw.*) rug; (*Matte*) mat; **~schloß** *n* padlock; **~welle** *mot. f* countershaft.

Vorlegung *f* → *Vorlage*.

Vorleistung *f* ⚕ advance (payment); *pol.* advance concession.

Vorlese *f* early vintage.

vorles|en *v/t.* read (aloud); *j-m et.* ~ read a th. (out) to a p. (*aus* from); **≈er(in** *f*) *m* reader; (*Vortragender*) lecturer; **≈ung** *f* reading; *akademische usw.*: lecture (*über* on; *vor* to); *e-e ~ halten* (give a) lecture; *~en halten über* deliver a course of lectures on, lecture on; **≈ungsverzeichnis** *n* (university) calendar, *Am.* catalog.

vorletzt *adj.* last but one, *Am.* next to the last; *ling.* penultimate; *~e Nacht* the night before last.

Vorliebe *f* predilection, preference, partiality (*für* for); *e-e ~ haben für a.* have a special liking for, be partial to.

vorliebnehmen *v/i.*: ~ *mit* be content with, put up with; ~ (*mit dem, was da ist*) *beim Essen*: F take pot luck.

vorliegen *v/i. allg.* (*vorhanden sein*) be there, exist; *engS. j-m* ~ lie before *a p.*; *Antrag usw.*: be in hand, be submitted, (*behandelt werden*) be under consideration; *e-r Behörde* ~ be before; *es liegen keine Gründe vor, zu inf.* there are no reasons why *we should do it, etc.*; *da muß ein Irrtum* ~ there must be a mistake; *es liegt heute nichts vor* there is nothing to be discussed, *etc.* today, F nothing doing today; *was liegt gegen ihn vor?* what is the charge against him?; **~d** *adj.* present, in hand; in question, at issue.

Vorlizenz ⚕ *f* preliminary licen|ce, *Am.* -se.

vorlügen *v/t.*: *j-m etwas* ~ tell a p. (a pack of) lies (*über* about).

vormachen *v/t.* (*Brett usw.*) put before; *fig. j-m et.* ~ (*zeigen*) show a p. how to do a th. (*a. fig.*), demonstrate a th. to a p.; *j-m etwas* ~ *zur Täuschung*: humbug (*od.* mystify, hoodwink) a p.; *sich (selbst) etwas* ~ deceive (*od.* fool) o.s.; *ihm kannst du nichts* ~ he is nobody's fool; *er macht uns noch was vor!* F he is showing us!

Vormacht(stellung) *f* predominance; supremacy; hegemony.

vormal|ig *adj.* former; **~s** *adv.* formerly.

Vormann *m* foreman; ☤ → *Vordermann*.

Vormarsch *m* advance; *auf dem* (*od. im*) ~ on the advance, advancing, *fig.* on the march; **~straße** *f* road (*od.* route) of advance.

Vormast ⚓ *m* foremast.

Vormensch *m* primitive man, *engS.* pithecanthropus.

Vormerk|buch *n* memorandum book, memo-book; **2en** *v/t.* note (down), make a note of, mark down; (*reservieren*) reserve; (*bestellen*) book (*a.* ~ *lassen*); *für e-n Zweck*: earmark; *sich* ~ *lassen für* put one's name down for; **~gebühr** *f* registration fee, booking fee; **~kalender** *m* memo calendar, diary; **~liste** *f* waiting list; **~ung** *f* note, entry; booking, reservation.

vormilitärisch *adj.*: ~*e Ausbildung* pre-military training.

Vormittag *m* morning, forenoon; **2s** *adv.* in the morning, *abbr.* a.m.

Vormonat *m* previous month.

Vormund *m* guardian; **~schaft** *f* guardianship, tutelage; *unter* ~ *stehen* (*stellen*) be placed (place) under the care of a guardian; **2schaftlich** *adj.* of a guardian, tutelary; **~schaftsgericht** *n* Guardianship Court.

vorn *adv.* in front, before; ahead, at the head; *ganz* ~ right in front, (*am Anfang*) at the beginning; *nach* ~ forward; *von* ~ from the front, from before; *ich sah sie von* ~ I saw her face; *von* ~ *anfangen* begin at the beginning; (*von neuem*) begin anew *od.* afresh, make a new start; ~ *und hinten* before and behind; *von* ~ *bis hinten* from front to back, from first to last; *noch einmal von* ~ all over again; → *vorn(e)an usw.*

Vornahme *f* undertaking, effecting, carrying out; ~ *von Rechtsgeschäften* effecting (of) transactions.

Vorname *m* first name, Christian name, *Am. a.* given name.

vorn|e → *vorn*; **~(e)an** *adv.* in (*od.* at the) front, first.

vornehm *adj.* distinguished, refined, aristocratic; (*edel*) noble; (*edeldenkend*) noble(-minded); (*elegant*) elegant, fashionable, stylish, *sl.* posh, flash; (*erstklassig*) high-class; (*exklusiv*) exclusive; ~*e Gesinnung* high-mindedness, nobility of mind; ~*es Äußeres*, ~*er Anstrich* distinguished air (*od.* appearance); ~*er Besuch* distinguished visitor(s *pl.*); *die* ~*e Welt* the rank and fashion, high society (*od.* life); ~*ste Aufgabe, Pflicht usw.* principal, chief, first and foremost; ~ *tun* give o.s. (*od.* put on) airs; **~en** *v/t.* take before one; (*Schürze*) put on; (*beginnen, anpacken*) undertake, take in hand, take up, tackle; (*sich kümmern um, sich befassen mit*) deal with, attend to; occupy (*od.* busy) o.s. with; (*durchführen*) effect; (*Änderung usw.*) make; (*sich*) *e-e Arbeit, ein Buch usw.* ~ tackle, take in hand; *sich j-n* ~ take a p. to task, F take a p. up (*wegen* about); *sich et.* ~ resolve (up)on a th.; *sich* ~, *et. zu tun* make up one's mind to do a th., resolve to do a th.; *sich vorgenommen haben, zu inf.* have made up one's mind (*od.* intend, propose, *stärker*: be determined) to *inf.*; **2heit** *f* distinction; refinement; elegance; exclusiveness, rank; ~ *der Gesinnung* high-mindedness; ~ *der Erscheinung* distinguished appearance; **~lich** *adv.* especially, chiefly, largely, above all; **2tuerei** *f* snobbery, snobbism, F la-di-da, airs and graces *pl.*; **~tuerisch** *adj.* snobbish, F la-di-da.

vornherein *adv.*: *von* ~ from the beginning, from the first (*od.* start).

vornotieren *v/t.* → *vormerken*.

vornüber *adj.* forward; (*Kopf voraus*) head foremost.

Vorordner *m* filer.

Vorort *m* suburb; *e-s Bundes*: administrative cent|re, *Am.* -er; **~(s)...** *in Zssgn* suburban; **~bahn** *f* suburban (*od.* local) railway, *Am.* uptown railroad; **~verkehr** *m* suburban traffic; **~zug** *m* suburban (*od.* local, commuter) train.

Vorplatz *m* place in front, forecourt; (*Treppenabsatz*) landing; *in der Wohnung*: hall(way *Am.*).

Vorposten ⚔ *m* outpost; *auf* ~ on outpost duty; **~kette** *f* line of outposts.

Vor|prämie ☤ *f* (premium for the)

call, buyer's option; **~produkt** *n* initial product; **≗programmieren** *v/t.* (pre)program(me); *fig. a.* condition; **~prüfung** *f* preliminary examination (*a. Patentrecht*); *Sport*: trial; **≗quellen** *v/i. Augen usw.*: bulge (out); **≗ragen** *v/i.* project, protrude, jut out.

Vorrang *m, a.* **~stellung** *f* pre-eminence; precedence; (*Vordringlichkeit*) priority; *den ~ haben vor* take precedence of (*od.* over), *Sache*: *a.* take priority of; **≗ig** *adj.* priority ...; → *a. vordringlich.*

Vorrat *m* store, stock, supply, provision (*an* of); reserve; *an Material, Atombomben usw.*: stockpile; *heimlicher*: (secret) hoard; *auf ~ kaufen* buy in stock; *solange der ~ reicht* while quantities last.

vorrätig *adj.* available, ✝ *a.* on hand, in stock, stocked; *nicht (mehr) ~* out of stock; *wir haben diesen Artikel nicht mehr ~* we are out of; et. *~ halten* keep a th. in stock.

Vorrats...: **~ansammlung** *f* accumulation of stocks, stockpiling; **~behälter** *m* storage bin (*od.* tank); **~bewirtschaftung** *f* inventory control; **~haus** *n* storehouse, magazine; **~kammer** *f* store-room; (*Speisekammer*) pantry, larder; **~lager** *n* storage dump; **~schrank** *m* pantry, meat safe.

Vorraum *m* anteroom; → *Vorhalle.*

vorrechnen *v/t.* reckon up (*j-m* to a p.); (*aufzählen*) enumerate (to a p.); *fig.* (*vorhalten*) count off (to a p.) *what he has done wrong, etc.*

Vorrecht *n* privilege, prerogative; (*Vorrang*) priority; (*Bevorzugung*) preference.

Vorred|e *f* opening speech, words *pl.* of introduction; (*Vorwort*) preface, introduction; *mit e-r ~ versehen* preface; **≗en** *v/t.*: *j-m etwas ~* tell a p. tales (*über* about), *Am. sl.* hand a p. a line; **~ner** *m* previous speaker.

vorreit|en I. *v/i.* ride forward; *j-m ~* show a p. how to ride; F *fig. ~ müssen* be called on the carpet; **II.** *v/t.*: *ein Pferd ~* put a horse through its paces.

vorricht|en *v/t.* **1.** → *herrichten*; **2.** (*Uhr*) put on, advance; **≗ung** *f* (*Gerät*) device, contrivance, appliance, F gadget, contraption; (*Ausrüstung*) equipment; *zum Montieren*: fixture, chuck; *e-e ~ zum Patent*: a device for.

vorrücken I. *v/t.* (*Stuhl usw.*) move forward (*od.* up), advance; (*Uhr*) put on; **II.** *v/i.* advance (⚔ *in Richtung auf* on; *nach* to); *im Amt*: advance, be promoted; *in vorgerücktem Alter* at an advanced age; *zu e-r vorgerückten Stunde* at a late hour.

Vorrunde *f Sport*: preliminary round, qualifying round.

vors F = *vor das*; → *vor.*

Vorsaal *m* entrance-hall.

vorsagen *v/t.*: *j-m et. ~* recite a th. to a p.; *j-m etwas ~* (*zuflüstern*) prompt a p.

Vorsaison *f* early season; (*vorherige Saison*) previous season; **~geschäft** *n* early season business.

Vorsänger(in *f*) *m eccl.* precentor; leader of a choir.

Vorsatz *m* intention, resolution; plan, design, purpose; ⚖ (criminal) intent, premeditation, malice aforethought; *gute Vorsätze* good intentions; *mit ~* designedly, on purpose, ⚖ wil(l)fully, with malice aforethought; ⚖ *mit dem ~ zu inf.* with the intent of *ger.*; *den ~ fassen* resolve, make up one's mind (*zu inf.* to *inf.*); **~blatt** *typ. n* fly-leaf; **~gerät** ⊕ *n* attached device; *Radio*: adapter; *Film*: head.

vorsätzlich I. *adj.* intentional, deliberate; ⚖ wil(l)ful; *~er Mord* premeditated murder; **II.** *adv.* deliberately, *etc.*; ⚖ *a.* with criminal intent, with malice aforethought.

Vorsatz...: **~linse** *phot. f* ancillary lens; **~papier** *n* end-paper; **~pumpe** *f* auxiliary pump.

vorschalt|en ⚡, ⊕ *v/t.* connect (*od.* insert, install) (*dat.* before); **≗gerät** *n* intermediate unit; **≗widerstand** ⚡ *m* series resistor.

Vorschau *f* preview (*auf* of); (*Wetter≗, Finanz≗ usw.*) forecast; *Film*: preview, trailer(s *pl.*).

Vorschein *m*: *zum ~ bringen* bring to light, bring out, produce; *zum ~ kommen* come to light, appear, emerge, turn up.

vorschicken *v/t.* send forward (*od.* to the front).

vorschieben *v/t.* push (*od.* slide, move) forward *od.* on, advance (*a.* ⚔ *Truppen*); ⊕ feed; *als Entschuldigung, Grund usw.*: plead; (*j-n*) use *a p.* as a front.

vorschießen I. *v/t.* (*Summe*) advance; **II.** *v/i.* dash forward, shoot forth.

Vorschiff *n* forecastle.

Vorschlag *m* **1.** proposal, proposition; (*Empfehlung*) recommendation; (*Anregung*) suggestion; (*Anerbieten*) offer; *parl.* (*Antrag*) motion; *e-s Kandidaten*: nomination; *auf ~ von od. gen.* on the proposal of, at the recommendation (*od.* suggestion) of; **2.** ♪ grace(-note), appoggiatura; **3.** *typ.* blank space on front page; **4.** *metall.* flux; **≈en** *v/t.* propose; (*anregen*) suggest; (*empfehlen*) recommend; (*anbieten*) offer; (*Kandidaten*) nominate; **~hammer** *m* round set hammer; **~srecht** *n* right to nominate (candidates).

Vor|schleifen *n*, **~schliff** *m* rough grinding.

Vorschlußrunde *f Sport*: semifinal.

vorschmecken *v/i.* predominate.

Vorschneide|brett *n* trencher; **~messer** *n* carving-knife; ⊕ counterblade; **≈n** *v/t.* (*Braten usw.*) carve; ⊕ precut; rough-cut; **~r** *m* carver; ⊕ (wire) cutter; *für Schrauben*: taper tap.

Vorschneidfräser ⊕ *m* roughing cutter.

vorschnell *adj.* → *voreilig*.

vorschreiben *v/t.* write *a th.* out (*dat.* for); (*anordnen*) prescribe, order, direct, tell; (*genaue Einzelheiten*) specify; *ich lasse mir nichts ~* I won't be dictated to.

vorschreiten *v/i.* step forward, *a. fig.* advance; *vorgeschrittenes Stadium* (*vorgeschrittene Jahreszeit*) advanced stage (season).

Vorschrift *f bsd.* ⚕ prescription; (*Anweisung*) direction, instruction; (*Befehl*) order; (*Dienst≈*) regulation(s *pl.*), rule(s *pl.*); (*Handbuch*) manual; (*genaue Beschreibung*) specification; *e-r Klausel, e-s Paragraphen*: provision; *Dienst nach ~* (*Bummelstreik*) work-to-rule (campaign); *streng nach ~ arbeiten* work to rule; *ich lasse mir keine ~en machen* I won't be dictated to; **≈smäßig I.** *adj.* prescribed, regulation ...; *pred.* as ordered *od.* prescribed; **II.** *adv.* according to regulations, as ordered, in due form, duly; **≈swidrig I.** *adj.* irregular; **II.** *pred. u. adv.* contrary to regulations.

Vorschub *m* ⊕ feed; *fig.* assistance, furtherance, support, aid; *e-r Sache ~ leisten* pander to, encourage, abet; ⚖ aid and abet; **~spindel** ⊕ *f* feed screw.

Vorschuh *m* upper leather, vamp; **≈en** *v/t.* re-vamp.

Vorschul|e *f* preparatory school; (*kindergartenähnliche Schule*) preschool, nursery school; **≈isch** *adj.*, **≈pflichtig** *adj.* preschool *age, child.*

Vorschuß *m* advance (*auf* against); (*Darlehen*) loan; *für den Rechtsanwalt*: retainer; *~ leisten* advance money; **~dividende** *f* interim dividend; **≈weise** *adv.* as an advance (*od.* loan); **~zahlung** *f* advance (payment).

vorschützen *v/t.* plead (as an excuse).

vorschwärmen *v/t. u. v/i.*: *j-m* (*et.*) *~* rave to a p. (about a th.).

vorschweben *v/i.*: *mir schwebt etwas* (*Bestimmtes usw.*) *vor* I have something (particular, *etc.*) in mind, I am thinking of something (special, *etc.*).

vorschwindeln *v/t.*: *j-m etwas ~* tell a p. (a pack of) lies, humbug a p.

Vorsegel *n* foresail.

vorseh|en I. *v/t.* intend (*od.* designate, assign, earmark) (*für e-n Zweck* for); *zeitlich*: schedule, plan, set (for); *j-n für ein Amt, zu e-m Posten ~* designate (*od.* select) a p. for; *das Gesetz sieht vor, daß* the law provides that; *was ist für heute vorgesehen?* what is the program(me) today?; **II.** *v/refl.*: *sich ~* be careful, take care, look (*od.* watch) out; **≈ung** *f* (*göttliche ~*) Providence; *~ spielen* play Providence (*bei* in *a matter*).

vorsetzen *v/t.* put forward; (*auftischen*) serve; (*anbieten*) offer (*a. fig.*); *ling.* (*Silbe*) prefix; *j-m et. ~* place (*od.* put, set) a th. before; *fig. j-n e-m anderen ~* set a p. over; ♪ *e-m Stück ein Zeichen ~* mark with an accidental; *sich et. ~* resolve (*od.* decide) a th.

Vorsicht *f* caution; (*Behutsamkeit*) care; (*Umsicht*) circumspection, prudence, discretion; *~!* careful!, take care!, look (*od.* watch) out!; *als Aufschrift*: caution!, danger!, beware!; *~ (, Glas)! auf Kisten*: (handle) with care (, glass)!; *~ Stufe!* mind the step!; *mit ~* cautiously; *mit äußerster ~* with the utmost caution; *mit ~ zu Werke gehen, ~ walten lassen* proceed with caution, play (it) safe; *~ ist die Mutter der Weisheit* (*od.* F *der Porzellankiste*), *~ ist besser als Nachsicht* better to be safe than sorry; F *er ist mit ~ zu genießen* he must be handled with kid gloves, *weitS.* F he is bad medicine; **≈ig** *adj.* cautious, careful; (*wachsam*) chary, wary; (*ängstlich, sacht*) gingerly; *Schätzung usw.*: conservative; *~! → Vorsicht(!)*; *→ Optimismus*; **≈shalber** *adv.* as a precaution;

~smaßregel *f* precaution(ary measure); *~n treffen* take precautions.

Vorsilbe *ling. f* prefix.

vorsingen I. *v/t.*: *j-m et. ~* sing a th. to a p.; **II.** *v/i.* lead (the choir); *zur Probe*: (have an) audition (*j-m* with).

vorsintflutlich *adj.* antediluvian (*a. fig.*).

Vorsitz *m* chair(manship), presidency; *den ~ haben (od. führen)* be in the chair, *a.* ⚖ preside (*bei* over, at); *den ~ übernehmen* take the chair; *unter dem ~ von* under the chairmanship of, with ... in the chair, ⚖ *Judge* ... presiding (*od.* on the Bench); **~ende(r** *m*) *f*, **~er** *m* chairman (*f* chairwoman), president; *e-s Gerichts*: presiding judge.

Vorsommer *m* early summer.

Vorsorg|e *f* provision, providence; (*Vorsicht*) precaution; *~ treffen* → **~en** *v/i.* provide (*für* for; *gegen* against), make provision; take care (*od.* see to it) *that*; provide for the future; take precautions, guard (*gegen Übles* against); **~euntersuchung** ⚕ *f* preventive (medical) checkup; **~lich I.** *adj.* precautionary; (*fürsorglich, vorausschauend*) provident; **II.** *adv.* providently; as a precaution, F just in case, to be on the safe side; *~ kündigen* give protective notice (*dat.* to).

Vorspann *m* **1.** front team (of horses); **2.** (*Einleitung*) introduction; *typ.* preliminaries *pl.*, F prelim, front matter; *Film, TV*: cast and credits *pl.*, credit titles *pl.*, (*Eingangsszene*) pre-titles sequence; **~en** *v/t.* **1.** put *horses* (*dat.* to); **2.** ⊕ prestress; ⚡ bias; **~ung** *f* ⊕ prestress(ing); ⚡ bias.

Vorspeise *f* hors d'œuvre (*fr.*), entrée (*fr.*), appetizer; *als ~ a.* F for starters.

vorspiegel|n *v/t.*: *j-m et. ~* deceive a p. with (*od.* about) a th., delude a p. into thinking a th., (try to) make a p. believe a th.; *j-m etwas ~* delude a p. with false hopes; → *a. vortäuschen*; **~ung** *f* preten|ce, *Am.* -se; delusion, make-believe; *(unter) ~ falscher Tatsachen* (under) false pretences.

Vorspiel *n* ♩ prelude (*a. fig.*; *zu* to); *e-r Oper, e-s Oratoriums*: overture (*a. fig.*); *thea.* curtain-raiser, prologue; *Sport*: preliminary match, (*Hinspiel*) first leg; *sexuelles*: foreplay; **~en** *v/t.* (*j-m*) play a th. to (*od.* before).

Vorspinnmaschine *f* rover.

vorsprechen I. *v/t.* (*j-m*) recite *a th.* to (*od.* for); **II.** *v/i.* (*Besuch machen*) call, drop in (*bei* on *a p.*; at *an office*); see *a p.*; *zur Probe*: (have an) audition (*j-m* with).

vorspringen *v/i.* jump (*od.* leap) forward; (*hervortreten*) project, jut (out); **~d** projecting, *a. Nase, Kinn usw.*: prominent; *Winkel*: salient.

Vorsprung *m* **1.** ⚠ projection; (*Sims, a. Fels~*) ledge; **2.** (*Abstand*) (head) start, lead, advantage (*alle a. fig.*) (*vor* of); *mit großem ~* by a wide margin; *mit e-m ~ von 2 Sekunden* by a margin of 2 seconds; *er hat e-n ~ von 3 Runden* he is leading by 3 laps; → *abgewinnen usw.*

Vorspur *mot. f* toe-in; *negative*: toe-out.

Vorstadt *f* suburb.

Vorstädt|er(in *f*) *m* suburban dweller, suburbanite; **~isch** *adj.* suburban.

Vorstand *m* **1.** *e-r deutschen (Aktien)Gesellschaft*: managing (*od.* executive) board, *im Angelsächsischen (a. Aufsichtsrat)*: board (of directors); *e-s Vereins usw.*: managing committee; *e-s Instituts usw.*: board of governors (*od.* trustees); *im ~ sitzen* be on the (*od.* a member of the) Board; **2.** (*Person*) head, principal, director; *e-r Gesellschaft*: chairman (of the Board); **~sgehälter** *n/pl.* directors' fees; **~smitglied** *n* member of the (executive) board, *etc.*; (managing) director; **~ssitzung** *f* board meeting; **~vorsitzende(r** *m*) *f* chairman (*f* chairwoman) of the Board; **~swahl** *f* board elections *pl.*

vorsteck|en *v/t.* put before; *mit e-r Nadel usw.*: pin (*od.* stick) before *od.* on; (*Kopf*) poke (*od.* stick) out; *fig. das vorgesteckte Ziel erreichen* obtain one's object; **~er** ⊕ *m* cotter (pin); **~nadel** *f* breast- (*od.* scarf-)pin.

vorsteh|en *v/i.* **1.** (*herausragen*) project, protrude, jut out; *vorstehende Zähne* buck-teeth; **2.** (*e-r Sache usw.*) direct, superintend, be at the head of, be in charge of; preside over; (*verwalten*) administer, manage; **~end** *adj.* (*vorhergehend*) foregoing, preceding, above, aforesaid; *wie ~* as above; *aus dem ~en* from the foregoing; **~er(in** *f*) *m* director, superintendent, manager (-ess *f*); head, chief; *e-s Gefängnisses*: governor, *Am.* warden; *e-s Klosters*: (*f* mother-)superior; *e-r Schule*: headmaster (*f* headmistress), *Am.* principal; **~erdrüse**

f prostate gland; **⁓hund** *m* (German) pointer; *langhaariger*: setter.

vorstell|bar *adj.* conceivable, imaginable; **⁓en** *v/t.* **1.** put forward *od.* in front; place before; (*Uhr*) put on, advance; *sich* ⁓ stand in front; *fig. j-m et.* ⁓ (*hinweisen auf*) point out a th. to a p.; *mahnend*: remonstrate with a p. about a th.; **2.** (*bekanntmachen*) introduce, *seltener, aber bei Hofe*: present (*j-n e-r Person* a p. to a p.); *darf ich Ihnen Herrn A.* ⁓? may I introduce you to Mr. A.?, *Am. a.* (I want you to) meet Mr. A.!; *sich* ⁓ introduce o.s., present o.s. (*bei* at), make o.s. known; **3.** (*bedeuten*) mean, signify; stand for; (*darstellen*) represent, *thea. a.* personate, play; *was soll das* ⁓? what is that supposed to be?; F *er stellt etwas vor* he is quite impressive; **4.** *sich et.* ⁓ imagine, fancy; (en)vision, envisage; (*sich ein Bild machen von*) visualize, picture *a th.*; F *stell dir vor!* fancy that!; *stell dir meine Überraschung vor!* imagine my surprise!; *stell dir das nicht so leicht vor* don't think it is so easy; *so stelle ich mir einen schönen Urlaub usw. vor* that's my idea of; *ich kann mir nichts Besseres* ⁓ I cannot think of anything better; **⁓ig** *adj.*: ⁓ *werden* make representations (*bei* to); *bei der Behörde* ⁓ *werden* apply to the authorities; *protestierend*: *a.* lodge a complaint with the authorities; **⁓ung** *f* **1.** (*Bekanntmachen*) introduction, presentation; *wegen Anstellung*: interview (*bei* with); **2.** *thea.* performance, show; *Film*: *a.* showing; **3.** (*Begriff*) idea, conception; *falsche* ⁓ wrong idea, misconception; *sich e-e* ⁓ *machen von* form (*od.* get) an idea of; *du machst dir keine* ⁓! you have no idea!, you wouldn't believe it!; *das geht über alle* ⁓ imagination boggles at it; **4.** (*Mahnung*) remonstrance, representation; *j-m* ⁓*en machen* make representations to a p., remonstrate with a p.; **5.** (*a.* **⁓ungsvermögen** *n*) imaginative faculty, imagination.

Vorstopper *m Fußball*: defensive midfield man.

Vorstoß *m* **1.** ⚔ thrust, drive, advance; *Sport*: raid, rush, attack (*a. fig.*); (*Versuch*) attempt, try; (*Anstrengung*) effort; **2.** (*Besatz*) braid; **⁓en I.** *v/t.* push (*od.* thrust) forward; **II.** *v/i.* ⚔ advance; *Sport*: attack, make a raid, *Läufer usw.*: move up, attack; ⁓ *in* penetrate into.

Vorstrafe *f* previous conviction; **⁓n**(**register** *n*) *pl.* (criminal) record *sg.*

vor...: ⁓strecken *v/t.* **1.** thrust out, stretch forward, extend; (*Kopf*) put forward, poke (*od.* stick) out; **2.** (*Geld*) advance; **⁓studie** *f* preliminary study; **⁓studium** *n* preliminary studies *pl.*; **⁓stufe** *f* initial stage, first step; (*Anfangsgründe*) (first) elements *pl.*; (*Lehrgang*) primary course; (*Einführung*) primer; ⚡ input stage; **⁓stürmen, ⁓stürzen** *v/i.* rush (*od.* dash) forward; **⁓tag** *m* previous day, *the* day before; **⁓tanzen** *v/t. u. v/i.* (*j-m*) dance (*a th.*) before *a p.*; show *a.p.* how to dance (*a th.*); lead off the dance; **⁓tänzer**(**in** *f*) *m* leader of the dance, leading dancer; **⁓täuschen** *v/t.* feign, simulate, pretend, fake; *e-n Schlag* ⁓ feint (*od.* fake) a blow; *Erregung* ⁓ put on emotion.

Vorteil *m* advantage (*a. Fußball, Tennis*); (*Gewinn*) profit, benefit; *die Vor- und Nachteile e-r Sache erwägen* consider the pros and cons; ⁓ *bringen* be profitable, pay; ⁓ *haben von* benefit from; ⁓ *ziehen aus et., et. zu s-m* ⁓ *benützen* derive advantage from a th., profit from a th., turn a th. to account; *sich auf s-n* ⁓ *verstehen* know on which side one's bread is buttered; *auf s-n* ⁓ *bedacht sein* have an eye to the main chance (*od.* to one's own interests); *mit* ⁓ *verkaufen usw.* at a profit; *e-n* ⁓ *haben gegenüber j-m* have the edge on a p.; *er ist im* ⁓ the odds are on his side; *zu deinem eignen* ⁓ in your own interest; *er hat sich zu seinem* ⁓ *verändert* he has changed for the better; **⁓haft I.** *adj.* advantageous, profitable (*für* to); lucrative; (*günstig*) favo(u)rable; beneficial; *Kleid, Farbe*: becoming; ⁓*es Geschäft* bargain, *Am.* F good deal; ⚕ *für beide Teile* ⁓ mutually profitable; **II.** *adv.* advantageously, *etc.*; to advantage; ⁓ *aussehen* look good; *aufs* ⁓*este* to the best advantage.

Vortrab *m* vanguard.

Vortrag *m* performance; (⁓*sweise*) delivery, *rhet.* elocution; *e-s Gedichts*: recitation; ♪ (*Solo*⁓) recital; (⁓*stechnik*) execution; (*Abhandlung, Vorlesung*) lecture; *Radio, TV*: talk; (*Bericht*) report; ⚕ (*Übertrag*) balance carried forward, carry-forward; (*Saldo*) balance; (*Umbuchung*) transfer; ⁓ *auf neue*

Rechnung carried forward to fresh account; (*einen*) ~ *halten* read a paper, (give a) lecture (*über* on); ≈**en** *v/t.* carry forward (*a.* ⚔ *Angriff*); (*berichten*) report (*über* on; *j-m* to); (*hersagen*) recite; (*Abhandlung*) lecture (on); (*Rede*) deliver, hold; (*Gedicht*) recite, declaim; (*Ansichten, Wunsch usw.*) state, express, advance; (*vorschlagen*) propose, submit, *bei e-r Sitzung*: *a.* present; (*plädieren* F *für*) plead, contend for; ♪ play, perform, (*Lied*) sing; ⚕ *den Saldo* ~ carry forward the balance; ~**ende**(**r** *m*) *f* (*Künstler*) performer; (*Redner*) lecturer; speaker.

Vortrags...: ~**abend** *m* evening lecture; ~**kunst** *f* elocution; ♪ (masterly) execution; ~**künstler** (**-in** *f*) *m* elocutionist; ~**recht** *n*: *direktes* ~ direct access (*bei* to); ~**reihe** *f* series of lectures; ~**saal** *m* lecture hall.

vortrefflich *adj.* excellent, splendid, superior, superb, capital; ≈**keit** *f* excellence, superiority.

vor...: ~**treiben** *v/t.* drive ahead (*od.* on); (*Stollen*) drive (on); ~**treten** *v/i.* step (*od.* come) forward; (*herausragen*) project, protrude, stick out; ≈**trieb** *m* propulsion, forward thrust; ≈**tritt** *m* precedence; *j-m den* ~ *lassen* give precedence to a p.; *den* ~ *haben vor j-m* take precedence over a p.; *unter* ~ *gen.* preceded by; ~**trocknen** *v/t.* pre-dry.

vorüber *adv.* *örtlich*: along, by, past (*alle a.*: ~ *an*); *zeitlich*: over, past; (*dahin*) gone (by); (*erledigt*) finished, done with; ~**gehen** *v/i.* pass; *räumlich*: *a.* pass (*od.* go) by; *fig.* pass, *Zorn, Schmerz, Gewitter usw.*: *a.* blow over; ~ *an* (*ignorieren*) ignore, pass *a th.* over in silence; ~ *lassen* (*Gelegenheit*) miss, let slip by; *die schlimme Zeit ist nicht spurlos an ihr vorübergegangen* has told on her; ~**gehend I.** *adj.* passing, temporary; **II.** *adv.* temporarily; (*kurz*) for a short time; for a moment; ~**ziehen** *v/i.* march past, pass by; *Gewitter*: pass.

Vorübung *f* preliminary practice, preparatory exercise.

vor...: ≈**untersuchung** *f* preliminary examination (*a.* ⚕); ⚖ *a.* pre-trial hearings *pl.*; ≈**urteil** *n* prejudice; ~**urteilsfrei**, ~**urteilslos** *adj.* unprejudiced, unbias(s)ed; ≈**urteilslosigkeit** *f* freedom from prejudice; open-mindedness; ≈**väter** *m/pl.* forefathers, ancestors; ≈**verbrennung** *mot.* *f* precombustion; ~**verdichten** *mot.* *v/t.* supercharge; ≈**verdichter** *mot.* *m* supercharger; ≈**vergangenheit** *ling.* *f* past perfect, pluperfect; ≈**verhandlung** ⚖ *f* pre-trial (proceedings *pl.*); ≈**verkauf** *m* advance sale; *thea.* advance booking; ≈**verkaufskasse** *thea.* *f* booking office; ~**verlegen** *v/t.* advance, *zeitlich*: *a.* place on an earlier date; ⚔ *das Feuer* ~ lift fire; ≈**verstärker** *m* pre-amplifier; ≈**versuch** *m* pilot test; ≈**vertrag** *m* provisional agreement; ~**vorgestern** *adv.* three days ago (*od.* since); ~**vorig** *adj.* last but one; ~**vorletzt** *adj.* last but two; ~**wagen** *v/refl.*: *sich* ~ venture forward; ≈**wahl** *f* preliminary election, *Am.* primary (election); ⚡ preselection; *teleph.* → *Vorwählnummer*; ≈**wähler** ⚡, ⊕ *m* preselector; ≈**wählnummer** *teleph.* *f* dialling (*od.* S.T.D., *Am.* area) code; ≈**wählschalter** *mot.* *m* preselector gear change; ~**walten** *v/i.* prevail, predominate; ≈**wand** *m* pretext, preten|ce (*Am.* -se), excuse; *unter dem* ~ *von* (*od. daß*) on the pretext of (*od.* that); *e-n* ~ *suchen* look for an excuse; ~**wärmen** *v/t.* warm up, *a.* ⊕ preheat; ≈**warnung** ⚔ *f* early warning.

vorwärts *adv.* forward, onward, on; ~! go ahead!, let's go!; ≈**bewegung** *f* forward movement; ~**bringen** *fig.* *v/t.* advance, further, promote; ~**drängen** *v/i.* press on; ≈**gang** *mot.* *m* forward speed; ~**gehen** *fig.* *v/i.* go ahead, advance, progress; (*sich bessern*) improve; ~**kommen** *v/i.* make headway (*a. fig.*); *fig. a. im Leben*: make one's way, get on in the world, improve one's position; ≈**strategie** *f* forward strategy.

vorweg *adv.* beforehand; from the beginning; to begin with; ≈**nahme** *f* anticipation; *Patentrecht*: *a.* (*Stand der Technik*) prior art; ~**nehmen** *v/t.* anticipate (*a. Patentrecht*); (*gleich sagen*) tell *a th.* at once.

vor...: ≈**weihnachtszeit** *f* Advent season; ~**weisen** *v/t.* produce, show; *fig.* ~ *können* be able to show, possess, boast; ≈**welt** *f* former ages *pl.*; (*Urwelt*) prehistoric world; ~**weltlich** *adj.* prehistoric; *fig.* antediluvian; ~**werfen** *v/t.* **1.** throw (*od.* cast) before; **2.** *fig. j-m et.* ~ reproach a p. with a th., accuse a p. of a th.; *ich habe mir nichts vorzuwerfen* I have nothing to reproach myself with; *sie haben einander nichts vorzuwerfen* the one is as bad as the other; **≈werk** *n* farmstead; ⚔ outwork; **≈widerstand** ⚡ *m* series resistance; *e-r Röhre*: dropping resistor; *e-s Spannungsmessers*: voltage multiplier; **~wiegen** *v/i.* preponderate, predominate, prevail; **~wiegend I.** *adj.* preponderant, predominant; **II.** *adv.* predominantly, chiefly, mainly, mostly, largely; **≈wissen** *n* (fore)knowledge, prescience; *ohne mein ~* unknown to me, without my knowledge; **≈witz** *m* forwardness, pertness; **~witzig** *adj.* forward, pert; **~wölben** *v/t.* (*a. sich ~*) thrust (*od.* bulge) out; **≈wort** *n des Autors*: preface; *bsd. von e-m andern als dem Autor*: foreword; (*Einleitung*) introduction; **≈wurf** *m* **1.** (*Tadel*) reproach, accusation; *e-n ~ (od. Vorwürfe) machen → vorwerfen 2*; **2.** (*Thema*) subject, theme; **~wurfsvoll** *adj.* reproachful; **~zählen** *v/t.* enumerate, count out (*j-m* to); **≈zeichen** *n*: (*gutes, schlechtes ~* good, bad) omen; ♪ accidental; ⚕ sign; ⚕ preliminary symptom, first sign; *fig. mit umgekehrten ~* with reversed premises, in a reversed situation; **~zeichnen** *v/t. fig. als Richtschnur*: mark *od.* trace (out), indicate; *j-m et. ~* draw (*od.* sketch) a th. for a p.; show a p. how to draw a th.; **~zeigen** *v/t.* show.

Vorzeit *f* prehistoric times *pl.*, dawn of history; *in Erzählungen*: times *pl.* of old, days *pl.* of yore, olden times *pl.*; **≈en** *adv.* in former times, formerly; once upon a time; **≈ig** *adj.* premature; **~mensch** *m* prehistoric man.

Vorzensur *f* precensorship; *e-r ~ unterwerfen* precensor.

vorziehen *v/t.* **1.** pull forward (*od.* up); (*hervorziehen*) pull out, draw forth; (*Vorhänge*) draw; *mot.* (*den Wagen*) pull up; ⚔ move up (*a. v/i.*); (*vorwegnehmen, bsd.* ⚔) anticipate; (*e-e Arbeit usw.*) put first; (*Termin*) advance; **2.** *fig.* prefer (*dat.* to), give preference (over), like better (than); *es ~ zu inf.* prefer to *inf.*, *a. iro.* choose to *inf.*

Vorzimmer *n* antechamber, anteroom; *Büro*: *a.* outer office.

Vorzug *m* preference; (*Vorrang*) priority (*vor* over); (*Vorteil*) advantage; (*gute Eigenschaft*) merit, *a.* ⊕ virtue; (*Überlegenheit*) superiority; (*Vorrecht*) privilege; *den ~ geben → vorziehen 2*; *den ~ haben zu inf.* have the advantage of *ger.*, *Person*: (*die Ehre haben*) have the distinction of *ger.*; *den ~ haben vor* have the advantage over; excel (*od.* be superior to) *a p. od. th.*

vorzüglich I. *adj.* excellent, superior, splendid, marvellous; (*meisterhaft*) *a.* masterly; (*erlesen*) exquisite; (*erstklassig*) first-rate; *pred.* of the first order; **II.** *adv.* excellently, *etc.*; (*vornehmlich*) especially; **≈keit** *f* excellence; superiority; superior (*od.* first-rate) quality.

Vorzugs...: **~aktie** *f* preference (*od.* preferred) share, *Am.* preferred stock; **~behandlung** *f* preferential treatment; **~milch** *f* certified milk; **~pfandrecht** *n* prior lien; **~preis** *m* special price; preferential rate; **~recht** *n* privilege; **≈weise** *adv.* preferably, by preference; (*hauptsächlich*) chiefly, mostly; **~zoll** *m* preferential duty.

Vorzündung *mot. f* pre-ignition.

votieren *v/i.* vote (*für* for).

Votiv|bild *n* votive picture; **~tafel** *f* votive tablet.

Votum *n* vote.

Voyeur *m* voyeur (*fr.*); **~tum** *n* voyeurism.

vulg|är *adj.* vulgar (*a. ling.* = **~ärsprachlich**); **≈arität** *f* vulgarity, vulgarism; **≈ärlatein** *n* Vulgar Latin; **~arisieren** *v/t.* vulgarize.

Vulkan *m* volcano (*a. fig.*); **~ausbruch** *m* (volcanic) eruption; **~fiber** ⊕ *f* vulcanized fib|re, *Am.* -er; **≈isch** *adj.* volcanic(ally *adv.*); **≈isieren** *v/t.* vulcanize, *mot. a.* recap.

W

W, w *n* W, w.

Waage *f* balance, (pair of) scales *pl.*; (~ *mit Laufgewicht*) steelyard; (*Brücken*≈, *Tafel*≈) weighing-machine; (*automatische Abfüll*≈) weigher; *für Wagen*: weigh-bridge; (*Wasser*≈) spirit-level; *ast.* Libra; *Turnen*: lever; (~ *im Hang*) lever hang; *die* ~ *halten* (*e-r Sache*) counterbalance; (*j-m*) be a match for; *in der* ~ *halten* hold in equilibrium; → *Zünglein*; **~balken** *m* (scale-)beam; **≈recht** *adj.* → *waagrecht*.

waagrecht *adj.* horizontal, level.

Waagschale *f* scale; *fig. in die* ~ *fallen* be of weight *od.* import(ance); *in die* ~ *werfen* throw into the scale(s), bring to bear; *s-e Worte auf die* ~ *legen* weigh one's words; *du darfst seine Worte nicht auf die* ~ *legen* don't attach too much importance to what he says.

wabb|(e)lig *adj.* wobbling, flabby; **~eln** *v/i.* wobble.

Wabe *f* honeycomb; **~nhonig** *m* honey in the comb; **~nkühler** *mot. m* honeycomb radiator; **~nspule** ⊕ *f* duo-lateral coil.

wach *adj.* waking, wakeful (*a. Zustand usw.*); *pred.* awake; *fig. Geist*: alert, *Person*: *a.* wide-awake; (*munter*) alive; ~ *werden* wake up, awake; **≈ablösung** *f* relief of the guard; *pol. fig.* change of power; **≈bataillon** *n* Guard Battalion, *the* Guards *pl.*; **≈boot** *n* watch-boat.

Wache *f* watch, guard; (*Wachlokal*) guard-house, guard-room; (*Polizei*≈) police-station; (*Posten*) sentry, sentinel, guard; (*bewaffnetes Begleitkommando*) escort; *auf* ~ on guard (*od.* duty, sentry-go); *auf* ~ *ziehen* mount guard; *die* ~ *ablösen* relieve guard; ~ *halten* keep guard; ~ *stehen*, F ~ *schieben* be on guard (*od.* duty), stand sentinel (*od.* guard).

wach|en *v/i.* be awake; (*achtgeben*) (keep) watch (*über* over), guard; ~ *über a.* keep an eye on; *bei j-m* ~ watch (*od.* sit up) with a p.; **~habend** *adj.* on duty; **≈habende(r)** *m* officer of the watch; **~halten** *fig. v/t.* (*Erinnerung usw.*) keep alive; **≈hund** *m* watchdog; **~küssen** *v/t.* kiss awake; **≈lokal** *n* guard-room; **≈mann** *östr. m* policeman; **≈mannschaft** *f* guard detail.

Wacholder *m* juniper; **~beere** *f* juniper-berry; **~branntwein** *m*, **~geist** *m*, **~schnaps** *m* gin; **~strauch** *m* juniper-tree.

Wach...: **~posten** *m* guard, ⚔ *a.* sentry; **≈rufen** *fig. v/t.* rouse, call forth; (*Erinnerung*) *a.* evoke; **≈rütteln** *v/t.* rouse, shake up (*aus* from) (*a. fig.*); *fig. a.* shake into action.

Wachs *n* wax; *fig. er ist* ~ *in ihren Händen* he is wax in her hands; **~abdruck** *m* wax impression.

wachsam *adj.* watchful, vigilant; alert; ~ *sein* be on the alert, be on one's guard; *ein* ~*es Auge haben auf* keep a sharp eye on; **≈keit** *f* watchfulness; *bsd. weitS.* vigilance.

Wachschiff *n* guard-ship.

wachsen[1] *v/i.* grow (*a. fig.*; *an* in); *fig.* increase (*an* in), mount; (*sich ausdehnen*) expand; *mit* ~*der Spannung* with growing (*od.* mounting) suspense; *mit* ~*dem Argwohn* with a growing sense of suspicion; *sie ist mir ans Herz gewachsen* I have become attached to her; → *Kopf 5*, *gewachsen 1*.

wachsen[2] *v/t.* wax (*a. Ski*).

wächsern *adj.* wax; *fig.* waxen, waxy.

Wachs...: **~figur** *f* wax figure; *pl. a.* waxwork *sg.*; **~figurenkabinett** *n* waxworks *pl.* (*mst sg. konstr.*); **≈gelb** *adj.* wax-colo(u)red; **~kerze** *f*, **~licht** *n* wax candle; **~leinwand** *f* oilcloth; **~matrize** *f* stencil; **~papier** *n* wax-coated paper; **~puppe** *f* wax doll; **~stock** *m* wax taper; **~streichholz** *n* (wax) vesta; **~tuch** *n* oilcloth.

Wachstum *n* growth (*a.* ⚘); *fig. a.* increase, development; expansion; *im* ~ *hindern* stunt; **~sbeschleunigung** ⚕ *f* acceleration; **≈sfördernd** *adj.* growth-promoting; **⁓shemmend** *adj.* growth-retarding; **~shormon** *n* somatotrophic hormone; **~sindustrie** *f* growth industry; **~srate** *f* growth rate, rate of economic growth; **~sschmerzen** *m/pl.* growing pains.

wachsweich *adj.* (as) soft as wax; *Ei*: medium boiled.

Wacht *f* → *Wache, Wach...*

Wächte *f* (snow-)cornice.

Wachtel *f* quail; **~hund** *m* spaniel.

Wächter *m* watcher, keeper (*beide a.* **~in** *f*); guard(ian), (*bsd. Nacht*⁓) watchman; (*Parkplatz*⁓ *usw.*) attendant; automatic control(l)er; → *a. Wachhund.*

Wacht...: → *Wach...*; **~meister** *m* cavalry sergeant; (*Polizei*⁓) sergeant; **~parade** *f* mounting of the guards.

Wachtraum *m* waking dream, daydream.

wackel|ig *adj.* shaky (*a. fig.*), tottering, wobbly (*alle a.* F ~ *auf den Beinen*); *alte Möbel usw.*: rickety; *Zahn, Stift*: loose; (*baufällig*) ramshackle; **⁓kontakt** *m* loose contact; **~n** *v/i.* shake; (*schwanken*) rock; (*schlecht stehen*) wobble; (*taumeln*) reel, (*a.* ~*d gehen*) totter, stagger; *Zahn, Stift*: be loose; F *fig. Regierung usw.*: be shaky (*od.* tottering, on the brink); ~ *mit* wag *a th.*; *mit den Flügeln* ~ rock wings.

wacker I. *adj.* (*bieder*) honest, upright, worthy (*a. iro.*); (*tapfer*) brave, stout; **II.** *adv.* (*tüchtig*) heartily, lustily.

Wade *f* calf (of the leg); **~nbein** *n* fibula, splint bone; **~nkrampf** *m* cramp in the calf (*od.* leg); **~nstrumpf** *m* half-stocking.

Waffe *f* weapon (*a. fig.*); *mst im pl.* arm; ⚔ (~*ngattung*) arm, (branch of the) service; *fig. mit geistigen* ~*n* intellectually; *j-n mit s-n eigenen* ~*n schlagen* beat a p. at his own game; *unter den* ~*n stehen* be under arms; → *greifen* II, *strecken usw.*

Waffel *f* waffle; (*bsd. Eis*⁓) wafer; **~eisen** *n* waffle-iron.

Waffen...: **~amt** *n* ordnance department; **~appell** *m* arms inspection; **~ausbildung** *f* weapons training; **~bruder** *m* brother in arms, comrade; **~brüderschaft** *f* brotherhood in arms, alliance; **~dienst** *m* military service; **~fabrik** *f* (manu)factory of arms, *Am.* armory; **~fabrikant** *m* arms manufacturer; **⁓fähig** *adj.* able (*od.* fit) for military service; **~gang** *m* passage of (*od.* at) arms (*a. fig.*); **~gattung** *f* arm, (branch of the) service; **~gewalt** *f*: (*mit* ~ by) force of arms; **~händler** *m* arms dealer; **~kammer** *f* armo(u)ry; **~lager** *n* ordnance depot; *heimliches*: cache; **⁓los** *adj.* weaponless, unarmed; **~meister** *m* armo(u)rer; **~meisterei** *f* armo(u)ry; **~pflege** *f* care of weapons, gun maintenance; **~rock** *m* service coat, tunic; **~ruhe** *f* truce; *kurze*: suspension of hostilities, cease-fire; **~schein** *m* fire-arm certificate, *Am. a.* gun license; **~schmied** *m* armo(u)rer; **~schmuggel** *m* gun-running; **~stillstand** *m* armistice, *a. fig.* truce: **~stillstandslinie** *f* cease-fire line; **~tat** *f* feat of arms, (military) exploit; **~übung** *f* military exercise.

waffnen *v/t.* arm.

wägbar *fig. adj.* ponderable, weighable.

Wage|hals *m* daredevil; **⁓halsig** *adj.* foolhardy, daring, reckless; daredevil ...; *Sache*: breakneck ...; **~halsigkeit** *f* foolhardiness, daredevilry; **~mut** *m* daring, boldness; spirit of adventure; **⁓mutig** *adj.* daring, bold, venturesome.

wagen *v/t.* venture (*a. sich* ~); (*sich getrauen; a. sich erdreisten*) dare; (*et. Gefährliches*) *a.* risk, hazard (*beide a.* = *aufs Spiel setzen*); es ~ take the plunge, take a chance; es ~ *zu inf.* dare (*od.* venture) to *inf.*; es *mit j-m* ~ measure one's strength with a p.; *es mit et.* ~ try a th., F have a crack (*od.* shot) at a th.; *alles* ~ risk everything; *viel* ~ take a great risk (*od.* gamble); *wer nicht wagt, der nicht gewinnt* nothing venture nothing have; *er wagte sich nicht aus dem Hause* he did not venture out of doors; → *gewagt.*

Wagen *m* (*Pferde*⁓ *usw.*) carriage (*a.* 🚂, *Am.* car); (*Kutsche*) coach (*a.* 🚂, *Personen*⁓); *für schwere Fracht*: wag(g)on; (*Karren*) cart; (*Fahrzeug*) vehicle; (*Kraft*⁓, *Auto*) car; (*Last*⁓) lorry, *Am.* truck; (*Gepäck*⁓, *Möbel*⁓) van; *der Schreibmaschine*: carriage; *ast. der Große* ~ Charles's Wain, the Plough, the Great Bear, *Am.* the Big Dipper; F *fig. j-m an den* ~ *fahren* tread on a p.'s toes.

wägen *v/t.* weigh; *erst* ~, *dann wagen* look before you leap.

Wagen...: **~aufbau** *m* car body, coachwork; **~bauer** *m* carriage builder, coach-builder; **~burg** *f* barricade of wag(g)ons, laager; **~führer** *m* driver; *e-r elektrischen Bahn*: *Am.* motorman; **~haltung** *f* keeping (of) a car; (*Pflege*) car maintenance; **~heber** *m mot.* (lifting) jack; *der Schreibmaschine*: carriage lever; **~heizung** *f* car heating; *als Anlage*: car heater; **~ladung** *f* wag(g)on-load, car-load; **~park** *m* vehicle fleet; **~pflege** *f* maintenance (of a car); (*Kundendienst*) servicing; **~schlag** *m* carriage-door, car-door; **~schmiere** *f* cart-grease; **~schuppen** *m* car-shed; (*Remise*) coach-house; **~spur** *f* wheel-track, rut; **~wäsche** *f* car wash.

Wagestück *n* daring deed.

Waggon 🚃 *m* (railway) carriage, *Am.* (railroad) car; (*Güter*°~) goods van, *Am.* freight car; ✝ *frei* ~ free on rail (*abbr.* f.o.r.); **°~weise** *adv.* by the carload.

waghalsig *adj.* → *wagehalsig.*

Wagner *m* cartwright.

wagner|isch *adj.*, **°~ianer** ♪ *m* Wagnerian.

Wagnis *n* venture, risk, hazard (-ous enterprise).

Wahl *f* choice; (~ *zwischen zwei Dingen*) alternative; (*Auslese*) selection; (*freie* ~) option; *pol.* election, (~*akt*) poll(ing); *bei der* ~ at the election; *aus freier* ~ of one's own (free) choice; ✝ *erste* ~ first quality; *zweite* ~ second-rate quality, (*Waren*) seconds *pl.*; *pol.* ~*en abhalten* hold elections; *fig. die* ~ *haben* have the choice; *fig. keine* ~ *haben* have no alternative *od.* choice (*als* but); *es bleibt mir keine* (*andere*) ~ I have no choice; it's Hobson's choice; *die engere* ~ the short list; *in die engere* ~ *kommen* be (put) on the short list, be short-listed; *e-e* ~ *treffen* make a choice; *s-e* ~ *treffen* take one's choice; *vor der* ~ *stehen, zu inf.* be facing the alternative of *ger.*; *j-n vor die* ~ *stellen, zu inf.* face a p. with the alternative of *ger.*; *zur* ~ *schreiten* go to the polls; *das Mädchen seiner* ~ the girl of his choice; *wer die* ~ *hat, hat die Qual* the wider the choice, the greater the trouble; **~akt** *m* poll(ing), voting; **~alter** *n* voting age.

Wählamt *teleph. n* automatic exchange.

wählbar *adj.* eligible (for election); *nicht* ~ ineligible; **°~keit** *f* eligibility.

Wahl...: **°~berechtigt** *adj.* entitled to vote; **~beteiligung** *f* percentage of voting, F turnout; *starke* (*schwache*) ~ heavy (light) polling; **~bezirk** *m* electoral division (*Am.* district), constituency.

wählen *v/t. u. v/i.* choose; (*auslesen*) *a.* select, pick (out); (*s-e Wahl treffen*) take one's choice; *pol.* elect, (~ *gehen*) go to the polls; (*stimmen für*) give one's vote to (*od.* for), vote for; *teleph.* dial; *zu s-m Führer* ~ choose *a p.* for (*od.* elect *a p.*) one's leader; *j-n zum König* ~ elect (*od.* choose) a p. king; → *gewählt.*

Wahlergebnis *n* election result (*od.* return).

Wähler *m* **1.** *a.* **~in** *f* voter; **2.** *teleph.* selector; **~betrieb** *teleph. m* dial system; **°~isch** *adj.* particular, nice (*in* about), F choosy; *im Essen*: dainty, *a. weitS.* fastidious; ~ *sein* pick and choose; *fig. nicht gerade* ~ not too particular (*in, mit* about); *er ist in seinen Mitteln nicht gerade* ~ *a.* he is not over-scrupulous in his methods; **~liste** *f* register of voters; **~schaft** *f* electorate, voting population; *in e-m Bezirk usw.*: constituency, voters *pl.*; **~scheibe** *teleph. f* dial.

Wahl...: **~fach** *ped. n* optional subject, *Am.* elective; **°~fähig** *adj. aktiv*: having a vote; *passiv*: eligible (for election); **~feldzug** *m* election campaign; **°~frei** *adj.* optional, *ped. a.* elective; **~gang** *m*: (*im ersten* ~ at the first) ballot; **~geheimnis** *n* election secrecy; **~gesetz** *n* electoral law; **~handlung** *f* → *Wahlakt*; **~heimat** *f* adopted country; **~helfer(in** *f*) *m* campaign worker; **~kampagne** *f*, **~kampf** *m* election campaign; **~kampfleiter** *m* campaign manager; **~kommissar** *m*, **~leiter** *m* returning officer; **~kreis** *m* constituency, electoral district; **~liste** *f* list of candidates, *Am.* party ticket; **~lokal** *n* polling station; **~lokomotive** F *f* great vote-getter; **°~los I.** *adj.* indiscriminate; **II.** *adv.* indiscriminately, at random, haphazardly; **~mann** *m* elector; **~maschine** *f* voting machine; **~programm** *n* election platform (*od.* manifesto); **~propaganda** *f* electioneering; ~ *treiben* electioneer; **~prüfer** *m* scrutineer; **~prüfung** *f* scrutiny; **~recht** *n objektives*: electoral law; *aktives*: right to vote, franchise; *passives*:

eligibility; *allgemeines* ~ universal suffrage; **~rede** *f* election speech, electoral address; *~n halten* electioneer, stump (*in e-m Bezirk usw.* a district, *etc.*); **~redner** *m* election-speaker, campaigner, stump orator; **~schiebung** *f* rigging (of) the election; **~schlacht** *f* → *Wahlkampf*; **~spruch** *m* device, motto; (*Schlagwort*) slogan; **~stimme** *f* vote; **~system** *n* electoral system; **~tag** *m* Election Day; **~urne** *f* ballot- (*od.* voting-)box; *zur* ~ *schreiten* go to the polls; **~verfahren** *n* electoral procedure; **~versammlung** *f* election meeting; **~verwandtschaft** ⚗ *u. fig. f* elective affinity; **~versprechen** *n* electoral promise; **≈weise** *adj.* alternative(ly *adv.*), optional(ly *adv.*); **~zeit** *f* election time; *engS.* hours *pl.* for voting; *j-s*: period for which *a p.* is elected, **~zelle** *f* polling (*od.* voting) booth; **~zettel** *m* voting paper, ballot.

Wahn *m* delusion, illusion; (*~sinn*) madness; (*Besessenheit*) mania; *in e-m ~ befangen sein* labour under a delusion; **~bild** *n* chimera, phantom; hallucination.

wähnen *v/t.* fancy, imagine, believe.

Wahn...: **~idee** *f* delusion, mania; crazy notion; **~sinn** *m* insanity, madness (*beide a. fig.*); *religiöser* ~ religious mania; *es wäre heller* ~, *zu inf.* it would be (sheer) madness to *inf.*; **≈sinnig I.** *adj.* insane, mad (*a. fig.*; *vor* with); *fig. a.* frantic; *Angst, Schreck, Schmerzen usw.*: horrible, dreadful; (*toll, enorm*) F terrific; → *verrückt*; **II.** F *fig. adv.* F madly, crazily, awfully; ~ *schnell* at a mad pace; ~ *verliebt* madly in love; *ich habe ~ viel zu tun* I have an unconscionable lot to do; **~sinnige(r** *m*) *f* madman, *f* madwoman; lunatic; **~vorstellung** *f* delusion, hallucination; fixed idea; **~witz** *m* madness; **≈witzig** *adj.* mad.

wahr *adj.* true; (*wirklich*) *a.* real, veritable; (*echt*) genuine; (*eigentlich*) proper; (*aufrichtig*) sincere, frank, open; *es ist* ~, *daß* it is true (*od.* a fact) that; *ein ~er Künstler* a true (*od.* veritable) artist; *~e Liebe* true love; *e-e ~e Wohltat* quite a comfort; *so ~ ich lebe!* as sure as I live!; *so ~ mir Gott helfe!* so help me God; *et. ~ machen* carry out, go ahead with, translate into action, make *a th.* come true; ~ *werden* come true; *sein ~es Gesicht zeigen* show the cloven hoof, drop the mask; *es ist kein ~es Wort daran* there is not a word of truth in it; *das ist leider nur zu* ~ that is only too true; *etwas ≈es wird schon dran sein* no smoke without fire; *das ist nicht das ≈e* that's not the thing, *Am.* that's not the real McCoy; → *einzig* **II**, → *a. wahrhaben*.

wahren *v/t.* (*schützen*) guard, protect, defend; (*aufrechterhalten*) preserve, maintain, (*a. Geheimnis*) keep; (*Interessen usw.*) look after, protect, safeguard; *s-e Würde* ~ maintain (*od.* preserve) one's dignity; *den (An)Schein* ~ keep up appearances.

währen *v/i.* last, continue; *es währte nicht lange, so* it was not long before.

während I. *prp.* during; in the course of; ⚖ pending; ~ (*für die Dauer*) *eines Jahres* for a year; **II.** *cj.* while, whilst; *Gegensatz*: whereas, *schwächer*: while; **~dessen** *adv.* meanwhile.

wahrhaben *v/t.*: *et. nicht ~ wollen* refuse to believe a th.

wahrhaft, ~ig I. *adj.* (*wahr*) true, veritable; (*wahrheitsgemäß, wahrheitsliebend*) truthful, veracious; **II.** *adv.* truly, really, indeed, in all conscience; *~!* upon my word!, no mistake!; ~ *nicht!* certainly not!, by no means!; **≈igkeit** *f* truthfulness, veracity.

Wahrheit *f* truth; *in* ~ in truth, in fact, in reality; *die ewigen Wahrheiten* the eternal verities; F *j-m die ~ sagen* (*schelten*) give a p. a piece of one's mind; *um die ~ zu sagen* to tell the truth; → *bleiben* I 2, *rein*[1] I.

Wahrheits...: **~beweis** *m*: *den ~ für et. antreten* offer to prove a th.; *den ~ für et. erbringen* prove a th.; **~gehalt** *m* truth(fulness); **≈gemäß, ≈getreu I.** *adj.* true, truthful, faithful; **II.** *adv.* truly, truthfully, in accordance with the facts; **~liebe** *f*, **~sinn** *m* love of truth, veracity; **≈liebend** *adj.* truthful, veracious; **~sucher** *m* seeker of truth.

wahrlich *adv.* truly, in truth; *bibl.* verily; ~ *kein Vergnügen!* no pleasure, I tell you!

wahrnehm|bar *adj.* perceptible, noticeable; (*sichtbar*) visible; (*hörbar*) audible; **~en** *v/t.* perceive, notice, observe; become aware of; (*Gelegenheit*) make use of, avail o.s. of, seize; (*Interessen*) look after, protect, safeguard; (*Termin*) observe; *das Amt gen.* ~ exercise the functions of; **≈ung** *f* **1.** (*sinnliche* ~ sense) perception, observation; **2.** (*Sorge für et.*) care (*gen.* of); *der Interessen*: safeguarding; ~ *der Interessen e-r Person* acting on behalf of a p.; ⚖ ~ *berechtigter Interessen* fair comment (on a matter of public *od.* private interest); **≈ungsvermögen** *n* perceptive faculty.

wahrsag|en *v/t. u. v/i.* prophesy, predict; tell the future; *aus Karten usw.*: tell fortunes; *sich* ~ *lassen* have one's fortune told; **≈er(in** *f*) *m* soothsayer; (*Hellseher*) clairvoyant; *aus Karten usw.*: fortune-teller; **≈erei** *f* fortune-telling.

wahrscheinlich I. *adj.* probable, likely; **II.** *adv.* probably; *er wird* ~ (*nicht*) *kommen a.* he is (not) likely to come; ~ *wird er verlieren* chances (*od.* the odds) are that he will lose; **≈keit** *f* probability, likelihood; *aller* ~ *nach* in all probability, by all known odds; **≈keitsrechnung** *f* theory of probabilities, probability calculus.

Wahrspruch *m* verdict.

Wahrung *f* maintenance; *von Interessen*: safeguarding, protection.

Währung *f* currency; (*Gold*≈ *usw.*) standard; *harte* (*weiche*) ~ hard (soft) currency; *in deutscher* ~ in German currency.

Währungs...: **~abkommen** *n* monetary agreement; **~angleichung** *f* adjustment of exchange rates; **~ausgleichsfonds** *m* exchange equalization fund; **~bank** *f* bank of issue; **~-Dollar** *m* currency dollar; **~einheit** *f* monetary unit (*od.* standard); **~fonds** *m* monetary fund; **~gebiet** *n* currency area; **~krise** *f* monetary crisis; **~parität** *f* par of exchange; **~politik** *f* monetary policy; **≈politisch** *adj.* from the point of view of monetary policy; monetary; **~reform** *f* currency reform; **~schnitt** *m* currency cut; **~standard** *m* monetary standard; **~umstellung** *f* currency conversion; **~union** *f* monetary union.

Wahrzeichen *n* (distinctive) sign *od.* mark, token; *e-r Stadt usw.*: landmark.

Waidmann *m* → *Weidmann.*

Waise *f* orphan; **~nhaus** *n* orphanage, orphan-asylum; **~nkind** *n* orphan; **~nknabe** *m* orphan (boy); F *fig. er ist ein* ~ *gegen ihn* he is a fool to him.

Wal *m* whale.

Wald *m* wood, (*großer* ~; *a. fig.*) forest; (~*stück*) woodland, wooded area; *fig. er sieht den* ~ *vor lauter Bäumen nicht* he does not see the wood for trees; *wie man in den* ~ *hineinruft, so schallt's heraus* as we treat others, we must expect to be treated; **~ameise** *f* red ant; **≈arm** *adj.* sparsely wooded; **~bestand** *m* forest stand; **~brand** *m* forest fire.

Wäldchen *n* little wood, grove.

Wald...: **~erdbeere** *f* wood-strawberry; **~erholungsheim** *n* woodland recreation home; **~esdunkel** *n* forest gloom; **~fläche** *f* wooded area; **~frevel** *m* offen|ce (*Am.* -se) against the forest-laws; **~gebirge** *n* woody mountains *pl.*; **~gegend** *f*, **~gelände** *n* wooded area, woodland; **~gott** *m* sylvan deity, faun; **~horn** *n* French horn; *poet.* bugle (-horn); **~hüter** *m* forest-keeper, ranger; **≈ig** *adj.* woody, wooded; **~land** *n* woodland; **~lauf** *m* cross-country run; **~meister** ⚘ *m* woodruff; **~nymphe** *f* wood-nymph, dryad; **~rand** *m* edge of the forest; **≈reich** *adj.* rich in forests, well-wooded; **~ung** *f* wood(ed area), woodland, forest; **~wiese** *f* (forest-)glade; **~wirtschaft** *f* forest culture.

Wal...: **~fang** *m* whaling; **~fänger** *m* (*Schiff u. Mensch*) whaler; **~fisch** F *m* whale.

Walhall(a) *myth. f* Valhall(a).

walisisch *adj.*, ≈ *ling. n* Welsh.

Walk|e *f* fulling; (*Walkmaschine*) fulling machine; **≈en** *v/t.* full; (*Hüte*) felt; (*Schmierfett*) work; F *fig.* thrash.

Walküre *f* Valkyrie.

Wall *m* ⚔ rampart (*a. fig.*); (*Damm*) dam, dike, embankment; (*Erdaufschüttung als Schutz*) mound; *fig. a.* bulwark, wall, dam.

Wallach *m* gelding.

wallen *v/i.* **1.** wave; *Haar, Gewand*: flow; **2.** (*sieden*) simmer; (*brodeln*) *a. fig. Blut*: boil; **3.** → *wallfahr(t)en.*

Wall|fahrer(in *f*) *m* pilgrim; **~fahrt** *f* pilgrimage; **≈fahr(t)en** *v/i.* (go on a) pilgrimage; *weitS.* wander, march; **~fahrtsort** *m* place of pilgrimage.

Wallgraben *m* moat.

Wallung *f* ebullition (*a. fig.*); ⚕ (*Blut*≈) congestion, rush, (menopausal) flush; *fig. in* ~ *bringen* make *a p.'s* blood boil, incense *a p.*; *in* ~ *kommen* boil (with rage), fly into a passion.

Walmdach ⌂ *n* hip-roof.
Walnuß *f* walnut; **~baum** *m* walnut-tree.
Walpurgisnacht *f* Walpurgisnight.
Wal|roß *n* walrus; **~speck** *m* blubber.
Walstatt *f* battlefield.
walten I. *v/i. u. v/t.* (*herrschen*) govern, rule; (*wirken*) be at work; → *schalten* I 1; *s-s Amtes ~* attend to one's duties; *walte deines Amtes!* do your duty!; *j-n ~ lassen* let a p. do as he pleases, give a p. a free hand; *Gnade ~ lassen* show mercy, be lenient; *Sorgfalt ~ lassen* exercise proper care; *in diesem Hause waltet ein guter Geist* a friendly spirit presides over this house; *das walte Gott!* God grant it!; **II. 2** *n* rule; (*Wirken*) working, *the* hand *of God, etc.*; → *Schalten* III 5.
Waltran *m* train oil.
Walz|blech *n* rolled plate; **~e** *f* **1.** roller (*a. typ. u. Straßen2 usw.*), cylinder (*a. typ.*); ⊕ *a.* roll; *der Schreibmaschine*: platen; *der Drehorgel usw.*: barrel; (*Trommel*) drum; **2.** F *fig. auf der ~* on the tramp; *auf die ~ gehen* take to the road; **~eisen** *n* rolled iron; **2en I.** *v/t.* ⊕ roll; (*zermahlen*) grind, crush; **II.** *v/i.* (*Walzer tanzen*) waltz (*a.* F *gehen*); F (*wandern*) hike, tramp.
wälzen *v/t.* (*a. sich ~*) roll; *sich ~ im Wasser, Kot usw.*: wallow, *in s-m Blute*: welter; *sich schlaflos im Bett ~* toss and turn; *Bücher ~* thumb (*od.* pore over) books; *Gedanken ~* turn thoughts over in one's mind; *von sich ~* offload *a th.*, (*Schuld*) shift *the blame* from o.s.; *sich vor Lachen ~* be rolling (*od.* convulsed) with laughter; *die Schuld auf j-n ~* lay the blame on a p.; *es ist zum 2 sl.* it's a (perfect) scream *od.* gas.
walzenförmig *adj.* cylindrical.
Walzer ♪ *m* waltz; *~ tanzen* (dance a) waltz; **~takt** *m* waltz time.
Wälzer F *m* bulky volume, huge tome.
Wälzfräser *m* generator.
Walzgold *n* rolled gold.
Wälzlager *n* anti-friction bearing.
Walzstahl *m* rolled steel (*od.* stock).
Walzwerk *n* rolling mill.
Wamme *f* (*Kehlfalte*) dewlap; *Kürschnerei*: belly part; F (*dicker Bauch*) paunch.
Wams *n* jacket; *hist.* doublet.
Wand *f allg., a. fig.* wall; (*Trenn2*) *a.* partition; ⊕ screen, panel; (*Seitenfläche e-s Gefäßes*) side; *~ an ~* wall to wall; *fig. in s-n vier Wänden* at home; *j-n an die ~ drücken* push a p. to the wall; *an die ~ gedrückt werden* go to the wall; *j-n an die ~ spielen* play a p. into the ground; *an die ~ stellen* (*erschießen*) shoot (dead), execute; *mit dem Kopf durch die ~ wollen* run one's head against a wall; *die Wände haben Ohren* the walls have ears; *es ist, um an den Wänden hochzugehen* it's enough to drive you mad; → *Teufel usw.*; **~arm** *m* (wall) bracket; **~behang** *m* tapestry; **~bekleidung** *f* panel(l)ing, *nur hölzerne*: wainscot(ing); **~bewurf** *m* plastering; **~dekoration** *f* mural decoration.
Wandel *m* **1.** (*Wechsel*) change; *~ der Zeiten* changing times *pl.*; *~ schaffen* bring about a change; **2.** (*Lebens2*) way of living; (*Betragen*) behavio(u)r, conduct; *Handel und ~* trade and traffic; **~anleihe** ✝ *f* convertible loan; **2bar** *adj.* changeable; variable; **~barkeit** *f* changeableness, inconstancy; **~gang** *m*, **~halle** *f* covered walk, colonnade; *parl.* lobby, *thea. usw. a.* foyer; *Kurbad*: pump room; **2n I.** *v/i.* (*gehen*) walk, promenade; F *fig. ~des Lexikon* (*~de Leiche*) walking encyclop(a)edia (corpse); **II.** *v/t.* change (*a. Person*), alter, vary (*alle a. sich ~*); *sich ~ in* change (*od.* turn) into; **~obligation** ✝ *f* convertible bond; **~stern** *m* planet.
Wander|arbeiter *m* itinerant worker; **~ausrüstung** *f* hiking outfit; **~ausstellung** *f* touring exhibition; **~bücherei** *f* travel(l)ing library; **~bühne** *f* travelling theatre, *Am.* traveling theater, touring company; **~bursche** *m* travel(l)ing journeyman; **~düne** *f* shifting sand dune; **~er** *m*, **~in** *f* wanderer, travel(l)er; *bsd. sportlich*: hiker; **~geschwindigkeit** *phys. f* speed of travel; **~gewerbe** *n* itinerant trade; **~heuschrecke** *f* migratory locust; **~jahre** *n/pl.* (journeyman's) years of travel; **~leben** *n* vagrant life.
wandern *v/i.* wander (*a. fig. Wolken usw.*); (*umherstreifen*) ramble, rove; (*zu Fuß gehen*) walk; *bsd. sportlich*: hike; *Vögel, Völker usw.*: migrate; *Düne*: shift; ⚗ diffuse; ⊕ (*kriechen*) creep; *fig. ins Feuer, in den Papierkorb usw.*: go; *Blick, Gedanken*: wander,

rove; *ins Gefängnis* ~ go to prison; **~d** *adj. Händler usw.*: itinerant; *Schauspieler usw.*: strolling; travel(l)ing; *Völker usw.*: nomadic, migratory; *fig. a.* straying, roaming.

Wander...: **~niere** *f* floating kidney; **~pokal** *m* challenge cup; **~prediger** *m* itinerant preacher; **~preis** *m* challenge trophy; **~ratte** *f* brown (*od.* Norway) rat; **~schaft** *f* wanderings *pl.*, travel(l)ing, travels *pl.*; *auf der* ~ on the tramp; *auf die* ~ *gehen* go on one's travels, take to the road; **~smann** *m* → *Wanderer*; **~stab** *m* (walking-)stick; *fig. den* ~ *ergreifen* set out on one's travels; **~theater** *n* touring company; **~trieb** *m* roving spirit; (*Fernweh*) wanderlust; *biol.* migratory instinct; *psych.* dromomania; **~truppe** *thea. f* → *Wandertheater*; **~ung** *f* walking-tour, hike; (*Ausflug*) excursion; *ganzer Völker*: migration; *fig. er setzte seine* ~ *durch das Zimmer fort* he continued to pace the room; **~verein** *m* rambling club; **~vogel** *m* bird of passage; *pl. fig.* (~*verein*) Ramblers, Hikers *pl.*; **~weg** *m* footpath; **~welle** *phys. f* transient wave; **~zirkus** *m* itinerant circus.

Wand...: **~gemälde** *n* mural (painting); **~heizkörper** *m* wall heater; **~kalender** *m* sheet almanac; **~karte** *f* wall-map; **~konsole** *f* wall bracket; **~lampe** *f* wall lamp.

Wandler *m* ⚡ converter; (*Meß*≈) (instrument) transformer; *Computer*: transducer; (*Bild*≈) image converter.

Wand...: **~leuchter** *m* bracket (-candlestick), sconce; **~lüfter** *m* wall ventilator.

Wandlung *f* change, *a.* ⚡ transformation; *eccl.* transubstantiation; ⚖ redhibition, conversion; **≈sfähig** *adj.* capable of change; flexible; changeable; **~sklage** ⚖ *f* redhibitory action.

Wand...: **~malerei** *f* mural painting; **~pfeiler** *m* pilaster; **~schalter** *m* wall-mounted switch; **~schirm** *m* folding-screen; **~schrank** *m* (wall-)closet; **~spiegel** *m* pier-glass; **~stärke** *f* (wall) thickness; **~stecker** *m* wall plug; **~steckdose** *f* wall socket; **~tafel** *f* blackboard; *zur Wandbekleidung*: wall panel; **~teppich** *m* tapestry (carpet); **~uhr** *f* wall-clock; **~ung** *f* → *Wand*; **~verkleidung** *f* → *Wandbekleidung*.

Wange *f* cheek; ⊕ *a.* side wall (*od.* piece).

...wangig *in Zssgn* ...-cheeked.

Wankelmotor *m* Wankel engine.

Wankel|mut *m* fickleness, inconstancy; **≈mütig** *adj.* fickle, inconstant.

wanken *v/i.* totter, stagger, reel; *im Stehen*: sway; *Boden, Boot, Haus usw.*: rock; *fig.* shake, totter; (*unentschlossen sein*) waver, falter, vacillate; *ihm wankten die Knie* his knees gave (way); *ins* ≈ *bringen* shake, rock (the foundations of); *ins* ≈ *kommen* shake, be shaken; *nicht* ~ *und nicht weichen* be as firm as a rock, not to budge (an inch).

wann *adv.* when; *seit* ~? how long?, since what time?; *bis* ~? till when?, by what time?; → *a. dann.*

Wanne *f* tub; (*Bade*≈) bath(-tub); (*Bottich*) vat; (*Trog*) trough; *mot.* (*Öl*≈) oil sump; ⚔ *des Panzers*: hull; ✈ underfuselage tunnel.

wannen *adv.*: *von* ~ whence.

Wannenbad *n* tub-bath, tub(bing).

Wanst *m* paunch, belly.

Want ⚓ *f* shroud.

Wanze *f* bug, *Am.* bedbug; F (*Abhörgerät*) *sl.* bug.

Wappen *n* (coat of) arms *pl.*; *weitS.* (*Zier*≈) emblem; *ein* ~ *führen* bear a coat of arms; *im* ~ *führen* bear; **~bild** *n* heraldic figure; **~feld** *n* quartering; **~herold** *m*, **~könig** *m* herald, King-of-Arms; **~kunde** *f* heraldry; **~schild** *m* escutcheon, shield, blazon; **~spruch** *m* heraldic motto; **~tier** *n* heraldic animal.

wappnen *v/t.* arm; *fig. sich mit Geduld* ~ have patience; *gewappnet* (fore)armed (*gegen* against).

Ware *f allg. u. in Zssgn*: ware; article (of commerce), commodity; (*Erzeugnis*) product; *bsd.* ✝ *als Sammelwort od. pl.* merchandise *sg.*; (*Warengattung*) line; ~*n* (*Güter*) goods; *Börse*: stock *sg.*, supply *sg.*; *Kurszettel*: offers, sellers.

Waren...: **~abkommen** *n* commodity agreement; **~akkreditiv** *n* commercial letter of credit; **~akzept** *n* trade acceptance; **~aufzug** *m* hoist, *Am.* freight elevator; **~ausfuhr** *f* export(ation of goods); exports *pl.*; **~ausgangsbuch** *n* sales ledger; **~austauschabkommen** *n* barter agreement; **~begleitschein** *m* → *Begleitschein*; **~bestand** *m* stock (on hand); **~bezeichnung** *f* trade description; **~börse** *f* produce exchange; **~eingang** *m* goods *pl.* received; **~einheit** *f* unit of *exported, etc.* goods; **~empfänger** *m* consignee; **~forderungen** *f/pl. Bilanz*: trade debtors; **~haus** *n* department store; **~kenntnis** *f*, **~kunde** *f* merchandise knowledge; **~konto** *n* goods account; **~kredit** *m* goods credit; **~lager** *n* (*Vorrat*) stock (-in-trade); (*Raum, a.* **~niederlage** *f*) warehouse, depot, magazine; **~probe** *f* sample, specimen; *von Stoffen usw.*: pattern; **~rechnung** *f* invoice; **~speicher** *m* warehouse; **~stempel** *m* trademark; **~umsatz** *m* goods turnover; **~umschlag** *m* movement of goods; **~verkehr** *m* merchandise traffic; **~verzeichnis** *n* inventory, list of goods; **~vorrat** *m* stock; **~wechsel** *m* trade bill; **~zeichen** *n* trade-mark; *mit ~ versehene Güter* trade-marked goods; **~zeichenschutz** *m* trademark protection; **~zoll** *m* customs duty.

warm I. *adj.* warm (*a. fig.*; *a. Farbe, Interesse, Spur usw.*); *stärker, a. Speisen usw., a.* ⊕: hot; *mir ist ~* I am warm; *sich ~ halten* keep o.s. warm; *~ machen* warm (up); *~ werden* warm up, *fig. für et.*: warm to a th.; *fig. er sitzt ~* he is in clover, he is sitting pretty; *~er Empfang* warm reception; *mit ~en Worten* warmly; *ich kann nicht mit ihm ~ werden* I can't get close to him at all; *fig. weder ~ noch kalt* neither fish nor fowl; *etwas* ≈*es essen* have a hot meal, eat something warm; F *~er Bruder* → *Homo*; **II.** *adv.* warmly; *die Sonne scheint ~* the sun is hot; *fig. ~ empfehlen* recommend warmly; **≈bad** *n* warm bath; (*Quelle*) thermal springs *pl.*; **~behandelt** ⊕ *adj.* heat-treated; **≈blüter** *zo. m* warm-blooded animal.

Wärme *f* warmth (*a. fig.*); *phys.* heat; temperature; *gebundene* (*freie*) *~* latent (uncombined) heat; **~abgabe** *f* loss of heat; heat emission; **~ausdehnung** *f* thermal expansion; **~ausgleich** *m* heat compensation; **~ausnutzung** *f* heat utilization; **~ausstrahlung** *f* heat radiation; **~austausch** *m* heat exchange; **~bedarf** *m* heat requirement; **~behandlung** *f* heat treatment; **≈beständig** *adj.* heat-resistant; **~beständigkeit** *f* resistance to heat, high-temperature (*od.* thermal) stability; **~bilanz** *f* heat balance; **~einheit** *f* thermal (*od.* caloric) unit; **~elektrizität** *f* thermo-electricity; **≈geformt** *adj.* die-formed; **~grad** *m* degree of heat; **~isolierung** *f* heat insulation; **~kraftmaschine** *f* heat engine; **~lehre** *f*, **~mechanik** *f* thermodynamics *pl.* (*sg. konstr.*); **~leiter** *m* heat conductor; **~leitfähigkeit** *f* heat conductivity; **~mauer** ✈ *f* heat barrier; **~menge** *f* quantity of heat; **~messer** *m* thermometer; (*Mengenmesser*) calorimeter; **≈n** *v/t. u. v/i.* warm (up), make warm (*od.* hot), heat; *sich die Füße ~* warm one's feet; *Wolle wärmt* wool is warm; **~platte** *f* (electric) hot plate; **~regler** *m* thermostat; **~speicher** *m* heat accumulator; **~speicherung** *f* heat storage; **~tauscher** *m* heat exchanger; **~technik** *f* heat engineering; **~wirkungsgrad** *m* thermal efficiency.

warmfest *adj.* heat-resistant; *~er Stahl* high-temperature steel.

Wärmflasche *f* hot-water bottle.

warm...: **~halten** *fig. v/t.*: *sich j-n ~* keep in with a p.; **≈halter** *m* plate-warmer; **~herzig** *adj.* warm-hearted; **~laufen** *v/i.* run hot, run up; *mot. ~ lassen* warm (*od.* run) up; **≈luftfront** *f* warm front; **≈luftheizung** *f* hot-air heating; **≈luftmassen** *f/pl.* warm air masses.

Wärmplatte *f* (electric) hot plate.

warm...: **~recken** ⊕ *v/t.* hot-strain; **≈verarbeitung** *f*, **≈verformung** *f* hot-working.

Warmwasser|bereiter *m* (electric) water heater; **~heizung** *f* hot-water heating (system); **~speicher** *m* hot-water tank.

warmziehen ⊕ *v/t.* hot-draw.

Warn|anlage *f* warning device; **~blinkanlage** *mot. f* warning flasher (device); **~blinker** *m* anti-collision light; **~boje** *f* fairway buoy; **~dienst** *m* warning service; **~dreieck** *mot. n* warning triangle; **≈en** *v/t.* warn (*vor* of, against), caution (against); *davor ~, zu inf.* warn against *ger.*; *vor Hunden usw. wird gewarnt!* beware of *the dog, etc.*!; *Sie sollten gewarnt sein durch* you should take warning from; **~er(in** *f*) *m* warner; **~leuchte** *f*, **~licht** *n* warning light (*od.* lamp); **~ruf** *m* warning cry; **~schild** *n*, **~tafel** *f* warning (*od.* danger) sign; **~schuß** *m* warning shot (*a. fig.*); **~signal** *n* warning (*od.* danger) signal; **~streik** *m* token strike;

~ung *f* warning, admonition, caution; *laß dir das zur ~ dienen* let that be a warning (*od.* lesson) to you; **~ungs...** → *Warn...*; **~zeichen** *n* warning sign(al).

Wart *m* ⊕ maintenance man, mechanic; ✈ ground engineer; → *Turnwart.*

Warte *f* lookout; observation point; *bsd. fig.* vantage point; ⊕ control room; *fig. et. (die Sache) von der hohen ~ aus betrachten* view a th. from a lofty standpoint (take the big, broad view).

Warte...: **~frau** *f* → *Wärterin*; **~geld** *n* waiting-pay, ⚔ half-pay; **~liste** *f* waiting list.

warten I. *v/i.* wait; *~ auf* wait for, (*erwarten*) await, *fig. j-n*: (*j-m bevorstehen*) *a.* be in store for a p., lie ahead of a p.; *j-n ~ lassen* keep a p. waiting; *mit dem Essen auf j-n ~* keep dinner waiting for a p.; *(nicht lange) auf sich ~ lassen* (not to) be long in coming; *Hilfe usw. ließ nicht lange auf sich ~ a.* was prompt; *das kann ~* F that will keep; *warte mal!* wait a minute!, let me see!; *na, warte!* you just wait!; *da(rauf) kannst du lange ~* you can wait for it till you are blue in the face; *iro. auf dich haben wir gerade noch gewartet* you were all we wanted; **II.** *v/t.* (*pflegen*) nurse; *weitS.* look after, attend to; ⊕ service; **III.** ≈ *n* waiting, wait.

wartepflichtig *adj.*: *~e Straße* stop street.

Wärter *m* attendant; (*Wächter*) guard; (*Gefängnis* ≈) warder, *Am.* (prison-)guard; (*bsd. Irren* ≈) keeper; (*Pfleger*) (male) nurse; → *Bahnwärter usw.*; **~in** *f* (female) attendant; (*Pflegerin*) nurse.

Warte...: **~saal** *m*, **~zimmer** *n* waiting-room; **~zeit** *f allg.* waiting period.

Wartung *f* attendance, tending; (*Pflege*) nursing; ⊕ maintenance, servicing; *laufende ~* maintenance routine; **≈sfrei** ⊕ *adj.* maintenance-free.

warum *adv.* why, wherefore, for what reason, on what grounds; *~ nicht?* why not?; *~ nicht gar?* what next?; *ich weiß nicht ~* I don't know why; *~ er es tat, ist nicht klar* (the reason) why he did it; *das ≈ und Weshalb* the why and wherefore.

Warz|e *f* wart; (*Brust* ≈) nipple; *zo.* teat, dug; ⚘ tubercle; ⊕ lug, stud; **~enschwein** *n* wart-hog; **≈ig** *adj.* warty; ⊕ nodular.

was I. *interr. pron. u. int.* what (*a.* F *für wie bitte? od. nanu! od. nicht wahr?*); *~ für (ein) ... ?* what sort of ... ?; *~ für (ein) ... !* what *nonsense, etc.*!, what a *noise, etc.*!; *~ kostet das?*, *~ bekommen Sie?* how much is it?; *ach ~!* bah!; *ach ~?* really?; F *~ haben sie gelacht!* how they laughed!; F *~ (warum) brauchte er zu lügen* why need he tell a lie; **II.** *rel. pron.* (*das was*) what, *a.* that which; *alles, ~ er weiß* all (that) he knows; *den Inhalt des vorhergehenden Satzes aufnehmend*: which, *z.B. ~ ihn völlig kalt ließ* which left him quite cold; *~ auch immer, ~ nur* what(so)ever, no matter what; *~ ihn betrifft* as for him; *ich lief, ~ ich konnte* I ran as fast as I could; **III.** F *indef. pron.* (*etwas*) something *bad, good, else, etc.*; *ich will dir ~ sagen* I'll tell you what; *schäm dich ~!* you ought to be ashamed of yourself!, shame on you!

Wasch|anlage *mot. f* **1.** car-wash (installation); **2.** (*Scheiben* ≈) windscreen (*Am.* wind-shield) washer; **~anstalt** *f* laundry; **~automat** *m* automatic washing-machine; **≈bar** *adj.* washable, *Farbe*: (wash)fast; **~bär** *m* racoon; *Am.* F coon; **~becken** *n* wash- (*od.* hand-)basin; **~benzin** *n* dry-cleaning spirit, benzine; **~blau** *n* washing-blue; **~brett** *n* washboard.

Wäsche *f* (*Waschen*) wash(ing); (*zu waschende od. gewaschene ~*) washing, laundry; (*Waschtag*) laundry; ⊕ washing, dressing; (*Leib* ≈, *Tisch* ≈, *Bett* ≈) linen; (*Unter* ≈) underwear; † (*Damen* ≈) lingerie; *große ~* wash-day; *in die ~ geben* get *a th.* washed, send *a th.* to the laundry; *das Hemd ist in der ~* is in the wash, is being washed, *in der Wäscherei*: is at the wash; *die ~ wechseln* change one's underclothes; *fig. s-e schmutzige ~ in der Öffentlichkeit waschen* wash one's dirty linen in public.

waschecht *adj.* fast; F *fig.* genuine, true-blue, dyed-in-the-wool ...

Wäsche...: **~geschäft** *n* lingerie store; **~klammer** *f* clothes peg; **~korb** *m* laundry basket; **~leine** *f* clothes-line.

waschen *v/t. u. v/i.* wash (*a.* ⚒, *metall.*); (*Wäsche*) *a.* launder; (*Haar*) *a.* shampoo; (*Wolle*) wash, scour; *sich ~* wash o.s., (have a) wash; *sich gut ~ lassen* wash well; F *fig. e-e Ohrfeige (e-e*

Kritik usw.), *die sich gewaschen hat* F a thumping *od.* smashing slap (criticism, *etc.*).

Wäsch|er *m* washer; *in e-r Wäscherei*: laundryman; **~erei** *f* laundry; (*Schnell*≈) launderette; (*Woll*≈) scouring mill; **~erin** *f* washerwoman, laundress, laundrywoman.

Wäsche...: **~rolle** *f* mangle; **~sack** *m* laundry bag; **~schacht** *m* laundry chute; **~schleuder** *f* spin-drier; **~schrank** *m* linen-cupboard, linen-press; **~tinte** *f* marking-ink; **~trockner** *m* laundry-drier.

Wasch...: **~frau** *f* → *Wäscherin*; **~gelegenheit** *f* washing facility; **~gold** *n* placer gold; **~kessel** *m* copper; **~kleid** *n* washable dress; **~korb** *m* clothes basket; **~küche** *f* washhouse, laundry; *sl.* ☁ (*dichter Nebel*) pea-soup; **~lappen** *m* washrag, *Am.* washcloth; *für Geschirr*: dish-cloth; F *fig.* weakling, jellyfish, *sl.* sissy; **~lauge** *f* wash, lye; **~leder** *n*, **≈ledern** *adj.* wash-leather, chamois, shammy; **~lederhandschuh** *m* wash glove; **~maschine** *f* washing-machine, washer; **~mittel** *n* washing agent, detergent; **~pulver** *n* washing powder; **~raum** *m* washing-room; *mit Toiletten*: lavatory (*a. in Bahnhöfen*); **~schüssel** *f* → *Waschbecken*; **~seide** *f* wash silk; **~seife** *f* laundry soap; **~straße** *mot. f* car-wash plant; **~tag** *m* wash-day; **~tisch** *m*, **~toilette** *f* washing-stand; **~trog** *m* washing trough.

Waschung *f* wash(ing); *bsd.* ⚕, *eccl.* ablution.

Wasch...: **~wasser** *n* wash, *gebrauchtes*: *a.* washings *pl.*; **~weib** *fig. n* (old) gossip *od.* chatterbox; **~zettel** *m* (*Buchanpreisung*) blurb; **~zeug** *n* washing kit.

Wasser *n* water (*a.* ⚕); (*Urin*) water, urine; *Kosmetik*: lotion; *von Edelsteinen*: water; *fließendes* (*stehendes*) ~ running (stagnant) water; ⚗ *schweres* ~ heavy water; ~ *lassen, sein* ~ *abschlagen* make (*od.* pass) water, urinate; ~ *treten* tread water; ⚓ ~ *machen* (*leck sein*) make water; *unter* ~ *setzen* flood, submerge; *zu* ~ *und zu Land* by land and by water; *fig.* ~ *auf beiden Schultern tragen* be a time-server, blow hot and cold; *das ist* ~ *auf s-e Mühle* that's grist to his mill; *vom reinsten* ~ of the first water; *bei* ~ *und Brot sitzen* be on bread and water; *fig. ins* ~ *fallen* not to come off; *zu* ~ *werden* come to naught, end up in smoke, fall flat; *sich* (*mühsam*) *über* ~ *halten* keep one's head (barely) above water; *das* ~ *läuft mir im Munde zusammen* my mouth waters; *da läuft einem das* ~ *im Munde zusammen* it makes your mouth water, F it makes you drool; *er kann ihr das* ~ *nicht reichen* he is not fit to hold a candle to her; *er ist mit allen* ~*n gewaschen* he is a smooth customer (*od.* an old hand), he knows all the tricks; → *still, Schlag* 1 *usw.*

Wasser...: **~ablaß** *m* drain; **≈abstoßend** *adj.* water-repellent; **≈arm** *adj.* (*dürr*) arid; **~bad** *n* water bath (*a.* ⚗ *u. Kochkunst*); **~ball**(**spiel** *n*) *m* water polo; **~bau** *m* hydraulic engineering; **~becken** *n* (water) basin; **~bedarf** *m* water requirement; **~behälter** *m* reservoir, tank, cistern; **≈beständig** *adj.* water-resistant, waterproof; **~bett** ⚕ *n* water bed; **~bewohner** *m* aquatic (animal *od.* plant); **~blase** *f* bubble; *auf der Haut*: water-blister, vesicle; **~blau** *n* sea-blue; **≈blau** *adj.* watery-blue *eyes*; **~bombe** *f* depth charge; **~bruch** ⚕ *m* hydrocele.

Wässerchen *fig. n*: *er sah so aus, als könne er kein* ~ *trüben* he looked as if butter would not melt in his mouth.

Wasser...: **~dampf** *m* steam; (*Dunst*) *a.* water smoke; **≈dicht** *adj.* waterproof, impermeable, ⊕, ⚓ *a.* watertight; ~ *sein a.* hold water; ~ *machen* waterproof; ~ *verschlossen* moisture-sealed; **~druck** *m* water pressure, hydraulic pressure; **~eimer** *m* (water) pail, bucket; **~enthärtungsanlage** *f* water softener; **~entziehung** *f* dehydration; **~fahrrad** *n* water cycle; **~fahrt** *f* boating; **~fahrzeug** *n* water-craft (*a. pl.*), vessel; **~fall** *m* waterfall; *großer*: *a.* cataract; *kleiner od. künstlicher*: cascade; *wie ein* ~ *dahinrauschen* cascade; *fig. sie redete wie ein* ~ she talked the hindleg off a donkey; **~farbe** *f* water-colo(u)r; **≈fest** *adj.* water-resistent, waterproof; **~fläche** *f* (*Oberfläche*) surface of (the) water; (*Weite*) sheet of water; **~flasche** *f* water-bottle; **~floh** *m* water-flea; **~flugzeug** *n* waterplane, seaplane, hydroplane; **~flut** *f* flood; **~fracht** *f* water-carriage, *Am.* water freight; **≈führend** *adj.* water-bearing; **~gas** *n* water gas; **≈gekühlt** *adj.* water-cooled; **~-**

glas *n* water glass (*a.* ⚗); (*Trinkglas ohne Fuß*) tumbler; → *Sturm*; **~graben** *m* drain; ⚔ moat; *Sport*: water jump; **~hahn** *m* (water-)tap, *Am. a.* (water) faucet; **≈haltig** *adj.* containing water, ⚗ aqueous, hydrated; **~härtungsstahl** *m* water-hardening steel; **~haushalt** *m* water supply; *physiol.* water balance; **~heilanstalt** *f* hydropathic establishment; **~heilkunde** *f* hydropathy; **~heizung** *f* hot-water heating; **~hose** *f* waterspout; **~huhn** *n* coot.

wässerig *adj.* watery; *fig. a.* washy; (*verdünnt*) *a.* diluted, weak; ⚕ (*serös*) serous; ~e *Lösung* hydrous solution; *j-m den Mund ~ machen* make a p.'s mouth water (*nach* for).

Wasser...: **~jungfer** *zo. f* dragonfly; **~kalk** ⛏ *m* water lime; **~kanne** *f* water-jug, ewer; **~kante** *geogr. f* Waterside; **~karte** *f* hydrographic chart; **~kasten** *m* water tank (*od.* compartment); *mot.* header (tank); **~kessel** *m* kettle, *großer*: copper; ⊕ boiler; **~klosett** *n* water-closet, W.C.; **~kopf** *m* hydrocephaly; **~kraft** *f* water (*od.* hydraulic) power; *a.* white coal; **~kraftwerk** *n* hydroelectric power plant; **~kran** *m* feeding crane; **~krug** *m* water-jug, pitcher; **~kühlung** *f* water cooling (system); *mit ~* water-cooled; **~kultur** ⚘ *f* hydroponics (*sg.*); **~kunde** *f* hydrology; **~kur** *f* water-cure; **~lache** *f* pool of water; **~landflugzeug** *n* amphibian plane; **~landung** *f* → *Wasserung*; **~lassen** *n* urination; **~lauf** *m* watercourse; **~leitung** *f* water pipe(s *pl.*), water conduit (*od.* main); **~leitungsrohr** *n* water pipe; **~lilie** *f* water-lily; **~linie** *f* ⚓ water-line; *in Papier*: *a.* watermark; **~linse** ⚘ *f* duckweed; **~loch** *n* drain hole; **≈löslich** *adj.* water-soluble; **~mangel** *m* water shortage; **~mann** *m* (*Geist*) waterman; *ast.* Water Carrier (*od.* Bearer), Aquarius; **~mantel** ⊕ *m* water jacket; **~marke** *f* watermark; **~massage** *f* hydromassage; **~melone** *f* watermelon; **~messer** *m* hydrometer, water-ga(u)ge; **~mine** *f* submarine mine; **~mühle** *f* water mill.

wassern *v/i.* ✈ (alight on) water; *Raumkapsel*: splash down.

wässern *v/t.* (*be~*, *ver~*) water; (*be~*) irrigate *fields, etc.*; (*einweichen*) soak, steep; *phot.* wash; ⚗ (*hydrieren*) hydrate.

Wasser...: **~nymphe** *f* water nymph, naiad; **~pfeife** *f* water pipe; **~pflanze** *f* aquatic plant; **~pistole** *f* water pistol; **~pocken** ⚕ *f/pl.* chickenpox *sg.*; **~polizei** *f* water guard; **~rad** *n* water wheel; **~ratte** *f* water-rat; *fig.* enthusiastic swimmer; **≈reich** *adj.* abounding in water; **~reinigungsanlage** *f* water-purification plant; **~rinne** *f* gutter; water channel; **~rohr** *n* water pipe; **~rohrbruch** *m* water main burst; **~röhrenkessel** *m* water-tube boiler; **~rutschbahn** *f* water-chute; **~sack** *m* canvas bucket; **~säule** *f allg.* water column; **~schaden** *m* damage caused by water, water damage; **~scheide** *f* watershed, *Am.* divide; **≈scheu** *adj.* afraid of water, hydrophobic; **~scheu** *f* dread of water, (*a.* **≈scheue[r** *m*] *f*) F water funk; **~schi** *m* water-ski (*a. ~ fahren*); **~schlange** *f* **1.** water-snake; **2.** *ast.* Hydra; **~schlauch** *m* water-hose; **~schnecke** ⊕ *f* hydraulic screw; **~speicher** *m* reservoir, (water) tank; **~speier** *m* gargoyle; **~spiegel** *m* water-surface; (*Stand*) water level; **~sport** *m* aquatic (*od.* water) sports *pl.*, aquatics *pl.*; **~spülung** *f* (water) flush; **~stand** *m* water level; **~standsanzeiger** *m* water ga(u)ge; **~start** *m* water take-off; **~stein** *m* scale (from water), incrustation; **~stiefel** *m/pl.* water-proof boots, waders.

Wasserstoff ⚗ *m* hydrogen; *schwerer ~* heavy hydrogen, deuterium; **≈blond** F *adj.* peroxide blonde; **~bombe** *f* hydrogen bomb, hydrobomb, H-bomb; **~gas** *n* hydrogen gas; **≈haltig** *adj.* hydrogenous; **~säure** *f* hydracid; **~superoxyd** *n* hydrogen peroxide.

Wasser...: **~strahl** *m* jet of water; **~straße** *f* waterway, canal; **~straßennetz** *n* inland waterways system; **~straßenverkehr** *m* inland water-borne transport; **~sucht** *f* dropsy; **≈süchtig** *adj.* dropsical, hydrophilic; **~suppe** *f* water-gruel, F *fig.* slops *pl.*; **~tankanhänger** *m* water-tank trailer; **~tier** *n* aquatic animal; **~träger** *m* water-carrier; **~tropfen** *m* drop of water; **~turm** *m* water-tower; **~uhr** *f* water meter; (*Zeitmesser*) water clock; **≈undurchlässig** *adj.* → *wasserdicht*.

Wasserung *f* ✈ alighting on water; *Raumfahrt*: splashdown.

Wässerung *f* → *wässern*; watering,

irrigation; soaking, steeping; *phot.* washing.

Wasser...: **~unlöslich** *adj.* insoluble in water; **~velo** *n* pedalo; **~verdrängung** *f* (water) displacement; **~verschluß** *m* water seal; **~versorgung** *f*, **~vorrat** *m* water supply; **~vogel** *m* aquatic (*od.* water) bird, *pl. a.* water-fowl *sg.*; **~waage** *f* (spirit) level; **~wagen** *m* water-tank lorry, water cart; **~weg** *m* waterway; *auf dem* ~ by water; *Handel auf dem* ~*e* water- (*od.* sea-, river-)borne commerce; **~welle** *f a. Frisur*: water-wave; **~werfer** *m* water gun (*od.* cannon); **~werk**(**e** *pl.*) *n* waterworks *pl.* (*oft sg. konstr.*); **~wirtschaft** *f* water economy; **~wüste** *f* watery waste; **~zeichen** *n in Papier*: watermark; **~ziel** ⚔ *n* water-borne target; **~zins** *m* water-rate.

wäßrig *adj.* → *wässerig.*

waten *v/i.* wade.

Watsche *dial. f* slap (in the face).

watscheln *v/i.* waddle.

Watt[1] *n* shallows *pl.*

Watt[2] ⚡ *n* watt.

Watte *f* cotton (wool); (*Verbands*~) surgical cotton; *blutstillende* ~ styptic cotton; *zum Ausstopfen*: wadding; **~bausch** *m* cotton swab; **~kugel** *f* cotton-wool ball; **~pfropfen** *m* cotton plug, wad.

wattieren *v/t.* wad, pad.

Watt...: **~leistung** ⚡ *f* real power, wattage; **~stunde** *f* watt-hour; **~verbrauch** *m*, **~zahl** *f* wattage.

Wat...: **~vermögen** *mot. n* fordability; **~vogel** *m* wader.

wauwau I. *int.* bow-wow; **II.** ~ *m Kindersprache*: bow-wow, doggie.

weben *v/t. u. v/i.* weave.

Weber *m*, **~in** *f* weaver; **~baum** *m* loom beam; **~blatt** *n* weaver's reed.

Weberei *f* weaving; (*Fabrik*) weaving mill; (*Gewebe*) woven material; **~erzeugnis** *n* woven product.

Weber...: **~kamm** *m* weaver's reed; **~knecht** *zo. m* harvestman, *Am.* daddy-long-legs; **~knoten** *m* weaver's knot; **~schiffchen** *n* shuttle.

Web...: **~fehler** *m* flaw; F *fig. sl.* kink; **~stoff** *m* woven material; **~stuhl** *m* loom; **~waren** *f/pl.* woven goods, textiles; **~warenfabrik** *f* weaving mill, textile mill.

Wechsel *m* **1.** change; (*Tausch*) exchange, *von Geldsorten*: *a.* change; (*Aufeinanderfolge*) succession; (*regelmäßiger Personalaustausch*; 🌱 *Saat*~) rotation; (*Schwankung*) fluctuation; *Sport*: (*Stab*~) (baton) change, (*Seiten*~) change of ends, *Eislauf*: crossing; *hunt.* (*Wild*~) runway, game pass; **2.** ⚕ bill of exchange, bill; (*Am. im Inland zahlbarer* ~; *Brit. Bank*~) draft; (*monatliche Geldzuwendung*) allowance; *eigener* (*od. trockener*) ~ promissory note; *gezogener* (*od. trassierter*) ~ drawn bill; *kurzer* ~ short bill; ~ *auf Sicht* bill payable at sight, sight bill; *offener* ~ letter of credit; ~ *zum Inkasso* bill for collection; *e-n* ~ *ausstellen* draw (*od.* issue) a bill, *auf j-n*: draw a bill on a p.; → *reiten* II.

Wechsel...: **~agent** *m* bill broker; **~agio** *n* exchange; **~akzept** *n* acceptance of a bill; **~arbitrage** *f* arbitrage in (foreign) exchange; **~aussteller**(**in** *f*) *m* drawer (of a bill); **~bad** ⚕ *n* contrast bath; *fig.* hot-cold treatment; **~balg** *m* changeling; **~bank** *f* discount house; **~bestand** *m* bill holdings *pl.*; *Wechsel- u. Scheckbestand* bills and cheques (*Am.* checks) in hand; **~beziehung** *f* interrelation; *in* ~ *stehen mit* be interrelated with; **~buch** *n* bill book; **~bürge** *m* bill surety; **~bürgschaft** *f* bill guaranty; **~diskont**(**ierung** *f*) *m* bill discount (-ing); **~domizil** *n* domicile of a bill; **~fähig** *adj.* authorized to draw bills (of exchange); **~fälle** *pl.* vicissitudes, reverses, F ups and downs *of life, etc.*; **~fälschung** *f* forgery of bills; **~farbig** *adj.* iridescent; **~fieber** ⚕ *n* intermittent fever; malaria; **~folge** *f* alternation; **~forderung** *f* claim based on a bill (of exchange); (*ausstehende*) ~*en* bills receivable; **~frist** *f* usance; **~geber** *m* drawer of a bill; **~geld** *n* (*Kleingeld*) (small) change, small coin; ⚕ exchange, agio; **~gesang** *m* antiphony, glee; **~geschäft** *n* bill business; **~gesetz** *n* Bills of Exchange Act; **~gespräch** *n* dialogue; **~getriebe** ⊕ *n* change (-speed) gearbox, *Am.* transmission; **~giro** *n* indorsement (on a bill of exchange); **~gläubiger** *m*, **~inhaber** *m* bill creditor (*od.* holder); **~inkasso** *n* collection of bills (of exchange); **~jahre** *physiol. n/pl.* climacteric (period) *sg.*, change of life *sg.*, menopause *sg.*; **~jahrpsychose** *f* climacteric psychosis; **~klage** *f* action arising out of a bill of exchange, lawsuit relating to bills of exchange; ~

erheben sue on a bill of exchange; **~konto** *n* bills account; **~kredit** *m* acceptance credit; (*Diskontkredit*) discount credit; **~kurs** *m* rate of exchange, (foreign) exchange rate; → *Freigabe usw.*; **~lager** ⊕ *n* double-thrust bearing; **~laufzeit** *f* currency of a bill; **~makler** *m* bill broker.

wechseln *v/t. u. v/i.* change; (*verschieden sein, ab~*) vary; (*austauschen; a. Geld, Schläge, Worte usw.*) exchange; (*Szene, Teller bei Tisch*) shift; (*ab~* [*lassen*]) alternate; (*umkehren*) reverse; *hunt.* pass; *Briefe ~* exchange letters, correspond (*mit* with); *die Kleider ~* change (one's clothes); *mit den Speisen usw. ~* vary; → *Besitzer, Farbe, Thema usw.*; **~d** *adj.* changing, varying, alternating; changeable.

Wechsel...: **~nehmer** *m* drawee, payee; **~pari** *n* par of exchange; **~protest** *m* protest of a bill; *~ einlegen* have a bill protested; **~recht** *n* law relating to bills of exchange; **~reiter** *m* bill-jobber; **~reiterei** *f* bill-jobbing, *sl.* kite flying; **~richter** ⚡ *m* inverse rectifier; **~schalter** ⚡ *m* change-over switch; **~spiel** *n* interplay; **~schuld** *f* bill debt; *~en in Bilanzen usw.*: bills payable; **~schuldner(in** *f*) *m* bill debtor; **≈seitig** *adj.* mutual, reciprocal; **~seitigkeit** *f* reciprocity; **~sprechanlage** *f* intercom(munication system), interphone; **~sprung** *m Wurfsport*: reverse.

Wechselstrom ⚡ *m* alternating current (*abbr.* A.C., AC, a.c., ac., a—c); **~generator** *m* alternator, A.C. generator; **~motor** *m* alternating-current (*mst* A.C. *usw.*) motor; **~spannung** *f* alternating voltage.

Wechsel...: **~stube** *f* exchange office; **~tierchen** *n* amoeba; **~verbindlichkeiten** *f/pl.* bills payable; **~verhältnis** *n* interrelation(ship); **~verkehr** *teleph. m* two-way communication; **≈voll** *adj.* varied, eventful; **~winkel** *m/pl.* alternate angles; **~wirkung** *f* reciprocal action, interaction.

Wechsler *m allg.* changer; → *Geldwechsler, Plattenwechsler usw.*

Weck *m*, **~e** *f*, **~en** *m* roll.

Weckamin *pharm. n* (cerebral) stimulant (of the amine group).

Weckanruf *m* alarm call.

wecken I. *v/t.* awake, wake(n) (*a. fig.*), F call; (*aufstören*) rouse (*a. fig.*); → *Bedarf usw.*; **II.** ≈ *n* awakening; ⚔ reveille.

Wecker *m* (*Uhr*) alarm(-clock); *teleph.* bell, ringer; F *j-m auf den ~ gehen* get on a p.'s nerves.

Weckmittel *pharm. n* cerebral stimulant.

Wedel *m* whisk; (*Fächer*) fan; (*Staub≈*) duster; ⚘ frond; *zo.* (*Schwanz*) tail, brush; **≈n** *v/i. Hund usw.*: wag (*mit dem Schwanz* its tail); (*fächeln*) fan; *Schisport*: wedel; *mit et. ~* (*winken, schwenken*) wave a th.

weder *cj.*: *~ ... noch* neither ... nor; not either ... or.

Weg *m* way; (*Pfad*) path (*a. Kernphysik*); (*Straße*) road; (*Reise≈*) route; (*Gang*) walk; (*Durchgang*) passage; ⊕ travel; (*Strecke, a. phys.*) distance; (*Besorgung*) errand; (*Richtung*) direction, way; *fig.* (*Art u. Weise, Methode*) way, manner, method; (*Bahn; ~ zum Ziel*) course; *der ~ zum Erfolg* the road to success; *Mitte des ~es* midway; → *halb* **I**; *e-e Meile ~es* (the distance of) a mile; *am ~e* by the wayside; *auf dem ~e* on the way; *auf dem ~e über* by way of, via; *fig. a.* through (the channels of); *auf diplomatischem ~e* through diplomatic channels; *auf dem ~e der Besserung* improving, recovering; *auf dem besten ~e sein, zu inf.* be in a fair way to *ger.*; *auf diesem ~e* this way; *auf gerichtlichem ~e* by legal steps, legally; *auf gütlichem ~e* amicably; *fig. auf den rechten ~ bringen* put in the right way; *fig. auf dem richtigen ~e sein* be on the right track; *sich auf den ~ machen* set out, start; *j-m in den ~ laufen* (*od. kommen, treten*) get in a p.'s way; *er steht mir im ~e* he is in my way; *s-r ~e gehen* go one's way; *s-n Weg machen* make one's way; *s-e eigenen ~e gehen* go one's own ways; *aus dem ~e gehen* get out of the way, stand aside; *fig.* (*et. vermeiden*) avoid, steer clear of, fight shy of, dodge; *fig. j-m weit aus dem ~e gehen* give a p. a wide berth; *aus dem ~e räumen* (*od. schaffen*) remove, get *a th. od. p.* out of the way; *j-m od. e-r Sache den ~ bereiten* (*od. ebnen*) pave the way for, (*e-r Sache*) *a.* prepare the ground for; *j-m Hindernisse in den ~ legen* put obstacles in a p.'s way; *et. in die ~e leiten* set on foot, initiate, start, (*vorbereiten*) prepare, pave the way for; *~ und Steg kennen* know one's way; *neue ~e beschreiten* apply new methods; *wohin des ~s?* where are you off to ?; *ich traue ihm nicht über den* ~ I don't trust him out of my sight (*od.* round the corner); F *da führt kein* ~ *dran vorbei* there is no getting round that; *da steht nichts im* ~e there are no obstacles to that, F that's all right; *der gerade* ~ *ist der beste* honesty is the best policy; → *abbringen, bahnen, Fleisch, Irdische(s), Mittel* 2, *Wille usw.*

weg *adv.* away, off; (~*gegangen sein usw.*) gone; (*nicht zu Hause*) away, absent, not in; (*verloren*) gone, lost; ~ *da!* be off!, get away!; ~ *damit!* take it away!, away with it!; *Hände* ~! hands off!; F *ich muß* ~ I must be off; F *er war völlig* ~ (*von Sinnen*) he was quite beside himself (*vor Freude* with joy), he was in ecstasies (*über* about), (*erstaunt*) he was dum(b)founded *od.* F flabbergasted; → *a. hinweg.*

wegbekommen *v/t.* get off; F (*verstehen*) get the knack (*od.* hang) of.

Wegbereiter *m* pioneer; *der* ~ *sein für* pave the way for.

weg...: ~blasen *v/t.* blow off (*od.* away); *fig. wie weggeblasen* clean gone; **~bleiben** *v/i.* stay away; (*ausgelassen werden*) *Sache*: be omitted; → *Spucke*; **~blicken** *v/i.* look away; **~brechen** *v/t.* break off; **~bringen** *v/t.* take away; (*Sache*) *a.* remove, (*Flecken*) *a.* take out; ~ *nach* take (*od.* remove, transfer) to; **~denken** *v/t.*: *dies ist aus dem Erziehungswesen nicht wegzudenken* education would be unthinkable without it; **~dürfen** *v/i.* be allowed to go (away); *darf ich weg?* may I go (*od.* leave)?

Wege...: ~bau *m* road building; **~biegung** *f* road bend; **~gabel** *f* road fork; **~lagerer** *m* highwayman, footpad; **~meister** *m* road-surveyor.

wegen *prp.* because of, on account of; (*infolge*) *a.* owing to, due to, as a result of; (*um ... willen*) for the sake of, for; (*betreffend*) regarding; ⚚ (*für Rechnung*) for account of; ~ *Diebstahl(s)* for larceny; F ~ *mir* I don't mind; F *von* ~! F my foot!, nothing of the kind!; F *von* ~ *faul!* F lazy, my foot!; → *Amt, Recht.*

Wegerecht *n* right of way.

Wegerich ⚘ *m* plantain.

weg...: ~essen *v/t.* eat up; *er hat mir alles weggegessen* he ate all my sandwiches, *etc.*; **~fahren I.** *v/t.* carry away, cart off; (*j-n*) drive away; **II.** *v/i.* leave; *im Wagen*: *a.* drive away (*od.* off); **≈fall** *m* (*Auslassung*) omission; (*Aufhören*) cessation; (*Abschaffung*) abolition, *a. weitS. von Gründen, Hindernissen*: removal; ⚖ *von Ansprüchen, Rechten*: lapse; *in* ~ *kommen* → **~fallen** *v/i.* fall away; (*ausgelassen werden*) be omitted (*od.* dropped); (*abgeschafft werden*) be abolished; (*ausfallen*) not to take place; (*aufhören*) cease; (*ungültig werden*) become void, be cancel(l)ed; ~ *lassen* drop, discard, leave out, omit; **~fangen,** F **~fischen** *v/t.* snatch away (*j-m et.* a th. from under a p.'s nose); **~fegen** *v/t.* sweep away (*od. fig.* aside); **~führen** *v/t.* lead (*od.* take) away; **≈gang** *m* leaving, going away, departure; **~geben** *v/t.* give away; ⚚ sell; **~gehen** *v/i.* go away (*od.* off); *Ware*: sell (*wie warme Semmeln* like hot cakes); ~ *über* pass over (*a. fig.*); **~gießen** *v/t.* pour away; **~haben** F *v/t.* have got (*od.* received) *one's share*; *er will ihn* ~ he wants to get rid of him; *fig.* (*verstehen*) have got the hang of; F *der hat einen weg* (*ist betrunken*) he is drunk, (*ist verrückt*) he has a screw loose; **~hängen** *v/t.* hang away; **~helfen** *v/i.*: *j-m* ~ help a p. to get away; **~holen** *v/t.* fetch away; **~jagen** *v/t.* drive (*od.* chase) away; **~kapern** F *v/t.* → *wegfischen*; **~kommen** *v/i.* get away (*a. Laufsport*), get off; (*verlorengehen*) be (*od.* get) lost; *fig. gut* (*schlecht*) ~ come off well (badly); ~ *über* get over *a th.* (*a. fig.*); **~kriegen** *v/t.* → *wegbekommen*; **~lassen** *v/t.* let go; (*Sache*) leave out, omit, drop; **≈lassung** *f* omission; **~legen** *v/t.* lay (*od.* put) aside, put away; **~machen** *v/t.* take away, remove; (*Flecke*) take out; F *sich* ~ make off, make o.s. scarce; F *ein Kind* ~ *lassen* have a child removed.

Weg...: ~markierung *f* road marking(s *pl.*); **~messer** ⊕ *m* odometer.

weg...: ~müssen *v/i.* have to go; *ich muß weg* I must be off; *das muß weg* that must go; **≈nahme** *f* taking (away, *a.* ⚖); removal; (*Beschlagnahme*) seizure; ⚔, ⚓ capture; **~nehmen** *v/t.* take away (*j-m* from a p.); (*entfernen*) remove; (*erobern*) capture; (*rauben*) rob (*j-m et.* a p. of a th.); (*beschlagnahmen*) seize; (*Raum, Zeit usw.*) take up, occupy; *mot. Gas* ~ release the accelerator, throttle down; **~packen** *v/t.* pack away; F *sich* ~ pack off, *sl.* beat it; **~putzen** *v/t.* wipe away (*od.* off); F (*abschießen*) pick (*od.* snipe) off, drop; F (*essen*) put away; **~radieren** *v/t.* erase; **~raffen** *v/t.* carry off; **2rand** *m*: (*am* ~ by the) wayside; **~räumen** *v/t.* clear away, remove (*a. fig.*); **~reisen** *v/i.* depart, leave; start (on a journey); **~reißen** *v/t.* tear (*od.* pull) away *od.* off; (*entreißen*) snatch away (*j-m* from a p.); *durch Sturm usw.*: sweep (*od.* carry) away; (*Häuser*) pull down; **~rücken I.** *v/t.* move away, remove; **II.** *v/i.* move (*od.* edge) away; **~schaffen** *v/t.* clear away, remove, carry off; do away with, get rid of; ⩓ eliminate; **~scheren** *v/refl.*: *sich* ~ be off, *sl.* beat it; **~schicken** *v/t.* send away (*od.* off); dispatch; F *fig.* send *a p.* packing; **~schieben** *v/t.* push away; **~schießen** *v/t.* shoot away (*od.* off); **~schleichen** *v/refl.*: *sich* ~ steal away, sneak away; **~schleppen** *v/t.* drag off; **~schließen** *v/t.* lock up (*od.* away), put under lock and key; **~schmeißen** F *v/t.* throw away; **~schnappen** *v/t.* snatch away (*j-m* et. a th. from a p.).

Wegschnecke *f* slug.

weg...: ~schütten *v/t.* dump; (*Flüssiges*) pour away; **~sehen** *v/i.* look away; ~ *über* overlook, shut one's eyes to; **~setzen** *v/t.* put away; *fig. sich* ~ *über* → *hinwegsetzen*; **~spülen** *v/t.* wash away (*a. geol.*); **~stecken** *v/t.* put away; (*verbergen*) hide; **~sterben** *v/i.* die off; **~steuern** *v/t.* (*Geld*) tax away; **~streben** *v/i.*: ~ *von* tend away from.

Wegstrecke *f* distance; stretch (of road); *zurückgelegte*: distance covered, mileage.

weg...: ~streichen *v/t.* strike out, take off, cancel; **~stoßen** *v/t.* push away; **~treiben I.** *v/t.* drive away; **II.** *v/i.* drift away; **~treten** *v/i.* step aside; ⚔ break (the) ranks; ~ *lassen* dismiss; *weggetreten!* dismiss(ed *Am.*)!, *zur Ausführung e-s Auftrags*: move out!; F (*geistig*) *weggetreten* dead to the world; **~tun** *v/t.* put away (*od.* aside), remove; *tu die Hände weg!* (take your) hands off!

Wegweis|er *m* signpost; *für e-n Gebäudekomplex*: directory; (*Person, Buch*) guide; **2end** *fig. adj.* guiding, *pred.* showing the way (*für* to).

weg...: ~wenden *v/t.* (*a. sich* ~) turn away (*od.* off); (*Blick, Gesicht*) *a.* avert; **~werfen** *v/t.* throw away; *fig. sich* ~ throw o.s. away (*an j-n* on a p.), degrade o.s.; **~werfend** *adj.* deprecating; **~wischen** *v/t.* wipe off; *fig.* (*Einwand usw.*) sweep aside, dismiss; **~zaubern** *v/t.* spirit away.

Wegzehrung *f* provisions *pl.* for the journey; *eccl. letzte* ~ viaticum.

weg...: ~zerren *v/t.* drag off; **~ziehen I.** *v/t.* pull (*od.* draw) away; **II.** *v/i. aus der Wohnung*: (re)move; ⚔ march away; **2zug** *m* removal.

weh I. *adj.* sore, painful, aching; ~*er Finger* sore finger; ~*es Gefühl* pang, *beim Abschied*: wrench; *mit* ~*em Herzen* with an aching heart; ~! woe!; ~ *mir!* woe is me!; ~*e dir usw.!* woe be to (*od.* betide) you, *etc.*!, *allg.* you just wait!; ~*e den Besiegten!* woe to the vanquished!; ~ *tun* ache, hurt; *j-m* ~ *tun* pain (*od.* hurt) a p., cause a p. pain; *seelisch*: *a.* grieve (*od.* wound) a p.; *mir tut der Finger* ~ my finger hurts; *sich* ~ *tun* hurt o.s.; **II.** 2 *n* pain; *seelisch*: *a.* grief, woe; **2e** *n* → *Wohl.*

Wehe *f* (*Schnee*2, *Sand*2) drift.

Wehen *f/pl.* labo(u)r-pains, labo(u)r *sg.*; *bsd. fig.* travail *sg.*

wehen I. *v/i.* blow; *Duft, Töne usw.*: drift, waft; (*flattern*) flutter, wave; *fig. Geist*: live, reign; ~*de Gewänder* flowing robes; → *Wind*; **II.** *v/t.* blow along; drift.

Weh...: ~geschrei *n* wail(s *pl.*), wailing (*a. fig.*); **~klage** *f* lament(ation); **2klagen** *v/i.* lament, wail (*um* for; *über* over); ~ *um a.* bewail; **2leidig** *adj.* sorry for o.s., snivelling; *Stimme usw.*: plaintive, tearful; *sei nicht so* ~! *sl.* don't be a sissy!; **~mut** *f* (sweet) melancholy, woefulness; *sehnsüchtige*: wistfulness; *über Vergangenes*: nostalgic feelings *pl.*, nostalgia; **2mütig** *adj.* melancholy, sad; wistful; nostalgic(ally *adv.*); **~mutter** *obs. f* midwife.

Wehr[1] *f* (*Ab*2) defen|ce, *Am.* -se; resistance; (*Waffe*) weapon; (*Panzer*) armo(u)r; (*Schutz*) bulwark; *sich zur* ~ *setzen* → *wehren II.*

Wehr[2] *n* weir; dam, barrage.

wehren I. *v/i. u. v/t.*: *e-r Sache* ~ restrain (*od.* check) a th.; *j-m et.* ~ forbid a th. to a p.; *ich kann es ihm nicht* ~ I cannot hinder (*od.* keep) him from doing it; **II.** *v/refl.*: *sich* ~ defend o.s.

(*gegen* against), offer resistance (to); (*protestieren*) protest (against *a th.*, *Am. a th.*); *ich wehre mich gegen die Ansicht, daß* I can't accept (the view) that; *sich mit Händen und Füßen* ~ put up a fierce resistance (*gegen* to), struggle (against).

Wehr...: **~auftrag** *m* defen|ce (*Am.* -se) contract; **~beauftragte(r)** *m* ombudsman, Commissioner for the Armed Forces; **~bereich** *m* military district; **~bezirk** *m* military sub-district; **~bezirkskommando** *n* military sub-district command; **~dienst** *m* military service; **~dienstbeschädigung** *f* disability incurred in line of duty; **~dienstpflicht** *f usw.* → *Wehrpflicht usw.*; **~dienstverweigerer** *m* conscientious objector; **~dienstverweigerung** *f* conscientious objection; **~ersatz(amt** *n*) *m* recruiting and replacement (office); **~ersatzdienst** *m* alternative service (for conscientious objectors); **~ertüchtigung** *f* pre-military training; **≗fähig** *adj.* fit for military service, able-bodied; **≗freudig** *adj.* military-minded; **~gehänge** *n*, **~gehenk** *n* sword-belt; **~gesetz** *n Brit.* National Service Act, *Am.* Universal Military Training and Service Act; **≗haft** *adj.* → *wehrfähig*; **~kraft** *f* military power; **≗los** *adj.* defenceless, *Am.* defenseless; (*waffenlos*) unarmed; (*hilflos*) helpless; **~losigkeit** *f* defencelessness, *Am.* defenselessness; helplessness; **~macht** *hist. f* (German) Armed Forces *pl.*, Wehrmacht; **~machtsbericht** *hist. m* communiqué of the High Command; **~meldeamt** *n* (local) recruiting station; **~ordnung** *f* Army statute; **~paß** *m* service record (book); **~pflicht** *f*: (*allgemeine* ~ universal) compulsory military service, (universal) conscription; **≗pflichtig** *adj.* liable to military service; *~er Jahrgang* (draft-)age class; **~pflichtige(r)** *m* person liable to military service; inductee, draftee, conscript; **~sold** *m* (service) pay; **~stammbuch** *n* basic military record book; **~stammrolle** *f* service roster; **≗unwürdig** *adj.* ineligible for military service; **~vorlage** *parl. f* Defence Bill; **~wissenschaft** *f* military science.

Weib *n* woman (*a. contp.*); (*Gattin*) wife; **~chen** *n* little woman; wife, F wifey; *von Tieren*: little female.

Weiber...: **~art** *f* woman's ways *pl.*; **~feind** *m* woman-hater, misogynist; **~geschwätz** *n*, **~klatsch** *m* gossip, (women's) cackle; **~held** *m* lady-killer, lady's man; **~herrschaft** *f* petticoat-government; **~laune** *f* woman's caprice; **~narr** *m* philanderer; **~rock** *m* woman's skirt; (*Unterrock*) petticoat; **~volk** F *n* women(folk) *pl.*

weib...: **~isch** *adj.* womanish, effeminate; **~lich** *adj.* female; *ling.* feminine; *Wesensart*: womanly, feminine; *Reim*: feminine, female; *~e Pflanze* female; *das ewig ≗e* the Eternal Feminine; **≗lichkeit** *f* womanliness; *a. coll.* womanhood; *die holde* ~ the fair sex.

Weibs|bild *n*, **~person** *f* female, hussy, wench, *sl.* skirt, *Am. a.* broad.

weich *adj. allg.* soft (*a. fig.*; *a.* ⊕, *phot.*, *Farbe usw.*); (*zart*) tender (*a. Fleisch*); (*mürbe*) mellow; (*glatt, sanft*) smooth; (*geschmeidig*) supple, pliable; (*schlaff*) flabby; (*~herzig*) tender-hearted; *Augen, Herz usw.*: soft, tender, gentle; *~e Währung* soft currency; *~ machen* soften; *~ werden* soften (*a. fig.*), (*nachgeben*) yield, give way, (*milder werden*) relent; (*gerührt werden*) be moved (*bei* at); **≗bild** *n* municipal area; (*Stadtgrenze*) city boundaries *pl.*

Weiche[1] *anat. f* flank, side; *pl.* (*Leisten*) groin *sg.*

Weiche[2] 🚂 *f* switch, *Brit. a.* points *pl.*; *die ~n stellen* shift (*od.* throw) the switch, *fig.* set the course (*für* for).

weichen[1] *v/t. u. v/i.* soak, steep (*a. ~ lassen*); → *a. aufweichen, einweichen.*

weichen[2] *v/i. a. fig.* give way, yield (*dat.* to); ⚔ fall back, retreat; *Boden unter den Füßen*: give; *Blut*: be drained (*aus* from *a p.'s face*); *fig. Preise*: ease off, recede; *von j-m ~* leave a p., abandon a p.; *j-m nicht von der Seite ~* not to budge from a p.'s side; *nicht von der Stelle ~* not to budge an inch; *bibl. u. co. weiche von mir!* get thee behind me!

Weichen|steller *m*, **~wärter** *m* pointsman, *bsd. Am.* switchman.

weichgeglüht ⊕ *adj.* soft-annealed.

weichgekocht *adj.* soft-boiled *eggs, etc.*

Weichheit *f* → *weich*: softness; tenderness; mellowness; smoothness; suppleness; flabbiness; plasticity.

weich...: **~herzig** *adj.* soft-hearted, tender-hearted; **≈herzigkeit** *f* tender-heartedness; **≈holz** *n* softwood; **≈käse** *m* cream-cheese, cheese spread; **≈kohle** *f* soft coal; **~lich** *adj.* soft(ish); *Nahrung, Empfinden*: sloppy; *fig. Person*: weak, effeminate, soft; indolent; **≈ling** *m* weakling, F mollycoddle, *sl.* sissy, softy; **≈lot** *n* soft solder; **~löten** ⊕ *v/t.* soft-solder; **~machen** F *fig. v/t.* (*Gegner usw.*) soften up; **≈macher** ⊕ *m* softener, softening agent.

Weichsel|kirsche *f* mahaleb, sour cherry, morello; **~zopf** *m* Polish plait.

Weich...: **~teile** *anat. pl.* soft parts; abdomen *sg.*; **~tier** *n* mollusc.

Weide[1] ♀ *f* willow; (*Korb≈*) osier.

Weide[2] *f* pasture, meadow; *auf der ~* at grass; *auf die ~ gehen* (*treiben*) go (turn out) to grass; **~koppel** *f* grazing paddock; **~land** *n* pastureland, pastures *pl.*; **≈n I.** *v/i.* graze, pasture; **II.** *v/t.* turn out to grass, feed; *fig. sich ~ an* revel in, (*schadenfroh, lüstern*) gloat over; (*e-m Anblick*) feast one's eyes on.

Weiden...: **~baum** *m* willow (-tree); **~geflecht** *n* wickerwork; **~kätzchen** *n* willow catkin; **~korb** *m* wicker-basket; **~rute** *f* osier twig (*od.* stick).

Weide...: **~platz** *m* pasture-ground; **~recht** *n* pasture rights *pl.*

weidgerecht *adj. u. adv.* like a good hunter, expertly.

weidlich *adv.* thoroughly, fully, properly.

Weid|mann *m* huntsman, sportsman; **≈männisch** *adj.* sportsmanlike; **~mannsheil** *n*: *~!* good sport!; **~messer** *n* hunting knife; **~werk** *n* hunt(ing), *the* chase; **≈wund** *adj.* shot in the belly.

weige|rn *v/refl.*: *sich ~* refuse; **≈rung** *f* refusal; **≈rungsfall** *m*: *im ~e* in case of refusal.

Weih *orn. m* kite.

Weih|altar *m* consecrated altar; **~becken** *n* (holy-water) font; **~bischof** *m* suffragan (bishop).

Weihe *f eccl.* consecration; *e-s Priesters*: ordination; (*Einweihung*) inauguration; (*Widmung*) dedication; (*weihevolle Stimmung*) solemn mood; *eccl. höhere ~n* major orders; *j-m die ~ erteilen* consecrate a p. in holy orders; *die heiligen ~n empfangen* take (holy) orders; **≈n** *v/t.* consecrate; (*zum Priester*) ordain (*a p.* priest); *fig.* (*widmen*) consecrate, devote, dedicate (*alle a. sich e-r Sache* o.s. to a th.); *eccl. sich ~ lassen* take holy orders; *fig. dem Tode od. Untergang geweiht* doomed.

Weiher *m* (fish-)pond.

Weihe...: **~stätte** *f* shrine; **~stunde** *f* hour of commemoration; **≈voll** *adj.* solemn.

Weihgeschenk *n* oblation.

Weihnacht|en *n* Christmas, *verkürzt*: Xmas; *fröhliche ~!* Merry Christmas!; **≈lich** *adj.* Christmas(sy F).

Weihnachts...: **~abend** *m* Christmas Eve; **~baum** *m* Christmas-tree; **~bescherung** *f* (giving) Christmas presents *pl.*; **~fest** *n* Christmas; **~geschenk** *n* Christmas present; **~gratifikation** *f* Christmas bonus; **~lied** *n* Christmas carol; **~mann** *m* (Old) Father Christmas, *bsd. Am.* Santa Claus; F *contp.* silly ass; **~markt** *m* Christmas fair; **~tag** *m*: *erster ~* Christmas Day; *zweiter ~* Boxing Day; **~zeit** *f* Christmas (tide), Yuletide.

Weih...: **~rauch** *m* incense; **~wasser** *n* holy water; **~wasserbecken** *n* (holy-water) font; **~wedel** *m* aspergillum, holy-water sprinkler.

weil *cj.* because, since.

weiland *adv.* formerly, erstwhile, onetime.

Weil|chen *n*: *ein ~* a little while, F a spell; *warte ein ~* wait a bit; **~e** *f a* while, *a* (space of) time; (*Muße*) leisure; *geraume ~* long time; *damit hat es gute ~* there is no hurry (about it); *nach e-r ~* after a while; → *Ding*[1], *eilen*; **≈en** *v/i.* stay; *zu lange*: linger, tarry; *fig. er weilt nicht mehr unter uns* he is no longer with us.

Weiler *m* hamlet.

Wein *m* wine; (*~stock*) vine; *wilder ~* Virginia creeper; *fig. j-m klaren* (*od. reinen*) *~ einschenken* tell a p. the plain truth; *~, Weib und Gesang* wine, woman and song.

Wein...: **~bau** *m* wine-growing, viniculture; **~bauer** *m* wine-grower; **~beere** *f* grape; **~berg** *m* vineyard; **~bergschnecke** *f* edible snail; **~blatt** *n* vine-leaf; **~brand** *m* brandy; **~brandbohne** *f* brandy chocolate.

wein|en *v/i. u. v/t.* weep (*um, vor* for), shed tears (*um* over), *laut*: cry; *dem ≈ nahe* on the verge of (*od.* close to) tears;

bittere Tränen ~ shed bitter tears; *j-n zum* ≈ *bringen* make a p. weep (*od.* cry); *co. es ist zum* ≈ it's a shame; **~erlich** *adj.* tearful, lachrymose; *Stimme, Ton*: whining, crying.

Wein...: **~ernte** *f* vintage; **~erzeuger** *m* wine-grower; **~essig** *m* wine-vinegar; **~faß** *n* wine-cask; **~flasche** *f* wine-bottle; **~garten** *m* vineyard; **~gärtner** *m* vine-dresser, *weitS.* wine-grower; **~gegend** *f* wine(-growing) district; **~geist** *m* spirit(s *pl.*) of wine; **~glas** *n* wine-glass; **~händler** *m* wine-merchant; **~handlung** *f* wine-store; **~hauer** *östr. m* → *Winzer*; **~heber** *m* wine-syphon; **~hefe** *f* dregs *pl.* of wine; **~jahr** *n a good, etc.,* wine-year (*od.* vintage); **~karte** *f* wine-list; **~keller** *m* wine-cellar; vaults *pl.*; **~kellerei** *f* winery; **~kelter** *f* wine-press; **~kelterei** *f* wine-press house; **~kenner** *m* connoisseur of wine; **~krampf** *m* crying fit; **~kühler** *m* wine-cooler; **~lager** *n* stock of wine(s); **~laub** *n* wine-leaves *pl.*; **~laune** *f* expansive mood (inspired by wine); *in e-r* ~ in one's cups; **~lese** *f* vintage, grape-gathering; **~leser(in** *f*) *m* vintager; **~most** *m* must; **~presse** *f* wine-press; **~probe** *f* wine test; *weitS.* wine tasting; **~ranke** *f* tendril of vine; **~rebe** *f* (grape)vine; **≈rot** *adj.* ruby-colo(u)red; **≈sauer** *adj.* tartrate of; **~säure** *f* acidity of wine; ⚗ tartaric acid; **~schlauch** *m* wine-skin; **≈selig** *adj.* vinous, tipsy, *pred.* in one's cups; **~stube** *f* wine-tavern; **~traube** *f* bunch of grapes, grape; **~trester** *pl.* skins (*od.* husks) of pressed grapes.

weise *adj.* wise; (*erfahren*; *a. iro.*) sage; (*klug, vorsichtig*) wise, prudent; **≈(r)** *m* wise man, sage; F (*Experte*) pundit; *die* ~*n aus dem Morgenland* the (three) Magi; *Stein der* ~*n* philosopher's stone.

Weise *f* **1.** (*Verfahren*) manner, way, mode, fashion, style; *auf diese* ~ in this way, by this means; *auf jede* ~ in every way; *in der* ~, *daß* in such a way that, so that; *in keiner* ~ in no way; *jeder nach seiner* ~ everyone in his own way (*od.* after his own fashion); → *a. Art*; **2.** ♪ tune, air, melody.

weisen I. *v/t.*: *j-m et.* ~ show a p. a th. (*od.* a th. to a p.), point a th. out to a p.; ~ *an* refer to; *j-n* ~ *nach* direct a p. to; *von sich* ~ refuse, reject; *aus dem Lande* ~ banish, exile; *j-m die Tür* ~ show a p. the door; *das wird sich* ~ we shall see; *vom Feld* ~ *Sport*: order off the field; → *Hand*; **II.** *v/i.*: ~ *auf* point at (*od. a. fig.* to).

Weiser *m* pointer; (*Uhrzeiger*) hand; (*Weg*≈) signpost.

Weis...: **~heit** *f* wisdom (*a. Spruch*); *mit seiner* ≈ *am Ende sein* be at one's wits' end; *der* ~ *letzter Schluß* the last resort; *behalte deine* ~ *für dich!* keep your remarks to yourself!, mind your own business!; **~heitskrämer** *m* wiseacre; **~heitszahn** *m* wisdom-tooth; **≈lich** *adv.* wisely, prudently; **≈machen** *v/t.*: *j-m* ~, *daß* make a p. believe that; *j-m etwas* ~ F tell a p. a yarn; *laß dir nichts* ~*!* don't be fooled; *mach das einem anderen weis!* tell that to the marines!

weiß I. *adj. allg.* white; (*sauber*) *a. Papier*: clean; ≈*er Sonntag* Low Sunday; ~ *machen* whiten; ~ *werden* whiten, turn white; ✝ ≈*e Woche* white sale; *das* ≈*e* the white *of the eye, of egg*; *die* ~*e Rasse* the white race, the Whites *pl.*

weis...: **~sagen** *v/t.* foretell, predict, prophesy; **≈sager(in** *f*) *m* prophet(ess *f*); **≈sagung** *f* prophecy, prediction.

Weiß...: **~bier** *n* beer brewed from wheat, *Am. a.* weiss beer; **~blech** *n* tinplate; **~bluten** *n*: *zum* ~ *bringen* bleed *a p.* white; **~brot** *n* white bread; **~buch** *pol. n* White Book, white paper; **~buche** *f* white beech; **~dorn** ⚘ *m* whitethorn.

Weiße(r *m*) *f* white man (*a. coll.*); *f* white woman.

weißen *v/t.* whiten; (*tünchen*) whitewash.

Weiß...: **~fisch** *m* whiting; **~fluß** ⚕ *m* leucorrh(o)ea; **≈gekleidet** *adj.* dressed in white; **≈gelb** *adj.* pale yellow; **~gerber** *m* tawer; **≈glühend** *adj.* white-hot, incandescent; **~glut** *f* white heat (*a. fig.*); incandescence; *fig. bis zur* ~ *reizen* make *a p.* see red; **≈haarig** *adj.* white-haired; **~käse** *m* curds *pl.*; **~kohl** *m*, **~kraut** *n* (white) cabbage; **≈lich** *adj.* whitish; **~mehl** *n* fine flour; **~metall** *n* white alloy (*od.* metal); **~näherei** *f* plain (needle-) work; **~näherin** *f* plain seamstress; **~russe** *m*, **~russin** *f*, **≈russisch** *adj.* White Russian; **~tanne** *f* white fir; **~tüncher** *m* whitewasher; **~wandreifen** *mot. m* whitewall tyre (*Am.* tire); **~waren** *pl.* ✝ linen goods; **~warenhändler** *m* linen draper;

~wäsche *f*, **~zeug** *n* (household) linen; **≈waschen** *fig. v/t.* whitewash (*sich* o.s.); **~wein** *m* white wine; (*Rheinwein*) hock.

Weisung *f* direction; instruction, order; *ich habe ~, zu inf.* I am instructed (*od.* have orders) to *inf.*; **≈sgebunden** *adj.* subject to directions; **≈sgemäß** *adv.* as directed (*od.* instructed), according to instructions.

weit I. *adj.* (*Ggs. nah*) distant; (*Ggs. eng*) wide; (*breit*) broad, *bsd.* ⊕ wide; (*geräumig*) large, spacious; (*ausgedehnt*) extensive; *stärker*: vast, immense; (*lose*) loose (*a.* ⊕); *Kleid usw.*: wide, loose; *~e Reise* (*~er Weg*) long journey (way); *fig. ~e Auslegung* broad interpretation; *~er Begriff* comprehensive idea; *~es Gewissen* elastic conscience; *~er Unterschied* vast difference; *im ~esten Sinne* in the broadest sense; → *Feld, Kreis usw.*; **II.** *adv.* far, wide(ly); *vor comp.* (by) far *better, etc.*; *~ entfernt* far away; *~ entfernt von a.* a long distance from; *fig.* far from, a far cry from; *fig. ~ entfernt!*, *~ gefehlt!* far from it!; *e-e Meile ~ entfernt* a mile off; *~ und breit* far and wide; *~ über sechzig* (*Jahre alt*) well over sixty; *bei ~em vor comp. od. sup.* (by) far; *bei ~em besser* far (*od.* much) better; *bei ~em nicht* not by a long way, not nearly *so good, etc.*; *so ~ wie möglich* as far as possible; *von ~em* from afar; *fig. es ist nicht ~ her mit* … … is (are) not worth much (*od.* F not up to much, nothing to write home about, *sl.* not so hot); *es ~ bringen* (*im Leben*) go far; *er wird es noch ~ bringen* he will go a long way yet; *fig. zu ~ gehen, es zu ~ treiben* go too far, overshoot the mark; *das geht zu ~* that's going too far; *ich bin so ~* I am ready; *wie ~ bist du* (*mit der Arbeit*)? how far have you got (with your work)?; *wenn es so ~ ist* when it is ready, *fig.* when the time has come; *so ~ ist es noch nicht* it has not come to that yet; *so ~ ist es nun gekommen?* has it come to that?; → *Weite, weiter.*

weit…: **~ab** *adv.* far away (*von* from); **~aus** *adv.* (by) far (*od.* much, a lot) *better, etc.*; **~bekannt** *adj.* widely known, *stärker*: far-famed; **≈blick** *m* farsightedness, vision; **~blickend** *adj.* far-sighted.

Weite 1. *f* wideness, ⊕ width; ⊕ (*Durchmesser*) diameter; (*Größe*) vastness, largeness; (*Ferne*) distance; (*große Fläche*) expanse; *fig.* range, scope; → *licht*; **2.** *n*: *das ~ suchen* take to one's heels, decamp, cut and run.

weiten *v/t.* (*a. sich ~*) widen; enlarge; expand; (*Schuhe usw.*) stretch; *fig.* widen, broaden.

weiter *comp. adj. u. adv.* wider; (*entfernter*) more distant; (*noch ~*) farther, *bsd. fig.* further; (*zusätzlich*) additional(ly *adv.*), added *proof, etc.*; (*voran*) on, forward; (*ferner*) further(more), moreover; *~!* go on!; *immer ~* on and on; *nichts ~* nothing more (*od.* further, else), that's all; *~ niemand* no one else; *und ~?* and then?; *und so ~* and so on (*od.* forth), et cetera (*abbr.* etc.); *≈es* the rest, (*Genaueres*) further details *pl.*, more; *das ≈e* what follows; *bis auf ~es* until further notice, for the time being; *ohne ~es* without further ceremony *od.* ado, (*mühelos*) easily, (*sofort*) readily; *das läßt sich ohne ~es machen* that can easily be done; *man kann ohne ~es annehmen* it is safe to assume; *das hat ~ nichts zu sagen* that's not very important; *es fiel mir ~ nicht auf* it did not strike me particularly; *fig. er ging noch viel ~* he went much further.

weiter…: **~befördern** *v/t.* forward (on), send on; (*umadressieren*) redirect; **≈beförderung** *f* reforwarding; *von Gütern, Personen*: further transportation; *zur ~* to be forwarded; **~begeben** ✝ *v/t.* negotiate (further); **≈bestand** *m* continued existence, continuance, survival; **~bestehen** *v/i.* continue to exist, survive; **~bilden** *v/t.* develop; *sich ~* continue one's studies, develop one's knowledge; **≈bildung** *f* (further) development; continued (*od.* further) education; **~bringen** *v/t.* help on; *das bringt mich nicht weiter* that is not much help; **~denken** *v/t.* think (*od.* look) ahead; **~empfehlen** *v/t.* recommend; **~entwickeln** *v/t.* (*a. sich ~*) develop (further); **≈entwicklung** *f* (further) development; **~erzählen** *v/t.* tell others, repeat, spread; **≈e(s)** *n* → *weiter*; **~führen** *v/t.* carry on; (*Leitung*) extend; *~de Schule* continuation school; **≈führung** *f* carrying-on, continuation; **≈gabe** *f* passing-on, transmission; **~geben** *v/t.* pass on, transmit; → *weiterleiten*; **~gehen** *v/i.* go (*od.* walk, pass) on; *fig.* (*fortfahren*) continue, go on; ~*!* move on!; *das kann so nicht* ~*!* things cannot go on like this!; **~helfen** *v/i.* help on (*j-m* a p.); **~hin** *adv.* further (on), in (*od.* for the) future; (*ferner*) further(more), moreover; et. ~ *tun* continue doing (*od.* to do) a th., keep doing a th.; **~kämpfen** *v/i.* continue fighting; **~kommen** *v/i.* get on; *fig. a.* progress, advance; *nicht* ~ F get stuck; *so kommen wir nicht weiter* this won't get us anywhere; **≈kommen** *n* advancement; **~können** *v/i.* be able to go on; *nicht* ~ be stuck (*a.* F); **~leben** *v/i.* live on, survive (*a. fig.*); **≈leben** *n* continued existence, survival; ~ *nach dem Tode* life after death; **~leiten** *v/t.* pass *a th.* on; (*Brief usw.*) forward, transmit; (*Antrag, Fall usw.*) refer (*an* to); **~lesen** *v/i. u. v/t.* go on (reading), continue to read; **~machen** *v/t. u. v/i.* carry (*od.* go) on, continue; ⚔ ~*! a.* as you were!; **≈reise** *f* continued (*od.* further) journey; **~reisen** *v/i.* go (*od.* travel) on, continue (one's journey) (*nach* to); **~sagen** *v/t.* pass *a th.* on; → *a. weitererzählen*; **~schreiten** *v/i.* advance (*a. fig.*); **≈ungen** *f/pl.* complications, difficulties, (unpleasant) consequences; **≈verarbeitung** *f* processing, subsequent treatment; machining; **~verbreiten** *v/t.* spread; **~vererben I.** *v/t.* pass on (*j-m, auf* to); **II.** *v/refl.*: *sich* ~ be passed on (*auf* to); *fig. a.* be handed down (to); **~verfolgen** *v/t.* follow up; **≈verkauf** *m* resale; **~verkaufen** *v/t.* resell; **~vermieten** *v/t.* sub-let.

weit...: ~gehend I. *adj.* extensive, far-reaching, large; *Behauptung*: sweeping; *Verständnis*: full, *Vollmacht*: wide; **II.** *adv.* largely; (*so weit wie möglich*) as far as possible; **~gereist** *adj.* (far-) travel(l)ed; **~gesteckt** *adj. Ziel*: long-range ...; **~greifend** *adj.* far-reaching; **~her** *adv.* from afar; **~hergeholt** *adj.* far-fetched; **~herzig** *adj.* broad-minded; **~hin** *adv.* far; *fig.* widely; to a large extent; **~läufig I.** *adj.* (*ausgedehnt*) extensive, *stärker*: vast; (*geräumig*) spacious; *Haus*: rambling, *a. Dorf usw.*: straggling; *Verwandter usw.*: distant; (*ausführlich*) detailed; (*kompliziert*) complicated; (*umständlich*) circumstantial; → *a. weitschweifig*; **II.** *adv.* at great length (*od.* detail); ~ *verwandt* distantly related; **≈läufigkeit** *f* vast extent; spaciousness; complicated nature; → *Weitschweifigkeit*; **~maschig** *adj.* wide-meshed; **~reichend** *adj.* far-reaching; ⚔ long-range ...; **~schweifig** *adj.* diffuse, long-winded, lengthy, verbose; **≈schweifigkeit** *f* diffuseness, lengthiness, verbosity; **~sichtig** *adj.* long-sighted; *fig.* far-sighted; **≈sichtigkeit** *f* long-sightedness; **≈springer(in** *f*) *m* long (*Am.* broad) jumper; **≈springen** *n*, **≈sprung** *m* long (*Am.* broad) jump; **≈sprunggrube** *f* long-jump pit; **~spurig** 🚂 *adj.* wide-tracked, broad-ga(u)ged; **~tragend** *adj.* long-range ...; *fig.* far-reaching; **≈ung** *f* widening; **~verbreitet** *adj.* widespread; *Ansicht*: *a.* widely held; *Zeitung*: widely circulated; **~verzweigt** *adj.* widely ramified.

Weizen *m* wheat; F *fig. sein* ~ *blüht* he is in clover; → *Spreu*; **~brand** *m* black rust; **~flocken** *f/pl.* squashed wheat; **~mehl** *n* wheaten flour; **~schrot** *n* shredded wheat.

welch I. *interr. pron.* what; *auswählend*: which; ~*er?* which one?; ~*er von den beiden?* which of the two?; ~ *ein Mann!* what a man!; **II.** *rel. pron.* who, which, that; **III.** *indef. pron.* some, any; *haben Sie Geld? — ja, ich habe* ~*es* yes, I have some; *brauchen Sie* ~*es?* do you want any?; *es gibt* ~*e, die sagen* there are some who say; ~*er* (*auch*) *immer* who(so)ever; ~*es* (*auch*) *immer* whatever, whichever; *von* ~*er Art auch* of whatever kind; **~erlei** *adj.* of what kind.

welk *adj.* faded, withered; (*schlaff*) flabby; (*schrumpelig*) shrivelled; ~*e Reize* (*Schönheit*) faded charms (beauty); **~en** *v/i.* fade, wither; **≈heit** *f* faded (*od.* withered) state; flabbiness.

Wellblech *n* corrugated sheet iron (*od.* steel); **~baracke** *f* tin hut, *Am.* ⚔ Quonset hut.

Welle *f allg.* wave (*a. phys.*, ⚡, *opt. usw.*; *im Haar*; *e-s Angriffs*; *Hitze*≈, *Spekulations*≈, ~ *von Einwanderern usw.*); *stärkere*: billow, surge; *kleine*: ripple; (*Sturz*≈) breaker; (≈*nförmige Erhebung*) wave, undulation; *Radio*: wave (-length); ⊕ shaft, axle(-tree); *Turnen*: circle; *fig.* (*Mode, z. B. Freß*≈, *Reise*≈) craze, F binge; *die neue* ~ *Kunst*: the New Wave; ~ *der Begeisterung usw.* wave, (up)surge; ~*n schlagen* rise in waves; *fig.* create a stir; F *mach keine ~n! sl.* cool off!; **≈n** *v/t.* wave, undulate (*a. sich ~*); *sich ~ Haar usw.*: *a.* be wavy.

Wellen...: **~antenne** *f* wave aerial (*Am.* antenna); **~anzeiger** *m Radio*: wave-detector; **≈artig** *adj.* wave-like, wavy, undulatory; **~bad** *n* wave-bath; **~band** *n* wave band; **~bereich** *m Radio*: (wave) range; **~berg** *m* wave crest; **~bewegung** *f* undulation, undulatory motion; **~brecher** ⚓ *m* breakwater; **~filter** *m* wave filter; **≈förmig** *adj.* undulatory, wavy; **~front** *phys. f* wave front; **~gang** *m* waves *pl.*; *starker ~* heavy sea; **~kamm** *m* crest (of the wave); **~kupplung** ⊕ *f* shaft coupling; **~länge** *f Radio, Kernphysik usw.*: wave-length; **~lehre** *f* wave theory; **~linie** *f* waved line; **~mechanik** *f* wave mechanics *pl.* (*sg. konstr.*); **~reiten** *n* surf-riding, surfing; **~reiter** *m* surf-rider, surfer; **~richter** *m Radio*: director; **~schlag** *m* wash (*od.* dashing) of the waves; *kurzer ~* choppy sea; **~schreiber** *m* ondograph; **~sittich** *m* grass parakeet, budgerigar; **~strom** ⚡ *m* wave current; **~tal** *n* trough of the sea; **~theorie** *f* wave theory; **~verteilung** *f Radio*: allocation of frequencies; **~zapfen** ⊕ *m* journal.

wellig *adj.* wavy (*a. Haar, Linie*), undulating; *a. Gelände*: undulatory.

Wellpappe *f* corrugated board.

Welpe *m* puppy.

welsch *adj.* Roman, Latin; Italian, French; Southern.

Welt *f* world (*a. fig.*); *die ganze ~* a) the whole world; b) (*a. alle ~*) all the world, everybody; *aus der ganzen ~* from all over the world; *die große ~* the great world, high society; *die ~ der Wissenschaft* the world (*od.* realm) of science, the scientific world; *die künstlerische ~* the world of art; *die Neue ~* the New World; *ein Mann von ~* a man of the world; *auf der ~* in the world; *am Ende der ~* at the end of the world, F *wohnen usw.*: F at the back of beyond; *bis ans Ende der ~* to the world's end; *was in aller ~?* what in the world (*od.* on earth)?; *um alles in der ~!* for goodness sake!; *nicht um alles in der ~!* not for the world!, not on my (*od.* your, *etc.*) life!; *vor aller ~* for all the world to see; *aus der ~ schaffen* do away with, (*Problem, Streit*) settle; *in die ~ setzen* (*Kinder*) beget, put into the world; *zur ~ bringen* bring into the world, give birth to; *zur ~ kommen* come into the world, be born; *~en trennen sie* they are worlds apart; F *es ist nicht aus der ~* it isn't all that far away; *es wird die ~ nicht kosten* it won't cost a fortune; *du bist die ~ für mich* you are all the world to me; *du bist der beste Mann von der ~* you are the best man alive (*od.* under the sun); → *vornehm*; **≈abgeschieden** *adj.* secluded (from the world), isolated; **≈abgewandt** *adj.* detached from the world; **~all** *n* universe, cosmos; **~alter** *n* age; **≈anschaulich** *adj.* ideological; **~anschauung** *f* philosophy (of life), world-outlook, Weltanschauung; (*Ideologie*) ideology; **~ausstellung** *f* World Fair; **~bank** *f* World Bank; **≈bekannt** *adj.* universally known, known all over the world; **≈berühmt** *adj.* world-famous, world-renowned, of worldwide fame; **~berühmtheit** *f* (person of) world-wide fame; **~bestleistung** *f* world record; **≈bewegend** *adj.*: *iro. es war nicht ~* it was nothing world-shaking, *sl.* it was not so hot; **~bild** *n* world picture; view of life; **~brand** *m* world conflagration; **~bund** *m* international union; **~bürger** *m* citizen of the world, cosmopolite; **≈bürgerlich** *adj.* cosmopolitan; **~bürgertum** *n* cosmopolitanism; **~dame** *f* woman of the world, fashionable lady; **~enbummler** *m* globetrotter; **~enraum** *m* → *Weltraum*; **~ereignis** *n* event of world-wide importance, international sensation; **≈erfahren** *adj.* experienced in the ways of the world, worldly-wise; **~erfahrung** *f* experience in the ways of the world, worldly wisdom.

Weltergewicht(**ler** *m*) *n Boxen*: welter-weight.

Welt...: **≈erschütternd** *adj.* world-shaking (*a. iro.*); **~firma** *f* firm of international importance, world-renowned firm; **~flucht** *f* withdrawal from life, escapism; **~flug** *m* round-the-world flight; **≈fremd** *adj.* worldly innocent, ignorant of the world, unworldly; (*unrealistisch*) unrealistic, (*idealistisch*) starry-eyed; *Gelehrter usw.*: ivory-towered; **~fremdheit** *f* worldly innocence; **~friede(n)** *m* world (*od.* universal) peace; **~-**

gebäude *n* cosmic system; **~geistliche(r)** *m* secular priest; **~geltung** *f* international standing (*od.* reputation); **~gericht** *n the* Last Judgment; **~gerichtshof** *m* World Court; **~geschehen** *n* world affairs *pl.*; **~geschichte** *f* world history; F *in der ~ herumfahren* F traipse all about the world; F *fig. da hört doch die ~ auf!* that's the last straw!; **≈geschichtlich** *adj.* world-historic(al); **≈gewandt** *adj.* versed in the ways of the world, having savoir-vivre (*fr.*); **~gewandtheit** *f* savoir-vivre (*fr.*); **~gewerkschaftsbund** *m* World Federation of Trade Unions; **~handel** *m* international trade, world's commerce; **~herrschaft** *f* world domination; **~hilfssprache** *f* (artificial) interlanguage; **~karte** *f* map of the world; **~kenntnis** *f* knowledge of the world; **~kind** *n* worldling, child of this world; **~kirchenrat** *m* World Council of Churches; **~klasse** *f Sport*: World Class; F *~!* F super!; **≈klug** *adj.* worldly-wise, politic (-ally *adv.*); **~klugheit** *f* worldly wisdom; **~körper** *m* heavenly body; **~krieg** *m* world war; *der (erste) ~ (1914—18)* World War I, *ehm.* the Great War; *der zweite ~ (1939—45)* World War II, the Second World War; **~kugel** *f* globe; **~lage** *f* international situation; **~lauf** *m* course of the world; **≈lich** *adj.* worldly, mundane; (*Ggs. geistlich*) secular, temporal; profane; *~e Freuden* worldly pleasures; *~e Schule* secular school; *adv. ~ gesinnt* worldly(-minded); **~lichkeit** *f* worldliness; secular state; **~literatur** *f* world literature; **~macht** *f* world power; **~machtpolitik** *f* imperialist policy, imperialism; **~mann** *m* man of the world; **≈männisch** *adj.* gentlemanly, man-of-the-world *air, etc.*; **~marke** ✝ *f* world-famous make; **~markt** *m* international (*od.* world) market; **~meer** *n* ocean; **~meister(in** *f*) *m* champion of the world, world champion; **~meisterschaft(skämpfe** *m/pl.*) *f* world championship(s); **~monopol** *n* global monopoly; **≈offen** *adj.* open-minded; **~ordnung** *f* world order; **~politik** *f* world politics *pl.* (*sg. konstr.*); **~postverein** *m* Universal Postal Union; **~rätsel** *n* riddle of the universe; **~raum** *m* (outer) space; **~raum...** *in Zssgn → Raum...*; **~reich** *n* (universal *od.* world) empire; *das Britische ~* the British Empire; **~reise** *f* journey round the world, world tour; **~reisende(r** *m*) *f* globe-trotter; **~rekord** *m* world record; **~rekordinhaber** *m*, **~rekordler** *m*, **~rekordmann** *m* world-record holder; **~religion** *f* great religion of the world; **~ruf** *m*, **~ruhm** *m*: (*von ~* of) world-wide renown *od.* international reputation; **~schmerz** *m* world-weariness, Weltschmerz; **≈schmerzlich** *adj.* world-weary; **~seele** *f* world soul; **~sicherheitsrat** *m* World Security Council; **~spitze** *f → Weltklasse*; **~sprache** *f* universal (*od.* world) language; **~stadt** *f* metropolis; **~stadt...**, **≈städtisch** *adj.* metropolitan; **~teil** *m* part of the world; continent; **≈umfassend** *adj.*, **≈umspannend** *adj.* world-wide, global; **~umsegler** *m* circumnavigator (of the globe); **~umseglung** *f* circumnavigation of the globe; **~untergang** *m* end of the world; **~untergangsstimmung** *f* end-of-the-world mood, sense of catastrophe; **~verbesserer** *m* world changer; **~weise(r)** *m* philosopher; **~weisheit** *f* philosophy; **≈weit** *adj.* world-wide; global; **~wende** *f* turning-point in world history; **~wirtschaft** *f* world (*od.* international) economy *od. praktisch*: economics *pl.* (*sg. konstr.*); **~wirtschaftskrise** *f* international economic crisis, world depression; **~wunder** *n* wonder of the world, prodigy; *die sieben ~* the seven Wonders of the World.

wem *dat. von wer*: (to) whom; *von ~* of whom, by whom; **≈fall** *ling. m* dative.

wen *acc. von wer*: whom, *mst* F who; F (*jemand*) somebody.

Wende[1] *m* (*Westslawe*) Wend, Sorb.

Wende[2] *f* (*Wendepunkt*) turning-point (*a. fig.*); *Sport*: turn; *Turnen*: front vault, (*im Abgang*) front dismount; **~getriebe** *mot. n* reversing transmission; **~hals** *orn. m* wryneck; **~kreis** *m* **1.** *geogr.* tropic; **2.** *mot.* turning circle.

Wendel ⊕ *f* coil, helix; **≈n** *v/t.* coil; **~treppe** *f*: (*e-e ~* a flight of) winding stairs *pl.*, spiral staircase.

Wendemarke *f Sport*: turning mark.

wenden I. *v/t. u. v/i.* (*a. sich ~*) turn (about *od.* round); *Schneiderei*: turn; (*Buchseite, Heu usw.*) turn over; *mot., Sport*: turn,

(*Schiff*) put about; ⚡ reverse; (*ändern*) change; *Geld* ~ *an* spend on; *Mühe, Zeit* ~ *an* devote to; *s-e Kräfte* ~ *auf* direct one's energies to; *bitte* ~! please turn over! (*abbr.* P.T.O.); *kein Auge* ~ *von* not to take one's eyes off; **II.** *v/refl.*: *sich* ~ → *a.* I; *sich* ~ *an j-n* (*ansprechen*) address a p.; *um Auskunft, Erlaubnis usw.*: apply to (*od.* contact) a p. (*um* for), *um Rat*: consult (*od.* see) a. p., *um Hilfe*: appeal (*od.* turn) to a p.; *sich* ~ *gegen* (*j-n*) turn against *od.* on; (*et.*) *a.* set one's face against, criticize, object to; *sich zur Flucht* (*zum Gehen*) ~ turn to flight (to leave); *sich zum Besseren* ~ take a turn for the better; *sich zum besten* ~ turn out for the best.

Wende...: **~pol** ⚡ *m* reversing pole; **~punkt** *m* turning-point (*a. fig.*); *ast.* solstitial point; ⚹ point of inflection.

wendig *adj.* (*behend*) nimble, agile (*a. fig. Geist*); *Fahrzeug*: manœuvrable (*Am. mst* maneuverable), easily steered, flexible; *Person*: versatile, resourceful; (*anpassungsfähig*) adaptable; *Politik usw.*: flexible; **2keit** *f* nimbleness, agility; manœuvrability (*Am.* maneuverability); flexibility; *fig.* versatility, resourcefulness; adaptability, flexibility.

wendisch *adj.* Wendish.

Wendung *f* **1.** turn(ing); ⚔ facing; ⚓ turn, *gegen den Wind*: going about; *fig.* turn (of events); (*Wechsel*) change; *entscheidende* ~ decisive turn, crisis; *e-e* ~ *zum Besseren* (*Schlimmeren*) *nehmen* change (*od.* take a turn) for the better (worse); *e-r Sache eine neue* ~ *geben* give a new turn to; *glückliche* ~ favo(u)rable turn; **2.** (*Rede*2) expression, figure of speech, phrase; (*Spracheigentümlichkeit*) idiom(atic expression); → *Redensart*.

Wenfall *ling. m* accusative.

wenig *adj. u. adv.* little; (*selten*) *a.* rarely, not often; ~*e* few, *su.* few (people); ~*er* less, ⚹ *a.* minus; *pl.* fewer; *das* ~*e* the little; *das* ~*ste* the least; *am* ~*sten* least (of all); *ein* ~ a little; *ein* ~ *übertrieben* a little (*od.* a bit, somewhat, slightly) exaggerated; *ein* ~ *schneller* a little quicker; *immer* ~*er* less and less; ~ *beliebt* not very popular; *nicht* ~ not a little; *ich war nicht* ~ *erstaunt* I was not a little surprised; *nicht* ~*e* not a few, a good many, quite a few (people); *einige* ~*e* some few, a few; *nicht* ~*er als* no less than, *pl.* no(t) fewer than; *in* ~*er als sieben Jahren* in less than (*od.* in under) seven years; *nichts* ~*er als* nothing less than, anything but; *die* ~*en wahren Künstler* the few true artists; *mein* ~*es Geld* the little money I have, *co.* my little all; ~*er werden* become less, diminish, decrease; ~ *bekannt* little known; **2keit** *f* small quantity; (*Kleinigkeit*) little, trifle; *co. meine* ~ yours truly; **~stens** *adv.* at least; *wenn* ... ~ if only ...

wenn I. *cj. zeitlich*: when; *bedingend*: if, in case; ⚖ *oft*: if and when; (*so oft als*) whenever; (*solange als*) as long as; (*sobald als*) as soon as; (*vorausgesetzt*) provided (that); ~ *nicht* unless, if not, except if (*od.* when); ~ *auch, selbst* ~ (al)though, even if *od.* though; ~ *auch noch so* however *small, etc.*; ~ *bloß* (*od. doch, nur*) if only; ~ *er nicht gewesen wäre* had it not been for him, but for him; ~ *ich das gewußt hätte* if I had (*ohne cj.*: had I but) known that; ~ *man bedenkt, daß* to think (that), considering (that); ~ *man ihn reden hört* to hear him (talk); *es ist nicht gut,* ~ *man* it is not good to *inf.*; *es ist, als* ~ *er es geahnt hätte* one would think he had felt it; ~ *du* (*erst*) *einmal dort bist* once you are there; ~ *man von* ... *spricht* speaking of ...; ~ *man nach* ... *urteilt* judging from (*od.* by) ...; ~ *schon!* what of it?, F so what?; ~ *schon, denn schon* in for a penny, in for a pound, I (we) may as well be hanged for a sheep as for a lamb; **II.** 2 *n*: *das* ~ the if; *ohne* ~ *und Aber* without 'ifs' or 'buts', unreservedly; **~gleich, ~schon** *cj.* although, though.

Wenzel *m Karte*: knave.

wer I. *rel. pron.* who; **II.** *interr. pron.* who?, *auswählend*: which?, *z.B.* ~ *von euch?* which of you?; ⚔ ~ *da?* who goes there?; **III.** *indef. pron.* who; *amtlich*: any person who; *im Sprichwort usw.*: he who; F (*jemand*) somebody, anybody; ~ *auch* (*immer*) who(so)ever.

Werbe|abteilung *f* advertising (*od.* publicity) department; **~agent** *m* advertising agent; **~agentur** *f* → *Werbebüro*; **~aktion** *f* → *Werbefeldzug*; **~artikel** *m* advertising novelty; **~berater** *m* advertising consultant; **~brief** *m* publicity (*od.* sales) letter; **~büro** *n* advertising (*od.* publicity) agency *od.* bureau; **~durchsage** *f kurze*: plug; **~erfolg** *m* advertising result, effectiveness of advertising; **~fachmann** *m* advertising expert (*od.* specialist), advertiser, publicity man; **~fachschule** *f* school of advertising; **~feldzug** *m* publicity campaign, (advertising) drive; **~fernsehen** *n* television advertising (*od.* commercials *pl.*); **~film** *m* advertising film; **~fläche** *f* advertising space; **~funk** *m* radio advertising (*od.* commercials *pl.*); **~geschenk** *n* advertising gift; **~graphik** *f* advertising (*od.* commercial) art; **~graphiker(in** *f*) *m* commercial artist, designer; **~kampagne** *f* → *Werbefeldzug*; **~kosten** *pl.* advertising expenditure *sg.*; **~kraft** *f* advertising appeal, publicity value, pull; *optische*: eye appeal; **≈kräftig** *adj.* having advertising appeal, effective; **~leiter** *m* publicity manager; **~material** *n* advertising material; **~mittel** *n* advertising medium (*pl.* media); *pl.* (*Geld*) advertising appropriation *sg.*; **~muster** *n* trial sample.

werben I. *v/t.* ⚔ enlist, recruit; (*Mitglieder usw.*) enlist; (*Kunden, Stimmen*) canvass; *j-n für e-e Sache ~* win a p. for a th., enlist a p. in a th.; **II.** *v/i.* make propaganda (*für* for), *Am. a.* publicize (*a th.*), ⚚ advertise (for), make publicity (for), F boost *od.* plug (*a th.*); *~ um liebend*: court, *rhet.* woo (*a p.*; *beide a. fig.*); *~ des Kapital* working capital; **III.** **≈** *n* → *Werbung*.

Werber *m* suitor; ⚚ canvasser; ⚔ recruiting officer; **~kolonne** *f* team of canvassers.

Werbe...: **~schrift** *f* (advertising) brochure (*od.* pamphlet), leaflet, *Am. a.* folder; **~sendung** *TV f* commercial; **~spot** *m* (advertising) spot; **~spruch** *m* advertising slogan; **~texter** *m* copywriter, ad-writer; **~trick** *m* publicity stunt; **~trommel** *f*: *fig. die ~ rühren* make propaganda, advertise, launch a publicity campaign; → *werben* II; **≈wirksam** *adj.* → *werbekräftig*; **~zettel** *m* handbill, F throwaway; **~zweck** *m* advertising purpose.

Werbung *f e-s Freiers*: courting, wooing, courtship; (*Reklame*) advertising, publicity, propaganda, (*Verkaufsförderung*) sales promotion; (*Werbefeldzug*) publicity campaign; *von Aufträgen, Wählern*: canvassing; *fig. e-e (gute) ~ für den Sport usw.* good publicity for; *~ treiben* → *werben* II; **~skosten** *pl. steuerlich*: professional outlay *sg.*; *e-r Firma*: business allowance *sg.*

Werdegang *m* development; history (*a. fig. u.* ⊕); *Person*: career, professional history, *a. e-r Partei usw.*: background; ⊕ process of manufacture; → *a. Lebenslauf*.

werden I. *v/i.* become, get; *allmählich*: grow, come to be; *plötzlich*: turn *pale, sour, etc.*; (*entstehen*) come into existence, arise; (*ausfallen*) turn out *od.* prove *satisfactory, etc.*; *Arzt ~* become a doctor; *blind ~* go blind; *böse ~* grow (*od.* get) angry; *gesund ~* get well, recover; *Mohammedaner usw. ~* turn Mohammedan, *etc.*; *ein* (*od. zum*) *Verräter ~* turn traitor; *es wird kalt ~* it is getting cold; *was soll aus ihm (daraus) ~?* what will become of him (it)?; *was ist aus ihm geworden?* what has become of him?; *was will er ~?* what is he going to be?; *was soll nun ~?* what (are we going to do) now?; *daraus wird nichts!* nothing will come of it, *bedauernd od. als Verbot*: that's out!, F nothing doing!; *es ist nichts daraus geworden* it has come to nothing; *es wird schon ~* it will be all right; *es muß anders ~* there must be a change, we cannot go on like this; F *er wird wieder ~* he will come round; *es werde Licht! und es ward Licht* let there be light! and there was light; **II.** *v/aux.*: *ich werde fahren* I shall drive; *sie wird gleich weinen* she is going to cry; *es wurde getanzt* there was dancing, they danced; *er würde es mir gesagt haben* he would have told me; *es wird ihm doch nichts passiert sein?* I hope nothing has happened to him!; *es wird schon so sein (wie du sagst)* I am sure you are right; *es ist uns gesagt worden* we have been told; *passivisch*: *geliebt ~* be loved; *gebaut ~* be built, *gegenwärtig*: be being built, be building; **III.** **≈** *n* growing; (*Entwicklung*) development; (*Entstehung*) rise, birth; formation; (*Fortschreiten*) progress; *im ~ sein* be in the making, (*im Kommen*) *a.* F be in the pipeline; *noch im ~ sein* be (still) in the process of development, be in the nascent state (*od.* in embryo); *Afrika im ~* Africa in the making; *große Dinge sind im ~* great things are preparing; **~d** *adj.* growing, nascent, developing; ~e *Mutter* expectant mother.

Werder *m* river-islet, holm.

werf|en *v/t.* throw (*a. v/i. u. Sport*; *nach* at); (*schleudern*) fling, cast, *stärker*: hurl; *a. fig.* (*Anker, Blick, Licht, Schatten*) cast; (*a. auf und ab, hin und her* ~) toss; ✈ (*Bomben*) drop; (*Lichtbild*) project; (*Strahlen*) emit; *Junge* ~ bring forth young, *Stute*: foal, *Kuh*: calve, *Raubtier*: cub, *Schwein*: litter, farrow, *Hund*: whelp; *Falten* ~ raise folds, pucker; *sich* ~ ⊕ buckle, distort, *Holz*: warp; *sich auf e-e Tätigkeit* ~ apply o.s. to, take up, throw o.s. into; *sich in s-e Kleider* ~ throw o.s. into one's clothes; *von sich* ~ throw away, cast off; *um sich* ~ *mit* (*Geld usw.*) be lavish of, (*großen Worten usw.*) *a.* bandy about, (*Fremdwörtern usw.*) show off with, trot out; *aufs Papier* ~ jot down; ⚔ *aus e-r Stellung* ~ dislodge (*od.* drive) from a position; *er wirft zuerst* he has the first throw; *e-n Gegner* ~ throw (*im Turnier*: unhorse) an opponent; → *Brust 1, Hals, Handtuch, Haufen, Stein usw.*; **≈er** *m Kricket, Baseball*: pitcher; ⚔ (*Granat≈*) mortar; (*Raketen≈*) launcher.

Werft *f* shipyard, dockyard; ✈ (*a.* **~halle** *f*) repair hangar; **~arbeiter** *m* docker.

Werg *n* tow; (*gezupftes Tauwerk*) oakum; **~dichtung** ⊕ *f* hemp packing.

Werk *n allg.* work (*a. künstlerisches, literarisches* ~; *a. coll.*); *musikalisches, literarisches*: *a.* opus; (*Tat*) deed, act(ion), work; (*Leistung*) achievement, work; (*Unternehmung*) undertaking, enterprise; (*Fabrik*) works *pl.* (*sg. konstr.*), factory, (industrial) plant; (*Gesellschaft, Unternehmen*) company; (*Getriebe, Uhr≈ usw.*) works *pl.*, mechanism; ⚔ (*Festungs≈*) work; *eccl.* (*gutes*) ~ work; † *ab* ~ ex works; *ans* ~! let us begin!; *am* ~ *sein* be at work; *ans* ~ *gehen, Hand ans* ~ *legen* set (*od.* go) to work; *ein gutes* ~ *tun* perform a good deed, do an act of kindness (*an* to); *im* ~e *sein* be afoot (*od.* going on); *ins* ~ *setzen* set going (*od.* on foot), bring about, engineer; *zu* ~e *gehen* proceed, go about it; *b.s. es war sein* ~ it was his work (*od.* doing); *es war das* ~ *weniger Augenblicke* it was the work (*od.* a matter) of seconds.

Werk...: **~anlage** *f* (industrial) plant, works *pl.* (*sg. konstr.*); **~bahn** *f* factory railway; **~bank** *f* (work-)bench; **~blei** *n* work (*od.* raw) lead; **~druck** *m* book (and periodicals) printing; **~druckpapier** *n* book paper; **≈eln** *v/i.* potter about (*an* at); **≈en** *v/i.* work; (*geschäftig sein*) be busy, potter about; (*basteln*) tinker, *ped.* do handwork; **~en** *ped. n* → *Werkunterricht*; **≈fremd** *adj.* outside; **≈getreu** *adj. Kunst*: faithful; **~halle** *f* workshop hall; **~küche** *f* factory canteen; **~leistung** *f* service; **~leute** *pl.* workmen; **~lieferungsvertrag** *m* contract for work and materials; **~lohn** *m* wage(s *pl.*); **~meister** *m* foreman; **~nummer** *f* factory serial number; **~photo** *n* studio still; **~prüfung** *f* inspection test; **~sangehörige(r** *m*) *f* employee (of the firm); **~schutz** *m* factory security officers *pl.*; **~seide** *f* floss silk; **≈seigen** *adj.* company(-owned), works ...; *Test usw.*: company-conducted; **~serprobung** *f* factory test; **~skantine** *f* factory canteen; **~sleiter** *m* works manager; **~snorm** *f* works standard specification; **~spionage** *f* industrial espionage; **~statt** *f* workshop (*a. fig. thea. usw.*); *in Industriebetrieben*: *mst* shop; **~stattauftrag** *m* work order; **~stätte** *f* workshop; *weitS.* (*Fabrik*) factory, works *pl.* (*sg. konstr.*); (*Arbeitsplatz*) place of work; **~stattheater** *n* workshop theat|re, *Am.* -er; **~stattmontage** *f* shop assembly; **~stattschreiber** *m* time recorder; **~stattwagen** *m* mobile workshop, *Am. a.* maintenance truck; **~stattzeichnung** *f* work(-shop) drawing; **~stelle** *f* → *Werkstätte*; **~stein** *m* freestone; **~stoff** *m* material, stock; (*Rohstoff*) raw material; (*Kunstharz-Preßstoff*) plastic material; **~stoffermüdung** *f* material fatigue; **~stück** ⊕ *n* work(piece); **~stückzeichnung** *f* component drawing; **~student** *m* working student; **~tag** *m* (*Wochentag*) workday, weekday; (*Arbeitstag*) workday, working day; **≈täglich** *adj.* weekday ...; (*alltäglich, a. fig.*) workaday ...; **≈tags** *adv.* on weekdays; **≈tätig** *adj.* working; *die ≈en* the working population *sg.*; **~tisch** *m* work-table; **~treue** *f Kunst*: faithful rendition; **~unterricht** *ped. m* handicrafts *pl.*, Arts and Crafts *pl.*; **~vertrag** *m* contract for work and labo(u)r, contract of manufacture; **~wohnung** *f* company(-owned) dwelling; **~zeichnung** *f* work drawing.

Werkzeug *n* tool; *feines*: instrument; (*Gerät*) implement; *physiol.* organ; *fig.* (*blindes od. gefügiges* ~ mere *od.* willing) tool; *nur Gottes* ~ God's passive agent; **~ausrüstung** *f* tool kit; **~halter** ⊕ *m* toolholder; **~kasten** *m* tool box (*od.* kit); **~lehre** *f* tool ga(u)ge; **~macher** *m*, **~schlosser** *m* toolmaker; **~maschine** *f* machine tool; **~satz** *m* tool set; **~schlitten** *m* tool carriage, saddle; **~schlüssel** *m* tool wrench; **~stahl** *m* tool steel; **~tasche** *f* tool-bag.

Wermut *m* (*Wein*) verm(o)uth; *fig.* (*ein Tropfen* ~) sorrow, bitterness.

wert *adj.* worth (*e-r Sache* a th.); (*würdig*) worthy (*gen.* of); (*lieb*) dear; (*~geschätzt*) esteemed, valued; ~, *getan zu werden* worth doing; *nicht viel* ~ not up to much (*a. Person*); *nichts* ~ of no worth (*od.* value), worthless, good for nothing; *~er Herr X.* dear Mr. X; *Ihr ~es Schreiben* your (esteemed) letter; *das ist schon viel* ~ that's a great point gained; *das ist mir gar nichts* ~ that's no use to me; *das Buch ist ~, daß man es liest* the book is worth reading; *er ist es nicht ~, daß* he does not deserve that; F *er ist drei Millionen Dollar* ~ he is worth three million dollars; *wie ist Ihr ~er Name?* may I ask your name?; → *Mühe, Rede usw.*

Wert *m allg.* value (*a. phys.*, ⚗, ⊕; *Kultur*~ *usw.*); worth (*a. innerer, charakterlicher* ~); *künstlerischer usw.*: *a.* merit; (*Gegen*~) equivalent; (*Preis*) price; (*Vermögens*~) asset; *e-r Münze*: standard; ⚗ (*Wertigkeit*) valence; *phys.*, ⊕ (*Faktor*) coefficient, factor; (*Nutzen*) use; ⚗ *fester* (*veränderlicher*) ~ fixed (variable) quantity; *~e phys.*, ⊕ data, ✝ (*Aktiva*) assets, (*Wertpapiere*) securities, issues, stocks; *greifbare ~e* tangible assets; *innerer* ~ intrinsic value; *im ~e von* to the value of, valued at; *Waren im ~e von 300 Dollar* $300 worth of goods; *von geringem* ~ of small value; *e-e Entdeckung von unschätzbarem* ~ an invaluable discovery; (*großen*) ~ *legen auf* set (a high) value on, attach (great) importance to, set (great) store by, (*bestehen auf*) make a point of, insist on; *im ~ sinken* (*steigen*) lose in value, depreciate (raise in value); ✝ ~ *erhalten* value received; F *das hat keinen* ~ that's no use, it is pointless (*od.* useless).

Wert...: **~angabe** *f* declaration of value; **~arbeit** *f* high-class workmanship; **~berichtigung** *f* value adjustment; *Rückstellung für* ~ revaluation reserves *pl.*; **~berichtigungsbuchung** *f* reversing entry; **~berichtigungsposten** *m* adjustment item; **~beständig** *adj.* of stable value; *fig.* lasting in value; *Währung*: stable; **~beständigkeit** *f* stable value, stability; **~bestimmung** *f* valuation; (*Schätzung*) appraisal, estimate; (*Berechnung*) computation; *steuerliche*: assessment; *phys.* determination of value (⚗ of valence); **~brief** *m* insured letter; **~en** *v/t.* (*bewerten*) value; (*schätzen*) appraise; (*beurteilen*) judge, consider; *nach Kategorien*: classify; *bsd. Sport, Schule*: rate (*nach Leistung* on performance), *Sport*: *a.* score; (*auswerten*) evaluate; (*zulassen*) admit; *ein Tor nicht* ~ *Fußball*: disallow (*od.* annul) a goal; **~frei** *fig.* value-free; **~gegenstand** *m* object of value; *pl.* valuables; **~geschätzt** *adj.* esteemed; **~grenze** *f* maximum value; **~ig** ⚗ *adj.*: *zwei*~ divalent; *drei*~ trivalent; **~igkeit(sstufe)** ⚗ *f* valence; **~los** *adj.* worthless (*a. Person*), valueless; (*nutzlos*) useless, *pred.* of no use; (*vergeblich*) futile; **~mäßig** ✝ *adj. u. adv.* ad valorem; **~maßstab** *m*, **~messer** *m* standard (of value) (*für* for); **~minderung** *f* depreciation, reduction in value; **~paket** *n* insured parcel; **~papier** ✝ *n* security, paper; *pl.* securities; **~papierbestand** *m* security holdings *pl.*; **~papierkonto** *n* deposit-account; **~sachen** *f/pl.* valuables; **~schaffend** *adj.* productive; **~schätzen** *v/t.* esteem highly, appreciate (highly); **~schätzung** *f* esteem (*gen.* for), appreciation (of); **~sendung** *f* consignment of valuables; *von Geld*: remittance; **~steigerung** *f* increase in value; *e-s Grundstücks, Hauses*: improvement; **~ung** *f* → *werten*: valuation; appraisal, estimate; rating; judging; evaluation; *Sport*: score, points *pl.*; **~urteil** *n* value judgement; **~verlust** *m*, **~verringerung** *f* depreciation (in value); **~voll** *adj.* valuable (*a. fig.*), precious; *j-m* ~ *sein* be of value to a p.; **~zeichen** ✉ *n* (postage) stamp; **~zoll** *m* ad valorem duty; **~zuwachs** *m* accretion, increment value; *bei Grundstücken*: betterment; **~zuwachssteuer** *f* increment-value tax.

Werwolf *m* werewolf.

wes *obs. für wessen.*

Wesen I. *n* (*Lebe*≈) being, creature (*a.* F *Person*); *phls.* entity; (~*skern*) essence, substance; (*Natur, Art*) nature, character, *e-r Person*: *a.* mentality, personality; (*Betragen*) manners *pl.*, way(s *pl.*); (*größeres Ganzes*) organization; (*Angelegenheiten*) affairs, matters *pl.*, in *Zssgn oft* system, *z.B. Sparkassen*≈ savings-bank system; *Bank*≈ banking; *gekünsteltes* ~ affected air; *mürrisches* ~ moroseness; *sonniges* ~ sunny nature; F *armes* ~ poor creature (*od.* thing); *kein lebendes* ~ *weit und breit* not a living soul anywhere; *viel* ~*s von et. machen* make a fuss about a th.; *nicht viel* ~*s mit j-m machen* treat a p. unceremoniously; *sein* ~ *treiben* be at it (*od.* about), *Gespenst usw.*: haunt (*in, an a place*); *es liegt im* ~ *gen.* it is in the nature of; **II.** ≈ *poet. v/i.* live, (be at) work; **≈haft** *adj.* substantial, real; characteristic; inherent; **~heit** being; (*Wesenskern*) essence; (*Wirklichkeit*) substantiality; **≈los** *adj.* unsubstantial; unreal, shadowy.

Wesens...: ~art *f* nature, character, mentality; **≈eigen** *adj.* characteristic (*dat.* of); **≈fremd** *adj.* foreign to one's nature, incompatible (*dat.* with); **≈gleich** *adj.* identical (in character); **~gleichheit** *f* identity (of character), essential likeness; **~zug** *m* characteristic (feature *od.* trait).

wesentlich I. *adj.* essential, material (*für* to), (*a. beträchtlich*) substantial, important; (*unerläßlich*) vital (to); (*grundlegend*) fundamental; *das* ≈*e* the essential, the vital point; *nichts* ≈*es* nothing important; ~*er Inhalt* substance *of a book, etc.*; *keine* ~*en Änderungen* no major changes; *ein* ~*er Unterschied* a great difference; *kein* ~*er Unterschied* no appreciable difference; *im* ~*en* essentially, in essence, (*im großen u. ganzen*) on the whole; *sich auf* ≈*es konzentrieren* concentrate on essentials; **II.** *adv.*: ~ *verschieden* very (*od.* vastly) different; *dieser Vorschlag ist* ~ *besser* is better by far, is far better.

Wesfall *ling. m* genitive.

weshalb I. *interr. adv.* why, wherefore, for what reason; **II.** *cj.* and therefore, and so, and that's why.

Wespe *f* wasp; **~nnest** *n* wasps' nest; *fig. in ein* ~ *stechen* bring a hornets' nest about one's ears, stir a nest of vipers; **~nstich** *m* wasp's sting; **~ntaille** *f* wasp-waist.

wessen 1. *gen. von wer*: whose; **2.** *gen. von was*: of what; ~ *wird er beschuldigt?* what is he accused of?

West I. *adv.*: *München usw.* ~ Munich, *etc.*, west; **II.** *poet. m* → *Westwind.*

Westdeutschland *n* West(ern) Germany.

Weste *f* waistcoat, ✝ *u. Am.* vest; *fig. er hat eine reine* ~ his scutcheon is clean, he has a clean slate; F *j-m et. unter die* ~ *jubeln* foist a th. off on a p.

Westen *m* west; (*Landesteil*) west; *geogr. u. pol. the* West; (*Abendland*) *a.* Occident; *nach* ~ westward, west.

Westentasche *f* vest-pocket; *fig. wie seine* ~ *kennen* know *a th. od. p.* inside out, (*ein Haus, e-e Gegend*) know like the back of one's hand; **~nformat** *n*: *im* ~ pocket-size *dictionary, car, etc.*

West...: ≈europäisch *adj.* Western European; **~fale** *m*, **~fälin** *f*, **≈fälisch** *adj.* Westphalian; **~indier(in** *f*) *m*, **≈indisch** *adj.* West Indian; **≈lich** *adj.* west(-ern), westerly; *die* ~*e Welt* the West(ern World), the Occident; ~ *von* (in *od.* to the) west of; **~mächte** *f/pl.* Western Powers; **~mark** *f* (*Geld*) West German mark; **~nordwest(en)** *m*, **≈nordwestlich** *adj.* west-north-west; **≈wärts** *adv.* westward; **~wind** *m* west(erly) wind.

weswegen → *weshalb.*

wett *pred. adj.* even, F quits.

Wettannahme *f* betting office.

Wettbewerb *m* competition, contest; *Sport*: *a.* (*Einzel*≈) event; ✝ *freier* ~ free competition, competitive trade; *unlauterer* ~ unfair competition; *außer* ~ non-competitive; *in* ~ *stehen* compete *od.* rival (*mit* with); *in* ~ *treten mit* enter into competition with; **~er(in** *f*) *m* competitor, contestant; **~sbeschränkung** *f* restraint of trade; **≈sfähig** *adj.* competitive; **~sverbot** *n* total restraint of trade, competition clause.

Wettbüro *n* betting office.

Wette *f* bet, wager; *e-e* ~ *eingehen* (*od. abschließen*) make a bet; *ich gehe jede* ~ *ein, daß* I bet you ten to one that; *was gilt die* ~? what will you bet?; *et. um* *die* ~ *tun* vie with each other in doing a th.; *sie liefen um die* ~ they raced each other; *sie lachten um die* ~ they nearly split their sides with laughter.

Wetteifer *m* rivalry, emulation; **ˆn** *v/i.* vie (*mit j-m* with; *in e-r Eigenschaft* in); compete (with; *in e-r Tätigkeit* in; *um et.* for); *mit j-m* ~ *a.* emulate (*od.* rival) a p.

wetten I. *v/t. u. v/i.* bet, wager (*mit j-m* a p.; *um et.* a th.); ~ *auf* bet (*od.* lay, put one's money) on, *Rennsport*: *a.* back; *ich wette zehn zu eins, daß* I bet you ten to one that; *fig. so haben wir nicht gewettet* we did not bargain for that; **II.** ˆ *n* betting; **ˆde(r** *m*) *f* better; backer.

Wetter[1] *m*, **~in** *f* → *Wettende(r)*.

Wetter[2] *n* weather; (*Un*ˆ) storm; (*Gewitter*) thunderstorm; ⚒ *böses* ~ damp; *schlagende* ~ firedamp *sg.*; *es war schönes* ~ the weather was fine; it was a beautiful day; *falls das* ~ *mitmacht* (wind and) weather permitting; *fig. gut* ~ *bei j-m machen* put a p. in the right frame of mind; *alle* ~! dear me!, by Jove!, F golly!, gee!; **~amt** *n* weather bureau; **~ansage** *f* → *Wetterbericht*; **~aussichten** *f/pl.* weather outlook *sg.*; **~beobachter** *m* weather observer; **~beobachtung** *f* meteorological observation; **~bericht** *m* weather report (*od.* forecast); **ˆbeständig** *adj.* weatherproof; **~dach** *n* penthouse, open shed; **~dienst** *m* weather service; **~fahne** *f* (weather) vane, *a. fig.* (*Person*) weathercock; **ˆfest** *adj.* weatherproof; **~front** *f* front; **~frosch** F *m* weatherman; **ˆfühlig** *adj.* (**~fühligkeit** *f*) sensitive(ness) to changes in the weather; **~glas** *n* weather-glass; **~hahn** *m* weathercock; **ˆhart** *adj.* weather-beaten; **~karte** *f* weather chart (*od.* map); **~kunde** *f* meteorology; **~lage** *f* weather conditions *pl.*; **~leuchten** *n* sheet lightning, summer-lightning; *fig.* ~ *am politischen Horizont* clouds *pl.* (*od.* a storm brewing) on the political horizon; **ˆleuchten** *v/impers.*: *es wetterleuchtet* there is sheet-lightning; **~mantel** *m* raincoat; **~meldung** *f* weather report; **ˆn** *v/i.* be stormy; *fig.* storm, thunder, (*fluchen*) swear; ~ *gegen a.* inveigh against; **~prophet** *m* weather-prophet; **~satellit** *m* weather satellite; **~schacht** ⚒ *m* air-shaft; **~schaden** *m* damage done by the weather; **~scheide** *f* weather divide; **~schutz** *m* weather protection; **~seite** *f* weather-side; **~sturz** *m* sudden fall in temperature; **~verhältnisse** *n/pl.* weather conditions; **~voraussage** *f*, **~vorhersage** *f* weather forecast; **~warte** *f* weather station; **~wechsel** *m* change in the weather; **ˆwendisch** *fig. adj.* changeable, fickle; **~wolke** *f* thundercloud; **~zeichen** *n* sign of approaching storm; **~zone** *f* zone of bad weather.

Wett...: **~fahrt** *f* race; **~fliegen** *n*, **~flug** *m* air-race; **~gesang** *m* singing-match; **~kampf** *m* contest, competition; *Sport*: *a.* (*Einzel*ˆ) event; → *a. Wettspiel*; **~kampfbestimmungen** *f/pl.* competition rules; **~kämpfer(in** *f*) *m* competitor, contestant; athlete; **~kampfspeer** *m* standard javelin; **~lauf** *m* (foot-)race, running-match; *Schisport*: ski-race; *fig.* ~ *mit der Zeit* race against time; **~läufer(in** *f*) *m* runner; *Schisport*: ski-racer; **ˆmachen** *v/t.* make up for, (*Verlust, Versäumnis*) *a.* make good, recoup; *du mußt es wieder* ~ *bei ihr!* make it up with her!; **~rennen** *n* race (*a. fig.*); **~rudern** *n* boat-race; **~rüsten** *n* armament race; **~schwimmen** *n* swimming contest; **~segeln** *n* regatta; **~spiel** *n* match, game; **~springen** *n* ski-jumping competition; **~streit** *m* contest, match; *fig. edler* ~ noble contest; *es war ein edler* ~ *a.* they vied with each other for the hono(u)r; **~zettel** *m* betting-slip.

wetz|en I. *v/t.* whet, sharpen; (*schleifen*) grind; (*reiben*) rub; **II.** F *v/i.* (*sausen*) dash, flit; **ˆstahl** *m* (sharpening) steel; **ˆstein** *m* whetstone, hone.

Whisky *m* whisky; *irischer, amerikanischer*: whiskey; ~ (*und*) *Soda* whisk(e)y and soda, *Am. a.* highball.

Wichs *m* gala; *in vollem* ~ F in full fig; **~e** *f* (shoe-)polish; **ˆen** *v/t.* polish, shine.

Wicht *m* wight, creature; *armer* ~ poor wretch; *kleiner* ~ hop-o'-my-thumb, whipper-snapper, (*Kind*) urchin, brat.

Wichte ⊕ *f* specific gravity (*od.* weight).

Wichtelmännchen *n* brownie.

wichtig *adj.* important (*dat. od. für* to), *stärker*: momentous; (*wesentlich*) essential (to); (*unerläßlich*) vital (to); *Gründe*: weighty; (~*tue-*

risch, a. Miene) important(ly *adv.*); ~ *nehmen* attach importance to *a th.*, (*s-e Arbeit usw.*) take one's *work, etc.* seriously; *sich* ~ *machen,* ~ *tun* assume an air of importance, give o.s. airs, F put on side, *weitS.* be a busybody, F throw one's weight around; **≈keit** *f* importance, import, moment; (*Ernst*) seriousness; *von großer* ~ of great import(ance); F ~! *sl.* big deal!; **≈tuer** *m* pompous ass, busybody; **≈tuerei** *f* pomposity, bumbling; **~tuerisch** *adj.* pompous, bumbling, important(ly *adv.*).

Wicke ♀ *f* (common) vetch.

Wickel *m* roll; ⚕ (*Umschlag*) packing; *feuchter* ~ wet compress; *heißer* ~ hot fomentation; F *j-n beim* ~ *kriegen* take a p. by the scruff of his neck, collar a p.; → *Haarwickel*; **~gamasche** *f* puttee; **~kind** *n* child in swaddling-clothes, baby, babe-in-arms; **~kommode** *f* (baby's) dressing-table; **~kondensator** ⚡ *m* paper capacitor; **~maschine** *f* winding machine; *Spinnerei*: lap-machine; **≈n** *v/t.* wind, roll, coil; (*spulen*) reel, spool; (*Haar*) curl; (*ein*~) wrap up; (*Säugling*) swathe, swaddle; (*Zigarre, Zigarette*) roll, make; *sich* ~ *um* wind *od.* coil (o.s.) round *a th.*; *sich in eine Decke* ~ wrap a blanket about one; *fig.* → *Finger, schiefgewickelt*; **~schürze** *f* wrap-over apron; **~tuch** *n* wrap.

Wicklung ⚡ *f* winding.

Widder *m* **1.** *zo.* ram; **2.** *ast.* Ram, Aries.

wider *prp.* against, contrary to, in opposition to, versus, in the face of; → *Für II, Willen*; **~borstig** *adj.* cross-grained, rebellious, F prickly; **~fahren** *v/i.* (*j-m*) befall, happen to; *ihm ist* ... ~ he has met with ...; *j-m et.* ~ *lassen* mete a th. out to a p.; *j-m Gerechtigkeit* ~ *lassen* do justice to a p., *bsd. weitS.* give a p. his due; **~haarig** *adj.* → *widerborstig*; **≈haken** *m* barbed hook; *an Pfeil, Angel usw.*: barb; *mit* ~ (*versehen*) barbed; **≈hall** *m* echo, reverberation, resonance (*alle a. fig.*); *fig. keinen* ~ *finden* meet with no response; ~ *in der Presse* press echo; **~hallen** *v/i.* (re-)echo, resound (*von* with); **≈klage** *f* → *Gegenklage*; **≈kläger(in** *f*) *m* → *Gegenkläger(in)*; **≈lager** *n* △ abutment; (*Gegenpfeiler*) counterfort; ⊕ support; **~legbar** *adj.* refutable; **~legen** *v/t.* refute, disprove; *diese Erkenntnis widerlegte die ganze Theorie* defeated the whole theory; *s-e eigenen Worte* ~ give the lie to one's own words; **≈legung** *f* refutation, disproof; *weitS. a.* proof to the contrary.

widerlich *adj.* (*abstoßend*) repugnant, repulsive; (*ekelhaft*) distasteful, *a. Person*: loathsome, disgusting, sickening; (*Übelkeit erregend*) nauseating; → *a. widerwärtig*; **≈keit** *f* repulsiveness; loathsomeness, *etc.*

wider...: **~natürlich** *adj.* unnatural, perverse; → *Unzucht*; **≈natürlichkeit** *f* perversity; **≈part** *m* opponent, adversary; *j-m* ~ *halten* (*od. geben*) oppose, defy; **~raten** *v/i.* → *abraten*; **~rechtlich I.** *adj.* illegal, unlawful, wrongful; **II.** ⚖ *adv.*: ~ *betreten* trespass (up)on; *sich* ~ *aneignen* misappropriate, wrongfully convert to one's own use; **≈rechtlichkeit** *f* illegality, unlawfulness; **≈rede** *f* contradiction, objection; *freche*: F backtalk; *ohne* ~ unquestioningly; **≈rist** *vet. m* withers *pl.*; **≈ruf** *m* revocation; *e-r Erklärung*: recantation, retraction; ✝ countermand, *a. e-s Befehls usw.*: cancel(l)ation, withdrawal; (*gültig*) *bis auf* ~ until recalled, unless countermanded *od.* cancel(l)ed; **~rufen** *v/t. allg.* revoke; (*Äußerung*) retract, (*a. v/i.*) recant; (*Gesetz*) repeal; (*Auftrag, Vertrag, Befehl*) cancel, countermand, withdraw; **~ruflich I.** *adj.* revocable; **II.** *adv.* revocably; (*probeweise*) on probation; (*nach Maßgabe*) at pleasure, at will; **≈sacher** *m* **1.** **~in** *f* adversary, antagonist, opponent; **2.** (*der Teufel*) *the* Foe *od.* Fiend; **≈schein** *m* reflection; **~setzen** *v/refl.*: *sich* ~ oppose, resist (*dat. a p. od. th.*); *sich* ~ *dat.* set one's face against; struggle against; *sich e-m Befehl, Gesetz* ~ disobey; **~setzlich** *adj.* refractory; *im Dienst*: insubordinate; (*hemmend*) obstructive; **≈setzlichkeit** *f* refractoriness; insubordination; **≈sinn** *m* nonsense, absurdity; **~sinnig** *adj.* paradoxical; absurd, nonsensical, preposterous; **~spenstig** *adj.* refractory, recalcitrant; *Verhandlungspartner usw.*: *a.* uncooperative; (*halsstarrig*) obstinate, stubborn; (*aufsässig*) rebellious, restive; *bsd. Kinder, weitS. Haar usw.*: unruly; *der* ≈*en Zähmung* the Taming of the Shrew; **≈spenstigkeit** *f* refractoriness, rebelliousness, obstinacy; **~spiegeln** *v/t.* mirror, reflect (*a. fig.*);

⁓spiel *n* contrary, reverse, counterpart; **⁓sprechen** *v/i.* contradict (*j-m* a p., *sich* o.s.); (*e-m Vorschlag*) oppose; be repugnant (*e-m Gesetz* to); *sich* (*od. einander*) ⁓ *Meinungen, Anweisungen usw.*: be contradictory, be at variance; **⁓sprechend** *adj.* → *widersprüchlich.*

Widerspruch *m allg.* contradiction; *gegen e-n Vorschlag, e-e Patentanmeldung*: opposition; *frecher*: backtalk; *innerer* ⁓, ⁓ *in sich selbst* contradiction in terms, inconsistency; *im* ⁓ *zu* in contradiction to; *in offenem* ⁓ *zu* in flagrant contradiction to; *im* ⁓ *stehen zu* be inconsistent with, be at variance with, contradict *a th.*

widersprüchlich *adj.* contradictory, inconsistent; *Gefühle, Gesetze usw.*: conflicting.

Widerspruchs...: ⁓geist *m* spirit of contradiction; **⁓los I.** *adj.* uncontradicted; **II.** *adv.* without contradiction; (*demütig*) meekly; **⁓voll** *adj.* → *widersprüchlich.*

Widerstand *m* resistance, opposition; (*Hindernis*) obstacle; ⚡ (*phys. Größe*) resistance, (*Gerät*) resistor; ✈ (*Luft*⁓) drag; ⊕ (⁓*skraft e-s Materials*) strength, stability; ⚡ *spezifischer* ⁓ resistivity; ⚔ *hinhaltender* ⁓ delaying action; ⁓ *leisten* offer (*od.* put up a) resistance, fight back; *auf* (*heftigen*) ⁓ *stoßen* meet with (fierce) resistance, run into (stiff) opposition; *den* ⁓ *aufgeben* give in; ⚖ ⁓ *gegen die Staatsgewalt* resisting a public officer in the execution of his office; *den Weg des geringsten* ⁓*es wählen* take the line of least resistance.

Widerstands...: ⁓bewegung *pol. f* Resistance (Movement); **⁓fähig** *adj.* resistant (*gegen* to); robust, rugged (*alle a.* ⊕); **⁓fähigkeit** *f* resistance, strength; **⁓kämpfer(in** *f*) *m* member of the Resistance; **⁓kraft** *f* (power of) resistance (*gegen* to); ⊕ *a.* strength, stability; **⁓los I.** *adj.* unresisting; **II.** *adv. a.* without resistance; (*demütig*) meekly; **⁓messer** ⚡ *m* ohmmeter; **⁓nest** ⚔ *n* pocket of resistance; **⁓schweißung** *f* resistance welding; **⁓wert** *m* coefficient of resistance.

wider...: ⁓stehen *v/i.* resist, withstand (*dat. a p. od. th.*); (*zuwider sein*) be repugnant to, *Speisen*: disagree with, make *a p.* heave; *er konnte der Versuchung nicht* ⁓ he could not resist (*od.* he succumbed to) temptation; **⁓streben** *v/i.* oppose, resist (*dat. a p. od. th*); *j-m od. e-r Sache* ⁓ strive (*od.* struggle) against; *j-m* ⁓ (*zuwider sein*) be repugnant to, go against *a p.'s* grain; *es widerstrebt mir, dies zu tun a.* I am reluctant to do it, I hate to do it; **⁓streben** *n* resistance, opposition; (*Unwilligkeit*) reluctance; *mit* ⁓ → **⁓strebend** *adv.* reluctantly, with reluctance; **⁓streit** *m* opposition, antagonism; *fig.* conflict, clash; **⁓streiten** *v/i.*: *e-r Sache* ⁓ conflict (*od.* clash) with, be contrary to; **⁓streitend** *adj.* conflicting, contending, clashing; **⁓wärtig** *adj.* (*alle a.* F *Person*) unpleasant, disagreeable; (*scheußlich*) repulsive; (*ekelhaft*) disgusting, loathsome, nasty, F awful, horrible; (*verhaßt*) hateful, odious; **⁓wärtigkeit** *f* unpleasantness, disagreeableness; repulsiveness; nastiness; nuisance; (*widriger Zufall*) adversity, untoward event; **⁓wille** *m* aversion (*gegen* to), dislike (for), antipathy (to); (*Ekel*) disgust (at, for), loathing (at); (*Unwilligkeit*) reluctance; **⁓willig I.** *adj.* unwilling, reluctant; *Bewunderung usw.*: grudging; **II.** *adv.* reluctantly, with reluctance; (*mit Abscheu*) with distaste (*od.* disgust); (*ungern*) grudgingly.

widm|en *v/t.* (*zueignen*) dedicate, (*Buch a.*) *handschriftlich*: inscribe; (*Zeit, sein Leben usw.*) devote dedicate (*alle dat.* to); *sich e-r Sache* ⁓ devote o.s. (*od.* give o.s. up) to a th.; *sich j-m* ⁓ attend to, *als Unterhalter*: devote one's time to, entertain; **⁓ung** *f* dedication; **⁓ungsexemplar** *n* presentation copy.

widrig *adj.* (*ungünstig*) adverse, untoward, contrary; **⁓enfalls** *adv.* failing which, in default of which, otherwise; **⁓keit** *f* contrariety, unpleasantness; (*widriger Zufall*) adversity, untoward event.

wie I. *adv.* **1.** *in Fragen*: how?, in what way?; ⁓ *alt sind Sie?* how old are you?, what is your age?; ⁓ *sagten Sie?* (sorry), what did you say?, (I beg your) pardon?; ⁓ *ist* (*od. war*) *es mit?* what about?; ⁓ *wäre es mit?* what about?; ⁓ *wäre es, wenn?* what if?; **2.** *im Ausruf*: ⁓ *schön!* how beautiful!; ⁓ *froh war ich!* how glad I was!; ⁓ *gut, daß!* lucky for me (you, *etc.*) that!; *und* ⁓*!* and how!, *sl.* not half!; **II.** *cj.* **3.** *in Vergleichen*: as, *mst* as ... as; → *so* I; (~ *zum Beispiel*) such as; (*gleich e-m* ...) like; ~ *ein Freund* as (*gleich*: like) a friend; *ein Mann* ~ *er* a man such as he, a man like him; (*nicht*) *so alt* ~ as (not so) old as; *er sieht nicht* ~ *50* (*Jahre alt*) *aus* be doesn't look fifty; ~ *oben* (*zuvor*) as above (before); ~ *gesagt* as has been said, as I have said before; ~ *du mir, so ich dir* tit for tat; ~ *man mir gesagt hat* as I have been told; **4.** *zeitlich*: as; ~ *er dies hörte* hearing this; ~ *ich so vorbeiging* just as I was passing by; *ich sah,* ~ *ihm die Tränen in die Augen traten* I saw tears come into his eyes; *ich hörte,* ~ *er es sagte* I heard him say so; *mit adv.*: ~ *sehr er es auch versuchte* much as he tried; *eingeschoben*: ~ *es scheint* it seems; **5.** *verallgemeinernd*: ~ (*auch*) *immer* however, no matter how; ~ *dem auch sei* however that may be, be that as it may; ~ *sie auch alle heißen mögen* whatever their names may be; **III.** ≈ *n*: *das* ~ *und Warum* the why and the wherefore; *auf das* ~ *kommt es an* it all depends on how it is done (*od.* said).

Wiedehopf *orn. m* hoopoe.

wieder *adv.* again, once more; (*von neuem*) anew, afresh; (~ *zurück*) back; (*als Vergeltung*) in return; (*andererseits*) then (again), on the other hand; ~ *und* ~ again and again, over and over again; ~ *ist ein Tag vergangen* another day has passed; **≈abdruck** *m* reprint, new impression; **≈anfang** *m* → *Wiederbeginn*; **~anknüpfen** *fig. v/t. u. v/i.* renew; **≈anlage** ✝ *f* reinvestment; **≈annäherung** *pol. f* rapprochement (*fr.*); **~annehmen** *v/t.* (*Namen, Titel*) reassume; **~anstellen** *v/t.* reappoint, reinstall; → *wiedereinstellen*; **≈anstellung** *f* reappointment; **≈aufbau** *m* reconstruction (*a. nationaler, wirtschaftlicher* = rehabilitation); rebuilding; **~aufbauen** *v/t.* rebuild; reconstruct; rehabilitate; **~aufblühen** *v/i.* → *aufblühen*; **~auferstehen** *v/i.* rise from the dead, be resurrected; **≈auferstehung** *f* resurrection; **~aufführen** *thea. v/t.* reproduce, re-enact, revive; **≈aufführung** *f* reproduction, revival; **~aufkommen** *v/i. Mode usw.*: revive, come into fashion again; *Kranker*: recover; **≈aufkommen** *n* revival; *e-s Kranken*: recovery; **~aufladen** *v/t.* (*Batterie usw.*) recharge; **~aufleben** *v/i.* (*a.* ~ *lassen*) revive; *Versicherung* ~ *lassen* reinstate; **≈aufleben** *n* revival; **≈aufnahme** *f* resumption; **≈aufnahmeverfahren** ⚖ *n* new hearing; *Strafrecht*: retrial, trial de novo; *das* ~ *einleiten in e-m Prozeß* (*gegen j-n*) retry a case (a p.); **~aufnehmen** *v/t.* resume; **~aufrichten** *v/t.* set up (again), re-erect; **~aufrüsten** *v/t. u. v/i.* rearm; **≈aufrüstung** *f* rearmament, rearming; **~auftauchen** *v/i.* re-emerge, ⚓ *a.* (re-)surface; *fig.* re-emerge, come to light again, *a. Person*: reappear, turn up again; **~auftreten** *v/i.* reappear; **≈auftreten** *n* reappearance; **≈ausfuhr** *f* re-exportation; **≈ausgabe** ✝ *f* reissue; **≈beginn** *m* recommencement; *der Schule usw.*: re-opening; *Sport*: re-start; **~bekommen** *v/t.* get back, recover; **~beleben** *v/t.* restore to life, resuscitate, revive (*alle a. fig.*); **≈belebung** *f* revival; *a.* ⚕ resuscitation; **≈belebungsmittel** *n* restorative; **≈belebungsversuch** *m* attempt at resuscitation; **~beschaffen** *v/t.* replace; **~bringen** *v/t.* bring back; (*zurückgeben*) return, restore (*dat.* to); **~einbauen** *v/t.* reinstall; **~einbringen** *v/t.* make good, recover, retrieve, make up for; **~einfinden** *v/refl.*: *sich* ~ reappear, turn up again; **≈einfuhr** *f* re-importation; **~einführen** *v/t.* reintroduce; (*Brauch usw.*) re-establish; (*Ware*) re-import; **≈einführung** *f* reintroduction; re-establishment; re-importation; **≈eingliederung** *f* reintegration (*in* within, into); *berufliche*: vocational rehabilitation; **≈einlieferung** *f* ⚕ re-hospitalization; ⚖ re-committal; **~einlösen** *v/t.* redeem; **≈einlösung** *f* redemption; **≈einnahme** ⚔ *f* recapture; **~einnehmen** *v/t.* ⚔ recapture; (*e-n Platz usw.*) resume; **≈einreiseerlaubnis** *f* re-entry permit; **≈einschiffung** *f* re-embarkation; **~einsetzen** *v/t.* replace; *in ein Amt usw.*: reinstate (*in* in), restore (to); *in Rechte*: restitute (to); **≈einsetzung** *f* reinstatement, restoration; restitution; ⚖ ~ *in den vorigen Stand* restitutio in integrum; **~einstellen** *v/t.* (*Arbeiter usw.*) re-engage, re-employ; ⚔ re-enlist; *sich* ~ → *wiedereinfinden*; **≈einstellung** *f* re-employment; ⚔ re-enlistment; **≈eintritt** *m allg.* re-entry (*a. in die Erdatmosphäre*); **~ergreifen** *v/t.* (*Flüchtige*) recapture; **≈ergreifung** *f* recapture; **~erhalten** *v/t.* get back; recover; **~erkennen** *v/t.* recognize; *nicht wiederzuerkennen* totally changed; (*verstümmelt usw.*) past recognition; **≈erkennung** *f* recognition; **~erlangen** *v/t.* recover, get back; be restored to *the throne, etc.*; **≈erlangen** *n* recovery (*des Eigentums* of title); **~erleben** *v/t.* relive; **~ernennen** *v/t.* reappoint; **~erobern** *v/t.* reconquer, recapture; **≈eröffnung** *f* reopening; *der Feindseligkeiten usw.*: resumption; **~erscheinen** *v/i.* reappear; *Zeitung*: resume publication; *~ lassen* republish; **~erstatten** *v/t.* restore, return, restitute (*dat.* to); (*Kosten*) refund, reimburse (to); **≈erstattung** *f* restitution; repayment; *von Auslagen*: refund, reimbursement; **~erstehen** *v/i.* be rebuild, rise again; *fig.* be revived, (*a. ~ lassen*) revive; **~erzählen** *v/t.* retell, repeat; **~finden** *v/t.* find again; **≈gabe** *f* restitution, return; *in Bild, Ton usw.*: reproduction; *e-s Textes, Musikstücks*: rendering; *Tonband*: playback; **≈gabegerät** *n* reproduction set; **≈gabegüte** *f* quality of reproduction, fidelity; **≈gaberöhre** *TV f* picture tube, kinescope; **≈gabetreue** *f* fidelity (of reproduction); **~geben** *v/t.* give back, return (*dat.* to); *a.* (*Ehre, Gesundheit usw.*) restore (to); (*nachbilden; a. Ton usw.*) reproduce; (*übersetzen, spielen*) render, (*Musikstück, Rolle*) *a.* interpret; (*zitieren*) quote; (*schildern*) describe; (*erzählen*) tell; (*widerspiegeln*) reflect; **≈geburt** *f* rebirth; **~genesen** *v/i.* recover; **≈genesung** *f* recovery; **~gewinnen** *v/t.* regain, win (*od.* get) back, recover; (*Material*) reclaim; **≈gewinnung** *f* recovery; ⊕ reclamation, salvage; **~grüßen** *v/t. u. v/i.* return *a p.'s* greetings (⚔ a salute); **~gutmachen** *v/t.* make good, repair; *nicht wiedergutzumachen* irreparable; **≈gutmachung** *f* reparation; **~haben** *v/t.* have back (again); **~herstellen** *v/t.* restore (*a. ein Recht*); (*Verbindung*) re-establish; ⚕ *wiederhergestellt* cured, recovered; **≈herstellung** *f* restoration; *e-s Rechts*: *a.* restitution; *e-s Kranken*: recovery; *e-r Verbindung*: re-establishing; **≈herstellungschirurgie** *f* rehabilitation (*od.* plastic) surgery; **~holbar** *adj.* repeatable; reproducible.

wieder'holen *v/t.* (*sagen*) repeat, say (over) again; (*öfter sagen od. tun*) repeat, reiterate; (*kurz zs.-fassen*) recapitulate, sum up, F recap; *sich ~ Person*: repeat o.s., *Sache*: *a.* happen again, *bsd. periodisch*: recur.

'wiederholen *v/t.* fetch back, bring back; (*zurücknehmen*) take back.

wieder|holt *adj.* repeated(ly *adv.*); **≈holung** *f* repetition; repeat; reiteration; recapitulation; *TV Sport*: replay; **≈holungsfall** *m*: *im ~e* if it should occur again, in case of recurrence; **≈holungsimpfung** ⚕ *f* repeated vaccination, booster shot; **≈holungslehrgang** *m* refresher course; **≈holungszeichen** *n* ♪ repeat; *typ.* ditto-marks *pl.*; **≈hören** *n*: *auf ~* good-bye; **~instandsetzen** *v/t.* repair; (*überholen*) recondition, overhaul; **≈instandsetzung** *f* repair(s *pl.*); reconditioning, overhaul; **~käuen I.** *v/i.* ruminate, *a. fig.* chew the cud; **II.** *fig. v/t.* F rehash; **≈käuer** *m* ruminant; **≈kauf** *m* repurchase; **≈kehr** *f* return; *periodische*: recurrence; (*Jahrestag*) anniversary; **~kehren** *v/i.* return, come back; (*sich wiederholen*) recur, repeat itself; **~kehrend** *adj.* recurrent (*a. Traum*), periodical; **~kommen** *v/i.* come again; (*zurückkommen*) come back, return; **≈kunft** *f* return; **~lieben** *v/t.* return *a p.'s* love; **~sehen** *v/t.* see (*od. a. sich ~* meet) again; **≈sehen** *n* reunion; *~ mit London* London revisited; *auf ~!* good-by(e)!, au revoir (*fr.*)!, F (hope to) see you again!, so long!, cheerio!, by-by!; **≈taufe** *f* rebaptism; **≈täufer** *m* anabaptist; **~tun** *v/t.* do again, repeat; **~um** *adv.* again, anew; (*seinerseits, jedoch*) on the other hand; in his, *etc.*, turn; **~vereinigen** *v/t.* (*a. sich ~*) reunite; **≈vereinigung** *f* reunion; *a. pol.* reunification; **~vergelten** *v/t. b.s.* (*et.*) requite, retaliate; *j-m et. ~* pay a p. back for; **≈vergeltung** *f* requital, reprisal; retaliation; **~verheiraten** *v/t.* (*a. sich ~*) remarry; **≈verheiratung** *f* remarriage; **~verkaufen** *v/t.* resell; **≈verkäufer** *m* reseller; (*Einzelhändler*) retailer, retail dealer; **≈verkaufspreis** *m* trade price; **≈verkaufsrecht** *n* right of resale; **~verpflichten** ⚔

v/t. (*a. sich* ~) re-enlist; **≈verwendung** *f* reuse; **~verwerten** *v/t.* (*Abfallstoffe usw.*) recycle; **≈verwertung** *f* reutilization; recycling; **≈vorlage** *f* renewed submission; **≈wahl** *f* re-election; *sich zur ~ stellen* stand for re-election; **~wählen** *v/t.* re-elect; **~zulassen** *v/t.* readmit; **≈zulassung** *f* readmission; **~zusammenbauen** *v/t.* reassemble; **~zusammentreten** *v/i.* reassemble, reconvene.

Wiege *f* cradle (*a.* ⚔ *e-s Geschützes*; *fig. Ursprung*); *fig. die ~ der Zivilisation* the cradle of civilization; *seine ~ stand in Berlin* he was born in Berlin; *von der ~ bis zur Bahre* from the cradle to the grave; *das ist ihm auch nicht an der ~ gesungen worden* no one would have thought he would come to this.

wiegen[1] **I.** *v/t. auf der Waage*: weigh; **II.** *v/i.* weigh, have a weight of; *fig. schwer ~* weigh heavily, be of (*od.* carry) weight (*bei* with); *schwerer ~ als* outweigh; *was ~ Sie?* what is your weight?; **III.** ≈ *n* weighing; *Sport*: weigh-in.

wiegen[2] *v/t.* **1.** (*schaukeln*) rock (*in Schlaf* to sleep); *den Kopf ~* shake one's head slowly; *sich ~* sway, *wippend*: seesaw, *Am. a.* teeter; *sich in den Hüften ~d* with swaying hips; *fig. sich ~ in* delude o.s. with; *~der Gang* rolling gait; → *Sicherheit* 1; **2.** (*zerkleinern*) mince, chop.

Wiegen...: **~druck** *typ. m* incunabulum; **~fest** *n* birthday; **~kind** *n* baby; **~lied** *n* lullaby, cradlesong.

wiehern **I.** *v/i.* neigh; *fig. vor Lachen*: hee-haw, guffaw; *~des Gelächter* → **II.** ≈ *n* neighing; *fig. a.* horselaugh, guffaw(s *pl.*).

Wiener *m*, **~in** *f*, **≈isch** *adj.* Viennese.

Wiese *f* meadow; (*Rasen*) lawn; (*Weideplatz*) pasture.

Wiesel *n* weasel; → *flink*.

Wiesen...: **~klee** *m* red clover; **~land** *n* meadow-land, grassland; **~schaumkraut** *n* cuckoo-flower.

wieso *adv.* → *warum*.

wieviel *interr. adv.* how much; *~(e) pl.* how many; *um ~ mehr!* how much more!; *~ Uhr ist es?* what is the time?; **~erlei** *adv.* how many different (things); **~mal** *adv.* how many times; **~te** *adj.*: *der (die, das) ~?* which?; what number?; *den ≈n haben wir heute?* what day of the month is it?; *zum ~n Male?* how many times?

wie|weit *cj.* → *inwieweit*; **~wohl** *cj.* (al)though.

Wikinger *m* viking.

wild *adj. allg.* wild (*a. Honig, Tier, Gegend, Geschichte, Blick, Kampf, Orgie, Schlag, Vermutung usw.*); (*unzivilisiert*) *a.* savage; (*blutdürstig*) *a.* ferocious; (*grimmig*) fierce; (*wütend*) furious, enraged, F wild; (*stürmisch*) tempestuous, *fig. a.* impetuous; (*turbulent*) turbulent, uproarious; *Kind*: unruly, unmanageable, F wild; (*ungepflegt*) wild, unkempt, *Haar*: *a.* dishevel(l)ed; *~es Mädchen* tomboy, romp; *~er Boden* virgin soil; ⚕ *~es Fleisch* proud flesh; *~e Flucht* headlong flight, rout; *~es Parken* illicit parking; *~er Streik* illegal (*od.* lightning-)strike, *bsd. Am.* wildcat strike; *~e Vermutungen* wild speculation *sg.*; *~ machen* drive *a p.* wild, enrage, infuriate, (*Tier*) frighten; F *den ~en Mann spielen* go berserk, act wild; *~ sein auf* be wild (*od.* crazy) about; *~ wachsen* grow wild; *~ werden* turn wild; *fig.* see red, get wild; F *das ist halb so ~!* it's not that bad!; *weitS.* (*nicht so toll*) *sl.* it's not so hot!; → *Ehe, Jagd 4, Wein usw.*

Wild *n* game, *coll. a.* wildlife; *einzelnes*: head of game; (*Reh*) deer (*a. coll.*); (*~fleisch*) game, *v. Hochwild*: venison; **~bach** *m* torrent; **~bad** *n* hot-springs *pl.*, thermal baths *pl.*; **~bahn** *f* hunting-ground; *auf freier ~* in open nature; **~braten** *m* roast venison; **~bret** *n* game; *v. Hochwild*: venison; **~dieb** *m* poacher; **~dieberei** *f* poaching; **~ente** *f* wild duck.

Wilde(r) *m* savage; *parl.* free lance; *fig. wie ein ~r* like mad.

Wilder|er *m* poacher; **≈n** *v/i.* poach.

Wild...: **~fang** *m* wild child, *nur Mädchen*: romp, tomboy; **~fleisch** *n* → *Wildbret*; **≈fremd** *adj.* totally unknown (*dat.* to); *~er Mensch* complete stranger; **~gans** *f* wild goose; **~geschmack** *m* gamy taste; **~heit** *f* → *wild*; wildness; savageness; ferocity; fierceness; (*Handlung*) savagery; **~hüter** *m* gamekeeper; **~katze** *f* wildcat; **~leder** *n*, **≈ledern** *adj.* suede (*fr.*), *bsd. Handschuhe*: doeskin, chamois leather; **~lederschuhe** *m/pl.* suede shoes; **~ling** *m* **1.** ⚘ wilding; **2.** *fig.* → *Wildfang*; **~nis** *f* wilderness, wild (*a. fig.*); jungle (*a. fig.*); **~park** *m* (game-)preserve, deer-park; **~sau** *f* wild sow; **~schaden** *m* damage done by game; **~schütz(e)** *m* poacher; **~schutzgebiet** *n* game-preserve; **~schwein** *n* wild boar (*f* sow); **~stand** *m* stock of game; wildlife; **≈wachsend** *adj.* (growing) wild; **~wasser** *n* torrent; *a. Sport u. in Zssgn.*: wild-water *canoeing, etc.*; **~wechsel** *m* game pass, runway; **~west...** Western; **~westfilm** *m* Western (film), *co.* horse opera.

Wille(n) *m* will; *bsd. phls.* volition; (*Absicht*) intent(ion); (*Entschlossenheit*) determination; *böser* ~ ill-will; *guter* ~ good will (*od.* intention); *letzter* ~ (last) will, ⚖ last will and testament; *aus freiem* ~*n* of one's own free will, of one's own accord, voluntarily; *gegen s-n* ~*n*, *wider* ~*n* against one's will; (*unwillkürlich*) despite of o.s.; *mit* ~*n* on purpose, expressly; *j-m s-n* ~*n lassen* let a p. have his (own) way (*od.* will); *j-m zu* ~*n sein* comply with a p.'s wishes, oblige a p.; *ich kann es beim besten* ~*n nicht tun* I cannot do it, much as I should like to (*od.* not for the life of me); *wenn es nach s-m* ~*n ginge* if he had his way; *wo ein* ~ *ist, ist auch ein Weg* where there is a will, there is a way; → *willens*, *'durchsetzen* I, *geschehen* I, *Gott* 1.

willen *prp.*: *um* ... ~ for the sake of ..., for *order's, etc.* sake.

willen...: **~los I.** *adj.* lacking will-power, will-less; (*unentschlossen*) irresolute; (*nachgiebig*) spineless; *j-s* ~*es Werkzeug sein* be a p.'s slave; **II.** *adv.* (*gefügig*) meekly; *j-m* ~ *ausgeliefert sein* be at a p.'s mercy; **≈losigkeit** *f* lack of will-power; indecision.

willens *adj.*: ~ *sein, zu inf.* be willing (*od.* prepared) to *inf.*; *ich bin nicht* ~, *zu inf. a.* I do not propose to *inf.*

Willens...: **~akt** *m* act of volition; **~anstrengung** *f* effort of will; **~äußerung** *f* **1.** expression of one's will; **2.** *a.* = **~erklärung** ⚖ *f* declaration of intention; (*Urkunde*) *one's* act and deed; **~freiheit** *f* freedom of the will, free will; **~kraft** *f* will-power; *weitS.* strong will; **≈schwach** *adj.* weak(-willed), lacking will-power; **~schwäche** *f* weak will, lack of will-power; **≈stark** *adj.* strong-willed; **~stärke** *f* will-power, strong will.

willentlich *adv.*: *wissentlich und* ~ consciously and deliberately.

willfahren *v/i.* comply with, grant, accede to *a request, etc.*; *j-m* ~ comply with a p.'s wish(es), *nachsichtig*: humo(u)r a p.

willfährig *adj.* compliant, complaisant; (*gefügig*) docile, meek; *contp.* obsequious; *j-s* ~*es Werkzeug sein* be at a p.'s beck and call, be a p.'s slave; **≈keit** *f* compliance; docility; obsequiousness.

willig *adj.* (*bereit*) willing, ready (*zu tun* to do); (*dienstfertig*) willing, eager, F keen; (*gefügig*) docile; (*entgegenkommend*) co-operative; *ein* ~*es Ohr leihen dat.* lend a willing ear to; **~en** *v/i.* → *einwilligen*; **≈keit** *f* willingness; (*Arbeitseifer usw.*) zeal.

Willkomm *m*, **~en** *n*, *m* welcome, reception; **≈en** *adj.* welcome (*dat.* to; *a. fig.*); *j-n* ~ *heißen* welcome a p., bid a p. welcome.

Willkür *f* arbitrariness; *j-s* ~ *preisgegeben sein* be at the mercy of a p.; **~akt** *m* arbitrary action; **~herrschaft** *f* arbitrary rule, despotism; **≈lich I.** *adj.* arbitrary (*a.* ⚕), high-handed; *bsd. physiol.* (*vom Willen gelenkt*) voluntary; *Auswahl*, ⊕, *Abweichungen*: random ...; **II.** *adv.* (*selbstherrlich*) arbitrarily, in an arbitrary, *etc.*, manner; at will, at pleasure; (*wahllos, zufällig*) at random; **~lichkeit** *f* arbitrariness; → *a. Willkürakt.*

wimmeln *v/i.* swarm, be teeming (*od.* F crawling) (*von* with); *fig. von Fehlern usw.* ~ *a.* bristle with.

wimmern I. *v/i.* whimper, whine; **II.** ≈ *n* whimper(ing).

Wimpel *m* pennant.

Wimper *f* eyelash; *zo.*, ⚘ cilium (*pl.* cilia); *ohne mit der* ~ *zu zucken* without wincing, *co. fig.* without turning a hair, *Am.* F without batting an eyelash; **~nbürste** *f* eyelash brush; **~ntusche** *f* eyelash black, mascara.

Wind *m* wind; (*Blähung*) wind, flatulence; *hunt.* (*Witterung*) wind, scent; *guter* ~, *günstiger* ~ fair wind; *sanfter* ~ (gentle) breeze; → *a. Windstoß*; ~ *von vorn* head wind; *beim* ~, *dicht am* ~ *segeln* close to the wind, close-hauled; *gegen den* ~ into the wind, (right) into the wind's eye; *mit dem* ~ down wind; *im* ~*e flattern* flutter before the wind; *bei* ~ *und Wetter* in storm and rain, in all weathers; F *e-n* ~ *(streichen) lassen* break wind; *fig.* ~ *bekommen von* get wind of;

F *fig.* ~ *machen* put on a show, (*Aufhebens, Getue machen*) make a fuss; *j-m den* ~ *aus den Segeln nehmen* take the wind out of a p.'s sails, steal a p.'s thunder; *in alle* ~*e zerstreuen* scatter to the four winds; *in den* ~ *reden* speak to the winds; *in den* ~ *schlagen* cast to the wind(s), make light of, ignore; *in den* ~ *geschrieben* written in the sand; *sich den* ~ *um die Nase wehen lassen* see the world; *wissen, woher der* ~ *weht* know how the wind blows; ~ *säen und Sturm ernten* sow the wind and reap the whirlwind; *fig. hier weht ein scharfer* ~ F things are pretty lively here; → *Mantel*; ~**beutel** *m* cream-puff, éclair (*fr.*); F *fig.* F loose fish, windbag; ~**beutelei** *f* looseness; ~**bluse** *f* → *Windjacke*; ~**bruch** *m* windfall.

Winde[1] *f* ⊕ winch, windlass, hoist; (*Anker*≈) capstan; (*Heber*) lifting jack; (*Garn*≈) reel.

Winde[2] ⚘ *f* bindweed.

Windei *n* wind-egg.

Windel *f* diaper, (baby's) napkin; ~*n a.* swaddling-clothes, F nappies (*beide a. fig.*); F *fig.* (*noch*) *in den* ~*n steckend a.* (still) in its infancy (*od.* early stages); ≈**weich** F *adj.*: *j-n* ~ *schlagen* beat a p. to a jelly.

winden[1] *v/impers.*: *es windet* there is a wind blowing.

winden[2] **I.** *v/t.* wind, twirl (*um* round); (*aufwickeln*) coil; (*Garn usw.*) reel; (*Kranz*) make, bind; *in die Höhe* ~ hoist; *j-m et. aus den Händen* ~ wrest a th. out of a p.'s hands; **II.** *v/refl.*: *sich* ~ *Schlange usw., a. Person; vor Schmerz, Scham*: squirm, writhe (*vor* with); *Wurm*: wriggle, turn; *Straße, Weg*: wind, twist its way (along), *Bach, Fluß*: meander; *sich* ~ *um* wind (*od.* coil) round; *sich* ~ *durch* wind one's way (*od.* slip) through *a crowd, etc.*; *fig. sich* ~ *und drehen, sich* ~ *wie ein Aal* wriggle like an eel; → *gewunden*.

Windeseile *f*: *mit* ~ at lightning-speed, in no time; *das Gerücht verbreitete sich mit* ~ spread like wildfire.

Wind...: ~**fahne** *f* (weather-)vane; ~**fang** *m* draught-screen; ⊕ vent hole; △ porch; ~**flügel** *mot. m* fan (blade); ≈**geschützt** *adj.* protected against the wind; ~**hafer** *m* wild oats *pl.*; ~**harfe** *f* Aeolian (*od.* wind) harp; ~**hauch** *m* breath of wind, gentle breeze; ~**hose** *f* whirlwind, tornado; ~**hund** *m* greyhound; F *fig.* F loose fish.

windig *adj.* windy; F *fig. Person*: dubious, windy, F shady; *Sache*: *a.* (*unsicher*) precarious, shaky; *Ausrede*: thin, lame.

Wind...: ~**jacke** *f* windcheater; ~**jammer** ⚓ *m* windjammer; ~**kanal** *m* wind tunnel; ~**kessel** *m* air-chamber; ~**klappe** *f* air-valve; ~**licht** *n* storm lantern; ~**messer** *m* wind ga(u)ge, anemometer; ~**mühle** *f* windmill; *gegen* ~*n kämpfen* fight (*od.* tilt at) windmills; ~**mühlenflügel** *m* windmill sail (*od.* vane); ~**pocken** ⚕ *f/pl.* chickenpox *sg.*; ~**rad** *n* fan blower; ~**richtung** *f* direction of the wind, wind direction; ~**röschen** ⚘ *n* anemone; ~**rose** ⚓ *f* (compass-)card, rhumb-card, wind rose; ~**sack** ✈ *m* wind cone (*od.* sleeve); ~**sbraut** *poet. f* hurricane, gale, whirlwind; ~**schacht** ⚒ *m* air-shaft; ~**schatten** *m* ⚓ lee; ✈ sheltered zone; ≈**schief** *adj.* warped (*a. fig.*), *bsd.* △ skew; *fig.* awry, *Am. sl.* cockeyed; ~**schirm** *m* windscreen, draught-screen; ≈**schlüpfig**, ≈**schnittig** *adj.* streamlined, aerodynamic, swept-back; ~**(schutz)scheibe** *f* windscreen, *Am.* windshield; ~**seite** *f* windward (*od.* weather-)side; ~**spiel** *n* greyhound; ~**stärke** *f* wind force; ~ *1* Beaufort 1; ≈**still** *adj.* calm; ~**stille** *f* calm, lull; ~**stoß** *m* blast of wind, gust, *stärker*: squall; ~**stoßfrisur** *f* wind-swept hairdo.

Windung *f* winding, turn, convolution; *e-s Weges, Stroms*: bend; *e-r Taurolle, Schlange*: coil; *e-r Spirale, Muschel*: whorl; *e-r Schraube*: worm, thread; ~**szahl** ⊕ *f* number of turns.

Wink *m* sign; *mit der Hand*: *a.* wave; *mit den Augen*: wink; *durch Nicken*: nod; *fig.* hint, F pointer, tip, *warnender*: tip-off; ~ *mit dem Zaunpfahl* (*od. Laternenpfahl*) broad hint; *j-m e-n* ~ *geben* give (*od.* drop) a p. a hint; *den* ~ *verstehen* take the hint (*od.* cue).

Winkel *m* ∡ angle; *weitS.* (*Ecke*) corner, nook; *fig.* recess *of the heart*; ⚔ (*Ärmelabzeichen*) chevron; ⊕ square; ⚡ (*Phasen*≈) phase angle; → *spitz, tot usw.*; *im rechten* ~ *zu* at right angles to; *in e-m* ~ *stehen mit* be at an angle with; ~**abstand** *m* angular distance; ~**abweichung** *f* angular deflection; ~**advokat** *m* pettifogger, hedge-lawyer, *Am.* F shyster; **~arm** ⊕ *m* bell crank; **~beschleunigung** *f* angular acceleration; **~börse** ✝ *f* F bucket-shop; **~eisen** ⊕ *n* angle iron; **≈förmig** *adj.* angular; **~funktion** ⩘ *f* goniometric function; **~gasse** *f* back lane; **~geschwindigkeit** *phys. f* angular velocity; **~getriebe** *mot. n* mitre-gear; **~haken** *typ. m* composing-stick; **~halbierende** ⩘ *f* bisector of an angle; **~hebel** *m* bell crank.

wink(e)lig *adj.* angular; *weitS.* full of corners, cornered; *Straße*: crooked; *in Zssgn bsd.* ⩘ ...-angled.

Winkel...: **~makler** *m* outside broker, *Am.* bucketeer; **~maß** *n* (steel) square; **~messer** *m* protractor; *surv.* goniometer; **≈recht I.** *adj.* right-angled, square; **II.** *adv.* at right angles; **~reflektor** *m* corner reflector; **~schere** *f* angular scissors *pl.*; **~stellung** *f* angular adjustment; **~stütze** *f* bracket; **~zug** *m* dodge, subterfuge, shift, trick; (*Ausflucht*) evasion; Winkelzüge machen dodge, shuffle, prevaricate; use tricks, *etc.*

wink|en *v/i.* **1.** make a sign, signal (*dat.* to); *mit der Hand*: wave, motion (to), (*her* ~) beckon (*a p.*); *durch Nicken*: nod (to), *durch Augenzwinkern*: wink (at); ⚔, ⚓ semaphore, flag; mit der Hand (dem Taschentuch) ~ wave one's hand (handkerchief); **2.** *fig. Belohnung usw.*: be in store (*dat.* for); **≈er** *m* **1.** *mot.* direction indicator; **2.** ⚔ *Person*: flag signal(l)er; **≈erflagge** ⚔ *f* signal(l)ing flag; **≈spruch** *m* semaphore message; **≈zeichen** ⚔ *n* semaphore signal; ~ geben semaphore, flag.

winklig *adj.* → winkelig.

winseln I. *v/i.* whimper, whine; **II.** ≈ *n* whimper(ing).

Winter *m*: (im ~ in) winter; → mitten; **~aufenthalt** *m* winter abode; (*Kurort*) winter resort; **~betrieb** ⊕ *m* winter operation; **~feldzug** *m* winter campaign; **≈fest** *adj.* winterproof; ⚘ hardy; ⊕, *mot.* ~ machen winterize; **~frische** *f* winter holidays *pl.*; (*Kurort*) winter resort; **~frucht** *f*, **~getreide** *n* wintercrop; **~garten** *m* winter garden, conservatory; **~halbjahr** *n* winter half-year; **≈hart** *adj.* cold-climate ...; **~kleidung** *f* winter clothes *pl.*, *a. fig.* winter garment; **~korn** *n* → Winterfrucht; **≈lich** *adj.* wintry; **~mantel** *m* winter overcoat; **~märchen** *n* winter tale; **~mode** *f* winter fashion; **~öl** *mot. n* winter oil; **~olympiade** *f* → Winterspiele; **~quartier** *n* winter quarters *pl.*; **~reifen** *mot. m* winter tyre (*Am.* tire); **≈s** *adv.* in (the) winter; **~saat** *f* winter grain; **~schlaf** *m* winter-sleep, (⚕ künstlicher ~ artificial) hibernation; ~ halten hibernate; **~semester** *n* winter term; **~sonnenwende** *f* winter solstice; **~spiele** *n/pl.*: Olympische ~ Winter Olympic Games; **~sport** *m* winter sport(s *pl. coll.*); **~sportplatz** *m* winter sports cent|re, *Am.* -er; **~vorrat** *m* winter stock.

Winzer *m* vine-dresser; (*Weinzüchter*) wine-grower; (*Traubenleser*) vintager.

winzig *adj.* (*a.* ~ *klein*) tiny, minute, diminutive; infinitesimal, microscopic(ally *adv.*); ein ~es Kerlchen (Zimmer) *a.* a slip of a boy (room); F ein ~es bißchen F a wee bit; **≈keit** *f* tininess, minuteness, diminutive size.

Wipfel *m* (tree-)top.

Wipp|e *f* seesaw; **≈en** *v/i.* (*schaukeln*) seesaw, rock; *Am. a.* teeter; *Turnen*: dip, spring the board; *mit dem Schwanz usw.* ~ wag; **~säge** *f* jig saw; **~schalter** ⚡ *m* rocker switch.

wir *pers. pron.* we; ~ beide (alle) both (all) of us; ~ drei we three, the three of us.

Wirbel *m* **1.** (*Drehung*) whirl, swirl; (*Wasser*≈) eddy, *größerer*: whirlpool, maelstrom, *a. phys.* vortex; (*Wind*≈) whirlwind; ⊕ (*Luft*≈) turbulence; *von Rauch usw.*: eddy, wreath; *von Schnee, Staub, Hieben*: flurry; (*Trommel*≈) (drum) roll; *fig. des Vergnügens, Verkehrs usw.*: whirl, vortex, maelstrom; (*Trubel*) turbulence, F hurly-burly; (*Lärm*) row, racket; (*Aufhebens*) fuss, noise, to-do; F e-n ~ machen make a big fuss (*od.* noise); **2.** *anat.* (*Rücken*≈) vertebra (*pl.* -ae); (*Scheitel*) crown (of the head); (*Haar*≈) vortex; *e-r Kette*: swivel; (*Violin*≈ *usw.*) peg; **~bildung** ⊕ *f* turbulence; **≈förmig** *adj.* whirling; vertebral; **≈frei** *phys. adj.* non-vortical; irrotational; **~gelenk** ⊕ *n* swivel-joint; **≈ig** *adj.* whirling; *phys.* vortical; *fig.* giddy, vertiginous, wild; **~kammer** *mot. f* turbulence chamber; **~kasten** ♪ *m der Geige usw.*: peg box; **~knochen** *m* vertebra; **≈los** *adj.* **1.** invertebrate, spineless; ~es Tier invertebrate; **2.** → wirbelfrei; **≈n** *v/i.* whirl, eddy, swirl; *Trommeln*:

roll; *Lerche usw.*: warble (*a. v/t.*); *fig. mir wirbelt der Kopf* my head is in a whirl; **~säule** *f* spinal (*od.* vertebral) column, spine; → *a. Rückgrat(...)*; **~strom** ⚡ *m* eddy current; **~sturm** *m* whirlwind, cyclone, tornado (*alle a. fig.*); **~tier** *n* vertebrate; **~wind** *m* whirlwind (*a. fig.*); **~zerrung** ⚕ *f* vertebral contorsion.

wirk|en I. *v/i.* **1.** (*Wirkung ausüben*) have an effect (*auf* on), be effective, work, operate, ⚕ *a.* (*anschlagen*) take; ~ *als* act (*od.* serve, function) as (*a.* ⊕); ~ *auf* (*j-n*) have a *depressing, etc.* effect on, produce an impression on, affect *a. p.*, (*die Nerven usw.*) affect, ⚕ *u.* ⊕ act on; *beruhigend usw.* ~ have a soothing, *etc.* effect (*od.* influence); ~ *gegen* be effective against, (*a. Person*) act against, counteract, *Person*: *a.* oppose, fight (against) *a th.*; ~ *für et.* work (*od.* be active) for; *dahin* ~, *daß* bring one's influence to bear that, see (to it) that, endeavo(u)r to *inf.*; *et. auf sich* ~ *lassen* take a th. in; *das hat gewirkt!* that worked (*od.* did it)!, (*hat gesessen*) that went home!; **2.** (*tätig sein, arbeiten*) work (*an* at, *bei* with, for), be active; (*als Lehrer*) *an e-r Schule* ~ be a teacher, teach at a school; **3.** (*scheinen, aussehen*) seem, look *younger, sad, etc.*; *das wirkt komisch* that looks funny; **II.** *v/t.* **4.** → *bewirken, Wunder*; **5.** ⊕ (*Strümpfe usw.*) knit; **≈en** *n* **1.** → *Wirkung*; **2.** (*Tätigkeit*) activity, work; **3.** ⊕ knitting; **~end** *adj.* acting, active; *langsam* ~ slow-acting; *stark* ~ highly effective, potent, drastic; *~e Kräfte* active forces; *~e Ursache* efficient cause; **≈er**(**in** *f*) *m* knitter; **≈erei** *f* knitting factory; **≈faktor** ⊕ *m* power factor; **≈leistung** ⊕ *f* true power.

wirklich I. *adj. allg.* real, (*tatsächlich*) *a.* actual; (*echt*) *a.* true, genuine; (*wesentlich*) substantial; (*sichtbar, festgestellt*) visible *supply, etc.*; *ein ~er Künstler* a real (*od.* true) artist; *das ~e Leben* real life; ⚔ *~er Bestand* effective strength; **II.** *adv.* really, actually, truly, in fact, F real; (*in der Tat*) indeed; ~? really?, indeed?, is that so? (*a. iro.*); **≈keit** *f* reality; truth; real life; *rauhe* ~ harsh reality, hard facts *pl.*; *in* ~ in reality; **≈keitsform** *ling. f* indicative (mood); **~keitsfremd** *adj.* unrealistic(ally *adv.*); (*idealistisch*) starry-eyed; → *a. weltfremd*; **~keitsnah** *adj.* realistic(ally *adv.*), down-to-earth ...; **≈keitssinn** *m* realism, realistic outlook.

Wirkmaschine *f* knitting (*od.* hosiery) machine.

wirksam *adj.* effective, efficacious; (*eindrucksvoll*) impressive, effective; *Hieb usw.*: telling; *sehr* ~ *a.* powerful, drastic; ~ *gegen* effective against, good for; ~ *werden* take effect, *Gesetz usw.*: *a.* become effective, come into force; **≈keit** *f* efficacy; effectiveness (*a.* ⚕); impressiveness, effect(iveness).

Wirk...: **~spannung** ⚡ *f* active voltage; **~stoff** *m* active agent (*od.* substance); hormone; vitamin; enzym(e); (*Zusatzstoff*) additive; **~stuhl** *m* knitting frame.

Wirkung *f allg.* effect (*a.* ⚕); (*Tätigkeit*) operation (*a. e-r Droge*), action; (*Folge*) consequence; (*Ergebnis*) result; (*Eindruck*) impression, *stärker*: impact, *bsd. thea.* appeal; (*Gegen≈*) reaction; *mit* ~ *vom* with effect from, as from (*od.* of); *mit sofortiger* ~ effective immediately, as of now; ~ *erzielen* produce an effect, *a. s-e* ~ *tun* be effective, work, tell; *s-e* ~ *verfehlen, ohne* ~ *bleiben* fail to work, produce no effect, prove ineffectual; ~ *zeigen Boxen*: be groggy, wilt; (*Gesetz von*) *Ursache und* ~ (law of) cause and effect; *keine* ~ *ohne Ursache* no effect without cause, no smoke without fire; *kleine Ursache, große* ~ little cause but great effect.

Wirkungs...: **~bereich** *m* sphere (⚔ radius) of action; *Artillerie*: effective radius; *Gesetz*: operation; **~dauer** *f* duration of effect; ⚗ persistency; **~grad** ⊕ *m* efficiency; **~kraft** *f* efficacy; **~kreis** *m* sphere (*od.* field) of activity; province, domain; **≈los** *adj.* ineffectual, inefficient; ~ *bleiben* produce no effect, *Witz usw.*: fall flat, *bei j-m*: be lost on a p.; **~losigkeit** *f* inefficacy, inefficiency; **≈voll** *adj.* → *wirksam*; **~weise** *f* mode of action (*od.* operation); working; mechanism.

Wirkwaren *pl.* knit(ted) goods, knitwear *sg.*

Wirkzeit ⚗ *f* reaction time.

wirr *adj.* confused; *geistig*: *a.* bewildered, *contp.* muddle-headed; (*wüst*) disorderly, *stärker*: chaotic; *Rede*: incoherent; *Haar*: dishevel(l)ed; (*verschlungen*) tangled (*a. fig.*); *mir ist ganz* ~ *im Kopf* my head is in a whirl; **≈en** *pl.*

troubles, disorders; *des Krieges usw.*: turmoil *sg.*; **⁓kopf** *fig. m* muddle-headed fellow, scatterbrain; **⁓nis** *f*, **⁓sal** *n* chaos, confusion, turmoil; **⁓warr** *m* confusion, chaos, F jumble, muddle; mess; (*Lärm*) hubbub, hurly-burly.

Wirsing(kohl) *m* savoy.

Wirt *m* host (*a. biol*); (*Haus⁓, Gast⁓*) landlord; (*Gast⁓*) innkeeper, (restaurant) proprietor, *Am. a.* saloonkeeper; *fig.* den ⁓ machen do the hono(u)rs; → Rechnung; **⁓in** *f* hostess; (*Haus⁓, Gast⁓*) landlady; (*Gastwirtsfrau*) innkeeper's wife; proprietress; **⁓lich** *adj.* hospitable; (*bewohnbar*) habitable.

Wirtschaft *f* **1.** (*Haushaltung*) housekeeping; (*Hauswesen*) household; (*Land⁓*) farm(ing); **2.** ✝, *pol.* economy; (*gewerbliche* ⁓) business, trade and industry; (⁓*sleben*) economic activity (*od.* life); (⁓*swissenschaft*) economics *pl.* (*sg. konstr.*); economic science, economy; **3.** (*Wirtshaus*) public house, F pub; *Am.* saloon; *mst ländlich*: inn; *im Bahnhof*: refreshment room; **4.** F *contp.* (*Treiben*) doings *pl.*, goings-on *pl.*; (*Mißstand, Durcheinander*) F mess, topsy-turvydom; **⁓en** *v/i.* keep house, run the household; (*sparen*) economize, husband, operate economically; (*gut* ⁓) manage well, be a good manager; (*geräuschvoll hantieren*) potter (*od.* rummage) about; **⁓er** *m*: (*guter* ⁓ good) manager *od.* economist; **⁓erin** *f* housekeeper; **⁓ler** *m* economist; **⁓lich** *adj.* economic(ally *adv.*); (*finanziell*) financial; (*geschäftlich*) commercial; business *turnover, value*; (*haushälterisch*) economical, thrifty; (*rationell, leistungsfähig*) efficient; (*ertragreich*) profitable, paying; ⁓ gestalten rationalize; **⁓lichkeit** *f* economy; good management; efficiency; profitability.

Wirtschafts...: **⁓abkommen** *n* economic (*od.* trade) agreement; **⁓ablauf** *m* economic process; **⁓barometer** *n* business barometer; **⁓berater** *m* business consultant, economic adviser; **⁓betrieb** *m* (business) enterprise, industrial unit; **⁓beziehungen** *f/pl.* economic (*od.* trade) relations; **⁓buch** *n* housekeeping book; **⁓einheit** *f* economic entity; **⁓form** *f* economic system; **⁓fragen** *f/pl.* economic problems; **⁓führer** *m* industrial leader, captain of industry; business executive; **⁓gebäude** *n/pl.* farm buildings *pl.*; ⚔ domestic offices; **⁓geld** *n* housekeeping money; **⁓gemeinschaft** *f*: Europäische ⁓ European Economic Community (*abbr.* EEC); **⁓geographie** *f* economic geography; **⁓güter** *n/pl.* economic goods; *Bilanz*: assets; **⁓gymnasium** *n* commercial high school; **⁓hilfe** *f* economic aid; **⁓jahr** *n* financial year; ✓ farm year; **⁓kraft** *f* economic power (*od.* resources *pl.*); **⁓krieg** *m* economic war(fare); **⁓kriminalität** *f* business delinquency; **⁓krise** *f* economic crisis, business depression, slump; **⁓lage** *f* economic conditions *pl.*; **⁓leben** *n* economic activity (*od.* life); **⁓lenkung** *f* governmental control, *Am.* guidance of trade; **⁓minister** *m* minister for economic affairs; **⁓ministerium** *n* ministry of economics; *Am.* Department of Commerce; **⁓plan** *m* budget, economics *pl.*; **⁓politik** *f* economic policy; **⁓politisch** *adj.* economic(ally *adv.*); **⁓potential** *n* economic potential; **⁓prüfer** *m* chartered accountant, *Am.* certified public accountant; **⁓rat** *m* economic council; **⁓sachverständige(r)** *m* economic expert (*od.* consultant); **⁓system** *n* economy, economic system; **⁓teil** *m e-r Zeitung*: business section; **⁓union** *f* economic union; **⁓unternehmen** *n* business enterprise, industrial firm; **⁓verband** *m* trade association; **⁓verbrechen** *n* business delict; **⁓volumen** *n* volume of economic activity; **⁓wachstum** *n* economic growth; **⁓wissenschaft** *f* economic science, economics *pl.* (*sg. konstr.*); **⁓wissenschaftler(in** *f*) *m* (political) economist; **⁓wunder** *n* economic miracle; **⁓zeitung** *f* business (*od.* trade) journal; **⁓zweig** *m* sector of the economy, branch of trade.

Wirts...: **⁓haus** *n* public house, F pub; *Am.* saloon; *mst ländlich*: inn; **⁓leute** *pl.* host and hostess; landlord and landlady; **⁓tier** *biol. n* host.

Wisch *m* wisp of straw, *etc.*; *contp.* (*Papier⁓*) scrap of paper; **⁓en** *v/t.* wipe; (*auf*⁓) mop (up); sich den Mund ⁓ wipe one's mouth; sich mit dem Taschentuch die Stirn ⁓ mop one's brow; **⁓er** *m mot.* wiper; *zum Zeichnen*: stump; F (*Schlag*) grazing blow; **⁓lappen** *m*, **⁓tuch** *n für Geschirr*:

dish-cloth; *für den Fußboden*: floor-cloth.

Wisent *m* bison.

Wismut *n*, *m* bismuth.

wispern *v/i. u. v/t.*, ≈ *n* whisper.

Wiß|begier(de) *f* thirst for knowledge, (intellectual) curiosity; (*Neugier*) curiosity; **≈begierig** *adj.* eager for knowledge, anxious to learn; *weitS.* curious, inquisitive.

wissen I. *v/t. u. v/i.* know (et. a th.; *um*, *von* about, of); ~ *von a.* have knowledge of, be aware *od.* informed of; ~, *zu inf.* (*können*) know how to *inf.*; *j-n et.* ~ *lassen*, *j-m et. zu* ~ *tun* let a p. know a th., acquaint a p. with a th., send a p. word of a th.; ~ *lassen* (*zu verstehen geben*) give *a p.* to understand (*daß* that); *genau* ~, *daß* be positive that; *nichts von et.* ~ *a.* know nothing of a th., be quite in the dark about a th., have no idea of a th.; → *Bescheid*, *Dank*, *Rat* 1, *helfen usw.*; *ich möchte gern* ~ I should like to know, *ob*: I wonder if; *er weiß mit Kindern umzugehen* he knows how to treat children, he has a way with children; *man kann nie* ~ you never can tell, you never know (*bei* with); *ich weiß nicht recht!* I am not so sure!; *nicht, daß ich wüßte!* not that I know of!; *soviel ich weiß* as far as I know, *bsd. zweifelnd*: for aught (*od.* all) I know; *was weiß ich!* no idea!, *sl.* search me!; *und, was weiß ich noch alles* and what not; *als ob es wer weiß was gekostet hätte* as if it had cost a fortune; *ich will von ihm* (*davon*) *nichts* ~ I will have nothing to do with him (it); *er will nichts davon* ~ he won't hear of it; *ich will von ihr nichts mehr* ~ I am through with her; *ich weiß mir kein größeres Vergnügen als* for me, there is nothing nicer than; *weißt du noch?* (do you) remember?; *was ich nicht weiß, macht mich nicht heiß* what the eye does not see, the heart does not grieve about; **II.** ≈ *n* knowledge; (*Bildung*) learning; (*Gelehrsamkeit*) scholarship, erudition; (*~sgut*) information; (*technisches Erfahrungs≈*) *Am.* know-how; *ohne mein* ~ without my knowledge, unknown to me; *meines* ~*s* to my knowledge, as far as I know; *wider besseres* ~ against one's better judg(e)ment, despite one's better knowledge; *nach bestem* ~ *und Gewissen* to the best of one's knowledge and belief; **~d** *adj. Blick usw.*: knowing(ly *adv.*).

Wissenschaft *f* **1.** (*exakte* ~, *Natur*≈) science; → *Geisteswissenschaft usw.*; F *das ist eine* ~ *für sich!* that's a rather complicated matter; **2.** *obs.* (*Wissen*) knowledge; (*Kunde*) intelligence; **~ler(in** *f*) *m* (*f a.* woman) scientist, man of science; (*Forscher*) researcher; (*Geistes*≈) scholar; → *Sprachwissenschaftler usw.*; **≈lich** *adj.* scientific(ally *adv.*); (*geistes* ~) academic(ally *adv.*), scholarly; **~lichkeit** *f* scientific, *etc.* character *od.* method(s *pl.*).

Wissens...: **~drang** *m*, **~durst** *m* thirst for knowledge; **≈durstig** *adj.* eager for knowledge, anxious to learn, curious; **~gebiet** *n*, **~zweig** *m* field of knowledge; **~lücke** *f* gap in one's knowledge; **~schatz** *m*: (*großer* ~ great) store of knowledge; **≈wert** *adj.* worth knowing *od.* learning; interesting; ≈*es* interesting facts *pl.* (*od.* information).

wissentlich I. *adj.* knowing, conscious; (*absichtlich*) wil(l)ful, deliberate; **II.** *adv.* knowingly, *etc.*; wittingly.

wittern *v/t.* scent, smell; *fig. a.* (*argwöhnen*) suspect; (*e-e Chance*) see; (*Gefahr*) sense; *Unrat* ~ smell a rat.

Witterung *f* **1.** (*bei dieser* ~ in this) weather; → *a. Witterungsverhältnisse*; *bei günstiger* ~ weather permitting; *bei jeder* ~ in all weathers; **2.** *hunt.* (*Geruch u. Geruchssinn*) scent; *a. fig. e-e feine* ~ *haben a.* have a good nose.

Witterungs...: **≈beständig** *adj.* weatherproof; *Stahl*: stainless; **~einflüsse** *m/pl.* influence *sg.* of the weather, atmospheric effects, weather factors; **~umschlag** *m* sudden change of the weather; **~verhältnisse** *n/pl.* atmospheric (*od.* meteorological) conditions.

Witwe *f* widow; (~ *von Stande*) dowager, *z.B. Königin*≈ Queen Dowager, *Herzogin*≈ dowager duchess.

Witwen...: **~geld** *n* widow's allowance; **~kasse** *f* widows' fund; **~rente** *f* widow's pension; **~stand** *m* widowhood; **~tracht** *f*, **~trauer** *f* widow's weeds *pl.*

Witwer *m* widower.

Witz *m* (*Geist*) wit; (*Mutter*≈) mother wit, nous, F gumption; (*Spaß*, *witzige Geschichte*) joke; (*witzige Bemerkung*) witticism, quip, *sl.* wisecrack; (*Wortspiel*) pun; (*Scherz*) pleasantry, F gag;

alter ~ stale joke, F chestnut; *beißender* ~ caustic wit, sarcasm; ~*e machen* (*od. reißen*) crack jokes, *sl.* wisecrack; *das ist der* ~ *an der Sache* that's the funny part of it, that's where the fun comes in, *weitS.* that's the point (of it)!; F *das ist der ganze* ~ that's all; F *mach keine* ~*e!* you don't say!, *Am.* F no kidding!; **~blatt** *n* comic paper; **~blattfigur** F *f* clown, joker; **~bold** *m* joker; *durchtriebener*: wag, *sl.* wisecracker; F *du* ~*!* silly (ass)!; **~elei** *f* witticism, quip; (*Witzeln*) joking; (*Hänseln*) chaff, F leg-pull; **~eln** *v/i.* quip, *sl.* wisecrack; ~ *über* mock (at), poke fun at; *über j-n* ~ *a.* be witty at a p.'s expense; **~ig** *adj.* witty; (*lustig*) facetious; (*komisch*) funny; *a. iro.* *sehr* ~*!* very funny!; *iro.* (*das*) *ist ja* ~*!* that's rich!; **~igkeit** *f* wittiness; **~los** *adj.* unfunny, F dreary; F *fig.* (*sinnlos*) useless, *pred.* no use.

W-Motor *m* arrow-type engine.

wo I. *interr. adv. u. rel. adv.* where; **II.** *cj. zeitlich*: when; (*während, andererseits*) while; ~ *nicht* if not, unless; ~ *auch* (*nur*) wherever; **III.** F *indef. adv.* (*irgend* ~) somewhere; **IV.** *int.*: *i* ~*!*, *ach* ~*!*, ~ *werd' ich!* (I'll do) nothing of the kind!, nonsense!, oh, no!; **~anders** *adv.* somewhere else; anywhere else; **~bei I.** *interr. adv.* at what?; **II.** *rel. adv.* at which; in doing so, in the course of which; (*wodurch*) through which, whereby; ~ *der Bolzen im Gehäuse einrastet* the bolt engaging in the recess provided in the casing.

Woche *f* **1.** week; *in einer* ~ in a week; *heute über* (*od. in*) *drei* ~*n* this day three weeks; *vor 6* ~*n* six weeks ago; ~ *um* ~ week in, week out; F *unter der* ~ during the week; **2.** ⚕ *in den* ~*n sein* (*od. liegen*) be lying in; *in die* ~*n kommen* be confined, *mit e-m Kind*: be delivered of.

Wochen...: **~ausgabe** *f* weekly edition; **~ausweis** † *m e-r Bank*: weekly return (*Am.* statement); **~(bei)hilfe** *f* maternity benefit; **~bericht** *m* weekly report; **~bett** *n* childbed, lying-in, confinement; → *Woche* 2; **~bett...** ⚕ puerperal *fever, psychosis*; **~blatt** *n* weekly (paper); **~end...**, **~ende** *n* week-end; *das* ~ *verleben bei* (spend the) weekend with; **~endausflügler** *m* week-ender; **~endurlaub** *m* week-end leave; **~fieber** *n* puerperal (*od.* childbed) fever; **~geld** *n* weekly allowance; † weekly fixtures (*Am.* loans) *pl.*; *für Wöchnerinnen*: maternity allowance; **~karte** *f* weekly season-ticket; **~lang** *adj.* lasting several weeks, *a. adv.* for weeks, for whole weeks together; *nach* ~*em Warten* after (many) weeks of waiting; **~lohn** *m* weekly pay (*od.* wages *pl.*); **~markt** *m* weekly market; **~pflegerin** *f* monthly nurse; **~schau** *f Film*: newsreel; **~schrift** *f* weekly (paper); **~station** ⚕ *f* maternity ward; **~tag** *m* weekday; *bestimmter*: day of the week; **~tags** *adv.* on weekdays.

wöchentlich I. *adj.* weekly; (*wochenweise*) week-by-week; **II.** *adv.* every week, weekly; (*wochenweise*) by the week; *einmal* ~ once a week; *dreimal* ~ three times a week, three times weekly.

wochen...: **~weise** → *wöchentlich*; **~zeitung** *f* weekly (paper).

Wöchnerin *f* woman in childbed, maternity case; **~nenabteilung** *f* maternity ward; **~nenheim** *n* maternity home.

Wodka *m* vodka.

wo|durch I. *interr. adv.* by what?, by what means?, whereby?, how?; **II.** *rel. adv.* by (*od.* through) which; by means of which, whereby; **~fern** *cj.* provided that, in so far as, if; ~ *nicht* unless; **~für I.** *interr. adv.* for what?, what ... for?; ~ *ist das gut?* what is that good for?; ~ *halten Sie mich?* what do you take me for?; **II.** *rel. adv.* for which, in return for which.

Woge *f* wave, billow; *fig.* wave, (up)surge *of enthusiasm, etc.*; *fig.* *die* ~*n glätten* pour oil on troubled water; *fig. die* ~*n glätteten sich* the tempest subsided.

wogegen I. *interr. adv.* against what?; **II.** *rel. adv.* against which; *austauschend*: in return (*od.* exchange) for which; **III.** *cj.* whereas, whilst; *he, etc.*, on the other hand.

wogen *v/i.* surge (*a. fig. Menge usw.*), billow (*a. Kleider, Rauch usw.*); *Getreide*: *a.* wave; *schwellend*: heave (*a. Busen*); (*sich wellen*) undulate; *hin und her*: fluctuate; *Kampf*: seesaw.

wo|her I. *interr. adv. u. rel. adv.* from where, where ... from, from what place; whence; ~ *wissen Sie das?* how do you (come to) know that?; *ich frage mich,* ~ *er das hat* I wonder where he got that from; **II.** F *int.*: ~ *denn!* by no means!, nothing of the kind!, far from it!; **~hin I.** *interr. adv. u. rel. adv.*

where (... to), whither; ~ *auch* wherever; **II.** *indef. adv.* somewhere, (to) some place; **~hingegen** *cj.* whereas, while, whilst.

wohl I. *adj.* **1.** well; *er* (*od. ihm*) *ist* ~ he is well; *sich* ~ *fühlen* be well (*od.* in good health), *seelisch*: be happy (*od.* at ease), feel good, be in good spirits; feel at home (*bei* with; *in* in); *sich nicht* ~ *fühlen* be unwell, F be out of sorts, *seelisch*: feel unhappy (*od.* bad), be ill at ease; → *bekommen* II, *leben* I; *es sich* ~ *sein lassen* enjoy o.s., have a good time; **II.** *adv.* **2.** *allg.* well; ~ *oder übel* willy-nilly; *wir müssen* ~ *oder übel hingehen* we cannot help going there, we have no choice but go there; *er weiß das sehr* ~ he knows that all right (*od.* well enough); *ich bin mir dessen* ~ *bewußt* I am fully conscious (*od.* aware) of that; *das kann* ~ *sein*, *das ist* ~ *möglich* that may well be, that is indeed possible; ~ *dem*, *der* happy he who; ~ *ihm*, *daß* good for him that; ~ *daran tun*, *zu inf.* do well to *inf.*; *siehst du* ~, *daß* now you see that; *das habe ich mir* ~ *gedacht* I thought as much; *das kann man* ~ *sagen!* you can say that again; **3.** *vermutend*, *einräumend*: I suppose (*od.* think, presume), I should say, to be sure, surely; *das kann er* ~ *nicht tun* he cannot very well do that; **4.** *sich fragend*: I wonder; *ob er es* ~ *weiß*, *daß* I wonder if (*od.* whether) he knows that; **5.** (*möglicherweise*, *vielleicht*, *wahrscheinlich*) possibly; perhaps, maybe; probably; *er könnte* ~ *noch kommen* he might come yet; ~ *kaum* hardly, there is little chance that; **6.** (*zweifellos*) doubtless; **7.** (*zwar*) (it is) true; *er ist* ~ *gesund*, *aber* he is healthy enough, but; *das ist* ~ *wahr*, *aber* that may be true, but; *ich kann* ~ *schwimmen*, *aber* I can swim all right, but; **8.** (*ungefähr*) about; ~ *hundertmal* at least a hundred times; **III.** ≈ *n allg.*, *a. des Staates usw.*: welfare, weal; (~*ergehen*, *Gedeihen*) well-being, *weitS.* prosperity; ~ *und Wehe* weal and woe; *das öffentliche* the public (*od.* common) weal; *auf j-s* ~ *trinken* drink to a p.'s health; *auf Ihr* ~!, *zum* ~! your health!, here is to you!, F cheers!

wohlan! *int.* well!, now then!

wohl...: **~angebracht** *adj.* opportune, (very) apt; **~anständig** *adj.* decent; **~auf I.** *pred. adj.* well, in good health; **II.** *int.* well!, now then!; **~bedacht** *adj.* well-considered; **≈bedacht** *m*: *mit* ~ after mature reflection; (*mit Vorsatz*) deliberately; **≈befinden** *n* good health, well-being; **≈behagen** *n* comfort(able feeling), pleasure; *mit* ~ with relish; **~behalten** *adj.* safe (and sound); *Sache*: in good condition; **~bekannt** *adj.* well-known, familiar, *b.s.* notorious; **~beleibt** *adj.* corpulent, portly; **~bestallt** *adj.* in a good position; **≈ergehen** *n* welfare, well-being; prosperity; health and happiness; **~erzogen** *adj.* well-bred, well-behaved.

Wohlfahrt *f* welfare; (*öffentliche*) ~ (public) relief, public assistance.

Wohlfahrts...: → *a. Fürsorge...*; **~amt** *n* welfare cent|re, *Am.* -er; **~ausschuß** *m* public welfare committee; **~beamte(r)** *m* welfare officer (*od.* worker); **~einrichtung** *f* welfare institution; **~fonds** *m* benefit (*od.* relief) fund; ~ *für Angestellte* employees' benefit fund; **~marke** *f* charity stamp; **~organisation** *f* welfare organization, charitable institution; **~pflege** *f* welfare work; **~rente** *f* benefit pension; **~staat** *m* welfare state; **≈staatlich** *adj.* welfarist; ~*e Politik* welfarism; **~unterstützung** *f* public relief.

wohl...: **~feil** *adj.* cheap; **~geboren** *obs. adj.*: *Ew.* ≈ Sir; *in der Briefanschrift*: ≈ *Herrn Wilhelm Braun* William Brown Esq. (= Esquire); **≈gefallen** *n* pleasure, satisfaction (*über* at); *sein* ~ *haben an* be well pleased with (*od.* in), take delight in; *co. sich in* ~ *auflösen* end in smoke, (*verschwinden*) vanish (into thin air); *Buch*: go to pieces, come apart; **~gefällig I.** *adj.* pleasant, agreeable; (*selbstzufrieden*) complacent; *ein Gott* ~*es Leben* a life well pleasing to God; **II.** *adv.* with pleasure, contentedly; **≈gefälligkeit** *f* pleasantness; (*Selbstzufriedenheit*) complacency; **~geformt** *adj.* well-shaped, shapely; **≈gefühl** *n* pleasant sensation; *allgemeines*: sense of well-being; **~gelitten** *adj.* well (*od.* much) liked, popular, welcome; **~gemeint** *adj.* well-meant, well-intentioned; **~gemerkt** *int.*: ~! mind you!, mark you!, remember!; **~gemut** *adj.* cheerful; **~genährt** *adj.* well-fed; **~geraten** *adj.* *Kind*: well-behaved, good; *Sache* (*pred.*): well done, fine, good; **≈geruch** *m* pleasant odo(u)r, fragrance, perfume; **≈geschmack** *m* pleasant taste, flavo(u)r; **~gesetzt** *adj. Worte*: well-chosen; *Rede*: well-worded (*od.* -formulated); **~gesinnt** *adj.* well-meaning; *j-m* ~ well-disposed towards a p.; **~gesittet** *adj.* well-mannered; **≈gestalt** *f* fine shape, shapeliness; **~gestaltet** *adj.* well-shaped, well-turned; shapely; **~habend** *adj.* well-to-do, wealthy; well-off (*pred.* well off), moneyed; **≈habenheit** *f* easy circumstances *pl.*, wealth; prosperity.

wohlig *adj.* comfortable, pleasant; (*gemütlich*) cosy, snug.

Wohl...: ~klang *m*, **~laut** *m* melodious sound, harmony, euphony; **≈klingend** *adj.* melodious, harmonious, musical, pleasing to the ear; **~leben** *n* life of pleasure, good living, luxury; **≈meinend** *adj.* well-meaning, friendly; **≈riechend** *adj.* fragrant, perfumed, sweet-scented; **≈schmeckend** *adj.* savo(u)ry, palatable, tasty; **~sein** *n* well-being; *gesundheitlich*: good health; *Ihr* (*od.* *zum*) ~! your health!; **~stand** *m* prosperity, affluence, wealth; **~standsgesellschaft** *f* affluent society; **~standsverwahrlosung** *f* waywardness caused by affluence; **~tat** *f* good deed, kindness, charity; *a.* ⚖ benefit; *fig.* boon, blessing; (*Erfrischung, seelische* ~) comfort, treat; *das ist e-e wahre* ~ it's quite a comfort; **~täter** *m* benefactor; **~täterin** *f* benefactress; **≈tätig** *adj.* charitable; **~tätigkeit** *f* charity; **~tätigkeitsbasar** *m* charity bazaar; **~tätigkeitsveranstaltung** *f* charity performance, benefit; **~tätigkeitsverein** *m* charitable society; **~tätigkeitszweck** *m* charitable use, charity; **≈temperiert** ♪ *adj.* well-tempered; **≈tuend** *adj.* pleasant, agreeable, comfortable; *adv.* ~ *berührt* pleasantly surprised, gratified (*durch* at); **≈tun** *v/i.* do good; *j-m* ~ do a p. good, be pleasing to a p.; *das tut einem wohl* it does one good; *er tut wohl daran, zu inf.* he does well to *inf.*; **≈überlegt** *adj.* well-considered, deliberate; **≈unterrichtet** *adj.* (well-)informed; **≈verdient** *adj.* well-deserved, well-earned; **~verhalten** *n* good behavio(u)r; **≈verstanden** *adj.* well-understood; ~! mind you!, mark my words!; **≈weislich** *adv.* prudently, for good reason; *et.* ~ *tun* be careful to do a th.; **~wollen** *n* goodwill, benevolence; (*Gunst*) favo(u)r; **≈wollen** *v/i.*: *j-m* ~ wish a p. well, be well-disposed towards a p.; **≈wollend** *adj.* kind, benevolent; (*günstig*) favo(u)rable; *e-r Sache* ~ *gegenüberstehen* favo(u)r a th., take a favo(u)rable view of a th.

Wohn|atelier *n* residential studio; **~bedarf** *m* home requirements *pl.*, household furnishings *pl.*; **~bevölkerung** *f* resident population; **~bezirk** *m* residential district; **~block** *m* block of flats; **~einheit** *f* dwelling unit.

wohnen *v/i.* live (*bei j-m* with), *feiner*: dwell, reside; *amtlich*: reside, be domiciled (*in* at); *vorübergehend*: stay (*bei* with); *als Mieter*: lodge (*in* at, *bei* with); *fig.* dwell, live.

Wohn...: ~fläche *f* dwelling (*od.* floor) space; **~gebäude** *n* dwelling house, residential premises *pl.*; (*Etagenhaus*) block of flats, *bsd. Am.* apartment house; **~gelegenheit** *f* accommodation; **~gemeinschaft** *f* flat-sharing (community), (*Kommune*) commune; **~grundstück** *n* residential property (*als Bauplatz*: site); **≈haft** *adj.* resident, living (*in* at); **~haus** *n* → *Wohngebäude*; **~heim** *n* residential home, *Am.* rooming house; (*Studenten*≈ *usw.*) hostel; **~küche** *f* kitchen-living room; **~kultur** *f* style of living; interior decoration; **≈lich** *adj.* comfortable, F livable; (*traulich*) cosy, snug; *in ~em Zustand* in tenantable repair; **~ort** *m* (place of) residence; *gesetzlicher* ~ (legal) domicile, place of residence; *fester* (*od. ständiger*) ~ permanent residence; *ohne festen* ~ → *wohnungslos*; **~partei** *f* family unit, tenant(s *pl.*); **~raum** *m* housing space; → *Wohnzimmer*; **~-Schlafzimmer** *n* bed-sitting room, F bed-sitter; **~siedlung** *f* housing estate; **~sitz** *m* (place of) residence; *mit* ~ *in* resident in; → *a. Wohnort*; **~straße** *f* residential street; **~stube** *f* → *Wohnzimmer*.

Wohnung *f* dwelling; *engS.* lodgings *pl.*, apartments *pl.*, rooms *pl.*; *im Stockwerk*: flat, *Am.* apartment; (*Heim*) home; (*Unterbringung*) accommodation; → *a. Wohnsitz*.

Wohnungs...: ~amt *n* housing office; **~bau** *m* house-building; **~baugenossenschaft** *f* cooperative house-building society; **~bauminister** *m* Housing Minister;

~bauprogramm *n* housing program(me); **~einheit** *f* dwelling unit; **~frage** *f* housing problem; **~inhaber** *m* tenant; **⁓los** *adj.* homeless; *amtlich*: without permanent home, having no fixed address; **~mangel** *m*, **~not** *f* housing shortage (*od.* problem); **~nachweis** *m* house-agency; **~suche** *f* house-hunting; **~wechsel** *m* change of residence (*od.* address); **~wesen** *n* housing.

Wohn...: **~verhältnisse** *n/pl.* housing conditions; **~viertel** *n* residential quarter (*Am.* section); **~wagen** *m* **1.** caravan; **2.** → **~wagenanhänger** *m* caravan trailer, *Am.* trailer coach; **~zimmer** *n* sitting-room, *bsd. Am.* living room.

wöl|ben *v/t.* (*a. sich* ~) arch, vault; ⊕ curve; **⁓bung** *f* vault, arch; (*Kuppel*) dome; (*gewölbte Form*) curvature; ⊕ *a.* camber, buckling; (*Straßen⁓*) crossfall.

Wolf *m zo.* wolf; *Spinnerei*: willow; *metall.* devil, (*Luppe*) pig bloom; (*Fleischhackmaschine*) mincer, meat grinder; ⚕ chafing; ⚕ *e-n ~ haben* be sore; *fig. mit den Wölfen muß man heulen* when in Rome do as the Romans do; F *j-n durch den ~ drehen* put a p. through the wringer; → *Reißwolf, Schafspelz.*

Wölfin *f* she-wolf.

wölfisch *adj.* wolfish.

Wolfram ⚗ *n* tungsten; **~karbid** *n* tungsten carbide; **~stahl** *m* tungsten steel.

Wolfs...: **~hund** *m* Alsatian (dog); **~hunger** *m* wolfish appetite, ravenous hunger; **~milch** ⚘ *f* spurge; **~rachen** ⚕ *m* cleft palate; **~rudel** *n* wolf pack.

Wolke *f* cloud (*a. weitS. u. fig.*; *a. Fehler im Edelstein usw.*); *fig.* (*wie*) *aus allen ~n gefallen sein* be thunderstruck; *fig. über den ~n schweben* live in the clouds.

Wolken...: **~bildung** *f* cloud formation; **~bruch** *m* cloudburst; **⁓bruchartig** *adj.* torrential; **~decke** *f* cloud cover; **~fetzen** *m/pl.* tattered clouds; **~himmel** *m* clouded sky; **~höhe** ✈ *f* (cloud) ceiling; **~kratzer** *m* skyscraper; **~kuckucksheim** *n* Cloud-Cuckoo-Land; **~kunde** *f* nephology; **~landschaft** *f* skyscape; **⁓los** *adj.* cloudless (*a. fig.*), clear; **~meer** *n* sea of clouds; **~schicht** *f* cloud layer; **~streifen** *m* cloud banner; **⁓umhüllt** *adj.* cloud-hidden, clouded; **~wand** *f* bank of clouds; **~zug** *m* passage of clouds.

wolkig *adj.* cloudy, clouded.

Woll|abfall *m* wool waste; **~arbeiter** *m* wool-dresser, wool-picker; **~atlas** *m* worsted satin; **~börse** *f* wool-hall; **~decke** *f* (wool) blanket; **~e** *f* wool (*a.* ⚘ *u.* F *Haar*); *in der ~ gefärbt* dyed in the wool; *fig. in der ~ sitzen* live in clover; *~ lassen müssen* get fleeced; *(sich) in die ~ geraten* F have a row (*mit* with); F *j-n in die ~ bringen* nettle, enrage, *sl.* get *a p.'s* goat; → *Geschrei.*

wollen[1] *adj.* wool(l)en; *Strümpfe*: *a.* worsted; *~e Sachen* wool(l)ens.

wollen[2] **I.** *v/t. u. v/i.* will; (*wünschen*) wish, want, desire; (*fordern*) demand, claim; (*bereit sein*) be willing to *inf.*; (*beabsichtigen*) intend, mean; (*im Begriff sein zu*) be going (*od.* about) to *inf.*, be on the point of *ger.*; *lieber ~* prefer; *ich will* (*od. wollte*) *lieber* I should prefer, I would (*od.* had) rather; *et. unbedingt ~* insist on; *nicht ~* refuse (*a. Sache*: to work, *etc.*), (*keine Lust haben*) be unwilling to *inf.*, not to want (*od.* like) to *inf.*; *so Gott will!* please God!; *ich will es (nicht) tun* I will (won't) do it; *ich will das nicht gehört haben!* mind your tongue!; *das will überlegt sein* that wants some thinking; *was ~ Sie von mir?* what do you want (of me)?; *was ~ Sie damit sagen?* what do you mean (by that)?, *schärfer*: what are you driving at?; *was ~ Sie mit einem Regenschirm?* what do you want with an umbrella?; *ohne es zu ~* in spite of o.s., unintentionally; *er mag ~ oder nicht* whether he likes it or not, willy-nilly; *dem sei, wie ihm wolle* be that as it may; *er weiß, was er will* he knows what he wants; *er weiß nicht, was er will* he doesn't know his own mind; *mach, was du willst!* do what you want!, do your worst!; *du hast es ja so gewollt* you have been asking for it; *wie du willst* as you like, suit yourself; *~ Sie bitte darauf achten* would you please bear it in mind; *er will dich gesehen haben* he says he has seen you; *hier ist nichts zu ~* there is nothing to be had here, F nothing doing; → *gewollt, heißen*[1] II, *meinen usw.*; **II.** ⁓ *n* will, volition; (*Absicht*) intention(s *pl.*); (*Ehrgeiz, Bestreben*) aspiration(s *pl.*); ambition.

Woll...: **~färber** *m* wool-dyer;

~faser *f* wool fib|re, *Am.* -er, wool; **~fett** *n* wool grease (*od.* fat); **~garn** *n* wool(l)en yarn, wool; **~gras** *n* wool grass; **~haar** *n* strand of wool; *e-r Person usw.*: wool(l)y hair; **~handel** *m* wool-trade; **~händler** *m* wool-merchant; **°ig** *adj.* wool(l)y; **~industrie** *f* wool(l)en industry; **~jacke** *f* guernsey, cardigan; **~kleidung** *f* wool(l)en clothing, wool(l)ens *pl.*; **~krempel** *m* wool card; **~markt** *m* wool market (*od.* mart); **~sachen** *f/pl.* wool(l)ens; **~sack** *m* wool-sack; (*Verpackung*) wool-pack; **~schaf** *n* wool-sheep; **~schur** *f* sheep-shearing; **~schweiß** *m* suint; **~spinnerei** *f* wool-spinning mill.

Wol|lust *f* voluptuousness, lust; **°lüstig** *adj.* voluptuous; → *a. lüstern*; **~lüstling** *m* voluptuary, libertine, debauchee, lecher.

Woll...: **~waren** *f/pl.* wool(l)en goods, wool(l)ens *pl.*; **~warenhändler** *m* wool(l)en-draper; **~wäscherei** *f* scouring mill.

wo...: **~mit I.** *interr. adv.* with what?, what ... with?, by what (means)?; *~ kann ich dienen?* what can I do for you?; **II.** *rel. adv.* with which, by which, whereby; *~ ich nicht sagen will* by which I do not mean to say; **~möglich** *adv.* if possible; possibly; *das Bild ist ~ noch schlechter als* the picture is if anything worse than; **~nach I.** *interr. adv.* after what?; *~ fragt er?* what is he asking for?; **II.** *rel. adv.* after which, whereupon; (*gemäß*) according to which.

Wonne *f* delight, bliss; *e-e wahre ~* a real treat; *in (eitel) ~ schwimmend* → *wonnetrunken*; F *mit ~* with relish; **~gefühl** *n* thrill of delight; **~kloß** *m*, **~proppen** *co. m* F sweetie-pie; **~leben** *n* blissful life; **~monat** *m*, **~mond** *m* month of delight (*od.* May); **~schauer** *m* thrill of delight; **°trunken** *adj.* blissful, in raptures (*od.* ecstasies), riding on air; **°voll** *adj.* blissful; delicious.

wonnig *adj.* delightful; (*herzig*) lovely, sweet.

wor|an I. *interr. adv.* what ... at?, by what?; *~ denken Sie?* what are you thinking of?; *~ liegt es, daß?* how is it that?, what is the reason for?; **II.** *rel. adv.* at which, against which, by which; *ich weiß nicht, ~ ich bin* I don't know where I stand, *mit ihm*: I don't know what to make of him; **~auf I.** *interr. adv.* on what?, what ... on?; *~ wartest du?* what are you waiting for?; **II.** *rel. adv.* on which; (*wonach*) whereupon, after which; **~aus I.** *interr. adv.* out of what?, from what?; what ... of?; **II.** *rel. adv.* out of which, from which, whence; **~ein I.** *interr. adv.* into where?; into what?; **II.** *rel. adv.* into which.

worfeln ↗ *v/t.* winnow, fan.

worin I. *interr. adv.* in what?, what ... in?; *~ liegt der Unterschied?* what (*od.* where) is the difference?; **II.** *rel. adv.* in which, wherein.

Wort *n ling.* (*pl. Wörter*) word; (*Ausdruck*) term, expression; (*Ausspruch, pl. Worte*) word, saying; (*Ehren°*) word (of hono[u]r); *~e* (*Text*) words; *in ~en bei Zahlenangaben*: in letters; *in ~ und Bild* in words and pictures, with text and illustrations; *in ~ und Tat* in word and deed; *~ für ~* word for word; *ein Mann von ~ sein, ~ halten* be as good as one's word, keep one's word; *ein Mann, ein ~!* word of hono(u)r!, hono(u)r bright!; *das ~ (Gottes)* the Word (of God), the Gospel; *auf ein ~!* a word with you!; *aufs ~ gehorchen* obey at a word (*od.* to the letter, implicitly); *aufs ~ glauben* believe implicitly; *e-r Sache das ~ reden* hold a brief for, back, support, (*verteidigen*) defend; *j-m gute ~e geben* give a p. fair words; *ein gutes ~ einlegen für j-n* intercede for, put in a good word for; *das ~ erhalten* be allowed to speak, get the floor, *parl.* catch the Speaker's eye; *das ~ ergreifen* (begin to) speak, take the floor, *parl.* rise to speak, address the House; *das ~ führen* be the spokesman, do the talking; *das große ~ führen* do all the talking, (*angeben*) talk big, (*tonangebend sein*) lay down the law; *das ~ haben* have leave to speak, have (*od.* hold) the floor, *parl. a.* have the ear of the house; *das letzte ~ in e-r Sache* the last word on; *das letzte ~ haben* have the final say, (*rechthaberisch*) have the last word; *das letzte ~ ist noch nicht gesprochen* the last word has not yet been said; *in ~e fassen* (*od. kleiden*) word, formulate, express (in words); *j-m ins ~ fallen* cut a p. short; *j-m das ~ im Mund umdrehen* twist a p.'s words; *mit anderen ~en* in other words; *mit einem ~* in a word; *j-m das ~ erteilen* request a p. to speak; *ums ~ bitten* ask permission to speak; *zu ~e kommen (lassen)* get (give) a hearing, (let *a p.*) have one's (*his*) say; *nicht zu ~e kommen* not to get a word in edgewise; *ohne viel ~e zu machen* without further ado; *kein ~ mehr!* not another word!; F *hast du ~e!* well, I never!; *j-n beim ~ nehmen* take a p. at his (her) word, *wegen e-r Sache*: take a p. up on a th.; *man kann sein eigenes ~ nicht verstehen* one cannot hear one's own voice; *er macht nicht viele ~e* he is a man of few words; *kein ~ verlieren über* not to say a word about; *darüber braucht man kein ~ zu verlieren* that goes without saying; *ein ~ gab das andere* one word led to the other; *mir fehlen die ~e* I'm speechless; → *abschneiden* I 3, *entziehen* I 1, *folgen* 1, *melden* II, *mitreden* II, *ringen* II *usw.*; **~akzent** *m* word accent (*od.* stress); **≈arm** *adj.* poor in words; **~armut** *f* poverty of words; **~art** *ling. f* part of speech; **~aufwand** *m* verbosity; **~bedeutungslehre** *f* semantics *pl.* (*sg. konstr.*); **~bildung** *f* word formation; **≈blind** *adj.* word-blind; **~bruch** *m* breach of faith, breaking one's word, treachery; **≈brüchig** *adj.* false (to one's word), treacherous; *~ werden* break one's word.

Wörtchen *n* → *Wörtlein.*

Wörter|buch *n* dictionary, wordbook; (*Sach≈*) lexicon; **~buchautor** *m* lexicographer; **~verzeichnis** *n* list of words, vocabulary.

Wort...: **~familie** *f* word family; **~feld** *ling. n* word field; **~folge** *f* word order; **~fügungslehre** *f* syntax; **~führer(in** *f*) *m* speaker, *nur m*: spokesman; **~fülle** *f* → *Wortreichtum*; **~gefecht** *n* → *Wortstreit*; **~geklingel** *n* jingle of words; **~gemälde** *n* word picture; **~gepränge** *n* bombast; **≈getreu** *adj.* literal; **≈gewandt** *adj.* eloquent, glib; **≈karg** *adj.* taciturn, silent; **~kargheit** *f* taciturnity; **~klasse** *ling. f* word class; **~klauber(in** *f*) *m* quibbler, hairsplitter; **~klauberei** *f* quibbling, hairsplitting; **~krämer** *m* wordmonger; **~krieg** *m* wordy warfare; **~laut** *m* wording; (*Inhalt*) text; ⚖ (*genauer ~*) tenor; *der Brief hat folgenden ~* runs as follows; *mit folgendem ~* worded as follows.

Wörtlein *n*: *ein (gewichtiges) ~ mitzureden haben* have (quite) a say in the matter.

wörtlich *adj.* (*u. adv.*) literal(ly *a. fig.*); word(-)for(-)word; *iro. adv.* in so many words.

Wort...: **≈los** *adj.* wordless(ly *adv.*); **~malerei** *f* word painting; **~meldung** *f* application for permission to speak; **~rätsel** *n* rebus; **≈reich** *adj.* abundant in words; *b.s.* verbose, wordy; **~reichtum** *m* abundance of words, verbiage; *b.s.* verbosity, wordiness; **~salat** *psych. m* word salad; **~schatz** *m* vocabulary, word-power; **~schlacht** *f* battle of words; **~schöpfung** *f* newly coined word, neologism; **~schwall** *m* flood (*od.* torrent) of words, verbiage; **~sinn** *m* literal sense; **~spiel** *n* play on words; (*Wortwitz*) pun; **~stamm** *m* radical, root (syllable); **~stellung** *f* word-order; **~streit** *m* dispute, altercation, squabble; *e-n ~ haben a.* have words (*mit* with); **≈taub** *adj.* word-deaf; **~verdreher(in** *f*) *m* distorter of words, equivocator; **~verdrehung** *f* distortion of words; **~wechsel** *m* → *Wortstreit*; **~witz** *m* pun; **≈wörtlich** *adj. u. adv.* → *wörtlich.*

wor|über I. *interr. adv.* over (*od.* upon) what?, what ... over (*od.* about *od.* on)?; *~ lachst du?* what are you laughing about (*od.* at)?; **II.** *rel. adv.* over (*od.* upon) which, about which; *~ er ärgerlich war* which annoyed him; **~um I.** *interr. adv.* about what?, what ... about?; *~ handelt es sich?* what is it about?; **II.** *rel. adv.* about which, for which; **~unter I.** *interr. adv.* under (*od.* among) what?, what ... under?; **II.** *rel. adv.* under (*od.* among) which; *~ ich mir nichts vorstellen kann* which doesn't mean anything to me; *~ ich leide* what (*im Nachsatz*: which) troubles me.

wo...: **~selbst** *adv.* where; **~von I.** *interr. adv.* of (*od.* from) what?, what ... from (*od.* of)?, about what?, what ... about?; **II.** *rel. adv.* of (*od.* from) which, whereof; **~vor I.** *interr. adv.* before what?; *fig.* of what?, what ... of?; *~ hast du Angst?* what are you afraid of?; **II.** *rel. adv.* before which, of which, which ... of; **~zu I.** *interr. adv.* for what?, what ... for?; *~ (auch)?* what for?, why?; to what point?; **II.** *rel. adv.* for which; (*warum*) why; *~ noch kommt* to which must be added; **III.** F *indef. adv.* (*zu etwas*) for something.

Wrack I. *n* wreck (*a. fig.*); **II.** ≈

adj. wrecked; *~es Schiff (Auto)* wreck; **~gut** *n*, **~teile** *m/pl.* wreckage; *treibende(s)*: flotsam.

wring|en *v/t.* wring; **≈maschine** *f* wringer.

Wucher *m* usury; *(Waren≈) a.* profiteering; *~ treiben* practise usury; **~er** *m* usurer; profiteer; **~gesetz** *n* law against usury (*od.* profiteering); **~gewinn** *m* usurious (*od.* inordinate) profit; **≈haft, ≈isch** *adj.* usurious; **~handel** *m* usurious trade; profiteering; **~miete** *f* rack-rent; **≈n** *v/i.* **1.** ⚘ grow exuberantly (*od.* rankly), luxuriate (*a. fig.*); ⚕ proliferate (*a. fig.*); *fig. a.* spread (wildly); **2.** *geldlich*: practise usury; → *Pfund 2*; **~preis** *m* exorbitant (*od.* cut-throat) price; **~ung** *f* ⚘ rank growth; ⚕ excrescence, growth; *(Zell≈)* proliferation; *an Wunden*: proud flesh; *bsd. in Nase und Rachen*: vegetation; **~zins(en** *pl.)* *m* usurious interest (*sg.*).

Wuchs *m* growth; *(Form)* shape; *(körperliche Gestalt)* figure, build, physique.

Wucht *f (Gewicht)* weight; *(Gewalt, Kraft, a. fig.)* force, power; *(Schwung)* impetus; *(Anprall)* impact (*a. fig.*); *phys.* inertia force, momentum, kinetic energy; *die volle ~ e-s Angriffs usw. aushalten müssen* bear the brunt of an attack, *etc.*; *mit voller ~* with full force; *mit voller ~ rennen gegen* cannon against; F *fig. eine ganze ~* a load (*gen.* of); *sl. das ist 'ne ~ sl.* (that's) super!, it's a wow!; **≈en I.** *v/i.* weigh heavy, press heavily (*auf* upon); F *fig.* work like a horse; **II.** *v/t.* (*hoch ~*) heave, *mit Hebel*: lever up; **≈ig** *adj.* weighty, heavy; *(groß, mächtig)* massive, big; *Schlag, Gestalt, a. fig. Stil usw.*: powerful.

Wühl|arbeit *fig. f* subversive (*od.* underground) activities *pl.*, insidious agitation; **≈en** *v/i.* dig; *Tier*: burrow (*a. sich ~*; *in* into); *Schwein*: root, *in*: grub od. turn up; *fig. mst pol.* agitate, foment; F *(arbeiten)* work like a galley-slave, *Am. sl.* hustle; *in et. ~ suchend*: rummage in; *(sich) in den Haaren ~* rumple one's hair; *fig. im Geld ~* wallow in money, be rolling in riches (*od.* cash); *in j-m ~ Haß, Schimpf*: rankle in a p., gnaw at a p.'s vitals; *~der Schmerz* gnawing pains *pl.*; → *Wunde*; **~er** *m pol.* agitator, fomentor; F *(Arbeitstier)* glutton for work, *Am. sl.* hustler; **≈erisch** *adj.* subversive, inflammatory, rabble-rousing; **~maus** *f* (root) vole; *fig.* → *Wühler*.

Wulst *m* roll; *zum Ausstopfen*: pad; *(Bauchung)* bulge; *(Buckel)* hump; *(Haar≈)* chignon; *(Auswuchs)* tuberosity; ⩓ torus; *mot. (Reifen≈)* bead; **~felge** *f* clincher rim; **≈ig** *adj.* stuffed, padded; *(bauchig)* bulging; *(aufgedunsen)* puffed up; *Lippen*: thick, protruding, pouting; **~lippen** *f/pl.* thick lips, blubber lips; **≈los** *mot. adj.* straight-side *tyre*; **~reifen** *mot. m* bead tyre (*Am.* tire).

wummern F *v/i.* boom.

wund *adj.* (*offen*) sore; (*~ gerieben*) galled, chafed, *vom Liegen*: bedsore; (*verwundet*) wounded (*a. fig. Herz*); *~e Stelle* sore; *fig. ~er Punkt* tender (*od.* sore) spot; *sich die Füße ~ laufen* get sore feet, become footsore; *~ reiben* gall, chafe; **≈arzt** *obs. m* surgeon; **≈benzin** *n* surgical spirit; **≈brand** *m* gangrene.

Wunde *f* wound (*a. fig.* = hurt); *(Verletzung)* injury; *(wunde Stelle)* sore; *(Schnitt≈)* cut, *klaffende*: gash; *fig. alte ~n wieder aufreißen* open old sores; *in e-r ~ wühlen* turn the knife in the wound; *den Finger auf die ~ legen* put one's finger on the sore spot; *s-n Finger in e-e offene ~ legen* put one's finger on an open sore; *die Zeit heilt alle ~n* time is a great healer; *der Krieg hat tiefe ~n geschlagen* has caused terrible ravages.

Wunder *n eccl. u. fig.* miracle; *(Wundertat, wunderbare Sache od. Person usw.) a.* wonder, marvel; *(Sache, Person) a.* prodigy; *~ der Technik* engineering marvel; *(es ist) kein ~ (, daß), was ~ (, daß)* no (*od.* small) wonder (that); *~ tun (od. wirken, vollbringen, verrichten)* perform miracles, do (*od.* work) miracles *od.* (*bsd. fig.*) wonders; *es grenzt an ein ~* it borders on the miraculous; *er ist ein (wahres) ~ an Geschicklichkeit* he is a wonder of skill; *er wird sein blaues ~ erleben* he will get the shock of his life; *wenn nicht ein ~ geschieht, sind wir verloren* only a miracle could save us; *wie durch ein ~* miraculously; *≈ was halten von* think the world of; *er glaubt ≈ was er getan hat* he thinks a world of what he has done; *er bildet sich ≈ was darauf ein* he prides himself ever so much on it; *ich dachte ≈ was das wäre* I expected something wonderful; →

Zeichen; **⁓bar** *adj.* (*herrlich*) wonderful, marvel(l)ous, F gorgeous, great (*alle a. int.*); (*übernatürlich, a. fig.*) miraculous, magic; (*wundersam*) wondrous; (*erstaunlich*) astounding, fabulous; (*köstlich*) capital; *⁓e Rettung* miraculous rescue; *es grenzt ans ⁓e* it borders on the miraculous; **⁓barerweise** *adv.* miraculously; *weitS. a.* strange to say, mysteriously; **⁓bild** *n* miraculous (*od.* wonder-working) image; **⁓ding** *n* wonder(ful thing), marvel, prodigy; **⁓doktor** *m* quack; faith-healer; **⁓droge** *f* miracle drug; **⁓geschichte** *f* miraculous story, legend; **⁓glaube** *m* belief in miracles; **⁓horn** *n* magic horn; **⁓hübsch** *adj.* (very) lovely; **⁓kerze** *f* sparkler; **⁓kind** *n* infant prodigy; **⁓knabe** *m* boy wonder; **⁓kraft** *f* miraculous (*od.* magic) power; **⁓kur** *f* miraculous cure; **⁓lampe** *f* magic lantern; **⁓land** *n* Fairyland, wonderland (*a. fig.*); **⁓lich** *adj.* queer, quaint, odd, strange, peculiar (*alle a. Person*); (*grillenhaft*) *a.* eccentric, cranky; *⁓er Kauz* queer chap, eccentric, crank; **⁓lichkeit** *f* queerness, strangeness, oddity; eccentricity, crankiness; **⁓mittel** *n* miracle drug, panacea; **⁓n** *v/t.* surprise, astonish; *sich ⁓* wonder (*über* at), be surprised *od.* astonished (at); be surprised *to see, etc.*; *es wundert mich* I am surprised, *etc.* (at it); *es sollte mich nicht ⁓, wenn* I shouldn't be at all surprised if, I shouldn't wonder if; *du wirst dich ⁓!* you'll be surprised!, you are in for a shock!; F *ich muß mich doch sehr ⁓!* I'm surprised at you!; **⁓nehmen** *v/t.* astonish, surprise; *es nimmt mich wunder, daß* I am astonished that; **⁓sam** *adj.* wondrous, wonderful; **⁓schön** *adj.* very beautiful, of breathtaking beauty, lovely; *bsd. weitS.* wonderful; **⁓spiegel** *m* magic mirror; **⁓tat** *f* miraculous deed, miracle; **⁓täter(in** *f*) *m* miracle-worker; **⁓tätig** *adj.* wonder-working, miraculous; **⁓tier** *n* legendary animal; F *fig.* prodigy; *er wurde wie ein ⁓ angestarrt* he was stared at as if he were a strange animal; **⁓voll** *adj.* wonderful, marvel(l)ous; **⁓welt** *f* wonderland; **⁓werk** *n* miracle; *fig. a.* wonder, marvel (*der Technik* of engineering); **⁓zeichen** *n* miraculous sign.

Wund...: **⁓fieber** *n* traumatic fever; **⁓laufen** *v/refl.*: *sich ⁓* get footsore; **⁓liegen** *v/refl.*: *sich ⁓* get bedsore; **⁓mal** *n* scar; *eccl.* stigma, *pl.* stigmata; **⁓pflaster** *n* adhesive plaster; **⁓rand** *m* lip of a wound; **⁓rose** *f* traumatic erysipelas; **⁓salbe** *f* ointment, salve; **⁓schere** *f* surgical scissors *pl.*; **⁓schorf** *m* scab; **⁓sein** *n* soreness; *des Babys*: diaper rash; **⁓starrkrampf** *m* tetanus.

Wunsch *m* wish, desire; (*Bitte*) request; (*hochgestecktes Ziel*) ambition; *auf ⁓* by (*od.* on) request, if desired; *auf j-s ⁓* at a p.'s request; *auf allgemeinen ⁓* by popular request; *auf eigenen ⁓* at one's own request; (*je*) *nach ⁓* as desired; *es ging alles nach ⁓* everything went smoothly; *mit den besten Wünschen* with the best wishes; *mit den besten Wünschen zum Fest* with the compliments of the season; *haben Sie noch e-n ⁓?* is there anything else I can do for you?; *dein ⁓ ist mir Befehl!* your wish is my command; *der ⁓ war Vater des Gedankens* the wish was father to the thought; → *ablesen* 2, *erfüllen* 2, *fromm*; **⁓bild** *n* ideal; **⁓denken** *n* wishful thinking.

Wünschelrute *f* divining-rod, dowser's rod; **⁓ngänger** *m* diviner, dowser.

wünschen *v/t.* wish (*j-m et.* a p. a th., a th. to a p., a th. for a p.), desire; (*wollen*) want; (*bitten*) request; → *Glück*; *sich ⁓* wish for, *sehnend*: long for; *viel zu ⁓ übriglassen* leave much to be desired; *j-m e-n guten Morgen ⁓* bid a p. good morning; (*ich*) *wünsche wohl geruht zu haben* I hope you have slept well; *ich wünsche Ihnen alles Gute* I wish you well (*od.* all the best); *ich wünsche es Ihnen von ganzem Herzen* I wish it for you with all my heart; *was ⁓ Sie* (*von mir*)? what do you want (of me)?; what can I do for you?; *wie Sie ⁓* as you want (*od.* like, please), *iro.* suit yourself; *gewünscht* desired; **⁓swert** *adj.* desirable.

Wunsch...: **⁓form** *ling. f* optative (mood); **⁓gemäß** *adv.* as requested (*od.* desired), according to one's wishes; **⁓kind** *n* wanted child; **⁓konzert** *n* (musical) request program(me); **⁓los** *adv.*: *⁓ glücklich* perfectly happy; **⁓traum** *m* dream, great wish; *contp.* wishful thinking, *Am.* F pipe dream; **⁓zettel** *m* list of wishes, letter to Santa Claus.

wupp, wuppdich I. *int.* pop!, whang!; **II.** *adv.* like a shot, in a flash.

Würde *f* dignity (*a. weitS.*); (*Amt, Ehre, Titel*) *a.* (position of) hono(u)r, title, office; *akademische* ~ academic degree (*od.* hono[u]r); *unter aller* ~ beneath contempt; *unter meiner* ~ beneath my dignity; **~los** *adj.* undignified; **~nträger** *m* dignitary, high official; **~voll I.** *adj.* dignified; (*feierlich*) solemn, grave; **II.** *adv.* with dignity.

würdig *adj.* worthy (*gen.* of); (*verdient*) deserving (of); (*würdevoll*) dignified; *er ist dessen nicht* ~ he does not deserve it; **~en** *v/t.* appreciate, value; (*erwähnen*) mention hono(u)rably; (*loben*) laud, praise; (*beurteilen*) consider, assess; (*beachten*) give proper attention to; *j-n e-s Blickes* (*Wortes*) ~ deign to look at (speak to) a p.; *j-n keines Blickes* ~ ignore a p. completely, do not so much as look at a p.; *er würdigte mich usw. keiner Antwort* he vouchsafed no answer; *er kann solche Dinge nicht recht* ~ he has no appreciation of such things; **~ung** *f* appreciation, assessment (*beide a.* ⚖); valuation; *e-r verdienten Person usw.*: (laudatory) appraisal; *in der Zeitung usw.*: laudatory article (*od.* speech, *etc.*); *in* ~ *s-r Verdienste* in appreciation of, in recognition of; ⚖ *bei* (*verständiger*) ~ *des Tatbestandes usw.* on a true assessment of.

Wurf *m* throw (*a. Speer*~ *usw.*; *a. Ringen*), cast; (*Ball*~) *a.* pitch; ✈ (*Bomben*~) release; *zo.* (~ *Junge*) litter, brood; *fig.* (*glücklicher* ~) hit, ten-strike; *fig. großer* ~ great success; *fig. e-n guten* ~ *tun* have a stroke of luck, *sl.* hit the jackpot; *alles auf einen* ~ *setzen* put all one's eggs in one basket, stake all on a single card; **~bahn** *f* trajectory; **~disziplin** *f Sport*: throwing event.

Würfel *m allg.* cube (*a. Eis*~ *usw.*); (*Spiel*~) die, *pl.* dice; *falsche* ~ loaded dice; ~ *spielen* play (at) dice; *die* ~ *sind gefallen* the die is cast; **~becher** *m* dice-box; **~förmig, ~ig** *adj.* cubic(al), cubiform, cube-shaped; *Muster*: chequered; **~muster** *n* chequered design; **~n I.** *v/i.* **1.** play (at) dice; throw dice; *um et.* ~ throw dice for; **II.** *v/t.* **2.** (*Stoff*) chequer; **3.** *Kochkunst*: dice, cut into cubes; **~schraube** ⊕ *f* cube-headed screw; **~spiel** *n* game of dice; **~spieler** *m* dice-player; **~zucker** *m* lump sugar, † cube-sugar.

Wurf...: ~gerät *n* projector; **~geschoß** *n* missile, projectile; **~granate** *f* mortar shell; **~kreis** *m Sport*: throwing circle; **~leine** ⚓ *f* warp line; **~linie** *f* line of projection, projectile curve; **~messer** *n* throwing knife; **~pfeil** *m* dart; **~scheibe** *f* quoit; (*Diskus*) discus; **~sendung** *f* house-to-house delivery of advertising matter; **~speer** *m*, **~spieß** *m* javelin; **~taube** *f* clay pigeon.

Würg|egriff *m* stranglehold (*a. fig.*); **~en I.** *v/t.* throttle, choke (*beide a.* ⊕); strangle, take by the throat; *poet.* (*töten*) slay, slaughter; *Sache:* choke *a p.*, stick in *a p.'s* throat; **II.** *v/i.* choke; *beim Erbrechen*: retch; *beim Essen*: gag on one's food; (*schlucken*) gulp; *fig. an e-r Arbeit* ~ struggle hard at, sweat over; **~engel** *m* angel of death; **~er** *m* **1.** slayer, butcher, murderer (*a.* **~erin** *f*); **2.** (*Vogel*) butcher-bird.

Wurm 1. *m* worm (*a.* ⚕, ⊕ *u. fig.*); (*Made*) grub, maggot; (*Drache*) dragon; *anat.* vermiform process; ⚕ *am Finger*: whitlow; *im Darm*: worm; F *j-m die Würmer aus der Nase ziehen* worm secrets out of a p., draw a p. out; *sich winden wie ein* (*getretener*) ~ writhe and squirm; F *fig. da ist der* ~ *drin!* there is something very wrong with it, it's been bad from the start, F there is a bug in it; **2.** F *n* (*Kind*) mite (of a child); *das arme* ~*!* poor little mite!; **~abtreibend** *adj.* anthelmintic; (*a.* ~*es Mittel*) vermifuge; **~ähnlich** *adj.* wormlike, vermicular.

Würmchen *n* little worm; F *fig.* (*armes* ~ poor) little mite.

wurmen F *v/t.* annoy, gall *a p.*, rankle (in) *a p.* (*od.* in *a p.'s* mind).

Wurm...: ~förmig *adj.* vermicular, worm-shaped, vermiform; **~fortsatz** *anat. m* appendix, vermiform process; **~fraß** *m* damage done by worms; **~ig** *adj.* wormy, worm-eaten; (*madig*) maggoty; **~krank** *adj.* suffering from worms; **~krankheit** *f* (intestinal) worms *pl.*; **~kur** *f* **1.** deworming; **2.** → **~mittel** *n* vermifuge; **~stich** *m* worm-hole; **~stichig** *adj.* worm-eaten, *Obst: a.* wormy; *fig.* unsound, rotten, corrupt.

Wurst *f* sausage; F ~ *wider* ~ tit for tat; F *es ist mir* (*ganz*) ~ I don't care (a rap), I couldn't care less; F *jetzt geht's um die* ~*!*

now or never!, it's do or die now!; *mit der ~ nach der Speckseite werfen* cast a sprat to catch a mackerel; **~blatt** F *n* (*Zeitung*) F (lousy) rag.

Würstchen *n* little sausage; *heiße ~* frankforters, F francs, hot dogs; F *fig.* (*kleines*) ~ small fry, *a* nobody.

Wurst|elei F *f* muddling, muddle; **≈eln** F *v/i.* muddle along (*od.* through); **≈en** *v/i.* make sausages; **~fleisch** *n* sausage-meat; **≈förmig** *adj.* sausage-shaped; **~haut** *f* sausage skin (*od.* casing); **≈ig** F *adj.* quite indifferent, devil-may-care *attitude*; **~igkeit** F *f* (utter) indifference, unconcern, nonchalance; **~laden** *m* pork-butcher's shop; **~vergiftung** *f* sausage-poisoning, botulism; **~waren** *f/pl.* sausages (and similar products); **~zipfel** *m* sausage-end.

Würze *f* (*Gewürz*) spice, condiment, (*Aroma*) seasoning, flavo(u)r; (*Bier≈*) wort; (*Duft*) fragrance; *fig.* spice; *~ des Lebens* salt of life; → *Kürze*.

Wurzel *f* root (*a.* ⩕, *Haar≈*, *Zahn≈*, *Zungen≈ u. fig.*); *ling.* root, stem; (*Möhre*) carrot; ⩕ *zweite (dritte) ~* square (cubic) root; *a. fig. ~ fassen od. schlagen* take (*od.* strike) root; ⩕ *die ~ aus e-r Zahl ziehen* find (*od.* extract) the root of a number; *fig. die ~ alles Bösen* the root of all evil; *mit der ~ ausrotten* destroy *a th.* root and branch; eradicate; et. *an der ~ treffen* strike at the root of a th.; **≈artig** *adj.* root-like; **~ausdruck** ⩕ *m* radical; **~behandlung** ⚕ *f* root-treatment; **≈echt** ⚘ *adj.* own-rooted; **~exponent** ⩕ *m* radical index; **~faser** *f* rootlet; **~füllung** ⚕ *f* root-canal filling; **~gemüse** *n* root(-crop); **~größe** ⩕ *f* radical quantity; **≈haft** *adj.* rooted; **≈ig** *adj.* rooty; **~kanal** ⚕ *m* root canal; **~keim** *m* radicle; **~knollen** *m* tuber, bulb; *kleiner*: root tubercle; **≈los** *adj.* rootless (*a. fig.*); **≈n** *v/i.* (take) root; *fig. ~ in* have its root in, be rooted in; *tief ~* be deep-rooted; **~schößling** *m*, **~trieb** *m* root sucker, runner; **~stock** *m* root stock, rhizome; **~werk** *n* roots *pl.*; **~wort** *ling. n* radical word, root; **~zahl** ⩕ *f* root; **~zeichen** ⩕ *n* radical sign; **~ziehen** ⩕ *n* root extraction, evolution.

würz|en *v/t.* spice, season, flavo(u)r; *fig. a.* give zest to, F ginger up; **≈fleisch** *n* → *Ragout*; **~ig** *adj.* spicy (*a. fig.*), well-seasoned, aromatic; piquant; **≈kräuter** *n/pl.* (aromatic) herbs; **~los** *adj.* unspiced, flavo(u)rless; *fig.* flat; **≈nelke** *f* clove; **≈stoff** *m* seasoning, aromatic essence; **≈wein** *m* spiced wine.

Wuschel|haar *n* tousled hair; **≈ig** *adj.* tousled; **~kopf** *m* mop of curly hair.

wuseln *dial. v/i.* swarm (*von* with); be crawling (with).

Wust *m* tangled mass; (*Kram*) rubbish, trash; (*Durcheinander*) mess, jumble.

wüst *adj.* (*öde*) desert, waste, desolate; (*wirr*) confused, chaotic; (*liederlich*) wild, dissolute, depraved; (*roh*) vulgar; (*gemein*) filthy, vile; F (*arg*) awful; *dial.* (*häßlich*) ugly; *~ und leer* waste and void; **≈e(nei)** *f* desert, waste, wilderness; *fig. in die ~ schicken* send into the wilderness; → *Rufer*; **~en** *v/i.*: *mit et. ~* waste, ruin, play havoc with; **≈enschiff** *n* (*Kamel*) ship of the desert; **≈ling** *m* libertine, debauchee, rake, lecher.

Wut *f* rage, fury, wrath; (*Manie, z.B. Lese≈, Tanz≈*) mania, rage; *in ~* in a rage; *in ~ geraten* fly into a rage (*od.* passion), see red; *j-n in ~ bringen* enrage (*od.* incense, infuriate) a p.; F *vor ~ platzen* F hit the ceiling, blow one's top; *vor ~ kochen* (*od. schäumen*) boil with rage, foam (at the mouth), fume; F *e-e ~ auf j-n haben* be terribly angry with a p., *Am.* F be mad at a p.; → *auslassen* I 5 *usw.*; **~anfall** *m* fit of rage; **~ausbruch** *m* outburst of fury, explosion; *launischer*: tantrum.

wüten *v/i. allg.* rage (*a. Feuer, Seuche, Sturm usw.*; *gegen* at, against); *Person*: *a.* storm, foam; *weitS. a.* cause havoc (*unter* among); **~d I.** *adj.* furious (*a. weitS.*), raving, fuming, rabid; convulsed with rage, enraged, incensed, F *bsd. Am.* mad (*auf, über* at), *sl.* hot under the collar; *fig. Angriff usw.*: fierce, savage; *Elemente*: raging; *~ machen* infuriate, incense, enrage; **II.** *adv.* furiously; *~ blicken* glare, look daggers.

wutentbrannt *adj.* enraged, infuriated, furious.

Wüt|erich *m* berserk, maniac; tyrant; **≈ig** *adj.* → *wütend*.

wut|schnaubend *adj.* foaming (with rage), breathing revenge; in a towering rage; **≈schrei** *m* yell of rage.

X

X, x *n* X, x; *j-m ein* ~ *für ein U vormachen* throw dust in a p.'s eyes; *er läßt sich kein* ~ *für ein U vormachen* he is nobody's fool.

X-Achse ⩫ *f* x-axis.

Xanthippe *fig. f* Xanthippe, shrew.

X-Bein|e *n/pl.* knock-knees; **≈ig** *adj.* knock-kneed.

x-beliebig *adj.* any (... you please).

Xerographie *typ. f* xerography.

X-Koordinate ⩫ *f* x-coordinate.

x-mal F *adv.* (ever so) often, F umpteen times.

X-Motor *m* X-type engine.

xte F *adj.*: *zum* ~*n Male* F for the nth (*od.* umpteenth, umptieth) time.

Xylo|graph *m* xylographer; **~graphie** *f* xylography; **≈graphisch** *adj.* xylographic(al).

Xylol *n* xylene.

Xylophon ♪ *n* xylophone.

Xylose *f* xylose.

Y

Y, y *n* Y, y.

Y-Achse ⩫ *f* y-axis.

Ypsilon *n* (the letter) Y.

Ysop ⚘ *m* hyssop.

Z

Z, z *n* Z, z.

Zäckchen *n* denticle; (*Zinke*) small prong; (*Spitzen*≗) purl.

Zacke *f*, **~n** *m* (sharp) point; (*Zinke*) prong, tine; (*Auszackung*) indent(ation); (*Eisenspitze*) spike; (*Fels*≗) jag, peak; ♀ crenature; *e-r Säge, e-s Kamms*: tooth; (*Kerbe*) notch; *am Kleid*: scallop; *Elektrokardiogramm usw.*: peak; F *iro. du wirst dir keinen Zacken aus der Krone brechen!* it won't hurt your Highness!

zacken *v/t.* indent, notch; (*zahnen*) tooth; *ungleichmäßig*: jag; (*Kleid, Stoff*) scallop, pink; **~förmig** *adj.* serrate(d), jagged; **≗linie** *f* zigzag (line).

zackig *adj.* indented, notched; *Felsen, zerbrochenes Glas usw.*: jagged; (*spitz*) pointed; (*ästig*) branched; *Blatt*: crenate, serrate(d); *Kleid*: scalloped; F *fig.* (*schneidig*) smart, snappy, *Am. sl.* snazzy.

zag|en *v/i.* quail, tremble; (*zurückschrecken*) shrink, flinch; (*schwanken*) waver; **≗en** *n* quailing, *etc.*; **~haft** *adj.* fainthearted, fearful; (*ängstlich, schüchtern*) timid; (*vorsichtig*) cautious, (*a. adv.*) gingerly; **≗haftigkeit** *f* timidity.

zäh|(e) *adj.* tough, tenacious; *Flüssigkeit*: ropy, viscous, glutinous; *Fleisch*: stringy; *metall.* ductile; *fig.* tough; (*drahtig*) wiry; (*ausdauernd*) tenacious; (*hartnäckig*) stubborn; (*verbissen*) grim, dogged; *~er Bursche* hard customer; *ein ~es Leben haben* be tenacious of life, be difficult to kill; **≗festigkeit** *f* tenacity; **~flüssig** *adj.* viscous, thickly liquid, sticky; **≗igkeit** *f* toughness, tenacity; ropiness; viscosity; *metall.* ductility; *fig.* tenacity; *verbissene*: doggedness.

Zahl *f* number; (*Ziffer*) figure (*a. Betrag, Wert*), numeral; (*arabische Ziffer*) cipher; (*Stelle*) digit; *vierstellige ~* 4-digit number; *in großer ~* in large numbers; *ohne ~* without number, countless; *an ~ übertreffen* outnumber; → *rot.*

Zählapparat ⊕ *m* → *Zähler.*

zahlbar *adj.* payable (*bei* at, with; *an* to); *~ sein od. werden* fall due, be(come) payable; *~ machen od. stellen* make payable; (*Wechsel*) domiciliate; *~ bei Lieferung* cash on delivery (*abbr.* C.O.D.); → *Sicht* 2.

zählbar *adj.* countable.

zählebig *adj.* tenacious of life.

zahlen *v/t. u. v/i.* pay; (*Schuld*) settle (*dat.* with), pay off; (*Wechsel*) meet; *Kinder ~ die Hälfte* children half-price; *~! im Gasthaus*: the bill (*Am.* the check), please!; *was habe ich zu ~?* what do I owe you?, how much is it?

zählen *v/t. u. v/i.* count (*a. fig.*); (*a. sich belaufen auf*) number; *Sport, Karten usw.*: (keep the) score; (*Volk*) take the census of; ⊕ register, integrate; *fig.* (*haben*) number, have; *rühmend*: boast, call one's own; *~ auf* count on; *j-n zu s-n Freunden usw. ~* number among one's friends, *etc.*; *zu den Besten usw. ~* rank with, belong to, be reckoned among, be considered one of, be classed with; *sie zählte 12 Jahre* she was twelve (years old); *er (es) zählt nicht* he (it) does not count; *seine Tage sind gezählt* his days are numbered; ⊕ *~des Meßgerät* integrating meter; → *drei* I.

Zahlen...: **~akrobatik** *f* juggling with figures; **~angaben** *f/pl.* numerical data, figures; **~beispiel** *n* numerical example; **~bild** *n* figures *pl.*; **~bruch** ℞ *m* numerical fraction; **~folge** *f* numerical order; **~gleichung** ℞ *f* numerical equation; **~größe** ℞ *f* numerical quantity; **~lotterie** *f*, **~lotto** *n* numbers pool; **≗mäßig** **I.** *adj.* numerical; **II.** *adv. a.* in terms of figures; *~ überlegen sein (od. das Übergewicht haben)* be superior in number, *j-m (od. über j-n)*: outnumber; **~material** *n* → *Zahlenangaben*; **~reihe** *f* numerical series (*sg.*); **~schloß** *n* combination lock; **~sinn** *m* sense (*od.* head) for figures; **~stempel** *m* numbering stamp; **~system** *n* numerative system; **~verhältnis** *n* numerical proportion; **~wert** *m* numerical value.

Zahler(in *f*) *m*: *pünktlicher* (*säumiger*) ~ prompt (dilatory) payer.

Zähler *m* counter; *Bank, parl.*: teller; ⩕ numerator; ⊕ counter; (*Meßgerät*) integrating meter; ⚡, *für Gasverbrauch usw.*: meter; *Sport*: (*Punkt*) point; **~ablesungen** *f/pl.* meter readings; **~tafel** *f* meter board; **~taste** *f* register key.

Zahl...: ~grenze *f* fare stage; **~karte** *f* paying-form.

Zählkarte *f Sport*: scoring card; *Volkszählung*: census-paper.

Zahl...: ~kellner *m* head waiter, cashier; **~knopf** *m* pay button; **≈los** *adj.* numberless, innumerable, countless; **~meister** *m* ⚔ paymaster, ⚓ purser; **~meisterei** *f* paymaster's office; **≈reich I.** *adj.* numerous, a great many; large *family, etc.*; **II.** *adv.*: ~ *vertreten usw.* in great number.

Zählrohr *n* counter tube; Geiger counter.

Zahlstelle *f* paying office; *e-r Bank*: sub-branch.

Zählstrich *m* tally.

Zahltag *m* pay day; *Börse*: settling day.

Zähltaste ⊕ *f* register key.

Zahlung *f* payment; *e-r Schuld*: *a.* settlement, clearance; *von Unkosten*: disbursement; *gegen* (*mangels*) ~ against (in default of) payment; *an ~s Statt* in lieu of payment; ~ *leisten* make (*od.* effect) payment, pay; *e-e ~ leisten* make a payment; *in ~ geben* offer in part exchange, (*Auto usw.*) trade in; *in ~ nehmen* take *od.* accept in part payment (*od.* in part exchange).

Zählung *f* counting, *a. als Ergebnis* (*z. B. Bakterien≈, Blutkörperchen≈*) count; numeration; (*Volks≈ usw.*) census; ⊕ metering, registering.

Zahlungs...: ~abkommen *n* payments agreement; **~anweisung** *f* order to pay; (*Überweisung*) money order, postal order; → *a. Scheck*; **~anzeige** *f* advice of payment; **~aufforderung** *f* request for payment; **~aufschub** *m* respite, extension of time, moratorium; **~auftrag** *m* payment order; **~ausgang** *m* out-payment; **~ausgleich** *m* settlement of payments; **~bedingungen** *f/pl.* terms of payment; **~befehl** *m* default summons, writ of execution; **~beleg** *m* voucher; **~bilanz** *f* balance of payments; **~bilanzkredit** *m* balance of payments credit; **~eingang** *m* in-payment; *pl.* payments received; **~einstellung** *f* suspension of payment; **~empfänger** *m* payee; **~erleichterungen** *f/pl.* facilities (of payment), deferred terms available; *mit* ~ on extended terms; **≈fähig** *adj.* able to pay; ⚕ solvent; **~fähigkeit** *f* ability to pay; ⚕ solvency; **~freigrenze** *f* free quota for payments; **~frist** *f* term of payment; → *Zahlungsaufschub*; **≈kräftig** *adj.* financially strong, substantial; **~mittel** *n* currency; *gesetzliches* ~ legal tender; *bargeldloses* ~ credit instrument; **~ort** *m* place of payment; *Wechsel*: domicile; **~plan** *m* instal(l)ment plan, partial payment plan; *Tilgung*: terms *pl.* of redemption; **~schwierigkeiten** *f/pl.* financial difficulties, pecuniary embarrassment *sg.*; **~sperre** *f* stoppage of payments; blocking; **≈technisch** *adj.* relating to payments; *adv.* ~ *bedingt* due to payment factors; **~termin** *m* date of payment; **≈unfähig** *adj.* unable to pay; ⚕ insolvent; **~unfähigkeit** *f* inability to pay; ⚕ insolvency; **~union** *f*: *Europäische* ~ European Payments Union; **~verkehr** *m* payments system; *konkret*: transfers *pl.*; *bargeldloser* ~ clearance system, cashless transfer system; **~verpflichtung** *f* liability (to pay); **~versprechen** *n* promise to pay; (*Schuldschein*) promissory note; **~verweigerung** *f* refusal to pay, non-payment; **~verzug** *m* default (of payment); **~weise** *f* mode of payment.

Zählwerk *n* counting train; meter, register.

Zahl...: ~wort *ling. n* numeral; **~zeichen** *n* figure, cipher.

zahm *adj.* tame (*a. fig.*), domestic(ated); ✿ cultivated, ~ *machen* → *zähmen*.

zähm|bar *adj.* tamable; **~en** *v/t.* tame (*a. fig.*), domesticate; (*Pferd*) break in; *fig.* restrain, control, master, check (*sich* o.s.).

Zahmheit *f* tameness (*a. fig.*).

Zähmung *f* taming.

Zahn *m* **1.** tooth; *zo.* a) (*Reiß≈, Gift≈*) fang; b) (*Stoß≈*) tusk; ⊕ tooth, cog; *Zähne betreffend* dental; *fig. der ~ der Zeit* the tooth (*od.* ravages *pl.*) of time; *Zähne bekommen* cut one's teeth; *bis an die Zähne bewaffnet* armed to the teeth; *die Zähne zeigen od. fletschen* show one's teeth (*a. fig. j-m* to a p.), *Raubtier u. co. Person*: bare one's fangs; F *etwas für den hohlen* ~ precious little; *j-m auf den* ~ *fühlen* sound a p.; → *ausbeißen, knirschen*; **2.** F (*Tempo*) speed; *mit e-m tollen* ~ at a roaring speed; *e-n* ~ *zulegen* increase the pace, F step on it; **3.** *sl.* (*Mädchen, Frau*) F (*steiler* ~ groovy) chick; **~arzt** *m* dental surgeon, dentist; **≈ärztlich** *adj.* dental; **~behandlung** *f* dental treatment; **~bein** *n* dentine; **~belag** *m* film (on the teeth); **~bohrer** *m* dental drill; **~bürste** *f* toothbrush; **~chirurgie** *f* dental surgery; **~creme** *f* toothpaste; **~durchbruch** *m* dentition.

Zähne...: **~fletschen** *n* showing one's teeth, bared teeth *od.* fangs; **~klappern** *n* chattering (*od.* gnashing) of teeth; *mit* ~ with chattering teeth; **~knirschen** *n* gnashing of teeth; **≈knirschend** *adv.* gritting his (her, *etc.*) teeth, grimly.

zahnen I. *v/i.* cut one's teeth, be teething; **II.** *v/t.* ⊕ tooth, notch.

zähnen *v/t.* indent, notch.

Zahn...: **~ersatz** *m* (artificial) denture, dental prosthesis; **~ersatzkunde** *f* prosthetic dentistry; **~fäule** *f* (dental) caries; **~fistel** *f* fistula in the gums; **~fleisch** *n* gums *pl.*; F *auf dem* ~ *kriechen* be on one's last gasp; **~fleischblutung** *f* bleeding from the gums; **~füllung** *f* filling, stopping; **~geschwür** *n* gumboil; **~hals** *m* neck of a tooth; **~heilkunde** *f* dentistry; **~höhle** *f* socket of a tooth; (*Defekt*) (dental) cavity; **~hygiene** *f* dental hygiene; **~infektion** *f* dental infection; **~klinik** *f* dental clinic; **~kranz** ⊕ *m* gear rim; **~krem** *f* toothpaste; **~krone** *f* crown; **~laut** *ling. m* dental (sound); **~lippenlaut** *ling. m* labiodental (sound); **≈los** *adj.* toothless; **~lücke** *f* gap (in one's teeth); ⊕ tooth space; **~nerv** *m* nerve of a tooth; ⚕ (dental) pulp; **~paste** *f* toothpaste; **~patient** *m* dental patient; **~pflege** *f* care of one's teeth, dental care; **~plombe** *f* filling, stopping; **~prothese** *f* dental prosthesis; (*Gebiß, Platte*) denture; **~pulver** *n* tooth-powder.

Zahnrad *n* gear(-wheel), toothed wheel, cog(-wheel); **~abwälzfräsmaschine** *f* gear hobbing machine; **~antrieb** *m* gear drive; **~bahn** *f* rack-railway; **~fräser** *m* gear cutter; **~getriebe** *n* toothed gear, gear transmission; (*Ritzelgetriebe*) pinion gear; **~übersetzung** *f* gear transmission ratio; **~untersetzung** *f* gear reduction.

Zahn...: **~reinigungsmittel** *n* dentifrice; **~schmelz** *m* dental enamel; **~schmerz(en** *pl.*) *m* toothache; **~schutz** *m Sport*: mouthpiece, gumshield; **~stange** *f* (tooth) rack; **~stein** ⚕ *m* tartar; **~stocher** *m* toothpick; **~technik** *f* dentistry; **~techniker** *m* dental technician.

Zähnung *f* serration; ⊕ toothing.

Zahn...: **~wasser** *n* tooth wash, dental lotion; **~wechsel** *m* second dentition; **~weh** *n* toothache; **~werk** ⊕ *n* rackwork; **~wurzel** *f* root (of a tooth); **~zange** *f* dental forceps; **~zerfall** *m* tooth decay, caries; **~ziehen** *n* (tooth) extraction.

Zähre *poet. f* tear.

Zander *ichth. m* pike-perch.

Zange *f* (e-e ~ a pair of) tongs *pl.*; (*Kneif*≈) nippers *pl.*; (*Rund*≈, *Flach*≈) pliers *pl.*; (*Haar*≈) tweezers *pl.*; ⚕ forceps (*a. zo.* = forcipated claw), *kleinere, a. zo.*: pincers *pl.*; *fig. j-n in die* ~ *nehmen* work on a p. (from two sides), corner a p.; *Fußball*: sandwich a p.; **~nbewegung** ⚔ *f* pincer movement; **~ngeburt** *f* forceps delivery.

Zank *m* quarrel; → *a. Streit*; **~apfel** *m* apple of discord, bone of contention; **≈en I.** *v/i.* scold; **II.** *v/i. u. v/refl.*: (*sich* ~) quarrel, wrangle, squabble, bicker (*um* about, over); *lärmend*: *a.* brawl; *sich* ~ *mit a.* have words with.

Zänker *m*, **~in** *f* quarrel(l)er, wrangler, squabbler; *nur f*: scold, termagant, shrew; **~ei** *f* bickering, quarrel(l)ing.

zankhaft, zänkisch *adj.* quarrelsome, bickering, *a. Ehefrau*: nagging.

Zank|sucht *f* quarrelsomeness; **≈süchtig** *adj.* → *zankhaft.*

Zäpfchen *n* small peg; *anat., ling.* uvula; ⚕ (*Einführ*≈) suppository; *in Zssgn a. ling.* uvular.

Zapfen I. *m* plug; (*Pflock*) peg, pin; (*Balken*≈, *Verbindungs*≈) tenon; (*Faß*≈) bung, spigot; (*Dreh*≈) pivot; (*Wellen*≈) journal; (*Schild*≈) trunnion; (*Stift*) stud; ⚘ cone; **II.** ≈ *v/t.* **1.** tap *beer, etc.*; **2.** △ (*Balken*) join with (mortise and) tenon; **~bohrer** *m* tap borer; **≈förmig** *adj.* peg-shaped, cone-shaped; **~lager** ⊕ *n* pivot (*od.* journal) bearing; trunnion seat; bush; *e-r Walze*: chock; **~loch** *n* tap hole; ⊕ pivot hole; *Tischlerei*: mortise; **~streich** ⚔ *m* curfew; (*Signal*) tattoo, retreat, *Am.* taps *pl.*; *für e-n Toten*: lament; **≈tragend** *adj.* coniferous.

Zapf...: **~er** *m* tapster; ⊕ feeder; **~hahn** *m* tap, *Am.* faucet; *mot.* hose nozzle; **~säule** *mot. f* petrol (*Am.* gasoline) pump; **~stelle** *f* tap; *mot.* filling station; ↯ wiring point.

Zaponlack *m* Zapon varnish.

zappel|ig *adj.* fidgety, restless; **~n** *v/i.* struggle; *sich windend*: wriggle; *schnellend, wie ein Fisch*: flounder (*im Netz* in the net, *a. fig.*); *vor Unruhe*: fidget; *fig. j-n ~ lassen* keep a p. in suspense (*od.* on tenterhooks), tantalize a p.; **≈liese** *f*, **≈philipp** F *m* fidget.

zappenduster F *adj.* pitch-dark; *fig. dann wird's ~* things will be very, very bad.

Zar *m* tsar, czar; **~entum** *n* tsardom; **~ewitsch** *m* tsarevitch.

Zarge ⊕ *f* border, edge; (*Rahmen*) frame, case; sash; *e-r Geige usw.*: side.

Zarin *f* tsarina.

zart *adj. Fleisch, Alter, Gewissen, Herz usw.*: tender (*a. zärtlich*); *Haut, Ton usw.*: soft, *Farbe*: *a.* pale, subdued; (*sanft*) gentle; (*empfindlich*) sensitive; *Blume, Gesundheit, Kind, Haut*: delicate; *Kind, Mädchen*: *a.* slight, dainty; *das ~e Geschlecht* the gentle sex; *~er Wink* gentle hint; *im ~en Alter von* at the tender age of; *adv. ~umgehen mit* handle with care (*mit j-m*: *a.* with kid-gloves); **~besaitet** *fig. adj.* delicately strung, sensitive; **~fühlend** *adj.* delicate, tactful; **≈gefühl** *n* delicacy (of feeling), tactfulness; **~grün** *adj.* pale green; **≈heit** *f* tenderness; softness; delicacy, delicateness; gentleness.

zärtlich *adj.* tender; (*verliebt*) fond, loving, amorous; **≈keit** *f* tenderness; fondness; (*Liebkosung*) caress.

Zaster F *m* (*Geld*) F dough, brass, tin, dust.

Zäsur *f* caesura, break; *in der Geschichte usw.*: (great) divide; (*Wendepunkt*) turning-point.

Zauber *m* spell, charm, magic (*a. fig.*); (*Bezauberung*) enchantment; (*~glanz*) glamo(u)r; (*Lockung*) lure; *contp.* mumbo-jumbo; *fauler ~* humbug, swindle; *den ganzen ~* the whole bag of tricks; *~ des Rampenlichts* glamo(u)r of the footlights; *wie durch ~* as if by magic; *den ~ lösen* break the spell; **~bann** *m* spell; **~buch** *n* conjuring book.

Zaube|rei *f* magic, sorcery, witchcraft; (*Taschenspielerei*) conjuring, juggling, sleight-of-hand; **~rer** *m* sorcerer, magician, (*a. fig. Könner*) *a. Sport*: wizard; → *a. Zauberkünstler.*

Zauber...: **~formel** *f* spell, charm, magic formula; **~garten** *m* enchanted garden; **≈haft, ≈isch** *adj.* enchanting, magical, glamo(u)rous, bewitching; **~in** *f* sorceress; *fig. a.* enchantress; **~kasten** *m* (*Spielzeug*) magic trick pack; **~kraft** *f* magic power; **~kunst** *f* (black) magic *od.* art, witchcraft; → *a. Zauberkunststück*; **~künstler** *m* conjurer, illusionst, juggler; **~kunststück** *n* conjuring trick, sleight-of-hand; **~land** *n* enchanted land, Fairyland; **~mittel** *n* charm, spell; **≈n I.** *v/i.* practise magic; *weitS.* do conjuring tricks; F *Fußball usw.*: shine with technical brilliance; F *fig. ich kann doch nicht ~* I can't work miracles; **II.** *v/t.* produce by magic, conjure (up); **~schloß** *n* enchanted castle; **~spiegel** *m* magic mirror; **~spruch** *m* → *Zauberformel*; **~stab** *m* magic wand; **~trank** *m* magic potion, philtre; **~werk** *n* witchcraft, sorcery; **~wort** *n* magic word (*od.* formula).

Zauder|er *m* waverer, irresolute person, temporizer; **≈n** *v/i.* hesitate (*mit* about), waver; *hinhaltend*: temporize, shilly-shally; **~n** *n* hesitation, wavering.

Zaum *m* bridle; *fig. im ~ halten* keep in check (*a. Zunge*); (*j-n*) *a.* keep a tight rein on; (*Leidenschaften usw.*) curb, bridle; *sich im ~ halten* restrain (*od.* control) o.s.

zäumen *v/t.* bridle.

Zaum...: **~pfad** *m* bridle-path; **~zeug** *n* headgear, bridle.

Zaun *m* fence; (*Bau≈*) hoarding, boarding; *lebender ~* quickset hedge; *fig. vom ~e brechen* (*e-n Streit*) pick *a quarrel*, (*e-n Krieg*) start *a war*; **~gast** *m* deadhead, looker-on; **~könig** *orn. m* wren; **~pfahl** *m* pale; *j-m e-n Wink mit dem ~ geben* give a p. a broad hint; **~rebe** ✿ *f* Virginia creeper.

zausen *v/t.* pull about; (*Haar*) tousle; *fig.* punish, F put *a p.* through the wringer; (*schelten*) upbraid; *j-n bei den Haaren ~* pull a p. by the hair.

Zebra *n* zebra; **~streifen** *m Verkehr*: zebra crossing.

Zech|bruder *m* tippler, toper, F boozer; (*Kumpan*) boon-companion; **~e**[1] *f* score, reckoning, bill; *die ~ bezahlen* foot the bill; *fig. a.* F pay the piper; **~e**[2] ⚒ *f* mine; (*Kohlen≈*) coal-pit, colliery; (*Bergwerksgesellschaft*) mining company; **≈en** *v/i.* carouse, tipple, F booze; **~enkohle** ⚒ *f* mine coal;

~enkoks *m* furnace coke; **~er** *m* (hard) drinker, tippler, toper, revel(l)er; **~gelage** *f* carouse, drinking-bout, spree; **~kumpan** *m* boon-companion; **~preller** *m* bill dodger; **~prellerei** *f* bill dodging, hotel fraud.

Zecke *f* tick.

Zedent *m* transferor, assigner.

Zeder ⚘ *f* cedar.

zedieren *v/t.* cede, transfer, assign (*dat.* to).

Zeh *m*, **~e** *f* toe; (*Knoblauchzehe*) clove *of garlic*; *großer* (*kleiner*) ~ big (little) toe; *a.* F *fig. j-m auf die ~en treten* tread on a p.'s toes; **~ennagel** *m* toenail; **~enspitze** *f* point (*od.* tip) of the toe; *auf den ~n* on tiptoe.

zehn I. *adj.* ten; → *a. acht*; **II.** ≈ *f* (number) ten; **≈eck** *n* decagon; **~eckig** *f* decagonal; **≈er** *m* ten; F (*Geld*) ten-pfennig piece; ten-mark note (*Am.* bill); → *Groschen*; **~erlei** *adj.* of ten sorts, ten different (kinds of); **≈erreihe** *f* column of tens; **≈erstelle** *f* decimal place; **~fach, ~fältig** *adj.* tenfold; **≈fingersystem** *n Maschinenschreiben*: touch system; **~jährig** *adj.* ten-year-old ...; of (*od.* lasting) ten years, ten-year ...; **≈kampf** *m* decathlon; **≈kämpfer** *m* decathlete, decathlon man; **~mal** *adv.* ten times; **~malig** *adj.* ten times (repeated); **≈t** *m* tithe; **~tägig** *adj.* of (*od.* lasting) ten days, ten days' ..., ten-day ...; **~tausend** *adj.* ten thousand; → *ober*; ≈*e von Exemplaren* tens of thousands of copies; **~te** *adj.* tenth; **≈te(r)** *m* → *Zehnt*; **≈tel** *n* tenth (part); **~tens** *adv.* tenth(ly), in the tenth place; **~tpflichtig** *adj.* tithable.

zehren *v/i.* (*mager machen*) be reducing; (*schwächen*) make a p. feel weak; ~ *von* live (*od.* exist) on; *fig.* live off *the capital*; draw on *supplies*; (*s-m Ruhm usw.*) live on; *von e-r Erinnerung ~ a.* enjoy a recollection, *an et.*: remember a th. fondly; *fig.* ~ *an* (*nagen an*) gnaw at, prey upon, undermine; **~d** ⚕ *adj.* consumptive, wasting.

Zehr...: **~geld** *n*, **~pfennig** *obs. m* travel(l)ing money; **~ung** *f* (expenses *pl.* of) living; (*Weg*≈) provisions *pl.*; *eccl. letzte* ~ viaticum.

Zeichen *n allg.* sign (*a. ast., typ.,* ♪, A, *Wunder*≈, *Verkehrs*≈), token; (*Symbol, a. engS.*) symbol; (*Merk*≈, *Satz*≈) mark; (*Ab*≈) badge; (*An*≈) indication, sign, *bsd.* ⚕ symptom; (*Signal, Funk*≈) signal; (*Brand*≈, *Waren*≈) brand; (*Schutz*≈) trade-mark; (*Vor*≈) omen; (*Warnung*) warning, *weitS. the* hand on the wall; (*Akten*≈) reference (number); † *unser* (*Ihr*) ~ our (your) reference (*abbr.* Ref.); ~ *der Freundschaft* token (*od.* mark) of friendship; *eccl. das ~ des Kreuzes* the sign of the cross; ~ *und Wunder* signs and wonders; *es geschehen* (*noch*) ~ *und Wunder* wonders will never cease; ~ *der Zeit* signs of the time; *auf ein ~ von* at a sign of; *mot.* ~ *geben od. machen* signal, give a sign (*od.* signs *pl.*); *ein ~ geben* make a sign (*dat.* to), (give a) signal (to); *das ~ geben für* give the word for; *ein ~ sein für* be a sign of, be indicative of; *fig. ein ~ setzen* give a signal; *im ~ des ... stehen ast.* be in ...; *fig.* be marked by, be under the banner of; (*beeinflußt sein von*) be affected by; be governed by; *s-s ~s ein Bäcker* a baker by trade; *zum ~ gen.* in (*od.* as a) sign of, as a mark (*od.* proof) of; *zum ~, daß* as a proof that.

Zeichen...: **~block** *m* sketch block; **~brett** *n* drawing board; **~buch** *n* sketch-book; **~büro** *n* drawing office, *Am.* drafting room; **~deuter** *m* astrologer; **~dreieck** A *n* triangle, set-square; **~erklärung** *f* list of conventional signs; signs and symbols *pl.*; **~feder** *f* drawing pen; **~film** *m* (animated) cartoon; **~gebung** *f* signalling; **~gerät** *n* drawing instrument; **~kunst** *f* (art of) drawing; **~lehrer** *m* art master; **~mappe** *f* portfolio; **~papier** *n* drawing paper; **~rolle** *f für Warenzeichen*: register of trademarks; **~saal** *m* → *Zeichenbüro*; *Schule*: art room; **~schutz** *m* protection of registered trademarks and designs; **~setzung** *f* punctuation; **~sprache** *f* sign language; **~stift** *m* crayon; **~system** *n* code; **~talent** *n* talent for drawing; **~tisch** *m* drawing board; **~trickfilm** *m* animated cartoon; **~unterricht** *m* drawing lessons *pl.*; *Schule*: art.

zeichn|en *v/t. u. v/i.* draw (*nach* from *life, etc.*), delineate (*a. fig.*), (*entwerfen*) design; ⊕ draft, trace; (*Kurve*) plot; *flüchtig, a. fig.*: sketch, outline; *literarisch*: portray, depict; (*be*~, *kenn*~) mark; (*ein*~) plot; *hunt. Wild*: leave a trail; (*unter*~) sign; (*a. e-n Betrag usw.*) subscribe (*für e-n Fonds* to); (*Anleihe*) subscribe for, (*Aktien*) *a.* take up; *Versicherung*: underwrite *a risk, a policy*; *ich zeichne am Briefende*: I am (*vertrauter*: I remain), dear Sir(s), ...; → *gezeichnet*; **≈en** *n* drawing, *etc.*; (*Schulfach*) art; **≈er(in** *f*) *m* draughtsman, *bsd. Am.* draftsman, *f* draughtswoman; designer; *e-r Anleihe usw.*: subscriber (*gen.* to); **~erisch** *adj.*: *~e Darstellung* graphic representation; *~e Konstruktion* design; *~e Begabung* talent for drawing.

Zeichnung *f* drawing (*a.* ⊕); sketch; design; (*Illustration*) illustration, ⊕ figure, diagram; (*Pause*) blueprint; (*Kenn≈*) marking; *des Holzes*: grain; (*Muster*) pattern; (*Unter≈*) signing, (*Unterschrift, Namenszug*) signature; *e-r Anleihe usw.*: subscription (*gen.* to); **≈sberechtigt** *adj.* authorized to sign (on behalf of the firm), having signatory power; **~sgrenze** *f Rückversicherung*: writing limit; **~sliste** ⚕ *f* subscription list; **~svollmacht** *f* signatory power, authority to sign (on behalf of the firm); *für Aktien usw.*: subscription privilege; *~ haben* have the signature, be authorized to sign.

Zeigefinger *m* forefinger, index (finger).

zeigen I. *v/t. allg.* show (*a. fig.*; *wie* how to *inf.*); (*an~*) indicate; (*zur Schau stellen*) exhibit, display (*a. fig.*); (*Begeisterung, Wirkung usw.*) *a.* register; (*vorführen, a. thea., Film*) present, show; (*darlegen*) set forth, point out; (*dartun*) demonstrate, prove; *ihm werd' ich's ~ drohend*: I'll show him; **II.** *v/i.*: *~ auf* (*deuten auf*) point at (*od.* out), indicate; *Thermometer*: stand at; *Uhr*: point to; **III.** *v/refl.*: *sich ~ Person*: show o.s., (*erscheinen*) appear, make an appearance, *plötzlich*: turn (*od.* show) up; *Sache*: show, appear, become apparent, come to light; *es zeigte sich, daß* it appeared that; *es wird sich ja ~* we shall see, time will tell; *sich freundlich ~* be friendly; *sich ~ als* prove (o.s.) to be; *sich ~ (wollen) prahlend*: show off (*mit* [with] *a th. od. p.*); → *erkenntlich* 2.

Zeiger *m der Uhr*: hand; *kleiner (großer) ~* short (long) hand; *des Barometers usw.*: pointer; ⊕ *a.* indicator, needle, ⩕ *a.* index, vector; **~ausschlag** *m* pointer deflection; *Radar*: needle deviation; **~instrument** *n* indicating instrument.

Zeigestock *m* pointer.

zeihen *v/t.* (*e-r Sache*) accuse of.

Zeile *f gedruckte usw., a. TV*: line; (*Reihe*) row; *j-m ein paar ~n schreiben* drop a p. a line; *zwischen den ~n lesen* read between the lines.

Zeilen...: **~abstand** *m* line spacing; **~abtastung** *TV f* line scanning; **~austastung** *TV f* line blanking; **≈frei** *TV adj.* line-free; **~schalter** *m Schreibmaschine*: spacer; **~sprung** *TV m* line interlacing; **≈weise** *adv.* by the line; **~zahl** *f* lineage.

Zeisig *orn. m* siskin; → *locker*; **≈grün** *adj.* canary-green.

Zeit *f allg.* time (*a. Sport*); (*~en*) times *pl.*, days *pl.*; (*Stunden*) hours *pl.*; *ling.* tense; (*~alter*) epoch, era, age; (*~raum*) period, space (of time); (*Jahres≈, Saison, a. geeignete ~*) season; (*Frist, Dauer*) term, duration; (*Stadium*) stage, phase; *freie ~* spare-time, off-time, leisure hours *pl.*; *schwere od. schlechte ~en* hard times; *für schlechte ~en sparen* for a rainy day; ⚕ *auf ~* on account, on credit; *Kauf auf ~* (*Terminkauf*) forward purchase; *Kredit auf ~* time loan; *auf ~ laufen od. fahren Sport*: make a time trial; *die ~ nehmen Sport*: time, clock (*von a run, etc.*); *für die ~ zu Boden gehen Boxen*: go down for the count; *der beste Spieler usw. aller ~en* the best player, *etc.* of all times, the best-ever player, *etc.*; *die ganze ~ über* ever since, all along; *er hat es die ganze ~ (über) gewußt* he knew it all along; *einige ~ lang* for a time; *für alle ~en* for all time, for good; *gegen die ~ arbeiten* against time; *in der ~ vom ... bis ...* in the time between ... and ...; *zu jeder ~* (at) any time, at all times; *in kurzer ~* in a short time; *in kürzester ~* in no time; *in letzter ~* lately, of late, recently; *lange ~* a long time; *mit der ~* in course of time, with time; *mit der ~ gehen* move with (*od.* keep abreast of) the times; *von ~ zu ~* from time to time, now and then; *vor der ~* prematurely, *sterben a.* before one's time; *vor ~en* in former times; *vor langer ~* long ago, a long time ago; *zur ~ (jetzt)* (*z. Zt.*) at present, at the moment, at (*od.* for) the time being; *zur ~ gen.* in the time of; *zur gleichen ~* at the same time; *zuzeiten* at times; *zu meiner ~* in my time; *zu s-r ~* a) in his time; b) in due course; *alles zu s-r ~* there is a time for everything, *beruhigend*: all in good time!; *die ~ nutzen* take time by the forelock, let no grass grow under one's feet; *j-m ~ lassen* give a p. time; *sich ~*

lassen take one's time (*dazu* about it); ~ *gewinnen* gain time; ~ *zu gewinnen suchen*, ~ *schinden*, *auf* ~ *spielen* temporize, play for time; *s-r* ~ *voraus sein* be ahead of one's time(s); *das hat* ~ there is plenty of time for that, there is no hurry (about it); *das hat* ~ (*bis nächste Woche*) that can wait *od.* F that will keep (till next week); *gib mir* ~*!* give me time!; *ich gebe dir* ~ *bis morgen* (*ich gebe dir 5 Minuten* ~) I give you till tomorrow (five minutes); *ich habe keine* ~ I have no time (*für* for; *zu inf.* to *inf.*); *es ist* (*höchste*) ~ *od. an der* ~ it is (high) time; *es ist* ~ *anzufangen* it is about time to begin; *seine* ~ *ist gekommen a. zu sterben*: his time has come; *ihre Zeit* (*der Entbindung*) *ist nahe* she is near her time (of delivery); *die* ~ *ist gekommen, zu inf.* the time has come to *inf.*, now is the time for *ger.*; *j-m die* ~ (*ver*)*kürzen* make time pass more quickly for a p., entertain (*od.* amuse) a p.; *sich die* ~ *verkürzen od. vertreiben* while away (*od.* pass) one's time (*mit* with), kill time; *die* ~ *wird es lehren* time will show; *kommt* ~, *kommt Rat* we'll cross that bridge when we come to it; F *das waren noch* ~*en!* F them were the days!; → *totschlagen, vergeuden, recht* I, *Wunde.*

zeit *prp.* ~ *seines usw. Lebens* during his, *etc.* life-time; → *zeitlebens.*

Zeit...: ~**ablauf** *m* lapse of time (*a.* ⚖); ~**abschnitt** *m* epoch, *a. engS.* period; ~**abstand** *m* (time) interval; *in regelmäßigen Zeitabständen a.* periodically; ~**achse** *f Radar*: X-axis; ~**alter** *n* age, era, epoch; generation; ~**angabe** *f* exact date and hour; date; *ohne* ~ undated; ~**ansage** *f Radio*: time signal; ~**aufnahme** *phot. f* time exposure; ~**aufwand** *m* time (spent on a th.); sacrifice of time; ≈**bedingt** *adj.* due to present-day conditions; ~**begriff** *m* conception of time; ~**bombe** *f* time bomb (*a. fig.*); ~**dauer** *f* length of time; period, term, duration; ~**dehner** *m* → *Zeitlupe*; ~**dokument** *n* document of our time; ~**druck** *m*: *unter* ~ under deadline pressure; ~**einheit** *f* unit of time; ~**enfolge** *f* sequence of tenses; ~**ereignis** *n* event; ~**ersparnis** *f* saving of time; ~**fahrkarte** *f* → *Zeitkarte*; ~**faktor** *m* time element; ~**folge** *f* chronological order; ~**form** *ling. f* tense; ~**funk** *m* topical talk(s *pl.*); ~**geber** ⊕ *m* timer; ~**gefühl** *n* time sense; ~**geist** *m* zeitgeist, genius of the period; ≈**gemäß** *adj.* seasonable, opportune, timely; (*modern*) modern, up-to-date; (*aktuell*) current; ~**genosse** *m*, ~**genossin** *f*, ≈**genössisch** *adj.* contemporary; F *ein unangenehmer Zeitgenosse* an awkward customer; ≈**gerecht I.** *adj.* timely; **II.** *adv.* on time, according to schedule; ~**geschäft** ✝ *n* time bargain; *pl. a.* forward transactions, *Am.* (trading in) futures; ~**geschichte** *f* contemporary history; ~**geschmack** *m* prevailing taste; ~**gewinn** *m* saving of time; ≈**ig I.** *adj.* early; *obs.* (*reif*) mature; **II.** *adv.* in (good) time; ≈**igen** *v/t.* mature, ripen; (*hervorrufen*) produce, call forth; ~**karte** *f* season-ticket, *bsd. Am.* commuter's ticket; ~**karteninhaber** *m* season-ticket holder, commuter; ~**konstante** *f* time constant; ~**kontrollwesen** ⊕ *n* time study; ~**kritik** *f* social criticism; ≈**kritisch** *adj.* topical; ~**lang** *f*: *eine* ~ for a (*od.* some) time, for a while; ~**lauf** *m* course of time, period; ~**läufte** *pl.* times; ≈**lebens** *adv.* for life, during life; all one's life; ≈**lich I.** *adj.* temporal; time *factor, etc.*; chronological; ~*e Abstimmung od. Berechnung* timing; ~*e Reihenfolge* chronological order; *das* ≈*e segnen* depart this life; **II.** *adv.* as to time; within a given time; per unit time; ~ *gut berechnet*, ~ *günstig* well-timed; ~ *schlecht gewählt* ill-timed; ~ *zs.-fallen* coincide; ~**lohn** *m* time-wage(s *pl.*); ≈**los** *adj.* timeless (*a. Schönheit usw.*); ~**lupe** *f*: (*in* ~ in) slow motion; ~**lupenaufnahme** *f* slow-motion picture; ~**lupentempo** *n* slow motion; *im* ~ in slow motion; *fig.* at a snail's pace; ~**mangel** *m* lack of time; ~**maß** *n* tempo; ♪ *a.* time; ~**messer** *m* chronometer; ~**messung** *f* timing, time-measuring; ≈**nah(e)** *adj.* topical, current, up-to-date; ~**nehmer** *m Sport*: time-keeper, timer; ⊕ time-study man; ~**ordnung** *f* chronological order; ~**plan** *m* time-table, schedule; timing, phasing; ~**punkt** *m* time, moment, instant, juncture; (*Wahl des* ~*s*) timing; (*Datum*) date; ~**raffer** *m Film*: time-lapse camera; *in Zssgn* time-lapse *picture, etc.*; ≈**raubend** *adj.* time-consuming; ~**raum** *m* space (of time), period, time; ~**rechnung** *f* chronology; *christliche* ~ Christian era; ~**relais** ⚡ *n* time-limit relay; ~**schalter** *m* time switch, timer; ~**schloß** *n* time lock; ~-

schrift *f* journal, periodical, magazine; *literarische*: review; **~schriftenwesen** *n* periodical literature; **~sichtwechsel** ✝ *m* after-sight bill; **~sinn** *m* time sense; **~spanne** *f* space (of time), span, period, time; **≈sparend** *adj.* time-saving; ~e *Vorrichtung usw.* time-saver; ~es *Verfahren* short cut; **~stempel** *m* (automatic) time-stamp; **~stil** *m* style of the period; (*ganz*) *im* ~ (perfectly) in period; *Haus im* ~ period house; **~stück** *thea. n* period play; **~studie** ⊕ *f* time (and motion) study; **~studienbeamte(r)** *m* time-study man; **~tafel** *f* chronological table; **~uhr** *f* timer; **~umstände** *m/pl.* circumstances, conjunctures.

Zeitung *f* (news)paper, journal; *amtliche*: gazette; *obs.* (*Kunde*) tidings *pl.*; *in die* ~ *setzen* insert in a newspaper, advertise.

Zeitungs...: **~abonnement** *n* subscription to a (news)paper; **~anzeige** *f* → *Zeitungsinserat*; **~artikel** *m* newspaper article; **~ausschnitt** *m* press (*od.* newspaper) cutting, *Am.* (newspaper) clipping; **~beilage** *f* supplement (of *od.* to a newspaper); **~deutsch** *n* journalese; **~ente** *f* (newspaper) hoax, canard; **~händler** *m* news-agent, *Am.* news-dealer; **~inserat** *n* press advertisement, insertion, F ad; **~junge** *m* newsboy; **~kiosk** *m* news-stall, *bsd. Am.* newsstand; **~korrespondent** *m* press correspondent; **~lesezimmer** *n* news-room; **~notiz** *f* press item; **~nummer** *f* copy; *alte* ~ back number; **~papier** *n* newsprint; **~redakteur** *m* newspaper editor; **~reklame** *f* press advertising; **~schreiber(in** *f*) *m* journalist, columnist; **~stand** *m* → *Zeitungskiosk*; **~stil** *m* journalese; **~verkäufer(in** *f*) *m auf der Straße*: news-vendor, newsman; **~verleger** *m* newspaper proprietor *od.* publisher; **~werbung** *f* press advertising; **~wesen** *n* journalism, *the* daily press; **~wissenschaft** *f* (science of) journalism.

Zeit...: **~vergeudung** *f*, **~verschwendung** *f* waste of time; **~verlust** *m* loss of time, delay; **~verschiebung** *f* time-shift, ⚓ *usw.* time-lag; **~verschluß** *phot. m* time shutter; **~vertreib** *m* pastime, diversion, amusement; *zum* ~ to pass the time; **~wechsel** ✝ *m* time bill; **~wegschreiber** *mot. m* tachograph, recording mileage counter; **≈weilig, ≈weise I.** *adj.* (*vorübergehend*) temporary; (*gelegentlich*) occasional; (*mit Unterbrechungen*) intermittent; **II.** *adv.* (*e-e Zeitlang*) for a time, temporarily; (*von Zeit zu Zeit*) from time to time, at times, occasionally, now and then; **~wert** ✝ *m* current value; **~wort** *n* verb; **~zeichen** *n Radio*: time signal; **~zünder** *m* time fuse; *Bombe*: delayed-action cap.

zelebrieren *v/t.* celebrate.

Zelle *f allg.* cell (*a. biol., pol.,* ⚖); ⚡ *a.* element; ✈ air-frame; ⚓ tank; *teleph.* booth, phone-box.

Zellen...: **~atmung** *f* vesicular breathing; **~aufbau** *m* cell structure; **~bildung** *f* cell formation; **≈förmig** *adj.* cellular; **~genosse** ⚖ *m* cell mate; **~gewebe** *anat. n* cellular tissue; **~kühler** *mot. m* cell-type radiator.

Zell...: **~faser** *f* cellulose fib|re, *Am.* -er; **~gewebe** *n* → *Zellengewebe*; **~haut** *f* cellophane; **≈ig** *adj.* cellular; **~kern** *biol. m* cell nucleus.

Zellophanpapier *n* cellophane.

Zell...: **~stoff** *m* cellulose; *Papier*: pulp; **~stoffseide** *f* cellulose silk; **~stoffwatte** *f* cellucotton; **~tätigkeit** *biol. f* cell activity; **~teilung** *biol. f* cell division.

Zelluloid *n* celluloid.

Zellulose *f* cellulose.

Zell...: **~wand** *f* cell wall; **~wolle** *f* rayon staple, synthetic.

Zelot *m* zealot; **≈isch** *adj.* fanatical.

Zelt *n* tent; (*Zirkus≈, Fest≈ usw.*) marquee; *poet. fig.* canopy; → *aufschlagen* II 9 *usw.*; **~ausrüstung** *f* camping outfit; **~bahn** *f* tent square; ⚔ *Brit.* ground sheet, *Am.* shelter half; **~bau** *m* tent pitching; **~dach** *n* tent-roof; **≈en** *v/i.* tent, camp (out); **~en** *n* camping.

Zelter *m* palfrey.

Zelt...: **~fahrt** *f* camping trip; **~lager** *n* (tent) camp; **~pflock** *m* tent peg; **~platz** *m* camping site; **~stange** *f*, **~stock** *m* tent pole.

Zement *m, n* cement; **~beton** *m* cement concrete; **~bewurf** *m* cement facing; **~formstück** *n* concrete block; **~fußboden** *m* concrete floor; **≈ieren** *v/t.* cement (*a. fig.*); (*einsatzhärten*) case-harden, carburize; *fig.* ✝ solidify; **~iermittel** *n* cementing agent; **~ierung** *f* cementation.

Zenit *m* zenith (*a. fig.*); *im* ~ *stehen* be at the (*od.* at one's) zenith.

zens|ieren *v/t.* (*Buch, Post usw.*) censor; *Schule*: mark, give marks, *Am.* grade; **≈or** *m* censor; **≈ur** *f* censorship; *ped.* (*Noten*) marks *pl.*, (*Zeugnis*) (term's) report, *Am. a.* credit, grade; (*einzelne Note*) mark, *Am.* point; gute ~ good mark; **~urieren** *östr. v/t.* → zensieren.

zentesimal *adj.* centesimal.

Zenti|gramm *n* centigram(me); **~meter** *n, m* centimet|re, *Am.* -er; **~meterwelle** *tel. f* centimetre wave; *in Frequenzen ausgedrückt*: superhigh frequency (*abbr.* SHF).

Zentner *m* (metric) hundred-weight, quintal; **~last** *fig. f* heavy burden; e-e ~ fiel mir vom Herzen that was a load off my mind; **≈schwer** *adj.* very heavy, crushing.

zentral *adj.* central; **≈bahnhof** *m* central station; **≈bank** *f* central bank; **≈e** *f* central (*od.* head) office; *Polizei usw.*: headquarters *pl.*; ⊕ control room; ⚡ central station, power house; ⚓ control station; *teleph.* (telephone) exchange; **≈gewalt** *f* central authority; **≈heizung** *f* central heating; **~isieren** *v/t.* centralize; **≈isierung** *f* centralization; **≈ismus** *pol. m* centralism; **≈kartei** *f* master file; **≈komitee** *pol. n* Central Committee; **≈nervensystem** *n* central nervous system; **≈punkt** *m* central point; **≈schmierung** *mot. f* central lubrication; **≈stelle** *f* → Zentrale; **≈verband** *m* central association.

zentrieren ⊕ *v/t.* cent|re, *Am.* -er.

zentri|fugal *adj.* centrifugal; **≈fugalkraft** *f* centrifugal force; **≈fuge** *f* centrifuge, (cream) separator; **~fugieren** *v/t.* centrifuge; **~petal** *adj.* centripetal.

zentrisch *adj.* (con)centric(ally *adv.*).

Zentrum *n* cent|re, *Am.* -er; *der Schießscheibe*: bull's-eye; *pol.* → **~spartei** *f* centre (party).

Zephir *m* zephyr (*a.* ⚘).

Zeppelin *m* Zeppelin.

Zepter *n* scept|re, *Am.* -er; das ~ schwingen wield the sceptre.

zer|beißen *v/t.* bite through (*od.* to pieces), crunch; **~bersten** *v/i.* burst (asunder); **~beulen** *v/t.* dent; (*Kleider*) (c)rumple; **~bomben** *v/t.* bomb, destroy by bombs; **~bombt** *adj.* bomb-wrecked, bombed; **~brechen** *v/t. u. v/i.* break (to pieces), crack; *fig.* (*nur v/i.*) crack, break (an under), be crushed *od.* broken (by); sich den Kopf ~ rack one's brains (über over); **~brechlich** *adj.* breakable, *a. Person, Figur*: fragile; (*spröde*) brittle; **≈brechlichkeit** *f* fragility, brittleness; **~bröckeln** *v/t. u. v/i.* crumble; **~drücken** *v/t.* crush, squash; (*bsd. Kartoffeln*) mash; (*Kleider*) (c)rumple, wrinkle, crease.

zerebral *adj.*, **≈...** cerebral.

Zeremon|ie *f* ceremony; **≈iell** *adj.* ceremonial, formal; **~iell** *n* ceremonial; *fig. a.* ritual; **~ienmeister** *m* master of ceremonies; **≈iös** *adj.* ceremonious.

zerfahren I. *v/t.* **1.** (*Weg*) churn up, rut, ruin; **II.** *adj.* **2.** *Weg*: rutted rutty; **3.** *fig. Person*: (*zerstreut*) absentminded, distracted; unconcentrated; (*wirr*) scatterbrained, harum-scarum; (*nervös*) dithery; *Sport*; *Spiel*: F patchy; **≈heit** *f* absentmindedness.

Zerfall *m* ruin, decay; *fig. a.* decadence; *phys.* disintegration (*a. fig.*), dissociation; ⚗ decomposition; → Atomzerfall; **≈en** *v/i.* fall apart (*od.* to pieces); fall into ruin, decay; collapse, crumple (away); *Gesicht*: sag, crumple; *Persönlichkeit*: deteriorate; *in s-e Bestandteile*: disintegrate (*a. phys.*, ⚗); in mehrere Teile ~ fall (*od.* divide) into; *fig.* mit j-m ~ fall out with, quarrel with; ~ sein mit be at variance with; **~sprodukt** *n* decomposition product.

zer...: **~fasern** *v/t.* reduce to fib|res, *Am.* -ers; *Papierherstellung*: pulp, rag; (*Stoff*) unravel; (*a. v/i.*) fray out, fuzz; **~fetzen** *v/t.* tear up, tear in (*od.* to) pieces *od.* rags; *in kleine Stücke*: shred; *schlitzend*: slash; **~fetzt** *adj.* ragged, torn (to pieces), tattered; **~flattern** *v/i.* be scattered; **~fled(d)ern** *v/t.* (*Buch usw.*) thumb; **~fleischen** *v/t.* mangle; *in Stücke*: rend, tear to pieces; *schneidend, schlitzend*: slash; ⚕ lacerate; *fig.* einander ~ im *Krieg*: slaughter one another; **~fließen** *v/i.* melt, dissolve (*fig.* in Tränen in tears); ⚗ deliquesce; *Farbe, Tinte*: run; *fig. Hoffnung usw.*: melt away; **~fressen** *v/t.* eat away, gnaw; ⚗ corrode; **~furcht** *adj.* furrowed; **~gehen** *v/i.* dissolve, melt; *fig. a.* dwindle, vanish, fade away; in nichts ~ dwindle to nothing; **~gliedern** *v/t.* dismember; *anat.* dissect; *fig.* analy|se, *Am.* -ze; **≈gliederung** *f* dismemberment; dissection; analysis; **~hacken** *v/t.* chop (up *a.* ⚡); (*Fleisch*) *ganz fein*: mince; (*Steine*) crush; *schlitzend*: slash; **≈hacker** ⚡ *m* chopper, vibrator; **~hauen** *v/t.* cut (asunder *od.* to pieces); **~kauen** *v/t.* chew (well), masticate thoroughly; **~kleinern** *v/t.* reduce to small pieces, comminute;

(*Fleisch*) mince; (*Holz*) chop up; (*Steine*) crush; (*zermahlen*) grind, pulverize; ≈**kleinerung** *f* breaking up; cutting to bits; comminution; mincing; chopping; crushing; grinding; ~**klopfen** *v/t.* knock to pieces, pound, smash; ~**klüftet** *adj.* fissured, cleft; *Berge, Landschaft*: rugged; ~**knallen** *v/i.* detonate, explode; (*platzen*) burst (with a bang); ~**knautschen** F *v/t.* (c)rumple; ~**knirscht** *adj.* contrite; ≈**knirschung** *f* contrition; ~**knittern** *v/t. u. v/i.* (c)rumple, crease, wrinkle; F *fig.* *zerknittert* crestfallen, down in the mouth; ~**knüllen** *v/t.* (c)rumple; ~**kochen** *v/t. u. v/i.* cook to rags; ~**kratzen** *v/t.* scratch; ~**krümeln** *v/t. u. v/i.* crumble; ~**lassen** *v/t.* melt, dissolve.

zerleg|bar *adj.* divisible (*a.* ⚗); ⊕ capable of being disassembled, collapsible; *Möbel usw.*: knock-down ...; ⚗ decomposable; ~**en** *v/t.* take apart (*od.* to pieces); (*zerschneiden*) cut up; (*Braten*) carve; *anat.* dissect (*a. fig.*); ⚗ decompose; ⊕ disassemble, knock down; (*Licht*, ⚔ *Einheit*) disperse; *fig.* analy|se, *Am.* -ze (*a. ling.*); ⚗, ♪ resolve; *in zwei Teile* ~ divide in two; ≈**ung** *f* taking to pieces; carving; dissection; disassembly; stripping, dismantling; decomposition; analysis.

zer...: ~**lesen** *adj.* well-thumbed; ~**löchern** *v/t.* perforate; ~**löchert** *adj.* full of holes; ~**lumpt** *adj.* ragged, tattered; ~*er Kerl* ragamuffin; ~**mahlen** *v/t.* grind (fine *od.* down), pulverize; ~**malmen** *v/t.* crush (*a. fig.*); *zwischen den Zähnen*: crunch; ~**martern** *v/t.* torment; *sich den Kopf* ~ rack one's brains; ~**mürben** *v/t.* wear down (*od.* out), punish, *bsd.* ⚔ soften up; ~*d* punishing, gruelling, killing; ≈**mürbung** *f* wearing down; ⚔ softening-up, attrition; ≈**mürbungskrieg** *m* war of attrition; ~**nagen** *v/t.* gnaw away *od.* asunder; ⚗ *usw.* corrode, *a. fig.* erode.

zernieren *v/t.* cordon off.

zer...: ~**pflücken** *v/t.* pluck (*fig.* pull) to pieces; ~**platzen** *v/i.* burst (asunder), explode; ~**quetschen** *v/t.* crush (*a.* ⊕); squash; *bsd.* (*Kartoffeln*) mash; ~**raufen** *v/t.* (*Haar*) rumple, tousle.

Zerrbild *n* caricature; *fig. a.* travesty; (*verfälschte Darstellung*) distorted picture.

zerreiben *v/t.* grind (down), pulverize; ⚗ triturate.

zerreiß|bar *adj.* capable of being torn, tearable; ~**en I.** *v/t.* tear, rip up; rend (*in Stücke* to pieces); (*trennen*) disconnect, sever, disrupt; (*zerstückeln*) dismember; *in Stückchen*: shred; (*zerfleischen*) lacerate; ⚕ rupture; *fig. j-m das Herz* ~ rend a p.'s heart; F (*in der Luft*) ~ a) kill (with one's bare hands); b) *durch Kritik*: pull to pieces; F *fig. sich* ~ (*anstrengen*) extend o.s. to the last, *für j-n*: nearly kill o.s. for a p.; F *sich das Maul* ~ *über j-n* make snide remarks about a p.; → *Zielband*; **II.** *v/i.* tear; break, snap; split; *Faden, Nebel, Wolken*: break; ≈**festigkeit** *f* tear resistance, tensile strength; ≈**probe** *f* tensile test; *fig.* gruelling test; ≈**ung** *f* rending, tearing; dismemberment; ⚕ rupture; laceration.

zerren I. *v/t.* tug, pull (*an* by); (*schleppen*) drag (*durch den Schmutz* through the mud); (*Muskel, Sehne*) strain; *fig. vor Gericht* ~ haul before a court; **II.** *v/i.*: ~ *an* tug (*od.* pull) at *od.* on.

zerrinnen *v/i.* melt away (*a. fig. Hoffnungen*); *fig.* vanish, dissolve; *in nichts* ~ dwindle to nothing, end in smoke; *das Geld zerrinnt ihm zwischen den Fingern* runs through his fingers like water.

zerrissen *adj.* torn (*a. fig.*); ≈**heit** *f* raggedness; *fig.* inner strife.

Zerrspiegel *m* distorting mirror.

Zerrung ⚕ *f* strain.

zerrupfen *v/t.* → *zerpflücken*.

zerrütt|en *v/t.* disrupt, unsettle; (*e-e Einrichtung usw.*) disorganize; (*ruinieren*) ruin, wreck, (*Gesundheit, Nerven*) *a.* shatter; (*den Geist*) derange, unhinge; (*e-e Ehe*) wreck, ⚖ cause the breakdown of; → *unheilbar*; ≈**ung** *f* derangement; disruption; disorganization; disorder; ⚖ (*unheilbare*) ~ *e-r Ehe* (irretrievable) breakdown of a marriage.

zer...: ~**sägen** *v/t.* saw up (*od.* to pieces); ~**schellen** *v/i.* be smashed (to pieces), *a.* ✈ crash; ⚓ be wrecked; ~**schießen** *v/t.* shoot to pieces, batter; (*durchlöchern*) riddle with bullets; ~**schlagen I.** *v/t.* knock *od.* break *od.* smash (to pieces); batter; *fig.* smash; **II.** *v/refl.*: *sich* ~ come to nothing; *Hoffnungen*: be shattered (*od.* blighted); *Verlobung usw.*: be broken off; **III.** *adj.* battered (*a. Gesicht*), shattered; *fig. vor Anstrengung*: F deadbeat, (all) washed-out, all in; ≈**schlagenheit** *f* (state of) utter exhaustion; ~-

schlissen *adj.* tattered, worn to shreds; **~schmelzen** *v/i.* melt away (*a. fig.*); **~schmettern** *v/t.* dash *od.* smash (to pieces), shatter; (*zermalmen*) crush, flatten; **~schneiden** *v/t.* cut up, cut in two (*od.* to pieces); *in Scheiben*: slice; *in Schnitzel*: shred; (*Braten*) carve; *fig. j-m das Herz ~* break a p.'s heart; **~schrammen** *v/t.* bruise, scratch; (*Möbel usw.*) *a.* mar; **~schroten** *v/t.* bruise; **~setzen** *v/t.* decompose, *a. fig.* disintegrate (*beide a. sich ~*); *fig. moralisch usw.*: corrupt, undermine, demoralize; **≈setzung** *f* decomposition, disintegration; (*Zerfall*) decay; *fig.* corruption, demoralization; *pol.* subversion; ⚔ (*~ der Wehrkraft*) sedition; **≈setzungswärme** *f* heat of decomposition; **≈siedelung** *f* uncontrol(l)ed urban spread, spoliation of the countryside; **~spalten** *v/t.* cleave, split; **~spanen** ⊕ *v/t.* cut; **~splittern** *v/t.* split (up), sliver (to pieces), splinter (*alle a. v/i.*); *fig.* split (*od.* break up); (*Menge, Truppe*) disperse (*alle a. sich ~*); (*Zeit, Kraft*) dissipate, fritter away (*sich* one's energies); **~splittert** *adj.* ⚕ splintered; *fig.* disunited; **≈splitterung** *f* dispersal; dissipation; disunion; *von Grundbesitz usw.*: fragmentation; **~sprengen** *v/t.* break, burst open, blow up; (*Menschenmenge*) disperse, scatter; ⚔ rout; **~springen** *v/i.* burst, break; *Glas*: crack; *fig. Kopf*: be splitting; *Herz*: burst (*vor* with); **~stampfen** *v/t.* crush (underfoot), trample down; *im Mörser*: pound.

zerstäub|en I. *v/t.* pulverize; (*Flüssigkeit*) spray, atomize; *fig.* disperse, scatter; **II.** *v/i.* fall to dust, be scattered as dust; **≈er** *m* pulverizer; *für Flüssigkeiten*: sprayer, atomizer; *für Parfüm*: scent-spray; **≈erdüse** *f* spray nozzle.

zer...: ~stechen *v/t.* prick *od.* sting (all over); *Ungeziefer*: bite; (*durchstechen*) pierce; **~stieben** *v/i.* fly away, be scattered as dust, vanish, disperse.

zerstör|bar *adj.* destructible; **~en** *v/t.* destroy (*a. fig.*), demolish; lay in ruins, ruin (*a. fig. Gesundheit usw.*); wreck (*a. Ehe usw.*); (*verwüsten*) devastate, ravage; *fig.* (*Glück*) destroy, blast; **≈er** *m* destroyer (*a.* ⚓); ✈ pursuit interceptor; **~erisch** *adj.* destructive; **≈ung** *f* destruction, demolition; ruin; devastation, ravages *pl.*

Zerstörungs...: ~feuer ⚔ *n* destruction fire; **~kraft** *f* destructive power; **~trieb** *m* impulse to destroy; **~werk** *n* work of destruction; **~wut** *f* vandalism.

zerstoßen *v/t.* bruise, break; (*Möbel usw.*) mar; *im Mörser*: pound; *zu Pulver*: powder, pulverize.

Zerstrahlung *f Kernphysik*: annihilation (of matter).

zerstreu|en *v/t.* disperse, scatter (*a. sich ~*); *phys.* diffuse; *fig.* (*Bedenken*) dispel, dissipate; (*belustigen*) divert, amuse (*sich* o.s.); **~t** *adj.* scattered, dispersed; *Licht*: diffuse(d); *fig.* absent(minded), distracted; **≈theit** *f* absentmindedness; **≈ung** *f* scattering, dispersion; diffusion; (*Erholung*) diversion, amusement; → *Zerstreutheit*; **≈ungslinse** *opt. f* dispersing lens.

zerstückel|n *v/t.* cut up (*od.* into pieces); (*Körper, Land*) dismember; (*parzellieren*) parcel out; (*auflösen*) disintegrate; **≈ung** *f* cutting up; parcel(l)ing out; dismemberment.

zerteil|en *v/t.* (*a. sich ~*) divide (*in* into), split; (*zerstreuen*) disperse; (*trennen*) separate; ⚗, ⚕ resolve; **≈ung** *f* division; dispersion; ⚕, ⚗ resolution.

Zertifikat *n* certificate.

zer...: ~trampeln *v/t.* trample down (*od. zu Tode*: to death), crush underfoot; **~trennen** *v/t.* (*Kleid*) rip up; **~treten** *v/t.* tread down, crush underfoot; (*Feuer*), *a. fig.* stamp out; (*zermalmen*) crush.

zertrümmer|n *v/t.* demolish, wreck; *in kleine Stücke*: smash, shatter; (*Stadt usw.*) lay in ruins; *phys.* (*Atom*) split, disintegrate; **≈ung** *f* demolition, smashing.

Zervelatwurst *f* saveloy.

zerwühlen *v/t.* (*Erdboden*) root up, *mit Rädern usw.*: churn (up); (*Haar*) dishevel, (*a. Bett*) rumple.

Zerwürfnis *n* quarrel, disunion, discord.

zerzaus|en *v/t.* rumple, tousle; (*j-n*) pull about; **~t** *adj. Haar*: tousled; (*unordentlich*) untidy.

zerzupfen *v/t.* pull (*od.* pick) to pieces.

Zession ⚖ *f* assignment, transfer; *von Grundeigentum*: conveyance; **~ar(in** *f*) *m* transferee, assignee, *Am.* assign.

Zeter *n*: *~ und Mordio schreien* cry murder, raise a hue and cry; **~geschrei** *n*, **~mordio** *n* loud outcry, clamo(u)r; **≈n** *v/i.* (*lärmen*) clamo(u)r; (*schelten*) scold, nag.

Zettel *m* slip (of paper), (scrap of) paper; (*Notiz≈, kurze Mitteilung*) note; (*Anhäng≈ od. Klebe≈ mit*

Angabe der Adresse, des Inhalts usw.) ticket; (*Kleb*≈) label, *Am.* sticker; (*Anhäng*≈) tag; (*Plakat*) placard, poster, bill; (*Hand*≈) handbill, leaflet; *thea.* play-bill; *Weberei*: warp; **~kartei** *f*, **~katalog** *m* card catalog(ue), card index; **~kasten** *m* card index (box), slip box; **≈n** *v/t. Weberei*: warp; **~wahl** *f* ballot (*od.* card) vote.

Zeug *n allg.* stuff, material; (*Tuch*) cloth, fabric, stuff; (*Wäsche*) linen; *Papierherstellung*: pulp; (*Handwerks*≈) tools *pl.*; (*Sachen*) things *pl.*; F (*Alkohol, Drogen usw.*) F stuff; (*schlechtes* ~) stuff, trash, rubbish, junk; *dummes* ~ stuff (and nonsense), rubbish, *sl.* bilge; *tolles* ~ *sl.* hot stuff; *fig. das* ~ *haben zu* have the makings of *a doctor, etc.*, be cut out for, have it in one to *be od. do*; *er hat das* ~ *dazu* F he has got what it takes; F *was das* ~ *hält* F to beat the band, hell for leather, like blazes, for all one is worth; *sich ins* ~ *legen* put one's back into it, put one's shoulders to the wheel, *bsd. Sport*: extend o.s., F go it strong; *j-m am* ~ *flicken* pick holes in, find fault with; **~amt** *n* arsenal; (*Feld*≈ ordnance) depot; **~druck** *m* cloth printing.

Zeuge *m* witness; ~ *der Anklage* witness for the prosecution; ~*n Jehovas* (Jehovah's) Witnesses; *fig.* ~*n der Vergangenheit* (historical) monuments; → *anrufen usw.*; *vor* ~*n* in the presence of witnesses; **≈n**[1] *v/i.* ⚖ give evidence; *für (gegen, von) et.* ~ testify for (against, of) a th.; *fig.* ~ *von* be evidence of, testify to *a th.*, bespeak *strength, etc.*

zeugen[2] **I.** *v/t.* (*Kind*) beget, procreate; *fig.* generate, produce, create, engender; **II.** *v/i.* produce offspring, procreate.

Zeugen..: **~aussage** *f* testimony (of a witness), evidence; *schriftliche*: deposition; *falsche* ~ false evidence; **~bank** *f* witness-box, *Am.* witness stand; **~beeinflussung** *f* corruption (*od.* suborning) of witnesses; **~beweis** *m* (proof by) evidence; **~eid** *m* oath of a witness; **~verhör** *n*, **~vernehmung** *f* hearing of evidence, examination of witnesses.

Zeughaus ⚔ *n* arsenal.

Zeugin *f* (female) witness.

Zeugmeister ⚔ *m* master of (the) ordnance.

Zeugnis *n* ⚖ testimony, evidence; *beeidigtes, schriftliches*: *a.* deposition; (*Bescheinigung*) certificate, attestation; *für Angestellte*: testimonial, reference; *für Dienstboten*: character; (*Schul*≈) (term's) report, *Am.* credit, grade; (*einzelne Note*) mark, *Am.* point; *ärztliches* ~ medical (*od.* doctor's) certificate; *zum* ~ *gen.* in witness of; *zum* ~ *dessen* in witness whereof; *bsd. fig.* ~ *ablegen* bear witness (*für* to; *von* of); *Sache*: testify to; *beredtes* ~ *ablegen für* speak volumes for; *wir können ihr nur das beste* ~ *ausstellen* we cannot speak highly enough of her; **~verweigerung** *f* refusal to give evidence; **~verweigerungsrecht** *n* right to refuse to give evidence.

Zeugung *f* procreation, generation.

Zeugungs...: **~akt** *m* progenitive act; **≈fähig** *adj.* capable of begetting, procreative; **~fähigkeit** *f*, **~kraft** *f* procreative capacity, potency; **~organe** *n/pl.* genital (*od.* reproductive) organs; **~trieb** *m* procreative instinct; **≈unfähig** *adj.* impotent, sterile; **~unfähigkeit** *f* impotency, sterility.

Zichorie *f* chicory.

Zick|e F *f* **1.** → *Ziege*; **2.** (*Frau*) silly woman; **3.** (*Streich*) caper, trick; ~*n machen sl.* make shenanigans; F *mach keine* ~*n!* don't be funny!; **≈ig** *sl. adj.* F square (*a. Musik*); (*steif, unaufgeschlossen*) *a. sl.* uptight; **~lein** *n* kid.

Zickzack *m* zigzag; *im* ~ *fahren usw.* zigzag; **~kurs** *m* zigzag course; **~linie** *f* zigzag line.

Ziege *f* goat; *engS.* she-goat, nanny-goat.

Ziegel *m* brick; (*Dach*≈) tile; **~brenner** *m* brickmaker; **~brennerei** *f* brickworks *pl.* (*oft sg. konstr.*), brickyard; **~dach** *n* tiled roof; **~ei** *f* → *Ziegelbrennerei*; **~erde** *f* brick clay; **≈farben** *adj.* brick-colo(u)red; **~ofen** *m* brick-kiln; **≈rot** *adj.* brick red; **~stein** *m* brick.

Ziegen...: **~bart** *m* goat-beard; *von Menschen*: goatee; **~bock** *m* he-goat, billy-goat; **~fell** *n* goatskin; **~hirt** *m* goatherd; **~käse** *m* goat-cheese; **~leder** *n* kid (-leather); **~milch** *f* goat's milk; **~peter** ⚕ *m* mumps *pl.* (*sg. konstr.*).

Zieh|bank ⊕ *f* draw-bench; **≈bar** *metall. adj.* ductile; **~brücke** *f* drawbridge; **~brunnen** *m* draw-well.

ziehen I. *v/t.* **1.** draw, pull (*beide a. e-e Waffe*); (*zerren*) tug, haul; ⚓, *mot. a.* tow; (*Zahn*) draw, extract, pull out; (*den Hut*) take off;

(*dehnen*) stretch (*a. sich ~ lassen*); ⊕, *metall.* draw; (*Gewehrlauf*) rifle; (*Mauer*) build, erect, run; (*Graben*) dig, cut, run; (*Los, Gewinn*) draw; ⚠ a) (*Linie*) draw, (*Kreis*) *a.* describe (*a. fig.*); b) (*Wurzel*) extract (*aus e-r Zahl the root* from a number); *j-n an den Haaren (Ohren) ~* pull a p.'s hair (ears); *e-n Faden usw. ~ durch* pass through; *an sich ~ (j-n, et.)* draw to one; *fig. a.* attract, (*mit Beschlag belegen*) seize (upon), lay hold of, monopolize; *Aufmerksamkeit usw. auf sich ~* attract; *j-n auf s-e Seite ~* win a p. over to one's side; *j-n mit sich ~* draw (*od.* pull) a p. along (with one); *fig. nach sich ~* bring on, entail, involve, have as a consequence, (*Folgen*) *a.* have; *es zieht mich dorthin (zu ihr)* I feel drawn there (to her); *es zieht mich nicht dorthin* that place does not appeal to me; → *Bilanz, Blase* 1, *Faden, Fell, Länge, Lehre*[1] 1, *Rat* 1, *Rechenschaft, Schluß* 3, *Schmutz usw.*; **2.** (*züchten*) ⚘ cultivate, grow, breed; *zo.* breed, rear; **II.** *v/i.* **3.** pull (*an* at); *fig. Laufsport*: set the pace; *an der Glocke ~* pull, ring; *sich ~ lassen* hang on (*von j-m* to a p.), *von j-m*: *a.* F ride on a p.'s heels; **4.** (*sich bewegen*) move, go; (*marschieren*) march; (*wandern, reisen*) wander, travel, rove, *a. zo., orn.* migrate; (*weggehen*) go (away), leave; *~ nach (in) (aus ~, um ~)* (re)move to (into); *durch ein Dorf usw. ~* pass through; *nach vorn ~ Sport*: move up; *in den Krieg ~* go to war; *zu j-m ~* go (*od.* come) to live with a p., take lodgings with a p.; **5.** *Schach*: (make a) move; *Dame usw.*: draw; **6.** *Ofen, Pfeife usw., a. Kaffee, Tee*: draw; *Tee usw. ~ lassen* allow to draw (*od.* stand); **7.** (*schmerzen*) twinge, ache; **8.** (*wirken*) *Maßnahmen usw.*: be effective; *thea.*, ✝ *usw.* catch on, take (well), be a draw-card (*od.* hit, money-maker); F *das zieht nicht* F that won't wash (*bei mir* with me), that cuts no ice (with me); *diese Wahlparole usw. zieht beim Volk* goes down well with the people; **III.** *v/refl.*: *sich ~* **9.** (*sich dehnen*), *a. sich ~ lassen* stretch, give; **10.** (*sich ver~*) *Holz*: warp; *Stahl*: distort, buckle; **11.** (*Flüssigkeit*) be ropy; **12.** *sich ~ durch (über) (hin~, erstrecken)* extend *od.* stretch *od.* run through (over, across); *fig. sich ~ durch Motiv usw.*: run through; → *Affäre, Länge*; **IV.** *v/impers.*: *es zieht hier* there is a draught (*Am.* draft); **V.** *≈ n* drawing (*a.* ⊕), pulling; hauling; ⚘ cultivation; *zo.* breeding, rearing; (*Umzug*) removal; (*Wandern, bsd. der Vögel*) migration; (*Schmerz*) twinge, ache, rheumatic pain.

Zieher ✝ *m e-r Tratte*: drawer.

Zieh...: **~harmonika** *f* accordion; concertina; **~kind** *n* foster-child; **~kraft** *f* → *Zugkraft*; **~mutter** *f* foster-mother; **~presse** ⊕ *f* extrusion press; **~schleifen** ⊕ *n* honing; **~schnur** *f* draw cord.

Ziehung *f* drawing (of lots; ✝ of bills, securities); **~sliste** *f* drawing list; **~stag** *m* drawing day.

Ziehvater *m* foster-father.

Ziel *n* aim; *fig. a.* goal, end, object, (*a. Produktions≈ usw.*) target; *a.* ⚔ *taktisches*: objective; (*~punkt*) mark; (*~scheibe*) target, butt (*a. fig.*); *e-r Reise*: destination; *Rennsport*: winning-post, finish, goal; (*Zweck*) purpose; (*Lebens≈*) goal in life; (*Termin*) term; ✝ credit; *auf ~ kaufen* buy on account (*od.* credit); *auf kurzes ~* at short date; *gegen 3 Monate ~* at 3 months' credit; *~ wie gewöhnlich* at the usual date; *mit dem ~e zu inf.* with the object of *ger.*; ⚔ *das ~ ansprechen* designate the target; *das ~ aufsitzen lassen* hold at bottom of target; *durchs ~ gehen Sport*: reach the winning-post; → *Zielband*; *als Sieger durchs ~ gehen* finish first (*od.* as the winner); *als Zweiter durchs ~ gehen* come in (*od.* run) second; *sich ins ~ werfen* lunge into the tape; *fig. sein ~ erreichen, zum ~ gelangen* reach one's goal, attain (*od.* gain) one's end(s *pl.*), achieve one's object, win through, F get there; *e-r Sache ein ~ setzen* set bounds (*od.* limits) to, put a stop to; *j-m ein ~ setzen* set a p. a task; *sich ein ~ setzen od. stecken* aim at (*od.* for); *sich das ~ setzen zu inf.* aim at *ger.*, *Am.* aim to *inf.*; *sich ein hohes ~ setzen* aim high; *über das ~ hinausschießen* overshoot the mark; *zum ~e führen* succeed, be successful, achieve its purpose; *nicht zum ~e führen* fail, miscarry; *er ist weit vom ~* he is far afield; *ich bin am ~ meiner Wünsche* I have got all I wanted; **~anflug** ✈ *m* approach run; **~anfluggerät** *n* homing device; **≈ansteuernd** *adj.* → *zielsuchend*; **~band** *n Sport*: tape; *das ~ durchreißen od. zerreißen* breast (*od.* break) the tape; **~bewußt** *adj.* purposeful, single-minded, systematic(ally *adv.*); **≈en** *v/i.* (take) aim, level, sight (*auf* at); *fig.* ~ *auf* aim at, drive at, (*tendieren zu*) tend to; *gezielt Maßnahme*: carefully directed, calculated, well-aimed; specific; **~erfassung** ⚔ *f* target pick-up; **~fernrohr** *n* telescopic sight; **~flug** *m* homing; **~geber** *m* tracker; **~genauigkeit** *f* accuracy of aim; **~gerade** *f Sport*: home stretch; **~gerät** *n* sighting mechanism; ✈ bomb sight; **~gruppe** *fig. f* target group; **~kamera** *f Sport*: photo-finish camera; **~konflikt** *m* conflicting aims *pl.*; **~kurve** *f Sport*: home (*od.* last) bend; **~landung** ✈ *f* precision (*od.* spot) landing; **~leistung** *f* target; **~linie** *f Sport*: finishing line; **2los** *adj.* aimless(ly *adv.*), purposeless; **~photographie** *f Sport*: photo-finish (picture); **~projektion** *f* long-term plan (*od.* target); **~punkt** *m* aiming point, mark; *Sport u. fig.*: goal; **~richter** *m Sport*: judge; **~scheibe** *f* target, butt (*a. fig.*); ~ *des Spottes* butt of derision, laughing-stock; **~setzung** *f* objective, target; **2sicher** *adj.* **1.** unerring; ~ *sein* be a dead shot; **2.** *fig.* → **2strebig** *adj.* single-minded, purposeful, determined, systematic(ally *adv.*); **~strebigkeit** *f* singleness (*od.* steadfastness) of purpose, determination; **2suchend** *adj. Geschoß*: homing, target-seeking; **~sucher** *m* homing device; **~vorrichtung** *f* → *Zielgerät*; **~vorstellung** *fig. f* object (in mind), end in view, target.

ziemen *v/i. u. v/refl.* → *geziemen.*

Ziemer[1] *m* (*Wildrücken*) haunch.

Ziemer[2] *m* (*Rute*) pizzle; (*Peitsche*) whip.

ziemlich I. *adj.* (*beträchtlich*) considerable; quite (*od.* rather) a ...; *e-e* ~*e Anzahl* a fair (*od.* good) number; *e-e* ~*e Strecke* a considerable (*od.* quite a) distance, rather a long way; **II.** *adv.* rather, fairly, pretty; (*ungefähr*) about; ~ *gut* rather (*od.* pretty) good, fair; ~ *lang* pretty long, longish; ~ *ausführlich* at some length; ~ *gleichaltrig* much of an age; ~ *klein* smallish, on the small side; ~ *viel*(e) quite a lot (of), a good deal (of); ~ *viele Leute* a good many people, quite a few (*od.* a lot of people); *so* ~ *alles* practically (*od.* almost) everything; *so* ~ *dasselbe* very nearly (*od.* F pretty much) the same thing.

ziepen F *v/i.* **1.** (*piepsen*) peep; **2.** (*schmerzen*) twinge; (*zupfen, a. v/t.*) tweak.

Zier *f* → *Zierde*; **~affe** F *fig. m* fop, coxcomb; **~at** *m* ornament, decoration, adornment; (*Tand*) baubles *pl.*; **~baum** *m* ornamental tree; **~de** *f* ornament; *fig.* ornament, hono(u)r, credit (*gen. od. für* to); **2en I.** *v/t.* adorn, grace (*a. fig.*); (*verschönern*) embellish; (*schmükken*) decorate; (*garnieren*) garnish; **II.** *v/refl.*: *sich* ~ be affected, give o.s. airs; *Frau*: be prim *od.* prudish; (*Umstände machen*) stand on ceremony, fuss; (*sich sträuben*) refuse, *beim Essen*: need pressing; ~ *Sie sich nicht!* don't be funny!, come on!; **~erei** *f* affectation; airs and graces *pl.*; **~fisch** *m* toy fish; **~garten** *m* flower (*od.* pleasure-) garden; **~kappe** *mot. f* hub cap; **~lampe** *f* ornamental lamp; **~leiste** *f* ornamental mo(u)lding; *typ.* vignette; **2lich** *adj.* (*zart*) dainty, delicate; (*anmutig*) *a.* graceful; (*schmuck, nett*) neat, pretty; (*dünn*) slight; **~lichkeit** *f* daintiness, delicacy; gracefulness; neatness; **~nagel** *m* (ornamental) stud; **~pflanze** *f* ornamental plant; **~puppe** *f* dressy woman; **~schrift** *f* ornate type; **~strauch** *m* ornamental shrub.

Ziffer *f* figure, numeral; *in e-r Zahl*: digit; (*Schriftzeichen*) cipher; *in Schriftsätzen*: (*Unterabsatz*) subparagraph; (*Punkt*) item; **~blatt** *n* dial; (clock-)face; **2nmäßig** *adj.* numerical, in figures; **~nschrift** *f* cipher code.

zig F *adj.* (*sehr viele*) *sl.* umpteen; ~ *mal* umpteen (*od.* a thousand) times; **~ste** F *adj. sl.* umpteenth.

Zigarette *f* cigarette, *Am. a.* cigaret.

Zigaretten...: **~automat** *m* cigarette slot-machine; **~etui** *n* cigarette-case; **~marke** *f* brand of cigarettes; **~packung** *f*, **~schachtel** *f* cigarette packet (*Am.* pack); **~pause** *f* (time out for a) smoke; **~spitze** *f* cigarette-holder; **~stummel** *m* cigarette-end, butt, stub.

Zigarillo *m* small cigar.

Zigarre *f* cigar; F *fig. j-m e-e* ~ *verpassen* blow a p. up, give a p. a dressing-down (*sl.* rocket).

Zigarren...: **~abschneider** *m* cigar-cutter; **~asche** *f* cigar-ash; **~deckblatt** *n* wrapper; **~händler** *m* tobacconist; **~kiste** *f* cigar-box; **~laden** *m* tobacconist's shop, *Am.* cigar store; **~spitze** *f* cigar-holder; (*spitzes Ende e-r Zigarre*) cigar-tip; **~stummel** *m* cigar-end, butt, stub; **~tasche** *f* cigar-case.

Zigeuner *m* gipsy; F *fig. contp.*

scoundrel; ˆ**haft** *adj.* gipsy(like); ~**in** *f* gipsy (girl *od.* woman); ~**kapelle** *f* gipsy (*od.* tsigane) band; ~**leben** *fig. n* roving life; Bohemianism; ~**musik** *f* tsigane music; ~**wagen** *m* gipsy caravan.

Zikade *f* cicada.

Zimbal *f* cymbal.

Zimmer *n* room; *feiner*: apartment; *das ~ hüten* keep to one's room; ~**antenne** *f Radio*: indoor aerial (*Am.* antenna); ~**arbeit** *f* carpenter's work, carpentry; ~**axt** *f*, ~**beil** *n* carpenter's ax(e); ~**bestellung** *f* booking of rooms; ~**dekoration** *f* upholstery; ~**einrichtung** *f* furnishing; (*Möbel*) furniture, ✝ *a.* roomset; (*Innenausstattung*) interior; ~**flucht** *f* suite of rooms; ~**genosse** *m* roommate; ~**gesell(e)** *m* journeyman carpenter; ~**gymnastik** *f* indoor gymnastics *pl.*; ~**handwerk** *n* carpenter's trade, carpentry; ~**herr** *m* lodger, *Am.* roomer; ~**holz** *n* timber; ...ˆ**ig** *adj.* ...-roomed; ~**kellner** *m* room waiter; ~**mädchen** *n im Hotel*: chambermaid; ~**mann** *m* carpenter; *fig. j-m zeigen, wo der ~ das Loch gelassen hat* show a p. the door; ˆ**n** *v/t.* timber; *beruflich*: carpenter (*a. v/i.*); (*bauen, machen*) make, build, construct; *fig.* forge, frame; ~**pflanze** *f* indoor plant; ~**platz** *m* carpenter's yard, timber-yard; ~**temperatur** *f* room temperature; ~**theater** *n* little theat|re, *Am.* -er.

zimperlich I. *adj.* prim, F kid-glove ...; (*prüde*) prudish; (*geziert*) affected; (*heikel*) *beim Essen usw.*: squeamish; (*empfindlich*) (hyper)sensitive; (*wehleidig*) plaintive; *sei nicht so ~ sl.* don't be a sissy; **II.** *adv.*: *wenig ~* (*unsanft*) none too gently, (*bedenkenlos*) unscrupulously; ˆ**keit** *f* primness; prudery; affectation; (hyper)sensitiveness; squeamishness.

Zimt *m* cinnamon; F *fig.* → *Quatsch*; *der ganze ~* the whole business.

Zink[1] ♪ *m* cornet, zink(e).

Zink [2]*n*, *m* zinc; ~**ätzung** *f* (*Bild*) zincograph; (*Kunst*) zincography; ~**blech** *n* sheet zinc; *grobes*: zinc plate; ~**blende** *f* zinc blende; ~**blume** *f min.* zinc bloom; ~**gelb** *n* zinc (yellow); ~**grün** *n* zinc green.

Zinke *f* prong, tine; *e-s Kammes*: tooth; ~**n** *m* **1.** → *Zinke*; **2.** F (*Nase*) beak, *sl.* boko, snozzle.

zinken *v/t.* (*Karten*) mark.

zinkhaltig *adj.* zinc(k)ic.

...zinkig *adj.* ...-pronged.

Zinksalbe *f* zinc ointment.

Zinn *n* tin; (*Material für Hausgerät*) pewter; (*~ware*) tinware.

Zinne *f* ⚠ pinnacle (*a. fig.*); ⚔ (*Mauer*ˆ) battlement.

zinne(r)n *adj.* (of) tin; pewter ...

Zinn...: ~**erz** *n* tin ore; ~**folie** *f* tinfoil; ~**geschirr** *n* pewter; ~**gießer** *m* tin-founder, pewterer; ˆ**haltig** *adj.* stanniferous; ~**krug** *m* pewter mug.

Zinnober *m* cinnabar; F *fig.* → *Kram 2, Quatsch*; ˆ**rot** *adj.* vermil(l)ion.

Zinnsoldat *m* tin soldier.

Zins *m* (*Miete, Pacht*) rent; (*Steuer*) rate; (*Geld*ˆ, *mst pl.*) interest (*sg.*); *aufgelaufene ~en* accumulated interest *sg.*; *rückständige ~en* arrears of interest; *~en zum Satz von* interest *sg.* at the rate of; *Aktien mit 4% ~en* four-per-cents; *~en berechnen* compute the interest, (*in Rechnung stellen*) charge interest; *~en tragen* bear interest; *die ~en zum Kapital schlagen* add the interest to the capital; *zuzüglich ~* plus interest; *fig. mit ~en* (*od. mit ~ und Zinseszinsen*) *heimzahlen* return *a th.* with interest; ~**abschnitt** *m* (interest) coupon; ˆ**billig** *adj. u. adv.* at a low rate of interest; ~**bogen** *m* interest sheet; ˆ**bringend** *adj.* bearing interest, interest-bearing; *adv. ~ anlegen* put out at interest; ~**darlehen** *n* interest-bearing loan; ~**einkommen** *n* interest income; ~**erhöhung** *f* increase in the interest rate; ~**eszins** *m* compound interest; *fig.* → *Zins*; ˆ**frei** *adj.* rent-free; (*ohne Zinsen*) free of interest, interest-free; ˆ**fuß** *m* rate of interest, interest (rate); bank rate; ~**gefälle** *n* interest margin; ~**gewinn** *m* interest profit; ~**herabsetzung** *f* reduction of the rate of interest; ~**kupon** *m* (interest) coupon; ~**leiste** *f* talon; ˆ**los** *adj.* free of interest; non-interest-bearing *loan, etc.*; ~**marge** *f* interest margin; ~**mehraufwand** *m Bilanz*: net interest paid; ~**mehrertrag** *m Bilanz*: net interest earned; ˆ**pflichtig** *adj.* tributary; subject to rent; ~**politik** *f* interest policy; ~**rechnung** *f* ⚖ (simple) interest formula; ✝ calculation of interest; *konkret*: interest account; ~**satz** *m* → *Zinsfuß*; *Darlehen mit niedrigem ~* low-interest loan; ~**schein** *m* coupon; *für Aktien*: dividend warrant; ˆ**tragend** *adj.* interest-bearing; ~**verlust** *m* loss of interest; ~**voraus** *m* preferential margin; ~**wucher** *m* usury.

Zionis|mus *m* Zionism; **~t** *m*, **~tin** *f*, **ˆtisch** *adj.* Zionist.
Zipfel *m* tip, point, end; *anat.*, *tel.* lobe; *e-s Taschentuchs usw.*: corner; (*Rock*ˆ) lappet; *fig. et. am rechten ~ anfassen* tackle a th. from the right angle; **~mütze** *f* jelly-bag cap, night-cap.
Zipperlein F ⚕ *n* gout.
Zirbel|drüse *anat. f* pineal gland; **~kiefer** *f* cembra pine.
zirka *adv.* about, approximately.
Zirkel *m* (*Kreis*) *a. fig.* circle; (*Gerät*) (*ein ~* a pair of) compasses *od.* dividers *pl.*; *in Zssgn* → *Kreis...*; **ˆn** *v/i.* measure with compasses; *fig.* (*kreisen*) (move in a) circle; **~schluß** *m* vicious circle.
Zirkonlampe *f* zirconium lamp.
Zirkul|ar *n* circular; **ˆar, ˆär** *adj.* circular; **ˆieren** *v/i.* circulate; *~ lassen* circulate.
Zirkumflex *m* circumflex.
Zirkus *m* circus; F *fig.* (*Aufhebens*) fuss; (*Durcheinander*) hurly-burly; (*Militäreinheit usw.*) circus; **~reiter(in** *f*) *m* circus-rider.
zirpen *v/i. u. v/t.* chirp, cheep.
Zirrhose ⚕ *f* cirrhosis.
Zirruswolke *f* cirrus cloud.
zisch|eln *v/i. u. v/t.* whisper, hiss; **ˆeln** *n* whisper(ing); **~en** *v/i. u. v/t. Schlange, Mensch, Gas usw.*: hiss; *Sache*: *a.* sizzle, fizz; (*schwirren*) whiz(z); *sl. einen ~* have a drink, *sl.* hoist one; **ˆlaut** *ling. m* sibilant.
Ziselier|arbeit *f* chased work; **ˆen** *v/t.* chase.
Zisterne *f* cistern, tank.
Zitadelle *f* citadel.
Zitat *n* quotation; *falsches ~* misquotation.
Zither *f* zither.
zitier|bar *adj.* quotable; **~en** *v/t.* **1.** (*vorladen*) cite, summon; (*Geister*) invoke; **2.** (*anführend*) quote, cite; *ich zitiere*: ... quote: ...
Zitronat *n* candied (lemon) peel.
Zitrone *f* lemon.
Zitronen...: **~baum** *m* lemon (-tree); **~falter** *m* brimstone butterfly; **ˆgelb** *adj.* lemon (yellow), citrine; **~limonade** *f* lemonade; *mit Sodawasser*: lemon squash; **~presse** *f* lemon squeezer; **~saft** *m* lemon juice; **ˆsauer** ⚗ *adj.* citrate of; **~säure** *f* citric acid; **~schale** *f* lemon peel; **~scheibe** *f* slice of lemon; **~wasser** *n* lemonade.
Zitter|aal *m* electric eel; **~gras** *n* quaking-grass; **ˆig** *adj.* trembly, shaky; *Stimme*: *a.* tremulous, faltering; (*senil*) doddering; **ˆn** *v/i.* tremble, shake, quiver (*vor Kälte, Furcht usw.* with), *a. Erde*: quake; (*schaudern*) shiver; (*vibrieren*) vibrate; *~ und beben* shiver and shake, quake in one's shoes; **~n** *n* trembling, *etc.*; shiver(s *pl.*); vibration(s *pl.*); *mit ~ und Zagen* trembling, fearfully; F *das große ~ kriegen sl.* get cold feet; **~pappel** *f* aspen, trembling poplar; **~rochen** *ichth. m* electric ray.
Zitze *f* teat, dug.
zivil I. *adj.* civil; (*Ggs. militärisch*) civilian; ✝ *Preise*: reasonable, moderate; **II.** **ˆ** *n* (*Ggs. Militär*) *the* civilians *pl.*; (*Ggs. Uniform*) civilian (*od.* plain) clothes *pl.*, *bsd.* ⚔ *sl.* mufti, civvies *pl.*; **ˆangestellte(r)** *m* civil employee; **ˆanzug** *m* civilian suit; **ˆbevölkerung** *f* civilian population, civilians *pl.*; (*Ggs. kämpfende Truppe*) *a.* non-combatants *pl.*; **ˆcourage** *f* courage of one's convictions, moral courage; **ˆehe** *f* civil marriage; **ˆgericht** ⚖ *n* civil court.
Zivilis|ation *f* civilization; **~ationskrankheit** *f* civilized ailment; **ˆatorisch** *adj.* civilizing; **ˆieren** *v/t.* civilize.
Zivil...: **~ingenieur** *m* civil engineer; **~ist** *m* civilian; **~kammer** ⚖ *f* civil division; **~klage** *f* → *Zivilprozeß*; **~kleidung** *f* civilian (*od.* plain) clothes *pl.*; → *Zivil* II; **~luftfahrt** *f* civil aviation; **~person** *f* civilian; **~prozeß** ⚖ *m* civil action (*od.* suit); **~prozeßordnung** *f* Code of Civil Procedure; **~recht** *n* civil law; **ˆrechtlich** *adj. u. adv.* under (*od.* according to) civil law; civil law ...; *~ verfolgen* bring a civil action against, sue; **~sache** *f* civil case; **~verteidigung** *f* civil defen|ce, *Am.* -se; **~verwaltung** *f* civil administration.
Zobel *zo. m* sable; → *a.* **~fell** *n* sable-skin; **~pelz** *m* sable-fur.
Zodiakus *ast. m* zodiac.
Zofe *f* lady's maid.
zögern I. *v/i.* hesitate; (*schwanken*) *a.* waver, shilly-shally; (*sich aufhalten*) linger, tarry; (*Zeit verlieren*) delay; *~ mit* defer, delay; *er zögerte nicht, zu inf.* he did not hesitate to *inf.*, he lost no time in *ger.*; **II.** **ˆ** *n* hesitation, hesitancy; (*Verzögerung*) delay; *ohne ~* unhesitatingly, without (a moment's) hesitation; **~d** *adj.* hesitating, hesitant; (*säumig*) dilatory; (*langsam, allmählich*) slow, gradual.
Zögling *m* pupil.
Zölibat *n*, *m* celibacy.

Zoll[1] *m* (*Maß*) inch; *jeder* ~ *ein Ehrenmann* every inch a gentleman.

Zoll[2] *m* **1.** (*Abgabe*) (customs) duty; (*Brücken*≈, *Straßen*≈ *usw.*) toll; (*Zins*) *a. fig.* tribute; **2.** (~*behörde*) customs *pl.*

Zoll...: **~abfertigung(sstelle)** *f* customs clearance; **~abkommen** *n* customs convention; **~amt** *n* custom office; **≈amtlich** *adj.*: ~*e Untersuchung* customs inspection; *unter* ~*em Verschluß* in bond; **~aufschlag** *m* additional duty; **~aufsicht** *f* customs surveillance; **~ausland** *n* foreign customs area; **~auslieferungsschein** *m* customs warrant; **~beamte(r)** *m* customs official (*od.* officer); **~begleitschein** *m* customs bond warrant; **~begünstigungsliste** *f* Special Tariff List; **~behörde** *f* Board of Customs and Excise; **~breit** *fig. m*: *keinen* ~ *weichen* not to yield an inch; **~einfuhrschein** *m* bill of entry; **≈en** *v/t.* give, pay; *Anerkennung* ~ pay tribute to; *Dank* ~ express one's gratitude to, thank *a p.*; *Beifall* ~ applaud *a p. od. th.*; *Bewunderung* ~ admire *a p.*; **~erklärung** *f* customs declaration; **~ermäßigung** *f* tariff reduction; **~fahnder** *m*, **~fahndungsbeamte(r)** *m* customs search officer; **~fahndungsstelle** *f* customs search office; **~faktura** *f* customs invoice; **≈frei** *adj.* duty-free; *fig. Gedanken sind* ~ thoughts pay no toll; **~freiheit** *f* exemption from duty; **~gebiet** *n* customs district; **~gebühren** *f/pl.* customs duties; **~gesetz** *n* tariff law; **~grenze** *f* customs-frontier; **~haus** *n* custom house; **~hinterziehung** *f* evasion of the customs.

...zöllig *adj.* ...-inch.

Zoll...: **~inland** *n* German, *etc.* customs area; **~inspektor** *m* customs officer; **~kontrolle** *f* customs examination (*od.* inspection); **~krieg** *m* tariff war; **~(l)ager** *n* bonded warehouse.

Zöllner *m* customs officer; *Bibl.* publican.

Zoll...: **~papiere** *n/pl.* customs documentation *sg.* (*od.* documents); **≈pflichtig** *adj.* liable to duty; dutiable; **~plombe** *f* (customs) seal; **~politik** *f* customs policy; **~revision** *f* → *Zollkontrolle*; **~satz** *m* customs rate, rate of duty; **~schein** *m* (bill of) clearance; **~schiff** *n* revenue cutter; **~schranke** *f* customs-barrier; **~schutz** *m* tariff protection; **~senkung** *f* customs tariff reduction; **~speicher** *m* bonded warehouse; **~stock** *m* folding rule; yard-stick; **~straße** *f* turnpike (*od.* toll) road; **~tarif** *m* tariff (of duties); *weitS.* → *Zollsatz*; **≈tief** *adj. u. adv.* inches deep; **~union** *f*, **~verein** *m* customs union; **~vergünstigungen** *f/pl.* preferential tariff *sg.*; **~verschluß** *m* customs seal, bond; *Waren unter* ~ bonded goods; *unter* ~ *lassen* leave in bond; **~vertrag** *m* tariff agreement; **~vorschriften** *f/pl.* customs regulations; **≈weise** *adv.* by inches.

Zone *f allg.* zone (*a.* ⚔, *anat.*, *pol.*, *Computer*, *Verkehrs*≈); *geogr. a.* region, climate; (*Bezirk*) *a.* area; *hist. die* (*sowjetisch besetzte*) ~ the Soviet-occupied zone; *heiße* (*kalte*, *gemäßigte*) ~ torrid (frigid, temperate) zone; *tote* ~ *Radio*: zone of silence; **~ngrenze** *f* zonal border; **~ntarif** *m* zone-tariff.

Zoo F *m* F zoo; **~graphie** *f* zoography; **~loge** *m*, **~login** *f* zoologist; **~logie** *f* zoology; **≈logisch** *adj.* zoological.

Zopf *m* plait (of hair), tress; *von kleinen Mädchen*, *Männern*: pigtail; *fig.* (*alter*) ~ antiquated custom, obsolete tradition; *das ist ein alter* ~! F that's got whiskers on it; **~band** *n* pigtail ribbon, hair-ribbon; **≈ig** *adj.* (*altmodisch*) antiquated; **~stil** *m Kunst*: late rococo (style); **~zeit** *f* age of pigtails.

Zorn *m* rage, anger, temper, fury; *rhet.* wrath, ire; (*Groll*) resentment (*alle*: *auf* at); *in* ~ *geraten* fly into a rage (*od.* passion), be infuriated; *in* ~ *versetzen* anger, incense, infuriate; → *auslassen* I 5, *entladen*, *kühlen usw.*; **~ader** *fig. f*: *die* ~ *schwoll ihm* he was infuriated; **~ausbruch** *m* fit of anger, outburst, explosion; **≈entbrannt** *adj.* boiling with rage, furious, fuming; **≈ig** *adj.* angry (*auf* at, about *a th.*, with *a p.*), enraged; ~*e junge Männer Literatur*: Angry Young Men; **~röte** *f* flush of anger.

Zot|e *f* filthy (*od.* smutty) joke, obscenity, ribald jest; ~*n reißen* talk smut, make obscene jokes; **≈enhaft, ≈ig** *adj.* obscene, smutty, filthy; **~enreißer** *m* obscene talker.

Zott|e *f* tuft (of hair); *anat.* villus; **~el** *f* tuft; (*Troddel*) tassel; **≈eln** F *v/i.* toddle, shamble; (*trödeln*) dawdle; **≈ig** *adj.* shaggy, tufted; (*verfilzt*) matted; *anat.* villous.

zu I. *prp.* **1.** (*wohin?*) to; towards, up to; (*wo?*) at, in, on; (*außer*, *abgesehen von*) in addition to;

(*zusammen mit*) along with; (*neben*) beside, next to; (*wozu?*) for; ~ *Beginn* at the beginning; ~ *Berlin* in (*amtlich*: at) Berlin; *3 ~ 1 Sport*: three (points, *etc.*) and one; ~ *deutsch* in German; ~ *Weihnachten usw.* at Christmas, *etc.*; *Bilanz ~m 31. Dezember* as at December 31st; *~m Ergötzen gen.* to the amusement of; *~ m-m Erstaunen* to my surprise; *~r Hälfte* by half, half of it; *~m Preis von* at a price of; *~m Scherz* in fun; *~r Stadt* to town; *~ Tal* downhill; *~r Unterhaltung gen.* for the entertainment of; *Liebe ~ Gott* love of God; *aus Freundschaft ~ ihm* out of friendship for him; *~m Dichter geboren* born (to be) a poet; *~ j-m gehen* go to see a p.; *j-n ermuntern, et. ~ tun* encourage a p. to do a th.; *j-n ~m Freunde* (*Vater*) *haben* have a p. for a friend (father); *j-n ~m Oberst befördern* promote a p. (to be) colonel; *j-n ~m Präsidenten wählen* elect a p. president; *sich ~ j-m setzen* sit down by a p.'s side (*od.* beside a p.); *~ et. werden* turn (*od.* change) into; *Brot ~m Ei essen* have bread with one's egg; → *Beispiel, Bett, Ende, Fuß, Gesicht, Haus* 1, *Hundert* II, *Mal*[2], *Not, Schlüssel, Tausend* II *usw.*; **II.** *adv.* **2.** *vor adj. u. adv.* (*übermäßig*): too; *~ sehr* too much; *gar ~* far too, all too; *~ viel* far too much; (*gar*) *~ vorsichtig* (*eilig*) overcautious (overhasty); *~ sehr betonen* overstress; **3.** (*Ggs. offen*) closed; *Tür ~!* shut (*od.* close) the door!; *die Tür ist ~* the door is to (*od.* shut); **4.** (*weiter*) *immer* (*od. nur*) *~!* go ahead! **III.** *cj. mit Infinitiv*: *~ sein* to be; *ich habe ~ arbeiten* I have to work, I have work to do; *ich erinnere mich, ihn gesehen ~ haben* I remember seeing him; *ein sorgfältig ~ erwägender Plan* a plan requiring careful consideration; *die auszuwechselnden Fahrzeugteile* the parts to be exchanged.

zualler|erst *adv.* first of all; **~letzt** *adv.* last of all.

zubauen *v/t.* build (*od.* wall) up *od.* in; (*versperren, a. Aussicht*) block.

Zubehör *n, m* appurtenances *pl.* (*a.* ⚖ *zu Grundeigentum*), fittings *pl.* (*a.* ⚖ *zu beweglichen Sachen*), *Am.* F fixings *pl.*; *bsd.* ⊕ accessories *pl*; (*Zusatzgerät*) attachment(s *pl.*); *Wohnung von sechs Zimmern mit ~* six-roomed flat (*Am.* apartment) with all conveniences *od.* appointments; **~industrie** *f* accessories industry; **~kasten** ⊕ *m* accessories box; **~teil** *n* accessory (part); *pl.* accessories.

zubeißen *v/i.* bite; *Hund*: *a.* snap.

zubekommen *v/t.* get *the door, etc.* shut.

Zuber *m* tub.

zubereit|en *v/t. allg.* prepare, make; (*Getränk*) *a.* mix; (*Speise, bsd. Salat*), *a.* ⊕ dress; **~ung** *f* preparation; dressing.

zubilligen *v/t.* grant, concede (*j-m et.* a p. a th.); allow (*a.* ⚖ *mildernde Umstände*); ⚖ (*zusprechen*) award.

zubinden *v/t.* tie (*od.* bind) up; (*verbinden*) bandage; (*Augen*) blindfold.

zubleiben *v/i.* remain closed (*od.* shut).

zublinzeln *v/i.* (*j-m*) wink at.

zubring|en *v/t.* **1.** (*Zeit*) pass, spend; **2.** ⊕ (*Material usw.*) feed; **3.** → *zubekommen*; **~er** ⊕ *m* feeder; *e-r Handfeuerwaffe*: follower; **~erdienst** *m* feeder service; **~erlinie** ✈ *f* feeder line; **~erstraße** *f*, **~weg** *m* feeder road.

Zubuße *f* allowance; (*Beitrag*) contribution, additional payment.

Zucht *f* **1.** (*Züchten*) breeding, rearing, farming; *von Kleinwesen, Bienen usw.*: culture; *von Pflanzen*: cultivation, growing; **2.** (*Rasse*) breed, race, stock; (*Bakterien~, Bienen~ usw.*) culture; **3.** (*Erziehung*) education; (*Übung*) training, (*harte ~*) drill; (*Mannes~ usw.*) discipline; (*Züchtigkeit*) decency, propriety, modesty; *~ und Ordnung* strict discipline, law and order; *in ~ halten* (*nehmen*) keep (take) in hand; **~buch** *n* studbook; **~bulle** *m* (stock) bull.

zücht|en *v/t.* (*Tiere*) breed, rear, raise; (*Pflanzen*) grow, cultivate; (*Bakterien, Perlen*) culture; *fig.* breed, cultivate; (*Nachwuchs usw.*) groom; **~en** *n* → *Zucht* 1; **~er(in** *f*) *m von Vieh*: breeder; *von Bienen*: keeper; *von Pflanzen*: grower.

Zucht...: **~haus** *obs. n* **1.** house of correction, penitentiary; **2.** (*Strafe*) *zwei Jahre ~* sentence of two years' penal servitude *od.* hard labo(u)r; **~häusler** *m* convict; F *contp. sl.* jailbird; **~hausstrafe** *f* penal servitude, *Am.* confinement in a penitentiary; **~hengst** *m* stud horse, stallion; **~henne** *f* broodhen; **~holz** *n* trees grown artificially.

züchtig *adj.* chaste, modest, coy, demure; **~keit** *f* chastity, modesty; **~en** *v/t.* correct, punish; discipline; *körperlich*: flog, *rhet.* chastise (*a. mit Worten*); **~ung** *f* correction, punishment; flogging, corporal punishment; chastisement.

Zucht...: **≗los** *adj.* undisciplined, without discipline; (*wild*) unruly, wild; (*liederlich*) disorderly, licentious; **~losigkeit** *f* want of discipline; disorderly ways *pl.*, licentiousness; **~meister** *m* taskmaster, disciplinarian; **~mittel** *n* means of correction, disciplinary measure; **~perle** *f* culture pearl; **~rasse** *f* improved breed; **~rute** *f the* rod; **~sau** *f* brood sow; **~schaf** *n* ewe for breeding; **~stier** *m* (stock) bull; **~stute** *f* stud (*od.* brood) mare.

Züchtung *f* **1.** *von Tieren*: breeding, farming; *von Pflanzen*: growing, cultivation; *von Bakterien*: culture; *neue* ~ variety; **2.** *fig.* breeding, cultivation, grooming.

Zucht...: **~vieh** *n* breeding cattle, registered cattle; **~wahl** *f*: *natürliche* ~ natural selection.

zuckeln F *v/i.* jog along.

zucken *v/i.* jerk; *krampfhaft*: move convulsively, twitch (*mit et.* a th.); (*beben*) quiver; *vor Schmerzen*: wince; *Flamme, Licht*: flicker; *Blitz*: flash; → *Achsel, Wimper*.

zücken *v/t.* (*Schwert usw.*) draw; *co.* (*Geldbeutel usw.*) pull out; (*Feder, Bleistift usw.*) poise.

Zucker *m* **1.** sugar; *ein Stück* ~ a lump of sugar; F (*das ist*) ~*!* F super!; **2.** ⚕ (sugar) diabetes; **≗artig** *adj.* sugary; **~bäcker** *m* confectioner; **~bäckerei** *f* confectioner's shop; **~bildung** *f* glycogenesis; **~brezel** *f* sweet cracknel; **~brot** *n* cake; *fig.* ~ *und Peitsche* the carrot or the stick; **~büchse** *f*, **~dose** *f* sugar-basin, sugar bowl; **~erbse** *f* ⚘ sugar pea; (*Süßigkeit*) sugar-plum; **~guß** *m* sugar-icing, frosting, sugar-coating; *mit* ~ *überziehen* ice, frost; **≗haltig** *adj.* containing sugar, saccharated; **~hut** *m* sugar-loaf; **≗ig** *adj.* sugary; **~kand(is)** *m* sugar candy; **≗krank** *adj.*, **~kranke(r** *m*) *f* diabetic; **~krankheit** *f* (sugar) diabetes; **~leber** ⚕ *f* frosted liver; **≗n** *v/t.* sugar; **~plätzchen** *n* drop, lozenge; **~raffinerie** *f* sugar refinery; **~rohr** *n* sugar-cane; **~rübe** *f* sugar-beet; *weiße*: sweet turnip; **~saft** *m* syrup; **~säure** *f* saccharic acid; **~schale** *f* → *Zuckerbüchse*; **~siederei** *f* sugar-refinery; **~sirup** *m* molasses *pl.*, treacle; **≗süß** *adj.* sugary; *fig. a.* honeyed; **~umwandlung** *f* sugar metabolism; **~ware** *f*, **~werk** *n* confectionery, sweetmeats *pl.*, sweets *pl.*, *Am.* candy; **~wasser** *n* sugared water; **~watte** *f* cotton candy; **~zange** *f*: (*eine* ~ a pair of) sugar tongs *pl.*

Zuckung *f* convulsion, spasm; *kurze*: jerk, twitch; (*Beben*) quiver; *a. fig. letzte* ~*en* death throes.

zudämmen *v/t.* dam up.

zudecken *v/t.* cover (up); *fig.* (*vertuschen*) conceal, cover up; F *j-n* ~ *mit* (*überhäufen*) bombard a p. with, *Schlägen usw.*: rain blows, *etc.* on a p., (*Artilleriefeuer*) pin a p. down.

zudem *adv.* besides, moreover, in addition (to this).

zudenken *v/t.*: *j-m et.* ~ intend a th. for a p., want a p. to have a th.

zudiktieren *v/t.* (*Strafe*) impose, inflict (*j-m* upon a p.).

Zudrang *m* rush (*zu* to); run (on).

zudrehen *v/t.* (*Heizung, Hahn*) turn off; *j-m den Rücken* ~ turn one's back on a p.

zudringlich *adj.* importunate, obtrusive; intruding, forward; *e-m Mädchen gegenüber* ~ *werden* make advances to (*sl.* passes at); **≗keit** *f* importunity, obtrusiveness, forwardness.

zudrücken *v/t.* close, (press) shut; → *Auge* 1.

zueign|en *v/t.* **1.** (*Buch usw.*) dedicate (*dat.* to); **2.** → *aneignen*; **≗ung** *f* dedication.

zueilen *v/i.*: ~ *auf od. dat.* hasten to(wards), run (*od.* rush) up to.

zuerkenn|en *v/t.* award (*a. Preis*) (*dat.* to); confer (on); ⚖ award, adjudge, adjudicate (to); **≗ung** *f* award; adjudication.

zuerst *adv.* **1.** (*als erster, -s*) first; *er kam* ~ *an a.* he was the first to arrive; *wer* ~ *kommt, mahlt* ~ first come, first served; **2.** (*zunächst*) first (of all), in the first place, above all; (*zunächst einmal*) to begin with; **3.** (*anfangs*) (at) first, in (*od.* at) the beginning; ~ *tat er ...* he began by doing ...

zuerteilen *v/t.* → *zuteilen, zuerkennen.*

zufächeln *v/t.*: *j-m et.* ~ fan to (-wards) a p., *Wind*: waft to a p.; *sich Luft* ~ fan o.s.

zufahr|en *v/i.* **1.** drive (*od.* go) on; *auf et.* ~ drive to(wards) *od.* in the direction of, head (*od.* make) for; **2.** *Tür usw.*: slam (shut); **≗t(s-straße)** *f* approach (road); *am Haus*: drive(way *Am.*).

Zufall *m* chance, accident; (*Zs.-treffen*) coincidence; *blinder od. bloßer* ~ pure chance, mere accident; *glücklicher* ~ lucky chance, *Am. sl.* (lucky) break; *unglücklicher* ~ piece of ill-luck, unfortunate accident, mischance, *Am. sl.* bad break; *durch* ~ by chance, by accident → *a. zufällig* II; *durch glücklichen* ~ F by a fluke; *es dem* ~ *überlassen* leave it to chance; *der* ~ *fügte es, daß wir* ... luck would have it that we ..., as it happened we ...; *es hängt vom* ~ *ab, ob* it is a matter of chance whether; *es ist kein* ~, *wenn* it is no accident that; **≈en** *v/i.* **1.** *Augen*: be closing (with sleep); *Tür*: slam shut; **2.** *j-m* ~ fall to a p.('s share), *Erbe*: *a.* devolve upon a p.; *Aufgabe*: fall to (*od.* devolve upon, be incumbent upon) a p.

zufällig I. *adj.* accidental; chance ..., fortuitous; (*gelegentlich*) casual; (*nebenbei*) incidental; (*wahllos*) random ... (*a. phys.*); *rein* ~ purely accidental; ~*es Zs.-treffen* chance encounter, *von Umständen*: coincidence; **II.** *adv.* (*a.* **~erweise**) accidentally, by chance; as it happened; *er war* ~ *zu Hause* he happened to be at home; *ich traf ihn* ~ I happened (*od.* chanced) to meet him; *ich stieß* ~ *auf dieses Wort* I came across (*od.* stumbled up[on]) that word; **≈keit** *f* accidentalness; casualness; fortuitousness; contingency; *pl. a.* coincidences.

Zufalls...: **~auswahl** *f*, **~stichprobe** *f Marktforschung*: random sample; **~gesetz** *n* law of chance; **~kurve** *f* Galtonian curve; **~moment** *n* chance factor; **~treffer** *m* chance (*od.* F fluke) hit.

zufassen *v/i.* → *zugreifen.*

zufliegen *v/i.* **1.** (*j-m*) *Vogel*: stray to; *fig. die Herzen*: go out to; ~ *auf od. dat.* fly to(wards); *fig. es fliegt ihm alles zu* things come easily to him; **2.** F *Tür*: slam shut, (shut with a) bang.

zufließen *v/i.* flow to(wards); *fig.* (*j-m*) come to; *Gewinn*: accrue to; (*der Wohltätigkeit usw.*) be devoted to; *j-m* ~ *lassen* grant *a th.* to a p., let a p. have.

Zuflucht *f* refuge, shelter; *bei j-m* ~ *nehmen* take refuge with a p.; *fig. s-e* ~ *zu et. nehmen* have recourse to a th., resort to a th.; *meine letzte* ~ my last resort; **~sort** *m* (place of) refuge, retreat, asylum.

Zufluß *m* afflux; (*Einströmen*) influx (*a. fig. von Kapital, Ware usw.*); ⊕ feed, (in)flow; (*Nebenfluß*) affluent; ⚕ supply; **~menge** *f* rate of flow; **~regler** *m* flow regulator; **~rohr** *n* feed pipe.

zuflüstern *v/t.* (*j-m et.*) whisper *a th.* to.

zufolge *prp.* in consequence of, as a result of, due (*od.* owing) to; (*gemäß*) according to; (*kraft*) on the strength of, by virtue of.

zufrieden *adj.* content(ed), satisfied (*mit* with); (*angenehm berührt*) pleased, gratified; *nicht* ~ dissatisfied, displeased; **~geben** *v/refl.*: *sich* ~ be content (*mit* with), *mit et.*: *a.* put up with; **≈heit** *f* contentment, satisfaction; contentedness; *zu m-r größten* ~ to my greatest satisfaction; **~lassen** *v/t.* let (*od.* leave) *a p.* alone, leave *a p.* in peace; **~stellen** *v/t.* content; satisfy; give satisfaction to; (*j-s Wünsche*) gratify, satisfy; *schwer zufriedenzustellen* hard (*od.* difficult) to please, exacting; **~stellend** *adj.* satisfactory.

zufrieren *v/i.* freeze up *od.* over.

zufügen *v/t.* **1.** add; **2.** *j-m et.* ~ (*antun*) do *od.* cause a p. a th.; *j-m Verluste usw.* ~ *a.* inflict losses, *etc.* on a p.; *j-m Schaden* ~ harm (*od.* injure) a p., do a p. harm; *sich selbst zugefügt Wunden usw.*: self-inflicted.

Zufuhr *f allg.* supply; ⚕ *a.* (*Einfuhr*) importation; (*Versorgungsgüter*) supplies *pl.*; *meteor.* influx; → *a. Zuführung*; *j-m die* ~ *abschneiden* cut off a p.'s supplies.

zuführ|en I. *v/t.* carry (up), convey (to the spot); bring, lead (*dat.* to); ⊕ feed (to); (*Versorgungsgüter, Ware*), *a.* ⊕ supply (to); (*liefern*), *a.* ⊕ deliver (to); (*aus dem Ausland einführen*) import; ⚡ *Draht*: lead in; *j-m e-e Person* ~ introduce a p. to a p.; *j-n s-r Bestrafung* ~ have a p. punished; *e-e Sache ihrer Bestimmung* ~ devote a th. to its proper purpose; **II.** *v/i.*: ~ *auf Straße usw., a. fig.*: lead to; **≈ung** *f* conveyance; ⊕ feeding; (*Maschinenteil*) feed; ⚕ supply; delivery; importation; (*Drahtleitung*) lead; (*Annäherungsweg*) approach, feeder road; *von Nahrungsmitteln*: intake; ~ *durch Druck* pressure feed.

Zuführungs...: **~apparat** ⊕ *m* feeder; **~draht** *m* lead-in (*od.* feed) wire; **~kabel** *n* feeder cable; **~leitung** *f* feeder (line); **~rohr** *n* supply (*od.* feed) pipe.

zufüllen *v/t.* **1.** add; (*Flüssigkeit*) *a.* pour on; **2.** (*Loch usw.*) fill (up).

Zug *m* **1.** (*Ziehen*) draw(ing); *a. Gewichtheben, Ringen, Schwimmen, Turnen*: pull; (*Ruck*) jerk; ⊕ pull, traction, (*Spannung*) tension, stress, (*Saugkraft*) suction; (*Atem*≈) breath; *beim Trinken*: draught, *Am.* draft, *großer*: gulp, swig, *kleiner*: sip; *beim Rauchen*: drag, puff, pull (*an* at); *auf einen ~ trinken* at one draught (*Am.* draft), at one gulp; *fig. in den letzen Zügen liegen* be breathing one's last, *a. fig.* be at one's last gasp; *Sache*: *a.* be in its death throes (*od.* agony), F be petering out; *in vollen Zügen genießen* enjoy thoroughly, revel (*od.* luxuriate) in; **2.** ⊕ (*Hebezeug*) hoist; (*Flaschen*≈) pulley; (*Brems*≈) cable (assembly), wire; (*Gummi*≈) elastic (webbing); (*~-griff*) grip; (*Riemen*) strap; (*Pumpenkolben*) piston; (*Stanzwerkzeug*) drawing tool; (*Heizkanal*, *Kamin*) flue; (*Gewehr*≈) groove, *pl.* (Züge) rifling *sg.*; ♪ (*Orgel*≈) stop; *Blasinstrument*, *bsd. Posaune*: slide; **3.** (*Marsch*) march; (*Um*≈, *Trauer*≈ *usw.*) procession; (*Fest*≈) pageant; (*Feld*≈, *Forschungs*≈) expedition, (*Kriegs*≈) *a.* campaign, (*Überfall*) raid; (*Kolonne*) column; (*Marschreihe*) file; *von Vögeln*: flight, (*Wanderung*) migration; *von Fischen*: shoal; *von Wolken*: passage, drift; (*Berg*≈) range; *fig. im ~e* (*im Gang*) in train (*od.* progress); *im ~e der Neuordnung* in the course (*od.* process) of reorganization; *im besten ~e sein* *Sache*: be well under way, be in full swing, *Person*: be going strong; *in einem ~e et. tun* at a stretch, F at one go; *da ist kein ~* (*Schwung*) *drin* F it's a slow show, there is no snap to it; **4.** ⚔ (*Kompanie*≈) platoon; **5.** *ped. naturwissenschaftlicher usw.*: stream; **6.** (*Gespann*) team *of oxen*, *etc.*; **7.** 🚂 *usw.*: train; *im ~* in (*Am.* on) the train; *mit dem ~* by train; → *a. Lastzug*; **8.** (*Luft*≈) draught, *Am.* draft; **9.** (*Schach*≈ *usw.*) move; *wer ist am ~?* whose move is it?; *fig. er kam nicht zum ~e* he never got a chance; *fig. ~ um ~* without delay, without a break, in rapid succession; † concurrently, against counter-delivery; *Zahlung ~ um ~* cash on delivery; **10.** (*Schrift*≈) character, writing, stroke; *fig. in kurzen Zügen schildern usw.* in brief outline, briefly; *in großen* (*od. groben*) *Zügen* in broad outline, roughly, along general lines; **11.** (*Gesichts*≈) feature; *um den Mund usw.*: line(s *pl.*); *fig. j-s Züge tragen* bear the imprint of a p.; **12.** (*Wesens*≈) trait, characteristic, feature, streak; *das ist ein schöner ~ an ihr* that's very decent of her; **13.** (*Neigung*, *Hang*) bent, tendency, trend; *~ der Zeit* trend (*od.* current) of the times; *~ des Herzens* inner voice, promptings (*od.* dictates) *pl.* of one's heart; *e-n ~ ins Lächerliche usw. haben* tend (*od.* incline) to be ridiculous, *etc.*; have a sound of the ridiculous, *etc.* (about it).

Zugabe *f* addition; extra; (*Prämie*) bonus, premium; *zum Gewicht*: makeweight; *thea.* encore; *als ~* into the bargain.

Zugang *m* **1.** access (*zu* to; *a. fig.*); (*Weg*) approach, access road; (*Tor*) gate(-way), *fig. a.* doorway; (*Tür*) entry; *~ zu Urkunden gewähren* give access to documents; **2.** (*Zunahme*) increase; † accrual; (*Einnahmen*) receipts *pl.*; in-payment(s *pl.*); *Kreditbuchung*: credit entries *pl.*; (*Ware*) arrivals *pl.*, incoming stocks *pl.*; *von Personal*, *Mitgliedern*, *in e-r Bücherei*: accession(s *pl.*).

zugänglich *adj.* accessible (*für* to); *fig.* (*umgänglich*) approachable, F get-at-able; *psychologisch*: responsive; *fig. ~ für* amenable (*od.* open) to *arguments*, willing to listen to *reason*; *leicht ~ Person*: easy of access; *~ machen* make accessible *od. verfügbar*: available; *fig. der breiten Öffentlichkeit ~ machen* throw open to the public, bring within the reach of the masses, popularize; **≈keit** *f* accessibility; amenability; responsiveness.

Zugangsweg *m* access road, approach.

Zug...: **~artikel** † *m* draw; **~aufsichtsbeamte(r)** *m* train dispatcher; **~beanspruchung** ⊕ *f* tensile load, tractive stress; **~(begleit)personal** 🚂 *n* train staff (*Am.* crew); **~brücke** *f* drawbridge.

zugeben *v/t.* **1.** (*hin~*) add; † give into the bargain, throw in; ♪ *ein Lied ~* give a song as an encore (*od.* extra treat); **2.** (*eingestehen*) confess, admit; (*einräumen*) concede, admit, grant; *zugegeben* granted; *zugegeben, sie ist nicht klug* true, she is not smart; *man muß ~, daß er* you must grant it to him that he; **3.** (*dulden*, *gestatten*) allow, tolerate.

zugegebenermaßen *adv.* admittedly.

zugegen *pred. adj.* present (*bei* at); *~ sein bei et. a.* attend.

zugehen I. *v/i.* **1.** (*sich schließen*) close, shut; **2.** (*weiter od. schneller gehen*) move on, go faster; *auf j-n ~* go up to, walk towards; (*geradewegs*) *auf et. ~* head for, make (a beeline) for; **3.** *j-m ~ Brief*, *Ware usw.*: be sent (*od.* forwarded) to a p., come to a p.'s hand, reach a p.; *amtliche Zustellung*: be served on a p.; *j-m e-e Sendung ~ lassen* forward (*od.* transmit) to a p., let a p. have *a shipment*; **II.** *v/impers.* **4.** *es geht dem Winter zu* winter is coming (*od.* near); *es geht dem Ende zu* it is drawing to an end, the end is near; **5.** (*geschehen*) happen; *wie geht es zu, daß?* how is it that?; *es müßte seltsam ~, wenn* it would be strange if; → *a. hergehen* 2; *Ding* 2.

zugehören *v/i.* belong to.

zugehörig *adj. e-r Person od. Sache*: belonging to; *e-r Sache*: *a.* appertaining to, pertinent to; (*begleitend*) accompanying; *in Farbe, Form, usw.*: matching, *colo(u)r etc.* to match; **≈keit** *f* membership (*zu e-m Verein* of), affiliation (to); belonging (to).

zugeknöpft *fig. adj.* reserved, uncommunicative, silent.

Zügel *m* rein; *bsd. des Reitpferds*: bridle; *fig.* rein, bridle; curb, restraint; *die ~ (der Regierung) in die Hand nehmen* take (*od.* assume) the reins of government; *die ~ schießen lassen* give a horse the rein(s); *fig. j-m, e-r Sache*: give free rein(s) to; *j-n an die ~ nehmen* take a p. in hand, keep a tight rein on a p.; *sich an die ~ nehmen* get a grip on o.s.; *in die ~ fallen* seize *a horse* by the bridle; *fig.* stop, restrain; *a. fig. die ~ locker lassen* keep a slack rein.

zugelassen *adj.* → *zulassen.*

Zügel...: **~hilfe** *f* rein aid; **≈los** *adj.* unbridled; *fig. a.* unrestrained; (*übertrieben*) inordinate; (*ausschweifend*) licentious, dissolute; *~ werden* get out of hand; **~losigkeit** *f* dissoluteness, licentiousness, looseness; **≈n** *v/t.* rein, pull up; *fig.* bridle, rein, curb, check.

Zugereiste(r *m*) *f* newcomer.

zugesellen *v/refl.*: *sich j-m ~* join a p.

zugestandenermaßen *adv.* admittedly.

Zugeständnis *n* concession; *~se machen* make concessions (*dat.* to); *fig.* make allowances (*wegen* for).

zugestehen *v/t.* concede, grant (*j-m et.* a p. a th.); (*zugeben*) admit.

zugetan *pred. adj.* attached to, devoted to; *j-m ~ sein a.* feel kindly towards, be fond of, *stärker*: have a great affection for.

Zugewanderte(r *m*) *f* newcomer.

zugewandt *pred. adj.* facing *the street, etc.*; *fig.* interested in, devoted to; ...-conscious, ...-minded, ...-orientated.

Zug...: **~feder** ⊕ *f* tension spring; *Uhr*: barrel spring; **~festigkeit** ⊕ *f* tensile strength; **≈frei** *adj.* draught-free; **~führer** *m* 🚂 chief guard, *Am.* conductor; ⚔ platoon-leader; **~funk** 🚂 *m* train radio; **~gespräch** 🚂 *teleph. n* train-call; **~griff** ⊕ *m* pull handle, grip; **~hebel** *m* draw lever.

zugießen *v/t.* **1.** (*Flüssigkeit*) add, pour on; **2.** (*Öffnung*) fill up (*mit* with).

zugig *adj.* draughty, *Am.* drafty.

zügig *adj.* (*rasch*) speedy; (*leicht, ungehindert*) free, easy, smooth; (*ohne Unterbrechung*) uninterupted; (*wirksam*) efficient; *adv. mot. ~ schalten* change gears smoothly; **≈keit** *f* speediness; smoothness; efficiency; *des Verkehrs*: easy flow.

Zug...: **~klappe** *f* damper; **~knopf** *m* pull knob; **~kraft** *f* power of traction, tractive force; *fig.* attraction, draw, appeal; *e-r Anzeige*: attention value; *e-r Person*: personal pull, magnetism; **≈kräftig** *fig. adj.* attractive, popular, powerful; *~ sein a.* be a draw.

zugleich *adv.* at the same time; together.

Zug...: **~leistung** *f* tractive power; **~luft** *f* draught, *Am.* draft; **~(luft)schraube** ✈ *f* tractor (airscrew); **~maschine** *f* motor (*Am.* truck) tractor; **~meldewesen** 🚂 *n* train-signal(l)ing system; **~mittel** *fig. n* draw, attraction; **~nummer** *thea. f* drawing card; **~ochse** *m* draught-ox; **~personal** *n* train staff (*Am.* crew); **~pferd** *n* draught-horse; *fig.* star, drawing card; **~pflaster** ⚕ *n* blistering plaster, vesicatory.

zugreifen *v/i.* make a grab; grab (*od.* grasp) it; *bei Tisch*: help o.s., *heißhungrig*: fall to; (*helfend mit ~*) lend (*od.* take) a hand; *fig.* (*die Gelegenheit ergreifen*) seize the opportunity; (*stramm arbeiten*) put one's back into it; *er braucht nur zuzugreifen* he may have it for the mere asking.

Zugriff *m* grasp, grip, clutch; *fig. a.* seizure; *Computer*: access; (*sich*) *j-s ~ entziehen* get out of the reach of a p.; **~szeit** *f Computer*: access time.

zugrunde *adv.*: *~ gehen allg.* perish; (*sterben*) *a.* die, be killed; (*vernichtet werden*) *a.* be ruined (*od.* wrecked, destroyed); *~ legen* take as a basis (*dat.* for); *er legte seinen Behauptungen ... ~* he based his allegations on ...; *~ liegen* underlie *a th.*, lie behind *a th.*, be at the bottom (*od.* root) of *a th.*; ~ *richten* ruin, destroy, wreck; ≗**legung** *f*: *unter* ~ *gen.* *od.* *von* taking *a th.* as a basis; ~**liegend** *adj.* underlying.

Zug…: ~**salbe** ⚕ *f* vesicant (ointment), *Am.* resin cerate; ~**schaffner** 🚂 *m* train conductor, *Brit. mst* (train) guard; ~**schalter** ⚡ *m* pull switch; ~**seil** *n* towing-line; traction rope, haulage rope; *Transportkarren*: control cable; *Fördergerüst*: hoisting rope; ~**stange** *f* tie rod; *Zugmaschine*: drawbar; *Werkzeugmaschine*: draw-in spindle; ~**stück** *thea. n* box-office draw (*od.* hit); ~**tier** *n* draught (*Am.* draft) animal.

zugucken F *v/i.* → *zuschauen*.

Zugunglück 🚂 *n* train accident, train disaster.

zugunsten *prp.* in favo(u)r of, for the benefit of; to the credit of.

zugute *adv.*: *j-m et.* ~ *halten* give a p. credit for a th., (*verzeihen*) pardon a p. a th. *od.* for doing, *etc.* a th.; *j-m s-e Jugend usw.* ~ *halten* make allowance for a p.'s youth, *etc.*; ~ *kommen* be for the benefit of, be an advantage to, benefit *a p. od. th.*; (*zustatten kommen*) stand *a p.* in good stead; *j-m et.* ~ *kommen lassen* grant a p. a th., give a p. the benefit of a th.; *sich etwas* ~ *tun auf* pride (*od.* preen) o.s. on.

Zug…: ~**verband** ⚕ *m* traction bandage; ~**verkehr** *m* train service; ~**vieh** *n* draught-cattle *pl.*; ~**vogel** *m* bird of passage, migrant (bird); ~**welle** ⊕ *f* feed screw; ~**wind** *m* → *Zugluft*; ~**zwang** *m*: *in* ~ *geraten* be forced to act; *dadurch geriet er in* ~ this forced his hand.

zuhaben *v/t. u. v/i.* keep *od.* have *a th.* closed *od.* shut *od.* (*Kleid*) buttoned up; *das Geschäft hat am Montag zu* does not open on Monday.

zuhaken *v/t.* hook (up).

zuhalten I. *v/t.* keep *a th.* shut; (*Augen*) *a.* close; (*Hand*) clench; *sich die Ohren* ~ stop one's ears; *sich die Nase* ~ hold one's nose; **II.** *v/i.*: *auf et.* ~ make (*od.* head, go straight) for a th.

Zuhälter *m* souteneur (*fr.*), *sl.* pimp, ponce; ~**ei** *f* procuring, living on a woman's immoral earnings, *sl.* poncing, pimping.

Zuhaltung *f am Türschloß*: tumbler.

zuhämmern *v/t.* hammer down.

zuhanden *prp. auf Briefen*: c/o (=care of), Attention: *Mr. Wiseacre.*

zuhängen *v/t.* hang (*od.* cover) with curtains, *etc.*

zuhauen I. *v/i.* strike, *mit der Faust*: *a.* swing; (*um sich schlagen*) lay about one; **II.** *v/t.* (*behauen*) rough-hew; trim, shape, dress.

zuhauf *poet. adv.* in large numbers.

Zuhause *n* home.

zuheften *v/t.* stitch up.

zuheilen *v/i.* heal up, close.

Zuhilfenahme *f*: *unter* ~ *von* with (*od.* by) the aid of; *ohne* ~ *von* without having recourse to.

zuhinterst *adv.* last of all, at the (very) end *od.* back.

zuhören *v/i.* listen, attend (*dat.* to); *heimlich*: listen in (on), eavesdrop; *hör mal zu!* listen!

Zuhörer *m*, ~**in** *f* hearer, listener; *pl.* audience *sg.*; *ein guter* ~ a good listener; ~**raum** *m* lecture room, auditorium, auditory; ~**schaft** *f* audience (*a. Rundfunk* ≗).

zuinnerst *adv.* in one's heart (of hearts), deeply.

zujauchzen, zujubeln *v/i.* shout to, cheer *a p.*, *a. fig.* hail.

zukaufen *v/t.* buy in addition.

zukehren *v/t.* turn *a th.* to(wards); *j-m das Gesicht* ~ face a p.; *j-m den Rücken* ~ turn one's back (up)on a p.

zukitten *v/t.* cement (up), putty up.

zuklappen *v/t. u. v/i.* shut, close (with a snap); *laut* ~ *Tür*: bang, slam (to).

zuklatschen *v/i.* applaud, clap *a p.*

zukleben *v/t.* paste (*od.* glue) up; (*Brief usw.*) seal.

zuklemmen *v/t.* squeeze together.

zuklinken *v/t.* latch.

zuknallen *v/t. u. v/i.* (*Tür usw.*) bang, slam (to).

zukneifen *v/t.* squeeze together; (*Auge*) shut; *er kniff listig ein Auge zu* he winked.

zuknöpfen *v/t.* button (up); → *a. zugeknöpft*.

zuknüpfen *v/t.* tie (up).

zukommen *v/i.* **1.** *auf j-n* ~ come up to a p., approach a p. (*a. fig. an j-n herantreten* = contact a p.); *fig.* (*j-m bevorstehen*) be ahead of (*od.* impending on) a p.; **2.** (*zuteil werden*) fall to *a p.'s* share; (*gebühren*) be due to; (*geziemen*) befit; *das kommt ihm nicht zu* he has no right to that, he has no business (*od.* it is not for him) to say, *etc.* that; *jedem was ihm zukommt* everyone his due; **3.** *j-m et.* ~ *lassen allg.* let a p. have a th.; give (*od.* grant) a p. a th.; (*schicken*) *a.* send a p. a

th.; (*weiterreichen*) *a.* pass a th. on to a p.
zukorken *v/t.* cork (up).
Zukost *f* vegetables *pl.*, F trimmings *pl.*; (*Eingemachtes*) preserves *pl.*
zukriegen F *v/t.* → *zubekommen.*
Zukunft *f* future, time to come; *ling.* future (tense); (*Aussichten*) prospects *pl.*; *Blick in die ~* forward glance; *Mann der ~* the coming man; *in ~* in future, henceforth, from now on; *in naher* (*nächster*) *~* in the near (immediate) future; *e-e große ~* (*vor sich*) *haben* have a great future; *die ~ lesen* read the future; *was die ~ j-m bringt* what the future has in store for a p.; *das ist der ~ vorbehalten* time will tell, that remains to be seen.
zukünftig **I.** *adj.* future; ⚖ expectant; *Person*: *a.* prospective, would-be, *nachgestellt*: to be; *~er Vater* father-to-be; *meine ~e, mein ~er* F my intended; **II.** *adv.* in future, for the future.
Zukunfts...: **~forscher** *m* futurologist; futurist; **~forschung** *f* futurology; **~musik** *fig. f* dreams *pl.* of the future; (*Luftschlösser*) castles *pl.* in Spain, pipe-dreams *pl.*; **~pläne** *m/pl.* plans for the future; **~reich, ~trächtig** *adj.* with a great future, promising; **~roman** *m* science-fiction novel.
zulächeln *v/i.* smile at, give *a p.* a smile; *beifällig, wohlmeinend*: smile (up)on.
Zuladung *f* additional load; ✈ disposable load.
Zulage *f* (additional) allowance; extra pay, increase; (*Gehaltserhöhung*) (pay) rise, *Am.* raise; (*Prämie*) bonus.
zulande *adv.*: *bei uns ~* in my *od.* our (native) country; *hier ~* in this country, here.
zulangen *v/i.* **1.** → *zugreifen*; **2.** (*genügen*) be enough (*od.* sufficient), do.
zulänglich *adj.* adequate, sufficient; **~keit** *f* adequacy, sufficiency.
zulassen *v/t.* **1.** (*Tür usw.*) leave shut; keep closed, not to open; **2.** (*j-n*) admit; *behördlich*: license (*a. Person, Kraftfahrzeug, Flugzeug usw.*); (*Arzt*) qualify; *als Rechtsanwalt ~* call (*Am.* admit) to the Bar; *zu e-m Gericht ~ als Parteienvertreter*: admit to a court; **3.** (*geschehen lassen*) suffer, tolerate, allow; (*Deutung, Zweifel*) admit of; ⚖ (*gestatten*) approve, authorize; grant leave for; *Kaution ~* grant bail; *wieder ~* readmit.
zulässig *adj.* admissible, permissible, allowable; authorized, approved; ⊕ *~e Abweichung* permissible variation, tolerance, allowance; *~e Belastung* safe load; *~e Höchstgeschwindigkeit* maximum permissible speed; *das ist (nicht) ~* that is (not) allowed; **~keit** *f* admissibility.
Zulassung *f* permission; *zu e-m Beruf, für ein Fahrzeug usw.*: a) licensing; b) (*Dokument*) licen|ce (*Am.* -se), registration; *zu e-r Universität usw.*: admission (*zu* to); *Börse*: listing; ⚖ *~ e-r Berufung* preliminary leave (of a court) to appeal.
Zulassungs...: **~nummer** *mot. f* licence number; **~papiere** *n/pl.* registration papers; **~prüfung** *f* acceptance test; ✈ certification test; *ped., univ.* entrance examination; **~schein** *m* licen|ce, *Am.* -se.
Zulauf *m* **1.** (*Andrang*) rush (of people), throng; *großen ~ haben* be much run (*od.* sought) after, be much in demand; *Arzt, Anwalt*: have an extensive practice; *Geschäft, plötzlich*: have a rush of customers; *Theaterstück*: have a great run, be very popular, draw large crowds; *Redner usw.*: have large audiences; **2.** ⊕ inflow, feed; **~en** *v/i.* **1.** (*weiter od. schneller laufen*) run on *od.* faster; **2.** (*j-m*) come (*od.* stray) to; *in Scharen*: crowd (*od.* flock) to; *auf j-n ~* run up to; *zugelaufener Hund* stray dog.
zulegen **I.** *v/t.* **1.** cover up (*mit* with); **2.** (*hinzutun*) add (*dat.* to); *e-m Gehalt et. ~* increase a salary by, raise a p.'s pay by; **3.** *sich et. ~* get (o.s.), buy (o.s.), treat o.s. to; *co. sich e-e Frau ~* get o.s. married; **II.** *v/i.* **4.** *im Gewicht*: put on weight; **5.** *bei e-m Handel*: lose money (*bei* on); **6.** (*sein Angebot steigern*) raise one's offer.
zuleide *adv.*: *j-m etwas ~ tun* do a p. harm, harm (*od.* hurt) a p.; *was hat er dir ~ getan?* what harm has he done (to) you?, what has he done to you?
zuleimen *v/t.* glue up, cement.
zuleit|en *v/t.* **1.** (*Wasser usw.*) let in; ⊕ supply, pipe in, feed; **2.** (*j-m, e-r Stelle usw.*) conduct (*od.* lead, direct) to; (*weitergeben*) pass to; (*Nachrichten*) *a.* transmit to; (*Mitteilungen*) *a.* impart to, *auf dem Amtswege*: channel to; **~ung** *f* supply; conduction; transmission; ⊕ (*Beschickung*) feed; ⚡ (*Drahtleitung*) lead; **~ungsdraht** ⚡ *m* lead-in wire; **~ungsrohr** *n* supply (*od.* feed) pipe.

zulernen F *v/t.* learn (in addition), add to one's stock of knowledge.
zuletzt *adv.* (*zum Schluß*) finally, in the end, eventually; (*schließlich*) at last, ultimately; (*schließlich doch*) after all, at long last; (*als letzter*) at last; (*zum letztenmal*) (the) last (time); *er kommt immer* ~ he is always the last to arrive; *bis* ~ to the (very) end; *wir blieben bis* ~ we sat it out; *als ich ihn* ~ *sah* when I last saw him; *nicht* ~ *dank s-r Bemühungen* not least.
zuliebe *adv.*: *j-m* ~ for a p.'s sake, to please a p.; *tun Sie es mir* ~ do it for my sake.
Zuliefer|er *m* sub-supplier, subcontractor; **≈n** *v/t.* supply; **~betrieb** *m* sub-suppliers *pl.*, subcontractors *pl.*; **~ung** *f* supply; **~(ungs)industrie** *f* supplying (*od.* ancillary) industry; **~ungsteile** *m/pl.* fabricating parts.
Zulu(kaffer) *m* Zulu.
zumachen I. *v/t.* **1.** *allg.* shut, close; (*Loch*) stop up; (*Brief*) seal, close; (*Rock*) button (up), do up; (*Schirm*) put down; (*fest* ~) fasten; *ich habe kein Auge zugemacht* I didn't sleep a wink (last night); **II.** *v/i.* **2.** *Geschäft*: close (down); *für immer*: *a.* fold up (*a. fig.*); F *fig.* (*aufhören*) F shut up shop; F *fig. da können wir* ~ we might as well pack up; **3.** F *mach zu!* (*beeil' dich*) hurry up!, be quick!, F step on it!
zumal *cj.*: ~ (*da od. weil*) *positiv*: the more so as, especially (*od.* particularly) since; *negativ*: the less so since; ~ *es eine Erklärung enthält a.* including, as it does, an explanation.
zumauern *v/t.* wall up; brick.
zumeist *adv.* mostly; for the most part.
zumessen *v/t.* measure out (*dat.* to); (*j-m s-n Teil, e-e Zeit*) apportion (*od.* allot) to, (*Strafe usw.*) mete out to.
zumindest *adv.* at least.
zumischen *v/t.* admix, add (*dat.* to).
zumut|bar *adj.* reasonable; → *a. zumuten*; **~e** *adv.*: *mir ist schlecht* ~ I feel bad, I am in low spirits; *mir ist gut* ~ I am in good spirits, I am of good cheer, F I feel fine; *mir war sonderbar* ~ I felt strange, I had a funny feeling; *mir ist nicht danach* ~ I am not in the mood for it, I don't feel like it; *mir ist nicht lächerlich* (*od. zum Lachen*) ~ I am in no joking mood; **~en** *v/t.*: *j-m et.* ~ expect a th. of a p.; (*fordern*) demand (*stärker*: exact) a th. from a p.; (*aufhalsen*) burden (*od.* saddle) a p. with a th.; *sich zuviel* ~ overtask o.s., attempt too much, F bite off more than one can chew; **≈ung** *f* exacting (*od.* unreasonable) demand, exaction; (*Vorschlag*) suggestion; (*Unverschämtheit*) affront (*für* to); *eine* (*starke*) ~ *a.* F a bit strong.
zunächst I. *prp.* next to; **II.** *adv.* (*vor allem*) first of all, above all; (*erstens*) to begin with, in the first instance; (*vorläufig*) for the present, for the time being; **≈liegende(s)** *n the* obvious (thing to do).
zunageln *v/t.* nail up *od.* (*Deckel*) down.
zunähen *v/t.* sew up.
Zunahme *f* increase, growth; (*Anstieg*) rise; (*Verbesserung*) improvement; (*Wertzuwachs*) increment.
Zuname *m* surname, last name.
Zünd|anlage *mot. f* ignition system; **~anlaßschalter** *mot. m* ignition-starter switch; **~batterie** *f* ignition battery; **~bolzen** ⚔ *m* percussion pin; **~einstellung** *mot. f* ignition (*Diesel*: injection) timing; **≈en I.** *v/i.* catch fire, kindle; *bsd. mot.* ignite; *fig.* (*wirken*) be effective; go (*od.* strike) home; (*Begeisterung erwecken*) arouse enthusiasm, electrify (the audience); *bei j-m* ~ make a p. sit up; *verstandesmäßig*: strike home with a p.; **II.** *v/t.* kindle; *bsd. mot.* ignite; (*Sprengladung*) detonate, fire; **≈end** *fig. adj.* stirring, rousing, electrifying, dramatic.
Zunder *m* tinder, touchwood; punk; *metall.* scale; ⚔ *sl.* heavy fire; F *j-m* ~ *geben* F give a p. hell.
Zünder *m* ⚒, ⚔ fuse; *Sprengstoff*: detonator, igniter.
Zünd...: **~flamme** *f Gasbrenner*: by-pass, pilot flame; **~folge** *mot. f* firing order; **~funke** *mot. m* (ignition) spark; **~holz** *n*, **~hölzchen** *n* match; **~hütchen** *n* percussion cap; **~kabel** *mot. n* ignition cable; *Sprengung*: firing wire; **~kapsel** *f* detonator (cap); **~kerze** *mot. f* spark(ing) plug, *Am.* spark plug; **~loch** ⚔ *n* touch-hole; *Geschütz*: vent, flash hole; **~magnet** *mot. m* magneto; **~moment** *mot. n* firing point; **~nadelgewehr** *n* needle-gun; **~punkt** *mot. m* ignition point; **~punkteinstellung** *mot. f* ignition timing; **~satz** *m Zünder*: priming charge; (*Munition*) igniting charge; **~schalter** *mot. m* ignition switch; **~schlüssel** *mot. m* ignition key; **~schnur** *f* (safety) fuse, (slow) match; **~schwamm** *m* tinder; **~stein** *m* flint; **~stift** *mot.*

m cent|re (*Am.* -er) electrode; **~stoff** *m* inflammable matter; fuel; *fig.* dynamite; **~ung** *f* ignition.

Zünd...: **~verteiler** *mot. m* ignition distributor; **~vorrichtung** *f* ignition device; **≈willig** *adj.* having a good ignition quality.

zunehmen *v/i.* increase, gain (*an* in); (*anwachsen*) grow (larger, bigger, longer, stronger, stouter); rise, augment; *Tage*: grow (*od.* get) longer; *Übel*: grow (*od.* get) worse; *an Alter ~* advance in years; (*an Gewicht*) *~ Person*: put on weight; *an Wert ~* improve in value; *an Zahl* (*Umfang*) *~* increase in number (bulk); **~d I.** *adj.* increasing, growing *antipathy, etc.*; *~er Mond* waxing moon; *mit ~em Alter* with advancing years, as one grows older; *in ~em Maße* → **II.** *adv.* increasingly, more and more.

zuneig|en *v/t.* (*a. sich ~*) lean towards; incline to; *sich dem Ende ~* draw to a close; **≈ung** *f* affection (*für, zu* for); attachment (to); *~ zu j-m fassen* take a liking (*od.* fancy) to a p., take to a p.

Zunft *f* guild, corporation; F *b.s.* clique, tribe.

zünftig *adj.* (*kunstgerecht*) expert(ly *adv.*), competent(ly); *bsd. Sport*: scientific(ally); (*echt*) real; F (*tüchtig*) thorough(ly), proper(ly).

Zunge *f* tongue (*a. e-s Schuhs*; *a. Sprache*); *e-r Orgel*: languet; *e-r Schnalle*: catch; *e-r Waage*: pointer, tongue; ⚡, *Lautsprecher usw.*: reed; *fig. böse* (*lose, scharfe, geschwätzige*) *~* malicious (loose, sharp, long) tongue; *e-e geläufige ~ haben* F have the gift of the gab; *e-e feine ~ haben* have a delicate palate, be a gourmet; *e-e schwere ~ haben* have a heavy tongue; *nach Alkoholgenuß*: have a thick voice; *auf der ~ zergehen* melt on the tongue; *mit der ~ anstoßen* (have a) lisp; *sich auf die ~ beißen* bite one's tongue; *fig.* bite one's lips; *es lag mir auf der ~* I had it on the tip of my tongue; *die ~ herausstrecken* put out one's tongue (*dat.* at *a p.*; for *the doctor*); *hüte deine ~!* mind your tongue; → *Herz, lösen 3 usw.*

züngeln *v/i. Schlange*: let its tongue dart, dart its tongue; *Flamme*: lick.

Zungen...: **~band** *n* frenulum of the tongue; **~bein** *n* hyoid bone; **~belag** ⚕ *m* fur on the tongue; **~brecher** *fig. m* F jaw-breaker, tongue-twister; **≈brecherisch** *adj.* F crack-jaw ...; **≈fertig** *adj.* glib; **~fertigkeit** *f* glibness, F gift of the gab; **≈förmig** *adj.* tongue-shaped; **~gegend** *f* lingual region; **~krebs** ⚕ *m* cancer of the tongue; **~kuß** *m* deep kiss; **~laut** *ling. m* lingual (sound); **~schlag** *m* stammer; *vom Trinken*: thick voice; *falscher ~* slip of the tongue; **~spitze** *f* tip of the tongue; **~(spitzen)-R** *ling. n* lingual r.

Zünglein *n* little tongue; *fig. das ~ an der Waage bilden* tip the scales.

zunichte *pred. adj.*: *~ machen* destroy, wreck, ruin; (*Glück*) *a.* blight; (*Hoffnung*) *a.* blast, shatter; (*Plan usw.*) frustrate, thwart, defeat; (*Theorie*) explode, demolish; *~ werden* come to nothing; be frustrated, *etc.*

zunicken *v/i.* nod to.

zunutze *pred. adj.*: *sich et. ~ machen* use, utilize, turn *a th.* to account, avail o.s. of, make good use of; (*ausnützen*) take advantage of (*a. b.s.*), make the most of; *b.s.* capitalize (on).

zuoberst *adv.* (quite) at the top, uppermost, topmost.

zuordnen *v/t.* **1.** → *beiordnen*; **2.** (*in Beziehung setzen zu*) class with, relate to; (*einbeziehen in*) integrate within.

zupacken *v/i.* → *zugreifen*; **~d** *adj. Stil*: powerful, gripping.

zupaß, zupasse *adv.*: *~ kommen* come at the right time (*od.* in the nick of time), come in handy; (*j-m*) suit *a p.* admirably, suit *a p.'s* book.

zupf|en *v/t. u. v/i.* pull, pluck, tug (*an* at); (*Wolle*) pick; *j-n am Ärmel usw. ~* pull a p. by; **≈geige** F *f* guitar; **≈instrument** *n* plucked instrument.

zupfropfen *v/t.* cork (up), stopper up.

zuprosten *v/i.* raise one's glass to.

zur = *zu der*; → *zu*.

zuraten I. *v/i.* advise it; *j-m ~* advise a p. to do it, *etc.*; *ich will weder zu- noch abraten* I don't wish to advise you one way or another; **II.** ≈ *n*: *auf sein ~* at his advice.

zuraunen *v/t.*: *j-m* (*et.*) *~* whisper (a th.) into a p.'s ear.

zurechn|en *v/t.* **1.** add (*zu* to); *zu e-r Klasse usw. ~* number (*od.* reckon) among, class with; **2.** *fig.* (*j-m et.*) ascribe (*od.* attribute) to, (*Schlechtes*) *a.* impute to; **≈ung** *f* addition; (*Einbeziehung*) inclusion; *fig.* attribution; imputation; *mit ~ aller Kosten* including all charges; **~ungsfähig** *adj.* sane, of sound mind; ⚖ *a.* responsible; **≈ungsfähigkeit** *f* accountability;

sanity, soundness of mind; ⚖ (capacity for) penal responsibility; *verminderte* ~ diminished responsibility.

zurecht|... right, in order; → *a. Recht*; **~basteln** *v/t.* rig up, make (for o.s.); F *fig.* concoct; **~biegen** *v/t.* bend *a th.* the right way; F *fig.* straighten *a th. od. a p.* out; **~bringen** *v/t.* put to rights, set right; (*bewerkstelligen*) bring about, contrive; **~finden** *v/refl.*: *sich* ~ find (*fig.* see) one's way; *fig. a.* get along (*bei* with); **~hämmern** *v/t.* hammer into shape; **~kommen** *v/i.* arrive in (good) time; *fig.* get on well (*mit* with); *mit et.* ~ *a.* manage a th., see one's way to handling a th.; **~legen** *v/t.* lay in order, *a. fig.* arrange; *fig. sich et.* ~ (*erklären*) explain a th. to o.s.; (*sich vorher ausdenken*) prepare (F dream up) a th.; **~machen** *v/t.* get ready, prepare, *Am.* F fix; (*Zimmer*) tidy (up); (*Bett*) make up; (*Salat*) dress; *sich* ~ get ready, *Dame*: make (o.s.) up; **~rücken** *v/t.* move into place, straighten (out); *fig. j-m den Kopf* ~ straighten a p. out; **~schneiden** *v/t.* trim to size; **~setzen** *v/t.* set right, put straight, put in the right place; *fig. j-m den Kopf* ~ bring a p. to his senses, straighten a p. out; **~stellen** *v/t.* put right (*od.* in the right place); (*aufstellen*) set up; **~stutzen** *v/t.* trim (to size) (*a. fig.*); **~weisen** *v/t.*, **⁀weisung** *f* reprimand, rebuke; **~zimmern** *v/t.* make up.

zureden I. *v/i.*: *j-m* ~ (*zu überreden versuchen*) try to persuade a p.; (*zuraten*) advise a p. to do it, *etc.*; (*ermutigen*) encourage a p.; (*drängen*) urge a p.; *schmeichelnd*: coax a p.; (*ermahnen*) exhort a p.; *j-m gut* ~ reason with a p., give a p. a good talking-to; **II.** ⁀ *n* persuasion; coaxing; urging, urgent request, entreaty; encouragement; exhortation, reasoning.

zureichen I. *v/t.* reach *od.* hand (over); hold out (*dat.* to), pass (to); **II.** *v/i.* (*genügen*) be sufficient (*od.* enough), do.

zureit|**en I.** *v/t.* (*Pferd*) break in; **II.** *v/i.* (*weiterreiten*) ride on; *schneller*: ride faster; ~ *auf* ride up to; **⁀er** *m* breaker-in, trainer.

zuricht|**en** *v/t.* prepare; ⊕ dress (*a. Leder, Werkzeug*); (*Holz, Steine*) cut, trim, square; (*Stoff*) finish; *typ.* make (*od.* get) ready; *übel* ~ (*j-n*) use badly, handle roughly, (*verletzen*) injure badly, maul, (*a. et.*) batter; (*et.*) wreck, make a mess of; **⁀er** *m* preparer; ⊕ dresser; *typ.* feeder; **⁀ung** *f* preparation; dressing; trimming, finish; *typ.* make-ready.

zuriegeln *v/t.* bolt (up).

zürnen *v/i.* be angry *od.* furious *od.* incensed (*mit j-m* with a p.; *über* at, about); storm, fume.

zurren *v/t.* lash, tie.

Zurschaustellung *f* display, exhibition; *fig. a.* parade.

zurück I. *adv.* back; (*rückwärts*) backward(s); (*hinten*) behind; (*im Rückstand*) in arrears, behindhanded; *in der Entwicklung, Kultur usw.*: backward; *11 Punkte* ~ *Sport*: 11 points down; ~ *an den Absender* return to sender; ~! stand back!, back there!, go back!; ~ *sein* a) have come back, be back; b) *fig.* (*im Rückstand sein*) be behind(handed), be in arrears (*mit* with); *in Kenntnissen, in der Entwicklung usw.*: be backward; (*rückständig sein, hinter der Zeit* ~ *sein*) be behind times; (*nicht auf dem laufenden sein*) not to be up to date; **II.** ⁀ *n*: *es gibt kein* ~ (*mehr*)! there is no turning back now!; *der Punkt, von dem es kein* ~ *mehr gibt* the point of no return; **~beben** *v/i.* shrink back (*vor* from), recoil; **~begeben** *v/refl.*: *sich* ~ return, go back; **~begleiten** *v/t.* accompany back, see *a p.* home; **~behalten** *v/t.* keep back, retain, detain; (*vorenthalten*) withhold; **⁀behaltung** *f* retention, detention; **⁀behaltungsrecht** ⚖ *n* right of detention, lien; ~ *an der Ware* lien on the goods; **~bekommen** *v/t.* get back; recover; **~belasten** ✝ *v/t.* re-debit; **~beordern** *v/t.* order back; **~berufen** *v/t.* call back; (*abberufen*) recall; **~bezahlen** *v/t.* pay back; repay, refund; **~bleiben** *v/i.* remain (*od.* stay) behind; be left behind; (*überleben*) *a.* survive; *Sport*: be left behind, drop back; *als Rest*: be left over, be left (as a residue); *fig.* fall behind, lag; *in der Schule*: be kept down; *in der Entwicklung, geistig*: be backward, be retarded; *geistig zurückgeblieben* mentally retarded, backward; *hinter Erwartungen usw.* ~ fall short of; *hinter dem letzten Jahr* ~ *Produktion usw.*: drop off from last year; **~blenden** *v/i. Film, a. fig.*: flash back (*auf* to); **~blicken** *v/i.* look back (*a. fig.*); **~bringen** *v/t.* bring back (*ins Leben* to life); return, *a. fig.* restore; ⅍ reduce (*auf* to); **~datieren I.** *v/t.* date back, antedate; **II.** *fig. v/i.*: ~ *auf* date back to; **~denken** *v/i.*

think back (*an* to); ~ *an a.* recall *a th.* (to memory); **~drängen** *v/t.* push *od.* drive back; *fig.* restrain, repress; **~drehen** *v/t.* turn (*od.* put) back; **~dürfen** *v/i.* be allowed to go back *od.* to return; **~eilen** *v/i.* hasten back; **~erhalten** *v/t.* get back, be restored *a th.*; **~erbitten** *v/t.* ask back; **~erinnern** *v/refl.*: *sich* ~ (*an*) remember, recollect; → *a. zurückdenken*; **~erobern** *v/t.* reconquer; **~erstatten** *v/t.* restore, return; (*Ausgaben, Kosten*) refund, repay, reimburse; ⚖ restore (*alle dat.* to); **≈erstattung** *f* return, restitution, restoration; repayment, refund, reimbursement; **~fahren I.** *v/i.* drive back; *weitS.* go *od.* travel back (by train, *etc.*), return; (*zurückprallen*) rebound, *fig.* recoil; **II.** *v/t.* drive back; **~fallen** *v/i.* fall back; *Strahlen*: be reflected; (*zurückbleiben*) fall behind (*a. fig.*), *Sport*: drop back; (*rückfällig werden*) relapse (*in* into); ⚖ ~ *an* (*heimfallen*) revert to; *fig. auf j-n* ~ *Schande usw.*: reflect on; **~finden** *v/i. u. v/refl.*: (*sich* ~) find (one's way) back (*zu* to); *fig.* find back (to); **~fließen** *v/i.* flow back (*a. Geld*); **~fluten** *v/i.* flow back, flood back (*a. fig.*); ⚔ sweep back; **~fordern** *v/t.* claim back, reclaim; **≈forderung** *f* reclamation; **~führen** *v/t.* **1.** lead (*od.* conduct, see) back; ⊕ feed back; *in die Heimat*: repatriate; ⚖ *in die Haft* ~ remand to custody; **2.** *fig. auf ein Minimum, e-n Nenner, e-e Regel usw.* ~ reduce to; *auf e-e Ursache usw.* ~ trace (back) to, attribute to, explain by; *zurückzuführen auf* due to, to be explained by; **≈führung** *f* leading back, *etc.*; repatriation; *fig.* reduction (*auf* to); **≈gabe** *f* return(ing), restitution; (*Herausgabe*) surrender; **~geben** *v/t.* give back, return, restore; *Fußball*: pass back; *in der Rede*: give back, retort *a remark, etc.*; **~gehen** *v/i.* **1.** go back (*a. weitS. Sendung usw.*), walk back, return; (*denselben Weg* ~) *a.* retrace one's steps; ⚔ fall back, retreat; *e-e Sendung* ~ *lassen* return, send back; **2.** *fig.* ~ *auf* (*herstammen von*) trace (*od.* go) back to *a source*; originate in *a th. od.* from *a p.*; have its origin in; be due to; *auf e-e Zeit* ~ date (*od.* hark) back to; **3.** (*sich vermindern*) diminish, decrease; *Katastrophen, Krankheiten usw.*: *a.* subside, abate; *Temperatur, Fieber*: *a.* drop; *Schwellung*: recede; ⚕ *Geschäft*: recede, fall off; *Preise*: go down, decline, give way; **~geleiten** *v/t.* escort (*od.* conduct, lead) back; **~gewinnen** *v/t.* win back, regain, recuperate, recover; **~gezogen** *adj.* retired, secluded; ~ *leben* lead a retired life, live in seclusion; **≈gezogenheit** *f* retirement, seclusion; privacy; **~girieren** ⚕ *v/t.* endorse (*od.* indorse) back, negotiate back; **~greifen** *fig. v/i.*: ~ *auf* fall back (up)on *reserves, etc.*; *weitS. a.* have recourse to, refer to; *weiter* ~ *in der Erzählung usw.*: begin (*od.* go) farther back; **~halten I.** *v/t.* hold (*od.* keep) back, retain; (*vorenthalten*) withhold; (*verzögern*) delay, *a.* ⊕ retard; (*unterdrücken*) suppress; (*Gefühle*) restrain, repress, keep to o.s.; (*Tränen*) hold back, restrain; *j-n* ~ keep a p. back (*von* from), restrain a p.; **II.** *v/refl.*: *sich* ~ be reserved, keep to o.s., keep aloof; *im Zorn usw.*: restrain o.s., check o.s., hold back; **III.** *v/i.*: ~ *mit* keep (*od.* hold) back; (*verheimlichen*) conceal; *mit s-r Meinung* ~ reserve judgement; **~haltend** *adj.* reserved (*a.* ⚕ *Börse*), distant, exclusive, F offish; (*nicht mitteilsam*) uncommunicative; (*vorsichtig*) cautious, guarded, discreet; *nicht* ~ *sein* be not bashful, *mit Tadel, Lob usw.*: be unsparing in; **≈haltung** *f* retention; *fig.* reserve; caution, discretion; ⚕ dul(l)ness, slackness; *mit* ~ guardedly; *sich* ~ *auferlegen* exercise restraint; **~hängen** F *v/i.* lag behind, trail; **~holen** *v/t.* fetch back; *a. fig.* (*j-n*) call back; **~kaufen** *v/t.* buy back, repurchase; (*Pfand*) redeem; **~kehren** *v/i.* return, go (*od.* come) back (*nach, zu* to); **~klappen** *v/t.* fold (*od.* tip) back; **~kommen** *v/i.* come back, return; *mit der Arbeit*: get behindhanded (with work), be put back; *von s-r Meinung* ~ change one's mind, alter one's opinion; *auf e-e Sache* ~ return (*od.* revert) to a th., take a th. up again; *auf j-s Angebot* ~ take a p. up on an offer; ⚕ *wir kommen zurück auf Ihr Schreiben* we revert (*od.* refer) to your letter; **~können** *v/i.* be able to return; *jetzt kann er nicht mehr zurück* now he is in for it; **≈kunft** *f* return; **~lassen** *v/t.* **1.** leave (behind; *a. Angehörige*); (*verlassen*) abandon; **2.** (*überholen*) leave behind, outstrip (*a. fig.*); **3.** (*Spuren*) leave (behind); **4.** (*Rückkehr erlauben*) allow to return; **~laufen** *v/i.* run back; **~legen I.** *v/t.* **1.** put back; (*Geld, Ware*) lay aside, hold in reserve; (*reservieren*) put aside (*e-m Käufer* for); (*Geld sparen*) put by, save; **2.** (*Weg, Strecke*) cover (*a. Sport*), travel, *zu Fuß*: *a.* walk; zurückgelegte Strecke distance covered, *mot. usw. a.* mileage; **II.** *v/refl.*: sich ~ lie back, recline; **~lehnen** *v/t.* (*a.* sich ~) lean back; **~leiten** *v/t.* lead back, return; ⊕ feed back; **~lenken** *v/t.*: s-e Schritte ~ retrace one's steps; **~liegen** *v/i. zeitlich*: date back, belong to the past; das liegt drei Jahre zurück that was three years ago; **~melden** *v/refl.*: sich ~ report back; **~müssen** *v/i.* have to return (*od.* go back); *das Buch muß zurück* has to be returned; *der Schreibtisch muß zurück* must be moved back; **˚nahme** *f* → zurücknehmen: taking back; reacceptance; revocation; withdrawal; retractation; recantation; ⚖ ~ e-r Klage withdrawal of an action, nonsuit; **~nehmen** *v/t.* **1.** (*Ware usw.*) take back; (*Gesagtes*) *a.* withdraw, retract, *formell*: recant, F eat *one's words*; (*widerrufen*) revoke (*a. Gesetz usw.*); ⚕ (*Auftrag*) countermand, cancel; ⚖ (*Anklage*) withdraw, drop, nol(le)-pros(equi) *a charge*; ein Versprechen ~ go back from (F on) *od.* retract one's promise *od.* word; **2.** (*Truppen, Front*) *a. beim Fußball usw.*: withdraw, take back; **3.** (*Schachzug usw.*) take back; **4.** *mot.* Gas ~ throttle back; **~prallen** *v/i.* rebound, recoil, bounce off; *Geschoß*: ricochet; *Strahlen*: reverberate, be reflected; *Person, vor Schreck*: recoil, start back (vor from); **~rechnen** *v/t.* count back; **~reichen I.** *v/t.* hand back, return (*a. Schriftstücke*); **II.** *fig. v/i.* auf e-e *Zeit* ~ go (*od.* date) back to; **~reisen** *v/i.* travel back, return; **~rufen** *v/t.* call back (*a. v/i. teleph.*); (*Wechsel*) withdraw; ins Gedächtnis ~ call to mind, recall (to one's memory); ins Leben ~ call back (*od.* restore) to life; **~sagen** *v/t.* reply; ~ lassen, daß send back word (to the effect) that; **~schaffen** *v/t.* take back, return; **~schallen** *v/i.* resound, (re-)echo; **~schalten I.** *v/t.* switch down; **II.** *mot. v/i.* change (*Am.* shift) down; **~schaudern** *v/i.* shrink (back) (vor from); **~schauen** *v/i.* look back (*a. fig.* auf on); **~scheuen** *v/i.* shrink (back) (vor from), flinch (from), balk (at); vor nichts ~ stop (*od.* F stick) at nothing; **~schicken** *v/t.* send back, return; ⚖ *in die Haft* ~ remand (to custody); **~schlagen I.** *v/t.* **1.** strike back; (*Feind, Angriff*) beat off, repulse; **2.** (*Decke*) fold back; (*Mantel*) throw open; **3.** (*Tennisball*) return; **II.** *v/i.* hit (*od.* strike) back; *Flamme*: flash back; **~schnellen** *v/i.* rebound, jump back; **~schrecken I.** *v/t.* frighten away, deter; **II.** *v/i.* ~ vor shrink (back) from, start back from; vor nichts ~ stop (*od.* F stick) at nothing; **~schreiben** *v/i.* write back; **~sehnen** *v/refl.*: sich ~ long to return, wish o.s. back; **~sein** *v/i.* → zurück I; **~senden** *v/t.* send back; (*Sache*) *a.* return; **~setzen** *v/t.* **1.** place (*od.* put) back; **2.** *fig.* (*j-n*) slight, neglect; (*Preis*) lower, reduce; zurückgesetzte Waren marked-down articles, seconds; **˚setzung** *f e-r Person*: slight, disregard, neglect; *weitS.* discrimination; ⚕ *von Preisen*: reduction; **~sinken** *v/i.* sink (*od.* fall) back; *fig.* relapse (*in* into); **~spielen** *v/t.* (*u. v/i.*) *Sport*: pass (the ball) back; **~springen** *v/i.* leap (*od.* jump) back; (*abprallen*) rebound; △ recede; **~stecken I.** *v/t.* put back; **II.** *fig. v/i.* come down a peg or two, take in sail, climb down; **~stehen** *v/i.* stand back; *fig.* ~ hinter be inferior to; not to come up to *expectations, standards, etc.*; ~ müssen have to stand aside (*od.* wait), F have to take a back-seat, hinter: be neglected (*od. Sache*: deferred) in favo(u)r of; **~stellen** *v/t.* **1.** place (*od.* set, put) back; **2.** (*Uhr*) put back; ⊕ *in die Anfangsstellung*: **re-set**; **3.** ⚕ (*Reserven*) set aside; (*Waren*) lay aside; **4.** (*verschieben*) defer, hold over; **5.** die eigenen Interessen ~ sink (*od.* put aside) one's own interest; **6.** ⚔ *zeitweilig*: defer; *als unentbehrlich*: exempt from service; **˚stellung** *f* deferment (*a.* ⚔ *zeitweilige*); ⚔ *wegen Unabkömmlichkeit*: exemption from service; **~stoßen I.** *v/t.* push back; *fig.* (*abstoßen*) repel, be repulsive to; **II.** *v/i.*: (mit dem Auto ~) back (one's car) up; **~strahlen I.** *v/t.* reflect; **II.** *v/i.* be reflected; **˚strahlung** *f* reflection; **~streifen** *v/t.* (*Ärmel usw.*) turn (*od.* tuck) up; **~taumeln** *v/i.* reel back; **~telegraphieren** *v/t. u. v/i.* wire back; **~trassieren** ⚕ *v/t.* redraw; **~treiben** *v/t.* drive back; *bsd.* ⚔ repulse; **~treten** *v/i.* **1.** step (*od.* stand) back; ⚔ *in Reih u. Glied*: fall back (into the ranks); **2.** *weitS. Fluß*: subside; *fig. a. räumlich*:

recede (*von* from); **3.** *fig.* (*zweitrangig sein*) be unimportant *od.* of secondary importance (*gegenüber* in comparison with); ~ *müssen Pläne usw.*: have to wait; et. ~ *lassen* put into the background, throw into the shade; **4.** *von e-m Amt*: resign, retire (*von* from); *von e-m Unternehmen, Vertrag*: withdraw (from), back *od.* opt out (of); *von s-m Amt* (*od. Posten*) ~ *a.* resign one's office (*od.* post); *von e-m Vertrag* ~ *a.* cancel (*od.* terminate) a contract; **~tun** *v/t.* put back; *e-n Schritt* ~ take a step back; **~übersetzen** *v/t.* retranslate, translate back (*ins Englische usw.* into); **≈übersetzung** *f* retranslation; **~verfolgen** *v/t.* (*Weg*) retrace; *fig.* trace back (*zu* to); **~vergüten** *v/t.* refund; **~verlangen** *v/t.* demand (*od.* ask) back; **~versetzen I.** *v/t.* **1.** put back; *fig.* restore (to a former condition); *sich ins Mittelalter zurückversetzt fühlen* feel to have stepped back into the Middle Ages; **2.** (*Schüler*) put back, *Am.* demote; **II.** *v/refl.*: *sich in e-e frühere Zeit usw.* ~ cast back one's mind to; **~verwandeln** *v/t.* retransform (*in* into); change (*od.* transform) back (into), revert (to) (*a. sich* ~); **~verweisen** *v/t.* refer back (*an* to; *a.* ⚖); *parl.* recommit (to); **~weichen** *v/i. a.* ⚔ fall back; give ground (*od.* way); *erschreckt*: shrink (back); *a. fig.* recede (*a.* ⚠, *Gebirge usw.*); (*nachgeben*) yield, give way; **~weisen 1.** *v/t.* turn back; (*ablehnen*) refuse (to accept), decline, *a.* ☨, ⊕ reject; (*Ansinnen, Zumutung*) *empört*: reject; *beleidigend*: rebuff; ⚖ (*Klage*) dismiss; ☨ (*Wechsel*) dishono(u)r; *als unberechtigt* ~ repudiate; **2.** (*Angriff*) repulse; **3.** *auf e-e Anmerkung usw.* ~ refer (back) to; **≈weisung** *f* refusal, rejection; rebuff; repulse; dismissal; repudiation; **~wenden** *v/t.* (*a. sich* ~) turn back; **~werfen** *v/t.* throw back (*a. den Kopf* = toss); *phys.* (*Lichtstrahlen usw.*) reflect; *akustisch*: reverberate; *fig.* (*den Feind usw.*) *a.* repulse; **2.** *gesundheitlich, wirtschaftlich, in der Arbeit usw.*: set back; **~wirken** *v/i.* react (*auf* upon); *Gesetz usw.*: have retroactive effect; **~wollen** *v/i.* wish to return, want to go back; **~wünschen** *v/t.* wish (*sich* o.s.) back; **~zahlen** *v/t.* pay back, repay (*a. fig.*); (*Auslagen*) refund, reimburse; (*Hypothek*) redeem; (*Schuld*) pay off; **≈zahlung** *f* repayment; refund(ment); **~ziehen I.** *v/t.* draw back, withdraw, retract (*a. fig. e-e Behauptung* = recant); (*Geld*) call in; (*Truppen, a. fig.*) withdraw; **II.** *v/refl.*: *sich* ~ retire, withdraw, ⚔ *a. vor dem Feind*: retreat; (*sich zur Ruhe setzen; schlafen gehen*) retire; *sich vom Geschäft* ~ retire from business; *sich zur Beratung* ~ retire for deliberation; *sich in sich selbst* ~ retire into o.s.; *sich* ~ *auf et.* fall back (up)on; *sich von et.* ~ (*aufgeben*) retire from, quit, give up; **III.** *v/i.* move (*od.* march) back; **≈ziehung** *f* withdrawal; **~zucken** *fig. v/i.* shrink back (*vor* from).

Zuruf *m* shout; (*Beifalls≈*) *a.* acclamation, *pl.* cheers; *durch* ~ by acclamation (*a. parl.*); **≈en** *v/i. u. v/t.* (*j-m*) call (out) to, shout to; *beifällig*: acclaim, cheer *a p.*

zurüst|en *v/t.* prepare; (*ausrüsten*) fit out, equip; ⊕ make (*od.* get) ready; **≈ung** *f* preparation; fitting-out, equipment.

Zusage *f* promise, pledge, word; (*Einwilligung*) assent; (*Verpflichtung*) undertaking; (*Annahme*) acceptance; (*Billigung*) approval; **≈n I.** *v/t.* **1.** promise; **2.** *j-m et. auf den Kopf* ~ tell a th. to a p.'s face; **II.** *v/i.* **3.** *bei e-r Einladung*: accept the invitation, promise to come; (*zustimmen*) agree, give one's word; **4.** *j-m* ~ *Speise, Klima usw.*: agree with a p.; (*gefallen*) please a p., be to a p.'s taste (*od.* liking), appeal to a p.; (*passen*) suit a p., F be all right (*od.* okay) with a p.; **≈nd** *adj.* agreeable; *Antwort, Bescheid*: positive, affirmative.

zusammen *adv.* together; (*gemeinschaftlich*) *a.* jointly; (*gleichzeitig*) together, at the same time; ~ *mit* together (*od.* along) with, in company with; in conjunction with; *alle* ~ all in a body, all of them, *singend, sagend*: in chorus; *alles* ~ (all) in all, all together, F the whole lot; ~ *betragen* amount (*od.* come) to, total; *wir haben 6 Dollar* ~ we have 6 dollars between us; **≈arbeit** *f* co-operation, *a. mit dem Landesfeind*: collaboration; *e-r Gemeinschaft*: teamwork; **~arbeiten** *v/i.* work together, cooperate, collaborate; **~backen** *v/i.* cake (together); **~ballen** *v/t.* (*a. sich* ~) form into a ball, conglomerate; bunch (*od.* mass) together; ⚔ concentrate, mass; *fig. sich* ~ *Sturm, Verhängnis usw.*: gather, be brewing; **≈ballung** *f* bunch(ing) (*a. phys.*), massing; conglomeration; ⚔ *usw.* concentration; **≈bau** ⊕ *m* assembly; **~bauen** *v/t.* ⊕ assemble; ⚓ rig; **~beißen** *v/t.*: *die Zähne ~* set (*od.* clench) one's teeth (*a. fig.*); *mit zs.-gebissenen Zähnen* with clenched (*od.* gritted) teeth; **~bekommen** *v/t.* get together; (*Geld*) raise, scrape together; **~berufen** *v/t.* convoke, call together, summon; **~binden** *v/t.* bind (*od.* tie) together; **~bleiben** *v/i.* stay (F stick) together; **~brauen** *v/t.* brew, concoct (*a. fig.*); *fig. sich ~* be brewing; **~brechen** *v/i.* break down (*a. Person, a. seelisch*; *a. Angriff*); *völlig*: collapse (*unter* under); ☤ *a.* fail, smash, *sl.* bust (up); (*zu Boden sinken*) drop; (*zerbrechen*) *a. Person, innerlich*: go to pieces, *psych. a.* F crack up; *unter e-r Last ~* give way to, buckle under; **~bringen 1.** *v/t.* bring (*od.* get) together; join, unite; (*sammeln*) collect, gather; (*Geld*) raise; (*wieder*) *~* (*versöhnen*) reconcile; **2.** F (*et.*) (*fertigbringen*) manage, muster; F *im Gedächtnis*: think of, remember; *das war alles, was er zs.-brachte* (*sagen konnte*) that was all he had to say; **≈bruch** *m* breakdown (*a.* ⚕, *pol.*, ⚔); *völliger*: collapse, debacle; ☤ failure, smash; (*Nerven≈*) nervous breakdown, F crack-up; **~drängen** *v/t.* press (*od.* crowd) together; (*verdichten, kompakter machen*) compress; (*kürzen*) condense; *sich ~* crowd (*od.* huddle) together; **~drehen** *v/t.* twist (together); **~drücken** *v/t.* compress, press (*od.* squeeze) together; **~fahren I.** *v/i.* **1.** (*zs.-stoßen*) collide (*mit* with), crash (into); **2.** *fig. schreckhaft*: start (*bei e-m Anblick usw.* at; *vor* with); *schmerzhaft, peinlich berührt*: wince; **II.** F *v/t.* (*ein Auto usw.*) smash (up), ruin; **≈fall** *m*: (*zeitlicher ~*) coincidence; **~fallen** *v/i.* **1.** fall in, collapse (*a. fig. in sich ~*); (*zerbröckeln*) crumble away; *Person*: lose flesh (*od.* strength); **2.** *zeitlich u. räumlich*: coincide; **~falten** *v/t.* fold up; (*Segel*) furl; **~fassen** *v/t.* (*in sich fassen*) comprise, comprehend, embrace; (*sammeln*) collect (*a. s-e Gedanken* one's thoughts); (*miteinander verbinden*) unite, combine, concentrate (*a. Machtbefugnisse usw.*); ⚔ (*Truppen*) mass; (*Feuer*) concentrate; (*Material*) pool; (*integrieren*) integrate; (*Schriftwerk*) condense; (*gedrängt darstellen*) summarize, (*noch einmal ~*) sum up, recapitulate, F recap; *~d* summary, comprehensive; *~d läßt sich sagen* summing up, it may be said *that*; **≈fassung** *f* collection; *a.* ⚔ concentration; pooling; *e-s Schriftwerks*: condensation; *e-s Inhalts*: summary, résumé, *a. e-r Romanhandlung, e-s Films usw.*: synopsis; (*kurze Wiederholung*) recapitulation; **~finden** *v/refl.*: *sich ~* meet, come together; **~flicken** *v/t.* patch up (*a.* F *fig.*); **~fließen** *v/i.* flow together, meet, join; **≈fluß** *m* confluence, junction; **~fügen** *v/t.* join (together), unite (*a. sich ~*); ⊕ *a.* fit into one another; assemble; **~führen** *v/t.* bring together; **~geben** *v/t.* join in marriage, marry; **~gehen** *v/i.* **1.** *allg.* go together; *farblich usw.*: *a.* match; *Linien*: join, converge; *mit et. ~* (*begleitet sein von*) be accompanied by; **2.** (*abnehmen*) get smaller, diminish; (*schrumpfen*) shrink; (*sich schließen*) close; *eng ~* fold down compactly; **~gehören** *v/i.* belong together; *Sachen*: *a.* F be fellows; **~gehörig** *adj.* belonging together; (*verwandt*) related, allied; **≈gehörigkeit** *f* fellowship, solidarity; homogenousness; unity; **≈gehörigkeitsgefühl** *n* feeling of fellowship, solidarity; (sense of) togetherness; (*Mannschaftsgeist*) team-spirit; **~genommen I.** *adj.* combined; **II.** *adv.* together, in total; **~geraten** *fig. v/i.* collide, clash, quarrel (*mit* with); **~gesetzt** *adj.* composed (*aus* of); *bsd.* ⚗, ♪, *ling., Arznei*: compound; *Speise*: *a.* mixed; (*verwickelt*) complex; → *zs.-setzen* II 3; *~er Satz* compound sentence; *~es Wort* compound (word); *~e Zeit(form)* compound tense; **~gestoppelt** F *adj.* **1.** patched up, patchwork ..., F patchy; *Mahlzeit*: patchy (*od.* scratch, pickup) *meal*; **2.** → **~gewürfelt** *adj.*: (*bunt ~*) motley; *bsd. Mannschaft usw.*: scratch (*od.* pickup) *team, etc.*; **≈halt** *m* holding (*od.* F sticking) together; (*Verbindendes*) tie, bond; (*Mannschaftsgeist*) team-spirit; (*Gemeinschaftsgefühl*) solidarity; (*Einheit*) unity; **~halten I.** *v/i.* hold together (*a. fig.*), cohere; *Freunde*: F stick together; (*zs.-bleiben*) *a.* keep together; **II.** *v/t.* hold together (*a. fig.*); (*vergleichen*) compare; **≈hang** *m* connection; (cor)relation, nexus; (*Bindeglied*) link; (*Fortlaufendes*) continuity; *e-r Texstelle*: context; *von Ideen*: association; *aus dem ~ kommen beim Sprechen*: lose the thread; *Worte aus dem ~ reißen* separate (*od.* divorce) from their context; *im ~ stehen mit* be connected with; *nicht im ~ stehen mit a.* have no connection with; *in ~ bringen mit* connect with, link up with (*od.* to); *in diesem ~* in this connection; **~hängen** *v/i.* hang together, cohere; *fig.* hang together, be connected; *das hängt damit nicht zusammen* that has nothing to do with it; **~hängend** *adj.* coherent (*a. Gedanken, Rede*); (*fortlaufend*) continuous; (*in Beziehung stehend*) connected; (*verwandt*) related, allied; (*voneinander abhängig*) interdependent; **~hang(s)los** *adj.* incoherent (*a. Rede*), disconnected; **²hang(s)losigkeit** *f* incoherence; **~hauen** *v/t.* **1.** smash to pieces (*od.* bits); F (*j-n*) beat up (*od.* to a pulp); **2.** F *fig.* (*hinschludern*) knock (*od.* patch) together; **~häufen** *v/t.* heap up, pile up, accumulate; **~heften** *v/t.* (*Buch*) stitch together; *Schneiderei*: tack; **~heilen** *v/i.* heal up, close; **~holen** *v/t.* fetch from all sides, bring together; **~kauern** *v/refl.*: *sich ~* cower, squat down; **~kaufen** *v/t.* buy up; **~ketten** *v/t.* chain together; **~kitten** *v/t.* cement (*a. fig.*); **²klang** *m* accord, harmony; **~klappbar** *adj.* folding ..., fold-away ..., collapsible; **~klappen I.** *v/t.* fold up; (*Messer*) shut; *die Hacken ~* click one's heels; **II.** *v/i.* fold up (*a. sich ~ lassen*); F *Person*: break down, collapse, go to pieces; **~kleben** *v/t. u. v/i.* stick together; **~knüllen** *v/t.* crumple; **~kommen** *v/i.* come together (*a. fig.*), meet, assemble; *Geld*: be raised; *Umstände*: work together, coincide; **~krachen** F *v/i.* crash down; *fig. Firma*: crash, *sl.* bust; **~kratzen** *v/t.* scrape together; **²kunft** *f* meeting, assembly; gathering; conference; *kameradschaftliche, gesellschaftliche*: social gathering, reunion; *ast.* conjunction; **²kunftsort** *m* meeting place; **~läppern** F *v/refl.*: *sich ~* add up, mount up; *engS. a.* run into money; → *a. läppern*; **~laufen** *v/i.* **1.** run together (*a. Farben*), crowd together; ⚔, *Straßen usw.*: converge, meet; → *spitz, Wasser*; **2.** *Milch*: curdle; **~leben** *v/i.* live together; *mit j-m ~* live with a p.; **²leben** *n* living together, companionship; social (*od.* communal) life; ⚖ *außereheliches ~* cohabitation; **~legbar** *adj.* folding ..., collapsible; **~legen I.** *v/t.* lay (*od.* put) together; (*falten*) fold up; (*die Arme*) fold; (*Geld*) club (together), pool; (*vereinigen*) combine, consolidate, merge, fuse; (*Verwaltungen usw.*) centralize, integrate; ⚜ *Aktien ~* reduce share capital (*Am.* capital stock); **II.** *v/i.* (*Geld sammeln*) pool money, club (together); **²legung** *f* consolidation (*a. von Aktien, Grundstücken*), integration; merger, fusion; centralization; **~lügen** F *v/t.* invent, concoct, trump up, make up; *was er da zs.-gelogen hat* the pack of lies he has told; **~nehmen I.** *v/t.* **1.** take together; *alles zs.-genommen* a) all in all, all things considered; b) in total; **2.** (*zs.-raffen*) gather (up); **3.** *fig. s-e Gedanken ~* collect one's thoughts; *s-e Kräfte ~* brace o.s., summon all one's strength; **II.** *v/refl.*: *sich ~* control o.s., *a. zu e-r Anstrengung*: pull o.s. together; *im Benehmen*: *a.* be on one's good behavio(u)r; **~packen** *v/t.* pack up; **~passen I.** *v/t.* fit (into one another), adjust; *nach Farbe, Form usw.*: match; **II.** *v/i.* be (well) matched, go well together, harmonize, agree; *Personen*: harmonize, be well adjusted, get on well; *Brautpaar*: be a good match; *fig. bsd. iro. es paßt alles zusammen* it all adds up; **~pferchen** *v/t.* pen up; *fig. a.* crowd together, pack like sardines; **²prall** *m* collision, clash (*a. fig.*); (*Aufprall*) impact; **~prallen** *v/i.* collide, clash (*a. fig.*); *~ mit* bump *od.* crash against (*od.* into); **~pressen** *v/t.* press (*od.* squeeze) together, compress; (*verdichten*) condense; (*die Zähne*) clench, set; **~raffen I.** *v/t.* snatch up, collect in haste; *fig.* (*Vermögen*) amass; **II.** *v/refl.*: *sich ~* pull o.s. together; *sich noch einmal ~* rally; **~rechnen** *v/t.* add (*od.* cast, sum, reckon) up, total; *fig. alles zs.-gerechnet* all in all, taking everything into account; **~reimen** *fig. v/t.* make out; *es sich ~* put two and two together; *wie reimt sich das zusammen?* how do you account for (*od.* reconcile) that?; **~reißen** F *v/refl.*: *sich ~* pull o.s. together; **~rollen** *v/t.* roll (*od.* coil) up; *sich ~* coil up; **~rotten** *v/refl.*: *sich ~* flock (*od.* troop) together; *b.s.* band together; *Aufrührer*: riot; *sich ~ mit* (*gegen*) F gang up with (on) *a p.*; **²rottung** *f* riot(ing); *konkret*: riotous assembly; **~rücken I.** *v/t.* move together *od.* (*Stühle usw.*) closer; **II.** *v/i.* move up, sit closer; make room; **~rufen** *v/t.* call together; (*einberufen*) convoke, convene; *parl.*

summon; **~sacken** *v/i.* fall in a heap, collapse, drop; **~scharen** *v/refl.*: sich ~ flock together, rally; **~scharren** *v/t.* scrape together; **⁓schau** *f* synopsis; **~schiebbar** *adj.* telescopic(ally *adv.*); **~schieben** *v/t.* push together; ⊕ (*a.* sich ~) telescope; **~schießen** *v/t.* **1.** shoot down (*od.* to pieces); *mit Artillerie*: *a.* batter down; **2.** F (*Geld*) club *od.* pool (together); **~schlagen I.** *v/t.* **1.** (*aneinander schlagen*) beat (*od.* strike) together; die Hände ~ clap one's hands, über dem Kopf: throw up one's hands *in surprise, etc.*; die Hacken ~ click one's heels; **2.** (*zerschlagen*) smash (to pieces); F (*j-n*) beat *a p.* up (*od.* to a pulp), *sl.* give *a p.* the works; **II.** *v/i.* **3.** (*aneinanderschlagen*) clash; **4.** ~ über dash over, engulf; **~schließen** *v/t.* (*a.* sich ~) link (up *od.* together); join (closely); (*vereinigen*) unite, *a.* ⚕ merge, amalgamate, pool; *zu e-m Ganzen*: consolidate; sich ~ zu *a.* integrate into; sich ~ *a.* join forces; (*gemeinschaftliche Sache machen*) combine, *im Bündnis*: form an alliance; (*sich zs.-scharen*) rally; → *a.* zs.-rotten; **⁓schluß** *m* union; combination, association, federation; integration, consolidation; ⚕ amalgamation, merger; (*Bündnis*) alliance; **~schmelzen I.** *v/t.* melt down; fuse; **II.** *v/i.* melt away (*a. fig.* = dwindle); **~schmieden** *fig. v/t.* weld together; **~schmieren** *fig. v/t.* scribble; **~schnüren** *v/t.* lace up; (*Paket*) cord up; (*den Hals*) choke, strangle; *fig.* (*das Herz*) wring; *fig.* j-m die Kehle ~ choke a p.; **~schrauben** *v/t.* bolt together; **~schrecken** *v/i.* (give a) start (bei at); **~schreiben** *v/t.* **1.** *Rechtschreibung*: write in one word; **2.** (*zs.-stellen*) compile; **3.** *contp.* scribble; sich ein Vermögen ~ make a fortune by one's pen; **~schrumpfen** *v/i.* shrivel (up); shrink (up), *fig. a.* dwindle, run short; **~schweißen** *v/t.* weld together (*a. fig.*); **⁓sein** *n* meeting, gathering; → *a.* Zs.-kunft; **~setzen I.** *v/t.* **1.** put together; *zu e-m Ganzen*: compose; (*Arznei, Wort*) compound; ⊕ assemble; **II.** *v/refl.* **2.** sich ~ sit (down) together; *fig.* get together, *sl.* go into a huddle (mit with); **3.** sich ~ aus be composed of, be made up by, consist of; **⁓setzspiel** *n* jigsaw puzzle; **⁓setzung** *f* composition; *ling.*, ⚗ compound; ⚗ *a.* chemical analysis; (*Bestandteile*) ingredients *pl.*; (*Struktur*) structure; **~sinken** *v/i.* sink down, collapse; **⁓spiel** *n Sport, thea.*: team-work; *Fußball*: combination; *fig.* interplay (der Kräfte of forces); (*Zs.-arbeit*) cooperation; **~stauchen** *v/t.* (*zurechtweisen*) blow *a p.* up, give *a p.* a dressing-down; **~stecken I.** *v/t.* put together (*a. die Köpfe*), join; **II.** F *v/i.* be hand in glove with one another; immer ~ be always together, be inseparable; **~stehen** *v/i.* **1.** stand together (*od.* side by side); **2.** *fig.* hold (*od.* F stick) together; **~stellen** *v/t.* **1.** place (*od.* put) together; **2.** *fig.* arrange; nach Gruppen ~ group; nach Klassen ~ classify; nach Sorten ~ assort; nach Farben od. Ausführung ~ match; **3.** (*Liste*) make up; (*Liste, Medizin, Unterlagen, Wörterbuch usw.*) compile, put together; 🚂 (*Zug*) compile, *a.* ⚔ (*Truppen*) assemble; **4.** (*zs.-fassen, vereinigen*) combine; **⁓stellung** *f* putting together; combination, compilation; arrangement; grouping; classification; (*Tabelle*) table, schedule, list; (*Übersicht*) survey, summarizing sheet, synopsis; 🚂, ⚔ assembly; **~stimmen** *v/i.* harmonize, agree, match, tally; **~stoppeln** *v/t.* patch up, piece together; **⁓stoß** *m* collision (*a. fig.* = clash, conflict); *mot. a.* smash-up, (car-)crash; (*Aufprall*) impact, shock; **~stoßen I.** *v/t.* strike (*od.* knock, bang) together; (*Gläser*) touch, clink; **II.** *v/i.* collide, *a. fig.* clash; ~ mit *a.* run into, crash with *od.* into; (*grenzen an*) adjoin, meet, abut (on); **~streichen** *v/t.* cut down; **~strömen** *v/i.* flow together; *Personen*: flock (*od.* crowd) together; **~stürzen** *v/i.* collapse; *Haus usw.*: *a.* fall in; **~suchen** *v/t.* gather; *zu e-r Sammlung*: collect; **~tragen** *v/t.* bring (*od.* carry) together; gather (*a fig. information*); (*Notizen usw.*) compile; **~treffen** *v/i.* meet (mit j-m a p.); *Umstände, Ereignisse*: coincide, concur; **⁓treffen** *n* meeting; *feindliches*: encounter; *von Umständen*: coincidence, concurrence; **~treiben** *v/t.* drive together, round up; *hunt.* beat up; *fig.* (*Geld*) raise; *bsd.* (*Leute*) drum up; **~treten** *v/i.* meet; *parl. a.* assemble, convene; **⁓tritt** *m* meeting; **~trommeln** F *v/t.* drum up, call together; *weitS.* get hold of; **~tun** *v/t.* put together; sich ~ combine, join forces, F team up (mit with); *b.s.*

F gang up (*mit* with; *gegen* on); **~wachsen** *v/i.* grow together (*a. fig.*); **~werfen** *v/t.* **1.** throw together; **2.** (*verwechseln*) confound; (*durcheinanderbringen*) mix up, jumble up; *unterschiedslos*: lump together; **~wickeln** *v/t.* wrap (*od.* roll) up; **~wirken** *v/i.* co-operate, collaborate, *a. Sachen*: work together; combine *to do, etc. a th.*; **≈wirken** *n* co-operation, combined action, joint operation; *von Umständen*: interplay, concurrence; **~würfeln** *v/t.* mix, jumble; → *zs.-gewürfelt*; **~zählen** *v/t.* add (*od.* cast, count, sum) up, total (up), *Am. sl.* tote up; **~ziehbar** *adj.* contracti(b)le; **~ziehen I.** *v/t.* draw together (*a. fig.*); (*verengern*) *a. phys.* contract (*a. sich* ~); (*Augenbrauen*) knit; ⚕ a(d)stringe; (*Text*) condense; ⚔ (*Truppen*) gather, mass, concentrate; → *a. zs.-zählen*; *sich* ~ (*schrumpfen*) shrink; *Gewitter*: gather, *a. fig.* be brewing; **II.** *v/i.* move together; *mit j-m* ~ go to live with, share rooms with; **~ziehend** *adj. Arznei*: astringent; **≈ziehung** *f* contraction (*a. ling.*); constriction; condensation; ⚔ concentration.

Zusatz *m allg.* addition, *bsd. schriftlicher*: addendum; (*Beimischung*) admixture; *zu Metall*: alloy; (*~stoff*) *in Lebensmitteln, Öl usw.*: additive; (*Schuß, Prise*) dash; (*Anhang*) appendix; (*Ergänzung*) supplement; (*Nachschrift*) postscript; *zu e-m Gesetz*: rider (*a. zu e-r Versicherung*), amendment; *zu e-m Testament*: codicil; **~abkommen** *n* supplementary agreement; **~aggregat** *n* ⊕ accessory unit; ⚡ *a.* booster (unit); **~antrag** *parl. m* supplementary motion; amendment; **~ausrüstung** *f* auxiliary equipment; **~batterie** ⚡ *f* booster battery; **~behälter** *mot. m* spare tank; **~düse** ⊕ *f* auxiliary jet; **~eisen** *metall. n* additive agent; **~feder** ⊕ *f* auxiliary spring; **~frage** *f* additional question; **~gerät** *n* accessory unit; *aufschraubbares usw.*: attachment; (*Ultrakurzwellen≈ usw.*) adaptor; **~klausel** *f* additional clause; **~ladung** ⚔ *f* booster (charge); **~last** ⚡ *f* additional load; **~mittel** *n* additive; **~motor** *m* booster; **~nahrung** *f* supplemental feed; **~patent** *n* patent of addition; **~schalter** ⚡ *m* booster switch; **~steuer** *f* supplementary tax; **~versicherung** *f* complementary insurance; added protection; **~vertrag** *m* supplementary agreement.

zusätzlich I. *adj.* additional, added; supplementary, supplemental; extra; (*Hilfs...*) auxiliary; **II.** *adv.* (*außerdem*) besides, in addition (*zu* to), on top of that, into the bargain.

zuschalten ⊕, ⚡ *v/t.* connect (*dat.* to).

zuschanden *pred. adj.*: ~ *fahren* ruin, wreck, smash (up); ~ *hauen* smash to pieces; ~ *machen* ruin, wreck, spoil, (*a. Hoffnungen*) destroy, blight; bring to naught, defeat, (*Plan*) *a.* frustrate, thwart; *ein Pferd* ~ *reiten* founder a horse; ~ *werden* be ruined, go to ruin, go to the dogs; *fig.* come to naught, be frustrated.

zuschanzen F *v/t.*: *j-m et.* ~ help a p. to a th., play a th. a p.'s way.

zuscharren *v/t.* cover up, fill up.

zuschau|en *v/i.* → *zusehen*; **≈er(in** *f*) *m* spectator; looker-on; onlooker; (*Beistehende*) by-stander; (*Beobachter*) observer; (*Augenzeuge*) (eye-)witness; **≈erraum** *thea. m* auditorium; **≈errekord** *m* record attendance; **≈ertribüne** *f* → *Tribüne*.

zuschaufeln *v/t.* shovel (*od.* fill) up.

zuschicken *v/t.* send (*dat.* to); *mit der Post*: *a.* mail, post; (*Waren*) consign, forward (to); (*Geld*) remit.

zuschieben *v/t.* **1.** close; (*Riegel*) shoot; (*Schubfach*) shut; **2.** (*j-m et.*) push towards; *fig. b.s.* impute to; ⚖ *j-m den Eid* ~ put a p. on his (her) oath; *j-m die Schuld* ~ lay the blame on a p. *od.* at a p.'s door; *j-m die Verantwortung* ~ saddle (*od.* shuffle off) the responsibility on a p.

zuschießen I. *v/t.* **1.** (*beitragen*) contribute; *ergänzend*: add, supply; **2.** *j-m e-n Blick* ~ dart a glance at; **II.** *v/i.*: ~ *auf* rush up to, rush at.

Zuschlag *m* **1.** addition; (*Preis≈*) extra (*od.* additional) charge, increase (in price); *zum Fahrpreis*: excess fare; ✉ surcharge; (*Steuer≈*) surtax, additional tax; **2.** *metall.* flux, addition; *Straßenbau*: road metal; **3.** *Auktion*: knocking down, award; ✝ *bei e-r Ausschreibung*: award (of contract), acceptance of tender; *er erhielt den* ~ *bei Auktion*: the object went (*od.* was knocked down) to him; *bei Ausschreibung*: he obtained the contract; **≈en I.** *v/i.* **1.** strike (*a. fig.*); *Boxer*: *a.* swing, deliver a blow; **2.** *Tür usw.*: slam to, bang (shut); **II.** *v/t.* **3.** (*Buch*) shut;

(*Tür*) bang, slam; **4.** *fig.* (*hinzufügen, -rechnen*) add (*dat.* to); **5.** (*j-m et.*) *Auktion*: knock *a th.* down to; *Ausschreibung*: award *the contract* to; **~(s)gebühr** *f* additional (*od.* extra) fee; 🙰 surcharge; 🚂 excess fare; **~(s)karte** *f* extra (*od.* additional) ticket; **≈(s)pflichtig** *adj.* liable to extra payment; **~porto** *n* surcharge; **~steuer** *f* surtax; **~zoll** *m* additional duty.
zuschließen *v/t.* lock (up).
zuschmeißen F *v/t.* (*Tür usw.*) bang, slam; (*j-m et.*) chuck (*od.* throw) to.
zuschmieren *v/t.* smear up (*od.* over).
zuschnallen *v/t.* buckle (up).
zuschnappen *v/i.* **1.** *Hund usw.*: snap (*nach* at); **2.** *Schloß, Messer usw.*: close with a snap, click (shut).
zuschneid|en *v/t.* cut up; (*Anzug*), *a. fig.* cut (to size), tailor, *weitS. a.* style; *fig. zugeschnitten auf* tailored to, tailor-made for; **≈er**(**in** *f*) *m* dressmaker, cutter.
Zuschnitt *m* cut; *weitS. u. fig.* style; (*Art*) *a.* kind, sort.
zuschnüren *v/t.* lace up; (*Ballen, Paket*) cord up; *fig. das schnürt mir den Hals zu* it chokes me; *die Kehle war ihm wie zugeschnürt* he felt a lump in his throat, he choked with emotion.
zuschrauben *v/t.* screw down (*od.* tight).
zuschreiben *v/t.*: *j-m et.* ~ (*beimessen*) ascribe (*od.* attribute, put *a th.* down) to a p.; *b.s.* impute to a p., blame a p. for; *j-m die Schuld* ~ lay the blame on a p., *an et.*: blame a p. for a th.; *et. e-r Sache* ~ ascribe (*od.* put *a th.* down, set down, trace) to a th.; *es ist dem Umstand zuzuschreiben, daß* it is due (*od.* owing) to the fact that; *das hast du dir selbst zuzuschreiben* it is your own fault (*od.* doing), you have to thank yourself for it; *j-m e-e Summe* ~ place an amount to a p.'s credit.
zuschreien *v/t. u. v/i.*: *j-m* ~ shout to a p., call *od.* cry out (*a th.*) to a p.
zuschreiten *v/i.*: ~ *auf* step up to; *tüchtig* ~ strike out, walk on briskly.
Zuschrift *f* letter; *amtliche*: *a.* official communication.
zuschulden *adv.*: *sich etwas* ~ *kommen lassen* make o.s. guilty, do something wrong; *weitS.* misconduct o.s., misbehave; (*sündigen*) sin, err.
Zuschuß *m* allowance; contribution; *staatlicher*: subsidy, grant (-in-aid); **~betrieb** *m* subsidized undertaking; **~bogen** *typ. m* extra sheet; **~gebiet** *n* deficiency area.
zuschütten *v/t.* **1.** (*Graben usw.*) fill up; **2.** (*hinzuschütten*) add.
zusehen I. *v/i.* **1.** look on (*bei et.* at), watch, witness; (*j-m*) watch *a p.* (*bei ger.*); **2.** *fig.* ~, *daß* (*dafür sorgen*) see (to it) that, take care that (*od.* to *inf.*); *da müssen Sie selber* ~ you must see to it yourself; **3.** (*zuwarten*) wait and see, be patient; (*dulden*) tolerate; *ich kann nicht länger* ~ I cannot stand it any longer; **II.** ≈ *n*: *bei genauerem* ~ on closer inspection; *fig. das* ~ *haben* be left out in the cold; **~ds** *adv.* visibly, noticeably.
zusenden *v/t.* → *zuschicken.*
zusetzen I. *v/t.* **1.** (*hinzufügen*) add; ⚗ *a.* admix; *fig.* (*Geld, Zeit usw.*) lose; F *fig. nichts mehr* ~ *können* be at the end of one's tether; **2.** (*Speise*) *zum Kochen*: put on; **II.** *v/i.* **3.** (*Geld einbüßen*) lose (money), be a loser; **4.** *j-m* ~ press a p. (hard); *belästigend*: importune (*od.* pester, F plague) a p. (*mit* with), *mit Fragen, Gründen*: ply a p. (with), *drängend, mahnend*: urge a p.; *weitS. Hitze, Mühsal, Leid*: be hard on a p.; *Sport*: punish a p.
zusicher|n *v/t.*: *j-m et.* ~ assure a p. of a th., guarantee a th. to a p.; (*versprechen*) promise a p. a th.; **≈ung** *f* promise, assurance; guarantee, pledge.
zusiegeln *v/t.* seal (up).
Zuspätkommende *pl.* late-comers.
Zuspeise *f* side dish; → *a. Nachtisch.*
zusperren *v/t.* shut, close, lock, bar.
Zuspiel *n Sport*: pass(es *pl.*); **≈en** *v/t.* **1.** *j-m et.* ~ play a th. a p.'s way (*od.* into a p.'s hands); **2.** (*a. v/i.*) *Sport*: *j-m* (*den Ball*) ~ pass (the ball) to a p.
zuspitz|en I. *v/t.* point, sharpen; **II.** *v/refl.*: *sich* ~ taper (off); *fig.* become more and more critical, come to a head; *die Dinge haben sich derart zugespitzt, daß* things have come to such a pass that; **≈ung** *f* critical development (*od.* situation); ~ *der Lage* increasing gravity of the situation.
zusprechen I. *v/t.* **1.** *j-m Trost* ~ comfort (*od.* console) a p.; *j-m Mut* ~ cheer a p. up, encourage a p., *sl.* give a p. pep-talk; **2.** ⚖ (*j-m et. zubilligen*) adjudge to; *a. weitS.* (*e-n Preis*) award to; **II.** *v/i.* **3.** *j-m gut* ~ reason with a p.; **4.** (*Getränken u. Speisen*) partake freely of,

punish; (*e-m Getränk*) *a.* drink copiously of; *e-r Speise wacker* ~ eat heartily of.

zuspringen *v/i.* **1.** *auf j-n* ~ spring (*od.* leap) towards; rush at *od.* upon; **2.** → *zuschnappen* 2.

Zuspruch *m* **1.** *ermutigender*: encouragement, *sl.* pep-talk; *tröstender*: consolation, words *pl.* of comfort; (*Ermahnung*) exhortation, lecture; **2.** (*Zulauf*) *von Kunden*: run (of customers); (*Kundschaft*) custom, clientele; *sich e-s großen* ~*s erfreuen* be much sought after, be greatly in demand.

Zustand *m allg.* state (*a. phys.*), condition, F shape; (*Lage*) position, situation; (*Geistesverfassung*) state (of mind), frame of mind; *a. Zustände* state *sg.* of affairs, circumstances; *in gutem* ~ in good condition (*od.* order, repair); *in betrunkenem* ~ drunk, while under the influence (of alcohol); *contp. hier herrschen Zustände!* what a mess!; F *Zustände kriegen* have a fit, F get into a state, F go into hysterics.

zustande *pred. adj.*: ~ *bringen* bring about (*od.* off), manage, achieve, accomplish, get *a th.* done, *b.s. sl.* wangle; (*Vorhaben*) realize; *durch Verhandlungen*: negotiate; ~ *kommen* come about (*od.* off), be accomplished, *Plan*: materialize, be realized, *Vertrag usw.*: be reached (*od.* signed); (*stattfinden*) take place; *nicht* ~ *kommen* fail (to materialize), not to come off, come to naught; *das Gesetz kommt nicht* ~ the bill will not pass; **≈kommen** *n* realization, accomplishment; *am* ~ *e-s Vertrages kann nicht gezweifelt werden* an agreement is sure to be reached.

zuständig *adj.* (*befugt*) competent; (*verantwortlich*) responsible (*für* for); (*maßgebend*) proper, appropriate; (*örtlich*) local; (*fachlich berechtigt*) duly qualified; ⚖ *örtlich u. sachlich*: having jurisdiction (*für* over); ~*es Gericht* court of competent jurisdiction; ~*es Postamt* serving post-office; ~*e Stelle* competent (*od.* appropriate) authority; *sich in e-r Sache für* ~ *erklären* ⚖ assume jurisdiction over a case; *weitS.* claim to be competent in a th.; *für die Berufung* ~ *sein* have appellate jurisdiction; *in erster Instanz* ~ *sein* have original jurisdiction; *dafür bin ich nicht* ~ that's not in my province (*od.* department); **≈keit** *f* competence; responsibility; (*Befugnisse*) powers *pl.*; ⚖ *sachliche*: jurisdiction (*für* over); *örtliche*: (territorial) jurisdiction, venue; **≈keitsbereich** *m* (sphere of) responsibility, scope; ⚖ jurisdiction.

Zustands...: **~gleichung** *phys. f* equation of state; **~größe** *phys. f* variable of state.

zustatten *adv.*: *j-m* (*gut*) ~ *kommen* be useful to a p., stand a p. in good stead; *gut* ~ *kommen* come in handy, serve to good purpose.

zustecken *v/t.* **1.** pin (up); **2.** *j-m et.* ~ slip a th. to a p. (*od.* into a p.'s hands, *etc.*).

zustehen *v/i.* **1.** *rechtens*: be due to, belong to; *Befugnis*: be vested in; (*erwachsen*) accrue to; *es* (*das Besitztum, Recht*) *steht ihm zu* he is entitled to it; **2.** (*sich schicken für*) befit, behoove; *es steht ihm nicht zu, zu inf.* he has no right to *inf.*, it is not for him to *inf.*, it is none of his business to *inf.*

zusteigen *v/i.* board (*od.* get on) a train, *etc.*

zustell|en *v/t.* deliver (*a.* 📯); ⚖ serve (*j-m a th.* on a p., a p. with *legal process od. a writ*); *öffentlich* ~ cause the service of *a th.* by publication (*od.* public citation); **≈ung** *f* delivery; ⚖ service; ~*en konkret*: (service of) legal process; (*Ladung durch*) *öffentliche* ~ public citation; **≈ungsbevollmächtigte(r** *m*) *f* person authorized to receive service of legal process on a p.'s behalf; **≈ungsgebühr** *f* delivery charge; **≈ungsurkunde** ⚖ *f* writ of summons.

zusteuern I. F *v/t.* contribute (*zu* to); **II.** *v/i.*: ~ *auf* steer (*od.* make) for; *fig.* aim at, *im Gespräch*: *a.* be driving at; (*e-e Krise, e-n Krieg usw.*) drift towards, be headed for.

zustimm|en *v/i.* agree (*dat.* to *a th.*; with *a p.*), consent, (give one's) assent (to *a th.*); approve (of) (*a th.*), acquiesce (in *a th.*); F okay (*a th.*); *e-r Sache* ~ (*unterstützen*) *a.* subscribe to a th., endorse a th.; **~end I.** *adj.* affirmative; ~*e Antwort* consent, positive answer; **II.** *adv.* in the affirmative, approvingly; ~ *nicken* nod assent; **≈ung** *f* consent, assent, agreement; endorsement; *allgemeine* ~ *finden* meet with unanimous approval; **≈ungserklärung** *f* declaration of consent.

zustopfen *v/t.* stop up, plug, stuff; (*Loch im Strumpf usw.*) mend, darn.

zustöpseln *v/t.* stopper, plug (up).

zustoßen I. *v/t.* **1.** push *a th.* to; (*Tür*) close, shut, *laut*: slam, bang; **II.** *v/i.* **2.** (*zustechen*) thrust, lunge, strike (*mit e-r Waffe* with); **3.** *j-m*

~ (*widerfahren*) happen to a p., *Schlimmes*: *a.* befall a p.; *ihm ist etwas (ein Unfall) zugestoßen* he has had (*od.* met with) an accident; *falls mir etwas ~ sollte* in case anything should happen to me.

zustreben *v/i.* make for; *fig.* aim at, strive for (*od.* after); *bsd. Sache*: gravitate (*od.* tend) towards.

Zustrom *m von Personen, Kunden*: run, rush; *von Dingen*: *a.* influx.

zuströmen *v/i.* stream, flow towards; *fig. Personen*: throng (*od.* mill, pour) to(wards).

zustürzen *v/i.*: ~ *auf* rush up to.

zustutzen *v/t.* trim (*a. fig.*); (*passend machen*) fit (up), cut to size (*a. fig.*); *fig. für die Bühne usw.*: adapt (*für* for); (*vervollkommnen*) lick into shape.

zutage *adv.*: ~ *bringen* (*od. fördern*) bring to light; *fig. a.* unearth; (*offen*) ~ *liegen* be evident (*od.* manifest); *geol.* outcrop; ~ *treten* come to light, become evident, manifest itself, show; *geol.* outcrop.

Zutaten *f/pl. e-r Speise*: ingredients, (*Würze*) seasoning *sg.*; (*Garnierung*) garnishing *sg.*, *a. e-s Kleides*: trimmings (*beide a. fig.*).

zuteil *pred. adj.*: *j-m* ~ *werden* fall to a p.'s share (*fig. a.* lot), *fig. a.* be granted to a p.; *j-m et.* ~ *werden lassen* grant a p. a th. (*od.* a th. to a p.), allot a th. to a p., bestow a th. on a p.; *b.s.* mete out a th. to a p.; *in reichem Maße*: lavish a th. on a p.; *ihm wurde eine freundliche Aufnahme* ~ he met with a kind reception, he was kindly received.

zuteil|en *v/t.* allot (*a.* ✝ *Aktien usw.*), allocate, apportion (*dat.* to); (*genehmigen*) grant, allow; (*ausgeben*) issue; (*verteilen*) distribute; (*j-n*) ⚔, *pol.* attach; ⚔ *ständig*: assign; *j-m Befugnisse* ~ delegate powers to; **≈ung** *f* allotment, allocation, apportionment; allowance; distribution; attachment, assignment; (*Kontingent*) quota; *von bewirtschafteten Waren*: ration; **≈ungskurs** ✝ *m für Aktien*: allotment rate; **≈ungssystem** *m* quota system.

zutiefst *adv.* most, deeply, exceedingly, to the core; ~ *gekränkt* badly offended, cut to the quick.

zutragen I. *v/t.* carry to (*a. fig.*); (*Gerücht*) report, tell; **II.** *v/refl.*: *sich* ~ happen, come to pass, take place, occur.

Zuträger *m*, **~in** *f* talebearer, telltale, informer; **~ei** *f* talebearing, informing; (*Klatschen*) gossip, tittle-tattle.

zuträglich *adj.* conducive, beneficial (*dat. od. für* to); (*vorteilhaft*) advantageous (to); *Klima usw.*: healthy, salubrious; *Nahrung*: wholesome; *j-m (nicht)* ~ *sein* (dis)agree with a p.; **≈keit** *f* conduciveness, advantageousness; salubrity; wholesomeness.

zutrau|en *v/t.*: *j-m et.* ~ believe a p. capable of a th., credit a p. with a th.; *j-m* ~, *daß* think a p. capable of *ger.*; *sich zuviel* ~ overrate o.s.; (*zuviel übernehmen*) take too much on o.s.; *ich traue es mir (nicht) zu* I (don't) think I can do it; *ich traue ihm nicht viel zu sl.* he is no great shakes(, if you ask me); *iro. ich traue es ihm glatt zu* I would not put it past him; *ich hätte es ihm nie zugetraut* I never knew he had it in him; **≈en** *n* confidence (*zu* in); **~lich** *adj.* confiding, trusting; *weitS.* friendly; *Tier*: unafraid, friendly, tame; **≈lichkeit** *f* confidingness; tameness.

zutreffen *v/i.* be true (*bei, auf, für* of), be right, be correct, be the case; (*sich bewahrheiten*) hold (*od.* come) true; ~ *auf od. für* apply to; *das dürfte nicht ganz* ~ that's not quite correct; *es trifft nicht immer zu* it does not always follow; **~d** *adj.* right, true, correct; *Bemerkung*: *a.* (*treffend*) apt, to the point; (*anwendbar*) applicable; **~denfalls** *adv.* if this is correct, if so; *auf Formularen*: where applicable.

zutrinken *v/i.* (*j-m*) drink to, raise one's glass to.

Zutritt *m* access; (*Einlaß*) admission; ~ *frei* admission free; ~ *verboten!* no admittance!, private!, no entry!; ⚔ out of bounds!, *Am. a.* off limits! (*beide*: *für* to); *freien* ~ *haben zu* have free access to, have the run of.

zutun I. *v/t.* **1.** (*schließen*) close, shut; → *Auge* 1, *zugetan*; **2.** (*hinzufügen*) add; **II.** ≈ *n*: *ohne sein* ~ without his help, without any action on his part; (*ohne seine Schuld*) through no fault of his; *es geschah ohne mein* ~ I had nothing to do with it.

zuungunsten *prp.* to the disadvantage of.

zuunterst *adv.* right at the bottom.

zuverlässig *adj.* reliable (*a. Sache*, ⊕), dependable, trustworthy, trusty; (*treu*) loyal, staunch; (*sicher*) safe (*a.* ✝, ⊕); *Nachricht*: sure, reliable, safe, authentic; *aus* ~*er Quelle* from a reliable source; *von* ~*er Seite erfahren haben, daß* have it on good authority that; **≈keit** *f* reliability; dependability; trustworthiness; loyalty; certainty; **≈keitsfahrt** *mot. f* reliability run (*od.* trial); **≈keitsprüfung** *f* reliability test; **≈keitsüberprüfung** *pol. f von Personal*: security clearance, screening, F vetting.

Zuversicht *f* confidence, trust; *die (feste)* ~ *haben, daß* be confident that; *mit* ~ confidently; **≈lich** *adj.* confident, optimistic(ally *adv.*); **~lichkeit** *f* confidence, assurance, optimism.

zuviel I. *adv.* too much; *einer usw.* ~ one, *etc.* too many; *viel* ~ far too much; ~ *des Guten* too much of a good thing; *was* ~ *ist, ist* ~*!* that's really too much!; **II.** **≈** *n* excess, surfeit (*an* of).

zuvor *adv.* before, previously; (*zunächst*) first, beforehand; *kurz* ~ shortly before; *so klug als wie* ~ none the wiser (for it).

zuvörderst *adv.* first and foremost, first of all; to begin with.

zuvor|kommen *v/i.* (*j-m*) anticipate, forestall, get the start of, F steal a march on (*mit, in* with); *er kam mir zuvor* F he beat me to it; (*e-r Sache*) anticipate, obviate, prevent; **~kommend** *adj.* (*gefällig*) obliging, kind, considerate; (*höflich*) courteous; **≈kommenheit** *f* obligingness, kindness, considerateness; **~tun** *v/t.*: *es j-m* ~ surpass (*od.* outdo) a p., go one better than a p.

Zuwachs *m* increase (*an Mitgliedern usw.* in); growth, increment, accretion; ✝ (*wirtschaftlicher* ~ economic) growth; ⚖ *zu Grundeigentum*: accession; F (*Kind*) addition to the family, little newcomer, baby; F *auf* ~ *geschneidert* made so as to allow for growing; **≈en 1.** *v/i.* become overgrown; ⚕ heal up *od.* over, close; **2.** *fig.* (*j-m*) accrue to; **~rate** ✝ *f* rate of (economic) growth, growth rate; **~steuer** *f* increment tax.

Zuwander|er *m* newcomer, (im-) migrant; **≈n** *v/i.* come to (*od.* settle in) a place, *etc.*; immigrate.

Zuwasserlassen ⚓ *n* launching; *mit Bootskränen usw.*: lowering.

zuwarten *v/i.* wait (patiently), wait and see.

zuwege *pred. adj.* **1.** ~ *bringen* bring about (*od.* to pass), accomplish, get *a th.* done, F put *a th.* across; *es* ~ *bringen zu inf.* succeed in *ger.*; **2.** *gut* ~ *sein* be quite well.

zuwehen *v/t.* **1.** blow (*sanft*: waft) to *od.* toward(s); **2.** *mit Schnee, Sand*: block (up).

zuweilen *adv.* at times, sometimes; occasionally, now and then.

zuweis|en *v/t.* assign (*dat.* to); → *zuteilen*; **≈ung** *f* assignment; allocation.

zuwend|en I. *v/t.* **1.** turn to(wards) (*a. sich* ~ *dat.*); *j-m das Gesicht* ~ face a p.; *fig. sich alle Herzen* ~ win all hearts; **2.** (*j-m e-e Gabe, Geld usw.*) let *a p.* have, present *a p.* with, give; (*Liebe usw.*) bestow on *a p.*; (*Aufmerksamkeit, Bemühungen*) devote to; **II.** *v/refl.*: *sich e-r Tätigkeit* ~ proceed to, apply o.s. to, switch (over) to; *sich e-m Beruf, e-r Aufgabe* ~ devote o.s. to; *sich e-r politischen Richtung usw.* ~ turn (*od.* lean) to; *alle Herzen wandten sich ihm zu* all hearts went out to him; **≈ung** *f* allowance, benefit; allocation; grant; (*Vermächtnis*) bequest; (*Schenkung*) donation; *unentgeltliche* ~ gift, voluntary settlement.

zuwenig I. *indef. pron.* too little; **II.** **≈** *n* lack, dearth (*an* of).

zuwerfen *v/t.* **1.** (*j-m*) throw to, toss to; (*e-n Blick*) cast (*od.* flash, dart) to; → *Kußhand*; **2.** (*Tür*) slam (to), bang (shut); **3.** (*Grube*) fill up.

zuwider *pred. adj.* **1.** (*e-m Gesetz usw.*) contrary to, opposed to, against; (*j-m verhaßt*) repugnant (*od.* distasteful, hateful) to; → *a. zuwidersein*; **~handeln** *v/i.* act contrary to, counteract; (*e-r Vorschrift, e-m Gesetz*) violate, offend against, infract, contravene; **≈handelnde(r** *m*) *f* offender; **≈handlung** ⚖ *f* contravention, violation, offen|ce, *Am.* -se; **~laufen** *v/i.* run counter to, be contrary to; **~sein** *v/i.* displease, disgust, be repugnant to; *er (es) ist mir zuwider a.* I dislike him (it), *stärker*: I loathe (*od.* hate) him (it), he (it) makes me sick.

zuwinken *v/i.* make a sign to, motion to *a p. to do a th.*; *mit der Hand*: wave to, (*a. herwinken*) beckon to; *durch Nicken*: nod to.

zuzahlen *v/t.* pay extra *od.* in addition, pay an additional *$100*.

zuzählen *v/t.* **1.** (*hinzurechnen*) add; **2.** (*einbeziehen*) include.

zuzeiten *adv.* at times.

zuzieh|en I. *v/t.* **1.** (*Knoten*) draw together, pull (tight); (*Schlinge, Schraube*) tighten (*a. sich* ~); (*Vorhänge*) draw; **2.** *fig.* (*Arzt, Sachverständigen*) consult, call in; *j-n als Zeugen* ~ call a p. as (*od.

to) witness; **3.** *sich* ~ (*Haß, Nachteile, Strafe, Tadel usw.*) incur; (*Krankheit*) catch, get, contract; → *Unannehmlichkeit*; **II.** *v/i. Mieter*: move in; (*einwandern*) immigrate; (*sich niederlassen*) settle (down).

Zuzug *m* arrival; additional population; ⚔ reinforcements *pl.*

zuzüglich *prp.* plus; (*einschließlich*) including.

Zuzugsgenehmigung *f* residence permit.

zwacken *v/t.* pinch; *fig.* torment.

Zwang *m* compulsion, coercion; *moralischer*: constraint, restraint; (*Gebot*) dictates *pl.*; (*Verpflichtung*) (moral) obligation; (*Druck*) pressure (*a.* ⚕); *bsd.* ⚖ (*Drohung, Notstand*) duress; (*Gewalt*) force; *psych.* compulsion, (*Besessenheit*) obsession; ~ *antun* do violence to, (*dem Gesetz, Recht*) pervert *the law*; *sich* ~ *antun od. auferlegen* check (*od.* restrain) o.s.; *tun Sie sich nur keinen* ~ *an!* don't stand on ceremony!, make yourself at home!; *iro.* just go ahead!; *iro. tun Sie Ihren Gefühlen nur keinen* ~ *an!* (go ahead,) speak your mind!; *unter* ~ *stehen* (*handeln*) be (act) under duress.

zwängen *v/t.* press, force.

zwang|los *adj.* unconstrained, without constraint; *fig. a.* free (and easy), natural, unceremonious; *Verhalten, Veranstaltung*: informal, *Am. a.* shirt-sleeve *conference, etc.*; **&losigkeit** *f* ease, informality, unceremoniousness.

Zwangs...: **~anleihe** *f* forced loan; **~arbeit** *f* forced labo(u)r; (*Zuchthaus*) hard labo(u)r; **~ausgleich** *m* compulsory settlement; **~beitreibung** *f* forcible collection; **&bewirtschaftet** *adj.* under economic control, controlled; **~bewirtschaftung** *f* (economic) control; **~einweisung** ⚖ *f* committal (*in e-e Anstalt* to); **~enteignung** *f* expropriation; **~ernährung** *f* forcible tube feed; **~haft** *f* coercive detention; **~handlung** *f* compulsive act; **~herrschaft** *f* despotism, tyranny; **~jacke** *f* strait-jacket (*a. fig.*); *in e-e* ~ *stecken* strait-jacket; **~kauf** *m* compulsory purchase; **~lage** *f* quandary, exigency, embarrassing situation; *sich in e-r* ~ *befinden a.* be hard pressed, F be in a fix (*od.* spot); **&läufig I.** *adj.* ⊕ guided, geared; *mot. Antrieb*: positive *drive*; *fig.* necessary, inevitable; **II.** *adv.* of necessity, needs, inevitably, automatically; **~liquidation** *f* compulsory liquidation (*od.* winding-up); **&mäßig** *adj.* forced, compulsory; **~maßnahme** *f*, **~maßregel** *f* coercive (*od.* compulsory) measure; *pol.* sanction; (*Repressalie*) reprisal; **~mieter** *m* assigned tenant; **~mittel** *n* means of coercion; **~neurose** *f* compulsion neurosis; **~preis** *m* controlled price; **~psychose** *f* compulsive psychosis; **~räumung** *f* compulsory evacuation; **~sparen** *n* forced saving; **~steuerung** *mot. f* positive control; **&synchronisiert** *mot. adj.* with baulked synchronization; **~unterbringung** ⚖ *f* committal to an institution; **~verfahren** *n* coercive proceedings *pl.*; **~vergleich** *m* enforced settlement; **&verpflichtet** *adj.* conscript; **~versicherung** *f* compulsory insurance; **~versteigerung** *f* forced sale (*od.* auction); **~verwalter** *m* (official) receiver, judicial trustee, sequestrator; **~verwaltung** *f* forced administration, sequestration; **&vollstrecken** *v/i.* issue (*od.* levy) execution (*gegen* against); **~vollstreckung** *f* execution; ~ *betreiben* → *zwangsvollstrecken*; **~vorstellung** *psych. f* obsession, obsessive (*od.* compulsive) idea; **&weise** *adv.* compulsorily, by force; on an obligatory basis: ~ *verpflichtet od. einberufen* conscript; **~wirtschaft** *f* Government control; controlled economy; *Aufhebung der* ~ decontrol.

zwanzig I. *adj.* twenty; *in den* ~*er Jahren e-s Jahrhunderts* in the twenties; **II.** & *f* (number *od.* figure) twenty; *sie ist Mitte der* ~ she is in her mid-twenties; **&er** *m* person of twenty; *Männer in den* ~*n* men in the twenties; *in den* ~*n sein* be in one's mid-twenties; **&erjahre** *n/pl.* (*Lebensalter*) *the* twenties; → *a. zwanzig* I; **~erlei** *adj.* of twenty kinds, twenty sorts of, twenty different (kinds of); **~fach, ~fältig** *adj.* twentyfold; **~st** *adj.* twentieth; **&stel** *n* twentieth (part); **~stens** *adv.* in the twentieth place.

zwar *adv.* indeed, (it is) true, I admit; certainly, no doubt, of course; (*nämlich*) that is, namely; *und* ~ and that; *er kam* ~, *aber* he did come but, he came all right, but; (al)though he came, he ...

Zweck *m allg.* purpose; (*Ziel*) object (*a. e-r Gesellschaft, e-r Erfindung*), aim, end; (*Absicht*) intent, design; (*Bestimmung*) intended use; (*Verwendung*) application; (*Funktion*) function; (*Sinn*) point; ~ *und Ziel* purpose, object, end; *ein Mittel zum* ~ a means to an end; *e-n* ~ *verfolgen* pursue an object, be after (*od.* out for) something; *s-n* ~ *erfüllen* answer (*od.* serve) its purpose; *s-n* ~ *erreichen* achieve one's purpose; *s-n* ~ *verfehlen* miss its mark, fail of its object; *zu dem* ~*e gen. od. zu inf.* for the purpose of *a th. od. ger.*, with a view to *a th. od. ger.*, with the object of *ger.*; *zu diesem* ~*e* to this end; *zu welchem* ~*e?* to what purpose?, what (...) for?; *welchen* ~ *soll es haben, zu inf.?* what is the point (*od.* use) of *ger.*?; F *das ist* (*gerade*) *der* ~ *der Übung* that's just the point; *das wird wenig* ~ *haben* that won't help much (*od.* do any good), there is no point in doing it; *entspricht das Ihren* ~*en?* does that serve your turn?; *der* ~ *heiligt die Mittel* the end justifies the means; **~bau** ⚠ *m* functional (*od.* utility) building; **≈bestimmt** *adj.* purposive, purpose ...; ⊕ functional; **~bestimmung** *f von Geldern*: application; appropriation *of payments*; **≈betont** *adj.* purposive, purpose ...; utilitarian, utility ...; ⊕ functional; **~denken** *n* utility thinking, utilitarianism; **≈dienlich** *adj.* useful, expedient, suitable, ⊕ *a.* serviceable; (*wirksam*) efficient; (*betreffend, einschlägig*) relevant, pertinent; **~dienlichkeit** *f* usefulness, expediency; efficiency; pertinence.

Zwecke *f* tack; (*Reiß*≈) drawing-pin, *Am.* thumb tack; **≈n** *v/t.* tack.

zweck...: ~entfremdet *adj.* alienated (from its purpose); used for purposes other than originally intended; **~entsprechend** *adj.* answering the purpose, appropriate, proper, purposive; **≈fahrzeug** *n* utility vehicle; **~gebunden** *adj. Gelder*: earmarked, appropriated; **~los** *adj.* aimless, purposeless; (*unnütz*) useless, pointless, *pred.* of no use, to no point (*od.* purpose); *es ist* ~, *zu inf. a.* there is no point in *ger.*; **~mäßig** *adj.* expedient, well-directed, appropriate, suitable, practical, proper, purposeful; (*ratsam*) advisable; ⊕ functional; *es für* ~ *halten, zu inf. a.* think fit (*od.* proper) to *inf.*; **≈mäßigkeit** *f* expediency, suitableness, fitness, practicality; **≈mäßigkeitserwägung** *f* consideration of expediency; **≈möbel** *pl.* functional furniture *sg.*; **≈pessimismus** *m* calculated pessimism.

zwecks *prp.* for the purpose of, with a view to.

Zweck...: ~sparen *m* goal-directed (*od.* specific) saving; **~verband** *m* (local) administration union; **~vermögen** *n* special-purpose fund; **≈widrig** *adj.* inappropriate, improper.

zwei I. *adj.* two; *zu* ~*en* in (*od.* by) twos, two by two; *halb* ~ (*Uhr*) half past one; *wir* ~ we two, the two of us; **II.** ≈ *f* (number *od.* figure) two; *ped.* (*Note*) "good"; **≈achser** *mot. m* two-axle(d) vehicle; **~achsig** *adj.* biaxial; *mot.* two-axle(d), four-wheeled; **~armig** *adj.* two-armed; **~atomig** *adj.* diatomic; **~bahnig** *adj.* double-lane ...; **~bändig** *adj.* two-volume ..., in two volumes; **~basisch** ⚗ *adj.* dibasic; **≈bein** *n* bipod; **≈beiner** *co. m* biped; **~beinig** *adj.* two-legged; **~bettig** *adj.* double-bedded; **≈bettzimmer** *n* double (bed)room; **~blätt(e)rig** ⚘ *adj.* two-leaved, bifoliate; **≈decker** ✈ *m* biplane; **~deutig** *adj.* ambiguous, equivocal; *b.s.* suggestive, *Witz*: risqué (*fr.*), *Am.* F *a.* off-color; **≈deutigkeit** *f* ambiguity, equivocality; *b.s.* suggestive remark, risqué joke; **~dimensional** *adj.* two-dimensional; **≈drahtantenne** *f* two-wire aerial (*Am.* antenna); **≈drittelmehrheit** *f* two thirds majority; **~eiig** *adj. biol.* binovular; ~*e Zwillinge* fraternal twins; **≈er** *m* (figure) two; *Rudern*: pair, two(-seater); ~ *mit Steuermann* coxed two; **≈erbob** *m* two-man (*od.* two-seater) bob; **~erlei** *adj.* of two kinds, two sorts of, two different (kinds of); *das ist* ~*!* F that's a different pair of shoes; → *Maß*[1]; **~fach, ~fältig** *adj.* double, twofold, dual; (*zweimalig*) twice; *in zweifacher Ausfertigung* in duplicate; **≈fadenlampe** ⚡ *f* bifilar bulb; **≈familienhaus** *n* two-family (*od.* semi-detached, *Am.* duplex) house; **≈farbendruck** *m* two-colo(u)r print(ing); **~farbig** *adj.* two-colo(u)red, dichromatic, two-tone ...

Zweifel *m allg.* doubt; (*Ungewißheit*) uncertainty; (*böse Ahnung*) misgiving(s *pl.*); (*Verdacht*) suspicion; *berechtigter* ~ reasonable doubt; *außer* ~ beyond doubt; *über allen* ~ *erhaben* beyond all doubt; *ohne* ~ without doubt, no doubt, doubtless, unquestionably; (*sich*) *im* ~ *sein* be doubtful (*od.*

in doubt, in two minds) (*über* about); *j-n nicht im ~ lassen über* leave a p. in no doubt about; *keinen ~ daran lassen, daß* make it quite plain that; *in ~ ziehen* doubt, (call in) question; *es besteht kein ~* there is no doubt; → *aufkommen* I 1, *unterliegen* 2.

Zweifelderwirtschaft ⚒ *f* two-crop rotation.

zweifel...: ~haft *adj.* doubtful, *stärker*: dubious; (*fraglich, fragwürdig, verdächtig*) *a.* questionable, (*gefährlich, riskant*) precarious; † *~e Außenstände Rechtsanspruch*: doubtful claims (*od. Zahlung*: debts), *Am.* bad debts; *iro. ein ~ es Vergnügen* a dubious pleasure; *von ~em Wert* of debatable merit; *et. ~ machen* cast a doubt on, call in question; *es erscheint kaum ~* there is little doubt *that*; **~los** *adj.* undoubted, *a. adv.* doubtless; **~n** *v/i.* doubt (*an a th., a p.*); *~ an a.* be in doubt about *od.* as to; (*in Zweifel ziehen*) question, doubt of *success, etc.*; *~d* doubting (*a. eccl.*); → *a. zweiflerisch*; **≈sfall** *m*: (*im ~* in) case of doubt; F *im ~* (*falls notwendig*) if necessary; **~sohne** *adv.* doubtless, without doubt, beyond all doubt.

Zweifler *m*, **~in** *f* doubter, sceptic (*Am.* skeptic); **≈isch** *adj.* sceptical (*Am.* skeptical), doubting.

zwei...: ~flügelig *adj.* two-winged; *Insekt*: dipterous; *Luftschraube*: two-bladed; **≈frontenkrieg** *m* war on two fronts; **≈füßer** *m* biped.

Zweig *m* branch (*a. fig.*), bough; *kleiner ~* twig; → *grün* I.

Zwei...: ~ganggetriebe *n* two-speed gear; **≈gängig** *adj.* *Schraube*: double-threaded.

Zweig...: ~anstalt *f* branch; **~bahn** *f* branch line.

zwei...: ~geschlechtig *adj.* bisexual; **≈gespann** *n* carriage and pair; F *von Personen*: twosome, duo; **~gestrichen** ♪ *adj.* twice-accented, two-line *octave, etc.*; **~geteilt** *adj.* bipartite; (*gespalten*) divided, split.

Zweig...: ~geschäft *n* branch (establishment); **~gesellschaft** *f* affiliated (*od.* subsidiary) company, *Am. a.* affiliate.

Zwei...: ~gitterröhre *f Radio*: tetrode; **≈gleisig** *adj.* → *zweispurig*.

Zweig...: ~leitung *f* branch line; **~niederlassung** *f* → *Zweiggeschäft*; **~schalter** ⚡ *m* branch switch; **~stelle** *f* branch (office).

Zwei...: ≈händig *adj.* two-handed; *Musikstück*: for two hands; **~heit** *f* duality; **≈höckerig** *adj.* two-humped; **~hufer** *m* → *Paarzeher*; **≈hundert** *adj.* two hundred; **~hundertjahrfeier** *f* bicentenary; **≈jährig** *adj.* two-year-old ..., two years old; *Dauer*: of (*od.* lasting) two years, two years' ..., two-year ...; *bsd. Pflanze*: biennial; **≈jährlich I.** *adj.* happening (*od.* of) every two years, biennial; **II.** *adv.* every two years; **~kampf** *m* duel; ⚔ single combat; **~kreis...** ⚡ dual-circuit; **~leiter...** ⚡ two-core; **≈mal** *adv.* twice, two times; *es sich ~ überlegen* think twice (before doing it); *sich es nicht ~ sagen lassen* not to wait to be told twice, jump at it; *~ die Woche* twice a week; *~ im Monat* (*Jahr*) *erscheinend* bimonthly (biannual); **≈malig** *adj.* done twice; (twice) repeated; (*doppelt*) double; *nach ~er Aufforderung* after being requested twice, upon two requests; **~markstück** *n* two-mark piece (*od.* coin); **~master** ⚓ *m* two-master; **≈monatig** *adj.* of (*od.* lasting) two months, two months' ..., two-month ...; **≈monatlich I.** *adj.* happening (*od.* recurring) every second month; (*a. adv. u. ~ erscheinend*) bimonthly; **II.** *adv. a.* every second month; **≈motorig** *adj.* two-engined, twin-engined; ✈ *a.* bimotored; **~parteiensystem** *pol n* two-party system; **~phasen...**, **≈phasig** *adj.* two-phase; **~pol** ⚡ *m* two-terminal network; **≈polig** *adj.* two-pole ..., bipolar; *Stecker*: two-pin ...; **~polröhre** *f* diode; **~rad** *n* bicycle, F bike; **≈räd(e)rig** *adj.* two-wheeled; **≈reihig** *adj.* two-rowed, double-row ...; *Anzug*: double-breasted; **~röhrenempfänger** *m Radio*: two-valve receiver; **≈schläf(e)rig** *adj. Bett*: for two persons, double; **≈schneidig** *adj.* double-edged; two-edged (*a. fig.* Schwert weapon); *fig. ~ sein a.* cut both ways; **≈seitig** *adj.* two-sided, *Vertrag usw.*: bilateral; *Verwaltung, Verhandlungen*: bipartite; *Stoff*: reversible; **≈silbig** *adj.* dissyllabic; *~es Wort* dissyllable; **~sitzer** *m* two-seater (*a.* ✈); *mot. a. offener*: roadster; *geschlossener*: coupé; **≈sitzig** *adj.* two-seated; *nebeneinander*: double-seated; *hintereinander*: with tandem seats; **≈spaltig** *adj.* with two columns, in double columns; **~spänner** *m* carriage and pair; **≈spännig** *adj.* drawn by two horses; **≈sprachig**

adj. in two languages, *a. Person*: bilingual; ~**spurig** *adj.* 🚂, *a. Tonband*: double-track(ed); ~**stärkenglas** *n* bifocal lens; ~**stellig** *adj.*: ~e *Zahl* two-digit (*od.* two-place) number; ~**stimmig** *adj.* for (*Gesang*: in) two voices; ~**stöckig** *adj.* two-storied; ~es *Bett* double-decker; ~**stufig** *adj.* two-stage ...; ~**stündig** *adj.* of (*od.* lasting) two hours, two-hour ...; ~**stündlich I.** *adj.* happening (*od.* recurring) every two hours; **II.** *adv.* every second hour.

zweit *adj.* second; (*nächster*) next; ~er *April* April 2nd, *Am.* April 2; *ein* ~er another; *ein* ~er *Bismarck* another Bismarck; ~es *Ich* other self, alter ego; *das* ~e *Gesicht haben* have second sight; *jeder* ~e every other person; *wie kein* ~er better than anybody else; *zu* ~ (*paarweise*) by twos, two by two, in pairs; *wir waren zu* ~ we were two of us; *zum* ~en secondly, in the second place; ~er *werden Sport usw.*: be second (*od.* runner-up); → *Geige, Hand.*

zweitägig *adj.* of two days, two days' ..., two-day ...

Zweitakt|er *m*, ~**motor** *m* two-stroke engine, two-cycle engine; ~**gemisch** *n* two-stroke mixture; ~**öl** *n* two-stroke oil; ~**verfahren** *n* two-stroke system.

zweitältest *adj.* second eldest.

zweitausend *adj.* two thousand.

Zweitausfertigung *f* duplicate.

zweitbest *adj.* second-best.

zweiteil|ig *adj.* bipartite; *Kleid usw.*: two-piece ...; ~**ung** *f* bisection, bipartition; division.

zweitens *adv.* secondly, in the second place.

zweit...: ~**geboren** *adj.* second, younger; ~**größt** *adj.* second largest; ~**höchst** *adj.* second in height; ~**jüngst** *adj.* youngest but one; ~**klassig** *adj.* second-class, second-rate; ~**letzt** *adj.* last but one, *Am.* next to the last; ~**rangig** *adj.* of secondary importance, secondary; ~**schrift** *f* duplicate; ~**schuldner** *m* secondary debtor; ~**wagen** *mot. m* second (family) car.

Zwei...: ~**unddreißigstelnote** ♪ *f* demisemiquaver; ~**vierteltakt** *m* two-four time; ~**wegehahn** *m* two-way tap (*od.* cock); ~**weggleichrichter** *m* full wave rectifier; ~**wertig** ⚗ *adj.* bivalent; ~es *Element* dyad; ~**wöchentlich I.** *adj.* occurring *od.* appearing every two weeks; *a. adv.* biweekly ...; ~**wöchig** *adj.* fortnightly, two-week ...; ~**zackig,** ~**zinkig** *adj.* two-pronged; ~**zeiler** *m* distich, couplet; ~**zeilig** *adj.* of two lines; *Schreibmaschine usw.*: double-spaced; ~**zweck...** double-purpose; ~**zylindermotor** *m* two-cylinder engine.

Zwerchfell *anat. n* diaphragm, midriff; ~**atmung** *f* abdominal breathing; ~**erschütternd** *adj.* side-splitting.

Zwerg *m*, ~**in** *f* dwarf; (*nur m*) gnome; (*Knirps*) midget; (~*mensch*) pygmy; ~**baum** *m* dwarf-tree; ~**betrag** ✝ *m* diminutive amount; ~**enhaft** *adj.* dwarfish, pygmean, diminutive; ~**huhn** *n* bantam; ~**hund** *m* lap dog; ~**mensch** *m* pygmy; ~**pflanze** *f* dwarf (plant); ~**schule** *f* one-room school; ~**staat** *m* mini-state; ~**wuchs** *m* nanism.

Zwetsch(g)e *f* plum; *gedörrte*: prune; ~**nbaum** *m* plum-tree; ~**nschnaps** *m*, ~**nwasser** *n* plum schnapps.

Zwickel *m Schneiderei*: gore, gusset; ⊕ wedge; ⚠ spandrel.

zwick|en *v/t. u. v/i.* pinch, tweak; ~**en** *n* (*Schmerz*) twinge(s *pl.*); *im Magen*: gripes *pl.*; ~**er** *m* (*Augenglas*) pince-nez (*fr.*); ~**mühle** *f* double row; *fig.* dilemma, quandary, F fix; *in e-r* ~ *sein* be caught on the horns of a dilemma, be in a quandary, *etc.*; ~**zange** *f*: (*eine* ~ a pair of) pincers *pl.*, nippers *pl.*

Zwieback *m* rusk, biscuit, *Am.* cracker.

Zwiebel *f* onion; (*Blumen*~) bulb; F (*Uhr*) turnip; ~**fisch** *typ. m* pie; ~**förmig** *adj.* bulb-shaped, bulbous; ~**gewächs** *n* bulbous plant; ~**knollen** *m* bulbous tuber; ~**n** F *v/t.* torment, make it hot for; ~**schale** *f* onion-skin.

zwie|fach, ~**fältig** *adj.* double, twofold; ~**gespräch** *n* dialogue, colloquy; talk; interview; ~**licht** *n* twilight; ~**lichtig** *fig. adj.* F shady; ~**spalt** *m* (*Uneinigkeit*) disunion, discord; (*Konflikt*) conflict, strife; (*Spaltung, bsd. eccl.*) schism; (*Abweichung*) discrepancy; *innerer* ~ inner conflict; ~**spältig** *adj. Gefühle usw.*: conflicting; ~er *Mensch* conflicting nature; ~**sprache** *f* dialogue; *fig.* ~ *halten mit* commune with; ~**tracht** *f* discord, disunion; (*Kampf*) strife; (*Fehde*) feud; ~ *säen* sow the seeds of discord.

Zwil(li)ch *m* tick(ing).

Zwilling *m* twin (*a. Kristall*);

(*Gewehr*) double-barrel(l)ed gun; **~e** *ast. pl.* Gemini, Twins.

Zwillings...: ~bereifung *mot. f* dual tyres (*Am.* tires)*pl.*; **~bruder** *m* twin brother; **~kristall** *n* twin (crystal); **~lafette** ⚔ *f* twin mount; **~paar** *n a* pair of twins; **~schwester** *f* twin sister; **~waffe** ⚔ *f* twin-barrel(l)ed *od.* two-barrel(l)ed gun.

Zwing|burg *f* (tyrant's) strong castle, citadel; **~e** *f* (*Stock*~) ferrule; ⊕ clamp; **~en** *v/t.* **1.** compel (*zu inf.* to *inf.*), force (to *inf.*, into *ger.*); (*verpflichten*) oblige (to *inf.*); *j-n* ~, *et. zu tun a.* make a p. do a th.; *j-n zu et.* ~ *a.* force (*od.* compel) a th. from a p.; *sich zur Höflichkeit usw.* ~ force o.s. to be polite, *etc.*, make an effort to be polite, *etc.*; *ich mußte mich dazu* ~ it cost me an effort; *zum Handeln* ~ compel action; *gezwungen sein* (*od. sich gezwungen sehen*) *zu inf.* be compelled, *etc.* to *inf.*, see o.s. obliged to *inf.*; → *a. gezwungen*; **2.** (*bezwingen*) conquer, overcome; (*bewältigen*) master, cope with, *a.* F (*Essen*) be able to manage; **~end** *adj.* forcible; *Grund, Recht*: cogent, compelling; *Notwendigkeit*: absolute, imperative; *Beweis*: conclusive; *Vorschriften*: peremptory; **~er** *m* (*Burghof*) outer bailey; (*Verlies*) dungeon, keep; (*Hunde*~) kennel; (*Bären*~) bear-pit; (*Käfig*) cage; **~herr** *m* tyrant, despot; **~herrschaft** *f* despotism, tyranny.

zwinkern *v/i.* blink (one's eyes); *listig, lustig*: twinkle.

zwirbeln *v/t.* twirl, twist.

Zwirn *m* twine, twist(ed yarn); (*Näh*~) thread, sewing cotton; **~en** *v/t.* twist, twine; (*Seide*) throw; **~handschuh** *m* cotton glove; **~knäuel** *m* ball of thread; **~maschine** *f* doubling frame; **~seide** *f* thrown silk; **~sfaden** *m* thread; → *a. Faden.*

zwischen *prp. zweien od. zwei Punkten, a. zeitlich u. fig.*: between; *poet.* betwixt; *mehreren*: among.

Zwischen...: ~abschluß ⚚ *m* → *Zwischenbilanz*; **~akt** *thea. m* entr'acte (*fr.*); **~aktsmusik** *f* (musical) entr'acte (*fr.*); **~antrag** ⚖ *m* interlocutory motion; **~aufenthalt** *m* intermediate stop; **~ausweis** ⚚ *m* interim return; **~bemerkung** *f* interjection, incidental remark; **~bereich** *m* interface; **~bericht** *m* interim report; **~bescheid** *m* intermediate reply (*od.* notice); **~betrieblich** *adj.* intercompany ...; **~bilanz** *f* interim financial statement; interim results *pl.*; *fig. e-e* ~ *ziehen* make an interim stock-taking; **~blatt** *n* interleaf; **~deck** ⚓ *n* between decks *pl.*, steerage; **~deckspassagier** *m* steerage-passenger; **~ding** *n* cross (*zwischen* between), in-between; **~durch** *adv. zeitlich*: in between; (*gelegentlich*) at intervals, occasionally, (*zur Abwechslung*) for a change; *räumlich*: right through (the middle); **~empfang** *m Radio*: superheterodyne reception; **~entscheidung** ⚖ *f* interlocutory decree, interim judgment; **~ergebnis** *n* provisional result; **~fall** *m* incident; *ohne* ~ (*reibunglos*) without a hitch; **~farbe** *f* intermediate colo(u)r, shade between (two colo[u]rs); **~fläche** *f* interface; **~frage** *f* (interposed) question; (*Unterbrechung*) interruption; *j-n mit* ~*n aus der Fassung bringen* heckle a p.; **~frequenz** *f* intermediate frequency; **~frucht** 🌱 *f* intercrop (*a. als* ~ *anbauen*); **~futter** ⊕ *n* interlining; **~gas** *mot. n* intermediate throttle application; ~ *geben* double-clutch; **~gelenk** *n* intermediate link; **~gericht** *n* (*Speise*) entremets (*fr.*) (*sg.*); **~geschoß** *n* → *Zwischenstock*; **~glied** *n* connecting link; **~glühen** *metall. n* process annealing; **~größe** ⚚ *f* intermediate size; **~handel** *m* intermediate trade, commission business; (*Durchfuhrhandel*) transit trade; (*Großhandel*) wholesale trade; **~händler** *m* middleman, intermediary (agent), commission agent; **~handlung** *f* episode; **~hirn** *n* diencephalon, interbrain; **~hoch** *meteor. n* ridge of high pressure; **~jahreszeit** *f* between-season; **~käufer** ⚚ *m* intermediate buyer; **~kiefer** *m* intermaxillary bone; **~konto** *n* suspense account; **~kredit** *m* interim credit; **~landung** *f* intermediate landing, stop, *Am.* stopover; *Flug ohne* ~ non-stop flight; **~lauf** *m Sport*: semi-final (heat); **~legscheibe** ⊕ *f* washer; **~liegend** *adj.* intermediate; *Zeit*: *a.* intervening; **~lösung** *f* interim solution; → *Notbehelf*; **~mahlzeit** *f* snack between meals; **~mauer** *f* partition wall; **~menschlich** *adj.* interpersonal; ~*e Beziehungen* human relations; **~pause** *f* interval, intermission, break; **~person** *f* → *Mittelsmann*; **~prüfung** *f* intermediate test; **~raum** *m* interspace, space between, *a. zeitlich*: interval; (*Entfernung*) distance; (*Spielraum*) clearance; (*Lücke*) interstice, gap; (*Zeilenabstand*) spacing; **~raumtaste** *f Schreibmaschine*: space-bar; **~regierung** *f* interregnum; **~rippen...** intercostal; **~ruf** *m* (loud) interruption, interjection; (*Pfuiruf*) boo; *durch ~e aus der Fassung bringen* heckle; **~rufer** *m* interrupter; *provozierender*: heckler; **~runde** *f Sport*: semi-final; **~satz** *ling. m* parenthesis; **~schalten** ⊕, ⚡ *v/t.* interpose (*a.* ✝ *Pfandbriefe usw.*), insert, interconnect; **~schalter** ⚡ *m* intermediate switch; **~schaltung** *f* ⚡, ⊕ interposition; *typ.* interlineation; **~schein** ✝ *m bei Aktien*: provisional (*Am.* interim) certificate; **~sender** *m* relay station; **~spiel** *thea.*, ♪ *n* interlude, episode; **~spurt** *m Sport*: (sudden) spurt; *e-n ~ einschalten* put in a burst of speed, spurt off; **~staatlich** *adj.* international; intergovernmental; (*zwischen Bundesstaaten*) interstate ...; **~stadium** *n* intermediate stage (*od.* phase); **~station** *f* intermediate station; **~stecker** ⚡ *m Radio*: adapter (plug); **~stock** *m* entresol (*fr.*), intermediate stor|ey, *Am.* -y; **~stück** *n* intermediate piece, connection; ⚡ adapter; *thea.* interlude, entr'acte; **~stufe** *f e-r Entwicklung usw.*: intermediate stage; (*Verbindungsglied*) interface; **~summe** *f* subtotal; **~text** *m Film*: inserted captions *pl.*; **~tief** *meteor. n* ridge of low pressure; **~ton** *m* intermediate tone; *fig.* overtone; **~träger**(**in** *f*) *m* talebearer, telltale, informant; **~trägerei** *f* talebearing, taletelling; **~urteil** *n* interim judgment; **~verkauf** ✝ *m*: *~ vorbehalten* (offered) subject to prior sale; **~verkäufer** *m* intermediate seller; **~verkehr** *m* intercommunication; **~verstärker** ⚡ *m* intermediate amplifier; **~vorhang** *thea. m* drop-scene; **~~wand** *f* partition (wall); **~wirbel...** intervertebral; **~wirt** *biol. m* intermediate host; **~zeile** *f typ.* space line; *TV* interline; **~zeit** *f* **1.** interval, interim (period), intervening period; *in der ~* (*a.* **~zeitlich** *adv.*) in the meantime, meanwhile; → *vorläufig*; **2.** *Sport*: intermediate time, time (clocked) at the moment.

Zwist *m*, **~igkeit** *f* (*Streit*) quarrel, feud, F tiff; (*Zwietracht*) discord.

zwitschern I. *v/i. u. v/t.* twitter, chirp; F *e-n ~* (*trinken*) hoist one; **II.** **~** *n* chirp(ing), twitter(ing).

Zwitter *m* hermaphrodite (*a.* ⚘ *u. fig.*); *bsd. fig.* (*~ding*) hybrid, cross; **~haft** *adj.* hermaphrodite, bisexual; (*gekreuzt*) hybrid; **~haftigkeit** *f*, **~tum** *n* hermaphroditism; *fig. a.* hybrid nature.

zwo → *zwei*.

zwölf I. *adj.* twelve; *um ~ (Uhr)* at twelve (o'clock), *mittags*: *a.* at noon, *nachts*: *a.* at midnight; *fig. fünf Minuten vor ~* at the eleventh hour; **II.** **~** *f* (number *od.* figure) twelve; **~eck** *n* dodecagon; **~eckig** *adj.* dodecagonal; **~ender** *hunt. m* stag with twelve points; **~erlei** *adj.* of twelve (different) kinds, twelve different (sorts of); **~fach** *adj.* twelvefold; **~fingerdarm** *m* duodenum; *Geschwür am ~* duodenal ulcer; **~flächig** *adj.* dodecahedral; **~jährig** *adj. Kind*: twelve-year-old ..., twelve years old; *allg.* of twelve years, twelve years' ..., twelve-year ...; **~kampf** *m* twelve events (competition) *pl.*; **~malig** *adj.* occurring *od.* repeated twelve times; **~stündig** of twelve hours, twelve-hour ...; **~t** *adj.* twelfth; *fig. in ~er Stunde* at the eleventh hour; **~tägig** *adj.* of twelve days, twelve-day ...; **~tel** *n* twelfth (part); **~tens** *adv.* in the twelfth place; **~tonmusik** *f* twelve-tone music.

Zyan ⚗ *n* cyanogen; **~id** *n* cyanide; **~kali** *n* potassium cyanide.

zyklisch *adj.* cyclic(ally *adv.*).

Zyklon *m*, **~e** *f* cyclone.

Zyklop *m* Cyclops; *pl.* Cyclopes; **~isch** *adj.* cyclopean.

Zyklotron *n* cyclotron.

Zyklus *m* cycle (*a.* ♪, *Literatur*); *von Vorträgen usw.*: course.

Zylinder *m* ⚗, ⊕ cylinder; (*Lampen~*) chimney; (*Hut*) silk hat, top-hat; **~block** *m* cylinder block; **~bohrung** *f* cylinder bore; **~büchse** *f* cylinder liner; **~hub** *mot. m* cylinder stroke; **~inhalt** *mot. m* swept volume, piston displacement; **~kopf** *m* cylinder head; **~reihe** *mot. f* bank of cylinders.

zylindrisch *adj.* cylindrical.

Zymbal *n* cymbal.

Zyn|iker *m* cynic; **~isch** *adj.* cynical; **~ismus** *m* cynicism.

Zypresse *f* cypress.

Zyste *f* cyst.

Zyto|logie *f* cytology; **~plasma** *n* cytoplasm.

Deutsche Abkürzungen

A

A *Ampere* ampere.
AA *Auswärtiges Amt* Foreign Office.
a.a.O. *am angegebenen od. angeführten Ort* in the place cited (loc. cit., l. c.).
Abb. *Abbildung* illustration (fig.).
abds. *abends* in the evening.
Abf. *Abfahrt* departure.
Abg. *Abgeordnete(r)* deputy; Member of Parliament.
Abk. *Abkürzung* abbreviation.
Abschn. *Abschnitt* paragraph; chapter.
Abt. *Abteilung* department.
abzgl. *abzüglich* less, minus.
AC *Automobilclub* automobile association (*od.* club).
a. Chr. (n.) *ante Christum (natum), vor Christus (vor Christi Geburt)* before Christ (B.C.).
A. D. *anno Domini, im Jahre des Herrn* in the year of our Lord.
a. D. *außer Dienst* retired; *an der Donau* on the Danube.
ADAC *Allgemeiner Deutscher Automobil-Club* General German Automobile Association.
Add. *Addenda, Ergänzungen* addenda, supplements, additions.
ad inf. *ad infinitum, bis ins Unendliche, unaufhörlich* to infinity, without end or limit.
ad l., ad lib(it). *ad libitum, nach Belieben* ad lib(itum), at will (*od.* pleasure).
ADN *DDR*: *Allgemeiner Deutscher Nachrichtendienst* General German News Service.
Adr. *Adresse* address.
AE *Arbeitseinheit* ☤ unit of work; *phys.* erg.
AEG *Allgemeine Elektrizitäts-Gesellschaft* General Electric Company.
afr(ik). *afrikanisch* African.
AG *Aktiengesellschaft* (public) limited company, *Am.* (stock) corporation.
Agitprop *Agitation und Propaganda* Agitation and Propaganda.
Ag(t). *Agent* agent; *Agentur* agency; agents *pl.*
ahd. *althochdeutsch* Old High German.
Akad. *Akademie* academy; (*Hochschule*) *a.* college.
akad. *akademisch* academic(al), university ..., college ...
Akk. *Akkusativ* accusative (case).
Akku *Akkumulator* accumulator.
Akt. *Aktion* action; campaign.
Akt.-Nr. *Aktennummer* file number.
akz. *akzeptiert* accepted; ☤ *a.* hono(u)red.
al. *alias, sonst, auch ... genannt* alias, otherwise known as.
Alk. *Alkohol* alcohol.
allg. *allgemein* general(ly *adv.*).
allj. *alljährlich* annual(ly *adv.*), yearly.
alph. *alphabetisch* alphabetic(al).
ält. *älter* older; elder; *ältest* oldest; eldest.
Alu *Aluminium* alumin(i)um.
a. M. *am Main* on the Main.
am., amer(ik). *amerikanisch* American.
amtl. *amtlich* official.
Anal. *Analogie* analogy; *Analyse* analysis.
Änd. *Änderung* change; alteration.
anerk. *anerkannt* acknowledged; accepted *fact*; recognized *expert*.
angeh. *angehörend, angehörig* belonging to.
Angest. *Angestellte(r)* employee.
angew. *angewandt* applied.
Anh. *Anhang* appendix.
Ank. *Ankunft* arrival.
Anl. *Anlage im Brief*: enclosure.
anl. *anläßlich* on the occasion of.
Anm. *Anmeldung* announcement; appointment; registration; *Anmerkung* note.
anon. *anonym* anonymous(ly *adv.*).
anschl. *anschließend* following, subsequent(ly *adv.*).
anthrop(ol). *anthropologisch* anthropologic(al).
a.o. *außerordentlich* extraordinary, special.

AOK *Allgemeine Ortskrankenkasse* compulsory health insurance.
ao. Prof., a.o. Prof. *außerordentlicher Professor* senior lecturer, *Am.* associate professor.
Apart. *Apartment* apartment, *Br. a.* flat(let).
APO *Außerparlamentarische Opposition* extra-parliamentary opposition.
App. *Apparat* instrument, appliance; (*Telephon*) telephone.
appr. *approbiert* qualified, licenced.
arab. *arabisch* Arab(ian); Arabic *figures, etc.*
Arb. *Arbeit* work; labo(u)r; *Arbeiter* worker, workman, labo(u)rer.
Arbg. *Arbeitgeber* employer.
Arbn. *Arbeitnehmer* employee.
ARD *Arbeitsgemeinschaft der öffentlich-rechtlichen Rundfunkanstalten der Bundesrepublik Deutschland* Working Pool of the Broadcasting Corporations of the Federal Republic of Germany.
Arge *Arbeitsgemeinschaft* work(ing) group *od.* team; syndicate, combine.
a. Rh. *am Rhein* on the Rhine.
Art. *Artikel* article.
ärztl. *ärztlich* medical; doctor's *certificate, etc.*
Assist. *Assistent* assistant; *Assistenz* assistance.
Asta *Allgemeiner Studentenausschuß* General Students' Committee.
A.T. *Altes Testament* Old Testament.
at(m.) *Atmosphäre* atmosphere.
atü *Atmosphärenüberdruck* atmosphere excess pressure.
Aufl. *Auflage* edition.
Auftr.-Nr. *Auftragsnummer* order number.
Ausbild(g). *Ausbildung* training.
Ausg. *Ausgabe* edition; (*Exemplar*) copy; *Ausgang* exit.
ausgen. *ausgenommen* excepted; (*wenn nicht*) unless.
ausgeschl. *ausgeschlossen* excluded; (*unmöglich*) impossible, out of the question.
ausl. *ausländisch* foreign.
Ausn. *Ausnahme* exception.
ausschl. *ausschließlich* exclusive(ly *adv.*), sole(ly).
Ausstatt(g). *Ausstattung* furnishings *pl. of an apartment*; equipment *of a hospital, etc.*; get(-)up *of a book, etc.*
austr(al). *australisch* Australian.
ausw. *auswärtig* out-of-town; non(-)local; non(-)resident.
auth. *authentisch* authentic, genuine.
auton. *autonom* autonomous.
Az. *Aktenzeichen* file number.

B

B *Bundesstraße* Federal highway.
b. *bei* at; *räumlich*: near; *Adresse*: care of (c/o.).
BA *Bundesanstalt* Federal institution.
B.-Ang(est). *Bankangestellte(r)* bank clerk.
Barz(ahl). Barzahlung cash (payment).
B(au)j. *Baujahr* year of construction *od.* manufacture.
b. a. W. *bis auf Widerruf* until recalled, unless countermanded *od.* cancel(l)ed.
b. a. w. *bis auf weiteres* until further notice.
BB *Bundesbahn* Federal railway.
Bch. *Buch* book.
Bd. *Band* (*Buch*) volume; *Bund* (*Vereinigung*) union; association; (*Bündnis*) alliance; (*Staat*) confederation, confederacy.
Bde. *Bände* volumes.
Bd.-Reg. *Bundesregierung* Federal government.
bds. *beiderseits* on both sides.
Bea(mt). *Beamte(r)* official; *staatlich*: civil servant.
bef. *befugt* entitled; authorized.
Beg. *Beginn* beginning, start.
Begl. *Beglaubigung* certification.
begl. *beglaubigt* certified; *beglichen* paid.
beif. *beifolgend* (sent) herewith.
beil. *beiliegend* enclosed.
Beisp. *Beispiel* example, instance.
bek. *bekannt* (well-)known.
belg. *belgisch* Belgian.
Bem. *Bemerkung* remark, note, comment.
Benelux *Belgien, Niederlande, Luxemburg* Belgium, the Netherlands, and Luxemburg.
Ber. *Bericht* report.
bes. *besonder* special, particular; *besonders* especially, particularly.
Besch. *Bescheinigung* certificate.
Best. *Bestellung* order.
Best.-Nr. *Bestellnummer* order number.
Betr. *Betreff, betrifft* subject, re.
betr. *betreffend, betrifft, betreffs* concerning, respecting, regarding.
beurl. *beurlaubt* on leave.
Bev. *Bevölkerung* population.
bevollm. *bevollmächtigt* authorized.
Bez. *Bezeichnung* mark; (*Name*) name, designation; *Bezirk* district.
bez. *bezahlt* paid; *bezeichnet*

marked; (*genannt*) designated, called.
bfr *belgischer Franc* Belgian franc.
BGB *Bürgerliches Gesetzbuch* (German) Civil Code.
Bge. *Berge* mountains.
BGH *Bundesgerichtshof* Federal Supreme Court.
Bhf. *Bahnhof* station.
Bib. *Bibel* Bible.
bildl. *bildlich* pictorial, graphic; *Ausdruck usw.*: figurative.
biogr. *biographisch* biographic(al).
biol. *biologisch* biologic(al).
BND *Bundesnachrichtendienst* Federal Intelligence Service.
bot. *botanisch* botanic(al).
BP *Bundespost* Federal Postal Administration.
BPA *Bahnpostamt* station post office.
B.P. a. *Bundespatent angemeldet* Federal Patent pending.
BR *Bayerischer Rundfunk* Bavarian Broadcasting Station.
bras. *brasilianisch* Brazilian.
BRD *Bundesrepublik Deutschland* Federal Republic of Germany.
brit. *britisch* Britisch.
BRK *Bayerisches Rotes Kreuz* Bavarian Red Cross.
BRT *Bruttoregistertonnen* gross register tons.
bsd. *besonders* especially.
bspw. *beispielsweise* for instance (*od.* example) (e.g.), by way of example.
b(tt)o. *brutto* (in the) gross.
Buchf. *Buchführung* book(-)keeping.
bürg. *bürgerlich* civil; civic.
Bw. *Bundeswehr* Federal Armed Forces, Bundeswehr.
b. w. *bitte wenden* please turn over (PTO).
bwgl. *beweglich* movable, mobile.
bzgl. *bezüglich* with reference to.
bzw. *beziehungsweise* respectively.

C

C *Celsius* Celsius, centigrade.
c *Cent* cent; *Centime* centime.
ca. *circa, ungefähr, etwa* about, approximately (approx.).
calv. *calvinistisch* Calvinist(ic).
cand. *candidatus, Kandidat* candidate.
cbm *Kubikmeter* cubic met|re, *Am.* -er.
ccm *Kubikzentimeter* cubic centimet|re, *Am.* -er.
CDU *Christlich-Demokratische Union* Christian Democratic Union.
cf. *confer, vergleiche* compare (cf.).
chem. *chemisch* chemical.
chir. *chirurgisch* surgical.
christl. *christlich* Christian.
chron. *chronisch* chronic; *chronologisch* chronological.
cl *Zentiliter* centilit|re, *Am.* -er.
cm *Zentimeter* centimet|re, *Am.* -er.
Co. *Kompagnon* partner; *Kompanie* company.
cos. *Kosinus* cosine.
CSU *Christlich-Soziale Union* Christian Social Union (of Bavaria).
ct. *Cent* cent; *Centime* centime.
c. t. *cum tempore, mit akademischem Viertel* 15 minutes later.
CVJM *Christlicher Verein Junger Männer* Young Men's Christian Association (YMCA).

D

D *Durchgangszug* express (*od.* through, fast) train.
D. *Doktor der* (*protestantischen*) *Theologie* Doctor of Divinity (D.D.).
d. Ä. *der Ältere* senior.
Dachverb. *Dachverband* holding (*od.* parent, umbrella) organization.
DAG *Deutsche Angestellten-Gewerkschaft* Trade Union of German Employees.
dän. *dänisch* Danish.
dank. *dankend* with thanks.
Darst. *Darstellung* representation; (*Auslegung*) interpretation.
dass. *dasselbe* the same (thing).
Dat. *Dativ* dative (case); *Datum* date.
DB *Deutsche Bundesbahn* German Federal Railway; *Deutsche Bundesbank* German Federal Bank.
DBP(a) *Deutsches Bundespatent* (*angemeldet*) German Federal Patent (pending).
dch. *durch* through; by; via.
DDR *Deutsche Demokratische Republik* German Democratic Republic.
d. E. *durch Eilboten* by express (*Am.* special) delivery.
Dem. *Demokratie* democracy.
dem. *demokratisch* democratic; *demonstrativ* demonstrative.
demn. *demnach* (*deshalb*) consequently, therefore; (*demgemäß*) according to this, accordingly; *demnächst* shortly, soon, before long.
Denkm. *Denkmal* monument; memorial.
ders. *derselbe* the same.
desgl. *desgleichen* the like.
Det. *Detail* detail; ☤ retail.
dez. *dezimal* decimal.

DGB *Deutscher Gewerkschaftsbund* Federation of German Trade Unions.
dgl. *der-, desgleichen* the like.
d. Gr. *der od. die Große* the Great.
d. h. *das heißt* that is (i.e.).
d. i. *das ist* that is (i.e.).
diag. *diagonal* diagonal(ly *adv.*).
dial. *dialektisch* dialectic(al).
d(ien)stl. *dienstlich* official.
diesj. *diesjährig* of this year.
DIN *Deutsches Institut für Normung* German Institute for Standardization.
Din *Dinar* dinar.
Dipl. *Diplom*(... holding a) diploma.
dipl. *diplomatisch* diplomatic; *diplomiert* holding a diploma.
Dipl.-Ing. *Diplomingenieur* graduate engeneer.
Dipl.-K(au)fm. *Diplomkaufmann* Bachelor of Commerce.
Dir. *Direktion* direction; (*Vorstand*) *the* directors *pl.*; *Director* director, manager.
Diss. *Dissertation* dissertation, [(doctoral) thesis.]
Distr. *Distrikt* district.
d. J. *der Jüngere* junior; *dieses Jahres* of this year.
dkg *Dekagramm* decagram(me).
DKP *Deutsche Kommunistische Partei* German Communist Party.
dkr *dänische Krone* Danish crown.
DM *Deutsche Mark* (German) mark, deutschmark.
d. M(ts). *d(ies)es Monats* of the present month, instant (inst.).
DNA *Deutscher Normenausschuß* German Committee of Standards.
d. O. *der od. die od. das Obige* the above-mentioned.
do. *dito* ditto.
Dolm. *Dolmetscher* interpreter.
d(o)pp. *doppelt* double; in duplicate.
Doppelz. *Doppelzimmer* double room, *Am.* room for two people.
Doz. *Dozent* lecturer.
dpa *Deutsche Presse-Agentur* German Press Agency.
Dr. *Doctor* Doctor.
dr *Drachme* drachma.
Drchg. *Durchgang* passage; (*Durchfahrt*) thoroughfare.
d. Red. *die Redaktion* the editor(s).
Dr. jur. *doctor juris, Doktor der Rechte* Doctor of Laws (LL.D.).
DRK *Deutsches Rotes Kreuz* German Red Cross.
Dr. med. *doctor medicinae, Doktor der Medizin* Doctor of Medicine (M.D.).
Dr. phil. *doctor philosophiae, Doktor der Philosophie* Doctor of Philosophy(Ph.D.).
Dr. theol. *doctor theologiae, Doktor der Theologie* Doctor of Divinity (D.D.).
dt(sch). *deutsch* German.
D(t)z(d). *Dutzend* dozen.
d. U. *der Unterzeichnete* the undersigned.
Dupl. *Duplikat* duplicate; (*Abschrift*) copy.
durchschn. *durchschnittlich* average; *adv.* on an average.
Durchw.(-Nr.) *Durchwahl(nummer)* through *od.* direct dial(l)ing (number).
d. V(er)f. *der Verfasser* the author.
d. v. J. *des vorigen Jahres* last year's, of the previous year.
DVO *Durchführungsverordnung* Implementing Ordinance.
dyn. *dynamisch* dynamic.
dz *Doppelzentner* metric (*od.* double) centner.

E

E *Eilzug* express (*od.* fast) train; *Elektrizität(s...)* electricity (...); power *station.*
ea. *ehrenamtlich* honorary.
ebd. *ebenda* in the same place.
Ed. *Edition, Ausgabe* edition.
ed. *edidit, hat herausgegeben* published by.
EDV *Elektronische Datenverarbeitung* electronic data processing.
EG *Europäische Gemeinschaft* European Community.
e. G. *eingetragene Gesellschaft* registered company.
eGmbH *eingetragene Genossenschaft mit beschränkter Haftpflicht* Registered Co(-)operative Society with Limited Liability.
ehel. *ehelich* conjugal, matrimonial; legitimate *child.*
eh(e)m. *ehemalig* former; *ehemals* formerly.
Ehrw. *Ehrwürden* Reverend.
eidg(en). *eidgenössisch* federal, confederate; Swiss.
eig(en)h. *eigenhändig* personal; *adv. a.* with one's own hand(s).
eig(tl). *eigentlich* actual, real; *adv. a.* strictly speaking.
Einbd. *Einband* binding; cover.
einf. *einfach* simple; (*gewöhnlich*) ordinary; (*einzeln*) single.
eingetr. *eingetragen* registered; *eingetreten* entered.

Eing.-Nr. *Eingangsnummer* number of entry, receipt number.
Einh. *Einheit* unit.
einschl. *einschlägig* relevant; *einschließlich* inclusive(ly), including.
Einschr. *Einschreiben* registered letter; *Vermerk*: "registered".
einstm. *einstmalig* former; *einstmals* formerly.
einwdfr. *einwandfrei* perfect; impeccable *reputation, etc.*
einz. *einzeln* single.
EKD *Evangelische Kirche in Deutschland* Protestant Church in Germany.
EKG, Ekg *Elektrokardiogramm* electrocardiogram.
el(ektr). *elektrisch* electric(al).
EMK *elektromotorische Kraft* electromotive force.
Empf. *Empfänger* receiver; adressee *of letter, etc.*
empf. *empfohlen* recommended.
engl. *englisch* English.
Entf. *Entfernung* distance.
entggs. *entgegengesetzt* opposite.
enth. *enthalten(d)* contain(ing).
entspr. *entsprechen(d)* correspond (-ing).
entw. *entweder* either.
erb. *erbaut* built, erected.
Erdg. *Erdgeschoß* ground (*Am. a.* first) floor.
erf. *erfolgt* effected; *erforderlich* required, necessary.
erg. *ergänze* supply, add.
erh. *erhalten* received; *in e-m Zustand*: preserved, in a ... condition.
Erl. *Erläuterung* explanation, note.
erl. *erlaubt* permitted, allowed.
erm. *ermäßigt* reduced.
Ers. *Ersatz* substitute; (*Vergütung*) compensation; (*Entschädigung*) indemnification.
erstkl. *erstklassig* first-class.
Erw. *Erwachsene* adults.
Erz. *Erzeugnis* product; produce.
Esc *Escudo* escudo.
Et. *Etage* floor, stor(e)y.
et al. et *alii, und andere* and others.
etw. *etwaig* any; *etwas* some(thing).
EURATOM *Europäische Atomgemeinschaft* European Atomic Community.
eur(op). *europäisch* European.
e.V. *eingetragener Verein* registered association, incorporated (inc.).
ev. *evangelisch* Protestant.
ev.-luth. *evangelisch-lutherisch* Lutheran (Protestant).
ev.-ref. *evangelisch-reformiert* Reformed.
evtl. *eventuell* perhaps, possibly.
ew. *einstweilig* temporary, provisional; *ewig* eternal.
EWG *Europäische Wirtschaftsgemeinschaft* European Economic Community.
exkl. *exklusiv(e)* except(ed), not included.
Expl. *Exemplar* sample; copy.
Expr. *Express* express (train).
Exz. *Exzellenz* Excellency.

F

F *Fahrenheit* Fahrenheit (F); *Fernschnellzug* long-distance express (train), *Am.* limited express.
Fa. *Firma* firm; *Briefaufschrift*: Messrs.
Fabr. *Fabrik* factory, works (*sg. u. pl.*); *Fabrikat* manufacture, make, brand.
Fahrg(est).-Nr. *Fahrgestellnummer* chassis (*od.* serial) number.
F(ahr)z. *Fahrzeug* vehicle.
Fak. *Fakultät* faculty.
Fam. *Familie* family.
f(ar)b. *farbig* colo(u)red.
Fass. *Fassung e-s Textes usw.*: version; text, wording.
FC *Fußballclub* football club.
f. d. *für das, für den, für die* for (the); on behalf of.
FDGB *DDR*: *Freier Deutscher Gewerkschaftsbund* Free Federation of German Trade Unions.
FDJ *DDR*: *Freie Deutsche Jugend* Free German Youth.
FDP *Freie Demokratische Partei* Liberal Democratic Party.
FD(-Zug) *Ferndurchgangszug* long-distance express (train), *Am.* limited express.
Feingeh. *Feingehalt* fineness, title, titre, *Am.* titer.
Fernr. *Fernruf* telephone.
Fernschr. *Fernschreiben* teleprint (-er) (*Am.* teletype) message, telex message; *Fernschreiber am Briefkopf*: Telex.
FF *französischer Franc* French franc.
ff *sehr fein* extra fine; *folgende Seiten* following pages.
FH *Fachhochschule* professional school.
FHZ *Freihandelszone* Free Trade Area; *Freihafen*: free trade zone.
Fig. *Figur* figure; diagram.
Fin. *Finanz(en)* finance(s).
fin. *finanziell* financial.
finn. *finnisch* Finnish, Finnic.
FKK *Freikörperkultur* nudism.
Fl *Fläche* surface.

Fla *Fliegerabwehr* anti-aircraft defen|ce, *Am.* -se.
fl. W. *fließendes Wasser* running water.
fm *Festmeter* cubic met|re, *Am.* -er.
fmdl. *fernmündlich* by telephone, telephone ...
Fmt *Format* format, size.
Föd. *Föderation* (con)federation.
folg. *folgend*(e) following.
fortl. *fortlaufend* running, successive.
Forts. *Fortsetzung* continuation.
Forts. f. *Fortsetzung folgt* to be continued.
Fotogr. *Fotografie* photograph.
Fr. *Frau* Mrs(.).
fr. *franko* post(-)paid; free (of charge).
frank. *frankiert* stamped; post(-)paid.
frdl. *freundlich* kind.
freiw. *freiwillig* voluntary.
Frh. *Freiherr* Baron.
frhtl. *freiheitlich* liberal; independent.
Frl. *Fräulein* Miss.
frz. *französisch* French.
fschrl. *fernschriftlich* by telex.
Fspr. *Fernsprecher* telephone; *Fernspruch* telegram, wire.
FT *Funktelegrafie* radio-telegraphy.
FU *Freie Universität* (*Berlin*) Free University.
Fürs. *Fürsorge* (public) welfare work *od.* service(s).
FuSpr., Fu-Spr. *Funkspruch* radio message.
Fut. *Futur* future (tense).

G

g *Gramm* gram(me); *Groschen* groschen.
galv. *galvanisiert* electroplated, galvanized.
Gar. *Garantie* guarantee.
gar. *garantiert* guaranteed.
garn. *garniert* trimmed, decorated; *Essen*: garnished, with trimmings.
gastr. *gastronomisch* gastronomic(al); *Personal*: catering.
Gde. *Gemeinde* municipality; parish.
Geb. *Gebäude* building; *Gebiet* district; area; *Gebirge* mountains *pl.*; *Gebühr*(en) charge(s), fee(s), rate(s); *Geburt* birth.
geb. *gebaut* built; erected; *geboren*(e) born (née); *gebunden* bound.
Gebr. *Gebrüder* Brothers (Bros.).
gebr. *gebräuchlich* common, usual; *gebraucht* used; second(-)hand.
Gebr.-A. *Gebrauchsanleitung, -anweisung* directions (*od.* instructions) *pl.* for use.
gef(**l**). *gefällig*(*st*) kind(ly).
gegr. *gegründet* founded; established.
geh. *geheftet Buch*: stitched; *geheim* secret.
gek. *gekürzt* abbreviated.
g(**e**)**lt**(**d**). *geltend* valid; current *prices, etc.*
gem. *gemacht* made; *gemäß* according to; *gemischt* mixed.
gen. *genannt* called, named; (*erwähnt*) mentioned; *genehmigt* approved; authorized.
Gend. *Gendarmerie* police (station).
Gen.-Dir. *Generaldirektor* general manager, managing director.
Gen.-Sekr. *Generalsekretär* secretary-general.
geogr. *geographisch* geographic(al).
geol. *geologisch* geologic(al).
geom. *geometrisch* geometric(al).
gepr. *geprüft* tested; checked; certified *document, etc.*
ger. *gerichtlich* judicial; legal.
Ges. *Gesellschaft* † association, company; society; *Gesetz* law.
gesch. *geschäftlich* commercial, business ...; *geschieden* divorced.
geschl. *geschlossen* closed; private *performance, etc.*
geschr. *geschrieben* written.
Geschw. *Geschwindigkeit* speed; rate *of increase, etc.*
ges. gesch. *gesetzlich geschützt* registered.
gesp. *gesperrt* closed.
Getr.-St. *Getränkesteuer* beverage tax.
GEW *Gas, Elektrizität, Wasser* gas, electricity, water.
Gew. *Gewicht* weight.
gew. *gewerblich* commercial; industrial; trade ...
gez. *gezeichnet* signed.
GG *Grundgesetz* Basic Constitutional law.
ggf(**s**). *gegebenenfalls* if necessary, if the occasion arises.
Ggs. *Gegensatz* contrast; opposite.
ggs. *gegensätzlich* opposite; *gegenseitig* mutual.
Ggw. *Gegenwart* present; (*Anwesenheit*) presence.
ggz. *gegengezeichnet* countersigned.
gltg. *gültig* valid, good.
GmbH *Gesellschaft mit beschränkter Haftung* private limited company.
gms. *gemeinsam* common.
Gr. *Grad* degree.

gram(m). *grammatisch* grammatical.
graph. *graphisch* graphic.
grat. *gratis* gratis, free.
Grdfl. *Grundfläche* (surface) area.
griech. *griechisch* Greek.
gr.-orth. *griechisch-orthodox* Greek (Orthodox).
GStA *Generalstaatsanwalt* prosecutor general.
Gült. *Gültigkeit* validity.
gyn(äk). gynäkologisch gyn(a)ecologic(al).
gz. *ganz* whole, entire, all the ...; (*adv.*, *ziemlich*) rather, fairly.
gzj. *ganzjährig* all-year ...

H

H *Haltestelle* bus, *etc.* stop.
h *Hekto...* hecto...; *hora*, *Stunde* hour.
ha *Hektar* hectare.
habil. *habilitatus*, *habilitiert* habilitated.
haftb. *haftbar* responsible, liable.
Haftpfl. *Haftpflicht* responsibility, liability.
Halbj. *Halbjahr* six months *pl.*
halbj(hl). *halbjährlich* semiannual.
haltb. *haltbar* non-perishable.
haupts. *hauptsächlich* principal, primary, essential; *adv. a.* mainly, chiefly.
H.-Bez. *Handelsbezeichnung* trade name, brand.
Hbf. *Hauptbahnhof* central (*od.* main) station.
HC *Hockeyclub* hockey club.
h.c. *honoris causa*, *ehrenhalber* honoris causa, honorary.
-hdg. *-händig* -handed; for ... hands.
hdgm. *handgemacht* hand-made.
Hdlg. ✝ *Handlung* business; shop, store.
Hdlg.-V(ollm). *Handlungsvollmacht* power of attorney (*od.* procuration).
HD-Öl *Öl für schwere Betriebsbelastung* heavy-duty oil.
hdschr. *handschriftlich* handwritten; (*adv.*) in writing.
hdt. *hundert* hundred.
helv. *helvetisch* Helvetian; Helvetic.
herg(est). *hergestellt* made, manufactured.
Herst. *Hersteller* manufacturer; *Herstellung* production, manufacture.
HF *Hochfrequenz* high frequency.
hfl *holländischer Gulden* Dutch guilder (*od.* florin).
Hfn *Hafen* harbour.
Hft(g). *Haftung* liability, responsibility.
HG *Handelsgenossenschaft* trading cooperative (society).
HGB *Handelsgesetzbuch* Commercial Code.
HI *Halbinsel* peninsula.
HiFi, Hi-Fi *höchste Klangtreue* high fidelity.
hins. *hinsichtlich* with regard to, as for, concerning.
hist. *historisch* historical.
Hj. *Halbjahr* six months *pl.*
HK *Handelskammer* Chamber of Commerce.
hl *Hektoliter* hectolit|re, *Am.* -er.
hl. *heilig* holy; Saint *Peter*, *etc.*
HO *DDR*: *Handelsorganisation* State Retail Store.
hochd. *hochdeutsch* (standard) High German.
Hochw. *R.C. Hochwürden* Reverend.
höfl. *höflich(st)* kindly (kindliest).
holl(änd). *holländisch* Dutch.
HP *Halbpension* demi-pension.
Hpt. *Haupt-* main, chief, principal, head ...
hpts. *hauptsächlich* main(ly *adv.*), chief(ly), principal(ly).
HR *Hessischer Rundfunk* Hessian Broadcasting Station.
HR(eg). *Handelsregister* Commercial Register.
Hr(n). *Herr(n)* Mr(.).
Hrsg. *Herausgeber* editor (Ed.).
hrsg. *herausgegeben* edited (ed.).
Hs.-Nr. *Hausnummer* house number.
HTL *Höhere Technische Lehranstalt* polytechnical school.
Hubr. *Hubraum* cubic capacity.
hum. *humanistisch* humanist(ic); classical; *humoristisch* humorous; humoristic.
HVertr., H.-Vertr. *Handelsvertrag* trade agreement; *Handelsvertretung* commercial agency, agents *pl.*
HVerw., H.-Verw. *Hauptverwaltung* head office, headquarters (*sg. u. pl.*).
hydr. *hydraulisch* hydraulic(ally *adv.*).
Hyp. *Hypothek* mortgage.
hypoth. *hypothetisch* hypothetic(al).
Hz *Hertz* cycle per second, hertz.
hzb. *heizbar* heatable.
Hzg. *Heizung* heating.

I

i. *im, in* in; *innen* inside.
i. A. *im Auftrag* for, by order, under instruction.
i. allg. *im allgemeinen* in general.
i. a. W. *in anderen Worten* in other words.
i. b. *im besonderen* in particular.
ibd. *ibidem, ebenda, -dort* in the same place.
i. D. *im Dienst* on duty; *im Durchschnitt* on an average.
i. d. M(in). *in der Minute* per minute.
i. d. Sek. *in der Sekunde* per second.
i. d. St(d). *in der Stunde* per hour.
i. e. *im einzelnen* in detail (*od.* particular); *id est, das heißt, das ist* that is (i.e.).
i. e. S. *im eigentlichen* (*od. engeren*) *Sinne* in the proper (*od.* in a narrower) sense.
i. f. *ipse fecit, hat es selbst gemacht* he did it himself.
i. Fa. *in Firma* care of (c/o.).
i. flag(r). *in flagranti, auf frischer Tat* flagrante delicto, in the very act, red-handed.
IFO *Institut für Wirtschaftsforschung* Institute for Economic Research.
IG *Industriegewerkschaft* Industry Trade Union.
i. g. *im ganzen* on the whole; altogether.
i. H. *im Hause* on the premises.
i. H. v. *in Höhe von* amounting to, to the extent of.
i. J. *im Jahre* in (the year).
i. K. *in Kürze* briefly, in short; (*bald*) shortly, soon.
ill. *illustriert* illustrated; pictorial.
i. M. *im Monat* in (the month of) *July, etc.*; (*monatlich*) monthly, per month.
i.m. *intramuskulär* intramuscular; *to inject a th.* into the muscles.
Imm. *Immobilien* (landed) property *sg., Am.* real estate *sg.*
Imp. *Imperativ* imperative (mood); *Import* import(ation); import(s *pl.*).
Imperf. *Imperfekt* imperfect (tense).
inbegr. *inbegriffen* included.
Ind. *Index* register, index; *Indikativ* indicative (mood); *Industrie* industry.
i. N. d. *im Namen des od. der* in the name of; on behalf of.
indir. *indirekt* indirect.
indiv. *individuell* individual.
inf. *infolge* owing to; as a result of.
Ing. *Ingenieur* engineer.
Inh. *Inhaber* proprietor; *Inhalt* contents *pl.*
inkl. *inklusive* including, inclusive of.
innerl. *innerlich* internal; inner.
inoff. *inoffiziell* unofficial.
insb(es). *insbesondere* especially.
insges. *insgesamt* altogether; all told.
int. *intern* internal.
intell. *intelligent* intelligent.
intern. *international* international.
Interpol *Internationale Kriminalpolizei-Kommission* International Criminal Police Commission.
inv. *invariabel* invariable.
inwf. *inwiefern* in what respect.
inww. *inwieweit* to what extent.
i. R. *im Ruhestand* retired; *univ.* emeritus.
IRK *Internationales Rotes Kreuz* International Red Cross.
i. S. d. *im Sinne des* in the sense of; as defined by *the law, etc.*
ital. *italienisch* Italian.
i. Tr. *in der Trockenmasse percentage of fat, etc.* in dry matter.
i. ü. *im übrigen* (as) for the rest; (*außerdem*) besides.
IV *Industrieverband* federation of industries.
I. v. *Irrtum vorbehalten* errors excepted.
i. V. *in Vertretung* by proxy, by order, on behalf of.
i.v. *intravenös* intravenous; *to inject a th.* into the veins.

J

jap. *japanisch* Japanese.
Jgd. *Jugend* youth.
jhrl. *jährlich* annual.
Jr., jr. jun. *junior, der Jüngere* junior.
jur. *juristisch* legal, juridical.

K

Kal. *Kalender* calendar; *Kaliber* calib|re, *Am.* -er.
Kan. *Kanada* Canada; *Kanadier* Canadian; *Kanal* canal.
Kap. *Kapazität* capacity; *Kapitel* chapter.
Kapt. *Kapitän* captain.
Kard. *Kardinal* cardinal.
Kat. *Katalog* catalog(ue); *Kategorie* category.
kath. *katholisch* catholic.
KDV *Kriegsdienstverweigerer* conscientious objector.
Kennz. *Kennzeichen mot.* registra-

tion (*Am.* license) number; *Kennziffer* index number; *Inserat*: box number.
Kfm. *Kaufmann* merchant; businessman; trader, dealer; agent.
kfm. *kaufmännisch* commercial.
Kfz *Kraftfahrzeug* motor vehicle.
Kfz.-Vers. *Kraftfahrzeugversicherung* automobile (*bes. Br.* motor) insurance.
KG *Kommanditgesellschaft* limited partnership.
kg *Kilogramm* kilogram(me).
kgl. *königlich* royal.
kHz *Kilohertz* kilocycle (per second).
k.k. *kaiserlich-königlich* imperial and royal.
Kl. *Klasse* class; *Schule*: form.
klass. *klassisch* classical.
km *Kilometer* kilomet|re, *Am.* -er.
km/st *Kilometer pro Stunde* kilomet|res (*Am.* -ers) per hour.
Koeff. *Koeffizient* coefficient, factor.
komf. *komfortabel* comfortable; *Wohnung*: well-appointed, luxury ...
komm. *kommunistisch* communist ...; communistic *philosophy, etc.*
Komp. ✝ *u.* ⚔ *Kompanie* company; *Komponist* composer.
Kond. *Konditional* conditional.
Konf. *Konferenz* conference; *Konfession* denomination; *Konföderation* confederation, confederacy.
Konj. *Konjugation* conjugation; *Konjunktiv* subjunctive.
konstr. *konstruiert* construed.
Kontr. *Kontrakt* contract.
Konz. *Konzern* combine, concern; *Konzert* concert.
Koop. *Kooperation* cooperation.
KP *Kommunistische Partei* Communist Party.
KPdSU *Kommunistische Partei der Sowjetunion* Communist Party of the Soviet Union.
kpl. *komplett* complete.
kr. ✝ *Krone* crown.
Krh(s). *Krankenhaus* hospital.
krit. *kritisch* critical.
Krs. *Kreis* (administrative) district.
Kr.-Vers. *Krankenversicherung* health insurance.
Kt. *Kanton* canton.
Kto. *Konto* (bank) account.
Kto.-Nr. *Kontonummer* account number.
Ktr.-Nr. *Kontrollnummer* check (*od.* code) number.
künstl. *künstlerisch* artistic; *künstlich* artificial; synthetic.
KV *Köchelverzeichnis* Köchel('s catalog[ue]); *Kraftverkehr* road (*od.* motor) traffic.
KW *Kurzwelle* short wave.
kW *Kilowatt* kilowatt.
kWh *Kilowattstunde* kilowatt-hour.
KZ *Konzentrationslager* concentration camp.
kzfr. *kurzfristig* short-term ...; (*adv.*) temporarily; at short notice.

L

l *Liter* litre, *Am.* liter.
l. *links* left; on *od.* to the left.
Lab. *Laboratorium* lab(oratory).
L(and)kr. *Landkreis* rural district.
landw. *landwirtschaftlich* agricultural.
lat. *lateinisch* Latin.
lbd. *lebend* living; alive.
Ldg. *Ladung* load; ✝ shipment, consignment; ⚓ cargo.
l. E. *letzten Endes* after all, finally.
led. *ledig* unmarried, single.
Leg. *Legierung* alloy.
leg. *legal* legal(ly *adv.*).
Lekt. *Lektion* lesson.
lfd. *laufend* current, running.
lfdm, lfd. m. *laufende Meter* linear met|res, *Am.* -ers.
lfd. Nr. *laufende Nummer* current number.
Lfg(n). *Lieferung(en)* delivery; (*Waren*) consignment(s), shipment(s).
Lf.-Zt., Lfzt. *Lieferzeit* time of delivery.
LG *Landgericht* District Court.
lgfr. *langfristig* long-term ...
Lit. *italienische Lira, Lire* lira.
Lit. *Literatur* literature.
lit(er). *literarisch* literary.
liz. *lizensiert* licen|ced, *Am.* -sed.
LKW, Lkw *Lastkraftwagen* lorry, truck.
log *Logarithmus* logarithm.
log. *logisch* logical(ly *adv.*).
lok. *lokal* local.
lösl. *löslich* soluble.
Lsg. *Lösung* solution (*a.* ⚗).
lt. *laut* according to; as per.
ltd. *leitend* managing.
Ltg. *Leitung* direction, management.
luftd. *luftdicht* airtight.
luth. *lutherisch* Lutheran.
lux. *luxemburgisch* Luxemb(o)urg ...
LW *Langwelle* long wave.
lx *Lux* lux.

M

M *DDR*: *Mark* mark.
M. *Magister* Master.

m *Meter* metre, *Am.* meter; *Milli...* milli...
m. *männlich* male; masculine; *mit* with.
MA. *Mittelalter* Middle Ages *pl.*
mA *Milliampere* milliampere.
magn. *magnetisch* magnetic.
m. A. n. *meiner Ansicht nach* in my opinion.
männl. *männlich* male; for men, mens' ...
Mar. *Marine* Navy.
masch. *maschinell* mechanical(ly *adv.*); *adv. a.* by machine.
maschr. *maschinenschriftlich* typewritten, typed.
math. *mathematisch* mathematic(al).
m. a. W. *mit anderen Worten* in other words.
max. *maximal* maximum, top ...
mbH, m.b.H. *mit beschränkter Haftung* with limited liability.
MdB, M.d.B. *Mitglied des Bundestages* Member of the 'Bundestag'.
MdL, M.d.L. *Mitglied des Landtages* Member of the 'Landtag'.
mdl. *mündlich* verbal, oral.
mdls. *mündelsicher* gilt-edge(d), trustee *investments, etc.*
ME *Mache-Einheit* Mache Unit.
m. E. *meines Erachtens* in my opinion; *mit Einschränkungen* with reserve, reservedly.
meteor. *meteorologisch* meteorological.
mex. *mexikanisch* Mexican.
MEZ *mitteleuropäische Zeit* Central European Time.
MG *Maschinengewehr* machine-gun.
mg *Milligramm* milligram(me)(s).
mhd. *mittelhochdeutsch* Middle High German.
MHz *Megahertz* megacycles per second.
Mia. *Milliarde(n)* thousand million(s), *Brit.* milliard(s), *Am.* billion(s).
mil(it). *militärisch* military.
Mill. *Million(en)* million(s).
Min., min *Minute(n)* minute(s).
min. *minimal* minimal, lowest.
minderj. *minderjährig* minor, under(-)age.
mio. *Million(en)* million(s).
Mitbest. *Mitbestimmung* co(-)determination.
Mitgl. *Mitglied* member.
Mitw. *Mitwirkung* contribution, assistance, co(-)operation.
mm *Millimeter* millimet|re, *Am.* -er.
m(ö)bl. *möbliert* furnished.
mod. *modern* modern.
mögl. *möglich* possible; *möglichst ...* as ... as possible.
moh(ammed). *mohammedanisch* Mohammedan, Moslem ...
Mot. *Motor* engine; (electric) motor.
MP *Maschinenpistole* submachine gun; *Militärpolizei* military police.
Mrd. *Milliarde(n)* thousand million(s), *Brit.* milliard(s), *Am.* billion(s).
MS *Manuskript* manuskript.
m/sec *Meter pro Sekunde* metres per second.
mst. *meist(ens)* mostly, usually.
Mt. *Monat* month.
mtl. *monatlich* monthly.
multilat. *multilateral* multilateral.
m. ü. M. *Meter über Meer* metres above sea-level.
Mus. *Museum* museum.
mus. *musikalisch* musical; *musisch* fine-arts ...
m. W. *meines Wissens* as far as I know.
MwSt. *Mehrwertsteuer* value-added tax (VAT).

N

N *Norden* north; *Leistung* power.
n. *nach* after.
N(a)chf. *Nachfolger* successor.
Nachm. *Nachmittag* afternoon.
nachm. *nachmittags* in the afternoon (p.m.).
Nachtr. *Nachtrag* addendum; supplement.
näml. *nämlich* namely, that is (to say).
NATO *Nordatlantikpakt-Organisation* North Atlantic Treaty Organization.
NB *notabene* note well.
Nbk. *Nebenkosten* additional expenses, extras.
n. Chr. *nach Christus* after Christ (A.D.).
ND *Nachrichtendienst* news service.
NDR *Norddeutscher Rundfunk* Northern German Broadcasting Station.
neb. *neben* beside, at (*od.* by) the side of; (*außer*) in addition to.
neg. *negativ* negative.
neutr. *neutral* neutral.
neuw. *neuwertig* (as good as) new, as new, not used.
n. f. *nur für* ... for ... only.
n. Gr. *nach Größe* according to size.
nhd. *neuhochdeutsch* New High German.
n. J. *nächsten Jahres* of next year.

nkr *norwegische Krone* Norwegian crown.

n. M. *nächsten Monats* of next month.

nmtl. *namentlich* by name; (*besonders*) especially, particularly.

NO *Nordosten* north-east.

norm. *normal* normal(ly *adv.*).

norw. *norwegisch* Norwegian.

notf. *notfalls* in case of emergency; if necessary, in case of need.

notw. *notwendig* necessary.

NPD *Nationaldemokratische Partei Deutschlands* National-Democratic Party of Germany.

Nr. *Numero, Nummer* number (No.).

NS *Nachschrift* postscript (P.S.); *nationalsozialistisch* National Socialist.

NSt *Nebenstelle* (sub)branch (office).

N.T. *Neues Testament* New Testament.

nto. *netto* net.

nuk. *nuklear* nuclear.

NW *Nordwesten* north-west.

O

O *Osten* east.

o. *oben* above; *oder* or; *ohne* without.

o.a. *oben angeführt* above mentioned.

o.ä. *oder ähnlich*(es) or the like.

OB *Oberbürgermeister* Chief Burgomaster.

o.B. *ohne Befund* negative (reaction); no appreciable disease.

ÖBB *Österreichische Bundesbahnen* Federal Railways of Austria.

Obb. *Oberbayern* Upper Bavaria.

Oberfl. *Oberfläche* surface.

obh. *oberhalb* above.

oblig. *obligatorisch* obligatory, compulsory.

od. *oder* or.

OEZ *osteuropäische Zeit* time of the East European zone.

offiz. *offiziell* official.

öff(tl). *öffentlich* public.

Offz. *Offizier* officer.

OHG *Offene Handelsgesellschaft* ordinary (*od.* general) partnership.

ökon. *ökonomisch* economic.

OLG *Oberlandesgericht* Higher Regional Court.

Op. *Operation* operation. *mus. Opus, Werk* opus, composition.

op.cit. *opere citato, im angegebenen Werk* in the work quoted *od.* cited (from).

o. Prof. *ordentlicher Professor* (ordinary) professor.

ord. *ordentlich* ordinary; regular.

orient. *orientalisch* Oriental.

Orig. *Original* original.

orig. *original* original.

orth. *orthodox* orthodox.

örtl. *örtlich* local.

österr. *österreichisch* Austrian.

o.U. *ohne Unterschied* indiscriminately; irrespective of *nationality, etc.*

Oz. *Ozean* ocean.

o. Zw. *ohne Zweifel* without (*od.* no) doubt, doubtless.

P

P. *Pater* father.

p *Peso* peso.

PA *Patentanmeldung* patent application; *Postamt* post office.

päd. *pädagogisch* p(a)edagogic(al), educational.

p.Adr. *per Adresse, bei* care of (c/o.).

Parl. *Parlament* parliament.

Part. *Partei* party.

Pat. *Patent* patent.

p. Chr. (**n**) *post Christum* (*natum*), *nach Christus* (*nach Christi Geburt*) after Christ (A.D.).

perf. *perfekt* perfect(ly *adv.*).

pers. *persönlich* personal; *adv. a.* in person.

Pf *Pfennig* pfennig.

Pfd. *Pfund* German pound.

PH *Pädagogische Hochschule* teachers' college.

pharm. *pharmazeutisch* pharmaceutic(al).

phil. *philologisch* philologic(al); *philosophisch* philosophic(al).

photogr. *photographisch* photographic.

phys. *physikalisch* physical; *physisch* physical, somatic.

Pkt. *Paket* package; parcel; *Punkt* point.

PKW, Pkw *Personenkraftwagen* (motor) car.

Pl. *Platz* square.

plötzl. *plötzlich* sudden(ly *adv.*).

pol. *politisch* political; *polizeilich* police ...

poln. *polnisch* Polish.

port(ug). *portugiesisch* Portuguese.

pos. *positiv* positive.

postw. *postwendend* by return of post, *Am.* by return mail.

p.p., ppa, p. pa. *per procura(tionem), in Vollmacht* per proxy.

prakt. *praktisch* practical.

Präs. *Präsidium* (*Vorsitz*) chairmanship; (*Vorstand*) executive

committee; (*Dienststelle*) headquarters (*sg. u. pl.*).
Prf(g). *Prüfung* examination, test.
priv. *privat* private; *adv. a.* in private.
Prof. *Professor* professor.
prot. *protestantisch* Protestant.
Prov. *Provinz* province; *Provision* commission.
prov. *provisorisch* provisional, temporary.
PS *Pferdestärke* horse-power (h.p.); *Postscriptum, Nachschrift* postscript (P.S.).
Pseud. *Pseudonym* pseudonym(e).
psych(ol). *psychologisch* psychological(al).

Q

q.e.d. *quod erat demonstrandum, was zu beweisen war* which was to be demonstrated.
qkm *Quadratkilometer* square kilomet|re, *Am.* -er.
qm *Quadratmeter* square met|re, *Am.* -er.
Qual. *Qualität* quality.
Quant. *Quantität* quantity.

R

R *Réaumur* Réaumur.
r. *rechts* right; on *od.* to the right.
RA *Rechtsanwalt* lawyer; solicitor; barrister; *Am. a.* attorney.
RB *Radio Bremen* Broadcasting Station of Bremen.
Rbl *Rubel* rouble.
rd. *rund* roughly, in rough figures.
Rdf. *Rundfunk* radio (*od.* broadcasting) station.
rechtl. *rechtlich* legal, lawful.
rechtsw. *rechtswidrig* illegal, unlawful, contrary to the law.
Ref. *Referat* (*Abteilung*) section, subject department.
reform. *eccl. reformiert* Reformed.
Reg. *Regierung* government.
Reg.-Bez. *Regierungsbezirk* administrative district.
regelm. *regelmäßig* regular(ly *adv.*).
Rel. *Religion* religion.
rel. *relativ* relative; *religiös* religious.
Rep. *Reparatur* repair; *Republik* republic.
res. ✝ *reserviert* reserved; booked.
resp. *respektive* respectively.
Rest. *Restaurant* restaurant.
restl. *restlich* remaining.
rh *Rhesusfaktor* rhesus factor.
RIAS *Rundfunk im amerikanischen Sektor* (*von Berlin*) Radio in the American Sector (of Berlin).
Richtl. *Richtlinie*(*n*) guide-lines *pl.*
R.I.P. *requiescat in pace, er od. sie ruhe in Frieden* may he *od.* she rest in peace.
rk, r.-k. *römisch-katholisch* Roman Catholic.
röm. *römisch* Roman.
Rückf. *Rückfahrt* return journey *od.* trip; journey *od.* way back.
Rücks. *Rückseite* back.
rückw. *rückwärtig* back..., rear ...; *rückwärts* backwards; *rückwirkend* retroactive, retrospective.
russ. *russisch* Russian.

S

S *Süden* south; *Schilling* schilling.
S. *Seite* page (p.).
s. *siehe* see (v.).
Sa. *Summa, Summe* sum, total.
s.a. *siehe auch* see also.
Sachb. *Sachbearbeiter* official in charge.
Sakr. *Sakrament* sacrament.
Samml. *Sammlung* collection.
Sanat. *Sanatorium* sanatorium, *Am. a.* sanitarium.
Sa.-Nr. *Sammelnummer* collective number.
S-Bahn *Stadtbahn* suburban (*od.* commuter) train.
schott. *schottisch* Scotch; Scottish.
schriftl. *schriftlich* written, in writing; by letter.
Schw. *Schwester* sister.
schwed. *schwedisch* swedish.
schweiz. *schweizerisch* Swiss.
scil. *scilicet, nämlich* namely, that is (to say).
SD *Sicherheitsdienst* secret service; security service.
SDR *Süddeutscher Rundfunk* Southern German Broadcasting Station.
s.d. *siehe dies* see this.
Sdg. ✝ *Sendung* consignment, shipment.
SDS *Sozialistischer Deutscher Studentenbund* Association of German Socialist Students.
sec. *Sekunde* second.
SED *DDR*: *Sozialistische Einheitspartei Deutschlands* United Socialist Party of Germany.
seitw. *seitwärts* sideways, sidewards.
Sek., sek. *Sekunde* second.
selbst. *selbständig* independent; responsible *work, etc.*

selbstv(erst). *selbstverständlich* self-evident; *adv.* of course.
Sem. *Semester* term, *Am. a.* semester.
sen. *senior, der Ältere* senior.
sex. *sexuell* sexual.
SFB *Sender Freies Berlin* Broadcasting Station of Free Berlin.
sFr., sfr *Schweizer Franken* Swiss franc.
sign. *signiert* signed.
sin ♃ *Sinus* sine.
SJ *Societatis Jesu, von der Gesellschaft Jesu, Jesuit* Jesuit.
skand. *skandinavisch* Scandinavian.
S.Kgl.H. *Seine Königliche Hoheit* His Royal Majesty.
skr *schwedische Krone* Swedish crown.
sm *Seemeile* nautical mile.
S.M.S. *Seiner Majestät Schiff* His *od.* Her Majesty's Ship.
SO *Südosten* south-east.
s.o. *siehe oben* see above.
sof. *sofern* (in) so far as, if; *sofort* at once, immediately.
sog(en). *sogenannt* so-called.
SOS *save our ship* (*od. our souls*), *internationales Notsignal* international signal of distress.
sowj(et). *sowjetisch* soviet.
soz. *sozial* social.
span. *spanisch* Spanish.
SPD *Sozialdemokratische Partei Deutschlands* Social Democratic Party of Germany.
spez. *speziell* special, particular; *adv. a.* especially.
Spvg(g). *Spiel-, Sportvereinigung* sports club.
SR *Saarländischer Rundfunk* Broadcasting Station of the Saarland.
Sr. *Senior, der Ältere* senior.
s.R. *siehe Rückseite* see overleaf.
SS. *Sanctae od. Sancti, die Heiligen* saints.
St. *Sankt, der Heilige* saint.
s.t. *sine tempore, ohne* (*akademisches*) *Viertel, pünktlich* sharp, on time.
staatl. *staatlich* state ..., government ...; statal.
stat. *statistisch* statistical.
Std. *Stunde* hour.
stdl. *stündlich* every hour.
Stell(g). *Stellung* position (*Arbeitsplatz*) *a.* post, employment.
stellv. *stellvertretend* assistant.
StGB *Strafgesetzbuch* Penal Code.
St(.-)Kl. *Steuerklasse* tax bracket.
StPO *Strafprozeßordnung* Code of Criminal Procedure.
Str. *Straße* street; road.
stud. *studiosus, Student* student.
StVO *Straßenverkehrsordnung* road traffic regulations *pl.*
s.u. *siehe unten* see below.
Subj. *Subjekt* subject.
subj. *subjektiv* subjective.
SW *Südwesten* south-west.
SWF *Südwestfunk* Southwestern German Broadcasting Station.
sym. *symmetrisch* symmetric(al).
synth. *synthetisch* synthetic(al).
syst. *systematisch* systematic(al).
s.Z(t). *seinerzeit* at that time.

T

t *Tonne* ton.
Tabl. *Tablette*(*n*) tablet(s).
t(ä)gl. *täglich* daily, per day.
TASS *Telegrafnoje Agentstwo Sowjetskogo Sojusa* Soviet news agency.
Tbc *Tuberkulose* tuberculosis (TB).
techn. *technisch* technical; of technology.
t(ei)lw. *teilweise* partly.
Tel. *Telefon* telephone.
telef. *telefonisch* telephone ...; by telephone.
Telegr. *Telegramm* telegram, telegraph, wire.
telegr. *telegrafisch* telegraphic; by telegraph.
Tel.-Nr. *Telefonnummer* telephone number.
Temp. *Temperatur* temperature.
TH *technische Hochschule* technical university *od.* college.
theor. *theoretisch* theoretic(al).
-tlg. *-teilig* in (*od.* consisting of) ... parts.
tödl. *tödlich* fatal, mortal, deadly; lethal *dose, etc.*
TU *Technische Universität* Technical University.
türk. *türkisch* Turkish.
TÜV *Technischer Überwachungsverein* Association for Technical Inspection.
TV *Televison* television.
typ. *typisch* typical.

U

u. *und* and.
u.a. *und andere*(s) and others; *unter anderem od. anderen* among other things, inter alia.
u.ä. *und ähnliche*(s) and the like.
U.A.w.g. *um Antwort wird gebeten* an answer is requested.

Überschr. *Überschrift* head(ing), title; (*Schlagzeile*) headline.
übl. *üblich* usual, normal.
u. d(er)gl.(m.) *und dergleichen (mehr)* and the like.
u.d.M. *unter dem Meeresspiegel* below sea level.
ü.d.M. *über dem Meeresspiegel* above sea level.
UdSSR *Union der Sozialistischen Sowjetrepubliken* Union of Soviet Socialist Republics.
u. E. *unseres Erachtens* in our opinion; *unter Einschränkung* with reservations.
u.f(f). *und folgende* and the following.
UFO, Ufo *unbekanntes Flugobjekt* unidentified flying object.
U-Haft *Untersuchungshaft* imprisonment (*od.* period) on remand, detention (pending trial).
UKW *Ultrakurzwelle* ultrashort wave.
ult. *ultimo* at the end of; on the last day of.
Umf. *Umfang* circumference; (*Ausdehnung*) dimension.
U/min *Umdrehungen in der Minute* revolutions per minute.
U-Musik *Unterhaltungsmusik* light music.
unbek. *unbekannt* unknown.
unbez. *unbezahlt* unpaid.
unehel. *unehelich* illegitimate *child*; unmarried *mother*.
unentsch. *unentschieden* undecided; *Sport*: *to end* in a draw.
unerw. *unerwünscht* unwanted, undesirable.
unfrw. *unfreiwillig* involuntary.
ung(ar). *ungarisch* Hungarian.
ungebr. *ungebräuchlich* unusual, uncustomary.
ungek. *ungekündigt* not under notice to leave.
Univ. *Universität* university.
unreg(elm). *unregelmäßig* irregular.
unt(erh). *unterhalb* below.
Unterz. *Unterzeichnete(r)* undersigned.
unverb. *unverbindlich* not binding *offer, etc.*; *adv.* without obligation.
unverh. *unverheiratet* unmarried, single.
unvollst. *unvollständig* incomplete.
Url. *Urlaub* leave; (*Ferien*) holiday(s *pl.*), *Am.* vacation.
urspr. *ursprünglich* original(ly *adv.*).
US(A) *Vereinigte Staaten (von Amerika)* United States (of America).
usf. *und so fort* and so forth.
u.U. *unter Umständen* circumstances permitting.
u.ü.V. *unter dem üblichen Vorbehalt* with the usual reservations.
UV *Ultraviolett* ultra-violet.
u.v.a.(m.) *und viele(s) andere (mehr)* and many others more.

V

V *Volt* volt; *Volumen* volume.
v. *versus, gegen* versus; *von, vom* of; from; by.
VB *Verhandlungsbasis* or near offer; asking price.
vbdl. *verbindlich* binding; obliging.
v. Chr. *vor Christus* before Chirst (B.C.).
v. D. *vom Dienst* on duty; in charge.
VEB *DDR*: *Volkseigener Betrieb* People's Enterprise.
ver. *vereinigt* united.
verantw. *verantwortlich* responsible; *official, etc.* in charge.
verb. *verbessert* improved; *verboten* prohibited, not allowed, forbidden.
Verbdg. *Verbindung* connection; combination.
V(er)f. *Verfasser* author.
v(er)gl. *vergleiche* compare (cf.).
verh. *verheiratet* married.
Verk. *Verkauf* sale.
Verl. *Verlag* publishing firm; *Verleger* publisher.
veröff. *veröffentlicht* published.
verp. *verpackt* packed.
verpfl. *verpflichtet* obliged.
Vers.-Anst. *Versicherungsanstalt* insurance agency.
vertr. *vertraglich* contractual; *adv. a.* by contract; *vertraulich* confidential.
Verw. *Verwaltung* administration.
verz. *verzeichnet* registered, entered.
Vet. *Veteran* veteran, ex-serviceman; *Veterinär* veterinarian, veterinary surgeon.
Vfg. *Verfassung Staat*: constitution.
v. g. u. *vorgelesen, genehmigt, unterschrieben* read, confirmed, signed.
v. H. *vom Hundert* per cent.
v. J. *vorigen Jahres* of last year.
v. l. n. r. *von links nach rechts* from left to right.
v. M. *vorigen Monats* of last month.
v. o. *von oben* from above.
Volksw. *Volkswirt* (national) economist.
vollst. *vollständig* complete, full.
Vorbeh. *Vorbehalt* reservation(s *pl.*).
Vorbest. *Vorbestellung* advance

booking (*od.* reservation); ✝ advance order.
vorl. *vorläufig* temporary, provisional; *adv. a.* for the present.
Vorm. *Vormittag* morning.
vorm. *vormals* formerly; *vormittags* in the morning (a.m.).
Vors. *Vorsitzender* chairman.
vorw. *vorwärts* forward; *vorwiegend* preponderant; *adv.* mainly, for the most part.
VP *Vollpension* room and board, full pension.
VR *Volksrepublik* People's Republic.
v. T. *vom Tausend* per thousand.
v. u. *von unten* from below.
VW *Volkswagen* People's Car, Volkswagen.

W

W *Watt* watt(s); *Westen* west.
wahrsch. *wahrscheinlich* probable; *adv.* probably.
wbl. *weiblich* female, womens' ...
WC *Wasserklosett* water-closet, toilet.
Wdh(lg). *Wiederholung* repetition.
WDR *Westdeutscher Rundfunk* West German Broadcasting Station.
WE *Wärmeeinheit* thermal unit.
werkt. *werktags* (on) weekdays.
westd(t). *westdeutsch* West German.
WEU *Westeuropäische Union* Western European Union.
WEZ *westeuropäische Zeit* Western European Time, Greenwich Mean Time (GMT).
WGB *Weltgewerkschaftsbund* World Federation of Trade Unions.
Whg. *Wohnung* apartment, *Brit. a.* flat.
wirtsch. *wirtschaftlich* economic.
wiss. *wissenschaftlich* scientific.
wö. *wöchentlich* weekly.
Wwe. *Witwe* widow.
Wz. *Warenzeichen* registered trademark.

Z

Z. *Zahl* number; *Zeile* line; *Zeit* time.
z. *zu, zum, zur* at; to.
zahlr. *zahlreich* numerous; *adv.* in great number.
z. b. V. *zur besonderen Verwendung* for special duty.
ZDF *Zweites Deutsches Fernsehen* Second Program(me) of German Television Broadcasting.
zeitgen. *zeitgenössisch* contemporary.
zeitl. *zeitlich* temporal, time ...
zeitw. *zeitweilig, -weise* at times; temporarily.
Zentr. *Zentrale* central office, headquarters *sg. u. pl.*
zentr. *zentral* central; *adv.* in the cent|re, *Am.* -er.
z. H(d). *zu Händen* attention of, to be delivered to.
Zi. *Ziffer* figure, number; (*Abschnitt*) (sub)paragraph; *Zimmer* room.
ziv. *zivil* civilian.
Zkft. *Zukunft* future.
Zlg. *Zahlung* payment.
zool. *zoologisch* zoologic(al).
ZPO *Zivilprozeßordnung* Code of Civil Procedure.
Zstzg. *Zusammensetzung* composition.
z. T. *zum Teil* partly.
Ztg. *Zeitung* newspaper.
Ztr. *Zentner* centner.
Zts(chr). *Zeitschrift* periodical.
Zub. *Zubehör* accessories.
zuf. *zufällig* accidental, chance ...; *adv. a.* by chance; *zufolge* due to.
zugel. *zugelassen* allowed; licenced.
z(u)gl. *zugleich* at the same time.
zul. *zulässig* permissible; ⊕ safe *load, etc.*
zur. *zurück* back.
zus. *zusammen* together.
Zuschr. *Zuschrift* letter; reply.
zust. *zuständig* responsible; competent.
z(u)zgl. *zuzüglich* plus.
zw. *zwecks* for the purpose of; with a view to; *zwischen* between; among.
ZwSt. *Zweigstelle* branch (office).
z. Z(t). *zur Zeit* at present, for the time being.

Eigennamen

A

Aachen *n* Aachen, Aix-la-Chapelle.
Aargau *m* Argovia.
Abessinien *n* Abyssinia.
Achim *m* → *Joachim*.
Adalbert *m* Adalbert, Adelbert.
Adam *m* Adam.
Adelheid *f* Adelaide.
Adolf *m* Adolph.
Adria *f*, **Adriatische**(s) **Meer** *n* Adriatic Sea.
Afghanistan *n* Afghanistan.
Afrika *n* Africa.
Ägäis *f*, **Ägäische**(s) **Meer** *n* Aegean Sea.
Ägäische(n) **Inseln** *f/pl.* Aegean Islands.
Agathe *f* Agatha.
Agnes *f* Agnes.
Ägypten *n* Egypt.
Akropolis *f* Acropolis.
Albanien *n* Albania.
Albert *m*, **Albrecht** *m* Albert.
Aleuten *pl.* Aleutian Islands.
Alex *m* Alex, Alec(k), Alix.
Alexander *m* Alexander.
Alexandra *f* Alexandra.
Alexandria *n*, **Alexandrien** *n* Alexandria.
Alfons *m* Alphonso, Alonso.
Alfred *m* Alfred.
Algerien *n* Algeria.
Algier *n* Algiers.
Alois *m* Aloysius.
Alpen *pl.* Alps.
Altai(**gebirge** *n*) *m* Altai (*od.* Altay) Mountains *pl.*
Amazonas *m* Amazon.
Amerika *n* America.
Anatolien *n* Anatolia.
Andalusien *n* Andalusia.
Anden *pl.* Andes.
Andorra *n* Andorra.
Andrea *f* Andrea.
Andreas *m* Andrew.
Angelika *f* Angelica.
Angola *n* Angola.
Ankara *n* Ankara, Angora.
Anna *f*, **Anne** *f* Ann(a), Anne.
Annette *f* Annette.
Antarktis *f* Antarctica.
Antillen *pl.* Antilles.
Antipoden-Inseln *f/pl.* Antipodes.
Anton *m* Anthony.
Antwerpen *n* Antwerp.
Apenninen *pl.* Apennines.
Apenninenhalbinsel *f* Apennines Peninsula.
Apulien *n* Apulia.
Äquatorialguinea *n* Equatorial Guinea.
Arabien *n* Arabia.
Arabische(s) **Meer** *n* Arabian Sea.
Aragonien *n* Aragon.
Aralsee *m* Lake Aral.
Ardennen *pl.*, **Ardennerwald** *m* Ardennes (*pl.*), Forest (*sg.*) of Ardennes.
Argentinien *n* Argentina, *the* Argentine.
Argonnen *pl.*, **Argonnerwald** *m* Argonne (*sg.*), Argonne Forest (*sg.*).
Arkadien *n* Arcadia.
Arktis *f* Arctic.
Arktische(r) **Ozean** *m* Arctic Ocean.
Ärmelkanal *m* English Channel.
Armenien *n* Armenia.
Arnold *m* Arnold.
Art(**h**)**ur** *m* Arthur.
Asien *n* Asia.
Asphaltsee *m* Pitch Lake.
Assyrien *n* Assyria.
Athen *n* Athens.
Äthiopien *n* Ethiopia.
Atlantik *m*, **Atlantische**(r) **Ozean** *m* Atlantic, Atlantic Ocean.
Atlas(**gebirge** *n*) *m* Atlas Mountains *pl.*
Ätna *m* Etna.
Attika *n* Attica.
Augsburg *n* Augsburg.
August(**us**) *m* August(us).
Äußere Hebriden *pl.* Outer Hebrides.
Äußere Mongolei *f* Outer Mongolia.
Australasien *n* Australasia.
Australien *n* Australia.
Austronesien *n* Austronesia.
Axel *m* → *Alexander*.
Azoren *pl.* Azores.

B

Babette *f* Babette.
Babylonien *n* Babylonia.
Baden-Württemberg *n* Baden-Württemberg.
Bahamas *pl.*, **Bahamainseln** *f/pl.* Bahamas, Bahama Islands.
Bahrain *n* Bahrain, Bahrein.
Bahraininseln *f/pl.* Bahrain (*od.* Bahrein) Islands.
Balearen *pl.* Balearic Islands.
Balkan(halbinsel *f*) *m* Balkan Peninsula.
Balkanstaaten *m/pl.* Balkan States, Balkans.
Balticum *n* Baltic Provinces *pl.*
Bangladesh *n* Bangladesh.
Barbados *n* Barbados.
Barbara *f*, **Bärbel** *f* Barbara.
Barcelona *n* Barcelona.
Barentssee *f* Barents Sea.
Bartholomäus *m* Bartholomew.
Basel *n* Basel, Basle, Bâle.
Baskenland *n*, **Baskische(n) Provinzen** *f/pl.* Basque Provinces (*pl.*).
Bass-Straße *f* Bass Strait.
Bayerische(n) Alpen *pl.* Bavarian Alps.
Bayerische(r) Wald *m* Bavarian Forest.
Bayern *n* Bavaria.
Beata *f*, **Beate** *f* Beata.
Beatrice *f* Beatrice.
Befriedete(s) Oman *n* Trucial Oman.
Belgien *n* Belgium.
Belgrad *n* Belgrade.
Belize *n* Belize.
Belle-Isle-Straße *f* Strait of Belle Isle.
Benares *n* Banaras, Benares.
Benedikt *m* Benedict.
Bengalen *n* Bengal.
Benin *n* Benin.
Benjamin *m* Benjamin.
Benno *m* → *Bernhard.*
Beringmeer *n* Bering Sea.
Beringstraße *f* Bering Strait.
Berlin *n* Berlin.
Bermuda-Inseln *f/pl.* Bermudas, Bermuda Islands, Bermuda *sg.*
Bern *n* Bern(e).
Bernd *m*, **Bernt** *m* → *Bernhard.*
Berner Oberland *n* Bernese Oberland.
Bernhard *m* Bernard.
Bert(h)a *f* Bertha.
Bert(h)old *m* Berthold.
Bertram *m* Bertram, Bartram.
Betschuanaland *n* Bechuanaland.
Bhutan *n* Bhutan.
Bikiniatoll *n* Bikini.
Birma *n* Burma.
Biskaya *f* Bay of Biscay.
Bismarck-Archipel *m* Bismarck Archipelago.
Blindheim *n* Blenheim.
Bodensee *m* Lake of Constance.
Böhmen *n* Bohemia.
Böhmerwald *m* Bohemian Forest.
Bolivien *n* Bolivia.
Bonifatius *m*, **Bonifaz** *m* Boniface.
Bonn *n* Bonn.
Bosnien *n* Bosnia.
Bosporus *m* Bosporus.
Botsuana *n*, **Botswana** *n* Botswana.
Bozen *n* Bolzano.
Brasilien *n* Brazil.
Braunschweig *n* Brunswick.
Bremen *n* Bremen.
Brenner(paß) *m* Brenner Pass.
Bretagne *f* Brittany.
Brigitte *f* Bridget.
Brit(ta) *f* → *Brigitte.*
Britannien *n* Britain, Britannia.
Britisch-Kolumbien *n* British Columbia.
Brügge *n* Brugge, Bruges.
Brunei *n* Brunei.
Brünn *n* Brno.
Brüssel *n* Brussels.
Budapest *n* Budapest.
Buenos Aires *n* Buenos Aires.
Bukarest *n* Bucharest.
Bulgarien *n* Bulgaria.
Bundesrepublik Deutschland *f* Federal Republic of Germany.
Burgund *n* Burgundy.
Burgundische Pforte *f* Belfort Gap.
Burma *n* Burma.
Burundi *n* Burundi.
Byzanz *n* Byzantium.

C

Cabinda *n* Cabinda.
Cäcilie *f* Cecilia.
Calais *n*: → *Straße von ~.*
Capri *n* Capri.
Carola *f* Carola.
Carpentaria-Golf *m* Gulf of Carpentaria.
Cäsar *m* Caesar.
Ceylon *n* Ceylon.
Charlotte *f* Charlotte.
Chile *n* Chile.
Chimborasso *m* Chimborazo.
China *n* China; (*Republik*) Republic of China (Taiwan); (*Volksrepublik China*) People's Republic of China.
Chinesische(s) Meer *n* China Sea.

Christa *f*, **Christ(e)l** *f* → *Christiane*.
Christian *m* Christian.
Christiane *f* Christiana.
Christoph *m* Christopher.
Christus *m* Christ.
Chur *n* Chur, Coire.
Claudia *f* Claudia.
Claudius *m* Claudius.
Clemens *m* Clemens.
Costa Rica *n* Costa Rica.
Cuba *n* Cuba.
Cypern *n* Cyprus.
Cyrill(us) *m* Cyril.

D

Dahomey *n* Dahomey.
Dalmatien *n* Dalmatia.
Damaskus *n* Damascus.
Dänemark *n* Denmark.
Daniel *m* Daniel.
Daniel(l)a *f* Daniela.
Dardanellen *pl.* Dardanelles.
David *m* David.
Davisstraße *f* Davis Strait.
Den Haag *n* The Hague.
Deutsche Bucht *f* German Bay.
Deutsche Demokratische Republik *f* German Democratic Republic.
Deutschland *n* Germany.
Deutsch-Ost-Afrika *n* German East Africa.
Deutsch-Südwest-Afrika *n* German Southwest Africa.
Doggerbank *f* Dogger Bank.
Dolomiten *pl.* Dolomites.
Dominikanische Republik *f* Dominican Republic.
Donau *f* Danube.
Dora *f* Dora.
Doris *f* Doris.
Dorothea *f* Dorothy.
Dresden *n* Dresden.
Dundasstraße *f* Dundas Strait.
Dünkirchen *n* Dunkirk.
Düsseldorf *n* Dusseldorf.

E

Ecuador *n* Ecuador.
Edgar *m* Edgar.
Edith *f* Edith.
Edmund *m* Edmund.
Eduard *m* Edward.
Eismeer *n*: *Nördliches* ~ Arctic Ocean; *Südliches* ~ Antarctic Ocean.
Elba *n* Elba.
Elbe *f* Elbe.
Eleonore *f* Eleanor.
Elfenbeinküste *f the* Ivory Coast.
Elisabeth *f* Elizabeth.
Elmar *m* Elmer.
El Salvador *n* El Salvador.
Elsaß *n* Alsace.
Elsaß-Lothringen *n* Alsace-Lorraine.
Elsbeth *f* Elspeth.
Else *f* Elsie.
Elvira *f* Elvira
Emil *m* Emil(e).
Emilia *f*, **Emilie** *f* Emily.
Engadin *n* Engadine.
England *n* England.
Englische(r) Kanal *m* → *Ärmelkanal*.
Erich *m* Eric.
Eriesee *m* Lake Erie.
Erika *f* Erica.
Ernst *m* Ernest.
Erwin *m* Erwin.
Erzgebirge *n* Erz Gebirge, Erz (*od.* Ore) Mountains *pl.*
Essen *n* Essen.
Esther *f* Esther.
Estland *n* Estonia.
Etrurien *n* Etruria.
Etsch *f* Adige.
Etzel *m* Attila.
Eugen *m* Eugene.
Eugenie *f* Eugenia, Eugenie.
Euphrat *m* Euphrates.
Eurasien *n* Eurasia.
Europa *n* Europe.
Europäische(s) Nordmeer *n* Norwegian (and Greenland) Sea.
Eva *f* Eve.
Everest *m* Mount Everst.
Eyre-Halbinsel *f* Eyre('s) Peninsula.

F

Falklandinseln *f/pl.* Falkland Islands.
Färöer *pl.* Faeroe (*od.* Faroe) Islands.
Felix *m* Felix.
Felsengebirge *n* Rocky Mountains *pl.*, *the* Rockies *pl.*
Ferdinand *m* Ferdinand.
Ferne(r) Osten *m* Far East.
Feuerland *n* Tierra del Fuego.
Fichtelgebirge *n* Fichtel Gebirge.
Fidschi(inseln *f/pl.*) *n* Fiji (Islands).
Finnische(r) Meerbusen *m* Gulf of Finland.
Finnland *n* Finland.
Flandern *n* Flanders.
Florenz *n* Florence.
Floridastraße *f* Florida Strait, Straits *pl.* of Florida.

Formosa (**Taiwan**) *n* Formosa.
Frank *m* Frank.
Franken *n* Franconia.
Frankenwald *m* Franconian Forest.
Fränkische Alb *f*, **Fränkische(r) Jura** *m* Franconian Jura.
Fränkische Schweiz *f* Franconian Switzerland.
Frankfurt am Main *n* Frankfort on the Main.
Frankfurt an der Oder *n* Frankfort on the Oder.
Frankreich *n* France.
Franz *m* Francis.
Franziska *f* Frances.
Französische Schweiz *f the* French Switzerland.
Fred *m* → *Alfred, Manfred.*
Freiburg (*Schweiz*) *n* Fribourg.
Freundschaftsinseln *f/pl.* Tonga (*od.* Friendly) Islands.
Friaul *n* Friuli.
Frieda *f* Frieda, Freda.
Frieder *m* → *Friedrich.*
Friederike *f* Frederica.
Friedrich *m* Frederic.
Friesische(n) Inseln *f/pl.* Frisian Islands.
Fritz *m* → *Friedrich.*
Fudschijama *m* Fujiyama.

G

Gabriel *m* Gabriel.
Gabriele *f* Gabriella.
Gabun *n* Gabon, Gabun.
Galapagosinseln *f/pl.* Galapagos Islands.
Galicien (*Spanien*) *n* Galicia.
Galiläa *n* Galilee.
Galizien (*Osteuropa*) *n* Galicia.
Gallien *n* Gaul, Gallia.
Gambia *n the* Gambia.
Ganges *m* Ganges.
Gardasee *m* Lake Garda.
Gasastreifen *m* Gaza Strip.
Gascogne *f* Gascony.
Gelbe(s) Meer *n* Yellow Sea.
Genf *n* Geneva.
Genfer See *m* Lake Geneva, *the* Lake of Geneva, Lake Leman.
Gent *n* G(h)ent.
Genua *n* Genoa.
Georg *m* George.
Gerd *m* → *Gerhard.*
Gerda *f* Gerda.
Gerhard *m* Gerard.
Germanien *n* Germania.
Gertraud *f*, **Gertraut** *f* → *Gertrud*(e).
Gertrud(e) *f* Gertrude.
Gesellschaftsinseln *f/pl.* Society Islands.
Ghana *n* Ghana.
Gibraltar *n* Gibraltar.
Gisela *f* Gisela.
Gobi *f* Gobi.
Golanhöhen *pl.* Golan Heights.
Goldene(s) Horn *n* Golden Horn.
Goldene(s) Tor *n* Golden Gate.
Goldküste *f* Gold Coast.
Golf von Biskaya *m* → *Biskaya.*
Golf von Genua *m* Gulf of Genoa.
Golf von Neapel *m* Bay of Naples.
Golf von Venedig *m* Gulf of Venice.
Gomorr(h)a *n* Gomorrah, Gomorrha.
Göteborg *n* Gothenburg.
Graubünden *n* Grisons.
Gregor *m* Gregory.
Grenada *n* Grenada.
Grete(l) *f* → *Margarete.*
Griechenland *n* Greece.
Grönland *n* Greenland.
Grönlandsee *f* Greenland Sea.
Großbritannien *n* Great Britain.
Große(r) Bärensee *m* Great Bear Lake.
Große(r) Belt *m* Great Belt.
Große(n) Antillen *pl.* Greater Antilles.
Große(r) Ozean *m* → *Pazifik.*
Große(n) Seen *m/pl.* Great Lakes.
Große(n) Sundainseln *f/pl.* Greater Sunda Islands.
Große(r) Salzsee *m* Great Salt Lake.
Große(r) Sankt Bernhard *m* Great Saint Bernard.
Guatemala *n* Guatemala.
Guinea *n* Guinea.
Guinea-Bissau *n* Guinea-Bissau.
Gustav *m* Gustavus.
Guyana *n* Guyana.

H

Haag *n*: *Den* ~ The Hague.
Haiti *n* Haiti.
Hamburg *n* Hamburg.
Hameln *n* Hameln, Hamelin.
Hanna *f* Hannah.
Hannes *m*, **Hans** *m* Jack.
Hannover *n* Hanover.
Hanoi *n* Hanoi.
Harald *m* Harold.
Harz *m* Harz Mountains *pl.*
Haschemitische(s) Königreich Jordanien *n* Hashemite Kingdom of Jordan.
Havanna *n* Havana.
Hawaii-Inseln *f/pl.* Hawaiian Islands.

Hebriden *pl.* Hebrides.
Hedwig *f* Hedwig.
Heide *f* → *Adelheid.*
Heidelberg *n* Heidelberg.
Heinrich *m* Henry.
Heinz *m* → *Heinrich.*
Helena *f*, **Helene** *f* Helen.
Helga *f* Helga.
Helgoland *n* Hel(i)goland.
Helgoländer Bucht *f* Hel(i)goland Bight.
Hellas *n* Hellas, Greece.
Hellespont *m* Hellespontus.
Helsinki *n* Helsinki.
Hennegau *m* Hainaut.
Herbert *m*, **Heribert** *m* Herbert.
Henriette *f* Henrietta.
Herman *m* Herman.
Hermann der Cherusker *m* Arminius.
Herzegowina *f* Herzegovina.
Hessen *n* Hesse.
Hildegard *f* Hildegard(e).
Himalaja *m* Himalaya.
Himmelfahrtsinsel *f* Ascension.
Hindukusch *m* Hindu Kush.
Hindustan *n* Hindustan, Hindostan.
Hinterindien *n* Indochina, Farther India.
Hiros(c)hima *n* Hiroshima.
Hoek van Holland *n* Hook of Holland.
Holland *n* Holland.
Holstein *n* Holstein.
Holsteinische Schweiz *f* Holstein Switzerland.
Honduras *n* Honduras.
Hongkong *n* Hong(-)Kong.
Hubert *m* Hubert.
Hudsonbay *f* Hudson Bay.
Hudsonstraße *f* Hudson Strait.
Hugo *m* Hugh.
Huron(en)see *m* Lake Huron.

I

Iberische Halbinsel *f* Iberian Peninsula.
Iberoamerika *n* Latin America.
Ida *f* Ida.
Ignaz *m*, **Ignatius** *m* Ignatius.
Ijsselmeer *n* Lake Ijssel, Ijsselmeer.
Ilse *f* Ilse.
Indien *n* India.
Indische(r) Ozean *m* Indian Ocean.
Indochina *n* Indochina.
Indonesien *n* Indonesia.
Innerasien *n* Central Asia.
Innere Hebriden *pl.* Inner Hebrides.
Innere Mongolei *f* Inner Mongolia.
Innozenz *m* Innocent.
Insel Man *f* Isle of Man.
Inseln unter dem Winde *f/pl.* Windward Islands.
Insel Wake *f* Wake Island.
Insel Wight *f* Isle of Wight.
Ionien *n* Ionia.
Ionische Inseln *f/pl.* Ionian Islands.
Ionische(s) Meer *n* Ionian Sea.
Irak *m* Iraq.
Iran *m* Iran.
Irene *f* Irene.
Irische Republik *f* Republic of Ireland.
Irische See *f* Irish Sea.
Irland *n* Ireland.
Irmgard *f* Ermengarde.
Isabella *f* Isabel.
Isidor *m* Isidor(e), Isador(e).
Island *n* Iceland.
Isolde *f* Isolde.
Israel *n* Israel.
Istanbul *n* Istanbul, Stamb(o)ul.
Istrien *n* Istria.
Italien *n* Italy.
Italienische Riviera *f* Italian Riviera.
Ithaka *n* Ithaka.

J

Jadebusen *m* Jade Bay.
Jakob *m* Jacob, James.
Jalta *n* Yalta.
Jamaika *n* Jamaica.
Jan *m* Jan.
Jangtse *m* Yangtze.
Japan *n* Japan.
Japanische(s) Meer *n* Sea of Japan.
Java *n* Java.
Javasee *f* Java Sea.
Jemen *m* Yemen; (*Arabische Republik*) Yemen (Arab Republic); (*Demokratische Volksrepublik*) People's Democratic Republic of Yemen, Democratic Yemen.
Jenissei *m* Yenisei.
Jeremias *m* Jeremiah.
Jerusalem *n* Jerusalem.
Jesus *m* Jesus.
Joachim *m*, **Jochen** *m* Joachim.
Johann(es) *m* John.
Johanna *f*, **Johanne** *f* Joan(na).
Jonas *m* Jonah, Jonas.
Jonathan *m* Jonathan.
Jordan *m* Jordan.
Jordanien *n* Jordan.
Josef *m*, **Joseph** *m* Josef.
Josephine *f* Josephine.

Josua *m* Joshua.
Juda *n* Judah.
Judäa *n* Juda(e)a.
Judith *f* Judith.
Jugoslawien *n* Yugoslavia.
Julia *f* Julia.
Julius *m* Julius.
Jungferninseln *f/pl.* Virgin Islands.
Jura *m* Jura (Mountains *pl.*).
Jürgen *m* → *Georg*.
Jutta *f* → *Judith*.

K

Kai *m* Kay.
Kabylei *f* Kabylia.
Kaimaninseln *f/pl.* Cayman Islands.
Kairo *n* Cairo.
Kalabrien *f* Calabria.
Kalahari *f* Kalahari.
Kaledonien *n* Caledonia.
Kaledonische(r) Kanal *m* Caledonian Canal.
Kalifornien *n* California.
Kalkutta *n* Calcutta.
Kambodscha *n* Cambodia.
Kamerun *n* Cameroon.
Kamtschatka *n* Kamchatka.
Kana(a) *n* Cana.
Kanaan *n* Canaan.
Kanada *n* Canada.
Kanadische(r) Schild *m* Laurentian Mountains *pl.*
Kanal *m* → *Ärmelkanal*.
Kanalinseln *f/pl.* Channel Islands.
Kanaren *pl.*, **Kanarische(n) Inseln** *f/pl.* Canaries, Canary Islands.
Kanton *n* Canton.
Kap-Breton-Insel *f* Cape Breton Island.
Kap Canaveral *n* Cape Canaveral.
Kap der Guten Hoffnung *n* Cape of Good Hope.
Kap Farvel *n* Cape Farewell.
Kap Ho(o)rn *n* Cape Horn, *the* Horn.
Kapkolonie *f*, **Kapland** *n* → *Kapprovinz*.
Kapprovinz *f* Cape Province, Province of the Cape of Good Hope.
Kapstadt *n* Cape Town.
Kap Verde *n* Cape Verde.
Kapverden *pl.*, **Kapverdische(n) Inseln** *f/pl.* Cape Verde Islands.
Karibische(n) Inseln *f/pl.* Caribbees.
Karin *f* Karen.
Karl *m* Charles.
Karl der Große *m* Charlemagne.
Kärnten *n* Carinthia.
Karola *f*, **Karoline** *f* Carol, Caroline.
Karolinen *pl.* Caroline Islands.
Karpaten *pl.* Carpathian Mountains.
Karthago *n* Carthage, Carthago.
Kaschmir *n* Kashmir.
Kaskadengebirge *n* Cascade Range (*od.* Mountains *pl.*).
Kaspar *m* Caspar, Casper, Gaspar.
Kaspische(s) Meer *n*, **Kaspisee** *f* Caspian Sea.
Kassel *n* Cassel.
Kastilien *n* Castile, Castilla.
Katalonien *n* Catalonia.
Katharina *f* Catherine.
Käthe *f* → *Katharina*.
Kattegat *n* Cattegat.
Kaukasus *m* Caucasus Mountains *pl.*
Kenia *n* Kenya.
Kerguelen *pl.* Kerguelen Archipelago *sg.*
Key-Inseln *f/pl.* Florida Keys.
Khmer-Republik *f* Khmer-Republic.
Kiel *n* Kiel.
Kilimandscharo *m* Mount Kilimanjaro.
Klara *f* Clara, Clare.
Klaudia *f* Claudia.
Klaus *m* → *Nikolaus*.
Kleinasien *n* Asia Minor.
Kleine(n) Antillen *pl.* Lesser Antilles.
Kleine(n) Sundainseln *f/pl.* Lesser Sunda Islands.
Kleine(r) Sankt Bernhard *m* Little Saint Bernard.
Knut *m* Canute, Knut.
Koblenz *n* Coblenz.
Kokosinseln *f/pl.* Cocos Islands.
Kola *n* Kola (Peninsula).
Köln *n* Cologne.
Kolumbien *n* Colombia.
Kolumbus *m* Columbus.
Komoren *f/pl.* Comoro Islands.
Kongo *m* Congo.
Konrad *m* Conrad.
Konstantin *m* Constantine.
Konstanz *n* Constance.
Kopenhagen *n* Copenhagen.
Korallenmeer *n*, **Korallensee** *f* Coral Sea.
Kordilleren *pl.* Cordilleras.
Korea *n* Korea; (*Demokratische Volksrepublik*) Democratic People's Republic of Korea; (*Republik*) Republic of Korea.
Korfu *n* Corfu.
Korinth *n* Corinth.

Kornelia *f* Cornelia.
Korsika *n* Corsica.
Kotschinchina *n* Cochin-China.
Kreml *m* Kremlin.
Kreta *n* Crete.
Krim *f* Crimea.
Kroatien *n* Croatia.
Krüger-Nationalpark *m* Kruger National Park.
Kuba *n* Cuba.
Kumbrische(s) **Bergland** *n* Cumbrian Mountains *pl.*
Kurische(s) **Haff** *n* Courland Lagoon.
Kurland *n* Kurland, Courland.
Kurt *m* Kurt, Curt, Curtis.
Küstengebirge *n* Coast Range (*od.* Mountains *pl.*).
Kuwait *n* Kuwait.
Kykladen *pl.* Cyclades.

L

Lago Maggiore *m* Lake Maggiore.
Laos *n* Laos.
Lappland *n* Lapland.
Lateinamerika *n* Latin America.
Laurentius *m* Laurence, Lawrence.
Lausitz *f* Lusatia.
Leipzig *n* Leipsic.
Lena *f*, **Lene** *f* → *Magdalene, Helene.*
Leo *m* Leo.
Leonhard *m* Leonard.
Leonore *f* Leonora, Leonore.
Lesotho *n* Lesotho.
Lettland *n* Latvia.
Levante *f* Levant.
Libanon *m* Lebanon.
Liberia *n* Liberia.
Libyen *n* Libya.
Liechtenstein *n* Liechtenstein.
Liese *f*, **Lisbeth** *f* → *Elisabeth.*
Ligurien *n* Liguria.
Ligurische(s) **Meer** *n* Ligurian Sea.
Lissabon *n* Lisbon.
Litauen *n* Lithuania.
Livland *n* Livonia.
Lombardei *f* Lombardy.
London *n* London.
Lore *f* Lore.
Lorenz *m* Laurence, Lawrence.
Lothringen *n* Lorraine.
Lotte *f* → *Charlotte.*
Lübeck *n* Lübeck.
Ludwig *m* Louis.
Luise *f* Louisa.
Lüneburger Heide *f* Lüneburg Heath.
Lüttich *n* Liège.
Luxemburg *n* Luxemb(o)urg.
Luzern *n* Lucerne.
Luzia *f* Lucia.

M

Maas *f* Maas, Meuse.
Madagaskar *n* Madagascar.
Madeira *n*, **Madera** *n* Madeira.
Madrid *n* Madrid.
Magda *f*, **Magdalena** *f* Magdalen.
Magellanstraße *f* Strait of Magellan.
Mahlstrom *m* Maelstrom.
Mähren *n* Morav(i)a.
Mailand *n* Milan.
Main *m* Main.
Mainz *n* Mayence.
Malaiische(r) **Archipel** *m* Malay Archipelago, Malaysia.
Malaiische Halbinsel *f* Malay Peninsula, Malaya.
Malakkastraße *f* Strait of Malacca.
Malawi *n* Malawi.
Malaya *n* → *Malaiische Halbinsel.*
Malaysia *n* (Federation of) Malaysia.
Malediven *pl.* Maldives.
Mali *n* Mali.
Mallorca *n* Majorca, Mallorca.
Malta *n* Malta.
Mandschurei *f* Manchuria.
Manfred *m* Manfred.
Margareta *f*, **Margarete** *f* Margaret.
Margit *f* → *Margarete.*
Margot *f* Margot.
Maria *f*, **Marie** *f* Mary.
Marianen *pl.* Marianas, Mariana Islands.
Marianne *f* Marian.
Marion *f* Marion.
Markus *m* Marcus, Mark.
Marmarameer *n* Sea of Marmara.
Marokko *n* Morocco.
Marshallinseln *f/pl.* Marshall Islands.
Martha *f* Martha.
Martin *m* Martin.
Maskat und Oman *n* Muscat and Oman.
Mathilde *f* Mat(h)ilda.
Matthäus *m* Matthew.
Matterhorn *n* Matterhorn.
Matthias *m* Matthias.
Mauretanien *n* Mauritania.
Mauritius *n* Mauritius.
Max(**imilian**) *m* Max.
Mazedonien *n* Macedonia.
Meißen *n* Meissen.
Mekka *n* Mecca.
Melanesien *n* Melanesia.
Memel *f* Niemen (River).
Menaikanal *m* Menai Strait.
Menorca *n* Minorca, Menorca.
Meran *n* Merano.

Mesopotamien *n* Mesopotamia.
Mexiko *n* Mexico.
Michael *m*, **Michel** *m* Michael.
Michigansee *m* Lake Michigan.
Midwayinseln *f/pl.* Midway Islands.
Mikronesien *n* Micronesia.
Mirjam *f*, **Miriam** *f* Miriam.
Mittelamerika *n* Middle America.
Mittelasien *n* Central Asia.
Mitteldeutschland *n* Middle Germany.
Mitteleuropa *n* Central Europe.
Mittelländische(s) Meer *n* → *Mittelmeer*.
Mittelmeer *n* Mediterranean (Sea).
Mittlere(r) Osten *m* Middle East.
Moçambique *n* Mozambique.
Mojavewüste *f*, **Mohavewüste** *f* Mojave (*od.* Mohave) Desert.
Moldau *f* Moldavia.
Molukken *pl.* Moluccas.
Monaco *n*, **Monako** *n* Monaco.
Mongolei *f* Mongolia.
Mongolische Volksrepublik *f* Mongolian People's Republic, Mongolia.
Monika *f* Monica.
Montblanc *m* Mont Blanc.
Montenegro *n* Montenegro.
Moritz *m* Maurice, Morris.
Mosel *f* Moselle.
Moskau *n* Moscow.
München *n* Munich.

N

Nadelkap *n* Cape Agulhas.
Nahe(r) Osten *m* Near East.
Namibia *n* Namibia.
Nationalchina *n* China (Taiwan).
Nauru *n* Nauru.
Navarra *n* Navarre.
Neapel *n* Naples.
Neiße *f* → *Oder-Neiße-Linie*.
Nepal *n* Nepal.
Neubraunschweig *n* New Brunswick.
Neu-Delhi *n* New Delhi.
Neuenburger See *m* Lake of Neuchâtel.
Neuengland *n* New England.
Neufundland *n* Newfoundland.
Neuguinea *n* New Guinea.
Neukaledonien *n* New Caledonia.
Neuschottland *n* Nova Scotia.
Neuseeland *n* New Zealand.
Neuseeländische Alpen *pl.* Southern Alps.
Neusüdwales *n* New South Wales.
Newa *f* Neva.
Niagarafälle *pl.* Niagara Falls.
Nicaragua *n* Nicaragua.
Niederbayern *n* Lower Bavaria.
Niederlande *pl.* Netherlands.
Niederösterreich *n* Lower Austria.
Niedersachsen *n* Lower Saxony.
Niger *m* Niger.
Nigeria *n* Nigeria.
Nikobaren *pl.* Nicobar Islands.
Nikolaus *m* Nicholas.
Nil *m* Nile.
Nizza *n* Nice.
Norbert *m* Norbert.
Nordalpen *pl.* Northern Alps.
Nordamerika *n* North America.
Nordatlantik *m* North Atlantic (Ocean).
Norddakota *n* North Dakota.
Norddeutschland *n* North(ern) Germany.
Nordeuropa *n* North(ern) Europe.
Nordirland *n* Northern Ireland.
Nordkanal *m* North Channel.
Nordkap *n* North Cape.
Nordkarolina *n* North Carolina.
Nordkorea *n* North Korea.
Nördliche(s) Eismeer *n* → *Eismeer*.
Nord-Ostsee-Kanal *m* Kiel Canal.
Nordpolarmeer *n* Arctic Ocean.
Nordrhein-Westfalen *n* North Rhine-Westphalia.
Nordsee *f* German Ocean, North Sea.
Nordseekanal *m* North Sea Canal.
Nordterritorium (*Australien*) *n* Northern Territory.
Nordwest-Territorien (*Kanada*) *n/pl.* Northwest Territories.
Norfolkinsel *f* Norfolk Island.
Normandie *f* Normandy.
Normannische(n) Inseln *f/pl.* Channel Islands.
Norwegen *n* Norway.
Nubien *n* Nubia.
Nürnberg *n* Nuremberg.

O

Ob *m* Ob.
Oberbayern *n* Upper Bavaria.
Obere(r) See *m* Lake Superior.
Oberitalien *n* Upper (*od.* Northern) Italy.
Oberösterreich *n* Upper Austria.
Oberpfalz *f* Upper Palatinate.
Oberrheinische Tiefebene *f* Upper Rhine Plain.
Obervolta *n* *the* Upper Volta.
Odenwald *m* Odenwald.
Oder-Neiße-Linie *f* Oder-Neisse Line.
Olaf *m* Olaf.

Olymp *m* Mount Olympus.
Oman *n* (Sultanate of) Oman.
Ontariosee *m* Lake Ontario.
Oranien *n* Orange.
Oranjefreistaat *m* Orange Free State.
Orinoko *m* Orinoco.
Orkneyinseln *f/pl.* Orkney Islands, Orkneys.
Oskar *m* Oscar.
Oslo *n* Oslo.
Ostalpen *pl.* Eastern Alps.
Ostasien *n* Eastern Asia.
Ost-Berlin *n* East Berlin.
Ostdeutschland *n* East Germany.
Ostende *n* Ostend.
Osterinsel *f* Easter Island, Rapa Nui.
Österreich *n* Austria.
Österreich-Ungarn *n* Austria-Hungary.
Ostindien *n* (East) Indies *pl.*, Indonesia.
Ostpreußen *n* East Prussia.
Ostsee *f* Baltic Sea.
Ottawa *n* Ottawa.
Otto *m* Otto.
Ozeanien *n* Oceania, Oceanica.

P

Pakistan *n* Pakistan.
Palästina *n* Palestine.
Pamir *m* Pamir(s *pl.*).
Panama *n* Panama.
Panamakanal *m* Panama Canal.
Pandschab *m* Punjab.
Papua-Niugini *n* Papua-New Guinea.
Paraguay *n* Paraguay.
Paris *n* Paris.
Patagonien *n* Patagonia.
Paul *m* Paul.
Paula *f* Paula.
Pazifik *m*, **Pazifische**(**r**) **Ozean** *m* Pacific (Ocean).
Pazifikinseln *f/pl.*, **Pazifische(n) Inseln** *f/pl.* Pacific Islands.
Pazifikküste *f* Pacific Coast.
Peking *n* Peking.
Peloponnes *m* Peloponnesus.
Penninische(s) **Gebirge** *n* Pennine Chain.
Pennsylvanien *n* Pennsylvania.
Persien *n* Persia.
Persische(**r**) **Golf** *m* Persian Gulf.
Peru *n* Peru.
Peter *m* Peter.
Petersburg *n* Saint Petersburg.
Pfalz *f* Palatinate.
Pfälzer Wald *m* Palatinate Forest.
Philipp *m* Philip.
Philippinen *pl.* Philippines, Philippine Islands.
Picardie *f* Picardy.
Piemont *n* Piedmont.
Piräus *m* Piraeus, Peiraeus.
Pitt *m* → *Peter*.
Pius *m* Pius.
Plattensee *m* Plattensee, (Lake) Balaton.
Po *m* Po.
Polen *n* Poland.
Polnische(r) **Korridor** *m* Polish Corridor.
Polynesien *n* Polynesia.
Pommern *n* Pomerania.
Pompeji *n* Pompeii.
Portugal *n* Portugal.
Prag *n* Prague.
Preußen *n* Prussia.
Provence *f* Provence.
Puerto Rico *n* Puerto Rico.
Pyrenäen *pl.* Pyrenees.
Pyrenäenhalbinsel *f* Iberian Peninsula.

Q

Q(u)atar *n* Qatar.
Quebec *n*, **Quebeck** *n* Quebec.

R

Raimund *m*, **Reimund** *m* Raymond.
Rainer *m*, **Reiner** *m* Rayner.
Rebekka *f* Rebecca.
Regensburg *n* Regensburg, *obs.* Ratisbone.
Regina *f*, **Regine** *f* Regina.
Renate *f* Renata.
Republik Südafrika *f* Republic of South Africa.
Reval *n* Talin(n).
Reykjavik *n* Reykjavik.
Rhein *m* Rhine.
Rheinfall *m* Rhine Falls *pl.*, Schaffhausen Falls *pl.*
Rheingau *m* Rhinegau.
Rheinhessen *n* Rhinehessen, Rhenish Hesse.
Rheinische(s) **Schiefergebirge** *n* Rhenish Slate Mountains *pl.*
Rheinland *n* Rhineland.
Rheinland-Pfalz *n* Rhineland-Palatinate.
Rhodesien *n* Rhodesia.
Rhodos *n* Rhodes.
Rhone *f* Rhone.
Richard *m* Richard.
Riesengebirge *n* Riesen Gebirge, Giant Mountains *pl.*
Riga *n* Riga.

Rio (de Janeiro) *n* Rio (de Janeiro).
Riukiuinseln *f/pl.* Ryukyu Islands.
Riviera *f the* Riviera.
Robert *m* Robert.
Roland *m* Roland.
Rolf *m* → *Rudolf*.
Rom *n* Rome.
Rosemarie *f* Rosemary.
Rossinsel *f* Ross Island.
Rossmeer *n*, **Roßsee** *f* Ross Sea.
Rote(s) Meer *n* Red Sea.
Ruanda *n* Rwanda.
Rubikon *m* Rubicon.
Rudi *m* → *Rudolf*.
Rüdiger *m* Roger.
Rudolf *m* Rudolph.
Ruhrgebiet *n* Ruhr (District).
Rumänien *n* Rumania, Ro(u)mania.
Rupert *m*, **Ruprecht** *m* Rupert.
Rußland *n* Russia.
Ruth *f* Ruth.
Rwanda *n* → *Ruanda*.

S

Saar *f* Saar.
Saarland *n* Saar(land).
Sabine *f* Sabina.
Sachalin *n* Sakhalin.
Sachsen *n* Saxony.
Sächsische Schweiz *f* Saxon Switzerland.
Sahara *f* Sahara.
Salomonen *pl.*, **Salomoninseln** *f/pl.* Salomon Islands.
Salzburg *n* Salzburg.
Sambia *n* Zambia.
Samoa *n*, **Samoainseln** *f/pl.* Samoa (*sg.*), Samoa Islands (*pl.*).
Samuel *m* Samuel.
Sankt Bernhard *m*: *Große(r)* ~ Great Saint Bernard; *Kleine(r)* ~ Little Saint Bernard.
Sankt Gallen *n* Saint Gall(en).
Sankt Gotthard *m* Saint Gotthard.
Sankt-Lorenz-Strom *m* Saint Lawrence.
Sankt Moritz *n* Saint-Moritz.
Sankt Petersburg *n* Saint Petersburg.
San Marino *n* San Marino.
Santa-Barbara-Inseln *f/pl.* Santa Barbara Islands.
Santiago de Chile *n* Santiago de Chile.
São Tomé und Príncipe *pl.* São Tomé and Príncipe (Islands).
Sardinien *n* Sardinia.
Saudi-Arabien *n* Saudi Arabia.
Savoyen *n* Savoy.
Schaffhausen *n* Schaffhouse.
Schanghai *n* Shanghai.
Schelde *f* Scheldt, Schelde.
Schlesien *n* Silesia.
Schleswig-Holstein *n* Schleswig-Holstein.
Schottland *n* Scotland.
Schwaben *n* Swabia.
Schwäbische Alb *f*, **Schwäbische(r) Jura** *m* Swabian Jura.
Schwarze(s) Meer *n* Black Sea.
Schwarzwald *m* Black Forest.
Schweden *n* Sweden.
Schweiz *f* Switzerland.
Schweizer Jura *m* Swiss Jura.
Scilly-Inseln *f/pl.* Scilly Isles.
Seealpen *pl.* Maritime Alps.
See Genezareth *m* Sea of Galilee, Lake of Genesaret, Sea of Tiberias.
Seeland *n* (*Dänemark*) Zealand; (*Holland*) Zeeland.
Seine *f* Seine.
Senegal *n* Senegal.
Serbien *n* Serbia.
Serengeti-Nationalpark *m* Serengeti-National Park.
Sevilla *n* Seville, Sevilla.
Seward-Halbinsel *f* Seward Peninsula.
Sewastopol *n* Sevastopol.
Seychellen *pl.* Seychelles.
Shetland-Inseln *f/pl.* Shetland Islands.
Sibirien *n* Siberia.
Sibylle *f* Sibyl.
Siebenbürgen *n* Transylvania, Transilvania.
Sierra Leone *n* Sierra Leone.
Sikkim *n* Sikkim.
Silvester *m* Silvester, Sylvester.
Silvia *f* Silvia, Sylvia.
Simon *m* Simon.
Sinai *n* Sinai (Peninsula).
Singapur *n* Singapore.
Sizilien *n* Sicily.
Skagerrak *n*, *m* Skager(r)ak.
Skandinavien *n* Scandinavia.
Sklavenfluß *m* (Great) Slave.
Slowakei *f* Slovakia.
Slowenien *n* Slovenia.
Somalia *n* Somalia.
Somaliland *n* Somaliland.
Sophie *f* Sophia.
Sowjetunion *f* Soviet Union.
Spanien *n* Spain.
Spessart *m* Spess(h)art.
Spitzbergen *n* Spitsbergen.
Sporaden *pl.* Sporades.
Spree *f* Spree.
Sri Lanka *n* Sri Lanka.
Stambul *n* Stamb(o)ul.
Stefan *m*, **Stephan** *m* Stephen.
Steiermark *f* Styria.

Stephanie *f* Stephana, Stephanie.
Stewartinsel *f* Stewart Island.
Stiller Ozean *m* → *Pazifik*.
Stockholm *n* Stockholm.
Straßburg *n* Strasbourg.
Straße von Calais *f* Straits *pl.* of Dover.
Straße von Gibraltar *f* Strait of Gibraltar.
Straße von Messina *f* Strait of Messina.
Stuttgart *n* Stuttgart.
Südafrika *n* South Africa.
Südalpen *pl.* Southern Alps.
Südamerika *n* South America.
Südatlantik *m* South Atlantic (Ocean).
Sudan *m* S(o)udan.
Süddakota *n* South Dakota.
Süddeutschland *n* South(ern) Germany.
Sudeten *pl.* Sudetes, Sudetic Mountains.
Sudetenland *n* Sudetenland.
Südeuropa *n* South(ern) Europe.
Südkarolina *n* South Carolina.
Südkorea *n* South Korea.
Südpolarmeer *n* Antarctic (Ocean).
Südsee *f* South Sea, South Pacific Ocean.
Südseeinseln *f/pl.* South Sea Islands.
Südtirol *n* South Tyrol (*od.* Tirol).
Südwestafrika *n* South-West Africa.
Sueskanal *m* Suez Canal.
Sumatra *n* Sumatra.
Sund *m* Sound, Oresund.
Sundainseln *f/pl.* Sunda Islands.
Surinam *n* Surinam, Dutch Guinea.
Susanne *f* Susan.
Susi *f* Susie, Susy, Suzie.
Swasiland *n* Swaziland.
Syrakus *n* Syracus(a)e.
Syrien *n* Syria.

T

Tafelberg *m* Table Mountain.
Tahiti *n* Tahiti.
Taiwan *n* Taiwan, Formosa.
Tanganjika *n* Tanganyika.
Tanger *n* Tangier.
Tansania *n* Tanzania.
Tasmanien *n* Tasmania.
Tasmansee *f* Tasman Sea.
Tatra *f* Tatra Mountains *pl.*, *the* High Tatra.
Taunus *m* Taunus.
Teheran *n* Teh(e)ran.
Tel Aviv *n* Tel Aviv.
Teneriffa *n* Tenerif(f)e.
Tessin *n* Ticino.
Thailand *n* Thailand.
Theiß *f* Theiss, Tisza.
Themse *f* Thames.
Theodor *m* Theodore.
Therese *f* Theresa.
Thomas *m* Thomas.
Thrakische(s) Meer *n* Thracian Sea.
Thule *n* Thule.
Thurgau *m* Thurgovia.
Thüringen *n* Thuringia.
Thüringer Wald *m* Thuringian Forest.
Tiber *m* Tiber.
Tiberius *m* Tiberius.
Tibet *n* Tibet.
Tigris *m* Tigris.
Timor *n* (East-)Timor.
Timotheus *m* Timothy.
Tirana *n* Tirana.
Tirol *n the* Tyrol, *the* Tirol.
Titikakasee *m* Lake Titicaca.
Titus *m* Titus.
Tobias *m* Tobias, Tobiah.
Todestal *n* Death Valley.
Tokio *n* Tokyo.
Tonga *n* Tonga.
Tongking *n* Tonkin(g).
Torrenssee *m* Lake Torrens.
Torresstraße *f* Torres Strait.
Toskana *f* Tuscany.
Tote(s) Meer *n* Dead Sea.
Transhimalaja *m* Trans-Himalaya.
Trasimenische(r) See *m* Lake Trasimeno.
Trient *n* Trent.
Trier *n* Trier, Treves.
Triest *n* Trieste.
Trinidad und Tobago *pl.* Trinidad and Tobago.
Troja *n* Troy.
Tschad *n* Chad.
Tschechoslowakei *f* Czechoslovakia.
Tunesien *n* Tunis(ia).
Türkei *f* Turkey.
Turkestan *n* Turkestan, Turkistan.
Tyrrhenische(s) Meer *n* Tyrrhenian Sea.

U

Uganda *n* Uganda.
Ukraine *f* Ukraine.
Ulrich *m* Ulric.
Ulrike *f* Ulrica, Ulrika.
Ungarn *n* Hungary.
Union der Sozialistischen Sowjetrepubliken *f* Union of Soviet Socialist Republics.

Unteritalien *n* Lower Italy.
Ural *m* Ural (Mountains *pl.*).
Ursula *f* Ursula.
Uruguay *n* Uruguay.
Utahsee *m* Lake Utah.

V

Vaduz *n* Vaduz.
Valentin *m* Valentine.
Vatikan(stadt *f*) *m* Vatican (City).
Venedig *n* Venice.
Venezuela *n* Venezuela.
Vera *f* Vera.
Vereinigte Arabische Emirate *pl.* United Arab Emirates.
Vereinigte Arabische Republik *f* United Arab Republic.
Vereinigte(s) Königreich (**von Großbritannien und Nordirland**) *n* United Kingdom (of Great Britain and Northern Ireland).
Vereinigte(n) Staaten (**von Amerika**) *pl.* United States (of America).
Veronika *f* Veronica.
Vesuv *m* Vesuvius.
Via Appia *f* Appian Way.
Vierwaldstädter See *m* Lake of Lucerne.
Vietnam *n* Vietnam, Viet Nam; (*Sozialistische Republik*) Socialist Republic of Vietnam.
Viktor *m* Victor.
Viktoria *f* Victoria.
Vogesen *pl.* Vosges Mountains.
Vorderasien *n* Anterior Asia, Near East.
Vorderindien *n* peninsular India, Hither India.

W

Waadt(land *n*) *f* Vaud.
Wallis *n* Valais.
Wallonien *n* Wallonie.
Walter *m* Walter.
Warschau *n* Warsaw.
Weichsel *f* Vistula.
Weihnachtsinsel *f* Christmas Island.
Weiße(s) Meer *n* White Sea.
Weißrußland *n* White Russia, B(y)elorussia.
Werner *m* Werner.
Weser *f* Weser.
Weserbergland *n* Weser Mountains *pl.*
Westalpen *pl.* Western Alps.
West-Berlin *n* West Berlin.
Westdeutschland *n* West Germany.
Westfalen *n* Westphalia.
Westfälische Pforte *f* Westphalian Gate, Porta Westfalica.
Westindien *n* West Indies *pl.*
Westindische(n) Inseln *f/pl.* West Indies.
Westpreußen *n* West Prussia.
West-Samoa *n* Western Samoa.
Wien *n* Vienna.
Wilhelm *n* William.
Willi *m* Willie.
Windhuk *n* Windhoek.
Wolga *f* Volga.
Württemberg *n* Württemberg.

Y

Ypern *n* Ypres.
Yukatan *n* Yucatan.

Z

Zacharias *m* Zachariah, Zacharias, Zachary.
Zaire *n* Zaire.
Zentralafrika *n* Central Africa.
Zentralafrikanische Republik *f* Central African Republic.
Zentralalpen *pl.* Central Alps.
Zentralasien *n* Central Asia.
Zion *m* (Mount) Zion.
Zugspitze *f* Zugspitze.
Zuidersee *f* Zuider Ze, Ijsselmeer.
Zürich *n* Zurich.
Zürichsee *m*, **Züricher See** *m* Lake of Zurich.
Zypern *n* Cyprus.

Zahlwörter

Grundzahlen

0 null *nought, zero, cipher*
1 eins *one*
2 zwei *two*
3 drei *three*
4 vier *four*
5 fünf *five*
6 sechs *six*
7 sieben *seven*
8 acht *eight*
9 neun *nine*
10 zehn *ten*
11 elf *eleven*
12 zwölf *twelve*
13 dreizehn *thirteen*
14 vierzehn *fourteen*
15 fünfzehn *fifteen*
16 sechzehn *sixteen*
17 siebzehn *seventeen*
18 achtzehn *eighteen*
19 neunzehn *nineteen*
20 zwanzig *twenty*
21 einundzwanzig *twenty-one*
22 zweiundzwanzig *twenty-two*
23 dreiundzwanzig *twenty-three*
30 dreißig *thirty*
31 einunddreißig *thirty-one*
40 vierzig *forty*
41 einundvierzig *forty-one*
50 fünfzig *fifty*
51 einundfünfzig *fifty-one*
60 sechzig *sixty*
61 einundsechzig *sixty-one*
70 siebzig *seventy*
71 einundsiebzig *seventy-one*
80 achtzig *eighty*
81 einundachtzig *eighty-one*
90 neunzig *ninety*
91 einundneunzig *ninety-one*
100 hundert *a* (*od. one*) *hundred*
101 hundert(und)eins *hundred and one*
200 zweihundert *two hundred*
300 dreihundert *three hundred*
572 fünfhundert(und)zweiundsiebzig *five hundred and seventy-two*
1000 tausend *a* (*od. one*) *thousand*
2000 zweitausend *two thousand*
1000 000 eine Million *a* (*od. one*) *million*
2000 000 zwei Millionen *two million*
1000 000 000 eine Milliarde *a* (*od. one*) *milliard, Am. billion*

Ordnungszahlen

1. erste *first*
2. zweite *second*
3. dritte *third*
4. vierte *fourth*
5. fünfte *fifth*
6. sechste *sixth*
7. siebente *seventh*
8. achte *eighth*
9. neunte *ninth*
10. zehnte *tenth*
11. elfte *eleventh*
12. zwölfte *twelfth*
13. dreizehnte *thirteenth*
14. vierzehnte *fourteenth*
15. fünfzehnte *fifteenth*
16. sechzehnte *sixteenth*
17. siebzehnte *seventeenth*
18. achtzehnte *eighteenth*
19. neunzehnte *nineteenth*
20. zwanzigste *twentieth*
21. einundzwanzigste *twenty-first*
22. zweiundzwanzigste *twenty-second*
23. dreiundzwanzigste *twenty-third*
30. dreißigste *thirtieth*
31. einunddreißigste *thirty-first*
40. vierzigste *fortieth*
41. einundvierzigste *forty-first*
50. fünfzigste *fiftieth*
51. einundfünfzigste *fifty-first*
60. sechzigste *sixtieth*
61. einundsechzigste *sixty-first*
70. siebzigste *seventieth*
71. einundsiebzigste *seventy-first*
80. achtzigste *eightieth*
81. einundachtzigste *eighty-first*
90. neunzigste *ninetieth*
100. hundertste (*one*) *hundredth*
101. hundertunderste *hundred and first*
200. zweihundertste *two hundredth*
300. dreihundertste *three hundredth*

572. fünfhundert(und)zweiundsiebzigste *five hundred and seventy-second*
1000. tausendste (*one*) *thousandth*
2000. zweitausendste *two thousandth*
1 000 000. millionste *millionth*
2 000 000. zweimillionste *two millionth*

Bruchzahlen und andere Zahlenwerte

½ ein halb *one* (*od. a*) *half*
1½ anderthalb *one and a half*
2½ zweieinhalb *two and a half*
½ Meile *half a mile*
$^1/_3$ ein Drittel *one* (*od. a*) *third*
$^2/_3$ zwei Drittel *two thirds*
¼ ein Viertel *one* (*od. a*) *fourth, one* (*od. a*) *quarter*
¾ drei Viertel *three fourths, three quarters*
1¼ ein und eine Viertelstunde *one hour and a quarter*
$^1/_5$ ein Fünftel *one* (*od. a*) *fifth*
$3^4/_5$ drei vier Fünftel *three and four fifths*
0,4 Null Komma vier (*nought* [nɔːt]) *point four* (0.4)
2,5 zwei Komma fünf *two point five* (2.5)

Einfach *single*
zweifach *double*
dreifach *treble, triple, threefold*
vierfach *fourfold, quadruple*
fünffach *fivefold etc.*

Einmal *once*
zweimal *twice*
drei-, vier-, fünfmal *usw. three, four, five times*
zweimal soviel(e) *twice as much* (*od. many*)
noch einmal *once more*

Erstens, zweitens, drittens *usw. firstly, secondly, thirdly, in the first* (*second, third*) *place*

2 × 3 = 6 zweimal drei ist sechs *twice three are* (*od. make*) *six*

7 + 8 = 15 sieben und acht ist fünfzehn *seven and eight are fifteen*

10 − 3 = 7 zehn weniger drei ist sieben *ten less three are seven*

20 : 5 = 4 zwanzig geteilt (*od.* dividiert) durch fünf ist vier *twenty divided by five make four*

Maße und Gewichte

I. Längenmaße

1 mm *Millimeter* millimetre
= $^1/_{1000}$ metre
= 0.001 093 6 yard
= 0.003 280 9 foot
= 0.039 370 79 inch

1 cm *Zentimeter* centimetre
= $^1/_{100}$ metre
= 0.3937 inch

1 dm *Dezimeter* decimetre
= $^1/_{10}$ metre
= 3.9370 inches

1 m *Meter* metre
= 1.0936 yard
= 3.2809 feet
= 39.37079 inches

1 km *Kilometer* kilometre
= 1000 metres
= 1093.637 yards
= 3280.8693 feet
= 39370.79 inches
= 0.621 38 British or Statute Mile

1 sm *Seemeile* nautical mile
= 1852 metres

II. Flächenmaße

1 qmm *Quadratmillimeter* square millimetre
= $^1/_{1000000}$ square metre
= 0.000001196 square yard
= 0.0000107641 square foot
= 0.00155 square inch

1 qcm *Quadratzentimeter* square centimetre
= $^1/_{10000}$ square metre

1 qm *Quadratmeter* square metre
= 1 × 1 metre
= 1.19599 square yard
= 10.7641 square feet
= 1550 square inches

1 a *Ar* are
= 100 square metres
= 119.5993 square yards
= 1076.4103 square feet

1 ha = *Hektar* hectare
= 100 ares
= 10 000 square metres
= 11959.90 square yards
= 107641.03 square feet
= 2.4711 acres

1 qkm *Quadratkilometer*
square kilometre
= 100 hectares
= 1 000 000 square metres
= 247.11 acres
= 0.3861 square mile

1 Morgen
= 25.5322 ares
= about $^2/_3$ acre

III. Raummaße

1 ccm *Kubikzentimeter*
cubic centimetre
= 1000 cubic millimetres
= 0.061 cubic inch

1 cdm *Kubikdezimeter*
cubic decimetre
= 1000 cubic centimetres
= 61.0253 cubic inches

1 cbm *Kubikmeter*
1 rm *Raummeter*
1 fm *Festmeter*
} cubic metre
= 1000 cubic decimetres
= 1.3079 cubic yard
= 35.3156 cubic feet

1 RT *Registertonne*
register ton
= 2.832 cbm
= 100 cubic feet

IV. Hohlmaße

1 l *Liter* litre
= 10 decilitres
= 1.7607 pint (Brit.)
= 7.0431 gills (Brit.)
= 0.8804 quart (Brit.)
= 0.2201 gallon (Brit.)
= 2.1134 pints (U.S.)
= 8.4534 gills (U.S.)
= 1.0567 quart (U.S.)
= 0.2642 gallon (U.S.)

1 hl *Hektoliter* hectolitre
= 100 litres
= 22.009 gallons (Brit.)
= 2.751 bushels (Brit.)
= 26.418 gallons (U.S.)
= 2.84 bushels (U.S.)

V. Gewichte

1 mg *Milligramm* milligramme
= $^1/_{1000}$ gramme
= 0.0154 grain (troy)

1 g *Gramm* gramme
= $^1/_{1000}$ kilogramme
= 15.4324 grains (troy)

1 Pfd *Pfund* pound (German)
= $^1/_2$ kilogramme
= 500 grammes
= 1.1023 pound (avdp.)
= 1.3396 pound (troy)

1 kg *Kilogramm, Kilo*
kilogramme
= 1000 grammes
= 2.2046 pounds (avdp.)
= 2.6792 pounds (troy)

1 Ztr. *Zentner* centner
= 100 pounds (German)
= 50 kilogrammes
= 110.23 pounds (avdp.)
= 0.9842 British hundredweight
= 1.1023 U.S. hundredweight

1 t *Tonne* ton
= 1000 kilogrammes
= 0.984 British ton
= 1.1023 U.S. ton

Wichtige Zeichen und Abkürzungen in diesem Wörterbuch

F familiär, *familiar*; Umgangssprache, *colloquial*.
V vulgär, *vulgar*; unanständig, *indecent*.
🕮 wissenschaftlich, *scientific term*.
♀ Botanik, *botany*.
⊕ Handwerk, *handicraft*; Technik, *engineering*.
⚒ Bergbau, *mining*.
⚔ militärisch, *military term*.
⚓ Schiffahrt, *nautical term*.
✝ Handel u. Wirtschaft, *commercial term*.
🚂 Eisenbahn, *railway*.
✈ Luftfahrt, *aviation*.
📯 Postwesen, *postal affairs*.
♪ Musik, *musical term*.
⚠ Architektur, *architecture*.
⚡ Elektrotechnik, *electrical engineering*.
⚖ Rechtswissenschaft, *legal term*.
⚟ Mathematik, *mathematics*.
⚘ Landwirtschaft, *agriculture*.
⚗ Chemie, *chemistry*.
⚕ Medizin, *medicine*.

a. auch, *also*.
abbr. *abbreviation*, Abkürzung.
acc. *accusative* (*case*), Akkusativ.
adj. *adjective*, Adjektiv.
adv. *adverb*, Adverb.
allg. allgemein, *generally*.
Am. *Americanism*, Amerikanismus.
anat. *anatomy*, Anatomie.
arith. *arithmetic*, Arithmetik.
art. *article*, Artikel.
ast. *astronomy*, Astronomie.
attr. *attributive*(*ly*), attributiv.

bibl. *biblical*, biblisch.
biol. *biology*, Biologie.
Brit. *in British usage only*, nur im britischen Englisch gebräuchlich.
b.s. *bad sense*, in schlechtem Sinne.
bsd. besonders, *particularly*.

cj. *conjunction*, Konjunktion.
co. *comic*(*al*), komisch, scherzhaft.
coll. *collectively*, als Sammelwort.
comp. *comparative*, Komparativ.
contp. *contemptuously*, verächtlich.

dat. *dative* (*case*), Dativ.
dem. *demonstrative*, Demonstrativ...
dial. *dialectal*, dialektisch.

ea., *ea.* einander, *one another*, *each other*.
eccl. *ecclesiastical*, kirchlich.
ehm. ehemals, *formerly*.
eig. eigentlich, *strictly speaking*.
engS. in engerem Sinne, *more strictly taken*.
et., *et.* etwas, *something*.

f *feminine*, weiblich.
fenc. *fencing*, Fechtkunst.
fig. *figuratively*, figürlich, in übertragenem Sinne.
fr. französisch, *French*.

gen. *genitive* (*case*), Genitiv.
geogr. *geography*, Geographie.
geol. *geology*, Geologie.
ger. *gerund*, Gerundium.
Ggs. Gegensatz, *antonym*.

h. haben, *have*.
her. *heraldry*, Heraldik, Wappenkunde.
hist. *history*, Geschichte.
humor. *humorously*, scherzhaft.
hunt. *hunting*, Jagd.

ichth. *ichthyology*, Ichthyologie, Fischkunde.

Knickerbockers *pl.* knickerbockers, plus-fours.
Knick...: **~festigkeit** ⊕ *f* buckling strength; **~flügel** ✈ *m* gull wing; **~fuß** ⚕ *m* pes valgus.
Knicks *m* curts(e)y; *e-n ~ machen* → **≈en** *v/i.* (drop a) curts(e)y (*vor* to).
Knie *n* knee; *des Weges usw.*: bend; ⊕ (*Rohrstück*) elbow, knee; (*Fuge*) joint; (*Winkel*) angle; *e-r Kurbel*: crank; ⚔ salient; *auf den ~n bitten* beseech, *a. iro.* beg *a p.* on one's bended knees; *auf den ~n liegen* be on one's knee; *auf die ~ fallen* fall on (*od.* drop to) one's knees; *fig. in die ~ gehen* (*od. brechen*) go to the wall; *j-n auf die ~ zwingen* force a p. to his (*f* her) knees; *übers ~ legen* give a (sound) spanking; *fig. et. übers ~ brechen* rush a th.; *wir dürfen die Sache nicht übers ~ brechen* we must not be rash.
Knie...: **~aufschwung** *m Turnen*: knee mount; **~band** *anat. n* ligament of the knee; **~beuge** *f* **1.** *Turnen*: knee bend; **2.** → *Kniekehle*; **~beugung** *f*, **~fall** *m eccl.* genuflection; *weitS.* prostration; **≈fällig** *adv.* (up)on one's (bended) knees; *~ bitten* supplicate; **≈frei I.** *adj.* above-the-knee; **II.** *adv.* above the knee; **~gelenk** *anat. n* knee-joint; **~hebel** ⊕ *m* elbow (*od.* toggle) lever; **≈hoch** *adj.* up to the knees, knee-high; *Schnee, Wasser*: knee-deep; **~hose** knee-breeches *pl.*; **~kehle** *anat. f* hollow of the knee.
knien *v/i.* kneel, be on one's knees; (*nieder ~*) kneel down, go (down) on one's knees; *eccl.* genuflect; *fig.* → *hineinknien*; ⚔ *~der Anschlag* kneeling position.
Knie...: **~reflex** ⚕ *m* knee-jerk (reflex); **~rohr** ⊕ *n* elbow(-pipe), bent tube; **~scheibe** *anat. f* knee-cap, 🕮 patella; **~scheibenreflex** ⚕ *m* knee-jerk (reflex); **~schützer** *m* knee-pad; **~strumpf** *m* knee-length sock (*für Damen*: stocking); **~stück** *n* ⊕ elbow(-piece), knee; *Kunst*: half-length portrait; **~tief** *adj.* knee-deep; *adv. a.* up to one's knees; **≈weich** *adj.* weak-kneed (*a. fig.*); **~welle** *f Turnen*: knee-circle.
Kniff *m* (*Zwicken*) pinch; (*Falte*) fold, crease; *Hut*: dent; *fig.* (*Kunstgriff*) trick, knack, short-cut; (*List*) trick, dodge, artifice, ruse; *den ~ heraushaben* have the knack of it, know the ropes; *er kennt alle ~e* he knows all the tricks; **≈(e)lig** F *adj.* tricky; **≈en** *v/t.* fold, crease.

Tilde ersetzt im folgenden das vor den drei Punkten stehende Wortelement
Wechsel von Groß- und Kleinschreibung, angezeigt durch Kreistilde
Präpositionsangabe zum Verbum mit englischer Entsprechung
Erläuterungen zum Stichwort und nähere Bezugsangabe in Kursivschrift
Anwendungsbeispiele und idiomatische Wendungen in Auszeichnungsschrift
Fachgebietsangabe
Verweis auf ein Synonym
Erweiterte Bedeutung
Abgekürzte Fachgebietsangaben
Bildliche Zeichen zur Fachgebietsangabe
Verkürzende Alternativübersetzungen
Hinweis auf ein Wort aus der wissenschaftlichen Sprache
Angabe getrennter Übersetzungsmöglichkeiten für Adjektiv und Adverb
Hinweise auf übertragene Bedeutungen
Angaben zur Sprachgebrauchsebene bei Stichwort und Übersetzung
Varianten mit gleicher Häufigkeit